U0910262

中国证券业2017年论文集

中国证券业协会◎编

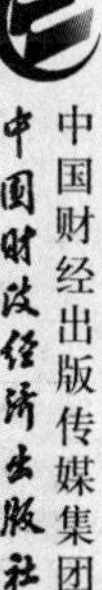

中国财经出版传媒集团
中国财政经济出版社

图书在版编目（CIP）数据

创新与发展：中国证券业2017年论文集／中国证券业协会编．—北京：中国财政经济出版社，2018.9

ISBN 978－7－5095－8413－2

Ⅰ.①创…　Ⅱ.①中…　Ⅲ.①证券业－中国－文集　Ⅳ.①F832.51－53

中国版本图书馆CIP数据核字（2018）第167599号

编辑人员：张小莉　姜婧一　刘相君　　责任校对：杨瑞琦
责任编辑：翁晓红　　封面设计：孙俪铭

中国财政经济出版社 出版

URL：http：//www.cfeph.cn

E－mail：cfeph@cfeph.cn

社址：北京市海淀区阜成路甲28号　邮政编码：100142

营销中心电话：010－88191537　北京财经书店电话：64033436　84041336

北京时捷印刷有限公司印刷　各地新华书店经销

787×1092毫米　16开　75.5印张　1 864 000字

2018年9月第1版　2018年9月北京第1次印刷

定价：200.00元

ISBN 978－7－5095－8413－2

（图书出现印装问题，本社负责调换）

本社质量投诉电话：010－88190744

打击盗版举报热线：010－88191661　QQ：2242791300

《创新与发展：中国证券业2017年论文集》

编委会名单

前　言

中国证券业协会作为行业自律组织高度重视行业发展的基础理论研究，多年来认真履行《证券法》第9章第176条赋予中国证券业协会“组织会员就证券业的发展、运作及有关内容进行研究”的重要职责，积极组织证券业开展研究，相关研究成果在行业内刊物《中国证券》《传导》上刊登。这些研究成果均为一线证券从业人员对行业热点问题的所思、所感、所悟，是对证券业实践的思考和总结，对促进证券业发展有一定的理论和实践指导意义。

为集中展示2017年证券行业研究成果，促进研究交流，推动创新发展，中国证券业协会将2017年《中国证券》《传导》的文章精选出版，供参考。在此，感谢每一位作者的辛勤贡献！

由于编写时间紧迫，《创新与发展：中国证券业2017年论文集》的编撰工作难免有疏漏、错误之处，敬请业内同仁、广大读者提出宝贵意见和建议。

中国证券业协会

2018年6月

目　录

证券业发展

券商国际化与支持“一带一路”建设

服务实体经济

扶贫攻坚

合规与风控

投资者保护

投资者适当性管理

业务发展

互联网证券

金融科技

企业文化

基础理论与制度研究

证券业发展

证券行业这五年：规模扩张

胡　毅　王惠娟　徐子凌*

一、证券行业创新发展的大背景

2008 年证券公司综合治理结束后，我国证券行业进入了规范发展时期。这一阶段，行业逐步建立起合规管理和风险管理体系，业务规范性程度有所提高，财务状况也大大改善。但与国内其他金融行业以及国际投行相比，无论资本实力还是业务规模，证券行业都存在较大差距，专业服务能力不足，难以满足我国企业和居民日益多样化的投融资需求。“十二五”期间，特别是党的十八大以来，在以习近平同志为核心的党中央坚强领导下，“五位一体”总体布局和“四个全面”战略布局向纵深推进，各领域改革持续深化，经济保持了较快增长，经济总量稳居世界第二位，社会主义现代化建设不断取得新成果。

实体经济迅速发展壮大，企业和居民对投资、融资、并购重组等需求进一步增强，对资本市场的发展提出了更高的要求，资本市场与实体经济的血脉联系不断增强。近五年来，沪、深证券交易所市场上市公司数量显著增加，市值规模持续增长；交易所债券市场蓬勃发展；“新三板”市场、区域性股权交易市场、证券公司柜台市场、报价系统等多层次资本市场建设稳步推进。同时，随着行政审批制度改革的深化，监管部门稳步落实简政放权，对外开放也加快了步伐。得益于经济较快增长，受惠于改革开放的红利，我国证券行业也迎来发展最快的五年（见表 1）。

二、证券公司资本实力和盈利能力不断增强

（一）证券公司资本规模大幅增长

在过去的五年中，证券行业从实际出发，以市场需求为导向，以自身能力为支撑，抓住

* 作者单位：中国证券业协会。

表1　　沪、深两市总市值及占当年GDP的比重

年度	沪、深两市总市值（万亿元人民币）	国内生产总值（GDP）（万亿元人民币）	总市值占当年GDP的比重（%）
2011年	21.48	48.93	43.90
2012年	23.04	54.04	42.64
2013年	23.91	59.52	40.17
2014年	37.25	64.40	57.84
2015年	53.15	68.91	77.13
2016年	50.77	74.40	68.23

资料来源：2011—2015年沪、深两市总市值数据来自中国证监会年报，2016年数据来自沪、深证券交易所；2011—2015年国内生产总值数据来自国家统计局官网，2016年数据摘自李克强总理政府工作报告。

了创新发展的历史新机遇，做大做强。为了满足不断增长的业务需求和应对各方面风险的需要，在监管部门的引导和支持下，各证券公司通过各种渠道增资扩股，增强资本实力和竞争力。截至2016年底，129家证券公司总资产达5.79万亿元，是2011年底的3.7倍；净资产1.64万亿元，是2011年底的2.6倍；净资本1.47万亿元，是2011年底的3.2倍（见表2）。虽然经历了2015年的股市异常波动，2016年全行业的收入下滑、盈利缩水，但是与五年前的2011年相比，行业的资本规模和资本实力仍然得到大幅增强（见图1）。

表2　　证券行业资产情况　　（单位：亿元人民币）

	2011年	2012年	2013年	2014年	2015年	2016年
总资产	15 736	17 209	20 803	40 341	64 177	57 942
实收资本	2 147	2 349	2 560	2 844	3 650	4 349
净资产	6 311	6 946	7 541	9 047	14 515	16 436
净资本	4 649	4 964	5 194	6 662	12 333	14 718

资料来源：2011—2015年数据来自《证券公司财务分析报告》，2016年数据为中国证券业协会统计的未经审计数据。

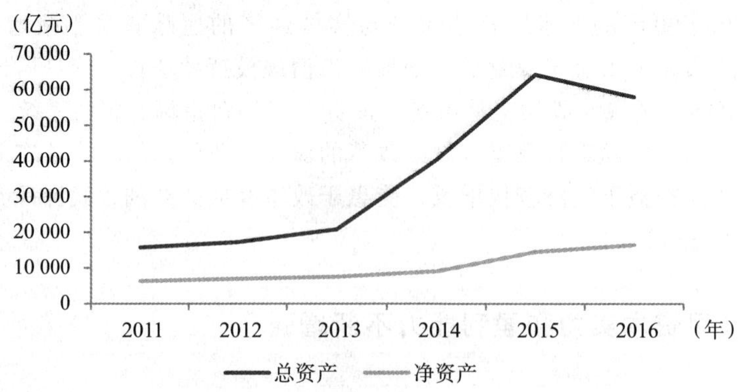

图1　2011—2016年行业总资产与净资产走势

作为资本市场重要的参与者，证券公司也充分利用资本市场，通过IPO、并购重组等方式壮大自身实力。截至2016年底，在沪、深证券交易所上市的证券公司数量达到26家，比

2011 年增加了 8 家；在我国香港上市的证券公司数量达到 12 家，而 2011 年只有 1 家证券公司在香港完成上市（见表 3）。

表 3　　证券公司数量及上市证券公司数量　　（单位：家）

	2011 年	2012 年	2013 年	2014 年	2015 年	2016 年
证券公司数量	111	114	115	120	125	129
沪、深证券交易所上市证券公司数量	18	19	19	20	24	26
我国香港交易所上市证券公司数量	1	2	3	4	9	12

资料来源：证券公司数量来自《证券公司财务分析报告》，上市公司数量来自《中国证券业发展报告》及公开数据。

（二）证券公司的营业收入和净利润实现翻番

经历了股市异常波动的 2016 年，尽管与 2015 年相比出现了收入下滑、盈利缩水情况，但与五年前相比，依然能够看见行业进步的速度。2016 年全年，证券行业实现营业收入3 280 亿元，是 2011 年度的 2.4 倍；实现净利润 1 234 亿元，是 2011 年度的 3.2 倍（见表 4）。

表 4　　证券行业盈利情况

	2011 年	2012 年	2013 年	2014 年	2015 年	2016 年
营业收入（亿元）	1 363	1 301	1 593	2 554	5 751	3 280
营业利润（亿元）	484	402	572	1 204	3 173	1 518
利润总额（亿元）	505	423	571	1 238	3 182	1 551
净利润（亿元）	390	331	440	966	2 448	1 234
净利率（%）	28.61	25.44	27.62	37.82	42.57	37.62
平均净资产收益率（%）	6.50	4.99	6.08	11.16	20.90	7.97

资料来源：2011—2015 年数据来自《证券公司财务分析报告》，2016 年数据为中国证券业协会统计的未经审计数据。净利率 = 净利润/营业收入 × 100%；平均净资产收益率 = 净利润/股东权益平均总额 × 100%。

（三）证券公司的资产质量明显提高

在资本规模扩张的同时，证券公司的资产质量也明显提高。证券公司总体上财务稳健，资产质量较好，财务报表的规范性、财务信息的透明度相比于综合治理前有了质的飞跃。从第三方审计机构对证券行业的审计报告来看，2011 年以来注册会计师对证券公司出具的“标准无保留意见”的审计报告，每年都在 98% 以上（见表 5）。

表 5　　证券公司财务报表审计意见汇总

审计意见	2011 年		2012 年		2013 年		2014 年		2015 年	
	份数（份）	比例（%）	份数（份）	比例（%）	份数（份）	比例（%）	份数（份）	比例（%）	份数（份）	比例（%）
标准无保留意见	110	99	114	100	115	100	117	98	124	99
无保留 + 强调事项段	1	1	0	0	0	0	1	1	1	1

续表

审计意见	2011 年		2012 年		2013 年		2014 年		2015 年	
	份数（份）	比例（%）	份数（份）	比例（%）	份数（份）	比例（%）	份数（份）	比例（%）	份数（份）	比例（%）
保留意见	0	0	0	0	0	0	1	1	0	0
无法表示意见	0	0	0	0	0	0	0	0	0	0
否定意见	0	0	0	0	0	0	0	0	0	0
合计	111	100%	114	100%	115	100%	119	100%	125	100%

注：宏源证券由于涉及并购重组，未报送 2014 年度资料。

资料来源：《证券公司财务分析报告 2015 年度》。

（四）与国际投行和国内同业的差距依然显著，但是逐步缩小

与国际投行相比，2011 年底，我国证券公司全行业的总资产还不到高盛集团的 1/3，全行业的净利润与摩根士丹利一家公司相当。按相同比较口径，到 2016 年底，我国证券行业总资产与高盛集团的总资产相当，净利润约为摩根士丹利公司的 3 倍。① 我国上市证券公司的市值也悄然跻身全球排名。根据 2016 年 12 月 31 日收盘价，全球总市值排名前十位的投资银行中，我国证券公司占有五位（见图 2）。

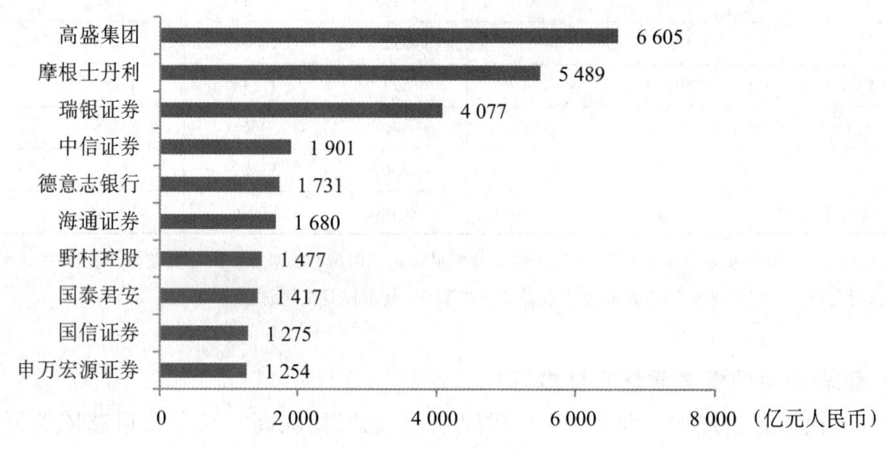

图 2　全球市值排名前十位投资银行

资料来源：Wind 资讯，数据为根据 2016 年 12 月 31 日收盘价计算的总市值。

与境内金融同业相比，近五年证券行业也取得了长足进步。从纵向来看，2011 年底，111 家证券公司总资产为 15 736 亿元，仅为当年平安保险总资产的 68.9%，但 2016 年 129 家证券公司总资产就达到了同期平安保险总资产的 1.04 倍；同样，111 家证券公司在 2011 年实现净利润 390 亿元，仅为工商银行一家银行的 18.7%，至 2016 年行业 129 家证券公司实现净利润 1 234 亿元，大幅增长，为工商银行的 44.2%（见表 6）。

① 截至 2016 年底，高盛集团和摩根士丹利总资产分别为 5.94 万亿元和 5.62 万亿元。2016 年，高盛集团和摩根士丹利净利润分别为 510 亿元和 422 亿元。数据来源于公司年报，汇率以 1 美元 =6.9 元人民币换算。

表 6 境内同业主要财务指标对比 （单位：亿元人民币）

项目	2016 年度			2011 年度		
	129 家证券公司	工商银行	平安保险	111 家证券公司	工商银行	平安保险
营业净收入	3 280	6 759	7 125	1 364	4 752	2 489
净利润	1 234	2 791	724	390	2084	226
总资产	57 942	241 373	55 769	15 736	143 722	22 854
净资产	16 436	18 854	4 865	6 311	9 565	1 713

资料来源：行业数据来自《证券公司财务分析报告》，2016 年数据为中国证券业协会统计的未经审计数据；公司数据摘自《中国证券业发展报告（2016）》。

从发展增速看，截至 2016 年底，证券行业净资产规模是 2011 年的 2.6 倍，而同期高盛和摩根士丹利等国际投行的增长速度仅为 1.2 倍和 1.1 倍，也略高于境内银行业 2.4 倍的发展速度，说明证券行业发展势头良好，具备了较大的发展潜力。

总体而言，无论从资产规模或收入水平上，证券行业在近五年都取得了巨大进步，但是在金融行业中仍处于较低水平；证券公司与银行、保险等金融同业相比，差距仍较明显，属于金融行业中的“小行业”。

三、证券公司数量增多，从业人员队伍不断扩大

（一）证券公司数量增多

从证券公司数量来看，证券行业的队伍不断发展壮大。截至 2016 年底，我国证券公司数量达到 129 家，比 2011 年新增了 20 家。

（二）证券营业部加快布局

证券公司在提供网上开户、网上交易的同时，仍然加快布局证券营业部，证券公司营业网点呈现出持续扩张的趋势。截至 2016 年底，证券营业部达到 9 385 家，五年间新增 4 388 家。在区域布局方面，不仅沿海地区营业部密度加大，证券公司在中西部地区也加速布局。五年新增的 4 388 家营业部中，广东、江苏、浙江三大沿海地区占比为 33%，而前一个五年该比重为 26%；中部地区占比为 24%，比前一个五年高 4.5%；西部地区占比为 22%，比前一个五年高 4.6%。证券公司营业部的快速扩张源于营业部轻型化创新，证券公司设立轻型营业部，通过多元化、差异化手段实现区域扩张，增加了经营收入，节省了营业成本。

（三）证券从业人员队伍不断壮大

证券行业是以人力资本为核心的知识密集型行业，近年来行业的持续发展对专业人员的要求不断提高。从从业人员数量来看，行业队伍也在不断壮大。截至 2016 年底，证券行业总人数达到 348 085 人，较 2012 年增加 24%；其中已注册从业人员数量为 328 627 人，较 2012 年增加 29%。从从业人员质量来看，根据中国证券业协会 2015 年底的专项调查，近年来大批青年人才加入证券行业，行业平均年龄不足 35 岁，从业人员年轻化趋势逐步显现；从业人员的学历结构不断优化，高学历人员比例持续提升，硕士研究生及以上学历已经占到

49.8%，本科以上学历高达 93.4%；知识背景基本保持稳定，具有财会、经济、金融专业背景的从业人员依然是主力，同时随着互联网金融发展、证券公司对信息系统的重视，具有 IT 专业背景的从业人员比例有所上升；随着证券公司国际化发展，越来越多具有境外学习或工作经历的人才纷纷加入，截至 2015 年底，具有境外学习经历的从业人员占比达 13.69%，具有境外工作经历的从业人员占比 2.08%。

从业人员队伍的不断壮大和结构的持续优化，说明证券行业对人才的吸引力在逐步提高，整个行业从业人员的专业水平也在持续提升（见表 7）。

表 7　行业从业人员数量　（单位：人）

	2012 年	2013 年	2014 年	2015 年	2016 年
行业总人数	280 705	245 854	253 301	310 288	348 085
已注册人数	254 358	232 519	240 295	292 680	328 627

资料来源：中国证券业协会。

证券行业这五年：结构变化

张　楠　王惠娟　徐子凌*

一、证券行业近五年的收入与盈利总体情况

近年来，随着行政审批制度改革的深化，监管部门稳步落实简政放权，监管方式从事前审批为主，逐步转变为加强事中、事后监管。证券公司在持续拓展传统业务广度和深度的同时，积极推进业务创新和产品创新。证券公司的收入结构逐步优化，盈利模式也由传统的单一证券经纪业务为主，逐步转变为经纪业务与资管业务、投行业务及资本中介业务等创新业务平分秋色。2016 年全年，证券行业实现营业收入 3 280 亿元，是 2011 年度的 2.4 倍；实现净利润 1 234 亿元，是 2011 年度的 3.2 倍（见表 1）。从收入结构来看，2016 年与 2011 年相比，经纪业务净收入占比减少了 18.45 个百分点，资产管理业务净收入占比增加了 7.29 个百分点，财务顾问业务净收入占比增加 3 个百分点（见图 1、图 2）。

表 1　　证券行业盈利情况

	2011 年	2012 年	2013 年	2014 年	2015 年	2016 年
营业收入（亿元）	1 363	1 301	1 593	2 554	5 751	3 280
营业利润（亿元）	484	402	572	1 204	3 173	1 518
利润总额（亿元）	505	423	571	1 238	3 182	1 551
净利润（亿元）	390	331	440	966	2 448	1 234
净利率（%）	28.61	25.44	27.62	37.82	42.57	37.62
平均净资产收益率（%）	6.50%	4.99	6.08	11.16	20.90	7.97

资料来源：2011—2015 年数据来自《证券公司财务分析报告》，2016 年数据为中国证券业协会统计的未经审计数据。净利率 = 净利润/营业收入 ×100%；平均净资产收益率 = 净利润/股东权益平均总额 ×100%。

* 作者单位：中国证券业协会。

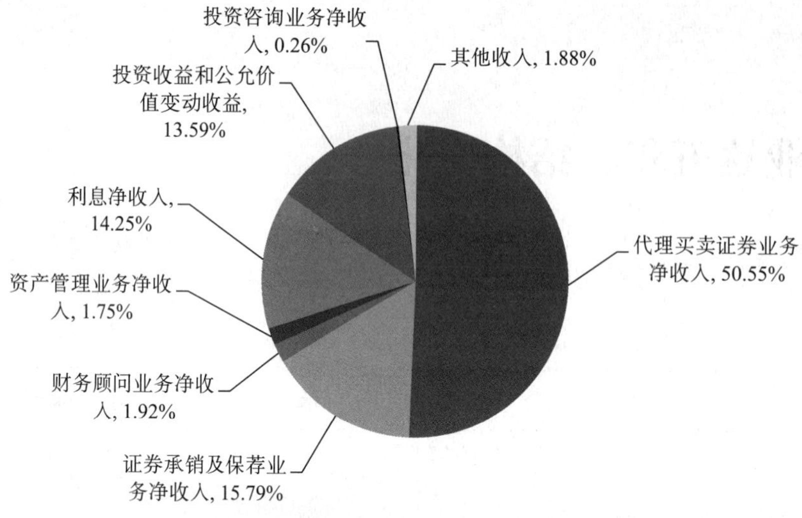

图 1　2011 年度证券公司收入构成情况

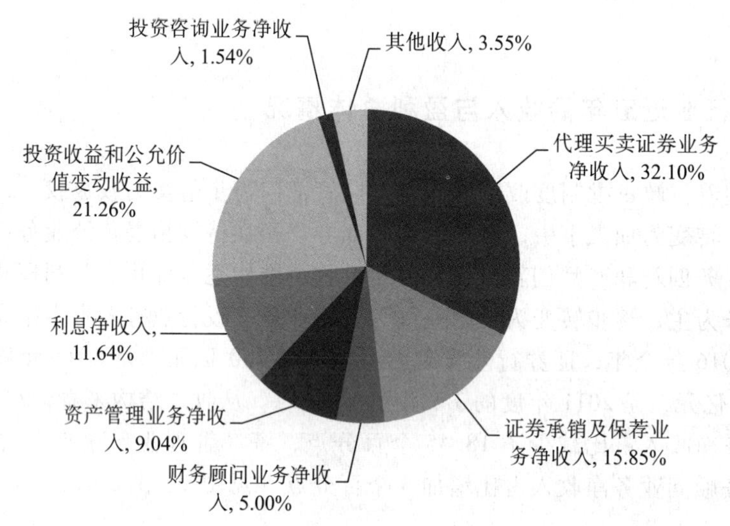

图 2　2016 年度证券公司收入构成情况

资料来源：2011 年度数据来自《证券公司财务分析报告 2011 年度》，2016 年度数据来自中国证券业协会统计的未经审计数据。

二、证券公司业务发展与收入结构情况

（一）经纪业务转型升级，收入占比逐步下降

传统证券经纪业务主要是指代理买卖证券业务，经纪业务收入主要依靠佣金收入。过去，经纪业务一直是证券行业最主要的收入来源，收入结构单一导致行业盈利水平随市场行情起伏而大幅波动。2011 年，证券行业经纪业务占营业收入百分比高达 50. 55%。但是，近几年来，在行业竞争加剧、互联网对传统金融行业冲击等因素的影响下，行业“佣金战”持续白热化，证券公司代理买卖证券的佣金率大幅下滑，全证券行业股基净佣金率从 2011

年的0.081%快速下滑至2016年的0.039%（见图3），传统经纪业务面临严峻挑战，2016年经纪业务占营业收入百分比降到32.1%。

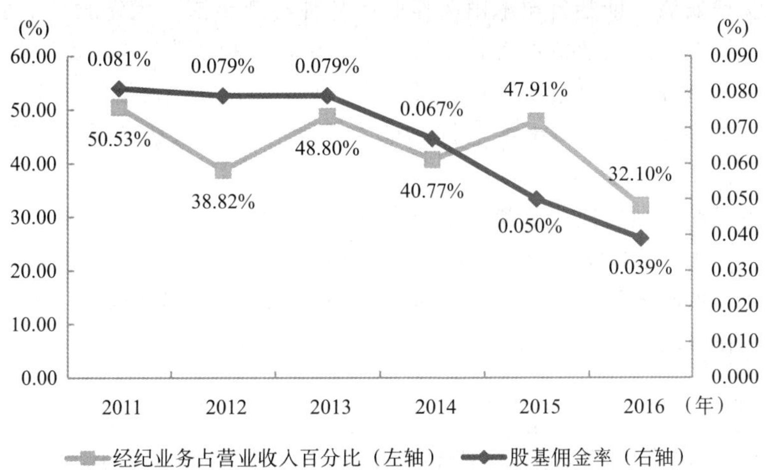

图3 2011—2016年度证券公司经纪业务占营业收入百分比及股基佣金率

资料来源：Wind数据库、《证券公司财务分析报告2011—2015年度》、中国证券业协会统计的未经审计数据。

随着证券市场投资产品的日益丰富，证券公司的客户不再满足于买卖股票，证券公司开始拓展代销金融产品服务。2012年底，中国证监会发布《证券公司代销金融产品管理规定》，允许证券公司代销在境内发行，并经国家有关部门或者其授权机构批准或者备案的各类金融产品，向投资者销售各类金融产品逐渐成为经纪业务一个新的利润增长点。

与此同时，鉴于严峻的经营形势，大部分证券公司都意识到经纪业务转型的必要性，经纪业务由传统的代理买卖向现代财富管理转型已基本得到行业共识。据统计，2015年底中国私人可投资资产总额约为114.5亿元，较2011年底增长了56.7%；除现金存款以外的金融资产占比较2011年也有所提升。居民个人财富的增长给财富管理市场提供了源源不断的需求，居民资产配置也从以往的现金和存款占主要部分，过渡到对存款、不动产、股票债券等各类资产的合理配置。为此，证券公司近五年来不断丰富产品线，除了传统的场内股票、债券之外，还重点配置了一系列固定收益类产品、现金管理型产品等，不断满足不同风险承受能力的投资者的投资需求；在股票账户之外，开设综合理财账户，针对投资者的年龄、财富、职业、婚姻状况、税收状况、房地产状况、风险承受度、投资目标等，发挥自身综合业务平台优势，通过整合内部资源，制订更为个性化的全方位理财方案。截至2017年4月底，理财账户累计开户数2 527 288个，客户使用理财账户购买产品的累计规模达1 007.74亿元。

此外，证券公司还通过营业部轻型化、加速与互联网尤其是移动互联网的深度融合、向客户提供非现场开户、网上交易和在线投顾等服务来扩大服务半径，改善客户体验，降低营业成本。截止到2016年底，证券行业经纪业务收入占比已大幅下降至32.1%。

（二）投资银行业务实现稳步增长

投资银行业务包括证券承销保荐和并购重组财务顾问业务，其中证券承销手续费收入仍是投资银行业务的主要收入来源，约占70%左右，且主要来自股票、债券承销。随着近年来交易所市场的发展、多层次资本市场建设的稳步推进，全国中小企业股份转让系统和区域性股权市场的快速发展，证券公司承销保荐业务品种不断丰富。优先股、中小企业私募债、银行间市场债券、非金融企业资产支持票据、企业资产支持证券、“双创”债、绿色债、新三板主办等产品和服务，不仅丰富了投资银行业务的产品线，也使证券行业承销保荐业务规模和收入保持了稳步增长。2016 年全行业证券承销保荐收入为 520 亿元，较 2011 年的 215.3 亿元增长了 1.4 倍。

此外，随着供给侧结构性改革和实体经济的转型升级，国家鼓励实体企业通过资本市场实现并购重组、做大做强，上市公司并购重组日渐活跃，证券公司并购重组财务顾问业务成为投资银行业务新的收入增长点。2016 年证券公司财务顾问业务净收入 164 亿元，是 2011 年的 6.3 倍（见图 4）。

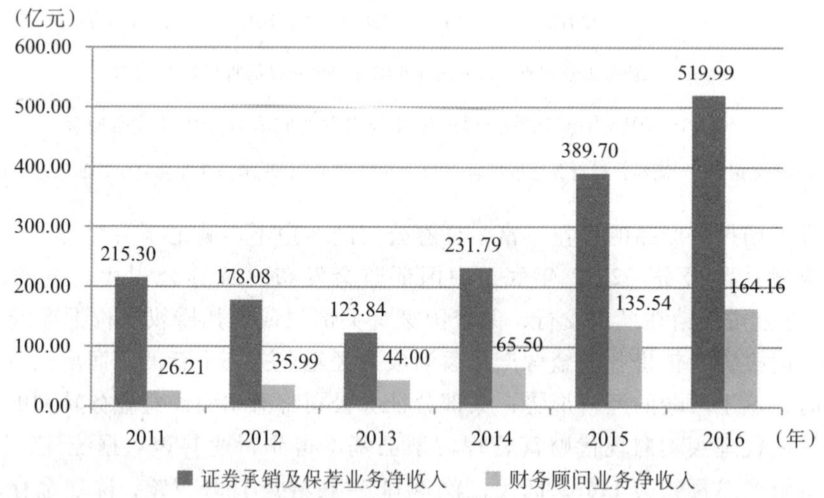

图 4 2011—2016 年度证券承销保荐业务及财务顾问业务净收入

资料来源：2011—2015 年度数据来自《证券公司财务分析报告 2011—2015 年度》；2016 年度数据来自中国证券业协会统计的未经审计数据。

（三）资产管理规模明显上升

2012 年之前，资产管理业务的收入主要来自集合资产管理业务收入。2012 年 9 月，中国证监会发布了《证券公司客户资产管理业务管理办法》《证券公司集合资产管理业务实施细则》《证券公司定向资产管理业务实施细则》等监管规则，资管产品发行实行备案制，投资范围进一步扩大，产品设计灵活度进一步提高。受此影响，资管产品日渐多元化，产品体系不断丰富，管理资产的规模明显上升。截至 2016 年底，证券公司受托管理资金余额 17.82 万亿元①，是 2011 年底的 63 倍。证券公司 2016 年共实现资产管理业务净收入 296.46 亿元，是 2011 年的 12.6 倍（见表 2）。另外，资产管理业务收入占比也从 2011 年的 1.75% 大幅提升至 2016 年的 9.04%（见图 5）。

① 2016 年数据为中国证券业协会统计的未经审计数据。

表 2　**2011—2016 年度受托客户资产管理业务构成及净收入**　（单位：亿元）

资产管理业务类别	2016 年	2015 年	2014 年	2013 年	2012 年	2011 年
受托客户资产管理业务净收入	296.27	274.00	115.01	66.11	26.65	23.59
其中：公募基金管理业务净收入	83.67	86.22	33.43	22.18	NO/A	NO/A
集合资产管理业务净收入	88.43	79.21	25.98	10.14	17.09	19.33
定向资产管理业务净收入	117.71	103.4	54.91	33.48	9.56	4.25
专项资产管理业务净收入	6.46	5.17	0.69	0.31	0.004	0.01

注：2012—2016 年公募基金管理业务净收入包含大集合，2011—2012 年集合资产管理业务净收入包含大集合。

资料来源：2011—2015 年数据来自《证券公司财务分析报告》；2016 年数据为中国证券业协会统计的未经审计数据。

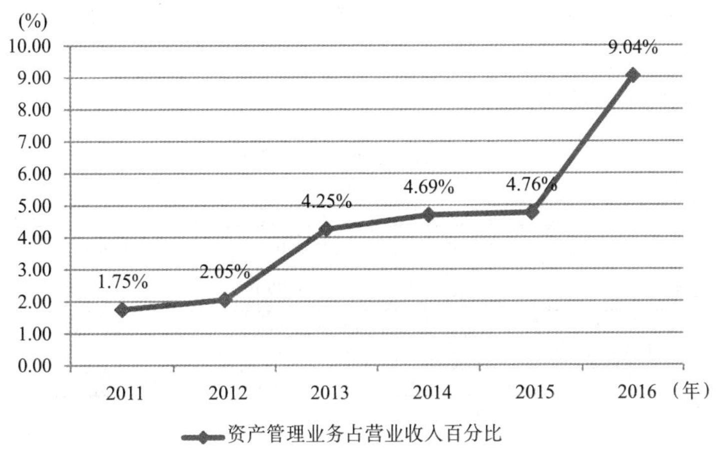

图 5　2011—2016 年度证券公司资产管理业务占营业收入百分比

资料来源：2011—2015 年数据来自《证券公司财务分析报告》；2016 年数据为中国证券业协会统计的未经审计数据。

随着大资管时代的到来，理财产品市场的竞争日益激烈。为争取市场份额，非主动管理型的定向资产管理业务增长显著，虽然实现了规模上的突破，但是导致证券公司资产管理业务逐步沦为通道，业务模式同质化程度较高。据统计，目前资管业务 80% 以上为通道业务。随着有关监管部门将对金融机构资产管理业务实施统一的监管标准，证券公司资管业务的套利空间将大大压缩，未来规模可能大幅度缩减。证券公司资产管理业务未来预计将向差异化、特色化方向发展。

（四）证券投资业务总体上保持稳步增长

近年来，证券公司自营业务总体保持盈利持续增长的态势。截至 2016 年底，证券公司投资业务收入 568.47 亿元，是 2011 年的 3 倍。特别值得注意的是，2015 年股票市场持续活跃，证券公司全年实现投资业务收入 1 513.01 亿元，是 2011 年的 8 倍（见表 3）。

表 3　**2011—2016 年度自营业务构成及净收入**　（单位：亿元）

营业务类别	2016 年	2015 年	2014 年	2013 年	2012 年	2011 年
证券投资业务收益	717.96	1 481.91	571.37	406.05	278.65	242.80
公允价值变动收益	-149.49	31.1	170.04	-69.19	54.79	-57.44
证券投资业务收入	568.47	1 513.01	741.41	336.86	333.44	185.36

资料来源：2011—2015 年数据来自《证券公司财务分析报告》；2016 年数据为中国证券业协会统计的未经审计数据。

（五）资本中介业务不断发展

包括融资融券业务、股票质押式回购业务及约定购回业务等在内的资本中介业务，在近五年的探索中获得较快发展。截至 2016 年末，融资融券业务全年客户累计融资买入 11.47 万亿元，融券卖出 833.41 亿元，融出资金余额 9 357.7 亿元。[①] 融资融券业务规模不断提高，在提高市场流动性及活力、促进资金融通方面起到了积极作用。2014—2016 年，该项业务利息收入分别为 446.24 亿元、1 175.03 亿元及 727.77 亿元，成为证券公司近年来收入的主要增长点。

股票质押式回购业务利息收入在近年来也逐步提高，成为证券公司资本中介业务中保持较快增长的部分。2015 年和 2016 年该项业务利息收入分别为 185.85 亿元、231.25 亿元，是 2014 年的 2.1 倍及 2.6 倍（见表 4）。

表 4　2014—2016 年度信用业务收入　（单位：亿元）

利息收入项目	2016 年	2015 年	2014 年
融资利息收入	992.02	1 383.66	565.55
其中：融资融券利息收入	727.77	1 175.03	446.24
股票质押回购利息收入	231.25	185.85	90.45
约定购回利息收入	3.91	6.51	13.87

资料来源：中国证券业协会统计的未经审计数据。

（六）其他创新类业务深入探索

近年来，证券公司在深耕传统业务的同时，也不断探索创新类业务。场外金融衍生品业务、互联网金融业务、收益凭证业务、PB 业务、资产托管业务、另类投资业务等创新业务的纷纷尝试，在拓宽证券公司收入来源的同时，也驱动证券公司由传统证券经纪商或承销商向多元化综合性金融服务商转变。

经过近五年的创新发展，证券行业已逐渐呈现出业务多元化、竞争差异化及服务专业化的发展态势。展望未来，传统经纪业务收入持续下降，资管等通道业务规模也将大幅降低，而各类创新业务推出时间短，对改善证券公司的收入结构贡献依然有限。未来，证券公司应更加专注主业，发挥资本市场中介机构的功能定位，积极推进业务创新与转型，为投资者提供更为丰富的投资机会和更为全面的风险管理工具，努力实现经营模式由通道服务向综合金融服务的转变，盈利模式由以传统交易佣金为主向以增值服务为主的方向转变。

① 2016 年数据为 Wind 统计。

证券行业这五年：投行功能

徐子凌　王惠娟*

近年来，证券行业在深耕传统业务的同时，对标国际投行的基本功能，不断探索销售交易、投资融资、资产托管等投资银行基础功能，努力为进一步建设现代投资银行奠定基础。

一、证券公司的现代投资银行功能初步确立

2012 年 8 月，中国证监会发布《关于推进证券公司改革开放、创新发展的思路与措施》（证监办发〔2012〕67 号），鼓励有条件的证券公司发展成为有国际竞争力的一流投行，拓展证券公司基础功能。2014 年 5 月，中国证监会发布《关于进一步推进证券经营机构创新发展的意见》（证监发〔2014〕37 号），明确提出了建立现代投资银行的目标，支持证券经营机构拓展投资融资、销售交易、资产托管等基础功能。几年来，证券公司各项基础功能都得到初步探索和完善。

（一）交易功能不断完善

交易功能，尤其是做市交易功能是国际投行的一项重要业务功能，也是其承担市场组织功能和具备市场定价权的重要体现，为股票市场、利率市场、信用市场、外汇市场、商品市场等提供广泛做市服务更是不少大型国际投行的重要盈利来源之一。服务场内市场的交易一直是我国证券公司的主要职能，场内交易以集中竞价方式为主，证券公司提供的交易服务主要是交易通道服务，为市场提供流动性的功能尚未充分发挥。随着全国中小企业股份转让系统（以下简称“新三板市场”）、区域性股权交易市场和证券公司柜台交易系统的建立，我国证券公司的交易功能得到了一定程度的拓展。新三板市场于 2014 年 8 月引入做市商制度，目前，共有 91 家证券公司成为新三板市场做市商，兴业证券、中泰证券、广州证券做市企业数量排名位列前三名，分别为 284 家、279 家和 267 家。截至 2016 年底，新三板市场

* 作者单位：中国证券业协会。

10 163家挂牌企业中，采取做市转让方式交易的企业数 1 654 家，占比 16.3%。从交易规模来看，2016 年全年新三板市场做市转让交易金额 950.07 亿元，占总成交额的 49.68%（见表 1）。做市商制度的实施增强了新三板市场的吸引力，赋予了证券公司在市场中更多的定价权，对提高市场流动性、有效稳定市场、促进市场平衡发挥了积极作用，证券公司交易功能也得到了有效拓展。

表 1　新三板市场做市转让和协议转让交易情况

	2016 年			2015 年		
	做市方式	协议方式	合计	做市方式	协议方式	合计
成交数量（亿股）	170.77	192.86	363.63	123.73	155.18	278.91
成交金额（亿元）	950.07	962.22	1 912.29	1 106.75	803.87	1 910.62
成交均价（元）	5.56	4.99	5.26	8.95	5.18	6.85

资料来源：全国中小企业股份转让系统。

（二）融资功能得以恢复

融资融券、股票质押式回购等业务的推出，为企业和投资者提供了更为多元、有别于商业银行传统信贷的融资方式，以融资融券为代表的资本中介业务已经成为证券公司近年来收入的主要增长点，对提高市场流动性及活力、促进资金融通起到了积极作用，证券公司为企业和投资者提供融资的功能得以有效恢复。

1. 融资融券业务

我国证券市场建立以来，市场一直有融资交易的需求，但缺乏制度化、规范化的管理和监管。融资融券业务通过完备的制度体系、规范的管理和有效的监管，极大地满足了市场融资交易需求，发挥了证券公司的融资功能，同时也拓宽了证券公司的业务范围，使其盈利模式得到优化与改善。自 2010 年启动融资融券业务试点以来，目前共有 94 家证券公司开展融资融券业务。6 年多来，随着监管部门和行业各经营主体对于融资融券业务的持续优化、规范引导和合理推动，投资者对融资融券业务的了解程度不断提高，融资融券交易额稳步上升，在一定程度上提高了证券市场的活跃度。2016 年全年融资买入额 11.47 万亿元，融券卖出额 833.41 亿元，"两融"交易总额占 A 股成交额的 9.13%（见表 2）。截至 2016 年底，融资余额 9 357.70 亿元，融券余额 34.79 亿元，"两融"余额占 A 股流通市值的 2.40%（见表 3）。

表 2　融资融券交易金额

时间	融资买入额（亿元）	融券卖出额（亿元）	"两融"交易额（亿元）	"两融"交易额占 A 股成交额（%）
2010 年	695.13	12.35	707.48	0.16
2011 年	2 908.99	272.23	3 181.23	0.76
2012 年	7 265.98	1 778.05	9 044.03	2.89
2013 年	32 891.94	5 775.53	38 667.47	8.33
2014 年	95 065.59	11 189.46	106 255.05	14.40
2015 年	318 296.01	28 024.21	346 320.22	13.63
2016 年	114 738.01	833.41	115 571.41	9.13

资料来源：Wind。

表 3　融资融券交易余额

时间	融资余额（亿元）	融券余额（亿元）	融资融券余额（亿元）	“两融”余额占 A 股流通市值（%）
2010 年底	127.61	0.11	127.72	0.07
2011 年底	375.48	6.59	382.07	0.23
2012 年底	856.94	38.21	895.16	0.50
2013 年底	3 434.70	30.57	3 465.27	1.75
2014 年底	10 173.73	82.83	10 256.56	3.26
2015 年底	11 713.07	29.60	11 742.67	2.82
2016 年底	9 357.70	34.79	9 392.49	2.40

资料来源：Wind。

2. 股票质押式回购业务

与银行、信托相比，股票质押式回购业务可以更为灵活有效地解决企业和投资者的融资需求。证券公司作为资本市场的重要中介机构，拥有人才、资源和渠道等优势，还可实现与经纪、投行、研究和“两融”业务的多元协同发展。正因为具有强大的客户资源优势、专业优势、业务协同优势，证券公司已经逐渐成为股票质押市场的主导者。自 2013 年沪、深证券交易所推出股票质押式回购业务以来，参与客户数量稳步增加，交易活跃度不断提升。截至目前，共有 87 家证券公司开展了股票质押式回购业务，2016 全年证券公司为客户总质押股票数量 1 086.70 亿股，质押股票市值达 1.43 万亿元（见表 4）。

表 4　质押式回购交易情况

	全部交易		未解押交易		已解押交易	
	总质押股数（亿股）	参考市值（亿元）	总质押股数（亿股）	参考市值（亿元）	总质押股数（亿股）	参考市值（亿元）
2013 年	138.50	1 595.32	15.75	177.91	122.75	1 417.41
2014 年	501.41	6 923.86	77.42	1 008.15	423.98	5 915.71
2015 年	756.52	17 295.49	123.80	2 846.18	632.73	14 449.32
2016 年	1 086.70	14 258.45	687.10	8 451.48	399.60	5 806.97

资料来源：Wind。

（三）托管功能初步实现

国际证券市场普遍采用的是多层次市场参与者结构和分级托管、分级清算交收的运作模式，投资银行能够自主托管大部分的客户资金。反观我国，在场内市场，实行客户交易资金三方存管模式，资金托管业务被商业银行垄断；在证券托管方面，现行的是“中央登记，二级托管”的托管制度框架，登记结算机构是客户证券的实际托管人。证券公司虽然承担了客户证券托管责任，但不享有客户证券的管理与处分权，与客户之间也没有托管协议之类的法律文件，这使得证券公司在场内证券托管上不能发挥实质性作用，资金运作效率和风险控制等也受到限制。为此，证券公司积极利用多层次资本市场和场外市场的发展机遇，探索实现证券的托管功能。在新三板市场和区域市场股权交易中，证券公司已经获得托管、登记、结算等服务的权限；在证券公司柜台交易市场，产品由主办券商的柜台交易市场进行托管、清算、交收，并按照“货银对付”原则，对成交采用逐笔全额非担保交收方式进行交收，对客户资金实行第三方存管封闭管理，存取款业务由客户通过第三方存管办理。

此外，在资产托管方面，2012年底，中国证监会批准证券公司开展私募基金综合托管服务，允许证券公司为私募基金提供资产保管、交易指令执行、净值计算、投资计算、投资清算、投资监控、全面信息服务、风险评估与管理等一系列以托管为核心的综合性服务，打破了商业银行对托管业务的垄断格局，也为托管行业带来了新的气象。2014年以后，证券公司开始为公募基金中的股票型基金提供托管服务。截至2016年底，954家公募股票型基金中，有96家托管于证券公司，托管家数占比达到10%，托管股票型基金总额占比达5.55%（见表5）。

表5　　公募股票型基金证券公司托管情况

时间	股票型基金家数（家）	证券公司托管股票型基金家数（家）	托管股票型基金总额（亿元）	证券公司托管股票型基金总额（亿元）
截至2013底	364	0	5 279.55	0
截至2014底	460	4	9 395.90	34.10
截至2015底	879	109	11 292.12	279.21
截至2016底	954	96	9 986.36	554.28

资料来源：Wind，海通证券。

（四）支付功能开始试点

支付功能是作为金融机构的证券公司留住客户、留住资金的重要方式之一。成熟市场国际投行在统一的账户下集成了投资交易、支付结算、贷款消费等多项综合金融服务，提供多样化的账户管理功能。如美林1977年开发的具有支付功能的现金管理账户（CAM），集经纪账户、货币市场基金、支票账户和信用卡等多种金融功能为一体，5年内开发了53.3万个客户和320亿美元的资产，成功应对了浮动佣金和银行业务渗透的挑战。我国在客户资金第三方存管模式下，客户资金的存取只能以银证转账的方式进行，客户资金的“封闭运行”导致广泛的支付功能难以实现。2012年起，陆续有证券公司获得开展客户证券资金账户的消费支付的无异议函，客户可直接使用其证券资金账户中的闲置资金在第三方支付机构指定的网上商户进行购物、订票、缴费和充值等互联网消费行为。其中，国泰君安证券成为首家进入央行的大小额支付系统的证券公司，证券公司开始探索客户账户的支付功能。

二、证券公司在服务实体经济方面取得新成效

近年来，多层次资本市场建设不断完善，不同市场的功能定位和发展目标更加明晰，各项基础制度持续完善，各类证券产品日渐丰富，这给证券公司为不同规模、不同类型、不同成长阶段的企业提供差异化金融服务创造了良好的市场环境，证券公司销售交易、投资融资、资产托管等基础功能的确立与拓展也进一步增强了证券公司服务实体经济的能力。证券公司作为资本市场的重要参与者，在扩大直接融资比重、降低实体经济融资成本、服务实体经济发展、助推供给侧结构性改革和促进经济社会发展方面的地位和作用不断提升。

在股权融资方面，2011—2016 年，证券公司为 1 013 家上市公司完成首次公开发行（IPO），募集金额 7 585 亿元，实现再融资募集金额达 5.24 万亿元，6 年间股票融资总额达约 6 万亿元（见表 6），有力地支持了实体企业通过资本市场做大做强。

表 6　　股权融资情况

		2011 年	2012 年	2013 年	2014 年	2015 年	2016 年
IPO	金额（亿元）	2 810	1 034	0	669	1 576	1 496
	家数（家）	281	155	2	125	223	227
增发	金额（亿元）	3 485	3 214	3 584	6 932	12 253	16 918
	家数（家）	176	152	267	475	813	814
配股	金额（亿元）	339	52	476	138	42	299
	家数（家）	14	6	13	13	6	11
优先股	金额（亿元）	–	–	–	1 030	2008	1 623
	家数（家）	–	–	–	5	12	12
股权融资总额（亿元）		6 634	4 300	4 060	8 769	15 879	20 336

注：2012 年 10 月至 2013 年 12 月暂停了 IPO 审核。

资料来源：Wind。

在新三板市场，截至 2016 年底，全国中小企业股份转让系统挂牌企业数量已突破 1 万家，总市值超过 4 万亿元（见表 7），证券公司作为挂牌推荐和持续督导的主办券商，对推动中小企业建立健全现代企业制度，缓解“融资难、融资贵”困境，支持小微企业和创业创新型企业发展发挥了重要作用。

表 7　　全国股转系统挂牌公司数及总市值

	2012 年	2013 年	2014 年	2015 年	2016 年
挂牌公司数（家）	200	356	1 572	5 129	10 163
总市值（亿元）	336	553	4 591	24 584	40 558

资料来源：全国中小企业股份转让系统。

在债券融资方面，2011—2016 年，交易所市场公司债发行总额 4.53 万亿元，其中私募债 2.13 万亿元，公司债占全部债券市场的份额从 2011 年的 1.65% 提升至 2016 年的 7.65%（见表 8）。

表 8　　债券市场发行情况

		2011 年	2012 年	2013 年	2014 年	2015 年	2016 年
一般公司债	发行额（亿元）	1 291	2 492	1 362	759	5 251	12 857
	只数（只）	83	181	94	76	320	881
私募债	发行额（亿元）	0	134	361	687	5 123	14 951
	只数（只）	0	116	290	609	1 245	1 962
公司债发行总额（亿元）		1 291	2 626	1 722	1 446	10 374	27 807

资料来源：Wind。

在并购重组市场，2011—2015 年，上市公司重大资产重组交易持续活跃，交易规模屡创新高；2016 年则更加贴近实体经济需求，总体上仍保持了平稳运行（见表 9）。证券公司担任并购重组财务顾问，为服务实体经济转型升级需要、助推供给侧结构性改革发挥了重要作用。

表 9　　上市公司并购重组交易情况

	2014 年	2015 年	2016 年
首次披露重大资产重组交易数量（家）	234	485	374
交易规模（亿元）	5 976	13 613	13 865

资料来源：Wind。

证券行业这五年：国际化

金银花　徐子凌　王惠娟*

在我国开放型新经济体制加快构建的大背景下，随着人民币国际化和资本市场对外开放力度加大，资本市场步入全面开放阶段。为满足实体经济“走出去”的需要，证券行业加快了国际化步伐，证券公司国际化业务发展取得了明显进展。

一、证券行业国际化业务发展现状

2012 年党的十八大后，在人民币国际化进程加快和资本市场双向开放的背景下，随着“一带一路”倡议的实施、亚投行的组建，国内企业向外拓展的步伐明显加快，为满足实体经济“走出去”需要，也为适应资本市场开放的新态势，中国证券公司进一步加快国际化步伐，境外布局明显提速，证券公司国际化业务取得了一定的成绩。过去，我国证券公司开展国际化业务往往以经纪业务为切入点，经纪业务占比较高。但近年来，中资证券公司国际化业务范围正加快扩展，业务日益多元化，业务能力不断提高，投行业务占国际化业务的比重持续提升，资产管理业务增长迅速。

（一）经纪业务国际化稳步提速

1. 境外子公司经纪业务

中资证券公司在境外的经纪业务主要集中在中国香港市场，随着内地与香港互通性与联动性的持续增强，在香港开展经纪业务迎来重大机遇。香港联交所按市场占有率将市场参与者分为 A、B、C 三类，截至 2015 年底，中银国际位列 A 类证券公司，其他多数中资证券公司是 B 类证券公司。

2. 沪港通

2014 年，中国证监会正式开通沪港通试点；随着沪港通运行平稳，2016 年 8 月中国证

* 作者单位：中国证券业协会。

监会和香港证监会联合发布公告，取消沪港通总额度限制。截至 2016 年底，沪港通成交金额累计 3.74 万亿元人民币，沪股通、沪市港股通累计交易金额分别为 2.38 万亿元人民币和 1.35 万亿元人民币。

3. 深港通

2016 年 12 月，中国证监会正式开通深港通试点。截至 2016 年底，深港通累计交易金额 345.47 亿元人民币，深股通、深市港股通累计交易金额分别为 261.90 亿元人民币和 83.57 亿元人民币。沪港通与深港通的启动，深化了内地与香港的金融合作，标志着中国资本市场在法治化、市场化和国际化方向上又迈出了坚实一步，有利于投资者更好地共享内地与香港经济发展成果，同时也进一步拓宽了证券公司经纪业务的收入来源（见表 1）。

表 1　2014—2016 年沪港通、深港通年度交易数据

类别		2014 年	2015 年	2016 年	累计
沪市港股通	成交金额（亿元）	205.64	6 203.76	7 112.77	13 522.17
	成交笔数（万笔）	46.86	1 169.03	1 359.33	2 575.23
沪股通	成交金额（亿元）	1 675.12	14 710.64	7 452.73	23 838.49
	成交笔数（万笔）	361.08	4 287.53	3 158.52	7 807.13
深市港股通	成交金额（亿元）	–	–	83.57	83.57
	成交笔数（万笔）	–	–	26.47	26.47
深股通	成交金额（亿元）	–	–	261.90	261.90
	成交笔数（万笔）	–	–	110.89	110.89

资料来源：Wind。

（二）投资银行业务国际化进程加快

1. IPO 业务

近几年中资证券公司在境外从事 IPO 承销业务有所发展。2016 年，根据 Bloom Berg 的统计数据，全球股票承销市场前 50 位中，共有 9 家中资证券公司，合计市场占有率为 4.41%。2016 年中国香港市场股票发行规模排名前 10 位的承销商中有 3 家中资证券公司，分别为海通证券、招商证券、中信建投证券，占总市场份额的 10.2%。而 2011 年中国香港市场股票发行规模排名前 10 位的承销商中仅有 1 家中资证券公司，即中金公司，占总市场份额的 4.27%。

2. 债券承销业务

2016 年，有海通证券、国泰君安两家中资证券公司入围中国香港市场发行的港元债券市场前 40 位排名，比 2015 年多一家。2016 年离岸人民币债券市场有 5 家中资证券公司开展相关业务，总承销 11 单，承销金额 25.27 亿元人民币，市场占比 1.54%。总体上，中资证券公司在香港乃至国际债券市场的业务规模都比较小，具备较大的发展潜力。

3. 并购业务

中资证券公司的境外并购业务体量也比较小。2016 年中国香港并购业务前 50 位中有 5 家中资证券公司，分别为中信证券、海通证券、华泰证券、国泰君安证券、中国中投证券，涉及 12 个项目，合计市场份额 8.19%。随着“一带一路”的实施，中国企业在全球配置资源，未来中国企业将成为境外并购最活跃的投资主体。这将为中资证券公司跨境并购业务的发展提供广阔的前景。

（三）资产管理业务国际化持续发展

随着 QDII（合格境内机构投资者）、QFII（合格境外机构投资者）、RQFII（人民币合格境外机构投资者）业务扩容以及信贷资产证券化备案制推出，中资证券公司的资管业务国际化在深度和广度上持续发展。

1. QDII 业务

2007 年 QDII 业务出台以来，越来越多的证券公司获准开展 QDII 业务，且额度不断扩大。截至 2016 年底，共计 15 家中国证券公司获得 QDII 业务资格，QDII 业务额度合计 87.5 亿美元（见表 2），而 2011 年底，仅有 7 家证券公司获得 27 亿美元的额度。此外，2014 年证券公司 QDII 定向资产管理业务正式启动，允许证券公司接受单一客户委托，进行境外证券投资管理，作为证券公司 QDII 业务的一个组成部分，可为客户提供一对一、量身定制的财富管理服务。

表 2　　证券公司获批 QDII 业务额度

机构名称	批准时间	额度（亿美元）
中国国际金融有限公司	2014 年 12 月 28 日	22.00
招商证券股份有限公司	2014 年 11 月 27 日	4.00
华泰证券股份有限公司	2010 年 4 月 14 日	1.00
上海国泰君安证券资产管理有限公司	2014 年 12 月 28 日	4.50
上海光大证券资产管理有限公司	2015 年 1 月 30 日	3.00
上海东方证券资产管理有限公司	2010 年 11 月 26 日	1.00
国信证券股份有限公司	2015 年 1 月 30 日	10.00
广发证券资产管理（广东）有限公司	2015 年 2 月 13 日	12.00
中信证券股份有限公司	2014 年 12 月 28 日	4.00
安信证券股份有限公司	2012 年 8 月 16 日	5.00
申万宏源证券有限公司	2015 年 1 月 30 日	4.00
中银国际证券有限责任公司	2014 年 12 月 28 日	3.00
中国银河证券股份有限公司	2013 年 1 月 24 日	4.00
上海海通证券资产管理有限公司	2015 年 1 月 30 日	8.00
太平洋证券股份有限公司	2014 年 4 月 30 日	2.00
总　计		87.50

资料来源：国家外汇管理局。

2. QFII 业务

2003 年 QFII 业务的推出，加快了中国资本市场的国际化进程。近年来，随着中国资本市场日渐成熟，QFII 的额度上限逐年上升，机构投资的数量也同步增加。截至 2016 年底，共有 7 家证券公司获得 QFII 业务资格，合计额度 28.2 亿美元（见表 3），占 QFII 总额度的

3.23%，而2012年前尚没有中资证券公司获批额度。

表3　　证券公司境外子公司 QFII 业务投资额度

机构名称	批准时间	额度（亿美元）
海通资产管理（香港）有限公司	2016年4月28日	1.00
中信证券国际投资管理（香港）有限公司	2014年4月30日	3.00
招商证券资产管理（香港）有限公司	2016年12月28日	7.20
中国光大证券资产管理有限公司	2016年11月28日	7.00
中国国际金融香港资产管理有限公司	2016年3月30日	6.00
广发资产管理（香港）有限公司	2015年3月26日	2.00
申万宏源投资管理（亚洲）有限公司	2015年4月28日	2.00
总　计		28.20

资料来源：国家外汇管理局。

3. RQFII 业务

2011年12月正式试点的 RQFII 业务是资本项目未完全开放条件下推进我国资本市场开放的工具，该项业务随着人民币国际化进程加快而快速发展，在引进外资方面起到了积极的作用。截至2016年底，RQFII 总额度为5 284.75亿元，中资证券公司 RQFII 额度合计623.5亿元，占 RQFII 总额度的11.80%（见表4）。

表4　　证券公司境外子公司 RQFII 额度

机构名称	批准时间	额度（亿元人民币）
申万宏源（国际）集团有限公司	2014年4月30日	39.00
安信国际金融控股有限公司	2014年7月30日	24.00
中国国际金融（香港）有限公司	2013年6月24日	17.00
国信证券（香港）金融控股有限公司	2013年6月24日	17.00
光大证券金融控股有限公司	2014年5月30日	35.00
华泰金融控股（香港）有限公司	2014年3月28日	29.50
国泰君安金融控股有限公司	2014年5月30日	69.00
海通国际控股有限公司	2014年8月26日	107.00
广发控股（香港）有限公司	2014年4月30日	27.00
招商证券国际有限公司	2014年3月28日	27.00
中信证券国际有限公司	2014年6月30日	14.00
国元证券（香港）有限公司	2014年8月26日	73.00
中投证券（香港）金融控股有限公司	2014年5月30日	11.00
长江证券控股（香港）有限公司	2013年11月27日	2.00
国金证券（香港）有限公司	2014年1月22日	10.00
兴证（香港）金融控股有限公司	2014年4月30日	13.00
太平资产管理（香港）有限公司	2014年3月28日	13.00
中银香港资产管理有限公司	2013年8月28日	8.00
东方金融控股（香港）有限公司	2013年10月30日	5.00
中信建投（国际）金融控股有限公司	2014年6月30日	20.00
中国光大资产管理有限公司	2014年5月30日	19.00

续表

机构名称	批准时间	额度（亿元人民币）
中国银河国际金融控股有限公司	2014 年 9 月 22 日	11.00
招商资产管理（香港）有限公司	2014 年 6 月 30 日	10.00
中泰金融国际有限公司	2014 年 8 月 26 日	8.00
东吴证券中新（新加坡）有限公司	2016 年 11 月 28 日	15.00
总　计		623.50

资料来源：国家外汇管理局。

（四）境外业务收入比例持续升高

从境外业务的经营规模及国际化发展程度来看，中信证券、海通证券、国泰君安、华泰证券、广发证券、招商证券、光大证券 7 家证券公司在中资证券公司排名较为靠前。该 7 家证券公司的境外业务总收入在 2011—2016 年始终保持增长趋势，国际化业务对公司业绩的贡献日益显著。截至 2016 年底，7 家证券公司境外业务收入总额达到 159.04 亿元，占营业总收入的 10.6%；而在 2011 年 7 家证券公司境外收入总额为 16.41 亿元，占营业收入的 2.6%（见表 5）。

表 5　中资证券公司境外业务总收入占营业收入比重

类别	2011 年	2012 年	2013 年	2014 年	2015 年	2016 年
境外收入（亿元）	16.41	22.10	50.86	81.17	134.02	159.04
营业总收入（亿元）	636.71	498.05	610.59	1 081.19	2 332.68	1 502.67
境外收入占比（%）	2.6	4.4	8.3	7.5	5.7	10.6

资料来源：Wind，各公司年报。

从各公司情况来看，2016 年年报显示，中信证券、海通证券境外业务收入占比分别为 21.4% 和 14.1%，而 2011 年两家公司境外业务收入占比分别为 1.8% 和 8.7%。同时，境外收入贡献略小的华泰、光大、招商、国泰君安和广发也积极发力，2016 年境外收入占比分别为 9.4%、6.3%、5.4%、3.1% 和 1.1%（见图 1）。

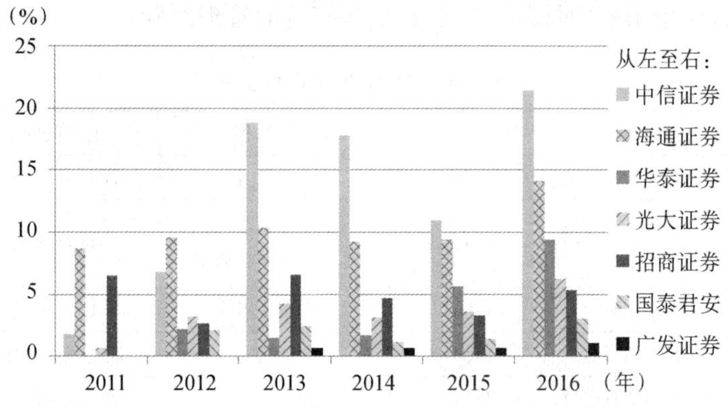

图 1　7 家中资证券公司境外业务总收入占营业收入比重

资料来源：Wind，各公司年报。

（五）境外分支机构布局加速

一是在数量上，1990—1999 年有 4 家中国证券公司在境外设立分支机构，2000—2008 年共有 9 家，2009—2015 年约 63 家（见表 6）。二是在区域布局上，2013 年以来，广发证券、海通证券、中信证券、东吴证券、招商证券、国泰君安证券等公司先后进入日本、韩国、新加坡、英国、葡萄牙、法国、加拿大、美国等主要国家，形成了以中国香港为桥头堡，辐射亚太、迈向欧美的加速扩张格局。三是在母公司规模方面，呈现出由大型证券公司向中型证券公司蔓延的新变化，早期主要是中信、海通等大型证券公司进行境外业务布局，现如今安信证券、方正证券等中型证券公司都已在香港陆续设立子公司。四是在扩张形式方面，早期一般选择设立独资子公司或海外办事处，后来出现并购当地证券公司、采取合资经营等方式。如长江证券拟将在港金融控股集团分拆上市以打造融资平台，探索出境外分支机构布局的新模式。

表 6　　中国证券公司境外分支机构数量及区域占比

时间	成立家数（家）	区域分布			
		中国香港地区（家）	占比（%）	中国香港地区以外（家）	占比（%）
1990—1999 年	4	4	100	-	-
2000—2008 年	9	6	66. 67	3	33. 33
2009—2015 年	63	15	23. 81	48	76. 19

资料来源：东北证券，根据公开资料整理。

（六）境外市场融资稳步增加

2015 年以来，我国证券公司在香港 H 股上市融资明显提速，国际化步伐明显加快。目前，在香港主板市场上市（H 股）融资的 12 家内地证券公司中，2011—2014 年在香港 H 股上市的内地证券公司为每年 1 家，2015 年为 4 家，2016 年为 4 家（见表 7）。证券公司是资本密集型的实体，通过在中国香港地区上市融资成为国际投资者持股的公司，一方面为对外拓展布点提供了资源支持，另一方面，在中国香港地区上市可以更好地适应有别于内地市场的运营环境，为适应更陌生的境外环境积累更多有益的管理经验。

表 7　　中国香港 H 股上市证券公司

公司名称	上市时间	H 股代码	公司名称	上市时间	H 股代码
中信证券	2011 年 10 月	06030	海通证券	2012 年 4 月	06837
中国银河	2013 年 5 月	06881	中原证券（H 股中州证券）	2014 年 8 月	01375
广发证券	2015 年 4 月	01766	华泰证券	2015 年 6 月	06886
国联证券	2015 年 7 月	01456	中金公司	2015 年 11 月	03908
东方证券	2016 年 7 月	03958	光大证券	2016 年 8 月	06099
招商证券	2016 年 10 月	06099	中信建投证券	2016 年 12 月	06066

资料来源：各公司年报。

二、证券行业国际化的特点

随着资本市场双向开放进程有序推进，加快国际化成为证券行业和多层次资本市场服务“一带一路”建设的重要途径。

首先，“沪港通”“深港通”相继推出，“沪伦通”亦在积极筹备中，境外上市融资审批制度进一步简化，债券市场境外投资主体进一步扩容，外资私募基金登记管理更加完备。与此同时，人民币国际化进程明显提速，2016年已正式加入SDR货币篮子，自贸区债券市场正式启动，RQFII和QFII规模稳步增长，资本市场国际化程度稳步提升。

其次，近年来国内证券公司加快境外布局和国际业务拓展，纷纷借道香港实现区域化向全球化的跃进，多家证券公司在中国香港地区设立子公司并登陆H股市场，2016年内地证券公司在香港股债承销市场份额均明显提升，部分证券公司更是迈出香港走向全球，在新加坡、伦敦和纽约等国际金融中心设立分支机构。

最后，证券公司国际化业务模式也逐渐多样化。部分证券公司积极把握机会，通过并购和合作方式来加速切入国际市场，比如中信证券收购里昂证券，海通证券收购葡萄牙圣灵银行等。伴随资本市场和证券公司国际化程度稳步提升，证券公司在协助国内企业“走出去”与服务海内外客户进行全球资产配置方面所起到的作用越来越大，证券公司服务客户的广度和深度显著拓展。

三、证券行业国际化发展中存在的不足

（一）国际化业务仍处于投入期

当前，虽然部分中资证券公司较早开展国际化业务并取得了良好的业绩，但总体上看，大部分证券公司国际化时间较短，基本上是在2006年以后才开始在香港设立子公司，而实际在境外开展业务的时间更晚，与发达国家投行超过50年的国际化历史相比，我国证券公司国际化时间还非常短。从境外业务收入占比来看，目前多数证券公司的境外业务营业收入占母公司比重较小，境外业务贡献度较低（见图2）。总体而言，中资证券公司的境外分支机构总体上仍处于投入期。

（二）境外分支机构盈利能力不强

我国证券公司的国际化业务中，除部分“走出去”较早的大型证券公司在港分支机构规模相对较大并实现了较好盈利外，中小型证券公司的国际分支机构以及大型证券公司在中国香港以外地区的分支机构体量都较小，注册资本、资产规模、营业收入、净利润普遍较低，净资产收益率（ROE）普遍大大低于母公司（见表8）。

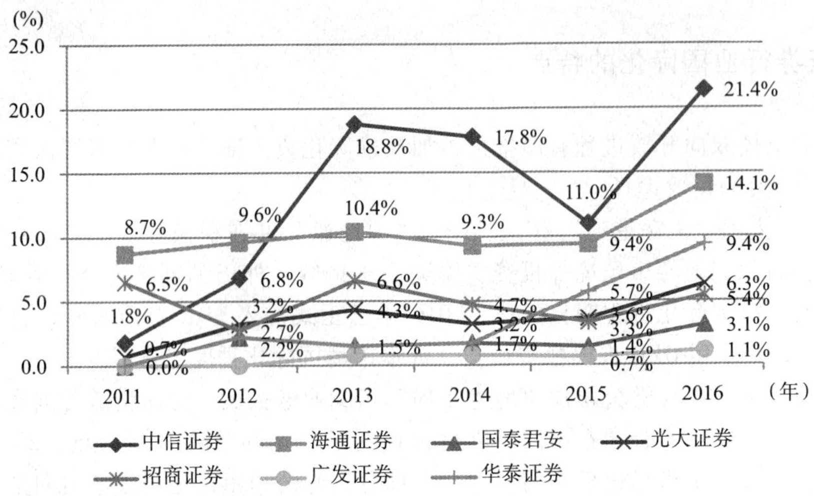

图 2　部分中资证券公司境外业务收入贡献度情况

资料来源：Wind，各公司年报。

表 8　　2016 年中国香港地区主要中资证券公司子公司发展情况

名称	总资产（亿元港币）	净资产（亿元港币）	营业收入（亿元港币）	净利润（亿元港币）	注册资本（亿元港币）	ROE（%）	母公司 ROE（%）
海通国际控股	2 368. 14	109. 78	123. 01	14. 52	88. 5	13. 23	7. 39
中信证券国际	843. 34	79. 6	49. 54	1. 77	65. 16	2. 22	7. 36
国泰君安金控	463. 79	92. 25	17. 85	8. 35	0. 32	9. 05	10. 08
光大证券金控	248. 04	0. 91	未提供	-0. 58	20	-63. 56	6. 87
广发控股（香港）	188. 45	55. 38	5. 04	1. 27	56	2. 30	10. 29
招商证券国际	178. 18	28. 75	7. 24	0. 89	18. 04	3. 11	9. 99
华泰金控（香港）	153. 84	82. 61	2. 47	-4. 07	88	-4. 93	7. 59
兴证（香港）金控	134. 63	42. 9	未提供	0. 98	20	2. 28	8. 15
东方金控（香港）	106. 36	17. 57	2. 43	0. 73	21	4. 15	6. 13
申万宏源（香港）	76. 65	24. 43	4. 2	0. 82	6. 42	3. 37	10. 55
国元证券（香港）	45. 16	12. 2	1. 57	0. 6	10	4. 92	6. 91
西证国际投资	26. 78	7. 71	-0. 03	-1. 99	10	-25. 82	4. 83
长江证券控股	25. 28	5. 88	1. 08	0. 27	6. 7	4. 60	10. 43
国金证券（香港）	9. 6	2. 21	0. 36	-0. 46	3	-20. 72	7. 65
方正证券金控	1. 59	0. 48	0. 05	-0. 38	1. 59	-78. 17	7. 30

资料来源：Wind，各母公司年报。

（三）业务同质化程度较为严重

当前，中国香港地区作为中资证券公司国际化布局的主要地区，经纪业务、信用业务是中资证券公司香港子公司的主要业务及主要收入来源。从收入结构来看①，2016 年经纪业

① 针对 2016 年底 H 股单独上市的中资证券公司子公司海通国际（0 665. HK）、国君国际（1 788. HK）、兴证国际（8 407. HK）、西证国际（0 812. HK）4 家公司的财务数据进行分析。

务、孖展业务（融资业务）及承销保荐业务占比 82.5%；而自营业务、资产管理等投行核心业务占比仍然较小，合计占比 17.5%（见表 9）。因此，在港中资证券公司的国际化业务现状与其国际化战略存在一定偏差，主要集中在相对低端的经纪业务和信用业务领域，业务同质化程度较为严重，未能发挥中资证券公司在内地的业务基础和客户资源优势，无法与母公司的业务形成合力与协同效应。

表 9　2016 年中国香港地区上市中资证券子公司的收入情况　（单位：亿元）

项目	总营业收入	利息净收入	经纪佣金收入	承销与保荐收入	资管收入	自营收入	其他收入
海通国际	24.70	9.69	5.36	4.21	1.57	-0.48	4.34
国君国际	19.49	9.95	3.52	3.25	0.25	1.66	0.86
兴证国际	3.95	2.15	1.14	0.05		0.58	0.04
西证国际	-0.43	-0.23	0.27			-0.74	0.28
合计	47.72	21.56	10.29	7.51	1.82	1.02	5.52
占比	100%	45.20%	21.56%	15.74%	3.81%	2.14%	11.57%

资料来源：Wind，各公司年报。

（四）国际化布局方向单一

鉴于中国香港地区的特殊地理位置和国际金融中心的地位，再加上监管部门的政策引导等原因，中资证券公司国际化战略布局主要扎堆在中国香港地区，而在能够充分发挥资金、业务能力、地缘优势的东盟及周边国家很少有相关布局。中国香港地区已聚集了大量的国际知名、实力雄厚、经验丰富的大牌投行，这些大牌投行拥有得天独厚的先发优势，而中国证券公司国际化处于起步阶段，在管理能力、经营能力、业务拓展和产品开发能力等方面明显处于劣势，难以形成品牌优势和综合的市场服务能力，更缺乏有利的定价能力。未来，中国证券公司国际化战略布局，应该紧密结合“一带一路”和亚投行基础建设项目，遵循“立足香港—布局亚太—辐射全球”的路径，结合自身优势和特点，打造充分发挥核心竞争力的差异化国际化战略布局。

四、结论与建议

为服务实体经济“走出去”和居民财富全球配置需要，也为适应资本市场对外开放的新态势，我国证券行业应进一步加快国际化步伐。为了确保证券公司把握机遇，加快国际化发展，监管部门与行业协会应加大证券公司在国际化业务方面的引导与扶持。

首先，正确引导证券行业从参与全球竞争的战略高度出发，及时进行国际化业务的前瞻性布局，继续鼓励和支持中资证券公司走出去，进行全球资产配置，发挥国内业务网络和客户资源优势，实现国际、国内业务的协同发展，搭建国际化金融服务平台。其次，在证券公司服务“一带一路”等方面，给予战略引导和政策扶持。最后，进一步加强与各国监管当局的沟通和合作，努力消除证券公司境外业务面临的政策障碍与风险，为证券公司走出去创造稳定的政策环境。

证券行业这五年：合规风控

金银花　王惠娟*

合规风控与创新发展是伴随我国证券行业健康成长并持续壮大的两个轮子，缺一不可。不论监管部门，还是中国证券业协会（以下简称“协会”）都一直高度重视证券公司的合规与风险管理工作。2006 年，中国证监会发布《证券公司风险控制指标管理办法》，在行业内逐步建立起以净资本为核心的风险控制指标体系，证券公司风险管理工作开始起步；2008 年，中国证监会发布《证券公司合规管理试行规定》，要求整个证券行业推行合规管理体系，证券行业合规管理工作全面推进。近十年来，证券公司一直重视合规风控工作，全面落实合规与风险管理的各项要求，行业普遍建立了合规管理组织架构和制度体系，各项合规与风险管理职能基本得到有效落实。特别是近五年来，随着监管转型和行业探索创新发展，证券行业合规与风险管理理念逐步加深、意识进一步强化，各证券公司不断完善合规与风险管理机制，合规和风险管理工作取得明显进展。监管部门和协会也一直推动、引导行业落实各项合规风控要求，要求证券公司务必坚持创新发展和合规风控“两手都要抓，两手都要硬”，努力保持创新发展水平和合规风控能力的动态平衡。

一、近五年来合规与风控工作取得明显进展

（一）监管部门和协会推动落实各项合规与风险管理制度

近年来，多项法律法规和自律规则的“废、改、并、立”工作取得了较大的进展，监管部门和协会废止和修改了不符合行业现实需要的旧的规则，对一些业务的合规性提出前瞻性的要求，对创新业务的风控要求不断提高，这些举措使证券行业创新发展能够始终在有效合规与风控的政策环境下有序开展。

2011 年，协会发布《证券公司压力测试指引（试行）》，开始指导证券公司完善压力测试机制，推动证券行业统一开展压力测试工作，逐步实现对行业整体风险暴露、风险承受能

* 作者单位：中国证券业协会。

力和资本充足状况的整体评估。2012 年，中国证监会两次调整证券公司净资本、风险资本准备比例等风险控制指标计算方法，充分借鉴巴塞尔协议体系，引入“逆周期”调节机制。2012 年 12 月，协会发布《证券公司投资者适当性制度指引》，开始在行业探索适当性管理工作机制。

随着创新业务的不断探索和行业发展壮大，证券公司的业务、产品和服务日趋多样化和复杂化。为进一步防控风险，2014 年 2 月，协会发布了《证券公司全面风险管理规范》和《证券公司流动性风险管理指引》，引导证券公司树立全面风险管理理念，全行业开始逐步建立起全面风险管理体系。2016 年 6 月，中国证监会再次修订《证券公司风险控制指标管理办法》，修改净资本和风险资本准备的计量方式，提升风险计量的完备性。2016 年底，中国证监会发布《证券期货投资者适当性管理办法》，进一步规范、落实证券公司的适当性义务。2016 年底，协会发布修订后的《证券公司全面风险管理规范》《证券公司流动性风险管理指引》《证券公司压力测试指引》及《证券公司风险控制指标动态监控系统指引》，进一步推动证券公司强化风险管理意识，建立健全风险管理体系，提高自身风险管理能力和水平。同时，协会发布《证券公司另类投资业务子公司管理规范》和《证券公司私募投资基金子公司管理规范》，强调证券公司作为母公司的管控作用和各子公司的自我约束作用，切实防范系统性风险。

在监管部门和协会大力推动和引导下，证券公司普遍建立了合规风控管理组织构架和内部制度体系，将合规与风控各项要求内嵌入公司各项业务和流程中；证券公司逐步建立起一支专业的合规风控管理队伍，利用合规管理系统和风险信息管理系统加强了日常业务的合规与风控管理。“合规从高层做起”“人人主动合规”“合规创造价值”等理念深入人心，证券公司合规风控意识普遍加强，风险管理理念逐步加深，合规风控能力得到明显改善。

（二）持续加强创新业务的合规管理与风险防范

在创新发展的探索中，不论监管部门、协会还是证券公司，都秉承创新发展水平与合规风控能力动态平衡的理念，一手抓业务创新、一手抓合规风控，这为行业创新发展奠定了良好的基础。大部分证券公司能够在事前对创新业务进行评估与论证，从评估各项合规问题与风险入手，完善公司内部相关的制度与工作流程；在事中做好持续性的风险监测与管理，按照相关规定开展敏感性分析和压力测试，持续对内外部风险进行识别和评估，随着创新业务的开展不断研究完善合规管理与风险监测、应对、报告等各项机制。总体而言，合规与风险管理已经渗透到创新业务的各个环节，使证券行业创新能够在合规的政策环境下有序进行，严防创新业务的各项风险。

此外，整个行业应对突发事件的能力也显著提升。以 2015 年我国股市发生异常波动为例，在股市异常波动期间，各证券公司密切关注各项业务风险情况，积极配合监管部门做好风险情况的汇报工作。同时，为防止股市异常波动的市场风险向其他业务条线及风险类型传导，各证券公司积极关注各项业务及公司流动性情况，进行及时反馈与提醒。证券行业经受住了此次股市异常波动的考验，整个行业依然保持了总体平稳运行，没有发生重大风险事故。

（三）证券公司普遍建立起合规与风险管理机制

证券公司普遍建立起独立于业务部门的合规和风险管理部门，独立履行合规与风险管理职能。在合规与风控部门的设置上，根据 2015 年底协会组织的专项调查，约 63.46% 的证券公司设立了专职的合规部门，36.54% 的证券公司将合规部门与风险管理部门合并设立（见图 1）。证券公司在合规与风控部门的设置上较前几年有了一定的优化，这为合规与风控部门独立履行职责提供了必要的保障。

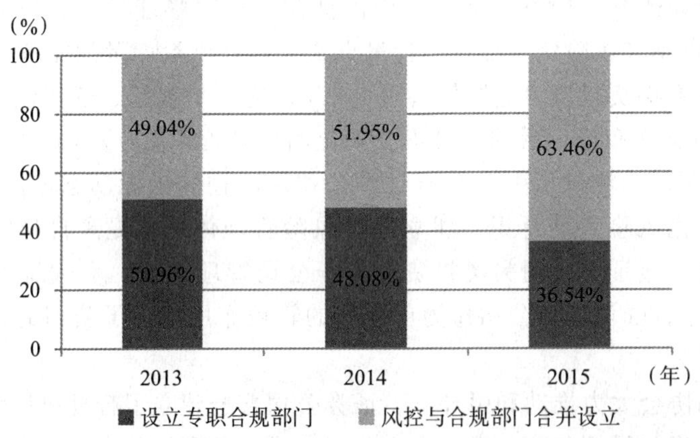

图 1　2013—2015 年证券公司风控与合规部门设立情况

资料来源：中国证券业协会著：《中国证券业发展报告》（2014 年、2015 年、2016 年），中国财政经济出版社出版。

在部门内部分工方面，2015 年已有 60% 的证券公司按照风险类型划分风险管理的职能，较 2014 年提升了 7%。从人数上看，履行市场风险管理的人数占 30%，履行信用风险管理的人数占 28%，履行流动性风险管理的人数占 15%，履行操作风险管理的人数占 27%，按风险类型细化的内部分工提升了证券行业风险管理的专业水平。

（四）专业管理人员队伍得到培育和锻炼

推行多年的合规与风险管理工作，使整个行业培养了一批专业的合规与风险管理人员。从合规管理人员情况来看，截至 2015 年底，公司专职合规管理人员数量在全体员工中的平均占比为 1.35%，专职与兼职合规管理人员总数平均占比为 4.29%。其中，行业内证券公司均配备了专职合规管理人员（平均为 20 人），有利于确保合规工作的独立性；87.5% 的证券公司采用在分支机构及业务条线上配备兼职合规管理人员（平均为 59 人）的分散化管理方式，有利于合规工作与公司业务紧密结合。从合规管理人员的知识背景看，绝大多数（96.15%）证券公司配备了具有法律背景的合规管理人员，占全体合规管理人员的比例平均为 39%。行业内新产品、新业务的不断涌现对合规管理人员的业务知识水平提出了更高的要求。因此，已有较多的合规管理人员具备金融或经济管理（占公司全体合规管理人员比例平均为 29.84%）、财务或审计（占公司全体合规管理人员的比例平均为 16.59%）知识背景。同时随着合规管理对信息技术支持要求的日益提高，已有 68.27% 证券公司配备了具有信息技术知识背景的合规管理人员，平均占比为 7.93%。

从风险管理人员情况来看，截至 2015 年底，已有 96% 的证券公司任命了首席风险官。

证券公司风险管理部门总人数约为 1 100 余人，约有 63% 的证券公司在 2015 年增加了风险管理人员配备。

二、行业合规与风险管理工作依然有待改进

（一）合规管理能力有待进一步加强

证券行业经过综合治理之后，监管部门和自律组织出台了一系列合规管理规定，行业合规管理体系初步建立，合规管理体制、机制从无到有，合规意识得到提高，行业合规经营状况得到改善。但是随着创新发展的不断深入，有的证券公司在利益的驱动下，合规意识出现动摇，合规管理制度和机制得不到有效执行，甚至流于形式，有的证券公司仍然将监管原则规定和起码要求作为本公司合规管理的最高标准，有的甚至连一般的监管规定也没有达到；在合规管理实践中，合规审查往往让位于业务扩张和竞争压力，事中合规检查不足，事后合规问责也不够重视。例如有的公司对从业人员买卖股票等行为的合规监测不到位或者监测到了异常情况也不制止，抱着法不责众的心态，听之任之，不了了之。

（二）风险管理水平落后于业务发展

证券公司全面风险管理的监管规定和自律规范早已出台，但是还有证券公司的全面风险管理的落实存在不到位的情况。风控人员的配备不足，风险管理体系存在不少漏洞。先进的风险管理工具、手段和方法普遍缺乏，多数证券公司没有真正建立全覆盖的风控系统和监测模型。随着业务范围的扩大，有的公司不顾自身风险管理水平和能力，分支机构设置层级过多，业务体系和组织架构不清晰，有的甚至脱离主业，涉足非金融业务领域，大大增加了风险管控的难度。近年来，证券公司自身个体风险受到高度关注，但对个体风险的外溢性关注却不够，反映出行业大局观不强，没有站在整个行业健康、持续发展的高度看待风险防范问题，对系统性风险的防范意识仍然不足。

三、证券行业下一步加强合规与风险管理的努力方向

随着我国资本市场的深入发展，市场将呈现出机构种类多、产品结构复杂、交易频率高、跨境流动快、风险传递快、影响范围广等特点。应对瞬息万变的市场所带来的合规与风险管理挑战，证券行业应始终将合规管理和风险控制贯穿于创新发展全过程，牢牢守住“依法经营、合规诚信”的生命线，加快适应并解决由于业务多样化、复杂化以及加强事中、事后监管等给证券公司带来的合规与风险管理的问题与难点，真正实现创新发展水平与风控合规能力的动态平衡。

（一）证券行业应当积极提高合规与风险管理能力

一是坚守法律法规底线，做好合规与风险评估认证，关注创新发展过程中合规与风险变化的新特点，确保创新发展在法律法规的框架内进行。二是要推行勤勉尽责的经营理念，充分调动业务部门合规与风险管理的自觉性和主动性，发挥业务部门对合规与风险的一线管理责任，全面落实适当性管理要求。三是综合运用合规监测、检查、问责等手段，提高业务合

规制度的执行力，完善部门之间的沟通、协调及合作机制，提高合规管理的有效性。四是重视监管沟通，积极寻求重大、疑难合规问题的指导意见，主动反映行业存在的共性问题，推动法治环境进一步适应行业发展需要。

（二）证券行业应完善风险量化指标体系，提高风险量化能力

对各类风险进行科学合理的量化，作为公司决策依据，依据量化结果调整资产组合，提高资本使用效率，推进管理流程再造。通过进一步提升量化管理能力，适应证券行业复杂多变的风险量化需求，实现从“干了再算”到“算了再干”的主动风险管理转变。一是完善指标分配机制，打造以风险为导向的风险资本配置制度。通过完善风险管理制度建设，实现财务预算、风险预算、资金配置与资本配置的有机结合。二是解决风险量化中估值模型评估检验、量化评估准确性、覆盖面方面的问题。结合实际情况，通过对计量模型的现状假设、参数、数据来源进行深入的验证、调整，优化完善风险计量模型，不断加强现代风险管理方法和技术研究，增强传统业务、传统风险之外的创新业务、复杂风险的量化能力，实现各类敞口的风险汇总，提升风险量化的覆盖面、细致度和准确性。三是完善压力测试的建设机制，对压力测试工具进行统一管理。建立分层压力测试机制，定期对所有业务、所有风险进行业务压力测试，通过压力测试结果分析梳理公司潜在的业务风险点，为证券公司决策、风险偏好、容忍度提供支持，并在资源配置、预算方面提供参考。

（三）证券行业应健全全方位覆盖、自动化、具有预警能力的合规与风险管理信息系统

全面风险管理最终必须借助完善的信息系统，从风险的识别、计量、预警、评估到最终形成风险报告，都需要强大的系统和数据作支撑。证券公司应扩大合规与风险管理信息系统覆盖范围，加强合规与风险数据资源的管理，不断提高合规与风险管理的精细化水平。

证券行业这五年：社会责任

王燕红　何　玲　臧赢鹏*

证券行业是国民经济发展和资本市场建设的重要参与者、推动者和受益者，认真贯彻落实中央各项方针政策和国家战略部署，履行社会责任，证券行业义不容辞，责无旁贷。近五年来，中国证券业协会（以下简称“协会”）在中国证监会党委领导下，积极发挥行业协会“自律、服务、传导”职能，持续引导行业加强社会责任建设，进一步提升行业整体素质，改善行业社会形象，实现行业平衡发展和进步。

一、协会积极引导行业社会责任建设

（一）加强舆论引导和行业履行社会责任状况评估

一是对行业履行社会责任状况进行评估。2012—2016 年，协会连续 5 年编制并发布《证券公司履行社会责任情况报告（2011—2015 年度）》，向公众全面揭示证券公司履行社会责任的情况，总结行业在履行社会责任工作中的有益经验，强化证券公司的社会责任意识。

二是加强舆论引导。与《中国证券报》《证券时报》等专业报刊、电视台及《当代金融家》杂志等媒体建立合作机制，加大对行业形象的宣传力度，加强行业与社会的对话、沟通。相继完成了深化证券发行制度改革、资信评级、纠纷调解、自律监察、证券行业发展报告、社会责任报告、诚信建设、创新大会等重要事项的宣传工作，取得了积极的社会效果。2015 年，协会被中国企业管理研究会社会责任委员会授予“行业公众透明度特殊贡献奖”。

三是组织培训交流。通过组织召开“证券公司履行社会责任专题座谈会”，制作适应行业特点的培训材料，在协会远程培训系统开展行业社会责任建设方面的培训课程等方式对证券行业履行社会责任现状、存在问题以及如何进一步提高行业履行社会责任工作的整体水平等内容进行深入交流。进一步完善行业建设概念，扩展行业发展内涵，促进会员单位参与社

* 作者单位：中国证券业协会。

会建设，对树立证券行业良好社会形象发挥促进作用。

（二）带头实施结对帮扶

根据中国证监会安排，2013 年，协会代表证券行业与山西省临汾市隰县、汾西县形成定点扶贫结对关系，为证券行业开展社会责任建设开辟新的领域，提供新的抓手。为建立便捷、通畅的公益资金运作渠道，2013 年 12 月 30 日，协会与中国扶贫基金会合作建立了证券行业扶贫专项基金（以下简称“基金”）。基金严格按照中国扶贫基金会有关制度及双方协议规定执行，由协会、中国扶贫基金会及基金捐赠方共同监督。基金目前已募集到位资金 1 000 余万元，全部用于帮扶工作。两年多的运行证明，证券行业扶贫专项基金对于规范捐赠行为及资金使用、降低行业捐赠成本、提升行业扶贫捐赠的积极性起到了重要作用，已成为证券行业定点帮扶工作的重要资金平台。

为进一步引导证券公司服务国家脱贫攻坚战略，2016 年 8 月，协会倡议每家证券公司至少结对帮扶一个国家级贫困县，通过组建金融扶贫工作站、管理人员挂职等方式与当地政府建立长效的帮扶机制，发挥专业优势，帮助县域内企业规范公司治理，以产业扶贫为主导，提高贫困地区利用资本市场促进经济发展的能力；结合当地建档立户贫困户实际，采取多种措施，帮助解决当地贫困户就业、就学、就医等实际困难。截至 2017 年 3 月，已有 90 家证券公司确定对口帮扶 155 个国家级贫困县，在证券公司数量（母公司口径①）中占比已达 93%。其中 44 家公司增至“一司多县”；帮扶范围覆盖了 22 个仍存在扶贫开发工作重点县的省、自治区、直辖市，不少证券公司积极克服距离困难，结对西藏、新疆、贵州等边疆省份；各证券公司因“县”制宜，通过设立扶贫工作领导小组、派驻挂职干部及建立金融扶贫工作站等多种方式，初步建立长效帮扶机制，帮扶效果初步显现。

（三）建立绿色公益榜、“双创”债发布机制

为贯彻落实党中央、国务院大力推进生态文明建设和创新创业的战略决策，服务绿色和创新发展，推动经济结构转型升级和经济发展方式加快转变，2016 年，协会按照发布绿色公益榜以及对承销“双创”债的证券公司正向激励的工作安排，对社会公众定期发布绿色公益榜及“双创”债承销排行榜，建立了证券行业正向激励机制。

二、证券公司积极履行社会责任

证券公司综合治理后，经过近几年创新发展，逐步回归金融服务本质。近年来，证券公司坚决贯彻落实党中央、国务院的各项方针政策，深入学习领会习近平总书记、李克强总理关于资本市场改革发展的一系列重要指示精神，全面落实中国证监会的各项监管措施和要求，行业综合实力显著增强，服务实体经济的能力不断提升，切实保护投资者合法权益，提升合规风控管理水平，并不断健全社会回馈机制，积极履行各项社会责任。

① 截至 2016 年 12 月底，证券公司合计 129 家。其中，母公司 97 家，全牌照子公司 2 家，证券经纪子公司 3 家，证券投行子公司 11 家，证券资产管理子公司 16 家。

（一）行业综合实力显著增强

近年，在金融改革和监管转型的大趋势下，证券行业迎来创新发展新阶段，全行业立足于传统业务，夯实根本，坚持创新，努力拓宽融资渠道，基础功能进一步完善，业务范围不断扩大，产品种类日益丰富，服务实体经济能力不断加强，实现了稳步发展。资本实力持续增强，抗风险能力有效提升，盈利水平显著提升。截至 2016 年底，129 家证券公司总资产达 5.79 万亿元，净资产 1.64 万亿元，全行业营业收入达 3 279.94 亿元，实现净利润 1 234.45 亿元。

（二）社会责任理念逐步完善

自 2011 年协会发布首份证券公司社会责任报告至今，证券公司逐步树立起完善的社会责任理念，社会责任意识及管理水平均显著提升。据统计，超过 80% 的证券公司建立了履行社会责任的相关配套制度和目标，2/3 以上的证券公司通过发布独立社会责任报告或在年报中设置专门章节，向社会公众披露公司社会责任履行情况。部分证券公司还通过设立公益基金、成立志愿者服务队等方式，不断探索完善社会责任管理手段。

（三）支持实体经济投融资能力不断提高

2016 年，证券公司完成 248 家企业 IPO 融资，融资规模 1 633.56 亿元，分别同比增长 12.73% 和 3.50%。完成 796 家上市公司的再融资发行，融资规模 16 978.28 亿元，同比增长 90%。完成“新三板”市场新增挂牌公司 5 034 家，融资 2 892.04 亿元，分别同比增长 41.52% 和 137.80%。全年在交易所债券市场共承销发行公司债券 2.88 万亿元，发行资产支持证券 4 061 亿元。比较典型的有东方花旗证券有限公司探索医疗行业应收账款资产证券化，助力实体经济“去杠杆”，于 2016 年 9 月帮助国药器械发行“国药器械应收账款一期资产支持专项计划”，并在上海证券交易所挂牌，成为国内首单医疗行业应收账款资产证券化项目。第一创业摩根大通证券、长城证券作为独立财务顾问，积极推动冀东水泥以发行股份及支付现金购买资产的方式，完成了与金隅股份的战略重组，进一步化解京津冀区域内水泥企业的过剩产能。国泰君安证券为支持新疆碳交易发展，帮助位于新疆哈密地区的大型风力发电并网项目成功获得 CCER（中国核证自愿减排量）项目备案，预计为该项目业主在项目运营期内带来每年约 60 万吨 CCER 收益（约 1 000 万元人民币价值）。中信证券和中信建投联合主承销的中国长江三峡集团公司 2016 年绿色公司债券，是当年发行规模最大的绿色公司债券，获得上海证券交易所 2016 年度最佳绿色债券项目，是以金融方式促进实体经济绿色发展的重要成果。

（四）客户服务体系日臻完善

随着经营理念由“以产品为中心”转变为“以客户为中心”，证券公司更加注重客户需求、体验和黏性。通过升级客户服务体系，以网络媒体自动推送和人工服务相结合的方式为客户提供金融投资与资讯服务，优化客户服务流程和客户接触方式，加强客户信息保密与资费透明工作，提高客户投诉处理能力，创新纠纷调解方式，开展投资者教育与“打非”工作，保障交易系统安全。

（五）社会回馈机制不断健全

近三年，证券公司用于回报社会方面的资金投入合计达近 20 亿元，主要用于扶贫助困、抗震救灾、投资者教育、环境保护等方面。截至 2016 年底，近半数证券公司独立或与其他机构联合设立了用于各类公益慈善活动的非公募基金或基金会；30 家证券公司成立了志愿者服务队伍；60 余家公司已初步建立了社会回馈的内部工作机制，在管理制度、资金来源、资金使用、人员支持、项目甄选、后期评估等方面均初具雏形。此外，证券公司普遍倡导绿色办公理念，践行低碳环保经营，降低能源消耗，积极建设资源节约型企业。

（六）积极服务国家脱贫攻坚战略

2016 年，证券公司在结对帮扶的基础上，深入贯彻落实《中国证监会关于发挥资本市场作用服务国家脱贫攻坚战略的意见》（以下简称《意见》）精神，在支持贫困地区融资、产业扶贫、公益扶贫、智力扶贫等各方面取得积极进展，并涌现出一批优秀典型。一是加大贫困地区融资服务力度。据初步统计，证券公司发挥专业优势，全年帮助贫困地区企业融资金额达 446. 57 亿元。其中，通过主板首次公开发行股票并上市、股票定向增发、并购重组 3 个项目，为贫困地区企业融资 42. 33 亿元；通过全国中小企业股份转让系统开展股权融资项目 31 个，为贫困地区企业融资 34. 33 亿元；通过区域性股权市场开展融资项目 40 个，融资 49. 75 亿元；为贫困地区企业发行债券融资项目 39 个，融资 286. 20 亿元；为贫困地区企业发行资产管理计划 12 个，融资 33. 96 亿元。二是提升贫困地区产业发展能力。产业扶贫是实现扶贫方式由“输血”到“造血”自救的根本性转变，是贫困地区彻底摆脱贫困的根本举措。证券公司深入调研，找准路子，通过培育特色产业、推广特色产品、设立产业基金等方式，帮助贫困地区走上产业发展之路。期间，根据精准脱贫阶段的新形势新特点，创新了不少帮扶模式。三是普及资本市场发展理念。因观念带动和模式变化带给贫困地区的帮助远远比直接的经济资助价值大得多。2016 年，证券公司通过发挥营业网点带动作用、开展资本市场培训教育活动等，着力提升贫困地区对资本市场的认识，增强利用资本市场促进自身发展的能力。在贫困地区开展资本市场教育培训活动近 200 场，4 万余人次接受了教育培训。四是广泛开展各项公益帮扶。证券公司在发挥自身专业优势、帮助贫困地区利用资本市场发展的同时，还积极开展公益捐赠，为贫困地区群众解燃眉之急。2016 年，证券公司向贫困地区捐款捐物金额达 8 984 万元，公益项目涵盖教育、基础设施建设、医疗等各方面。

三、今后重点工作

2017 年是“十三五”规划深化落实之年，下一阶段，协会将继续推动证券公司坚定合规经营的理念，发挥自身优势，更好地服务国家经济和社会发展。

一是积极参与供给侧结构性改革。随着供给侧结构性改革和国企改革的深入推进，跨行业、跨地区、跨所有制的产业并购重组将在“三去一降一补”中发挥重要作用。证券公司应积极拓展业务空间，推进产业整合，创新并购重组方式，丰富并购重组支付手段，通过资产注入、引入战略投资者、吸收合并等多种方式做优做强，更好地支持经济结构转型和产业升级，把服务实体经济落到实处。

二是积极帮助贫困地区通过多层次资本市场助力经济发展。证券公司作为多层次资本市场的参与者、建设者，应为贫困地区各类企业特别是中小微企业提供上市、挂牌、交易、融资服务，助推创新创业活动，提高股权融资和资源配置效率，支持当地企业特别是中小微企业发展。

三是积极支持贫困地区 PPP 项目建设。PPP 是国际通行的投融资模式，是推进地方混合所有制改革、地方融资平台战略转型的重大举措。证券公司应发挥资本中介优势，严控风险底线，服务社会资本投资于地方基础设施建设，为改善贫困地区社会经济发展基础条件提供支持。

四是积极服务绿色发展。证券公司要利用绿色债券、绿色发展基金等金融工具和相关政策为绿色发展服务，引导和激励更多社会资本投入绿色产业，同时有效抑制污染性投资。协会将对证券公司发行绿色债券及绿色资产证券化产品进行统计，拟定期发布“绿色公益榜”，鼓励、督促证券公司积极服务于国家生态文明建设。

五是积极履行脱贫攻坚责任。继续深入推进证券公司“一司一县”结对帮扶行动。组织动员证券公司加大落实结对帮扶工作任务，切实贯彻落实《中国证监会关于发挥资本市场作用服务国家脱贫攻坚战略的意见》，加大服务脱贫攻坚力度，重点依托多层次资本市场建设，聚焦精准扶贫、精准脱贫，充分发挥证券行业人才优势、智力优势、资源优势和资本优势，形成金融扶贫和证券行业扶贫特色，切实增强扶贫对象和贫困地区自我发展能力，推动“精准扶贫、精准脱贫”取得实效。

证券行业这五年：思考与建议

王惠娟　徐子凌*

一、创新发展的主要经验

（一）发展才是硬道理

现代投资银行是货币资本与人力资本相结合的产业。资本实力在很大程度上决定了证券公司的市场竞争地位、抗风险能力与未来发展潜力。证券行业只有做大做强，才能提升在资本市场和服务实体经济中的实力、地位和影响力。近年来，证券公司积极响应中国证监会鼓励进一步扩充资本的号召，建立健全资本管理机制，拓宽资本补充渠道，通过境内外上市、增资扩股、发行次级债等方式补充资本，并不断提高资本质量，强化资本约束。证券公司不论资本实力、资产规模，还是资产质量或业务能力都显著增强，与国际投行的差距也在逐步缩小。这些巨大变化，正是行业一心一意谋发展的结果。证券公司只有发展壮大起来，才能更好地提供各项中介服务、满足实体经济日益多元化的需求。发展是第一要务，壮大整个证券行业，依然是今后继续坚持的方向。

（二）坚定不移地深化改革开放

习近平总书记说，改革开放是当代中国发展进步的活力之源，是决定当代中国命运的关键一招。在证券行业亦是如此。近几年证券行业取得了显著的进步，一方面，受惠于各项改革措施和简政放权的深入推进，行业摆脱了不少束缚，极大地释放了行业活力；另一方面，随着对外开放步伐的不断加快，证券行业在“引进来”和“走出去”过程中，加强了与国际一流投行的沟通交流，深化了各项业务合作，在发展理念、服务思维、管理经验、企业文化方面也受到了启发和借鉴，证券公司不断开拓国际业务，国际化视野不断提升。这些都使我国证券行业在逐步适应开放、竞争、包容、合作的国内国际环境，证券行业在我国经济社

* 作者单位：中国证券业协会。

会生活中的地位也有了明显提高。

（三）坚守中介服务本源

证券公司是资本市场最重要的中介机构，满足客户的投融资需求、维护资本市场的健康运行和稳定发展的能力和实效，是证券公司核心竞争力的重要体现。近五年的创新发展大大拓展了证券公司在多个业务领域发展的空间，但总体而言，大部分业务领域都是中介服务领域，行业整体仍然保持了中介服务为主的格局。不论是经纪业务中的代理买卖和代销金融产品，投资银行业务中的证券承销与保荐、并购重组财务顾问，还是资产管理业务以及融资融券和质押式回购等资本中介业务，证券公司都履行着中介服务的职责。证券公司一直充当着直接融资的主要提供者，资产、财富与风险的管理者，交易和流动性的提供者等角色。坚守了“中介服务”这一立身之本，证券公司才能发挥出金融服务的专业优势，才能显示出专业服务能力和核心竞争力。

二、值得反思的主要问题

（一）服务实体经济和国家战略的作用未充分发挥

近五年的创新发展总体上强化了证券行业对实体经济的服务功能，但证券公司在扩大直接融资规模，解决企业“融资贵、融资难”的问题上，尚未找到根本途径，资源优化配置的手段依然有限。在服务实施“一带一路”、建设京津冀协同发展、长江经济带发展等方面，证券公司未能提供具有重大创新性的产品、服务和方案。多数证券公司的资管业务以通道业务为主，尽管管理规模庞大，但自身的资产管理能力却并未得到提升，大量的通道业务使融资在一定程度上演变为金融系统内的自我循环，并没有真正为实体经济服务；有的甚至假借创新之名，实为规避监管或进行监管套利。

（二）“以客户为中心”的理念未牢固树立

近年来，随着竞争的加剧，证券公司“以客户为中心”的服务理念逐步得到重视，在加强适当性管理、提升客户体验方面也进行了诸多尝试，如通过网上开户等服务为投资者提供便利等，但在全面了解客户并提供相匹配的产品和服务方面仍不同程度地存在不规范、不尽责的现象。如在对客户进行分类方面，仍简单套用监管部门制定的最低标准，未能利用大数据的搜集与挖掘等先进手段，对客户进行科学合理的分类；在介绍产品和揭示风险方面，个别证券公司为争抢客户资源，对产品的性质和风险程度揭示不全面，甚至存在误导性宣传。此外，证券公司对自身的经营风险重视度明显提高，但是对客户的风险提示和风险管理却未能引起重视。2014 年底开始，股票市场指数不断走高，部分证券公司不断扩大融资融券业务、收益互换业务，增强了顺周期效应，甚至违规通过外部系统接入等方式给客户场外配资和加杠杆提供服务和便利，直至股市发生异常波动，尽管证券公司自身风险得以总体控制，但不少客户却受到重大损失。

（三）合规管理能力有待进一步加强

证券行业经过综合治理之后，监管部门和自律组织出台了一系列合规管理规定，行业合规管理体系初步建立，合规管理体制、机制从无到有，合规意识得到提高，行业合规经营状况得到改善。但是随着创新发展的不断深入，有的证券公司在利益的驱动下，合规意识出现动摇，合规管理制度和机制得不到有效执行，甚至流于形式，有的证券公司仍然将监管原则规定和起码要求作为本公司合规管理的最高标准，有的甚至连一般的监管规定也没有达到；在合规管理实践中，合规审查往往让位于业务扩张和竞争压力，事中合规检查不足，事后合规问责也不够重视。例如有的公司对从业人员买卖股票等行为的合规监测不到位或者监测到了异常情况也不制止，抱着法不责众的心态，听之任之，不了了之。

（四）风险管理水平落后于业务发展

证券公司全面风险管理的监管规定和自律规范早已出台，但是还有证券公司全面风险管理的落实还存在不到位的情况。风控人员的配备不足，风险管理体系存在不少漏洞。先进的风险管理工具、手段和方法普遍缺乏，多数证券公司没有真正建立全覆盖的风控系统和监测模型。随着业务范围的扩大，有的公司不顾自身风险管理水平和能力，分支机构设置层级过多，“三世同堂”“四世同堂”又现苗头；有的因人因项目设公司，业务体系和组织架构不清晰；有的甚至脱离主业，涉足非金融业务领域，大大增加了风险管控的难度。近年来，证券公司自身个体风险受到高度关注，但对个体风险的外溢性却关注不够，反映出行业大局观不强，没有站在整个行业健康、持续发展的高度看待风险防范问题，对系统性风险的防范意识仍然不足。

（五）自主创新能力依然不足

近几年我国证券行业出现的新产品和新业务大多基于境外成熟市场产品的模仿，原创性产品和业务不多，反映出自主创新能力依然不足。创新的动力主要来自监管部门的行政推动，创新的路径大致为允许试点、扩大试点直至全面推广转常规。因此，大多数创新的成果，无异于监管改革的红利。创新的主动性不够，原创性不强，没有发挥出自身的专业优势和行业特色。

（六）自律管理存在不适应的情况

近年来，在政府简政放权的大背景下，监管部门积极推进监管转型，监管重心从事前审批为主转为加强事中、事后监管，取得了积极效果。但也存在重视了“放松管制”，忽视了“加强监管”，事前审批放宽了，事中、事后自律管理没有跟上的情况。在行业创新发展过程中，创新业务的自律规则尚未建立完善，旧规则的“废”“改”与新规则的“立”衔接不够。有的新规在征求意见阶段就已被广泛遵循，有的试点尚未得到总结就已全面推开，有的自律规则存在执行不力的情形，影响了自律效力。

三、意见及建议

党的十八大明确提出实施创新驱动发展战略，中共中央、国务院于 2015 年 3 月 23 日印发的《关于深化体制机制改革 加快实施创新驱动发展战略的若干意见》明确指出，要强化金融创新的功能，培育壮大创业投资和资本市场，形成各类金融工具协同支持创新发展的良好局面。习近平总书记也曾指出，在“创新、协调、绿色、开放、共享”五大发展理念中，创新发展理念是方向、是钥匙，创新发展居于首要位置，是引领发展的第一动力。在新的历史时期，如何以创新引领发展，进一步发展壮大，值得整个行业深思。

（一）处理好创新发展与加强监管的关系

创新发展与加强监管相辅相成。证券行业创新发展，不是摒弃监管，而是要加强监管。坚决贯彻稳中求进的工作总基调，坚持问题导向、底线思维，监管部门明确底线标准，在符合底线要求之上，鼓励支持创新，允许容错试错；突破底线的，坚决严肃查处。证券公司的创新不能脱离服务实体经济的本质，要在服务供给侧结构性改革、经济结构转型升级、国家“一带一路”等方面下功夫。在资本市场发展的不同阶段，创新各有侧重，监管也应同步跟进，达到监管服务创新、创新推动监管的效果。

（二）坚持市场主体的自主创新

证券公司是市场的主体，也是创新的主体。市场竞争激发市场主体的创新活力。在特定时期，行政推动行业创新是必要的，也是有效的，但是自上而下外在力量推动的创新是不可持续的。证券行业应主要依靠行业自身的力量和内生动力，以市场需求为导向，以自身能力为支撑，从实际出发，不断探索，不断创新，以谋求长期稳定健康发展。

（三）保持合规风控与创新发展的动态平衡

谁创新、谁负责、谁担风险。证券行业的创新在任何时候都要与合规风控齐头并进，并在实践中保持动态平衡。创新发展和合规风控是行业和证券公司健康、稳定前进的两个轮子，只有这两个轮子平稳向前，才能发展得更稳、前进得更远。证券公司开展创新业务应当经过业务部门、合规、风控等多部门论证及评估，并严格执行合规管理和风险控制等规章制度，同时，根据风险控制指标的变化情况对业务结构和规模适时调整，及时监测监控在市场极端情况下可能出现的风险并制订应急处理预案，确保创新业务在风险可测、可控、可承受的前提下开展。

（四）高度重视科技进步对行业发展的引领作用

科技已经成为经济发展的重要推手。创新驱动发展，科技创新是第一位的创新。一个行业如果不及时、不善于运用科技创新的成果，将使整个行业落后于时代。在金融领域，金融科技（Fintech）正在引发传统商业模式的颠覆性变革。运用金融科技手段进行不同程度的金融产品与服务创新，是未来金融行业提升服务能力的重要发展方向。我国证券行业对科技的运用近年来取得了一定成效，但是应用的深度还远远不够。下一步应当继续鼓励证券公司继续探索互联网证券服务新模式，利用互联网技术寻找发掘服务需求、整合服务资源、提高服务效率、降低服务成本的方法；探索人工智能技术在证券领域的应用，促进行业向高效化、智能化转型。

（五）加快证券公司国际化，努力打造证券行业的“国家队”

随着2012年党的十八大召开及2013年“一带一路”倡议的提出，人民币国际化和资本市场开放力度加大，为服务国内企业“走出去”和居民财富全球配置的需要，也为适应资本市场对外开放的新态势，我国证券公司更应加快国际化步伐。建议继续鼓励和支持中资证券公司走出去，通过设立分支机构、收购兼并等方式，开展跨境业务，强化境内外业务联动协同，搭建国际化金融服务平台，增强国际竞争力。在证券公司服务“一带一路”等方面给予战略引导和政策扶植；进一步加强与各国监管当局的沟通和合作，消除证券公司海外业务面临的政策障碍和风险，为证券公司走出去创造稳定的政策环境。证券公司应当朝着打造“国家队”的目标，向国际一流投行看齐，紧跟行业发展前沿趋势，补齐短板、迎头赶上。

我国证券公司提升竞争力研究

王小军 关 竹*

一、证券行业发展历程与现状

经过多年的发展，我国资本市场在国际上的地位有所提高，2017 年 6 月 21 日，A 股成功纳入 MSCI 指数。随着资本市场改革的逐渐深入，证券行业正处在快速增长的历史机遇期，券商综合转型步伐不断加快，但利率市场化进程的加快、互联网金融影响的扩大以及监管环境的进一步趋严，对行业的经营管理和盈利能力也造成不同程度的影响。目前行业专业化和差异化发展趋势愈发明显，竞争格局正在发生深刻变化。

截至 2017 年 6 月底，中国证券行业共有 129 家券商，证券行业总资产 5. 81 万亿元，净资产为 1. 75 万亿元，净资本为 1. 50 万亿元；129 家证券公司当期实现营业收入 1 436. 96 亿元，实现净利润 552. 58 亿元。从收入总量来看，我国证券行业已经具有一定规模，但是与发达国家相比仍然存在差距。

（一）资产规模方面

截至 2016 年底，我国证券行业的总资产和净资产占当年 GDP 的比重分别为 7. 78% 和 2. 21%，同期美国这一比值为 162. 28% 和 11. 26%。甚至，美国排名靠前的几个大型证券公司资产规模基本相当于整个中国证券行业的资产规模。可以看出，不论是总资产还是净资产，占 GDP 比重均较美国证券行业有较大差距，差距的主要原因在于我国证券公司杠杆率低于美国证券行业。

（二）营业收入方面

2008—2015 年，我国证券行业营业收入占当年 GDP 的比重从 0. 4% 上升至 0. 84%，

---

* 作者单位：信达证券股份有限公司研究开发中心。原载于《中国证券》2017 年第 12 期。

2016 年受行情影响下滑至 0.44%，而 2016 年仅摩根大通、摩根士丹利和高盛三家证券公司的收入占当年 GDP 的比重已达到 0.84%。从这一比例来看，我国证券行业的收入规模增长较快，但收入占 GDP 的水平与美国相比仍有差距。

（三）盈利模式方面

受佣金自由化的影响，美国各家证券公司纷纷建立不同的盈利模式以开拓市场，提升竞争力。例如，美林证券凭借理财顾问模式长于卖方资管业务，高盛则以出色的并购能力，稳居全球并购交易第一把交椅。对比海外券商的盈利模式，我国证券行业仍停留在依靠经纪业务为主的盈利模式。即使作为行业发展较为领先的上市券商，收入结构也与海外大型券商存在差异，仍以经纪业务为主，自营业务和资本中介业务次之。

此外，我国证券公司的业务发展过于单一，在服务上并未深度挖掘客户需求，缺乏自身的核心竞争优势。以通道业务为例，2016 年证券期货行业资管业务以被动管理（通道业务）为主：主动管理占比为 34.9%，被动管理占比 65.1%。券商资管业务结构中主动管理规模占比为 28.5%，远低于行业整体水平。

我国证券行业发展程度低、资产规模偏小、业务结构失衡等，因此证券公司竞争力的提升主要是围绕以上方面开展。竞争力提升既是我国证券公司目前亟须解决的问题，也是证券公司未来发展战略的主要方向。

二、证券公司亟须提升竞争力

与发达国家的投资银行相比，我国证券行业规模仍然差距很大。从主要发达国家的发展路径来看，除德国之外，美国、日本、英国等国的证券业起步阶段业务同质化程度均较高，发展到一定程度均会出现分化，并且随着分化的加剧，整个行业愈加呈现出强者恒强的态势。具体表现形式为：大券商并购小券商，拥有大部分市场占有率；小券商采取差异化发展战略，发展优势业务在市场中获得一席之地。从而形成大型综合券商与特色化小券商共同竞争的局面。

一方面，随着我国证券行业竞争格局的不断发展，不论是营业收入还是市场份额，综合性大型券商地位十分稳定，中小券商很难打败现存的大型券商进入行业前列。未来，大型券商凭借自身的人才、技术和资金优势，竞争优势将更加明显，证券行业市场集中度将进一步提升，中小券商的市场份额将进一步被挤压，生存状况堪忧。另一方面，我国证券行业近几年来得到政策支持，资本市场持续推进，创新类业务得以快速发展，如 2012 年的融资融券业务、2015 年的新三板业务，都成为证券行业重要的业务收入来源。创新业务的层出不穷，不仅拓宽了证券公司的业务经营范围，还有助于改变证券公司收入结构单一的模式，实现证券公司的差异化发展。

三、证券公司竞争力现状

（一）衡量竞争力指标：证券公司分类评级管理办法

2017 年 7 月，中国证监会发布修订后的《证券公司分类监管规定》（以下简称《监管规定》)，对相关评价指标结合行业实际和监管需要进行优化，完善合规状况评价指标体系，强化风险管理能力评价指标体系。减分项目包括公司被出具警示函、责令公开说明等处罚事件，其中公司被实施暂停业务许可行政处罚，或者董事、监事、高级管理人员因对公司违法违规行为负有责任被采取终身市场禁入的，每次扣 8 分；加分项目则主要围绕证券公司市场竞争力设定相应指标。

《监管规定》维持分类监管制度总体框架不变，主要围绕证券公司风险体系的搭建以及各项业务的发展等方面展开，可以作为证券公司未来发展方向上的重要依据，下文把《监管规定》所设置的指标作为证券公司竞争力的主要衡量标准。

（二）考察指标的选择

《监管规定》中各加分项和减分项主要涉及公司业绩、业务发展和风险控制三大方面、共 11 类指标，作为证券公司竞争力的衡量指标（见表 1）。

表 1　《监管规定》涉及主要监管指标梳理

序号	涉及考核方面	考核年度	监管指标	行业排名/对应分值	行业排名/对应分值	行业排名/对应分值
			公司业绩			
1	盈利能力	上年度	营业收入	前 5 位/2 分	前 10 位/1 分	前 20 位/0.5 分
2	盈利能力		净资本收益率	净利润为正且成本管理能力行业前 5 位/2 分	净利润为正且成本管理能力行业前 10 位/1 分	净利润为正且成本管理能力行业中位数/2 分
3	成本控制能力	上年度	净利润与成本管理能力			
			业务发展			
4	经纪业务（择优加分）	上年度	代理买卖证券业务收入、营业部平均代理买卖业务收入	代理买卖证券业务收入前 5 位/2 分；同时营业部平均代理买卖业务收入位于行业中位数以上	代理买卖证券业务收入前 10 位/1 分；同时营业部平均代理买卖业务收入位于行业中位数以上	代理买卖证券业务收入前 20 位/0.5 分；同时营业部平均代理买卖业务收入位于行业中位数以上
		上年度	营业部平均代理买卖业务收入	前 5 位/2 分	前 10 位/1 分	前 20 位/0.5 分
5	投行业务	上年度	承销保荐业务与财务顾问业务收入	前 5 位/2 分	前 10 位/1 分	前 20 位/0.5 分
6	资管业务	上年度	资管业务收入	前 5 位/2 分	前 10 位/1 分	前 20 位/0.5 分
7	研究业务	上年度	机构客户投研业务/经纪业务收入比例	40%/2 分	30%/1 分	20%/0.5 分
8	境外业务	上年度	境外子公司证券业务收入/营业收入	40%/4 分	30%/3 分	20%/2 分

续表

序号	涉及考核方面	考核年度	监管指标	行业排名/对应分值	行业排名/对应分值	行业排名/对应分值
9	新业务		指标由中国证券业协会确定	前 5 位/2 分	前 10 位/1 分	前 20 位/0.5 分
风险控制						
10	风控指标	最近两三个评价期	包括净资本、风险覆盖率、资本杠杆率、流动性覆盖率、净稳定资金率等	持续达标 2 个评价期加 2 分	持续达标 3 个评价期加 3 分	
11	净资本		净资本超过标准 10 倍及以上	每超过 1 倍加 0.1 分，最高加 3 分		

资料来源：信达证券研发中心整理。

1. 公司业绩

营业收入、净资本收益率、净利润与成本管理能力。

2. 业务发展

经纪业务（代理买卖证券业务收入、营业部平均代理买卖业务收入）；投行业务（承销保荐业务与财务顾问业务收入）；资管业务（资管业务收入）；研究业务（机构客户投研业务/经纪业务收入比例）；境外业务（境外子公司证券业务收入/营业收入）。

3. 风险控制

主要风控指标（净资本、风险覆盖率、资本杠杆率、流动性覆盖率、净稳定资金率）；净资本超过标准倍数。

（三）证券公司竞争力现状

1. 综合大型券商优势显现

从中国证监会公布的 2017 年证券公司分类评级结果来看，97 家证券公司无一公司取得 AAA 评级，仅有 11 家公司获得 AA 评级，29 家为 A 级公司。从评级结果来看，综合性大型券商优势开始凸显：获得 AA 评级的证券公司除华融证券外，均是综合大型券商，其获得高评级主要得益于其强大的资本实力和领先的业务地位。而此次华融证券获得 AA 评级则代表了具有业务优势的中小券商可依靠强项挤入高评级范围。

2. 11—20 位券商竞争更激烈

此外，我们统计了在 Wind 披露数据的 69 家证券公司的收入市场份额：2017 年上半年其各项业务，前 10 名证券公司的市场份额除了证券承销业务同比有所上升外，其余较 2016 年同期均下滑；而 11—20 名证券公司恰恰相反，代理买卖证券业务净收入和受托客户资产管理业务净收入的市场份额同比均小幅上升，承销业务净收入小幅下滑（见表 2）。从内部排位来看，前 10 位的券商排位变动幅度不大，而 11—20 位券商的变动幅度较大，竞争程度更为激烈。

表 2　**证券行业主要业务净收入前 10 位与前 20 位的市场份额**　（单位:%）

主要业务净收入	时间	
代理买卖证券业务净收入	2017H1	2016H1
11—20 位市场份额	22.90	22.14
CR10	49.79	51.21
CR20	72.69	73.35
证券承销业务净收入	2017H1	2016H1
11—20 位市场份额	21.28	22.31
CR10	50.35	44.34
CR20	71.63	66.65
受托客户资产管理业务净收入	2017H1	2016H1
11—20 位市场份额	17.85	16.58
CR10	60.06	64.46
CR20	77.91	81.04

资料来源：中国证监会，信达证券研发中心整理。

预计未来证券行业仍将延续这一趋势，即证券公司前 20 名的集中度仍将继续上升，11—20 位的部分券商将凭借优势业务进一步提升市占率；前 10 名的证券公司份额变动不会太大，相对排名或发生变化。

四、上市证券公司竞争力提升建议

（一）证券行业发展趋势

证券公司竞争力的提升应时刻紧盯政策环境的变化，采取不同的策略提升竞争力。从证券行业的发展趋势来看，目前证券行业主要呈现以下 5 个特点：

1. 盈利更依赖资本，牌照优势逐步减弱

根据 2016 年 10 月起正式施行的《证券公司风险控制指标管理办法》，净资本规模不足成为不少券商发展的短板。因此，在证券行业竞争的过程中，净资本对证券公司起到重要作用。

证券公司的盈利模式逐渐由传统的通道驱动向资本驱动过渡，目前存在两者并重的局面，随着市场拓展与交易模式的变革，资本驱动收入将进一步扩大；通道经纪业务走向财富管理业务，表外资产管理规模成为稳收益的重要来源。

2. 投资者机构化时代来临

投资者从散户向机构转型，投资环境将更为理性，交易活动走向多样化，金融工具更为复杂。此外，股市波动性将降低，财富管理市场也会向成熟发展。资本市场的发展与市场深度、投资产品以及机构投资者的参与度有关。近年来，海外投资者的参与度明显提高，国内资产管理行业正快速成长，养老金入市也提升了机构投资者的参与度。统计表明，目前各类机构投资者持有 A 股市值已达总市值 60% 以上，机构投资者已成为证券市场的主导力量。

3. 资本市场国际化将大幅提高

习近平同志指出，要扩大金融对外开放，积极稳妥推动金融业对外开放，推进“一带一路”建设金融创新，搞好相关制度设计。短期来看，券商可能促进跨境二级市场交易的发展。而且，受“一带一路”等政策的影响，中国企业到海外投资、发展海外业务的途径有所增加，这无疑给券商带来了不少机会，券商可提供财务咨询、投资和承销服务。

4. 融资功能日趋重要

随着经济规模的日益扩大和居民收入的不断提升，多元化投融资理财需求日益显现。既有不同形式、处于不同发展阶段的企业蓬勃发展，提出了不同的融资要求，对外投资增长和企业资产配置全球化，对专业服务需求增大；也有广大居民财富的迅速增长，提出了多样化的投资理财需求。资本市场及行业创新改革，将有望在多层次资本市场、私募产品、提高杠杆率等方面取得进一步突破。

多项政策出台强化证券公司融资功能。国务院明确提出，“十三五”时期，应着力加强多层次资本市场投资功能，优化企业债务和股本融资结构，使直接融资特别是股权融资比重显著提高。2017 年的金融工作会议更是将融资功能提升至重要位置。根据“十三五”的目标规划，预计到 2020 年，非金融企业直接融资占社会融资规模的比重将提高到 25% 左右，债券市场余额占 GDP 比例将提高到 100% 左右。

5. 财富管理需求日益增加

互联网技术的进步、行业竞争的加剧，使得经纪业务交易佣金费率连年下降。未来随着市场的进一步发展，证券交易佣金费率将完全市场化，手续费可能仅维持在成本线左右。因此，加快经营模式的转型，不断提高财富管理、产品销售、资本中介等服务收入，延缓或弥补通道收入的损失，是经纪业务发展的重要方向。同时，居民财富的大幅增长带来了巨大的财富管理需求，财富管理将成为金融发展的主旋律。

（二）证券公司提升竞争力的主要方式

1. 从牌照到服务，优化盈利模式

2012 年之前，券商主要是依靠金融业务牌照，搭建一个平台，提供传统通道服务，或者使用很少的自有资金进行自营投资，基本不存在利用杠杆等金融工具去开展业务的情况，整体来说，开展的中间业务不需要消耗资产，表内资产较少。2012 年以后，随着证券自营、资本中介和直接投资业务规模的快速发展，证券公司的收入中来自与资产负债表相关收入（交易与投资 + 利息净收入）的比例越来越高，表内资产规模越来越大。我国证券公司应向创新服务模式转变，优化盈利模式。针对券商自身的特点及优势，选择合适的战略规划，不断开拓创新业务、创新盈利方式和优化业务结构，进行差异化经营，以解决行业同质化严重的现象，提升核心竞争力。

2. 改善收入结构，培育核心优势

通过对比收入结构，美国投行的管理费收入、金融产品销售收入占比相对较高，经纪佣金占比相对较低。通过纵向比较发现，即使是我国不成熟市场，先进券商的管理费收入、金融产品销售收入占比也在逐步提高。可见，从通道经纪业务走向财富管理确实是趋势，这和居民理财的多样化和专业化以及行业竞争态势息息相关。考虑到证券行业的业务模式和监管环境立场将逐渐发生变化，未来行业竞争格局也将发生变化，有一定规模、品牌价值和针对性业务的券商将能够较好地适应转变。

从美国大型券商的经营来看，其核心优势之一在于为客户管理资产，帮助其投资理财。证券公司买方业务的客户导向性特征进一步强化，以满足客户需求为基础的买方业务形式已经扩展到中介型资本业务和收益型资本业务两大类。经过几年的发展，我国证券公司的投资业务已经取得较好的发展，积累了一定的经验。随着我国可投资范围的逐步放开，借鉴国外投行的发展经验，我国证券公司应当采取适合公司发展的盈利模式，积极建立自身的优势，打造品牌效应。

3. 关注海外业务与机构业务

从行业发展来看，国际化与机构化是我国资本市场必然的发展趋势，证券公司作为资本市场的深入参与者，应当把海外业务和机构业务作为重点发展领域，提升自身竞争力。

FICC 业务范围包括代理买卖交易业务、做市业务，以及为满足客户风险控制、投资等需求创设相关的金融产品，券商从中赚取佣金、价差收入和产品溢价。从国外投行的经验来看，FICC 业务具备较高的利润贡献率，且具有为不同类型的客户提供流动性和风险管理功能，满足客户多元需求，从而在客户产生外汇、利率等投融资需求时提供一体化的服务。

随着各类金融创新的涌现和金融机构的蓬勃发展，机构业务综合需求的种类和规模增加较快，特别是上市公司及其股东、保险资产管理公司、投资公司、国企及其财务公司等大型机构在行业研究、项目投融资、财务顾问等方面的需求增长，乃至公募基金通过专户基金、基金子公司也在谋求资产管理业务发展和转型。市场趋势表明，以完成单一业务为目标的业务模式已不能满足客户需求，券商的业务盈利也在减少。以客户需求为中心，以点及面地做好、做全机构客户综合服务是未来机构业务的发展所在。

参考文献

[1] 吉娴. 我国证券公司竞争力研究 [D]. 广东: 广东外语外贸大学, 2006.

[2] 邓泽源. 我国上市证券公司竞争力研究 [D]. 广西: 广西大学, 2015.

[3] 武飞. 中国证券公司核心竞争力评价及管理建议 [J]. 中国流通经济, 2013 (04): 116—123.

[4] 陈吉. 我国证券公司盈利模式研究 [D]. 山东: 山东大学, 2012.

[5] 王益, 齐亮. 资本市场开放下证券公司竞争力的国际比较与中国的选择 [J]. 经济科学, 2003 (03): 70—82.

[6] 郝晨曦. 中国证券行业的竞争与发展 [D]. 四川: 西南财经大学, 2012.

[7] 陶诚. 证券行业竞争加剧状况下的券商盈利模式研究——基于国信证券经纪业务的案例分析 [D]. 四川: 西南财经大学, 2013.

[8] 赵龙斌. 我国证券公司之间竞争力比较的实证研究 [D]. 浙江: 浙江财经大学, 2015.

互联网视角下的证券行业组织发展研究

孙国雄　胡增永　陈德强　陈　栋　袁　汀　崔　凯*

一、前言

（一）研究目的与意义

近几年“互联网＋”概念持续火热。在互联网时代，几乎没有不被冲击的行业，只有冲击的程度大小和速度快慢不同，互联网浪潮对证券行业也不可避免地带来了深远的影响。互联网带来的变化是挑战，也是机遇。面对互联网时代，如何与时俱进，拥抱和掌握新的商业契机，而不是被颠覆或边缘化，是证券行业需要深度思考的问题。

为探讨此轮互联网浪潮对证券行业产生了哪些影响，这些影响背后的逻辑是什么，行业外部有哪些先进的组织变革经验，行业内部有哪些在组织转型方面已取得一定成就的实例，这些实践对证券行业组织发展的启示是什么，中国证券业协会（以下简称“协会”）人力资源管理专业委员会进行了专项研究，从组织发展的角度，探求互联网对证券行业的启发意义。一方面，学术界对互联网时代组织变革的研究成果较多，但这些研究多聚焦在对互联网行业的深度挖掘和传统行业领域的转型探索（如制造、零售、通讯等），对金融行业较少提及，对证券行业更是几乎从未涉足；另一方面，关于互联网对证券行业影响的研究主要以讨论业务转型为主，涉及组织维度的分析较少。协会希望通过本次研究，聚焦组织发展，总结提炼互联网带给证券行业的启发，给行业未来以展望。

（二）研究方法和内容

为全面了解证券行业在互联网背景下的企业组织变革情况，为证券行业提供参考和建议，本次研究采用文献查阅、实地调研和问卷调查相结合的方法。协会人力资源管理专业委员会围绕“互联网与组织变革”主题成立了课题组，于 2016 年 9 月至 10 月集中调研走访了

* 作者单位：孙国雄，陈德强，袁汀，兴业证券股份有限公司；胡增永，陈栋，崔凯，中泰证券股份有限公司。

6家在互联网转型领域具有成功经验的证券公司，包括华泰证券、广发证券、国金证券、平安证券、华融证券和东兴证券，实地考察了解这些公司组织管理和互联网业务发展现状，以及互联网给公司业务战略、组织发展等方面带来的影响，介绍互联网思维驱动的转型成功经验。另外还走访了互联网行业的龙头企业蚂蚁金服，了解互联网行业的组织文化和管理实践主流趋势。

课题组还在2015年证券行业人力资源调查问卷的基础上，设计了2016年证券行业人力资源调查问卷，调查内容补充了互联网业务发展及组织变革情况等维度，旨在了解2016年证券行业人力资源管理的现状全貌和热点趋势。调查问卷于2017年10月26日由协会发送给128家证券公司会员单位，于11月21日截止，共回收105份问卷，包括115家证券公司会员单位数据，证券公司覆盖率90%。

二、证券行业组织发展的历史沿革

我国证券行业经历了近30年的发展历程，从不成熟逐步走向成熟，伴随行业规模的扩大和业务类型的丰富，证券公司组织形态也逐步从简单转向复杂。总体来看，我国证券行业组织发展经历了初创、起步、规范发展以及创新发展四个阶段。

（一）初创阶段（1987—2000年）

新中国第一家证券公司成立于1987年，1990年沪、深证券交易所成立，开启了证券市场正式发展的历程。在初创阶段，证券公司数量较多、规模较小，组织形态相对灵活和松散。行业整体由政策驱动，业务规模较小，客户需求单一，基础技术设施比较落后，交易效率较低，证券公司服务半径受物理网点的制约难以拓展。这个阶段行业整体管理较为粗放，证券公司组织能力普遍十分薄弱，管理水平还不能适应业务发展的要求，行业隐藏着较大的风险隐患。

（二）起步阶段（2000—2008年）

2000年以后，随着《证券法》的全面实施，资本市场快速发展，《证券法》提出的分业经营、分类管理的要求，很大程度上改变了行业的竞争格局。在起步阶段，经过综合治理，在行业“洗牌”中生存下来的证券公司在组织建设上逐步规范。客户开始关注佣金水平，网上交易开始普及，交易通道不再稀缺，渠道获取和经营能力成为重要的组织能力，证券交易结算实现集中，证券公司部门设置向专业化发展，总部对下属分支机构管控力度提高，行业整体组织效率大为提升。

（三）规范发展阶段（2008—2012年）

随着行业综合治理的结束，证券市场基础性制度进一步完善，证券公司合规风控能力显著增强，行业开始进入规范发展阶段。在规范发展阶段，客户对专业化服务的要求不断提高，PC端办理业务的功能不断完善、体验持续提升，移动互联网的应用处于爆发的前夜。证券公司基于各自战略定位，做大资本规模，布局多元业务板块，组织架构也更加强调专业分工，合规和风险管理受到极大重视。这个阶段行业组织管理规范性和管理效率的重要性日益凸显，组织能力的高低决定企业之间竞争力的强弱。

（四）创新发展阶段（2012 年至今）

2012 年第一次证券公司创新大会的召开，标志着证券行业步入创新发展的新纪元，尽管 2015 年市场大幅波动引发了新一轮的监管规范，但行业中长期发展空间已经打开。在创新发展阶段，证券行业在激烈的同质竞争下，一方面，加大业务创新、技术创新来满足不断变化的客户需求；另一方面，通过管理创新整合各类资源，实现公司效率最大化。随着客户对综合金融服务的需求日益增加，以及在移动互联网技术高速发展的大背景下，移动端成为证券公司必争之地。在这个快速变化的阶段，组织运作如果基于公司过往成熟的业务逻辑，容易形成惯性和路径依赖，造成组织效率的损失，组织对市场变化的反应变慢，创新乏力。

总结上述四个阶段的历史沿革，证券行业的组织发展受三个因素的影响较大。第一是监管环境。监管对行业组织发展的影响主要体现在牌照和合规风控两个方面。鉴于证券公司业务实行牌照制，牌照决定业务资格进而决定组织设置；作为高风险行业，监管一直注重对合规风控的管理，从粗放管理、风险爆发，到清理整顿、综合治理，到分类监管、规范发展，再到当下有序推进、稳妥创新，行业统一规范的监管要求使证券公司的组织形式呈现出相对较高的同质性。第二是客户需求。从最初以单一交易通道为主，到对价格的关注，再到重视产品和服务，以及当下日益增长的综合金融需求，客户需求从被动到主动，从单一到多元，从买方的角度推动了行业业务和产品种类的丰富，以及配套的组织机制建设。第三是技术变革。随着科学技术的发展和信息手段的进步，证券公司的业务办理从最初的以现场和电话为主，到后来的 PC 端兴起，再到当下的移动端为王，业务办理的效率和客户体验大大提升，技术手段在很大程度上改变了证券行业的商业模式和组织形态，这个因素又尤其体现在对证券经纪业务的改造上。监管环境对行业组织发展的影响是相对短期的，客户需求的影响是中长期的，而技术变革的影响周期越来越短，且呈现出不可逆性。

三、证券行业组织发展面临的挑战

随着内外部环境的快速改变，证券行业的竞争愈演愈烈，行业组织发展面临着一系列新的挑战。一方面，在行业内部，大型证券公司先发优势和规模效应明显，抗风险能力显著增强，中小证券公司通过增资、上市努力做大规模，建立起在特定区域和业务方面的竞争优势；另一方面，银行、保险、信托等其他金融同业对证券业虎视眈眈，互联网巨头正在给传统证券业务带来颠覆性冲击，各路资本加入证券牌照之争，证券业对外开放和金融混业经营是大势所趋，证券行业面临着严峻的竞争压力和挑战。

目前证券行业的组织形态与传统企业相似，主要遵从层级制的组织模式，在组织架构上强调专业分工，在授权模式上强调集中管控，在激励模式上强调短期稳定，在组织文化上强调规范统一；另外基于行业特性，组织形态受到监管环境的影响较大。这样的组织运作模式适合相对稳定的业态，随着外部环境快速变化，证券业的组织形态已经不太适应新的商业模式，需要进行相应调整。

第一，组织架构过于强调专业分工，不利于以客户为中心的组织建设，也难以敏捷应对外部变化。由于目前证券公司普遍部门设置较多、分工较细、流程环节过多，一方面，组织在面对外部竞争对手或客户需求快速变化时显得迟钝和低效，无法有效实施公司战略，往往错过“风口”，贻误战机；另一方面，过于强调专业化分工、业务条线间割裂的组织架构可能导致部门业务目标优先于公司整体目标，小团队利益高于公司利益，公司资源无法有效整合，客户需求无法满足，导致创新不足。

第二，授权模式过于强调集中管控，对客户需求关注不够。目前证券公司的组织层级较多，对客户需求响应迟滞，决策链漫长，客户满意度不高。直接面对客户、掌握客户信息的员工无法对客户需求及时做出回应，需要层层上报，等待公司决策反馈，工作较为被动，缺乏参与感，影响员工的主观能动性和创造性。

第三，激励机制短期化，激励方式单一。当前，证券业对各业务条线主要考核收入、利润，并普遍采取以收入提成为主、利润提成为辅的绩效激励模式。这样的考核激励方式尽管直接、透明，但是容易导致部门和员工行为的短期化，不利于风险的管控，也不利于跨部门合作，更不利于行业的创新，同时也容易诱使员工片面追求高比例提成和过度激励，引发行业对人才的恶性竞争。目前行业以短期货币为主要激励手段，股权类的长期激励机制探索面临一定限制，这导致行业的激励模式不能较好地满足公司管理层与核心员工的价值需求，无法使员工利益与公司长远利益相结合。

第四，组织文化建设理想与现实差距甚远。近年来，越来越多的公司开始重视文化建设，本次研究的问卷调查结果显示，在反映公司经营理念和核心价值观的关键词中，出现最多的有“创新”“诚信”“合规”“稳健”和“客户至上”。但在具体实践过程中，创新更多来自监管部门的推动，行业自主创新能力较弱，同时存在重视业务创新，忽略管理创新、组织创新和技术创新，证券行业内部缺乏创新的文化氛围和配套机制。这几年合规文化已经逐渐深入人心，但相比于互联网行业，证券行业还缺乏客户导向的文化氛围，不论在人员行为、产品和业务流程的体验还是组织效率上都有明显的差距。

综上，证券行业目前的组织现状存在对客户需求关注不够、无法敏捷应对外部变化、激励机制短期单一、文化氛围创新不足等问题，这些问题归根结底，都可以归纳到客户导向不足、创新乏力、不能快速适应变化三个核心问题上。如果不对组织模式进行及时调整，那么随着证券行业规模的持续扩大，管理难度不断增加，在互联网时代将面临巨大的挑战。面向未来，证券行业组织发展需要在追求大企业整体竞争力的同时，仍要保持小企业的灵活机制，在组织设计和运行上加强客户导向、以人为本、敏捷创新，以更好地适应行业未来发展趋势。

四、领先企业组织变革的趋势

（一）互联网行业组织变革的趋势

互联网时代，在组织模式上最具创新力的是互联网行业。互联网行业常见的组织模式之一被称为“特种部队”模式，典型企业如谷歌。主要组织特点包括：团队有清晰的使命和任务，对外部不确定性变化保持高度敏感，团队成员由不同领域专家组成，能够闭环地完成团队任务，同时拥有强有力的后台支持，信息共享，沟通协调成本低等。在国内互联网领域，也有很多主流企业仿效“特种部队＋航母舰群”的组织模式，典型企业如阿里巴巴。“小前台、大中台”是阿里巴巴实施的重要组织升级，遵循敏捷的前台和强大的中台互为协同的创新管理模式。前台是一个个几十人甚至十几人的小团队，有充分的人事、财务和业务决策权，有清晰的目标，针对市场变化能够快速反应，在数据和技术的强大支持下，撬动巨大的生产力；同时在企业内部建立一个强大的中台系统，提供共享的技术、数据、产品和标准，又可以化身为企业内部的创新研究院，结合业务场景进行深入研发。

（二）传统行业组织变革的趋势

在此轮互联网浪潮中，除了互联网企业迅速崛起以外，为解决层级制组织的弊端，一些领先的传统企业也进行了组织变革的创新探索。海尔的“倒三角”组织把精益生产的理念和互联网结合在一起，在“人单合一”的模式下，将之前庞大的组织体系分解为2 000多个自主经营体，包括一线经营体、平台经营体和战略经营体，三类自主经营体形成了以创造并满足用户需求为目标、以相互承诺的契约关系为纽带、以共创共享价值为导向的“倒三角”组织。华为的“眼镜蛇”组织是对项目性组织的形象比喻：“蛇头”是项目组，以客户为中心，以项目形式打通销售、供应链和财务端，加大对项目经理的授权，包括项目预算管理权和资源可获得性，提高基层作战组织在项目经营上的主动性；“蛇身”是平台，包括业务平台和职能平台，从整合研发流程到整合供应链、客户关系管理再到人力资源变革，加强对项目的专业支持度。

（三）国际投行组织变革的趋势

经过多年市场化竞争，国际投行在互联网转型中主要分化为综合金融服务商和综合服务经纪商两类模式。综合金融服务商具有强大的财富管理、投资银行、资产管理及研究咨询能力，主要服务于中高端零售和机构客户，典型企业如瑞银集团。随着为客户提供一体化解决方案的金融业发展趋势，瑞银集团提出“一个公司”愿景，推出全球集团客户项目，委派高层主管解决针对关键客户的跨部门协作争端，针对机构和公司客户建立公司层面的数据库，设计聚焦于客户专注、团队合作、专业行为、技术才能的绩效评估体系，改变员工思维模式，促进从“部门导向”到“公司导向”转型，促进跨部门合作，减少水平边界，强化公司竞争力。综合服务经纪商具有突出的交易、资产管理和财富管理能力，以中小客户为主，兼顾大客户，典型企业如嘉信理财。嘉信理财40多年的发展历史可以划分为佣金折扣商、基金超市+顾问资源、互联网金融和综合金融服务四个阶段。顺应时代变革和不断创新是推动嘉信理财不断发展的动力。在互联网时代，一方面采用先进的技术为客户提供丰富的投资渠道，另一方面通过众多的子公司及分支机构为各类投资者提供多种金融产品和服务，始终以客户需求为导向、以精准的细分市场判断和强大的IT技术为支持，提升组织效率，应对环境变化，快速走上成功之路。

（四）趋势背后的逻辑

总结互联网行业、传统行业以及国际投行的企业组织变革实践，其理念背后的逻辑均趋于一致，即站在了互联网的风口，运用互联网带来的技术手段、商业模式和思维方式的变革，驱动公司战略、业务流程的重塑，最终落实到组织能力的改造升级上。

根据杨国安教授的研究理论[①]，“企业持续成功 = 战略 × 组织能力”。互联网时代环境快速变化，机会窗口期缩短，口碑至上、速度制胜、赢者通吃，大小公司处于同一起跑线，颠覆和被颠覆的概率大增，企业规模不能保证成功。除了有对的战略方向外，组织要能够迅速决策并快速执行，与时俱进的组织能力是企业成功的最佳保障。2016 年举办的“中国组织能力调研”[②] 通过定量数据对中国企业的组织能力进行实证分析，调研结果验证了在互联网时代，不管是互联网行业还是传统行业，客户导向、创新和敏捷都成为最关键的组织能力[③]，这三项能力对企业的市场竞争力影响程度最高。

第一，客户导向。互联网时代话语权逐渐从企业转移到客户手中，企业必须找到客户的痛点和潜在需求，利用互联网带来的技术手段革新，更高效地满足客户需求，为客户创造更高的价值。第二，创新。要赢得客户的口碑、获得快速成长，企业需要突破传统思维框架，通过商业模式、运营模式、管理模式的创新，为客户提供更新、更有价值的产品和服务体验。第三，敏捷。在速度制胜的时代，企业必须快速将产品和服务投向市场，通过客户的广泛参与和反馈，不断修改完善产品和服务，实现产品的快速迭代。

综上，传统企业看重的质量、成本、效率等组织能力，在互联网时代已被客户导向、创新和敏捷取代。对证券行业来说，渠道、成本、效率、规范等已经是企业组织能力的基本点，对公司业绩差异化的作用在减少。在互联网时代，证券行业需要打造的更多的是动态的组织能力，确保行业与时俱进，不断关注客户需求和痛点，通过持续创新和敏捷迭代，保障企业的竞争力。

五、国内证券公司组织变革的实践

（一）组织变革的背景

从本质上而言，企业战略的调整是引发组织变革最根本、也是最主要的原因。证券行业应以公司战略为导向，以业务能力为基础，进行组织再造，使组织有效支撑业务发展、驱动战略目标实现。数字金融作为新兴的金融业态，对传统金融行业带来由点到面、由浅到深的影响和改变。当下证券行业的互联网转型浪潮是行业组织变革的重要背景，故本次研究设计了互联网证券专项问卷，深入分析国内证券行业互联网转型状况。

问卷调查结果显示，在战略定位上，约有 70% 的证券公司取得了互联网证券业务试点资格，其中大部分证券公司开展互联网证券业务是公司层面的战略考虑，少部分证券公司主要为辅助经纪业务发展；在组织架构上，大部分证券公司为互联网证券业务单独设置一级部门，小部分为经纪业务二级部门或团队，另有少数为分公司和独立子公司；在协同模式上，超过 70% 的证券公司由互联网证券部门、经纪业务部门和分支机构协同推动互联网证券业务，小部分证券公司由互联网证券部门或由信息技术部门单独推动；在管理模式上，大多数证券公司对互联网证券部门与现有部门管理模式相同，也有一部分证券公司参照互联网企业

---

① 杨国安：《组织能力的杨三角》，北京：机械工业出版社 2015 年版。

② 2016 年“中国组织能力调研”由杨国安教授发起，腾讯咨询、KNX 和杨三角学习联盟共同举办，共有 110 家互联网公司和 160 家传统行业公司参与调研。

③ 杨国安，李晓红：《变革的基因：移动互联时代的组织能力创新》，北京，中信出版社 2016 年版，第 18 页。

的管理模式运行，70%的证券公司从内部选拔互联网证券部门负责人，其中 42%来自经纪业务条线，28%来自信息技术条线，另有 14%来自互联网企业；在薪酬考核上，大部分证券公司选择有效开户数、日活/月活、App 装机量等指标，约一半的证券公司实行与总部经纪业务部门相同的薪酬职级体系，少部分证券公司实行与信息技术部门相同或参照互联网公司制订独立的薪酬职级体系。

从本次实地调研走访的情况来看，目前互联网转型较为成功的证券公司主要分为两类：一类是客户规模大、综合实力强、抢先投入的大型证券公司，如华泰证券、广发证券；另一类是公司机制体制灵活、与互联网文化有效融合改造的中型证券公司，如国金证券、平安证券。在互联网金融模式下，客户服务实现分层分类，高效便捷的互联网业务能更好地满足各层次客户的需求：针对高净值客户和机构客户，提供全价值链金融服务；在线下模式中需求得不到满足的“长尾”客户，获得个性化增值服务，充分利用有限资源服务核心客户群。未来国内证券公司互联网转型可能将主要呈现“大型证券公司主打综合金融服务、中型证券公司适度综合与特色发展兼顾、小型证券公司主攻细分市场和特色发展”的格局。

（二）组织变革的探索实践

在证券行业互联网转型的大背景下，互联网也给行业组织发展带来新的启发，各大证券公司根据自身资源禀赋与相对优势，因时制宜、因企制宜，开始积极探索利用互联网思维进行组织变革创新，在组织转型的战略与路径上进行了有益的探索，在一定程度上改变了证券行业整体面貌与竞争格局。

1. 组织架构的变革实践

本次研究的问卷调查结果显示，约 45%的证券公司调整组织架构的频率在一年或以内，在 2016 年约有 68%的证券公司对组织架构进行了调整，在互联网时代证券行业的组织架构调整已经成为常态。问卷调查结果显示，有 25%的证券公司在 2016 年进行了以客户为中心的组织调整，例如根据客户对象和管理需要，将公司架构整体分为大投行、大销售、大交易、大投资、大经纪等板块；有 25%的证券公司在 2016 年进行了委员会/事业部制改革，例如成立经纪业务委员会、投行业务委员会、固定收益事业部、场外业务事业部、机构业务事业部等；另外近一半的证券公司开始尝试矩阵式管理，其中主要在业务版块实施。

华泰证券较早就提出建立以客户为导向、为多样化业务产品提供承揽和销售职能的财富管理架构和体系。早在 2007 年，华泰证券就开始着力打造集中统一的 CRM 系统（客户关系管理系统）和 IT 支持系统，夯实全业务链基石，为分析客户需求与服务提供了有力的技术支撑。在对分支机构的组织架构调整上，华泰证券通过实施“四个集中”策略（包括财务、运营、营销、信息技术集中），实现规模经济，压缩运营成本。华泰证券实现了客户分层管理，营业网点负责服务资产规模 30 万元以上富裕客户，网络金融部负责服务资产规模 30 万元以下零售客户，同时设置 7 大互联网营销中心，对零售客户实施营销覆盖。国金证券根据互联网模式特点建立了互联网分公司，在人力资源管理模式上积极推行 HRBP（Human Resources Business Partner，人力资源业务合作伙伴）机制，使人力资源更加贴近业务，在各主要业务条线推行事业部制，并配备了专门的 HRBP 团队，其人员、薪酬、激励等都归入各事业部内部管理，根据市场的变化及时调整各业务条线的薪酬考核政策，增加了经营和管理的灵活性。

2. 授权机制的变革实践

互联网业务模式具有创新能力强、服务效率高、产品迭代快等特点，这决定了证券行业在客户服务上要针对市场需求的变化快速响应，在组织设置上要突破传统的部门边界与层级限制，实现授权机制的扁平化，提高响应速度与决策效率。

平安证券网络证券部门内部实行团队制，改变了传统意义上的“领导—下属”关系，以产品和项目为导向组建团队，实现授权机制的扁平化。在业务开展上实行首问负责制，互联网产品经理作为业务主导者，对产品的创设、上架、销售全权负责，可以不经过部门负责人授权直接对接相关业务人员，可以做到以客户需求为核心，力争在最短的时间内实现内部协同、达成目标。公司对产品经理在确保内控合规的前提下充分授权，去中心化，打破了以往条块分割、层层汇报的业务模式，大大提高了效率，实现了快速应变。国金证券在经纪、投行、研究、资管等业务条线上实行了事业部制的管控模式，针对各业务条线设立单独分公司，通过充分授权自主管理、全成本核算、利润分享机制等，提高经营管理效率，各分公司之间实行相对独立的薪酬考核绩效政策，并可以根据市场变化情况及时调整，有效促进了各事业部开展业务的积极性。

3. 激励模式的变革实践

本次研究的问卷调查结果显示，虽然大部分证券公司都会从业绩和能力两个维度去评估员工，但从整体看主要还是以相对容易量化的短期业绩为导向来具体进行员工激励。互联网业务模式具有“先投入、后产出”的性质，尤其是平台类互联网产品，这一特点体现得尤为明显，通过前期信息技术、营销宣传、客户补贴等大量投入，搭建体验良好的平台，积累足够数量的客户，然后通过增值服务实现客户黏着与变现。如果采用短期业绩导向的考核激励机制，对业务发展将产生一定的阻力。

国金证券在互联网转型初创阶段，突破传统考核激励方式，对个人考核去 KPI（Key Performance Indicator，关键绩效指标），聚焦组织目标，业务团队围绕“客户满意度”的共同目标运行；在互联网转型起步阶段，采用第一负责人考核制，各业务团队考核整体目标，专业性岗位考核 KPI。同时改变激励机制，薪资结构参照互联网行业，采用以年薪制为主，项目分配和奖金、分红为辅的分配模式，加大前端固定分配的比例，保证薪酬在人才市场的竞争力。通过项目分配保证激励的时效性，通过奖金分配保证员工与业务经营成果的关联性，通过分红方式激励骨干和核心员工。广发证券在互联网金融业务开展的初期，侧重战略投入，以平台建设等过程管理为重点，不过多关注利润创造，适当给予战略倾斜，因此考核指标主要包括客户活跃度、技术指标完成情况等。随着公司互联网金融业务平台构建的逐渐成熟，考核目标中新增部分营销导向的指标，包括客户数量规模、新增资产数量等，但原先指标仍占一定的权重，逐步向实现结果导向的考核模式过渡。

4. 组织文化的变革实践

在互联网金融转型的过程中，许多证券公司配备了一定规模的互联网技术团队，而互联网从业人员的性格特点与工作习惯往往与证券行业的传统文化有所不同，这给证券行业保持一致的企业文化、让所有员工融入组织氛围带来一定的难度。创造适合互联网业务和人员的组织环境和文化土壤就显得尤其重要。

广发证券在企业文化建设上尊重互联网技术人员的工作习惯，营造工程师文化氛围，按照互联网企业的模式建设办公地点，包括开放式的办公环境，允许技术人员采用相对灵活的工作时间等。平安证券在互联网金融业务上倡导高效快捷，在团队建设上实现扁平化，以项目为中心临时组建团队，不强调层级关系，允许“横冲直撞”的文化氛围，产品经理可以直接对接业务链条上的所有环节，提高产品上架的效率；晨会采用“站会”的形式，所有人员站立参会，以最快的速度提出问题、解决问题。国金证券鼓励“西服 + 牛仔裤、拖鞋”的混搭文化，在管理上尊重员工个性，在工作中充分发挥员工所长，为互联网金融分公司配置独立于公司总部的单独办公楼，用适度物理隔离的方式给互联网业务团队创造更高的办公自由度，激发人才活力。

（三）实践背后的思考

通过对国内证券公司组织变革中部分成功实践的总结，其中的逻辑也印证了证券行业在组织发展中打造客户导向、创新和敏捷这三项组织能力的重要性。在组织架构上以客户为导向优化整合，用项目制打造“小前台 + 大中台”的敏捷组织，加强业务协同，强化合规风控，满足客户的多元化需求；在授权模式上去中心化，决策权下放至业务团队，提高对客户需求的响应速度与决策效率，利用市场化的机制促进协同，同时加强监管，防范风险；在激励机制上重视战略投入，推行强调过程管理的绩效文化，不用短期导向束缚业务开展，鼓励创新；在组织文化上营造以人为本、多元混搭的企业文化，增强风险意识，激发人才活力，释放组织产能。

六、证券行业组织发展的思考

当前，证券行业的机遇和挑战并存。一方面，中国的金融体系以间接融资为主，直接融资占比偏低，资本市场发展空间广阔，作为资本市场最为重要的组织者和参与者，证券行业的发展潜力巨大；另一方面，随着人类社会进入万物互联的时代，人工智能、大数据、区块链等金融科技的加速发展，新型的互联网企业已经渗透到金融服务的方方面面，正以更高的效率和更低的成本对传统金融服务企业形成强有力的挑战。

经过前文对证券行业面临挑战和存在问题的分析，以及来自行业内外部组织变革转型的成功经验总结，我们可以感受到证券行业正在经历一场深刻的变革，这场变革不仅要求证券行业的战略调整，也意味着证券行业的组织需要不断优化，在坚守合规风控底线上能以更快的速度、创新的产品和服务，为企业和个人居民的投融资需求创造更好的客户体验和客户价值，改善融资结构，优化资源配置，帮助企业做大做强，更好地服务实体经济发展。

基于前文的分析框架，我们依然从组织架构、授权模式、激励机制和组织文化四个维度，对证券行业组织发展提出具体建议。

（一）打造以客户为中心、灵活敏捷、内控有效的平台型组织

互联网的优势主要是效率带来的优势，传统企业互联网转型的问题主要是组织带来的问题。互联网时代组织发展的趋势是平台化、网络化，这种趋势在证券行业表现为总部平台的强大支持和分支机构的灵活机动。分散在各地的分支机构业务团队负责围绕客户需求或痛点提供产品和服务。这些业务团队架构扁平化，工作高度聚焦，主要围绕最核心的客户需求，采用敏捷的小团队管理方式运作，使团队能够快速响应客户需求或应对来自竞争对手的挑

战。不同团队之间通过透明的信息、开放的交流以及共同的使命，确保团队与组织目标保持一致。同时，证券公司要整合中后台资源，形成大运营、大风控、大 IT、大财务等职能支持体系，实现信息流、资金流和部门协作流程在公司内部的有效融合与共享，打造强大的公司职能平台，提升管理能力和服务效率。通过有效的平台赋能，为业务团队提供关键资源和支持，同时在公司内部营造积极的工作环境和氛围。另外，对于行业不擅长的领域，可采取和战略伙伴结盟，通过金融生态圈协同实现共创共赢。

支撑证券行业组织向平台化、网络化转型的基础是标准的统一、系统的集中以及大数据的应用，包括统一公司基本的客户服务标准、建立公司层面的 CRM（客户关系管理）系统、7×24 小时的 Call Center（客服中心）、总部级后台处理中心和数据中心。基于这样的趋势，未来证券公司的 IT、运营、基础服务人员应向总部集中，财务、合规、风险管理、人力资源相关岗位应向总部和区域分公司集中，而 IT 人员在公司的占比将越来越高。

在优化业务条线组织架构的同时，需要延伸触角，实现立体网状全覆盖的合规风控组织。委员会、事业部等相对独立的组织在合规运作、授权有效、风险可控的前提下，应设立相对独立的合规风控组织，同时接受业务线的行政管理和公司合规风控部门的专业管理与指导。业务线管理侧重于具体项目、具体业务、具体流程的控制与管理；合规风控线管理侧重于总量、标准、重大风险等管理，进一步提高公司及业务线合规风控管理的针对性、专业性和有效性。调整优化合规风控组织架构，使合规风控有效贯穿落实到各业务条线中。合规风控部门也可以将更多精力聚焦到标准、模式、方法等的研究与设计上，通过各业务条线的合规风控组织及时获取信息、发现问题，推动提高公司合规风控组织管控力度，提升行业整体合规风控管理能力。

（二）优化流程，在确保合规、风险可控前提下有效授权

证券行业从管控型的层级制组织逐渐升级为平台型组织，首先需要面对的是业务流程的梳理和优化。以互联网公司为代表的平台型组织都极为关注客户体验，强调客户口碑，而极致体验的背后是明确的标准、高效的流程，归根溯源是基于客户导向的组织能力。从行业整体现状来看，证券行业客户服务的体验与优秀的互联网公司还有不小的差距。改进这一局面既需要行业整体运营流程的再造，也需要文化、观念的变革，同时还需要监管的配套支持。

互联网使信息更加对称，对行业传统的集中管控、依赖高层指挥决策的机制也需相应转变，需要在原有层级制的组织内部实现信息共享，加强责、权、利匹配，在确保合规、风险可控的前提下对业务团队充分授权，提高组织效率和客户响应速度。责、权、利匹配的核心体现在按业务团队表现进行有效授权，包括人事、财务、业务决策等。如果团队有可靠的业绩记录，且合规风控意识能力较强，可以加大授权；如果经过足够的时间检验，发现团队无法胜任，或存在合规风险隐患，则应收回权限，改变策略。为确保公司各方围绕客户需求进行有序的协同配合，业务团队之间、业务团队和公司平台之间需要建立一套简单有效的市场化协调机制，包括建立共同的目标、利益分配机制和信息共享机制等。从近些年证券行业实践看，机构业务条线更多地采取了事业部制或子公司制，零售业务条线则加强区域分公司或互联网分公司的建设，同时为了加强跨业务合作建立了委员会机制，其背后的核心逻辑都是在确保合规、风险可控前提下加强业务授权和管理授权。

证券行业的重要职能是解决当前企业有效投资与有效需求不足、融资难融资贵的难题。

在授权不足、对客户需求关注不够的现状下，证券公司的产品和服务将无法较好地满足企业的需求。证券行业应充分利用强大的投资研究能力和咨询能力，通过有效授权，让业务团队深入基层、贴近客户，精准了解实体企业痛点，敏捷回应客户需求，以专业特长有针对性地提供服务。比如通过资本中介职能为企业并购重组提供顾问咨询服务，通过资产证券化产品为企业进行结构性融资等，不仅可以有效降低整体融资成本，也可增强客户黏性，提升行业盈利能力。

需要注意的是，在授权机制的转型中特别需要结合证券行业的特点，重点关注合规风控。与普通的服务业不同，证券业服务的是投资者的金融资产，且主要是高风险证券资产，属于强监管行业。行业发展的经验和教训都反复证明，有效的授权必须建立在规则的完善和流程的清晰等基础之上，其中合规是底线，风险可控是前提，在具体的策略上可采取分级授权和逐步授权的模式。

（三）建立基于事业合伙人的激励机制，吸引和保留优秀人才

进入互联网时代的证券行业不太可能再像传统行业一样拥有大批量的员工，更需要的是精英和专家人才，这些精英人才是依靠价值观和使命驱动的群体，对他们的激励模式需从传统的工资福利、工作条件、职业安全感等转变为包括声望、成就感、精神价值、乐趣性、魅力、荣誉感等多元维度的创新激励机制。

同时互联网时代平台型企业与员工的关系也从雇佣关系向合作关系转化，雇员时代正逐步向合伙时代转变。按照陈春花教授的观点①，平台型组织是以个体价值的创造为核心，创造共享价值的平台，拥有开放的属性，为员工和合作伙伴营造创新氛围。

结合证券行业的特点，可以采取以下自我驱动的激励机制来激发个体价值：第一，在业务条线全面实施 MD（Managing Director）职级制度，借鉴国际投行的经验，构建以业绩和能力为导向的 MD 职级管理体系，为员工提供清晰的职业发展通道，建立能上能下、能进能出的市场化用人制度，吸引、培养、激励和保留高素质的人才队伍，推动证券行业战略发展及转型创新。根据本次问卷调查结果，约有 75% 的证券公司已在不同程度地推行 MD 制度，其中主要以在总部业务条线实施的比例最高。第二，推行以“事业合伙人”为导向的绩效制度改革。合伙人机制也是国际投行的通行做法，按照“共同决策、共担风险、共享收益”的原则建立公司的合伙人制度，建设兼顾短、中、长期的激励机制，创造股权激励的实施条件，吸引和留住高绩效团队，避免行业过度市场化给员工带来的短期导向或者自我利益最大化等问题，引导员工致力实现更大的梦想。把“事业合伙人”作为激励机制现已逐渐成为新趋势。目前国元证券、天风证券、齐鲁资管等公司在合伙人制和股权激励的探索上取得突破，在吸引和保留人才上获得很大优势，成为行业关注的焦点。第三，探索新型的经纪人合作模式。经过前几年的发展，证券经纪人数量已经初具规模，但质量上仍然参差不齐，各证券公司实施效果不一。从发达证券市场的实践来看，依附在证券公司旗下的经纪人和独立投资顾问是财富零售经纪和财富管理服务的重要力量，因此行业应该进一步借鉴国外市场的成功经验，利用互联网平台探索新的经纪人业务模式，改变单纯以收入为导向的激励模式，将

① 陈春花：《激活个体：互联时代的组织管理新范式》，北京：机械工业出版社 2015 年版，第 151 页。

经纪人视为业务合作伙伴，在确保合规和有效控制风险的前提下，为经纪人提供更多、更好的服务。

（四）加强行业组织文化建设，重视投资者教育，践行社会责任

短期看，证券行业的互联网转型需要两种不同文化的融合。互联网基因强调活力、创新、试错、迭代，而证券业则重视流程规范、强调监管、谨慎创新，这有可能造成一定的文化冲突。弥合这种文化冲突首先要做到对这两种文化认同的尊重：一方面，证券行业要坚持强调合规、稳妥创新的企业文化；另一方面，要充分尊重互联网从业人员的工作特性，最终形成“互联网+金融”的混搭文化，做到既保持互联网企业的创新活力，又拥抱监管。在企业文化宣导上，充分尊重员工个性、以人为本，在工作中充分发挥员工所长，鼓励坦诚和畅所欲言，进行灵活的工作安排等。

长期看，互联网时代证券行业需要打造“客户导向”“创新”“敏捷”的组织能力与目前倡导的“诚信、稳健、合规”行业文化并不矛盾，甚至高度契合。诚信是客户导向的最基本要求，稳健、合规是行业健康发展的基本前提。任何违背“诚信、稳健、合规”行业基本价值导向的创新都不可持续，甚至引发行业诚信危机。

在互联网时代，客户的选择将更加简单、方便和多元，这也意味着客户的选择将面临更多的诱惑和风险，因此要更加重视投资者教育工作。全行业要贴近投资者和市场的实际需求，采取线上、线下相结合的方式，多渠道开展投资者教育，充分揭示产品风险，引导投资者树立理性投资理念，自担风险，自负盈亏，增强风险意识和自我保护能力。鼓励有条件的机构建设投资者教育基地或网上投资者教育平台，方便社会公众就近、便捷获取教育资源，构建良好的证券投资生态。

加强行业文化建设也是证券业服务国家经济、实现金融强国、提升行业自身整体素质和服务水平、践行社会责任的需要。证券行业在履行社会责任方面意识依然相对薄弱，还需要提高责任意识，树立企业公民形象，倡导社会责任文化，秉承持续发展的理念，倡导承担社会责任与企业成长相统一、与利益相关方互利共赢，并将社会责任融入企业文化建设和日常经营管理中，使证券行业成为促进“两个百年目标”实现的重要力量。

附：

中国证券业协会人力资源管理专业委员会
组织变革调研报告

互联网金融作为新兴的金融业态，依托先进的互联网技术，对传统金融行业带来由点到面、由浅到深的影响和改变。近年来，我国证券行业积极探索利用互联网进行业务创新，一定程度上改变了证券业总体面貌与竞争格局，互联网金融已经并将继续对证券行业现有的商业模式带来深刻影响。

为全面了解互联网金融背景下券商业务模式转型与组织架构的调整情况，中国证券业协会（以下简称“中证协”）人力资源管理专业委员会围绕“互联网与组织变革”成立了课题组，于 2016 年 9 月至 10 月选择 7 家具有代表性的企业进行实地走访调研，了解金融行业在互联网背景下的企业组织变革、人力资源管理情况，旨在为证券行业提供操作参考和政策建议。

结合在这些企业实地了解到的情况，本报告首先简要介绍了券商业务向互联网金融转型的大背景，然后介绍互联网金融背景下的券商业务转型战略与实践，进而介绍业务模式变革导致的组织架构变革与人力资源管理的转型，最后就互联网金融背景下实现业务转型提出了几点思考。

一、券商业务向互联网金融转型的大背景

互联网金融在证券行业的应用最早起源于美、日、欧盟等发达国家，其中美国是开展网络证券交易最早的国家，也是网络证券交易经纪业务最为发达的国家。随着我国信息技术的发展和互联网应用的普及，从 2013 年起证券行业开始积极探索利用互联网进行业务创新，2014 年 4 月中证协向首批 6 家券商下发了同意开展互联网证券业务试点的函，这标志着我国证券行业互联网金融竞争与发展大潮的到来。经过两年多的发展，一方面，传统券商积极拥抱互联网；另一方面，互联网企业通过取得牌照进入证券行业，互联网金融在一定程度上改变了证券行业传统的业务模式与竞争格局。在这样的大背景下，如何实现部分传统业务向互联网转型，如何进行相应的组织机构调整，如何实现人力资源管理模式的转变成为许多券商要共同面对的课题。

二、互联网金融背景下券商转型战略与实践

（一）转型战略分析

1. 传统综合类券商打造完整的金融业务链，借助互联网改变传统经纪业务模式，最终实现向财富管理转型

传统综合类券商客户规模较大，业务链比较健全，在互联网转型过程中，一方面，充分利用互联网平台的低成本、高效率提供标准服务，实现大量引流客户；另一方面，不仅仅靠提供通道服务的经纪业务，而在前端的客户引流后，扮演金融产品中介商的角色，通过提供综合金融增值服务来提升边际盈利能力。

华泰证券形成了以投资银行业务为龙头、以经纪及财富管理业务为基础、以资产管理业务和投资及交易业务为两翼的全业务链发展战略。作为最早进行“互联网 +”布局的券商之一，华泰证券准确把握住了行业机遇，在互联网转型过程中，明确提出了不做折扣经纪商，而是要建立以客户为导向、为多样化业务产品提供销售和承揽职能的财富管理架构和业务体系，持续做大客户基础及资产规模，不断优化客户结构，积极推进产品创新与业务协同。推进线下营业网点的转型，强化线上线下的协同，努力实现传统经纪业务向财富管理转型。基于互联网的全业务链服务、一流的移动金融平台、线上线下服务的联动协同能力和高效率、低成本的集约化运营管理能力构建差异化优势。

广发证券以“成为具有国际竞争力、品牌影响力和系统重要性的现代投资银行”作为公司战略发展的愿景和目标，在互联网转型方面始终走在行业前列，尤其是在证券 O2O、

互联网理财、互联网商业模式创新等领域均处于行业领先位置。在经纪业务转型战略选择上，坚持电商化、平台化、智能化，打造顾问式投资理财 App 广发易淘金；上线微信服务平台，做到业内首家提供微信支付接口；允许以分支机构为单位开设网店，客户在网店寻求投顾服务；开发国内首个机器人投顾“贝塔牛”；上线“金钥匙”移动服务系统，将广发证券 7 000 余名人员连成网络，并借鉴了“滴滴打车”抢单模式，确保投资者的问题得到秒速响应，客户可以从 PC、手机 App、微信等多入口接入系统就开户、股票、基金等问题进行提问，系统实现 7×24 小时有问必答。通过不断完善线上服务平台，强化移动端布局，实现服务的标准化，提升了客户体验，努力做到差异化竞争，逐步实现平台化、产品化、智能化的经纪业务向财富管理转型目标。

华融证券互联网金融转型立足于自身综合金融服务体系的构建，以账户服务体系为重点突破，着重提升服务客户的能力，同时寻求与电商、社交金融等第三方机构对接，实现引流，但不过分看重引流带来的客户量，注重综合效益的提高，同时不断提升品牌能见度。线下不断增设轻型营业部，注重客户服务的简洁化，提升客户服务体验。

2. 部分特色券商借助互联网打造综合金融平台

在推进经纪业务互联网转型的同时，不断深化互联网思维在各业务线的渗透，探索互联网思维向其他业务线的扩散与应用，实现多业务条线的互联网化、平台化。

国金证券战略路径经历了专业化、多元化、集团化的过程，现已发展到平台化阶段，形成了以研究咨询为驱动，以经纪业务和投资银行业务为基础，以证券资产管理业务和创新业务为重点突破，以自营、投资等业务为重要补充的业务发展模式。在经纪业务转型过程中，以“线上线下，一体两翼”为战略：线上通过与腾讯合作推出互联网产品“佣金宝”，获取客户，提升市场占有率；线下以理财型营业部为突破，优化全国性网点布局，补齐短板。线上线下相结合，以实现全方位财富管理和金融服务平台为最终战略目标。在不断推进经纪业务互联网化的过程中，不断探索业务创新，全面布局金融生态体系，实现多业务线的互联网化转型。积极探索金融机构“行政人”服务业务平台化，依托国金平台，成立国金道富，引入恒生电子作为其战略股东，以打造业内领先的行政服务商为目标，探索成为金融机构优秀的“行政人”，为资管机构提供全方位的运营服务。探索私募基金管理人服务平台化，与上海朝阳永续信息技术股份有限公司合作成立国金涌富，依托金融数据平台，利用投资大数据，结合实地调研方式，对私募基金管理人进行跟踪挖掘，聚焦全市场最优秀的资产管理能力。

3. 借助股东背景、集团全金融业务线优势，实现金融集团大协同

平安证券以“中国最领先的资产管理公司”为战略定位，打造以大投行、大销售、大投资、大交易、大经纪 + App 战略为主的业务体系，互联网金融业务通过互联网海量获客，构建 O2O 生态圈，以提供针对性的产品和服务为基本目标。平安集团集银行、保险、证券、信托、融资租赁等业务于一身，平安证券为平安集团旗下重要成员，为其金融链的重要一环，平安证券在战略定位上便有更广阔的选择空间。依托平安集团，可以走集团大协同的战略，借助保险、银行、信托等海量客户资源，实施客户资源整合。因此，平安证券的战略以平安集团的战略为根本，在战略布局时，形成与银行、保险、信托等其他兄弟企业的协同效应，获得平安集团的战略支持。

（二）线上引流途径

1. 传统综合类券商通过自有平台引流为主的模式

部分综合类券商通过不断加大信息技术方面的投入，打造一流的互联网金融服务平台，提升客户体验。通过形成口碑效应，持续不断地吸引客户，同时利用自己全业务链的优势，不断扩充产品线，增强客户黏性。在强调自主引流的同时，适时与互联网公司展开合作，形成以自主引流为主、第三方引流为辅的引流模式。

在 2009 年，华泰证券就制定了经纪业务转型战略，开始充分布局互联网，通过公司官网、涨乐网、“涨乐财富通”手机客户端等“两网一端”实现经纪业务通道服务以及围绕通道服务的基础理财服务，利用互联网金融充分提高理财服务面向客户的覆盖和渗透。通过大力推进互联网证券业务创新，持续优化完善移动互联网平台业务功能及用户体验，不断打造出爆款互联网产品，包括投资社交平台、智能账户体系、数据类产品等，初步建立起以“涨乐财富通”为核心的生态圈，提升了自主引流能力，持续巩固扩大竞争优势。截至目前，“涨乐财富通”累计下载量超过 1 800 万次。经纪业务市场占有率不断提升，目前为 7.86%。[①]

在强调自主引流的同时，华泰证券与网易进行战略合作。网易向华泰证券开放核心广告资源，并在相关产品或频道增加证券开户功能或入口，引导用户在华泰证券开户。华泰证券提供证券开户系统对接、在线咨询、业务办理、线上和线下金融服务等。通过自主引流为主、第三方引流为辅的模式，华泰证券不断巩固其竞争优势，持续扩大市场占有率。

2. 通过与互联网企业合作实现第三方引流的模式

互联网企业往往可以基于其技术优势，通过在某一细分领域满足客户的需求，实现海量互联网用户和数据的积累。如百度、阿里巴巴、腾讯，分别在搜索引擎、网购、即时通讯等领域积累了海量客户。2013 年下半年支付宝跟天弘基金合作的余额宝获得巨大成功，证明互联网企业的海量用户可以通过一定的手段在金融领域实现转化，支付宝的成功也为券商与互联网企业的合作提供了想象空间。自 2014 年开始，陆续有券商与互联网企业签署战略合作协议，希望借助互联网巨头强大的渠道能力获取海量用户，这其中尤以国金证券与腾讯的合作取得的效果最为明显。

国金证券于 2013 年 11 月与腾讯达成战略合作协议，腾讯作为战略方向国金证券开放核心广告资源，在网络券商、在线理财、线下高端投资活动等方面展开深度合作，协助用户流量导入并进行证券在线开户和交易、在线金融产品销售等服务，充分利用互联网技术整合各项证券服务和产品。2014 年 2 月国金证券正式推出“佣金宝”，首次实现了 7×24 小时不停歇开户，成功开户后享受万分之 2.5 的佣金率。以“佣金宝”为核心的互联网金融业务迅速带动了国金整体交易市占率的增长。国金证券的线上导流模式取得了良好的效果，其股基交易市场份额从 2013 年的 0.46% 提升到 2015 年的 1.19%，其中绝大部分市场份额的增加来自互联网经纪业务的增长。

① 资料来源：沪、深证券交易所公布 2016 年 1—10 月券商股票、基金交易成交额。

（三）实体营业网点转型与线上线下协同

在券商传统经纪业务的互联网转型中，各家券商都在根据自己的资源禀赋与比较优势，制定不同的营业网点转型战略，打造各自的线上线下协同模式，归结起来主要分为如下几种模式。

1. 将营业网点建成全面的综合金融服务平台

部分券商基于自己在投顾配置、网点建设上的比较优势，将分支机构建设成为功能全面、业务范围广的营业部。经纪业务转型拥抱互联网思维，但不完全照搬互联网券商的做法。

广发证券目前有 2 400 余名投资顾问，有着非常完善的投顾培训体系，可以在线下为客户提供完善的金融服务，满足客户的个性化需求，这就决定了广发证券会充分发挥自己的比较优势，不会完全抛弃现有的投顾优势，走互联网券商的道路。但线下投顾服务也有一定的缺点，主要体现在服务面有限、服务质量更多地依赖于投顾的个人能力、很难提供标准化服务等方面。广发证券也大力发展互联网业务，取得了不错的成绩。互联网金融固然有其优势，比如提供了标准化的服务和产品、扩大了服务面，但这也意味着忽略了个性化的需求。因此综合来看，互联网模式与投顾模式各有利弊，广发证券则是尽量做到扬长避短，实现良好的协同。在线上线下的协同上，广发证券本着线上线下不争利的原则，线上获客，线下服务，电商只用来获取客户，不用来服务客户，所有的客户都划拨给分支机构，所有的客户带来的利润收益也都归属分支机构。

2. 实施客户分层管理

营业网点定位为财富管理，构建区域网络营销中心，将机构业务放到分公司层面。同时对个人客户实现分层，实体营业部为相对高端的客户提供个性化服务，网络金融部为零售客户提供标准化、定制化的服务，设立区域网络营销中心，实现零售客户的营销覆盖。

华泰证券在整体上实现经纪业务向线上转移的同时对营业部职能进行了调整。通过实施“四个集中”，包括财务集中、运营集中、营销集中、信息技术集中策略，实现规模经济，压缩运营成本。一是降低新设营业部速度，并对现有营业部优化升级，以轻型营业部为主。二是减少营业部后台人员、缩减面积、简化信息系统等，实现“轻型化”后台设置，有效降低运营成本。目前华泰证券网点营业面积、人员配置和运营成本都远低于传统的证券营业部，成本优势明显。三是在客户服务上，华泰证券首先实现了客户分层管理，网络金融部负责资产规模 30 万元以下零售客户，营业网点负责资产规模 30 万元以上的富裕客户。四是在网点设置上，合并调整同城同区域营业部，实施优化布局。同时，设置 7 大互联网营销中心，对零售客户实施营销覆盖。华泰证券目前有 1 000 余名投资顾问，实施客户分层既保证了投顾业务能向富裕客户提供定制化服务，又保证了零售客户能通过网络平台享受到标准化的服务。

3. 业务发展以互联网为核心，以线下营业部为补充

营业网点布局较少的券商，不会过多地考虑线上线下争利与否的问题，而是坚持“线上为主，线下为辅”的业务发展模式。

国金证券经纪业务以零售业务为基础，以互联网金融为核心，以理财型营业部建设及经营模式探索为突破，以金融合作营业部建设为补充。细分客户需求，利用互联网思维和技

术，在客户分类管理的基础上，线上通过网络技术升级为客户提供更加便捷、极致的服务体验，线下着力提升客户服务水平，为客户建立起全方位的财富管理和综合性金融服务平台，初步形成“线上标准化，线下增值化”的“一体两翼”经纪业务格局。线上线下的业务协同可以通过“投顾宝”等产品手续费切割的模式实现，但整体而言，并未将线上客户全部分配至线下或者进行客户分层来实现协同。

三、互联网金融背景下互联网企业的战略与实践

（一）转型战略分析

互联网企业借助海量客户优势，构建综合金融服务平台，实施“互联网+金融”战略转型。在券商经纪业务转型过程中，互联网企业作为“外来者”，具有传统券商无可比拟的优势，它们可以充分利用既有的技术优势以及潜在的客户资源、业务资源不断扩充其金融业务版图。

蚂蚁金融服务集团起步于2004年成立的支付宝，此后十余年间支付宝逐渐围绕最初的支付功能发展成为多元金融服务集团。蚂蚁金服致力于构建开放的生态系统，通过“互联网推进器计划”助力金融机构和合作伙伴加速迈向“互联网+”，为小微企业和个人消费者提供普惠金融服务。截至目前，蚂蚁金服旗下有支付宝、余额宝、招财宝、蚂蚁聚宝、网商银行、蚂蚁花呗、芝麻信用、蚂蚁金融云、蚂蚁达客等子业务板块，也包括恒生电子和通过恒生电子控制的若干子公司。蚂蚁金服正在越来越多地获取金融牌照，将正规金融业务纳入自身体系中，依托自身在客户导入、消费场景、数据积累等方面的优势，形成与传统金融机构的差异化竞争，实现“弯道超车”的发展目标。

（二）线上引流途径

互联网企业潜在用户转化。互联网企业可以通过与金融机构的合作实现海量用户的转化，而当互联网企业获得某项金融牌照时，则其完全可以不借助金融渠道实现客户的转化。以支付牌照为例，腾讯、蚂蚁金服为代表的互联网公司目前占据了移动端支付的绝大部分市场份额。如果蚂蚁金服能获得证券业务牌照，其实现海量用户转化便是大概率事件。

蚂蚁金服的主要产品支付宝拥有超过4.5亿名活跃用户，日常支付笔数超过1.2亿笔，国内市场份额接近50%，其中移动端用户超2.7亿名，日均移动支付超4 500万笔，市场占有率达到70%，超过PC端。依托支付宝的巨额客户存量，蚂蚁金服旗下的其他产品，包括招财宝、众安保险、数米基金网、网金社等任何品牌单拿出来都是各自领域的翘楚。余额宝目前规模超过6 000亿元；招财宝2015年底累计成交金额已经近4 000亿元；众安保险累计服务客户数量超过3.91亿户；网商银行公司已经为260多万家小微企业提供了6 000多亿元贷款。可以看出，蚂蚁金服通过获取金融牌照，可以实现将海量潜在用户导流至其理财、保险、银行等业务中。可以预见，如果蚂蚁金服未来获得券商业务牌照，至少能在面向零售客户的相关业务中获得可观的导流。

（三）布局线下网点

传统实体营业网点的布局一直是互联网金融企业业务开展的短板，目前金融科技的发展

现状与金融行业客户服务的特点决定了并非所有的业务都能在线上完成，实体营业网点布局仍然是很有必要的。

东方财富等金融信息平台类企业通过全资收购券商的方式获得了证券经纪业务牌照，切入券商经纪业务，有助其更快地抢占市场及客户，同时获得了一定数量的线下网点，在互联网金融的激烈竞争中建立了优势地位。

四、互联网背景下组织架构调整与人力资源管理转型

（一）互联网金融部门设置模式

通过调研，互联网金融部门主要有两种设置模式：一是总部部门，侧重于业务管理和支持，没有明确的业绩指标；二是独立的互联网分公司，定位为利润中心。

1. 将互联网金融部门设置为总部一级或二级部门，以业务管理、支持为主

由总部电子商务部/网络金融部统一负责互联网金融的业务开发、渠道布局、技术开发、风控合规等工作。

广发证券零售业务总部下设一级部门电子商务部，主管网络金融业务，部门职责定位为整合线上线下资源，构建 O2O 模式。

华泰证券网络金融部原来为隶属于经纪业务总部的二级部门，2015 年 8 月正式成为一级部门，与经纪业务总部属同一个副总裁分管，定位为业务部门，但目前没有明确的利润指标。

平安证券将互联网金融业务视为大经纪业务条线的一环，设置在经纪业务事业部下，为独立的网络证券业务团队，淡化了部门概念。该团队主要职能为构建证券互联网 O2O 生态圈，通过线上海量获客，并提供针对性的产品和服务。

东兴证券 2016 年 3 月开始筹备互联网金融部，领导小组组长由董事长担任，工作小组成员由相关部门负责人担任，业务拓展和业务开发职能由网络金融部承担。

2. 将互联网金融部门设为电子商务/网络金融分公司

在组织架构、运营决策、薪酬考核上给予更多的自主决策权，增加其独立性，有利于其充分发挥积极性。

国金证券单独设立了上海互联网证券分公司从事互联网金融业务，定位为利润中心，有相对独立的薪酬和考核政策，内部有产品设计、产品开发、市场、客户服务四个业务职能和业务运行、人力、行政三个中后台职能。实行扁平化的组织架构，以客户为核心设计业务流程，实施全国客户的垂直管理，不设部门，只根据职能设置业务组，便于保持组织柔性，实现组织的灵活调整。在与其他业务条线的协同上，总部会有一定的协调机制，但在业务协同的定价上会实现高度的市场化定价。

（二）互联网金融部门的人员配置与分布

1. 团队规模与人员分布

目前各主要券商的互联网金融业务条线都配备了比较庞大的技术开发运维团队，而市场开发、中后台等非技术团队规模相对较小。在互联网客服团队配备上，分两种模式。广发证券以线下服务为主，线上客服配置较少，实施客服抢单模式，调动线下投顾线上服务客户的

积极性；平安证券、国金证券、华泰证券提升客户服务一致性体验，均设置了线上客服中心，达到数百人规模。

广发证券电子商务部目前有互联网业务人员等 30 余人，信息技术人员 200 余人（含外包）。客户服务以线下为主，线上主要负责获客。在人员配置上，侧重信息技术研发人员的配备。

平安证券互联网业务团队有 20—30 人，信息技术团队共有 130 余人，此外还有近 100 名外包技术人员。信息技术人员为大经纪业务条线提供技术支持，其中重点支持互联网金融业务。平安证券强化了线上客户服务，有近 400 名外包客服座席人员，服务总共约 900 万名客户。

国金证券互联网证券分公司产品设计、产品开发团队共有 100 余人，客服团队共有 200 余人，分布在上海、成都、福州，均为正式员工，实施全国客服业务垂直化管理，保证客户体验的一致性。

华泰证券网络金融部共有互联网业务人员 70 余人，信息技术总部共有 600 余人（含外包），其中约有 100 人的团队专门对接互联网金融业务，提供研发支持。

2. 信息技术团队建设模式

目前各大券商都比较注重信息技术建设，设立了独立的信息技术部门，用以构建公司整体的信息服务平台。网络金融业务迅速开展之后，需要在公司整体的信息技术平台之上构建专门的互联网金融运行平台，这就需要专门的信息技术人员服务互联网金融业务。在具体的信息技术团队的建设模式上主要分为以下两种模式。

（1）大集中模式。信息技术人员全部集中到总部信息技术部，由信息技术部统一对信息技术人员进行管理，以华泰证券、华融证券为主要代表。其中华泰证券目前共有信息技术人员 300 余人，另有外包人员 300 余人，其中有专门的业务团队对接网络金融业务。华融证券信息技术部共有 29 人，目前并没有专门设立网络金融的工作组，而是按照日常工作的方式来配合网络推广、互联网开户等维护工作，网络金融业务目前实际由信息技术部主导。

（2）分布式模式。部分券商将对接互联网金融业务的信息技术团队从总部信息技术部剥离出来纳入互联网金融业务单元，其中总部信息技术部主要负责公司基础信息系统的建设与维护，互联网金融业务单元信息技术部主要负责应用层的系统建设与维护。广发证券、国金证券、平安证券、东兴证券均采用此模式，总部设有信息技术部，在电子商务部/互联网证券分公司也设有信息技术团队，其中平安证券经纪业务事业部下设信息技术团队为整个事业部服务。

（三）组织模式与人力资源管理变化趋势

1. 组织架构与授权机制扁平化

互联网金融业务模式主要特点之一是以客户为中心，针对市场需求变化在产品创设、软件迭代等方面快速反应，这意味着要突破部门边界与层级限制，实现组织架构与授权机制的扁平化，提高响应速度与决策效率，改变传统券商业务以部门层级为依托、以利润创造为导向的业务开展模式。

平安证券网络证券团队内部实行团队制，没有传统意义上的“领导—下属”关系，实现了组织架构的扁平化。以产品、项目为驱动组建团队，不同团队成员之间可以实现自由流动，建立了适应快速应变业务模式的组织架构。在实现组织架构扁平化的同时，实现了授权机制的扁平化，在业务开展上实行首问负责制，互联网产品经理作为业务主导者，对产品的创设、上架、销售全权负责，可不经过部门长授权直接对接相关业务人员，部门长负责协助。互联网产品经理熟悉信息技术、产品设置、风控合规等信息，以用户需求为核心，以问题为导向，迅速定位相关问题负责人，力争在最短的时间内实现内部协同、达成目标。在这一过程中，公司给产品经理充分授权，打破了以往条块分割、层层汇报的业务模式，大大提高了效率，实现了快速应变。

2. 组织发展与业务开展高度融合

互联网公司扁平化的组织架构设置与快速响应的业务模式，决定了组织发展不能同业务开展相脱离，因此各业务部门需要在公司层面进行充分沟通与协同，这样才能实现组织发展的化学反应以及业务开展的有效协同。

蚂蚁金服的组织发展高度重视业务陪伴，不断强调业务和组织水乳交融的共生关系，不脱离组织谈业务，也不脱离业务谈组织。人力资源部负责组织召集一系列深度介入业务的活动与会议，包括战略共创会，召集各部门负责人进行战略共创，提出公司战略目标与发展愿景，同时明确各部门的角色定位与彼此间的业务关系，有效增强各业务版块的使命感，为后续的业务协作打下良好基础；通晒会，各部门将自己的战略目标和业务模式进行充分沟通，实现部门间知识与目标的共享；复盘会，在某项业务开展到一定阶段或遇到某些问题时，组织相关部门进行复盘讨论，一方面对过去的工作业绩进行回顾，另一方面对遇到的问题进行充分讨论，以解决问题为导向。通过一系列组织建设活动，实现业务协同、组织发展、文化宣导等多重目标。人力资源部作为组织者、召集者，一方面搭建了公司内部各业务部门交流、沟通、讨论、协作的平台，另一方面实现了业务陪伴和组织发展与业务开展的交融，且在此过程中，不断强化公司组织文化的渗透与宣导，取得了良好的效果。

3. HRBP（Human Resources Business Partner，人力资源业务合作伙伴）成为人力资源管理的主要趋势

基于互联网金融业务模式下组织架构调整的特点，组织架构与授权机制实现扁平化，组织发展与业务开展实现高度融合，人力资源管理职能作用的发挥不再基于原本的条块分割的组织架构，而应适应扁平化、柔性化的组织架构与管理模式。因此互联网背景下的人力资源管理要充分适应组织架构变化，实现由“管理者”向“合作伙伴”的角色转化。人力资源管理中的 HRBP 体系的建立与实施是近几年证券行业人力资源管理转型的重点方向之一，尤其是在互联网金融背景下，部分券商灵活运用 HRBP 体系，进行了管理上的创新。

国金证券在经纪、投行、研究、资管等业务条线上实现了事业部制的管控模式，针对各业务条线设立分公司，各分公司实行相对独立的薪酬考核体系，并可以根据市场变化及时调整，有效促进了各事业部的积极性。与这一业务条线事业部制的管控模式相匹配，国金证券在上述业务条线都配备了专门的 HRBP 团队，其薪酬、激励、人员管理等都归入各分公司管理，不再直属总部管理。总部向各条线 HRBP 宣导公司关于人力资源管理的标准、制度、规范，并就实施效果进行检查，同时总部就校园招聘、员工培训等公共服务搭建平台，各业务线 HRBP 可根据需要进行对接。总部在充分放权的同时，各业务条线的编制核定、激励机制核定、中层领导干部管理仍归口人力资源部管理。国金证券的 HRBP 体系使人力资源管理更贴近业务，从而有效地服务于业务，能根据市场的变化及时调整各业务条线的薪酬考核政

策、调整组织架构，增加了经营和管理的灵活性。目前，国金证券人力资源部以及各业务体系 HRBP 人员合计 50—60 人。

蚂蚁金服的 HRBP 体系更具特色。在职能定位上，各个业务条线的 HRBP 除了在传统的薪酬考核、人才选拔等方面拥有话语权之外，在组织规划与组织文化的建设上也起了比较大的作用。此外，蚂蚁金服的 HRBP 还要深度介入业务，各业务条线负责人在进行业务规划和战略调整的过程中必须征求 HRBP 的意见，且必须得到 HRBP 的认可才能向公司层面汇报。

东兴证券也在尝试 HRBP 体系的建设，目前各业务板块设有招聘客户经理，全面负责各业务线招聘工作。招聘客户经理由人力资源部员工兼职担任，接受业务部门打分，年终奖金分配将参考打分结果。这一机制设计能使招聘工作快速响应业务部门需求，并使人力资源部对相关信息有全面的了解，同时没有增加额外成本。

4. 考核淡化结果导向，注重过程考核

在部门考核上，给予孵化期，侧重战略投入，注重过程的跟踪。在互联网金融业务考核指标的制订上，则根据业务开展阶段的不同进行动态的调整。在互联网金融业务开展的初期，主要以平台建设为主，因此考核指标主要包括活跃度、技术指标完成情况等。随着公司互联网金融业务平台构建的逐渐成熟，考核目标中新增部分营销导向指标，包括客户数量规模、新增资产数量等，且原来的指标仍占一定的权重。

在员工考核上，侧重定性考核，注重员工发展，文化匹配。蚂蚁金服的绩效考核将考核结果分为绩效结果、价值观、潜力评定三部分。绩效结果考评以 KPI 考核为基础，分年中和年终两次进行，具体指标设置比较灵活，不完全唯结果导向，注重过程考察，尽量做到剔除不可控外部因素对绩效结果的影响。价值观评定以对公司组织文化认可为导向，对公司文化与价值观的渗透有较大的推进作用。潜力评定注重考察员工面向未来的学习能力，不作量化评定，只区分潜力的高、中、低三个层次。

5. 建立与市场相匹配的薪酬体系，与互联网企业可对标

在互联网金融背景下，员工的薪酬与考核政策具有两大特点。首先是传统的信息技术行业从业人员对于薪酬制度的理解与证券行业迥异。信息技术行业的薪酬制订中，固定部分比例较高，浮动部分比例较低。其次是部分券商根据自身互联网金融发展所处的阶段，设定相应的考核目标，并根据业务开展情况动态调整考核目标。广发证券在引入外部信息技术人员时，尊重其关于薪酬的意见，制定相对个性化的薪酬政策，与传统的券商薪酬制度不同，适当地提高了其固定薪酬比例，降低了浮动薪酬比例。

6. 注重企业文化建设与宣导

在互联网金融业务的开展过程中，各大券商都配备了规模较大的信息技术团队，而信息技术从业人员的专业学科背景与企业文化认同往往与券商固有的企业文化有所不同，这在一定程度上给券商企业文化的建设与宣导带来了一定的困难。

广发证券在企业文化建设上做到了尊重信息技术人员的工作习惯，允许其采用相对灵活的工作时间安排。在人员招聘上，采用较为“前沿”和“激进”的技术，吸引本土领先的互联网公司技术人才加盟。通过营造工程师文化氛围，按照互联网公司的模式建设办公地点，包括开放式的办公环境、准备员工茶歇茶点等。

蚂蚁金服作为互联网企业，其互联网基因中强调活力、创新、试错、迭代的特质与金融业重视监管、慎重创新的行业特点有一定冲突，因此蚂蚁金服不断通过组织发展（OD）和

组织文化（OC）活动实现“互联网＋金融”的“混搭”企业文化建设，将“混搭”文化的理念向金融背景与信息技术背景的人灌输，并用一定的激励政策引导文化建设目标的实现。

五、互联网金融背景下券商业务转型的几点思考

通过上述调研，并对不同企业进行对比分析，我们认为，互联网金融虽然无法改变金融的本质，但是互联网技术的发展已经深刻影响到证券行业的业务开展模式，在获客渠道、服务方式、组织模式、人力资源管理等方面都带来了一定影响。

（一）互联网金融并未改变金融的本质

近年来，互联网金融以“颠覆者”身份汹涌来袭，给传统金融机构带来了巨大的压力和变革的动力，也在不断地改变着传统金融的业态。证券行业不断有券商拥抱互联网，实现互联网转型，并取得了良好的效果。然而互联网革命在完成资源重新分配和行业重塑之后，互联网金融仍无法改变金融的本质。首先，互联网金融源自真实的商业需求和金融需求，金融服务要实现向小微客户的渗透，必须实现服务本身的快速、便捷、低成本，而“场景延伸”的必然结果便是金融与互联网的结合。其次，在互联网金融的业态中，金融服务提供者与接收者都没有改变，互联网只是载体，提供了新的展业渠道和通道。归根到底，互联网金融并未脱离金融的基本功能和属性，改变的只是实现载体、渠道和手段。广发证券、华泰证券、国金证券等券商都不满足于做“折扣经纪商”，而是设立了向综合金融平台的方向转型发展的战略目标，并逐渐降低通道业务收入比重，提高增值服务的能力。券商提供综合财富管理服务，建立系统重要性现代投资银行的战略方向并没有改变。

（二）互联网转型战略的制定要结合各自的比较优势，完全另起炉灶会形成巨大的机会成本

在互联网金融转型过程中，不论是大型综合类券商还是中小规模券商，都在根据比较优势制定各自的转型战略。如广发证券投顾资源丰富，选择了线上获客、线下服务，线上线下不争利的模式；华泰证券线上客户存量规模巨大，线下网点布局完善，选择客户分层服务的模式。在发展互联网金融业务的过程中，要根据现有的资源禀赋和比较优势制定相应的转型战略。

（三）互联网业务由总部主导，容易获得规模优势，有效降低合规风险

目前进行互联网转型的券商中，互联网渠道均由总部网络金融部或电子商务分公司统一开发线上渠道，各分支机构不允许对接其他渠道。一方面，总部网络金融部或电子商务分公司针对渠道有更强的议价能力，能更好地实现公司层面的利益最大化；另一方面，在监管趋严的形势下，互联网金融业务面临着监管的规范化与严格化，总部网络金融部或电子商务分公司具有更强的风控合规能力，能更有效地识别并规避风险。

（四）根据业务发展阶段制定考核政策，对于初创期业务给予战略倾斜

互联网产品的开发具有“先投入、后产出”的性质，尤其是平台类互联网产品，这一

特点体现得尤为明显。通过前期信息技术、营销宣传、客户补贴等大量投入，搭建体验良好的平台，积累足够数量的客户，然后通过增值服务实现客户黏着与变现。券商互联网金融业务转型充分借鉴了互联网企业的业务开发模式。在互联网转型的初期，以平台建设和客户流量为重点，不过多关注利润创造，适当给予战略倾斜，相应地，在互联网金融团队考核上重点关注平台完善程度、新增客户量等指标。在互联网转型的成熟期，则在原有考核指标的基础之上，适当加入营销、盈利导向的考核指标，逐步实现考核指标的落地，完成考核体系的搭建。

（五）互联网思维下的组织机构、授权机制、运行机制扁平化能有效带来效率的提升

互联网金融业务模式快速响应、高效运转的特点决定了互联网金融部门/团队内部要打破原有的部门分工与层级设置，以项目为驱动组建业务团队/组，实现组织架构的扁平化。构建项目/产品经理负责制为主导的业务授权机制，突破原有的层层授权机制，实现授权机制的扁平化。在内部业务协作上，项目/产品经理可直接对接业务链条上的任何人，实现点对点的直接沟通与交流，省去中间环节，提高效率，实现运行机制的扁平化。扁平化的机制设计为互联网金融业务的开展提供了组织保障和制度保障，有效提高业务目标的实现效率。

（六）在互联网背景下，对于扁平化、团队制的运作模式如何进行有效的绩效评价，成为影响转型的重要因素

在互联网金融业务的开展上，突出强调组织架构、授权机制、运行机制的扁平化。组织架构与业务模式的变化在提高工作效率的同时，也带来了如何有效实现结果评价的问题。扁平化的组织架构下，人员的部门隶属关系变得模糊，跨团队跨部门协同比较频繁。因此如何设计针对某一员工的评价机制，如何实现对其工作业绩的全面评价便成为互联网金融背景下人力资源管理转型面对的重点问题之一。

2016 年证券行业人力资源管理研究报告

胡增永　陈　栋　崔　凯　陈德强　袁　汀
李　群　高稼祥　曹雪松　倪凯丰*

人力资源是证券行业的第一资源。近年来证券行业对金融专业人才的需求不断增长，市场化选聘机制对人才的"虹吸效应"使得从业人员队伍日益壮大，从业人员整体素质与专业化程度大幅提升。同时，证券行业组织架构不断优化，人力资源管理效能不断提升。

本报告基于中国证券业协会人力资源专题调研成果，充分利用中国证券业从业人员管理系统数据，对 2016 年我国证券行业人力资源发展的现状与问题进行总结，为行业人力资源发展提供参考。

一、2016 年证券行业人力资源发展概况

近年来，在监管机构的推动和行业自身的探索下，证券行业改革发展不断深入，转型升级步伐不断加大，人力资源发展环境不断优化，呈现出新的特点。

（一）2014—2016 年证券行业人才资源概况

1. 人员总量呈较快增长趋势，2016 年增幅略有下降①

近三年，证券行业从业人员总人数、已注册人数②呈逐年增长态势，但增幅有所下降。2014—2016 年，行业总人数增长 37.42%，已注册人员总数增长 36.76%，其中 2015 年从业人员总数、注册人员总数扩张较快；2016 年从业人员总数、注册人员总数增速略有下降，但仍保持两位数增长率（见表 1）。

* 作者单位：胡增永，陈栋，崔凯，中泰证券股份有限公司；陈德强，袁汀，兴业证券股份有限公司；李群，第一创业证券股份有限公司；高稼祥，长江证券股份有限公司；曹雪松，国信证券股份有限公司；倪凯丰，首创证券有限责任公司。

① 本部分数据来自中国证券业协会从业人员管理系统数据库统计的全行业人员信息和注册从业人员信息。

② 已注册人员总数是指在中国证券业协会从业人员管理系统中提交申请、注册成功并取得执业证书的人数。

表 1　　2014—2016 年证券行业人员情况

类别	2014 年末	2015 年末		2016 年末	
	人数（人）	人数（人）	增长率（%）	人数（人）	增长率（%）
行业总人数	253 301	310 288	22.50	348 085	12.18
已注册数	240 295	292 680	21.80	328 627	12.28

资料来源：中国证券业协会从业人员管理系统数据库。

2. 从业人员呈现一定的年轻化趋势[①]

近年来大量年轻员工[②]进入证券业，行业从业人员年龄结构呈现一定的年轻化趋势，低从业年限人员占比逐年升高。2014—2016 年，证券公司从业人员整体增长 35.87%，其中，35 岁（含）以下从业人员增长 48.3%。2015 年证券行业 35 岁（含）以下从业人员净增 42 952 人，增长率为 29.57%，2016 年净增 27 181 人，增长率为 14.44%（见表 2）。

表 2　　2014—2016 年证券行业从业人员各年龄段人数　　（单位：人）

时间	18—25 岁	26—35 岁	36—45 岁	46—55 岁	56—59 岁	60 岁以上	其他	合计
2014 年	24 495	120 736	70 458	20 691	1 324	332	176	238 212
2015 年	42 518	145 665	74 493	25 090	1 469	428	198	289 861
2016 年	47 171	168 193	75 902	30 037	1 619	705	21	323 648

资料来源：中国证券业协会从业人员管理系统数据库。

2016 年，年轻员工进入行业的速度略有下降，但仍处于较快速增长阶段。年轻员工的大量进入使行业从业人员呈现一定的年轻化趋势，35 岁（含）以下从业人员占比由 2014 年的 60.96% 提升至 2016 年的 65.53%；低从业年限人员占比也有所升高，1 年（含）以下从业经验人员占比由 2014 年的 42.28% 上升至 2016 年的 53.14%，5 年（含）以下从业经验人员占比由 2014 年的 73.89% 上升至 2016 年的 77.09%（见表 3）。

表 3　　2014—2016 年证券行业人员从业年限统计

时间	1 年以下		1—5 年		6—10 年		11—15 年		15 年以上	
	人数（人）	占比（%）	人数（人）	占比（%）	人数（人）	占比（%）	人数（人）	占比（%）	人数（人）	占比（%）
2014 年	101 607	42.28	75 950	31.61	32 606	13.57	18 985	7.90	11 142	4.64
2015 年	145 443	49.69	78 885	26.95	35 128	12.00	18 641	6.37	11 757	4.02
2016 年	174 619	53.14	78 691	23.95	39 483	12.01	18 392	5.6	12 457	3.79

资料来源：中国证券业协会从业人员管理系统数据库。

3. 从业人员学历结构不断优化

证券行业良好的发展趋势不断吸引着高学历人员进入，硕士及以上学历人员占比不断提

① 数据基于中国证券业协会从业人员管理系统数据库统计的注册从业人员信息，统计范围仅包括证券公司，不包括证券资产管理公司、证券投资咨询机构、证券市场资信评级机构。

② 本文所指年轻员工，依据中共中央、国务院印发《中长期青年发展规划（2016—2025 年）》划定的年龄范围为 35 周岁（含）以下。

高，本科及以上学历人员成为行业“主力军”。具备硕士研究生及以上学历人员 2015 年净增 9 728 人，2016 年净增 11 739 人，增长率分别为 27.56% 和 26.07%。具备本科及以上学历人员 2015 年净增 40 905 人，2016 年净增 31 415 人，增长率分别为 25.34% 和 15.51%。随着具备较高学历人员的加入，证券行业大专及以下人员占比不断下降，由 2014 年的 32.16% 下降到 2016 年的 27.31%。硕士研究生及以上人员占比不断上升，2016 年达到 17.27%，本科及以上人员占比达到 71.17%（见表 4）。

表 4　　2014—2016 年证券行业从业人员学历情况

时间	高中		中专		大专		本科		硕士研究生		博士研究生	
	人数（人）	占比（%）	人数（人）	占比（%）	人数（人）	占比（%）	人数（人）	占比（%）	人数（人）	占比（%）	人数（人）	占比（%）
2014 年	11 442	4.80	6 411	2.69	58 774	24.67	126 280	53.01	33 458	14.05	1 842	0.77
2015 年	14 192	4.85	6 925	2.37	66 254	22.64	157 457	53.8	43 024	14.7	2004	0.68
2016 年	15 241	4.64	6 942	2.11	67 562	20.56	177 133	53.9	54 495	16.58	2 272	0.69

资料来源：中国证券业协会从业人员管理系统数据库。

4. 从业人员专业背景仍以经管类为主①

近三年，行业从业人员知识背景基本保持稳定，财会、经济、金融专业背景的从业人员占比最高，达到 40% 以上，企业管理、工商管理或公共管理等专业从业人员次之，占比约 14%。近年来股票承保、债券承销、新三板等业务发展较快，行业对法律类专业人员需求增加，法律类从业人员占比逐年提高。证券公司量化交易、衍生品投资等业务的逐渐开展对熟悉金融工程、数学建模等人员有一定需求，使得数学、统计类等专业背景的从业人员占比逐年上升。总部 IT 类从业人员占比逐年上升，一定程度上反映了在互联网金融的背景下，行业对信息技术水平的重视程度在不断提升（见表 5）。

表 5　　2014—2016 年证券行业从业人员知识背景结构　　（单位：%）

年份	统计范围	财会、经济、金融类	数学、统计类	法律类	企业管理、工商管理或公共管理等	IT 类	其他
2014 年	公司整体人数	42.76	2.9	4.38	14.07	9.2	23.73
2015 年		44.3	2.85	4.58	13.89	9.3	23.89
2016 年		45.7	3.03	4.81	14.24	9.19	22.77
2014 年	公司总部人数	43.9	3.75	5.86	13.98	10.5	18.22
2015 年		44.05	3.75	5.98	13.25	11.1	17.81
2016 年		45.65	3.94	6.38	14.07	11.11	17.9

资料来源：2016 年中国证券业协会证券行业人力资源问卷调研。

① 4—7 的数据来自 2016 年中国证券业协会证券行业人力资源问卷调查中的整体调研问卷部分。此次调研共发放 128 份调查问卷，收回 105 份问卷，包含 115 家证券公司信息（下同）。根据统计结果，共有 85 家证券公司对本部分 4—7 所涉问题进行了有效反馈。

5. 从业人员专业化水平稳步提升

近三年，行业对专业人才吸引力逐渐增强，具备专业资格人员数量占比不断提高，但绝对数量仍有较大增长空间。证券行业作为典型的知识密集型行业，注重对从业人员的专业水平要求，其中投行、新三板、合规风控等业务条线对从业人员专业资质要求较高。根据问卷调研结果，CPA/ACCA、律师等在公司整体人数中占比相对较高，CFA、CFP、FRM、CIIA 占比呈稳定增长趋势（见表 6）。

表 6　2014—2016 年证券行业从业人员专业资质占比情况　（单位：%）

年份	统计范围	CPA/ACCA	律师资格	CFA 三级	CFP	FRM	CIIA
2014 年	公司整体人数	1.43	1.09	0.23	0.07	0.07	0.06
2015 年		1.69	1.28	0.25	0.18	0.07	0.06
2016 年		1.94	1.47	0.26	0.23	0.11	0.07

资料来源：2016 年中国证券业协会证券行业人力资源问卷调研。

6. 国际化人才储备水平持续上升

具备海外工作经验与留学经历人员占比逐年上升，从业人员队伍的国际化仍有进一步提升空间。随着我国证券市场的发展，行业对海外金融从业人员的吸引力不断提升，越来越多具有国外工作或留学经历的人员加入。近三年来，具有境外工作经验人员占比由 1.62% 提升至 1.82%，具有海外留学背景人员占比由 10.57% 提升至 13.59%（见表 7）。

表 7　2014—2016 年证券行业国际化人员储备情况

类别	2014 年末		2015 年末		2016 年末	
	人数（人）	占比（%）	人数（人）	占比（%）	人数（人）	占比（%）
境外工作经验人员	1 157	1.62	1 509	1.79	1 626	1.82
境外留学背景人员	5 900	10.57	8 198	12.13	9 808	13.59

资料来源：2016 年中国证券业协会证券行业人力资源管理问卷调研。

7. 对其他金融机构人才吸引力增强

近三年，证券行业从其他金融机构吸收人才的数量不断增加，银行、保险、信托等其他金融机构从业人员逐渐进入证券行业。在公司整体层面，这一比例由 30.46% 提升至 32.43%；在公司总部层面，这一比例由 32.42% 提升至 34.18%。这在一定程度上反映了近年来证券行业加大对银行、保险、信托等金融机构复合型人才的引进力度（见表 8）。

表 8　2014—2016 年证券行业社会招聘来源情况

年份	统计范围	入职前一段工作经历为银行、保险、信托等其他金融机构的人员数量（人）	占比（%）
2014 年	公司整体人数	33 476	30.46
2015 年		42 975	31.33
2016 年		46 563	32.43

续表

年份	统计范围	入职前一段工作经历为银行、保险、信托等其他金融机构的人员数量（人）	占比（%）
2014 年	公司总部人数	10 687	32. 42
2015 年		13 698	32. 60
2016 年		16 542	34. 18

资料来源：2016 年中国证券业协会证券行业人力资源管理问卷调研。

（二）证券公司人员引进与人才培养[①]

1. 人员引进力度较大

近三年，证券行业发展较为迅速，人员引进数量较多，其中 2015 年新招聘员工数量最多，2016 年略有下降，但行业从业人员数量仍保持较快增长。人员引进渠道以校园招聘与社会招聘为主。在人员引进标准上，校园招聘中证券公司更看重应聘者的毕业院校和专业、文化匹配程度；社会招聘中证券公司更看重应聘者的发展潜力、工作经历和道德素质。

2. 人员队伍稳定性有所提升

近三年，行业整体离职率呈现逐年下降趋势，证券公司整体与总部口径人员离职率均逐年降低，且总部人员离职率低于整体离职率。投行业务（含新三板、债券），资管业务，研究所（卖方研究），经纪业务（分支机构）等条线从业人员具有较高的岗位流动性，离职率较高。在离职原因分析中，薪酬水平、不适应行业岗位、职业发展前景有限是最主要的三个原因，公司考核压力大也是人员离职的重要原因（见表 9）。

表 9　2014—2016 年证券行业人员离职率　（单位：%）

类别＼时间	2014 年	2015 年	2016 年
证券公司整体	13. 57	10. 7	10. 55
证券公司总部	12. 23	11. 95	8. 58

资料来源：2016 年中国证券业协会证券行业人力资源管理问卷调研。

3. 培训投入与力度不断加大

近年来，大量从业年限较低的人员进入行业，证券公司相应地加大了培训的投入力度。2014—2016 年，证券行业培训总费用、年度培训总人数、年度人均费用呈现上升趋势，其中 2016 年人均培训费用超过 2 700 元（见表 10）。

4. 对人力资源工作内部支持力度较高

人才作为证券公司发展的最重要资源，公司经营管理层在人才发展、绩效管理和培养等方面的参与程度与支持力度，决定了人力资源管理工作的效果。根据调研结果，被调研的证券公司中，认为公司高层领导直接参与、介入人才选用育留的程度较高的占比达到 51%，选择非常高的占比为 26%；认为公司高层非常重视人才招聘工作并提供资源与动力的占比

① 本部分数据均来自 2016 年中国证券业协会证券行业人力资源问卷调查中的整体调研问卷部分。此次调研有 85 家证券公司对本部分所涉问题进行了有效反馈，本部分基于 85 份有效问卷进行整理分析。

表 10　　2014—2016 年人才培训年度费用

时间	年度培训总费用（元）	年度培训总人数（人）	年度人均费用（元）
2014 年	262 219 284	147 311	1 780
2015 年	439 608 959	168 583	2 607
2016 年	439 093 334	162 322	2 705

资料来源：2016 年中国证券业协会证券行业人力资源管理问卷调研。

达到 60%，选择比较重视该项工作的占比是 37%；公司高层为人才培养提供了比较多的资源与推动力的达到 64%，选择比较多的为 16%，选择一般多的占比为 18%。以上数据说明，大部分证券公司的中高层对人才招聘、培养、选拔工作重视程度较高，并为人才选用育留工作提供了比较多的资源与推动力。

二、2016 年证券行业人力资源发展实践与创新

（一）2016 年证券公司各业务线人员构成变化①

1. 各业务线人员统计概述

近三年来，证券行业整体发展速度较快，各业务线从业人员均有不同幅度增长。2016 年，受债券市场发展影响，债券承销、交易、研究业务发展较快，投资银行业务、固定收益业务人员涨幅均超过 20%，人员占比有所提升。自营投资（权益及衍生品投资）业务受市场因素影响出现下滑，自营业务线人员增速相对较慢，人员占比不足行业从业人员总数 1%。研究职能对整体业务的支撑作用逐渐被证券公司重视，研究人员数量逐渐增长，增速相对平稳。互联网金融的快速发展提高了对证券公司信息技术能力的要求，信息技术团队人数逐年增长，绝对数量仍有较大增长空间。在行业加强监管的大背景下，合规风控人员数量呈逐年增长趋势，但数量仍较少，增速相对不高。2015 年市场交易量较大，经纪业务人员增速较快。2016 年随着证券公司主动调整业务结构，进一步降低通道业务及高风险业务比重，分支机构人员增幅下降，但分支机构人员仍为证券业绝对主力，占比近 80%（见表 11）。

表 11　　2016 年证券行业各业务线人员构成与增长率　　（单位：%）

统计项目＼业务线	投资银行	自营投资	固定收益	研究业务	信息技术	风控合规	分支机构
人员分布占比	10.51	0.98	1.01	2.61	3.10	2.21	79.58
人员增长率	22.89	7.17	25.54	14.51	20.65	10.65	4.48

资料来源：2016 年中国证券业协会证券行业人力资源管理问卷调研。

2. 各业务线人员构成变化情况

（1）投行团队以股票承保、新三板为主，战略客户团队增速较快。在证券公司投资银行业务线中，股票承保、新三板、债券承销是最主要的业务单元，三项业务人员合计占比达投行人员总数的近 80%，其中股票承销保荐人员人数最多，占比接近 40%（见表 12）。

① 本部分个别数据来自中国证券业协会从业人员管理系统数据库的整理分析，大部分数据来自 2016 年中国证券业协会证券行业人力资源问卷调查中的专业线人员构成调研问卷部分。

表 12　**2016 年投行业务线人员构成与增长率**　（单位:%）

业务单元 统计项目	股票承保	债券承销	财务顾问	资本市场	战略客户	新三板	质量控制	其他
人员分布占比	39.84	15.46	7.46	3.93	1.38	21.37	4.60	5.96
人员增长率	15.00	46.98	26.66	29.40	48.21	15.97	32.16	17.62

资料来源：2016 年中国证券业协会证券行业人力资源管理问卷调研。

2016 年，投行业务线从业人员整体增幅近 23%，其中战略客户、债券承销、质量控制等业务团队人员增速较快，新三板、股票承销保荐业务团队人员增速较慢。为进一步提升综合金融服务能力，满足战略客户个性化需求，投行业务线开始设立战略客户团队，提升对战略客户的综合服务能力，战略客户团队从无到有，增速最快；债券发行市场的井喷式增长带动债券承销团队的高速扩张，增幅超过 48%；一级市场的业务扩张带动质量控制、资本市场人员增长，增幅在 30% 左右；随着股转公司挂牌业务审核尺度收紧，挂牌准入标准相应提高，新三板业务开始由重“量”到“质”，新三板业务人员增幅不足 16%。此外，行业内保荐代表人团队人员数量增速加快，2016 年增幅为 12%。①

（2）自营业务线以权益类、衍生品业务为主，另类投资团队增速较快。证券公司自营业务线仍以权益类投资为主，自营业务线从业人员中权益投资人员占比最高，超过 40%；衍生品投资人员占比超过 25%，另类和量化投资人员占比不足 20%。

面对低利率、资产荒和市场波动，证券公司开始探索多元化投资方式以应对市场不确定性，行业转向大力配备另类投资人员，放缓了对权益投资人员的配备。2016 年，证券行业自营业务线从业人员整体增幅约为 7%，其中另类投资人员增幅超过 20%，衍生品、量化投资人员增幅分别在 10% 和 8% 左右，权益投资人员增幅不足 2%（见表 13）。

表 13　**2016 年自营业务线人员构成与增长率**　（单位:%）

业务单元 统计项目	权益类投资	量化投资	衍生品投资	另类投资
人员分布占比	40.04	15.88	25.56	18.53
人员增长率	1.27	8.38	10.10	20.73

资料来源：2016 年中国证券业协会证券行业人力资源管理问卷调研。

（3）固定收益业务线以债券撮合交易、投资研究为主。在证券公司固定收益业务线中，债券撮合交易、投资研究团队为绝对主力，合计占比高达 90% 以上，债券交易与研究人员配置比例约为 6:4；外汇、商品投资业务处于起步期，人员配置相对较少，占比不足 5%（见表 14）。

表 14　**2016 年固定收益业务线人员构成与增长率**　（单位:%）

业务单元 统计项目	债券撮合交易	债券投资研究	外汇、商品投资研究
人员分布占比	59.51	35.68	4.81
人员增长率	27.62	19.73	25.02

资料来源：2016 年中国证券业协会证券行业人力资源管理问卷调研。

① 保荐代表人数据来自中国证券业协会从业人员管理系统数据库。

2016 年，随着利率、汇率、信用市场化的推进，证券公司固定收益业务面临较好的市场环境，人员配置需求增加，固定收益业务线人员整体增幅约为 26%，各细分专业条线人员均快速增长，其中债券撮合交易和外汇、商品投资研究人员增幅超过 25%，债券投资研究人员增幅近 20%。

（4）研究业务线人员构成比例基本保持稳定。在证券公司研究业务线中，行业研究员占比约为 77%，研究销售人员占比约为 23%，行业研究员与研究销售人员配置比例约为 3∶1。

2016 年，研究业务线研究销售人员与行业研究员涨幅基本相同，约为 15% 左右。但值得注意的是，2016 年行业内取得证券投资咨询业务（分析师）资格的从业人员数量出现下降，降幅约为 0.85%[①]，与投资银行、固定收益业务线等相比，研究业务线从业人员增幅较低（见表 15）。

表 15　2016 年研究业务线人员构成与增长率

（单位：%）

统计项目 \ 业务单元	行业研究	研究销售
人员分布占比	77.12	22.88
人员增长率	14.39	14.97

资料来源：2016 年中国证券业协会证券行业人力资源管理问卷调研。

（5）信息技术业务线研发与运维团队占比相当，研发人员增速较快。在证券公司信息技术团队中，研发和运维人员占比各约为五成。从 2016 年信息技术业务线人员增长情况看，证券公司加快了对互联网金融业务的探索性尝试，持续加强移动终端 App 及 PC 端综合客户端建设，为投资者提供个性化和精细化投资服务体验。信息技术人员整体增幅约为 21%，其中研发人员增幅超过 30%，是运维人员增幅的两倍以上（见表 16）。

表 16　2016 年信息技术业务线人员构成与增长率

（单位：%）

统计项目 \ 业务单元	总部研发人员	总部运维人员
人员分布占比	49.04	50.96
人员增长率	32.56	13.42

资料据来源：2016 年中国证券业协会证券行业人力资源管理问卷调研。

（6）合规风控业务线团队人员增幅较小。2016 年，证券公司合规风控业务线中，风险控制、合规管理人员配置占比相对较高，均超过 30%，审计稽核人员占比约为 21%，法律事务人员占比较低，不足 9%（见表 17）。

与总部其他业务线人员相比，合规风控业务线人员增幅相对较小。2016 年，证券业合规风险事件步入高发期、频发期，在监管部门依法监管、从严监管、全面监管的形势下，证

① 研究销售、行业研究人员数据来自行业调研；证券投资咨询业务（分析师）数据来自中国证券业协会从业人员管理系统数据库，因申请该资格需具备两年以上从业经历及其他条件，所以统计范围不能涵盖所有行业研究人员。

表 17　　**2016 年合规风控业务线（总部）人员构成与增长率**　　（单位:%）

统计项目＼业务单元	风险控制	合规管理	法律事务	审计稽核
人员分布占比	37.26	32.62	8.49	21.64
人员增长率	10.87	9.32	19.98	9.02

资料来源：2016 年中国证券业协会证券行业人力资源管理问卷调研。

券公司逐步加大合规风控专业队伍建设，并逐步将合规风控管理前置到业务一线，提升合规风控事前、事中、事后风险控制能力。但根据调研问卷结果，合规风控人员总体增幅约10%，团队建设有待进一步加强。

（7）分支机构以客户经理、投资顾问为主，合规、机构业务人员增速较快。在分支机构人员构成中，经纪业务人员仍为主要构成部分，客户经理和投资顾问人员合计占比高达 65%。

2016 年，分支机构人员整体增幅约 4.5%。随着分支机构由传统经纪业务向财富管理和机构业务平台转型，分支机构开始着力打造机构业务团队与财富管理团队，机构业务人员增幅超过 16%，投资顾问增幅超过 8%。随着传统通道型经纪业务的转型，新业务的复杂程度进一步提升，专职合规风控人员配置逐渐增多，增幅超过 16%。2016 年券商新设网点继续保持高速增长，分支机构负责人增幅接近 10%；受互联网金融及经纪业务模式转型影响，传统经纪业务人员增长缓慢，增幅不足 4%；随着证券公司对营业部的管理出现向分公司或总部集中的趋势，综合运营人员呈下降趋势（见表 18）。

表 18　　**2016 年分支机构人员构成与增长率**　　（单位:%）

统计项目＼业务单元	负责人	投资顾问	客户经理	机构业务经理	专职信息技术	专职合规	综合运营
人员分布占比	6.45	22.94	42.04	5.16	3.56	1.30	18.56
人员增长率	9.60	8.41	3.90	16.66	0.08	16.69	-2.84

资料来源：2016 年中国证券业协会证券行业人力资源管理问卷调研。

（二）2016 年证券行业组织变革情况[①]

1. 2016 年证券行业组织变革情况概述

（1）调整组织架构适应行业新的业务模式。近年来，随着证券行业的创新发展，互联网经纪、机构业务等新业务模式不断出现。在此背景下，证券公司积极进行组织架构调整，适应新业务模式。根据调研结果，约 47% 的证券公司调整组织架构的频率在 1 年及以内，17% 的证券公司调整组织架构的频率为 2 年。2016 年，约有 65% 的证券公司对组织架构进行了调整。

（2）组织架构调整以经纪业务、投行业务为主。经纪业务与投行业务为证券公司的

① 本部分数据来自 2016 年中国证券业协会证券行业人力资源问卷调查中的组织变革调研问卷部分，基于 105 份问卷数据进行整理分析。

主要业务线和重要收入来源，也是面临竞争最激烈的业务板块，组织架构调整需求强烈，调整方向相对明确。根据调研结果，在2016年进行过组织架构调整的证券公司中，约有46%的证券公司对经纪业务板块进行调整，约有44%的证券公司对投行业务板块进行调整。

（3）探索以客户为中心进行组织架构调整。证券业作为典型的金融服务业，构建以客户为中心的商业模式已成行业共识，以客户为中心的各类组织变革也正在成为证券行业组织变革的主流趋势，部分券商开始尝试以客户为中心的组织架构调整（如华泰证券），通过服务功能集中，建立以客户为导向、为多样化业务产品提供承揽和销售职能的财富管理架构和体系；部分券商开始尝试矩阵式管理模式（如平安证券），通过业务开展团队制、组织机构扁平化，压缩业务决策链条，实现敏捷响应。

2. 2016年证券公司组织设置情况分析

（1）总部部门设置以适应业务开展情况为主。

一是投资银行部门根据证券公司规模和发展阶段采用不同的组织架构模式。在投行业务的组织架构模式中，“职能 + 业务 + 团队”“职能 + 地区 + 业务”和“职能 + 团队”三种分工模式为最主要的投行团队建设模式，占比在70%以上。

二是研究能力作为证券行业重要的基础能力和核心能力，研究机构对内、对外的服务能力逐渐为证券公司所重视。在研究部门的定位上，约40%的证券公司定位为综合研究机构，注重研究对其他各项业务的业务支撑；在研究业务部门设立模式上，91%为总部一级部门，部分券商设立了全资子公司、分公司，对研究业务充分授权，促进研究业务快速发展。

三是根据行业监管要求，风险管理部门对风险管理人员的实际管理要求进一步提高。根据调研结果，80%以上的证券公司根据监管要求实现了合规、风控职能独立设置部门。在总部业务条线的合规风控人员管理关系上，37%的证券公司合规风控人员隶属于公司合规、风控部门，再派驻至业务部门；58%的证券公司合规风控人员隶属于业务部门，受公司合规、风控部门业务指导，公司合规、风控部门具有一定的考核权。

四是证券行业整体信息技术自主开发能力仍有待提高。近年来，不断有大型综合类券商尝试以自主研发与外包相结合的方式来开发信息技术系统，并逐渐向完全自主研发过渡。根据调研结果，在信息技术系统与产品开发方式上，约65%的证券公司以外包开发为主，约9%的证券公司以自主开发结合外包服务为主，仅有约26%的证券公司以自主开发为主，行业整体自主开发能力仍较低。

（2）分支机构组织设置以适应行业转型发展方向为主。

一是分公司建设在2016年处于稳步发展的阶段。目前绝大部分证券公司已设置分公司，未设置分公司的证券公司较少。在分公司类型上，综合类分公司占比有所提高，61%的分公司定位为综合业务分公司。2016年，超过50%的证券公司新设了分公司，其中约6%的证券公司设立了6家以上分公司。

二是营业部数量稳步增长，轻型化和低成本策略成为趋势。2016年证券行业营业网点扩张力度较大，约80%的证券公司进行了营业部新设，其中约15%的证券公司设立了20家以上营业部。在新设营业部类型上，轻型营业部比重超过75%，多数轻型营业部部均人数配置在5人以下，营业部轻型化趋势明显。

三是分支机构后台职能集中成为证券公司分支机构组织发展的重要方向。根据调研结果，超过90%的证券公司对财务职能进行了集中，61%的证券公司对信息技术职能进行了集中，57%的证券公司对合规风控职能进行了集中，46%的证券公司对人力资源职能进行了集中，39%的证券公司对运营职能进行了集中。在集中方式上，64%的证券公司实现了总部集中，25%的证券公司实现了分公司集中。后台职能集中为经纪业务转型奠定了良好基础。

四是总部与分公司、分公司与辖属营业部管理关系与证券公司战略和业务模式紧密相关。目前，48%的证券公司将分公司作为独立经营单位隶属公司直接管理，38%的证券公司将分公司隶属总部零售经纪业务部门管理。73%的证券公司辖属营业部隶属于分公司的关系明确，分公司承接公司总部的业务及管理要求、结合自身的实际情况实施区域业务拓展与管理；其他证券公司辖属营业部隶属于分公司的关系较模糊，分公司对辖属营业部的业务指导与管理能力较弱、权限较小，辖属营业部更多地接受公司总部的指导与管理。

五是业务类子公司逐步成为证券公司的重要组织部分。目前，证券公司设立的一级子公司类型包括资产管理、基金、期货、直接投资、另类投资、国际业务、投行、区域股权交易中心、研究等。根据调研结果，39%的证券公司设立了3—5家子公司，21%的证券公司设立6家及以上子公司。在所有的子公司中，全资子公司占比67%，控股子公司占比33%。在子公司管理模式上，各证券公司加强了对子公司的管控，43%的证券公司对所有子公司进行管理，30%的证券公司只对全资子公司进行管理。

（三）2016年证券行业人力资源管理创新与实践①

1. 人力资源管理人员规模概述

人力资源管理在现代企业中越来越受到重视，对于人力资本密集型的证券行业尤其重要，人力资源管理团队人员规模不断增长。根据调研结果，证券公司的专职人力资源管理人员配备数量与公司整体业务规模和人数密切相关。根据中国证券业协会统计，截至2016年底，证券行业注册从事人力资源管理业务的从业人员数为1 285人，占行业注册人员总数的0.39%。根据行业调研结果，人力资源管理人员数量占公司总部员工人数的比例行业中位数为0.88%，有超过10%的券商人力资源人员绝对数量在18人以上；按业务模块统计分析发现，薪酬管理、招聘和培训管理模块相比其他专业模块人员配置占比较高。

2. 人力资源管理模式变革趋势

（1）推行MD职级体系渐成行业主流。MD（Managing Director）职级体系是国际投行中比较流行的一种职级管理机制，近年来国内证券公司开始引进、推行MD职级体系，但具体做法差异性较大。根据调研结果，超过70%的证券公司已经推行了MD职级体系，其中约有25%的证券公司实现了全员MD；部分证券公司在分支机构或部分业务线推行了MD职级体系。部分未推行MD职级体系的证券公司，也进行了类MD职级体系探索，在中后台实施“职能序列＋专业序列”双轨制职级体系，推动职级体系的变革，促进以业绩和能力为核心的职级体系建设。

（2）部分证券公司探讨推行HRBP制度。HRBP（Human Resources Business Partner，人

---

① 本部分数据来自2016年中国证券业协会证券行业人力资源问卷调查中的人力资源管理专项问卷部分，基于102—105份问卷数据进行整理分析。

力资源业务合作伙伴）制度作为伴随着人力资源部门职能分化和升级而出现的一种管理模式，在证券行业的推行仍有较大提升空间。目前，在行业内有近 1/4 的公司已经开始推行 HRBP 制度。在实施 HRBP 制度的公司中，主要分为两种模式：一种是隶属于人力资源部，派驻业务部门；另一种是部分公司的 HRBP 人员隶属于业务部门，向人力资源部双向汇报，人力资源部具有部分考核权。在设置 HRBP 的证券公司中，专职和兼职 HRBP 的形式各约占一半，其角色定位主要为服务支持和管理督导两种。多数公司的 HRBP 角色是服务支持定位（约占 2/3），主要帮助业务部门解决人力资源管理中遇到的问题，但不干预业务部门人力资源具体问题决策；少部分公司（约占 1/3）的 HRBP 具有管理督导职能，负责贯彻公司人力资源政策、规范业务部门的人力资源管理，并具有一定的决策权限。

3. 薪酬、激励与考核情况

（1）市场化薪酬、激励机制对标有效实施。证券公司面临着较为激烈的人才竞争，为充分招揽人才，大部分证券公司不断进行同业对标，建设市场化的薪酬体系。行业内普遍将第三方专业机构获取的市场薪酬数据作为公司内部制订薪酬标准的参考依据，其中 85% 的公司参加第三方专业机构组织的市场薪酬调研，60% 的公司会通过同业沟通取得相关市场薪酬数据。市场化薪酬激励机制的实施，促进了市场竞争的公平性，有效激发了各专业人员的积极性，但同时也推高了行业人工成本，导致了一定的经营压力。

（2）绩效考核制度逐步完善。证券公司的绩效考核方式主要有两种：一种是以财务指标为主的考核，另一种是以量化指标为主的基于平衡计分卡的全面考核方式。约 60% 的公司采取以上两种方式中的一种；少数公司采取以非量化为主的目标管理考核方式或 360 度评估的方式进行绩效考核。证券公司对员工进行激励的主要措施包括将奖金与业绩挂钩、将职级调整与业绩挂钩、实施员工评优计划、将固定薪酬调整与业绩挂钩四种方式。在评价是否对员工进行激励时，证券公司最看重业绩和能力两种因素，少数公司也会把员工资历考虑在内。

（3）长期激励方式较为单一。根据行业调研结果，目前业内约一半（49%）的证券公司已推行了企业年金计划。但在核心员工激励体系建设方面，证券公司目前普遍注重短期激励，行业内约 85% 的公司未实施员工长期激励计划，约 11% 的公司已实施核心员工长期激励计划（非股权类），只有个别公司实施了核心员工股权激励计划。

（4）实行递延奖金制度进行核心人才约束。行业内绝大多数（约 93%）证券公司采取了奖金递延支付制度，其中 20% 的公司实行了全面的员工奖金递延制度，大部分公司只针对部分岗位实行奖金递延制度。证券公司采用奖金递延支付的目的除了风险控制和留住人才外，行业监管要求也是一个重要因素。在实施奖金递延制度的公司中，大部分（约 60%）会根据业务模式的不同，实行不同的递延年限和比例，小部分会按照统一的比例和年限进行递延。递延奖金制度在一定程度上缓解了公司薪酬支付压力，也在一定程度上降低了人员流动性，能够增强员工和企业间的黏性，提高人才队伍的稳定性。

4. 员工培训发展概况

企业员工培训是直接提高经营管理者能力水平和员工技能的重要方式，是重要的人力资本投资方式，有效的企业培训能提升企业的综合竞争力。证券行业作为人力资本密集型行业，培训的重要性不言而喻。目前，大多数证券公司重视员工培训，培训部门设置、培训体系建设、师资力量来源情况各有不同。行业内有 18% 的公司设立了专门的培训中心专职负责人才培训，大部分公司将该职能保留在人力资源部门。根据调研，证券公司培训体系建设中比较重要的五个方面为：通用人才培训体系、营业部总经理培训体系、核心骨干人才培训体系、新员工入职培训体系、中高层管理人员培训体系。公司实施培训的师资力量除了借助外部培训机构、外部独立讲师、同业间培训（含协会培训）外，绝大多数公司建立了内部讲师队伍。

三、2016 年证券行业人才发展和管理存在的问题与建议

（一）证券行业人才发展和管理存在的问题

1. 证券行业人才队伍规模相对较小

证券行业作为知识密集型产业，对高学历、高素质专业人才的需求量较大。国内证券行业的发展历史较短，人才培养体系尚不成熟，人才队伍规模仍较小，人员规模远低于银行业、保险业。据统计，2015 年，证券行业从业人数仅相当于银行业的 8.2%、保险业的 5.4%。近几年随着投资银行、固定收益、互联网金融等业务的快速发展，证券行业对于金融专业人才的需求与存量人才数量之间存在巨大缺口，人才供给不能充分满足国内证券公司发展需求（见表 19）。

表 19　银行业、保险业、证券业从业人员数　（单位：万人）

行业＼时间	2013 年	2014 年	2015 年
银行业	355.04	376.34	380.34
保险业	377.42	420.31	578.65
证券业	24.59	25.33	31.03

资料来源：银行业数据来自 2013—2015 年《中国银行业监督管理委员会年报》；保险业数据来自 2014—2016 年《中国保险年鉴》；证券业数据来自中国证券业协会的行业总人数统计。

2. 高层次、创新型、国际化专业人才较为缺乏

证券行业较强的实践性与创新性使得国内高校培养的金融专业毕业生并不能完全满足行业发展要求，往往需要较长时间的培训与实习，这增加了人才培养成本。具有国际投行工作经验并熟悉中国证券市场的人才较少，不利于证券公司充分吸收国外投行先进经验并提升自身竞争力。行业内掌握银行、保险、信托等多种专业知识和跨行业运作技术的复合型人才比较稀缺，制约了行业的创新发展。分支机构与总部人员素质差距较大，不利于证券公司整体业务的开展，影响证券公司整体发展战略落地。高端专业人才的稀缺也导致了人才向大型券商聚集的现象，使得中小型券商难以找到满足发展需求的专业人才，制约了中小型券商的发展。

3. 部分业务线人才队伍建设有待加强

证券公司前台业务线人员增长较快，风控合规、信息技术等业务线人才队伍建设相对滞后。根据中国证券业协会统计，近三年证券行业注册人员数增长 37.78%，其中证券经纪、投资银行等业务条线人员增速较快，但法律合规、信息技术、审计稽核人才队伍建设相对滞后，人员增速慢于行业平均水平。投资银行（含新三板、债券），证券经纪等业务同质化，

导致相关业务人员成为行业内争相引进的对象，对证券公司人才队伍稳定性造成一定影响；同时对部分长周期业务（如投行IPO项目），业务人员的频繁流动不利于客户服务，也不利于证券公司的风险控制。

4. 行业人才职业资格认证体系有待完善

适应我国证券行业特点的高端人才培养、选拔、认证考试体系仍有待完善。证券行业作为知识密集型行业，吸引了大量高学历、高素质人才加入，但证券从业人员专业技能的提高多通过其他行业专业资格认证，如注册会计师（CPA）、注册国际投资分析师（CIIA）、特许金融分析师（CFA）等，缺少针对我国证券行业专业人才（如财富管理、投资经理、分析师等）特点的职业资格认证体系。

5. 长期激励约束手段尚未广泛推行

证券行业对各业务线业绩考核普遍采取以收入提成为主、利润提成为辅的短期激励模式。这样容易导致部门和个人过于追求高比例提成和过度激励，一方面不利于跨部门的合作，阻碍行业创新，另一方面也容易导致行业对于人才的恶性竞争，增加人员的无序流动，增加证券行业人工成本。股权激励等长期激励机制发展滞后，无法更好地满足公司管理层与核心员工的价值需求，阻碍了员工利益与公司长远利益的结合。

6. 以客户为中心的组织架构未能有效建立

在组织架构设置上，虽有部分证券公司以客户为中心进行了有益的尝试和改革，但多数证券公司普遍部门设置较多，分工较细，流程环节过多。一方面在面对外部竞争对手或客户需求快速变化时显得迟钝和低效，无法有效实施公司战略，错过“风口”，贻误战机；另一方面，过于强调专业化分工、业务条线间割裂的组织架构可能导致部门业务目标优先于公司整体目标，小团队利益高于公司利益，公司资源无法有效整合，客户需求无法满足，导致行业整体创新乏力。

7. 人力资源管理人员相对不足，人力资源工作对业务支撑作用有待提高

根据调研结果，证券公司人力资源管理人员人数集中分布在20人以下区间，仅有约10%的证券公司人数超过18人，远低于国际投行平均水平，人力资源管理人员相对不足导致无法完全满足对公司战略的支持需求。在人力资源管理模式上，国内大多数证券公司人力资源管理仍沿用传统的劳动人事管理架构。根据调研，目前国内约76%的证券公司尚未实施HRBP制度，而在实施HRBP制度的公司中，仅有约8%的HRBP隶属于业务部门，向人力资源部双向汇报，人力资源部具有部分考核权；约16%的证券公司HRBP隶属于人力资源部，派驻业务部门，人力资源部负责薪酬、考核，大部分证券公司未根据业务发展对人力资源管理模式进行创新，对业务单元的支撑相对不足。

（二）提升证券行业人才发展和管理的建议

1. 优化行业发展环境，提升对人才的吸引力

近年来，随着证券行业的快速发展，行业对人才的吸引力逐步加大，但相对于银行、基金等其他金融行业仍处于劣势，而随着互联网金融的兴起、混业经营的逐步推进，证券公司在吸引和挽留人才方面面临较大压力。因此有必要不断优化行业发展环境，提升证券公司经营管理水平，提高证券公司的业务规模和盈利能力，增强行业对人才的吸引力。

2. 完善国际化人才引进、培养配套机制

建立完善行业海外人才引进的配套政策和保障机制，增强行业对海外人才的吸引力，与境外知名高校、华人金融社团、人才服务机构开展合作，建立稳定的境外引才渠道。发挥行业协会的桥梁纽带作用，积极与境外市场行业协会、金融社团、教育培训机构和知名金融机构建立合作关系，建立长效人才培养交流与合作项目，推动境外教育培训基地建设。

3. 强化部分业务线人才队伍建设

在行业监管趋严、互联网金融发展的大背景下，证券公司应实现各业务线人才队伍建设均衡发展，不应仅局限在经纪、投行等业务团队发展上，也应加强风控合规、信息技术等业务线人才队伍建设，切实提升合规风控、信息技术水平，促进行业持续健康发展。针对证券行业部分业务条线高学历、高素质、高岗位匹配度专业人员流动性较高的问题，证券公司应积极探索建设长期激励机制，提高核心人才流动的机会成本，避免经营行为与激励行为短期化，保证核心人才队伍的稳定性。

4. 构建全覆盖、分层次、分类别的专业人才培训体系

建立健全分层次、分类别的专业人才课程体系，统一各类专业人才培训标准，细化专业人才任职资格体系。建立行业师资库，聘请行业内业务领域专家及跨行业专家进入师资库。建立证券公司间业务发展分享机制，加强业务交流学习。积极与知名高校及外部培训机构建立联系，建立行业人才培训基地。

5. 针对证券行业特点，完善专业人才资格认证体系

基于目前行业入门资格、专业资格和管理资格考试制度，可借鉴成熟金融市场经验，建立完善的适应行业特点的高端人才职业资格认证体系和职称晋升体系。在财富管理领域，可借鉴国际金融理财师（CFP）的资格认证体系，结合我国财富管理的特点，完善我国投资顾问考试、认证体系，增强行业人才持续学习的动力，支撑证券公司传统经纪业务向财富管理转型。

6. 打造以客户为中心、灵活敏捷、内控有效的平台型组织

顺应互联网时代平台化、网络化的组织变革趋势，强化总部平台的支撑作用和分支机构的灵活性。以客户为中心，实现业务团队架构扁平化，快速响应客户需求或应对市场竞争。整合中后台运营、风控、IT、财务部门形成职能支持体系，打造完善的公司职能平台，提升管理能力和服务效率，为业务团队提供关键资源和支持。实现授权机制的扁平化，压缩决策链条，有效支撑组织架构扁平化。

7. 加强人力资源管理团队建设，探索人力资源管理模式创新

强化人力资源管理团队建设，积极探索人力资源管理模式创新，有效支持证券公司业务发展需求。HRBP 制度作为人力资源管理模式创新的重要方向之一，比传统的按职能划分的人力资源管理架构更加贴近业务，反应也更加迅速，同时对人力资源管理人员的要求也随之提高。随着证券公司业务不断拓宽、创新业务层出不穷，与银行、信托等传统金融机构的交叉业务越来越多，人力资源管理模式也应顺势而变，需及时了解、跟进和服务于业务变革的需求，采用更加灵活的人力资源组织架构。

券商国际化与支持“一带一路”建设

证券公司国际化发展路径研究

刘 嫣 史亦晗*

一、证券公司国际化的背景

证券市场国际化是20世纪80年代以来世界金融市场的一大发展趋势，是生产国际化和资本国际化发展的必然结果，也是国际融资证券化趋势的必然要求。随着我国证券市场的发展，我国证券市场与国际证券市场的关联性越来越大，在加入WTO后，我国证券市场国际化的步伐进一步加快。随着全球金融一体化趋势的形成，中国证券公司积极参与到全球金融市场的竞争中，进行经营地域及模式的创新，不断开拓国际业务。

国务院2014年发布的《关于进一步促进资本市场健康发展的若干意见》中指出：“逐步提高证券期货行业对外开放水平。适时扩大外资参股或控股的境内证券期货经营机构的经营范围。鼓励境内证券期货经营机构实施‘走出去’战略，增强国际竞争力。”

中国证监会严格贯彻国务院关于证券公司国际化的指导精神。2016年4月16日，中国证监会主席刘士余在深圳召开的部分机构座谈会上表示，近年来，证券基金行业坚持市场与法制导向，服务能力与市场竞争力持续提升。作为资本市场重要的参与主体，证券公司、基金公司等机构要稳健经营，规范管理，提升内控水平，培育公司文化，打造百年老店。2016年12月18日，中国证监会主席刘士余在大连商品交易所第六次会员大会上表示，期货市场开放度需要提升，要用5—10年的时间，尽快提升国际化水平。2017年2月26日，中国证监会主席刘士余在中国证监会新闻发布会上表示，牢牢坚持市场化、法治化、国际化改革方向，保持政策连续性。

世界金融市场的发展趋势加之我国监管的政策支持，为我国证券公司国际化提供了机遇。我国一些业绩优秀的证券公司已经纷纷开启国际化之路，研究其国际化路径可以为其他证券公司提供有益的借鉴，为我国即将展开国际业务的证券公司提供思路。

---

* 作者单位：渤海证券股份有限公司法律合规总部。原载于《中国证券》2017年第5期。

二、目前我国证券公司境外业务开展路径及原因分析

据统计，目前包括中信证券、海通证券、国泰君安、银河证券等在内的多家证券公司在我国香港设立了百余家分支机构，在除香港以外的其他亚洲国家以及美国、欧洲、中东等海外市场也设立子公司、合资公司或办事处开展国际业务。本文根据中国证券业协会公布的《2015 年度证券公司经营业绩排名情况》，选取净资本排名为考量指标，以排名前 50 位的证券公司为样本，分析其境外业务开展情况，总结出目前我国券商开展境外业务主要采取的几种方式。

（一）通过在境外设立分支机构开展国际业务

1. 在我国香港设立全资子公司作为投资控股平台，投资控股平台下设专门二级子公司申请香港证券牌照，分别开展经纪业务、资产管理、投资等业务

此种方式是国内大多数已开展国际业务的证券公司普遍采用的方式，以中信证券、中金公司、海通证券为典型代表。

（1）原因分析：这种“两级模式”中，一般上层的控股公司经营范围为投资控股，不实际开展经营；二级子公司分别申请不同的业务牌照，分业经营。

采取这种“两级模式”的主要原因有以下几点：①香港证券行业监管及证券市场经营环境鼓励证券公司实行专业化经营；②香港证监会将证券经营牌照分为十类，部分牌照间允许开展的业务存在冲突，因此不得同时申请；③有利于与国内母公司的风险隔离，且便于管理；④控股公司在境外设立、收购、参股其他机构的，需事先向中国证监会备案，但对专业二级子公司的此类行为无备案要求。

（2）路径特点：这种模式一般采取“立足香港—布局亚太—辐射全球”的发展策略，即除在香港开展证券业务外，同时将香港的子公司（含二级子公司）作为平台拓展海外业务。如中金公司、招商证券、国泰君安等券商以香港的子公司为平台，在新加坡、英国、美国等国家设立、收购或者参股设立公司；中信证券在香港设立两个投资控股平台，分别针对香港市场和香港以外市场设立二级子公司开展业务。

华泰证券和中原证券较为特殊。华泰证券通过在香港的全资子公司华泰金融控股（香港）有限公司直接开展经纪业务和资产管理业务，未设立二级子公司。中原证券通过在香港的控股公司中州国际金融控股有限公司直接收购有牌照的香港证券公司作为其二级子公司开展业务，未采取设立方式。

（3）举例：中信证券的国际化模式。中信证券国际有限公司（以下简称“中信证券国际”）是中信证券在香港设立的海外业务拓展平台，是中信证券的全资子公司，目前其在香港拥有四家分行。中信证券国际的主营业务是控股和投资，通过下设的子公司从事投资银行、证券经纪、期货经纪、资产管理、自营等业务。

中信证券通过其全资子公司中信证券国际收购了里昂证券。里昂证券是一家根据荷兰法律成立的私人有限公司，于 2013 年 7 月 31 日成为中信证券国际的全资子公司。里昂证券有限公司是里昂证券的全资子公司，在里昂证券被中信证券国际收购后更名为中信里昂证券有限公司（以下简称“中信里昂证券”），中信里昂证券在英国有分支机构。

为了加速开展外汇交易业务，2015 年 1 月，中信证券与 KVB Kunlun Holdings Limited 签署了附条件的股份转让协议，收购其所持有的昆仑国际金融集团有限公司（以下简称“昆仑国际金融”）的 12 亿股股份。随后，中信证券全资设立了中信证券海外投资有限公司（以下简称“中信证券海外投资”）作为本次收购的收购主体。截至 2015 年 6 月，中信证券已通过中信证券海外投资成功收购了昆仑国际金融 59. 04% 的股份。

中信证券的国际化模式见图 1。

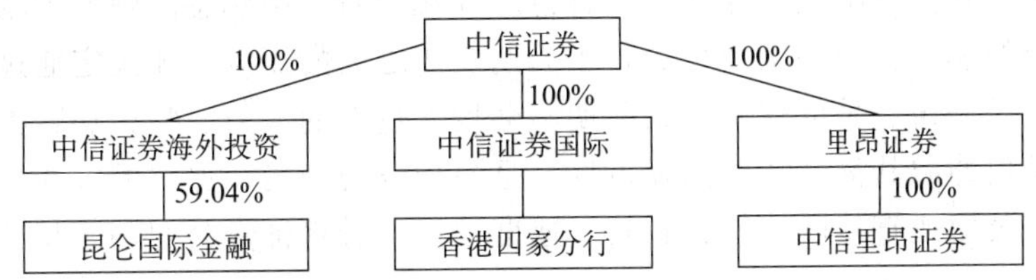

图 1 中信证券的国际化模式

中信证券的国际化历程开启较早，目前其国际化网络已经铺开，在世界各地开展国际业务。中信证券除上述主要国际平台外，还在开曼群岛注册了两家一级全资子公司，从事境外组合对冲基金、投资基金业务。

中信证券的国际化模式是比较综合的，其在香港设立投资控股平台，然后分别下设多个专业子公司开展实际业务，凭借其在国内成熟的经营管理模式、强大的资金实力，通过收购的方式不断扩张其国际化版图。其根据不同的业务性质，设立了多层次的子公司，还参股了多家公司，这些公司的注册地遍布世界各大金融发达地区或投资政策优惠地区。中信证券的国际化模式复杂、深入，有很多值得其他证券公司借鉴的地方，但是考虑到其在国内券商中的领先地位以及雄厚财力，一些国际化部署才变得可行，其他证券公司若想借鉴，还要反复斟酌，对照自身实际经营情况，进行切实可行的国际化战略设计。

2. 办事处/代表处模式

采取在境外设立办事处、代表处模式开展国际业务的证券公司以招商证券和太平洋证券为典型代表。招商证券在韩国首尔设立办事处，之后该办事处升级为全资子公司；太平洋证券在老挝设立东盟代表处，为东南亚业务布局进行研究和规划。

（1）原因分析：采取在海外设立办事处或代表处这种审慎的方式主要是考虑到证券公司对目标国家的政策、环境、文化、投资需求等都不熟悉，通过这种方式寻求设立独资或者合资子公司的机会。

（2）路径特点：办事处或代表处不开展具体业务，主要进行当地政策、法规、业务开展的研究和规划，探索适合自身体量和特色的发展路径。办事处或代表处一般会升级为子公司，进而开展业务。

（3）举例：招商证券的国际化模式。招商证券的国际化开启较早，其于 1999 年即在香港设立了全资子公司——招商证券国际有限公司，作为招商证券重要的海外业务平台，通过下设子公司全方位经营投资银行业务。招商证券国际有限公司是招商证券经营海外业务的主要平台，在中国香港、英国、韩国、新加坡等国际金融中心均设有附属公司，从事各类金融业务。

2011 年 8 月，招商证券在首尔设立了招商证券（国际）首尔办事处，其是招商证券在海外设立的第一个办事处，也是首家向中国证监会报备设立的韩国办事处，具有里程碑意义。

通过首尔办事处几年来对韩国市场的了解，2016 年底，招商证券审议通过了其全资子公司在韩国设立子公司开展经纪业务的议案。招商证券的全资子公司招商证券国际有限公司拟在韩国设立全资子公司，并拟向韩国金融监督院申请相应业务牌照，开展证券经纪及场内衍生品经纪业务。

招商证券的国际化模式有与多数证券公司的国际化模式相一致之处，即以香港为起点和中心，向外辐射至其他金融发达地区。其特色之处在于对于不熟悉的韩国市场，招商证券采取了设立办事处的模式，对韩国市场进行了为期 5 年之久的探索，才决定通过香港的全资子公司在韩国设立子公司。采取这种方式前期不会投入过大的人力、物力和财力，同时也能够将证券公司的触角伸向其欲开拓的国际市场，是一种较为稳妥、保守的方式。这种方式与直接在海外设立子公司或直接收购模式相较，速度较慢，会将证券公司国际化的进程拉长。

（二）采取收购兼并的方式开展境外业务

在境外采取收购兼并方式开展国际业务的证券公司以国金证券为典型代表。国金证券于 2015 年 3 月在香港收购粤海证券有限公司［后更名为“国金证券（香港）有限公司”］和粤海融资有限公司。

1. 原因分析

相比在香港设立子公司的传统模式，外延式收购也是国际化的常见路径，能尽快获得成熟的业务平台、经营牌照、客户资源、人员储备、运作经验等，可以在当地迅速开展业务，实现弯道超车。

2. 路径特点

这种模式出现较晚，主要发生在近几年；被收购的证券公司直接开展业务，不再下设二级子公司。

3. 举例：国金证券的国际化模式

国金证券的国际化采取直接收购的方式进行，其于 2015 年 3 月完成了对粤海证券有限公司的收购，持股比例为 99.9999993%，后将这家被收购公司更名为国金证券（香港）有限公司。同一时间，国金证券还收购了粤海融资有限公司，持有其 99.9999889% 的股权。截至 2015 年底，国金证券（香港）有限公司已获得香港证监会核发的多类牌照，从事销售及交易业务、投资银行业务和资产管理业务。目前，各项业务均已开展。粤海融资有限公司则持有香港放债人牌照，经营放贷业务。另外，国金证券（香港）有限公司于 2013 年 12 月就获得了中国证监会核发的 RQFII 资格。

国金证券虽然也像大多数券商一样，将国际化首站选在香港，但是其创新之处在于采取直接收购的方式，根据其 2015 年财务报告，仅收购国金证券（香港）有限公司，国金证券就出资 1.796 亿港元，2015 年国金证券又对其进行了 2.4 亿港元的增资。由于收购结束时间不长，截至 2015 年末，国金证券通过收购获得的这两家香港子公司均尚未取得盈利。由此可见，采取收购方式的，需要证券公司付出较大的财力。

（三）采取合资经营的方式开展境外业务

采取合资经营的方式开展境外业务的证券公司以太平洋证券和东吴证券为典型代表。太平洋证券于2013年6月在老挝注册老—中证券有限公司，持股比例为39%；东吴证券于2015年8月28日在新加坡注册东吴证券中新（新加坡）有限公司，持股比例为75%。

1. 原因分析

采取这种方式的券商一般基于地缘优势或政策优势。如太平洋证券注册地为云南省昆明市，云南作为国家对接东盟的桥头堡，具有政策优势，云南省出台政策鼓励当地企业与周边东盟国家加强经济贸易往来。东吴证券注册地为江苏省苏州市工业园区，苏州为中国和新加坡合作城市，苏州市工业园区是中新两国政府间重要的合作项目，园区内有多项金融创新政策。

2. 路径特点

在这种模式中，中资证券公司一般和境外当地公司合资，在股权比例上存在控股和参股两种情形。

3. 举例

（1）太平洋证券的国际化模式。2013年6月，太平洋证券与老挝农业促进银行、老挝信息产业有限公司合资创建了老—中证券有限公司，太平洋证券的持股比例为39%。该公司是按照老挝证券法规定设立的综合类全资质券商，主要从事财务顾问、证券经纪及交易代理、证券承销业务。

太平洋证券的区域优势明显，是云南本土的上市券商，长期以来得到当地政府的大力支持。同时，受益于国家“一带一路”、滇桂金改政策以及滇桂地区证券化快速发展带来的机遇，太平洋证券不仅在云南地区精耕细作，业务范围也逐步辐射至东南亚。独特的地缘优势以及政策支持，使得太平洋证券国际化的首站选在了老挝，采取参股的方式，与老挝当地的企业联营，发挥自身特色，汲取当地资源，不失为一个明智的布局。2015年老—中证券有限公司的业务已逐步展开，实现营业收入约520万元人民币，但是截至2015年12月31日，该公司尚未实现盈利。由此可见，采取这种参股模式经营境外业务的，自公司设立至获得盈利，可能需要几年甚至更长的过渡期。

另外，太平洋证券的境外资产主要由二级全资子公司上海太证投资管理有限公司通过其子公司发起设立的太平洋特别并购公司（Pacific Special Acquisition Corp.）的投资、货币资金和与母公司的往来款项构成。2015年10月，太平洋特别并购公司成功登陆美国纳斯达克，为国内企业赴美上市提供了一种新的业务模式。与此同时，2015年太平洋证券还完成了老挝代表处的注册工作，为进一步拓展东南亚市场创造了条件。太平洋证券先后在老挝设立参股证券公司和代表处，可见其对老挝市场的重视以及信心，但是其还是采取了比较保守的方式，试图将老挝市场的业务逐步展开。

（2）东吴证券的国际化模式。东吴证券于2015年8月与中新苏州工业园区开发集团股份有限公司共同出资设立了东吴证券（新加坡）有限公司，东吴证券的持股比例为75%，其主要业务为资产管理和财富管理。2016年1月，东吴证券（新加坡）有限公司获得了新加坡金融管理局颁发的业务牌照。东吴证券利用地处中新苏州工业园区的地缘优势，成功进行了新加坡的业务布局。

东吴证券的发展战略是“根据地”与“走出去”相结合。一方面坚持“做熟、做透、做深、做细”苏州市场，进一步加强对地方经济发展的服务力度；另一方面，加快“走出去”战略实施步伐，通过海外业务逐步拓展，争取形成“老东吴、新东吴、洋东吴”三足鼎立格局。

另外，根据东吴证券 2015 年财务报告，其香港子公司的筹备工作已启动。东吴证券凭借其地缘特色将国际化首站选在了新加坡；第二步，目前看来，还是遵循大部分券商的通常做法，开辟香港市场。

（四）通过 QDII 等其他制度辅助境外业务的开展

通过 QDII 等制度作为辅助手段开展境外业务的国内证券公司与境外证券公司不发生股权关系，一般在投资、咨询、证券交易代理方面展开合作。目前国内开展此类业务的证券公司在境外都设有分支机构。

目前，已通过中国证监会审核，具备 QDII 资格的证券公司共有 10 家。最早获得 QDII 资格的证券公司是中金公司，于 2007 年 8 月取得该资格，随后在 2007—2008 年间，招商证券、国泰君安、中信证券、华泰证券、光大证券、东方证券、海通证券以及国信证券相继取得了该资格；2011 年，广发证券取得了该资格。

随着沪港通的优化完善、基金互认的起航、深港通与沪伦通的研究推进及 QFII、RQFII 和 QDII 等制度的完善，资本市场及证券行业国际化进程加速，同时券商海外扩张步伐提速，更多券商通过赴港上市或并购方式扩大市场规模，加快布局国际业务，在人民币国际化与资本项目开放等大背景下，证券公司国际化发展的广度与深度加速拓展。

三、证券公司国际化 SWOT 分析——以中信证券为例

（一）中信证券国际化优势（Strength）

中信证券的经营业绩在国内的上百家证券公司中一路遥遥领先，是目前我国证券公司中成功经营的典范，具有强大的盈利能力和融资能力。在国际化进程中，无论是在境外设立分支机构或是直接收购兼并境外目标公司都需要大量资金的支持，中信证券的资金优势是强有力的保障。另外，中信证券在国内的成功经营以及管理层的先进管理经验可以有选择地应用于境外公司，将成功经验进行复制，再结合境外当地政治、文化、经济特点进行修正和创新。中信证券在国内众多证券公司中，国际化之路开启较早，可以说抢占了中国证券公司开展国际业务的先机。自其开始国际化部署以来，已先后在中国香港、亚洲（除香港外）、欧洲、美洲等地建立了分支机构，其海外业务稳步快速增长。

（二）中信证券国际化劣势（Weakness）

中信证券与国内的证券公司相比，在绝大多数业务领域绝对处于领先地位，但是与世界著名的几大投行相比，中信证券的国际化只能算刚刚起步，业务模式与经营还处于布局和探索阶段。中信证券在海外的客户大多是主要业务在中国内地的境外企业，而与大型跨国公司建立稳定的合作关系是关键，也是难点，世界著名几大投行丰富的管理和业务经验是中信证券面临的极大挑战。另外，无论是在国内还是国际，一家公司的兴衰荣辱最重要的是由人才决定的，如何吸引国际上的高端人才，是中信证券海外扩张不可回避的重点问题。薪酬体系的设置固然重要，企业文化、规范管理体制也会是中信证券抢夺人才的关键。

（三）中信证券国际化机遇（Opportunity）

随着全球经济的多元化发展，中国企业纷纷赴海外上市或寻求在境外直接投资的机会以期获得丰富的投融资回报。受经济危机和欧债危机的影响，欧美很多发达国家的经济受挫，需要外部投资来改善经济和就业环境，这是国内证券公司“走出去”的好时机。在这样的大环境下，中信证券作为率先“走出去”的证券公司可以为这些到境外投资或发展的企业提供多元化的金融服务。另外，随着我国经济的不断发展，人民可支配收入不断提高，国内涌现出大批高净值客户需要证券公司为其提供投资理财服务。国内的高净值客户对海外投资往往感兴趣，也具有一定的投资知识和认知，这些客户都是中信证券潜在的优质客户资源。

（四）中信证券国际化威胁（Threat）

中信证券在国际市场上的竞争主要来自两方面：一是国内大型银行在国际上的银行系投行；二是世界著名的几家大投行。来自这两方面的竞争可能是中信证券在海外经营面临的最主要威胁，需要积极处理竞争关系，不断开拓新市场、稳定新的客户资源，逐步扩大规模，缩小与前述投行的差距。另外，中信证券还面临着国内监管政策不稳定的风险，以及国内外体制差异带来的外汇风险、利率风险、法律风险、市场风险等。中信证券需提升管理能力，以抵御前述风险。

中信证券的国际化 SWOT 分析为其他证券公司国际化路径选择提供了借鉴，综合考量一家证券公司的经营情况、业务模式、盈利水平、管理能力等因素后，按照前述方法分析如何充分利用已有优势、克服自身劣势、利用潜在机遇、规避可能风险，从而设定国际化战略目标。

四、证券公司国际化经营方式利弊分析

通过对证券公司国际化路径的分析，可见目前证券公司国际化经营采取的三种方式各有利弊：

（一）设立分支机构

采用设立分支机构这种方式的优势在于证券公司可以依照自身的实际情况，逐步推进设定境外分支机构的计划，逐步了解境外当地的政治、文化、法律、政策、人文等诸多因素，有条不紊而扎实地融入当地证券行业的竞争浪潮中。但是，采取这种方式的缺点也很明显，即投资回报见效慢，证券公司从着手设立境外分支机构到该机构实现盈利需要经历几年甚至更长的时间，也不排除敌不过境外当地证券经营机构而亏损或倒闭的风险。

（二）收购兼并

在境外直接收购兼并目标公司从而开展国际业务的方式是证券公司普遍采用的方式。这种方式的优点是可以较快速地获得开展证券经营活动所需要的牌照或资格，进而可以较快速地开展经营。此种方式可能面临的问题是由于地域不同、文化不同，公司内部企业文化有差异、员工的工作方式方法有差异，需要一段时间的磨合，在磨合的过程中，可能会有高端人才流失的风险。另外，采取直接收购兼并这种方式进军海外市场，需要证券公司在短时间内

投入大量的资金，前期选取目标公司进行尽调和分析决策也需要投入大量的人力、物力、财力。因此，采取这种方式固然可以加快证券公司国际化进程，但是弊端较多，对证券公司本身的财力和管理能力有较高的要求。

（三）合资经营

由于一些国家资本市场开放性不足，其对外来的证券公司在政策上有诸多限制。例如，不允许国外的证券公司直接在该国设立分支机构以及对以合资经营方式进驻该国的外国公司的持股比例做出限制。国内一些证券公司考虑到地域、文化等的相近性，可能会将开展境外业务的首站设立在竞争不太激烈的一些非发达国家。这些国家往往会对本土证券公司有较强保护，想要进入该国，只能采取“曲线救国”的方式，与该国本土证券公司合资经营，可以得到本土资源的支持，较快融入当地经营环境。需要注意的是，该地的政策最终是否能放宽，证券公司是否能取得合资公司的控制权，是否能在该地逐步扩展经营，还需要实践的检验，这是证券公司选择此种方式需要面临的主要风险。

五、小结

证券公司国际化是一个循序渐进的过程，不可能一蹴而就。证券公司的经营、业务、管理、人才都要从国内走向国际，证券公司的经营从一个相对封闭的环境走向一个开放的多元的竞争环境。证券公司欲走出国门，首先要进行市场的选择：是采取“立足香港—走向亚洲—辐射全球”的战略还是直接“近邻扩张”，甚至直接大胆尝试“全球布局”。选择市场过后，要选择在海外经营的业务：是以自身较为熟悉的业务为起点还是直接研究具有竞争特色的业务；然后需要考虑以何种形式作为首站在海外开展业务：是以子公司、分支机构方式，还是以办事处、代表处方式，或是直接收购兼并具备相应经营牌照资质的公司。

我国证券公司的国际化之路发展时间较短，在境外经营的业务品种有限，在国际市场上的竞争力尚不够强。但是，国务院及中国证监会对于证券公司国际化的支持为证券公司提供了强有力的政策保障。未来，我国证券公司将陆续开启国际化道路，为国内外的客户提供更加全面、专业的金融服务，会有越来越多的成功案例供尚未开启国际化大门的证券公司借鉴与参考，相关方面的理论研究也会更加丰富充盈。

参考文献

[1] 唐景怡．中信证券国际化战略研究［D］．南京：南京大学，2016.

[2] 马雪莹．中信证券国际化经营研究［D］．黑龙江：黑龙江大学，2016.

[3] 逯利利．我国证券公司国际化的路径选择分析［D］．北京：首都经济贸易大学，2014.

[4] 李清芬．证券公司国际化的战略框架及政策建议［J］．经济学家，2003（4）：111—118.

[5] 李颖．证券公司应对国际化策略研究［J］．商业经济，2010（12）：72—73.

[6] 刘俊君．论我国证券市场的国际化发展［J］．法制与社会，2007（4）：308—309.

关于我国证券公司国际化问题的思考

章红宝[*]

近几年，随着我国改革开放的不断深入与发展，境内外资本市场实现互联互通，人民币国际化取得实质性的进展，人民币资本项目可自由兑换并成为国际储备货币，国内外双向投资需求将越来越大，特别是随着“一带一路”的实施、亚投行的组建，国内企业向外拓展的步伐明显加快，迫切需要为资本服务的金融机构同步向外拓展，提供相应的金融服务。因此，我国证券公司近两年国际化经营的步伐也明显加快，海外布点明显提速，国际业务拓展近年也取得了一定的成绩。但与现实需求相比，我国证券公司国际化的许多方面需要进行更深入的反思，清理一些模糊甚至误入歧途的认识，以更利于推动我国证券公司国际化。

一、我国证券公司国际化步伐提速明显加快

证券公司国际化是指证券公司提供跨国（跨境）金融服务，实现跨国（跨境）经营。比如证券公司在非本土的证券市场开展业务，为本国或非本国居民（包括非居民户）投资者提供本国或非本国的证券买卖等投资和筹资服务。证券公司国际化包括业务国际化和证券公司本身成为跨国公司。从 2005 年中信证券和招商证券在我国香港设立子公司之后，我国证券公司开始迈出国际化探索的步伐。经过近 10 年的谨慎探索，2015 年以来我国证券公司在香港 H 股上市融资和在境外布点明显提速，国际化步伐明显加快。

（一）以我国证券公司在香港 H 股上市和海外布点为标志，近两年来我国证券公司国际化步伐显著加速

1. 国内证券公司近两年在香港 H 股上市明显增加

从表 1 可以发现，在香港主板市场上市（H 股）融资的 12 家内地证券公司中，2011—2014 年在香港 H 股上市的内地证券公司为每年 1 家，2015 年 4 家，2016 年 4 家。在香港上

* 作者单位：招商证券研发中心。原载于《中国证券》2017 年第 5 期。

市融资成为国际投资者持股的公司，近两年增加的趋势明显。

表1　　香港H股上市证券公司

证券公司名称	H股上市时间	A股代码	H股代码
中信证券	2011年10月	600030	06030
海通证券	2012年4月	600837	06837
中国银河	2013年5月	601881	06881
中原证券（H股名中州证券）	2014年8月	601375	01375
广发证券	2015年4月	000776	01766
华泰证券	2015年6月	601688	06886
国联证券	2015年7月		01456
中金公司	2015年11月		03908
东方证券	2016年7月	600958	03958
光大证券	2016年8月	601788	06178
招商证券	2016年10月	600999	06099
中信建投	2016年12月		06066

资料来源：公司公告（招商证券整理）。

证券公司是资本密集型的实体，积极对外融资，一方面，为对外拓展布点提供了资源支持；另一方面，在香港上市可以更好地适应区别于内地市场的运营环境，为适应更陌生的海外环境积累更多有益的管理经验。

2. 我国证券公司在近两年加大了海外网点布局的步伐

近两年，我国证券公司在中国香港、欧美等地收购相关金融机构，逐步在境外形成经营网点。如光大证券2015年2月收购香港老牌券商新鸿基金融70%股权。中信证券2015年5月收购知名外汇经纪商KVB昆仑国际60%的股权，对KVB昆仑国际控股。海通证券2015年9月收购葡萄牙圣灵投资银行（BESI）100%股权，并更名为海通银行。圣灵在多国拥有控股子公司，持有全面银行牌照，其以欧洲为其本土市场，并在伦敦、纽约和香港设立分支机构，海通由此实现在香港、欧洲和北美的布点，海外经营网络初步形成。东吴证券于2015年9月在新加坡设立资管子公司，开展资管业务。招商证券于2015年10月在英国设立子公司招证国际，用于开展大宗商品交易业务。华泰证券2016年10月收购美国资产管理项目平台AssetMark（TAMP）100%股权，为美国投资顾问企业提供投资和咨询方面的解决方案。

种种情况表明，通过收购海外相关金融机构、快速实现海外经营网络布局是我国证券公司国际化的一大特点与发展趋势，近两年速度明显加快。

（二）我国证券公司国际化，实现境外经营，这两年取得了初步成效

据《中国证券业发展报告（2016）》[①] 的相关数据，2015年我国证券公司在境外的业务

① 中国证券业协会著：《中国证券业发展报告（2016）》，中国财政经济出版社2016年版。

量取得了一定的进展。

2015 年港交所 IPO 承销市场上，前 50 位中有 17 家国内证券公司，总市场份额占比为 26.44%，较 2014 年上升 14.74%；2015 年，香港市场 IPO 和再融资服务机构中，中信证券、海通证券进入前 10 位。

亚太市场 IPO 和再融资规模排名中，中信证券、海通证券进入前 10 名，前 50 位中有 9 家国内证券公司，市场份额占 15.86%；2015 年离岸人民币债券市场总额为 2 475.44 亿元人民币，总发行数目 986 单。前 50 位承销商中，中资金融机构占据 18 席，总市场份额为 16.76%，其中，国内证券公司 8 家，总承销数 23 单，承销金额达 54.59 亿元人民币，总计市场份额为 2.21%。

2015 年，中国香港市场并购业务前 50 位中有 11 家中资证券公司，合计市场份额达到 9.64%，平均交易数目为 2.9 个。

业务收入方面，2015 年海通、中信境外业务收入占比已超过 10%。

应该说，以上数据表明我国证券公司海外业务增长还是令人欣喜的。但是由于我国证券公司国际化还处于起步阶段，起步晚，经验不足，经营网络不强大，资本实力有限，有自身特色的盈利方式和经营能力有待进一步探索和积累，从国际化程度（经营网点、网络），海外员工，业务收入占比等衡量国际化深度和广度的数据来看，跟国际大投行相比还有非常大的差距。比如美林证券（美银美林）在全球 40 个国家和地区拥有 700 多家办公室和超过 6 万名员工的庞大的全球化集团，其海外业务净利润占比超过 30%；美国高盛在海外有 3.3 万名员工，业务利润贡献超过 40%；日本的野村证券，由于起步比我们早很多，现今在全球 39 个国家和地区拥有 276 家分支机构和超过 3.4 万名员工，海外业务利润贡献超过 35%。

这说明我国证券公司国际化有待拓展的空间非常广阔，国际化经营的深度和广度大有可为。据有关统计，经过近几年的发展，特别是近两年的快速推进，目前，在港的中资券商已突破 70 余家。可以预计，在不远的将来，欧洲、北美等发达市场将会逐渐有越来越多的中国证券机构，在亚洲和欧洲的新兴市场也将会有越来越多的中国证券公司为当地投融资者服务。

二、我国证券公司近两年国际化步伐提速的原因

这两年我国证券公司加快国际化步伐，着力推进国际化经营，存在着深刻的内在原因和动力。简要分析如下：

（一）人民币国际化的内在要求

随着我国对外贸易的迅速发展，特别是 2008 年金融危机后，国际贸易市场人民币结算总量迅速增加，人民币国际贸易结算、流通使用在最近十几年时间得到迅速发展。在此基础上，人民币国际化经过长达十几年的努力，也终于在这两年取得实质性的突破。以 2016 年 10 月 1 日人民币纳入国际货币基金组织特别提款权（SDR）新货币篮子为标志，人民币成为法定的国际货币。2017 年 3 月 31 日，国际货币基金组织发布了截至 2016 年 12 月的官方外汇储备 COFER 季度资料，首次披露在全球外汇储备中，人民币计价资产达 845.1 亿美元，占总外汇储备资产的 1.07%。在国际市场上，人民币交易、结算、流通乃至储备等功能在

国际货币体系中的地位不断上升。

人民币在国际市场的广泛使用、流通、储备，需要相应的机构提供相应的金融服务，其中人民币国际投融资需求就需要投资银行（证券公司）来提供相应的服务。如果中国不能适时培育出在国际市场有影响的大型投融资服务机构，将出现国际市场人民币业务由非本土机构提供服务的尴尬局面。

（二）近几年资本市场对外开放进一步扩大和深化，境内外市场互联互通明显增强，这需要强大的跨境服务机构跟进，满足相应的服务

随着人民币纳入 SDR，资本项目可兑换，QFII 和 RQFII 持续扩容，香港和内地基金、债券的互通，以及沪港通、深港通的实现，我国资本市场与完全国际化的香港市场的联系越来越紧密，沪伦通可能性的探讨以及与其他海外资本市场联通的管道也将逐渐打通，我国资本市场、金融体系将逐步融入全球化、国际化的大市场。

在这样的大环境下，一方面，我国企业和居民资产海外配置方兴未艾；另一方面，境外资本对人民币资产的配置需求也越来越大。在资本双向投资、流通中需要信誉卓著的本土投资银行提供让人放心的服务。这需要培育一批资质良好的内地证券公司做大、做强、做优，使之有能力提供跨境服务。令人信赖的服务能力来自国际化经营中能力的成长和经验的积累。从世界资本市场发展的历史可以看到，无论美国、英国，还是新兴的日本、韩国和中国台湾地区的证券公司，都有一个随着资本流通扩大而发展壮大的过程，他们的品牌、实力和能力也是随着国际化的经营服务而锻炼出来的。

（三）“一带一路”倡议和亚投行等的设立，需要相关金融服务机构的协作，也为我国证券公司国际化带来前所未有的重大机遇

“一带一路”倡议自 2013 年提出，我国对“一带一路”相关国家直接投资将持续增长。根据 2015 年地方政府工作报告，总共有 114 项“一带一路”基础设施投资项目，项目的投资规模达到 1.04 万亿元人民币。《2016—2017 年度中国企业“走出去”调研报告》指出，中国国企、央企和各类民营企业，最近三年走出去，对外投资“一带一路”沿线国家占比最高，超过所有对外投资的一半，达 55%。

2016 年 1 月亚投行在北京正式成立并开业。亚开行的研究评估认为，亚洲各国要想维持现有经济增长水平，内部基础设施投资至少需要 8 万亿美元，平均每年需投资 8 000 亿美元。8 000 亿美元投资中，68% 用于新增基础设施的投资，32% 是维护或维修现有基础设施所需资金。庞大的建设工程为中国相关企业的设计、基建、材料、维护等带来重大的发展机遇。

美国证券公司国际化也是伴随 20 世纪四五十年代美国实施“马歇尔计划”而走向国际舞台的。以美林证券为先锋的投资银行，通过抓住欧洲重建带来的业务机会，在欧洲各国和加拿大开始设立办事处，通过与当地金融机构签署代理服务协议的方式，为美国公司海外扩张提供服务。

“一带一路”和亚投行的成功实施为我国证券公司国际化带来了类似的机会。证券公司走出去应该紧密配合相关企业，对投资目的地所处的政治环境、经济环境、基础设施等信息做出全面、深入的调查，进行客观的分析和评估，为相关企业提供如市场评估、谈判条件、协议执行、融资安排等高度专业化的工作和服务，帮助企业明确投资方向，为企业化解在投资过程中遇到的各种问题，并提供解决方案与咨询意见等服务。在官方和半官方主导的项目中，可以借鉴韩国的经验和做法。20 世纪末，在鼓励韩国证券公司海外拓展时，韩国政府明确规定本国企业走向海外、利用国际资本市场融资时，必须指定一家国内证券公司作为承销团的主承销商之一，这一规定有利于扶持国内的证券公司，鼓励其参与国际资本市场的竞争。

（四）管理层支持证券公司走出去，实现国际化经营

管理层的支持是近两年我国证券公司国际化快速发展的重要动力。世界各国出于对风险的考虑，都对其国内的金融机构和企业进行或多或少的管制，我国金融监管政策也是随着改革开放的不同发展时期和阶段，实行不同的政策措施。

我国资本市场和证券行业由于起步晚、经验不足，加上资本形成与积累过程对证券行业发展的重要性，管理层对证券公司向境外拓展、实行跨国跨境经营等重大问题，在 20 世纪的前 10 年都持非常谨慎的态度。2005 年中国证监会批准中信证券、招商证券在香港设立经营机构开始境外业务经营探索，此后是近 10 年的漫长等待、探索和积累阶段。

2014 年 5 月中国证监会发布《关于进一步推进证券经营机构创新发展的意见》，在“建设现代投资银行”部分明确提出：“发展跨境业务。支持证券经营机构为境内企业跨境上市、发行债券、并购重组提供财务顾问、承销、托管、结算等中介服务。支持证券经营机构‘走出去’，在港、澳、台和其他境外市场通过新设、并购重组等方式设置子公司。支持证券经营机构为符合条件的境外企业在境内发行人民币债券提供相关服务，积极参与沪港股票市场交易互联互通机制试点，并依托上海自贸区等经济金融改革试验区机制和政策，为境内外个人和机构提供投融资服务。”管理层鼓励支持证券公司走出去跨国跨境经营，态度已非常明确。

受政策的鼓励与支持，从 2015 年开始，我国证券公司国际化迎来了全新的局面，涌现出国内证券公司在海外拓展布点的小高潮，具备条件的证券公司纷纷加速向境外开拓布局。

2016 年 11 月 1 日，中国证监会副主席李超在内地与香港跨境机构监管合作研讨会上表示，中国证监会将始终坚持市场化、法治化、国际化的改革方向，继续支持证券基金经营机构积极稳妥地开展国际化经营，集中力量做大做强主业，增强核心竞争力，全面提升合规内控和风险管理水平，更好地服务实体经济，更好地服务国家“一带一路”建设，更好地服务资本市场双向开放。

三、我国证券公司国际化进程中需要关注的几个重要方面

证券公司国际化是我国改革开放伟大战略的重要组成部分，是新时期的重大战略工程。金融自身的高度虚拟性、高外部性和全球影响的重大性，使得在具体推进的过程中牵扯的系统性问题复杂多样。由于目前尚处于初步阶段，现有的理论成果还较少，笔者结合工作的一些感悟与体会，就有关问题思考如下：

（一）做好证券公司国际化战略的顶层设计，保障国际化战略不仅开好头、起好步，更应该着眼于系统、长远、全局

首先，做好战略规划。凡事预则立，不预则废。此前证券公司开展海外经营试点，尚处于摸索试验阶段，规模不大、投入少，属于自发、自愿性质。在探索阶段，混乱性与盲目性

问题不会太突出，即使有损失和曲折，也并不会引起行业和系统性的影响。但当大规模向前推进时，如果不做好战略规划，引发盲目性和混乱性，那么战略进程的效用将大打折扣，甚至会导致重大的国家利益损失和行业的巨震。因此，做好顶层设计的战略规划，保障战略成功实现非常重要。战略规划的重点应该着眼于战略的前瞻性、可能性、可行性、整体性、系统性和长远性。

其次，方针政策的制定，应该在更高的层面进行规范。目前证券公司国际化的政策依据还只是停留在部门规章和意见，战略的权威性和法纪的严肃性不够强，对有序稳步推进战略不利。因此应该加快包括证券法、公司法、证券公司对外投资法等层面的建章立制，以保障我国证券公司国际化战略推进有章可循、有法可依、有序推进。完善的法制跟进，才能保障战略的健康稳步推进。

再次，要设定较高的行业准入门槛，避免一哄而上、一哄而散的混乱和混战。我国证券公司有 100 多家，绝大多数是国有资本主体。经营者和所有者的利益不一致性是客观存在的。在没有规章可循的情况下，如果只由企业经营管理层面的少数高管人员自由、任性切割，势必出现行业混乱、恶性竞争的局面。

证券公司国际化战略，是改革开放事业迈向新阶段的重大突破，是与国家重大策略——人民币国际化、“一带一路”、亚投行等相得益彰的重要议程。为保障这一“利在当代、功在长远”的重大战略有序稳步推进，建议高层领导加强顶层设计，加强领导，在起步阶段就避免混乱和混战，避免浪费重大战略资源和不必要的“补课”损失。

（二）证券公司国际化的路径选择问题

到目前为止，我国证券公司国际化战略布局，基本形成了一条“立足香港—布局亚太—辐射全球”的路径。这条路径在刚开始将脚步迈出境外、对境外市场认识完全陌生的情况下，出于安全和探索，当然有其合理性和必然性。香港是中国领土，又是全球性开放市场，对券商积累最初的境外市场认识和经营经验有着很大的优势。其市场环境和人文环境都与内地有较多的内在联系。但当证券公司国际化进入成熟、快速推进阶段，过多的内地证券经营机构涌入香港、扎堆香港就未必是一种最佳的战略选择。

香港聚集了太多国际知名、实力雄厚、经验丰富的大牌投行，这些大牌投行拥有太多的先发优势，我国证券公司国际化刚刚处于起步阶段，在管理能力、经营能力、业务拓展和产品开发能力等方面，明显居于劣势地位，难以形成品牌优势和综合的市场服务能力，更缺乏有利的定价能力。因此，另辟蹊径，培育差异化的竞争优势，是我国证券公司国际化进程中的重要战略选项。

在这方面，韩国证券公司在 20 世纪八九十年代向海外扩展业务过程中的做法值得我们思考。

韩国证券公司国际化是 1981 年随着政府宣布资本市场自由化方案开始起步的。韩国证券公司国际化战略布局始终尽量避免迎面挑战西方发达国家的证券公司，争夺它们已有的市场份额，避免与当地巨型公司一决高低。他们的战略布局选择，始终与韩国大企业全球化战略目标保持协同，坚持努力在新兴市场开辟自己的业务领域，为韩国实业公司提供经营信息和融资服务。例如，韩国大宇证券公司在匈牙利布达佩斯拥有的经纪公司，从事匈牙利股票和政府债券的买卖。其更主要的作用是为大宇集团提供信息和经营建议，帮助大宇及其各类子公司进入匈牙利市场。

我国证券公司国际化战略布点，应该着力合理研究确定区域布局，应该紧密结合“一带一路”和亚投行基础建设项目，结合我国企业走出去战略，在相关国家和项目开拓中提供金融服务，而不应该只求表面上的光鲜，一味贪大求洋，追逐欧美等发达市场的热点。

（三）证券公司在国际化过程中，内地机构与境外机构的协同整合问题

目前，我国证券公司在海外拓展的基本方式有两类：一类是如东吴证券、招商证券在新加坡、英国直接设立子公司，这种方式与内地公司的管理协同问题要相对简单一些，但存在打开局面、适合本土化生存的问题；另一类是如海通证券、中信证券直接收购外资金融机构，可以获得其牌照、业务和市场等，但业务整合问题可能更为突出。

证券公司国际化进程中，内地机构和境外机构协同整合是必须面对的问题，因为目前国际化还只是起步阶段，或许问题并不突出，但一旦深度推进，这个问题将越来越突出和棘手，如果不在一开始就有所准备，可能导致相关机构国际化折戟和铩羽而归。在目前国内证券公司推进自身国际化进程的过程中，内地证券公司尚未把境内机构和境外的分支机构有机地联结起来，境内机构和境外机构目前更多的是专注于从事所在地的证券业务。两者之间的协同作用并没有得到很好的发挥。

事实上，国际大牌投行国际化扩张的过程都遇到过整合协同的问题。2008 年 9 月金融危机最严峻的时期，野村以 2. 25 亿美元收购了雷曼兄弟的亚洲子公司，又仅以 2 美元收购了其欧洲子公司，使其在全球投资银行业务的排名立刻得到提升。但是，野村证券对收购公司的业务、员工的整合却遭遇重重困难，甚至如同一场噩梦。收购约一年后，投资银行的欧洲员工就走了 100 多人。到 2012 年 7 月留在野村证券的原雷曼高管仅剩 3 名。投资银行业务最重要的价值就在于资源、业务和员工，如果无法整合，投资银行就只剩下一个符号，没有任何实际价值和意义。由于收购雷曼，导致野村证券史上最严重的亏损。美林证券也曾因 20 世纪末和 21 世纪初过度扩张而一度陷入亏损，金融危机后不得不关闭日本、新西兰、南非和加拿大等地近 300 个分支机构。这样血淋淋的教训，我们不得不借鉴，尤其对那些贪大求洋、急驶疾行的头脑发热人士，更是最好的清醒剂与警世钟。

因此，建议我国证券公司国际化步伐不宜迈得太快太急，而应该循序渐进，在管理层更高层面规划部署的基础上，一步一个脚印，稳中求进。从设立海外办事处开始，完全消化、熟悉了当地社会环境、政治环境和经济条件后，再谋求设立独资或合资公司，最终在国内母公司的整合下，成为内外一体、上下联动的紧密、有效的经营组织或控股集团。在此过程中，切忌一哄而起、恶性竞争的混乱局面，不然遭受损失的是国家利益和国际化战略受挫。

（四）证券公司国际化成败的关键是人才问题

人才问题的核心又在于关键少数的选才用才问题。这个关键少数就是在证券公司内部主导国际化业务的几位关键人物。他们手中握有制定政策、部署布局、开拓市场、组织管理的主导权和决策权，对各种资源的分配和使用具有较大的裁量权，往往对审时度势、执子落点、业务开展、投资经营具有胜负成败的决定性作用。证券公司在海外拓展业务与国内情况可能完全不同。国内市场环境和社会环境能够制约那些关键少数人的权力的因素比较多，对其行为的规范性也要严格得多。比如主管领导、社会关系、名誉地位、未来前程和个人家庭等各方面因素都可能对其理性行为规范构成一定的约束。但在国外，这些因素在特定的环境

条件下都可能弱化，个人主义、私欲膨胀、铤而走险、勾连诱惑等导致行为冲动的制约因素在特定环境和条件下可能发生错位。因此，在挑选主导证券公司国际化业务的人选时，要特别关注德才兼备。不仅要关注其个人的业务能力，还要关注其思想品德。只有那些业务能力突出、诚信品质过硬、对国家和人民抱有感恩的赤子之心的人才，才可以委以重任；对那些心怀不轨、借公司国际化战略谋取私利的人，特别是对那些损公肥私、内外勾结、坑害公司和国家的不法之徒，要严厉打击。

证券公司国际化经营，要大力倡导和确立国际化经营理念和服务观念，尽快提升服务品质和能力，形成独具特色的经营管理核心竞争能力。要淡化国别意识，增强国际观念。海外分支机构要立足当地，服务当地社会，熟悉相关国家的社会文化环境、政策法律和一般的社会习俗规范，积极参与当地市场竞争；要积极任用和提拔富有经验、技术熟练、有进取精神的外国经理人员，提升其市场总体竞争力，从而在当地构筑有自身特色的比较竞争优势。

（五）加强对海外经营证券机构的监管

证券公司国际化经营，不是天马行空、蜻蜓点水，需要监管部门提供更有效的监管，延伸更多的服务。在国内经营，由于我们国家存在自身的制度和组织优势，证券公司的成败，存在事实上的国家层面兜底，几乎不可能发生终极意义上系统性、行业性溃败的风险，最坏的结果也就是“肉烂在锅里”的问题。但在海外，经营环境复杂得多，面对的风险与国内环境可能大为不同，经营成败的结果与后果也根本不一样。这就要求监管部门及时制订更有效的监管措施，对国际化经营的证券公司加强监管，管好事前、事中、事后的各个环节。

在拟进行国际化经营的备选证券公司中，监管部门应当严格纪律约束，以历史成绩、合规守法和资本金等条件为门槛，着力培育最好不超过三五家实力强大、经营稳健、有自身突出核心竞争能力的证券公司作为先锋队，开拓国际市场，实施国际化战略。

对已经实施了国际化的证券公司，监管部门应当对其组织形式、总部与分部的关系和约束监督机制及其有效性、各职能部门与业务部门的内外关系及统筹情况进行有效的监管。对海外分支机构的风险控制和信息披露等要素要提出既符合当地，也符合我国的监管要求，并定期和不定期进行有效性检查；要完善证券公司国内与海外分支机构的系统性风险监测预警和应急处置机制，构建证券公司跨境资金流动的数据采集、监测、分析和预警系统，逐步建立起覆盖多国别、多层次资本市场、金融机构、产品和资金流动的风险监控体系。

海外分支机构的运营，主要大量依靠外国金融监管当局的监管，要确保证券公司分支机构得到谨慎的有效监管，必须加强全球监管合作。监管部门要加强与证券公司海外分支机构所在国监管部门的合作与联系，建立跨境的、区域性、全球性的、有中国监管框架的强大的监管合作体。应当积极参与国际监管规则、协议的谈判、修改和制订，积极发起构建区域性、全球性并包含中国元素的监管合作组织。

中国证券业协会作为证券公司的会员组织单位，也应当积极行动起来，将境内对会员的服务延伸到境外，延伸到会员单位需要的地方去。中国证券业协会作为非官方的行业合作组织机构，可以提供官方无法提供的服务，可以积极组织更多的境内外合作交流，与合作目的地国的同业协会、行业组织广泛开展互访、组织论坛，积极组织跨国同业培训，促进人员交流，增进合作双方、多方的了解、合作和友谊，从而更有利于我国证券公司国际化战略的顺利实施。

中国证券公司国际化业务：现状、问题与发展路径

——以华尔街“三剑客”国际化业务发展为借鉴

刘骐豪*

1997 年 12 月 13 日世界贸易组织《金融服务协议》的签订拉开了我国金融服务市场开放的序幕，我国证券公司开始走出国门，开展种类丰富的国际化业务。截至 2015 年底，共有 29 家国内证券公司在中国香港设立子公司。① 随着内地与香港两地基金互认实施、QFII 和 RQFII 业务扩容、沪港通与深港通启动，我国资本市场双向开放进程不断加快，为国内证券公司发展国际化业务带来新的机遇。面对新形势，谋划全球业务布局成为国内证券公司实现更快更好发展的必由之路。

与以华尔街“三剑客”为代表的国际投行相比，我国证券公司起步晚，在国际化业务发展过程中存在结构失衡、协调不足、人才短缺等不足。为促进我国证券市场国际化发展，本文通过剖析国内证券公司国际化业务的进展与问题，借鉴国际投行发展国际化业务的经验，探索国内证券公司国际化业务的发展路径。

一、中国证券公司国际化业务的现状②

随着资本市场双向开放程度提高，以及本土企业海外投资规模扩大，国内证券公司日益重视国际化业务的发展。目前国内证券公司开展的国际化业务主要包括投资银行业务、资产管理业务和经纪业务。

* 作者单位：上海证券研究所。原载于《中国证券》2017 年第 5 期。

① 资料来源：2016 年中国证券业调查报告。

② 资料来源：《中国证券业发展报告》（2012—2016 年），中国证券业协会和国家外汇管理局。

（一）投资银行业务

投资银行业务（简称“投行业务”）包括证券承销、风险投资、兼并收购、项目融资等业务（汪桥红和陆桂贤，2009）。国内证券公司国际化投行业务主要集中在中国香港市场，本文主要通过在港投行业务发展阐述近年来中资券商国际化投行业务发展概况。

1. IPO 及再融资业务

近年来中资券商在港 IPO 和再融资业务的规模和市场份额显著提高。在 IPO 业务上，港交所排名前 50 位的承销商中，中资券商的席位由 2011 年的 11 席扩大到 2015 年的 17 席，同期市场占有率由 12.5% 增加到 26.44%。2011 年中金公司以 13.47 亿美元的承销额、4.27% 的市场占有率排名第 9 位；2015 年建设银行以 19.36 亿美元的承销额、5.80% 的市场占有率排名第 3 位。[①] 在再融资发行业务上，2011 年中国香港市场共完成再融资 249 亿美元，其中，中金公司、国泰君安和中信证券 3 家国内证券公司挤入前 10，这 3 家中资券商再融资的总规模为 26.10 亿美元，市场占有率为 10.48%。2015 年中国香港市场 IPO 及再融资规模为 804.08 亿美元，其中，中信证券、海通证券等 4 家机构进入前 10 名，合计市场份额为 21%。

2. 债券业务

近几年中资券商在港债券发行业务有所下滑。2011—2015 年，中国香港市场债券融资总额由 140 亿美元激增至 8 046.72 亿元，但在前 50 位的承销商中，中资金融机构的数量由 8 家降到 7 家，其中，中资券商的数量由 2 家降到 1 家。2011 年中信证券和中金公司分别以 1.10% 和 0.22% 的市场占有率入围前 50 强，但 2015 年只有国泰君安挤进前 50 强，并且市场份额只有 0.18%。

3. 并购业务

中资券商的海外并购业务体量小，但总体排名和市场份额有所上升。2011 年在全球并购业务排名前 50 位中没有中资券商的身影，排名最靠前的中金公司排在第 62 位，其并购交易额为 39.8 亿美元，市场份额是 0.40%。2012 年中资券商也没有入围全球并购业务前 50 强，但工银国际在全球并购业务中排在第 52 位，交易额和市场份额分别是 47.9 亿美元和 0.68%。2015 年中国香港市场并购业务前 50 位中有 11 家中资券商入围，这 11 家中资券商合计占有 9.64% 的市场份额。

（二）资产管理业务

资产管理业务（简称“资管业务”）是指金融机构依法与客户签订资产管理合同，为客户提供资产管理、信息咨询、收益分配等服务。随着高净值客户群体增加和证券业务加速转型，资管业务正成为中资券商的核心业务和潜在利润增长点（姚小义等，2002）。随着 QDII、QFII 和 RQFII 业务扩容以及信贷资产证券化备案制推出，中资券商的国际化资产管理业务在广度和深度上持续发展。

1. QDII 业务

自 2007 年《合格境内机构投资者境外证券投资管理试行办法》出台以来，越来越多的

① 资料来源：《中国证券业发展报告（2016）》。由于建设银行开展证券业务，本部分将开展证券业务的金融机构也纳入证券公司范畴。若无特别说明，本文中的证券公司是指主营证券业务的公司。

国内券商获准QDII业务，且额度不断扩大。2007年中金公司率先获得10亿美元的QDII额度，到2017年2月14日，共有48家国内券商利用QDII募集资金375.50亿美元。2010年《〈合格境内机构投资者境外证券投资管理试行办法〉第四十六条证券公司开展境外证券投资定向管理业务适用意见——证券期货法律适用意见第6号》发布，允许符合条件的证券公司为境内客户提供海外投资的定向资管服务。2014年证券公司一对一代理客户资产海外投资业务正式启动，中金公司成为首家经营QDII定向资管业务的境内证券公司。

2. QFII业务

2003年QFII（合格境外机构投资者）业务推出，首批获得QFII资格的是野村、花旗等国际金融机构。随着QFII业务审批管理简化升级，中资券商的QFII业务也获得审批，且审批额度同步提高。到2015年12月25日，海通资管（香港）、中信国际资管（香港）、招商证券资管（香港）、国泰君安资管（亚洲）、光大资管、中金香港资管、广发资管（香港）、国信证券（香港）资管、申银万国资管（亚洲）共9家中资券商获得QFII资格，业务累计额20.81亿美元。

3. RQFII业务

RQFII（人民币合格境外机构投资者）业务是资本项目未完全开放条件下推进我国资本市场开放的工具，随着人民币国际化进程加快而快速发展。2011年底，中国证监会等三部门发布RQFII试点管理办法，12家中资券商和9家基金公司获得200亿元的RQFII额度，其中，申银万国（香港）和安信国际金融控股分别获得9亿元额度。2012年，RQFII投资额度扩大到2 700亿元，同年共计10家中资券商获得86亿元的投资额度。随着人民币的国际影响力增强，RQFII业务发展迅速。截至2015年12月25日，RQFII总投资额达4 443.25亿元，其中，中资券商的投资额为578.5亿元，占RQFII总额度的13.02%。

（三）经纪业务

经纪业务主要是指证券公司接受客户委托代理客户买卖有价证券，为客户创造价值，为公司创造利润（许绍双，2013），是现阶段我国证券公司的主要业务。中资券商的国际化经纪业务主要分布在中国香港市场，随着内地与香港互通性与联动性持续增强，中资券商在港开展经纪业务迎来重大机遇。

港交所根据市场占有率把交易者分为A、B、C三类，A类交易者的市场份额排在前14位，B类交易者的市场份额排在第15—65位，C类交易者的市场份额排在第65位以后。截至2015年末，只有中银国际成为港交所A类交易者，多数中资券商是B类交易者。受国际市场波动加剧和行业佣金率下滑影响，中资券商国际化经纪业务面临转型升级压力。

二、中国证券公司国际化业务发展中面临的问题

我国证券业起步晚，开放程度低，中资券商在实施国际化经营过程中，面临空间布局失衡、客户群体集中、协同效应不强、国际化人才短缺等问题。

（一）国际化业务主要集中于中国香港市场，其他市场开发不足

由于文化传统、政策倾斜、地缘临近等原因，中资券商通常把中国香港作为实施国际化

战略的首选市场，而且把国际化业务尤其是国际化经纪业务和国际化投行业务主要分布在该市场。而国际大型投行国际化业务的空间分布相对均衡，能够利用不同市场的资源优势和区位差异，提升经营绩效，分散交易风险。2015 年后，极少数证券公司将业务拓展到境外其他市场，全球化业务布局初见成效，海通证券就是其中的典型代表。海通证券通过收购整合海通国际证券和海通银行，在亚洲、欧洲、美洲的 14 个国家和地区设立分支机构。但总体而言，国际化业务布局分散的中资券商相对较少。

（二）客户群体以内资企业为主，业务体量小

服务实体经济是证券业的基本职责，对接国内企业“走出去”是中资证券公司实施国际化经营的重要目的。由于我国证券业国际化与实体企业国际化相辅相成，内资企业成为中资证券公司国际化业务的主要服务对象。与主要发达国家相比，我国开展对外直接投资的企业少，对外直接投资规模小，这制约了中资券商国际化业务客户群体的拓宽和业务总量的扩大。加上公司成立晚、海外业务经验少、品牌效应弱、与大型跨国公司合作困难大，中资券商国际化业务的客户和体量相对有限。海通证券的国际化业务成绩相对突出，但与国际投行相比差距甚远。海通证券 2016 年的境外业务利润占总利润的 6.09%，而高盛 2011 年海外营业收入占总营业收入的比例就高达 40%。

（三）国际化业务的协同效应弱，国际竞争力差

我国证券公司在境内外的机构通常专注于所在地的业务，无法实现境内外机构主营业务的有机结合，进而无法形成合力和协同效应，不能为客户提供完备的金融服务，削弱了业务的国际竞争力。中资券商的国际化业务主要是 IPO、再融资等传统业务，业务模式单一，同质化严重。尽管部分公司新设了国际资管、国际并购、国际咨询等业务，但各项业务之间的联动性弱，没有发展成为相互联系、有机统一的多元化业务链，难以有效调动公司资源，为客户提供全面的金融服务，进而中资券商的国际影响力较小。

（四）国际化人才短缺，人才激励机制未健全

培育核心竞争力是证券公司立足国际市场的根本，而核心竞争力的培育离不开国际化人才。我国证券业发展历程短，证券人才培养系统尚未完备，证券从业人员素质良莠不齐，在业务水准、技术能力、操作经验、外语水平等方面无法与国际投行相媲美。以合伙人机制为代表的人才使用机制也未全面引入，难以吸引和留住优秀人才。

三、国际投行国际化业务发展历程[①]——以华尔街“三剑客”为例

“他山之石，可以攻玉”。被誉为华尔街“三剑客”的美林、高盛和摩根士丹利的国际化业务进展稳健，国际化业绩突出（逯利利，2014），梳理三大投行国际化业务发展历程，

① 美国金融投资专家罗伯特·库恩把投资银行（简称“投行”）定义为从事证券包销、公司资本金筹措、兼并与收购、咨询服务、基金管理、风险投资和证券私募发行等业务的公司。在中国，经营业务与美国投行类似的公司被称为证券公司。

对中资券商开展国际化业务具有借鉴意义。

（一）美林国际化业务进程

美林是全美第一经纪商，也是资管和投资咨询业务的全球领跑者。美林在20世纪30年代将经纪业务引入华尔街，20世纪50年代利用本土优势业务开始全球化经营。美林国际化的首站在西欧和日本（西欧和日本的金融市场发达程度和文化传统与美国相似），通过与海外企业或金融机构合作，代理国内企业在西欧和日本投资的经纪业务。进入20世纪60年代，美林在西欧、日本等地设立多家分支机构（如1986年在东京成立美林日本有限公司），进一步扩大了经纪业务的国际市场份额。随着固定佣金制度取消，美林借助经纪业务积累的人力、客户、市场等资源，将主要业务转向资管和理财咨询，国际化业务的重心也随之由经纪转向资管和咨询，并进军亚洲新兴市场。1982年美林在中国香港成立美林亚太总部，随后在中国内地、新加坡、印度、中国台湾等国家或地区成立主营资管业务的分公司或合资公司。20世纪90年代中后期，美林并购了以资管业务见长的多家海外企业（如1997年收购英国水星），资管业务的国际份额和竞争力大幅度提高。2004年美林和汇丰控股有限公司合资成立美林汇丰有限公司，成为全球第一家提供网上理财服务的证券公司。2006年美林资管部与主营资管和咨询服务的黑石集团合并，成为资管和咨询业务全球领先的国际投行。

（二）高盛国际化业务进程

高盛在并购和股票承销上具有传统优势，在金融衍生品交易上成绩优异。在国际化初期，高盛采用与西欧企业、金融机构或政府合作的方式，利用国内具有优势的并购和股票承销业务打入西欧市场。1970年高盛在伦敦设立办事处，代理相关并购和承销业务，在汇丰收购 Household International 和英国石油公司的配股融资中发挥了重要作用。高盛在法兰克福、马德里、米兰、巴黎、苏黎世等其他金融市场发达的西欧城市也设有分支机构，在德国担任德国电信130亿美元上市的全球协调人，在西班牙参与多起大型跨国并购交易，在意大利推出权证衍生品交易。高盛还在美国市场发行日本的美国存托凭证和为在美日资企业提供咨询服务进而进入日本市场。高盛于1974年在日本设立办事处，1983年取得日本证券从业资格，随后成为东京证券交易所、东京国际金融期货交易所和名古屋证券交易所的成员，并成立高盛不动产有限公司、高盛资产管理有限责任公司等。高盛积极拓展亚洲新兴市场业务，是中国电信（香港）42亿美元上市的全球协调人，是香港和记黄埔公司20亿美元全球债券的主承销商。

（三）摩根士丹利国际化业务进程

摩根士丹利以证券承销业务起步，以定制化、个性化、创新化业务见长，是为大型企业和机构投资者服务的高端国际投行。西欧和日本是摩根士丹利国际化的首站。1970年摩根士丹利在欧洲建立联络处，代理零星的国际证券承销业务。为适应国际市场需求，摩根士丹利不断推出新产品，逐渐形成以债权承销为主，以资管、并购、项目融资、不良资产处置、信用卡等业务为辅的混合多样化国际化业务模式。1975年摩根士丹利在英国成立摩根士丹利国际，随后设立 Morgan Stanley Quilter 等多家子公司，为大型客户提供定制化资管服务或包括投行、共同基金、衍生品投资和信用卡业务在内的“一揽子”金融服务。20世纪80年代后，摩根士丹利在巴黎、法兰克福、中国香港、米兰和卢森堡等地设立分支机构，参与包括购买法国电信价值51亿欧元股份在内的多起重量级并购交易。摩根士丹利在欧洲股权交易市场上也有着重要影响力，2005年以13.2%的份额在欧洲IPO市场排名第1位。摩根士丹利在20世纪80年代加快了对亚太市场的开发，1984年摩根士丹利将东京联络处升级为分公司，1986年取得东京交易所交易席位，随后又成立东京分部。进入20世纪90年代，摩根士丹利加速拓展亚洲新兴市场，于1993年在上海、北京设立代表处，1995年与建设银行合资成立中金公司，1999年在印度建立合资公司，2011年在中国建立摩根士丹利华鑫证券合资公司。

四、中国证券公司国际化业务发展路径

华尔街“三剑客”的国际化业务发展历程对中资证券公司开拓海外经营具有重要参考价值。总结华尔街“三剑客”推进国际化业务的经验，结合中资券商国际化业务发展实际，提出适合中资券商国际化业务发展的路径。

（一）国际投行国际化业务发展经验

华尔街“三剑客”的国际化业务发展路径有异曲同工之处。首先凭借本土优势业务打入国际市场，其次建立海外机构或参与并购巩固国际市场地位，然后开展产品创新和业务转型适应国际市场需求，最终培育核心业务优势实现业务全球布局。华尔街“三剑客”发展国际化业务的经验总结如下：

第一，发挥本土业务优势，进驻国际市场。经纪、并购和证券承销分别是美林、高盛和摩根士丹利在本土市场的核心优势业务，发挥本土业务优势是三大投行进入国际市场的重要条件。在进驻西欧市场上，美林以经纪业务为抓手，高盛以并购业务为突破口，摩根士丹利以证券承销业务为着力点。三大投行在产品创新与业务转型过程中也充分利用了本土主营业务优势，深入挖掘了传统核心业务积累的各种资源。

第二，设立海外机构或参与并购，巩固国际市场地位。成功进入国际市场后，三大投行通过设立海外分公司、子公司、合资公司或参与并购交易，与主营其优势业务的当地企业或金融机构合作，实现强强联合，巩固国际市场地位，扩大国际市场份额。以美林为例，美林完成业务转型后的核心业务是资管和理财咨询，与主营资管业务的英国水星合并、与以理财服务见长的汇丰控股合资成立美林汇丰、与主营资管和咨询服务的黑石合并，极大地提高了资管和咨询业务的全球地位，美林成为以资管和咨询为核心优势业务的全球顶尖投行。

第三，培育核心业务竞争力，增强国际影响力。培育核心竞争力是资本市场开放条件下证券公司生存发展的当务之急（童晓娅，2006）。紧跟国际市场需求变动，利用前期国际化业务开展积累的各种资源，适时开展产品创新，转变业务模式，从而延长业务链条并形成核心业务，是华尔街“三剑客”成长为国际大型投行的关键。在强手如林的证券市场，三大投行拥有高瞻远瞩的战略眼光，投资并储备国际化人才，从而培育差异化的核心业务竞争优势，在转型与发展中巩固竞争优势和市场地位。

（二）中国证券公司国际化业务发展路径

1. 立足本土，着眼全球，审慎渐进

占稳本土市场才可能拓展海外市场。国际投行在国内市场建立优势业务后迈出国际化步伐，而且发达的金融市场是其国内外业务顺利开展的保障。我国证券市场起步晚、发展慢，需要监管部门、证券公司和证券从业人员的长期共同努力，才能为国际化证券业务发展营造良好的市场环境。中国经济正与世界经济深度融合，中资券商只有在汲取国际投行国际化经验基础上，积极拓展海外业务，才能在激烈的国际竞争中立于不败之地。在国际化业务开展过程中，证券公司既面临来自宏观层面的系统性风险（如体制、文化、政治、汇率、利率、法律等方面差异带来的风险）和自身层面的非系统性风险（如管理经营风险、信用风险、竞争风险），也面临业务布局和模式与国际接轨问题，必须遵循审慎渐进的原则，做到不受短期利益驱使而贸然国际化。在跨境风险控制上，秉承为客户创造稳健收益的原则，借助互联网、云技术、大数据等科技力量，建立包括证券公司内部、国内监管部门、社会监督体系、国际监管机构在内的多层次风控协调网络。在国际化业务布局上，按照由点到面、先主后次的顺序，立足中国香港市场后，再向其他市场拓展，最终完成业务全球布局。在国际化业务模式上，根据经营特点和业务优势，从传统业务做起，逐步增加证券承销、资管、咨询、直接投资等业务，有序延长和整合业务链条，稳步实现业务转型升级。

2. 业务国际化与业务转型升级并举，培育国际核心竞争力

中资证券公司和国际投行的业务结构存在较大差异，前者以通道业务为主，后者以咨询和资管业务为主。中资券商开展国际化经营时必须将业务结构以通道业务为主转向以资本中介业务为主，实现国内业务和国际业务的良好对接。华尔街“三剑客”国际化业务发展历程也表明，适应国际市场需求变化，主动开展产品创新与业务转型，是证券公司在国际市场生存发展的根本。“十三五”规划提出推进资本市场双向开放，放宽境内机构境外发行债券，提高金融机构国际化水平，加强海外网点布局，完善全球服务网络，为中资证券公司开展国际化经营提供了方向指引。中资券商应抓住契机，谋求业务国际化与转型升级互动，以业务国际化倒逼国内业务转型，引导业务从单一业务向多元化、综合性业务发展，并通过产品创新与海外并购，形成核心业务的国际竞争力。针对主要收入来自经纪业务的实际，中资券商要勇于打破佣金生存“舒适区”，主动将主营业务转移到全面财富管理业务上。针对各项业务相对割裂的实际，中资券商要加强公司境内外部门的协同合作，把跨部门、跨模块的关联业务整合为一体化业务链条，打造综合性、系统化的金融服务。

3. 创新人才使用机制，吸引并留住优秀人才

证券业是智力高度集聚的行业，人才是券商宝贵的财富，吸引与留住人才关系到证券公司核心竞争力的培育和市场生存能力的提升。华尔街“三剑客”国际化业务迅速发展与采用合伙人制度进行人力资本投资与储备密不可分。合伙人制度把公司的所有权和经营权合二为一，实现了员工与公司的利益共享与风险共担，在激励员工为公司创造最大价值的同时，最大限度地降低运营风险。目前中资券商拥有的高层次国际化人才相对缺乏，且流失严重。必须创新人才使用机制，通过制度创新将公司利益和员工利益捆绑在一起，吸引与留住人才，激发人才创新动能。此外，建立优胜劣汰机制与人才长效培养机制，也有助于提高我国证券从业人员的整体质量，为开展国际化业务提供人力基础和智力支持。

参考文献

［1］逯利利．我国证券公司国际化的路径选择分析［D］．北京：首都经济贸易大学，2014.

［2］童晓娅．证券市场开放背景下券商核心竞争力的培育［J］．理论月刊，2006（5）：174—176.

［3］汪桥红，陆桂贤．我国证券公司投资银行业务创新支持系统研究［J］．江苏商论，2009（7）：146—148.

［4］许绍双．上市证券公司经纪业务效率的实证分析［J］．当代经济管理，2013（3）：93—98.

［5］姚小义，滕宏伟，陈超．证券公司资产管理业务的规模风险控制［J］．数量经济技术经济研究，2002（5）：65—67.

证券经营机构国际化发展的历程及建议

麦其芃 任 昕 梁 云 王 未*

引言

随着“一带一路”“走出去”等的推进，越来越多的中国企业参与到国际资本市场的活动中，中国企业在国际市场的竞争力也不断增强。在国际化的大背景下，中国证券经营机构也已积极布局海外市场，建立国际化发展的战略和目标，一方面能够更好地服务中国企业“走出去”的需求，另一方面也是为自身经营和发展寻求新的增长点。

中国证券市场的国际化可追溯到1982年，中国国际信托投资公司首次在日本发行了100亿日元武士债券，是中国资本市场首次尝试国际化业务。之后随着改革开放的步伐加快，中资券商从20世纪90年代陆续在中国香港建立分支机构作为开展国际化的桥头堡，标志着中资券商机构经营国际化的开端。在1998年亚洲金融危机后，中资券商开始加快走出去的步伐，中金公司于2005年和2008年先后在美国和新加坡设立子公司，招商证券于2008年在首尔设立了办事处，标志着中资券商开始布局全球市场。在2012年党的十八大后，人民币国际化和资本市场的开放力度逐步加大，随着人民币纳入SDR、QFII和RQFII持续扩容以及沪港通和深港通的全面落实，资本市场步入进一步开放的阶段。

综上所述，中资券商的国际化可以归结为两类：一是业务国际化，包括以国内市场为依托的国际业务，如QFII和RQFII等，以及以国外市场为依托的国际业务，如境外发债等；二是机构经营国际化，如在境外设置分支机构或子公司，开展境外业务经营。本文将重点对中资券商机构经营的国际化展开具体分析。

* 作者单位：海通证券股份有限公司战略发展部。原载于《中国证券》2017年第5期。

一、国内证券经营机构国际化的意义

（一）建立与中国经济地位相匹配的证券经营机构

改革开放以来，中国的综合国力和国际影响力显著提升。根据国家统计局数据，2010—2016 年，中国国内生产总值（GDP）已经连续 6 年稳居世界第 2 位。然而 2015 年中国证券行业营业收入为 5 751.55 亿元，仅占当年 GDP 的 0.83%，大约处于美国 1985 年时的水平。大国经济需要与之相匹配的大国金融，而证券经营机构作为资本市场最重要的中介，处于金融体系的核心地位。对外开放是中国经济发展的关键动力和重要趋势之一，相应的国际化也是中国证券经营机构国际化发展的必然趋势。

（二）全面提升客户的全球服务能力

随着中国经济的快速增长，国内企业国际化的步伐加快，境内、境外的互动越来越密切，客户对一站式金融服务以及跨境金融服务的需求日益强烈。根据香港联交所统计，2012—2016 年，中国内地企业通过香港 H 股集资总额达 9 337 亿港元。根据 Wind 统计，截至 2016 年末，已有 986 家中资公司在香港上市，市值约为 15.37 万亿港元，占香港股票市场总市值的比重达 62.87%。根据《2016 年境内企业海外发债白皮书》显示，境内企业在 2016 年共发行 258 只美元债，总计规模超过 1 200 亿美元，同比增长 20%。根据普华永道报告，2016 年中国大陆企业海外并购的投资金额再创历史新高，达到 2 210 亿美元，同比增幅 246%。因此，国际化成为我国证券经营机构更好地满足客户需求、应对市场发展需要的必然之举。

（三）提高证券经营机构的国际竞争力

从行业所面临的市场竞争环境来看，国际投资银行往往是全能型金融集团，随着国内市场对外资投行的逐步放开，欧美主要跨国投资银行以及其他金融机构通过发起设立、并购等方式明显加快了进入中国市场的步伐，如高盛高华、瑞银证券、中银国际、瑞信方正、中德证券、摩根士丹利华鑫等。部分优质合资券商在某些领域已经显现出较大优势，来自境外投资银行的挑战正变得越来越明显。同时，证券市场的投融资理念、定价机制和参与者的行为模式都将加快与国际惯例接轨的过程。因此，国内的证券经营机构必须通过实施国际化战略，建立完善的风险控制系统及管理机制，培养具备国际水准的专业人员，增强自身综合竞争力。

（四）改善盈利结构，降低系统性风险

现阶段国内证券经营机构仍主要依赖境内业务的收入，比如 2016 年中信证券、国泰君安证券和招商证券境内业务收入占比分别为 78.58%、93.80% 及 94.64%。境内业务受国内地域市场行情影响较大，如中国上市券商营业收入 2014 年合计为 1 391.46 亿元、2015 年为 3 904.64 亿元、2016 年为 2 951.25 亿元，三年的数值随市场行情有明显的起伏。通过实施国际化战略，可降低国内证券经营机构的收入对区域市场行情的依赖，改善盈利结构；同时，减少行业周期波动的影响，增强风险抵御能力。

二、海外投行国际化发展历程

（一）美国投行国际化发展历程

美国投资银行的国际化始于20世纪60年代，到90年代美国的投行开始相互重组整合，国际业务不断扩张，业务机构开始延伸至新兴市场，投行的国际化达到了前所未有的高度；到21世纪初，美国投行开始短暂的调整，逐步恢复到理性有序的国际化轨道上。

以美国最具代表性、同时也是最早开始国际化的投行之一——摩根士丹利为例。摩根士丹利于20世纪60年代在巴黎设立办事处，开始其欧洲业务；然后于20世纪70年代进入日本市场，并设立分公司；20世纪80年代，进入中国香港市场；20世纪90年代，摩根士丹利国际扩张的重点转向新加坡、韩国、印度、巴西、中国内地以及俄罗斯等地，主要方式是通过与当地金融机构合作成立合资公司，比如其与中国建设银行合资成立的中国国际金融有限公司（简称“中金”）。近年来，摩根士丹利新兴市场部门已经进一步将目标瞄向中东和东欧各国，并先后在匈牙利、沙特阿拉伯和波兰等国开展业务。在业务方面，摩根士丹利原来在海外的业务以证券承销为主，但是随着国际化市场竞争的日益激烈以及金融创新工具的不断发展完善，摩根士丹利已经不再囿于原有狭窄的业务框架，进一步拓展了房地产、不良资产处置、项目融资等多种业务。摩根士丹利的全球战略就是要建成一个零售经纪与机构投资模式混合在一起的金融大超市。目前，摩根士丹利在全球37个国家和地区拥有600多家办公室和超过6万名员工，海外业务利润贡献超过30%。

（二）日本投行国际化发展历程

日本投资银行的国际化同样始于20世纪60年代，然后在20世纪80年代后期，由于日本政府允许依靠日本资金的外国筹资者参与日本证券市场并且日本人可以不受限制地参与对外投资而加速了国际化进程。然而20世纪90年代后，由于日本金融泡沫的破灭，日本投资银行在全球化扩张中也纷纷陷入困境，不得不撤退，甚至有些投资银行只能倒闭破产。

以日本规模最大的投资银行——野村证券为例。野村证券的第一家海外分公司是1967年在中国香港设立的野村证券国际（香港），以此为跳板迅速向亚洲其他国家和地区进行业务扩张。1969年设立野村证券国际（美国）进入美国市场；1972年，野村证券通过商业银行业务进入新加坡市场，并随后将之整合为野村证券（新加坡）分公司。进入20世纪80年代以后，野村证券的国际化进程开始加速，先后在亚洲多个国家建立了分支机构并在伦敦设立了野村证券国际（欧洲）分公司。为了提升其在欧洲和美国的市场份额，野村于2007年和2008年先后收购经纪公司极讯和雷曼的国际业务部门。但是随后野村陷入了业务模式和文化的困境，比如其业务模式定位不清晰以至于精力分散、重点不明；雷曼对高风险机构客户的容忍度较高，而野村的态度更为保守；在业务方面，野村原以交易业务见长，但是随着其国际化的发展，公司对业务进行了重组，使零售经纪业务、投资银行业务和资产管理业务的地位平等，这一做法改变了野村证券的收入结构，野村目前盈利能力最高的业务不在于交易，而是并购等新型业务。

（三）结论

在上述美国和日本投资银行国际化发展的历程中，不难看出其在区域市场的拓展、业务结构的调整以及海外文化整合方面面临的挑战都呈现出一定的规律。

在区域市场拓展方面，美国投行从欧洲起步，日本投行从香港起步，均选择了与其本国制度、文化相近的市场作为国际化的试水处；并且，选择的都是经济发达、金融管制较少、市场较为完善的老牌金融中心。到20世纪八九十年代，美国和日本投资银行不约而同地选择加速拓展亚洲市场，因为亚洲国家和地区的新兴市场逐渐放开了本国壁垒，融入全球金融市场中，是当时经济持续增长较快、充满活力的地区。

在业务结构方面，摩根士丹利的证券承销和野村的交易之前都发挥了他们在各自传统优势领域的特长，其后在国际化的进程中都对传统业务架构进行了调整，使投资银行、经纪、交易、资产管理等业务都能均衡发展。

在海外文化整合方面，无论是摩根士丹利在中金的战略性撤退还是野村在收购雷曼后陷入的员工持续辞职危机，都体现出东西方的文化差异给国际化带来的风险，因此在国际化扩张的进程中更要注意本地化战略和文化的融合。

三、国内证券经营机构国际化发展的现状

（一）中资券商国际化发展路径

1. 在我国香港设立子公司开展国际业务

由于香港在地理位置、经济和文化上与内地的紧密联系，中资券商通常把香港作为第一站来试水国际业务。早在1992年1月，申万宏源证券就已在香港设立子公司，随后20多年间，又有陆续十多家中资券商在港成立子公司（见表1），逐渐形成了立足香港、布局亚太、辐射全球的发展路径。据《证券时报》数据显示，截至2015年在港的中资券商已突破70家。但除了一些大型券商，如中信、海通、招商等在香港以外的地区或国家也设立了分支机构外，大部分中资券商的国际化仍停留在布局香港的阶段。

表1　　在我国香港成立分支机构或子公司的中资券商示例

证券公司	在港分支机构/子公司	设立时间
申万宏源证券	申万宏源（香港）	1992年1月
中信证券	中信证券国际	1998年4月
招商证券	招商国际	1999年7月
广发证券	广发控股香港	2006年6月
国元证券	国元证券香港	2006年7月
华泰证券	华泰金融控股	2006年11月
海通证券	海通国际	2007年7月
国信证券	国信证券（香港）	2008年11月
安信证券	安信国际	2009年5月

续表

证券公司	在港分支机构/子公司	设立时间
东方证券	东方金融控股（香港）	2010 年 2 月
国泰君安证券	国泰君安金融控股	2010 年 3 月
光大证券	光证金控（香港）	2010 年 11 月
长江证券	长江证券控股（香港）	2011 年 1 月
兴业证券	兴证（香港）金控	2011 年 7 月
东兴证券	东兴香港	2011 年 7 月
方正证券	方正香港	2012 年 3 月
西南证券	西证国际投资	2013 年 11 月
国金证券	国金香港	2015 年 3 月

资料来源：公司年报。

2. H 股上市扩充资本规模并建立知名度

随着国际化业务的拓展及对资本规模扩充的需求，主要中资券商从 2010 年起陆续在 H 股上市，一方面能够依靠香港在国际金融市场上的地位建立知名度，另一方面也可以迅速扩充资本规模，为国际化发展做储备。截至目前，H 股上市的中资券商已有 13 家，其中在 A 股和 H 股同时上市的券商有 10 家（见表 2）。此外，中资券商香港子公司单独上市的已有 4 家（见表 3）。

表 2　A 股、H 股上市的中资券商

证券公司	A 股上市时间	H 股上市时间
中信证券	2003 年 1 月	2011 年 10 月
海通证券	2007 年 4 月	2012 年 4 月
华泰证券	2007 年 11 月	2015 年 6 月
光大证券	2009 年 8 月	2016 年 8 月
招商证券	2009 年 11 月	2016 年 10 月
广发证券	2010 年 2 月	2015 年 4 月
东方证券	2015 年 3 月	2016 年 7 月
国泰君安证券	2015 年 6 月	2017 年 4 月
银河证券	2017 年 1 月	2013 年 5 月
中原证券	2017 年 1 月	2014 年 6 月
国联证券	未上市	2015 年 7 月
中金公司	未上市	2015 年 11 月
中信建投证券	未上市	2016 年 11 月

资料来源：公司年报。

表 3　　H 股单独上市的中资券商子公司

证券公司	H 股上市时间
海通国际	1996 年 8 月
西证国际	2002 年 1 月
国泰君安国际	2010 年 7 月
兴证国际	2016 年 10 月

资料来源：公司年报。

3. 直接并购海外金融机构

近年来为服务“一带一路”“走出去”，一些大型券商已将国际化版图延伸至欧美市场，通过收购当地金融机构直接获得在当地经营的牌照，为中国企业在当地提供服务，这也将成为未来国际化的主流。中信证券于 2013 年以 12.52 亿美元的价格收购里昂证券 100% 股权；海通证券于 2015 年 9 月收购葡萄牙圣灵投资银行 100% 的股权，对于其国际化布局起到了重要的推动作用；华泰证券于 2016 年 10 月收购了美国 AssetMark 资产管理项目平台公司，从而进入美国资产管理市场（见表 4）。

表 4　　中资券商近年来的主要海外并购

证券公司	收购完成时间	收购标的
广发证券	2013 年 7 月	收购英国 NCM 期货 100% 股权
中信证券	2013 年 7 月	收购法国里昂证券 100% 股权
西南证券	2015 年 1 月	收购敦沛金融 74% 股权
国金证券	2015 年 3 月	收购粤海证券 99% 股权
	2015 年 3 月	收购粤海融资 99% 股权
中信证券	2015 年 5 月	收购昆仑国际 59% 股权
光大证券	2015 年 6 月	收购新鸿基金融 70% 股权
海通证券	2015 年 9 月	收购葡萄牙圣灵投资银行 100% 股权
华泰证券	2016 年 10 月	收购美国 Assetmark100% 股权

资料来源：公司年报。

（二）主要中资券商国际化的经营情况

1. 境外业务总收入及占比

根据中资券商在境内的经营规模以及国际化发展程度，本文选择 7 家券商作为代表，分别是中信证券、海通证券、国泰君安证券、华泰证券、广发证券、招商证券以及光大证券，并对它们的国际化经营情况展开具体分析。根据年报数据，这 7 家券商的境外业务总收入在 2012—2016 年始终保持增长趋势。截至 2016 年底，7 家券商的境外业务总收入达到 159.04 亿元，占总营业收入的 10.58%（见图 1）。但对比国际领先投行，高盛和摩根士丹利的境外业务收入占比在 2016 年分别达到了 40.72% 和 26.40%，大幅领先于 7 家中资券商的海外收入占比（见图 2）。

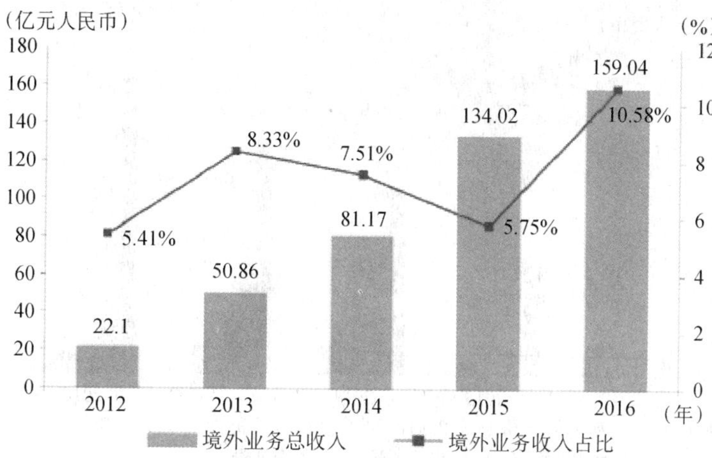

图 1　7 家中资券商境外业务总收入及占比

资料来源：公司年报。

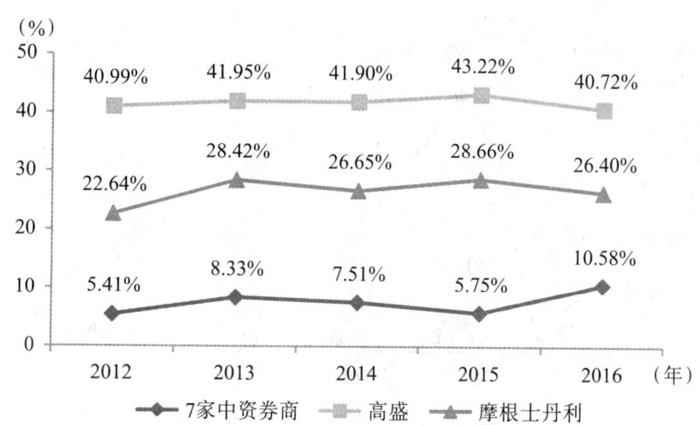

图 2　7 家中资券商与高盛、摩根士丹利境外业务的收入占比

资料来源：公司年报，万德资讯。

中信和海通作为较早开展国际化业务且投入力度较大的券商，近年来通过设立香港子公司及并购海外金融机构，境外业务的收入实现快速增长；国泰君安证券的境外收入在 2015 年和 2016 年也取得了显著的增加。其他券商近几年的境外收入仍处在较低的水平（见图 3）。

2. 境外业务总收入的增长趋势

由于 2016 年国内经济增速放缓以及股票市场的大幅下挫，中资券商的营业收入出现普遍下滑；此外，香港市场港股日均成交额同比下跌 37%；首次公开招募募集资金同比下跌 26%。受这些因素影响，2016 年这 7 家券商的总营业收入同比减少 36%，而境外业务收入的增长率也降至近年来的最低点，仅为 18.67%（见图 4）。这说明券商境外业务在很大程度上仍受内地及香港股票市场波动及情绪的影响。

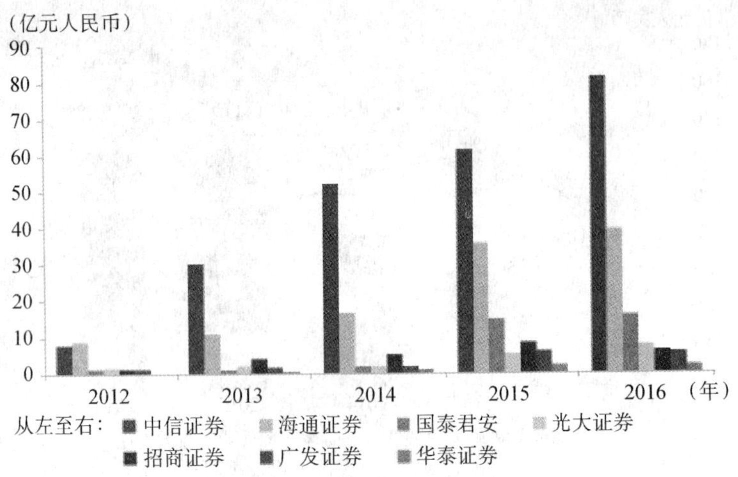

图 3　7 家中资券商境外业务收入

资料来源：公司年报。

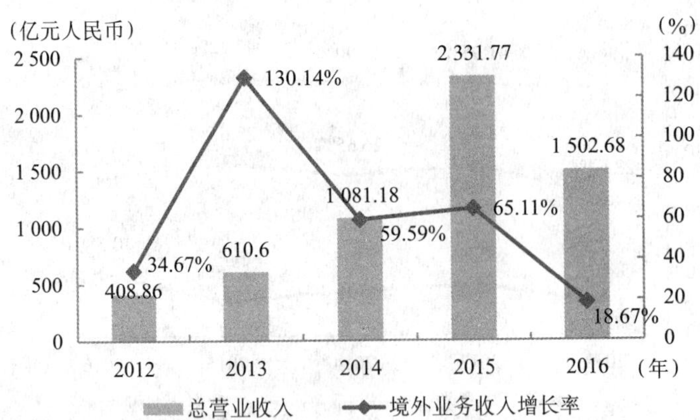

图 4　7 家中资券商总营业收入及境外业务收入增长率

资料来源：公司年报。

3. 境外业务总收入的主要构成

为了解中资券商的海外业务结构，挑选 4 家在香港单独上市的中资券商子公司，分别是国泰君安国际、海通国际、兴证国际以及西证国际作进一步分析。从收入构成来看，传统的信用业务和经纪业务仍是其最主要收入来源，占比超过 60%，其次是自营及投资业务；而现代投行的核心业务如承销、保荐、财务顾问服务以及资产管理的总收入占比在 2016 年仍不足 15%（见图 5）。

四、国内证券经营机构国际化面临的问题和挑战

（一）内部面临的问题和挑战

1. 区域覆盖及客户资源相对单一

由于国际化水平及资本规模的不足，大部分券商在国际化区域拓展方面仍旧是在香港设

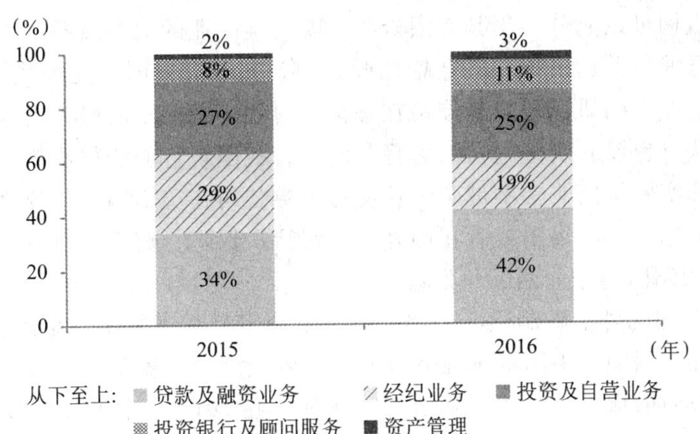

图 5 4 家在港独立上市的中资券商子公司业务收入构成

资料来源：公司年报。

立分支机构，以服务有境外业务需求的境内客户为主。据券商年报显示，从事境外业务的券商客户结构相对单一，例如经纪业务主要以服务境内高净值人群为主，投资银行的主要客户也是寻求在境外上市或发行债券的国有企业。反观全球领先的投资银行，如高盛、摩根士丹利等国际化的进程，在经历了半个多世纪的迅速扩张后，至今已在超过 30 个国家和地区设立分支机构，不仅服务于在当地有业务需求的本国客户，也为当地的企业、机构及个人客户提供多元化的服务，与母公司的业务形成了有效的互补和协同。

2. 业务范围局限且同质化经营现象严重

在港上市的中资券商子公司年报显示，信用业务、经纪业务是它们的主营业务及收入来源，其次是自营及投资业务，而投资银行以及资产管理业务的合计营收占比在 2016 年不足 15%。因此，即便是在境外市场，中资券商间的同质化经营现象仍然严重，过度依赖传统的经纪及信用业务将有碍于国际化发展的战略和目标。而国际领先投行在海外业务经营方面则更加多元化，一方面，巩固自身的传统优势业务，如机构客户服务、承销保荐以及资产管理等；另一方面，根据当地的市场形势，也积极拓展如房地产、不良资产处置、项目融资等新业务，实现了传统与创新互补、境外与境内协同的经营模式。

3. 海外业务对母公司收入占比仍然较低

目前，大部分券商的海外业务贡献占比仍然较低，一方面是由于中资券商的国际化历程较短，前期的投入还未见明显的产出；另一方面是对于国际化的开展及投入力度仍不足。如上文提到的，目前中资券商在区域拓展、客户开发以及业务结构方面都相对单一。跟随境内客户的需求，在香港设立分支机构提供金融服务的业务模式已不能满足现阶段国际化的要求，并且该业务模式较容易受到境内市场波动及情绪的影响，难以对母公司有持续稳定的贡献。

（二）外部政策环境面临的问题和挑战

1. 综合经营缺少法律依据

综合化经营可为金融机构带来战略优势，比如协同效应、规模经济和范围经济以及多元化利益等。金融机构可以充分利用其有限资源，实现金融业的规模效益，降低成本，提高盈利水平。我国金融业目前已出现一些金融控股公司，如中信集团、光大集团、平安集团等，但目前中国对综合经营的研究还只是停留在理论研讨和实践摸索阶段，尚未出台任何有关金融控股公司的立法，也没有明确的司法解释。同时，我国现行的法律法规中关于证券市场国际化的相关法规和实施细则非常不健全。这使得证券公司在实施国际化战略，尤其是跨境并购一些混业经营的国外金融集团或者在国外开展银行、保险、信托等业务时无法可依。

2. 资金出境限制阻碍企业国际化发展

2016 年以来我国的外汇管制逐渐趋严，资金出境审批程序复杂，渠道狭窄，额度紧张。人民币出境难度加大削弱了中国资本在海外并购或者投资中的竞争力，一方面投资速度将慢于竞争者，另一方面增加了交割的不确定性。例如，在 2017 年中国民生投资股份有限公司竞标葡萄牙 Novo Banco 银行的交易中，虽然其报价最具竞争力，但由于资金出境障碍，无法向葡萄牙政府提供充足的证据证明其有能力支付报价金额导致该并购项目竞标失败。因此，资金出境限制制约了国内企业跨境并购的资金来源，阻碍了企业国际化的进程。

五、对于国内证券经营机构国际化发展的建议

（一）对证券经营机构的建议

1. 循序渐进拓展覆盖区域及客户资源

参考国际领先投行，如高盛和摩根士丹利，截至 2016 年底，两家投行在欧洲、中东、非洲地区的总收入占比分别达到了 26% 和 14%，在亚洲地区的收入占比分别是 14% 和 12%；相比之下，中资券商的海外布局仍有较大的提升空间。伴随着我国经济结构升级，资本市场双向开放的力度加大，企业走出去的意愿加强，可供布局的海外国家和地区将更为广阔，中资券商应把握机遇，更为积极有效地开拓海外版图及客户资源。

2. 力争实现海外经营的整体多元化

中资券商在海外业务经营方面也可借鉴国际领先投行的经验，例如高盛凭借其在大宗商品及并购重组方面的专业优势，成功进入欧洲市场，摩根士丹利在承销及保荐方面的优势也为其打开了国际市场。中资券商可以凭借自身在专项业务上的资源和优势，有针对性地布局海外市场，在当地建立声誉并逐步带动其他业务的发展，从而实现海外经营的整体多元化。

3. 加大投入及发展力度，提升海外收入占比

在国际化进程中，中资券商在以香港为第一站打造平台、巩固传统核心业务之后，应积极拓展其他业务，并充分利用资源扩充资本实力，加大投入力度；在有一定业务基础、客户成熟度高的海外市场设立网点，构建海外成熟市场与新兴市场的服务网络，提高境外业务的收入占比，并与母公司形成有效的互补和协同，实现较高程度的国际化。

（二）对完善政策环境的建议

1. 允许符合条件的国内证券公司开展综合经营

综合经营是经济全球化背景下金融行业发展的内在需求。国际领先的投行往往采取金融混业经营模式，同时，客户对一站式或一揽子金融服务的需求日趋强烈，通过开展综合经营为客户提供一站式投融资解决方案日益成为争取客户的必要手段。因此国内证券公司参与国

际竞争时，无论是面对竞争对手还是服务客户，都必须具备综合经营能力。建议政策允许一些实力较强的证券公司，在适当的时候通过进入其他金融领域，构建包括银行、保险、信托等在内的综合性金融服务平台，使这些证券公司有效地参与国际竞争，有力推动国内证券公司的国际化发展。

2. 完善与国际化相匹配的相关法规与监管制度

为促进国内证券公司迈向国际，建议进一步健全相应的法规和监管制度，如修订《证券法》，对证券市场国际化涉及的有关问题予以完善；出台证券市场国际化的相关法规和实施细则；顺应综合经营的国际趋势，适时推行统一监管；积极参与国际、区域以及双边等多层面的金融监管合作；完善投资法、银行法、外汇法、涉外税法、会计法等配套法规。

3. 逐步推进境内外居民自由跨境投资

在外汇管制较严和企业缺少出境资金额度的背景下，目前QDII和QFII是境内外居民参与跨境投资的主要渠道，建议在充分考虑更加宽松的跨境投资安排对国内市场可能造成的冲击的前提下，逐步允许境内外居民自由跨境投资。如可以探讨成立QDII并购基金以及扩大QFII投资范围，将股权融资纳入投资范围，这样不仅有助于更好地配合实体经济的发展，推动国内企业“走出去”、推动证券行业国际化，也能在一定程度上帮助解决中小企业融资难的问题。

参考文献

[1] 国内外证券行业比较分析与启示．中国证监会网站，2014－06－10，http：//www. csrc. gov. cn/pub/newsite/ztzl/yjbg/201 406/t20 140 610_ 255 811. html.

[2] 香港联交所网站，http：//www. hkex. com. hk/chi/stat/statrpt/factbook/factbook2016/Documents/09_ c. pdf.

[3] 2016年境内企业海外发债白皮书．搜狐财经网站，http：//mt. sohu. com/business/d20 170 126/125 164 308_ 611 449. shtml.

[4] 财新网，http：//companies. caixin. com/2017－01－12/101 043 306. html.

[5] 蒋健蓉．从美国投资银行国际化看我国证券公司的国际化道路［R］．申银万国研究所，2008－01－03：15.

[6] 周洪荣，李明亮，朱蕾．证券公司的国际化之路［N］．上海证券报，2013－02－04.

[7] 张宗新，王国兵，刘文强等．中国证券公司国际化发展绩效评估与实证分析［J］．中国证券，2016（12）：10—12.

[8] 张继袖，任宪功．券商海外布局的背景与机遇分析［R］．渤海证券研究所，2017－02－07：12—13.

[9] 刘桂芳，陈光明．关于我国证券公司国际化的思考［J］．中国证券，2012（8）：71.

国外证券公司国际化进程梳理及其对国内证券公司的启示

王小军　关　竹*

一、国外证券公司的国际化进程

（一）美国证券公司的国际化进程

美国证券行业在全球一直处于领先地位，国际化业务开展较早。其开展的背景是美国“马歇尔计划”的执行，证券公司抓住欧洲重建带来的业务机会，在欧洲各国设立了办事处，提供相应的金融服务，进而开展国际化业务。其中美林（见表 1）、高盛（见表 2）和摩根士丹利（见表 3）可称为业内国际化业务的佼佼者，下文通过这三家投行来分析美国投行国际化业务的进程。

表 1　美林证券国际化进程

时间	发展地区或组织机构	业务发展情况
20 世纪 50 年代	在英国、加拿大、荷兰、法国、瑞士和德国等发达国家设立办事处	主要与当地金融机构合作，通过代理制的形式开展简单的国际业务
1960 年	在伦敦设立第一家国际业务分支机构	
1964 年	在日本设立了第一家分支机构	
1973 年	以伦敦为中心在欧洲积极扩张业务，在英国又设立了多家分支机构	依托其经纪业务的优势逐渐开拓资产管理业务和理财咨询业务，进而实现多元化的业务结构
1984 年	在中国香港成立美林亚太总部，先后在中国台湾、泰国、中国大陆和印度开设了 4 家合资公司，并在韩国和新加坡设立分部	

* 作者单位：信达证券股份有限公司研究开发中心。原载于《中国证券》2017 年第 5 期。

续表

时间	发展地区或组织机构	业务发展情况
1985 年	成为伦敦交易所会员，成立美林国际资本有限责任公司	
1986 年	将原有东京办事处升级为美林日本有限公司，并且在东京证券交易所上市	美林（日本）专营经纪业务
1993 年	在中国开设了办事处，成为首家在中国开设办事处的美国投资银行	
1996—1998 年	1996 年收购英国养老基金管理公司，1997 年收购英国水星资产管理有限公司	并购后美林证券的资产管理业务进入全球顶级之列
1998 年	美林在韩国股票交易所上市	
1999 年	将伦敦、东京和普林斯顿的三家资产管理公司整合为统一资管平台	
2001 年	在伦敦设立欧洲金融总部	
2004 年	与汇丰控股合资成立美林汇丰有限公司	美林汇丰成为全球第一家提供网上理财的金融机构
2006 年	将美林投资管理部与黑石资产管理公司合并	公司资产管理能力得到进一步提升

资料来源：信达证券研发中心整理。

表 2　　高盛证券国际化进程

时间	发展地区或组织机构	业务开展情况
1970 年	在伦敦设立首家海外办事处，随即在法兰克福、苏黎世和巴黎等欧洲主要城市都开设了自己的分支机构，并成立了欧洲总部	初期主要与欧洲和日本当地企业和政府部门合作，凭借其在并购方面的传统优势占领市场
1974 年	在日本正式设立办事处	
1983—1990 年	在中国香港成立高盛亚太总部，1988 年公司专门成立高盛国际（GSI）、高盛资产管理公司（GSAM）。获得在日本从事证券业务资格，先后成为东京证券交易所、东京国际金融期货交易所、名古屋证券交易所和大阪证券交易所的正式成员	高盛国际负责统筹公司欧洲业务，弥补了高盛在欧洲咨询顾问和资产管理业务方面存在的短板。高盛资产管理公司的设立则进一步提升高盛在日本市场的资管业务的地位
1994 年	在中国开始深入拓展投行业务，先后在北京和上海设立代表处	获得了上海证券交易所 B 股交易资格，于 1997 年担任中国移动首次公开上市的主承销商
1996 年	在日本成立高盛资产管理有限责任公司	在亚太地区主要提供股票的发行承销并参与多起大规模海外并购项目
2003 年	高盛将中国作为全球业务拓展的重点区域	高盛成为第一批获得中国政府发放的合格境外机构投资者（QFII）执照的金融机构
2004 年	高盛在中国成立高盛高华证券有限责任公司	高盛高华主要从事投行业务
2005 年	高盛将其在日本除 GSAM 外的资产和业务整合为高盛日本分公司	
2009 年	与澳大利亚的投资银行 JBWere 建立合资公司	在巴西提供全方位服务
2013 年	高盛与德银资管达成协议，收购其稳定价值业务	

资料来源：信达证券研发中心整理。

表 3　　摩根士丹利国际化进程

时间	发展地区或组织机构	业务开展情况
1970 年	在东京设立联络处	
1975 年	在伦敦成立了摩根士丹利国际公司，此外还在米兰、巴黎、法兰克福和卢森堡等地区设立了分支机构	主要拓展其传统证券承销业务
1984—1986 年	将日本的联络处升级为分公司，并获得东京证券交易所的交易席位	
1987 年	在中国香港设立办事处，正式进入亚太市场	
1988 年	在法国设立第一家分支机构	公司以兼并收购业务最为出色，一度占领了法国兼并收购业务的大部分市场
1993 年	在中国设立上海、北京代表处	
1995 年	合资成立中金公司	在中国市场进入实质化运营
1999 年	与印度投行 JM Financial Group 合资进入印度市场	公司在资管、并购、不动产投资和项目融资等方面进行加强和创新
2005 年		在欧洲的 IPO 市场份额排名第 1 位，投资银行业务顾问费收入超过 70 亿美元
2010 年	与华鑫证券合资成立摩根士丹利华鑫证券，还在曼谷、首尔、悉尼、新加坡、墨尔本、中国台北等地区设立了办事处	

资料来源：信达证券研发中心整理。

从国际化业务的历程来看，不难发现美国三家投行开展国际化业务成功的主要原因可归纳为以下三点：

第一，谨慎选择国际化业务拓展路径。从三家公司国际化业务的历程，可以看到在国际化过程中各投行选择的路径基本相同，可概括为：代理制→办事处（调查市场环境和建立境外合作关系）→设立合资或独资子公司（视当地市场对外资参与放松管制的进度而定）→直接收购投资国知名公司→全球整合（金融控股集团）。

第二，选择具有经济发展潜力和监管宽松地区进行布局。不难发现三者在国际化区域的先后选择上也有着高度的相似性：20 世纪 60 年代进军欧洲（以伦敦为中心）→70 年代拓展日本市场（以东京为中心）→八九十年代发展亚洲新兴市场（以中国香港为中心）。布局区域的相似性是由于三家公司在地区选择上本着两个原则：一是该地区经济发展已达到一定水平，同时具有潜力；二是该国金融监管处于放松时期。

第三，开拓国际化业务依托自身优势来制订战略。众所周知，美林、高盛和摩根士丹利在业务方面都具有自己的传统优势，美林凭借收购 SLK 而长于经纪业务，高盛在兼并收购和资产管理业务方面占据着绝对优势，摩根士丹利则擅长 IPO 与债券承销。在国际化过程中，三大投行充分利用自己的传统优势作为拓展国际市场的主要力量。

除了利用其自身业务优势拓展市场外，三大投行并没有放弃其在弱势领域的业务拓展。随着资本实力和国际化业务市场地位的提高，三大投行均选择在国际市场上积极并购重组其薄弱领域方面的公司，为其薄弱业务的海外拓展奠定基础。比如美林通过收购英国水星资产管理公司，大大加强了其在资产管理方面的优势，而摩根士丹利也通过收购海外的经纪业务公司加强其经纪业务的发展。

（二）日本证券公司的国际化进程

日本证券市场在国际化业务的推行上采取了谨慎渐进的开放模式。日本证券市场开放进程大致分成三个阶段：

第一阶段（封闭阶段）：在1963年之前，日本证券市场几乎是完全封闭的，监管层仅对《外资法》进行了小幅度的调整。

第二阶段（逐步放开阶段）：1964—1980年，随着加入经济合作与发展组织（OECD），日本逐步放宽对外资的限制，允许外国投资信托公司在日本募集受益凭证、外国企业在日本市场募集资金等。

第三阶段（加速放开阶段）：1980年以后，在前期开放的基础上，日本在多地设立境外金融交易所，迅速成为仅次于纽约的世界第二大证券市场。

日本证券公司中以在纽交所上市的综合控股集团野村证券较为成功，但在2008年公司收购雷曼兄弟国际业务后，其国际业务推进较为缓慢（见表4）。目前野村证券在全球39个国家和地区拥有276家分支机构和超过3.4万名员工，海外业务利润贡献超过35%。

表4　　野村证券国际化进程

时间	发展地区或组织机构	业务开展情况
1927年	在纽约设立海外办事处	
1967年	设立第一家海外分公司——野村证券国际（中国香港）	
1969年	成立野村证券国际（美国）	开展美国境内业务
1972年	进驻新加坡，设立野村证券新加坡分公司，该公司在1994年上市	通过商业银行业务进入新加坡市场
1980年	先后在中国台湾、韩国、澳大利亚、菲律宾、印尼和泰国等地开设了多家分支机构	
1981年	成立野村证券国际（欧洲）	依托野村国际（美国）与野村国际（欧洲）在美国和欧洲开展业务，构建全球化业务平台
1982年	在上海设立办事处	承销了中国第一批海外国债
1993年	在上海成立野村企业顾问公司	
2001年	以金融控股集团的多元收入结构上市纽交所	美联储特批的国债一级经纪商
2002年		野村证券先后获得深交所和上交所特别会员
2003年	收购了中信集团国际咨询业务	
2008年	野村证券宣布收购雷曼兄弟在欧洲、中东、亚洲区包括日本、澳洲和中国香港的业务	公司在美国招揽的承销项目仅限于提供美国企业赴日上市的狭小领域

资料来源：信达证券研发中心整理。

从国际化业务的历程来看，野村证券国际化业务的成功与美国的三家投行有相似点，也有自己的特色，可归纳为以下三点：

第一，野村证券的国际化同样从设立海外办事处开始，然后再设立独资或合资公司，并最终以控股集团形式全面发展业务。与美国的三家投行表现不同的是，野村证券在海外设立机构基本为自己 100% 控股的独资公司。

第二，从区域布局来看，野村证券在 1969 年和 1981 年分别于纽约和伦敦成立野村证券国际（美国）和野村证券国际（欧洲），成功构建了一个“东京—香港—纽约—伦敦”的全球化业务平台。

第三，同样依托并购迅速提升国际化业务市场份额。与美林证券收购英国水星资管相似，野村证券在 2008 年收购雷曼国际业务部门后，经纪业务在欧洲市场的份额快速增长，国际化进程推动加快。

但由于公司在业务发展战略上主攻经纪业务，而忽略了美国投行的发源业务——并购重组与财务顾问。因此，虽然野村证券经纪业务迅速攀升，但其并购业务和承销业务并未因此发生实质性的改变。

（三）韩国、印度和巴西证券公司的国际化进程

同属新兴经济体，韩国、印度和巴西的国际化业务推进过程具有相似之处，但也有所区别。由于本土券商资本实力有限，资金实力较弱，难以与欧美等国家的大型证券公司抗衡，因而监管层在初期以较为严格的条件缓慢推动国际化进程，为本土证券公司争取更多的缓冲时间。从推动形式来看，三者的国际化均从间接开放逐步过渡到完全开放（见表 5、表 6）。

表 5　韩国、印度和巴西证券市场放开进程

国家	时间	国际化业务进程
韩国	1981 年	出台《资本市场国际化计划》，允许外国证券公司在韩设立代表处，同时韩国证券公司也可在境外设立代表处
	1985 年	允许外国证券公司投资韩国证券公司，投资比例最高为 5%
	1990 年	设立 3 家混合投资基金（国内外均可投资）；将外国证券公司投资比例从 5% 提高到 10%
	1993 年	颁布《金融改革与市场开放行动计划》，允许外国信托投资咨询公司持有国内信托投资公司的股份，但限制持股比例
	1997 年	减少对外国证券公司分支机构的资本要求，外资对国内证券公司的控股比例扩大到 49%
	1998 年	取消外资对国内证券公司投资比例上限，并允许外国人在韩国设立证券公司
印度	2000 年	印度开始鼓励本国公司通过美国存托凭证、全球存托凭证、外币可转换债券等方式在海外发行证券，进而利用海外市场融资
	2006 年	印度允许海外公司来印上市，意味着国际板在印度的诞生
	2012 年	非印度籍个人投资者获准直接进入印度股票市场，印度证监会成立了工作小组专门负责协助印度共同基金进行海外投资
巴西	1986 年	为了进一步吸引外资，巴西政府颁布了新的法规，使外资可以通过一些基金和投资公司投资于巴西国内的证券市场
	2000 年	批准境外投资者可以在巴西的期货市场从事合同交易和期货交易
	2003 年	美国和欧盟的基准利率相继降低，美国社保基金投资巴西主要汇率债券 C - bond

资料来源：信达证券研发中心整理。

表 6　　韩国、印度和巴西证券公司国际化进程

证券公司	时间	国际化业务进程
三星证券	1994 年	在伦敦成立第一家海外分公司
	1995 年	在中国香港及纽约成立办事处
	2000 年	将业务重心转向资管业务
	2002 年	三星证券于上海成立代表办事处
	2003 年	进一步取得伦敦证交所会员资格，年底与中国台湾富邦证券公司成立策略联盟
	2004 年	韩国证券商已在海外 5 个城市设立 33 个营业点，其中包括 19 家子公司、一个分支机构以及 13 家办事处
	2012 年	受欧债危机影响，三星缩减在港业务，并且重新将焦点放在本土高端客户，但强调无意全面退出香港市场
印度证券公司	2003 年	KIB 公司于 2003 年在伦敦设立首家海外机构，先后与 GCASavvian 和 Evercore Partners 结成合作伙伴
	2005 年	SBICAPS 于 2005 年在伦敦设立首家海外机构，借助母公司客户资源提供项目融资服务
	2006 年	IDFC 公司于 2006 年在新加坡设立首家海外机构，公司从 2011 年成为 SEC 和 FIRA 的注册会员，从事经纪业务
巴西证券公司	1991 年	Itau BBA 公司于 1991 年在巴哈马设立首家海外机构，其母公司是南半球最大的金融集团，在全球 15 个国家和地区拥有分支机构，除投行业务外，还经营项目融资、不动产信贷和进出口融资等
	2008 年	BTG Pactual 公司于 2008 年在伦敦设立首家海外机构，2009 年收购瑞银巴西子公司重组而成，此后收购了哥伦比亚和智利的两家投行，并于 2012 年在阿姆斯特丹上市，业务多元

资料来源：信达证券研发中心整理。

不难发现，不论新兴经济体国家在证券市场开放进程快慢与否，都会使得欧美一流投行对本土券商的市场进行抢夺。因而，本土证券公司在开展业务方面面临两方面难题：于内，外资投行在开展自身国际化业务时，早已占据新兴市场大部分市场份额；于外，发达市场早已成为红海，新兴市场的证券公司凭借自身实力很难在其中谋得一席之地。

以巴西为例，BTG Pactual 之所以能够在国际化业务中占据一席之地，主要在于 BTG Pactual 收购了 UBS 的巴西子公司及其整个业务团队。可见，新兴市场证券公司在国际化业务开拓中面临着竞争激烈、人才稀缺的难题。

二、国内证券公司的国际化进程

随着国内证券市场的逐渐开放，欧美等大型投行纷纷进驻中国，在中国设立子公司开展业务，在外资券商完善其全球化布局的同时也推动国内证券业的国际化进程。

从监管政策来看，国内证券公司的国际化进程比较审慎，采取“先试点后放开”的方式逐步开放证券市场。

从开展的具体业务来看，国内证券公司的国际化进程以经纪、投行和资管业务等传统业务为主。

从开展国际化业务的公司路径来看，国内证券公司依据自身条件主要有两种形式：一种是以海通、国泰君安等大型券商为代表，涉外业务开展较早，依靠自身的发展已经积累了一定的业务资源，并在此基础上以在境外设立子公司或分公司的形式或与国外证券公司设立合资公司的形式来开展国际化业务；另一种是以国金、光大证券等国内中小型券商为代表，由于自身规模和业务实力有限，他们更多地选择通过资本手段并购香港成熟的本土证券公司，从而实现业务的快速扩张。

（一）国内证券行业开放进程梳理

国内证券行业的开放始于1992年上海市B股市场的建立，但由于监管较为审慎以及国内券商资本实力有限，此时国内证券行业国际化处于较为初级的阶段。

在中国加入WTO后资本市场开放速度加快，证券公司国际化业务在2001年后开始大规模发展。根据中国加入WTO做出的开放证券服务业的承诺，中国证券服务业的开放主要表现在设立合资基金管理公司和证券公司，包括允许外国机构或自然人从事本国证券的经纪和承销等中介业务、允许外国或本国证券机构在本国承销或买卖外国证券等。

1992年以来，证券行业国际化的主要监管政策包括外资设立子公司、跨境证券交易以及跨境融资等，国际化业务的推进方式主要是“先试点后放开”。证券行业国际化进程中主要监管政策可见表7。

表7　中国证券市场开放过程

年份	相关法律法规	具体内容
1992年	《上海市人民币特种股票（B股）管理办法》在《解放日报》正式发布	上海市B股市场正式建立
1995年	《关于股份有限公司境内上市外资股的规定》	对境内上市外资股的投资主体的限定
2001年	国内加入WTO时有关资本市场对外开放的承诺	外国证券机构可以直接（不通过中方中介）从事B股交易；外国证券机构驻华代表处可以成为所有中国证券交易所的特别会员；允许外国服务提供者设立合资公司，从事国内证券投资基金管理业务，外资比例不超过33%；加入世贸组织后3年内，外资比例不超过49%；加入世贸组织后3年内，允许外国证券公司设立合资公司，外资比例不超过1/3，合资公司可以（不通过中方中介）从事A股的承销，B股、H股及政府与公司债券的承销和交易，基金的发起
2002年	《外资金融机构管理条例》	标志着外资银行市场准入制度开始逐步走向开放化、透明化
2002年	《合格境外机构投资者境内证券投资管理暂行办法》	正式推出了合格境外机构投资者境内证券投资试点
2006年	《合格境外机构投资者境内证券投资管理办法》	对之前的《合格境外机构投资者境内证券投资管理暂行办法》进行了必要的补充和完善，降低了资格准入门槛，但就资金账户、资金的汇入汇出方面也予以了严格的规定
2006年	《外资金融机构管理条例实施细则》《合格境外机构投资者境内证券投资管理办法》	发布了外汇管理、证券交易等有关业务的实施细则

续表

年份	相关法律法规	具体内容
2012 年	《证券公司客户资产管理业务管理办法》《证券公司集合资产管理业务实施细则》	取消了集合资管计划的行政审批制，改为发行制度，在一定程度上也推动了境外业务的发展

资料来源：信达证券研发中心整理。

（二）国内证券公司业务国际化发展现状

1. 经纪业务

目前，国内证券公司经纪业务国际化的区域主要集中在我国香港，其他地区比重依然较少。据香港交易所统计，香港交易所按照市场占有率将这些参与者分为三类：A 类证券公司，即交易额排名前 14 位；B 类证券公司，即排名在 15—65 位；剩下的归为 C 类证券公司。2012—2015 年国内在香港的中资证券公司大部分位列 B 组，仅中银国际一家属于 A 类。近几年，随着沪港通、深港通等机制接连推出，境内外市场的联动性不断增强，双向开放程度不断深化，这无疑给证券公司的发展与国际化战略的推进增添了动力。

2. 投行业务

国内证券公司在香港的投行业务主要是 IPO、再融资、债券承销以及并购重组业务。根据 Bloomberg 的统计，2015 年亚太市场（除中国境内、日本）IPO 及再融资前 10 名中有 3 家内地金融机构，共计占总市场份额 12.61%；而在 2015 年全球股票承销市场前 50 位中共有 12 家中国证券经营机构，合计市场占有率为 5.14%；在债券市场，中金公司、工商银行、中国银行以及农业银行也进入国际承销前 60 位，市场份额共计 0.11%。

3. 资管业务

国内证券公司在资产管理业务国际化方面的产品分为以下几个部分：QFII 业务、QDII 业务以及 RQFII 业务。

QFII 业务即合格境外机构投资者。2003 年监管层开始对 QFII 业务给予批准，首批获得该业务机会的大部分为外资金融机构，如瑞银证券、野村证券等，鲜有中资证券公司。海通香港是第一家获批 QFII 业务资格的中资证券公司。2012 年 OFII 批准数量大幅增加，仅当年就有 72 家证券公司获得 QFII 资格。

QDII 即合格境内机构投资者。2007 年监管层出台《QDII 境外证券投资管理试行办法》，允许具备条件的公司通过设立集合资管计划等方式募集资金并投资于境外市场。2014 年证券公司一对一代理客户资产进行海外投资正式放行。中金公司成为首家开展业务的国内证券公司。

RQFII 即人民币合格境外机构投资者，2011 年 12 月底 RQFII 业务试点进入实务操作阶段，意味着境外人民币回流到国内证券市场的途径打通。试点初期，有 12 家证券公司与 9 家基金公司共获得了 200 亿元人民币额度。2012 年 RQFII 进入实施阶段后，RQFII 两次扩容，投资额度由 200 亿元扩大到 2 700 亿元人民币。2013 年《RQFII 境内投资试点办法》及其实施规定正式发布，进一步扩大了试点机构类型，放宽了投资范围限制，也简化了申请文件等。

（三）国内证券公司国际化业务进程

国内证券公司在国际化业务的扩张上，主要采取合资、并购等方式拓展国际市场。目前已经有多家证券公司在中国香港打开市场，并在纽约、伦敦等地设立分公司或办事处（见表 8）。

表 8　　　　国内证券公司国际化进程

特点	公司	年份	国际化业务进程
凭借股东的优势进行海外布局	中信证券	2006 年	成立中信经纪（香港），中信期货（香港）
		2007 年	与美国投资银行 Evercore Partners 在港成立合资公司
		2008 年	设立中信国际资产管理有限公司
		2010 年	设立 CSI REITs 投资管理有限公司
		2011 年	设立 CSI 直投有限公司
			与法国农业信贷集团签订战略协议
		2013 年	收购了里昂证券 100% 的股权，成为首家控股海外跨国金融机构的中资金融机构
			成立 CSI Finance Limited
		2015 年	通过新设平台中信证券海外投资有限公司，收购昆仑国际金融集团有限公司 60% 的股权，主要做外汇结算及外汇衍生品交易业务
		2016 年	设立中信特殊基金、CSI 国际有限公司。同年中信证券国际和中信里昂证券完成阶段性整合，成为公司覆盖全球主要股票市场、以机构业务为主导的国际化平台
	中金证券	1997 年	中金（香港）正式投入运营
		2008 年	中金（新加坡）成立，是中金在东南亚地区的业务和运营中心
		2009 年	中金美国在纽约开始营业，作为在美洲地区的业务及运营中心
			中金英国成立，以伦敦为中心辐射欧洲大陆、非洲及中东（EMEA）地区
		2010 年	成为首家提供美股经纪服务的中资券商
开展业务较早	国泰君安	2010 年	国泰君安国际成为首家在香港联交所首次公开发售及上市的香港中资券商
		2016 年	由公司担任独立财务顾问开展的上海电力现金收购巴基斯坦上市公司 K – Electric Limited 股份项目，成为中国企业在巴基斯坦境内金额最大的收购项目
			国泰君安（美国）顺利取得美国证券业 BD（Broker Dealer）牌照
开展业务较早	海通证券	2007 年	设立海通国际控股有限公司
		2009 年	收购香港大福证券，成为首家收购香港上市券商的内地企业
		2015 年	收购葡萄牙圣灵投资银行（后更名为海通银行）
			海通国际正式完成对日本 Janpan Invest 的收购
		2016 年	海通证券对国际业务进行调动，旗下的海通国际收购海通银行印度金融业务；海通国际分别在新加坡、美国设立分支机构
	广发证券	2006 年	广发控股（香港）有限公司成立
		2013 年	广发期货香港公司完成对英国 NCM 期货公司的收购
		2014 年	广发期货获得 NCM 期货公司的伦敦金属交易所一类交易商席位
			设立广发证券（加拿大），是国内首家券商在加拿大设立的分支机构

续表

特点	公司	年份	国际化业务进程
发展初期尚在积累	兴业证券	2011 年	设立兴证（香港）金融控股有限公司
		2016 年	兴证资管获合格境内机构投资者境外证券投资管理资格
	长江证券	2011 年	设立长证（香港）金融控股有限公司
	光大证券	2015 年	公司收购香港最大证券经纪商新鸿基金融集团有限公司 70% 的股份
	国金证券	2015 年	收购粤海证券［后更名为国金证券（香港）］和粤海融资
	西南证券	2015 年	完成对香港本土上市券商敦沛金融的收购并将其更名为西证国际证券，且成功发行总额 15 亿元的人民币离岸债券，大幅提升了其资金实力
	东吴证券	2015 年	在新加坡注册资管子公司，是公司首家境外分支机构

资料来源：信达证券研发中心整理。

三、国外证券公司国际化业务发展对国内的启示

（一）国外证券公司国际化业务成败经验总结

从几个主要的国外证券公司开展国际化业务的过程来看，成功的经验对国内证券公司开展国际化业务具有指导意义，而失败的原因也同样具有借鉴性。其成败的经验及教训可以归纳为以下三个方面：

第一，选择合适的市场并制定适宜的战略是先决条件。从高盛、摩根士丹利国际化业务路径选择的区域来看，选择合适的海外市场并制定相应的发展战略有利于业务的发展。合适的海外市场可概括为：资本市场监管对外资相对宽松、经济发展具有潜力、具有证券服务的需求；而适宜的战略则主要包括依托自身的优势业务与海外市场所需求的业务予以匹配，进而打开局面。

第二，快速融入海外市场是成功关键。海外市场的融入包括业务经营范围、经营战略以及公司文化氛围等，实现的路径可以采用与当地券商合作、成立合资公司以及并购重组当地券商等形式。以野村证券为例，2008 年收购雷曼兄弟国际业务部，在经纪业务上帮助其融入美国市场，但是由于日本券商在收入结构和经营文化上与美国本土投行差异较大，野村证券选择了重点发展经纪业务，而投行业务仅限于提供美国企业赴日上市的狭小领域。故步自封的发展战略使得公司没有快速融入收益率较高的投行业务，从而导致公司国际化业务收入比重迅速下滑。

第三，国际化业务考验证券公司的综合实力。打入海外市场的初期可以依靠公司优势业务，但是国际化业务的推动需要依靠公司的综合服务能力。观察海外投行国际化业务的路径，虽然各家公司的优势业务不尽相同，但是在国际化业务推动的过程中，各家公司或借助政策或通过收购相应短板业务来提升综合实力，成为综合型券商。

（二）国内证券公司国际化的路径选择

国内证券公司同质化较为严重，整体业务收入过于依赖经纪业务，投行、资管等业务实力不如欧美一流投行；此外，不论是资本实力还是人才布局仍有待提升。因此，国内证券公

司在路径选择上应当因地制宜，依托自身的优势制订自身的国际化战略，拓展海外市场与业务，探索国际化发展之路。

第一，巩固我国香港地区优势，定位“一带一路”市场。国内证券公司在境外业务的布局主要集中在我国香港，经过近年来政策引导和市场培育，之前在香港布局的中资券商已经取得较好的成绩，在香港的子公司和分支机构已经成长为国际化业务发展的依托平台。

从中长期来看，国内证券公司应当在巩固香港地区优势的同时积极开拓海外市场。考虑到当前的经济政策和产业环境，“一带一路”的实施为证券行业带来巨大的业务机会，证券公司可开展投资银行、经纪、咨询、资产管理、直投等各项业务。

第二，利用优势业务培育全能型业务结构。目前开展国际化业务的券商中，发展较好的是投行业务。以海通国际为例，2016 年公司主要业务指标在香港投行中排名靠前，其中，IPO 发行承销数量和融资金额均排名第 1 位；股权融资家数和融资金额均排名第 2 位；债券承销家数和承销金额分别排名第 1 位和第 3 位；并购交易家数排名第 1 位；资产管理规模突破 560 亿港元，位列香港中资券商及基金管理公司第 1 名。国际化业务的发展初期以经纪业务、承销业务为主，而资管业务发展相对滞后。目前国内证券公司应当借鉴在港子公司业务发展的经验，在境外形成全能型业务平台，实现差异化竞争。

考虑到行业政策引导与业务发展趋势，QFII、QDII 和 RQFII 业务仍有广阔的发展空间。以 QDII 业务为例，为参与 QDII 业务的机构服务可以为证券公司带来咨询服务、资本中介等业务机会，不仅有助于证券公司开拓国际业务空间，也为证券公司积累投资经验。

参考文献

[1] 丁晓蔚，高淑萍. 全球金融危机后中国资本如何“走出去”——以中国证券公司国际化战略为例 [J]. 江苏社会科学，2016 (6)：64—71.

[2] 逯利利. 我国证券公司国际化的路径选择分析 [D]. 北京：首都经济贸易大学，2014.

[3] 陈飞飞. 我国金融机构资产管理业务模式的比较研究 [D]. 四川：西南财经大学，2013.

[4] 周洪荣，李明亮，朱蕾. 证券公司的国际化之路 [N]. 上海证券报，2013 - 2 - 14.

[5] 陈吉. 证券公司国际化问题与路径研究 [D]. 上海：上海交通大学，2013.

[6] 何晓蕾. 亚洲四国证券市场国际化比较研究 [D]. 上海：华东师范大学，2012.

[7] 吴婷婷. 金融国际化与金融安全：理论与实证 [D]. 四川：西南财经大学，2011.

[8] 申东哲. 韩国与中国证券市场国际化的比较研究 [D]. 北京：对外经贸大学，2000.

[9] 杨东华. 我国证券市场国际化风险及其防范对策研究 [D]. 北京：中央财经大学，2007.

[10] 中国证券业发展报告. 中国证券业协会官方网址：http：//www. sac. net. cn/yjcbw/zgzqzz/2017/2017_ 02/。

发挥券商综合经营优势　践行国家“一带一路”倡议

李炳涛*

习近平主席提出的“一带一路”重大倡议，既是我国对外交往的重要战略，也有利于推动沿线各国实现经济政策协调，促进经济要素有序自由流动、资源高效配置和市场深度融合，同时也为中资金融机构国际化进程提供了发展平台。在以双多边贸易和对外直接投资为主导的“一带一路”经济合作中，券商必须在国际合作的金融价值链中找准自身定位，充分发挥综合经营的优势，提升国际视野和专业水平，重点提高国际市场判断力、风险定价能力、风险管理能力和产品设计能力，才能打造区别于其他金融机构的核心竞争力。

一、“一带一路”倡议背景及实施情况

（一）“一带一路”提出的背景

在2008年金融危机后，美国经济复苏缓慢，欧洲和日本进入了长期负利率时代，新兴市场动力不足，全球经济急需找到新的增长引擎。而中国自改革开放以来，经过30余年的发展，人均GDP从1975年的275美元上升至2015年的8 280美元，产业结构由以农业和劳动力密集的工业，向以金融、旅游等服务行业为主的第三产业和信息技术为主的第四产业转换，经济结构面临转型升级的重要节点。在此过程中政府和居民积累了一定的财富，截至2016年我国外汇储备超过3万亿美元。中国经济在对外直接投资和金融资产增值方面产生了切实的外延需求。同时，经济格局重塑酝酿出国际政治外交局势的重大调整，近两年来的英国“脱欧”、美国选举、韩国政治动荡和欧洲“难民潮”等事件，给金融市场带来了额外的波动性，加深了经济格局演变的复杂程度。

在这一大环境下，我国提出的与沿线国家共建“丝绸之路经济带”和“21世纪海上丝绸之路”，是对2 000多年前古代丝绸之路的复兴和传承。丝绸之路在历史上完成了联通亚洲、非洲和欧洲地区的使命，通过丝绸、茶叶、瓷器等商品技术贸易，实现了早期的经贸合

* 作者单位：光大证券股份有限公司。原载于《中国证券》2017年第6期。

作，促成了文化交流，搭建了基础的交通渠道。在目前全球经济格局重塑、政治外交局势调整时期，“一带一路”承载了我国 21 世纪大国外交的历史使命，同时也呼应了我国经济和沿线市场经济发展的需要，具备充分的政治、经济和历史基础。

（二）“一带一路”倡议的具体实施

“一带一路”倡议提出至今，已经在多个层面得到了具体推进。一是建立外交层面的合作框架。我国与多个相关国家签署了地区边境合作备忘录及经贸合作发展规划，在“一带一路”整体框架下进一步充实了顶层设计基础。二是完善金融基础设施。成立了丝路基金、亚投行等政策性金融机构并投入运作，丝路基金于成立后半年内即完成首单入股三峡南亚公司的项目；亚投行成员国不断增加，亚投行行长金立群在 2017 年的博鳌论坛上表示，预计成员国数将在 2017 年底达到 85—90 个。三是一批重大项目落地。亚的斯亚贝巴—吉布提铁路正式通车，印尼雅万高铁、中老铁路、中泰铁路、马来西亚南部铁路、匈塞铁路、瓜达尔港等项目也在有序推进。四是与沿线国家的贸易蓬勃发展。2016 年，受整体经济环境影响，中国对外贸易总量下滑，但与“一带一路”沿线国家贸易占总体的比例同比提升 0.4 个百分点至 25.7%，相对于 2013 年“一带一路”倡议首次提出时的 25.0% 提升了 0.7 个百分点。在“一带一路”带动下，沿线国家对中国在贸易方面的重要性日渐提升。

二、证券公司在“一带一路”建设中的机遇与挑战

各类金融机构均积极参与“一带一路”政策的推进，并通过多种形式支持有关的金融支出。截至 2016 年底，国家开发银行国际业务贷款余额约 3 285 亿美元，其中“一带一路”所占的贷款余额约 1 150 亿美元，占国际业务贷款余额的比例达到 35.0%，相对于 2015 年的 32.6% 的水平同比提升 2.4 个百分点。近年来，中国进出口银行各类对外贷款余额稳健增长，且“一带一路”为其中重要构成部分。“一带一路”倡议提出以来，中国进出口银行支持“一带一路”项目 1 200 多个，签约金额超过 7 000 亿元人民币，涵盖公路、铁路、港口、电力、通信等多个领域。

商业银行积极开展布局。例如，中国银行 2015 年在迪拜、新加坡、中国台湾地区、中国香港地区和伦敦 5 地发行等值 40 亿美元的“一带一路”债券，筹集资金主要用于满足沿线分行的资金需求，支持包括码头、电力、交通、机场建设等“一带一路”沿线项目融资，并称力争在未来 3 年支持“一带一路”建设授信 1 000 亿美元。保险机构也是重要的参与者。2013—2017 年 1 月，中国信保承保中国企业向“一带一路”沿线国家出口和投资 4 231 亿美元，支付赔款超 16 亿美元。2013 年以来，中国信保承保巴基斯坦大沃风电、中亚天然气管线、土耳其安卡拉—伊斯坦布尔高速铁路等重要项目 1 062 个，承保覆盖交通运输、石油装备、电力工程、房屋建设、通讯设备等多个领域。

在商业银行提供资金支持、保险机构配备风险管理的格局下，券商必须在“一带一路”国际合作的金融价值链中找准自身定位，充分发挥综合经营优势，提升国际视野和专业水平，重点提高国际市场判断力、风险定价能力、风险管理能力和产品设计能力，打造区别于其他金融机构的核心竞争力。

（一）“一带一路”中券商跨境业务发展新机遇

1. 服务境内企业“一带一路”沿线的投资需求

自改革开放以来，中国企业在数十年的经济周期里不断探索创新，已经淬炼出一大批具有较高业务开拓能力和管理经营能力的企业。走出国门开拓海外市场，为企业生存发展开拓更大空间，已成为很多企业的刚需。对于产能需要调整布局的传统型企业，前往“一带一路”沿线国家投资既能重新合理分配产能，也能产生新的规模效应。而对于走在时代前沿的创新型企业，则能将在中国已印证成功的业务模式，迅速移植复制到“一带一路”沿线国家，抢占新生市场份额，产生新的盈利增长点。过去囿于对“一带一路”沿线国家国情不熟悉、市场不了解、语言不通畅等实际困难，企业未能将在“一带一路”地区的发展列为首选。如今在国家政策支持下，国家领导人多次出访，从外交层面推动政企交流，为企业的海外开拓保驾护航，解决实际问题，为境内企业加大对“一带一路”地区的实体投资创造了良好的环境。

2. 服务中资企业的境外金融服务需求

随着中资企业扬帆出海，对境外金融服务的需求随之衍生，为券商境外机构带来商机。中资企业的融资及资本市场运作境外化，一方面能有效减轻境内外汇储备的压力，另一方面亦能持续提升中资企业在境外金融市场的话语权和影响力。“一带一路”沿线基础设施建设将带来巨大的融资需求。据亚洲开发银行测算，到 2030 年仅亚洲地区的基建投资需求就高达 26 万亿美元，单纯依靠政府性资金或企业自有资金难以持续，这将带动企业跨境融资、并购重组、财务顾问、贸易借贷、资金结算、账户管理、风险管理等跨境金融服务需求大幅上升。券商境外机构应加快开发性金融和资本市场中长期产品创新，为基础设施建设提供中长期可持续资金来源，为券商国际化发展开创新局面。

3. 协助优质沿线企业赴中港募资上市

为配合“一带一路”建设的推进，我国证券监管机构积极调整现行制度，以鼓励优质的沿线企业到中国境内及香港市场进一步筹措资金。2015 年以来，在中国证监会的统一部署下，上海证券交易所稳步推进境外机构在上交所发行人民币债券（简称“熊猫债券”）试点。2017 年 3 月 16 日，俄罗斯铝业联合公司成为首家在我国发行熊猫债券的“一带一路”沿线企业，在上交所成功完成 2017 年首期公司债券发行。此外，港交所亦在 2017 年 4 月发布声明，为沿线国家企业特别是基础设施建设企业在香港发行上市增强了信心，也为众多有意向在沿线国家投资但担心退出方式的资本减轻了顾虑。这些举措既拓宽了沿线国家的融资渠道，也巩固了中国香港和上海两地作为金融集资中心的地位，充分把握“一带一路”带来的机遇，同时也为券商创造了全新的业务空间和客户群体。券商不仅能跟随中资企业走出海外，也能通过积极物色优质“一带一路”沿线企业，协助其通过在港上市、在沪发债等形式募集资金，进一步丰富两地金融市场的产品链，也更好地服务“一带一路”建设。

（二）参与“一带一路”建设面临的挑战

“一带一路”沿线覆盖 65 个国家和地区，经济总量超过 20 万亿美元。然而这些国家分散在中亚、西亚、南亚、东南亚、东非和欧洲等地区，宗教文化和历史渊源各不相同，社会和政治制度、法律体系、税务环境不同，尤其是处在不同的经济发展阶段，而且以发展中国家为主，资本市场发展和金融基础设施相对不足。这就要求投资者和金融机构在开展业务过程中充分结合各国家和地区的差异性，对单个项目具体考虑、审慎判断。

1. 政治及政策风险

“一带一路”作为境外投资项目，受国家间政策影响较为显著，尤其是基础设施建设、交通运输和能源类的项目，由于建设和运营周期长，非常依赖于当地的政治局势和政策的稳定。例如，此前南亚国家孟加拉国搁置了与中国企业洽谈的价值 80 亿美元的深水港项目，中缅天然气管道项目由于缅甸在 2009 年的武装冲突而停滞 1 年，给中方投资者造成损失等。

2. 民间主导的投资不足

随着亚投行、丝路基金等政策性金融机构的设立并投入运作，国家层面的部署已经成型，但一些已经在“一带一路”沿线国家开展业务的民营企业不知该如何将自身业务同国家部署联系在一起。在寻求投资机会和发展机遇时，由于对当地市场认识有限、信息来源渠道不足、国际业务经验尚缺等原因，民营企业主导的“一带一路”沿线投资相对滞后于“国家队”的步伐。

3. 国际市场经验不足

过去几年，跨国并购已经成为国内众多企业进行产业升级的重要手段之一，并购金额迅速增加。但是普遍来说，国内企业缺乏国际化经验，对海外商业法律环境和盈利模式理解不深，组织和协调商务、法律、财务、人力资源等内外部资源的能力缺失，对尽职调查风险点评估和决策的能力不足等。此外，随着并购方逐渐增多，被并购方要求趋高，而国内企业由于在境外市场知名度相对较低，不被国际金融机构了解，因此获得境外增信的渠道有限。

4. 风险控制手段欠缺

自 2015 年 8 月以来，美元持续走强，发展中国家货币兑美元持续贬值，除提升这些国家金融体系发生系统性风险的可能外，也将增加大部分以美元计价的“一带一路”债券的还款压力，影响以美元借贷支持的投资项目回报。此外，宏观经济的变化也可能增加大宗商品价格的波动风险，给基建项目的收益带来波动。由于“一带一路”沿线地区金融市场发展相对滞后，上述投资风险难以通过有效手段得以充分对冲。

三、证券公司为“一带一路”企业提供多元化金融服务

在券商为“一带一路”企业提供服务的过程中，最核心的理念应是充分发挥券商灵活性的特色，以多样化的产品结构组合，为企业设计从传统信贷到资本市场的发展路径，以协助“一带一路”企业抓住机遇、应对挑战。

（一）以发展性眼光挖掘潜质企业

在“一带一路”建设中，更多企业家聚焦沿线区域的商机发掘。然而企业的发展过程不能一蹴而就，部分前往“一带一路”海外区域开疆拓土的企业需要经历从无到有、从小微企到中大型企业的过程。对于符合一定基础条件的客户，券商可以在充分尽调、设置风险防范控制措施的前提下，为部分创业型的潜质客户提供支持，从而协助更多民间资本在沿线区域扎根于本地，成为实践“一带一路”倡议的有机组成部分。

（二）以一体化服务扶持优质企业

相较于银行体系主要为客户提供传统的跨境贸易结算、账户管理和信贷服务，券商可充分运用丰富多样的投融资方法和灵活多变的产品组合，协助企业充分盘活资产，逐步稳健经营，持续扩大规模。从企业成立初期的天使风险股权投资，投资人营销转介到中期的管理介入，统筹协调上下游行业产业资源，挖掘收购合并机会，并由此提供上市前融资、财务顾问等服务，再到筹备上市，最终实现资本市场对接，券商能提供的各项投行服务贯穿企业的生命周期，体现出一体化、全方位的强大优势。

（三）以差异化定位填补民企需求

背景雄厚的央企、国企以及具有一定经营实力的大型企业等到“一带一路”地区开拓新的业务领域，往往能得到大中型商业银行的大量信贷额度。而基于风险偏好、资源调配和退出方式有限等方面的考虑，商业银行对民营企业的授信态度偏向谨慎，使部分具有潜质的民企较难从商业银行取得支持。而券商基于自身的行业特性，风险把控的手段更灵活可变，退出的渠道更丰富多样，可以此发挥差异化的优势，主攻民营企业的金融服务需求，使“一带一路”中资企业的发展业态能实现国企与民企的有机组合，整体经营发展结构更为健康稳固。

四、证券公司对实施“一带一路”业务的思路布局

“一带一路”建设的实施为中资券商加速全球布局、拓展海外业务，乃至扩大国际影响力带来了难得的发展机会，但“一带一路”沿线国家经济发展水平差异化较大，地缘政治形势复杂多变，法律执行政策监管制度不一以及文化风俗多样化的实际情况，也为券商在跨国管理、本地融入以及经营业务过程中带来实质性的挑战。因此券商推进业务时需要根据自身情况制订合适的发展思路和布局策略，设立业务拓展的准入原则和评审标准，做好风险防范和缓释工作。

（一）行业投资

中资券商在选择业务发展方向时，应以国家引导方向作为出发点，着眼于中国及沿线国家的切实利益。在行业选择上遵循国家“一带一路”建设中的重点合作领域，集中梳理基础设施建设、交通基础设施、能源基础设施、通讯电信、跨境贸易电子商务、农林牧渔业及农产品生产加工、新兴产业、清洁能源、可再生能源、文化体育以及医疗健康等行业中的机会，使券商所支持和服务的行业客户，能为目标国家的国计民生带来正面影响，有利于提高当地的经济和基建水平，提升当地人民的生活水平。

（二）客户选择

海外市场的开拓非一日之功，大部分企业的落地生根需要一个漫长而稳步前进的过程。因此选择拥有相同价值观、能以共同服务于国家战略为核心的客户，是业务具有可持续性的

基础，亦有更大机会与券商在市场资源、资金、技术等方面进行优势互补。

（三）地域分布

"一带一路"包含"丝绸之路经济带"以及"21世纪海上丝绸之路"两大部分。"丝绸之路经济带"涵盖东南亚经济整合、东北亚经济整合，并最终融合在一起通向欧洲，形成欧亚大陆经济整合的大趋势。"21世纪海上丝绸之路"从海上联通欧、亚、非三个大陆，和"丝绸之路经济带"形成海上、陆地的闭环，沿线国家达60余个，券商可考虑以东南亚地区作为拓展"一带一路"业务的首站。其中的考虑因素包括：该区拥有较多重要的新兴经济体国家，经济增长势头表现理想，易于衍生投资机会，带来更为广阔的市场发展空间。另外，东南亚国家与中国地理位置相近，时差接近，易于进行考察及跨境日常经营管理活动。加上该区虽然金融业发展迅速，但金融深化程度和服务普及率仍有很大拓展空间，券商的进入能更灵活地适应当地企业的需求。

（四）风险控制

充分考虑投资地、行业及客户的实际情况，通过建立筛选标准、分散风险承担、设计风险缓释产品等综合手段，保障投资安全。对于其中几项核心风险尤须重点关注。例如对待国别风险，应尽量选择目前与中国维持良好外交关系的国家，避免进入暂时存在较大争议的国家和地区。对于汇率风险，一方面可鼓励企业加大人民币投资力度，带动人民币国际化的进程，降低中资"走出去"企业的汇兑成本；另一方面也可充分运用各项汇率利率掉期工具，提前锁定汇率波动风险。对分别适用大陆法和英美法的法律体系以及制订不同法律条文约束规定的不同国家，则应聘请具有经验的跨国大型律师事务所，组织当地律师一并对交易可行性以及交易的每一步进行充分论证，对交易对手主体资格进行充足的法律尽职调查，确保各项法律、税务、财务风险控制措施能落实到位。此外，东南亚地区的反洗钱风险相对较高，券商亦应认真学习掌握最新国际监管规则，总结在反洗钱合规方面的经验和教训，确保业务能依法合规有序推进。

（五）服务形式

券商应充分发挥机动灵活的经营优势，有机组合天使股权投资、债券票据融资、发行债券、资产管理、财务顾问、上下游的并购和重组、跨境融资、上市指导等多种产品和服务，既能带动内部联动效益，也能为风险设置闭环控制管理机制，同时能为客户带来最大经济效益和最优服务体验，促进中国企业走向国际化的形式从原有的引入外国先进技术和出口贸易为主，调整为跨境配置资源和全球优化布局产业链。

（六）合作对接

作为大金融服务中的一环，券商还应充分加强与其他金融机构和外部机构的交流与对接，集中各方优势，加大业务合作力度，共同抵御投资风险。例如在大型项目上寻求与商业银行和保险机构的合作，各自发挥业务特长，由商业银行提供底层银团贷款，券商提供股权投资和夹层债务资金，保险机构对国别风险和出口买方信贷风险予以承保，使项目风险得以分散规避，整体项目运作的实力得以提升。此外亦可与大小丝路基金、欧亚基金等外向型产业投资基金合作，采取包括基金份额募集、投资入股、项目转介以及信息共享等多种形式。与当地政府机构对接，了解其对本国产业发展的偏好以及优质客户的推介，使券商进行业务拓展时更能有的放矢。

五、光大证券“一带一路”的具体实践

“一带一路”倡议提出后，光大集团积极践行国家倡议，集团领导提出了“打造‘一带一路’中字号金融大动脉”的要求。在实业板块，集团旗下单位收购了阿尔巴尼亚机场、波兰固废处理厂 Novago 等；在金融板块，光大银行通过境外分行为参与建设“一带一路”沿线地区的企业提供境外资金支持。

作为光大集团旗下核心证券平台，光大证券同样对“一带一路”沿线市场进行了细致深入的研究。紧抓重点行业，尤其是对当地实体经济发展起到支撑作用的行业，以项目合作的形式为当地企业开展多种形式的金融服务，为重点行业企业提供筹组基金、债券融资和股权投资的全方位资金和服务支持。

在形成成熟的项目合作机制后，光大证券逐步加大对“一带一路”沿线地区的布局投入，形成以点及面的效果。2017 年 4 月，光大证券通过香港子公司光证国际与联合国可持续发展议程框架下的综合性金融服务平台——南南合作金融中心以及香港上市的专业金融投资集团——东英金融投资有限公司共同组建设立“一带一路”基金，各方运用优势资源，把握“一带一路”建设中的机遇，以金融的方式，支持中国企业在“一带一路”国家引进所需的资金、人才、技术等生产要素。该基金将结合联合国可持续发展要求和“一带一路”建设，关注包括新能源、科技创新、文化体育、医疗健康、农业等行业的投资机会。此后，光大证券与两家柬埔寨通信行业重点企业签署战略合作协议，标志着“一带一路”基金首批重点投资项目正式落地。

本次“一带一路”基金的设立，旨在切实提升光大证券对“一带一路”建设的资源投入。一是符合联合国可持续发展目标的要求和“一带一路”核心内涵，真正关注符合沿线国家实体经济需求、有利于国计民生福祉的行业，在项目选择过程中优先考虑与这一价值观相仿的当地企业。二是集结合作伙伴力量，充分发挥各方优势。其中南南合作金融中心有针对性地为基金提供战略咨询及投资建议，光证国际及东英金融则作为基金的联合管理人，共同进行投资决策。三是以专业化的运营手段和基金架构的灵活机制，以国际化、市场化和高效性落实国家战略。

我国在全球金融市场中的角色由吸引外商投资的卖方逐渐转变为寻求国际优质资产的买方，这为中资券商，尤其是具有跨境业务优势的券商带来一系列新的发展机遇。一是以服务客户为导向的业务机遇。在我国企业境外投资的过程中，券商通过提供跨境融资、并购重组、财务顾问、贸易借贷、资金结算、账户管理等跨境金融服务，为企业提供必要的专业支持。二是以资产管理为导向的投资机遇。在相对陌生的国际市场为投资者甄别优质资产，要求券商提升对国际市场的理解、提高资产质量判断能力和全面风险把控能力。三是以扩大布局为导向的成长机遇。“一带一路”沿线大部分国家资本市场发展不足，金融基础设施尚不完善，目前我国已经通过收购巴基斯坦证券交易所股权等形式部分参与到其金融市场建设中。紧跟相关市场建设的步伐，中资券商可以积极配合，通过多点布局设置海外机构的形

式，及早参与搭建当地金融市场的基础架构。

对于证券经营机构而言，“一带一路”倡议的提出为国际业务发展的下一阶段指明了方向，应充分发挥综合经营的优势，作为信息中介、咨询中介、资本中介，从市场各参与方实际需求的角度出发，以灵活多样的手段为客户提供覆盖全价值链的金融服务。中资券商协助国内企业“走出去”的同时，也开拓了自身国际化的新路径，全面提升中资券商在全球市场的影响力和话语权，真正响应“用资本市场支持‘一带一路’”的号召。

浅析证券行业参与“一带一路”建设的方式

谷永涛　李博喻*

一、“一带一路”倡议的提出、建设与成果

“丝绸之路经济带”与“21世纪海上丝绸之路”，简称为“一带一路”。“一带一路”倡议秉持和平合作、开放包容、互利共赢、互学互鉴四大理念，全方位推进务实合作，打造政治互信、经济融合、文化包容的利益共同体、命运共同体和责任共同体。

“丝绸之路经济带”的倡议始于2013年9月，由习近平主席出访哈萨克斯坦时提出。同年10月，习近平主席在印度尼西亚国会发表题为《携手建设中国—东盟命运共同体》的重要演讲，首次提出共同建设21世纪“海上丝绸之路”的倡议。随后，中央经济会议和政府工作报告中，都相继提及“一带一路”建设，明确提出要在制订顶层规划、互联互通、基础设施建设和经济技术合作等方面推进“一带一路”建设。

同期，“一带一路”建设相对应的金融基础设施建设也进入实质阶段。2014年11月，习近平主席在APEC峰会上宣布成立丝路基金。次年12月，亚洲基础设施投资银行正式成立。

近年来，“一带一路”的建设已经取得了阶段性的成果。2017年4月，国家发改委表示，“一带一路”建设进度和成果超预期。中国对“一带一路”沿线国家对外承包工程量不断增加，建设领域涵盖交通基础设施、能源基础设施和信息基础设施等。据商务部统计，2016年我国企业在“一带一路”沿线61个国家新签对外承包工程项目合同8 158份，新签合同额1 260.3亿美元，占同期我国对外承包工程新签合同额的51.6%，同比增长36%；完成营业额759.7亿美元，占同期总额的47.7%，同比增长9.7%（见表1、图1和图2）。2017年政府工作报告中提出“要扎实推进‘一带一路’建设。坚持共商共建共享，加快陆上经济走廊和海上合作支点建设，构建沿线大通关合作机制。深化国际产能合作，带动我国

* 作者单位：信达证券股份有限公司研究开发中心。原载于《中国证券》2017年第6期。

装备、技术、标准、服务走出去，实现优势互补。加强教育、科技、文化、卫生、旅游等人文交流合作”。①

表1 “一带一路”建设成果

领域	“一带一路”建设成果
国际社会响应	截至2016年底，已有100多个国家和国际组织积极响应，表达了对共建“一带一路”倡议的支持和参与意愿
合作协议签署	截至2016年底，中国与有关国家和国际组织签署了近50份共建“一带一路”合作协议
合作领域覆盖	互联互通、产能、投资、经贸、金融、科技、社会、人文、民生、海洋等
货物贸易	2016年中国与“一带一路”沿线国家和地区货物贸易总额9 478亿美元，占同期中国货物进出口总额的25.7%
服务进出口	2016年中国与“一带一路”沿线国家和地区服务进出口总额1 222亿美元，在中国服务进出口总额中的比重比2015年提高3.4%
支付体系	中国与“一带一路”沿线22个国家和地区签署了本币互换协议，建立了人民币跨境支付系统，总额达9 822亿元人民币

资料来源：杨俊峰：《“一带一路”：国际合作新选择》，信达证券研究开发中心整理。

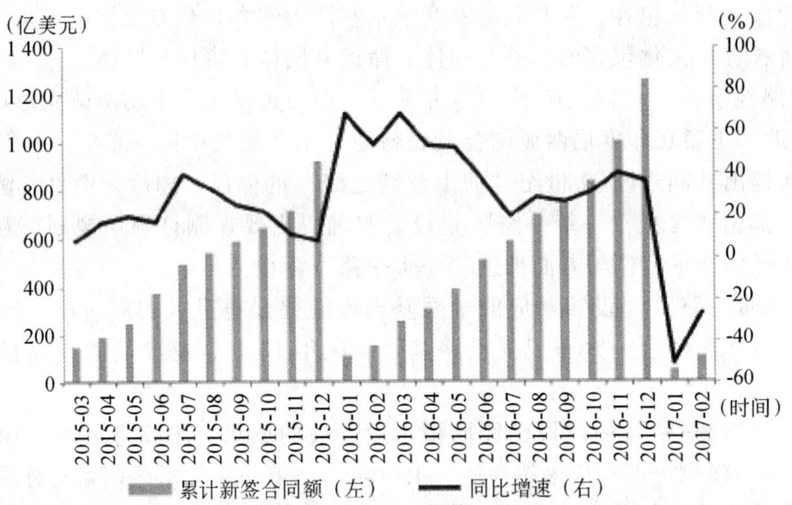

图1 我国对“一带一路”国家和地区新签对外承包工程项目合同

资料来源：商务部，信达证券研究开发中心整理。

① 《2017年政府工作报告》，中华人民共和国政府网，2016年3月16日，网址：http：//www.gov.cn/premier/2017-03/16/content_ 5177940.htm，最后访问日期：2017年5月19日。

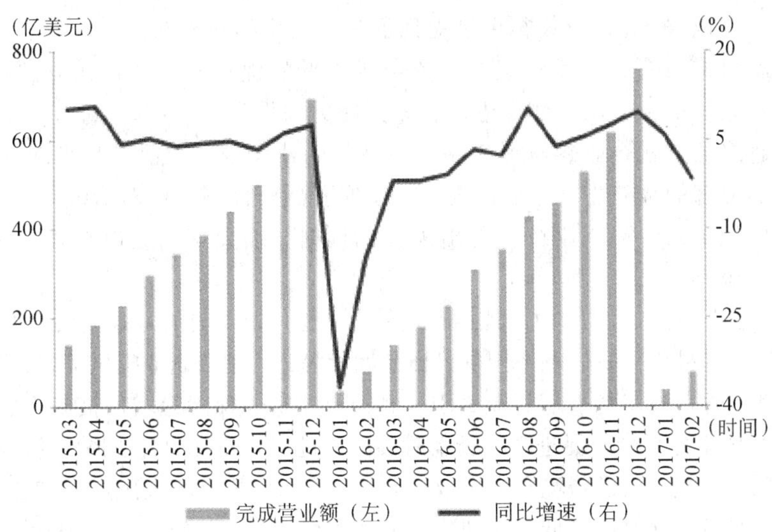

图 2　我国对“一带一路”国家和地区新签对外承包工程项目完成情况

资料来源：商务部，信达证券研究开发中心整理。

二、“一带一路”建设过程中金融机构的参与方式

“一带一路”倡议推行四年硕果累累。“一带一路”不仅使得中国与沿线国家和地区在深化多边合作、推进国家高层互访、实现国家战略发展对接、推动“六大经济走廊”建设上取得了卓越的成就，也极大地推动了我国对其他国家的基础设施建设、出口、直接投资、经贸合作等进程。与此同时，中国金融市场开放程度不断提高，人民币国际化水平持续稳步推进。近年来，中国在世界经济中的地位和国际影响力逐步提升，衍生出一系列贸易支付、货币流通、跨境并购等跨境金融服务需求。

资金融通是“一带一路”稳步推进的重要基础。在“一带一路”建设中，不乏需长期巨额投融资支持的基础建设项目，但部分“一带一路”沿线国家和地区金融体制差异较大，这就需要我国实体行业和金融行业协同合作。随着中国企业在“一带一路”沿线国家和地区直接投资额、承接合同数量不断增加，中国经贸合作不断深化，实体行业需要金融行业在资金融通方面给予的支持力度不断增加。财政部国际财经中心领导表示，“当前我国形成了以国家政策性银行、开发性金融机构为主导，市场化运作的丝路基金、商业机构、私营部门资金投入等多种资金协同支持的局面”。

当前，四类金融机构在“一带一路”的建设过程中已经发挥了巨大的推进作用。在政策性银行中，截至 2016 年底，国家开发银行累计支持“一带一路”沿线国家和地区项目 600 多个，贷款余额超过 1 100 亿美元，项目领域覆盖产能、金融、基础设施建设等。丝路基金截至 2016 年底实际投资额达到约 40 亿美元，2017 年俄罗斯、中亚、孟中印缅以及东南亚等地区将会是丝路基金投资重点区域。在中资大型银行中，已有近 10 家商业银行在“一带一路”沿线近 30 个国家和地区设立了 62 家一级分支机构，覆盖亚洲、非洲、欧洲等多个国家和地区，涵盖电力设备、交通运输、油气矿产等多个行业，着力对“一带一路”

重点行业实现全方位服务。[①] 亚投行更是受到了多个国家的热烈欢迎，原因在于亚投行作为国际性多边金融机构，有着信用评级高、资金成本低的优势。此外，在亚洲跨境项目运作上，亚投行在规划统筹、协调合作等方面，谈判能力都更强。

尽管越来越多的金融企业参与到“一带一路”的建设中，但要满足沿线规模日益增长、差异化程度不断提升的金融需求，还需要进一步完善融资体制。面对沿线一些国家金融体制尚在起步阶段的境况，中资企业在“走出去”的同时，需要国内金融机构提供更加丰富和差异化的产品和服务。

在“一带一路”的建设过程中，证券行业能发挥作用及参与的方式主要有四个方面：(1) 发展衍生品市场，如外汇期货、利率期货、商品期货等，为中资企业提供规避汇率风险和利率风险的工具，并借鉴债券市场发展经验，引入评级、担保、保险等增信措施，加强风险防范。(2) 搭建跨境金融服务平台，促进跨境资本对接。通过与海外机构合作搭建跨境合作平台，推动跨境投融资项目对接，促进跨境资本形成。此外，还可探索跨境金融产品的创新形式，为不同需求的客户量身定制交易成本低、便利化程度高的交易方案。(3) 发展国际并购业务，协助企业“走出去”和“引进来”。(4) 证券行业可以借“一带一路”的契机，提升国际化水平，通过外延并购海外券商、设立香港子公司等方式，实现证券行业“走出去”。

三、发展外汇类及利率类期货交易市场，对冲价格波动风险

提升风险防范意识是“一带一路”倡议长期可持续推行的重要保障，有重要意义。首先，2008 年的金融危机使得国际社会认识到，随着跨地区金融合作复杂程度的提高，不透明性逐渐增加，防范跨境资金流动风险的重要性不言而喻。其次，部分“一带一路”沿线国家经济实力并不强，其中不乏国际收支极不平衡、美元负债多和外汇储备规模低的国家，如南非、土耳其等。一旦美国进入持续加息周期、美元强势升值，这些国家的偿债压力将大增，国家金融风险凸显，该国货币也将面临贬值压力，在该国投资的中国企业亦可能因此承受不小的损失。只有建立风险预警防范机制，形成跨境资本流动风险防火墙，才能有效推动地区间金融合作发展。

从出口和对外直接投资两个层面来看，中国企业在对外直接投资中面临的主要风险是汇率风险。我国对“一带一路”国家和地区的出口，在我国出口额中的占比不断提高。从 Wind 数据可知，2006 年以来，我国对“一带一路”相关国家和地区的出口额占我国总出口额已经由 16% 左右提升至 25%。从直接投资来看，“一带一路”沿线国家和地区正在成为我国对外投资的重要地域。根据商务部统计数据，2016 年，我国企业共对“一带一路”沿线的 53 个国家和地区进行了非金融类直接投资 145.3 亿美元，占同期总额的 8.5%（见图 3、图 4 和图 5）。

随着我国对“一带一路”沿线国家和地区双向投资额、贸易额的增长，建立外汇期货市场，帮助企业利用外汇避险工具规避汇率风险的迫切性不断提高。据新浪财经外汇数据，2015 年俄罗斯卢布兑美元贬值 15.85%，2016 年土耳其里拉兑美元贬值 17.29%。而在 A 股

① 陈果静：《打通资金通路服务“一带一路”》，经济日报，2017-04-26（5），网址：http://paper.ce.cn/jjrb/html/2017-04/26/content_332036.htm，最后访问日期：2017 年 4 月 27 日。

图3 “一带一路”国家和地区出口占总出口的比例逐步提高

资料来源：Wind金融数据终端，信达证券研究开发中心整理。

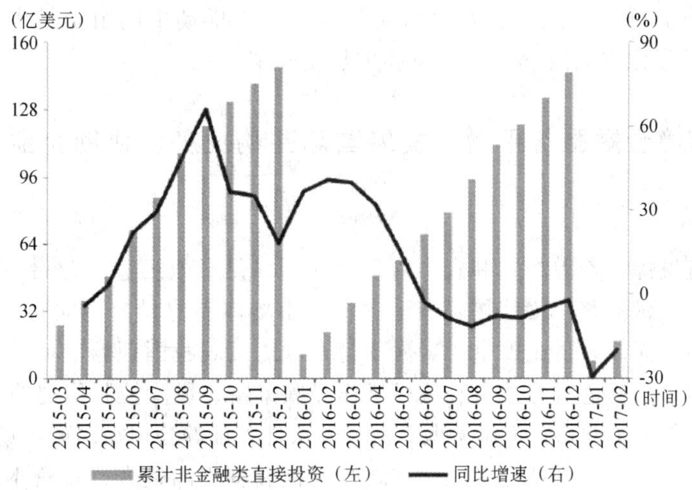

图4 我国对“一带一路”国家和地区累计非金融类直接投资

资料来源：商务部，信达证券研究开发中心整理。

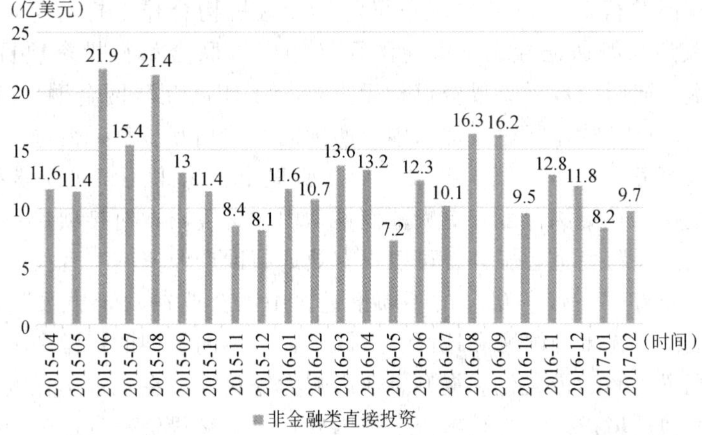

图5 我国对“一带一路”国家和地区非金融类直接投资

资料来源：商务部，信达证券研究开发中心整理。

市场中，2016 年申万电气设备、公用事业、交通运输行业整体总资产报酬率分别为 4.68%、5.97%、5.60%。如果企业不能在期货市场通过对冲锁定远期汇率，一旦汇率大幅波动，将会极大侵蚀企业利润，给企业造成不必要的损失。

发展衍生品市场，针对“一带一路”沿线国家和地区推出外汇期货、利率期货等金融衍生品，让企业有外汇敞口风险对冲的渠道，并借鉴海外成熟市场发展经验，引入评级、担保、保险等增信措施，完善风险评估共担体系。深层次推进“一带一路”建设与完善我国外汇利率衍生品市场密不可分，证券市场应当为实体企业提供管理国际市场外汇风险的工具，积极为“一带一路”金融制度体系建设添砖加瓦，保障“一带一路”顺利推进。在汇率类和利率类衍生品市场建设上，中国金融期货交易所已经开始尝试，面对我国外汇期货市场的空白，该所在调研企业需求的基础上，分别对人民币期货产品和交叉汇率期货产品进行了仿真交易实验。

在“一带一路”建设稳步推进的时代背景下，建立外汇期货市场和利率衍生品交易市场，对于实体企业实行汇率风险、利率风险管理，对于推动中国由贸易大国发展为贸易强国，推动人民币国际化走向成熟，具有重要的历史意义。

四、搭建跨境金融服务平台，发展国际并购业务，协助企业“走出去”和“引进来”

资本市场充分发挥其资源配置和资本管理的作用，是有效推进“一带一路”建设的充分条件之一。不少“一带一路”沿线国家和地区资本市场体制建设尚不完善，不同国家间金融市场发展程度极不平衡，为企业提供的金融支持有限。反观我国证券市场，经过近 30 年的探索与发展，孕育出一批资金实力强大、项目操作经验丰富、风险控制稳健的大中型证券公司，这些金融机构已经具备了开拓跨境金融服务的基础条件。证券公司在国内市场承销保荐、证券二级市场研究等业务上的竞争日趋激烈，加之行业饱和度不断提升，在资本市场成熟程度相对较低的“一带一路”沿线国家和地区，如泰国、越南、柬埔寨、老挝等，开拓跨境金融服务，不仅是支持“一带一路”建设稳步推进的需要，也是证券行业发展的趋势使然。

当前，已经有证券行业金融机构率先与境外金融机构合作，打造跨境资本服务平台。2017 年 4 月，深交所与海通证券旗下海通国际（印度）联合举行投资项目网上路演活动，利用视频直播技术，向国内数千家投资机构重点推介了印度互联网金融、商业、纺织服装、清洁能源、能源、矿产等特色行业，加深中印两国之间的相互了解，促进中印资本在创新领域相互融通，积极服务“一带一路”建设。深交所提出“未来还将进一步接触印度政府机构、金融机构、企业，在更深程度和更大范围推动中印跨境资本对接项目发展”。

证券行业通过开展跨境金融服务，可以更有效地帮助产业资本实现投融资需求对接，提高资金配置效率。随着“一带一路”的不断推进，中国企业在“走出去”后，将会面临资金需要合理有效地配置在不同国家和地区、不同币种、不同类型的资源和项目上的问题。为了实现资本合理配置、利润最大化和提升企业影响力等目标，在资本运作上可能会涉及境内外上市、境内外发债、境内外结构化融资、境内外资本市场投资和资产管理等运作方式，这就需要证券机构发挥专业素养，帮助客户设计适合的运作方案，寻找对手方以达成交易。

证券机构可以通过两条途径探索跨境金融服务方式：（1）与海外金融机构合作，搭建跨境金融服务平台，实现信息互通、平台对接、跨境服务。通过网上路演、网下对接，推动跨境投融资项目对接，促进跨境资本形成；（2）探索跨境金融产品的创新形式，根据企业承接国际工程包、跨境并购、海外直接投资等不同类型的需要，为企业设计交易成本低、便利化程度高的融资方案，扩宽企业融资渠道。

近三年来，随着我国企业国际化进程的推进，海外并购的数量和规模逐渐扩大，中国企业海外并购的增长势头强劲，2016 年在并购交易总额和交易数量上创历史新高。2016 年中国企业海外并购交易达到 502 宗，总计已公布交易总金额约为 2 375.3 亿美元，超过前两年交易金额的总和（见图 6）。2016 年上半年，中国化工宣布以 430 亿美元公开要约收购先正达，这是中国迄今为止最大的海外收购交易。

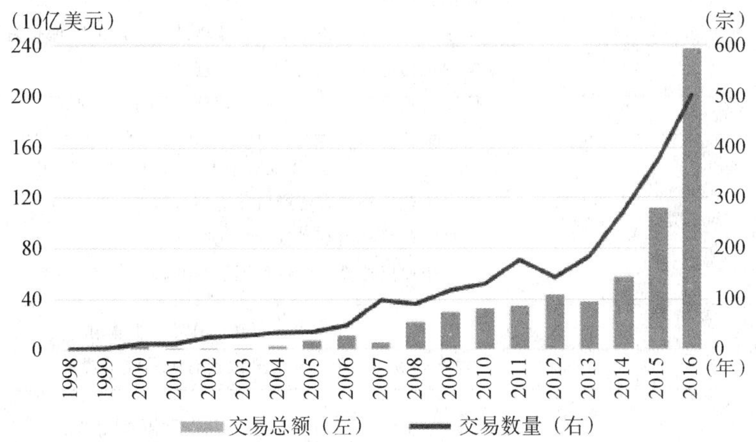

图 6　1998—2016 年中国企业海外并购交易金额及数量（剔除已终止交易）

资料来源：Bloomberg，信达证券研究开发中心。

跨境交易流程复杂，涉及部门和审批程序较多，要促成交易成功达成，更需要高度专业化的证券中介机构的参与。在我国，非上市公司境外并购，需经发改委、商务部、国资委等多个部门行政审批。如果上市公司实施境外并购，还需依照交易所信息披露规则进行披露。若并购达到上市公司重大资产并购重组条件，或上市公司采用非公开发行股份的方式进行并购融资，审批流程和信息披露要求将会更加严格和复杂。若收购主体为中央企业及其重要子企业，需报国资委备案或者核准（见表 2）。一系列审批程序和信息披露规则，给交易双方谈判过程和交易完成时间增加了不确定性，更需要熟悉相关政策和法规的专业证券中介机构的辅助，帮助并购企业筹划交易方案，设计项目推进时间进度，协调并购企业、目标企业等各方的利益诉求，促成交易成功。

表 2　　境内企业跨境并购相关审批事项

审批环节	审批部门	适用规则
境外投资项目审批	国家发改委及省级政府投资主管部门	《境外投资项目核准和备案管理办法》

续表

审批环节	审批部门	适用规则
境外投资企业审批	商务部及省级商务主管部门	非金融企业适用 《境外投资管理办法》
	中国证监会、中国银监会或中国保监会	金融企业适用 《银行业监督管理法》 《证券投资基金法》 《证券法》 《保险法》
境外投资外汇审批	国务院外汇管理部门	《外汇管理条例》 《国家外汇管理局关于境内企业境外放款外汇管理有关问题的通知》 《境内机构境外直接投资外汇管理规定》 《国家外汇管理局关于进一步简化和改进直接投资外汇管理政策的通知》
境外投资国资审批	国务院国资委	中央企业及其重要子企业适用 《中央企业境外国有资产监督管理暂行办法》 《中央企业境外国有产权管理暂行办法》 《中央企业境外投资监督管理暂行办法》
	地方国资监管部门	地方国资企业适用 各地方国资监管部门对境外投资有关的政策规定
其他或有事项	商务部	反垄断审查 《中华人民共和国反垄断法》 《经营者集中申报办法》 《经营者集中审查办法》 《关于评估经营者集中竞争影响的暂行规定》
	中国证监会	上市公司重大资产重组 《上市公司重大资产重组管理办法》

资料来源：温立华：《当前我国境内企业境外投资行政审批概述》；商务部；中国证监会；信达证券研究开发中心整理。

五、证券企业“走出去”

“一带一路”建设给中国企业带来了发展机遇，不仅给国内通讯、电力、交运行业等基础设施建设行业带来了“走出去”的契机，也使得证券行业中介机构越来越多参与跨境金融服务业务，侧面推动了国内证券企业走向国际化。当下已有部分券商看到了国际业务发展带来的机会，通过外延并购海外券商、设立香港子公司等方式先行布局，增强海外资本运作实力（见图 7）。

2012 年，国内大型综合性券商中信证券以 12.52 亿美元的报价收购里昂证券 100% 股权，开启了券商国际化进程。2016 年，国泰君安证券美国公司取得美国证券业 BD（Broker

2007年10月，中信证券与贝尔斯登签署全面战略合作预案，中信证券将与贝尔斯登换股持有对方约10亿美元股票，同时，还将各出资50%在香港设立合资公司，合作开发新业务

2007年，中信证券公布了与里昂证券合作的第一套方案，中信证券将成为里昂证券大股东东方汇理银行的唯一合作方，设立50%—50%的合资公司，总部将设在香港。双方并不会以现金出资，中信证券将中信证券国际注入合资公司，东方汇理银行将注入里昂证券。具体注入资产经评估后，差价以其他方式补足

中信证券发布公告，全资子公司中信证券国际出资3.74亿美元收购里昂和盛富证券各19.9%股权（东方汇理全资持有盛富证券）

2012年3月29日，中信证券发布公告，同意全资子公司中信证券国际投资里昂证券19.9%股权，但不再收购盛富证券19.90%股权，同时，授权公司经营管理层、全资子公司中信证券国际就整体交易价格、条件、资产范围和边界等事项展开谈判，在满足双方约定条件后，签署修改后的相关协议及意向性文件

2012年7月20日，公司董事会通过《关于全资子公司中信证券国际有限公司收购里昂证券100%股权的议案》，以12.52亿美元总对价收购里昂证券100%股权，其中先期支付3.1032亿美元，已完成19.9%股权收交割。同时，中信证券国际与东方汇理银行签署了里昂证券剩余80.1%股份不可撤销的售股选择权协议，双方有意于2013年6月30日前完成整个交易

2013年7月31日，中信证券与与东方汇理银行联合宣布，完成对里昂证券剩余80.1%股权的收购，至此，中信证券通过其全资子公司中信证券国际全资拥有里昂证券

图 7　中信证券收购里昂证券流程图

资料来源：信达证券研究开发中心整理。

Dealer）牌照，通过构建国际化的团队，立足上海、纽约、中国香港等地发展跨境并购业务。目前，证券行业在“走出去”的尝试中，已经取得了喜人的成果。2016 年，由国泰君安证券作为财务顾问，成功促成了上海电力股份有限公司收购巴基斯坦卡拉奇最大电力公司，这不仅是 2016 年 A 股市场电力行业最大的海外并购项目，也是响应国家“一带一路”国际产能合作领域的重大项目。

同时，证券公司进行海外市场研究的重要性也正在进一步提升。在当前的市场环境中，行业内大部分券商研究业务以卖方研究为主，研究领域集中于二级市场，通过服务于公募基金等客户取得分仓佣金收入，但单一的商业模式使得市场过度竞争，研究报告数量泛滥、内容差异化程度低等问题日益凸显。突破单一的业务模式，寻求发展转型亦是券商研究所需要思考的问题。“一带一路”建设使得中国企业对外交流程度不断提高，也使得海外资本市场研究、海外产业研究重要性得以提升，为券商拓延业务线提供了发展契机。

可以预见，随着“一带一路”建设的深入推进，对于证券公司来说，跨境业务带来的机会越来越多，这反过来也要求证券公司提升专业素养，拓宽国际业务线，增强服务跨境资本运作、国际资本市场研究的能力。

六、结语

“一带一路”倡议推行四年，已经取得了阶段性的成果。“一带一路”深化了我国与周边国家的交流与合作，实现了国家级的战略发展对接，推动了“六大经济走廊”的建设，也推动了我国与周边国家经贸合作、双向投资、进出口贸易等进程。同时，“一带一路”也带给我国具备比较优势的交运、电力、通讯行业参与沿线国家基础设施建设、承接国际重大项目工程包的机遇，也侧面要求金融服务行业要提升跨境金融服务能力，加大金融创新力度，建设好资金融通的制度基础。

（一）发展衍生品市场

针对“一带一路”沿线国家和地区推出外汇期货、利率期货等金融衍生品，为外汇收支往来款较多的企业提供避险工具，帮助企业抵御敞口风险，并借鉴海外成熟市场发展经验，引入评级、担保、保险等增信措施，完善风险评估共担体系。

（二）搭建跨境金融服务平台，促进跨境资本对接

通过与海外机构合作搭建跨境合作平台，推动跨境投融资项目对接，促进跨境资本形成。探索跨境金融产品的创新形式，根据企业承接国际工程包、跨境并购、境外直接投资等不同类型的需要，为企业设计交易成本低、便利化程度高的融资方案。

（三）发展国际并购业务，协助企业“走出去”和“引进来”

帮助并购企业筹划交易方案，设计项目推进时间进度，协调并购企业、目标企业等各方的利益诉求，促成交易成功。

（四）证券行业“走出去”

充分把握“一带一路”带来的国际业务增多的契机，通过外延并购海外券商、设立香港子公司等形式，设立国际机构网点，培育国际化的服务团队，开拓国际市场，提升跨境金融服务和国际资本市场研究水平。

“打铁仍需自身硬”，证券行业只有提升自身跨境金融服务的水平，加强跨境业务风险防范意识，才能把握好“一带一路”带来的历史机遇，为在“一带一路”中“走出去”的企业做好金融基础设施建设工作。

参考文献

［1］陈果静．打通资金通路服务“一带一路”［N］．经济日报，2017-04-26（5）．

［2］胡怀邦．发挥开发性金融作用服务“一带一路”建设［J］．全球化，2015（5）：20—30.

［3］温立华．当前我国境内企业境外投资行政审批概述［A］．《决策与信息》杂志社、北京大学经济管理学院．“决策论坛——决策科学化与民主化学术研讨会”论文集

(上) [C] . 2017: 4.

[4] 杨俊峰. “一带一路”: 国际合作新选择 [N] . 人民日报海外版, 2017 - 04 - 25 (5) .

[5] 张志林. 我国证券公司开展跨境业务的可行性分析 [J] . 经济与社会发展, 2013, 11 (3): 55—60.

[6] 周潇枭. “一带一路” 资金融通力度不断加大 政策性银行 2017 年将再加码 [N]. 21 世纪经济报道, 2017 - 03 - 09 (6) .

证券行业参与“一带一路”建设的对策研究

朱振鑫　梁路平*

2017 年 5 月 14 日—16 日，“一带一路”国际合作高峰论坛在北京召开，中国再次成为世界瞩目的焦点。“一带一路”是“丝绸之路经济带”和“21 世纪海上丝绸之路”的简称，是中国首倡、高层推动的国家级决策，将围绕“政策沟通、设施联通、贸易畅通、资金融通、民心相通”五个方面与“一带一路”沿线国家展开合作。它不仅能带动沿线地区的基础设施建设，提高其工业化程度，加深中国与沿线国家的经济合作交流，也为中国带来新的经济增长点，推动我国经济的发展。2016 年中国与“一带一路”沿线国家的进出口总额为 6.3 万亿元人民币，中国在沿线国家新签对外承包工程合同为 1 260 亿美元，对我国经济有显著的带动作用。鉴于“一带一路”的重要地位，对于资本市场而言，梳理资本市场参与“一带一路”的各种模式，有利于证券行业更好地承担“一带一路”的重大历史使命，把握“一带一路”的发展机遇，提高发展能力和业务水平，为“一带一路”的发展提供更好的投融资服务，促进区域经济的发展。

资本市场参与“一带一路”建设的模式可以归纳为以下几种：股权融资、债权融资、PPP 模式、跨境投融资及跨境并购。通过这些模式，有助于证券公司提高自身的经营水平和经营能力，提升国际竞争力，也有助于“一带一路”建设更好地与资本市场结合，为经济注入增长动力，并在国际市场上发挥更大的作用。

一、股权融资模式

“一带一路”的推进给证券行业带来了新的投资契机。2016 年我国对“一带一路”沿线国家直接投资 145 亿美元，建设了 56 个经贸合作区，累计投资超过 185 亿美元。虽然我国的政策性银行和商业银行提供了大量的信贷支持，但是仍不能弥补资金缺口。证券公司应当对“一带一路”的相关项目进行考察核实，为符合上市要求的企业提供股权融资服务。

---

* 作者单位：民生证券股份有限公司研究院。原载于《中国证券》2017 年第 6 期。

券商可提供的股权融资服务包括以下几点：

（一）上市、定增或配股

证券公司可以借助我国的上市政策，帮助具有上市融资资质的公司进行上市融资。对于“一带一路”相关项目的考察，证券公司可以着重考察以下几点：是否已有大型银行的资金支持；是否具有获得公开和非公开资料的能力；是否能够获得国际证监会组织《多边谅解备忘录》签署方的项目。

通过衡量这些因素，对公司进行考察，根据各家企业情况的不同对企业进行上市、增发或配股，使企业的周转运行能够获得更多的资金来源，以应对“一带一路”建设中基础设施建设等周期较长项目的需求。

（二）私募股权投资

“一带一路”新兴市场的兴起，给当前经济低迷情况下的私募股权投资机构带来了新的投资热点，基础设施、通讯、交通等行业是重点考察对象。2015 年 3 月“绿色丝绸之路股权投资基金”（简称“绿丝路基金”）成立，这是“一带一路”发展历程中首个民间自发设立的私募股权基金，这只基金主要投资于光伏相关领域，较好地契合了“一带一路”发展的热点。

证券公司可以在中国证券业协会 2016 年 12 月发布的《证券公司私募投资基金子公司管理规范》及《证券公司另类投资子公司管理规范》的监管框架下设立私募子公司，对“一带一路”公司或相关项目进行投资。通过设立私募子公司的方式参与“一带一路”的私募投资，券商可以运用其专业的态度和运作水平考察项目，降低风险，扩大投资范围，是投资“一带一路”的重要方式。

二、债权融资模式

“一带一路”建设需要搭配多层次的金融服务体系，除了股权融资之外，债权融资模式也是重要方式之一。“一带一路”建设涉及大量基础设施建设和产业合作，需要大规模、可持续、多元化、国际化的融资支持；而债券市场的融资具有体量大、可持续性强、市场化程度高、信息公开透明、融资成本较低、金融风险分散等优势，因此债权融资较为适合“一带一路”的项目建设。

2015 年建设银行在马来西亚吉隆坡交易所发行全球首只“21 世纪海上丝绸之路”离岸人民币债券（简称“海丝债”），规模为 10 亿元人民币，主要用于“一带一路”项目融资，支持“走出去”的中资企业；2017 年央行鼓励“一带一路”建设过程中发行绿色债券，不同种类的债券满足不同“一带一路”项目建设的融资需求；2017 年 2 月俄罗斯铝业联合公司成功注册 100 亿元规模的熊猫债，是首家在我国发行熊猫债券的“一带一路”沿线企业。

证券公司在债券的发行和销售过程中，应与监管部门、评级机构和投资者积极沟通，创新发行方式，注重合规流程，扩大投资者范围，提升自身与国际业务对接的业务能力和服务水平。

资产证券化也是“一带一路”项目融资的重要方式。2016 年规模最大的高速公路资产证券化产品——云南公投曲胜高速公路车辆通行费收益权资产支持专项计划成功发行，成为首个“一带一路”资产证券化项目。资产证券化不仅降低了企业的融资门槛，提高了融资的灵活性，也为境外投资机构提供了更多的人民币投资产品。证券服务机构积极参与资产证券化过程，是创新“一带一路”融资模式、提高业务国际化水平的过程，同时在评估过程中，证券服务机构应当注重国际政策和汇率变化带来的风险。

三、PPP 模式

“一带一路”沿线国家基础设施建设普遍较弱，对于基建的需求较大，2016 年“一带一路”沿线 66 个国家的核心基建项目及交易总额超过 4 930 亿美元，其中中国占投资总金额的 1/3，交通、能源和文化是投资的重点行业。

在 PPP 模式中，政府鼓励支持引导民间资本参与基础设施建设和公共服务。PPP 模式在“一带一路”的发展过程中具有重要的作用。从地区分布来看，已申报的项目覆盖了亚洲、欧洲、非洲、南美洲、大洋洲 5 个大洲，涉及 25 个国家，其中亚洲 14 个国家，欧洲 6 个国家，非洲 2 个国家，南美洲 2 个国家，大洋洲 1 个国家。既有英国、德国、澳大利亚等发达国家，也有埃及、柬埔寨、巴基斯坦、孟加拉国等发展中国家。

从项目类别来看，既有水电站、光伏电站、油气管道、清洁燃煤电站等能源项目，也有机场、港口、码头等交通运输项目，还有网络安全、光缆传输、政府光纤宽带等信息化项目，更有河道综合治理、垃圾发电、清洁水等环境保护项目，同时产业新城、经贸合作区、空港产业园等园区类项目也包含其中。

证券公司可以通过产业投资基金或社会资本直接参与的方式参与到 PPP 项目中。

（一）PPP 产业基金模式

作为证券公司应对“资产荒”的重要方式，近年来，PPP 业务受到了证券公司的高度关注。证券公司通过成立 PPP 产业基金，专项投资于“一带一路”建设项目，灵活度较高。

（二）社会资本直接参与模式

证券公司在对“一带一路”项目的考察之后，可以与我国政府签订合作协议，也可以通过海外的分支机构与他国政府签订协议，在合约的范围内以社会资本的形式直接参与到 PPP 项目中。

除传统的 PPP 模式外，还有一种私营企业参与基础设施建设的模式——BOT 模式，BOT 即建设—经营—转让。与 PPP 模式不同的是，BOT 模式强调企业承担建设前后的所有风险。政府部门通过与私人企业签订协议，将建设和经营基础设施的权利转让给私人企业。

在“一带一路”建设中 BOT 模式也发挥了重要作用。2016 年 1 月通车的牙买加高速公路 BOT 项目，极大地改善了岛内交通状况，为沿线旅游、矿产、土地资源的综合利用创造了更好的条件。

证券公司参与“一带一路”BOT 项目的方式与 PPP 类似，对 BOT 和 PPP 项目的考察应当注重其所在国家的政治环境、经济形势，以及项目本身对于整个经济社会的贡献度。优质的 PPP 项目和 BOT 项目是证券行业提供服务的重要标的，证券公司应当紧紧抓住投资机会，从离我们国家较近的东南亚国家开始部署，通过投资基建项目获得投资收益，同时也推动“一带一路”的发展进程。

四、跨境投资模式

2008 年金融危机以来，全球跨境投资出现了两个新的特点：一方面，发达国家在技术研发、品牌营销、系统总成、商务服务等领域继续扩大跨境投资，强化其制造业的综合竞争优势；另一方面，区域一体化基础设施互联互通建设力度增大，能源、交通等基础设施领域跨境投资增长显著。“一带一路”带来的巨大基建需求，结合我国在基建技术上的比较优势，将为我国证券服务行业跨境投资提供难得的历史机遇。

证券服务机构参与“一带一路”建设的主要途径，是通过设立海外分支机构，加强投资银行与海外市场的对接力度，利用当地资源参与“一带一路”项目建设，弥补证券公司在国际业务上的不足，这也是我国证券公司走向国际化的必经之路。在“走出去”战略的指导下，我国证券服务机构应当把握“一带一路”带来的机遇，拓展在东南亚、中亚、东欧及欧洲大陆各个国家分支机构的布局，培养优秀的国际化人才，加快证券服务机构的国际化进程。

五、跨境并购模式

在国企改革、多层次资本市场建设等大背景下，“一带一路”给证券公司带来了新一轮的证券服务浪潮。在证券公司跨境服务过程中，并购将占据重要地位。

“一带一路”并购热潮有以下特点：第一，国内和国外同时驱动。之前的并购多以国内企业为主，跨国并购案例较少，“一带一路”给跨国并购带来了机遇。第二，行业跨度大。并购行业将不再仅仅集中于传媒、采掘、消费品、互联网等行业，行业范围将扩张至高铁、通信、建筑和光伏等。第三，国企民企共同参与。民企的积极性被调动起来，将对并购需求产生显著的提升效应。

设立海外投资机构可以通过并购和新设的方式。并购方式主要适用于大型券商，形式上表现为以券商自身分支机构并购其他公司；即在适当时机，券商分支机构通过合并同一地区的其他公司，逐步发展为具有众多分支机构的地区分公司。如中信证券通过收购里昂证券实现在“一带一路”区域的资本市场战略布局，其在亚太地区共设有 17 个分公司，遍及主要“一带一路”国家，近 3 年完成 40 多个海外项目。在新设过程中，通常从建立代表处开始，并逐步将其发展为分公司或子公司，扩大网点范围。

不过从现实状况看，与国际跨国公司相比，我国证券公司的跨境并购业务仍存在较大的不足，需要积极改进，以加快国内证券机构的国际化进程。证券公司可以通过不断提高自身的技术水平和服务水平，丰富融资方式，创新国际合作模式等方式，更好地参与到“一带一路”的资本化浪潮中去，并通过建设海外分支机构，吸收和培养国际化专业人才来加快自身的国际化进程。

具体来说，证券公司可以从以下六个方面来着手服务于“一带一路”建设。

（一）成立“一带一路”投资基金

证券公司直投部门从事直投业务，证券公司可以针对“一带一路”项目或资源设立“一带一路”投资基金，利用有限合伙的形式来调动其他社会资本。其中，证券公司在基金中作为普通合伙人（GP），利用专业能力和信誉吸引投资方。“一带一路”产业投资基金的形式可以分为产业投资基金和并购基金两种，分别适用于“一带一路”沿线国家的相关产业投资和企业并购。

证券公司设立产业投资基金应当注意以下几点：第一，在组织设立阶段，应选择恰当的组织形式。在国际上较为通行的形式是公司型基金，因为公司型基金可有效隔离管理层和股东的风险；但如果追求简单的组织结构，在国外法律较为健全的情况下，也可以选择合伙型基金的形式。第二，在资金筹集阶段，要充分利用证券公司的国内外资源募集资金，在扩大投资规模的同时，更好地调动“一带一路”沿线国家参与的积极性，促使其投身到“一带一路”建设中。第三，在项目筛选阶段，制订“一带一路”产业投资项目筛选准则，对各地政策和项目收益成本进行精准考量，发动政府力量、海外机构和智库资源寻找合适标的，也可以通过建立证券公司之间的产业投资合作组织，分享优质项目资源。第四，在项目评估阶段，将国内评估标准与国际评估标准进行对接，着重考察汇率风险与政治风险。

证券公司也可以通过并购基金进行投资，在对“一带一路”项目的投资方法上类似于产业投资基金。券商需要提高对“一带一路”的政策敏锐性，加强对目标地区公司的背景资料研究，可以在国家即将投资或重点投资的领域寻找公司进行收购，获得企业控制权，或通过财务顾问方式为国内公司寻找适合的标的并安排收购事宜。

（二）提高研究支持水平

目前，A 股相关研究对国内市场的情况已经探讨得较为充分，但是国际视野还有待进一步扩宽和加深：一是体现在研究“一带一路”沿线国家的深度专题偏少，对当地投资环境研究的深度和广度以及实战的实用度不足以支撑国内证券公司投资的需要；二是体现在对“一带一路”产业投资的研究较为缺乏，对产业投资的整体脉络没有梳理清晰，也缺乏产业间、企业间的对比研究，这也会为基金投资、并购业务的开展带来困难。

针对目前券商研究所对“一带一路”专题研究的不足，在“一带一路”沿线国家的深度研究方面，应充分利用券商研究院的研究资源为各个机构提供研究服务与支持，从战略布局到实施细节，从国别差异到资源禀赋，从产业类别到公司资质，深入细化研究内容，把握研究方向，提高研究层次，拓展研究格局，形成系统化研究框架，这对“一带一路”产业投资与资源整合具有重要意义。

在战略布局和实施细节的把握上，研究所可以将“一带一路”的研究内容进行细化，构建“一带一路”系统化研究框架，设立“一带一路”专题小组，从宏观、产业和公司研究这三个方面覆盖“一带一路”研究内容。从国别差异与资源禀赋差异入手，具体考察国内国外经济发展差异、产业政策差异、行业发展差异，分析各地资源禀赋状况，实现区域间资源的优化配置；从产业类别与企业情况入手，着重考察产业间发展程度的差异，以及各重点企业在行业内的发展地位、发展程度和发展模式，从微观视角对投资领域和投资项目进行指导。

“一带一路”的核心思想是实现国内外的互联互通、资源共享和互利共赢，为了实现这一目标，只有扩展研究的广度和深度，把握国家经济发展的脉络，熟悉具体行业和公司的特点，研究才能具备针对性与实践性，有效地指导投资。

（三）加强国内智库建设

国内智库可在以下几方面发挥作用：首先，对于自身来说，国内智库的建设有助于证券公司更精准地把握“一带一路”市场，更严谨、准确地分析行业、公司和项目的优劣度。证券公司通过加强国内智库建设，能够从更高层次上掌握“一带一路”发展的动态，从而在行业分析方面占据优势。其次，对于提供国内服务而言，国内智库的建设能更好地为企业“一带一路”相关并购等业务提供服务，从服务水平到服务成果，从专业知识到投资策略，从项目选择到投资战略，智库能提供更优质的服务。除此之外，作为资源整合方，智库能够利用自身的信息和资源优势，引导社会资本参与 PPP、BOT 等项目。社会资本作为政府资金的重要补充，有利于更大限度地撬动社会资源，并引导其流向“一带一路”领域。最后，对于“一带一路”海外市场，通过建立研究平台、举办学术会议或论坛的形式，宣传“一带一路”建设，有利于消除有关人士对“一带一路”的疑虑，拓宽“一带一路”的影响范围。

对于建设智库的途径，证券公司可以利用现有智库平台，通过资源整合的方式，提升自身实力，推动智库建设。具体而言，证券公司可以加强同国家各部委、各级地方政府、产业组织、高校院校等机构的合作，实现智库间的合作机制，形成国际智库、国内政府智库、社会智库和民间智库各有侧重、共同推进的“一带一路”研究格局，为“一带一路”建设持续提供重要的智力支撑。在奖励机制方面，应当健全奖惩机制，明确团队的分工和定位，加强智库团队建设，完善成果转化机制，对为“一带一路”投资与服务做出重大贡献的团队和个人提供奖励。

（四）加大海外智库投资

在完善国内智库的同时，证券公司可以考虑海外智库的投资建设。证券公司参与“一带一路”建设的前提是准确把握海外政治、政策、产业、财团乃至风土民情等信息，通过当地的智库力量，既可以快速了解各国的发展战略和产业支持政策差异，也可以充分运用当地智库的人力、物力、财力资源开展业务。

建设海外智库可以从以下几个方面入手：首先，利用海外分支机构，与目标地区已有智库签署战略合作协议，购买当地智库的资源或研究服务，避免重新设立的复杂繁琐流程。其次，可以引进当地人才，聘请有名望的学者和财团高层担任投资顾问，以获得优质的咨询服务。这些智力资源的整合不仅有利于智库的建设，更有利于在投资和管理的过程中获得当地政府和社会的支持，解决国内券商对外投资建设过程中水土不服的问题。再次，高校是优秀智力资源最为集中的组织，证券公司与当地高校合作，有利于从学术和实践层面提升智库的建设水平，同时也有利于公司招纳高校优秀人才，从而培养出符合公司文化的职员，服务国内券商的海外建设业务。最后，海外智库建设应与国际接轨，加强市场化水平，不再局限于资源的来源，而是保持研究和服务的独立性，发挥市场的决定性作用。市场机制还体现在资金来源的多元化，以及在成果转化上按照贡献度进行分配，从而在客观研究成果的前提下，调动国际智库的积极性。

（五）提升投行的国际化水平

“一带一路”带给我们的不仅是资源整合与投资机会，还有提升业务国际化水平、加快证券公司国际化步伐、实现现有资源与国际业务对接的机遇。

在“一带一路”建设以前，我国投行的国际业务比例较低，业务水平存在较大的提升空间，“一带一路”建设为我们带来提升能力的新契机，这主要体现在三个方面：首先，随着我国国际市场的不断拓展，“一带一路”周边项目的建设导致IPO、并购、定增业务的需求量快速增长；其次，随着业务水平的提高，我国投行在面临海外需求时有较好的应对能力；最后，我国的政策环境为“一带一路”业务提供了便利条件，如香港证监会为“一带一路”相关公司在港上市出台单独的规定。

对于证券机构提高投行国际业务水平的途径，在投行业务方面，公司应积极支持与“一带一路”有战略合作关系的企业的融资需求，包括IPO、定增、并购等；在分支机构方面，公司应在海外分支机构建立投行部门，或者之后收购海外的证券公司，及时把握当地的投行业务需求；在模式选择方面，证券公司应从“一带一路”的需求出发，发展资产证券化、中资美元债等多种类型的业务，创新业务类型；在业务类型方面，投行应有所侧重，非牌照类投行可重点发展并购、债权投资、ABS等业务，牌照类投行可重点发展股权及债承业务；在合作方法方面，证券公司应注重同内地集团联系，建立券商合作交流平台和资源共享体系，加强与高盛、大摩、美林等国际投行的合作，在项目资源、国际规则、技术水平等领域借鉴成熟的国际经验；在制度便利方面，借助中资美元债的发行便利，根据不同情况采取直接发债和间接发债的形式，进一步发挥国际资本市场资金成本低的优势，引导国际资金在促投资、稳增长的过程中发挥积极作用，为证券公司带来更好的效益，提升国际形象。

（六）建立证券行业投资联盟

“一带一路”的发展不仅需要政府组织的推进，也需要社会组织的支持。在“一带一路”的发展过程中，由多家券商牵头，建立证券行业投资联盟是“一带一路”发展的必然要求。证券公司之间通过互享信息、联合考察、共同投资、收益共享、风险共担的机制，充分利用专业优势和项目运作经验，满足项目投融资的需求。不同券商之间通过研究能力和业务能力的互补，实现联盟内部各券商的共同进步。

建立证券行业投资联盟需要考虑诸多因素。在发起方面，参照中国证监会对证券行业的要求，加大对“一带一路”服务力度，由几家券商牵头，整合行业内不同资源，强化不同券商之间的联系；在服务内容方面，建立多层次的服务体系，从研究能力到服务水平，从业务开展到后续管理，从项目运作到收益分配，制订合作制度，发挥各自优势，更好地为“一带一路”提供服务；在资源共享方面，强化券商之间的配合，实现优质投资项目共享，建立投资联盟的互信合作机制，减少信息不对称；在合作形式方面，在发展自身业务的同时，各券商可以建立投资基金，吸纳更多的社会资本，丰富资金来源，将更多的资金投放到资源项目中。

证券行业投资联盟的建立通过创新券商合作模式，使资源得以优化整合，以更好地投入“一带一路”建设中。

“一带一路”作为沿线国家的共同愿景，应得到全社会的合力支持，以实现区域经济合作更加紧密、贸易投资更加便利的效果，互利互惠，实现经济的共同发展。在鼓励金融支持实体经济的背景下，证券机构正面临一个更为广阔的资金运用和创新空间，“一带一路”的实施是券商等金融机构拓展业务的好时机，也是证券公司提升国际化水平、提高国际竞争力的好时机。通过研究“一带一路”对资本市场的作用机制，能更加清晰地了解证券公司在其中发挥的作用，无论是通过直接投资的形式还是通过提供服务的模式，不可否认的是，证券机构在“一带一路”的资源整合和金融支持方面发挥了不可替代的作用，而这种作用随着“一带一路”建设的不断发展和证券公司自身业务的不断完善将越来越重要。在此前提下，证券公司应当及时改进发展对策，提升自身实力；整合国内外智库资源，提供智力支持；建立投资基金，丰富资金来源；在国际化业务方面，拓展分支机构，加强行业内合作；在业务水平方面，逐步契合国际标准；在业务类型方面，利用政策便利，发展创新业务。

在提升自身能力和顺应发展潮流的前提下，证券公司有望在“一带一路”的发展过程中把握机遇，获得突破性的业绩，“一带一路”建设也将在证券公司的金融支持下步入新的发展阶段。

参考文献

[1] 王硕．世界经济复苏进程中全球产业跨境投资新特征［J］．国际金融，2016（7）：67—71.

[2] 林川，杨柏，陈伟．论与“一带一路”对接的六大金融支持［J］．西部论坛，2016（1）：19—26.

[3] 郑蕾，刘志高．中国对“一带一路”沿线直接投资空间格局［J］．地理科学进展，2015（5）：563—570.

[4] 张红力．金融引领与“一带一路”［J］．金融论坛，2015（4）：8—14.

[5] 贾军．联合风险投资的联盟稳定性及治理机制研究［D］．对外经济贸易大学，2014.

[6] 周晓强．积极利用多层次资本市场加快推动区域经济发展［J］．西南金融，2012（12）：11.

[7] 陈建先．试论利用地方证券市场推动区域经济发展［J］．江西行政学院学报，2000（1）：41—43.

证券经营机构支持“一带一路”项目风险管理研究

张宇生*

一、倡议背景及内涵

（一）深度参与全球化，打造新型对外开放格局

资本国际化和产业间国际转移是资本运动的两个基本规律。资本国际化是指资本跨越国界，在国际范围内运动。资本国际化是平均利润率趋向下降规律和资本逐利本质共同作用的结果：随着一国资本的不断累积，国内平均资本净利润率趋于下降，而资本的逐利性本质却要求资本不断跨出国门去寻求高额的利润。国际产业转移则是指通过资本境外投资，实现在全球范围内进行生产要素的配置，其结果是推动了经济全球化深入发展。

后起国家的工业化发展经验显示，在工业化启动初期，一国可以通过给予优惠的条件、创建良好的投资环境以及凭借廉价的劳动力水平等吸引外商投资，实现资本累积。在实现从资本稀缺国到资本富裕国的转变后，伴随着平均资本净利润率的下降，国内资本对外输出的诉求将不断增强。然而，值得注意的是，资本在国别间的流动，并不仅仅是指货币的流动，也是生产要素的整合——通过资本的国际转移实现生产要素在世界范围内进行配置。

资本输出对于输出国和输入国，其意义并不相同。对于输出国而言，一方面，通过资本输出可以消化国内富余产能，促进国内产业结构升级；另一方面，通过产能输出，可以构建以本国为主导的优质产业供应链。对于输入国而言，资本国际流通则提供了资本快速积累的动力和途径，在本国经济体相对落后的背景下，能较快地汲取资本输出国的优质产能，促进经济加速发展（见表 1）。

---

* 作者单位：长江证券股份有限公司。原载于《中国证券》2017 年第 6 期。

表 1　　后起国家资本运动的典型路径、表现形式以及功能

所处阶段	资本输入	资本积累	资本输出
采取形式	外商直接投资	嵌入低端全球价值链，按照比较优势，实行代工生产	“逆向发包”和对外直接投资
基本功能	弥补和替代资本原始积累，解决资本极度稀缺难题	融入全球生产，提升要素效率，加速资本积累，产业快速推进	输出过剩产能，提高资本回报，构造产业技术体系，推动产业升级

资料来源：《“一带一路”与中国经济发展》，长江证券研究所。

自改革开放以来，我国经济实现了腾飞，目前已成为世界第二大经济体、第一大贸易出口国。

随着实现从资本稀缺到资本相对富裕的转变，叠加国内经济增长放缓、内需增长仍在不断培育及产业结构亟待升级等因素，国内资本对外输出的诉求不断增强。具体来看：

1. 经济增长新动能

财政支持型投资对刺激国内需求的弹性正在减弱，经济增长在等待内需改善的同时，同样期待外向的需求动能。2008 年次贷危机后，我国经济增速下移，2009 年宏观调控政策虽短期提振国内需求，拉动了经济增长，但财政支持型投资对经济增长的边际影响逐渐减弱，经济从高速增长步入了中高速增长，经济增长需要寻找新动能。

2. 富余产能新路径

以钢铁、水泥等为代表的大量富余产能需要寻找对外需求方，这一经验在 20 世纪的韩国与日本同样较为突出。前期国内投资热潮积累了大量富余产能，而国内需求增长短期内难以跟上步伐，其结果是以钢铁、水泥等代表的富余产能行业亏损逐渐成为常态，产能需要寻找新的消化途径。

3. 产业调整新契机

“……我国的水泥，在安哥拉可以卖到 300 美金一吨，比国内贵 6 倍，将我国的过剩产业转移到欠发达地区，既帮助了欠发达国家的发展，又能解决我国产业结构调整问题……”① 作为一名全国人大代表及优秀的民营企业家，宗庆后如是说。结合上文分析的第二点，富余产能新路径部分将通向部分欠发达地区，而这些地区欠发达也是由于基础设施建设的缺失。我国产业结构调整的方向向着技术进步、淘汰落后产能前进，而产业结构调整需要资金支持及富余产能的缓解及利用，“一带一路”倡议有效地解决了上述两大问题。

在此背景下，既有的以“资本输入”为特征的开放格局已难以满足新形势下经济发展的需要，以“一带一路”为代表的资本走出去，构建由我国主导的某些优质全球产业供应链，实现深度参与经济全球化的新型开放格局应运而生。

（二）“一带一路”倡议内涵

所谓“一带”，是指陆上“丝绸之路经济带”，主要有三个走向：第一条从中国出发，

① 杨斯阳：“宗庆后谈‘一带一路’：有助于产业结构调整”，中国经济网，2015 年 3 月 2 日，网址：http://www.ce.cn/cysc/sp/info/201503/02/t20150302_4705262.shtml，最后访问日期：2017 年 5 月 12 日。

经中亚、俄罗斯到达欧洲；第二条经中亚、西亚至波斯湾、地中海；第三条从中国到东南亚、南亚、印度洋。所谓“一路”，是指“21 世纪海上丝绸之路”，有两个重点方向：从中国沿海港口过南海到印度洋，进而延伸至欧洲以及从中国沿海港口过南海到南太平洋。据估算，截至 2014 年末，“一带一路”沿线国家和地区已达 65 个，覆盖人口 45.21 亿，占世界总人口的 63%，沿线国家经济规模达 21 万亿美元，占世界比重为 29%，货物和服务出口占世界比重为 23.9%。

自“一带一路”倡议提出以来，出现了多种解读，例如，其中一种解读是将“一带一路”倡议解读为中国版“马歇尔计划”。但我们认为，“一带一路”是我国西进的重要平台，通过五大合作重点——政策沟通、设施联通、贸易畅通、资金融通和民心相通，利用我国与有关国家既有或构建的双多边机制，借助既有的或正在构建的区域合作平台，共同打造政治互信、经济融合、文化包容的利益共同体、命运共同体和责任共同体，从而开辟更广阔的商品市场和能源、资源供给地。

“一带一路”是一个长期倡议，其规划可分为近期、中期和长期。近期目标主要是为了打开局面，从效果看，目前这一目标已基本实现。截至 2016 年末，我国与沿线国家和国际组织已累计签署超过 40 份合作协议，同 20 多国开展了机制化的国际产能合作，收获一批早期收获项目成果。中期目标主要是将倡议实质推进，具体包括以周边为基础的高标准自贸区网络初步形成，中巴等经济走廊基本建成，通往波罗的海、波斯湾、印度洋战略通道基本安全等，目前这一目标已部分实现。长期目标则是全面收获，具体包括“五通”全面实现，形成利益和命运共同体（见表 2）。

表 2　以周边为基础、面向全球的高标准自贸区网络初步形成

已签协议的自贸区		正在谈判的自贸区	正在研究的自贸区	优惠贸易安排
中国—澳大利亚	中国—秘鲁	《区域全面经济合作伙伴关系协定》（RCEP）	中国—印度	亚太贸易协定
中国—瑞士	中国—新西兰	中国—海合会	中国—哥伦比亚	—
中国—哥斯达黎加	中国—巴基斯坦	中日韩	中国—摩尔多瓦	—
中国—新加坡	内地与港澳更紧密经贸关系安排	中国—斯里兰卡	中国—斐济	—
中国—智利	—	中国—巴基斯坦自贸协定第二阶段谈判	中国—尼泊尔	—
中国—东盟	—	中国—马尔代夫	中国—毛里求斯	—
中国—东盟（“10+1”）升级	—	中国—格鲁吉亚	—	—
中国—韩国	—	中国—以色列	—	—
中国—冰岛	—	中国—挪威	—	—

资料来源：商务部，“一带一路”官网，长江证券研究所。

二、“一带一路”倡议推进面临的风险

作为新型对外开放倡议，“一带一路”承载着激发经济增长新动能、消化国内富余产能

以及促进国内产业结构升级的重任。然而，由于“一带一路”具有跨越多区域、覆盖多国家的特点，必然面临着众多潜在风险，如安全风险、政治风险等，宏观层面风险又将下沉至微观层面，具化为项目风险等。为进行项目风险管控，证券经营机构应首先梳理“一带一路”背后所隐含风险。目前“一带一路”倡议推进主要面临四种风险，即安全风险、政治风险、项目收益偏低以及汇率风险。

（一）安全风险

从经济发展水平看，沿线国家大部分属于发展中国家（地区），这些国家不仅经济发展程度、政治体制、宗教状况等千差万别，而且由于处于地缘政治冲突的热点地带，国家（地区）动荡、战乱与恐怖主义等多发，这意味着投资主体将面临较大的安全挑战（见表3）。

表3 “一带一路”沿线国家大部分属于发展中国家（地区）

国家（地区）	所涉国家
东盟10国	新加坡、马来西亚、印度尼西亚、缅甸、泰国、老挝、柬埔寨、越南、文莱和菲律宾
西亚18国（地区）	伊朗、伊拉克、土耳其、叙利亚、约旦、黎巴嫩、以色列、巴勒斯坦、沙特阿拉伯、也门、阿曼、阿联酋、卡塔尔、科威特、巴林、希腊、塞浦路斯和埃及的西奈半岛
南亚8国	印度、巴基斯坦、孟加拉、阿富汗、斯里兰卡、马尔代夫、尼泊尔和不丹
中亚5国	哈萨克斯坦、乌兹别克斯坦、土库曼斯坦、塔吉克斯坦和吉尔吉斯斯坦
独联体7国	俄罗斯、乌克兰、白俄罗斯、格鲁吉亚、阿塞拜疆、亚美尼亚和摩尔多瓦
中东欧16国	波兰、立陶宛、爱沙尼亚、拉脱维亚、捷克、斯洛伐克、匈牙利、斯洛文尼亚、克罗地亚、波黑、黑山、塞尔维亚、阿尔巴尼亚、罗马尼亚、保加利亚和马其顿

资料来源：中国经济网，长江证券研究所。

（二）政治风险

“一带一路”沿线国家政治体制、国内局势等差异显著，由此导致沿线国家政治风险差异明显。对于倡议推进而言，因为政治稳定性和政治安全往往关系到既有项目的生死存亡以及未来项目是否能够继续承建，因此，沿线国家政治稳定性和政治安全也成为投资主体面临的最大风险。值得注意的是，由于许多“一带一路”项目备受关注，目的国政府往往会大量参与其中，这意味着政治风险对国企投资活动的影响或大于对以私营企业为主的海外直接投资活动。

（三）投资收益偏低

项目投资收益目前仍然较低是“一带一路”推进面临的潜在风险之一。我国对沿线国家的投资项目，较大部分集中于基础设施建设领域。商务部数据显示，2016年，我国企业在沿线国家的新签对外承包工程合同额1 260.30亿美元，占同期对外承包工程新签合同额的51.60%；完成营业额759.70亿美元，占同期总额的47.70%。2017年第一季度，我国企业在沿线国家的新签对外合同占同期对外承包工程新签合同额的比例提升至51.80%，完成营业额占同期总额的比例提升至49.20%（见图1）。然而，基建项目本身具有投资建设与回收周期漫长、收益较低的特点，这些特点，尤其是投资收益较低，对于决策过程高度市场化的私人部门而言，往往成为制约其投资行为的核心要素。

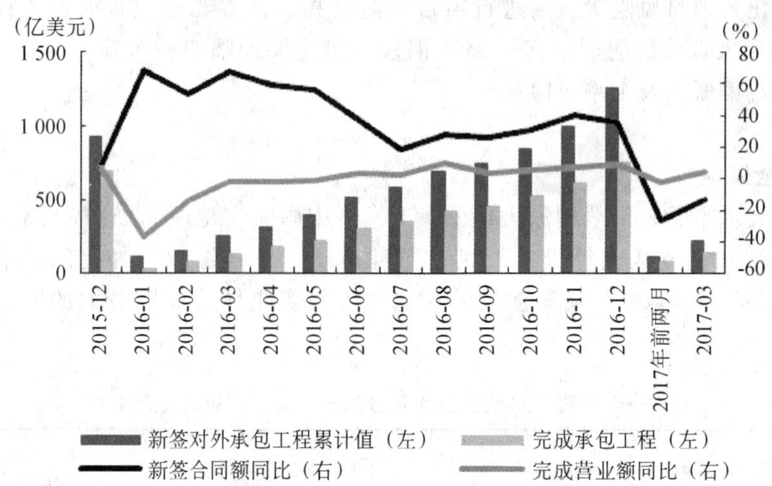

图 1 2016 年我国企业在沿线国家新签对外承包工程合同额占同期对外新签合同额

资料来源：商务部，长江证券研究所。

（四）汇率风险

对持有外币资产或负债的投资主体而言，汇兑风险产生了两个不确定性：当汇率向有利于自身方向变动时，投资主体将获得收益；当汇率向不利于自身方向变化时，投资主体将遭受损失。目前“一带一路”大部分项目均集中在投资建设周期与回收期均较漫长的基础设施建设项目，这意味着，投资主体一旦参与项目投资，将长期暴露在汇率风险之下，这将体现为投资主体的利润水平波动加剧。因此，如何有效规避汇率风险成为投资主体必须考虑的问题。

三、证券经营机构如何支持“一带一路”项目风险管理

前文阐述了“一带一路”项目的投资主体将面临四种风险，即安全风险、政治风险、项目收益低以及汇率风险，投资主体妥善应对和管控项目风险，对“一带一路”倡议的推进具有重要意义。那么，在项目风险管控上，证券经营机构可以为投资主体提供哪些支持？

广义上，证券经营机构分为三类，即证券公司、信托投资公司以及专门负责为投资者提供咨询服务的公司。从业务内容看，证券经营机构主要职能是凭借自身专业性知识与经验，协助投资主体从资本市场融资或提供相关专业咨询服务。

对于一个完整的项目风险管理，主要包括风险识别、风险分析、风险应对、风险控制等环节，“一带一路”投资主体面临的四种风险，证券经营机构均能从项目风险管理的不同环节提供相应支持：对于安全、政治风险，证券经营机构凭借信息优势和专业性优势，可从风险识别和风险分析等方面为投资主体提供支持；对于项目收益较低和汇率风险，证券经营机构不仅能够从风险识别和风险分析对投资主体提供支持，而且也可从风险应对、风险控制等

环节对投资主体提供支持，协助投资主体将可能的损失降至最低。

（一）安全风险防范

传统上，进行安全风险管理主要有两种方式，即前瞻性方法和反应性方法。前瞻性方法侧重于最大限度地降低未来发生损失的可能性，而反应性方法则是在安全风险发生后，寻找相应方法进行应对。“一带一路”投资主体面临的安全风险来源于地缘政治冲突、国家地区动荡等，而鉴于安全风险的破坏性以及不可抗拒性，投资主体若在风险发生后才采取措施进行被动应对，显然对于减少损失难以发挥效力，因此，安全风险防范应侧重于前瞻性方法。在进行安全风险管控时，证券经营机构可以利用自身信息优势和专业性优势，协助投资主体做好尽职调查，寻找影响东道国安全风险的关键指标，按照风险发生的可能性以及后果的严重程度，结合项目的投资建设周期以及回收周期，为投资主体提供项目是否具有参与价值的建议。

操作上，证券经营机构可以按照东道国是否具有大国掣肘、地缘政治重要性、政局震荡程度以及恐怖主义四个维度对东道国安全风险进行全面评估，一般而言，具有大国掣肘、地缘政治越重要、政局越动荡、恐怖主义越频发的沿线国家，投资主体进行投资时，所面临的安全风险也就越大，因而进行投资决策时就应越慎重。

（二）政治风险防范

政治风险类似系统性风险，投资主体无法凭借自身力量进行化解，若政治风险真实发生，其应对往往需要国家层面加强与沿线国家的对话沟通。因此，对于政治风险，投资主体一般仅能进行事前防范，而难以进行事中处理——对沿线国家政治风险进行识别和评估，通过回避政治风险较大国家，降低政治风险的影响。然而，若投资主体凭借自身力量对政治风险进行衡量，一方面，评估成本或过于高昂，这势必会进一步降低项目的吸引力，另一方面，即使投资主体能够承担相应成本，但由于其专业性不足，或也难以对政治与安全风险进行合理评估。在这种情况下，寻求外部机构对政治与安全风险进行合理评估，对于投资主体或成为一项较优选择，而证券经营机构凭借其信息的及时性以及专业性，往往是胜任这项工作的最佳选择。基于此，证券经营机构可从完善政治风险评估机制、建立与完善预警机制两方面，对管理项目风险提供支撑。

1. 完善政治风险评估机制

完善政治风险评估机制，证券经营机构可从以下几方面着手：

第一，采集和掌握“一带一路”沿线国家的政治风险信息是进行政治风险评估的基础。在采集沿线国家的政治风险信息时，证券经营机构可以通过加强与国内外智库的合作、组织专家进行可行性研究等方式，掌握第一手资料，实现对沿线国家政治风险进行全面分析。

第二，在采集沿线国家政治风险信息的基础上，证券经营机构应综合运用多种方法对沿线国家政治风险进行合理评估。目前，国际主流的风险评估方法主要有政治制度稳定指数、政治风险指数等，其核心均是通过建立某种指标体系，对政治风险予以量化，通过量化值揭示国家政治风险大小。本文仅以政治风险评估方法（International Country Risk Guide，简称ICRG）为例进行说明。该方法预先设定了12项政治风险影响因素并赋予了各因素相应权重，以此对相关国家的政治风险进行评估，得分越低的国家，其政治风险越大，得分越高的国家，其政治风险越小。具体因素和赋予权重如表4所示。

表4　　ICRG政治风险评估方法因素及相应权重

因素	内容	权重
政府稳定性	评估一国政府对既定方案的执行能力及其政权稳定性，包括三个具体指标：政府统一性、立法能力、民众支持度	12
社会经济环境	评估可能制约一国政府施政或引发社会不满的社会经济压力，包括三个具体指标：失业、消费者信心、贫困	12
投资情况	评估一国政治、经济和金融之外对外来投资产生影响的因素，包括三个具体指标：项目合同可行性/利用情况、利润汇出情况、延期付款情况	12
内部矛盾	评估一国政治冲突及对该国造成的实际和潜在的影响，包括三个具体指标：内战/政变威胁、恐怖主义/政治暴力、内乱	12
外部矛盾	评估他国对一国政府形成的风险，包括三个具体指标：战争、国界冲突、其他来自他国的压力	12
腐败	评估一国政治体制的腐败程度	6
军队干预政治	军队干预政治将导致民主问责制威信降低	6
宗教关系紧张程度	紧张的宗教关系往往在由单一宗教组织统治的社会或政权中产生	6
法律和社会秩序	法律评估一国立法能力和公正性；社会秩序用以评估一国公民守法情况	6
种族关系紧张程度	评估一国种族、民族或语言分裂程度	6
民主问责制	基于五种不同类型的民主形式，评估一国政府对公民的负责程度，交替执政性民主得分最高风险最低，独裁统治得分最低风险最高	6
行政机构	执行力和行政水平越高的行政机构分值越高风险越低，反之，分值越低风险越高	4

资料来源：长江证券研究所：《国际主流政治风险评估机制经验借鉴》。

2. 建立与完善预警机制

"一带一路"沿线不同国家差异较大，政治风险有别，即使对于同一国家，每一种政治风险的严重性和危害性也不尽相同，对所有政治风险进行实时监控，在成本收益方面显然并不划算。因此，证券经营机构应集中力量筛选一国潜在的关键政治风险，通过实时监测来完善预警机制，且对于关键政治风险，事先要做好各种政治风险应急预案，并确保其科学有效。

（三）项目投资收益率较低的风险防范与应对

任何一个项目的净收益均是收益与成本共同作用的结果，考虑到证券经营机构兼具辅助融资和提供专业化建议的功能，因此，在收益和成本方面，均能对投资主体提供一定支持。

收益方面：证券经营机构可凭借自身信息和专业化优势，事前对项目加强甄别，为投资主体筛选收益较高的项目。

成本方面：证券经营机构的功能在于辅助企业融资和提供咨询建议，证券经营机构对投资主体的支持也体现在这两方面：通过提供合理的建议降低内部财务成本以及辅助投资主体降低融资成本。在降低投资主体的融资成本方面，证券经营机构可以从以下三个方面着手：

1. 成立产融联合体

按投资资金来源分，投资主体资金可分为外部资金和内部资金。依据融资优续理论，相较于外部资金，内部资金的使用成本较为低廉。这一理论表明，证券经营机构可以通过与投资主体共同设立产融联合体，形成包含金融机构的内部资本市场，一方面，提高内部资金的使用效率，降低使用成本；另一方面，借助证券经营机构的经验，降低外部融资的成本，节约交易费用。

2. 拓展多种融资渠道

目前“一带一路”倡议的融资结构主要有五个层次，分别为：以世界银行和亚洲开发银行为代表的传统的世界多边机构、以亚投行和丝路基金为代表的新兴多边开发金融机构、国内政策性银行、以四大国有商业银行为主的国内商业银行以及以进出口信用保险为代表的辅助机构。证券经营机构可以借助自身经验与专业知识，辅助投资主体进行境外债券发行、股权融资等多种相对较为低廉的融资方式。证券经营机构也可以依据项目特点和风险，将标的物、收益等开发为金融创新品种，提供多样化、多层次的直接融资工具，降低融资成本。

3. 合理利用项目证券化增强项目收益及风险抵御能力

资产证券化是指将缺乏流动性但未来可以产生稳定预期收益的项目，通过某种安排，实现在资本市场融资。资产证券化的本质是以让渡项目部分未来收益权为代价，发行证券筹集资金的资产变现的方式，其基础来自资产未来的可预期收益。目前“一带一路”大部分项目均集中在基础设施领域，而基础设施项目稳定的预期收益为实行资产证券化提供了必要条件。通过实行项目资产证券化，一方面可以增强项目收益，另一方面又可以增强投资主体的风险抵御能力。具体而言，利用资产证券化，首先，投资主体可在资本市场直接向投资者借款，而不需要通过金融中介申请贷款，一般而言，向投资者直接借款的融资成本较为低廉；其次，将流动性较差的基建项目通过资产证券化安排，实现了在金融市场的流通，投资主体可以极大地提高资金利用效率，提升项目收益；最后，通过让渡部分收益权，投资主体回笼了部分资金，增强了投资主体防御风险的能力。

（四）汇率风险防范与应对

对于汇率风险防范，投资主体除了采用其所熟悉的规避工具，例如贸易融资工具进行规避之外，还可以加强与证券经营机构的合作，借助证券经营机构的专业性优势，使用金融衍生产品来规避汇率风险。此外，证券经营机构除了协助采取常规金融衍生产品进行套期保值规避外汇风险外，还可以利用其自身经验与知识，协助投资主体在投资之前将汇率风险进行转移。例如在与东道国参与方谈判过程中，通过参与设置相关条款，将投资主体面临的汇率风险降至最低。

参考文献

[1] 张良悦，刘东．“一带一路”与中国经济发展［J］．经济学家，2015：51—52.

[2] 唐金成，利寒俏，田源．“一带一路”投资及风险管理研究评价与建议［J］．区域金融研究，2016（12）：42—43.

[3] 毛勇兵．“一带一路”的政治风险及其防范［J］．区域金融研究，2017（1）：

34—37.

[4] 胡伊凡．探究如何推进“一带一路”风险管理［J］．时代金融，2016（7）：25—26.

[5] 刘卫东．“一带一路”的科学内涵与科学问题［J］．地理科学进展，2015（5）：538—544.

[6] 危俊．国际主流政治风险评估机制经验借鉴［J］．金融经济，2013：74—75.

[7] 王彩香．探讨企业筹资方式的选择［J］．时代金融，2014（12）：125—126.

[8] 张尧，陈曦，刘洋，樊治平．考虑两个风险情形的项目风险应对策略选择办法［J］．运筹与管理，2014（3）：253.

[9] 李维安，马超．“实业金融”的产融结合模式与企业投资效率——基于中国上市公司控股金融机构的研究［J］．金融研究，2014（11）：111—113.

[10] 唐金成，利寒俏，田源．“一带一路”投资及风险管理研究评价与建议［J］．区域金融研究，2016（12）：40—43.

[11] 方俊，张鹏，戴绍斌．基建项目资产证券化的风险与控制［J］．理工高教研究，2007（4）：88—90.

[12] 谢雪练．资产证券化在基础设施项目融资中的应用研究［J］．金融经济，2015（24）：158—159.

“一带一路”背景下证券经营机构国际化战略研究

金　赟*

一、引言

2013年国家主席习近平在出访中亚和东南亚期间分别提出了“丝绸之路经济带”和“21世纪海上丝绸之路”两大设想，简称“一带一路”倡议。“一带一路”倡议是依靠现有的国家间双多边机制，借助行之有效的区域合作平台，主动发展与沿线国家的经济合作伙伴关系，努力推进区域全方位合作的发展理念与倡议。

“一带一路”倡议的提出具有十分深刻的时代背景：当前我国正处于经济发展的换挡期，经济的增长模式正在经历从“粗放型”向“精细型”的转变，钢铁、煤炭、有色等行业存在着较为严重的产能过剩问题，而在高铁、通信、电力等行业存在着技术优势。在“一带一路”版图里的大部分国家对于基础设施的建设具有较大的需求，这是中国输出优质的过剩产能、输出先进的技术、与沿线各国共享改革开放成果的机遇。

“一带一路”倡议的提出，具有相应的时代意义：首先，“一带一路”倡议是对外开放区域转型的需要。改革开放以来，我国对外开放的区域集中在东部的沿海城市，经济也取得较大的发展，但是中西部城市的经济发展仍然处于较为落后的水平，“一带一路”始于西部，也主要经过西部通向西亚和欧洲，对于西部地区而言是发展的机遇。其次，“一带一路”倡议是要素流动与产业转移的需要。改革开放初期，我国经济发展较为落后，需要引进国外的资金、技术与先进的管理模式。但是随着经济的发展，我国已经逐渐成为资本输出国，在高铁、通信设备与电力设备等方面有着技术优势，在钢铁、煤炭等行业存在着优质的过剩产能。“一带一路”沿线国对于基础设施建设有着迫切的需求，这对于我国输出优质的过剩产能具有十分重要的意义。最后，“一带一路”倡议是中国与他国结构转变的需要。改革开放初期，中国需要国外的资金、先进的技术与管理经验，所以对外开放的对象主要是发达国家。当前中国经济面临着产能过剩的问题，而世界上有许多发展中国家面临着与中国改革开放初期相似的问题，因此，通过“一带一路”倡议，帮助这些国家进行基础设施建设，

* 作者单位：财通证券股份有限公司研究所。原载于《中国证券》2017年第6期。

发展钢铁、纺织服装等产业，提高其经济发展水平和生产能力，是与各国共享改革开放成果的需要，也是顺应中国产业技术升级的需要。

“一带一路”对于证券经营机构而言是一个走出去的机遇：“一带一路”沿线国家对于基础设施建设存在着较大的需求，而基础设施的建设需要资金的推动，资金的需求需要通过资本市场来解决。然而“一带一路”沿线国家大多属于新兴经济体，资本市场的发展仍处于起步阶段，相比之下中国的证券经营机构拥有更为丰富的经验，可以对企业如何融资等问题提供相应的指导建议。与此同时，“一带一路”建设为中国的企业带来了发展海外业务的机遇，企业在进行海外并购与投资的过程中必然需要证券经营机构作为中介搭桥牵线，提供建议，这对于国内的证券经营机构而言是提升国际化水平的契机。

二、证券经营机构国际化现状

就目前而言，我国证券经营机构的国际化水平还处在初级阶段，一些国际业务仍然处于探索阶段，广阔的海外市场仍然有待扩张，总体而言存在着规模较小，区域较为集中、业务模式较为单一的问题。

（一）规模较小，通过跨国并购实现规模的扩张

证券经营机构作为金融市场中的重要中介机构，充足的资本金对于其发展而言是至关重要的，目前我国证券经营机构的总体资产规模仍然处于较低的水平，与国际大型投行相比仍然存在着较大的差距。截至 2016 年末，我国共有 129 家证券经营机构，总资产是 57 900 亿元，而同一时期摩根士丹利的资产总值是 7 874. 65 亿美元，高盛是 8 610 亿美元。总体来看，我国证券经营机构的单个资产规模较小，这也使得证券经营机构的发展空间受到了限制，不利于证券经营机构开展多种类、跨区域的金融服务，削弱了业务创新能力与拓展能力。

近年来，我国证券经营机构在扩大经营规模上做了一些有益的尝试，如海通证券在 2009 年通过收购香港老牌券商大福证券扩展了香港市场；太平洋证券 2013 年出资 3 120 万元，与老挝农业发展银行、老挝信息产业有限公司在老挝境内设立合资证券公司；中信证券在 2013 年通过收购里昂证券进行了全球化的战略布局；其他证券经营机构也积极把握“一带一路”带来的机遇，通过跨国并购扩展自身的经营规模。目前，中信证券是通过跨国并购实现规模扩张、提升国际化水平较为成功的证券经营机构。中信证券是国内成立时间较早，规模排名前 3 位的券商，而里昂证券是在香港创办的，后被法国里昂信贷银行收购，是全球最大的股票经纪商之一，跨国收购里昂证券是中信证券国际化的一个重要环节。中信证券收购里昂证券是一个优势互补的过程，中信证券的优势业务是证券经纪业务与证券投资业务，而里昂证券的优势业务是研究咨询、私人银行等业务，双方通过跨境并购在业务上实现优势互补。与此同时，里昂证券还具有全球化的业务网络，分支机构已经遍布美国、英国、澳大利亚及亚洲地区等 16 个国家，这对于中信证券而言可以有效地降低新市场的资金投入和时间成本。目前，中信证券积极响应国家“一带一路”倡议，在沿线主要国家设立了 17 个办公室，发行了“一带一路”研究月刊，研究超过 500 家沿线国家的上市公司，面向“一带一路”的国家客户也完成了数十单项目，从长远来看，中信证券收购里昂证券是具有

全球战略眼光的投资。对于国内其他证券经营机构而言，通过跨国并购实现经营范围的扩张与规模的扩大经过实践证明是可取的，是提升国际化水平的有效方式。

（二）国际化区域主要集中在香港，且业务模式较为单一

中国香港作为国际性的金融中心，对于国内的证券经营机构而言具有地缘优势和文化优势，因此是国内证券经营机构开拓国际化市场的优先选择。从目前的情况来看，国内证券经营机构的境外业务主要集中在香港，而在美国、英国、日本等发达国家的业务较少。中信证券、国泰君安证券、海通证券、华泰证券、广发证券、中金公司、申银万国证券、财通证券等国内主流券商都在香港设立了分支机构，并且随着沪港通、深港通的开通，香港和内地市场更加紧密相连，对于国内证券经营机构发展国际化事务起到了一定的推动作用。

国内证券经营机构在香港从事的主要是证券经纪业务与投行业务，业务模式较为单一，尽管沪港通、深港通的开通对于国内证券经营机构在香港的业务起到了促进作用，但是仅仅依靠经纪与投行业务，证券公司的利润上浮空间是有限的。此外，证券经营机构提升国际化水平单独依靠扩展香港市场是远远不够的，证券公司国际化的最终目的是要实现全球化的业务网络，利用不同市场的差异，分散经营风险。如高盛、摩根士丹利等传统的跨国投行在美国本土、欧洲和亚太区域都建立了业务网络，这对于其提升经营收入、分散经营风险是十分有利的。与此同时，"一带一路"沿线国家有 70 多个，覆盖了亚洲、中东、中欧等区域，存在着广阔的市场与发展空间，国内证券经营机构实现国际化的扩张不应仅仅局限于香港市场，应该借助"一带一路"的东风，迅速展开在东南亚、中亚、东欧及欧洲大陆国家的机构网点布局，培养专业团队，拓展当地市场，提升自身国际化水平。

三、提升证券经营机构国际化水平的必要性

"一带一路"倡议的提出为国内实体企业与证券经营机构提供了国际化的机遇，提升证券经营机构的国际化水平不仅仅是服务实体企业"走出去"的需要，也是证券经营机构扩展市场、提高自身经营收益的需求。

（一）中国实体企业"走出去"的需要

中国经济正面临着转型升级，供给侧结构性改革的实施和"一带一路"建设的推进，给中国企业带来"走出去"的机遇。"一带一路"推动企业"走出去"所必需的资金，主要是通过国家政策性金融机构和大型国有银行提供，但是对于企业进行跨国投资与并购所必需的中介服务，更多的是通过证券经营机构来提供。国内证券经营机构的国际化水平有限，这方面的业务更多的是寻求国际知名投行来做，但存在一些问题。

首先，中国企业在参与海外并购时，往往需要支付较高的价格。海外的证券机构推荐给中国的并购标的，存在着较高的溢价，一方面是中国企业对于海外并购标的和海外并购市场不了解，另一方面是海外投行对于中国企业的并购会收取较高的费用。其次，中国企业缺乏走出去所必要的国际化经验。中国企业对于国外的商业经营模式、法律监管环境等较为陌生，在法律、财务、人力资源等方面缺少必要的资源，因此在进行跨国并购时存在一定的障碍，这就需要具有国际化业务经验的证券经营机构进行相应的指导。最后，公司治理和文化

融合的问题。国外投行拥有丰富的国际化经验与国际化的战略管理水平，但是这些国际化的管理经验并不完全适用于中国企业，对于缺乏国际化经验的中国企业而言，提出一份既有中国特色又有国际化视野的公司治理与文化融合的方案才是中国企业所需要的。

正是由于国内实体企业“走出去”的需要与存在的相应问题，国内的证券经营机构存在着提升国际化业务水平的迫切需求。中国的企业更希望由国内证券经营机构提供中介服务，因为相比于国外投行，国内证券经营机构更了解中国的企业文化、经营模式、组织架构与法律条文，更能提出有益于公司的方案。国内证券经营机构也需要不断提升国际化水平，为中国企业走出去提出合理有效的建议，提供相关的资源，为“一带一路”建设保驾护航。

（二）证券经营机构扩展业务规模，提高收益水平的契机

“一带一路”倡议的提出，对于国内证券经营机构而言是拓展业务规模的很好机遇。国内的证券经营机构存在着业务单一、同质化严重的问题，主要将经纪业务、投行业务作为经营收入的来源，因此市场的任何不利波动都会给证券经营机构带来不利的影响。通过国际化布局，证券经营机构可以丰富公司的业务内容，扩展公司的业务范围，实现更加多元化的发展。如中信证券通过收购里昂证券扩展了财富管理与做市商业务，将业务范围扩展到了“一带一路”沿线的 17 个国家和地区，建立起全球服务机构，这可以有效地规避市场和业务集中带来的经营风险问题。对于国内其他证券经营机构而言，可以借鉴国外传统投行的经验，把握住“一带一路”建设带来的契机，通过扩张公司的经营范围，提高风险管理能力。

此外，“一带一路”倡议的提出，是国内证券经营机构提高经营收入的契机。在美国、欧洲等发达国家，高盛、摩根士丹利等传统国际投行建立了全面的业务网络，提供了各类品种丰富的服务，占领了大部分的市场份额，中国证券机构要进入这类市场需要提供有自身特色的服务，而且存在较高的成本。反观“一带一路”沿线国家，主要是广大的发展中国家和新兴市场经济体，近年来经济增长迅速而金融市场不够发达，国外传统的大型券商的业务范围还没有广泛分布到此类市场，这对于我国证券经营机构而言是一个进入的契机。“一带一路”建设涉及基础设施、能源资源开发、产业发展等项目，需要大量的资金、较长的回报周期，涉及的市场和币种多，需要了解当地资本市场、善于组织风险定价、畅通投融资渠道的金融机构来提供服务。因此，国内证券经营机构可以通过加快网点布局，提供适应需求的专业化服务，优先进入这类市场，扩大自身规模，提高公司的收益水平。

四、提升证券经营机构国际化水平的策略

“一带一路”倡议的提出使得中国企业面临“走出去”的机遇，迫切需要国内证券经营机构提供海外服务，而我国证券经营机构面临规模较小、国际化区域较为集中、业务模式较为单一等问题，从证券经营机构长远发展的角度考虑，国内证券经营机构提升国际化水平是十分必要的。以下从组织路径、区域路径与业务路径等方面出发，对于证券经营机构提升国际化水平提出相应的建议。

（一）设立海外分支机构

从国外投行对外扩张的经验来看，证券经营机构首先通过在海外设立分支机构，提供证

券经纪、投资银行、财务咨询等业务来提升国际化水平。在“一带一路”建设背景下，我国证券经营机构在东南亚、西亚、中东欧等国家都存在着扩张的机遇。东南亚国家属于新兴经济体，近年来经济发展较为迅速，金融的开放化程度较高，中资企业在这类地区有着较多的实践，相应的国内券商在设立分支机构时可以优先选择东南亚市场，因为市场机遇广阔而且进入成本较低，可以利用先入优势不断通过提升服务质量形成自身的品牌优势。西亚、北非等地区拥有丰富的石油储备量，对于基础设施建设的需求较为迫切，是“一带一路”的重要地区，发展前景广阔而金融市场不够发达，国内证券经营机构可以适当地设立分支机构，为走出去的中国企业提供必要的金融服务，通过优先占领市场形成自身的优势。但是西亚、北非地区存在着地缘政治的风险，因此国内证券经营机构在设立分支机构的同时应该注重防范政治风险，建立完善的风险管理与退出机制。中东欧地区与西欧的发达国家相邻，是亚欧经济的重要连接点，这是中资企业未来走出去的重要区域，但中资金融机构还没有进入该市场，因此未来可以设立分支机构，拓展当地市场。

在海外设立分支机构是证券经营机构提升国际竞争力的重要环节，通过设立分支机构，证券经营机构可以了解当地金融市场的发展情况，关注当地的政策动态并寻找潜在的发展机遇。相比于跨国并购，设立分支机构也是成本较低的扩张方式，因此在海外设立分支机构可以作为国内证券经营机构提升国际竞争力的第一步。

（二）通过海外并购扩大规模

目前我国单个证券经营机构的规模较小，主营业务仍然是证券经纪业务，通过海外并购，证券经营机构可以快速拓展业务范围，这也是国外传统投行提升国际化水平的方式之一。如高盛、美林与摩根士丹利在业务拓展的初期都优先选择了设立办事处或者是独资子公司，随着海外业务扩张需求的增大，其开始通过跨国并购进行全球化的战略布局。美林证券是最为典型的，其从 1995 年开始的 5 年内先后收购了英国和日本、马来西亚等亚太市场以及北美地区的证券公司，通过并购加速了其国际化的进程。目前国内的海通证券已在新加坡筹建分支机构，并积极尝试收购当地投行以拓展东南亚市场；中信证券收购法国里昂证券已正式收官。海外市场的拓展给证券经营机构带来了许多收益。

规模的扩大对于证券经营机构的发展至关重要，是证券经营机构提升国际竞争力的重要环节。规模较大的证券经营机构有着更高的风险抵抗能力，可以在更多的国家和地区开展业务，也可以从事更多方面的业务。我国的证券经营机构设立的时间有限，而海外投行经过多年的发展，有着丰富的国际经验与全球化的业务网络，通过跨国收购可以更快速地帮助国内证券公司提升国际化水平。在具有合适的收购标的公司的情况下，跨国收购是国内证券经营机构可以采纳的路径选择。国内证券经营机构在通过海外并购扩大规模的同时，也需要注意并购的时机与规模，如美林证券曾经由于海外并购过快，使得公司经营一度亏损。因此国内证券经营机构在进行海外并购的过程中，要注意结合自身情况与业务需求，避免由于一味地扩大规模而导致公司业务整合不够完善、经营利润率下降。

（三）优先发展“一带一路”沿线市场

鉴于欧、美、日市场的成熟与相对饱和以及“一带一路”倡议背景，发挥本土优势、挖掘沿线国新兴市场、避免与传统投行在已有领域正面交锋、实现差异化竞争，是国内证券经营机构提高国际化水平较为合适的区域策略。

证券经营机构跨国的区域设置，首先是选择文化相近的市场，一方面可以减少后期的管理成本，另一方面可以加快证券经营机构开拓市场进程。"一带一路"沿线国家对于国内企业文化的认可度较高，便于证券经营机构的进入。其次是根据客户导向选择市场。"一带一路"倡议实施后，国内实体企业存在"走出去"进行跨国投资与并购的需求，而国内的证券经营机构对国内企业的经营管理、文化战略是熟悉的，因此国内证券经营机构选择沿线国市场进入是顺应时代潮流的选择。再者是优先选择新兴市场或者是未开发的市场。"一带一路"沿线国家主要是发展中的新兴经济体，存在着较大的发展潜力，如泰国、菲律宾、印度尼西亚等国家。国际大型的投行业务未大量触及此类市场，因此国内的证券机构可以借助"一带一路"的东风，较早进入新兴国家市场，积累经验，拓展市场。最后是传统经济与金融发达的地区，之前通过开拓新兴市场证券业务形成了一定的国际化战略布局，然后在全球主要金融中心设立分支机构，形成完善的国际化格局，是国内证券经营机构走出去较为适当的路径。例如，日本野村证券在进行国际化的初期盲目选择了优先进入欧美市场，与传统的大型投行相互竞争，使得其国际化的进程走了一些弯路；而韩国三星证券在提升国际化水平的进程中，优先选择进入中国香港、新加坡、印度等海外市场，其次才是金融市场发达的欧美地区。因此，对于我国证券经营机构而言，把握住"一带一路"沿线国的市场，优先进入此类市场站稳脚跟，是提升国际竞争力的有效手段。

（四）专注特色跨境业务

与海外大型投行相比，国内证券经营机构主要从事的是经纪业务与国内的发行承销业务，在跨国财务顾问、发行承销、资产管理等业务方面并不存在竞争优势。与此同时，国外投行发展较早，已经较早实现了在美国、英国、日本等国的业务扩张，形成了全球化的战略布局，国内证券经营机构想要进入此类市场存在较大的成本与难度。因此，我国证券经营机构在提升国际竞争力的过程中应该另辟蹊径，提供具有差异化的服务，形成自身的竞争优势。

随着"一带一路"倡议的实施，中资企业对外提供商品、服务的需求开始提升。依托"一带一路"走出去的实体经济中，钢铁、煤炭，矿石、能源、航运等大宗商品相关行业是发展较为迅速的，布局也较为广泛，但是在交易过程中会面临着价格风险与汇率风险，这是"走出去"的企业想尽量避免的，因此会积极规避这类风险，更多地从事期货期权交易，这就存在着相应的机遇。国内的证券经营机构可以加快建设境外大宗商品业务平台，为国内"走出去"的实体企业提供必要的中介服务。如招商证券已经开始从事国内大宗商品服务平台建设和境外环球商品创新业务，成为首家取得美国芝加哥商业交易所集团旗下四家交易所清算会员资格的中国证券公司，还获得了伦敦金属交易所与欧洲洲际交易所清算会员资格。现在已经有数十家企业与招商证券进行交易，为公司带来了可观的收益。国内证券经营机构应该积极把握"一带一路"建设带来的行业新机遇，发展具有特色的跨境业务，不断丰富业务类型，提高自身的国际竞争力。

（五）服务实体企业"走出去"，积累海外经验

传统的国际投行经过数十年的业务拓展，在海外经纪业务、承销保荐、财富管理、私人

银行等业务方面积累了相当多的实践经验。与传统的国际投行相比，中国证券经营机构的海外业务经验是远远不足的。国内的证券经营机构可以通过学习国际传统投行的海外业务案例来积累相应的理论经验，而“一带一路”倡议的提出为国内证券经营机构提供了进行海外业务的实践机会。在“一带一路”倡议实施的背景下，国内许多企业存在着海外并购与投资的需求，服务这些企业的跨国需求是国内证券经营机构积累国际化经验、提升国际竞争力的好时机。如中投证券通过协助宁波建工、宁波先锋新材完成海外并购和直接投资积累了相应的企业海外并购与投资的经验；安信证券通过对国投集团拟收购的国际标的进行尽职调查积累了海外并购所需要的尽职调查的经验。目前国内的证券经营机构与“走出去”的实体企业都处于不断摸索的过程中，仅仅通过借鉴海外的先进经验与理论知识是不够的，因为不同企业的文化背景不同、“走出去”时面对的实际情况不同、进行海外业务的需求不同，这就需要证券经营机构通过不断实践，形成具有中国特色的、灵活机动的海外服务方式，在服务实体企业“走出去”的过程中积累海外经验，提升国际化水平。

五、结语

“一带一路”给证券经营机构国际化发展带来了机会，证券经营机构应把握住时代赋予的机遇，通过设立海外机构、跨国并购、跨境业务等方式不断提升国际化水平，形成国际化的战略布局，为“一带一路”建设贡献自己的力量。

参考文献

[1] 威琪. 中信证券并购的战略分析及启示 [D]. 北京：对外经济贸易大学，2008.

[2] 李颖. 证券公司应对国际化策略研究 [J]. 商业经济，2010 (24)：72—73.

[3] 孟莲花. 海通证券收购大福证券案例研究 [D]. 上海：华东师范大学，2010.

[4] 逯利利. 我国证券公司国际化的路径选择分析 [D]. 北京：首都经济贸易大学，2014.

[5] 田剑英. 中国证券市场发展及其国际化 [M]. 北京：中国社会科学出版社，2008. 39.

[6] 陈吉. 证券公司国际化问题与路径研究 [D]. 上海：上海交通大学，2013.

[7] 唐景怡. 中信证券国际化战略研究 [D]. 南京：南京大学，2016.

“一带一路”背景下证券公司国际化新路径
——产能合作基金模式探讨

彭海兰　赵　律　张博文*

一、新时期我国证券公司国际化的时代背景

当前中国不断深度融入国际环境，中国经济与世界经济的联系变得愈发紧密。在对外开放的基本国策指引下，中国提出并实施“一带一路”倡议，秉持开放共赢的区域合作精神，维护全球自由贸易体系与开放型经济，是对国际合作与全球治理新模式的积极探索发展，为世界及中国自身的国际化、全球化进程添砖加瓦，符合国际社会的根本利益。

2017年政府工作报告中五次谈及“一带一路”，强调2017年将扩大对外开放，扎实推进“一带一路”建设。2017年5月，“一带一路”国际合作高峰论坛在北京举行，来自全球的多国国家领导人、国际组织负责人、各国政府官员参与此会，“一带一路”建设将进入更具全球性和开放性的“2.0时代”，参与“一带一路”国际合作各国将继续重点推动政策沟通、设施联通、贸易畅通、资金融通、民心相通。将要实施的合作举措包括推动在运输、能源、通信等领域务实合作，构建国际性基础设施网络，支持国际金融机构加强对基础设施建设的支持和投入，增加双向投资、跨境经济园区建设，加强金融设施互联互通，推动支付体系合作，鼓励金融机构在有关国家和地区设立分支机构，推动签署双边本币结算和合作协议，发展本币债券和股票市场等。“五通”工作全面进入新的阶段。为提供配套保障，我国将新增丝路基金资金1 000亿元人民币，鼓励金融机构开展人民币海外基金业务，规模初步预计约3 000亿元人民币，金融机构将承担更加重大的使命。证券公司作为资本市场的重要组成部分，如何充分利用多年国际化发展经验，立足国家丝路基金以及人民币海外基金的顶层设计，在现有基础上进行路径创新，服务“一带一路”“2.0时代”资金融通的要求并加

* 作者单位：中航证券有限公司。原载于《中国证券》2017年第6期。

快自身国际化发展进程，是证券公司在“一带一路”背景下国际化发展的当务之急。

二、国内证券公司国际化发展状况

（一）我国证券公司国际化路径

我国证券公司“走出去”已经有20多年，在近几年“一带一路”倡议提出并开始实施后进入加速阶段。截至目前，国内券商实现国际化的主要路径是“立足香港—布局亚太—辐射全球”。近几年，海外新设分支机构的布局较多集中在“一带一路”沿线国家或地区。

在内地券商“走出去”战略实施过程中，大多数券商以我国香港作为公司国际化的首选地，分支机构设立方式主要包括自主投资设立子公司或者收购、控股香港本地证券公司。内地券商在香港设立分支机构以2006—2010年期间最为集中，2012年后券商在香港布局逐渐放缓（见图1）。

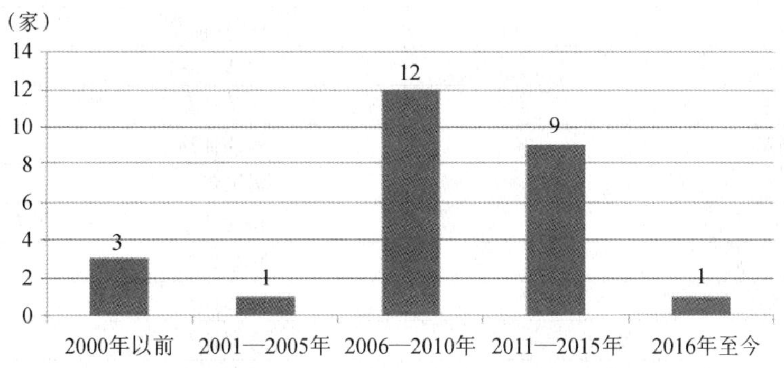

图1 内地券商在港设立分支机构情况

资料来源：香港中资证券业协会，中航证券研究所。

与此同时，部分券商也已经在香港以外的亚太其他地区展开收购或者设立合资公司，以及在欧洲进行收购等。仅2013年内地券商在海外设立分支机构的数量就达到了7家，2015年甚至超过了10家，呈现出较快的增长态势（见图2）。

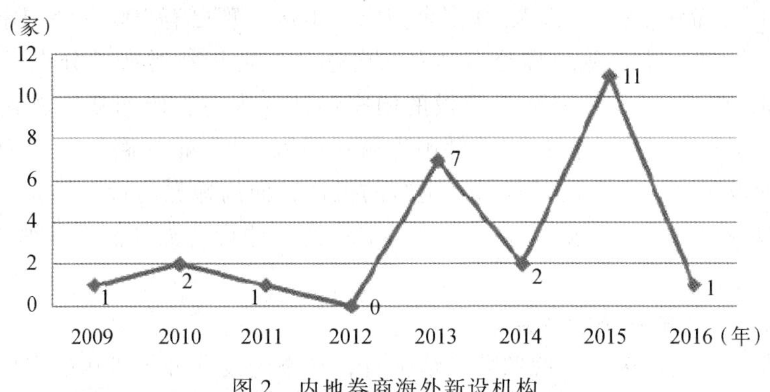

图2 内地券商海外新设机构

资料来源：公司年报，中航证券研究所。

2013年以前，设立海外分支机构的内地券商数量较少，以国际业务方面具有较大优势的中金公司为代表，且其海外分支机构多集中在美国、英国、新加坡等比较成熟的金融市场。随着2013年“一带一路”倡议的提出，券商国际化进程开始转向东南亚、南亚等“一带一路”沿线新兴市场的布局。比如，2013年中信证券通过收购里昂证券开始布局亚太市场；太平洋证券与老挝农业促进银行、老挝信息产业有限公司合资成立老—中证券有限公司，也开始在东南亚拓展业务范围；此外，包括2015年海通证券收购葡萄牙圣灵投资银行在内，这些券商均是依托海外机构在亚太以及欧洲广泛的网络布局和成熟的业务模式来打开当地市场（见表1）。

表1　　内地券商海外（香港以外地区）分支机构情况（部分）

地区	设有分支机构的证券公司
新加坡	东吴证券、国泰君安、海通证券、中金公司
韩国	中信证券
老挝	太平洋证券
印度	海通证券
斯里兰卡	中信证券
澳大利亚	海通证券
巴西	海通证券
墨西哥	海通证券
荷兰	中信证券
爱尔兰	海通证券
葡萄牙	海通证券
西班牙	海通证券
加拿大	广发证券
日本	海通证券
英国	广发证券，海通证券，中信证券，中金公司
美国	国泰君安，海通证券，中信证券，中金公司

资料来源：公司年报，中航证券研究所。

截至目前，“一带一路”共涉及60多个国家和地区，现已有100多个国家和国际组织参与到“一带一路”建设中。从地理分布来看，内地券商近年新增海外分支机构中，以“一带一路”沿线以及参与“一带一路”建设的国家和地区为主，比如新加坡、老挝等东南亚国家，印度、斯里兰卡等南亚国家以及韩国等东亚国家。“一带一路”的全面实施将为这些国家经济的发展以及金融市场的建设带来更多的机遇，而内地券商近几年在这些国家的加速布局，无论对自身业务范围的拓展还是对“一带一路”建设的推进都大有裨益。

（二）券商国际化的业务切入点

从内地券商在香港地区金融牌照获取情况看，在香港设立分支机构的多数券商都以经纪业务、财富管理或者资产管理作为主要的展业方向，即绝大多数在港中资券商基本上都拥有1号牌照，在港从事证券交易许可；其次是提供资产管理许可的9号牌照，包括股票、基金、债券等投资组合服务，牌照普及率同样较高。但是作为最初起步时主要的经纪业务则普遍利润水平不高，市场地位也尚未与其在内地市场的地位相匹配，如方正香港 2016 年亏损 3 389 万元，山证国际 2016 年亏损 1 066 万元。上述业务路径的选择一方面主要与 QDII、QFII 等业务开放时点相匹配，并且将进一步受益于港股通业务的发展；另一方面，上述业务领域较多依赖本地市场和本地资源，香港市场长久以来以港资本地及英资等外国投行为核心的模式已基本成型，中资券商在进入时存在天然的后发劣势与传统壁垒。同时受限于港股市场与内地市场在投资者结构上的巨大不同，内地券商在内地市场积累的各项资源短期内难以投送到香港市场。这些劣势在证券经纪等业务上表现得较为明显，港股证券经纪的市场集中度已经较高，英资、美资及港资本地机构的市场领先者的地位较为稳固。综合来看，经纪、财富管理、资产管理等领域存在较高的进入壁垒，如果不能实现对香港本地券商的收购，成长期将相应较长。加之在港券商数量众多，经纪业务门槛较低的同时其自身业绩在近年内有下行趋势，净利多数下滑所引发的竞争愈发激烈，让中资券商在这类业务方面的表现通常不尽如人意。

与此同时，形成对比的是得益于两岸金融市场交流愈发频繁、人民币国际化不断提速、港股通日趋完善及“一带一路”政策推动，中资企业特别是内地国企频繁赴港上市。这些内地企业上市的选择偏好对内地券商相对有利，带动中资券商在投行业务方面表现持续上升，已经成为香港券商投行业务的核心力量。2016 年全年，香港配售及包销商排名前 10 位中内地券商占据 8 位，海通证券、国泰君安、招商证券以及众多大型国有银行均榜上有名。而在 IPO 方面，中资券商在 2016 年全年的 IPO 承销金额上已经包揽前 5 名，完全压倒外资成为香港市场的领头羊。整体上讲，中资券商在投行业务方面，得益于大势环境及政策利好，正在逐渐取代外资及港资投行，成为港股市场最重要也是所占比重最高的组成部分。这方面的典型例子包括海通证券、中金公司、国泰君安、中信证券等在内的多家券商，充分把握住了内地企业海外投融资活动不断活跃的有利时机，为内地企业赴港上市、融资及海外并购提供服务，在香港市场甚至海外资本市场大力发展承销并购业务，在相关领域的排名迅速进入国际市场前列。2016 年，在涉及中国企业的全球并购交易服务总量排名中，中信证券参与的交易金额位列中资券商第 2 名。海通国际证券于 2016 年在香港市场 IPO 发行承销数量和融资金额均排名第 1 位，股权融资家数和融资金额均排名第 2 位，达到历史最好水平。

长期以来，中金公司是我国大型国企赴美上市以及海外并购的首选投行。2016 年，中金公司参与的中国化工收购先正达项目，是 2016 年全球第六大并购交易；作为联席保荐人参与了 2016 年港交所 IPO 募集金额最高的三个项目；完成海航集团收购美国英迈国际是中国 A 股上市公司有史以来第一大海外并购交易。这类券商在承销与并购领域正不断得到海内外客户的认可，并有效实现了海外业务的盈利。在 2016 年国内证券行业业绩整体同比下滑的环境下，中资券商在香港以投行等业务为代表的扩张积极而有成效，作为市场切入的优先选择项，前景较为可期。

（三）海外投行的国际化路径

美林证券国际化进程开始于第二次世界大战结束后的“马歇尔计划”。“马歇尔计划”加快了欧洲各国战后经济复苏的进程，其援助资金除了用于向美国进口食品和燃料外，更以大量的制造业投资的形式直接支持了欧洲重建。美林证券抓住这一时期欧洲各国经济快速增长的机会，在欧洲多国设立了自己的办事处。高盛于 1970 年进入英国市场，并随即在法兰克福、苏黎世和巴黎等地设立分支机构。英国政府于20世纪80年代实施了规模庞大的国有企业私有化进程，高盛准确抓住其中的业务机会，迅速在英国市场奠定了领先地位。摩根士丹利通过与新兴市场本地金融机构合作成立合资公司进入当地市场。1995年，摩根士丹利加入中金公司，帮助确立了中金公司在投行业务领域的领导地位。野村证券于1967年进入香港，1972年进入新加坡，1980年后加快在亚太地区的布局。但是野村证券在欧美市场的扩张始终不顺利，在1969年成为美国波士顿交易所会员后，其在欧洲和美国的业务始终与欧美投行存在较大差距，直到2007年和2008年完成对美国经纪商Instinet和雷曼国际部门的收购后才有所改观。

与我国券商相比，世界大型投资银行的国际化发展历程更加久远，发展路径也更加丰富。有的抓住本国资本扩大海外影响力的机会，跟随本国资本走出去；有的抓住目标市场经济发展与社会变革的机会，一举确立市场地位；有的准确抓住全球经济格局变革的时代机遇，分享新兴市场发展的成果；有的跨越政治与商业文化的鸿沟，历经数十年终于确立全球市场地位。

（四）证券公司国际化战略选择

比较国内外证券公司国际化的过程，合适的战略定位与有利的扩张时机相配合，有助于使国际化的过程达到更高的效率。以承销和并购为代表的投资银行业务为切入点，通常需要与本土或目标区域的企业的海外扩张时点相配合；以财富管理及资产管理业务为切入点，则通常需要切合目标区域经济的快速增长时期；以交易中介业务为切入点，则需要借助技术革新，如互联网技术的兴起所产生的网络交易与移动交易等。与此同时，国际化的过程也必须考虑到国际政治格局和商业文化差异等关键因素。如野村证券在欧美市场的发展始终不顺利，这与日本同欧美在商业文化以及当时国际政治经济领域的矛盾有重要关联。对于中国证券公司来说，目前正迎来我国企业、资本走出去的高峰期，也是我国与周边国家政治经济关系的持续上升期。随着“一带一路”倡议的实施以及人民币国际化进程的不断推进，境内资本走出去、境外资本引进来的活动将更加活跃，对跨境金融服务的需求快速上升。证券公司国际化选择以承销和并购为代表的投资银行业务为切入点、为我国企业和资本走出去服务的战略，将能够实现最高的国际化效率。

三、中航证券国际化新路径探索——“一带一路”产能合作基金模式

证券公司国际化的内涵是在全球范围内为资本的跨境流动和资产的跨境配置提供服务，这与“一带一路”“2.0时代”的内容要求完全吻合。新时期，证券公司以投行业务为先导，通过“服务客户走出去，牵引资本走进来”，与“一带一路”的实施紧密配合，将最大化地实现国际化发展效率。2017年5月举行的“一带一路”国际合作高峰论坛，鼓励我国金融机构开展人民币海外基金业务，规模初步预计约3 000亿元人民币。以海外基金形式实现投行服务，参与“一带一路”建设，为证券公司国际化发展提供了新的路径。

中航证券有限公司是我国十二大军工央企集团所属公司中唯一的证券公司，以成为中国军工行业投融资首选现代投资银行为战略目标。中航证券立足自身发展战略，坚持围绕国家重大战略，立足金融创新，融入国际市场、融入地区经济发展，凭借军工央企券商的背景，

在军工产融结合、国企改革、“一带一路”建设及支持地方区域经济发展等领域以研究先行、投研结合的模式进行了大量的探索和尝试，也积累了丰富的经验和成果，是连接国内外投资者与国内军工企业的优质投融资平台，也是我国国防建设发展的重要助推器。

近年来，随着PPP模式的推广和落实，证券公司设立产业基金参与地方政府PPP项目成为一种新的投融资模式。中航证券立足集团军工产业背景，长期关注地方经济发展以及军民融合发展，积极探索利用现代金融工具以产业基金和并购基金的模式，来推动新疆、宁夏、广西等“一带一路”重点省份的地方经济发展，并促进公司业务在“一带一路”沿线的业务拓展。

新疆作为“一带一路”规划中明确提出的核心地区，依托面向中亚、西亚的独特区位优势，在扩大企业境外投资、推进国际产能合作及装备制造合作、促进区内产业升级方面空间巨大。近期，中航证券有限公司与新疆维吾尔自治区地方政府和相关部门经过多次沟通，建议双方共同探讨发起设立“一带一路”产能合作与军民融合产业基金，通过产业基金推动新疆与中亚国家的产能合作，打造新疆的丝路基金。

（一）基金模式

“一带一路”产能合作与军民融合产业基金（以下简称“基金”）可采用“公司+有限合伙”模式。首先，由证券公司、新疆政府平台公司和社会资本设立基金管理公司，再由基金管理公司作为普通合伙人（GP），与认购基金管理公司份额的各投资机构组成的有限合伙人（LP）一同设立有限合伙制的“一带一路”产能合作与军民融合产业基金（母基金）。母基金下设立子基金，子基金将覆盖现代装备制造、新材料、旅游、现代农业、航空网及路网等领域的投资（见图3）。

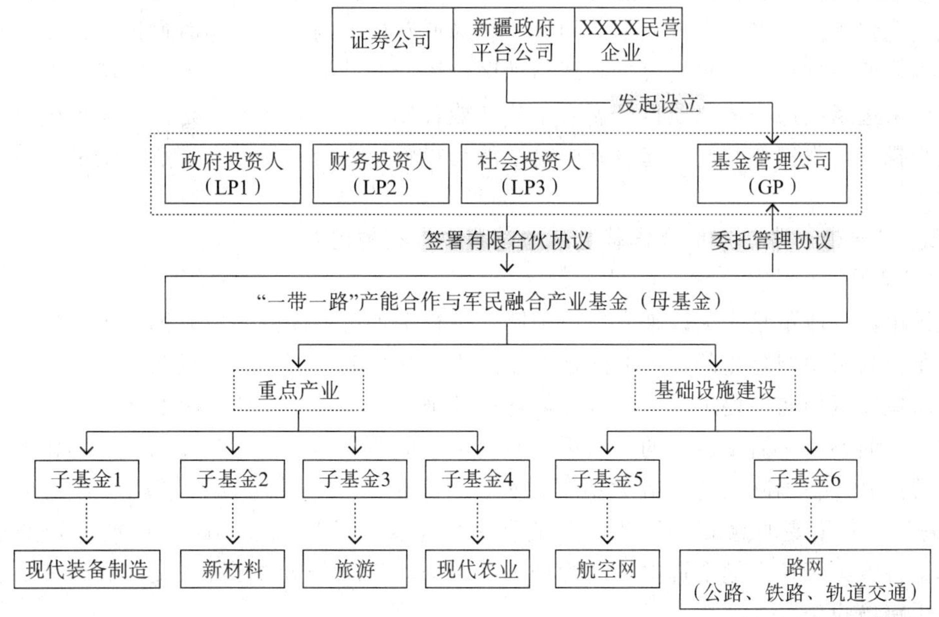

图3 “一带一路”产能合作与军民融合产业基金（母基金）组织形式

资料来源：中航证券研究所。

（二）基金投向

立足于新疆作为“一带一路”核心区域的区位优势，以及中航证券依托集团强大的军工产业背景，基金可以新疆军民融合相关产业、相关领域为重点投向，着力推动新疆等“一带一路”省份面向以哈萨克斯坦为主的中亚地区的产能合作项目、国内外“一带一路”基础设施建设项目、新疆国有工业企业升级改制项目、国内外军民融合高端制造产业链延伸项目以及国内民参军企业优质项目等。基金将以混合所有制为基金管理基本原则，以控股权收购为基金投资重点，以PPP模式引入多样化的区外资金，对新疆军民融合相关产业、相关领域进行投资，结合“一带一路”产能合作，打造宏观经济新常态下的投融资闭环。

（三）研究先行，投研结合，推动公司业务在“一带一路”沿线国家落地

哈萨克斯坦作为毗邻我国的重要陆上邻邦，自“一带一路”倡议提出以来，成为我国与中亚地区贸易合作双边区域关系中的重中之重。2016年，经中国商务部批准，中国在哈萨克斯坦的非金融类对外直接投资额为517万美元。2016年，哈萨克斯坦对中国投资项目28个，合同金额649万美元，实际使用金额333万美元。其国内丰厚的黑色、有色、稀有和贵金属矿产资源在工业及消费各个领域都有着巨大的市场潜力，尤其钛磁铁矿对航空产业具有重要的特殊意义。哈萨克斯坦国内大型钛铁矿之一距离霍尔果斯仅400多公里，该矿群距铁路站40公里，附近有公路，交通运输便利，预计仅铁矿总储量就达到60亿吨以上。目前已经获得探矿证，已探明的储量约为8.25亿吨。2016年初，中航证券组织投行和研究所力量，协同航空工业，启动了哈萨克斯坦产业研究和考察，认为应该借助“一带一路”产能合作与军民融合产业基金作为桥梁，探索中哈建立钛矿采矿—化工—冶金综合体的产能合作模式。如果未来产能合作模式能得以落实，不仅可以获得相关的矿产资源，还将获得新的钛冶炼制造技术，在降低生产成本的同时还将降低对环境的影响。同时通过对该项目相关产业链在国内的延伸投资，将大大带动新疆地区传统产业升级换代。目前，哈萨克斯坦该矿床钛磁铁矿采选及冶炼一体化项目已列入中哈产能合作早期收获清单，是国家发展改革委和哈萨克斯坦投资与发展部共同发起设立中哈产能与投资合作协调委员会重点推进的相关项目。

（四）“一带一路”产能合作基金落地过程中存在的问题

1. 人民币国际化的问题与前景

人民币汇率改革是长久以来人民币国际化进程中不可或缺的主要旋律。近两年来伴随着汇率改革，人民币国际化的进程亦随之不断迈进，在推动中国金融市场改革开放、降低多边贸易与跨境投资门槛、促进区位经济一体化以及国际化进程中发挥了重要作用。不再紧盯美元而逐步转向参考一篮子货币的人民币，在价格形成的规则性、透明度以及市场化水平上都有了显著提升，在国际上的影响力不断扩大，对于助力“一带一路”产能合作基金更好地“走出去”有着重要的意义与帮助。为充分发挥基金对于“一带一路”产能合作的推动作用，基金将致力于建立健全资本流动管理体系和资本双向流动的国际收支自我调节机制，支持人民币跨境投资。

2. “一带一路”沿线国家的机遇与挑战

随着“一带一路”政策的不断推进，与各相关沿线国家之间的合作如何确立，机制如

何构建，如何推动跨区跨境贸易的开放与协调……在这一系列进程中可谓机遇与挑战并存。在“一带一路”具体实施过程中，哈萨克斯坦作为我国的重要陆上邻邦，其国土面积与综合经济实力在中亚均稳居首位，在国际事务中的地位变得愈加重要。但近几年在哈萨克斯坦国内也出现了很多问题与质疑，如国家经济是否能够稳定发展，如何进行国有资产私有化，原料开采量是否过大，当代人应为子孙后代留下什么等。作为应对，近年来，哈萨克斯坦国内制订和采用了一系列措施来巩固和确保国家经济稳定发展，经济结构升级发展脚步逐渐加快，改革转型不断深化，力推经济发展多元化和工业创新发展等国家规划，这无疑会给哈萨克斯坦国内及周边国家特别是中国，带来更多的机遇，进一步互利共赢。

哈萨克斯坦地处要冲，与周边各国双边合作甚多，贸易联系频繁。除中国之外，市场上不乏诸多其他国家作为竞争对手参与其中。因此，值此时机，中哈合作对于我国而言可谓难能可贵，既是机遇，更是挑战。规划既定，金融先行，当下应着眼于如何更好地面对挑战，把握机遇，让我国证券业国际化水平更上一层楼，金融改革创新迈上一个新台阶、新高度，做好做强金融发展，促进货币资金融通，为助推“一带一路”规划建设穿针引线，优化资源配置引导，促进区域内共同繁荣与和谐稳定发展，更好、更快、更全面地发挥金融支撑作用。

3. 运作模式的改革与创新

基金运作的理想情形无疑是通过资本市场来实现收益，但“一带一路”部分沿线国家资本市场发展相对较为落后，如何将境外资本市场与国内资本市场有机结合、取长补短发挥各自优势，是“一带一路”产能合作基金能否切实有效地落地生根并真正发挥其应有的扶持及引导作用的关键。上海证券交易所、德意志交易所集团与中国金融期货交易所共同出资成立的中欧交易所模式是一个良好的先例。作为中德双方共同建设的欧洲离岸人民币证券市场，中欧交易所的成功设立与开业既是人民币国际化进程中的重要组成部分，也是国内证券机构国际化战略进展的重要标志，这种模式的成功开展对于未来在“一带一路”沿线国家市场的进一步探索，能够起到标志性的引导与示范作用。

4. 券商“一带一路”沿线国家业务拓展的人才储备

我国券商业务模式及人才储备长期以来以欧美发达国家为参照，业务范围除国内市场外，海外市场亦多以我国香港及欧美市场为主。“一带一路”沿线国家及地区在区位环境、资本市场乃至基本国情方面与上述已有业务地区或多或少存在着差异，所以在推动“一带一路”产能合作基金的过程中，对于沿线国家的社会环境状况、金融监管政策与法律法规认知方面的需求便愈发重要。对于有着相关能力及素养的金融人才的培养与储备，同样是产能合作基金推动落地并切实发挥效用过程中不可或缺的重要一环。

参考文献

[1] 林采宜，吴齐华. 中国券商国际化路径与阶段策略 [N]. 上海证券报，2012-10-24 (A07).

[2] 周洪荣，李明亮，朱蕾. 证券公司的国际化之路——美、日主要证券公司的国际化进程对中国券商的启示 [N]. 上海证券报，2013-2-4 (009).

[3] 蒋健蓉. 从美国投资银行国际化看我国证券公司的国际化道路 [R]. 申银万国证券研究所：2008.

“一带一路”东盟区域资本市场发展与国际合作研究

韩 燕 税毅强*

2013 年，习近平同志在访问中亚和东南亚时提出共建“丝绸之路经济带”和“21 世纪海上丝绸之路”的倡议。该倡议本着共商、共建、共享的理念，谋求共同发展，得到了国际社会的积极响应。“一带一路”建设是我国进一步融入经济全球化，深化全方位开放特别是向西向南开放的重大战略举措，涵盖政策沟通、设施联通、贸易畅通、资金融通、民心相通等层面，其中资金融通是“一带一路”建设的重要支撑，需要充分调动沿线国家的资源，支撑其他层面的发展。同时，东盟地区是“一带一路”的重要地区，在“一带一路”中有显著的地位。分析东盟地区资本市场的发展现状，探索中国与该地区开展资本市场国际合作的方式有助于做好中国与该地区的资金融通，为相关国家在“一带一路”理念的号召下实现共同发展。

一、东盟经济与资本市场状况

（一）东盟整体经济概况

20 世纪 60 年代，超级大国在东南亚地区形成的争霸格局使该地区的局势恶化。为了加强政治、外交和军事上的协调，印度尼西亚、泰国、菲律宾、新加坡、马来西亚于 1967 年 8 月在泰国首都曼谷创立了东南亚国家联盟（ASEAN），简称“东盟”。冷战结束后，东南亚局势得以缓和，随着中南半岛国家的加入，东盟成员国扩大为 10 个。冷战后的东盟各国致力于以统一的“东盟”身份，向着增强发展区域内经济和文化、维护区域和平的方向迈进。东盟 10 国总面积为 444 万平方公里。截至 2015 年底，东盟 10 国总人口为 6.28 亿人，占世界人口的 8.8%；国内生产总值（GDP）为 2.44 万亿美元，目前是世界第六大经济体，仅次于美国、中国、日本、德国、英国（见表 1）。

* 作者单位：太平洋证券股份有限公司。原载于《中国证券》2017 年第 6 期。

表 1　　2015 年世界 GDP 排名前 10 位的国家（地区）

排名	国家（地区）	GDP（万亿美元）
1	美国	18
2	中国	11
3	日本	4.4
4	德国	3.4
5	英国	2.9
6	东盟	2.44
7	法国	2.41
8	印度	2
9	意大利	1.82
10	巴西	1.80

资料来源：世界银行统计数据。

就东盟内部而言，根据世界银行数据显示，2015 年，印度尼西亚 GDP 总额为 8 619 亿美元，排东盟内部第一；人均 GDP 方面，新加坡最高，为 5.29 万美元，是柬埔寨的 43.3 倍；整个东盟的人均 GDP 为 3 889 美元。

东盟地区也曾经历过爆发式的增长。20 世纪七八十年代，新加坡、马来西亚、泰国、印度尼西亚的 GDP 增长率一度达到了 10% 以上。2015 年，多数国家经济保持了中速增长。2015 年 8 月，马来西亚总理纳吉布在第 48 届东盟外交部长会议上指出，东盟有可能在 2030 年成为继欧盟、美国和中国之后的世界第四大经济体。

东盟十国发展各有特色，经济发展水平也有很大差距：新加坡发展最早，也最为成熟，最引人瞩目；马来西亚、泰国、菲律宾、印度尼西亚发展相对较早，取得了一定的经济建设成就；老挝、越南是东盟的社会主义国家，经济起步时间也不长；缅甸、柬埔寨和文莱经济体量较小（见表 2）。

表 2　　2015 年东盟各国（地区）经济发展情况

2015 年	GDP（亿美元）	人口（亿人）	人均 GDP（美元）
新加坡	2 927.40	0.06	52 888.70
文莱	117.90	0.004	28 236.64
马来西亚	2 962.80	0.30	9 768.30
泰国	3 951.70	0.68	5 814.77
印度尼西亚	8 619.00	2.58	3 346.00
菲律宾	2 924.50	1.00	2 904.20
越南	1 936.00	0.92	2 111.14
老挝	125.00	0.07	1 778.00
缅甸	669.80	0.52	1 291.96
柬埔寨	182.40	0.16	1 218.00
东盟	24 416.50	6.28	3 888.91

资料来源：世界银行统计数据。

被誉为“亚洲四小龙”之一的新加坡是东盟十国中最发达的国家，经济曾长期高速增长，1960—1984年GDP年均增长9%。1997年，新加坡受到亚洲金融危机冲击，但影响并不严重。最近几年，新加坡经济稳步增长。根据2016年的全球金融中心指数（GFCI）排名报告，新加坡是继纽约、伦敦之后的第三大国际金融中心（见图1和图2）。

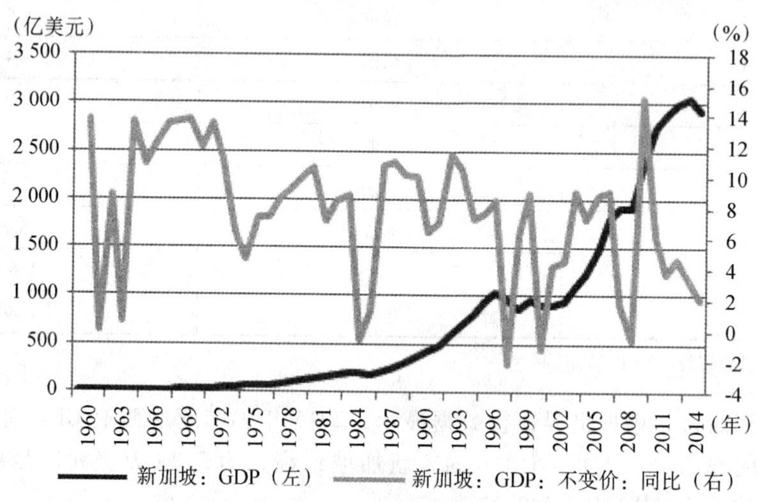

图1 2015年新加坡GDP约3 000亿美元

资料来源：Wind，太平洋证券。

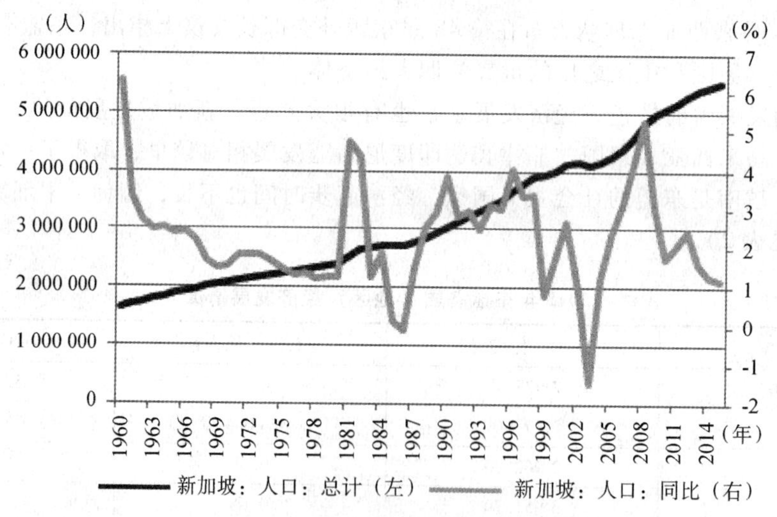

图2 新加坡人口增长缓慢

资料来源：Wind，太平洋证券。

被称为“亚洲四小虎”的马来西亚、泰国、菲律宾和印度尼西亚四国在20世纪80年代至90年代增长突飞猛进。1997年金融危机对这四国打击很大，1999年后经济逐渐复苏。随后经济增速虽也有波动，但整体来说保持平稳增长（见图3—图6）。

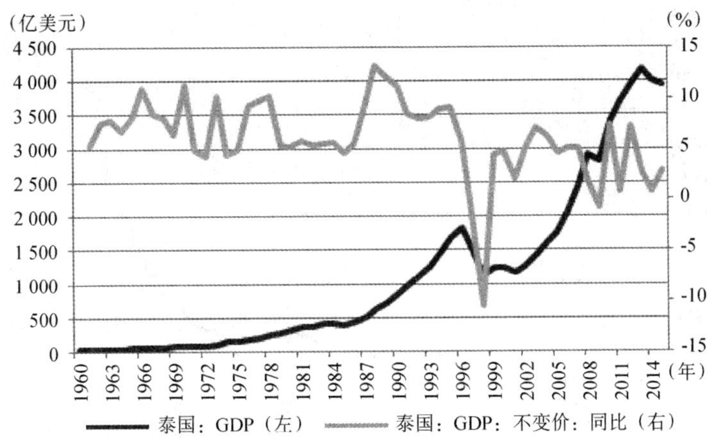

图 3 泰国 GDP2000 年以后快速增长

资料来源：Wind，太平洋证券。

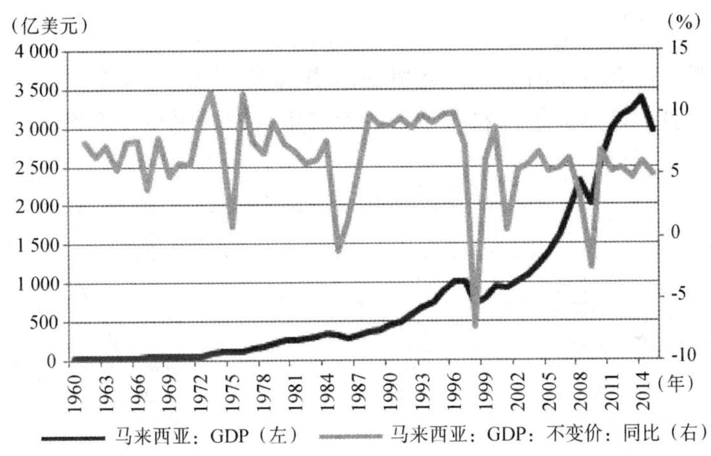

图 4 近年来马来西亚 GDP 增速在 5% 左右

资料来源：Wind，太平洋证券。

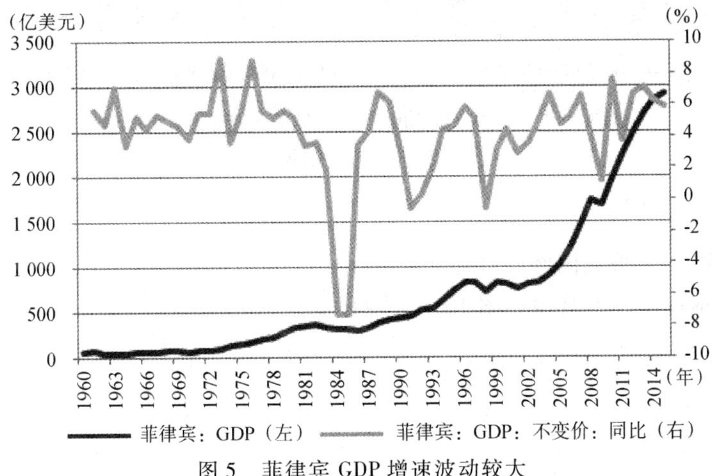

图 5 菲律宾 GDP 增速波动较大

资料来源：Wind，太平洋证券。

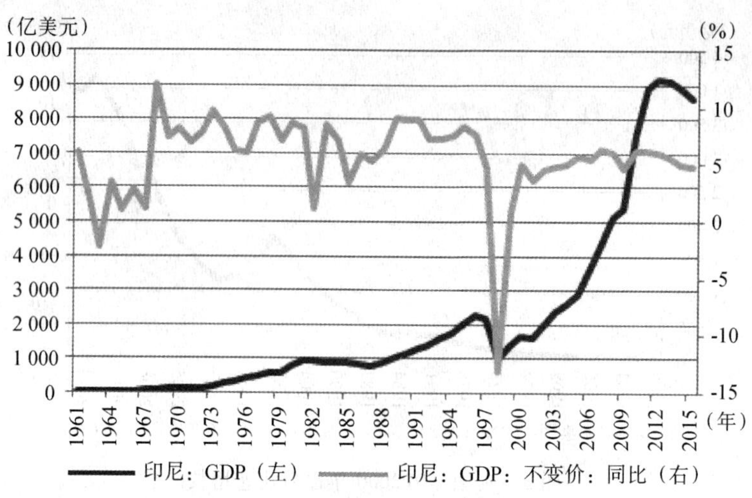

图6　近年来印尼GDP增速放缓

资料来源：Wind，太平洋证券。

东盟仅有的两个社会主义国家——老挝和越南，近年来通过经济改革，经济增速很快。但工业基础仍然薄弱，目前仍是以农业为主的发展中国家（见图7和图8）。

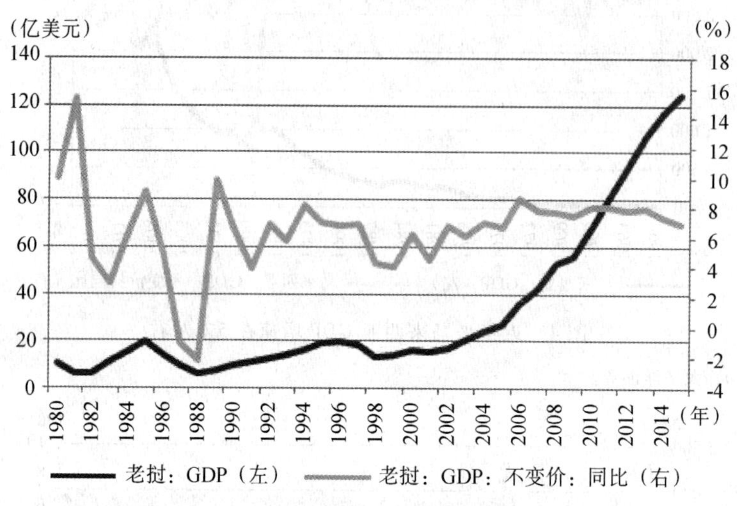

图7　老挝GDP从2005年27亿美元增长到2015年的125亿美元，增速8%

资料来源：Wind，太平洋证券。

缅甸、柬埔寨、文莱三国经济体量小，但经济增速快，目前资本市场尚在萌芽阶段，或尚未正式建立资本市场（见图9、图10和图11）。

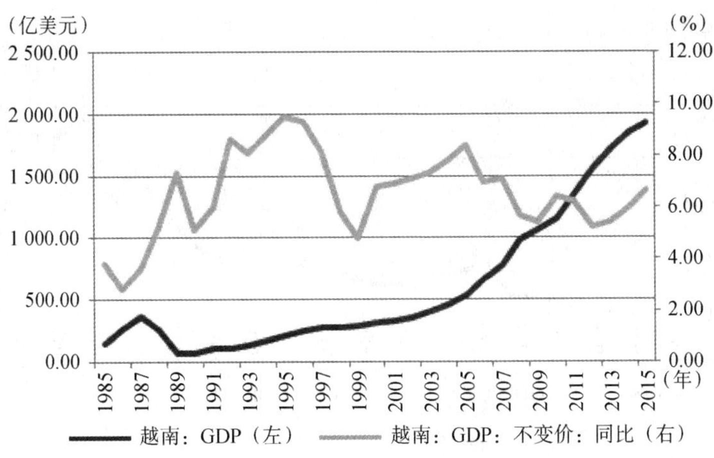

图 8 越南 2015 年 GDP 约 1 935 亿美元，增速约 6.7%

资料来源：Wind，太平洋证券。

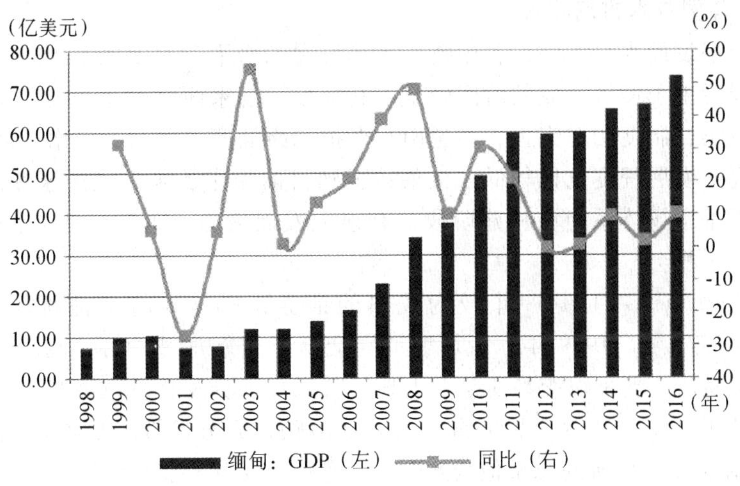

图 9 缅甸 GDP 及增速

资料来源：Wind，太平洋证券。

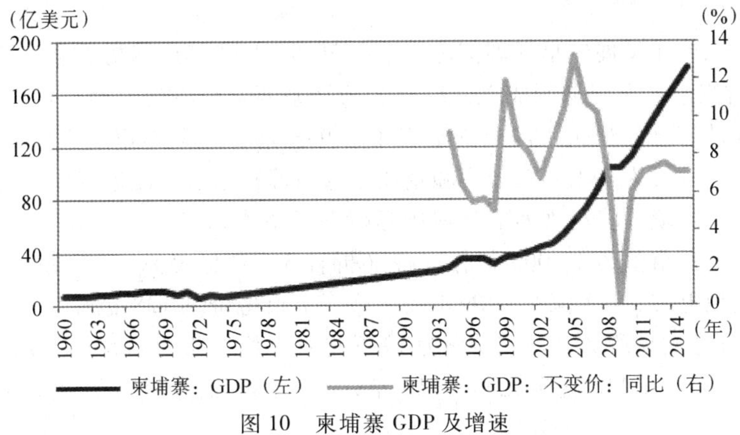

图 10 柬埔寨 GDP 及增速

资料来源：Wind，太平洋证券。

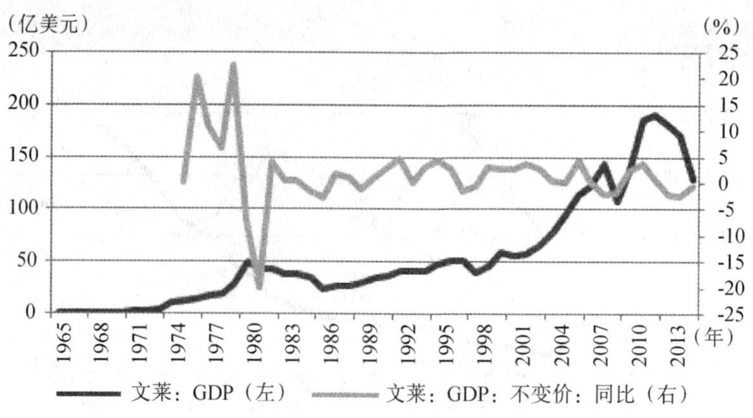

图 11　文莱 GDP 及增速

资料来源：Wind，太平洋证券。

（二）东盟各国资本市场状况

东盟各国经济发展水平不一，各国资本市场发展的水平和程度也不相同。由于受英美西方国家的影响或者由于经济开放的时间较早，新加坡、马来西亚、菲律宾、印尼、泰国等国资本市场发展较早，制度相对完善，而越南、老挝、柬埔寨、缅甸等中南半岛国家资本市场建立的时间较晚，发展程度也比较低。文莱甚至到目前为止还未建立国家性的证券交易所。这些发展中的资本市场体系尚在构建阶段，有很大发展潜力，为“一带一路”倡议下的国际资本合作提供了机会。

新加坡交易所（SGX）是一个较为成熟的证券市场，其前身是新加坡证券交易所（SES），成立于 1973 年。1999 年，新加坡证券交易所与新加坡国际金融交易所（SIMEX）合并成新加坡交易所。新加坡交易所是亚太地区首家集证券及金融衍生产品交易于一体的企业股份制化交易所，该交易所产品丰富，交易度活跃，充分发挥了资本市场的作用。截至 2016 年 6 月，新加坡交易所的总市值为 8 987 亿美元，有 703 家上市公司。2016 年，新加坡交易所的日均交易额为 11 亿美元，总交易额为 2 741 亿美元，换手率为 41%。全年有 349 只债券上市，融资 1 720 亿美元，21 只股权和信托基金上市，融资 21 亿美元，二次权益基金融资 51 亿美元。

马来西亚是东南亚发展较早的国家之一，在 20 世纪 30 年代就初步建立了自己的资本市场。1976 年，吉隆坡股票交易所成立，后易名为马来西亚证券交易所。1997 年亚洲金融危机后，马来西亚政府全面整顿了国内资本市场，并公布了“资本市场大蓝图”计划，发展目标是将资本市场发展为马来西亚公司和企业首选的筹资渠道，促进有效的投资管理和为投资者创造更有利的环境，将马来西亚建成国际伊斯兰资本市场中心。截至 2016 年底，马来西亚证券交易所的总市值为 17 000 亿林吉特（折合 3 917 亿美元），共有 904 家上市公司，其中 791 家在主板上市，113 家在 ACE 市场上市，上市融资共 128 亿林吉特（折合 29 亿美元）。马来西亚证券交易所的日均交易额为 19.6 亿林吉特（折合 4.5 亿美元），总交易额为 4 840 亿林吉特（折合 1 115 亿美元）。2016 年，马来西亚证券交易所伊斯兰资本市场上的日均商品交易额为163亿林吉特（折合37亿美元）。[①]

1974年，泰国在政府的支持下建立了资本市场，并成立了泰国证券交易所。1997年东南亚金融危机之后，泰国对金融部门进行了大规模重组，通过关停大批金融机构、推动企业债务重组、提高监管标准等措施，重塑资本市场。[②] 截至2016年12月底，泰国证券市场共有主板上市公司593家，中小企业板上市公司133家，合计726家，总市值达到15万亿泰铢（折合4 489亿美元）。日均交易额为525亿泰铢（折合15亿美元），总交易额为13万亿泰铢（折合3 706亿美元）。[③]

印度尼西亚早在1912年就建立了证券交易所和资本市场，但当时主要是为荷兰殖民者的东印度公司服务的，并且由于各方面的原因，该交易所的交易并不活跃。1977年，印尼为了激活本国的资本市场，上市了第一家公司，并任命了资本市场监管机构对交易所进行监管。1997年亚洲金融危机之后，印尼对国内经济进行了整顿，采取了对银行进行重组、提高银行资本充足率、提高外汇储备、降低外债等一系列措施，提高了对金融风险的抵御能力。截至2015年，印尼证券交易所的总市值是4 972.7万亿印尼盾（折合3 731亿美元），共有521家上市公司，日均交易额为58亿印尼盾（折合43万美元），总交易额为14 063.6亿印尼盾（折合1亿美元）。[④]

菲律宾股票交易所是菲律宾国家证券交易所，也是东南亚历史最悠久的证券交易所之一。1992年，该交易所由马尼拉证券交易所和马卡蒂证券交易所合并成立。马尼拉证券交易所和马卡蒂证券交易所分别成立于1927年和1963年。截至2017年3月，该交易所总市值为15.28万亿菲律宾比索（折合3 056亿美元），拥有266家上市公司，日均交易额为68.2亿菲律宾比索（折合1.4亿美元）。[⑤]

为了实现越南国家经济的现代化，维持经济的稳定增长，促进经济结构优化，提高经济效益，有效促进竞争，越南决定建立越南证券市场，并分别于2000年设立了胡志明证券交易中心（2007年改名为胡志明证券交易所），2005年设立了河内证券交易中心（2009年改名为河内证券交易所）。截至2016年底，胡志明证券交易所的总市值为1 491万亿越南盾（折合656亿美元），总市值占越南当年GDP总额的35.1%，上市公司320家，日均交易额24 420亿越南盾（折合1亿美元）。[⑥] 据河内证券交易所的信息显示，截至2013年，该交易所总市值为107万亿越南盾（折合46亿美元），上市公司数量为377家，交易总额为82万亿越南盾（折合36亿美元），日均交易额为3 283亿越南盾（折合1 443万美元）。[⑦]

缅甸资本市场尚处于起步阶段。缅甸当前有一家证券交易所——仰光证券交易所（YSX），该交易所于2014年12月建立，于2015年12月开业。截至2017年5月1日，仰光证券交易所的总市值为7 084亿克雅特（折合5.2亿美元），上市公司总计4家，主要分布

① 马来西亚交易所：Annual Report 2016。

② 李峰：“亚洲金融危机以来泰国的金融部门改革”，载《东南亚研究》2009年第3期，第11页。

③ 泰国证券交易所：Annual Report 2016。

④ 印度尼西亚交易所：Annual Report 2015。

⑤ 参见 The Philippines Stock Market end - March 2017，菲律宾交易所官方网站，www.pse.com.ph/stockMarket/home.html，最后访问日期：2017年5月20日。

⑥ 胡志明证券交易所：Annual Report 2016。

⑦ 河内交易所：Annual Report 2013。

在金融行业、房地产行业。2016年全年，仰交所连续交易的交易额为707亿克雅特（折合5 217万美元），大宗交易额为22.5亿克雅特（折合165万美元）。[①] 缅甸现有6家证券公司，其中有4家是合资券商，两家为缅甸独资。缅甸证券市场参与人群以散户为主，截至2017年2月中旬，缅甸个人投资者开户数约为3万户。

老挝证券交易所成立于2010年10月，截至2015年底，总市值为120 470亿基普（折合14.7亿美元），总交易额为2000亿基普（折合2 444万美元），日均交易额为8亿吉普（折合10万美元）。共有5家上市公司，分别涉及商业银行、水电、贸易展览、油气能源、建材家装等行业。老挝现有4家证券公司。证券账户开户12076户，老挝本地个人户9 614户，本地机构户36户，外国个人户2 360户，外国机构户66户。[②]

柬埔寨证券交易所于2010年注册成立，截至2017年5月1日，共有4家上市公司，涉及经济特区开发、港口服务、纺织、供水服务等行业。截至2017年5月1日，柬埔寨证券交易所的指数（CSX Index）为345.04。

（三）东盟在金融领域的一体化努力

冷战结束之后，为了在日益激烈的国际经济竞争中增强自身地位，东盟于1992年提出建立东盟自由贸易区的倡议，并于2002年正式启动了自由贸易区的工作。截至2012年，东盟自由贸易区已经取得了实质性的进展，势头良好。文莱、印尼、马来西亚、菲律宾、新加坡和泰国之间99.11%的商品关税已取消，柬埔寨、老挝、缅甸和越南98.86%的商品关税已经降至0—5%的水平。[③] 1997年金融危机重创了东南亚各国，东盟各国深感需要新的倡议和合作举措来提升自身的相关性和经济治理能力。[④] 2007年，在新加坡举行的第13届东盟首脑会议上，东盟10国领导人签署了《东盟宪章》，明确写入了要建立东盟共同体的战略目标，在东盟自由贸易区的基础上又提出了更高层次的一体化目标。

为了面对周边成熟交易所的竞争，加强在国际资本市场上的竞争力，避免被边缘化；同时，为了更好地实现东盟各成员国在资本融通领域的合作，促进区域内资源的流通，推动东盟在金融领域的一体化建设，2010年初，新加坡、马来西亚、泰国、菲律宾4个国家的证券交易所与纽约证券交易所签署了合作意向书，由后者为前4个交易所设计区域性的交易平台。2011年4月，东盟6国的7家交易所宣布成立东盟交易所（ASEAN Exchanges）[⑤]，并于2012年6月建立起了交易系统之间的互联，名为“东盟交易连接（ASEAN Trading Link）”。该证券交易平台成立后，7家证券交易所的总市值达到2万亿美元，覆盖5.2亿人口，为6国的证券投资者提供了3 000多只可供交易的上市公司的股票。联合之后的交易所的总市值和上市公司数量分别是新加坡交易所的2.2倍和4.4倍。为了便于投资者在众多的股票中选

---

① 参见仰光证券交易所官方网站 https://ysx-mm.com/，最后访问日期：2017年5月20日。

② 老挝证券交易所：LSX Market Performance 2015。

③ 刘鸣：“2015年东盟经济共同体：发展进程、机遇与存在的问题”，载《世界经济研究》2012年第10期，第81页。

④ 周玉渊：“从东盟自由贸易区到东盟经济共同体：东盟经济一体化再认识”，载《当代亚太》2015年第3期，第92页。

⑤ 新加坡交易所、马来西亚交易所、泰国交易所、菲律宾交易所、印度尼西亚交易所、越南的河内交易所和胡志明交易所。

择出更有投资价值的股票，该交易平台以每个国家为单位，各推荐了30只、共180只蓝筹股股票，这180只股票被称为“东盟之星”，这些股票在引导东盟各界在东盟交易所内进行投资方面起到了重要作用，让市场开始对该交易所有了直观的认识，产生了市场放大效应。英国富时集团还为该交易平台开发出了2套指数，即富时/东盟指数（FTSE/ASEAN Index）和富时/东盟40（FTSE/ASEAN 40）。根据FTSE/ASEAN 40指数显示，2012年5月7日，该指数为10589.23点；2017年5月5日，该指数为9980.82点。指数变化趋势见图12。

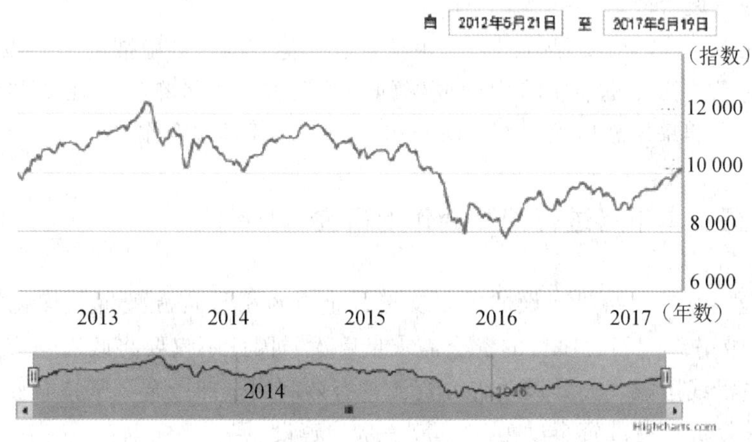

图12 东盟交易所富时/东盟40指数变化趋势图

资料来源：东盟交易所网站。

2015年12月底，东盟宣布东盟共同体成立，这个新成立的共同体拥有6.28亿人口，成为全球第六大经济体。东盟共同体包括三大核心支柱，分别是东盟经济共同体（AEC）、东盟政治安全共同体（APSC）、东盟社会文化共同体（ASCC）。东盟发表了《东盟经济共同体2025蓝图》（以下简称《蓝图》）的框架性文件，对其未来的发展进行了规划。

《蓝图》中对于东盟经济共同体在金融领域一体化的战略目标是：金融一体化、金融普惠性、金融稳定。

1. 增强金融一体化

通过提高东盟本土银行的地位，为东盟内部贸易和投资提供便利；建立更加一体化的保险市场；建立更加相互联系的资本市场，并且由有力的、安全的、经济的金融市场基础设施予以支撑。监管层将以更好的连贯性来承担金融自由化的任务，将监管方面的合规要求降至最小，以在保持稳健的同时降低成本。

2. 提高金融的普惠性

将金融产品和服务供应给那些需要的群体，包括中、小、微型企业。在一些国家开始进入老龄化社会的情况下，那些旨在解决地区内数字代沟和反映人口结构变化的倡议也将纳入普惠金融的范畴。

3. 增强金融稳定

通过持续性地增强地区基础设施建设，增强金融稳定性，特别是在该地区处于紧张的时期。

值得一提的是，尽管东盟国家在积极推进一体化进程，但因为东盟各国主权意识非常强，不肯让渡过多权利，经济发展程度相似导致互补性弱，文化和宗教信仰差异大，缺乏共同的价值观和认同感等因素，使得东盟自 1967 年成立以来联合自强的步伐始终不快。曾经有评论家这样评价东盟：36 岁的东盟，以其“没有行动，只有空谈”而闻名于世。从 1992 年开始的东盟自由贸易区计划到现在，由于各种各样的非关税壁垒和不同的生产标准区，使得区内贸易仍然在 25% 上下徘徊。[①] 没有行动的评价可能有些夸张，但是东盟行动步伐的缓慢是符合实际情况的。可以预见，东盟经济共同体在金融领域和资本市场的一体化努力仍然处于一个缓慢的发展阶段。

在这种情况下，我们既要保持耐心，跟随东盟自身节奏，平稳推进；又要密切关注东盟各方面的发展动态，抓住机会，将中国成熟的经验和方法引入东盟，在“共商、共建、共享”的理念下，大胆采用新思维和新方法与东盟国家展开具体合作。

二、与东盟资本市场进行国际合作的研究

资金融通是“一带一路”建设的重要支撑，金融对引导资源配置和优化投资效果具有重大意义。“一带一路”相关项目的资金需求量巨大，因此不仅要将政府与市场的力量结合起来，还要动员沿线国家，充分调动各方资源，有效利用全球资金，坚持共商、共建、共享的理念，提供长期的可持续资金助力“一带一路”建设。

在促进“一带一路”资金融通的过程中，要大力促进资本市场的联通，这样可以撬动更多国际资金，逐渐减少“一带一路”建设对传统银行贷款的过度依赖，帮助沿线国家形成层次合理、功能互补的金融市场和丰富的产品体系。在这方面，我国正在积极探索，具体到东盟资本市场，可以考虑以下几个领域的国际合作。

（一）与东盟国家全面建立证券监管合作关系

建立不同国家证券监管机构之间的联合监管合作机制，能有效扩大信息共享范围，完善跨境风险应对和危机处置制度安排，对各相关方证券市场的有序发展起着重要的保障作用。中国证监会已经与一些东盟国家的证券监管机构在证券市场的监管合作、相互协助和信息交流方面签署了谅解备忘录，建立了相关监管合作机制（见表 3）。这些备忘录的签署为中国与东盟之间的资本市场合作提供了监管基础。

表 3　　中国证监会与东盟国家证券监管机构签署的谅解备忘录

序号	时间	境外机构	备忘录名称	签署地
1	1995 年 11 月 30 日	新加坡金融管理局	关于监管证券和期货活动的相关合作与信息互换的备忘录	新加坡
2	1997 年 4 月 18 日	马来西亚证券委员会	证券期货监管合作谅解备忘录	北京
3	2003 年 12 月 9 日	印度尼西亚资本市场监管委员会	关于相互协助和信息交流的谅解备忘录	雅加达

① 陈乔之，张勇长：“东盟经济共同体发展前景展望”，载《亚太经济》2005 年第 3 期，第 6 页。

续表

序号	时间	境外机构	备忘录名称	签署地
4	2004 年 10 月 14 日	印度尼西亚商品期货交易监管局	期货监管合作谅解备忘录	北京
5	2005 年 6 月 27 日	越南证券委员会	证券期货监管合作谅解备忘录	北京
6	2007 年 4 月 12 日	泰国证券交易委员会	证券期货监管合作谅解备忘录	孟买
7	2011 年 9 月 19 日	老挝证券交易委员会	证券期货监管合作谅解备忘录	北京
8	2014 年 2 月 17 日	文莱金融管理局	证券期货监管合作谅解备忘录	斯里巴加湾

资料来源：中国证监会网站。

在上述基础上，可进一步与尚未建立证券监管合作关系的东盟国家，如柬埔寨、缅甸和菲律宾建立证券监管合作关系，为中国与东盟的资本市场合作全面铺平道路。

（二）实现我国交易所平台在东盟地区的建设

在中国与东盟“一带一路”资本市场合作中，交易所扮演着重要的角色。我国交易所可以研究东盟各国资本市场的特点，找到切入点，尝试与各国交易所建立互联互通的交易平台或交易机制，为双方市场的资金和金融产品提供连接渠道，促进资金的融通。目前，东盟已经出现了连接东盟资本市场的平台机制——东盟交易所。随着时间的推移，东盟资本市场必将以一个整体形象登上国际资本市场的舞台。作为邻近中国的新兴市场，东盟资本市场在上市资源争夺、地区战略定位等方面都可能对我国形成一定的影响。[①] 面对这种局面，我国交易所应当密切观察东盟交易所的未来发展，寻找跟东盟交易所合作的契机。

（三）加快实现我国证券经营机构向东盟地区布点并且逐步网络化

无论是为“一带一路”建设在东盟地区的各类项目提供金融服务，还是证券经营机构本身积极参与东盟资本市场的竞争，都需要我国证券经营机构首先在东盟设立分支机构。太平洋证券已于 2013 年 11 月在老挝率先设立了分支机构，目前，中资证券公司在东盟的分支机构数量极少。从邻国日本的经验来看，经过第二次世界大战后近 30 年发展的日本证券机构于 20 世纪 70 年代开始了在东盟的布点工作（以日本大和证券为例，见表 4）。

表 4　　日本大和证券在东盟国家设立的分支机构

年份	国家	分支机构
1 972	新加坡	大和资本市场新加坡有限公司
1 995	菲律宾	DBP 大和资本市场菲律宾有限公司
1 996	缅甸	缅甸证券交易中心有限公司
2006	泰国	曼谷办事处
2007	越南	河内办事处

资料来源：大和证券集团总公司网站。

① 裴慧奇：“东盟诸国的资本市场特色”，载《深交所》2012 年第 4 期，第 8 页。

因此，中资证券机构应当加快在东盟地区设立分支机构的工作，并逐渐将自己的分支机构形成经营网络，增强在东盟地区的金融服务提供能力和业务经营能力。希望国内监管机构也能在证券经营机构赴境外设立分支机构的审批上给予支持和便利。

（四）在人民币跨境结算基础上创新发展资本市场金融产品，丰富人民币国际化内涵

2010 年，中国—东盟自由贸易区建成。2016 年，中国与东南亚地区贸易额为 4 554.4 亿美元，占中国与“一带一路”沿线 64 个国家贸易总额的 47.8%。在“一带一路”沿线 64 个国家中，中国向东南亚出口额最大，占比为 44.1%；中国自东南亚进口额也最大，占比为 53.6%。[①] 双方贸易的扩大凸显了在东盟地区以人民币结算和计价的问题。中国人民银行与部分东盟国家签署了本币互换协议，为当地市场注入了一定量的人民币（见表 5）。

表 5　　中国人民银行与部分东盟国家签署的本币互换协议

时间	国家	规模	有效期	是否展期
2011 年 12 月	泰国	700 亿元人民币/3 200 亿泰铢	三年	经双方同意可以展期
2012 年 2 月	马来西亚	1 800 亿元人民币/900 亿林吉特	三年	经双方同意可以展期
2013 年 7 月	新加坡	3 000 亿元人民币/600 亿新加坡元	三年	经双方同意可以展期
2013 年 10 月	印度尼西亚	1 000 亿元人民币/175 万亿印尼卢比	三年	经双方同意可以展期

资料来源：中国人民银行网站。

虽然人民币国际化需要先处理国内金融体系改革的问题，但是在未来，我们坚信这个问题能得到很好的解决。一旦率先在东盟地区实现了以人民币结算双方贸易和以人民币对资本市场金融产品进行计价的步骤，东盟各国政府和民众手中持有的人民币就有可能投向中国资本市场中的债券、金融衍生品等各类金融产品，这将给在东盟地区的中资证券经营机构带来许多发展机会，也将促进人民币在中国与其他国家之间的跨境流动，增强人民币作为国际通用货币的国际地位，为人民币国际化提供更加丰富的内涵。

（五）针对具体国家和具体任务，要采用不同的合作策略

东盟各国经济和资本市场发展水平不一，与单个东盟国家进行合作时，需要考虑该国的实际情况。例如，新加坡、马来西亚的资本市场发展程度或者开放程度较高，新加坡和马来西亚的证券化率分别为 177.3% 和 172.6%，排名世界前列。[②] 同时，新加坡还是亚太地区重要的国际金融中心，各类金融产品和交易方式更加多样。我国证券经营机构应积极参与两国的金融交易活动，抓住各种机遇，承担起中国与两国，尤其是与新加坡进行资本市场合作的桥梁作用；老挝和柬埔寨发展水平较低，发展速度也较慢，同时与中国双边关系较好，中国的证券经营机构应以促进两国金融业逐渐成长、多项产业的长足发展为目标，从基础的业务开始进行合作；除老挝和柬埔寨之外的其他中南半岛国家，即越南、泰国、缅甸，同中国一样也是欧亚大陆的一部分，从“一带一路”设施联通的角度来看，可以通过铁路和公路的

---

① 参见“统计数据告诉你：中国与东盟贸易”，中国—东盟自由贸易区网站，网址：http://www.cafta.org.cn/show.php?contentid=81 112，最后访问日期：2017 年 5 月 20 日。

② 裴慧奇：“东盟诸国的资本市场特色”，载《深交所》2012 年第 4 期，第 2 页。

联通，将这些国家联入“一带一路”的整个区域当中。当前，中国海外投资的模式由“打一枪换一个地方”的承包和承建模式开始转变为“落地生根”式的长期开发模式，中国在东盟的证券经营机构分支机构应在认识到这一重要转变的基础上，从中国和东盟相关国家筹集资金，提供金融服务，支持项目的开展；对于其他东盟国家，如印度尼西亚、菲律宾、文莱，可在摸索中逐渐发现与其进行有效合作的途径。

（六）抓住机遇，迎接挑战，合理、适时地嫁接中国资本市场优势，促进双方资本市场共同发展

如前文分析，东盟资本市场有着自身各种各样的特点，对合作形成了一定的挑战，但是在“一带一路”倡议的指引下，我们也迎来了促进合作的大好机遇。经过 20 多年的发展，中国的资本市场已经跃升为全球第二大市值的资本市场，并推动了中国经济的持续快速增长。东盟资本市场发展水平层次不一，中国资本市场可以针对各东盟国家的不同特点，发挥出自己的相对优势，打开中国—东盟资本市场合作的局面，并逐步深化扩大合作，形成两地之间资金融通的大格局，支撑“一带一路”其他重要领域的发展，为“一带一路”的发展做出贡献。

参考文献

[1] 李峰．亚洲金融危机以来泰国的金融部门改革［J］．东南亚研究，2009 (3)：11.

[2] 刘鸣.2015 年东盟经济共同体：发展进程、机遇与存在的问题［J］．世界经济研究，2012（10）：81.

[3] 周玉渊．从东盟自由贸易区到东盟经济共同体：东盟经济一体化再认识［J］．当代亚太，2015（3）：92.

[4] 陈乔之，张勇长．东盟经济共同体发展前景展望［J］．亚太经济，2005（3）：6.

[5] 裴慧奇．东盟诸国的资本市场特色［J］．深交所，2012（4）：2，8.

[6] 新加坡交易所 . Annual Report 2016［R］．新加坡：2017.

[7] 马来西亚交易所 . Annual Report 2016［R］．吉隆坡：2017.

[8] 泰国证券交易所 . Annual Report 2016［R］．曼谷：2017.

[9] 印度尼西亚交易所 . Annual Report 2015［R］．雅加达：2016.

[10] 胡志明证券交易所 . Annual Report 2016［R］．胡志明市：2017.

[11] 河内交易所 . Annual Report 2013［R］．河内：2014.

[12] 老挝证券交易所 . LSX Market Performance 2015［R］．万象：2016.

专注特色跨境业务，支持“一带一路”建设

——以中亚五国贸易服务为例

魏 国[*]

一、引言

共建“丝绸之路经济带”，是国家主席习近平 2013 年 9 月访问哈萨克斯坦时首次提出，并在 2013 年 11 月 12 日党的十八届三中全会《关于全面深化改革若干重大问题的决定》中进一步明确。“丝绸之路经济带”继承了中国古代“汉唐盛世”所开辟的、中国大陆与印欧文明各主要经济体经贸往来的“古丝绸之路”概念，横跨整个亚欧大陆，将东亚、中亚、南亚、中东、东欧及地中海各国联结为一体，其沿线有丰富的自然及矿产资源，又有大量的人口及消费市场，如能携手共建，必将给沿线国家和地区带来全新的发展机遇。但对于大多数从未走出国门的中国企业而言，这条充满商机的希望之路又是一趟陌生领域的探险之旅——受制于国际贸易及跨境金融实务经验的匮乏，想走出去的企业面临着大量的外汇、利率和商品交易风险，而证券公司先天就具有对冲此类风险的产品、技术及人才。因此，在“一带一路”建设的大背景下，证券公司专注特色跨境业务，将自身的产品研发与风险管理能力主动对接企业的跨境贸易需求，是必然趋势，也是证券公司提升实力、加速对外布局的重要机遇。

由于国际政治经济环境的深刻变化和“一带一路”建设的快速推进，学者们围绕该领域进行了大量的讨论（赵菡菡，2015；李晓和李俊久，2015；张占仓，2017，等）。既有研究在讨论证券公司支持企业跨境贸易的过程中存在的一个主要问题是：忽略企业跨境贸易的区域和资源禀赋特征，单纯从国际贸易和国际金融市场的角度，将跨境贸易企业不加区分地纳入同一市场环境下展开分析。现实中的企业跨境贸易由于政策导向、地域、历史、行业和

* 作者单位：中泰证券股份有限公司湖北分公司。原载于《中国证券》2017 年第 6 期。

规模等各方面的差异，导致企业面临的风险存在差异性。与此同时，相关研究也已证明，企业跨境贸易既可能面对共性的汇率风险（宋镇，2007），也可能面临特定的大宗商品交易风险（郭丽岩，2010）。与此同时，当前我国期货市场的品种及衍生品工具极为有限，未能形成覆盖全产业链的交易品种，即使企业进行交叉套期保值，也很难平抑国际大宗商品市场的波动，对企业跨境贸易的商品交割风险进行有效对冲管理。因此，研究证券公司支持企业跨境贸易，必须考虑特定区域及贸易特点对企业的影响。

（一）外汇风险

外汇风险主要是指企业外贸结算时持有的外币资金与人民币之间的汇兑波动，它主要由三要素构成，即持有外汇头寸的大小、持有时长、持有期间的汇率波动。在这三要素中，持有外汇头寸的大小和持有时长，皆可由企业通过选择贸易模式、支付模式以及结汇期限来自主决定。但影响汇率波动的因素则复杂多变，包括地缘政治、大宗波动及其他政治经济乃至文化要素，因此跨境贸易企业所谓的外汇风险，主要就是结算货币之间的汇率波动带来的价格变化，其他要素皆可通过科学有效的适当性管理得以最大程度的规避。

（二）大宗商品价格波动

不同于外汇风险，首先，大宗商品的价格波动具有较强的地域特征，比如中东的石油、北美的农产品等，使得某些集团可以利用其资本、政治乃至军事优势，通过影响这些资源集中地域的地缘政治局势、原材料供给和输出的渠道以及该类产品的资本流动情况等，形成区域性的垄断或者不完全竞争市场，导致全球大宗产品价格失衡、巨幅波动。其次，大宗商品贸易的杠杆率越来越高，期货交易量越来越大，导致大宗商品价格波动造成的资本风险也越来越大。最后，就我国大宗商品现期货的交易情况而言，在期货市场上虽然交易量日趋增长，但与国际主要大宗商品交易所仍有较大差距，不足以取得商品定价权，市场活跃度仍急需发展；现货方面，基于我国加工贸易及主要优质大宗商品匮乏的经济特性，我国在大宗商品进口方面大多呈现价格倒挂的不利局面。

（三）“一带一路”建设带来的商业机会与外汇、大宗商品交易风险并存

企业跨境贸易面临的风险有：外汇的交易敞口风险、换算敞口风险和经济敞口风险，以及大宗商品交易的价格下跌风险、代理企业的信用风险等。对于外贸交易，特别是外汇交易经验不足、应对能力薄弱的中国企业而言，急需证券公司等金融机构提供对应的风险解决方案。

因此，证券公司应当加强体制机制创新，开展多元化服务；加强线上平台建设，扩大服务覆盖范围；加快自主柜台交易市场建设力度；专注特色跨境业务，更好地服务跨境贸易企业，为“一带一路”建设提供有力支撑。

二、特色跨境业务的贸易基础

（一）沿线国家政治、经济与资源禀赋比较

从地理区域来看，“丝绸之路经济带”东起中国，途经中亚、南亚、中东、俄罗斯，西

达欧洲发达经济圈，是横贯亚欧两洲的“经济大陆桥”。中亚、南亚、中东、俄罗斯及欧洲五地区地理位置不同，在政治、经济以及资源禀赋方面各有特点。

中亚地区与中国有着 3 000 多公里的边境线，主要包括哈萨克斯坦、吉尔吉斯斯坦、土库曼斯坦、乌兹别克斯坦、塔吉克斯坦 5 个多民族多信仰国家，其中伊斯兰教为信仰范围最大的宗教；五国政治格局基本稳定，经济发展程度不均衡；五国境内自然资源（包括石油、天然气、贵金属等）丰富，具有较大的开发价值，但是由于技术投资不足等原因，自然资源的开发和利用程度较低。

南亚国家主要包括印度、阿富汗和巴基斯坦等。与中亚五国相比，南亚国家政局较为动荡，政局中的不确定性因素更多。南亚国家以传统农业为经济基础，经济发展水平较低；这些国家普遍自然资源富足，矿藏、木材、粮食、皮革及化工等工业原料是我国长期进口的大宗商品。总体上，中国与南亚国家在资源、产业结构、商品结构、技术结构上有着很强的互补性。

受民族主义、极端主义以及恐怖主义三股势力的威胁，中东地区政局相比中亚、南亚不稳定。中东地区国家多为资源经济结构单一的国家，其油气资源丰富，地区经济发展很大程度与国际经济形势、国际油价相关。

俄罗斯国内政局比较稳定，但近年来，由于克里米亚和乌克兰问题，俄罗斯的经济受到欧盟国家和美国的制裁，加上金融危机的影响，俄罗斯国内经济发展减缓。俄罗斯天然气、石油、铁、铝和铀资源丰富。

欧盟地区政局大致比较稳定，经济较为发达，在航空航天、汽车制造、精密仪器、机械自动化、电子、化工等领域均为世界一流水平。但在欧债危机以及恐怖主义的威胁下，欧盟有解体及“向右”的发展趋势，在经济及安全上有融入“一带一路”的紧迫需求。

在 5 个区域中，中亚国家矿产及能源资源丰富，且与中国直接接壤，第二、第三亚欧大陆桥横贯其中，21 世纪以来逐渐成为中国最重要的境外能源供应地之一。哈萨克斯坦、塔吉克斯坦等民族跨界而居。五国与我国的经济、文化往来密切，因此中亚也成为中国商品重要的出口市场，以及中国资本的输出目的地之一。与此同时，中亚国家为了经济发展，在主观上也希望和中国进行贸易与合作，通过“丝绸之路经济带”的建设与发展为其经济社会发展带来机会。目前，中国正在主导规划亚欧高速铁路建设，中亚五国积极支持和参与，多方正在构建系列多边及双边协议，实现经济互补、政治互信、合作共赢的目标。当前中国已经成为哈萨克斯坦、乌兹别克斯坦、吉尔吉斯斯坦、塔吉克斯坦这四国仅次于俄罗斯的第二大贸易伙伴，并且是乌兹别克斯坦、吉尔吉斯斯坦两国的最大投资来源国。

（二）中亚五国商品贸易概况

1. 哈萨克斯坦

2012 年，哈萨克斯坦的主要出口对象为中国、意大利、荷兰；进口对象是俄罗斯、中国、乌克兰。进出口商品结构见表 1。

近年来，哈萨克斯坦从中国的进口额逐年增加，出口额总体上升，净出口额总体增加。其中，哈萨克斯坦主要出口铜及铜材、钢材、原油等，主要进口机电产品、服装、鞋类等。

表 1 哈萨克斯坦主要进出口商品

主要出口品	出口品比值（%）	主要进口品	进口品比值（%）
矿产品	75	机械、设备、交通工具、仪器和仪表	40
金属及其制品	13.10	化工产品	12.90
其他	1.90	其他	12.60

资料来源：中国外交部。

2. 吉尔吉斯斯坦

数据显示，2012 年吉尔吉斯斯坦的贸易逆差 40.27 亿美元。吉尔吉斯斯坦的主要贸易伙伴有俄罗斯、中国、哈萨克斯坦。进出口商品结构见表 2。

表 2 吉尔吉斯斯坦主要进出口商品

主要出口品	出口品比值（%）	主要进口品	进口品比值（%）
黄金	29.70	汽油	9.50
服装	8.20	柴油	6.50
其他	50.00	其他	70.20

资料来源：中国外交部。

2010—2012 年，吉尔吉斯斯坦同中国的进出口额同步增加，净进口额基本保持不变。中国稳居吉尔吉斯斯坦第 2 大贸易伙伴国和第 2 大进口来源国地位，同时自吉尔吉斯斯坦进口额排名上升两位，为吉尔吉斯斯坦第 5 大出口目的国。

3. 塔吉克斯坦

2012 年塔吉克斯坦的主要贸易伙伴为俄罗斯、哈萨克斯坦及中国。塔吉克斯坦出口产品结构单一，2012 年进出口产品结构见表 3。

表 3 塔吉克斯坦主要进出口商品

主要出口品	出口品比例（%）	主要进口品	进口品比例（%）
非贵金属及其制品	40.90	交通工具	26.60
矿产品	22.40	机械设备	20.20
其他	33.00	其他	40.60

资料来源：中国外交部，塔吉克斯坦海关总署。

塔吉克斯坦出口到中国的商品贸易额逐年增加，进口商品先增加后减少，但是总体净进口额增加。塔吉克斯坦主要从中国进口服装、机械设备、钢铁制品；我国主要从塔吉克斯塔进口矿产品、棉花、生皮。

4. 乌兹别克斯坦

2012 年，乌兹别克斯坦主要贸易合作伙伴有俄罗斯、中国、哈萨克斯坦。主要进出口产品见表 4。

表 4 乌兹别克斯坦主要进出口商品

主要出口品	出口品比例（%）	主要进口品	进口品比例（%）
油气产品	35.30	机械设备	45.40
服务	16.20	化学与塑料制品	14.40
皮棉	8.80	粮食	9.90

资料来源：中国外交部。

乌兹别克斯坦在近三年中进口额显著增加，出口额出现了波动，但是 2012 年较 2010 年少；净进口额呈现上升趋势。乌兹别克斯坦主要从我国进口机械设备及器具，我国主要从乌兹别克斯坦进口棉花和天然气。

5. 土库曼斯坦

2012 年，土库曼斯坦贸易伙伴有中国、土耳其、伊朗、阿联酋、俄罗斯等。主要进出口产品见表 5。

表 5 土库曼斯坦主要进出口商品

主要出口品	主要进口品
天然气	机械设备
原油	建材

资料来源：中国外交部。

2010—2012 年，土库曼斯坦的出口额和进口额都处于上升趋势，其中出口额增长迅速，因此土库曼斯坦的出口额增长也较为迅速。中国是其第一大贸易伙伴和天然气进口国。中国主要向土库曼斯坦出口机械及铁路成套设备、衣服鞋帽等轻工业产品、电子及家用电器等；土库曼斯坦向中方主要出口能源及农产品原料等。

总的来看，中亚五国对中国的出口品以能源和矿产为主。目前，哈萨克斯坦在我国原油进口国排名第 8 位，占进口总量的 3.9%；同时也是我国铀矿砂的第一进口国，占我国进口总量的 70%。土库曼斯坦是我国第一天然气进口国，占我国进口总量的 80% 以上。吉尔吉斯斯坦及塔吉克斯坦则是我国重要的矿产资源进口国，其中吉尔吉斯斯坦对我国出口贵金属占比超过 1/3，塔吉克斯坦对我国出口有色矿砂则占其对我国出口额的 80% 以上。乌兹别克斯坦作为全球第二大棉花出口国，主要出口棉花及初级棉纺产品，也是我国重要的铀矿、天然气供应来源国。

三、特色跨境业务的需求分析

（一）跨境贸易带来的外汇避险需求

自 2015 年开始外汇市场的波动已经越发频繁，随着越来越多的中国企业开展跨境贸易，企业在跨境贸易中面临外汇风险的可能性也越来越高。一般来讲，任何从事进出口贸易的公司或早或晚都要面对外汇风险敞口管理问题。外汇风险敞口可以归类为以下三种：

一是交易敞口，是指当一家公司通过进出口贸易活动，以外币的形式向购买者支付或从供应商收取的现金流。如果该类交易没有做好对冲，就会因为外币汇率的波动而导致发生在销售和支付时间差中的外汇敞口风险。这个潜在的风险在将外币兑换回本币的时候实际发生，随即产生公司利润的亏损或者盈余。

二是换算敞口，又被称为“会计敞口”，是指当一家公司有海外业务运营时，将海外资产负债表和所得损益等进行并表时需要进行本币换算的项目。换算过程可能导致不科学的合并财务报表，给企业的管理层提供误导性的海外业务运营表现。

三是经济敞口，是指当宏观经济状况发生剧烈变化而导致外汇市场大幅波动时，一家企业在既定的国际市场上因为本币对该外币的汇率变动而产生的与其他国家竞争对手在该市场上竞争优劣势的转化。该企业在这个市场上的交易规模会因此发生结构性的变化。

因此，要应对跨境贸易中的外汇波动，企业的主要需求是锁定外汇风险。

（二）跨境贸易带来的大宗商品交易避险需求

考虑到丝绸之路经济带沿线国家的产业特点和资源禀赋，我国与该地区之间的贸易以出口工业制成品和电子、机械设备为主，进口以能源和矿产品为主。其中能源和矿产品大宗交易受国际市场价格影响，存在较大波动，易对跨境贸易形成不利影响。此处的风险主要来源于两个方面：

一是大宗商品价格的下行风险，指的是企业进口大宗商品时，以进口的货权来向银行质押，以换取免保证金的远期信用证。待大宗商品交割之后，银行质押仓单，并持续通过保证金、承兑汇票质押或应收账款质押循环来释放仓单。在该循环中，若大宗商品价格大幅下跌，企业回款则可能无法覆盖保证金头寸，若企业自有资金无法跟上，便可能形成风险。

二是大宗贸易的代理风险，指的是因为历史原因或者信息不对称性，一些中小型企业切入了生产型企业进口大宗商品的代理环节。但因为大宗交易的高波动、高杠杆、单笔价值巨大等特性，以及所代理的下游企业可能产生的经营、财务及信用风险等，假如这些代理企业没有专业的风险对冲体系，则很容易受到较大的财务及信用冲击。

因此，要应对跨境贸易中的大宗商品交易风险，企业的主要需求是锁定大宗商品价格的不利波动。

四、证券公司专注特色跨境业务的对策建议

“丝绸之路经济带”的建设一方面必将给中国的跨境贸易企业带来巨大的商业机会；另一方面也将为传统的以国内市场为重心的生产、贸易企业带来新的挑战。专注于丝绸之路沿线中亚地区的经济发展特点和资源禀赋，进入该区域的中国企业主要面临来自外汇交易和大宗商品交易方面的风险。为了应对这些风险，证券公司开展特色跨境业务可以采取以下措施：

（一）在利率市场化和人民币国际化背景下，发展外汇业务和大宗商品交易产品，证券公司要成为金融行业体制创新中的先行者

证券公司要巩固自身的外汇、大宗商品交易、衍生品、托管清算、支付、投资以及融资等基础性功能，并借助多元化的业务来实现盈利模式的转变。同时，证券公司应对大宗类交易品、外汇类金融产品以及其他以套期保值为主要目的的金融衍生品进行适当性管理，尤其

是跨地区、跨市场、跨品种的投机、套利等风险管理。

（二）证券公司应该充分利用网络技术打造外汇业务和大宗商品交易网络平台

转换思维，将传统的线下证券公司外汇服务搬到线上，利用网络的便利性提高外汇服务的覆盖率，让更多的跨境贸易企业能够接受证券公司的优质服务。

（三）加快证券公司自主的柜台交易市场建设，发展外汇业务，加强证券公司所属期货公司的业务布局

证券公司应当加强柜台交易市场建设，积极稳妥地在柜台市场创设和交易新产品，致力于提供差异化的服务。同时，证券公司还要积极发挥市场中介的职能，大力参与外汇交易与大宗商品交易的市场培育及机制规范，通过金融创新为各类企业提供多元化的金融产品及服务，并逐步由简单的通道中介转变成利用资产负债表向客户提供风险管理以及流动性支持的资本中介，充当市场的组织者、流动性的提供者以及交易对手方。

参考文献

[1] 张占仓．中英“一带一路”合作论坛综述［J］．区域经济评论，2017（01）：144—152.

[2] 赵青松．“一带一路”建设下中国与沿线国家的国际金融合作研究［J］．苏州市职业大学学报，2016，(01)：8—12.

[3] 林川，杨柏，陈伟．论与“一带一路”对接的六大金融支持［J］．西部论坛，2016（01）：19—26.

[4] 申景奇．基于“一带一路”的金融创新及发展建议［J］．全球化，2015（11）：77—87 + 119 + 134—135.

[5] 张家寿．中国与东盟合作参与“一带一路”建设的金融支撑体系构建［J］．东南亚纵横，2015（10）：42—46.

[6] 陈虹，杨成玉．“一带一路”的国际经济效应研究——基于 CGE 模型的分析［J］．国际贸易问题，2015（10）：4—13.

[7] 李晓，李俊久．“一带一路”与中国地缘政治经济战略的重构［J］．世界经济与政治，2015（10）：30—59 + 156—157.

[8] 赵菡菡．“一带一路”背景下中国与阿盟的经贸合作［J］．兰州大学学报（社会科学版），2015（04）：16—23.

[9] 丁一凡．让金融创新为“一带一路”铺平道路［J］．国际经济评论，2015（04）：35—38.

[10] 罗雨泽，汪鸣，梅新育，许利平，王义桅，史育龙，王佳宁．“一带一路”建设的六个“点位”——改革传媒发行人、编辑总监王佳宁深度对话六位知名学者［J］．改革，2015（07）：5—27.

[11] 杜德斌，马亚华．“一带一路”：中华民族复兴的地缘大格局［J］．地理研究，2015（06）：1005—1014.

［12］邹嘉龄，刘春腊，尹国庆，唐志鹏．中国与“一带一路”沿线国家贸易格局及其经济贡献［J］．地理科学进展，2015（05）：598—605.

［13］张红力．金融引领与“一带一路”［J］．金融论坛，2015（04）：8—14.

［14］郭丽岩．大宗商品期货交易的基本属性及对价格形成的影响［J］．中国物价，2010（01）：3—6.

［15］王军．利用期货市场规避棉价风险的对策建议——棉农利用期货市场的模式分析［J］．价格理论与实践，2009（03）：57—58.

［16］宋镇．基于价值链分析的中小外贸企业战略研究［D］．中国海洋大学，2007.

证券经营机构支持“一带一路”和京津冀协同发展路径研究

张继袖　伊晓奕　张敬华　洪程程*

一、“一带一路”是中华民族经济与文化伟大觉醒的展翼之举

（一）“一带一路”基本情况

“一带一路”是“丝绸之路经济带”和“21 世纪海上丝绸之路”的简称。自习近平主席提出“一带一路”的伟大倡议以来，经过三年的发展，“一带一路”已成为我国国家级顶层战略。2015 年 3 月，国家发展改革委员会、外交部、商务部联合发布了《推动共建丝绸之路经济带和 21 世纪海上丝绸之路的愿景与行动》，进一步促进“一带一路”的发展。

（二）我国金融业是保障“一带一路”建设顺利实施的重要力量

金融业作为“一带一路”建设顺利实施的重要支撑，是撬动和连接各国共建“一带一路”的支点和纽带，也是开展基础设施建设的必要条件。

金融业对“一带一路”建设的支持首先体现在金融的支撑作用。金融行业能够充分发挥杠杆作用，使资本在较短的时间内迅速聚集和增长，可以有效地解决“一带一路”建设过程中资金短缺的难题，为基础设施建设提供强有力的支撑。其次是金融的优化作用。“一带一路”沿线国家的经济社会发展水平各不相同，因此可以充分利用金融的优化作用实现资源的有效配置。再次是金融的引导作用。对“一带一路”建设的支持能够引导我国的外汇资本向沿线国家输出，有助于消化一定的外汇储备，并且通过资本的输出还可以换取我国需要的各类资源。最后是金融的服务作用。“一带一路”建设离不开资金的投入、计价、融资、汇兑、结算、套期保值、保险等相关的金融服务和支持。

---

* 作者单位：渤海证券股份有限公司研究所。原载于《中国证券》2017 年第 6 期。

二、京津冀一体化属于国家战略

（一）通过京津冀一体化可有效解决三地固有问题，促其长期规划发展

经过多年发展，京津冀三地经济及城市发展严重失衡，尤其是河北长期依赖于粗放式增长方式的弊端突显，三地急需重新布局产业，促进经济转型。通过京津冀一体化可有效促进域内协调发展，促进渤海经济圈共同发展，并进一步带动山西、内蒙古、河南等周边省市的共同发展，打造渤海大经济圈。

根据京津冀一体化总体规划，到 2017 年，有序疏解北京非首都功能取得明显进展。到 2020 年，北京市常住人口控制在 2 300 万人以内，“大城市病”等突出问题得到缓解。到 2030 年，首都核心功能更加优化，京津冀一体化格局基本形成，成为具有较强国际竞争力和影响力的重要区域，在引领和支撑全国经济社会发展中发挥更大作用。

（二）京津冀三地产业差距较大

从 2015 年 GDP 构成看，北京第一、第二、第三产业占比分别为 0.60%、19.60% 和 79.80%（见图 1），天津各产业占比分别为 1.30%、46.70% 和 52.00%（见图 2），河北分别为 11.50%、48.30% 和 40.20%（见图 3）。天津和河北第一和第二产业占比较大，占比分别达到 48.00% 和 59.80%，而北京第一和第二产业 GDP 占比仅为 20.20%。

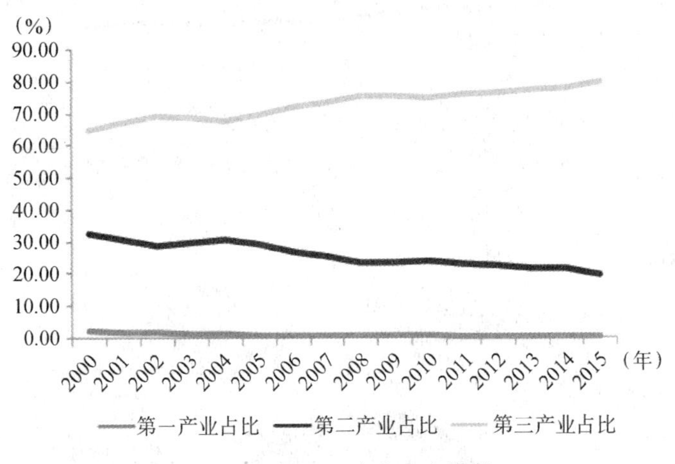

图 1　北京 GDP 产业占比情况

资料来源：Wind 资讯，渤海证券研究所。

从京津冀第三产业看，北京保险、金融产业较为突出，占其第三产业 GDP 的 21.45%（见图 4）；天津批发和零售行业产业较为突出，占其第三产业 GDP 的 24.12%（见图 5），河北交通运输、仓储、通信、批发及零售较为突出，金融及服务业仍是其短板，目前河北经济发展仍靠传统产业支撑，其技术仍较大落后于北京和天津（见图 6），作为实体经济的主要服务行业，河北的金融体系仍不发达。

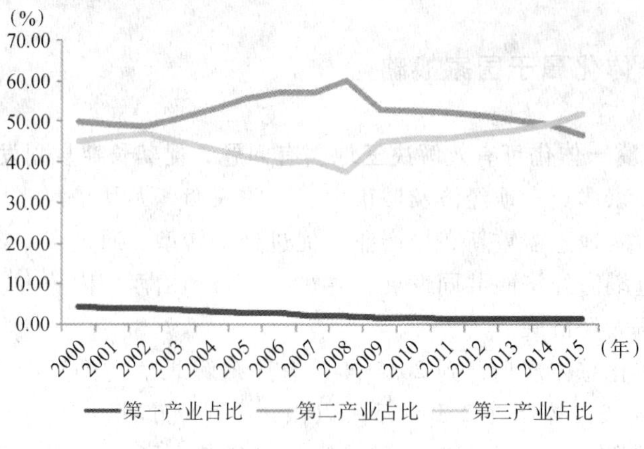

图 2 天津 GDP 产业占比情况

资料来源：Wind 资讯，渤海证券研究所。

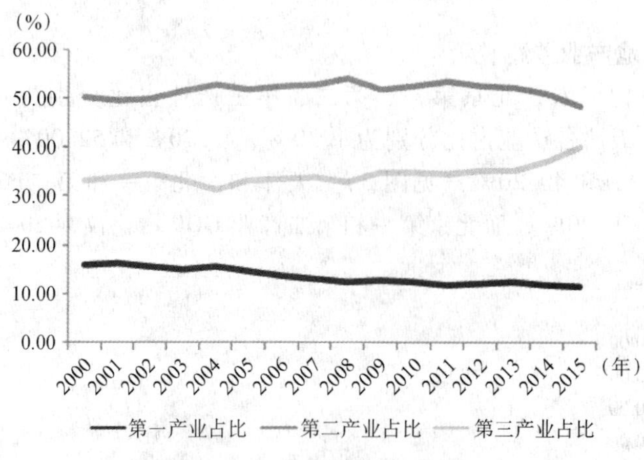

图 3 河北 GDP 产业占比情况

资料来源：Wind 资讯，渤海证券研究所。

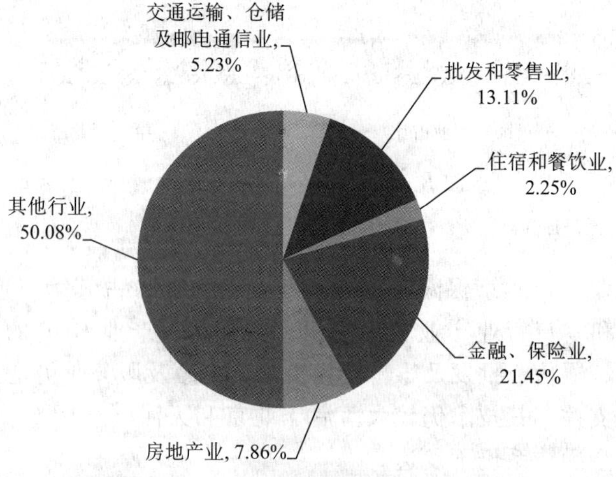

图 4 北京第三产业 GDP 收入构成情况

资料来源：Wind 资讯，渤海证券研究所。

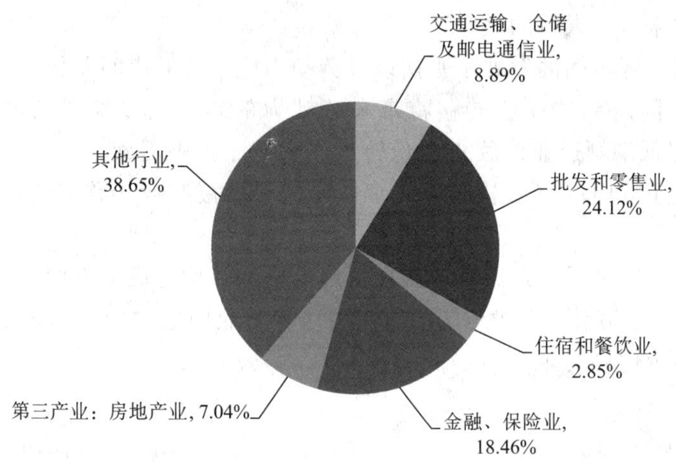

图 5　天津第三产业 GDP 收入构成情况

资料来源：Wind 资讯，渤海证券研究所。

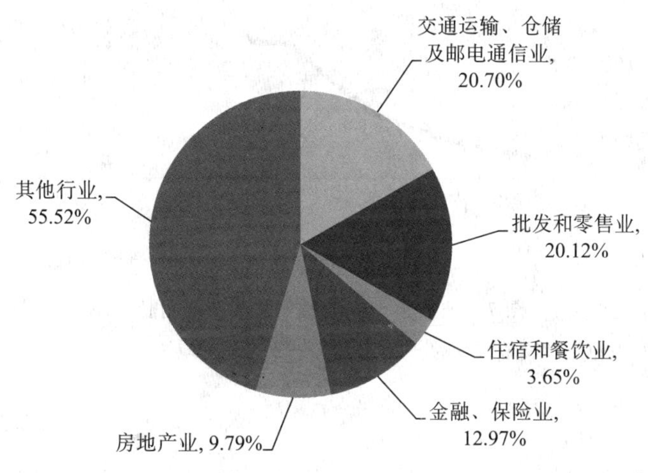

图 6　河北第三产业 GDP 收入构成情况

资料来源：Wind 资讯，渤海证券研究所。

遵循京津冀规划中“生态环境一体化”“产业结构升级”以及国家的供给侧改革大战略，京津冀一体化将对三地的水泥、钢铁等传统产业产生深远影响。

（三）通过京津冀一体化可有效促进京津冀三地产业技术融合

目前京津冀三地经济发展不平衡，仍处于人口红利期。其中，北京、天津人口高度聚集，人口密度均为河北省 393.4 人/平方公里的 3 倍以上，是全国平均水平 142.1 人/平方公里的 9 倍以上。因此，三地协同发展实质上是资本、产业和人口的方向流动，能够有效推进三地在技术、资源、产业等方面的融合。

从产业转移的根本原因看，资源、劳动要素价格的不断变化，是促使产业不断调整升级的重要原因。典型的例子是亚洲国家间，由于劳动力价格升高所导致的产业“雁阵传导”。这种自发的、市场化的行为使低端制造业不断在亚洲国家间实现转移，但由于国与国之间的限制，产业转移并未带来人口的大量迁移。

对于我国而言，区域间的发展不平衡以及劳动力成本的城市间差异，也曾导致产业在区域间的转移，且一国内部的产业转移将带来劳动力的转出。以珠三角的产业为例，其在 2008 年开始逐渐将低端制造业向临近省份转出，实现了产业升级。大量劳动力密集型企业的外迁，不仅降低了域内城市承载压力，而且促进了承接产业转移省份经济的发展（见图 7、图 8）。

从要素价格的角度来看，京津冀地区在土地价格和劳动力成本方面已经出现了明显的差距（见图 9、图 10）。北京、天津地区的居住用地和工业用地均价远远大于河北省主要城市的地价，河北省地价优势明显。

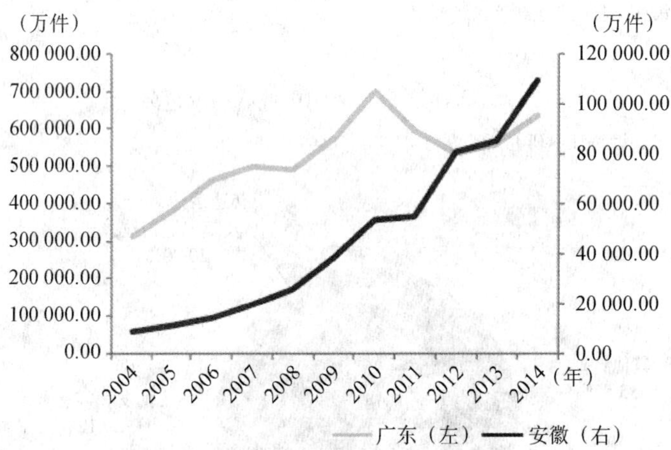

图 7 珠三角产业转移：服装产量对比

资料来源：Wind 资讯，渤海证券研究所。

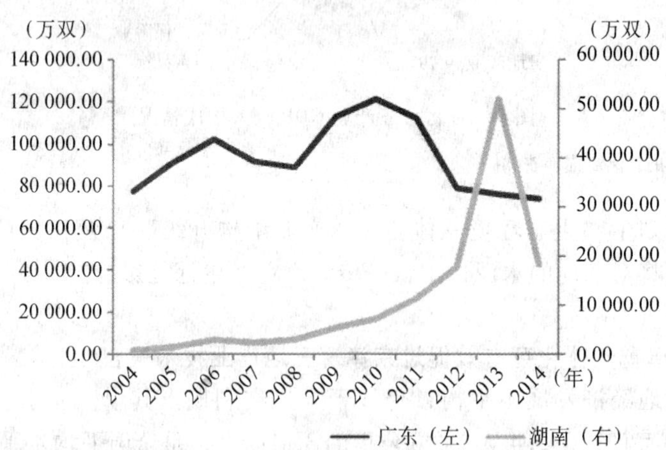

图 8 珠三角产业转移：皮革鞋靴产量对比

资料来源：Wind 资讯，渤海证券研究所。

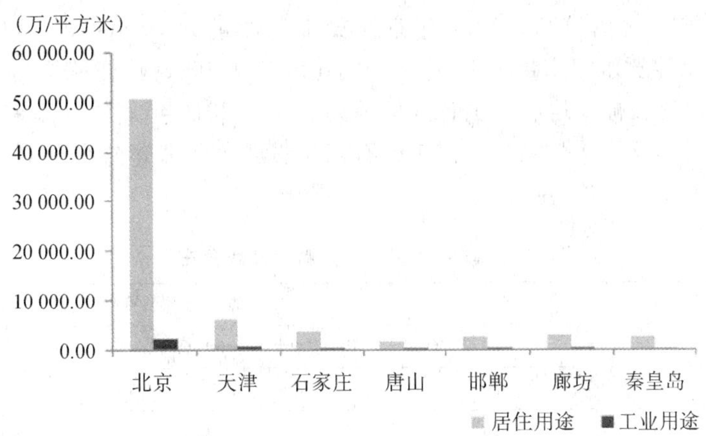

图 9 京津冀地区土地价格对比

资料来源：Wind 资讯，渤海证券研究所。

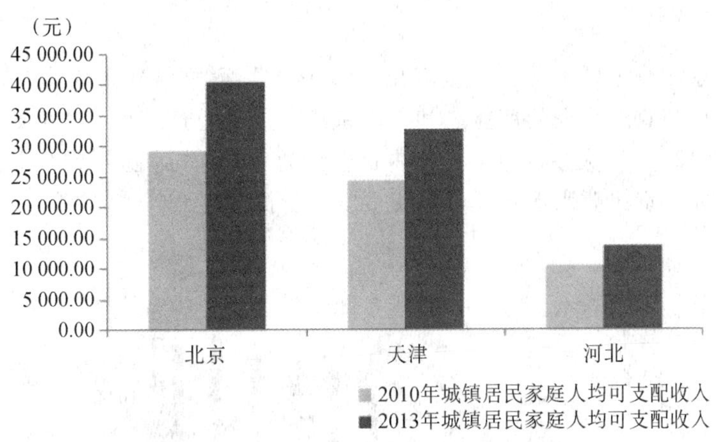

图 10 京津冀地区人均可支配收入对比

资料来源：Wind 资讯，渤海证券研究所。

考虑到区位特点，北京、天津不仅可像珠三角地区一样，将低端制造业向外转移，还可将一些低端服务业以及部分专业市场向河北省转移。而低端制造业与低端服务业的转移，是最为符合城市发展且可能产生阻力较少的一项改革措施。

不过由于京、津两地的低端产业体量较小，因而其对缓解、治愈大城市病问题作用有限。因此，对于未来京津冀一体化推进，可通过行政性命令与财税激励措施相结合的方法，引导非核心功能逐步外迁。

总体来看，将北京的非核心功能向周边省份迁移是解决京津冀地区主要矛盾的最有效途径，可在立足顶层设计的基础上，将行政手段和财税引导相结合，促进相关产业实现转移。

三、借助“一带一路”建设化解京津冀过剩产能并发挥产业优势

（一）京津冀建材行业践行“一带一路”空间广阔

京津冀是北方最大的水泥市场。虽然京津冀水泥产量全国占比自 2005 年起出现一定程

度的下滑，但全国占比仍较高，2015 年京津冀水泥产量为 10 404.27 万吨，全国占比为 4.43%。2016 年京津冀水泥产量 1.12 亿吨，同比增长 7.3%，价格涨幅达 50% 以上，地区水泥的产量与价格增长幅度均居全国各地区前列。截至 2016 年底，京津冀地区在北京、天津、秦皇岛、唐山、承德、张家口、保定、石家庄、邢台和邯郸分布有 103 条熟料生产线，年产能总共达到 1.07 亿吨（见表 1）。

表 1　　2016 年京津冀地区熟料生产线分布

设计产能（吨/天）	数量（条）	年产能（万吨）	产能占比（%）
<2 500	20	1 066.4	9.99
2 500	29	2 247.5	21.05
2 500—5 000	25	2 799.3	26.22
5 000	28	4 340	40.65
7 200	1	223.2	2.09

资料来源：中国水泥网。

一直以来，京津冀地区水泥行业呈现出“双龙头”竞争格局。京津冀市场上两大主导水泥企业金隅股份和冀东水泥的产能之和，占京津冀地区总产能的 52.90%，行业集中度较高（见图 11、图 12），六大主导企业产能占比合计为 70.19%。随着冀东水泥和金隅股份两大龙头企业的合并，京津冀水泥行业市场集中度有所提升。

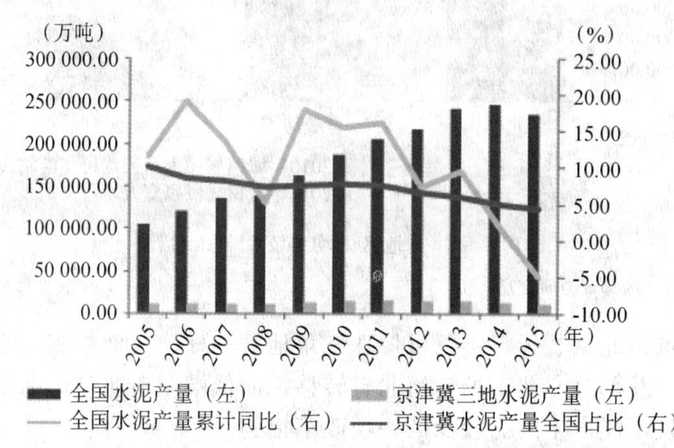

图 11　全国及京津冀水泥产量情况

资料来源：Wind 资讯，渤海证券研究所。

京津冀地区的玻璃产能主要集中于河北地区。河北省的玻璃生产存在着突出的产能过剩问题，根据《河北省 2016 年重点工业行业淘汰落后和化解过剩产能目标任务分解表》的要求，河北省平板玻璃行业淘汰落后和过剩产能任务全部集中在沙河地区，共计压减 682 万重量箱（见图 13）。

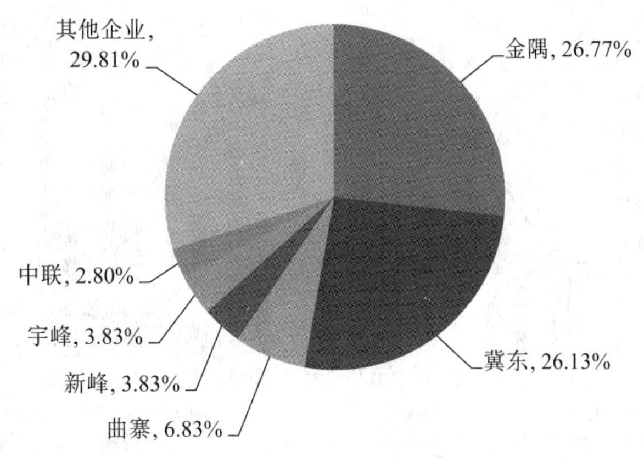

图 12　京津冀主导企业产能占比

资料来源：Wind 资讯，渤海证券研究所。

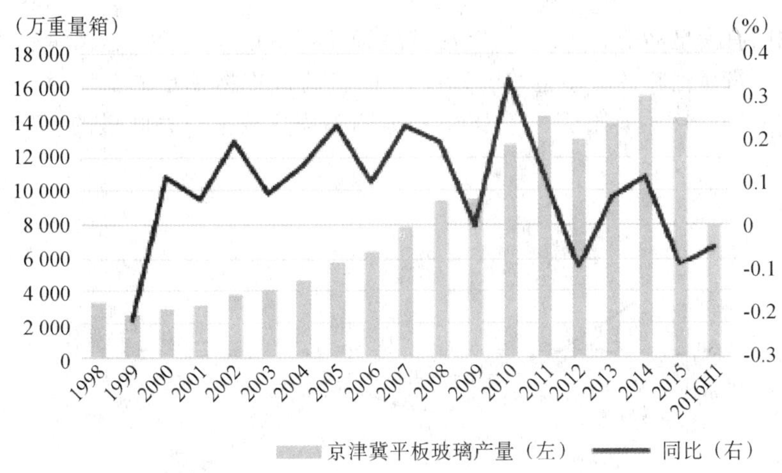

图 13　京津冀平板玻璃产量情况

资料来源：Wind 资讯，渤海证券研究所。

京津冀仍是全国钢铁主产区。从钢铁行业看，2016 年，京津冀钢材、生铁及粗钢产量分别为 34 980. 27 万吨、20 059. 14 万吨和 21 058. 9 万吨，全国产量占比分别为 30. 74%、28. 63% 和 26. 05%（见图 14）。由于钢铁行业需求低迷，产能过剩严重，目前国内钢企面临着业绩亏损、难以盈利的局面，因此，京津冀如何优化产业结构、削减钢铁产能已成为摆在河北和天津面前的一项课题。

在这样的背景下，“一带一路”建设对于京津冀地区的建材行业是一次重大的历史性机遇，为建材行业这类优势行业过剩产能的境外转移提供了平台，有力支持了建材行业国际化进程的提速。通过“一带一路”建设，发挥企业主体作用，引导企业积极适应国内大势，开阔国际视野，主动“走出去”；建立目标落实制度，明确时间节点，强化保障措施，使河北省过剩产能境外转移工作迈上新台阶。

（二）京津冀地区借助“一带一路”港口行业将充分发挥其潜能

1. 京津冀在港口运输上具有得天独厚的优势

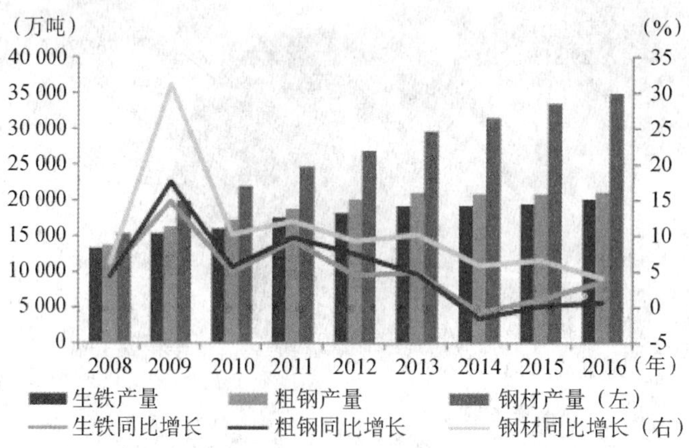

图14　京津冀钢材、生铁及粗钢产量情况

资料来源：Wind资讯，渤海证券研究所。

京津冀地区有秦皇岛港、唐山港（包括曹妃甸港区和京唐港区）、天津港和黄骅港四座港口，均为吞吐量超亿吨的大型港口。2015年四座港口货物吞吐量合计为14.53亿吨，集装箱吞吐量为1 663.48万标准箱（TEU），分别占沿海主要港口吞吐量的17.84%和7.85%（见图15）。

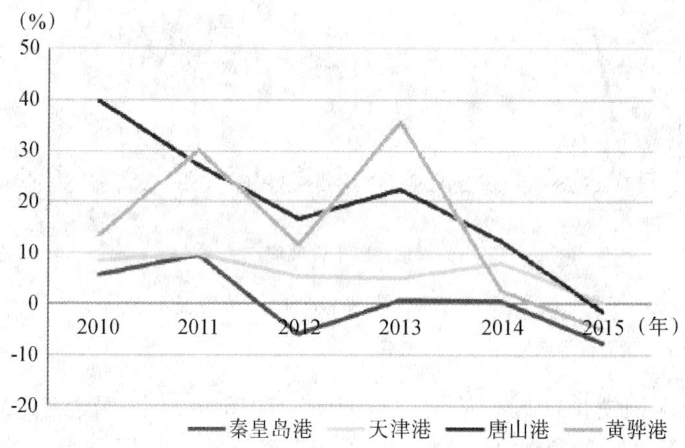

图15　京津冀港口吞吐量历年增速

资料来源：交通运输部，渤海证券研究所。

天津港地处天津市滨海新区，是距离北京陆路距离最近的港口，也是北方最大的综合性港口，拥有集装箱、矿石、煤炭、原油及制品、钢材、大型设备、滚装汽车、国际邮轮等专业化泊位173个，其中万吨级以上泊位119个，30万吨级船舶可自由进出港口。

秦皇岛港、唐山港和黄骅港地处河北省，是我国"北煤南运"的主要通道，货种以煤炭和铁矿石为主，在我国煤炭、矿石、钢铁等货物运输中占有重要地位。其中秦皇岛港是我国"北煤南运"大通道的主枢纽港，占全国沿海港口下水煤炭的30%；黄骅港是国家西煤东运第二大通道的唯一出海口，现已建成20万吨级航道和万吨级以上泊位25个，是我国的主要能源输出港之一；唐山港曹妃甸港区承担"北煤南运"的重要任务（见图16）。

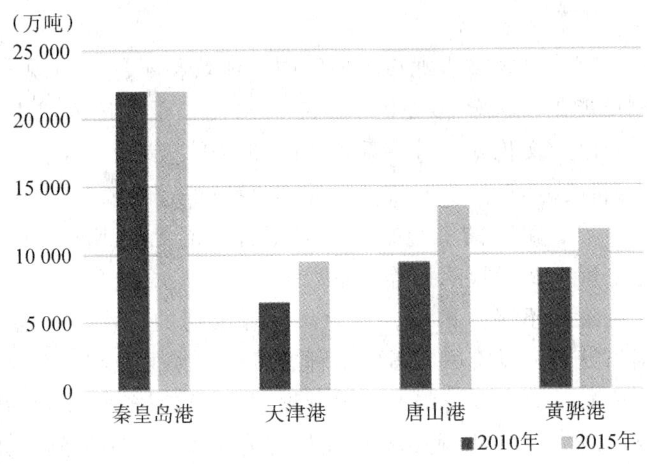

图 16　京津冀港口煤炭吞吐量

资料来源：Wind 资讯，渤海证券研究所。

2. “一带一路”为京津冀地区港口发展带来良机

京津冀港口由于海上距离接近、腹地交叉重叠、缺乏协调机制等原因，产业结构趋同，同质化竞争激烈，在经济下行周期中表现得尤为明显。

京津冀港口群地处京津城市带和环渤海经济圈的交汇点上，既是“津新欧”“中蒙俄”以及直通中西亚的大陆桥运输的重要节点，也是通过三个海运方向，联通日韩、澳新、欧洲大陆，发展海上支线运输，连接海上丝绸之路的北方战略节点，具有参与“一带一路”建设的天然优势。从腹地经济来看，京津冀地区具有良好的经贸发展基础，2015 年三地进出口总额为 4 854.48 亿美元，与多个亚欧国家和地区建立了商贸往来。因此，通过“一带一路”可有效促进京津冀区域港口行业的发展。

四、证券行业深度参与“一带一路”和京津冀协同发展产业合作的途径

（一）证券行业参与“一带一路”和京津冀协同发展产业合作的途径

1. 钢铁行业

京津冀地区河钢、渤钢和首钢三家企业面临产能过剩和盈利能力较差的困局。国务院发布《关于市场化银行债权转股权的指导意见》，债转股重启，债转股与兼并重组、股权融资、破产清算等手段并列，成为处理不良资产的金融工具，这些金融工具作为券商业务内容的一部分，可以使券商在钢铁行业去产能、产能输出的过程中通过专业服务帮助钢铁企业解决困难。券商可以通过资管计划对接 AMC 平台打包买下银行资产、通过投行开展承销业务；而随着不良资产处置愈发成熟，券商可以利用自有资金进行投资获取投资收益。

有些钢铁企业有别于不良资产，只是暂时性的经营困难，政策缩紧、银行惜贷加重这些企业募资难度。对于这些钢铁企业来说，如果券商能够拓宽融资方式，盘活存量，或将能够渡过眼下的难关。此外，在产能走出去的过程中，更需要券商作为资本中介为产能出口融来足够的资金。

2. 建筑行业

以水泥行业为例，京津冀区域水泥市场地区内整体效益不佳，出现大量亏损。“一带一路”为建材行业过剩产能的境外转移提供了平台。水泥长距离运输成本高，海外建厂面临政治、汇率、技术差异以及文化差异等一系列风险和不确定因素。而券商能够通过金融手段减少风险。其手段有两种：一是提供股权、债券等直接融资服务；二是与保理公司合作发展资产证券化业务。“一带一路”的资金缺口仅凭银行可能无法满足，券商可以利用自身优势，通过股权、债券融资以及股权质押等一系列手段满足资金缺口。

而就可能面临的风险和不确定因素，券商与保理公司的合作，则能为建材企业对冲风险。商业保理在我国仍处于发展阶段，需要多种融资渠道来保证其资金来源及周转畅通。券商与保理公司合作主要通过为其发行资产证券化产品（保理资产证券化基本结构见图 17）。以 2014 年 4 月在上海自贸区内首批成立的商业保理公司摩山保理为例，其于 2015 年 5 月发行首单以保理融资债券为基础资产的资产证券化项目。券商为保理公司提供 ABS 服务，为商业保理提供快捷、低成本融资渠道，助力建材企业去产能、走出去。

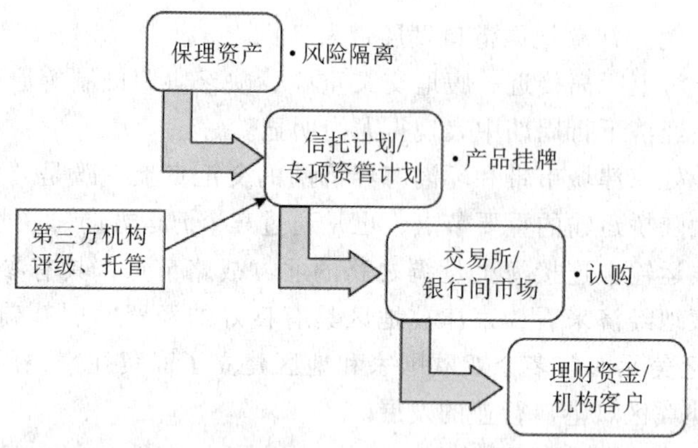

图 17 保理资产证券化基本结构

资料来源：渤海证券研究所。

3. 港口交运行业

天津市交通运输委员会计划重点支持跨境物流企业。物流产业由于需要面对国际范围的汇率以及季节风险，对衍生品、风险管理的需求强烈，这也给期货公司、券商参与“一带一路”提供了机会。期货公司可以从仓单服务、质押融资、仓储物流、风险咨询等方面提供支持。与此同时，以融资租赁为中心，券商可以推出与融资租赁相关的场外衍生品交易品种，例如远期合约、期货合约、收益互换等；或者通过券商专项资管计划帮助融资租赁公司实现资产证券化，盘活资产。目前融资租赁企业的外部资金来源绝大部分是银行短期贷款，很难从股市获得资金支持。鉴于融资条件等限制，金融债为融资租赁企业提供的资金量也有限。天津自贸区的融资租赁业合同余额占全国比重已经达到 32.48%（见图 18），拥有雄厚的进行融资租赁资产交易的业务基础；此外当前全国约 90% 的大型飞机进口租赁业务在天津港东疆片区完成，因此也可以在天津自贸区建立融资租赁资产交易市场，提高交易量，盘活资产，助力“一带一路”。

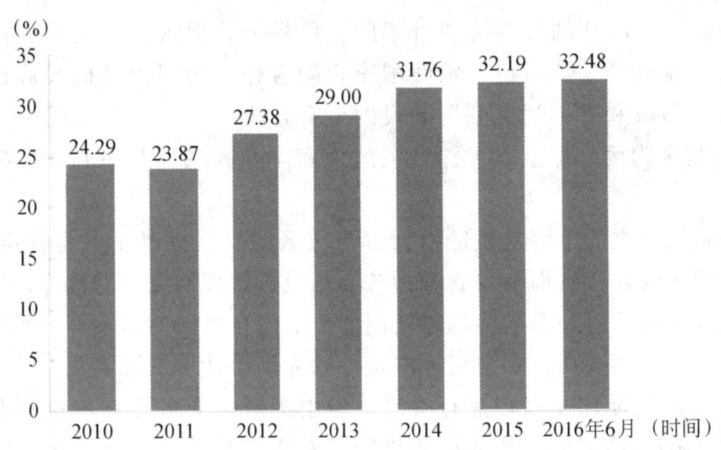

图 18 天津融资租赁业期末合同余额占全国比重

资料来源：Wind 资讯，渤海证券研究所。

（二）证券行业参与“一带一路”和京津冀协同发展的路径畅想

1. “一带一路”和京津冀的协同发展将与证券行业相互影响，共同成长

以京津冀三地为注册地的券商一共有 11 家，除北京的 9 家券商，还有天津的渤海证券以及河北省的财达证券都是区域内重要券商（见表 2），而借助“一带一路”，更能给这两家券商带来新的发展机遇。

表 2 以京津冀为注册地的证券公司

注册地	证券公司
北京	中金公司、东兴证券、民生证券、首创证券、新时代证券、信达证券、中信建投、平安证券等
天津	渤海证券
河北省	财达证券

资料来源：渤海证券研究所。

我国场外衍生品业务收入在券商总营收中占比较低，在发展过程中也面临诸多问题，比如场外衍生品市场不发达、交易对手参与度低、产品创新设计和风控能力不足、信息系统建设不完全等。而伴随“一带一路”发展、人民币走出去、利率市场化推进程度逐步加深，企业对衍生品需求大幅增加，券商应抓紧研究在现有外部环境下符合自身发展需要的场外金融衍生品业务。“一带一路”需要券商的积极参与，而券商也需要通过“一带一路”扩大业务范围和业务内容，这二者将相互促进，共同发展。

2. 以中航证券为例，探索证券行业参与“一带一路”、京津冀协同发展的创新途径

券商不仅能够借助“一带一路”走出去，更能够通过“一带一路”将国外资本引入国内，带动我国“一带一路”沿线贫困地区的发展。2015 年 12 月 24 日，中航证券与宁夏回族自治区财政厅签署财务顾问协议，担任其全球协调人和财务顾问，为其在全球范围内开展融资，融资渠道包括但不限于苏库克（Sukuk）债券及美元债券，总融资规模不超过 15 亿美元，期限不超过 5 年。募集之后下一步计划将债券在阿拉伯国家挂牌上市并在深圳交易所以 CDR 形式挂牌交易。中航证券计划发行的苏库克债券中引入的基础资产正是“一带一

路”建设中涉及的大量的基础设施。通过苏库克债券模式引入美元支持国内战略性建设项目，是我国券商加强与“一带一路”沿线国家金融合作、为国内基础设施建设引入美元资金，助力“一带一路”和“互通互联”建设的全新尝试。

3. 以上海自贸区为例，探索以天津自贸区为京津冀区域金融中心，证券行业参与“一带一路”的途径

先于天津自贸区成立的上海自贸区给天津自贸区的发展提供了参考样本。自 2013 年成立以来，上海自贸区建立以负面清单管理为核心的投资管理制度，并确立以资本项目可兑换和金融服务业开放为目标等一系列金融创新制度。上海自贸区的跨境资产证券化产品以自贸区内外的境内资产为基础资产，在自贸区内发行以人民币计价的证券化产品，区内的境内外投资者通过自贸区开立的 FTA 账户进行交易。但由于跨境业务存在制度不对称，在自贸区发行 ABS 产品将面临一些障碍，比如境外投资者对境内基础资产定价难、发生违约时抵押物处置办法不清、自贸区内尚未建立二级市场、信息披露格式和平台的不统一等等，都是摆在跨境 ABS 面前的问题。

除了资产证券化产品，上海自贸区的首单跨境人民币债券业务也处在筹备过程当中。目前上海清算所已完成与国际证券托管机构之间的跨境互联准备，自贸区人民币债券的发行准备工作基本就绪。一些海外机构也成为在中国银行间债券市场的结算代理人。2016 年境外金融机构银行间债市准入继续放宽，并简化为备案制。这将有助于境外投资者参与人民币债券业务。除此之外，根据中国证券网的报道，上海自贸区将“持续推动面向国际金融市场的建设和发展，包括继续推动国际能源交易中心做好原油期货交易产品的上市准备工作；支持上交所加快研究沪伦通；加快推动在自贸试验区内抽检全国性信托登记平台，开展信托登记试点；争取票据交易所落户自贸试验区”。

上海自贸区作为金融“试验田”，给天津自贸区参与“一带一路”带来新的发展思路：（1）券商应顺应“一带一路”发展的大趋势，在人民币跨境贸易结算推行基础上，为区域集中在亚洲的“一带一路”沿线国家提供金融服务；（2）“一带一路”涉及 60 多个国家和地区，其中很多国家会成为中国重要的经贸伙伴，但其可能存在外汇管理较严、证券市场发展不成熟等制约，应考虑在天津自贸区的二级市场交易所等发展相关外汇衍生产品交易，方便境外机构投资者。券商依靠产品设计能力、资本中介的专业能力在衍生品市场发挥自身专业优势，为境内外投资者、企业管理风险，进而逐渐深入参与“一带一路”的发展。

随着“一带一路”倡议从设想到实施，京津冀的金融资源配置状况必然会出现显著的变化。结合天津经济结构、金融体系的发展现状，以及“一带一路”的总体框架，天津自贸区应把握自身参与金融改革的机遇。天津自贸区，作为京津冀地区的一部分、“一带一路”中的重要角色之一，需要发挥既有优势，推动证券行业为“一带一路”沿线国家政府、信用等级较高的企业以及金融机构服务，进而推动其在新宏观环境下的蓬勃发展。

参考文献

［1］李丰杉．“一带一路”倡议与中央商务区金融产业国际化发展建设研究［J］．现代商业，2016（25）：97—100.

［2］舒童．对接“一带一路”找准地方“契合点”［J］．海峡通讯，2015（05）：

66—67.

[3] 曹凝蓉，李伟平，张瑞怀. 金融支持“一带一路”设想［J］. 中国金融，2015（21）：83—84.

[4] 李闻芝. “一带一路”：石化产业升级新机遇［J］. 中国石油和化工，2015（03）：10—13.

[5] 陈少翠. “一带一路”孕育下的建筑行业新发展——以浙江省建设投资集团有限公司发展为例［J］. 中外建筑，2015（05）：147—148.

[6] 朱树英. “一带一路”下的法律风险防控［J］. 施工企业管理，2016（04）：41—43.

[7] 谢玮. 上市钢企一季度整体亏17亿元［J］. 中国经济周刊，2015（19）：66—67.

[8] 高铁新利器助推“一带一路”新发展，中华铁道网. http://www.chnrailway.com/html/20151113/1311815.shtml.

[9] 谢刚，许利枝，汪寿阳. 2014年全球Top20集装箱港口预测［J］. 科技促进发展，2014（4）：11—20.

[10] 我国发行首单保理资产支持证券. 新华网. http://news.xinhuanet.com/fortune/2015-05/21/c_1115363834.htm.

[11] 全国九成飞机租赁在天津东疆保税港区完成［N］. 天津日报，2016-9-23.

[12] 中航资本子公司获海外业务大单，助力“一带一路”建设. 中国证券网. http://ggjd.cnstock.com/company/scp_ggjd/tjd_bbdj/201412/3290433.htm.

[13] 上海自贸区金改助推人民币国际化提速. 新华网. http://news.xinhuanet.com/fortune/2014-09/29/c_1112682777.htm.

[14] 中央国债登记结算公司证券化研究组. 2015年资产证券化发展报告［J］. 债券，2016（1）：42-49.

[15] 上海加快研究推出“沪伦通”，将争取票据交易所落户自贸区. 中国证券网. http://finance.ifeng.com/a/20160922/14896589_0.shtml.

一带崎岖好风景 一路相随共奋进

——论证券市场服务于“一带一路”

李勐杰*

一、历史选择，“一带一路”

自 1978 年改革开放伊始，以“家庭联产承包责任制”为代表的对内改革、以“经济特区”为代表的对外开放政策极大地激活了蕴藏于中国社会的劳动生产率。

改革，通过对束缚社会生产力发展的各种体制性障碍的逐步清除，理清适应现代社会发展的生产关系，使劳动者的积极性、创造性迸发出来，显著提高了整个社会的生产力水平。对外开放，通过积极融入世界经济体系，吸收利用外资、引进先进设备和管理理念，使中国的生产经营、商品流通得到了巨大改善。改革开放的这一阶段，最主要的成果就是变革阻碍生产力发展的生产关系，顺应生产力发展的要求，解放生产力、发展生产力。

2001 年，中国以发展中国家身份加入世界贸易组织（WTO），标志着我国的产业对外开放进入一个全新阶段。庞大的全球市场呈现在中国面前，中国经济开始深度融入世界经济的主流。更多的企业走向国际、服务世界。国际化成为中国经济的一个重要特征。市场化促进了中国企业的转型，更多渴求大发展、走出去的企业开始以市场化的方式完善企业治理结构。

加入 WTO 后，中国 GDP 由 2001 年的 11 万亿元人民币①增至 2016 年的 74 万亿元人民币。② 经济增速有所回落的 2016 年仍以 6.7% 的增速位居全球第 1 位，经济总量为全球第 2

* 作者单位：安信证券股份有限公司。原载于《中国证券》2017 年第 6 期。

① 2001 年年度数据来源于中华人民共和国国家统计局网站，2001 年 12 月 31 日，网址：http：//data. stats. gov. cn/easyquery. htm？ cn = C01&zb = A0201&sj = 2001，最后访问日期：2017 年 5 月 20 日。

② 2016 年第 4 季度和全年我国 GDP 初步核算结果来源于中华人民共和国国家统计局网站，2017 年 1 月 21 日，网址：http：//www. stats. gov. cn/tjsj/zxfb/201701/t20170120_ 1456385. html，最后访问日期：2017 年 5 月 20 日。

位，外汇储备为3万亿美元左右①，位于世界第一，是第一大出口国、第二大进口国。自2009年以来，我国成为全球第一大贸易出口国，随后又在2013年首次超越美国，跃居世界第一大货物贸易国。不过，WTO的最新数据显示，持续三年世界第一之后，2016年我国进出口贸易额被美国反超。② 这预示着传统低附加值产品的出口总量已经触顶。

在中国的出口构成中，2016年全年高附加值大型成套设备出口增长超过5%，高技术含量的航天航空、光电通讯设备增长超过10%。但杂项制品（如圆珠笔、纽扣、拉链）和按原料分类的制成品（如轻纺产品、橡胶制品、矿冶产品等及其制品）的出口占比仍然很大，始终是名列前3位的出口种类。③

中国不希望以低成本发展外贸，不希望以国内资源和环境为代价盲目地扩大出口。与规模和速度相比，中国将更加关注增长的质量和效益。长期以来，中国出口商品绝大部分是消费品，现在正在努力走向消费品和投资品并重的时期。

国际化、市场化是释放中国强大生产力、疏导产能的方法，也是中国经济普惠世界的途径。在WTO的基础上，为促成更加自由、便捷、平等的国际贸易规则，促进经济一体化、消除贸易壁垒，开放程度更高、谈判速度更快的多边自由贸易协定成了有力的补充。这也是中国参与国际经济秩序制订的有效方式。至2015年，中国已经签订14个自贸协定，涉及22个国家和地区。④ 其中中国—东盟自由贸易区是世界人口最多的自贸区，占世界贸易的13%。这些遍布于亚洲、拉美、大洋洲、欧洲的自贸区犹如中国开放征途上的一个个脚印，中国经济全面而深入的对外开放局面已然成形，这就是“一带一路”。

以“丝绸之路经济带”和“21世纪海上丝绸之路”为象征性标志的“一带一路”属于跨国经济带，是中国在长期对外开放中逐渐形成的主要经济战略。陆上，依托国际大通道，与沿线国家共同打造新亚欧大陆桥、中蒙俄、中国—中亚—西亚、中国—中南半岛等国际经济合作走廊；海上，中巴、孟中印缅两个经济走廊与推进“一带一路”建设关系紧密。国内，作为“一带一路”的起点，目前已经有28个省市的政府工作报告涉及“一带一路”，主要涉及产能合作、经贸往来和人文交流等方面。

目前“一带一路”的成果比较明显地体现在基建等相关产业方面。建筑和交通运输2016年下半年迎来了海外合同的爆发式增长。沿线国家人口总量占世界63%，基建空间大。“一带一路”强调基础设施互通互联，亚投行与丝路基金融资“双盾”保驾护航，助力我国有效切入沿线国家基建市场。随着中国产能大批量地蔓延出去，沿线国家基础设施不断完善，必将带动其内生消费动力，促进中国品牌的“食品饮料”“汽车”“旅游”“家庭设备用品”“纺织服装”等产品沿着“一带一路”更大规模地走向世界。

---

① 2016年货币统计概览官方储备资产，中国人民银行网站，2016年12月31日，网址：http://www.pbc.gov.cn/diaochatongjisi/116219/116319/3013637/3013641/index.html，最后访问日期：2017年5月20日。

② 贸易统计与展望，WTO网站，2017年4月12日，网址：https://www.wto.org/english/news_e/pres17_e/pr791_e.htm，最后访问日期：2017年5月20日。

③ 2016年12月进出口商品构成表（人民币值），中华人民共和国海关总署网站，2017年1月23日，网址：http://www.customs.gov.cn/publish/portal0/tab49667/info837852.htm，最后访问日期：2017年5月20日。

④ 商务部召开例行新闻发布会，中华人民共和国商务部网站，2016年1月6日，网址：http://www.mofcom.gov.cn/article/fbhfn/fbh2016/201601/20160101227831.shtml，最后访问日期：2017年5月20日。

二、经济血脉，证券市场

伴随改革开放而生的中国证券市场，自诞生之日起就承担起了服务中国经济和金融改革的重任，站在了中国市场经济改革和发展的最前沿，作为经济社会的血脉，证券市场发挥了其特有的功能。

（一）筹资功能

筹资功能是指证券市场为资金需求者筹集资金的功能。

改革开放初期，中国经济社会的主要筹资手段还是以国库券为代表的各类债券。到 1990 年全国累计发行各种有价证券 2 100 多亿元，而发行的股票仅 35 亿元。[①] 发行成本高、筹资规模小、流通不便利等问题于 1990 年催生了全国性、统一、相对规范的证券交易所。上海证券交易所大宗的债券交易使债券的发行和流通更加便捷；深圳证券交易所发行的本地股则为经济特区的建设提供了重要的筹资通道。

1997 年党的十五大提出党在社会主义初级阶段建设有中国特色社会主义经济的基本纲领，明确通过发展股份制进行企业改革，证券市场的筹资和融资功能得到了进一步增强。大量国有企业通过改制上市成为股份制企业，实现了投资主体的多元化，并促使逐步建立起规范化的现代企业制度。股份制后的企业拓宽了外部融资渠道，改变了原来单纯依赖银行贷款和财政拨款的局面。

2005 年《关于上市公司股权分置改革试点有关问题的通知》发布，为解决股权分置遗留问题提供了可行的办法。通过对价方案把占总股份 2/3 的非流通股转换为流通股，充分释放了证券市场的融资功能。控股股东可以通过抛售股票筹集资金，其他投资者也可以通过购买公司股票或参与 IPO 及增发来发现市场上优质企业并获利。

证券市场经过 20 多年的发展，上市公司由最初的“老八股”已经增加到 3 000 多家。股票总市值为 508 245. 11 亿元，流通市值 393 266. 27 亿元[②]，分别占 GDP 的 68. 30% 和 52. 85%（均取 2016 年底数据）。2003—2016 年共募集资金 13. 55 万亿元。[③]

（二）资本定价

证券是资本的存在形式，所以，证券的价格实际上是证券所代表的资本价格。这就是证券市场的另一个重要作用——资本定价。

市场中证券的供需双方通过竞争不断发现、纠正证券的合理价格。优质企业的证券被投资者竞相追逐，抬升价格，直到偏离合理价格后被逐渐增多的投资者抛售，打压价格。相反，投资回报低的劣质企业，会被投资者抛售，价格下降，直到偏离合理价格后被追求价值

---

① 中国证券市场，互动百科网站，2015 年 10 月 4 日，网址：http：//www. baike. com/wiki/中国证券市场，最后访问日期：2017 年 5 月 20 日。

② 2016 年 12 月统计数据来源于中国证券监督管理委员会网站，2017 年 2 月 8 日，网址：http：//www. csrc. gov. cn/pub/zjhpublic/G00306204/zqscyb/201703/t20170308_ 313308. htm，最后访问日期：2017 年 5 月 20 日。

③ 证券市场月报，中国证券监督管理委员会网站，2017 年 2 月 8 日，网址：http：//www. csrc. gov. cn/pub/newsite/sjtj/zqscyb/，最后访问日期：2017 年 5 月 20 日。

发现的投资者吸纳，逐步抬升价格，直至合理价位。所谓合理价位，除了包含当期价值以外，还有投资者对企业未来的预判。简言之，就是大部分投资者认可的公允价格。因此，对此公允价格进行投票的投资者人群必须足够大才能尽可能地代表整个经济社会群体的意愿。

中国证券市场投资者已经超过 1.24 亿户[①]，应该说已经拥有了较大的代表性。随着证券市场的不断发展壮大、投资者数量的不断增加，这种代表性会更加接近经济社会群体的真实意愿，证券市场中通过竞争确定的资本价格将会得到社会中更多经济体的认可。

资本市场对资本有了客观、公允的定价后，企业以此定价为基础进行再融资将更加合理。企业进行重组、分拆、合并时也就有了合理的定价基础，特别是企业投融资、重组、改造的速度将更加快速。优质企业可以以合理的价格进行扩张，劣质企业可以以合理的价格进行重组改造，而不是一关了事、倒闭跑路。整个社会因此而更加具有活力。

2016 年中国证券市场再融资额达到了 1.73 万亿元，同比增长 155.88%，而 IPO 融资额仅为 2 712.36 亿元。再融资包括定向增发和配股，都是以证券市场价格进行折算后产生的增发价和配股价。这也说明了中国证券市场资本定价的有效性和合理性。

（三）资本配置

资本配置是指通过证券价格引导资本的流动而实现资本合理配置的功能。

证券市场加速了资源向优势企业集中，增强了企业核心竞争力，推动了一大批企业的壮大，并促进了机械制造、金融、电子、能源、钢铁、化工等行业的发展。资本在这个流动过程中也产生了尽可能高的效率，进而实现了资本的合理配置。

1999 年 8 月，党中央、国务院出台《关于加强技术创新，发展高科技，实现产业化的决定》指出，要培育有利于高新技术产业发展的资本市场，适当时候在现有的上海、深圳证券交易所专门设立高新技术企业板块。此后，中小板、创业板相继成立，引导社会资本向高新技术企业倾斜。中小板除了流通盘要求较低以外，上市条件依然严格，为社会资本提供了一批优质的中小企业。而创业板在为风险资本营造正常退出机制的同时，也为追求未来高收益的资本提供了配置方向。

正是中国证券市场近 30 年的发展壮大，才使改革开放中经济社会累积的巨量资本有了宣泄的出口，为资本的合理配置提供了高效的投资路径。社会资本或参股，或控股，或投资，或收购，遵循资本的逐利性，通过证券市场的资本配置功能流向实体经济企业。不同风险偏好的社会资本在这里都能找到自己的投资标的。追求稳定收益的，可以配置传统优质企业；追求高风险高回报的，可以配置新兴高新技术企业。中国多层次的资本市场，优化了准入机制和退市机制，提高了上市公司的质量，满足了资本市场上资金供求双方多层次化的配置要求。

三、证券市场服务于“一带一路”

中国证券市场服务于改革开放取得了显著成绩，是现代经济社会不可或缺的组成部分。它对资本要素便捷、高效的引导作用，有力地促进了经济转型；通过快速的信息传导、价格

---

① 投资者情况统计表来源于中国证券登记结算有限公司网站，2017 年 5 月 12 日，网址：http://www.chinaclear.cn/zdjs/xmzkb/center_ mzkb.shtml，最后访问日期：2017 年 5 月 20 日。

发现，对产业结构调整和更新换代起到了重要的依托作用。

习近平主席指出，我们要坚持开放的发展，让发展成果惠及各方。在经济全球化时代，各国要打开大门搞建设，促进生产要素在全球范围更加自由便捷地流动。各国要共同维护多边贸易体制，构建开放型经济，实现共商、共建、共享。随着中国经济的全面开放、深度开放，证券市场必须紧跟时代步伐，利用自己特有的优势和特点为“一带一路”服务，大力向国际化方向发展，把业务延伸到世界各主要经济区的国际化证券交易市场。

（一）为内外部企业筹措资金

“一带一路”建设是利用国内国际两个市场、两种资源的开放，是对内、对外同步双向的开放。因此，中国证券市场应当充分发挥筹融资功能，服务于国内国外实体经济。

首先，为外向型企业、主动拓展沿线国家市场的各类所有制企业筹措发展资金服务。证券市场是风险市场，相对于银行等金融机构，有明显的高风险高收益的特征。企业出海发展、创业同样面临着比国内更高的风险，如利率风险、政治风险等，因此更加适合通过证券这个风险市场筹集资金。鼓励企业通过海外项目，以 IPO、再融资等方式筹措资金。私营、初创企业由于有着更强的开拓精神和创业冲动，可以通过增加退出机制的方式引导风险投资参与进来。比如缩短限售股锁定期，尽早分散由于资金投入较大而积累的风险；或是股转股，允许投资者将可能出现风险的股份转换为实际控制人其他优质资产的股份。当资本有了更多方便快捷的退出途径，就会更加大胆地进行投入。

介于海外投资风险较高，有必要对高风险外向型企业加强和完善以定期报告为代表的信息披露制度和披露内容，使投资者可以尽量准确、及时地掌握海外风险情况。与当地政府合作，借助当地审计机构的力量保证企业所披露信息的真实性、可靠性、完整性。

其次，允许“一带一路”沿线国家的企业到我国证券市场上市融资。全球化、国际化是双向的，对外开放也是双向的。中国庞大的经济体量、门类齐全的产业链、高效的社会生产力，足以使我们敢于开放、不怕竞争。国外企业到中国上市，不仅可以使国外企业融入中国经济社会，还可以给我国民间投资者更多的投资选择和分享全球市场收益的机会，并且有利于增强中国在世界经济中的话语权，有利于引入竞争，使国内企业更加规范，增强国内企业的竞争力。

再次，对于发展落后于我国的国外企业，通过对其适用国内的上市标准、监管标准，可以向世界推广中国标准和企业治理方式，扩大中国在世界范围的影响力。

由于沿线国家发展水平参差不齐，企业治理水平也各不相同，所以在引入国外企业时仍需加以甄别。融资条件最低参照国民待遇，不可为鼓励国外企业上市而进一步降低要求。

最后，中国证券市场是以人民币计价的市场，国外企业到中国上市，对于推进人民币国际化有着十分重要而显著的作用。企业的背后是众多的用户、客户和家庭，当企业的价值以人民币进行衡量时，国外的民众势必更加熟悉人民币、了解人民币，并且最终接受人民币。人民币国际化可以提升中国国际地位，增强中国对世界经济的影响力，减少汇价风险，促进中国国际贸易和投资的发展；进一步促进中国边境贸易的发展，获得纸币面额与成本间差额的国际铸币税收入。

（二）扩大资本定价的作用范围

中国证券市场所拥有的资本定价功能，在“一带一路”的背景下，不仅要为国内企业服务，也要为国外沿线企业服务。引入国外企业到中国上市，本身就起到了为国外企业资本定价的作用，但这绝对不是全部。资本定价的关键在于定出合理、公允的价格。仅由国内投资者为国外企业定出价格，肯定无法赢得国外市场的认可，这个价格也就没有任何意义。要取得共识，就要把大家都聚到一起来参与，也就是为国外投资者进入中国证券市场提供便捷途径。

试想，当中国证券市场拥有了大量中外投资者参与时，通过投资者博弈产生的资本价格一定会得到大部分国内外投资参与者的认同。中国的上市企业，根据这个资本价格可以在国内筹资、再融资，也能以此价格为基础在国际上开展筹融资活动，企业的资金来源将更加宽广，风险将进一步得到分散。同样，中国上市的国外企业，也可以以中国证券市场上产生的资本价格在中国境内外开展筹融资，提高国外企业对中国经济的依赖程度。这对于国内外经济融合、金融互联互通都有裨益。

前期开展的“港股通”业务，不失为一个绝好的引入外部投资者的样板。从“中韩通”“中印通”到“中日韩通”，甚至在世界上最具活力的经济区实现“中亚通”等合作方式完全有可能实现。放在中国证券市场服务“一带一路”、对外开放以及自身改革创新的层面上看，目前中国资本项目审慎开放、资本账户存在一定程度的管制。这种与国外证券市场合作的方式是在最低程度变动现行框架的基础上，开创了操作便利、风险可控的跨境投资模式，丰富了中国证券市场的交易品种，优化了证券市场结构，有利于拓展中国证券市场的广度和深度，增强我国资本市场的整体实力。

证券市场互联互通，是顺应当今全球化发展的举措，可以推动我国证券市场的发展、成熟，与国际更接轨。可以为国内外证券市场互相注入新的动力，不仅有利于各自市场的发展，也将推动国内外资本市场一体化进程，进而实现经济一体化、全球化，提高我国证券市场的竞争力。引入外部投资者，扩大投资者的来源和数量，也可以帮助我们发现自身问题并进行完善，提升我国证券市场的吸引力。

同样，证券市场的互联互通可以推动人民币国际化进程。中国证券市场的交易结算，不是贸易项目下的普通双边国际货物贸易结算，而是资本项目下的跨境投资结算。通过此通道控制人民币的流出、回笼，既增加了海外人民币的投资渠道，也鼓励了境外更多市场主体使用人民币，促进了人民币的国际化。当国外资产在以人民币结算的中国证券市场上进行定价并得到认可时，人民币国际化将会实现。

（三）充分发挥资产配置功能

引入国外企业上市、吸引国外投资者入市，更多的资金、更大的体量，将在国际范围内最大限度发挥中国证券市场的资产配置功能。尤其对于参与“一带一路”建设、走向海外的企业，对其进行的资产配置将更为合理。

对于优质外向型企业来说，在国内投资者通过财报、信披、调研等方式了解企业业绩的同时，国外投资者可以根据企业在当地的项目运作情况评估企业的价值。通过国内外的综合评价，可以引导国内外更多的资金向优质企业倾斜。企业获得的资金将更加充裕、资本将更加雄厚，有利于企业进一步做大做强。

对于参与国际竞争失败的企业来说，投资者都不愿以其作为资产配置标的，从而导致其价格下降。由于开放的证券市场将吸引大量国外企业到中国谋求上市，所以当某些企业的价值跌到可承受的壳资源价值范围时，很有可能触发重组或收购行为的发生。这些行为使企业重生的同时，也说明了开放的证券市场充满活力、开放的中国经济充满机遇，必将引导更多的国外资本参与中国的“一带一路”开放进程，追逐价值，寻找机会。

通过证券市场的互联互通，国内投资者也可参与国际市场的投资活动，极大地扩展了资产配置的渠道和品种，也为国内大量流动资金或“热钱”找到了理想的出路。“热钱”最大的特点就是追求高风险高收益。企业跨境经营风险大于国内，但“一带一路”沿线广大的市场又蕴含着短期无法准确估量的巨大收益，特别适合国内“热钱”参与。而且，通过扩大“热钱”的出路，可以从根本上减轻对国内市场的冲击，防止证券市场发生大幅度的无序波动。

通过证券市场的互联互通，可以帮助中国投资者在全球范围内配置资产。中国经济步入转型期，经济增速有所下降，优质资产有所减少，收益率下行，国内“资产配置荒”隐现。由于世界各地发展程度不同、经济结构不同、经济周期不同，导致各个金融市场的运作及资产结构存在较大差异。国内投资者在全球范围内配置资产，不仅能有效分散和对冲风险，还可以分享各地不同阶段的发展成果，从而实现财富的长期保值、增值。对于国外投资者来说，同样存在对冲本地经济体宏观风险的需求。他们的资产不可能总是单一币种，任何投资的本质都是确保购买力不降低，对冲汇率波动风险，需要分散币种。充满活力的中国资本市场必然会成为国际资产配置的选择之一。

QDII、QFII、RQFII、港股通等已经推出，随着“一带一路”的推进，应该还可以更进一步加快资本项目的开放步伐。这有利于完善境内外资产的价格形成机制，强化市场的有效性，使国内资本市场更加国际化。

证券市场投资品种方面，可以在将国内基金、债券推向境外的同时，设计对接境外基金、债券的产品，尤其是对接境外国债的产品。这对于锁定国际资本外流可能有所帮助。当境外国债等投资品种出现升值预期时，国内资本可以不必像现在这样抛售国内资产，向境外转出资金，只需要在国内证券市场上方便地更换投资品种即可。当预期出现误判或反转时，又可快速地切换资产配置品种。资本有天生的逐利性，不在乎是在国内还是国外。只要有方便、快捷的保值、增值手段，资本就会毫不犹豫地去追逐。

“一带一路”倡议是中国经济社会发展至今顺应国际潮流、时代变革应运而生的，是推动中国经济转型升级的必经之路，是造福世界、惠及天下的康庄之路。它背靠的是中国改革开放30年所积累的底气，它依赖的是中国雄厚产业所支撑的硬气。“丝绸之路经济带”和“21世纪海上丝绸之路”将辐射出中国经济新的增长点，也是世界经济新的增长点。全球化的实践以及中国改革开放的实践表明，开放所到之处，经济即进入活跃发展阶段。全球化给了中国发展崛起的良机。中国经济庞大的体量需要世界市场，同时也要反哺世界。“一带一路”是中国主动向西推广中国优质产能和比较优势产业，将使沿途、沿岸国家首先获益，推动建立持久和平、普遍安全、共同繁荣的和谐世界。经济的开放、互通，离不开以证券市场为代表的金融领域支持。证券市场是融通资本、支撑实体经济产业的血脉。足够开放的证券市场才能适应并匹配全球化战略，才能更好地服务于“一带一路”。

中国证券市场要走向成熟，需要经历和历练，要勇于改革开放，敢于自我改造。把握好中国经济和世界经济发展的每个关键节点，融入经济大潮，迎接挑战，不断调整，适应经济社会的发展，服务实体产业。充分发挥证券市场筹措资金、资本定价、资产配置的功能，利用每一次变革的机遇，突破自身局限，改造旧有顽疾，尽快追上先进国家的脚步，走向成熟。相信中国证券市场在坚持服务于国家经济政策的同时，最终必定会成熟、壮大。

服务实体经济

证券业服务供给侧结构性改革：理论、实践与对策

李　玮　赵　阳[*]

近年来，世界经济形势正在发生深刻变化，经济结构正面临深刻调整，以结构性改革纾解经济困境已成为各国共识。我国经济经过数十年的高速增长，增速逐渐放缓、下行压力日渐增加，依靠投资、消费、出口“三驾马车”拉动经济增长的作用日渐式微，需求侧管理的政策边际效应正逐步衰减。2015 年 11 月，习近平总书记在中央财经领导小组第十一次会议上提出“在适度扩大总需求的同时，着力加强供给侧结构性改革”。当前和今后一段时间，深入推进供给侧结构性改革，提高供给体系的质量和效率，缓解长期经济发展中积累的结构性、体制性问题，增强经济持续增长动力将成为我国经济工作的主线。

作为国民经济中的重要行业，经过二十多年的发展，证券业从不成熟逐步走向成熟，从监管缺位到监管逐步完善，从初具规模到发展壮大，在推动国民经济增长和服务实体经济发展方面做出了重大贡献。截至 2017 年上半年，全国 129 家证券公司总资产为 5.81 万亿元、净资产为 1.75 万亿元、托管证券市值 37.67 万亿元、受托管理资金本金总额 18.06 万亿元，相较 2012 年底分别增长了 237.79%、152.16%、173.76% 和 855.56%。证券业的可持续发展与实体经济平稳运行相互依存，共生共荣，证券业服务好供给侧结构性改革既是立身之本，也是发展所向。新形势下，如何将证券业改革发展与供给侧结构性改革有机结合，实现供给侧的存量重组、增量优化和动能转换，是一项重要的研究课题。

一、供给侧结构性改革的核心、方式和关键环节

（一）供给侧结构性改革的核心是优化供给结构，提升供给效率

供给侧结构性改革的本质是资源的重新分配，通过推进供给侧结构性改革，能够增加有效和中高端供给，削减无效和低端供给，提高全要素生产效率，破解供给效率不高、有效供给能力不足、供给结构错配等难题。资本市场具有较强的资源配置优化功能，能够有效分散

* 作者单位：中泰证券股份有限公司。原载于《中国证券》2017 年第 12 期。

融资过度集中于银行信贷的风险，促进经济结构调整和经济发展质量提高。在供给侧结构性改革背景下，证券业必须结合经济结构调整和产业转型升级的金融服务需求，依托多层次资本市场体系，助力满足各类型主体的投融资需求，提高直接融资比重；通过资本配置功能调节不同产业的资本供给水平和配置效率，化解过剩产能、盘活存量供给；以资金支持培育新产业、新业态、新商业模式，实现供给结构优化。

（二）供给侧结构性改革的主要方式是落实好五大任务

“三去一降一补”是供给侧结构性改革的五大任务，五大任务的有效实施能够矫正供需结构错配和要素资源配置扭曲，实现经济健康均衡发展。以“去产能”淘汰低利润、高污染的过剩产能，盘活沉淀在无效和低端领域的资源供给；以“去库存”为新的产能提供空间；以“去杠杆”优化融资结构，防范系统性金融风险；同时降低企业制度性交易成本、财务成本、税费负担、要素价格等——“降成本”；通过支持科技创新进步、完善城市基础设施和公共服务设施建设、加强环保生态建设和精准扶贫，促进经济社会持续健康发展——“补短板”。五大任务同属证券业服务供给侧结构性改革应遵循的方向和重点，“三去”要求优化金融资源配置结构，提升供给效率，避免过剩产能、过高库存和过高杠杆引发金融风险；“一补”要求增加有效金融供给，弥补服务短板；“一降”要求降低企业融资成本，营造良好的资本市场环境，助力企业保持竞争优势。

（三）供给侧结构性改革的关键在于正确处理政府与市场的关系，深化经济体制改革

如何有效平衡政府作用与发挥市场在资源配置中的决定性作用关乎供给侧结构性改革的成败。供给侧结构性改革要求政府部门将职能更多地聚焦于宏观调控、市场监管、公共服务和社会管理，营造有利于实体经济发展的优良环境。正确处理好监管变革中政府与资本市场的关系同样关乎金融体系供给侧结构性改革成败，反映到证券领域，一是深入推进资本市场改革，积极培育市场化的经营主体，以改革根除影响服务实体经济发展的障碍；二是简政放权，推进行政审批与监管相分离，避免政府对市场的直接干预，提高行业自主经营性和市场发展活力；三是强化功能监管，重视行为监管，将监管重点聚焦于金融稳定、实体经济发展与投资者保护，提升监管的专业性、独立性、协调性和权威性。

二、证券业服务供给侧结构性改革的思考

深入推进供给侧结构性改革是新常态下我国经济发展的关键环节，也对证券业发展提出了更高层级的要求。证券业必须深入思考服务供给侧结构性改革的重点和有效路径，在提升行业综合竞争力的同时，有效支持供给侧结构性改革。

（一）理论方面

“供给学派”和“需求学派”是经济学理论中的两大重要派别，二者在经济发展过程中互为前提、各占主导又相互促进，有效促进了经济发展。其中，供给学派认为供给创造了需求，市场自我调节功能不会产生普遍性的生产过剩，个别部门的供求失衡将会短暂存在。历史上，美国“里根经济学”和英国“撒切尔主义”即是供给学派主导下改革成功的典范，

当前我国推行供给侧结构性改革的理论基础也源于此。证券业服务供给侧结构性改革方面，现有理论成果从金融体系发展与实体经济关系层面证实了二者之间同生共长、相互依存的关系。

1. 需求端表明，产业转型升级引发更多金融需求，促进金融发展和市场扩张

供给侧结构性改革的一大重点是产业转型升级，无论是存量资产重组、增量资产优化，还是新旧动能转换，都会引发大量的金融需求，导致资本市场参与主体增加、市场功能完善、产品更加丰富，促进资本市场向更高层级和质量发展（Bencivenga and Smith，1991；Greenwood and Smith，1997），而资本市场发展又能明显通过优化资源配置、提升供给效率助推产业转型升级（刘世锦，1996；樊纲，2000；杨小凯，2003；林毅夫，2004 等）。

2. 供给端表明，金融业通过产品服务供给深刻影响产业发展

完善的资本市场能够深刻把握经济发展方向，在融资规模与融资结构间实现平衡，在价值与风险间实现匹配，在促进交易、引导投资资金流向、信息披露等方面更好地发挥优化资源配置功能，提高运行效率，优化产业结构。Ronalde Mckinnon and Edwarl Shaw（1973）的金融深化理论主张发展中国家应坚持金融自由化改革方向，以金融发展带动经济发展和产业升级；Alfred Stieglitz（1985）、Robert K. Merton（1993）、白钦先（1998）、林毅夫（2009）等通过实证检验证实金融能够在产业转型升级和实体经济发展中发挥积极作用。

3. 风险方面表明，供给侧结构性改革或将引发局部金融风险，需重点防范

供给侧结构性改革带来产业结构调整和新旧动能转换，或将对金融发展造成一定负面影响。如去产能引发部分企业债务危机，将挑战金融机构不良资产处置及风险管理能力；在降成本过程中，各类金融机构服务的准入门槛将逐步放宽，竞争程度进一步提升，盈利空间被压缩；在去杠杆过程中，确定合理的杠杆水平将对金融机构资产负债管理能力提出更高要求。韩启东（2004）、范小云（2008）等对改革中的金融安全与风险控制问题进行了研究；Mark Williams（2014）从投资银行风险收益对应理论角度出发，剖析了华尔街独立投资银行经营失败的案例。

（二）实践方面

纵观近代三次工业革命发展历程，1802 年伦敦证券交易所成立，优先股和公司债广泛发行为英国第一次工业革命提供了金融支持；1863 年纽约证券交易所成立和 1933 年《格拉斯—斯蒂格尔法》颁布，推动美国由银行主导型金融体系向市场主导型金融体系转变，投资银行体系成为第二次工业革命时期美国经济腾飞的助推器；风险投资和产业投资基金的大力发展促进了第三次工业革命期间欧美高科技产业的发展，多层次资本市场体系构建（如美国资本市场的四层次金字塔结构①）及金融机构跨界、跨境并购行为，大型金融机构的综合化、国际化经营为第三次工业革命提供了强大的金融支持。反观发展中国家的发展实践，第二次世界大战后，巴西、阿根廷、菲律宾等国家金融体系运行低效、资金短缺和金融发展滞后，对实体经济稳步增长构成制约，而 2008 年全球金融危机爆发的原因也可归咎于金融脱离实体经济的自我循环、空转与过度膨胀。可以说，一国经济发展与金融市场发展相伴而

① 美国资本市场现已形成四个层次的金字塔结构：第一级由纽约证券交易所和纳斯达克构成；第二级为公开报价系统（包括信息公告栏市场和粉单市场）；第三级为遍布全国的地方性柜台交易市场；第四级为私募股票交易市场。

生、相辅相成，没有实体经济发展，就不可能有金融创新，经济转型升级的目标也就不可能实现。

（三）综合评价

理论和实践分析表明：周期性、结构性、体制性等问题仍将是我国经济金融发展的主要矛盾。证券业应从以下方面着手，构筑服务实体经济、防范金融风险及持续改革创新的“稳固三角”，支持供给侧结构性改革。

1. 坚持服务实体经济原则

证券业应充分发挥交易、托管结算、支付、融资和投资五大基础功能，助力满足各类型投融资主体的金融需求。其一，助力企业直接融资，支持提高直接融资比重，降低杠杆率；其二，依托多层次资本市场，降低权益融资门槛，创新债券融资工具，拓宽企业融资渠道，降低中小企业融资成本；其三，支持企业并购重组，提高行业集中度，化解过剩产能；其四，发挥优化资源配置功能，通过资金聚集机制为战略新兴产业、绿色产业、创新创业企业注入生产要素，助其成长壮大，同时扶持传统产业提高全要素生产率，激发企业的创新能力和活力，补短板。

2. 提高金融风险防控能力，夯实改革基础

证券公司应提高全面风险管理能力，守住不发生系统性风险的底线，保证安全稳健运行。同时不断加强信用风险、市场风险以及流动风险等各类风险管理能力，避免遭受因经济增速回落、企业盈利下滑、信用违约风险增加导致的风险问题，为供给侧结构性改革的顺利推进保驾护航。

3. 推进证券业改革和转型发展，增加内生动力和活力

在供给侧结构性改革背景下，证券业应充分顺应宏观经济及行业发展趋势，下沉重心，突出主业，不断加快自身改革转型，积极调整发展战略，优化业务结构布局，加快业务产品服务创新，提高综合金融服务能力，增强核心竞争力。

三、证券业支持供给侧结构性改革的实践

（一）政策层面

1. 金融支持供给侧结构性改革的政策支持导向日渐明确

近年来，我国大力推动金融服务业和资本市场发展对实体经济支撑的政策导向逐渐明确。作为金融市场的重要中介机构，证券业积极把握政策意图，支持经济发展和转型升级(见表 1)。

表 1　　金融支持实体经济发展相关政策

时间	政策	意见/措施
2011 年 3 月	《国民经济和社会发展“十二五”规划纲要》	大力发展金融市场，鼓励金融创新，提高直接融资比重
2012 年 9 月	《金融业发展和改革“十二五”规划》	非金融企业直接融资占社会融资规模比重提高至 15% 以上

续表

时间	政策	意见/措施
2012年11月	中国共产党第十八次全国代表大会	深化金融体制改革，健全促进宏观经济稳定、支持实体经济发展的现代金融体系，发展多层次资本市场
2013年11月	《中共中央关于全面深化改革若干重大问题的决议》	健全多层次资本市场体系，推进股票发行注册制改革，多渠道推动股权融资，发展并规范债券市场，提高直接融资比重
2014年5月	《国务院关于进一步促进资本市场健康发展的若干意见》	到2020年，基本形成结构合理、功能完善、规范透明、稳健高效、开放包容的多层次资本市场体系
2015年5月	《国务院批转发展改革委关于2015年深化经济体系改革重点工作意见的通知》	实施股票发行注册制改革，探索建立多层次资本市场转板机制，发展服务中小企业的区域性股权市场，开展股权众筹融资试点；推进信贷资产证券化，发展债券市场，提高直接融资比重；推动《证券法》修订和《期货法》制定工作
2015年1月	《中共中央关于制订国民经济和社会发展第十三个五年规划的建议》	积极培育公开透明、健康发展的资本市场；提高直接融资比重；推进资本市场双向开放
2015年7月	《国务院关于大力推进大众创业万众创新若干政策措施的意见》	支持符合条件的创业企业上市或发行票据融资，鼓励创业企业通过债券市场筹资；研究尚未盈利的互联网和高新技术企业到创业板发行上市制度，推动在上海证券交易所建立战略新兴产业板；加快推进全国中小企业股份转让系统向创业板转板试点
2015年7月	《国务院关于大力发展电子商务加快培育经济新动力的意见》	建立健全适应电子商务发展的多元化、多渠道投融资机制，研究鼓励符合条件的互联网企业在境内上市；鼓励证券、保险、公募基金等企业和机构依法进行网络化创新
2016年2月	八部委《关于金融支持工业稳增长调结构增效益的若干意见》	落实差别化工业信贷政策，加大金融对工业供给侧结构性改革和工业稳增长、调结构、增效益的支持力度
2016年9月	七部委《关于构建绿色金融体系的指导意见》	推动证券市场支持绿色投资和经济转型，支持绿色企业上市融资和再融资；健全绿色债券、股票指数体系，推动建设绿色证券机构投资者体系；鼓励发展绿色债券；探索研究碳排放权期货交易

资料来源：根据公开信息整理。

2\. 证券行业监管政策体系推陈出新，支持证券公司自身改革和转型发展

2016年以来，证券行业监管政策体系全面推陈出新，包括陆续出台了风险控制管理办法、资管“八项新规”、重大资产重组管理办法等，为业务有效开展提供了制度保障。未来，随着制度升级完善，证券公司将步入稳健发展的新时代。近期主要监管政策见表2。

表2　证券行业监管政策

业务领域	监管政策	核心内容
风险管理	《证券公司风险控制指标管理办法》	区分核心、附属净资本，修改净资本及风险资本计算方式，完善杠杆率指标（优化为一个风险杠杆率指标），完善单一业务风控监管指标等

续表

业务领域		监管政策	核心内容
投行业务		《上市公司重大资产重组管理办法》（2016年修订）	进一步规范借壳上市，以抑制对A股“壳资源”概念股的热炒；对并购市场整体监管从严，同时取消重组上市配套融资
资产管理业务	证券公司	《证券期货经营机构落实资产管理业务“八条底线”禁止行为细则》《基金管理公司特定客户资产管理子公司风控指标指引》	全面加强对资管产品杠杆倍数的限制，明确各类资管计划的最高杠杆倍数（最高不超过3倍）；严禁证券期货机构为“配资”业务提供便利；严格规定基金子公司设立条件，基金子公司建立以净资本为核心的风险控制指标体系，约束业务规模扩张
	基金子公司	《基金管理公司子公司管理规定》《基金管理公司特定客户资产管理子公司风险控制指标管理暂行规定》	对从事资管业务的基金子公司进行规范，包括提高基金公司准入门槛，增加对基金子公司的净资本约束，并规定专户子公司需计提风险准备金等
	私募基金	《私募投资基金信息披露管理办法》《证券期货经营机构私募资产管理业务运作管理暂行规定》	前者对于私募基金的信息披露提出了更严格的需求；后者则对非银金融机构从事私募资管业务划定了明确业务底线，明确了不同资管计划不得混同运作，应独立建账、核算、编制估值表，并提出非标类资管产品杠杆不得超过2倍
互联网金融业务		十部门《关于促进互联网金融健康发展的指导意见》	鼓励银行、证券、基金等金融机构依托互联网技术，实现传统金融业务与服务转型升级，积极开发基于互联网技术的新产品和新服务；明确了股权众筹融资、互联网基金销售等的业务范围及监管指导责任
合资券商设立		《关于建立更密切经贸关系的安排》补充协议十	符合条件的港资、澳资金融机构按照有关规定可在上海、广东、深圳及若干内地金融改革先行试验区设立合资全牌照证券公司，内地股东不限于证券公司，且金融改革先行试验区内合资券商外资持股比例可超50%
沪、深港通试点		2014年和2016年，中国证监会和香港证券及期货事务监察委员会联合发布试点公告	为境外投资者投资境内资本市场提供更加灵活的选择，与现行的QFII、RQFII制度优势互补，推进两地资本市场双向开放和中国资本市场向法制化、市场化和国际化方向迈进

资料来源：根据公开信息整理。

（二）证券业服务实体经济和供给侧结构性改革实践

经过近几十年的发展，我国多层次资本市场的发展举世瞩目。目前，A股股票市场总市值位居全球第二，国内债券市场余额位居世界第三，新三板市场挂牌企业数量全球第一。资本市场的不断演进与发展，为证券行业的发展奠定了坚实的基础，证券公司队伍不断发展壮大，证券营业部家数不断增加。依托庞大的机构网点设置，证券公司为支持供给侧结构性改革提供了有效的平台。

1. 着力为各类企业提供金融服务，解决投融资难题投行业务是证券业支持供给侧结构性改革最直接、最有效的手段。近年来，证券公司积极拓展投行业务服务范围，提升服务质量，依托多层次资本市场为企业提供股权、债券融资服务，为总计 800 余家企业 A 股上市、1.14 万家中小企业“新三板”挂牌提供投行业务支持。同时，行业致力于解决中小企业投融资难题，支持中小企业绿色债、“双创”债发展。截至 2017 年第三季度末，19 家证券公司作为绿色债券主承销商或绿色资产证券化产品管理人共承销发行 16 只产品，合计金额 265.34 亿元，其中资产证券化产品发行 5 只 66.59 亿元；9 家公司承销发行 12 只创新创业公司债，合计金额 22.73 亿元。[①]

2. 探索 PPP 新型服务模式，促进政府和社会资本合作

众多证券公司创新 PPP 项目参与模式，满足基础设施建设和公共服务项目等的投融资需求。如光大证券设计了以购代建供给侧改革基金模式、棚改基金模式以及与中铁合作的城市建设基金模式，服务 PPP 项目开展；太平洋证券开发了国内首单 PPP 资产证券化项目——新水源污水处理服务收费收益权资产支持专项计划，有效满足了项目开展过程中的投融资需求。

3. 支持并购重组业务开展，助力国企改革和过剩产能化解

证券公司一直致力于通过开展并购重组业务服务供给侧结构性改革。2016 年以来，沪市上市公司共完成并购重组 150 单，交易金额近 5 800 亿元，其中，国有控股上市公司共完成并购重组 60 单，交易金额近 3 500 亿元，有效助推了国企改革和钢铁、煤炭、水泥、化工等行业的过剩产能出清。

4. 提升组织交易能力，优化资金配置

近年来，证券公司通过大力发展场内证券经纪业务，拓展新三板市场主办券商经纪业务和做市业务，参与区域性股权交易市场和 OTC 市场交易，探索大宗商品及场外衍生品交易等，为股权交易和资本流动提供了有效支持。同时，大力发展资本中介业务，目前股票质押回购交易规模高达 1.5 万亿元，有效满足了实体企业融资需求。

5. 支持精准扶贫，积极履行社会责任

近年来，证券行业积极履行社会责任，以“一司一县”结对帮扶支持定点扶贫县经济发展，有效发挥了资本市场在支持服务国家战略中的重要作用。目前，已有 93 家证券公司与 183 个国家级贫困县建立了结对帮扶关系。2016 年，证券公司通过多层次资本市场为贫困地区融资 828.92 亿元，有效支持了企业融资和产业发展。

（三）证券业助力防范金融风险

随着证券业创新业务的开展，创新产品增多，服务能力提升，有效防控金融风险的重要性日益凸显。为此，证券业采取了如下措施：

1. 从严监管有效净化了证券业发展环境，避免了系统重要性风险的发生

近年来，中国证监会坚持“依法、从严、全面”监管，不断加大对证券经营机构的检查和处罚力度，严打操纵市场案件、严惩 IPO 造假行为、严惩内幕交易行为。同时依法暂停甚至撤销经营管理混乱、合规风控失效、违法违规频发的证券经营机构相关业务资格，依法

---

① 参见《中国证券业协会发布绿色公益榜及“双创”债承销排行榜》，中国证券业协会网站，时间：2017-11-08，网址：http://www.sac.net.cn/hysj/zqgsyjpm/201711/t20171110_133504.html，最后访问日期：2017 年 11 月 25 日。

认定不履职、不尽责的高级管理人员为不适当人选、撤销高管资格，依法追究合规负责人员未尽监督、检查责任的行为等，有效净化了证券业发展环境。

2. 建立完备的自律规则体系，敦促证券经营机构规范运营

目前，中国证券业协会共出台自律规则 110 余项，构建了较为完备的自律规则体系，督促证券公司及各类子公司业务规范运营。同时积极组织、指导证券公司开展压力测试，加强各类风险监测、分析和预警，定期排查机构系统性风险，使风险事件被遏制在萌芽状态。

3. 牢固树立风控合规意识，保障业务规范运营

作为证券市场参与主体，证券经营机构始终树立主动风险防控理念和核心业务、重点岗位、关键人员依法合规的经营理念，防范问题发生和风险外溢，同时高度重视内部管控，有效保证各类业务规范运营。

四、证券业支持供给侧结构性改革的机遇和挑战

（一）证券业支持供给侧结构性改革的机遇

1. 资本市场自身改革为证券行业发展注入新活力

随着资本市场各项改革措施的推进，多层次资本市场建设将不断完善，注册制改革将渐进式实施，新三板转板试点未来将逐步兑现。同时，沪港通、深港通、债券通、北向通的相继落地，A 股被正式纳入 MSCI 指数等，为我国资本市场的双向开放和证券公司国际化发展打开了空间，为证券公司创新发展提供了“制度自信”。

2. 供给侧结构性改革为资本市场和证券行业发展提供了巨大空间

供给侧结构性改革的不断推进，有效提升了我国经济发展长期向好的基本面。在这一背景下，过剩产能行业和符合产业政策导向企业的兼并重组需求增加，新兴产业发展的融资需求增加，直接融资比重将进一步提升。作为市场化资源配置的平台，资本市场将为各类行业、企业提供多样化的投融资服务，助力“三去一降一补”的实现。一方面，资本市场在资源配置中的功能将更加凸显，股权融资将稳步发展，债券市场将均衡发展；另一方面，资本市场将更加明确回归服务实体经济的本源，积极疏通资本“活水”进入实体经济的通道，实现直接融资“质”与“量”的提升。

（二）证券业支持供给侧结构性改革的挑战

1. 服务实体经济的能力有待进一步增强

支持实体经济发展是证券业生存的根本，也是证券公司自身改革发展的稳固基石。但是当前证券公司综合金融服务能力与实体经济发展的金融服务需求仍不匹配。一是我国直接融资比重仍然较低。2016 年直接融资占比 23.67%，而同时期的欧美国家直接融资占比为 80%—90%。在以银行信贷为主导的金融体系结构下，中小企业和创新型企业面临的融资难、融资贵等问题尚未有效解决，大量社会资本难以通过股票融资、债券融资等方式进行市场化的合理定价和进行更高效率的资源配置，阻碍金融服务实体经济能力的有效提升。二是创新不足影响金融功能发挥。供给侧结构性改革对证券行业创新产品和服务提出了更高要求，大量过剩产能淘汰，存量资产效能提高以及创新型、绿色型新动能的形成，都需要证券业主动作为，不断创新金融产品和服务供给，有效满足多样化的投融资需求。

2. 证券公司发展同质化，竞争趋于白热化

当前，我国证券公司总体呈现业务趋同、产品服务种类相对单一的特征，在供给侧结构性改革背景下，转型升级以及特色化发展等对证券公司提出了挑战。一是业务同质化难以有效支撑证券公司可持续发展。目前，证券经纪、自营、承销与保荐三大传统业务是我国证券公司的主要收入来源，随着多层次资本市场完善和金融创新推进，不少证券公司加大融资融券、股票质押式回购交易、约定购回式证券交易等资本中介业务和资产管理、资产证券化等创新类业务布局，传统业务逐步向以资本中介、资本投资业务为代表的“重资本”业务转型，创新业务收入占比不断提升。二是如何寻求差异化、特色化发展。未来，证券公司可能会分化为三种类型——全能型、国际化的大券商，大型国资背景的专业型券商和民资或混合所有制背景的特色券商。三类证券公司依托的集团背景、政策资源和市场影响力不同，发展战略和优势也将存在差异，如何找准自身定位并寻求特色化发展，是一项重大挑战。三是如何应对新进入者的竞争。近年来，新进入证券行业的市场经营主体，不仅包括银行、保险、资产管理公司等传统金融机构及拥有强大产业背景的中央企业，还包括资金实力雄厚的省级金控集团或投资平台，更有机制灵活、运营激进的民企背景券商，专业优势明显的外资背景券商以及利用互联网优势跨界经营的互联网公司等，各类主体在债券发行、资产管理、ABS等业务方面与证券公司展开直接竞争，如何持续保持竞争优势是一项重大挑战。

3. 证券公司整体规模偏小，竞争能力和抗风险能力较弱

境外成熟资本市场中，投资银行的业务领域覆盖货币、外汇、商品、股票、债券等多个市场，可以实现业务、产品和服务的多元化、综合化和全球化，为开展金融创新、增加利润来源、分散经营风险提供了良好的市场环境。同时，经过长久历史积淀，境外成熟资本市场上已经形成了一批资本实力雄厚、盈利能力较强的国际投资银行。相比而言，我国证券公司发展历程较短，整体规模明显偏小，市场集中度较低，业务辐射范围大多限于境内，国际化布局尚不充分，竞争能力和抗风险能力均较弱。

五、政策建议

作为金融体系的核心力量，证券经营机构既要服务于实体经济，又要充分依托实体经济，准确把握供给侧结构性改革带来的机遇和挑战，积极寻求业务发展的平衡点、结构调整的着力点和改革创新的动力点，在支持供给侧结构性改革的同时，实现行业整体竞争能力的提升。

（一）发展开放、包容的多层次资本市场，为证券业支持供给侧结构性改革营造良好的发展环境

一是继续推进完善多层次资本市场建设。大力发展直接融资，着力构建基础制度扎实、监管有效、融资功能完善、投资者合法权益有效保障的多层次资本市场体系，满足处于不同发展阶段、不同类型、不同特点企业多样化的投融资服务需求。二是保持各层次市场间的独立性与有效衔接。强调各层次资本市场的独立性，将场内和场外市场建成层次分明、既有专业分工又彼此合作、内在联系紧密、功能完善的多层次资本市场体系，以完善市场退出和转板机制，实现企业的优胜劣汰。三是高度重视多层次资本市场的功能性，推动企业资本股权

化、可交易化。通过提供高效的股权融资服务，支持高端制造业、现代服务业等符合产业转型方向且有利于实体经济发展的优质企业在资本市场上市融资；支持符合国家产业政策要求的实体企业通过公司债、企业债、短期融资券、中期票据等债权方式融资，降低融资成本。四是重视场外市场对中小企业和创新创业企业的融资支持。建立以新三板为统领、区域性股权交易市场作扩展、柜台交易市场作补充的场外市场体系架构，着力加强新三板及区域性股权市场的稳基功能、“孵化器”功能、定价筛选功能和规范流动性功能，为初创期、成长期企业提供股份制改造、多元化投融资解决方案等服务。

（二）加快证券业改革创新步伐，有效增加金融供给

一是要将证券业作为金融服务业的核心产业来培育，提供良好的政策环境，支持证券业发展水平和综合竞争能力提升。二是不断加强金融创新力度，加强产品研发、市场营销、机构管理、风险防控、激励约束机制等的全方位改革创新，推动互联网、大数据、人工智能与证券业的深度融合，提升金融服务供给能力。三是有效平衡创新与风险防范，创新应在坚守不发生系统重要性风险底线、确保金融安全的前提下积极稳妥推进，以深度创新激发证券业发展的潜在活力。

（三）支持开展并购重组，提高资源配置效率，助力化解过剩产能

并购重组在经济结构调整和产业转型升级中起着举足轻重的作用。证券业支持供给侧结构性改革，一是协助钢铁、煤炭、化工等传统行业进行并购重组，助力化解过剩产能；二是为企业提供个性化方案，帮助优质企业开展跨行业、跨地区、跨所有制的并购重组，提高行业集中度和市场占有率；三是支持上市公司特别是国有控股上市公司，对同一行业、同一业务板块的国资国企进行深度整合，加快有效资源流动，促进国有资本布局的战略性调整；四是借助国内与国际资本市场互联互通的机遇，依托证券公司境外子公司的业务资源、人才优势搭建外资参与国内企业兼并重组的桥梁，助力国内企业竞争能力提高。

（四）支持国企改革，提高国有资产效率

支持国有企业改革是供给侧结构性改革的重点之一。目前，我国国有企业平均资产负债率为 66.33%，负债率过高导致国有企业成本较高，产品缺乏竞争力；此外，单一产权和产权虚置使国有企业在决策上难以形成有效制衡，从而造成企业生产经营机制市场化程度不足，降低了国有企业的竞争力和国有资产的经营效率。证券公司依托综合金融服务能力和专业人才优势，能够支持国有企业进行股份制改造提高内部治理水平，通过 IPO、资产注入等方式提高国有资产证券化率，结合 PPP 融资和资产证券化等创新手段，提高国资国企资产效率。证券公司依托资本市场，能够助力国有企业通过跨区域、跨行业引入民资发展混合所有制，实现国有资本功能放大和国有经济的活力提升；通过推行员工持股计划，建立和完善劳动者与所有者的利益共享机制，提高企业凝聚力和竞争力。

（五）支持提高直接融资比重，去杠杆，化解金融风险

企业通过股票、债券等方式进行直接融资，市场定价更有效，资源配置效率更高，同时在面临潜在危机时，以直接融资为主导的经济体往往更富弹性，能够有效平滑系统性金融风

险。建议从以下方面着手：一是大力推行股权、债权融资，支持实体经济降杠杆，助力化解系统性金融风险；二是协同发展场内和场外、公募和私募、股票、债券和期货市场，积极探索发展信贷和企业资产证券化，实现融资方式多元化；三是积极发展项目收益债、可转换债券、永续票据等股债结合产品，创新直接融资工具。

（六）支持创新创业和绿色产业发展，促转型、补短板

资本市场通过发挥资源配置功能，能够帮助传统产业提高全要素生产率，同时通过资金聚集机制，支持创新创业企业、绿色产业以及战略新兴产业发展壮大，实现经济结构转型升级。美国纳斯达克、欧洲小盘股市场和香港创业板市场即是例证。建议从以下方面着力：一是加快股票市场各项制度改革，降低创新型企业和战略新兴企业的上市门槛，实现资金有效配置。二是加快产品和业务创新，通过融资担保、知识产权质押、场外衍生品等创新业务丰富场外市场产品种类，为创新型企业提供高效的投融资平台；通过大力发展绿色债，健全绿色债券、股票指数等方式，推动绿色企业股权融资，支持社会绿色投资。三是大力发展直投业务，把资金尽可能投向符合国家产业政策导向及代表未来产业转型升级方向的优质企业，在培育新动能方面争取更大作为。

参考文献

[1] 王筠权，阚超，官学清．供给侧结构性改革中产业升级的金融支持研究——以四川省为例［J］．西南金融，2016（12）：3—9.

[2] 李文华．资本市场助力供给侧结构性改革研究［J］．证券市场导报，2017（2）：4—13.

[3] 周慕冰．关于银行业服务实体经济的实践与思考［J］．金融监管研究，2016（2）：1.

[4] 逄锦聚．经济发展新常态中的主要矛盾和供给侧结构性改革［J］．政治经济学评论，2016（2）：49—59.

证券公司服务实体经济的方向、机遇与挑战

陈　雳　梁燕子　冯钦远*

实体经济是金融的立业之本、发展之源，金融业只有根植在实体经济之上，才能真正实现长期健康发展。习近平总书记在十九大报告中提出深化金融体制改革，增强金融服务实体经济能力，提高直接融资比重，促进多层次资本市场健康发展。习总书记的讲话为新时代中国特色社会主义市场经济金融建设和证券公司未来发展指明了方向。

一、证券公司对经济发展影响和自身战略研究的文献综述

实践中，一般根据是否存在融资中介，将金融机构分为间接融资金融机构（主要是银行）和直接融资金融机构（在中国主要是指证券经营机构，即证券公司）。Goldsmith. R. W.（1990）在《金融结构与金融发展》中指出融资结构变化和经济发展的关系。他认为，随着社会不断进步，融资结构将逐渐由以间接融资为主转变为以直接融资为主，即随着经济的不断发展，证券公司将逐步取代银行成为最主要的融资渠道，这为后来的金融结构改革奠定了理论基础和方向。中国改革开放以来，证券公司和直接融资规模不断壮大。随着实践经验的不断丰富，我国学界对于证券公司的发展和其对于经济增长的影响有了更丰富的研究成果。王维安（2000）在梳理中国金融结构变化时总结到，以改革开放开展证券业务为分界点，中国的金融结构从内源的、单一的、封闭的融资结构转为外源的、多元的、开放型融资结构。陶文依美（2014）认为我国现行金融发展的矛盾主要来源于结构不均衡，间接融资规模过大，直接融资渠道不通畅，金融体系结构不完善，股、债市场发展比例不协调。她认可大力发展直接融资渠道，认为完善证券机构的结构有利于实体经济的快速稳健发展。陈双、王庆国（2012）使用改进的内生增长模型论述了鼓励证券公司业务的发展扩大，可以降低单位融资对于社会资源的消耗，使得单位资金投资收益提升，实现社会资本的帕累托改进，提高宏观经济运行效率。并使用量化模型对于我国的金融体系效率进行分析，证实了发展直

* 作者单位：川财证券有限责任公司。原载于《中国证券》2017 年第 12 期。

接融资业务确实有助于经济增长。刘畅（2013）列举了大力发展直接融资的优势：一是更有利于企业发展壮大；二是减少中介环节，化解社会金融风险；三是更有利于降低信息不对称性，提高金融机构效率。

理论和实践均证明了证券公司的发展对于我国金融市场和宏观经济增长的重要性，所以许多学者和业内人士开始关注证券公司未来发展战略，并提出了自己的观点、意见及建议。Baron（1992）认为证券经营机构发展的关键在于投行业务，应该开发多元化和创新的投行业务。Robert Abbie（2001）进一步补充论述，认为随着相关业务的加剧，差异化、多元化经营是未来券商投行业务关注的焦点。汪思鸣和熊铭奇（2003）运用 SWOT 分析法对于证券行业发展现状进行了分析，认为证券公司对内要提高效率、压缩成本，对外要扩大收入来源、加快业务创新步伐。孙智勇等（2003）则从资源禀赋的角度提出证券行业的发展首先要解决体制问题，采取全方位、多元化的服务战略，积极布局海外业务，实现实体经济和证券公司资源的有机结合，促进产业实现跨越式发展。王新宁（2004）则关注到横向并购对于证券公司发展的作用，认可重组并购可以提高证券公司的行业竞争优势，减少恶性竞争，从整体上改善行业效率。史明坤（2009）更关注于政府和监管机构的促进作用，认为证券行业要快速健康有序发展，离不开政府的倾斜性产业扶持和鼓励政策。

二、证券公司的行业新发展和新变化

中国在改革开放以前，融资结构是单一的间接融资，缺乏效率和活力，不利于经济的快速发展。改革开放之后，为提高国债交易的流动性，我国开始设立证券公司，逐渐引入直接融资方式。1990 年及 1991 年，上海证券交易所、深圳证券交易所先后建立，使得证券公司进入快速发展阶段。随着我国经济水平的不断提高，证券行业发展也出现了新的特点。

（一）国家强调金融服务实体，证券行业加速回归本源

证券公司开始试图围绕企业成长战略，提供投融资、资产定价、产业整合等专业化综合服务，创新产品和个性化服务成为证券公司发展的重点。在金融监管引导“脱虚入实”的背景下，证券公司必须承担投融资供给者、市场协调者、产品设计者、流动性提供者、风险管理者以及跨境、跨界、跨市场资源整合者的特殊角色，才可能拥有核心竞争力。

以川财证券为例，2017 年 10 月 25 日率先在上海国际会议中心召开券商领域首次“脱虚向实、精选价值”的主题策略会，近 500 名专家、上市公司代表、投资机构汇聚一堂，交流市场观点、探讨业务。总裁孟建军指出，无论从哪个维度看，2017 年都是鼎新变革、砥砺创新的不平凡的一年。随着供给侧改革和环保政策不断深化，产业升级势在必行；脱虚向实引导金融行业大发展，国企改革亮点频现；众多企业资产负债表逐渐修复，周期股、价值股更受到投资者青睐；科技制造、人工智能、互联网大数据等领域有望成为新时代的经济创新引擎。这些将深刻地影响中国资本市场。同时川财证券作为四川监管局管辖的国资券商，更会加强对中西部地区经济和企业发展的帮扶力度，有效响应党和国家要求金融服务实体的号召，切实发挥好券商中介服务功能。

（二）供给侧改革推动多个行业集中度提升，证券公司并购重组业务迎来新机遇

从产业层面来看，受国企改革、供给侧改革政策、产业发展阶段特点和消费升级的影响，周期行业、消费类行业和高新技术互联网均进入行业集中度提高的阶段，企业之间的兼并重组已经开始明显增加。长期来看，随着破产清算、兼并重组、市场化债转股和银行不良资产核销等去杠杆措施稳妥有序推进，过剩产能得到消化，企业偿债能力得到增强，证券公司相关业务必然会快速增长，金融资源的使用效率不断提高。

（三）资本加速接轨海外，跨境金融业务蓬勃发展

受中国企业全球业务持续增长和“一带一路”建设的影响，2016 年中国企业海外并购出现爆发式增长，当年共实现海外并购 742 起，并购金额 1 072 亿美元，相比 2015 年全年金额增长了 96.91%（见图 1）。目前来看，国内券商海外布局的模式基本上是以“立足香港—布局亚太—辐射全球”的路径推进，而业务模式主要有设立子公司、H 股上市、海外并购以及国际合作四种。

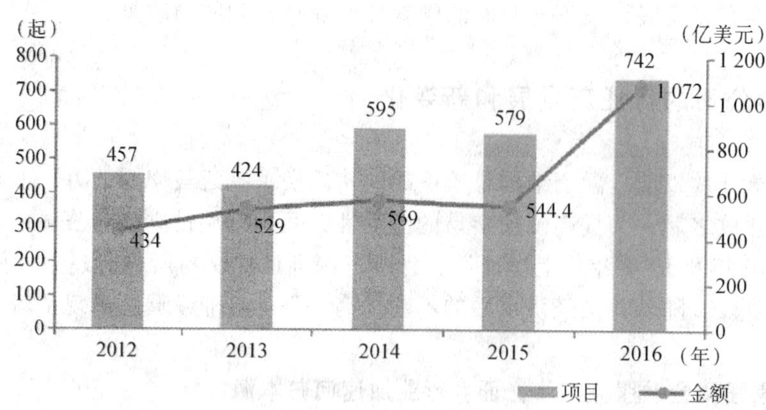

图 1　2012—2016 年企业海外并购金额变化情况

资料来源：Wind、川财证券研究所。

（四）同质竞争加剧，综合金控平台趋势凸显

随着管理层对创新业务的监管趋严，券商现有业务同质化竞争更加激烈，大型综合性证券公司竞争优势日趋明显。龙头券商通过资金、渠道、规模、品牌商誉等全方位的优势，开始渗透到资金链上下游各个业务领域，反映在行业趋势上即行业集中度进一步提升，反映在证券公司层面即业务多元化趋势下，金控平台化趋势不断深化。

（五）科技金融契机出现，互联网技术全面渗透

证券公司注意到互联网技术对于未来证券行业发展的重要作用，都加紧研发自身互联网项目，以求在未来发展中取得竞争优势。目前券商互联网业务主要有投行型、全能集团型、技术转券商型、搭建自有平台型、技术类平台合作型和电商收购型等模式（见表 1）。大型券商在互联网化方面具备规模优势、资本优势和比较优势，有渠道和端口优势的互联网企业

会优先选择和这类券商强强合作，打造互联网券商的综合平台。

表 1　　券商开展互联网业务的类型

类型	中国	美国	日本
投行型	中信证券：以机构业务为主	高盛	野村
全能集团型	国泰君安、海通：通过全能集团覆盖互联网金融	美林	SBI
搭建自有平台型	华泰、中山证券	嘉信	
技术转券商型	东方财富：从技术咨询做起，汇聚流量之后收购小券商牌照	E - Trade	Monex
技术类平台合作型	同花顺、金证、恒生：与券商合作，也是金融垂直领域流量的入口		
电商收购型	暂无		乐天系

资料来源：川财证券研究所。

三、我国证券经营机构存在的问题

新时代社会主义制度下经济社会不断进步，经济结构出现明显变化，促使证券行业出现了新特点和新形式，也暴露了旧风险和新问题。一方面，在新的时代背景下，要尊重金融体系自身发展规律，转变思想、凝聚共识，寻找行业未来发展方向；另一方面，要直面证券经营机构和证券行业存在的问题，深刻理解、全面反思，保障证券行业和宏观经济的稳定健康快速发展。当前我国正处于新时代金融体系改革的关键节点，正确认识现行证券行业存在的问题，才能及时改进、化解风险，更好、更持续、更全面地服务实体经济。

（一）证券行业存在的“脱实向虚”问题没有得到根本性的解决

“脱实向虚”的问题，是一个金融体系问题。根源是我国金融制度不健全、体系不完善、发展不平衡；本质上是由于金融效率低下，金融价格不能有效地反映资金价值，造成了资金只在金融部门中循环“空转”、抬升利率成本，或者必须在金融部门多次流转后才能到达非金融部门，拉长资金使用链条，导致实体经济的资金成本提高。“脱实向虚”出现的两个必要条件是：存在金融融资壁垒和货币流动性宽松。这就导致证券行业乃至金融体系出现两个问题：一是金融体系内流动性过剩和实体经济“融资难、融资贵”共存；二是资金只能流向高资金杠杆率和资金回报率的资产交易市场，如房地产，导致整个行业价格不断攀升，反过来进一步推高实体经济的融资成本，削减其他行业的投资利润，使得资金不断从实体经济流出，影响整个经济体系的稳定运行。

政府注意到这一现象，并且及时采取了一定的措施，控制银行、证券公司或者其他金融机构将资金投向相关领域。但是在现行监管制度下，这些措施并没有从根本上解决这一问题，主要原因如下：

一是我国现行的“一行三会”的监管口径存在差异，相关资金可以利用不同监管机构的不同口径绕过监管要求，继续向控制行业输送资金。例如政府为降低融资平台贷款风险、抑制房价、控制高污染行业，出台了一系列的政策措施，禁止资金进入相关平台、行业和领域，但是部分资金仍然可以以委外、信托、同业等形式绕过监管，进入相关行业。

二是跨境资金的监管相对困难，为资金“脱实向虚”提供了渠道。随着我国金融开放和市场化的不断发展，境内外外汇市场、资本市场的联动性增强，使得跨境资金成为境内金融“脱实向虚”的重要推手。

三是创新产品不断出现，导致分业监管的难度越来越高。新业态、新模式的出现，虽然加速了利率市场化的进度，提高了经济活力，但是监管缺失也给了这些产品巨大的监管套利空间和违规经营获利空间，在一定程度上导致了金融体系的风险上升和金融“脱实向虚”的程度加深。

（二）证券行业仍没有为中小企业融资建立有效的平台和机制

中小企业融资难、融资贵的现象依然没有缓解。银行等间接融资渠道，由于本身特点和自身定位的原因，导致中小企业很难从中获得资金。而直接融资渠道本身的行业特点对于中小企业更加友好，理论上应该在中小企业融资上发挥更大的作用。但是目前，证券公司还没有开发相关的业务，而资本市场也没有专门为中小企业设立融资渠道。

从股票发行市场来看，目前的主板市场对于企业上市规模有严格限制，新三板融资规模较小，加上缺乏活跃的做市商机制，也不能满足所有行业中小企业的融资需求。从债券发行市场来看，由于缺乏评级机构和相关担保，目前发债主体仍主要是大型企业、政府机构，发行的重点仍然集中在资本密集型项目，大部分债券期限较长，利率固定。这既不符合中小企业的投资特点，也不符合中小企业的资金需求。正规金融市场的缺失导致了“影子银行”盛行，民间借贷代替正规金融机构在中小企业中充当融资中介功能。游离于监管之外的非正规金融机构抬高了中小企业融资成本，降低了金融运行效率，诱发了监管套利和金融犯罪，不利于使经济保持活力和稳定。从世界范围来看，证券公司是可以在缓解中小企业融资难、融资贵问题上发挥重要作用的，但这是一个系统工程，需要整个金融体系多部门的配合。目前由于证券公司和整个金融体系的关注重心仍在大型企业上，没有针对中小企业制订相关资本形成、信息交换、定价模型、风险控制和有效监督机制，中小企业融资难、融资贵的问题仍然是难以激发我国宏观经济活力的核心原因之一。

（三）系统性风险存在暴露的可能，期限错配、效率低下和信息不对称仍然影响着证券行业的稳定

目前中国金融行业是分业经营、分业监管。随着证券行业的不断发展，部分证券公司的产品表现出一定的混业性质，同时不同的金融机构之间存在密切的业务往来，也会提升不同类型金融机构之间的风险连带效应。分业风险监管导致一部分体系层面的系统性风险无法察觉。其中主要的是时间风险、信用风险和信息风险。时间风险主要来自期限错配问题，金融机构为了实行利润最大化，一般会根据对未来市场利率的判断，采用期限错配的办法。这些精巧的数学搭建背后存在一定的时间风险，一旦出现趋势判断错误，或是任一环节资金链存在流动性缺口，就有可能导致整个市场的连锁反应，造成体系性的严重后果。信用风险和信息风险的来源，主要是金融系统外部风险对于金融体系的影响。目前证券公司和金融机构对于其所服务的公司经济信息掌握得相对有限，信息不对称带来了一定的道德风险和逆向选择风险，为此证券公司和金融机构一般会选择联合担保等形式分散风险。这些问题在宏观经济和公司运行良好时是会被掩盖的，但是一旦经济下滑，就可能导致企业风险的连锁暴露。而目前相对低效的金融运行效率会使得这个风险暴露过程对宏观经济产生更强大的破坏作用。

（四）证券公司在影响产业结构优化调整上并没有发挥积极作用

推动产业结构优化理论上是直接融资渠道的主要功能之一。我国社会的主要矛盾已经转变为人民日益增长的美好生活需要和不平衡不充分的发展之间的矛盾。这一矛盾的解决有赖于不断调整和优化产业结构，推动经济朝向均衡、充分、健康的方向发展。而产业结构优化升级背后需要巨大的资金支持和资源倾向，这也是我国为什么要大力发展直接融资渠道的原因之一。一般来讲，一级市场上，证券公司可以通过资源倾斜，调整产业投资比例，直接助力行业转型升级；也可以利用自己天然的资源优势，扶持、引导企业向国家发展需要的领域倾斜。二级市场上，证券公司可以引导投资者对股票和债券进行理性投资，通过政府政策的配合，发行流动性、收益性和风险性都具有竞争优势的证券产品，培养投资者投资于有较好未来发展前景的、技术先进的公司的证券，形成良好的循环，从资金上扶持产业结构优化，实现产业结构升级。然而，目前我国的证券公司和证券市场还是把收益率作为发行股债的重要甚至唯一标准，在选择承销对象时，并没有发挥主观能动性、在引导产业升级上发挥出自身切实的作用。

（五）证券公司对于企业发展的服务层次较低，手段单一

我国的证券行业和证券公司除了帮助企业融资外，在帮助企业健康发展方面起到了一定的推动作用，尤其是在制度建设和财务安排上。

1. 明晰产权

产权问题是困扰我国部分企业尤其是国有企业的主要问题之一。证券公司帮助企业通过兼并重组等手段，实现所有权和经营权的分离，明晰产权，为上市融资打下良好的基础。

2. 帮助建立完善的财务制度和管理制度

无论是国有企业还是民营企业，如果希望上市融资，首先要将公司转变为股份有限公司，这必须建立完善的财务制度和现代企业管理制度，客观上促进了我国企业建立良好完善企业制度。然而随着我国上市公司的不断增多、企业对于公司制度完善自我认识的不断提高，证券公司并没有继续关注于企业发展问题，对于企业的帮助仍然局限于提供融资承销和规范化企业运营，对于公司其他方面的发展和需要并没有进一步的服务和关注。事实上，证券公司在这方面具有先天优势，如果能对企业融资和管理提供多元化、全方位服务，将在宏观层面上促进证券行业和实体经济共同发展，在微观层面上提升企业运营效率。

四、政策建议

面对新时期社会主义的新特点和新矛盾，针对证券公司服务实体经济提出如下建议：

（一）在企业层面上，证券公司应该在稳健经营的基础上，关注风险，审慎创新

1. 努力深化企业改革，提高金融服务能力

证券公司需要不断深化金融改革，将全方位服务实体经济、多元化服务社会投资作为根本出发点和落脚点。以资管业务和投行业务作为改革的主要抓手，以优化风控管理作为发展

的必要前提，改革深化公司发展战略，回归本源，将企业的重心向实体经济倾斜、向优秀实体企业倾斜，为金融服务实体做出自身的贡献。

（1）练好内功，坚持审慎创新、稳健发展。对内要调整业务架构，不断有序推进业务创新步伐，把加强自身建设作为更好为实体经济服务的前提和基础。努力优化业务流程，提升服务质量，提高效率，创新发展。把稳定传统业务和发展创新业务作为企业进步的两条主线，为全方位服务实业打下坚实基础。

（2）倾斜资源，将服务好优秀实体企业作为公司的发展重点。结合自身优势帮助优秀实体企业解决融资方面的问题，同时防止“脱实入虚”情况的出现和蔓延。一是关注各类融资业务，帮助企业筹措资金，尤其是重点关注债权承销业务，资源向中小企业倾斜；二是有针对性地扶持全国中小企业股份转让系统中优质标的，为其提供融资、挂牌和其他证券服务；三是将信用业务作为服务实体经济工作的一个重要突破口。

2. 把好风控关，切实防控金融风险，证券业承担着防控金融风险的重要责任

近年来，为强化风险管控、补上监管短板、加快金融机构去杠杆、促进实体经济发展，金融监管机构发布了一系列的文件和监管措施。为了适应新时期监管环境的变化，证券公司应该加强学习、提高认识、调整业务、优化结构，始终将加强风控管理作为公司向前发展的必要前提和基础。在聚焦优秀实体企业、更好地服务实体经济的同时，把主动防范化解金融风险放在更重要的位置，做到自律自觉、警钟长鸣。形成主动管理、自我约束、持续监管的长效风控机制，加强风险源头意识，从一线入手构建全方位持续高效合规风险控制体系，狠抓关键项目，把风控管理贯穿于所有环节。关注固收业务中的风险问题，主动降杠杆、调结构、控交易。减持高风险债券，筛选优质标的，加强对实业融资的定向支持力度。投行业务做到主动引导，严控质量，降低风险。全面严控 IPO 项目质量，在项目立项、辅导、尽调、信息披露、内核、持续督导等所有环节，都要保证高标准、严要求地执行合规要求，持续管控项目风险。

3. 贴合国家战略布局，围绕产业升级，全方位布局服务

2017 年是鼎新变革、砥砺创新的不平凡的一年，十九大的胜利召开为未来经济发展指明了方向；供给侧改革和环保政策不断深化，产业升级势在必行；“脱虚向实”引导金融行业大发展，国企改革亮点频现；众多企业资产负债表逐渐修复，科技制造、人工智能、互联网大数据等领域有望成为新时代的经济创新引擎。未来证券公司要以国家“脱虚向实”“供给侧改革”“一带一路”等为指导，重视中西部和老少边穷区域，将公司的业务发展和中西部地区的经济发展、国家精准扶贫战略有机结合起来，服务实体经济，让企业的发展摆脱自我局限，站到利国利民的更高角度，为区域经济发展和企业成长提供全方位金融支持。树立金融服务实体的投行与资管理念，重视投行和资管业务，加大财富管理业务的尝试，将投行和资管业务的重心转移到服务实体经济上。加快发展债权融资业务，紧密围绕实体经济内在需求和企业根本诉求，助力企业做大做强，推动产业转型升级。

（二）在行业层面上，要统一认识、加强监督、建立多层次资本市场，提供多方面政策支持直接融资服务实体经济

1. 要建立统一的监管口径和平台

统一的监管口径和监管平台有助于落实金融监管部门的监管职责，并强化监管问责。对

于风险的控制做到更加全面的同时，能够解决不同监管口径带来的监管缺位的问题。对于证券行业的核心问题和关键环节能够做到既不疏漏也不重复，提高监管效率，降低系统性风险发生的可能性。同时统一的监管口径和平台也有助于监管机构相互之间的信息交流，有利于风险的早预警、早发现、早研究、早监管和早整改，推进金融业综合风险治理能力的提高。2017 年 11 月，国务院金融稳定发展委员会成立，为未来建立统一的监管口径和平台提供了良好的前提和基础。

2. 发展多层次资本市场，为中小企业发展提供多层次的融资渠道和融资平台

开放民间资本和外资进入证券行业，给予中小企业一定的发行股票和债券的政策倾斜。改革中小企业债券发行和监管制度，放宽现有中小企业发行公司债的审核条件，简化审批程序。推动债券市场的利率市场化改革，建立健全第三方评级机构，根据不同企业的评级确定不同的利率水平，为投资者投资中小企业公司债给予信息保障，真正将企业资质反映到债券利率上，促进中小企业公司债市场的良好发展。设立多品种的债券、股权融资工具，给予中小企业和投资人更丰富的投资选择，拓宽中小企业的融资渠道。

3. 完善第三方评级制度和大数据云平台，降低行业信息的不对称性

由监管机构牵线搭桥，建立全金融体系覆盖和共享的大数据云平台，在整个证券行业甚至金融体系内搭建信息的互联互通平台，降低投资者获得公司信息的取得成本和交换成本，提高实体经济主体的信息透明度，有效降低证券行业的信用风险，提高效率。在此基础上建立客观、公正的第三方评级机构，为企业评定等级，提高企业的信用。

参考文献

[1] Goldsmith. R. W. 金融结构与金融发展 [M] . 上海人民出版社，1996.

[2] 陶文依美 . 优化中国金融结构，打造开放和国际化的资本市场 [J] . 国际融资，2014 (12) .

[3] 刘畅 . 扩大直接融资的渠道研究 [J] . 时代经贸，2013 (1) .

[4] 王维安 . 金融结构理论与实证 [J] . 浙江大学学报，2000 (1) .

[5] 陈双，王庆国 . 直接融资与经济增长的理论和实证分析——基于对不同融资业务的成本比较 [J] . 湘潭大学学报：哲学社会科学版，2012.

[6] Baron David P, A model of the demand for investment banking advising and distribution services for new issues [J] . Journal of finance 1992：17.

[7] Robert M. Bushman, and Abbie J. Smith, Financial Accounting Information and Corporate Governance [J] . Working Paper 2001：39.

[8] Brian Headd, Redefining Business Success：Distinguishing Between Closure and Failure, Small Business Economics [J] . 2007 (21) ：16—19.

[9] 汪思鸣，熊铭奇 . 中小券商面临的困境及其竞争策略分析 [J] . 中山大学学报论丛，2009 (2)：14—16.

[10] 王平 . 从美林复兴看我国证券公司的业务整合 [J] . 金融教学与研究，2005 (2)：34—37.

[11] 张华东 . 金融危机下的证券公司选择 [J] . ECONOMY. N0. 3, 2008, 17.

[12] 孙智勇，陆渝梅.RBV 理论——券商的竞争力优势 [J] . 重庆大学学报：自然科学版，2003 (2)：15—18.

[13] 王新宁 . 券商并购重组的制约因素与路径探索 [J] . 金融发展研究，2004 (6)：33—35.

[14] 史明坤 . 分类监管下我国证券公司风险监控研究 [D] . 暨南大学，2009.

[15] 瞿强 . 资产价格泡沫与信用扩张 [J] . 金融研究，2005 (5)：50—58.

[16] Bianch, Javier. Credit Externalities : Macroeconomic Effects and Policy Implications [J] . American Economic Review : Papers & Proceedings, 2010, 100 (5) : 398—402.

[17] Bianchi, Javier and Enrique Menzoda. Overborrowing, Financial Crises and Macro - prudential Policy [J] . 2011, NBER working Paper.

[18] Caballero, Richardo. Macroeconomics after the Crisis: Time to Deal with the Pretense—of—Knowledge Syndrome [J] . Journal of Economic Perspective, 2010, 24 (4): 85—102.

回归本源防范风险　全面提升服务质量

——平安证券围绕“金融+科技”转型、回归服务实体经济本质、加强合规风控纪实

郭　蕊　魏　伟*

一、证券行业回归本源，增强服务实体经济能力

党的十九大报告提出，要深化金融体制改革，增强金融服务实体经济能力，提高直接融资比重，促进多层次资本市场健康发展；全国金融工作会议也指出，服务实体经济是金融工作的首要任务，回归本源、服从服务于经济社会发展是做好金融工作的首要原则。近年来，虽然行业内各证券公司在助力多层次资本市场体系建设以促进中小微企业发展、助力脱贫攻坚以促进小康社会全面建成、助力国家“一带一路”以促进资本市场双向开放三方面取得了一定的成绩，但仍然存在不足，“新时代”还需要有“新作为”。

（一）证券公司助力多层次资本市场建设，促进中小微企业发展

1. 现状

经历二十多年的发展，我国资本市场目前已进入新阶段，市场规模逐渐扩大，层次结构日趋丰富，规范程度不断提高，现已初步建成了包含主板、中小板、创业板、新三板以及区域性股权转让市场五个层次的多层次资本市场体系。证券公司在不同资本市场层次上开展的各项融资业务，综合运用了多层次资本市场中的股票与债券市场、场内与场外市场、公募与私募发行等多元化融资方式，充分利用了股权上市、债券融资和非公开股权融资等多元化的直接融资渠道，满足了实体经济中不同行业、不同规模、不同成长周期和不同领域企业的多

* 作者单位：平安证券股份有限公司。原载于《中国证券》2017年第12期。

元化融资需求，实现了多层次资本市场与创新创业企业、中小微企业和“三农”等实体经济重点领域融资需求的有效对接，促进了实体经济中存在的“中小企业多、融资难；民间资金多、投资难”的“两多两难”问题化解。

证券公司对中小微企业发展提供了有力的金融支持。中小微企业对国民经济和社会发展具有重要的战略意义：一是中小微企业创造了约80%的就业、60%的GDP和50%的税收，在增加就业、促进经济增长与社会和谐稳定等方面具有不可替代的作用；二是中小微企业是科技创新的主要力量和源泉，全国约66%的发明专利、75%的技术创新和82%的新产品开发均由中小微企业提供。但长期以来，中小微企业都面临融资难、融资贵的困境，其经营资金主要来源于自有资金和银行贷款。自国务院2012年发布《关于进一步支持小型微型企业健康发展的意见》、2013年发布《关于金融支持小微企业发展的实施意见》以来，中央对小微企业日益关注。中国证监会也积极贯彻中央精神，出台配套措施支持小微企业发展，如2014年7月23日国务院常务会议后出台的“融十条”。目前来看，多层次资本市场已成为推动中小微企业成长的重要资源配置平台，而证券公司针对中小微企业开展的各项融资业务也为中小微企业的成长提供了极大的支持。

各个市场层次服务中小微企业都离不开证券公司的支持：

（1）中小板：截至2017年11月9日，中小板共有上市公司891家，首发募集资金规模5 710.1亿元，平均募集资金6.4亿元，总市值达到11.1万亿元。

（2）创业板：截至2017年11月9日，创业板共有上市公司698家，首发募集资金规模3 492.7亿元，平均募集资金5.0亿元，总市值达到5.6万亿元。

（3）新三板：近几年规模扩张迅速，2002年初新三板还不足100家挂牌企业，而截至2017年11月9日共有挂牌企业11 629家，总股本为6 848亿股，流通股本为3 363亿股（见图1）。新三板挂牌企业行业分布具有较明显的科技创新型特征，主要分布在新兴行业，如超过半数的企业属于现代化工业、信息技术类企业，其他企业则涵盖了可选消费、材料、医疗保健等9个行业（见图2），新三板市场为创新型中小微企业的发展提供了重要的融资支持。目前已有39家新三板挂牌企业在主板、中小板和创业板上市，另有639家企业已申报IPO准备转板，新三板已发展成为非上市中小微企业股权顺畅流转的平台和多层次资本市场上市资源的孵化器。

（4）区域性股权转让市场：截至2016年底，全国各地共设立40家区域性股权市场。在前七大区域性股权市场挂牌企业中，中小微企业占比平均在80%以上（小微企业占比超过40%，中型企业占比接近40%）；从融资规模看，截至2016年底，全国各区域性股权市场挂牌企业总数1.74万家，展示企业5.94万家，累计实现各类融资6 896亿元（见图3）。各区域性股权市场已经储备了一批优质企业，部分甚至达到了沪、深证券交易所主板、中小板、创业板上市的要求。区域性股权市场在行业分布上趋向新兴产业，特别是软件和信息技术服务业，互联网和相关服务，计算机、通信、专用设备制造业等信息技术相关产业（见图4）。截至2016年底，共有48家证券公司参与了28家区域性股权市场，私募债发行规模达到106.29亿元，累计完成1 457笔股权和债券挂牌。证券公司还积极入股区域性股权市场，通过专业优势推动区域性股权市场发展，共38家证券公司入股27家区域性股权市场，出资总额为16.51亿元。

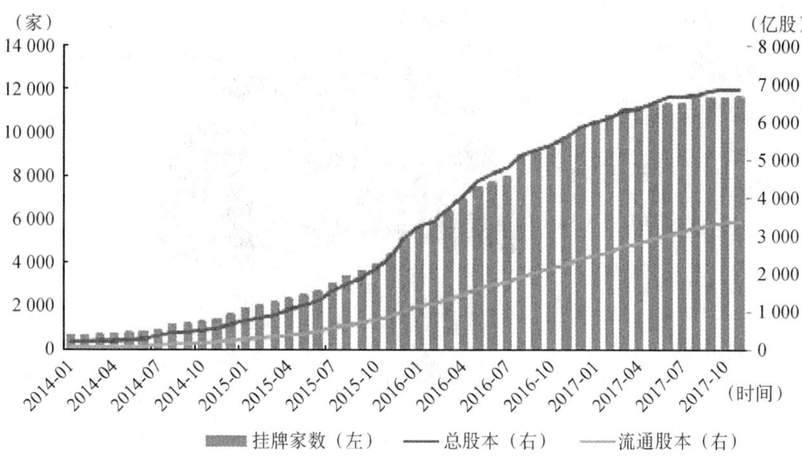

图 1 新三板市场规模统计

注：数据截至 2017 年 11 月 10 日。

资料来源：Wind，平安证券研究所。

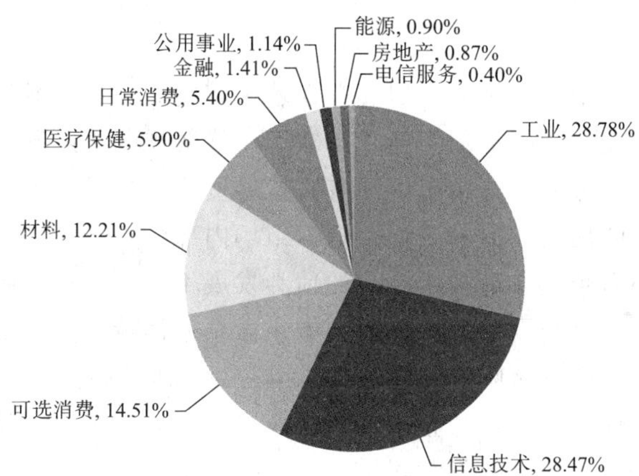

图 2 新三板挂牌企业行业分布（按挂牌家数）

注：数据截至 2017 年 11 月 10 日。

资料来源：Wind，平安证券研究所。

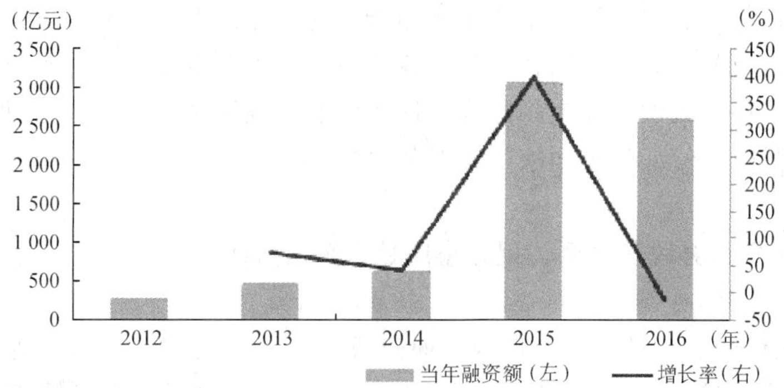

图 3 区域性股权市场融资规模统计

注：数据截至 2017 年 11 月 10 日。

资料来源：Wind，平安证券研究所。

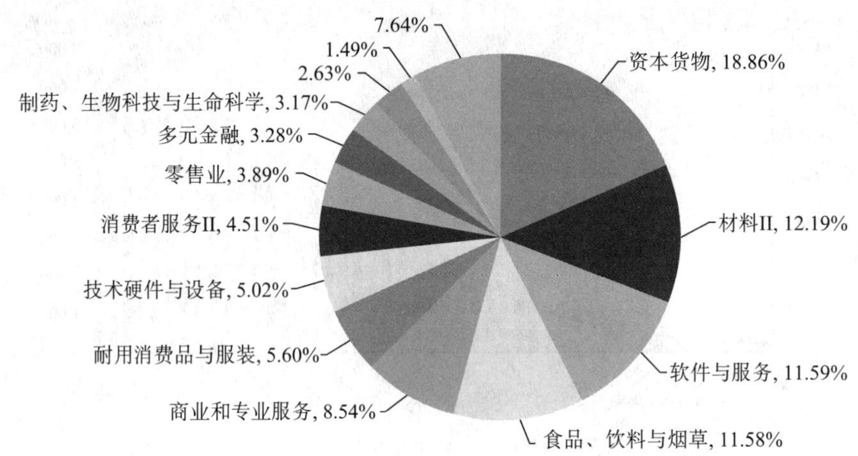

图4 区域性股权市场挂牌企业行业分布（按挂牌家数）

注：数据截至2017年11月10日。

资料来源：Wind，平安证券研究所。

2. 问题与对策

目前，证券行业支持中小微企业发展还存在若干问题。一是证券行业服务中小微企业制度缺失，既缺乏国家相关金融政策的支持，又缺乏法律法规的权威监管。二是资本市场产品创新不足，结构失衡。一方面，资本市场现有直接融资手段缺乏，无法扭转中小微企业主要依赖银行贷款间接融资的局面；另一方面，资本市场内部债券产品结构失衡，以基础行业发行人为主体，针对中小微企业、高技术企业的债券发展不充分。三是各层次资本市场仍难以满足大部分中小微企业的融资需求。一方面，中小微企业体量庞大，而证券公司借助各层次资本市场所能服务的企业数量有限；另一方面，新三板和区域性股权市场融资交易不活跃，交易制度欠灵活，区域性股权市场禁止采用做市商制度，导致了市场流动性枯竭、估值定价功能缺失，阻碍了市场融资功能的发挥。

从证券公司的角度而言，为了更好地支持中小微企业发展，助力多层次资本市场建设，促进证券行业服务实体经济，建议一是强化产品创新能力，通过开发对接新三板、区域性股权市场的资管产品，通过创新针对中小微企业、高技术企业的股权质押回购、并购融资、资产证券化、私募债等产品，拓宽中小微企业融资渠道；二是提升交易做市能力，一方面完善证券公司柜台交易业务，另一方面强化新三板、债券业务做市能力，并在未来适时配合监管层在区域性股权市场引入做市商交易制度，优化价值发现机制；三是提高风险管理能力，中小微企业业务风险较高，证券公司应加强对相关企业的合规管理、风险控制执行力度。

（二）证券公司助力脱贫攻坚，促进小康社会全面建成

1. 现状

到2020年农村贫困人口实现脱贫是全面建成小康社会的关键任务。为响应党中央、国务院发出的“打赢脱贫攻坚战”的号召，中国证监会发布了《关于发挥资本市场作用服务国家脱贫攻坚战略的意见》、并与其他六个部门联合印发《关于金融助推脱贫攻坚实施意见》，以促进证券行业脱贫攻坚工作有序推进。中国证券业协会贯彻落实中央及中国证监会

的精神和部署，于2016年8月率先发起《证券公司“一司一县”结对帮扶贫困县行动倡议书》，以结对帮扶带动行业精准扶贫。在中国证监会的支持和中国证券业协会的动员下，证券公司积极结对帮扶国家级贫困县，通过与当地政府建立长效的帮扶机制、帮助县域内企业规范公司治理、拓宽直接融资渠道、创新融资手段、提升当地产业发展能力等方式，提高各帮扶贫困县利用资本市场促进经济发展的能力；并积极开展公益捐赠，为当地贫困群众解决教育、医疗、基础设施建设等方面的问题。

中国证券业协会发布2017年第5号《证券公司“一司一县”结对帮扶公告》时，已有93家证券公司确定对口帮扶193个国家级贫困县，约占全部证券公司的96%，其中54家证券公司增至“一司多县”。在支持贫困地区融资方面，2016年证券公司帮助贫困地区企业融资金额达446.57亿元。其中，债券发行的融资规模最高，含融资项目39个，融资286.20亿元，这是因为债券市场融资具有体量大、可持续性强、市场化程度高、信息公开透明、融资成本较低、金融风险分散等优势；且大多数为绿色债券（含资产证券化产品）及创新创业公司债，发行规模已达210.95亿元。此外，证券公司通过主板、全国中小企业股份转让系统、区域性股权市场分别为贫困地区企业融资42.33亿元、34.33亿元和49.75亿元；为贫困地区企业发行资产管理计划12个，融资33.96亿元。在提升贫困地区产业发展能力方面，证券公司通过深入调研，一是针对当地产业发展的关键问题制订产业发展计划，从宏观层面为当地经济发展出谋划策；二是结合当地产业发展的特殊情况助力培育特色产业，充分发挥贫困地区的资源优势。此外，证券公司还通过拓展产品销售渠道和设立产业发展基金等方式促进贫困地区产业发展能力的快速形成。在开展公益扶贫方面，2016年各证券公司向贫困地区捐款捐物金额合计达8 984万元，公益项目涵盖教育、基础设施建设、医疗等方面，不少证券公司的公益性支出占营业收入的比值达到4%以上。

2. 问题与对策

未来三年是全面建成小康社会的决胜期，也是打赢脱贫攻坚战的关键期，证券公司在支持贫困地区经济社会发展和贫困农户脱贫致富方面仍然任重道远。建议证券公司在继续扩大帮扶覆盖面，从金融扶贫、产业扶贫、公益扶贫等方面加大扶贫力度的基础上，响应中国证监会和中国证券业协会的号召，做到精准扶贫。中国证券业协会在2017年初提出“四个精准”，这将是未来各证券公司扶贫攻坚的主要方向：“一是扶持对象精准，对建档立卡贫困户在就医就学等方面开展精准帮扶；二是项目选择精准，发挥产业带动作用，重点支持贫困地区主导产业、重点客户和关键项目，从根本上解决贫困问题；三是提供服务精准，积极对接中国证监会相关扶贫政策部署，因地因产业制订差异化服务政策，精准创新适应贫困地区需求的特色金融产品；四是保障措施精准，强化组织领导，加大资源倾斜，建立激励约束机制，提升服务能力。”①

（三）证券公司助力国家“一带一路”建设，促进资本市场双向开放

1. 现状

“一带一路”建设既有利于推动沿线各国实现经济政策协调，加深中国与沿线国家的经

① 中国证券业协会：“响应结对帮扶倡议，探索精准扶贫途径——2016年证券行业履行脱贫攻坚社会责任综述”，载于《中国证券》2017年第4期，第5页。

济合作交流，同时也为中国带来新的经济增长点，为中资金融机构国际化进程提供了发展平台。目前，“一带一路”建设已经取得了阶段性的成果，包括建立外交层面合作框架、成立丝路基金和亚投行等完善金融基础设施、加快落地对外承包工程项目、积极发展与沿线国家的贸易。

“一带一路”建设也为国内证券公司拓展海外业务提供了新的机遇和挑战。一方面，国内证券公司加强跨境金融服务能力、发展国际并购业务，协助国内实体企业“走出去”和国内居民资产海外配置，为推行“一带一路”做出了重要贡献；另一方面，国内证券公司沿着“立足香港—布局亚太—辐射全球”的国际化路径，通过 H 股上市、增资或新设境外分支机构以及收购或签署国际合作协议等方式加速拓展海外业务，提升了国际化水平，实现了“走出去”。

首先，从海外业务收入占比来看，国内证券公司国际化业务的规模日益扩大。参考上市券商 2016 年年报数据，以中信证券、海通证券为代表的大型券商海外业务收入占比超过 10%，光大证券、国泰君安的海外业务收入占比超过 5%。

其次，从投行业务项目数量来看，国内证券公司在全球及香港资本市场中所占份额逐渐增大。得益于资本市场双向开放、人民币国际化不断提速及“一带一路”政策推动，内地证券公司已成为香港券商投行业务的核心力量，2016 年有 16 家内地证券公司入围香港市场 IPO 业务 50 强，并包揽前 5 名，有 8 家内地证券公司入围香港市场配售及包销商前十强。国内证券公司充分把握国内企业海外投融资活动不断活跃的有利时机，为国内企业海外上市、融资及并购提供服务，2016 年有 9 家中国证券公司跻身全球股票承销市场 50 强，合计市场份额达 4.41%。

再次，从国内实体企业海外并购规模来看，国内证券公司在助力实体经济“走出去”方面发挥了巨大作用。随着我国企业拓展海外市场、购买先进技术及成熟品牌的动机日趋强烈，以及政府对“一带一路”相关规划的推进，我国境内企业海外收购规模持续增长。路透数据显示，截至 2016 年 11 月底，我国境内企业海外并购的交易金额已达到 1 077 亿美元，超过 2015 年全年的交易金额，创下历史新高。国内企业海外并购高速发展的背后，离不开国内证券公司的支持。国内证券公司凭借丰富的市场经验，发挥自身的专业优势，协助并购交易双方成功完成交易。

最后，从证券公司海外上市、增资或新设境外分支机构的数量来看，国内证券公司国际业务布局加快，融资渠道持续拓宽。香港仍是内地证券公司国际化的优选选择，分支机构设立方式主要包括自主投资设立子公司和收购、控股香港本地证券公司，主要开展证券经纪业务、投行业务和资产管理业务。截至 2016 年底，26 家 A 股上市证券公司中，有 20 家设立了香港子公司，有 8 家“A + H”证券公司；共有 17 家内地证券公司（包括分公司）在香港上市。随着“一带一路”倡议的提出，国内证券公司不仅在美国、英国、新加坡等成熟金融市场设立海外分支机构，还转向东南亚、南亚等“一带一路”沿线新兴市场布局。中信证券收购里昂证券、海通证券收购海通印度、太平洋证券与老挝农业促进银行、老挝信息产业有限公司合资成立老—中证券有限公司等都是典型成功案例。

2. 问题与对策

目前，我国证券公司的国际化进程尚处于初级阶段，国际业务仍有待探索，海外市场仍有待扩张。总体而言，证券公司国际化业务存在以下问题：一是区域过于集中，国内证券公司的国际化大多停留在“立足香港”阶段，在发达国家成熟市场和“一带一路”沿线新兴市场布局较少；二是业务模式单一，内地证券公司在香港的国际化业务仍以经纪业务、投行业务、自营业务为主，再融资、并购重组、资产管理等业务占比较低；三是国际市场经验不足，国内证券公司普遍缺乏丰富的国际化经验，对海外商业环境、法律法规理解不深，对业务实力、操作能力的储备不足；四是风险控制手段缺乏，国际业务受国内政策导向、地缘政治形势、国际经济局势变化的影响较大，国内证券公司尚未建立起完备的国际业务风险防控体系。

建议证券公司可以从四个方面提升国际化水平，助力“一带一路”建设，支持资本市场双向开放：一是在“一带一路”沿线国家设立海外分支机构，依托南亚、东亚、北非、中东欧等国家广阔的市场机遇，以相较于海外并购更低的成本、更高的效率迈出提升国际化水平的第一步；二是利用海外并购做大规模、拓展业务，利用海外投行丰富的国际经验和全球化的业务网络，既扩大规模、提升国际竞争力，又开辟新的业务领域、增强风险防范能力；三是丰富投融资方法和产品组合灵活运用，有机组合股权融资、债权融资、PPP 模式、跨境投融资及跨境并购等多种产品和服务，为海内外企业提供覆盖全生命周期的一体化服务，并积累海外经验；四是加强衍生品开发，以外汇期货、利率期货、商品期货等为中资企业提供规避汇率风险和利率风险的工具，以风险缓释产品为证券公司加强风险防范。

二、平安证券围绕“金融+科技”转型，回归服务企业和客户本质

2016 年开始，平安证券在行业内率先转型、全面改革，服务功能由“传统通道服务”向“综合金融服务”转型，业务模式由“以牌照为中心”向“以客户为中心”转型。特别地，平安证券依托庞大的个人客户群，凭借尖端金融科技和产品制造实力，打造以互联网财富管理为核心的全功能业务线，实现“金融+科技”战略转型，响应中国证监会和中国证券业协会的号召，回归服务企业和客户的本质。

实际上，金融科技是平安集团整体的独特竞争优势。秉承“科技引领金融”的发展理念，平安集团运用现代科技的巨大力量，为实现最佳的客户体验奠定了坚实基础。如平安科技人脸识别技术世界领先，将为金融业提供信贷审批、信用卡批量比对、银行业务身份核实、互联网账户开户、账户登录、投保核保等多种服务。平安证券的“金融+科技”战略突出表现在经纪业务方面。平安证券的经纪业务呈现互联网化，通过互联网技术与传统金融的结合，打造一站式智能理财平台；结合互联网技术与专业研究能力，推出全功能交易账户，通过平安证券 App 实现海量获客，通过平安证券 App、牛人牛股、AI 智能投顾等提供线上服务，完善线上线下 O2O 业务模式。由此，客户获得了更加简单、快捷、专业的线上投资体验。在交易业务方面，平安证券组建行业领先的 IT 研发团队，自主开发国内证券行业首个综合 IT 系统——领航系统，降低对第三方供应商的依赖，解决行业内常见的重复建设问题。可以说，平安证券各业务板块都渗透着“金融+科技”战略的指引。

（一）经纪业务互联网化，提升财富管理服务质量

经纪业务围绕“有券商牌照的互联网综合财富管理平台”战略目标，坚决向互联网转型，在行业树立起券商互联网转型引领者形象。作为行业首批获得互联网业务试点资格的券

商，平安证券通过互联网技术与传统金融的结合，打造了一站式智能理财平台，践行了普惠金融理念。公司下设获客、经营、融资三大业务中心及科技商务智能中心，通过线上线下O2O 业务模式，开展证券经纪、融资融券、金融产品销售和财富管理服务等业务。利用互联网平台及技术，推出全功能交易账户；通过平安证券 App、牛人牛股、视频投顾等服务，为广大客户提供简单、快捷、专业的线上投资体验；通过与众多专业投资机构建立合作关系，为客户提供基金、信托、理财等各类投资产品销售服务。

（二）投行业务模式创新，增加服务实体经济能力

投资银行业务设立多个产品团队，为全国三大区域和 22 家分公司提供产品分析、政策解读、协同获客和后续产品承做服务。区域分公司客户经理与总部产品经理通过各种科技手段高效沟通，为客户提供高质量的方案设计和项目执行，合力为上市公司、非上市公司、企业集团及各类金融机构提供覆盖客户全生命周期的投融资服务，主要产品涵盖 IPO、再融资、债券、新三板挂牌及做市交易、并购重组、财务顾问、结构融资及资产证券化、PE 及产业并购基金、股权质押融资等，22 家分公司扎根各省，为当地实体企业提供全方位的投融资服务。

（三）交易业务能力领先，提供更好的交易服务

近年来平安证券快速提高做市能力，连续引进海外顶尖做市人才，配备资深的本土交易、运营和风控团队，打造一流交易队伍。同时搭建以“领航”为代表的领先交易系统，以“电子方式”替代“语音方式”、以“多对多自动撮合”替代“一对一谈价”，创新优化交易流程。

（四）资管业务回归主动，去杠杆、防风险

投资管理业务重点开展固收投顾及投资咨询、第三方主动管理、资产证券化财务顾问、非标结构化融资、上市公司服务、银证通道等全方位的金融专业服务。平安证券积极响应监管层对资产管理业务严监管、去杠杆、促进资金“脱虚向实”的倡导，迅速从通道业务回归主动管理，主动配合监管层消除监管套利及非标转标、服务经济转型。目前，平安证券在符合监管法规框架之下加强产品设计能力，产品体系涵盖货币类、固定收益类、结构化融资类、权益类、衍生品类及 FOF 类、MOM 类，满足了不同客户的需求，提供了全面的资管服务。

三、平安证券加强合规管理、风险管理

2016 年以来，证券行业全面加强合规和风险管理机制建设。各证券公司普遍建立了完善的合规管理、风险管理制度体系和组织架构，强化全员主动合规意识，升级风险控制指标体系，落实全面风险管理规范。平安证券作为首批获得合规试点资格的证券公司，多年来始终积极主动地建立和执行合规管理制度和风险管理制度，合规、风控意识日益增强，合规、风控队伍渐成规模，合规风险得到有效防范。

平安证券的合规管理水平在同业中处于领先地位，建立了由董事会、合规委员会、合规

总监、法律合规部、内控经理构成的多层次全方位合规管理体系。通过不断培育合规文化、优化合规管理队伍、健全长效合规管理机制、建设合规管理系统，平安证券的合规管理水平在同业中保持领先地位。

平安证券的全面风险管理能力有效保障了业务发展，搭建了完善的风险管理架构，形成了由董事会负最终责任、管理层直接领导、以相关专业委员会为依托、各职能部门密切配合、覆盖业务条线的风险管理组织体系，从风险文化、风险偏好、治理架构、风险政策、系统工具、团队建设六个方面建立了全业务、全风险、全流程的风险管理体系，树立了全流程、全方位、全员参与的风险管理文化，公司风险管理能力、综合竞争力持续提升，有效保障了公司各项业务的健康发展。

平安证券的稽核监察团队独立履职。作为全面风险管理体系的最后一道防线，稽核监察团队独立履行工作职责，对公司内部控制制度的健全、适用及执行情况以及公司各项经营管理活动的真实、效益、完整进行监督、评价，为公司持续、健康发展做出积极贡献。

领先的合规管理水平和全面的风险管理能力为平安证券保驾护航，助力平安证券在“新时代”继续做好服务实体经济的排头兵，为促进资本市场和国民经济的增长贡献应有的力量。

参考文献

[1] 步国旬，杨浩．提升证券行业服务能力，加强中小微企业金融支持［J］．中国证券，2014（4）：2—6.

[2] 陈果静．打通资金通路服务“一带一路”［N］．经济日报，2017-04-26（5）.

[3] 陈吉．证券公司国际化问题与路径研究［D］．上海：上海交通大学，2013.

[4] 李勇田．浅析后危机时代证券公司的合规管理［J］．武汉金融，2010（9）.

[5] 林采宜，吴齐华．中国券商国际化路径与阶段策略［N］．上海证券报，2012-10-24（A07）.

[6] 孟令国，谢观秀．中小企业区域性股权交易融资模式研究［J］．金融理论与实践，2015（6）：68—73.

[7] 祁斌．加快建设多层次资本市场化解企业融资难题［N］．中国证券报，2013-03-11（1）.

[8] 中国证券业协会．中国证券业发展报告（2017）［M］．北京：中国财政经济出版社，2017.

突出主业　以证券专业优势主动服务实体经济

杨丽清　崔　伟　黄乐群*

一、积极响应中央政策号召，提升证券业服务实体经济能力

2011年底，中央经济工作会议明确了“金融服务实体经济”的原则。2013年，国务院总理李克强提出，“金融创新要围绕实体经济需求，才能实现双赢”。国务院常务会议出台了《国务院办公厅关于金融支持经济结构调整和转型升级的指导意见》。

2016年“两会”期间，李克强总理再次强调，金融的首要任务是支持实体经济，并在政府工作报告中提出“规范互联网金融”发展。

2017年7月14—15日，全国金融工作会议确定了服务实体经济、防控金融风险、深化金融改革三项任务，为资本市场改革发展指明了方向，提供了基本原则。

切实加强金融产品创新，助力企业解决发展中的融资困境，更好地服务实体经济是当下证券业在党和国家一系列方针政策指引下应该大力探索的重点工作。这既是挑战，更是良好的发展机遇。

二、证券行业服务实体经济的主要业务实践

随着国家金融体制改革的进行，证券公司亟须在服务实体经济过程中实现转型，积极采取措施进一步落实“金融服务实体经济”政策。根据国家相关政策及证券业服务实体经济的情况，各大券商采取的业务实践主要有以下几个方向：

（一）发展跨境业务，提高国际竞争力

为境内企业到境外上市、发行债券、并购重组提供方案设计、商业谈判、承销、托管等

* 作者单位：华福证券有限责任公司。原载于《中国证券》2017年第12期。

中介服务；在境外市场通过新设、并购重组等方式设置子公司，为证券公司覆盖境外股票市场、从事机构业务提供国际化的平台；积极参与沪港、深港股票市场交易互联互通机制，并依托各经济金融改革试验区机制和政策，加速资本市场的双向开放，丰富、拓宽境内外个人和机构的投融资品种和渠道。

（二）积极响应国家政策号召，助力中小企业产业升级

融资困难是长久以来制约中小企业发展的主要问题。国家层面出台的一系列支持实体经济发展的金融政策也旨在帮助中小企业打开融资渠道，拓宽融资途径。证券公司在政策的指引下，助力优质中小金融机构进入资本市场，让企业与资本市场建立直接的联系，从而促进企业的发展。其中，并购重组是实现产业转型升级的重要途径，证券公司也在产业的并购重组中投入更多的力量，发挥更加积极的作用，尤其是注重为创新型企业提供更多支持，为大众创业、万众创新提供咨询与支持，切实助力产业升级。

（三）创新金融产品，向综合金融服务方向转型

与欧美国家的资本市场不同，我国金融行业多年来采用分业经营的方式，因而证券公司的业务范围被限制在传统的业务框架内。但是从证券行业未来的发展趋势看，为了更好地实现支持实体经济的发展，证券公司更应该是综合金融服务提供商，应结合银行业及保险业的金融服务，为企业提供全生命周期的整体金融解决方案。现阶段，各大证券公司已发展了较为成熟的类贷款业务，包括融资融券、约定购回、股权质押等，已部分替代了银行的信贷职能，朝着综合金融服务提供商的目标稳步迈进。

（四）创新服务方式，加快与互联网金融的合作和创新

近年来，随着互联网技术飞速发展，我国互联网创新的概念不断提出，互联网金融成为金融行业最新的发展趋势。各大证券公司也积极加强自身信息技术升级换代，提升硬件条件，培养自身的互联网思维，借助互联网开展创新业务模式和服务方式。目前基本上所有的券商都已实现移动平台开户，与客户移动端互动，缩短与客户的距离，免去地域限制，提供一站式综合金融服务。更有部分券商率先利用大数据及 AI 人工智能等先进技术，研发智能投顾，实现营销模式的创新，增强竞争优势。

三、华福证券服务实体经济的业务探索

（一）充分发挥地域优势

当前实体经济主要依托银行信贷业务进行融资，随着经济的发展，商业银行虽然已经取得了长足的进步，但相较于证券、保险而言，银行的市场化程度较低，创新能力明显不足。受政策制约和相关多重因素的影响，其形式虽然有所变化，但其基本内核没有变化，滞后于我国经济发展和体制改革的步伐。[①] 与此同时，证券市场也是企业融资的重要渠道。从微观

① 胡浩主编：《银证合作》，中国金融出版社 2006 年版，第 12 页。

角度来说，证券市场中的股票、债券、兼并收购等交易模式，能够为企业的规模扩张开拓新的融资渠道，实现资本在不同经济部门的优化配置，带动劳动力、技术和自然资源在实体经济部门之间的优化配置。①

在我国，除国有银行、股份制银行、政策性银行、外资银行外，有 660 多家农商行、农联社及 120 家城市商业银行，每个县基本上都有自己的农商行或农联社。然而近 5 年来，随着资管业务的发展，中小银行资金业务已经从传统业务不断拓展到同业理财、同业存单、信贷资产证券化等业务；交易策略也转变为资产配置和资产交易并重，业务功能更多的是增加资金业务收入、改善收入结构，以此来应对存贷款利差收窄、不良贷款快速反弹、利润快速下滑的趋势。

在这样激烈的竞争背景下，华福证券始终秉持普惠金融发展理念，充分发挥金融中介职能，积极为企业提供系统性、多维度、跨市场的综合金融服务，在全国设有 19 家分公司，充分发挥地域优势，全方位服务实体经济。以泉州分公司为例，在分业经营的现状下，员工深刻意识到泉州地区的实体经济急需引入券商开展投融资项目，对银行渠道进行补充，提高实体经济的资金运营效率。2012 年在泉州分公司设立资管部及投行部，探索从资本市场为泉州地区实体经济提供优质的金融服务。自成立以来，资管部一直致力于银证合作，为上市公司提供投融资综合金融服务，帮助上市公司利用资本市场，进行资金的高效运作；投行部积极、深入、广泛地与泉州地区企业接触，通过新三板及债券等拓宽泉州地区实体经济的直接融资渠道。

（二）制订服务实体经济“三部曲”

第一步：精准定位。分析能为实体经济提供的服务：委外业务、“两融”资产包、股票质押回购业务的资产、承销的债券、ABS、产业基金的优先级份额、权益类产品的优先端份额等。

第二步：识别市场。分析如何为实体经济提供服务：可以通过银行间接服务于实体经济。如针对任何一家中小银行自有资金、理财资金，可承销其 2A 及以上的债券；针对全国监管评级二级以上的金融机构自有资金、理财资金，可承销其 2A 以下债券及 ABS；针对全国监管评级二级以上的金融机构自有资金认购等，可承销其“两融”资产包、股票质押回购业务的资产等，精细切分，准确定位。

第三步：找到直接服务对象。通过日常业务积累，建立相应的人脉关系，与法人银行的金融市场部或资金运营部进行对接。开展日常业务时，主动搜集银行行内通道业务的交易对手，主动上门走访。

（三）积极发展二级资本债

在各地城商行和农商行纷纷进行网点和业务扩张的背景下，很多银行都面临资本充足率不足的问题。而原始股东对投资回报率的要求较高，增资扩股意愿不强，此时二级资本债就成为首选的融资工具，它既可以解决长期资金的来源问题，还将直接推动下一步的业务和资

① 王立鹏，王健：“发展世界第二大证券市场，促进实体经济增长”，载《经济研究参考》2012 年第 37 期。

产规模的扩张。

二级资本债虽属于小众品种，却成为华福证券泉州分公司业务的突破点。营业部作为业务拓展的一线，是关键的信息沟通桥梁。营业部与当地农商行对接和洽谈，了解其是否具有发行二级资本债的计划，分公司机构部联合福建投行总部进行共同拓展。总分联动、“投行总部—分公司—营业部”三级联动，充分发挥各自优势和资源。经过艰苦谈判，华福证券泉州分公司首单二级资本债——晋江农商诞生了。在晋江农商二级资本债成功发行后，泉州分公司又顺利承销了南安、漳州农商等二级资本债。

（四）专业服务上市公司

对于上市公司而言，融资难问题依旧存在，对上市公司的服务，泉州分公司努力将券商的专业服务落到实处。冠福股份有限公司的综合金融服务，正是基于这样的理念。冠福股份有限公司经过一系列资本运作成功转型，由陶瓷行业转型为医药行业，由生产型企业转型为管理型公司，营收和利润增长迅速。2016 年年报预披露后，华福证券积极与评级公司沟通，评级机构给出的预评级结果为 AA，符合公司债等项目的立项标准。最终由兴业银行泉州分行牵头，华福证券配合，为冠福股份提供了综合金融服务方案。由兴业银行提供传统授信贷款、短融券等服务，由华福证券提供公司债、REITS 等服务，致力于为冠福股份的员工持股计划提供咨询和服务。

（五）全方位服务小微企业

2013 年末，泉州全市共有第二产业和第三产业的小微企业法人单位 58 461 个，占全部企业法人单位 95.0%。小微企业法人单位资产总计 7 725.05 亿元，占全部企业法人单位资产总计 34.9%。[①] 泉州地区民营经济占经济发展比重达 82%，其中小微企业占了一定比例。小微企业大部分是以自有资金作为启动资金，当企业发展进入成长期，公司发展容易遇到资金瓶颈，需要更多的外部融资来助力其发展。从企业自身角度看，泉州地区小微企业普遍财务制度不够健全，企业财务状况信息透明度低，使得银行没有足够的依据来判断风险水平并提供匹配数额的贷款；另外部分小微企业缺乏信用意识，拖欠银行贷款等行为使得同类型企业融资难的问题进一步加剧。

在债权融资方面，小微企业由于存在规模较小和经营稳定性较差的问题，发行较长期限的债券难以获得投资者的认可，资金募集困难；而如果仅发行期限短且规模小的债券，则发行成本较高，企业得不偿失。因此目前主流的债权融资方式对于小微企业来说，存在着门槛和成本两大障碍。

在股权融资方面，当前我国股票市场已经形成主板、中小企业板、创业板协同发展的多层次市场体系，拓宽了实体企业的直接融资渠道。但是，证券市场对中小微企业等国民经济薄弱环节的融资服务仍有较大的改进空间。在国内证券市场中，股票、债券等场内标准化融

---

① 衷凤英：“经济新常态下泉州小微企业发展状况研究——基于泉州市第三次全国经济普查结果”，载《山西省经济管理干部学院学报》2016 年 6 月，第 24 卷第 2 期。

资工具占据主导地位。[①] 对于泉州地区众多的中小微企业而言，股权、债权融资方式门槛过高，即使是申请在创业板、新三板发行上市，要满足财务指标要求也相对困难。与此同时，小微企业融资具有额度小、成本低、速度快的要求，再使用场内标准化融资工具显然无法满足小微企业融资的个性化需求。

华福证券泉州分公司投行部致力于为泉州地区实体经济提供直接融资金融服务。由投行部承销的16泉州城投小微债（企业债），其募集资金以委托贷款形式投放于由泉州地区合作商业银行推荐并经发行人确认的、位于泉州市政府管辖区域内或者经泉州市政府同意的其他区域的小微企业。通过将债券融资与委托贷款两种方式相结合，将政府融资平台公司发行债券所募集的资金用于扶持泉州本地小微企业的实体经济发展，从而有效地引导政府融资平台的投资方向，让政府融资平台在服务泉州地区实体经济发展中发挥更为积极的作用。委托贷款有效解决了泉州地区商业银行资金来源不足以及资产负债业务期限不匹配的问题。[②] 与此同时，投行部也在接触其他拥有较多小微企业客户的银行，按照政府融资平台发行城投小微债的模式，参与更多小微企业债的承销，为泉州地区的实体经济提供融资服务，助力其稳步向前发展。

2017 年上半年，泉州分公司定增业务实现较大突破，目前已落地的东山精密定增项目，规模 6.6 亿元；华懋科技定增项目，规模 3 亿元；首航节能定增项目，规模 4.5 亿元。债权业务更是强势发展：泉州台商区公司债项目，规模 10 亿元；公司首单绿色金融债项目——桂林银行绿色金融债项目，规模达到 50 亿元。未来泉州分公司仍将继续努力，为服务实体经济做更多的贡献。

四、以人才和创新提升优质服务

在“服务中国实体经济”的外在要求下，华福证券努力向“国际一流投资银行”的内在素质要求提升。“一代之治，必有一代之人才任之。”没有人才，便无法在开展综合金融的道路上行走顺利。以泉州分公司为例，泉州分公司建立了人才双向交流机制，尤其在新业务方面，重视综合化团队的培养。如 PB 业务的开发，分公司集合了零售部、机构部的优秀人才组成了分公司 PB 业务攻坚小组，实现前段业务的有效落地。同时，分公司机构一部、二部与营业部建立双向人才交流机制，定期轮换更替，实现营业部优质业务人才综合金融专业素质的养成。

近年来，华福证券泉州分公司根据宏观经济政策及中国银监会、中国证监会、中国保监会的政策，结合泉州当地企业发展情况，不断创新业务模式，全方位为本土企业提供多元化金融服务。2017 年泉州分公司根据晋江市针对上市企业的减持退税政策，不断与企业进行沟通交流，成功落地了数家上市企业的股票减持退税，实现了地方经济进步与企业发展的双赢局面。以此政策为依托，分公司逐步将资管业务格局推向全国，并且努力将每一家具有潜在业务机会的上市公司做深、做透，实现资管业务流程的一体化。

---

① 厦门证券有限公司证券研究所：“五大功能的重构与再造：证券市场服务实体经济论”，载《福建金融》2014 年第 6 期。

② 李彦之：“破解小微企业融资困境——小微企业增信集合债券探析”，载《武汉金融》2014 年第 4 期。

针对传统资管业务，泉州分公司根据市场最新政策，不断改进原有传统业务模式，力争打造新型业务链条，让券商回归本质，真正做到服务于每一家上市企业。原先资管业务大部分依托银行做通道类业务，并没有在真正意义上做到为上市公司提供金融服务。2017 年中国银监会、中国证监会不断推出新政策，市场“去通道化、去杠杆”趋势更加明朗，华福证券泉州分公司也在不断思考和探索未来转型的道路和方向。根据 2017 年以来的二级市场资管业务动态，华福证券泉州分公司开始深度了解本土以及省内外的上市企业，并且由内而外挖掘每一家上市公司的业务机会，同时加强与银行、信托等金融机构的合作，努力实现券商本身的价值，共同服务上市企业，实现各方的合作共赢局面。

党的十九大报告明确提出“增强金融服务实体经济能力”，这为新时代中国特色社会主义市场经济的金融建设指明了方向。华福证券将继续贯彻落实资本市场服务实体经济的战略，通过全国新三板市场为中小微企业提供挂牌、做市、定向增发等服务，同时大力发展创新创业债、资产证券化、新三板创新层可转债等创新业务品种，为缓解中小微企业融资难、融资贵的难题做贡献。同时，积极推动各分支机构加强对区域内企业的拜访，加强日常沟通，深入了解其投融资需求，充分整合集团资源，为中小企业提供合适的产品与服务，助力实体经济发展壮大。

参考文献

[1] 王立鹏，王健．发展世界第二大证券市场，促进实体经济增长［J］．经济研究参考，2012（37）．

[2] 胡浩．银证合作［M］．中国金融出版社，2006：12.

[3] 袁凤英．经济新常态下泉州小微企业发展状况研究——基于泉州市第三次全国经济普查结果［J］．山西省经济管理干部学院学报，2016，24（2）．

[4] 厦门证券有限公司证券研究所．五大功能的重构与再造：证券市场服务实体经济论［J］．福建金融，2014（06）．

[5] 李彦之．破解小微企业融资困境——小微企业增信集合债券探析［J］．武汉金融，2014（04）．

大力发展创新创业债，提高证券公司服务实体经济能力

李 湛*

在中国经济发展步入新常态、供给侧结构性改革不断深入的当下，融资结构转型正是供给侧结构性改革在金融领域的重要突破口，资本市场的直接融资功能、有效的资源配置功能、创新创业的孵化器功能、并购重组的助推器功能，都将对经济转型升级提供有力支持。但由于创新创业企业往往评级较低，可抵押资产少，因此发债难度较大。据相关资料统计，2015 年，中关村逾 1.8 万家企业中，仅有 25 家企业发行公司债，融资规模 393 亿元，与同期银行贷款相比不足 14%。①债券市场特别是交易所债券市场服务科创企业、助力供给侧改革的能力有待进一步提升。

为进一步发挥证券市场服务实体经济的能力、助力供给侧改革，中国证监会推出了创新创业债券，旨在提高具有创新能力的科创型中小企业的融资能力。2016 年 6 月，中国证监会牵头券商、交易所、股转公司成立了专门的工作小组，推动创新创业的发展。短短一年半时间内，创新创业债券获得快速发展。2017 年 10 月 6 日，首单非公开发行创新创业可转换公司债券（第一期）在深交所成功发行。其票面利率仅为 2%，大大降低了创新创业类企业的融资成本。由于当前只有券商才能在交易所债券市场担任承销商，券商推动创新创业债券的积极与否直接关系到创新创业债券发展的成败。券商积极承销创新创业债券，不仅有助于提高服务实体经济能力，同时帮助企业锁定优质的创新创业类企业，分享私募可转债市场改革带来的制度红利，具有尤为重要的意义。本文将论述发展创新创业债的重要性及意义，并探讨券商如何通过推动创新创业债券提高服务实体经济的能力。

---

* 作者单位：中山证券有限责任公司。原载于《中国证券》2017 年第 12 期。

① 高莉："关于资本市场支持科技创新发展的几点思考"，载《债券监管报告》2016 年第 2 期（总第 49 期）。

一、发展创新创业债的重要性

（一）贯彻落实国家创新驱动发展战略

《中共中央国务院关于深化体制机制改革加快实施创新驱动发展战略的若干意见》《国务院关于大力推进大众创业万众创新若干政策措施的意见》（国发〔2015〕32号）以及《中共中央国务院关于深化投融资体制改革的意见》（中发〔2016〕18号）等文件均明确指出，鼓励创业企业通过债券市场筹集资金，支持符合条件的创新创业企业发行公司债券，加大创新力度，丰富债券品种，通过多种方式加大对种子期、初创企业投资项目的金融支持力度等，对发挥交易所债券市场功能、切实支持“双创”企业拓宽融资渠道提出了明确要求，发展创新创业债对落实国家创新驱动发展战略具有重要意义。

（二）资本市场服务供给侧改革的需要

随着中国经济发展步入新常态、供给侧结构性改革不断深入，资本市场的直接融资功能、有效的资源配置功能、创新创业的孵化器功能、并购重组的助推器功能，都将对经济转型升级提供有力支持。发展创新创业债，能为“双创”企业及服务“双创”企业的孵化器、创投机构提供更有力的资本支持，进一步提高债券市场服务供给侧改革的能力。

（三）缓解创新创业企业的融资难题

创新创业企业往往评级较低，可抵押资产少，发债难度较大。债券市场特别是交易所债券市场服务科创型企业能力尚待充分发挥。“双创”债的发展通过探索私募可转条款、配套风险工具等制度创新，建立更完善的收益与风险分享制度，提高创新创业企业在债券市场的融资能力，拓宽创新创业企业的债券融资渠道。

二、科技创新型企业的发债动力

科技创新型企业普遍具有较强的发债意愿，原因是多方面的，主要包括获得政策补助、规避银行贷款使用限制、解决“短贷长用”问题及替代“对赌协议”等。

（一）获取政策补助

以北京市为例，目前北京市对科技创新型企业发行债券的政策补助力度较大，主要为三部分：（1）北京市经信委给发债企业实际获得的债券融资金额每年2%的贴息支持，最高每年每家补贴200万元；（2）中关村管委会给发债企业票面利息30%的补贴，最高每年每家补贴50万元，贴息率约3%；（3）海淀区等区县给发行私募债的中小微企业50%的中介费用补贴，最高每年每家补贴50万元，贴息率约3%。这三部分政策补助只针对企业的私募债融资。

可见，中关村高新企业可获的发债成本补贴约8%，北京非中关村园区高新技术企业可获的补贴约5%，而北京四板私募债市场的融资成本约5%—9.5%（票面利率4%—8.5%+承销费1%），企业获得的政策补助可抵消部分融资成本，有助于提高企业发行私募债的动力。

（二）规避银行贷款使用限制

受中国银监会“三个办法一个指引”① 的限制，科技创新型企业获得的银行贷款存在较多使用限制。例如，当企业申请 1 000 万元以上银行贷款用于补充营运资金时，银行需要企业提供采购合同等手续，企业使用贷款资金存在较多障碍。与之相比，私募债对资金用途没有严格限制，可以更好地满足企业的融资需求。

（三）解决“短贷长用”问题

因银行风险承受能力较差，在对科技创新型企业贷款时，银行更倾向于提供 1 年期以下的短期贷款，并对资金用途、规模有严格的限制。但科技创新项目的资金回收期长，因此科技创新型企业向银行贷款时不仅要规避银行对短期贷款的各种限制，同时也存在明显的“短贷长用”问题。与银行贷款相比，私募债期限灵活，科技创新型企业可申请更长期限的资金，解决银行贷款的“短贷长用”问题。

（四）替代“对赌协议”

PE/VC 对科技创新型企业进行股权投资时，往往设立“对赌协议”条款，由企业承诺当企业发展不及预期时以约定价格回购 PE/VC 所持的股权。一旦实现回购，“对赌协议”本质上就变成了一种债券，融资企业实际上也须付出利息。即，私募债附加认股权的搭配本质上与“对赌协议”一致，都能使投资者在保障最低收益率的同时分享企业的股权价值增值。

但对企业而言，私募债附加认股权比“对赌协议”有两方面优势：（1）可享受私募债融资带来的政策补助（中关村高新企业最多高达 8% 的贴息补助，北京非中关村高新企业最多高达 5% 的贴息补助），降低融资成本；（2）使“对赌协议”阳光化，企业在议定具体融资成本时可参考债券市场的行情，增强企业的议价能力。

私募债附加认股权的搭配比“对赌协议”更具吸引力。以北京四板市场私募债“15 科拓债”为例，融资企业北京科拓恒通生物技术开发有限公司于 2015 年 12 月备案发行了私募可转债，额度 6 000 万元，票面利率 4.35%，期限 2 年，同时附可转条款。在债券备案前，北京科拓恒通生物技术开发有限公司已与投资方顺隆基金协定具体的债券细则，是利用私募可转债代替“对赌协议”的典型案例。四板市场私募可转债的发展表明企业有较强动力通过私募债搭配可转股的形式代替“对赌协议”。

三、中小企业发债的阻碍因素

中小企业的高风险特点决定其难以完全依靠银行贷款融资，但由于股权融资等直接融资渠道不畅，导致中小企业存在明显的融资难题。从美国的发展经验看，高收益债市场是公司

---

① 指《固定资产贷款管理暂行办法》《流动资金贷款管理暂行办法》《个人贷款管理暂行办法》和《项目融资业务指引》。

债券市场的重要组成部分，为评级较低的中小企业提供了直接融资的有效途径。提高我国债券市场服务中小企业的能力，进一步疏通直接融资渠道，对缓解中小企业融资困境具有重要意义。目前，我国债券市场服务中小企业的能力尚待充分发挥，中小企业发债的主要阻碍因素体现为以下几方面：

（一）过度依赖担保

目前我国债券市场尚未建立完善的风险定价机制，债券发行人，特别是评级较低的中小企业发行人，必须提供较高比例的担保才能顺利发行债券。由于高收益债券市场的发展相对缓慢，中小企业难以通过以较高的利率提供充足的风险溢价的方式发行债券。中小企业可抵押物少，一般需要寻求外部担保。政府背景的担保公司费率相对较低，但覆盖面有限，且对被担保企业资质要求较高。民营担保公司大多要求企业按贷款的一定比例缴存保证金，甚至挪用保证金用于民间借贷。近年来，融资担保公司风险频发，代偿率居高不下，进一步推高了担保费率，加重了企业融资负担。可见，目前担保机制尚不健全，大幅抬高了中小企业的融资成本。根据对中小企业银行贷款成本的调研显示，担保增信费用成本约为2%—3%，若担保公司需要企业提供反担保和存入保证金，担保增信费用达4%—6%，占总体贷款成本比例约为20%—35%。可见，目前我国债券市场过于依赖担保，增加了中小企业发债的成本及难度。

（二）缺少专门的机构投资者

中小企业发行人评级较低，发行的债券属于高收益债，风险水平显著高于投资级债券。机构投资者可以通过分散配置不同行业的高收益债充分分散风险，但个人投资者资金量小，无法通过分散持有高收益债充分分散风险，具有天然劣势。因此高收益债应该属于机构投资者主导的市场。美国政府采取的一系列针对性的监管措施，如建立144A市场，限制个人投资者、储蓄机构等投资者的进入，确保了高收益债市场由机构投资者主导，是高收益债市场健康发展的重要保证。

目前我国债券市场仍缺少专门投资中小企业债券的机构投资者，主要原因有：一是在刚性兑付尚未充分打破的前提下，债券的违约将被视为机构投资者的失职行为；二是机构投资者无法通过CDS（Credit Default Swap）等信用管理工具转移风险；三是目前高收益债券少，无法通过分散持有不同行业的高收益债券分散风险。根据美国高收益债市场发展经验，大量专业的机构投资者参与是高收益债市场能健康发展的必要条件。目前我国债券市场仍缺少专门投资中小企业债券的机构投资者，导致中小企业发行债券存在流动性不高、成本偏高的问题。

（三）缺少明确的市场分层

美国高收益债市场在发行人、投资者、发行机制与交易机制等方面均与投资级债券市场存在明显的市场分层。发行人方面，中小企业难以获得较高评级，只能通过高收益债市场发债融资，形成了高收益债发行数量多、单只平均规模小的特征。投资者方面，不仅个人投资者不参与高收益债市场，商业银行及储蓄机构等风险承受能力差的机构投资者也不参与高收益债市场，高收益债市场被资金量大、风险承受能力高的合格机构投资者占据。发行机制与交易机制方面，在一般的公募发行与私募发行规则基础上，美国政府发布了专门为高收益债市场量身定做的144A 规则，大大提高了企业通过高收益债市场融资的效率，这是美国高收益债市场能迅速成长的关键因素。可见，高收益债市场与投资级债券市场之间明确的市场分层，有助于高收益债市场与投资级债券市场发挥各自的比较优势并服务不同的市场主体。

相比之下，我国债券市场在发行人主体、投资者、发行制度与交易制度等方面尚未形成明确的市场分层，低评级的中小企业发行人与高评级发行人面临相同的投资者与审核标准。中小企业整体实力更弱，难以与高评级发行人竞争，被逐步挤出债券市场。

四、美国高收益债市场的发展经验与启示

（一）高收益债市场是完善的公司债市场的重要组成部分

美国高收益债市场经历过三个明显的低谷期，分别为 1990 年（杠杆收购过度导致违约率飙升）、2000 年（互联网泡沫）及 2008 年（次贷危机）。除 1990 年衰退是因高收益债大量应用于杠杆收购并造成过度投机外，其余两次均由系统性的金融危机所致，由此可见高收益债市场自身并不存在剧烈的波动周期。目前杠杆收购在高收益债市场中的应用比例已极大地降低，为高收益债市场带来系统性风险的可能性已大为降低。尽管高收益债发行人评级较低、风险水平较高，但在适当的制度安排下，发展高收益债市场将不会为债券市场带来额外的系统性风险。此外，自 2000 年以来，除极个别年份，高收益债占美国公司债市场的比例均在 10% 以上。自 2009 年起，该占比一直在 20% 左右，是公司债市场的重要部分。

综上，高收益债市场一直是美国公司债的重要部分，并且不存在剧烈的波动周期。目前我国债券市场尚不存在成规模的高收益债市场，发展高收益债市场是完善我国债券市场的重要方向。

（二）培养机构投资者群体是发展高收益债市场的关键

根据前文所述，美国的高收益债市场是机构投资者的市场，主要原因包括以下三方面：第一，144A 规则下的高收益债市场只面向机构投资者发行；第二，高收益债风险水平显著高于投资级债券，个人投资者资金量小，无法通过分散持有高收益债充分分散风险，存在不均匀违约的问题，即某一只高收益债的违约也会为投资者带来较大的损失，而机构投资者则可以通过分散配置不同行业的高收益债充分分散风险，因此个人投资者投资高收益债具有天然劣势；第三，出于降低系统性风险、避免投机泡沫的考虑，美国政府通过一系列的制度安排限制个人投资者、商业银行、储蓄机构等风险厌恶型投资者进入高收益债市场。

可见，高收益债市场是机构投资者的市场，培养大量专业的机构投资者是发展我国高收益债市场的关键。目前，我国资产规模不少于 300 万元的个人投资者可以参与交易所市场大公募、小公募及私募发行的债券，我国尚未建立只针对机构投资者的子市场。个人投资者较低的风险承受及资产分散能力有可能为高收益的发展带来不确定性，因此我国交易所债券市场在发展高收益债子市场时应禁止个人投资者的参与。

（三）高收益债市场的健康发展需以明确的市场分层为前提

高收益债市场与投资级债券市场存在的市场分层，有助于高收益债市场与投资级债券市

场发挥各自的比较优势并服务于不同的市场主体。相比之下，我国交易所债券市场在发行人主体、投资者、发行制度与交易制度等方面尚未形成明确的市场分层，成为阻碍我国高收益债市场发展的最大障碍。

目前，交易所债券市场推出了创新创业债券并取得较快发展，提高了交易所债券市场服务创新创业的能力。创新创业债券定位于评级较低的创新创业企业，是实质上的高收益债。交易所债券市场应以创新创业债券的发展为契机，逐步探索交易所债券市场发行人、投资者、发行制度与交易制度分层机制的形成，为我国高收益债市场的迅速发展提供有益经验。

（四）高收益债市场为科技企业提供重要的融资支持

次贷危机后，越来越多的美国科技企业进入高收益债市场融资。2016 年第三季度末，科技企业发行金额占高收益债市场总发行额的比例高达 11%。[①] 除科技企业外，能源、通信等传统行业转型改造催生的大量新兴企业也进入高收益债市场融资。可见，高收益债市场成为科技企业的重要融资工具。

目前，我国交易所债券市场发行人仍主要以房地产、金融等传统企业为主。科技企业发行人因其轻资产、技术风险大等原因难以通过债券市场融资，在我国债券市场发行量占比极小，与美国高收益债市场科技企业的发行占比存在显著差距。此外，我国科技企业除难以在债券市场融资外，也因可抵押物较少难以获得银行贷款，存在显著的融资难问题。美国高收益债为科技企业提供的融资支持表明在适当的制度设计条件下，高收益债市场能成为科技企业的有效融资途径。融资难题已困扰中小科技企业多年，发展高收益债市场能为解决科技企业的融资难题带来新的手段与思路。

五、创新创业债券如何提高中小企业的发债能力

（一）利用可转条款降低对担保的要求

从境外可转债的发展经验来看，若企业运作良好，投资者行使转股权时可获得较高的回报，因此可转条款可以有效降低投资者的担保要求与发行人的成本。并且，由于私募发行具有融资更方便快捷、信息披露要求更低等特点，境外可转债一般采用私募发行的方式。目前我国交易所债券市场可转债只能通过公募发行，但公募发行可转债的门槛较高，导致可转条款无法得到广泛的应用。创新创业债券允许并鼓励发行人以私募方式发行附可转条款的债券，对交易所市场发展私募可转债进行积极探索。私募可转条款在创新创业债券中的推广对提高中小企业的债券能力具有重要意义：一是降低企业发行可转债的门槛；二是利用未来转股时较高的预期收益率降低对发行人的担保要求与发行成本；三是吸引 PE/VC 等股权机构投资者投资中小企业发行的债券。

（二）构建债券市场分层

以美国债券市场为例，成熟的高收益债券市场应该在发行人、发行制度与投资者等方面

---

① 资料来源：Bloomberg。

与投资级公司债券市场存在明显的分层，并且发行人的分层是投资者分层与发行制度分层的前提条件。目前我国交易所债券市场发行人仍主要以房地产、金融等传统企业为主。中小企业发行量占比极小，尚未形成发行人的显著分层，也难以形成制度分层与投资者分层。创新创业债券定位于具有创新创业特性的中小企业，与当前债券市场发行人相比，具有明显的企业规模小、发债规模小的特征。若创新创业债券得以有效推广，促使较多符合条件的创新创业企业发债，形成一批创新创业发行人，将促使债券市场形成创新创业企业与传统大型企业的发行主体分层，为未来推动投资者分层与发行制度分层创造条件。

（三）建立市场化的风险定价机制

目前我国债券市场仍高度依赖发行人的担保，对风险过于规避，无法形成合理的风险定价与风险转移机制。目前银行间市场已推出CDS与CLN（Credit - Linked Notes）业务，对信用管理工具作进一步探索，推动形成科学的风险定价与转移机制。创新创业债券的发展能为交易所债券市场发展信用管理工具提供良好的机会。首先，创新创业债券对担保的依赖程度较一般公司债券低，为嵌入信用风险管理工具提供了空间；其次，信用风险管理工具能作为增信机制的创新嵌入创新创业债券中进行推广；最后，创新创业债券的目标投资者定位于机构投资者，对信用风险管理工具的认可程度更高，进一步便利信用管理工具的推广。

六、券商推动创新创业债券发展的意义

当前只有券商才能在交易所债券市场担任承销商，因此券商推动创新创业债券的积极与否直接关系到创新创业债券发展的成败。目前，券商发展创新创业债仍有一定的顾虑，主要体现为两方面：（1）科技创新型企业的发债规模一般远低于券商其他项目。创新创业债融资规模小，缩窄了券商的盈利空间，但券商需要付出更多的成本进行尽职调查，以甄别科技创新型企业的风险水平。因此，创新创业债盈利空间低，承销成本高。（2）出于风险的考虑，目前大部分券商内部风控机制要求发债主体的评级必须在AA级及以上，但大部分科技创新型企业都难以达到主体AA级的门槛。

尽管券商承销创新创业债仍面临一定的阻碍因素，但是券商推进推动创新创业债的发展具有尤为重要的意义。积极承销创新创业债，一方面是券商贯彻落实国家创新驱动发展战略、提高服务实体经济能力的重要举措，另一方面也有助于券商锁定有发展潜力的优质企业。发行创新创业债券的企业往往是具有相当发展潜力的创新企业，券商在协助其发行创新创业债后，可以伴随企业一起成长。企业在成长过程中将催生各种融资需求，为券商带来盈利空间。因此，尽管券商发行创新创业债的盈利空间有限，但有助于提高创新企业对券商的黏合度，为券商带来更为广阔的业务空间。

除此以外，创新创业债在私募可转条款上进行了大胆的改革，可为券商带来新的机遇。在创新创业债推出之前，可转债只能公募发行，而且发行门槛极高，只有上市企业才能发行可转债。创新创业债券推出了私募可转条款的债券设计，大大降低了可转债的发债门槛。2017年10月6日，首单非公开发行创新创业可转换公司债券（第一期）在深交所成功发行，意味着私募可转债的正式推出。创新创业可转债的成功发行，是券商通过创新创业债券提高服务实体经济能力的生动体现。由于附可转条款，该债券第一年的票面利率仅为2%，

大大降低了创新创业类企业的融资成本，同时也表明市场对私募可转条款的认可，私募可转债市场具有较大的发展潜力。券商越早参与创新创业债券，可以越早分享私募可转债市场发展带来的机遇。

综上所述，券商积极承销创新创业债券，有助于提高服务实体经济能力，对锁定优质的创新创业类企业分享私募可转债市场改革带来的制度红利，具有尤为重要的意义。

引领不动产证券化：REITs

黄海卫*

一、REITs 产品简介

（一）产品概述

1. REITs 的起源

20 世纪五六十年代美国经历了战后经济复苏，大量退伍军人和居民的住房需求刺激了美国房地产发展需求，在美国投资信托日益发展之际，不少议员提议发展房地产投资信托基金（Real Estate Investment Trust，即 REITs）。1960 年，美国《税收改革法案》出台，赋予 REITs 与共同基金同等纳税待遇，标志着现代 REITs 的开端。同年，时任美国总统艾森豪威尔签署了《国内税收法》，对符合要求的 REITs 予以免缴公司所得税，极大地刺激了战后美国 REITs 的发展，1961 年，第一只 REITs 诞生。自此，REITs 在美国获得了长足发展，世界上很多国家和地区也相继引进这一产品制度。

2. REITs 的含义及特点

标准 REITs 是指以信托为框架，通过契约型基金或公司型基金模式设立，以发行股票或收益凭证的方式汇集众多投资者的资金，由专门投资机构进行房地产投资经营管理，并将投资收益按比例分配给投资者的一种信托基金。主要通过集中投资于可带来稳定收入的购物中心、写字楼、酒店及基础设施等不动产项目，以不动产经营收入和资产增值为投资者提供定期收入。公司型 REITs 的简易组织结构见图 1。

投资者出资持有信托基金份额并成为 REITs 公司股东，通常会指定第三方运营管理不动产，即通过外部管理，而美式 REITs 多采取内部管理模式。通过 REITs，管理公司会选择投资一些不动产项目。在运维得当的情况下，这些不动产会产生一定的现金流回报（比如租金），扣除相关费用后的剩余部分主要向股东进行分红。

---

* 作者单位：民生证券股份有限公司。原载于《中国证券》2017 年第 12 期。

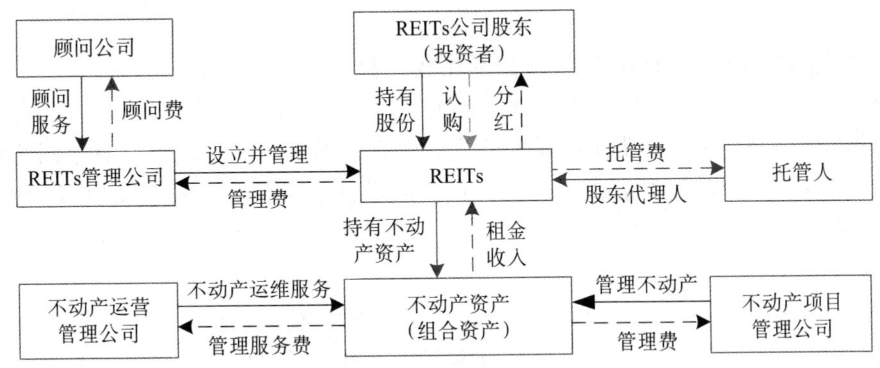

图1　公司型 REITs 的简易组织结构图

REITs 的发行实质也是不动产证券化的过程，即把流动性较低的、非证券形态的不动产，直接转化为资本市场上可流通的证券资产的金融交易过程。相较于其他类型的不动产资产证券化产品，REITs 具有以下特点：

（1）高流动性：REITs 将完整不动产资产转化为相对较小的收益凭证，并在公开市场上市流通，降低了投资门槛，满足了公众投资者投资不动产的欲望。

（2）税收中性：REITs 本身的结构设计不会带来新的税收负担，甚至会给予 REITs 产品一定的税收优惠。

（3）治理完善：公开上市交易的 REITs 大多为主动管理型公司，积极参与不动产的经营全过程；同时，和上市公司一样拥有完善的公司治理结构。

（4）收益分配：REITs 公司一般被要求将绝大部分收益分配给投资者，长期回报率较高。

3. REITs 的分类

根据不同的标准，REITs 可以分为不同类型（见表1）。

表1　　REITs 的分类

标准	类型	特征描述	比较分析
是否上市	公募 REITs	以公开发行的方式向社会非特定投资者募集资金，发行过程需经监管机构严格审批，可公开宣传。如美国、新加坡等市场	公募信息披露更完善，融资效率高、成本低，但条件更加苛刻；私募融资方式和发行条件更加灵活，但流动性不足、监管不够透明，影响融资效率
	私募 REITs	以非公开方式向特定合格投资者募集资金，不允许公开宣传，一般不上市交易	
是否持有物业	权益型 REITs	通过信托基金直接持有物业项目并进行运营管理，收益来自经营收入和物业资产增值	从融资者角度，权益型能够实现物业真实出售，彻底实现轻资产运营；从投资者角度，权益型有机会实现超额收益，而抵押型仅能实现固定收益
	抵押型 REITs	物业持有者将物业抵押给金融中介获得机构贷款，出资方依据抵押贷款债权获得稳定收益	
	混合型 REITs	权益型和抵押型 REITs 的综合体，自身拥有部分物业产权的同时也提供抵押贷款服务	

资料来源：REITs 行业研究。

（二）我国类 REITs 与标准 REITs 产品比较分析

类 REITs，指基于资产支持专项计划、借助契约型私募基金投资不动产、向合格投资者私募发行的不动产融资工具。类 REITs 是在我国当前政策和市场环境下具有中国特色的证券化产物，属于 REITs 产品发展的过渡形式，在产品设计上只是部分符合 REITs 的发行标准，仍存在以下几方面差异：

1. 产品组织架构

（1）公司型 REITs（以欧美为代表）。欧美成熟市场多采用公司型 REITs 模式，即自持并运营不动产，且通过股权的方式在公开资本市场上市融资和交易；投资者通过认购股票成为 REITs 公司股东，实现以小额分散的方式投资不动产；公司将大部分投资收益以股利的方式向投资者分红。公司型 REITs 实质上属于股份制投资公司，所有投资者都以股东身份拥有该不动产资产。按照相关规定成立股东大会，由股东大会选举出董事会，董事会代表全体股东行使相关权利、决定 REITs 经营管理，并负责监督基金管理人日常经营活动。其管理结构见图 2。

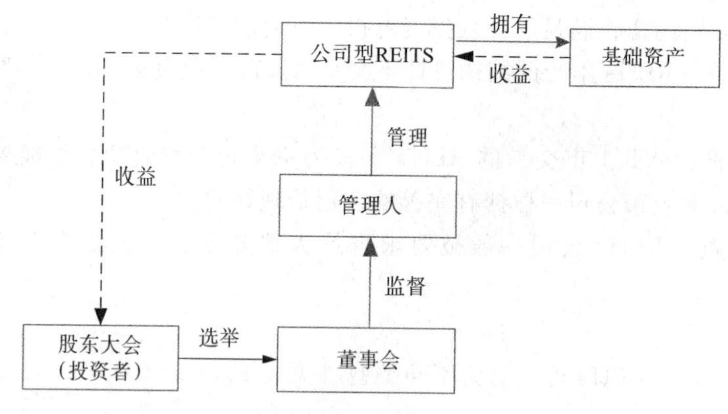

图 2 公司型 REITs 的管理结构

（2）类 REITs。目前，主要通过发行资产支持专项计划并上市挂牌交易，为类 REITs 提供产品转让的流动性，但投资人仅限于特定合格投资者。此外，受限于资产支持专项计划组织形式，不能直接认购物业公司股权，而一般通过设立私募投资基金的形式收购不动产资产。常见交易结构见图 3。

2. 税收政策

海外标准的 REITs 产品通常可以享受一定的税收优惠。如美国、新加坡等国家税法规定，在满足投资范围、收入比例、组织形式等要求后，如果将 REITs 公司应税收益的 90% 以上分配给投资者，则该部分收益免缴企业所得税，避免双重纳税。另外，在持有一定期限后，物业增值部分也享受一定的税收减免。而类 REITs，尽管其基础资产经营收入全部向投资者分配，原始权益人仍需缴纳 25% 左右的企业所得税。可见，我国类 REITs 需承受较高的税负压力。

3. 基础资产运维

运营模式取决于组织结构，而盈利模式则依赖于运营模式。

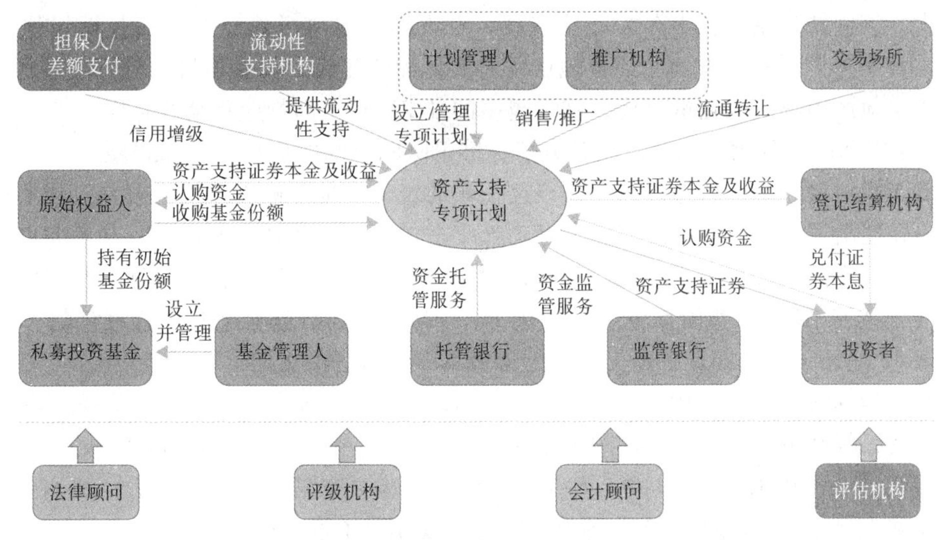

图 3 类 REITs 交易结构图

资料来源：CNABS。

公司型 REITs，其运营目标为不断提高公司盈利水平、增加股东长期回报。在 REITs 公司发展过程中通常会适时收购或投资新的物业资产，扩大 REITs 规模。此外，美国国内税法还规定 REITs 可以其不超过 25% 的资产投资于房地产开发业务。

类 REITs 产品通常通过专项计划购买私募基金份额，而私募基金必须全额收购稳定运营的物业资产，禁止进行房地产开发；而且底层物业资产的类型和规模，通常在产品设立之初即已敲定，即类 REITs 存续期间的规模一般是固定的；项目收入仅限于基础物业运营收入以及产品到期退出时物业资产的处置收入或原始权益人支付的权利对价等。

4. 募资方式

募集资金的形式与产品发行方式直接相关，主要体现在投资者类型和退出渠道方面。

公司型 REITs 大多通过公开上市发行，更易吸引小额分散的公众投资者参与认购、长期持有或转让交易。如美国要求 REITs 在成立时投资者在 100 人以上、前 5 大股东所持份额不能超过总流通股份的 50%，并要求满足一定交易量。

类 REITs 定位是私募产品，按照私募产品合格机构投资者相关规定，发行对象不能超过 200 名合格投资者，也不太适合自然人投资者。而且退出时大多赋予了原始权益人（或其股东）优先回购权利，即便到期前符合公募上市条件，也难以通过公开市场交易退出，因而多在固定到期日退出。

可见，导致类 REITs 与标准 REITs 上述差异的关键在于组织形式定位、税务安排等法律制度不够完善，尤其是高额的土地增值税令很多融资人（尤其是房地产开发商）对 REITs 望而却步。因此，要促进我国 REITs 实现标准化、成熟化，先要完善相关政策环境。

二、我国 REITs 市场发展现状及模式分析

（一）我国 REITs 发展现状

早在十余年前，我国监管部门就提出并推动国内 REITs 试点，但由于市场对 REITs 需求

不温不火，该创新产品一直未有实质性突破。一方面，国内房地产开发商长期习惯于“短平快”的盈利模式；另一方面，商业地产本身多是配套建设，物业项目运营管理能力不足。

近年房地产市场进入存量时代，越来越多的准 REITs（即物业租金收益财产信托）与类 REITs 产品借资产证券化兴起，市场各方对标准 REITs 产品的期待也愈加强烈。

随着金融监管趋紧，房地产开发商以往依赖的银行信贷等融资方式受限，再加上热点城市土地出让逐渐要求加大自持比例。为了降低资金占用、实现轻资产运营，开发商也开始真正关注 REITs 产品的市场机遇。与此同时，我国 REITs 相关政策也在不断推进与完善。

2014 年 4 月 25 日，我国首单（类）REITs 产品“中信启航专项资产管理计划”正式设立，规模 52 亿元，由此推开中国交易所上市版 REITs 市场的大门。

据 CNABS 统计，截至 2017 年 11 月，在上海/深圳证券交易所、机构间私募产品报价与服务系统及银行间市场发行并上市的 REITs 产品共计 31 单，合计规模 753. 53 亿元，其中公募（银行间市场）REITs 产品 1 单（5. 54 亿元），私募（交易所及报价系统）REITs 产品 30 单（747. 99 亿元），较 2016 年之前的 REITs 发行规模翻了近 3 倍。

（二）类 REITs 产品操作模式

通过分析我国存量类 REITs 产品，可以发现，在发行载体方面，主要包括资产支持专项计划、公募基金和信托，分别对应交易所 REITs、公募基金 REITs 和银行间 REITs 三大类；产品风格方面，可分为偏股型和偏债型、股加债模式三种。其中，主流模式为股加债，并通过资产支持专项计划发行上市，下面对该模式进行简要分析。

1. 操作流程

鉴于我国 REITs 相关税收制度不够完善，无论是项目交易结构还是操作流程的设计，主要为了顺应现有税收政策，或者说为了规避不必要的税赋。在 REITs 操作中主要涉及两大类税：土地增值税和企业所得税（操作模式见图 4）。

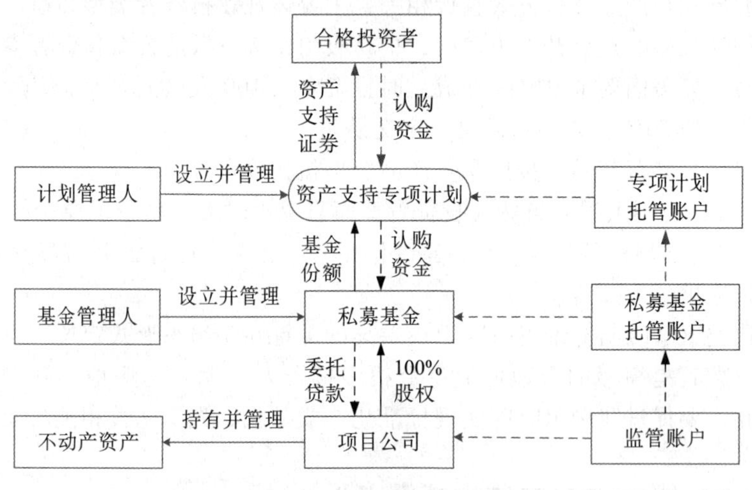

图 4　类 REITs 简易操作模式

（1）为规避不动产转让环节税费（土地增值税和契税等），通常进行如下操作：原始权益人先分别为 REITs 底层标的物业设立相应的项目公司，并将物业过户至对应的项目公司；

再将上述项目公司股权转让至特殊目的载体（SPV，多为私募基金子公司）。

（2）为规避运营期间应缴纳的企业所得税，可通过股加债操作：上述 SPV 以基金份额为基础资产发行 ABS，将募集资金向原始权益人认购其项目公司股权，并向其发放委托贷款以置换原有存量债务（若没有，则先构建），标的物业同时对委托贷款提供抵押担保，继而在 REITs 层面同时形成股权和债权；鉴于偿债支出可税前支付，REITs 将底层物业运营所得净收入优先以偿还委托贷款本息的方式分配给投资者，剩余的少量收入则用于税后分红。

2. 总结分析

目前市场主流的类 REITs 产品仍以可操作性更强的、类似“中信启航 REITs”的交易所上市类别为主。该类 REITs 在设计结构时往往会设置一定的到期期限及优先回购条款，仅仅解决了发行人融资问题，难以实现真正的轻资产运营以及公众投资者对不动产资产进行小份额投资的目标，也不符合我国相关政策鼓励 REITs 发展的初衷。因而，在近几年类 REITs 产品实践基础上，尽快推出标准化 REITs 符合市场发展预期。

三、我国 REITs 发展障碍及展望

国务院首提 REITs 概念及试点以来，相关政策法规也在日臻完善，但更多的还是从业务层面鼓励拓宽 REITs 发展领域。自 2014 年推出首单符合我国特色的（类）REITs 产品至今，物业资产主要集中在写字楼、商场、酒店等零售类物业，模式以私募、股加债为主，均未达到标准 REITs 的要求。产品方面，为顺利发行并降低发行成本，类 REITs 产品多采用一定的增信措施，其发行及交易规则更多与债券类产品相通，与标准 REITs 产品更重视不动产专业化运营、资产增值潜力及权益资产投资价值的理念相去甚远；结构方面，大多采用私募基金控制资产所有权并实现节税目的，在现有私募基金监管政策及态势下，采取股加债模式将面临较大的监管束缚及合规风险。

（一）REITs 在我国发展障碍

尽管政府不断出台政策加大支持力度，我国 REITs 仍然停留在私募层面。制约我国 REITs 发展的障碍有以下几方面：

1. 组织形式

根据前述分析，我国类 REITs 在组织形式上既不是公司型，也不符合契约型基金形式，没有一个明确的“身份”，在直接持有和变现物业资产时存在障碍，需要借道私募基金，并引进“外部管理人”。而外部管理人的收入基准来自所管理资产的规模，容易忽视物业资产本身的运作效率和增值潜力，而后者才是 REITs 价值增长的原生动力。这导致投资者更注重固定回报，而忽略未来成长空间，既影响 REITs 市场的可持续发展，也可能出现代理风险和流动性风险。

美国等市场主要采用“内部管理人”制度，即 REITs 管理人为法人治理制度下的董事会和管理层，在管理资产规模之外，会更关注资产运作效率及资产价值提升。

所以，我国缺乏对 REITs 组织形式的明确定位，影响了 REITs 发展的深度和广度。

2. 税收制度

在我国目前税制环境下，即便采取标准REITs结构设计，在转移资产时，原始权益人仍需根据物业评估价值缴纳30%—60%的土地增值税和契税；在分配收益时，REITs还需要按照收益规模缴纳25%企业所得税，存在双重纳税问题。这也是境内外REITs市场最大的税制差异。

另外，在当前房地产政策收紧、市场不景气、开发商融资难的市场大环境下，尽管物业持有人对REITs持较大兴趣，可其主要还是以融资为出发点，而国内REITs相关的税收优惠制度尚未形成，发行REITs的综合融资成本甚至远高于投资收益，REITs将失去融资的意义，进而导致物业持有人对发行REITs缺乏动力。

总之，在现行市场和政策环境下，物业持有人无论以何种目的、何种方式发行REITs，都将承受较重的税收负担，这或许是限制我国REITs发展和转型升级的主要障碍。

3. 产品发行与存续期管理

根据我国相关产品审核要求，类REITs发行时一般会设置固定期限并伴有一定的评级要求。尽管有些产品会在退出方式上为“通过公募REITs上市退出”预留空间，但大多认为是对投资者“讲故事”罢了，基本上是到期兑付退出；另外，大部分产品仍参照债券类产品模式，评级主要依赖于发行主体资质，而非不动产资产资质及其增值潜力。

类REITs发行时，即确定了初始入池不动产类型及规模，存续期间不会从市场上进行并购等操作进行“扩容”，使得底层资产增值及REITs份额溢价空间有限，难以吸引更多的公众投资者参与投资，也难以实现规模化运营以降低REITs管理成本。

4. 市场参与者

任何金融产品的创新与发行都是供需双方（融资人和投资者）撮合的结果，REITs产品也不例外。REITs能否健康、稳定、可持续发展，融资人（物业持有人）必须要有真实意愿和动力转移自持物业发行REITs产品，投资者也必须能够“读懂”REITs产品本质，并有足够信心对其长期投资。要成功发行REITs，双方的真实想法和目的必须契合，而现实情况并非如此。

资产方面，不动产持有人希望投资方关注不动产资产质量，而不是主体资质；而投资人缺乏专业评估资产的能力，仍习惯从主体信用判断项目风险，导致REITs产品专属于资质较好的企业。

资金方面，不动产持有人希望通过发行REITs首先获得长期限、低成本资金，其次才是对物业运营管理并实现增值；但参与REITs的成熟投资方除希望能够获得稳定收益外，还希望获得一定的增值收益。

可见，融资人与投资人之间在产品认知和需求方面均有较大差距，这也是导致我国内地REITs产品难以实现标准化的原因之一。

（二）我国REITs未来发展展望

2016年9月30日以来，政府对房地产的调控已有150余次，对房地产市场产生了较为深远的影响。房地产行业在经历爆发式增长后，如今面临着巨大的库存压力，持有型存量物业必将日益增加。我国地产行业融资结构中商业银行贷款约占70%，融资成本介于6%—15%（美国约占40%，成本3.5%—6%），随着近年地产行业融资持续收紧，房地产企业长期承担着较高的融资成本和财务杠杆。物业空置率不断攀升，收益率持续走低，资产和资金周转率进一步下降，资金问题将更加突出，各大地产商迫切需要优化杠杆，寻找突破口实现轻资产运营。从长期来看，从“拿地卖房”向“出售与持有经营并举”转变乃是房地产行业发展之大势所趋，这与 REITs 发展方向相吻合。

近几年，我国境内大量房地产以 REITs 的形式在境外上市，说明我国既不缺乏符合 REITs 标准的优质物业资产，也不缺乏有志于发行 REITs 的企业家/开发商。另外，从国家部委至地方政府，研究引进、鼓励创新 REITs 已有十余载，尽管仍有些政策尚未突破，但表明决策层对待发展 REITs 的态度依然是长期开放的。

我国正在大力开拓租赁住房、基础设施等不动产建设，这些都离不开长期资金的支持，发展 REITs 也恰逢其时。因而，发展 REITs 无疑将极大地推动不动产市场的良性发展和规模扩大，也顺应了“房住非炒”的政策导向。

1. REITs 与住房租赁（产权公寓）

在当今一、二线城市房价高企，供需不平衡的市场环境下，住房市场将面临较大的库存压力。较之购房的高成本，租房租金还不算高，随着高住房需求与高房价矛盾加深，住房租赁需求将逐渐旺盛。

早在 2015 年初住建部发文指出，为支持住房租赁市场发展，鼓励发展房地产投资信托基金。之后各部委和地方政府也密集发文大力推动租赁住房市场发展，积极培育机构化、规模化的租赁住房企业，支持房地产企业进行创新租赁住房资产证券化实践，积极盘活存量住房，增加租赁住房有效供给。

在市场需求旺盛的情况下，背靠利好政策，发展符合我国政策导向和市场环境的租赁住房 REITs 必将是一片巨大的蓝海。

2017 年 10 月 11 日，国内首单长租公寓类 REITs（新派公寓权益型房托资产支持专项计划）和首单房企租赁住房、储架发行类 REITs（中联前海开源—保利地产租赁住房 1 号资产支持专项计划）分获深、沪证券交易所批准发行，市场反响强烈，对住房租赁 REITs 的长期发展具有积极的示范效应。下面简述住房租赁 REITs。

（1）运营模式方面。标准 REITs 要求转移底层物业所有权，因而发起人应当是物业持有人。而重资产运营对持有人的资金实力、成本和期限均有较高要求，只有通过外部融资才能维持。通过 REITs 公开募集资金，有助于提升物业运维水平，进而输出更加优质的租赁服务，实现租金收入最大化。此外，运营商也有实力收购更多的房源改造用以出租，再注入 REITs 公司，使得运营商实现轻资产运营，同时也突破了我国单一类 REITs 规模难以“扩募”的障碍。

（2）房源集中度方面。从运营商角度，集中式出租既可以因规模化装修而降低单位装修成本及后期管理成本，也便于进行精细化改造提升租赁住房质量；从租客需求角度，集中式出租可以实现标准化住房形态，且租客的集聚和公共空间的安排使其更具社交属性，满足城市流动人口的社交需求；从 REITs 角度，集中式出租更易于操作，从而提升融资效率、降低融资成本。

（3）操作模式方面。从政策和市场发展趋势看，适合我国住房租赁 REITs 发展的模式主要包括银行间和交易所两种 REITs 模式，具体见表 2。

表 2　　银行间和交易所 REITs 模式

项目	银行间 REITs 模式	交易所 REITs 模式
概述	实质为债权类 REITs，即 REITs 不持有物业，而是将目标物业的租金收益权分割成标准份额的收益凭证，投资者认购收益凭证并以此获得派发的租金收益	可以采用公司或契约基金形式，通过发行股票或收益凭证募集资金，以收购物业资产池，获取租金及物业增值收入，并将大部分收入派发给投资者
监管机构	中国人民银行和中国银监会	中国证监会
适用法律	《信托法》，银行间债券市场收益凭证发行和交易的相关法律规定等	《公司法》《基金法》以及基金份额或公司股份公开募集和信息披露的相关法律规定等
资产类别	属于债券，本质上是针对发行人的一种长期抵押贷款，抵押物为目标物业的租金收益权或目标公司的股权，定期派发的租金收益为分期付息，到期一次回购还本	契约基金型 REITs 属于债券类，公司型 REITs 属于权益类，无固定期限，发行人也无须回购
物业持有及管理方式	不持有物业，也不参与物业的经营管理，属于被动式管理，仅拥有物业收益权，也不涉及物业的所有权转移	同时拥有物业所有权和收益权，如果 REITs 设立时收购标的是物业本身，则涉及物业产权转移；管理方分为外部管理（聘请第三方物业经营管理机构）和内部管理（REITs 自主管理）
投资者	机构投资者，需取得银行间交易会员资格，门槛较高，参与范围较小	机构、个人及法律法规允许参与证券交易的境内外机构和个人
收益方式	定期派发的租金收入	除派发的租金和相关物业服务收入外，还可获得物业升值带来的收益
风险	架构相对简单，优先受偿顺序在贷款之后、股权之前，风险相对较小	收益除了受租金水平影响外，还受到物业价值水平等影响，风险相对较高

资料来源：REITs 行业研究。

参考美国公司型 REITs，再结合我国多层次资本市场建设方向，发展交易所公开上市的公司型 REITs 更加符合我国积极推出标准 REITs 的目标，可以满足公众投资者对不动产的投资欲望，并有助于提升市场流动性。

2. REITs 与 PPP（政府和社会资本合作模式）

目前地产投资已进入低迷期，基建投资对维持我国经济增速愈发重要。随着我国新型城镇化不断推进，作为基建主体的地方政府融资平台，自《关于加强地方政府性债务管理的意见》（国发［2014］43 号）出台之后便难以维持基建资金需求，城镇基础设施的投融资亟待金融创新工具支持。基础设施 REITs 的推出必将成为适宜的融资选择。

PPP 概念于 2014 年提出，同年 11 月 16 日，国务院发布《关于创新重点领域投融资机制鼓励社会投资的指导意见》（国发［2014］60 号），该意见中提到的资产支持计划和铁路、公路、机场等交通项目建设企业应收账款证券化为 PPP 项目资产证券化提供了顶层设计。

根据全国 PPP 综合信息平台统计数据，截至 2017 年 3 月，全国入库项目共计 12 287 个，已签约落地项目 1 729 个，落地率仅为 34.5%。主要原因在于融资难，尤其难以吸引社会资本，社会资本退出渠道存在较大不确定性。

相关部门也在积极探索 PPP 项目建设和运营期间的融资方式以及社会资本退出的合理渠道。2016 年 12 月 21 日，国家发展改革委、中国证监会发布《关于推进传统基础设施领域政府和社会资本合作（PPP）项目资产证券化相关工作的通知》（发改投资〔2016〕2698 号），不仅首次提出“PPP + ABS”融资方式，把 ABS 作为社会资本退出安排之一，还明确指出“共同推动不动产投资信托基金（REITs），进一步支持传统基础设施项目建设”。

政策上鼓励 PPP 通过证券化实现融资及退出，但仍然需要满足资产证券化的条件，即要求 PPP 项目处于运营期并能够产生稳定的现金流。据统计，国际 REITs 市场中 9% 属于能够产生稳定现金流的经营性基础设施，而基础设施的稳定性与长期性特征也与 REITs 属性相匹配。

PPP 项目合作期比较长（一般 10—30 年），而 REITs 属于典型的长期融资方式，通过有限追索安排，社会资本既可以提前退出，也不能免除对项目继续运维的责任，从而保障 REITs 投资者的利益。中国资产证券化研究院院长林华在“2017 第三届中国 PPP 融资论坛”上指出：“运营期 PPP 项目未来可以考虑引入 REITs 进行融资，这样才能真正实现期限的匹配，降低投资者的期望回报，也可以降低财政周期跟经济周期叠加的风险。”

就 PPP－REITs 底层不动产资产而言，主要包括两类基础资产：一是公用型基础设施，包括交通运输、能源、公用事业和通信设施等；二是社会基础设施，包括医疗、养老机构、公租房和保障性住房、体育场馆、产业园区等。上述基础资产构成了 PPP 项目的半壁江山，相信随着公募 REITs 的推出以及 PPP 模式的成熟发展，以基础设施全部或部分产权作为底层不动产的标准 REITs 产品也将很快登陆资本市场，并成为 REITs 的主流方向之一。

总之，近年政策大力支持发展的两大类不动产（租赁住房和基础设施）倘若能够与 REITs 结合，必将引领我国不动产实现证券化的广阔未来。

参考文献

［1］中债资信．海外 REITs 发展及案例研究［R］．

［2］结构金融研究．长租公寓行业梳理及模式分析［R］．

［3］REITs 行业研究．美国基础设施 REITs 模式研究及对我国的借鉴［R］．

［4］彭博新闻．首单央企租赁住房 REITs 获批：以保利地产自持住房为资产［EB/OL］．http：//www. bloomberg. com/。

证券经营机构通过资产证券化服务房屋租赁市场的机制探讨

陈建瑜　朱志强　郭恩地[*]

一、房屋租赁需求攀升，资产证券化是加大房屋租赁供给的重要金融工具

（一）需求端：房价高企、城镇化推进、劳动力流动性增加催化租赁需求的增长

核心城市在高房价的压力下，势必带来购房年龄的延后，部分买房需求向租赁需求转化。从国际主要城市的房价收入比来看，深圳、北京、上海列前4位，广州相对偏低，核心一线城市月按揭贷款与家庭收入比也处于高位（见图1）。面对高企的一线城市房价，普通工薪阶层购买房产压力极大，购买后需承担的按揭贷款负担重。从美国的历史经验来看，房价高企的阶段往往是租赁市场繁荣发展的时期。

当前我国正处于新型城镇化全面推进的社会经济转型时期，未来新型城镇化进一步快速发展，城市人口扩容，大量的外来务工人员、新就业大学毕业生等新市民将会带来极大的租赁需求（见图2）。与国际成熟市场相比，我国城镇家庭租房比例偏低，国内一线城市租赁人口占比远远低于世界主要核心城市，租赁市场未来发展空间广阔（见图3、图4、图5）。根据链家研究院发布的《租赁崛起》报告，当前我国房屋租赁市场规模为1.1万亿元，2030年此规模预计超过4.6万亿元。随着人民生活水平日益提高，消费升级下租房人群对租赁环境、租赁物业质量、租赁配套服务有更高要求，“房子是租的，但生活不是”，住房租赁要满足人民的美好生活需要。

* 作者单位：万和证券股份有限公司。原载于《中国证券》2017 年第 12 期。

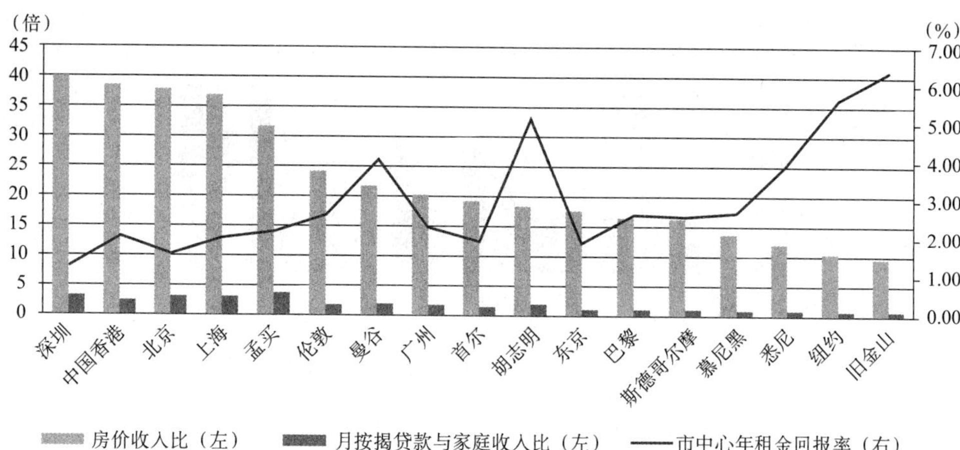

图 1　2017 年世界主要城市房价收入比情况

资料来源：NUMBEO①，万和证券研究所。

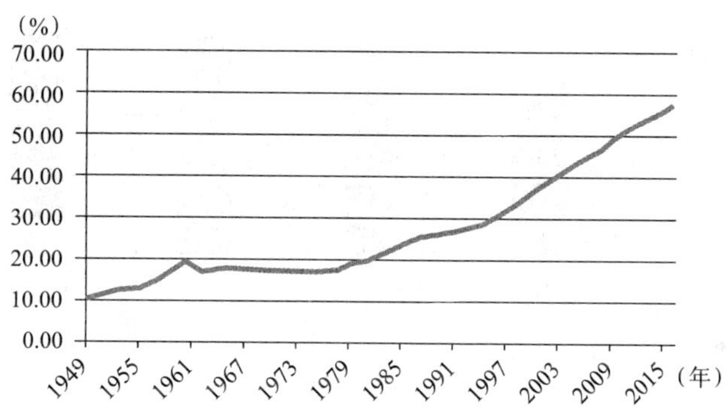

图 2　我国城镇化率持续攀升

资料来源：Wind，万和证券研究所。

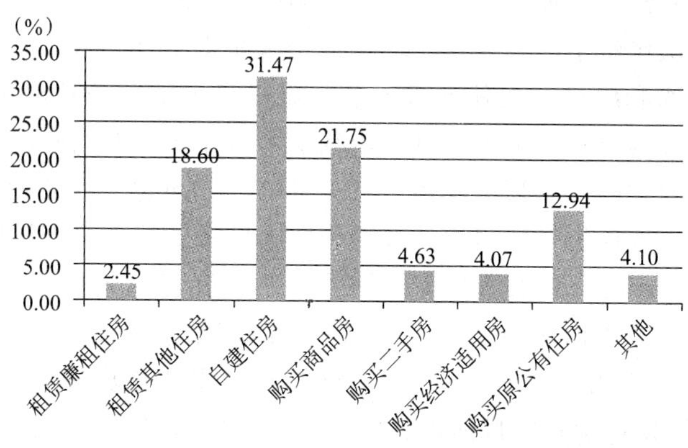

图 3　第六次人口普查城镇家庭户住房来源

资料来源：国家统计局，万和证券研究所。

① NUMBEO，官方网址：https：//www. numbeo. com/property - investment/rankings. jsp，最后访问日期：2017 年 11 月 17 日。

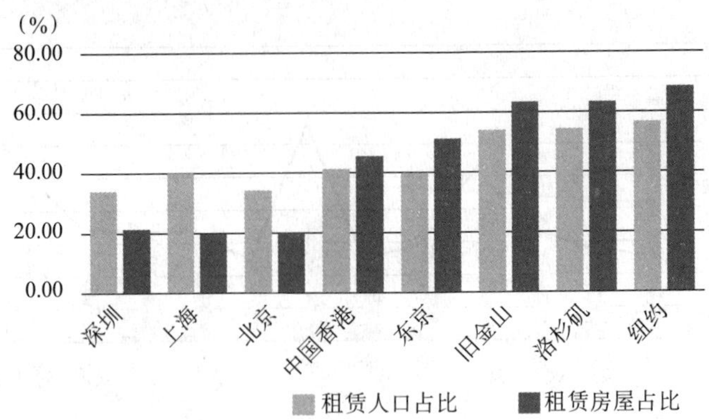

图 4　我国一线城市租赁房屋占比有较大提升空间

资料来源：链家研究院，万和证券研究所。

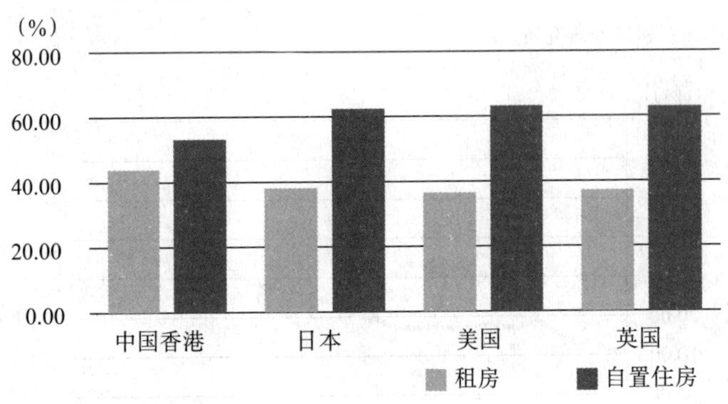

图 5　国际成熟经济租房比例较高

资料来源：CEIC，各地统计局，万和证券研究所。

（二）供给端：供给结构单一，质量不佳，供给总量缺乏，机构化渗透率低

目前我国租赁住房供给主体较为单一，仍以个人房源直租为主，房源中很多老式公房、农民自建房等缺少装修和维护，居住条件不佳，难以满足随着消费升级衍生的品质租赁需求。房价高企促使部分房源转租为售，进一步减少了租赁房源的供应。政府主导型租赁住房是以公租房、廉租房为主的公共租赁体系，供应量较少；同时，市场租赁规范程度仍有待提高，租客利益未得到有效保护，住房租赁关系仍缺乏保障。从租赁市场供应量来看，目前我国租赁房屋 4 600 万套，而有需求的租赁人群达到 1.6 亿，缺口很大。①

在成熟的租赁市场，机构渗透率高，美国机构渗透率近 30%，日本达到 80% 以上，我国只有 2%。截至 2010 年底，我国 25.76% 的城市家庭租赁住房中，89.69% 的可出租房屋来自私人出租住宅。② 相对于我国目前占主导的个人出租人来说，机构出租人由于持有或经营管理的房源数量大，经营管理专业性强，能够提供品牌化、标准化、高品质的租赁服务，获得一定的规模效益，同时租赁机构具有可以提高租赁市场的规范度、稳定租赁关系、促进

① 链家研究院：2017 年 3 月《租赁市场系列研究报告》。

② 国家统计局：《中国 2010 年人口普查资料》。

人口流动等优势。美国租赁业的发展得益于机构出租人的高活跃度、规模化的经营以及房地产金融的支持。鉴于我国租赁房源主要来自私人租赁，与居民强烈的租赁需求存在差距，需要大力发展机构出租人，以增加住房租赁市场的供应量。

（三）政策加大支持租赁市场力度，资产证券化成为培育壮大租赁机构主体、扩大租赁供给、提升租赁服务质量的重要工具

2015 年，住建部首次提出培育和发展租赁市场。习总书记多次指出要加快住房租赁市场立法，加快机构化、规模化租赁企业发展。2016 年 6 月国务院办公厅发布了《关于加快培育和发展住房租赁市场的若干意见》（以下简称《意见》）。2017 年 7 月，发改委等九部委发布了《关于在人口净流入的大中城市加快发展住房租赁市场的通知》。习总书记在十九大报告中指出，坚持房子是用来住的、不是用来炒的定位，加快建立多主体供给、多渠道保障、租购并举的住房制度。各大城市及时出台加快培育和发展住房租赁市场的相关实施细则，从土地供给、财政、金融方面给予政策支持。

从国家层面关于发展租赁市场的金融支持对象来看，住房租赁机构为主要支持对象；从具体金融支持方式来看，主要通过支持符合条件的住房租赁企业发行债券、不动产证券化产品，稳步推进房地产投资信托基金（Real Estate Investment Trusts，简称 REITs）试点（见表 1）。资产证券化指的是将虽然流动性不足、但是能够产生稳定的未来现金流的资产，通过结构化设计进行信用增级，最终转换成在金融市场上能够出售的具有公允价格证券的过程。REITs 也是资产证券化的一种。

表 1　　《意见》中具体措施

给予税收优惠	对依法登记备案的住房租赁企业、机构和个人，给予税收优惠政策支持
提供金融支持	鼓励金融机构按照依法合规、风险可控、商业可持续的原则，向住房租赁企业提供金融支持。支持符合条件的住房租赁企业发行债券、不动产证券化产品。稳步推进房地产投资信托基金（REITs）试点
完善供地方式	鼓励地方政府盘活城区存量土地，采用多种方式增加租赁住房用地有效供应

住房租赁机构发行不动产证券化产品，有利于盘活自身资产，资金高效的回笼运转为其进一步自建、收购、运营、管理租赁物业提供支持，提供更标准化、规范化的租赁服务，助力其进一步发展为规模性、专业性的住房租赁机构。通过资产证券化能帮助我国房屋租赁市场培育一批机构主体，做大供给规模，提升供给品质。证券经营机构作为金融市场核心主体之一，在资产证券化服务租赁市场、壮大租赁机构主体、扩大租赁供给、提升租赁服务质量上能发挥极其重要的作用。

二、证券经营机构通过资产证券化服务房屋租赁市场的机制

从住房租赁机构是否持有房屋产权来看，可以分为重资产运营和轻资产运营。重资产运营是指住房租赁机构持有房屋资产，通过自建、购买等方式获取房源，业务涉及租赁市场的国企、房地产开发商，他们拥有自持物业资产来源以及专业的物业改造能力，因此大部分选

择重资产运营模式。轻资产租赁物业运营商不持有产权，通过长期租赁等方式集中获取或分散获取房源，轻资产模式下可以较快开拓市场，一般具有中介机构背景的运营商、酒店管理类的运营商以及互联网创业类运营商采取轻资产运营模式（见表 2）。

表 2　　房屋租赁机构运营模式

<table>
<tr><td colspan="3">重资产运营</td></tr>
<tr><td>政府主导型</td><td colspan="2">政府独立或与社会资本合作，购买存量商品房或自建住宅，作为租赁房源，如公租房或廉租房、人才房</td></tr>
<tr><td>国企主导型</td><td colspan="2">国有房地产开发企业、国有购租并举投融资企业，通过自建、购买、资产划拨、租赁等方式获得房源，开展租赁业务，如首开股份、深圳安居集团、保利、葛洲坝等</td></tr>
<tr><td>民企主导型</td><td colspan="2">竞拍竞得自持或租赁商品住宅、非住宅改造为租赁住房改造，如民营房地产开发商碧桂园、龙湖等</td></tr>
<tr><td colspan="3">轻资产运营</td></tr>
<tr><td rowspan="2">民企主导型为主</td><td>集中型运营</td><td>将独栋楼房整体包租后进行改造和长租，如世联行、魔方公寓、新派公寓、YOU+公寓、自如寓等</td></tr>
<tr><td>分散式运营</td><td>企业从个人等分散的房东手里取得房屋，通过标准化的简单改造，提供租赁服务，如自如友家、相寓、青客等</td></tr>
</table>

资料来源：方正证券：《房地产供给侧改革研究之一：住房租赁市场：政策与未来》；万和证券研究所。

证券经营机构作为资产证券化的核心参与主体，在设计资产证券化产品时，需要根据住房租赁机构的运营模式选取合适的资产证券化方式。对于轻资产运营租赁物产，由于其不拥有物业的产权，无法利用标的物业本身的价值进行转让或抵押融资，因此无法借助 REITs 和商业房地产抵押贷款支持证券（Commercial Mortgage Backed Securities，简称 CMBS）这两种工具，产品设计应落实到其未来稳定的现金流，特别是租金收入上。对于重资产运营商来说，适合的资产证券化模式是 CMBS、REITs（具体模式详见下文），CMBS 对标的是房地产的债权，而 REITs 对标的是房地产的股权。

（一）证券经营机构通过资产证券化服务轻资产房屋租赁运营商

由于轻资产房屋租赁运营商在前期需要大量的资金投入去支持房源的搜集，而租金回报周期较长，运营商缺乏物业产权，难以通过传统银行抵押方式获得低成本的资金。通过资产证券化能大大缩短租赁企业的资金回笼时间，提高其资本运作效率，为轻资产运营租赁企业进一步搜集房源、整体改造、加强管理、提升服务提供资金支持，助力其向专业化、规模化方向发展，成为租赁市场优质的租赁房屋运营管理商，进而为市场提供高质量的租赁产品供给。证券经营机构可以从轻资产房屋租赁运营商的债权和收益权两方面进行专项资产管理计划的产品设计。

1. 证券经营机构通过收益权证券化服务轻资产房屋租赁运营商

房地产市场中的运营收益一般指写字楼、办公楼、商场、酒店等物业的租金、管理费、服务费等，以运营物业未来的收益权为基础资产可设计相应的资产支持证券（Asset - backed Security，简称 ABS）产品，稳定的租金收入和清晰的运营模式使得其符合资产证券化对基础现金流的要求。由于客户是否会续租、租期较短等问题使得未来的长期租金收入有较大不确定性，是一种预期收益权，一般采取“信托 + 专项计划”双特殊目的载体（Special Purpose Vehicle，简称 SPV）结构，通过优先级/次级分级、内外部增信等手段获得较高的债项评级。

案例：魔方公寓信托受益权资产支持专项计划。

2017 年 1 月，“魔方公寓信托受益权资产支持专项计划”在上交所挂牌，是国内市场首单长租公寓类 ABS，募集资金 3.5 亿元。计划的底层资产是魔方公寓 3 个子公司在 8 个一、二线城市运营的 30 处物业 4 014 间公寓 2016 年 6 月至 2019 年 6 月的租金收入，作为借款人魔方中国/北京/上海/广州的还款来源（见图 6）。魔方公寓是中国首家连锁集中式长租公寓运营商，在全国大中型城市拥有多家门店。

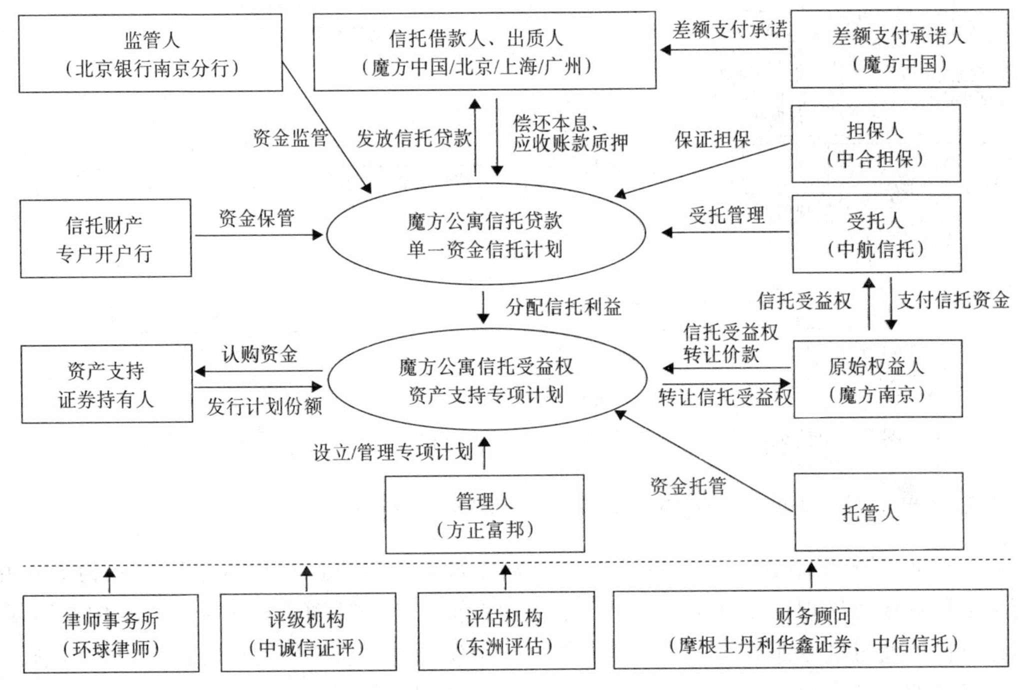

图 6　魔方公寓信托受益权资产支持专项计划交易结构

资料来源：中诚信证券评估有限公司。

经营公寓有较稳定的现金流，通过将未来经营租金收入证券化，证券经营机构为轻资产公寓运营的魔方公寓拓宽了融资渠道，体现了资产证券化服务实体经济的价值。

2. 证券经营机构通过债权证券化服务轻资产房屋租赁运营商

债权 ABS 是指有明确债权债务关系，可以产生确定名义现金流的资产，如企业应收账款、回购款等债权，债权类资产由于其未来现金流较为明确，符合资产证券化对基础现金流的要求。

案例：中信证券—自如 1 号房租分期信托受益权资产支持专项计划。

2017 年 8 月 15 日，链家集团旗下长租公寓运营商自如发行租房市场首单房屋租金分期类 ABS 产品——“中信证券—自如 1 号房租分期信托受益权资产支持专项计划”，发行规模 5 亿元，其中优先级获得 AAA 信用评级，优先级平均利率年化为 5.39%。计划的底层资产是自如房租分期的消费贷款，债权形式的房租分期拥有十分稳定的现金流，在贷款额度和底层资产池分布上呈现小额分散特点，非常符合资产证券化业务对于基础资产的要求（见图 7）。

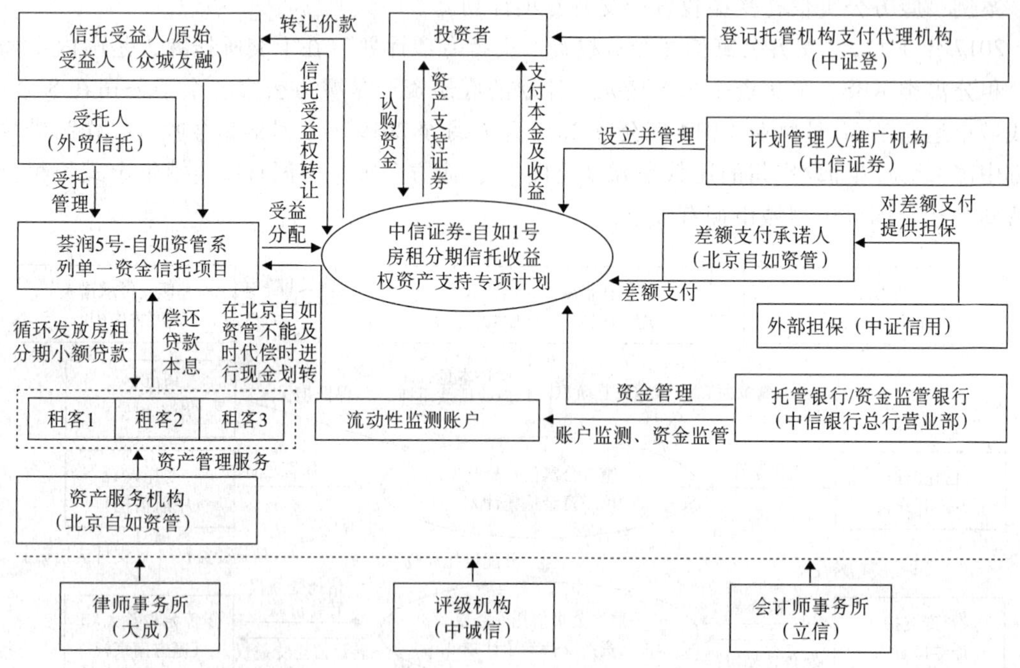

图 7 中信证券—自如 1 号房租分期信托受益权资产支持专项计划交易结构

资料来源：中信证券—自如 1 号房租分期信托受益权资产支持专项计划说明书。

此次自如 ABS 产品资金成本相对较低，为自如进一步快速在租赁市场发展为专业化、规模化的租赁运营管理商提供了助力，产品由中信证券担任计划管理人及承销机构，体现了证券经营机构通过其专业能力、主动管理能力、承销能力、协调能力服务房屋租赁市场、服务实体经济的自身价值。

（二）证券经营机构通过资产证券化服务重资产房屋租赁运营商

对于重资产房屋租赁运营商来说，通过自建、收购等方式获取并持有房源，前期资金投入大，一般自持租赁物业营运的盈利模式为“地产资本溢价 + 租金收入”，通过品牌化的运营和标准化的管理带来良好的租住体验。然而重资产运营商面临拿地成本高、核心城市租金回报率低等问题，房价上涨速度远大于租金水平的上涨，致使前期投入大的情况下资金回笼周期长，大规模自持租赁物业致使资金负担过重。目前，核心城市仍“轻租重售”，为了缓解这一情况，引导租售并举，多数一线、二线城市在土地拍卖时开始加入全部或部分“自持”的条款，对自持地块所建住房进行“多租少售”或“只租不售”。资产证券化能助力重资产租赁运营商盘活自身的租赁重资产，缓解其运营资金压力。

1. 证券经营机构通过 CMBS 服务重资产房屋租赁运营商

CMBS 指商业房地产抵押贷款支持证券，是指商业地产公司的债权方以单个或多个商业物业的抵押贷款为资产，依靠抵押物未来产生的净现金流（如租金、物业费、商业管理费等）提供偿付本息支持，而向投资者发行的资产支持证券产品，是债权的证券化。

CMBS 融资的信用评级是基于项目和资产本身的，如果资产本身足够好，往往可以获得比借款人更高的信用评级、更低的融资成本。同时，借款人仍保留了对不动产的所有权，享有未来地产价值的升值空间。在美国，40%的商业物业融资通过 CMBS 来融资。

案例：高和招商—金茂凯晨资产专项支持计划。

2016 年 8 月 24 日，国内首单 CMBS 产品——“高和招商—金茂凯晨资产支持专项计划”发行，票面利率 3.3%，发行规模约 40 亿元，创下国内同期限企业资产证券化产品发行成本历史新低。该产品以北京凯晨世贸中心作为基础资产，为国内品质和租金最高的写字楼之一。凯晨置业以凯晨世贸中心未来租金收入为信托贷款的还款来源。该计划以招商证券作为牵头代理推广机构，以中国国际金融股份有限公司作为联席代理推广机构，证券经营机构在 CMBS 的探索和推进上做出了极大贡献。

目前我国 CMBS 的资产主要是写字楼和购物中心，但是通过以上论述和案例可以看出，自持租赁物业的运营商同样能够通过 CMBS 实现融资，发行 CMBS 可以省去发行类 REITs 过程中资产重组的税务负担和相关成本，又能实现比经营性物业贷款更灵活的资金用途。CMBS 是高度专业化的金融产品，证券经营机构在资产选取、结构设计、定价交易、服务监控、风险分析上有自身全面的专业能力，在未来帮助重资产租赁运营商通过 CMBS 实现较低成本融资上大有可为。

2. 证券经营机构通过 REITs 服务重资产房屋租赁运营商

REITs 即房地产投资信托，是通过发行收益凭证募集投资者资金，由专门的投资机构进行房地产的投资经营管理，并将投资综合收益按比例分配给投资者的一种信托基金。上文中，CMBS 对标的是债权，而 REITs 对标的是股权。自持租赁住房企业通过自身公寓品牌的运营实现了稳定的现金流收入，再通过发行类 REITs 出售收益权，显著减轻其运营资金压力，缓解投资回收周期过长的问题，有利于企业通过资产出表进行融资改善资本结构，盘活存量，提高融资规模和效率。

通过发行租赁类 REITs 产品，住房租赁企业可以获得资金继续自建、收购、改建房源，实现规模化，同时也可以增强自身管理能力和服务水平，更好地服务租赁市场。截至 2015 年底，30 多个国家和地区推出了 REITs 产品，REITs 规模由 1990 年的 89 亿美元增加至 1.9 万亿美元。美国市场领先的公寓型 REITs——EQR（Equity Residential）通过美国发达、完善、流通性极好的 REITs 上市流通制度大量融资，进行大规模的房产收购、建造来持有核心城市房源，并通过标准化、信息化的运营方式为核心城市租户提供高质量、高品质的租赁服务。截至 2016 年底，EQR 拥有物业数量 302 个，分布于 10 个州和华盛顿哥伦比亚特区，公寓房间数量 77 458 间。

由于尚未推出严格意义上 REITs 相关的法律法规，目前我国市场上的产品只是部分层面上符合成熟市场的标准，故一般称为类 REITs，在交易结构、税负水平、收入来源、分配要求、募集形式上与国外标准都有一定的差别（见表 3）。我国国内租赁 REITs 发展滞后的根本原因是租金回报率较低，租赁 REITs 对投资人吸引力有限。同时，由于缺乏针对 REITs 的专项法律法规，缺乏优惠的税收制度，使得租赁 REITs 发展受到制约。

表 3　　　　我国类 REITs 与国外主流 REITs 差别

	国外主流 REITs	我国类 REITs
交易结构组织形式	公司型/契约型	契约型
税负水平	REITs 收益分配达到一定比例（90%）后，分配给投资者的部分免征公司层面所得税	资产转移过程中需缴纳公司所得税、土地增值税等较高税负
收入来源	具有法律法规相关要求，REITs 公司或计划会购入新资产，但大部分收入来源于可产生稳定收入的房地产租金，相关处置收入或其他合格投资收益	未设法律法规相关要求，目前大部分来自项目成立时的基础物业公司运营收入、处置收入等
分配要求	90% 收益分配给投资者，可长期持有	分设优先股和 B 级或次级，优先股享有固定收益，B 级或次级可享有物业处置收益，但通常期限较短
募集形式	以美国为例，须在 100 人以上，持股最多的 5 名股东所持份额不能超过总流通值的 50%；如要满足上市要求，则需更多的股东持股或满足一定交易量	一般在 200 人以下，多为私募发行

资料来源：万和证券研究所根据网络资料整理。

案例：中联前海开源—保利地产租赁住房一号资产支持专项计划。

2017 年 10 月 23 日，“中联前海开源—保利地产租赁住房一号资产支持专项计划”在上交所审议通过，为国内首单央企租赁住房 REITs，也是国内首单以房地产企业自持租赁住房作为基础资产的 REITs，计划发行规模不超过 50 亿元，优先级评级 AAA，产品期限 18 年，发行人可以根据自身情况在两年的有效期内灵活安排发行批次和规模。此专项计划的底层资产为保利地产自持租赁住房，包括位于广州、重庆等区域的公寓。计划的最大特色在于采用了储架制度（一次核准、多次发行的再融资制度）以及分期发行机制，因此总额较其他企业明显较高，一次核准多次发行的再融资制度提高了企业的融资效率，间接实现了公募 REITs 产品的扩募功能。

在 2017 年密集出台相关政策扶持的背景下，有实力的房企纷纷进入住房租赁市场，开发商的经营模式由“拿地—开发—销售—拿地”的滚动开发向“拿地—开发—持有经营”的物业持有的运营模式转型。而开发商持有物业的资金回收期长，开发商通过 REITs 能缓解大规模自持租赁导致房企负担过重问题。随着国内租赁市场发展政策的持续推进，特别是土地政策的大力支持，租赁用地相对较低的成本带来预期更高的租金回报率，使得发行 REITs 吸引力提升，发行 REITs 将显著减轻房企运营资金压力，缓解长租模式下重资产经营的痛点，更进一步助力住房租赁市场发展。

此单专项计划的发行体现出证券经营机构在推动产品创新上的带头作用，通过其专业能力树立了“以 REITs 打通租赁住房企业退出渠道、构建租赁住房完整商业模式闭环”的样本，也体现了证券经营机构通过 REITs 产品设计解决开发商大规模自持租赁导致房企负担过重问题，帮助房地产开发商战略转型，增强了房地产开发商加大租赁住房的投资以及房源供给的信心和动力，助力房企由单一的开发模式向租售并举模式转变，也为资产证券化服务实体经济的实践进行了创新探索和拓展。

三、未来证券经营机构通过资产证券化服务房屋租赁市场展望

以证券公司、基金公司等为代表的证券经营机构依托自身专业能力，在复杂资产证券化产品的设计、承销和二级市场流通方面具有得天独厚的优势。利用资产证券化更好地服务于房屋租赁市场，提升资本市场支持服务实体经济能力是证券经营机构未来通过自身专业性和创新性做出突破性实践的方向。

（一）向国际化 REITs 标准迈进，证券经营机构任重道远

成熟发达的国际租赁市场离不开完善高效的 REITs 上市发行制度，自持租赁物业商能通过 REITs 进行大规模的收购房产以及提供高品质的租赁服务，向规模化、专业化发展。我国的类 REITs 发展成为真正的 REITs 面临诸多障碍，包括税收障碍、募资规模障碍、租售比较低对投资人吸引力不足的障碍。未来我国租赁市场的发展需要能在资本市场公开募集、公开市场交易流通、投资门槛低的 REITs，使得社会资金能高效进入租赁市场，扩大供给。进一步的产品创新、结构设计、沟通发行都需要证券经营机构的实践，进一步拓宽租赁住房市场的发展空间。

（二）加大发展重资产经营租赁商的 CMBS

目前我国 CMBS 的资产主要是写字楼和购物中心，关于租赁市场的 CMBS 还未涉足，优质的租赁物业可像优质的写字楼和购物中心一样能提供预见性强的现金流，发行 CMBS 可以省去发行类 REITs 过程中资产重组的税务负担和相关成本，又能实现比经营性物业贷款更灵活的资金用途，证券经营机构可以从自持租赁物业的重资产运营商进行 CMBS 产品发行的实践。

（三）助力轻资产长租公寓企业通过 ABS 做大做强

魔方公寓、自如 ABS 的发行让市场看到轻资产长租公寓企业通过 ABS 拓展融资渠道的方式。轻资产运营的租赁企业难以通过传统银行抵押方式获得低成本的资金，融资渠道受到较大限制，而轻资产的长租公寓运营商通过将未来经营收益、债权应收款的证券化拓宽了融资渠道，取得优于其主体信用的评级，借助相对成本较低的资金实现进一步的规模化和专业化。证券经营机构可在现有经验的基础上，继续挖掘轻资产长租公寓企业优质可证券化的债权和收益权，助力轻资产长租公寓企业做大做强，更好地服务于房屋租赁市场。

（四）紧跟市场动向，及时推出创新型产品

中国银行、建设银行等接连在住房租赁市场展开布局，与房企联手向实体企业提供稳定、高品质长租房源。2017 年 11 月 3 日，建行深圳分行与招商、华润等 11 家房地产公司以及比亚迪、方大集团等 11 家企事业单位举行住房租赁战略合作签约仪式，发布首款个人住房租赁贷款产品“按居贷”，利率比房贷利率更低，对符合条件、有长租需求的个人发放，用于其本人支付住房长租租金等贷款。由于个人租房贷款还款同样具有未来现金流可预见性

强、较为稳定的特点，可探讨个人长租租房贷款证券化的新方向。除了银行，互联网巨头也开始布局租赁市场。2017年10月10日，支付宝宣布在上海、深圳等8座城市推广信用租房，芝麻信用分达到650分以上，可免租房押金，实现“付一押零”、信用租房。在“互联网+信用租房”场景下，装修贷、信用贷、租房消费贷等消费金融空间很大，证券经营机构可围绕租房整个交易链条，根据具体场景设计出更多创新型资产证券化产品。

（五）租赁回报率低是阻碍机构开拓租赁市场的核心制约，租赁市场亟待政府支持，资产证券化大有可为

我国租赁市场存在庞大的、多元化的市场需求，却缺少专业化的机构供给主体，核心原因是租赁回报率过低。目前我国一线核心城市租金回报率不足2%，美国租金回报率在6%—7%，稳定且能覆盖融资成本的租金回报率是长期社会资金进入住房租赁市场的基本条件。我国目前房价高企，租金回报率甚至低于无风险收益率，与融资成本相差更多，低租金回报率难以吸引长期社会资本，难以培育出规模化、专业化的机构租赁主体，单凭市场力量阻力很大，亟待政府支持。

从国际经验来看，政府对租赁市场供应的支持有两种模式。一是政府公租房建设加大供应规模。当市场住房供应出现短缺，或者居民购买住房压力极大情况下，政府可充分利用自身土地储备较丰富、成本相对较低优势，直接建造公租房。如美国联邦政府的公共住房、新加坡政府的公共组屋和我国香港的公屋，使得在较短的时间内住房供应总量增加，但这同时也给政府带来较大资金压力。二是对市场租赁机构提供优惠贷款、补偿贷款利息等优惠政策，支持其发展低租金、低成本住房，通过鼓励市场租赁主体供应，加速了市场租赁主体的发展，也避免了政府巨额的财政和管理成本。政府对于租赁市场的培育发展有极其重要的贡献，德国前期大量增加公共租赁住房的供给，后期引导房地产开发企业按一定比例在一定期限内按照政府规定低租金进行出租，同时向租赁住房的机构出租人发放租金补贴，保障其收益，并进一步加大机构出租人租赁房源供给。

这两种模式中资产证券化都大有可为。公租房作为准公共产品，其本身现金流具有相对稳定特点，资金回收期长，对于第一种政府直接加大供应模式，政府将未来稳定性、连续性强的公租房收益证券化，缓解自身资金压力，同时盘活资产，进一步增加供给。对于第二种鼓励市场租赁主体供应，资产证券化同样可以加速资金运转，引导房地产企业向“拿地—开发—持有经营”的物业持有的运营模式转型。同时，REITs也可以汇聚社会资金加大对公租房建设的资金投入。香港领汇REITs[①]是首家香港上市的房地产投资信托基金，成立目的是为了缓解香港公屋计划的财政压力，由香港房委会出售商业资产而成立，为公屋建设提供资金保障。美国政府为引导REITs资金进入廉租房投资，特别设立了低收入住房税收抵免计划（The Low - Income Housing Tax Credit，LIHTC），在廉租房供给端进行税收抵免和补贴，提高投资廉租房开发与运营REITs的回报率，有效扩大了廉租房供给。

通过政府的支持，借助资产证券化这一金融工具，融合政府力量和市场力量，培育出一批规模化、专业化的轻资产租赁房屋管理运营服务商，培养龙头“拿地—开发—持有经营”

① 2015年8月19日起，领汇房地产投资信托基金改称为“领展房地产投资信托基金”。

的重资产房地产开发商，加大租赁供给，提升租赁品质，让住房租赁满足人民美好生活的需要，证券经营机构大有可为，市场空间广阔。

参考文献

［1］姜燕燕，宁艳杰．国内外住房租赁市场中机构出租人的实践模式比较［J］．现代物业，2017（04）：89—93.

［2］谭禹．资产证券化与公租房建设［J］．城市问题，2014（11）：63—67.

［3］孙杰，赵毅，王融．美国、德国住房租赁市场研究及对中国的启示［J］．开发性金融研究，2017（02）：35—40.

［4］链家研究院．租赁崛起——迎接3亿人的品质租房时代［R］.2016.

［5］中国证券监督管理委员会．证券公司及基金管理公司子公司资产证券化业务管理规定.2014.

［6］宋元甲，孙晓筱．发展REITs助力房地产行业转型［J］．金融会计，2017（02）：53—62.

［7］史馥．我国房地产信托投资基金（REITs）发展现状、困境及建议浅析［J］．环渤海经济瞭望，2016（12）：29—31.

［8］苏洪，陈勇.REITs对培育租赁市场的意义及发展路径探讨［J］．城市经济发展研究，2016（04）：118—124.

［9］熊国平，朱祁连，杨东峰．国际经验与我国廉租房建设［J］．国际城市规划，2009（24）：37—42.

新规推动改革　交易所债券市场快速发展

李怀军　刘晓俊*

我国债券市场分为银行间市场和交易所市场，多年来无论是在发行量还是成交量上，银行间市场规模占比都超过 90%。自 2015 年中国证监会发布《公司债券发行与交易管理办法》以来，交易所公司债发行市场规模迅速增长。据 Wind 数据统计，从发布旧版《公司债券发行试点办法》的 2007 年到 2014 年的 8 年间，共发行 1 472 只公司债，发行量为 8 744 亿元。而在新规实施后的 2015 年，就有 1 527 只公司债发行，发行总额超过 1 万亿元，达到 10 390 亿元；在 2016 年有 2 691 只公司债发行，发行总额达到 27 812 亿元；2017 年的发行量有所减少，但有 1 200 只公司债发行，发行总额也达到 11 019 亿元（见图 1）。

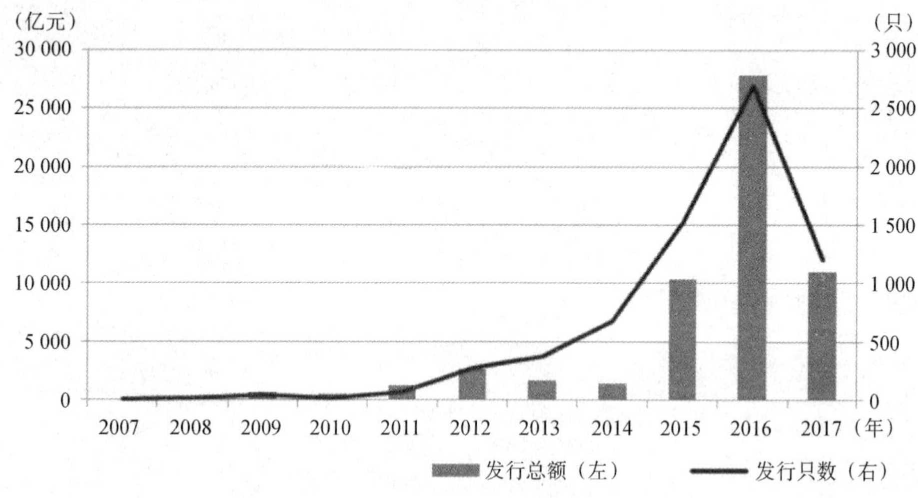

图 1　2007—2017 年公司债发行市场规模

资料来源：Wind 资讯。

* 作者单位：李怀军，第一创业证券股份有限公司；刘晓俊，第一创业证券承销保荐有限公司。第一创业证券股份有限公司研究所李隽亦对本文有所贡献。

一、新规促进市场快速发展

2015 年以来公司债发行规模之所以出现爆发式增长，和《公司债券发行与交易管理办法》的颁布和实施有着密切的关系。新管理办法本着“减政放权、放管结合”的原则，主要从以下六个方面取得了明显突破：一是发行主体从上市公司扩大至符合条件的所有公司制法人；二是简化审核流程，实行大、小公募和私募债券的分类管理；三是非公开发行的私募债券实行事后备案和负面清单管理；四是增加了公司债的交易场所，提升了债券流动性；五是强化承销商、评级机构、会计师、评估机构等中介机构的职责；六是加强事中事后监管，强化投资者保护。这些改革措施对于发展和完善债券市场功能、充分发挥资本市场对整个实体经济的服务功能，都有着积极的作用。

具体而言，公司债的融资优势主要体现在以下四个方面：

（一）公司债审核效率更高

公司债发行规模的快速增长，主要得益于审核流程简化所带来的审核效率的提高，公开发行取消保荐制和发审委制度，并针对大、小公募和私募债券实行分类管理。大公募由中国证监会审核，小公募由交易所进行上市预审核，私募债在中国证券业协会实施事后备案。《证券法》明确规定公开发行公司债券审核期限不超过 3 个月，实际审核中大公募基本控制在 2 个月左右，小公募一般需 1 个月左右，而私募债实行自律组织事后备案制度，发行速度更快。公司债的审批程序相对透明和标准化，对受理和审批时间有明确的规定和要求，发行时间相对容易掌控。因此，公司债的审核效率远高于股权再融资及其他公开市场融资方式，有助于发行人根据自身资金需求快速募集资金。

（二）公司债融资成本更低

交易所债券市场具有灵活的现券交易方式：匿名竞价交易、1 亿元以上的大宗交易和一对一的报价交易，这三种交易方式相结合，提供了丰富的现券流动性。而交易所独有的以基于中央对手方的标准券信用保证为基础的债券质押式回购方式，使得运用竞价交易方式进行资金融通成为可能。得益于上述质押式回购和竞价交易方式，公司债二级市场流动性大大提高，进而降低了投资者对收益率的要求。图 2 显示，自 2015 年以来，AAA 级公司债的发行利率在大部分时间都低于中期票据的发行利率，并且都显著地低于金融机构人民币贷款加权利率的水平，极大地降低了企业的融资成本。

（三）公司债融资灵活度更高

一是公司债包括回售、赎回、上调票面利率选择权的含权条款设计较为灵活，含权的公司债比例超过 50%，而企业债为 26%，中期票据仅为 7%。发行人根据市场利率的走势情况增加适当含权条款，有利于提高发行人融资的灵活性，有效延长债券期限，同时并不增加当期的融资成本。二是公司债募资用途灵活。可用于补充流动资金，偿还银行贷款或项目投资，有利于发行人募集期限长、成本低的资金。三是上市公司和非上市公众公司发行公司债，可以附认股权、可转换成股票等条款，即可发行可转债和可交换债。由于可转债与可交

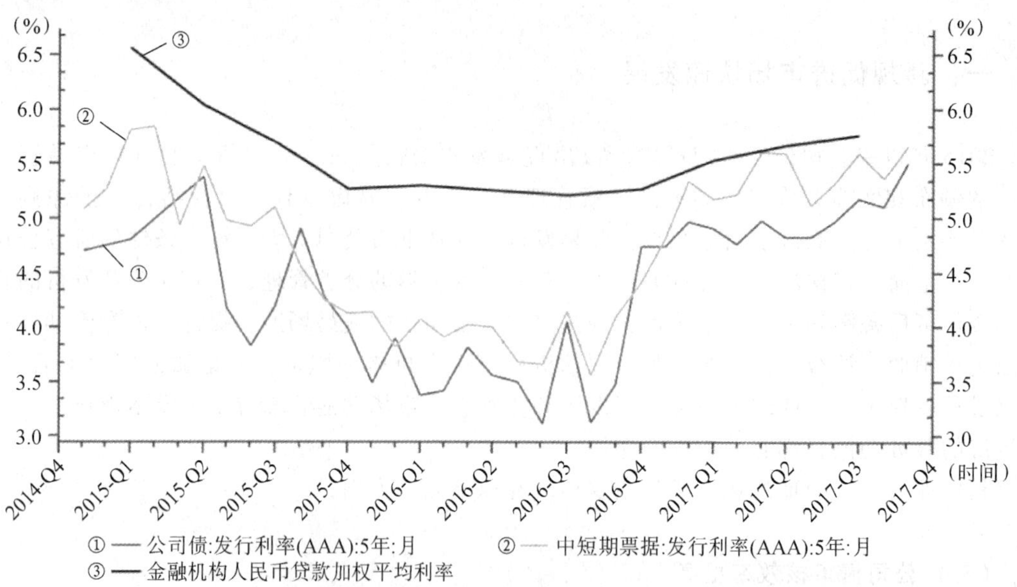

图 2 公司债和中期票据的发行利率与金融机构人民币贷款加权利率的对比

资料来源：Wind 资讯。

换债券兼具债性和股性，一方面，对发行者来说，较低的票面利率降低了融资成本，同时含有的股票期权可有效降低还本压力；特别是对于可交换债券来说，转股交换的是非本公司股票，通过有效减持股票可以盘活存量资产。另一方面，对投资者来说，投资可交换债与可转债风险较小，股市行情不好时，可以放弃转股权利，以债券价值作为支撑，保证本金和一定的利息收入；股市行情好转时，满足条件可以转股，将债券转换为股票，获得较高收益。

（四）服务实体经济能力不断增强

近年来交易所债券市场在中国证监会指导下，贯彻“创新、协调、绿色、开放、共享”五大发展理念，坚持市场化、法治化理念，全面从严监管，坚决守住不发生系统性风险底线，并把服务实体经济作为根本目的，充分发挥了交易所债券市场融资和资源配置功能，以公司债券市场为主导，在服务实体经济发展、提高直接融资比重、降低社会融资成本等方面发挥了较好作用。

二、交易所市场总体情况及公司债在其中扮演的关键角色

公司债券所在的交易所债券市场，也是中国债券市场的重要组成部分，它的参与者既涵盖了各类机构投资者，又涵盖了个人投资者。交易所债券市场由两部分组成：一是实行集中撮合竞价交易的零售市场；二是由固定收益平台和大宗交易系统构成的批发市场。

上交所的债券市场结构见图 3。2007 年上交所推出固定收益平台，逐步建设与股票市场平行、独立的固定收益市场体系，通过市场分层和做市商机制，为国债、企业债、资产证券化债券等固定收益产品提供高效、低成本的批发交易平台，建立真实、有效的债券收益率曲线。在此平台上，支持国债、公司债、企业债、金融债、资产证券化产品、各种结构化产品

以及相关衍生品种，满足多层次市场参与人的各项需求。

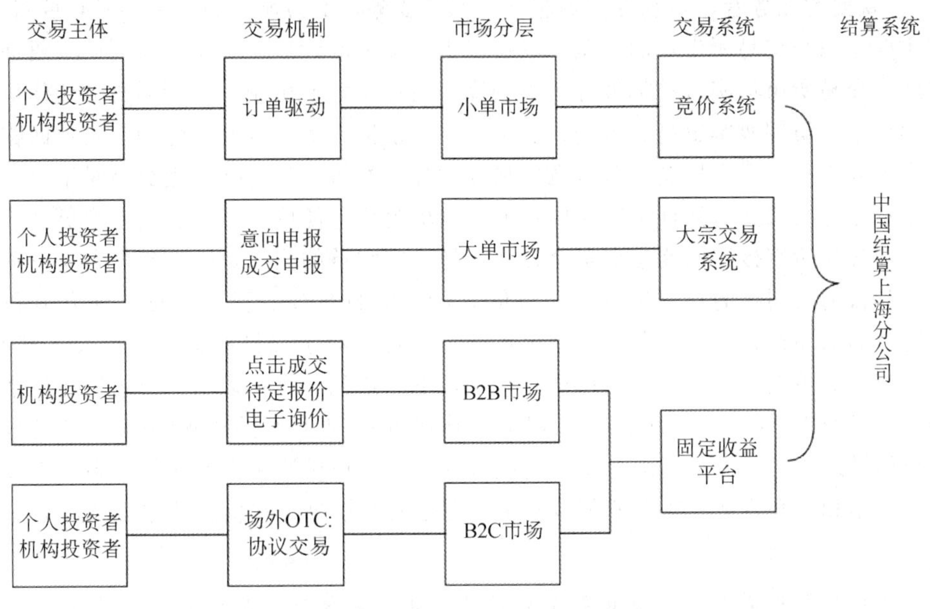

图 3　上交所的债券市场结构

2008 年深交所推出综合协议交易平台（固定收益信息平台），在原大宗交易平台各项业务集中整合的基础上发展而来，结合了交易所市场及银行间市场交易模式的优势，主要服务于机构投资者。首批在协议平台挂牌交易的产品为国债、企业债、公司债券、分离交易可转换公司债券以及专项资产管理计划。

尽管目前交易所债券市场在传统产品上的竞争优势尚不如银行间债券市场，但交易所债券市场也有自己独特的优势。

（一）从总体上看，交易所债券市场具有平台优势

交易所市场既有债权类资产，还有股权类资产、股债混合类资产，不同风险偏好的投资者可以有更多的投资选择。而且仅就债券交易而言，交易所的交易系统还具有明显的技术优势，既具有撮合系统的匿名性和低成本，也有报价驱动系统的即时流动性。从结算方式看，交易所市场一开始就采用净额结算方式，能够显著地降低投资者的交易成本。

（二）从投资者构成看，交易所债券市场具有更为多样化的市场成员

目前银行间市场成员主要是由约 1 万名机构投资者组成，而截至 2017 年 8 月末，交易所市场已拥有 12 949 万名投资者，其中个人投资者占比达 98%，这些投资者是债券市场庞大的潜在客户基础，只要交易所市场能够提供具有足够吸引力的债券产品，这些庞大的潜在客户完全可以变成现实的客户基础。从投资偏好看，交易所市场成员风险偏好特性更为多样化，这对未来交易所市场发展衍生债券品种是非常有利的。此外，随着银行被允许进入交易所债券市场，交易所债券市场不但可以巩固其在零售市场上的优势，而且未来在批发市场上的劣势也将得到显著改善。

（三）从回购业务看，与现券交易相比，回购业务在交易所市场的占比相对更高

这主要是因为交易所市场的回购交易有以下制度上的优势：一是交易所市场质押券制度更加灵活。交易所市场实行的标准券折算制度、质押可替换机制以及到期自动续作机制，使交易所信用债的质押效率更高、流动性更强、也更便捷，十分有利于信用债质押回购。二是交易所市场采用中央对手机制，每日调整债券的标准券折算率，基本无交易对手风险。三是交易所市场作为股票交易保证金闲时的理财工具更为快速便捷，资金利用效率更高，个人投资者也可在交易所直接逆回购融出资金，在获得一定收益的同时也不妨碍投资者投资股票。

考虑到目前公司债的存管量占交易所债券存管量的60%，而且国债、地方债和企业债还都是跨市场的品种，怎么强调公司债市场的重要性，对于交易所债券市场而言都不为过。即使从全市场的角度看，公司债也扮演着举足轻重的角色。图4显示，公司债在整个信用债市场的占比已经由2015年1月的不足10%上升到2017年8月的接近30%，发展速度在信用债券里面是最快的。而从目前存量的角度看，公司债规模达4.9万亿元，高于4万亿元左右的中期票据和3.6万亿元的企业债以及1.5万亿元的短融，在信用债券中位居第一。

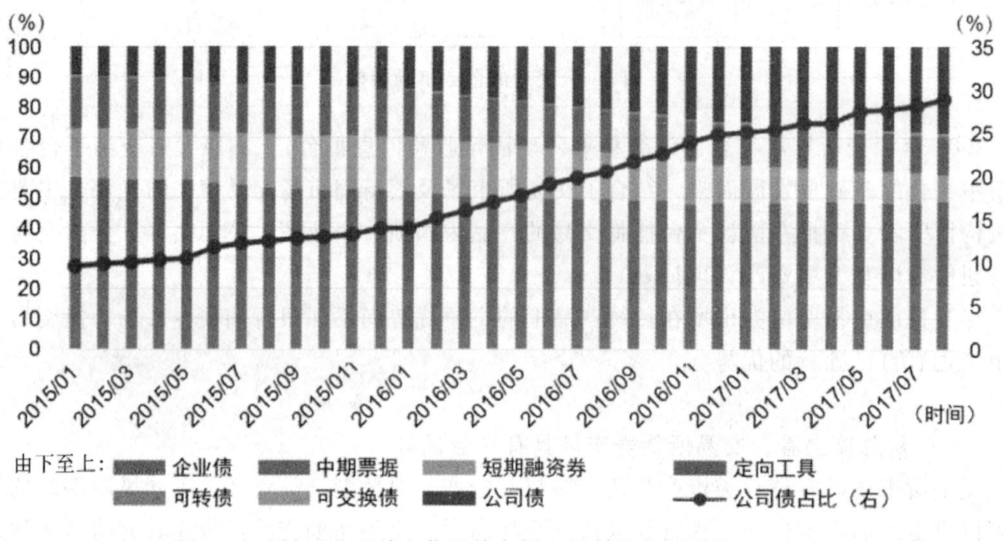

图4 公司债在信用债市场上的存量占比情况

注：由于资产支持证券里有交易商协会ABN、中国银监会主管ABS和中国证监会主管ABS，情况较复杂，因而未考虑在信用债内。

资料来源：Wind资讯。

三、交易所债券市场发展展望

（一）从国内债券市场总体情况看

截至2017年12月31日，全国债券市场总托管量达到74.66万亿元，比2016年末增加10.10万亿元；2017年GDP增长6.9%，占GDP的比例达到90.26%。根据国际清算银行（BIS）公布的数据，从2017年第二季度末的未偿债券余额来看，债券市场规模名列前5位的国家依次为美国、日本、中国、英国和法国，包括国内和国际的全部债券未偿余额分别为38.50万亿美元、12.58万亿美元、10.37万亿美元、5.69万亿美元和4.39万亿美元。可见，以2017年6月底的债券存量规模计算，目前中国居世界第三位。虽然中国债券市场的规模已跃居世界第三位，但以中国位居世界第二位的经济体量和远超发达国家的发展速度看，中国债券市场仍然有着很大的发展空间，交易所债券市场作为中国债券市场的重要一环，在总体规模上存在广阔的发展空间。

（二）从流量角度看，公司债的成交尚不活跃

虽然公司债在信用债市场上的成交占比在2016年底有一个快速上升的过程，但也只有5%—6%的水平，这与位居前三位的中期票据、短融和企业债相差甚远（见图5），这也是交易所现券交易占比不高的主要原因。从换手率角度看，从2015年1月到2017年8月，公司债的换手率月平均只有2.04%，与全市场16.4%的换手率相差较远。究其原因，公司债位居前三位的持有者为商业银行、保险公司和一般法人，合计持有60%左右的公司债，但这三类投资者的风险偏好较低，都是持有到期的配置型投资者；而公司债的现券交易大多在券商、基金、一般法人之间进行，商业银行和保险公司的交易占比极小。在交易所市场，换手率最高的是可转债，这是因为偏好股债关联型产品的投资者大多为个人投资者和基金，投资的风险偏好较高，交易也较为频繁。从这一角度看，交易所市场现券交易未来还有很大的发展空间。

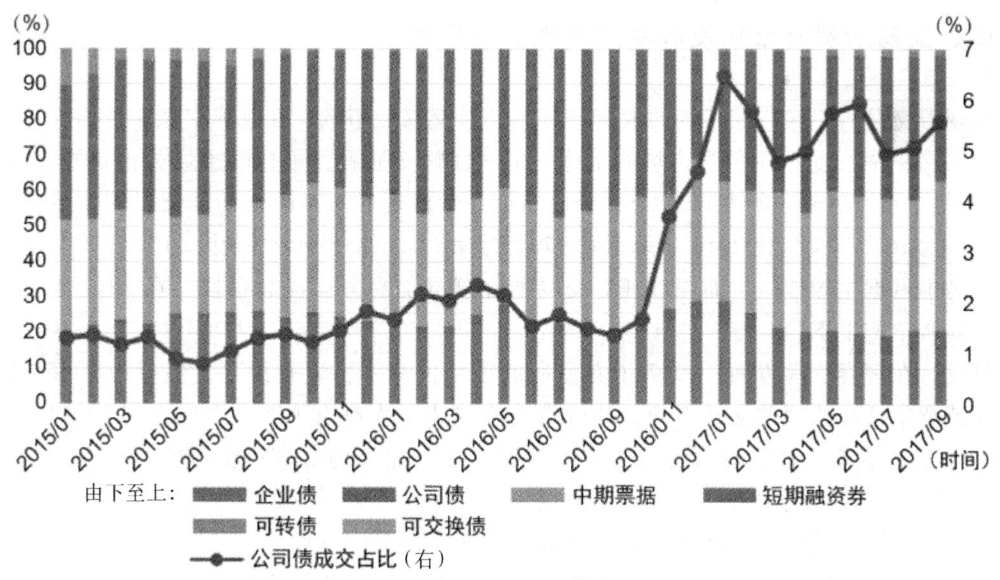

图5　公司债在信用债市场上的成交占比情况

注：由于资产支持证券里有交易商协会ABN、中国银监会主管ABS和中国证监会主管ABS，情况较复杂，因而未考虑在信用债内。

资料来源：Wind资讯。

（三）从公司债的投资品种看，目前高评级的公司债占比较高

AAA级公司债占比在38.2%，AA+公司债占比16.1%，AA公司债占比14.9%，AA-

及以下公司债占比 30.8%（见图 6）。低评级公司债占比较低，未来也有较大的发展空间。

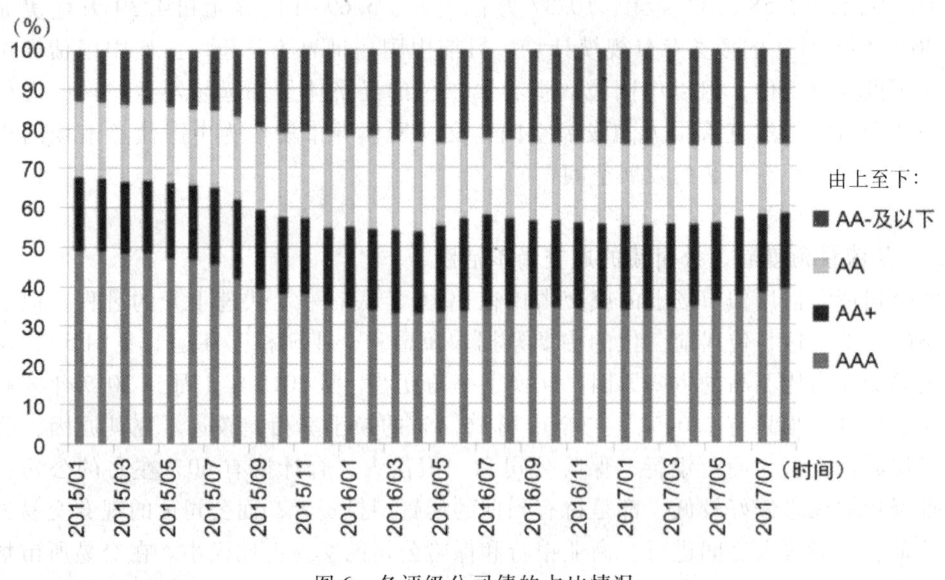

图 6　各评级公司债的占比情况

资料来源：Wind 资讯。

四、交易所债券市场发展展望及相关政策建议

从现券交易看，银行间市场的成交额远远超过交易所市场，在总成交额中的占比近年来达到 98%—99%，是中国债券市场的主体。但从回购交易看，银行间市场的占比在 2017 年为 70.48%，比 2016 年降低 1.71 个百分比。综合考虑现券和回购交易，银行间市场的占比在 2017 年为 67.83%，比 2016 年降低 0.97 个百分比。从交易所市场看，上海证券交易所在回购交易中占据主导地位，而深圳证券交易所在现券交易方面提高很快，在 2017 年已经与上海交易所不相上下。

可见，在现券交易方面，2017 年交易所的市场占有率虽略有提高，但仅占 1.55%；在有着独特竞争优势的回购交易方面，2017 年的市场占有率略有下降，占比达到 29.52%（见表 1）。因此，在交易所债券市场的未来发展路径上，建议仍要发挥交易所市场在回购交易方面的优势，以回购交易来促进现券交易规模的扩大。考虑到债券的投资风险低于股票与商品期货，在投资者适当性管理方面，应比股票和期货投资更为宽松。在强化投资者教育以及对发行人和券商监管的同时，应扩大机构投资者特别是债券基金的占比，降低个人投资者的入市门槛，扩大个人投资者可投资债券品种。对此，我们提出以下建议，供监管部门决策时参考。

（一）进一步提高市场流动性，降低发行人财务成本

根据目前的最新规定，2017 年 4 月 7 日以后发行的信用债如果拟入库开展质押回购，其债项评级必须为 AAA 级、主体评级必须为 AA 级（含）以上。此举有利于进一步提高可

表 1　2016—2017 年银行间和交易所市场现券和回购交易情况

	2016 年					
	现券交易		回购交易		合计	
交易市场	总金额（亿元）	比重（%）	总金额（亿元）	比重（%）	总金额（亿元）	比重（%）
银行间债券市场	1 239 861.93	99.00	5 994 292.09	72.19	7 234 154.02	75.70
上海证券交易所	8 205.18	0.66	2 177 032.74	26.21	2 185 237.92	22.87
深圳证券交易所	4 312.30	0.34	132 474.19	1.60	136 786.49	1.43
合计	1 252 379.41	100.00	8 303 799.02	100.00	9 556 178.43	100.00
	2017 年					
	现券交易		回购交易		合计	
交易市场	总金额（亿元）	比重（%）	总金额（亿元）	比重（%）	总金额（亿元）	比重（%）
银行间债券市场	977 250.37	98.45	6 162 515.91	70.48	7 139 766.29	73.33
上海证券交易所	7 399.41	0.75	2 408 219.74	27.54	2 415 619.15	24.81
深圳证券交易所	7 975.10	0.80	173 184.43	1.98	181 159.53	1.86
合计	992 624.88	100.00	8 743 920.08	100.00	9 736 544.97	100.00

资料来源：Wind。

质押债券的质量，降低质押式回购业务的总体风险，但同时市场流动性有所降低，未能达到入库标准的债券发行利率有所提高，发行人的融资成本在一定程度上有所增加，中低评级的企业开展债券融资的门槛也有所提高，从而可能限制交易所债券市场规模的扩大。

建议在强监管的政策引导下市场运作更为规范时，再适当放宽质押式回购的债券范围，提高债券市场流动性，降低企业财务成本，使交易所债券市场更有力地支持实体经济的发展。

（二）做大做强债券基金规模，有效引导个人债券投资者通过投资债券基金等形式投资债券市场，提高交易所债券市场的活跃程度，降低发行人财务成本

2017 年 6 月，上交所及深交所发布规定，根据中国证监会出台的投资者适当性管理规定，对合格投资者的认定标准及个人合格投资者的投资范围进行了调整。根据目前的规定，符合合格投资者要求的个人投资者可以购买债项评级为 AAA 的公募公司债券（含企业债券，不含公开发行的可转换公司债券）及资产支持证券，债项评级低于 AAA 的公募公司债券及资产支持证券，调整为仅允许合格投资者中的机构投资者买入。就个人投资者风险识别能力而言，此举有助于降低其所面临的债券违约风险，是一种很好的投资者保护机制。

个人投资者参与债券交易能够提高交易所债券市场的活跃度，降低发行人财务成本，并且有效地引导个人闲置资金投资于实体经济，优化社会资源配置。因此建议对于中低评级债券，可以引导个人投资者通过投资债券基金等形式参与债券市场，以此吸引更多的个人投资者参与债券融资。

（三）允许低评级公司发行债券，适当发展高收益债券市场，帮助低评级中小企业解决融资困难，加快形成收益与风险相对应的多层次的交易所债券市场

目前我国高收益债券市场仍处于初级发展阶段，2015 年公司债券市场扩大了私募债券的发行主体，一些较低评级的公司有机会通过发行私募债券登陆资本市场，并且推出了创新创业债等创新品种，对于低评级的中小企业融资和高收益债券市场的发展起到了积极的推动作用。但是，与国际高收益债券市场相比，我国高收益债券市场存量的绝对规模和相对规模都十分有限。目前交易所审核发行的债券评级基本都在 AA－以上，而低评级的中小企业对于发债融资有很大的需求，高收益债券市场存在广阔的发展前景。

建议允许低评级公司发行债券，积极推动高收益债市场发展，解决低评级公司融资难的问题，使交易所债券市场更好地服务实体经济，并有利于加快形成收益与风险相对应的多层次债券市场。

（四）加强证券公司在公司债券业务方面的内部管理，强化证券公司在前端尽职调查与后端债券受托管理方面的职责，进一步提高执业质量

近年来在中国证监会的指导下，交易所债券市场更加重视风险管控，证券行业合规、规范经营的意识不断提高。为了进一步引导证券公司债券业务规范运作，提高实体经济的服务质量，应当继续加强证券公司在公司债券业务方面的内部管理，要求证券公司作为主承销商严格按照公司债券相关尽职调查制度开展工作，加强对债券发行人申报材料真实、准确、完整和及时方面的核查。另外，应当加强证券公司在公司债券存续期间的受托管理工作，要求债券受托管理人密切关注企业情况，提前监测发行人的违约风险，从而使“公司治理良好、内部控制严格、执业能力强”作为主承销商的遴选标准，而不仅仅以市场排名来确定，并减少行政力量的影响和干预。

（五）加强对已发债企业存续期间的监管，加强发行人在债券存续期间相关人员的配置和责任的落实，强化发行人的信息披露责任和风险意识，促进形成规范、成熟的债券市场

加强对债券发行人的培训，要求发行人确定债券存续期间的相关人员并落实其责任，强化发行人的信息披露责任，加强对债券受托管理相关制度的实际执行力度。在确保信息披露充分的基础上，使市场平稳接受违约情况的发生，打破投资者相对较强的刚性预期，促进债券市场更加成熟发展。

加强公司债券制度体系建设　重视风控与合规管理

赵　涛　边明达*

2015 年 1 月，中国证监会发布《公司债券发行与交易管理办法》（以下简称《管理办法》）。相较于 2007 年发布的《公司债券发行试点办法》，《管理办法》在扩大发行主体范围、简化审核流程、优化非公开发行债券管理、增加交易场所和交易流动性、明确中介机构职责、加强事中事后监管、强化投资者保护等方面进行了有利于市场发展的改革。在《管理办法》改革措施的推动下，交易所债券市场获得了极大的发展，公司债券发行量迅速增长，对于提高企业直接融资比重、服务实体经济起到了积极的作用。在市场快速发展的同时，交易所债券市场在中国证监会的监督与指导下，坚持发展与风控合规并重的原则，通过不断完善制度体系建设规范各项业务和市场参与主体行为，同时推出了一系列举措加强市场风险防范与合规管理，提高全行业的风控和合规意识。

一、完善以《管理办法》为依托的制度与规则体系

（一）中国证监会出台了以《管理办法》为核心的上位法规框架

中国证监会于 2015 年发布《管理办法》，对公司债券发行、承销、交易转让、信息披露、债券持有人保护等方面进行了全方位的规定。为配合《管理办法》的顺利实施，中国证监会还修订和制订了一系列相关规则：一是针对发行申请环节，修订《公开发行证券的公司信息披露内容与格式准则第 24 号——公开发行公司债券申请文件》，规范发行申请材料的制作。二是针对发行阶段信息披露环节，修订《公开发行证券的公司信息披露内容与格式准则第 23 号——公开发行公司债券募集说明书》，规范募集说明书的制作。三是针对存续期间信息披露环节，修订《公开发行证券的公司信息披露内容与格式准则第 38 号——公司债券年度报告的内容与格式》与《公开发行证券的公司信息披露内容与格式准则第 39 号——公司债券半年度报告的内容与格式》，规范定期报告的制作。

* 作者单位：赵涛，中信建投证券股份有限公司；边明达，中国证券业协会。

为提升公司债券发行审核透明度，明确发行审核工作流程，中国证监会还发布了《公开发行公司债券审核工作流程》对相关工作进行指导。此外，为明确《管理办法》在实际执行过程中的相关问题，中国证监会债券部先后 5 次发布《公开发行公司债券监管问答》，针对公司债券发行人、承销商、受托管理人等市场主体高度关注的问题，例如发行条件的计算口径、房地产和产能过剩行业的特殊行业信息披露、发行人涉及重组等特殊事项的信息披露以及一些特殊事项的核查程序等，予以详尽解答。

（二）中国证券业协会建立了较为全面的配套自律规则体系

《管理办法》中明确规定，证券自律组织可以对公司债券非公开发行及转让、承销、尽职调查、信用评级、受托管理及增信等进行自律管理。因此，为配合《管理办法》的出台，中国证券业协会先后制订了多项配套自律规则，并建立了较为全面的公司债券自律规则体系：一是制订发布了《非公开发行公司债券备案管理办法》和《非公开发行公司债券项目承接负面清单指引》，对非公开发行公司债券实施事后备案管理，并以负面清单的形式明确承销机构不可承销的业务范围。二是制订发布了《公司债券承销业务规范》和《公司债券承销业务尽职调查指引》，对公司债券的承接与申请、推介、尽职调查、定价与配售、信息披露等业务环节提出了细化要求，并据此实施自律管理。三是制订发布了《公司债券受托管理人执业行为准则》《公司债券受托管理人处置公司债券违约风险指引》，对受托管理人的资格和权利与义务提出明确要求，同时编制《公开发行公司债券受托管理协议必备条款》以规范受托管理协议的核心内容。此外，针对存续期间出现的债券违约风险，明确了受托管理人应当采取的必要措施，引导受托管理人妥善处置风险事件。四是制订发布了《证券市场资信评级机构评级业务实施细则（施行）》和《融资担保公司证券市场担保业务规范》，规范了资信评级机构和融资担保机构在开展公司债券资信评级、信用增进等相关中介服务业务时的市场行为。

（三）交易场所及结算机构进一步完善和优化业务规则体系

各交易场所作为公司债业务的最前端，涉及债券的发行、上市或挂牌、交易或转让、存续期的信息披露、风险事件处置等各业务环节。交易场所的业务规则体系是否全面和完善，直接决定了公司债券市场的运行效率以及业务管理的规范程度。因此《管理办法》发布以来，各交易场所在中国证监会的统一协调下，也在不断完善和优化各自的公司债券业务规则体系。

1. 上海、深圳证券交易所

上海、深圳证券交易所（以下简称“沪、深交易所”）是公司债券交易场所中发行与交易的最为重要的场所，并且承担面向合格投资者公开发行公司债券的发行预审核职能，其在公司债券业务的各个环节均建立了相应的规则体系。

（1）发行环节。沪、深交易所对公募债券发行审核、定价与配售管理（簿记建档）、投资者适当性等环节建立并完善了相应的业务规则：一是《上海证券交易所公司债券上市预审核工作流程》《深圳证券交易所公司债券上市预审核工作流程》和深交所《债券业务办理指南第 1 号——公开发行公司债券上市预审核、发行及上市业务办理》；二是《上海证券交易所公司债券簿记建档发行业务指引》和《深圳证券交易所公司债券簿记建档发行业务指引》；三是《上海证券交易所债券市场投资者适当性管理办法》和《深圳证券交易所债券市场投资者适当性管理办法》。

（2）上市或挂牌环节。作为交易场所，公司债券的上市或挂牌是沪、深交易所最为重要的业务之一，两交易所均制订或修订了非常明确和完备的业务规则。业务规则层面，有《上海证券交易所公司债券上市规则》《深圳证券交易所公司债券上市规则》，《上海证券交易所非公开发行公司债券业务管理暂行办法》《深圳证券交易所非公开发行公司债券业务管理暂行办法》，《上海证券交易所非公开发行公司债券挂牌条件确认业务指引》《深圳证券交易所非公开发行公司债券转让条件确认业务指引》等。操作指南方面，有《上海证券交易所公司债券发行上市业务操作指南》《上海证券交易所债券上市协议》《上海证券交易所债券转让服务协议》和深交所《债券业务办理指南第 2 号——非公开发行公司债券转让条件确认、发行、转让及投资者适当性管理业务办理》等。

（3）交易或转让。公司债券在沪、深交易所上市或挂牌后，债券的交易或转让也是两交易所的核心业务。在《管理办法》发布之前，两交易所均有其各自的交易规则，并且因规则中没有与《管理办法》要求相互抵触的内容而得以沿用。在《管理办法》发布后，两交易所主要针对公司债券质押式回购交易业务制订或修订了相关业务规则。具体有《上海证券交易所债券质押式协议回购交易暂行办法》《上海证券交易所债券质押式协议回购交易业务指引》和《深圳证券交易所债券质押式协议回购交易暂行办法》，以及《中国证券登记结算有限责任公司、上海证券交易所、深圳证券交易所债券质押式回购融资主体数据报送指引》《中国证券登记结算有限责任公司、上海证券交易所、深圳证券交易所债券质押式回购交易结算风险控制指引》等。

（4）存续期管理。存续期管理的重点在于信息披露，沪、深交易所在各自的公司债券上市规则中，对于存续期间信息披露均有明确要求。一是对于存续期间公司债券可能发生的重大事项，制订发布了《公司债券临时报告信息披露格式指引》，旨在规范重大事项披露信息的编制；二是对于债券违约风险事件，制订发布了《上海证券交易所公司债券存续期信用风险管理指引（试行）》和《深圳证券交易所公司债券存续期信用风险管理指引（试行）》。

2. 中证机构间报价系统股份有限公司

中证机构间报价系统股份有限公司（以下简称“报价系统”）作为机构间私募产品的服务平台，是《管理办法》中明确的非公开发行公司债券挂牌转让的重要交易场所。自《管理办法》发布以来，报价系统针对非公开发行公司债券挂牌转让业务陆续发布了《报价系统非公开发行公司债券业务指引》《机构间私募产品报价与服务系统非公开发行公司债券募集说明书编制指引（试行）》《机构间私募产品报价与服务系统债券推荐意见书范本》《机构间私募产品报价与服务系统非公开发行公司债券挂牌申请材料报送须知（试行）》等业务规则。其中，《报价系统非公开发行公司债券业务指引》对于非公开发行公司债券的投资者适当性管理、发行与转让、登记结算、信息披露、债券持有人保护等业务环节均提出了明确要求。此外，报价系统还针对非公开发行公司债券的质押式回购业务制订发布了《报价系统非公开发行公司债券质押式协议回购交易业务指引》；针对债券存续期的风险管理制订发布了《报价系统非公开发行公司债券存续期信用风险管理业务操作指引（试行）》。目前，报价系统的非公开发行公司债券的挂牌与转让等相关业务处于暂停状态。

3. 全国中小企业股份转让系统有限责任公司

全国中小企业股份转让系统有限责任公司（以下简称“股转系统”）是《管理办法》中明确既可公开发行公司债券又可非公开发行公司债券的交易场所。在实际操作中，截至目前，股转系统尚未搭建起公司债券业务的规则体系，尚未开展公司债券发行与转让业务，仅联合沪、深交易所、中国结算制订发布了《创新创业公司非公开发行可转换公司债券业务实施细则（试行）》。

4. 中国证券登记结算有限责任公司

中国证券登记结算有限责任公司（以下简称“中国结算”）作为公司债券的登记、托管与结算机构，在公司债券的发行、交易和转让环节中起到了至关重要的作用，其相关业务规则的健全和完善对于公司债券业务和市场的平稳运行意义重大。《管理办法》发布以来，中国结算制订和修订了多项业务规则：一是在登记、托管与结算等基础业务方面，修订发布了《中国证券登记结算有限责任公司债券登记、托管与结算业务细则》，制订发布了《中国证券登记结算有限责任公司非公开发行公司债券登记结算业务实施细则》，并修订了上海和深圳分公司的《公司债券登记结算业务指南》和《可交换公司债券登记结算业务指南》。二是在质押式回购业务方面，制订《中国证券登记结算有限责任公司债券质押式协议回购登记结算业务实施细则》和《临时停市债券质押式回购业务结算暂行办法》，修订《标准券折算率（值）管理办法》，并两次修订《质押式回购资格准入标准及标准券折扣系数取值业务指引》。此外，中国结算还联合沪、深交易所发布了《上海证券交易所、深圳证券交易所债券质押式回购融资主体数据报送指引》，联合沪、深交易所和股转系统发布了《创新创业公司非公开发行可转换公司债券业务实施细则（试行）》。

总体来看，以中国证监会《管理办法》为大方针，交易所债券市场已经构建起一个相对全面和完善的法规体系。市场各核心机构职能划分清晰，监管部门、自律组织、交易场所、登记结算机构四位一体，从各自职能出发建立了覆盖审核、发行、备案、信息披露、上市和挂牌、交易和转让、登记、托管和结算、风险事件处置等公司债券全部业务环节的规则体系。市场参与主体的行为得到全面规范：对发行人，通过对大、小公募实施的分层管理，以信息披露为核心明确各类发行人的义务与职责；对承销商、资信评级机构、受托管理人等中介机构，制订有针对性并且详尽的规范或行为准则，督促其归位尽责；对投资者，建立了有效的适当性管理制度，并不断健全投资者保护机制。上述规则体系的建设，为公司债券市场的快速发展奠定了良好的制度基础。

二、通过业务培训提升风险管理意识，引导行业合规运作

为了让行业快速而全面地了解交易所债券市场的法规体系，明晰业务操作的各项细节，在引导行业规范运作的同时提升风险管理的意识，《管理办法》发布后，中国证券业协会和沪、深交易所举办了多期公司债券业务培训，涉及《管理办法》及其配套自律规则、业务规则、业务操作流程介绍、相关政策解读以及专项业务合规与风控管理等方面。

（一）中国证券业协会开展行业培训的情况

组织会员单位从业人员的业务培训以及开展会员间的业务交流是《证券法》赋予中国

证券业协会的基本职责，是中国证券业协会的重要日常事务之一。《管理办法》发布后，中国证券业协会积极开展相关业务培训，涉及公司债券业务的全方面内容。

一是进行公司债券法规与政策解读。涉及《管理办法》及相关配套规则解读、各交易场所公司债券业务规则介绍和经验交流，以及发行准入、信息披露、尽调、承销、受托管理、发行登记以及兑付兑息的政策解读。

二是公司债券各项业务操作流程介绍。涉及公司债券发行、上市和存续期监管要求与案例分析、预审核政策解读和流程、非公开发行公司债券发行备案流程及挂牌转让操作流程、尽职调查业务实务操作经验交流、受托管理业务实践交流等。

三是关于业务合规和风险管理培训。涉及公司债券业务合规与内控管理、存续期风险管理、公司债券违约风险防控及相关自律规则解读、监管部门公司债券风险处置案例交流、公司债券违约处置实践经验、过剩产业信用风险分析及价值发现、财务报表处理及造假的甄别防范等。

四是对特殊品种或创新品种开展交流。涉及信用风险缓释工具解析、大类资产配置视角下可转债投资、国内外绿色债券市场发展及相关政策解读、产品结构与创新、资产配置与市场展望等。

（二）沪、深证券交易所开展业务培训的情况

中国证监会出台的法规及中国证券业协会发布的大部分自律规则均是对公司债券业务原则上的监管或指导，而沪、深证券交易所的业务规则是切实关乎业务实践操作的各项细节，因此对这些业务规则进行解读和培训对于规范公司债券业务行为、提高操作效率尤为重要。《管理办法》发布以来，沪、深证券交易所也是通过一系列偏重业务实践的培训来指导各市场主体的相关业务。

一是规则与政策解读方面。涉及《公司债券发行与交易管理办法》解读，公司债年报格式准则解读与存续期监管要求，公司债发行的宏观或行业形势分析，公司债券上市规则、非公开发行公司债券业务管理、投资者适当性管理等规则解读，簿记建档指引讲解，以及公司债承销、尽职调查、受托管理的操作要求等。

二是业务操作与流程方面。涉及公司债券预审核制度、流程与要点解读，申请文件编制要求，电子审核系统申报、填报及签章要求，上市业务介绍，招标系统介绍，交易、结算规则介绍，登记、兑付业务介绍，信息披露要求解读，公告编制软件使用方法介绍，质押式回购融资主体数据报送机制解读等。

三是业务合规与风险管理方面。涉及公司债发行人现场检查情况介绍，内核要点及政策解读，债券受托合规管理，公司债券信用风险管理制度介绍，债券违约风险管理和违约案例分析等。

四是特殊产品和创新产品方面。涉及可交债、绿色债、“双创”债业务等产品介绍及相关政策解读。

上述各项培训主要针对承销商等中介机构的相关业务高管、业务骨干及合规、风控部门人员，旨在对高管人员进行政策方针引导，在强调业务人员规范执业的同时，进一步强化合规和风控管理的能力。

三、通过严格监管发现问题并规范市场参与主体行为

（一）加大针对中介机构的现场检查力度

1. 评级机构

债券资信评级是对发行主体和债券资信情况、偿债能力的一种综合体现，是投资者投资公司债券的重要判断依据之一，也是监管部门对公司债券相关业务实施监管的重要指标之一。资信评级机构的业务规范性、级别评定的有效性，对于公司债券市场的稳定发展和市场风险的有效防范具有重要作用。因此，中国证监会于 2015 年 9 月组织北京、天津、上海、深圳证监局，联合沪、深交易所，中国结算，中国证券业协会等对取得证券资信评级业务许可的全部 7 家证券评级机构开展了现场检查，重点关注评级机构的评级一致性、尽职调查、跟踪评级及评级信息披露等方面的规范性。中国证监会对发现问题的评级机构及其相关责任人采取了行政监管措施。针对资信评级机构的现场检查工作已成为日常监管事项，2017 年 6—7 月，中国证监会再次组织地方证监局、自律组织对资信评级机构进行新一轮的现场检查工作。

2. 证券公司

2015 年 11 月，《管理办法》配套的各项自律规则和业务规则已基本建立。为了解证券公司对于《管理办法》及配套规则的执行情况，同时督促证券公司遵守业务规范，完善质量控制，保护投资者的合法权益，提高服务债券市场的能力，在中国证监会债券部的统筹下，由地方证监局主导并联合中国证券业协会，沪、深交易所对 49 家证券公司进行了现场检查。此次检查对于证券公司存在的业务制度缺失或不完善、承销业务不规范、尽职调查不充分、受托管理人履职不到位等问题进行治理。通过本次检查，证券公司公司债券承销业务的内控水平得到进一步提升，业务能力得到进一步加强。

（二）更加重视对发行人的现场检查

1. 启动首次公司债券发行人现场检查

为防范发行人可能出现的违法违规和债券违约风险，促进债券市场规范发展，2015 年 9 月，中国证监会首次组织相关证监局对 105 家公司债券发行人进行现场检查，重点关注募集资金管理与使用、信息披露、公司治理和内部控制等问题。检查中共发现三大类问题：一是募集资金挪用、转借他人；二是未披露重大投融资事项；三是未披露重大关联企业。针对存在上述问题的公司，证监局均采取了行政监管措施并计入诚信档案；同时，中国证券业协会和交易所也从自律组织的角度对相关问题采取了自律管理措施。

2. 对四类发行人开展专项现场检查

2016 年下半年，中国证监会组织相关证监局对类平台，主要业务集中在三、四线城市的房地产，其他应收账款占比较大，2015 年年报审核过程中发现较大问题需进行现场核实这四类发行人共计 157 家开展了专项现场检查。本次现场检查以问题和风险为导向，发现的问题主要集中在募集资金管理使用和信息披露两方面。募集资金管理使用方面发现的主要问题包括：募集资金挪用或转借他人、使用募集资金购买理财产品、募集资金专户设立和管理不规范等。信息披露方面发现的主要问题包括：未准确披露募集资金使用信息，当年累计新

增借款或对外担保超过上年末净资产20%未披露或未及时披露，关联方交易披露不完整等。针对发现的主要问题，证监局采取了相应的行政监管措施及日常监管措施。

3. 2017年开展发行人与中介机构专项检查

2017年，中国证监会再次组织相关证监局对263家公司债券发行人开展了现场检查。本次现场检查发现的问题仍然主要集中在募集资金管理使用和信息披露两方面。针对发现的问题，证监局采取了相应的行政监管措施和日常监管措施，同时还对中介机构履职情况进行延伸检查。

4. 制订专门指引规范发行人现场检查工作

2016年10月，中国证监会发布了《公司债券发行人现场检查工作指引》，明确了检查对象的选取方式，确立了以问题和风险为导向的专项检查以及“双随机”抽查等机制；结合公司债券的特点和风险因素，确定了现场检查的内容与方法，列明了现场检查中应关注的重点方面以及可采取的具体检查手段；明确了进场准备、实施检查、结束检查三个阶段应开展的具体工作事项和工作要求；框定了针对检查发现问题应采取针对性措施的相关原则和分工安排。这标志着中国证监会对公司债券发行人现场检查制度正式常态化。通过多次的专项现场检查，发行人规范运作意识和水平进一步提高，提高了配合券商履行尽职调查的自觉性、主动性，提高了切实按照募集说明书约定履行债券存续期管理的信息披露义务、规范使用募集资金的自觉性和主动性。

四、推出多项重要举措，全面防范市场风险

（一）中国证监会系统核心单位建立风险监测与处置机制

为保护公司债券投资者合法权益，促进市场健康稳定发展，中国证监会通过在系统核心单位中制订和发布《公司债券风险监测与处置规程》（以下简称《处置规程》），建立了分工明确、协同高效的公司债券违约风险监测与处置体系。中国证监会债券部等相关职能部门、证监局、交易场所、登记结算机构、中国证券业协会五位一体，在相关单位、部门协助下，协调地方政府，发挥各方优势，合理分工，信息共享，加强协作。《处置规程》将公司债券违约风险分不同风险等级区分为一般违约事件和重大违约事件，重点处置重大违约事件。依托《处置规程》建立的公司债券违约风险监测与处置体系，对于防范未来公司债券集中到期可能出现的违约风险具有重要意义，是中国证监会指导下的交易所债券市场着眼未来、防患未然的长远举措。

（二）强化受托管理人职责，全面提高风险防范和化解能力

根据全国金融工作会议关于“强化监管，提高防范化解金融风险能力”有关精神，中国证监会要求受托管理人归位尽责，不断提高受托管理执业质量。

一是要求受托管理人应建立健全相关公司债券内控制度，明确履行受托管理职责的方式和程序，加大受托管理业务的人员投入，完善激励约束机制，不断提高受托管理执业水平。

二是要求受托管理人前移受托管理关口，及时识别防范风险。一方面，强化对发行人的合规培训，切实督促公司债券发行人提高规范运作意识，按时进行本息兑付；另一方面，积极协助发行人开展自查工作，督促发行人建立完善自查工作体系，对发行人自查发现的问

题，督促其整改落实。

三是要求受托管理人着力监控重点事项，防范违法违规行为。一方面，受托管理人要持续关注发行人和增信机构的资信状况，督促发行人及时履行信息披露义务；另一方面，受托管理人应按照相关规定和约定，持续监督并定期检查发行人募集资金使用情况，督促其合规使用募集资金。此外，受托管理人还应重点关注发行人财务会计核算、公司治理和规范运作情况等，与发行人、债券持有人建立完善的沟通机制。

四是要求受托管理人聚焦信用风险管理，防范处置违约风险。首先，受托管理人应建立完善债券信用风险管理机制和公司债券违约风险应急管理工作流程，协同各方积极开展信用风险化解处置工作，切实防范公司债券信用风险。其次，受托管理人应根据要求，定期或不定期向监管机构报送债券信用风险管理报告、债券偿付管理情况报告等。发行人存在不能按时履行兑付义务或其他导致对债券偿付产生任何影响的重大事项，都应及时向监管机构汇报。

（三）着眼于分类监管，有效控制相关行业的信用风险

2016 年 10 月，沪、深交易所向承销商发布《关于试行房地产、产能过剩行业公司债券分类监管的函》，明确表示，对房地产、产能过剩行业公司债券发行审核试行分类监管。上述监管函主要包括对房地产和煤炭、钢铁等过剩行业公司债券分类监管，对上述行业公司债券募集资金用途的监管要求。此次监管标准采取“基础范围（行业政策）”和“综合指标评价”两项，并依据综合指标评价触发频次将企业分为正常类、关注类、风险类。

在资金用途方面，首先明确规定房地产企业公司债券募集资金不得用于土地购置，同时就发行人募集资金规模合理性、募集资金用途的监管要求、募集资金存续期间使用的信息披露等进行细化和完善。对于“风险类”发行人，交易所要求主承销商审慎承接项目，“风险类”发行人若通过第三方担保等增信措施使债项评级达到 AAA 级，可归为“关注类”。对于“关注类”企业而言，本次监管方案对发行人、承销商都作了不同程度的要求。对于企业来说，主要涉及四个方面：一是量化偿债资金来源，偿债安排可行性，细化偿债安排，如涉及现金流预测，提供明细及预测依据等；二是采取抵质押措施并约定细则，明确触发条件、责任人；三是增加投资者保护条款和具有针对性的限制性条款；四是对于非一、二线城市业务开展超过 50% 的企业，约定并细化存续期的持续信息披露安排。对于主承销商来说，本次监管方案要求其加大尽职调查力度、核查力度并就相关事项出具意见。

本次分类监管，增加了“关注类”和“风险类”房地产企业，煤炭、钢铁等产能过剩行业的发债难度和发债成本，有利于控制公司债券市场的违约风险。

（四）制订指引规范公司债券存续期风险管理

为加强公司债券存续期信用风险管理，切实维护投资者合法权益，中国证券业协会发布实施《公司债券受托管理人处置公司债券违约风险指引》，沪、深交易所分别发布实施《公司债券存续期信用风险管理指引（试行）》（以下简称“两项《指引》”）。这是在公司债券市场规模快速放大，债券市场违约风险逐渐积聚，前端与后端失衡（重承销发行、轻存续管理）的形势下应时而生的，具有现实而迫切意义的重要举措。两项《指引》的实际执行，将构建起公司债券市场以证券公司为主导的公司债券存续期违约风险管理的责任机制、预警

机制和制衡机制，对公司债券市场信用风险的防控必将起到建基、护航、规范、升级的作用。

两项《指引》明确以发行人和受托管理人为风险管理体系的核心点，明确了债券市场风险防控体系的抓手；提出了风险债券的分类标准，创设了以重大事项和财务指标为双重判断维度的评估体系，推动了债券信用风险监测指标体系和模型的应用，使得建立风险债券池、量化债券市场风险程度的目标得以实现；在制度层面完善了违约处置事前和事后相应机制和相关制度的衔接安排，做好了受托管理制度、持有人会议制度与破产清算、资产保全和债券追偿等司法程序之间的制度衔接，形成了规范、透明和清晰的违约处理流程；系统总结了市场风险分担机制和风险处置"工具箱"，列示了一系列风险化解与处置手段，为市场各方依照合约履行违约处置责任提供了框架和指导性方案。

虽然，目前交易所债券市场对于违约风险有了处置手段和一定的处置经验，但仍需看到在未来几年内公司债券集中到期时所面临的违约风险压力和挑战。交易所债券市场应当在中国证监会的领导下，继续加强风险管理工作，完善相关制度，引导行业在业务发展的同时更加重视合规与风控管理，打好未来可能出现的风险处置攻坚战。

公司债券、资产证券化业务募集资金投向多元服务实体经济能力增强

周 洁*

党的十九大报告中，习近平总书记提出“深化金融体制改革，增强金融服务实体经济能力”，指明了新时代金融建设的前进方向。为进一步了解证券公司回归主业、服务实体经济的实际情况，中国证券业协会就公司债券、资产证券化业务的募集资金投向情况对全体证券公司进行了书面问卷调研。

一、调研总体情况

本次调研范围是 2015 年 1 月 1 日至 2017 年 9 月 30 日期间依据《公司债券发行与交易管理办法》（以下简称《公司债管理办法》）和《证券公司及基金管理子公司资产证券化管理规定》（以下简称《资产证券化管理规定》）发行的公司债券及资产证券化产品的募集资金投向。调研对象为全体 129 家证券公司，要求其整理统计期内所担任公司债券受托管理人及企业资产证券化业务（以资产支持专项计划的形式开展）计划管理人的全部项目，并以季度为单位反馈募集资金投向的数据。要求证券公司参考中国证监会《上市公司行业分类指引》（以下简称《行业分类指引》），将项目按募集资金真实投向进行行业分类。本文将全部行业分为三个大类：金融业（包含货币金融服务、资本市场服务、保险业和其他金融业），房地产业和实体经济部门。金融业和房地产业使用《行业分类指引》中的释义，《行业分类指引》中金融业和房地产业以外的 17 个行业归为实体经济部门。

二、公司债券、资产证券化业务募集资金投向情况

（一）公司债券

1. 募集资金投入总量

* 作者单位：中国证券业协会。

统计期内，累计投入使用的公司债券募集资金总量为 52 548.3 亿元。2015 年度和 2016 年度累计投入量分别为 11 803.9 亿元和 28 653.4 亿元，其中流向实体经济部门为 5 138.8 亿元和 17 435.1 亿元。2017 年前三个季度，由于公司债券整体发行量下降，募集资金投入量总计约 12 091.1 亿元，同比下降 45.42%，其中流向实体经济部门 6 962.3 亿元。从季度数据来看，2015 年和 2016 年的募集资金投入量保持稳定增长的趋势。公司债券募集资金投入量在 2017 年第一季度环比下降 50.43%，第二季度起资金投入量重回上升通道。统计期内，公司债券募集资金投入量的平均复合季度增速为 22.89%。具体各季度募集资金投入量数据如图 1 所示。

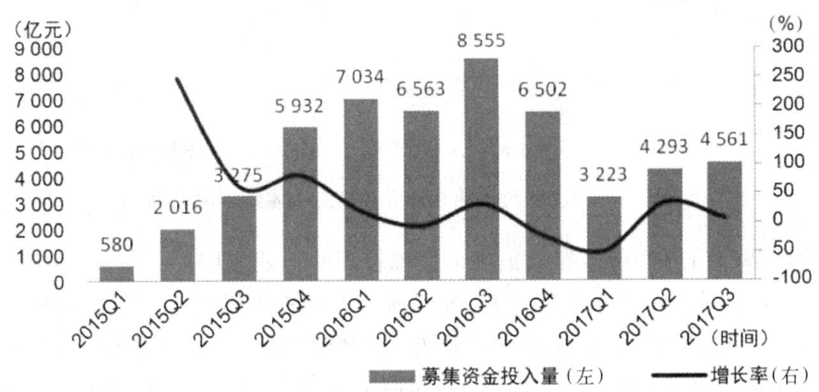

图 1　各季度公司债券募集资金投入使用量

2. 行业投向的结构

据统计显示，2015 年至 2017 年前三个季度，公司债券募集资金主要投向金融业、房地产业和实体经济部门中的制造业和建筑业。募集资金流入实体经济部门的比重在 2015 年、2016 年和 2017 年前三个季度分别为 43.52%、60.87% 和 57.58%，整体呈现上升趋势。统计期内，公司债券募集资金投入量排名前 5 位的行业及其占比数据如表 1 所示。

表 1　　2015—2017 年公司债券募集资金前 5 名投向行业

排位	2015 年	2016 年	2017 年（Q1—Q3）
1	房地产业（31.20%）	房地产业（26.00%）	金融业（36.38%）
2	金融业（25.28%）	建筑业（16.23%）	建筑业（13.60%）
3	建筑业（10.05%）	金融业（13.13%）	制造业（12.67%）
4	制造业（8.09%）	制造业（12.92%）	房地产业（6.03%）
5	批发和零售业（4.90%）	电力、热力、燃气及水生产和供应业（6.45%）	电力、热力、燃气及水生产和供应业（5.58%）

3. 重点投向情况

（1）募集资金投向实体经济部门。公司债券募集资金投入实体经济部门的比例稳定攀升。2015—2017 年前三个季度，累计投向实体经济部门 29 536.6 亿元，占公司债券募集资金投入总量的 56.21%。自 2015 年第二季度起，募集资金投向实体经济部门的比例直线上升，2015 年第四季度首次突破 50%。2016 年，公司债券服务实体经济能力持续增强，第四季度募集资金流入实体经济比例高达66.25%。2017年上半年实体经济部门所占份额有所下降，但该数字在第三季度明显回升。统计期内，各季度募集资金投向实体经济的比例数据如图2所示。

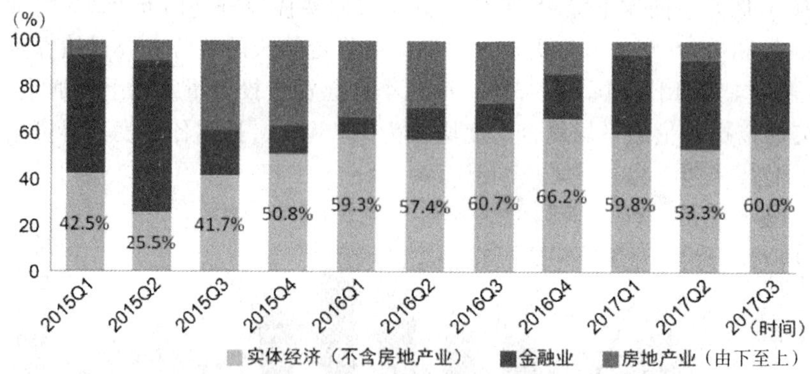

图2 各季度公司债券募集资金投向实体经济的比例

投向实体经济部门的公司债券募集资金呈现较高的行业集中度，统计期内主要投向以下7个细分行业：建筑业（7 482.9亿元），制造业（6 189.7亿元），电力、热力、燃气及水生产和供应业（2 865.9亿元），批发和零售业（1 994.4亿元），采矿业（1 964亿元），交通运输、仓储和邮政业（1 916亿元），租赁和商务服务业（1 227.5亿元），共约占投入实体经济部门总量的80.03%。

其中，投入三类细分行业的募集资金在绝对量与相对份额上都明显走高：一是制造业；二是建筑业；三是电力、热力、燃气及水生产和供应业。2017年前三个季度，这三类细分行业比2015年同期在绝对量上分别增长204.70%、237.48%和712.70%；在相对份额上分别提高4.11个百分点、5.3个百分点和4.17个百分点。投向采矿业的资金量比重也出现小幅增长。各重点细分行业所占公司债券募集资金的份额如图3所示。

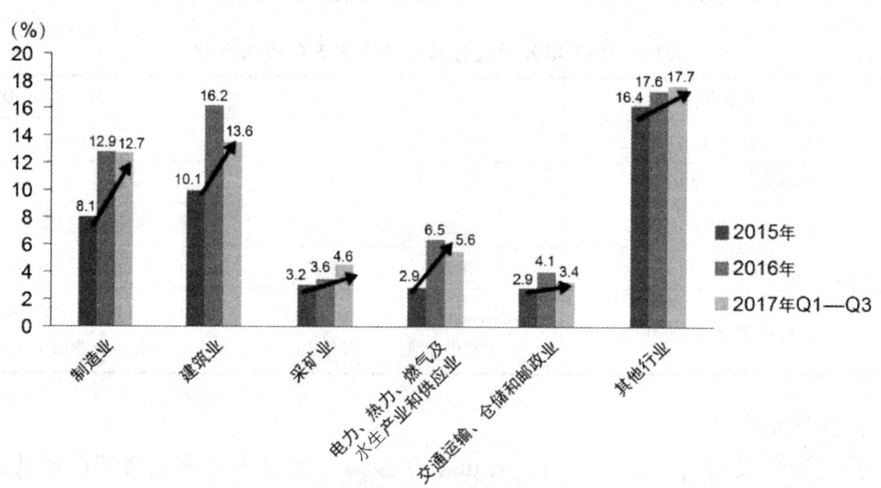

图3 各重点细分行业所占公司债券募集资金

（2）募集资金投向金融业。绝对量上，投向金融业的公司债券募集资金保持平稳增长。

2015 年和 2016 年的资金流入量分别为 2 982.9 亿元和 3 762.4 亿元；2017 年前三个季度，流入金融行业的募集资金总额约 4 399.2 亿元。从季度数据看，募集资金流入金融业节奏有序，平均复合季度增速为 17.18%，比募集资金投入行业的平均增速低 5.69 个百分点。统计期内，各季度公司债券投向金融业的募集资金量数据如图 4 所示。

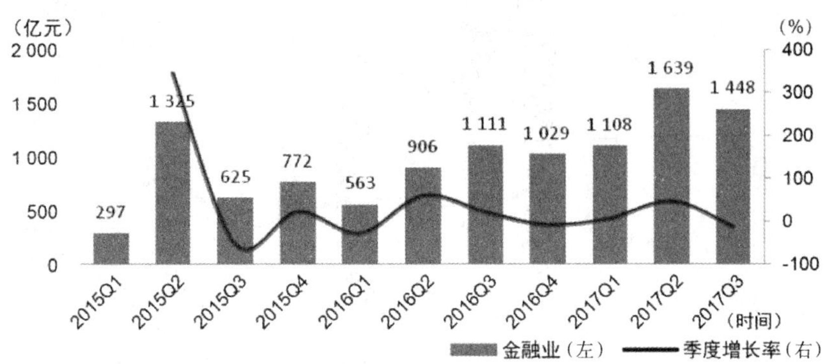

图 4 各季度公司债券投向金融业的募集资金量

相对结构上，投向金融业的募集资金比重总体呈现下降趋势，2017 年有所反弹。2015 年上半年，公司债券募集资金流入金融业的比例较高，第二季度甚至达到 65.74%。2015 年下半年起，募集资金投向金融业的比例迅速下滑。该指标在 2015 年第三季度下降了 49 个百分点，并于 2016 年第一季度达到历史低点 7.38%。2016 年全年，投向金融业的募集资金比重稳定保持在 20% 以下，平均值为 13.13%。2017 年上半年金融业所占份额有所反弹，但是其第三季度的份额环比回落 2 个百分点。具体各季度公司债券募集资金投向金融业的比例数据如图 5 所示。

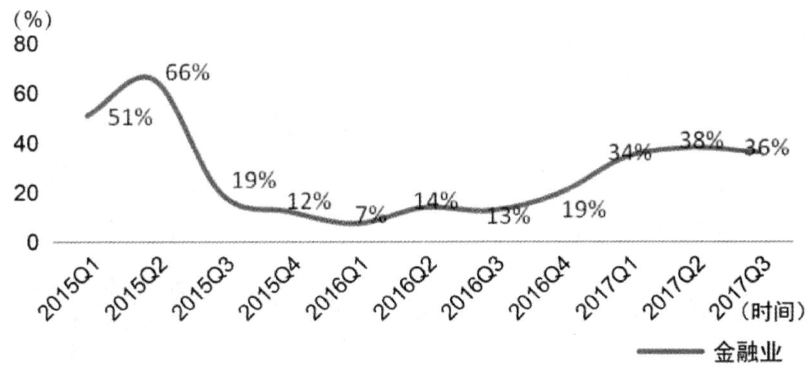

图 5 各季度公司债券募集资金投向金融业的比例

（3）募集资金投向房地产业。近三年，投向房地产业的公司债券募集资金在绝对量上呈现先升后降的趋势。2015 年，募集资金累计投入房地产业约 3 682.1 亿元，平均季度复合增速 297.52%。2016 年前三个季度，募集资金增量稳定高位，每季度平均投入 2 174.7 亿元。

2016 年第四季度起，投向房地产业的公司债券募集资金量进入下降通道。据统计显示，房地产业的募集资金投入量在 2016 年第四季度和 2017 年第一季度连续出现断崖式下跌，分别环比下降 59.27%和 79.41%。2017 年，各季度流入房地产业的募集资金规模持续低迷，前三个季度累计流入 729.5 亿元，同比减少 88.81%。统计期内，各季度公司债券投向房地产业的募集资金量数据如图 6 所示。

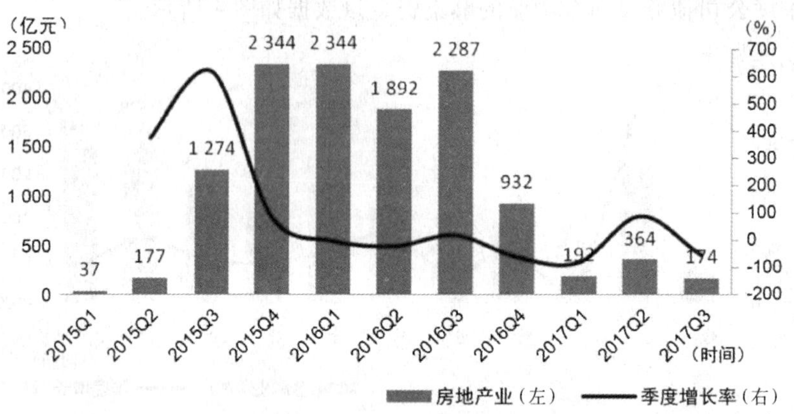

图 6 各季度公司债券投向房地产业的募集资金量

相对结构上，投向房地产业的募集资金比重同样表现出先升后降的走势。2015 年前三个季度，房地产业占公司债券募集资金投入总量的份额迅速攀升约 33 个百分点，达到历史高点 38.90%。2015 年末，房地产业所占份额开始不断走低。特别在 2016 年第三季度至 2017 年第一季度期间，其所占份额合计下跌约 21 个百分点。2017 年第一季度，流入房地产业的公司债券募集资金比重跌破 10%，后续维持在 6%的水平波动。具体各季度公司债券募集资金投向房地产业的比例数据如图 7 所示。

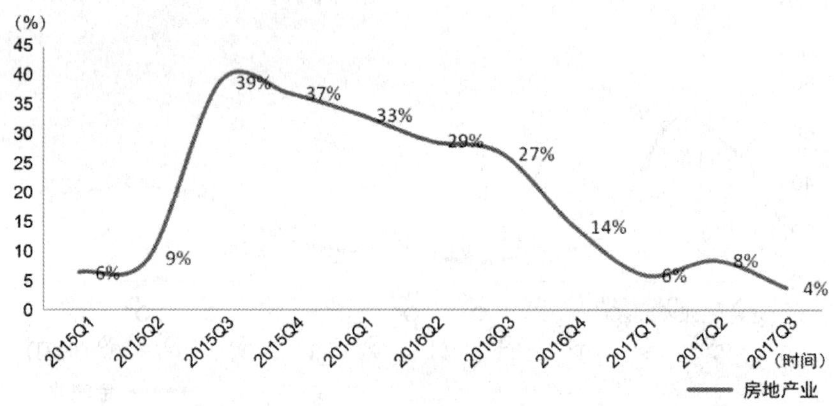

图 7 各季度公司债券募集资金投向房地产业的比例

（二）企业资产证券化业务

1. 募集资金投入总量

统计期内，由证券公司担任管理人的企业资产支持专项计划（以下简称“企业 ABS”，ABS 为 Asset - Backed Securities 的缩写）募集资金累计流入量为 9 894.3 亿元。2015 年和 2016 年，企业 ABS 分别累计投入 1 675.1 亿元和 3 612.6 亿元。2017 年前三个季度，募集资金投入使用量约 4 606.7 亿元，同比增长 106.06%。从季度数据看，统计期内，各季度募集资金投入使用量呈现明显上升趋势，平均复合季度增速约 29.44%。统计期内，各季度企业 ABS 募集资金投入使用量的数据如图 8 所示。

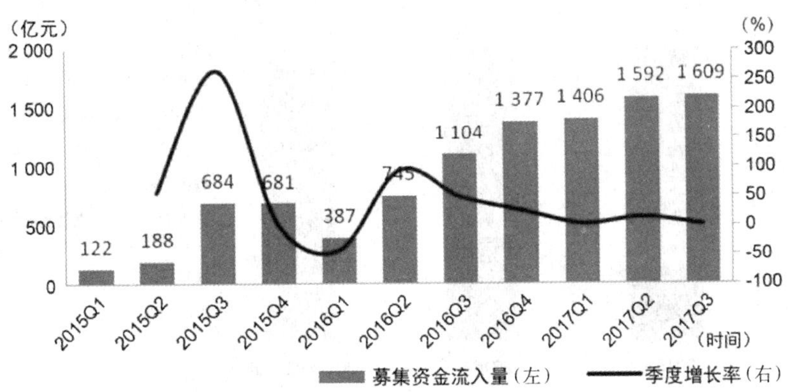

图 8 各季度企业 ABS 募集资金投入使用量

2. 行业投向的结构

根据调研数据，近几年，由证券公司管理的企业资产支持专项计划主要将募集资金投向金融业、房地产业以及实体经济部门中的三个细分行业：一是租赁和商务服务业；二是建筑业；三是电力、热力、燃气及水生产和供应业。2015 年、2016 年及 2017 年前三个季度，企业 ABS 募集资金直接流入实体经济部门的比例分别为 78.68%、45.20% 和 28.26%。统计期内，企业 ABS 募集资金投入量排名前 5 位的行业及其占比如表 2 所示。

表 2 统计期内企业 ABS 募集资金前 5 名投向行业

排位	2015 年	2016 年	2017 年（Q1 - Q3）
1	租赁和商务服务业（40.10%）	金融业（45.00%）	金融业（64.45%）
2	金融业（16.74%）	租赁和商务服务业（23.79%）	租赁和商务服务业（10.95%）
3	交通运输、仓储和邮政业（11.42%）	房地产业（9.79%）	房地产业（7.29%）
4	电力、热力、燃气及水生产和供应业（10.92%）	制造业（5.44%）	建筑业（4.85%）
5	房地产业（4.58%）	电力、热力、燃气及水生产和供应业（4.92%）	交通运输、仓储和邮政业（4.53%）

3. 重点投向情况

（1）募集资金投向实体经济部门。2015 年至 2017 年前三个季度，企业 ABS 募集资金累计直接流入实体经济部门约 4 252.89 亿元，占企业 ABS 募集资金总量的 42.98%。绝对量上，募集资金投入实体经济部门保持稳定增长，2015 年、2016 年及 2017 年前三个季度分别直接流入募集资金 1 318.01 亿元、1 633.01 亿元和 1 301.9 亿元。其中，2017 年前三个季度的累计投入量同比增长 27.04%。从各细分行业所占份额看，企业 ABS 募集资金投向存在较高的行业集中度，主要投向租赁和商务服务业（2 035.5 亿元），电力、热力、燃气及水生产和供应业（431.3 亿元），建筑业（376.1 亿元），批发和零售业（360.2 亿元），交通运输、仓储和邮政业（298.8 亿元）和制造业（292.4 亿元），占直接流入实体经济部门总量的 89.22%。各实体经济部门细分行业所占企业 ABS 募集资金量的份额如图 9 所示。

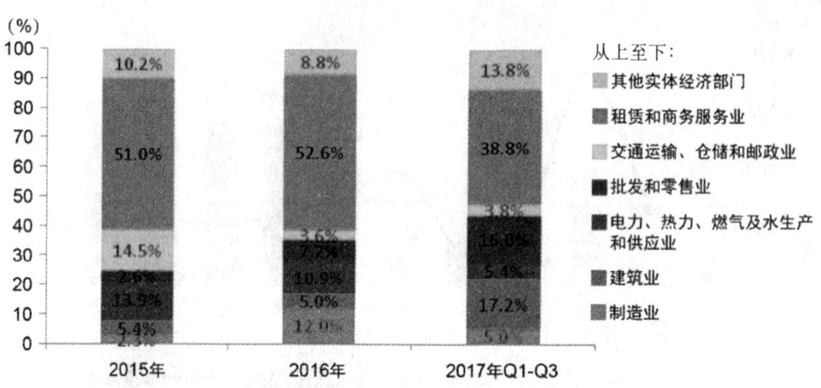

图 9 各实体经济部门细分行业所占企业 ABS 募集资金量的份额

租赁类企业资产证券化是最常见的业务类型之一。2015 年和 2016 年，投向租赁和商务服务业的企业 ABS 募集资金量分别为 671.7 亿元和 859.3 亿元；2017 年前三个季度的资金投入量同比下降 13.07%，约 504.5 亿元。相对结构上，统计期内，企业 ABS 募集资金投向该行业的比例不断缩小。租赁和商务服务业在 2015 年所占份额约 40.10%，而在 2017 年前三个季度该数字仅为 10.95%。

在实体经济细分行业中，建筑业和批发零售业逐渐成为企业 ABS 募集资金的新热点投向。2017 年前三个季度，投向建筑业的企业 ABS 募集资金约 223.4 亿元，同比增长 546.44%，是 2016 年全年的 2.75 倍。流入批发和零售业的募集资金在绝对量和相对份额上都显示出了快速增长。2017 年前三个季度，企业 ABS 募集资金投入批发和零售业约 208.9 亿元，同比增长 270.89%，是 2016 年全年的 1.79 倍、2015 年全年的 6.05 倍。相对结构上，批发和零售业所占企业 ABS 募集资金份额增加趋势明显。2015 年、2016 年和 2017 年前三个季度，该行业所占份额分别为 2.06%、3.23% 和 4.53%。

（2）募集资金投向金融业。统计期内，累计投向金融业的募集资金量约 4 875.3 亿元，占企业 ABS 募集资金总量的 49.27%。从季度数据看，2016 年各季度流入金融业的企业 ABS 募集资金在绝对量和相对份额上都表现出快速增长的趋势。绝对量上，2016 年全年募集资金流入金融行业的平均复合季度增速高达 93.60%；相对份额上，该行业在 2016 年第四季度所占募集资金的份额比第一季度提高 24.88 个百分点。2017 年，各季度投向该行业的资金量保持高位，相对份额小幅攀升。统计期内，各季度企业 ABS 投向金融业的募集资金量及比重数据如图 10 所示。

（3）募集资金投向房地产业。2015 年至 2017 年前三个季度，企业 ABS 募集资金累计投向房地产业约 766.1 亿元，占募集资金总量的 7.74%。2015 年，投向房地产业的募集资金比重呈现上升趋势。2016 年初，流入房地产业的募集资金比重下降至 8.93%，随后该指标在 7%—10% 区间波动。具体各季度企业 ABS 募集资金投向房地产业的比例数据如图 11 所示。

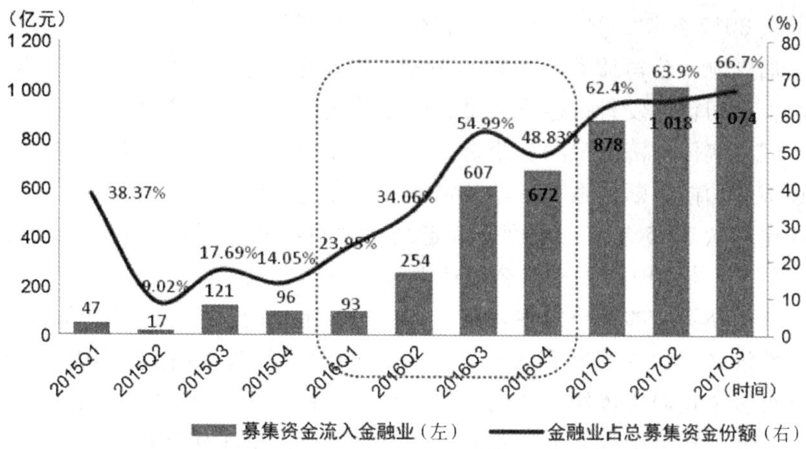

图 10 各季度企业 ABS 投向金融业的募集资金量及比重

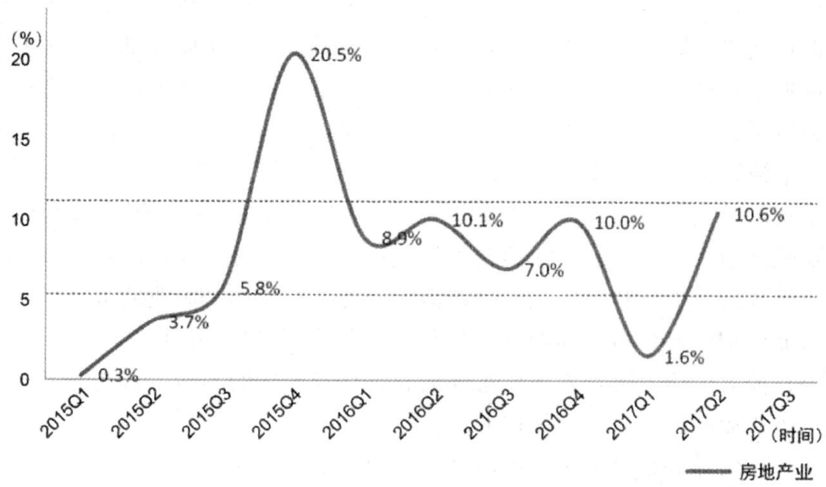

图 11 各季度企业 ABS 募集资金投向房地产业的比例

三、公司债券、资产证券化业务募集资金投向趋势分析

(一)公司债券

为提升交易所债券市场服务实体经济的能力，体现“简政放权、宽进严管”的政府职能转变要求，2015 年中国证监会颁布实施了《公司债管理办法》，有力推动了公司债券发行规模的大幅提升。依托公司债券的快速发展，交易所债券市场在支持“一带一路”建设、服务实体经济、履行社会责任等方面的积极作用正在不断凸显。

根据《证券法》及《公司债管理办法》规定，公司债券募集资金不得用于弥补亏损和非生产性支出；除金融类企业外，募集资金不得转借他人。目前，常见的募集资金用途是补充企业流动资金、偿还银行贷款等债务和投向特定项目。

由于存在资金成本，公司债券募集资金投入使用量与发行规模存在较强的正相关性。数据上，2015—2016 年，募集资金投入使用量的稳定增长与该阶段公司债券发行规模扩容的特征相吻合。从 2017 年初，受产业政策调整、货币市场利率波动及公司债业务风险控制趋严三重因素叠加影响，公司债券发行规模下滑，募集资金投入使用量也相应减少。从 2017 年第二季度起，公司债券发行量逐步回升，带动募集资金投入量重回上升通道。

结构上，流入实体经济部门的募集资金比重整体呈现上升态势，这反映了公司债券支持和服务实体经济的功能不断加强，证券公司回归主业趋势明显。数据显示，募集资金投向实体经济部门的比例从 2015 年第二季度开始走高，时间点上与《公司债管理办法》的全面落地实施相近。《公司债管理办法》对公司债券发行主体范围、发行方式、交易市场等内容进行了修订，使公司债券能够充分发挥其作为直接融资工具的功能与优势。非金融企业对公司债券服务实体经济能力的认可度直接转化为企业的发债行为。因此，2015—2016 年，各季度公司债券募集资金投向实体经济比例屡创新高。2017 年初，我国货币市场利率短暂波动，债券融资成本上升，非金融企业发债意愿有所下降；随着下半年债市波动平稳，公司债券募集资金流入实体经济比例回升明显。

部分企业融资需求的增加可能是另一个促使募集资金流向实体经济的原因。随着国家供给侧结构性改革效果显现，工业生产与企业效益逐渐转好。以实体经济部门中所占募集资金份额较高的制造业、建筑业、电力、热力、燃气及水生产和供应业为例，参考中国统计局等官方公开网络资料，引起公司债券募集资金在“绝对量 + 相对份额”上加速流入上述三个细分行业的可能原因是：一是制造业方面，市场供需两端持续扩张，中小型企业活力有所增强，企业对市场的乐观预期有效带动生产经营①；二是建筑业方面，国家对基础设施建设和重点领域投资强度加大，相关生产活动较为活跃；三是国民经济稳中向好的整体态势拉动了电力、热力、燃气及水生产和供应业的生产需求。此外，投向采矿业的资金量比重也出现小幅增长，这可能同企业对公司债券融资优势认可度提高及 2016 年下半年国际能源价格回暖有关。但结合目前去产能的国家宏观政策导向和统计局给出的不断走低的新增固定投资量数据，我们认为采矿业的融资需求整体偏弱。

金融业是公司债券募集资金重要投向之一。根据电话调研，目前投向金融业的公司债券发行人主要是资产管理公司、金融控股集团以及证券公司。这些金融机构主要将募集资金用于两类用途：一是偿还银行贷款等债务，优化债务结构；二是补充运营流动资金，拓展创新业务，增强公司竞争力。统计期内，投向金融业的募集资金量保持平稳增长，符合我国金融业在深化改革过程中产品服务创新化、参与主体多样化和行业规模稳步扩大化的特点。相对结构上，金融业所占募集资金份额呈现总体下降趋势，2017 年有所反弹。2015 年上半年尚处公司债发行制度改革的过渡期，金融机构发债较多，因此流入金融业的公司债券募集资金比重较高。随着改革红利逐渐释放，2015 年下半年起非金融企业发债速度显著加快，金融行业所占募集资金的份额被迅速分散。2016 年，投向金融业的募集资金比重始终保持在较低水平。

2017 年上半年公司债券募集资金投入金融业比例有所上升，可能受如下因素影响：一是产业监管政策转变叠加利率波动影响，房地产公司发债规模进一步显著萎缩；二是非金融企业债务成本风险管理水平薄弱，年初发行规模也受利率波动影响有所下滑。相比而言，金

---

① 参见“统计局：制造业继续平稳增长 中小企业活力增强”，中国新闻网，时间：2017 年 5 月 31 日，网址：http：//www. chinanews. com/cj/2017/05 - 31/8 238 022. shtml，最后访问日期：2017 年 11 月 11 日。

融机构流动性管理手段丰富，同期发行规模相对稳定。非金融企业和房地产公司发行规模的降低，间接放大了金融业所占比重。其中，特别是房地产业所占份额与金融业的数据呈现明显此消彼长的特征，两者所占份额之和稳定在40%上下。随着货币利率波动回归正常，非金融企业发行意愿增强。数据上，2017年第三季度募集资金投向金融业比例有所下降。

房地产业是公司债券募集资金另一重要投向。据电话调研，房地产公司是该行业公司债券的发行主体。募集资金主要用于偿还银行贷款等债务与补充日常运营流动资金，较少直接挂钩某一专项房地产开发项目。近三年，投向房地产业的公司债券募集资金在绝对量和相对份额上都呈现先升后降的趋势，但两者出现向下拐点的时间不同。绝对量上，2015年至2016年前三个季度，流入房地产业的募集资金量一直处于高位。后期由于国家宏观产业政策调整，2016年9月中国证监会相应出台《关于房地产公司债券的分类监管方案（试行）》，提出"基础范围+综合指标评价"分类监管思路，并对房地产公司债券的募集资金使用进行了细化规定，明确禁止募集资金用作土地款等。因此从数据上看，政策调整对房地产业募集资金的绝对量影响从2016年第四季度起逐渐显现。而房地产业所占份额的向下拐点出现在2015年第四季度，这主要与公司债券向其他实体经济部门配置资金趋势走强相关。2016年9月监管部门对房地产企业发行政策的收紧加速了该份额下降。

2016年第三季度后，流入房地产业的公司债券募集资金出现"绝对量+相对份额"同降的局面，侧面反映了公司债券坚持市场发展与风险防控并重的原则，严控高风险地产公司债。

（二）企业资产证券化业务

为了更好地服务于经济结构调整和转型升级，2014年11月《资产证券化管理规定》正式落地，以市场化、法制化为原则，加速推进了企业资产证券化业务的发展。近几年，企业资产证券化业务正经历黄金发展期。2016年以后，该业务呈现快速扩容、创新迭出的态势。由于资产证券化业务对支持供给侧结构性改革意义重大，相关支持性政策频频出台。2016年10月，国务院印发《关于积极稳妥降低企业杠杆率的意见》，更是将有序开展企业资产证券化作为盘活企业存量资产、降低企业杠杆率的主要途径之一。

目前，企业ABS的募集资金主要用于向原始权益人支付基础资产的对价。从资金投入的节奏看，2016年企业ABS募集资金使用量快速增长，2017年稳居高位。

企业ABS所募资金有效支持了实体经济发展。绝对量上，募集资金直接投入实体经济部门保持稳定增长，其中建筑业和批发零售业已成为细分行业中的新热点投向。此外，企业ABS创新品种迭出，不断适应各类实体经济行业的发展需求。常见的基础资产包括租赁、收费收益权、应收账款以及BT项目回购等。其中，由于租赁类企业ABS是最普遍的业务种类之一，流入租赁和商务服务业的募集资金占所有实体经济细分行业份额最高。根据网络公开资料[①]，我国租赁公司目前分为金融租赁公司及融资租赁公司两类，后者企业数量占绝大多数。租赁服务能有效促进中小企业设备的更新换代，帮助企业实现技术升级与产业转型。而租赁类的资产支持证券能够盘活租赁公司存量资产，提高资金流动性，有效降低财务杠杆。

---

① 参见"商务部发布《中国融资租赁业发展报告（2016—2017）》"商务部网站，时间：2017年8月4日，网址：http：//ltfzs. mofcom. gov. cn/article/wtojiben/201708/20170802620772. shtml，最后访问日期：2017年11月11日。

数据上，投向租赁和商务服务业的募集资金在总量和份额方面都呈现了先升后降的趋势特征。通过电话调研，部分证券公司对此进行了分析：针对租赁类企业 ABS 最先蓬勃发展的原因，证券公司认为这类项目相对容易实现基础资产破产隔离，而且其类似标准债券的属性也让投资者更容易接受。而后期租赁类 ABS 业务发展放缓可能是因为：（1）企业资产证券化品种丰富，联动募集资金向其他行业分流；（2）部分证券公司认为与租赁企业牌照审批有关，未来监管对原始权益人的资质要求可能提高。

由于直接流入实体经济的资金增速低于行业平均，实体经济所占份额逐年下降。除租赁类 ABS 发行速度放缓、其他实体经济细分行业相关 ABS 业务尚未成规模外，另一个重要原因是募集资金向金融业的快速流入。

募集资金投向金融业的企业 ABS 项目主要以信托收益权、小额贷款债权、保理、票据收益权、股票质押收益权为基础资产。据统计，流入金融业的企业 ABS 募集资金在绝对量和相对份额上双双走高，这可能与 2016 年消费金融（互联金融和普惠金融）类资产证券化业务的井喷式增长有较大关系，以适应居民日益增长的消费需求。房地产保理业务的增长可能是导致募集资金流向金融业的另一个原因。2016 年起，房地产企业融资环境复杂，部分企业或通过保理公司进行融资，以支付上游供应商货款，保理公司随后承担应收账款的管理工作。

募集资金投向房地产业的企业 ABS 项目主要以商业地产抵押贷款、物业收费权、房地产信托投资基金（Real Estate Investment Trust，即 REITs）的份额收益权等为基础资产。电话调研中，证券公司一致认为房地产 REITs 是未来资产证券化业务的重要趋势，企业 ABS 募集资金流向房地产业可能逐渐放量。

拓宽绿企融资渠道 大力发展绿色债券

张 帆 吕嘉翔*

党的十八大以来，“生态文明建设”一直是中央主抓的重点任务之一。党的十九大也提出“大力推进生态文明建设”。面对资源紧缺、环境污染严重、生态系统退化的严峻形势，党中央统筹推进“五位一体”总体布局，将生态文明建设放在首要位置，契合政治、经济、文化、社会各方面建设，纳入我国社会主义现代化建设的总体布局。对于生态文明建设所提出的有关概念的界定是要加大自然生态系统和环境保护，应对气候变化。在此背景下，我国绿色金融产品尤其是具有标准化特性的绿色债券顺应时势，取得了突飞猛进的发展。当前我国已经发展成世界上最大的绿色债券发行国，并推动全球债券市场朝多元化方向发展。

一、发展绿色债券的重要意义

绿色债券是指由发行债券募集而来的资金用于符合绿色标志项目的那些债券，支持包括提高能效、转变落后生产技术、降低污染等在内的项目。将资金投资到这些项目中去，除了促进环境保护之外，还可以为中国经济发展转变经济发展方式、提高发展质量和效益做出贡献。总之，大力发展绿色债券是十分必要的。

（一）发展绿色债券是生态文明建设的有效实践

绿色债券在证券市场上的广泛发行，实际上是对诸多市场参与者的提醒和引导，让更多人关注绿色产业所代表的生态文化，这与生态文明的理念高度契合。尤其是在一些地区环境治理行动中，要在不断完善环境治理机制的同时为治理项目提供资金支持。然而当前项目资金大多以地方政府财政支出为主，或者是中央政府专项基金，金融业可提供的市场化资金微乎其微，这在一定程度上加大了政府的财政负担。在这种形式下，绿色债券因其灵活运用的特点，可以给开展相关治理项目的企业带来政府以外的资金支持，地方政府在财力受到限制

* 作者单位：中国银河证券股份有限公司。

的情况下加速解决环境问题，也促进了该地区生态文明的发展。

（二）发展绿色债券可缓解绿色企业融资难、融资贵的问题

技术相对不成熟和前期投资较大是导致绿色环保企业投资风险普遍偏高的主要原因，绿色债券的发行在一定程度上能够缓解其融资难和融资贵的问题。首先，绿色债券本身是债券，是直接融资的形式之一，降低了银行间接融资的交易成本，让资金成本进一步下降成为可能；同时，对于一些难以从银行取得长期融资的绿色企业来说，他们会采用短贷长投、借新还旧的滚动贷款方式，此种做法加大了资金链断裂的可能。然而，发行期限较长的绿色债券则可以规避以上财务风险。其次，一些绿色企业的财务或经营指标短期内无法满足监管部门对发行一般债券的条件要求，但是这些企业拥有绿色项目，前景良好，能够产生较为可观的现金流，得到相关部门支持，可以通过监管机构专设的审核通道，推动绿色证券的发行，从而解决融资难的问题。再者，绿色债券是有助于生态文明建设的重要工具，受到国家和政府各部门的高度重视，未来有很大可能获得相关补贴和优惠政策的支持，诸如专门的贴息支持、较低的投资门槛、优惠的税收等。绿色企业融资成本的降低，促进其以更低利率获取资金。

（三）绿色债券能满足责任投资者的投资需要

传统投资者将注意力放在资金收益的最大化和风险的最小化上，但是现在存在一些责任投资者，他们在传统投资者基础上也关注投资行为的社会责任，这其中包括促进社会可持续发展、环境保护等“绿色”相关责任。与普通债权相比，绿色债券有着更为严格的信息披露要求，让投资者可以用一种低风险的方式将资金投入“绿色”事务上，这样在以较低风险获得一定回报的同时又履行了社会责任，满足了当前多样化投资需求。绿色债券也能迎合一些特殊机构投资者的需求。保险公司、养老基金、公益基金等大型机构投资者本身多具有长期、可持续的投资需求，这与绿色债券的理念相符合。

二、我国绿色公司债券业务开展情况

2015 年 9 月，中共中央、国务院发布了《生态文明体制改革总体方案》，首次明确建立我国绿色金融体系的战略，并将发展绿色债券市场作为其中一项重要内容。2016 年是中国绿色金融元年，在政府推动、市场发挥主体作用下，我国绿色金融市场迈入了全面深化发展的阶段。国家出台了《关于构建绿色金融体系的指导意见》及后续相关指引等配套政策，在绿色债券、绿色股票、绿色产业基金、碳金融等方面均取得了发展。

由于绿色股票、绿色指数、绿色产业基金、绿色资产证券化基本处于起步阶段，政策体系和发展模式有待完善和探索，因而最可行以及起步最早的领域和品种主要是绿色债券。随着 2015 年 12 月 22 日中国人民银行发布《关于发行绿色金融债券有关事宜的公告》和《绿色债券支持项目目录》，绿色证券市场在我国正式诞生。在“创新、协调、绿色、开放、共享”的发展理念引导下，各债券监管部门和证券交易所陆续出台绿色债券相关政策和指引。2015 年 12 月，国家发改委发布《关于印发〈绿色债券发行指引〉的通知》，推出绿色企业债券。上海证券交易所和深圳证券交易所分别发布了《关于开展绿色公司债券试点的通

知》，助力绿色公司债券快速发展。2017 年 3 月 2 日，中国证监会公布《中国证监会关于支持绿色债券发展的指导意见》，2017 年 3 月 22 日，中国银行间市场交易商协会发布《非金融企业绿色债务融资工具业务指引》。绿色金融债、绿色企业债和绿色公司债呈现出三箭齐发之势。

根据 Wind 的统计，2016—2017 年末，债券市场共发行绿色金融债 65 只，发行规模 2 784 亿元；绿色企业债 27 只，发行规模 463. 50 亿元；绿色公司债 39 只，发行规模 416. 55 亿元；绿色非金融企业债务融资工具 18 只，发行规模 136. 50 亿元。在交易所市场发行的绿色公司债券只数排名第二位，融资规模排名第三位。

（一）绿色公司债券与普通公司债券的区别

绿色公司债券是按照《公司债券发行与交易管理办法》及相关规则发行的、募集资金用于支持绿色产业的公司债券。绿色产业项目范围可参考中国金融学会绿色金融专业委员会编制的《绿色债券支持项目目录（2015 年版）》及经证券交易所认可的相关机构确定的绿色产业项目。《绿色债券支持项目目录（2015 年版）》主要涵盖以下 6 大类、31 个二级分类项目。具体内容见表 1。

表 1　　　　绿色债券支持项目目录

一级分类	二级分类
1. 节能	1. 1 工业节能
	1. 2 可持续建筑
	1. 3 能源管理中心
	1. 4 具有节能效益的城乡基础设施建设
2. 污染防治	2. 1 污染防治
	2. 2 环境修复工程
	2. 3 煤炭清洁利用
3. 资源节约与循环利用	3. 1 节水及非常规水源利用
	3. 2 尾矿、伴生矿再开发及综合利用
	3. 3 工业固废、废气、废液回收和资源化利用
	3. 4 再生资源回收加工及循环利用
	3. 5 机电产品再制造
	3. 6 生物质资源回收利用
4. 清洁交通	4. 1 铁路交通
	4. 2 城市轨道交通
	4. 3 城乡公路运输公共客运
	4. 4 水路交通
	4. 5 清洁燃油
	4. 6 新能源汽车
	4. 7 交通领域互联网应用

续表

一级分类	二级分类
5. 清洁能源	5.1 风力发电
	5.2 太阳能光伏发电
	5.3 智能电网及能源互联网
	5.4 分布式能源
	5.5 太阳能热利用
	5.6 水力发电
	5.7 其他新能源利用
6. 生态保护和适应气候变化	6.1 自然生态保护及旅游资源保护性开发
	6.2 生态农牧渔业
	6.3 林业开发
	6.4 灾害应急防控

（二）绿色公司债券审核流程的特殊规定

在当前公司债券审核和监管业务流程的大框架之下，绿色债券有三方面的特殊规定：

第一，申报材料要求上，发行人如在证券交易所申请绿色公司债券上市预审核或挂牌条件确认、上市交易或挂牌转让，还应提交募集资金投向募集说明书约定的绿色产业项目的承诺函和绿色项目评估报告，并在募集说明书中明确募集资金拟投资的绿色产业项目类别、项目认定依据或标准、环境效益目标、项目节能减排方具体数据、绿色公司债券募集资金使用计划和管理制度等内容。

第二，募集资金管理方面，发行人应当在募集说明书中约定将募集资金用于绿色产业项目建设、运营、收购或偿还绿色产业项目贷款等，并按照有关规定或约定对募集资金进行管理。此外，发行人应当制订专项账户用于绿色公司债券募集资金的接收、存储、划转与本息偿付。

第三，债券存续期信息披露要求也有所差异。在绿色公司债券的后续管理方面，加强绿色债券的募集资金使用是后续管理的重点。债券发行主体应至少每年一次向投资者确认资金仍然被妥善分配给绿色项目。发行主体应在绿色债券年度报告中披露绿色项目的实施情况。在绿色公司债券存续期内，鼓励发行人按年度向市场披露由独立的专业评估或认证机构出具的评估意见或认证报告。

（三）发行人类别

1. 绿色公司债券发行人企业性质情况

2016—2017年，发行绿色公司债券的发行人主要为中央国有企业，占比达66.83%，地方国有企业占比为20.60%。总体来看，国有企业发行绿色公司债券的比例为87.43%，民营企业占比较低。具体数据见表2。

2. 绿色公司债券发行人行业分类情况

2016—2017年，发行绿色公司债券的发行人所在行业主要分布在6大行业，其中电力、

表 2　　发行绿色公司债券的发行人企业性质情况

序号	企业性质	发行规模（亿元）	发行只数（只）	规模占比（%）
1	中央国有企业	278.40	20	66.83
2	地方国有企业	85.80	8	20.60
3	民营企业	47.35	10	11.37
4	其他	5.00	1	1.20
合计		416.55	39	100

资料来源：Wind。

热力、燃气及水生产和供应业占比为 73.59%，综合类占比为 14.16%，建筑业占比为 6.60%，制造业占比为 2.40%，采矿业占比为 1.92%，水利、环境和公共设施管理业占比为 1.32%。具体数据见表 3。

表 3　　绿色公司债券发行人行业分类情况

序号	行业分类	发行规模（亿元）	发行只数（只）	规模占比（%）
1	电力、热力、燃气及水生产和供应业	306.55	24	73.59
2	综合类	59.00	6	14.17
3	建筑业	27.50	3	6.60
4	制造业	10.00	3	2.40
5	采矿业	8.00	1	1.92
6	水利、环境和公共设施管理业	5.50	2	1.32
合计		416.55	39	100

资料来源：Wind。

3. 绿色公司债券发行人地区分布情况

2016—2017 年，发行绿色公司债券的发行人主要分布在北京市、江苏省、云南省、山西省、广东省、浙江省、内蒙古自治区和山东省，其中北京市占比达 78.60%。具体数据见表 4。

表 4　　绿色公司债券发行人地区分布情况

序号	地区分布	发行规模（亿元）	发行只数（只）	规模占比（%）
1	北京	327.40	25	78.60
2	江苏省	40.35	6	9.69
3	云南省	12.00	1	2.88
4	山西省	12.80	2	3.07
5	广东省	16.00	2	3.84
6	浙江省	3.00	1	0.72
7	内蒙古自治区	2.50	1	0.60
8	山东省	2.50	1	0.60
合计		416.55	39	100

资料来源：Wind。

4. 绿色公司债券发行人信用评级情况

2016—2017年，发行绿色公司债券的发行人主体评级为AAA的占比70.44%，AA+占比15.88%，AA占比11.04%，AA-及其他占比为2.64%。具体数据见表5。

表5 绿色公司债券发行人信用评级情况

序号	主体评级	发行规模（亿元）	发行只数（只）	规模占比（%）
1	AAA	293.40	20	70.44
2	AA+	66.15	8	15.88
3	AA	46.00	9	11.04
4	AA-	3.00	1	0.72
5	其他	8.00	1	1.92
合计		416.55	39	100

资料来源：Wind。

（四）募集资金投向分析

2016—2017年发行的绿色公司债券的募集资金用途主要用于：（1）节能，清洁能源，资源节约与循环利用；（2）污染防治，生态保护和适应气候变化等；（3）偿还有息债务及补充流动资金。具体数据见表6。

表6 募集资金投向情况

序号	募投项目分类	发行规模（亿元）	发行只数（只）	发行规模占比（%）
1	节能，清洁能源，资源节约与循环利用	261.15	23	62.69
2	污染防治，生态保护和适应气候变化	106.00	12	25.45
3	偿还有息债务	49.40	4	11.86
合计		416.55	39	100

资料来源：Wind。

（五）绿色债券融资成本分析

从绿色债券的融资成本看，半数以上的绿色公司债券具有融资成本优势。2016—2017年9月，将30只绿色公司债券发行利差与非绿色债券发行利差进行比较，其中，具有融资成本优势的有20只债券，占比66.67%，平均发行成本优势为67.90基点（Basis Point）。我国绿色债券市场刚刚起步，绿色投资文化尚未完全培育起来，如果未来绿色投资和责任投资理念得到宣传与推广，相关配套支持政策得当，绿色债券的融资成本优势将会进一步得到体现。具体数据见表7。

表 7 绿色债券融资成本优势分析

序号	证券简称	起息日期	债券期限（年）	主体评级	发行规模（亿元）	利率（%）	可比债券平均发行利率（%）	利差（%）
1	G17 启迪 2	2017-12-29	5	AA+	5.50	6.80	6.80	0.00
2	17 鑫能 G1	2017-12-07	5	AA	5.00	6.50	7.50	1.00
3	G17 协合 1	2017-12-06	3	AA	1.00	7.17	7.20	0.03
4	17 协鑫 G2	2017-12-01	3	AA+	5.60	7.50	7.50	0.00
5	17 丽鹏 G1	2017-12-01	5	AA	2.50	6.50	6.53	0.03
6	17 深能 G1	2017-11-22	5	AAA	10.00	5.25	5.69	0.44
7	17 中利 G1	2017-10-26	3	AA	1.00	6.50	7.30	0.80
8	G17 能源 1	2017-10-23	5	AA+	4.80	5.70	6.48	0.78
9	G17 三峡 3	2017-10-19	3	AAA	20.00	4.68	5.47	0.79
10	G17 丰盛 2	2017-09-08	3	AA	5.00	7.50	6.29	-1.21
11	G17 风电 1	2017-09-07	5	AA+	3.00	4.83	5.89	1.06
12	17 蒙草 G1	2017-09-01	3	AA	2.50	5.50	8.25	2.75
13	G17 启迪 1	2017-08-18	5	AA+	3.50	6.10	6.08	-0.02
14	G17 华电 4	2017-08-18	5	AAA	15.00	4.55	5.28	0.73
15	G17 三峡 1	2017-08-15	3	AAA	35.00	4.56	5.15	0.59
16	17 协鑫 G1	2017-07-27	3	AA+	3.75	7.50	6.49	-1.01
17	G17 华电 3	2017-07-20	10	AAA	5.00	4.64	4.64	0.00
18	G17 华电 2	2017-07-20	5	AAA	10.00	4.42	4.52	0.10
19	G17 丰盛 1	2017-07-19	3	AA	20.00	7.50	7.65	0.15
20	G7 云水 Y1	2017-06-29	3	AA+	12.00	7.00	5.98	-1.02
21	G17 华电 1	2017-06-09	5	AAA	20.00	4.80	4.94	0.14
22	G17 首 Y1	2017-05-26	3	AAA	10.00	5.50	6.47	0.97
23	G17 龙源 1	2017-05-16	5	AAA	20.00	4.90	4.80	-0.10
24	17 东江 G1	2017-03-10	3	AA	6.00	4.90	5.68	0.78
25	G16 唐新 3	2016-10-21	5	AAA	5.00	3.10	2.94	-0.16
26	G16 唐新 2	2016-09-27	5	AAA	5.00	3.15	3.06	-0.09
27	G16 节能 4	2016-09-26	10	AAA	15.00	3.55	3.30	-0.25
28	G16 节能 3	2016-09-26	7	AAA	5.00	3.11	3.30	0.19
29	G16 唐新 1	2016-09-14	5	AAA	10.00	3.50	5.80	2.30
30	G16 北 Y1	2016-09-13	5	AA+	28.00	3.68	4.08	0.40
31	G16 三峡 2	2016-08-30	10	AAA	25.00	3.39	3.10	-0.29
32	G16 三峡 1	2016-08-30	3	AAA	35.00	2.92	2.88	-0.04
33	G16 节能 2	2016-08-18	7	AAA	20.00	3.13	3.23	0.10
34	G16 节能 1	2016-08-18	5	AAA	10.00	2.89	2.92	0.03
35	G16 北控 1	2016-08-03	8	AAA	7.00	3.25	4.77	1.52
36	G16 能新 1	2016-07-11	5	AAA	11.40	2.95	2.97	0.02
37	G16 嘉化 1	2016-05-23	5	AA	3.00	4.78	6.16	1.38
38	G17 华昱 1	2017-09-27	5	-	8.00	6.70	6.80	0.10
39	G16 博天	2016-10-12	5	AA-	3.00	4.67	4.94	0.27

资料来源：Wind。

（六）绿色公司债券认证情况

根据2016—2017年9月公开发行绿色公司债券的认证情况，安永华明会计师事务所（特殊普通合伙）评估的项目数量较多，只数占比和金额占比分别达到53.85%和61.38%，中节能咨询有限公司只数占比和金额占比分别达到15.38%和14.75%，北京商道融咨询有限公司只数占比和金额占比分别为7.69%和10.33%。目前，国际认证机构仍然是中国绿色债券认证市场的主力军，包括安永、德勤、毕马威等，但本土绿色认证机构也已开始加入其中，中节能咨询、中债资信、商道融绿和央财气候与能源金融研究中心等均已开展认证业务。具体情况见表8。

表 8 绿色公司债券认证情况

绿色认证机构	评估债券只数（只）	只数占比（%）	评估债权金额（亿元）	金额占比（%）
安永华明会计师事务所（特殊普通合伙）*	14	53.85	208.00	61.38
中节能咨询有限公司	4	15.38	50.00	14.75
北京商道融咨询有限公司	2	7.69	35.00	10.33
普华永道中天会计师事务所（特殊普通合伙）	1	3.85	3.00	0.89
毕马威华振会计师事务所（特殊普通合伙）	1	3.85	20.00	5.90
联合赤道环境评价有限公司	1	3.85	2.50	0.74
德勤华永会计师事务所（特殊普通合伙）	1	3.85	3.00	0.89
未进行第三方绿色认证	2	7.69	17.40	5.13
合计	26	100	338.90	100

*注：G16节能1、G16节能2、G16节能3和G16节能4由安永华明会计师事务所（特殊普通合伙）和中节能咨询有限公司共同进行绿色认证。

此外，操作中也不乏一些具有引导和创新型示范意义的绿色公司债券项目。以华能新能源股份有限公司公开发行2016年绿色公司债券（以下简称“G16能新1”）为例，华能新能源股份有限公司是中央国有企业中国华能集团公司旗下的子公司，也是H股上市公司，其发行的G16能新1是我国首只央企绿色公司债券。该项目的最大亮点在于募集资金使用未与具体绿色项目挂钩，并允许绿色发行人以绿债资金补充流动性及偿还一般债务。其能够获得特殊处理，主要是由于发行人95%以上的主营业务收入来源于绿色产业。华能新能源在发行申请时对公司整体进行了绿色发行人认证，这在目前国内绿色债券发行上是一个创新。

三、绿色公司债券发展前景

（一）绿色债券规模有望进一步提升

目前我国不遗余力地提倡经济可持续发展和经济结构转型，关于低碳环保和节能减排的项目基数大，融资需求大。据国务院发展研究中心金融研究所估计，每年在绿色产业的投资需求达2万亿元人民币以上，然而财政资源只占投资需求的10%—15%。所以，绿色金融市场潜力十足，前景广阔。而中央财经大学气候与能源金融中心的数据显示，在接下来的5年，绿色基础设施项目的投资将在10万亿元以上，这其中绿色债券会成为重要的融资渠道。

（二）发行行业可进一步丰富

2016—2017年，绿色公司债券发行人中电力、热力、燃气及水生产和供应业占比为73.59%，综合类占比为14.16%，建筑业占比为6.60%，制造业占比为2.40%，采矿业占比为1.92%，水利、环境和公共设施管理业占比为1.32%。由此可见，目前我国绿色公司债券发行人所属行业较为集中，绿色债券有广泛的推广空间，可进一步丰富发行行业。

（三）清洁能源仍将是绿色债券发展的主要领域

近年来，我国对于清洁能源发展的推进力度日益增强。受国家政策的大力支持，可再生能源诸如风电、光伏等迎来了空前的发展机会和空间，有十分强劲的发展态势。2010—2015年，我国境内风电并网规模已经从3 100万千瓦陡增到12 900万千瓦，年均增长率达33%，同样的光伏发电规模从80万千瓦一跃达到了现在的4 318万千瓦，更是实现了惊人的122%的年均增长速度。2015年仅可再生能源利用量就占了我国一次能源消费总量的10.1%，而2020年非化石能源占一次能源消费比重的目标是15%，所以说清洁能源发展的空间依旧十分巨大。在清洁能源产业已经发展成为绿色债券主要领域的大背景下，未来它仍会是绿色债券发行市场的中坚力量。

（四）水环境治理继续保持热门

改善环境质量、加强污染防治是实现生态文明建设的两个重要任务，近几年已经逐渐成为国家推进的重点工作。在国家政策和社会各方的共同努力下，2015年我国环保产值达到4.5万亿元，已经有超过70家年营业收入超10亿元的行业龙头企业。“十三五”期间，在我国资源环境形势总体依旧严峻的背景下，环保产业仍大有可为。

从现有绿色债券募集资金的投向看，投向污染防治类项目的资金比例已超过了20%。这当中污水处理和环境综合治理行业处于全行业领先位置。随着国家在未来几年大力推动在污水处理和环境治理领域的ppp模式，该行业仍然有非常广阔的发展前景，同时这类项目建成运营后收入稳定，在绿色债券发行上具有优势。

（五）清洁交通成为新热点

地铁和公交汽车等公共交通出行方式因其人均能耗和污染物排放水平低而被认为是清洁交通的范畴。我国正在大力推动节能减排，在这种背景下，推动清洁交通建设成为交通领域推动绿色发展和节能减排的重要手段。从我国现在已经发行的非金融企业绿色债券募集资金投向看，清洁交通领域占比达到了14%，项目包括能源汽车和地铁建设两类。未来在国家政策的扶持下，新能源汽车类项目和轨道交通类项目会是清洁交通领域内两个主要发行绿色债券的行业。

（六）绿色债券将进一步助力我国绿色金融体系的建设

2017 年 6 月 8 日，中国人民银行、中国银监会、中国证监会、中国保监会和国家标准化管理委员会联合发布《金融业标准化体系建设发展规划（2016—2020 年）》，其中“绿色金融标准化工程”被列为重点工程，主要包括：构建多层次的绿色金融标准体系，建立绿色金融标准化工作机制，重点研制金融机构绿色信用评级标准，建立和完善绿色金融信息披露标准体系，丰富绿色金融产品标准。

2017 年 6 月 14 日，国务院常务会议决定，在浙江、江西、广东、贵州、新疆 5 省（区）选择部分地区，建设各有侧重、各具特色的绿色金融改革创新试验区，在体制机制上探索可复制可推广的经验。

包括绿色债券在内的绿色金融产品将迎来新一轮的政策利好，各类绿色金融产品将进一步发展完善，助力我国绿色金融体系的建设，并最终推动我国绿色经济的发展和生态文明的建设。

四、关于绿色公司债券进一步推广的建议

（一）出台和落实绿色债券相关激励政策及配套措施

中国证监会、交易所在相关文件中都提到了鼓励支持绿色债券发展的相关意见建议，如积极培育绿色投资文化，鼓励证券公司、私募基金管理机构、保险公司、基金管理公司、商业银行等市场主体及其管理的产品投资绿色公司债券。积极吸引境外绿色债券专业投资人，加快培育绿色债券专业投资者。大力支持各类市场投资主体加强合作，探索建立绿色投资者联盟，共同倡导和落实社会责任。下一步可重点推进这些配套政策细化落地。

除对发行企业提供政策支持外，还可参照国际通行做法，协调制订针对投资者的配套激励政策等。可以对国内机构投资者属于从购买绿色债券所获利息需缴纳的企业所得税和资本利得进行适当减免。由于绿色债券创新品种的低评级、高风险等特点，可以由政府性基金出资为相关绿色债券进行担保，通过外部增信的方式降低这类债券的融资成本，提高发行人的积极性。为了倡导更多民营企业发行绿色债券，可以将一部分财政补贴用于发行债券的贴息。为了提高绿色债券的流动性，允许所有品种的绿色债券可用于质押，同时降低绿色债券纳入质押库的评级门槛，并提高其标准券折算率。

（二）推进绿色项目目录与国际接轨

目前，中国人民银行和国家发改委已经开始协调形成统一的绿色项目目录标准。同时，建议在现有目录的基础上，借助“债券通”等开放渠道，进一步明确和细化绿色标准，加快与国际公认的原则和标准的接轨。

（三）制订权威统一的绿色债券评估认证质量要求

对绿色债券的绿色性质进行第三方认证，按照监管机构的规定对募集资金投向做出详细说明，同时对项目的环境效益进行披露，这样做可以有效增加绿色债券信息披露的透明度，增强绿色债券的公信力，为投资者提供参考依据，是使绿色债券市场的发展得到更好推动的

一项重要举措。

在开展绿色债券评估认证的过程中，由于第三方机构的背景特点导致其评估认证的内容有不同的侧重点。监督部门要加强对第三方机构的监管，细化完善一套评估认证标准，对第三方机构评估认证工作进行指导和规范，这样可以保证评估认证的质量。同时，应尽快成立评估认证机构间的行业自律协调组织并发挥其作用。

（四）扩大绿色债券品种，增加绿色利率债券

早期的绿色债券大多是由政府或开发性金融机构发行。例如，巴黎、斯德哥尔摩、加利福尼亚等地的政府都曾发行过一般责任型绿色债券，夏威夷政府甚至曾经发行过绿色基础设施收益债券。除此之外，英美等地区成立了绿色银行，通过发行绿色债券为绿色项目提供资金支持。政府直接参与到绿色债券的发行中，不仅可以起到示范效应，还可以放大政府在公共领域的作用；而开发性金融机构则为绿色债券提供产品渠道和流动性。

为了更好地利用绿色债券这一金融工具，鼓励、引导资本流向绿色项目，推动金融体系更好地为改善生态环境做贡献，引导企业的发行积极性，建议监管部门在目前品种基础上继续推出一些创新品种利率债券，比如绿色国债、绿色政府债券等，而所募集的资金专项用于绿色债券的财政贴息。

（五）以市场化的方式提升绿债吸引力

2017 年 4 月 7 日，中国证券登记结算有限公司制定了新的质押式回购政策，债项评级低于 AAA 的公司债券不再满足质押入库条件。这一新政对于金融机构降杠杆、防范系统性风险具有积极意义，但客观上也弱化了交易所债市的融资便利性。而且，“一刀切”的政策刚性也不利于扶优限劣和提升绿债等优质债券品种的吸引力。因此，建议考虑对质押式回购政策采取“有保有压”的方式，对绿色债券质押入库的门槛作适当下调（如从现行的债项评级 AAA 降至 AA +，或主体评级不低于 AA 即可质押），并适当提高质押回购业务中绿色债券折算成标准券的比率，从而增强绿色债券的流动性。

同时，建议对金融机构持有的绿色债券，允许按照较低的权重计算风险资产或计提风险准备，从而增加绿色债券的配置价值。

上述市场化举措势必有助于提升投资者对绿色债券的投资热情，进而降低发行成本，提高发行人发行绿色债券的积极性，也有利于维护交易所债市的竞争力。

（六）提高绿色公司债募集资金的使用灵活性

目前绿色公司债券要求募集资金全部指定用于具体的绿色项目，主要是为了防止一些企业借绿色债券为非绿色项目融资。而对于主业为节能环保等绿色产业的企业，即使将资金用于补充流动资金和偿还债务，实质上也均为绿色用途。建议提高绿色公司债券募集资金的使用灵活性，对于节能环保等绿色企业，应允许其发行绿色债券用于补充流动资金、偿还银行贷款和其他绿色用途；对于其他普通企业，建议规定将绿色债券募集资金至少 50% 用于绿色项目即可，其余资金可用于补充流动资金、偿还银行贷款等。

（七）培养多元化投资主体

建议加大市场主体的培育力度，鼓励和推进亚投行等国际性金融组织、国开行等政策性金融机构以及地方政府参与交易所绿色债券市场；鼓励丝路基金、社会保障基金、企业年金、社会公益基金在内的各类投资者投资绿色债券；进一步打通跨境债券投资通道，活跃市场，鼓励更多境外投资者进入国内绿色债券市场。

参考文献

[1] 袁方．绿色债券的国际实践与中国路径研究［J］．甘肃金融，2017（02）：32—36.

[2] 贾修斌，李静．甘肃省绿色金融债券发展的制约因素与政策建议［J］．甘肃金融，2016（11）：50—52.

[3] 万璐．绿债盛宴悄然开启［J］．理财，2016（10）：56—57.

[4] 詹小颖．绿色债券市场发展：国际经验及启示［J］．南方金融，2016（09）：18—23.

[5] 安国俊．绿色债券的国际经验及中国实践［J］．债券，2016（07）：18—24.

[6] 郭实，周林．浅析国外绿色债券发展经验及其启示［J］．债券，2016（05）：67—72.

[7] 中央财经大学气候与能源金融研究中心主任王遥：中国发展绿色债券市场正当其时［J］．债券，2016（02）：25—33.

[8] 王遥，徐楠．中国绿色债券发展及中外标准比较研究［J］．金融论坛，2016，21（02）：29—38.

优化地方政府融资机制 推动地方政府债券发展

闫清波 刘菁菁*

政府举债融资适度扩大需求，对经济增长有着极为重要的意义，这是经济长期稳定增长的内在要求，也是国际上的通行做法。长期以来，我国地方政府主要是通过地方融资平台的方式举借债务，这种机制在特定时期内对地方经济的发展起到了积极的作用。同时，我们也应该看到地方政府通过融资平台举债这一模式的不足之处：地方政府举债缺乏明确的渠道，一些地方违法违规融资较为普遍；地方政府多头举债问题突出，债务资金也没有纳入预算管理，没有有效的债务管理规划；融资平台毕竟不能代表政府信用，融资成本高；一些地区的债务水平增长过快，风险累积严重。

为优化地方政府融资机制，规范融资渠道，化解局部地区潜在的债务风险，党中央、国务院从全局出发，全面部署，加强地方政府债务管理，地方政府债这一债券品种便应运而生。

一、我国地方政府债概况与重要意义

（一）从试点到规范，地方政府债成为债券市场的重要组成部分

“地方政府债券”的称谓可谓由来已久，但真正成为相对成熟的债券品种却是近年来的事情。

1995 年《中华人民共和国预算法》规定，我国政府债券仅限中央政府债券，地方政府不得发行地方政府债券。但随着我国经济发展水平的提高，国务院根据实际情况对地方政府债的发行做出了相应的调整，大致经历了“代发代还”“自发代还”和“自发自还”三个阶段。所谓“代发代还”，是指由财政部代替地方政府发行地方政府债，并由财政部承担实际的还本付息职责；“自发代还”是指 2011 年左右，国务院批准部分试点区域自行发行地方政府债，但仍由财政部代办还本付息；“自发自还”是指从 2014 年开始，财政部允许地

* 作者单位：中国银河证券股份有限公司。

方政府自行发行地方政府债，并自办还本付息，自此才有了真正意义上的地方政府债。

2014 年 9 月，国务院发布《国务院关于加强地方政府性债务管理的意见》（国发［2014］43 号）（以下简称“43 号文”），提出“修明渠、堵暗道，赋予地方政府依法适度举债融资权限，加快建立规范的地方政府举债融资机制。同时，坚决制止地方政府违法违规举债”。“43 号文”明确政府和企业责任，政府不得通过企业举借债务，企业债务不得推给政府偿还，切实做到谁借谁还、风险自担。

2014 年颁布并于 2015 年开始实施的《中华人民共和国预算法》（以下简称“新《预算法》”）建立了发行地方政府债券的举债融资机制，赋予地方政府适度的举债权，但同时也从发行主体、用途、规模、方式和风险控制五个方面进行了限定，充分体现疏堵结合和“开前门、堵后门、筑围墙”的改革思路。

新《预算法》和财政部等部委颁布的多项通知，共同构筑了地方政府债券发行的法律基础和操作规范，地方政府债的发展进入新阶段。

（二）发展地方政府债的重要意义

1. 地方政府债规范地方政府融资途径，控制地方政府债务风险

法律法规规定地方政府债是地方政府举债的唯一合法合规途径，对于取代融资平台代地方政府进行融资、规范地方政府举债行为、厘清地方政府债务关系等具有极其重要的意义，也有助于增强中央政府对地方债务的把控能力，合理控制地方债务增速，降低地方债务风险。

在发债主体方面，政策规定经国务院批准的省、自治区、直辖市政府可以适度举债，市县确需举债的只能由省、自治区、直辖市政府代为举借。政府债务只能通过政府及其部门举借，不得通过企事业单位等举借。为地方政府举债开通“明渠”，剥离地方融资平台为政府举债的职能，彻底实现“企业的归企业，政府的归政府”。

在发债方式方面，规定地方政府举债采取政府债券方式。对没有收益的公益性事业发展举借的一般债务，发行一般债券融资，主要靠一般公共预算收入偿还；对有一定收益的公益性事业发展举借的专项债务，发行专项债券融资，以对应的政府性基金或专项收入偿还。

在发债程序方面，严格举债程序。地方政府在国务院批准的分地区限额内举借债务，必须报本级人大或其常委会批准。

自 2014 年“43 号文”和新《预算法》实施以来，地方政府举债机制已经逐步成形，建立了限额管理、预算管理、风险处置日常监督的管理体系。据财政部数据，截至 2016 年末，我国地方政府债务余额 15.32 万亿元，地方政府债务率（债务余额/综合财力）为 80.5%，加上纳入预算管理的中央国债余额 12.01 万亿元，两项合计，我国政府债务总计 27.33 万亿元。按照国家统计局公布的 2016 年 GDP 为 74.41 万亿元计算，2016 年我国政府债务的负债率（债务余额/GDP）为 36.7%，低于欧盟 60% 的警戒线，也低于主要市场经济国家和新兴市场国家水平，风险总体可控。

2. 地方政府债有助于降低地方政府融资成本

地方政府债背负的是地方政府的信誉，债券评级全部为 AAA。尽管地方政府债是介于利率债和信用债之间的品种，既具有利率债的“金边”属性，也具有信用债的利差基础，但市场投资人一般都会认为地方政府债属于“利率债”，或多或少背负的是国家的信用，地

方政府一般不太可能出现破产的情形。从目前的发行情况来看，地方政府债发行利率一般比基准利率（发行前5个交易日同期限国债收益率均值）上浮0—30%不等，绝对成本一般在3%—4.5%左右。虽然不同省份发行利率有所差异，但相比良莠不齐的融资平台发债融资或通过银行借款融资，其成本可谓处于极低的水平。有测算结果显示，如果2014年末的15万亿元地方政府性债务全部用发行地方政府债券的形式置换完毕，按照融资成本平均下降2%计算，每年可节约融资成本3 000亿元左右。这将大大增加地方政府的财政支出空间，避免地方政府出现债务兑付高峰导致系统性风险，同时有利于地方政府将重点放在稳增长、调结构上。

（三）交易所市场为地方政府债的发行带来新的风貌

2016年之前，我国地方政府债发行主要在银行间市场。但从2016年下半年上海证券交易所开发出专门用于地方政府债券发行的系统之后，地方政府债在交易所市场的发展由此拉开了帷幕。2017年2月，财政部下发《关于做好2017年地方政府债券发行工作的通知》（财库［2017］59号），提出“在继续做好通过财政部政府债券发行系统、财政部上海证券交易所（以下简称‘上交所’）政府债券发行系统发行地方债工作的基础上，鼓励具备条件的地区研究推进通过财政部深圳证券交易所（以下简称‘深交所’）政府债券发行系统发行地方债”，上交所、深交所地方政府债市场开始走上了规模化发展的道路。

推动地方政府债券在交易所市场的发行，是中国证监会根据国务院规范地方政府债券管理金额、防范化解财政风险的有关精神做出的重要制度安排。地方债在交易所发行有以下几点重要意义。

第一，地方政府债在交易所市场的发展，有助于拓宽地方政府发债的渠道，在银行间市场之外新增加一个同时面向机构和个人投资者的发行场所，更有助于地方政府债朝着市场化发行的方向转变。

第二，有助于培育更为丰富的投资人群体，相比银行间市场投资主体以银行机构为主的特点，交易所市场中投资机构种类更为多样，公募基金、保险公司、券商、个人等类型投资者更为活跃。丰富多样的投资人群体更有助于地方政府债的长期、可持续发展。

第三，有助于盘活存量，提高流动性。交易所市场的标准券质押业务能较好地带动存量地方政府债的流动性，有助于缓解地方债“流动性不佳”带来的发行压力。

第四，在交易所市场发行地方政府债，有助于改善交易所市场债券结构，提升交易所市场中高评级债券的占比，降低交易所市场整体的信用风险。

第五，有助于发挥交易所市场主体——证券公司的优势。证券公司在日常的业务推广中积累了相当多的个人投资者，通过营业部向个人投资人推介地方政府债水到渠成。同时，销售地方债可以丰富证券公司的产品类别，服务不同类型的客户，增强客户黏性，有助于提高证券公司竞争力。而对于交易所市场而言，借助券商的力量，可以扩大地方债投资主体，丰富投资人结构，提高市场流动性，可谓一举多得，互利共赢。

二、我国地方政府债发行概况

（一）总体发行情况简述

截至2017年末，我国地方政府债发行总额合计人民币43 580.93亿元，第一至第四季度发行总规模分别为4 745.05亿元、13 864.69亿元、16 706.84亿元和8 264.35亿元。2015—2017年以来，各省份发行规模基本呈上升趋势（见表1）。

表1　　各省市地方政府债历年发行总规模统计　　（单位：亿元）

省、区、市	发行规模		
	2015年	2016年	2017年
西藏自治区	693.00	15.76	56.05
宁夏回族自治区	289.00	366.66	318.21
青海省	328.00	469.00	462.87
海南省	223.00	551.25	536.17
上海	1 212.00	2 200.00	783.10
甘肃省	482.70	666.65	587.69
天津	565.00	1 667.33	848.70
山西省	609.90	787.60	780.62
吉林省	765.00	910.18	1 146.40
内蒙古自治区	1 476.50	2 502.28	1 310.07
黑龙江省	792.00	1 104.84	965.30
北京	1 178.00	1 166.40	1 070.02
新疆维吾尔自治区	1 567.40	1 055.20	1 079.37
安徽省	1 294.10	1 687.30	1 462.09
江西省	978.00	1 054.38	1 215.65
湖北省	1 483.00	2 644.00	1 223.00
湖南省	1 395.00	3 488.00	1 965.40
陕西省	1 260.00	2 031.02	1 300.41
重庆	1 570.35	1 570.35	1 309.98
福建省	1 349.00	2 137.20	1 539.49
河北省	1 420.00	2 320.76	1 527.69
广西壮族自治区	922.00	1 439.57	1 716.57
河南省	1 424.90	1 903.90	1 978.36
广东省	1 588.00	3 499.71	1 865.82
贵州省	2 350.00	2 589.68	2 098.97
浙江省	824.00	4 065.02	1 991.37
云南省	2 796.60	2 065.70	1 929.90
辽宁省	1 879.52	2 817.11	2 305.12
山东省	2 221.00	4 279.20	2 519.17
江苏省	3 194.00	4 511.75	2 878.44
四川省	1 790.00	2 890.62	2 808.94
合计	39 920.97	60 458.40	43 580.94

（二）2017 年至今我国地方政府债券市场特点

1. 发行规模较 2016 年同期缩减

2015 年、2016 年、2017 年地方政府债发行共计 39 920.97 亿元、60 458.40 亿元和 43 580.94 亿元。2017 年发行总量同比减少 16 877.46 亿元，发行量仅为 2016 年发行总量的 72.08%。2017 年第一季度、第二季度、第四季度发行规模和发行数量均低于 2016 年同期，只有第三季度数据略高于 2016 年同期。其中 2017 年第一季度发行量仅是 2016 年同期发行量的 49.66%，第二季度发行量为 2016 年同期发行量的 52.92%，第三季度发行量比 2016 年略高，总量高出 1 622.43 亿元，约比 2016 年同期高出 11%，但第四季度发行量仅为 2016 年同期发行量的 85.92%。整体来看，2017 年整体发行规模呈现大幅减少的趋势（见图 1）。

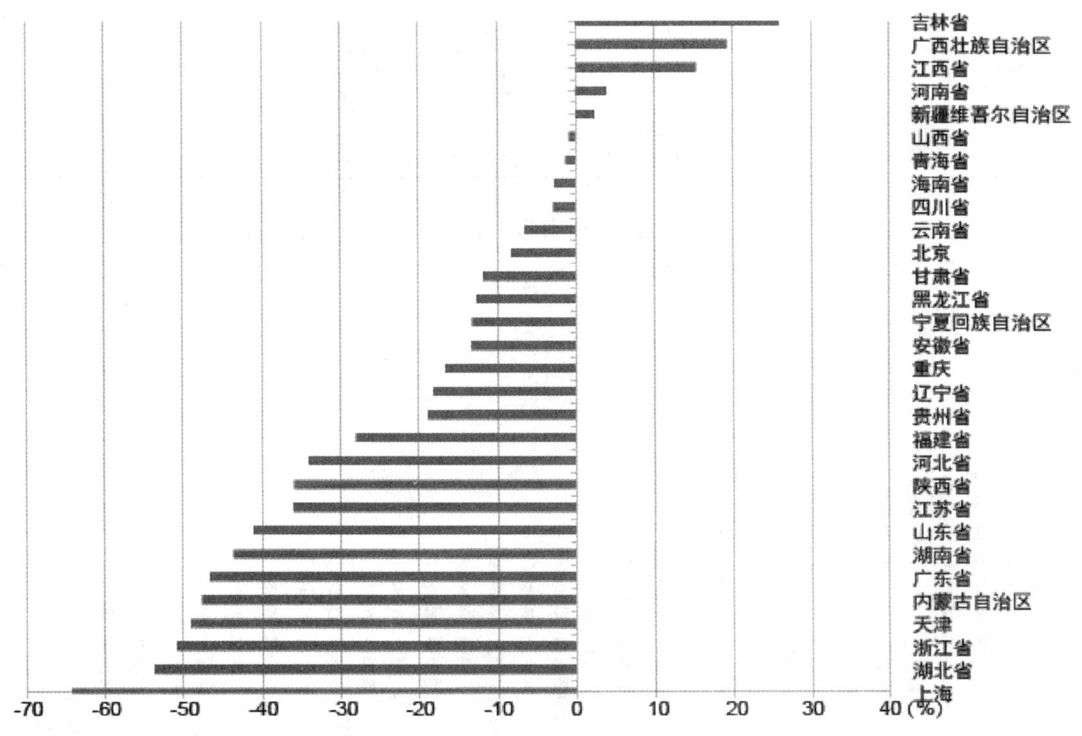

图 1　2017 年各省市地方政府债券发行量同比变化情况

2. 发行省市基本全覆盖，发行总规模与省 GDP 排名相关

从发行主体来看，我国 31 个省市均在 2017 年发行过地方政府债，其中江苏省、四川省和山东省排名前三位，发行规模分别为 2 878.44 亿元、2 808.94 亿元和 2 519.17 亿元，辽宁省、贵州省和浙江省发行规模在 2 000 亿元左右，排名第四到第六位。地方政府债发行规模与当地政府实力和该省经济状况高度相关，2016 年省 GDP 排名靠后的如西藏自治区、宁夏回族自治区、青海省和海南省 2017 年发行地方政府债规模分别处于倒数后四位，发行规模分别为 56.05 亿元、318.21 亿元、462.87 亿元和 536.17 亿元，其中西藏自治区发行规模约是排名第一位江苏省发行规模的 1/50。

3. 发行方式多元化，上市地点多样化

地方政府债发行方式以公开招标为主，从发行方式看，一般分为公募方式和定向方式发行。2017 年以来通过公募方式发行的地方政府债占比较高，发行规模合计 32 470.90 亿元，占发行总规模的 74.51%，其中，通过公募方式发行的地方政府债根据偿债来源不同又分为一般债券和专项债券，2017 年以来专项债券合计 14 772.45 亿元，占发行总规模比重 33.90%，一般债券总额 17 698.45 亿元，占发行总额比重 40.61%；以定向方式发行的比例相对较低，占比仅为 25.49%。通过定向方式发行的将银行间市场作为上市地点，而通过公募方式发行的地方政府债上市地点为银行间债券市场和交易所市场，上市地点选择较为多样（见表 2）。

表 2　　2017 年至今地方政府债发行方式统计

发行方式	发行规模（亿元）	占比（%）	上市地点
定向方式	11 110.04	25.49	银行间
公募方式——一般债券	17 698.45	40.61	跨市场
公募方式——专项债券	14 772.45	33.90	跨市场
合计	43 580.94	100.00	—

从发行省份来看，江苏省、四川省、湖南省、山东省和河南省通过公募方式发行的地方政府债较多，发行总金额分别为 2 544.8 亿元、2 023.18 亿元、1 965.4 亿元、1 907.281 亿元和 1 868.3 298 亿元（见图 2）。

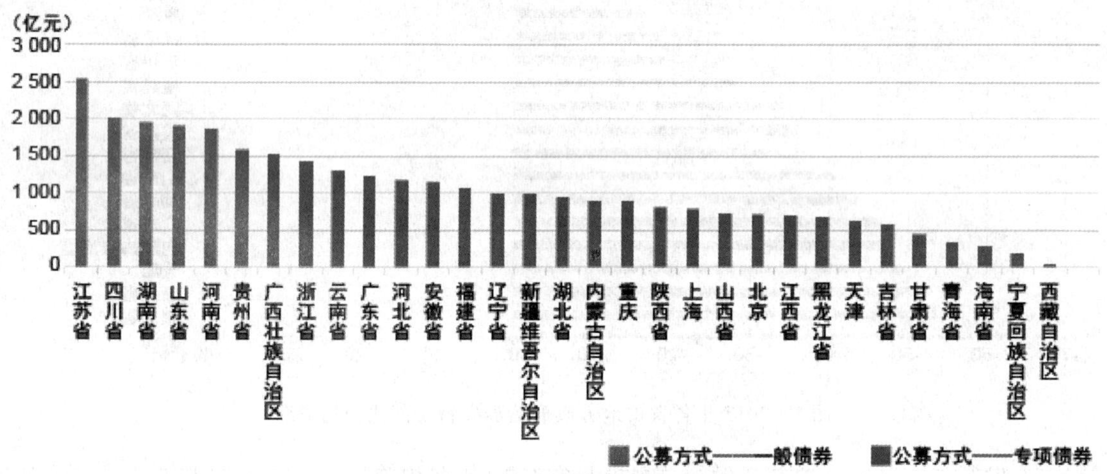

图 2　2017 年以来各省市地方政府债公募方式发行规模统计

4. 2017 年发行成本较 2016 年显著上升

将地方政府债发行利率的平均值作为发行成本来考察，发现 2017 年各省市地方政府债发行成本较 2016 年显著上升，并且通过公募方式发行比通过定向方式发行的成本上升幅度更大。2017 年定向发行地方政府债票面利率为 4.01%，比 2016 年同期定向发行的地方政府债票面利率上浮 29.35%（约高出 91 个基点）。同时，公募方式发行的地方政府债票面利率为 3.88%，比 2016 年同期公开发行的利率上浮 39.58%（约高出 112 个基点）。发行成本上升原因在于自 2016 年末以来，我国债券市场利率上行较为明显，地方政府债发行利率以前

5 个交易日国债收益率为基准，因此 2017 年发行成本较 2016 年有明显上浮。

2017 年以来，我国各省份发行的地方政府债利率走势与同期发行的相同期限的国债收益率走势高度相关，因为各省市公开发行的地方政府债投标区间下限一般为招标日前 1—5 个交易日同期限国债收益率算术平均值。从 2017 年以来的发行情况来看，公开发行的债券利率一般高于投标下限 0—23 基点，定向发行的地方政府债票面利率高于投标下限 14—17 基点，发行利率为 3%—4.62%。从发行省份来看，地方政府债发行中标利率与同期国债收益率利差也不断拉大，黑龙江省、内蒙古自治区、宁夏回族自治区等地区中标利差上浮超过 15%，分别为 15.71%、15.58% 和 15.35%，相对较发达省市，如北京市、上海市、浙江省等地，中标利率紧贴国债收益率，但西藏自治区中标利率与投标区间下限差额基本维持在 4 个基点左右，属于相对特殊的省份（见图 3）。

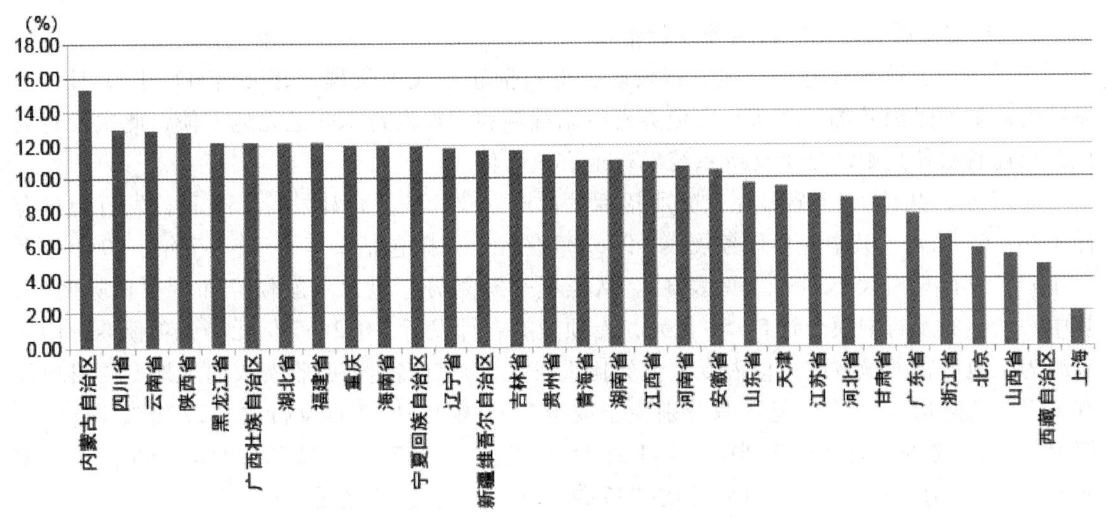

图 3　2017 年以来各省市地方政府债利率与前 5 日同期限国债利率均值上浮幅度

从信用利差角度来看，3 年期和 5 年期地方政府债票面利率与同期限国债收益率利差相对较小，平均在 35 个基点左右。而期限较长的 7 年和 10 年期的地方政府债与同期限国债的信用利差相对较大，平均分别在 42 个基点和 47 个基点左右。从发行省份来看，省级地方政府债票面利率与同期国债的利差表现出与各省 GDP 规模有关，北京市、浙江省、山西省和广东省等 GDP 较高的省份表现出的利差偏低，内蒙古、河南、四川、宁夏、广西壮族自治区等省份政府债利差相对较高。省级地方政府债票面利率与同期国债的利差也与发行方式有关，公募债券利差较定向发行债券利差相对较低。

5. 债券类型不断创新

近年来，我国政府一直致力于打造地方债风险管理“全链条”。“堵后门”在剥离融资平台公司政府融资职能、坚决制止地方政府变相举债融资的同时，我国也在适时“开前门”，构建规范的地方政府举债融资机制。财政部目前试点发展各种类型项目收益债，将具备一定收益能力的项目作为债券的偿债来源，优先选择高速公路收费、土地储备两个领域作为优先发行试点。

截至 2017 年末，安徽省、广东省、湖北省和河北省等先后共发行 251 期土地储备专项债，合计金额 2 406.98 亿元，发行利率各省份差别较大；2017 年 8 月 11 日，广东省发行首只收费公路专项债，规模合计 63 亿元；随后，浙江省、山西省、海南省和甘肃省发行高速公路收费专项债，发行规模合计 283 亿元，发行利率与发行省份经济发展状况有关。

根据财政部印发的《地方政府专项债券发行管理暂行办法》，地方政府专项债券（以下简称"专项债券"）是指省、自治区、直辖市政府（含经省级政府批准自办债券发行的计划单列市政府）为有一定收益的公益性项目发行的、约定一定期限内以公益性项目对应的政府性基金或专项收入还本付息的政府债券。因此，未来满足该项条件的其他类具有一定收益能力的公益性项目也会成为专项债券的偿债来源，从而更大程度地丰富地方政府债的种类。

三、交易所地方政府债发行情况简述

（一）交易所市场地方政府债发行情况

交易所开展地方政府债招标发行较晚，但目前正在飞速发展。2016 年 11 月 11 日，上海市财政局通过财政部上交所政府债券发行系统顺利招标发行 300 亿元地方债，此次发行为地方政府首次使用财政部上交所系统发行地方政府债。

2017 年，共计 19 个省市在上交所招标发行地方政府债，合计发行 233 只，发行规模合计 8 767.65 亿元。其中置换债务规模 3 946.05 亿元，期限包括 3 年、5 年、7 年、10 年等多个年限，发行规模大小不一（见表 3）。从偿债来源划分，包含一般债券和专项债券两种，其中一般债券发行规模合计 5 755 亿元，专项债券合计发行 3 012.65 亿元。专项债券中偿债来源为土地储备的地方政府债占专项债券比重较大，来自高速公路收费权的土地专项债现仅有 3 只，期限均为 10 年。这 3 只分别为宁波于 2017 年 9 月 12 日发行的"17 宁波 19"，规模 10 亿元；黑龙江省政府于 2017 年 11 月 15 日发行的"17 龙江 16"，规模 2.86 亿元；湖南省政府于 2017 年 12 月 26 日发行的"17 湖南 13"，规模 10 亿元。

表 3　　2017 年上交所各省、市发行地方政府债情况

发行省市	发行规模（亿元）	新增债务（亿元）	置换债务（亿元）
安徽	293.18	—	293.18
福建	485.80	485.80	—
广西	275.00	—	275.00
河北	229.80	180.80	49.00
河南	1 043.32	545.98	497.34
黑龙江	321.98	213.06	108.92
湖北	606.00	498.00	108.00
湖南	1 078.00	78.00	1000.00
江西	134.60	134.60	—
内蒙古	871.90	359.40	512.50
宁波	126.70	52.00	74.70
青岛	106.88	70.50	36.38

续表

发行省市	发行规模（亿元）	新增债务（亿元）	置换债务（亿元）
山东	826.13	412.40	413.73
陕西	137.11	—	137.11
上海	100.00	80.90	19.10
四川	522.54	426.86	95.68
天津	553.01	487.00	66.01
云南	756.70	497.30	259.40
浙江	299.00	299.00	—
合计	8 767.65	4 821.60	3 946.05

2017 年以来，在交易所发行的地方政府债成本大多在 3.50%—4.50%。同样，将发行前 5 个交易日国债收益率平均值作为基准利率，在交易所发行的地方政府债较基准利率上浮 0—50 个基点，相当于基准利率上浮 0—15%。

2017 年 8 月 1 日，财政部深交所政府债券发行系统正式启用，2017 年第 5 批四川省政府一般债券首批通过该系统顺利发行，包含 17—20 期共 4 期债券，发行期限分别为 3 年、5 年、7 年、10 年，金额合计 300 亿元。2017 年 11 月 16 日，安徽省政府通过财政部深交所系统发行首单专项债券，发行金额合计 140.090 5 亿元。财政部深交所系统的正式启用标志着地方政府债发行渠道得到了进一步的拓宽。截至 2017 年末，在深交所发行的地方政府债已经超过 1 200 亿元。

（二）个人投资者参与交易所地方政府债的情况

地方政府债券是具有政府信用的债券品种，信用风险较低，具有很强的偿付保障，天然适合风险承受能力较低的个人投资者。而且，地方债的综合投资价值也相对较高，地方债利率和储蓄式国债利率水平相当，但流动性更好；与银行理财产品相比风险程度更低；与政策性金融债相比具有免税优势；与公司债相比，又同时具有信用优势和免税优势。部分地区地方债的发行利率已经突破 4%，且可以通过交易所市场比照国债和股票交易方式进行买卖，吸引了很多个人投资者参与地方债的投资。

2017 年 7 月 7 日，上交所开展个人投资者通过网上、网下分销的方式参与认购地方政府债券的试点，首批试点债券为浙江省和内蒙古自治区地方债，首批试点券商为华融证券、中信证券、海通证券、财通证券、广发证券等证券公司。在 2017 年 7 月 6 日内蒙古自治区地方债的招标中，个人投资人和一般法人机构参与认购 1 000 万元。在 2017 年 7 月 7 日浙江省地方债的招标中，个人投资者也有接近千万元金额的认购。2017 年，个人投资者共参与投资数十只上交所发行的地方政府债，投资金额合计超过 2 000 万元，参与人数合计超过 2 000 人次。

四、地方政府债发展的相关建议

（一）提升地方政府债服务国家政策、履行社会责任的作用

虽然各个省份发行地方政府债成本有所不同，但从整体的制度建设层面来看，目前并没

有针对不同省份、不同用途的地方债做出区分。如果政府可以出台相关政策，如针对特定区域或者特定用途的地方政府债的税收减免措施、流动性支持措施、资源支持措施等等，引导资金投向符合国家政策、肩负重要社会责任的领域，将会大大提升地方政府债对国家战略、经济转型的支持力度，有助于地方政府债市场的长期良性发展。

（二）多举措提升存量地方政府债流动性

目前市场对地方政府债最大的担忧仍是流动性不足。造成流动性不足的原因有很多方面，但可以考虑引入有资本实力的大型金融机构作为地方政府债券的做市商，解决部分流动性问题。尤其在面对个人投资者时，做市商制度能有效解决这部分投资人的流动性需求，从而加大地方债对个人投资者的吸引力。

地方政府债最大的投资群体仍然是商业银行机构，商业银行出于配置目的认购地方债后，以持有至到期为主，交易意愿较低，因此需要进一步丰富投资人构成，尤其是交易所市场的投资人占比需要进一步提升，激活存量地方政府债的二级交易。

地方政府债的总发行规模虽然较为庞大，但分解到各个省份、期限、发行期次来看，单只债券的发行规模仍然较小。建议引入国债和政策性金融债发行中已经成熟的“续发”机制，扩大单只债券规模，有利于提高单只债券的流动性。

（三）进一步丰富地方政府债的品种

就发行期限而言，目前地方政府债的发行期限为 3 年、5 年、7 年、10 年期 4 个期限，建议在传统期限之外，新设超短期品种和超长期品种。目前交易所市场投资群体以广义基金为主，该类机构较为偏好短期、流动性较好的投资产品。如果地方债可以推出 1 年期的发行期限，相信会对该类机构有较大的吸引力。另外，险资机构普遍偏好超过 10 年期的发行期限，如果地方债可以推出 15 年甚至 30 年的品种，对于险资来说也会有较强的投资价值。

就发行品种而言，目前创新品种，如高速公路收费、土地储备领域已经成功发行多只专项政府债券，未来凡是符合《地方政府专项债券发行管理暂行办法》指导精神的专项领域，建议都可以尝试发行专项地方政府债券，进一步丰富地方政府债券品种，提升地方政府债服务地方政府和实体经济的能力。

参考文献

[1] 李湛，曹萍，曹昕．我国地方政府发债现状及风险评估［J］．证券市场导报，2010（12）：25—31.

[2] 汪慧．我国地方政府债流动性问题探析［J］．福建论坛：人文社会科学版，2016（8）：40—45.

[3] 梁朝晖，费兆楠，张亮．中国地方政府债券风险溢价研究［J］．首都经济贸易大学学报，2017（1）：12—17.

践行国家战略　发展熊猫债券助力债券市场对外开放

王宏峰　韩兆恒*

一、熊猫债券的发展历程及现状

（一）熊猫债券的概念与发展历程

熊猫债券，是指境外机构在中国境内债券市场发行的以人民币计价的债券。熊猫债券从2005年诞生至今逾十二载，发行规模不断扩大，顺应了人民币国际化的趋势，助力了我国债券市场的对外开放并支持了国家“一带一路”建设的实施。

2005年9月28日，国际金融公司（IFC）和亚洲开发银行（ADB）在我国银行间债券市场分别发行了首期11.3亿元和10亿元的人民币计价债券，是国际多边金融机构首次获准在中国境内发行人民币债券。按照惯例，境外机构在一个国家的国内市场发行以当地货币计价的债券时，会以发行地最具特征的吉祥物命名，时任中国财政部部长金人庆先生将首发债券命名为“熊猫债券”。

2014年3月，德国戴姆勒股份有限公司在我国银行间债券市场通过非公开方式成功发行5亿元人民币非公开定向债务融资工具，标志着熊猫债券发行主体由国际多边金融机构延伸至境外企业。

2015年，人民币加入国际货币基金组织特别提款权（SDR）的进程进入冲刺阶段，同时伴随中国利率市场化，熊猫债券市场发展进一步提速，根据Wind发行数据统计，2015年共有11只熊猫债券发行，发行规模共计130亿元人民币，在发行只数及发行规模等方面同比显著提高。

越秀交通基建有限公司于2016年3月在上海证券交易所成功公开发行总额10亿元人民

* 作者单位：中信证券股份有限公司。

币熊猫公司债券，为交易所债券市场公募熊猫债券的发行拉开了序幕，交易所市场熊猫债券迎来突破。根据 Wind 发行数据统计，2016 年共有 44 只交易所市场熊猫债券发行，发行金额 838.40 亿元人民币，发行只数及发行规模占全年熊猫债券市场的比重超过 60%，同比上年大幅增长。

2017 年 3 月 16 日，首单“一带一路”交易所市场熊猫债券在上海证券交易所成功发行，发行人为俄罗斯铝业联合公司，发行金额为 10 亿元人民币。2018 年 1 月，经深圳证券交易所预审核的普洛斯洛华中国海外控股（香港）有限公司面向合格投资者公开发行的“一带一路”公司债券获得中国证监会批复，核准发行不超过 120 亿元人民币公司债券。俄罗斯铝业和普洛斯洛华在交易所债券市场成功发行“一带一路”熊猫债券，对于“一带一路”沿线国家企业拓展资金融通渠道具有标杆意义，标志着沿线国家金融合作逐步深化。

（二）中国熊猫债券市场的发展现状与未来展望

近年来，随着人民币国际化进程提速、境内债券市场对外开放程度不断加深以及“一带一路”建设的有序推进，熊猫债券市场规模迅速扩增。2016 年熊猫债券发行规模共计 1 320.40亿元人民币，超过 2015 年熊猫债券发行规模 9 倍多，其中交易所市场熊猫债券共计发行 44 只，发行规模达到 838.40 亿元人民币，迎来发行高峰（见图 1）。

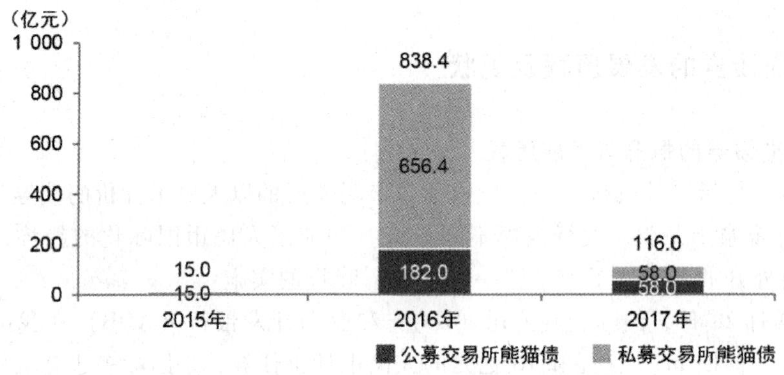

图 1　2015—2017 年我国交易所市场熊猫债券发行情况

资料来源：Wind，根据公开信息整理。

2017 年，熊猫债券发行规模共计 719 亿元（见图 2），交易所市场熊猫债券发行规模 116 亿元，其中公募债券发行了 4 期，发行规模 58 亿元，私募债券发行了 5 期，发行规模 58 亿元。2017 年熊猫债券发行规模较 2016 年有所下降，发展势头放缓，主要原因一是中国境内债券市场融资成本上升。在中国金融系统去杠杆及美元加息等有关因素的影响下，中国国债到期收益率水平显著抬升，2017 年中国境内债券市场收益率总体呈现“中枢抬升，波动加剧”的态势，导致发行成本上升，进而减弱熊猫债券境外发行人发行熊猫债券的意愿，导致熊猫债券发行量萎缩。二是 2017 年以来人民币汇率波动相对稳定，境外发行人基于规避汇率风险需求而发行熊猫债券的意愿有所减弱。三是自 2016 年末开始有关资金跨境方面的监管进一步趋严。熊猫债券募集资金出境使用受限，降低了部分在中国境外有资金使用需求的熊猫债券发行人的积极性。

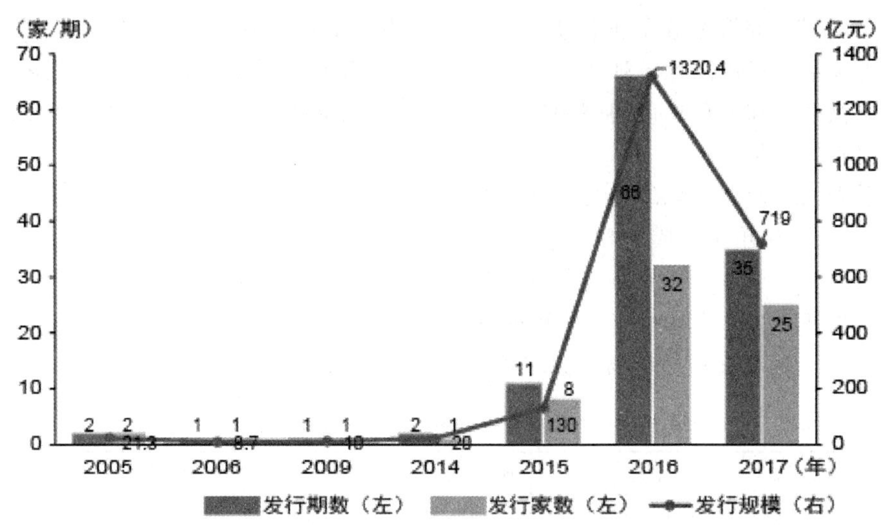

图 2　2005—2017 年我国熊猫债券发行情况

资料来源：Wind，根据公开信息整理。

具体到发行要素层面，2017 年熊猫债券的发行主体、发行品种和发行期限等都呈现多元化趋势。

发行主体方面：熊猫债券的发行主体类型扩展至多边机构、主权政府、金融企业和非金融企业，但仍以非金融企业为主，非金融企业发行期数占比约为 80%。

发行产品方面：熊猫债券产品类型呈现多元化发展。从已发行熊猫债券的类型看，2017 年发行的熊猫债券覆盖了中期票据、定向工具、金融债券、公司债券和政府债券等各种类型。

发行期限方面：熊猫债券涵盖了 1—5 年的各种期限，其中 3 年期的占比较高，占 2017 年熊猫债券发行期数的 57.14%。2017 年熊猫债券的最长期限为 7 年。

发行规模方面：2017 年熊猫债券的发行规模从 3 亿元到 90 亿元不等，不同主体发行规模差距较大，发行规模不高于 30 亿元的熊猫债券占比接近 90%。

信用评级方面：2017 年发行的熊猫债券主体信用级别主要分布在 AA + 级和 AAA 级。其中，AAA 级熊猫债券共发行 21 期合计 353 亿元，发行期数和发行规模占总发行期数和发行规模的比例分别为 68.6% 和 55.8%，占比均较上年（分别为 69.7% 和 70.4%）略有下降，体现出熊猫债券发行人评级更加多元化。

进入 2018 年，人民币汇率走势相对平稳，伴随着联结中国境内银行间债券市场与香港市场进行互联互通有关机制的陆续推出、“一带一路”建设以及人民币国际化进程的持续推进，利好因素不断集聚，我们对于熊猫债券市场未来的发展仍然充满信心，主要基于以下几方面考虑。

一是中国境内债券市场与香港市场互联互通机制的建立扩大了中国债券市场的对外开放。2017 年 7 月“债券通”上线以来，境外投资者可通过“北向通”直接参与境内银行间市场债券的发行认购，境外投资者投资中国债券市场更加便利，熊猫债券对境外投资人的吸引力也不断增强。

二是“一带一路”建设的推进扩大了参与沿线建设开发主体的融资需求。熊猫债券期限设置相对灵活，可以匹配各种期限建设项目的资金需求。马来亚银行、招商局港口和匈牙利政府均在其熊猫债券募集说明书中明确提及募集资金将用于“一带一路”建设的不同期限项目就是很好的例证。

三是随着人民币国际化的持续推进，人民币在国际投融资中的作用开始逐渐凸显。2016 年 10 月 1 日，人民币正式成为 SDR 货币篮子中的第五种“入篮”货币。未来会有越来越多的境外发行人希望通过发行熊猫债券来扩大投资者范围、优化债务结构，人民币跨境结算便利程度提高也使得境外机构持有人民币的意愿增强，从而推动熊猫债券市场进一步发展。

2015—2017 年在交易所市场发行的熊猫债券具体情况见表 1、表 2。

表 1　2015—2017 年交易所市场公募熊猫债券情况概览

名称	发行方式	发行时间	规模（亿元）	期限（年）	主体评级	利率（%）	利差（BP）
17 创维 P1	公募	2017 年 9 月 14 日	20	3 +2	AAA	5. 36	71
17 光水 01	公募	2017 年 7 月 21 日	10	3 +2	AAA	4. 55	9
17 光控 01	公募	2017 年 7 月 7 日	10	3 +2	AAA	4. 55	6
17 光控 02	公募	2017 年 7 月 7 日	15	5 +2	AAA	4. 80	20
17 神州 01	公募	2017 年 4 月 24 日	3	3 +2	AA +	5. 50	50
16 光控 04	公募	2016 年 11 月 22 日	20	4 +3	AAA	3. 37	3
16 光控 03	公募	2016 年 11 月 22 日	20	3 +3	AAA	3. 22	-4
16 越交 03	公募	2016 年 10 月 25 日	2	3 +2	AAA	2. 90	-1
16 越交 04	公募	2016 年 10 月 25 日	8	5 +2	AAA	3. 18	12
16 中燃 G1	公募	2016 年 10 月 25 日	20	3 +2	AAA	3. 05	14
G16 北控 1	公募	2016 年 8 月 1 日	7	5 +3	AAA	3. 25	4
16 水务 02	公募	2016 年 7 月 26 日	22	5 +2	AAA	3. 33	8
16 水务 01	公募	2016 年 7 月 26 日	18	3 +2	AAA	3. 00	-1
16 光控 02	公募	2016 年 7 月 21 日	20	5	AAA	3. 24	-1
16 光控 01	公募	2016 年 7 月 21 日	20	3 +2	AAA	2. 92	-1
16GLP02	公募	2016 年 7 月 11 日	5	5	AAA	3. 58	25
16GLP01	公募	2016 年 7 月 11 日	10	3	AAA	3. 12	12
16 越交 01	公募	2016 年 3 月 18 日	3	3 +2	AAA	2. 85	-12
16 越交 02	公募	2016 年 3 月 18 日	7	5 +2	AAA	3. 38	-2

资料来源：Wind，公开信息整理。

表 2　2015—2017 年交易所市场私募熊猫债券情况概览

名称	发行方式	发行时间	规模（亿元）	期限（年）	主体评级	利率（%）	利差（BP）
17UCR02	私募	2017 年 9 月 1 日	5	2 +1	AA +	5. 50	62
17 水务 02	私募	2017 年 7 月 31 日	13	3 +2	AAA	5. 20	69
17 雅居 01	私募	2017 年 7 月 12 日	30	2 +1	AA +	6. 98	230
17UCR01	私募	2017 年 3 月 16 日	10	2 +1	AA +	5. 50	92

续表

名称	发行方式	发行时间	规模（亿元）	期限（年）	主体评级	利率（%）	利差（BP）
16 宝龙 04	私募	2016 年 11 月 24 日	5	2 +2 +2	AA +	4.98	150
16 宝龙 03	私募	2016 年 11 月 24 日	30	3 +2 +2	AA +	5.85	236
16 汇源 P3	私募	2016 年 11 月 23 日	7.2	1 +1 +1	AA	6.80	332
16 合景 05	私募	2016 年 10 月 10 日	30	5 +2	AAA	5.80	268
16 合景 04	私募	2016 年 10 月 10 日	25	4.5 +2.5	AAA	5.70	259
16 合景 03	私募	2016 年 10 月 10 日	25	4 +3	AAA	5.60	250
16 雅居 03	私募	2016 年 9 月 29 日	12	5 +2	AA +	5.70	229
16 雅居 02	私募	2016 年 9 月 29 日	18	3 +2	AA +	4.60	146
16 禹洲 01	私募	2016 年 9 月 23 日	15	3		5.30	n/a
16 世茂 03	私募	2016 年 9 月 20 日	10	1 +1	AAA	3.70	86
16 世茂 04	私募	2016 年 9 月 20 日	30	2 +1	AAA	3.90	94
16 世茂 05	私募	2016 年 9 月 20 日	12	3 +2	AAA	4.10	112
16 碧园 04	私募	2016 年 9 月 2 日	41.7	2 +2	AAA	4.15	120
16 碧园 05	私募	2016 年 9 月 2 日	58.3	5 +2	AAA	5.65	244
16 汇源 02	私募	2016 年 8 月 31 日	6.8	1 +1 +1	AA	7.50	444
16 宝龙 02	私募	2016 年 8 月 3 日	3	2 +1	AA +	6.80	368
16 宝龙 01	私募	2016 年 8 月 3 日	17	1 +1 +1	AA +	5.79	293
16 碧园 03	私募	2016 年 7 月 29 日	10	3 +2	AAA	4.60	165
16 世茂 02	私募	2016 年 7 月 29 日	5.4	3 +2	AAA	4.30	135
16 合景 02	私募	2016 年 7 月 29 日	13	3 +2	AAA	4.95	200
16 雅居 01	私募	2016 年 7 月 28 日	30	2 +2	AA +	4.98	185
16 合景 01	私募	2016 年 7 月 22 日	20	3 +2	AAA	4.85	186
16 国际 02	私募	2016 年 6 月 30 日	30	2 +1	AA	6.70	361
16 合生 01	私募	2016 年 6 月 24 日	31	2 +1	AA +	4.95	143
16 汇源 01	私募	2016 年 5 月 5 日	6	1 +1 +1	AA	7.60	367
16 国际 01	私募	2016 年 3 月 31 日	20	2 +1	AA	6.70	388
16 碧园 02	私募	2016 年 3 月 29 日	40	2 +2	AAA	4.55	168
16 碧园 01	私募	2016 年 3 月 1 日	40	3 +2	AAA	4.75	162
16 世茂 01	私募	2016 年 1 月 14 日	40	3 +2	AAA	4.80	173
16 中燃 01	私募	2016 年 1 月 13 日	10	3	AAA	4.20	112
15 碧园 01	私募	2015 年 12 月 29 日	10	3 +2	AAA	4.99	192
15 宝龙 02	私募	2015 年 12 月 28 日	3	2 +2	AA +	7.30	368
15 宝龙 01	私募	2015 年 12 月 28 日	2	3 +2	AA +	6.80	410

资料来源：Wind，根据公开信息整理。

二、熊猫债券对于落实国家政策，履行社会责任意识，服务实体经济的重要意义

（一）助力我国“一带一路”建设的实施

国家发展改革委、外交部、商务部于 2015 年 3 月 28 日联合发布《推动共建丝绸之路经济带和 21 世纪海上丝绸之路的愿景与行动》（以下简称《愿景与行动》），提出要以“政策沟通、设施联通、贸易畅通、资金融通、民心相通”（以下简称“五通”）为主要内容，打造“一带一路”沿线国家政治互信、经济融合、文化包容的利益共同体、命运共同体和责任共同体。同时在《愿景与行动》中明确提出“支持沿线国家政府和信用等级较高的企业以及金融机构在中国境内发行人民币债券”。

“一带一路”建设的实施涉及包括基础设施建设及产业投资在内的诸多内容，需要可持续的、多元化的融资渠道提供资金支持。中国境内熊猫债券市场发行主体可以是国际开发机构、外国政府或境外企业，发行地点位于中国境内且以人民币计价，可以匹配基础设施建设等长期限项目的融资需求及部分机构投资者对长期稳定资产的配置需求，且熊猫债券募集资金可以直接汇出境外使用或者购汇汇出境外使用，丰富了“一带一路”重点项目的融资渠道，拓展了沿线国家金融合作方式。

目前，来自“一带一路”沿线国家的俄罗斯铝业联合公司及物流巨头普洛斯集团旗下普洛斯洛华中国海外控股（香港）有限公司已先后在中国境内交易所债券市场成功获批或发行“一带一路”熊猫债券，募集资金分别为向中国供应商支付款项以及收购“一带一路”沿线物流基础设施资产。交易所市场熊猫债券在践行“一带一路”建设方面所发挥的重要作用日益凸显。

（二）推动人民币国际化进程，提高我国金融市场对外开放程度

随着我国熊猫债券市场的不断发展，境外发行人在使用熊猫债券募集人民币资金过程中，直接促进了人民币在跨境投融资活动中的使用，有利于中国资本项目可兑换进程，提高了人民币在跨境贸易中的使用频率，最终将促进非居民人民币资产及境外官方人民币储备的形成，直接或间接推动人民币国际化。

熊猫债券市场的蓬勃发展提高了我国金融市场特别是债券市场对外开放程度，向国际社会释放了中国坚定金融改革、开放资本市场的积极信号，对人民币走向国际市场起到示范作用。而随着中国经济进入发展新阶段，我国金融市场的进一步开放将吸引越来越多的国际投资者，能够对我国经济的转型升级形成良好的支撑，真正发挥金融市场作为实体经济健康、持续发展催化剂的作用。

（三）有利于“走出去”和“引进来”战略的实施

“走出去”战略是根据经济全球化新形势和国民经济发展的内在需要做出的重大决策；“引进来”是迅速改变我国贫穷落后面貌的基本经济策略，是解放思想、实事求是理论思想的生动体现。十九大报告提出：“要以‘一带一路’建设为重点，坚持引进来和走出去并重，遵循共商共建共享原则，加强创新能力开放合作，形成陆海内外联动、东西双向互济的

开放格局。”

在“走出去”战略方面，大型中资企业特别是大型国有企业通过在境外设立子公司或分支机构进行项目投资、建设及“一带一路”产能对接。考虑到中资企业在项目所在国资本市场的投资者接受度有限，中资背景企业在实际投资与建设的过程中，在融资多元化、国际化及可持续性等方面受限，而中国境内熊猫债券市场能够进一步丰富国有企业海外公司的融资渠道，同时中国境内熊猫债券市场投资者对于熊猫债券发行人及其境内母公司也有着更为深入和全面的了解，能够有效降低中资背景熊猫债券发行人的融资难度，提高融资效率，更好地为中资背景熊猫债券发行人提供可持续性的资金支持。从已成功发行的熊猫债券案例中分析，中资背景的熊猫债券发行主体的发行规模及只数占比较大，也体现了熊猫债券在“走出去”战略上的重要作用。

在“引进来”战略方面，由于以往境外企业在中国境内进行直接债务融资存在较大难度，往往通过外商直接投资、境外企业在境外举债后通过外债进入中国境内等较为繁琐且单一的方式“曲线救国”，而熊猫债券市场的设立及发展，为境外企业打开了在中国境内进行债券融资的大门，丰富了境外企业的债务融资渠道，缩短了投资中国境内项目的时间，提高了效率。对于与中国存在密切经贸关系或直接在中国境内投资、建设、运营项目及持有人民币资产的境外主体，选择通过中国境内熊猫债券市场进行融资，并将所募集的人民币资金用于人民币计价资产的投资和项目建设运营，更进一步规避了以往资金入境方式所带来的汇率风险，助力“引进来”战略在资源配置方面发挥的基础性作用，更在引入信用资质良好的境外熊猫债券发行主体的同时，借鉴境外成熟金融市场的有关市场规则，反过来为中国境内债券市场的开放夯实基础，进一步促进我国债券市场的有序开放。

（四）有助于提高我国金融风险防控水平

十九大报告指出，健全金融监管体系，守住不发生系统性金融风险的底线。防范金融风险对于健全我国金融市场乃至发展国民经济至关重要。熊猫债券在提高我国金融风险防控水平方面发挥的作用，主要体现在以下三个方面。

一是就品种自身而言，目前熊猫债券发行人门槛较高，企业风险可控，总体上有助于在我国债券市场开放的同时有效控制金融风险。

二是就境内投资者资产池的组合风险而言，熊猫债券引入境外各类信用资质较好的发行主体，在风险偏好、盈利能力和融资需求等方面与境内发行人存在诸多不同，在丰富境内投资者投资标的种类的同时也减少了资产间的相关性，降低中国境内债券市场投资者整体投资组合风险。

三是在熊猫债券市场的发展过程中，境外发行人在进入境内债券市场的同时，也将其在境外先进的信息披露经验、投资者保护条款经验等引入了境内市场，有助于境内债券市场学习境外先进的投资者保护技术和经验，从而提高境内债券市场的投资者保护能力和风险管控能力，提高我国金融风险防控水平。

（五）推动境内外相关实体经济发展，提高金融市场服务实体经济能力

熊猫债券市场的发展壮大能够在以下三个方面更好地为参与熊猫债券市场的境内外实体经济提供长久可靠的支持与服务。

一是为参与熊猫债券市场的境内外发行实体开辟新的融资渠道。以往境外主体在中国境内进行直接债务融资存在较大难度，通过熊猫债券市场进行直接融资缓解了境外主体融资渠道单一、人民币直接融资受限的局面。而境内实体在走出国门，进行海外投资、建设及“一带一路”产能对接时也能够获得来自中国境内债券市场较低成本的长期可持续资金支持，打消了境内实体在融资方面的后顾之忧，能够更加专注地参与“一带一路”项目建设。

二是对于具有长期人民币融资需求且在中国境内拥有人民币资产、建设项目或运营实体的发行人而言，发行熊猫债券相比境内银行贷款在融资成本、募集资金使用方面更具优势和灵活性。

三是对于实际经营主体在境内且负债端以人民币计价的发行人而言，通过在中国境内熊猫债券市场进行人民币直接融资能够规避以往通过境外市场进行外币融资带来的汇率风险，节省在对冲汇率风险方面产生的额外费用与时间。

三、进一步推进交易所市场熊猫债券纵深发展的建议

（一）加强宣传与建立有效沟通机制，扩大交易所市场熊猫债券在国际市场的影响范围

由于各国资本市场的发行审批制度不同，加之语言文化方面的差异，境外发行主体对熊猫债券的申报文件和流程、审核要求往往缺乏了解。让国际投资者更加了解中国本土市场、参与到境内资本市场，熊猫债券无疑是一个好的产品渠道。建议进一步加强对中国交易所债券市场及相关熊猫债券产品的宣传，与世界各国特别是“一带一路”沿线国家的国际驻华领事馆、区域合作组织驻华办事处等建立联系，广泛推介市场及产品，形成定期沟通机制，加强对于中国境内交易所债券市场的宣传，使越来越多的境外潜在熊猫债券发行人，特别是“一带一路”沿线国家的主权主体及优质企业主体能够熟悉并了解交易所市场熊猫债券。

（二）在防风险的前提下简化对于信息披露、会计审计准则等方面的要求，提高政策透明度，更高效地服务熊猫债券发行主体

目前，我国熊猫债券市场的本地化程度较高，从而使得部分境外发行人在与其本国债券审核流程、信息披露要求和会计审计准则要求等的比较中萌生退意。为了减少发行主体的顾虑、树立公开透明的审核形象，建议在防风险的前提下，进一步优化交易所市场熊猫债券的审核流程，为发行主体提供更多的便利性。主要体现在以下两个方面：

一是进一步加强熊猫债券信息披露、会计审计准则等制度基础建设，降低相关要求。目前，出于保护境内投资者的考虑，熊猫债券的信息披露要求和会计审计准则较国际其他债券更为严格。例如在144A条例下，美国的扬基债券发行信息披露要求简化，日本的武士债券发行认可国际会计准则、美国公认会计准则等诸多会计准则。虽然熊猫债券目前较高的信息披露要求和会计审计准则限制是对境内投资者的保护措施之一，但随着境内投资者国际化程度的提高，其对于熊猫债券品种和投资风险的认识更加成熟，便利的制度基础建设会更有利于引进境外主体，促进市场蓬勃发展。

二是提高熊猫债券监管政策的透明度和普适性。目前，关于熊猫债券发行的规则还存在诸多待明确之处，“一事一议”的沟通方式较为常见。例如，在募集资金使用方面，虽然发行人募集资金的跨境流动对中国外汇市场存在一定影响，在特定时期通过“一事一议”保

有对熊猫债券募集资金跨境流动的管理确实有其必要性，但考虑到相关管理可能对债券发行人的资金安排有着重大影响，更高的政策透明度能有效降低发行人的相关风险，提高其资金利用效率。

（三）通过产品创新和制度完善促进交易所市场熊猫债券发行主体和发行品种的多元化

深度发展的市场应是尽量多元化的，我国交易所市场熊猫债券在快速发展的过程中，也应通过引入不同类型发行人和不同类型产品来实现多元化发展，具体体现为：

一是适当降低熊猫债券发行人的准入门槛。国际市场上的扬基债券、武士债券均未规定发行人评级门槛，低评级或无评级债券仍然可以发行。目前交易所市场熊猫债券的评级准入门槛主要是为了保护投资者权益，但一方面其在一定程度上限制了部分潜在境外发行人和境内投资人的多元化融资与投资需求，另一方面也使得我国监管层缺乏中低评级发行人的发行审核经验，从而可能使得相关政策、制度制订上存在盲点。建议未来交易所市场熊猫债券进一步降低发行人准入门槛，建立多层次的熊猫债券市场，更高效地服务熊猫债券发行主体，满足不同投资人的风险偏好。

二是积极创新更多债券品种，例如嫁接境内常规公司债券的具体品种，衍生出熊猫可交换债券、绿色熊猫债券、熊猫可续期债券等新产品，吸引更多有不同融资需求的发行主体。

（四）积极发展外汇衍生产品市场，为熊猫债券发行主体及投资主体提供更多避险工具

境外成熟的债券发行人及投资者均非常关注债券发行或投资在信用、汇率与利率方面的风险，习惯于通过相关衍生产品对相关风险进行对冲。例如，货币互换市场的发展就是袋鼠债券在 20 世纪 80 年代快速发展的主要原因之一。

相较于我国高速发展的利率衍生产品市场和近年来重点推动的信用衍生产品市场，外汇衍生产品市场的发展相对缓慢，建议在充分借鉴国际衍生产品市场发展经验的基础上，进一步发展中国境内外汇衍生产品市场，丰富熊猫债券发行人或投资者用于规避汇率风险的对冲工具，完善有关交易机制。

（五）以现有“沪港通”及“深港通”为基础，进一步发展交易所市场版本“债券通”，丰富交易所债券市场投资者类型，助力交易所债券市场国际化

中国债券市场是全球仅次于美国和日本的第三大债券市场，但中国境内债券市场中境外投资者的参与程度却很低。根据港交所于 2017 年 5 月 16 日发布的研究报告，截至 2016 年 12 月 31 日，境外投资者参与中国境内债券市场的占比仅约 2.52%，参与中国境内主权债券（政府债券及政策性银行债券）的占比仅约 3.93%，该比例远低于日本、美国甚至一些新兴市场。

通过交易所债券市场互联互通机制和渠道的建立完善，引入更多符合条件的境外债券投资者，可以进一步丰富中国境内债券市场投资者类型，同时境外债券投资者对于境外熊猫债券发行人在商业模式及信贷资质等方面有着更为深入的理解，更容易被调动起投资积极性，这将助力熊猫债券在交易所债券市场的进一步发展。通过吸引国际资本流入中国境内债券市场，也能在一定程度上减轻自 2017 年以来中国境内债券市场融资成本上行的压力，有助于债券发行人获得更低成本的资金。

建议在前期开展“沪港通”“深港通”的基础上，结合已于 2017 年 7 月 3 日正式上线的内地与香港债券市场互联互通合作“北向通”交易的有关经验，进一步发展交易所市场的“债券通”机制，为更多符合条件的境外投资者提供进入中国境内交易所债券市场的通道，提高中国境内交易所债券市场交易的活跃度，进一步推动交易所债券市场的市场化与国际化程度。

参考文献

[1] 习近平. 决胜全面建成小康社会夺取新时代中国特色社会主义伟大胜利 [R]. 北京. 2017.

[2] 王超男. 从外国债券市场经验看我国“熊猫债”市场发展 [J]. 当代金融家, 2017 (03): 43—46.

[3] 陈健恒, 唐薇. 熊猫债迎来发展新契机 [J]. 债券, 2016 (04): 22—28.

[4] 崔博. 熊猫债驶入发展快车道 [J]. 经济, 2016 (20): 46—49.

[5] 段瑞旗. 武士债市场发展经验及对熊猫债市场的启示 [J]. 债券, 2016 (04): 29—33.

[6] 郭中宝. 发展熊猫债市场 [J]. 中国金融, 2016 (16): 52—53.

[7] 蓝天旻. 人民币国际化背景下的熊猫债发展研究 [J]. 新金融, 2016 (09): 38—41.

[8] 万泰雷. 中国债市飞跃发展的这些年 [DB/OL]. http: //news. hexun. com/2016 - 09 - 29/186257316. html, 2016 - 9 - 29.

[9] 新华社. 推动共建丝绸之路经济带和 21 世纪海上丝绸之路的愿景与行动 [EB/OL]. http: //news. xinhuanet. com/world/2015 - 03/28/c_ 1114793986. htm, 2015 - 3 - 28.

[10] 新世纪评级研发部. 熊猫债推动人民币国际化的路径研究 [J/OL]. http: //rmb. xinhua08. com/a/20160415/1628389. shtml, 2016 - 4 - 15.

[11] 张帆. 国内评级机构开展熊猫债信用评级的思考 [J]. 债券, 2016 (04): 34—38.

[12] 张尧. 熊猫债或助推人民币国际化 [J]. 中国投资, 2016 (06): 62—63.

[13] 周诚君, 吕威, 卜凡玫, 王娜. 关于进一步规范熊猫债管理的若干考虑及政策建议 [J]. 债券, 2017 (09): 18—22.

支持中小创新型企业　大力发展创新创业债

柯方钰*

一、关于发展创新创业公司债券的重要意义

十九大报告强调，“必须坚定不移贯彻创新、协调、绿色、开放、共享的发展理念”，“发展必须是科学发展”，“创新是引领发展的第一动力，是建设现代化经济体系的战略支撑”。党的十九大精神对探索充分发挥交易所债券市场服务实体经济、切实支持创新发展具有重要的指导意义。

十九大报告提出，“加强对中小企业创新的支持，促进科技成果转化”。推动创新创业公司债券（以下简称“‘双创’债”）发展，对发挥债券市场支持高科技成长性企业发展、服务实体经济有着积极作用。企业发行“双创”债所募集资金用于技术研发、市场开拓等运营需要，有助于提升创新研发能力，增强核心竞争力，为公司业务持续运作提供良好保障。从市场角度而言，有利于引导商业银行、保险机构、证券公司、证券投资基金等具备风险识别和承担能力的机构投资者合法投资“双创”债，支持创新创业型企业的可持续发展。在当前国家“双创”科技快速发展，经济新增长、新发展动力转换阶段，“双创”债为创新创业型企业通过债券市场解决融资难问题提供了新思路。

同时，十九大报告提出，“深化金融体制改革，增强金融服务实体经济能力，提高直接融资比重，促进多层次资本市场健康发展”。发展“双创”债是金融服务实体经济的重要举措。“双创”债的发行主体以新三板企业为主，不同于主流的债券融资主体，该类企业具有资产规模偏小、信用资质偏弱，但创新能力较强、成长性良好等特点，其通过传统债券融资方式获取资金存在一定的瓶颈，因此该类企业普遍面临直接融资难的问题。定位于支持创新创业企业发展的“双创”债的推出，能切实满足中小型、创新类企业的融资需要，优化中小企业资本形成机制，对构建多层次资本市场发展具有积极作用。

---

* 作者单位：国信证券股份有限公司。

二、交易所市场“双创”债的发展情况

（一）“双创”债较之中小企业私募债的特点

在“双创”债产品创设前，交易所债券市场针对中小型企业的债券品种为中小企业私募债。由于中小企业私募债在发行人门槛、审批效率等方面具有一定的优势，曾是新三板企业融资的重要途径。2015 年公司债市场改革后，中小企业私募债券淡出历史舞台。在我国中小型、创新创业型企业仍需解决融资问题的背景下，具有政策特点、定位更清晰的“双创”债应运而生。

1. 中小企业私募债的历史沿革

交易所债券市场将中小企业私募债定义为未上市中小微型企业以非公开方式发行的公司债券，该类企业在试点阶段须为《关于印发中小企业划型标准规定的通知》中规定的未上市非房地产、金融类的有限责任公司或股份有限公司，债券发行利率不超过同期银行贷款基准利率的 3 倍，且期限在 1 年（含）以上。2012 年 5 月，沪、深证券交易所发布《中小企业私募债券业务试点办法》，标志着中小企业私募债的正式推出。

此外，为规范中小企业私募债业务，中国证券业协会发布了《证券公司开展中小企业私募债券承销业务试点办法》和《证券公司中小企业私募债券承销业务尽职调查指引》。中小企业私募债在以下方面具有特殊性：一是采取备案发行机制，通过简化发行程序有效地提高发行效率；二是产品设计方面，中小企业私募债可由单个主体发行，也可由两个以上主体集合发行，在附加条款和计息方式上可灵活选择；三是投资者权益保护方面，要求发行人设立偿债保证金专户，用于本息兑付管理，且要求发行人采取限制股息分配措施等方式保障私募债券本息按时兑付。中小企业私募债作为中小型企业直接融资的主要途径，曾受到市场的广泛关注。

2015 年 1 月，中国证监会公布《公司债券发行与交易管理办法》（以下简称《管理办法》），沪、深证券交易所及中国证券业协会于同年相继发布非公开发行公司债券业务的相关规则，同时废止中小企业私募债券业务相关规则，且自沪、深证券交易所《非公开发行公司债券业务管理暂行办法》（以下简称《非公开暂行办法》）发布之日起，不再专门对中小企业私募债发行备案。总体而言，中小企业私募债是监管部门为支持中小企业通过债券市场融资而推出的试点品种，在试点期间未发展壮大，因公司债券制度改革而逐渐淡出资本市场。

2. “双创”债与中小企业私募债的对比

“双创”债与中小企业私募债在发行主体、发行方式等方面有着显著差别，“双创”债的发行主体应具备创新创业特征，既可公开发行，也可非公开发行。“双创”债发行适用《管理办法》及沪、深证券交易所《非公开暂行办法》。

非公开发行公司债券具有如下特征：一是发行管理方面，非公开发行公司债券采取备案制发行，发行完成后向中国证券业协会办理备案，未对非公开发行公司债券的发行利率和发行期限进行限制；二是投资者保护权益方面，引入受托管理制度；三是债券产品设计方面，可设立可交换条款、募集资金用于并购重组或其他特殊用途的公司债券，须遵照相关特殊规定执行；四是主体准入方面，中小企业私募债试点期间，发行主体不允许是房地产、金融和上市公司。“双创”债的发行主体为创新创业企业，从市场已发行的“双创”债来看，“双

创”债的发行侧重支持高新技术产业，鼓励新三板创新层公司发行“双创”债。

综上，相较中小企业私募债，“双创”债的发行主体更具针对性，发行方式更加灵活，监管要求进一步加强。

（二）关于“双创”债的制度建设情况

自2016年上半年以来，交易所债券市场加快推动“双创”债试点，逐步完善制度建设。中国证监会于2016年7月成立包括债券部、交易场所、证监局、承销机构等在内的创新创业公司债券试点专项工作小组，开展创新创业公司债试点推广；2017年7月，《中国证监会关于开展创新创业公司债券试点的指导意见》（以下简称《指导意见》）正式公布，明确“双创”公司债的性质、发行主体、创新条款设置和配套机制等方面的要求。

2017年9月，沪、深证券交易所与全国中小企业股份转让系统有限责任公司、中国证券登记结算有限责任公司联合发布《创新创业公司非公开发行可转换公司债券业务实施细则（试行）》，明确非公开发行“双创”可转债的操作要求。

（三）“双创”债发行主体范围

根据《指导意见》，“双创”债的发行主体包括创新创业公司和创业投资公司。创新创业公司是指从事高新技术产品研发、生产和服务，或者具有创新业态、创新商业模式的中小型公司。创新创业公司发行“双创”债需做好信息披露和条款设计等。除满足现行公司债发行规定和审核要求外，发行人应就公司创新创业特征作专项披露，债券承销机构和律师需就发行人是否具有创新创业特征发表明确意见。主要参考文件包括：国家战略性新兴产业相关发展规划、《国务院关于印发〈中国制造2025〉的通知》、国务院及相关部委出台的大众创业万众创新政策文件、国家及地方高新技术企业认定标准、其他创新创业相关政策文件；此外，需关注发行人整体情况，设置和披露充足的偿债保障措施。

创业投资公司指符合《私募投资基金监督管理暂行办法》《创业投资企业管理暂行办法》等有关规定，向创新创业企业进行股权投资的公司制创业投资基金和创业投资基金管理机构。发行“双创”债所募集资金应专项投资于种子期、初创期、成长期的创新创业公司的股权。

创新创业公司和创业投资公司范围比较广，监管层在试点阶段重点支持两类企业发行创新创业债券：

一是注册或主要经营地在国家“双创”示范基地、全面创新改革试验区域、国家综合配套改革试验区、国家自主创新示范区和国家高新技术产业园区等创新创业资源集聚区域内的公司。

二是已纳入新三板创新层的挂牌公司。新三板创新层有相对严格的准入标准，《全国中小企业股份转让系统挂牌公司分层管理办法（试行）》设置了三套并行标准（见表1），目前在创新层的公司共941家。

（四）“双创”债市场发行情况

截至2017年12月末，交易所债券市场共发行27单“双创”债（见表2），累计发行规模43.59亿元。

表1　　新三板创新层准入要求

项目	要求
盈利能力	最近两年连续盈利，且年平均净利润不少于2 000万元；最近两年加权平均净资产收益率不低于10%
成长性	最近两年营业收入连续增长，且年均复合增长率不低于50%；最近两年营业收入平均不低于4 000万元；股本不少于2 000万股
做市市值	最近有成交的60个做市转让日的平均市值不少于6亿元；最近一年末股东权益不少于5 000万元；做市商家数不少于6家；合格投资者不少于50人

资料来源：根据《全国中小企业股份转让系统挂牌公司分层管理办法（试行）》整理。

表2　　交易所债券市场“双创”债发行情况

序号	债券简称	发债主体	发行规模（万元）	期限（年）	票面利率（%）	发行方式	增信措施
1	17博雅01	北京博雅	1 000	2	6.00	私募	保证担保
2	17苏冶S1	江苏冶金	20 000	5	7.00	私募	保证担保
3	17丰电债	丰电科技	3 000	3	6.42	私募	保证担保
4	17乐米债	乐米信息	1 000	3	6.50	私募	保证担保
5	17创投S1	深创新投	55 000	5	5.20	公募	无
6	17汉柏S2	汉柏科技	30 000	5	6.50	私募	保证担保
7	蓝天转S1	蓝天环保	2 000	3	2.00、 4.00、 12.00	私募	无
8	17旭杰转	旭杰科技	1 060	6	6.50	私募	无
9	17伏泰转	伏泰科技	4 000	1	4.00	私募	保证担保
10	17万维S1	昆仑万维	24 000	5	7.00	公募	无
11	17龙腾债	龙腾光电	5 000	1	5.60	私募	保证担保
12	17图南01	图南电子	1 000	2	6.00	私募	保证担保
13	17圣泉01	圣泉集团	10 000	3	7.00	公募	无
14	17伏泰债	伏泰科技	2 000	2	7.00	私募	保证担保
15	17旭杰债	旭杰科技	1 600	3	7.00	私募	保证担保
16	17天图01	天图投资	100 000	5	6.50	公募	保证担保
17	17璞泰01	璞泰来	20 000	3	5.30	公募	保证担保
18	17天图02	天图投资	80 000	5	6.00	公募	保证担保
19	17汉柏S1	汉柏科技	30 000	5	6.50	私募	保证担保
20	16龙腾01	龙腾光电	5 000	1	3.88	私募	保证担保
21	16德品债	德品医疗	500	3	8.00	私募	保证担保
22	17阳普S1	阳普医疗	30 000	5	5.65	公募	保证担保
23	17青天债	青天科技	1 200	2	6.50	私募	保证担保
24	17广厦债	广厦网络	2 500	2	7.10	私募	保证担保
25	16传视S1	传视影视	2 000	3	7.00	私募	保证担保

续表

序号	债券简称	发债主体	发行规模（万元）	期限（年）	票面利率（%）	发行方式	增信措施
26	16普滤得	普滤得	1 000	1	5.35	私募	无
27	16苏金宏	金宏气体	3 000	1	5.35	私募	无
合计			435 860				

资料来源：Wind资讯。

从“双创”债发行情况来看，其发行方式以私募为主；发行规模较普通公司债小，单笔规模在500万元到10亿元不等；债券期限以中短期为主；票息分化较大，债券票息与发行主体和担保方资质、产品设计有关。“双创”债作为“双创”战略配套制度之一，能有效解决中小企业直接融资难的问题，得到监管部门的政策支持。随着政策的进一步完善，发行“双创”债企业有望快速增加。

三、关于发展交易所债券市场“双创”债的建议思路

（一）加大对“双创”债业务推广和政策培训

监管部门为推动“双创”债发展提出了切实有效的政策支持，《指导意见》明确将证券公司承销创新创业公司债情况作为证券公司分类评价中社会责任评价的重要内容；鼓励相关部门和地方政府通过多种方式为“双创”债配套实质性的支持政策。此外，非公开“双创”债的创新产品设计，一方面能满足企业多样化的融资需求，另一方面能匹配投资者的特定需求。在此基础上，建议加大对“双创”债创新品种的理论研究和业务创新，并积极向市场机构进行“双创”债业务推广和政策培训，提升市场影响力；同时，积极引导商业银行、保险机构、证券公司、证券投资基金、私募股权基金等具备风险识别和承担能力的机构投资者依法合规投资创新创业公司债。

（二）探索防范信用风险的市场化措施

在推动“双创”债发展的同时，还需关注该创新品种可能引发的风险。市场上“双创”债的发行主体以科技型企业为主，具有轻资产、重知识产权和专利技术的特点，发行主体的信用资质偏弱，市场上发行的“双创”债大多依赖外部增信。建议监管部门、市场机构进一步研究创新创业公司债增信机制，探索运用市场化手段有效防范和分散创新创业公司债信用风险。

（三）完善“双创”债的配套规则和审核机制

根据《指导意见》，“双创”债的发行主体范围包括创新创业企业和募集资金专项投资于创新创业公司的公司制创投公司，建议加快推进创投公司发债标准以及相关配套规则的研究起草；同时，进一步完善专门审核机制，实现“双创”公司债的试点转常规工作，发挥交易所债券市场支持高科技成长性企业、服务实体经济的积极作用。

扶贫攻坚

汇聚资本市场力量　聚焦行业扶贫视野

——中国金融扶贫综合服务平台诞生记

中证机构间报价系统股份有限公司*

长期以来，公益慈善活动是证券公司履行社会责任的重要体现，其中扶贫济困也一直是证券公司开展公益慈善活动的重点项目。根据中国证券业协会（以下简称“协会”）统计，2015年，证券公司在公益项目上的投入达1.15亿元。可以说，证券公司扶贫帮扶的脚步从未停歇。与此同时，由于缺乏整体规划与政策支持，证券公司的扶贫活动始终呈现零敲碎打的态势，无法发挥行业资源与专业能力的优势，未能在全国扶贫工作中发挥更大的作用。

2015年，党中央、国务院发出打赢脱贫攻坚战的总动员、总命令。2016年8月，协会发布《证券公司“一司一县”结对帮扶贫困县行动倡议书》；2016年9月，中国证监会发布《中国证监会关于发挥资本市场作用服务国家脱贫攻坚战略的意见》（证监会公告［2016］19号），以凝聚资本市场力量，发挥行业优势，促进证券行业脱贫攻坚工作有序推进。在这种背景下，中国金融扶贫综合服务平台应运而生。

中国金融扶贫综合服务平台又称“扶贫平台”，是中证机构间报价系统股份有限公司（以下简称“中证报价”）在协会指导下，依托机构间私募产品报价与服务系统（以下简称“报价系统”）建立的互联网扶贫综合服务平台，旨在汇集行业资源，促进贫困地区产业发展，为金融机构开展扶贫工作提供支持和服务；同时，通过推动贫困地区产业资源与资本市场对接，促进贫困地区资源优势产业化，推动贫困地区经济发展。

一、小荷才露尖尖角——扶贫平台基本功能的构建

作为证券行业扶贫的服务平台，扶贫平台基本功能离不开“扶贫”与“行业”：在扶贫工作上，平台以产业帮扶为中心，开展了系列尝试；在行业服务上，平台发挥自身行业服务

* 原载于《中国证券》2017年第4期。

者的角色，着力于引导行业共识，汇聚行业力量。

经过紧锣密鼓的筹备，扶贫平台于 2016 年 9 月 12 日正式上线运行，首期上线的业务主要分为四大板块：信息展示与对接、县域特色产品销售、扶贫政策与证券行业扶贫案例展示、证券行业扶贫信息共享机制。

（一）信息展示与对接

信息展示与对接是扶贫平台为实现贫困地区与资本市场对接而开发的功能。与保荐贫困县企业 IPO 或新三板挂牌的方式不同，扶贫平台利用报价系统作为场外市场基础设施的功能，以及场外市场在服务中小微企业、非上市企业方面的天然优势，将贫困县域的相关信息及融资需求通过报价系统进行展示，通过非场内、非挂牌的方式，帮助贫困县域与金融机构进行对接。

按照展示信息内容的不同，扶贫平台将信息展示与对接细分为两个栏目：其一，县域信息展示，即贫困县域通过扶贫平台展示县域相关信息，提升县域知名度；其二，项目融资信息展示，即贫困县域企业通过扶贫平台展示其特色产业项目与融资需求，招揽有意向的资金方关注。

1. 县域信息展示

在县域信息展示栏目中，贫困县政府可自行或委托相关机构通过扶贫平台展示县区基本情况、自然资源、特色资源、经济发展状况、基础设施及社会事业发展情况、区县创意策划、项目开发状况、优惠政策、县区企业经营状况与融资需求等多方面的信息，以加深金融机构对贫困地区的了解，发现贫困地区投资资源，并为其下一步投资打下基础。

目前，扶贫平台已为中国证监会定点帮扶县、山西临汾的贫困片区以及新疆、西藏等民族地区建立专门的展示板块。除此之外，大部分证券公司结对帮扶县域以及其他贫困县域也通过扶贫平台进行了县域信息的展示。

2. 项目融资信息展示

帮助贫困地区企业融资是扶贫平台促进贫困地区经济发展的重要举措，为此，扶贫平台专门开设项目融资信息展示栏目，供贫困地区企业展示项目融资信息。贫困县域企业可通过平台展示企业概况、融资需求、项目进展、融资方式等，依托扶贫平台丰富的金融机构资源，实现投融资双方对接。

根据项目来源与内容的不同，在项目融资信息展示栏目下，又分别设置融资项目、项目融资需求以及证券公司帮扶项目等子栏目。融资项目主要展示已有明确融资计划的各类产业项目；项目融资需求主要展示有相关产业计划与融资需求但还未制订完善的融资计划的项目；证券公司帮扶项目栏目中主要展示证券公司参与的产业项目，通过展示吸引更多投资者的关注。

（二）县域特色产品销售

县域特色产品销售又称为消费扶贫，是扶贫平台在促进贫困地区产业发展方面所做的另一种尝试，意图通过帮助贫困县域销售其特色产品，对贫困地区经济发展提供支持与帮助。

一般而言，工业、高端服务业等产业在贫困地区的总体经济中占比较低，贫困地区经济发展主要依靠农业及农业相关产业，但由于品牌塑造能力弱、销售方式落后、运输困难等，贫困地区农业产业发展较为滞后。针对这一状况，扶贫平台专门设立消费扶贫平台，通过互联网方式帮助贫困地区特色农产品打开销路。

消费扶贫平台是以国际上流行的"公平贸易产品"理念为基础，以"互联网+"为手段，以精准"双贫"人口为主要扶助对象，以原生态的安全农产品的生产为基础，以全程质量追溯和第三方认证为特点，以调动和鼓励最终消费者和第一手卖家扶贫助困的积极性为抓手，利用互联网、移动通信网、物联网等先进技术搭建的农村特色产品的互联网销售服务平台。

（三）扶贫政策与证券行业扶贫案例展示

汇聚行业力量开展扶贫帮扶工作，不仅需要各证券公司的努力，也需要政府政策及媒体宣传等方面的引导。为更好地汇聚行业扶贫力量，扶贫平台专门设置扶贫政策与证券行业扶贫案例展示板块，帮助各家证券公司及时了解扶贫工作最新动向。其中，扶贫政策主要是展示国务院、各部委以及中国证监会最新发布的扶贫政策，为各机构了解最新扶贫政策提供权威窗口；证券行业扶贫案例展示则是证券公司展示其扶贫最新动态的窗口，其他机构可通过这一窗口了解行业扶贫新模式，交流扶贫先进经验。迄今为止，扶贫平台共更新63条扶贫政策及行业扶贫动态信息，其中扶贫动态新闻40条、扶贫政策7条、结对帮扶5条、扶贫典型7条、扶贫问答4条。

（四）证券行业扶贫信息共享机制

响应中国证监会与协会的号召，证券行业扶贫的热情与积极性空前提升，各项扶贫工作如火如荼地开展起来。与此同时，各证券公司也在不断发挥自身的创造性，各种创新的扶贫新模式纷纷涌现。为了解行业扶贫的整体态势，体现行业扶贫工作的进展情况，需对证券行业扶贫信息进行系统性的整理。因此，报价系统在协会指导下，依托扶贫平台建立了证券公司扶贫信息共享机制，按照扶贫业务特点的不同，对证券公司各项扶贫业务的开展情况进行系统性归纳，梳理行业扶贫业务发展的特点与变化态势。

按照扶贫工作模式的不同，报价系统按照结对帮扶、公益扶贫、产业扶贫、消费扶贫等项目对现有行业扶贫数据进行分类，并开发了证券公司扶贫业务信息报送系统。证券公司可通过具有专门权限的报价系统参与人账户登录系统进行扶贫业务信息的报送，并对相关信息进行持续更新。报价系统根据每季度证券公司报送的扶贫信息，整理扶贫报告，报送协会及相关部门，供协会及相关部门参考。

系统开通后，各证券公司报送信息积极踊跃，仅2016第三季度就有72家证券公司通过扶贫平台进行扶贫业务信息报送，报送信息共计245条。其中，结对帮扶信息92条、产业扶贫信息87条、公益扶贫信息47条、消费扶贫信息19条。扶贫平台已逐渐成为行业扶贫的信息聚集区和经验交流阵地。

2016年末和2017年初，为适应证券行业扶贫工作越来越多样化的趋势，报价系统根据协会对扶贫信息报送工作的新要求，及时对扶贫平台信息报送系统进行调整与完善，新增多层次资本市场融资、分支机构设立、资本市场教育等多个扶贫报送栏目。迄今为止，系统更新后，共计收到102家证券公司报送的1 227条信息，其中公益扶贫信息228条、消费扶贫信息84条、多层次资本市场融资扶贫信息308条、结对帮扶信息207条、分支机构设立信息 130 条、资本市场教育信息 173 条。

二、鹰隼试翼——对接山西省扶贫工作经验总结

在不断完善系统功能的同时，中证报价也在努力推动各项扶贫业务的实践，其中与山西省临汾市在扶贫工作上的系列合作，就是中证报价落实扶贫业务实践的典型案例。

（一）合作之始，定基定调——山西永和

应山西省临汾市扶贫办邀请，中证报价于 2016 年 6 月 21 日到达山西省临汾市永和县，参加由山西省临汾市扶贫办组织的中央驻晋定点帮扶单位挂职干部座谈会，并在座谈会上就报价系统扶贫平台相关事宜作主题发言，向全体挂职干部介绍报价系统基本情况、扶贫平台建设背景以及扶贫平台主要功能。

（二）启动仪式，扬帆起航——山西隰县

为提升临汾市贫困地区对于扶贫平台的了解，让贫困县域企业以及相关业务人员了解扶贫平台与贫困地区企业合作的业务模式与具体流程，促进临汾市贫困地区企业与扶贫平台深入对接，临汾市政府与中证报价等机构于 2016 年 7 月 7 日在山西省临汾市隰县联合举办“中证扶贫平台推进暨消费扶贫工程启动大会”。

会后多家企业向扶贫平台报送融资需求、展示信息与特色产品信息，中证报价经过筛选，将其中质量较高的部分项目、产品，如梨果贮藏项目、小米加工项目、玉露香梨消费扶贫项目等，在扶贫平台上进行展示。

（三）对接帮扶，开启新篇——山西隰县

2016 年 12 月 9 日，由临汾市政府、中证报价及中证互联共同举办的“临汾市证券公司‘一司一县’结对帮扶启动仪式暨金融支持培训会”在隰县如期召开，山西证券、中信建投证券、大同证券分别与汾西县、吉县以及隰县确定结对帮扶关系。通过此次会议，三家证券公司确定对山西省临汾市贫困县域的结对帮扶，并在产业扶贫、消费扶贫、金融扶贫等方面与扶贫平台一起合作，推动扶贫工作在临汾市贫困县域落实。

面对贫困地区发展所面临的困境与贫困地区丰富的发展潜力，我们相信，在党中央各项政策的大力支持下，贫困地区脱贫致富的前景一片光明。证券行业作为我国金融体系中不可缺少的重要组成部分，也一定是我国金融扶贫的主力军。而扶贫平台作为证券行业扶贫的前沿阵地，将不忘初心，继续发挥凝聚行业力量的积极作用，不断推动行业扶贫向前发展。

发挥金融控股集团背景优势　推动“证券+”综合扶贫模式

光大证券扶贫工作办公室*

光大证券股份有限公司秉持“为国家图富强、为天下聚财富”的核心价值观，始终将响应国家号召、履行社会责任放在重要位置。一年来，光大证券围绕精准扶贫，不断对标完善方法机制，全面参与扶贫攻坚，为实现精准扶贫开好局、起好步。

一、基本情况

从2016年初与湖南省新田县开展结对扶贫帮困以来，到第一时间响应中国证券业协会“一司一县”结对帮扶行动，光大证券又分别与江西省万安县、兴国县和宁夏西吉县签署结对帮扶协议。从无到有、从点到面，光大证券在机制保障、人员经费、帮扶模式、协同联动等诸多方面进行研究探索，积累了一定经验。光大证券依托光大集团在银行、证券、保险、资产管理、信托、期货、金融租赁等金融业务，以及环保、水务、垃圾焚烧发电及新能源等实业业务的优势，成功在产业扶贫、消费扶贫等方面取得重大突破。

在前期探索和实践的基础上，光大证券聚焦投资银行本源，使利用专业优势、行业特点进行精准扶贫的思路更加清晰，逐步形成具有光大证券特色的“证券+”综合扶贫模式。即以证券公司为核心，通过“证券+金融”“证券+实体经济”“证券+消费”“证券+智本”“证券+公益”等模式为触点，一头连着证券公司，一头连着贫困地区，通过模块化、立体化、组团化、差异化、精准化的服务，推动扶贫攻坚工作向纵深发展。

* 原载于《中国证券》2017年第4期。

二、“证券+”综合扶贫模式的具体做法

（一）“证券+金融”扶贫方面

1. “证券+产业”

以大投行系统为轴，借助专业优势，在产业培养、地方融资、公司辅导、项目引进、资源导入等方面与结对帮扶地区加强合作，推动当地产业升级、规模提升。2016年，公司成功推荐1家位于贫困地区的企业在全国中小企业股份转让系统挂牌，并进行持续督导；为1家公司提供新三板增发服务，募集资金20 774.83万元；与7家贫困地区企业签订IPO辅导协议；对1家新三板挂牌企业持续督导，拟辅导企业定向增发。

2. “证券+资本”

光大证券与当地政府设立产业扶持资金，通过公司投资、政府补助等方式，鼓励当地或拟迁址当地的企业利用绿色通道成功实现上市。同时，2016年公司指导结对贫困地区政府与国开行、农发行等政策性银行进行融资逾10亿元，用于改善基础设施，极大推动县域经济和社会的发展。

3. “证券+银行”

公司依托光大金控集团优势，为贫困地区协调引进光大系金融分支机构。经光大集团支持，与中国银监会积极沟通，拟在湖南永州市设立光大银行二级分行并拟在新田县设立支行，前期准备工作正有条不紊地进行。此举将进一步加大对结对地区的金融扶贫力度，为当地注入强大的资金动力。光大证券也将以此为契机，适时设立证券分支机构，并进一步推动金融分支机构在其他结对地区的落地，促进当地金融业、县域经济健康全面发展。

4. “证券+期货+保险”

作为仅有的4家“证券+期货”双AA级证券公司之一，光大证券一方面在“期货+保险”模式的基础上，有效叠加证券机构的专业优势，立足服务“三农”，发挥金融机构服务实体经济的本质，设计证期保“阳光惠农”系列产品，为农产品保值保价提供保障。首期“阳光惠农”金融产品将与当地政府合作推广，当地农企、农户自愿参加，由光大证券阳光公益基金承担相关费用，逐步培养当地农企、农民的金融意识和金融习惯，为农民收入托好金融底。另一方面，充分利用证券公司自营方面的专业优势，在目前“期货+保险”农作物保价覆盖面不广的情况下，根据结对地区农业特点，进一步扩大当地农产品资源保值保价的品种，降低农企、农户收入波动、靠天吃饭的风险。

（二）“证券+实体”经济方面

1. “证券+绿色能源”

光大证券推动光大国际垃圾发电项目落户湖南省新田县，项目总投资超过5亿元，建成投产后不仅预计每年直接产生利税2 000万元以上，解决近100人的就业问题，而且将改善新田县和周边县区的城乡环境，使经济、社会效益协同稳步发展。目前，湖南新田县的光大国际垃圾发电项目前期可研性、可行性分析、垃圾成分分析、环评、征地等前期工作正在稳步有序推进。光大证券将以此为契机，继续加强与光大国际等光大系兄弟企业的联动，推动绿色节能、环保发电等产业在结对地区的落地生根，有效优化当地的经济和产业结构，并借

助公司在 PPP 模式、资产证券化等方面的行业优势，在前期资金筹措、后续运行管理方面提供支持帮助。

2. “证券 + 实业”

光大证券关注结对扶贫地区农、林、牧、渔等技术开发和引进，投入 160 万元（争取光大集团统筹资金），资助农业专项 6 个，其中建设石蛙养殖基地并实施技改工程，现占地 7 亩，繁殖区面积 2 800 平方米、蛙池 10 个、黄粉虫养殖房 600 平方米；建设 3 个竹鼠养殖基地项目，面积 2 000 平方米，养殖种鼠 2 300 对；建设黑山羊养殖项目，现已发展养殖合作社 4 个，存栏黑山羊种羊 1 100 余头，帮助建档立卡 300 名贫困人口实现脱贫。光大证券注重推广技术经验，借鉴优秀产业扶贫理念，使结对地区进一步拓宽发展思路，优化产业布局，出现更多特色扶贫项目，有效惠及民生。

3. “证券 + 旅游”

公司对口帮扶的贫困县富有红色基因，如江西省兴国县、万安县是红军长征的起点之一，宁夏西吉县是长征的最终会师地，湖南省新田县是长征的途经点。公司结合实际，紧扣主旋律，根据当地丰富的红色旅游资源，出资 200 万元（争取光大集团统筹资金）实施红六军团小源会议旧址等修缮工程，打造特色精品旅游线路。同时，借助光大集团自身优势和资源，引进旅游企业整体包装特有的“红色、绿色、古色”旅游资源，创新旅游扶贫举措，打造红色旅游新模式。

4. “证券 + 分支机构”

分公司是光大证券精准扶贫的第一责任主体，在落实“一县一方案”中起到关键作用，能有效调配公司扶贫资源，统筹匹配好本辖区资源，紧密对接当地政府，吸引、引导符合当地产业特色的企业落地。

（三）“证券 + 消费”扶贫方面

光大证券充分依托战略合作伙伴资源，如中国证券业协会扶贫板平台和人民日报社，共同构筑特色精准扶贫电商平台，促进结对地区特色农产品销售，并借助互联网技术可追溯扶贫全程信息，力图使扶贫质量得到有效保证。同时，借助大数据对消费者消费习惯、趋势进行分析，对当地农户经济作物种植提供数据引导。2016 年 10 月 21 日，光大集团与人民日报社、光大证券与人民日报媒体技术股份有限公司在北京签订战略合作协议，依托人民日报已上线运营的全媒体平台（中央厨房）优势，启动双方合作的“人民 · 光大”特色精准扶贫电商平台上线仪式。光大证券联合兄弟企业光大银行，将贫困地区农副产品投放在电商平台进行联合推介与销售，并对贫困地区农副产品实施免开发费、免入场费、免导流费与合作营销的“三免一合”政策，开拓互联网精准电商扶贫新路径。

（四）“证券 + 智本”扶贫方面

1. 抢抓扶贫政策红利，开展金融基础启蒙

2016 年 9 月 8 日，《中国证监会关于发挥资本市场作用服务国家脱贫攻坚战略的意见》发布后，光大证券因地制宜设计培训课件，组建专业人士“讲师团”，为结对帮扶地区的政府部门和当地企业开展资本市场知识培训和指导，进一步拓宽其视野和融资渠道，争取尽快将政策红利转化为扶贫成果。截至目前，共培训 5 场，累计培训 800 余人次。

2. 提供专业指导，为金融扶贫等工作提供支持

对县级城投公司发行企业债进行指导协助，帮助其拓宽融资渠道；充分发挥金融专业优势，协助招商引资，实现资源导入。截至 2016 年底，成功帮助湖南省新田县从广东地区引入并注册企业 12 家，预计投资额逾 10 亿元，超过历年招商引资成果的总和。

3. 提供农业精细化培训

通过与专业企业合作，为当地政府、农户提供农业精细化培训，提升质控管理和农副产品品牌价值方面的理念，以“绿色、有机、健康、环保”的概念打开市场。

4. 劳务培训，拓宽劳务输出渠道

利用集团平台优势，对接相关企业，进行职业技能培训，促进就业，2016 年光大证券为对口企业（比亚迪公司）劳务培训 20 人次。

（五）“证券 + 公益”扶贫方面

2016 年光大证券向中国证券业协会扶贫基金捐款 60 万元，向广东省扶贫基金会捐款 16 万元。走访慰问少数民族地区建档立卡兜底对象中最困难的群体，共捐助 155 人，合计 9.42 万元，确保贫困户最低生活需求。

1. “证券 + 基建”扶贫

为将公益扶贫资金用好、用实、用足，光大证券通过实地调研结对扶贫县情况，在村乡筹集资金的基础上，资助底子差、难度大、呼声高的少数民族地区进行基建设施改造，累计资助对口贫困县硬化村道 10.2 公里、背街小巷 3 000 平方米、新建桥梁 1 座，受益人口 2 691 人；帮助新建自来水单体工程 6 个，在建河坝 3 处，解决 1 521 人安全饮水问题；协调电信部门并直接出资 10 万元接通信号“孤岛”，铺设电信光纤 18 公里，受益贫困户 97 户 318 人，有效改善了当地群众生活条件，为后续扶贫工作打下基础。

2. “证券 + 教育”扶贫

无论是公司领导，还是广大员工，始终对教育扶贫抱有极高热情，并持续参与捐助，目前已形成光大“明德”助学计划、光大证券遵义光大道竹小学帮扶等品牌项目。2016 年，光大证券捐助 2016 届贫困大学新生 35 人（4 000 元/年），合计捐款人民币 14 万元；跟踪并完成遵义光大道竹小学板房援建工作，合计 5.8 万元，改善了学校条件。同时，公司组织发动，领导带头捐助，员工积极参与光大集团“明德”助学计划，共有 709 名员工认捐对口贫困地区小学生 234 人（1 200 元/两年），中学生 208 人（2 000 元/两年），合计捐款 69.72 万元；发起光大道竹小学“爱心助学一对一”活动，员工共捐助道竹小学学生 19 人（500 元/年），合计捐款 1.02 万元。“助学帮困献爱心”已成为光大证券企业文化的重要组成部分。

光大证券将 2017 年定为光大证券的扶贫攻坚年，希望通过上述模式，进一步找准结点、直击痛点、聚焦重点、突破难点、发挥特点、创新亮点，在与结对地区的共同努力下，形成具有光大特色、当地特点的精准扶贫新模式。

三、扶贫工作的几点体会

（一）重视“统”，为扶贫工作提供政治保障和组织保障

1. 坚持以习近平总书记在中央扶贫开发工作会议重要讲话精神和中央打赢脱贫攻坚战

的决定为统领

光大证券党委召开党委会统一思想、建章立制、拟定计划、落实分工；组织党委中心组学习，进一步了解扶贫攻坚形势，深化扶贫工作理念，学习借鉴行业经验，为扶贫工作提供坚实的政治保障。

2. 坚持党委对扶贫工作的统一领导，以坚决落实监管机构和行业协会相关要求为引领

为更好地调配公司资源，因地制宜开展精准扶贫，公司第一时间成立光大证券扶贫工作领导小组，下设扶贫工作办公室（以下简称“扶贫办”），挂靠公司办公室，负责公司扶贫工作的日常工作，将扶贫工作上升到公司制度层面。

3. 以坚决将扶贫工作落到实处为要求，搭建扶贫工作体系，统筹公司协调扶贫工作

目前，已形成主要负责人挂帅推动、扶贫办统筹协调、分公司负责与结对地区对口联络、业务部门提供专业服务保障、中后台部门予以支持配合的扶贫工作体系，为更好开展扶贫工作、履行社会责任、践行中央精神提供了坚强的组织保障。

（二）突出“问”，为精准扶贫把脉问诊

一是请进来。光大证券没有将扶贫简单地视为一项工作，而是作为拉近与扶贫地区距离、促进民族融合的重要途径，邀请结对帮扶贫困县领导和企业家来公司实地考察，了解光大集团和光大证券的发展历史和企业文化，开展有针对性的金融知识培训，增强通过结对帮扶推进脱贫攻坚的信心。同时，根据当地的实际需求，初步设计、安排公司扶贫方案，调配整合资源，为下一步实地调研做准备。

二是走出去。实地调研是实现精准扶贫的关键前提。光大集团和光大证券主要负责人亲自带队分别前往湖南新田县、江西兴国县、万安县、宁夏西吉县进行考察，深入了解当地经济社会发展情况，与当地政府、企业家进行协商、座谈，逐一访问重点企业，为后期扶贫工作打下了基础，积累了大量一手资料。挂职干部、对口分公司、相关业务部门积极践行党委要求，用脚履行扶贫职责，扎根一线、访贫问苦，分析情况、对接需求，同时深入企业、关心辅导，以“严、实、准”的标准，为结对扶贫地区提供服务。

1. 推进光大国际垃圾发电项目

在与兄弟单位协同联动过程中，位于垃圾发电领域行业前列的光大环保能源，依靠领先的理念和过硬的技术，逐渐成为对口扶贫攻坚的新选择。目前，光大环保垃圾发电项目顺利完成土地调研和规划，项目选址调整至新田县。该项目投产后，不但可搜集周边数县区垃圾集中发电，而且“造血”扶贫效果显著，将为当地经济发展注入新动能。

2. 因地制宜发展特色养殖业

在新田县门楼下瑶族乡，与当地政府积极会商，挂职干部有效落实，光大证券逐渐摸索出高度契合当地原生态、有效利用丰富森林植被自然资源的特色扶贫项目——养殖石蛙、竹鼠、黑山羊，直接帮扶建档立卡贫困人口300人脱贫致富。发展特色养殖业，不但有效解决富余劳动力就业问题，成为符合当地特点、可持续发展的支柱产业，而且能倒逼当地百姓提高保护环境的意识，持续有效地推动生态文明建设，最终实现生态保护、脱贫致富“双赢”的效果。

3. 挂职干部积极践行群众路线

2016年初，在光大集团统一部署下，光大证券迅速选派业务骨干赴湖南省新田县挂职，

协调联络光大证券各类资源开展帮扶，赢得当地政府和群众的认可。挂职干部始终践行党的群众路线要求，把实现精准识别作为精准扶贫的第一要务。扎实做好贫困人口识别和建档立卡工作，把真正的扶贫对象甄别出来并了解其致贫原因，掌握帮扶需求，明确帮扶责任。与新田县结对后，在光大证券主要领导带队调研的基础上，挂职干部走遍了全县 86 个贫困村，通过面对面交谈、调研座谈会、入户实地察看等多种方式，问需于民、问计于民，对贫困人口数、致贫原因、脱贫措施有了全面的认识，基本上掌握了贫困现象的真实情况。

（三）立足“本”，强基固本打牢脱贫基础

有了对口贫困地区的基本情况底账，才能综合考量、对症下药。光大证券根据各县实际，排出扶贫项目序列，集中资源直面问题，解决痛点。少数民族地区落后的基础设施严重阻碍脱贫致富的步伐，自然成为突破口。光大证券将道路、饮水、通讯作为关键点，通过三方面改造，有效提升当地基础设施建设水平，夯实长期持续稳定发展的重要基础。

（四）着眼“干”，从单兵突进到组团服务

光大证券挂职干部在湖南新田县的出色工作让公司充分认识到，密切依靠当地政府和群众是实现精准扶贫的先决条件和必要保障，只有让“听得到炮火的人指挥战斗”，才能实现有效对接、精准扶贫。为确保新结对的三县尽快实现务实高效的对接，光大证券对联系服务机制进一步优化，将原来从总部业务部门选派骨干到当地挂职的方式，改变为由更了解实际情况的所在地区的分公司派专人进行服务，大大缩短了磨合时间。机制的转变，使得原来单兵突进、公司保障的扶贫模式，向分公司充分利用当地自身资源、快速有效实现组团服务的方式转变，在大大提升服务效率的同时，光大证券原有的服务保障力度不降反升。相关分公司根据当地实际情况，初步形成“一县一方案”，并依托公司专业优势和客户资源来完成项目导入，有效实现精准扶贫。

（五）紧扣“帮”，从定向捐赠到阳光公益

2016 年光大证券公益捐助近 170 万元，可以说，光大证券公益扶贫既是一个优良传统，又是一项长期工作。为更好地传承公司核心价值观，有效履行社会责任，提升光大证券社会和品牌形象，形成“证券 + 公益”的有效联动，光大证券目前正与上海市慈善基金会协商，设立光大证券阳光公益基金，持续加大在扶贫攻坚方面的投入。

我们坚信在习近平总书记为核心的党中央领导下，在监管部门的大力推动下，在大家的共同努力下，一定能实现到 2020 年全面建成小康社会的宏伟目标。

持之以恒　精准发力　全心服务国家脱贫攻坚战略

华泰证券股份有限公司*

华泰证券是一家与中国资本市场同生共长发展起来的大型综合性证券公司。近年来，在注重自身转型升级、创新发展的同时，华泰证券积极承担社会责任，全心服务国家脱贫攻坚战略，按照精准扶贫、精准脱贫的基本方略，结合贫困地区实际情况和证券公司自身优势，努力探索新路径、新方法，逐渐打造出具有行业特色和突出效果的扶贫工作模式。

一、持之以恒全情投入，以高度政治责任感打造精准扶贫责任体系

（一）聚焦目标任务，夯实责任体系

扶贫开发是当前的一项重大政治任务、重大发展任务、重大民生任务和重大行动部署。服务国家脱贫攻坚战略，华泰证券责无旁贷。在脱贫攻坚的关键时期，中国证监会和中国证券业协会对行业扶贫提出明确要求，对证券公司扶贫工作给予充分指导，形成许多行之有效的扶贫路径，也为公司扶贫工作开拓了思路。

2016 年，华泰证券坚持以《中国证监会关于发挥资本市场作用服务国家脱贫攻坚战略的意见》和中国证券业协会《关于证券行业履行脱贫攻坚社会责任的意见》为行动指导，不断拓宽扶贫思路、丰富工作抓手，以高度的政治责任感做好扶贫开发工作，建立健全“公司主要领导亲自抓、分管领导具体指导、职能部门专人负责”的扶贫工作责任体系，按照“领导工作要实、任务责任要实、资金保障要实、督查验收要实”的要求，切实将扶贫攻坚各项任务落到实处。

（二）保持工作定力，加大扶贫力度

扶贫工作贵以专。华泰证券聚焦于“缓解相对贫困、缩小收入差距、促进共同富裕”，一直参加江苏省扶贫工作队。2015 年之前，公司定点扶贫睢宁县，2015 年调整为丰县。22

* 原载于《中国证券》2017 年第 4 期。

年来，华泰证券每年安排相关人员参与扶贫工作，每年拨付扶贫款，用于江苏省对口帮扶工作。2016 年 10 月，华泰证券积极响应中国证券业协会“一司一县”结对帮扶国家级贫困县的行动倡议，与安徽省金寨县达成结对帮扶意向，投身于金融扶贫事业，带着感情、带着责任全身心帮助革命老区打赢脱贫攻坚战。

（三）健全对接机制，完善工作格局

华泰证券在扶贫开发工作中坚持以贫困地区需求为导向，建立健全工作对接机制。在苏北对口帮扶中，华泰证券挂职干部长期驻村，通过与当地镇村干部和贫困农户沟通交流，深入了解他们的所需所盼，切实了解制约当地经济发展的瓶颈所在。在“一司一县”结对帮扶过程中，华泰证券坚持从贫困地区实际需求出发，整合集团力量精准扶贫，力争为贫困县提供全方位的综合金融服务。

目前，华泰证券已形成人人参与精准扶贫的良好氛围，总部部门、分支机构和子公司积极参与各地政府机关、公益组织开展的扶贫帮困活动，不少营业部与当地贫困村建立紧密联系。如黄冈赤壁大道证券营业部积极参与当地政府的扶贫开发，对口帮扶黄冈市蕲春县檀林镇槐树村，坚持一对一的精准扶贫模式，实现帮扶队员和贫困户的精准对接。华泰证券子公司华泰期货与四川省剑阁县签订结对帮扶协议，为扶贫开发工作再添新动力。

二、因地制宜分类施策，以务实有效的举措扩大精准扶贫实际效果

（一）聚焦扶贫思路精准，确保工作对路子

为调动社会各方力量参与扶贫开发，江苏省创造性地推出“五方挂钩”帮扶做法。所谓“五方挂钩”，就是在保证省级财政主体投入的基础上，组织省级机关部门、苏南发达市县、部省属企业集团、高校科研院所与苏北经济薄弱县挂钩帮扶，落实江苏省规划确定的目标任务和措施，不脱贫不脱钩。作为参与单位之一，华泰证券充分认识到“授人以鱼不如授人以渔”，单纯的捐款捐物对于贫困地区改变面貌、贫困户脱贫来说是治标不治本。因此，在帮扶过程中，华泰证券坚决以“造血”代“输血”，从增强贫困村自身造血功能入手，提出“以项目建设为载体、以扶持产业发展为重点、以提高村级集体收入为突破口”的脱贫攻坚工作思路，确保扶贫工作少走弯路，不走错路。

（二）聚焦项目选择精准，确保工作有长效

项目选得好与坏直接关系到扶贫资金能否用到刀刃上，关系到扶贫效果是否经得起实践检验。华泰证券充分尊重当地群众意愿，坚持派驻队员入户调研、村级申报项目、队部论证、镇村张榜公示、各方签约确定的五步工作法，广泛调动了贫困户的生产积极性。在项目论证期间，会同林牧渔业局等相关职能部门对项目规划、选址、实施方式、建设时限等进行详细论证，确保能够利用当地优势资源，打造优势产业帮助农民脱贫致富。

近年来，华泰证券在睢宁县庆安镇姚圩村帮扶建设农贸市场和红白理事大厅，不仅为当地村民生活带来极大便利，也加快了村级集体经济的增收步伐；在睢宁县古邳镇官庄村与当地一家农民专业合作社联合建设了一座 1 万平方米的标准化肉鸡养殖小区，不仅直接带动了当地贫困人口就业脱贫，而且每年为村集体带来不低于 5 万元的租赁收入；2016 年在丰县

梁寨镇红楼村，帮助建设“600 吨果蔬保鲜储存库”，项目建成后不仅能够推动农业产业化经营，还可安置部分农村富余劳动力，带动包装、运输、维修等相关产业发展。项目尚未完工，就有企业主与村里签订租赁合同，预交年租金 15 万元，大大提升了村集体的造血功能。经过一年的努力，红楼村集体经济收入达到 22.5 万元，超过江苏省 18 万元的脱贫标准。

（三）聚焦公益资助精准，确保工作不局限

除对口帮扶苏北地区和“一司一县”结对帮扶外，参与社会公益事业也是华泰证券履行社会责任的重要途径，不仅能够有效扩大扶贫帮困的范围，也可保障公益资助的精准性。自 2006 年起，华泰证券多次向江苏省慈善总会进行捐赠：向江苏省慈善总会创始基金捐赠 500 万元，增值部分用于扶贫和爱心救助；向“心蕊工程”捐赠 1 000 万元，用于救助先天性心脏病儿童；捐赠 2 000 万元设立“紫金希望之光”华泰证券关爱儿童专项基金并将基金增值部分用于儿童大病救助；2017 年，再次捐赠 500 万元，持续支持公益和社会慈善事业。华泰证券通过江苏省国资委组织开展的“省属企业滴水·筑梦扶贫助学工程”，先后出资 150 万元，资助贫困高中生完成学业。积极响应江苏证券业协会“关爱山区儿童 共享冬日暖阳”活动倡议，组织员工向贵州毕节地区留守儿童献爱心活动，共捐助衣服1 514 件，书籍 894 本，学习用具 1 470 件，玩具 128 件。在重大自然灾害面前，华泰证券迅速反应支援灾区，2008 年汶川大地震发生后，公司上下积极行动，通过各种渠道向灾区累计捐款捐物近 1 396 万元；2016 年江苏盐城阜宁、射阳等地区突发龙卷风冰雹严重灾害，华泰证券第一时间向灾区捐款 300 万元，同时组织全体员工踊跃捐款近 55 万元，用大爱谱写华泰人团结互助、奉献社会的动人风采。

2016 年，华泰证券继续坚持多渠道参与扶贫公益事业，公益性支出 859.53 万元，涉及助学、助困、公益赞助以及支援灾区等方方面面。华泰证券携手中华慈善总会“为了明天关爱儿童”项目，发起关爱留守儿童的“益心华泰”系列公益活动，除了公司捐赠的 50 万元善款，活动期间共募捐逾 11 万元，在留守儿童集中区域安徽省安庆河图小学、江苏省宿迁仓集中心小学建立“关爱儿童之家”，同时正在积极推进公司扶贫点安徽金寨地区“关爱儿童之家”的选址与建设工作。通过江苏省扶贫基金会捐赠的 70 万元助学金，已资助苏北 5 市共 350 名成绩优秀、家庭贫困的高三学生。

三、发挥优势彰显特色，以与时俱进的智慧探索精准扶贫新路径

如果说对口帮扶苏北地区、参与扶贫公益事业属于传统扶贫模式的话，那么“一司一县”结对帮扶则是一条能够充分彰显资本市场行业优势、体现金融扶贫特色的券商扶贫之路。在华泰证券与安徽金寨县的结对帮扶过程中，华泰证券将金融业态与当地需求进行精准对接，重点发挥四重优势。

（一）发挥人才智力优势，为贫困地区做好金融智库

“扶贫先扶智”，资金和项目是贫困地区实现脱贫攻坚的基础，人才智力支持则是资金、项目效果最大化的重要保障。在“一司一县”结对帮扶过程中，华泰证券发挥人才智力优势，组织精干力量为贫困县提供金融咨询和金融发展解决方案，帮助贫困县更好地借力资本

市场实现快速发展。2016 年 12 月华泰证券资深讲师应邀在金寨县委党校举办一场资本市场专题培训会，培训人员近 500 人次，对我国资本市场现状、扶贫政策解读与操作、IPO 条件及关注要点作了详细解读，根据金寨县实际情况在招商引资方面给出合理化建议。在下一步脱贫攻坚过程中，华泰证券将根据贫困县需求，组织公司内部优秀讲师与当地职业院校开展长期合作，帮助贫困县培养高素质专业金融人才，为贫困县的长远发展提供强有力的人力资源支撑，同时选派政治合格、敢于担当、业务水平和组织协调能力强的人员到贫困县挂职，开展多层次精准人才帮扶。

（二）发挥行业中介优势，为贫困地区架起脱贫桥梁

华泰证券积极发挥自身服务投融资两端的中介优势，将金融业态与扶贫工作进行深入对接，努力探索金融扶贫新模式。重点做好三个方面：一是帮助贫困县企业利用多层次资本市场进行融资，解决“融资难、融资贵”的问题。2015 年末，华泰证券旗下的私募股权投资基金为位于贵州省黔南布依族苗族自治州长顺县的贵州一树连锁药业有限公司提供股权融资服务，投资金额 5 148.2 万元。二是帮助规范县域企业治理，为贫困县企业进军资本市场提供全力支持。2016 年，公司投行子公司、安徽分公司多次以电话沟通、上门拜访、专题讲座的形式，对金寨拟上市企业进行辅导培育，帮助规范企业治理。三是协助贫困县进行针对性的招商引资，持续增强金寨经济发展的内在活力。

（三）发挥金融专业优势，转换贫困地区扶贫思路

2016 年，华泰证券子公司华泰期货联合中国大地财产保险有限公司，在内蒙古自治区通辽市科左后旗开展大连商品交易所支持的玉米“保险 + 期货”试点项目。华泰期货与内蒙古通辽市科左后旗扶贫办签订 200 万元捐赠协议，将大连商品交易所预备给予华泰期货的 200 万元项目补贴全数捐赠给科左后旗扶贫办，与此同时带动当地扶贫办拨付了财政扶贫款 44.8 万元，以低廉的成本向大地保险购买 2016 年 12 月底到期的 3 万吨玉米期货价格保险，并以精准扶贫思路，将 244.8 万元共 64 份保险全部捐赠给当地少数民族贫困地区的玉米种植农户。最终，玉米现货、期货价格上涨，没有发生赔付，帮助农户管理了价格风险。

（四）发挥帮扶对象优势，积极推介贫困地区特色资源

作为革命老区，金寨被誉为“红军的摇篮、将军的故乡”，是中国革命的重要策源地、人民军队的重要发源地，同时金寨生态环境优越，“红、绿、蓝”三色旅游资源丰富，有 5A 景区 1 个、4A 景区 5 个，全县林地面积 440 万亩，森林覆盖率 74.29%，有茶园 17.7 万亩、栗园 50 万亩、毛竹 24.2 万亩、油茶 22 万亩、山核桃 7 万亩。华泰证券积极利用多种渠道帮助金寨特色农副产品打开市场、带动农民增收，推荐的灵芝袍子粉、无抗健康猪肉等金寨特色农副产品已在“中证普惠”App 消费扶贫平台上进行线上销售；同时，华泰证券将积极推介金寨丰富的红色教育资源，将金寨作为定点红色教育基地，在脱贫攻坚路上与金寨互促互进。

多年来，华泰证券把社会责任理念和企业发展战略融为一体，坚持公司发展与社会价值的同步提升。下一阶段，华泰证券将在现有基础上不断创新扶贫开发思路和办法，充分利用金融行业优势，拓宽经济薄弱地区企业融资渠道，精准对接脱贫致富奔小康多元化融资需求，为坚决打赢这场脱贫攻坚战做出应有的贡献！

精准到位　勇于担当　打赢扶贫攻坚战

杨　波*

现阶段扶贫工作已进入啃硬骨头、攻坚拔寨的冲刺期。剩下的贫困人口贫困程度较深，减贫成本更高，脱贫难度更大。实现到2020年让7 000多万名农村贫困人口摆脱贫困的既定目标，时间十分紧迫、任务相当繁重，必须在现有基础上不断创新扶贫思路和办法，才能打赢这场攻坚战。太平洋证券股份有限公司（以下简称“太平洋证券”）勇于承担扶贫攻坚社会责任，结合前期在云南地区开展扶贫工作的实际情况和工作经验，紧紧抓住“精准扶贫、精准脱贫”这一关键，坚持以发挥资本中介的市场功能为主体，通过产业发展和教育帮扶的途径帮助贫困地区人民脱贫致富。

一、建立健全长效工作机制，确保扶贫工作持续有效开展

2007年3月，太平洋证券成立新农村建设和扶贫工作领导小组。在新农村建设指导员选派、扶贫项目落实、扶贫资金投入等方面，均制订了清晰可行的操作流程及规划，保证扶贫工作的有序开展。十年来，选派9任新农村指导员和扶贫工作队员，到公司扶贫挂联县驻村参与新农村建设和扶贫工作。

为进一步加强精准扶贫工作力度和组织领导，太平洋证券细化工作任务，落实定点扶贫工作责任，保证人员、资金和物资到位，确保各项扶贫措施落到实处。2015年，根据云南省“挂包帮、转走访”工作联席会议办公室下发的《关于做好扶贫攻坚挂包帮、转走访有关工作的通知》精神，太平洋证券成立“挂包帮、转走访”工作领导小组，明确由公司党群工作部负责对接扶贫工作，相关部门协调参与，保障扶贫工作常态化开展。

2016年，太平洋证券招聘、选拔了一名有基层工作经验，熟悉乡情民情的当地志愿者为公司正式员工，作为扶贫工作队员派驻到怒江州贡山县普拉底乡力透底村，以保证扶贫工作的持续性和连续性。太平洋证券扶贫工作队员驻村后，协助力透底村委会完成力透底村贫

---

* 作者单位：太平洋证券股份有限公司。原载于《中国证券》2017年第4期。

困群众分布图、力透底村贫困户认定和退出程序图、力透底村脱贫攻坚计划、力透底村9个村民小组2016年“五个一批”脱贫攻坚计划，大力宣传扶贫攻坚政策，帮助贫困户抓好生产建设，协同村委会发放草果苗、漆树苗和泡核桃苗共计24万株，负责公司帮扶项目羊肚菌种植的组织协调工作。今后，太平洋证券将继续加强对下派扶贫工作队员的动态管理，解决扶贫工作队员的后顾之忧，明确工作职责，圆满完成扶贫攻坚工作任务。

二、发挥资本中介的市场功能，制订扶贫工作方案，助力贫困地区经济发展

太平洋证券积极履行脱贫攻坚社会责任，发挥专业优势，精准扶贫，有效扶贫，始终站在行业扶贫第一线。

（一）解读新政策，开展资本市场的投融资业务培训工作

2016年9月，中国证监会出台《关于发挥资本市场作用服务国家脱贫攻坚战略的意见》。太平洋证券组织人员认真学习和领会新政策的精神，通过公司或分支机构举办培训会等方式，对贫困地区政府和企业进行新政策的解读和宣传，协助当地企业及时把握政策变化并真正享受到政策红利。为地方政府、企业解读新政策，普及投融资等专业知识，先后与政府和其他机构合作承办红河州企业上市培训会、沪滇上市公司资本市场实务与创新业务高层研讨会。

（二）加强与贫困地区地方政府的合作

太平洋证券在云南省16个州市设立31个分支机构，是在省内覆盖面最广、服务工作程度最深的证券公司。其中在云南省东川、会泽、临沧、文山、泸水等贫困地区先后设立5家分支机构，不仅服务当地投资者，而且培育、带动当地资本市场发展。此外，太平洋证券在云南省金融办的支持下，与云南大理、西双版纳、保山和怒江等多个州市签订战略合作协议，为贫困地区丰富的生物、矿产等资源项目与国内外投资者牵线搭桥，在工业园区招商引资、培育当地拟上市公司等方面与相关州市进行全面合作，改善投融资环境，促进当地金融发展。2016年12月23日，太平洋证券与湖南省新化县人民政府签订了“一帮一结对子”战略合作协议，通过在新化县直接设立分支机构开展证券业务，为新化县提供全方位、多层次、宽领域的服务，助力新化县脱贫攻坚。

（三）发挥专业优势，为贫困地区开展投融资服务

为帮助企业到新三板挂牌融资，太平洋证券抽调骨干到玉溪、西双版纳、曲靖、昭通、怒江等地州，接触100余家企业，通过培训、讲座等形式积极支持贫困地区中小企业到新三板挂牌上市，并成功推荐8家云南中小企业在新三板挂牌。同时储备了如保山市的树明玉雕，楚雄彝族自治州的金碧制药、立天科技、乐美奇等一批拟挂牌企业。太平洋证券以发行城投债为起点，积极为当地政府进行基础设施建设融资，改善民生。参与云南省7个州市的城投债相关工作，融资规模近60亿元。为解决贫困地区发展资金短缺问题，太平洋证券通过资产管理计划为云南地区的贫困县金融机构解决贷款规模小、额度低的问题，为一些当地涉农企业解决贷款，并提高部分贫困县企业资金流动性。其中与施甸、龙陵、景东、墨江、

绥江、镇沅、屏边等县农村信用合作联社合作规模达8亿元。

为积极响应中国证监会金融援疆的号召，太平洋证券新疆分公司按照新疆工作会议精神，与阿勒泰、伊犁州、昌吉州等地政府就旅游产业基金合作，与“乐福城市”等当地企业就新三板挂牌业务合作进行沟通。2017年2月3日，“太平洋证券新水源污水处理服务收费收益权资产支持专项计划”（以下简称“新水源PPP资产支持专项计划”）在机构间私募产品报价与服务系统成功发行。新水源PPP资产支持专项计划由太平洋证券担任计划管理人，中国民生银行担任托管人、监管银行。项目发行总规模8.4亿元，是乌鲁木齐市先行尝试的少数PPP项目之一，已纳入财政部公布的PPP项目库。新水源PPP资产支持专项计划的成功发行是太平洋证券落实资本市场支持新疆发展座谈会精神、践行金融援疆号召的具体行动，也是公司扶贫之路在新疆的延伸。

（四）切实加强贫困地区投资者保护工作

太平洋证券将投资者教育工作纳入日常工作流程，建立负责制，明确到人，公司各部门、各分支机构总经理组成的投资者教育工作领导小组，通过在云南区域开展现场宣传、走进社区、走进学校、走进上市公司等方式，开展投资者教育活动，从源头上有效遏制非法集资；组织贫困地区投资者参加沪、深证券交易所投资者教育中心举办的“走进上市公司，理性合规投资”“我是股东”等活动；通过大屏幕、公司网站播放公益广告片，倡导理性投资、长期投资、价值投资的健康理念；积极报送投资者教育活动材料及产品，通过短信平台发送短信、电话客户回访等方式做好投资者服务工作。

三、坚持真扶贫、扶真贫，确保扶贫政策精准、对象措施精准、脱贫成效精准

（一）精准识别扶真贫

逐步建立起“贫困区域—贫困县—贫困村—贫困户”由上而下的贫困识别体系，把真正需要扶持的贫困群众按照标准选出来。具体从三个方面做好精准识别工作：

1. 对扶贫对象进行摸底调查

按照云南省委、省政府“挂包帮、转走访”的工作部署，通过走访、调查形式，了解力透底村委会情况，搜集扶贫基础材料，查实贫困原因。协助力透底村委会完成力透底村贫困群众分布图、力透底村贫困户认定和退出程序图、力透底村脱贫攻坚计划、力透底村9个村民小组2016年“五个一批”脱贫攻坚计划。

2. 建立扶贫对象档案体系

驻村扶贫工作队员到挂联点力透底村4个村小组农户家中，认真开展入户调查，协助普拉底乡政府对建档立卡贫困户进行评议和识别。目前太平洋证券在力透底村帮扶贫困户为38户，并选定38名党员作为帮扶人员与贫困户“结对子”，做到精准锁定对象、精准施策、精准发力，做到不脱贫就不脱钩。

3. 建立扶贫对象公示制度

根据公平、公正原则，构建公开公示制度，充分发挥农村的基层民主，将识别权通过公开公示的方式交给基层农民群众，让老百姓根据自身“标准”，识别确定的扶贫对象是否符合扶贫标准，以发挥普通民众的督查作用。

（二）精准施策见实效

长期以来，我国扶贫方式的选择往往只注重眼前实效，而忽视了扶贫工作的长远发展。因此，要完善精准帮扶机制，选择合理的扶贫路径。

1. 精准施策产业扶贫，从“输血”到“造血”

发展产业是带领贫困户走出困境的根本，没有产业发展的扶贫是无源之水、无本之木。要提高扶贫绩效、摆脱扶贫困境，需要正确评估适宜产业，根据掌握的市场信息和拥有的资源优势，利用当地特色和区域优势，发展特色产业和龙头产业。根据当地自然资源、生产条件情况，公司制订了《太平洋证券股份有限公司结对帮扶贫困户计划》，确定在力透底村贫困户中种植羊肚菌方案。2016 年太平洋证券投入 20 万元，在普拉底乡力透底村委会中的 4 个村小组种植 22 亩羊肚菌。太平洋证券驻村扶贫工作队员，长期驻扎在力透底村扶贫一线，对羊肚菌种植进行监督、维护、管理，目前羊肚菌长势喜人，进入收割阶段。预计 38 户贫困户人均增收 0.66 万元。

2. 注重教育文化扶贫，坚持扶贫先扶智

物资援助只能解决眼前问题，而大力发展基础教育、全面提高人的文化素质才是脱贫的根本，因此，扶贫首先要扶教育。在认真总结扶贫工作经验的基础上，太平洋证券把后续扶贫重点放在帮助发展贡山县的基础教育上。经过摸底调查，制订了《太平洋证券资助贡山县乡村教师和贫困学生实施方案》，计划从 2016 年起，在“十三五”期间每年投入 80 万元，对贡山县乡村教师和贫困学生实施资助行动。2016 年已投入 80 万元，资助贡山县优秀中小学教师 42 人次到大理市优质学校进行培训；对 30 名普通高中生、20 名中职生和 26 名特长高中生进行资助，帮助他们顺利完成学业；对 30 名优秀教师和 20 名贫困教师进行专项补贴。同时，从 2009 年起，公司领导与普拉底乡中心校近 20 名贫困孤儿学生结成“一对一”帮扶关系，每年每位领导给予每位学生 500 元生活资助，直到该学生完成 9 年义务教育顺利毕业。

3. 加强扶贫宣传，动员全体员工加入扶贫工作

为使贡山县普拉底乡中心校的学生能够温暖过冬，2016 年 12 月，太平洋证券向全体员工发出倡议书，短短几天爱心捐款达 10 余万元。12 月 25 日，用捐赠购买的 570 套冬衣、100 床棉絮、100 床被套送达学校。此举爱心行动就像冬天里的一把火，温暖着普拉底乡中心校的每一个学生。

（三）对实施的扶贫项目进行精准管理

党的十八届三中全会提出要“加快形成科学有效的社会治理体制”，这对提升农村社会治理水平、科学实施扶贫管理明确了指导原则。

1. 制订切实可行的实施方案

在产业发展种植上制订《普拉底乡力透底村羊肚菌项目实施方案》；在帮助贡山县发展基础教育方面，制订《太平洋证券资助贡山县乡村教师和贫困学生实施方案》。

2. 严格扶贫资金管理

建立严格的资金使用责任制，明确扶贫资金的使用对象。随着资金使用权的下放，相应责任也同时下放到公司驻村扶贫工作队员，在项目实施过程中始终让资金可管、可控，杜绝

和查处扶贫资金滥用行为。

3. 加强扶贫组织管理

扶贫过程同样也是一个社会治理过程，存在着多重社会主体。一方面建立交流机制，加强主体间沟通协调，推动扶贫主体间的资源、信息共享；另一方面加快形成主体间协调融合、责任共担的合作意识，形成合力共同扶贫。

四、扶贫工作中存在的问题及今后工作思路

（一）部分贫困群众脱贫的内生动力不足

太平洋证券结对帮扶的贡山独龙族怒族自治县境内居住着独龙、怒、傈僳、藏、白、汉、纳西等15个民族。同时，基督教、天主教、藏传佛教、原始宗教“四教”并存，多民族、特有民族和多宗教构成贡山县特殊和复杂的社会结构。部分群众有着“安贫乐道”的思想，在转走访过程中，我们发现一些贫困户家徒四壁，却不想自己做事，只想依靠政府给予各种帮扶。今后的扶贫工作应该加大贫困群众思想观念和生活态度转变，使之从“要我脱贫”转变到“我要脱贫”。

（二）脱贫方式仍需拓展思路，多层次开展

太平洋证券在2016年前的扶贫工作主要是放在基础设施建设和文化教育两方面。2016年为使老百姓有“造血”能力，从产业出发种植羊肚菌，在种植过程中发现存在以下几点问题：一是产业发展特别是农产品种植存在许多风险，如种子购买、气候、自然灾害、市场销售等因素的变化直接影响到收益，特别是自然灾害的影响更是人力难以控制的；二是生产方面，通过扶贫工作队员培训、指导农户种植的生产模式较为单一，不利于扩大再生产，在今后的工作中应考虑建立“党建＋专业合作社＋农户”的生产模式；三是销售方式上，应引入企业对农产品进行包装、注册商标，制定等级标准，形成真正的商品，并建立电商销售网络扩大影响，从而提高价值。

扶贫工作是一项长期的系统工程，需要持续不断的投入和坚持不懈的努力。太平洋证券将发挥证券公司专业化的投融资能力，利用资本市场引入资金，积极为贫困地区融资，助力当地经济不断增长，切实改善民生。

关于产业扶贫的实践与思考

朱　玮*

解析贫困需要从贫困的概念入手，以完整的指标体系来测度贫困，而把握贫困的根源是解决贫困的关键所在。贫困带来众多社会问题，而社会对贫困的看法是极其复杂的，贫困问题也影响着我国经济发展，虽然我们已做了长期工作，付出了艰辛努力，但这项事业仍旧任重而道远。改革开放以来，经过全国范围有计划、有组织的大规模开发式扶贫，我国贫困人口大量减少，贫困地区面貌显著变化。进入 21 世纪以来，中国经济腾飞发展，人民生活水平不断提高，对扶贫开发工作提出了新要求和新挑战。

一、国际社会对于贫困的认识

（一）对于贫困的定义

1901 年，第一个系统提出贫困定义的英国人朗特里提出："如果一个家庭的总收入不足以维持家庭人口最基本的生存活动要求，那么，这个家庭就基本上陷入贫困之中。" 1998 年，诺贝尔经济学奖获得者阿玛蒂亚认为："贫困是贫困人口创造收入能力和机会的缺失，贫困意味着贫困人口缺少获取和享有正常生活的能力。"

不同经济体、国际组织对贫困赋予不同定义，欧共体在 1989 年《向贫困开战的共同体特别行动计划的中期报告》中将贫困定义为："贫困应该被理解为个人、家庭和人的群体的资源（物质的、文化的和社会的）如此有限，以致他们被排除在他们所在的成员国可以接受的最低限度的生活方式之外。" 世界银行在以"贫困问题"为主题的《1990 年世界发展报告》中，将贫困界定为："缺少达到最低生活水准的能力。"

从以上贫困的定义来看，贫困被更多地认定为物质上的贫苦穷困，但其成因却是极为复杂的，自然环境、资源条件、经济基础、社会导向、历史文化、心理生理等方面都是影响贫困发生率和贫困程度的重要诱因。

---

* 作者单位：海际证券有限责任公司董事会办公室。原载于《中国证券》2017 年第 5 期。

（二）全球贫困现状

世界银行的相关研究报告显示，按人均每天生活费或收入低于 1.9 美元为国际贫困线计算，全世界贫困人口的比例已由 1990 年的 37.1% 下降至 2015 年的 9.6%。我们认识到，一方面，通过发展，各国在教育、卫生和社会保障方面加大投入，扶贫工作取得实效，全球贫困人口迅速减少；另一方面，全球仍有近 10% 的人口处于贫困之中。按照 2016 年底世界人口 72 亿人估算，仍有 7 亿人口处于困苦线之下，这些贫困人口大部分生活在撒哈拉以南非洲、南亚等地区。

2015 年 9 月，联合国 193 个成员国共同通过一项致力于打造更美好未来的计划——可持续发展目标（SDGs），为接下来的 15 年发展指明了方向，其中首要目标就是消除极端贫困。由此可见，在市场经济和全球化蓬勃发展的今天，贫困不仅是中国面临的难题，也是人类社会面临的共同挑战。

二、关于中国的贫困

（一）中国贫困的形成

中国历朝历代统治者普遍坚持“重农抑商”的经济指导思想，并在国家政策上限制工商业的发展。古代中国人的生产活动，并不是为了追求利润，而是为了自家的消费，所谓“男耕女织”，只有当自家出现生活盈余品的时候，才拿到集市上去交换。在这样的经济形态下，人民不可能富裕起来，这样的农耕文明无法造就富裕的国家。

中国的贫困历史漫长，主要由于社会制度的缺陷和生产力的低下而导致。改革开放以后，我国农村经济体制从建国初期开始经历多次改革和调整，从高度集中的计划经济体制逐渐向社会主义市场经济过渡，从集体经济到家庭联产承包责任制，一次次的改革都获得正面效果，提高了农民的收入，大大缓解了农村的贫困问题。

（二）新中国成立后的扶贫工作开展情况

中国的扶贫历史已有三十余年。1986 年，国务院贫困地区经济开发领导小组成立，认定贫困县，确定扶贫标准，设立财政专项扶贫基金，中国式有组织、有计划大规模的农村扶贫开发活动拉开序幕。1994 年，《国家八七扶贫攻坚计划》出台，计划实施的七年间，基本解决 8 000 万名农村贫困人口的温饱问题。2001 年，《中国农村扶贫开发纲要（2001—2010 年）》提出，从 2001 年到 2010 年，集中力量加快贫困地区脱贫致富的进程，尽快解决少数贫困人口温饱问题，进一步改善贫困地区的基本生产生活条件，巩固温饱成果，提高贫困人口的生活质量和综合素质，加强贫困乡村的基础设施建设，改善生态环境，逐步改变贫困地区经济、社会、文化的落后状况，为达到小康水平创造条件。进入新世纪第二个十年，《中国农村扶贫开发纲要（2011—2020 年）》提出，到 2020 年要稳定实现扶贫对象不愁吃、不愁穿，保障义务教育、基本医疗和住房。

（三）党的十八大后，进入“精准扶贫”的扶贫攻坚新阶段

现行扶贫制度尚不完善，不少扶贫项目较粗放，针对性不强，更多的是在“扶农”而

不是“扶贫”。以扶贫搬迁工程为例，对于居住在边远山区、地质灾害隐患区等地的贫困户，移民搬迁是较好的出路。但因为补助资金少，所以享受扶贫资金补助搬出来的多是经济条件相对较好的农户，贫困的特别是最穷的农户根本搬不起。新村扶贫、产业扶贫、劳务扶贫等项目，受益多的主要还是贫困社区中的中高收入农户，只有较少比例贫困农户从中受益，且受益也相对较少。

原有的扶贫体制机制必须修补和完善。扶贫必须要有“精准度”，专项扶贫更要瞄准贫困居民，特别是财政专项扶贫资金务必重点用在贫困居民身上，用在正确的方向上。扶贫要做雪中送炭的事，不能拿扶贫的钱去搞高标准的新农村建设，做形象工程。贫困区域的发展，主要应使用财政综合扶贫资金和其他资金。

十八大以后，习近平总书记在湖南湘西考察时首次提出“实事求是，因地制宜，分类指导，精准扶贫”重要指示，之后在 2015 年 1 月的云南调研期间再次强调“扶贫开发贵在精准，重在精准，成功之举在于精准”，我国“精准扶贫”开发进入脱贫攻坚的新阶段。2015 年 11 月，中央召开扶贫开发工作会议，颁布《中共中央国务院关于打赢脱贫攻坚战的决定》，全国部署“十三五”脱贫攻坚工作，要求举全党全国全社会之力，坚决打赢脱贫攻坚战。

三、产业扶贫是精准扶贫的长效机制

（一）万众一心、扬己之长、企业参与是产业扶贫的关键因素

产业扶贫是可持续化发展的概念。产业扶贫可以帮助贫困地区解决生存和发展问题。贫困地区一直以来靠传统农业都没有解决温饱问题，救济式扶贫也不能解决根本问题，而产业扶贫可以使贫困人群由“输血型”向“造血型”转变。

《中国企业扶贫研究报告（2016）》[①] 给许多企业如何参与、实施提供了有益参考。根据 63 家企业抽样数据，可以总结出以下几个扶贫现状与问题：

1. 民营企业比重极低

在 63 家样本企业中，民营企业只有两家，占比 3.17%。其中 51 家是中央企业，占比超八成，国有金融企业有 9 家，占比 14.29%，其他国有企业只有 1 家，占比不到 1.59%（见图 1）。

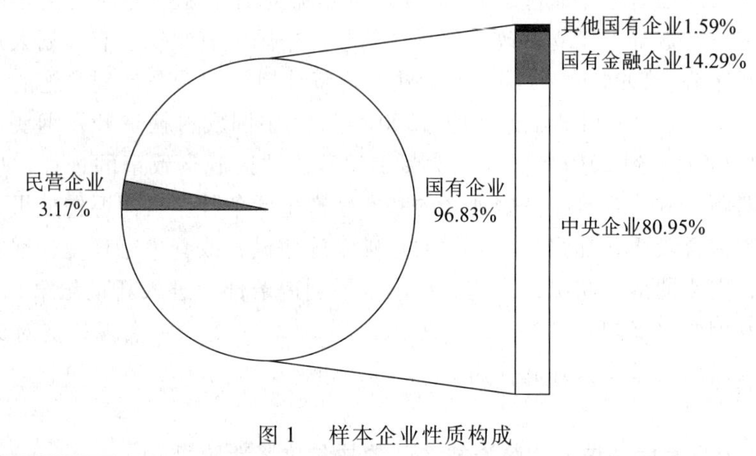

图 1 样本企业性质构成

① 钟宏武主编，社会科学文献出版社 2017 年版。

2. 扶贫领域可做更多开发

扶贫企业纷纷集中在教育文化、基础设施、产业这三大领域，其他产业相对较少（见图2）。

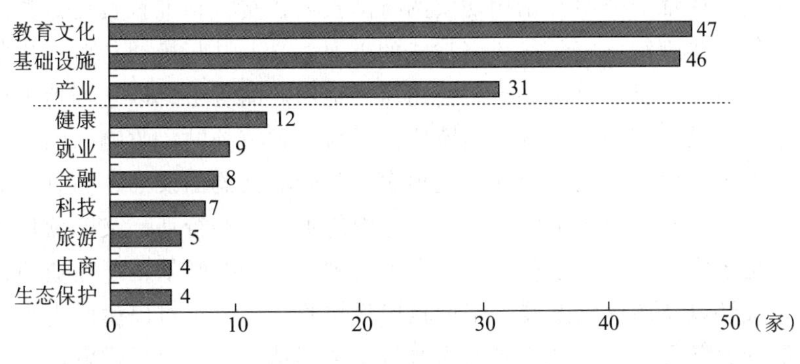

图2　企业定点扶贫领域分布

3. 企业扶贫管理缺乏组织性

其中，28家企业选派挂职干部驻点扶贫，明确扶贫主管部门的企业仅有8家，占比12.70%（见图3）。

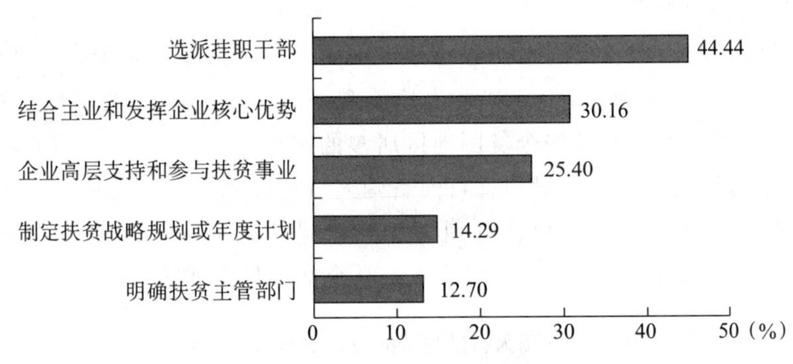

图3　企业定点扶贫管理情况

产业扶贫开发是一项长期而繁重的任务，新时期扶贫开发的主要任务已不是低水平地解决温饱，而是发挥各产业优势，有组织、有目标地加快脱贫致富，缩小发展差距。

（二）社会对证券行业扶贫提出新要求

社会公众在关注证券行业创造经济利润的同时，也同样关注证券公司以何种方式回馈社会，这给证券公司提出了更高的目标和要求。2016年8月4日，中国证券业协会在新疆乌鲁木齐组织召开证券公司扶贫工作座谈会。各会员代表一致认为，证券行业是国民经济发展和资本市场建设的参与者、推动者和受益者，助力脱贫攻坚、促进扶贫协作义不容辞、责无旁贷。证券行业应当积极主动履行脱贫攻坚社会责任，凝聚行业力量，发挥行业优势，精准扶贫，有效扶贫。与会代表一致同意向全行业发出倡议，开展“一司一县”结对帮扶行动。

帮扶行动开展以来，各证券公司积极开展各项工作，纷纷组建扶贫小组到各对口地区、农户深入调研，从“产业扶贫、消费扶贫、公益扶贫、智慧扶贫、教育扶贫”五维一体的综合金融帮扶方式着手，现已硕果累累。

（三）证券行业产业扶贫案例

目前，越来越多的证券公司开始用切实的行动投入扶贫，精准扶贫更是券商的责任和担当，各大证券公司深刻理解国家脱贫攻坚战略的重要意义，并积极履行脱贫攻坚责任。

大范围券商扶贫工作已经启动。有些公司从当地农产品着手，以比当地市场平均价格高的价格收购当地农产品，相当于是从初始阶段给予村民种植补贴。收购来的农产品，经过一道道严格的工序，最终出品。在公司内部发出农产品爱心义购倡议书，高管人员率先积极认购，全国的分支机构以及各地州市的分支机构等纷纷加入义购行列，义购款最终会汇入爱心基金，为将来做更多实实在在的帮扶项目奠定了基础。有些捐赠款用于建造项目、基础设施建设、民生关爱关怀以及产业化发展，帮助村民尽快脱贫，改善村民生活水平。有些证券公司充分利用企业的服务资源和产品优势，为对口市及其辖区内企业提供资产证券化、股权融资、债券融资、产业基金、并购重组、新三板挂牌等全方位的金融创新服务。

四、关于海际证券扶贫的工作与思考

（一）贵州地区贫困现状

贵州地区贫困情况不容忽视。贵州省位于中国西南的东南部，属于我国高原地区，平均海拔1 100米左右，山地占比87%，其余为丘陵和平地。较差的自然环境、众多的农村人口、低下的生活水平等因素形成如今贫困地区居多的现状。

截至2015年底的数据统计，贵州省目前贫困人口标准为人均年纯收入2 300元及以下。2015年，全省有493万名贫困人口，贫困人口数量排全国第1位，占全国8.77%（见表1）；全省共有66个贫困县、190个贫困乡、9 000个贫困村（见表2）。

表1　2015年贫困人口超过200万人的省（区、市）

地区	贫困人口（万人）			贫困发生率（%）		
	2014年	2015年	2015年比2014年减少	2014年	2015年	2015年比2014年降低
全国	7 017	5 623	1 394	7.2	5.8	1.4
贵州	623	493	130	18.0	14.0	4.0
云南	574	471	103	15.5	12.7	2.8
河南	565	430	135	7.0	5.3	1.7
广西	540	452	88	12.6	10.5	2.1
湖南	532	464	68	9.3	8.1	1.2
四川	509	381	128	7.3	5.5	1.8
甘肃	417	307	110	20.1	14.8	5.3
安徽	371	309	62	6.9	5.7	1.2
陕西	350	264	86	13.0	9.8	3.2
河北	320	299	21	5.6	5.2	0.4
江西	276	200	76	7.7	5.6	2.1
湖北	271	384	-113	6.6	9.4	-2.8
山西	269	231	38	11.1	9.5	1.6
贵州排位	1	1	2	4	4	2

表 2　　贵州省贫困面基本情况

年份	贫困县（个）	贫困乡（个）	贫困村（个）	贫困人口（万人）	脱贫人口（万人）	减贫摘帽乡镇（个）	贫困发生率（%）
2010 年	50	934	13 973	418	137		12.1
2011 年	66	868	13 973	1 149	60	66	33.4
2012 年	66	740	13 973	923	226	128	26.8
2013 年	66	568	13 973	745	178	172	21.3
2014 年	66	409	9 000	623	122	159	18.0
2015 年	66	190	9 000	493	130	219	14.0

注：（1）2011 年中央扶贫开发工作会议后，贵州省 16 个县划入国家集中连片特困地区，贫困县增加到 66 个。

（2）2010—2013 年，贫困村按老行政区划统计；2014 年。按省民政厅提供的 2013 年行政区划，重新识别。

（3）2010 年，贫困人口标准为人均纯收入 1 274 元（2010 年不变价）及以下；2011 年起，贫困人口标准为人均纯收入 2 300 元（2010 年不变价）及以下。

由此可见，贵州省主要有几个贫困特点：贫困覆盖面积大，贫困程度深；致贫返贫成因复杂，扶贫难度大；经济基础差。

（二）海际证券扶贫工作实践

根据对贵州当地贫困情况的分析和了解，海际证券自 2016 年底至 2017 年初已开展四项扶贫项目，具体如下：

2016 年 9 月，海际证券与贵州省石阡县扶贫开发办公室签订《扶贫捐赠协议书》，定向捐赠款用于石阡县河坝镇普兴村村委会办公场所及村民休闲广场建设工程。该工程于 2016 年 8 月 27 日开工，由于地理位置比较特殊，挖机工作长达 15 天，进行各阶台平整、压实，到 2016 年 12 月 28 日，主体已完工。

2017 年 1 月，海际证券与贵州省毕节市黔西县人民政府签订《对口帮扶与合作协议书》。海际证券将发挥自身产业优势，积极引导和培育优质企业在黔西县落户；建立金融扶贫工作站，开设分支机构和强化分支机构专业服务功能等方式，以产业扶贫为主导，为黔西县企业规范公司治理、上市辅导培育孵化、投资融资等提供专业服务；支持黔西县拓宽融资渠道，与当地政府、投资平台探索成立基金，支持黔西县产业发展；组织开展公益扶贫，对建档立卡贫困户在就学就业等方面开展精准帮扶；加强黔西县投资者教育保护。

2017 年 1 月，与贵州省织金县慈善会签订《定向捐赠协议书》，海际证券捐赠的款项将用于织金县熊家场镇（中天）农业服务中心的建设以及组建联村党总支、联村合作经营组织等全方位开展农村社会经济服务。该项目包括购置房产和场地、组织设立党总支办公场所定期学习、打造综合服务基地。

海际证券携手中融人寿保险股份有限公司、贵阳金融控股有限公司助力望谟、赫章、黔西三县“千企帮千村”易地搬迁扶贫，已于 2017 年 3 月 2 日举行签约仪式。自 2017 年起，三家企业将累计投入易地搬迁扶贫专项资金 3 亿元，至少帮扶 15 000 人脱贫，希望通过“一对一”的精准对接，推进望谟、赫章、黔西三个试点县早日成为多彩贵州的亮丽风景。

（三）对于扶贫工作的几点思考

海际证券的扶贫工作从开始到实施已有 6 个月，在参与帮扶的过程中不断学习、探索和实践，根据各项数据以及对贵州省统计年鉴和贵州省贫困检测报告的数据分析，针对贵州的贫困现状，提出以下几点思考：

一是大力发展旅游业及农业。贵州地貌属于高原山地，又有多条河流流经，素有“八山一水一分田”之说，故而省内风景旅游景区颇多；当地高海拔的亚热带地区，冬暖夏凉，雨水丰沛，全省森林覆盖率达 35%，为各种生物的生长繁衍提供了复杂多样的生态环境，具有发展特色农业的有利条件。建议通过各渠道宣传，吸引游客，协同发挥农业特色，将农业与旅游业结合开发，增加旅游和农业收入，改善当地居民生活。

二是改善当地公共设施建设。加强贫困地区基础设施建设，加快破除发展瓶颈制约。如交通、水电利、互联网、农村危房等设施。

三是加强金融扶贫力度。协助当地引入新金融业态支持精准扶贫，推动以产业发展基金助推金融和产业扶贫的模式，充分利用市场经济手段配置资源，重新组合生产要素，打破“贫”和“困”的障碍，“授人以鱼不如授人以渔”，支持当地增强自我发展能力。

中国企业扶贫道路尚在摸索起步阶段，扶贫贵在长久和传承，海际证券作为一家长期坚定践行社会责任的证券公司，积极响应号召，扶贫行动仍在路上，也将一直在路上。

中航证券金融扶贫的实践

彭海兰　孟维肖　蒋聪汝*

一、中国进入扶贫攻坚新阶段

贫困是全球共同面临的重大问题。中国是世界人口最多的国家，也是贫困问题最突出的国家，我们一直致力于反贫困行动。我国改革开放30多年来，经济快速增长和政府持续推进的强有力反贫困措施，使得反贫困取得举世瞩目的成效。根据国务院扶贫办发布的《中国扶贫开发报告2016》（扶贫蓝皮书）显示，改革开放以来，农村贫困人口从1978年的7.7亿人，减少到2015年的5 575万人，总计减少7亿多贫困人口，实现迄今人类历史上最快速度的大规模减贫。

但反贫困从来不是一蹴而就的，我国人口基数大，贫困人口数量多、分布区域广等问题依然存在。如今，我国面临着2020年全面建成小康社会的目标，现阶段致贫原因和贫困特点都在发生变化，呈现出从绝对贫困到相对贫困、静态贫困至动态贫困等新特点，扶贫难度加大，扶贫任务到了攻坚阶段。2015年10月，习近平主席在2015年减贫与发展高层论坛上提出，到2020年中国政府将实现现在标准下7 000多万名贫困人口全部脱贫。2015年11月29日，《中共中央国务院关于打赢脱贫攻坚战的决定》对我国“十三五”期间反贫困目标进一步明确，即“到2020年，稳定实现农村贫困人口不愁吃、不愁穿，义务教育、基本医疗和住房安全有保障。实现贫困地区农民人均可支配收入增长幅度高于全国平均水平，基本公共服务主要领域指标接近全国平均水平，确保我国现行标准下农村贫困人口实现脱贫，贫困县全部摘帽，解决区域性整体贫困”。

---

* 作者单位：中航证券有限公司。原载于《中国证券》2017年第5期。

二、全球扶贫理论的发展变化

无论是发达国家，还是发展中国家，贫困问题都未能从根本上得到消除，反贫困是全世界面临的重大挑战。目前，欧美等西方国家已经陆续建立起“福利国家”制度和政策体系，通过以“社会保障”模式为主的制度化举措应对贫困，以保证全体国民的福利。随着经济社会发展，发达国家反贫困已从生活救助向资产建设发展，美国、加拿大、澳大利亚、秘鲁等都陆续建立起资产社会政策的试点或示范工程，金融扶贫和产业扶贫正成为国际反贫困的潮流。

受益于中国过去三十余年整体经济的发展，我国扶贫工作取得举世瞩目的成就，贫困现象已呈现出由绝对贫困向相对贫困变化的新特点，决定了我国扶贫模式已经不能仅仅依靠救济式扶贫的单一模式，而是需要向侧重帮助有“造血”功能的贫困人口提高其自我发展能力，实现脱贫致富发展。举例来说，我国国土面积辽阔，经济发展中长期存在东西部区域发展、城乡发展差异比较大的不平衡问题，各地区在贫困问题上也各有特点，尤其是顶层设计的“一刀切”政策并不能满足所有地区的政策需求，而是需要多层次、多角度、多领域地探讨扶贫模式，因地制宜扶贫，因人因地施策。在这一背景下，习近平总书记于 2013 年 11 月 3 日在湘西州花垣县十八洞村调研扶贫工作时，提出“精准扶贫”这一思路。中办、国办印发《关于创新机制扎实推进农村扶贫开发工作的意见》，明确“精准扶贫、精准脱贫”成为我国新时期脱贫攻坚的基本方略。

“授人以鱼不如授人以渔”，原有扶贫制度设计尚不完善，不少扶贫项目受众粗放，针对性不强，扶贫中的低质、低效等社会不公问题持续存在。在精准扶贫实践中，特色产业扶贫、“互联网 +”扶贫、电商扶贫等新的扶贫模式通过政策引导和资金扶持，依托产业和市场化的手段运作，让贫困主体真正进入市场，在市场经济发展中，共同平等分享经济发展的成果，提高贫困人口的自我造血功能。

为贯彻落实《中共中央国务院关于打赢脱贫攻坚战的决定》和精准扶贫的精神，2016 年 8 月 4 日，中国证券业协会发布《助力脱贫攻坚 履行社会责任——证券公司“一司一县”结对帮扶贫困县行动倡议书》，倡议每家证券公司至少结对帮扶一个国家级贫困县；2016 年 9 月 9 日，中国证监会发布《中国证监会关于发挥资本市场作用服务国家脱贫攻坚战略的意见》，借此充分发挥资本市场作用，服务国家脱贫攻坚战略，为全面建成小康社会提供有力的资本市场支撑。

三、中航证券“产业 + 金融”扶贫新模式，践行军工央企社会职责

2016 年，为响应中国证券业协会助力脱贫攻坚倡议，履行社会责任，中航证券积极参与“一司一县”结对帮扶行动，先后与江西省井冈山市、宁夏回族自治区固原市泾源县、江西省赣州市上犹县签订战略合作协议。

（一）积极开展直接融资活动，盘活贫困县资产（井冈山篇）

井冈山位于湘赣边界、罗霄山脉中段，山势雄伟，地形复杂，自然风光独特，是中国革

命的摇篮，伟大的井冈山精神是长征精神的源头。作为江西省本土券商，中航证券充分结合井冈山旅游和红色教育的特色优势，派驻专业团队，全面、细致辅导井冈山旅游股份公司首发上市工作。同时在对井冈山的调研中积极建言献策，认为井冈山不适宜发展第二产业，应专注于观光第一产业和第三产业。经过对井冈山蜜柚和灵芝项目调研，认为目前农业和旅游已经进入资本密集型时代，当地缺乏的是资本市场教育和融资理念革新，希望通过现代企业公司治理模式解放当地贫困人口的生产力，把当地分散的产业整合，完成资产端向资本市场的涅槃。

在监管层逐步放开资产证券化业务的大背景下，中航证券通过对贫困县梳理区域内适合开展证券化业务的资产，派驻专业团队，指导帮扶政府完成各类资产的证券化业务，开辟新的融资渠道。针对债券融资，在支持贫困县工作方面，建立贫困县企业债券市场融资后备企业库，对经培育成长较快、达到发债条件的后备企业，优先开展承销服务。目前中航证券作为井冈山市国有资产经营管理有限公司发行企业债券的主承销商，正在发行企业债。

（二）助推对口帮扶县“产业＋金融”发展（泾源篇）

在“一司一县”结对帮扶实践中，中航证券为帮扶贫困县定制“产业＋金融”的精准扶贫方案。中航证券通过对当地调研发现，泾源与井冈山存在较大不同之处，宁夏自然资源气候、地貌相对江西恶劣，宁夏贫困的主要原因除受制于自然资源禀赋的不足——“缺水”之外，与沿海地区在金融意识上有较大差距。中航证券针对较成熟企业进行金融辅导，对于企业发展中所遇融资难、转型难等发展瓶颈，设定金融计划，积极引导其步入资本层面。鼓励县政府进一步提升企业上市的奖励和扶持力度，吸引特定符合首发上市条件的优质企业落户本地，为落户企业提供全方位的资本市场服务。对符合中国证监会首发上市绿色通道的企业实行重点辅导。设立重点上市后备企业库进行资源整合，在资金面寻求政策性优先支持。引导省内外创业投资企业和私募股权投资基金进行战略投资，积极协助后备企业通过金融租赁、股权转让、发行债券等方式改善财务结构。

结合宁夏泾源县创建国家级全域旅游示范县，推进旅游相关产业发展。目前中航证券正积极引入上市公司对其现有产业进行管理及资本输入，帮助泾源以结合当地文化为特点，助力其向成为中国最美生态休闲旅游名县努力。目前泾源县全域旅游已拉开帷幕，旅游业态雏形初显。2016 年接待游客突破百万人次，实现旅游总收入 7 亿元。

在“小苗上山、中苗留圃、大苗入市”长效机制推广下，泾源县苗木产业茁壮成长，完成精准造林 7 万亩，六盘山特色花灌木达到 1.4 万亩，全县苗木种植面积优化到 19.2 万亩，外销各类苗木 9 400 万株，实现销售收入 12.8 亿元。考虑到泾源县的苗木业企业体量较小，中航证券为其专门安排新三板团队对接，向当地企业宣讲新三板的法律法规政策，推动新三板挂牌企业通过定向发行股票、中小企业私募债、股权质押贷款、增加银行授信等方式扩大融资。

（三）留住青山绿水，在现有产业结构中提质增效（上犹篇）

上犹县是国家扶贫开发重点县、罗霄山区集中连片特困地区扶贫攻坚县，县域风景极其秀美，拥有丰富的水域面积和水电资源，有“赣州后花园”之称。该地区产业特征是第二产业以依托水电的高耗能产业玻纤为主，第三产业有特色，农业不发达。基于上犹县经济转型过程中对财政补贴、上级政府转移支付依赖性较大等问题，中航证券专业团队从工业、旅游业、金融方面提出专业方案。

上犹本身发展玻纤产业并无产地优势，而玻纤本身属于高耗能产能过剩行业。中航证券建议引入上市公司收购模式扩大工业（玻纤）产品线提升工艺，减少二次能耗，提升产品技术升级，培育优质并购标的。上犹旅游多由城投公司和犹江实业两家政府下属公司开发，短期看可通过赣州城投，以反担保方式锁定较低利率帮助两家公司发行企业债，解决资金问题。中长期可利用 PPP 模式引进旅游业上市公司对当地优质旅游资源进行整合，同时输出资本和管理，明晰产权，解决贫困地区造血的根本问题。发行 ABS 助力特色小镇，鼓励民间资本成立旅游开发公司，以农旅特色小镇的门票收入、观光旅游收入为基础资产发行证券，扩大融资规模，扩大产业规模。以政策性银行的低息政策性、开发性贷款为基础，引入合适的投资者组建“开发性金融基金”，形成持续稳定的资金来源。

四、中航证券扶贫的研究和实践中的困惑

中国已从计划经济向市场经济转型，转型过程中，政府从管理型政府向服务型政府转变，但仍具有很强的二元经济结构的特征，这也决定了我国扶贫需要走中国特色模式。中国证监会倡导的金融扶贫就是中国特色的与贫困做斗争的实践。

（一）巧用二元经济结构

在二元论下，有政府支持的融资成本低，融资渠道宽，品牌和信誉好，这种现状对扶贫而言有利有弊，可以利用政策扶持贫困地区。解决贫困问题，脱贫攻坚要追求实效，需要通过理论指导实践，落实精准扶贫。在产业扶贫和金融扶贫中要客观看待和巧用二元市场结构和二元经济结构。目前金融扶贫政策中允许贫困县 IPO 项目即报即审。但不排队并不是“走后门”，也没有开“绿灯”，所有贫困县的 IPO 仍然必须符合现在的所有政策，在不打破现有规则的情况下对贫困县有所倾斜，这是巧用二元论。

（二）金融扶贫要“立足当地，求实求先”

2016 年 9 月公布实施《中国证监会关于发挥资本市场作用服务国家脱贫攻坚战略的意见》，明确贫困地区企业申请首发上市实行“即报即审、审过即发”政策以来，全国出现了不少公司迁址贫困县的现象，部分贫困地区地方政府还利用这条政策将地方经济发展定位为上市公司孵化园。贫困地区经济体量小，自身培育龙头企业难度大，IPO 新政为贫困地区提供了主动引入一些想上市、又担心“排除”时间过长的企业，为培育地方新产业、新龙头企业提供了新的途径。但扶贫不能急功近利，应追求以提升贫困地区内生增长性为目标的长效脱贫效果，产业扶贫仍然是精准扶贫的关键，金融扶贫则是为产业发展提供血液的利器。既然产业扶贫是关键，所以助力产业扶贫的金融扶贫倾斜方向应该是与贫困地区的产业结构、资源禀赋和市场需求相结合，而不是单纯地只将 IPO 扶贫政策视为上市的便利通道，应该是立足于产业发展的真扶贫、扶真贫，将“输血”式扶贫改变成“造血”式扶贫。

2016年证券行业履行脱贫攻坚社会责任综述

王燕红　何　玲　臧赢鹏*

一、2016年证券公司“一司一县”结对帮扶倡议落实情况

2016年是脱贫攻坚首战之年，党中央把脱贫攻坚摆到了治国理政的突出位置。2016年3月，为贯彻落实《中共中央 国务院关于打赢脱贫攻坚战的决定》和中央扶贫开发工作会议精神，中国人民银行、中国证监会等七部门联合印发《关于金融助推脱贫攻坚的实施意见》；2016年9月，中国证监会出台《关于发挥资本市场作用服务国家脱贫攻坚战略的意见》（以下简称《脱贫攻坚意见》），提出充分发挥资本市场作用，服务国家脱贫攻坚战略。

中国证券业协会（以下简称“协会”）坚决贯彻落实中央及中国证监会的决策部署，发挥行业协会的引导作用，凝聚行业力量，助力脱贫攻坚。2016年8月4日，协会在新疆乌鲁木齐组织召开证券公司扶贫工作座谈会，与会代表一致同意向全行业发出倡议，开展“一司一县”结对帮扶行动，每家证券公司至少结对帮扶一个国家级贫困县，通过组建金融扶贫工作站、管理人员挂职等方式与当地政府建立长效的帮扶机制，发挥专业优势帮助县域内企业规范公司治理，以产业扶贫为主导，提高贫困地区利用资本市场促进经济发展的能力；结合当地建档立卡贫困户实际，采取多种措施，帮助解决当地贫困户就业就学就医等实际困难。截至2016年12月30日，已有82家证券公司确定对口帮扶125个国家级贫困县（见附表），在证券公司数量（母公司口径[①]）中占比已达85%。

（一）帮扶积极性逐步提高

2016年9月9日，协会发布证券公司“一司一县”结对帮扶第1号公告，首批11家证

---

* 作者单位：中国证券业协会。

① 截至2016年12月底，证券公司合计129家，其中，母公司97家，全牌照子公司2家，证券经纪子公司3家，证券投行子公司11家，证券资产管理子公司16家。

券公司率先响应协会倡议，短短 4 个月时间，有 82 家公司投身进来，其中 35 家公司增至“一司多县”。结对帮扶数量最多的为华林证券，共结对帮扶 6 个贫困县；其次为国信证券，共结对帮扶 5 个贫困县；4 家证券公司（财富证券、东北证券、光大证券、长城证券）结对帮扶 4 个国家级贫困县；3 家证券公司（华金证券、申万宏源证券、长江证券）结对帮扶 3 个国家级贫困县；26 家证券公司结对帮扶 2 个国家级贫困县；其他 47 家证券公司各结对帮扶 1 个国家级贫困县。

（二）帮扶覆盖面不断扩大

82 家证券公司结对帮扶的 125 个国家级贫困县，帮扶范围覆盖了 22 个仍存在扶贫开发工作重点县的省、自治区、直辖市，不少证券公司积极克服距离困难，结对西藏、新疆、贵州等边疆省份及江西赣州等革命老区（见图 1）。

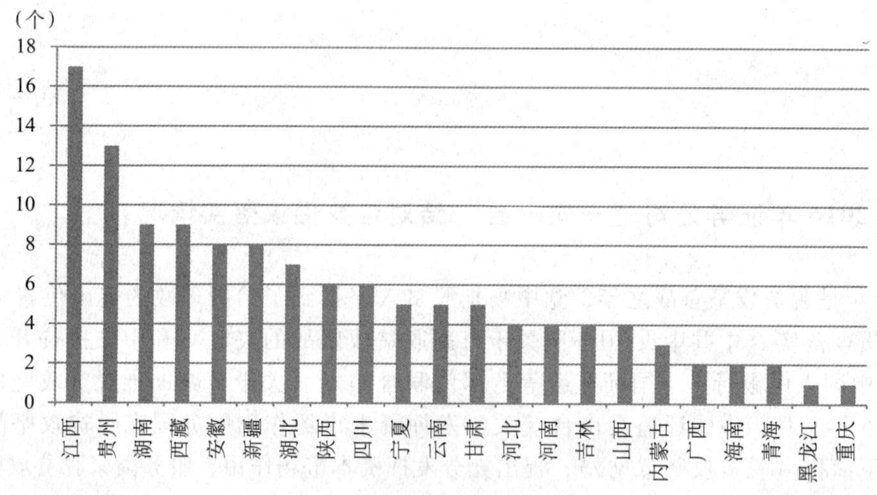

图 1　结对帮扶贫困县分布情况

（三）帮扶机制因“县”制宜

各证券公司因“县”制宜，通过设立扶贫工作领导小组、派驻挂职干部及建立金融扶贫工作站等多种方式，初步建立长效帮扶工作机制，加强双方的沟通协作，确保具体扶贫项目落到实处。20 余家证券公司已派驻挂职干部 40 余人，14 家证券公司设立金融扶贫工作站 23 个。2016 年，证券公司积极发挥行业优势，从产业扶贫、金融扶贫、消费扶贫、智力扶贫、公益扶贫等几个方面对贫困县开展精准扶贫，证券行业结对帮扶工作取得良好开局。

二、2016 年证券公司精准扶贫具体情况

2016 年，证券公司在结对帮扶的基础上，深入贯彻落实中国证监会《脱贫攻坚意见》精神，在支持贫困地区融资、产业扶贫、公益扶贫、智力扶贫等各方面都取得了积极进展，并涌现出了一批优秀典型。

（一）加大贫困地区融资服务力度

中国证监会《脱贫攻坚意见》指出，要优先支持贫困地区企业利用资本市场资源，拓宽直接融资渠道，提高融资效率，降低融资成本，不断增强贫困地区自我发展能力。据不完全统计，证券公司发挥专业优势，全年帮助贫困地区企业融资金额达446.57亿元。其中，通过主板首次公开发行股票并上市、股票定向增发、并购重组3个项目，为贫困地区企业融资42.33亿元；通过全国中小企业股份转让系统开展股权融资项目31个，为贫困地区企业融资34.33亿元；通过区域性股权市场开展融资项目40个，融资49.75亿元；为贫困地区企业发行债券融资项目39个，融资286.20亿元；为贫困地区企业发行资产管理计划12个，融资33.96亿元（见图2）。

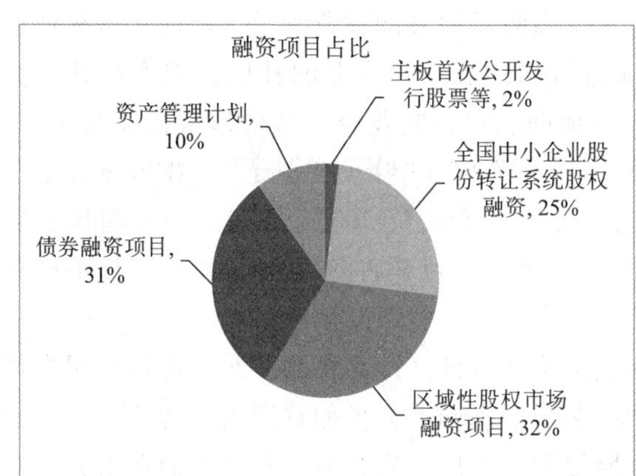

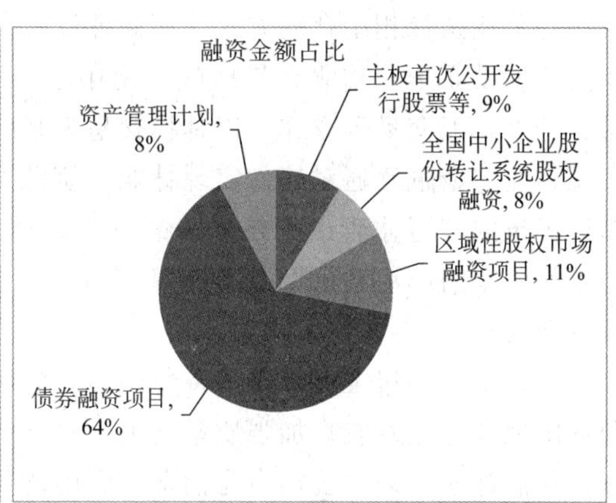

图2 证券公司帮助贫困地区融资情况

期间，证券公司结合贫困地区不同产业、不同企业的差异化金融需求，创新融资手段，实现贫困地区企业与资本市场的有效对接，着力解决“融资难、融资贵”问题。2016年7月，华林证券发行“云南文产巴拉格宗景区入园凭证资产支持专项计划”，融资8.4亿元，还款来源为香格里拉大峡谷——巴拉格宗国家AAAA级风景名胜区未来的门票、观光车、漂流设备的销售收入。该计划充分挖掘巴拉格宗风景区丰富的旅游资源，探索贫困地区利用自然旅游资源创新融资手段的路径。2016年9月，国开证券、华西证券发行第一期“泸州市易地扶贫搬迁项目收益债”，融资金额5亿元，还款来源为易地扶贫搬迁项目使用城乡建设用地增减挂钩收益。该债券的成功发行创新了易地扶贫搬迁融资模式，开创了以债券形式支持扶贫开发的先例，为国家脱贫攻坚行动探索了新的融资路径。2016年9月，招商证券成功发行牧原集团可交换公司债，融资总额21.5亿元，债券的票息低于同类纯债，探索利用可交换公司债的形式降低企业融资成本。

（二）提升贫困地区产业发展能力

产业扶贫是实现扶贫方式由“输血”救济到“造血”自救的根本性转变，是贫困地区彻底摆脱贫困的根本举措。证券公司深入调研，找准路子，通过培育特色产业、推广特色产品、设立产业基金等方式，帮助贫困地区走上产业发展之路。期间，根据精准脱贫阶段的新形势新特点，创新了不少帮扶模式。

一是找准症结，因地制宜制订产业发展规划。东方证券对帮扶县内蒙古自治区莫力达瓦达斡尔族自治旗菇娘产业发展状况以及菇娘的产品特色进行实地调研走访，就菇娘产业的销售渠道、仓储、质量检测、品牌推广等事项与专注于农产品品牌塑造的相关电商进行详细探讨，确定了“盘活菇娘产业链、打造优质品牌”的产业发展方向，并完成初步方案设计。中金公司对帮扶县湖南省古丈县进行实地考察和调研，撰写了《脱贫致富，从“产、城”破局——古丈县调研报告》，为古丈县的经济发展献计献策。

二是对症下药，大力培育特色产业。华龙证券联合甘肃省甘南藏族自治州舟曲县果耶乡，成功打造绿色健康农产品品牌——“藏乡荞麦”，提高当地农户的“造血”功能。所有销售款全部汇入华龙证券“垄上人家”爱心基金，用于后续贫困地区扶贫项目，探索产业扶贫与公益扶贫相结合的方式。浙商证券为盘活安徽省岳西县的林业资源，推动华东林业产权交易所设立华东林业交易所皖西南中心，通过将当地农户和企业的林地及农产品挂牌交易、开展碳汇交易等方式，以林权交易为基础，帮助农户、农业企业从合作银行获得贷款，实现林业与金融互通对接，实现林业“资源变资产变资本”“叶子变票子”，践行习近平总书记提出的“绿水青山就是金山银山”的理念。光大证券出资 200 万元在湖南省新田县实施了红六军团小源会议旧址等修缮工程，引进“红色、绿色、古色”旅游资源，打造红色旅游新模式。

三是拓宽销售渠道，推广特色产品。为切实解决贫困地区产品销路问题，证券公司在帮助贫困地区企业及农户加强质量把关、改善产品包装的基础上，挖掘贫困地区特色产品及卖点，各展神通，通过公司自身消费、利用营业网点展示推广、发掘客户及员工消费潜力、与“中证普惠”消费扶贫平台及其他第三方平台合作等方式，推广贫困地区特色产品，帮助贫困县农户稳定增收。自结对帮扶行动启动至今，已推广销售贫困地区特色产品 2 200 余万元。

四是设立产业基金，助力产业发展。长江证券、东海证券、华创证券、国盛证券 4 家证券公司探索设立产业基金，主要投资于贫困地区支柱产业及拟扶持产业，带动关联企业发展，促进地区经济建设。截至 2016 年底，产业基金已募集金额 26 亿元，并将通过联合投资放大投资规模。

（三）普及资本市场发展理念

2016 年，证券公司通过发挥营业网点带动作用、开展资本市场培训教育活动等，着力提升贫困地区对资本市场的认识，增强利用资本市场促进自身发展的能力。共在贫困地区开展资本市场教育培训活动近 200 场，4 万余人次接受教育培训。教育培训内容涵盖多层次资本市场发展现状、多层次资本市场功能定位和上市（挂牌）条件以及理性投资、远离非法证券活动等金融知识。各证券公司在增加教育培训数量的同时，注重提升活动质量、树立活动品牌，活动影响力逐步扩大。方正证券以“扶贫先扶智、致富奔小康”为目标的“智·富大讲堂”在河南省新县启动，至今已举办 5 期，为当地培养了一批“带不走”的懂金融的干部、懂市场的企业家，也带给贫困县领导干部和企业家更宽广的视野，受到贫困地区政府及企业的欢迎和称赞。

（四）广泛开展各项公益帮扶

证券公司在发挥自身专业优势、帮助贫困地区利用资本市场发展的同时，还积极开展公益捐赠，为贫困地区群众解燃眉之急。2016 年，向贫困地区捐款捐物金额达 8 984 万元，公益项目涵盖教育、基础设施建设、医疗等各方面。

教育扶贫：国信证券启动“金色人生”培养计划，将 25 个贫困县作为定向捐资助学地区，为优秀学子提供教育经费，自 2010 年起，已累计资助学生 1 117 人次，总资助金额 322. 35 万元。为改进基础设施，改善教育环境，2016 年，兴业证券出资 2 000 万元，借助兴业慈善基金会，与云南省彝良县政府共同发起设立“彝良县革命老区教育扶贫专项基金”，通过“兴青年计划”“兴视野计划”“兴未来计划”推动老区教育事业发展。申万宏源证券捐赠 600 万元在新疆喀什地区麦盖提县新建幼儿园。新时代证券捐资 100 万元，用于援建新疆库库力村双语幼儿园暨新时代小学教学点。安信证券出资 199. 5 万元修建贵州省罗甸县罗甸二小学生宿舍楼，出资 22 万元修建学生浴室，并出资 50 万元改善云南省绿春县波依小学基础设施。此外，为加强贫困地区师资队伍建设，太平洋证券每年投入 80 万元，资助云南省贡山县乡村教师参加培训，对优秀教师进行专项补贴，通过各方努力，使贡山县乡村教师教学水平稳步提高，职业吸引力明显增强。

医疗扶贫：华林证券向中国儿童少年基金会捐赠人民币 1 100 万元，用于“儿科医师专项培训”与“倾听花开声音——春蕾女童夏令营”项目，帮助贫困地区儿童铺就健康之路、求学之路。

基础设施建设：安信证券出资 72 万元修建贵州省罗甸县 4. 5 公里的机耕道，出资 157 万元建设罗甸县大亭社区农贸市场，出资 30 万元建设罗甸县大亭电商服务中心，受益群众 2 372 户、10 675 人，其中贫困户 353 户、985 人。红塔证券援建云南省漾濞县清河村 3 公里的“红证河福渠”，解决 100 余亩农作物灌溉用水问题。华信证券开展“点亮乡村”公益扶贫项目，为江西省吉安县 86 个贫困村安装 1 720 盏太阳能路灯，解决村民夜间出行照明问题，并把环保概念带进农村。华西证券向四川省北川县凤阳村捐赠 100 万元，用于贫困户房屋风貌改造建设；向北川县通坪村捐赠 160 万元，用于 143 户村民危房改造项目。

三、2016 年中国证券业协会定点扶贫情况

2013 年以来，协会在国务院扶贫办和中国证监会的正确领导下，在行业和山西省扶贫办、山西证监局的大力支持下，严格按照《中国证券业协会定点扶贫工作方案》《证券行业扶贫专项基金使用流程》等制度，持续稳定、踏实有效地开展定点帮扶工作，做到真扶贫、扶真贫、真脱贫。

（一）扶贫工作开展情况

2016 年，协会在隰县、汾西县开展了 17 项帮扶项目，包括金融及产业扶贫类 8 项、公益扶贫类 9 项，共投入资金 348. 8 万元，取得了一定成效。

1. 金融及产业扶贫类方面

一是加强对隰县当地龙头企业京润泽农业科技开发有限公司的上市培育和孵化力度，引

入晋能集团为企业注资 1 500 万元，邀请山西高新普惠资本投资服务有限公司对京润泽农业科技开发有限公司等企业进行调研，制订并购重组方案，对其升级改造、提升管理能力和竞争力，积极推动在新三板挂牌，现已进入尽职调查阶段。二是立足隰县旅游资源禀赋，推进旅游产业建设，积极推进与中国扶贫基金会合作，将善行者徒步筹款活动、美丽乡村项目引入隰县石马沟等景区，通过改善村民居住、生活条件，提高景区知名度，吸引投资，建设一批贫困人口参与度高的产业基地带动脱贫。三是继续加大对隰县品牌农产品“玉露香梨”的推介营销力度，重点建设农产品网上销售平台，巩固扩大“玉露香梨”的产业基地建设，目前相关平台已完成调研或进入试运营推介阶段。四是依托自然资源，联系山西证券引入资金在汾西县永安镇太阳山村建设 63 座 5 000 瓦光伏电站，精准对接建档立卡贫困户。五是通过举办金融知识培训班，为当地金融干部及企业负责人进行第二期金融知识培训，开展“金融诚信进校园”等活动，普及金融知识，倡导金融诚信。

2. 公益扶贫方面

一是开展资助贫困生、捐建梦想中心、图书馆、新长城自强班、乡村小学图书馆等多项捐资助学教育扶贫活动，加大对贫困家庭学生的救助力度，改善部分学校的基本办学条件。二是开展多项医疗救助活动，邀请各地医学专家在隰县人民医院义诊和培训医务人员，捐赠医学期刊及网课网卡、人民医院耳鼻喉诊疗工作站整套设备等，积极促进医疗诊治和保健咨询服务向贫困地区延伸。

（二）主要成效

三年来，协会坚决落实党中央、国务院和中国证监会关于扶贫开发工作的一系列方针政策，积极开展定点帮扶工作，取得了显著成效。

1. 扶贫项目开展扎实有效

2013—2016 年，协会共在隰县、汾西县开展扶贫项目 30 项，投入资金 700 多万元。在产业扶贫、公益扶贫方面做了大量工作，为当地产业发展、经济提升、农民增收、贫困人群脱贫致富做出了贡献。

2. 发挥资本行业优势突出

协会通过挂职干部的协调联络、全力服务、主动作为，一方面引进企业和资金，为本地企业的升级改造、管理提升提供了保障，另一方面推动企业合并重组，积极准备上市，极大地解放了思想，提高了企业竞争力，有力地推动了贫困地区经济社会的快速发展。

3. 挂职干部能力显著提升

协会先后选派挂职干部 4 名，分别由协会和中信建投证券、山西证券派驻隰县和汾西县任副县长职务，既推进了中国证监会定点帮扶工作的有效开展，又全方位、多岗位地培养锻炼了挂职干部，使其能力素质得到了较大提升。

四、中国金融扶贫综合服务平台建设情况

中国金融扶贫综合服务平台又称扶贫平台，是中证机构间报价系统股份有限公司（以下简称“中证报价”）在协会指导下，依托机构间私募产品报价与服务系统（以下简称“报价系统”）建立的互联网扶贫综合服务平台，旨在汇集行业资源，促进贫困地区产业发展，

为金融机构开展扶贫工作提供支持和服务；同时，通过推动贫困地区产业资源与资本市场对接，促进贫困地区资源优势产业化，推动贫困地区经济发展。

扶贫平台于2016年9月12日正式上线运行，首期上线的业务主要分为四大板块：信息展示与对接、县域特色产品销售、扶贫政策与证券行业扶贫案例展示、证券行业扶贫信息共享机制。

（一）信息展示与对接

信息展示与对接是扶贫平台为实现贫困地区与资本市场对接而开发的功能。按照展示信息内容的不同，扶贫平台将信息展示与对接细分为两个栏目：

1. 县域信息展示

在县域信息展示栏目中，贫困县政府可自行或委托相关机构通过扶贫平台展示县区基本情况、自然资源、特色资源、经济发展状况、基础设施及社会事业发展情况、区县创意策划、项目开发状况、优惠政策、县区企业经营状况与融资需求等多方面的信息，即贫困县域通过扶贫平台展示县域相关信息，提升县域知名度，以加深金融机构对贫困地区的了解，发现贫困地区投资资源，并为其下一步投资打下基础。

2016年，扶贫平台已为中国证监会定点帮扶县、山西临汾的贫困片区以及新疆、西藏等民族地区建立专门的展示板块。除此之外，大部分证券公司结对帮扶县域以及其他贫困县域也通过扶贫平台进行了县域信息的展示。

2. 项目融资信息展示

帮助贫困地区企业融资是扶贫平台促进贫困地区经济发展的重要举措。扶贫平台开设项目融资信息展示栏目，供贫困地区企业展示项目融资信息，即贫困县域企业通过扶贫平台展示其特色产业项目与融资需求，招揽有意向的资金方关注。贫困县域企业可通过平台展示企业概况、融资需求、项目进展、融资方式等，依托扶贫平台丰富的金融机构资源，实现投融资双方对接。

根据项目来源与内容的不同，项目融资信息展示栏目下，又分别设置融资项目、项目融资需求以及证券公司帮扶项目等子栏目。

（二）县域特色产品销售

县域特色产品销售又称消费扶贫，是扶贫平台在促进贫困地区产业发展所做的另一种尝试，意图通过互联网方式帮助贫困县域销售其特色产品，对贫困地区经济发展提供支持与帮助。

（三）扶贫政策与证券行业扶贫案例展示

此板块包含两个栏目，其中，扶贫政策主要是展示国务院、各部委以及中国证监会最新发布的扶贫政策，为各机构了解最新扶贫政策提供权威窗口；证券行业扶贫案例展示则是证券公司展示其扶贫最新动态的窗口，其他机构可通过这一窗口了解行业扶贫新模式，交流扶贫先进经验。迄今为止，扶贫平台共更新63条扶贫政策及行业扶贫动态信息，其中扶贫动态新闻40条、扶贫政策7条、结对帮扶5条、扶贫典型7条、扶贫问答4条。

（四）证券行业扶贫信息共享机制

为了解行业扶贫的整体态势，按照扶贫工作模式的不同，报价系统按照结对帮扶、公益扶贫、产业扶贫、消费扶贫等项目对现有行业扶贫数据进行分类，并开发了证券公司扶贫业务信息报送系统。证券公司可通过具有专门权限的报价系统参与人账户登录系统进行扶贫业务信息的报送，并对相关信息进行持续更新。报价系统根据证券公司定期报送的扶贫信息，整理扶贫报告，供协会及监管部门参考。迄今为止，共计收到102家证券公司报送的1 227条信息。

在不断完善系统功能的同时，中证报价也在努力推动各项扶贫业务的实践，2016年与山西省临汾市在扶贫工作上开展了系列合作，山西证券、中信建投证券、大同证券三家证券公司确定对山西省临汾市贫困县域的结对帮扶，并在产业扶贫、消费扶贫、金融扶贫等方面与扶贫平台一起合作，推动扶贫工作在临汾市贫困县域的落实。

五、证券行业扶贫工作存在的问题及2017年展望

（一）存在的困难与问题

目前，证券行业服务脱贫攻坚机制初步建立，但实践中，由于扶贫时间短、扶贫经验不足等原因，证券行业扶贫工作仍存在扶贫对象不够精准、对接建档立卡贫困户有效需求不够精准、扶贫效果不够明显等不足。“坚持精准扶贫、精准脱贫，重在提高脱贫攻坚成效”，习近平总书记在中央扶贫开发工作会议上的重要讲话，是脱贫攻坚必须把握的思路和方法，也是做好新时期扶贫开发工作的重要方法论。证券公司扶贫任重道远，必须解决好“怎么扶”的问题，扎实开展调查研究，找准症结，靶向治疗，才能切实提高扶贫成效，做到真扶贫、扶真贫。

（二）2017年展望

2017年是打赢脱贫攻坚战的关键之年。证券公司应进一步找准支持贫困地区经济社会发展和贫困农户脱贫致富的着力点，做到四个精准：一是扶持对象精准，对建档立卡贫困户在就医就学等方面开展精准帮扶；二是项目选择精准，发挥产业带动作用，重点支持贫困地区主导产业、重点客户和关键项目，从根本上解决贫困问题；三是提供服务精准，积极对接中国证监会相关扶贫政策部署，因地因产业制定差异化服务政策，精准创新适应贫困地区需求的特色金融产品；四是保障措施精准，强化组织领导，加大资源倾斜，建立激励约束机制，提升服务能力。

协会将在中国证监会的指导下，不断总结行业扶贫经验及优秀典型，做好推广、交流及宣传；着力完善信息共享考评激励等机制，激发行业扶贫内生动力；继续引导证券公司用“踏石留印抓铁有痕”的工作作风将结对帮扶工作落到实处；团结行业众志成城，真情服务贫困地区及贫困群众，为打赢脱贫攻坚战做出更大贡献。

附表：

证券公司“一司一县”结对帮扶情况汇总表

（截至2016年12月30日）

序号	公司名称	已结对帮扶贫困县名称	批次
1	爱建证券	湖北省英山县	第6批
2	安信证券	贵州省罗甸县	第5批
3	渤海证券	陕西省略阳县	第5批
4	财富证券	湖南省安仁县	第5批
		湖南省沅陵县	第5批
		湖南省安化县*	第5批
		湖南省邵阳县*	第5批
5	财通证券	四川省剑阁县	第4批
		甘肃省甘谷县	第4批
6	川财证券	四川省雷波县	第6批
7	大同证券	山西省隰县	第3批
8	德邦证券	江西省莲花县	第5批
9	第一创业证券	湖南省平江县	第4批
10	东北证券	吉林省大安市	第4批
		吉林省和龙市	第6批
		吉林省靖宇县	第6批
		吉林省汪清县	第6批
11	东方证券	内蒙古自治区莫力达瓦达斡尔族自治旗	第4批
12	东莞证券	湖南省江华瑶族自治县	第6批
13	东海证券	湖南省汝城县	第3批
14	东吴证券	贵州省石阡县*	第2批
		贵州省松桃苗族自治县	第3批
15	东兴证券	湖南省邵阳县*	第5批
		新疆维吾尔自治区尼勒克县*	第6批
16	方正证券	湖南省安化县*	第3批
		江西省石城县*	第5批
17	光大证券	湖南省新田县	第2批
		江西省万安县	第6批
		宁夏回族自治区西吉县	第6批
		江西省兴国县	第6批
18	广发证券	海南省五指山市	第3批
19	广州证券	贵州省水城县	第5批
		江西省石城县*	第6批
20	国都证券	河北省围场满族蒙古族自治县	第4批

续表

序号	公司名称	已结对帮扶贫困县名称	批次
21	国海证券	广西壮族自治区资源县	第 6 批
		江西省赣县	第 6 批
22	国金证券	四川省九寨沟县	第 5 批
23	国开证券	陕西省汉滨区	第 3 批
		湖北省蕲春县	第 4 批
24	国联证券	四川省平昌县	第 6 批
		安徽省宿松县*	第 6 批
25	国融证券	内蒙古自治区武川县*	第 3 批
		内蒙古自治区敖汉旗	第 5 批
26	国盛证券	江西省横峰县	第 6 批
		江西省寻乌县	第 6 批
27	国泰君安证券	江西省吉安县*	第 3 批
		四川省普格县	第 6 批
28	国信证券	新疆维吾尔自治区麦盖提县*	第 1 批
		贵州省三都水族自治县	第 6 批
		贵州省织金县	第 6 批
		新疆维吾尔自治区英吉沙县	第 6 批
		新疆维吾尔自治区塔什库尔干塔吉克自治县	第 6 批
29	国元证券	安徽省寿县	第 1 批
		安徽省太湖县	第 4 批
30	海际证券	贵州省石阡县*	第 6 批
31	海通证券	安徽省利辛县	第 4 批
		江西省宁都县	第 6 批
32	红塔证券	云南省漾濞彝族自治县	第 1 批
33	华安证券	安徽省宿松县*	第 4 批
34	华宝证券	云南省江城哈尼族彝族自治县	第 6 批
35	华创证券	贵州省独山县	第 4 批
		贵州省西秀区	第 4 批
36	华福证券	河北省阳原县	第 4 批
37	华金证券	内蒙古自治区武川县*	第 3 批
		广西壮族自治区巴马瑶族自治县	第 6 批
		贵州省黔西县	第 6 批

续表

序号	公司名称	已结对帮扶贫困县名称	批次
38	华林证券	西藏自治区堆龙德庆区	第 5 批
		西藏自治区达孜县	第 5 批
		西藏自治区定日县	第 6 批
		西藏自治区南木林县	第 6 批
		西藏自治区拉孜县	第 6 批
		西藏自治区江孜县	第 6 批
39	华龙证券	甘肃省舟曲县	第 2 批
		甘肃省武山县	第 2 批
40	华融证券	江西省瑞金市	第 2 批
41	华泰证券	安徽省金寨县	第 3 批
42	华鑫证券	贵州省剑河县	第 4 批
43	华信证券	江西省吉安县*	第 6 批
44	华英证券	贵州省赫章县	第 6 批
45	九州证券	青海省祁连县	第 4 批
46	开源证券	陕西省汉阴县	第 2 批
47	联储证券	安徽省阜南县	第 6 批
48	联讯证券	江西省余干县	第 5 批
49	民生证券	江西省南康区	第 5 批
		新疆维吾尔自治区阿克陶县	第 6 批
50	南京证券	宁夏回族自治区同心县	第 3 批
51	平安证券	河北省平泉县	第 6 批
52	山西证券	山西省汾西县	第 1 批
53	申万宏源证券	新疆维吾尔自治区吉木乃县	第 1 批
		新疆维吾尔自治区麦盖提县*	第 1 批
		甘肃省会宁县*	第 1 批
54	世纪证券	江西省于都县	第 6 批
55	首创证券	河北省丰宁满族自治县	第 6 批
56	太平洋证券	云南省贡山独龙族怒族自治县	第 1 批
57	天风证券	湖北省房县	第 1 批
		四川省苍溪县	第 6 批
58	万和证券	海南省保亭黎族苗族自治县	第 6 批
59	五矿证券	贵州省六枝特区	第 5 批
60	西部证券	陕西省白水县	第 6 批
		陕西省延长县	第 6 批
61	西藏东方财富证券	西藏自治区嘉黎县	第 1 批
		西藏自治区曲水县	第 4 批

续表

序号	公司名称	已结对帮扶贫困县名称	批次
62	西南证券	重庆市城口县	第 1 批
63	湘财证券	山西省天镇县	第 6 批
		青海省泽库县	第 6 批
64	新时代证券	新疆维吾尔自治区阿图什市	第 5 批
65	兴业证券	云南省彝良县	第 3 批
66	银泰证券	湖北省咸丰县	第 5 批
67	长城国瑞证券	陕西省陇县	第 4 批
68	长城证券	湖北省团风县	第 4 批
		新疆维吾尔自治区尼勒克县*	第 4 批
		江西省遂川县	第 4 批
		宁夏回族自治区盐池县	第 5 批
69	长江证券	湖北省红安县	第 2 批
		湖北省郧阳区	第 3 批
		宁夏回族自治区海原县	第 6 批
70	招商证券	安徽省石台县	第 3 批
		河南省内乡县	第 3 批
71	浙商证券	江西省上饶县	第 4 批
		安徽省岳西县	第 5 批
72	中国民族证券	河南省新县	第 3 批
73	中国银河证券	甘肃省静宁县	第 1 批
74	中国中投证券	甘肃省会宁县*	第 1 批
75	中航证券	江西省井冈山市	第 2 批
76	中金公司	湖南省古丈县	第 4 批
77	中山证券	云南省永仁县	第 4 批
		贵州省普定县	第 6 批
78	中泰证券	新疆维吾尔自治区疏勒县	第 5 批
		宁夏回族自治区原州区	第 6 批
79	中信建投证券	山西省吉县	第 3 批
		江西省安远县	第 6 批
80	中信证券	西藏自治区申扎县	第 2 批
81	中银国际证券	黑龙江省延寿县	第 5 批
82	中原证券	河南省兰考县	第 3 批
		河南省固始县	第 3 批

注：按证券公司名称拼音排序。* 表示该县有两个及以上证券公司结对帮扶。

合规与风控

证券公司权限与管控

——全面风险管理第一道防线

梁冬冬　魏　鹏*

《证券公司全面风险管理规范》第二十条规定："证券公司应当建立健全授权管理体系，确保公司所有部门、分支机构及子公司在被授予的权限范围内开展工作，严禁越权从事经营活动。通过制度、流程、系统等方式，进行有效管理和控制，并确保业务经营活动受到制衡和监督。"第九条规定："证券公司经理层对全面风险管理承担主要责任，应当履行以下职责……（三）制订风险偏好、风险容忍度以及重大风险限额等的具体执行方案，确保其有效落实；对其进行监督，及时分析原因，并根据董事会的授权进行处理……（六）建立完备的信息技术系统和数据质量控制机制……"回顾近代金融发展史，通过风险事件的维度去复盘每个金融主体风险滋生的生长环境，会发现权限的管控是防范风险的第一道防线，是贯通董事会风险偏好风险容忍度、贯彻经理层风险限额、融合公司风险管控智慧的抓手，是确保公司管理制度、组织架构、信息系统、风险指标体系、人才队伍、风险应对机制有效运营的根基。

一、权限管控案例——风险事件

因违规进行衍生金融工具交易而受损，其资产似乎在一夜间就化为乌有，比尔·盖茨曾说微软离破产只有18个月，但金融公司离破产也许只有一天的时间。

1995年2月27日，英国中央银行宣布，英国商业投资银行——巴林银行因经营失误而倒闭，因其新加坡分行总经理里森通过"88888"号账户操作金融衍生产品所致。分析巴林银行案例我们发现，里森既直接从事交易又担任交易负责人，授权管理不当。里森作为总经理，监督行政财务管理人员，签发支票，负责把关新加坡国际货币交易所交易活动的对账调

* 作者单位：梁冬冬，东北证券股份有限公司；魏鹏，吉林证监局。原载于《中国证券》2017年第2期。

节，负责把关与银行的对账调节，分管交易和结算权限，这与裁判、球员一肩挑没什么区别，典型的授权管理失控。

2008年1月18日，法国兴业银行因一笔欧洲股指期货衍生品虚假交易损失了49亿欧元，约合71亿美元。成为世界银行业历史上单笔最大金额损失事件。法国兴业银行在公告中描述："一名熟悉内部交易监管程序的交易员，原本仅负责普通香草期货，但在2007—2008年间，他利用精通的专业知识和对交易流程的熟悉，炒卖期指，造成49亿欧元巨亏。"早在2005年6月，该交易员就开始违规进行欧洲股指期货交易，到2007年12月31日，他的账面盈余达到14亿欧元。这个创建于拿破仑时代的银行，让一名交易员获得了非法使用巨额资金的权限，而且违规操作近一年才被发现，这个教训可谓惨痛。

近年，某证券公司营业部员工伪造公司公章、伪造公司产品，涉案金额较大、受害人数较多，造成了极其不良的社会影响。如何杜绝"表见代理"，如何杜绝群体性事件，如何维护好证券行业的形象防止负面事件的发生，需要做足授权管理的体系性工作，需要与投资者教育工作有机结合。证券行业不是传统企业的生产线，授权的复杂性与效能需要用全局观和细节控制来动态运营。

2014年，某期货公司短信平台费用大增，通过逐条分析工作日志和短信，发现是软件施工方所为。

2015年，某期货公司操作人员在远程登录认证服务器发生异常后，尝试直接输入服务器登录口令以进行开盘操作，但连续多次输入错误口令，导致系统自动锁定，该公司交易开盘延迟达36分钟，对公司及客户造成了严重的影响。

2016年，某证券公司短信平台系统被不法分子从外部攻入，不法分子破解了密码强度较低的用户账户后，使用该账户登录短信平台，向该公司的85万名客户发送诈骗类的短消息，造成不良的社会影响，如欣泰事件。

2016年，*欣泰因欺诈发行及信息披露违法受到中国证监会处罚，成为创业板退市第一股。7月12日复牌后，其毫无悬念跌停。但是明知道该股无法恢复上市，盘中竟然成交超过4 000万元，换手率超过3%。有媒体报道有证券公司的客户收到短信内容，为申购新股"300 372"，实为即将退市股欣泰电气，已经有客户受骗。最后证实是有不法分子通过伪基站发送垃圾短信诱导客户把*欣泰作为新股买入。

二、权限管控背景及趋势——重要性及难点

随着从单纯的交易通道提供商向现代综合金融服务提供商转变，证券公司业务半径在不断拓宽，产品类型日益丰富，业务交叉度越来越高，一方面授权管理难度加大，另一方面信息系统高度复杂，因此权限管理难度加大。授权管理要适时而动，在公司风险限额基础上结合各部门各业务的定性和定量分析确保授权管理的效能最优；完整的授权管理包括授前、授中、授后管理，授权管理有效性就是要保证这三个环节高效运行。授前分析计量，前端控制；授中结合市场及公司状况动态调整；授后及时监控。结合近年发生的案例分析，这三个环节均发生过问题：授前有分析但缺少前端控制；授中未结合市场动态调整；授后未及时监控。

目前国内大部分证券公司在信息系统建设方面更多地依赖金融软件提供商的软件及外包

服务，这就造成系统建设管理的复杂性；同时证券公司及金融软件供应商的人员流动性较高，造成人员管理的复杂性。随着行业的发展，未来证券行业的信息化程度会更高，譬如高盛已经宣称自己是科技公司，技术作为安全保障和基础设施对于现代金融公司的重要性不言而喻，意味着金融服务业在发展过程中更要精细化地管理好信息技术，管理好最为基础的信息系统权限。证券公司的信息系统是资本市场的重要基础设施，授权管理和信息系统权限管理工作不到位，可能引发不良的风险事件。

因此权限管理工作不仅关系到证券市场平稳运行，而且关系到投资者合法权益的保护，一旦发生风险事件，影响面非常大。

三、扎实做好权限管理体系工作

通过案例介绍，结合证券行业目前的授权管理和信息系统权限管理情况，分析业务发展的复杂度、信息系统建设情况和人员流动性特点及未来行业信息技术的发展趋势，扎实做好最为基础的权限管理工作，能够有效降低未来在更为复杂业务市场环境及信息技术环境下发生风险的概率。

业务授权与信息系统权限管理相结合，授权管控与后台动态监控相结合。权限管理即“能干什么，干了什么”；管理好权限即“能干什么要管住，干了什么要看住”。

（一）授权管理

授权管理包括授前、授中、授后管理，授权管理的有效性就是要保证这三个环节高效运行。授前分析计量，前端控制；授中结合公司状况动态调整；授后及时监控。开展授权管理工作的公司，基本做到权责清晰、内部制衡、覆盖到位、动态调整，即授权管理是成功的。那么要做的是授权管理2.0时代，管理好授权，即“能干什么要管住，干了什么要看住”。

经纪业务条线——管住营业部客户的资金账号和投资者教育工作，即管住钱和思想。复盘近年证券公司营业部端的风险事件，伪造公司公章伪造公司产品、非法集资等，使证券公司“表见代理”的压力无法释放。管好客户资金账户里的钱，只能内部体系流转，流向只能是经审批的产品。投资者教育工作要到位，使客户明白资金可以流向哪里，正规的产品池哪里可以查到。基础投资者教育工作要全覆盖，客户回访清晰明确，产品池多渠道交代清晰，做足客户的思想认识工作，做好客户的资金流向工作，即打通营业部端的投资者教育与授权管理工作，杜绝“表见代理”等风险事件发生。

自营业务条线——作业系统及资金端做好交易前的前端控制机制。结合风险限额和授权内容，在作业系统嵌入前端控制功能，风控系统做好实时动态监控预警功能，明确资金与账户对应，确保资金、账户、头寸均在授权范围内。动态监控全公司（包括子公司）全口径自营业务盈亏及头寸，以提高对市场不利情况下的及时响应速度，及时调整限额，快速启动应急预案，打通授权管理、限额管理、应急机制以及信息系统的权限管理来应对未来更为复杂的组织架构、头寸、市场环境。通过专项管理的贯通融汇，母子公司的风险管理效力得到提升，母公司对子公司的管理将更为快速高效，杜绝个体的非理性，提高整个行业的理性和稳定性。通过授权和信息系统权限融汇，结合系统数据实时展示，提高公司的反应速度，而不是依赖传统的各部门的文字报告，能用系统数据说话的坚决不用文字表达。“数据、速度、敏感”成为证券公司管理的标配，整个行业应对风险、应对变化将更为主动，提升了行业面对风险防微杜渐的能力。

（二）信息系统权限管理

明确哪些信息系统需要纳入权限管理和密码密钥管理的范畴。信息系统是指搜集、统计分析、存储、传递、提供运营和管理信息，实现证券公司各项经营和管理活动运行所需的计算机应用软件系统、计算机操作系统、数据库系统以及相关网络设备等。

1. 对信息系统分类

根据信息系统的权限来源分类。信息系统依据其授权管理体系的完整性分为三类，包括自主应用信息系统、外部应用信息系统和后台技术环境支持信息系统。自主应用信息系统是指证券公司具有该信息系统用户完整的权限管理体系的系统；外部应用信息系统是指证券公司不具有该信息系统最高用户管理权限，而由外部权限管理员对公司的最高权限用户或普通用户进行赋权的系统；后台技术环境支持信息系统是指证券公司具有该信息系统后台技术权限的应用软件系统、计算机操作系统、数据库系统、计算机或网络通讯设备等。

2. 对信息系统风险分级

将信息系统风险分级以便分清主要矛盾和次要矛盾，使权限管理工作有的放矢。证券公司自主应用信息系统按其所运营的管理信息和业务信息的风险状况由高至低分为三个级别，包括Ⅰ级风险信息系统、Ⅱ级风险信息系统和Ⅲ级风险信息系统。Ⅰ级风险信息系统是指公司各类核心管理信息的应用软件系统；Ⅱ级风险信息系统是指承载公司核心业务信息和客户信息的应用软件系统；Ⅲ级风险信息系统是指承载非管理信息和业务信息的应用软件系统。

3. 信息系统权限管理的原则

明确信息系统权限管理需要遵循的原则有利于提高对管理信息系统权限变化的敏感性。信息系统权限管理必须遵循的原则有：权限设置要确保前台和后台分离、技术和业务分离、业务权限相互制衡、权限最小化、岗位职责和权限相匹配、重要岗位备份；权限授权审批和赋权确保集中授权和分类分级管理、审批和设置分离、设置和复核分离，严禁共用一个信息系统用户账号，对于交易类系统需满足前端交易限额控制功能，此功能设置有利于防止“乌龙指”。

4. 信息系统权限管理职责分工

信息技术部门加强对公司信息系统的集中管理和运行维护，其主要职责包括：负责在信息系统投入使用前向风险管理部门报送信息系统相关资料以确定系统分类、系统权限主要管理部门和风险分级；负责审核自主应用信息系统主要使用部门报送的权限管理方案，对授权标准的完备性提出审核意见，并对岗位赋权标准进行相应系统设置；负责设置超级用户系统权限管理人员，掌握和管理公司自主应用信息系统、后台技术环境支持信息系统的超级用户或最高赋权权限，并根据公司授权赋予相应用户权限和设置相应系统参数；负责制定自主应用信息系统用户工号编码规则并监督使用；负责公司信息系统权限、密钥日志的管理，同时要确保所有重大修改被信息系统完整地记录，确保信息系统具备审计留痕功能；负责对公司信息系统全部用户所拥有的权限和角色进行统计管理；发生系统权限管理岗人员变更、系统功能重大升级或改变等情况时，负责及时将变更情况向相关信息系统的使用部门报备。

自主应用信息系统的主用部门对信息系统进行业务管理，主要职责包括：负责拟定和及时修订其主用信息系统的权限管理方案；负责设置部门级系统权限管理员和系统权限复核员，尽量让系统具备权限复核生效的功能，这样才能保证系统权限复核员认真履职，并根据公司授权为相关用户赋权；部门级权限管理员发生变更，应及时向信息技术部报备；负责定义角色和权限的对应关系；根据权限风险状况，将系统权限划分为高风险权限和低风险权限并制定相应的岗位授权标准。

外部应用信息系统主用部门的主要职责：拟定和及时修订本部门主用的外部应用信息系统的权限管理方案；负责明确外部应用信息系统的功能表、权限持有人名单、密钥持有人名单、密钥的申请与管理以及用户权限的内部审批流程和外部设置流程；部门初次使用未包含在公司信息系统分类和应用信息系统风险分级表的信息系统，应及时向风险管理部门和信息技术部门报备。目前证券公司很多外部应用系统会涉及交易类和资金类的权限，公司各相关业务部门都有意愿申请，如果没有对其外部申请和内部审批流程统一归口管理，就不会动态掌握这些权限分布情况，在外部系统没有前端资金额度和交易额度控制的情况下，此环节就属于没有进行风险管理的地带。

风险管理部门负责对公司信息系统权限的使用情况进行评估和审查，主要职责包括：负责审核各相关部门报送的信息系统权限管理方案，对其中的角色权限对应关系、岗位授权标准和权限风险等级划分提出审核意见；负责对公司已验收的信息系统进行系统分类和风险评估；根据用户权限的授权审批原则，负责对自主应用信息系统的用户授权进行审核；定期或不定期对信息系统权限使用情况进行检查；同时，可以对信息系统的权限管理功能进行白名单管理，以防止操作风险的发生，比如将目前可以拥有系统权限的名单导入信息系统的白名单，只有白名单里的用户才可以拥有系统的权限，这样既可以保证白名单是公司动态掌握的，也是经授权审批最安全的账户，将信息系统的用户及使用情况始终处于公司掌控的状态。

5. 信息系统权限管理

为自主应用信息系统用户授权可采用风险审批和业务审批相结合的原则，按信息系统的不同风险等级进行授权管理。将公司Ⅰ级、Ⅱ级、Ⅲ级风险信息系统中分为高、低风险两种权限。公司自主应用信息系统赋权管理采用集中赋权和分级赋权相结合的赋权管理方式。集中赋权是指由公司信息技术部门设置公司级系统权限管理员，掌握和管理公司核心信息系统的超级用户或最高赋权权限，并为使用这些信息系统的各岗位用户赋权；分级赋权是指由公司信息技术部门的公司级信息系统权限管理员为系统主要使用部门的部门级系统权限管理员赋予赋权权限，再由各单位部门级系统权限管理员为使用该系统各岗位用户赋权。公司外部应用信息系统实行外部赋权或公司内部二次赋权，最高权限由外部机构的信息系统权限管理人员进行赋权。公司后台技术环境支持信息系统应采用集中赋权管理方式，由公司信息技术部门为后台技术环境支持信息系统的管理人员进行赋权。各信息系统主要使用部门进行二级赋权的优点是在理解业务和管理的基础上进行赋权，有利于满足岗位权限最小化，风险合规底线守得住。

6. 信息系统赋权原则

信息系统权限管理员岗位与系统权限复核岗位不能由同一人担任，此种管理有利于降低操作风险。信息系统权限管理员进行赋权操作时应遵循的原则：使用超级用户进行赋权时，实行双人负责制，一人操作，一人鉴证其操作，同时填写日志；使用非超级用户进行赋权时，实行赋权复核制，信息系统应启动系统赋权权限的复核功能，由系统权限复核员进行赋权复核。员工入司时，OA 系统权限管理员根据审批的入司申请为员工设置 OA 用户工号。其他核心信息系统的权限管理员为同一员工设置用户工号时，应与 OA 系统中该员工的用户工号保持一致；系统设置虚拟账户时，应避免与员工工号发生冲突。信息系统的参数应区分不同情况，经过相应的审批流程和复核过程进行设置。前台业务参数和后台技术参数在权限管理上可分开设置的，由信息技术部门设定后台技术参数，业务部门设定前台业务参数；前台和后台参数设置无法分开进行的，由信息技术部门统一设定前台和后台参数。系统进行测试时，系统权限管理员应依据经公司审批的测试方案要求进行赋权操作。

7. 动态掌握员工所拥有信息系统权限

信息技术部门指定专人负责公司自主应用信息系统及后台技术环境支持信息系统的权限管理及全部用户的权限设置情况的统计工作；风险管理部门指定专人负责动态统计公司外部应用系统的全部用户权限，对于拥有交易权限和资金划转的权限要重点关注。各部门指定专人负责本部门使用的信息系统权限设置情况的统计工作，编制本部门员工权限分布情况统计表。目的是当员工岗位变化时，可立刻对该员工的权限进行变更申请。

8. 员工岗位变动时的权限处理

公司员工岗位变动时，所在部门根据工作交接情况应在第一时间冻结其相关权限，权限管理环节需嵌入员工岗位变动的流程，形成必经节点，这样设计有利于防止操作风险发生。

9. 员工离职权限处理

对于公司员工离职的场景处理，公司应在员工离职流程的初始环节增加员工拥有的信息系统权限冻结节点。根据动态掌握员工所拥有信息系统权限的角色设计举例，公司员工所在部门发起离职审批流程后，该部门负责统计本部门员工权限的岗位应在离职申请中注明应注销或交接的该员工所拥有的自主应用系统的权限及外部应用系统权限，由部门负责人确认该离职员工的权限处理意见，交由信息技术部门负责统计公司全部员工用户的员工进行再次复核对该离职员工的权限处理意见。该信息技术部门员工确认后将公文会签给各相关系统权限管理员；相应系统权限管理员应在接到公文时立刻冻结该用户权限；相关系统权限管理员接到拟离职员工经审批的离职公文后，应于接到审批公文当日完成对该用户权限的注销工作。

通过员工离职权限处理流程和各自主应用信息系统的白名单管理，形成双重保障，确保存量的用户权限是最具时效性的用户权限。

10. 密码、密钥管理

信息系统交付公司使用时以及各级系统权限管理员变更时，应及时办理密码、密钥交接手续。内控部门参与信息系统公司级系统权限管理员密码、密钥交接的监交工作。信息系统公司级权限管理员密码及自主应用信息系统超级密码应分为两段，由两人分别掌握，二人协同完成输入密码的程序；公司级系统权限管理员在使用超级密码时填写工作日志并归档备查。各信息系统的超级用户密码需要定期变更同时保密封存至保险柜，特殊情况下可启用保险柜中的超级密码，此处设计可以解决上述案例中的超级用户锁定致使交易开盘延迟达 36 分钟风险事件。各级权限管理员及用户的密码长度和强度应由信息系统内置程序审核，弱密码等不可设置成功，同时定期提示更改密码，否则系统自动锁定，无法操作，此处设计可避免因第三方施工人员掌握的用户进行非法操作。

证券公司投资银行业务合规管理的分工与协调

——以证券发行保荐业务为例

校　坚　汤旸旸[*]

一个有效的业务合规管理体系应当具备三方面的基本要求：一是相对清晰地界定体系内各部门岗位的职责分工；二是在业务条线各个环节有效嵌入合规管理职能；三是业务发展与合规管理相互协调且能够适应业务创新和拓展的开放性要求。证券公司投行业务合规管理同样需要满足这三个基本要求。实践中，合规管理与投行业务部门之间的各自职责分工往往很难界定清晰，究其原因，往往便在于对各自的法律地位、内外部职责界定模糊，由此造成各自在职责分工方面的理解差异，甚至产生冲突，难以实现合规与业务的协调发展。所以明确界定投行业务部门、岗位的法律地位是明确各自职责的基础和前提，由此实施和促进投行业务条线自上而下、投行与内控以及各内控组织内部的分工与协调，才具有理论说服力和实践的可行性。

本文尝试在分析投行业务所涉主体法定地位的基础上，探讨投行业务部门与合规内控主体的职责分工；基于职责分工，讨论和梳理投行业务内部流程管控以及如何实现合规管理职能的全覆盖。

一、投资银行业务所涉各主体的法律地位与职责

（一）投行业务及其合规管理所涉相关主体

以质控部门相对于投行业务的独立性为基本划分标准，投行业务管理的组织框架大致可以分为两类：一是投行质控部门为投行业务部门内设机构，或者同属于一个投行业务分管领导管理；二是投行质控部门独立于投行业务部门，由不同的高管人员分管。前者是以往投行业务的通行做法，近年来已逐渐过渡到第二种模式。

* 作者单位：南京证券股份有限公司。原载于《中国证券》2017 年第 2 期。

无论何种管理模式，证券公司投行业务及其内控合规管理所涉主体包括：（1）保荐人，即公司自身；（2）保荐代表人；（3）保荐业务负责人及投行业务部门；（4）内核机构，包括内核负责人、内核小组及质控部门；（5）合规、风控、稽核等内控部门。上述五类主体的法律地位决定了其自身的权利和义务，也是内外部职责划分的依据，在此基础上进行公司的制度设定与流程安排，方能做到有理、有据、有序。

（二）投行业务合规管理所涉主体各自的法律地位与职责

1. 保荐人——保证、推荐之人

“所谓保荐，即保证并推荐，保荐人担负着资本市场看门人的职责，其职业操守及勤勉尽责与发行人的发行高度相关。”[①] 具体而言，保荐人承担了为保荐对象申请上市、再融资或并购重组向社会公众进行推荐以及在证券发行后一段时期内对发行人信息披露质量进行担保的职责。此外，保荐人还应督促协助保荐对象规范公司治理结构，熟悉并遵守上市规定。

（1）保荐人的保证责任。保荐人的保证责任体现在发行期间及持续督导过程中，就发行人信息披露的真实、准确、完整，向投资者提供担保。依传统民法的相关理论，保荐人为保证人，发行人为被保证人。但保荐人的保证责任又与一般的债务担保存在较大的差异且实质上严于债务保证人。首先，投资者与发行人之间并非债权债务关系，仅存在基于对所披露信息的信任而产生的投资关系。其次，保证的标的并非某单个行为，而是一系列行为，包括发行及上市后的所有对投资可能产生影响的行为，如重大经营决策实施及信息披露行为。再次，保荐人所担保的并非发行人的债务履行能力，而是发行人发行行为的合规性，主要是信息披露行为的合规性。在一般债务担保中，债务人的履约能力是可以通过一些客观条件预知、测量的，而在保荐业务中，发行人的行为合规性，尤其是未来行为的合规性存在一定的不确定性。最后，保荐人对发行人的保证责任为法定的连带保证责任，且采取过错推定原则，“实质重于形式、结果与过程并存”。[②] 如果发行人存在违规行为，只要保荐人无法证明自身没有过错，或对相关违法行为未实施实质性的纠正、督导，即会受到相应的责罚。而一般民事行为均采用过错责任原则。例如对某证券公司担任财务顾问业务相关处罚案件中，虽然处罚对象提出申辩，认为“如果独立财务顾问已履行勤勉尽责之义务，对上市公司申报的文件和相关披露信息进行了审慎核查，且对于未能发现上市公司虚假记载没有过错，则财务顾问不承担行政责任”。监管机关仍以其对发行人虚假披露的违法行为未进行实质纠正为由进行了处罚。[③]

法律赋予保荐人的保证责任较传统民法更为严格，是因为保荐人担保的并非具有相对性的普通债权，发行人的发行行为涉及广大投资者利益甚至是资本市场的整体秩序。发行人与保荐人之间除了“委托—代理”关系所对应的契约治理机制外，还存在着比较浓厚的行政

---

①② 参见《中国证监会行政处罚决定书（信达证券股份有限公司、寻源、李文涛）》〔2016〕109 号，中国证监会网站，时间：2016 年 9 月 5 日，网址：http：//www. csrc. gov. cn/pub/zjhpublic/G00306212/201609/t20160907_303117. htm，最后访问时间：2017 年 1 月 18 日。

③ 参见《中国证监会行政处罚决定书（中国中投证券有限责任公司、曾新胜、任民）（〔2016〕122 号）》，中国证监会网站，时间：2016 年 11 月 11 日，网址：http：//www. csrc. gov. cn/pub/zjhpublic/G00306212/201611/t20161122_306316. htm，最后访问时间：2017 年 1 月 18 日。

治理色彩，以弥补契约治理机制效用上的缺陷。[1]

（2）保证人的推荐责任。保荐制度实施之前，推荐是证券公司在证券发行中的主要职责。承担推荐责任的保荐人相当于交易中的居间人，充当中间介绍人，提供发行人与投资者订约的机会。其具体义务种类包括：①诚实勤勉义务，如《首次公开发行股票并上市管理办法（2015 年修正）》第 5 条的规定。与保证责任不同的是，推荐责任中诚实勤勉义务所指向对象既包括投资者，也包括发行人。作为发行人聘请的中介机构，保荐人在不违反信息披露要求的前提下应尽可能充分了解发行中询价对象的基本情况，确保投资适当性原则得以贯彻实施；作为市场守门人，保荐人应当对投资者和社会公众尽诚实勤勉义务，充分了解发行人的经营状况与面临的风险，对发行人的信息披露与融资行为进行核查。②保密义务，为推荐责任的附随义务。在证券发行业务中存在两方面内涵：一是指保荐人在对发行人进行尽职调查的过程中对所获取的发行人经营、财务、技术方面的信息应予以保密；二是指发行过程中掌握的可能对证券价格或交易产生重大影响的信息，如询价阶段的价格区间，保荐人不得泄露给第三人，以免影响发行的公平公正。③介入义务。保荐人作为发行人与投资者的信息沟通媒介，对于发行人的发行行为全程参与，并根据规定对其核查事项发表明确意见。保荐人介入义务的履行直接关系到保证责任的质量。

2. 保荐代表人——职务代理人

保荐代表人是保荐人职责的具体承担者，是其职务代理人。保荐代表人与保荐机构之间属于依职务而产生的代理关系，符合职务代理的基本特征：第一，以劳动合同关系为基础关系而产生；第二，保荐代表人在业务实施中获得了具体性授权和常规性授权，其对外实施的行为具有职务行为的外观；第三，保荐代表人行为内容属于法定的、公示的职权范围[2]；第四，相对于一般代理，职务代理更易使相对人产生信赖，也容易形成表见代理。

作为保荐人的职务代理人，保荐代表人除了代表保荐人履行法定的保荐责任外，还应本着诚信、勤勉的原则对待被代理人，不得损害被代理人和第三人利益。对于被代理人的诚实、勤勉义务主要体现在项目实施中的勤勉尽责，对于公司内控部门和合规部门的诚信、配合以及勤勉对待其核查问题与反馈意见等。在具体行政处罚案件中，对于未能勤勉尽责的保荐代表人，往往顶格处罚，即以职务代理人的义务为基础而实施的处罚。至于两名保荐代表人之间的具体分工是其内部分工，不能对抗外界因其职务身份产生的信赖，更不能因此而减免其职务代理的外部责任或义务。

3. 保荐业务负责人与投资银行业务部门

保荐业务负责人与投资银行业务部门为证券公司的内设机构，其对外具有保荐业务职务代理人的地位，对内为公司保荐业务具体性和常规性的被授权机构，也是实施内部控制与风险管理的行政管理主体。其职责包括：（1）负责保荐业务的具体实施；（2）投行项目组及保荐代表人的执业行为质量管控；（3）贯彻被代理人即保荐人的意志，保护被代理人的利益；（4）督促保荐代表人不得损害被代理人、行为相对人以及其他第三人的利益。

---

① 参见沈朝晖：“监管的市场分权理论与演化中的行政治理——从中国证监会与保荐人的法律关系切入”，载《中外法学》2011 年第 4 期，第 849 页。

② 参见刘静波：“以职务代理完善我国代理制度——以公司交易实践为视角”，载《新疆大学学报（哲学·人文社会科学版）》2012 年 3 月，第 46 页。

保荐业务负责人与保荐代表人均为保荐人的职务代理人，但保荐代表人首要代理职责为审慎核查义务，对保荐对象信息披露行为的真实性、准确性、完整性负责；而保荐业务负责人的首要代理职责是监督、执行保荐业务各项制度。保荐代表人为保荐职责的第一执行人，也是保荐业务质量的直接责任人员；而保荐业务负责人通过关注制度执行对业务质量进行宏观把控。如果保荐行为严重违规，折射出保荐人内部控制制度与风险管理能力存在缺陷，保荐业务负责人同样应遭受处罚。在平安证券“万福生科”一案中，监管机构就因万福生科欺诈发行行为反映出“平安证券内部整体缺乏有效的质量控制和风险管理”“平安证券保荐业务相关质量控制制度未能得到有效执行”为由，对本应“加强公司内部控制和风险管理，规范保荐业务行为，防范保荐业务风险，避免保荐项目执行过程失控”的保荐业务负责人进行了处罚。①

4. 内核小组及内控机构

（1）内核负责人。保荐人的内核负责人对内为非常设议事机构——内核委员会的负责人，负责保荐人内部控制，对执业质量进行宏观把控；对外通常视作保荐人的连带责任保证人。《证券发行上市保荐业务管理办法（2009 修订）》规定内核负责人负责监督、执行保荐业务各项制度，同时需要在发行保荐书上签字，对保荐人内部审核情况与内核程序、发行人合法合规性的核查以及本次发行的主要风险进行保证性承诺。

内核负责人的具体职责包括对内监督保荐工作的被授权人或代理人的职务行为，组织实施内部质量控制与风险管理；对外对保荐人内核委员会履责情况提供保证、实施监督，并落实相应的监管核查要求。

（2）内核小组与质控部门。内核小组与质控部门均为保荐人内部负责质量控制的议事性或常设性机构。差异在于后者为内部常设性机构，通常采取首长负责制；前者为非常设性机构，且以投票表决制进行集体决策。

二者作为保荐人内部控制工作的执行层，对内负责实施内部质量控制工作；对外对保荐人保荐义务履行情况实施监督，落实相应的监管核查要求，但无独立的对外代理或保证职能，故只要其内部监督职责切实履行，即使保荐机构本身存在对外责任，也不应归咎于内核小组与质控部门。

5. 合规、风控、稽核等内控部门

合规、风控、稽核等内控部门是证券公司内部设立的独立于投行业务体系之外的内控监督机构。第一，与保荐代表人、保荐业务负责人及投行业务部门相比，内控部门仅具有内部监督职能，不参与保荐业务，也不对保荐业务质量负直接的审慎核查责任。第二，与内核负责人、内核机构相比，合规、风控、稽核部门非为投行业务质量控制而专门设立。作为证券公司的内控部门，其负责管理全公司各业务条线的合法合规与风险控制，以及监督全体员工执业行为的合规性。就保荐业务而言，合规、风控、稽核等部门是内核机构与投行质控部门之外的另一层独立监督体系，其监督对象不仅包括保荐业务职务代理人的执业行为与保荐业务质量，还包括内核工作质量与内核制度的执行情况。其对于投行业务无对外代理权限与行

① 参见《中国证监会行政处罚决定书（平安证券有限责任公司、吴文浩、何涛等 7 名责任人）》〔2013〕48 号，中国证监会网站，时间：2013 年 9 月 24 日，网址：http：//www.csrc.gov.cn/pub/zjhpublic/G00306212/201310/t20131018_236557.htm？keywords =，最后访问日期：2017 年 1 月 18 日。

为，无外部责任，但有着间接的督促与监督责任。

在证券发行与保荐业务中，合规、风控、稽核等部门承担着以下内部职责：第一，监督保荐业务制度的执行情况与业务人员执业行为的合规性；第二，通过关注内核内控的合规性与内控制度的执行情况监督质量控制工作；第三，通过定期与不定期的检查发现业务流程的不足，并监督整改；第四，出现业务风险时，协助采取应急措施，并及时向监管部门报告。

二、投行业务合规管理职责分配中的问题

（一）外部法律法规中合规管理职能分配的重叠

除对保荐人进行明确的责任义务规定外，现行法律法规对保荐代表人、保荐业务负责人、内核负责人、合规总监、内核小组以及质控、合规、风控等内控部门都赋予了一定的投行合规管理职能。这些规定散见于《证券发行上市保荐业务管理办法》（2009 年修订）、《首次公开发行股票并上市管理办法》（2015 年修正）、《中国证券监督管理委员会公告［2012］4 号——关于进一步加强保荐业务监管有关问题的意见》《证券公司合规管理试行规定》《证券公司内部控制指引》（2003 年）、《首次公开发行股票承销业务规范》（2016 修订）等外部规定中。从相关规定来看，除了保荐代表人职责明确外，各层级的人员、部门的职责均存在着一定的重合现象。例如保荐业务负责人、内核负责人的职责规定基本重合，均是“负责监督、执行保荐业务各项制度并承担相应的责任”。这意味着保荐业务负责人可以兼任内核负责人，若分设，则必然存在二者之间职能的交叉重叠。同为内控部门的合规、风控部门与投行质控部门亦存在着职责的交叉重叠。如果按照合规管理职能全覆盖的要求，在合规部门与质控部门职能划分不够细致的情况下，必然会出现合规管理职责上的重合。

（二）多重赋予职责可能带来的问题

职责重合有助于加强投行的内控管理，但也带来两个方面的问题：一是除签字主体外，其他主体或部门易逃避或规避责任；二是有限的合规和内控资源在分散配置下造成人力资源的浪费。投行合规管理所涉主体中仅保荐人的法定代表人、保荐代表人、保荐业务负责人与内核负责人被要求在保荐材料上签字，这容易引起投行项目小组成员（尤其是无签字义务的成员）在履职上的松懈，一旦保荐机构出现对外责任，质量控制的责任究竟由哪一环节的签字主体承担在事实上很难查明，相互间的责任范围难以进行划分。合规、内控人员在证券公司内部往往人数较投行业务人员少得多，在合规管理职责划分不够细致、职责重合的情况下，合规、内控人员往往容易被赋予承担本应由保荐代表人、业务负责人所承担的责任，不仅影响合规、内控人员的相对独立性，也容易造成资源配置与责任分担的不对等。

（三）公司内部的合规管理职责分配

公司内部合规管理职责分配牵涉两个方面：一是高管、部门与员工之间的职责分配问题；二是合规管理职责如何在内控部门之间分配问题。

就高管而言，第一，证券公司保荐业务负责人与内核负责人是否可以为同一人，外部专家是否可以担任内核负责人？保荐业务负责人与内核负责人如果分设必有职能上的交叉，若为同一人则有可能因为工作量过大而影响效用发挥。内核负责人担负着组织实施内部控制与

风险管理，对保荐人执业质量承担连带保证责任的双重职能，需要投入充分的时间与精力，外部专家难以胜任。对于投行业务量相对较大的公司，内核负责人应当专职专岗。这也有利于落实内核小组的职责，使内核负责人的内外职责能够真正发挥。第二，内核小组与质控部门由独立于保荐业务负责人的高管分管，若由总裁分管，总裁投入的时间精力必然有限，其他高管分管可能存在信息隔离方面的问题。如果由专职的内核负责人分管，则可以解决相关问题。第三，分管业务的高管和分管内控的高管是否均需要介入具体业务，并对项目实施审核签字？保荐机构内部一般存在业务分管高管、保荐业务负责人与内核负责人、保荐代表人与投行项目组三层业务组织架构，其中保荐代表人与投行项目组为保荐责任的具体实施者；保荐业务负责人与内核负责人一般通过内控流程监控与管理的方式关注保荐管理制度的执行情况，以达到提高执业质量、防范业务风险的目的；而作为组织架构顶端的分管高管应对保荐业务内控与质控工作宏观把握，以不定期介入具体业务的方式进行监督，但很难要求分管高管进行常规性的具体介入。

就内控部门之间尤其是投行质控部与合规、风控等内控部门间内控职能分配的问题，从行业内人员配置来看，倾向于由投行质控部门承担主要内控职责。一般而言，证券公司投行业务与质控部门人员的比例一般不会超过8:1，而投行业务部门与投行业务合规管理人员配置大约为60:1，从人员力量配置来看，将内控职责更多地赋予投行质控部门具有切实可行性。此外，部门员工和具体岗位职责层面，则主要解决各具体业务流程如何嵌入相应的内控及合规职能的问题。

三、投行业务流程合规管理职能分配与改进

首次公开发行承销与保荐业务在证券公司内部大致分为以下 12 个节点：项目承揽——初步尽调——立项——全面尽调——改制辅导——申报材料及工作底稿制作整理——内核——报会与反馈——会后事项——发行与承销——持续督导——完结与考核。这 12 个节点又可以大致分为立项及之前、申报材料与工作底稿制作及之前、内核、报会与反馈、发行承销与持续督导 5 个主要环节。其中，合规管理职能对立项、申报材料及工作底稿的整理制作、内核、报会与反馈以及发行承销与上市等环节介入较多。但是，对于上述 12 个节点中的细节部分并未实现职能的全覆盖，主要体现在信息传递、核查督导的缺失。

（一）立项及之前环节

投行项目立项可分为备案立项与评审立项。其中评审立项是对项目进行实质性审核，一般由质控部门负责实施内控职能，接受业务部门提交的预审立项材料、组织评审会议，并负责立项工作底稿的建立与保存。在立项前的项目承揽环节，主要由投行业务部门对项目组初步尽调阶段的对外承诺进行审核。质控部门在项目承揽和初步尽调阶段的参与较少；而合规管理部只是在项目立项后才实施备案，以及对部门间协作跨墙行为进行监督。这就导致是否立项由投行业务部门主导，从接触企业到初步尽调，均由投行业务部门实施，质控部门、合规部门只进行书面审核，并根据初步尽调情况凭经验推断可能存在的问题点，难以发现真正的问题所在。此外，业务部门本身初步尽调时间分配有限，对企业经营的深层问题难以深挖。初步尽调期间，主要考察的是项目的可行性，全面深度的尽职调查是在立项后的申报材

料制作环节。由于接触时间较短，且缺乏中介机构的配合，业务部门也难以发觉项目隐藏的深层问题。

针对上述不足，项目组应在立项申请材料中对项目企业目前存在的风险与影响发行上市事项进行重点说明，并提出初步解决方案，立项评审委员的评审意见须对申报材料中的重要风险事项提出初步判断或建议。同时在立项审核系统中增加合规审核的环节，主要关注立项申请材料的完备性及立项评审会议程序的合规性；对于立项评审中提出的问题，合规部门有权通过参与内核会议或审核内核会议纪要的形式，检查项目组是否进行了充分、合理的核查。

（二）申报材料与工作底稿制作整理及之前环节

申报材料与工作底稿制作整理及之前的全面尽调、改制辅导工作均由项目组具体实施。项目组将进展情况、重要材料（如监管机构书面询问文件）向投行业务部门报告，业务中遇到重大问题报质控部门，并向其他内控部门备案；投行业务部门负责检查项目组尽调工作底稿与工作日志；合规管理部负责审核业务协议。

此阶段业务部门与质控部门的沟通相对较少，很难具体界定重大缺陷或问题，无论从人员配置、专业要求，还是业务实施的效率角度看该环节，业务的质量控制与合规管理主要由投行业务部门负责实施，这是合规风险主要集聚环节，投行质控部门对此环节的现场核查及合规部门的抽查有助于强化该环节的合规管理。

（三）内核环节

在内核环节，一般由质控部门审核申报材料，并组织实施现场核查、问核程序，并报告内核小组，内核小组（委员会）通过现场内核、问核对项目质量进行控制，对项目质量是否适格出具明确的审核意见，并由质控部门负责整理、保存内核底稿。该环节中内核委员的审核主要依靠项目组的申报材料与解答，除少量进行现场检查的内核专员外，其他委员一般无法到项目现场直接访谈，或对照工作底稿进行核验。其他部门（如风控、合规）现场检查的主要核查项目也是工作底稿的完备性与重点问题的核查情况，但本质上仍以形式审查为主。此外，内核小组成员中投行业务人员与投行质控人员往往占比较大，其他部门或外部人员参与较少，难以有效发挥内核委员的独立审核职责。为提高内核工作质量，除前文所述内核负责人必须专职专岗外，证券公司应提高内核小组成员中投行业务部门以外成员，如风控、合规、稽核部门的成员以及外部专家的占比；同时提高现场核查与问核的频次；并重点关注项目组在全面尽调期间发现的问题与解决方案。

（四）报会与反馈环节

报会与反馈期间，项目组须组织实施持续尽职调查与反馈工作，内控工作由质控部门主导，有利于项目的风险集中管控。受理期间如出现重大问题或风险事项由项目组及时向质控部门报告。质控部门对项目组反馈意见进行审核，并核查其工作底稿和工作日志。合规、风控部门对报会与反馈过程承担二次监督职能，内部信息通畅是基本要求，在受理期间持续尽职调查发现重大风险时，项目组要及时向合规、风控部门报告。

该环节的不足在于无论项目组或质控部门的关注点均集中在监管部门的反馈意见上，持续尽调缺乏硬性监督与约束机制，只能依靠项目组在发现重大问题时的单向报告了解情况。可以从流程上加以强化，如对存在实质性障碍的反馈核查事项，由质控部门提出或聘请第三方机构论证，主动提出撤回申请；同时增加主动核查程序，实施内部问责。充分保障合规与风控部门对反馈内容和持续尽调工作的知情权。

（五）发行、承销与持续督导环节

发行承销期间职责分工相对清晰：由投行业务部门总体负责发行工作的组织协调；风险管理部门进行风控指标压力测试；合规部门负责信息隔离墙管理、簿记建档以及询价过程的监督。

该环节主要不足在于职责的落实：一是工作底稿归档问题，如延期或缺乏电子底稿及其完备性审核，难以及时调阅。二是会后底稿入库时仅作形式审查，缺乏对底稿完备性进行确认的环节，且会后的持续督导工作制度执行不到位，合规、风控部门对持续督导工作介入不够。强化工作底稿的管理，通过合规核查，督促归口部门加强工作底稿归档的及时性、规范性和电子化入库管理。合规、稽核部门可将工作底稿工作的完成情况作为合规绩效考核的要素之一。对于持续督导工作，重在对业务部门的跟踪核查，以便强化相关职责的履行。

将投资银行业务纳入全面合规管理体系是依法、全面、从严监管的基本要求，也是保荐机构提高执业质量、强化内控、防范风险的必然选择。对投行业务所涉各主体法律地位与职责的界定是业务合规管理分工协调的基础，在此基础上强化业务条线纵向各环节的审查与监督职能，通过考核、咨询、检查、合规审查等职能发挥形成业务与合规的有效互动，在提升投行执业质量的同时实现合规管理的全覆盖。

参考文献

[1] 沈朝晖．监管的市场分权理论与演化中的行政治理——从中国证监会与保荐人的法律关系切入［J］．中外法学，2011（4）：849—869.

[2] 刘静波．以职务代理完善我国代理制度——以公司交易实践为视角［J］．新疆大学学报（哲学·人文社会科学版），2012（3）：46—50.

[3] 王远明，陈凤．由“推荐”到“保荐”——论证券上市保荐制度中的保荐责任［J]，湖南大学学报（社会科学版），2005（1）：120—123.

投资银行部门合规专员职能定位研究

江　原*

在中国证监会依法监管、从严监管、全面监管的背景下，2016 年监管部门加强了对中介机构未勤勉尽责、编造传播虚假信息等违法行为的处罚追责力度。2016 年 7 月，中国证监会组织对 13 家证券公司投行类业务开展了专项检查，涵盖了保荐、财务顾问和新三板推荐等多项投行类业务，重点关注了证券公司内部控制的有效性和执业行为的合规性两个方面。在全面从严的监管形势下，如何强化对投资银行业务的合规管控，投资银行部门的合规专员将成为一个关键点。

一、投资银行部门合规专员模式

2008 年，中国证监会发布《证券公司合规管理试行规定》，规定证券公司应当根据本公司的经营范围、业务规模、组织结构等情况，设立合规部门或指定有关部门协助合规总监工作，并为合规部门配备足够的、具备与履行合规管理职责相适应的专业知识和技能的合规管理人员。其中，未明确要求证券公司各业务部门以及分支机构设立合规专员。2016 年 12 月，中国证券业协会发布《证券基金经营机构合规管理办法（征求意见稿）》，对各业务部门及分支机构合规管理人员的任职要求、考核和管理模式、履职等方面进行了规范，但正式办法目前尚未出台。目前，证券公司是否在各业务部门、分支机构设立合规专员，尚无明确的法律要求。但行业内大部分证券公司都设立了合规专员，对接合规管理部门，以实现更好的组织、配合各业务条线合规管理工作。从专兼职模式上来看，大多数证券公司的合规专员为兼职合规管理人员，但也有个别为专职合规管理人员；从任职条件和职责上来看，证券公司对合规专员的任职条件没有严格的规定，对其职责也未明确，合规专员多为业务部门或分支机构的资深员工；从考核上来看，大部分证券公司合规部门对业务部门、分支机构的合规专员没有考核权，个别有考核权的，考核权重也未超过 50%。

* 作者单位：中泰证券股份有限公司合规管理总部。原载于《中国证券》2017 年第 2 期。

投资银行业务因业务复杂、技术含量高、人员素质要求高而成为证券公司的一项高端业务，主要包括股权类投资银行业务、债权类投资银行业务以及全国中小企业股份转让系统（以下简称“股转系统”）推荐挂牌类业务。实践中，投资银行业务环节众多，涉及承揽、立项、尽职调查、内核、持续督导等；人员数量庞大，大部分证券公司的投资银行业务从业人员超过 100 人；尽职调查要求复杂、专业性较高，涉及财务、法律多项要求；业务运作相对封闭，合规介入比较困难①，相比证券经纪业务、证券自营业务，合规管理嵌入业务运作的难度较大；合规部门不能掌握对合规专员的考核权，缺少督促其履职的手段。因此，投资银行业务的合规管理工作自成体系，相对独立，合规部门对其管控停留在事中、事后的监督、追责阶段，难以实施有效的合规管理。

行业内，虽然大部分证券公司在投资银行部门设立了合规专员，但存在很多问题：一是合规专员多为兼职，既要承担日常的工作，又要兼职合规管理工作，精力有限，合规管理流于形式。二是证券公司对合规专员职责的界定并不清晰，大多为协助投资银行部门负责人开展合规管理工作，或仅将其定义为质控部负责人的角色，导致合规部门、合规专员、质控部职责混淆不清。三是合规部门对合规专员没有考核权或考核权重较低，难以保障合规专员的独立性。投资银行部门掌握了合规专员绝对考核权，一旦发生业务与合规管理相冲突的情况，合规部门对合规专员的制衡不够，合规风险便悄然出现。四是投资银行部门对合规管理重视不够，不重视合规专员的资历与经验，导致合规专员个人能力和素质参差不齐，无法对业务操作进行实质把控。

根据实践，可尝试建立如下的投资银行业务合规专员模式：一是鉴于投资银行业务合规管理工作的繁琐、复杂，投资银行部门应设立 1 名专职的合规专员负责人，并区别股权类投资银行业务、债权类投资银行业务、股转系统推荐挂牌类业务的不同设置至少 3 名以上的合规专员协助合规专员负责人开展工作。二是为保障合规专员负责人履职，其行政级别应为部门总经理助理级别及以上，能够参与业务的重大决策，并对业务运作具有一定的话语权，且应具备至少 5 年以上投资银行业务从业经历，并具有相应的法律、注册会计师或保荐代表人资格，熟悉相关法律法规、监管规定以及业务流程。三是为确保合规专员及负责人的独立性，合规部门应掌握对其 50% 以上的考核权，具体比例可考虑 50%—55%。

二、合规部门、质控部与投资银行部门合规专员的关系

目前，证券公司合规部门主要职责为制订、修订投资银行业务合规管理制度并组织实施，定期、不定期进行合规检查，履行投资银行业务的合规审查、合规监督，接受投资银行部门合规咨询，组织实施业务合规自查，制度、案例培训等，对涉及投资银行业务的名单报备、解禁、业务协作、跨墙管理实施信息隔离管控，对在投资银行业务中发现的合规风险或不合规事项，督促整改、问责，兑现合规绩效考核。证券公司投资银行业务的合规管理还游离于业务之外，缺乏有效嵌入业务的方式，从业务关键环节来看，合规部门对投资银行业务的内核仅限于对流程的监督、对材料的合规性审核，无法深入发现业务的重大合规风险；对

① 中国证券业协会合规专业委员会投资银行业务合规管理研究课题组：“论创新形势下投资银行业务的合规管理”，载于《中国证券业 2012 年论文集》，中国财政经济出版社 2013 年版，第 947 页。

尽职调查依赖于定期、不定期的合规检查，且没有配备足够的专业人员，亦无法有效通过事后检查的方式，发现重大合规风险；对于持续督导，则只能通过事后报备的方式进行监督。

证券公司投资银行部门一般均设置独立的质控部，为部门的质量监控和后台业务提供支持，负责对投资银行业务进行质量和流程控制，具体包括：组织项目立项，核查项目操作风险和质量情况，必要时对项目进行现场核查，审核投资银行业务所涉及的申报材料、业务合同、工作底稿，组织实施内核并出具质控意见，起草和修订质量监控相关制度和规则等，其职能中除合规管理之外，更多的是质量控制、风险把控以及一部分综合事务工作。广义上讲，可以称其为投资银行部门内设的合规部。

合规部门、质控部、合规专员从某种意义上讲，三者相辅相成、密不可分，既有区别，又有联系。首先，三者缺一不可，共同构成了证券公司对投资银行业务合规管理的组织架构。以人为比喻，其中合规部门可比作头脑。对投资银行业务的合规工作进行组织、管理、安排，明确各级合规管理人员承担的职责，全面梳理业务流程，界定关键业务环节等；投资银行部门合规专员及负责人可比作人的眼睛和双手，通过他们，合规部门可实现对业务的监督和对重大合规风险的管控；质控部可比作人的双腿，任何工作都不能孤军奋战，必须团结合作，面对众多的项目、庞大数量的业务人员、繁重的合规管理工作，合规专员负责人的履职必须依赖于质控部工作的开展，否则其无腿可行走。其次，三者又分别承担不同的角色和分工，根据合规风险的大小，工作层级递进。质控部，顾名思义，侧重点在质量控制，凡是和质量控制相关的活动都属于质控部的工作范畴，所以小到协议的签署，大到项目的立项、尽职调查、辅导、内核、持续督导，甚至项目的发行、承销的询价、定价、配售环节（部分公司由资本市场部把关）都由质控部把关。合规部门和合规专员则侧重合规管控。合规专员负责人对合规部门负责，质控部对合规专员负责人负责；合规部门负责对合规专员负责人的工作进行监督、考核，合规专员负责人负责对质控的工作进行监督、考核。科学确定合规专员的职责，成为对投资银行业务实施有效合规管控的核心点。

三、投资银行部门合规专员的职责定位

如何科学确定合规专员职责，目前行业内并无可借鉴的案例。正如前文中所指出的，行业内证券公司投资银行部门合规专员职责描述或大而化之，模糊处理，如协助部门负责人做好部门的合规管理工作；或与质控部职责混淆不清，如由质控部门负责人兼任等。应将投资银行业务的合规管理工作嵌入业务运作中，顺应监管的要求，实现合规管理的主动性；除常规的合规管理工作外，通过梳理业务流程及关键风险点，提炼出重大合规风险，由合规专员进行把控，必要时由合规部门共同参与，进一步提升对投资银行业务的事前管控，以减少重大合规风险的发生，提高合规管理的有效性。

（一）日常合规管理工作

组织制定、实施投资银行业务条线的合规管理制度，对制度进行定期评估、修订，以及对制度实施情况进行检查。

督导投资银行业务信息系统合规管理模块建设，负责组织相关合规指标设计、优化，协助、指导合规风险信息处置和报告。

参与业务决策，对涉及合规的事项发表意见或提出建议。

对接监管部门、合规部门，负责组织对内、对外报送各类材料、报告，并对投资银行部门拟定的制度、文件、业务方案、合同及向证券监管部门、自律组织、人民银行等报送材料的合规性予以审核把关；跟踪各类外部检查进展。

根据证券监管部门、自律组织、人民银行、合规部门的要求，组织实施对投资银行业务的自查、核查、整改等工作。

定期组织合规培训，并组织测试。

负责本单位的信息隔离、反洗钱工作。

（二）重大合规风险（以首次公开发行股票并上市保荐业务为例）

投资银行业务中，与债权类投资银行业务、股转系统推荐挂牌类业务相比，股权类投资银行业务对证券公司的勤勉尽责要求最高，证券公司承担的责任最重。在股权类投资银行业务中，监管部门对首次公开发行股票并上市保荐业务（以下简称“首发业务”）的要求最为严格。《公开发行证券的公司信息披露内容与格式准则第 1 号——招股说明书》（2015 年修订，2016 年 1 月 1 日实施）第十八条明确规定，首次公开发行上市的保荐机构应在招股说明书扉页做出如下声明及承诺：“保荐人承诺因其为发行人首次公开发行股票制作、出具的文件有虚假记载、误导性陈述或者重大遗漏，给投资者造成损失的，将先行赔偿投资者损失。”本文将以首发业务为例，分析重大合规风险。

根据《证券公司合规管理试行规定》（2008 年 8 月 1 日实施）第二条的规定，合规风险是指因证券公司或其工作人员的经营管理或执业行为违反法律、法规或准则而使证券公司受到法律制裁、被采取监管措施、遭受财产损失或声誉损失的风险。投资银行业务合规风险则是指违反投资银行业务相关的法律、法规或准则而使证券公司受到法律制裁、被采取监管措施、遭受财产损失或声誉损失的风险。鉴于投资银行业务合规风险点众多、松散，可考虑采用监管导向、问题导向结合具体业务开展的方式，明确重大合规风险。因为一旦被监管部门采取出具警示函、责令限期整改、增加内部合规检查次数等监管措施，可能导致证券公司在分类评价中扣分，影响证券公司的业务发展。因此，一般来讲，监管部门处罚较多的，一般属于重大合规风险；监管部门现场检查中发现的共性问题，亦包含可能被采取监管措施的重大合规风险。以下通过对 2013 年以来监管处罚案例的分析以及监管部门对于投资银行业务专项检查、调研中发现的共性问题的归纳、总结，结合具体实践，从而确定合规总监应当关注的重大合规风险。

1. 监管处罚案例分析

2013—2017 年 1 月，中国证监会对证券公司做出行政处罚 10 起，其中涉及的项目除两起重大资产重组项目外，其余均为首次公开发行股票并上市项目，表现为证券公司未勤勉尽责发现发行人财务数据虚假欺诈发行的情形，具体包括对重要资产核查不充分，对关联关系未足够关注，未在会计师事务所工作底稿、函证、专业意见的基础上进行独立判断，未向主要客户和供应商进行独立函证，未关注异常的财务指标，未独立获取银行对账单以及对银行存款账户进行独立函证等。

欺诈发行严重违背了证券市场诚实守信的原则，扰乱了公开、公平、公正的市场秩序，损害了广大投资者的利益，是资本市场最为严重的三大证券欺诈行为之一，成为监管机构监管的重点。如证券公司在首发业务过程中未按照《证券法》《证券发行保荐业务管理办法》《保荐人尽职调查工作准则》《关于进一步提高首次公开发行股票公司财务信息披露质量有关问题的意见》等相关法律法规、监管规定的要求勤勉尽责核查，对应发现的财务数据虚假问题未能发现的，将可能导致监管处罚。

2. 监管部门现场检查问题分析

根据中国证监会网站发布的《证监会通报证券公司投行类业务专项检查情况》，2016 年 7 月中国证监会组织派出机构对 13 家证券公司的投资银行业务进行了现场检查，发现的问题主要涉及内部控制、尽职调查、持续督导、工作底稿管理等方面，具体表现在：一是内部控制机制未有效执行；二是内核工作流程不完善、缺乏独立性；三是尽职调查未履行关键核查程序；四是持续督导尽责程度不够；五是工作底稿未按规定编制、留存。[①]

根据中国证监会 2016 年 6 月 24 日发布的要闻《证监会部署 IPO，欺诈发行及信息披露违法违规专项执法行动》，在首发业务环节，主要问题有包装上市、披露不实、欺诈发行。和本文相关的问题主要有：一是发行人报送或披露的信息存在虚假记载，包括虚构业务，虚增资产、收入和利润，变造甚至伪造产权证书和重要经营证照等；二是发行人报送或披露的信息存在重大遗漏，包括未披露关联关系及关联交易，未披露股权结构的重大变化，未披露独立性方面的重大问题，未披露重大债务、违约或对外担保等；三是保荐机构及保荐代表人没有尽到保荐工作职责，审慎核查不足，专业把关不够，出具的保荐书存在虚假记载、误导性陈述或者重大遗漏。[②]

通过上述关于投资银行业务的专项检查及对 IPO 欺诈发行的专项执法活动部署可以看出，监管关注的首发业务重点为欺诈发行以及信息披露存在重大遗漏，其中，欺诈发行的具体方式包括虚构业务，虚增资产、收入和利润等；信息披露存在重大遗漏的表现最重要的一个方面为关联关系及关联交易的信息披露。

发行人的关联方和关联交易核查是证券公司投资银行部门尽职调查、核查中较为复杂的一项，关联方分为关联法人和关联自然人，还可能包括潜在关联人[③]，具体可参考《企业会计准则第 36 号——关联方披露》《公开发行证券的公司信息披露编报规则第 15 号——财务报告的一般规定》（2014 年修订）、《上市公司信息披露管理办法》的相关规定。实践中，发行人为达到上市目标，往往通过隐蔽的关联交易粉饰报表，虚增收入、利润等，在对发行人重要客户核查中，证券公司通过核查股权、亲属关系并不能发现潜在的关联人，但可通过一些显著不合理的方面，如客户与发行人及其子公司注册地、办公地点在同一个地点，客户法定代表人或个人客户名字与发行人员工相同等，抽丝剥茧，找出隐蔽的关联方。

3. 重大合规风险把控及嵌入方式

股权类投资银行业务（首发业务）的重大合规风险点为尽职调查未勤勉尽责导致申报

① 参见《证监会通报证券公司投行类业务专项检查情况》，中国证监会网站，时间：2016 年 12 月 23 日，网址 http://www.csrc.gov.cn/pub/newsite/zjhxwfb/xwdd/201612/t20161223_308267.html，最后访问日期：2017 年 1 月 14 日。

② 参见《证监会部署 IPO 欺诈发行及信息披露违法违规专项执法行动》，中国证监会网站，时间：2016 年 6 月 24 日，网址 http://www.csrc.gov.cn/pub/newsite/zjhxwfb/xwdd/201606/t20160624_299610.html，最后访问日期：2017 年 1 月 16 日。

③ 徐永涛，李典："上市公司关联方关系及其交易信息披露的探讨"，载于《交通财会》2016 第 8 期（总第 349 期），第 72 页。

材料存在虚假、误导性陈述或重大遗漏，可能导致证券公司被采取监管措施的风险。

具体嵌入方式：投资银行部门首发业务流程分为承揽、立项、尽职调查、辅导、内核、持续督导，其中内核阶段为控制尽职调查工作质量的最佳切入点。投资银行业务部门合规专员负责人应在内核阶段（项目组申请内核后，内核会议召开前）组织对每一个项目的申报材料完备性、尽职调查工作底稿内容和形式的完备性、尽职调查程序履行的完备性、充分性进行核查，对可能导致重大合规风险的关键核查内容，合规专员负责人应结合《保荐人尽职调查工作准则》，对相关核查程序履行是否充分、是否在会计师工作基础上进行了独立判断，相关工作底稿是否完备、充分等重点内容进行核查、发表意见：

（1）对发行人是否存在虚构收入、利润进行重点核查，发表意见。并重点关注涉及农业行业，使用现金收付交易较多，前十大客户或供应商存在较多个人、个体经销商、贸易公司、境外公司的发行人。

具体包括但不限于：

①对主要客户及供应商（前 10 名）走访或函证是否到位；

②是否关注收入确认的重点问题；

③是否存在采用外部借款、使用自有资金或伪造银行单据的方式虚构应收账款收回的情形；

④是否独立获取发行人银行账户资料及银行对账单，是否独立实施函证；

⑤是否关注了大额货币资金的流出和流入；

⑥是否关注了异常的往来科目；

⑦主要资产的核查记录是否完整（存货是否抽盘；固定资产是否取得了购置合同和原始单据；在建工程）；

⑧重要合同查验是否充分等。

（2）对关联方识别及关联交易、关联方资金拆借、占用进行核查发表意见。

具体包括但不限于：

①关联方认定是否准确无遗漏。采用是否通过与发行人高管人员谈话、咨询中介机构、查阅发行人及其控股股东或实际控制人的股权结构和组织结构、查阅发行人重要会议记录和重要合同等方法，按照《公司法》和企业会计准则的规定，确认发行人的关联方及关联方关系，调档查阅关联方的工商登记资料。

②关联交易、担保是否符合相关法律法规的规定，是否按照公司章程或其他规定，履行发行人内部决策程序。

③关联交易定价依据是否充分，定价是否公允，与市场交易价格或独立第三方价格是否有较大差异及其原因，是否存在明显属于单方获利性交易。

④关联交易、担保是否在相关文件中进行了完整披露。

⑤向关联方销售是否达到了影响发行人经营独立性的程度。

⑥关联交易产生的利润占发行人利润总额的比例是否较高，是否对发行人业绩的稳定性产生影响。

⑦是否存在关联交易非关联化的情况。对于缺乏明显商业理由的交易，实质与形式明显不符的交易，交易价格、条件、形式等明显异常或显失公允的交易，与曾经的关联方持续发生的交易，与非正常业务关系单位或个人发生的偶发性或重大交易等，应当予以重点关注，

分析是否为虚构的交易、是否实质上是关联交易，调查交易背后是否还有其他安排。

⑧发行人主要关联交易的会计处理是否符合规定。

⑨是否存在通过隐蔽的关联交易粉饰报表的情形。

⑩是否存在大股东与发行人之间的利润输送或资金转移情况；是否存在资金被控股股东、实际控制人及其控制的其他企业占用情况。

（3）对一些重大法律事项或涉及公司业务的事项进行核查，发表意见。

具体包括但不限于：

①税务、工商、海关或行业主管部门等部门的资料获取是否完整；

②生产流程是否健全、生产核心技术或关键生产环节是否健全；

③重大诉讼或仲裁是否充分披露。

（4）对尽职调查工作底稿内容、形式是否完备进行核查，发表意见。

合规专员负责人应对上述列举事项发表专项意见，向合规部门报备，并要求项目组对上述内容中的存疑事项进行限期补充核查、补充底稿、补充披露直至符合要求，经合规专员负责人确认后方可向中国证监会进行申报。合规专员负责人应对上述工作进行留痕，合规部门可具体根据每个项目的特点有针对性地选择进行抽查或检查，必要时可参与核查。

参考文献

［1］杨新平．创新形势下证券公司合规部门的角色和职责［C］．中国证券业 2012 年论文集［M］．中国财政经济出版社，2013：121—125.

［2］中国证券业协会合规专业委员会投资银行业务合规管理课题研究组．论创新形势下证券公司投资银行业务的合规管理［C］．中国证券业 2012 年论文集［M］．中国财政经济出版社，2013：945—952.

［3］黎洁．我国投资银行内部控制研究［D］．成都：西南财经大学，2014.

［4］徐永涛，李典．上市公司关联方关系及其交易信息披露的探讨［J］，交通财会，2016（8）：72—75.

［5］吴慧芸．证券公司投资银行业务内部控制及信息披露研究［D］．厦门：厦门大学，2007.

［6］黄方亮，马云霄，张皓．投资银行内部控制研究［J］．公司金融研究，2015（1）：36—52.

证券公司员工执业行为合规管理研究

张国静　陈朝云*

一、证券公司员工执业行为监管总体情况

（一）证券公司员工执业行为相关监管规定

证券公司员工执业行为一直是监管的重点，但现有法律法规对证券公司员工执业行为的监管规定分散于多部法律规范，且范围涵盖多种执业行为。通过对各个层次的监管规定进行分析，可以归纳出监管机构重点监管和查处的证券公司员工违规执业行为可分为以下三类：

1. 投资行为管理

投资行为管理方面，具体体现为《证券法》第四十三条。根据该规定，证券公司从业人员不得以任何形式持有股票，包括直接持有、化名或借他人名义持有、买卖股票，也不得收受他人赠送的股票，任何人在成为证券公司从业人员之前，其原已持有的股票，必须依法转让。

2. 执业资格管理

执业资格管理方面，具体体现为《证券业从业人员资格管理办法》第二条。根据该规定，在依法从事证券业务的机构中从事证券业务的专业人员，应当按照该办法规定，取得从业资格和执业证书。该办法要求证券公司从事自营、经纪、承销、投资咨询、受托投资管理等业务的专业人员，包括相关业务部门的管理人员均应取得从业资格和执业证书。从业资格的取得以通过中国证券业协会统一组织的从业资格考试为准；取得从业资格的人员，符合特定条件的，可以通过所在机构申请执业证书。证券公司员工仅在取得相应资质的情况下才能为客户推介证券相关产品或服务。

3. 展业行为管理

展业行为管理是指证券公司员工在日常工作中应当遵守的执业行为准则。根据每项执业

* 作者单位：中信证券股份有限公司。原载于《中国证券》2017 年第 2 期。

行为准则保护对象的不同，可将展业行为管理划分为以下三分类：

（1）保护客户利益。保护客户利益方面，监管规则要求证券公司员工向客户提供产品或服务时应做好客户适当性管理、不得侵害客户和其他相关方的合法利益、不得违规向客户做出投资不受损失或保证最低收益的承诺、不得私下接受客户委托和代客理财、不得泄露客户商业秘密及个人隐私等。如《证券法》第七十九条列举了禁止证券公司及其从业人员从事损害客户利益的欺诈行为，包括违背客户的委托为其买卖证券；挪用客户所委托买卖的证券或者客户账户上的资金；为牟取佣金收入，诱使客户进行不必要的证券买卖等七种行为。再如《证券公司监督管理条例》第三十四条规定证券公司及其从业人员不得利用向客户提供投资建议而谋取不正当利益。

（2）维护市场秩序。维护市场秩序方面，监管规则要求证券公司从业人员不得从事内幕交易和操纵证券市场，不得泄露内幕信息，不得贬损同行或以其他不正当竞争手段争揽业务，不得损害社会公共利益、所在机构或者他人的合法权益。具体体现在《证券法》第七十六条和第七十七条对内幕交易和操作市场的规定、《证券经纪人管理暂行规定》第十三条和《证券业从业人员执业行为准则》第九条对从业人员禁止性行为的相关规定。

（3）执业能力和执业操守。从业人员应具备从事相关业务活动所需的专业知识和技能等，不得从事与履行职责有利益冲突的业务，不得利用工作之便向任何机构和个人输送利益、损害客户和所在机构利益，不得接受利益相关方的贿赂或对其进行贿赂。具体体现在《证券业从业人员执业行为准则》第四条、第六条、第九条的相关规定。

（二）近三年证券公司员工违规执业行为受监管处罚的情况

《证券法》第一百七十九条赋予中国证监会“依法制定从事证券业务人员的资格标准和行为准则，并监督实施”的权利。根据中国证监会官方网站披露的近三年做出的行政处罚决定书和市场禁入决定书，对证券公司员工因违规执业行为导致的行政处罚和市场禁入进行汇总分析，得出以下结论：

2014—2016 年，中国证监会共做出 337 项行政处罚决定，涉及 838 人，其中证券公司员工 42 人，占比 5.0%。所涉具体违规行为中，17 人为借用他人名义持有、买卖股票，12 人因投行业务未勤勉尽责，3 人泄露内幕信息，3 人误导传播虚假信息、扰乱证券市场秩序，3 人私下接受客户委托交易股票，2 人违背执业人员应负的诚信义务、对投资者进行欺诈，1 人进行内幕交易，1 人有操纵证券市场行为。中国证监会采取的行政处罚措施主要为没收违法所得并处罚款，对个别人员撤销证券从业资格或暂停证券从业资格。

2014—2016 年中国证监会共做出 49 项市场禁入决定，涉及 89 人，其中证券公司员工 17 人，占比 19.10%。所涉具体违规行为中，9 人为借用他人名义持有、买卖股票，6 人因投行业务未勤勉尽责，1 人私下接受客户委托交易股票，1 人有操纵证券市场行为。

图 1 反映了 2014—2016 年中国证监会依法查处的证券公司员工各项违规执业行为的查处人数对比。

被中国证监会查处的证券公司员工违规执业行为主要有借用他人名义持有或买卖股票、投行业务未勤勉尽责、泄露内幕信息行为、信息误导传播虚假信息扰乱证券市场秩序、私下接受客户委托交易股票、违背诚信义务欺诈投资者、从事内幕交易、从事操纵证券市场八项违规行为，其中以借用他人名义持有或买卖股票和投行业务未勤勉尽责两项为主，人数占比 74.58%。

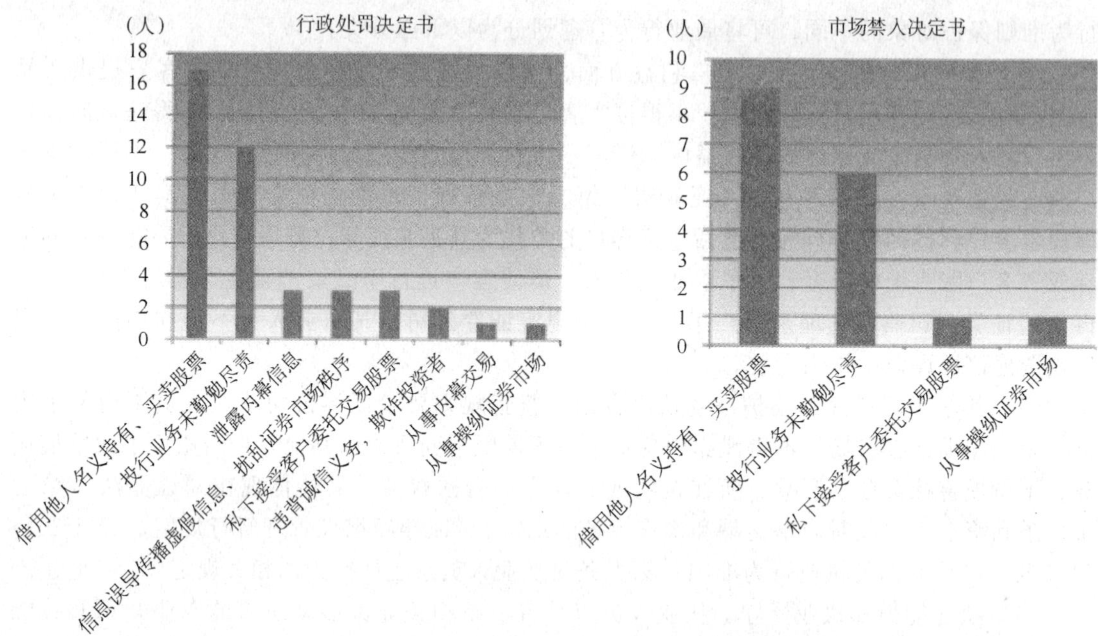

图 1　证券公司员工各项违规执业行为查处人数对比

将上述八项违规行为对应到“证券公司员工违规执业行为分类”中得出表 1。

表 1　　**证券公司员工违规执业行为人数及占比**

执业行为分类	具体违规行为	人数（人）	查处人数占比（%）
投资行为管理	借用他人名义持有或买卖股票	26	44.07
执业资格管理	无	0	0
展业行为管理——保护客户利益	私下接受客户委托交易股票、违背诚信义务欺诈投资者	6	10.17
展业行为管理——维护市场秩序	从事内幕交易、泄露内幕信息、操纵证券市场、信息误导、传播虚假信息，扰乱证券市场秩序	9	15.25
展业行为管理——执业能力和执业操守	投行业务未勤勉尽责	18	30.51
总计		59	100

从行政处罚措施来看，中国证监会对证券公司员工违规执业行为的处罚方式以没收违法所得并处罚款、市场禁入以及撤销或暂停证券从业资格为主，对于员工个人而言，违法成本较高。

二、证券公司员工执业行为合规管理措施

针对证券公司员工投资行为、执业资格、展业行为合规管理，目前大多数证券公司实行

的合规管理措施包括要求员工在入职前清理账户股票、要求员工证券账户开立在本公司营业部、报备证券账户开设情况、对兼职情况进行报备等，部分做法先进的证券公司还采取了员工证券账户交易情况每日监控、对员工手机及办公电脑证券交易功能进行技术限制、投资行为利益冲突审查、未公开信息知情人登记等。以下就管理措施较为完善的证券公司的做法进行研究分析。

（一）员工投资行为管理

1. 要求员工入职前转让其已持有的股票

根据《证券法》第四十三条的要求，要求公司员工入职前将原已持有的股票依法转让，并将证券账户注销或转托管（含指定交易）到所在证券公司下属营业部。因股票停牌无法转让的，应以书面形式向合规管理部门说明情况并承诺在股票复牌后立即卖出。未按要求完成证券账户持仓清理、账户注销或转托管的人员，一律不予入职。

2. 对员工在职期间证券账户交易情况进行监控

证券公司利用信息技术系统对员工开立的证券账户进行监控，及时发现员工是否进行违规证券交易，并采取后续的管理或追责措施。对于《证券法》第四十三条“股票”的理解，建议从严把握具体标准，要求员工不能交易股票、股票挂钩的金融衍生品，以及可能转换为股票的其他金融品种。具体可包括在上海证券交易所、深圳证券交易所上市和全国中小企业股份转让系统挂牌的股票，融资融券、股票收益互换及个股期权等证券或金融衍生品交易，沪港通、深港通下的证券交易，ETF 基金、可转换债券等可转换为股票的证券品种等。对于员工因参与上市公司股权激励计划持有上市公司股票的，考虑到存在相应的锁定期安排导致客观上无法及时转让，要求员工先向所在公司管理部门报备，待锁定期结束后及时转让。对员工持有的非上市公司股权，要求其在上市或挂牌前及时处理。

3. 通过信息技术手段对员工手机和办公电脑的证券交易功能进行限制

一方面，对办公网络的证券交易功能进行统一限制。另一方面，信息技术部门采集员工报备的手机号码并将其加入网上交易黑名单，通过技术手段限制员工通过手机参与证券交易；为避免员工更换手机号码时无法有效管理，要求信息技术部门定期或不定期地采集员工手机号码。员工离职时，解除对其手机的证券交易功能限制。

（二）员工执业资格管理

要求员工入职前应通过证券执业资格考试，对未通过执业资格考试的，原则上一律不准予入职。对于确实属于特殊人才的，可通过用人部门、人力资源部门、合规管理部门的审批后办理入职，但应承诺在一定时间（一般不长于 6 个月）内通过执业资格考试，在取得从业资格和执业证书前，不允许参与证券业务有关的工作。员工入职后，合规管理部门监督未通过执业资格考试的员工参加考试，对多次参加考试仍不通过并且超过一定时间的，应停薪停职或调至非证券业务相关岗位，对不接受调岗的员工，可按照《劳动法》的规定做劝退或辞退处理。

（三）展业行为合规管理

1. 客户利益保护

（1）客户适当性管理。投资者适当性管理的初衷是向适当的客户推介适当的产品或服务。落实到证券公司实际业务中，从员工执业行为的角度来讲，就是要求员工对客户基本情况和产品各项特征均详细了解。一方面应了解客户的身份、财产和收入状况、金融知识和投资经营、投资目标、风险偏好等基本情况，对客户的风险识别能力和风险承担能力进行专业判断；另一方面应对所推介的产品或服务的主要风险特征、合同关键条款、对客户权益影响较大的其他安排充分了解。证券公司应为员工提供专业培训，确保其充分了解所推介产品或服务的具体信息。以《私募投资基金募集行为管理办法》为例，客户适当性管理要履行特定对象确定、投资者适当性匹配、基金风险揭示、合格投资者确认、投资冷静期、回访确认六个环节以完善客户适当性管理。

（2）不得私下接受客户委托交易股票。《证券法》第一百四十五条规定："证券公司及其从业人员不得未经过其依法设立的营业场所私下接受客户委托买卖证券。""员工私下接受客户委托交易股票"属于证券公司难以采取主动有效管理方式进行规范的违规行为，目前证券公司采取的较为普遍的做法是通过客户回访、客户投诉和举报、员工手机或办公电脑下单反查、客户手机号码与员工手机号码比对等手段间接发现员工是否存在代客理财的违规行为。

（3）不得承诺保本保收益。《证券业从业人员执业行为准则》第九条规定，从业人员不得"违规向客户做出投资不受损失或保证最低收益的承诺"。一方面，绝大部分金融产品因产品特性原因均无法保本保收益，因此向客户承诺保本保收益属于欺骗投资者、诱导投资者进行交易的违规行为；另一方面，部分从业人员向客户推介金融产品或服务时存在夸大投资收益、忽略投资风险的情况，虽然未明确向客户保本保收益，但未充分揭示风险，行为仍存在违规风险。

（4）客户信息保密。《证券法》第四十四条规定："证券交易所、证券公司、证券登记结算机构必须依法为客户开立的账户保密。"《证券业从业人员执业行为准则》第五条规定："从业人员应保守国家秘密、所在机构的商业秘密、客户的商业秘密及个人隐私，对客户服务结束或者离开所在机构后，仍应按照有关规定或合同约定承担上述保密义务。"证券公司员工在为客户提供服务的过程中不可避免地会获得客户账户及账户交易情况的部分信息，这些信息属于客户的商业秘密及个人隐私，证券公司员工应当为客户保密。合规管理措施方面，证券公司普遍采取加强员工合规教育、与员工签署承诺函、加强系统权限管理等手段防范员工利用客户商业秘密及个人隐私从事损害客户利益的行为。

2. 维护市场秩序

证券公司对员工从事内幕交易及泄露内幕信息的违规执业行为，主要是通过信息隔离墙进行管理，具体采取的管理措施有：

（1）业务隔离：要求投行业务与其他业务部门之间人员、资金、账户、系统等方面独立运作、分开管理，办公场所相互隔离，严格控制内幕信息和其他未公开信息的不当流转和使用。

（2）合规监督：在合规管理部门设立信息隔离墙中央控制室，采用信息技术手段对未公开信息进行及时、有效的管理。

（3）信息留痕：对包括自营、资产管理业务、投资银行业务重点岗位人员在内的相关业务未公开信息知情人的办公电话、电子邮件等进行留痕管理，对其使用的即时通讯工具进行监控。

（4）信息流转监控：建立内幕信息和其他未公开信息在相关部门和人员间流转的管理和监控制度。有关信息流转的管理和监控制度主要包括跨越隔离墙管理制度、观察清单和限制清单制度以及静默期制度等。

（5）权限管理：建立信息技术系统授权制度，杜绝未经授权的人员访问相关信息系统或越权操作。除上述管理措施以外，还可采取未公开信息代号管理等多种方式严格控制内幕信息知情人及内幕信息流转范围。

3. 执业能力和执业操守

（1）从业人员应勤勉尽责。《证券业从业人员执业行为准则》第四条规定："从业人员应具备从事相关业务活动所需的专业知识和技能，取得相应的从业资格，通过所在机构向协会申请执业注册，接受协会和所在机构组织的后续职业培训，维持专业胜任能力。"从业人员专业胜任能力，一方面指在业务开展前应具备业务相对应的从业资格；另一方面指在业务开展过程中，应按照监管规定的要求从事业务，并维持专业胜任能力。中国证监会查处的证券公司员工违规行为中，排名第二位的就是"投行人员未勤勉尽责"。从合规管理的角度而言，确保业务人员在开展业务之前具备相应的从业资格较为容易实现，但如何确保业务人员在执业过程当中恪尽职守、遵纪守法、勤勉尽责则具有一定的管理难度。对于投行项目而言，一方面，证券公司应加强投行项目人员的专业能力管理和执业合规教育，帮助其树立"合规无小事"的责任意识；另一方面，应加强投行项目内核管理，在投行项目向监管报出之前，由独立于投行项目人员的第三人对整个项目进行审查，对存在违法违规情形的，应立即责令项目人员进行全面深入整改，必要时还应启动公司追责程序进行追责。

（2）防范利益冲突、利益输送。大部分证券公司业务范围均包括自营业务和资产管理业务等代客业务。自营业务与代客业务之间存在天然的利益冲突，证券公司员工可能利用信息便利性，为自己谋取利益从而损害客户利益。证券公司应完善内部控制制度，防范利益冲突和利益输送。从员工执业行为管理的角度来看，可以从以下方面完善利益冲突、利益输送防范机制。

①证券公司高级管理人员原则上不得分管具有利益冲突的两个或两个以上业务部门。原则上一级市场业务和二级市场业务，证券自营业务与资产管理业务不能由同一高级管理人员分管。②要求公司业务人员专职工作，不得同时从事两项或两项以上具有利益冲突的证券业务。存在利益冲突的业务部门之间的借调人员、轮岗人员、交流人员、调动人员应参照信息隔离墙跨墙人员进行管理。③证券公司有关具体业务的决策机构或议事机构应当根据是否存在潜在的利益冲突，实行适当的人员回避。④投资银行业务部门为项目公司提供其他投资银行类服务的，由合规管理部门对服务内容和所处阶段是否存在利益冲突进行判断，并视情况决定是否进行限制。⑤证券公司自营、资产管理等存在利益冲突的业务部门不得对上市公司、拟上市公司及其关联公司开展联合调研、互相委托调研。⑥研究业务人员知悉所在公司、本人以及财产上的利害关系人与有关证券有重大利害关系，采取利害关系披露措施仍不能有效处理利益冲突的，不得就该证券的走势或投资的可行性提出评价或建议。⑦与直接投资业务存在利益冲突的业务部门工作人员不得在从事直接投资业务的子公司兼任职务。⑧要求员工对拟进行或已发生的投资或交易行为从利益冲突、利益输送方面进行审查，如公司担任该投资标的的承销保荐人、做市商、管理人、产品发行人、研究服务提供商、代销机构、

托管人、财务/投资顾问等或所在公司为金融交易的对手方，应审慎进行投资，并向合规管理部门进行合规咨询。⑨员工应就兼职信息进行报备，原则上员工不应兼职与其职位存在利益冲突、利益输送的工作岗位。

（3）加强员工廉洁自律监督管理。根据《国资委党委关于认真贯彻落实国有企业领导人员廉洁自律七项要求有关事项的通知》，各中央企业党委（党组）认真抓好贯彻落实国有企业领导人员廉洁自律七项要求是当前中央企业党风建设和反腐倡廉工作的一项重要任务，各中央企业应通过健全制度、规范程序，从机制上保证领导人员廉洁从业。《证券业从业人员执业行为准则》第九条第六款规定，从业人员不得“接受利益相关方的贿赂或对其进行贿赂，如接受或赠送礼物、回扣、补偿或报酬等，或从事可能导致与投资者或所在机构之间产生利益冲突的活动”。证券公司党委（党组）应建立廉洁自律监督管理机制，加强民主监督，组织公司领导及员工的廉洁从业学习和宣传教育，通过典型案例分析，结合实际进行警示教育，使群众积极参与并得到他们的支持。

三、成熟境外市场证券从业人员执业行为监管

中国香港作为著名的国际金融中心，经受了历次金融危机的考验，其金融市场的创新与发展必然同时伴随着金融监管体系的健全和完善。从行业监管者的角度来看，研究香港地区证券从业人员执业行为监管规则对完善我国内地证券从业人员执业行为监督管理具有重要的借鉴意义。

香港《证券及期货事务监察委员会持牌人或注册人操守准则》（以下简称“香港《准则》”）中规定了九个一般原则，分别是诚实与公平、勤勉尽责、能力、有关客户的资料、为客户提供资料、利益冲突、遵守法规、客户资产和高级管理层的责任。其中“诚实与公平”是指持牌人或注册人在经营业务时应以诚实、公平和维护客户最佳利益的态度行事和确保市场廉洁稳健。“勤勉尽责”是指持牌人或注册人在经营其业务时，应以适当的技能、小心谨慎和勤勉尽责的态度行事，以维护客户的最佳利益及确保市场廉洁稳健。“能力”是指持牌人或注册人应具备及有效地运用所需的资源和程序，以便适当地进行业务活动。“有关客户的资料”是指持牌人或注册人因其将会提供与客户的服务，向客户索取有关其财务状况、投资经验及投资目标的资料。“为客户提供资料”是指持牌人或注册人与客户进行交易时，应充分披露有关资料。“利益冲突”是指持牌人或注册人应尽量避免利益冲突，当无法避免时，应确保其客户得到公平的对待。“遵守法规”是指持牌人或注册人应遵守一切适用于其业务活动的监管规定，维护客户最佳利益及促进市场廉洁稳健。“客户资产”是指持牌人或注册人应确保客户的资产尽快及妥善地加以记账及获得充分的保障。“高级管理层”的责任是指持牌人或注册人的高级管理层承担的首要责任，是确保商号能够维持适当的操守标准及遵守恰当的程序。

香港《准则》的九个原则在我国内地《证券业从业人员执业行为准则》及其他相关监管规则中均有体现，对应规则见表 2。

对比香港《准则》和我国内地《证券业从业人员执业行为准则》，可以看出，两部准则对于证券从业人员基本执业行为的原则性规定较为一致，但仍存在一定区别：

表 2　　　　香港与内地证券从业人员执业行为准则对应

香港《准则》	内地证券从业人员执业行为准则
诚实与公平	《证券业从业人员执业行为准则》："二、从业人员在执业过程中应当维护客户和其他相关方的合法利益，诚实守信，勤勉尽责，维护行业声誉。"
勤勉尽责	
能力	《证券业从业人员执业行为准则》："四、从业人员应具备从事相关业务活动所需的专业知识和技能，取得相应的从业资格，通过所在机构向协会申请执业注册，接受协会和所在机构组织的后续职业培训，维持专业胜任能力。"
有关客户的资料	《证券业从业人员执业行为准则》："三、从业人员应依照相应的业务规范和执业标准为客户提供专业服务，了解客户需求、财务状况及风险承受能力，为客户推荐合适的产品或服务，充分揭示其推荐产品或服务涉及的责任、义务及相关风险，包括但不限于法律风险、政策风险、市场风险等。"
为客户提供资料	
利益冲突	《证券业从业人员执业行为准则》："六、从业人员应当公平对待所有客户，不得从事与履行职责有利益冲突的业务。遇到自身利益或相关方利益与客户的利益发生冲突或可能发生冲突时，应及时向所在机构报告；当无法避免时，应确保客户的利益得到公平的对待。"
遵守法规	《证券业从业人员执业行为准则》："一、从业人员应自觉遵守法律、行政法规，接受并配合中国证监会的监督与管理，接受并配合协会的自律管理，遵守交易场所有关规则、所在机构的规章制度以及行业公认的职业道德和行为准则。"
客户资产	《证券法》第一百四十一条："证券公司接受证券买卖的委托，应当根据委托书载明的证券名称、买卖数量、出价方式、价格幅度等，按照交易规则代理买卖证券，如实进行交易记录；买卖成交后，应当按照规定制作买卖成交报告单交付客户。"
高级管理层	《证券公司治理准则》第五条第二款："证券公司董事会对合规管理、风险管理和内部控制体系的有效性承担最终责任"。第六十条第二款："证券公司高级管理人员应当对内部控制不力、不及时处理或者改正内部控制中存在的缺陷或者问题承担相应的责任。"

第一，香港《准则》制订者为香港证券及期货事务监察委员会，其法律层级较高，而我国内地《证券业从业人员执业行为准则》为中国证券业协会制订，为行业自律规范，法律层级较低。

第二，从内容和形式来看，香港《准则》对从业人员执业行为的规范更为集中和明确，我国内地《证券业从业人员执业行为准则》对其中绝大部分情形均进行了规范，但并未集中在某一部监管规则中予以体现。

例如香港《准则》对"诚实与公平"的内涵进一步明确：一是指持牌人或注册人应确保向客户做出的陈述和提供的资料都是准确及没有误导成分的。这与《证券法》第七十八条"禁止证券交易所、证券公司、证券登记结算机构、证券服务机构及其从业人员，证券业协会、证券监督管理机构及其工作人员，在证券交易活动中做出虚假陈述或者信息误导"相对应。二是向客户收取的所有费用、差价或收费，都应该是公平、合理及诚信的。这与《证券法》第四十六条"证券交易的收费必须合理，并公开收费项目、收费标准和收费办法。证券交易的收费项目、收费标准和管理办法由国务院有关主管部门统一规定"相对应。三是持牌人或注册人做出的广告，不应载有虚假、贬抑、具误导成分或有欺骗性的资料。这与《证券法》第七十八条相对应。四是防止贿赂，禁止雇员在经营雇主的业务时，在未获得雇主同意的情况下索取或收受利益。这与《证券业从业人员执业行为准则》第九条“从业人员不得……接受利益相关方的贿赂或对其进行贿赂”相对应。

第三，香港《准则》还配有一系列制度指引。在香港证监会官方网站上，“守则及指引”是同时出现的。“守则”中包括香港《准则》，其中规定了持牌人或注册人应遵守的一般原则。除此以外，在配套的一系列指引中，对具体事项该如何操作进行了明确，例如一般原则中规定了从业人员的“能力”要求，同时还制订了《胜任能力的指引》和《持续培训的指引》。再如“诚实与公平”中的第二个内涵“向客户收取的所有费用、差价或收费，都应该是公平、合理及诚信的”，配套的指引是《与证券服务有关的费用及收费披露指引》。

四、进一步提高证券公司员工执业行为合规管理水平

（一）建议监管部门集中制订适用于证券行业的行为准则及操作指引

我国证券业从业人员行为规范，内容覆盖范围虽较为全面，但散落在不同层级的法律规范中，其中中国证券业协会发布的《证券业从业人员执业行为准则》是专门规定从业人员执业行为的基本规范，但其法律层级较低，且内容较为原则，可操作性较低。建议监管部门借鉴香港证券及期货事务监察委员会制订的《证券及期货事务监察委员会持牌人或注册人操守准则》及一系列配套指引，制订适用于境内证券从业人员的行为规范。为提高其可操作性，可将目前已经存在于多部监管规则中的各项要求集中起来，制订相关行为指引，形成具有体系化且可操作性强的从业人员行为规范。

（二）证券公司应将从业人员行为管理贯彻落实到各项具体业务

目前证券公司员工执业行为管理较多集中于同一部门进行管理，例如合规管理部门，管理内容集中于禁止员工买卖股票、执业资格管理、证券账户报备及兼职报备等较为初级的层面。监管规则要求的“不得私下接受客户委托和代客理财”“不得泄露内幕信息”“不得从事与履行职责有利益冲突的业务”等与具体业务紧密相连，需要证券公司多个部门协调管理，且更多地依赖公司统一的内控管理及业务部门内部的主动管理。因此，为切实有效提高证券公司从业人员执业行为管理水平，需要将各项执业准则要求贯彻落实到各项业务层面，细化为业务人员必须遵守的业务规则，既提高员工行为规范的可操作性，也便于后期证券公司内外部监督检查。

（三）借助信息技术提高证券公司员工执业行为管理效率

证券公司员工人数较多，不同岗位人员的执业行为要求也不完全一致，因此传统的手工管理方式已经不能满足目前的监管需要。证券公司必须借助信息系统实现对员工执业行为的全方位覆盖，同时信息系统还具有对管理过程进行留痕、权限管理、业务流程管理等无可比拟的优势。例如，利用信息系统对员工投资行为进行管理，信息系统采集员工开立的证券账户下的所有交易信息，对交易标的为禁止投资标的的，则启动证券公司内部追责程序对相应违规人员进行追责处理。再例如，证券公司对员工办公电脑和个人手机的证券交易功能采取信息技术手段进行限制，防范员工从事违规证券投资交易等。

对证券从业人员个人投资行为合规管理的思考与建议

刘俊成*

我国目前对证券从业人员个人投资行为管理的规范体系，由法律、行政法规、部门规章及协会自律规则组成。《证券法》明确禁止证券从业人员买卖股票①；《刑法》通过“内幕交易罪”“利用未公开信息交易罪”“职位侵占罪”等对从业人员的执业行为进行监管；行政法规、部门规章、自律规则除细化对从业人员买卖股票的禁止性规定外，一般从保守客户个人隐私、公司商业秘密、避免利益输送等方面对从业人员的个人投资行为进行规范。②

我国现有对从业人员个人投资行为管理的监管体系，在证券市场发展初期有效解决了从业人员面临的利益冲突问题。但随着资本市场发展，这种立法方式，一方面无法满足证券从业人员正当的个人投资需求；另一方面，少数证券行业从业人员利用敏感信息为个人谋取私利的行为仍不断出现③，法律、监管政策设定的目标尚未有效实现。

---

* 作者单位：中国银河证券股份有限公司法律合规部。原载于《中国证券》2017 年第 2 期。本文仅代表作者本人学术观点，与所在单位无关。

① 参见《证券法》(根据 2014 年 8 月 31 日第十二届全国人民代表大会常务委员会第十次会议《关于修改〈中华人民共和国保险法〉等五部法律的决定》第三次修正）第四十三条：“证券交易所、证券公司和证券登记结算机构的从业人员、证券监督管理机构的工作人员以及法律、行政法规禁止参与股票交易的其他人员，在任期或者法定限期内，不得直接或者以化名、借他人名义持有、买卖股票，也不得收受他人赠送的股票。任何人在成为前款所列人员时，其原已持有的股票，必须依法转让。”

② 参见《证券公司监督管理条例》第三十四条、第三十五条、第四十三条，《股票发行与交易管理暂行条例》第三十九条，《证券公司内部控制指引》第四十六条、第四十七条，中国证券业协会《证券业从业人员执业行为准则》第五、六、九条等。

③ 目前从业人员个人投资涉及的违规行为大多通过非股票类金融产品、非本人账户等更为隐蔽的方式进行。参见《证监会联合公安部开展打击防范利用未公开信息交易违法行为专项执法行动》，中国证监会网站，2016 年 12 月 30 日，网址：http：//www. csrc. gov. cn/pub/shanxi/xxfw/sxgzjx/201612/t20161230_ 308807. htm，最后访问时间：2017 年 1 月 13 日。

一、从业人员个人投资行为管理的关键——敏感信息管理

根据人大常委会针对《证券法》的释义，禁止证券从业人员进行股票交易，目的在于保证证券交易活动的公开、公正，防止专业机构的人员利用其业务和信息优势参与股票交易而损害其他投资者的合法权益。[①] 立法者担心，从业人员利用其职务行为获得的优势信息从事股票交易，会损害其他投资者利益。从业人员利用其他投资者无法知悉的信息谋取利益，导致了从业人员自身利益与该信息所有者之间、社会公众之间的利益冲突，“禁止从业人员持有股票”的立法基础在于管理从业人员利用未公开信息进行股票买卖而产生的利益冲突。

根据学者理论，证券业务中的利益冲突主要存在于证券公司、客户、证券从业人员三者之间。[②] 从法律关系上来讲，证券公司接受客户委托进行证券发行、交易等业务，证券从业人员作为证券公司雇员代表证券公司执行业务操作。根据委托—代理理论，代理人有义务仅以委托人的义务为最高原则，除非进行了充分披露并取得本人同意，代理人不得从事任何与本人利益具有利益冲突的行为，即“受托人所负义务要严于市场的道德”。一方面，证券公司应以客户利益优先为基本原则，从业人员作为公司代表同样对客户负有信义义务；另一方面，从业人员接受公司委托执业，同样应以公司利益优先作为基本准则。因此从业人员同时面临与客户及所属公司之间的利益冲突。

证券市场中的各种信息是投资的重要依据，证券市场中的各类违法行为，如内幕交易、利用未公开信息交易、操纵市场、职务侵占、虚假陈述，虽然形式迥异，但大都表现为信息的滥用。

不论上市公司的内幕信息还是证券公司、金融产品或客户的交易信息，证券公司、客户在获取和形成过程中均承担了严苛的法律义务并投入了人力、物力等资源，这些信息是其财产的组成部分，信息的使用权属于公司、客户，而不是证券从业人员。证券从业人员对客户及所属公司负有严格信义义务，在信息所有人（客户或所属公司）没有放弃信息所有权的情况下，无权使用该类信息取得收益，从业人员反而应当负担“公开或者停止交易”的义务。[③] 但将他人拥有的信息予以公开，显然违背从业人员对客户、所属公司承担的保密责任，因此应禁止从业人员利用其知悉的敏感信息进行获利，对敏感信息的管理也就成为对证券从业人员投资行为管理的关键。

二、敏感信息范围的界定——以内幕信息、未公开信息为视角

（一）敏感信息范围——国内法律语境下的界定范围

一般来讲，证券行业中的敏感信息包括内幕信息及其他未公开信息。[④]

---

① 参见中国人大网：《中华人民共和国证券法释义》，2000 年 11 月 25 日，网址：http://www.npc.gov.cn/npc/flsyywd/jingji/2000－11/25/content_9467.htm，最后访问时间：2017 年 1 月 13 日。

② 张蓓：“证券公司利益冲突防范机制相关问题探微”，载《财会月刊》2016 年第 35 期，第 115 页。

③ 何敏：《美国证券法上的中国墙制度》，对外经济贸易大学，2001 年，第 3 页。

④ 根据中国证券业协会《证券公司信息隔离墙制度指引》（2015 年修订）第二条，证券公司应当管理的敏感信息定义应当适用《证券法》《刑法》关于内幕信息和未公开信息的定义。

1. 内幕信息的范围

证券从业人员因履行职务而知悉的内幕信息自然属于敏感信息的一种。“内幕信息”定义的法律渊源主要来自《证券法》第七十五条。[①] 该条采用了概括、列举加授权的立法方式：首先，将内幕信息定义为“证券交易活动中，涉及公司的经营、财务或者对该公司证券的市场价格有重大影响的尚未公开的信息”；其次，进一步列举了七种内幕信息（包含十七种重大事件）；最后，授权国务院证券监督管理机构对内幕信息进行解释。

根据《证券法》定义，内幕信息应分为两种类型：（1）涉及公司的经营、财务的尚未公开信息；（2）对公司证券市场价格有重大影响的尚未公开信息。

《证券法》第七十五条列举的七种重大信息类型、十七种重大事项类型[②]绝大部分以“公司”作为主语，均为涉及上市公司重大投资、股权、财务状况变化的事项，一般认为是对上市公司重大经营、财务信息的列举。中国证监会在《证券市场内幕交易行为认定指引（试行）》（证监稽查字［2007］1号）第八条中并没有列举新的“内幕信息”类型，目前已有的列举条款中，没有完全涵盖“对该公司证券的市场价格有重大影响的尚未公开”的事项（例如金融机构对所管理客户资产的重大投资决策）。司法解释等也没有对“内幕信息”的两个关键要素——“重大影响”“尚未公开”做进一步说明，因此按照《证券法》进行文义解释，无法准确判断除上市公司重大经营、财务信息外，何种信息属于“内幕信息”范畴。

2. 未公开信息的范围

正因为“内幕信息”概念外延的模糊，在证券市场发展初期，“老鼠仓”行为并未受到处罚。为了对这类敏感信息进行规制，《刑法修正案（七）》特别增设了“利用未公开信息交易罪”，但遗憾的是，其仍笼统地将敏感信息范围描述为“内幕信息以外的其他未公开信息”，甚至没有将“对股票价格产生重大影响”等因素作为定义要件，因此理论界对“未公开信息”的范围一直存在争议。

目前，刑法理论界对“未公开信息”的界定主要有广义、狭义两种。广义理解，“未公开信息”可以界定为“对证券价格产生重大影响、非公开的、内幕信息之外的信息”。包括所在单位受托管理资金的交易信息，相关市场行情（如大户下单方向或者下单量），利率的变化，外汇政策、金融政策的改变等信息。[③] 狭义理解，“未公开信息”定位于“金融机构

---

① 该条同时援引《证券法》（2014年）第六十七条规定的上市公司重大事项，作为对内幕信息类型的具体列举。

② 根据《证券法》（2014年8月31日修订）第六十七条、第七十五条列举的内幕信息类型，下列信息属于当然的内幕信息：公司的经营方针和经营范围的重大变化；公司的重大投资行为和重大的购置财产的决定；公司订立重要合同，可能对公司的资产、负债、权益和经营成果产生重要影响；公司发生重大债务和未能清偿到期重大债务的违约情况；公司发生重大亏损或者重大损失；公司生产经营的外部条件发生的重大变化；公司的董事、三分之一以上监事或者经理发生变动；持有公司百分之五以上股份的股东或者实际控制人，其持有股份或者控制公司的情况发生较大变化；公司减资、合并、分立、解散及申请破产的决定；涉及公司的重大诉讼，股东大会、董事会决议被依法撤销或者宣告无效；公司涉嫌犯罪被司法机关立案调查，公司董事、监事、高级管理人员涉嫌犯罪被司法机关采取强制措施；公司分配股利或者增资的计划；公司股权结构的重大变化；公司债务担保的重大变更；公司营业用主要资产的抵押、出售或者报废一次超过该资产的百分之三十；公司的董事、监事、高级管理人员的行为可能依法承担重大损害赔偿责任；上市公司收购的有关方案。

③ 谢杰：“利用未公开信息交易罪行为对象的刑法分析”，载《江苏警官学院学报》2011年11月，第26卷第6期，第20页。

即将用客户资金购买某个证券等金融产品的投资决策信息”。[①]

可能被认定为“未公开信息”主要包括如下几类：第一，金融机构拟投资或者已经投资但尚未被社会公众所知的证券持仓、投资信息；第二，证券公司、证券交易所、登记结算公司、存管银行等获知的客户证券交易、资金动向等信息；第三，可能对证券市场价格产生重大影响的政策信息。

由于国内法律对“内幕信息”“未公开信息”都没有明确的定义，因此本文将主要通过对美国证券法的研究，借鉴成熟证券市场的先进经验，讨论“敏感信息”的基本特征。

（二）敏感信息的范围——美国“内幕信息”判断标准

按照美国证券法，内幕交易是从证券欺诈（Securities Fraud）衍生出的一种违法行为。美国对于内幕交易的规制经历了从放任不管到不断扩展执法范围的演进过程。自《1933 年证券法》关于证券欺诈罪的条款开始，立法机构成文法、行政机构监管法规及法院判例法交替演进，最终演化成世界各国公认最严格、最全面的内幕交易监管体系。

1. 内幕信息的判断标准

遵循判例法传统，美国联邦立法及证券交易委员会（SEC）规则都没有对“内幕信息”进行明确界定。“内幕信息”的定义是从法院判例发展起来的。美国证券法中对内幕信息的表述与我国类似，是指任何可能对某一（或某些）上市公司的证券价格产生实质性影响的、尚未公开的信息。它具有两个显著的特征：一是重大性，即信息对投资者非常重要，在信息公开后会使股票价格产生波动；二是秘密性，即信息持有人所知悉的信息尚未被其他人知悉。[②]。

其中的“重大性”是指信息公开后，会影响一般投资者对于证券交易的购买意愿。也就是说，判断某个信息是否具有“重大性”特征，应当以该信息是否能够影响包括“投机”与“保守”的“理性”投资者在内的一般投资者的投资判断为标准。[③][④]

“秘密性”是相对于公开信息而言。有效的公开包括向证券监管机构或者证券交易所进行披露、在公共媒体上公布；还包括向足够多的投资分析师披露。信息公开的判断标准在于“市场是否已经消化了该信息，已对该信息做出了反应”。法院在判断内幕信息是否公开时会考虑以下因素：公司的规模与知名度，关联证券的近期交易量、交易方式与价格变动幅度、一般理性投资者的合理反应时间、信息公开的方式、信息转化为投资决策所需要的时间、信息散布的广泛程度、证券的活跃程度、分析人员对证券的关注程度以及信息传播的范围和速度等。只有在综合上述诸要素以确认证券交易量发生较大波动时，才能认定市场已经

---

① 黄太云：“《刑法修正案（七）》解读”，载《人民检察》2009 年第 6 期，第 7 页。

② 雷丽清：《中美内幕交易罪比较研究》，华东政法大学，2012 年，第 44 页。

③ 顾肖荣，张国炎著：《证券期货犯罪比较研究》，法律出版社 2003 年版，第 277 页。

④ 中国证监会（证监稽查字［2007］1 号）《证券市场内幕交易行为认定指引（试行）》第九条对“重大性”标准的描述为：“通常情况下，有关信息一旦公开，公司证券的交易价格在一段时期内与市场指数或相关分类指数发生显著偏离，或者致使大盘指数发生显著波动。”

消化吸收该消息，该信息的“未公开性”已经消失。[①②]

2. 对“证券”的定义范围

美国对于内幕信息界定的另一个重要特点是，其“证券”的定义范围非常广泛。美国相关立法中（例如《1933年证券法》《1934年证券交易法》），对“证券”的列举就有三十多种，不仅涵盖股票、证券存托凭证、债券，还包括票据、利润分享协议项下之权益或参与证书等，以及与证券有关的任何卖出权、买入权、买卖权、期权或优先权。[③] 虽然成文法已有规定，美国法院并不因金融产品名称涉及“股票、票据”等就认为其是“证券”，相反也不因为某种凭证名称不涉及“证券”而否定其作为内幕交易的标的。美国法院在认定“证券”过程中体现的是“具体事项具体分析”，正是其“实质重于形式”原则的具体体现。[④]。

（三）敏感信息范围的界定

通过对美国证券法中内幕信息的研究可以发现，其“内幕信息”的范围已非常广泛，除我国《证券法》明确列举的“尚未公开的上市公司重大财务信息”（为与美国证券法的内幕信息定义区分，以下称“典型内幕信息”）外，我国所谓的“老鼠仓”实际上也是美国证券法下内幕交易的表现形式之一。

除“典型内幕信息”之外的信息哪些属于敏感信息？应当按照“重大、秘密”的标准对不同的信息类型进行具体论证。

1. 政策变化

经济、监管政策的变化一般能够达到影响股票价格的效果。证券从业人员较社会公众更关注金融机构、监管部门以及行业协会的政策变化，并可以利用专业能力、投资经验提前对市场行情等进行判断。投资知识、投资经验及分析能力都属于一般投资者通过搜索、学习等手段可获取的技能，如果相关的政策变化已能够被社会公众平等地取得，不属于尚处于讨论、审批、核准等的“秘密”状态，相应的信息就不能视为敏感信息。

2. 投资信息

金融机构或客户的持仓、交易、投资决策信息并没有本质的区别。单个体（不论是金融机构或普通投资者）的交易、决策信息往往难以被社会公众获知，证券公司、交易所、结算存管机构也仅是有选择性地公布其掌握的多个市场参与主体的汇总交易信息，因此该类信息符合“秘密性”特征。该类信息能否达到“重大性”标准，则应当综合考虑决策、交易信息涉及的金额大小、交易频率和环境敏感性。一般来讲，单个客户的决策、持仓、交易信息由于金额较少，往往不能被称为“重大”信息；而金融机构的投资决策、持仓、交易信息往往被市场视为专业机构的理性选择，往往被普通投资者效仿，因而容易达到“重大性”标准；证券从业人员往往难以在客户交易前获得汇总的客户决策信息，而汇总的交易、持仓信息中例如资金流向、融资融券余额、单一股票的平均质押率、平仓线等信息由于与价

---

① 顾肖荣：《证券犯罪与证券违规违法》，中国检察出版社1998年版，第80页。

② 中国证监会（证监稽查字［2007］1号）《证券市场内幕交易行为认定指引（试行）》第十一条对“公开”标准的描述为：“内幕信息在中国证监会指定的报刊、网站等媒体披露，或者被一般投资者能够接触到的全国性报刊、网站等媒体揭露，或者被一般投资者广泛知悉和理解。”

③ 张路：《美国1933年证券法》，法律出版社2006年版，第3页。

④ 大卫·L. 拉特那：《证券管理法（第6版）》，法律出版社1999年版，第22页。

格息息相关，容易达到“重大性”标准。

3. 分析报告

随着互联网，特别是新媒体传播工具的普及，专业机构的证券投资分析意见往往容易引人注目，成为关注点，有极大可能达到影响市场价格的“重大性”标准。研究报告发布之前，如相关信息符合“秘密性”标准，就可能被认定为“敏感信息”。

综上，除《证券法》第七十五条列举的“典型内幕信息”外，证券从业人员可能接触的敏感信息还应包括：(1) 处于讨论、审批等环节，尚未公开、可能对证券市场价格产生重大影响的政策信息；(2) 尚未被社会公众所知、可能对证券市场价格产生重大影响的金融机构、客户的证券决策、持仓、交易信息；(3) 尚未发布、可能对证券市场价格产生重大影响的研究分析报告。

而关于“证券”的定义，则建议参照美国证券法，不应限于股票、公司债券、证券投资基金等，而应当涵盖信托、资产管理计划、银行理财、互换、期权等衍生产品、银行理财等多种金融产品。

三、对证券从业人员个人投资行为的管理建议

目前行业对证券从业人员个人投资行为的管理措施，主要围绕落实《证券法》第四十三条禁止股票投资的规定展开。该条的立法目的在于管理证券从业人员执业过程中面临的利益冲突。禁止性的法律规范，优点在于设立了简单明了的行动指引，但随着证券市场的日益复杂，这样的立法往往容易脱离预设目标，增加监管成本。

在行业及理论界多次讨论达成基本共识的前提下，2015年4月提交全国人大常委会审议的《证券法》修订草案也已将解除“证券从业人员买卖股票的禁止性规定”纳入其中。[①]本文在前面的论述中，已将股票作为与其他金融产品等同的证券类型进行讨论，现实中，从业人员利用股票之外的工具进行违规投资的情况也屡见不鲜，因此在预期未来放开证券从业人员股票投资限制的前提下，本文将“股票”与其他金融产品一同作为需要管理的从业人员个人投资标的，并统称为“证券”。

(一) 明确“敏感信息”的界定标准

证券市场上，投资者进行投资决策的依据就是其掌握的信息，而证券业从业人员更便于接触到“敏感信息”。对证券从业人员个人投资行为进行管理的目的是为了防范从业人员利用其信息优势侵占公司、客户及其他社会公众的利益。通过“敏感信息”管理，平衡从业人员个人与所属公司、客户之间的利益冲突，才是证券从业人员个人投资行为管理的核心。

目前，《证券法》《刑法》等法律对内幕交易、利用未公开信息交易、市场操纵行为等滥用优势信息行为的规制体系已初步建立。但由于法律天然的滞后性，我国的证券市场又处在快速发展的历史时期，目前法律、法规还无法对不断涌现的“敏感信息”类型形成统一、明确的界定标准。建议中国证券业协会根据行业发展，组织证券期货经营机构对“敏感信

① 参见中国人大网：《证券法》修订草案拟取消股票发行审核制设专章加强投资者保护，2015年4月21日，网址：http://www.npc.gov.cn/npc/xinwen/lfgz/2015-04/21/content_1933536.htm，最后访问日期：2017年1月13日。

息”的特征进行论证，明确界定“重大影响”“尚未公开”等标准，对何种信息属于“敏感信息”进行分析；建议监管机构充分利用已授予的法律解释权，在行业讨论的基础上，对“敏感信息”的特征、具体类型等进行明确界定，以维护法律的稳定性，又适应灵活变化的市场环境。

（二）建立多层次的“敏感信息”管控体系

对从业人员个人投资行为的管理是一个复杂的系统工程，需要建立一整套的监管体系：法律法规明确责任主体，监管机构构建监管体系，自律组织细化管理手段，证券、期货、基金等经营机构落实内部控制机制等，构建一个多层次的“敏感信息”管控体系。

1. 明确从业人员利用“敏感信息”进行个人投资的民事、行政及法律责任

建议借助《证券法》修订的契机，明确从业人员利用“未公开信息”进行交易应对社会公众投资者及所属公司的赔偿责任，明确证券监督管理机关对“利用未公开信息交易”行为的监管职能。

2. 建立以中国证监会行政监管为核心、自律组织行业监管为补充的监管体系

建议监管部门推动制度建设，通过部门规章指导行业、证券公司等对从业人员个人投资行为的管理，协调其他监管机构将从业人员通过信托、银行等金融机构的投资列入监管范围；建议行业组织建立证券从业人员投资行为监控的行业标准，并将从业人员违规买卖证券的行为记入诚信档案；建议交易所利用现代信息技术手段，对从业人员的股票、基金账户予以特别标识，进行监管。

3. 从业人员所在机构建立“敏感信息”管理制度

除建立信息隔离墙制度防止“敏感信息”的不当流动外，还应建立员工个人投资管理制度，对因工作需要接触“敏感信息”人员的投资行为进行管理，明确公司合规、风控、审计、稽核等各部门的管理责任，员工投资账户的申报范围，投资行为的报备程序等。

（三）建立可操作的个人信息投资申报制度

“阳光是最好的防腐剂，电灯是最好的警察。”对证券从业人员个人投资行为的监管，基础是建立具有可操作性的个人投资信息申报制度。从业人员个人投资信息申报制度，主要围绕“申报范围、申报路径、交易监控”展开，而最先解决的应是“申报范围”的问题。

根据“敏感信息”的暴露程度，证券从业人员可以分为：（1）因履行业务、管理职责需要或被动接触“敏感信息”的人员；（2）其他在业务、管理职责中不需要或不会被动接触“敏感信息”的人员。

对于在业务、管理职责中不需要或者不会被动接触“敏感信息”的人员，应当将个人证券账户开立的情况向所属证券公司进行申报。对于已经指定交易或转托管至其所属证券公司的股票账户，由于证券公司可以监控，因此不需要从业人员专门提供交易记录。对于该类人员持有的其他证券账户，建议要求从业人员定期提供交易流水。

因履行业务、管理职责需要或被动接触“敏感信息”的人员主要包括证券公司中的下列人员：（1）高管人员；（2）投资银行、研究业务、自营或做市的业务人员；（3）进行合规或风险管理、财务管理、结算管理的人员以及提供系统支持的信息技术人员。对于该类人员，除了账户申报及交易流水披露外，还建议申报与其有重大关联的账户。所谓重大关联账

户，是指证券从业人员能够实际控制或实现收益权的账户。除配偶账户一般与个人存在重大关联外，对其他账户的认定可能存在一定的难度，因此在操作中建议以个人主动申报为主。如认为相关岗位接触的“敏感信息”具有更大的影响性，可以考虑要求其将直系亲属（父母、子女）账户作为关联账户进行申报。

参考文献

[1] 顾肖荣，张国炎．证券期货犯罪比较研究［M］．法律出版社，2003. 277.

[2] 顾肖荣．证券犯罪与证券违规违法［M］．中国检察出版社，1998. 80.

[3] 张路．美国1933年证券法［M］．法律出版社，2006. 3.

[4] 大卫·L. 拉特那．证券管理法（第6版）［M］．法律出版社，1999. 22.

[5] 张蓓．证券公司利益冲突防范机制相关问题探微［J］．财会月刊，2016（35）：115.

[6] 谢杰．利用未公开信息交易罪行为对象的刑法分析［J］．江苏警官学院学报，2011（6）：20.

[7] 黄太云．《<刑法修正案（七）>解读》［J］．人民检察，2009（6）：7.

[8] 浙江省丽水市人民检察院课题组．利用未公开信息交易罪疑难问题探析［J］．河北法学，2011（5）：192.

[9] 何敏．美国证券法上的中国墙制度［D］．对外经济贸易大学，2001.

[10] 雷丽清．中美内幕交易罪比较研究［D］．华东政法大学，2012.

证券公司信用风险经济资本研究与实践

孙逸群　吴　勇　邹　伟*

2008 年次贷危机的根源在于信用过度扩张引起的信用风险爆发。目前国内证券公司信用类业务的不断创新和快速发展，必然会引起风险的积累，增加市场的关联性并增强信用风险在金融机构之间的传染性。信用风险的管理能力直接决定了证券公司业务发展空间和创新的深度，是金融机构赖以生存的重要能力。

2016 年修订的《证券公司风险控制指标管理办法》（以下简称《管理办法》）改进了证券公司净资本和风险资本准备的计算方法，将净资本区分为核心净资本和附属净资本，符合《巴塞尔协议》的要求，并与银行监管指标体系相对应。《巴塞尔协议》作为银行等金融机构风险管理的纲领性文件，其精髓是信用风险的内部评级法，内部评级法的核心在于信用风险经济资本的计量。目前证券公司的信用风险管理仍处在初级阶段，迫切需要提升管理水平，《管理办法》大大提升了证券公司的风险管理基础。在此背景下，如何进行信用风险经济资本的计量和管理，已经成为证券公司信用风险管理中迫切需要解决的问题。

为此，本文从证券公司面临的信用风险出发，对风险的来源、成因和面临信用风险的业务进行了分析，提出了信用风险经济资本的概念和计量方法，详细分析了违约率、违约损失率指标的计量框架和计算办法，并给出了信用风险经济资本用于业务决策、风险偏好和持续管理的 3 个案例，最终提出了建立以信用风险经济资本为核心的信用风险管理体系的步骤和建议。

一、证券公司信用风险

（一）证券公司信用风险的定义

证券公司的信用风险是指由于交易对手方（包括客户、投资对象或发行主体等）不能履行契约承诺造成经济损失的风险。

---

* 作者单位：长江证券股份有限公司。原载于《中国证券》2017 年第 2 期。

证券公司的信用风险按照交易结构和性质可以分为以下三类：

1. 交易对手信用风险

这是指证券公司向交易对手方提供融资，客户出现违约不能偿还所欠债务的风险。主要包括：融资融券、股票质押式回购交易、约定购回式证券交易客户违约权益互换、利率互换、场外期权等场外衍生产品交易对手不履行支付义务的风险。

2. 投资标的信用风险

这是指债券、信托产品及其他信用类投资产品的发行人（融资人）出现违约，不能偿付本息的风险。

3. 结算风险

这是指在清算交收过程中的违约行为造成的损失，主要来源于经纪业务、资产管理和投资类业务涉及的结算。中央结算的存在，大大减少了结算风险发生的可能性，此类风险不在本文的讨论范围。

（二）证券公司信用风险的成因

发生信用风险的根本原因在于信息的不对称性，这种信息不对称性通常表现在证券公司与交易对手方的信息不对称和证券公司内部的信息不对称。

证券公司与交易对手方的信息不对称，是指证券公司以自有资金与交易对手方进行投融资业务时，交易对手方对自身财务状况、经营情况和偿债能力的了解远大于证券公司，在信息失衡的情况下，交易对手方为了实现自身利益的最大化，产生违约倾向。证券公司内部的信息不对称是指业务承揽部门对业务决策部门存在隐藏行动和信息的可能性，在短期收益的驱使下，业务部门向决策部门提供虚假信息，诱导决策部门做出错误决策。

（三）证券公司主要存在信用风险的业务

证券公司的信用风险主要来自 5 类业务。

1. 融资类业务

融资类业务的信用风险主要来自融资方违约，客户提供的履约担保品无法处置或者处置后不足以偿还所欠公司债务的风险。按照业务模式和风险特征，具体可以分为两类业务：融资融券业务、股权质押融资业务。

（1）融资融券业务的信用风险主要来自市场波动、投资者投资失误等原因导致客户交易受损，进而发生穿仓，客户拒绝偿还负债导致。目前融资融券业务的信用风险主要诱因为系统性风险和个股“黑天鹅”事件。

（2）股权质押融资类业务又分为场内股权质押融资业务和场外股权质押融资业务。场内股权质押融资业务通常包括股票质押式回购交易业务、约定购回式证券交易业务、限制性股票融资业务、股权激励行权融资等股权融资类业务。这类业务通常以交易对手方持有的有价证券为担保品，证券公司向客户融出资金，客户到期履约偿还资金并解除质押、返还证券。资金融入方是第一还款来源，客户质押的有价证券是第二还款来源，起风险缓释作用。有价证券包括基金、债券、A 股上市的流通股、限售股等。

场内股权融资业务的信用风险主要是客户财务状况发生恶化，质押标的市值降低时客户拒绝偿还负债，而担保品无法进行违约处置或者处置后的价值不足以偿还负债而引起损失。

限制性股票融资和股权激励行权融资业务还会额外承担因上市公司业绩未达标、上市公司回购并注销股份的风险。

与场内股权融资业务不同，场外股权质押融资业务的信用风险还来自因交易所和登记结算机构未参与，无法对担保证券进行质押登记，且履约担保品交易不活跃，波动过大，公允价值难以计量而引起损失的风险。

2. 投资类业务

债券、信托产品、理财产品以及其他信用类产品投资的违约风险，即所投资信用类产品的融资人或发行人出现违约、拒绝支付到期本息，导致资产损失和收益变化的风险。

债券尤其是企业债的还款来源是企业的经营利润，任何一家企业的未来经营状况都存在不确定性，因此企业债券的持有人面临着损失利息甚至本金的风险。企业债的信用风险可以分为两个层面：一是信用利差风险，在债券违约发生之前，信用利差的变化揭示了企业债券信用风险的变化以及由此导致的损失，作为信用风险溢价的信用利差是企业债信用风险的重要体现；二是企业债违约的风险，债券发行人不愿或无力履行合同规定的向债券持有人偿付本息的承诺而构成违约，致使债券的持有人遭受损失的风险。

3. 衍生品业务

权益互换、利率互换、场外期权等场外衍生品交易中的交易对手故意违约或者因财务状况恶化等原因无力继续交易，不履行支付义务而引起证券公司损失衍生品收益的风险。

4. 资产证券化业务

由于证券公司在进行证券化业务时须先购买抵押资产，如果发行人提供虚假信息、担保资产的信用等级不真实、增信手段不被市场认可等原因，造成证券公司的包销额无法收回的风险。

5. 债券包销信用业务

由于债券包销需要证券公司以自己的名义买下发行的全部债券，信用风险主要来自未出售的债券、债券发行人违约、无法偿还负债。

二、信用风险经济资本研究

经济资本是在一定置信水平上，在一定时间内为弥补金融机构的非预计损失所需要的资本。经济资本是国外商业银行普遍使用的风险管理工具，风险由资本覆盖便是银行风险管理的基本理念。经过近 30 年的发展，以资本约束为核心的经济资本管理理论日趋成熟。借助《管理办法》公布的契机，引入经济资本管理，是证券公司风险管理方式的转变，更是风险管理理念的进步。

（一）信用风险经济资本的概念

信用风险经济资本是指证券公司抵抗信用风险能力的度量标准，是指金融机构在一定的置信水平下，为了抵挡未来一定期限内信用风险资产的非预期损失而应该持有的资本金，是基于信用损失的概率密度函数。

（二）信用风险经济资本的计量过程

信用风险经济资本要求金融机构将面临的所有信用风险的非预计损失都计算出来并汇

总，是一个自下而上的计算过程。确定了信用风险经济资本分配限额后，根据风险调整的资本收益率指标在各业务中进行分配。

信用风险经济资本计量过程主要分为 5 步：

（1）信用风险计量指标的计算；

（2）对每个风险敞口和资产组合，计算预计损失水平；

（3）计算每个风险敞口的预计损失波动额，即非预计损失；

（4）计算每个风险敞口的信用风险经济资本，根据风险敞口之间的相关性，得到证券公司信用风险经济资本；

（5）根据信用风险经济资本和暴露信用风险各业务条线的风险调整收益，进行资本配置和业务决策。

（三）信用风险计量指标框架

计算信用风险经济资本的前提是信用风险能可靠度量。对信用风险的度量主要分为对主体的度量和对资产质量的度量。对主体的度量是指对交易主体（信用业务的融资方、投资标的的发行方）是否会发生违约进行量化，主要是通过违约概率（Probability of Default, PD）来衡量；对资产质量的量化是指对假设在主体发生违约时可能造成的损失进行量化，主要通过违约损失率（Loss Given Default, LGD）和违约风险暴露（Exposure at Default, EAD）来衡量（见图 1）。

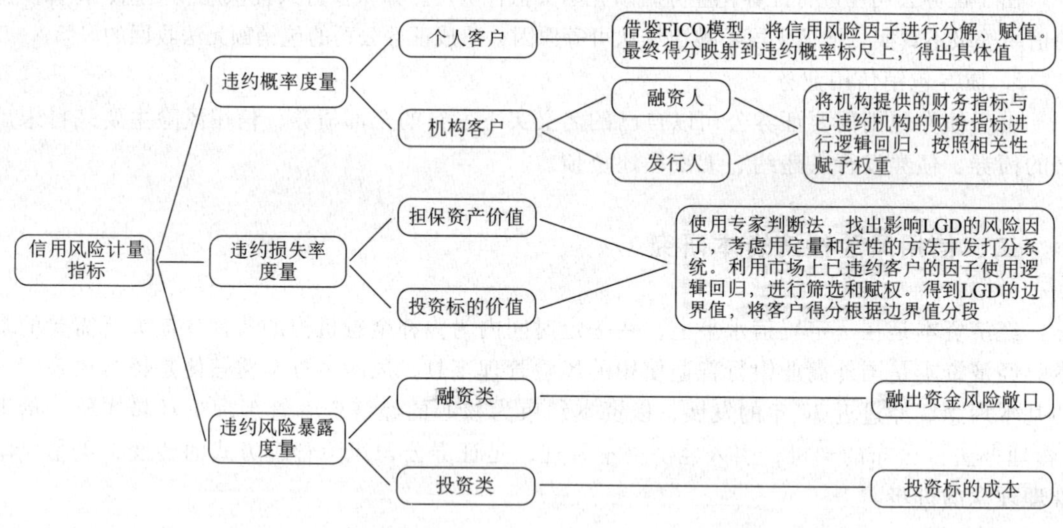

图 1　证券公司风险计量指标框架

1. 违约概率的度量

交易对手方违约概率的度量是进行信用风险度量的首要条件，目的是量化借款人违约的可能性。违约概率指标与客户信用级别挂钩，同一信用级别的交易对手方具有相同的违约概率。在对违约概率的估计上，新资本协议要求必须使用相关信息和适当考虑长期经验，国外金融机构通常以历史数据为基础，以各种数理和统计模型为工具，进行风险量化，对信用风险进行精细化的管理。与国外金融机构相比，国内证券公司在进行违约概率计量时存在信用类业务规模小、违约事件少且无全行业公共数据共享与量化模型开发机制等问题。

结合《巴塞尔协议》和目前国内证券公司的业务特点，交易对手评级可分为个人交易对手的评级和机构交易对手的评级。

个人交易对手的信用等级更多的是行为金融学研究的范畴，目前国内对个人进行信用评估方面，主要包括FICO评分模型、信用记分卡模型等，主要考虑个人客户的年龄、收入、职业、投资盈利能力等多方面因素与其信用状况的相关性，把个人客户在每一信用特征上获得的点数全部加总，判断客户的信用等级。客户信用评分模型（见表1）将个人信用等级分为5个部分：客户基本情况、偿债能力、生活稳定程度、盈利能力、信用记录，在数据可得和可量化的基础上构建各指标。

表1　个人交易对手评分框架

类别	指标名称	变量类型	变量情况
基本情况	年龄	二分类	0：18—35岁 1：35—60岁 2：60岁以上
	文化程度	二分类	0：专科（含）以下 1：本科 2：硕士（含）以上
	工作单位性质	二分类	0：公务员、事业单位、国企 1：上市公司 2：其他
	工作年限	连续变量	0：3年以内 1：3年以上
偿债能力	本人年收入	连续变量	
	家庭总收入	连续变量	
	个人负债	连续变量	
	家庭总负债	连续变量	
生活稳定性	住房情况	二分类	0：无住房 1：1套住房 2：一套住房以上
	商业保险	二分类	0：有 1：无
	失业保险	二分类	0：有 1：无
	养老保险	二分类	0：有 1：无
盈利情况	投资理财收益率	二分类	0：亏损 1：盈利

续表

类别	指标名称	变量类型	变量情况
信用记录	担保情况	二分类	0：有 1：无
	司法记录	二分类	0：有 1：无
	银行金融记录	二分类	0：有 1：无

机构类客户的风险因素可分为系统性信用风险和非系统性信用风险。系统性信用风险主要是指宏观经济层面的风险，包括国家风险、行业风险和区域风险，主要参考外部信用评级公司给出的评级，并将评级结果带入模型；非系统性信用风险是指客户自身经营管理能力带来的信用风险，主要由机构客户的财务指标体现。根据违约样本数据，用逻辑回归（Logistic Regression，LR）方法对各项财务指标进行筛选，按照相关性赋予权重，进而估算样本的违约概率（见表 2）。

表 2　　机构客户风险因子

风险因素	指标名称	含义及算法
短期偿债能力	流动比例	流动资产/流动负债
	速动比例	速动资产/流动负债
	现金比例	现金流/流动负债
	流动负债率	流动负债/总负债
长期偿债能力	资产负债率	总负债/总资产
	长期负债比重	长期负债/总资产
	或有负债率	或有负债/所有者权益
盈利能力	资产利润率	利润/总资产
	资产净利率	净利润/总资产
	净利率	净利润/主营业务收入
成长能力	主营业务增长率	本期与上期净利润差/上期净利润
	净利润增长率	本期净利润额与上期净利润额的比率
	总资产增长率	本年总资产增长额同年初资产总额的比率
经营效率	存货周转率	主营业务成本与平均存货余额的比率
	资产周转率	销售收入与平均资产总额之比
	营业费用比例	营业费用 /营业收入
	管理费用比例	管理费用和主营业务收入之比
现金流量比	主营业务收入现金比例	销售收入提供劳务所得现金与主营业务收入比
	净利润现金含量	经营活动现金流/净利润

续表

风险因素	指标名称	含义及算法
公司治理情况	领导者学历	本科以下、本科、硕士以上
	领导人负面新闻	有、无
	完善的公司治理结构	有、无
	对外担保	有、无
	公司负面新闻	有、无

2. 违约损失率内部评级框架

违约损失率是反映、度量信用风险的另一个基本参数，是指交易对手违约时风险敞口，扣除对客户履约担保品处置后的金额，并考虑因回收欠款所产生的法律诉讼、直接或间接成本等经折现后的最终损失比例。

根据《巴塞尔新资本协议》，标准法和内部评级法规定有资格的抵押品应具备以下几个特点：法律地位明确，能够客观估值，流动性良好，价值波动性较低，与交易对手的信用相关性较低。内部评级初级法规定对债务人违约概率的估算必须有 5 年的历史累计数据作为参考。

由于缺乏违约数据，不能直接套用《巴塞尔新资本协议》对 LGD 的计量办法，目前证券公司内部 LGD 通常是用专家判断法。找出影响 LGD 的影响因子（见表 3），同时考虑定量和定性因素来开发打分系统，分数直接映射到一个 LGD 标尺上，使用模型提出 LGD 范围的重点和边界值，从而直接转化为 LGD 的度量。

表 3　　证券评级框架

类别	指标名称	变量描述
数理模型	破线概率	以数理模型（如蒙特卡洛模拟）计算股票在到期日跌破成本线、平仓线的概率
标的证券基本情况	估值水平	市盈率与行业平均水平比较
		每股收益与行业平均水平比较
		总资产收益率与行业平均水平比较
	股份性质	流动股、限售股、高管锁定股、国有股分别评分
	流动性 VAR 值	计算假设客户违约，对证券进行平仓的 VAR 值
	其他要素	质押股份涉及业绩承诺补偿的
		目前已质押股份数量
	重大事项	所属行业为国家限制行业的
		质押证券被监管机构调查、处罚，或存在被处罚风险的
		在项目申请时如标的证券处于停牌状态的
		不能证明重大事项能够成功的
		行业丑闻
		重要高管离职

根据穆迪公司对 LGD 预测模型技术文件的披露信息（见表 4），清偿优先性等项目因素对 LGD 的影响贡献度最大，其次是宏观经济环境因素，再次是行业因素，最后是企业资本结构因素。

表 4　　LGD 模型变量结构

类型	含义	
被解释变量	LGD	
解释变量	清偿优先级别	
	公司资本结构	资产负债率
		债务级别
	行业影响	各行业 LGD 平均值
		行业外部评级情况
	宏观经济环境	企业债平均违约概率
		中小企业发展指数
		经济领先指数变化情况

3. 违约风险暴露的度量

按照业务的特点，违约风险暴露的度量主要分为两类：融资类业务的违约风险暴露等于公司实际融出资金；投资类业务的违约风险暴露等于公司的持仓成本。

三、信用风险经济资本应用

通过信用风险计量，我们初步得到客户评级与违约概率、担保资产评级和违约损失率，借鉴美国银行的“资产波动法”模型，可以计算单笔资产占用的经济资本。

（一）经济资本与业务决策

假设两名客户甲、乙同时申请股票质押业务（要素见表 5），因 PD 和 LGD 指标不同，在 99.9% 的置信区间下，甲的信用风险经济资本为 24 万元，乙的信用风险经济资本为 3 195 万元，为前者的 130 多倍，且远超过合约收益。可见违约概率和违约损失率的差别对经济资本的影响是巨大的。此时证券公司经营层会直接拒绝乙的融资需求。

高经济资本的占用需要客户采取增信措施以降低经济资本，或者以高收益进行补偿。比如要求客户提供额外担保、增信等措施，或者提高客户融资利率。假设乙提供了额外担保，托管了 5 000 万元市值的流通股至证券公司，信用评级提升到 A 类，违约概率为 0.1%，此时客户的经济资本为 540 万元，合约的利息收入可覆盖客户的经济资本，经营层会通过乙的融资需求。

表 5　　信用风险经济资本计算案例

客户	甲	乙
客户评级	AA	B

续表

客户	甲	乙
违约概率	0.03%	0.3%
抵押股份类型	主板上市地产行业股票	创业板上市制造业股票
抵押证券评级	AA	BB
违约损失率	20%	35%
融资金额	1 亿元	1 亿元
预计收入	5 500 000 元	5 500 000 元
置信水平	99.9%	99.9%
预期损失	6 000 元	105 000 元
非预期损失	346 358.20 元	1 914 151.25 元
预期损失率	0.00006	0.00105
非预期损失率	0.0 034	0.0 191
信用风险经济资本	243 481.20 元	31 950 664.06 元

（二）经济资本与风险偏好

证券公司风险偏好在指标中以置信区间的形式表现出来。假设合约其他要素不变，证券公司董事会提高风险承担水平，将置信区间由 99.9% 降至 99.7%（见表 6），则合约的信用风险经济资本会大幅下降，发展业务的空间会更大。

表 6　　99.7%置信区间下的经济资本

客户类型	个人	机构
客户评级	AA	B
违约概率	0.03%	0.3%
融资金额	1 亿元	1 亿元
预计收入	5 500 000 元	5 500 000 元
置信水平	99.7%	99.7%
预期损失	6 000 元	105 000 元
非预期损失	346 358.20 元	1 914 151.25 元
预期损失率	0.00006	0.00105
非预期损失率	0.0034	0.0191
信用风险经济资本	5 941.32 元	9 337 138.67 元

（三）经济资本与持续管理

以 2016 年退市的创业板股票“欣泰电气”为例（合约要素见表 7）。假设客户以“欣泰电气”作为标的证券，向证券公司开展股票质押业务，融资 1 亿元，利率 10%。在被中国证监会立案调查之前，合约经济资本为 897 万元，因预计收入 1 000 万元，收入能够覆盖经济资本，经营层会通过客户的融资申请。在项目存续期间，“欣泰电气”被立案调查后，客户评级下降，担保证券评级下降，引起违约概率和违约损失率走高，此时该合约经济资本为6 677万元，远超过合约利息收入。此时证券公司应直接要求客户追加担保品或者提前购回，如果客户拒绝则按违约进行处置，此时“欣泰电气”的担保品市值能够覆盖合约风险敞口，及时处置可避免后来因退市带来的损失。

表7　　经济资本回溯计算

阶段	立案调查之前	立案调查之后
违约概率	0.03%	0.5%
违约损失率	20%	50%
融资金额	1亿元	1亿元
预计收入	10 000 000元	10 000 000元
置信水平	99.9%	99.9%
预期损失	30 000元	250 000元
非预期损失	774 015.5 037元	3 526 683.995元
预期损失率	0.0003	0.0025
非预期损失率	0.007740155	0.03526684
信用风险经济资本	8 966 582.031元	66 766 601.56元

四、逐步建立以信用风险经济资本为核心的信用风险管理体系

在目前经济增速下降、债券违约频出的环境下，证券公司信用类业务逆势上涨，股票质押业务规模迅速增加，带来的信用风险管理复杂程度成倍加深。证券公司对信用风险的管理水平普遍处在初级阶段，结合上文对证券公司信用风险、信用风险经济资本的分析，证券公司应该从以下五个方面入手，逐步建立以信用风险经济资本为核心的信用风险管理体系。

（一）培养和树立现代信用风险管理文化

随着证券公司信用类业务规模持续攀升，证券行业面临的信用风险也在不断积聚，未雨绸缪才能做到防患于未然。现阶段应积极推动信用风险的管理由粗放的、定性管理向精细的、量化管理转变，树立起信用风险经济资本覆盖的理念：充足的、能够覆盖非预期损失的经济资本是业务能够稳定发展的基础。

（二）建立完善内部评级数据库

对信用风险经济资本计量的前提是能够对违约率、违约损失率等指标进行可靠计量。目前全行业从事信用类业务的时间较短，在风险量化模型开发时样本不足等情况下，证券公司一方面应当积极开展数据的搜集、数据库的建立等工作，为未来的数据应用做好准备；另一方面可以采取大量的数据模拟和回溯，提高指标计算的准确性。

（三）建立符合证券公司特色的内部评级模型

目前国内债券的外部评级大多在AAA级到AA-级之间，尽管都是投资级别，但国内债

券市场违约事件的频发，引发了市场投资者对债券发行担保问题的担心，同时也让债券评级机构评级的独立性、公正性和准确性遭受质疑。外部评级机构的债券评级只能作为投资门槛条件，当外部评级下调评级，着手处理问题债券时，避免风险基本为时已晚，因此证券公司必须根据自己的特色建立内部评级模型。

完善的内部评级模型应该包括交易对手方评级、抵押担保品评级、投资对象估值、限额体系、组合管理体系和压力测试模型等。

（四）以信用风险经济资本进行风险定价和资源配置

目前国内证券公司缺乏对业务进行风险定价的方法和经验，大多是凭借决策人员的经验，结合市场竞争的情况对客户融资，融资利率也都是在基准利率的基础上进行简单的上浮或下调。通过信用风险经济资本的案例，可以看出违约率和违约损失率对经济资本的影响，高经济资本占用的业务需要高收益进行补偿。

可以借鉴国际先进金融机构的先进经验，在进行优化经济资本配置、降低系统性风险时，综合考虑各业务条线暴露的信用风险，对每笔合约进行风险定价、计算各业务条线的风险调整收益，最终以经济资本作为约束条件进行线性规划，实行公司资源和经济资本的分配，实现信用风险的精细化管理。

（五）建立和完善风险调整收益管理机制

当证券公司有了合理的全面风险控制体系、完善的数据库、成熟的内部评级机制和经济资本计量模型之后，可着手研究建立风险调整收益管理机制。

风险调整收益管理体系贯穿于信用风险经济资本的配置、绩效考核和产品定价的全过程，使风险控制和业务发展体现为一个简单的数值，并由此计算出各业务条线的盈利能力，揭示出利润背后的风险。在确定证券公司能承担的整体风险水平后，可以得出所需的经济资本，并与监管资本和账面资本进行比较，以判断目前的风险状况。在风险可控的情况下，以风险调整收益在业务单元之间进行资源配置，使证券公司实现风险调整收益的最大化。

参考文献

[1] 吴仕建，李心愉．信用风险经济资本计量：国际演进及对中国的启示［J］．南方金融，2012（12）：37—41.

[2] 杨继光，刘海龙，许友传．基于信用风险经济资本测度的贷款定价研究［J］．管理评论，2010，22（7）：33—38.

[3] 吴皓．我国商业银行信用风险经济资本管理研究［D］．中南大学，2008.

[4] 陈忠阳．违约损失率（LGD）研究［J］．国际金融研究，2004（5）：49—57.

[5] 武剑．内部评级法中的违约损失率（LGD）模型——新资本协议核心技术研究［J］．国际金融研究，2005（2）：15—22.

[6] 于立勇，詹捷辉．基于 Logistic 回归分析的违约概率预测研究［J］．财经研究，2004，30（9）：15—23.

证券公司市场风险内部模型计量研究

杨梦琪*

一、证券公司开展市场风险内部模型计量背景介绍

（一）证券公司市场风险主要来源

市场风险是指由于市场风险因素，如股票价格、指数、利率、信用利差、波动率等市场风险因子的变动而导致证券公司资产组合价值发生变化，造成损失的风险。

根据资产组合所暴露的风险因子不同，市场风险可以分为权益类市场风险、利率类市场风险、信用类市场风险、商品类市场风险等。证券公司市场风险主要来源于自有资金在各类型市场进行交易、持有风险敞口而产生。

证券公司权益类市场风险通常来源于参与股票、基金、可转债、股指期货、个股期权等权益类金融工具的交易，受标的资产价格水平、波动率、基差等市场因素变化而导致权益类投资组合价值变动所带来的市场风险；利率类市场风险通常来源于参与债券、国债期货、利率互换等金融工具的交易，受标的市场基础利率、不同利率曲线相对变化等市场因素变化而导致投资组合价值变动所带来的市场风险；信用类市场风险来源于参与信用债券、资产证券化、信用违约互换等金融工具的交易，受信用利差变化以及信用评级迁移所带来的风险；商品类市场风险来源于参与商品类 ETF、商品期货等金融工具的交易，受商品价格水平等风险因子变化而导致投资组合价值变动所带来的市场风险。

（二）中国证监会发布新《证券公司风险控制指标管理办法》，提出证券公司可采取内部模型法等风险计量高级方法计算风险资本准备

1. 新监管要求针对市场风险计量的主要变化

2016 年 6 月 17 日，中国证监会正式发布了新修订的《证券公司风险控制指标管理办

---

* 作者单位：华西证券股份有限公司风险管理部。原载于《中国证券》2017 年第 2 期。

法》以及《证券公司风险控制指标计算标准规定》（以下简称“新《办法》”），并自2016年10月1日起实施。新《办法》在证券公司层面提出四大“核心指标”体系：风险覆盖率≥100%、资本杠杆率≥8%、流动性覆盖率≥100%及净稳定资金率≥100%。

针对市场风险，新《办法》逐渐趋同于《巴塞尔协议Ⅲ》中市场风险标准法，通过监管确定的风险比例，对市场风险的不同头寸计提监管资本。在改革趋势中，巴塞尔协议市场风险标准法也经历了多次变革，旨在不断提升其对实际风险的敏感性。

针对市场风险，新《办法》下各类金融资产需要计提市场风险资本准备的比例大幅提高（见表1）。随着证券公司不断扩大业务规模，新《办法》下市场风险资本准备的显著提高将成为制约证券公司业务规模进一步扩大的重要因素。

表1　新旧《办法》下市场风险资本准备计提标准比较

旧《办法》下连续三年为A证券公司市场风险计提比例		新《办法》下市场风险计提比例	
股票	3%	上海180指数、深圳100指数、沪深300指数成分股	15%
股票基金		一般上市股票	30%
混合基金		流通受限的股票	50%
		其他股票	80%
		权益类基金	10%
政府债券	1.60%	国债、中央银行票据、国开债	0%
公司债券		政策性金融债、政府支持机构债券	2%
债券基金		地方政府债	5%
		信用评级AAA级的信用债券	10%
		信用评级AAA级以下，AA级（含）以上的信用债券	15%
		信用评级AA级以下，BBB级（含）以上的信用债券	50%
		信用评级BBB级以下的信用债券	80%

2. 证券公司开展内部模型计量的动因分析

新《办法》首次提出证券公司可以采取内部模型法等风险计量高级方法计算风险资本准备，具体规定由中国证监会另行制订。从国际金融机构以及国内银行开展市场风险内部模型建设经验来看，主要有两方面的动因：一是通过内部模型的建设，降低资本占用，释放业务规模。例如银行在资本充足率计算中，通过内部模型计量市场风险，能够在一定程度上降低市场风险加权资产规模，改善资本充足率水平，为业务发展提供更大空间。二是内部模型体系的建设涉及整个金融机构组织架构、政策流程、模型方法等全方位的提升，金融机构可通过市场风险内部模型体系的建设提升风险管理水平。2014年，中国银监会根据《商业银行资本管理办法》，批准了工商银行、农业银行、中国银行、建设银行、交通银行、招商银行6家银行实施资本管理高级方法，这6家银行将使用信用风险初级内部评级法、部分市场风险内部模型法以及操作风险标准法。

证券公司开展内部模型计量的动因也将来源于上述提到的两方面原因。第一个原因是为将来监管机构允许证券公司使用内部模型做准备，通过内部模型计量优化监管指标，为业务发展释放空间。从当前四大核心监管指标来看，可以通过市场风险内部模型进行计量并起到优化作用的指标为风险覆盖率和资本杠杆率。

风险覆盖率 = 净资本 ÷ 各项风险资本准备之和 × 100%。以权益资产为例，当前权益类市场风险资本按照成分股、非成分股等进行分类，而单个证券的波动性等因素并未逐一进行考量，总体风险敏感性程度相对于内部模型法下的精确性较低。证券公司可以通过建立市场风险内部模型体系，对各类金融产品进行更加精确的风险计量，从而降低市场风险资本准备金额。

资本杠杆率 = 核心净资本 ÷ 表内外资产总额 × 100%。该指标类似于银行业资本充足率的要求，资本充足率 = （总资本 - 对应资本扣减项） ÷ 风险加权资产 × 100%。与银行相比，证券公司在计量资本充足水平时，一个显著的区别为银行的分母为风险加权资产（RWA：Risk Weighted Asset），在标准法下以一定的“风险权重 × 资产规模”计算，在内部模型法下基于模型计量结果进行计算。而证券公司表内外资产总额在计算表内资产时，是按照 100% 的权重计入。因此两个指标虽然同为资本充足类指标，但在分母计量要求上，证券公司更为严格。若今后证券行业朝着国际巴塞尔协议监管趋势更加靠近，内部模型法可以应用于对表内外资产总额计量上，从单纯的资产转化为风险资产的计量。

证券公司开展内部模型建设的第二个原因是出于内部提升全面风险管理的需求，通过内部模型体系的建设，使证券公司风险管理更加系统化、一致化和精细化，促使证券公司将风险计量结果深入应用于业务审批、定价、限额管理、绩效考核等日常经营管理中。

二、国际监管动态及最新市场风险资本计量要求

（一）巴塞尔委员会对市场风险资本计量要求的历史变革

2007—2008 年的全球金融危机暴露出了巴塞尔协议在针对交易类资产类型上资本计提的严重缺陷，为了解决市场风险资本计量模型存在的问题，巴塞尔委员会自 2009 年起就提出了一系列针对市场风险资本计量的改进方案。

1. 2009 年《巴塞尔协议 2.5》关于市场风险管理框架的修改

为了应对在金融危机中暴露出的薄弱环节，巴塞尔委员会在 2009 年 7 月对市场风险管理框架做出了一系列调整。一是提出新增风险。由于 10 日风险值（10 Day Value at Risk）并不能充足捕捉信用风险（例如债券等交易品种），2009 年的修正案提出新增风险资本计提，其目的是捕捉信用评级迁移所带来的风险。二是提出压力场景下的风险价值（VaR：Value at Risk）计量。在 10 日风险价值（10 Day Value at Risk）的基础上，2009 年的修正案要求计算压力场景下的风险价值。三是提高内部模型法风险因子的覆盖范围，在应用风险价值 VaR 模型时必须包含所有与价格相关的风险因素，如果未纳入风险价值的计算，必须就未纳入风险价值模型的风险因子做出解释。

2. 2010 年巴塞尔委员会发布了《巴塞尔协议Ⅲ》

《巴塞尔协议Ⅲ》对市场风险的资本处理提出了三大改变。一是提出信用风险调整 CVA（Credit Valuation Adjustment）资本计提，加强对交易对手的信用风险管理。其中最重要部分为要求对由于交易对手信用风险恶化而导致的盯市估值的价值变动计提资本。二是对未实现收益及亏损的处理，未实现的收益及亏损将不再从一级资本中过滤。这意味着按会计公允价

值持有的所有金融工具的估值变动，将直接流向监管资本资源。三是交易账户监管资本来源，作为改善监管资本质量的一部分，以前可满足市场风险的一部分的第三类资本，将不再形成监管资本结构的一部分。

（二）巴塞尔协议针对市场风险资本计量的缺陷

在经历了上述变革后，巴塞尔协议市场风险资本计量领域仍存在缺陷：一是框架缺乏连贯性。对交易账户风险如何分类和计算资本无统一的整体框架，导致了资本计算相互重叠的担忧，例如风险值和压力风险值采用的附加方法。二是界限问题。2009 年 7 月修订的市场风险框架只对应从交易账户中剔除产品作了细微修改，资产负债表中类似的风险继续被区别对待。三是市场流动性风险。虽然 2009 年 7 月修订案引入了更好捕捉市场流动性风险的元素，但是并不全面和完整。由于市场流动性不足，可能无法在短时间内退出风险头寸的风险未被良好捕捉。四是标准法下的问题。2009 年 7 月市场风险框架修改案没有从根本上改变市场风险的标准化方法，标准法的结构性缺陷依然没有解决。五是缺乏撤销模型批准的可靠选择。除了设定风险价值和压力风险价值的乘数，监管者对具有较大缺陷的内部模型的监管方式有限。

（三）巴塞尔委员会最新发布市场风险内部模型计量要求

2016 年 1 月，在经历了自 2012 年开始针对市场风险计量方法的全面深入审阅后，巴塞尔委员会发布了最新《市场风险最低资本金要求》（以下统称新《要求》，Minimum Capital Requirements For Market Risk），该要求将于 2019 年 1 月 1 日正式生效。下面重点分析市场风险内部模型的变化。

1. 更换市场风险内部模型

为了更加一致和全面地捕捉风险，特别是“尾部风险”（Tail Risks）和市场流动性风险，新《要求》用预期损失模型 ES（Expected Shortfall）代替了风险价值模型（VaR：Value at Risk）。预期损失 ES 计量参数要求为 97.5% 的单尾置信区间。如图 1 所示，风险价值 VaR 计量在指定置信区间所对应的损失值，而预期损失（ES）计算超过该置信区间的平均损失值（阴影区域）。

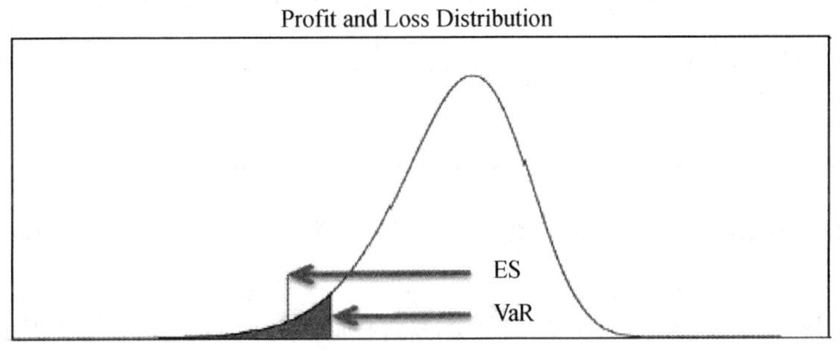

图 1　风险价值 VaR 与预期损失 ES 比较

此前监管框架依赖风险价值 VaR 作为风险度量的原因是历史先例和一般行业惯例。然而，在过去的实践过程中，VaR 的许多缺陷也进一步暴露，包括其无法捕捉“尾部风险”。

因此，新《要求》通过提出预期损失（ES），考量比 VaR 所涵盖范围更广泛的潜在后果。与 VaR 不同的是，预期损失（ES）计量方式下，损失的大小和损失超过一定阈值可能性（例如，第 99 百分位）的都被涵盖其中，能够更全面地计量尾部风险。

除了更换模型，新《要求》对流动性风险的考虑更加全面。金融危机的特点之一是一系列资产的市场流动性突然和严重下降。因此，银行往往无法在短时间内对市场价格在不产生重大影响的前提下退出或对冲某些流动性不足的风险头寸。这违反了此前风险计量方法隐含在为期 10 天市场风险的 VaR 一个关键的假设。

因此，新《要求》在预期损失（ES）模型计量中引入了变化的“流动性区间”。“流动性区间”的定义为退出一个头寸或对冲其风险所需的时间，而在此时间区间内不会严重影响市场价格。公式如下：

$$ES = \sqrt{(ES_T(P))^2 + \sum_{j\geqslant 2}\left[ES_T(P,j)\sqrt{(LH_j - LH_{j-1})/T}\right]^2}$$

其中：

（1）ES 为流动性调整后的监管预期损失值（Regulatory Liquidity - adjusted Expected Shortfall）；

（2）T 为基准流动性区间，例如 10 日；

（3）ES_T（P）为组合 P =（p_j）在流动性区间为 T 的前提下，对其暴露的所有风险因子进行施压的情况下测算的预期损失（ES）；

（4）ES_T（P，j）为组合 P =（p_j）在流动性区间为 T 的前提下，对每个头寸 p_j 对其风险因子子集 Q（p_j，j）进行施压，而保持其他风险因子不变的情况下所计算的预期损失（ES）；

（5）Q（p_j，j）为风险因子的一个子集，该子集中的流动性区间指定见表 2，其中 LH_j 为流动性区间。

表 2　流动性区间指定

j	LH_j
1	10
2	20
3	40
4	60
5	120

2. 新《要求》提出更细致的模型批准过程的要求，内部模型被批准使用层级要求在交易台层级

新《要求》将内部模型的批准深入到交易台的水平。监管机构在交易台层级可以批准或撤销内部模型的使用。而此前的监管框架，监管当局只能在金融机构总体层面批准或撤销内部模型的使用。

预期损失（ES）模型的批准必须通过以下两项定量验证标准：一是损益归因分析（Profit and Loss Attribution），检验一个交易台实际损益可以由风险因子解释的损益占比，可

被风险因子解释的损益必须达到一定比例，基础风险模型（估值模型、风险因子模型）才被视为有效；二是返回测试，即检验内部模型捕捉风险的有效性。

（1）损益归因分析。每个交易台根据其资产组合中包含在风险管理模型及资本模型中的风险因子，计算出一个基于风险因子的“理论损益”。该“理论损益”将与逐日盯市的“实际损益”相比较。为了上述目的，交易台风险管理模型应包括银行在其内部“期望损益”（Expected Shortfall）模型中的所有风险因素。这其中有两个可用于衡量契合度是否达到标准的指标：指标一是理论和实际损益之间差异（未释因损益）的均值除以实际损益的标准差；指标二是未释因损益的方差除以实际损益的方差。

（2）返回测试。除了损益归因分析之外，交易台的风险管理模型性能需要进行返回检验测试。由于损益归因分析并未给出有关风险因子分布质量的信息，返回测试检验是对损益归因分析的进一步补充。交易台是否具备采用内部模型法的资格取决于交易台能否同时通过损益归因分析和返回测试检验评估。

3. 约束由于套期保值和投资组合多元化而带来的资本计提降低效应

此前的风险价值 VaR 模型较高地认可了组合的分散化效应。预期损失（ES）模型下，巴塞尔委员会将限制分散化效应在资本计提上对资本的节约。

三、国内证券公司开展市场风险内部模型计量的建议

（一）建立有效的市场风险内部模型体系组织架构，将监管要求与证券公司自身内部风险管理需要充分结合

在巴塞尔协议的多次修订当中，反复提出了内部模型建设应当基于金融机构本身风险管理的基础，计量起点应该为金融机构针对金融产品的估值模型。在国际和国内银行的实践中，也曾出现过一个部门负责金融机构内部风险管理，另一个部门负责监管要求的达标。而这样的设置，与监管本身的意图和目的并不相符，不仅重复建设，并且监管资本与金融机构内部风险管理脱节也不是监管机构所希望看到的。因此，有效的市场风险内部模型计量体系应当包含与之配套的组织、政策流程以及足够的基础设施的支持，并且应将内部风险管理需要与监管要求充分结合。

（二）建立证券公司金融产品估值与风险计量体系

市场风险内部模型体系建设最核心的部分在于证券公司能够建设高度精确的估值与风险分析模型，该模型将会作为市场风险内部模型计量的核心输入。因此，证券公司应建立完善的模型选择、模型验证、模型回顾流程和相应控制制度。对于模型参数，需要制订相应的估计方法，更新频率，控制制度。

1. 金融产品估值体系建设

证券公司应当建立有效的金融产品估值管理体系，类似于国际投行的产品控制部门（Product Control），履行估值以及独立价格验证等职责（IPV：Independent Price Verification）。

（1）证券公司应明确估值政策和程序，其中应包括估值的职责划分、估值频率、估值方法、估值信息来源、估值模型管理、独立价格验证程序和估值调整程序等。

（2）估值部门应该具有明确的、独立于前台的报告路线。执行独立的价格验证人员定期对公允价值来源、估值模型、假设和参数等进行审阅，建立每日估值和独立价格验证结果不一致时的解决流程。

（3）估值方法包括盯市/询价与模型估值两种，在不同的情况下选择不同的估值方法。证券公司必须尽可能多地采用盯市制度，且使用买入/卖出中的保守价。如果无法盯市/询价，可以采用普遍接受的模型进行估值，但管理层应了解所使用的估值模型的弱点，使用的估值模型应在使用前经过模型验证，并在使用后进行定期审阅。

2. 金融产品估值及风险分析模型举例——以权益类场外期权为例

以挂钩权益类资产为标的的场外期权为例，实现内部市场风险模型计量的基础为准确地对场外期权进行估值，并计算其敏感性指标。在此基础上，不论是采用《巴塞尔协议Ⅲ》中的风险值 VaR 模型或是新《要求》中的预期损失（ES）模型，都能够在估值和风险分析模型基础上实现对风险度的计量。

当今业界对期权定价的主流模型可分成三个类别：常数波动率（Constant Volatility）对数正态模型、局部波动率（Local Volatility）对数正态模型以及随机波动率模型（Stochastic Volatility）。常数波动率模型的优点在于简单，单因子，存在简单的解析解。由于模型使用相对简单，因此常用于简单 Vanilla 期权的报价。由于常数波动率模型的常数波动率假设与真实收益率分布的“尖峰胖尾”不一致，对于复杂奇异期权的定价，常需要采用局部波动率、随机波动率等更高级的模型。局部波动率模型由 Dupire（1994）等提出，在该模型中波动率非常数，而将瞬时波动率看成时间和标的资产价格的确定性函数，但模型没有引入新的随机项。而随机波动率模型则以 Heston（1993），SABR（2002）模型为代表，在该模型中，瞬时波动率（或方差）的变动假设由一个新随机项控制（与标的价格过程不同）。同时，标的过程和波动率变动过程之间存在相关关系，在一定的条件下可得欧式期权价格的近似解析解，以进行模型校准。对于模型的应用，有三个关键的参数：标的资产收益率的波动率 σ、无风险利率 r、股息 q。对三个参数的估计能力是估值的核心。因此前述估值体系的建设至关重要，为核心参数的定时、准确更新提供保障。

在具备估值模型的基础上，进一步对期权的风险敏感性进行计量。业界通常采用希腊值（Delta，Gamma，Vega，Rho，Theta）来分析和管理组合相对于不同市场风险因子的暴露。

Delta（Δ）：交易组合价值的 Delta 是衡量交易组合对资产价格的敏感性，Delta 可以看作期权或期货对冲比率。Gamma（Γ）是指交易组合的 Delta 变化与标的资产价格变化的比率。使得 Delta 变化缓慢的 Gamma 通常绝对值较小，此时只需不频繁的交易调整即可实现 Delta 中性。Vega（ν）是指交易组合价值变化与基础资产价格波动率变化的比率。Theta（Θ）是指在其他条件不变的情况下，交易组合的价值变化与时间变化的比率，常被称为投资组合的时间损耗。Rho（ρ）是指交易组合的价值变化与利率变化的比率。

新《要求》中，不论是采用市场风险标准法或者是内部模型法，模型的起点都是敏感性指标，因此估值和风险分析模型作为市场风险内部模型建设的基础输入，起到至关重要的作用。

同时，国内证券公司在建设市场风险内部模型时，可借鉴《市场风险最低资本金要求》中对损益归因分析的要求（见表 3），即证券公司每日通过泰勒展开公式原理，对损益进行归因分析。一个好的估值和风险分析模型，应该能解释较高的损益来源。

表 3 损益归因分析

Total Daily PnL	每日损益	-158 570
Daily Delta PnL	来源于 Delta	37 360
CALENDER SPREAD	来源于跨期基差	-87 000
ETF&FUTUREPrem/DIsc PnL	来源于期现基差	-111 060
Gamma & Others PnL	来源于 Gamma	-95 780
Vol Smile PnL	来源于波动率 Vega	12 230
Daily Theta PnL	来源于 Theta	84 880
Others	未解释	800

（三）建立模型验证机制

市场风险内部计量模型应当建立事后检验机制。事后检验即检验模型的预算是否与实际实现的损益相符。在新《要求》提出前，基于风险价值（VaR）模型，通常采用三区法对内部模型进行返回测试。使用最近12个月的数据（即250个工作日）的观测值来进行事后检验，要计算损益大于风险价值（例外情况）的次数。例如，在250个交易日内，99%置信水平下的每日风险价值平均应覆盖248天的损益，存在2次例外。在实际操作中，对250个工作日内例外发生次数的分类见表4（三区方法）。

表 4 对 250 个工作日内例外发生次数的分类

区域	模型准确性	例外次数	例外百分比	措施
绿色	准确	0—4 次	0—1.6%	
黄色	准确性不明	5—9 次	2%—3.6%	记录异常及解释
红色	不准确	10 次以上	4%以上	及时调查原因并改善模型

绿色区域：风险价值模型的质量和准确性没有出现问题。

黄色区域：风险价值模型结果出现问题，但问题结论尚不明确。

红色区域：风险价值模型肯定已出现问题。

新《要求》用预期损失（ES）模型代替了风险价值（VaR）模型之后，给返回测试带来了一定的挑战，这也是预期损失模型（ES）自2012年提出后在征询意见阶段受到较大质疑的原因之一。由于预期损失模型描述的是一定置信区间下损失超过某最坏情况的平均值，而不是一个情景下对应的一个点的值，这给返回测试带来难度。针对预期损失模型（ES）开展返回测试的文献也相对较少，由于预期损失模型（ES）在统计上存在不具备 Elicitability 的问题，也有许多学者认为无法对预期损失模型（ES）开展返回测试。国内初次开展市场风险内部模型建设时，在进行返回测试时，仍可以考虑基于风险价值模型（VaR）开展。

参考文献

[1] Basel: Bank for International Settlements, Explanatory note on the revised minimum capital requirements for market risk, Jan 2016.

[2] Basel：Bank for International Settlements, Minimum capital requirements for market risk, Jan 2016.

[3] Basel：Bank for International Settlements , Fundamental review of the trading book, May 2012.

[4] Basel：Bank for International Settlements , Fundamental review of the trading book：A revised market risk framework, October 2013.

[5] Basel：Bank for International Settlements , Fundamental review of the trading book：Outstanding issues, December 2014.

[6] J. P. Morgan. Risk Metrics Technical Document [M] . 4thed. New York：Morgan Guaranty Trust Company, 1996：1 -58.

[7] John C. Hull. Options, Futures, and Other Derivatives [M] . 7thed. New Jersey：Pearson, 2009.

[8] 中国证监会. 证券公司风险控制指标管理办法 [Z] . 证券公司风险控制指标计算标准规定 [Z] . 2016.

[9] [加] 约翰·赫尔. 风险管理与金融机构 [M] . [加] 王勇，金燕敏译. 北京：机械工业出版社，2010.

[10] 巴塞尔委员会. 巴塞尔新资本协议征求意见稿（第三稿）[Z] . 中国银行业监督管理委员会译.

[11] 中国银行业监督管理委员会译. 商业银行资本管理办法（试行）[Z] . 2012.

[12] 冯夏. 实施资本管理高级方法推动银行发展方式转型 [DB/CD] . 21 世纪经济报道. http：//bank. hexun. com/2014 -08 -30/168 022 771. html，2014.

证券公司开展压力测试之探讨

李 阳*

一、背景

2011 年，中国证券业协会发布《证券公司压力测试指引（试行）》（以下简称《试行指引》），以推动证券公司建立、健全压力测试机制。经过几年的运行，2016 年底，中国证券业协会对《试行指引》进行了修订，发布了《证券公司压力测试指引》（以下简称《指引》）。新修订的《指引》对证券公司开展压力测试提出了更高要求，体现出在证券公司资产规模不断增大、创新业务迅速开展的背景下，监管层面鼓励证券公司进一步完善压力测试机制，提升风险管理能力的目的。

国内商业银行系统地开展压力测试较早，证券公司完善压力测试，除了根据《指引》的原则和要求，还可以借鉴国内商业银行的一些成功实践。

（一）国内商业银行开展压力测试现状

中国银监会于 2007 年发布了《商业银行压力测试指引》①，对商业银行开展压力测试提出了具体要求，以规范和促进压力测试的开展。目前，商业银行大规模开展的压力测试主要有金融稳定压力测试②、房地产压力测试③、资本充足率压力测试④以及针对具体业务的专项压力测试。

金融稳定压力测试由央行组织，每年开展一次，分别对信用风险、市场风险、流动性风险进行压力测试，评估金融体系的稳定性。信用风险以 GDP 增长率、M2 增长率和 CPI 涨幅

* 作者单位：方正证券股份有限公司。原载于《中国证券》2017 年第 2 期。

① 2014 年进行了修订。

② 中国人民银行发布：《中国金融稳定报告（2014）》。

③ 中国银监会：《商业银行压力测试指引》2015 年。

④ 中国银监会：《商业银行资本管理办法（试行）》2012 年。

三个压力指标来表征宏观经济衰退，银行可自行合理设定其他需要使用的压力指标，如房价涨跌幅等；市场风险以债券收益率、人民币兑美元汇率为主要压力指标；流动性风险以有价证券价格、个人和同业存款流失为主要压力指标。

房地产压力测试由中国银监会组织，每季度开展一次，以房地产成交价格、房地产累计成交面积、存款利率为压力情景的基本指标，采用“自下而上”的方法，主要通过对财务的冲击进行压力传导，测试房地产市场波动和利率变动对房地产贷款质量的影响，进而对单家银行和银行体系的脆弱性做出评估。

根据《巴塞尔协议》和中国银监会要求，商业银行资本充足率压力测试应至少每年开展一次，评估未来三年的资本充足率。[①] 各商业银行自行设计压力情景，但应通过中国银监会的评估。实践中，商业银行通常以金融稳定压力测试和房地产压力测试的压力情景作为参考。压力测试牵头部门设定基本压力指标，各类风险的主管部门根据基本指标，综合设定各类风险特有的压力指标。

（二）证券公司开展压力测试的不足

与新《指引》中的要求和国内商业银行开展压力测试的领先实践对比，证券公司在开展压力测试中还存在许多不足，具体如下：

在测试对象和承压指标方面，以净资本、流动性等风险监控指标为主，尚未制度化、常态化地开展针对各类风险、内部风险限额指标和专项业务的压力测试。随着股票质押、债券和非标投资等信用类业务的规模快速增加，以及供给侧结构性改革的推进和“刚兑”的逐步打破，证券公司的信用风险敞口（不但包括已经发生违约损失，还包括可能潜在发生的违约损失）显著增加，但信用风险的专项压力测试尚未系统地开展。

在压力情景设置和压力传导方面，定量分析方法和工具的使用尚处于初级阶段，有很大的提升空间。当前证券公司主要通过敏感性分析或监管给定的情景进行压力测试，自主地、定量地对风险因素之间的相互影响和联动关系研究不足；设置压力程度时，对压力情景的“严重程度”考虑较多，对压力情景发生的“可能性”考虑相对较少；承压指标多为净资本、流动性等监管指标，传导过程多为对财务的传导，压力情景向风险计量参数（如信用风险的违约概率、经济资本，流动性风险的资金流入、流出）的传导尚未广泛开展起来。

如何测试各类风险和内部风险限额指标的压力？与大部分压力测试所面临的问题一样，核心问题是怎样设置压力情景，以及怎样将压力从情景传导至承压指标，怎样更科学地设置压力情景和构建压力传导机制。

二、压力情景设置

压力情景设置是压力测试中的第一个核心问题，直接关系到压力测试结果的意义。设计压力情景时应考虑这些问题；常用的情景设置方法有哪些；它们各自的优缺点和适用性怎样；如何加强量化分析方法和工具的应用，从而更好地考虑指标之间的相互影响和关系。这

① 相对于金融稳定压力测试和房地产压力测试，资本充足率压力测试的主要难点在于要测试“未来三年”的资本充足情况。

是本部分探讨的三个主要问题。

（一）设置压力情景时应考虑的问题

1. 压力情景的极端性和可能性

设置压力情景时，施加的压力应具有一定的“极端性”，但也应考虑到压力情景发生的“可能性”，在“极端性”和“可能性”之间取得平衡。如果可能性设置得太高，冲击的幅度就会太低，冲击的影响太小，达不到“压力”测试的目的；如果可能性设置得太低，对应的事件基本上不可能发生，则压力测试结果缺乏实际意义。实际中，往往容易忽略对压力情景可能性的设定。

为此，可以将不同严重程度的压力情景与压力事件发生的概率进行对应，如轻度情景为10年一遇；中度情景为25年一遇；重度情景为100年一遇。

一般而言，在轻度情景下，净资本等监管指标应仍能够满足最低要求。对于中度和重度情景，应当在应对措施中充分考虑市场流动性的变化，合理设计和明确资本补充渠道和相关安排。明确了压力情景对应的可能性，才能使得压力测试的目的更明确，压力指标的值更有针对性、更合理。

2. 不同风险压力情景的特点

不同风险的诱因和风险爆发后持续的时间各不相同，因此压力情景的压力指标和压力周期也存在差异。

信用风险产生和爆发的原因一般为宏观经济衰退，宏观经济衰退导致企业经营风险增加，盈利和偿债能力下降，继而出现违约，因此信用风险压力情景的压力指标多为宏观经济指标，压力情景周期较长，压力指标应为一条路径，而非一个点。①

市场风险主要由于金融市场的剧烈、突发波动引起，造成金融工具公允价值变动损失。压力指标多为股价、利率、波动率和汇率等，压力周期一般比信用风险短。

流动性风险则往往继发于信用风险、市场风险或声誉风险，爆发后通常会持续较长一段时间。因此在情景设置方面，可借用信用风险和市场风险的压力情景，也可设置流动性风险特有的风险因子，如负债加速到期、客户提前还款等。由于流动性风险的继发性，因此应特别注意其他风险的传染，如信用违约导致现金流流入减少。

在设计压力情景时，应对不同风险的压力因素进行充分识别和评估，合理确定压力指标。

3. 压力指标之间的联动性

经济运行有一定的规律，在设置压力情景时，应考虑到由经济规律所表现出的各指标之间的相互影响和反馈效应。例如，随着GDP增速的下降，经济进入衰退期，作为逆周期调节手段，可能采取积极的货币政策和财政政策，使得M2增速上升和财政支出增加，但这会受到CPI消费价格指数的限制，在高CPI条件下，积极货币政策的空间则相对有限。

考虑压力指标之间的联动性，是压力情景合理性的重要表现。

（二）压力情景设置的常用方法及其优缺点

常用的压力情景设置方法分为三类：历史情景法、专家经验法和统计模型法（黄志凌，

---

① 一则因为压力周期较长；二则因为宏观经济指标从当前值到达最坏值，不太可能出现断崖式变动。

2010）。

1. 历史情景法

历史情景法是最直观的情景设计方法，优点在于客观性强、简单直观、容易理解、便于实施，对开展压力测试的人员在经济学和数理方面的要求相对较低；局限性在于需要进行压力测试的极端事件很有可能在历史上从未出现过，使得历史情景法失效。此外，历史情景可能无法反映当前的经济和市场结构。

2. 专家经验法

专家经验法主要基于经济和行业专家，或者开展压力测试人员的经验和判断。最大优点在于可以较好地考虑当前宏观经济形势和结构，在经济转型和“新常态”背景下，专家经验法具有一定前瞻性；主要缺点为主观性强，对专家的经验要求较高，缺乏可以互相比较的基准。

3. 统计模型法

随着统计学和计量经济学的发展，越来越多的金融机构开始通过统计方法，从历史数据中分析和捕捉压力指标之间相互影响的规律，从而设定压力情景。统计模型法的优点在于客观性强、灵活性高以及适用性广，可以灵活地假设风险因子的类型和变化形式以及压力事件的严重程度；缺点在于对数据的准确性和历史数据积累长度要求较高。另外，由于宏观经济的复杂性，还需要“结构化”的分析作为对比或相互验证。[①]

当前证券公司开展压力测试，专家经验法和历史情境法使用较多，统计模型法等定量方法使用较少，压力指标之间的相互影响和反馈效应研究不够。横向来看，国内一些大中型商业银行以及欧美金融监管和金融机构已在压力测试中大量使用统计模型分析风险因素之间的相关性，辅助设置压力情景（例如黄学元、蔡家辉、方柏荣，2006；BIS Working Paper No 165，2004；Federal Reserve System，2012；Oesterreichische Nationalbank，2002；Hoggarth、Sorensen 和 Zicchino，2005；Saurina 和 Delgado，2004）。由于其独特的优势，统计模型法代表着压力测试技术发展的趋势，并且通过定量分析的应用，可以更深入地分析和理解压力指标之间的相互影响和反馈效应，通过压力测试提升证券公司风险管理人员的专业能力，以此带动整体风险管理水平和能力的提升。为此，证券公司应加强对统计模型方法的研究和应用，以进一步提升压力测试的方法和技术。

（三）统计模型法在压力情景设置中的应用

统计模型（时间序列或计量经济学模型是其一条分支）以概率论和统计学为基础，从历史数据中挖掘变量或指标之间所蕴含的联系和含义。在风险管理分析和计量中广泛应用的统计模型有一般线性回归（Linear Regression）、二元回归模型（Logistic）[②]、自回归模型（AR）、自回归移动平均模型（ARIMA）[③]、条件异方差自回归模型（ARCH 和 GARCH）[④]等。这些模型研究的问题是解释变量怎样影响被解释变量，并不关心被解释变量对解释变量的影响。

---

① 统计模型法为“简约化”（Reduced - form）方法。

② Logistic 模型是信用风险内部评级模型的主流建模方法。

③ AR 和 ARIMA 在研究客户行为（如提前还款、到期滚存等）方面取得了不错的效果。

④ ARCH 和 GARCH 主要应用于对异方差序列的分析，如债券收益率波动的分析。

然而，在压力情景设置中，我们考虑的压力指标（尤其是宏观经济指标）之间是相互影响的，各指标既正向影响其他指标，也反向受其他指标的影响，因此这些指标既是被解释变量，也是解释变量。为了能够考虑这种相互影响和反馈效应，可以采用向量自回归模型（VAR）或向量误差修正模型（VECM）。

1. 方法原理

VAR 模型是一种常见的、用来描述变量之间相互冲击和动态关系的时间序列模型。以 GDP 同比增速（GDP）、房价同比涨跌幅（HP）和广义货币量同比增速（M2）为例，它们之间的 VAR 模型形式为：

$$Y_t = C + A_1 Y_{t-1} + A_2 Y_{t-2} + \cdots + A_p Y_{t-p} + \varepsilon_t$$

其中 $Y_t =$ （GDP_t HP_t $M2_t$）'，为一列向量，Y_t是第 t 期数据；C 和 ε_t分别为常数项和残差项，也为列向量；A_p为系数矩阵。

由于“伪回归”（Spurious Regression）的原因，在构建 VAR 模型时，模型的变量（时间序列）应该是平稳的。非平稳变量之间可能因为具有某种趋势因素（常见的如时间效应）而呈现出虚假的显著关系。例如，GDP 每年都增长，路边的树每年都长高，如果直接用 GDP 总量和树木的高度进行回归，那么必定可以得到它们之间存在正向关系，而且可能有很好的统计结果。其实两者之间并不存在任何关系，只是由于都随着“时间”增长而“显得”相关。从数学的角度看，出现这种现象的原因是 GDP 总量和树木高度的时间序列是非平稳的。因此在上述模型中，如果 GDP、HP 和 M2 是非平稳的，须对这三个指标进行平稳化处理，然后再建立 VAR 模型。

由于实际中大多数变量的时间序列是非平稳的，进行平稳化处理比较繁琐，重要的是平稳化后的序列可能不具有直接的经济意义，使得模型的经济含义不容易被理解，甚至可能掩盖某些经济含义。通过引入协整关系（Co - integration），VECM 模型可以避免需要进行平稳化处理的麻烦，同时协整关系可以使得模型的经济含义更突出、容易解读。

所谓协整（李子奈，1999），是指几个非平稳时间序列的线性组合是平稳序列，存在协整关系。协整虽然来自统计学，但却有着丰富的经济含义，它表明存在协整关系的变量之间存在着长期均衡关系，因此协整关系在经济学和金融学中有着相当广泛的应用，例如相对购买力理论、货币的数量理论等，都可以用协整理论进行分析和解释。

多变量之间是否存在协整关系需要对其进行协整检验来判断，最常用的检验方法是约翰逊检验（Johansen Test）（李子奈，1999）。约翰逊检验不但可以判断是否存在协整关系，还可以确定协整关系的个数。

引入协整后，VECM 模型将经济变量之间的关系分解为三部分：一是长期均衡关系（协整关系），二是短期波动（长期均衡关系的背离），三是其他扰动影响（即残差项）。以 GDP 同比增速（GDP）、房价同比涨跌幅（HP）和广义货币量同比增速（M2）为例，它们之间的 VECM 模型形式如下所示：

$$\Delta Y_t = A_1 \cdot \Delta Y_{t-1} + \cdots + A_p \cdot \Delta Y_{t-p} + \Gamma \cdot B \cdot Y_{t-1} + \varepsilon_t$$

其中 $Y_t =$ （GDP_t　HP_t　$M2_t$）'，$\Delta Y_t = Y_t - Y_{t-1}$，$A_p \cdot \Gamma \cdot E$ 为模型求解目标，$A_1 \cdot \Delta Y_{t-1} + \cdots + A_p \cdot \Delta Y_{t-p}$为短期波动，$B \cdot Y_{t-1}$为长期均衡关系，$\varepsilon_t$为残差项。

长期均衡关系和短期波动之间的关系，类似于价值与价格之间的关系：长期均衡关系是价值，短期波动是价格。短期看，价格可以偏离价值，但长期看，价格会向价值回归。

上面的例子只是考虑三个指标的情形，实际中所考虑的指标可能远不止三个。如果将数量过多的指标合在一起建立模型，可能会削弱对主要关系的捕捉，影响模型效果。为了达到较好的模型效果，可以先根据经济理论对指标进行分组，比如汇率和进出口额归为一组，财政支出和固定资产投资归为一组，货币供应量、贷款余额、存贷款利率归为一组，然后分别对每个分组建立模型。一般而言，每组中的变量为3—4个，模型效果较好。

得到VAR或VECM方程后，根据所要确定的压力情景的类型与特点，设计引发压力情景的冲击来源。如研究由房价引起的压力情景，可以将房价设为初始冲击；由于出口贸易下降引起的压力情景，可以将外贸出口额设为初始冲击。对于一般的宏观经济压力情景，通常将GDP的下降设为初始冲击，其他指标则可以通过模型预测。

2. 应用举例

以GDP、房价、广义货币量三个宏观指标为例。从万得（Wind）获取GDP同比增速、70个大中城市新建住宅价格指数同比、M2同比增速从2006年第1季度至2016年第3季度的季度数据。按照上文的建模过程，通过Eviews得到滞后一阶的VECM回归方程[①]：

$$\begin{bmatrix} \Delta GDP_t \\ \Delta HP_t \\ \Delta M2_t \end{bmatrix} = \begin{bmatrix} 0.0656 & 0.1454 & 0.0559 \\ 0.0396 & 0.8794 & 0.0431 \\ -0.7511 & -0.1873 & 0.0144 \end{bmatrix} \cdot \begin{bmatrix} \Delta GDP_{t-1} \\ \Delta HP_{t-1} \\ \Delta M2_{t-1} \end{bmatrix} + \begin{bmatrix} 0.0024 \\ 0.0203 \\ 0.0066 \end{bmatrix} \cdot ECM_t + \varepsilon_t$$

$$ECM_t = (GDP_t - 13.7159 \cdot HP_t + 3.3031 \cdot M_t$$

其中ECM_t为GDP同比、房价同比和广义货币量同比之间协整关系，ε_t为模型的残差项。假设压力情景为宏观经济衰退，周期为3年，GDP同比增速在一年内降至最低点，随后经济开始复苏，GDP增速逐渐恢复。轻度、中度和重度情景中GDP的最低值分别为5.5%、4.5%和3.5%。[②] 利用上述模型方程，可以估计出房价同比涨跌幅和M2同比增速的变化趋势（见图1—图3）。[③]

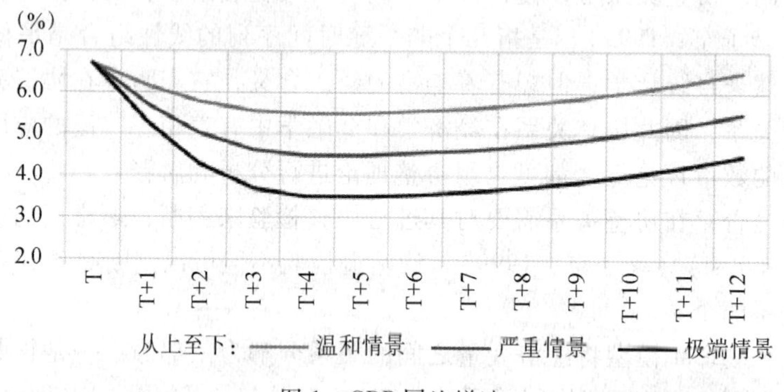

图1 GDP同比增速

从结果看出，房价的走势与GDP基本同步，GDP下跌，房价随之下跌，滞后2—3个季度下降至最低点，但房价的下跌幅度与GDP的下跌幅度（即压力情景的严重程度）关系不大，同比跌幅最大2%左右。作为对比，在2008年金融危机期间，房价（70个大中城市新

① 实践中，可以通过AIC、SC和HQ信息准则寻找最优的滞后阶数。

② 此处为笔者假设。

③ 此处仅仅是举例说明统计模型的应用，并不是对未来经济数据进行预测。

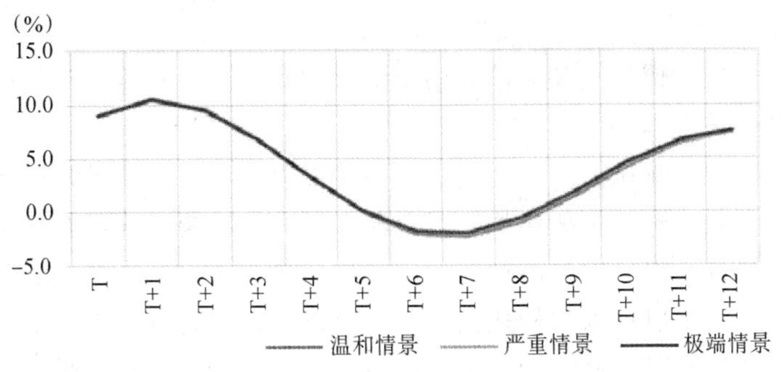

图 2 房价同比涨跌幅

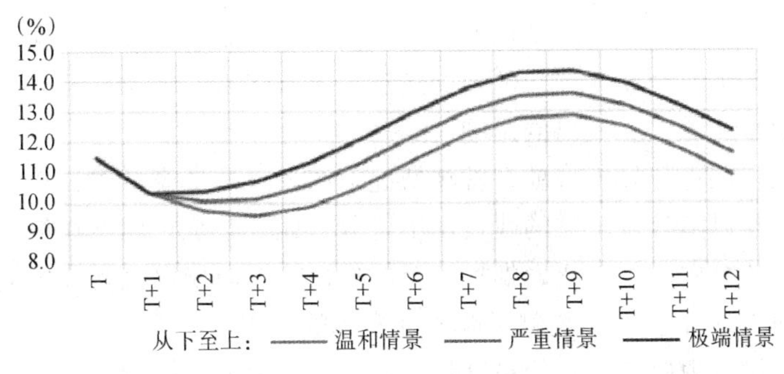

图 3 广义货币量 M2 同比增速

建住宅价格指数）的同比最大跌幅为 1.9%，模型结果与历史情形基本一致。2015 年以来，随着 GDP 增速放缓破“7”和利率下行，一、二线城市房地产作为相对优质资产，价格逆 GDP 上涨，模型结果的背后是否也存在这种逻辑，值得进一步分析。

M2 的路径先小幅下降、再大幅上升、最后下降。GDP 下跌得越快，M2 前期下跌的时间越短、下跌的幅度越小，随之而来的是上升。最开始的小幅下降，与近期趋势一致，说明指标的连续性；中间的上升，可以理解为在经济衰退情况下，为刺激经济而采取积极的货币政策，因此衰退越严重，积极货币政策的力度越大；最后，随着经济的复苏，积极货币政策逐渐退出，回归常态。

在模型结果基础上，出于审慎或其他目的，可以根据专家经验对模型结果进行调整和修订。我们还可以在以上模型中增加其他指标，如存贷款基准利率、股票市场指数、汇率、进出口额等指标，根据当前经济形势、一般经济原理和统计效果对模型的结果进行解读和调整，从而确定压力测试的宏观情景，然后通过适当的传导模型，将情景应用到证券公司应开展的综合压力测试和各类风险（信用、市场和流动性风险）压力测试中。

需要说明的是，历史情景法、专家经验法和统计模型法三者之间并没有简单的孰优孰劣之分，三者都存在固有的、难以克服的缺点和不足，因此在实际压力测试中，鲜有通过某一单一方法设置压力情景的。一般情况，应该以统计模型法为起点和基础，以历史情景法为参照和对比，以专家经验法为调整和最终判定。

三、压力传导机制

构建压力传导模型是压力测试流程中的另一个核心问题。一般而言，不同风险类型的压力传导机制各不相同。

市场风险主要依靠估值模型和风险在险价值（Value - at - Risk）计量模型传导至公允价值损益和市场风险经济资本。

在进行信用风险压力测试时，可以通过财务冲击模型将压力情景映射至客户的资产负债表，从而分析压力情景对资产负债结构、现金流、利润的影响，判断客户是否违约，或根据遭受冲击后的财务指标，得到客户的评级迁移和违约概率 PD 的变化。由于宏观经济对个体的影响非常复杂，有时难以清晰地构造出压力传导机制，因此也可以在组合层面通过统计模型——Wilson 模型（Wilson，1997a 和 1997b）直接建立从压力指标到 PD 和风险加权资产（RWA）的映射关系。

对于流动性风险压力测试，通常以客户行为模型为基础，通过统计模型或经济计量学模型将压力情景与债务加速到期、客户的提前还款等关联起来，同时考虑业务持续经营的需要以及其他风险对现金流流入、流出的影响。

可以看出，很多压力传导模型就是常规情况下的风险计量模型或其拓展，因此压力传导机制的建立和完善与风险计量工具的建设密不可分。此外，统计模型在信用风险和流动性风险压力测试的压力传导中应用广泛，发挥了重要作用。下面仅以流动性风险压力测试中压力情景对“两融”业务现金流的影响，说明统计模型的应用。

假设压力情景设定为股票市场价格剧烈波动，此处用上证综指作为替代。在流动性风险压力测试中，我们研究的是压力情景下“两融”余额的变化，并从中得到“两融”业务的净现金流。为此，通过统计模型对融资余额（本文以全市场数据作为示例，实际中各证券公司可以使用自己的内部数据）与上证指数之间的关系进行分析。

对于时间序列模型，如果不平稳，可能会存在“伪回归”，得到不存在的回归关系。常用的平稳性检验方法是单位根检验。通过单位根检验，可以得到融资余额（BAL）不是平稳序列，但是经过差分后的融资余额变化率是平稳序列；同样，上证指数（INDEX）亦非平稳序列，而其涨跌幅变化是平稳序列。

此外，由于时间序列存在时间上连续性，因此通常还应考虑到滞后序列的影响。鉴于此，选取带有外生变量的自回归 AR 模型，通过 Eviews 得到模型方程为：

$$D\_BAL_t = 0.064 + 0.255 \times D\_BAL_{t-1} + 0.543 \times D\_INDEX_t + 0.725 \times D\_INDEX_{t-1}$$

其中 D_BAL_t 和 D_BAL_{t-1} 分别为当月和上月融资余额变化率，D_INDEX_t 和 D_INDEX_{t-1} 分别为当月和上月指数涨跌幅。

在求解回归方程的系数时使用了 2011 年 12 月至 2014 年 12 月的月度数据，保留了 2015 年和 2016 年数据进行样本外检验，对比结果见图 4（图中 D_ BAL_ F 为预测值，D_ BAL 为实际值）。如果使用证券公司的内部数据，还可以在上述方程中增加客户群体的特征信息，如客户年龄、职业、收入等。

以上例子表明，基于统计模型的量化传导模型在流动性风险压力测试中有很大的应用空间，在信用风险压力测试中广泛应用的 Wilson 传导模型[①]也是一种统计模型，这些模型不但在压力测试领域应用广泛，也是正常情形下重要的风险分析、计量工具。因此，应加强对这

① 限于篇幅，未展开介绍。

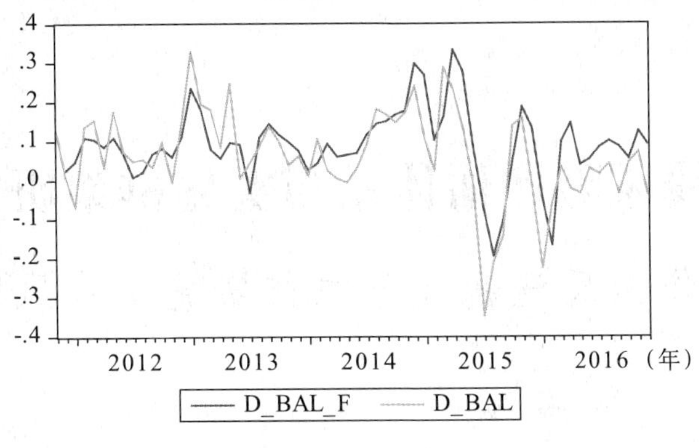

图4 对比结果

些模型的研究和应用，通过统计模型在压力测试中的应用，带动和促进证券公司整体风险管理水平的提升。

参考文献

[1] 中国人民银行金融稳定研究小组．中国金融稳定报告［M］．中国金融出版社，2014.

[2] 中国银监会．商业银行压力测试指引［Z］．2015.

[3] 中国银监会．商业银行资本管理办法（试行）［Z］．2012.

[4] 黄志凌．商业银行压力测试［M］．北京：中国金融出版社，2010.

[5] 黄学元，蔡家辉，方柏荣．检测香港银行信贷风险的宏观压力测试架构［DB/CD］．香港金融管理局季报（12），2006.

[6] Marco Sorge. Stress – testing Financial System：An Overview of Current Methodologies［DB/CD］. BIS Working Paper No 165，2004.

[7] Board of Governors of The Federal Reserve System. Methodologies and Results for Stress Scenario Projections［DB/CD］. Comprehensive Capital Analysis and Review，2012.

[8] Oesterreichische Nationalbank. A Macroeconomic Credit Risk Model for Stress Testing the Austrian Credit Portfolio［DB/CD］. Financial Stability Report，2002.

[9] Hoggarth，Sorensen，Zicchino. Stress Tests of UK Banks Using a VAR Approach.［DB/CD］. Bank of England Working Paper No. 282，2005.

[10] Saurina，Delgado. Credit Risk and Loan Loss Provisions：An Analysis with Macroecnomic Variables［DB/CD］. Directorate General Banking Regulation，Bank of Spain，2004.

[11] Wilson. Portfolio Credit Risk（I）［J］. Risk，1997，Vol. 10，Issue. 9：111 – 17.

[12] Wilson. Portfolio Credit Risk（II）［J］. Risk，1997，Vol. 10，Issue. 10：56 – 61.

[13] 李子奈．计量经济学——方法与应用［M］．北京：清华大学出版社，1992.

[14] 李子奈，叶阿忠．高等计量经济学［M］．北京：清华大学出版社，1999.

证券公司洗钱风险评估体系与实施框架研究

——证券公司作为反洗钱义务主体实施洗钱风险评估工作的思考

林　兴　陈　胜　陈　晨*

根据国际标准组织（ISO）于 2009 年 11 月发表的“风险管理——原则与指引”，风险是指不确定性对目标的影响。洗钱风险是由客观存在的不确定性造成的影响，是由洗钱威胁和洗钱漏洞共同产生的结果。根据对风险要素的理解，洗钱风险评估可以包括洗钱威胁评估、反洗钱漏洞评估等。洗钱风险评估可以是侧重其中某一种因素的单独评估，也可以是综合多种因素的整体评估。

构建科学合理的风险评估体系是证券公司洗钱风险管理的重要环节。一套完善的风险评估指标体系包括风险种类指标设计、信息评估依据、评估判断标准、风险强度及趋势、风险来源分析等。通过洗钱风险自评估指标体系，搜集反映证券公司经营业务情况、内部合规控制管理机制以及资金交易情况的资料数据，将复杂的洗钱风险评估工作规范化、程序化，并结合定量分析和定性分析，在此基础上获得最大反洗钱成效。

本文在对证券行业特征进行分析的基础上，搭建洗钱风险评估体系，并结合公司反洗钱实践，制订出一套适用于证券公司实施洗钱风险自评估工作的框架。此项工作有助于评估证券业务洗钱风险，并根据自评估结果采取差异化风险防控措施，以提升证券业反洗钱工作的实施效果。

一、证券业反洗钱工作难点分析

金融行动特别工作组（FATF）2007 年对证券业提出了可能产生洗钱风险的漏洞和盲区

* 作者单位：兴业证券股份有限公司。原载于《中国证券》2017 年第 2 期。

的预警：首先，证券业的认识误区是反洗钱职责履行不够充分的主要原因。证券业务涉及开户、资金转入、证券交易、资金结算、证券清算、资金转出等履行各种职责的多个金融机构，交易的复杂性和高流动性使下游机构会习惯性认可上游机构转入资金的合法性，导致反洗钱审查职责不够到位。其次，证券行业对交易活动进行的监测强度远不如对于账户的监测强度。在利益输送方面，不法分子不仅可以通过证券账户和资金账户进行，也可以通过市场交易达到洗钱目的。最后，证券行业所能获取到客户有效信息的渠道十分有限，例如客户的职业、学历、收入来源等个人信息的真实性难以保证。

目前，证券业的洗钱风险防范水平与其他金融业相比较仍然较为薄弱，差距主要体现在以下方面：

（一）证券从业人员对洗钱风险认识不足

由于开展反洗钱工作需要加大对客户的审查力度，在加大券商投入成本的同时造成一部分客户流失，减少证券机构的客户交易结算资金、手续费收入以及利差收入，影响证券公司开展反洗钱工作的积极性。同时由于缺少证券业反洗钱相关配套法律法规的支持，造成证券从业人员对证券业反洗钱工作意识较为淡薄。

（二）利用证券业务洗钱手段层出不穷

较之银行业，证券行业有其独有的特点，例如交易类型复杂、流动性高、投资者众多、价格形成机制复杂且波动剧烈等，这些特点为洗钱犯罪提供了极大的便利。此外，证券业本身具有较为复杂的交易流程和技术，存在部分账户权属关系确认复杂、账户委托关系变更反复、资金流动频繁等可能性。以上证券业的特点，让不法分子有机可乘，将合法和非法款项混淆进行投资组合变现，达到“黑钱”洗“白”的目的，从而增加了反洗钱工作的难度。

（三）证券业反洗钱外部环境严峻

近年来证券市场规范化程度明显提升，但仍有上市公司运作不规范、财务信息失真、内幕交易等不正当行为，为不法分子的洗钱行为提供了便利。同时我国证券业的反洗钱信息共享仍存在不足，导致当前权威的洗钱及上游犯罪的数据统计尚不完整，无法鉴别洗钱犯罪源头。反洗钱单位与司法部门尚未形成实质有效的协调机制，实现各方面的数据信息共享，可能导致洗钱威胁和监管漏洞，给证券业反洗钱带来更大的难度。

针对以上问题，本文将通过搭建与运用洗钱风险自评估指标体系，以挖掘洗钱风险为首要目标，评估业务固有风险和存在的薄弱环节，根据自评估活动实施框架反馈的结果采取差异化风险防控措施，以优化反洗钱资源配置。

二、评估概述

（一）评估目的

证券业洗钱风险是指证券公司提供的产品或服务被用于洗钱进而导致证券公司遭受损失的不确定性。公司风险自评估是公司根据特定的方法评估“洗钱风险”的一个过程，自评估工作的目的是发现洗钱风险，并在此基础上针对性地选择洗钱风险防控措施，将反洗钱资源向高风险领域倾斜，使得证券公司反洗钱活动更加有效开展。

（二）评估原则

1. 风险为本原则

以发掘洗钱风险为首要目标，全面评估证券公司的洗钱威胁以及存在的薄弱环节，从而将洗钱风险防控措施差异化，将反洗钱资源向高风险领域倾斜，以达到优化反洗钱资源配置、有效进行反洗钱工作的目的。

2. “谁做谁评估”原则

各业务单位应为归口业务洗钱风险自评估的主体单位，对风险评估结果的真实性、准确性负责。

3. 风险评估与建立长效机制相结合原则

在关注业务本身的洗钱风险和存在薄弱环节的基础上，要结合“查”与“建”的方式，以分析洗钱风险的源头为切入点，建立健全防范洗钱风险的长效机制。

（三）评估工作小组成员构成及分工

洗钱风险评估需要证券公司通过各部门负责人以及反洗钱专员的参与和通力配合，切合证券公司本身的实际情况，成立洗钱风险评估工作小组，负责洗钱风险自评估工作的具体开展。一般情况下，由证券公司的合规部门或风险管理部门牵头拟订自评估工作方案、自评估指标体系，各业务部门负责本单位洗钱风险评估的具体实施，共同推动评估工作，合规部门或风险管理部门督促指导相关部门自评估工作有效开展，并就自评估中出现的问题及时与监管机构沟通汇报。

（四）评估办法

1. 制订评估方案

评估工作小组制订具体评估方案，主要包括评估目的、评估程序、评估范围及方法、评估工作小组成员构成及分工、评估时间安排等。

2. 设计评估指标

在合规或风险管理部门对业务部门进行调研、访谈的基础上，由评估工作小组制订一套定量评估与定性评估并行、威胁评估与薄弱环节评估相结合的评估体系。

3. 实施自评估工作

各业务部门为各业务条线自评估工作的主要责任人。各业务部门指定专人负责本部门业务的自评估工作。自评估工作依托《洗钱风险评估表》，采用资料调研、调查问卷、访谈、定量测评、定性分析等方法实施。具体评估流程如下：

（1）基本信息梳理：梳理业务所涉及的人员岗位及信息系统的相关信息。

（2）固有风险测评：对具体业务的各项洗钱威胁定量指标进行打分，加权计算得出该项业务最终洗钱威胁评估得分，最终所有业务将按照一定比例区分出高、中、低风险等级。

（3）薄弱环节评估：梳理各业务环节固有风险点，对各业务环节可能存在的洗钱风险点进行分析；对各环节已经采取的防控措施进行描述，并评估其有效性；根据剩余风险分布情况，对风险发生的可能性及其影响等级进行评估，最终得出各业务环节洗钱风险严重度结果。

4. 高风险客户评估

公司洗钱风险等级划分体系应覆盖所有业务条线的全部客户，并按时更新新增客户的洗钱风险等级划分以及调整存量客户的洗钱风险等级。高风险客户群的规模及主要特征分布应由各业务条线及时进行识别，主要包括：洗钱风险等级分类较高的客户规模及占比情况，高风险客户行业（职业）分布，高风险客户地域情况分布，高风险客户中其他特定特征（例如客户身份识别难、客户尽职调查成本高、客户的股权或控制权关系复杂、非自然人客户的存续时间短等）的客户分布情况。

5. 填写调查问卷，评估小组设计问卷并由各调查单位负责填写

通过问卷确认各业务条线在反洗钱组织保障、制度设计、风险控制、政策传导等方面的开展情况。问卷结果将作为评估各单位反洗钱工作执行情况的辅助工具，在实际执行过程中，问卷调查将与面对面访谈结合开展。

6. 评估结果复核

原则上各部门负责人为本部门业务洗钱风险评估结果的复核人，各业务部门应对本部门各项业务的洗钱风险评估结果负责，确保结果的真实有效。

7. 资料汇总

评估工作小组搜集、汇总各部门提交的业务洗钱风险评估结果，并形成公司层面的洗钱风险自评估报告。

三、评估过程与评估结果的运用

（一）指标体系结构

洗钱风险自评估指标体系是在公司内部选取若干试点业务进行反复摸索、试运行的基础上，又经过了多次调整修订。该指标体系包括 6 个模块，分别是业务基本信息、客户分布数据、风险评估表单、问卷调查、制度清单、对照表。其中，对照表作为数据字典使用，其余各模块均需各参与评估的业务主体进行评估。上述各模块采用客观量化指标为主、主观分析结果为辅的结构，各模块之间相互交叉，成为评估各部门反洗钱工作、各业务条线洗钱风险特征、各业务条线客户分布属性的重要工具。

（二）核心模块介绍

风险评估表单是整个洗钱风险自评估指标体系框架中的重点模块，分为固有风险量化评估模块与薄弱环节防控评价模块。

固有风险量化评估模块采用完全量化的评估方法实现，主要用以评估业务固有风险。公司结合证券行业特点以及公司实际情况，建立包括客户身份识别、客户资金来源、客户交易目的与交易性质、资金流动性、业务复杂度等在内的 14 项量化指标。评估主体对具体业务的各项固有风险量化指标进行打分，加权计算得出该项业务最终固有风险评估得分。

薄弱环节防控评价模块采用客观量化与主观分析相结合的评估方法实现，主要用以评估业务现有防控措施的有效性及剩余风险。评估主体通过此模块梳理各业务环节风险点，以固有风险评估结果为切入点，对各业务环节可能存在的洗钱风险点进行分析；对各环节已经采

取的防控措施进行描述，并评估其有效性；对风险发生的可能性及其影响等级进行评估，最终得出各业务环节洗钱风险评估得分。

（三）业务洗钱风险分值的估算方法

1. 量化工具

采用评估矩阵与分数换算表相结合的方式实现量化评估。表 1 表示控制矩阵的估算方法，通过计算控制设计和控制执行的分数，来确定有效性区间。表 2 为风险严重度矩阵，根据风险影响等级和风险发生的可能性来估算该业务条线的洗钱风险严重度。表 3 根据上述两个矩阵的结果换算出薄弱环节分数。

表 1　　控制矩阵

控制设计	3（不合理）	无效	无效	无效
	2（部分合理）	部分有效	部分有效	无效
	1（合理）	有效	部分有效	无效
			2（部分执行）	3（未执行）

表 2　　风险严重度矩阵

风险发生可能性	5（几乎肯定发生）	低（5，1）	中（5，2）	高（5，3）	很高（5，4）	很高（5，5）
	4（高）	很低（4，1）	低（4，2）	中（4，3）	高（4，4）	很高（4，5）
	3（中）	很低（3，1）	低（3，2）	中（3，3）	高（3，4）	很高（3，5）
	2（低）	很低（2，1）	很低（2，2）	低（2，3）	中（2，4）	高（2，5）
	1（非常低）	很低（1，1）	很低（1，2）	很低（1，3）	低（1，4）	中（1，5）
	0（不适用）	1（轻微）	2（低）	3（中）	4（高）	5（很高）

表 3　　薄弱环节分数换算表

无效	40	60	80	90	100
部分有效	20	40	60	80	90
有效	10	20	40	60	80
控制矩阵结果 / 风险严重度矩阵结果	很低（1，2）	低（2，3）	中（2，4）	高（2，5）	很高（3，5）

2. 固有风险分值的估算过程

业务部门借助“风险评估表单”中的“业务固有风险评估”模块完成固有风险分值的估算。填表人按实际情况，对模块中的 14 项指标分别打分，最终由合规部根据各风险指标评分及权重赋值计算业务固有风险总分。计算公式为：某项业务的固有风险值 = $\sum_{i=1}^{n}\frac{a_i p_i}{m_i}$，其中 a_i 代表某项业务第 i 项固有风险指标的评分，p_i 代表第 i 项风险指标的权重，m_i 代表第 i 项风险指标所设定的风险分数，n 代表风险指标数量（即本指标体系中的风险指标数量为 14）。

3. 薄弱环节分值的估算过程

业务部门借助“风险评估表单”中的“薄弱环节评估”项目完成薄弱环节分值的估算。填表人按实际情况，将各项业务拆解为流程节点，对每个节点的控制措施、风险程度进行评估。“控制评级”与“风险严重度”两列无须填写，将自动根据其他已填内容换算而成。最终由合规部根据各业务环节的评估结果换算为最终薄弱环节分值。计算公式为：某项业务的

薄弱环节分值 = $\left| \frac{\sum_{i=1}^{n} \varphi(\alpha_i, \beta_i)}{n} \right.$，其中 α_i代表某项业务第 i 项薄弱环节的控制矩阵结果，β_i代表第 i 项薄弱环节风险严重矩阵结果，φ（α_i，β_i）为第 i 项薄弱环节控制矩阵结果、风险严重矩阵结果对应到薄弱环节分数换算表后的结果，n 代表薄弱环节项（不同业务的 n 值可能不同）。

（四）风险评估结果的应用

1. 为实现以业务环节为单位的洗钱风险管理提供基础

业务单位通过薄弱环节防控评价模块所进行的评估，将揭示出各业务环节存在的洗钱风险薄弱环节，并对所对应采取的防控措施进行评价。相关评价结果将通过表 3 的薄弱环节分数换算表进行量化，从而得出各项业务每一个业务环节的薄弱环节分值。这个结果为强化具体业务的洗钱风险防控措施指明了方向，公司可根据各项业务薄弱环节防控评价的结果，针对更为薄弱的业务环节采取具有针对性的防控措施，从而提升各项业务反洗钱工作的有效性。

2. 实现以业务为单位的洗钱风险等级划分

通过分值估算，各项参与评估的业务将分别得出固有风险分数与薄弱环节分数，从而实现对各项业务固有风险与薄弱环节防控的总体了解。同时，每项业务固有风险分数与薄弱环节分数的总和即为该项业务的洗钱风险总得分，按照分值高低，可将公司各项业务的洗钱风险等级划分为高、较高、中、低风险等。根据不同业务的风险等级划分结果采取差异化风险防控措施，从而提升证券业反洗钱工作的实施效果。

3. 通过各模块评估结果估算公司整体洗钱风险分值

根据各业务条线的洗钱风险评估结果，可进一步评估公司作为法人机构的整体洗钱风险。具体方法为：公司的洗钱固有风险分数 = 各项业务的固有风险平均值 + 公司高风险客户分布值；公司的薄弱环节分数 = 各项业务的薄弱环节分数平均值 + 公司反洗钱基础环境值（可根据“问卷调查”模块的评估结果进行估算，该模块内含公司及各部门反洗钱组织架构、制度建设、人员配备等基础环境数据）。公司整体洗钱风险分值是公司整体洗钱风险评估结果，若今后行业内采用同一标准进行评估，则各家公司的整体洗钱风险分值将具有更加重要的比较意义。

四、自评估中反映的问题

评估工作小组根据搜集、汇总的各部门提交的业务洗钱风险评估结果，形成洗钱风险自评估报告，报告反映了传统经纪业务、投资银行业务、融资类业务以及互联网金融业务处于洗钱风险高或较高的区间。

（一）传统经纪业务

在证券经纪业务中，由于客户自主的资金流转、买卖交易频繁等，涉及客户身份识别不到位导致后续的清洗非法资金、股权代持、违背客户真实性原则等方面可能存在的洗钱风险。但由于目前使用三方存管，通过银行和证券端对客户资金的共同监控，使风险相对可控。对证券经纪业务而言，主要洗钱风险如下：

利用限制民事行为能力人开户掩饰账户实际控制人的真实身份。洗钱分子利用成为限制行为能力人的代理人机会，隐藏资金和收益的真实所有人，由此会产生利益输送和腐败行为，违背客户真实性原则，达到掩饰、隐藏资金来源和性质的目的。

通过改变第三方存管银行、频繁办理转托管、随意撤销指定交易等，利用在不同账户之间证券和资金财产的转移，斩断资金和交易行为的链条，模糊资金的初始来源地等方式实现将资金从证券资金账户划出，最终以“合法”资金形式重新流入银行或用于其他消费、投资，从而实现其洗钱的非法目的。

对倒交易是洗钱者惯常使用的方式之一。对倒交易，即买卖双方事先预谋，对相同的券种以同一价格、数量经证券经纪商撮合而完成的交易。买卖双方以明显不合理的低价在相同时间内反复交易，待交易完成后，证券价格恢复市场正常水平或持续上涨，买方便可伺机卖出成本较低的证券，将利益从卖方向买方转移，从而谋取非法利益。

（二）投资银行业务

传统投资银行业务主要包括股票保荐与承销业务、企业兼并收购及资产重组财务顾问业务。在股票保荐与承销业务中，存在着清洗非法资金、利益输送股票承销中的洗钱风险。洗钱分子可能在股票承销环节，将非法收入用来购买股票，然后再将股票变现，从而达到非法资金合法化的目的。在企业兼并收购及资产重组财务顾问业务中，存在着清洗非法资金的风险。具体包括：

1. 利用公司上市方式直接清洗非法资金

洗钱分子将犯罪所得及产生的收益，以各种形式投入目标企业，然后通过运作公司上市的方式，达到掩饰、隐藏资金来源和性质的目的。

2. 认购定向发行股份再变现的洗钱风险

洗钱分子在公司上市前以非法资金认购公司股份成为原始股东，当公司公开上市锁定期结束后，通过二级市场退出，达到掩饰、隐藏资金来源和性质的目的。

3. 并购重组再变现的洗钱风险

洗钱分子将犯罪所得及产生的收益，以各种形式投入标的公司，然后通过运作企业收购兼并、标的公司证券化或变现的方式，将股权变现，达到掩饰、隐藏资金来源和性质的目的。

（三）融资类业务

由于证券公司开展融资业务时间较短，相关业务规则尚待完善，犯罪分子可能利用证券公司的现有融资类业务疏漏进行洗钱活动。融资类业务的洗钱风险主要包括以下几种：

1. 交易环节存在利用业务的复杂交易方式掩饰洗钱活动

融资类业务的工作环节和业务流程较为复杂，容易被不法分子利用进行洗钱等违法违规活动。例如，投资者甲向A证券公司提出申请开展股票质押式回购业务，A证券公司经过审查后向投资者融出资金，按照协议约定投资者应在协议签订后的8个月后偿还融入资金，但在协议签订后的第3个月，投资者甲向A证券公司提出提前偿还融入资金，结束业务关系。该投资者已多次办理股票质押式回购业务，也多次发生提前偿还融入资金的情形。上述案例的主要疑点在于：一般而言，申请开展融资类业务的投资者具有较强的融资需求和意愿，投资者甲在融入资金后的很短时间内就要求提前偿还融资，且多次发生类似情形，其融资的真实目的值得怀疑，在缺乏合理理由证明其行为合理性的情况下，交易行为存在异常。

2. 征信环节和担保环节存在清洗来源不合法的标的证券或资金的风险

客户在办理股票质押式回购业务时，须向证券公司提供标的证券作为担保物才能融入资金。如客户提供来源不合法的标的证券作为担保物，而证券公司在对担保物的来源和性质审核把关不严情况下，向客户融出资金，使客户原本来源不合法的标的证券或资金通过证券公司融资类业务实现了性质和来源的清洗。

3. 还款资金来源无法有效验证从而导致的洗钱风险

部分融资类业务，例如股票质押回购业务所融入的资金，用途不限于购买上市证券，也可用于实业投资。该笔资金有可能转出至投资者的银行账户中，证券公司无法有效监控该笔资金的后续用途。股票质押回购业务到期还款时，证券公司缺乏有效渠道验证客户还款资金的实际来源，从而导致部分黑钱有可能通过这种方式实现性质和来源的清洗。

（四）互联网金融业务

过去的传统线下业务，客户须亲自或委托代理人到营业部现场办理，证券公司通过识别客户身份、排查大额和可疑交易即可完成反洗钱基础工作。但随着移动互联网的发展，很多证券业务已实现线上发展，客户利用互联网移动终端等可办理各项业务，客户身份识别通过网络即可完成，而无须再亲自到营业部现场办理。互联网金融业务的发展无疑将给反洗钱活动中的客户身份识别环节带来新的挑战。

另外，非面对面的交易模式突破了地域限制和国界，使远距离交易更加便捷。在互联网的支持下，资金划转实现了到账时间短、地域跨度大的特点。跨地域甚至跨国界的洗钱行为追踪、监管难度巨大，缺乏统一机制协同监控，加剧了洗钱风险。

五、加强洗钱风险防控措施

（一）加强洗钱风险评估，制定与风险相适应的反洗钱制度

金融行动特别工作组在2012年《四十项建议》中明确规定了各国应当要求反洗钱义务主体识别、评估并采取有效措施降低洗钱与恐怖融资风险。建议证券公司根据自身业务发展情况，科学设计，统筹规划，搭建自评估指标体系，指定并赋予反洗钱牵头部门必要的监督指导权限，规定各业务部门、后台支持部门的职责，结合反洗钱工作要求，制定反洗钱制度、工作流程、操作细则和考核问责机制，并以能否有效控制风险作为执行评价标准，做到合规性和有效性相结合。

（二）以风险为导向，采取与风险等级相匹配的身份识别措施

1. 传统经纪业务

在传统经纪业务方面，证券公司要保障客户身份识别工作，要求客户信息真实、完整、有效。公司反洗钱岗位人员可通过公司自主开发的经纪业务综合平台来查询客户风险等级划分结果、各指标项等分等信息，从而掌握客户风险状况。分支机构应当按照公司要求履行客户尽职调查工作，通过向客户电话拜访、上门拜访、可疑交易监测指标辅助识别等手段有效识别实际受益人和控制人。

作为反洗钱工作的一线部门，分支机构应在与客户业务关系的存续期内持续对客户进行身份识别工作。在对客户的基本信息和日常交易情况进行跟踪的基础上，及时提醒客户更新资料信息并保证其真实性和有效性。与此同时，根据证券行业特点以及公司自身情况建立基本风险要素（包括客户业务类型、地域、职业等），风险指标，数值等客户洗钱风险评估指标体系，根据标准的客户风险等级分类办法，建立风险等级划分系统模块，做到以客户风险等级为导向，强化高风险客户的身份识别工作，以有效降低洗钱风险。

2. 投资银行业务

证券公司应该对自然人股东核查环节提出反洗钱身份识别的具体要求，将反洗钱客户识别工作与投行尽职调查整合。在发行人及股东、实际控制人、董事、监事、高级管理人员的身份上展开客户身份识别工作的同时，应对其本身业务、收入来源的合法性、真实性进行评估；另外，应核查发行人是否存在突击入股、代持股份等情况，以及募投项目是否投向洗钱高风险国家或地区；在发行人上市后的持续督导期，证券公司还应根据洗钱风险评估结果重点关注发行人及其募集资金投资项目，持续开展客户身份识别工作，排查洗钱风险。

3. 融资类业务

证券公司应将反洗钱客户身份识别要求与中国证监会客户适当性管理相结合，有效识别客户真实身份信息，调查客户的实际控制人，了解客户的交易目的、性质和背景。

同时，证券公司须重视对担保物进行有效审查评估。在对客户账户资产来源进行充分了解的基础上，了解客户年龄、收入状况、职业行业、家庭成员情况、资产情况、经营范围、注册资本等信息，对其资产的真实性、合理性和合法性进行严格审查。若发现客户资产额与其身份不匹配且无合理理由解释，或者资产来源存在疑点的情况，应拒绝接受该资产作为担保物提供。

在信用评级方面，证券公司应将反洗钱客户身份识别要求嵌入全面评估要求。通过实地考察、第三方证明、客户访谈、查阅核对等方式，充分了解客户的基本情况、财务状况、具体资金用途是否合法以及偿还来源、偿还能力、客户信用记录、媒体报道情况等，适当确定客户信用评估等级。

在综合客户身份识别、担保物审查评估和客户信用评级结果后，确认客户洗钱风险等级，从而确定业务品种是否与客户风险相适应。

4. 互联网金融业务

作为证券公司反洗钱工作的第一道防线，客户身份识别工作在互联网金融业务中仍存在一定的漏洞，给互联网反洗钱工作增加了难度。因此，证券公司应该在贯彻落实“了解客户”原则的基础上，结合互联网金融业务的新特点，实行针对性的防范洗钱风险控制措施。

对于绑定银行卡的客户，需提供真实的身份信息和至少一个可进行身份信息验证的银行卡，经与第三方支付机构或直联银行验证身份信息后开立。

在大额交易及可疑交易报告方面，证券公司应结合人工识别与系统监控，对交易金额与频率、下单方式、交易性质、资金收付等进行分析与识别，并结合客户身份的真实有效性、客户资产的实时状况与交易历史、客户反洗钱风险等级、回访等情况进行分析，在全面评估分析的基础上，将涉嫌洗钱的大额与可疑交易及时上报监管机构。

（三）加强对证券从业人员的反洗钱培训

证券公司应加强对反洗钱专员的队伍建设，对证券从业人员普及反洗钱知识、参与反洗钱技能培训，提升业务人员的反洗钱意识，确保其熟练掌握有关反洗钱的相关规章制度；通过学习国内外相关打击洗钱犯罪案例，提高对可疑交易的甄别、判断能力，尤其在审批新产品、新业务等创新工具时应嵌入洗钱风险评估，更好地发挥反洗钱工作的防线作用。

参考文献

[1] 孔繁琦．证券业洗钱风险分析和对策建议［J］．中国证券期货，2013（9）：32.

[2] 贾更新．证券业反洗钱工作难点分析及对策建议［J］．西部金融，2007（7）：78.

[3] 马鸣．我国国家洗钱风险评估框架研究［J］．现代经济信息，2015（10）．

[4] 彭芳霞．证券期货行业反洗钱监管工作面临的挑战及对策［J］．金融经济，2014（16）：84.

[5] 钱建兰．浅议当前我国证券业洗钱手法［J］．金融经济，2014（2）：26.

[6] 童文俊．互联网金融洗钱风险与防范对策研究［J］．金融会计，2014（8）．

关于中小型证券公司风险数据集市建设模式探讨

黄志鹏*

一、引言

中国证券业协会于 2016 年 12 月 30 日发布了《关于修订〈证券公司全面风险管理规范〉等四项自律规则的通知》。其中《证券公司全面风险管理规范》明确指出：证券公司应当建立与业务复杂程度和风险指标体系相适应的风险管理信息技术系统，覆盖各风险类型、业务条线、各个部门、分支机构及子公司，对风险进行计量、汇总、预警和监控，并实现同一业务、同一客户相关风险信息的集中管理，以符合公司整体风险管理的需要。证券公司应每年制订风险管理信息技术系统专项预算。同时还指出证券公司应当建立健全数据治理和质量控制机制，积累真实、准确、完整的内部和外部数据，用于风险识别、计量、评估、监测和报告。证券公司应将数据治理纳入公司整体信息技术建设战略规划，制订数据标准，涵盖数据源管理、数据库建设、数据质量监测等环节。

风险数据集市作为风险管理信息技术系统的重要组成部分，为风险的识别、计量、评估、监测和报告提供统一数据支持，同时也为风险数据治理工作的开展提供了物理平台，其建设的重要性不言而喻。

二、证券行业风险管理信息系统现状

国内大型证券公司资金力量雄厚、业务规模大、业务范围广、业务复杂度高，随之而来的是更加繁重的风险管理工作，因此在风险管理信息系统建设的投入也比中小券商更具规模性、全面性、规范性和前瞻性，这也是需求导向所至。此外，大型券商在提升自身风险管理能力的同时，还能配合监管部门制订行业风险管理规范，引导和推动行业风险管理系统的建

* 作者单位：华西证券股份有限公司风险管理部。原载于《中国证券》2017 年第 2 期。

设和发展。

中小券商受制于资本规模、业务牌照等原因，通常传统经纪业务收入占比相对较高，业务相对简单，风险管理工作复杂程度较低，对应的信息系统建设比大型券商落后。

风险管理部作为中台部门，无法直接产生业务价值，而风险数据集市作为风险管理应用系统的数据支撑平台，由于定位所限，它不会直接面向风险管理用户，也无法像风险应用系统一样带来直观的分析价值。因此，在企业利润导向的环境下，证券公司通常存在IT规划的局限性，风险数据集市在业内无法全面铺开。然而，日常风险管理工作中，需要耗费大量的时间和精力搜集和整理风险分析前期数据，数据的质量问题对于风险管理工作效果的影响愈发明显。

三、数据集市与数据仓库的概念、区别与联系

现实中的集市，其作用主要是将同一种类的货物放在一个特定的地方让消费者来消费，比如说菜市场就是专门卖菜的集市；仓库的作用主要是用来存储货物的，比如物流公司设在各地的仓库，仓库一般不直接面向消费者。

数据集市与数据仓库也是同样的道理，但应该注意的是，数据集市的消费者不是自然人，而是管理分析系统。管理分析系统需要的数据可能有很多，比如风险管理系统，它需要客户数据、产品数据、财务数据、市场数据等，这些数据分布在企业的不同系统中，甚至不在企业内部系统中，需要引入外部数据。如何将这些数据送达分析系统？业界主流先进金融机构的做法如下：

首先，应该把企业中各个系统的数据汇集到企业级数据仓库（EDW）。

其次，风险数据集市到数据仓库中采集与风险相关的数据，进行必要的加工和整理。

最后，由风险数据集市推送到风险管理分析系统进行消费，风险管理分析系统根据最终用户的需求对数据进行最后的指标加工，形成能够支持决策的信息并展现出来。

有人会问，为什么风险管理分析系统不能直接从数据仓库或者数据产生的原始系统取数？答案当然是可以的，但是这种取数方式不规范，效率低，就像每一个人都直接去果园或者仓库里去买水果是一个道理。

四、风险数据集市的定位和作用

一是数据汇集和基础指标加工。风险数据集市作为最贴近风险应用系统的数据管理系统，与数据仓库虽然都是后台数据处理系统，但不同的是，风险数据集市有着高度的业务偏向性和针对性，承担着风险管理领域的数据主题划分和基础指标加工。主题划分能够为数据管理提供一个清晰的模式，这些基础指标将提供给众多风险应用系统以及管理报表进行更进一步的加工，最终形成能够为决策提供依据的高级指标。

二是为数据质量管理工作的开展提供一个可操作的物理平台。在风险数据集市内部嵌入一个数据质量问题检查组件，能在数据推送给风险应用系统之前发现数据质量问题，并最大限度地清洗。如果是在集市内部无法解决的问题，它将作为数据治理工作的一个发起点，将问题抛出。避免垃圾数据进入风险应用系统导致高级指标的计算发生偏差，从而在一定程度

上防范管理者因数据质量问题导致的决策失误。

三是数据交换和历史数据存储。各个风险应用系统有时会相互引用风险指标，这时可以通过风险数据集市作为一个数据通道来进行交换，如此可以避免风险应用系统之间直接互联形成网状结构而导致系统接口的可维护性下降，影响系统稳定运行。另外，风险应用系统在加工好高级指标后，可以将结果数据返回到风险数据集市进行保存，这样既能够减轻应用系统的存储负担，让其更加高效地为用户服务，又能够避免历史数据快照的丢失，用以支持后续的历史数据分析。

如果没有企业级数据仓库，风险集市还能承担风险相关的数据标准化、原始业务数据存储等。

五、风险数据集市的组成和结构

风险数据集市作为一个专业的后台数据处理系统，因为不直接面向风险管理人员，所以很多人对其内部的结构不甚了解，就像一个黑盒子，甚至有很多人感性地认为它就是一个报表加工系统。风险数据集市的结构没有统一的标准，因为每一家证券公司的 IT 系统都不尽相同，而风险数据集市在设计时必须充分考虑与之关联的 IT 系统的实际情况。到目前为止，国内证券 IT 供应商基本没能推出普遍适用的风险数据集市产品，最多也只是极大化地将风险数据集市的某部分外围功能组件化。风险数据集市内部逻辑结构见图 1。

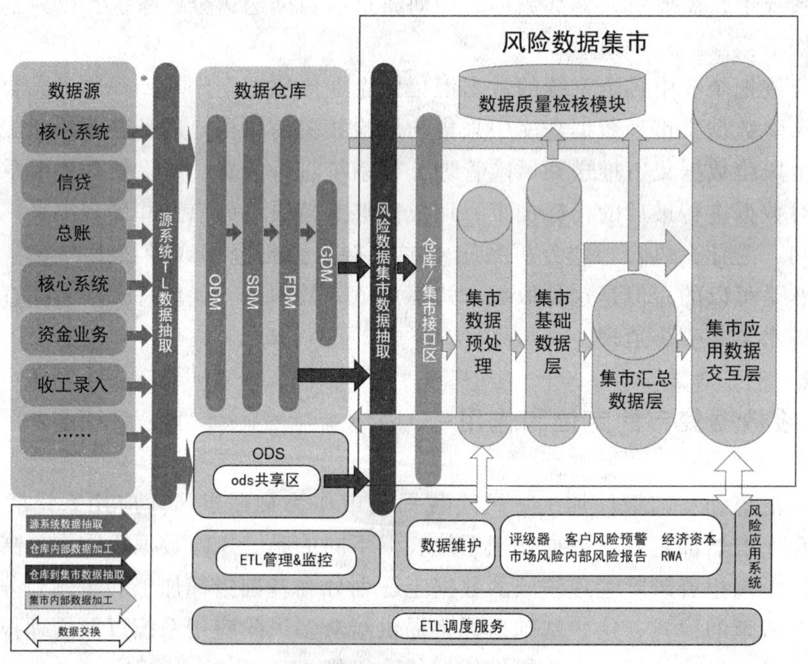

图 1　风险数据集市内部逻辑结构

资料来源：国内某金融机构风险数据集市设计图。

仓库/集市接口区：风险数据集市要从数据仓库和 ODS（操作型数据存储系统）采集数据，这个采集数据的功能被称为仓库/集市接口区。

集市数据预处理：风险数据集市将采集的数据进行必要的技术处理，完成乱码清洗、信息项存储长度统一、合理的数据过滤等。

集市基础数据层：数据经过预处理后，需要按照应用主题对数据重新进行组织划分，以便更好地进行管理，如市场数据、财务数据、客户数据、产品数据等主题。这些主题数据形成了集市的基础数据层。

集市汇总数据层：集市中的数据经过主题划分后只是实现了数据管理的便捷性，这些数据还需要按照风险应用系统的数据需求进行数据的汇总和轻量级公共指标加工，将风险数据集市的共享效用最大化。

集市应用数据交互层：集市汇总数据后，需要通过一个数据交互区来为每一个风险应用系统提供数据，同时也搜集经过风险应用系统加工完成后返回到集市的数据用于历史的保存，也为各应用系统间的数据交互提供通道。

数据质量检核模块：数据在风险集市流转和加工的过程中，需要通过数据质量检核模块来发现数据问题，并及时解决，避免将垃圾数据推送给应用系统，导致高级的指标计算发生偏差而影响用户决策。

六、风险数据集市的建设模式

经过同业调研，风险数据集市的建设模式从系统的物理独立性角度来看分为三种：仓内风险数据集市、独立风险数据集市、应用附属风险数据集市。

仓内风险数据集市，即依托数据仓库的硬件资源、数据治理 IT 框架、调度监控体系而建立起来的风险数据集市。这种建设模式的前提条件是企业已经建立起具有强规范的企业级数据仓库，同时配套专业的企业数据治理体系以及统一的数据处理监控体系。但要注意的是，仓内风险数据集市在逻辑上是独立的，它具备完整的内部功能结构和外部接口，只是在基础软硬件（硬件、操作系统、中间件和数据库产品）和技术选型与数据仓库进行共享。这种建设模式的出发点是从企业层面对数据管理进行全局规划，属于数据驱动，具有很强的前瞻性，从长远来看效果是最好的。缺点是整个体系过于庞大，前置依赖因素太多，建设周期长，建设难度大，对配套的管理要求高，维护成本高。

独立风险数据集市，即在物理和逻辑上均是独立的系统，对其他系统的依赖性最小，系统间的耦合性最低，系统建设相对灵活多变，业务针对性较强。这种建设模式适用于在企业级数据仓库还未建成、数据治理体系尚处于初级阶段、但风险管理工作已走在前面的情况。相对于仓内风险数据集市来说，独立集市的建设主要以应用驱动为主、数据驱动为辅。系统建成后，维护相对灵活多变，能够以应用需求作为主要依据去进行迭代建设，同时能够通过发现数据质量问题来逆向推动企业全局数据治理体系的建立。这种模式的优点是：公司整体框架约束少，能够较为灵活地适应业务发展的节奏，需求响应能力较好，建设成本适中；缺点是：缺乏整体长远规划，缺乏企业全局的数据治理体系的支撑，使得系统在后期会遗留较多无法解决的问题。另外，企业级数据仓库建成后，会在一定程度上面临改造或重构的风险。

应用附属风险数据集市，即在应用系统迫切需求的驱动下而建立起的数据处理模块，该模块属于风险应用系统的一部分。由于企业既没有数据仓库，也没有专业的风险数据集市，但为了实现应用功能又不得不对基础数据进行必要的整合与加工，这就衍生出应用附属风险数据集市。从完全意义上来说，它不属于集市的范畴，只是为单一数据消费系统服务的系统模块。在功能上十分单一，数据分层模糊，数据的处理能力也较弱，在数据质量的把控方面显得较为盲目，基本缺少数据治理的理念，更没有配套的管理流程。这类风险数据集市的缺点是显而易见的，因为在设计之初基本缺乏数据管理的理念，导致许多数据问题在系统投产后越来越明显，最后直接影响系统的有效使用，导致系统的生命周期较短。当风险应用系统建得越来越多的时候，每一个应用系统内部都需要附带一个数据集市来做数据处理，使得系统间无法复用基础数据加工成果，同时还难以保证数据的一致性。这种建设模式虽然缺点甚多，但也有其优点，就是投入小见效快，能够有效代替人工重复劳动和降低操作风险。若能够在系统投产后做好维护工作，也不失为一种提高工作效率的过渡方式。在条件成熟时，再建立起独立的风险数据集市或仓内集市。

七、中小券商风险数据集市的选型

国内大型券商具有雄厚的资金背景和技术实力，在风险数据集市建设选型上，可以从企业全局角度来规划。而中小券商因为业务相对简单，规模较小，风险管理复杂程度也相对较低，内部需求驱动力较弱，大部分能够根据监管要求建立起净资本、压力测试、各业务监控、监管指标等系统，一些券商尝试按照风险类别建立起相应的应用系统。那么中小券商应该如何建立起与自身业务规模和复杂度相匹配，又能够较好地适应业务未来发展的风险数据集市？

对中小型券商不同的 IT 建设水平进行细分。第一类是已经建立起独立的风险数据集市；第二类是已经建立起应用附属风险数据集市；第三类是没有风险管理分析系统，只有监管报送系统，日常的内部数据汇总和分析全靠人工完成。

第一类券商具有一定的 IT 技术能力，应在现有的基础上，重新规划风险数据集市和数据仓库的发展路径。在迭代维护期间，将集市和仓库的定位进行明晰，做好分工，逐渐建立完善的管理流程，尽量避免风险数据集市直接对接各类业务系统的情况出现，解决好因管理问题导致的技术架构畸形。同时推动企业数据治理体系的建设，提高风险数据质量和数据管理能力，增加和优化集市内部的功能模块，在配套的管理流程相对成熟的条件下，选好系统战略规划建设的契机，将风险数据集市与数据仓库进行物理合并，完成独立集市到仓内集市的转变。

第二类券商 IT 技术能力一般，一定程度上实现了风险管理信息化建设，但是对于数据管理的重要性没有足够的认识，公司支持力度不足。这类券商应该在风险应用系统迭代期间，逐渐将数据处理模块在逻辑层面独立出来，选好系统建设的契机，将风险应用系统的数据处理模块从逻辑独立转变为物理独立，真正剥离原来依附的应用系统，同时整合各数据处理模块的重复功能，建立起独立的风险数据集市，最后再根据前述方法完成独立集市到仓内集市的转变。

第三类券商 IT 技术能力较弱，除了配套有监管硬性要求的报表系统以外，基本没有专用于风险管理的分析系统。此类券商首先应该认识到风险管理信息化建设的重要性，借鉴同业经验，争取公司给予必要的资源进行支持。在资源有限、没有长远规划能力的情况下，首先要满足短期的应用需求，以保证系统建设能够快速见效，完成人工处理到信息化处理的过渡。专业的风险数据集市对于该阶段的券商来说仍有一定差距，应该按照从简到繁的路径慢慢推进。

需要强调的是，很多业务系统的建立不需要依赖太多其他系统，因为其主要任务就是处理业务并产生数据。但风险数据集市与很多业务系统不一样，由于它自身不会产生数据，所有数据均来自企业各个系统，对于外部依赖过大。如果没有一个完善的管理体系来支持数据交互问题，即使将集市建立起来，在不久的将来也将成为一栋“烂尾楼”。要解决这个问题，必须加强数据治理体系的建设。

八、数据治理体系的建设

风险数据集市作为物理存在的 IT 系统，用于提升企业的风险管理能力。然而，光从技术维度来考虑问题是远远不够的。很多券商在风险应用系统建设过程中发现了大量的数据质量问题，如数据不准确、数据时效性不高、数据不一致等。风险数据集市并非包治百病，正如要让一艘航空母舰真正形成战斗力，还需要配套的护卫舰、驱除舰、反潜直升机、舰载战斗机和预警设备等等。更重要的，除了人们能够看到的这些硬件装备以外，还需要建立起一整套符合实际情况的后台管理运转体系和人才储备体系，外加长时间的训练磨合才能够达到效果。

风险数据集市就好比一艘航空母舰，它只是一个平台，各类风险应用系统是围绕在航母周围的各类具备战斗能力的飞机和舰船，而数据治理体系则是隐含在表面之下的管理流程和运转体系。要使风险数据集市以及各类风险应用系统能够真正发挥强大的作用，必须建立起配套的数据管理流程和治理体系。这要求同时从技术和管理两个维度出发（见图 2）。

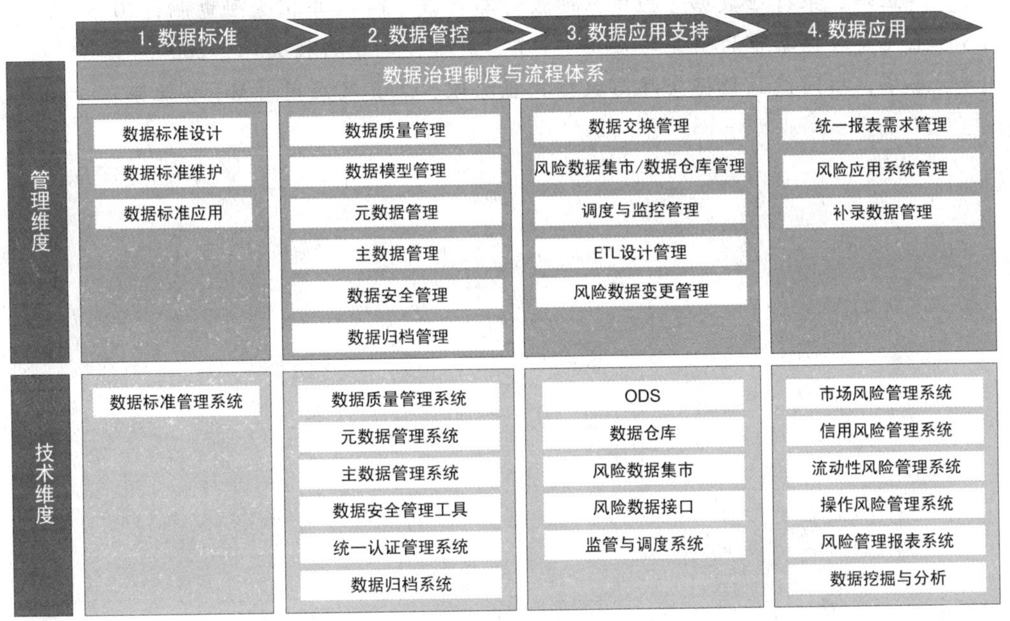

图 2 数据治理流程体系

资料来源：洪正华：“银行业数据管控体系的设计与实践”，《中国金融电脑》2013 年第 7 期。

首先要制订数据标准，以标准作为依据进行数据治理和管控；然后再通过数据仓库和风险数据集市进行数据汇集加工；最后通过各类风险应用系统和报表对数据进行应用和展示。在数据流转的各个环节，建立相应的管理办法加以约束。在整个工作流程中，要同时兼具管理视角和技术视角，如此才能保证风险数据集市真正发挥作用，让风险管理信息化建设不偏离航道。

九、结语

IT 技术作为人类一项重大发明，极大地提升了我们的工作效率，也逐渐改变了我们的生活方式。大数据、云计算、移动互联网、电子商务、人工智能等已经渗透到日常工作与生活中。

我们应该将 IT 技术作为一项工具来提升风险管理能力，而不是将其看成是应对监管要求产生的负担。风险数据集市作为风险管理信息化领域的重要技术，在大型金融机构已得到普遍推广，在有效提升风险管理能力的同时，也对业务的稳健发展起到了有力的支撑。中小券商应当建设与业务复杂程度相匹配的风险管理信息系统，可以借鉴大型券商的经验，带有前瞻性地规划建设风险数据集市，充分利用信息技术工具，提升风险管理效果，加强对业务发展的服务，间接创造经济价值。

参考文献

［1］中国证券业协会．证券公司全面风险管理规范［Z］．中证协发［2016］251 号．

［2］洪正华．银行业数据管控体系的设计与实践［J］．中国金融电脑，2013（7）．

［3］王弋．数据集市的研究与应用［D］．成都：电子科技大学，2000.

［4］潘华，项同德．数据仓库与数据挖掘原理、工具及应用［M］．北京：中国电力出版社，2007.

证券公司信息隔离墙的抗辩效力研究

黄旭宇*

信息隔离墙①制度源自美国，在著名的美林案中首次提出，随后被英国、加拿大等国普遍采用。1968年，美林公司作为道格拉斯公司的可转换债券主承销商，在掌握了道格拉斯公司财务方面的不利消息后，将信息传递给销售部门，销售部门转而传递给一些共同基金及机构客户，在信息公布前的3日内美林公司及其客户大量销售了道格拉斯股票。随后美国证券交易委员会（U. S. Securities and Exchange Commission，以下简称“SEC”）介入调查。作为解决方案的一部分，美林公司提出将采取一系列措施“防止承销部门的任何成员泄露从客户公司处获得的重要信息……并且不对广大投资人公布”。② 随后，美国的证券公司纷纷主动建立信息隔离墙制度，以避免被SEC开展内幕交易调查。信息隔离墙制度的意义在Slade v. shearson，Hammill &co.，Inc. 案③中被SEC认可。目前美国广泛采纳的信息隔离墙的定义是“用于阻止信息（尤其是可能引起价格波动的敏感信息）在公司内部跨部门流动或金融集团的公司之间流动的政策和程序”。④ 英国于1983年制订的《有执照交易商（业务行为）规则》将信息隔离墙定义为“建立的一种安排，借以使从事某一部分业务的人所获信息，不被从事另一部分业务的人（直接或间接）所利用，从而得以承认，各个业务部分的

* 作者单位：长城证券股份有限公司。原载于《中国证券》2017年第3期。

① 美国最早使用的是“中国墙”（Chinese Wall）这一概念，意为像中国长城那样难以跨越的墙，英国随后也采用“中国墙”这一概念，后英、美等国逐渐改用“信息隔离墙”（Information Barrier），美国国际证券交易所（International Securities Exchange，Inc.，缩写为ISE）在2004年对ISE rule 810的修改中，正式提出将“中国墙”的表述改为“信息隔离墙”。本文一律以国内通用的“信息隔离墙”指称“中国墙”以及加拿大使用的“防火墙”等类似概念。

② See Christopher M. Gorman，“ARE CHINESE WALLS THE BEST SOLUTION TO THE PROBLEMS OF INSIDER TRADING AND CONFLICTS OF INTEREST IN BROKER－DEALERS?”，9 Fordham J. Corp. &Fin. L. 475，p7.

③ 此案将在后文述及。

④ See Christopher M. Gorman，“ARE CHINESE WALLS THE BEST SOLUTION TO THE PROBLEMS OF INSIDER TRADING AND CONFLICTS OF INTEREST IN BROKER－DEALERS?”，9 Fordham J. Corp. &Fin. L. 475，p2.

分开决策没有涉及业务上任何人在该事情上可能持有的任何利益”。[①] 2010 年以前，国内没有信息隔离墙的专门制度，中国证券业协会于 2010 年 12 月 29 日发布《证券公司信息隔离墙制度指引》（以下简称《指引》）[②]，首次对信息隔离墙的概念进行了界定，并细化了建立信息隔离墙的具体要求，成为我国证券公司建立信息隔离墙制度的重要依据。《指引》将信息隔离墙制度定义为“证券公司为控制内幕信息及未公开信息（以下统称‘敏感信息’）的不当流动和使用而采取的一系列管理措施”。与美国、英国的界定大体一致，都是防止敏感信息不当流动的一系列政策、程序、措施或者安排。

一、信息隔离墙是否应有抗辩效力

（一）抗辩效力的概念

在对抗辩效力的概念进行界定前，不得不提及美国著名的 Slade v. Shearson，Hammill &co.，Inc. 案（以下简称“Slade 案”）。[③] 1972 年，证券公司 Shearson，Hammill &co.，Inc.（以下简称“Shearson 公司”）在担任 Tidal Marine International Corp.（以下简称“Tidal 公司”）承销商时，投行部门掌握了对 Tidal 公司不利的未公开信息，与此同时，Shearson 公司的经纪部门正在向客户推荐 Tidal 公司的股票，其中一名客户 Slade 因购买了 Tidal 公司的股票而遭受巨大损失。Slade 提起诉讼，称 Shearson 公司在掌握了 Tidal 公司的利空消息后，为公司利益仍向客户推荐该股票，违反 1934 年《证券交易法》第 10 条 b 款的规定，构成欺诈。Shearson 公司辩称公司在内部设立了信息隔离墙以防止信息的跨部门流动，经纪部门并不知悉投行部门掌握的未公开信息，而是基于市场上的公开信息向客户进行推荐。地区法院否定了 Shearson 公司的即决判决动议，在联邦第二巡回法院上诉审理的过程中，SEC 提出法庭之友意见，认为此案涉及两个原则：一是不得在证券市场利用其掌握的重大未公开信息；二是证券公司必须公平对待客户。SEC 表达了对建立适当的信息隔离墙的支持态度，并提出应创设新规则以协调两个原则之间的矛盾，即在公司内部设立“限制清单”，以避免担任某公司承销商的证券公司向客户推荐该公司股票。

Slade 案是目前已知的第一起证券公司以信息隔离墙提出抗辩的案例，该案针对的是欺诈指控。具有讽刺意味的是，信息隔离墙是美林公司为应对内幕交易调查而诞生的制度，而此案可能是因为证券公司建立了信息隔离墙制度引发欺诈指控。[④] 更进一步，此案反映了信息隔离墙在解决综合性券商的内幕交易和利益冲突问题时发生的矛盾。当然，本案法院和 SEC 并未对信息隔离墙是否以及多大程度上免除责任进行明确，而是以 SEC 创造性地提出信息隔离墙辅之以限制清单的方案调和了综合性券商在内幕交易和利益冲突之间的矛盾而结案。但我们有理由相信，只要综合性券商乃至金融集团存在，就无法避免内幕交易、利益冲

① 郑浩：“英美证券法中的‘中国墙’制度”，载《北京联合大学学报（人文社会科学版）》2004 年第 2 卷第 2 期，第 57 页。

② 中国证券业协会于 2015 年 3 月 11 日发布了修订版本并于发布之日起生效。

③ Slade v. Shearson，Hammill &co.，Inc. ［1974］ 517 F. 2d 398.

④ 之所以说“可能”，是因为本案案情涉及事实层面问题更为复杂，Slade 指称 Shearson 公司在推荐 Tidal 公司股票时，利用了投行部门掌握的有利信息而故意隐瞒了不利信息，如果这个事实成立，本案就不是因为建立信息隔离墙引发，而是典型的欺诈了，联邦第二巡回法院以案件事实问题需要进一步调查为由将案件发回重审。

突以及针对内幕交易和欺诈的指控。面对调查或指控，证券公司能够以建立了信息隔离墙作为免除责任的辩护。这是笔者对信息隔离墙的抗辩效力概念的界定。

（二）信息隔离墙是否应有抗辩效力

信息隔离墙是否应有抗辩效力，美国、英国和加拿大的立法和学术层面总体持肯定态度。SEC 于 1980 年发布的“14e－3”规则为综合性券商在符合一定条件下的交易提供了安全港，即证券公司建立了在该种情况下合理的政策和程序，以确保员工为公司做的投资决定并非基于从公司其他部门获取的非公开信息。美国议院 1988 年颁行的《内幕交易与证券欺诈法案》（Insider Trading and Securities Fraud Enforcement Act，以下简称“ITSFEA”）第 21A（b）条款中规定：“证券公司不承担责任，除非：（1）SEC 证明公司明知或因疏忽而未能知悉雇员很有可能违反规定并且未能采取适当措施阻止这一行为；（2）公司因未能制订、维持或执行 15（f）要求的程序，直接导致了违规行为的产生。”美国 SEC 市场监管部门 1990 年的一份报告也明确指出：“券商信息隔离墙的存在，既能对违法行为进行预防，在发生内幕交易时，券商也能以此作为抗辩。”① 此外，美国福坦莫大学博士 Christopher M. Gorman 虽对信息隔离墙的效果存疑，仍不得不承认证券公司愿意遵守信息隔离墙制度以避免对内幕交易承担责任。② 英国 2010 年颁行的《金融服务法》授权证券和投资局建立信息隔离墙的特别规则，若证券公司符合该规则，则不视为有违“反欺诈”的规定。③ 加拿大针对证券发行、并购重组等业务中可能出现的内幕交易及利益冲突，要求证券公司建立信息隔离墙制度，同时允许证券公司在内幕交易方面以此进行辩护。④

对此，国内立法尚不明确，也无相关判例支持，在学术讨论层面，学者普遍持肯定态度。但也有学者认为，建议构建信息隔离墙的抗辩效力是对我国立法传统的误读，其论点基于我国民法理论中的“法人的合同责任”与“法人的侵权责任”：根据我国《合同法》的规定，违约责任不以过错为前提，法人尽到义务也需要承担责任，并以资产管理业务中利用敏感信息为客户理财造成客户损失为例；根据我国《侵权责任法》的规定，用人单位要为员工执行职务的行为承担责任，并以根据内幕信息发布研报造成投资者损失为例；我国《证券法》也规定，从业人员执行公司指令或利用职务违反交易规则的，证券公司承担全部责任，并以“吴敏与福建省华福证券公司厦门湖滨南路证券营业部股票交易纠纷案”（以下简称“吴敏案”）为例进行论证。⑤ 笔者认为，其对信息隔离墙的抗辩效力本身存在误读。首

---

① See A Report by the Division of Market Regulation U. S. Securities and Exchange Commission, Broker－Dealer Policies and Procedures Designed to Segment the Flow and Prevent the Misuse of Material Nopublic Information. 官方英文网址：https://secsearch. sec. gov/search? utf8 = %3F&affiliate = secsearch&query = chinese + wall，最后访问日期：2017 年 1 月 12 日。

② See Christopher M. Gorman, “ARE CHINESE WALLS THE BEST SOLUTION TO THE PROBLEMS OF INSIDER TRADING AND CONFLICTS OF INTEREST IN BROKER－DEALERS?”, 9 Fordham J. Corp. &Fin. L. 475, p1.

③ 参见刘丰名：“国际证券市场热点法律问题对中国的启示”，载《武汉大学学报（哲学社会科学版）》1994 年第 5 期，第 49 页。

④ 参见吴伟央：“比较视野下我国证券公司信息隔离墙的制度现状及完善”，载《证券法苑》2011 年第 5 卷，第 1110 页。

⑤ 参见冯洁语：“目的论视野下的信息隔离墙制度构建”，载《上海商学院学报》2013 年第 14 卷第 6 期，第 83—84 页。

先，信息隔离墙的抗辩效力存在一个效力范围，证券公司仅在抗辩效力范围内免责[①]，这与法人应承担的民事责任并不冲突；其次，信息隔离墙要具备抗辩效力必须达到一定的标准，仅仅具有信息隔离墙的形式外观不能作为抗辩事由，上述例子中公司都未采取适当、合理的信息隔离措施，尤其是利用敏感信息发布研报，是各国信息隔离墙制度明确禁止的。而吴敏案与信息隔离墙无关，是雇员的执业行为严重违反监管规定，侵害了投资者利益，营业部因未尽到监管义务而承担民事责任。

信息隔离墙应具有抗辩效力还基于以下三个理由：第一，信息隔离墙作为美林公司内幕交易案的解决方案首次出现，意在预防综合性券商的内幕交易，证券公司之所以建立信息隔离墙，既是为了预防公司保密信息的泄露，也是为了避免监管当局内幕交易的调查。证券公司建立了符合监管要求且适当、合理的信息隔离墙以尽可能防止内幕交易的发生，确定责任时却完全不予考虑，未免有失公允。第二，建立信息隔离墙需要付出资金、人力和时间成本，由于对一部分业务的自我限制造成了其潜在收益的损失，如果不赋予其抗辩效力，将导致建立了信息隔离墙的证券公司在竞争中处于不利地位，最后劣币驱逐良币，信息隔离墙将越发式微。第三，信息隔离墙的抗辩效力被多国立法采纳，实践证明，抗辩效力的确定有利于推动证券公司自觉“加固”隔离墙，减少内幕交易。

二、抗辩效力的适用范围

信息隔离墙的抗辩效力不应“放之四海而皆准”，而是有明确的适用范围，包括可以提出抗辩的指控以及可以提出抗辩的业务范围。

（一）适用的指控

信息隔离墙为应对内幕交易而产生，随后的 Slade 案，Shearson 公司将信息隔离墙作为对欺诈指控的辩护。因此，伴随信息隔离墙发展的是针对证券公司的两大指控：内幕交易和欺诈。但凡承认信息隔离墙的抗辩效力，都不会否认信息隔离墙针对内幕交易指控的抗辩效力，因为信息隔离墙本就是为预防内幕交易而设立，如前文所述，“券商信息隔离墙的存在，既能对违法行为进行预防，在发生内幕交易时，券商也能以此作为抗辩”。加拿大安大略省《证券法》规定了几种豁免适用内幕交易的情形：一是事实上掌握非公开重大信息或重大变化的人并未制订或参与制订证券买卖的决策，则雇员和公司都可以免于刑事或民事责任；二是确定某人或公司是否尽到上条的举证责任时，看是否以及多大程度上制订并采取政策和程序避免禁止性行为。[②] 但对于欺诈指控，各国立法要谨慎得多。根据 SEC 的“14e－3”规则，信息隔离墙的辩护不适用于欺诈指控。加拿大的全国性证券行业自律组织和安大略省都规定了抗辩内幕交易的情形和条件，但未对欺诈指控的抗辩情形做出规定。英国的做法相对激进，根据英国的《金融服务法》，如果证券公司的行为符合相关规则，则不视为有违“反欺诈”的规定，但是，证券公司不能以此开脱对客户承担的信托责任。

---

① 这一问题将在后文展开。

② 参见陈勇：“信息隔离墙及相关机制研究——加拿大的立法与实践及其借鉴意义”，载《经济法学评论》2011 年第 11 卷，第 374 页。

证券公司在建立符合监管要求并且适当、合理的信息隔离墙的基础上，应允许抗辩针对内幕交易的指控，这是信息隔离墙抗辩效力的应有之意。但是，基于我国当前的立法和行业现状，只能允许针对行政或刑事责任的抗辩效力，因公司或雇员的执业行为给他人造成的损失，证券公司仍应承担赔偿责任。至于欺诈指控，因欺诈指控通常由投资者提出，由于投资者在信息上的普遍弱势和对证券公司的依赖，为更好地保护投资者利益，信息隔离墙的抗辩效力原则上不适用于欺诈指控，除非该项指控是证券公司为预防内幕交易建立了符合监管要求的信息隔离墙引发的。[①]

（二）适用的业务范围

自营业务通常被排除在抗辩效力的业务范围之外。如根据 SEC 的“14e－3”规则，当证券公司开展自营业务时，信息隔离墙不提供任何保护。SEC 市场监管部门 1990 年的报告认为，应当对经纪或自营业务进行限制，若公司在掌握未公开信息后，仍决定开展自营交易，那么公司证明其已经采取合适并且充分的内部程序的举证责任将显著增大，除非公司能够证明该项交易经过异常严格的审查且留有交易的所有文件，否则很难满足举证责任。[②] 信息隔离墙的抗辩效力原则上不涵盖自营业务，信息隔离墙避免的是敏感信息在不同部门之间的不当流动，但是公司任何一个部门因开展业务知悉客户的敏感信息，都可能被视为公司已知悉该信息，公司理应对自营业务自我限制，否则在发生内幕交易或利益输送指控时，很难自证清白。

三、抗辩效力的适用效果

所谓抗辩效力的适用效果，是指信息隔离墙的抗辩效力对免除责任的效果：是直接免除责任，还是作为抗辩指控的证据之一，并不必然导致免责。

英国、美国和加拿大立法规定证券公司可直接免除责任。英国 2010 年颁行的《金融服务法》授权证券和投资局建立信息隔离墙的特别规则，若证券公司符合该规则，则不视为有违“反欺诈”的规定；加拿大安大略省的《证券法》则是将信息隔离墙的建立和有效实施作为豁免适用内幕交易的情形；美国议院 1988 年颁行的《内幕交易与证券欺诈法案》（以下简称“ITSFEA”）第 21A（b）条款中规定证券公司不承担责任，除非未能有效建立、维持、执行信息隔离墙制度。

国内有学者认为信息隔离墙只能作为抗辩的证据之一，并提出了关于抗辩效力的三点建议：一是如果发现内幕交易或利益输送等现象，券商内部没有建立信息隔离墙制度或有重大缺陷或流于形式，则实行倒推机制，直接认定券商违法；二是如果发现内幕交易或利益输送

---

① 即 Slade 案中的情形。虽然 SEC 创造性地提出了限制清单以避免出现类似情形，我国证券公司也推行了观察清单和限制清单制度，但清单的知悉范围往往不能也不宜涵盖数量庞大的营业部投资顾问，投资顾问向客户提出投资建议的具体行为也很难实时监控，这就不可避免地会出现 Slade 案中的冲突。如果一概否定信息隔离墙在此情形下的抗辩效力，将可能影响证券业务的开展。

② See A Report by the Division of Market Regulation U. S. Securities and Exchange Commission, Broker－Dealer Policies and Procedures Designed to Segment the Flow and Prevent the Misuse of Material Nopublic Information. 官方英文网址：https：//secsearch. sec. gov/search？ utf8 = %3F&affiliate = secsearch&query = chinese + wall，最后访问日期：2017 年 1 月 12 日。

等现象，券商内部的隔离墙制度已严密构建并得到有效执行，则制度本身及执行留痕情况可作为一种抗辩，与其他证据相配合来进行具体认定，不能仅凭隔离墙制度和执行情况当然免责；三是如果出现明显的、重大的反向操作或者在自营业务中的重大规模利益输送，隔离墙制度及执行不具有抗辩效力。①

笔者认为抗辩效力应具备直接免除责任的效果，原因如下：

第一，既然称之为抗辩效力，而不是证据效力，就不应无视二者的内在区别。抗辩效力是对责任的豁免（美国、加拿大的做法）或对违法行为的阻却（英国的做法），其隐含了对价值冲突的取舍：虽然出现了内幕交易等现象，但公司已按照监管要求建立并严格执行信息隔离墙制度，且该等措施在当时环境下是适当的，不应再追究责任，正所谓“法律不强人所难”。

第二，信息隔离墙的抗辩效力是发生在内幕交易或利益输送等事实已经确认的前提下，信息隔离墙作为一项证据，只能证明证券公司即便采取了合理、适当的措施，仍未能避免事实的发生，不能达到免责效果，从根本上否定了信息隔离墙抗辩效力的存在意义，也不利于推动证券公司“严密构建并有效执行”信息隔离墙。

第三，信息隔离墙要具备抗辩效力需满足一定的标准，证券公司对已采取合理、适当的信息隔离措施以符合标准负有举证义务，是否符合标准只能由法院或监管机构结合监管规定和证券公司的具体情况综合审查、认定，用如此严苛的标准只能达到证据的效力，权责不对等。

第四，作为证据使用直接否定了抗辩效力的适用范围限制，在符合证据“三性”（合法性、真实性、关联性）的前提下，证据只存在证明力的差别，不允许事先限制其适用范围，而后者恰恰是规定了信息隔离墙抗辩效力国家的普遍做法。

四、信息隔离墙的标准

信息隔离墙应达到何种标准才具备抗辩效力？这是信息隔离墙抗辩效力问题的核心。抗辩效力本身包含了价值取舍，标准的适当性是这一取舍合理性的前提，也影响公众对抗辩效力公平性的评价。

根据美国 1980 年的“14e－3”规则，综合性券商的交易获得安全港（即责任豁免）的前提是该券商建立了在该种情况下合理的政策和程序，以确保员工为公司做的投资决定并非基于从公司其他部门获取的非公开信息。该种情况下合理该如何界定？监管部门认为应给予灵活性，允许证券公司之间存在多样性，但至少应包括但不限于对经纪及自营买卖股票的限制及对信息流动的限制。1988 年的 ITSFEA 则规定了防止对非公开信息利用的程序的具体要求，也即最低标准，该标准包含以下必备要素：（1）合规部门对跨部门交流的实质性控制；（2）观察名单、限制名单和谣言名单相结合，对雇员的交易进行检查；（3）对信息隔离墙程序的记录大幅度提升及依据这些程序采取措施的文档；（4）公司获取非公开信息后，对自营业务加大检查力度。满足最低标准并不意味着具备抗辩效力，监管机构还需结合公司的

① 参见吴伟央：“比较视野下我国证券公司信息隔离墙的制度现状及完善”，载《证券法苑》2011 年第 5 卷，第 1114—1115 页。

具体情况进行判断，因为不同证券公司在规模大小、业务范围等方面存在差异，对隔离墙建立的要求也必然不同。

加拿大安大略省证监会于1998年发布了《关于内幕信息的政策与程序指引》（准则33－601，以下简称“准则”），旨在帮助注册人（包含证券公司）设立其希望采取的政策和措施，未采取该政策和措施并不意味着未采取合理措施避免违反有关内幕交易的规定，完全采取准则要求的政策和程序，也不必然意味着已实施了合理的政策和程序。注册人是否实施充分、适当的政策和程序以满足其义务要求和所负担的举证义务，取决于注册人和个案的具体情况。准则规定的政策和程序包含以下几个主要方面：（1）员工教育，包含内幕交易和道德准则教育；（2）管控内幕信息的政策与程序；（3）限制交易的政策与程序，包括对相关证券的交易、投资咨询以及研报的发布的限制或中止；（4）灰色名单的使用；（5）限制清单的使用；（6）合规政策与程序。①

美国和加拿大都采用了相似做法，即明确基本要求（虽然要求不尽相同），并结合公司具体情况进行审查，判断公司已采取的政策、措施是否合理和充分，而对合理和充分的评价，将直接决定公司是否免于承担内幕交易的责任。笔者认为这一做法值得借鉴，因为很难详尽列明证券公司应做到的所有事项，并以此作为是否具备抗辩效力的标准，这将使得标准过于僵化、缺乏弹性，也无法跟上证券行业不断创新的步伐。法律法规的基本要求辅之以审查的做法将给予证券公司更多的自主性，可以根据公司规模、部门设置、业务情况等采取相应的程序、措施，抗辩效力的存在避免了证券公司在信息隔离墙建设过程中的懈怠。当然，监管机构或自律组织对证券公司信息隔离墙建设的定期检查也尤为重要。

当前，信息隔离墙具备抗辩效力在美国、英国、加拿大等国已是共识，并无太多争论。我国的规范性文件对信息隔离墙的抗辩效力未作规定，也尚无证券公司提出信息隔离墙的抗辩。因此，无论立法、司法还是行政监管实践，信息隔离墙的抗辩效力都属于模糊地带。这在一定程度上造成证券公司对信息隔离墙的价值认识不足，对信息隔离墙建设的投入也远远不够。由于司法的克制，信息隔离墙的抗辩效力要在司法实践中真正发挥作用还有赖于立法上的明确，这显然非朝夕之功。在此之前，行政监管机构在行政处罚自由裁量范围内的考量，可作为信息隔离墙抗辩效力进入实践的有益尝试，既能为立法提供实践样本，也可推动证券公司自觉加强信息隔离墙建设。

参考文献

［1］郑浩．英美证券法中的“中国墙”制度［J］．北京联合大学学报（人文社会科学版），2004年，2（2）：56—59.

［2］刘丰名．国际证券市场热点法律问题对中国的启示［J］．武汉大学学报（哲学社会科学版），1994（5）：47—53.

［3］吴伟央．比较视野下我国证券公司信息隔离墙的制度现状及完善［J］．证券法苑，2011（5）：1099—1117.

① 参见陈勇：“信息隔离墙及相关机制研究——加拿大的立法与实践及其借鉴意义”，载《经济法学评论》2011年第11卷，第374—378页。

[4] 冯洁语．目的论视野下的信息隔离墙制度构建 [J]．上海商学院学报，2013 年，14 (6)：79—84.

[5] 陈勇．信息隔离墙及相关机制研究——加拿大的立法与实践及其借鉴意义 [J]．经济法学评论，2011 (11)：371—397.

[6] Christopher M. Gorman, ARE CHINESE WALLS THE BEST SOLUTION TO THE PROBLEMS OF INSIDER TRADING AND CONFLICTS OF INTEREST IN BROKER - DEALERS?" [J]. 9 Fordham J. Corp. &Fin. L. 475：1 - 28.

[7] the Division of Market Regulation U. S. Securities and Exchange Commission. Broker - Dealer Policies and Procedures Designed to Segment the Flow and Prevent the Misuse of Material No-public Information [DB/OL]. SEC 官网：1990.

关于证券公司投行业务合规管理有效性的若干思考

——从合规管理工作的本源出发

陆　坤*

近两年来，在“依法监管、全面监管、从严监管”的监管新常态下，证券行业监管趋严。投行业务作为证券公司重要业务类型与主要收入来源，无疑是监管重点。强化投行业务合规管理，成为证券公司合规管理工作的当务之急。

一、投行业务合规管理的现状

2016 年，中国证监会依法全面从严监管，全年处罚数量和罚没金额创历史新高，市场禁入人数达到历史峰值。欣泰电气因欺诈发行及信息披露违法被处以 832 万元罚款；振隆特产因首发上市申报材料虚假记载被处以顶格罚款；安硕信息案、大智慧公司案等多起案件相关主体均被顶格处罚；兴业证券、信达证券、中德证券、中投证券等多家证券公司因在保荐、承销、财务顾问等业务中未勤勉尽责受到相应处罚。与此同时，中国证监会也加强了对新三板的监管。根据东方财富 choice 数据不完全统计，中国证监会及地方证监局在 2016 年对挂牌公司的处罚达到了 127 次，而在 2015 年，中国证监会对挂牌公司的处罚仅为 3 次。综合股转系统官网及东方财富 choice 数据不完全统计，截至 2016 年 12 月 22 日，2016 年股转系统对挂牌公司的监管措施达 103 次，而这一数字在 2015 年仅为 42 次，2014 年只有 6 次。

由此可见，加强证券监管尤其投行业务监管乃大势所趋，证券公司投行业务合规管理工作面临着严峻的挑战。

* 作者单位：东莞证券股份有限公司合规法务部。原载于《中国证券》2017 年第 3 期。

二、投行业务监管典型违规案例

（一）欣泰电气欺诈发行案

2016年7月，在历经近一年的立案调查后，中国证监会对辽宁丹东欣泰电气股份有限公司（简称“欣泰电气”）欺诈发行正式做出行政处罚。经认定，欣泰电气在申请IPO时，存在欺诈发行行为，上市后披露的定期报告还存在重大遗漏和虚假记载。据此，中国证监会对欣泰电气及其17名现任或时任董、监、高及相关人员进行行政处罚，并对欣泰电气实际控制人、董事长温德乙，时任总会计师刘明胜采取终身证券市场禁入措施。欣泰电气成为中国证券市场第一家因欺诈发行被启动强制退市程序的上市公司，且在退市后不能重新上市。

兴业证券作为欣泰电气IPO保荐机构，在推荐欣泰电气申请IPO过程中，未遵守法律规则和监管规范，未勤勉尽责地对欣泰电气IPO申请文件进行审慎核查，未对欣泰电气应收账款和银行存款情况进行审慎核查，出具的申报文件存在虚假记载。兴业证券作为主承销商，在欣泰电气公开发行股票过程中，未审慎核查公开发行募集文件的真实性和准确性，未发现《招股说明书》中涉及欣泰电气应收账款、流动资产和经营活动产生的现金流量净额等项目的财务数据存在虚假记载。兴业证券出具的保荐书等文件存在虚假记载的行为，违反了《证券法》等有关规定，构成《证券法》第一百九十二条所述“保荐人出具有虚假记载、误导性陈述或者重大遗漏的保荐书，或者不履行其他法定职责”的情形。中国证监会决定对兴业证券给予警告，没收保荐业务收入1 200万元，并处以2 400万元罚款，没收承销股票违法所得2078万元，并处以60万元罚款；对保荐代表人兰翔、伍文祥给予警告，并分别处以30万元罚款，撤销证券从业资格，采取10年证券市场禁入措施。

（二）振隆特产财务造假、虚假报送案

2013—2015年，拟上市公司辽宁振隆特产股份有限公司（以下简称“振隆特产”）向中国证监会报送过4次招股说明书，该4份招股说明书均存在虚假记载。2016年9月，中国证监会依法对振隆特产财务造假、虚假报送行为做出行政处罚，振隆特产被处以60万元罚款，董事长黄跃等人分别被处以8—10年市场禁入。

信达证券作为振隆特产IPO的保荐机构，在为振隆特产IPO提供保荐服务时，未勤勉尽责地核查振隆特产IPO申请文件等材料，在核查过程中未勤勉尽责，出具的《发行保荐书》等文件存在虚假记载的行为，违反了《证券法》第十一条第二款“保荐人应当遵守业务规则和行业规范，诚实守信，勤勉尽责，对发行人的申请文件和信息披露资料进行审慎核查，督导发行人规范运作”的规定，构成《证券法》第一百九十二条所述“保荐人出具有虚假性记载、误导性陈述或者重大遗漏的保荐书，或者不履行其他法定职责”的行为。对此，中国证监会对信达证券做出了没收160万元业务收入，并处以320万元罚款的行政处罚。

三、投行业务合规管理的困境

（一）投行业务部门运作相对封闭独立，合规工作介入有限

国内证券公司中，投行业务内部大多采取大事业部制，在投行内部已配备了较为完善、

权责相对清晰的前、中、后台，自成体系且相对封闭，合规管理部门的介入程度有限。与资管业务、经纪业务等业务部门相比，合规管理与投行业务的嵌入程度较低。

（二）合规部门普遍缺乏熟悉投行业务且具备一线工作经验的专业人士

相较于证券公司其他业务，投行业务涉及知识广泛、复杂，对投行业务合规管理的准确把握，需要对投行业务有深入的认识，并具备丰富的实践经验。然而，由于证券公司后台部门与业务部门在薪酬待遇、职业前景等方面的差异，业内证券公司合规部门中投行业务合规管理人才较为稀缺。

四、合规管理工作的本源

根据以上分析，国内证券公司投行业务在管理上普遍采取的大事业部制，导致投行业务合规管理难以找到适当的着力点。为此，重新回归合规管理工作的本源，即合规管理存在的意义及主要职能，找寻投行业务中合规管理工作的落脚点，对提高合规管理工作水平、防范投行业务风险具有现实意义。

其实，从中国证监会引入合规管理制度之日起，合规管理就有清晰的定义。2008 年颁布的《证券公司合规管理试行规定》第二条就对合规管理进行了如下定义："本规定所称合规管理，是指证券公司制订和执行合规管理制度，建立合规管理机制，培育合规文化，防范合规风险的行为。本规定所称合规，是指证券公司及其工作人员的经营管理和执业行为符合法律、法规、规章及其他规范性文件、行业规范和自律规则、公司内部规章制度，以及行业公认并普遍遵守的职业道德和行为准则。本规定所称合规风险，是指因证券公司或其工作人员的经营管理或执业行为违反法律、法规或准则而使证券公司受到法律制裁、被采取监管措施、遭受财产损失或声誉损失的风险。"所以，一般认为，证券公司合规管理工作的核心是按照现有法律、法规、规章及其他规范性文件、行业规范和自律规则、公司内部规章制度，以及行业公认并普遍遵守的职业道德和行为准则对公司及其工作人员的经营管理和执业行为予以监督、审查，并提供咨询意见及培训，其目的是确保公司及员工的执业行为合法、合规，避免受到法律制裁、被采取监管措施、遭受财产损失或声誉损失。

按现行监管要求及业内普遍做法，合规管理职能基本可概括为：按照监管要求与公司合规管理制度要求，为公司各业务提供合规审查、合规咨询、合规预警、合规检查、合规培训和信息隔离等合规服务支持，以达到促进公司各项业务合规、稳健运营的目的。

五、提升投行业务合规管理的有效性

基于上述分析，为更好地推动证券公司投行业务中的合规工作，切实发挥合规管理对促进投行业务健康发展的积极作用，建议如下：

（一）建立健全投行业务制度体系

投行业务中的合规管理，基本依据是现行的各项法律法规、监管要求、行业自律要求以及公司内部制度。因此，证券公司首先应当建立健全公司投行业务制度体系，按照中国证监会、中国证券业协会发布的相关业务规则制订、修订投行业务的各项制度，建立科学合理且具有可操作性的业务工作细则、流程等，并严格执行。此外，证券公司应依据法规变化以及业务实际需要，对内部制度实施的有效性予以及时评估并不断调整。

（二）培育投行业务合规文化

回顾行业发展历程，合规意识淡薄是众多违规案例发生的归因。为实现投行业务持续健康发展，证券公司必须强化合规理念，夯实合规基础，构建合规文化软实力。

1. 证券公司应建立健全对投行从业人员的执业前培训以及后续执业培训管理

首先，在培训中应明确法律法规和职业道德相关内容和培训时长要求。其次，应建立投行从业人员持续评价机制，确保投行从业人员独立、客观、公正地履行保荐责任，提高专业胜任能力。

2. 证券公司应建立持续有效的合规宣导机制

应对投行业务人员尤其是保荐代表人进行持续的合规宣传与合规教育，引导投行业务人员树立合规意识，在公司内部培育诚实守信、勤勉尽责的投行文化，强化合规执业理念，提升投行核心竞争力。

（三）充分发挥投行内部强大的内生动力

建立完整的投行业务合规管理体系，离不开投行业务部门自身的规范管理。合规管理并非合规管理部门的专有职责，而是公司及其全体员工的共同职责。实际上，证券公司投行业务合规管理体系本身就包含了业务部门的多层级复核，投行内部的质控或内核机构在该体系中发挥了重要的合规作用。以IPO为例，国内现行的证券审核制度旨在对发行人是否符合法定发行条件进行实质性审核，投行业务团队往往在企业IPO早期即积极介入，并基于自身对发行上市等法律法规的熟练掌握，对发行人进行系统辅导，解决相关法律障碍，确保目标企业符合发行上市条件。相较于公司其他业务部门，投行业务的开展主要依赖于申报材料和业务行为符合发行上市监管规定。投行业务部门对各项业务环节的审核，在一定程度上保障了投行业务开展的合规性，因此，投行业务部门在促进自身业务发展的过程中，已实质上发挥了合规作用，投行业务部门本身即具有强大的内生动力。

（四）建立完善的多层次、全过程的投行业务质量控制体系

投行业务质量控制应贯穿于保荐业务全过程，涵盖立项、辅导、尽职调查、内核、持续督导等所有执业过程。建立投行业务人员、保荐代表人、投行业务部门以及合规管理、风险控制、稽核审计等内控部门的多层次质量控制体系，确立各部门及相关人员的质量控制职责以及执业过程质量控制的具体要求和标准。

投行从业人员应当熟知与其执业行为相关的法律、法规、准则，主动识别、控制其执业行为的合规风险，并对保荐项目的执业质量承担责任。

投行项目保荐代表人根据自身职责对所保荐项目进行质量控制，对项目组成员工作进行指导、复核和监督，对项目执业质量承担直接责任。

投行业务部门及其负责人应当加强本部门工作人员执业行为和保荐项目执业质量的管理，对本部门执业行为规范性、质量管理的有效性承担责任。

公司合规管理、风险控制、稽核审计等内控部门分工协作，采取审核投行业务关键环节、参与现场核查、抽查项目底稿材料、发表独立意见等方式，对投行业务履行监督管理职责。

（五）实施投行业务标准化管理

在全面监管、从严监管的监管环境下，可结合行业监管案例以及公司业务发展过程中的常见风险点，梳理IPO、并购重组、新三板挂牌、公司债券业务等项目底稿，在符合监管规定和内部制度要求的基础上，梳理归纳投行业务各类型项目在尽调、内核等各环节的工作要求，同时注重尽职调查工作的过程留痕和证据固化。对IPO业务、推荐挂牌业务、并购重组业务、公司债承销业务等业务进行分类，结合各类型项目底稿目录，融合监管规定与业务需求，细化各类型项目的相关工作资料和细节要求，对投行各类型业务底稿制订明确统一的标准。通过投行业务标准化管理，一方面加强合规指引，实现合规对投行业务的主动管理，并提高合规管理的有效性；另一方面便于项目人员执行、落实，统一各项目人员的执行标准，提高投行部门业务开展以及合规管理的工作质量，从源头上保障投行业务合规展业。

（六）强化投行业务档案管理

建立健全投行业务档案管理机制。明确项目工作底稿归集时点及具体要求，做到及时留痕、归档；同时，加强对底稿的复核机制，明确保荐代表人或项目负责人必须对工作底稿进行复核，质量控制部门或其他内控部门应对工作底稿进行核查。此外，要明确立项、内核、申报等关键节点的文档记录保存要求，立项会议、内核会议等会议档案材料应妥善保管。

（七）加强投行业务人员执业行为监管

1. 建立健全投行业务人员管理机制，强化对投行业务人员特别是保荐代表人执业行为的监督管理

建立投行业务人员管理制度，对投行业务人员的执业行为进行统一管理，建立保荐代表人执业档案，及时完整地记录保荐代表人基本信息、执业项目名称、执业记录、参加培训情况、是否存在违法违规情形、年度考核情况等。

2. 强化投行业务人员的管理方式

探索建立对投行业务人员及其配偶、利害关系人进行证券投资的申报等管理制度，防范从业人员本人、配偶、利害关系人违规从事证券投资或利用内幕信息谋取不正当利益。

3. 建立投行业务人员负面清单制度

对日常管理、质量管理中发现投行业务人员执业过程中存在的重大问题进行记录，并纳入人员负面清单及档案管理，与其职业晋升、薪酬发放等挂钩，明确主体责任，约束投行业务人员恪尽职守。

（八）加强合规、风控、内核、稽核等内控部门统一协作

投行业务的稳健开展，需要证券公司其他内控部门的后台支持。证券公司应不断完善涵盖立项、尽调、质控等关键环节的内控制度安排与控制手段，不断加强风险控制能力。明确各内控部门介入投行业务的时点和职责，厘清合规、风控、内核、稽核等内控部门在投行业

务管理过程中的角色定位和职责，并赋予上述内控部门在履行职责时的独立检查权。公司内控部门发现投行业务部门及从业人员履行职责存在瑕疵的，有权采取责任追究措施，切实发挥内控部门对投行业务的约束功能。

（九）合规管理人员应全面提升投行业务水平

1. 应全面了解有关投行各项业务知识与业务流程

除履行好日常合规管理职责外，需不断调查研究和学习思考，关注并思考最新的监管要求与行业动态，使合规管理工作紧扣行业发展步伐，增强专业能力，不断提高对投行业务合规管理工作的专业能力。

2. 深入业务部门，充分了解投行业务知识、监管要求以及实际操作过程

只有在全面了解投行业务的基础上，合规管理人员方能发表专业的合规管理意见。

3. 加强与公司风控、内核、稽核等内控部门的沟通交流，从不同角度了解投行业务的更多信息

首先，从其他部门的视角获得启发，加深对投行业务的理解。其次，对投行业务部门的回馈意见进行印证，有助于合规管理人员进一步加深对投行业务的认识，进而提出更有价值的合规管理意见。

4. 加强行业交流，实现信息互通有无

要不断加强与监管部门以及业内同行的交流。合规管理人员作为公司业务部门与监管部门之间的桥梁，在充分领会监管精神的基础上，重点关注监管部门所关注的问题，并辅助业务部门解决合规管理问题，使投行业务健康合规发展。另外，通过与同行广泛交流，可了解并掌握合规管理具体操作层面涉及的合规管理方式、工作手段；也可通过业内同行，间接了解监管要求。

（十）完善合规考核与问责追究机制

考核及责任追究是合规管理工作的重要风向标，激励与问责不当易引发合规风险。若考核指标过分强调业务增长，忽视合规管理问题，对个人的激励分配机制不合理，则容易导致投行业务部门和人员急功近利，甚至为提升业绩不惜铤而走险。证券公司应当建立完善有效的合规考核和问责机制，加大合规管理考核力度，将合规考核作为投行业务部门年度考核的重要参考指标，对违规行为实行一票否决制。对投行业务人员的合规职责履行情况进行考核和评价，控制当期激励的比例，树立并强化“出事要买单”的意识，对出现的违法违规的情形，严肃追究责任，防范投行业务人员在执业过程中的道德风险、合规风险。

我国券商跨界风险冲击路径及防范机制

何诚颖 廖 旦 陈 莉*

一、券商开展跨界业务的必要性

（一）资本开放程度加深，券商提高海外业务竞争力

随着我国资本对外开放进程加快，越来越多的国内券商在海外设立子公司，参与国际资本市场的竞争。国内券商为提高参与国际业务的竞争力，有必要在自身产品的多样性和功能性上下功夫，以应对全球同行的竞争。

（二）创造需求，券商产品从供给侧升级换代

券商传统业务结构单一使得券商产品同质化严重、抗周期性差、创新性不足，已不能满足客户的多样性需求，成为制约券商发展的瓶颈。券商为了改善收入结构和创造新的利润点，有必要从供给端进行跨界创新，不断激发市场新的需求，创造新的增长点，突破增长的瓶颈。

（三）缩减产品流通环节，提高金融效率

当前我国金融效率并不高，表现为“两难”——中小企业融资难，广大中小投资者投资难。跨界经营和跨界产品可以极大地提高金融效率，通过对接投融资两端降低信息不对称程度，在提供便捷服务的同时更好地监控产品风险。

二、跨界案例

（一）美林证券“现金管理账户”

美林证券“现金管理账户（Cash Management Account，CMA）”是至今为止最为成功的

* 作者单位：国信证券股份有限公司。原载于《中国证券》2017 年第 3 期。

券商跨界创新案例。美林现金管理账户出现在 20 世纪 70 年代，当时的美国金融处于分业经营时代、市场利率管制严格，限制跨界经营。协议佣金制度使得券商下调佣金来获取市场份额，而佣金的降低，会直接影响券商的收益，券商的生存压力越来越大。在此背景下，美林证券率先推出了 CMA，该账户将经纪账户、支票账户、货币市场基金、信用卡等多种金融功能融为一体（见图 1）。

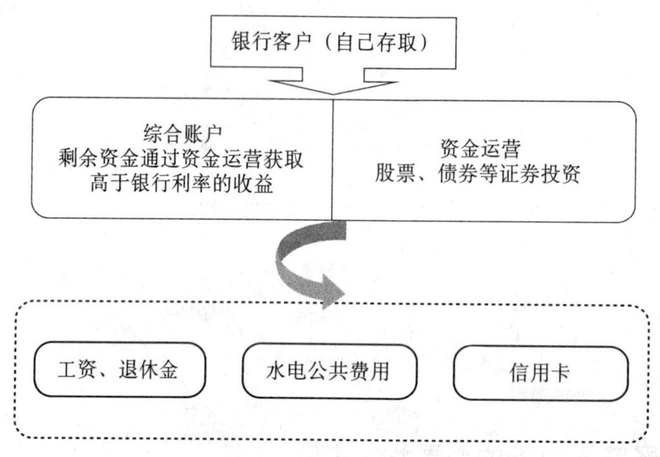

图 1　CMA 账户的基本形式

美林的现金管理账户在其他券商开始开发类似产品的时候，其总价值已经达到 320 亿美元。现金管理账户给用户带来方便的同时，也将全球带入一个金融创新的高潮。美林现金管理账户跨界创新为我国券商跨界创新树立了标杆，从中可以学到四方面的经验。

1. 创新与法律的边界

跨界创新并不是违法犯法的创新，而是在符合现有法律制度背景下的创新。美林意识到发展综合账户具有巨大的市场空间，但如何使券商账户具有综合账户的功能，如何绕开《格拉斯—斯蒂格尔法》分业经营政策的监管是其不得不考虑的关键问题。通过与银行的合作，美林巧妙地避开了《格拉斯—斯蒂格尔法》关于商业银行与投资银行业务必须严格分离的规定。

2. 客户至上

CMA 的设计找准了客户的痛点，给客户带来了便利，颠覆了客户的使用习惯，很快便获得了市场的青睐。CMA 产品设计的目的是想通过给客户提供便利来增强客户的黏性，留住客户的钱，这样才能进一步布局现金管理市场，而券商的理财优势为进一步留住客户可以发挥巨大的作用。

3. “快刀斩乱麻”式推广

CMA 管理账户在其诞生之初便蚕食了商业银行的利润，因此商业银行以其触犯了《格拉斯—斯蒂格尔法》为由提出了诉讼。虽然美林证券很清楚 CMA 产品在设计上符合法律的监管问题，出台禁止 CMA 的政策可能性很小，但出于公司战略的考虑，美林证券还是很少在公开场合宣扬其合法性。正是美林证券这种对信息进行选择性的公布策略，使得竞争对手还在思考 CMA 是否有发展前途的时候，美林已经在市场对该产品进行大力推广，为 CMA 的发展赢得了宝贵的时间。

4. “强强合作 + 资源整合”

美林证券通过与美国的地方银行合作，将 CMA 管理账户同银行账户进行对接与整合，在使用存取款、支付以及结算时，通过银行账户进行清算，使 CMA 具备了开展存取款、支付以及结算的资质；在股票投资时则使用券商账户进行清算，因此 CMA 类似一个虚拟账户，是一个整合银行功能及券商功能的综合账户。在利用 CMA 购买理财产品的设计过程中，美林需要解决客户来源的问题，而银行恰好有大量的有理财需求的客户，此时美林通过对潜在的客户进行走访，实现彼此的相互了解。美林证券掌握了客户委托资产的规模、理财期限、预期收益以及风险承受能力；而客户在同美林沟通的过程中，也对其业务能力和过往业绩有了初步了解。在客户确定投资意向后，客户只需要将银行的资金账号同 CMA 管理账户进行对接，就可以动态地实现将资金余额作为委托资产转入理财专户。

（二）恒生“HOMS”系统

相比于欧美投行，我国券商业务起步较晚，券商跨界业务也处于摸索阶段。我国券商在学习海外投行跨界经验基础上，结合我国实际情况在跨界业务领域进行了有益探索，出现了一批成功案例：国金证券“佣金宝”率先实现保证金自动理财；广发证券的百发 100 指数基金则是突破技术边界的创新；中信证券积极拓展业务区域界限，通过资本运作实现了业务的国际化；海通证券收购恒信集团进军国际业务。相比于取得的成就，我们更加关心跨界创新背后所隐藏的风险。下面以恒生电子 HOMS 系统为例研究跨界创新的风险性。

根据恒生电子官网，HOMS 是一款以投资交易为核心并兼具资产管理、风险控制等相关功能的投资管理平台，是针对私募等中小型机构定制的轻量级资产管理实现方案。HOMS 提供统一的 Internet 接入客户端，由恒生公司统一运营维护。恒生电子降低了客户 IT 投入成本，使得客户可以便捷部署，迅速开展业务。HOMS 的产品架构见图 2。

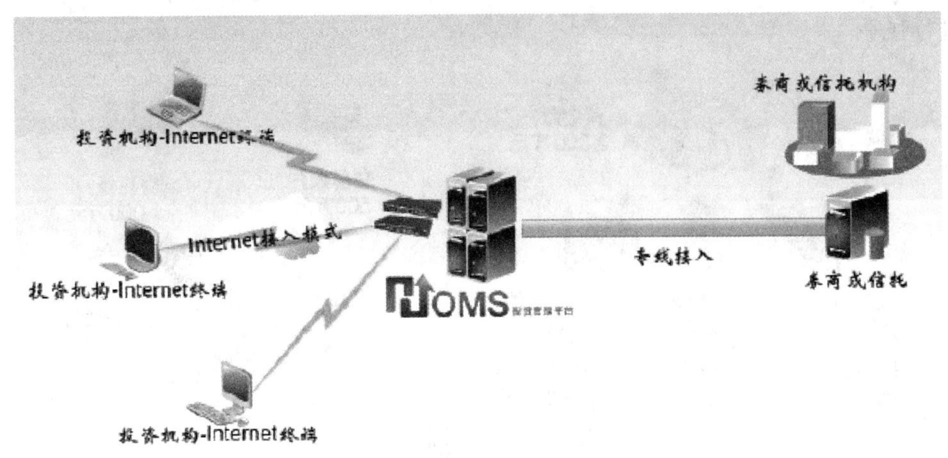

图 2　HOMS 产品云架构

HOMS 系统账户拆分和合并设计的初衷是为了私募等中小型机构方便资产管理，并非为了提供配资功能而设计。然而随着 A 股市场从 2014 年下半年开始开启新一轮上涨，A 股市场上的投资者对配资有着巨大的需求，HOMS 系统进入了配资者的视野。2014 年实体经济下行，银行贷款业务风险变大，而另一边的配资业务市场需求巨大而且几乎没有什么风险。

银行资金借助信托通道进入配资市场。银行首先将资金以 6% 左右的收益率打包批发给信托。信托通过二级账户将资金以 10% 左右的利率分给配资公司，配资公司通过三级账户以更高的利率配给二级市场上的投资者。

这样，“银行 + 信托 + 配资公司”的伞形信托机构形成（见图 3）。一级子伞费用由主伞确定，二级子伞可灵活设置各子伞费用。普通伞形遵循信托风控合约，二级子伞遵循个性化风控合约，具有更强的本金安全性。

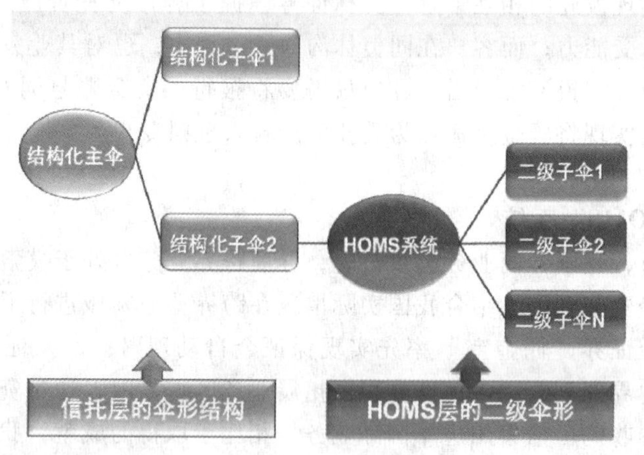

图 3　信托二级子伞

子伞账户可以轻松实现拆分和合并。举个例子，配资公司只需向信托公司投入 1 000 万元的保证金就可获得 1 个账户以及 1 200 万—1 800 万元的配资。接下来，配资公司将账户拆分成不同的子账户（见图 4），并根据 A 股市场投资者所需配资比例分配子账户和资金，无门槛地轻松实现配资功能。但子账户触发平仓线时，主账户可以强行接管子账户的控制权，进行强平。

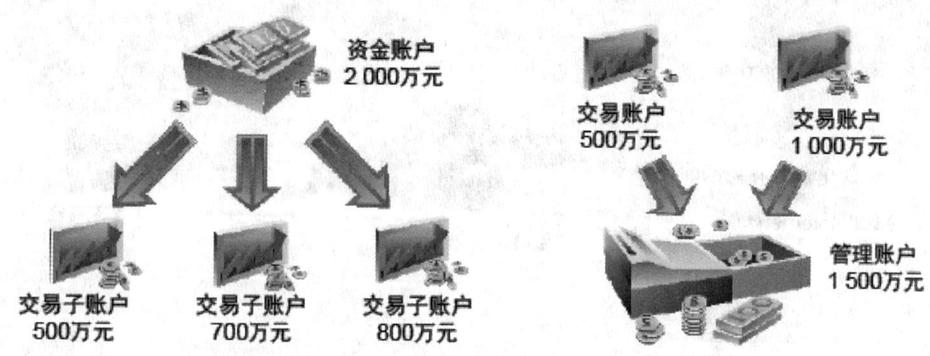

图 4　账户拆分和账户合并

OMS 系统给配资提供了完美技术解决方案，“银行 + 信托 + 配资公司”的模式解决了资金问题，再加上市场进入牛市阶段，市场上投资者的配资需求剧增，HOMS 系统的需求也与日俱增，同行纷纷推出“类 HOMS”系统。然而，市场上如此疯狂的配资行为几乎没有任何监控和限制，资金通过 HOMS 系统源源不断地流入 A 股市场，最终形成 2015 年的“杠杆牛”。资金推动下的市场最终倒在资金退潮中，获利盘出逃导致市场踩踏，流动性缺失导致千股跌停，而融资账户的爆仓更是导致市场加速下跌。

“银行+信托+配资公司”模式发挥了HOMS巨大的跨界功能。银行资金通过该跨界产品轻松绕过“信贷资金不能参与二级市场”的监管政策。跨界产品的设计初衷一定是满足市场的某种需求，一旦这种需求被激发，这类产品将呈指数级增长，如果不加以控制和监管任由其发展下去，风险就会越聚越大。如果风险得不到有效的化解，超过市场所能承受的范围，系统性风险就会出现。

三、券商跨界业务路径和创新方向

本文通过分析国内外券商（投行）跨界业务的案例，寻找其中的规律性，以总结经验教训，寻找到券商开展跨界业务的路径以及创新方向。

（一）券商跨界业务路径

券商跨界路径指的是券商跨界所采取的手段、策略与方法。我国金融制度将金融行业内的子行业作了较为明确的业务划分，虽然有些业务重叠，但更多的业务不可以直接擅自跨界经营。例如券商明确不可以做银行吸储揽储业务，也不可以自己设计和出售保单涉足保险业务，银行也不可涉及券商的融资融券业务。当前券商开展跨界业务的路径有如下几个方面：

1. 账户设计

美林证券的“现金管理账户”（CMA）表明，在金融分业经营的背景下，券商可以通过账户设计达到在不违反法律制度的前提下实现跨界经营。券商可以通过虚拟账户的设立提供垫资付款，支持实时转账功能，通过设立子母账户管理系统跨界管理不同的资产类别，构建投资组合，具体见图5和图6。

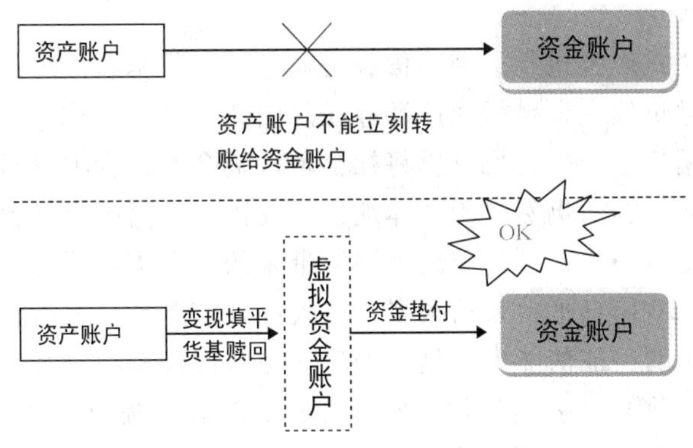

图5 虚拟资金账户实现转账

2. 利用新技术

不管是美林的现金管理账户还是国金证券的佣金宝，其实现跨界的一个主要途径是借助互联网技术。互联网企业借助信息技术跨越了政策规定的行业界限。高盛投身大数据领域；阿里巴巴凭借着强大的互联网技术、云计算、大数据应用等，实现了跨界业务，包括信贷、

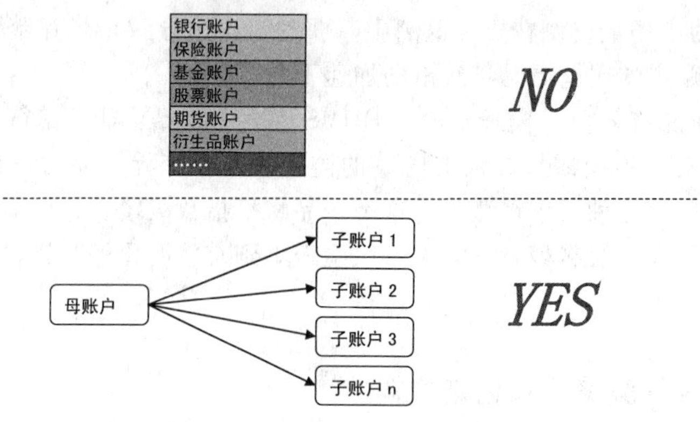

图 6　母子账户实现跨界

支付、保险、理财等；广发证券与技术公司合作开发跨界理财产品，这都说明了新技术（见图 7）在券商跨界业务中扮演着越来越重要的角色。

图 7　券商跨界业务中的重要新技术

3. 借助券商中介平台

我国券商都非常注重声誉机制，因为信誉是业务开展的基石。即使现在的通讯技术非常发达，信息不对称问题仍然在金融行业广泛存在。因为信息不对称的存在，金融行业去中介化进度缓慢，然而利用好中介平台也可以将社会闲散资金和社会项目对接，实现资源配置作用。对于券商跨界业务，券商仍然处于主体地位，发挥好券商中介平台作用能够使投资方和融资方信息不对称程度最小化，抵消因跨界因素带来的信息不对称程度的增加。

以 P2P 为案例。P2P 信息平台公司很多，但大部分信息平台都面临不少的问题。对于纯信息平台：缺少抵押标的、征信能力不足、未建立平台信誉机制以及项目审核能力缺乏专业人才。这些因素导致当前 P2P 公司各种乱象：有的 P2P 公司利用庞氏骗局“跑路”，有的打着 P2P 招牌放高利贷。券商中介平台在 P2P 中可以很好地解决信息平台面临的问题：融资方信用数据比较全，且拥有作为抵押品的证券资产，确保还款的安全性；专业的项目审核团队对融资项目具有很好的把控能力；券商的声誉机制使得借款方可以放心地把钱借给融资方。这些都是券商中介机制所带来的天然优势（见图 8）。

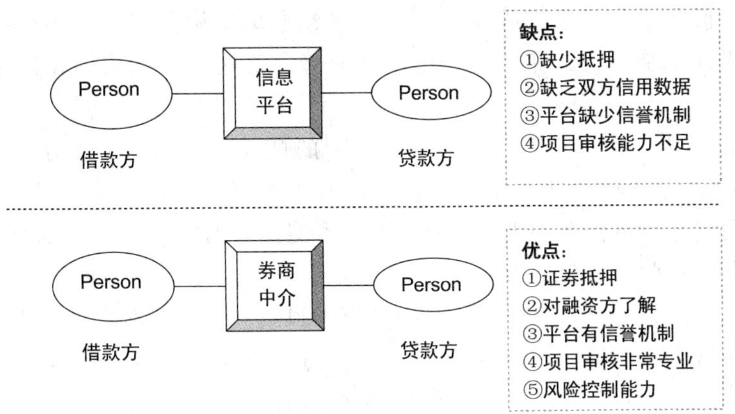

图 8　券商中介平台与信息平台的比较

4. 母子公司

高盛跨界大数据和 P2P、我国海通证券跨界融资租赁所采用的方法为母子公司模式。母公司通过控股子公司，实现对控股子公司的全面掌控。海通证券采用这种模式有效地规避了政策上对券商业务的限制，顺利进入融资租赁领域。除了规避法律限制外，母子公司模式能够保留子公司的独立经营权，有利于发挥子公司管理层的主动性和积极性（见图 9）。

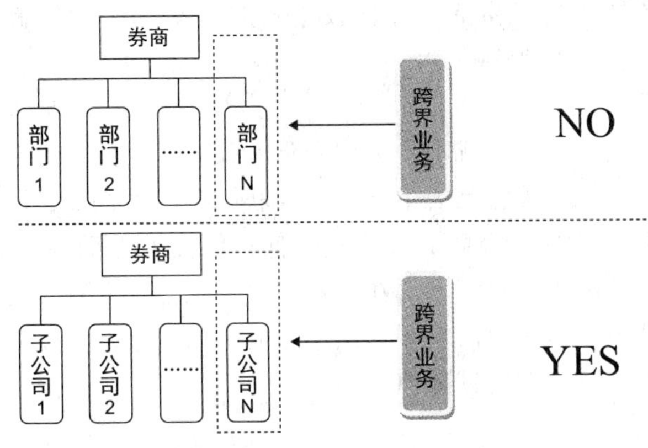

图 9　母子公司模式与多部门

（二）券商跨界业务创新方向

1. 服务方式的转变

服务方式向以客户需求为中心转变。能够根据不同的客户类型，通过一个对外服务窗口或者互联网平台，为客户提供包括融资、投资、理财咨询等一揽子服务。这意味着证券公司需要对原有的组织模式进行重构，同时加强各条业务线的协作，提升现有业务的附加价值，达到客户与证券公司共同成长的目标。这是券商跨界业务的重要目标和方向，也是提升券商竞争力的重要手段。

2. 解决信息不对称问题

解决券商与客户之间信息不对称的关键是大数据技术的应用。降低信息不对称的程度是提高用户体验、服务用户的关键因素之一，也是在金融机构激烈竞争中保持优势的关键所在。券商通过搭建一个平台，让股民、金融从业者、机构等角色能够在这个平台上互通信息、交易服务。

具体的方法可以采用“工具 + 社区类产品”的模式。对于工具部分，一方面，可以理解为 App 端的信息门户。用户打开 App 便能看到一系列与个股、大盘相关的资讯、公告、研报等信息，而这些信息会在每天的盘前、盘中和盘后实时更新。另一方面，该工具还体现在为用户提供开户、股票交易等服务上，也是为了通过“一站式服务”黏住用户。而服务的提供方则是互联网券商以及一些经过平台认证的投资经理。这对券商跨界业务的技术水准提出了更高的要求。

社区则包括论坛和即时通讯。论坛类似于基于用户实盘的雪球。股民、投资经理、投资顾问等各种角色都可以在论坛里发帖提出自己的选股建议、对股票的分析等，而用户可以看到他是否持有这只股票，这将加强信息的可信度。同时，平台自身也提供一些提醒类服务，比如接近止损价或目标价时的信息推送、收益的定时告知等。

3. 解决供需矛盾

当前，我国资本市场中一方面有大量的闲置资金找不到合适的投资机会，而另一方面又有大量的融资人和中小企业没有适当的途径获得资金。这除了有信息不对称的因素和资金成本因素以外，资金安全更是重要的考虑因素。券商打造跨界业务平台，能够以其强大的风险识别能力甄别不同偿还能力的融资人，保护投资者的利益，从而有能力解决资金的供求矛盾，更好地服务社会、服务中小企业。

4. 去中介化

去中介化可以有效地降低资金成本。去中介化的最主要手段是券商通过互联网金融实现跨界经营。而互联网金融的本质也是去中介化。互联网有四大特征：开放、便捷、优惠、互动。开放就是信息透明，网络让信息不对称性降低；便捷就是简单易行，客户可以通过搜索、网上支付等技术手段快速满足需求。在这种背景下，对于金融机构来说，谁能为客户提供最好的用户体验、最快了解客户需求并提供适当的产品服务，谁就能取得竞争优势。

券商跨界业务创新的四大方向见图 10。

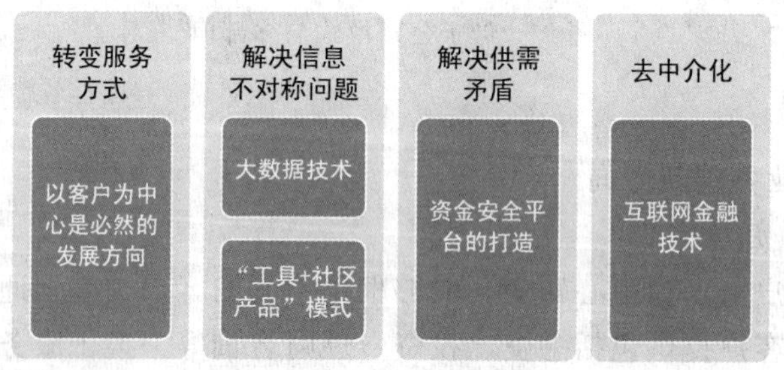

图 10　券商跨界业务创新方向

四、跨界创新与风险控制

（一）跨界创新与系统性风险

近年来，跨界创新的步伐在不断加快，在丰富和方便投融资的同时却带来了金融市场的风险。金融市场规则的不完善使得金融产品在前期由于顺应了市场的需要而得到快速发展，在后期却由于监管的缺失，风险急剧加大，特别是在跨界业务产品设计与推广的过程中，随着创新深度的不断加强，金融创新过程中所产生的风险也在不断加大，券商如何识别跨界产品所隐含的风险并做到及时监控变得尤为重要。金融跨界产品的复杂性、多样性、跨界性给分业监管带来了难点。金融跨界产品很容易成为监管真空地带，放任式发展最终会引发系统性风险。

（二）跨界创新与操作风险

光大“乌龙指”事件就是一个典型的操作风险案例。虽然该事件并非由交易员直接参与交易引起，但交易程序的设计者在设计程序时就已经规定了交易结果如何返回以及交易触发的条件，所以该事件引起的风险属于操作风险中的技术风险。

操作风险是指因交易或管理系统操作不当或缺乏必要的后台技术支持而导致的财务损失。由于券商跨界产品和服务需要多部门、跨行业协作操作，环节比较多，各领域之间的互联通信频繁，因而券商跨界业务的操作风险要高于券商的单一业务。任何一个环节出问题，任何两点之间的信息不通畅、协作不到位都可能引发严重的后果。

控制券商跨界业务的操作风险可以从三个方面入手：一是加强对业务员的培训和督导。业务员具体负责产品或服务的执行，在执行之前，业务员有必要接受严格的培训，了解产品或服务的基本原理、具体流程，强调关键环节以及服务的对象类别；二是要在券商跨界产品和服务上架前，对产品和服务因操作不当可能引发的后果进行详细的技术论证；三是对整个操作流程进行动态监控，一旦发现问题，及时采取措施。

（三）跨界创新与流动性风险

流动性风险也是跨界业务中需要面临的风险之一。一般来说，跨界产品或服务有利于市场流动性增加，如同硬币的两面，券商跨界业务也可能触发流动性风险。以融资融券为例，2012 年开始引进“两融”业务初衷是要提供市场效率和价格发现能力，然而市场上的部分投机者把融资融券当作投机的工具，在市场上升阶段不断放大杠杆，在场外配资等多重因素叠加作用下 A 股不断创新高。在 2015 年 6 月，上证指数在时隔 7 年之后重新站上了 5000 点，但是接下来却发生了前所未有的股市异常波动。高杠杆融资盘瞬间平仓，平仓造成更大的抛售压力，每天上千只股票封在跌停板位置，流动性彻底衰竭，恐慌情绪不断蔓延。2015 年 6 月 12 日开始，上证指数从最高点 5178 点 1 月之内下跌至 3373 点，跌幅达 35%。6 月 19 日首现千股跌停，26 日约 2 000 只股票跌停，随后连续多日千股跌停。

（四）跨界创新与合规法律风险

券商跨界业务作为一类创新业务往往走在法律前面，例如美林证券 CMA 账户。合规和法律风险是券商跨界业务面临的风险问题。券商在开展跨界业务之前应充分考虑政策风险，论证业务合法性的基础，衡量法律成本和收益匹配性。

此外，券商跨界业务也要及时跟进法律法规和监管条例的变化，及时调整业务开展的方式和方法，适应法律的规范和规定。众所周知，证券公司一旦出现违规行为，将付出代价，公司可能会受到来自监管部门的行政处罚，其中包括扣分、罚款、暂停或者取消业务资格等，情节严重的还可能受到被托管或者关闭的处罚。因此，证券公司在开展创新业务的同时也要防止在业务活动中可能出现的法律纠纷所导致的处罚或者损失。

（五）如何监控券商跨界业务风险

券商跨界业务的复杂性决定了该类业务的监管难度。从政府层面来说，政府针对跨界产品设立综合性的监管机构，对跨界创新产品进行严格的风险评估和审核，并纳入监管体系之中。综合性监管机构对跨界产品建立了完善的事前、事中、事后的动态监控体系和预警系统。一旦风险集聚触发警戒线，综合性监管机构应及时出台相关疏导政策，化解相关风险。

券商等金融机构在设计跨界产品时应充分考虑产品的风险特征，并及时呈报给综合性监管机构，所设计的产品应逻辑清晰，符合现有法律法规，易于监管；产品操作人员在推广产品之前应接受严格的培训，全面细致地了解产品结构、风险因子、操作要点；使用者也应充分了解产品的原理和作用，将投资工具和投机工具作严格的区分。

参考文献

[1] 孔令学．从 CMA 谈我国商业银行个人支付结算账户的创新与完善［J］．济南金融，2004（01）：55—56.

[2] 陈彬．场外配资的违法性分析［J］．证券市场导报，2015（09）：1.

[3] 赵国栋，易欢欢．大数据时代的跨界与颠覆——金融业门口的野蛮人［R］．慧博投研咨讯：宏源证券，2013.

[4] 史俊仙．商业银行跨界经营研究：理论、现状、路径及风险控制［D］．保定：河北大学，2013.

[5] 孔敏．从“乌龙指”事件看光大证券内部控制缺陷［J］．科技和产业，2013（12）：164—167.

[6] 卢大印，何媛媛．证券公司风险管理状况和对策［J］．科学学与科学技术管理，2003，24（11）：88—91.

证券公司及其境外子公司的业务协同效应及风险隔离机制研究

谢　骏　胡乐天　徐　昶*

随着我国与境外资本市场双向开放及人民币国际化进程迈入新阶段，我国经济的外向型特征愈发明显，我国与全球其他经济体之间联系的广度和深度不断加强。内地与香港股票市场已实现互联互通，未来互联互通的可交易品种及市场将进一步扩容。受"走出去"政策及产能升级目标的驱动，中资企业对外直接投资交易量持续攀升。鉴于服务于外向型实体经济的需要，包括证券公司在内的金融服务业迎来发展国际业务的良机。1997 年及 2008 年两次金融危机以后，跨国投资银行缩减了海外业务规模，一些中资券商抓住机遇，率先在香港地区设立子公司，积极拓展国际业务，其中一些券商取得了突破性成果。但是，除了成立较早、业务成熟的龙头券商之外，中资券商国际业务的同质化现象较为突出，大部分中资券商境外子公司以经纪业务为主业，投行、资管等业务尚有较大发展空间，且盈利能力普遍不强。因此，中资券商亟须从战略角度考虑如何紧随市场需求和政策导向，利用本土客户基础和资源优势，通过母公司与境外子公司的业务联动，发挥境内外协同效应，形成自身的经营特色，以应对国际市场竞争。同时，中资券商应建立并持续完善与境外子公司之间的风险隔离机制，防范境内外业务协同可能引发的风险传递和利益冲突等问题，确保在风险可控的前提下拓展业务。

一、中资券商拓展境外子公司业务的背景

（一）中资券商拓展境外子公司业务的政策及监管环境

中资券商拓展境外子公司业务的政策及监管政策可以分为三个层级。

第一层级是中央政府和香港特区政府公布的施政方针和发展规划。经国务院授权，国家

* 作者单位：西部证券股份有限公司国际业务部。原载于《中国证券》2017 年第 5 期。

发展改革委员会、外交部、商务部于2015年3月28日联合发布《推动共建丝绸之路经济带和21世纪海上丝绸之路的愿景与行动》，提出“一带一路”政策的目标及实施方式，明确指出资金融通是“一带一路”政策的重要内容之一，支持沿线国家政府和信用等级较高的企业在中国境内发行人民币债券，支持符合条件的中国境内企业在境外发行人民币债券和外币债券，鼓励在沿线国家使用所筹资金。[①] 2016年3月，国务院发布《中华人民共和国国民经济和社会发展第十三个五年规划纲要》，指出“十三五”期间将健全“一带一路”双边和多边合作机制，建立以企业为主体、以项目为基础、各类基金引导、企业和机构参与的多元化融资模式，并明确了香港在“一带一路”建设中的重要作用，深化内地与香港金融合作，加快两地市场互联互通。[②] 2017年中央政府工作报告指出，推动更深层次更高水平的对外开放是2017年的重要工作任务之一，包括扎实推进“一带一路”建设；特别强调，金融机构应突出主业、下沉重心，增强服务实体经济能力，防止脱实向虚。[③] 为响应中央政府的号召，香港特区政府将“一带一路”纳入其施政方针，在2016年施政报告中设专章阐述“一带一路”政策的实施规划，并设置督导委员会和办公室负责具体工作[④]；在2017年施政报告中进一步指出，将继续推动与内地交易所买卖基金的互联互通，扩充互联交易品种；在“十三五”规划确立香港作为全球离岸人民币业务枢纽的背景下，将利用“一带一路”和两地基金互认安排带来的需求，进一步拓展人民币业务。[⑤]

第二层级是内地与香港证券及外汇监管机构出台的推动资本市场双向开放的措施。一是推出中港基金互认机制，允许符合条件的内地与香港的公募基金按简易程序在对方市场公开销售，为两地投资者提供更为多元化的产品，为两地基金管理机构开拓新的发展机遇，并推动两地资产管理行业的融合发展。[⑥] 二是开启沪港通、深港通机制，实现两地股票市场的互联互通，这是人民币国际化和放松资本管制的突破性举措。[⑦] 三是进一步放松对合格境外机构投资者（Qualified Foreign Institutional Investors，简称QFII）、人民币合格境外机构投资者（RMB Qualified Foreign Institutional Investors，简称RQFII）的监管口径，对QFII、RQFII的投资额度实行备案加审批的管理机制，缩短投资锁定期，放宽资金汇出限制，有序推进资本

① 国务院授权发布：《推动共建丝绸之路经济带和21世纪海上丝绸之路的愿景与行动》，新华网，2015年3月28日，网址：http：//news. xinhuanet. com/world/2015－03/28/c_ 111 479 3 986. htm，最后访问日期：2017年3月23日。

② “两会”授权发布：《中华人民共和国国民经济和社会发展第十三个五年规划纲要》，新华网，2016年3月17日，网址：http：//news. xinhuanet. com/politics/2016lh/2016－03/17/c_ 111 836 6 322. htm，最后访问日期：2017年3月23日。

③ 《2017年政府工作报告》，中国政府网，2017年3月16日，网址：http：//www. gov. cn/premier/2017－03/16/content_ 5177940. htm，最后访问日期：2017年3月23日。

④ “香港特别行政区2016年施政报告”，香港特区政府网站，2016年1月16日，网址：http：//www. policyaddress. gov. hk/2016/sim/index. html，最后访问日期：2017年3月23日。

⑤ “香港特别行政区2017年施政报告”，香港特区政府网站，2017年1月18日，网址：http：//www. policyaddress. gov. hk/2017/sim/p16. html，最后访问日期：2017年3月23日。

⑥ 详见中国证监会与香港证监会于2015年5月22日签署的《关于内地与香港基金互认安排的监管合作备忘录》，及中国证监会于2015年5月14日发布、并于2015年7月1日起试行的《香港互认基金管理暂行规定》（证监会公告［2015］12号）。

⑦ 详见中国证监会与香港证监会于2014年4月10日签署的关于批准沪港通的《中国证券监督管理委员会 香港证券及期货事务监察委员会联合公告》，于2016年8月16日签署的关于批准深港通的《中国证券监督管理委员会 香港证券及期货事务监察委员会联合公告》，以及中国证监会于2016年9月30日发布、并于同日起施行的《内地与香港股票市场交易互联互通机制若干规定》（证监会令第128号）。

项目可兑换，促进跨境投资便利化。[①]

第三层级是内地与香港证券交易所（以下简称“港交所”）、银行间市场推出的互联互通举措及规划。交易所市场方面，港交所于2016年初公布《战略规划2016—2018》，勾勒了港交所的发展蓝图。港交所总裁李小加在解释战略规划时指出，中国虽已成为世界第二大经济体，但金融市场还未与全球完全互联互通，中国的公司、商品和货币尚未取得完全有效的国际定价，而定价能力是金融中心的核心竞争力，港交所同其内地合作伙伴将围绕“股票通”“商品通”与“货币通”，携手建立中国与国际市场的互联互通机制，连接中国与世界，重塑全球市场格局。[②] 港交所也非常关注香港离岸人民币市场的发展，呼吁逐步放开双向跨境人民币资本流动渠道，打通两地债券回购市场，强化人民币离岸市场的定价效率及风险管理能力，拓宽离岸人民币市场的产品规模和类别，以改善香港离岸人民币市场短期流动性，最终促进人民币的境外循环和广泛的国际使用。[③] 实操层面，港交所相继推出美元兑人民币（香港）期货、期权等产品，为投资者提供管理人民币风险的工具。银行间市场方面，继境外央行或货币当局、境外人民币清算行、境外人民币业务参加行、QFII及RQFII之后，在中国境外依法注册成立的商业银行、保险公司、证券公司、基金管理公司及其他资产管理机构等各类金融机构，及其面向客户发行的合规投资产品以及养老基金、慈善基金、捐赠基金等其他中长期机构投资者，均被允许进入内地银行间债券市场，并且对其取消投资额度限制，简化准入管理流程[④]，满足人民币加入国际货币基金组织的特别提款权（Special Drawing Rights，简称SDR）后离岸人民币的投资需求，丰富银行间债券市场投资者结构，匹配银行间债券发行量的扩容，发挥债务融资服务于实体经济的效能。

（二）中资券商拓展境外子公司业务的市场环境

1. 跨境并购情况

中资企业海外并购进入加速发展通道，2004年中国对外直接投资并购的交易金额（含境外融资部分，以下同）仅为30亿美元，至2015末，该数字跃升至544.4亿美元，增幅超过18倍。[⑤] 2016年，中企实施海外并购项目742起，实际交易额1 072亿美元，涉及73个国家和地区的18个行业[⑥]，交易量较2015年同比增加142%，交易金额增幅达246%，超过

---

① 详见国家外汇管理局于2016年2月3日发布、并于同日起施行的《合格境外机构投资者境内证券投资外汇管理规定》（国家外汇管理局公告2016年第1号），以及中国人民银行和国家外汇管理局于2016年8月30日联合发布、并于同日起施行的《关于人民币合格境外机构投资者境内证券投资管理有关问题的通知》（银发［2016］227号）。

② “李小加详解《战略规划2016—2018》”，香港交易所网站，2016年2月3日，网址：http://sc.hkex.com.hk/TuniS/www.hkexgroup.com/Media-Centre/Charles-Li-Direct/2016/Why-Our-Stategic-Plan-is-Important-to-Hong-Kong?sc_lang=zh-HK，最后访问日期：2017年3月23日。

③ “香港交易所研究报告——离岸人民币流动性供应机制的现状、影响及改善方向”，香港交易所网站，2017年1月，网址：http://www.hkex.com.hk/chi/stat/research/rpaper/Documents/CCEO_Rpt(OffshoreRMB)_201701_c.pdf，最后访问日期：2017年3月23日。

④ 详见中国人民银行于2016年2月17日发布、并于同日起施行的《中国人民银行公告〔2016〕第3号》。

⑤ “2015年度中国对外直接投资统计公报”，国家商务部网站，2016年9月22日，网址：http://fec.mofcom.gov.cn/article/tjsj/tjgb/201609/20160901399223.shtml，最后访问日期：2017年3月24日。

⑥ “商务部合作司负责人谈2016年我国对外投资合作情况”，国家商务部网站，2017年1月16日，网址：http://www.mofcom.gov.cn/article/ae/ag/201701/20170102502097.shtml，最后访问日期：2017年3月24日。

前 4 年中企海外并购交易金额的总和。[①] 从直观的数据信息来看，2016 年海外并购的特征可归纳为：（1）从驱动因素看，中资企业希望通过配置全球范围内的有效资源，进行全球价值链布局，搭建全球化经营平台，以实现产业结构升级和技术升级的目标；此外，国内宽松的债务融资环境及资产估值过高的局面促使中资企业开始物色海外资产，以期抵消经济增长持续放缓和人民币贬值预期带来的不利影响。（2）从企业性质看，民营企业开始主导海外并购市场，交易量达到 2015 年的 3 倍，交易金额首次超过国企，为后者的两倍。（3）从标的市场看，香港继续成为内地对外直接投资最为集中的地区之一，2016 年中资企业针对香港跨境并购的交易金额为 93.2 亿美元，超出 2015 年的两倍之多，位列第 3 位[②]，通过香港设立的平台公司进行再投资的并购继续活跃。

2. 跨境新股发行情况

“走出去”方面，香港与内地联系紧密，区位优势明显，上市条件较为灵活，再融资较为便利，资本市场完全开放，投资者结构丰富，新股融资表现亮丽，因此成为内地企业境外上市的首选之地。在香港上市的内地企业包括 H 股公司、红筹公司及民营企业。截至 2016 年 12 月 30 日，在香港主板及创业板市场共计有 15 家 H 股公司、3 家红筹公司及 39 家内地民营企业（其中 3 家内地民营企业由创业板转到主板上市）新上市。2014 年、2015 年及 2016 年中，首次公开招股集资额前 10 位的新上市公司中，H 股公司分别占据 6 席、9 席及 8 席，行业覆盖银行、证券、保险、金融租赁、科技、能源、电力、通信、铁路、汽车、地产及制造。2007—2016 年间，内地企业市值占香港股本市场总市值的比重始终超过 50%。[③]“引进来”方面，内地新股发行市场尚未对外开放，但监管部门与交易所已就推出国际板开展研究。

3. 跨境债券融资情况

离岸债券方面，国家发改委发布外债登记新政，将企业发行外债的监管方式由审批制改为备案制，并鼓励资信状况好、偿债能力强的企业发行外债[④]，加上多国央行采用负利率来刺激经济增长，国内企业的债券产品因收益率高于国外企业而受到青睐，发行价格因供不应求而被不断拉低，推升了国内企业发行美元债的热情。据不完全统计，2016 年中资美元债的发行量再创历史新高，达到 1 030 亿美元，占整个亚洲（除日本外）美元债市发行总量的 56%，远远超过第 2 名的韩国（226 亿美元）。[⑤] 另一方面，随人民币贬值预期的逐渐增强，

① “2016 年中国企业并购市场回顾与 2017 年展望”，普华永道中国网站，2017 年 1 月 12 日，网址：http://www.pwccn.com/home/chi/ma_press_briefing_jan2016_chi.html，最后访问日期：2017 年 3 月 24 日。

② 商务部合作司负责人谈 1—9 月我国对外投资合作情况，商务部网站，2016 年 10 月 18 日，网址：http://www.mofcom.gov.cn/article/ae/ag/201610/20161001411765.shtml，最后访问日期：2017 年 3 月 24 日。

③ 香港交易所：“2014 年市场统计数据”，香港交易所网站，2015 年 1 月 8 日，网址：http://www.hkex.com.hk/chi/newsconsul/hkexnews/2015/Documents/150108news_c.pdf，香港交易所：2015 年市场统计数据，香港交易所网站，2016 年 1 月 7 日，网址：http://www.hkex.com.hk/chi/newsconsul/hkexnews/2016/Documents/1601072news_c.pdf，香港交易所：2016 年市场统计数据，香港交易所网站，2017 年 1 月 9 日，网址：http://www.hkex.com.hk/chi/newsconsul/hkexnews/2017/Documents/1701092news_c.pdf，最后访问日期：2017 年 3 月 24 日。

④ 详见国家发改委于 2015 年 9 月 14 日发布、并于同日起施行的《国家发展改革委关于推进企业发行外债备案登记制管理改革的通知》（发改外资［2015］2044 号）。

⑤ “中资美元债市 2017 展望”，和讯网，2017 年 1 月 4 日，网址：http://bond.hexun.com/2017-01-04/187604798.html，最后访问日期：2017 年 3 月 24 日。

以及自2016年12月末以来离岸人民币拆借和存款利率的持续飙升，在岸与离岸人民币债券价差倒挂逐渐拉大，离岸人民币债券市场规模受到影响，供需均显疲弱。[①] 据不完全统计，2016年前5个月，香港市场离岸人民币债券规模降至人民币470亿元，而2015年离岸人民币债券发行总规模为人民币1 690亿元。[②] 在岸债券方面，中国债券市场对外开放的政策利好及处于低位的国内债券收益率提升了熊猫债券对境外发行方的吸引力，但因为受到会计准则的差异、审批和资金汇出政策的不确定等因素影响，熊猫债券的发行量远不及离岸债券。

4. 股票市场互联互通情况

沪港通于2014年开闸以来运行平稳，交易结算机制持续完善；深港通自2016年12月5日开通以来，进一步提高了两岸资本市场开放程度。根据香港交易所的统计，截至2016年底，两岸股票市场互联互通交易股份总值达105 140亿美元，2016年日均股份成交额约843亿美元，于全球交易所中按市值计排名第2位，按股份成交额计排名第2位。“北上”方面，交易标的较集中于沪股通下的上证380指数成分股及深股通下的深证成分指数蓝筹股，分别占2016年末持股金额的17%及93%，受投资者青睐的行业包括消费、工业、金融、信息科技、原材料及医药卫生等。“南下”方面，交易标的以恒生综合大型及中型股指数成分股为主，其中中型股约占全年交易金额及期末持股金额的40%，小型股阶段性占比较高（2016年的18个交易日内在深港通下持股比重达46%），但因估值较低，总体持股比例较低；从行业来看，投资者较青睐金融、消费品制造业、地产建筑业、资讯科技、工业类等板块。[③]

上述政策、监管环境和市场需求充分说明，中资券商拓展境外子公司业务既是服务于实体经济的现实需要，又是顺应资本市场双向开放的必然选择。

二、当前背景下中资券商发挥与境外子公司之间业务协同效应的途径

（一）中资券商境外子公司的设立及发展概况

基于香港资本市场的高度自由化特征、香港在全球金融市场中的地位与影响力、香港作为全球最大离岸人民币业务中心的地位以及香港与内地金融市场联系密切的区位优势，内地证券公司在境外拓展国际业务的方式一般是先在香港设立子公司，拓展香港本地资本市场业务，待发展至一定阶段后，再择机将业务领域进一步辐射至其他国家与地区。

截至2016年12月31日，共有556家实际展业的券商作为香港交易所参与者开展证券业务[④]，这其中包括国际投行在香港的分支机构、香港本地券商以及具有中资背景的券商或

① “国信证券离岸人民币债券市场专题——放眼海外”，寻找高收益，Wind，2016年3月10日，最后访问日期：2017年3月24日。

② “人民币贬值预期及低位的债券收益率推动熊猫债发行规模飙升”，证券时报网，2016年7月11日，网址：http：//kuaixun. stcn. com/2016/0711/12790025. shtml，最后访问日期：2017年3月24日。

③ “沪港通与深港通下的互联互通——内地及全球投资者的‘共同市场’”，香港交易所网站，2017年3月，网址：https：//www. hkex. com. hk/chi/stat/research/rpaper/Documents/CCEO_ Rpt（StkConnect）_ 20170323_ c. pdf，最后访问日期：2017年3月24日。

④ “香港交易所参与者统计资料”，香港交易所网站，2016年12月31日，网址：http：//www. hkex. com. hk/chi/stat/statrpt/factbook/factbook2016/Documents/35_ c. pdf，最后访问日期：2017年3月27日。

内地券商在香港的分支机构。这些券商在业务模式和目标客户上均有较大差异，国际投行的数量不多但规模较大，业务种类与客户结构丰富，市场竞争力较强，系香港证券市场的主导力量；香港本地券商虽数量众多，但平均规模较小，主要从事服务于本地客户的经纪业务，而香港市场又相对成熟，本地客户规模增长有限，故发展潜力不佳，相较于国际投行和中资券商的竞争优势并不明显；中资背景券商的成长速度很快，受益于内地和香港经贸金融交流的日益密切及母公司的客户基础及资源支持，一些中资证券公司仅用数年时间便发展为 B 类券商，中银国际更是借助中银香港庞大的当地分支网络，成长为 A 类券商。未来，随着两地资本市场互联互通的进一步扩容，以及人民币国际化进程的持续推进，中资券商有望迎来更大的发展空间。

截至 2016 年 12 月，已获中国证监会批准在香港设立子公司的内地证券公司共有 29 家，24 家内地上市券商有 19 家在香港设立子公司。[①] 基于相似的股东背景和发展路径，中资券商香港子公司在治理及营运方面存在某些共性：首先，组织架构以金融控股公司[②]为主，下设不同的专业子公司，独立从事不同持牌业务；其次，业务结构以经纪业务和融资业务为主，对内地客户资源依赖程度较高，在展业初期尤其如此；再次，运营成本与内地相比很高，主要以人力成本为主，且初期大多以固定开支为主，对资金投入要求较高，短期内实现自负盈亏的难度较大，需要一定的培育期；最后，母公司支持尤其是资金支持是子公司做大做强的保证，子公司展业初期的客户开发难度较大，相当部分中资券商在营业初期亏损，实现盈利的券商得到了母公司在资本金投入、客户推荐及业务开拓等各方面的大力支持。

就上述共性第二点的业务结构，香港中资券商，特别是中小型中资券商最显见的特征是业务的同质化和业务结构的失衡，经纪类业务收入占营业收入的比例较大，远超其他类型业务。以西南证券香港子公司西证国际证券股份有限公司（以下简称“西证国际”）、兴业证券香港子公司兴证国际金融集团有限公司（以下简称“兴证国际”）为例，公开披露信息显示，西证国际 2016 年度经纪及融资借贷业务收益约 8 069.50 万港元，占年度业务总收益的比例为 72.56%，投行业务、资管业务收益占年度业务总收益的比例分别约为 22.40%、5.04%[③]；兴证国际 2016 年度经纪及贷款融资业务收益约 2.34 亿港元，占年度业务总收益的比例约为 64.91%，投行业务、资管业务、自营业务收益占年度业务总收益的比例分别约为 4.14%、1.83% 及 29.12%。[④]

业务同质化和结构不平衡带来的负面影响是：公司的业务收入受股票市场波动、市场成交额的影响明显，市场交易量萎缩导致经纪佣金及手续费收入下降，股价波动导致融资业务的抵押品市值减少，造成融资业务利息计提减值；公司未能通过业务多样性有效分散经营风险，抵抗系统性风险的能力较差，无法形成自身的差异化竞争优势，在愈加激烈的市场竞争中难以脱颖而出。面对这种情况，中资券商及其境外子公司，尤其是中小型券商及希望后发

---

① 根据各家证券公司公开披露信息、行政许可情况公示等公开信息统计。

② 根据 1999 年 2 月巴塞尔银行监管委员会、国际证监会组织、国际保险监管协会联合发布的《对金融控股公司的监管原则》，金融控股公司指“在同一控制权下，所属的受监管实体至少明显地在从事两种以上的银行、证券和保险业务，同时每类业务的资本要求不同”，金融控股公司通常只行使股权投资的职能，不直接开展具体业务，业务由下属专业子公司分别开展，各自独立对外承担责任，避免经营风险的互相传递，提高风险承受能力。

③ 参见西证国际证券股份有限公司截至 2016 年 12 月 31 日止年度全年业绩公告，年度总收益未计入亏损项。

④ 参见兴证国际金融集团有限公司截至 2016 年 12 月 31 日止年度全年业绩公告。

制人的市场新入者，亟须从战略角度考虑如何挖掘自身优势，拓展细分市场。而且，政策释放的红利和巨大的市场需求也为中资券商及其境外子公司拓展业务领域提供了良好的契机。香港中资券商亦纷纷将业务多元化纳入战略规划。例如，西证国际 2016 年年报披露，公司的未来规划是找准自身定位，发挥跨境平台优势，重点发展投资银行业务和资产管理业务。[①] 兴证国际在 2016 年第 3 季度报告及 2016 年年报相继提出，为分散经纪业务收入下滑的风险，集团未来的业务规划是在继续巩固与发展现有业务的基础上，实现收入结构和来源的更加合理和平衡，努力拓展多元化客户群体，提供定制化、全方位服务，发展债券投资及交易、资产管理、企业融资与机构销售、私募股权投资和结构性融资等业务。[②]

（二）中资券商及境外子公司之间业务协同模式探讨

基于前文对当前监管环境与市场环境的分析，中资券商通过境外子公司拓展国际业务的机遇在于：利用资本市场双向开放政策释放的红利，紧随境内客户“走出去”和境外客户“引进来”需求，向客户提供一站式、综合性的金融服务。在此过程中，注重本土资源和国际平台相结合，挖掘客户需求，培育细分市场，用发展的眼光看市场，提前做好业务布局，充分发挥境内、境外业务的协同效应。

如前所述，经纪业务已成为中资券商境外子公司的主要业务领域，子公司做大此类业务往往受益于母公司所推荐的内地背景客户，因此在发挥境内外协同效应方面已有较为成熟的可借鉴经验。例如，海通证券的香港子公司海通国际证券集团有限公司在 2016 年中报中指出，集团针对经纪业务及时调整了推广政策、语言等策略，更贴合内地背景客户交易习惯，成效渐显，市场份额保持同业领先。进一步而言，中资券商香港子公司可考虑根据内地投资者的交易习惯，制订和完善经纪业务的营销和服务策略，包括网页设计、账单结构、操作便利性等。母公司具备成熟的证券交易平台、制度与流程，熟悉内地客户的交易习惯和偏好，可以在这方面为子公司提供支持，从而充分发挥母子公司的协同效应。鉴于此，下文重点探讨跨境债券发行与跨境并购领域的境内外协同模式。

1. 准确把握市场趋势，提前布局离岸与在岸债券承销业务

（1）离岸美元债券的整体协作模式。受益于较低的发行成本、美元长期中性走势及外债备案政策，当前境内企业美元债券发行势头良好，美元债业务有望成为证券公司发挥协同效应的主要业务类型。协同模式一般为：境内母公司利用本地网络与客户资源的优势，挖掘有意发债的境内客户，与客户进行前期沟通，协助客户处理与发行有关的境内事务；境外持牌子公司则负责牵头准备发行文件、管理簿记过程，安排承销事宜。母子公司之间通过明确分工和紧密配合，以更低的沟通成本和更高的工作效率为客户提供服务，提升客户体验。

（2）离岸美元债券的细分协作模式。用发展的眼光看，美元债市场供给端的扩容，需要与之相匹配的需求端扩容，而随着美元债券发行方门槛逐渐降低，市场上的优质大额认购资源将会被持续摊薄，债券承销能力，特别是企业及债项评级不高的债券承销能力将会显著区分券商在美元债承销市场的排名及口碑。因此，如何充分利用境内外的平台和资源，吸引到更多优质境内外认购资金，并为其设计合规便利的投资框架，将成为券商提升美元债市场

① 参见西证国际证券股份有限公司 2016 年度报告。

② 参见兴证国际金融集团有限公司 2016 年度前三季度报告以及 2016 年度报告。

份额的切入点。其中，合格境内机构投资者（Qualified Domestic Institutional Investors，简称QDII）将是引导人民币资金境外认购债券的重要渠道之一。从发展趋势看，未来美元债券将逐步摆脱仅在境外销售的现状，进化到境内外联合承销的模式，QDII的资格、额度及募资能力将影响券商的美元债销售能力，境内母公司可以通过QDII引导人民币资金投资境外子公司承销的美元债券，令两类业务形成相辅相成、互为带动的良性循环局面。

（3）离岸人民币债券的协作模式。从离岸人民币债券的供给端看，如果未来美元持续加息，相对于人民币的利率优势将逐渐淡化，发行人考虑到缩窄的利率差异及不断的美元升值预期，可能会逐渐分批转向离岸人民币债券市场。从离岸人民币债券的需求端看，人民币的国际化趋势十分明确，人民币在国际贸易、投资及各国央行资产配置中的占比将会越来越多，离岸人民币债券对寻求多元化资产配置的境外机构仍具有吸引力。考虑到该预期，券商及其境外子公司应当不断完善人民币资金双向流通的通道，做好迎接离岸人民币债券浪潮的准备，而母公司在资金出入境模式方面所积累的经验与渠道，也将成为子公司开展离岸人民币债券业务的强有力保障。

（4）在岸人民币债券的协作模式。尽管当前熊猫债券的发行量尚未显著提升，但只要人民币国际化的趋势是确定的，境外机构对人民币资金的需求必将持续增加，熊猫债的未来发展便是可期的，在这一点上，熊猫债同离岸人民币债券并无区别。对于境外发行方而言，如果不考虑人民币兑美元的汇率，离岸人民币债券与熊猫债发行成本的差异仅在于资金出入境成本，如果未来人民币资金跨境双向流动进一步放开，则资金出入境成本将大大降低。除了中资控股的境外企业，越来越多的纯外资企业成为熊猫债的潜在发行方，而对长期在境内发展的券商而言，拓展海外客户并非易事。此时，境外子公司的地缘优势得以凸显，香港以其较低的税负水平和优质的商业服务，已成为跨国企业财资中心的理想地点，而且香港特区政府已在进一步考虑减免企业税负。[①] 境外子公司作为桥头堡，在接触境外潜在发行人方面具备得天独厚的优势，有望为境内母公司带来更多的熊猫债发行与承销业务机遇。

2. 打造跨境并购业务细分市场的核心竞争力

在跨境并购业务领域，除发展较为成熟的中资龙头券商以外，国际投行占据主导地位，中资券商整体不占优势，但可考虑拓展细分市场，实现差异化竞争。

在跨境并购业务中，母子公司的协同效应首先体现在客户引入方面。具备本土客户资源，特别是具备特定区域优势的券商母公司可以重点挖掘所覆盖区域客户有关产能升级、国际布局的需求，同时关注金融服务、地产、零售和消费、高科技、医疗健康等并购热点板块的客户需求，顺应“一带一路”政策趋势，向境外子公司推荐境内客户。

母子公司的协同效应其次体现在服务方式上。券商在跨境并购领域提供的金融服务主要包括交易估值分析、跨境并购融资渠道、资金出境解决方案、交易结构设计、退出方式设计等。同境内并购相比，由于资本项目尚未完全开放及外汇管制的原因，并购融资渠道及资金出境方式成为跨境并购交易需要解决的首要问题。国内投行团队往往对此缺乏深入了解的经验和能力，境外投行团队也很难精准理解境内的实操环境；而且，由于国内金融行业分业经

① 根据香港特别行政区政府发布的2016年施政报告，为进一步吸引跨国及内地企业在香港成立企业财资中心，特区政府建议企业财资中心的相关利息支出在计算利得税时可获扣免，并就指明财资业务的相关利润宽减一半的利得税，特区政府已向立法会提交条例草案。

营的现状，能够协同银行、券商、保险、信托等多种金融机构共同完成融资及资金跨境的团队可谓凤毛麟角。因此，如果能够开拓可行的融资渠道及资金跨境方案，并且由采用混业经营模式的境外子公司统一承做（或至少提供一个项目下的绝大部分金融服务），境内外业务联动将会产生“1+1>2”的良性效果，打造出具备跨境综合金融服务能力的牵头券商。

母子公司的协同效应最后体现在延伸服务上。跨境并购交易完成后，客户可能在境外通过并购标的进行再投资并购，或寻求通过并购资产进行后续融资，或将并购资产注入境内实体。券商及其境外子公司因而能够继续为客户的此类业务需求提供延伸服务，如券商的境内投行部门可以为境内部分业务提供服务，最终促成券商及其境外子公司、境内公司不同部门之间的良性互动模式。

三、中资券商及其境外子公司之间的风险传递和利益冲突防范机制

证券公司及其子公司之间的风险传递和利益冲突防范并非一个新问题，监管部门对此一直有所强调，证券公司设立子公司的审慎性要求之一即为具备健全的公司治理结构、完善的风险管理制度和内部控制机制，能够有效防范证券公司与其子公司之间出现风险传递和利益冲突。[①] 证券公司在申请设立香港子公司阶段，应当就公司与香港子公司之间防范风险传递和利益冲突的安排向中国证监会做出书面说明。[②] 2017年全国证券期货监管工作会议指出，在资本市场国际化的改革方向不偏离、证券期货行业的国际竞争力要提升的同时，要将防风险放在更加突出位置，牢牢守住不发生系统性风险的底线，应对风险的各种预案要全、责任要明、出手要果断。[③]

建立及健全证券公司及其境外子公司之间的风险隔离机制，一方面可以有效防范母子公司经营风险的互相渗透和传递，保障证券公司及其子公司的稳健经营，保护公司及其股东利益；另一方面有助于避免母子公司利用业务协同从事非正当交易及利益输送，防止可能的利益冲突，保障客户及投资人利益。而证券公司与境外子公司分处不同的国家与地区，涉及不同区域间的法律、监管政策、市场惯例、人员安排等问题，两者之间的风险隔离问题更加复杂化。基于母子公司之间的业务协同模式，根据监管原则和精神，建议从以下方面构建证券公司及其境外子公司之间的风险隔离机制：

（一）在全面风险管控的前提下保障境外子公司合规风控管理的独立性

中国证监会要求证券公司对子公司进行全面风险管理，保证风险管理政策的一致性和有效性。中国证监会于2016年6月16日发布并于2016年10月1日起施行的《证券公司风险控制指标管理办法》（证监会令第125号）规定，证券公司应当将所有子公司以及比照子公

① 参见中国证监会于2012年10月11日发布并于同日起施行的《证券公司设立子公司试行规定》（证监会公告［2012］27号）。

② ［行政许可事项服务指南］证券公司在境外设立、收购或者参股证券经营机构审批，中国证监会网站，时间：2016-02-26，网址：http://www.csrc.gov.cn/pub/zjhpublic/G00306205/201602/t20160226_293129.htm，最后访问日期：2017年3月28日。

③ “2017年全国证券期货监管工作会议在京召开”，中国证监会网站，时间：2017-02-19，网址：http://www.csrc.gov.cn/pub/newsite/zjhxwfb/xwdd/201702/t20170210_310621.html，最后访问日期：2017年3月28日。

司管理的各类孙公司纳入全面风险管理体系，强化分支机构风险管理，实现风险管理全覆盖。中国证券业协会于2016 年 12 月 30 日发布实施的《证券公司全面风险管理规范》规定，证券公司应对子公司风险管理工作实行垂直管理，要求并确保子公司保障全面风险管理的一致性和有效性。该两项规定并未明确境外子公司是否适用及如何适用，但中国证监会于 2012 年 10 月 11 日发布实施的《证券公司设立子公司试行规定》（证监会公告［2012］27 号）所界定的子公司为根据中国《公司法》和《证券法》设立的公司，未包括证券公司的境外子公司。在监管机构未针对境外子公司出台专门风险管理要求和标准的前提下，从证券公司及其境外子公司协同展业的角度看，两者在业务上并非各自独立，而是协同展业，业务运行必然伴随着风险管理，因此，全面风险管控的基本原则应同样适用于境外子公司，但在具体执行层面，可以做出合理的特殊安排。

香港子公司自获得香港监管机构颁发的证券业务牌照之日起，应始终遵循香港本地法律法规，尤其是对于计划在香港上市的公司，必须遵守独立运作的原则，在业务、财务、资产、场所和任务等方面都必须和关联公司保持完全独立，并不能依赖于主要控股股东和主要管理层（执行董事）。香港证监会被赋权对中介人的发牌及持续运作、市场基础设施及交易、上市及收购事宜、投资产品行使监管职能，并对违背监管要求的机构与个人采取执法行动，持牌法团和执业人员应严格遵循香港法律法规、香港证监会的监管要求，否则将付出高昂的违规成本。因此，应当保证证券公司境外子公司在合规管理方面的独立权能，建立子公司独立的合规风控管理流程和汇报路线，保证合规与风险人员的本地化。而且，香港子公司在合规风控方面拥有独立决策权，可以有效压缩母公司通过控制权要求子公司配合其完成非正当交易的空间，从而降低母子公司之间不当内部交易的可能性。

（二）证券公司及其境外子公司之间风险隔离的相关举措

在遵守上述原则下，母子公司之间的风险隔离大类措施包括以下几方面：

1. 在风险管理政策的制定方面

应区分子公司独立开展的业务以及与母公司协同开展的业务。对于前一类型业务，如子公司的自营盘交易、本地经纪业务及融资借款业务，应当保证合规与风险管理政策在制定和适用上的独立性，以保证遵守香港当地的监管规则和市场惯例；对于后一类型业务，应当结合母公司层面的风险管理政策，并充分考虑子公司层面的监管要求、业务特征，制定适用于协同业务的风险管理政策。

2. 内部交易的风险隔离机制

在协同开展业务、共同服务客户的过程中，母子公司之间可能产生内部交易，交易类型包括：一方为另一方提供居间介绍服务，一方为另一方或另一方的客户提供资产管理、投资顾问服务，双方产品互投，共同参与承销时的业务协作等。对此，应当区分交易性质，采取对应的风险隔离机制。对于无须依赖资本金和特殊业务资质即可开展的业务，如母公司或子公司基于与特定客户的良好关系，将该客户引荐给对方，促成对方承揽业务，母公司和境外子公司之间可以进行内部资源的优化配置，签署关于居间服务的正式协定并非交易的必要条件。但是，对于需要资金投入、业务牌照及适格人员的内部交易，则需要特别审慎对待，母子公司应签订正式的法律协定及交易文件，明确各自的身份、权利和义务，控制各自的风险，防止因一方的原因导致风险传递给另一方。

3. 混业经营的风险隔离机制

证券公司及境外子公司在开展业务协同的过程中，实际上产生了类似于金融混业经营的效果，而金融混业经营风险管理的核心便是风险隔离。例如，境内外子公司共同为客户提供跨境并购综合金融服务时，分别提供财务咨询、并购融资等服务，应保证每类业务的收益与风险相适应，分别与客户签署交易文件，明确各自的权利及职责范畴，明确每一类业务应适用的法律法规和监管规则，避免主体混同以及收益与风险不相匹配的情形；再例如，子公司作为债券主承销商行事时，在通过母公司的 QDII 渠道以及母公司安排或推荐的其他渠道认购债券的投资者及其他投资者之间分配认购额度时，应当审慎评估是否存在利益冲突的可能性，避免利益输送和不正当交易。对此，证券公司尽量全面考虑内外业务协同中可能的易发生风险传递和渗透的具体情景，再通过情景测试判断是否存在风险及风险大小，进而建立细化的风险隔离和风险缓释措施。

4. 完善信息隔离墙机制

国内证券公司均建立了信息隔离墙机制，避免内幕信息及敏感信息在证券公司内部的不当流动，但一般适用于境内业务，未必完全覆盖境外业务以及境内外协同业务下的内幕信息及敏感信息隔离的问题。例如，跨境并购交易在涉及境外上市公司的内幕信息及敏感信息时，证券公司除遵守现行有效的境内监管规则，还应研究标的公司所在区域监管机构对内幕信息的监管要求，包括该规则是否具有域外效力，确认境外规则是否适用及遵循方式；再例如，母子公司开展业务协同中可能获知关于个券的内幕信息或非公开信息等敏感信息时，母子公司人员若将此类信息披露给境外子公司及其经纪业务客户，则构成违规，但母公司信息隔离墙管理制度仅适用于境内业务，未涵盖此类行为，亦未规定相应的内部管理措施。因此，证券公司和境外子公司应分别进一步完善信息隔离墙机制，明确跨境业务协同下的内部信息及敏感信息跨墙、回墙等合规管理措施。

四、结语

证券公司在开展与境外子公司的业务联动时，应始终将风险管理与业务发展放在同等重要的位置考虑，充分评估境内、境外的法规政策、监管规则、市场惯例对业务的影响，建立并持续健全切实可行的风险隔离机制，确保在风险可控的前提下开展业务协同。

投资者保护

投资者教育现状及方法的改良与补充

张 洁*

一、中国投资者教育现状

（一）投资者教育定义及投资者教育的目的

按照国际证监会组织（International Organization of Securities Commissions，简称 IOSCO）的定义，投资者教育（Investor Education）被理解为针对个人投资者所进行的有目的、有计划、有组织的系统的社会活动，它旨在通过传播投资知识、传授投资经验、培养投资技能、倡导理性投资观念、提示相关投资风险、告知投资者权利及保护途径，进而提高投资者素质。

投资者教育的最终目的是培养投资者理性的投资理念和习惯，从而既保护投资者自身的合法权益和利益，促进资本市场的持续性发展，也能加强资本市场的建设，促进市场的稳定运行。微观上看，加强投资者教育可以减小个人投资者的非理性偏差，营造理性投资氛围，提高投资者素质。宏观上看，国际经验表明，一个国家或地区投资者权益保护得越好，资本市场就越发达，抵抗金融风险的能力就越强，对经济增长的促进作用就越大。

（二）我国目前投资者教育模式

我国目前的投资者教育主要是以中国证监会为主导、证券机构来推行的自上而下的一种模式。国务院办公厅《关于进一步加强资本市场中小投资者合法权益保护工作的意见》（以下简称“国九条”）指出，中小投资者是我国现阶段资本市场的主要参与群体。证券公司在市场上扮演着政策落实的行动者角色，行动的及时性和有效性都会使政策的推行效果受到影响。中小投资者的非理性特征，对证券市场的长远发展和投资安全极为不利，证券市场的大幅波动原因之一就是投资者的心理偏差，盲目跟风。行情高点的最后一波往往伴随着大量的

* 作者单位：申万宏源西部证券有限公司。原载于《中国证券》2017 年第 3 期。

新手涌进市场，由于新手专业知识与投资经验匮乏，风险意识淡薄，缺乏理性投资理念，造成他们一入市就被套。接触新手的都是各证券公司营业网点的工作人员，投资者教育的落实和深入都离不开营业网点的努力。但与此相悖的是，行情好的时候也是证券公司创造业绩的时候，某些工作人员的工作重点是提升业绩，而非对投资者的安全教育。

（三）证券公司营业网点教育体系举例

由于证券市场参与主体的性质以及其中各方利益的博弈，如果没有公平的市场环境，很难实现有秩序的市场竞争，也很难实现市场资源的有效配置。由于信息不对称，投资者处于劣势。只有将投资者教育渗透在客户服务的每一个环节，才能有效提升投资者素质，培养投资者理性投资的理念。

现举例如下：某营业网点对于客户服务，主要采取了事前教育、事件追踪和事后妥善处理的方法。其中重中之重当属投资者保护教育，因为防患于未然，所以是事半功倍的方法。而客户事件追踪只是降低发生意外的概率。在事后处理方面，一不能怕事，二不能怕担责任，三不能乱中出错。因为对一件坏事的处理结果如果高于客户的预期，其效果远比表面上解决这件事要好很多，客户的信任程度也会加深。

1. 某营业网点旨在提高教育的覆盖度，以及对投资者分类分级教育

营业网点的客户分为公共客户和经纪人名下客户，不论哪一种客户，其教育方式都是一样的。首先对客户进行分类，因为不同客户群有着不同的需求，客户需求引导营业网点的工作。例如对新客户要从最简单的操作教起。而对于操作熟练的客户，教育就要更深入，选股的时候对一些指标的认识和公司财务的理解等进行提示，购买产品的时候也要将产品类型、产品策略、产品风险等级等要素讲清楚、说明白。这时的教育可以采取讲座、开培训课程、分发教育读本等方式。该营业网点采取的方法是设立培训课程，事先通知客户有关本期培训的内容、培训时间、培训地点等。其中主要还是针对初入市场的新手培训，现场向投资者介绍资本市场，增强投资者的风险防范意识。通过发放及引导投资者阅读关于打击非法证券活动的折页、手册等宣传资料，帮助投资者提高识别非法投资、咨询活动的能力，以维护投资者自身合法权益。培训宣讲的主要内容来自 2013 年国务院发布的关于保护中小投资者的“国九条”，具体包括：宣讲投资者权益保护体系，使投资者感受到政策呵护，提高投资者信心；宣讲投资者适当性制度、投资者分类及金融产品风险等级划分，引导投资者结合自身风险偏好理性投资；宣讲上市公司信息披露、股东投票以及差异化投资回报等制度安排，帮助投资者知晓自身权利，增强行权意识；宣讲投资者投诉处理、纠纷调解等多元化纠纷解决机制，提高投资者维权意识。

2. 投资者的教育要从头抓起，并建档跟踪

开户这个步骤虽然简单，但这是投资者迈入资本市场的第一步。开发的客户，可以当面约谈，介绍市场形势，演示交易等操作，提示交易风险等。没有面谈的客户可以电话回访，引导他们积极参加营业网点的培训课程。与此同时还有一个重要的工作，就是关注客户档案的投资者教育学习情况汇总表的跟踪记录。该情况表记录客户从开户起所参与的营业网点各种培训活动的次数及学习情况。营业网点继续做好投资者教育园地维护，丰富投资者教育园地内容。公示有关创业板、退市信息、新股申购规则等材料，以便投资者及时了解政策，知晓业务规则，帮助投资者完整了解投资知识。同时向投资者做好相关风险警示，引导投资者

关注投资风险。营业网点还通过悬挂横幅、设置电子屏幕播放等方式，宣传投资者教育活动等内容，营造活动氛围，吸引投资者关注投资者权益保护主题宣传活动，唤醒投资者对自身权益的保护意识，加强投资者对非法证券活动的防范意识。

3. 信息是投资的前提，营业网点工作人员作为信息的传递者，要营造一种信息公平的氛围，在与客户接触的同时要传递信心

工作人员以投资者的需求为导向，明确信息披露的内容和标准，使用浅显易懂的语言，让投资者更有效地获取信息。与此同时，更注重对中小投资者的理性投资教育。选股的时候要注重分析公司的基本层面，及时了解公司披露的信息。劝止他们通过道听途说的不实消息来决定交易策略，或者盲目跟风将自己置于高风险区域。工作人员可以通过各种渠道为投资者树立风险意识，使他们审慎决策，理性投资，自担风险，量力而行。最简单的方法当属投资者教育手册的发放，但在信息传递中这种办法却影响有限。信息作为一个集合抛给客户，如果没有引导和督促，很难有较好的自学效果。最有效的方法是客服的追踪服务。所有的行业都可以解读为服务行业，只是服务的形式不一样，解释的内容不一样。回访沟通，了解客户的动态以及想法是最有效的方法，时刻关注客户的持仓信息以及交易记录，未雨绸缪。服务不应仅限于被动地满足客户的需求。每天的资讯和每日的策略要及时有效地发送到客户手里，因为这些信息是客户可以获得的最易传递也是最有用的信息。发送信息很简单，但是一传十、十传百的效应却很好。客户的信任以及对证券公司的认可这种潜移默化的影响，会在客户心中树立良好的形象。

4. 中小投资者在合法权利受到侵害时，可以公平获取救济和补偿

中国证监会前任主席肖钢曾表示："投资者合法权益受到侵害时，救济的渠道要通畅，救济的方法要多样，救济的程序要便捷。在进一步推动诉讼、仲裁制度机制完善的同时，要全面强化纠纷调解、行政和解、先行赔付等多元化利益纠纷处理机制，确保受害投资者能够及时获得公平的法律支持和赔偿救济。"[①] 我们所能做的不仅是事前提示风险，更要在出事的时候，不怕事，敢于担当，帮助客户找到解决的通道。如果怕事，可能会被不法分子钻空子。该营业网点曾有一名客户因电话推销而购买一种期货产品，3 天手续费损失 50 多万元。当客户打电话到营业网点的时候，已经造成了客户的损失，但工作人员也提供了解决的方案，然后还进行了保护教育约谈。事发后工作人员研究此事，认为其实可以避免客户的损失，因为当客户将资产转移的时候，工作人员就应该有风险意识，可以做一个回访，沟通一下感情，了解一下情况。从那以后，营业网点每周都会对客户进行梳理，每周开会都会对大资金的客户动态做一个总结。

二、现有投资者教育措施的局限性

现有的投资者教育措施，一是由中国证券业协会投保基金联合各大证券公司举办投资者教育活动，二是各证券公司内部的投资者教育体系。措施一对全行业的影响较大，但这种影

① 参见"为投资者营造更加公平的市场环境——肖钢主席在'公平在身边'投资者保护专项活动启动仪式上的讲话"，人民网，时间：2015 - 05 - 15，网址：http：//finance. people. com. cn/stock/n/2015/0515/c67815 - 27006763. html，最后访问日期：2017 年 3 月 3 日。

响只限于参加活动的投资者，因为参与的投资者是各大证券公司为调动客户的积极性而参与的，而每次组织的活动，参与的客户大部分是以前参加过活动的投资者，因为调动一个新客户的积极性比叫一个老客户来帮个忙要难得多。在措施二中，证券公司营业网点是最容易接触投资者的部门，营业网点对投资者教育的重视程度，往往决定了这个营业网点投资者的素质，包括风险意识、证券知识、投资经验等。现有的投资者教育体系重担其实都在营业网点，营业网点的落实情况对整体投资者教育工作的实际进展有重要影响。营业网点落实投资者教育工作的考核方式单一，这是由营业网点投资者教育方法的单一性决定的。通过投资者教育读本和打击非法证券教育读本的发放册数、营业网点大厅内投资者教育园地的更新次数、各种电子显示屏投资者教育提示信息的播放次数、投资者教育讲座举办数量等简单数据来考核投资者教育工作的开展。投入大但效果甚微，一是因为证券公司的投资者教育对象是自己的客户，二是教育手段的单一性造成影响的局限性，小范围的效果没有引发连锁反应。全国发生的非法证券活动中的受害对象不仅仅是证券公司的客户，还有一部分是普通群众。如何广泛有效地普及投资者教育是大家共同面对的难题，如果只由证券公司来落实这项工作，很难收到较好的效果。

三、投资者教育方法改良及补充

（一）将投资者教育工作落实入户，与社区联合，设立一个常规性的活动

营业网点的有些营销活动是经过与社区人员沟通商议之后，在社区举办投资理财讲座，但这种活动主要是为了发掘潜在客户，没有将投资者教育落实和深入。社区是接触群众最基础的单位，中国社区每年都有入户人口调查之类的任务，也会有卫生防疫等方面的需求需要入户。每个辖区对本区内的正规金融机构都有备案，所以在社区入户时，如果将投资者教育手册像防疫药品一样发放入户，对整个社会的影响都是显著的。而且现在社区都设有活动站，老人们喜欢聚集在活动站参与一些活动。而老人一般警惕性不高，容易相信非法证券活动，所以可以有针对性地在社区设立咨询台，可以让辖区内的金融单位派出工作人员每周志愿在社区进行投资咨询活动。由于在社区可以认识更多的潜在客户，所以金融单位应该会很乐意参与这项计划。但是这个措施有个壁垒，就是社区属于事业单位。如果要在全国的社区都进行此项活动，肯定需要中国证监会与上层单位的协调与帮助。这项工作的开展有着十分重要的意义，因为非法证券活动的名目繁多，形式多变，对普通群众造成的伤害往往形成社会问题。我国社区在社会公益方面的重要性也可以运用在投资者教育方面，让社区在投资基础知识传播和基础教育普及等方面发挥重要作用，可以拓展现有的宣传渠道，更直接地接触群众。

（二）利用财经媒体的社会责任和义务引导社会大众理性投资，同时加强对财经媒体的监管

投资者非理性的原因有一部分“归功”于财经媒体对某些事件的不实报道。由于信息不对称，中小投资者劣势很难改变，财经媒体可以说是为了信息而存在。信息的传递和信息的解读都离不开财经媒体。证券市场的真假消息让投资者难以分辨，主流的财经媒体更是任重而道远。中国市场是政策导向型的，政策出台伴随着一批财经新闻的解读，市场会快速进

行反应。但是一项政策的出台是政府对某项工作长期的导向，人们应该理性面对这些政策导向，而不是盲目地追涨杀跌，忽略股票的基本面、财务数据、公司产品质量、公司经营策略等重要的指标。如何将这种政策导向纠正到对公司价值的关注上是一项重要的工作。财经媒体是将各种信息传达给客户的桥梁，还是帮助投资者熟悉证券市场法律法规的重要推手。财经媒体在日常的报道实践中，作为监管机构、证券公司和投资者之间的媒介，对于监管机构的动向和意图应有更敏锐和清晰的把握。监管部门对财经媒体的方向引导和对其报道内容真实性的刚性束缚，可以增强公众对主流媒体的信赖，也有利于公众养成理性投资的习惯。中国财经媒体的主要受众群体是中国的投资者，因此对投资者的特点、需求以及问题都非常熟悉，如果财经媒体在用通俗易懂的方式进行报道、分析和评论的同时，做一些有教育意义的经典案例报道及分析，也会给投资者教育工作带来好处。

（三）强化投资者教育体系的法规建设和对证券公司的日常监管，引导舆论监督

从2000年我国开始启动证券市场投资者教育工程至今，我国投资者教育工作经历了导入期、发展期和转型期，逐步成为我国证券市场稳定发展的重要组成部分。由于我国证券市场发育不充分，公平的制度环境、完善的博弈规则和公开透明的信息披露机制还没有形成，投资者面临着巨大的系统性风险。[①] 由于政策的推动没有刚性的约束，造成投资者教育工作的落实不到位。证券公司的内在发展和投资者教育工作没有必然联系，明确证券公司在投资者教育方面的责任，有效的考核投资者教育工作是难点。在加大法规监控的同时，还要加大现场检查力度，合理利用舆论监督证券机构。主流财经媒体可以对投资者定期作调查，然后结合证券公司的活动，对证券公司进行打分。通过公示前5位或前10位服务质量较好的公司来激励证券公司进行多方位的客户服务。用这样免费宣传的机会调动证券公司在投资者教育方面的积极性。地方报纸应该设专栏，对本区域内的金融事件进行报道，对民众起到一个宣传普及的作用，本地新闻可以加深本地居民的印象，拉近与本地区人民的距离，让大众意识到风险就在身边，需要增强风险意识，进行理性投资。地方报纸对某些金融事件的报道，对证券公司有监督效果，证券公司也会因为舆论风险而更加合规和谨慎。

（四）将投资者教育引入高等教育体系中，将投资者教育设为大学生必修课程

投资者教育这门课程对投资者教育工作的进行有着深远的影响。中国市场以中小投资者占比居多，多样化的投资理财会成为大众的普遍需求。要普及投资概念，重视财产规划，就要普及投资者教育这门课程。该门课程可以教会投资者入门知识，了解证券市场，知晓发展趋势，避开一些基本的概念误区。例如最典型的原始股诈骗，也是非常简单的诈骗，如果大家知道原始股的概念以及上市要求，这种把戏一眼就可以看穿。这种诈骗只介绍原始股的概念但并不会介绍公司如何准备上市，流程、手续一概不提，只表明要上市了，用巨大的利益进行诱惑。

如果将投资者教育课程在高等教育中普及，受教者进行证券投资风险意识会比较高，同时他们的知识会影响父母的决策。现在的大学生是以后的投资主力军，大学生已经具备了思

① 李建勇，刘海二，曹战京："证券投资者教育与国民教育体系"，载《上海金融》2015年第2期，第51页。

考问题的一般逻辑与解决问题的普通思路，而且大学课业压力没有高中大，对投资理财也会有兴趣，所以在大学普及该项课程具备一定的必要条件。这项工作的开展需要投资者教育的老师来推进，但我国现在专门研究投资者教育的人员较少。如果有关部门重视投资者教育的普及，增加这方面的课题研究，相应的师资力量也会更加充实。

（五）引入第三方机构参与投资者教育活动，第三方定义为非营利性的独立测评机构，同时建立官方网站

原因一：可以扩大受众面，让更多的人看到活动主题，调动除证券公司客户以外的一部分人进入该活动。引入第三方的资金可以通过中国证券业协会、证券公司以及投资者教育基金等筹集。以 2016 年中国证券业协会举办的“远离非法证券活动，传递正能量”健康跑活动为例，引入的第三方为“蜂巢 App”，在 App 首页有活动主题，点击链接可以参与问卷调查，然后通过跑步积累公里数参与活动。这个活动从证券的圈子里跳出来，进入跑步圈子，是个很好的想法，但是局限性在于第三方，这个 App 只是跑步的人在用，而且并不是所有跑步的人都在用；同时这个活动趣味性欠缺，问卷调查太刻板，对于想参与活动的其他人来说没有围观的欲望，对其他人吸引力不足。最终还是证券公司调动客户积极性参与活动。这并不是真正意义上的第三方。

原因二：第三方可对投资者进行详细的分类研究并提供与之对应的课程，建立自己的数据库，然后将结果反馈给证券公司。由于涉及客户档案的保密，因此更强调第三方的权威性以及公信力度。客户教育背景、财务背景、投资经验等不同，对不同类别的客户应该提供不同的教育，但是由于证券公司对投资者教育只是停留在基础知识的传播上，所以举行活动对客户吸引力不足，只有初入股市的投资者会感兴趣。高风险投资者容易被高收益回报引诱，造成财产损失，而这些投资者往往经验丰富，自我感觉良好。这种深层次的教育显然不是证券公司员工可以驾驭的。要有人为有需要的客户提供更多元化的知识补充和更深入的自我认识，引导投资者科学、安全、有效地配置资金。

原因三：第三方需要研究有针对性的教育方法并向投资者提供多样化的学习课程。证券公司收到第三方反馈的分析结果后，可以免费提供第三方课程给相应的客户，让客户有机会进入真正的“学校”，从而有能力分辨各种“大师”、各种“神预测”、各种“涨停板”的圈套。官方网站的注册用户将免费送一次初步课程学习机会。知识性课程或者讲座型授课只对部分客户有效果，无法满足广大客户广泛的学习方式，所以学习方式的多样化需要第三方来研究拓展、来补充、来策划。第三方机构可对个人投资者进行系统性教育，为注册会员提供相关投资理财出版物，举办全国性的研讨会并向注册会员提供参与机会，提供视听教育材料、互联网资源免费或打折的优惠服务等。

（六）利用互联网普及投资者教育，建立中国个人投资者教育网站用于民间交流

当前投资者教育途径单一有限，越来越普及的网络教育没有得到充分运用。互联网的受众面更广，形式更为多样，大家还可以有互动，不存在时滞性。若建立专门的个人投资者网站，网站的设立需要募集社会各界的志愿者参与，但这个工作的牵头建议由监管部门进行，这样能保证网站运行的非营利性和公正性。设立个人投资者网站的目的在于相互交流以及互相帮助。这种模式最为典型的就是“知乎”。“知乎”涉及内容广泛且提问后需要邀请别人回答，但不一定会得到答案。为了避免这种情况的发生，网站根据客户分类或者金融产品分类设立不同的板块，然后由相关的专业人员负责不同的板块。这些人员都是以志愿者的形式参与，用户提出问题得到志愿者答案后对答案进行评级或者打赏，然后月平均分数最高的志愿者的头像将在用户进入板块时对用户进行提示。除去相应的目标明确的板块之外，还应设立一个经验交流板块，供大家提供不同的受骗经验。志愿者将这些经验进行难易指数评级并提出相应的预防办法，然后编写成受骗手册，用户可经过对关键词搜索，搜索出相关的“经验”。

参考文献

[1] 顾海峰．投资者教育与证券市场稳定的传导机制研究——行为金融学视角的探讨[J]．科学决策，2009（6）．

[2] 顾海峰．我国证券市场投资者非理性行为及治理——兼论投资者教育[J]．审计与经济研究，2009（4）．

[3] 顾海峰．我国证券市场个人投资者教育问题研究[J]．上海金融，2009（5）．

[4] 冯宇飞．我国财经媒体的社会角色与现实功能问题研究[D]．广州：暨南大学，2004.

[5] 张毅．我国证券市场投资者教育的第三方模式研究[J]．上海师范大学学报，2010（1）．

[6] 张毅．利用第三方模式完善我国投资者教育的可行性分析[J]．时代金融，2008（11）．

控股股东股票质押下的侵占效应：基于华泽钴镍的案例分析

高伟生*

一、引　言

自 2013 年沪、深证券交易所推出场内股票质押式业务以来，因场内质押较场外质押有融资效率高、标的证券折算率高、利率市场化等优势，上市公司控股股东通过场内质押实现融资日益频繁，参与标的日益增加。以深圳市场为例，2013 年底有 625 只标的证券参与，至 2016 年 12 月参与标的达到 1 852 只，涵盖了 99.7% 深圳市场的标的证券。场内股票质押式回购业务规模也迅速增长，2013 年 12 月沪、深证券交易所股票质押规模为 987.63 亿元，而 2016 年 12 月沪、深证券交易所规模为 12 840.06 亿元，特别是在 2015 年股市异常波动期间，场内股票质押业务逆势增长，业务规模由 2015 年初的 3 374.61 亿元增长到年底的 7 086.72 亿元，规模增加 3 712.11 亿元，增幅 110%。

在业务规模日益增长和标的参与占比日益增加的情况下，股票质押风险事件日益显现。2016 年 2 月初同洲电子、茂业通信、华仁药业、大东南、冠福股份、海虹控股、齐心集团、锡业股份 8 只股票因控股股东大比例质押，在市场大幅下跌时无券可补仓的情况下，质押项目面临平仓风险，导致 8 家上市公司纷纷停牌公告。2016 年 5 月 25 日欣泰电气因欺诈发行及信息披露违约受到暂停上市处罚，而控股股东在 2015—2016 年间多次将其持仓股票循环进行质押融资，即使在停牌前期，仍进行质押，截至 2016 年 6 月，控股股东已将其持仓近 90% 的股票质押出去。质押风险事件的显现使得股票质押业务的风险日益受到关注，本文结合华泽钴镍控股股东通过股票质押掏空上市公司的案例，分析了控股股东股票质押的侵占效应。

* 作者单位；上海财经大学，德邦证券股份有限公司。原载于《中国证券》2017 年第 3 期。

二、理论分析和文献回顾

相对于国有企业，民营企业控股股东的股票质押更易发生侵占效应。表 1 列出了民营企业和国有企业股票质押的差异。

表 1 国有企业及民营企业控股股东股票质押的差异

指标	国有企业	民营企业
质押比例	不得超过持股 50%	没有限制
资金用途	不得买卖股票	没有限制
质押程序	报省级以上主管财政机关备案后才可进行股票质押	自行主导
违约处置	协议转让及法院拍卖	流通股：二级市场抛售 限售股：协议转让
质押法律法规	《关于上市公司国有股质押有关问题的通知》（财企［2001］651号）、《关于上市公司国有股被人民法院冻结、拍卖有关问题的通知》（财企［2001］656 号）	《股票质押式回购交易及登记结算业务办法（试行）》
融资约束	融资的政策优惠较多，约束较少	无政策优惠，融资约束较多

首先，从质押的比例来看，民营企业有大比例质押融资的倾向，民营企业对质押标的证券的比例没有监管限制，民营企业控股股东为获得足够的资金可以将所持股票全部质押出去。如果股价出现大幅下降，导致质押股票的履约担保比例低于平仓线时，民营企业控股股东因无担保物，只能采取停牌或者用其他资产担保的措施。但如果复牌后，标的证券持续下跌，在无券补仓的情况下质押标的仍面临平仓风险，因此停牌长期没有效果；而采取其他资产担保受制于资产的流动性限制，短期变现存在一定困难，而且质押标的风险事件对于融资人的其他融资措施将产生负面影响，因此当质押标的证券的股价处于历史高位，民营企业控股股东大比例质押融资额远大于其初始持仓成本时，民营企业控股股东存在将股价波动风险全部转移给质权人的道德风险。而国有企业质押标的证券的比例受到财政部《关于上市公司国有股质押有关问题的通知》（财企［2001］651 号文）的监管约束，只能质押所持股票 50% 的份额，当股价大幅下跌时，国有企业可以用剩余持仓股票进行补仓，提高履约担保比例，保障质押项目的安全。

其次，从质押的程序及资金用途来看，民营企业控股股东的股票质押是民营企业自身的融资决策行为，自主性强，质押所得资金用途无限制，既可用于二级市场投资，也可用于补充流动性。民营企业控股股东有积极性主动采取措施，如调节企业盈余、市值管理等拉升股价，进而提高融资额；民营企业控股股东也有动力将资金投向更有风险性的项目。此时上市公司中小股东虽然可通过卖出股票进行获利了结，但长期来看，民营企业控股股东的短期行为侵占了长期持有上市公司的中小股东权利。而国有企业的质押融资需要报备省级以上主管部门备案审批，国有企业经营层不能单独决策质押行为，而且国有企业的管理层并非上市公司的所有者，其个人激励与质押融资额没有直接关系，所得资金用途也不得用于交易股票获取收益，因此国有企业的管理层没有动力进行相应的市值管理及调节企业盈余。

最后，从违约处置的角度看，民营企业的违约处置较国有企业更易实施。受制于财企［2001］651 号文和财企［2001］656 号文的规定①，国有股的违约处置采取协议转让和法院拍卖两种模式：以协议转让方式来说，国有股变现清偿时，应按规定报财政部核准；导致上市公司实际控制权发生变化的，质押权人应当同时遵循有关上市公司收购的规定。关于司法拍卖，采取非市场化运作的方式，国有股拍卖必须确定保留价，保留价的确定与质权人的保本价和本息回收价确定原则无关，国有企业委托具有证券从业资格的评估机构对拟拍卖的国有股进行评估，并按评估结果确定保留价。保留价的评估结果及拍卖成交均需报财政部备案，国有股东授权代表单位属地方管理的，同时抄报省级财政机关，因此国有股的违约处置需遵守严格的报备审批程序，处置过程以确保国有资产的价值作为前提条件，质权人的权益是次要的考虑要素；而民营企业控股股东质押的违约处置按照《股票质押式回购交易及登记结算业务办法（试行）》的规定进行，证券公司报备交易所审批后，流通股可在二级市场抛售，限售股可以采取司法拍卖或协议转让的方式，质权人质押债权的优先偿受权，因此民营企业控股股东质押的违约处置基本上是市场化运作的。

实证研究中关于控股股东质押行为对上市公司价值的影响，以质押的侵占效应为主，治理效用较少。Yeh 等人（2003）认为，股权质押会导致更为严重的代理问题，股权质押的比例越高，代理问题越严重；郑国坚、林东杰、林斌（2014）指出当大股东面临严重财务约束（股权被质押或冻结）时，更容易对上市公司进行占款，并且此时的占款行为还对上市公司的业绩产生负面影响，即使在较强的外部监管力度或内部制衡力量下，财务约束下的大股东占款行为依然存在；谭燕、吴静（2013）指出股权性质所体现的政治关系为控股股东通过股权质押获得贷款，利用“隧道效用”侵占中小股东利益；郝项超、梁琪（2009）指出最终控制人的股权质押存在明显的弱化激励效应和强化侵占效应，导致上市公司的价格与最终控制人的股权质押比例成负相关；李永伟、李若山（2007）和李永伟（2007）认为在股票质押的情况下，控股股东掏空上市公司的收益为控制权收益和质押融资金额，当股权价值高于质押融资金额时，掏空上市公司的成本为股权价值下降带来的损失，当股权价值小于贷款成本时，掏空成本为 0，并通过明星电力的案例，指出明星电力的民营企业控股股东通过质押融资将股权关联的风险全部转移给银行，并对上市公司进行转移资金、违规担保等掏空行为，侵占中小股东利益；谢德仁、廖珂（2016）研究了控股股东股票质押与上市公司真实盈余管理的关系，发现相对于控股股东未进行股票质押的上市公司，存在控股股东进行股票质押的上市公司向上操作盈余的真实活动盈余管理，其效应在民营企业控股股东及内部股权制衡力量较弱的上市公司更为明显；高伟生（2016）从供给侧改革的角度分析了股票质押式回购运行现状和集中度风险，认为股票质押体现了“降成本、去杠杆”的供给侧改革任务，但质押集中度风险的实证研究显示，估值越高、大股东持股比例越高的上市公司越倾向于提高集中度实现质押融资，这在民营企业集中的深圳、中小创业板市场中较为显著；而王斌、蔡安辉、冯洋（2013）研究了股权质押融资及上市公司业绩改善之间的关系，指出相对于国有企业，民营控股股东因融资约束而采取大量股权质押融资行为，但与国有企业不同，民营大股东在质押股权后因担心控制权转移风险，有更强激励来改善公司经营及业绩。

① 财企［2001］651 号文指《关于上市公司国有股质押有关问题的通知》；财企［2001］656 号文指《关于上市公司国有股被人民法院冻结、拍卖有关问题的通知》。

三、案例分析

（一）背景介绍

成都聚友网络股份有限公司（以下简称“聚友网络”）因2004—2006年连续3年亏损，于2007年4月停牌，2007年5月暂停上市。随后，聚友网络多方寻找重组方，并于2011年12月25日与自然人王辉、王涛签署《资产重组协议》，王辉、王涛为陕西星王企业集团有限公司（以下简称“星王集团”）实际控制人王应虎的子女，聚友网络向王辉、王涛以每股5.39元的价格发行191 633 241股，王辉、王涛支付对价约10.32亿元，占上市公司总股本的35.26%，并取得控股地位。同时为保证重组的顺利实施，王辉、王涛与聚友网络于2011年12月25日签署了《盈利预测补偿协议》，于2012年12月2日签署了《盈利预测补偿协议之补充协议》，于2013年1月15日签署了《盈利预测补偿协议之补充协议二》，约定2013—2015年的业绩承诺，如业绩承诺未完成，以注销股票的形式履约，因此聚友网络更名为华泽钴镍，并于2014年1月10日恢复上市。

然而自2015年10月以来，华泽钴镍受到证监局、交易所、中国证监会等监管部门多次的关注函、监管函、监管谈话及立案调查（见表2），涉及控股股东违规大额占用资金、信息披露不实、关联交易、补偿承诺不履行、内幕交易、高管接连离职、司法冻结等诸多违法违规行为，特别是华泽钴镍2015年年报被会计师事务所出具保留意见并对财务内控制度持否定意见。诸多违法违规行为直指控股股东王辉、王涛及其关联人王应虎。

表2　　2015年下半至2016年5月华泽钴镍受到的监管处罚

公告日期	监管机构	监管措施	事由
2015年10月15日	中国证监会四川局	责令改正、责令公开说明措施、出具警示函	上市公司报表存在问题、未披露商业承兑汇票、控股股东业绩承诺难以履行等事项
2015年10月16日	深交所	监管函	5%以上的股份被质押、购买理财产品、关联方资金拆借等未按规定及时履行披露义务
2015年11月24日	中国证监会	立案调查	上市公司涉嫌信息披露不实等证券违法违规
2015年11月24日	深交所	监管函	公司存在信息披露、规范运作及会计处理违规情形
2016年1月5日	深交所	监管函	股东承诺到期未履行
2016年1月9日	中国证监会四川局	监管谈话	到期未履行股权解除质押承诺，存在重大资产重组盈利预测补偿承诺不能履行的风险
2016年3月16日	中国证监会	立案调查	董事长涉嫌违反证券法律法规
2016年3月19日	中国证监会	立案调查	财务总监涉嫌违反证券法律法规
2016年3月31日	中国证监会四川局	责令公开说明措施	上市公司在资金管控等方面存在较为严重的问题
2016年4月22日	深交所	监管函	对交易所关注函未及时答复
2016年5月11日	深交所	年报问询函	涉及上市公司年报诸多指标
2016年5月14日	中国证监会	立案调查	公司董监高（现任及前任）涉嫌违反证券法律法规

注：表中省略了2015年12月30日至2016年5月30日深交所对华泽钴镍下发的10张关注函。

（二）侵占手法

1. 改组董事会、更换公司管理层

2013 年华泽钴镍借壳聚友网络，2013 年 9 月 18 日王应虎、王涛、王辉制订了华泽钴镍的《公司章程》及《董事会议事规则》，改组了原聚友网络董事会，原有 3 名董事加 3 名独立董事全部被更换，新任董事会由 7 人组成（7 人中包含 3 位独立董事），而实际组成只有 6 人，实际控制人王应虎、王涛、王辉父子三人担任董事，占董事会成员的比例为 50%，外加 2 名独立董事和 1 名董事。按照董事会的议事规则，议案只要超过半数董事同意即可通过，王应虎、王涛、王辉以上市公司 35.26% 的控制权实现了对上市公司董事会的绝对控制。虽 2014 年 6 月 30 日新增独立董事一名，表面上看王应虎、王涛、王辉父子三人董事会成员占比由 50% 下降到 42.85%，这只是王应虎、王涛、王辉父子三人为满足公司章程规定的应对措施，实质上三人对上市公司董事会的绝对控制权没有丝毫变化。在控制董事会后，王应虎、王涛、王辉父子三人对于公司经营层进行了全面的改组，除留任董秘外，总经理、副总经理、财务总监及总工程师全部更换为陕西华泽的人，实现了对上市公司管理层的全面控制。

2. 法人治理机制丧失

在控股董事会、更换管理层后，控股股东王涛和王辉架空了上市公司的法人治理机构。根据华泽钴镍 2015 年年报，控股股东架空法人治理机构主要体现在两个方面：一是董事长直接干预企业经营。根据董事会与经营层的分工，董事长负责董事会的决议及监督管理层经营，经营层负责日常经营活动，但华泽钴镍董事长王涛超越授权范围，直接参与公司的生产经营管理工作。其利用职权控制相关部门或业务，使部分大额资金或票据收支活动没有经过管理层适当地审批，关联方星王集团资金占用没有经过管理层、董事会或股东会适当地审批和披露即已实现。二是内部监督缺失。以华泽钴镍审计部为例，审计部人力薄弱，常年在岗人数仅有 1—2 人，且人员编制和关联人星王集团共用，审计部并由财务总监代管，审计部门无法对华泽钴镍的财务进行有效审计，严重损害了审计的独立性和客观性，使审计委员会和内部审计部门对内部控制的监督无效。

3. 违规大额占款，掏空上市公司

控股股东王辉和王涛在完成对上市公司董事会和管理层的全面控制后，通过华泽钴镍子公司陕西华泽 2013—2015 年开出的应付票据中的银行承兑汇票和本票虚挂往来款，通过票据公司贴现、回款转入关联公司陕西星王企业集团有限公司，年末则用无效应收票据冲减往来款，形成大额的关联方资金占用，该占用既未履行内部审批程序，也未按规定披露。审计机构瑞华会计师事务所指出陕西星王企业集团有限公司占用上市公司子公司陕西华泽资金 2013 年、2014 年、2015 年年末余额分别为 10.81 亿元、14.15 亿元、14.97 亿元，占上市公司对应年份净资产的比重为 92.16%、101.21%、119.21%，而王涛、王辉 2014 年借壳聚友网络相关股份支付的对价仅为 10.35 亿元，仅 2013 年就占用 10.81 亿元的资金。控股股东王涛、王辉通过占用上市公司资金、购买聚友网络壳公司股份、通过股票质押所得资金归还占用资金这样的资本运作模式，既达到了掏空上市公司的目的，又将上市公司的风险成功转移给质权人和中小股东。

4. 违规担保

华泽钴镍控股股东利用上市公司为个人借款进行担保，且担保行为无视公司内部管理制度，不审批不公告。2016 年 6 月 8 日华泽钴镍公告司法诉讼情况：因王涛个人借款 3 500 万元到期未归还，出借人山东黄河三角洲产业投资基金合伙企业将王辉、王应虎和上市公司华泽钴镍告上法庭，理由是上市公司、王辉、王应虎分别签署了保证合同，但是上市公司公告称并不知情担保合同，由此可知担保合同是控股股东王辉私下和出借方签署，没有根据上市公司内部规定进行审批和公告。

（三）质押行为分析

1. 质押公告的分析

图 1 显示了华泽钴镍控股股东在 2014—2015 年的质押行为，其中灰色竖线表示公告了的质押行为，该数据来自上市公司的公告；深黑色竖线表示没有公告的质押行为，该数据来自国信证券对深交所 2016 年 5 月 17 日关注函的核查意见。

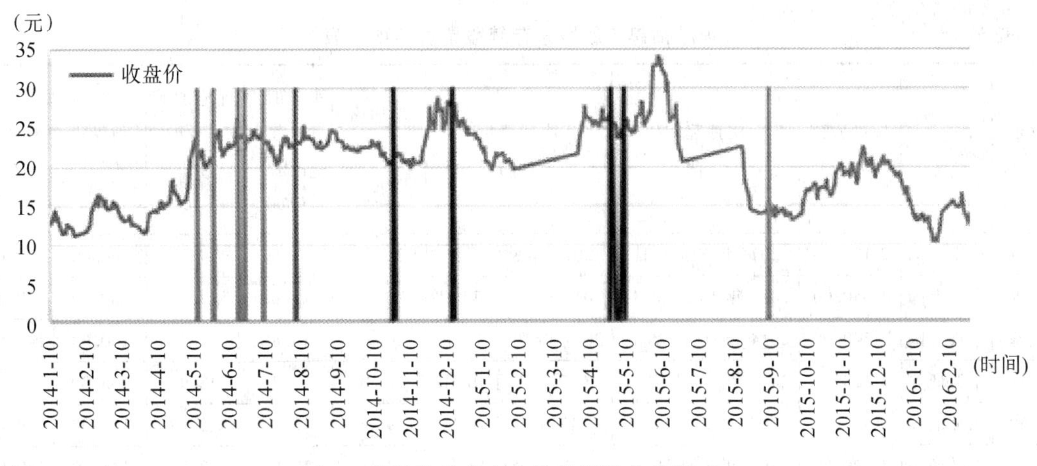

图 1　华泽钴镍收盘价及控股股东质押时点

资料来源：Wind 资讯。

从图 1 可以看出：

第一，股价高位质押不公告。控股股东王辉和王涛进行的 18 笔质押初始交易中，有 9 笔未公告，而这 9 笔质押均发生在 2014 年底至 2015 年中，此时质押标的华泽钴镍股价处于历史高位。

第二，购回交易不公告。根据《深圳证券交易所股票上市规则》（2008 年修订）、《股票质押式回购交易及登记结算业务办法（试行）》等相关条款的规定①，持股 5% 以上上市公司需对包括初始交易、购回交易、违约处置等股票质押行为进行公告，但查阅华泽钴镍的公告，我们发现控股股东王辉和王涛对质押的购回交易不公告。比如在 2014 年 7 月 10 日质

① 《深圳证券交易所股票上市规则》（2008 年修订）第 11.11.3 条规定：上市公司任一股东所持公司 5% 以上股份被质押、冻结、司法拍卖、托管、设定信托或者被依法限制表决权，应及时向本所报告并披露；《股票质押式回购交易及登记结算业务办法（试行）》第六十四条：持有上市公司股份 5% 以上的股东，将其持有的该上市公司股票进行股票质押回购的，不得违反有关信息披露的规定。

押完成后，两个人质押股数占总股本为 15.09% 及 11.83%（王辉持股占总股本 19.76%、王涛 15.49%），而 2015 年 9 月 10 日两人分别拿出总股本 5.89%、5.64% 的股份进行质押，前后加总超过其持仓，因此可以断定在 2014 年 7 月 10 日至 2015 年 9 月 10 日这一段时间内控股股东进行了多次的购回交易和初始交易，均未公告。

第三，质押公告存在虚假陈述的嫌疑。结合国信证券的核查报告及上市公司的公告信息，2014 年 8 月 6 日至 2015 年 5 月 11 日王涛和王辉质押给申银万国证券、东北证券、东吴证券合计 19 162 万股，个人质押集中度几乎为 100%，王辉和王涛两人合计剩余 1 万多股，但 2015 年 9 月 10 日两人合计拿出总股本 11.53% 的股票进行初始交易，股数前后矛盾，因此对 2015 年 9 月 10 日的交易存在虚假陈述的情况，无法核实其准确性。

2. 存续质押项目的分析

国信证券对华泽钴镍的核查意见中揭示了 9 笔控股股东王辉和王涛未购回的股票质押信息，表 3 列出了这 9 笔质押项目的交易要素，从中可以看出：

表 3　　华泽钴镍控股股东存续股票质押项目表

股东名称	质押方	质押股数（万股）	质押起始日期	质押截止日期	预估质押价格（元）	平仓股价（未考虑利息）（元）	平仓股价（考虑利息）（元）	预警线（%）	平仓线（%）
王涛	申银万国	2 175.00	2014 年 8 月 6 日	2017 年 8 月 3 日	22.60	17.56	19.50	160.00	140.00
王涛	申银万国	1 850.00	2014 年 10 月 28 日	2017 年 10 月 25 日	20.44	15.88	17.42	160.00	140.00
王辉	申银万国	2 540.00	2014 年 10 月 28 日	2017 年 10 月 25 日	20.44	15.88	17.42	160.00	140.00
王辉	东吴证券	4 128.00	2014 年 12 月 17 日	2017 年 3 月 10 日	28.49	17.39	18.93	115.00	110.00
王辉	东吴证券	876.00	2015 年 3 月 19 日	2017 年 3 月 10 日	19.66	12.00	12.88	115.00	110.00
王涛	东吴证券	1 329.00	2015 年 3 月 19 日	2017 年 3 月 11 日	19.66	12.00	12.88	115.00	110.00
王辉	东北证券	2 540.00	2015 年 4 月 30 日	2017 年 2 月 17 日	26.68	16.29	17.37	115.00	110.00
王涛	东北证券	592.00	2015 年 4 月 30 日	2017 年 2 月 17 日	26.68	16.29	17.37	115.00	110.00
王辉	东北证券	660.00	2015 年 5 月 11 日	2017 年 3 月 1 日	24.35	14.87	15.82	115.00	110.00
王涛	东北证券	2 472.00	2015 年 5 月 11 日	2017 年 3 月 1 日	24.35	14.87	15.82	115.00	110.00

资料来源：国信证券股份有限公司关于深圳证券交易所《关于对成都华泽钴镍材料股份有限公司的关注函》（公司部关注函［2016］第 85 号）所涉及事项的核查意见。

第一，质押标的存在所有权瑕疵。所有权瑕疵是指已签署业绩承诺的上市公司大股东，如业绩承诺未达到，如以注销股份进行业绩补偿导致股份归属存在不确定性，而此时如果上市公司大股东在股份注销前通过股票质押等方式，将应注销股份质押给证券公司或者银行，则股份的风险全部转移给质权人。华泽钴镍案例中陕西华泽在 2013 年借壳聚友网络上市，陕西华泽实际控制人王辉、王涛曾承诺，陕西华泽 2013—2015 年实现的扣非合并净利润不低于 1.88 亿元、2.09 亿元、2.22 亿元。若业绩未达标，实际控制人王辉、王涛将采取以股份注销的形式按年补偿，而陕西华泽 2013 年、2015 年的盈利均未达标，根据最初的盈利预测补偿协议，王涛、王辉需补偿上市公司 2.28 亿股，超过二者所持的 191 633 241 股，补偿股份数以二者持仓为限。控股股东王辉和王涛对于业绩承诺股份补偿事项公告状态一直处于履约中，不但未采取实质进展，反而在股价拉升阶段通过股票质押集中向银行和证券公司进行融资，将有业绩风险和所有权瑕疵的股票转移给银行和证券公司。

第二，质押率高。9 笔股票质押项目控股股东共融资 25.65 亿元，如果以质押起始日期前一交易日的收盘价计算，质押总股数 19 162 万股，当时总市值为 45.96 亿元，质押率高达 0.55，而根据证券公司确定质押标的质押率 345 原则①，华泽钴镍属于主板股票，质押率一般不超过 0.5，且质押股份为限售股，质押率扣减 0.05 或 0.1，质押率一般不超过 0.45。0.55 如此高的质押率超过了常规项目的融资需求。

第三，质押项目均资不抵债。以 2016 年 2 月 29 日的收盘价 12.5 元计算，质押项目整体市值为 23.95 亿元，在不考虑利息的情况下，履约担保比例为 93%，在考虑利率的情况下，以利率 6%、计息时点从质押起始日期至 2016 年 5 月 31 日，整体履约担保比例仅为 86%，9 笔质押项目均处于资不抵债的状态；同时以每笔平仓线计算出的平仓价来看，在不考虑利息负债的情况下，仅有 2015 年 3 月 19 日质押给东吴证券的两笔质押项目还未到平仓线，但如果考虑到利息负债的情况下，9 笔质押项目均处于平仓价以下。

第四，控股股东质押比例高，存在恶意质押、高位套现的嫌疑。控股股东王涛和王辉作为一致行动人，在上市公司管理和决策层面采取一致行为毋庸置疑，但在质押融资过程中采取在同一时间、选择同一质权人进行质押且不披露上市公司控股股东的质押行为，同时利用深圳上市股票可以在不同证券公司进行股票质押交易的制度安排，将所持有所有权瑕疵股票几乎全部质押，任由股价下跌导致质押项目达到平仓线而不采取任何实质的履约担保措施，将质押的风险全部转移给质权人，存在恶意质押、高位套现的嫌疑。

四、结论及政策建议

本文通过华泽钴镍股票质押的个案分析发现：民营控股股东利用控股地位，通过改组董事会、修改公司章程等制度安排架空公司法人治理机构，将具有所有权瑕疵的股票高位质押融资，并利用深圳转托管的限制，高比例质押，并对质押行为不公告，存在高位套现的恶意行为，并对上市公司采取资金侵占、违规担保等掏空行为，严重侵占中小股东利益。为控制控股股东股票质押的侵占效应，维护广大中小股东利益，本文对股票质押业务后续的政策建议如下：

第一，建议中国证监会层面制定《证券公司股票质押式回购业务管理办法》，加强对股票质押业务的顶层监管。现有的股票质押业务管理主要从自律层面展开，相应的管理制度为中国证券业协会颁布的《证券公司股票质押式回购交易业务风险管理指引（试行）》和沪、深证券交易所颁布的《股票质押式回购交易及登记结算业务办法（试行）》，缺乏顶层设计

① 质押率 345 原则指股份性质为流通股的创业板、中小板及主板质押标的的最高质押率，如创业板股票质押率不超过 0.3，中小板股票质押率不超过 0.4，主板股票质押率不超过 0.5；如果质押股份为限售股，根据中国证券业协会《证券公司股票质押式回购交易业务风险管理指引（试行）》：以有限售条件证券作为标的证券的，原则上质押率应当低于同等条件下无限售条件证券的质押率，证券公司一般在流通股的基础上扣减 0.05 至 0.10，但扣减的具体幅度由证券公司的风险偏好决定。

对股票质押业务的监管制度。考虑到顶层监管强于自律监管，建议中国证监会层面制订相应的管理办法，可以从标的证券范围、控股股东质押比例、信息披露等方面进行统一和权威的规定，比如可以明确约定所有权瑕疵的标的证券不得纳入质押范围，对控股股东质押比例有明确上限的要求，可参考国有股的质押比例规定，要求大股东质押比例不得超过持股的50%，持股5%以上股东的质押行为信息披露的要求及处罚措施，从顶层设计层面严格限制控股股东质押的侵占效应。

第二，建议证券公司统一质押项目规则，加强对项目的统一管理。根据股票质押出资模式的差异，股票质押式回购业务可以分为自有资金出资和资管计划出资。证券公司对自有资金出资的股票质押采取主动管理模式，对尽职调查、项目安全性等方面均有严格的要求，而对资管计划出资采取被动管理模式，一般要求委托人在合同中约定豁免尽职调查责任、要求违约处置时原状返还质押标的等条款，即对项目要素形式审核非实质审核，但控股股东质押标的证券的风险不会因为出资模式的差异而有所不同，类似于华泽钴镍控股股东股票质押的侵占行为最终将风险传染到所有质押的项目，因此建议证券公司对自有资金出资和资管计划出资采取统一的项目审核模式，严格控制通道类的资管计划出资模式。

参考文献

[1] 高伟生．股票质押式回购业务运行现状、集中度风险及对策：基于供给侧改革视角的分析［J］．证券市场导报，2016（09）：51—57.

[2] 郝项超，梁琪．最终控制人股权质押损害公司价值么？［J］．会计研究，2009（07）：57—63.

[3] 李永伟，李若山．上市公司股权质押下的“隧道挖掘”——明星电力资金黑洞案例分析［J］．财务与会计，2007（02）：39—42.

[4] 李永伟．控股股东股权质押动因及经济后果研究：基于沪深两市 A 股上市公司的实证分析［R］．复旦大学博士论文，2007.

[5] 谭燕，吴静．股权质押具有治理效用吗？来自中国上市公司的经验证据［J］．会计研究，2013（02）：45—53.

[6] 王斌，蔡安辉，冯洋．大股东股权质押——控制权转移风险与公司业绩［J］．系统工程理论与实践，2013（07）：1762—1773.

[7] 谢德仁，廖珂．控股股东股权质押与上市公司真实活动盈余管理［D］．2016.

[8] 郑国坚，林东杰，林斌．大股东股权质押、占款与企业价值［J］．管理科学学报，2014（09）：72—87.

[9] Yeh，Y. H.，and C. E. Ko. Ultimate Control and Expropriation of Minority Shareholders：New Evidence from Taiwan［J］. Academic Economic Papers，2003，31（3）：263—299.

私募股权基金的投资者保护初探

袁丽明*

2016年是私募基金的"监管年"，监管部门着力构建私募基金监管及自律体系，就私募基金内控、募集行为管理、信息披露、基金合同内容与格式等方面出台了多项规定及指引，并且建立"失联（异常）"私募机构公示制度的公告制度，从源头对私募行业进行肃清、监管和规范。私募股权基金是其中的重要部分，资本市场通过私募股权投资对实体经济的参与越来越多，发展迅速，对实体经济的发展起着举足轻重的作用。

一、我国私募股权基金发展现状

私募股权投资基金起源于美国KKR集团，并经历了多次热潮，我国发展起步较晚，但迄今也已20余年。2015年，二级市场经历了史无前例的巨幅震荡，在产业结构调整、经济持续转型的大环境下，我国私募股权基金仍处于蓬勃发展中。

根据普华永道的数据分析，"从市场占比来看，2015年专注于中国市场的私募股权基金募集金额总额约占全球总额的10%"（见图1）。①

2005—2015年期间，中国（含香港）市场总共募集超过4 300亿美元，在亚洲私募股权基金中占主导地位（见图2）。②

从投资交易的活跃度来看，2015年私募股权基金（其中包括其他类别的财务投资者）交易的数量与金额分别增长了79%（数量）和169%（金额）（见图3）。③2015年，中国私募股权及风险投资基金交易总额表现出强势增长，相比2014年增长170%，占据全球交易总额的48%，而同期全球交易总额仅增长18%（见图4）。④

---

* 作者单位：招商证券股份有限公司。原载于《中国证券》2017年第3期。

①②③④ 普华永道：《中国私募股权/风险投资基金2015年回顾与2016年展望》，2016年3月。

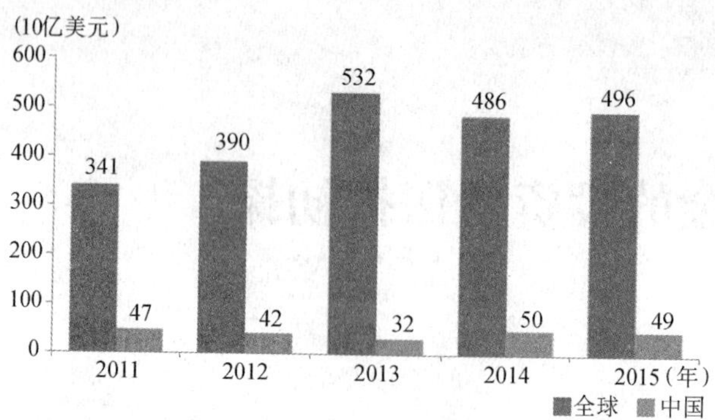

图 1　中国及全球私募股权/风险投资基金募集资金对比（2011—2015 年）

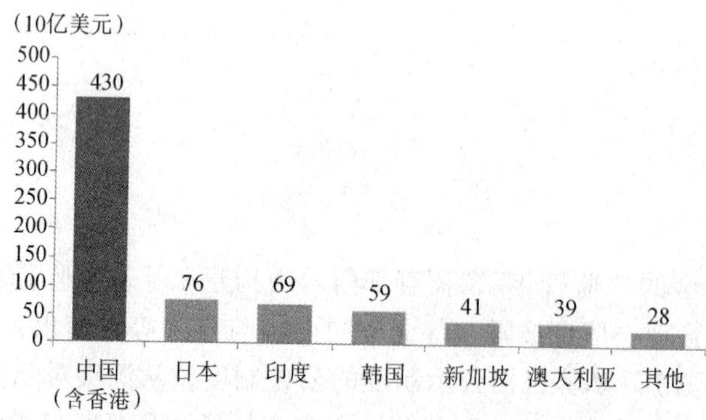

图 2　亚洲各国按国家分类募集资金总额（2005—2015 年）

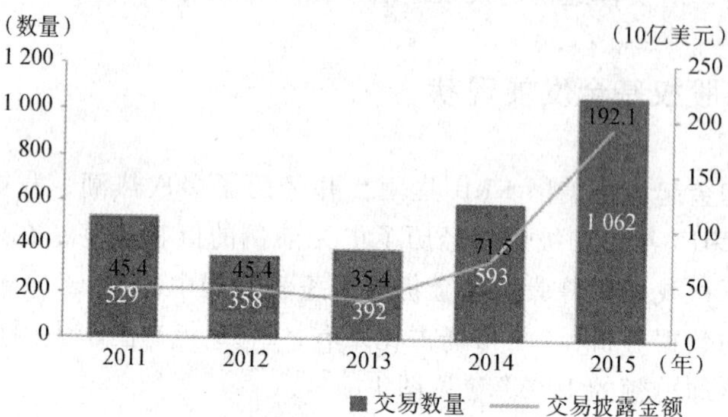

图 3　私募股权基金交易数量与交易金额（2011—2015 年）

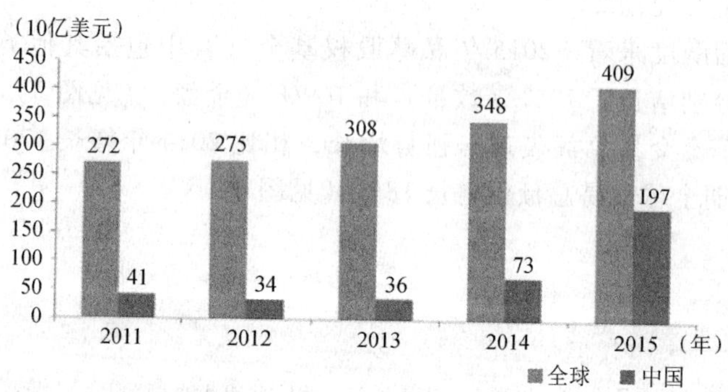

图 4　中国及全球私募股权/风险投资基金交易额对比（2011—2015 年）

私募股权基金的蓬勃发展是中国经济发展的内生需求，有助于优化产业结构，促进资本循环；与此同时，有效推动并促进技术创新、扶植本土中小企业等都极大地推动了我国经济结构的转型升级，是中国市场经济发展到一定阶段的必然产物。

然而，私募股权投资在快速发展过程中也存在很多问题和不足之处，市场投资主体良莠不齐，不仅存在部分非法集资的犯罪行为，更多的是由于法律法规不健全出现的准入机制不完善、退出渠道过于集中以及信息不对称导致的道德风险等。如何避免这些问题，本文将按照私募基金全流程——募集、投资、管理、退出中出现的管理人与投资者准入、信息披露以及退出机制的完善等方面来分析投资者权益的保护，降低投资者风险。

二、私募股权投资基金投资者保护目前存在的问题

私募股权投资基金，在发达国家的金融体系中是仅次于银行信贷和证券公开发行之外的融资方式。

目前，私募股权投资基金市场的投资者主要以民间资本、金融机构和政府引导资金为主。私募股权投资基金具有非公开性的特点，主要为自律监管，所受监管较公募基金相对宽松，很大原因是因为其面向的是具备一定条件的合格投资者。合格投资者与普通投资者相比，具有一定的资本实力以及风险承受能力，但在私募股权基金投资过程中的权益保护问题，以现有的规章体制看仍然有亟待改善之处。

（一）管理人与投资者双重准入过于宽松

1. 管理人准入门槛较低

从现有的法规来看，中国证券投资基金业协会对私募证券基金管理人的要求高于私募股权基金管理人，2016 年公布的《关于进一步规范私募基金管理人登记若干事项的公告》中要求私募证券投资基金管理人的所有高管需具备证券从业资格，而私募股权投资（PE）的管理人则只需法人及合规风控负责人具备证券从业资格。

私募股权基金投资具有高风险的特性，对人才、知识、经验等具有多方面的要求，以保证其高效率地运作，给投资者带来收益。但由于目前我国私募行业准入门槛较低，股权投资环境相对不成熟，导致部分私募基金管理人投资能力、风险控制能力等不足，投资者的投资风险系数也相应增加。

2. 合格投资者判断标准过于宽泛

2016 年 7 月 15 日，《私募投资基金募集行为管理办法》正式实施，明确了私募基金合格投资者的标准，改变了风险揭示和调查问卷随意性较大的情况，初步建立了私募领域的投资者适当性管理机制。但是其规定较为单一，证券投资类基金与股权类基金存在相当大的差别，无论是调查问卷还是风险揭示书，均未有所体现。

另外，此管理办法中的合格投资者风险调查问卷内容并未有效体现出对风险识别能力方面的要求，部分关于教育、投资经验等风险识别问题太过宽泛，私募股权投资的投资期限较长，对被投资企业的经营状况不了解或无法完整了解，这就要求投资者具备较高的风险识别能力才能做出更适合自己的投资选择。

（二）信息披露机制缺乏针对性

市场经济活动中信息不对称是不可避免的，私募管理人作为投资的直接参与人对投资的把握程度较高，加上私募股权基金本身具有一定的私密性和非公开性，信息不对称的问题更为突出。

私募基金管理人是具有信息优势的交易方，对于信息更加了解，掌握着更充分的交易信息，必然更加了解相关情形，因而往往占有主动权，可以避免相关损失，甚至能够利用信息获益。相反，信息较为缺乏的一方，则处于被动地位，无论是盈利还是亏损，都只能被动接受，无法提前知道，做出选择。这种信息不对称的风险，还有可能引起道德风险的发生。[①]

在股权投资基金的实际运营中，只有管理人掌握着基金的投资方案、投资组合等相关重要信息，处于享有信息资源的优势地位。投资者在资金转移占有后，对于私募基金的运营没有决策权，也不一定了解私募投资的组合、方案，最多只有“用脚投票的权利”，但私募股权投资基金大都是封闭运作，退出较为困难，这样，投资者就完全处于一个被动的、信息缺乏的劣势境地。[②]

2016年，中国证券投资基金业协会公布《私募投资基金信息披露管理办法》，在一定程度上有效整顿了信息披露混乱随意的局面，但并未将证券投资类基金和股权投资类基金相区别，披露要求对私募证券投资基金的投资者更为有利，而对股权投资类基金投资者的保护甚少。

制度中规定季报应当披露基金净值、主要财务指标以及投资组合情况等，年报应当披露基金净值、基金份额总额、财务情况、基金投资运作情况和运用杠杆情况、投资者账户信息、投资收益分配和损失承担情况、管理费和业绩报酬等，这些规定对于动辄封闭3—5年且估值用成本计算的私募股权投资基金很难客观地看到基金投资标的的实际情况，大部分私募股权投资基金的估值甚至仅仅在基金终止日，对于运行过程中投资者的实际损益无法体现，主动权完全在于管理人。

（三）退出方式较为集中

在私募基金的整个运作过程中，退出可谓是压轴的一步，其退出的成功与否决定私募投资最终的效益。目前主要的退出方式有四种：公开上市、兼并收购、股权回购、破产清算。四种方式各有优劣（见表1）。

表1　　四种退出方式的比较

退出方式	优势	劣势
公开上市	1. 投资回报率最高 2. 提升私募股权基金和目标公司的市场形象和知名度 3. 企业上市后股权流动性好	1. 上市成本巨大 2. 上市门槛高 3. 锁定期

① 赵忠义：《私募股权投资基金监管研究》，北京：中国金融出版社2012年版，第58页。

② 蓝青：《私募基金的信息披露法律问题研究》，西南政法大学硕士学位论文。

续表

退出方式	优势	劣势
兼并收购	1. 产生协同效应 2. 运作灵活、成本较低 3. 受资本市场影响较小	1. 收益率相对较低 2. 因股权转让可能会被管理层反对 3. 容易引发反垄断审查
股权回购	1. 保证公司独立性 2. 退出迅速 3. 成本较低	1. 法律限制 2. 不以现金支付 3. 收益低
破产清算	1. 最大程度减少损失 2. 反映了市场规律	1. 对私募基金造成资金和声誉上的双重打击 2. 程序复杂，花费时间长

公开上市即首次公开发行，能够带来较大的经济效益，收益在四种方式中最高，也是目前私募股权基金的首选退出方式，但其短板在于上市成本高、上市标准严苛、锁定期较长等。

兼并收购在西方国家运用比较广泛，但在我国实际操作较少，其相对IPO的优势在于运作灵活、退出成本低、受政策影响较小，但是缺点也显而易见，可能触及反垄断调查、目标公司管理层的抵制等，并且并购退出获取的收益要小于公开上市。

股权回购一般是被动回购，触及合同中的回购条款，基金要求目标公司对其持有的股份进行回购，其属于在投资目标未达预期情况下的保障性退出方式，过程简单，成本低，退出迅速，但是投资收益较低。

破产清算是在投资宣告失败的情况下将损失降到最低的应急退出机制。[①]

在我国，通过A股公开发行往往能带来较高利润，因此资本的逐利性引导大部分的PE仍优先选择公开发行的方式进行退出。根据普华永道2015年的数据可以看出，IPO仍然是主要的退出方式（见图5）[②]，占所有的退出中近50%；兼并收购数量为自2011年以来的低位。

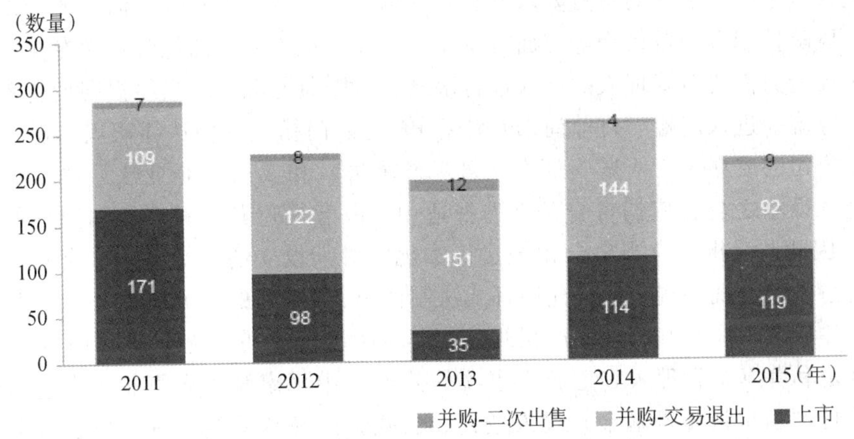

图5 投资企业上市与并购退出数量

① 张云伦：《我国私募股权基金退出机制法律问题研究》，华东政法大学硕士毕业论文，第23页。

② 普华永道：《中国私募股权/风险投资基金2015年回顾与2016年展望》，2016年3月。

IPO 退出方式的集中，相应地带来有待退出的投资项目挤压，是该行业的一大问题。2015 年私募股权基金退出数量与 2014 年同期持平，交易数量是 2014 年同期的两倍（见图 6）。[①] 有待退出项目的挤压很大原因是因为扎堆 IPO，2015 年 IPO 退出占所有退出方式的接近 50%，完善退出机制，构建多元化的退出模式，有利于消化项目挤压，保护投资者利益。

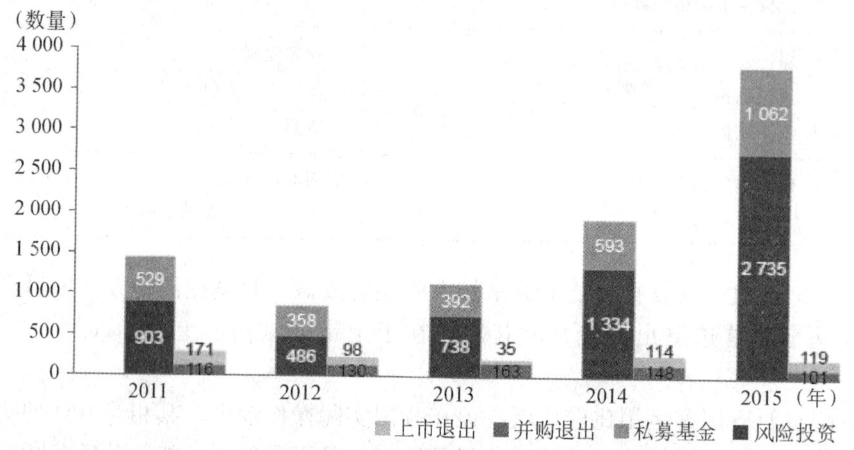

图 6　投资交易数量与退出数量

三、私募股权投资基金投资者保护的完善措施

（一）限制管理人与投资者准入门槛

基金的管理人和投资者是基金重要的当事人，完善其准入门槛，有助于保护投资者利益，保障基金的有效运行和管理，防范投资者纠纷和投资者不必要的利益损失。

1. 管理人的准入门槛

私募股权基金其专业性的特点要求基金必须拥有一支专业的管理团队，才可以在投资标的的选择、风险控制和利益谈判等方面具备比个人投资更为明显的优势，而专业的管理团队和良好的风控能力需要对管理人的准入进行限制，否则鱼龙混杂，最终损害投资者的利益。

首先，应统一进入门槛。目前尚未有针对 PE 进入门槛设立的法律法规，现有的私募股权投资基金公司的成立主要依据《证券法》《公司法》和《合伙企业法》等，部分私募股权投资基金在设立之初会依据自身条件选择适用，故意规避其不符合相关条件的法规，打“擦边球”。因此监管机构应当出台相关法律法规，对其设立的人员要求、资本规模、组织形式等进行清晰、准确的规定，搭建闭环式法制框架，为 PE 的发展提供有力的法律保障[②]。

其次，注册资本应与其管理资产相匹配。中国证券投资基金业协会 2016 年公布的《关于进一步规范私募基金管理人登记若干事项的公告》中规定管理人需相关人员取得基金从业资格，并且“新申请私募基金管理人登记、已登记的私募基金管理人发生部分重大事项变更，需通过私募基金登记备案系统提交中国律师事务所出具的法律意见书”，但并未对管

① 普华永道：《中国私募股权/风险投资基金 2015 年回顾与 2016 年展望》，2016 年 3 月。

② 樊博奕：《我国私募股权基金发展中存在的问题及对策研究》，对外经济贸易大学硕士毕业论文，第 31 页。

理人的注册资本提出要求。私募基金的募集资金最低100万元，但并未有最高限额，尤其是私募股权投资基金，动辄成千上百万甚至数亿元，但形成强烈反差的是管理人自身的注册资本可能仅仅是其所管理资产的百分之一甚至千分之一，呈现完全的不对等性。若发生投资风险，则牵涉利益广泛，甚至产生一些系统性和道德风险，涉及非法集资等犯罪，最后导致投资者遭受重大的经济损失。注册资本与其管理资产相匹配，可以在一定程度上缓解类似的风险，并且在管理人恶意侵害投资者利益或者其在投资运作过程中存在重大失误的情况下，通过对管理人财产的司法执行，投资者可以挽回部分损失。

2. 投资者的准入门槛

国际上私募股权投资基金发展较为完善的国家与地区都将投资者适当性管理列入金融规制的重要法律法规中。例如，美国作为资本市场发展较为完善的国家，证券监管机构在2015年重新审视了“合格投资者”的标准，仅报告就长达100多页；在我国，香港特别行政区作为证券市场较为发达的区域，亦在2015年对“合格投资者”的评估提出了相关的改进措施，与此同时对参与的中介机构在责任界定方面更为严格。[①]

美国合格投资者制度的主要相关法规为《Regulation D》。法规中相关章节对“合格投资者”的界定采取的是列举式，有8种符合要求的合格投资者，主要是从资金、投资经验、特殊关系以及投资人数四个方面认定的。[②] 我国《私募投资基金募集行为管理办法》第十九条调查问卷中的相关内容与其大体一致，但是其实际的调查问卷更为细致，可通过调查问卷综合判断投资者的风险承受能力和风险识别能力。中国证券投资基金业协会公布的模板较为简单，很难通过问卷系统有效判断投资者的相关情况，特别是对于风险识别能力问题太过笼统。例如下面这道样题：“您的投资知识可描述为：A. 有限，基本没有金融产品方面的 B. 一般：对金融产品及其相关风险具有基本的知识和理解 C. 丰富：对金融产品及其相关风险具有丰富的知识和理解。”大部分基金管理人用的便是此类模板，“一般”和“丰富”作为较为抽象的形容词，判断太过主观，导致影响最后结果的客观有效性。

股权投资基金作为与证券投资基金完全不同的投资类型，其所应具备的风险承受能力和风险识别能力也有所不同，应设计具有私募股权投资基金特性的问卷，着重对于其私募股权投资部分的投资经验和知识作细致的判别。

（二）建立区别化的信息披露制度

证券投资基金和股权投资基金在投向和日常管理中存在很大区别，现行的《私募投资基金信息披露管理办法》从披露内容看对证券投资基金的投资者保护更为有力，现行制度中所要求披露的净值波动、投资组合、投资收益分配和损失承担情况等对于股权投资基金是基本处于投资初始状态，在股权投资基金较为漫长的数年投资过程中，季报、年报所能获得的有效信息非常少。

因此应建立区别化的信息披露制度，股权投资基金的投资大多以成本估值，对于证券投资来说非常重要的净值披露对于股权投资反而没有太大意义，私募股权投资对投资者影响较为重大的无疑是投资标的情况，但投资标的的情况往往只能由管理人获取，投资人和管理人

---

① 陆金所KYC项目：2016年第18期调查研究，第88页。

② 李璟超：《论私募股权基金投资者权益保护》，华东政法大学硕士毕业论文，第8页。

双方掌握的信息不对称，存在严重的逆向选择的问题。除管理人主动公布的投资信息外，投资人很难从其他公开渠道中获取到其他有用信息，并且 PE 一般封闭运作，短则一两年，长则七八年，管理人因其信息获取的优势地位，较易长期隐藏不良信息。实践中，基金管理人在投资过程中往往会考量其投资所获得的收益与基金费用之间的平衡，若投资获得的收益不甚理想，大于管理费用时，PE 的管理人很可能采取消极态度以待之，甚至引发道德风险。

首先，对于 PE 应进行穿透式的信息披露。现今的 PE 产品多为嵌套式，基金投向往往是基金、信托计划、资产管理计划等，有些甚至经过多层嵌套，投资者在管理人披露的信息中仅能获取其初次投向，无法获取其最底层投向的信息，间接导致投资者受到片面信息的不利引导做出不符合自己风险接受程度和价值导向的投资决定。

其次，对于底层投向，应披露其在目标公司中的股权占比情况，普通参股与实质性控股对投资者的投资判断具有重要的作用。与此同时，基金管理人对目标公司的经营管理参与情况也应属于披露信息，私募股权投资基金在投资过程中担任何种角色，是单纯的融资方还是经营管理的参与者以及其参与的阶段均属于重大信息内容，影响投资者的风险识别和价值判断，应在法规中明确其披露义务。

最后，私募股权投资基金在定期报告中应有别于证券投资基金，应侧重于披露目标企业的阶段性进展情况、基本经营状况以及偿还能力等关键指标，改善股权基金投资者投入资金后长期处于关键信息空白期的状况，最后在基金终止日爆发刚性兑付的风险。

（三）鼓励退出方式多元化发展

私募股权投资基金退出阶段是基金投资成功与否的关键，但是目前各退出方式有利有弊，并且趋向集中，完善退出机制，鼓励退出方式多元化发展，保障投资者利益落到实处。2016 年 IPO 活动明显加快，随着注册制准备工作的推进，IPO 的门槛审批效率将会有效提高。

1. 完善多层次的退出交易市场

相比较我国集中采取公开上市的退出方式，西方发达国家的退出方式较为多元，完善的市场应为不同的项目、不同的投资者提供不同特性的退出方式。例如，应进一步建设与完善新三板、产权交易市场等，使其成为多元化退出交易市场的重要途径。目前新三板存在流动性不足的问题，在一定程度上对私募基金通过新三板挂牌退出形成障碍，若能有效解决流动性的问题，将为私募股权基金的退出打通一条高效的渠道。目前股权交易市场的投资方向较为单一，虽然存在多样化的形式，例如产权交易市场，但发展较为缓慢，相关的配套措施未跟上。因此完善产权交易市场，构建多层次的股权投资平台，明晰相关产权归属问题，将能有效扫除股权投资基金中交易要素不清的障碍，推动整个 PE 市场的多元化蓬勃发展。

2. 完善并购退出法律制度

并购方式除可能会遭到目标公司管理层的反对以外，最大的法律障碍是可能会涉及垄断。2009 年，中国商务部根据《中华人民共和国反垄断法》中第二十七条反垄断的规定否决了可口可乐收购汇源果汁的申请，但其实法律中规定较为原则，相关部门具有很大的自由裁量权，基金管理人也难以把握相关尺度，对投资的顺利进行造成阻碍。

为防范并购因涉及垄断导致投资失败，应出台一部符合市场实际的标准，指导、判断并购是否涉及垄断，是否排除、妨碍了竞争，列明相应的判断标准，缩小监管机构的自由裁量权范围，降低审查过程和结果的不确定性，并对企业的并购过程加以有效引导。这样既防范市场垄断，也有利于并购的进行，鼓励私募投资基金采用并购的方式退出。

3. 完善回购退出法律制度

许多私募股权基金在合同中都会规定回购条款，用以保障投资者的权益，大部分以对赌协议的形式体现。2012 年最高法院做出对赌第一案（海富投资诉甘肃世恒对赌协议案）的判决，再审判决确立与目标公司的对赌无效，与目标公司股东对赌协议有效，最高人民法院认为“对赌协议是由投资者与所投资公司签订，该协议无效，因为这有悖于股东作为公司所有人有义务承担公司风险的本质特征。但对于股东之间的对赌协议，只要该协议出于双方自由的意思表示，则应视为有效”。[①] 私募股权基金在实践中应注意类似的法律法规的判例，及时调整其相关回购条款，以保障投资者的合法权益。

部分学者认为普通的回购与 PE 的回购应该区别对待，将 PE 的回购退出作为可特殊处理的情形，允许公司对 PE 的回购。“这样既没有破坏资本维持原则，也保障了私募股权基金回购渠道的畅通[②]。”

4. 完善破产清算退出法律制度

《中华人民共和国企业破产法》中规定，无法清偿到期债务并且资不抵债是公司向管辖法院提出破产申请的要求。但是笔者认为此要求过于严苛，当达到这些法定条件时，企业已严重亏损，作为股东的投资者的损失已经最大化。而一般私募股权投资基金主要意图是通过融资获得收益，在目标公司已明显出现偿债能力障碍的情况下，应给予其有效的退出机制，以防止投资者的损失进一步扩大。

除申请目标公司破产的条件较为严苛外，私募股权投资基金作为股东也存在主体上的障碍。《中华人民共和国企业破产法》中规定，债权人、债务人以及清算责任人才有权向管辖法院提出破产申请，在公司中的角色仅仅为股东的私募股权基金是无权申请破产的，因此建议将公司股东作为依法有权申请破产的适格主体，并且私募股权基金作为专业的管理人，相比个人股东拥有更专业的判断能力，赋予其申请破产主体，亦可有效防范目标企业的损失进一步扩大。

参考文献

[1] 赵东升．私募股权基金法律实务大全——募集·融资·企业改造·上市［M］．上海：上海社会科学院出版社，2011.

[2] 赵忠义．私募股权投资基金监管研究［M］．北京：中国金融出版社，2012.

[3] 李昌麒．经济法学［M］．北京：法律出版社，2008.

[4] 王荣芳．私募股权投资基金监管法律问题研究［M］．北京：中国政法大学出版社，2013.

[5] 李佳音．私募股权投资基金收益分配的研究［J］．中国市场，2011（18）．

① 王华秀，王睿超：“我国私募股权基金法律制度障碍及其完善”，载《重庆科技学院学报》2014 年第 1 期。

② 黄可：《公司股份回购制度法律研究》，复旦大学出版社 2008 年版，第 48 页。

泄露内幕信息行政处罚问题探讨

——兼谈证券行政处罚中的证明方式

黄江东*

一、问题的提出

赵某为 A 上市公司总经理，参与筹划了该公司重大资产重组事项，在内幕信息敏感期内赵某的同学钱某买入了大量 A 公司股票，买入金额较以前交易明显放大。内幕信息公告且该公司股票复牌后，钱某将所买入的 A 公司股票卖出，获利逾百万元。经查，赵某与钱某在内幕信息敏感期间频繁通话，钱某股票交易与赵某通话的时间高度吻合，钱某交易行为不符合其一贯交易特征，属明显异常。但没有直接证据证明钱某知悉 A 公司重大资产重组的内幕信息，也没有直接证据证明赵某曾将该内幕信息泄露给钱某，当事人对此均予否认。赵某与钱某均不能就其频繁通话和交易行为的高度异常提供合理说明。

问：钱某是否构成内幕交易？赵某是否构成泄露内幕交易？

二、观点之争论

第一种观点认为，本案钱某构成内幕交易，赵某不构成泄露内幕交易。本案赵某为内幕信息知情人，钱某与赵某联络接触且其交易行为与该内幕信息基本吻合，根据最高人民法院《关于审理证券行政处罚案件证据若干问题的座谈会纪要》（以下简称《座谈会纪要》）

---

* 作者单位：中国证监会上海专员办。原载于《中国证券》2017 年第 3 期。

“五、关于内幕交易行为的认定问题”[①] 中第五项的规定，在当事人不能做出合理说明，不能提供证据排除其利用内幕信息从事证券交易的情况下，应当认定钱某构成内幕交易。但是，对于泄露内幕信息则不能按此逻辑推定。理由如下：

一是推定加重了行为人举证义务，必须在有法律法规、司法解释或类司法解释文件有明确规定时方可进行。本案钱某作为内幕信息知情人之同学，有频繁通话联系，且交易行为明显异常，按《座谈会纪要》规定可推定其内幕交易成立，但对于内幕信息知情人之泄露行为则并未规定可以推定。

二是从逻辑上来看，钱某所知的内幕信息固然很有可能来自赵某，但也有可能来自其他知情人，因此从后端的内幕交易倒推前端的泄露内幕信息存在较大的或然性，后端的内幕交易本身就是推定的，再倒推前端的泄露内幕交易，存在二次推定问题，应当慎重。

第二种观点认为，本案钱某构成内幕交易，赵某构成泄露内幕交易。理由如下：

一是从立法本意来看，《座谈会纪要》之所以规定内幕信息知情人的配偶、父母、子女以及其他有密切关系的人或者有联络接触的人，在其证券交易活动与该内幕信息基本吻合或高度吻合，且行为人不能做出合理说明或者提供证据排除其利用内幕信息的情况下，推定其构成内幕交易，其法理基础正在于行为人与内幕信息知情人的密切关系或联络接触。因此与其说是基于推定了内幕交易再倒推知情人的泄露行为，还不如说是基于行为人与知情人的密切关系和联络接触顺推了行为人的内幕交易。

二是从内在逻辑来看，如果不推定知情人泄露内幕信息，那行为人的内幕信息从何而来（实践中往往没有其他证据证明其内幕信息来源）？如果不能合理说明行为人内幕信息的来源，那其内幕交易就成了空中楼阁，在逻辑上是不连贯、不完整的。

三是从打击内幕交易违法行为的需要来看，泄露内幕信息的人虽然没有直接从事内幕交易，但他是内幕信息的散布者、传播者，且往往以此作为利益交换的手段，从危害程度看，不亚于直接从事内幕交易。此外，如果放松对泄露内幕信息行为的打击，则知情人完全可以此作为规避手段，逃避法律责任。

第三种观点较为折中，认为既不能一概认为在推定内幕交易的情况下可以推定前端泄露内幕信息，也不能一概认为不能推定，推定应严格限定在配偶、父母、子女范围内，对于其他关系密切的人或与知情人联络、接触的人，则不论存在何种情形，均不应推定知情人泄露行为。其理由是，虽然法律本意上暗含了知情人泄露这个前提，但毕竟没有明示，因此应当较为谨慎，只有知情人与行为人是配偶、父母、子女这种特定的直系亲属关系时，从盖然性上看知情人泄露的可能更大，故可以推定；当事人之间属于直系亲属关系以外的其他关系的，均不应推定知情人泄露内幕信息，以免误判误罚。

---

① 最高人民法院《关于审理证券行政处罚案件证据若干问题的座谈会纪要》规定：“能够证明以下情形之一，且被处罚人不能做出合理说明或者提供证据排除其存在利用内幕信息从事相关证券交易活动的，人民法院可以确认被诉处罚决定认定的内幕交易行为成立：（一）《证券法》第七十四条规定的证券交易内幕信息知情人，进行了与该内幕信息有关的证券交易活动；（二）《证券法》第七十四条规定的内幕信息知情人的配偶、父母、子女以及其他有密切关系的人，其证券交易活动与该内幕信息基本吻合；（三）因履行工作职责知悉上述内幕信息并进行了与该信息有关的证券交易活动；（四）非法获取内幕信息，并进行了与该内幕信息有关的证券交易活动；（五）内幕信息公开前与内幕信息知情人或知晓该内幕信息的人联络、接触，其证券交易活动与内幕信息高度吻合。”

三、证券行政处罚中的证明方式

上述观点争论的核心是在没有法律法规明文规定时证券行政处罚是否可以使用间接证据以“推定”方式定案，其实质是证券行政处罚中的证明方式问题。

按照基本法理，证据分为直接证据和间接证据。[①] 直接证据是能够直接证明案件事实的证据，如发现内幕信息知情人发给涉嫌交易人的邮件或短信等记录中告知了内幕信息，则仅凭此一项证据即可认定内幕信息知情人泄露内幕信息和接收信息的人内幕交易。间接证据是虽然不能直接证明案件事实，但又与待证事实有一定关联、具有一定证明力的证据。根据法理，单一间接证据均不足以单独定案，但间接证据形成了完整的证据链条，能够排除合理怀疑的，可以定案。

即使在对证据要求最为严格的刑事诉讼中，也允许在一定条件下使用间接证据定案。《最高人民法院关于适用〈中华人民共和国刑事诉讼法〉的解释》第 105 条规定：“没有直接证据，但间接证据同时符合下列条件的，可以认定被告人有罪：（一）证据已经查证属实；（二）证据之间相互印证，不存在无法排除的矛盾和无法解释的疑问；（三）全案证据已经形成完整的证明体系；（四）根据证据认定案件事实足以排除合理怀疑，结论具有唯一性；（五）运用证据进行的推理符合逻辑和经验。”可见，该司法解释明确了在刑事诉讼中只要全案间接证据之间不存在矛盾和疑问、形成了完整的证明体系，且能够排除合理怀疑，相应的推理符合逻辑和经验，即可以定案。

从刑事司法实践来看，也不乏使用间接证据认定泄露内幕信息的案例。广东省高级人民法院《徐德庭内幕交易、泄露内幕信息罪二审刑事裁定书》（［2015］粤高法刑二终字第 134 号）中有如下论述：“根据徐德庭在侦查阶段的供述，其与喻某关系密切，其供认与喻某在一起时不可避免地会谈到涉及网络整合、台网分离及天威视讯需要重组等事情。从徐德庭与喻某手机通话的情况看，徐德庭手机 186××××0089 与喻某手机 138××××9956 于 2012 年 2 月 24 日通话一次，2 月 26 日通话三次，2 月 27 日通话两次；徐德庭手机 139××××1024 与喻某手机 138××××9956 于 2012 年 6 月 11 日通话一次。从喻某买卖天威视讯股票的时间看，喻某使用其妻子程某乙的证券账户于 2012 年 2 月 27 日买入天威视讯股票 55 000股，成交金额人民币 984 500 元；于 2012 年 2 月 28 日买入天威视讯股票 117 088 股，成交金额人民币 2 008 907 元；喻某于 2012 年 2 月 28 日开立证券账户，买入天威视讯股票 306 949股，成交金额人民币 5 271 907.09 元。可见，徐德庭有关向喻某谈及网络整合、台网分离等事情的供述与两人之间手机通话记录以及喻某购买天威视讯股票的时间能相吻合，足以认定在内幕信息敏感期内，徐德庭将深圳有线广播电视网络改革重组的内幕信息泄露给喻某。”[②] 由上可见，该案中没有直接证据证明徐德庭向喻某泄露内幕信息，但嫌疑人有关

① 有的学者使用了“环境证据”的概念，本文认为从理论上看，“间接证据”和“环境证据”较为相近，均为不能直接证明案件事实，但又有一定证明力的证据，但从法律法规规范表述上看，使用的是“间接证据”的概念，而没有使用“环境证据”（见《最高人民法院关于适用〈中华人民共和国刑事诉讼法〉的解释》第 105 条），故本文亦使用“间接证据”的表述。

② 《徐德庭内幕交易、泄露内幕信息罪二审刑事裁定书》，引自裁判文书网。

于谈及内幕信息相关事项的供述，两者手机通话记录与喻某购买天威视讯股票的时间高度吻合，且嫌疑人对此不能做出符合逻辑和常理的解释说明，法院据此认定徐德庭构成泄露内幕信息罪。

笔者认为，在当前证券监管行政处罚中广泛存在的所谓“推定内幕交易”，其实质是使用间接证据认定内幕交易。由于证券内幕交易隐蔽性强的特点，很难取得相关直接证据，但嫌疑人的行为难免会留下间接的蛛丝马迹，在符合一定条件下可以据此认定内幕交易。典型的是《座谈会纪要》“五、关于内幕交易行为的认定问题”的第（二）项和第（五）项：“《证券法》第七十四条规定的内幕信息知情人的配偶、父母、子女以及其他有密切关系的人，其证券交易活动与该内幕信息基本吻合”“内幕信息公开前与内幕信息知情人或知晓该内幕信息的人联络、接触，其证券交易活动与内幕信息高度吻合”。在上述两种情况下，如果行为人“不能做出合理说明或者提供证据排除其存在利用内幕信息从事相关证券交易活动的”，即认定内幕交易成立。由上可见，当前证券行政处罚中广泛使用的所谓“推定内幕交易”，其本质与刑事司法中运用间接证据定案并无二致，所谓“推定”只是一种通俗的口头表达，并不准确。既然“运用间接证据定案”这种证明方式合法、合理，那么不仅可以用间接证据认定内幕交易，当然也可以用来认定泄露内幕信息，以及其他一切证券违法犯罪行为。

值得强调的是，上述《座谈会纪要》仅是最高法院和中国证监会讨论形成的一些共识，供实践中准确理解适用法律参考之用，并不具有法源效力。从中国证监会行政处罚决定书来看，都是援引《证券法》第 202 条处罚，从来没有援引过《座谈会纪要》作为依据。因此，前述有观点认为，之所以能够“推定内幕交易”是因为有《座谈会纪要》作为依据，之所以不能“推定泄露内幕信息”是因为没有《座谈会纪要》或别的法律依据，这是站不住脚的。能够运用间接证据认定内幕交易，不是因为有《座谈会纪要》，而是依法理本应如此，只不过《座谈会纪要》对此作了进一步明确解释，以便在适用《证券法》时达成共识。

四、本文之观点

回到开头的案例，本文赞同以上第二种观点，理由如下：

（一）行政执法要在充分理解法律本意的情况下积极执法

社会生活变化万千，而法律法规终归有限，因此要求执法者（也包括司法者）不能完全拘泥于法律字面，而要根据现实需要，遵循立法本意，积极灵活地在自由裁量权范围内对法律法规字面含义进行解释，以达到最佳的执法（司法）效果。本案中，反对推定泄露内幕信息的最主要理由就是法无明文规定不得推定，上文已对此观点予以辩驳，在此再就法律解释的角度予以阐述。上述理解过于机械，不符合规定的立法本意和内在逻辑。《座谈会纪要》关于推定内幕交易的主要是两种情形：“（一）《证券法》第七十四条规定的内幕信息知情人的配偶、父母、子女以及其他有密切关系的人，其证券交易活动与该内幕信息基本吻合；（二）内幕信息公开前与内幕信息知情人或知晓该内幕信息的人联络、接触，其证券交易活动与内幕信息高度吻合。”之所以规定此两种情形下可以推定内幕交易，其内在法理依据在于，行为人与知情人的密切关系以及行为人与知情人、知晓内幕信息的人联络接触

（具体要求有所不同）。在这种密切关系或联络接触的基础上，即使没有直接证据证明行为人知悉了内幕信息，只要符合一定条件也可认定其构成内幕交易（允许其提供反证进行解释说明）。其暗含的前提是，这种密切关系和联络接触就是行为人内幕信息的来源。因此，可以认为，法律在规定上述情况下可认定内幕交易之时，已经暗含了“相关知情人泄露内幕信息”这个前提；否则，认定内幕交易在逻辑上将无法成立。认定泄露行为与认定内幕交易就像一枚硬币的正反面，是相伴而生的，无法在肯定一面的同时否定另一面。综上，虽然《座谈会纪要》条文上没有运用间接证据认定泄露内幕信息的规定，但从立法本意出发积极执法，在认定内幕交易的同时，应当认定相关知情人或知晓内幕信息的人构成泄露内幕信息。

（二）从证明标准来看，行政处罚不同于刑事处罚，达到明显优势证据即可

上文第一种观点认为，在推定内幕交易的情况下，行为人的内幕信息在逻辑上并不一定来自该知情人，理论上有可能来自他处，若推定该知情人泄露内幕信息，存在误伤的可能。该观点有一定道理，但要看到，行政处罚的证明标准并非要求排除一切疑点、构成必然的逻辑关系，只需要依据通常的逻辑和经验达到明显优势证明标准即可，这与刑法上排除一切合理怀疑的证明标准存在重大不同。因此，在内幕交易行政处罚案件中，若能够“推定”构成内幕交易，则从逻辑上即应认为相应知情人已构成泄露内幕信息。况且，从刑事司法实践来看，都已有运用间接证据认定构成泄露内幕信息罪的案例，行政执法理应更为积极。如果行政处罚反而比刑事司法更保守，那显然是不符合基本法理的。

（三）从执法效果来看，若不从严打击泄露内幕信息的行为不利于有效维护资本市场秩序

泄露内幕信息的人多半是法定内幕信息知情人，往往是公司或 5% 以上股东的董监高人员、中介机构服务人员等，这些人可以说是资本市场的核心从业人员，如果不对其泄露内幕信息的行为予以有效打击，则不足以形成充分监管的执法威慑，可能使其泄露内幕信息成为一种习惯行为，给此类主体长期在市场上“为非作歹”留下了空间，对资本市场正常秩序危害很大。在稽查执法实践中，已经发现有的上市公司董事长在重大利好披露前，有意将内幕信息告知相关利益主体，某种程度上已将“泄露内幕信息”当作利益输送、“送人情”的手段。此外，如果只打击内幕交易行为，而不打击泄露内幕信息行为，还容易使监管机构受到选择性执法的诟病。

（四）第三种观点偏于狭隘

上文第三种观点认为应将运用间接证据认定泄露内幕信息的范围限于配偶、父母、子女等直系亲属关系，本文认为该观点其合理之处是有利于避免误伤，但其逻辑并不严密。前文已述，《座谈会纪要》在规定两种认定内幕交易情形的同时，已经暗含了相关知情人有泄露内幕信息行为，因此，从逻辑上推导，只要能够运用间接证据认定相关行为人内幕交易成立，就能够同时认定相关知情人泄露内幕信息，而无论当事人之间是直系亲属关系、其他密切关系还是联系接触关系；反过来看，如果认为不足以运用间接证据认定知情人构成泄露内幕信息，则也不应认定相关行为人构成内幕交易。因此，本文认为，第三种观点与其主张对运用间接证据认定泄露内幕交易从严，还不如主张在运用间接证据认定内幕交易时要证据充分、逻辑严谨。

综上，本文赞同上述第二种观点，本案钱某构成内幕交易，赵某构成泄露内幕交易。

五、最近的案例

虽然从近几年中国证监会行政处罚实践来看，主张不“推定”泄露内幕信息的观点占据主导，但最近的处罚案例亦不乏采用第二种观点，即运用间接证据认定泄露内幕信息。

《中国证监会行政处罚决定书（曹玉彬、曹玉军、栾玲）》（［2016］117号）[①]：“曹玉彬时任南山铝业控股股东南山集团监事，是内幕信息法定知情人，因职务便利于2015年9月18日获知上述内幕信息，并签署了内幕信息知情人备案登记表。曹玉彬、曹玉军、栾玲在2015年9月18日至11月12日期间多次电话联系，曹玉军、栾玲在此期间内大量买入‘南山铝业’，交易行为明显异常。综上所述，曹玉彬向曹玉军、栾玲泄露了内幕信息。”由上可见，该案认定曹玉彬泄露内幕信息并没有直接证据，间接证据是：（1）曹玉彬是内幕信息知情人；（2）在内幕信息敏感期内曹玉彬与曹玉军、栾玲多次通话联系；（3）曹玉军、栾玲在此期间内大量买入“南山铝业”，交易行为明显异常。[②] 以上间接证据已形成一个完整的证明链条，当事人不能做出合理的解释说明，根据一般经验和逻辑，应当认定曹玉彬向曹玉军、栾玲泄露了内幕信息。

此前，在米兴平（北京某知名律所律师）泄露内幕信息案中，中国证监会也是通过间接证据认定构成泄露内幕信息。《中国证监会行政处罚决定书（米兴平、冯喜利）》[③]（［2013］79号）：“基于下列事实，可以认定米兴平向冯喜利泄露蓝色光标重大资产购买事项的内幕信息：（一）当事人之间存在资金往来；（二）涉案账户交易行为明显异常；（三）当事人之间的关系较为亲密；（四）敏感期内米兴平和冯喜利联系较多且异于平常；（五）米兴平和冯喜利的联系与冯喜利控制账户的交易在时间上高度一致；（六）当事人言辞与事实不符，刻意隐瞒事实。米兴平为内幕信息知情人，与冯喜利系亲属关系。冯喜利所控制的账户在涉案期内交易‘蓝色光标’明显异常，且与内幕信息高度吻合。冯喜利所控制的账户部分资金来自米兴平。敏感期内米兴平和冯喜利联系较多且异于平常。综合上述因素，足以认定米兴平向冯喜利泄露内幕信息。”

在《中国证监会行政处罚决定书（江逢灿）》（［2013］58号）[④] 中亦通过间接证据认定构成泄露内幕信息。“综合考量罗建荣与江逢灿之间的固有关系、惯常联系，买入时点与罗建荣、江逢灿通话时点大体吻合，3个账户在买入‘春晖股份’期间均亏损卖出其他股票、詹嘉绮提前支取定期存单并全部购买‘春晖股份’，现有证据不支持当事人关于交易理由的解释等情况，认定江逢灿涉嫌泄露内幕信息，罗建荣、詹嘉绮从江逢灿处获知内幕信息后实施了内幕交易。”

---

① 见《中国证监会行政处罚决定书（曹玉彬、曹玉军、栾玲）》（［2016］117号），中国证监会官网。

② 笔者认为，这里还应当说明：当事人不能对上述异常交易行为做出合理解释说明。当然，在稽查执法实践中应当已经考虑这一点，只是在处罚决定书中列示不够明确。

③ 见《中国证监会行政处罚决定书（米兴平、冯喜利）》（［2013］97号），中国证监会官网。

④ 见《中国证监会行政处罚决定书（江逢灿、罗建荣、詹嘉绮）》（［2013］58号），中国证监会官网。

六、其他相关问题探讨

（一）关于共同内幕交易问题

泄露内幕信息行为有时与共同内幕交易行为较难区分，尤其在近亲属关系情况下更是如此。根据共同犯罪的一般法理，构成共同犯罪需要共同犯意和共同行为。共同犯意指两个及以上的行为人之间存在共同的犯罪意思联络；共同行为指行为人共同实施了犯罪行为，当然这并不要求行为人共同实施了所有犯罪行为，因为行为人可能存在分工。按照这一法理，在共同内幕交易中，要求行为人要有共同进行内幕交易的主观故意；同时要有共同进行内幕交易的行为，如开立账户、筹集资金、操作买卖及后续收益分成等。本文认为，如果内幕信息知情人仅仅提供了内幕信息，没有参与其他环节，则不应认为其构成共同内幕交易；如果内幕信息知情人不仅提供内幕信息，还参与了内幕交易过程，共同实施了内幕交易行为，则应认定为共同内幕交易。本文案例中，如果有证据证明赵某存在积极筹集资金、参与具体买卖操作的行为，则认定为共同内幕交易为妥。

（二）关于“二次推定”的问题

所谓“二次推定”是在“首次推定”的基础上延伸而来。“首次推定”是指，与内幕信息知情人存在配偶、父母、子女以及其他密切关系的人或者与其联络、接触的人，其证券交易活动符合法律规定的特征时，虽无直接证据证明其知悉内幕信息，若行为人不能进行合理说明和反证，可以“推定”其内幕交易成立（实质上是运用间接证据认定）。所谓“二次推定”是指，第三人与上述“首次推定”构成内幕交易的人在内幕信息公开前联络、接触，其证券交易活动与内幕信息高度吻合时，是否可以再“推定”该第三人也构成内幕交易（见图 1）。

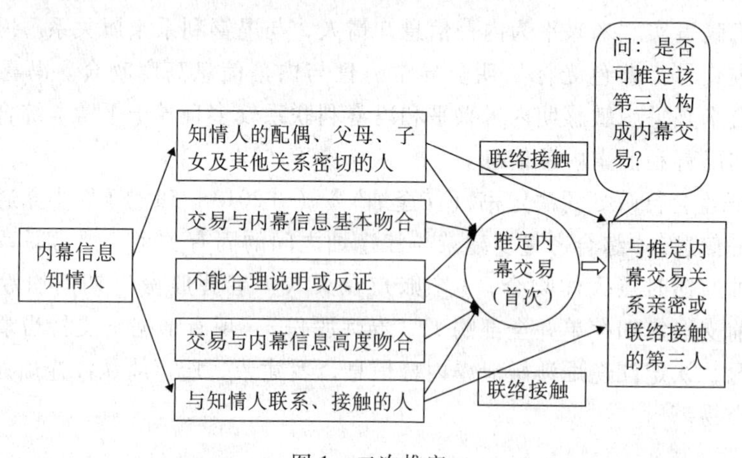

图 1　二次推定

对于“二次推定”，实务中多持谨慎态度。本文认为，从法理上分析，所谓“二次推定”其本质还是运用间接证据定案，只不过需要证明的链条更长，需要的间接证据也应更扎实。从法律依据上看，“二次推定”法律依据同样是《证券法》关于内幕交易的相关条款。从实务操作上看，“二次推定”确需谨慎，应在证据较充分时方可适用。《座谈会纪要》“五、关于内幕交易行为的认定问题”中第五项规定，“内幕信息公开前与内幕信息知情人或知晓该内幕信息的人联络、接触，其证券交易活动与内幕信息高度吻合”的，可以认定内幕交易。这里并未将联络接触的对象限于内幕信息知情人，而是包括“知晓该内幕信息的人”，很显然，通过“首次推定”构成内幕交易的人应属于“知晓该内幕信息的人”。因此，第三人再与被“首次推定”构成内幕交易的人关系亲密或联络接触，且其交易活动与内幕信息高度吻合又不能做出合理说明的，应当适用该项，“推定”其构成内幕交易，即成立“二次推定”。值得再次强调的是，运用间接证据定案毕竟存在一定的或然性，存在误判误罚的可能，在“二次推定”的情况下，这种可能就进一步增大了，因此，实务当中对“二次推定”应当高度谨慎，除非确有较充分的证据构成了扎实、紧密的间接链条，否则一般不应轻易适用。

（三）关于泄露内幕信息的主观意思

泄露内幕信息人主观上一般为故意，但也存在过失泄露内幕信息的情况。如配偶之一方为内幕信息知情人，在家里打电话谈工作时相关信息被配偶听到或相关秘密文件被看到；再如内幕信息知情人对相关内幕信息保管不善（如随意放置于桌面等），被无关之第三人获知。因此，泄露内幕信息并不以主观上的故意为要件。基于谨慎起见，本文认为，当泄露人主观上为过失时，应限于重大过失为宜，对于一般过失则不宜以泄露内幕信息论处。

证券公司电子签约法律风险防范研究

王 蓓*

在互联网金融快速发展的今天，电子商务正迅速渗透至各领域，其中金融行业应用甚为广泛。电子商务为金融行业提供了新的服务模式，同时也因其网络环境运用的特殊性，易产生区别于传统业务的新的法律风险。对于证券公司而言，网络证券开户与网络证券交易正逐渐成为重要的服务方式，其中必不可少的电子签约环节，面临着签约主体因非实质接触导致对其适格性审查难度加大、网络环境的虚拟性导致对免责条款等的提示义务履行难度加大、电子记录的特殊载体导致电子合同证据保存难度加大等法律风险。本文根据实践工作经验及对境内外法律规范、法律判例等，试对证券公司电子签约法律风险防范措施开展研究。

一、电子合同效力问题研究

（一）电子合同效力的法律规范基础

依据我国《合同法》的规定，有效的合同须满足三个要件，即当事人订立合同时需具备相应的行为能力、当事人的意思表示真实以及合同不违反法律或社会公共利益。电子合同亦然。就电子合同而言，前两个要件在网络环境下有其特殊性，证券公司在采用电子合同签约时，确认签约主体适格性及意思表示真实性是防范电子合同效力缺失风险的必要举措。

电子签名正是电子签约中保证电子合同有效性和真实性的重要手段。根据《中华人民共和国电子签名法》（以下简称《电子签名法》）的规定，电子签名是指数据电文中以电子形式所含、所附用于识别签名人身份并表明签名人认可其中内容的数据。电子合同是否成立和是否有效需遵从可靠电子签名要求，须同时符合下列条件：（1）电子签名制作数据用于电子签名时，属于电子签名人专有；（2）签署时电子签名制作数据仅由电子签名人控制；（3）签署后对电子签名的任何改动能够被发现；（4）签署后对数据电文内容和形式的任何

* 作者单位：华泰证券股份有限公司。原载于《中国证券》2017 年第 3 期。

改动能够被发现。[①] 证券行业中，《证券公司资产管理电子签名合同操作指引》和《基金管理公司及其子公司特定客户资产管理业务电子签名合同操作指引（试行）》都对电子签名的使用和操作有具体的规定。采用科学完整的电子签名，可以确定签约人的身份信息、记录签约的时间节点、确保签约内容的完整性及未遭篡改。证券公司与客户签订电子合同时，可通过审查客户的电子签名来判断客户的主体适格性及意思表示真实性。

（二）可靠电子签名的法律适用途径

《电子签名法》中规定“电子签名需要第三方认证的，由依法设立的电子认证服务提供者提供认证服务”[②]，并规范了提供电子认证服务机构的设立条件和申请程序。

通过依法设立的经国务院信息产业主管部门审查许可的电子认证服务提供者对电子签名进行可靠性认证，是电子合同成立效力的风险防范对策。《电子签名法》中的电子认证服务提供者有权为电子签名各方提供可靠的验证服务，其发放的数字证书[③]中含有对持有者的身份识别信息，通过验证识别信息的真伪实现对证书持有者身份真实性的认证，从而实现确认证书持有者拥有可靠的电子签名的目的。

目前，经国务院信息产业主管部门审查许可的电子认证服务机构大致可分三类：第一类是以中国金融认证中心（CFCA）、国富安电子商务安全认证有限公司等为龙头的具有行业背景的证书认证中心（Certificate Authority，简称 CA）；第二类是以地方政府为背景的证书认证中心，具有明显的区域性特征，如上海/北京数字证书认证中心；第三类是纯民营资本建立的 CA。其中第一类中的中国金融认证中心（CFCA）是由中国人民银行牵头组织全国商业银行联合共建的我国金融行业统一的第三方安全认证机构，其已建成覆盖全国的认证服务体系，业务领域不仅包含银行、证券、保险等金融行业，还延伸至税务、政府机构、电子商务平台等非金融领域；第二类的证书认证机构受限于区域特征，证书用户也集中在其所在领域；第三类的认证中心是由民营资本建立，取得工业与信息产业部颁发的电子认证服务许可证的公司，如江苏省电子商务服务中心有限责任公司等。比较各类电子认证服务机构可知，中国金融认证中心属国家级权威安全认证机构，其所服务的领域及特征，使其成为证券公司开展第三方电子签名认证活动所选择的较佳服务机构。

此外，值得注意的是，CA 机构发放的数字证书作为强化电子签名的身份认证措施，在一般法律规范中并未被强制要求使用，而是一种自愿选择行为。《证券公司参与支付业务信息系统技术指引》中对于支付领域要求应当采用数字证书手段予以认证[④]，因此证券公司在开展相关业务中应当将数字证书作为必备一环，以此加强交易双方身份校验，并保障信息除发送方和接收方外不被其他人窃取，信息在传输过程中不被篡改。

---

① 《中华人民共和国电子签名法》第二条、第十三条。

② 《中华人民共和国电子签名法》第十六条。

③ 数字证书的使用主要分为个人数字证书和机构数字证书，主要用于标识持有数字证书自然人或者机构所有人的身份，个人数字证书可用于个人在网上的合同签订、录入审核、操作权限等活动，机构数字证书可用于机构在电子商务应用中进行合同签订等活动。

④ 《证券公司参与支付业务信息系统技术指引》第二十条：证券公司应做好支付网关与其他参与方网关间的连接互信认证，应采用数字证书对报文加密、关键域签名等方式保障数据传输的安全性。第二十一条：支付系统应采用数字证书、动态口令、短信密码等身份认证机制提高安全性，防窃取、防篡改。

二、电子合同格式条款问题研究

格式合同使交易谈判的内容相对固定化和程式化，减少了一对一式谈判的风险和摩擦，节约了交易时间，降低了交易成本。但由于其限制了合同自由原则，因此法律对于格式合同规定了相应的限制性措施，要求提供格式条款的一方采取合理的方式提请对方注意免除或者限制其责任的条款，并按照对方的要求予以说明。电子签约过程中，因合同双方并未实际接触，提供格式条款的一方无法当面提醒对方履行合理提示义务，因此产生法律纠纷的风险加大。

根据《最高人民法院关于适用〈中华人民共和国合同法〉若干问题的解释（二）》第六条、《网络交易平台合同格式条款规范指引》第九条[①]等法律规范的要求，结合实际，证券公司在作为电子格式合同提供方、需切实履行格式条款提示义务时，建议采取以下几点措施：一是增加免责条款、风险提示条款的显著性。在整体合同文本的基础上对免责条款、风险提示条款等采取字体加大、加粗、换色等方式突出显示，区别于合同其他条款。二是增加免责条款和风险提示条款提醒阅读并确认环节，除在合同文本末尾设置“我已阅读并同意合同全文”字样并要求点击外，建议在免责条款、风险提示条款后专设“我已阅读免责条款和风险提示条款，同意并知晓相应风险”字样并要求签署方点击确认，增强对方对相应条款的关注度。三是增加电子合同文本的清晰度并设置最短阅读时间，以合适的字体大小保证签署方能准确清晰阅读合同文本内容，同时建议根据合同文本长度设置合理阅读时间，保证签署方能充分完整阅读合同文本内容。

三、电子合同证据效力问题研究

（一）电子合同证据效力的法律规范及存在形式

《联合国国际贸易法委员会电子商务示范法》创立了“功能等同”（Functional - Equivalent）法，肯定了数据电文与纸面文件在满足特定前提下的同等效力[②]，该法所确立的证据规则为大多数国家采纳或吸收。[③] 我国《民事诉讼法》于 2002 年修改时将“电子证据”纳

① 《最高人民法院关于适用〈中华人民共和国合同法〉若干问题的解释（二）》第六条：提供格式条款的一方对格式条款中免除或者限制其责任的内容，在合同订立时采用足以引起对方注意的文字、符号、字体等特别标识，并按照对方的要求对该格式条款予以说明的，人民法院应当认定符合《合同法》第三十九条所称“采取合理的方式”；提供格式条款一方对已尽合理提示及说明义务承担举证责任。《网络交易平台合同格式条款规范指引》第九条：网络交易平台经营者使用合同格式条款的，应当采用显著方式提请合同相对人注意与其有重大利害关系、对其权利可能造成影响的价款或者费用、履行期限和方式、安全注意事项和风险警示、售后服务、民事责任等内容。网络交易平台经营者应当按照合同相对人的要求对格式条款做出说明。鼓励网络交易平台经营者采取必要的技术手段和管理措施确保平台内经营者履行提示和说明义务。前款所述显著方式是指，采用足以引起合同相对人注意的方式，包括：合理运用足以引起注意的文字、符号、字体等特别标识。不得以技术手段对合同格式条款设置不方便链接或者隐藏格式条款内容，不得仅以提示进一步阅读的方式履行提示义务。

② 《联合国国际贸易法委员会电子商务示范法》第 5 条、第 6 条、第 8 条、第 9 条等。

③ 如美国《统一电子交易法》第 7 条、第 8 条、第 12 条、第 13 条；新加坡《电子交易法》第 6 条、第 7 条、第 11 条；马来西亚《1997 年数字签名法案》第 64 条、第 65 条；中国香港《电子交易条例》第 5、7、9、11 条等。

入法定证据种类，肯定了电子合同作为电子证据的证据效力；2004 年颁布的《电子签名法》亦借鉴了前述国际立法的“功能等同原则”，肯定了数据电文的法律效力。

电子签名证据的存在形式，不仅应包括电子签名所包含的电子信息本身，还应包括存储这些信息的物质载体。实践中具体分为三类：一是原始存储载体，即在数据或信息传输路由中存储电子签名的数据或信息的载体；二是原始存储载体外的其他存储载体，即为了更好地保存原始存储载体，而将原始载体中附有电子签名的数据或信息传输到其他载体；三是含有数据或信息内容的文字与图片生成资料，即对原始存储载体中的数据或信息，通过特定软件解读使其直观化呈现后，对呈现内容进行拍照或打印形成的证据。实践中以第三种电子签名证据形式为主。

（二）电子合同证据认定的原件要求及应对措施

《电子签名法》对数据电文[①]视为满足法律、法规规定的证据原件形式提出了两点要求，即能够有效地表现所载内容并可供随时调取查用；能够可靠地保证自最终形成时起，内容保持完整、未被更改。[②]

实务中，符合原件形式要求的电子合同可采取如下手段予以确认：一是电子公证。公证是公证机构根据自然人、法人或者其他组织的申请，依照法定程序对民事法律行为、有法律意义的事实和文书的真实性、合法性予以证明的活动。对电子签名证据可以采取公证的方式，以证明其符合原件的形式要求。[③] 二是证据契约。证据契约是指民事当事人之间事先就事实确定问题所达成的合意，在电子商务中，当事人可以通过事先约定，将保存在交易一方处或第三方处的数据备份或留存视为具有原件价值；也可以约定必须按照某一程序保存在某一路径的电子签名证据才具有原件价值，以此对电子合同的原件形式予以规范。三是电子文件和数字档案登记备份。即县级以上档案行政管理部门对本行政区域内形成的，对国家和社会具有重要保存价值的电子文件和数字档案进行登记认证，并由同级国家档案馆对经过登记认证的电子文件和数字档案进行数据备份的一项流程，其实质是一种结合信息技术的新的行政确认制度[④]，能够协助申请登记备份的电子合同具备原件效力。四是时间戳认证。引入第三方可信时间戳可以对客户在证券公司所属网络平台签署的电子合同进行特定时间的证据固定，用于解决数据电文的真实存在性和内容完整性证明，使其符合适用于法律效力的证明要求。[⑤] 目前，国内唯一的可信时间戳服务机构是由中科院国家授时中心与北京联合信任技术服务有限公司负责建设的“联合信任时间戳服务中心”，因其由国家法定时间源来保障时间

---

① 《电子签名法》所称数据电文，是指以电子、光学、磁或者类似手段生成、发送、接收或者储存的信息。电子签名是数据电文中以电子形式所含、所附用于识别签名人身份并表明签名人认可其中内容的数据。

② 《中华人民共和国电子签名法》第五条。

③ 北京市高级人民法院《关于办理各类案件有关证据问题的规定（试行）》：“5：用有形载体固定或者表现的电子数据交换、电子邮件、电子数据等电脑贮存资料的复制件，其制作应经公证或者经对方当事人确认后，才具有与原件同等的证明力。”

④ 《中华人民共和国档案法实施办法》第二十一条：“……档案缩微品和其他复制形式的档案载有档案收藏单位法定代表人的签名或者印章标记的，具有与档案原件同等的效力。”

⑤ 国内首例时间戳案例是深圳市龙岗区法院审理的“［2008］深龙法民初字第 5558 号案例”，该案的举证质证环节，原告因考虑到涉案的其他十几家网站内容较多，公证成本高，因而提交网页复印件申请法院核实。法院在审理过程中以打印浏览网页资料及保存网页数据并加盖时间戳的方式固化了调查内容。

的授时和守时检测，故具有法律效力。

四、结语

电子合同因其相较传统纸面合同的特殊性而带来新的法律风险，实践中，存在签署电子合同的客户在某些情形下，主张所签订的电子合同非本人签署或合同文本进行过篡改以此来否认合同效力。虽按一般证据规则须由客户为其主张提供证据，但不能排除法院认为证券公司相较客户具有强势地位，且电子合同由证券公司提供并保存，因此要求证券公司承担举证责任。对此，证券公司需加强电子合同签署的规范性操作及证据性留存措施，防范相关法律风险。证券公司可采取数字证书等手段，使得客户的电子签名合乎《电子签名法》的可靠性电子签名标准，确保客户身份及意思表示真实。同时，加强对格式合同中免责及风险揭示条款的显著展示及提请确认工作，切实履行提示义务，并在此基础上，可考虑采取电子公证或时间戳认证方式固化原始证据，强化证明效力。

参考文献

[1] 高富平．电子合同与电子签名法律研究报告［M］．北京大学出版社，2005.

[2] 蒋志培．网络与电子商务法［M］．法律出版社，2000.

[3] 阚凯力，张楚．外国电子商务法［M］．北京邮电大学出版社，2000.

[4] 齐爱民，万暄，张素华．电子商务的民法原理［M］．武汉大学出版社，2002.

[5] 吴志攀．证券电子化交易的法律问题［R］．课题报告之十六，2002.

[6] 周忠海等．网络银行法律问题研究［M］．知识产权出版社，2008.

[7] 高富平，Thomas Hoeren 著，托马斯·哈特校订．中欧电子合同立法比较研究［M］．法律出版社，2009.

[8] 何家弘，刘品新．电子证据法研究［M］．法律出版社，2002.

[9] 齐爱民，陈文成．网络金融法［M］．湖南大学出版社，2002.

证券公司合同范本中格式条款被认定为无效的风险及防控

——从李某与王某、某证券公司侵权纠纷案谈起

凡咏齐*

一、案情

原告李某（A 省 B 地）与被告王某（A 省 B 地）、某证券公司（A 省 C 地）侵权责任纠纷一案，B 地法院 2014 年受理后，该证券公司在答辩期间提出管辖权异议，B 地法院于 2015 年初裁定将本案移送 C 地法院。原告李某不服，提起上诉，B 地法院的上级法院裁定驳回上诉，维持原裁定。C 地法院收到案件后经审查认为 B 地法院移送错误，遂逐级报请 A 省高院指定管辖。

二、审判

A 省高院认为，根据原告李某起诉内容，本案应为侵权责任纠纷。本案原告李某与被告某证券公司分别作为甲方、乙方签订的《证券交易委托代理协议》第 68 条关于管辖条款的约定系格式条款，且实际上排除了原告李某对管辖法院的选择权，应为无效。本案应按侵权之诉法定管辖规定确定管辖法院，即由侵权行为地或者被告住所地人民法院管辖。本案被告王某住所地位于 A 省 B 地，A 省 B 地法院立案时被告王某尚未被监禁，故 A 省 B 地法院作为被告住所地法院对本案享有管辖权，其将案件移送 A 省 C 地审理不当。故裁定撤销原一审和二审的裁定，并裁定本案由 A 省 B 地法院管辖。

---

* 作者单位：九州证券股份有限公司。原载于《中国证券》2017 年第 3 期。

三、点评

（一）《证券交易委托代理协议》中的约定管辖是否违反国家法律法规的强制性规定

该证券公司《证券交易委托代理协议》第68条约定："本协议执行中发生的争议，甲乙双方可以自行协商解决或向中国证券业协会申请调解，若协商或调解不成，双方同意按以下第______种方式解决（如甲方不作选择，即默认选择2）：1. 提交______仲裁委员会仲裁；2. 向合同乙方所在地法院提起诉讼。"① 该证券公司参照的是中国证券业协会发布的官方范本。②

该条款中约定的争议解决方式包括中国证券业协会调解方式、仲裁解决方式和诉讼解决方式，各种解决方式的约定是否违反法律法规的强制性规定，下文一一论述。

1. 中国证券业协会调解条款

为妥善解决证券业务纠纷，保护投资者合法权益，维护证券行业整体利益，促进证券市场规范和谐发展，根据《中华人民共和国证券法》、国务院办公厅《关于进一步加强资本市场中小投资者合法权益保护的若干意见》、中央综治委等16部门联合印发的《关于深入推进矛盾纠纷大调解工作的指导意见》《中国证券业协会章程》的规定，参照《中华人民共和国人民调解法》，结合当前中国证券行业的实际情况，为进一步规范证券行业调解工作，充分发挥证券行业调解的作用，2016年，中国证券业协会发布了《中国证券业协会证券纠纷调解工作管理办法》《中国证券业协会证券纠纷调解规则》。

因为该条款只是建议型条款，不是法律上的前置条款，而且本案中也没有涉及中国证券业协会调解，所以法院没有对此进行定性。基于调解机构的法律定位、调解人员的公信力、调解程序的透明性、调解事实认定的权威性、调解结果的强制性、诉调对接的繁琐化等现实情况，调解的适用范围有限，本文不对其进行深入讨论。

2. 仲裁条款

协议中约定了仲裁条款，本身不违反法律规定，应为有效。但是协议中条款是填空式，鉴于实际签约时，填空人（投资者）和指导填空的人（券商营业部工作人员）通常都不会是资深的法律工作者，对具体该怎么填、不填写或填写的不同内容对应的法律后果是什么，不一定会有清晰的认识，因此填空时很容易出现多种情形。故本文将区分实践中可能会出现的不同情形，对仲裁条款的效力进行分别分析。

样式一："合同双方同意：本合同项下的所有争议，首先通过友好协商解决，协商未果的，通过证券纠纷行业调解方式解决。任何一方不愿意通过证券纠纷行业调解方式解决争议

---

① 参见"方梅莲与任海东、国元证券股份有限公司杭州密渡桥路证券营业部管辖裁定书"，最高人民法院裁判文书网，时间：2015年12月26日，网址：http：//wenshu. court. gov. cn/content/content? DocID = 8d3b29aa - caa0 - 4090 - b3b9 - 8ac4c691ec8e&KeyWord = %E5%9B%BD%E5%85%83%E8%AF%81%E5%88%B8，最后访问日期：2017年3月4日。

② 参见《证券交易委托代理协议指引》第六十六条"本协议执行中发生的纠纷，甲乙双方可以自行协商解决或向中国证券业协会申请调解，若协商或调解不成，双方同意按以下第____种方式解决：（如甲方不作选择，即默认为选择2）1、提交____仲裁委员会仲裁；2、向合同乙方所在地法院提起诉讼。"中国证券业协会官网，时间：2007年11月7日，网址：http：//www. sac. net. cn/flgz/zlgz/200711/t20071108_ 31098. html，最后访问日期：2017年3月4日。

或者选择该方式后争议未能解决的，双方均同意选择下文所列的第（一）种方式解决（任何一方如果不作选择，即默认其选择第二种方式）：一、将合同争议提交至__________仲裁委员会进行仲裁；二、将合同争议提交至合同乙方（即证券公司分支机构）所在地法院进行诉讼。”

样式二（前面的内容同样式一）：“一、将合同争议提交至北京市仲裁委员会进行仲裁；二、将合同争议提交至合同乙方（即证券公司分支机构）所在地法院进行诉讼。”

样式三（前面的内容同样式一）：“一、将合同争议提交至朝阳仲裁委员会进行仲裁；二、将合同争议提交至合同乙方（即证券公司分支机构）所在地法院进行诉讼。”

在这三种情形下，适用《仲裁法》第十八条“仲裁协议对仲裁事项或者仲裁委员会没有约定或者约定不明确的，当事人可以补充协议；达不成补充协议的，仲裁协议无效。”①

样式四（前面的内容同样式一）：“一、将合同争议提交至合同任意一方所在地仲裁委员会进行仲裁；二、将合同争议提交至合同乙方（即证券公司分支机构）所在地法院进行诉讼。”

样式五（前面的内容同样式一）：“一、将合同争议提交至甲方和乙方所在地仲裁委员会进行仲裁；二、将合同争议提交至合同乙方（即证券公司分支机构）所在地法院进行诉讼。”

以上两种情形较为复杂，本文不一一列举原因，如果产生争议，按照现行的法律规则及实践中的判例参考，最后结果依然是无效。②

样式六（前面的内容同样式一）：“双方均同意选择下文所列的第（一、二）种方式解决（任何一方如果不作选择，即默认其选择第二种方式）：一、将合同争议提交至__________仲裁委员会进行仲裁；二、将合同争议提交至合同乙方（即证券公司分支机构）所在地法院进行诉讼。”

在此种情形下，只要就仲裁管辖提出争议，该管辖条款就无效，必须选择诉讼方式。如果一方提起仲裁，另外一方未作抗辩，此时因为仲裁条款不明确，依然无效。只有在仲裁条款本身是确定合法有效的时候，才能发生效力。③

综上，若分支机构使用协议范本，由客户自行选择仲裁条款，本身不违反国家强制性法律规定，应该有效。但实际上，客户自行选择填写该条款时，表述时稍不注意，该条款就会被认定为无效。

---

① 全国人大常委会 2009 年 8 月 27 发布的《中华人民共和国仲裁法》第十八条：“仲裁协议对仲裁事项或者仲裁委员会没有约定或者约定不明确的，当事人可以补充协议；达不成补充协议的，仲裁协议无效。”

② 全国人大常委会 2009 年 8 月 27 发布的《中华人民共和国仲裁法》第十八条：“仲裁协议对仲裁事项或者仲裁委员会没有约定或者约定不明确的，当事人可以补充协议；达不成补充协议的，仲裁协议无效”。最高人民法院 2008 年 12 月 16 日发布的《最高人民法院关于适用〈中华人民共和国仲裁法〉若干问题的解释》第五条：“仲裁协议约定两个以上仲裁机构的，当事人可以协议选择其中的一个仲裁机构申请仲裁；当事人不能就仲裁机构选择达成一致的，仲裁协议无效。”第六条：“仲裁协议约定由某地的仲裁机构仲裁且该地仅有一个仲裁机构的，该仲裁机构视为约定的仲裁机构。该地有两个以上仲裁机构的，当事人可以协议选择其中的一个仲裁机构申请仲裁；当事人不能就仲裁机构选择达成一致的，仲裁协议无效。”

③ 最高人民法院 2008 年 12 月 16 日发布的《最高人民法院关于适用〈中华人民共和国仲裁法〉若干问题的解释》第七条：“当事人约定争议可以向仲裁机构申请仲裁也可以向人民法院起诉的，仲裁协议无效。但一方向仲裁机构申请仲裁，另一方未在仲裁法第二十条第二款规定期间内提出异议的除外。”

3. 诉讼条款

与诉讼管辖有关的条款在实践中可能涉及三种情况，本文一一列举。

样式七："合同双方同意：本合同项下的所有争议，首先通过友好协商解决，协商未果的，通过证券纠纷行业调解方式解决。任何一方不愿意通过证券纠纷行业调解方式解决争议或者选择该方式后争议未能解决的，双方均同意选择下文所列的第（一、二）种方式解决（任何一方如果不作选择，即默认其选择第二种方式）：一、将合同争议提交至北京仲裁委员会进行仲裁；二、将合同争议提交至合同乙方（即证券公司分支机构）所在地法院进行诉讼。"

样式八（前面的内容同样式七）："双方均同意选择下文所列的第（二）种方式解决（任何一方如果不作选择，即默认其选择第二种方式）：一、将合同争议提交至__________仲裁委员会进行仲裁；二、将合同争议提交至合同乙方（即证券公司分支机构）所在地法院进行诉讼。"

样式九（前面的内容同样式七）："双方均同意选择下文所列的第（　）种方式解决（任何一方如果不作选择，即默认其选择第二种方式）：一、将合同争议提交至__________仲裁委员会进行仲裁；二、将合同争议提交至合同乙方（即证券公司分支机构）所在地法院进行诉讼。"

此时，如上文所述，对于第七种情形，仲裁条款无效，适用诉讼管辖。对于第八种情形，双方直接选择诉讼管辖。第九种情形，按照约定，因为甲方不作选择，即默认选择第二种情形，均不违反法律法规的强制性规定，应为有效，由乙方所在地法院管辖。而就该诉讼条款本身而言，合同中可约定管辖法院的条款主要法律依据是《民事诉讼法》第三十四条[①]。样式七、八、九中关于管辖法院的约定，未超出约定管辖可选的连接点范围，不违反法律、法规的强制性规定，应为有效，由乙方所在地法院管辖。

综上，因为不违反国家法律、法规的强制性规定，无论是同时选择仲裁和诉讼条款，还是仅选择诉讼条款，或者是不做出选择，按照协议约定，都应由乙方所在地法院管辖。

另外，关于合同条款无效仅限于几种情形，协议范本中的条款是否涉及无效，以下分别列举。

第一种情况是民事行为无效的情形。《民法》中关于民事行为无效的规定主要集中在第五十八条、第五十九条。[②] 从法律规定来看，一方面，无论是《民法》第五十八条的直接无效还是第五十九条的因撤销而无效，均需要满足条款中所列举的条件，也就是说存在一个举证过程，在不能证明存在所列举的情形时，民事行为是推定有效的；另一方面，证券公司基

① 全国人大常委会 2012 年 8 月 31 日发布的《中华人民共和国民事诉讼法》第三十四条："合同或者其他财产权益纠纷的当事人可以书面协议选择被告住所地、合同履行地、合同签订地、原告住所地、标的物所在地等与争议有实际联系的地点的人民法院管辖，但不得违反本法对级别管辖和专属管辖的规定。"

② 全国人大常委会 2009 年 8 月 27 日发布的《中华人民共和国民法通则》第五十八条："下列民事行为无效：（一）无民事行为能力人实施的；（二）限制民事行为能力人依法不能独立实施的；（三）一方以欺诈、胁迫的手段或者乘人之危，使对方在违背真实意思的情况下所为的；（四）恶意串通，损害国家、集体或者第三人利益的；（五）违反法律或者社会公共利益的；（六）以合法形式掩盖非法目的的；无效的民事行为，从行为开始起就没有法律约束力。"第五十九条："下列民事行为，一方有权请求人民法院或者仲裁机关予以变更或者撤销：（一）行为人对行为内容有重大误解的；（二）显失公平的。被撤销的民事行为从行为开始起无效。"

于《证券交易委托代理协议》与客户建立服务关系，在代理协议中约定一个确定的法院作为管辖法院，只是确定一个具体的争议解决机构，该具体的争议解决机构作为国家权力机关，基本上不可能存在与证券公司合谋损害客户利益或者第三人利益或者社会公共利益。因此，该民事行为应为有效。

第二种情况是合同的无效情形。主要涉及《合同法》第五十二条的规定。[①]，与上文理由相同，合同条款是推定有效的。

第三种情况是格式合同条款无效的情形。鉴于格式合同条款无效是法院认定协议范本中条款无效的理由，本文将在下文着重论述。

（二）法院认定格式合同中的诉讼管辖条款无效理由是否充分

上文案例中法院的审判表述："该约定系格式条款，且实际上排除了原告李某对管辖法院的选择权，应为无效。"表达了两层意思：一是认定为该条款为格式条款；二是认为该格式条款排除了对管辖法院的选择权，故而无效。

先看格式条款，对格式条款的定义参见《合同法》第三十九条。该条款是格式条款应无疑义。[②] 既然认定是格式条款，则需要进一步判断格式条款的效力问题。关于格式条款无效的规定，主要参见《合同法》第四十条[③]，如上文所述，本案中格式合同中的诉讼管辖条款不适用《合同法》第五十二条和五十三条的规定，法院是以"排除对方主要权利的，该条款无效"来认定该格式合同条款无效的。

分析法院判定的逻辑，首先是格式条款；其次，该格式条款排除了李某选择管辖法院的权利；最后，选择管辖法院的权利属于本合同中主要权利。

对于该条属于格式条款，一般应无异议。该条是否排除了李某选择管辖法院的权利，从民事诉讼法的文义来看，可约定管辖的法院连接点众多，合同中仅仅选择乙方所在地，看起来确实排除了选择其他法院的权利。但是如果在设计合同范本时，调整为其他表述，是否就能做到不排除管辖法院，笔者试着穷尽管辖法院的表达方式，具体如下：

样式十（前面的内容同样式七）："双方均同意选择下文所列的第（　）种方式解决（任何一方如果不作选择，即默认其选择第二种方式）：一、将合同争议提交至______进行仲裁；二、将合同争议提交至原告所在地______、被告所在地______、标的物所在地______、合同签订地______、合同履行地______、其他与争议有实际联系的地点______法院提起诉讼。"

样式十一（前面的内容同样式七）："双方均同意选择下文所列的第（　）种方式解决（任何一方如果不作选择，即默认其选择第二种方式）：一、将合同争议提交至____________仲裁委员会进行仲裁；二、将合同争议提交至____________法院进行诉讼。"

---

① 全国人大常委会1999年3月15日发布的《中华人民共和国合同法》五十二条："有下列情形之一的，合同无效：（一）一方以欺诈、胁迫的手段订立合同，损害国家利益；（二）恶意串通，损害国家、集体或者第三人利益；（三）以合法形式掩盖非法目的；（四）损害社会公共利益；（五）违反法律、行政法规的强制性规定。"

② 全国人大常委会1999年3月15日发布的《中华人民共和国合同法》第三十九条："格式条款是当事人为了重复使用而预先拟定，并在订立合同时未与对方协商的条款。"

③ 全国人大常委会1999年3月15日发布的《中华人民共和国合同法》第四十条："格式条款具有本法第五十二条和第五十三条规定情形的，或者提供格式条款一方免除其责任、加重对方责任、排除对方主要权利的，该条款无效。"

这两种表达方式是否就能做到不排除李某选择管辖法院的权利？实际上，即使如样式十，穷尽列举《民事诉讼法》规定的管辖连接点，按照《民事诉讼法》的规定，仍然存在排除客户选择管辖法院的权利。因为管辖连接点并不仅限于《民事诉讼法》条文中列举的那几项，无论选择哪一个单项，都有可能存在排除适用其他连接点所在地法院的可能。而如果选择"其他与争议有实际联系的地点"，因为本身就是一个空泛的条款，实际上没有意义。

样式十一已经不属于格式条款范畴，所以不在本文讨论范围之列。

《民事诉讼法》关于管辖连接点的规定是一种法律专业术语，在开户签署协议时，无论是现场开户还是非现场开户，均难以保证证券公司就该事项能有效提示或者告知投资者。如果将该提示和告知义务作为券商的责任，未能有效提示即视为无效，无形中增加交易成本，且实际上也不能要求每一个开户人都精通法律，能以通俗易懂的方式将抽象的法律名词转化为现实生活中的用语，且能明确告知选择不同的管辖连接点对客户的影响及其可能会存在的风险。

（三）对管辖法院的选择权是否属于合同中的一方主要权利

目前，管辖法院的选择权到底是否合同中的主要权利，法律法规并无规定，司法实践并无定论。

立法层面对格式条款无效认定的情形，主要是针对《合同法》第三十九条中免除或限制格式合同提供方责任的情形，强调的是格式合同提供方对该类型条款的提示和说明义务。①

司法实践层面，目前出现的判决，除了本案例所涉及判决以外，也未见将争议解决条款设定为合同主要条款，且基于其为格式条款判定其无效的。重庆法院网上"网购购物格式合同'约定管辖'条款被认定无效"一文中，认为提供格式合同方不能加重消费者责任，该案属于网络购物合同纠纷。网站通过格式合同约定管辖条款，使得购物者被迫到网站管理者所在地起诉，将给消费者带来明显不合理的差旅费用和时间消耗。② 只是从公平性角度，增加消费者诉累，并没有将之视为合同主要权利，也不以排除合同一方的主要权利作为认定为无效的依据。在清远汇利安物业发展有限公司与内蒙古银行股份有限公司营业部、杨冠武借款合同纠纷管辖权异议案中，最高人民法院在［2013］民一终字第166号民事裁定书中认为："该条款（即借款合同中的管辖约定条款）约定了管辖的法院且排除了借款人即清远公司选择管辖法院的权利，作为提供格式合同的一方即内蒙古银行应采取合理的方式提请对

---

① 最高人民法院2009年4月24日发布的《最高人民法院关于适用〈中华人民共和国合同法〉若干问题的解释（二）》第六条："提供格式条款的一方对格式条款中免除或者限制其责任的内容，在合同订立时采用足以引起对方注意的文字、符号、字体等特别标识，并按照对方的要求对该格式条款予以说明的，人民法院应当认定符合合同法第三十九条所称'采取合理的方式'。提供格式条款一方对已尽合理提示及说明义务承担举证责任。"第九条："提供格式条款的一方当事人违反合同法第三十九条第一款关于提示和说明义务的规定，导致对方没有注意免除或者限制其责任的条款，对方当事人申请撤销该格式条款的，人民法院应当支持。"最高人民法院2015年1月30日发布的《最高人民法院关于适用〈中华人民共和国民事诉讼法〉的解释》第三十一条："经营者使用格式条款与消费者订立管辖协议，未采取合理方式提请消费者注意，消费者主张管辖协议无效的，人民法院应予支持。"

② 郭金生："网购购物格式合同'约定管辖'条款被认定无效"，重庆法院网，2015年1月15日，网址：http://cqfy.chinacourt.org/article/detail/2015/01/id/1534268.shtml，最后访问日期：2017年3月4日。

方注意，否则格式条款无效。”① 在该案中，最高院基于“该合同第十九条约定借款人已阅读本合同所有条款。应借款人要求，贷款人已经就本合同作了相应的条款说明。借款人对本合同条款的含义及相应的法律后果已全部通晓并充分理解”，认为“在贷款人已向借款人作了合同条款说明情况下，应视为贷款人已履行了提请注意义务。故上诉人以该合同第十五条违反了合同法关于格式条款规定应为无效的理由不成立”。

综上，无论是立法还是司法实践，均没有认定该管辖条款为合同中的重要权利，并基于排除了这一重要权利而被认定为无效的情况。判定无效的逻辑都是从条款是格式条款、条款排除了客户的权利、未对该条款进行说明并提示注意这三者共同存在的情况下，才会将合同中的具体条款判定为无效。

（四）认定中国证券业协会提供的范本中的格式条款无效是否适宜

首先，从上文分析的立法实践及司法实践来看，均强调“未采取合理方式提请消费者注意”才可能产生无效的后果。因此，不宜仅仅就该条款本身“实际上排除了原告对管辖法院的选择权”就认定其无效。实际上，中国证券业协会与该协议范本一起提供的还包括《风险提示书》《客户须知》《开户申请表》《销户登记表》，其中包括以下字段：“以上《风险提示书》本人/机构已阅读并完全理解，愿意承担证券市场的各种风险。”“本人/机构已详细阅读并理解了《客户须知》的各项内容。”“甲方已阅读并充分理解乙方向其提供的《风险提示书》《客户须知》，清楚认识并愿意承担证券市场投资风险；甲方已详细阅读本协议所有条款，并准确理解其含义，特别是其中有关乙方的免责条款。”按照2015年的《民事诉讼法》解释，参照2013年最高院的判例，应该视为券商已经履行了告知义务，故如果证券公司完全采用该范本，则应视为“已经采取了合理方式提醒消费者注意”，不宜认定为无效。

其次，行业规定作为行业通用的行为准则，有其合理性，不宜轻易否定。中国证券业协会作为证券行业自律组织，其提供的范本各券商有义务参照使用，从2007年到现在近10年的时间，已经形成了行业惯例。中国证券业协会于2007年发布的《中国证券业协会关于发布〈证券交易委托代理协议指引〉的通知》（中证协发［2007］144号）要求：“各证券公司应尽快根据指引修订与客户签订的相关证券经纪业务合同文本，并制订实施计划。各公司应于2007年12月31日前将修订后的合同文本报协会备案，协会将对指引的执行与落实情况进行检查。”2014年发布的《中国证券业协会关于发布〈证券公司客户账户开户协议指引〉及〈证券交易委托代理协议指引〉的通知》（中证协发［2014］27号）要求：“各证券公司应根据证券市场发展情况和投资者保护的相关要求，切实做好证券经纪业务协议文本的修订工作。《证券公司客户账户开户协议指引》和《证券交易委托代理协议指引》，供证券公司在开展经纪业务相关协议文本修订工作中参考使用。”因此，协议范本作为行业规定被广泛使用，具有习惯法的性质，应予尊重。行业规定的对外效力，一般也应予以尊重，除非行业规定有违公序良俗，则建议通过公益诉讼等方式，对行业协会的具体规范性文件进行审

① 参见“清远汇利安物业发展有限公司与内蒙古银行股份有限公司营业部、杨冠武借款合同纠纷管辖权异议二审民事裁定书”，最高人民法院裁判文书网，时间：2014年3月19日，网址：http://wenshu.court.gov.cn/content/content?DocID=c7ea3b81-2eda-48dd-97c9-59007c722a3f&KeyWord=%E6%B0%91%E4%B8%80%E7%BB%88%E5%AD%97%E7%AC%AC166%E5%8F%B7，最后访问日期：2017年3月4日。

查，而不是在每一个个案中，由不同的法院对具体个案中涉及的行业规定进行判定。司法裁判文书有对社会生活和商业秩序进行管理和调整、教育公民、宣传法制、确立行为导向的功能。而对具体条款的认定上，如果只是将行业的具体规定视为合同中的一般条款进行认定，在出现各地法院对法律理解和适用不一致的情况时，则有可能导致行业规定失效，被动启动修改且实际上也无法修改，故一般不宜在个案司法裁判中对涉及行业规定的具体条款认定为无效。

再次，协议范本中选定券商营业部所在地法院管辖，有一定的合理性。尤其是传统的经纪业务，证券公司与客户的连接点就是其开户所在的证券公司的分支机构，证券公司的服务也是通过该分支机构进行。在客户与该分支机构产生争议时，该分支机构所在地既是合同履行地，也是被告所在地，通常也是合同签订地、标的物所在地，选择在该地法院管辖有其合理性，便于案件较快解决和法院查明事实。并且，选择此法院或者选择彼法院，对客户而言本质上不会有任何不同，因为这只是争议解决条款，在成文法制度下，尤其是在同一省级行政区划内，解决争议适用的法律法规（包括司法政策）整体上不会有任何不同。在签订合同时，不会出现选择不同法院影响客户实体权利的情况，因为这毕竟是经纪代理协议，双方的主要权利义务是经纪代理服务关系。同时，证券行业的服务有共性问题，通常是格式化和标准化流程，尤其是同一分支机构，其争议点往往不是个案。此时，由该分支机构所在地法院管辖，该法院也会比较熟悉同类案件的处理情况，便于较快解决争端。至于上文司法实践中提到的约定在经营人所在地法院管辖，在消费者与经营者不在同一区域的情况下，增加了消费者的诉累情况，在证券行业并不普遍存在，因为证券行业招揽客户通常是经纪人或者分支机构在当地就地招揽，客户服务关系挂靠在当地。即使在互联网营销普遍存在的情况下，对于证券公司总部自然增长的客户，其所在地并不一定与证券公司总部一致，格式条款设计也并不必然无效，只是在合同管理上应更加细致。

四、结语

总之，证券行业普遍遵守客户至上原则，对限制客户权利、增加客户义务的格式条款，无论是从证券公司本身经营发展，还是监管及自律组织合规要求来看，都应该尽到告知义务，这与司法精神要求的尽到提醒注意义务一致。证券市场已经是一个充分竞争的市场，服务好客户也是证券公司的核心竞争力。证券公司合规经营，日常工作中做好留痕，通常也就符合法律规定，不会在司法判定阶段予以否定。本案中对格式条款的认定，不建议作为示范性文本在其他法院进行同类问题判定时参考适用。参考上文最高院的 2013 年的判例，可以推定该证券公司应该已经尽到了提示注意义务，不宜被认定为无效。但是在未出台正式的规范性文件之前，各地法院仍有可能基于对法律条款适用的不同理解，仍会予以无效认定，因为法律规定中对合理的提醒注意义务中合理的边界和标准，目前尚无确定性的文件进行规范。从合规展业的角度来讲，券商可以采取对部分格式条款加粗标黑的方式，同时要求客户手抄承诺或者录音留痕，进一步自证已经尽到了合理义务，以避免在具体争议中该条款被否定。证券行业协会的规范性文件在具体合同中被引用时，如果发生争议，不宜仅仅看单个合同，还应该考虑行业情况，予以综合判断。行业有行业的特点，在判断是否合规的同时应考虑是否合法，在判断是否合法的同时也应考虑合规性，合乎行业惯例的规定可以以习惯法对待，用成文法进行判定时不宜严苛，除非真的违反公序良俗。

对于证券期货纠纷多元化解的几点思考

马 鸣*

2013 年，国务院办公厅发布了《关于进一步加强资本市场中小投资者合法权益保护工作的意见》，逐步构建了法律保护、监管保护、自律保护、市场保护和自我保护“五位一体”的投资者保护体系。2015 年 12 月，中央办公厅，国务院办公厅印发了《关于完善矛盾纠纷多元化解机制的意见》，从制度层面对多元化纠纷解决机制做出顶层设计。2016 年中国证监会积极落实中央精神，与最高人民法院联合下发了《关于在全国部分地区开展证券期货纠纷多元化解机制试点工作的通知》，规定了试点调解组织的基本条件和认可管理、健全诉调对接工作机制、强化纠纷多元化解机制保障落实等内容。本文以安徽地区为例，对证券期货纠纷多元化解机制的实践情况和前进方向提出一些思考，旨在进一步推进证券期货多元化纠纷解决机制不断完善。

一、目前证券期货领域矛盾纠纷日趋增多

随着经济社会发展尤其是资本市场的不断发展，证券期货领域矛盾纠纷也在增多，资本市场以中小投资者为主，其自我保护意识较差，能力较弱；同时，市场保护力度不够，市场主体对投资者权益保护意识不强，不时发生损害投资者的违法违规行为；中小投资者自律组织和公益性维权组织数量不足，投资者维权渠道和方式单一，救济效果不够明显；投资者维权耗时长、成本高等，矛盾纠纷呈增长趋势。

二、证券期货纠纷多元化解机制的意义

从证券期货行业来看，其纠纷特点有别于其他行业，首先，证券期货行业纠纷主要涉及经济利益，但以中小投资者为主，且大多数纠纷的金额不大。其次，纠纷类型多样化且专业

* 作者单位：安徽证监局投资者保护工作处。原载于《中国证券》2017 年第 3 期。

性强，如经纪业务纠纷、融资融券纠纷、期货期权纠纷、资产转让纠纷、权证交易纠纷等，在纠纷解决过程中需要运用财会、证券、期货、法律等多方面的专业知识，需要相关专业人才的参与。最后，纠纷双方在财力、专业能力上普遍悬殊，中小投资者与证券期货经营机构在财力和专业能力上差距较大。因此，证券期货纠纷多元化解机制是畅通投资者诉求表达和权利救济渠道、构筑投资者保护全链条防线、服务投资者保护工作大局的重要环节，可以使证券期货行业纠纷得到有效化解。

三、证券期货纠纷多元化解机制的安徽实践

安徽证监局与安徽省高级人民法院根据最高人民法院中国证券监督管理委员会《关于在全国部分地区开展建立证券期货纠纷多元化解机制试点工作的通知》精神，经充分沟通协商，结合地区实际联合发布了《关于进一步推进证券期货纠纷诉调对接工作的意见》（以下简称《意见》），就进一步加强地区证券期货纠纷诉调对接机制建设做出制度安排。

（一）建立工作机构，细化诉调对接安排

《意见》明确，安徽证监局指导安徽省证券期货业协会和安徽上市公司协会成立证券期货纠纷调解中心，接受投资者的调解申请，安徽各级人民法院在其诉调对接中心设立“证券期货纠纷调解工作室”，证券期货纠纷调解中心具体负责与人民法院开展诉调对接工作。对于可以委派（委托）证券期货纠纷调解中心调解的证券期货纠纷，《意见》同时明确了人民法院向证券期货纠纷调解中心移送材料、证券期货纠纷调解中心向人民法院反馈调解情况的形式和时限要求。

（二）探索保障机制，提升调解效力

为提升证券期货纠纷调解中心调解的效力，《意见》提出，对于达成调解协议的调解案件，证券期货纠纷调解中心应当告知当事人可以向有管辖权的人民法院申请调解协议司法确认；对具有合同效力和给付内容的调解协议，可以向有管辖权的人民法院申请支付令。对于调解不成的，证券期货纠纷调解中心可以应当事人请求，出具《调解情况说明》，作为投资者提起诉讼的证据，人民法院审理时应予以高度重视。

四、证券期货纠纷多元化解机制安徽实践的便利和特点

（一）调解工作不收取任何费用

这可以说是真正的惠民政策，同时也是鼓励中小投资者运用调解机制快速有效的解决纠纷。

（二）建立了专职或专家调解员制度

证券、期货、基金等纠纷具有极强的专业性，为此，安徽地区从证券期货领域有多年工作的专家和专业律师中聘请了 12 名专家调解员。

（三）受理范围广泛

只要是自然人、法人和其他组织之间因证券、期货、基金等资本市场风险投资业务产生的合同和侵权责任纠纷，均属于受理范围。这几乎囊括了全部证券期货领域的矛盾纠纷，对于有效保护中小投资者的利益有着重要的意义。

（四）司法确认方便

通过诉调对接机制，既为投资者和相关证券市场主体提供一条便捷、迅速处理纠纷的渠道，也不影响现有相关司法机关、监管机构和自律组织的职责履行，有利于证券调解工作能够顺利快速高效地开展。

（五）调解方式灵活

安徽省证券期货纠纷调解中心采用多种灵活方式进行调解，包括采用面对面与网络对话、即时化解等方式有机结合。调解场地不限于中心所在地，可以电话或者在调解员办公地通过灵活的调解方式，不仅使得纠纷的解决更为方便，而且也减少了解决纠纷的成本。

（六）注重时效性

明确调解工作不得久调不决。调解机制相比于诉讼的优势之一在于调解的周期较短，保证了调解工作的高效迅速。如果调解不成，调解双方提供的材料还可以作为重要的参考资料提交给有关法院。

五、实践中存在的问题

当前，我国处于社会转型期、利益调整期和矛盾凸显期，各项改革进入攻坚期和深水区，资本市场发展总体上来说还处于新兴加转轨期。从安徽地区的工作实践看，证券期货多元化纠纷解决机制的推进还存在以下几个方面的问题：一是部分市场主体对多元化纠纷解决机制建设的意义和重要性的理解不够深入、重视程度不够；从地理范围来说工作发展不平衡，省内只有合肥地区部分机构开始尝试。二是纠纷调解缺少经费支持，很多调解员还属于义务工作阶段，人手严重短缺。三是工作方法有待改进，证券期货纠纷多元化解工作的推进仍然停留在工作机制调整层面，缺乏改革方法的系统性、科学性和统筹性。四是工作措施落实不到位，平台建设还需加强。调解的具体方式方法缺乏统一性和有效性，具体承担的调解数量较少，分流化解纠纷的功能发挥不足。

六、对进一步加强证券期货纠纷多元化解的几点思考

（一）进一步提高重视程度

要督促各市场经营主体从加强资本市场投资者保护长效机制的高度推动多元化纠纷解决机制跨越式发展。积极主动参与到证券期货纠纷多元化解机制的建设中来。

（二）找准功能定位，提高工作的自觉性、主动性

充分调动各方积极性，通过培训宣导、纠纷调解、诉调对接、司法确认等途径，让更多的矛盾纠纷解决在调解范围和非诉讼解决纠纷渠道。包括进一步完善调解组织的机构建设、规范调解员行为、提高调解员技能和能力等各个方面。

（三）加强组织领导，争取经费支持

各调解组织应加强与相关政府部门及市场主体的沟通协调工作，进一步加强组织领导，一是积极争取社会各界的广泛支持；二是积极寻求经费保障，进一步提高调解员待遇。

浅谈证券期货经营机构投诉处理小技巧

马　鸣*

近年来，安徽证监局辖区证券期货经营机构深入贯彻落实国务院办公厅《关于进一步加强资本市场中小投资者合法权益保护工作的意见》精神，加强投资者保护和投资者诉求处理工作，进一步优化了投资者诉求处理机制。同时，安徽辖区证券期货投资者权益纠纷数量依然较多，对于证券期货经营机构来说，投诉处理是客户服务工作中极其重要的一项业务，是提高客户黏性、增强客户满意度的关键环节。做好投诉处理通常需要面对面直接与投资者对话交流，具有工作难度大、冲突性强、复杂多变等特点。

一、安徽辖区证券期货经营机构投资者诉求处理现状

（一）证券期货经营机构及诉求处理的界定

本文所述的证券期货经营机构是指经国务院证券监督管理机构批准设立，并依法登记注册的证券公司、期货公司、投资咨询公司及其分支机构。一般来说，证券期货经营机构面临的“投诉”分为两种，一种是金融消费者投诉，另一种是公司员工或者代理人基于签订的劳动合同或者代理合同进行的投诉。本文所述投资者诉求主要是金融消费者的投诉，是指《证券法》《期货交易管理条例》等法律法规所规定的金融消费者所拥有知情权、参与权、回报权、救济权等权益受到侵害所引发的投诉纠纷。

（二）诉求处理工作现状

在证券监管部门的领导下，经过几年的努力，安徽辖区投资者诉求处理工作取得了一定成效。总体来说，辖区各机构能够严格落实《关于进一步加强资本市场中小投资者合法权益保护工作的意见》（国办发［2013］110 号），建立投资者适当性制度、承担投诉处理首要责任、落实投资者教育各项要求。安徽辖区证券期货经营机构投资者诉求主要集中在系统

---

* 作者单位：安徽证监局投资者保护工作处。原载于《中国证券》2017 年第 3 期。

故障、投资者适当性落实不到位、咨询电话无人接听、融资类业务风控不到位、阻碍客户转销户和泄露客户个人信息等方面，还有尚未杜绝的佣金纠纷投诉。其中，客户服务类投诉占比超过50%。辖区证券期货投资者权益纠纷数量依然较多，反映辖区证券期货机构在合规自律管理、提升客户服务意识、落实投资者适当性，以及建立健全诉求纠纷处置机制等方面仍存在较多问题和不足。

二、辖区证券期货经营机构诉求处理方面存在的主要问题和不足

（一）投资者适当性管理不到位，没有真正做到“了解你的客户”

辖区证券期货经营机构把主要精力都放在那些资金量大的客户上，对其进行“深度关怀”，提供“一对一”的客户服务。对中小投资者的关注度较低，部分从业人员在中小投资者客户信息采集和风险承受能力评估环节敷衍了事，普遍存在“指导”客户填写问卷或为客户代填问卷，甚至出现部分客户基础信息中民族均为其他，婚姻状况均为离异的极端情况，导致后续客户以此为由提出质疑、引发纠纷。

（二）重营销、轻服务的现象仍然突出

辖区证券期货经营机构重营销、轻服务的现象仍然存在。在市场波动幅度较大的时候，辖区各证券期货经营机构及其分支机构把主要精力放在市场开发和推广上，没有根据市场变化通过改造网络、升级系统、增加客服人员等方式予以积极应对，多次出现咨询电话无人接听、不及时反馈客户诉求等问题。部分机构只关注业绩指标完成情况，对从业人员营销过程疏于监督，部分营销人员对公司产品的流动性、投向、风险状况一知半解，为完成营销任务故意隐瞒、曲解产品风险属性，形成误导销售。部分营销人员在未清楚解释风险的情况下向客户盲目推荐各类产品，导致后期投诉频发。

（三）投诉纠纷处理不及时，引发进一步矛盾

辖区部分证券期货经营机构及其分支机构没有建立客户投诉纠纷处理台账，没有安装自动录音电话，导致相关矛盾不能化解在第一现场。部分机构对投资者投诉纠纷的具体情况不了解、不知情、不跟进，导致后续处理过程中未能妥善应对。部分机构在投诉处理过程中未进行完整留痕，对诉求处理人员的要求不明确，监督不到位，导致相关问题得不到及时解决，矛盾被激化。部分从业人员由于在回应客户诉求过程中缺少监督，随意回复投资者诉求。

（四）对客户的不合理诉求一味忍让，“花钱了事”现象依然存在

辖区部分证券期货经营机构对于客户的不合理诉求过分忍让迁就，甚至采取补偿、救助等“花钱了事”息事宁人的做法。这种诉求处理方式，表面上解决了个案问题、具体事情，但实质却给其他投资者形成了负面价值导向，吵一吵、闹一闹、堵一堵就可以获得额外的利益，严重破坏了证券期货经营机构的良好经营环境。

三、投诉处理过程中存在的主要困难

当前，由于经济形势错综复杂，投资者问题也呈现多元化，解决难度高，而投诉处理人员始终处于解决投资者矛盾的第一线，普遍感觉工作压力大，主要由于以下原因：（1）多数投诉人心中都有怨气、怒气，投诉过程中伴随着大量负面情绪，稍有不慎，投诉处理人员就容易被投诉人的负面情绪所感染。（2）多数投诉人的利益诉求明显，而投诉处理人员难以达到投诉人要求。（3）部分投诉人有不同常规的思考逻辑，甚至偏执、固执，难以听取不同意见，难于沟通。（4）个别投诉人投诉过程中伴有威胁性和问责性语言，以向更上一级部门反映情况为由施加压力。

四、投诉处理过程中的一些小技巧

（一）控制自身情绪，营造沟通氛围

无论投诉人因何投诉，刚开始时一般情绪都非常激动，满腹怨气，讲话逻辑不清晰，不分青红皂白都是正常现象。对于投诉人此时的行为，投诉处理人员必须正确理解，给予包容。要让投诉人能够很好地与你沟通、有效交流，必须尽快控制自己的情绪，进而控制对方的情绪。如果投诉处理人员不能控制自己的情绪，在投诉接待过程中，也可以和投诉人聊一聊单位、家庭、天气、投资情况等话题，使对方情绪逐渐平静，营造良好的沟通氛围。尤其是对于现场投诉且情绪激动的投资者，须将其带到安静地方，安抚其情绪后再进行下一步沟通。

（二）善于聆听，全面了解投诉缘由

在投诉刚开始的时候，投诉人往往有一肚子话要说，一股脑儿向诉求处理人员倾诉，甚至逻辑不清，在对方不断地诉说、发牢骚、发脾气的过程中，投诉处理人员不要急于打断他的话题，只需要默默地听，让他尽情地诉说。当投诉人的声音越来越低，情绪较平静时，投诉处理人员再慢慢向其提问，表示对反映问题的关注。投诉处理人员在听取投诉人陈述时要耐心、细致，内容记录要清楚、详细，对投诉反映的问题的事发时间、地点、当事人、事发经过、办理情况和投诉要求应如实记载，全面正确了解投诉缘由。与投诉人之间的沟通交流不仅包括语言、词汇，很多时候更重要的是眼神、动作。从心理学角度说，在双方沟通时的总印象原理是，在总沟通效果中，肢体语言占 55%，声音语气语调占 38%，而语言却只占 7%。据统计，在现场的纠纷解决中，有一半以上的案例是投诉处理技巧发生了作用。

（三）坚持以人为本，善用同理心

投诉处理人员在工作过程中要坚持以人为本，采取适当方式安抚其情绪，制止其过激行为。在沟通过程中要善用同理心。所谓同理心，是指站在对方立场思考的一种方式，是进入并了解他人的内心世界，并将这种了解传达给他人的一种技术与能力。投诉处理人员应当怀着服务客户的心态，站在投诉人角度看待问题，理解投诉人，善待投诉人。多进行“换位思考”，努力发现其反映问题的关键点并妥善化解矛盾。

1. 面对情绪激动的投诉人

投诉处理人员要以礼相待，耐心倾听，决不能受其情绪影响。如其反映的问题有道理，投诉处理人员要想办法帮助解决；如其反映问题不合理或按现行规定及公司制度不能解决的，也要依照有关规定给予详细解释。

2. 面对反复陈述的投诉人

投诉处理人员要善意引导其进行恰当的陈述，通过适当方式制止其重复的论述，找出反映的主要问题，善于归纳，准确提炼出正确的内容。

3. 面对固执己见的投诉人

投诉处理人员要有足够的耐心，反复向其摆事实、讲道理，以理服人；要讲大道理，使投诉人依法办事；要讲小道理，使投诉人接受现实。

4. 面对要求过高的投诉人

投诉处理人员要严格按法律法规和公司制度办事，保护其正当合法的权益，对不合理的要求不能"乱开口子"。

5. 面对无理取闹的投诉人

投诉处理人员一定要依法依规，坚持原则，耐心解释，对于其无理的要求明确拒绝，对无理取闹、围攻并辱骂投诉处理人员，干扰公司运营，造成损失的，要注意搜集证据，并视情况向公安机关报案。

6. 面对问题复杂的投诉人

对于一些牵涉部门多、经历的时间长、问题复杂的投诉事项，投诉处理人员要善于聆听，梳理诉求事项的梗概，不急于轻率判断，不急于匆忙表态，尽可能搜集更多原始材料，再进行调查核实处理。

（四）把握投诉处理的四个原则

一是先倾听后解释；二是先复述后提问；三是先分析后判断；四是先核实后定论。

（五）投诉处理工作要坚持依法办理

投诉处理工作的核心是满足和支持投资者的合理合法诉求，对投资者不合理不合法的诉求不予支持，可以明确告知投资者不合法之处。

投诉处理工作要坚持依法办理原则，法律是处理所有问题的准绳，遇到难以调和的矛盾，要积极引导投资者回归司法程序，司法渠道是解决所有问题的最终场所，在工作中要时刻注意处理程序的合法性。

综上所述，投诉处理归根结底是一项与人打交道的工作，需要投诉处理人员怀着真诚、负责的心，努力取得投诉人的信任，坚持动之以情、晓之以理、依法办事，最大限度地化解矛盾纠纷。

论证券支持诉讼的专业化发展

杜佳蓉 樊鸿雁*

中小投资者是证券市场存在和发展的根基，正是因为中小投资者的积极参与才会有证券市场的迅速发展。水能载舟，亦能覆舟，对中小投资者利益的保护，关系到证券市场是触礁搁浅还是继续远航。在美国证券交易所的大厅树立着巨大的标语："要像搀扶80多岁的老太太过马路一样，用心呵护中小投资者的利益。"

目前，在我国证券市场中，中小投资者占据很高的比例，根据中登公司2016年12月中发布的结算统计月报显示，2016年末投资者账户数为11 811.04万户，其中自然人账户11 778.42万户，非自然人账户32.62万户。个人投资者占比高达99.72%①。国外证券投资市场机构投资者居多，我国A股市场中小投资者居多，这决定了我国市场特性与成熟市场有很大的不同。历次证券市场发生的丑闻事件，遭受重大损失的都是中小投资者。广大中小投资者形单影只，处于弱势地位，通过民事追责机制维权呈现一盘散沙、毫无头绪的状态。随着中证中小投资者服务中心有限责任公司（简称"投服中心"）的设立和证券支持诉讼的提起，中小投资者权益维护有了很大改善。

一、证券支持诉讼的数量考量

投资者合法权利的保护是《证券法》的核心精神，而无救济则无权利。证券投资者具有双重身份，一是上市公司股东，二是证券市场中的投资者。证券市场中，投资者依据证券市场中的信息进行交易；在上市公司内部，投资者依据持有的股份享有股东权。投资者可依据《公司法》中的股东诉讼、股东代表诉讼依法维护自己的权利，也可以依据《证券法》规定的民事诉讼寻求司法救济。在《公司法》中，主要调整公司与众多的股东间的关系，主要为"内部人"；而《证券法》中，主要关注投资者和证券发行人之间的关系，关注的是

---

* 作者单位：河北经贸大学法学院。原载于《中国证券》2017年第8期。

① 李大霄："散户是中国股市的大功臣"，载《华夏时报》2017年1月24日（第三版）。

不特定投资人，是“外部人”。[①] 对于中小投资者来说，“内部人”的股权占比太小，不受重视；“外部人”缺少专业知识，易受到不实信息的干扰。不实信息的来源有时是所投资公司违法违规发布的信息，相对于资源雄厚的上市公司，“外部人”身份使得中小投资者难以辨别，处于弱势地位。

2016 年 7 月 20 日，投服中心联合上海证券交易所“投资者声音调研平台”开展一项市场调研，发布了《投资者权益知识调查报告》和《投资者风险认识调查报告》两项报告。报告显示，87.75%的投资者都愿意行使自己的股东权利，但是 35.9%的投资者认为自己没有途径行使股东权利。[②] 众多投资者受到损害，却鲜少有投资者会提起诉讼。在 2001—2016 年间，共有 249 家上市公司因虚假陈述被行政处罚，但已公开信息显示仅有 69 家被投资者提起证券民事赔偿诉讼，占比仅为 28%。在众多民事诉讼中，仅仅出现了两例支持诉讼（见图 1）。

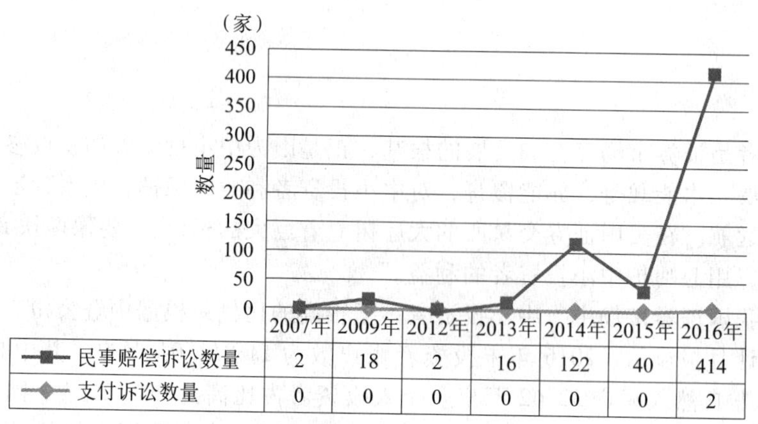

	2007年	2009年	2012年	2013年	2014年	2015年	2016年
民事赔偿诉讼数量	2	18	2	16	122	40	414
支付诉讼数量	0	0	0	0	0	0	2

图 1　2007—2016 年诉讼数据对比图

注：本数据参考中国裁判文书网、无讼案例库的有关数据，年份为裁判年份，民事赔偿诉讼数量为有关判决裁定的数量，支持诉讼数量因未发布判决书，为起诉年份。

通过以上数据可以看到，我国证券投资者对于自我保护途径和手段不甚了解，进行证券民事赔偿诉讼的举证难题更是难解。以上数据还可以看出，我国证券民事赔偿数量逐年上升，中小投资者的权利救济意识也在逐年上升；但是证券支持诉讼的数量显得有些少，也显示出证券支持诉讼的发展潜力。

二、证券支持诉讼发展的必要性

（一）中小投资者的相对弱势地位

中小投资者处于信息、资金等弱势地位，单个投资者行权维权面临专业知识储备不足、耗时久、成本高等重重阻碍。信息占据着资本市场的关键，同样也是求得民事赔偿的关键。上市公司占有技术资源和人力资源等关键优势信息和优势地位，在诉讼和交涉过程中占据主动

① 陈甦：《证券法专题研究》，高等教育出版社 2006 年版。

② 朱凯，赵怡雯：“重构证券市场投资者保护制度”，载《国际金融报》2016 年 9 月 19 日（第七版）。

地位。投资者并没有经过专业的训练，不具备专业知识，无法鉴别上市公司的“小动作”。[①]

由于证券民事赔偿诉讼具有“小额多数”的特点，对绝大多数的个体受害投资者而言，诉讼成本可能远超过赔偿数额。中小投资者对于寻求赔偿，态度最普遍的是“搭车心理”，往往会陷入“集体行动”的困境，个体投资者即便权益受到侵害，也基于以上因素而不愿提起民事诉讼保障自身权益。[②] 这样，在“不告不理”的民事诉讼原则下，司法保护对于证券市场的违法行为也就无能为力。

（二）违法主体较低的违法成本

1. 民事责任成本较低

民事责任的最主要特点——损失的填补，没有在证券民事赔偿中得到充分的发挥。违法成本难以和违法利益相提并论，使得上市公司宁愿冒着处罚的危险，也要火中取栗。由于信息、地域、成本等多条件的制约，主动提起证券民事赔偿的投资者很难超过符合起诉条件的投资者总人数的 10%，起诉总标的很难超过投资者可计算损失总额的 5%。由此导致民事违法成本并不高昂。

2. 行政责任成本较低

据统计，在过去的三年里，共有 35 家公司涉及财务造假而受到中国证监会的行政处罚。处罚最为严重的属海联讯，被处罚 882 万元，海联讯的实际控制人章峰被处罚 1 203 万元。其余公司的罚款都没有超过证券法的顶格处罚——60 万元，这笔费用对于上市公司来说简直就是无关痛痒、九牛一毛。《证券法》因处罚力度过小被戏称为“豆腐法”，没有锋利的“牙齿”，已成为妨碍中国股市健康发展的重大障碍。针对行政责任的无力度特点，本次修订的《证券法》也进行了关注。在 2017 年 2 月 9 日，中国证监会通报了进入 2017 年后的 18 起案件[③]，多人的罚款达百万元或千万元，行政罚款的数额在上升，这也体现出行政责任成本未来的上升趋势。

3. 刑事责任成本较低

《刑法》对证券犯罪做出了明确规定，规定了六条七种证券犯罪行为：欺诈发行股票、债券罪，提供虚假财务会计报告罪，擅自发行股票和公司、企业债券罪，内幕交易、泄露内幕信息罪、编造并传播影响证券交易虚假信息罪、诱骗他人买卖证券罪。在经过审判的案件中，兄弟科技内幕交易案是较为典型的案件，被定义为“情节特别严重”，但是两名被告金建平、吕悦明二审却因多种原因被判缓刑；还有三变科技、宝利沥青等内幕交易案，也都属于“情节特别严重”，但最后均被判缓刑。诸多的证券类犯罪判决结果均显示“轻量刑并适用缓刑”，使得犯罪行为猖獗。

（三）诉讼环节困难重重

由于审判能力和独立性等方面原因，法院在诉讼各阶段都存在问题，使得投资者在诉讼过程中需要经过多个环节，包括立案关、审理关、判决关和执行关等，打击了投资者的诉讼

① 尹晨：《探寻阳光下的理性繁荣——中国证券市场信息监管研究》，南开大学出版社 2004 年版，第 17 页。

② 赵万一：《证券市场投资者利益保护法律制度研究》，法律出版社 2013 年版，第 38 页。

③ 朱宝琛：“证监会严查违法违规行为 内幕交易占比最高”，载《证券日报》2017 年 2 月 9 日。

积极性。部分法院在立案环节设置了重重障碍，增加受理难度；有时虽勉强受理，但提高了证据门槛。有些法院在审理时对于实体法的适用似乎带有倾向性地不利于原告，尤其体现在对于虚假陈述揭露日认定和系统风险因素排除等问题上的处理。比如，在 2011 年 12 月判决的华闻传媒案中，法院认为上市公司披露的会计信息存在虚假记载，不构成虚假陈述事实。这显然有违法理，与其他法院对于此类的判决大不相同。即使投资者苦苦等来了有利的法院判决或调解，执行环节又可能出问题，使得投资者难以真正获得赔偿。

三、证券支持诉讼的发展现状

（一）前置程序的取消

2003 年 1 月 9 日颁布的《最高人民法院关于审理证券市场因虚假陈述引发的民事赔偿案件的若干规定》第六条规定："投资人以自己受到虚假陈述侵害为由，依据有关机关的行政处罚决定或者人民法院的刑事裁判文书，对虚假陈述行为人提起的民事赔偿诉讼，符合民事诉讼法 108 条规定的，人民法院应当受理。"[①] 依照本条规定，证券市场虚假陈述侵权之诉的提起需具备行政处罚或刑事处罚的前置程序。

2015 年 4 月 15 日，最高人民法院印发了《关于人民法院推行立案登记制改革的意见》中明确规定了立案的条件，即原告为与本案有直接利害关系的公民、法人和其他组织，被告需明确，要有具体的诉讼请求和事实依据，属于人民法院主管，属于受诉人民法院管辖。凡符合以上条件的就应当立案，当场登记立案。前置程序的合理性受到了质疑。

2015 年 12 月 24 日，最高人民法院在《关于当前商事审判工作中的若干具体问题》中明确，"根据立案登记司法解释规定，因虚假陈述、内幕交易和市场操纵行为引发的民事赔偿案件，立案受理时不再以监管部门的行政处罚和生效的刑事判决认定为前置条件"。[②] 该意见直接表明了最高院对于证券诉讼的立案政策，不再设置过高的立案门槛，使得证券民事赔偿案件变得更为便捷和亲民，也是意味着立案登记制度在证券市场虚假陈述侵权诉讼中平稳落地。

（二）投服中心的设立

依据 2013 年 12 月 27 日，国务院办公厅发布《关于进一步加强资本市场中小投资者合法权益保护工作的意见》，强调建立中小投资者自律组织和公益维权组织，以此来完善保护体系。投服中心依据此项政策而建立。投服中心的自我定位涵盖三个方面：对于上市公司起到督促作用，对于投资者起到保障作用，对于中国的资本市场起到优化作用。具体包括：持股行权、提起公益诉讼或支持起诉、调解纠纷、接受申诉并提供咨询职能、投资者教育、影响立法进程。[③]通过将投资者保护工作进一步前移，全程为投资者保驾护航。

在持股行权方面，投服中心正在进行扩大持股公司的数量，在多家上市公司的年度报告、甚至万科股权之争中都提出过犀利的问题，对上市公司起到了督促的作用。在支持起诉

① 最高人民法院：《最高人民法院关于审理证券市场因虚假陈述引发的民事赔偿案件的若干规定》，2003 年 1 月 9 日。

② 最高人民法院：《关于当前商事审判工作中的若干具体问题》，2015 年 12 月 24 日。

③ 陈洁："证券法应明确投服中心的功能定位"，载《中国证券报》2016 年 12 月 13 日。

方面，由投服中心负责准备诉讼材料、委派诉讼代理人，中小投资者仅需签字委托就能实现自身权利的伸张和维护，简便易行。支持起诉是帮中小投资者打官司，通过塑造典型案例，很容易使得中小投资者的维权意识快速提升。

从一定程度上来讲，投服中心填补了中小投资者法律保护和市场保护的短板和空白，以新的机制和手段推动中小投资者保护迈上新台阶，进一步促进资本市场秩序的优化和完善。通过落实法律保护、助力监管保护、支持自律保护、践行市场保护、提升自我保护，形成资本市场中小投资者保护新格局。[①]

（三）支持诉讼的启动

支持诉讼是以受损投资者为原告，维权组织发挥专业和信息优势，为投资者提供诉讼支持。其目的就是让中小投资者与被告在诉讼地位和能力上实现实质对等，降低诉讼维权门槛，促进证券市场公平正义。法律条文中可以找到相关程序法的规定。《民事诉讼法》第15条规定："机关、社会团体、企业事业单位对损害国家、集体或者个人民事权益的行为，可以支持受损害的单位或者个人向人民法院起诉。"投资者提起虚假陈述、内幕交易、操纵市场等证券民事赔偿诉讼时，当事人一方人数众多的，可以依法推选代表人进行诉讼。

2016年7月25日，投服中心接受了全国14名原告的委托，向匹凸匹公司及其高管和实际控制人鲜言提起了证券虚假陈述纠纷，2017年1月23日在上海一中院开庭审理。这是法院受理的首例证券支持诉讼，是一次保护中小投资者利益的"破冰"之举。2016年8月投服中心接受11名中小投资者的委托，对康达新材造假上市案件的责任人提起了诉讼。[②] 投服中心一共支持全国25名中小投资者，向上市公司实际侵权行为人提起了证券支持诉讼，共计要求索赔265万余元，将散沙状态的受损中小投资者团结凝聚成一股不可小觑的维权力量。

四、证券支持诉讼制度的完善

（一）管辖法院专业化

在目前的法律规定中，并未对证券赔偿纠纷进行管辖法院的规定，而是按照普通民事诉讼的管辖方式。但是现实中，由于证券赔偿民事诉讼的诸多特点，导致一般管辖原则出现局限性。首先是证券赔偿案件涉及人数多、波及范围广。证券发行交易网络覆盖全中国，证券市场跨省越区，已经是实实在在的"全国一盘棋"，证券市场涉及全国范围的投资者的利益。不论提及诉讼的主体人数，在众多投资者的利益可能遭受侵及的可能性下，将管辖法院的层级设定为中级，可能会导致法院处理的不适宜。其次，证券民事赔偿纠纷极具专业性。证券民事赔偿纠纷在证据方面难以搜集，而且由于不少法官证券知识缺乏，对有关证据的效力和诉讼进程难以把握，使证券民事赔偿纠纷的定性和处理困难。最后，依"原告就被告"可能产生地方保护倾向。在证券民事赔偿诉讼中，遵循"原告就报告"的管辖，应为被告所在地法院管辖。但是一般的上市公司具有较大的规模和雄厚的经济实力，基于其经济贡献，在公司当地的影响力很大，很有可能遭受同案不同判、同一条文不同理解的情况以及司法地

① 刘国峰："投服中心：寻求资本市场中小投资者保护新路径"，载《中国证券报》2016年12月22日。

② 王梦遥："公安部确定5个证券犯罪办案基地"，载《新京报》2016年11月29日。

方保护主义倾向。

基于证券民事赔偿案件的诸多特点，可以参考知识产权法院的建立模式，也就是建立证券法院或金融法院。知识产权法院的建立是基于知识产权纠纷的专业性和特殊性，进行了独立性、跨区域性的管辖。比如，广州知识产权法院司法辖区将跨越广州市，涵盖除深圳外的整个广东省，这有利于破除地方保护主义 。也可以在法院中设立专门处理关于金融行业纠纷的法庭，如上海浦东人民法院成立了金融法庭。

并且，在 2016 年 11 月 28 日公安部正式确定了 5 个证券犯罪办案基地，专门承办特别重大经济犯罪案件及相关工作任务。公安部的负责人员介绍时也谈到证券专业领域大案、要案频发，影响范围广、涉及人员多、社会关注度高，其中个别案件甚至有地方保护主义的干扰，侦办及处置难度极大，由此确定 5 个证券犯罪办案基地，真正实现扁平化指挥、合成化作战，而且有利于整合优势警务资源，形成“上下联动、区域协同、多警合成”打击证券犯罪的新格局。①

知识产权法院专门独立出来和公安部的 5 个证券犯罪基地都是考虑到违法行为的专业化、职业化和广域化，设立单独的证券法院的必要性毋庸置疑。专业的证券或金融法院还应该设立专家库，为专业的金融问题提供专家意见。专家库可以包括各个金融行业的资深实际操作专家、学术专家、科研人员等。需要提供专家意见时，可以依据相关行业随机抽取。法治是证券市场善治根基，证券市场对公正独立的司法体制有更高的要求，目前证券市场的发展明显受到旧有的司法体制桎梏，迫切需要司法体制方面的改革予以配套，从而使得整个国家司法体制向更加公正、更有公信力的方向发展。

（二）证据支持常态化

支持诉讼是以受损投资者为原告，维权组织发挥专业和信息优势，为投资者提供诉讼支持。其目的就是让中小投资者与被告在诉讼地位和能力上实现实质对等，降低诉讼维权门槛，促进证券市场公平正义。随着首例证券支持起诉的结束，有必要对破冰之诉的经验进行总结和完善。证据是诉讼的关键，也是法院立案受理的前提。证据方面的搜集制度也要进行规范和常态化，以使得后续诉讼更顺利地进行。

1. 立案环节的证据支持

随着行政处罚前置的取消，证明行为违法性的责任就成为投资者无法迈过的坎。在证券民事赔偿诉讼中，要提交被告的行为具有虚假陈述的初步证明材料。相关证据可包括：证券监管机构已对被告进行立案调查；证券监管机构已对被告采取监管措施；公安机关已对被告涉嫌证券犯罪进行立案调查；证券交易所已对被告采取监管措施、惩戒或处分；上市公司已披露更正公告或被告的其他自认违法行为；媒体揭露被告存在证券违法行为。

2. 庭审环节的证据支持

行为的违法性证明。首先要证明具有虚假陈述的行为的存在，即虚假记载、误导性陈述、重大遗漏和不正当披露这几种违法行为。其次，要证明虚假陈述行为的重大性。关于重大性的理解，可以按照最高院杨临萍庭长在《关于证券投资类金融纠纷案件的审理问题》中的相关理解：重大性，是指违法行为对投资者决定的可能影响，其主要衡量指标可以通过违法行为对

① 李国光，贾纬：《证券市场虚假陈述民事赔偿制度》，法律出版社 2003 年版。

证券交易价格和交易量的影响来判断。只有重大虚假陈述行为依法才可能承担民事赔偿责任，如果虚假陈述不具备重大性则不足以影响投资者的判断，与投资者的损失之间不存在因果关系。

庭审环节的证据支持主要是主观过错、因果关系和损害后果的证明。对关于基准日虚假陈述揭露日和更正日的确定、控股股东及实际控制人的过错认定、交易因果关系、损害因果关系的认定，尤其是确定损害后果方面，还要考虑系统性风险、投资差额损失等方面，投资者对这些方面的知识不甚了解，投服中心应充分发挥其专业性为投资者的诉讼提供技术支持。对于一些关键点的举证，可以辅助投资者得到合理的赔偿。

（三）惩罚性赔偿的具体化

在一般侵权法领域，侵权责任的制度设计目的在于补偿，仅补偿所受损失，并遵循恢复原状原则，既不少补，也不多补。证券民事责任的功能与一般侵权责任的功能相同，也是以"补偿性"为主。但是，证券民事责任有其独特之处，比如行为隐蔽、专业，因果关系认定难，受害人众多、不确定，并且具有损害国家经济正常运行的可能。为制止证券违法违规行为，可以考虑提高责任人的赔偿数额，使受害人获得超出其实际损失的赔偿。在损失补偿之外，凸显证券民事责任的惩戒功能，以高额的违法代价制止侵权行为的频发。

在现行法律中，并未对惩罚性赔偿进行规定，而只是选择了证券民事责任的补偿性功能。舍弃证券民事责任的惩罚功能并不意味着该功能无足轻重，而是在立法时与当时的立法环境不能协调，尚不适合进入公众视野。随着法律的发展和国家政策的支持，惩罚性功能在民事责任的其他方面有着体现，消费者权益保护法和食品安全法中都加入了惩罚性赔偿。相较于一般消费者，金融消费者人数虽不如一般消费者众多，但基于某些爆发性事件的影响后果也是巨大的，丝毫不亚于一次食品安全事件。既包含投资者的直接损失，也包括所有投资者对于市场的信心丧失和证券市场的萎缩。可以认为惩罚性赔偿补偿的是对社会公众利益的损害，是对恶意、恶劣行为的填补。而证券民事侵权行为既形成了社会形态的利益损害，又存在难以估量的宏观市场损失。

惩罚性赔偿的数额规定大致可分为三种：第一种，直接规定具体倍数；第二种，在具体倍数下自由浮动；第三种，完全赋予法官自由裁量权。较为可行的措施是第二种，既有原则性，也不丧失灵活性。建议采取以实际损失为基础，以 4 倍惩罚性赔偿为限额、赋予法官自由裁量权的方式加入惩罚性赔偿的规定。[①]

结语

在我国的证券市场中，个人投资者受到大量信息的冲击，处理信息非理性化，容易导致跟风和"传染"，从而导致投资偏短线化，市场的稳定性较差。投服中心要引导投资者进行专业化的学习，提高辨别能力，做理性的投资者。同时，通过支持起诉典型案例的宣传教育，使得投资者充分了解救济手段，最大限度地维护自身的利益，为中小投资者构建权利有保障的证券市场。

---

① 马新彦："内幕交易惩罚性赔偿制度的构建"，载《法学研究》2011 年第 6 期。

关于加强证券期货投资者教育基地建设的几点思考

——以安徽地区为例

马 鸣*

一、证券期货投资者教育基地的重要性

投资者尤其是中小投资者是资本市场持续健康发展的源泉。随着市场的快速发展，越来越需要更加成熟理性的投资者参与；同时，投资者教育工作做得越好，投资者抵抗风险的能力就越强，整个市场防范系统性风险的能力也就越强。

（一）有助于保障资本市场健康发展及社会稳定

市场成熟与否关键取决于投资者的成熟程度，投资者成熟程度决定了资本市场能否稳定运行。加强证券期货投资者教育基地建设，持续做好投资者保护教育工作，维护好投资者的合法权益，是市场长远发展的基础工程。

（二）有助于增强全社会的投资者保护理念

投资者是上市公司、证券期货公司、基金公司等市场经营主体的直接客户或股东，某种程度上是他们的“衣食父母”。加强投资者教育基地建设，做好投资者教育，可以督促市场主体树立和秉持投资者合法权益至上的理念。

（三）有助于提高投资者参与市场的能力与效率

部分投资者长期以来对资本市场存在错误认识，部分投资者认为资本市场是致富捷径，进而盲目进入资本市场进行投资交易；还有部分投资者认为资本市场是高风险市场，不参与

* 作者单位：中国证券监督管理委员会安徽监管局。原载于《中国证券》2017 年第 12 期。

市场投资交易。这两种认识都不利于资本市场的健康稳定发展。加强投资者教育基地建设，普及各类投教知识，能够加深投资者对于市场法律规则、发展规律的正确理解，帮助投资者树立风险防范意识和理性投资意识，逐步成为成熟理性的投资者，并促进资本市场健康发展。

（四）有助于投资者有效维护自身合法权益

知权才能行权和维权。加强投资者教育基地建设，普及资本市场基础知识，可以有效提高投资者对资本市场基础制度、交易方式的认识，清楚了解自身掌握的权利，维护自身合法权益。丰富的投资者教育活动可以有效帮助投资者提高其权利意识和自我保护意识，有利于不断构建投资者保护长效机制。

二、我国证券期货投资者教育基地现状

长期以来，资本市场上普通个人投资者缺乏高水准的学习交流平台，缺乏反映意见的渠道，缺乏沟通交流的场所。《国务院办公厅关于进一步加强资本市场中小投资者合法权益保护工作的意见》（国办发［2013］110 号）围绕投资者的知情权、收益权等各项权利，强化投资者尤其是中小投资者教育的具体措施，明确了投资者教育工作的方向、目标和要求，是指导投资者教育工作有序开展的纲领性文件。在此基础上，中国证监会持续深化和改善投资者教育机制。为了让投资者教育工作更加具体化，于 2016 年评选授牌了第一批 13 家国家级投资者教育基地，2017 年开始评选第二批国家级投教基地和首批省级投教基地。目前，首批省级证券期货投资者教育基地评审工作已经正式完成。全国已命名省级证券期货投资者教育基地 83 个。其中，实体投教基地 56 个，互联网投教基地 27 个。投教基地成立以来，各类实体投教基地共覆盖各类投资者超过 15 万人次。

三、安徽省证券期货投资者教育基地现状

（一）基本情况

安徽省证券期货经营机构积极主动申请国家级和省级投资者教育基地，致力于打造立足安徽、面向全国的一流投教基地。目前已有 2 家实体证券期货投资者教育基地和 1 家互联网投资者教育基地挂牌运行，尚有数家机构正在着手建设各类投教基地。已挂牌的 3 家基地分别为华安证券大别山投资者教育基地、安信证券芜湖县投资者教育基地、华安证券互联网投资者教育基地。

（二）主要特色

安徽省已挂牌省级投教基地的特色性主要表现在强强联合，合作共赢。充分利用新闻媒体和政府部门资源，扩大投教工作影响力和覆盖面。华安证券大别山投资者教育基地位于安徽省六安市，由华安证券股份有限公司与皖西日报社联合申报。基地立足革命老区，服务贫困地区，通过与当地主流媒体资源共享，扩大了投教基地在当地的认知度和辐射力，为做深做实老区投资者教育、共同培育理性成熟投资者做了有益尝试。安信证券芜湖县投资者教育

基地由安信证券与芜湖县金融工作办公室联合申报，通过与政府部门的合作，探索建立一个开放的投资者教育平台，普及证券期货知识，警示金融市场各类风险，是证券期货经营机构与政府部门在投资者保护方面的一个积极探索，实践中也达到了合作共赢的良好效果。华安证券互联网投资者教育基地与主流媒体和行业协会广泛对接，7×24小时持续向社会公众开放，涵盖包括证券基础知识、重点知识专题报告会、财务报告阅读课程等在内的丰富的投教内容。

（三）运行情况

安徽省2家已挂牌实体投教基地占地面积超过200平方米。实体及互联网投教基地均设有产品展示区、专家讲堂区等5大基础功能区，每家投教基地根据自身特点开通了特色区域，如华安证券大别山投资者教育基地开通了红色文化区、风险警示区。实体投教基地现场均配有专人负责引导和讲解，各功能区域设置了功能铭牌和参观路线指示牌。互联网投教基地在网站首页清楚显示主要功能区，开通华安学堂特色板块，涵盖股票、债券、基金、融资融券等基础知识，并有专家授课视频。2017年6月投教基地挂牌以来，各基地围绕投资者适当性管理、打击非法证券期货活动开展了“适当性新规专题教育活动”“非法证券警示教育活动”“基地品牌行——走进上市公司”等多项专题活动。据不完全统计，投教基地挂牌运行5个月以来，实体投教基地累计接待投资者超过3 000人次，互联网投教基地浏览量超过5万人次。投资者满意度问卷调查显示，投资者对于投教基地满意或较为满意的比例超过93%。安徽省证券期货投资者教育基地总体运行情况良好。

四、安徽省投教基地运行过程中存在的主要问题

通过实地参观、了解安徽省内实体证券期货投资者教育基地和浏览互联网投教基地，也发现已挂牌投教基地在实际运行过程中存在一些问题和不足。

（一）投教产品供给不足

投资者教育基地尤其是实体投教基地的投教产品尚不够丰富，主要是依托监管部门、行业协会发放的宣传材料及经营机构自身研发的宣传折页、展板、手册及动漫等，没有充分搜集市场上其他优秀投教产品。同时，基地挂牌后进行的后续研发不够，没有及时补充和更新投教产品。

（二）投教活动不够丰富，影响局限于当地

投资者教育基地目前投教活动尚未全面铺开，服务对象主要以经营机构本身的客户为主，加之宣传力度不足，导致影响力局限于当地。

（三）考核制度缺乏可行性，约束力不强

投资者教育基地根据自身情况建立了有关考核制度，但考核方式单一。主要通过基地来访人数、投教活动举办次数等简单数据来考核基地投资者教育工作开展情况，无法真实评估投教工作的有效性。

五、关于加强投教基地建设的几点意见

（一）重视投教工作，着力增加投教基地数量

现有的投教基地数量目前远远不能满足广大投资者的投教需求。需要市场主体特别是经营机构更加重视投教基地建设，通过投资者看得见、摸得着、能参与的证券期货投资者教育基地建设，让投资者教育的效果具体化，同时也可以增加市场主体的品牌影响力，逐步满足广大投资者的投教需求。

（二）切实做好风险揭示工作

风险是资本市场的特殊属性，没有风险的市场是不存在的。投资者教育基地作为真正的“投资者之家”，应讲真话、讲实话，不怕讲风险、讲隐患。要明明白白告诉投资者风险在哪里、风险有多大，要不断地提示风险。要让投资者真正清楚投资的风险所在。一方面向投资者清楚揭示由违法违规集资、咨询、代客理财等活动带来的风险；另一方面，通过普及证券期货基础知识，使投资者真正了解市场本身的风险和由于专业知识不足、对市场规则或交易品种了解不够形成的风险。

（三）充分利用科技手段提升投教效果

充分利用科技手段提升投教效果，努力实现将现代科技与投资者教育结合，探索投资者教育互动体验新模式，以寓教于乐的方式帮投资者了解证券市场基础知识，强化风险意识，提升金融素养。在开放投教产品和内容方面，充分运用“互联网＋”思维，广泛对接各类投资者教育资源及最新金融发展咨询。发挥好投教基地微信公众号功能，在投资者满意度调查、活动预约、投保调研等方面尝试开发子模块，坚持线上线下互联互通。

（四）完善考核制度，发挥投教人员主观能动性

修改完善投教基地考核制度，增强制度的可执行性和激励约束机制，综合运用合同约束、职位晋升、薪酬体系、福利体系等内部激励措施，为投教人员规划职业发展前景，畅通职位晋升通道，充分发挥投教人员的主观能动性。针对基地运行标准和特点，设立包括建设指标、运行指标、合规指标和公益指标在内的绩效考核项目，将绩效考核与职位薪酬福利挂钩，不断提升投教人员和投教基地考核的有效性。

（五）结合自身实际、做到“五个坚持”

投教基地要做大做强，不断拓展自身的影响力和辐射面，需要根据自身实际情况，做到“五个坚持”。一是坚持“请进来”。以投教基地的物理网点或互联网站点为中心，接待社会公众免费参观和浏览。二是坚持“走出去”。广泛开展投资者教育“进社区”“进高校”“进企业”等活动，有效拓展投教服务外延。三是坚持“常组织”，持续开展符合投教基地自身特点的品牌服务活动，诸如“阳光讲堂”“投资者股市分享会”等等。四是坚持“顾大局”。充分配合中国证监会、交易所、行业协会等落实各类投保投教活动。五是坚持“搭平台”。积极与地方政府及高校资源对接，为有关各方对接资本市场提供培训交流场地，借助

各方力量扩大投教基地影响力。

参考文献

[1] 赵敏．加强投资者教育 夯实资本市场投资者保护基础［J］．清华金融评论，2017 (06)．

[2] 李光磊，黄炜．投资者教育要把风险揭示落到实处［N］．金融时报，2016-05-10 (001).

投资者适当性管理

投资者适当性管理的问题分析和制度完善

——兼论证券经营机构的应对方案

郑华婷*

投资者保护是资本市场法制的重要课题。在金融创新不断推进的背景下，金融产品的构造更为复杂，投资者和证券经营机构之间的信息不对称进一步加剧，投资者权益很容易被侵害。特别是对于那些不具有成熟投资经验和风险承受能力的投资者而言，他们可能会因为受到误导购买高风险的金融产品或金融服务，在出现风险事项时往往承受严重的经济损失。为了有效保护投资者权益，各国证券法制都引入了投资者适当性原则，通过体系化的制度建构使得"投资者购买适合其购买的证券产品"。①

我国资本市场发展较为迅速，近年来监管机构也强化了投资者适当性原则的贯彻。但是，由于多种原因，投资者适当性原则在实践中依然存在较多的问题，合格投资者的识别和证券产品的适当性销售面临一系列难题，在一些情形下不能有效识别风险且风险承受能力较低的投资者购买了风险系数高、交易结构复杂的金融产品。投资者适当性原则未能有效得到贯彻，不仅损害了投资者的合法权益，而且影响到了证券机构的稳健运营和证券市场的有序发展。②

本文拟对过去我国投资者适当性管理实践中存在的问题加以分析，并深入剖析这些问题发生的原因。在此基础上，将对中国资本市场环境下如何完善投资者适当性管理制度加以探讨，特别是分析证券经营机构应当如何优化投资者适当性管理。

---

* 作者单位：华英证券有限责任公司。原载于《中国证券》2017 年第 9 期。

① 张付标，刘鹏："投资者适当性的法律定位及其比较法分析"，载《证券市场导报》2014 年第 5 期，第 73—74 页。

② 曾洋："投资者适当性制度：制度、比较与评析"，载《南京大学学报》2012 年第 2 期，第 84—86 页。

一、存在的问题

虽然我国在投资者适当性制度建设方面已经取得了一些成绩，但不可否认的是，相对于发达国家资本市场法制建设而言，当下我国投资者适当性制度建设方面依然存在较多的问题，具体而言表现在以下几个方面：

（一）落实流于形式

近年来我国证券监管机构着力强调投资者适当性制度建设的重要性，并且颁布了与之相关的部门规章和规范文件，为投资者适当性制度的贯彻提供了规范基础，同时也初步建构了投资者适当性的制度体系。在这些部门规章和规范文件的指引下，我国证券经营机构也都意识到了投资者适当性制度对于投资者保护和自身合规运营的积极意义，并按照要求建立了投资者适当性制度，通过有效的制度建设引导“合格的投资者购买合适的金融产品”。

但由于我国的投资者适当性建设处于起步阶段，相关的制度体系并不完善，对于证券经营机构应当如何进行投资者适当性管理、违反投资者适当性管理应当承担怎样的法律责任等重要问题没有较为明确的答案。在此背景下，部分证券经营机构虽然引入了投资者适当性制度，但是并没有重视投资者适当性管理的重要性，在实践中对于投资者并未进行有效的风险测评或虽有相应测评但未持续开展，也没有依据投资者的风险承受能力推荐相应产品或提供相应服务，在一定程度上影响甚至侵害了投资者的合法权益，也给自身经营带来风险隐患。这就导致投资者适当性管理从根本上流于形式，未能充分发挥其制度功能。①

（二）适用范围狭窄

受到传统观念的影响，证券经营机构往往比较重视股票、债券、基金等证券品种的投资者适当性管理。随着金融创新的推进，新型的金融投资产品不断出现。相对于传统金融产品而言，这些新型金融投资产品的交易结构较为复杂、风险因素较为多元，虽然可能给投资者带来较高的收益，但也可能引发较为严重的投资风险。近年来出现的集合资金信托计划产品、资产管理计划产品、私募基金投资产品、海外投资产品等多带有“高收益、高风险”的特征，此前在很长一段时间内这些产品并不存在完善的投资者适当性管理制度。证券经营机构在推介销售这些新型金融产品时，往往没有进行妥当的投资者适当性风险管理，使得一些不具有相应风险识别能力和风险承受能力的投资者也购买了此类产品，部分情形下甚至最终造成了严重的经济损失。可以说，投资者适当性原则适用的范围原则上应当扩展到一切金融产品，而不能只限定于传统金融产品的范围，对于那些创新型的金融产品（包括但不限于金融衍生品）更有推行投资者适当性管理的必要。②

---

① 李春凤，李镇华：“证券市场产品适当性管理现状与改进建议”，载《证券市场导报》2010 年第 7 期，第 10—11 页。

② 窦鹏娟：“金融衍生品投资者适当性的制度改进与规则完善”，载《证券市场导报》2016 年第 6 期，第 75—78 页。

（三）制度不够完善

在此前很长的一段时间之内，我国的投资者适当性立法主要体现在一些部门规章和规范文件中，例如《证券公司融资融券试点管理办法》（中国证监会，2006 年），《关于建立股指期货投资者适当性制度的规定（试行）》（中国证监会，2010 年），《股指期货投资者适当性制度实施办法（试行）》（中国金融期货交易所，2010 年），《创业板市场投资者适当性管理暂行规定》（中国证监会，2009 年），《创业板市场投资者适当性管理实施办法》（深圳证券交易所，2009 年），《上海证券交易所投资者适当性管理暂行办法》（上海证券交易所，2013 年）等。证券经营机构应当如何建立投资者适当性管理制度，缺乏统一而明确的制度对之加以调整。特别值得注意的是，上述部门规章和规范文件是针对不同类型的金融市场和金融产品确立各自领域的投资者适当性管理制度，如何针对证券市场建立统一的投资者适当性管理制度在很长时间并未得以实现，这一任务对于投资者权益保护和金融市场发展就变得极为重要。值得肯定的是，中国证监会已经在 2016 年 12 月 12 日公布了《证券期货投资者适当性管理办法》，对于投资者适当性管理制度进行了全面完善。

（四）责任机制欠缺

成熟的投资者适当性管理制度总是离不开完善的法律责任机制。只有对违反投资者适当性管理义务的主体及时追究法律责任，才能促使其认真履行投资者适当性管理义务。在此前很长一段时间，在证券立法并未明确规定投资者适当性内容的情况下，投资者能否直接依据投资者适当性原则起诉证券经营机构，违反了投资者适当性管理义务的证券经营机构又该承担什么样的责任，理论界和实务界长期存在争论。① 在上述问题没有得到解决的情况下，实践中投资者依据投资者适当性原则起诉证券经营机构的案例并不多见，监管机构也很少以违反投资者适当性管理要求处罚证券经营机构。法律责任机制的不完善在很大程度上影响了投资者适当性原则的有效贯彻。

（五）未能区分投资者

在以往的投资者适当性制度建设中，我国多是借鉴学习资本市场法制发达国家投资者适当性建设的成果经验，强调确立以“合格投资者”为核心的制度体系。但值得注意的是，我国资本市场投资者的结构组成和西方国家存在很大的差异。西方国家资本市场的投资者主要以机构投资者为主，我国资本市场却是以普通投资者或散户投资者为主，相对于机构投资者而言，他们在资本实力、信息获取、专业知识等方面都处于弱势地位，不具有机构投资者的风险识别能力和风险承受能力。实践中因证券经营机构未能履行投资者适当性义务而被侵害权益的投资者基本上是普通投资者。如果不能为普通投资者提供特别的保护机制，他们的合法权益就难以得到有效的保护。

---

① 陈洁：“证券公司违反投资者适当性原则的民事责任”，载《证券市场导报》2012 年第 2 期，第 50 页。

二、原因

我国在投资者适当性制度建设方面存在上述问题，原因是多样的、复杂的，需要深入分析，以便为完善投资者适当性制度寻找到路径方向。具体而言，导致上述问题出现的原因主要体现在以下几个方面：

（一）资本市场发展迅速带来新的挑战

21 世纪以来我国资本市场发展迅速，金融创新的深度和广度不断得到拓展，新型金融产品也持续涌现。资本市场的深化改革发展实际上为投资者适当性管理带来了很多新挑战。我国在投资者适当性管理领域存在的问题，根源在于近年来资本市场的变革发展以及投资者适当性管理制度不够完善。

具体而言，传统的投资者适当性管理往往是针对投资者较为熟悉的金融产品，相对而言，证券经营机构在向投资者推介传统金融产品和提供金融服务时往往能够容易完成投资者适当性管理。对于那些新出现的金融产品，因其产品结构和风险要素的特殊性，普通投资者往往难以了解其风险特征，证券经营机构也不清楚如何对这类产品的投资者进行适当性管理。在相应立法和监管缺乏的情况下，证券经营机构就可能罔顾金融产品的风险特征，不对投资者进行有效的风险识别，同时在推介过程中片面夸大收益、隐匿风险、误导陈述，使得投资者往往投资了远远超过其风险识别能力和风险承受能力的金融产品。①

（二）投资者适当性立法不够完善

虽然我国在投资者适当性管理方面已经有了一定的立法基础，为投资者适当性管理制度确立了法律规范基础，但就目前的立法现状而言，投资者适当性管理立法在一定程度上具有“实用主义”的特征，也即依据资本市场发展的实践需要“渐进式”进行立法，如同上文提到的，分别针对融资融券、股指期货、创业板、私募基金等分别制订投资者适当性管理办法。这种立法路径使得我国的投资者适当性立法具有领域分割、规范重复、制度冲突等特征，在立法思想和制度安排上缺乏体系性和统一性，不利于投资者适当性管理制度的有效确立。此外，这种立法思路也使得很多新型金融产品领域的投资者适当性管理缺乏规范基础，实践中投资者适当性管理出现严重问题的恰是这些领域。由于不存在明确的投资者适当性管理规范基础，证券经营机构往往不重视或不明白如何开展这些领域的投资者适当性管理。②

（三）投资者适当性监管不够到位

在过往的投资者适当性制度建设工作中，我国证券监管机构发挥着非常重要的职责，制订了一系列的部门规章和规范文件，有力地推动了投资者适当性原则的有效贯彻。但是，仅仅在立法层面和在政策层面强调投资者适当性原则的贯彻是不够的，证券监管机构应当加强

① 赵晓钧：“金融产品创新视野下的投资者适当性——兼论中国金融投资者保护”，载《新金融》2011 年第 12 期，第 33—34 页。

② 翟燕：“我国投资者适当性义务法制化研究”，载《政治与法律》2015 年第 9 期，第 98—99 页。

对证券经营机构的事中事后监管，有效引导证券经营机构投资者适当性管理的制度建设和持续开展，对于严重违反投资者适当性管理的行为追究相应法律责任，进而确保投资者权益能够得到有效保护。遗憾的是，在此前的监管实践中，证券监管机构并没有在此方面强化监管力度，对于实践中那些违反投资者适当性管理原则的证券经营机构，也没有及时加以调查并做出行政处罚。这种事中事后监管的缺失就导致投资者适当性管理制度难以有效落实。而从美国等资本市场发达的法治国家经验来看，投资者适当性已经从自律规则发展为监管规则，监管机构的全面监管对于投资者适当性的实现有着至关重要的意义。[①]

（四）投资者适当性司法治理滞后

即便有了完善的投资者适当性管理立法，投资者权益也不一定能够得到有效的保护。实践中投资者和证券经营机构发生的争议往往难以直接依据投资者适当性立法加以处理，这是因为这些法律规范通常具有抽象性、一般性的特点，往往需要司法机关结合具体案件争议情况加以具体化和实质化，才能寻找到具体的争议解决方案。在我国既有的投资者适当性管理实践中，虽然投资者和证券经营机构会经常围绕金融产品的推介和销售发生争议，但是真正诉诸司法机关加以解决的案例却是少之又少。这就导致投资者适当性的相关法律规范难以通过司法机关的裁判活动得以具体化，对于证券经营机构是否违反投资者适当性管理义务及其法律责任就难以发展出类型化的判断标准。实际上，我国投资者适当性管理的法律规范依然是静态的、抽象的而非动态的、具体的，而国外投资者适当性原则落实到位的国家往往有较为丰富的司法判例，已经把相应法律规范加以具体化和实质化。

（五）证券经营机构缺乏自律意识

在投资者适当性管理制度的有效落实方面，除了完善的立法、有效的监管、积极的司法等因素之外，证券经营机构的充分自律也是非常重要的一个方面。证券经营机构的自律是促成投资者适当性管理有效管理最为重要的因素，只有不断完善内在制度并提高管理能力，才能使得投资者适当性管理真正落到实处。证券经营机构整个行业的严格自律会促使它们之间形成有序竞争的局面，在投资者适当性管理方面取得出色成绩的机构将会更多获得市场的认可和尊重，而这方面效果较差的机构则会被投资者“抛弃”。然而，此前证券经营机构在投资者适当性管理方面的自律意识并不强，未能意识到投资者适当性管理对于公司品牌和风险管理的重要性。证券经营机构之间也没有形成有效的自律约束机制。近几年以中国证券业协会为代表的行业机构开始强化投资者适当性管理的自律机制，已经取得较为显著的成果。

（六）投资者权利保护意识不强

投资者适当性管理原则的有效贯彻和投资者的权利保护意识也有密切关系。投资者适当性制度本身以保护投资者利益为宗旨，通过要求证券经营机构履行特定的义务确保投资者权益不被侵害。如果证券经营机构在向投资者推介金融产品的过程中没有对投资者和金融产品进行风险评估，进而向投资者推介了不符合其风险偏好的金融产品，就需要承担相应的法律

---

① 赵晓钧：“中国资本市场投资者适当性规则的完善”，载《证券市场导报》2012年第2期，第42—43页。

责任。在此背景下，投资者可以向法院提起诉讼，要求证券经营机构赔偿其因此而遭受的损失。但是，由于金融法治水平的不够完善和投资者诉讼维权的传统缺失，我国投资者的权利保护意识普遍不强，在证券经营机构违反投资者适当性管理义务的情况下，投资者很少通过诉讼机制维护自身的合法权益，这也是我国投资者适当性原则在实践中遭遇困境的原因之一。

三、完善的路径

在分析了我国当下投资者适当性管理制度存在的问题以及发生的原因之后，有必要简单讨论下应当如何完善投资者适当性管理制度。

（一）立法加以完善

我国投资者适当性立法在很长一段时间内存在立法层级低、调整领域有限、规范不够完善等问题，不利于投资者适当性原则的有效贯彻落实。值得注意的是，中国证监会在总结既往经验的基础上颁布了《证券期货投资者适当性管理办法》及《关于实施〈证券期货投资者适当性管理办法〉的规定》，特别是前者明确了证券经营机构的投资者分类义务、产品分级义务和销售匹配义务，初步确立了统一的投资者适当性管理制度。但是，这一办法就其法律性质而言属于部门规章，法律效力依然低于法律、法规，在整个资本市场法制体系中的地位依然没有得到凸显。从强化投资者适当性制度建设的角度来看，有必要在证券法层面确认投资者适当性制度的重要性并进一步完善制度结构，在资本市场“基本法”中提升投资者适当性原则的体系地位和功能意义。[①]

（二）强化行政监管

在立法层面完善投资者适当性法律规则之外，投资者适当性原则的充分贯彻还有赖于证券监管机构的有效监管。监管机构对于证券经营机构投资者适当性管理的监管应当坚持“事前、事中、事后”全程监管的原则。在新的投资者适当性管理制度框架下，监管机构应当督促所有的证券经营机构按照要求完善内部制度，并对相应的落实情况进行检查，确保投资者适当性管理能够落到实处。对于证券经营机构在提供产品和服务过程中是否履行了投资者适当性管理义务，监管机构也应当强化监管，通过合理的手段加以关注或审核。对于违反投资者适当性管理义务的，监管机构应当对证券经营机构及其主要责任人员及时采取监管措施，包括但不限于责令改正、监管谈话、出具警示函、责令参加培训、罚款、市场禁入等措施。

（三）优化司法标准

投资者适当性原则的有效贯彻离不开司法机关的裁判。通过法院的司法裁判，投资者适当性原则特别是证券经营机构的投资者适当性管理义务才能得到更为具体的界定，违反投资

① 赵晓钧：“《证券法》中投资者适当性规则的建构——兼论资本市场‘投资者适当性’的发展”，载《证券法苑》2011年第5卷，第1070—1098页。

者适当性义务法律责任的性质和要件才能得以明确。具体而言，在证券经营机构违反投资者适当管理义务的情况下，投资者可以起诉要求其赔偿自己所遭受的经济损失。证券经营机构承担的法律责任可为缔约过失责任，可为侵权责任，可为契约责任，具体要根据证券经营机构和投资者之间推介产品和提供服务的具体情况加以确定。在明确法律责任性质之后，需要对每类责任体系下的构成要件加以明晰。以侵权责任为例，在明确归责原则和免责事由的基础上，投资者需要证明自己确定遭受损失、证券经营机构存在过错行为、损失和不当行为之间存在因果关系等责任要件。实际上，这些因素的明确都有赖于司法判例的不断累积，只有通过法官的司法裁判才能发展出明确的类型化判断标准。

（四）完善争议解决机制

在投资者和证券经营机构之间就投资者适当性管理发生争议时，除了上文所述的司法诉讼解决途径之外，还应根据投资者保护的需要建立更为多元化的争议解决机制，如此才能确保相关争议得到快速解决进而有效保护投资者权益。高效而且多元的争议解决机制，也是投资者适当性管理制度建设的重要内容。通过比较法研究可以发现，在诉讼机制之外，调解、仲裁等机制也是处理投资者和证券经营机构之间纠纷的重要方式。就我国相关制度建设而言，有必要进一步完善中国证券业协会主导的证券纠纷调解机制，使其能够切实发挥制度功能；同时应当完善证券纠纷仲裁解决制度，建立能够有效解决投资者和证券经营机构纠纷的仲裁机构和仲裁机制。在必要的情况下，也可以仿效其他国家建立证券纠纷监察专员制度，有效保护不成熟投资者的合法权益。[①]

（五）强化投资者宣传教育

投资者适当性原则的有效贯彻离不开投资者权利意识的“觉醒”，在他们意识到自己的合法权益遭受侵害时，要能够及时“为权利而斗争”。这种维权意识的培养离不开投资者宣传教育工作。证券监管机构和证券经营机构应该通过各种方式向投资者进行投资者适当性教育，让他们了解投资者适当性制度的基本原理，特别是自身的合法权益以及证券经营机构应当履行的义务。同时，应当让投资者了解到自身合法权益被侵害时的维权路径，确保他们能够及时合理地采纳救济措施。

四、应对方案

对于证券经营机构而言，在中国证监会制定《证券期货投资者适当性管理办法》、中国证券业协会制定《证券经营机构投资者适当性管理实施指引（试行）》的背景下，必须高度重视投资者适当性管理，作为日常经营管理的重要工作。具体而言，应在以下方面强化投资者适当性的制度建设工作：

① 杨东：“论我国证券纠纷解决机制的发展创新——证券申诉专员制度之建构”，载《比较法研究》2013 年第 3 期，第 55 页。

（一）作为重要工作来抓

对于证券经营机构而言，首先要意识到投资者适当性管理对于公司经营的重要性。这不仅关系到公司的合法合规经营，而且会影响到投资者合法权益的保护，对于证券经营机构的长远发展有着至关重要的意义。证券经营机构应将投资者适当性管理置于公司重点工作的规划之中，从战略上重视投资者适当性管理工作。特别是在中国证监会颁布《证券期货投资者适当性管理办法》之后，更是应当严格贯彻落实其原则要求，对于投资者适当性管理做出有效的制度安排，强化“向合格的投资者提供合适的产品和服务”的理念，创新投资者分类保护机制，从战略定位、业务开展和平台搭建等多维度全面深化落实投资者适当性管理工作。

（二）完善制度体系建设

战略层面对于投资者适当性管理工作的重视需要通过完善制度体系加以落实。通过有效的制度安排，证券经营机构应当确保“有效了解客户”“有效了解金融产品或金融服务”的原则能够得到有效贯彻。证券经营机构有必要重新梳理既有的投资者适当性管理规定，依据《证券期货投资者适当性管理办法》的要求重新完善相关规定；有必要梳理相关业务流程，优化既有流程（开户、风险承受能力测评）和创设新型流程，如最低风险级别客户特别保护、高风险产品或服务特别工作程序、“双录”等；有必要完善相应技术设备，改造升级相关技术系统，促成投资者适当性管理工作的电子化和网络化，如推行电子签名系统。

（三）强化员工投资者适当性管理的意识和能力

投资者适当性管理的落实有赖于证券经营机构工作人员的日常具体工作。证券经营机构的工作人员是否具有投资者适当性管理意识，能否在具体工作中有效落实，将是决定投资者适当性制度有效发挥作用的关键因素。证券经营机构应当大力提高员工投资者适当性管理的意识和能力，使其认识到投资者适当性管理工作的重要性，并能切实将相关原则要求落实到提供证券经纪、投资顾问、融资融券、资产管理、柜台交易等金融服务的过程中。证券经营机构应当定期或不定期对员工开展与适当性管理有关的培训；将员工是否妥当履行适当性义务纳入绩效考核范围；对相关岗位人员履行适当性义务的行为进行监督检查，对违反投资者适当性管理规定的人员进行问责。

（四）强化自律约束机制、建立竞争淘汰机制

在投资者适当性管理方面，证券经营机构也应当建立有效的自律约束机制。证券经营机构自律机构应当进一步完善投资者适当性管理的相关操作指引，促使证券经营机构完善相关制度，确保能够形成良性竞争的机制，引导投资者选择适当性管理好的证券经营机构。对于那些未能有效履行投资者适当性管理的证券经营机构，也应当通过市场竞争将其最终加以淘汰。

论我国证券市场适当性管理制度构建实践及其趋势

何　富*

一、适当性管理概述

（一）适当性管理的内涵

证券投资者特别是中小投资者得到充分保护，是成熟证券市场的重要标志。国际证监会组织（IOSCO）在《证券监管的目标与原则》中将保护投资者作为证券监管三大目标之首[①]，而适当性管理则是保护投资者的基础工作。世界各国在探求构建完善的证券市场机制过程中，均会将适当性管理作为一项重要课题。以我国为例，2013 年国务院办公厅发布的《关于进一步加强资本市场中小投资者合法权益保护工作的意见》（国办发［2013］110 号），提出了九项保护投资者合法权益的措施，首项即为健全投资者适当性制度。

近年来，适当性管理越来越被证券从业人员和投资者熟悉。现行国际上通用的适当性管理定义来源之一为 2008 年 4 月巴塞尔银行监管委员会、国际证监会组织和国际保险监管协会联合发布的《金融产品和服务零售领域的客户适当性》报告。其中提到，投资者适当性要求是当金融公司向零售客户推荐购买特定金融产品时，金融公司必须判断投资该特定金融产品是否适合该特定投资者，而适合是指中介机构提供的金融产品或服务与零售客户的财务状况、投资目标、风险承受能力、知识以及经验之间的契合。[②] 此处的“契合”其实具有双向意义，即无论是从产品或服务出发对应投资者，或是从投资者出发对应产品或服务，两者都是匹配的。通俗地讲，适当性管理就是做好一项工作：将合适的产品或服务销售给合适的投资者。此项工作包括投资者了解和分类、产品或服务风险等级划分、风险警示与告知、适当性匹配、投资者回访、投诉处理、档案保管、信息保密、业务培训、考核问责等。

---

* 作者单位：川财证券有限责任公司。原载于《中国证券》2017 年第 9 期。

① IOSCO，Objectives and Principles of Securities Regulation，June，2010.

② BIS，Customer Suitability in the Retail Sale of Financial Productsand Services，April，2008，at4.

（二）国际上证券市场适当性管理的通行做法

世界各国证券市场适当性管理的做法不尽相同，从美国、德国、法国、日本、韩国、新加坡、中国香港、中国台湾等证券市场较为成熟的国家和地区的实践来看，通行的做法主要包括：投资者适当性管理制度和措施原则上一致；都要求“了解你的客户”，采集投资者信息；都要求将投资者划分为专业投资者和非专业投资者；都要求将有限的资源向非专业投资者倾斜；都要求按照所了解的非专业投资者信息对其进行分类；都要求了解产品或服务，对产品或服务进行风险等级划分；都要求投资者风险承受能力与产品或服务风险等级相匹配；都要求加强相关内部控制管理，包括培训、考核、问责等。

二、我国证券市场适当性法律制度构建的尝试和现行体系

（一）证券市场适当性管理法律制度构建的尝试

2007年前后，在应对金融危机的国际浪潮中，出于支持和鼓励金融创新、防范金融风险、保护投资者权益的需要，我国开始尝试建立证券市场适当性管理制度。

2007年10月，中国证监会发布《证券投资基金销售适用性指导意见》，规定基金销售机构应当建立健全基金销售适用性管理制度，对基金产品进行风险评价，对基金投资者进行风险承受能力调查和评价。虽然“适用性”和“适当性”的表述不一致，但本质要求都蕴含将适当的产品销售给适合的投资者。

2008年4月，国务院发布了《证券公司监督管理条例》，规定证券公司从事证券资产管理业务、融资融券业务，销售证券类金融产品，应当了解客户的身份、财产与收入状况、证券投资经验和风险偏好，并以书面和电子方式予以记载、保存。证券公司应当根据所了解的客户情况推荐适当的产品或者服务。这是我国首次以行政法规的形式确立了证券公司应当履行适当性管理义务的原则性要求。

此后，中国证监会、相关自律组织发布《创业板市场投资者适当性管理暂行规定》《证券投资顾问业务暂行规定》《全国中小企业股份转让系统投资者适当性管理细则（试行）》《公司债券发行与交易管理办法》《私募投资基金监督管理暂行办法》《证券公司融资融券业务管理办法》《证券基金经营机构参与内地与香港股票市场交易互联互通指引》等规定，在创业板、证券投资顾问、融资融券、股转系统、公司债、私募投资基金、港股通等市场、产品或业务中设置了适当性管理义务规则。其中，有两部自律规则在此特别值得一提，分别是2012年12月中国证券业协会发布的《证券公司投资者适当性制度指引》和2013年3月上海证券交易所发布的《上海证券交易所投资者适当性管理暂行办法》。前者对证券公司适当性管理义务作了比较系统且细化的规定，基本上涵盖了对证券公司在向投资者销售金融产品或提供金融服务的适当性管理全流程要求，是证券行业首部较为成熟、统一的指导性自律规则。后者对适当性管理做出了突破性的规定，尤其是在投资者分类上提出了统一的标准，将所有投资者明确划分为“专业投资者”和“普通投资者”，并设置了差异化的适当性管理要求，这被《证券期货投资者适当性管理办法》所借鉴和沿袭。

2015年的股市波动，暴露出部分证券经营机构适当性管理不严格、执行不到位等问题。鉴于此，中国证监会在总结各类市场、产品、服务的适当性管理要求基础上，于2016年12

月正式发布了《证券期货投资者适当性管理办法》。这是我国首部专门、全面、系统规范证券市场适当性管理的部门规章，统一了适当性管理的基本标准，突出强调了经营机构所要承担的投资者分类、产品或服务分级、适当性匹配的义务和责任，并为每一项违反适当性管理义务和责任的行为设置了罚则。

2017 年 6 月，为贯彻落实《证券期货投资者适当性管理办法》，中国证券业协会、中国证券投资基金业协会、上海证券交易所、深圳证券交易所、全国中小企业股份转让系统有限责任公司（以下简称“全国股转公司”）等自律组织分别发布了《证券经营机构投资者适当性管理实施指引（试行）》《基金募集机构投资者适当性管理实施指引（试行）》《上海证券交易所债券市场投资者适当性管理办法》《深圳证券交易所债券市场投资者适当性管理办法》《全国中小企业股份转让系统投资者适当性管理细则》等适当性管理相关业务规则。

（二）现行证券市场适当性管理制度体系

纵然，我国《证券法》目前还未明确规定证券经营机构的适当性管理义务，但从其他规范性文件来看，我国现行证券市场适当性管理制度体系涵盖了经纪、承销、资产管理、投资咨询、融资融券、代销金融产品等几乎所有的证券业务，主要由以下三个层级的规范性文件组成：

1. 行政法规

主要是《证券公司监督管理条例》。

2. 部门规章和其他规定

主要是中国证监会发布的规章、规定、指导意见，最核心的为《证券期货投资者适当性管理办法》，其他包括《创业板市场投资者适当性管理暂行规定》《证券投资顾问业务暂行规定》《证券公司代销金融产品管理规定》《证券公司客户资产管理业务管理办法》《证券投资基金销售管理办法》《私募投资基金监督管理暂行办法》《公司债券发行与交易管理办法》《证券公司及基金管理公司子公司资产证券化业务管理规定》《证券公司融资融券业务管理办法》《证券期货经营机构私募资产管理业务运作管理暂行规定》《证券基金经营机构参与内地与香港股票市场交易互联互通指引》《证券投资基金销售适用性指导意见》《关于加强证券经纪业务管理的规定》等。

3. 自律性规范

主要是由中国证券业协会、中国证券投资基金业协会、证券交易所、全国股转公司等自律组织发布的自律规则和业务规范，包括《证券经营机构投资者适当性管理实施指引（试行）》《基金募集机构投资者适当性管理实施指引（试行）》《上海证券交易所投资者适当性管理办法》《上海证券交易所债券市场投资者适当性管理办法》《上海证券交易所分级基金业务管理指引》《上海证券交易所港股通投资者适当性管理指引》《上海证券交易所股票期权试点投资者适当性管理指引》《上海证券交易所风险警示板股票交易管理办法》《深圳证券交易所债券市场投资者适当性管理办法》《深圳证券交易所创业板市场投资者适当性管理实施办法》《深圳证券交易所港股通投资者适当性管理指引》《深圳证券交易所退市整理期业务特别规定》《全国中小企业股份转让系统投资者适当性管理细则》等。

三、我国证券市场适当性管理制度的构建趋势

我国证券市场适当性管理制度从开始尝试构建至今，已近十年。纵观这十年，我国证券市场适当性管理制度构建在借鉴境外成功经验的基础上，结合实际情况，体现出了以下几点趋势：

（一）强制化

“投资者适当性”最早出现在距今已近一个世纪的美国，是当时美国证券市场经纪人应当承担的一项道德义务，起初仅是证券交易商协会对其注册经纪人的职业规范和自律要求，尚不具备强制约束力和执行力。此后的 1978 年，美国第二巡回法院一项裁决认定，证券经纪商向投资者的不适当推荐行为违反了 1934 年《证券交易法》规定的反欺诈条款，应当承担欺诈行为的法律责任。由此，适当性管理义务转化为经纪人应当承担的强制义务。可以说，美国投资者适当性管理制度的发展经历了自律到强制的过程，而这个规律，大致也适用于我国。

我国证券市场适当性管理的要求，起初是尝试性地对证券投资基金、创业板、融资融券等风险较高的产品或服务进行规定，并未完全适用于所有业务。2012 年中国证券业协会发布《证券公司投资者适当性制度指引》，要求证券公司了解客户、了解金融产品或金融服务，做好适当性管理和其他保障措施，属于对证券公司适当性管理的统一规范；其后证券公司按照此指引开展相关工作。而《证券公司投资者适当性制度指引》只是一项自律规则，虽然各证券公司需要依照其执行，但在监督检查、责任追究、投资者救济渠道上，并未能较好地体现和落实适当性管理是证券公司法定义务。在司法实践中，证券公司违反适当性管理义务的民事责任更多地被认定为侵权责任。在产品或服务不断地推陈出新，产品的透明性和流动性、服务的可理解性越来越难被广大散户知悉的情况下，我国证券市场信息不对称、投资者与经营机构地位的不对等所带来的风险也日益凸显。但券商自律的法律文化还没有真正形成，声誉约束机制还不能说已经有效发挥作用，这个职责不得不落在法律责任上。[①] 市场改革创新导致新的利益冲突，需要通过法律制度的构建、权利义务的设置以及积极的纠纷解决机制，实现利益的再平衡[②]。因此，适当性管理法律化的内生需求越来越旺，国家越来越多地考虑将其法律层级提升，规定证券经营机构适当性管理的强制义务。由此，我国证券市场统一监督管理机关公布并推行的《证券期货投资者适当性管理办法》应运而生，明确规定了经营机构履行适当性义务存在过错并造成投资者损失的，应当依法承担相应的法律责任。同时，虽然《证券法》没有明确提及经营机构的适当性管理义务，但合理预计其公法化的趋势将日趋凸显，纳入《证券法》只是迟早的问题。

（二）统一化

长期以来，我国银行、证券、基金、期货、保险等领域的适当性管理规范差异较大，证

① 甘培忠：“证券公司在投资者保护中的行为规范”，深圳证券交易所报告会议，2012 年 3 月 14 日。
② 张付标，李玫：“论证券投资者适当性的法律性质”，载《法学》2013 年第 10 期。

券市场也并未完全实现各类产品或服务适当性管理规则的一致性。此前，我国陆续在创业板、金融期货、融资融券、股转系统、私募投资基金等市场、产品或业务中建立了投资者适当性制度，起到了积极的效果。但这些制度主线不明，比较零散，相互独立，对证券经营机构适当性义务要求各异，不能覆盖部分高风险证券产品或服务，且侧重于设置准入门槛，存在较多内容交叉、重复冲突的现象，容易导致规则适用混乱，有损法律的权威性，呈现出“散、乱、软”特征。例如，仅创业板市场，适当性管理所涉及的规则包括中国证监会发布的《创业板市场投资者适当性管理暂行规定》《首次公开发行股票并在创业板上市管理暂行办法》等部门规章和深圳证券交易所发布的《深圳证券交易所创业板市场投资者适当性管理实施办法》《创业板市场投资者适当性管理业务操作指南》《关于进一步推进创业板市场投资者适当性管理相关工作的通知》《会员持续开展创业板市场投资者适当性管理业务指引》等自律性规范。

鉴于此，并出于解决股市波动期间暴露出部分证券经营机构适当性管理流于形式的问题，2016 年 12 月，中国证监会正式发布《证券期货投资者适当性管理办法》，对我国证券市场适当性管理的基本要求进行了规定，并于 2017 年 7 月 1 日正式实施。《证券期货投资者适当性管理办法》虽然仅适用于证券期货市场，但对银行、保险等领域均有借鉴意义，且在金融混业经营日益加剧的情况下，其或许将成为我国整个金融市场适当性管理制度构建史上的重要里程碑。

（三）全面化

中国证监会《证券期货投资者适当性管理办法》和证券业协会《证券经营机构投资者适当性管理实施指引（试行）》的第二条分别规定：“向投资者销售公开或者非公开发行的证券、公开或者非公开募集的证券投资基金和股权投资基金（包括创业投资基金，以下简称基金）、公开或者非公开转让的期货及其他衍生产品，或者为投资者提供相关业务服务的，适用本办法”；“证券公司及其子公司、证券投资咨询机构（以下统称‘证券经营机构’）向投资者销售金融产品，或者以投资者买入金融产品为目的提供证券经纪、投资顾问、融资融券、资产管理、柜台交易等金融服务，适用本指引”。可以看出，证券市场适当性管理的要求，几乎全面覆盖了经纪、承销、资产管理、投资咨询、融资融券、代销金融产品等业务，且涉及投资者分类、产品或服务分级、适当性匹配、风险揭示、内控管理等方方面面。

同时，在基本要求的前提和基础上，中国证券业协会、证券交易所、全国股转公司等自律组织可以对特定市场、产品或者服务规定个性化的适当性管理要求，如设置投资者年龄、资产规模、收入水平、投资经验、风险承受能力、最低认购金额等方面的准入门槛，实现适当性管理全覆盖，形成多层次、全面化的适当性管理制度体系。

（四）本土化

我国证券市场适当性管理制度构建滞后于欧美等国家，至少有两方面的原因：首先，我国证券市场起步较晚，体制不完善，投资者以散户为主，市场文化存在一定缺陷；其次，欧美国家有着较为悠久的判例法传统，在“法官造法”的情境下，适当性管理义务可以依靠法官裁决的形式从道德义务上升到法定义务高度，而我国不能如此。这就意味着，我国需要结合证券行业发展现状和实际，借鉴国外成熟做法，融合本土化因素，相对缓慢、循序渐进地构建适当性管理制度。

从我国特色的证券市场监管机构体系来说，它既为适当性管理制度构建本土化提出了需求，也创造了条件，中国证监会作为我国证券市场统一监督管理机关，中国证券业协会、中国证券投资基金业协会、证券交易所、全国股转公司作为自律监管组织。在中国证监会《证券期货投资者适当性管理办法》作为母法的基础上，中国证券业协会、中国证券投资基金业协会、证券交易所、全国股转公司颁布《证券经营机构投资者适当性管理实施指引（试行）》《基金募集机构投资者适当性管理实施指引（试行）》《上海证券交易所投资者适当性管理办法》《深圳证券交易所投资者适当性管理办法》《全国中小企业股份转让系统投资者适当性管理细则》等加以辅助、细化，以自律规则的形式对证券经营机构应当履行的适当性管理义务进行更具可操作性的规定，是符合我国证券市场实际的。一方面，我国有主板、中小板、创业板、新三板等多样的证券交易场所和不断推陈出新的证券产品或服务，中国证监会对此确立了统一适用的适当性管理标准；另一方面，在具体市场、产品或服务交易情况和实际操作上，中国证券业协会、中国证券投资基金业协会、证券交易所、全国股转公司等行业自律组织更为熟悉，这些行业自律组织制订规则，可切实加强其一线监管职能，构筑投资者权益保护的第一道防线。

四、结语

适当性管理制度可以规范证券经营机构的行为，提升投资者的风险意识，强化买卖双方的诚信约束，普及“卖者有责”和“买者自负”的核心理念。对于我国证券市场来说，它属于“舶来品”，在《证券期货投资者适当性管理办法》颁布实施后的短期内，可能仍会存在理解缺失、文化建设推进困难、监督检查不力、救济渠道不畅等问题。但是，在公法化、统一化、全面化、本土化的制度构建趋势引导下，我们相信，适当性管理制度将发挥其核心价值，成为我国证券市场稳健发展的内生保障。

参考文献

[1] 杨新平. 境外成熟市场投资者适当性管理经验介绍［R］. 证券经营机构投资者适当性管理专题培训班（第二期），2017－7－18.

[2] 何海锋. 投资者分类的制度框架——以《证券期货投资者适当性管理办法》为对象的考察［J］. 银行家，2017（2）：122—124.

[3] 宋义欣. 投资者适当管理制度研究——解读《证券期货投资者适当性管理办法》［J］. 福建金融管理干部学院学报，2017（1）.

[4] 李杉. 投资者适当性的法律定位和制度构想［J］. 新西部：理论版，2016（24）：89—90.

[5] 丁冬. 金融消费者法律保护的理论与实践——金融消费者保护的司法视域［J］. 上海政法学院学报：法治论丛，2016（6）：1—10.

[6] 陈岚，宋哲，李昭华等. 证券公司客户适当性管理法律责任探析——从理念变迁

到责任重置［J］．证券法苑，2015，14（1）．

［7］田炜．法治视野下的证券投资者适当性制度［J］．北华大学学报（社会科学版），2015，16（1）：94—96.

［8］翟艳．我国投资者适当性义务法制化研究［J］．政治与法律，2015（9）：98—106.

［9］曹胜亮．投资者保护：适当性制度之恪守与超越［J］．河南社会科学，2015，23（8）：22—26.

［10］张付标，刘鹏．投资者适当性的法律定位及其比较法分析［J］．证券市场导报，2014（5）：72—78.

［11］张敏捷．投资者适当性原则研究［J］．理论与改革，2013（5）：183—186.

［12］杨为程．投资者适当性制度：域外经验与启示［J］．湖北社会科学，2013（7）：151—153.

［13］张付标，李玫．论证券投资者适当性的法律性质［J］．法学，2013（10）：82—89.

浅议中美适当性管理制度差异

沈智明[*]

一、前言

要求金融经营机构履行投资者适当性义务是世界各成熟资本市场的普遍做法。该做法既是保护投资者在与经营机构存在信息、人力、财力等多方面不对等的情况下免于不公平对待的重要措施，也是防范和控制金融风险、完善市场机制的重要手段。中国的资本市场在逐步发展的过程中，特别是经过 2015 年的证券市场波动后，对投资者适当性工作也日益重视，相关的制度和安排也在不断完善和进步。在此背景下，通过对比中美适当性制度的差异，或可从中得到一些有益的启发。由于中美资本市场在发展历史、文化背景、法律背景、投资者结构等方面存在差别，美国适当性相关的制度和实践，未必完全适合我国。我们应该从实际出发，具体问题具体分析，取其精华，不断优化完善我国投资者适当性相关制度和措施。下面就美国的主要适当性管理制度 2111 规则与中国适当性管理“母法”《证券期货投资者适当性管理办法》（以下简称《办法》）进行对比分析。

二、中美适当性制度对比

（一）适用范围

1. 美国适当性制度

2111 规则之（a）款：“证券经纪公司和经销商或其工作人员（以下简称‘证券服务机构或其工作人员’），必须有合理的理由相信其所推荐的证券交易或者证券投资策略对被推荐客户是适当的……”

2. 我国适当性制度

---

* 作者单位：广发证券股份有限公司。原载于《中国证券》2017 年第 9 期。

《办法》第二条对其适用范围的说明为："向投资者销售公开或者非公开发行的证券、公开或者非公开募集的证券投资基金和股权投资基金（包括创业投资基金，以下简称'基金'）、公开或者非公开转让的期货及其衍生品，或者为投资者提供相关业务服务的，适用本办法。"

3. 对比与思考

美国适当性制度更强调在推荐环节进行适当性管理，我国适当性要求触发的条件则采用"销售或者提供服务"的表述。从表述上看，对推荐环节进行管理，更强调从证券服务机构对客户进行推荐开始就进行适当性管理，要求其具备合理的理由相信该推荐对客户是适当的；而对销售或者提供服务环节进行管理，更多强调的是在推荐之后的业务开通或产品购买环节进行适当性管理，比如客户开通某项服务、购买某次产品时，经营机构对投资者进行适当性要素的校验等。

（二）了解客户

1. 美国适当性制度

2111 规则之（a）款："客户投资档案的内容包括：该客户的年龄、该客户所做的其他投资的情况、财务状况及需求、纳税情况、投资经验、投资期限、流动性需要、风险承受能力，以及客户可能向该等证券服务机构或其工作人员披露的其他任何情况。"

就客户相关信息采集的必要性及应用场景的问题，金融监管局在相关文件中进行了进一步的具体解释。

在《12—55 监管通知》问题 16 中，关于"合理勤勉"要求，监管部门给出了进一步解释："尽管勤勉程度的合理性取决于个案的实际情况，向客户询问信息一般即足够……在下列情形中，交易商不可以单独依赖客户的回答：（1）交易商设置的问题令人困惑或具有误导性，以至于信息采集的过程变质；（2）客户展示出明显的行为能力下降的信号；（3）存在其他警示标志提示客户信息可能不准确。"

在《11—25 监管通知》问题 3 中，关于客户拒绝提供信息的问题，监管部门进行了回复："……如果证券服务机构及其工作人员合理地认为对于某些客户或某些账户，某些因素无须分析，它可以将该规则在业务流程中记录存档，而不是基于某一推荐或某一客户的原则进行记录存档……"

在《12—55 监管通知》问题 17 中，关于客户拒绝提供信息的问题，监管部门进行了再次回复："……当客户拒绝提供相关信息时，经纪交易商不可对相关信息进行假设……然而，规则并不禁止交易经纪商在客户信息不可得的情况下做出推荐行为，只要公司有合理基础相信该推荐是适当的……"

2. 我国适当性制度

《办法》第六条规定："经营机构向投资者销售产品或者提供服务时，应当了解投资者的下列信息：（一）自然人的姓名、住址、职业、年龄、联系方式，法人或者其他组织的名称、注册地址、办公地址、性质、资质及经营范围等基本信息；（二）收入来源和数额、资产、债务等财务状况；（三）投资相关的学习、工作经历及投资经验；（四）投资期限、品种、期望收益等投资目标；（五）风险偏好及可承受的损失；（六）诚信记录；（七）实际控制投资者的自然人和交易的实际受益人；（八）法律法规、自律规则规定的投资者准入要求相关信息；（九）其他必要信息。”

3. 对比与思考

第一，美国适当性规则对信息采集的要求并非是强制的，更强调的是结果，即经营机构是否有足够的信息来分析某一推荐的适当性。如果经营机构认为某一信息对于某些客户或产品的适当性无关，亦可选择不分析或搜集该信息。相比而言，我国适当性制度虽然也有对适当性信息的采集要求，但在匹配过程中，更强调风险等级匹配的要求，对于其他信息（如年龄、就业状态、流动性需要等）的分析并无明确要求。事实上，在实际执行过程中，包括客户年龄、收入、负债、投资经历等多维度的信息，都被通过风险承受能力调查问卷概括为“风险等级”，相对而言信息利用效率较低。由此引申出来的另外一个问题是：如果客户不完整填写调查问卷，就无法计算出风险等级，这实质上是剥夺了客户进行选择性信息披露的权利。

第二，关于信息核实的问题。美国监管部门认为，尽管勤勉程度的合理性取决于个案的实际情况，向客户询问信息一般即足够。但美国监管部门还规定，“存在其他警示标志提示客户信息可能不准确”的情况，经营机构不可以单独依赖于客户提供的信息，这个要求在《办法》中未有见到。结合具体实践，若客户在调查问卷中，对于某些客观的、难以改变或定向改变的信息，多次填写明显不符合常理的答案，经营机构应该考虑要求其提供相关证明材料（例如最高学历、投资经历等）。

第三，通过对美国金融监管局网页发布的《新账户申请表模板》对客户信息采集内容的研究，我们可以发现一些值得参考的信息采集内容。例如：（1）不仅了解客户的年收入、负债情况，还了解客户的流动资产、年度花销、未来特殊项目的花销。（2）了解客户的流动性需要和投资期限。（3）不仅定性地了解客户投资经验是否丰富，还了解客户在各个市场（ETF、股票、期权、期货、另类投资）的交易经验年限和交易频率。（4）了解账户使用的情况，包括该账户资产占投资组合的比例、开户的目的（投机、全额支付退休花销、部分支付退休花销、供房、供学、长期财富积累、未来花销储蓄等等）。（5）值得注意的是，美国监管部门给出的开户申请表模板中，还给客户陈述自己特殊情况预留了空间，这与其在2111规则中“客户可能向证券服务机构或其工作人员披露的其他任何情况”的表述是相对应的。

（三）机构与专业投资者

1. 美国适当性制度

关于机构客户适当性豁免的要求，2111规则之（b）款规定：“证券服务机构及其工作人员对机构账户（如规则4512所定义）履行了客户特定的适当性义务，如果：（1）证券服务机构及其工作人员有合理基础认为机构客户无论是在一般情况下还是对于特定的关于一只或若干只证券的交易和投资策略，都具备独立评估投资风险的能力；（2）机构客户肯定地表明它正在独立地评估证券服务机构及其工作人员做出的推荐。”在补充材料中，对“客户明确表示”的形式进一步说明：“……机构客户可以表示它正在基于某一交易、某一资产类别或账户中所有的可能交易进行独立判断。”

在《12—55监管通知》问题24中，就“机构账户”的定义进行了说明：“……‘机构账户’指的是银行、储蓄和贷款协会、保险公司、注册的投资公司，注册投资顾问或其他人（无论是自然人、公司、合伙、信托或其他）的，总资产 5 000 万美元或以上的账户。”

2. 我国适当性制度

《办法》第七条规定：“投资者分为普通投资者与专业投资者。普通投资者在信息告知、风险警示、适当性匹配等方面享有特别保护。”

《办法》第八条规定：“符合下列条件之一的是专业投资者：（一）经有关金融监管部门批准设立的金融机构，包括证券公司、期货公司……（二）上述机构面向投资者发行的理财产品，包括但不限于证券公司资产管理产品……（三）社会保障基金、企业年金等养老基金……（四）同时符合下列条件的法人或者其他组织：最近 1 年末净资产不低于 2 000 万元……具有 2 年以上证券、基金……投资经历。（五）同时符合下列条件的自然人：金融资产不低于 500 万元……具有 2 年以上证券、基金……投资经历……”

另外，《办法》第十一条亦对可转化为专业投资者的机构和个人普通投资者进行了与第八条第（四）（五）项类似但标准不同的关于资产、交易经历等方面的要求。

3. 对比与思考

中美对于符合某些条件的投资者，都允许经营机构对其豁免适当性义务。从要求的内容看，都包括开户主体、资产量等内容，但二者也存在不同之处。

第一，2111 规则中没有专业投资者的概念，只有满足豁免适当性要求的投资者的描述，至于对这些投资者经营机构是否可以豁免适当性义务，还要看投资者是否有明确表示。而我国《办法》中没有强调满足条件的个人或机构可以自主选择是否豁免经营机构义务的权利。具体而言，满足《办法》第八条的投资者，经营机构即可将其认定为专业投资者，从而豁免其适当性管理义务。

第二，在美国的适当性规则中，即使符合条件的投资者明确表示其正在使用自己独立的判断对经营机构的推荐进行评估，也可以选择自己的独立判断是用于单个证券或投资策略的评估、某一类资产的评估、还是所有投资的评估。这为投资者和经营机构享受和提供个性化的服务提供了基础。从这点看，似乎更符合保护投资者的立法精神，即投资者即便符合条件，如果其认为自己不足以做出独立的判断，亦可要求证券经营机构对其履行或部分履行适当性义务。

（四）匹配规则

1. 美国适当性制度

2111 规则补充材料规定：“证券服务机构及其工作人员的主要适当性义务有以下三项：合理性基础的适当性义务、客户个性化的适当性义务和数量上的适当性义务。

第一，合理性基础适当性义务要求证券服务机构或其工作人员必须基于合理勤勉的调查且有合理基础相信其所做的投资推荐至少对一些投资者是适当的……如果证券服务机构或其工作人员在推荐某证券或者投资策略时，缺乏对其所推荐的证券或者投资策略的必要了解，则其违反了适当性规则。

第二，客户个性化的适当性义务要求证券服务机构或其工作人员在作投资推荐时，必须有合理基础相信，基于该投资者的投资档案，该等投资推荐对该客户是适当的。

第三，数量上的适当性义务要求对客户的账户拥有实际控制权或者事实上的实际控制权的证券服务机构或其工作人员有合理的基础相信，对其所推荐的一系列交易，不但单个来看是适当的，而且就其总量而言，对该客户来说也不得是过量的或不适当的……”

另外，在2111规则补充材料还明确规定：“禁止证券服务机构或其工作人员推荐涉及购买或持续购买单只或多只证券的一项交易或者一项交易策略，除非其有合理的基础相信该客户有足够的财务能力履行相应支付义务。”

对于上述监管要求，金融监管局在相关《监管通知》中进行了进一步的解释，下面仅介绍其中关于客户个性化适当性需求的内容。

在《12—55监管通知》问题21中，监管部门对经营机构是否可以基于客户整体的投资组合（包括在其他经营机构的投资）对其进行推荐的问题进行了回复：“……适当性规则的应用是基于单个推荐的。然而，单个推荐的适当性分析和对客户整体投资组合的考虑并非互相排斥的概念……进一步的，有一些客户希望自己的投资组合包含不同水平流动性、风险、投资期限的证券……只要客户同意，可以基于客户的整体投资组合向客户做出推荐……”

在《11—25监管通知》问题4中，监管部门指出将不同适当性要素区分对待的意义：“金融监管局认识到在投资期限和流动性需要之间可能存在反向关系，即客户的投资期限越长，流动性需要就越低。然而，一位客户有可能投资期限长，但同时也想将全部或部分资产投资于流动性资产……尽管投资期限长的客户一般准备好了承受更大的风险以寻求更大的回报，因为他们可以熬过漫长的经济周期和不可避免的市场起伏，但这种看法并不永远是对的……”

在《13—31监管通知》中，监管部门介绍了在检查中发现的经营机构关于客户个性化适当性的一些做法：“……例如，一些公司对客户的年龄、退休状态、投资经验进行颗粒度更高的分析……在一些案例中，公司采用的新的制度和系统，对脆弱投资者（通常是那些不可以承受某一特定水平以上损失的投资者，例如将近退休的人或完全依靠投资回报生活的人）进行标记……一些小公司则对脆弱投资者进行了特定的关于市场和产品的投资者教育，并频繁地重新评估他们的投资组合……”

2. 我国适当性制度

《办法》第十八条规定：“经营机构应当根据产品或者服务的不同风险等级，对其适合销售产品或者提供服务的投资者类型做出判断，根据投资者的不同分类，对其适合购买的产品或者接受的服务做出判断。”

第十九条规定：“经营机构告知投资者不适合购买相关产品或者接受相关服务后，投资者主动要求购买风险等级高于其风险承受能力的产品或者接受相关服务的，经营机构在确认其不属于风险承受能力最低类别的投资者后，应当就产品或者服务风险高于其承受能力进行特别的书面风险警示，投资者仍坚持购买的，可以向其销售相关产品或者提供相关服务。”

第二十二条规定：“禁止经营机构进行下列销售产品或者提供服务的活动：……（五）向风险承受能力最低类别的投资者销售或者提供风险等级高于其风险承受能力的产品或者服务。”

3. 对比与思考

第一，美国的适当性义务内容逻辑上更为完整，从合理性基础适当性、客户个性化适当性到数量适当性，是从一般性到特殊性、从定性到定量的递进式描述。相对而言，我国适当性制度的描述主要集中在客户个性化适当性方面。

第二，美国适当性实际上要求金融机构做到多要素匹配，不仅仅是风险等级、投资期限、投资目标、投资收益，还有流动性、就业状态、财务能力、花销情况、年龄等要素，且各要素不可互相取代。相对而言，我国适当性制度虽然要求经营机构搜集客户相关信息，但在进行适当性匹配的时候，还是比较集中地体现在风险等级匹配方面。

第三，美国适当性规则执行的基础是单次的推荐，同时在客户知悉并同意的情况下，监管部门也不禁止经营机构就其整体投资组合的情况作为适当性判断的基础向客户进行推荐。也就是说，美国适当性管理的最小单位是每一只股票或一种策略的推荐行为，同时也可以根据客户整体投资组合，或者客户账户（正如开户申请表模板中对账户使用情况信息的采集说明的那样）为单位对客户进行适当性管理。我国的适当性管理制度，虽未对上述不同的适当性管理方式进行明确，但从行业实践看，以账户为单位对客户进行适当性管理的做法目前来说仍是主流的做法。最近部分券商在推进账户信息统一的项目，似乎是要把客户在所有账户中的风险等级、投资期限、投资品种等信息一刀切地进行统一。如果参照美国适当性管理的实践，这种做法值得商榷。客户的风险承受能力是唯一的、客观的，但客户对于不同账户使用目的可能存在不同，这也是可能存在的事实，对于不同账户的适当性要素进行强行统一，似乎不妥。

第四，通过美国监管局在监管报告对检查情况的披露，美国公司也有对某些客户标注为“脆弱客户”的做法，这个概念有点类似于《办法》中“最低风险等级”的客户，两者的内涵有重叠的地方，而且基本上也是由经营机构自行判断，但两者适当性管理的要求是不一样的。美国公司对脆弱投资者的标识和管理并不是监管部门的要求，而是其为了更好地符合适当性规则而采取的措施之一，对脆弱投资者的管理方式（比如禁止对其进行何种证券或交易策略的推荐）也由各公司自行定义；而后者的设定不但是根据《办法》要求所定，而且其适当性管理要求也由制度进行明确，即不得对其推荐或销售任何高于其风险等级的产品或服务。

（五）留痕要求

1. 美国适当性制度

在《12—25 监管通知》问题 21 中，监管部门对基于风险的留痕原则进行了说明：“尽管经营机构对证明其符合适当性规则负有一般性义务，除了经营机构决定不搜集客户部分信息的情况外，适当性规则并没有明确留痕要求……经营机构对适当性分析留痕的程度取决于对客户投资档案和推荐证券或策略复杂程度及风险的分析。对于大市值、价值驱动型权益证券的推荐通常不需要留痕。相反地，对复杂的或潜在风险的证券或投资策略的推荐通常需要留痕。”

2. 我国适当性制度

《办法》第二十五条规定：“经营机构通过营业网点向普通投资者进行本办法第十二条、第二十条、第二十一条和第二十三条规定的告知、警示，应当全过程录音或者录像；通过互联网等非现场方式进行的，经营机构应当完善配套留痕安排，由普通投资者通过符合法律、行政法规要求的电子方式进行确认。”即，有明确留痕要求的场景包括：（1）普通投资者申请成为专业投资者；（2）经营机构向普通投资者销售高风险产品或者提供相关服务；（3）经营机构根据投资者、产品或者服务的信息变化情况，主动调整投资者分类、产品或者服务分级以及适当性匹配意见，并告知投资者上述情况；（4）经营机构向普通投资者销售产品或者提供服务前进行重要信息告知。

3. 对比与思考

美国经营机构对证明其符合适当性规则负有一般性义务，故适当性规则并没有明确留痕要求。监管部门认为，经营机构可以根据产品和服务风险的大小决定是否需要留痕。相对的，我国的适当性制度中也有关于销售高风险产品需要进行留痕的要求，其逻辑也是基于产品风险大小而对是否留痕要求进行的判定。由于另外关于信息告知、适当性匹配意见告知过程亦需要留痕的规定，事实上打破了按照风险大小决定是否需要留痕的逻辑。如此一来，便大幅扩大了留痕要求的范围。

其实面对种种的客户投诉和法律纠纷，中国的经营机构与美国经营机构一样，同样具有比较强烈的留痕动机。具体如何落实留痕的工作，是否需要通过《办法》的形式进行强制要求，是个值得商榷的问题。另外，经营机构应可以根据产品和服务的风险大小自行判断是否需要留痕。对于一些低风险的或相关风险已被市场广为接受的产品和服务，执行严格的留痕程序对保护投资者和防范金融风险，究竟有多大的意义，仍是一个值得探究的问题。

三、总结和说明

通过上述分析，我们可以看出中美两国适当性制度几个显著的差别。相对于中国的适当性制度而言，美国的适当性制度特点可概括为：更柔、更多、更细。

“更柔”是指美国的适当性要求从形式上看几乎都是开放式的，标准更富于弹性。“合理基础”“合理勤勉”“取决于个案的实际情况”，这样的表述在2111规则以及相关《监管通知》中随处可见，但这并不影响监管机构对经营机构进行监管。相反，由于没有明确的统一标准，各家经营机构都使用自己的方法来尽量满足监管的要求，使得适当性的要求得以执行。也由于大多数情况下没有硬性标准，经营机构更关注的是实质上的适当性而不是形式上的适当性，同时能为客户提供更灵活的服务。“更多”是指美国的适当性制度要求匹配的要素相对而言更多一些，比如前文提到的就业状态、财务能力、流动性需要等。“更细”是指在同一维度下，美国的适当性工作更为细致。比如说，不但了解客户在每个市场是否有交易经验，还了解其交易的年限和频率；不但关心机构投资者是否有专业能力，还关心其是否有独立判断的意愿，而且该意愿还可有不同的形式。

在未来投资者适当性理念更为普及、行业经营机构适当性管理实践经验更丰富、技术系统更完善的情况下，我国投资者适当性管理工作可以参考美国适当性制度和实践中关于开放式适当性要求、多维度适当性匹配、高颗粒度适当性要素分析等方面的做法，不断完善适当性制度和安排，切实保护投资者权益，维护金融市场的平稳有序发展。

参考文献

[1] 中国证券监督管理委员会．证券期货投资者适当性管理办法．http：//www. csrc. gov. cn/pub/zjhpublic/G00306201/201612/t20161216_ 307922. htm. 2016年12月12日．

[2] 美国金融监管局．美国金融监管局2111规则．11—02监管通知．新账户申请表模板［Z］．http：//www. finra. org/industry/suitability.

投资者适当性管理的经验借鉴

——基于境外发达国家的比较分析

汪 涵 郑全宇*

投资者适当性管理制度，是境外成熟市场在长期实践中，根据投资者保护实际问题逐步建立完善起来的一项制度，现已成为国际资本市场保障投资者尤其是中小投资者的通行做法和基础原则。我国《证券期货投资者适当性管理办法》（以下简称《办法》）及《证券经营机构投资者适当性管理实施指引》（以下简称《指引》）的出台，标志着我国正式以部门规章的形式对投资者适当性管理提出统一规范，对证券经营机构适当性管理的程序、流程和方法等做出参考性安排和引导。[①] 然而在实践操作中，适当性管理的实施并非只是依法将产品或服务与客户进行分级、匹配这么简单，风险测评的有效性、客户分类标准的科学性、产品或服务信息披露的全面性、客户风险等级与金融产品匹配的合理性以及销售目标与投资者适当性管理效率的矛盾等问题，是开展适当性管理工作中面临的实务性难题。

纵观全球资本市场，美国、欧盟等发达国家已相继建立了较为完善的投资者适当性管理制度，针对境外投资者适当性管理制度的分析对于我国适当性管理的发展具有重要的借鉴意义。本文将从多个方面对境外投资者适当性管理制度进行比较分析，以期探寻出各地区在适当性管理实施中的特点及创新之处，为我国开展投资者适当性管理实践工作中面临的难题提供一些思路与启示。

一、境外投资者适当性管理制度的比较与分析

（一）投资者分类

大多数发达国家的适当性管理以投资者分类为基础，一般将投资者分为专业投资者和普

* 作者单位：长江证券股份有限公司。原载于《中国证券》2017 年第 9 期。

① 择远："让适合的投资者购买恰当的产品"，东方财富网，2017 年 5 月 23 日，网址：http://finance.eastmoney.com/news/137220170523740758570.html，最后访问日期：2017 年 8 月 16 日。

通投资者，并根据投资者类别的不同采取不同的适当性管理措施。日本《金融商品交易法》[1] 将投资者分为一般投资者和特定投资者两大类，又进一步将特定投资者划分为可以转换为一般投资者以及不可转换为一般投资者两类群体。欧盟《金融工具市场法规》[2] 将投资者划分为专业客户和零售客户两大类，并将专业能力更强的一部分投资者从专业客户中区分出来，称之为合格对手方。美国资本市场较为发达，机构投资者占主导地位，美国联邦证券法将机构投资者进一步细分为"有信誉投资者""合格机构购买者""合格购买者"和"合格客户"等群体。值得注意的是，美国非常重视老年投资者和投资产品的适配，在新的监管规则里依据不同的年龄划分，增加了老年投资者适当性的相关规定。可见，将专业投资者和普通投资者进行区分，是客户分类的基本特征。

在投资者的分类标准上，大体基于投资者的三点特征进行分类，即投资者的知识经验、财务状况以及投资目标（包括愿意承担风险的高低程度、投资期限的长短、变现需求等）。针对不同的产品和业务类型，在建立客户投资档案时，需对投资者的风险特征进行动态化的管理与识别。美国的2111规则[3]规定，客户投资档案中的每项内容并非与每一项投资推荐均相关，证券经营机构需要基于产品和业务类型的风险收益、适用人群等特征，灵活筛选和分析相关的客户信息，针对不同的产品和业务类型，开展差异化的投资者风险测评。

不同类别的投资者之间通常可以相互转化。欧盟规定，零售客户可要求变更为专业客户，以简化适当性评估流程从而获得更低的交易成本，转化前提是证券经营机构针对投资者的知识经验、财务状况及投资目标进行充分的了解与评估，并有理由相信依据业务人员的咨询服务，该投资者能充分知晓产品风险并做出理性投资决策。同理，在认为不能自行理解和评估产品风险时，专业投资者可申请转换成为零售客户以寻求更严格的保护。

对于不同类型的投资者，证券经营机构履行差异化的适当性义务。欧盟对于零售客户的适当性义务最为全面，保护程度最高，专业客户次之，而对于合格对手方，则无任何保护且无须履行商业义务。美国2111规则和2090规则中的"合格投资者制度"规定，如符合条件，证券经营机构可对机构客户的适当性进行豁免，为合格投资者提供产品和服务的证券经营机构的监管要求相对而言也较为宽松。

（二）产品分类

产品分类大都采用两种基本模式。第一种模式将金融产品划分为两大类，国际证监会组织将金融产品分为复杂金融工具和非复杂金融工具，采取列举加概括的界定方式将非复杂金融工具划分出来，非复杂金融工具之外的其他金融工具为复杂金融工具。[4] 新加坡的金融产品分类形式与欧盟相近，根据产品的信息披露特征和复杂性，对特定投资产品和除外投资产

---

① 2006—2009年，日本《金融商品交易法》相关条款陆续生效施行，该项法律的内容涵盖日本境内涉及金融商品和金融服务的所有领域。

② 欧盟金融工具市场法规（MiFID，Markets in Financial Instruments Directive）在欧盟所有成员国实施，旨在促进欧盟形成金融工具批发以及零售交易的统一市场，同时在多个方面改善对客户的保护。

③ 2007年美国金融业监管局（FINRA）成立后，逐步对原美国证券交易商协会（NASD）和纽约证券交易所（NYSE）的自律规则进行整合，形成统一的自律规则体系，其中Regulatory Notice 11－25（给会员的通知）以及Rule2090（2090规则）、Rule2111（2111规则）成为新的适当性规则（2012年7月9日起施行）。

④ 参见国际证监会组织：《关于复杂金融产品销售的适当性要求（最终报告）》（2014年1月发布）。

品进行界定。先将除外投资产品从产品库中区分出来，然后将除外投资产品以外的金融产品视作特定投资产品。第二种模式不再对产品进行大类划分，而是针对一些复杂性与风险性较高的金融产品规定了更为严格的监管标准和要求。例如香港证监会针对金融衍生品、结构化产品及高息投资工具等高风险金融产品制订了专门的适当性管理规则。美国金融监管局发布的一系列《给会员的通知》中，明确了会员销售和推荐非传统投资产品、私募产品、开发和内部审批新产品、结构化产品时的相关义务。可见，无论哪种模式，将复杂金融产品从金融产品中区分出来，对较为复杂的金融产品予以区别对待，提出更高的适当性管理要求，是境外发达国家适当性管理中产品分类制度的一个共同点。

境外发达国家通过尽职调查对不同类别产品进行适当性分析。在金融危机后，面对金融产品种类日益丰富、产品结构日趋复杂、交叉销售日渐频繁的资本市场，境外发达国家相继建立起产品的尽职调查制度，要求对产品从监管要求、风险管理和业务规范层面进行尽职调查后再推向市场。美国证券交易商协会规定，证券经营机构在制订金融产品的销售适当性规则之前，需要通过尽职调查的方式对金融产品的风险、收益等特征进行全面分析，具体包括金融产品的流动性、是否存在二级市场以及这些二级市场中产品定价的透明度、交易对手方的信用状况、担保品的信用状况及价值、本金回报或利率方面的风险、发行人的信用状况以及买卖该产品相关的成本和费用等因素。加拿大要求证券经营机构事先建立新产品的审查批准政策和程序，在审查程序上，应指定专人预审（首席合规官必须参与），并成立新产品尽职调查委员会进行详细审查、批准，同时应及时记录尽职调查的进展过程及尽职调查的结果与结论。

产品说明与披露应通俗易懂。各地区对金融产品说明书、产品信息披露中的可理解性进行了一定的规范。各方普遍认为，证券经营机构应当以易懂的表达，而不是严格的专业术语向客户履行披露和说明的义务，以免造成投资者因无法充分了解相关产品的特征和风险而引发纠纷的问题。德国的行业协会和私人投资者协会分别在完善示范合同文本用语、向投资者解读金融信息等方面做出了一些尝试。

（三）适当性义务的精细化管理

针对适当性义务管理，境外发达国家首先对投资咨询业务进行了适当性管理分类。美国针对证券投资咨询业务的适当性管理进行了较为明确的划分，具体表现为关于投资推荐的安全港原则，即如果证券经营机构或其工作人员向客户提供的投资服务和资料不包括对某只或某些证券的推荐，则美国金融市场管理局将该投资服务和资料排除在2111规则所指的“投资策略”之外，不构成投资推荐。欧盟将适当性义务分为适当性评估义务和适合性评估义务两大类。适当性评估义务主要适用于证券投资咨询业务，具体包括为投资者提供证券投资分析、预测以及建议等投资顾问服务，要求证券经营机构全面搜集投资者信息，关注投资者的知识经验、投资目标和财务状况等；而适合性评估侧重于非投资顾问服务或非投资组合管理服务，证券经营机构仅需了解投资者的知识经验而无须关注他们的财务状况或目标，即可做出评估。

同时，境外发达国家对适当性管理的匹配做出了精细化规定。英国于2001年出台的《金融服务与市场法》中规定的“应当考虑消费者在交易建议和精确建议上的需求”，标志着英国的适当性义务要求由原先的“信息披露”向“最佳建议”转变。德国金融监管部门注意到，咨询人员在提供独立公正的投资建议和销售金融产品方面存在利益冲突，有可能会出现诱导购买或者不当购买的情况，因此要求咨询人员实行固定工资制，禁止咨询人员的收入与金融产品的销售情况挂钩。美国对于券商的适当性义务既有“质”的规定——了解客户、了解产品，又有“量”的要求——数量适合性义务，即推荐的金融产品即使从单个来看是适当的，但推荐的交易总量对客户风险而言是不适当的，则违反了数量上的适当性义务。

二、境内外投资者适当性管理制度的差异与启示

通过对境外主要发达国家投资者适当性管理制度的对比研究，可以发现境外发达国家投资者适当性管理制度的维度体现出不断同一的趋势。适当性管理规则中的主要内容“客户分类”“产品分类”“适当性匹配”“销售过程的信息披露”等已得到普遍认可。这种同一趋势既是由于经济全球化、金融全球化引起的，也将进一步推动金融市场一体化的进程。在此基础上，各国家和地区仍然根据市场的差异性在投资者分类、投资者风险特征评估、产品准入、风险揭示以及适当性匹配等方面做出了特色的规定，对我国投资者适当性管理规则具有一定的借鉴价值。在参考境外发达国家投资者适当性管理制度的基础上，结合我国资本市场发展现状，应当考虑以下几点差异。

（一）投资者结构差异

国内外资本市场的投资者结构不同。国外以机构投资者为主，机构投资者相较于普通投资者而言专业知识和经验更加丰富，在证券市场中的风险承受能力更强。不少发达国家针对专业投资者的适当性管理进行了更细化的规定，进一步细分专业投资者的类型，针对部分专业投资者规定了适当性豁免制度。国内证券投资市场以中小资产规模的零售客户为主，大多对证券市场不具有专业性的认识和了解，风险承受能力较低，更容易发生销售误导和金融产品的错配。因此相较于发达国家，我国健全中小投资者适当性管理制度的要求更为迫切。

（二）业务模式差异

境外发达国家证券经营机构的财富管理商业模式较为成熟，投资顾问开展证券投资咨询业务时，以受托资产管理规模，即当前管理客户资产总市值的一定百分比收取费用，不以交易为基础。这种收费模式促进了客户和投资顾问之间建立长期的合作关系，确保投资顾问与每个客户的利益一致，投资顾问能站在客户的角度更加审慎地履行适当性管理义务，因此境外发达国家实行适当性管理是行业规则，也是立业根本。而国内证券经营机构的经纪业务以通道收入、金融产品销售收入为主，财富管理的商业模式尚待转型，没有形成以客户受托资产规模为标准的收费模式。而在以通道收入、产品销售为主的收费模式下，投资顾问与客户利益并不完全一致，存在着潜在的冲突与矛盾。例如投资顾问可能为了增加销售业绩或业务提成，在自身利益的驱动下，向客户销售不适当的产品或服务。因此，如何从经纪业务运营模式的转变出发，从根本上解决适当性管理工作中员工利益与客户利益不一致的问题，是落实我国适当性管理规则的重点。

（三）产品丰富度差异

境外发达国家资本市场发展有近百年的历史，金融产品、服务产品和业务产品的种类更为丰富、复杂，产品的风险层级跨度范围也更加广泛。因此对于产品的监管也相对重视，在适当性管理规则中针对产品的分类、尽职调查以及信息披露进行了全面而严格的规定。而此前我国证券市场中的产品种类尚待丰富，服务的层次也有待提升，虽然《办法》详细列明了划分风险等级时应考虑的十项具体因素及应当审慎评估风险等级的若干种情形，但目前尚无统一、通行的行业标准，各家券商对产品的风险等级划分亦各有不同，且大多创新金融产品并无风险分类。因此，在我国金融产品日趋丰富的情况下，应尽快建立针对金融产品的全面适当性管理机制。

三、关于我国投资者适当性管理的建议

（一）客户风险测评

国内证券经营机构对于投资者的风险测评，大多是根据投资者填写统一的风险测评问卷后的评估结果，获得投资者的风险等级（C1—C5），进而进行相应风险等级产品的适配与销售工作。虽然风险评估问卷内容涵盖了对投资者的投资经验、财产状况和投资目标等基本情况，但业务人员重点关注的仅是一纸风险测评书最后的风险等级的数字，并未做到真正的“了解客户”。建议证券经营机构在对投资者进行测评的同时，指定专业的工作人员通过客户分析技术，对客户进行准确的财务状况与风险分析。另可借鉴德国模式，针对办理不同业务、购买不同产品类型的投资者，进一步设定不同的风险测评问卷，提高匹配效率。同时，随着移动互联时代的到来，券商拥有大量的客户投资行为数据，如何有效利用这些海量数据，细化客户标签、明确客户分类，促进业务人员更好地了解、识别投资者，应是客户风险测评机制的发展方向。目前部分券商已着手开发智能服务系统，基于对客户投资行为数据、交易数据的深度智能分析，以标签形式为每位客户进行全方位的客户画像，从而为业务人员提供更全面的客户信息，有助于做到真正地“了解客户”。

另外，随着我国社会老龄化进程加快，老龄人口基数渐趋增大，一方面，老年人完成了财富积累，进入了财富巩固和消耗期，具有较多的投资需求；另一方面，老年人在投资期限、投资目标、风险承受能力以及对于产品的专业理解能力方面与其他投资者群体可能存在明显差异，容忍风险的能力相对较弱，引发销售纠纷的概率更大。因此，可借鉴美国模式对年龄因素的考虑，针对部分老年人进行特定的风险等级划分，制定专门的适当性管理规则，要求业务人员向老年投资者推介投资产品时更加审慎，并对产品或服务带来的风险进行重点提示。

（二）产品分类、尽职调查及风险揭示

随着我国创新型金融产品的层出不穷，行业对于部分产品的风险等级分类并未形成统一的共识和标准，各家证券经营机构也仅凭一家之经验自定产品风险级别（R1—R5）。对于业务人员，真正做到对专业化的金融产品全面了解的要求随之变高，在实践销售工作中时而会夸大收益、掩饰风险。当与投资者出现适当性纠纷时，一纸《风险揭示书》即可证明尽到

了风险揭示的义务，忽略了证券经营机构与投资者之间的实质公平。我国可在当前阶段对高风险、高复杂化的证券产品制订特定的适当性销售规则。同时可借鉴欧盟、加拿大模式，要求证券经营机构设立专门的产品委员会，在产品的引入阶段，负责进行产品的尽职调查，对产品构成、产品质量、投资期限、风险收益、合规性、适用客户人群等进行真实有效的评估，不对销售业绩负责。同时对产品说明书和推介材料进行审核把关，以通俗易懂的表达，而不是严格的专业术语向客户履行说明义务，确保产品材料客观、公正，风险披露充分明确。

（三）投资者和产品匹配

客户的风险等级划分及其与产品等级相匹配，并非总是有效的风险匹配。一个月收入5 000元的低风险承受能力者，买入高风险的100元产品，似乎也是适当的风险匹配。实际上，是否适当，不仅要看客户和产品的风险等级匹配情况，还需考虑特定客户的投资总量和特定产品的具体规模是否能够有效匹配。在客户和产品进行适当性匹配时，可参照美国适当性管理规则中的“数量适合性义务”，对投资者所有账户中的资产配置进行整体评级，以客户的资产总额和资产结构为基础，确定客户购买不同风险等级产品的额度，或将不同风险等级产品进行组合后，以“资产组合”的形式重新评估产品组合的风险等级，从而能够对风险资产配置比例、客户购买产品占其总资产比例进行限制或提醒，使投资者和产品的匹配机制不仅能够实现“定性”的适当性匹配，还能实现“定量”的适当性匹配。

（四）人员管理及任务分配

我国券商的经纪业务依然以通道业务、产品销售为主，主要收入来自交易佣金及代销费用。在层层分解的销售压力下，一线业务人员为了追求业绩和销售提成，可能会出现个人利益与客户利益冲突、短期利益与长期利益冲突的不适当销售行为。怎样解决员工和客户之间的利益冲突，让“客户利益至上”的理念深入人心，是解决适当性销售的根本问题，唯有解决该问题方可实现真正意义上的“适配”。建议证券经营机构在下达销售任务和制订考核指标时，充分考虑全体分支机构的平均销售率和收入水平、营业部所在地区经济发展水平、投资者结构类型、资产规模，以及全行业同类金融产品销售情况等，合理分配销售任务，防止分支机构员工为完成销售任务而向较低风险等级的客户推介风险等级较高的产品。可根据客户持有金融产品的时间、收益情况以及对服务的满意度等情况，采用延期兑现销售提成的扁平化奖励方法，将销售提成在一定期间内分期发放，以此加强业务人员的长期价值投资理念和适当性销售原则。

（五）经纪业务经营模式转型

要从根本上改善经纪业务的员工利益与客户利益不一致问题，券商必须对自身的业务模式进行深刻变革，改变以通道收入、金融产品销售收入为主的运营模式，主动走出通道的佣金依赖，大力发展证券投资咨询业务，加快财富管理转型步伐。财富管理相较于通道业务、产品销售业务而言，业务经营以客户的资产配置为导向，周期性相对较弱，抗风险能力强，有利于提高业务人员业务经营的持续性和稳定性，有效地防范业务人员的短期销售行为，转而以长期投资理念为基础。同时，在财富管理模式下，券商也将从当前以通道佣金为主要收入的盈利模式向以资产与增值服务为主体的模式进行转变，该种收费模式能够有效地将员工利益与客户利益捆绑在一起，使投资顾问更加专注于服务质量，能够基于客户的角度为客户提供更适当的投资建议，而这正是适当性管理的初衷。

经济的快速发展推动了金融产品与服务的不断革新，众多境外发达国家在立法上都强调和运用了投资者适当性管理这一原则，建立了完善的投资者适当性管理制度体系。中国证券业仅经过 20 多年的发展，在适当性管理方面才刚刚起步，作为一个以中小投资者为主体的资本市场，我国未来投资者适当性管理制度的建设与实施落实工作依然任重道远。我国应当积极吸收借鉴境外投资者适当性管理制度与经验，践行“保护中小投资者就是保护资本市场”这一发展理念，充分结合我国国情，建立具有中国特色的投资者适当性管理规则，为资本市场健康长久的稳定发展提供有力的支持。

参考文献

[1] 刘飞．对证券公司适当性销售工作的思考［J］．中国证券，2013（3）：29—33.

[2] 校坚，任祎，申屹．境外投资者适当性制度比较与案例分析［J］．证券市场导报，2010（9）：48—51.

[3]《证券公司投资者适当性制度指引》起草小组．证券业协会推动券商履行投资者适当性义务［N］．中国证券报，2012－4－17（4）．

[4] 王伟．多个国家和地区投资者适当性管理经验教训［N］．中国证券报，2012－4－17（4）．

[5] 蔺捷．论欧盟投资者适当性制度［J］．法学评论，2013（1）：60—66.

[6] 张付标．证券投资者适当性制度研究［D］．北京：对外经济贸易大学，2014.

[7] 王亚杰．证券投资者适当性制度的完善［D］．山西：山西财经法学，2016.

投资者适当性管理与投资者保护

於勇成 张 鑫*

金融市场是一个专业化的风险市场，金融产品创新层出不穷、产品风险千差万别，而不同类型的投资者在财务状况、投资知识、风险偏好等方面也表现出很大的差异。与证券公司等金融机构相比，普通中小投资者明显处于信息劣势地位，投资者适当性管理原则在改善金融机构与投资者不平等地位、有效保障投资者合法权益的过程中发挥了不可替代的作用。

中国证监会于 2016 年 12 月 12 日发布了《证券期货投资者适当性管理办法》（以下简称《办法》），并于 2017 年 7 月 1 日起正式实施。制定《办法》是落实习近平总书记“加快形成融资功能完备，基础制度扎实，市场监管有效，投资者合法权益得到充分保护的股票市场”重要指示精神和国务院有关文件部署，以及“依法监管、从严监管、全面监管”工作要求的重要举措。贯彻落实好《办法》的相关规定，将对我国金融市场稳定发展以及中小投资者保护带来深远影响。

一、投资者适当性管理的内涵

2008 年，国际清算银行（Bank for International Settlement，BIS）、国际证监会组织（International Organization of Securities Commissions，IOSCO）和国际保险监管协会（International Association of Insurance Supervisors，IAIS）联合发布了《金融产品和服务零售领域的客户适当性》报告，其中将适当性定义为“证券经营机构所推荐或销售的产品和服务与投资者的经济情况、投资目标、风险偏好、专业知识和投资经验之间的契合程度”。可见，适当性是一种契合程度，投资者适当性管理是对投资者和金融产品或服务进行动态匹配的一个判断过程（徐倩，2016）。

投资者适当性管理的主要内容是根据一定的标准，分别对投资者和金融产品或服务进行

* 作者单位：於勇成，中泰证券股份有限公司博士后科研工作站；张鑫，中泰证券股份有限公司战略规划部。原载于《中国证券》2017 年第 9 期。

分类，再对两者进行匹配，其核心思想在于将合适的产品或服务提供给适合的投资者（赵晓钧，2012）。从法律关系视角分析，投资者适当性管理是一种监管要求，协调投资者、证券公司等金融机构、监管部门三者之间的权利义务关系（张付标，2014）。即投资者适当性管理是对证券公司等金融机构的行为监管，其目的在于抑制金融机构因追求短期利益而忽视长期利益的自利冲动，进而保护投资者的合法权益。因此，投资者适当性管理从根本上讲是对投资者合法权益的保护（徐英杰和严欣，2016）。

（一）投资者适当性管理是对投资者的保护

一方面，伴随着金融市场持续快速创新发展，金融产品和服务的复杂程度日益增加，投资者受限于自身的专业水平和认知能力，难以充分认识到各类金融产品和服务的全部风险。金融中介机构凭借专业性优势，通常比投资者掌控更多信息。投资者尤其是中小投资者，在购买某些较为复杂的金融产品或服务的过程中，往往难以识别产品可能存在的问题，几乎完全依赖证券经营机构对产品的介绍。即使金融中介机构能够履行信息披露义务，准确、完整、及时地向投资者揭示产品信息，但是考虑到金融市场的复杂性，该产品或服务可能仍然不适合某些投资者（张付标，2014）。

另一方面，即使投资者认识到产品的缺陷，也很难得到法律救助。因为金融产品的市场价格波动迅速，而且影响价格波动的因素多种多样，很难断定价格变化是由产品质量造成，抑或是由其他市场因素导致的。我国法律规定，构成证券欺诈的一个重要法律要件即“违背客户真实意愿”，这在实践中很难认定。再进一步分析，即便确定产品价格变化是产品的质量问题，投资者的损害赔偿额度在实践中也难以准确计量。

通过以上分析可知，事前的信息披露不能彻底解决信息不对称问题，而事后的法律救助也存在成本巨大、效果甚微的问题。投资者适当性管理制度则是在此背景下，对信息披露事前保护、法律救助事后保护的补充，是对弱势投资者的事中保护，是对证券公司等金融机构的有效约束，是切实有效保障投资者合法权益的一把利剑（胡文青，2015）。

（二）投资者适当性管理不同于合格投资者制度

投资者适当性管理在一定程度上与合格投资者制度存在共性。从内容上看，二者都要求考察投资者的风险识别能力和风险承受能力；从目的上看，二者都是为了防范和降低金融风险，切实保护投资者的合法权益（窦鹏娟，2016）。在我国现行的投资者适当性管理规则中，确实存在以规定合格投资者为主或以其为标准设定门槛的现象，导致在学术界与业界均出现了将投资者适当性管理混淆为合格投资者制度的问题（何俊，2015）。

在证券市场，合格投资者制度主要是对特定证券产品或服务的交易主体资格进行限定，要求参与相关交易的投资者具备相应的行为能力和权利能力（苏宁曲，2016）。其基本思想是，只有拥有特定投资能力和风险承受能力的投资者，才有资格购买特定的高风险产品和服务，证券经营机构应当拒绝不符合条件的投资者进行此类交易，以免引发大规模损失。如此才能将投资者保护落到实处，形成安定有序的市场秩序（张保红，2015）。合格投资者制度侧重于规范投资者参与特定产品或服务的条件，只有符合特定条件的投资者才能购买特定的产品或服务，进行相关业务、购买相应产品或服务，其实质是一种“市场准入”准则，重点在于对投资者入市资格进行限定（阮文华，2014）。

投资者适当性管理的核心原则是，将合适的产品或服务提供给与其相适合的投资者，要求证券公司等金融机构在积极了解投资者的财务状况、专业知识和风险偏好的基础上，将风险各异的产品或服务推荐给适合购买的投资者（李仁杰等，2016）。该制度并不完全排斥投资者进入特定市场，而且除了入市前对投资者的资格进行考察外，在交易达成之后，仍要求证券公司等金融机构进行持续性督导。投资者适当性管理侧重于要求证券经营机构了解客户、进行测评，并履行提示义务，其关注点在于对证券产品或服务与投资者的匹配过程。

通过以上分析可以看出，投资者适当性管理重在为不同类型的投资者提供差异化的法律保障，合格投资者制度重在为投资者进入特定市场设定相应的门槛，二者并不相同。此外，在投资者适当性管理中，证券产品或服务是否适合投资者由证券经营机构进行判断，而合格投资者的准入标准由监管部门制订。

（三）投资者适当性管理是一项监管要求

1998年，国际证监会组织（IOSCO）制定了《证券监管目标和原则》，其中规定证券监管的三项目标为："保护投资者利益，保证市场公平、高效和透明，减少系统性风险。"在证券交易市场，参与交易某一产品或服务的投资者通常数量巨大，一旦因为产品问题造成投资者损失，将可能引起公共性事件，仅仅依靠合同很难有效保障投资者的合法权益，因此，需要引进监管部门。投资者适当性管理正是从程序和实体两个方面对证券经营机构进行监管，规范其向投资者推荐或销售产品和服务的行为准则，防止其滥用投资者的信赖，切实保护投资者利益（何德旭和周宇，2015）。

在程序上，投资者适当性管理要求证券公司等金融机构在提供产品和服务时，应当履行适当性管理程序，特别是内部风险控制程序（张付标，2014）。在实体上，首先，要求证券公司等金融机构应当充分了解投资者的财务情况、投资能力、风险承受能力等个人信息，妥善保存适当性分析报告。其次，要求证券公司等金融机构科学地评估产品和服务的风险特征，在产品说明书、销售协议等文件中披露产品和服务的差异性和风险。最后，在交易过程中，要求证券公司等金融机构以投资者利益为出发点，将合适的产品或服务提供给与之相适合的投资者。

为了保障监管的有效落实，应当明确监管部门具有对证券公司等金融机构履行适当性义务的具体情况进行现场检查和行政处罚的权力，确保证券公司等金融机构及其工作人员切实履行义务，提高证券经营机构的违规成本。

二、投资者适当性管理中的投资者保护

投资者适当性管理从本质上讲是一种投资者保护制度，但其对投资者的保护并不是无条件的。下面从投资者的权利以及对权利的限制两个角度，详细分析适当性管理对投资者的保护。

（一）投资者权利

通常认为，在相对成熟的资本市场，投资者应当享有以下几项基本权利：

一是自主参与权。投资者享有参与证券交易的自主权，自主决定是否接受推荐建议，自

主决定是否参与交易；参与交易后，投资者享有持有权和处置权，自主决定继续持有抑或择时卖出。

二是交易知情权。投资者有权要求证券经营机构履行适当性义务，及时、准确、完整地披露其购买的产品或服务的具体信息。

三是损害赔偿请求权。如果证券公司等金融机构违反法律法规，侵害了投资者的合法权益，投资者有权通过司法途径，要求经营机构停止违法侵害行为，并请求赔偿。

（二）对投资者权利的限制

投资者的权利并不是不受限制的。一方面，投资者适当性管理要求证券经营机构对客户进行分类，为不同类型的投资者提供差异化的保护，这在实践中会对部分投资者参与特定的业务形成一定的限制（陈洁，2012）。对此，有研究认为投资者适当性管理侵犯了投资者自主参与证券交易的权利（王文潭，2013）。然而在证券交易中，考虑到证券产品和服务的复杂性，当投资者不具备足够的投资能力和风险承担能力时，从保护投资者合法权益、维护市场稳定秩序的视角出发，限定投资者参与特定的交易，既能够保障经营机构的经营安全，也能保障投资者远离自身不能承受的风险，具有合理的基础。

另一方面，投资者在享受权利的同时，必须履行相应的义务。同自主参与权相对应，投资者在做出投资决策前应经过深思熟虑，并且遵循“买者自负”原则。同交易知情权相对应，投资者应当履行协助义务，向经营机构提供真实、准确、完整的个人信息，并按照要求进行风险测评。

总之，尽管投资者均享有同等的交易权，但是不同类型的投资者因个人情况差异较大，其具体享有的权利和应履行的义务也应有所区别。这既是保护投资者合法权益的内在要求，也是防范金融风险、推动金融市场稳定发展的必然需求。

（三）投资者保护

切实有效保障投资者的合法权益对于金融市场的长远发展意义重大。如果证券市场不能切实保障投资者利益，那么投资者将很容易对市场失去信心和热情，使得证券的发行和交易失去支撑，最终导致证券市场将难以为继（封博，2014）。切实有效地保护投资者利益，建设公开、公平、公正的证券市场，是广大投资者的强烈要求，也是金融市场持续稳定发展的内在目标。

为了切实保护投资者利益、维护金融市场秩序，应当明确投资者与证券公司等金融机构在多层面上的力量悬殊（陈向聪，2006）。由于金融市场中客观存在的信息不对称问题，加之投资者在专业知识、判断水平、投资能力和风险承受能力等多方面的限制，以及证券产品和服务本身的复杂性，将导致投资者与证券经营机构无法形成平等交易，赋予弱势投资者适当的倾斜保护很是必要。倾斜保护强调加重证券公司等金融机构的义务，赋予投资者相应的权利，以此平衡双方的力量差距。当前，在产品创新日益丰富、服务种类日益多样的资本市场，投资者适当性管理制度正是平衡投资者与证券经营机构利益关系的有效制度，是有效保障投资者合法权益的一把利剑，也是培育投资者市场信心的一项根本制度。投资者适当性管理从两个方面对投资者进行保护：一是对投资者信赖利益进行保护；二是对不同类型的投资者进行分类保护。

首先，由于投资者个人能力的限制，以及金融市场中普遍存在的信息不对称问题，投资者明显处于相对弱势地位。在金融市场不断创新的过程中，弱势的投资者尤其是中小投资者越来越信赖经行政审批设立的证券公司等金融机构。实践表明，投资者更加倾向于信赖证券经营机构本身的专业性，而不是其所披露的具体信息，由此导致证券经营机构有动机利用投资者的信赖谋取不正当利益。投资者适当性管理制度通过协调投资者与证券公司等经营机构的权利义务关系，保护弱势投资者的信赖利益。

其次，因为不同类型的投资者个人情况不同，所以其对证券经营机构的信赖程度自然会有所差异。统一的保护标准可能使投资者之间出现权利义务不对等的问题，导致金融市场的利益天平失去平衡，不利于投资者的保护。因此，需要根据投资者的收入情况、专业知识水平、投资能力和风险承受能力，对其进行分类，以此针对不同类型的投资者进行有针对性的分类保护（王天习和田忠洪，2013）。在投资者适当性管理中，适当性义务要求证券经营机构在充分了解客户个人情况的前提下，对投资者进行分类，进而落实对投资者的实质性保护。

对投资者进行分类保护，在某种程度上必然会限制投资者的自主交易权，违背了公平交易原则。不可否认，投资者均享有平等交易的权利，但是，不同投资者的专业能力和风险偏好不同，限制其参与与其自身特征不匹配的产品或服务，可以有效降低风险，避免投资者不必要的损失。投资者适当性管理制度赋予不同类型的投资者不同的权利义务，可以保证各利益主体在公平合理的制度环境中参与交易，能够有效推动金融市场的诚信建设和规范运行，保障金融市场的生命力，从根本上保护投资者的合法权益。

三、投资者适当性管理中的适当性义务

投资者适当性管理对投资者的保护，并非以牺牲证券经营机构的营利性为代价，而是要求证券公司等金融机构在进行适当性分析的前提下，设置双方的权利义务。

（一）适当性义务的国际比较

投资者适当性制度起源于美国，其在全球的发展经历了由美国到欧洲、从欧洲到亚洲的过程，整体上表现为从成熟资本市场向新兴资本市场发展的过程。为了切实保障投资者的合法权益，多数国家和地区的证券监管部门、行业自律组织对证券经营机构的适当性义务提出了相应的法律规范、行政约束或原则性指引（周翔，2017）。

关于投资者适当性管理对证券经营机构适当性义务的规定，美国以自律组织的行业自律规则为主，辅之以行政保护和司法保护，强调证券公司等金融机构的信义义务；欧盟采用法律规则的模式，强调证券公司等金融机构的法定义务；日本最初采用自律规范的模式，随后演变为行政监管规则，现已上升成为法定义务；新加坡采用法定义务模式，法律地位较高。中国台湾地区采取法律规则和自律规范并行的模式，以法律法规为原则，通过自律规范具体实施；中国香港地区倾向于对证券公司等金融机构的行政监管，效力层级较低；我国将投资者适当性定位为一种管理制度，侧重于对证券公司等金融机构的行政监管规范和自律监管规范。近年来，我国监管部门对投资者适当性管理制度的重视程度日益增强，其法律地位正在逐步提升。

放眼世界，投资者适当性管理制度的发展，皆与各个国家和地区金融市场的发展历史以及其法律传统和背景相关。虽然适当性义务在效力层次和法律责任等方面存在差异，但是现在已经被越来越多的国家和地区的金融市场接受。

（二）适当性义务的具体内容

关于投资者适当性管理对证券经营机构适当性义务的要求，各个国家和地区差异不大，大体上可以概括为三个方面：了解客户义务、了解产品和服务义务、适当推荐义务等。

一是了解客户义务。投资者适当性管理制度要求证券经营机构在推荐和销售产品或服务时，应当充分考察投资者的家庭信息、财务情况、专业水平、投资能力和风险承受能力等因素。然而，在客户提供的诸多信息中，哪些信息对其投资决策具有至关重要的作用，并没有统一的标准。如果客户拒绝提供相关信息，或者提供的信息不完整，经证券经营机构警示后仍不能提供足够信息时，证券经营机构有权拒绝为其提供相关产品和服务。当然，投资者同样有权不接受适当性管理的保护，独自承担全部风险。当证券经营机构已经向客户充分揭示风险后，如果其仍然坚持进行相关交易，可以认定该投资者已经充分认识到相应风险，并自愿承担可能的损失，此时，应当尊重投资者的意愿。如果证券经营机构坚持认为相关产品或服务不适合某投资者，可以拒绝其从事相关交易（张付标，2014）。

二是了解产品和服务义务。投资者适当性管理要求证券经营机构在推荐和销售前，应当对产品或服务进行科学有效的调查评估，根据其特征划分风险等级，并向投资者提示风险。证券经营机构需要针对产品的特征和风险向销售人员提供相应的培训，以便均衡地披露具体产品的风险和收益信息。

三是适当推荐义务。这是适当性义务的核心内容，具体要求证券公司等金融机构推荐的产品或服务的风险与投资者状况相匹配，但是关于匹配度的衡量目前国际上并没有统一的标准。由于每一个产品或服务的复杂程度和风险等级都存在差异，可能包含市场风险、信用风险、流动性风险、操作风险中的一种或多种风险；投资者的个人状况也千差万别，可能存在主观、客观的各种情况；加上经营机构及其工作人员对两者的熟悉程度不同，导致每一次适当性推荐的情况都是不同的，所以证券经营机构应当有针对性地履行适当推荐义务。

（三）实践中履行适当性义务的问题

首先，证券经营机构对投资者的适当性分析，是在获取其信息的前提下进行的。一方面，针对个人投资者，由于其信息量相对较少，证券经营机构获取信息的成本并不高；针对机构投资者尤其是大型公司，证券经营机构通常需要了解其历史沿革、经营现状、财务情况、投资预期等，公司越大，获取其信息的成本越大。另一方面，证券经营机构对于投资者的偏好分析，在获取信息的基础上通过投资者分析程序进行分类。此类分析的关键在于投资者所提供的信息，但是，投资者未必能够明确自身的投资目标和风险偏好。根据行为经济学的研究可知，投资者通常会夸大或漠视自身的风险偏好，其投资决策行为可能是非理性的，或者仅仅是有限理性的（史永东、李竹薇和陈炜，2009）。因此，如何对投资者进行客观、准确的适当性分析，在实践中是一个难题。

其次，对于金融产品和服务的适当性分析，通常由评级机构进行等级划分。评级机构多数从某一个或某几个角度进行评级，如信用评级仅针对金融产品和服务可能发生的信用风险进行评级。但是，金融产品和服务的风险是复杂多变的，评级机构的等级划分标准可能无法覆盖产品的所有风险。另外，评级机构一般是由经营机构聘请，可能会因为利益关系导致评级结果有失公正。

四、对我国完善投资者适当性管理制度的建议

（一）完善金融监管模式

金融监管是监管部门通过法律手段或者经济手段，规范上市公司、金融中介机构和投资者等所有金融市场主体的行为准则，以保护投资者利益，维护金融市场秩序。金融监管的根本目的仍然是要维护市场秩序、保障投资者对政府发放牌照的金融机构专业性的信赖，从这一点看，投资者适当性管理也是金融监管的一个方面（封博，2014）。

目前，我国的金融监管模式主要是在“一行三会”的分业监管框架下展开的机构监管。所谓机构监管，是指监管部门以金融机构为核心，对其进入市场、持续经营、风险管控、退出市场等所有过程进行的监管。这一监管模式以金融机构为重点，在分业经营的金融市场中起到了一定的积极作用。但是，随着金融市场的不断创新，金融业务不断向着跨产品、跨机构、跨市场的交叉方向发展，机构监管已不能适应新形势下的监管需求。在此背景下，功能监管模式逐渐引起决策层的广泛关注。

在 2017 年的全国金融工作会议中，习近平总书记强调，金融监管要“加强宏观审慎管理制度建设，加强功能监管，更加重视行为监管”。所谓功能监管，是针对不同金融机构的业务活动开展的、标准相对统一的监管过程。这一监管模式更加注重跨产品、跨机构、跨市场的交叉监管，其重点是针对金融机构经营的业务进行监管，而不是机构本身。这有利于缓解监管冲突，减少监管真空及重复监管，实现对金融市场的全面监管。与功能监管角度不同，行为监管从监管目的出发，对金融机构的经营行为进行监管，包括禁止误导投资者、充分披露信息、保护投资者个人信息等。

为了防止证券公司等金融机构滥用投资者的信赖，损害投资者权益，应着重加强对证券公司等金融机构的行为监管，推动金融监管从“机构监管”向“功能监管”过渡，更好地发挥投资者适当性管理制度在金融市场中的积极作用。

（二）强化监管组织体系

我国的证券监管体系分为两层：一是以中国证监会为主导的行政监管，二是以全国性证券交易所、中国证券业协会等组织为主导的自律监管。与成熟资本市场中的行业自律监管不同，我国的自律监管更多的是对政府行政监管的辅助和延伸（周翔，2017）。在形式上，我国的证券监管是以中国证监会为主导的集中监管，但是中国人民银行、财政部、国家发改委等部委实际上对监管决策也有着重要的影响，形成多级监管主体的局面。这种多级监管主体在利益制衡的过程中，通常会影响监管效率和公平目标的实现。明确监管机构的职能与范围，建立一个稳定、制衡的现代证券监管体系，对于落实投资者适当性管理制度、激发市场信心和维护市场秩序，具有长远的战略意义。

（三）健全监管法律体系

我国目前施行的《办法》属于部门规章，可以通过对《证券法》的修改提高投资者适当性管理制度的法律层级，构建证券经营机构向投资者销售产品或提供服务的行为规范，防止其滥用投资者的信赖，形成系统完善的投资者适当性法律体系，为切实保障投资者的合法权益，提供更加全面的法律依据。监管部门应当根据规范程序进行适当性管理，严禁监管过程中的随意性，减少监管真空地带，实现客观、公正的监管。此外，由于监管部门执法手段略显不足，执法必严对切实保障中小投资者利益尤为重要。监管部门应当加强执法力度，从根本上消除证券经营机构“法不责众”的侥幸心理，真正将投资者适当性管理制度落到实处，营造良好的金融市场环境。

（四）严格信息披露机制

关于信息披露，投资者适当性管理制度一方面要求证券公司等金融机构充分披露金融产品或服务的结构、性质和风险等重要信息，最大程度减少投资者与证券经营机构之间的信息不对称问题：另一方面要求规范证券经营机构的信息披露行为，按照公正、全面和中立的方式及时、准确、完整地披露相关信息。

与证券公司等金融机构履行适当性义务不同，信息披露的目的是从监管的角度要求证券经营机构辅助投资者进行决策。监管部门有必要要求证券经营机构采用特定的方式向投资者披露便于其理解的充分信息，以便于投资者做出更好的、有根据的投资决策；证券经营机构有义务对员工进行适当性培训，使其充分了解所销售的产品或服务，防止为了短期利益侵害投资者利益，降低不当销售的风险。

（五）落实纠纷解决机制

在证券交易市场，由于证券经营机构没有履行适当性义务，造成投资者利益损失时，即可认为具备了法律上可归责的法律要件。此时，投资者有权要求证券经营机构承担损害赔偿民事责任（叶旺春，2015）。监管部门亦可根据具体情况，追究证券经营机构及相关工作人员的行政责任。但是，随着金融业务的交叉性创新发展，法律问责通常难以得到落实。

在实践中，纪律处分、市场禁入等监管措施往往可以与承担民事责任、行政责任并行，适用于证券经营机构出现严重违反适当性义务行为的领域，以此构建由自律组织为主导的专门纠纷解决机制。专门纠纷解决机制应当在政府的监管下，保障纠纷解决机构的独立性以及相应裁决的执行效力，以便从实质上保护投资者的合法权益。

参考文献

[1] 陈洁．证券公司违反投资者适当性原则的民事责任［J］．证券市场导报，2012（2）：50—59.

[2] 陈向聪．我国证券投资者保护基金制度面临的挑战及应对［J］．商业研究，2006（24）：116—119.

[3] 窦鹏娟．金融衍生品投资者适当性的制度改进与规则完善［J］．证券市场导报，

2016 (6): 71—78.

[4] 封博．完善我国证券行业适当性义务的建议 [J]．中国证券，2014 (9): 38—44.

[5] 何德旭，周宇．中国证券投资者保护机制的创新方向与实现路径 [J]．金融评论，2015 (1): 1—9.

[6] 何俊．证券公司投资者适当性管理制度问题分析 [J]．中国市场，2015 (47): 66—67.

[7] 胡文青．证券投资者适当性制度研究 [D]．上海：华东政法大学，2015.

[8] 李仁杰，计葵生，杨峻等．投资者适当性管理实践 [J]．中国金融，2016 (18): 88—89.

[9] 阮文华．创新适当性管理模式 推动中小投资者合法权益保护 [J]．中国证券，2014 (9): 45—50.

[10] 史永东，李竹薇，陈炜．中国证券投资者交易行为的实证研究 [J]．金融研究，2009 (11): 129—142.

[11] 苏宁曲．投资者适当性管理制度的建设研究 [J]．时代金融，2016 (2): 214—215.

[12] 王天习，田忠洪．证券投资者适当性规则研究——兼论我国投资者适当性规则的完善 [J]．经济法论丛，2013 (1): 271—289.

[13] 王文潭．论证券市场投资者分类保护 [D]．北京：对外经济贸易大学，2013.

[14] 徐倩．投资者适当性制度研究综述 [J]．合作经济与科技，2016 (20): 110—111.

[15] 徐英杰，严欣．证券投资者适当性制度研究 [J]．中国证券，2016 (6): 42—49.

[16] 叶旺春．我国投资者适当性制度构想 [J]．中国金融，2015 (5): 68—69.

[17] 张保红．论证券非公开发行制度的重构——以投资者规制为中心 [J]．政治与法律，2015 (4): 90—102.

[18] 张付标．证券投资者适当性制度研究 [D]．北京：对外经济贸易大学，2014.

[19] 赵晓钧．中国资本市场投资者适当性规则的完善——兼论《证券法》中投资者适当性规则的构建 [J]．证券市场导报，2012 (2): 42—49.

[20] 周翔．国外投资者适当性制度镜鉴 [J]．金融博览，2017 (6): 54—57.

违反适当性义务的民事侵权责任构成要件

黄旭宇*

一、引言

当前我国金融市场改革发展不断深化，金融产品、服务日渐丰富，金融产品的结构日益复杂；与此同时，我国金融投资者仍以散户为主，普遍缺乏金融相关的知识和投资经验。在金融机构向投资者销售产品或提供服务时，为保护投资者利益，避免因信息不对称、投资知识和经验的欠缺导致不必要的损失，《证券投资基金销售管理办法》等部委规章，《证券公司投资者适当性制度指引》《上海证券交易所投资者适当性管理暂行办法》等自律组织规范性文件均规定了经营机构应履行的投资者适当性义务。在林娟与中国工商银行股份有限公司南京下关支行财产损害赔偿纠纷（以下简称“林娟案”）[①] 以及胡象斌与中国银行股份有限公司上海市田林路支行侵权责任纠纷（以下简称“胡象斌案”）[②] 等案件中，银行均因未能履行投资者适当性义务被判全额赔偿投资者损失。

2017 年 7 月 1 日起实施的《证券期货投资者适当性管理办法》（以下简称《办法》）统一了过去散见于各规范性文件中的投资者适当性规定[③]，明确了经营机构需履行的投资者适当性义务。更为重要的是，《办法》第三十四条规定，“经营机构履行适当性义务存在过错

---

* 作者单位：长城证券股份有限公司。原载于《中国证券》2017 年第 9 期。

① 参见《上诉人林娟与上诉人中国工商银行股份有限公司南京下关支行财产损害赔偿纠纷一案的民事判决书》，(2016) 苏 01 民终 1 563 号。

② 参见《胡象斌等诉中国银行股份有限公司上海市田林路支行财产损害赔偿纠纷案民事判决书》，(2015) 沪一中民六（商）终字第 198 号。二审判决后，中国银行股份有限公司上海市田林路支行申请再审，上海市高级人民法院于 2016 年 9 月 19 日做出再审裁定，目前尚未判决，本文暂以二审判决为依据。

③ 《办法》作为中国证监会发布的规章，仅适用于证券期货行业，银行等非证监系统金融机构仅在代销证券、期货产品时适用。本文以《办法》为研究基础，因此“经营机构”主要指“证券期货经营机构”。林娟案和胡象斌案中的机构均为银行而非证券期货经营机构，但考虑到这两起案件均为银行代销证券类产品时发生的纠纷，且案例较为典型，便于了解法院对违反适当性义务侵权责任的态度，故而引用。

并造成投资者损失的，应当依法承担相应法律责任”，首次从立法上明确了证券期货经营机构违反适当性义务的民事责任，并要求发生纠纷时，经营机构提供证据证明已向投资者履行了相应义务。

无论立法还是司法均已明确违反适当性义务造成投资者损失时的民事侵权责任。然而，《办法》明确了法律依据，但并未给出适用方法。《最高人民法院关于当前商事审判工作中的若干具体问题》（以下简称“最高院商事审判意见”）阐明了证券侵权责任的裁判要点，但如何适用于违反适当性义务的民事侵权责任仍需进一步研究。笔者拟结合中美两国适当性相关的规定、案例，就违反适当性义务的民事侵权责任构成要件进行探讨。

二、违反适当性义务的民事侵权责任构成要件

根据最高院商事审判意见有关证券侵权的规定，违反适当性义务的民事侵权责任应包括侵权行为、过错、因果关系和损失四个构成要件①。

（一）侵权行为

违反适当性义务的侵权行为与普通侵权行为不同，它的行为主体必须是负有投资者适当性义务的经营机构。《办法》界定了需履行投资者适当性义务的业务类型：“向投资者销售公开或者非公开发行的证券、公开或非公开募集的证券投资基金和股权投资基金（包括创业投资者基金，以下简称基金）、公开或非公开转让的期货及其他衍生品，或者为投资者提供相关业务服务的，适用本办法。”也就是说，经营机构在开展上述业务的过程中具有投资者适当性义务，才能成为违反适当性义务的侵权行为主体。实践中，经营机构违反适当性义务的行为主要分为三类。

1. 不适当推介行为

我国适当性相关的规范性文件均未对推介行为进行定义，也未明确推介行为的类型及判断标准。美国金融业监管局《统一监管规则》中的2111规则②建议根据个案的事实和环境判断某项沟通是否构成推介行为。2111规则的《监管公告》（11－02号）③ 提供了推介行为的几个判断标准：（1）沟通的内容、环境和形式是审查的重要方面。在判断沟通是否构成推介时应采取客观而非主观标准，重点是根据会员单位或其雇员与投资者沟通的具体内容、环境和形式是否可以合乎情理地认定其在建议客户针对特定证券或投资策略采取或不采取行动。（2）对某特定投资者所做的关于证券或投资策略的沟通越是个性化，就越有可能被认定为推介行为。（3）对于一系列行为，每个行为被分别看待时可能均不构成推介，但将其作为整体看待时可能构成推介。（4）沟通是通过具体的人还是系统软件实施并无差别。因

---

① 最高院商事审判意见规定：“要在传统民事侵权责任的侵权行为、过错、损失、因果关系四个构成要件中研究证券侵权行为重大性、交易因果关系特殊的质的规定性。”

② See FINRA Rule 2111（Suitability）. Effective Date：May 1，2014. 官方英文版网址：http：//finra. complinet. com/en/display/display_ main. html？ rbid = 2 403&record_ id = 15 663，最后访问日期：2017年8月26日。

③ See 11－02 SEC Approves Consolidated FINRA Rules Governing Know－Your－Customer and Suitability Obligations；Effective Date：October 7，2011. 官方英文版网址：http：//finra. complinet. com/en/display/display. html？ rbid = 2403&element_ id = 9940，最后访问日期：2017年8月26日。

此，在判断某项沟通是否为适当性规则下的推介行为时，应根据上述指导原则，并结合大量相关判例以及个案的事实和情况进行综合判断。

如何判断推介是否适当呢？美国 2111 规则（a）项规定："会员单位或其雇员必须有理由相信，基于经过尽调确认的客户投资档案中的信息，其所推介的证券交易或投资策略对客户是适当的。"2111 规则的补充材料还提供了三项具体判断标准：（1）合理基础的适当性义务，即了解所推介的产品；（2）客户特定化的适当性义务，即了解你的客户；（3）数量上的适当性义务，要求全面评价客户的投资行为，从数量上看推介是否适当。《办法》第二十二条规定不得向普通投资者主动推介风险等级高于其风险承受能力的产品或服务，也不得主动推介不符合其投资目标的产品或服务。据此，下述行为构成不适当推介：（1）主动推介风险等级高于客户风险承受能力的产品或服务；（2）主动向客户推介不符合其投资目标的产品或服务，投资目标含投资期限、投资品种和预期收益。相较而言，美国关于不适当推介的判断标准更为抽象，需要结合客户的所有信息（如基本信息、风险偏好、投资情况、税负、投资期限及整体资产配置等）综合判断某项推介是否适当，对金融机构的要求较高。我国采用一一匹配的方法，只需将客户的风险等级和投资目标与产品或服务进行对应匹配[①]，结果一目了然，可操作性强；缺点在于过于僵化、缺乏弹性，而且仅能判断对某项产品的推介是否适当，无法评价该产品在客户的总体资产配置中是否适当。

从案例来看，不适当推介是导致民事赔偿责任的主要侵权行为类型。林娟案和胡象斌案中，银行的主要违规行为均为主动向客户推介不适合其风险承受能力的产品。美国的 Dane S. Faber 案中[②]，证券交易商推介一名中等收入、缺乏投资经验的客户将其准备用作退休投资的资产（占其所有流动资金的 2/3）投资于投机性证券，无视客户想要进行保守投资的要求；David J. Dambro 案中[③]，经纪商采用电话营销的方式联系一名老年退休人士，并推介其购买了 1 万美元的投机性证券，尽管该退休人员的 1 万美元将承受高风险，经纪商却只是对该项投资是否与其目标相符进行粗略的调查。上述案件，经营机构均被判全额赔偿客户损失。

需要注意的是，若客户未接受经营机构或其雇员的推介，损失自然不会发生，赔偿也就无从谈起。

2. 不适当销售行为

广义的销售行为应包含推介行为，但由于推介行为在行为适当性的评价中具有独立且重要的地位，此处销售行为仅指客户确定购买产品或接受服务意向后的一系列行为。根据《办法》，不适当销售行为包含告知、风险警示、录音或录像（以下简称"双录"）、网上留痕安排、文书签署等方面的违规行为。《办法》第二十三条规定了六项应告知普通投资者的信息；第十九条规定销售高于客户风险承受能力的产品和高风险产品需特别书面风险警示；第二十条规定销售高风险产品要告知特别的风险点；第二十五条规定销售高于客户风险承受能力的产品、向普通投资者告知第二十三条规定的事项等需要进行"双录"或网上留痕。

① 实际上，在进行匹配前，我国经营机构也需要了解客户的基本信息、风险偏好等情况，只是已经通过一套标准将这些信息转化成分数或数值。

② Exchange Act Release No. 49216 (Feb. 10, 2004), 2004 SEC LEXIS 277.

③ Exchange Act Release No. 32487 (June 18, 1993), 1993 SEC LEXIS 1521.

部分地方证监局也针对特定的业务提出了“双录”要求，如广东证监局要求开通融资融券、新三板、创业板等业务必须在营业网点现场办理并“双录”。林娟案中，二审法院认定工行下关支行“未能提供充分的证据证明其以金融消费者能够充分了解的方式向林娟说明案涉基金产品的运作方式和将最大损失风险以显著、必要的方式向林娟做出特别说明”，即属于销售方面的违规行为。

3. 其他不规范行为

有些不规范行为在推介、销售环节都可能发生，如：（1）未能了解投资者，表现为没有搜集投资者的基本信息、搜集信息不全或明知信息有误但未进行核实等；（2）未做好投资者分类，如未对客户进行风险测评并分类、投资者填写调查问卷时存在诱导、误导、欺诈等行为或对投资者分类错误等；（3）未能了解产品，表现为未对产品或服务进行分级、分级明显不合理、未对营销人员开展产品相关的培训等。有些不规范行为发生在销售后，如未对客户进行有效回访，相关业务资料未按要求保存或保存期限不符合要求等。

上述三类违反适当性义务的行为是否构成证券侵权意义上的侵权行为，取决于其是否满足“重大性”要求。最高院商事审判意见第二条规定：“重大性，是指违法行为对投资者决定的可能影响，其主要衡量指标可以通过违法行为对证券交易价格和交易量的影响来判断。”此处仅就证券买卖而言，而且主要适用于如证券虚假陈述等可能对证券价格产生影响的侵权行为类型。违反适当性义务的侵权行为与之不同，经营机构与客户直接发生合同上的法律关系，而《办法》的目的在于避免客户因经营机构的不适当行为购买不适当的产品或服务。因此，此处“重大性”判断的核心在于，违反适当性义务的行为对客户做出该项投资决策是否产生直接影响。根据“重大性”标准，经营机构未进行“双录”、网上留痕不完善、未进行有效回访以及资料保存不完善等违反适当性义务的行为，本身并不构成侵权行为，只是可能承担举证不力的法律后果。

“重大性”应根据个案的具体情况进行审查。如同样一款金融产品，对于多次购买过同类金融产品的投资者和从未购买过该类产品的投资者而言，未有效揭示风险对他们做出购买决策的影响未必相同。

（二）过错

我国《侵权责任法》第六条第一款规定：“行为人因过错侵害他人民事权益，应当承担侵权责任。”我国的侵权责任以过错责任为主，无过错责任为例外。《办法》第三十四条第一款规定：“经营机构履行适当性义务存在过错并造成投资者损失的，应当依法承担相应的法律责任。”可见，违反适当性义务的民事侵权责任采用的是过错责任。

过错通常理解为主观可责难性，是对行为人主观方面的评价，分故意和过失两种，在德国的三阶层理论中对应有责性。无论故意还是过失，都包含了对可预见性的判断，即行为人是否应当预见到行为结果。但是，近年来侵权过错客观化渐成趋势：“有责性被认为是主观心理状态的欠缺，并且依据具体行为人和具体状况判断有责性的有无。但是，随着社会的发展，有责性的定义主要并不是以各个债务人所能尽的注意为尺度的，民法中的有责性的概念必须客观的理解，应依据处于和加害人同样的外部环境的假设的理性人的行为，通过具体类型的构建而判断有责性之有无。"①《德国民法典》第276条第2款规定："疏于尽交易上必要的注意的人，即为有过失地实施行为。"这里即是将过失作了客观化的理解。

过错客观化理论将过错限于"行为过错"领域，根据这一理论，我国《侵权责任法》第六条第一款中的过错可以理解为违反法定义务，行为人只要违反了必要行为义务即可认定满足过错条件。② 据此，《办法》中的"存在过错"可以理解为对法定义务的违反，"履行适当性义务存在过错"即违反适当性义务③，这从第三十四条第二款："经营机构与普通投资者发生纠纷的，经营机构应当提供相关资料，证明其已向投资者履行相应义务"可以得到印证，经营机构只要证明"已向投资者履行相应义务"，则表明不存在过错。可见，在违反适当性义务的侵权责任中，只要侵权行为得以证明，过错实际上是不证自明的，这也与当前的司法实践相一致。林娟案中，法院认为："因此，工行下关支行提供的证据不足以证明其在林娟购买案涉基金产品前已经履行了适当推介义务，应认定其具有侵权过错。"

经营机构的过错虽不证自明，但过失相抵原则仍可以适用，《侵权责任法》第二十六条规定："被侵权人对损害的发生也有过错的，可以减轻侵权人的责任。"胡象斌案中，法院即适用了过失相抵原则："但上诉人未依照自身状况进行合理投资，而是选择购买系争理财产品，对相应损失的发生亦具有相应过错，依照上述法律规定，被上诉人的侵权赔偿责任可相应减低。"对赔偿利息损失不予支持。

（三）因果关系

因果关系是判断经营机构应否承担民事赔偿责任的关键。"它不仅属于侵权行为法基本规定内容，而且构成了其他几乎所有赔偿责任构成要件的基础。"④ 但因果关系的判断又极为复杂，仅证券侵权领域就存在多种因果关系适用规则，如《最高人民法院关于审理证券市场因虚假陈述引发的民事赔偿案件的若干规定》对证券虚假陈述采用的是推定因果关系，符合以下情形即可推定存在因果关系：（1）投资人所投资的是与虚假陈述直接关联的证券；（2）投资人在虚假陈述实施日及以后，至揭露日或者更正日之前买入该证券；（3）投资人在虚假陈述揭露日或者更正日及以后，因卖出该证券发生亏损，或者因持续持有该证券而产生亏损。之所以采用推定因果关系这一宽松标准，是因为虚假陈述主体与投资者之间往往无直接的法律关系，证券的涨跌又受多种因素的影响，按照传统因果关系理论将给投资者的举证带来极大负担，不利于投资者保护。如上文所述，违反适当性义务的经营机构与客户具有合同上的法律关系，不具备适用推定因果关系的前提。最高院商事审判意见强调："要在传统民事侵权责任的侵权行为、过错、损失、因果关系四个构成要件中研究证券侵权行为重大

---

① 朱虎："过错侵权责任的发生基础"，载《法学家》2011年第1期，第79页。

② 详细的逻辑推演参见朱虎："过错侵权责任的发生基础"，载《法学家》2011年第1期。需要说明的是，过错客观化不代表不再考虑可预见性问题，而是将其放在其他环节考虑，如相当因果关系理论就包含了对可预见性的判断。

③ 即使对过错客观化持不同意见的学者，其理论在适用于履行适当性义务的过错判断方面，也不会得出相反的结论："违反法定义务只是对于法定行为义务的违反，在私法上并不当然构成过失。在英美侵权法，如果行为违反了制订法，只有当行为给该制订法意图保护之人造成了损害，且该损害是制订法意图避免的那种损害，行为才会被视为'本身过失'。"参见郑永宽："论责任范围限定中的侵权过失与因果关系"，载《法律科学（西北政法大学学报）》2016年第2期，第107页。

④ ［德］克里斯蒂安·冯·巴尔：《欧洲比较侵权行为法》（下卷），焦美华译，法律出版社2011年版，第528页。

性、交易因果关系特殊的质的规定性。”并指出：“交易因果关系是指违法行为影响了投资者的交易决定。”交易因果关系由最高院提出将对我国法院审理证券侵权案件起到明显的导向作用，违反适当性义务作为证券侵权的一种也概莫能外。但是，交易因果关系如何认定，交易因果关系适用于违反适当性义务民事侵权责任是否周延，这些都值得进一步审视。

目前欧洲主流的因果关系理论是相当因果关系说。相当因果关系说又称适当条件说，即某种行为在特定情况下导致了某种结果，还不足以认定二者存在因果关系，只有根据事物发展的通常过程和社会的普遍认知，该行为确实会导致该结果，二者才存在因果关系。根据相当因果关系说，“侵权法上因果关系的构成必须符合两个条件：其一，侵权行为必须是损害的一个必要条件；其二，侵权行为必须极大地增加了这一损害发生的‘客观概然性’（或可能性）。”① 英美侵权法则采用事实因果关系和法律因果关系两分法，二者同时满足因果关系方能成立。事实因果关系采用若无（but for）标准，即若无行为人的侵权行为，损害是否仍会发生？事实因果关系起到的是过滤器的作用。若仅到事实因果关系这一层，将可能导致侵权责任的无限扩大，在时间线上无限延长。比方说，若无马路，将不会发生该起交通事故，符合若无标准，但显然荒唐至极。关于法律因果关系有多种理论学说，如近因说、实质性要素说、损失的因果关系说、可预见性说、风险标准说等。其中可预见说处于相对主流地位，行为人只对其可预见的结果承担损害赔偿责任。法律因果关系是为了限制责任的不必要扩大。欧洲的相当因果关系说和英美的因果关系两分法在适用原理上具有高度一致性，适用过程均遵循两个步骤：第一，侵权行为是损害结果的必要条件，可采用若无标准进行判断：若没有侵权行为，则不会发生损害结果。第二，损害结果是行为人可预见的（符合事物发展的一般过程），在判断可预见时采用的是一般理性人标准，而不考虑行为人的个体特殊情况。

交易因果关系类似于上述第一个步骤，其要点在于，若无经营机构违反适当性义务的行为，投资者不会开展该项交易，那么交易因果关系成立。有两个问题需要注意：第一，判断是否影响投资者决定时，审查的对象仅限于经营机构违反适当性义务的行为，而不是经营机构的整体行为，否则容易扩大经营机构的责任。如美国的 Michael Federick Siegel（以下简称“Siegel”）案中②，Siegel（证券经纪人）向客户 Downer 和 Landry 推介了 World ET 公司的债券，其推介符合客户的资产状况和风险偏好，销售前提供给客户签署的两份文件均表明该项投资为无担保公司债券，但两份文件既没有规定利率及偿还条件的任何信息，又存在投资信息不一致的情况。几年后，World ET 公司经营失败导致 Downer 和 Landry 的投资损失。法院认为，Siegel 推介的不适当之处并非该项投资的风险水平不符合客户的风险偏好，而在于提供的要约文件条款存在瑕疵。事实上，若 Siegel 当时提供给客户的要约文件不存在瑕疵，客户仍然会因为 World ET 公司的失败遭受同样的损失，因此没有支持赔偿损失的诉讼请求。相反，如果审查经营机构的整体行为，将会得出 Siegel 的推介行为影响了投资者的交易决定这一结论。第二，是否影响投资者交易决定需要结合投资者的个人情况，而不是采用一般理性人的标准。最高院商事审判意见第二条规定：“如果根据投资者的既往投资经验、受教育

---

① 李中原：“论侵权法上因果关系与过错的竞合及其解决路径”，载《法律科学（西北政法大学学报）》2013 年第 6 期，第 93 页。

② Michael Frederick Siegel, Petitioner v. Securities and Exchange Commission, Respondent,［2010］592 F. 3d 147.

程度等事实，卖方机构能够证明‘适当性’义务的违反并未影响投资者的自主决定的，也应当认定免责抗辩事由成立，由金融消费者自负投资风险。”在金融投资领域，投资者的投资知识、经验、风险偏好水平会极大地影响其的投资决策，因此，David J. Dambro 案中，经纪商向退休老人的推介被判定影响了交易决定；而 Siegel 案中，客户都是富有经验的投资者且本身就寻求高风险投资，因此法院认为其瑕疵行为并未影响到客户的投资决策。值得一提的是，如交易前客户明知经营机构存在违反适当性义务的行为，仍决定进行交易，甚至故意利用这一违反事实，则需要审慎判断前者是否为后者的必要条件，避免违反适当性义务的推介或销售行为成为投资者进行金融交易的保险，达到“旱涝保收”的效果。

交易因果关系类似第一个步骤，但二者仍存在差异，前者是建立违反适当性义务的行为与交易决定之间的因果关系，后者是建立违反适当性义务的行为与损失之间的因果关系。在多数情况下，二者是重合的。如林娟案所呈现的，经营机构向客户进行不适当推介，客户做出交易决定从而导致了损失。但在特定情形下二者可能分离。如美国的 Bastian 案中①，投资者 Bastian 拟投资油气企业，油气有限合伙 Petren 向 Bastian 提供的要约文件存在虚假陈述，导致 Bastian 投资了 Petren，后因油气价格下跌，整个市场的油气企业都变得一文不值。该案法官认为：“如果原告当时转投其他有限合伙，即便该有限合伙的普通合伙人诚实并且胜任，该项投资也注定毫无价值。原告并非被欺诈损害，它只是影响了原告在这里损失还是在那里损失，但损失时间和数额并无任何不同。”“原告原本就计划投资这类企业，就没有理由要求被告赔偿损失。”因此，当经营机构违反适当性义务的行为是客户做出某项交易决定的必要条件，但并非导致投资损失的原因时，要求经营机构承担责任无异于为投资者买了一份保险，不利于买者自负观念的树立。

此外，交易因果关系也无法涵盖第二个步骤的判断，即损害结果是否为行为时可预见的。任何人不应对其无法预见的损害承担责任，第二个步骤的省略一定程度上加重了经营机构的责任。举例来说，经营机构推介客户购买某只股票，推介过程中隐瞒了该股票的特有风险，后因股市波动导致整个市场的股票大面积跌停，客户遭受损失。如果没有经营机构的不适当推介，客户不会进行该项交易，也不会遭受损失，满足第一个步骤的判断。经营机构的行为固然不当，但由经营机构承担该项损失又显失公平，股市波动并非经营机构所能合理预见，非事件发展的通常过程。因此，在适用交易因果关系的前提下，为避免第二个步骤的缺失可能导致的责任分配失衡，应增加可预见性作为免责情形，如损失是由证券市场系统性风险等无法预见的原因导致，经营机构不承担损失赔偿责任。

（四）损失

在证券侵权领域，损失即经济损失。经济损失是否包含预期收益或其他可得利益损失？答案是否定的，最高院商事审判意见明确“对违反‘适当性’义务的损失赔偿，立法例上普遍采用损失填补原则赔偿金融消费者因此所受的实际损失”。最高院对损失赔偿范围的界定，实际上也划定了经济损失的范围——实际损失，即只有造成投资者的本金损失时，损失才能确认。当然，在确定赔偿范围时，还应考虑客户损失数额的利息收入。林娟案中，法院

① Bastian v. Petren Resources Corp. , [1990] 892 F. 2d 680.

判决经营机构赔偿林娟实际损失和相应利息损失；胡象斌案，法院考虑到胡象斌自身也存在过错，适用过错相抵原则免除了经营机构利息部分。

三、结语

对于侵权行为，笔者以《办法》规定的经营机构的适当性义务为基础，并重点分析推介行为。《办法》仅两处提及“主动推介”，更加关注“销售”，但实际上，无论是美国立法还是国内案例，违规推介都是违反适当性义务的最主要形式。“重大性”标准过滤了部分违反适当性义务的行为构成侵权行为的可能性（如“双录”、回访等），但多数行为仍需要结合个案的具体情境分析，因此笔者未就《办法》规定的适当性义务逐一进行“重大性”筛查。

过错客观化逐渐成为国内主流观点，但也有不少学者主张保留主观可预见性，以避免过错这一要件流于形式。笔者未就过错客观化和主观化的优劣展开论述，而是着眼于我国适当性相关的立法和司法实践，分析违反适当性义务侵权责任中的过错客观化倾向。

从国内侵权责任的案例来看，不同法院对因果关系的理解差异较大甚至南辕北辙，为数不多的适当性相关案例中，法院也未就因果关系问题作过多阐述。最高院提出的交易因果关系一定程度上缩短了因果关系的链条，在强化投资者保护的同时牺牲了因果关系的周延性，需要设定两种免责情形以避免出现显失公平的结果：一是违反适当性义务的行为并非导致损失的原因；二是损失在侵权行为发生时不可预见。

篇幅所限，笔者仅就违反适当性义务侵权责任的构成要件进行论述，未能对损害赔偿范围进行探讨，但损害赔偿范围问题的重要性不言而喻：构成要件决定了投资者请求赔偿的条件，而损害赔偿范围决定了投资者得到赔偿的数额。实际损失标准设定了损害赔偿的上限，但违反适当性义务的侵权责任并不必然导致全额赔偿损失，也可能部分赔偿损失，这就涉及确定赔偿数额的原则、考虑的因素和比例分配的具体方法等。

参考文献

[1]［德］克里斯蒂安·冯·巴尔．欧洲比较侵权行为法（下卷）［M］．焦美华译．北京：法律出版社，2011.

[2] 朱虎．过错侵权责任的发生基础［J］．法学家，2011（1）：71—85.

[3] 郑永宽．论责任范围限定中的侵权过失与因果关系［J］．法律科学（西北政法大学学报），2016（2）：104—107.

[4] 李中原．论侵权法上因果关系与过错的竞合及其解决路径［J］．法律科学（西北政法大学学报），2013（6）：93.

[5] 11－02 SEC Approves Consolidated FINRA Rules Governing Know－Your－Customer and Suitability Obligations［DB/OL］. FINRA 官网：2011.

[6] FINRA Rule 2111（Suitability）［DB/OL］. FINRA 官网：2014.

浅谈以适当性管理为契机提升客户服务水平

安信证券股份有限公司适当性专项工作小组*

引言

2016年12月，中国证监会发布《证券期货投资者适当性管理办法》（以下简称《办法》），标志着我国资本市场投资者权益保护制度建设与国际成熟资本市场接轨向前迈进了重要一步。《办法》以严格落实经营机构适当性管理义务为主线，围绕评估投资者风险承受能力和产品风险等级、充分揭示风险、提出匹配意见等核心内容，规范证券期货经营机构（以下简称“经营机构”）的适当性管理义务，保障投资者的合法权益。①

从制订背景和定位来看，《办法》虽在表现形式上是对经营机构义务的严格要求，但究其本质，更为核心的内容是通过制度规制建立起投资者和经营机构的双向互利体系。对投资者而言，《办法》通过对经营机构的要求和约束，加强了对处于相对弱势的资本市场投资者的合法权益保护；对经营机构而言，《办法》通过一系列规范性的指导和约束，促使经营机构完善自身业务开展行为，从加强投资者权益保护角度出发提升自身的客户服务水平，从而对业务发展起到良性的促进作用。因此，严格执行《办法》及其他相关监管规定对于适当性管理的要求，不仅仅是简单地执行“监管任务”，而是经营机构审视和改进自身不足，实现精准营销，形成特色服务优势，从而增强市场竞争力的有利契机。本文试图以与适当性管理相关的风险测评、风险揭示、适当性系统建设等几方面重点工作为切入点，就经营机构以适当性管理为契机提升客户服务水平，分享安信证券的实践和探索。

---

* 小组成员：韦洁，林文素，武璐丹，胡敏，莫慧，崔岩智。原载于《中国证券》2017年第9期。

① “《证券期货投资者适当性管理办法》起草说明”，中国证监会网站，2016年12月12日。

一、风险测评方面——建立多层次客户风险测评体系，帮助投资者正确、客观认识和评估自身风险承受能力

《办法》等相关监管规定要求，经营机构向投资者销售产品或者提供服务时，应当全面了解投资者的相关信息，经营机构应当建立投资者评估数据库并及时更新，根据投资者、产品或服务的信息变化情况，主动调整投资者分类、产品或服务分级以及适当性匹配意见，持续评估投资者风险承受能力。[①]

以上述监管要求为出发点，安信证券沿着以主观风险测评为基础、建立多层次客户风险测评体系的创新思路，着力推进并进行以下几个方面的实践和探索。此举对落实适当性管理工作、引导投资者树立理性投资观念、提升客户服务水平具有重要意义。

（一）优化客户主观测评问卷，深化客户自我风险承受能力认知

通过客户自主完成风险承受能力测评问卷的方式，经营机构能够对客户的财务状况、投资知识、投资经验、投资目标、风险偏好等相关信息进行初步了解，同时帮助客户加强对自身情况的了解。因此，作为了解客户主观意愿的重要途径，客户主观风险承受能力测评问卷的优化，能够更好地帮助客户加强自我风险承受能力认知，是建立多层次客户风险测评体系和落实适当性匹配的基本前提。据此，安信证券制订了基本思路并对客户主观测评问卷进行了统一优化，有效提高了客户风险测评的质量和效率。

首先，统一客户的风险承受能力测评标准，提升客户主观风险测评问卷结果的有效性和参考价值，对分散的客户风险承受能力测评问卷进行整合，汇总并优化形成统一清晰的客户风险承受能力测评标准，将对优化客户服务体验、提升了解客户的效率产生积极作用。其次，对客户风险承受能力测评问卷在作答题目数量和数据采集方面进行精简，对年龄、职业、学历等相关题目通过系统自动读取客户资料并采集答案的方式，计入综合评分，尽量减少客户实际作答题目，极大地节省开户时间，提高业务办理效率。

（二）结合客户生命周期特征，持续动态关注客户风险承受能力

基于客户不同生命周期交易行为的差异化特点，对客户风险承受能力进行持续动态评估，打造涵盖初始测评、客观测评、持续测评的全链条式客户风险承受能力测评体系，是建立多层次客户风险测评体系的重要内容。

1. 以主观风险测评问卷为主的初始测评

通过主观风险承受能力测评问卷得出的风险评估结果，较大程度反映的是客户主观风险承受能力认知、投资偏好和投资意愿。因此，我们认为，作为金融产品和服务的提供者，经

---

① 《证券期货投资者适当性管理办法》第十三条："经营机构应当告知投资者，其根据本办法第六条规定所提供的信息发生重要变化、可能影响分类的，应及时告知经营机构。经营机构应当建立投资者评估数据库并及时更新，充分使用已了解信息和已有评估结果，避免重复采集，提高评估效率。"第二十一条："经营机构应当根据投资者和产品或者服务的信息变化情况，主动调整投资者分类、产品或者服务分级以及适当性匹配意见，并告知投资者上述情况。"《证券经营机构投资者适当性管理实施指引（试行）》第十一条："证券经营机构应当及时将投资者信息录入投资者评估数据库，并根据更新的信息持续评估投资者风险承受能力。"

营机构在充分尊重客户主观意愿的基础上，也应该正确认识主观风险承受能力测评结果的局限性，合理评价并使用主观风险测评结果。

2. 以动态数据库模型为主的客观测评

（1）引入投资者动态评估数据模型，弥补主观测评的局限性。基于主观风险承受能力测评问卷评估结果的局限性，安信证券在客户主观风险承受能力自我认知的基础上引入投资者动态评估数据库进行客观测评，刻画多维立体的客户风险承受能力形象，帮助投资者加深和完善自我风险承受能力认知。

安信证券投资者评估动态数据库通过引入数据模型，根据客户的资产状况、历史购买记录、委托交易记录等相关指标，定期或不定期地通过数据模型对客户的综合行为数据进行动态计算，从而得出客户风险承受能力评估结果。与主观风险承受能力测评问卷的评估结果不同，投资者评估动态数据库在提取部分重要主观因子的同时，加入大量的客观因子，在一定程度上可排除纯人为意愿对评估结果的影响，是对客户风险承受能力的客观反映。

（2）关于客观测评结果应用的思考。尽管投资者评估动态数据库的客观评估在一定程度上可弥补主观风险承受能力测评的不足，但如何将客观测评结果有效、准确地应用到适当性管理工作中，仍有待进一步研究、探讨。

首先，根据客观测评结果主动调整客户风险承受能力的合理性有待探讨。《办法》提出了经营机构根据投资者、产品或服务的信息变化情况主动调整投资者分类、产品或服务分级以及适当性匹配意见的要求，但根据民法的基本原则，主观测评问卷是客户意思自治的体现，如经营机构在未经客户同意的情况下，贸然用客观测评结果替代其主观测评结果，很可能引发纠纷甚至投诉。基于上述原因，安信证券目前针对主客观测评结果不一致的情况，采取了对客户就客观测评结果进行风险揭示的方式，以缓释主客观风险测评偏差较大的适当性风险。

其次，客观测评结果的精准性有待实践检验。目前，安信证券的投资者动态评估数据库根据大量客观因子计算分析所得数据结果，确实具有一定的规律性、客观性和科学性，一定程度上反映和弥补了主观测评结果的问题与不足，但上述客观因子的全面性及权重赋值还有待实践检验。在数据库实施初期不宜采取使用客观测评结果直接替代客户主观测评结果的做法，而应综合考虑主客观测评结果，采取折中、合理的应用方法，充分发挥主观和客观测评结果的优势互补作用。

3. 以时间粒度为衡量标准的持续测评

随着客户生命周期的推进和发展，在不同的时间节点或期间，客户的风险承受能力会因其财务状况、风险偏好等因素的改变而发生变化，这种变化也将直接影响客户的交易行为。因此，在实践中对客户风险承受能力测评结果的有效期进行持续跟踪和关注，在测评结果临近到期前，提前通过系统或其他方式对客户进行通知提醒，引导并督促客户重新完成风险测评问卷，确保风险测评结果的真实性、准确性和时效性。

（三）融合业务交易场景，全方位埋点，加强客户风险测评和风险提示

从适当性管理的角度来看，经营机构是客户与风险之间的第一道屏障。在通常情况下，客户交易行为的发生必然伴随着风险存在的隐患。因此，为建立多层次的客户风险测评体系，在客户购买产品或者接受服务等业务场景进行全方位风险测评埋点，通过特定交易行为

在指定业务环节的触发，引导客户完成风险测评，或者对客户进行交易行为相关风险提示。通过将风险测评和风险提示融入业务场景，加强客户对拟购买产品、拟接受的服务的深入认知和风险感知，促进客户自我风险防范意识的逐步形成，从而引导投资者理性投资，落实投资者保护。

二、风险揭示方面——规范执行风险揭示“双录”流程，帮助投资者正确认识产品及服务的风险

《办法》在以往制度的基础上，着重加强了经营机构对投资者进行告知、警示等风险揭示的义务要求，其中最大亮点是明确提出了经营机构通过营业网点向普通投资者进行特定情形或风险的告知、警示应当全过程录音或者录像的要求（即“双录”）。[①]

我们认为，“双录”既是投资者的保护伞，也是经营机构的风控墙。与一般的消费市场不同，证券金融行业专业性强，各种产品风险特征千差万别，投资者在资质水平、风险承受能力上也各不相同。我国证券市场又处于“新兴加转轨”阶段，市场体制不完善，投资者结构以散户为主，在业务流程不规范、信息不对称的情况下极易引发纠纷，经营机构和投资者的合法权益都难以得到保障。《办法》对销售产品、提供服务过程提出风险揭示并录音或录像留痕的硬性要求，有助于实现“卖者有责，买者自负”的诚信交易。“双录”这一举措，不仅帮助投资者正确认识产品及服务的风险，是投资者合法权益的保护伞，同样也是经营机构强化自律，完善风控，提升管理和服务质量的必要手段，是行业长期良性发展的保障。

为落实《办法》关于“双录”的要求，安信证券结合 2016 年深圳证监局在行业内先行先试的“双录”工作要求及实践经验，在充分评估“双录”工作难点、充分考虑公司现有的后台审核业务管理体系及信息系统建设情况的基础上，创立了一套具有安信证券特色的“双录”执行工作体系。

（一）“双录”工作面临的难点

1. 客户体验要求高

随着互联网技术的推广及信息系统功能的进步，投资者对经营机构业务办理效率及系统操作的便捷性要求越来越高，经营机构要确保能够在符合监管要求的前提下尽量减少“双录”流程对业务办理效率、客户体验度的影响。

2. 员工队伍培训难

近年来，经营机构网点加速扩张，业务范围日益丰富，经营机构需确保一线员工熟知监管要求，了解业务风险，熟悉操作流程，需要持续加大员工培训力度，投入大量培训资源，尽量避免因利益冲突、操作风险导致违法违规事件的发生。

3. 业务质量把控难

---

① 《证券期货投资者适当性管理办法》第二十五条：“经营机构通过营业网点向普通投资者进行本办法第十二条、第二十条、第二十一条和第二十三条规定的告知、警示，应当全过程录音或者录像；通过互联网等非现场方式进行的，经营机构应当完善配套留痕安排，由普通投资者通过符合法律、行政法规要求的电子方式进行确认。”

金融产品与服务风险揭示内容具有较强的针对性，且每项产品与服务的风险揭示侧重点均有不同，每家经营机构设定的需“双录”业务场景多达十几甚至二十几种。在此情形下，经营机构应通过提高业务系统的智能化程度，增强员工队伍的职业素养，强化业务质量的监督管理等全方位手段，提高业务质量。

4. 运行效率保障难

随着业务的持续延伸，“双录”影音文件容量大，存储质量要求高，加上经营机构网点分布广，经营机构需在录音录像文件存储、传输备份、查询调阅等方面加强管理，加大运维成本，确保业务稳定运行。

（二）安信证券“双录”工作的实践及特点

基于上述分析，为支持“双录”工作的顺利开展，安信证券搭建了公司级的“视频能力平台”，基于不同的业务场景，支持“总部集中远程见证”“营业网点自行录制”等多种“双录”模式，业务规范与业务效率兼具。上述“双录”模式具有以下特点：

1. 总分协同

在业务办理过程中，营业网点一线人员负责指导客户，识别客户身份，解释业务规程；总部负责对客户身份进行再次识别，对录制完成的视频逐笔复核，同时负责信息系统运维、参数维护及权限配置。通过总分协同，确保业务规范、高效运行。

2. 集中管理

为了确保“双录”工作的规范性，由公司总部制订各项金融产品与服务的风险揭示话术，统一维护至业务系统，供分支机构员工参考，并通过规则设计、系统控制，实现标准化地对客户进行风险揭示。

3. 规范留痕

在“双录”过程中，业务系统自动进行录音录像，录制过程、资料保管由业务系统自动执行，统一留痕，既可提高业务效率，也能减少营业网点操作的难度，有效控制了操作风险。

4. 风险隔离

在“双录”过程中，除营业网点一线人员外，关键的业务环节须由总部参与，实现事中风险控制。公司总部设置专人专岗负责“双录”工作，绩效考核及薪酬与分支机构无关，与业务不存在利益冲突，一定程度上可避免因人为干扰导致风险揭示不全面、不客观的情况。

三、系统建设方面——提升自身“硬实力”，为落实适当性管理要求提供有力保障

近年来，在经营机构业务流程日益标准化、规范化、自动化的趋势下，各项业务的开展基本都要依靠特定的信息系统来进行，特别是在行业竞争愈发激烈的形势下，经营机构能否在竞争中脱颖而出、形成特色的业务吸引力和服务优势，很大一部分依赖于经营机构自身信息系统“硬实力”的先进和完备程度。

投资者适当性管理工作并非孤立的一项业务，而是贯穿在经营机构各项业务办理环节之

中，是经营机构业务流程不可分割的重要部分。因此，贯彻执行《办法》等监管制度的适当性管理要求，其中最为重要也是最为复杂的一项工作就是根据适当性管理的需求对各项业务涉及的信息系统进行改造、升级，作为各项业务开展的基础支持，信息系统建设的优劣将直接决定一个经营机构适当性管理工作乃至客户服务工作的质量和效率。为迎接《办法》的实施，严格落实各项适当性管理要求，安信证券就信息系统改造项目进行了多次研究、论证，充分分析了系统改造要求，最终确定了具有安信证券特色的系统改造方案，并顺利完成了系统改造工作，成功发挥了为公司适当性管理工作保驾护航的作用。

（一）适当性系统改造的设计思路

适当性管理的核心思想是将适当的产品或服务销售或提供给适合的投资者，安信证券经评估认为，为支持适当性匹配的要求，系统整体改造需要实现以下几点：全面搜集客户、产品、服务的适当性相关资料；完善客户的风险承受能力、产品或服务的风险等级的评估模型，并进行持续评估；建立客户与产品或服务之间的适当性匹配规则，并在业务办理环节贯穿适当性匹配规则；建立业务的后续处理流程，实现业务的闭环管理；完整记录业务办理过程中适当性评估的相关过程。

在现有业务规模下，适当性改造涉及前端渠道、中后台业务管理系统等三十多个系统，工作量非常庞大。为减少改造工作量，同时避免系统改造对核心业务系统的安全运行带来冲击，基于以下三项原则制订并执行了系统的整体架构的设计方案：第一，系统实现方案保持整体性；第二，根据技术特点合理划分子系统，避免对高频类业务系统产生冲击；第三，保持系统架构的稳定性和基础功能的通用性。

（二）适当性系统改造的设计亮点

适当性系统改造项目是安信证券近年来的信息系统建设项目中最为复杂的项目之一。一方面，系统的改造面广，各个系统之间存在依赖关系，系统之间接口较多、形式多样；另一方面，由于相关监管规定对适当性管理的要求存在较大解释空间，且配套的实施细则出台较晚，系统建设期间业务需求变化较大，给系统的建设过程进一步增加了难度。尽管存在上述困难，安信证券仍然较成功地完成了适当性系统改造任务，并从中积累了宝贵的建设经验。安信证券的系统改造工作主要有以下几个亮点：

1. 建立“视频能力平台”统一支持管理“双录”业务，实现方案走在行业的前列

“视频能力平台”采用营业网点受理、总部集中办理审核的业务模式开展“双录”工作，一方面确保了业务流程的风险可控，另一方面通过集约化的业务办理实现了人力资源利用的最大化。在技术方案方面，通过引入语音合成等技术确保播报内容的准确无误，通过总部集中存储影像资料的方式确保了资料存储的安全性。

2. 对系统架构进行局部优化，一定程度上实现了核心业务、个性化业务的解耦

从系统角度来看，公司的某一项业务往往会被拆分成几个阶段，按照以往的设计方案，实现某些特定业务环节（如新开户回访、私募冷静期回访、风险测评过期客户提醒等）需要在核心业务系统上对原有业务的流程进行改造，或者增加新的业务模块，成本和时间投入较大。为解决上述问题，安信证券针对本次项目建设了“任务中心”子系统，将上述特定业务环节归为“后续待办业务”进行统一管理，从而不用改造核心业务系统就可实现上述

环节。此外，还借助数据中心实现了核心系统、“任务中心”子系统之间的实时联动，实现了业务流程的一体化。

3. 建立网上营业厅，为多个渠道提供统一的办理入口

由于目前现有的PC端和手机端等业务办理渠道较多，当需要在一个渠道增加功能或改造功能时，其他的渠道都需要同时进行相应改造，不仅成本巨大，而且时效难以保障。因此，在本次适当性改造中，安信证券针对PC端和手机端渠道分别建立了网上营业厅作为业务统一办理入口，统一实现回访、风险测评等功能，其他渠道通过跳转的方式转移到网上营业厅办理相关业务，不仅为渠道瘦身，也有利于实现操作流程的个性化。在安全控制方面，安信证券在用户中心系统的基础上开发了一次性票据申请、校验功能，保障了系统之间的安全跳转。

4. 投资者评估数据库与客户关系管理系统打通，将适当性管理融入客户服务管理过程

投资者评估数据库以客户客观数据为基础，通过数据模型动态对客户进行适当性评估，形成了包括诚信水平、风险收益偏好、投资能力、财富水平、生命周期信息等要素的客户适当性信息全景视图，并将客户适当性信息全景视图、客户动态测评得出的客观测评结果与客户关系管理（Customer Relationship Management，以下简称CRM）系统融合，将客户适当性信息作为客户全景视图的一个重要组成，以CRM系统为抓手将客户适当性管理和客户服务紧密结合，以此把客户适当性管理工作推行到一线的营销和客户服务工作中。

截至目前，安信证券已根据制订的设计思路和方案顺利完成了第一期适当性系统改造工程，并根据中国证券业协会发布的《证券经营机构投资者适当性管理实施指引（试行）》等相关实施细则，继续推进第二期的改造项目，力求在贯彻执行适当性管理要求的同时进一步优化客户体验，同步提升客户服务工作的“硬实力”。

四、小结

综上所述，《办法》等一系列监管制度对证券期货经营机构提出的适当性管理要求，既为投资者合法权益撑起了保护伞，也为经营机构建起一道安全风控壁垒，为经营机构提供了提升客户服务水平的切入点。当然，任何事物都有其两面性，适当性管理的监管要求在强化业务风险管理的同时，一定程度上会对客户心理接受程度、业务办理效率、客户体验产生或多或少的影响。但是，换个角度来看，投资者购买金融产品或接受服务的前提是对金融机构的信任，经营机构应以此为契机，深入思考如何通过科技创新的应用，推动制度建设及工作模式的变革，拉近与投资者心理距离，破除投资者对金融市场的心理藩篱，培养投资者理性投资理念，促进金融市场健康发展。

投资者保护是促进金融行业健康有序发展的重中之重，严格执行投资者适当性管理工作之“术”，规范经营机构的经营行为，提高投资者的风险管理能力，逐步形成投资者保护工作之“道”，使经营机构与投资者从中共同受益、共同进步，任重而道远，唯有继续前行。

对公开市场场内交易品种适当性落实的探讨

吴紫艳[*]

2016 年 12 月 12 日，中国证监会公布《证券期货投资者适当性管理办法》（证监会令［第 130 号］）（以下简称《办法》），自 2017 年 7 月 1 日起正式施行。作为国内第一部统一的适当性法规，《办法》对资本市场影响深远。自 2017 年以来，各家证券公司、期货公司、基金公司以及证券投资咨询公司，纷纷按照《办法》的要求组织落实工作。对于如何落实《办法》的一些具体要求，尤其是对于公开市场场内交易品种的适当性落实问题，在全行业内引发了热烈的讨论，一些互联网媒体以"7 月 1 日以后，你或许不能炒股了"为题的文章，在投资者中也引发轩然大波。笔者结合境外经验、我国规定和实际工作经历，对该问题进行思索和探讨。

一、国际成熟市场的相关规定和做法

随着金融市场新型产品的不断出现和相关风险的集聚，以及金融监管的不断完善和强化，加强对投资者的保护已经成为各国监管的共识。作为投资者保护的重要内容和手段，投资者适当性管理得到各国的高度重视，相关的理论和实践不断发展，各国（地区）也都做出不同层面的立法规范。

（一）美国

2007 年美国成立的金融业监管局（FINRA）成为美国证券行业自律监管机构，其对美国证券交易商协会（NASD）和纽约证券交易所（NYSE）此前的大量自律规则进行整合，形成了以 FINRA Rule 2111 和 Rule 2090 为核心的适当性规则。在 FINRA Rule 2111 和 Regulatory Notice 11—25 中均明确适当性仅适用于经纪商或者注册机构的"推荐"行为。① 上述

---

* 作者单位：中信证券股份有限公司合规部。原载于《中国证券》2017 年第 9 期。

① Regulatory Notice 12—55 Endnote 9.

自律规则同时对如何认定推荐行为做出了解释并进行列举。

由此可见，在美国适当性适用的基础在于“推荐”，从法学理论上来讲，在此情况下，客户对经纪商或者注册机构的“推荐”行为有所依赖，经纪商或者注册机构对客户承担了“信赖”义务。因此，美国学界认为，当证券经纪自营商仅仅被动地充当客户订单的接收者和执行者，而没有推荐行为时，由于客户与证券经纪自营商之间没有信赖关系，因此证券经纪自营商不承担适当性义务，是为适当性制度的豁免。[①]

（二）欧盟

2007 年 11 月 1 日，欧盟《金融工具市场指令》（MiFID）生效。MiFID 是欧盟推动建立单一、有效的金融市场的重要法案，规范了所有从事证券投资的公司（包括证券公司、基金管理公司等）的设立条件、业务规则、信息披露要求、市场交易规则以及监管部门的职责等内容。[②] 2011 年，欧盟启动了 MiFID 的修订工作，2014 年，欧盟修订发布了 MiFID Ⅱ和 MiFIR（《金融工具市场法规》），进一步加强了对投资者尤其是零售投资者的保护力度。在其投资者保护部分，MiFID Ⅱ 专门增加了“适当性和适合性评估以及客户报告”的章节，详细描述适当性评估的要求，包括投资公司向投资者提供投资建议或者提供组合资产管理服务时，应当了解客户或者潜在客户在特定类型产品中的投资经验、财务状况尤其是承担损失的能力、风险容忍度等投资目标，以确保投资公司能够向客户或者潜在客户推荐合适的金融产品和服务；在向客户销售产品或者提供服务前，需要向客户提供适当性评估报告，如产品或者服务对于客户不适当则需要进行相应的警示等等内容。

在“适当性和适合性评估以及客户报告”章节第 4 条中同时规定，在满足特定条件下，仅执行客户指令豁免进行适当性评估。[③]

相关规定是这样表述的，如果投资公司提供的投资服务仅是客户指令的执行和/或接收和传送（无论是否提供辅助服务，不包括授信和贷款），则在符合下列所有条件的情况下，无须获得客户的相关信息，亦无须判断产品或服务是否适当[④]：

1. 该服务与下列任一金融产品相关：

（1）在受监管的市场或者第三国同等市场交易的公司股票，但不包含非可转让证券集合投资计划份额以及嵌入衍生工具的股票；

（2）在受监管的市场或者第三国同等市场交易的债券或者其他形式的证券化债务，但不包含嵌入衍生工具和附加复杂结构导致客户无法理解其风险的债务；

（3）货币市场工具，但不包含嵌入衍生工具和附加复杂结构导致客户无法理解其风险的货币市场工具；

（4）可转让证券集合投资计划，但不包含结构化可转让证券集合投资计划；

---

① 张付标：《证券投资者适当性制度研究》，上海三联书店 2015 年版，第 60 页。

② 中国证监会组织编译：《欧盟金融工具市场指令》（中英文对照本），法律出版社 2010 年 4 月第 1 版，译者说明。

③ 《DIRECTIVE 2014/65/EU OF THE EUROPEAN PARLIAMENT AND OF THE COUNCIL of 15 May 2014 on markets in financial instruments and amending Directive 2002/92/EC and Directive 2011/61/EU》，Article 25 Assessment of suitability and appropriateness and reporting to clients，4.

④ 对于该条款的翻译，参考中国证监会组织编译：《欧盟金融工具市场指令》（中英文对照本）（法律出版社 2010 年版），第 62—63 页。

（5）结构性存款产品，但不包含导致客户难以理解回报风险或者提前退出成本等结构的产品；

（6）其他非复杂的金融产品。

如果第三国市场遵守相关要求，则可以将其视为受监管的市场。

2. 该服务是应客户或者潜在客户的要求提供的。

3. 投资公司已清楚明确地通知客户或者潜在客户，提供该项服务时投资公司无须评估所提供产品或者服务的适当性，因此，客户或者潜在客户不享受相关的业务行为规则提供的相应保护。上述警示条款可以标准格式文本做出。

4. 投资公司遵守第 23 条关于利益冲突规定的义务。

从上述规定可以看出，对于执行受监管市场标准化股票、债券等交易品种的交易指令时，欧盟不要求投资公司适用适当性的相关要求，仅要求向客户特别提示不会进行适当性评估及相关后果。当然结构复杂、投资者难以理解的结构化产品除外。

（三）中国香港

根据香港证监会公布的《证券及期货事务监察委员会持牌人或注册人操守准则》（简称《操作准则》）及《有关持牌人或注册人遵守为客户提供合理适当性建议的责任的常见问题》等通函，香港证监会建立起客户适当性管理的基本要求，即：持牌人或注册人在做出建议或招揽行为时，应确保其向该客户做出的建议或招揽行为，在所有情况下都是合理的，在此要求下，持牌人或注册人的义务包括认识客户、了解向客户推介的投资产品、将每名客户的个人情况和向其推介的每项投资产品的风险回报情况进行配对从而提供合理适当的建议、向客户提供所有重要的相关资料等。①

其中关于执行交易指令，《操作准则》首先要求持牌人或注册人应采取一切合理步骤，尽快地依照客户的指示执行客户的交易指示，持牌人或注册人在代表客户或与客户进行交易时，应基于其所能取得的最佳条件，替客户执行交易指示。

同时《操作准则》在“有关客户资料，5.1A 认识客户：投资者分类”部分，对于投资者没有衍生品交易经验但有意认购衍生品，分情况做出了不同规定：

对于在交易所买卖衍生产品，且持牌人或注册人没有进行招揽和推荐的，应向客户解释产品的风险；对于并非在交易所买卖衍生品，且持牌人或注册人没有进行招揽和推荐，须向客户提出警告，并在考察客户有关资料的情况下，就有关交易对客户是否在任何情况下都合适，向客户提供适当的意见。如评估结果显示有关交易并不适合该客户，持牌人或注册人只可在执行有关交易是依照守则一般原则中维护客户最佳利益的行事方式的前提下，着手执行有关交易。

基于这些规定的要求来看，香港对于场内交易品种的适当性落实仅要求提示相关风险，而不要求持牌人或注册人落实适当性评估的各项义务。

从以上对美国、欧盟、中国香港等境外的相关规定和要求分析来看，在境外成熟市场中，投资者适当性仅适用于“向客户推荐交易和投资策略时”“提供投资建议和资产组合管

① 香港证券及期货监察事务委员会：《证券及期货事务监察委员会持牌人或注册人操守准则》，2017 年 6 月。

理服务时”[①]“向客户做出建议或招揽时”。证券经营机构单纯提供执行交易指令服务的，无须适用适当性的相关要求，如“了解你的客户”“进行适当性评估”等，证券经营机构的义务和责任是充分揭示相关业务的风险，并忠于客户，有效地执行客户的交易指令。

二、我国投资者适当性制度发展过程中对场内交易品种的适当性管理

（一）我国适当性制度演变中的相关规定

我国资本市场的适当性制度，是从各个独立的业务领域，如创业板、融资融券等发展起来的。这些领域的产品因为波动性高、带杠杆等特点具有较高的风险，监管机构认为需要具有一定投资经验和风险承受能力的投资者才能参与。

2012 年 12 月 30 日，中国证券业协会发布《证券公司投资者适当性制度指引》（以下简称旧《指引》），首次在证券业范围内建立相对统一的适当性管理自律规范。该指引的第二条明确了证券公司投资者适当性的适用范围，即“证券公司向客户销售金融产品，或者以客户为买入金融产品为目的提供投资顾问、融资融券、资产管理、柜台交易等金融服务”，同时，明确“证券公司仅执行客户买卖公开市场交易的股票、基金、债券等交易指令的”不适用适当性。即在证券公司具有“销售”相关的行为时才适用适当性。

至此，我国证券行业建立起相对完善的适当性管理体系，即一方面确定了适用于“销售”相关行为的适当性管理标准和规则，另一方面对于公开市场场内产品，通过对高风险产品，如分级基金、创业板股票等通过准入方式，避免不适当的客户参与到相关市场中来。而对于单纯执行公开市场场内股票、债券、基金等交易指令的行为，则不适用适当性。这与国际成熟市场的做法基本吻合。

但因为旧《指引》效力层级较低，同时缺乏证券、期货、基金等统一的适当性标准，上述适当性管理在实际执行中面临诸多问题。

2017 年 7 月 1 日施行的《办法》解决了行业统一标准的问题。同样，《办法》对适当性的适用范围进行了明确界定——向投资者销售公开或者非公开发行的证券、公开或者非公开募集的证券投资基金和股权投资基金、公开或者非公开转让的期货及其他衍生产品，或者为投资者提供相关业务服务的。其规定适用范围虽然已经远远超过了旧《指引》的内容，但同样是紧紧围绕“销售”行为来进行界定的。

但是由于“为投资者提供相关业务服务”的表述过于概括和抽象，行业对于“证券公司仅执行客户买卖公开市场交易的股票、基金、债券等交易指令”是否应该继续豁免执行适当性产生了巨大的分歧。主流意见分成两派：一种观点认为，基于《办法》的表述以及中国证券业协会于 2017 年 6 月 28 日发布的《证券经营机构投资者适当性管理实施指引（试行）》（以下简称新《指引》）计划取消相关豁免的表述，场内品种的交易应当严格落实适当性，即场内品种交易的每笔交易指令均需要进行适当性匹配，确认是否适合投资者。另一种观点认为，券商仅是被动执行投资者的交易指令，券商对客户没有“推荐”和“销售”行为，《办法》中关于“相关业务服务”仍然是以“销售”为前提的。场内品种的交易是

---

① 张付标：《证券投资者适当性制度研究》，上海三联书店 2015 年版，第 208 页。

由客户自主决策的，券商仅是投资者交易的通道，因此，仅执行场内交易指令不需要适用适当性匹配。

中国证券业协会在发布新《指引》的通知中明确“证券公司仅执行客户买卖公开市场交易的股票、基金、债券等交易指令的，不再重复进行适当性管理”。对此，行业的普遍理解是在客户开通证券账户和开通相关交易权限时进行适当性管理，对于场内交易执行不再进行适当性匹配。

（二）投资者适当性适用的理论基础

通过前文对美国、欧盟、中国香港适当性适用范围的分析，我们可发现，适当性适用的基础在于证券经营商的“推荐”“建议”或者“销售”行为。我国的《办法》也是围绕“销售”来界定适当性的适用范围的。在上述行为中，投资者对证券经营机构建立了信赖关系。证券经营机构作为专业经营机构，相对于普通投资者来说，具有更大的资本实力、更专业的金融知识，普通投资者往往依赖证券经营机构的推荐等行为做出投资决策。所以在此种情况下，为了保护处于弱势一方的投资者，需要强化证券经营机构的义务，要求其审慎评估投资者与其“推荐”或“销售”的产品或服务之间的适合程度，使投资者能够获得适合自身的产品或者服务。

而在经纪业务中，投资者与证券经营机构之间的关系是代理关系，证券公司仅执行客户买卖公开市场交易的股票、基金、债券等证券产品的交易指令，提供“通道服务”，券商对代理事宜承担注意义务和忠实义务，投资者对证券公司没有专业信赖，因此没有适用投资者适当性的环境。①

（三）《办法》和新《指引》下对于场内交易品种适当性管理的实践分析

按照《办法》和新《指引》，证券经营机构投资者适当性义务的主要工作内容包括：一是了解投资者，搜集投资者的基本信息、财务状况、风险偏好等，并对投资者进行分类和分级；二是了解产品和服务，并确定产品和服务的风险等级；三是对投资者和产品或服务的风险等级进行匹配，将合适的产品或服务提供给合适的投资者；四是对投资者进行风险告知和信息披露，并对上述过程进行线下录音或录像，线上电子方式确认；五是对客户进行后续跟踪管理和回访等。

1. 开立证券账户，提供经纪服务

根据我国目前的账户体系，在证券公司开立资金账户并开立证券账户，办理好三方存管后，投资者通过证券账户可以进行沪、深证券交易所上市的主板股票交易，可以进行“公众投资者允许投资的债券”范围内的债券交易，可以进行场内基金的交易、认购/申购和赎回。

因证券账户内可交易品种的丰富性，对于开立证券账户、提供经纪服务，落实适当性管理的难点一是如何对产品和服务的评级，二是如何进行匹配。

对于开立证券账户、提供经纪服务，是对于该经纪服务定级还是对于投资者可以交易

① 张付标：《证券投资者适当性制度研究》，上海三联书店 2015 年版，第 118 页。

的品种定级，行业普遍倾向于根据可交易的品种主要是股票进行定级。2017 年 5 月 17 日，中国证券业协会《证券经营机构投资者适当性管理实施指引（征求意见稿）》中，将 A 股和 B 股的风险等级统一确定为中风险等级。后来正式发布的新《指引》中将相关产品级别均删除，只列出不同风险等级对应的风险属性，由证券经营机构自行确定各产品或服务的风险等级。但受上述“征求意见稿”思路影响，证券公司普遍将股票的风险等级定为中风险（R3），并以此为基础进行开立证券账户的适当性匹配，即以客户风险等级是否中风险等级来判定客户开立证券账户是否匹配，如为最低风险等级，不能开立证券账户；低于中风险等级，则属于不匹配，需要进行风险警示且客户坚持要开立证券账户，方能继续开立证券账户；如高于中风险等级，则属于匹配，可以直接开立证券账户。

实际上，这样的评级方法并不科学。首先，沪、深证券交易所的股票千差万别，统一确定为中风险等级并不能完全反映这些股票的真实风险等级。其次，交易所债券目前是分类别评级，如国债为低风险等级（R1），AA + 级别及以上信用债、对应级别资产支持证券为中低风险等级（R2），场内基金则是逐一评级。即同属于场内交易品种，股票仅有一个级别（中风险，R3），交易所债券、场内基金则是由低至高（R1 至 R5）5 个级别都有，投资者容易产生一些疑惑。

同时，以股票的中风险等级进行匹配，但客户仍然可以交易中高、高风险等级的基金，且未进行匹配。根据笔者调研，目前各家证券公司主要使用采购的第三方基金评价机构的基金评级结果。部分机构的基金评级中，仅有分级基金的评级在中风险以上，其他基金的评级均在中风险以下。因分级基金需要单独开通权限，在此情况下，前述的匹配方法是基本过关的。但也有的基金评价结果中，除了分级基金，还有大量其他基金的评级为中高或高，仅以股票的中风险等级为基本等级进行匹配的做法也不尽周全。

2. 需要单独开通权限的各项业务

目前，对于创业板、分级基金、融资融券等场内交易品种需要单独申请开立权限，并且各项业务均设定了一定的适当性条件，这些条件往往被称为“准入条件”。适当性和准入条件是平行的关系，因此业内普遍理解为需要双重符合要求，即先进行适当性匹配，再进行准入条件的审核，两者均完成之后才能为客户开立权限。在这一类适当性落实中，是对开通某一品种统一确定一个分级，如创业板为中风险（R3），融资融券为中高风险（R4），同时根据这个等级进行适当性匹配。

3. 场内基金

开通证券账户后，投资者可以通过证券账户进行场内基金的交易、认购、申购和赎回。根据中国证券投资基金业协会《基金募集机构投资者适当性管理实施指引（试行）》的通知，开放式基金场内份额的交易投资者适当性义务参照中国证券业协会有关适当性自律规则执行。因此目前证券公司的主要做法是对于交易不再进行适当性的相关工作，对于认购和申购进行风险警示告知和适当性匹配。笔者认为，这种方式也有可商榷之处。对于场内开放式基金，证券公司不是代销方，仅提供交易通道，执行交易指令；买卖和认购、申购均应当看作是执行投资者的交易指令，而不应该区别对待。而对于场外基金，证券公司作为代销机构，具有“销售”行为，对于投资者的认购、申购，需要履行适当性义务，进行风险告知并进行适当性匹配。

4. 匹配的要素

虽然 2017 年 6 月 28 日中国证券业协会正式发布的新《指引》，对于适当性匹配仅要求了风险等级的匹配，但多家证券公司仍然参考此前“征求意见稿”的规定采用风险等级、投资期限、投资品种以及投资收益等多要素的匹配，有选择三要素匹配的，也有选择四要素匹配的。对于开立证券账户提供经纪服务，因为尚无法判断客户的具体交易品种，如何进行投资期限、投资品种和投资收益等要素的匹配是困扰大家的难题，所以大部分证券公司在此环节仅进行风险等级一项要素的匹配。

三、对完善公开市场场内交易品种适当性管理的建议

（一）对于证券账户开户环节

在为投资者开立证券账户的过程中，证券公司会对客户进行充分的了解，包括搜集客户的基本信息、对客户进行分类和分级。对于为投资者开立证券账户、提供经纪服务，笔者认为可以采用以下两种模式来完善投资者适当性管理方式：

第一，将开立证券账户、提供经纪服务作为一项服务，确定一个风险等级，而不是根据其可以交易的主要产品即股票确定风险等级。证券公司基于该风险等级来判断客户开立证券账户是否适当。

第二，不对开立证券账户、提供经纪服务进行定级，而是对投资者进行风险警示和告知，充分说明开立证券账户后，客户可以从事哪些产品的交易，相关的风险是什么，并由客户自行判断是否开通证券账户。虽然风险等级匹配是投资和适当性工作的核心内容，但投资者适当性工作绝不仅仅是一个简单风险等级的匹配。对投资者充分的风险揭示、投资者教育，也是投资者适当性落实中的重要内容和具体方式。

（二）不对场内交易品种设定特定的风险等级

根据前文的讨论，对于场内交易品种，证券公司仅执行交易指令，无须履行相应适当性义务。因此，不建议对场内交易品种设定风险等级，以避免逻辑混乱以及投资者误解。

综合上述两点，笔者认为，对于场内交易品种的适当性管理，比较合理的做法是综合欧盟和香港的做法，具体如下：

第一，对于带有嵌入衍生工具或杠杆等复杂的产品品种，通过设定准入条件，仅允许具有一定风险承受能力、投资知识和投资经验的投资者参与。具体到国内的情况看，针对现有的各项业务权限的开通条件，在资产规模、投资经验要求的基础上，增加普通投资者风险等级作为准入条件，且不能越级进行准入。即将现有的适当性匹配等适当性工作与客户准入工作两个环节结合起来，一并进行判断。对于准入以后的交易执行，不再进行适当性管理。

第二，对于开立证券账户、提供经纪服务的，不对该服务以及场内交易品种确定风险等级，不需要进行风险承受能力的匹配，适当性的核心工作是充分告知客户相关的风险。证券公司对完成上述工作开通交易权限后的交易执行，不再进行适当性管理。

上述两点主要涉及具体操作环节，对于监管规则方面，建议可进行如下完善：在《办法》第二条关于适当性适用范围的规定中，增加如下：“对于为投资者开立证券账户并提供经纪服务的，应当向投资者充分揭示证券市场交易品种的风险。对于权限开通后，证券公司

仅执行客户买卖公开市场交易的股票、基金、债券等交易指令的，无须判断相关交易是否适合投资者。”

参考文献

[1] 张付标. 证券投资者适当性制度研究 [M]. 上海三联书店，2015.

[2] 中国证监会组织编译. 欧盟金融工具市场指令 [M]. 法律出版社，2010.

[3] 美国. FINRA Rule 2 111，Regulatory Notice 11—25.

[4] 欧盟. DIRECTIVE 2014/65/EU OF THE EUROPEAN PARLIAMENT AND OF THE COUNCIL of 15 May 2014 on markets in financial instruments and amending Directive 2002/92/EC and Directive 2011/61/EU.

[5] 香港证券及期货监察事务委员会. 证券及期货事务监察委员会持牌人或注册人操守准则.

基于适当性管理的用户画像助力智慧营销研究

刘艳丽　刘心义　林黎钦*

随着中国证监会公布的《证券期货投资者适当性管理办法》（以下简称《办法》）、中国证券投资基金业协会发布的《基金募集机构投资者适当性管理实施指引（试行）》、中国证券业协会发布的《证券经营机构投资者适当性管理实施指引（试行）》等文件的出台，各家券商均投入重兵进行技术系统改造，包括电子签名系统的建设、客户分类、产品分类、适当性匹配方面的柜台系统改造、交易终端改造，部分券商积极开展基于适当性管理的精准营销服务探索与实践。

适当性不是一个孤立业务，涉及证券行业众多业务过程，本文聚焦新形势下面向投资者的营销服务，从投资者适当性的大视角出发，综合精准营销新理念、智慧金融新技术，统筹考虑系统建设，力争实现适当性、营销、品牌建设融合共赢的溢出效应。

对智慧营销工作，规划通过建设投资者适当性数据分析平台、构建投资者用户画像与应用模型、适当性数据分析在智慧营销中的应用“三部曲”，以期对精准营销服务工作在更高水平上更深入地推进提供支持。

一、建设投资者适当性数据分析平台

（一）系统内容

根据《办法》规定，经营机构应当建立投资者评估数据库并及时更新，充分使用已了解的信息和已有评估结果，避免重复采集，提高评估效率。

此投资者评估数据库是基础设施，用于储存投资者填写信息表及历次变动的内容、普通投资者过往风险测评结果、投资者风险承受能力及对应风险等级及变动情况、投资者历次申请转化为专业投资者或普通投资者情况及审核结果、基金募集机构风险评估标准及程序等

* 作者单位：刘艳丽，刘心义，中泰证券股份有限公司经纪业务部；林黎钦，顶点软件股份有限公司。原载于《中国证券》2017 年第 9 期。

信息。

以投资者适当性数据库为基础，通过整合数据（CRM、产品中心、其他适当性），数据共享，跨系统数据应用和数据质量检查，支持投资者认定及细分、业务准入条件判断、产品风险分级、适当性营销控制、动态管理、警示告知等一系列适当性业务，形成投资者适当性数据分析平台（见图1）。

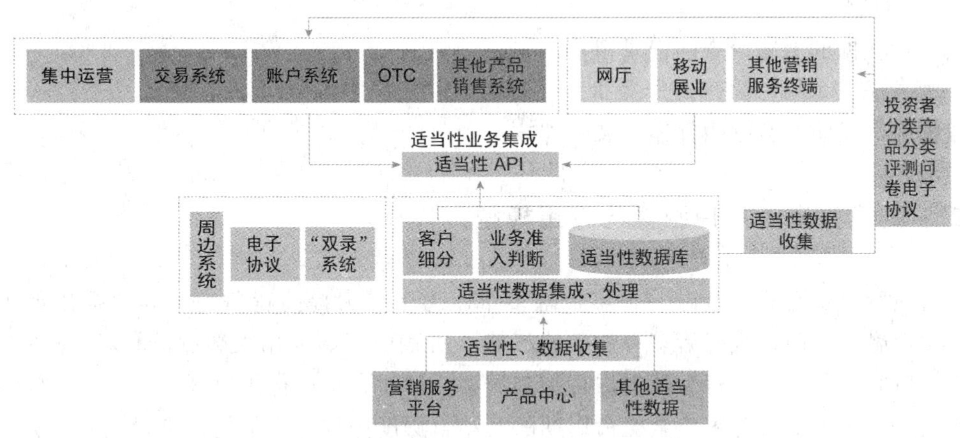

图1 投资者适当性数据分析平台

（二）系统作用

投资者适当性数据分析平台，支持复杂的数据指标搜集、计算及适当性规则的落地，并且随着业务发展的需要不断地调整。系统通过规则引擎、事件引擎、流程引擎进行动态的、全过程适当性分析控制，并与其他系统间通过企业服务总线（Enterprise Service Bus，ESB）进行衔接（见图2）。

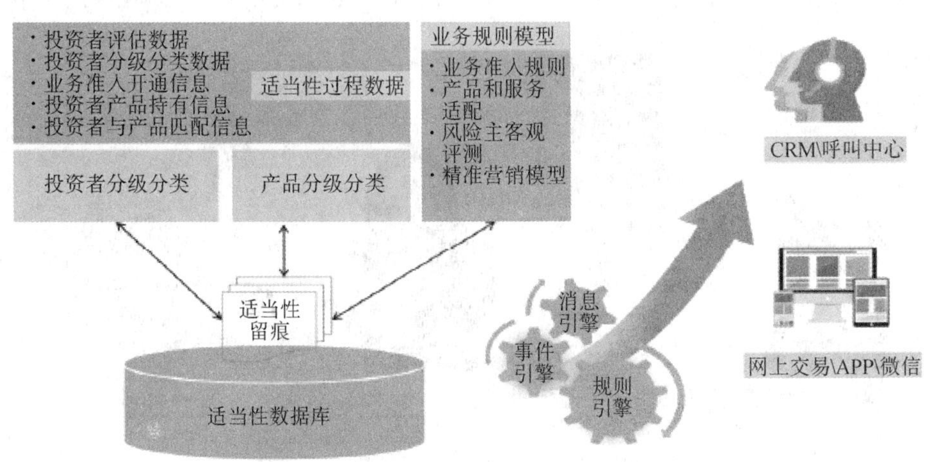

图2 系统作用

投资者适当性数据分析平台，一方面给投资者适当性提供独立的优化、识别、调整空间；另一方面可以在适当性基础上推进适当营销及服务。具体作用如下：

1. 及时有效性

投资者可以及时有效地查询自身的风险等级及相关信息，各关联系统可以有效及时提交投资者的信息变动情况。

2. 动态管理

通过数据库实现对投资者风险的动态管理、类型转化、更新匹配关系等功能。

3. 完善留痕

投资者数据的增删改查的记录留痕。

4. 数据安全

数据库可以防范数据内部盗取和外部攻击。

二、构建投资者用户画像与应用模型

在行业竞争、互联网金融、普惠金融多重压力下，为提高竞争力，券商提出如千人千面、一眼金融、一眼科技等诸多有意义的战略。实践中开始采用大数据分析/数据挖掘等先进技术，对客户的交易、行为数据进行深刻洞察，针对客户进行用户画像、精准营销、运营优化和流失预警，加强与客户全生命周期的互动，深度挖掘客户价值，进行差异化竞争。

中泰证券对现有电子渠道（齐富通 App、微信平台、网站商城、财富云平台等）进行客户行为数据采集及运营情况实时分析，结合投资者适当性数据分析平台，打造以客户为中心、以账户为基础、以互联网为渠道的运营平台数据支持系统，从而利用数据驱动实现交叉销售及运营持续优化的目标。具体如下：

（一）基于用户画像还原客户为“人”

通过搜集与分析用户的主观静态指标数据和客观动态指标数据，勾勒出该客户基本特征以及金融生活的整体特征与轮廓，形成用户综合特征画像，还原用户为“人”（见图 3）。

图 3 用户综合特征画像

销售、维系等营销方案则根据需求进行目标区域、用户选择，细分“人”群，给出合理化建议，为方案决策提供依据。建立用户画像体系具体方法如下：

1. 客户标签体系

用户画像的核心是标签。标签来自大量用户的基本数据。中泰证券对客户适当性数据、账户交易数据、客户服务数据、客户网上行为数据进行采集分析，建立客户基础标签体系（见图4）。

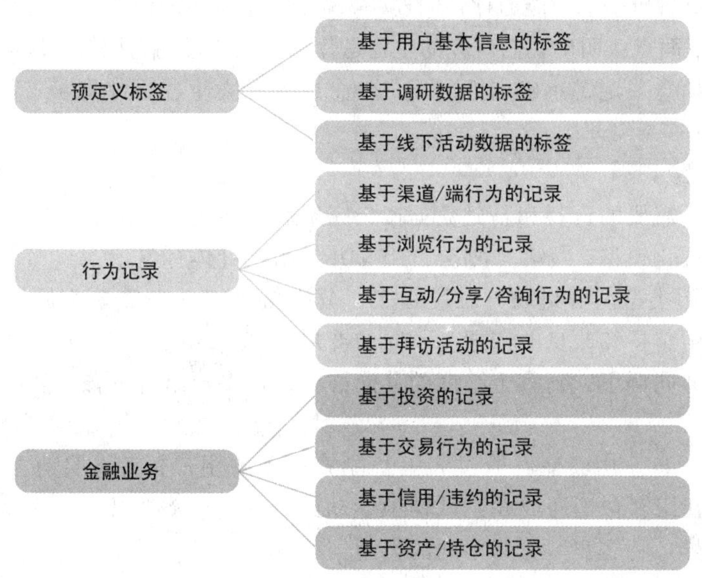

图4 客户基础标签

在此基础上针对不同的业务应用场景，基于聚类算法等对客户进一步细分，建立客户分类标签体系，支持新客户自动分类。

（1）搜集、分析用户信息。

①静态指标数据。静态指标数据就是用户相对稳定的信息，主要包括人口属性（如性别、年龄、地域、商圈、职业、婚姻、是否有孩子），商业属性（消费等级、消费周期等）等方面数据。这类信息自成标签，无须过多建模预测，更多的是数据清洗工作。

②动态指标数据。动态指标数据包括地理位置、人口属性、风险偏好、购买需求、社交信息、兴趣爱好、健康状况等数据；基于客户行为得到的客户动态级别、持仓偏好、盈利能力、交易活跃度、开通的业务种类、偏好的渠道、关注行业、关注业务品种、生命周期、投资广度、理财周期偏好等动态数据，即用户不停变化的行为信息，如浏览网页、搜索产品、发表评论、接触渠道等。

（2）搜集、分析的方法。搜集方法结合线上线下、传统与新技术进行综合采集，主要有用户访谈法、问卷调查法、日志采集法、内部业务数据汇总。

①关于用户访谈。各种方法都是常见方法，但最平常的用户访谈，在大数据时代往往被忽视。事实上经纪人、营销人员、客服人员等与客户的日常接触是最直接的一手资料，是客户画像最宝贵的信息。

关于“用户是谁”“用户是怎么想的”“用户是怎么做的”等问题，中泰很多时候都会选择用户访谈（电话沟通、客户在线交流、私下了解、95538客服）作为研究这类问题的方法。

对访谈结果进一步沉淀，一般采取关键词提炼、访谈人员自有印象打标签等方式进行分析。

②问卷调查法。问卷调查是一项有目的的研究实践活动，包括确定调研目标、设计、投放、搜集汇总、结果分析，无论一份问卷设计的水平高低与否，其背后必然存在着特定的研究目的，比如《投资者风险承受能力评估问卷》。设计问卷前必须做好充足的理论准备，在宏观层面上应做到以下两点：明确我们研究的主题是什么？想通过问卷调查获取的信息有哪些？

问卷调研的信息一定是不确定性的用户信息或者无法通过后台数据或者文献资料查阅到的信息。

2. 细分用户群

对用户画像所需要的资料和基础数据搜集完毕后，通过剖析数据为客户贴上相应的标签及指数，构建可视化模型，为客户划分群组，并概括出群体标签。

（1）用户群组类型。群组划分维度很多，分类必须以业务需要为原则，才能保证有意义，才有评判优劣与持续改良的依据。不同的客户群有不同的目标、行为和需求，分类上可以从一个维度的共同群组，到多个维度的共同群组，做多层组合拆分，实际上是一个建模的过程。

（2）细分用户群。中泰证券通过人工智能算法预测用户标签、自有基础标签、客户经理或 95538 客服在跟客户沟通或联系过程中主动给客户打标签等方式了解用户，根据目标、行为和观点的差异，将客户区分为不同的类型。

3. 规则与模型

标签是基于规则和模型建立的，而基本的规则是根据时段偏好、站点偏好、访问偏好（用手机 App、微信，还是用 PC）和消费周期确定。分类标签是在客户全周期生命管理 RFM 模型（R：Recency——最近一次消费；F：Frequency——消费频率；M：Monetary——消费金额）、客户价值分析模型、客户流失预警模型等聚类细分模型的基础上生成的。这些标签会不断地形成一个标签体系，同时，加上一些业务、营销、服务的因素，或者加一些其他的权重来人工干预更新标签，从而建立起基于数据规则和算法模型的标签（见图 5）。

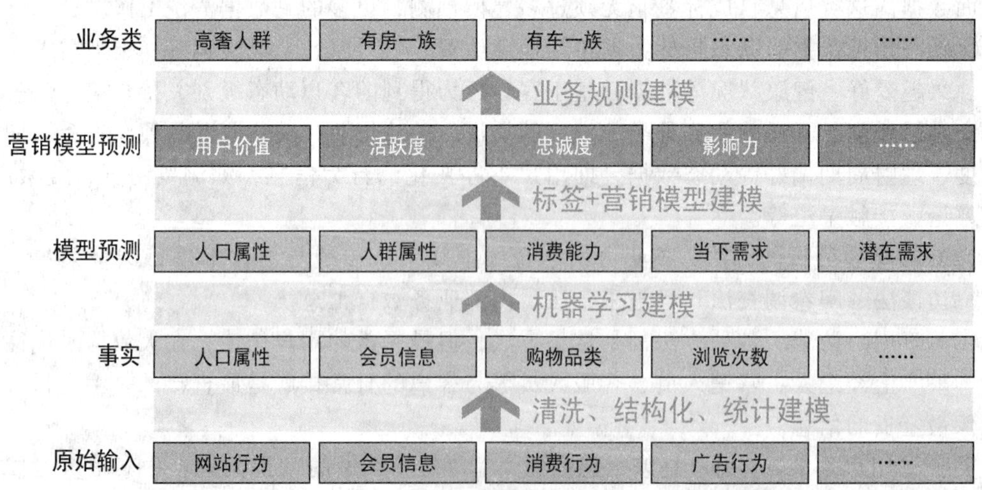

图 5　基于数据规则和算法模型的标签

另外通过用户采样进行标签扩散，对于经常去浏览、购买的老客户，通过大量采集用户数据进行分析，然后是标签抽取和用户行为建模以及生成标签规则。对第一次登录齐富通App或者只登录过一次的用户，可用统计学中的采样来进行标签扩散，就是拿出其中某一类用户或者某几个用户的行为标签，作为这一类人的公共行为标签。这样第一次登录或者只登录过一次的用户，最终被推荐的产品，可能有些跟这个用户的上次浏览相关，而有些不相关，其中不相关的这类推荐，就是基于采样把用户归到一类里面，据此进行的推荐。

（二）基于产品画像的产品分类

产品风险等级与特征画像作为投资者适当性数据分析平台关注的另一部分，广义概念应包括服务产品、股票、开放式基金、私募基金、OTC产品等。数据分析平台记录了产品各种特征信息，如产品的风险级别、投资期限、投资品种等，以及分级变更的历史等。

数据的来源依托产品中心，产品中心从风险政策、信用评级、信息披露、风险监控、风险评价等方面入手，实现对资产的识别、筛选和风险等级评定，建立全流程、全生命周期的风险管理体系。

数据分析平台依托获取的数据进行画像，画像以现有产品分类体系为基础，通过画像帮助投资者了解产品的风险程度。结合宏观经济形势下的资本收益预期，以及客户购买产品的特征（收益率、风险等级、投资周期），客户浏览行为（浏览量高的产品）等数据，从而帮助客户选择适合自身风险偏好的投资产品，体现券商在风险识别和管理上的附加价值。

（三）动态适配规则

1. 标准适当性匹配规则

基于规范化的客户和产品适当性，中泰证券制定标准的适当性匹配规则，严格控制业务和产品的服务过程，从业务或产品的角度出发，制定具体业务服务或产品销售过程中的适当性匹配规则，在适当性匹配和准入管理方面进行系统改造。

在业务准入环节，必须要求投资者做风险测评，并评级匹配，且满足准入条件才可以开通。在交易环节，如果投资者风险承受能力等级不匹配，系统将自动弹出不适当提示，告知投资者风险承受能力的评级与购买或接受的产品风险等级不匹配，并提示投资者风险；如果投资者执意购买，点击继续购买，即弹出不适当警示及客户投资确认书，投资者签署确认后，可继续交易。投资者风险承受能力的评级与购买或接受的产品风险等级匹配的，才可以顺利交易。

2. 动态适当性匹配规则

根据适当性管理的要求，经营机构应当根据投资者和产品或服务的信息变化情况，主动调整投资者分类、产品或服务分级以及适当性匹配意见，并告知投资者上述情况。

中泰证券的适当性管理引入动态引擎，实时或定期计算每个客户群的动态变化情况。客户问卷一般需要实时更新客户评测结果。定期一般指定期为客户进行后续评估或针对专项营销活动进行精准计算，在客户风险评估问卷得出的风险评级不变的前提下，对适当性业务的客户分级体系进行动态计算，通过对客户群智能适配引擎定位精准营销，通过MOT预警推出相关的事件到工作平台和客户渠道。

三、适当性数据分析在智慧营销中的应用

智慧营销是通过人的创造性、创新力以及创意智慧将先进的计算机、网络、移动互联网、物联网等科学技术融合应用于当代品牌营销领域的新思维、新理念、新方法和新工具的创新营销新概念。证券行业的智慧营销应该是充分利用金融科技的创新营销，有别于传统营销服务，应结合利用移动互联网、人工智能、用户画像等技术，是典型的人机合作。

面对大数据时代的运营挑战，中泰证券积极推进投资者适当性数据分析平台的建设，在战略层面建立“数据驱动型”发展模式，完善数据运营体系；在战术层面通过从构建用户画像到精准营销、精准服务再到运营优化，逐步提升核心价值和竞争力。有效实现数据挖掘助推智慧营销、适当营销/服务，挖掘基于客户的基本属性、生命阶段、客户分群、客户关系、历史行为等信息；利用数据挖掘和量化模型，识别客户需求及可接受、可销售的金融/服务产品类别；协助客户经理进行精准营销/服务、交叉销售。精准营销/服务应用具体包括以下几个方面：

（一）将多样性分析应用到投资者数据中

通过用户画像可以更清晰地了解客户，通过综合分析客户的交易记录、行为记录、住所信息、言语内容和交友情况，依据更准确的分析结果了解客户的风险承受能力、风险偏好、客户需求等各种情况，匹配客户适当性，通过齐富通 App 智能推送给客户合适的产品或者个性化服务，客户经理根据 CRM 分析结果精准营销、精准服务客户。

例如，从流量维度进行数据分析。分析齐富通 App 流量分布、来源、趋势等，优化引流渠道和渠道策略，为广告营销投入的渠道选择、投放效果评估提供数据支持；基于销售数据分析结果，为产品设计及引入提供支持，构建符合用户风险偏好、投资偏好、交易习惯、收益预期的产品库；根据客户账户盈亏情况、新股中签情况或者持有理财产品到期情况，自动生成 MOT 事件，通过齐富通 App 智能推送给客户或者通过 CRM 推送给客服人员。

（二）将相关性分析应用到投资者数据中

通过对客户资料和交易记录、行情数据的综合数据分析和挖掘，即通过分析各种投资者的相关性进行客户分群，以达到为客户提供既有标准化又有个性化的服务。

例如，分析流失客户的行为特征进而采取挽留行动；分析高亏损客户的行为特征进而改进投资咨询服务；分析客户行为与投资风格变换的关系进而设计合适的产品；通过客户群体的财经浏览信息、自选股信息的变化，分析判读客户群体的焦点是否从股票转移到了固定收益类产品；分析客户产品购买行为与客户其他数据的关系（基本资料、浏览行为等等），设计相应的产品提供给类似客户群体；提供目标客户画像支持，帮助营销人员精准扩散、引流具有高价值人群特征的客户。

（三）实时营销/服务

可以根据客户的实时状态进行营销，比如市场进入调整，客户倾向把权益类资产权重降低，更多配置泛固定收益类资产。

基于客户的基本属性、家庭生命周期、法律法规以及经验法则等信息，利用数据挖掘和量化模型，识别客户需求及可接受、可销售的金融/服务产品类别，挖掘出客户在中泰证券最有可能购买的产品或者最想得到的服务，用于协助客户经理进行精准营销。

（四）交叉营销/服务

可以支持不同业务或产品的交叉推荐，如通过数据分析发现某客户的资金经常在保证金账户和银行托管账户间转换，同时购买股票和银行理财产品，则公司可以加大资管产品的营销力度，实现交叉销售，甚至可以把客户更多的资金从银行端吸入进来。

（五）个性化推荐

根据某类型客户的独特偏好进行服务或者提供个性化推荐，如根据客户的年龄、资产规模、理财偏好等，对客户群进行精准定位，分析出其潜在金融服务需求，进而有针对性地营销推广。

例如，通过对中泰证券客户的产品购买行为进行分析，以及对二十大类四十九小类金融服务产品间的关联分析，识别出产品之间的关联关系，从而帮助客户经理根据客户的产品购买意愿和持有产品情况，有针对性地推荐最有可能被接纳的产品类别。

（六）客户生命周期管理

支持客户生命周期管理，包括新客户获取、客户防流失和客户赢回等，通过构建客户流失预警模型，有效降低流失率。证券公司可以通过对流失率等级前30%的高净值客户进行调佣、发售高收益产品、加强投顾跟踪服务等方式予以挽留。

四、结语

随着证券市场的不断发展以及《证券期货投资者适当性管理办法》等适当性规章的正式施行，证券行业面临的竞争更加激烈，中泰证券通过构建投资者适当性数据分析平台，利用大数据及人工智能等科技手段进行精准营销、适当营销乃至智慧营销，满足当下监管适当性管理要求，实现产品/服务营销智能化配置，满足了客户个性化需要，提升了客户体验；同时给客户经理营销服务客户提供手段，提高证券公司管理效率，降低管理成本，增强券商差异化服务和运营能力的综合竞争力。

参考文献

［1］大数据时代：你搞不定“用户画像”，对手就搞定你！［EB/OL］http：//www. managershare. com/post/200378. 2015 - 8 - 11.

［2］百度百科．智能营销［EB/OL］. https：//baike. baidu. com/item/% E6% 99% BA% E8% 83% BD% E8% 90% A5% E9% 94% 80/19 286 639.

［3］留住客户，挖掘商机——解析证券公司N种大数据分析业务场景［EB/OL］. https：//zhuanlan. zhihu. com/p/22455063. 2016 - 7 - 5.

基于提高客户满意度的适当性匹配研究

黄带娣 莫淑仪 王 辉 何柱枢*

一、绪论

（一）研究背景

《证券期货投资者适当性管理办法》（以下简称《办法》）于 2016 年 12 月 12 日由中国证监会公布，并自 2017 年 7 月 1 日起正式实施。《办法》是我国证券期货市场首部投资者保护专项规章，主要目的是保护投资者，特别是保护中小投资者的合法权益。

根据《办法》的起草说明，此制度安排主要规定了五大点：第一，形成了依据多维度指标对投资者进行分类的体系，统一投资者分类标准和管理要求；第二，明确了产品分级的底线要求和职责分工，建立层层把关、严控风险的产品分级机制；第三，规定了经营机构在适当性管理各个环节应当履行的义务，全面从严规范相关行为；第四，突出对于普通投资者的特别保护，向投资者提供有针对性的产品及差别化服务；第五，强化了监管自律职责与法律责任，确保适当性义务落到实处。在《办法》中，通过对创业板、融资融券、股转系统、私募基金、金融期货等市场业务制订统一的适当性管理规定，加强对市场的监管，核心在于督促经营机构将适当的产品或者服务销售或者提供给适当的投资者。

《办法》重申了“买者自负”原则，投资者应该树立风险防范与自我保护意识。同时，也明确了投资者分类、产品或者服务分级、适当性匹配等各个方面的标准，强化了对证券、基金、期货经营机构“卖者有责”的要求，让经营机构在获得经营收益的同时，也承担起相应的法律义务。

（二）研究意义

《办法》将投资者分为普通投资者和专业投资者，要求对普通投资者进行适当性匹配，

* 作者单位：东莞证券股份有限公司。原载于《中国证券》2017 年第 9 期。

即经营机构需要根据普通投资者的实际情况，将其风险承受能力等级与产品或者服务的风险等级进行适当性匹配。《办法》第十九条提出，投资者主动要求购买风险等级高于其风险承受能力的产品或者接受相关服务的，经营机构在确认其不属于风险承受能力最低类别的投资者后，应当就产品或者服务风险高于其承受能力进行特别的书面风险警示，投资者仍坚持购买的，可以向其销售相关产品或者提供相关服务。虽然《办法》的出台并没有限制客户的交易自由，但这是建立在充分揭示投资风险的基础上，需要客户经过必要的承诺和确认程序。对于大多数客户来说，感受到的最明显变化是很多业务现在都需要临柜办理并且需要进行“双录”，即录音录像。

具体来看，《办法》确实起到了较好的市场规范影响。对于客户而言，也的确是起到了保护作用。但在对客户进行适当性匹配过程中，客户信息搜集、营业场地布置、业务流程办理、柜台人员操作等一系列因素都会影响到客户的感官体验，直接或间接影响客户满意度。本文就做好客户适当性匹配工作的同时如何提高客户满意度进行探讨，真正做到维护投资者合法权益，达到《办法》实施的目的。

二、相关概述

（一）适当性匹配概述

适当性匹配指给投资者销售产品或者提供服务的机构在充分了解客户的前提下，勤勉尽责全面了解、分析产品，科学有效评估，对投资者进行分类及产品分级，基于投资者不同的风险承受能力及产品的不同风险等级等因素，提出明确的匹配意见，将合适的产品或者服务提供给合适的投资者。

（二）满意度理论概述

客户满意度又称为客户满意指数，是指客户对一种产品的体验效果与其期望值相比后得出的指数。

我国证券行业已从卖方市场逐渐转向买方市场，客户满意度成为证券经营机构在竞争当中战胜竞争对手、取得发展的必要条件。证券经营机构应以客户为中心，换位思考，充分考虑客户需求。客户满意度作为衡量证券经营机构与客户建立良好关系的重要指数，证券经营机构在为客户提供产品和服务时，应该有针对性地为提高客户满意度而采取更好的措施。

三、适当性匹配过程中影响客户满意度的因素

（一）了解客户信息及客户关键信息变动

发行人、投资者、中介机构、自律组织和监管机构是证券市场的五大主体。其中，投资者是证券市场流动性的提供者，是证券市场的基础，地位十分重要。因此，多维度了解客户是适当性管理的前提。

《办法》明确提出“了解你的客户”的义务，要求金融机构勤勉尽责全面了解投资者，以确定投资对投资者的适当性。全面搜集和了解客户的信息包括：自然人的姓名、住址、职

业、年龄、联系方式，法人或者其他组织的名称、注册地址、办公地址、性质、资质及经营范围等基本信息；收入来源和数额、资产、债务等财务状况；投资相关的学习、工作经历及投资经验；投资期限、品种、期望收益等投资目标；风险偏好及可承受的损失；诚信记录；实际控制投资者的自然人和交易的实际受益人等内容。建立客户电子信息数据库，多维度勾勒客户全景信息，同时同步公司交易系统、服务系统，实现客户信息共享，以系统化的手段确保对客户的全方位了解。

在客户关键信息发生变化时，证券经营机构一般在开户协议上与客户约定其应当主动告知所在证券经营机构，同时要求客户承诺如果因为其不主动告知导致证券经营机构在投资者分类上无法充分了解投资者，可以拒绝提供产品给客户，也不承担相关责任。《办法》规定投资者购买产品或接受服务，按规定需要提供信息的，所提供的信息应当真实、准确、完整。如果客户的关键信息发生重大变化、可能影响其分类的，应当及时告知证券经营机构。

利用投资者评估数据库及交易行为记录等进行后续评估。证券经营机构应当利用相关投资者评估数据库，根据投资者的年龄、收入、风险偏好、资产状况、诚信状况、历史交易品种、交易频率、盈亏能力、投资经验等，持续跟踪和评估投资者风险承受能力，必要时调整其风险承受能力等级。

（二）各业务的问卷标准不统一

证券经营机构为客户提供多样化的产品和服务，由于各项业务的准入条件及匹配要求有所不同，而且证券经营机构各业务部门相对独立，不同业务的办理流程也不尽相同。

客户开户的风险测评问卷与购买私募产品的风险测评问卷大同小异，但是客户在购买私募产品的时候，需要单独进行风险测评，有时会导致客户开户的风险等级与购买私募产品的等级不匹配。而开户的风险测评问卷又不能自动根据客户购买私募产品的风险等级进行更新，使得客户同时存在两个风险等级。

融资融券、港股通和债券合格投资者的适当性管理中都要求对客户进行诚信评估，但不同的业务部门相对独立，导致每个业务都有一份诚信评估问卷。对于同一位客户来说，在证券经营机构存在多个诚信评估结果，显然不合适。

上述情况将会影响客户的体验。如果客户同时办理几项业务，则需要进行多次风险测评以及诚信评估。烦冗的业务办理流程，会导致客户不满意，甚至出现转户等情况。

（三）产品或服务分级较为自主，从严原则影响业务的拓展及客户体验

《办法》没有对产品或服务的分级做出明确的规定，证券经营机构可以在合理的区间自行按照产品或服务的实际情况及风险特性进行综合评估。根据规定，证券经营机构拓展业务时必须在客户风险承受能力分级的基础上，把产品或服务推荐给风险等级匹配的客户。当客户欲购买高于其风险承受能力的产品或服务时，须在网上签署《风险揭示协议书》或到营业部现场录音录像。目前，为了更好地满足监管要求，证券经营机构往往会从严执行《办法》规定。从客户的角度而言，购买产品或服务的操作从以前的“简”到现在的“繁”，体验将会受到影响，这样一来，客户满意度将会有所下降。

（四）现场录音录像过程较为繁琐

广东证监局在2017年发布的《关于加强辖区经营机构投资者适当性管理工作的通知》中要求向普通投资者销售产品或提供融资融券、创业板（首次开通）、新三板、分级基金和期权交易等相关服务时，要对投资者进行现场告知风险及录音录像。同时鼓励将高风险的私募产品及风险不匹配的销售行为纳入现场告知清单。

在这样的政策指导下，按合规要求从严执行的证券经营机构一般都会制定相应制度，规定客户在开通上述权限的时候必须亲临营业部现场录音录像。经测试，客户在营业部现场开通创业板权限录音录像过程至少需要5分钟，后台审核等待也需20分钟。因此，客户在完成一项简单的权限开通业务耗时不少于25分钟。如果客户同时办理多项录音录像的业务，所需要的时间则非常漫长。

（五）新的适当性匹配对营业场地和人员数量要求较高

在《办法》的框架下，各地监管部门制定了具有当地特色的监管规则。目前，融资融券、创业板（首次开通）、新三板、分级基金和期权交易等多项权限的开通，客户风险承受能力如果与所要购买的产品或服务风险等级不匹配，则基本都被要求到营业部现场录音录像。这会给轻型营业部在场地和人员配置方面造成一定的经营压力。为客户进行录音录像，一般需要提供专门用于录音录像的独立场所，配备一名专职人员开展业务。这与人员配置基本为营销人员、服务集中到总部的轻型营业部战略定位不符。

营业场所的安排和人员数量的配备不足会影响办公效率，也会对客户的满意度造成影响。

（六）各地证监局对适当性匹配要求的把控标准不尽相同，不利于证券公司统一管理

在《办法》框架下，各地区监管部门陆续制定相关细则，细化操作流程，有效地指导证券经营机构落实执行，但各细则间个别业务要求存在差异，不利于证券经营机构统一管理。

以录音录像要求为例，上海市证券同业公会（以下简称“上海公会”）要求最为严格。上海公会于2017年4月26日发布《上海证券业金融产品销售自律规范》，规定“投资者主动要求购买风险等级高于其风险承受能力的产品的，会员单位应通过营业网点现场向其进行书面风险警示，应当全过程录音和录像”。[①] 该要求在实际执行过程中较难操作，客户一般会用交易软件申购场外基金，如有不匹配销售行为则被要求去营业部现场录音录像。这将会影响客户购买体验及效率，甚至引发投诉。

按照广东证监局《关于加强辖区经营机构投资者适当性管理工作的通知》，要求对特定业务权限开通需要现场告知警示，并录音录像。同时广东证监局鼓励将高风险的私募产品及风险不匹配的销售行为纳入现场告知清单。一方面，广东证监局较为明确地划定了录音录像的业务范围，有利于辖区内各证券经营机构统一落实特定业务的录音录像；另一方面，在发

① 上海市证券同业公会于2017年8月4日发布的《关于对〈上海证券业金融产品销售业务自律规范〉（2017年修订）第十七条有关内容答复意见的通知》，重新明确了本条应参照中国证监会及中国证券业协会相关规定执行。

生不匹配销售行为时，相比于上海公会对录音录像的要求，广东证监局的要求更为灵活。

深圳证监局2016年发布《关于辖区证券期货经营机构开展风险揭示“双录”试点工作的通知》提出，现场向个人销售复杂或高风险金融产品，须严格执行风险揭示“双录”。并且鼓励经营机构结合自身条件，在互联网销售金融产品、融资融券、新三板开户等较高风险业务领域推行“双录”。由此可以看出，深圳证监局对录音录像要求介乎上海证监局与广东证监局之间，同时增加了在较高风险业务领域录音录像的建议。

监管部门对录音录像要求不一，将可能导致证券经营机构在不同监管辖区营业部之间录音录像执行标准不一致。这样一方面不利于证券经营机构统一管理，另一方面也有可能影响客户满意度。

此外，中国证券业协会、中国证券投资基金业协会及中国期货业协会分别制定《证券经营机构投资者适当性管理实施指引》《基金募集机构投资者适当性管理实施指引（试行）》《期货经营机构投资者适当性管理实施指引（试行）》作为对《办法》的细化、补充。上述指引对客户风险测评问卷内容、对产品分级及回访冷静期等的要求不一致，不利于证券经营机构对客户统一管理。

四、适当性匹配过程中提高客户满意度的方案

（一）加大技术投入，建立完善的数据库

投资者适当性管理体系通过信息系统实现，信息系统是关键。但适当性管理并不是一个简单的信息技术系统项目，而是一个系统性的整体。

该系统通过客户中心、产品中心、客户分类、统一通信、报表工具等多个模块为做好客户服务、适当性管理提供技术保障。

构建大数据模型，助力适当性管理。公司应当在客户数据挖掘、交易行为分析等方面做工作，努力探索形成“以客户为中心”的适当性管理模式，以全面涵盖、动态反映客户状态的方式尽量准确地勾勒和展现客户全貌。分别从客户性质、行为反馈、价值评价三个方面，从基本属性、资产规模、持仓构成、收益情况、交易偏好、资金流向、风格偏好、价值分类等多个维度，对客户进行细化分类。同时，对客户数据进行定期评估、滚动计算、适时调整，不仅可以满足适当性管理的需求，根据上述指标的调整修正也能满足不同目的的营销和服务活动。

（二）优化业务流程，提高效率及客户满意度

针对烦冗、拖沓的业务办理流程，证券经营机构应当加强统一适当性管理。

各业务存在不同的风险测评问卷和诚信评估问卷的问题需要多部门协同解决。大家共同研读监管制度，求同存异，对问卷进行整合，减少不必要的业务办理环节，做好持续性管理工作。只有在符合适当性管理要求的同时，为客户提供便利和优质的服务，才能有效提高客户的满意度，有利于证券经营机构业务的开展。

（三）对产品或服务的分级客观明晰，遵循适当原则

针对产品或服务分级较为自主的情况，行业协会细化、明晰划分标准，不仅满足从严监

管的要求，而且也要提高客户满意度。例如，部分产品或服务属于中高风险范围，不同证券经营机构在从严处理后，可能将其定义为高风险等级。这一方面会导致客户需要到营业部现场录音录像，可能影响客户体验；另一方面也可能影响到证券经营机构的市场竞争。

（四）合并多业务间的录音录像，提高效率

如果客户同时办理多项需要录音录像的业务，则会导致长时间录音录像。实际上，行业风险是有相似性的，是否可以探索同类风险的业务合并录音录像、特定风险单独讲解的模式，以节约客户的时间。

同时，由于客户分布范围广，但是证券经营机构的营业场所有限，在互联网普及的前提下，目前必须现场办理的业务能否放开非现场录音录像，比如创业板等业务。

（五）在符合监管要求的情况下，优化业务流程，发展线上业务

证券经营机构可以对客户的全景信息进行展现，如客户的静态、动态以及扩展信息。此外，对客户设置个性化提醒，帮助投资顾问更好、更快地为客户进行服务，提升客户满意度。如对客户的大事件进行设置、对客户的持仓异动进行设置、对客户的风险测评回顾进行设置等。

现阶段，客户购买产品的主要渠道是在线交易，故证券经营机构的主要客户终端均有必要根据适当性管理的要求进行改造调整，实现通过固化的系统和流程对产品销售过程中的客户适配及风险揭示的电子化控制。

（六）统一监管，规范管理

不同地区监管局之间应该统一标准，进行规范化管理。如对各证券经营机构都比较关心的录音录像问题，建议建立详细的录音录像业务白名单，明确对名单内所有项目必须要求录音录像。而对名单外项目，则由证券经营机构自行把握是否需录音录像。录音录像应该考虑实际执行过程中的可操作性及客户体验，对新开通证券账户、开通创业板权限等非高风险类业务，建议是否可以明确无须进行录音录像，简化客户操作，提高客户满意度。

此外，中国证券业协会、中国证券投资基金业协会及中国期货业协会应进一步统一对适当性实施指引细化，对投资者信息采集表、风险测评问卷、产品风险等级划分要求、回访管理等统一标准。

五、结论与展望

（一）结论

为促进我国证券市场的发展，保护客户的合法权益，防范证券市场风险，近些年来，监管部门对客户适当性匹配的要求越来越严格，同时也对证券经营机构落实适当性匹配工作提出了更高的要求。

加强客户的适当性管理，是我国证券业发展的必然趋势，也是符合我国国情的。证券经营机构必须在满足各项适当性要求的前提下，在拓展新客户和维护存量客户时提高客户的满意度，才能在激烈的市场竞争中占有一席之地。

为了提高市场竞争力，证券经营机构需要在为客户提供服务和产品的每一个环节做好适当性管理工作。比如在开户、数据库维护、产品营销及后续服务中做好适当性匹配，在符合监管要求和切实保护客户权益的前提下，不断优化业务流程、加大技术投入、提高人员素质和服务水平。只有提升了客户的满意度，才能获得市场的认可，这样不仅有利于证券经营机构的可持续发展，也有利于我国证券行业的健康发展。

（二）展望

由于水平有限，本文在分析提高客户满意度的投资者适当性匹配方面还存在不够深入和不够具体之处，在问题分析上还存在一定的局限性，有待进一步探讨。

从本文的研究结果可以看出，证券市场的经营环境发生了巨大的变化，市场竞争更加激烈，证券经营机构面临着严峻的挑战。证券经营机构应当充分适应市场环境的变化，一方面加强对客户的适当性管理，保护客户的合法权益；另一方面要以客户为中心，提高客户的满意度。只有将两者结合起来，才能与时俱进，积极应对激烈的市场竞争。

参考文献

[1] 王雪青．投资者适当性管理办法 7 月实施［N］．上海证券报，2017 - 06 - 29 (1)．

[2] 中国证券监督管理委员会．证券期货投资者适当性管理办法［Z］．2016 - 12 - 12.

业务发展

境外卖方研究监管及经验借鉴

江孔亮*

中国证监会2010年颁布实施的《发布证券研究报告暂行规定》，对于规范券商研究环境、规范报告发布行为，公平对待客户、防范利益冲突，成效显著、意义重大，有利于促进研究业务的健康发展。

近几年来，中国资本市场出现了较大变化，伴随着中国经济全球化和人民币国际化，国内券商通过国际并购踏上国际化征程，加之沪港通、深港通的开通，研究业务的国际化问题日趋突出。境外研究机构在境内发布证券研究报告，目前的监管规定尚不够明确。关于内地券商向境外客户的研究服务问题，也仅在中国证监会的新闻发言人于2014年9月5日的发布会中涉及。

我们在学习境外卖方研究监管制度时，了解到发达国家有关卖方研究的监管制度和规则比较完善。对于研究报告发布业务而言，以下几个方面尤其值得我们深入研究、学习和借鉴：（1）证券研究报告发布中利益冲突的核查和披露要求；（2）证券研究报告跨境发布时的合规审核问题；（3）同一证券集团下境外子公司在境内的执业资格申请问题；（4）转发第三方研究报告问题；（5）境外允许通过第三方信息服务商向特定客户发布证券研究报告问题；（6）境外研究机构的分析师在国内的研究服务问题。具体如下：

一、证券研究报告中利益冲突的核查和披露

证券研究报告中涉及的利益冲突核查和披露方面，欧美等国的规则和要求与我国相比，核查要点更多、披露要求更为详细。美国的监管标准最为严格，其法律和规则的框架体系最为复杂，内容也较为详细和完备。在利益冲突核查方面，不仅有公司层面的利益冲突核查，也有分析师层面的利益冲突事项的核查。我国香港、欧洲的投资银行，需要在美国开展发布证券研究报告业务的，一般也是遵照美国的监管标准进行利益冲突的核查、披露。美国监管

* 作者单位：海通证券股份有限公司。

规则中，涉及利益冲突核查条款主要包括 11 条内容（见表 1）。

表 1 美国发布证券研究报告利益冲突的主要核查条款

涉及对象		核查条款
1	Lead or Co－manager（牵头人或联席经办人）	acted as lead or co－manager in a public offering of equity and/or debt securities for xxx Corp － H within the past 12 months 过去 12 月内在该上市公司的股票和债券上市项目中担任牵头人或联席经办人
2	Beneficial Ownership（1% or more）所有权（1%或更多）	beneficially owns 1% or more of a class of common equity securities of xxx － H，xxx Corp － H.： 拥有该上市公司 1%或更多的普通股股票
3	Client 客户	currently has，or had within the past 12 months，the following company（ies）as clients：xxx － H，xxx Corp － H.： 目前或过去 12 个月内该上市公司为其客户
4	Client/Investment Banking 客户/投行业务	currently has，or had within the past 12 months，the following company（ies）as investment banking clients：xxx － H.： 目前或过去 12 个月内该上市公司为其投行业务客户
5	Client/Non － Investment Banking，Securities － Related 客户/非投行、证券相关的客户	currently has，or had within the past 12 months，the following company（ies）as clients，and the services provided were non － investment － banking，securities － related：xxx － H.， 目前或过去 12 个月内该上市公司为其非投行类、证券相关服务的客户
6	Client/Non － Securities － Related 客户/非证券相关的	currently has，or had within the past 12 months，the following company（ies）as clients，and the services provided were non － securities － related：xxx － H.： 目前或过去 12 个月内该上市公司为其非证券相关服务的客户
7	Investment Banking（past 12 months）投行业务（过去 12 个月）	received in the past 12 months compensation for investment banking services provided to xxx Corp － H.： 在过去 12 个月内从该上市公司收到过投行业务相关的酬金
8	Investment Banking（next 3 months）投行业务（未来 3 个月）	expects to receive，or intends to seek，compensation for investment banking services in the next three months from xxx － H.： 预期未来 3 个月将从该上市公司收到或准备寻求投行业务相关的酬金
9	Non － Investment Banking Compensation 非投行业务相关酬金	has received compensation in the past 12 months for products or services other than investment banking from xxx － H.： 在过去 12 个月从该上市公司收到了与非投行业务的产品或服务相关的酬金
10	Market Maker or Liquidity Provider 做市商或流动性提供商	acts as a market maker or liquidity provider in xxxx，the subject company of this report. 担任该上市公司的做市商或流动性提供商
11	Material conflict of interest 实质性利益冲突	has a material conflict of interest in regard to the subject company，xxxx.［please specify eg：xxxx，an employee of［ ］，is a director of xxxx.］ 与该上市公司有实质性利益冲突（需详细阐明，例如，证券研究报告的证券分析师及其家庭成员为目标公司雇员）

资料来源：根据美国证券管理机构的相关规则整理。

目前国内发布证券研究报告业务中利益冲突主要关注点有：（1）持仓披露，即公司持有该股达到相关股票已发行股份1%以上；（2）隔离墙制度，分析师参与投行项目后的静默期制度等。

美国监管要求的利益冲突核查要点比国内详细，要求检查发布证券研究报告的公司与上市公司在过去12个月中是否存在客户关系，是否有提供相关的证券、非证券业务的服务，并是否收取投行、非投行业务或产品的酬金，预期未来3个月将从该上市公司收到或准备寻求投行业务相关的酬金，以及实质性的利益冲突的检查（如证券研究报告的证券分析师及其家庭成员是否在该目标公司担任董事、监事或高级管理人员）。欧洲国家对利益冲突的检查标准与美国类似，也较为严格。

此外，境外监管规则对于持股比例的披露往往要求证券集团应合并下属全球子公司所有的持仓标准。如，持仓包括券商本部的持仓信息以及下属子公司等合并的持仓信息，如果达到信息披露要求即需要披露。

为了便于国内券商未来在境外开展研究服务，以便与国际较高信息披露标准顺利对接，我国监管部门可以考虑，采纳发达国家更严格的利益冲突核查标准要求。

二、证券研究报告跨境发布时的合规审核问题

海外证券研究机构在美国发布研究报告需要经过SA（监管分析师）的审核同意后才能发布。

SA相当于国内研究报告审核中的合规审核分析师。SA是美国设立的专门面向研究合规的分析师资格，需要通过一定科目的考试，以及具有一定相关从业年限方可申请SA资格。

我国监管部门可以考虑，国内证券研究报告发布业务可单独增加研究报告审核的监管分析师，参照美国的监管规则设立相应科目的考试，考试通过及达到一定的从业年限标准即可向中国证券业协会申请监管分析师资格。如果同一证券集团下的境外研究报告需要在境内发布，经过境内监管分析师的审核后即可发布。

三、同一证券集团下境外子公司在境内的执业资格申请问题

按照国内的监管要求，在国内从事证券研究业务，券商需要获得牌照及相关从业人员必须申请证券分析师资格，才能从事证券研究报告的发布业务。

中国香港地区允许内地的证券分析师通过当地的券商申请临时牌照，并规定在香港地区的执业不能超过一定的月份。

我国监管部门可以考虑，在同一证券集团下的境外子公司研究人员：（1）允许他们参加国内的证券业从业资格考试，可以不需要他们获得国内券商的雇员资格，即可通过母公司的人力资源部代为申请相关的证券分析师资格，境外的相关从业年限可以合并计算。（2）与境外的监管部门达成执业资格的双向认证备忘录，允许证券分析师双向认证获得双向持牌。或者，如允许国内券商的境外子公司成为中国证券业协会的会员，该境外子公司的研究部门从业人员可以通过证券集团层面向中国证券业协会申请注册，获得境内证券分析师资格。

可分步推进：第一步，考虑有大量的沪港通、深港通双向覆盖的需求，内地与中国香港地区监管部门可以达成相关的备忘录，进行双向相关执业资格的认证试点，未来进一步向其他国家和地区推进。

四、转发第三方研究报告问题

欧美国家、中国香港地区等允许当地持牌机构转发第三方研究报告。如在美国市场，境外券商自身没有所需牌照，其研究报告必须由美国本土注册券商转发才能推送给当地投资者。比如美国监管部门的一个条款 FINRA rule 2241（h），内容如下：

（h）第三方报告发布

（1）美国证券业协会注册成员公司的负责人（principal）或 SA 需要审阅报告的合规事项。

（2）如果得知（或有理由得知）该研报并不客观或不可信，那么不可以发布这个第三方的报告。

（3）需要建立和加强相关审核步骤，来保证第三方报告没有虚假陈述，没有误导性的陈述。（a）从报告本身判断；（b）自身了解一些信息，能够判断报告中的陈述是否可信。

（4）必须在报告中，或者在网站上披露相关利益冲突事项。这些利益冲突事项有可能会影响到选择哪一个第三方，以及选择它的哪些目标公司。

（5）如果是一篇独立的第三方报告，那么不要求审核第三点中的合规事项。

（6）如果是一篇独立的第三方报告，而且是（a）应要求发布，（b）通过公司的网站发布，或者（c）公司正在与客户谈业务，并告知该客户有这个第三方的独立报告（关于业务中涉及的标的），该客户要求看这个独立报告，那么不认为其是为了（4）中所说的目的而发布了第三方报告。

（7）必须在报告中清楚标明这是一个第三方报告，清楚告知报告接收者是哪个个人或实体所撰写的。

建议允许国内券商按规定要求转发境外第三方的研究报告，以适应国内投资者对境外市场投资的需求。

五、境外允许通过第三方信息服务商向特定客户发布证券研究报告

境外的投资者普遍使用集信息平台和交易平台为一体的信息服务商提供的平台服务，如彭博信息终端已获得境外投资者的广泛使用。目前国内研究机构授权媒体刊载，需要分析师做后续的解读服务（中证协《发布证券研究报告执业规范》要求），这条规定限制了卖方研究机构授权媒体或信息平台刊载或转发的积极性。

监管部门可以考虑，对于通过网络信息平台刊载转发证券研究报告的，如果网络信息平台能够做好系统的严格控制，不是广泛的传播研究报告，而仅限于向获得授权的机构客户定向提供研究报告转载服务，其含义就是相当于卖方研究机构自己向机构客户推送研究报告。考虑到境外投资机构大量使用彭博等终端的情形，建议对这类授权，不要求分析师做后续解读服务，而把它当作卖方研究机构向机构客户发布报告行为的延伸来管理。

六、境外研究机构的分析师在国内的研究服务问题

境外研究机构的从业人员如何在国内展业？目前缺乏比较明确的监管要求和标准。如，沪港通、深港通开通以来，国内投资者了解香港市场和投资品种的渠道有限，但实际上有很大的研究服务需求。现在的局限是：一方面，监管部门对国内的证券分析师覆盖香港的股票，发布港股的研究报告没有明确规定，发布美股的研究报告也没有规定；另一方面，对于香港的券商机构在国内发布香港的股票报告也没有明确规定，导致跨境投资者的报告渠道受限。

建议内地监管部门能够启动与香港证券监管部门的协调沟通，可行的办法是在两地具有持牌资格的同一证券集团内，允许双向证券分析师的研究报告在两地市场合法发布。当然前提是统一证券研究报告的利益冲突披露标准。可选的解决方案，如，允许某证券集团本部研究部门的 A 股研究报告可以向香港投资者发布（该证券集团下属的香港子公司具有相关的证券研究报告业务的持牌资格），该证券集团的下属香港子公司的 H 股研究报告也可以向国内投资者发布（因该证券集团母公司在境内有证券研究报告业务的持牌资格）。

融资融券业务总结回顾

庄亚明　宋世浩*

一、融资融券业务发展情况概述

近年来，我国融资融券业务取得了较快的发展，这主要体现在以下几方面：一是融资融券业务参与主体不断增多，经过 6 年的发展，当前市场中参与主体有 93 家证券公司、8 302 家营业部、约 423 万名客户，参与主体的增长直接推动了融资融券业务的发展；二是融资融券业务规模整体上保持了稳步增长，我国融资融券业务 2010 年起步，截止到 2016 年 9 月末，全市场余额为 8 716 亿元；三是业务制度不断完善，当前我国融资融券业务已经建立了从《证券法》，中国证监会业务管理办法，证券公司内部控制指引，沪、深证券交易所实施细则等多层次、全方位的制度体系，尤其是在 2015 年中国证监会对《证券公司融资融券业务管理办法》进行修订后，首次提出了建立逆周期调节机制、加强投资者权益保护、优化融资融券客户担保物违约处置的标准和方式等。制度体系的不断完善，也成为我国融资融券业务健康发展的重要基础。

在市场效应方面，随着融资融券业务几年来的快速发展，投资者不仅可以实现融资交易，也可以通过融券的方式实现多元化投资，这一机制同时促进了证券市场内在价格稳定机制的形成。此外，融资融券及转融通业务的稳定运营，也为证券市场注入了增量资金。融资融券业务自启动以来，极大地提高了我国证券市场的活跃度。对于证券公司而言，融资融券业务不仅拓宽了其业务范围，更优化了证券公司的业务结构，改善了证券公司盈利模式，增强了证券公司综合管理能力，进一步推动了证券公司的业务创新与转型。

因此，融资融券业务的蓬勃发展，对提高证券市场流动性、完善市场价格发现功能、推动其他场内外创新业务的发展起到了积极作用，同时在为投资者提供多样化的投资机会和风险管理工具等方面也具有重要意义和影响。

* 作者单位：庄亚明，中国银河证券股份有限公司；宋世浩，海通证券股份有限公司。

（一）融资融券市场余额情况

1. 历年融资融券余额变化情况

我国融资融券业务于2010年试点推出，首批开展业务的有海通、中信等6家证券公司，业务试点推出当年，市场融资融券年末余额为127.75亿元，其中，融资余额127.64亿元、占比99.91%，融券余额0.11亿元、占比0.09%。

随着获得融资融券业务资格的证券公司及参与融资融券业务的投资者数量逐渐增多，以及投资者对于融资融券业务的了解程度逐渐增加，市场融资融券规模逐步增长。尤其是在2014年下半年至2015年上半年，在市场行情的推动下，市场融资融券规模快速上升，2015年5月末，市场融资融券月末余额达到20 800.30亿元，其中，融资余额20 728.63亿元、占比99.66%，融券余额71.66亿元、占比0.34%（见图1）。

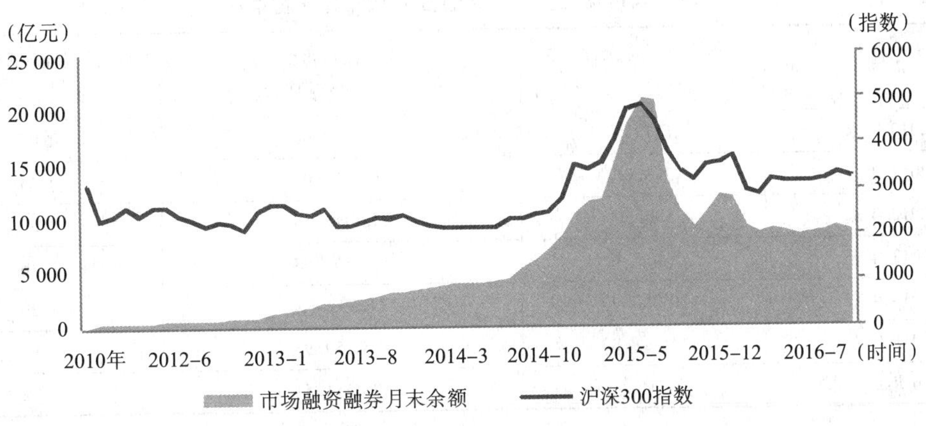

图1　2010—2016年9月末市场融资融券业务月末余额

2015年下半年以来，由于投资者资产量在股市异动中减少、逆周期调节机制下融资保证金比例提高、投资者融资融券交易趋于理性等因素，市场融资融券规模逐步减小。截至2016年9月末，我国沪、深两市融资融券余额为8 716.48亿元，规模为业务试点推出首年末的68.23倍，其中，融资余额8 685.37亿元、占比99.64%，融券余额31.11亿元、占比0.36%。

2. 融资融券余额与A股流通市值

融资融券业务试点推出的2010年末，市场共有25家证券公司、1 223家营业部具备业务资格，从事融资融券交易的客户数仅有2万余户，市场融资融券年末余额127.75亿元，同期A股流通市值为19.09万亿元，融资融券余额仅占A股流通市值的0.07%。

截至2016年9月末，市场融资融券年末余额8 716.48亿元，同期A股流通市值为37.55万亿元，融资融券余额仅占A股流通市值的2.32%，该比例较2010年末增长近2.25个百分点（见图2）。

自融资融券业务推出至2016年9月末，市场融资融券余额占同期A股流通市值比重的平均值为1.88%，其中有3个月份达到4%以上：2015年4月末4.00%、2015年5月末4.12%、2015年6月末达到历史峰值4.38%（见表1）。

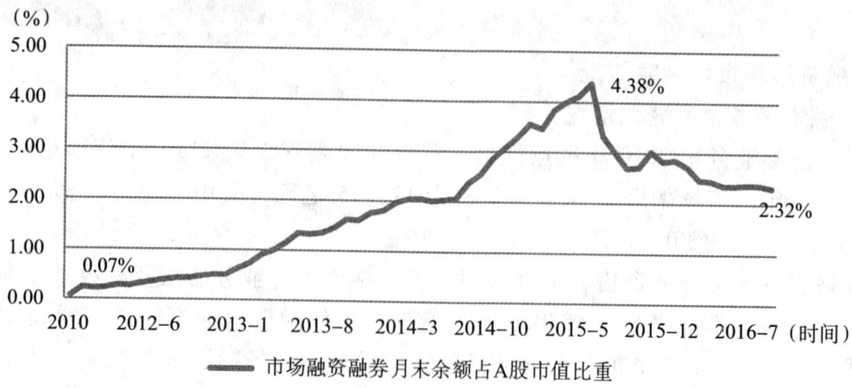

图 2 历年融资融券月末余额占 A 股市值比重情况

表 1 历年末市场融资融券余额占 A 股市值比重情况

时间	融资融券余额（亿元）	A 股流通市值（亿元）	“两融”余额占 A 股市值的比重（%）
2010 年末	127.75	190 917.00	0.07
2011 年末	383.00	163 479.00	0.23
2012 年末	895.30	178 417.18	0.50
2013 年末	3 465.47	196 560.68	1.76
2014 年末	10 253.90	312032.33	3.29
2015 年末	11 741.83	415 159.93	2.83
2016 年 9 月末	8 716.48	375 511.51	2.32

3. 融资融券余额与证券化率

证券化率是指各类金融证券总市值与 GDP 总量的比值，它反映了证券市场在一国国民经济中的地位高低，某种程度上也反映了证券市场的成熟程度。通过对比可以发现，市场融资融券余额与行情发展具有高度相关性，融资融券余额和市场指数同处高位时，往往带动证券化率快速上升，如 2015 年第二季度末时，市场融资融券余额达到 20 490.28 亿元，同期我国证券化率高达 109.01%，几乎达到了发达国家的水平（见表 2）。

表 2 历年融资融券季度末余额与证券化率对比

时间	融资融券余额（亿元）	季度 GDP 总量（亿元）	证券化率（%）
2010 年末	127.75	408 903	76.11
2011 年末	383.00	484 124	53.93
2012 年第一季度末	467.96	116 148	52.31
2012 年第二季度末	608.98	130 766	50.89
2012 年第三季度末	700.72	136 723	46.88
2012 年第四季度末	895.30	150 486	47.73
2013 年第一季度末	1 647.25	128 084	48.00
2013 年第二季度末	2 224.76	143 032	45.71
2013 年第三季度末	2 861.45	150 720	47.81

续表

时间	融资融券余额（亿元）	季度 GDP 总量（亿元）	证券化率（%）
2013 年第四季度末	3 465. 47	166 184	47. 97
2014 年第一季度末	3 954. 32	138 764	43. 78
2014 年第二季度末	4 064. 89	155 248	44. 20
2014 年第三季度末	6 107. 54	163 281	51. 32
2014 年第四季度末	10 253. 90	178 617	64. 42
2015 年第一季度末	14 943. 68	147 891	73. 58
2015 年第二季度末	20 490. 68	166 054	109. 01
2015 年第三季度末	9 067. 34	173 390	71. 67
2015 年第四季度末	11 741. 83	189 372	86. 97
2016 年第一季度末	8 808. 80	158 526	72. 41
2016 年第二季度末	8 535. 50	179 927	75. 45
2016 年第三季度末	8 716. 48	189 334	80. 79

但事实上，宏观 GDP 总量与历史相比并未有明显的改变，因此某种程度上，当时融资融券规模的增长与证券市场的繁荣脱离了实体经济的支撑。

（二）融资融券市场交易情况

1. 历年融资融券交易额

自融资融券业务启动以来，随着监管部门和行业各经营主体对于融资融券业务的持续优化、规范引导和合理推动，投资者对融资融券业务的了解程度不断提高、参与融资融券交易的意愿逐渐加强。融资融券交易额的稳步上升，极大地提高了我国证券市场的活跃度（见图 3）。

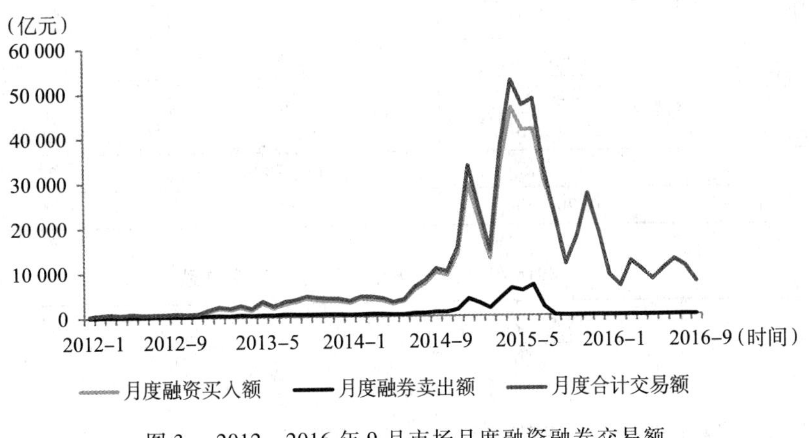

图 3　2012—2016 年 9 月市场月度融资融券交易额

2010 年市场融资融券交易额合计为 713. 65 亿元，其中融资买入额 700. 88 亿元、融券卖出额 12. 77 亿元，分别占比 98. 21%、1. 79%。2011 年，市场融资融券交易额合计为 3 249. 50 亿元，较 2010 年增长 355%。2012 年起，市场融资融券交易额较 2012 年之前有了跨越式增长。2012—2015 年期间，沪、深两市合计融资融券交易额分别为：9 034. 67 亿元、

38 730. 40 亿元、107 059. 91 亿元、353 962. 62 亿元，该期间内融资融券交易额年度增幅平均值为 228. 44%。其中，2015 年融资融券交易额为历年最高，当年融资买入额达到 324 729. 35 亿元、融券卖出额达到 29 233. 26 亿元，交易额较 2010 年、2011 年有了明显增长（见表 3）。

表 3　历年融资融券交易额

（单位：亿元）

时间	融资买入金额	融券卖出金额	融资融券交易额
2010 年	700. 88	12. 77	713. 65
2011 年	2 975. 63	273. 87	3 249. 50
2012 年	7 255. 76	1 778. 91	9 034. 67
2013 年	32 935. 55	5 794. 86	38 730. 41
2014 年	95 792. 15	11 267. 76	107 059. 91
2015 年	324 729. 35	29 233. 26	353 962. 61
2016 年 1—9 月	86 192. 65	477. 46	86 670. 11

月度交易额方面，2015 年 4 月沪、深两市融资融券交易额高达 5. 25 万亿元，为历史最高月份。在经历了 2015 年股市异动后，融资融券交易额出现下滑，2016 年 9 月，融资融券交易额为 7 408. 54 亿元，较历史最高月份的交易额减少 85. 90%（见表 4、表 5）。

表 4　2012—2016 年 9 月融资融券月交易额排名前 10 位月份

（单位：亿元）

时间	融资买入额	融券卖出金额	融资融券交易额
2015 年 4 月	46 428. 93	6 114. 30	52 543. 23
2015 年 6 月	41 584. 66	6 798. 86	48 383. 52
2015 年 5 月	41 484. 29	5 532. 70	47 016. 99
2015 年 3 月	33 867. 23	3 973. 47	37 840. 70
2014 年 12 月	29 652. 41	3 802. 80	33 455. 21
2015 年 7 月	30 441. 52	1 962. 60	32 404. 12
2015 年 11 月	27 056. 37	40. 45	27 096. 82
2015 年 1 月	21 012. 85	2 880. 87	23 893. 72
2015 年 8 月	22 237. 27	113. 37	22 350. 64
2015 年 12 月	18 700. 50	52. 00	18 752. 50

表 5　2012—2016 年 9 月市场融资融券月均交易额

（单位：亿元）

时间	月均融资买入额	月均融券卖出额	月均融资融券交易额
2012 年	604. 65	148. 24	752. 89
2013 年	2 744. 63	482. 90	3 227. 53
2014 年	7 982. 68	938. 98	8 921. 66
2015 年	27 060. 78	2 436. 11	29 496. 89
2016 年 1—9 月	9 576. 96	53. 05	9 630. 01

2. 交易额增幅

2011—2015 年间，沪、深两市融资融券年交易额年度增幅均保持在 100% 以上，分别为：2011 年 355.34%、2012 年 178.03%、2013 年 328.69%、2014 年 176.42%、2015 年 230.62%。其中融资买入金额增幅最大的是 2013 年的 353.92%，融券卖出金额增幅最大的是 2011 年的 2 044.64%（见表 6）。

表 6　历年融资及融券交易额增幅情况

时间	融资买入金额增幅（%）	融券卖出金额增幅（%）	融资融券合计交易额增幅（%）
2010 年	-	-	-
2011 年	324.56	2044.64	355.34
2012 年	143.84	549.54	178.03
2013 年	353.92	225.75	328.69
2014 年	190.85	94.44	176.42
2015 年	238.99	159.44	230.62
2016 年 1—9 月	-73.46	-98.37	-75.51

融资融券交易额单月增幅方面，2012—2016 年 9 月，市场融资融券交易额单月增幅平均值分别为：2012 年 12%、2013 年 12%、2014 年 25%、2015 年 7%、2016 年前 9 个月 -3%，其中单月增幅为正的有 29 个月份，其余月份为负。2015 年 3 月、2014 年 12 月、2012 年 12 月融资融券交易额单月增幅均超过 100%，为单月增幅最大的 3 个月份（见图 4）。

图 4　2012—2016 年 9 月融资融券余额单月增幅变化情况

3. 融资融券交易额在 A 股总交易额中的比重

融资融券交易额占 A 股总交易额的比重是判断融资融券业务是否过热的一个重要指标。在业务推出初期的 2010—2011 年，融资融券交易额在我国 A 股总交易额中的占比年均不足 1%（见表 7）。

表 7　业务推出初期融资融券交易额在 A 股总交易额中的比重

时间	融资买入额（亿元）	融券卖出金额（亿元）	合计（亿元）	A 股交易额（亿元）	占比（%）
2010 年	700.88	12.77	713.65	535 660.64	0.13
2011 年	2 975.63	273.87	3 249.50	414 288.07	0.78

从 2012 年起，融资融券交易额占比开始有所提升，2013 年 10 月—2015 年底，该比例基本维持在 10% 左右（见图 5）。

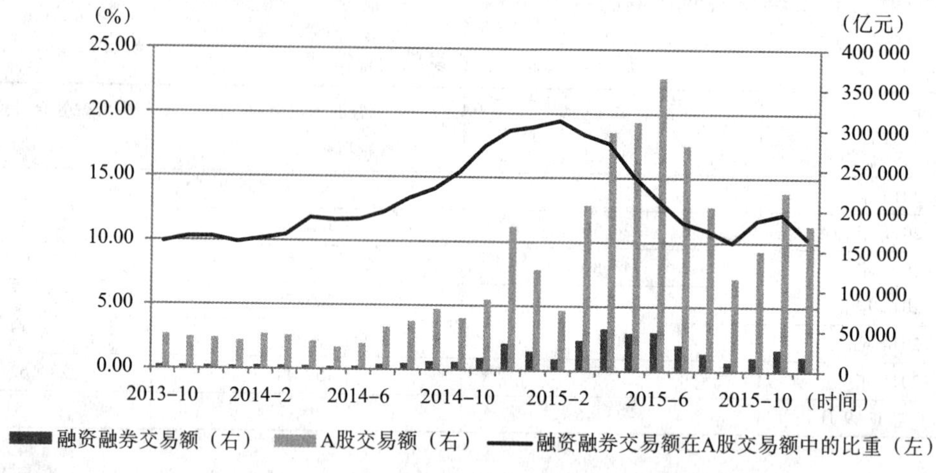

图 5　2013 年 10 月—2015 年底月度融资融券交易额占比

融资融券交易额在证券市场总交易额中的占比反映了证券市场投资者杠杆交易的热情。根据境外市场的经验，较为成熟的证券市场中该比重基本维持在 20% 以上。在我国融资融券业务的发展历程中，该指标呈稳定上升趋势，但均维持在 20% 以下。

2015 年 A 股行情波动较大，该指标波动也较大，既有 3、4 月份占比 17%、18% 的情况，也有 9、12 月份占比仅 10.01%、10.33% 的情况。其中在 2015 年 2 月出现了融资融券交易额占 A 股总交易额比重的历史峰值，即 19% 左右。考虑到当时尚有约 5 000 亿元的场外配资，粗略估计该指标的实际值更高。

4. 融券交易占比

受益于标的范围扩大、投资者日益成熟、转融通业务创新等因素，我国融资融券业务规模增长迅速，但其中的融券规模占比极少。2016 年 9 月末，市场融券业务余额 31.11 亿元，仅占同期市场余额的 0.36%（见图 6、图 7）。

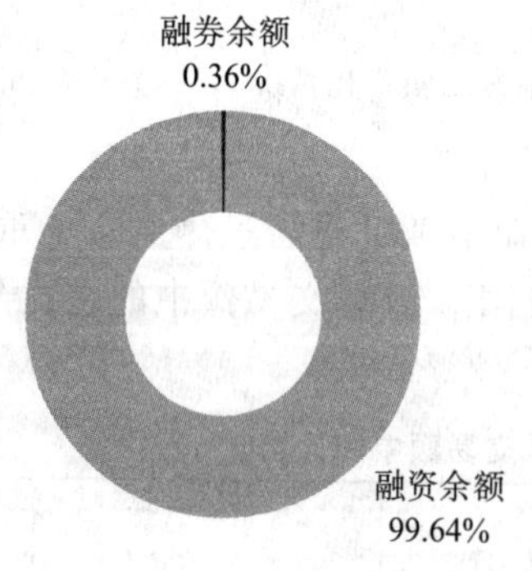

图 6　2016 年 9 月末融资融券余额对比

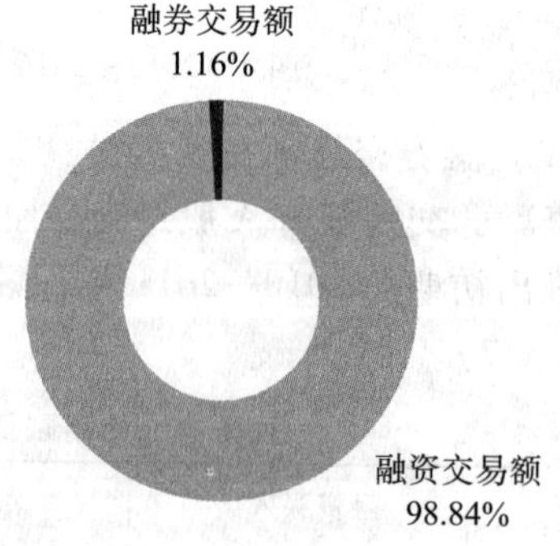

图 7　2016 年 9 月末融资融券交易额对比

融券规模难以做大，使得以融券为基础工具的策略性投资及套利等交易无法正常开展，导致融资融券交易以无风险管理的散户参与为主，专业机构投资者参与极少，市场参与主体极度失衡给融资融券市场健康有序发展埋下了隐患。有效扩大券源数量及品种并降低融券费率，是推动融资融券业务更加均衡发展亟待解决的问题。

（三）投资者开户情况

1. 信用证券账户开立及信用客户新增情况

截至 2016 年 9 月末，市场共有信用账户数为 828.10 万户，是 2010 年末的近 200 倍。通过对比发现，信用账户新开户的增长情况与 A 股行情走势具有较为明显的正相关性，信用账户新开户的增长领先于市场行情的走势（见图 8）。

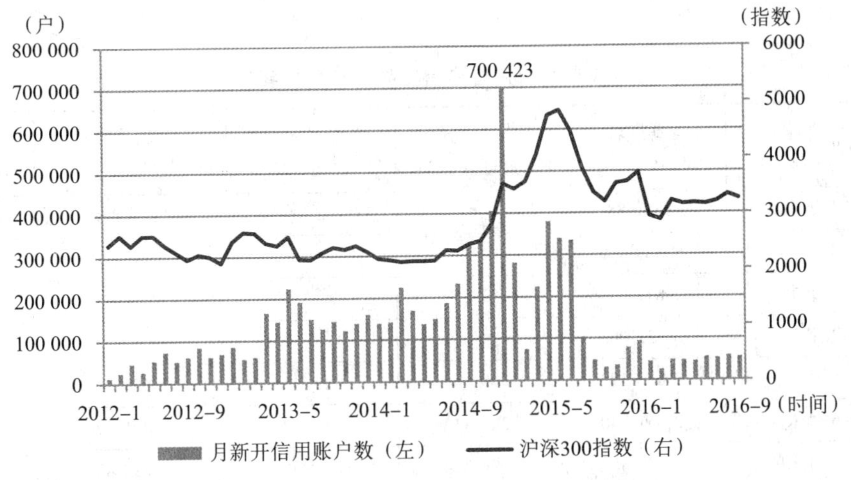

图 8　2012—2016 年 9 月市场月新增信用账户数

截至 2016 年 10 月末，市场共有信用客户 423.73 万户，较 2013 年半年末增加约 356.37%、较 2015 年末增加约 5.24%。近年来新增信用客户数最多的时期是 2014 年下半年，期间共新增信用客户数 64.62 万户；进入 2015 年以后，新增的信用客户数开始减少（见表 8）。

表 8　2013—2016 年 10 月每半年度新增信用客户和信用证券账户数　（单位：户）

时间	期间新增信用客户数	信用客户数	期间新增信用证券账户数	信用证券账户数
2013 年 6 月	425 006	928 488	844 805	1 823 919
2013 年 12 月	440 971	1 369 459	845 568	2 671 728
2014 年 6 月	508 195	1 877 654	963 614	3 660 176
2014 年 12 月	1 154 409	3 032 063	2 188 099	5 864 300
2015 年 6 月	819 867	3 851 930	1 633 722	7 539 491
2015 年 12 月	174 593	4 026 523	387 471	7 896 746
2016 年 6 月	117 831	4 144 354	263 642	8 130 464
2016 年 10 月	92 988	4 237 342	202 713	8 313 821

注：信用开户数截至 2016 年 10 月末。其中，期间新增信用客户数 = 本期信用客户数 - 上期信用客户数；期间新增信用证券账户数 = 本期新开信用证券账户数。

2. 信用客户交易及有负债情况

整体来看，近年来有负债客户数占比在24%—37%，其中自2015年5月起，有负债客户数均维持在30%以上或接近30%，为近年来较高水平。2016年以来，有负债客户数占比下降至30%以下。截至2016年9月末，市场中有负债客户共计116.87万户，占市场信用客户总数的27.69%。

交易方面，2015年5月和6月日均交易客户数均在40万户左右，占同期客户数的11.11%和10.23%，属于历史较高水平。当前市场中日均有交易的客户数为18.89万户，占当前总信用客户数的4.48%，属于近两年的较低水平，显示客户交易活跃度有所下滑（见表9）。

表9　近年来市场信用客户有交易及有负债客户占比

时间	客户数（户）	日均交易客户数量（户）	有交易客户数占比（%）	有负债客户数量（户）	有负债客户数占比（%）
2013年半年末	928 488	–	–	226 878	24.44
2013年末	1 369 459	–	–	360 292	26.31
2014年半年末	1 877 654	–	–	464 525	24.74
2014年末	3 032 063	–	–	929 426	30.65
2015年5月末	3 686 372	409 444	11.11	1 299 492	35.25
2015年6月末	3 851 930	393 918	10.23	1 395 170	36.22
2015年7月末	3 897 887	296 324	7.60	1 294 420	33.21
2015年8月末	3 919 467	268 132	6.84	1 253 223	31.97
2015年9月末	3 930 899	185 260	4.71	1 168 649	29.73
2015年10月末	3 947 024	282 901	7.17	1 231 914	31.21
2015年11月末	3 984 592	332 812	8.35	1 332 808	33.45
2015年末	4 026 523	264 663	6.57	1 323 029	32.86
2016年半年末	4 144 354	180 557	4.36	1 193 795	28.81
2016年9月末	4 220 691	188 942	4.48	1 168 748	27.69

（四）担保物结构

1. 历年来总担保市值的变化

整体来讲，随着融资融券业务的不断发展，业务担保水平持续提高。截止到2016年9月末，市场融资融券业务总担保物市值合计为28 981.47亿元，较2013年半年末增长429.42%，同期市场余额增长291.79%，市场整体担保比例由246.06%上升至332.49%，增长35.13%。

历年中，担保物总市值峰值出现在2015年半年末的5.7万亿元（以半年为观测期），随着余额减小、担保物缩水等原因，担保物市值逐步下降，2015年末下降至3.8万亿元，2016年1—9月较上年末下滑24.5%至2.90万亿元。在担保物市值下滑的同时，市场余额同步减小，因此担保比例逐步上升，担保情况更加稳健（见表10）。

表 10　近年来融资融券市场担保物市值及担保比例变化

时间	总担保市值（亿元）	余额（亿元）	担保比例（%）
2013 年半年末	5 474.21	2 224.76	246.06
2013 年末	8 737.79	3 465.47	252.14
2014 年半年末	10 650.97	4 064.89	262.02
2014 年末	27 186.09	10 253.90	265.13
2015 年半年末	57 254.69	20 490.68	279.42
2015 年末	38 384.90	11 741.83	326.91
2016 年半年末	28 567.00	8 535.50	334.68
2016 年 9 月末	28 981.47	8 716.48	332.49

2. 担保资金与可充抵保证金证券占比

截至 2016 年 9 月末，市场融资融券业务担保物合计为 28 981.47 亿元。其中，担保资金 1 443.21 亿元，股票市值 27 401.12 亿元，债券、基金及其他共 137.14 亿元，三类担保物金额或市值占比分别为 4.98%、94.55%、0.47%。

在我国融资融券业务发展历程中，股票市值一直是各类担保物总量中占比最大的一类，除 2015 年下半年至 2016 年初期间个别月份外，股票类担保物在担保物总市值中占比一直在 90% 以上。以半年度为观测区间来看，2013 年 12 月末，股票类可充抵保证金证券市值合计为 8 415.17 亿元，占同期市场融资融券担保物（含担保资金、债券、基金及其他各类担保物市值）的 96.31%，为近 3 年来最高（见图 9）。

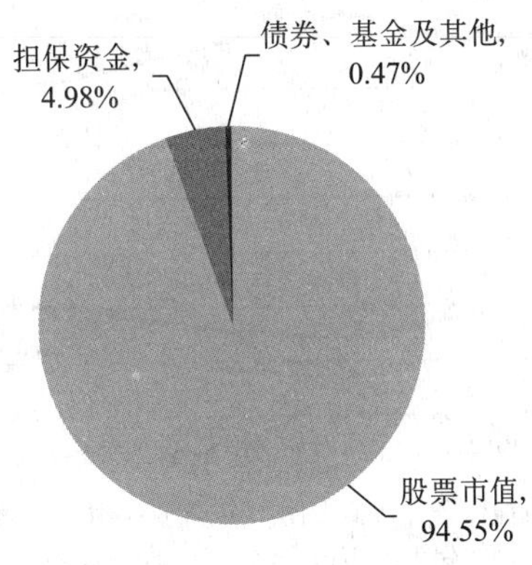

图 9　2016 年 9 月末我国融资融券担保物结构

3. 股票类可充抵保证金证券的板块分布

在三类担保品中，股票类可充抵保证金证券市值占比最高。截至 2016 年 9 月末，主板担保品股票市值为 1.79 万亿元，占所有担保物市值的 61.93%；中小板担保品股票市值为 0.58 万亿元，占所有担保物市值的 20.08%；创业板担保品股票市值为 0.36 万亿元，占所有担保物市值的 12.53%（见图 10）。

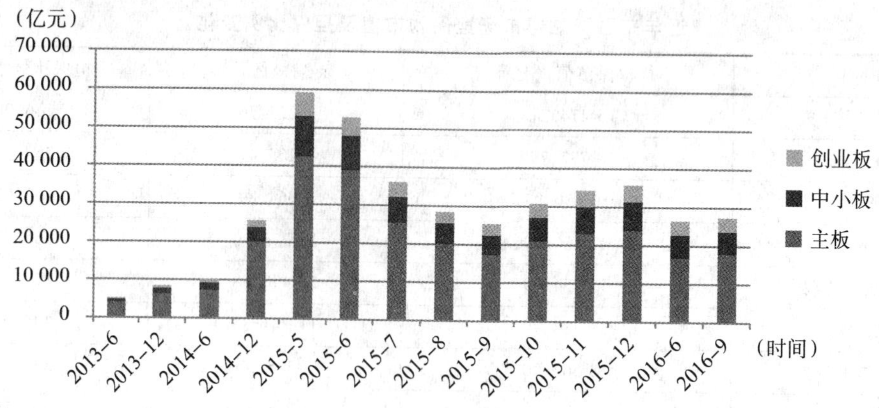

图 10　股票类可充抵保证金证券市值的板块分布

从 2013 年至 2016 年 9 月末，股票类担保品市值在总担保物中的占比由 94. 32% 增加至 94. 55%，基本保持不变，但其中各板块结构略有差异。创业板担保品股票市值占比小幅上升，该板块担保品股票市值在 2013 年半年末时为 300. 66 亿元，占比为 5. 49%；到 2016 年 9 月末，创业板担保品股票市值为 3 632. 14 亿元，增加 3 331. 48 亿元，在所有担保物市值中的占比也由 5. 49% 上升至 12. 53%、上升 7. 04 个百分点。同期主板担保品股票市值增加 13 855. 54 亿元，占比下降 12. 85 个百分点；中小板担保品股票市值增加 5 050. 91 亿元，占比上升 6. 04 个百分点（见图 11）。

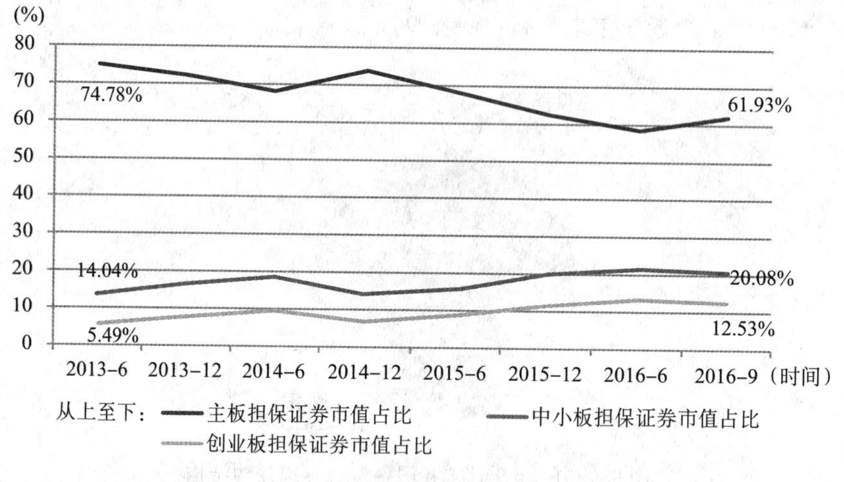

图 11　近年来各板块担保证券占比变化

4. 股票类可充抵保证金证券的市盈率情况

从可充抵保证金的股票市盈率来看，市盈率大于等于 50 倍小于 100 倍、大于等于 100 倍小于 300 倍、大于等于 300 倍这三个区间的股票担保品数量增加较为明显，2016 年 9 月末上述相应区间的担保股票只数分别为 2013 年半年末的 2. 13 倍、3. 12 倍和 2. 39 倍。而同期小于 20 倍和大于等于 20 倍小于 50 倍这两个区间的担保股票只数分别下降 62. 78%、26. 06%。因此，从股票类担保品的数量增幅来看，高市盈率的担保品股票数量呈增多趋势。

从股票担保品的市值来看，2016 年 9 月末，占比最大的是市盈率大于等于 20 倍小于 50

倍的股票，该区间股票担保品市值为 7 439.62 亿元；其次是市盈率大于等于 50 倍小于 100 倍的股票担保品，该区间担保品股票市值为 5 978.99 亿元（见图 12）。

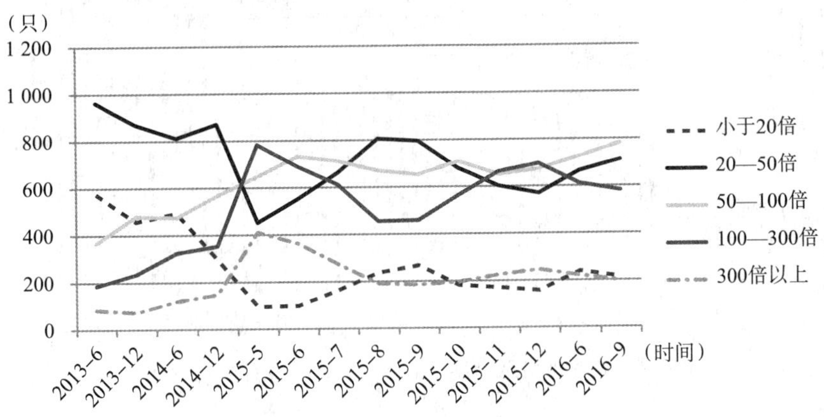

图 12　2013 年至今各市盈率区间股票担保品数量变化

占比第三位的是市盈率小于 20 倍的股票担保品，总市值为 4 591.44 亿元。市值较小的依次是：市盈率大于等于 100 倍小于 300 倍的担保品股票市值为 3 995.67 亿元，大于等于 300 倍的市值为 1 959.24 亿元。因此，从股票类担保品的市值来看，当前中低市盈率的股票担保品总市值占比更大（见图 13）。

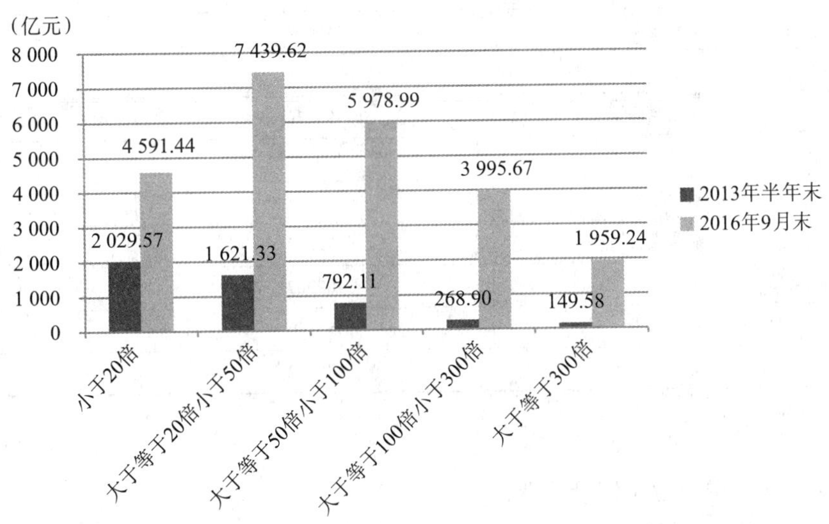

图 13　2013 年半年末和 2016 年 9 月末各市盈率区间担保品股票市值对比

（五）具有业务资格的证券公司和营业部情况

2010 年试点推出时，市场上仅 6 家证券公司具备融资融券业务资格，至当年年底，该数字上升至 25 家。截至 2016 年 9 月末，市场共有 93 家证券公司、8 302 家营业部在经营融资融券业务。经营主体的增加，既推动了融资融券业务的快速发展，也在投资者教育、风险控制等方面起到了重要作用（见图 14）。

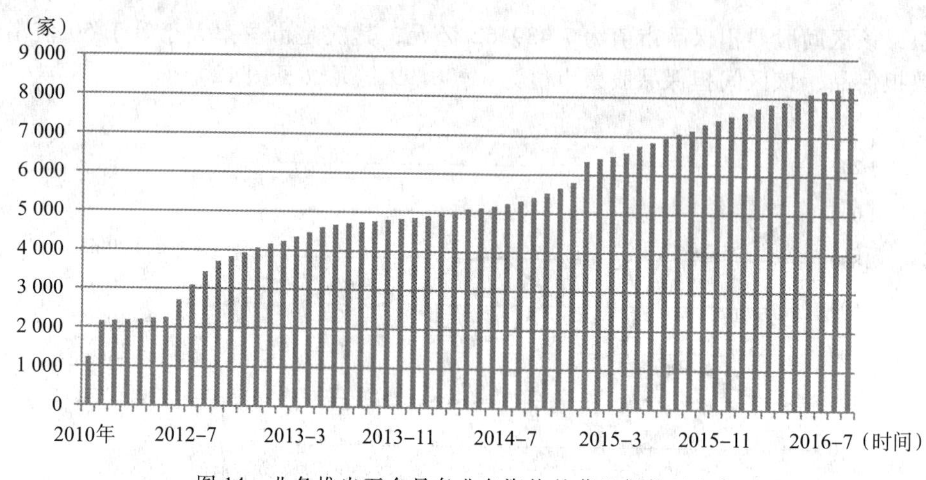

图 14　业务推出至今具备业务资格的营业部数量变化

截至 2016 年 9 月末，市场中共有 3 家证券公司融资融券业务规模超过 500 亿元，5 家证券公司规模在 400 亿—500 亿元，11 家证券公司规模在 100 亿—400 亿元，其余证券公司规模均在 100 亿元以下（见表 11）。

表 11　融资融券余额市场前 10 名证券公司情况

排名	证券公司	融资融券余额（亿元）	市场份额（%）
1	中信证券	569.42	6.53
2	华泰证券	511.62	5.87
3	申万宏源证券	501.38	5.75
4	中国银河证券	493.16	5.66
5	广发证券	490.71	5.63
6	招商证券	478.86	5.49
7	国泰君安证券	472.62	5.42
8	海通证券	409.07	4.69
9	国信证券	355.26	4.08
10	光大证券	276.92	3.18

注：排名以 2016 年 9 月末数据为准。

（六）主要融资融券业务制度变化

1.《证券公司融资融券业务管理办法》相关变化

融资融券业务试点推出前，中国证监会于 2006 年 6 月制订发布《证券公司融资融券业务试点管理办法》，后于 2011 年 10 月进行修订，融资融券业务转入常规，并取得了快速发展。2015 年中国证监会对《证券公司融资融券业务管理办法》（以下简称《管理办法》）进行了重要修订，主要变化内容包括：（1）建立了逆周期调节机制；（2）增加监管底线要求；（3）明确了融资融券业务规模要求；（4）明确了投资者参与融资融券业务的最低证券资产要求；（5）期限管理方面明确允许合约展期；（6）优化融资融券客户担保物违约处置标准和方式。

2. 其他业务规则的修订

（1）沪、深证券交易所修改融资保证金比例下限。2015 年 11 月，沪、深证券交易所分别对融资融券业务的融资保证金最低比例进行了修订，将其从过去的 50% 提高至 100%，这次修订适用于 2015 年 11 月 23 日及以后新开的融资合约。最低保证金比例的提升，意味着融资买入的杠杆效应降低。

（2）沪、深证券交易所修订融券负债归还规则。2015 年 8 月，沪、深证券交易所分别对融资融券业务实施细则中关于融券负债归还时限的要求进行了修订，要求"客户融券卖出后，自次一交易日起可通过买券还券或直接还券的方式向会员偿还融入证券"。

（3）关于一人多户的相关规定。2015 年 5 月，证券交易所针对一人多户的实施，发布了《关于投资者开立多个证券账户进行证券交易有关事项的通知》，其中对融资融券信用账户的交易做出有关规定："投资者以本人名义开立的所有证券账户与融资融券信用证券账户单日通过集中竞价交易和大宗交易累计买入的单只风险警示股票，数量合计不得超过 50 万股。"

二、融资融券业务对促进资本市场发展所起的作用

（一）融资融券业务对市场的作用

1. 活跃了市场交易

融资融券交易推出后，其交易规模逐步提升，发挥了活跃市场交易的重要作用。2012—2015 年各年度，融资买入额规模分别为 0.73 万亿元、3.29 万亿元、9.58 万亿元和 32.47 万亿元，占全市场 A 股交易规模的比例分别为 2.89%、8.35%、14.51% 和 13.94%（见图 15）。经过 2015 年股市波动，2016 年前 10 个月融资融券交易额占全市场 A 股交易额的比例有所回落，平均为 9% 左右。

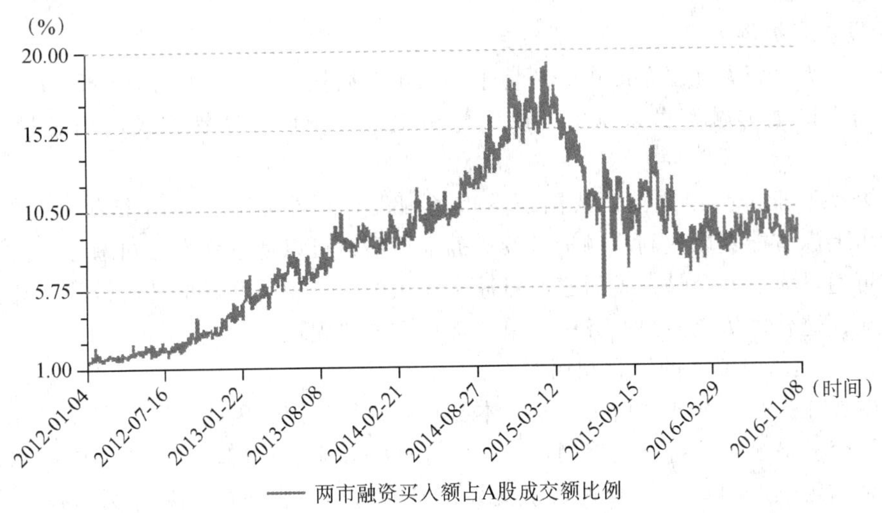

图 15　两市融资买入额占 A 股成交额比例

资料来源：Wind 资讯。

2. 提供了双向信用交易机制，完善了市场基础功能

一是融资融券为市场提供了便利、规范的融资渠道。我国证券市场建立以来，市场一直

有融资交易的需求，但缺乏制度化的规范管理和监管，证券市场出现的市场风险和证券公司风险，往往与违规融资有密切关系。融资融券通过完备的制度体系，在规范管理和有效监管下，有效满足了市场融资交易需求，2014 年末和 2015 年末融资规模分别达到 1.03 万亿元和 1.17 万亿元。分析 2015 年股市异常波动的得失，我们认为，游离于监管边缘的各种不规范、未能有效监控甚至违规的高杠杆配资给市场带来了不小危害；可以设想，假如整个市场的融资行为都像融资融券业务一样在有效的监管监控下规范开展，那么股市异常波动的预警和化解相对会更为有效一些。

二是融资融券为市场提供了做空机制，逐步发挥了风险对冲工具功能。国内证券市场长期以来属于单边做多市场，股指期货的推出，在指数层面建立了做空机制；融资融券的推出，使投资者可以通过融券卖出实现对单只股票的做空，市场做空机制得到进一步完善。从海外成熟市场经验看，做空配置更多的是作为风险管理工具加以运用。但国内融资融券推出后，多数投资者主要是利用其进行方向性放大投资，在加杠杆的同时放大了投资风险。2015 年股票市场的异常波动，凸显了通过融资融券进行方向性投资所带来的放大收益和放大亏损的双刃性。股市异常波动后，运用融券做空进行策略投资配置和风险管理配置逐步得到部分投资者的认可，不少投资者的融券做空目的已经转为风险对冲管理。但由于市场和融券券源不足等原因，融券规模仍相当有限，截至 2016 年 10 月末，融券规模仅为融资规模的 0.43%。有理由相信，未来随着投资者的成熟和融券券源瓶颈的缓解，融券做空在策略投资和风险对冲中的运用将会不断提升。

（二）融资融券业务对投资者的作用

融资融券作为一项创新业务，回望其 6 年发展轨迹，对投资者的作用主要体现在以下几点：

1. 为投资者提供了双向交易投资机会

融资融券为投资者在复杂的市场环境下提供了双向投资机会。由于融券制度的引进，投资者在市场中既能够融资做多，也可以融券做空，其较传统交易方式增加了投资赢利的机会。

在“两融”业务推出之前，我国证券市场因没有融券业务，故投资者只能做单边市，即只有股市上涨方能获取盈利。融资融券业务推出后，可以通过证券公司融券，投资者即使在熊市亦可通过卖空的交易方式回避或对冲市场风险，达到资金保值升值目的，甚至实现盈利。很明显，这较之传统经纪业务中的单向交易方式要先进。

2. 有利于提高投资者的资金利用率

融资融券业务是一种证券信用交易，本身具有杠杆作用，因此可以提高投资者的资金利用率。信用交易最显著的特点是信用扩张，发挥杠杆效应，投资者可以通过该项业务获得超过自有资金一定额度的资金或股票从事交易，人为地扩大自身的交易能力，提高资金利用率，以实现超常规的财富积累。

根据《2014 年融资融券业务发展概况报告》，2014 年在参与融资融券交易的 123 万名投资者中，82.8 万名投资者浮盈，占 67.3%，总浮盈 6 020.3 亿元，人均浮盈 72.7 万元。按盈利金额占账户日均净资产的比例计算，人均浮盈率为 69%。39.8 万名投资者浮亏，占 32.4%，总浮亏 571.7 亿元，人均浮亏 14.4 万元，人均浮亏率为 27.4%。绝大多数投资者利用融资融券交易的杠杆特性，在市场上涨中显著提升收益水平，体会到了融资融券带来的财富效应。

当然，从某种意义上讲，融资融券业务也是一柄“双刃剑”，在判断正确的时候放大收益，判断错误的时候增大损失。投资者不仅要承担因判断失误而造成的损失，还要承担因融资产生的息费和佣金。不过“两融”交易仅是工具，其本身并不存在对错，关键是使用这一工具的投资者如何有效管理风险。

3. 有利于提供明确的投机人气指标

融资融券信用交易中产生的融资余额和融券余额为投资者提供了一个测度投机程度及方向的重要指标：融资余额大，股市将上涨；融券余额大，股票将下跌；融资融券额越大，这种变动趋势的可信度越大。诚然，“两融”余额的变化不能仅以一两日个案作为评判标准。

目前各主要网站与各类软件所提供的免费资讯大多提供当日沪、深两市（包括单只标的）“两融”交易余额的具体数字，这为投资者分析股市与个股发展动向带来了便利。

4. 促使投资者形成长期投资理念

“两融”业务推出后，由于该项业务的杠杆性风险特征，因此投资者在选股及具体操作上更趋谨慎，这种心理上的变化无形中有助于投资者树立一种长期投资理念。

根据《2014 年融资融券业务发展概况报告》，2014 年全年沪、深市场客户共了结融资合约 2 331 万个，平均持仓时间为 23. 1 天，较 2013 年增加 1. 4 天。其中持仓时间超过 5 个月的融资合约共 223. 6 万个，占全部已了结合约数量的 3. 3%。自有资产 300 万元以上的投资者融资合约的平均持仓时间为 34. 5 天，是自有资产 300 万元以下投资者的 1. 7 倍，显示高净值客户的长期价值投资理念有所加深。

（三）融资融券业务对证券公司的作用

“两融”业务对于证券公司的作用主要反映在以下几方面：

1. 证券公司盈利模式得到优化与改善

“两融”业务推出之前，证券公司只有经纪、投行、资产管理、证券自营与投资顾问等几项传统业务，与欧美发达国家相比，在业务结构上相对欠缺。融资融券业务的开展，拓宽了境内证券公司业务范围，增加了自身收入来源，使其盈利模式得到优化与改善。

作为证券公司一项重要的创新业务，“两融”业务收入占证券公司营业收入的比重近年逐年攀升，成为其新的利润增长点。根据中国证券业协会公布的证券公司经营情况数据，2015 年，证券公司融资融券息费收入为 1 175 亿元，较 2014 年大幅增长 163. 32%，占证券公司全年总营业收入的 20. 43%，较 2014 年上升 3. 29 个百分点，已成为证券公司第三大业务收入，仅次于经纪业务和自营业务。

综合来看，“两融”业务对推进证券公司业务布局从纯中介业务向资本中介业务转型，加快经营格局调整和业务转型升级起到了促进作用，证券公司盈利模式进一步优化，盈利能力得到提升。

2. 强化了证券公司综合管理能力和业务创新意识

融资融券业务具有高风险特征，且与其他业务部门关联性较强。该业务推出后，各家证券公司通过健全内部风控制度，协调平衡信用交易部、经纪业务部、衍生品部和技术开发部等关系，统筹公司总部与各分支机构下辖营业部的业务往来与管理等措施，提升了综合服务能力，增强了其核心竞争力。

目前，融资融券客户群体已成为一支重要的投资力量。截至 2016 年 10 月末，“两融”投资者达 423.73 万名，占 A 股投资者总数的 3.71%；信用证券账户持仓市值为 3.04 万亿元，占 A 股流通总市值的 7.84%。根据《2014 年融资融券业务发展概况报告》：“高净值投资者融资融券交易额和余额占到全部投资者的一半。参与交易的投资者中，信用账户中自有资产 300 万元以上的高净值投资者有 5.5 万名，融资融券交易额为 49 478 亿元，占全部投资者的 46.5%，这些投资者年底融资融券余额为 5 650 亿元，占全部投资者的 55%。”

为更好地利用该工具实现盈利并防范市场风险，“两融”投资者在交易策略、资金配置与市场分析等服务需求方面更加具体细致，如要求证券公司提供高端研究报告、提供个性化的操作策略等。面对如此重要的客户群体，证券公司纷纷对市场量化策略、中性策略、“两融”ETF 套利策略、期现套利等交易策略展开深入研究与创新，以期更好地服务投资者。

总之，“两融”业务的开展，强化了证券公司综合管理能力以及业务创新和服务意识。

3. 加剧了证券公司间的竞争，强化了大型证券公司行业地位

融资融券业务推出后，我国证券公司间竞争有所加剧，大证券公司地位有所强化。

由于信用交易的杠杆性质，融资融券业务推出后加剧了证券公司间的竞争。大证券公司因其在资本金、券源、人力与客户资源、风控能力、行业影响力等方面的优势，相对而言更能充分利用融资融券带来的优势，以发展自身业务，强化在行业内的地位。截至 2016 年 10 月底，“两融”余额规模排名前 10 位的证券公司依次为中信证券、华泰证券、申万宏源证券、广发证券、中国银河证券、国泰君安证券、招商证券、海通证券、国信证券以及光大证券。上述数据与 2015 年中国证券公司综合排序前 10 位高度重合，这说明，“两融”业务开展以来，大证券公司行业地位得到一定程度的强化。

4. 对证券公司风控管理提出了新的挑战

作为信用交易，“两融”业务的杠杆效应不仅体现在收益的增大方面，同时也反映在风险的不确定性与风险敞口的扩大上。必须明确的是，杠杆交易带来的风险与传统交易方式下产生的风险在体量、资金的亏损额度以及客户损失方面是不可同日而语的，无论是系统性风险还是非系统风险均如此。因此，“两融”业务的开展对证券公司风控管理提出了新的挑战。

证券公司在融资融券业务上面临的风险首先体现在其开展股权质押业务中遇到的“黑天鹅”事件所造成的潜在重大损失；其次，证券公司在开展常规融资融券业务时遇到的非系统性风险，如未严格遵守“两融”业务操作流程办理业务、维持担保比率不足或强行平仓执行力遇阻，以及技术故障等问题，都会给证券公司带来重大风险。

有鉴于此，证券公司在开展“两融”业务过程中，应遵照监管规定，制订缜密的业务操作流程，根据客户的知识层次、心理承受度、市场经验、操作技能等谨慎授信，并实施点对点盯盘制度，以此化解市场风险。

三、融资融券业务未来发展建议

基于目前国内融资融券业务发展极不平衡的状态，我们建议如下：

（一）适度发展融券业务，促进市场的成熟与稳定

1. 融券是建设成熟稳定市场的必要条件

各类研究表明，在一个成熟稳定的市场当中，做多与做空的力量需要均衡发展。做大融券业务，是降低市场波动的有效手段。

首先，做空机制有利于减少市场泡沫。对美国证券市场的研究显示，当做空由于融券成本高等原因而受限时，相应股票的收益率将远低于市场收益率，即当做空受限制时，投资者只能以更高的价格购买股票，超过了应该获得的合理价格。

其次，做空机制有利于价格发现。做空是否受到限制对资本市场的信息效率有着重要影响。拥有负面信息的投资者无法顺利做空，因而负面信息无法充分反映到资本市场价格中，减缓了信息传递的效率，资产价格被高估，市场有效性降低，阻碍了市场价格发现的功能。哈佛大学 Stein 教授等的理论研究表明，限制做空会延迟信息的传递，使价格发现机制失灵。一旦资产价格下降，投资者的坏消息由“比较坏”到“非常坏”逐渐得到释放。而做空限制使得“坏消息”需要时间延迟才能在价格中释放出来，反而使得资产价格“跌跌不休”。

最后，卖空机制对市场流动性至关重要。如果在需要的时候，投资者能够以较低的交易成本、按照合理的价格水平很快地买进或卖出大量的某种金融资产，并且对该资产的市场价格产生较小的影响，那么这一市场的流动性就是好的。在危机发生之际，保持市场的流动性比仅仅关注价格更能起到稳定市场情绪的作用。在没有做空机制的情况下，遭遇股价下跌时，为避免进一步损失，投资者只能采用离场观望的方式。随着股票的下跌，离场观望者越来越多，成交量会越来越少，最终导致股价大幅下跌。在采取做市商制度的市场上，做空机制对流动性的作用就更加明显。当不许做空时，做市商一般需要持有大量的证券，而这加大了其做市成本，做市商为市场提供流动性的能力就会相应减弱。一旦允许做市商做空，其做市成本会下降，而且交易的空间也会扩大，从而提升了做市商填补市场供需不均的能力，提高了市场的流动性。

2. 海外监管机构对融券业务管理的相关经验

从海外经验来看，在危机时禁止卖空，对稳定市场无法产生决定性作用。

2008 年金融危机时期股市暴跌，许多国家实施了做空禁令。Schultz 等学者于 2011 年发表在金融学顶级学术期刊 *Journal of Finance* 的论文，研究了 2008 年 9 月 19 日至 10 月 8 日金融危机期间，美国 SEC 颁布的 797 只股票卖空禁令的影响。实证结果表明：卖空禁令不仅使这 797 只股票的买卖价差加大（买卖价差常用来衡量流动性，买卖价差变大说明流动性变差），还使对应的股票期权的买卖价差变大。作者估计禁止卖空期间，因为流动性急剧下降，做市商无法有效对冲，投资者的交易成本总共扩大了 5.05 亿美元。

另一篇于 2013 年发表在 *Journal of Finance* 的论文，研究了 2007—2009 年金融危机期间，30 个国家 17 040 只股票卖空禁令对各国市场流动性的影响。研究发现，卖空禁令不利于流动性，对于小市值、波动率较大或无对应期权的股票影响尤其大。

英国于 2008 年 9 月 18 日宣布禁止做空金融股，为期 4 个月，但市场波动率并未显著减小。英国金融服务管理局事后的研究显示：禁空令发布后，无论是代表英国市场的 FTSE 350 指数的波动率还是金融板块和银行板块指数的波动率都没有显著下降；对于禁止卖空的股票来说，禁空令在其发布的前 15 天有所成效，但在发布 15 天后，成交量下降，买卖价差

增大，市场流动性反而变得更差。禁空令并未实现其初衷。

3. 当前融券业务发展的瓶颈

我国自 2010 年融资融券业务启动以来，融券业务发展较为缓慢，这一方面与长期以来国内的交易习惯有关，另一方面也存在一些现实的瓶颈：

一是可供出借的融券券源稀缺。目前，融券券源为证券公司自有证券或从中国证券金融股份有限公司（以下简称“证金公司”）融入的证券。受证券公司自身自营规模及交易策略的限制，证券公司自己可供融券的券源极为有限。证金公司作为集中的转融券平台，需要与外部机构进行对接。而当前大型专业机构在证券出借的具体落地及执行层面尚需进一步明确。二是融券成本较高。与海外相比，境内的融券成本仍然偏高，不利于专业对冲客户进行交易。

4. 发展融券业务的具体建议

为完善市场建设、大力发展融券业务，建议采取下述措施：

第一，鼓励专业机构出借证券，第一步建议实施公募基金的指数基金出借证券。此类机构所持券源极为丰富，可鼓励其出借仓位较为稳定的部分作为融券券源，以提高其收益。在公募基金出借证券成功经验的基础上，再推广保险基金和社保基金出借证券。

第二，建议转融券实行议价，同时降低证金公司的转融券收费，从而促进融券业务的发展。目前，转融券无论是非约定申报还是一对一约定申报，都是固定期限对应固定价格，其中证金公司收费为 1.5%—2.5%（见表 12）。一方面，固定价格没有体现转融券的市场供需；另一方面，目前固定期限使证金公司的管理风险极小。所以，我们建议转融券实行议价，同时降低转融券证金公司收费为：约定申报 0.2%、非约定申报 0.5%。这样，既可将更多的收益补偿出借人，提高出借人的积极性，又可体现转融券的市场供需、价格发现功能，适当降低借入客户的融券成本，促进融券业务的发展。

表 12　　转融券费率

	3 天	7 天	14 天	28 天	182 天
出借费率（%）	1.5	1.6	1.7	1.8	2.0
借入费率（%）	4	3.9	3.8	3.7	3.5

第三，建议允许证券公司自营借入转融券证券。目前，由于转融券借入的股票不能划转至公司自营账户，因此证券公司自营无法像其他投资者一样将融券作为一种有效的风险管理工具以实现多样的策略交易，仅能以股指期货作为唯一的对冲工具，这对于证券公司这类机构投资者有失公平。

因此，建议转融券借入证券可以划转至公司自营账户进行融券卖出，给证券公司提供与其他投资者同样的风险对冲工具。证券公司、证金公司及交易所可以通过融券及转融券监测数据对相关交易行为进行风险监控。

（二）加强融资业务风险控制，降低市场风险

1. 强化客户准入管理

2015 年股市波动中，发生风险最为频繁的是中小散户，同时，中小散户的风险承受能

力最弱。

为保护客户利益，确保证券公司资产安全，目前行业开户的标准已经从之前的不到50万元提高到开户前20个交易日日均资产不低于50万元。从而，提高和保障了客户的风险承受能力，有利于证券公司控制业务风险。这一标准还要继续严格执行下去。

2. 强化持仓集中度控制

持仓集中度较高的客户，难以承受连续跌停的压力，往往较早触发追保或平仓事项。在平仓过程中，此类客户所持单只或两只证券常因无量跌停，导致难以完成平仓。而持仓集中度较为分散的客户，能承受更多的下跌压力，且在平仓时因选择余地较大，往往较易达成平仓目标。

如果证券公司提前对持仓集中度控制，就可以对客户的持仓结构进行有效的优化，提高客户的风险承受能力，减少追保及平仓的客户数量，保障公司及客户的资产安全。

因此，建议对融资融券持仓集中度在个股和板块上予以一定的控制和分散。

3. 继续严控场外配资

2015年股市的暴涨暴跌与场外配资的野蛮生长密不可分，其游离于监管视线之外，配资杠杆远高于场内规范的融资融券，难以承受持续的下跌，稍有风吹草动即会导致集中平仓，进而影响市场的稳定。

同时，场外配资在客户准入门槛方面极不规范，风险管理能力弱、风险承受力差的中小散户也被允许参与高杠杆的业务，不符合客户分类管理的要求，不利于对投资者利益的保护。

因此，建议继续严控场外配资行为，切断其资金来源，将客户的融资需求向透明、可控、安全的场内融资进行引导，确保市场的健康、稳定发展，保护投资者的切身利益。

4. 场外担保的受理机制研究

部分被追保的客户曾表示，愿意用场外金融资产或房产作为担保，以避免被平仓。由于目前尚无便捷有效的场外担保机制，即使客户担保资产充足有效，证券公司也难以受理客户的场外担保申请，更难以处置客户的场外担保资产。

建议监管层考虑设立统一的担保管理机构，集中受理各类金融市场因平仓追保等事项产生的场外担保事宜，以减少平仓的发生。

国内融券业务机制问题及建议

李 力[*]

证券借贷交易又称股票借贷交易，是指标的证券的所有权人（出借人）采取担保的方式将其所持有的标的证券出借给暂时需要该标的证券的一方（借入人），并要求借入人按照出借人的要求到期归还标的证券及其出借期间所产生的相关经济利益的行为。境外的证券借贷业务发展较早，作为成熟的制度，对资本市场的流动、深化、发展和创新都起到了积极的推动作用。

我国融券业务作为融资融券业务的一部分，开展较晚。虽然已经开展的转融通业务为证券出借业务提供了平台，但由于业务规则、模式设计、交易机制等方面的不足，转融券业务发展一直较为缓慢。因而自融资融券业务开展以来，融资和融券业务发展不平衡问题就始终存在。在 2015 年股市异常波动背景下，许多证券公司纷纷暂停了融券业务，使得原本就发展缓慢的业务陷入停滞不前的状况。尽管 2016 年证券公司纷纷恢复了融券业务，但从业务规模、交易量等方面来看，与业务高峰时仍有很大的差距，与海外市场更是差距巨大。

融券业务不等于简单“卖空”。融资融券作为双向信用交易机制，具备稳定和调整市场价格、巩固证券市场金融安全、提高市场流动性等重要的作用。但目前融券业务的不均衡发展，使得该业务的发展未能实现制度设计的初衷。本文旨在通过对融券业务相关问题的研究，正确认识融券业务对证券市场发展起到的积极作用，进一步推动融券业务发展，从境外融券业务发展、对融券业务的重要作用和意义进行论述；通过国内外融券业务机制比较分析，揭示国内融券业务机制存在的问题，特别是对目前混乱的场外变相融券业务发展现状及存在的风险进行分析；最后将从扩充券源、提高交易便利、降低交易费用等方面对完善融券业务机制给出建议。

一、境外融券业务发展现状

在境外证券市场，融券业务被称为“证券借贷交易”或“股票借贷交易”。境外证券借

* 作者单位：安信证券股份有限公司。

贷交易最早是应“防止交割失败和覆盖卖空的头寸”的需求而产生的，在19世纪少数市场上出现了证券借贷交易，直到20世纪50年代，证券借贷交易仍出现在少数司法体系中，这些市场通常对证券借贷交易监管严格，仅允许由特定机构在特定用途下通过专业的中介机构借入股票。

20世纪60年代，随着美国证券市场交易的活跃、卖空的需求以及由大宗交易和纸质的交易形式所导致的交割失败率的增加，美国诞生了一个活跃的同业证券借贷市场。现代证券借贷交易从美国市场孕育，全球其他大部分的证券借贷市场直到20世纪80年代和90年代才开始发展。

20世纪90年代，由于日益增多的对冲需求以及科技进步带来的新的交易策略，全球大多数市场的证券借贷交易量开始迅速增长。证券借贷的全球化进程开始扩展到一些新兴市场。

（一）境外融券业务模式简介

境外证券市场，其融券业务的模式主要有三种：第一种是以美国为代表的分散式市场化模式；第二种是以日本为代表的单轨制集中模式；第三种是以我国台湾地区为代表的双轨制模式。这三种模式各有特点和优势，都是在特定的背景下结合实际情况提出来的，在当时都促进了经济发展。

1. 分散式模式

在典型的分散市场中，并没有政府统一组织和设定的交易场所，这类交易多数在场外进行，因此，在市场中连接出借方和借入方的中介机构起到了至关重要的作用。中介机构在这一市场中拥有重要地位，一方面是因为证券借贷业务是很多实际拥有人（借出方）和借入方的二级业务，另一方面，中介机构也提供了很多有价值的服务，例如信用增进和提供流动性。提供流动性是指中介机构从借出方手中，按照不确定期限（借出方有按规定要求提前收回借贷证券的权利）借入证券，然后按照固定期限借给证券借入方。另外，中介机构还能受益于规模经济，他们可以投资发展现代化操作系统所需的技术。

美国证券借贷市场是典型的分散市场，也是发展最早的证券借贷市场。随着美国证券交易商和托管银行的向外扩张，以及全球化市场的发展，美国市场与英国市场及其他国际市场的联系日益紧密，英国、加拿大、澳大利亚等重要的国际市场的模式都与美国市场十分相似。

（1）融券业务目的。在欧美证券借贷市场中借贷证券最常见的原因可以被归纳为三种：一是覆盖由于交割问题，裸卖空及做市业务和套利策略交易产生的空头仓位；二是为了出借资金，而作为融资交易的一部分来借入证券；三是为了出借人和借入人双方的利益暂时性转移所有权而进行的证券借贷。历史上最常见的所有权转移需求为避税和取得投票权。目前以取得投票权为目的的证券借贷交易已被很多国家立法禁止，且随着税法的改革及税收政策的稳定，以避税为目的的交易也越来越少。

（2）市场参与者。分散市场的主要参与者由出借人、中介机构和借入人组成（见图1）。

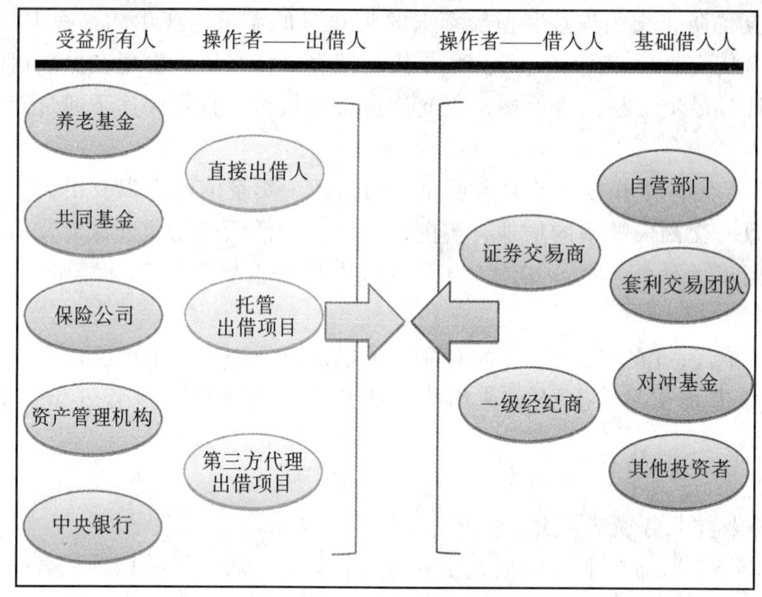

图 1 美国证券借贷市场结构

①出借人。证券出借人又称作受益所有人，通常是拥有大规模的证券投资组合可用于证券出借业务的机构投资者。

美国市场最大的出借人主要为美国共同基金，美国养老基金，美国 Erisa 基金，国际养老基金（如英国养老基金、荷兰养老基金和瑞典养老基金等），国际共同基金（如爱尔兰、卢森堡、英国共同基金等），中央银行，保险公司和多国组织，同时还存在大量其他的出借人。共同基金出借的最主要目的是为其持有人获得更多的收益。尽管大部分流通证券的借贷收入相对较少，它依然可以为投资者增加更多的收益。2010 年全球出借人共为他们的投资者和份额持有者赚取了 61 亿美元的证券借贷收入。其中，美国投资者赚取的最多，约为 54 亿美元。

②借入人。美国市场上借券人通常为证券交易商和一级证券经纪商。证券交易商借入证券主要用于自营部门和套利交易；一级证券经纪商借入证券主要用于服务对冲基金。

证券借贷市场的最终借入人（End Borrowers）主要是对冲基金和做市商。根据之前对借入目的的分析，做市商借入证券最主要是为了覆盖客户的买入指令，完成做市业务，而对冲基金则是策略交易最重要的实施者。

③中介机构。美国证券借贷市场的中介机构可以分为两大类：一类是代理中介，他们代理出借人进行出借交易，与出借人分享借贷证券的收入，可能还会为特定的风险提供保障，例如对借入方的违约提供一定的赔付；另一类则是直接参与的资本中介，他们在借出方和借入方之间搭建桥梁，同时也会使用这个市场为他们自己的多种证券交易融通资金和证券。

2. 集中式模式

集中式模式，即由一个或多个专业机构，比如证券金融公司、证券交易所、证券登记结算机构，对其会员单位或投资者提供证券借贷服务。这是一个高度集中的业务模式，以证券金融公司等为代表的市场主体作为中央交易对手为证券的出借者和借入者提供交易平台和中介服务，并对融券业务进行集中监管。日本是集中式的典型代表。

（1）融券业务目的。与分散式的发达市场不同，由于传统、政治及历史背景等因素，亚洲国家的证券交易发展通常是由上而下产生的。政府机构在金融市场的发展当中监管严格，同时又起到了引导市场方向、促进市场完善的作用。因此，亚洲大部分国家的卖空交易通常起源于由政府立法引入的融券交易（即信用交易）。亚洲股票市场结构与欧美不同，市场的大量参与者为个人投资者，他们交易频繁，数量众多，信用差别较大，在这种情况下，规范化的融券交易无疑更为适合。因此在亚洲的卖空交易中，融券交易通常占据着重要的位置。与之相对应的转融券市场，是日本集中证券借贷市场的重要部分。

（2）市场参与者。集中式市场的参与主体主要由集中的证券借贷平台、证券公司及投资者组成（见图2）。

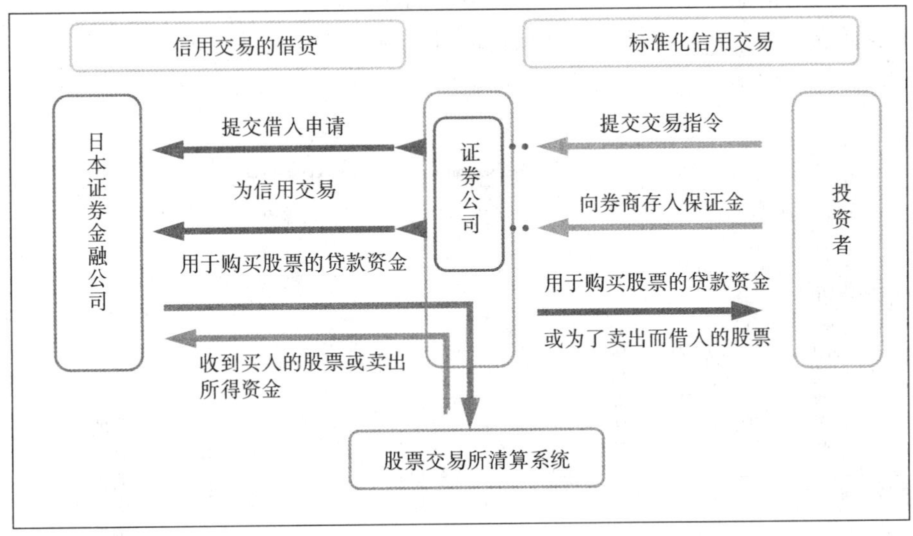

图2　标准化信用交易和信用交易的借贷（日本）

①集中的证券借贷平台。集中的证券借贷平台最常见的是证券金融公司模式。日本是最典型的代表。日本早年通过中央银行注资17亿日元成立了证券金融公司，建立起证券金融的集中授信模式，融资融券业务中证券经纪商的资金和证券需求由专业的证券金融公司提供。专业化的证券金融公司处于整个融资融券业务的核心和垄断地位，严格控制着资金和证券通过信用交易的倍增效应。

目前，日本全国共有三家证券金融公司：日本证券金融公司（Japan Securities Finance Co.，Ltd.）、大阪证券金融公司（Osaka Securities Finance Co.，Ltd.）和中部证券金融公司（Chubu Securities Financing Co.，Ltd.）。在日本的三家证券金融公司中，日本证券金融公司是规模最大的。它是东京证券交易所、札幌证券交易所和福冈证券交易所指定的证券金融公司。

除了证券金融公司外，集中式模式中还存在证券交易所模式以及证券登记结算模式。

证券交易所模式是由证券交易所为投资者提供借券撮合系统，并由证券交易所、证券登记结算机构或证券公司对投资者卖空账户的保证金和卖空证券进行监控。希腊雅典证券交易所和我国台湾证券交易所均采用此种方式。

证券登记结算模式由中央登记结算公司建立股票借贷机制，提供可供借贷的股票组合，由登记结算公司向证券公司提供转融券服务，再由证券公司向投资者提供融券服务。瑞士、新加坡均采用此种方式。

②证券公司。证券公司在融资融券业务中的主要作用是代理客户的融资融券需求，为客户提供融券交易所需的证券。

集中式融券模式下，证券公司如果资金和证券不足，须向证券金融公司申请转融资或转融券，而不直接向银行进行借贷，也不直接向非银行金融机构融券。

③投资者。投资者作为最终借券人，通过借入证券满足各类投机、套保以及策略交易等需求。

3. 双轨制模式

双轨制模式是指证券金融公司既可对证券公司转融资或转融券，也可通过证券公司直接向投资者融资或融券。双轨制模式以我国台湾地区最为典型（见图3）。

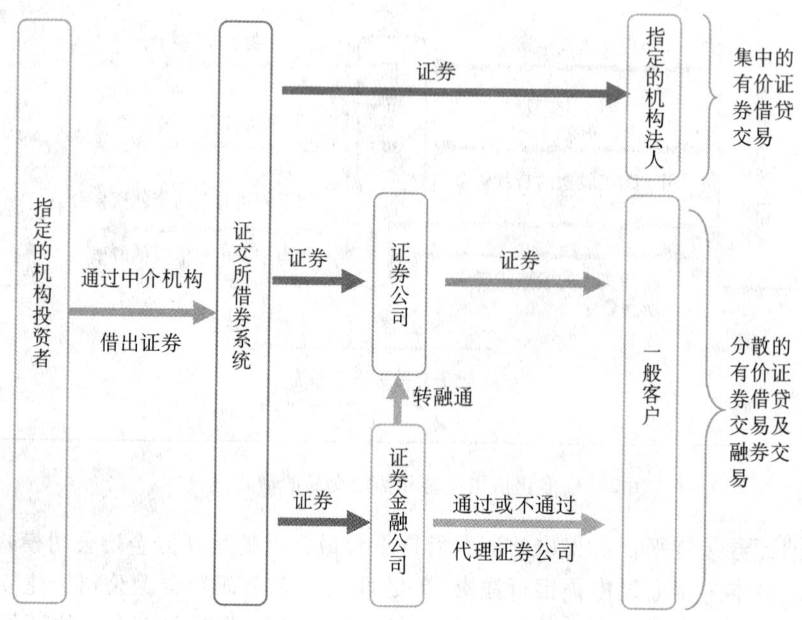

图3 我国台湾地区市场的有价证券借贷市场和融券市场

我国台湾地区市场根据自身情况，发展出了一种被称为“双轨制”的转融通制度，首先，我国台湾地区的证券金融公司之间是一个相对竞争的关系，证券金融公司可以依照相关规定被申请和设立。证券公司可以自由选择其中的一家公司提交转融通的申请，对信用交易进行融通；其次，我国台湾地区的证券金融公司除了向证券公司提供转融通业务外，还可通过代理证券公司直接向客户提供融资融券业务，直接参与融资融券业务市场的竞争；最后，在融券交易的券源方面，证券公司既可以从证券金融公司进行转融券，又可以从证券交易所的有价证券借贷系统进行证券借贷来取得用于融券交易的证券。

我国台湾地区的证券借贷市场是由台湾证券交易所组织的证交所借券系统和证券公司、证券金融公司在其经营场所开办的分散式的证券借贷业务相结合的双层次的证券借贷市场。台湾证券交易所建设和运营的证券借贷平台，由“普通交割需求证券借贷系统”“证券金融公司转融通需求证券标借系统”和“交易需求借券系统”三个系统构成。（1）普通交割需求证券借贷系统。证券商因受托或自行买卖发生错误，或委托人无法如期履行交割或证券商有其他正当理由，导致无法完成有价证券交割时，证券商需通过交割需求借券系统办理借券，满足交割需求。(2) 证券金融公司转融通需求证券标借系统。证券金融公司，经向其他证券金融公司转融券后仍有不足时，证券金融公司需通过证券金融公司转融通需求证券标借系统借券。(3) 交易需求借券系统。

从模式来看，境外证券借贷制度主要可分为分散式与集中式两种。分散式原则上由出借人、借券人及中介人三方构成。其优点是较易落实个别征信，降低出借人风险；缺点是对券源较为分散或原本流通规模较小的证券，可能缺乏效率或较难满足借券者需求。集中式是由单一专门机构汇聚出借人的可供出借证券，面向全体借券人的需求，如台湾证交所的借券中心。其优点是效率较高，该单一专门机构可充当信用管制的政策工具；缺点是集中调度的机构较不易对借券人作个别征信，对出借人的保障较少。

(二) 境外融券业务发展趋势变化

证券借贷业务从诞生之初就命运多舛，在历史上屡遭禁止、备受争议。尤其是在各次金融危机中，融券都被视为打压股价引发危机的元凶，是投机分子攫取财富的工具。2008 年的金融危机更是促使各国监管层对证券借贷业务监管进行了调整。“裸卖空”等交易行为受到了限制。

2009 年以来，伴随证券借贷监管改革的深化与风险管控的强化，全球证券借贷市场出现了稳步发展，全球可供出借的证券总市值从 8 万亿美元增长到 2014 年底的 15 万亿美元，证券借贷余额增长到 1.8 万亿美元，保持年均 10% 的增长速度。越来越多的专业机构投资者参与证券借贷业务，主权财富基金、共同基金、保险公司、退休基金、中央银行等机构投资者参与程度进一步加深。

通过对海外资本市场的证券借贷业务模式及发展现状的研究，我们可以发现，融券卖空作为不可或缺的交易机制，其积极作用也得到监管层的重视。发展有监管的融券卖空机制和证券借贷市场已经成为全球资本市场的共识。虽然借贷业务模式有所差异，但上述发达市场的证券借贷业务具有以下发展趋势及共同点：

1. 证券借贷市场的中央化和集中化发展趋势逐渐清晰，监管措施更加严格

2008 年之后，欧美监管层进一步强化证券借贷市场的中央化和集中化发展趋势，要求通过中央对手方清算和集中性信息披露方式，控制场外交易的风险。中央对手方清算模式也在证券借贷市场得到广泛应用，通过美国清算公司、明讯银行、欧洲清算集团等中央对手方清算的交易量近些年增长明显。

从具体政策看，2008 年后，各国最新政策可分类如下：价格检验制度、卖空头寸申报、强化披露制度、加大处罚力度以及拟定豁免行为五方面。

(1) 价格检验制度：当某只股票价格较前一交易日的收盘价跌幅超过 10% 时，将启动价格检验制度，之后的卖空行为将受到限制，直至卖空价格高于全美市场最优出价时才允许继续卖空。

(2) 卖空头寸申报：为避免投机者集中做空某只股票而引发价格巨幅波动，欧盟一些国家要求交易者对超过一定头寸或数量的卖空交易进行申报，使得大额卖空交易公开透明化，并及时跟踪监管。金融危机后，英国、法国、荷兰、比利时和日本等国家规定卖空头寸

超过股本 0.25% 须申报，欧盟之后又将此比例降低到 0.2%，扩大监管范围；我国香港更加严格，要求卖空量达到上市已发行股本的 0.02% 即须申报。

（3）强化披露制度：危机后，一些国家更细化了披露内容，希腊要求同时披露卖空量和借出量，新加坡要求披露买入证券量和价格，美国要求披露卖空数量及价值。披露方式上，美国、英国和法国等主要发达国家制定临时性申报制度，通过规定申报的内容、频率、触发水平等方式加强信息透明度。欧盟主要国家则要求市场参与者每日申报相关信息。

（4）加大处罚力度：新加坡对裸卖空造成无法交割进行强制性买入，并处以交易量 5% 的处罚。如果强制购买仍无法实现交割，则要处以 5 万新元罚款，还将面临禁止参与未来强制买入市场活动。我国香港对于未能交割的卖空交易处以双倍惩罚。

（5）拟定豁免行为：卖空行为并不仅仅是看空股票，也有部分是处于策略交易性需求，它具有价格发现、稳定市场、提供流动性等重要功能。为避免对卖空过度监管、保证市场仍有效运行，各国监管者对一些正常的卖空行为予以豁免。例如加拿大、法国、德国、比利时等对做市商为了做市目的而进行的卖空或裸卖空行为可予以豁免，并允许大宗交易及流动性提供者卖空以活跃市场交易。

集中模式下证券借贷效率较高，更有利于统一监管，是全球证券借贷市场的演变趋势。

2. 客户担保资产使用效率逐步提高

欧美市场还出现了整合证券借贷前、中、后台服务为一体的担保品管理机构，各类证券经纪商、中央清算、担保品管理等专业机构，开始承担提供集中化证券借贷服务的职责。

海外发达市场的法律法规都规定了证券公司可以通过支付一定的对价，有偿使用客户账户上闲置的资金、证券以及可以将客户的担保品进行再质押，并且普遍实施了转担保制度。虽然各自限制不同，但无疑极大地降低了客户的成本，使得资产使用效率较高。

3. 证券借贷交易方式趋向电子化

为提高交易撮合效率，海外证券借贷市场上电子化的证券借贷平台建设方兴未艾，如美国的证券借贷平台（EquiLend）、网络证券借贷平台（E Sec Lending）等，其交易规模和市场份额不断扩大。2012 年底，欧美电子化证券借贷平台的交易量已经约占全部证券借贷交易量的 1/3。日本也早于 2002 年开始实施买卖报价借入和贷出交易系统（电子股票借贷），这一系统的引入，极大地加快了一般股票借贷业务的发展速度。即便是发展较晚的新加坡、泰国也已建立了无纸化电子借贷平台，以提高交易的效率和活跃性。

二、融券业务对证券市场的重要意义

融券对于投资者而言主要作为一种风险管理工具，而不是传统意义上的卖空工具。其一方面为市场提供了流动性，提高市场活跃度；另一方面，交易机制的完善有利于建立市场具有稳定预期的估值体系，能够吸引长期资金入市，真正改变“牛短熊长”的局面。

（一）发展融券业务有助于稳定和调整市场价格，巩固证券市场金融安全

融券业务并不会使股价加速下跌，反而会降低股价的波动。2000 年，摩根大通曼哈顿银行对纽约股票交易所中的卖空数据与 NYSE 综合指数进行实证，发现指数高涨时股票的卖空量大，而指数低迷时股票卖空量反而较小，得出融券交易可以抑制股价指数波动的结论。

近几年，对我国台湾市场和香港市场的数据进行的实证研究也表明，融券交易显著增加了市场的流动性，起到了平抑股价、稳定证券市场的作用，而约束卖空或者禁止卖空都会导致个股价格被高估。对2015年以来我国A股市场的研究表明，股市下跌超过2%时，融券卖出额占A股成交额的比重降至2%以下，平均为1.9%；股市上涨超过2%时，融券卖出额的比重升至2%以上，平均为2.2%。即股市下跌时融券交易较为清淡，股市上涨时融券交易较为活跃。

根据2012—2016年公开市场融券卖出交易数据，累计融券卖出占总成交额前5位的上市证券公司见表1。

表1　　累计融券卖出占总成交额前5位的上市证券公司

证券代码	证券简称	融券分析	
		融券余额占流通市值（%）	融券卖出额占成交额（%）
601688. SH	华泰证券	0. 10	9. 00
600837. SH	海通证券	0. 07	8. 02
600999. SH	招商证券	0. 01	7. 32
601377. SH	兴业证券	0. 03	7. 25
000728. SZ	国元证券	0. 29	6. 24

资料来源：Wind。

由于上述公司同处于证券行业，我们从上述公司在证券行业内波动率变化（按周）及波动率排名两个维度分析可得出以下结论：融券交易显著增加了市场的流动性，起到了平抑股价、降低股价波动性及稳定证券市场的作用（见图4）。

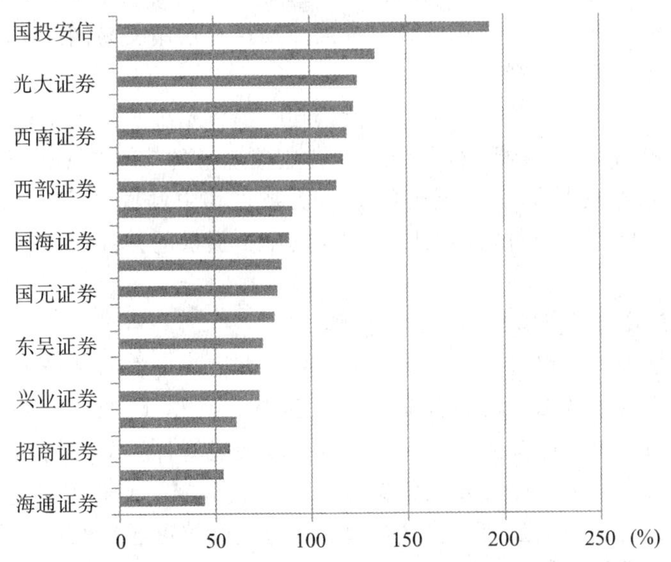

图4　融券卖出占总成交额前5位的上市公司行业内波动率变化排名

资料来源：Wind。

只有融资和融券业务均衡发展，才可以在市场繁荣时防止过度投机、抑制泡沫的产生，在市场萧条时提供流动性从而避免投资者因丧失投资兴趣而离场。均衡的双向交易对于资本市场平稳运行基础、奠定资本市场长期健康发展基石，具有十分重要的意义。

（二）融券业务具有价格发现的功能

欧美等资本市场成熟的国家融券业务发展历程证明，使用融券工具的投资者往往也是市场中最为活跃的交易者，对市场机会的把握、对信息的快速反应和对股价的合理定位都起到非常好的促进作用，使得融券投资者成为价格发现功能实现的主要推动力量。

在成熟市场，投资者会通过不同的形式来研究股票的内在价值，而在挖掘股票内在价值的过程中不断有新的信息披露出来，这些不同性质的信息会通过影响股票的供求关系，不断地调整和修正股票价格，当供求关系失衡时，融券交易能够增加股票的供求弹性。当某只股票股价过度上涨时，投资者对股票价格看跌会提前融券卖出，增加了股票的供应，现货持有者也不致继续抬高价股；当股价在未来某一时期下跌后，融券卖空投资者需要买入先前卖空的股票用于偿还出借人，这又增加了股票购买的需求，从而对市场起着“缓冲器”的作用。而正是由于这种功能的存在，促使股票市场上的股价接近实际价值，从而产生价格发现机制。

（三）有利于提高市场流动性和交易活跃性

融券交易风险对冲的能力可以放大证券供求，增加交易量，放大资金的使用效果，对于增加股票市场资本的流动性和交易活跃性有着明显的作用，从而有效地降低流动性风险。同时，通过不断地挖掘存量客户手中所持有的股票，把市场打开，拓宽融券渠道提高券源的使用率，特别是开发大量的保险基金、长期投资公司等长期投资主体手中所持有的证券，可以为信用交易活动提供丰富稳定的券源，大大提高流动性；信用交易制度也为银行累计的流动性释放到股市提供了一条新途径。

目前，以主权财富基金、共同基金、保险公司、退休基金、中央银行等机构投资者为代表的长线证券持有机构，提供的证券占全球可借证券总量的78%，极大地丰富了融券业务的券源，为对冲等策略交易提供了充足的券源支持，其中共同基金提供的证券占比超过40%，即便在个人出借证券相对较多的巴西，共同基金提供的证券占比也达到30%。

（四）有利于有效沟通资本市场各参与主体

融券市场快速发展，不仅可为市场参与者提供短期借入证券的途径，从而提高证券市场流动性，同时也可丰富市场参与者的投资和交易策略。融券（即证券借贷）因其可满足交割、策略交易、做市和收益等多元化需求，正逐渐发展成为各类型市场参与者均可加入的交易活动。融券、转融券业务可以有效地将银行、保险、基金、证券等机构的业务连接起来。从国际经验来看，银行、保险公司、公募基金、私募基金等可通过融资融券机制，利用长期投资的证券进行证券出借交易，获得利息收入。通过转融券交易，银行、保险、基金等机构可以在稳健、严格风险管理原则的基础上，间接介入证券业务，并从这种业务中获得新的利润来源。证券公司也可以依据客户需要，自行向客户融券，不足部分再向相应的机构申请转融券借入。

快速壮大的融券需求和证券借贷市场为各类型市场参与者提供了发展平台和空间，促使这些市场参与者在各自细分领域以更专业的服务促进融券业务不断成熟、规范，同时也让市场参与者和各类专业机构从中获益。2014 年以来，全球对冲基金多空策略应用活跃，新股发行上市、公司并购活跃、股息套利持续等多重利好因素的叠加，刺激了全球证券借贷业务需求持续旺盛，带动了全球证券借贷费率的提升，特别在北美地区和东亚地区，股票借贷费率大幅上升约三成，全球证券借贷净收益至 2014 年末达到 133 亿美元，较 2013 年增长 12%，其中七成以上收益来自股票借贷，股票借贷的发展已成为推动境外成熟市场证券借贷业务发展的主要动力。

（五）为投资者提供新的盈利模式以及风险管理手段

融资融券交易中融券卖空机制的存在，为证券市场参与者提供了一种兼有投机与风险管理双重功能的投资方式。

融券卖空最基本的两种形式是对冲性融券和投机性融券。在对冲性融券中，投资者持有证券或以该证券为基础证券的衍生品种，证券价格的波动将使投资者面临未来收益受损的风险，投资者为对冲掉这一风险，可以融券卖出这种证券或与其相关性较强的其他证券，建立对等的反向头寸，这样无论价格上涨还是下跌，投资者的损失和利润能大致相抵，在一定程度上避免了风险。在投机性融券中，投资者可以通过卖出借入的证券，在证券价格下跌后以更低的价格买入并归还所借证券，从中赚取价差收入。

（六）融券作为一种重要的风险管理工具为专业机构投资者带来了更多的选择和便利

机构投资者交易占比通常被视为成熟市场的重要标志之一，从我国机构投资者参与融券业务交易占比来看，伴随融券业务的不断发展，机构投资者在该项业务中的影响力正在不断扩大（见图 5）。

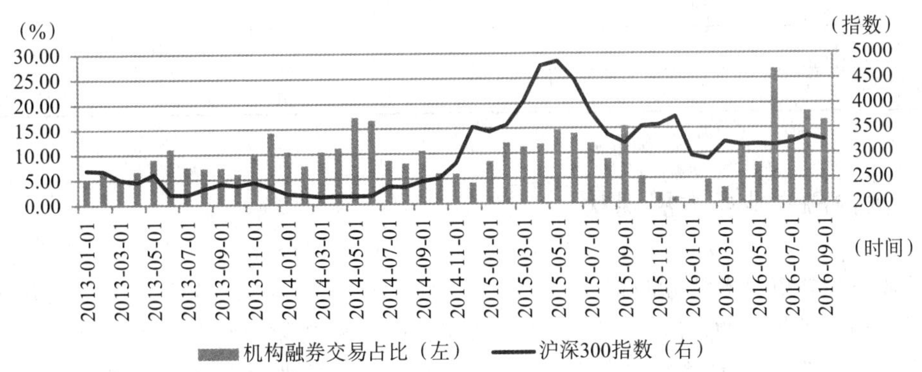

图 5 机构投资者融券交易占比与沪深 300 指数对比图

资料来源：证金公司。

进行融券交易的大部分机构投资者，他们更多地将融券作为风险管理工具，采取了市场中性、股票多空和统计套利等一系列的交易策略，捕捉市场中的一些确定性的交易机会，获取了相对稳定的收益，避免了单边买入持有带来的潜在大幅波动，为投资人带来了稳定的投资回报。因此，融券作为一种重要的风险管理工具为专业机构投资者带来了更多的选择和便利。

从 2013 年 1 月到 2016 年 9 月，共计 45 个交易月，我们列出每月机构投资者融券卖出交易最多的 2 只股票。经统计，民生银行上榜 22 次，兴业银行上榜 15 次，为上榜股票的前 2 名。为检验机构融券交易对股票波动性的影响，我们用 16 家银行的面板数据采取以年为单位的时间序列分析来评估融券交易的实际效果。具体而言，就是检验两家银行在该板块中波动率的排名变化，如果持续下降则说明融券交易确实有降低波动性的作用，检验结果见图 6。

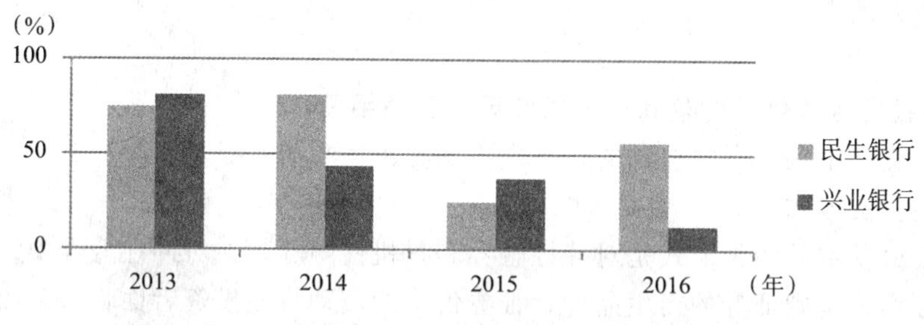

图 6 融券卖出证券行业内波动率排名分位数变动趋势

资料来源：证金公司。

从校验结果可以看出，上述两家银行的板块内波动率排名逐年下降（见表 2）。说明机构投资者重点参与融券交易的个股板块内波动率变化排名存在显著下降的趋势，对市场起到了“缓冲器”的作用。

表 2 机构投资者重点参与融券交易的个股板块内波动率变化排名

	民生银行板块内波动率排名	兴业银行板块内波动率排名
2013 年	4	3
2014 年	3	9
2015 年	12	10
2016 年	7	14

三、国内融券业务发展现状

融券业务是融资融券业务的重要组成部分，自 2010 年 3 月“两融”业务正式开展以来，融券业务已经历了数年的发展，伴随着转融通业务配套机制逐步推出，客户群体逐步成熟，业务规模逐年提升，交易策略和融券产品日渐丰富。但从业务规模整体数据来看，截至 2016 年 9 月 30 日，两市融资余额 8 686 亿元，较 2012 年 12 月 31 日增长了 913%，两市融券余额则减少了 18%。从融券余额占比看，全市场融券余额占比不断下滑，从业务转常规时最高的 4.32% 下滑至 2016 年 9 月 30 日的 0.35%，下滑比例超过 92%，融券占比萎缩相当严重（见图 7）。

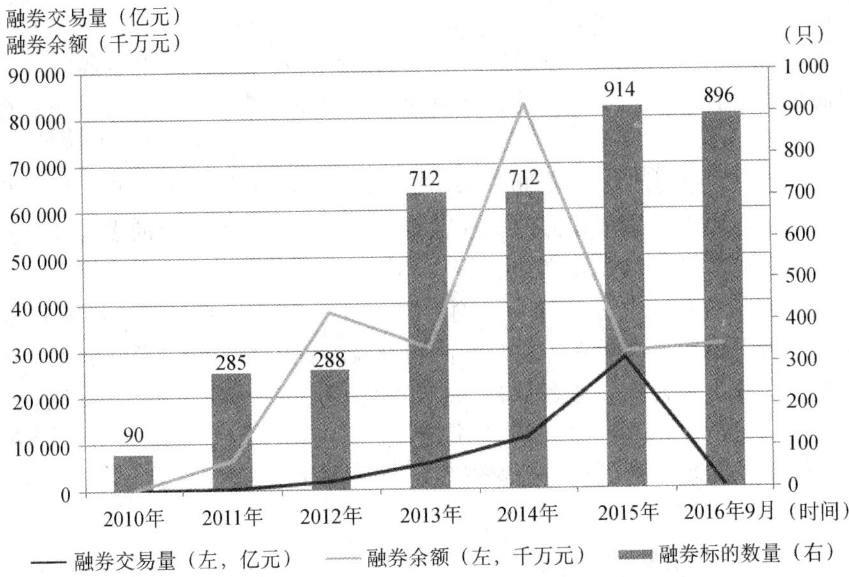

图 7　融券标的数量、融券余额和融券交易量变化图

资料来源：Wind 数据。

（一）国内融券业务发展情况

自 2010 年 3 月融券业务随着“两融”业务正式推出以来，融券业务发展经历了三个阶段，每个阶段，融券业务的投资者结构、交易策略、融券产品、券商业务模式以及配套措施均存在着一定的差异。

1. 第一阶段（2010—2012 年）

融券业务开展初期，配套的转融券业务尚未推出，参与融券的投资者较少，融券交易模式单一，同时券商在业务模式以及风控措施方面尚处于摸索阶段。

（1）投资者。参与融券交易的投资者大部分为非专业投资者，即便有少量专业投资者，也仅仅以尝试和熟悉融券交易为主，对融券产品以及交易系统无个性化的需求。

（2）交易策略。交易模式较为单一，由于专业的投资者尚未大规模参与融券交易，这段时间融券主要以短期做空为主，尚未策略化、模式化，同时投资者的盈利模式也在逐步形成之中。

（3）融券产品。客户群体以及交易模式的单一导致了融券产品单一，融券产品主要就是融资融券主合同中关于融券交易的约定——随借随还，最长期半年。

（4）券商业务定位以及业务模式。券商的融券业务尚在摸索阶段，业务模式、人员配备以及配套系统也在建立之中，券商开展融券业务的融券券源完全来自自有券源，整体券源使用率不高，市值波动风险较大。

2. 第二阶段（2013—2014 年）

随着转融券业务的推出，专业投资者在融券投资者中的比重逐步增加，融券交易模式逐渐丰富，同时券商业务模式以及风控措施也逐步建立起来。

（1）投资者。参与融券交易的专业投资者占比逐步增加，改变了以往以散户为主的投资者结构，专业投资者盈利能力更强，风险承受能力更高，对融券服务包括融券产品以及系统速度等方面提出了更高的要求。

（2）交易策略。由于专业投资者的逐步参与，融券交易模式逐步丰富，对于券源以及融券产品的需求更有针对性、更专业化，同时稳定的交易模式也为投资者带来了稳定的盈利模式。

（3）融券产品。投资者的专业化和交易策略的丰富对融券产品提出了更高的要求，逐步出现了包括预约以及固定期限在内的多种融券产品。同时融券产品的多样性对券商自身的管理水平和风险控制水平提出了更高的要求。

（4）券商业务定位以及业务模式。券商的融券业务模式逐步清晰，随着投资者在融券产品和系统等方面提出的更高要求，以及券商自身风险管理的需要，券商加大了系统以及人员方面的投入。同时由于转融券业务的推出，券商融券券源由原有的“全部自有券源”向“自有券源为主，融入券源为辅”的结构进行转变。转融通融入券源的增加，使得流动性风险成为券商面临的新问题，券商在加强自有券源市值波动风险管理的同时逐步探索流动性管理的方法。

3. 第三阶段（2015 年至今）

随着转融券业务的逐步完善，二级市场的活跃以及鼓励融券业务发展的各项措施逐步落实，融券业务迎来了高速发展阶段。伴随着市场的活跃和融券交易模式的成熟和推广，越来越多的专业投资者参与融券交易，将融券作为套利交易以及头寸管理不可缺少的工具，券商的融券产品和系统建设越来越完备，服务水平和风险管理水平也越来越高。

（1）投资者。参与融券交易的投资者几乎全部为专业投资者，散户以及非专业投资者的比例可以忽略不计，投资者结构由最初的以散户为主，到散户和专业投资者并存，再到现在的专业投资者占主导地位。专业投资者可以熟练地运用融券这一交易工具来进行套利交易和管理自身头寸，形成了稳定的交易模式和盈利模式，同时这些稳定的交易模式也在市场上广泛推广，越来越多的专业投资者开始参与融券交易。

（2）交易策略。投资者形成了包括日内高频交易、可转债套利交易、个股期权套利交易以及 ETF 基金配对交易在内的多种稳定的交易模式，稳定的交易模式为专业投资者带来了稳定的收入。

（3）融券产品。券商已经形成了一套完善的融券产品体系，针对不同类型的客户特别是不同交易策略的客户提供有针对性的融券产品，在券源的种类、使用期限以及费率各方面提供更加个性化的服务。

（4）券商业务定位以及业务模式。券商的融券业务模式更加清晰，融券产品和人员准备以及系统建设等方面更加完备，形成了较为完善的融券业务管理体系和风险控制体系。融券业务已经成为券商资本中介类业务的重要组成部分，也是券商对私募客户的核心服务之一。券商融券券源由“自有券源为主，融入券源为辅”向“融入券源为主，自有券源为辅”的结构转变，券商在如何控制融入券源流动性风险以及自有券源市值波动风险方面积累了较为丰富的经验。

（二）国内融券业务存在的问题

经过近些年的发展，融券业务的发展思路逐步清晰并具备了一定的雏形，但发展仍相对缓慢，业务规模整体偏低，特别是在 2015 年市场大幅波动之后，融券业务萎缩严重，除了市场原因，融券自身在机制上存在的问题也是导致业务萎缩的主要原因。目前融券业务的主要问题表现在以下几个方面：

1. 券源渠道不通畅是制约我国融券业务发展的核心问题

目前融券券源主要以自有券源为主，融入券源为辅。券商持有大量未对冲融券券源本身就与融券资本中介业务的定位相背离，这其中除了市场原因之外，一个重要原因就是当前券源融通机制不健全，券源渠道不通畅，无法满足融券客户在券源种类数量以及期限方面的多样化要求。

（1）证券公司自购券源：开展融券业务成本较高。证券公司自购券源开展融券业务时，为了对冲市值波动风险，需额外配置资金进行股指期货对冲，增加了资金成本。此外，自购券源中通常仅有1/3可以形成融券余额，券源使用效率较低。因此，相对融资业务资金回报率来说，证券公司通过自购券源发展融券业务的资金回报率较低，融券业务收入甚至不能覆盖配券成本。

（2）券源融通机制不健全。

①出借方面。从出借方面看制约转融券规模扩大的因素包括：出借人范围较窄、出借利率较低、出借业务无创收、机构审批流程复杂、机构出借品种单一等。

出借人范围较窄——根据《上海证券交易所转融通证券出借交易实施办法（试行）》和《深圳证券交易所转融通证券出借交易实施办法（试行）》规定，证券出借人仅限于机构投资者，这就限制了个人投资者参与证券出借业务，使得个人投资者不能通过出借闲置证券获得稳定收益；同时在机构投资者方面，成熟市场广泛参与证券借贷的长期机构投资者包括公募基金，社保基金、保险机构都由于各种限制不能参与转融通证券出借业务。

出借利率较低——证券出借利率为固定利率，不支持按照市场供需关系进行议价的模式，固定利率年化1.5%—2.0%，整体利率水平不高，对客户缺乏吸引力。

出借业务无创收——券商为客户提供出借交易代理服务无任何收入，影响券商经纪业务线推广此项业务的积极性。

流程复杂，隐性成本高——部分机构特别是有国资背景的机构，开展证券出借业务需要向母公司或上级主管部门报批，流程较为复杂。同时转融券出借业务作为一项新业务，有关方面对其缺乏了解，机构在开展业务时也需要就会计记账、税收缴纳等方面与会计师事务所、审计机构和税务机关进行沟通。由于监管和地域化差异，对出借业务所使用的会计准则等问题缺乏统一认定，与有关部门沟通成为必不可少的步骤之一，增加了业务推行的难度。

由于证券出借业务涉及真实过户，根据《上海证券交易所转融通证券出借交易实施办法（试行）》和《深圳证券交易所转融通证券出借交易实施办法（试行）》，证券出借人开展证券出借业务导致持有一家上市公司股票数量增减变动达到法定比例时，应当依法履行相应的信息报告和披露义务，在这种规定下部分出借人即使借出少量证券也需要按照相关规定履行信息披露义务，增加了参与出借业务的隐性成本。同时一些出借人不希望其持有的股票由于出借业务导致在季报或年报披露时，为避免股票持有数量发生变化引起不必要的麻烦，在证券出借时对时间点和期限要求较高。

对于已成立的产品，包括公募基金、基金专户以及信托产品，开展出借业务需要修改原产品合同或信托协议，特别是公募基金需要召开持有人大会，操作较为复杂，且出借业务作为创新业务也需要产品托管行和信息系统的支持。

出借单一，集中度高——机构出借人持仓数量大，但品种单一，主要集中在金融这类权重板块。单一证券出借需求远远高于市场借入需要，但证券出借种类又不能满足市场多样化的需求，目前可供融出证券数量不超过 40 只，大部分市场热门券源难以找到出借方。

②借入方面。从借入方面看制约转融券规模扩大的因素包括：出借合约缺乏灵活性、出借品种单一、出借保证金比例高等。

出借合约缺乏灵活性——《上海证券交易所转融通证券出借交易实施办法（试行）》和《深圳证券交易所转融通证券出借交易实施办法（试行）》在期限、费率以及成交方式方面对转融券交易有着较为严格的规定，转融券交易缺乏一定的灵活性。

期限选择较少，目前转融券合约期限为 3 天、7 天、14 天、28 天、182 天五档，短期期限较多，中长期期限较少，且期限从 28 天直接跨到 182 天，缺乏过渡，增加了借入人在中长期限流动性管理的难度。

申报方式只有非约定申报，但实际交易时都是交易双方私下达成交易意向然后通过转融券平台成交。如果按照非约定申报，报单可能会出现被抢单的情况，在实际开展业务时这种情况已经出现了。

出借品种单一——转融券市场可以出借的证券种类较少，且主要集中在金融板块，不能满足证券借入人的需求。

保证金比例较高——转融券需要缴纳 20% 的保证金，提交保证金会提高证券借入的成本，压缩融券业务的利润空间，且保证金提取线为 100%，证券借入方不能按照转融券借入规模灵活调配保证金金额，增加额外成本。

③转融券平台方面。转融通业务平台在效率和便利性等方面存在不足。从转融通业务平台来看，目前的转融通业务平台采取的是跨平台模式，串联了六个技术系统，业务链条太长，系统耦合度高，单一系统故障影响整体业务运行，转融券效率较低。

2. 融券综合成本较高

（1）融券综合成本体现在保证金利用率低。目前融券卖出资金只能用来购买券商资管发行的现金管理产品，虽然较之前融券卖出资金只能用于买券还券相比有了较大的进步，但仍不能让投资者充分发挥这部分资金的作用。融券卖出资金等同于担保资金，在信用账户担保品限制下自由使用并不会增加业务风险，并能够发挥资金的最大效用，有效地降低投资者融券业务的综合成本。

（2）融券卖出提价机制。沪、深证券交易所《融资融券交易实施细则》均规定，融券卖出申报价格不得低于该证券的最新成交价，当天没有产生成交的，申报价格不得低于其当前收盘价。上述提价机制可以有效缓解融券卖空的助跌效应，但对于专业机构投资者来说，提价机制使得融券卖出不易成交，影响了套利交易的效率。从境外成熟市场看，普遍对对冲类的机构投资者豁免融券提价要求。在国内尚缺少类似的机制。

国内融券业务滞后的事实使得融资融券业务发展并未完成实现制度设计的初衷。融券业务对稳定市场、减缓波动、增强流动性的作用并不明显。

四、从境内外融券业务机制比较看国内融券业务机制改进方向

（一）境外融券业务机制共同点

分析境外经验可以看出，海外市场融资融券业务存在诸多的共同点，主要体现在以下几方面：

1. 交易效率较高

美国、中国香港都是主经纪商制，机构可以通过证券公司直接进行出借和借入交易而不用通过证券金融公司；日本、中国台湾虽然一开始都是存在证券金融公司这种集中授信模式，但是经过过去十多年的发展，市场交易主体逐渐由散户转向机构投资者，之前的交易模式越来越无法适应机构投资者的需求，最后都增加了主经纪商通过交易所直接进行证券借贷的模式。目前，日本、中国台湾地区也都形成了交易所借贷模式占主导地位的格局。

2. 客户担保资产使用效率较高

上述几个国家和地区的法律法规都规定了证券公司可以通过支付一定的对价，有偿使用客户账户上闲置的资金、证券以及可以将客户的担保品进行再质押。虽然各自限制不同，但无疑极大地降低了客户的成本，提高了资产使用效率。

3. 机构投资者参与较深

机构客户（类似于保险、共同基金、对冲基金）无论是在出借还是借入方面，规模都远远大于零售客户，因此融券券源充足。

（二）国内融券业务机制改进方向

我国融券交易市场发展较晚，业务发展缓慢，出借参与者少、交易成本高、交易效率低，极大地限制了业务发展。同时，有偿使用客户担保资产受到诸多限制，在一定程度上抑制了融券业务发展。融券业务的发展必须在业务机制上进行改进。参照境外融券业务发展的经验，融券业务机制改进可聚焦在以下几个方面：

1. 交易效率

证券借贷体制上，目前国内市场仅有集中授信模式，证券出借客户只能将证券通过中国证券金融股份公司出借给证券公司，券商不能作为证券交易所借入人，出借交易效率较低。现行转融通业务交易机制上仅有定价机制，议价和竞价模式还没有推出。证券交收上仍是T+1交收，交易效率低下。

2. 市场参与者

目前，大型机构投资者不能参与到证券借贷业务当中，使得市场券源不足。转融通允许的出借人仅为非金融机构客户，这些客户对于融券业务这样的复杂金融业务本身就缺乏了解，同时由于出借利率低、公司治理等问题，导致出借意愿不足。而目前尚无出借资格的保险公司、基金公司等持有大量券源的金融机构以及个人投资者恰恰具有较强的出借意愿，他们普遍希望通过提高闲置券源的使用效率来增加收益，尤其是金融机构持有证券的规模较大，未来开展业务的空间巨大。

参与主体方面，依照公平性原则，扩大证券出借参与人，让市场参与者均能逐步、公平地参与证券借贷业务，有利于达到提高闲置券源的使用效率、扩大后续业务发展空间的

效果。

3. 担保品使用效率

融资融券试点起步时，为控制业务风险，仅允许证券公司使用自有证券向客户融券，不得动用客户的证券，即便后期开通了转融券渠道，市场总体券源供给始终有限。截至目前，客户信用账户内担保资金和证券总额已大量沉淀，未能有效运用，不仅客户担保资金和证券闲置收益较低，同时也减少了融资融券业务的资金和券源供应，限制了融券交易规模。

建议对现有制度开展修订研究，推动证券借贷业务制度放行。一方面，现有融资融券、转融通业务制度及办法中对证券借贷业务存在部分约束条款，业务开展仍受制于政策法规；另一方面，现有业务制度未对证券借贷业务的开展范围、业务内容、监管要求等要素进行界定，须尽快推动政策立法。

五、国内场外变相融券业务及危害

2016 年以来，由于监管、交易成本以及券源等问题，融券业务发展缓慢，但非信用账户内的融券业务却蓬勃发展，这种场外以及民间融券业务的野蛮增长恰恰是在正规渠道受限制下供需旺盛的直接结果。一方面，在低利率环境下资产持有方迫切希望盘活闲置资产增加资产收益率，这种诉求在 2016 年表现得尤为强烈；另一方面，专业投资者的各种交易策略需要使用融券这一工具来有效地对冲风险获得稳定收益，供给和需求在现有融券业务模式下并不能高效对接，所以只能借助其他渠道。

（一）场外变相融券业务模式

1. 互换融券

收益互换融券主要是指券商通过收益互换为客户提供场外的券源出借以及券源融入的服务（见图 8）。

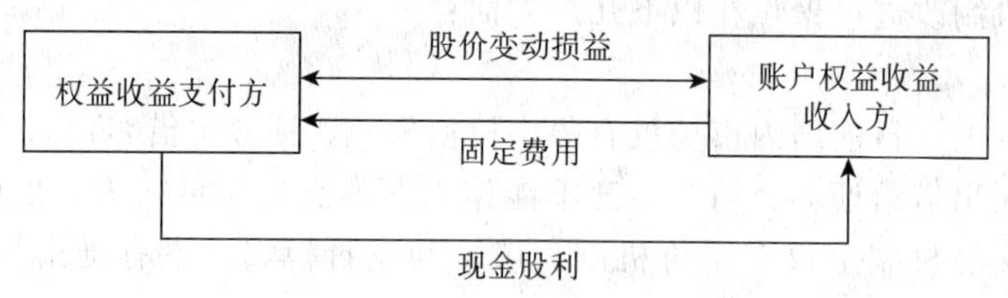

图 8　收益互换融券流程图

期初：权益收益支付方与权益收益收入方约定，向权益收益支付方提交一定数额保证金（一般为名义本金的 20%—50%），根据权益收益收入方指令卖出/买入股票。

期末：交易结束时权益收益收入方向权益收益支付方结算投资收益并返还预付金，权益收益收入方向权益收益支付方支付固定融券利息。

从以上交易模式可以看出，通过收益互换通道实现的场外融券业务在业务模式上类似于 2015 年被叫停的融资类收益互换业务。具有如下特点：杠杆比率高，潜在杠杆率可以达到近 5 倍；要素设计不受约束，可以基于客户需求量身定制成交方案，允许客户在协议中同时买入或卖出一篮子股票等；交易效率高于场内融券业务，不受融券卖出提价机制限制可进行市价卖出等。

（1）收益互换券源融入。收益互换券源融入是指券商作为券源的出借方，而客户作为券源的借入方和使用方的场外融券业务。

标的证券范围广：场外收益互换融券是基于券商和投资者签订的收益互换协议，其内容较为灵活。特别是融券标的范围，是由券商和投资者自主协商的，可以突破目前信用账户内融券标的证券（896只）的范围，扩大到整个A股市场的上市股票、基金以及债券。

保证金比例灵活：场外收益互换融券其保证金比例同样是基于券商和客户自主商定的，保证金比例不受交易所最低保证金比例的限制，可以灵活设置。

无交易限价：对比场内融券业务，场外融券业务没有交易限价的要求，投资者可以根据需求主动成交，提高了交易效率。

融券卖出资金可以灵活运用：场外融券业务对于融券卖出的资金的使用较为灵活，不受场内只能购买现金理财产品的限制。

（2）收益互换券源出借。收益互换券源融出是指券商作为券源的借入方，而客户作为券源的出借方，券商向客户融入证券。

标的证券范围广：场外收益互换券源借入同样是基于券商和投资者签订的收益互换协议，其内容同样灵活。特别是出借券源标的的范围，是由券商和投资者自主协商的，可以突破目前转融通证券出借的标的证券（874只）的范围，扩大到整个A股市场的上市股票、基金以及债券。

保证金比例较低：场外收益互换券源出借其保证金比例同样是基于券商和客户自主商定的，一般券商不需要向客户缴纳保证金，远低于券商转融券融入证券的20%保证金比例。

期限灵活：对比转融通证券出借业务，场外收益互换券源出借业务期限更为灵活，可以由交易双方自主协商确定。

费率灵活：对比转融通证券出借业务，场外收益互换券源出借利率也更为灵活，同样可以由交易双方自主协商确定。

总的来说，收益互换业务也是监管之下的券商业务，收益互换融券业务的兴起说明了现阶段出借业务和融券业务存在的一些问题，在风险可控的前提下，现有的场内出借以及融券业务可以拥有更大一些的自由度。

2. 民间融券业务

民间融券业务指投资者把自己证券账户内的股票和资金交由他人代为操作，操作手法上采取同一股票在同一个交易日内多次买进和卖出的方式，目的是尽可能多地高抛低吸，赚取差价收益，减少浮亏。这类机构通常与客户约定盈利部分双方分成，如有亏损负责保本；如果客户账户中资金不足，个别机构还存在垫资行为，相应盈利部分分成比例更高（见图9）。

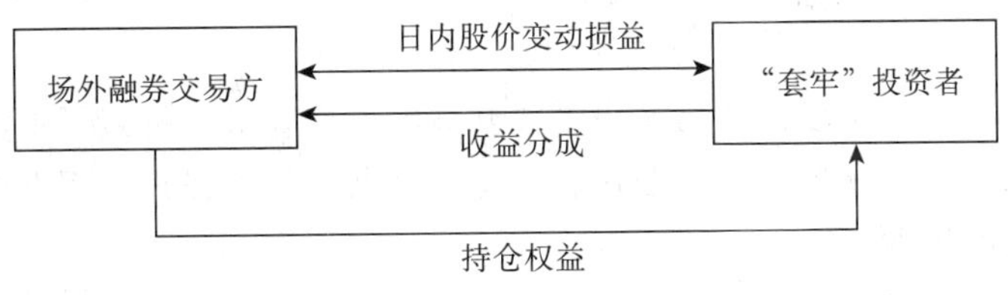

图9　场外融券交易模式

根据中国证监会机构监管情况通报 2016 年第 9 期，监管层已经对此类业务做了明确的定性："'股票回转交易'实质上是一种民间代客理财活动，具有明显的违规特征。理财机构未经我会批准，接受客户委托管理客户账户、从事证券交易并从中获取收益，涉嫌构成非法从事证券经营业务及非法利用他人账户从事证券交易。投资者将证券账户交给理财机构管理、交易，违反了账户实名制有关要求，同时自身合法权益也难以得到有效保障。"

民间融券业务从一个层面反映了有相当一部分长期资产持有者迫切希望盘活证券资产的愿望，扩大出借人范围以及出借交易机制的转变可以合法合规地有效满足资产方盘活资产的要求。

从上述场外变相融券业务模式来看，场外融券业务杠杆比例较高，在标的券范围、业务期限、折算率等业务机制上明显较融券业务灵活，基本游离于监管之外（见表 3）。

表 3　　场内融券业务与场外融券业务比较

	融券业务	收益互换场外融券业务	民间融券业务
杠杆比例	0—2 倍	1—5 倍	理论可无限大
标的范围	有限制	无限制	无限制
借券卖出价格约束	融券交易提价规则	无限制	无限制
业务期限	6 个月	协议约定	无
担保品折算率	交易所公布的上限	无限制	无限制
信息披露监测	交易所、证金公司	不披露	不披露

（二）场外融券业务发展的危害

场外融券业务的野蛮生长挤压了融券业务的生存空间，其游离于监管之外的特性决定了这种业务模式给市场带来了一定的危害。

1. 不透明

从业务监管层面看，以收益互换、私募产品形式开展的融券业务，其业务表象上仍为合法的收益互换、私募产品投资业务，而其背后隐藏的融券业务游离于监管之外。监管的缺位，导致管理层无法掌握全市场融券的准确信息，不利于政策决策。

2. 高杠杆

从杠杆控制层面看，目前，在"去杠杆"的大背景下，场外融券业务仍然以 2—5 倍、甚至 10 倍的高杠杆吸引客户参与，在极端行情下易出现群体性风险事件。由于场外融券业务游离于监管之外，投资者在"高杠杆高收益"的利益驱使下进行场外融券业务导致风险事件往往并不能得到法律法规的保护。这与"收紧杠杆，保护投资者利益"的监管理念背道而驰，增加了杠杆风险隐患。

3. 不实名

场外融券业务，尤其是以民间借账户方式开展的融券业务，摧毁了由实名制建构的市场风险防控体系。账户的实际控制人与账户名义持有人共同操作账户，而券商无法得知实控人的身份，具有较大的风险。

4. 挤压融券业务空间

从交易机制层面看，由于没有交易机制、业务风险控制层面上的约束，场外融券业务仅依靠自主协商的业务协议来约束双方的权利义务，往往能从标的证券范围、交易限价、融券卖出资金用途等方面突破场内融券业务的交易规则，交易机制较为灵活。场外融券业务野蛮生长，突破了场内融券业务的交易规则限制，挤压了正规融券业务的发展空间。

六、融券业务机制完善建议

我国融券交易市场发展较晚，业务发展缓慢，除了市场因素外，更重要的是存在出借参与者少、交易成本高、交易效率低、转融券业务机制不完善等问题，极大地限制了业务发展。同时，符合全球通行融资融券业务惯例的有偿使用客户担保资产受到诸多限制，一定程度上抑制了融券业务发展。借鉴海外成熟市场融券业务发展经验，建议从鼓励机构参与人、扩展融券券源、完善交易机制、降低融券成本等多方面采取措施，推动融券业务进一步发展。

（一）有序放宽出借人准入门槛，建立市场化的转融券费率价格和期限形成机制，完善法律法规关于证券出借的相关规定

1. 有序放开公募基金出借限制，允许符合条件的公募基金开展证券出借业务

在海外成熟市场，共同基金、养老基金以及大型托管银行一直都是券源的主要出借方。一方面，这些专业机构大多数资产为长期配置资产，可以满足券源对于出借期限的要求；另一方面，这些大型机构也需要通过出借业务提高整体资产的收益率，降低托管和管理费用。

目前在国内，大型机构，特别是长期持仓的公募基金、社保基金、保险机构均未参与证券出借业务，而这些机构恰恰是有拥有大量长期持仓的证券资产，也有一定的盘活资产、提高整体资产收益率的需要。从监管层面上来看，公募基金属于中国证监会监管，保险机构属于中国保监会监管；社保基金较为复杂，社保基金由全国社会保障基金理事会负责管理，其筹资、管理以及使用应符合2016年国务院通过的《全国社会保障基金条例》的规定，同时中国证监会以及中国人民银行按照各自的职权对申报基金投资管理人和托管人的经营活动进行监督。

对于公募基金参与证券出借业务，中国证券业协会已经在2015年4月17日正式发布了《基金参与融资融券以及转融通证券出借业务的指引》（以下简称《指引》），应该说在制度层面已经基本扫清了基金参与证券出借业务的障碍，并且部分基金在设立之初就将参与证券出借业务明确写入了招募说明书以及基金合同。《指引》对于基金参与证券出借业务的收入安排、信息披露、风险控制以及估值核算等各方面都有比较详细的规定。

（1）参与范围。《指引》规定封闭式股票基金、开放式指数基金（含增强型）、交易型开放式指数基金（ETF）可以参与转融通证券出借业务。

（2）出借限制。《指引》对出借范围以及期限进行了规定，出借资产不得超过基金净资产的50%，平均剩余期限不得超过30天，其中出于对基金赎回风险的考虑，对出借资产比例进行限制也是国际通用的做法。

（3）合同更新方式。老基金在更新招募说明书并公告之后可参与证券出借业务，新募集基金需要在基金合同、招募说明书以及产品方案等募集申报材料中列明相关内容，并在定期报告中进行披露。

(4) 收入安排。出借业务产生的收入，根据《指引》规定应归入基金资产。整体上来说，《指引》已经对基金出借的关键性问题做了清晰和明确的规定，在《指引》的要求下可以开展基金出借业务试点，在试点过程中应着重解决关于估值、托管等细节问题。

2. 按照公平性原则，放宽投资者业务准入门槛

参与主体方面，建议按照公平性原则，扩大证券出借参与人，让市场参与者均能逐步、公平地参与证券借贷业务。对于机构投资者，目前政策上已放开，建议协调相关方面尽快明确基金公司、保险公司等专业机构投资者出借证券的具体要求，扩大证券出借参与主体。

3. 目前固定的转融券费率及期限无法满足不同证券的供求关系，建议建立市场化的转融券费率价格形成机制，提高出借利率和出借期限的灵活性

不同转融通标的证券的转融券费率由市场供求情况决定，进一步强化市场效率。在定价交易的制度中，建议将出借费率上调至 3%—4%，并在这个区间内，按照股票类别进行区分定价，以增强出借吸引力。建议在约定申报的基础上开放议价交易，并考虑允许仓单多次展期与提前还券。

转融券业务期限固定，不利于与融券业务的对接，制约了业务规模的扩大，建议转融券业务与现有融券业务对接，也采用“随借随还”的业务模式。

目前融资融券业务采用的是“随借随还”模式，客户在合约期限内可以随时了结负债。如果转融通业务采用固定期限模式，券商必须在到期日了结，无法提前偿还及展期，券商就要面临因客户提前偿还未融出去造成的息费损失或客户到期未偿还自行买券还券的价差损失，还有可能面临违约风险。

转融券和融券两个业务期限的不匹配势必给券商的资券管理带来较大难度，目前大部分券商都倾向于对转融通融入的资券在与客户开展融资融券业务时也相应采用固定期限模式，与使用自有资券相比，这无疑会使得客户的交易丧失一定的灵活性。因此，建议转融通业务与现有融资融券业务对接，也采用“随借随还”的业务模式。

4. 完善法律法规关于证券出借的相关规定，增强股东出借意愿

建议修订相关法律法规、业务规则，明确“证券出借”和“减持”“反向交易”的概念区别，简化证券出借的信息披露准则，统一出借业务所适用的会计准则。从行政制度层面鼓励股东开展证券出借业务。

（二）降低券商参与转融通业务的相关成本，调整转融券期限模式，允许提前还券

1. 降低转融券业务综合成本

除融券源稀缺这一因素外，融券费用较高也是我国融券业务发展缓慢的一个重要原因。与融资不同，投资者更多的是将融券当作一种风险管理的工具。投资者使用融券保护其投资组合，更多地关注该工具的使用成本而非带来的利润杠杆（如融资），因此，过高的融券费用阻碍了投资者对于融券工具的使用。我国各证券公司给出的融券费率普遍高于 6%，相比而言，欧美、我国香港等市场证券的融券费率普遍为 1%—3%。因此，建议降低投资者的融券成本。

目前，基于不同的转融券期限，证金公司收取的转融券通道费用为 1.5%—2.5%，而出借人的出借收入为 1.5%—2%。如果可以将通道费用降低至不超过 0.5%，那么投资者的融券成本普遍可以控制在不超过 5%。同时，投资者可以利用融券卖出资金购买货币基金，

获得约 2% 的利息，这样即可将融券成本控制在 3% 以内。

2. 调整转融券期限模式，允许提前还券

目前，转融券业务采用固定期限模式（3、7、14、28、128 天），不允许证券公司提前归还转融券。证券公司亦向相应的融券客户收取固定期限的融券费用。以一个融券借入 28 天的客户为例，即使客户在使用一段时间（10 天）后已经买券还券，并且不再融券卖出，该客户也需要对剩余的 18 天使用权付费，这就变相地增加了客户的融券成本。如果转融券合约可以提前了结，在出借人同意的前提下可以提前归还证券，融券客户将有效降低成本。

（三）扩大转融券标的券范围，开发与出借标的匹配的衍生品，可用于对冲风险

扩大转融通标的券范围使得该业务可与融资融券业务直接对接；加快资本市场创新，开发更多与融资融券、转融通标的券匹配的衍生品，如期权等，以满足对冲需求。对冲品种扩大后，出借人才可能增加券源品种和数量，从而增加整个市场的券源供给，提高整个市场的效率。

（四）允许证券公司依法使用融资融券担保资产

目前，多家券商已逐步开展担保资产出借业务的专项研究，并提交了业务方案。后续业务筹备建议包括：一是政策法规明确允许证券公司依法使用客户担保物，为业务创新放行。二是允许符合条件的一些证券公司先行试点，并于试点过程中逐步放宽参与门槛、业务标的、业务期限等要素。如试点情况良好，再适时形成监管规则，稳妥扩大试点范围。三是要求证券公司设计合规合理的业务规则，对担保资产出借的业务流程、业务要素和权益处理进行明确规定，保障出借客户权益。

（五）完善转融通业务平台

目前转融通业务平台的分割情况严重影响了融券效率。建议由中国证券金融公司作为市场组织者，建立证券借贷交易系统，集中统一提供证券借贷服务。证金公司确定可出借标的证券范围、担保品范围、折算率等风险控制指标，统一管理业务参与人，证券借贷双方在证券借贷交易系统可通过各种交易形式达成交易；证券借贷交易系统提供议价、定价、竞价等市场化的交易方式，满足市场多样化的需求；登记结算机构直接接受中证金融公司指令，进行担保品划转和交易清算。

融资融券业务规则优化研究

庄亚明*

一、业务规则修订历程回顾

融资融券业务从2010年试点开展以来，已从一项创新业务逐渐演变为常规业务，经历了平稳运行、高速增长以及极端市场环境下的规模大幅缩减。结合近年来的市场变化、业务发展实际情况，对现有“两融”业务相关规则的修订历程进行总结回顾。

（一）“两融”业务规则筹备试点阶段（2006年6月—2011年10月）

2006年6月，中国证监会发布《证券公司融资融券业务试点管理办法》及《证券公司融资融券业务试点内部控制指引》，同时，2006年8月上海、深圳证券交易所分别发布《融资融券交易试点实施细则》，填补了我国资本市场融资融券业务的空白，也为后续证券公司开展业务提供了强有力的支持和指导。2010年3月我国第一批试点证券公司（包括中信、海通等6家证券公司）正式开展融资融券业务，掀开了资本市场场内杠杆融资的序幕，业务规模稳步提升。2010年7月第二批试点证券公司开展业务（包括银河、华泰等5家）。2010年12月第三批试点（包括安信、方正等14家）到2011年10月转常规前，市场规模稳步发展。

（二）“两融”业务规则转常规阶段（2011年10月至今）

1. 试点转常规

在试点阶段为控制风险，对证券公司从事融资融券业务设定了较高的准入条件。鉴于试点证明业务风险能够得到有效控制，且市场有扩大融资融券覆盖面的合理要求，有必要适当降低证券公司从事这项业务的准入条件。经过向社会公开征求意见，中国证监会最终对

* 作者单位：中国银河证券股份有限公司。

《证券公司融资融券业务试点管理办法》进行了修改，于2011年10月正式发布《关于修改〈证券公司融资融券业务试点管理办法〉的决定》《关于修改〈证券公司融资融券业务试点内部控制指引〉的决定》和《转融通业务监督管理试行办法》，标志着证券公司融资融券业务正式从试点转入常规。本次修改主要删除了原名称和条文中的“试点”字样，将融资融券作为证券公司一项常规业务，取消了试点阶段对该项业务资格的较高净资本水平和分类评价结果要求。

为适应融资融券业务由试点转为常规业务的需要，2011年11月沪、深证券交易所也相应修改发布了《融资融券交易实施细则》，并对融资融券证券标的范围扩容至300只左右；中国证券业协会对《融资融券合同必备条款》和《融资融券交易风险揭示书必备条款》进行修改，融资融券转常规进入实质性操作阶段。

融资融券业务由试点转入常规业务，使得此前未能进入融资融券业务试点的券商也能开展这一业务。2012年6月随着东兴证券等第四批证券公司的进入，越来越多的券商开始开展融资融券业务。仅2012年下半年，参与券商家数就由25家猛增至74家，较此前两年开展家数增加了近两倍。融资融券市场大幅扩容，业务蓬勃发展。

2. 进一步完善

融资融券业务转常规后，在业务快速发展的同时，证券公司开展融资融券业务也存在一些需进一步规范的行为和预防的风险。同时，2011年版《证券公司融资融券业务管理办法》中的部分规定已不能适应市场和业务发展的实际情况。

2015年7月，考虑到当时市场运行情况，根据市场和监管工作需要，中国证监会修订并发布了《证券公司融资融券业务管理办法》（以下简称《管理办法》），上海、深圳证券交易所同步发布《融资融券交易实施细则》。本次主要修订了以下内容：

（1）建立融资融券业务逆周期调节机制。借鉴境外市场经验，在《管理办法》中明确，中国证监会建立健全融资融券业务的逆周期调节机制，对融资融券业务实施宏观审慎管理。证券交易所根据市场情况对保证金比例、标的证券范围等相关风险控制指标进行动态调整，实施逆周期调节。同时要求证券公司根据市场情况等因素对各项风险控制措施进行动态调整和差异化控制。

（2）合理确定融资融券业务规模。将融资融券业务规模与证券公司净资本规模相匹配，要求业务规模不得超过证券公司净资本的4倍。对于不符合上述规定的证券公司，可维持现有业务规模，但不得再新增融资融券合约。

（3）允许融资融券合约展期。在维持现有融资融券合约期限最长不超过6个月的基础上，新增规定，允许证券公司根据客户信用状况等因素与客户自主商定展期次数。

（4）优化融资融券客户担保物违约处置标准和方式。取消投资者维持担保比例低于130%应当在2个交易日内追加担保物且追保后维持担保比例应不低于150%的规定，允许证券公司与客户自行商定补充担保物的期限与比例的具体要求，同时不再将强制平仓作为证券公司处置客户担保物的唯一方式，增加风险控制灵活性和弹性。

此外，本次修订进一步强化了投资者权益保护，完善了风险监测监控机制，结合业务实际进一步明确了相关禁止行为（见表1）。

表 1 历次主要融资融券业务规则修订情况

规则名称	发布时间	版本
中国证监会：《证券公司融资融券业务管理办法》	2006 年 6 月	《证券公司融资融券业务试点管理办法》
	2011 年 10 月	《证券公司融资融券业务管理办法》
	2015 年 7 月	再次修订《证券公司融资融券业务管理办法》
沪、深证券交易所：《融资融券交易实施细则》	2006 年 8 月	《融资融券交易试点实施细则》
	2011 年 11 月	《融资融券交易实施细则》
	2015 年 7 月	再次修订《融资融券交易实施细则》
中国证监会：《证券公司融资融券业务内部控制指引》	2006 年 6 月	《证券公司融资融券业务试点内部控制指引》
	2011 年 10 月	《证券公司融资融券业务内部控制指引》
中登公司：《融资融券登记结算业务实施细则》	2006 年 8 月	《融资融券试点登记结算业务实施细则》
	2011 年 12 月	《融资融券登记结算业务实施细则》
中国证券业协会：《融资融券合同必备条款》和《融资融券交易风险揭示书必备条款》	2006 年 9 月	《融资融券合同必备条款》和《融资融券交易风险揭示书必备条款》
	2011 年 11 月	修订《融资融券合同必备条款》和《融资融券交易风险揭示书必备条款》

二、现有业务规则存在的问题及优化建议

结合近年来的市场变化、融资融券业务发展实际情况以及各证券公司的业务管理经验，现对融资融券业务相关规则进行重新梳理，包括《证券公司融资融券业务管理办法》，沪、深证券交易所《融资融券交易实施细则》（以下简称《实施细则》），《证券公司融资融券业务内部控制指引》（以下简称《内控指引》），《融资融券登记结算业务实施细则》（以下简称《登记结算细则》），《融资融券合同必备条款》（以下简称《合同必备条款》），《融资融券交易风险揭示书必备条款》（以下简称《风险揭示书必备条款》），主要归纳了三类问题并给出了优化建议：

（一）规则与实际业务发展不适应，有待修改或调整

1. 客户准入

（1）对客户信用状况评估的规定不明确。信用风险是融资融券业务的主要风险之一，控制信用风险的关键在于前端客户准入环节，《管理办法》第十二条明确了融资融券客户开立信用账户的门槛条件，也在条款中提到“有重大违约记录”客户不得开立信用账户，但是关于重大违约记录的判定标准不具体，各家证券公司在实际业务操作中采取的尺度会不一样，导致业务前端信用风险控制存在漏洞。建议在规则中对重大违约记录的判定适当增加一些标准或注释，如明确考察期、上交所向证券公司提供强制平仓的客户信息等，作为证券公司评估客户是否有重大违约记录的参考依据。

（2）专业机构投资者范围有待进一步放开。目前，融资融券交易仍以个人投资者为主，相比美国市场的客户结构，个人与机构的投资者结构比例为 35%∶65%，我国融资融券交易

的投资者结构不均衡；《管理办法》第六十五条（十一）款明确了专业机构投资者范围，但考虑到市场未来发展以及优化投资者结构，建议进一步放宽专业机构投资者的范围，如QFII、RQRII等纳入范围，为日后业务发展留足空间。

2. 账户功能

（1）融券专用账户交易限制过严。《管理办法》第十条规定融券专用证券账户“不得用于证券买卖”，在实际操作过程中，该账户同时限制了行使增发、配股、配债等权益，一旦发生上述权益时，证券公司需要证券从融券专用证券账户转出到自营证券账户后再行使权益，大大影响了证券公司行使权益的效率，尤其是配债时仅有1天操作，很容易因错失行使权益时机而造成损失；同时，证券从融券专用账户转出后也会直接影响客户融券交易。

（2）信用账户交易功能需扩展。沪、深证券交易所《实施细则》规定“投资者信用证券账户不得用于买入或转入除可充抵保证金证券范围以外的证券，也不得用于参与定向增发、股票交易型开放式基金和债券交易型开放式基金申购及赎回、债券回购等”，一旦客户需要进行上述基金申购赎回、债券回购等交易，就要在普通账户和信用账户之间划转，且证券划转要第二日到账，容易造成客户错过交易时机；从风险控制角度看，客户在信用账户内交易的可充抵保证金证券以及标的证券范围已受限制，如再限制信用账户交易功能，则是对风险的重复控制，大大降低客户交易效率。建议可以对信用账户交易功能进行细化，适当放开或扩展部分交易功能。

3. 标的管理

（1）标的证券调整频率有待提高。沪、深证券交易所《实施细则》中对标的证券的筛选标准、调整情形等作了规定，但调整的频率并未明确规定。根据历史标的证券调整情况看（见表2），标的证券范围的调整频率大概1年调整一次，而最后一次2014年调整后至今已经超过2年，期间市场经历了大幅变化，沪深300估值从2014年的8倍上升至18倍又回落至目前的13倍，市场总体上市企业也从2 569家增长到2 952家。此外，根据《实施细则》关于标的证券的筛选标准，在现有的912只标的证券范围内，有83只已不符合标的证券范围，而在非标的证券中，沪、深两市共有2 345只证券符合标准但未纳入标的范围。

表2　　2010—2014年标的证券范围调整情况

调整次数	标的证券数量（只）	时间区间
第1次	90	2010年3月31日—2011年12月2日
第2次	288	2011年12月5日—2013年1月30日
第3次	510	2013年1月31日—2013年9月13日
第4次	712	2013年9月16日—2014年9月22日
第5次	912	2014年9月22日至今

显然，当前标的证券范围与按标准筛选的实际范围存在较大差异，建议规则中能够明确交易所定期或不定期调整或更新标的证券的频率，以适应市场的快速变化，达到调整的最佳效果。

（2）标的证券范围有待进一步扩大。随着沪港通、深港通的推出，港股交易日渐活跃，港股也将成为境内投资者的重要投资标的，而且港股通股票范围为恒生综合大型股指数、恒生综合中型股指数成分股等。港股通标的风险相对可控，且与目前境内融资融券标的证券的选择大致相符，未来也可考虑纳入融资融券标的，有利于投资者进行资产配置，真正实现互联互通，建议在规则中可以预留将港股通标的纳入标的证券范围。

4. 担保物提取

（1）提取担保物的范围限制过严。根据《实施细则》规定“维持担保比例超过 300% 时，客户可以提取保证金可用余额中的现金或充抵保证金的证券，但提取后维持担保比例不得低于 300%”，对提取的担保物包含了两个限制条件：一是必须属于保证金可用余额内的资金或证券；二是可充抵保证金的证券。这两个限制条件分别对证券公司开展业务以及客户提取担保物时带来较大影响，既增加了证券公司保证金可用余额的计算难度，也出现证券被调出可充抵保证金证券范围后无法转出信用账户的问题，使客户难以理解，甚至引起纠纷。

建议修改为：“维持担保比例超过 300% 时，客户可以提取除融券卖出所得价款以外的现金或证券，但提取后维持担保比例不得低于 300%。”。

（2）提取担保物的维持担保比例要求偏高。根据沪、深证券交易所规定，融资保证金比例不低于 100%，客户融资的杠杆比例较过去下降一半。若担保物证券的折算率为 50%，客户利用最大保证金融入负债，此时的维持担保比例达到 300%。即使担保物折算率为 100%，进行最高比例融入资金，初始维持担保比例最低仍有 200%。在杠杆风险已经大幅下降和可控的情况下，目前的维持担保提取比例相对偏高，给客户信用账户中的资产转出带来不便，建议规则中对转出担保物时维持担保比例的最低要求进行调整。

5. 偿还融券或融资负债的效率有待提高

（1）偿还融券负债。在 2015 年市场极端行情下，沪、深证券交易所为维护市场稳定，加强融资融券业务风险控制，修改了《实施细则》，明确规定投资者在融券卖出后，需从次一交易日起方可通过买券还券或直接还券的方式偿还相关融券负债，该规则在当时市场环境下起到了一定的积极作用。但随着市场稳定后，该条款大大降低了融券交易的效率，可能会进一步拉开融资、融券业务平衡发展的差距，导致多空双方力量不平衡，引发系统性风险的产生。考虑到融券交易受券源限制，且转融券效率不高（T+1），建议将偿还融券的起始日控制措施纳入逆周期调整机制，根据市场的变化情况由交易所及时调整，在现有规则中灵活约定。

（2）偿还融资负债。《实施细则》规定，“投资者卖出信用证券账户内融资买入尚未了结合约的证券所得价款，应当先偿还该投资者的融资欠款”。原规则设置的目的主要是防止客户出现绕标行为，但当客户使用自有资金和融资资金买入同一股票时，应当允许客户在保留融资负债等额市值证券的前提下，卖出自有资金买入的部分，方便客户调仓。此外，在满足取保维持担保比例的情况下，客户都可以将该证券转出信用账户，建议允许该条件下卖出融资买入尚未了结合约的证券所得资金由客户自由支配。

6. 融券卖出其所有或控制的证券账户所持有的证券的提价规定较难执行

《实施细则》要求“投资者在融券期间卖出通过其所有或控制的证券账户所持有与其融入证券相同证券的”，不得低于最近该证券的最低成交价，但是实际操作中执行难度较大。一方面，因行情及交易数据通讯延迟问题，证券公司前端难以控制客户委托交易价格，只能由交易所对融券卖出进行前端价格控制；另一方面，客户主动申报关联账户意愿不强，证券公司难以达到该条款的控制目的，建议修改该规定要求。

7. 对上市公司董、监、高或持股5%的股东前端控制有待优化

《实施细则》规定："会员在向客户提供融资融券交易服务时，应当要求客户申报其持有限售股份、解除限售存量股份情况，以及是否为上市公司董事、监事、高级管理人员或持股5%以上股东等相关信息。会员应当对客户的申报情况进行核实，并进行相应的前端控制。"虽然证券公司在实际业务开展中要求客户申报上述相关信息，但是难以保证上述客户申报信息的准确性和有效性，从而对前端风险控制带来一定影响。

目前，上交所和深交所在每日向证券公司发送的数据包中已包含客户持有限售股份和解除限售股份的信息，深交所在每日向证券公司发送的数据包中还包含了客户担任上市公司董、监、高的信息。但信息仍然不全，如上交所数据包中缺少上市公司董、监、高或持股5%以上股东的信息，深交所缺少持股5%以上股东的信息，建议上交所和深交所能够在数据包中补充上述信息，由证券公司按照该数据信息进行前端控制，就可以在规则中取消客户主动申报的要求。

8. 协助司法机关的有关规定需调整

融资融券业务实际操作中，司法机关对客户信用账户或信用资金账户记载的权益采取财产保全或强制执行时，一般采取账户限制、账户资产处置等措施；但是《管理办法》第三十条规定"司法机关依法对客户信用证券账户或者信用资金账户记载的权益采取财产保全或者强制执行措施的，证券公司应当处分担保物，实现因向客户融资融券所生债权，并协助司法机关执行"，该条款规定与业务开展实际情况存在差异，建议对证券公司协助司法机关的措施进行细化和补充，增加除处分担保物以外的措施。

9. 业务数据信息报送对象过多

证券公司向中国证监会、交易所、证金公司等报送融资融券数据，报送项目高度重合，不仅加重了证券公司数据报送负担，也容易出现各证券公司数据口径不一致的困惑。

（二）与新规条款有冲突，需同步更新

1. 信用账户

（1）账户卡。根据《中国证券登记结算有限公司证券账户管理规则》，已经取消了纸质账户卡及相应的挂失补办业务，但在《登记结算细则》《内控指引》《合同必备条款》《风险揭示书必备条款》四个文件中仍保留着有关打印账户卡、账户卡信息、账户卡样式等内容，需要同步更新修改。

（2）账户开立。根据《管理办法》，已取消"客户用于一家证券交易所上市证券交易的信用证券账户只能有一个"的要求，但《登记结算细则》《合同必备条款》仍有限制客户只能有一个信用证券账户的规定，与《管理办法》存在冲突。

2. 合约展期、融资利率、融券费率

《管理办法》已经明确"合约到期前，证券公司可以根据客户的申请为客户办理展期，每次展期期限不得超过证券交易所规定的期限""融资利率、融券费率由证券公司与客户自主商定"，但《合同必备条款》《风险揭示书必备条款》缺少展期的有关条款约定，而且关于融资利率和融券费率如何确定地表述以及相关风险提示均与《管理办法》不一致，需要尽快更新《合同必备条款》《风险揭示书必备条款》，以便于各家证券公司同步修改合同和风险揭示书，可以有效避免产生误解或纠纷。

3. 强制平仓

《内控指引》第十六条规定“证券公司应当制订强制平仓的业务规则和程序，当客户未按规定补足担保物或到期未偿还债务时，立即强制平仓”，与《管理办法》第二十六条证券公司对客户进行强制平仓时“可以按照约定处分其担保物”的表述存在一定差异，也与当前证券公司执行强制平仓的实际操作存在差异，需同步更新修改。

4. 压力测试、逆周期调整等

《管理办法》规则中增加了对证券公司建立业务压力测试、逆周期调整机制的要求，并且强化证券公司对各项风控指标进行动态调整和差异化控制，但是《内控指引》缺少相关内容规定，需尽快补充更新。

（三）缺乏配套指引，部分条款较难执行

1. 买入或申购证券公司现金管理产品、货币市场基金的操作

《实施细则》明确“融券卖出所得价款可以买入或申购证券公司现金管理产品、货币市场基金以及本所认可的其他高流动性证券”，并且也接受上述产品作为可充抵保证金证券，但投资者在现有“两融”信用账户体系下操作，在登记存管、清算交收等方面仍缺乏相关配套指引。

2. 单一客户或者单一证券的融资、融券的金额占其净资本的比例

《管理办法》规定：“证券公司向单一客户或者单一证券的融资、融券的金额占其净资本的比例等风险控制指标，应当符合证监会和证券交易所的规定。”但目前中国证监会或证券交易所未明确具体的指标控制阈值，存在风险控制的漏洞，建议明确控制阈值。

3. 提交除可充抵保证金证券以外的有价证券、不动产、股权的处理方式

根据《管理办法》规定，客户补交担保物时，证券公司可以接受除可充抵保证金证券以外的其他证券、不动产、股权等资产。但实际操作中，存在不动产、股权等资产的权属确认、资产评估等问题，而且在这些担保物补交后如何在维持担保比例中体现，涉及维持担保比例计算公式修改，都需要出具相关配套指引。

4. 对资信不良、有违约记录的融资融券业务客户的报送路径、机制

根据《内控指引》第二十三条规定，要求证券公司应当“对资信不良、有违约记录的融资融券业务客户”进行记录，并向中国证券业协会报告。但目前行业内仍然缺少具体的报送中国证券业协会的路径、机制，有待尽快完善违约客户记录信息报送机制，建立行业健全的征信系统。

三、业务规则的持续完善和研究建议

融资融券业务经过六年多的发展，已经形成了较为完备的制度体系、账户体系、监管监测体系和风控体系。随着市场的变化和新需求的不断涌现，融资融券未来的发展，需不断研究、探索和创新。

（一）研究使用担保证券的业务模式，丰富证券公司融券券源

1. 发展融券业务对资本市场有较大的积极作用

从境外成熟市场融资融券业务的发展过程来看，融券业务对完善资本市场功能起到了积极作用。

（1）提高证券价格发现的效率。融券交易可以将更多的信息融入证券价格，为市场提供双向的交易机制。若证券价格被过度高估，市场投资者可以通过融券卖出反映自己对证券真实价值的看法。

（2）增强证券市场的流动性。融券交易在一定程度上放大了资金和证券供求，从而活跃证券交易，增加市场交易量。

（3）为投资者提供避险工具。融券交易能够改变证券市场单边市的状况，为投资者提供了一种避险工具。

（4）具有较大的金融创新空间。与其他金融衍生工具相比，融券交易杠杆较小，总体风险更为可控，能够为推出杠杆更高的金融衍生工具做出有益的尝试，并可作为相关套保或套利操作的支持工具。

2. 融券业务发展现状

2010 年 3 月 31 日试点当日，两市融资余额为 649 万元，两市融券余额为 9 万元。经过近些年的发展，我国融资融券业务在规模上发生了质的飞越。截至 2016 年 10 月末，两市融资余额已达 9 075.5 亿元，相比试点当日 649 万元的融资余额，业务规模扩大了近 14 万倍；而两市融券余额为 38.9 亿元，但就其增长速度来看，远远落后于融资业务的增长速度。

此外，融券业务余额在整个融资融券余额中的占比过低。2010 年末，融券余额占融资融券余额的比重仅为 0.09%。该占比曾在 2013 年 1 月一度达到 4.32% 的最高点，又于 2013 年 12 月以后回落到 1% 以内。2016 年 10 月末，融券余额占融资融券余额比重仅为 0.43%。

3. 融券业务发展建议

由于当前制约融券业务发展的主要因素为券源短缺，供需失衡，因此提高融券业务规模的直接方法为扩大券源来源，建议未来允许证券公司在获得授权的前提下使用客户信用账户担保证券开展融券业务。具体在制度层面，建议预留相应的业务创新空间，在《证券公司融资融券业务管理办法》第二十八条中增加一项“经证监会批准的证券公司和客户另有约定的其他情形”。这样，证券公司可以在现有融资融券业务框架下，探索研究使用客户担保证券的创新业务模式，比如用于转担保作为转融通保证金、用于补充证券公司开展融资融券的券源不足、用于开展客户之间的互相融通等，从而盘活信用账户担保证券，拓展客户盈利渠道，拓宽融资融券业务证券来源，使融资融券市场供给体系发展成为一个来源多样、层次分明、互相补充的有机整体，共同满足多元化的市场需求。

（二）研究探索以保证金比例为核心的风控体系

目前，我国的融资融券业务体系采用了维持担保比例和保证金比例两套标准对客户进行风险管理。其中，保证金比例与欧美主流国家的计算方法类似，而维持担保比例则主要是借鉴了我国台湾地区的业务模式，并没有把折算率考虑在内。

1. 优化维持担保比例计算公式

在实际业务操作中，单纯通过计算维持担保比例进行平仓或者限制提取保证金，仅计算了信用证券账户内的证券市值总和，缺乏对股票市值进行折算，并没有充分体现出投资者所持有股票的安全性，欠缺对市盈率、估值等方面的考量。在 2015 年的股市异常波动期间，仅仅靠计算客户维持担保比例不能反映出客户所持股票的风险偏好，比如说一类客户持有的都是市盈率低、流通性好的蓝筹股，另一类客户所持有的股票则是高估值、缺乏流通性的中小创股票，往往后者的风险更大，却无法在维持担保比例中体现。一些持有高风险、缺乏流动性股票的客户并没有被及时要求追保，而一些持有优质资产的客户在提取保证金时也存在一定的不便利性。

反观境外市场，以美国为主导的欧美主流国家采用了以保证金比例为核心的风控体系，更加类似于期货交易的做法，一般的维持保证金比例均在20%—25%。如我国融资融券业务学习境外先进经验，采用以保证金为核心的风险管理措施，在加强对客户所持仓股票种类的风险管理措施的同时，也可为客户操作提供一定的灵活性。

规则层面，考虑到如果要改变维持担保比例的做法，会直接牵涉到修改所有规则、办法。最为简便的修改方式是重新定义维持担保比例的计算方式以及相关限制比例。为此，我们参考了日本体系的做法（欧美与日本相类似），日本信用交易维持保证金比例计算公式为：

维持保证金比例＝现金及可充抵保证金证券折算后保证金总和（扣除亏损及费用）÷（融资买入证券金额＋融券卖出证券当前的市值）×100%

因此，建议将折算率纳入维持担保比例的计算方式，将现有的维持担保比例计算公式修改为：

维持担保比例＝保证金/（融资买入金额＋融券卖出证券数量×当前市价＋利息及费用总和）

此外，考虑到欧美及日本最低的维持保证金比例在20%—25%之间，即多空杠杆最高不超过4—5倍杠杆。由于当前证券市场交投并不活跃，适当降低融资保证金水平可以激发市场活力，如果将沪、深证券交易所规定的最低融资及融券保证金比例均由100%降低回原来的50%（给予证券公司适当的灵活度），即融资最多2倍杠杆、融券最多2倍杠杆，多空杠杆总上限也不超过4倍（对应最低维持担保比例为25%），较境外通行的4—5倍杠杆做法更为谨慎。因此，建议交易所最低维持担保比例为25%。

2. 优化客户提取保证金的方式

目前规则中允许客户提取维持担保比例不得低于300%，限制了客户资金和证券的流动性，影响客户对资金和证券的安排与利用。参考境外成熟市场经验，比如在美国，当客户提取保证金时，只要客户有多余的可用保证金，其现金或证券可从账户中提取出来，只有在客户保证金不足时，将会被要求追加保证金，且无法提取担保品。为此，在以保证金比例为核心的风控要求前提下，建议可以借鉴境外市场的客户保证金提取机制，优化客户提取保证金的方式，给予客户一定的灵活性。

建议借鉴欧美市场机构在客户提取保证金方面的模式，当客户需要提取保证金时，对客户的可用保证金余额进行校验，只要客户的保证金可用余额为正，就允许客户提取多余的现金或充抵保证金的证券。

3. 增加对客户买入担保品的约束条件

融资融券业务开展以来，一些投资者为能买入非标的股票，通过类似于ETF套现等复杂的操作进行规避。这除了增加客户的操作难度之外，还额外增加了客户融资购买非标的股票的风险。建议通过增加对客户买入担保品约束条件的方式简化。此外，部分投资者也反映，在融资卖出还款及融券卖出资金的使用上便利性不足。

建议在规则中增加对客户买入担保品约束条件，一方面可以通过统一的标准规范客户买入担保品操作，有效避免客户繁琐的操作融资购买非标的股票；另一方面，也可以解决客户融资卖出还款及融券卖出资金的用途限制，为客户的操作提供一定的便利性。可以在《交易细则》中增加一条“客户用担保品买入非标的证券时所用资金不得超过其现金可用额度，现金可用余额是指投资者账户下的现金及所持有标的证券市值，减去其融资融券负债本金的剩余现金部分。其计算公式为：现金可用额度 = min［（现金 + 信用证券账户内标的证券市值总和）－（融资买入金额 + 融券卖出证券数量 × 当前市价），现金］”。另外，将上交所《交易细则》第十六、十七条及深交所《交易细则》2.14、2.15 款关于融券卖出金额的使用限制及融资卖出款的有关规定删除。

（三）研究和探索标的证券和可充抵保证金证券范围的扩大以及“负面清单”管理模式

1. 港股通纳入标的证券范围

沪港通和深港通实现了上海、深圳和香港三个交易所的互联互通，为投资者的跨市场多元化资产配置创建了平台。基于投资者跨市场的资产配置需求，建议在有效控制风险的前提下，按照一定的量化体系指标对港股通标的证券范围进行筛选并将其纳入融资融券标的证券范围内。

2. 明确适当的补充担保品范围

2015 年修改并发布的《实施细则》规定：“客户维持担保比例不得低于 130%。当客户维持担保比例低于 130% 时，会员应当通知客户在约定的期限内追加担保物，客户经会员认可后，可以提交除可充抵保证金证券外的其他证券、不动产、股权等资产。会员可以与客户自行约定追加担保物后的维持担保比例要求。”

（1）不建议接受房产等不动产作为补充担保品。一方面，“两融”业务的风险链条将可能延伸扩大到客户的基本生活领域；另一方面，房产抵押是一项全新的业务领域，涉及权属确认、资产评估、质押登记、持续管理、违约拍卖等复杂的操作环节和法律环节，券商需要配备相关业务人员和相关系统，否则难以开展该项业务。再者，房产权属确认、资产评估、质押登记等操作难以在追加担保物的期限内办理完成，实效性极差。

（2）建议补充担保品范围限于客户通过证券公司购买的有价证券。随着我国多层次资本市场体系的逐步完善和成熟，投资者的投资品种除沪、深证券交易所上市的 A 股股票、基金、债券外，客户还可以通过证券公司投资于沪、深证券交易所以外的理财产品、资管产品、中小企业私募债、新三板等证券品种，这些资产可以在证券公司有效的管控之下，更适合于作为补充担保品。建议重新界定可作为补充担保品的范围并明确各类资产作为补充担保品时的价值计算方式。

3. 建立“负面清单”的管理模式

融资融券业务从 2010 年发展至今，标的证券范围经历四次扩容，从最初 90 只股票扩增至 915 只。沪、深证券交易所在选取融资融券标的时，主要考虑了股票的流通市值、流动性、股东人数、股价波动性、特别处理等客观因素。成熟市场在选取标的证券范围时则增加了股票的估值因素、事件性因素、股份集中度等因素。成熟市场标的证券范围相对而言更加宽松，证券公司可以灵活选取标的股票，自主承担和监控标的股票市场风险，对证券公司主动管理能力提出了较高要求。

未来，随着融资融券业务日趋成熟，标的证券和可充抵保证金证券范围逐步扩大，证券公司需要建立标的证券和可充抵保证金证券"负面清单"和常态化的动态调整机制，丰富标的证券的评估指标和差异化管理体系，不再仅仅单纯依赖交易所的"正向清单"，建立证券公司标的证券"负面清单"，并能在担保证券和标的证券选择上有一定自主性。

（四）研究细化特殊情形下信用账户资产的提取规则

对于信用账户资产提取规则，《实施细则》中规定："维持担保比例超过 300% 时，客户可以提取保证金可用余额中的现金或充抵保证金的证券，但提取后维持担保比例不得低于 300%。本所另有规定的除外。"

在实际的业务开展过程中，一些特殊情形可能适用于"除外"情形，如部分破产重整、吸收合并等情形下，投资者信用账户的股份必须划转到普通账户才能行使相关权利，对这类可以确定的事项，建议交易所及时进行通知、规范，避免投资者权益受损。

对于证券公司将其计算维持担保比例时的市值记为零的证券，在转出信用账户时建议不受上述规定的限制。对于券商已经将计算维持担保比例时的市值记为零的证券，其市值变化对信用账户的维持担保比例并不产生实际影响，建议可由证券公司根据账户情况决定是否允许客户将这部分证券转入普通账户。

（五）建议优化"两融"数据报送和行业数据发布机制

1. 建议精简优化证券公司数据报送项目，并建立健全"两融"监管数据的共享机制

目前，证券公司定期或不定期向中国证监会、交易所、证金公司等报送融资融券数据，报送项目高度重合，重复性报送不仅造成监管机构和证券公司的重复劳动，也不利于统计数据的统一性、准确性和可用性。而现在证券公司每日向证金公司"融资融券业务数据统计监测系统"报送的 31 张报表，基本包含了"两融"业务和转融通业务所有报送项目，数据十分齐全。该系统凝聚了证券金融公司、证券公司等多方长期的投入和努力，且已稳定运行近 4 年，基本可以支持现有各单位的数据需求。因此，为进一步提高数据报送效率，建议精简优化证券公司数据报送项目，取消其他多头报送，仅保留证金公司 31 张报表及个别汇总数据报送，由证券公司集中报送证金公司，并请证金公司牵头建立"两融"监管数据的共享机制，交易所、协会等相关机构的数据需求均可以通过共享方式实现。

2. 建议证金公司进一步发挥信息发布主体的作用，为券商提供更多更权威的行业数据

券商对全市场数据的掌握和分析，有助于把握业务风险，加强风险控制；有助于了解行业最新动态，促进业务健康发展。例如，对全市场担保证券集中度数据的掌握，有助于券商加强对单一证券集中度的风险控制。但目前行业内没有一个统一、公开、权威、全面的融资融券业务排名情况等行业数据的发布渠道和平台，各家券商只能根据两个交易所月末公布的余额情况，合计整理行业余额排名信息，但信用账户开户数、交易额、担保证券市值集中度等数据无法获得公开数据。

根据《中国证券金融股份有限公司融资融券业务统计与监控规则（试行）》的规定，证金公司履行信息发布义务，定期向市场发布融资融券相关数据和信息，目前已在证金公司网站上公布了部分行业数据的整体情况，但信息量还不够丰富。为使行业数据和信息更加公开透明，促进券商对行业形势的把握，推动融资融券业务的良性发展，希望证金公司能进一步推动相关信息发布工作，在时机成熟时，适当提供更全面的全市场数据服务。

关于股票质押式回购交易业务风险控制的专题研究

杜新乐*

一、股票质押式回购交易业务概述与分析

目前，股票质押式回购交易业务规模迅速增加，截至2016年9月底，沪、深两市股票式质押回购业务的规模已达10 450.61亿元。股票式质押回购业务已经成为证券公司越来越重要的盈利来源之一。

（一）法律关系分析

在股票质押式回购法律关系中，法律关系主体包括：资金融入方、资金融出方。证券公司作为股票质押式回购业务管理人，其地位视具体情况有所不同，资金融出方与证券公司有可能重合。

目前股票质押式回购的资金融出方主体主要为：证券公司，证券公司资产管理产品（包括集合资产管理计划、定向资产管理客户、专项资产管理计划等）；资金融入方为市场上具有融资需求、符合法律法规及相关规定、参与股票质押式回购的客户。

证券公司在股票质押式回购中承担着重要的法律角色。证券公司本身可以作为股票质押式回购的资金融出方，以其自有资金参与业务，在初始交易中提交资金，获得标的证券的质权，按约定向资金融入方收取利息，并到期获得购回交易金额，将标的证券解除质押。此外，在证券公司自身（或其子公司）管理的集合资产管理计划或者定向资产管理客户参与股票质押式回购时，证券公司还承担多重法律角色。

在股票质押式回购中，主要包含以下几层基础的法律关系：

1. 借贷法律关系

资金融入方与资金融出方签订股票质押式回购交易协议，资金融入方向资金融出方融入

---

* 作者单位：国泰君安证券股份有限公司。

资金，并按约定支付利息，资金融入方与资金融出方之间形成借贷法律关系。

2. 质押法律关系

在股票质押式回购中，资金融入方将所持股票出质给资金融出方，作为资金融入方按约定未来某一日期还款义务的担保。一般而言，资金融入方为出质人，资金融出方为质权人，资金融入方与资金融出方之间形成股票质押法律关系。

3. 委托代理关系

在股票质押式回购中，资金融入方为证券公司客户，资金融入方与证券公司签订委托代理协议，证券公司代理资金融入方申报交易指令，二者之间形成委托代理关系。

当资金融出方不是证券公司时，证券公司还接受资金融出方委托，进行有关申报、盯市以及违约处置相关事宜，二者之间亦存在着委托代理关系。

（二）与其他业务的对比分析

股票质押式回购作为证券公司的一种标准化业务，与约定购回式证券交易、信托借款、银行信用贷款的区别主要如下：

1. 约定购回式交易

约定购回式是指符合条件的投资者以约定价格向指定交易的证券公司卖出特定证券，并约定在未来某一日期，按照另一约定价格购回的交易行为。

与股票质押式回购不同，约定购回式交易的标的证券所有权在交易过程中发生转移，即投资者在初始交易时需要卖出标的证券，丧失所有权，在购回交易时，购回标的证券，重新取得标的证券所有权。而股票质押式回购在交易期限内，只是将标的证券冻结，出质给证券公司，到期购回后解除冻结，标的证券的所有权不发生转移。

2. 信托公司股票收益权转让

信托公司股票收益权转让主要指信托公司接受投资者委托，募集的资金用于受让资金融入方持有的股权收益权，资金融入方以上市公司股票质押作为主要增信措施的信托产品。

从主体来看，收益权转让是将股票质押给信托计划和券商资管计划等，股票质押式回购是证券交易所的标准场内交易业务，由证券公司进行操作；从质押登记方式来看，收益权转让需要到登记公司现场办理场外质押登记的相关手续，股票质押式回购可以直接通过证券公司交易下单来完成质押；从违约处置方面，收益权转让只能通过司法程序进行处置，股票质押式回购可以通过证券公司向交易所和登记公司申报违约处置的方式进行直接处置。

3. 银行信用贷款

银行信用贷款是指以借款人的信用发放的贷款，借款人不需要提供担保，其特征就是债务人无须提供抵押品或第三方担保权，凭自己的信用就能取得贷款，并以借款人信用程度作为还款保证。

从主体来看，银行信用贷款的债权人是银行，股票质押式回购的债权人是证券公司；从担保物来看，银行信用贷款的担保物为资金融入方的信用，除此之外无其他抵押物或担保物，股票质押式回购的担保物为标的证券；从外部监管来看，银行信用贷款主要受《贷款通则》和银行内部贷款指引等银行业法律法规规范，股票质押式回购主要受《证券法》《股票质押式回购交易及登记结算业务办法（试行）》等证券业法律法规规范；从违约处置来看，银行信用贷款主要通过司法程序进行处置，股票质押式回购可以通过证券公司向交易所和登记公司申报违约处置的方式进行直接处置。

（三）业务特征

基于上述法律关系和业务本质，股票质押业务呈现如下特征：

1. 融资特征

股票质押式回购交易是指符合条件的资金融入方以所持有的股票或其他证券质押，向证券公司融入资金，并约定在未来返还资金、解除质押的交易。由此可见，资金融入方与证券公司之间所建立的基础关系是债权债务关系。

2. 证券特性

股票质押式回购业务过程中，资金融入方以所持有的股票或其他证券质押，向证券公司融入资金，标的证券在其中作为质押担保物。和其他常见的质押担保物不同，证券具有活跃的交易市场，流动性较强，同时价格波动也较为明显。

因此，在质押交易期间内，作为质押担保物的标的证券的价格可能会发生较大幅度波动，导致影响证券公司的质权实现。股票质押交易的风险包含了证券市场的风险。

3. 信用特性

股票质押式回购业务的基础为债权债务关系。其本质为资金融入方将所持股票质押给证券公司，再由证券公司融出资金供其使用，具有信用交易的特性。股票质押交易的正常履约，较大程度上依赖于交易双方的履约意愿和履约能力。

资金融入方资金实力不足导致履约能力较差，或信用记录不佳导致履约意愿不足，均可能导致融入方违约而造成证券公司经济损失的信用风险。

4. 场内特性

目前，证券公司股票质押式回购业务均通过场内交易进行，即在上海证券交易所和深圳证券交易所授予的股票质押式回购交易权限内，直接通过交易所进行股票质押式回购交易。同时，场内交易也受到中国证监会和证券交易所的密切监管。

如证券公司从业人员在股票质押式回购交易业务经营管理或执业行为违反法律法规或准则进行操作，可能会使证券公司受到法律制裁，被采取监管措施、遭受财产损失或声誉损失的合规风险。

（四）主要风险分类

1. 市场风险

市场风险是指在股票质押式回购交易业务中，由于证券市场行情变化，导致标的证券价格波动所形成的风险。

2. 法律风险

法律风险是指在股票质押式回购交易业务中，因股票质押交易所具有的法律特性导致证券公司质权难以实现或无法优先实现的风险。

3. 信用风险

信用风险是指参与股票质押式回购交易的客户未能按照协议约定按期完成购回交易的风险。

4. 操作风险

操作风险是指由于对股票质押式回购交易的管理存在漏洞或缺陷、业务操作失误、处置不当所形成的风险。

二、市场风险与应对措施

市场风险是一种具有连锁性反应的风险，标的证券价格波动可能引发客户履约能力的下降，导致客户在交易期间不能履约或在交易到期时违约不回购，引发客户信用风险，进而导致公司处置标的证券所面临的流动性风险。

（一）标的证券管理总体原则

监督开展股票质押式回购交易业务的证券公司建立标的证券管理制度，明确标的证券筛选标准或准入条件、质押率上限、具体项目标的证券质押率确定机制、标的证券集中度管理机制等，并明确调整机制，定期或者不定期对其适用性进行评估和更新。

1. 标的券准入原则

标的证券出现下列情形之一的，证券公司应当审慎评估质押该标的证券的风险：（1）单一标的证券已质押数量占总股本超过 50%（全市场质押率高于 50%）；（2）标的证券所属上市公司上一年度亏损且本年度仍无法确定能否扭亏；（3）标的证券近期涨幅较高；（4）标的证券对应的上市公司存在退市风险；（5）标的证券对应的上市公司及其高管、实际控制人正在被有关部门立案调查；（6）债券和 ETF 基金不得作为质押标的，股票质押式回购仅限于股票。

2. 标的证券质押率

根据证券种类、是否为相关指数成分股、板块等因素，证券公司应合理确定标的证券质押率的上限。初始交易折算率原则上不得超过 60%。

3. 特殊证券的管理

上市公司董事、监事、高级管理人员持有的根据相关规则被锁定的证券、国有股、金融股、含税的个人解除限售股等特殊证券作为标的证券的，应给予特别关注，证券公司应定期进行风险排查。

（二）证券公司标的证券管理原则

标的证券管理主要考虑上市公司基本面风险、市场风险、流动性风险和集中度风险等因素，以保证回购交易的持续稳定运行和公司的风险控制，确定合适的评价筛选指标，进行有效的动态管理。

标的证券管理维度包括：标的证券的评价筛选方法、动态调整、折算率的确定、信息披露等方面。公司应选择业绩优良、流通股本规模适度、流动性较好的上市公司股票作为股票质押式回购交易标的证券。

1. 标的证券管理

股票质押式回购交易标的证券池的调整包括定期调整和临时调整。

（1）定期确定标的证券初选样本范围。标的证券范围筛选，首先确定满足基本条件的股票样本空间，然后运用股票综合评价系统，确定初选股票质押式回购交易标的证券池。在此基础上，结合股票是否存在重大临时异常变化、公司相关部门的评价结果，确定公司股票质押式回购交易标的股票池。

标的证券初始样本范围需满足波动率、换手率、业绩情况、不存在退市风险、不存在重大违法违规事件等基本条件。

（2）根据综合评价系统定期确定标的证券范围。在初始样本范围基础上，根据股票综合评价系统确定标的证券范围。

基本面：主要考虑盈利能力、成长性等。当市场环境发生重大变化时，可参考其他辅助指标。

估值：包括市盈率、市净率、市销率等指标。一是横向、纵向估值比较，即标的证券横向与行业内可比公司比较，纵向与其自身历史可比区间的估值比较，二是折扣价比较，比较标的证券折扣价与历史可比区间内价格的标价，若折扣价处于历史可比区间的较高水平，则说明折算率过高。

波动性：主要考虑股票价格波动幅度、VaR 模型度量。股价波动幅度，以股票在评估日之前 3 个月内历史波动幅度为评估对象；VaR 模型度量股票在未来 3 个月内价格波动下所面临的最大损失额。

流动性：综合评估既定期间内日均换手率、日均成交金额、日均流通市值和日均总市值。

综合评价系统：对样本空间内的股票，分别测算基本面、波动性、流动性、估值等指标综合分值，然后进行排序，测算秩数并进行加权。

（3）根据市场情况对标的证券进行不定期调整。临时调整包括以下情形：标的证券被实施特别处理；标的证券进入终止上市程序；标的证券长期停牌；其他情形，包括但不限于标的证券交易异常、标的证券发行人被吸收合并等。

2. 折算率管理

标的证券折算率是初始交易金额与标的证券市值的比率，折算率的高低体现了标的证券对股票质押式回购交易的履约担保能力。

在公司标的证券范围内，根据证券综合评级与市场指标（估值、流动性、波动性等），回购期限，质押股份性质（限售、高管锁定、流通股），融入方资信，第三方担保等因素，定期调整标的证券的折算率上限。在此基础上，在具体交易时，结合标的证券市场指标，回购期限长短，股份性质与流动性（限售、业绩承诺等），资金融入方资信，担保方资信（如有），确定具体交易的折算率。

（1）根据股票综合评价系统定期确定标的证券折算率上限。根据上述标的证券综合评选系统，将标的证券分为不同档次，确定不同档次证券的折算率上限。考虑因素包括上市公司简况（总市值、所属板块、市场或行业地位、上市公司所属行业及其前景、控股股东实力），股本及其结构，财务结构，经营能力与效益，成长性。

（2）估值高、流动性差、波动性大的证券给予较低折算率。估值指标市盈率、市净率、市销率、市现率等，维度包括横向与纵向估值。波动性包括历史波动率、VaR、极端市场环境下跌幅的压力测算。

（3）购回期限长的质押证券给予相对较低折算率。期限对折算率的影响综合考虑了股票在不同期限下的历史 VaR 值、波动性等。各类标的股票在不同的回购期限下适用的折算率由公司根据市场变化和业务开展情况进行相应调整。

（4）有限售条件的质押证券给予相对较低折算率。标的证券股份性质包括流通、高锁、限售、资金融入方有业绩承诺等情形。质押率的确定应根据该上市公司的各项风险因素全面认定并原则上低于同等条件下无限售条件股份的质押率。以有限售条件股份作为标的证券的，解除限售日应当早于回购到期日。

（5）其他影响质押股份市场风险的情况。例如公司质押股权集中度等，针对上述不同的项目要素及条件进行量化评定。

3. 前、中、后全链条风险控制措施

（1）事前风控。第一，通过对标的证券与折算率的综合评估，确定公司标的证券范围与折算率上限。第二，根据上市公司尽调、资金融入方与拟质押标的证券综合评估，确定合适的折算率。第三，针对资金融入方业绩承诺、质押率、警戒比例与平仓比例、标的证券亏损等情况下的提前购回等事项，约定特殊条款。

（2）逐日盯市。针对单笔合约、单个资金融入方同一标的证券或不同证券、关联方资金融入方同一标的证券或不同证券、单个标的证券等，按照证券公司风控指标逐日盯市（见表 1）。

表 1　　逐日盯市

<table>
<tr><td rowspan="22">逐日盯市</td><td rowspan="2">单笔交易逐日盯市</td><td>单笔合约折算率</td></tr>
<tr><td>单笔合约履约保障比例</td></tr>
<tr><td rowspan="3">单一资金融入方逐日盯市</td><td>资金融入方累计融资金额</td></tr>
<tr><td>资金融入方综合折算率</td></tr>
<tr><td>资金融入方综合履约保障比例</td></tr>
<tr><td rowspan="3">关联资金融入方（一致行动人）逐日盯市</td><td>资金融入方累计融资金额</td></tr>
<tr><td>资金融入方综合折算率</td></tr>
<tr><td>资金融入方综合履约保障比例</td></tr>
<tr><td rowspan="4">单一标的证券逐日盯市</td><td>标的证券累计融资金额</td></tr>
<tr><td>标的证券综合折算率</td></tr>
<tr><td>标的证券综合履约保障比例</td></tr>
<tr><td>标的证券全市场质押率</td></tr>
<tr><td rowspan="3">特殊条款逐日盯市</td><td>提前购回</td></tr>
<tr><td>增加补质</td></tr>
<tr><td>限制转托管</td></tr>
<tr><td rowspan="5">证券公司各类风控指标监控</td><td>单一投资者未了结的初始交易金额占净资本比例</td></tr>
<tr><td>单一投资者未了结的初始交易金额占公司批准的业务规模比例</td></tr>
<tr><td>单一证券未了结的初始交易金额占净资本比例</td></tr>
<tr><td>单一证券未了结的初始交易金额占公司批准的业务规模比例</td></tr>
<tr><td>单一证券未了结的初始交易股数占总股本的比例</td></tr>
<tr><td rowspan="3">信用联合监控</td><td>“两融”、质押联合监控</td><td>同一资金融入方</td></tr>
<tr><td>关联资金融入方质押的联合监控</td><td>管理资金融入方或一致行动人</td></tr>
<tr><td>同一资金融入方质押的关联标的证券联合监控</td><td>同一资金融入方，不同标的证券关联性的深入分析</td></tr>
</table>

（3）贷后监控。贷后管理主要基于标的证券公开信息、资金融入方贷后跟踪、舆情信息等。如标的证券财务数据（定期报告、预告与快报），公告（负面信息），舆情（基于媒体等公开渠道的坊间信息）等。若标的证券出现连续亏损、涉及负面新闻、重大不利事项等，基本面情况已发生重大变化的，则需对该交易重新进行评估，及早控制风险（见表2）。

表2　　贷后监控

<table>
<tr><td rowspan="5">贷后管理</td><td rowspan="3">标的证券贷后管理</td><td>财务数据（近3年净利润、最新报告期的业绩预告、业绩快报等）</td></tr>
<tr><td>公告（立案调查、行政处罚、终止上市、退市等负面信息）</td></tr>
<tr><td>舆情（部分主流媒体提供的信息）</td></tr>
<tr><td rowspan="2">资金融入方贷后管理</td><td>资金融入方情况跟踪</td></tr>
<tr><td>资金融入方其他的公开信息</td></tr>
<tr><td rowspan="3">突发事件</td><td>行业事件影响一个或若干行业的标的证券质押项目</td><td>涉及同一行业、同一主题等标的证券质押项目的压力测试</td></tr>
<tr><td>个股事件影响单个标的证券质押项目</td><td>同一标的质押的压力测试</td></tr>
<tr><td>资金融入方事件影响资金融入方质押项目安全</td><td>通过贷后跟踪、上市公司公告等的压力测试</td></tr>
</table>

（三）标的证券估值在质押和尽职调查中的重要性

股票质押业务是以股票作为质押物进行融资，质押物在融资期间的市场价值波动直接影响融资业务的安全性。

质押业务中的估值分析，目的是保障融资期间业务的安全性，而与证券投资的角度略有差异，即估值要从保守的角度去分析和执行，同时估值波动小，能够为融资提供一定的安全边际即可。从实际操作来看，估值是股票质押折算率确定的基础因素。

1. 标的券估值的应用场景

（1）标的券估值偏离：估值过低，可以适当提高标的券的折算率，满足客户需求，提高业务竞争力；估值过高，需降低标的证券的折算率，在争取业务的同时切实防范风险。

（2）标的证券涉及并购重组时，须客观评估价值。

（3）标的证券为特殊行业或新兴行业，估值逻辑不同于传统行业时，须深入研究估值问题。

2. 标的证券估值的方法

（1）市场法：指将评估对象与可比上市公司或者可比交易案例进行比较，确定评估对象价值的评估方法。

（2）收益法：指将预期收益资本化或者折现，确定评估对象价值的评估方法。

（3）资产基础法（成本法）：以评估基准日的资产负债表为基础，按重置资产和负债的思路合理评估企业表内及表外各项资产、负债价值。

在股票质押业务中，尽职调查的核心内容之一是评估标的证券估值是否客观、合理。针对不同的标的证券选择1—2种估值方法，在尽职调查过程中寻找和评估支撑估值的重要数据和依据，以此为基础来调整标的证券估值。

（4）P/E 与 P/B 的结合应用：P/E 是主要的估值参考标准，P/B 则因标的证券的资产比重特征不同而存在较大的差异性。

（四）标的证券的流动性风险评估与管控

1. 单一证券的流动性与波动性评估

证券公司在设置平仓线、预警线时应考虑标的证券的流动性、波动性，应充分考虑极端情况下的处置效率问题。

2. 证券集中度管理

证券公司应评估和设定以下相关风控指标：标的证券的全市场质押率；标的证券流通股的全市场质押率；单一证券未了结的初始交易金额占净资本比例；单一证券未了结的初始交易金额占公司总规模比例；单一证券未了结的初始交易数量占总股本的比例（建议不超过 30%）。

3. 客户集中度管理

单一投资者未了结的初始交易金额占净资本比例；单一投资者未了结的初始交易金额占公司总规模比例；客户的场内质押率、客户的整体质押率。

4. 限售股应关注的内容

（1）限售股份在尽职调查中的关注事项：

第一，要求资金融入方应如实申报所持股份的限售情况，包括限售原因（新股限售股、股改限售股、董监高限售股、5% 以上大股东限售股、承诺延长限售期限等），限售条件（限售期限、限售数量），解禁条件，解禁日期等内容。应要求资金融入方承诺其所申报信息的真实性、准确性及完整性。

第二，通过公开信息（如上市公司公告）核查客户所申报信息是否准确属实。

第三，查看上市公司章程，确认章程是否对公司董事、监事、高级管理人员转让其所持有的本公司股份做出其他限制性规定。

第四，个人限售股质押，对于履约保证比例应当以扣除个人所得税后的结果作为计算依据，其中，个人所得税的交付金额按照交割股份数乘以上市首日公司股票收盘价的 17% 计算预交。

（2）限售股份其他关注事项：

第一，根据《深圳证券交易所股权质押式回购交易会员业务指南》，股权激励限售股不能作为融资标的。

第二，限售期限：建议控制标的证券最长限售期，限售期越长，作为质押标的的风险越高。

第三，回购期限：应至少覆盖限售期；若考虑质押标的处置周期，建议将购回日设定在解除限售日一段时间之后，如 3 个月，半年等。

第四，折扣率：由于限售股在限售期间不能在二级市场及时处置，并且限售股解禁本身也会对市场价格产生冲击，因此折扣率定价应在相同标的品种的流通股折扣率基础上向下调整。

第五，个人所得税：对于个人投资者持有的限售股份，还应考虑个人所得税问题，降低折扣率，并提高警戒线、平仓线等指标。

第六，延长限售期：上市公司股东可能在待购回期间承诺延长限售，从而增加风险，应在相关协议中要求客户在待购回期间不得承诺延长限售，否则应当提前购回。

第七，上市公司董事、监事及高级管理人员以其持有的被锁定的任职上市公司股份参与股票质押式回购的，质押期内不能使用可转让股份额度套现，也不能买入该股票。

（3）个人股东持有限售股的税收问题：

第一，证券机构技术和制度准备完成前（2012 年 3 月 1 日）形成的限售股，证券机构按照限售股股改复牌日收盘价，或新股限售股上市首日收盘价计算转让收入，按照计算出的转让收入的 15% 确定限售股原值和合理税费，以转让收入减去原值和合理税费后的余额，适用 20% 税率，计算预扣预缴个人所得税额。

限售股原值 = 限售股上市首日收盘价 × 15%

预缴所得税 =（限售股上市首日收盘价 - 限售股原值）×20%

= 限售股上市首日收盘价 ×（1 - 15%）×20%

= 限售股上市首日收盘价 ×17%

第二，证券机构技术和制度准备完成后（2012 年 3 月 1 日）新上市公司的限售股，按照证券机构事先植入结算系统的限售股成本原值和发生的合理税费，以实际转让收入减去原值和合理税费后的余额，适用 20% 税率，计算直接扣缴个人所得税额。

限售股原值：如客户已向登记公司报备原始股成本，则按报备的成本计算；如客户未向登记公司报备原始股成本，则按卖出价格的 15% 计算。

预缴所得税 =（实际转让收入 - 限售股原值）×20%

第三，纳税人同时持有限售股及该股流通股的，其股票转让所得，按照限售股优先原则，即转让股票视同为先转让限售股，按规定计算缴纳个人所得税。

证券公司应综合评估客户信用情况，合理考虑个人所得税的影响。

（五）中小板、创业板的尽职调查

中小板和创业板公司体量较小、业务相对单一，尽职调查中应重点关注以下方面：

1. 关注上市公司所在行业的系统风险

中小板、创业板企业一般业务比较单一，抵抗整体行业风险的能力较弱，而对于某些行业竞争过度激烈、产能严重过剩或者受到产业限制的行业，需要重点分析行业环境对于企业经营的影响。

2. 关注上市公司关键财务指标的重大变化

比如经营能力指标、盈利能力指标、偿债能力指标以及现金流指标情况，在三年期内发生重大幅度变动的，需要结合具体原因进行合理性的分析解释。

3. 关注融资股东对于资金的实际用途，尤其是大额融资的实际用途

如果有相应的投资项目标的，需对于投资项目的合理性、盈利能力以及回报周期作综合性的风险评定分析；如果资金融入方向的投资标的未明确，则需要关注资金具体流向以及融资的必要性。

4. 关注新 IPO 上市公司以及近期经营业绩大幅度下滑的上市公司

针对该等具有较强粉饰财务报表动机的企业，需加强尽职调查的风险控制，以防范资金融入方可能利用质押股权来周转上市公司的造假现金流从而达到提升业绩的目的。

5. 关注企业的信用及诚信记录等

企业是否存在重大诉讼、违法违规、行政处罚，是否正在接受监管机构的调查，尤其是来自证券行业的监管机构。

6. 关注中小板和创业板企业的退市风险

关注关键指标，如股东权益、审计意见、对外担保、违规提供资金、公开谴责、收盘价、成交量等，如有潜在暂停或退市风险，应当就该项风险项进行详细分析。

7. 关注标的券在二级市场的表现情况

对于流动性，可参考流通股本、流通市值、换手率、持股集中度等指标，比如规模过小、流动性较差、股份集中度较高的标的须设定更高的风控要求，或者不适宜作为标的证券。对于股票价格，可参考一段时间的累计涨幅、波动率等指标，比如短期涨幅或波动较大的股票，市场风险较大，在折扣率定价方面须更加谨慎。

8. 关注上市公司资产重组方面情况

关注有可能因重大事项引起的上市公司股权长期停牌的风险。

三、法律风险与应对措施

（一）质押业务的法律关系

质押业务具有唯一性，即质押业务对应的债权债务关系以及从属的质押担保关系具有特定性，融入方、担保人在同一笔质押业务中是单一、特定的。因此，对于质押业务融入方的资质、资金、资产以及过往信用记录等都需要重点关注。

（二）适当性管理与客户甄别

证券公司开展股票质押式回购交易业务以风险识别及风险管理为核心，向合格客户提供股票质押式回购交易业务服务，应当秉承诚实信用、勤勉尽责原则，妥善处理利益冲突，避免损害客户利益。

1. 对于下列客户，证券公司在开展股票质押式回购交易业务时应审慎处理

（1）近 3 年内，曾受到中国证监会的重大行政处罚或者证券市场禁入。

重大处罚指：内幕交易；市场操纵；欺诈发行；信息披露违法违规且被采取市场禁入措施。

（2）普通账户属于不规范账户。

（3）客户或其实际控制人、法定代表人、董事、高级管理人员（如客户为机构）曾受过刑事处罚且自刑罚执行完毕之日起未满 1 年的。

（4）曾有过股票质押式回购交易违约行为且尚未按照合同约定承担违约责任。

（5）因资信状况不佳被列入“黑名单”（在央行征信报告记录中，最近 1 年内出现关注类、可疑类贷款，或者被列入工商、法院等机构发布的黑名单）。

（6）曾有扰乱公司营业场所正常营业秩序或影响工作人员正常行为的。

（7）除上述情况以外，法律法规禁止开设证券账户或者基金账户的个人、机构或者产品。

2. 对于个人客户，应注意甄别

（1）与资金融入方本人当面确认融资要素，做好面签协议工作。

（2）面签配偶同意函，防止潜在的法律纠纷。

（3）关注个人股东代持的风险，实际持股人必须提供融资的连带责任担保。

（4）资金融入方为上市公司实际控制人的个人股东，尽可能了解其历史沿革，防范政治风险事项。

3. 对于机构客户，应注意甄别

（1）机构客户质押融资的法律授权：获得资金融入方最高权力机构的授权是融资交易的必备前置条件；国有企业性质的必须获得国资委备案文件；合伙企业、私募基金等投资机构需要获得绝大部分股份持有者的同意文件，并且需在合伙协议或基金管理协议的约定有限权限范围内。

（2）关注融资机构的对外担保事项及地方性企业间互保问题（案例：大东南）：或有负债可能是企业融资的隐形炸弹；企业间的互保风险无法控制，可能致使诉讼或资金流断裂。

（3）股权投资机构的资质较弱，尤其是单一标的持股公司：股权投资公司不存在实际业务经营、厂房生产设备等，弃置成本较低；需要更多关注实际控制人的实力和投资项目的基本情况；尽职调查理清投资机构的投融资关系和路径，排除风险。

（4）了解资金融入方的融资渠道、融资能力以及在金融市场的口碑：融资渠道的通畅是资金融入方资质和还款能力的基础；第三方金融机构的融资，如银行借款、企业债券和中期票据等，间接证明了资金融入方资质实力和市场信用；特别关注金融市场中具有不良记录的、银行重点关注或监控的资金融入方。

（三）融资主体的尽职调查

就融入方的主体风险而言，应尽量通过尽职调查在交易前就进行核实，并确定融入方是否适合。

尽职调查是指股票质押式回购项目组通过访谈、查阅、实地考察等方法，勤勉尽责地对拟融资的客户进行调查，以充分了解客户基本情况、财务状况和偿债能力的过程。

尽职调查工作应坚持现场实地调查，并辅以征信系统、公开媒体、政府相关管理机构等间接渠道排查。项目组成员与客户进行面对面沟通，就尽职调查提纲的内容逐项与客户进行沟通，详细了解客户的资质、融资需求、资金用途、还款意愿、偿还来源及可能存在的风险，并对沟通过程进行详细记录。

1. 对于个人客户应着重了解的内容

（1）主体资格；（2）家庭状况；（3）资产状况；（4）信用状况；（5）资金用途和还款来源；（6）搜集公开信息，负面信息、社会形象；（7）股份来源、性质和质押状态。

2. 对于机构客户应着重了解的内容

（1）主营业务结构及变化；（2）主体资格；（3）关键财务指标；（4）资金用途；（5）还款来源；（6）股份性质等。

（四）应对措施

针对融入方的主体法律风险，除通过尽职调查等方式对融入方的条件设置准入门槛之外，还可通过签署一系列配套文件的方式以及加强贷后管理的方式保障证券公司的债权实现。

针对个人客户的股票质押交易申请，应同时要求提供配偶承诺函，以避免在质押交易存续期间，因客户离异、去世导致其配偶对标的证券的权属提出主张，导致影响证券公司的债权、质权实现的情况。

针对客户资产、资质实力较弱、除标的证券外其他资产较少的风险，应同时要求客户提供第三方担保，通过有实力的第三方提供连带责任担保的方式为质押交易提供增信措施。

定期开展贷后管理工作。如遇客户资信状况、标的证券主营结构、盈亏情况、股东结构、市场估值等基本面、市场面发生重大变化的，公司有权发起临时贷后管理。

（五）特殊主体尽职调查应注意的事项（控股型/民营或私企/个人客户等）

1. 控股型公司

（1）重点了解投资控股公司的股权结构，尽量追溯至自然人股东。

（2）与投资公司的控股股东或实际控制人进行现场交流和沟通。

（3）对于实际控制人为自然人的，了解其社会背景、简历、社会职务、信用状况等情况。

（4）投资公司的历史沿革、股东列表、股东实际出资到位情况（是否存在出资不实）。

（5）公司治理是否规范、重大投融资决策流程、财务主管人员履职情况。

2. 民营/私营企业

对资金融入方的财务状况、经营盈利能力、行业竞争现状、成长前景以及企业面临的机会和潜在的风险进行全面了解和准确判断，结合其融资目的及还款来源对该质押融资项目进行评估，判断项目风险，并据此确定融资要素。

（1）财务状况的尽调要点。

①资金融入方财务报表的可靠性。资金融入方财务报表的可靠性影响尽调结果的可靠性。而报表可靠性与企业本身内部控制程序是否完善有关。一般情况下，尽调时应考虑内控程序的情况，通过访谈对其内部控制制度进行总体把握。

②财务状况调查。

货币资金：核对其真实性，并关注是否有冻结资金存在。

应收账款：关注其是否被高估；进行账龄分析、逾期账款及坏账分析。

其他应收款：关注是否有性质异常、金额重大的关联方往来款；或其他往来拆借款。

存货：需结合行业和宏观经济环境，关注特定行业存货跌价准备提取是否充足。

长期股权投资：了解资金融入方股权投资比例及权益，对重要的参股企业需继续深入了解；关注被投资企业经营状况及以往投资收益情况。

在建工程：除常规了解其预算、完工进度、项目用途外，还需关注是否存在由于资金融入方资金链紧张或工程纠纷出现停工。

固定资产：审阅房屋、土地等产权证明文件，关注机器设备等是否存在报废破损情况，及是否存在由于产能闲置或产品更新换代导致需考虑减值准备；了解折旧年限及折旧计提方法是否合理。

长短期银行借款：查阅贷款合同，了解是否有资产抵押和担保情况；查阅董事会、股东会会议记录，确认重大金额的筹资由管理层批复；关注是否存在未入账的负债；结合企业流动资产分析其长短期借款结构是否合理。

应交税金：查阅与税务机关的往来文件，关注是否存在逃税漏税情况。

③企业盈利能力调查。

营业收入、成本、毛利率、销售净利率、净资产收益率等指标变化趋势：结合产品结构的变化趋势以及行业平均指标，分析是否合理。

营业收入集中度及大客户的变化：关注是否存在虚构客户、舞弊、操纵销售的情况。

期间费用分析：关注费用率的变化趋势。

非经常性损益：关注是否存在异常性质的营业外收支项目；关注非经常性损益对企业净利润的影响，企业是否存在通过非经常性损益操纵净利润情况。

④现金流调查。

经营活动现金流：关注是否存在销售收入以外的资金来源，对经营净现金流的贡献如何；关注经营净现金流是否能满足融资的利息支出净额。

投资活动/筹资活动现金流：结合资产负债表科目，分析其是否合理；关注投资/筹资活动现金流量是否可持续，以满足企业未来还款需求。

⑤偿债能力指标分析。对企业短期偿债能力指标（流动比率、速动比率、运营资金比率、现金比率等）及长期偿债能力指标（资产负债率、产权比率、利息偿付倍数等）进行分析，对其偿债能力进行初步判断。

（2）其他尽调要点

①了解融资主体对其所有者/创始人的依赖性。如果所有者/创始人掌控企业的主要客户资源，或持有主要的技术专利，若其离开公司，则企业业务经营会受到重大影响。如果创始人为控股股东，相对该项风险较小。

②了解融资主体历史沿革，股权关系是否明晰。除直接对企业访谈了解外，可以通过当地营业部对企业历史沿革及历次股权变更情况进行侧面核实，以避免企业股权关系混乱影响融出资金的安全。

③了解公司治理结构及内部控制是否健全有效。企业内部重要岗位由创始人家族掌管，高级管理层之间的从属关系可能导致内控形同虚设，存在舞弊风险。

④了解创始人或创业团队的稳定性。创始人家族纠纷或创业团队不团结可能导致其无暇顾及企业日常运营，使企业业务发展受挫。

⑤了解企业发展思路、战略定位是否清晰。清晰明确的发展思路及战略定位决定了企业能否在市场竞争中立足并可持续发展，进而决定其能否产生充足的经营现金流以支持其偿还借款。

⑥了解融资主体的担保/资金占用/关联交易情况。通过查阅融资主体的财务报表，确认其与所有者或其关联公司之间是否存在如下情况：

重大担保情况：对于主要的被担保方，需要资金融入方对其经营情况进行持续关注，以避免发生由于被担保方财务状况恶化导致资金融入方承担连带责任的情况。

重大的资金拆借：可能通过银行委托贷款或企业往来款处理，需关注是否存在关联公司蓄意占用资金融入方资金的情况，对于长账龄的资金占用，敦促资金融入方及时收回。

重大关联交易：关注融资主体是否存在通过非市场价格的关联交易转移利润的情况。

⑦了解资金融入方现金流情况。通过查阅其财务报表，确认资金融入方主要现金流量的

构成；对于重大的投资活动或筹资活动现金流量，关注其是否可持续；对于经营现金流量，分析是否与企业的实际经营情况相匹配。

了解资金融入方未来是否有大额的资本承诺或经营租赁承诺。结合资金融入方实际资金情况，分析该承诺是否会给资金融入方带来重大的资金支出压力。

⑧了解资金融入方重大法律纠纷、行政处罚情况。关注是否存在重大的未决法律纠纷及可能导致资金融入方存在重大的预计负债。

对于行政处罚，需关注处罚的实质内容，了解资金融入方是否已经整改完毕，以避免再次发生类似事项。

⑨获取资金融入方提供的融资拟投资项目的简要可行性分析。对资金融入方拟投资项目未来盈利预测的主要假设，包括营收增长率、毛利率、费用率等指标进行分析，与行业公开数据比较，判断是否显著不合理。

⑩了解资金融入方还款来源。为确保融出资金的安全，需了解资金融入方可能的还款来源，对各项还款来源的可操作性进行分析，评估其在出现违约时的操作优先顺序。

⑪了解资金融入方所在地政府对其扶持力度。资金融入方对所在地就业、税收及城市治理等方面的贡献影响地方政府对其生产经营和融资的支持力度，对其获取还款来源有所帮助。

3. 个人客户

（1）查阅个人信用报告。要求提供最近期的个人信用报告，以获取资金融入方最新的个人贷款、信用卡等负债及担保情况。

（2）了解资金融入方个人资产。如房屋不动产，交通工具、机器设备等动产，除标的券以外的金融资产或其他股权投资、实业投资；资金融入方不居住在自有房产处的，需提供实际居住地证明。

（3）了解资金融入方个人及家庭情况。了解包括资金融入方配偶及子女基本情况，是否具有国外居留权。财产、股权的权属关系，特别是针对离异人士婚前、婚后的财产分割和权属关系。

（4）了解资金融入方具体融资目的。用于其个人其他项目投资：需了解拟投资项目的基本情况，可行性分析，以判断是否能够为其带来投资收益。

用于个人消费：对该类融资需给予特别关注，个人消费不能带来持续的现金流，资金融入方未来还款来源可能主要依靠滚动质押融资或减持所持标的券。

用于借款给标的上市公司：关注和上市公司之间的借款是否存在违规行为。

（5）了解资金融入方主要还款来源。经营收入，其他金融资产处置或其他股权投资、实业投资收益，标的券滚动质押融资或处置变现收入。

融资期间，需对资金融入方情况进行持续跟进，以及时了解其偿债能力是否发生重大变化。

（6）通过互联网或其他公开渠道了解资金融入方是否存在负面消息。这包括已决、未决诉讼，经济纠纷等；也可以通过最高人民法院网站（www.court.gov.cn）全国法院被执行人信息查询平台核实资金融入方是否为失信人员。

（7）了解其担任社会职务情况。资金融入方担任社会职务或具有一定的社会知名度会影响其融资渠道的多样性和便利性，同时也会约束其违约的可能性。

（六）司法冻结对质押业务的影响及应对措施

1. 司法冻结对股票质权设立及质权实现的影响

（1）股票质权设立的相关规定。股票质押式回购中的股票质押即我国法律规定的权利质押，根据《物权法》的第二百八十六条的规定，对于上市公司股份、基金份额，质权自证券登记结算机构办理出质登记时设立。《证券登记结算管理办法》第二十九条规定，证券因质押、锁定、冻结等原因导致其持有人权利受到限制的，证券登记结算机构应当在证券持有人名册上加以标记。登记结算公司对证券进行质押登记冻结后，即具备公示力与公信力。

（2）司法冻结对股票质权设立的对抗效力。根据《物权法》《证券法》等法律相关规定，股票质押式回购的股票质押按照登记结算公司的相关规定办理。《证券质押登记业务实施细则（2013 修订版）》第十一条第（2）款明确规定："同一交易日对同一笔证券本公司先受理质押登记，再受理司法冻结的，本公司先办理质押登记，再对该笔已质押证券办理司法冻结；本公司先受理司法冻结的，不再受理该笔证券的质押登记。"因此，先行办理司法冻结的证券不得再办理质押登记，而先行质押登记的证券可以被司法冻结。

除非获得司法冻结豁免，在我国现行法律框架下，股票质押式回购无法对抗司法冻结。一般而言，司法冻结后进行处置标的证券时，相对于普通债权人而言，质权人可以依其对标的证券的质权享有优先受偿权。

（3）司法冻结对股票质权实现的影响。司法冻结属于财产保全的一种方式。人民法院在利害关系人起诉前或者当事人起诉后，为保障将来的生效判决能够得到执行或者避免财产遭受损失，可以依法对当事人的财产或者争议的标的物采取限制当事人处分的强制措施。

因此，如果股票被司法冻结，则在相关诉讼结束前，该股票的处分都会受到法院的控制和监督，因此融出方将无法及时通过处置相关股票的方式来实现其债权。具体而言，司法冻结对于股票质权实现的影响主要体现在如下两个方面：

一是标的证券的价格风险。一般而言，参与股票质押式回购的客户都是上市公司的重要股东、核心人员，甚至是上市公司的控股股东或者实际控制人。一旦出现相关股票被司法冻结，往往都是由于相关资金融入方被牵涉到某一诉讼纠纷，而这些消息对于上市公司来说是负面的，容易导致标的证券股价出现明显下滑，甚至出现投资者恐慌抛售。

二是司法冻结程序带来的时间和人力成本。司法冻结程序所持续的时间往往难以预测和计算，有时候会拖延 6 个月甚至 1 年，即使不考虑相关标的证券在该期间内的价格风险，融出方也需要花费人力和精力去关注、参与风险事件的处理。

2. 司法冻结对证券公司及其他融出方的影响

股票质押式回购业务的融出方可分为：证券公司（自有资金出资模式）、集合计划（平层或结构化出资模式）及定向客户。司法冻结对不同融出方的影响略有不同，分述如下：

（1）融出方为证券公司。在自有资金出资模式下，已做质押登记的担保证券被司法冻结后，证券公司无法做担保证券卖出处理；或即便可以卖出，所得资金也会处于冻结状态。担保证券被司法冻结势必减损证券公司实现债权的能力，直接影响证券公司自有资金的安全。

（2）融出方为集合计划。融出方为集合计划的情况下，若已做质押登记的担保证券被司法冻结后，集合计划管理人无法发出担保证券卖出的指令；或即便可以发出该指令，所得资金也会处于冻结状态。担保证券被司法冻结势必减损集合计划实现债权的能力，直接影响集合计划委托人的利益。

集合计划分为两种结构：一是平层模式，所有委托人享受收益及分担风险的方式及比例都相同；二是结构化模式，委托人分为优先级委托人和次级委托人。

优先级委托人享受集合计划产品的预期收益，且所有优先级委托人的预期收益率相同（有些合同会约定优先级委托人在退出日有强制退出权）；次级委托人以出资额及对应的收益为限为优先级委托人的出资及预期收益提供有限赔付。集合计划的收益优先满足优先级委托人的本金及预期收益后，若有剩余，剩余部分的收益归属于次级委托人。

因此，在平层模式下，担保证券被司法冻结事项在减损集合计划实现债权能力的时候，实质上影响的是全体委托人的财产权益，且不利影响对每个委托人都是一样的。在结构化模式下，担保证券被司法冻结事项在减损集合计划实现债权能力的时候，虽然影响的仍然是全体委托人的财产权益，但次级委托人将首先承担赔付责任。

目前，受资本金不足的影响，不少证券公司采用结构化集合计划作为融出方，其中银行认购集合计划优先级份额，证券公司以自有资金认购集合计划次级份额。因此发生司法冻结事项且发生损失时，证券公司以自有资金为限对集合计划承担赔付责任。在这种模式下，需要关注三点：

一是当《集合资产管理合同》项下特定一期集合计划对接若干股票质押式回购项目，且次级委托人以出资额为限承担整期集合计划损失（而非次级委托人以每个项目中分摊的次级出资额为限承担单个项目损失）时，则可能出现次级委托人实际上以整期次级出资额承担了单个项目的全部或者大部分损失的可能性。结构化集合计划分散风险的制度设计将无法达到分散风险，保护次级委托人的目的。

二是司法冻结后，若客户未按约定支付利息或到期购回，则集合计划向优先级委托人分配收益时，次级委托人将面临先行垫付的风险。

三是集合计划管理人为资产管理子公司的情况下，证券公司一般承担交易、盯市、违约处置等义务，但同时又为集合计划次级委托人，若股票质押业务出现司法冻结情形，资产管理子公司与证券公司之间就收回负债的方案可能无法达成一致意见，可能导致集合计划委托人的利益无法得到充分保障。

（3）融出方为定向客户。该模式下，司法冻结对融出方的影响，与融出方为证券公司模式相同，只是风险承担的主体由证券公司变成定向客户。

3. 司法冻结项目的处理措施

（1）融出方待法院执行冻结资产时，优先受偿。《最高人民法院关于人民法院执行工作若干问题的规定（试行）》（1998年7月8日法释［1998］15号）对司法冻结作了明确规定，具体条款如下：

第40条规定："人民法院对被执行人所有的其他人享有抵押权、质押权或留置权的财产，可以采取查封、扣押措施。财产拍卖、变卖后所得的价款，应当在抵押权人、质押权人或留置权人优先受偿后，其余部分用于清偿申请执行人的债权。"

第91条规定："对参与被执行人财产的具体分配，应当由首先查封、扣押或冻结的法院主持进行。"

第93条规定："对人民法院查封、扣押或冻结的财产有优先权、担保物权的债权人，可以申请参加参与分配程序，主张优先受偿权。”

第 94 条规定：“参与分配案件中可供执行的财产，在对享有优先权、担保权的债权人依照法律规定的顺序优先受偿后，按照各个案件债权额的比例进行分配。”

由此可见，融出方可待法院执行冻结资产（质押标的证券）时，主张优先受偿权。保全措施分为诉前保全和诉中保全，待法院就实体法律问题进行审判有结果后才会启动执行程序，因此法院启动执行程序的时间较长。

（2）必要时依法提出执行异议。《民事诉讼法》第二百二十五条规定：“当事人、利害关系人认为执行行为违反法律规定的，可以向负责执行的人民法院提出书面异议。当事人、利害关系人提出书面异议的，人民法院应当自收到书面异议之日起十五日内审查，理由成立的，裁定撤销或者改正；理由不成立的，裁定驳回。当事人、利害关系人对裁定不服的，可以自裁定送达之日起十日内向上一级人民法院申请复议。”

因此，融出方在得知相关质押标的证券被法院采取冻结措施时，还应该仔细研究相关的冻结行为是否存在违反法律规定的情形，如果确实存在相关执行行为违反法律规定的情况，融出方还应当及时依法向法院提出书面异议，以保障其合法权利。

（3）通过与客户签署股票质押式回购业务协议，约定如出现司法冻结情形时融出方可采取的措施。为充分保障融出方本息安全，质押的标的证券如出现司法冻结的情形，则融出方可采取如下措施：要求客户与法院协商，用其合法持有的其他资产置换冻结的股份；敦促客户与原告达成和解协议，尽快终结诉讼流程，以便早日办理质押股份的解除司法冻结手续；若客户还持有未质押未冻结的其他股份时，可要求客户以该等无瑕疵股份置换被司法冻结的股份；要求客户采取增信措施（如有实力的第三方提供连带保证担保、上市公司提供连带保证担保等）；要求客户提前购回，了结负债。

（4）若冻结资产执行后或采取其他措施，仍不足以弥补客户对融出方的所有负债的，融出方应及时启动债务追偿程序：与客户协商，达成债务清偿方案；要求担保方承担客户对融出方的所有负债。若上述两项无法达成一致意见，则融出方可启动诉讼程序，要求客户及担保方偿还融资负债。

四、信用风险与应对措施

（一）信用风险

信用风险又称违约风险，是指资金融入方因种种原因，不愿或无力履行合同条件而构成违约，致使证券公司遭受损失的风险。信用风险的发生主要由经济运行的周期性、资金融入方的资信实力和经营情况决定。

由于经济运行的周期性属于宏观经济范畴，应对经济周期的具体方案由证券公司的经营政策决定，因此，在具体交易中，应更侧重关注资金融入方的资信实力和经营情况。

（二）信用报告

在尽职调查的过程中，证券公司应取得中国人民银行、其他资信机构于最近一个月内出具的融入方信用评估（级）报告、贷款卡及查询记录。通过信用评估（级）报告，证券公司应了解融入方的整体信用状况、贷款情况、对外担保情况以及历史逾期及违约情况。对于融入方的贷款及对外担保情况，应核实每笔贷款及对外担保的借款人、被担保人、贷款/担保期限、贷款/担保金额、贷款金额以及资金用途；对于融入方的历史逾期或违约记录，应核实逾期发生的时间、原因、金额，必要时应取得相关借款银行出具的说明，综合评估融入方的信用状况；对于融入方的贷款或对外担保正被列入或曾被列入“关注类”“不良类”等非正常类状态时，应核实相关贷款或对外担保被列入非正常类状态的时间、原因、金额，必要时应取得相关借款银行出具的说明，综合评估融入方的信用状况。

此外，在实际操作中，很多融资主体有对外担保或表外负债，或者以杠杆形式进行融资，在机构客户的财务报表中没有体现，在个人客户的信用报告中更没有体现，所以在评估客户的信用状况或者还款能力时，要注意区分对外担保可能为客户带来的或有负债、表外负债以及实际的杠杆率，模拟测算客户的实际资产负债率（或杠杆率），用以评估客户的还款能力。

（三）信用评级

证券公司应根据个人客户、机构客户，拟定不同的信用评级模型，并提交风险管理部门进行评估报备；定期回顾信用评级模型的有效性，提交风险管理部门进行评估。证券公司应根据客户提供的材料尽职调查，按照信用评级模型对客户进行信用评级，确定信用等级。

证券公司应根据信用评级模型，建立内部客户信用等级制度，将客户信用等级根据信用评级结果，从优到劣分为不同等级。通过对各信用等级在交易额度、质押率、融资期限、预警线、平仓线等关键项目要素上设置不同上限的方式，对不同信用等级的客户进行信用风险把控。

同时，证券公司应建立跟踪信用评级制度，通过定期及临时的信用评级重检机制，对客户的信用等级进行重新评估。定期重检是指按照证券公司股票质押业务制度，定期对客户信用等级进行重新评估的常规工作；临时重检是指在客户资信状况、标的证券主营结构、盈亏情况、股东结构、市场估值等基本面、市场面发生重大变化时，证券公司对客户信用等级进行重新评估的临时特殊调整。

（四）主体尽调

在融入方初始尽职调查方面，应建立完善的尽职调查流程、制度。尽职调查内容包括资产规模、信用状况、风险承受能力等各方面，形成尽职调查报告。结合初始尽职调查结果，对符合准入条件的融入方进行信用评级，该评级结果将会影响到交易额度、质押率、融资期限、预警线、平仓线等关键项目要素的确定。

对于资金融入方的融资用途和还款来源情况也应重点进行核实。在尽职调查过程中，应了解融资的具体用途以及各项用途的具体金额。如用于项目投资，应了解项目的投资周期、收益、现金回收、风险等情况；如用于补充流动性，应了解机构客户资产的流动性、现金周转、库存周转等情况。资金融入方的融资用途应符合国家产业政策的指引方向，严禁投入“两高一剩”行业及国家明令禁止的其他行业。在还款来源方面，还应了解偿还本次融资负债的资金来源以及每项资金来源的具体金额、到位时间及存在的不确定性，以最大化地减小因资金融入方的经营安排、周转不灵等原因导致的信用违约风险。

（五）贷后管理

在质押项目的后续管理过程中，若等到融入方的资信状况出现严重问题后才着手处理，就为时已晚。因此，应注重融入方的后续管理，以做到及时预警、提早处置。设置专人专岗进行融入方后续管理，通过信息搜集、电话访谈、邮件沟通、客户拜访等方式，重点了解和关注可能会影响融入方信用状况、偿还能力的因素，比如资产负债变动状况、收入变动状况、对外担保情况、诉讼情况、被司法机构查封或冻结相关资产等重大事项，对融入方的信用状况和偿还能力进行动态跟踪和评估。根据该评估结果，同时结合客户的履约情况，动态调整客户的信用评级。融入方信用评级的变化，将影响关键项目要素的变化，比如对于信用降级的融入方，有可能会提高平仓线、要求客户增加第三方担保之类；融入方发生违约行为的，可根据情况采取收取违约金、处置质押资产、发起司法诉讼、加入黑名单等相应处置措施。

（六）较长融资期限内存在不确定重大事项项目的协议前置条件约定

对于融资期限较长（例如1年以上）的质押融资项目，可能由于融资人或标的券公司在交易存续期间因内部、外部状况发生重大不利变化，从而导致上市公司基本面改变影响标的券的履约保障能力，或者融资人偿付能力受到重大影响。考虑期间内重大事项、信息传递的有效性、时间长短等不确定性，仅通过贷后管理监控预警无法及时准确地化解风险。

券商应在融资人交易前的协议中明确约定可能出现不利情形时采取相应的增信措施，或由融资人单独出具承诺函进行明确：（1）贷前协议中，根据尽调情况，针对可能面临的风险事项进行提前约定、提前购回等增信措施；（2）贷后融资人有义务主动告知相关不利变化的情况；（3）约定的风险事项一旦出现，融资方必须在规定时间内提前购回与券商的全部交易；或券商有权终结融资交易，融资方必须无条件接受。

融资期限内可能出现的重大不确定事项包括但不限于（需具体分析）：

1. 标的证券在融资期限内发生重大不利变化的情形

标的证券在融资期限内发生重大不利变化，导致标的履约担保能力可能出现显著下降的，可能出现的不利情况包括但不限于：

（1）上市公司经营状况出现重大不利变化的情形。上市公司最近一年或最近4个季度净利润大幅下滑或亏损，营业利润大幅下滑；上市公司所属行业景气度显著下降，导致营业收入或者综合毛利率大幅下降或者费用率大幅上升；上市公司及其控股子公司对外担保总额大幅增加；上市公司计提大额资产减值准备；上市公司实施重大资产重组，若融资人为标的方股东，重组后标的公司没有完成业绩承诺，若融资人为上市公司原股东，重组后标的公司没有完成业绩承诺；上市公司公告拟实施借壳重组交易或者拟置出资产规模占现有资产较大比例的交易，存在重大不利变化的；上市公司实质发生控股权转让（含表决权委托、变为无实际控制人等情形），或者被举牌导致控制权可能存在变更的情形，同时新的控制人为典型的财务投资者，无实业运营管理经验。

（2）上市公司内控出现重大不利变化或违法违规等情形。上市公司年报、内控审计报告被出具保留意见、否定意见或无法表示意见；上市公司被交易所实施退市风险警示或其他风险警示；上市公司控股股东或者实际控制人因违反证券法律、行政法规、规章，受到中国证监会的行政处罚，或者受到刑事处罚；上市公司因违反法律、行政法规、规章，受到行政处罚且情节严重，或者受到刑事处罚，或者因违反证券法律、行政法规、规章，受到中国证监会的行政处罚；受到交易所的公开谴责；因涉嫌犯罪被司法机关立案侦查或者涉嫌违法违规被中国证监会立案调查；上市公司或控股股东存在重大失信行为、未履行向投资者做出的公开承诺的情形，存在重大不利变化的；上市公司前次募集资金投向显著未达预期，如较大比例的募集资金用途变更，募投项目效益明显低于承诺收益，募投项目进度大幅延缓。

（3）其他出现重大不利变化的情形。上市公司 1 年内较大比例的董、监、高提出辞职或者发生变动；上市公司股票价格发生明显异常波动或市场操纵；上市公司控股股东及其一致行动人发生重大减持；其他出现重大不利变化的情况。

2. 融资方在融资期限内发生重大不利变化的情形

在融资期限内发生重大不利变化，交易存续期间融资方履约能力出现严重下降，可能出现的不利情况包括但不限于：

（1）融资人履约能力出现不利变化的情形。融资方因纠纷导致财产出现司法冻结；存续期间由于突发事件（如融资人死亡等），导致质押股份出现权属纠纷；融资方负债金额较授信时大幅上升，大幅高于其授信时告知负债金额的；融资方发生重大民事诉讼、受到刑事诉讼或违反行政法规、规章受到行政处罚且情节严重；融资方为第三方进行重大担保，且被担保人资质较差，履约能力有限；融资人就标的券提出新的承诺，如延长限售期、规定期限内不减持、维持上市公司股价稳定性等，从而最终影响证券公司处置效率的。

（2）融资机构发生合并、分立、破产清算的情形。对于融资机构发生合并、分立、破产清算的情形，需约定出现此类情形时的融资方增信措施。

合并：合并后公司需承担原融资方债务。

分立：分立后新设公司需对原公司债务承担无限连带责任。

破产清算：质押标的优先处置受偿。未能弥补的债务，等同一般债权人清偿顺位。

发生以上情形，需在协议中约定证券公司有权要求融资方提前购回，或要求债务承继对象出具债务关系确认函。

（3）融资人资金投向出现重大不利变化的情形。融资方融资用途发生变更，投向为“两高一剩”行业；融资方借款投向公司存在以下情形：主要资产被查封、扣押、冻结或者被抵押、质押；主要或全部业务陷入停顿；投向公司实施合并、分立、破产清算的；投向公司估值严重下滑，大幅低于投资时估值金额；资金用途为典型的 VC 投资，投向早期公司，导致典型的“短债长投”情形的；融资方资金用途为参与上市公司定增、重大资产重组，定增或重组方案未获得中国证监会审核通过；融资方资金用途为参与上市公司定增、重大资产重组，定增或重组后，该上市公司股价发生严重下滑，股价大幅低于增发价格；融资方资金用途为受让上市公司股权，且存在典型杠杆收购情形的；融资方资金用途与授信时的用途存在重大不一致，且发生不利变化的。

（4）其他出现重大不利变化的情形。

五、业绩承诺补偿及应对措施

根据《上市公司重大资产重组管理办法》，上市公司向控股股东、实际控制人或者其控制的关联人之外的特定对象购买资产且未导致控制权发生变更的，上市公司与交易对方可以根据市场化原则，自主协商是否采取业绩补偿和每股收益填补措施及相关具体安排。

业绩补偿在补偿方式方面，主要为：（1）现金补偿；（2）股份补偿；（3）“现金 + 股份”补偿，但优先以现金补偿；（4）“现金 + 股份”补偿，但优先以股份补偿；（5）同时以“现金 + 股份”补偿。

（一）业务补偿风险分析

1. 仅涉及现金补偿的业绩补偿

由于该类业绩补偿仅涉及现金补偿，不涉及股份回购注销，因此，股票质押式回购业务的标的证券不存在被回购注销的风险。

对于仅涉及现金业绩补偿的客户，可以开展股票质押式回购业务，但应重点关注融资主体的资产流动性，并评估现金补偿对融资主体还款能力的影响。

2. 涉及股份回购注销的业绩补偿

在实践中，融入方以存在业绩补偿承诺的股票作为股票质押式回购的标的证券进行融资交易的行为可能导致业绩补偿与质押权的冲突。考虑到业绩补偿协议公告日期通常早于股票质押式回购的交易日期，证券公司作为专业的金融机构在进行股票质押式回购交易时应当知晓业绩补偿条款的存在，因此，股票质押式回购的质押权应当劣后于业绩补偿。在业绩补偿与股票质押式回购发生冲突的情况下，融入方、上市公司可通过向法院提供诉讼，以司法冻结的方式实现上市公司业绩补偿的权利。

因此，证券公司应当审慎开展以涉及股份回购注销的业绩补偿股票作为标的证券的股票质押式回购业务。

（二）应对措施

1. 承诺期超过三年的标的证券

实务中，业绩补偿承诺期一般为并购重组实施完毕后的三年，对于标的资产作价较账面价值溢价过高的，视情况延长承诺期。

由于股票质押式回购业务的购回期限最长不超过三年，如承诺期超过三年，会导致质押标的证券在购回期限内均存在被用于业绩补偿的风险。

同时，承诺期通常为三年，在标的资产作价较账面价值溢价过高或资产收购存在其他不确定性的风险时，才会延长业绩补偿期限。承诺期超过三年的标的证券的业绩承诺违约风险较高。

因此，标的证券业绩补偿承诺期超过三年的，建议不得开展股票质押式回购业务。

2. 承诺期不超过三年（含）的标的证券

对于承诺期不超过三年（含）的标的证券，应对业绩承诺的完成情况进行压力测试，并合理评估和决策：

（1）如承诺期内每年的平均利润超过承诺期前的利润相比增长 3 倍及以上，应谨慎开展股票质押式回购业务。

（2）如承诺期剩余期限不到 1 年（含），且前期业绩承诺已完成，可在合理评估的基础上开展股票质押式回购业务。

（3）如承诺期剩余期限已超过 1 年，且前期业绩承诺已完成并与时间进度匹配，客户的质押率（质押股份/持有股份）按下列原则确定：

对承诺期内各年度的业绩做出承诺，未对期限内累计业绩做出承诺的，按照业绩承诺完成进度确认质押率（已完成年度的承诺业绩/承诺期内各年度合计承诺业绩）；

对承诺期内的累计业绩做出承诺的，按照业绩承诺的实际完成情况确认质押率（实际已完成业绩/累计承诺业绩）；

对多项业绩指标（包括但不限于净利润、经营性现金流量净额等）做出业绩承诺的，应确保各项业绩指标均达到业绩承诺的要求并按照各项业绩指标计算结果孰低的原则确定客户的质押率。

除上述之外的情形，应不得以该等有业绩承诺的股票作为标的证券开展新增股票质押式回购业务。

3. 存在业绩补偿的存量交易处理

对于存在业绩补偿的存量股票质押式回购交易的续做或延期购回，建议给予两年的过渡期。

过渡期内，存量交易客户提出购回后续作或延期购回申请的，建议应在不超过原交易融资额的前提下，经合理评估后开展业务。

六、资金用途核查与还款来源评估

（一）资金用途核查

为确保融出资金的安全性，证券公司应全面了解客户质押融资的具体用途以及各项用途的具体金额。如用于项目投资，应了解项目的投资周期、收益、现金回收、风险等情况；如用于补充流动性，应了解机构客户资产的流动性、现金周转、库存周转等情况；如用于证券投资，应了解和评估投资收益及风险、现金回收情况。此外，对融资用途的核查还应重点关注以下方面：

一是资金用途须符合国家法律、法规及有关政策规定，不得用于国家禁止生产、经营的领域和用途。对于实际用途超出企业经营范围等违法违规的授信申请，应予揭示。

二是了解客户申请质押融资的动机，是否做到诚信申请，分析本次融资用途是否有明确、具体、合理的资金使用计划。

三是对于单笔融资申请，用途描述应明确具体，应说明交易背景、合作记录、业务模式等情况，关注申请人是否提供交易合同或协议等相关资料证明，必要时可在尽职调查时进一步查证核实。

四是对于综合授信额度，应说明额度内具体业务的资金用途和交易背景等情况。如申请人未提供具体交易合同或协议，可根据其以往经营业绩及授信期间内的经营计划，分析实际资金需求，并判断用途的合理性。

证券公司在做出放款决定之前，应客观分析客户具体业务融资需求、交易结构是否合理；重点分析客户融资的具体用途及主要支付对象，交易对手是否包含关联企业，这些用途是否符合客户自身经营特点，是否有违国家相关规定，资金是否匹配这些用途，用款期限是否匹配质押期限等。在具体投向方面需做如下考虑：

一是流动资金贷款用途。应介绍是否属于临时季节性需求、经常性的营运资金需求、搭桥性质的贷款或其他，并详细介绍具体用途，并结合流动资金需求测算结果。

二是项目投资及股权投资。应对参与投资的品种、投资企业的行业类型、预期投资回报、投资回报期限等进行说明。

三是其他用途。应了解清楚具体产品用途、实质信用风险，并对资金需求数额进行测算等。

考虑上述因素，并结合借款人的经营规模、实际需求、经营周期、现金流量情况分析贷款金额和期限的合理性。详细分析客户经营周期，结合借款人提出的融资需求和期限、估算的实际需求、生产经营周期、现金流状况（含预期）等评判客户申请融资在额度、期限、利率和还款方式等方面的合理性。

关于质押融资对客户的预计效果，是否满足借款人生产经营正常需要、是否能充分支持其业务发展，证券公司应着重分析企业日常经营资金需求，尤其关注资金密集型企业。简要预测如本次申请融资完全投入使用对客户未来生产经营状况的影响，包括预计达到的生产能力、销售收入以及利润水平等。

融资资金应当有明确的使用方向，原则上应当用于主营业务。此外，还应遵循以下原则：

一是不得用于二级市场投资；

二是资金投资项目应当符合国家产业政策、投资管理、环境保护、土地管理以及其他法律、法规和规章的规定，不得投向“两高一剩”行业；

三是资金融入方不得为金融机构或资管产品。

（二）还款来源评估

证券公司应了解本次融资负债的还款来源以及每项还款来源的具体金额、到位时间及其存在的不确定性，评估还款安排及资金来源的可靠性，根据对申请人行业情况、经营管理情况、财务状况的分析，判断借款申请人的还款来源是什么，是否具备按期、足额还款能力。通过对企业经营情况、财务状况的分析，重点通过企业经营活动现金流量、现有银行负债金额及还款期限、盈利能力等分析，判断其还款来源的可靠性；如果还款来源依赖于与融资用途有关的项目或某笔交易的顺利完成，重点调查该项目或交易顺利完成的可能性；如果还款来源属于某项非经营性的现金收入，重点调查该笔现金收入来源是否可靠；通过上述调查分析，确认申请人还款计划的合理性；申请人是否有备用流动资金，包括但不限于增资扩股、银行已经承诺的信用支持、变现能力很强的有价证券等。

1. 经营活动现金流还款

（1）申请人营业收入产生的经营活动现金流是首要还款来源。应审查客户收入规模和收入转化为现金的能力，判断经营活动能否产生持续、稳定、足额的现金流，对偿债能力做出合理估计。

（2）对于以特定经营活动现金流作为还款来源的授信，应分析该还款来源的充分性和作为还款保障的可靠程度。在简要介绍客户经营财务状况的基础上，分析其是否具备按期、足额支付货款的意愿和能力。

（3）分析不同性质现金流量的均衡性，了解企业所处的生命周期、企业经营发展的稳定性和企业主营业务的强弱程度。

（4）分析大额非持续性现金流量的内容和对现金的增减、偿债能力的影响，是否存在利用经营性债权债务调节经营性现金流量的情况。如拖延应在本年度内偿还的大额应付款，调节关联企业之间的应收应付、内部经营性应付项目等。

2. 筹资活动现金流还款

主要包括从其他券商、银行、股东或其他企业借款偿还，通常为辅助还款来源。重点关注客户资信状况和融资能力是否出现不利变化，整体持股质押情况，融资渠道是否保持畅通。以此作为主要还款来源的企业大多表面上履约情况正常，实际资金链较为紧张，应动态监控其融资状况及质押比例。

3. 投资活动现金流还款

主要以变卖所持股票、固定资产、无形资产、交易性金融资产等所得款项还款。重点了解还款来源的可行性和变现难易程度。此还款来源将对企业未来持续经营产生较大影响，为非常规手段。分析申请人投资内容，是否符合客户发展战略，是否带来所持股权增长或形成固定资产，对未来经营的影响；净流量大于零：分析流入部分来自回收投资还是取得投资收益，是由于企业转产或是变卖资产，分析对未来现金流的影响。

七、操作风险与应对措施

（一）操作风险

操作风险是指由于对股票质押式回购交易的管理存在漏洞或缺陷、业务操作失误、处置不当所形成的风险。

（二）应对措施

1. 集中管理

证券公司应集中统一管理股票质押式回购交易业务，统一安排投资者适当性管理、业务协议的签署、交易额度的审批、标的证券管理、实时盯市、清算交收、违约处置与异常情况的处理以及风险管理等业务事项。

2. 明确职责

证券公司制定完善的股票质押式回购交易业务管理制度和操作流程，明确相关部门和岗位的职责。

3. 复核机制

证券公司应建立重要业务的双人复核机制，在交易参数设置等重要环节进行系统强制性双人复核。

4. 权限管理

证券公司各相关部门严格执行股票质押式回购交易业务系统权限管理规定，正确设置交易参数，系统对公司业务总额度、风险控制指标，以及投资者账户的资格、账户信息变更、销户与撤销指定、交易资金、证券数量、费率等有关事项实行前端控制。

（三）业务类型

1. 初始交易（自有资金直接出资）

初始交易前应与证券公司内部资金管理相关部门确认当日资金头寸足额，确认交易必备材料（股票质押业务协议、股票质押交易协议以及证券公司要求的其他材料）齐全且要素无误，交易系统设置强制性双人复核，交易完毕后再次确认资金头寸足额。

2. 初始交易（资管计划出资）

初始交易前应与资管公司确认资管产品资金头寸足额可出资，确认资金融出方资管计划证券账号正确，确认交易必备材料（股票质押业务协议、股票质押交易协议以及证券公司要求的其他材料）齐全且要素无误，交易系统设置强制性双人复核，交易完毕后再次确认资金头寸足额。

3. 延期、提前购回、部分购回、解质、解红利红股、利率调整

交易前应确认已通过证券公司内部相关审批，确认交易协议书已签署且要素无误。若原交易资金融出方为资管计划，交易前还需征询资管计划管理人及其他委托人意见，同意后方可交易。

应制定完备的内部管理制度，完善业务流程，明确各相关岗位和部门的职责，并由公司风控部、合规部、法律部等独立内控部门负责督促相关部门严格执行。对于股票质押式回购交易协议签署、初始交易指令申报、购回交易指令申报、补充质押交易指令申报、部分解除质押交易指令申报、违约处置交易指令申报、终止购回交易指令申报等重要业务环节实行经办、复核、审批机制，并留痕。合规部、风控部、稽核部对质押业务部门与营业部的业务操作进行定期或不定期合规检查和稽核检查。同时，对相关业务人员进行培训，并加强业务管理岗位人员的持续培训。

八、涉及类借壳重组交易的质押业务风险控制

类借壳即从法规上不构成借壳上市，但在交易中往往同时涉及控股权转让、主营业务变更等（可同步或分步完成），即通过交易结构的设计规避借壳上市的认定。其原因有多种，比如不符合 IPO 的条件，借壳上市等同 IPO 审核较一般重组更严格，流程更长，创业板不许借壳、借壳上市不允许配套融资同时交易主体有融资需求等。

类借壳业务在交易结构安排中，一般会采用杠杆交易的操作模式，因此可能配套股权质押融资业务（尤其对于个人股东而言）。

（一）类借壳交易的基本模式

2016 年中国证监会修订了《上市公司重大资产重组管理办法》（以下简称“重组新规”），主要修订情况如下：

（1）上市公司的控制权发生变更（修订 1：进一步明确“控制权变更”的判断标准，主要从“股本比例”“董事会构成”“管理层控制”三个维度完善控制权变更的认定标准），自控制权发生变更之日起 60 个月内（修订 2：首次累计原则无期限调整为控制权变更 60 个月内）的资产重组。

（2）上市公司向收购人及其关联人购买资产（无修订）。

（3）将原有的资产总额单项指标调整为：资产总额、资产净额、营业收入、净利润、股份 5 个指标，只要其中任一达到 100%，就认定符合交易规模要件；除量化指标外，还增设了主营业务根本变化特殊指标；同时包括中国证监会认定的其他情形。

根据修订内容，此前构成借壳的三条标准中资产不达 100% 的规避思路基本堵死后，规避思路主要体现在前两条：

（1）保证控制人不发生改变。

（2）控制人发生变化，但是未向新控制人收购资产。

而三方交易正是属于第二种思路，即上市公司收购资产完成转型时，原股东“卖壳”给第三方，同时成为上市公司新控制人的第三方与资产方无关联。主要特点如下：

（1）控制权发生变化，同时上市公司主营业务一般也发生较大改变，公司基本面的改变构成“实质借壳”。

（2）“卖壳”的方式包括直接转让股权，或者第三方通过认购募集配套资金（借壳不可以募配）。但是第三方与资产方是不存在关联的，即第三方不是通过持有标的股权获得上市公司的股份对价，从而取得上市公司控制权。

（3）由于是引入第三方的拼盘交易，新控制人与收购的资产不存在关联关系，所以不构成借壳上市。

（二）类借壳业务的主要风险

1. 审核风险

重组新规发布后，以三方交易为主的类借壳模式尚未有成功过会的案例，表明监管层对于明显规避借壳审核的交易模式审核较为谨慎。重组失败很可能导致上市公司股价在短时间内大幅回落。若买方通过股权质押融资且质押率为 100%，可能存在无可补券源的风险。

2. 资金来源风险

上市公司新实际控制人较少采用自有资金获取上市公司的控制权，多数会采用借贷形式，通常称为“杠杆买壳”。这里有两个维度：即取得控股权时的借贷关系和取得控股权后的借贷关系，券商的股权质押融资一般在第二维度参与交易，实质为买方通过类借壳推高股价后的滚动融资。由于券商的介入更多在上市公司完成控制权变更且复牌后，此时股价被二级市场推高，在折扣率较高的情况下其面临的风险较大。

此外，杠杆买壳背后，买方和资金方可能就上市公司重组成败相关的问题签署“抽屉协议”，该类未披露的协议或成司法纠纷隐患。一旦因为纠纷导致股权被司法冻结，将会对股权质押融资的偿还产生重大不利影响。

防风险、降杠杆的总体监管要求体现在融资融券、股权质押融资、信托产品、银行理财等业务。以非公开增发为例，三年期锁价定增不能发行结构化产品，一年期定增允许结构化产品参与，但发行人关联方不能通过资管产品等通道认购。虽然目前对于采用结构化产品杠杆买壳的交易未有明确监管限制，但从已有案例来看，该类事项仍属于重点关注范畴，不排除未来受到重点监管指引。

3. 期限错配风险

类借壳业务中的资金方可能是过桥融资，期限较短、利率较高；而上市公司资本运作涉及控股权转让、重组交易，可能涉及相关监管部门的审批（交易所、中国证监会、发改委、商务部、外管局、国资委等），存在较大不确定性。即使重组交易成功，往往会有锁定期限制。买方存在典型的“短债长投”的情况，一旦重组出现变数或者收购资产在业绩承诺期内业绩不达标，造成重大负面影响，其不稳定的“抽屉协议”（可能隐含回购和保底协议）可能导致司法纠纷。

（三）涉及类借壳项目的股权质押业务风险控制

对于涉及类借壳项目的股票质押项目，需加强事前穿透性审核，杜绝存在杠杆买壳隐患的项目申请。对于审核前尚难看出存在买壳隐患迹象、但仍不排除预期外的买壳情形，需明确协议的前置条件签署，约定在可能出现风险隐患条件下提前购回等条款，重点加强贷后跟踪。事前审核思路包括如下方面：

1. 控制权变更与重组是否构成一揽子交易

从时间节点上推断，通常控制权转让与重组交易间隔不超过3个月，多数案例为重组停牌期间完成控制权转让（即二者同时进行），表面上相互独立，实际上为一揽子交易。一般来说，股权转让与重大资产重组是互为条件的，若重组不成功，很有可能导致实际控制人的进一步变更或其他法律纠纷（抽屉协议可能存在回购、回售等条款）。因此，审核不能单看重组交易对上市公司的影响，需要结合控股权转让进行综合判断；同时，需要格外关注融资人的还款能力，若其还款能力单一依赖于标的券减持或滚动质押融资，风险可能较大。

2. 穿透交易后最终实际控制人是否存在杠杆买壳

通过交易所、中国证监会的反馈以及权益变动报告书，查询交易各方穿透披露后的股权控制关系，抽丝剥茧找出最终的实际控制人，从多方面判断该股权结构安排对上市公司股权稳定性的影响。一般来说，通过结构化安排“以小搏大”容易成为审核障碍，不符合监管层“降杠杆”的总体思路。如方大化工19.83亿元的股权转让总价款中，按照持股比例层层计算，来自实际控制人卫洪江的资金仅有1.33亿元，对应卫洪江实际持有上市公司股权仅为1.96%。重组委对于该项目的审核意见为：申请材料对交易完成后维持上市公司控制权稳定性的披露不充分，上市公司控制权存在不确定性，不符合《上市公司重大资产重组管理办法》第十一条的相关规定。

《上市公司收购管理办法》第八十四条规定：“有下列情形之一的，为拥有上市公司控制权：（一）投资者为上市公司持股50%以上的控股股东；（二）投资者可以实际支配上市公司股份表决权超过30%；（三）投资者通过实际支配上市公司股份表决权能够决定公司董事会半数以上成员选任；（四）投资者依其可实际支配的上市公司股份表决权足以对公司股东大会的决议产生重大影响；（五）中国证监会认定的其他情形。”

3. 交易各方是否为关联关系/一致行动关系

通过交易各方穿透披露的股权控制关系或工商信息查询，判断各方之间的关联关系或一致行动关系，尤其是标的资产的股东和募配认购方中通过嵌套资管产品/有限合伙实际为上市公司实际控制人的“马甲”，从而在收购资产的同时尽可能保证对上市公司的控制权。该信息有助于判断质押业务的整体质押率、综合折算率、质押集中度，以及还款履约保障措施。密切关注交易后第一大股东和第二大股东持股比例较为接近的情形或者是披露为无实际控制人的上市公司，如无稳定的控制措施，往往容易引起公司治理的混乱。

4. 资金来源是否存在杠杆及比例

包括股权收购资金来源和重组募配资金来源。关注相关交易中自有资金与借贷资金的比例（杠杆比例），资金借贷协议中对借贷利率、回购条款、抵质押担保的特殊要求，以分析上市公司股权是否存在潜在的场外质押；重点关注法律意见书中杠杆买壳的意见结论段，尽早发现潜在的诉讼风险和司法冻结风险。

5. 新控制人是否具有产业背景及运作能力

对于伴随业务转型的重组交易而言，新控制人的经历和背景能够部分证明其是否具有经营管理上市公司的能力，从而对股价的预期产生重大影响。审核需要特别关注没有产业背景的实际控制人，是否存在过往资本运作的案例，以此初步判断其是否为市值管理类型的财务投资。

6. 重组完成后是否较快推出高转送/跨界投资等方案

随着重组后募配资金的到账，上市公司账面往往存在较多的资本公积，为公司高转送创造了条件。一般来说，重组后需要一段时间的整合期，其标的资产的效益才能完全释放。对于重组完成后立即推出高转送或风口行业跨界投资的公司需要予以重点关注，其目的更多可能是刺激股价而非回报广大中小股东，因此在质押折扣率和补质措施方面尤其需要注意。

7. 融资主体适当性

未来证券公司股票质押式回购交易的监管新规，可能涉及限制金融机构和类金融机构、资管产品作为融资方。杠杆交易的买方很可能通过结构化设计，将资管产品作为 LP 认购有限合伙的份额，该类融资人是否具有融资主体适格性需要密切关注最新的监管动态。

九、资管产品的风险管理

（一）业务模式

按照资金融出方不同，股票质押式回购业务模式主要分为三大类：

1. 自有模式

指证券公司以自有资金作为融出方对接股票质押项目，由公司承担业务风险。

2. 资产管理子公司参与模式

（1）融出方为集合资产管理计划（公司自有资金参与次级资金份额的结构化产品）模式（以下简称“结构化产品模式”）：指公司以自有资金认购集合资产管理计划的次级份额，并以该集合资产管理计划作为资金融出方对接股票质押项目，公司以出资额为限承担业务风险。

（2）融出方为集合资产管理计划（公司自有资金不参与）或定向资产管理计划模式（以下简称“纯通道模式”）：指项目来源和资金来源均已落实，资产管理子公司和证券公司提供业务通道和交易程序。

3. 融出方为主动管理型集合资产管理计划（公司自有资金不参与）模式（以下简称“资管主动模式”）

指资金管理方成立集合资产管理计划作为资金融出方对接股票质押项目，该集合资产管理计划为资产管理公司主动管理的产品。

（二）股票质押式回购业务（通道型）风险分析

根据证券交易所相关制度规定，资管产品对接股票质押式回购业务中，证券公司仍需承担融入方资质审查、风险管理、交易申报、盯市管理、权益处理、违约处置、异常情况处理、数据报送等职责，并承担在履行义务时可能引发的各类风险和法律纠纷。也就是说，证券公司在纯通道模式及资管主动模式（以下合称“股票质押通道业务”）中扮演的角色为“中介”，而非“通道”，与一般的通道类业务有实质性区别。

1. 通道业务模式下，证券公司的职责定位矛盾且不清晰

（1）尽职调查的责任无法推卸，证券公司需承担相应风险。证券交易所在股票质押业务规则中明确规定由证券公司对融入方进行尽职调查，无论采用何种业务模式，证券公司的尽职调查职责无法撇清，但却存在以下矛盾：如由证券公司进行尽职调查，较低的管理费与较大的资源投入、风险承担明显不匹配；如由资金融出方、计划管理人进行尽调，一方面明显违反证券交易所规定，另一方面也无法缓释证券公司的风险。

（2）证券公司仍需承担交易盯市职责，存在潜在的法律纠纷风险。证券交易所在股票质押业务规则中明确约定由证券公司负责交易盯市，在通道业务模式下，如证券公司盯市不到位、未及时通知或反馈资金融出方或者计划管理人，一旦发生风险情形，证券公司将无法推卸责任，同时存在法律纠纷风险。

（3）证券公司需履行违约处置责任，同时存在利益冲突问题。证券交易所赋予证券公司进行违约处置的职责，但是存在如下问题：

一是证券公司进行违约处置，受市场行情、集中度高、技术系统、操作风险等因素影响，当出现不能及时平仓，或平仓不符合合同约定等情形，潜在的法律纠纷风险较大。当发生纠纷时，如果资金融出方和融入方合谋，证券公司的利益将会受到侵害，诉讼或仲裁中很难有赢的机会。

二是同一标的或同一客户，或者公司自营持仓的情况下，平仓顺序、平仓价格等都将引发利益冲突问题，甚至可能出现违反《证券法》的反向交易规定。

三是处置对公司声誉造成影响，甚至可能导致证券交易所暂停公司业务资格。

2. 通道业务模式下，将进一步加大股票质押业务本身的风险

（1）法律风险急剧增加。目前股票质押业务本身仍存在质权效力方面的问题，无法对抗司法冻结。即使在通道模式下，亦无法对抗司法冻结。通道业务的放开将使法律风险放大，加大风险发生的可能性。

（2）市场与个股风险加大。在通道模式下，证券公司对标的证券范围、折算率、融资期限的选择权较小，业务面临的市场风险将加大；同时，一旦个股出现退市等极端情况，对业务的负面影响极大。

（3）信用风险将倍增。尽管资金融出方不是证券公司，但客户的信用风险并未因采用通道模式而缓解；证券公司对资金融出方和资金融入方的选择权较小，大量的劣质客户、劣质标的将参与质押业务，违约概率加大，信用风险骤增。

3. 通道业务模式下，刚性兑付的难题难以解决

银行资金对接股票质押业务，均是理财资金，有期限、收益等方面的要求，一旦通道业务风险暴露，不排除为了实现刚性兑付，理财计划背后的投资者通过法律手段向证券公司提

出“垫付理财资金”的要求，公司将承担巨大的经营风险。

4. 通道业务模式下，面临更大的合规监管风险

（1）股票质押业务是交易所推出的以证券公司为核心的业务，中国证监会、中国证券业协会、证券交易所在统计监管数据时将包含自有、分级、通道等业务，一方面业务规模将影响净资本、风险准备等指标，另一方面通道业务的风险事件、违约事件可能会影响公司的分类评级结果。

（2）证券交易所以净资本为核心核定证券公司的股票质押业务额度，通道业务将挤占该额度。

5. 通道业务模式下，“劣币驱逐良币”导致经营风险加大

在通道业务模式下，资金完全由银行等外部资金提供，资金成本预计相对较低，质地较好的项目可能因利益驱动而采取通道模式，公司自有资金、分级计划只能对接一些质地相对较差的项目，导致公司本身的业务风险无形中加大。

（三）集中统一管理下的分工协作

为有效防范业务风险，建议证券公司在开展股票质押式回购业务中，无论是采用上述哪种业务模式，均实行以信用业务部门为主导的集中统一管理，相关主要业务环节的分工协作建议见表 3。

表 3　　集中统一管理下的分工协作

主要业务环节	集中统一管理下的分工协作
资质审核	证券公司制定统一的融入方准入标准和资质审核制度，由信用业务部门集中完成融入方资质审查工作 信用业务部门履行融出方（即资金融出方）核查责任，资管业务部门（或资管子公司）配合提供相关资料，只有符合条件的资管产品方可参与股票质押式回购业务 信用业务部门按要求向沪、深证券交易所集中报备融入方、融出方信息
项目尽职调查	尽职调查是股票质押式回购项目决策的基本组成部分，是风险防范的首要环节。证券公司应建立尽职调查制度，针对各类业务模式分别明确尽职调查的分工、程序和内容等 证券公司明确尽职调查的责任部门；资管产品出资的项目，资管业务部门（或资管子公司）可以派员参与尽职调查 证券公司规定尽职调查人员应当实施必要的调查验证方法并获取相关调查证据 证券公司建立尽职调查工作底稿制度，并根据需要制作尽职调查报告
项目评审	证券公司建立集中统一的项目评审机制，明确项目评审标准和分级评审流程，审查重点可以与证券公司自营出资的审查重点有所区别 由专业部门向评审部门或委员会提供独立的报告，如信用业务部门提供项目审查意见、风控部门提供风险评估报告、研究所提供标的证券评价报告等，供评审部门或委员会全面掌握项目情况，客观公正地出具评审意见 资管产品出资的项目，资管业务部门（或资管子公司）可以派员参与评审
项目执行	由信用业务部门根据交易双方的委托集中执行交易

续表

主要业务环节	集中统一管理下的分工协作
项目期间管理	项目跟踪调查：证券公司建立项目跟踪调查制度，针对各类业务模式，规定项目跟踪调查的责任部门、发现问题的处理原则等 盯市及风险管理：证券公司建立统一的风控指标，由信用业务部门集中盯市，对资管产品出资的项目向资管业务部门发送预警信息
违约处置	由信用业务部门牵头制订完善违约处置方案，明确违约处置流程及证券公司内部各相关部门职责
其他	建立协同定价、利益分配的配套机制，明确各参与方责、权、利，做好专业分工，各司其职，协同推进业务开展

（四）风险控制建议

在股票质押通道业务模式下，证券公司的地位为“中介”，与自营出资的股票质押业务情况下证券公司所承担的风险没有区别。考虑到利益冲突等重要问题无法根本解决，建议如下：

一是股票质押通道业务纳入证券公司目前风控指标统一管理。

根据证券交易所业务规则，不论是自营出资还是资管产品出资，证券公司应当对股票质押业务实行集中统一管理，合理确定用于质押的单一标的证券数量占其发行在外证券数量的最大比例，合理确定总体规模、单一客户、单一证券交易金额占净资本的比例等风险控制指标。

通道业务模式的标的证券范围、折算率标准应严于自营出资模式，以便更好地控制股票质押业务的实质性市场风险。

二是在同一客户、同一标的证券情况下，如果证券公司自营（包括结构化小集合）已开展相应股票质押业务，建议谨慎考虑通过通道模式再开展股票质押业务。

三是证券公司在此类业务中，无法仅仅作为“通道”存在，而更应作为该业务的“中介”，负责诸如融入方资质审查、风险管理、交易申报、盯市管理、权益处理、违约处置、异常情况处理、数据报送等各项事宜，为资金融出方以及资金融入方提供更好的服务。

鉴于证券公司在资管产品出资的股票质押业务中扮演的角色为“中介”，而非“通道”，一旦股票质押业务出现违约处置风险，证券公司可能卷入旷日持久的法律纠纷中，商誉可能受损，甚至可能被暂停或者停止业务资格，所承担的风险远非豁免客户信用风险所能比拟。因此，建议通过通道模式开展股票质押业务时，证券公司收取一定的风险补偿。

四是通过通道模式开展股票质押业务，股票质押业务协议应明确约定，证券公司按照质权人申请进行违约处置，证券公司有权选择最有利于成交的价格进行违约处置，对违约处置结果（包括但不限于无法处置、部分处置等）不承担任何责任，违约处置任何结果均由资金融出方与资金融入方自行承担。

如融出方为证券公司资产管理子公司管理的资管产品，建议证券公司与资产管理子公司在三方协议之外再签订一项服务协议，明确界定证券公司、资产计划管理人的职责和风险承担。

十、证券公司风险管理流程

证券公司应当建立健全股票质押式回购交易业务的内部控制机制和风险管理体系，明确业务的最高决策机构、各层级的具体职责、程序及制衡机制及与风险管理效果挂钩的绩效考核和责任追究机制。

设立专门机构负责制定公司股票质押式回购交易业务发展战略，确定股票质押式回购交易业务的规模上限，授权业务决策机构负责股票质押式回购交易业务的管理，审议批准股票质押式回购交易业务经营报告。

证券公司应设立公司股票质押式回购交易业务的决策机构，独立于各职能部门，审议通过的股票质押式回购交易业务规则，审批客户的初始交易金额；确定公司股票质押式回购交易的业务经营策略；对公司股票质押式回购交易业务的开展情况进行定期风险回顾，确定和调整公司股票质押式回购交易的相关信用标准；审批客户的股票质押式回购交易利率；审批标的证券品种及其折算率。

公司的业务风险管理体系体现在每一具体业务流程中，下文将针对股票质押式回购交易业务具体流程进行阐述。

（一）项目申报

经推荐单位了解客户情况、融资意愿、评估客户需求、开展项目可行性评估后，向公司提交业务申请材料。公司负责受理分公司及其总部各部门等单位提交的业务申请，判断客户主体及融资需求是否适合股票质押式回购业务，预审通过后决定是否立项。

（二）尽职调查与征信授信

证券公司通过访谈、查阅、实地考察等方法，勤勉尽责地对拟融资的客户进行调查，以充分了解客户的具体资金用途是否合理，是否有足够的偿还来源和偿还能力，全面评估客户主体资格、股份性质、资金用途、偿还来源等内容以及确信客户申请文件真实、准确、完整。形成尽职调查报告，并对尽职调查的完整性、真实性负责。

公司业务部门根据征信调查所掌握的信息，依据征信评分标准，对每一项评分因子评分，计算累计分值，评定客户的信用等级。

（三）业务决策

公司业务部门、资产管理子公司（或资管部门）将尽职调查资料、尽职调查报告等相关材料，提交业务决策机构进行审批。

（四）交易执行

股票质押式回购交易由客户签署股票质押式回购交易协议，并在回购期初和回购到期日由公司按照《业务办法》规定的格式分别向证券交易所股票质押式回购交易系统进行交易申报。经交易所确认后，由中国结算为股票质押式回购提供相应的证券质押登记和资金划付等业务处理。

（五）监控及贷后管理

对客户股票质押式回购交易进行实时监控，逐日盯市。监控标的证券履约保障比例是否跌破警戒比例和最低比例。除此之外，重点监控关于集中度的风险指标，公司整体规模风险监控，特殊交易条款，信用业务（“两融”、质押、小额质押融资）联合监控等。

对存续的股票质押式回购交易所涉及的标的证券进行日常贷后监控，包括但不限于以下内容：(1）质押标的证券、证券账户或资金账户被司法等机关冻结或强制执行；(2）质押标的证券被做出暂停上市或终止上市决定；（3）质押标的证券涉及吸收合并、要约收购、公司缩股或公司分立；(4）质押标的证券被实施特别处理的；（5）待购回期间，客户做出使得质押标的证券的限售期限延长的承诺或者行为；（6）质押标的证券所处行业政策发生重大不利变化等；(7）质押标的证券出现不利传闻等。

对存续的股票质押式回购交易资金融入方的资信状况及偿债能力应进行关注，包括但不限于以下内容：(1）分支机构定期的客户跟踪报告；（2）客户在二级市场上有减持或增持行为；(3）出现涉及客户的重大事项或不利传闻；（4）机构客户出现重大亏损或主营业务发生重大变化；(5）经营状况及财务指标是否发生重大变化。

当所涉事项可能影响公司债权安全的，公司业务部门应会同相关部门，制订相应措施，并由公司业务部门等部门跟踪落实相关措施。

每年应至少组织一次与客户进行面对面的现场沟通，了解标的证券的重大变化、客户的持续经营与资产状况、资金用途以及偿债能力等。采取其他形式沟通的，应至少每半年组织一次。结合客户沟通和回访情况，每季度形成客户风险分析报告，并及时报公司业务部门及风险管理部。

（六）违约处置

对于无限售条件的上交所标的证券，证券公司应按照协议约定及时通知客户或资产管理子公司，并向上交所进行报告；证券公司根据《业务协议》约定，向上交所交易系统提交违约处置申报；违约处置申报处理成功后，公司即可根据《业务协议》的约定处置标的证券；违约处置后，证券公司应向上交所提交终止购回申报，并向上交所、中国结算上海分公司和中国证券投资者保护基金有限责任公司提交违约处置结果报告。

对于违约处置时限售股尚未解禁的情形，可采取等待解禁、大宗交易、协议转让、司法拍卖等方式进行处置。此外，公司也可以根据实际情况，通过合同方式要求以限售股质押融资的出质人需提供第三方履约担保等增信措施。在资金融入方违约时，可由担保方负责偿付债务，避免因限售股未解禁带来的不便。

（七）流动性管理

1. 在公司层面

(1）在自有模式下，公司统筹安排资金并进行流动性管理工作，公司业务部门落实执行。在结构化产品模式下，公司统筹安排集合资产管理计划劣后级资金头寸，资产管理子公司全面负责集合资产管理计划优先级资金安排和流动性管理。建议自有资金出资的股票质押式回购业务，其总规模不得超过净资本的一倍。

（2）公司相关部门在公司核定的总额度内进行资金计划调度；持续分析资金流动性需要和供给，负责安排资金的交收计划并实施预交收应急处理。

（3）根据公司净资本规模、风险偏好、市场环境，在公司总额度内确定业务规模，审批公司业务部门和风险管理部确定的单笔交易规模限制，以控制流动性风险。

（4）资产管理子公司在集合资产管理计划设计及运作中采取必要措施，使集合资产管理计划的流动性、存续期限与股票质押式回购期限相匹配。

2. 在业务部门层面

设置专门的资金管理岗，负责与内外部融资渠道对接、资金进出管理等。资金管理岗一方面与公司财务部保持高效互动，另一方面与部门内的项目组、业务运行组建立密切联系、实时沟通的信息互换机制，准确了解到股票质押项目的资金需求和资金使用情况，并以此为依据，动态调整资金筹集的金额、时间和期限，以提高资金金额和期限的匹配度，减少资金不足和资金占用的概率。部门的项目组也会根据资金情况，合理安排项目的推进力度，合理调度和安排资金使用。

《证券公司开展场外股权质押式回购交易业务试点办法》评估报告

高 睿[*]

我国股权质押融资业务伴随着法律法规的不断完善，业务发展迅速，特别是2013年交易所股票质押式回购业务的推出，使得上市公司股票融资效率显著提升，业务规模快速扩大，成为上市公司融资的重要途径之一，促进企业发展经营。2015年7月24日中国证券业协会发布《证券公司开展场外股权质押式回购交易业务试点办法》（以下简称《办法》），为中小微企业融资开辟了新途径，明确业务融资主体，规范业务标准，提高场外市场的流动性，此业务也将成为证券公司新的收入来源。

中小微企业一直以来融资难除了途径限制以外，其自身融资风险高、风险控制难也是重要的内在原因。因此，尽管市场广阔、需求旺盛，证券公司的项目甄别和风险管理能力也面临着新的、更艰巨的挑战，证券公司需要吸取场内股票质押和新三板股权质押的经验，有效进行风险识别、风险管控以及违约处置，才能真正实现场外股权质押业务的健康发展。

一、国内股权质押业务发展情况分析

股权质押属于一种权利质押，是指出质人与质权人协议约定，出质人以其所持有的股份作为质押物，当债务人到期不能履行债务时，债权人可以按照约定就股份折价受偿，或将该股份出售而就其所得价金优先受偿的一种担保方式。随着股权质押相关法律法规的不断完善和各类金融机构的参与，股权质押业务快速发展，成为企业融资的重要途径。根据股权融资业务发展情况、业务规则发布以及参与主体的特点，业务可以分为三个阶段：

* 作者单位：宏信证券有限责任公司。

（一）第一阶段：2008 年以前

这个阶段从事股权质押业务的金融主体主要是银行，典当行在此项业务中也有所涉及。但由于当时缺乏有关企业股权明确的法律界定和配套规定，股权质押主要集中于上市公司与银行间开展股权质押融资贷款业务，需要对质押双方进行公证，同时需要中国证券登记结算公司进行证券划转质押登记，手续较为繁杂，存在办理时间长、质押折扣率低、客户融资成本高等业务缺点，导致整体融资效率较低。

（二）第二阶段：2008—2012 年

随着企业融资业务的不断增加，2007 年国家推出《物权法》，在法律层面为企业融资提供了更明确的法律依据和权利界定。国家工商总局依据《物权法》中有关股权出质的规定，在 2008 年 9 月正式发布《工商行政管理机关股权出质登记办法》，以明确股权出质的登记事项。一系列法律法规的出台，有效地支持和推动了企业质押融资贷款业务的发展。

《物权法》颁布后，在中央及各级政府的引导下，股权质押融资业务发展迅速，对于企业融资的发展起到了积极的推动作用。同年，信托公司获得股权质押融资业务通道资格，股权质押融资业务市场格局开始发生变化。以上市公司股权融资为例，2008 年上市公司共进行股票质押 805 笔，其中通过信托完成 100 笔，质押市值 383 亿元，占全市场质押市值的 12.86%；同期通过银行完成 588 笔，质押市值 2 284 亿元，占全市场质押市值的 76.67%。而 2012 年，上市公司共进行股权质押 2 211 笔，其中通过信托完成 1 015 笔，质押市值 3 903 亿元，占全市场质押市值的 55.7%；同期通过银行完成 928 笔，质押市值 2 481 亿元，占全市场质押市值的 35.41%。

2010 年融资融券开始试点，2011 年上海证券交易市场推出约定式购回交易，证券公司作为出资方开始逐渐进入场内股权融资领域。这两项业务虽然在一定程度上可以实现场内融资需求，但由于其业务出发点、资金来源、交易形式、资金使用限制等特点，大额股权融资的实际操作效率并不高。

（三）第三阶段：2013 年至今

2013 年上海、深圳证券交易所推出了证券公司股票质押式回购业务，该业务突破了约定购回式证券交易在资金来源、标的证券范围、交易期限等方面的限制，弥补了场外质押在违约处置、时效性等方面的难题，通过场内交易有效满足了客户的融资需求。股票质押式回购业务推出后，参与券商快速增加，其市场份额快速提升，最终带动了整个上市公司融资业务规模的大幅上升。据 Wind 数据统计，市场质押规模从 2012 年的 7 006 亿元发展至 2015 年底已达到 38 815 亿元，三年增长 454%。

在 2012 年市场还未推出股票质押式回购业务时，证券公司参与上市公司股权融资的质押规模仅占市场的 1.4%；2013 年业务推出当年，证券公司市场份额便提升至 23.22%，截至 2016 年 9 月证券公司质押规模已达到全市场的 56.67%，迅速成为上市公司股权融资业务的最重要渠道（见图 1）。

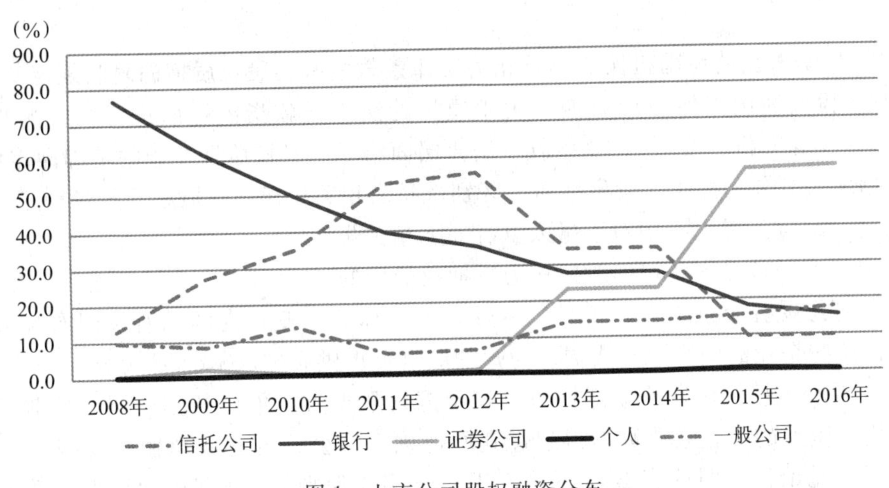

图1 上市公司股权融资分布

资料来源：Wind。

随着场内股权融资业务的成熟以及当前众多非上市中小微企业资金普遍紧张带来的旺盛需求，中国证券业协会于2015年7月24日出台《证券公司开展场外股权质押式回购交易业务试点办法》，在制度上明确了场外股权融资业务的模式及各项要求。一方面，报价系统和区域性股权市场的开放市场机制日益完善，中小微企业的股权融资空间将得到极大的拓展；另一方面，通过报价系统和区域性股权交易市场等场所开展股权质押，还可吸引更多的未上市企业通过股权托管、挂牌、质押登记等方式加强与资本市场、中介机构的联系，更好更快地发展壮大企业并助推券商融资类业务的再扩张，提升券商经营业绩。

二、股权质押业务法律依据及法律限制

股权质押作为借贷关系中担保债务履行义务的重要方式，质押关系的成立以债务人依法将其股权出质给债权人为起始，当出现债务人不履行债务或者发生当事人协议约定的实现质权情形时，债权人有权就该质押物优先受偿。在实际经营活动中，相比动产质押须通过移交所有权实现的质押方式，股权质押具有更便捷、更灵活的操作模式，因此在企业的日常运营过程中，成为重要的短期融资方式。

证券公司开展场外股权质押式回购业务，根据《办法》中的明确规定，可以参与业务的股权包括：在中证机构间报价系统股份有限公司（以下简称“报价系统”）注册挂牌的股份有限公司的股票及有限责任公司的股权；在符合条件的区域性股权交易市场挂牌转让的股份有限公司的股票及有限责任公司的股权；中国证监会及协会规定的其他股权。

上述股权均属于“依法可以转让的股份、股票”，我国《担保法》《物权法》《公司法》等相关法律条款中关于股权质押的相关法律法规为证券公司开展场外股权质押式回购业务提供了最基础的法律依据。同时，证券公司开展场外股权质押式回购业务也应注意相关法律法规中的明确限制规定，尤其在涉及融入方为有限责任公司的股权质押相应问题上，需格外注意相关要求。

（一）《中华人民共和国担保法》等相关法律条款中有关股权质押的限制规定

《中华人民共和国担保法》第四章关于质押的法律条款指出可以进行质押的权利包括“依法可以转让的股份、股票”，该条款从法律层面给予了股权质押业务的基础操作依据。

但根据融入方公司性质、股份性质的区别，我国相关法律还对股权质押进行了一定程度的限制规定，如《公司法》中对于融入方有如下相关规定：

（1）公司不得接受本公司的股票作为质押权的标的。

（2）管理层受让企业国有产权时，不得向包括标的企业在内的国有及国有控股企业融资，不得以这些企业的国有产权或资产为管理层融资提供质押。

（3）国有股东授权代表单位持有的国有股份只限于为本单位及其全资或控股子公司提供质押，用于质押的国有股数量不得超过其所持该上市公司国有股总额的 50%，且必须进行充分的可行性论证，明确资金用途（不得用于买卖股票），制订还款计划，并经董事会（不设董事会的由总经理办公会）审议决定。

（4）外商投资企业的投资者不得质押未缴付出资部分的股权；经企业其他投资者统一质押股权的，还须经审批机关批准和备案，否则质押行为无效。

这些条款规定中对融入方的资质做出了明确规定，涉及国有股份、外资股份时，证券公司作为股权质押业务的融出方须严格遵守并予以严格的尽职调查。

我国相关法律中除了对于融入方出质部分进行了直接限制之外，对一旦出现违约情形融出方需进行股权转让处置的情况也有比较明确的限制规定。股权能否依法转让是股权质押业务成立的前提条件，但实际情形中，我国的《公司法》、外商投资管理部门、国资委以及中国证监会等管理部门对股权转让有诸多限制，客观上影响了股权质押出现违约情形时股权转让的处理。

在针对有限责任公司的股权转让限制规定中，公司股东向股东以外者转让股份时，应经过其他半数以上股东同意。

针对股份有限公司的股份转让限制中，有如下规定：

（1）发起人持有的本公司股份，自公司成立之日起一年内不得转让。公司公开发行股份前已发行的股份，自公司股票在证券交易所上市交易之日起一年内不得转让。

（2）股东大会召开前 20 日内或者公司决定分配股利的基准日前 5 日内，不得进行记名股票转让的股东名册变更登记。

（3）在任职期间，公司董事、监事、高级管理人员每年转让的股份不得超过其所持有本公司股份总数的 25%；所持本公司股份自公司股票上市交易之日起一年内不得转让；在离职半年内，不得转让其所持有的本公司股份；本人承诺一定期限内不转让所持本公司股份，并在该期限内不得转让其股份。

（4）持有上市公司 5% 以上股份的股东，不得在买入后 6 个月内将该股份卖出。

（5）在上市公司收购中，收购人对所持有的被收购的上市公司的股票，在收购行为完成后的 6 个月内不得转让。

针对国有股权转让规定，国有股权转让须经有关国有资产监督管理机构批准。转让全部国有股权或者转让部分国有股权致使国家不再拥有控股地位的，须报本级人民政府批准。

针对外商投资企业有如下限定：

（1）未经合营各方同意，中外合资经营企业的股东不得转让股权。

（2）在不符合中国法律、行政法规和规章对投资者资格的要求及产业、土地、环保等政策的情况下，境内企业股东不得向外国投资者转让股权。

（3）外商投资股份有限公司股东转让股权，不得导致外方投资者的投资比例低于企业注册资本的25%，发起人股份的转让还须在公司设立登记3年后进行，并经公司原审批机关批准。

（4）如果股权转让导致中国自然人成为外商投资企业的股东，则外商投资企业的外方股东不得将其股权转让给中国自然人。

（5）向实施战略投资的外国投资者转让上市公司A股，该外国投资者首次投资完成后取得的股份比例不低于该公司已发行股份的10%（特殊行业有特别规定或经相关主管部门批准的除外），且该投资者取得的上市公司A股股份3年内不得转让。

上述针对不同类型股份转让的限制规定，从客观层面上对股权质押业务进行了间接限制。要想有效地进行股权质押，对融入方的资质审核需要做到合法合规，对融出方的尽职调查工作提出了更为严格的要求，证券公司须在业务协议中对涉及的潜在违约处置风险进行预估并提前制订完善的处置方案。

（二）融入方以有限责任公司股权参加股权质押业务的注意事项

融入方以股份有限公司股票或者有限责任公司股权进行股权质押时，《办法》中规定“证券公司与融入方应当按照相关规定到证券登记结算机构或工商行政管理部门等股权质押登记结构办理出质登记”；同时，融入方须与证券公司签订相关业务协议，从而完成整个质押出质的过程。该流程处理方式在融入方质押股权为股份有限公司股票时不存在执行异议，因为股份有限公司股票进行股票质押质权设立与质押合同生效均是以“证券登记结算机构”进行出质登记为准。然而，针对融入方以有限责任公司股权进行股权质押时，其质权设立和质押合同生效存在一定程度上的不同。

根据《物权法》《公司法》相关规定，以有限责任公司股权进行股权质押时，其质权设立时间为“到工商行政管理部门办理出质登记”时；而其质押合同生效则是以“自股份出质记载于股东名册之日”。这两个时间点的不同为该类股权质押业务中质权设立留下了一定瑕疵，具体解释如下：当出现公司股权已完成“到工商行政管理部门办理出质登记”但未完成“股份出质记载于股东名册”的情况时，该笔质押业务便存在效力瑕疵，致使质权设立基础薄弱。因此，当融入方以有限责任公司股权进行场外股权质押业务时，证券公司除了要严格按照相关规定要求融入方“到工商行政管理部门办理出质登记”，也要对“股份出质记载于股东名册”予以检查及监督，以确保质押合同效力与质权设立同步。

三、《办法》的特点及意义

场外股权质押式回购交易业务是针对场外交易的股权质押融资类业务，其服务的企业范围更广，为中小微企业融资开辟了新的渠道，具有鲜明的特点，意义重大。

（一）《办法》的特点

1. 明确了出资方的范围

《办法》规定除中国证监会及中国证券业协会另有规定之外，证券公司应当以自有资金参与场外股权质押式回购交易，未将证券公司管理的定向资产管理计划客户或集合资产管理计划作为融出方。

2. 明确了交易期限

《办法》规定交易总期限不得超过 12 个月，与上市公司场内质押交易相比，总期限更短。

3. 明确证券公司的业务规模

《办法》对证券公司开展场外股权质押的业务总规模和单一融入方累计融资余额进行了限制，分别不得超过净资本的 50% 和 5%。

4. 明确界定标的股权

《办法》规定的场外股权质押式回购交易的标的股权主要包括上市公司股票、在报价系统和符合条件的区域性股权交易市场挂牌转让（注册）的股票。

5.《办法》对融入方资质进行了规定

规定对资金用途不符合国家产业政策的融入方等不得以其所持有的股权开展场外股权质押回购。

6.《办法》对融出资金的持续跟踪进行了表述

要求证券公司建立持续跟踪机制，防止融出资金投向法律法规和国家产业政策禁止投资的领域。

7.《办法》对信息披露进行了规定

要求证券公司在规定期限内通过全国性市场，对在区域性股权交易市场挂牌转让的标的公司质押回购业务进行披露。

（二）《办法》的意义

场外股权质押式回购交易业务的开展，意味着我国多层次资本市场的建设更进一步，对于建立涵盖中小微企业在内的、服务对象更为丰富的资本市场具有重要意义。

场外股权质押业务的开展，为场外市场提供流动性，有利于活跃场外市场、扩展场外市场的融资功能，对场外市场的建设具有重要意义。

场外股权质押融资业务的融出资金规定为证券公司自有资金，有利于在业务发展初期证券公司规避潜在的利益冲突等合规风险；对证券公司参与场外股权质押业务总规模及单一融入方参与的最大规模进行控制，也有利于证券公司控制并分散风险，促进业务长期平稳发展。

场外股权质押融资业务的开展，可盘活非上市公司股权资产，极大地拓展中小微企业的股权融资空间。同时，《办法》规定交易总期限不得超过 12 个月，有利于提升融出资金周转率，提高资源配置效率，从而有利于解决中小微企业融资难的问题。

随着场外股权质押尤其是通过区域股权交易市场进行的场外股权质押的开展，未来将有更多的中小微企业与资本市场联系，有利于这些企业尽早规范运营，强化公司治理。

场外股权质押业务的推出，有利于证券公司资本中介类业务再次扩张，并为挂牌、承销等业务储备项目资源，有利于证券公司做大业务规模，培育潜在市场，提升经营业绩。

场外股权质押业务对于融入资金投向不符合国家产业政策的做了明确限制，有利于资金流向实体经济，更好地发挥资本市场服务实体经济的作用。

四、场外市场股权质押式回购业务风险管理

（一）风险管理的目标与原则

场外市场股权质押回购业务风险管理中，控制目标是在确保该项业务符合法律法规、中国证监会及中国证券业协会业务规则的前提下，对该项业务面临的各类风险实施全面有效的管理，提高证券公司管理效率，实现风险管理目标，维护各方当事人的合法权益。

建议该项业务的风险控制遵循如下原则：

1. 全面性原则

证券公司应建立覆盖业务经营与管理过程中所面临的各类风险的全面风险管理体系，将风险管理的全过程落实至业务各部门及岗位，并渗透到业务决策、执行、监督、反馈等各个环节。证券公司前、中、后台实际开展业务中，须高度重视风险管理并各司其职、各尽其责，审慎管理各类风险。

2. 风险与收益匹配原则

在具体项目开展中，应体现经营活动承担的风险与创造的收益之间的匹配关系，并据此指导证券公司资源的优化配置。

3. 制衡性原则

证券公司各级部门和岗位的设置应当权责分明、相互制衡，前台业务运作与中、后台管理应保持相对独立。证券公司应当指定或者设立专门的风险管理相关职能部门，履行公司风险管理、监督、检查等职责。

4. 定量与定性相结合原则

证券公司在场外市场股权质押回购风险管理过程中，应充分发挥定性和定量分析方法的各自优势，全面识别、计量、评估、监控各类风险。

5. 持续性原则

风险管理是一个动态的、持续的过程，证券公司应根据市场环境的变化、外部监管政策变动、业务发展的状况等实际情况，持续建立健全风险管理体系。

6. 授权管理原则

证券公司应实行逐级授权管理模式，各业务部门应在公司批准的授权范围内，有效开展各项业务经营活动，严禁开展任何未经授权的业务经营活动。

（二）主要风险类别和控制要点

1. 信用风险识别与控制要点

信用风险是指发行人、交易对手未能履行合同所规定的义务或由于信用评级的变动或履约能力的变化造成损失的可能性。

对于新三板或非上市企业，开展股权质押融资的主要目的在于获取短期的经营现金流，

然而这些企业多数属于成长型的中小企业，其经营水平、盈利能力通常欠佳，企业通过股权质押融资获得经营资金后未必能够解决经营困境，进一步可能导致无法按时还款，给证券公司带来损失。同时存在大股东为满足私利而进行圈钱套现的情形，也会引发信用风险。

信用风险可以通过前、中、后三个阶段实施持续性控制与管理，具体包括：

（1）建立严格的业务尽职调查要求，建立并不断完善客户信用评级体系、授信管理办法，制订业务准入标准，于业务开展前对交易对手的资质进行审查，包括但不限于财务状况、信用状况、诉讼情况等。

（2）研究制订业务审核流程，对拟开展业务的交易对手、担保品和其他交易要素进行独立审慎评估，充分识别业务信用风险，并有针对性地采取风险缓释措施。

（3）业务开展后对交易对手、担保品及交易协议的实际履行情况进行持续跟踪管理，包括日常监控与检查、风险预警和定期报告，发生风险事件时及时采取应对处理措施。

2. 市场风险识别与控制要点

市场风险是指因市场价格（权益类证券价格、利率、汇率或商品价格等）的不利变动而造成损失的风险。

对于新三板企业，股价不设涨跌幅，容易发生股价产生较大波动的情况，股价跌幅超过平仓线便会触及补仓机制，若融资方无充足的股票或资金进行追保将引发强平，导致卖盘涌出，加重市场恐慌情绪，从而导致流动性枯竭。此外，大规模强平可能导致公司控股权的变动，大股东通常以股票停牌来应急，导致证券公司无法及时处置质押券。

对于非上市企业，当宏观市场环境发生不利变动时，容易造成公司经营状况恶化，影响其履约能力，从而带来违约风险。

证券公司在开展业务之前需进行全面的业务风险识别和分析，建立相应的市场风险管理措施。在业务开展过程中，应定期对市场风险识别内容进行重检与更新，特别当宏观经济、市场环境、各市场风险因子发生重大变化时，证券公司应及时识别其市场风险暴露的影响，并采取有效的风险应对措施，控制风险暴露。

3. 流动性风险识别与控制要点

流动性风险是指证券公司无法以合理成本及时获得充足资金，以偿付到期债务、履行其他支付义务和满足正常业务开展的资金需求的风险。流动性风险可分为市场流动性风险和融资流动性风险。市场流动性风险是指由于市场深度不足或市场动荡，证券公司无法以合理的市场价格出售资产以获得资金的风险；融资流动性风险是指证券公司在不影响日常经营或财务状况的情况下，无法有效满足资金需求的风险。

由于新三板和非上市股票具有成交量小、变现能力差等特点，在发生信用风险或市场风险时，容易引发流动性风险，给证券公司造成损失。

流动性风险管理的方法包括但不限于质押品管理、流动性风险指标监控、流动性风险限额管理、流动性风险压力测试等。证券公司在开展场外股权质押式回购业务时，应充分考虑质押品的融资能力、价格敏感度、压力情景下的折扣率等因素，确保其能够满足正常和压力情景下日间和不同期限融资交易的质押品需求，并且能够及时履行向相关交易对手返售质押品的义务。对于非上市公司的股权，存在估值欠公允、变现渠道少、变现期限长的特点，证券公司在开展业务时，可考虑要求融资方提供增信措施，如引入上层股东、第三方担保，或者用房地产等较优质资产进行足值抵押，以降低业务风险。证券公司应制订流动性风险指标体系，运用相应工具及系统对流动性风险指标进行计量，并密切跟踪流动性风险指标水平，以实现流动性风险的持续监测。设定流动性风险限额，并制订相应限额突破处置措施，开展日常监控。根据市场变化、业务发展情况和历史风险事件等情况，结合监管部门具体要求，设定压力测试的不同场景，测算各类压力情景下相关流动性风险指标运行情况，对流动性风险进行定期和不定期压力测试。

4. 操作风险识别与控制要点

操作风险是指由不完善或有问题的内部程序、人员、信息技术系统，以及外部事件所造成损失的风险，其内生于业务开展中的各流程环节。证券公司在进行场外股权质押式回购业务的操作风险管理时应做到以下几点：

（1）对业务流程中潜在的操作风险点及相应控制措施进行评估，并根据外部环境及操作流程的变化定期或不定期进行重估。

（2）设置相应的关键风险指标并予以监测，定期检查、分析和评估该业务操作风险管理状况及其控制措施的有效性，以及时发现操作风险高发或薄弱环节，并对其采取必要的补救措施。

（3）建立操作风险事件的报送、评估、处理机制，要求业务部门按照相关规定及时报送业务开展中发生的操作风险事件和相关损失数据。

（4）建立有效的考核评价机制与奖惩制度，对业务操作风险管理效果及相关部门操作风险管理职责的履行情况进行定期考核与评价。

（三）场外市场标的证券、质押率及外部增信

1. 标的证券范围的确定

场外市场股权质押回购业务的标的资产范围为在中证机构间报价系统注册挂牌的股份有限公司的股票及有限责任公司的股权以及在符合条件的区域性股权交易市场挂牌转让的股份有限公司的股票及有限责任公司的股权。证券公司应在此范围内对标的证券进行进一步细化筛选和动态管理。

证券公司应当制定标的公司准入标准并定期评估调整。证券公司不得将下列公司列为标的公司：

（1）主营业务不符合国家产业政策的。

（2）正在进行重大诉讼或仲裁的。

（3）最近三年因重大违法违规行为被相关机关处罚的。

（4）中国证监会及中国证券业协会规定的其他情形。

证券公司接受质押的标的股权必须为依法可以实现质押权利的股权。证券公司不得将下列股权列为标的股权：

（1）不符合《办法》第三条规定的股权。

（2）按照法律法规、监管规定、标的公司章程或有关协议约定不能被质押的股权。

（3）被有权机关查封、扣押或冻结的股权。

（4）不属于融入方所有或为融入方非法取得的股权。

（5）已经被质押且尚未解除质押的股权。

（6）无法在质押登记机构完成质押手续的股权。

（7）被报价系统或符合条件的区域性股权交易市场暂停或终止交易的股权。

（8）进入摘牌程序的股权。

（9）其他存在瑕疵或无法实现质押权利的股权。

证券公司应对标的证券范围开展动态维护管理工作，包括制定相关制度，对标的证券库中的证券进行日常维护和持续管理，跟踪标的证券的基本面情况、市场情况、波动情况和特殊事件。若标的证券不再满足筛选标准，证券公司应剔除该标的证券。

2. 标的证券质押率的确定

证券公司应当根据融入方资信及还款能力、标的股权质量、提供的担保、回购交易期限、标的公司的净资产及未来发展情况等因素对标的股权进行估值，并确定折算率上限。证券公司可以聘请会计师事务所等第三方机构对标的股权进行估值，并适时评估调整。

（1）标的证券质押率的确定是以标的证券挂牌市场为基础，将标的股票分为新三板股权及其他场外股权两个类别。

（2）建议标的证券的质押率根据标的证券上限取每股净资产。

（3）对于新三板标的，可考虑以做市商最近一期参与价的 4—6 折，投资者最近一期定增价的 3—5 折，20 日平均市价、60 日平均市价的 2—5 折的孰低者，特殊情况除外。

（4）对于其他场外股权，由于流动性不如新三板标的，原则上应严格于新三板。建议对于有市场公允价格的，评估公允价格的确定方式、公允价格有效性等要素，并在公允价格折扣基础上提供融资。对于没有市场公允价格的，建议聘请会计师事务所等第三方机构对标的股权进行估值，并在估值折扣基础上提供融资。

3. 外部增信

提高场外股权质押风险控制的另一种可能性则是提供外部增信，这一结构安排或称为该类业务风险控制的核心。《办法》第十九条规定："证券公司在开展场外股权质押式回购交易业务时，可以要求融入方采取第三方保证、资产抵押、质押等内外部增信措施。"因此，证券公司可以要求在股权做质押融资同时，要求融资方提供其他增信，比如引入上层股东、第三方担保，或者用房地产等资产来足值。

（四）场外市场股权质押式回购的违约处置评估

证券公司应与融资方在场外市场股权质押式回购业务相关协议中详细约定各种违约情形及相关情形下的处置措施。当出现场外市场股权质押式回购业务相关协议约定的融资方的其他违约情形时，证券公司应根据场外市场股权质押式回购业务相关协议约定，向中国证券业协会及质押登记机构申报关于质押股权的违约处置，以实现质权。实现质权的具体流程建议安排如下：

1. 关于违约处置阶段无转让限制的质押股权处置

（1）违约处置申请及其他准备工作。证券公司通过短信、电子邮件、录音电话等留痕方式通知融资方及其关联担保方、融出方等关于账户违约的情况，并向中国证券业协会等有权部门报告相关违约事件。

对于无转让限制的股权，在相关融入方及其关联担保方、融出方等协商一致的前提下，由证券公司根据有权部门的规定及场外市场股权质押式回购业务相关协议的约定，向中国证券业协会、质押登记机构等正式提交违约处置申请，并同时向投资者保护基金进行事前报备。此外，自发起违约处置申请当日起至融出方实现债权为止，证券公司按相关协议约定逐日计算融资方的违约金。

为确保处置转让所得资金优先偿还融出方负债，证券公司应自发起违约处置申请当日起，通过柜台系统对融资方及其关联担保方的资金账户进行相应负债金额的冻结。

（2）新三板质押股权的处置转让及处置资金的划拨。对于新三板标的，按中国结算质押标的处置流程办理。

证券公司应向中国结算申请办理质押登记状态调整，在中国结算把相应质押股权的状态由“质押不可转让”变更为“质押可转让”之后，证券公司应按协议约定，根据融出方的处置转让指令（注：处置转让指令应包括转让股权的数量、时间、股权受让方等），通过柜台系统协议转让或拍卖等方式，在违约融资方及其关联担保方账户上把质押股权全部或部分转让，转让金额应与融资方应还负债、违约金及相关违约处置税费的总和相当。

在质押股权的处置转让成交当日，证券公司应确认质押登记机构的股权转让交收结果。

在质押股权处置转让后的下一交易日，证券公司进行质押证券处置。建议将客户的股东卡挂到公司自营柜台，再通过公司自营账户卖出质押证券。违约处置所得款项在扣除交易手续费之后，用于抵偿该客户应付本金、利息以及违约金。

如有剩余款项，将通过场外偿还或红冲蓝补方式（如客户同意）返还给客户。如违约处置所得款项仍不足以抵偿该客户应付本金、利息以及违约金，则将根据协议约定，继续向该客户追索。

在处置所得资金划拨的当日，证券公司应及时根据投资者保护基金的要求，向其报送资金划拨事宜，并同时通过电子邮件、短信、录音电话等留痕方式分别向融资方及其关联担保方、融出方等发送违约处置结果。

（3）非新三板质押股权的处置转让及处置资金的划拨。对于非新三板场外股权，证券公司在报有关部门违约处置审批通过后，采用如下方式进行处置：通过拍卖等方式变现标的股权价值，优先偿付处置所得资金；业务协议进行公证的，申请法院强制执行；依法可以采取或约定的其他方式。

（4）违约处置的事后工作。处置所得不足以偿还证券公司债权的，证券公司应依法向融入方及其关联担保方继续追索，并可申请财产保全。

在实现全部债权之后，证券公司应向中国证券业协会、质押登记机构申报终止担保，并请质押登记机构对剩余质押股权进行解除质押登记。

2. 关于违约处置阶段存在转让限制的质押股权处置

对于违约处置阶段存在转让限制的质押股权，可通过以下方式之一实现质权：（1）在转让限制取消之后，证券公司再按前述方式实现质权；（2）质押股权已办理强制执行债权文书公证的，融出方可向相关业务协议约定的公证机关申请出具执行证书并向有管辖权的法院申请强制执行；（3）否则，融出方可通过司法起诉或按照业务协议、担保协议以及其他法律允许的处分和救济方式实现质权。

五、证券公司开展场外股权质押式回购交易业务的建议

《办法》的颁布为中小微企业打开了一扇融资大门，对证券公司开展场外股权质押业务

具有重要的指导意义，是证券公司股权质押业务再扩展的新方向。

《办法》的各项规定有效保证了业务的开展，同时《办法》中明确规定证券公司应当以自有资金参与场外股权质押式回购交易，未将证券公司管理的定向资产管理计划或集合资产管理计划列入其中。毕竟场外股权融资风险更高，整个风险管理也更加复杂，此规定短期内有利于业务风险控制和平稳运行，但因为证券公司自有资金有限特别是大部分是未上市的证券公司，实际操作中可承揽此业务的券商较少，业务的发展规模和成长空间有限。因此，希望在业务平稳开展一段时间、证券公司积累了一定业务经验后可以考虑放开出资主体，允许证券公司管理的定向资产管理计划或集合资产管理计划参与此业务，以发挥证券行业对中小微企业等实体经济融资的更大的作用。

对证券公司经纪业务转型发展的思考

蒋嗣勇*

一、国内证券经纪业务发展趋势

（一）证券行业经纪业务发展现状

证券经纪业务一直是我国证券公司的重要收入来源，证券经纪业务不仅能带来最直接的交易佣金收入，而且还是融资融券、金融产品销售等业务开展的主要基础，营业部更是连接客户的重要桥梁。最近几年，随着行业创新的不断开展，证券经纪业务呈现如下发展特征：

1. 佣金率不断下降

2015 年，受“一人多户”政策及互联网金融等因素的影响，证券公司传统经纪业务竞争更加激烈，行业佣金率持续下滑。为了快速抢占客户资源，多家券商在推出“网上开户”的同时，不惜将佣金率直接降至万分之三甚至更低水平。2017 年 2 月，更有个别券商推出了万分之一点五的佣金率。

2. 没有摆脱“靠天吃饭”的格局

证券经纪业务收入具有非常不稳定的特征，受股票市场行情变化影响较大。在 A 股行情最为低迷的 2012 年，全行业佣金收入为 504 亿元，仅为 2007 年行情高涨时收入的 31.4%；2015 年，证券市场再度表现活跃，全年实现佣金收入 2 691 亿元；但 2016 年，再度下滑至 1 053 亿元。总体来看，证券经纪业务收入仍然没有摆脱“靠天吃饭”的格局，且收入占比越来越高的“两融”业务同样与市场行情高度相关。

3. 营业网点数量继续增长

截至 2015 年底，我国共有证券公司营业部 8 170 家，较 2014 年增加 13.5%。轻型营业部的扩张态势仍在持续，但增速略有放缓。在证券公司营业部数量快速扩张势头延续的同时，单体营业部的股票交易金额也迅速放大，2015 年达到 313 亿元/家，较 2014 年增长 201%。

* 作者单位：华宝证券有限责任公司。

（二）行业发展趋势——向综合财富管理转型

现阶段，证券公司展业模式向以客户为中心的方向转型趋势日益明朗。未来2—3年，受证券公司自身转型动力和代理买卖证券业务收入潜在下滑压力的双重影响，证券经纪业务有望从以“吸纳证券交易客户”为主的单一（通道佣金）收入模式，加速转向以“综合财富管理服务”为主的多元化收入模式。

1. 目标客户属性变化，理财型客户占比增加

从客户角度看，证券经纪业务客户的属性发生了显著变化，行业目标客户范围有所扩大。从2010年初至今，证券行业客户数量由5 800万户增长至1.2亿户，增长幅度超过一倍。把眼光放长远来看，中国家庭的资产配置习惯，从存款时代、地产时代过渡到了金融时代，风险资产的配置比例越来越高，这是券商的长期机遇。近几年互联网金融在国内的快速发展，侧面印证了小微客户投融资活动的潜力，新的市场被迅速打开，金融机构的业务依然有很大的改进和拓展空间。

证券经纪业务佣金率具有单向不可逆特性，无论市场“牛”“熊”变化，均处于单边下行趋势。海外券商经历几十年的探索，最终构建了从交易驱动向客户资产驱动的商业模式，收入从交易佣金转向资产管理费用和利息净收入。而多年以来，中国券商的商业模式更多基于客户数量的增长，而非客户资产的保值增值。当下应重新审视券商客户属性的变化，思考如何真正将服务范围从交易类客户拓宽至泛理财类客户。

2. 机构客户占比不断提升，PB业务前景广阔

根据中登公司统计数据，截止到2016年上半年，沪、深两市的机构客户总数已经达到71 982户，相比2015年增加6 385户。从市值分布来看，大部分自然人投资金额低于50万元，机构投资者不同资产区间账户数量分布比较平均（见表1）。

表1　沪、深两市投资者结构情况（2016年6月底）

期末已上市的A股流通市值	自然人		机构		合计	
	投资者数（户）	比重（%）	投资者数（户）	比重（%）	投资者数（户）	比重（%）
a. 1万元以下	12 017 997	24.37	4 536	6.30	12 022 533	24.35
b. 1万—10万元	23 627 616	47.92	8 288	11.51	23 635 904	47.87
c. 10万—50万元	10 513 794	21.32	10 978	15.25	10 524 772	21.31
d. 50万—100万元	1 791 721	3.63	6 055	8.41	1 797 776	3.64
e. 100万—500万元	1 195 312	2.42	13 360	18.56	1 208 672	2.45
f. 500万—1 000万元	97 822	0.20	5 257	7.30	103 079	0.21
g. 1 000万—1亿元	58 960	0.12	13 499	18.75	72 459	0.15
h. 1亿元以上	4 680	0.01	10 009	13.90	14 689	0.03
合计	49 307 902	100.00	71 982	100.00	49 379 884	100.00

注：①A股流通市值指已上市的流通股市值。②按“上组限不在内”原则统计，流通市值在1万元以下的投资者数不包括期末已上市A股流通市值为零的（即期末未持有已上市A股）的投资者。③市值按一码通下挂的沪、深账户所持有的已上市A股流通市值合计统计。

资料来源：中登公司。

伴随着机构投资者的成熟壮大，尤其是私募基金的快速发展，国内券商开拓了一系列与机构交易服务相关的业务链，涵盖资产托管、清算、研究服务、产品设计、投资交易、杠杆配置等一系列服务，即海外的主经纪商（PB）业务。证券公司开展 PB 业务，在满足客户提供综合服务需求的同时，有望进一步拓展收入来源，摆脱“靠天吃饭”的现状。

3. 营业部职能定位亟待转型

在互联网证券快速发展的背景下，越来越多的服务、业务、产品都朝着互联网化的方向发展。证券营业部也需要逐渐转变职能定位。传统模式下的客户开发、开户、业务办理、产品销售、证券交易等常规业务都可以依托互联网平台实现。

证券公司应充分利用互联网的成本与效率优势，通过精确判断客户需求，有针对性地推送标准化服务与产品，从而满足客户需求，并将营业部服务资源从繁杂的零售客户服务过程中解放出来。相较于单纯的互联网模式，营业部实体网点在提升客户感知价值上占有较大优势，而财富管理业务的特点是客户需求处于待挖掘和引导的潜在状态。因此，未来在通过互联网提供标准化的大众服务基础上，营业部可重点加强中高端客户的综合财富管理服务。

此外，虽然经纪业务收入在总收入中的占比下降，但经纪业务客户仍是券商重要的基础。资本中介业务和资产管理业务需要经纪业务的客户基础，投行业务需要经纪业务渠道分销。未来营业部和分公司可进一步跳出现有传统经纪业务的范畴，借鉴银行分行的管理经营模式，使营业部成为证券公司所有业务的区域触点，丰富综合化经营的内涵。

（三）金融科技加快行业转型进程

1. 互联网证券 1.0 已经完成

最早期的金融科技，始于计算机技术对早期纸质化、物理化金融介质的改造，例如 1971 年纳斯达克交易所的出现，意味着证券交易的报价系统走向了电子化时代。信息传递的媒介开始变得丰富、高效，市场数据商、资讯服务商提供了全新的内容分发方式，创立于 20 世纪 80 年代初的彭博便是其中一例。

20 世纪 90 年代的互联网大潮推动了电子交易（E - trading）的普及，零售客户享受到技术创新对于金融服务的改造成果，较早介入的 E * Trade、嘉信理财均在这一阶段奠定了坚实的客户基础。这一轮金融科技未曾经历中场休息，2000 年前后，大批主打快速交易的海外机构涌现，如外汇交易平台 Currenex 等。

回顾中国证券业的金融科技发展史，标准化的证券交易已经实现高度信息化和互联网化。中国证券业协会曾于 2015 年底对 95 家证券公司进行专项调查统计，数据显示，证券公司互联网业务已经取得了较为可观的成果，当下网上开户、交易客户占比均处在快速上升时期（见表 2）。

表 2　客户通过互联网（PC + 移动端）开户占比情况

	网上开户整体比例（%）	网上交易人数占总人数比例（%）
2014 年	50	79.28
2015 年	92	84.43

注：该数据由中国证券业协会专项调查统计得来，统计期截至 2015 年底。

资料来源：中国证券业协会。

2. 金融科技时代跨界合作是必然趋势

从海外经验看，金融科技的主要受益者并非 Fintech 领域的创业公司，而是传统金融机构，这是由金融科技的概念特性决定的。具体来说，金融科技的创新成本颇高，同时，其实际应用又多聚焦在传统金融业务当中。

海外传统金融机构布局金融科技业务的方式大致有三种：（1）通过“内部助推器”项目，将实验室中成型的方案在部分客户中推广试用，代表机构如富国银行的“Innovation Incubator”项目；（2）股权投资，通过这种方式可以保证技术或产品解决方案的排他性使用权，代表机构如积极投资于科技公司的高盛；（3）战略合作，例如摩根大通与在线小额贷款平台 Ondeck 的合作，在国内，这种合作模式已颇为常见。

在国内，证券公司通过直接投资（创业项目和私募股权投资）和战略合作可以实现与互联网公司的合作。但截至目前，除了东方财富收购西藏同信证券的案例，其他合作案例仍处在较为表层的“导流”阶段，未能真正盘活资源，实现双方能力的进一步互补。

相较之下，银行业和保险业与互联网融合的水平要显著高于证券业，合作形式也更为多元化。除了产品销售渠道的嫁接以外，战略投资、股权合作乃至新业务形态的尝试都已实现。

二、证券经纪业务转型对策

（一）提升专业服务能力，满足客户差异化需求

最近两年，证券经纪业务的各项创新不断涌现，产品业务设计更加专业复杂，客户需求也由传统的交易需求向理财、智能交易等领域拓展。为了满足个人、机构客户差异化的需求，证券公司需不断提升专业能力，具体包括：

1. 提供更快速、专业和便捷的交易服务

证券公司向客户提供的交易服务不再是过去相对简单的买卖委托功能。随着网络提速、内存数据库等技术的普及应用，证券公司提供给客户的交易终端更加多样和智能化。除了交易效率和体验的比拼，部分证券公司还注重对客户个性化需求的支持，如支持客户在终端上根据自己的想法开发 App 或者提供智能交易服务。

2. 加强投研能力，满足客户投资咨询服务

随着多层次资本市场的建立、衍生产品的丰富，投资咨询服务的范围与复杂性不断提升。此外，由于客户投资理财的需求更加个性化，证券公司的研究范围不再局限于传统的股票、债券，而是逐渐覆盖各类金融产品与资产配置。此外互联网技术的创新发展，也促使投资咨询的服务形式和渠道更为多样化。随着未来账户管理业务的适机推出，证券公司投资咨询业务必将深入发展，有助于提升证券行业投研能力的转换价值，带来新的发展机会。

3. 进一步提升个人高净值与机构客户（PB）服务能力

从广义上看，PB 业务的服务对象远不只是私募基金，高净值个人与专业机构都是 PB 业务的主要客户。参照海外发展经验，PB 业务占证券公司收入大约为 7%，可见国内 PB 业务的市场潜力非常可观。目前国内部分证券公司已经正式对外推出主经纪商服务平台，为客户提供托管清算、融资融券、投资咨询等服务。相比商业银行等金融机构，证券机构开展 PB 业务具备托管费率低、配套服务完善等优势。在未来传统个人经纪业务增速趋缓的情况下，

证券公司大力发展 PB 业务、抢占市场先机无疑具备极高的战略意义。

（二）以证券账户为基础，大力发展财富管理业务

证券经纪业务佣金率具有单向不可逆特性，无论市场“牛”“熊”变化，均处单边下行趋势。海外券商经历了几十年的探索，最终构建了从交易驱动向客户资产驱动的商业模式，收入从交易佣金转向资产管理费用和利息净收入。多年以来，中国券商的商业模式更多基于客户数量的增长，而非客户资产的保值增值。

以三方存管为基础，以交易、投资为核心竞争力发展财富管理业务，将是经纪业务的重要出路之一。

财富管理的内涵十分丰富，并不等同于简单的金融产品销售。从概念上讲，它应该是金融机构在分析客户自身财务状况的基础上，充分分析客户的金融需求和风险偏好，为客户制订财富管理目标，提供资产配置方案，从而实现客户未来预期财富规划目标的一种金融服务。

相较于其他金融机构，证券公司开展财富管理业务有着天然的优势（见表3）。

表 3　　综合型证券公司在牌照业务上的优势

	投资银行	资产管理	产品代销	投资咨询	存贷款	消费支付	托管结算	资信评级
证券	★★★★	★★★★	★★★★	★★★★	★★★	★★★	★★★	★★★
基金	★	★★★★	☆	★★	☆	☆	★	★
银行	★★★	★★★	★★★★	★	★★★★	★★★★	★★★★	★★★★
信托	★★	★★★★	☆	★	★★	☆	★	★
保险	★	★★★	☆	★	☆	☆	★	★

注：★标识指代业务参与度。

资料来源：华宝证券。

首先，证券公司在业务多样性上好于其他金融机构，尤其在投资银行、资产管理、产品代销、投资咨询方面优势明显。这意味着证券公司在财富管理业务上大有可为，服务水准的提升至关重要。

其次，证券公司在财富管理业务上占据产品端的优势。对于财富管理业务而言，资金端、资产端以及产品端是三个重要的环节，不同类型的金融机构在三个环节上的资源禀赋和竞争力有显著差异。银行和保险在资金端独具竞争力，信托公司在资产端的资源储备相对丰富，而证券公司和基金公司则更擅长产品的设计和管理。

证券业务具备交易层面的属性，以及连接一、二级市场的资源优势，证券公司可在现有股票投资的基础上，大力推进量化投资产品、另类投资产品、金融衍生品、投资组合等解决方案，实现资产管理产品投资领域全覆盖，以更全面的产品体系提升市场影响力。

（三）通过大数据进行客户细分与精细化服务

当下的金融科技热门领域，主要聚焦于应对后金融危机时代全球金融市场出现的各种新课题，例如金融机构面临监管趋严、成本高企以及盈利困局；投资者遭遇资产收益率下行、交易成本居高不下的局面。此外，当互联网对于传统行业的改造蔓延至金融服务业，使得传

统客户服务规则中的“二八”法则失效，通道业务竞争加剧等。

综合来看，以大数据为首要创新方向的金融科技，意在通过减少或优化中间环节来实现成本的控制，提升金融行业的经营效率。关于大数据的应用，一个非常重要的维度，就是通过客户资产和交易行为数据的挖掘，更好地了解客户，做好客户需求分类和匹配，进而在控制成本的前提下，制订有针对性的服务方案（见图 1）。

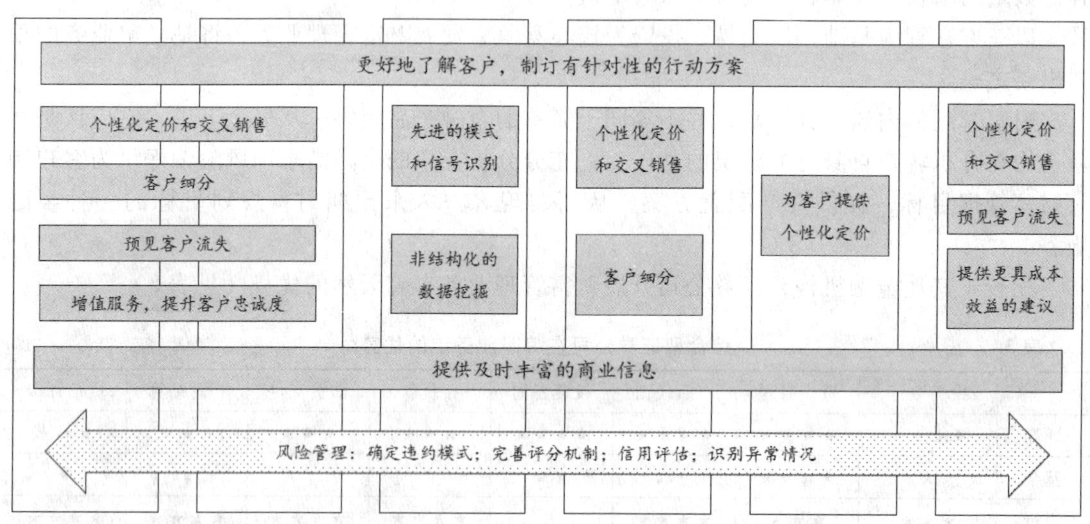

图 1 大数据在证券行业各业务板块中的潜在应用

资料来源：BCG，华宝证券。

三、证券经纪业务转型发展面临的困难

（一）交易服务客户细化及针对性服务面临的困难

1. 交易客户群体逐渐分化，专业投资者市场占比逐年增加

随着融资融券、股指期货等金融创新产品的推出，专注于二级市场交易的投资者群体也发生了变化，除传统的股票交易投资者外，市场形成了以量化、对冲等具有完整投资理论体系的专业投资者，他们具有较高的学历背景、已构建严谨的数理模型及完整的投资策略、具有严格的投资风险控制措施。

2. 现有的传统交易系统已经不能满足专业投资者的需求

专业投资者不再满足于传统的网上交易客户端的功能，为追求策略执行效率也不会通过移动交易端下单，他们需要更加完备的交易服务体系，如具有风险管理功能的 PB 服务、支持批量下单的程序化交易服务、能够获取市场最完整的行情信息服务以及股票、期货、期权等多市场联动服务等。

3. 现有的管理制度和规范在此领域目前还处于相对真空的阶段

除上海证券交易所在推出股票期权时已发布的《股票期权程序化交易管理办法》外，其他涉及专业投资者服务的相关制度和规范还未体系化推出，例如在 2015 年曾经征求意见的《证券期货程序化交易管理办法（征求意见稿）》及中国证券业协会、交易所相关的一系列制度规范还未正式推出。

（二）交易服务向财富管理转型中面临的困难

1. 财富管理市场目前存在无序竞争的局面

券商财富管理业务在经纪业务条线上，主要是指为客户提供全周期的金融产品投资配置服务，但是基于券商为客户提供的全周期金融产品来源主要是其他金融机构的理财产品，而银行、信托、保险等自身也有销售渠道，理财产品的客户大多数在银行等渠道，同质化产品的销售带来激烈的竞争，从而导致竞争只能停留在销售环节而非券商自身的财富管理配置能力。

2. 非法理财市场的存在严重影响了正常财富管理市场的发展

最近几年随着互联网金融的大力发展，间接催生了许多非法理财业务，如线上、线下的各类非法 P2P 理财机构等，通过高利率借新还旧的方式非法吸收理财资金，最后崩盘“跑路”，不仅扰乱了整个理财市场的收益率体系，而且不断爆出的“跑路”事件，使得普通投资者蒙受巨大损失，整体损害了理财市场的信誉，正规的财富管理业务也受到很大牵连。

（三）金融科技发展在智能交易及智能投顾服务中面临的困难

1. 互联网平台在智能交易和智能投顾服务上无序发展

互联网平台紧随金融科技技术进步的潮流，较早就开始布局智能交易和智能投顾的研究及服务，但是其自身并不具备投资顾问资格，再加上互联网平台的良莠不齐，使得这类智能交易和智能投顾存在较多的合规操作问题，不仅对广大投资者投资操作容易造成损害，也影响了证券公司正常的投资顾问服务。

2. 关于证券经营机构在智能交易和智能投顾方面的规范还未明确

基于“金融 + 科技”及大数据分析等技术的应用，证券公司也在探索智能交易和智能投顾服务等。由于制度和规范还未明确，探索的过程存在很大的不确定性。从海外经验看，以 ETF 基金配置为主的智能投顾服务已经取得一定的效果。而国内投资者可能更倾向于智能选股等服务，这类服务本身是否存在问题，特别是会不会造成联合操纵等异常交易行为，还存在很大的不确定性。

四、关于证券经纪业务转型发展的下一步建议

（一）建议对 2015 年以来推行的政策、规范进一步细化和落实

目前市场上确实存在不同类型的投资者，且不同投资者对分类服务具有各自的需求。普通投资者对互联网服务的需求日益迫切，专业投资者则对专业服务的需求更加紧迫。2015 年以来，包括《证券公司外部接入信息系统评估认证规范》《证券期货市场程序化交易管理办法（征求意见稿）》等政策和规范已发布，建议进一步落实相关的细则和规范。

证券公司根据监管部门出台的细则及规范，完善针对专业投资者的适当性服务管理制度。券商如何提升专业投资者的服务能力是证券经纪业务未来的核心竞争力之一，而体系化的专业投资者管理规范及细则是业务开拓的指引。

（二）建议在推行标准化业务时兼顾行业整体情况，以保持政策一致性

随着证券市场的不断发展以及信息技术在金融领域的深入应用，标准化业务也在新技术的推动下逐步升级，在涉及行业整体进步的标准化业务创新时，建议能够兼顾行业全体成员，保持政策的一致性和普适性。比如涉及网上开户的“单向视频见证”，技术标准和服务对象都非常明确，而且明显提升行业整体服务效率，目前只试点了部分券商，如果业务规范和技术可行，建议推广到行业全体成员，保持政策一致性。

（三）针对金融科技发展引发的各项业务，提出业务规范和操作标准

1. 明确与互联网平台合作的业务规范

互联网平台在技术创新和敏感性方面具有先天的优势，互联网平台积累的大数据和客户群体具备较大的商业价值，经纪业务拥抱互联网也是发展趋势。为划清职责和业务界线，建议明确与互联网平台合作的业务规范，明确业务底线，规范业务流程，实现合作共赢。另建议互联网平台在与券商合作时，采用机构备案制的方式，将业务合作风险前置。

2. 建立异常交易管理规范

目前监管机构正推进异常交易管理前置，要求券商更多参与到对客户异常交易行为的管理中。目前交易所层面正在组织相关规范的出台，建议行业协会也积极配合异常交易的监管，尽快出台相关管理规范，特别是对出现异常交易的投资者，要确保各证券公司政策的一致性，避免投资者在不同证券公司间进行政策套利，规避交易所监管。

（四）对打击非法证券业务、维护市场秩序方面的协调发展

非法理财市场的存在导致了投资者的重大损失，也对整个理财市场造成了很坏的影响。建议加强与其他部委等管理机构沟通，形成联合执法打击力量，坚决清理非法理财市场，形成理性投资的良性理财市场。建议对非法理财市场的非法机构企业管理人员及从业人员建立市场准入黑名单制。

证券公司向综合服务提供商转变的探讨

熊剑涛[*]

一、证券经纪业务现状

2016 年，股票市场呈下跌震荡态势，二级市场日均股基交易额 5 310 亿元，较 2015 年大幅下跌 49. 20%。融资融券业务期末余额 9 388. 24 亿元，较 2015 年末减少 19. 67%；股票质押期末待回购金额 12 262. 93 亿元，较 2015 年末增长 79. 35%。证券公司实现营业收入总计 3 279. 94 亿元，较 2015 年下降 42. 97%，净利润总计 1 234. 45 亿元，较 2015 年下降 49. 57%。实现代理买卖证券业务净收入（含席位租赁）总计 1 052. 95 亿元，较 2015 年下降 60. 87%。资本中介业务利息净收入总计 381. 79 亿元，较 2015 年下降 35. 43%，其中融资融券业务利息收入占比仍高达 66. 83%，较 2015 年下降 27. 62%，股票质押业务利息收入占比 15. 58%，较 2015 年增长 12. 01%。行业平均净佣金率持续下降，2016 年为 0. 40‰，较 2015 年下降 20%（见表 1、图 1）。

表 1　　经纪业务收入情况表

经纪业务相关指标	2016 年	2015 年	2014 年	2013 年	2012 年
股票日均交易额（亿元）	5 310	10 453	3 036	1 969	1 295
营业收入（亿元）	3 279. 94	5 751. 55	2 602. 84	1 592. 41	1 301. 21
代理买卖证券业务净收入（含席位租赁收入）（亿元）	1 052. 95	2 690. 96	1 049. 48	759. 21	505. 09
代理买卖证券业务净收入占比（%）	32. 1	46. 79	40. 32	47. 68	38. 82
资本中介业务利息净收入（亿元）	381. 79	591. 25	446. 24	184. 62	52. 04

* 作者单位：招商证券股份有限公司。

续表

经纪业务相关指标	2016年	2015年	2014年	2013年	2012年
资本中介业务利息净收入占比（%）	11.64	10.28	17.14	11.59	4
平均净佣金率（‰）	0.40	0.50	0.61	0.65	0.60
营业网点数量（个）	8 778	7 923	6 893	5 932	5 288

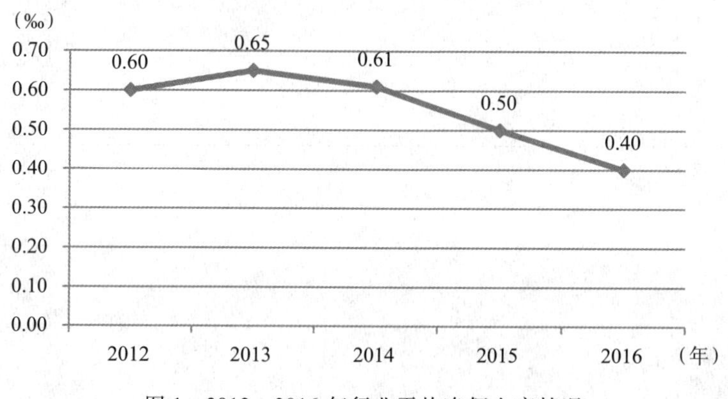

图1 2012—2016年行业平均净佣金率情况

从业务收入结构看，代理买卖证券业务净收入占比总体呈下跌趋势，2016年为32%；资本中介业务净利息收入占比总体呈上升趋势，尤其股票质押业务保持较快增长。

目前传统通道业务收入仍是证券行业的主要收入来源，但是受市场低佣竞争以及互联网金融业务的冲击等因素的影响，现有通道业务的利润率逐渐被挤压，倒逼券商主动寻求转型发展，以新的收入来源稳定和提升盈利能力。

二、证券经纪业务未来转型方向

近年来经纪业务转型已成为行业共识，各券商均积极探求新的盈利模式，致力从传统的通道提供者向综合服务提供商转变，通过差异化及多元化的金融服务全方位满足客户需求。结合当前客户需求及市场情况，经纪业务未来将向以下方向寻求转型：

（一）加强投资咨询服务，提升服务价值

近年来同业低佣竞争日趋白热化，自2008年以来，行业平均净佣金率持续下滑，2016年为0.40‰，为历史最低，与国际平均水平相比也处于偏低水平，究其原因仍是各券商提供的通道服务趋于同质化。低价恶性竞争受损的不仅仅是证券公司，客户的利益最终也得不到保障。因此，加强投资咨询服务，提升服务价值，打造专业化、差异化服务能力就成为转型必经之路。专业化及差异化的咨询服务不但可以为客户投资保值增值，满足客户投资交易需求，而且可以成为稳定和提升佣金费率的有效手段。

（二）持续推进向财富管理转型

财富管理转型发展的核心是通过深挖中高端客户需求，进一步提升产品竞争力及投资服

务能力，打造专业的产品配置与服务平台，实现大类资产配置。通过向财富管理的转型发展，一方面为客户资产保值增值，另一方面，证券公司也可以获取稳定的金融产品销售收入及资产管理费收入，增加收入来源。

随着中国居民财富的积累，财富管理市场正蓬勃发展，各金融机构纷纷涉足财富管理业务，各券商也顺应潮流趋势，积极推进向财富管理转型。2016 年，行业实现代理销售金融产品净收入总计 47.93 亿元，代销产品规模 14.84 万亿元，达历史第二高水平，但与银行等金融机构相比还有很大差距，未来发展潜力巨大。

（三）大力开展 PB 业务

PB 业务即主券商业务，是指为投资基金等高端机构客户提供快速交易、集中托管清算、后台运营、研究支持、杠杆融资、证券拆借、资金筹集等一站式综合金融服务。近年来私募基金管理规模持续高速增长。根据中国证券投资基金业协会数据，私募基金管理规模从 2015 年末的 4.05 万亿元增长至 2016 年末的 7.89 万亿元，规模增幅达到 94.8%；而同期公募基金的规模增速仅有 9%，规模 9.16 万亿元。按照当前的趋势，中国私募基金的管理规模将很快超过公募基金。因此，整合全公司资源，通过全功能平台为以私募为代表的投资机构提供服务应成为未来经纪业务的工作重点。

（四）持续做大做强资本中介业务

各券商持续做大做强资本中介业务，不但使其盈利模式得到优化和改善，增加收入，同时也有利于提升证券市场活跃度，有利于投资者提高资金利用率，并促进实体经济的发展。

近年来融资融券、股票质押等资本中介业务蓬勃发展，客户规模稳步增加，融资融券业务总规模约 1 万亿元，股票质押业务待回购金额为 1.2 万亿元。截至目前，行业登记存管证券总市值达 60 万亿元，其中非限售市值 50 万亿元、限售市值 10 万亿元，资本中介业务仍有巨大的发展潜力。

（五）积极开展互联网金融及智能投顾业务

近几年随着移动互联技术的发展，证券公司传统业务互联网化以及利用互联网拓展新的业务领域成为各券商重点发展的业务。这种“线上 + 线下”互生共存的商业模式，将极大优化资源配置，降低成本，提高服务效率。这种模式不仅打破了传统金融服务中物理网点、营业时间的限制，实现了对客户 24 小时跨地区的服务，更能为以往投资顾问无法触达的长尾小散户提供优质的服务，从而大大提升客户服务能力。目前，互联网开户客户数占比、互联网股基交易量占比、互联网产品销售规模占比、互联网柜台业务办理占比都已达到了相当高的比例，今后还有进一步上升的空间。

另外，基于大数据、人工智能等技术的智能投顾正逐渐成为新的发展方向。它除了互联网的高效和便捷性以外，更向着专业化、智能化、人性化等方向发展，由简单的数据分析、单一的功能模块，向着基于海量数据的智能推荐和精准分析系统发展，让客户的投资流程和操作方式更加智能化，使客户无须付出太多的成本即可获取高效、精准的服务，必将开创一种全新的客户服务模式。

华西证券构建“线上线下”结合、公司集中统一运营的客户运营体系实践

祖 强*

一、华西证券零售业务客户运营情况

客户运营包括获客、激活、留存及价值提升等几个方面，是零售业务的核心。华西证券之前客户运营的方式和手段相对单一，主要存在过度依赖个体服务人员、服务标准难以统一及线上运营基本缺失等问题，从而对规模化获客及客户价值提升形成制约，成为零售业务跨上新台阶的瓶颈。

原先华西证券客户运营的方式基本是单个营业部或投资顾问及理财经理个体单独运营客户，公司总部给予指导意见或者做后台支持，总部几乎不直接参与客户运营；营业部、投资顾问及理财经理以面访、报告会及电话等线下方式和 QQ 群的线上方式进行客户运营；客户对公司的认知都停留在与之有接触的具体个体上，缺乏对公司服务能力的整体认识，客户对公司品牌的认知相对较弱。同时，分散化的运营很难统一服务标准，服务质量因个体差异区别很大，服务效率低下且风险控制困难。

二、谋定而动，坚定地做出战略选择

随着移动互联网的快速发展、技术手段的进步、政策的放开，互联网金融类的证券公司发展迅猛，并开始向线下发展；大部分传统证券公司也开始“触网”，其中的少部分公司发展势头喜人。同行的快速发展让华西证券坚定了发展线上平台的信心，与此同时，对 2015 年股市异常波动持续的深刻反思也让华西证券坚定了从客户适当性管理的需要出发构建全新

* 作者单位：华西证券股份有限公司。

客户运营体系的决心。

华西证券经过三年互联网金融的探索和经验积累，结合自身的现实和优势，选择坚决拥抱互联网、迎接技术进步带来的业务模式革新，在不扔掉多年积累的线下团队优势的前提下，选择构建“线上线下”结合、公司集中统一运营的客户运营体系，这一战略选择被公司视为上市后最为重要的战略计划，即“零售财富业务金融科技革新168计划”。

华西证券构建全新的客户运营体系的中心思想有如下三点：

一是建设线上平台，利用线上集中统一、有效互动和高效快捷的优势，去掉信息传递的中间环节，减少信息传递的损耗，实现客户和产品及服务的精准适配，对同类需求客户展现统一的专业服务标准并予以服务变现；

二是变革线下团队业务重心，利用线下团队长期积累的专业服务能力及深入了解其客户个性化需求的特性，激发线下团队主观能动性，满足客户个性化专业服务需求，以“线下有人”的特征来区别强势互联网金融企业的“线上压迫”，从而形成竞争优势。

三是创建并持续完善客户运营的大脑中枢，整合线上线下资源，实现系统与人有机结合，将精准、效率和人性化高度集成，构建坚实的服务壁垒。

三、构建全新客户运营体系的指导原则

（一）创建客户运营的大脑中枢

在公司总部以财富管理部为主创建公司级的客户运营中心，通过对客户行为数据、交易数据及个人和家庭基本属性数据的挖掘，找出客户需求，指导线上和线下投资顾问及理财经理进行具有针对性的客户运营，满足客户需求，并为公司创造效益。该中枢系统主要由CRM系统、MOT（关键时刻）系统、营销服务管理平台、IM（及时通信）系统和大数据分析平台组成。

具体来看，客户行为数据和交易数据主要依赖公司进行线上搜集，公司建立线上客户端之后，通过线上的客户端及第三方平台搜集客户线上行为数据，公司柜台系统同时持续积累客户大量的交易数据。客户个人及家庭基本属性数据主要依赖营业部投资顾问及理财经理搜集并录入公司CRM系统。公司级的运营中心通过大数据分析平台分析以上三类客户数据，分析出客户需求，形成与需求相匹配的产品及服务方案和服务逻辑，通过MOT系统对线上客户直接投放精准服务，对线下投资顾问和理财经理团队下达明确的服务指令，按总部的服务逻辑参与客户运营。

（二）客户与平台能够互动

投资顾问服务是一种典型的顾问式服务，而顾问式服务的过程必然需要双向互动，特别是对于专业化程度要求较高的投资。因此，华西证券打造的客户运营平台，需具有互动特性。互联网公司难以实现客户与公司的有效互动，核心的问题是没有线下专业能力相对较强的团队，而线下业务团队的构建恰好是华西证券花了6年时间重点打造的优势领域，因此华西证券也有条件打造互动平台。

为保证互动服务能够持久运营，在平台上设计与开发相应的功能，使客户能够对互动回答问题的投资顾问或理财经理进行评价，既满足了客户参与感，同时又形成了对投资顾问互

动服务质量的监督机制，类似淘宝、京东对商铺或商品的“客户评价”。另外，平台还应使客户可以咨询全公司的投资顾问，这样一方面缓解了服务能力较弱营业部的专业服务压力，另一方面部分专业能力较强的投资顾问可以对自己的互动服务进行定价。若非本人服务的客户咨询问题，可以向客户收取一定的互动服务费，这部分服务费一部分分配给回答问题的投资顾问，另一部分分配给公司平台，类似“春雨医生”问诊服务或“新浪理财师”提问服务。通过客户评价及咨询服务费方式，形成互动服务的客户“推动力”和激励投顾的“牵引力”，以保障平台互动服务的持续、良好运行。

（三）在适当性的前提下客户能自由选择，员工能当好导购

线下投资顾问或理财经理运营客户的模式以推销为主，主要靠投资顾问或理财经理对客户的了解，为客户推荐其认为合适的产品或服务，容易形成业务人员为自身利益最大化而忽略甚至损害客户利益的局面。

公司建立集中统一的客户运行平台后，不再单一采用传统的向客户推销的服务模式；利用线上平台优势，建立产品及服务线上超市，增加和强化在充分揭示风险的前提下让客户自主选择的模式。这就要求产品体系必须丰富，充分了解并最大限度地满足更多客户的需求。

线下团队则要充当好“导购”的角色。进入线上平台的客户大体上分为两种：一种是有自主选择能力的，他们能够自己做出合理选择，不需要导购服务；另一种是缺乏自主选择能力的，他们需要有人去讲解各种产品和服务的区别，这时华西证券的线下团队就必须有能力帮助客户做出正确的选择。

（四）平台运营应该生动有趣

为增强客户对运营平台的黏性，并提高客户在平台上的活跃度，需建立专门的平台运营团队，采用尽可能多的互联网方式来运营。除了在平台内容运营方面将客户发展、产品销售及投资咨询与社会当下热点话题结合，在活动和形式运营方面也应更加多样。具体为：将投资咨询与抽奖、发红包、小游戏、猜涨跌、众筹等互联网常见活动形式相结合，增加平台的趣味性。

（五）员工有发挥的空间

证券公司客户运营平台要运营好，内容及服务这些投资咨询的基本要素必不可少，而员工是内容及服务的重要生产者和参与者，因此公司平台需要调动线下团队的积极性，鼓励有能力的员工在平台上创业，并提供必要的支撑，支持员工在满足客户多样化需求的同时，能够以其专业服务能力通过公司平台“变现”；同时，公司要建立相应的激励分配机制，在员工创造价值、专业能力变现的基础上，能够在一定程度上分享价值。

四、构建集中统一客户运营体系的新举措

（一）构建线上运营平台

构建线上运营平台是构建公司集中统一运营客户体系的基础。华西证券线上平台主要构建以获客为主的理财 App、以挖掘客户价值为主的综合 App 以及支撑“两个 App”（理财

App和综合App）运营及员工营销服务客户的中台系统，而中台系统提供给员工的则是员工端App（见图1）。

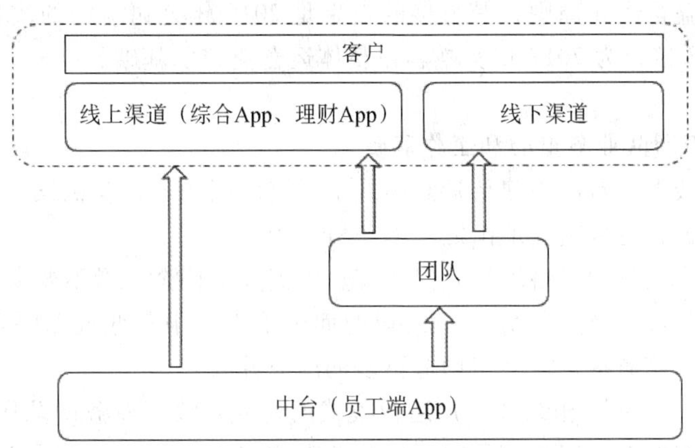

图1　运营平台之间的关系

1. 客户端建设

客户端重点打造以客户价值挖掘为主的综合App，该App将围绕行情交易、资讯、服务、业务办理四大方面，以人工和智能互动服务为主要特色，满足符合客户手机使用习惯的交易、行情资讯及业务办理等需求，并使客户体验达到行业一流水平。因综合App涉及功能较多，建设周期较长，为快速获取价值，华西证券前期重点打造“赢财富”微信公众号来挖掘客户价值。

2. 中台系统建设

中台系统涉及营销服务平台、CRM系统、信息推送及IM系统、大数据平台等，在整个系统架构中起着桥梁和中枢作用。通过中台系统的建设，有效支撑综合App、理财App正常运营，实现客户、产品、服务、渠道、活动及员工等要素之间的相互连接，形成新的管理生态，实现整个转型的体系化推动。

3. 重构线上的增值服务产品体系

华西证券根据互联网的特性重构了线上的增值服务产品体系，品牌为“赢财富”，主要变化是将产品分为导流产品和创收产品。导流产品的主要作用是将客户导流到公司运营平台上，并将其纳入公司增值服务产品体系，让客户感受到公司服务并逐步认同服务需要收费的理念。

创收产品主要包括基于专业服务能力、知识、账户和资讯四个方面的设计或外购，让客户能够自由选择，满足客户多样化需求并为公司创收。

4. 创新增值服务收费模式

传统的增值服务收费方式是在客户的交易账户上整体提佣，这种收费方式对证券公司非常有利，利润丰厚，但却对券商投顾人才的质量和数量有着非常高的要求，否则很难实现规模化发展；同时，因为客户付出的成本较高，增值服务也只有在价格极不敏感的客户群中推广。华西证券从2011年至今也只有较低比例的客户愿意提高整体账户佣金以获取服务，且2014年和2015年新增客户数非常有限。

因此，为顺应互联网以客户为中心的原则，华西证券在2015年底创造了一种新的收费模式，即只对推荐的标的物的交易收取佣金，非咨询标的按客户原有佣金标准收取，从而实现了交易通道佣金和服务佣金的分离。这种全新的收费模式客户接受度非常高，因为它符合互联网时代客户利益最大化原则，其直接的效果是 2016 年公司新增的增值服务客户数是前 4 年客户数总和的 8 倍，为 2017 年实施客户整体运营奠定了基础。

（二）调整线下团队业务重心和工作职责

通过华西证券线上平台的搭建及近 6 年线下投资顾问的建设及积累，投资顾问团队的定位已经发生明显改变，将战略性地由之前的“守”转为“攻”。

投资顾问团队成立时的战略思想是保住客户不流失，佣金下滑不要太快，前几年取得了非常好的效果。但随着整体市场佣金和公司的佣金下滑，服务变现面临着历史性的转折机会。投资顾问团队的使命将是为公司创造更多的服务性收入。

随着公司“线上线下”相结合客户运营模式的建立，线下业务团队职责也将发生转变，在新模式下将主要有如下内容：一是线下团队负责推广线上平台，将尽可能多的客户导入公司能够直接运营的客户端，增加运营客户的基数，以提高服务效率和服务半径。二是线下团队利用线上平台为所属客户及全公司客户进行“导购服务”，即线下团队必须充分了解公司平台上所有的产品和服务，为客户答疑解惑，帮助客户做出与其需求及风险承受能力相适应的选择。三是线下团队针对复杂和高金额业务进行更人性化和精细化的服务，成为核心客户的线下“管家”，普遍性、琐碎性和时效性要求高的服务由总部运营中心线上完成。四是线下团队加强对除客户线上行为数据和交易数据之外的基础数据及信息的搜集，完善客户真实画像，增加客户分类的准确性，以进一步提高线上服务的精准性和有效性。五是线下团队负责按照总部运营中心的系统指令介入客户服务，以增加客户对线下团队服务的依赖性，从而加强客户与公司的黏性，增强服务壁垒。

新模式后，线下团队根据是否具有专业能力进行分化，一部分转变为公司线上产品超市“导购”和客户线下“管家”，另一部分则利用公司平台，将自己的专业能力变现，转变为投资咨询领域的“网红”，这部分人员将突破员工属地化管理原则，服务所有线上客户，从而取得规模化效益，使公司的服务资源利用效率获得指数级提高。

（三）实现客户社区，口碑传播，向嘉信发展客户的模式靠拢

1. 社区的几种做法

要提高客户在线上平台的黏性，需要提高客户参与度和扩展客户在线上的“关系圈子”，这需要引入客户线上社区概念。

华西证券将根据公司业务发展阶段，适时打造线上社区，具体做法包括建立投资顾问微店、有偿互动问答、图文直播、问答内容分享赚钱、视频录播等方式。

2. 口碑传播的准备

从美国嘉信理财拓展客户的方式来看，客户转介绍是获客的重要方式；嘉信为了激励客户转介绍，建立了相应的奖励机制，即一旦转介绍客户成功，将给予介绍人（客户）一定的现金奖励。然而在国内，这种方式很难有效执行。为了激励客户转介绍，华西证券将开发“增值服务券”，一旦客户转介绍成功，公司将奖励介绍人（客户）一定额度的“增值服务券”，这部分“增值服务券”可以用来兑换公司增值服务产品。同时，华西证券将设计一系

列的方案鼓励客户对公司的产品和服务进行分享，不断强化华西证券的专业形象，从而形成口碑传播。

五、阶段性成果

在综合 App 尚未打造完成之前，华西证券不断完善微信客户端，通过微信客户端进行客户的集中统一运营，产生了较为显著的效果，取得了客户价值挖掘方面的阶段性成果。最突出的是增值服务收入占比开始明显提高：2015 年公司增值服务收入占公司当年代理买卖净收入的 1%，2016 年的占比是 1.8%。从 2016 年 11 月开始，华西证券尝试在微信平台上集中统一运营客户，从 2017 年前 3 个月的情况来看，效果是显著的：目前公司的增值服务收入占公司代理买卖净收入的比例已经提高到了 3.2%，单日的占比更是向 4% 靠拢。虽然 2017 年以来的市场日均交易量较 2016 年有所下降，但华西证券的日均增值收入较 2016 年提高了一倍，出现了明显的逆势增长。同时，华西证券还有众多的核心功能及产品没有上线，一旦平台功能和产品线完善，相信增值服务收入的占比还会大幅提高。

该项业务目前客户投诉率为零，风险整体可控，华西证券认为主要有四方面的原因：第一，因服务收费低廉，所以客户期望合理；第二，所有服务的质量均由公司总部统一控制，品质有保证；第三，越来越多的产品由客户根据自己的偏好自由选择，在所有的风险和收费方式前置提醒的情况下，客户对自己投资结果的接受度明显提高；第四，这是最为关键的一点——华西证券已经开始在深度思考客户需求的前提下出售华西证券的专业服务过程和能力，而不是出售完全不在华西证券掌握中的客户的投资结果绩效，“以结果论英雄”不是咨询服务业的真谛。在华西证券的产品线规划中，今后将有大量的以知识、经验和分析能力变现为出发点的产品，所以将在投资者教育的过程中实现服务收费，客户风险将更为可控。

大资管时代发展柜台跨市场交易的意义和方向

郑　奋　陈云帆*

在资管行业不断发展的当下，券商的经纪业务逐渐成为券商资管的导流入口。但是在整个资管销售市场的竞争中，由于相较其他销售平台的先天不足，导致销售能力逐渐成为券商分食资管大蛋糕的一个短板。因此，在现有制度下挖掘券商销售平台的优势，并以此打造核心竞争力，是券商经纪业务线的必由之路。

在现有政策下，由中国证券业协会推进的券商柜台市场是一个较好的切入点。柜台市场的设立不仅提供了一个合法合规的私募产品发行转让场所，更是通过授权券商通过自建平台进行清算交收，大大提升了产品发行和转让的效率。然而券商柜台也有其不足之处，最主要的问题就在于柜台市场的发展依旧受制于券商的自有客户数量。现有政策为柜台市场的发展提供的政策工具是柜台市场的互联互通，但是受制于诸多因素，互联互通的发展并不顺利。本文通过对柜台互联互通的优势、劣势的阐述，从技术进步和制度创新的角度进行分析，希望为券商柜台市场，乃至于券商资管销售渠道的发展提供新思路。

一、资管行业新趋势综述

（一）通道消失，回归本源

随着我国社会经济的不断发展，居民财富不断累积，加之经济结构调整所带来的大量传统产业出现的闲置资金，资产管理业务正在成为金融领域的新蓝海。纵观近年来的资管市场，由于银行、证券、保险交叉监管所产生的制度套利空间，通道业务一度成为主要的利润贡献点。随着央行对资管行业管理统一化，依靠持牌机构所持的不同牌照而诞生的通道业务将逐渐萎缩，资管行业的重心会回到最本质的管理产品与销售上。

---

* 作者单位：兴业证券股份有限公司柜台业务部。原载于《中国证券》2017 年第 5 期。

（二）产销分离，打破闭环

资管大一统的另一个影响，就是管理与销售进一步市场化。在2015年修正的《中华人民共和国证券投资基金法》（以下简称《基金法》）框架内，资产管理机构统一归为中国证监会体系下管辖，新框架下将引入大量资产管理机构，因此通过管理权的垄断所带来的套利空间也将随之消失，而管理权的垄断被打破，带来的必然是管理与销售的彻底分离。

目前以私募基金公司为代表的管理机构正在快速进入市场，而在《基金法》框架下，终将有大量非银行、证券、保险体系的机构进入公募基金管理人的队伍，这些机构只需专注于创设和管理，还需要配套的销售部门。与此同时，在《基金法》框架下，较为单纯的销售机构也正在迅速发展中，例如诺亚财富等。虽然销售与管理的界限并非泾渭分明，但是可以预见传统的闭环业务终将边缘化。

（三）券商在资管新趋势下的挑战

体系内客户资金体量决定了资管业务的强弱。传统的券商的客户资源主要是靠代买卖业务将客户资金留存在体系内，这类资金随行情的冷热变化会产生迁移。在行情低迷时，如果资金在券商的体系内找不到合适的出口就会大量流出。与此同时，随着证券业的不断发展，高净值客户也倾向于将资金投入各方创设的资管产品，这将进一步削弱券商独有的获客能力。

券商传统的资管业务更接近一个闭环业务，大多是依靠经纪业务对资管部门或是子公司引流，在此基础上再开拓其他的销售渠道（例如银行等）。这样的发展模式使得经纪业务线上的销售量受制于资管业务的管理能力，而满足剩余的客户需求需要依靠代销外部产品。因此，资管业务薄弱的券商，会面临资管产品供应受制于体外的困境，如这类券商对代销业务引入能力不足，会影响经纪业务实力，进而影响资管业务，造成恶性循环。

在与其他销售渠道的对比中，券商渠道并没有绝对的竞争力，尤其是与银行这一销售渠道相比，券商的销售平台处在弱势地位，在引流能力、客户黏度、信任程度以及特殊化服务上均有差距，而这些短板导致券商与银行在客户数量与理财销售收入上存在巨大的差距（见表1）。

表1　银行与券商销售渠道对比

销售渠道	银行	券商
独有的引流方式	1. 活期业务账户引流 2. 工资账户引流 3. 信用卡还款账户引流 4. 贷款业务引流	1. 代买卖业务引流 2. 信用业务资金引流
客户黏度	作为闲置资金唯一存放地（非理财）	非投资时不作为资金存放地，存在大量睡眠户
信任程度	有刚兑预期	无
对大额理财客户特殊化服务	贵宾及私人银行业务	无

表 2 抽取了 2015 年四家中等规模的股份制商业银行与券商经纪业务排名第一位的华泰证券进行对比。虽然券商的经纪业务对资管子公司的引流并不记录在内，使得销售总量和销售收入并不能准确反映零售客户数量购买力上的差距，但是收入上的对比也的确反映了券商销售能力的不足。

表 2　　四家股份制商业银行与华泰证券对比

机构名称	零售客户数（万户）	理财销售额（亿元）（零售/总和）	理财销售收入（亿元）（零售/总和）
浦发银行	3 335	60 100 / 88 000	17.26 / 84.89
兴业银行	3 650.5	38 213.9 / 116 908.62	无 / 95.28
招商银行	6 694	79 806 / 134 000	170.79 / 无
中信银行	5 797.92	36 662.65 / 44 728.78	无 / 78.47
华泰证券	900	48 277	3.48
华泰证券（基金 + 信托）	900	330	3.42

注：①截至定稿，仍有部分公司尚未公布 2016 年年报，故数据来自 2015 年上述上市公司年报。

②华泰证券的零售客户为概数，摘录自华泰证券 2015 年年报。理财销售中包含大量低销售收入产品，预计为货币基金等高申赎频率的保证金产品。

销售渠道大者恒大，越是强大的销售平台越是能够吸引更多的产品上架销售，而更多的产品则会进一步强化销售平台的竞争力，倘若销售平台的客户数量始终处于一个较低的水平，则对于体系外的管理人来说，销售平台的吸引力是远远不够的。对于诸如华泰、中信、海通、银河这类大券商而言，已经建立起强大的资管子公司或一级部门，可以通过闭环业务对销售平台输出产品，同时反哺经纪体系，增强客户黏性；但是对于中小型券商而言，初期较低的零售客户总量无法如大型券商一样支撑起一个足够强大的资管子公司，从而缺少稳定的资管产品供给，而本身的销售平台过小无法吸引外部管理人上架销售。因此客户可能会被迫离开体系，寻找能提供更多资管产品的平台，这样就使这类券商的销售平台越来越小。

综上所述，打造平台的核心竞争力进而维持住体系的资金容量，是大资管时代下券商维持竞争力的必由之路，而柜台市场以及柜台市场的互联互通将是券商打造销售平台核心竞争力的有力武器之一。

二、发展柜台市场互联互通的意义

（一）柜台市场的优势

柜台市场经 2012 年开始试点以来，已有了一定的发展。券商自建柜台最大的优势是提供了区别于其他传统销售渠道以外的便利。

首先，可销售和转让产品种类齐全，覆盖了中国证监会、中国证券业协会许可的所有私募产品。①

其次，由于能够提供转让业务，相比传统直销、代销渠道，柜台市场对私募产品尤其是

① 中国证券业协会：《证券公司柜台市场管理办法（试行）》第二章第七条，2014 年。

私募基金更具有吸引力。

除此之外，顶层制度设计上留有互联互通的空间。[①] 也就是说，虽然柜台市场隶属于各个券商，但是却可以做到全市场联动，如果运作得力，将是一个巨大的单一市场，客户体量可以与任何一家商业银行的客户体量相比。

（二）柜台市场的劣势

柜台市场仅可以进行私募产品的发行和转让，无法作为一个公募产品的销售平台，这一点限制了柜台市场只能作为传统代销渠道的一个补充。与此同时，相互独立的柜台市场客户容量以所在券商的经纪客户数量为限。

（三）互联互通的柜台市场的挑战与机遇

发展柜台市场的互联互通还存在观念和技术层面上的障碍。首先，将客户资金留存在体系之内这个观念导致部分券商对接入统一市场成为销售渠道心存顾虑，更加倾向将客户全部导流至资管业务上。这种固有观念成为在券商层面推进互联互通市场的一大障碍。在技术层面上，清算、交收、份额登记等业务流程没有标准化，涉及的机构数量极多且复杂，跨柜台的交易显得麻烦而没有效率，在操作层面影响着这一模式的开展。柜台市场管理办法体系下许可的服务提供机构非常繁杂，包括：

份额登记场所：中登、中证报价系统以及券商的自建 TA 系统（份额登记系统）；

交易场所：交易所、中证报价系统以及券商的柜台市场；

资金交收渠道：在券商三方存管体系内交收、通过柜台业务交收账户、通过中证报价系统，除此之外还有最原始的银行的直接转账。

虽然存在诸多的挑战，但是柜台市场依旧可以通过规则标准化实现互联互通，而目前最具备可操作性的是中证报价系统。在中证报价系统框架下的跨柜交易，实质上是通过将中证报价系统设为交易场所，并在中证报价系统进行份额登记，以及在中证报价系统进行交收和清算，并同步给双方的券商柜台。在这个框架内的交易实际上存在较为严重的清算交收的迟滞，而这种迟滞导致跨柜交易无法达到本柜交易的效率，无法真正拉开与其他销售渠道的差距，距离真正的互联互通还有一定距离。

诚然，柜台市场互联互通距离最终的理想状态还有距离，但是由于顶层设计完善，且对券商行业具有重要的积极意义，因此如何进一步理顺发展思路并制订出发展规划具有重要意义。例如通过技术以及制度层面的进步创新，让跨柜业务能够达到本柜销售转让的效率，能够极大提升跨柜业务的吸引力；同时对销售费用的转移支付进行制度上的规范，模仿银联以协会牵头制订互联互通的收入分配合作框架，兼顾券商销售平台的利益，鼓励券商接入互联互通市场。最终实现的目标是让私募资管产品管理人能够在任意一个柜台销售产品，而客户可在任意券商柜台购买，同时销售费用的分配可以模仿银联在发卡行和收单行之间分配佣金收入的模式分配给销售代理方和购买代理方。证券行业也可以以此模式做大私募资管产品销售业务，打造券商销售平台的核心竞争力，立足私募，进军公募，在大资管时代的销售业务

---

① 中国证券业协会：《证券公司柜台市场管理办法（试行）》第一章第六条，2014 年。

中占一席之地。

业务案例介绍：

通过互联互通，中小型券商可以快速切入成熟市场，通过较为突出的业务优势进行引流，为其他业务发展创造机会。

华信证券诞生于2014 年，是券商行业的“晚辈”，错过了最早的营业部开户以及互联网开户的高潮期。公司在获得证券资产管理业务资质后寻求通过接入报价系统，进入互联互通市场引流并壮大业务。

华信证券于 2016 年 7 月 18 日正式上线金玉满堂系列（1 月期、3 月期、6 月期）收益凭证，初期通过高于市场平均水平的收益率以及接近一天三期的发行频率迅速吸引市场眼球，成为报价系统市场上活跃的新生力量。

在打造出知名度之后，华信证券开始推广自己的手机端资管类产品销售客户端“华信现金宝”，实现从报价系统向自建平台上引流。紧接着，华信证券配合报价系统进行新业务测试，在“华信现金宝”上推广了每日赎回并当日到账的服务，进一步锁定了手机端的客户群。

随后，华信证券开始在手机客户端上推广自己创设的资管产品，同时在客户端中设立模块销售公募基金，实现了“立足私募，进军公募”的目标。此外，华信证券还通过“华信现金宝”的导流，推广了自身的股票经纪客户端“华信涨停宝”，实现了快速的业务突破。

华信证券作为后期起步的券商以自身的快速发展体现了互联互通市场的价值。而进一步挖掘互联互通柜台市场的潜力，激活整个行业，则是我们希望看到的结果。

三、互联互通柜台的发展方向

（一）顶层制度的参考样本

在我国金融史上，互联互通最成功的案例当属中国银联。中国银联由各大银行合资组建，打造了银行间互联的清算系统。曾经在一个银行的 ATM 上只能使用本行的银行卡，在银联推出后，顾客实现了跨行取款，降低了储蓄业务新进入者的门槛，同时也大量减少了现金的使用。在信用卡消费业务上，银联建立成熟的收入分配系统，将每一笔刷卡收入都按照比例分配给发卡行和收单行，同时银联通过统一接口，把一柜多机的时代带入了一柜一机，降低了建设成本，降低了刷卡费用，鼓励商业银行、金融机构和消费场所加入铺设支付网络，大大刺激了信用卡的发展。

柜台市场的发展也可以借鉴银行业的发展思路，通过一个中央平台进行服务。目前由中国证券业协会牵头、各大券商入股的中证报价系统能实现一定的互联互通功能，但中证报价系统更倾向于成为统一的柜台市场而非券商柜台市场的连通器，这一点主要体现在中证报价系统将清算交收、份额登记等职能一并包下，过于专注于报价系统对券商之间的数据交互，而对券商之间的数据交互没有侧重。从券商角度考虑，建设过于完整的统一交易场所会分流券商的经纪客户资源，夺取券商的销售收入，因此很难令所有券商都积极配合统一柜台市场的建设。因此未来顶层制度的设计必须是以提高券商对券商的交互能力、顾及券商利益为侧重点。

（二）互联互通体系需要考虑的要素

框架的架设，需要考虑券商的核心诉求以及业务发展的现实需要。在这个基础上，才能吸引更多的券商加入这个平台。

1. 客户识别信息的统一性

目前券商的客户识别号都是相互独立的，格式也不尽相同，而一套互联互通的系统需要通用的客户识别号。目前报价系统对此的处理方式是，为每一个新增的报价系统客户分发新的报价系统识别号，并在券商经纪系统内与券商的柜台市场账户一一映射。而更好的处理方式是效法中国银联，在客户的柜台市场账户中直接嵌入机构识别号，并设置统一的格式，类似银行卡的卡号标准。

2. 客户信息的私密性

目前券商所采集的客户信息字段多达 20 条，其中核心信息主要是客户的资产、姓名、联系方式、交易历史、持仓等等。在这方面，可以参考中证报价系统的现行制度对二级账户仅采集认购产品时的必要信息（姓名、电话、身份证号以及风险等级），在确保投资者适当性管理的前提下，最大限度保护客户的信息。

3. 客户资金的封闭性

虽然每一个券商都梦想着客户资金始终留存在公司体系内，但是单靠资管产品满足客户需求是不现实的，客户需求必然是多样化、复杂化的，需要靠全市场的管理人去提供。因此，客户资金的最终回流，是券商对销售体系外产品的核心诉求。现实操作中，可以参考券商进行的基金代销业务：在客户资金认购完成后，即从专用交收账户的渠道离开券商，并在产品赎回时返回。

4. 清算信息的集约性

如同银联将所有的交收信息都进行中央化处理一样，券商柜台的清算信息储存中央化也是一个必需的选项。信息储存中央化有几个好处：其一是具备权威性，由中央储存的清算信息相较各券商自行储存有更好的公信力；其二是管理的便利性，由协会牵头的机构对清算信息进行中央化储存便于中国证券业协会对跨柜交易进行监控和管理。目前中证报价通过对报价系统上交易产品的数据采集以及券商柜台发行产品的信息报送汇总对柜台业务进行监控，实现了类似的效果，但相比完全电子化的数据存储还欠缺效率。

5. 收入分配的灵活性

收入分配是互联互通业务是否能够顺利推广的核心要素，合理的收入分配体系能够鼓励券商主动接入系统。目前报价系统只能对在报价系统发行的产品进行前端收费，这样仅仅能对私募产品管理人产生一定的吸引力，却无法吸引拥有经纪客户的券商主动接入。目前管理人通过报价系统销售并由销售方赚取佣金的业务，多是由管理人通过代销协议等形式从其他渠道对销售机构支付。

为吸引持有经纪客户的券商接入平台，在框架设计上需要留有管理人向销售机构转移支付的账户体系，以及根据清算文件的自动划拨体系，同时允许销售机构和管理人可以自由协商销售收入的分配。

6. 交易的时效性

时效性是柜台互联互通竞争力的核心。银联之所以能够成功，与其处理跨行业务的快速响应是分不开的，而实现高效率的交易，则需要技术和框架设计上的双重投入。这里所指的时效性，分为信息的时效性以及资金的时效性。

现行框架下，并没有券商与券商直接的通信方式，只有在报价系统的框架内，才有券商对报价系统 TA 或券商通过报价系统与其他券商 TA 这种跨场所的通信方式（目前外接在报价系统上的只有华泰 TA 和招商 TA）。这种模式的问题在于，所有在框架内交易转让的产品需要在报价系统进行注册，否则将无法进行跨柜业务。

现阶段，大部分券商开展业务时主要是以中证报价 TA 为产品交易场所和消息的交互对象。在未来的发展中，中证报价的信息交互功能可以更专业化，着力发展成为信息交互的平台，通过信息传输平台为券商之间的交易请求和确认信息提供枢纽，使得在全市场柜台内注册的产品都可以直接参与跨柜业务。

除此以外，资金的时效性也是目前困扰跨柜交易的主要问题。由于参与方分别处在不同场所（在报价系统框架内，经纪客户的提供机构、产品的管理机构以及资金交收份额登记清算服务的机构分别为两家券商和报价系统），资金交收的效率问题导致很多业务很难开展。

由于清算与资金交收的特殊性，资金交收的批次很难做到实时，也无法在交易时间内清算。因此，资金交收最好在清算和份额登记场所进行，同时又必须避免在途，但是通过报价系统统一进行交收清算份额登记又无法避免日终清算过夜资金的在途问题，资金交收去中央化是解决这个问题的关键。

资金交收去中央化指的是券商柜台通过自己的柜台资金交收账户进行跨柜的资金交收，这样可以使得清算和交收都发生在份额登记的场所。同时，由于绕开了资金交收的中央枢纽，最终资金理论上可以在交收时间结束之前到达所需要到达的券商柜台资金交收账户。在实践操作中交收时间可以设定为 16:00 到 17:00，也就是交易时间结束到央行关闭大额资金转移通道的时点。

综上所述，在保证交易准确性的同时提升跨柜交易的时效性应该尽量发挥通信系统的优势，将信息的传递集成化，同时在存在物理限制的方面（例如央行对资金转移的限制）减少节点，加快效率。

（三）柜台系统未来的前进方向

1. 资金交收数据的电子化

目前，由恒生电子开发的柜台交易系统中，资金的交收并没有被纳入系统中进行电子化处理，因此券商在开展柜台业务时除了必需的人工划款，剩余的资金点算还需要其他系统的接入。例如在以中证报价系统为交易场所的业务中，资金交收是以人工转账的形式汇集到交收账户中，报价系统再以其他程序确认交收完成，也就是说在 TA 系统中从对账文件到清算文件的生成还无法在同一个体系内完成电子化。虽然在 T+1 日确认的交易中这种体系的割裂并没有对交收效率产生影响，但是如这个环节能用电子化流程替代，则会进一步提升效率进而提升整个柜台系统的运作能力。因此在未来的发展中，券商柜台交收专用账户的电子化管理（尤其是盘点资金的工作）必将被融入整个柜台交易体系中，与份额登记变更等操作进行统一化管理。

2. 点对点交收确认

在以中证报价系统为中央交易场所的业务中，由于全市场交收信息量极大，确认交收以及清算文件的生成需要大量的时间，交收时间受到了限定。在报价系统的实际操作中，交收清算和交易时间也被尽量错开（例如日间交收批次处理的是前一日的认购交易，只有交易量较少的转让业务被要求放在日终批次处理），对业务的影响就是：券商在交易结束后汇入交收账户的资金由于处理时间太长，根本无法在当日交收后取走，带来了很多不便。随着交易量的不断提升以及实际操作中各种突发状况的存在，统一处理的弊端必然会显现。

未来，券商对券商的点对点交收确认和发送清算文件是一个极佳的解决方案，尤其是在券商柜台交收专用账户被电子化管理后。相较于全市场统一处理，点对点交收确认和清算的数据处理量要小得多，因此也有可能在交易时间到银行大额转账端口关闭之前的一个半小时内处理完毕；同时由于只涉及两家券商，因此即便遇到突发状况，也不会对全市场产生影响。

3. 更高的认购、申购、赎回确认效率

在进行以中证报价为中央交易场所的认申购业务时，因为统一清算时间与资金交收时间的冲突（资金交收无法在清算之前进行），所以资金交收无法在 T 日进行，与此同时，份额的确认必须在资金交收后进行，故份额确认只能被限定在 T+1 日，因而基于此机制开发的恒生柜台系统只支持 T+1 日的认购、申购、赎回确认。T+1 日的认购、申购、赎回模式虽然已经具备一定的时效性，但是在进行短存续期产品的发行时，一天的确认时间也会对产品的设计和客户的体验造成影响。

在资金交收系统和份额登记通信系统能够高效处理当日发生的所有交收任务的条件下，更加高效的认购、申购、赎回确认成为可能。目前恒生系统下，在 T 日日终和 T+1 日日终之间并没有任何操作，因此在交收电子化实现后，压缩处理周期实现 T+0 日认购、申购、赎回是存在可行性的。

四、总结

相较于不同体系的金融机构之间业务合作，柜台市场的互联互通在制度上已经先行一步。券商柜台市场之间的销售业务相比最传统的签署代销协议、统计份额，做转移支付已经迈出了一大步。但是制度留给券商的空间远不止如此，通过技术升级和制度创新，券商柜台间市场可以成为极为高效和便利的交易场所，使得场外业务与场内业务的差距仅仅存在于产品的标准化和投资者准入上。高效和便利将成为券商在未来资管产品销售领域与其他销售机构竞争的一大利器。在未来，中国的柜台市场最终会弯道超车，成为金融创新领域的又一个奇迹。

参考文献

[1] 金赟，杨冰，周行．经济新常态下的证券行业机遇［J］．中国证券，2017（01）：75—80.

[2] 智信资产管理学院．中国资产管理行业发展报告（2016）［M］．北京：社会科学

文献出版社，2016.

［3］李可柯，汪新生．证券公司柜台市场发展现状、问题和建议［J］．中国证券，2015（06）：59—64.

［4］中国证券业协会．证券公司柜台市场管理办法（试行）［Z］．2014.

［5］中国证监会．中华人民共和国证券投资基金法［Z］．2015.

［6］恒生电子股份有限公司．OTC 对接自建 TA 测试指引［Z］．

布局 FICC，券商发力跨界业务

周晶晶　蒲东君　徐一洲*

证券公司跨界业务依据外延和内涵可分为两类：外延跨界主要指通过获取业务牌照实现券商经营突破，开展保险、信托、租赁、银行等业务；内涵跨界主要指通过跨市场、跨场所实现证券业务交易对象、交易场所突破，其中所跨市场包含货币市场、股票市场、债券市场、外汇市场和大宗商品市场，所跨场所包含境内市场、境外市场、一、二级交易市场。相较于外延扩张，我们看到券商在快速扩展业务范畴，尤其是在跨市场业务方面，积极参与利率市场、信用市场、大宗商品市场。究其原因，随着利率市场化完成、金融产品创新持续和互联网金融降低交易成本，大类资产配置思路从理论走向实务，从券商客户到券商自身都在积极尝试推动大类资产配置业务。在当前整体流动性稳中有收的背景下，不同金融市场关联性、流动性在增强，互补效应明显，跨界经营也逐步成为券商新的赢利点。券商发展内生性跨界业务是大势所趋，而跨界业务发展需求将推动券商落实 FICC 业务布局。

一、供给、需求和市场共振带来跨界业务发展机遇

当前阶段，推动券商发展跨界业务时机成熟，首先，资本市场逐渐成熟，不同金融市场具有高度的相关性和可参与性；其次，投资主体机构化催生多元金融服务需求；再次，券商传统业务持续承压，重塑盈利生态，增强业绩逆周期属性，推动发展跨界业务也是必然之举。

（一）资本市场完善和大类资产配置实务日趋成熟

发展跨界业务前提在于不同市场可参与，同时市场具有有效性和关联性，利率市场化完成极大增强了金融资产的内部关联性。2015 年 10 月央行宣布对商业银行、农村合作金融机构等不再设置存款利率浮动上限，标志着我国利率市场化推出关键一步。经过 2 年左右时间，利率市场化机制基本形成，金融产品价格影响因素趋于一致，收益率可比性增强。同时

* 作者单位：长江证券股份有限公司。原载于《中国证券》2017 年第 5 期。

随着金融产品嵌套的创新，资金在不同金融资产之间流动的通道逐步完善，互联网金融带来资金流转成本下降，进一步增强了金融资产间的关联性。在当前流动性有所收紧的市场背景下，金融资产之间的相关性更明显地显现出来（见表1、图1和图2）。

表1　　不同金融市场通过金融产品实现联通

金融市场	信托	基金子公司	基金专户	券商资管	银行理财	私募
银行间市场	√	√	√	√	√	√
交易所市场	√	√	√	√	-	√
非标股权	√	√	-	-	-	√
非标债权	√	√	-	√	√	√
私募、理财等金融产品	√	√	-	√	√	√
信贷	√	-	-	-	-	-

资料来源：长江证券研究所。

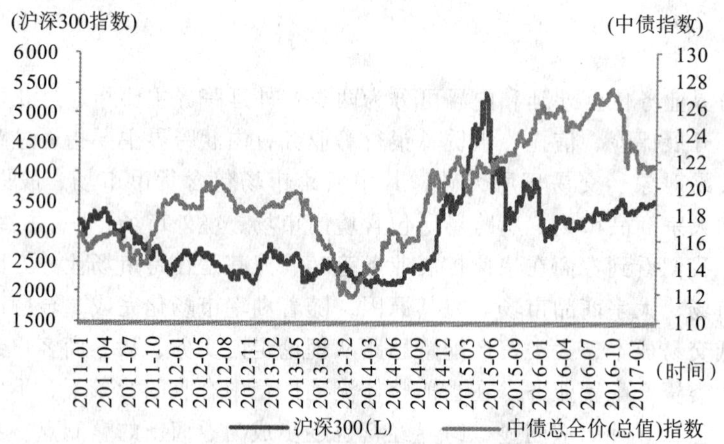

图1　股市和债市均在2016年经历较大调整

资料来源：Wind，长江证券研究所。

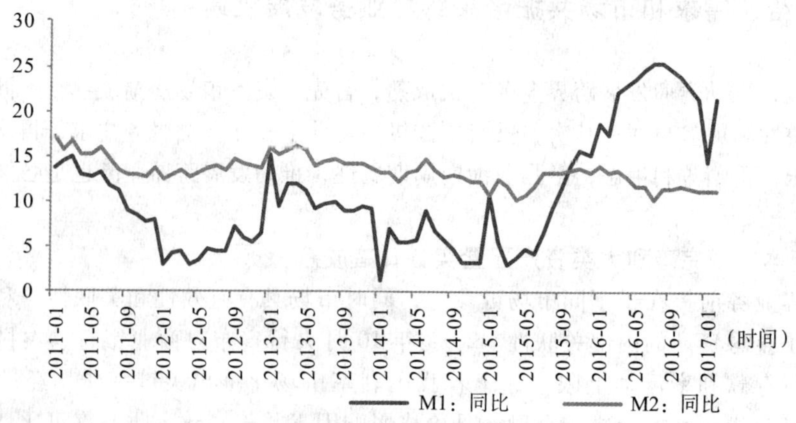

图2　2017年第一季度M1和M2剪刀差持续走阔

资料来源：Wind，长江证券研究所。

偏低利率环境、震荡市场和资产轮动效应推动大类资产配置从理论走向实务。当前阶段利率水平依然处于偏低水平，资金注重绝对收益机会，流动性收紧市场博弈导致资产轮动效应明显，全面布局大类资产可以充分把握不同市场获利机会。市场成熟推动大类资产配置从理论走向实务。我们所关注的大类资产市场主要围绕货币市场、债券市场、股票市场、外汇市场和大宗商品市场。

（二）机构客户和高净值客户催生多元金融需求

证券行业机构客户和高净值客户在快速扩容，这类客户对跨市场资金配置需求非常旺盛。券商客户结构持续优化，一方面以产业资本为代表的机构客户持股市值占比不断提升，截至2016年第三季度末，产业资本持股市值18.4万亿元，占比达到35.2%；另一方面高净值客户数量占比呈现持续上升态势，截至2016年末，持股市值10万元以上和100万元以上的投资者占比27.71%和2.74%（见图3和图4）。以券商中信证券为例，2016年底其机构客户保证金规模占比已经超过个人占比（见表2）。

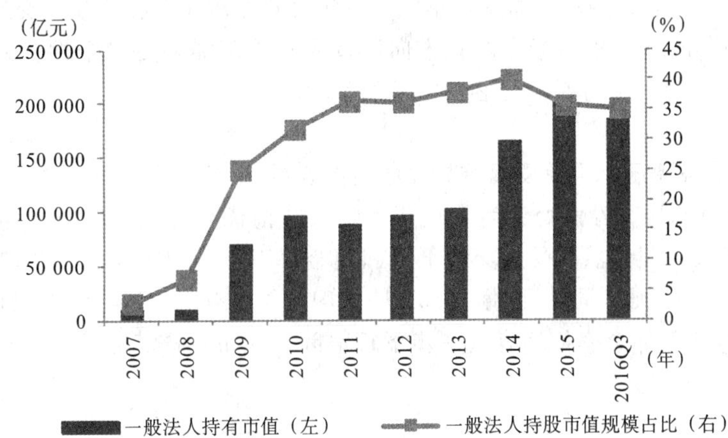

图3 产业资本持股市值占比逐步提升

资料来源：Wind，长江证券研究所。

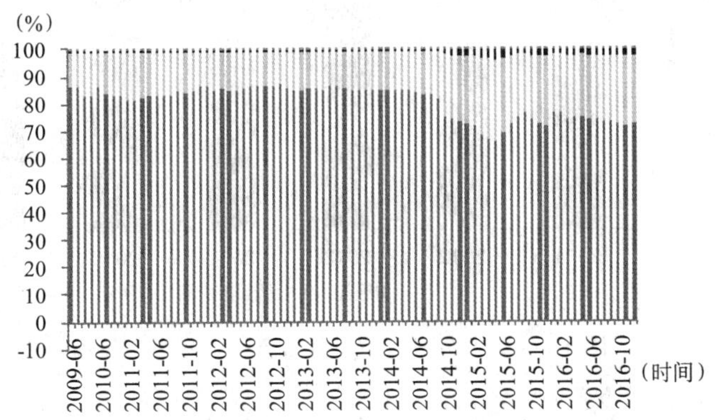

图4 高净值客户持股占比显著提升

资料来源：Wind，长江证券研究所。

表 2　　以中信证券为例券商客户结构中机构客户的占比日渐提升

保证金规模（亿元）	2011 年	2012 年	2013 年	2014 年	2015 年 H	2015 年	2016 年 H	2016 年
个人保证金	277.93	279.14	268.43	585.29	1 452.95	865.86	763.74	474.77
机构保证金	72.12	51.94	97.49	322.21	929.16	534.12	509.37	716.42
合计	350.05	331.08	365.92	907.50	2 382.11	1 399.98	1 273.11	1 191.20
保证金占比（%）	2011 年	2012 年	2013 年	2014 年	2015 年 H	2015 年	2016 年 H	2016 年
个人保证金	79.40	84.31	73.36	64.49	60.99	61.85	59.99	39.86
机构保证金	20.60	15.69	26.64	35.51	39.01	38.15	40.01	60.14
合计	100.00	100.00	100.00	100.00	100.00	100.00	100.00	100.00

资料来源：公司公告，长江证券研究所，剔除境外保证金部分。

机构客户催生多元金融服务需求。不同于零售客户需求主要在于投资交易，机构客户和高净值客户投融资服务需求、资产配置方向以及风险管理需要更加个性多元，因此发展以 FICC 业务为核心的跨界业务是满足客户需求的手段。

（三）传统业务承压，券商发展跨界业务刻不容缓

传统业务持续承压，券商处于生态重塑和收入结构优化阶段。2016 年券商经纪业务收入占比降低至 32%，但依然承受成交量下滑和佣金率下行的双重压力。2017 年第一季度市场成交额 26.23 万亿元，同比下滑 17.69%；2016 年全年净佣金率同比下滑 23.74% 至 3.80%，预期 2017 年佣金率依然有进一步下行空间。在市场震荡、监管趋严背景下，经纪业务依然承压（见图 5）。

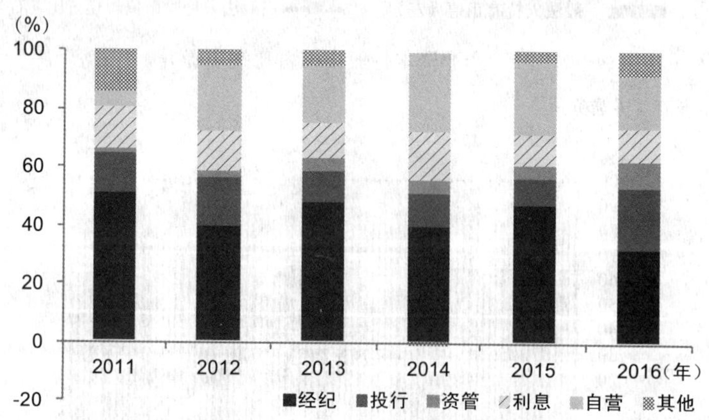

图 5　经纪业务收入下滑且自营投资随市场波动较大

资料来源：Wind，长江证券研究所。

传统自营业务面临挑战，需要不断衍生新业务生态。2016 年底券商自营业务收入占比 17.3%，考虑目前股债市场持续低迷，传统依托于股票和债券的券商自营业务遭受一定压力，同时金融去杠杆加大了券商债券自营压力，券商自营业务转型动力较大。

券商收入结构在持续调整，塑造新盈利模式、增强券商业绩逆周期属性成重点。券商传统盈利主要依赖于经纪业务，后期逐步拓展“经纪业务＋资产管理业务”，但业务顺周期属性依然非常明显（见图6和图7）。券商收入优化过程中，迫切需要大力发展具有逆周期属性的业务，增强券商业绩的稳定性和经营的有效性。发展逆周期属性的业务，需要推动券商从传统依托的股票、债券市场更多向利率、外汇、大宗商品等市场拓展，使盈利来源多元化（见图8）。目前从人才储备、互联网金融技术、激励机制方面，部分券商已有较好的储备和业务尝试。

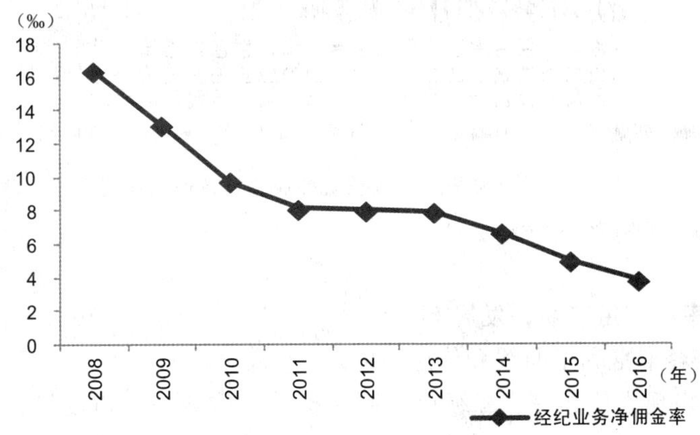

图6 经纪业务佣金率进入下滑通道

资料来源：Wind，长江证券研究所。

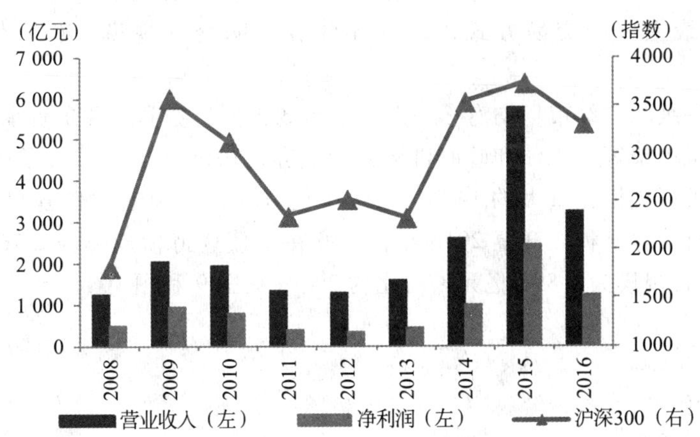

图7 券商经营业绩和市场景气度相关性较强

资料来源：Wind，长江证券研究所。

二、基础市场量变，跨界业务质变

券商跨界业务在本文中主要关注跨市场业务。传统券商业务中经纪业务、投行、自营和信用业务主要围绕二级股票市场，部分关注债券市场。本文把券商跨界业务中的市场主要聚焦在债券及衍品生市场、外汇市场以及大宗商品市场。

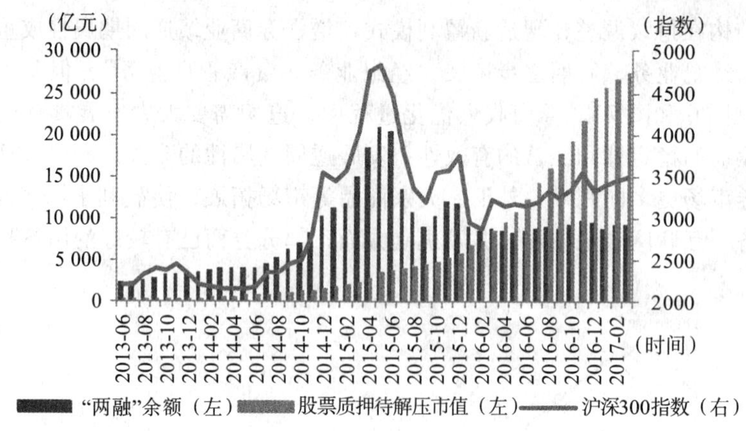

图 8　相较于“两融”股票质押业务具备逆周期属性

资料来源：Wind，长江证券研究所。

（一）深入利率和信用市场，发展 FI 业务

1. 债券品种扩容丰富利率曲线和信用主体

债券市场扩容表现为债券一、二级市场同时扩容。债券一级市场发行规模 2016 年底为 36.4 万亿元，主要为利率债、同业存单和信用债，规模约为 9.1 万亿元、6 万亿元和 14.3 万亿元。利率债主体是国债和地方政府债；信用债包括金融债、企业债、公司债等，其中公司债近两年大幅扩容。债券二级市场目前主要交易方式为现券交易、回购交易和同业拆借，其中回购交易是最主要的交易方式，2016 年债券回购交易规模 830 万亿元，占交易币种 79%。

券商在债券一级和二级市场均有参与。一级市场方面，券商主要负责承销企业债、公司债、金融债、短融中票等信用债和政府机构支持债券，2016 年券商债券承销规模 5.22 万亿元，占整个债券发行规模比重大约 14%。二级市场方面，券商通过自营和资管进行债券投资，基本涵盖所有债券品种。截至 2016 年，券商在中债登持债规模为 2 769 亿元，占比约 1%；在上清所持债规模为 1 898 亿元，占比约 2%（见图 9 和图 10）。

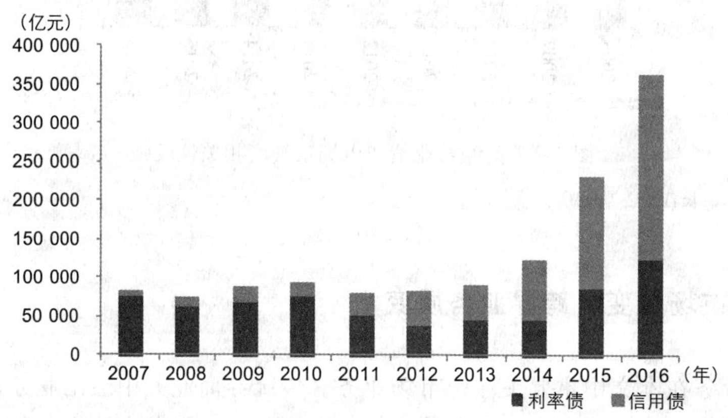

图 9　信用债的大规模爆发驱动债券一级市场的扩容

资料来源：Wind，长江证券研究所。

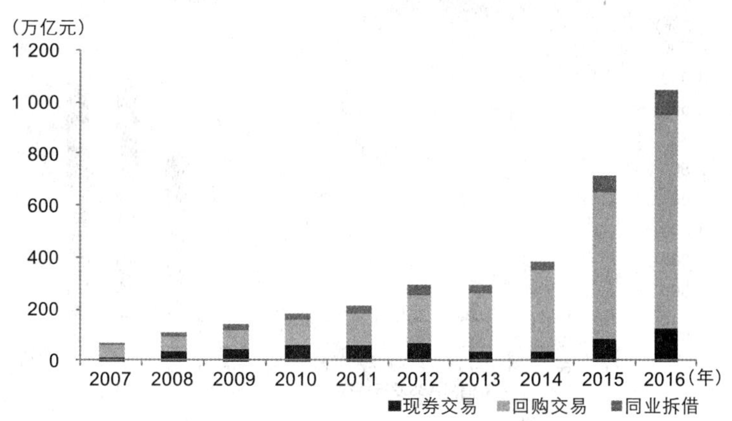

图 10 债券回购交易是债券二级市场主要交易方式

资料来源：Wind，长江证券研究所。

债券衍生品市场规模较小。目前债券衍生品市场主要以国债期货、利率互换和债券远期等为主，相较于债券二级市场的成交规模，衍生品市场规模仍然相对较小，2016 年国债期货、利率互换和债券远期成交金额为 8.90 万亿元、9.64 万亿元和 29.72 亿元（见图 11）。

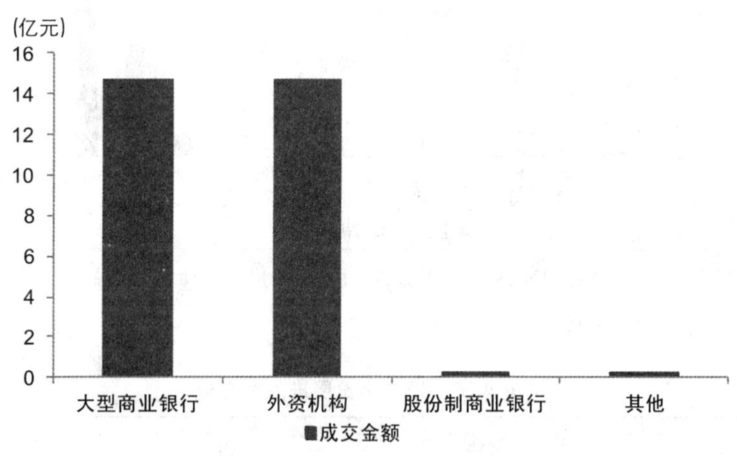

图 11 债券远期市场参与度较少

资料来源：Wind，长江证券研究所。

资产证券化规模提升成债市重要增量。2010—2015 年非标市场大幅扩容，随着资产证券化持续提升，非标资产转标准化过程加快。2014 年备案制实施，信贷 ABS 和企业 ABS 市场扩容加速，2015 年发行规模分别达到 4 056.33 亿元和 2 014.75 亿元，同比增长 378% 和 45%（见图 12 和图 13）。2015 年 4 月信贷资产支持证券正式实施注册制；2016 年监管部门明确推进传统基础设施领域政府和社会资本（PPP）项目资产证券化项目，从全国情况来看，发改委入库项目 3 764 个，总投资额 6.37 万亿元，未来资产证券化业务极具增长潜力（见表 3）。

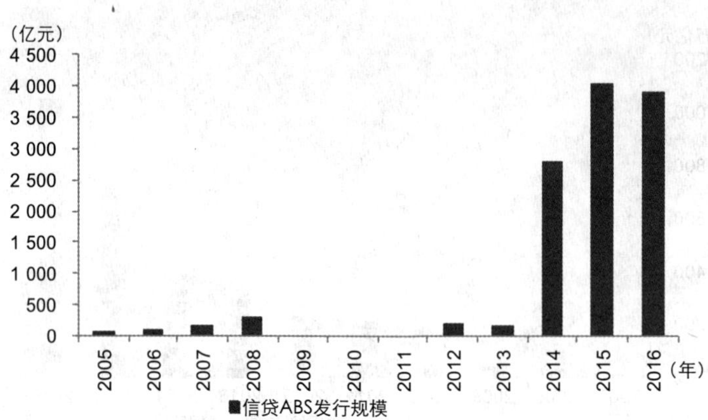

图 12　2014 年以来信贷 ABS 发行规模迅速提升

资料来源：Wind，长江证券研究所。

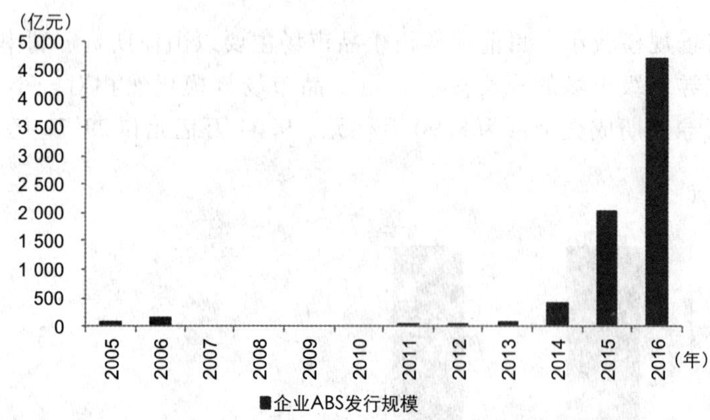

图 13　2015 年以来企业 ABS 发行规模迅速提升

资料来源：Wind，长江证券研究所。

表 3　　2016 年资产证券化发展进入快车道

时间	主办机构	文件名称	文件内容
2016 年 2 月	中国人民银行等 8 部委	《关于金融支持工业稳增长调结构增效益的若干意见》	稳步推进资产证券化发展。具体包括，通过推进信贷资产证券化，支持银行加大对工业的信贷支持力度。加快推进住房和汽车贷款资产证券化。审慎稳妥探索开展不良资产证券化试点。加快推进应收账款证券化等业务发展，盘活工业企业存量资产
2016 年 6 月	国务院	《关于加快培育和发展住房租赁市场的若干意见》	支持符合条件的住房租赁企业发行不动产证券化产品
2016 年 8 月	人民银行等 7 部委	《关于构建绿色金融体系的指导意见》	通过进一步扩大参与机构范围，规范绿色信贷基础资产遴选，探索高效、低成本抵质押权变更登记方式，提升绿色信贷资产证券化市场流动性，加强相关信息披露管理等举措，推动绿色信贷资产证券化业务常态化发展

续表

时间	主办机构	文件名称	文件内容
2016 年 10 月	国务院	《关于积极稳妥降低企业杠杆率的意见》	将有序开展企业资产证券化作为盘活企业存量资产、降低企业杠杆率的主要途径之一，按照“真实出售、破产隔离”原则，积极开展以企业应收账款、租赁债权等财产权利和基础设施、商业物业等不动产财产或财产权益为基础资产的资产证券化业务
2016 年 12 月	国家发改委和中国证监会	《关于推进传统基础设施领域政府和社会资本（PPP）项目资产证券化相关工作的通知》	明确了适合资产证券化的 PPP 项目应具备的四项条件，提出通过优化政策和监管来积极支持 PPP 项目资产证券化，并要求各省级发改委于 2017 年 2 月 17 日前上报 1—3 个首批拟进行证券化融资的传统基础设施领域 PPP 项目

资料来源：长江证券研究所：《2016 年资产证券化发展报告》。

2. 利率和信用风险管理需求推动 FI 业务发展

信用风险和利率风险孕育 FICC 业务需求。随着信用债市场的扩容以及经济增长不确定性增强，信用风险逐步暴露。2014 年以来信用债违约规模不断提升，2016 年信用债违约金融高达 403.24 亿元，同比大增 220%，信用风险管理需求日渐提升。同时随着利率市场化进程的不断推进，利率波动加剧，对于利率风险管理的重要性也日渐提升。与利率相关类型的债券衍生品需求在明显提升（见图 14 和图 15）。

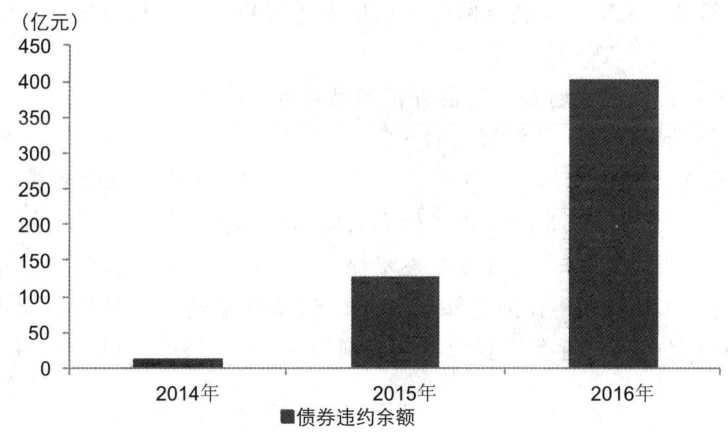

图 14　近年来债券违约频发

资料来源：长江证券研究所。

FICC 业务中 FI 主要是指券商提供的固定收益类产品，用于应对信用风险和利率风险。其中，信用风险产品形式主要有信用违约互换（CDS）、总收益互换（TRS）、信用联系票据（CLN）和信用利差期权（CSO）等，底层债券品种为信用衍生品、投资级别公司债券、高收益债券、市政债券、新兴市场债券和不良债权等，信用风险产品的价格和收益围绕标的资产信用等级变化而变化。利率风险产品包括利率期货、利率互换、利率期权和其他利率衍生品等，其价格和收益随着利率波动而发生变化。资产支持证券本身也是 FI 业务，其主要类

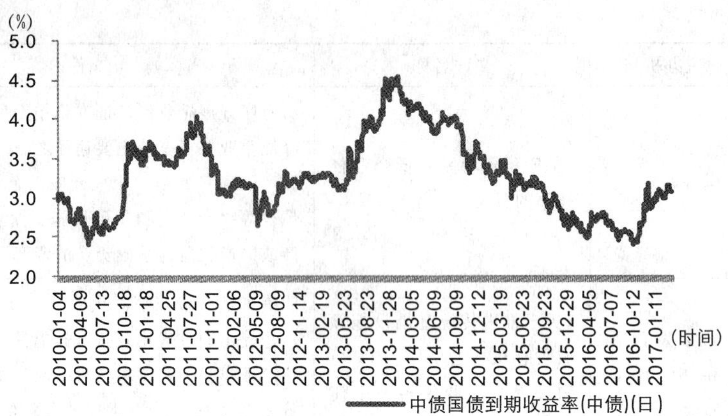

图 15　2010 年以来利率波动频繁

资料来源：Wind，长江证券研究所。

型为按揭抵押证券、信贷资产支持证券、其他资产支持证券等。拓展利率衍生品和信用衍生品是券商跨界业务的一个重要方向。

海外衍生品市场主体为利率衍生品，其次为外汇衍生品和信用衍生品。截至 2016 年 11 月，美国未偿还利率衍生品名义金额 517 万亿美元，未偿还 CDS 名义金额 11.7 万亿美元。券商在利率和信用衍生品市场上持续提供衍生品创设、定制、做市交易以及研究分析等服务。目前来看，国内衍生品市场上主要交易品种为债券远期、利率互换以及资产支持证券，利率衍生品创设不足。未来随着利率曲线和信用主体不断完善，相关瓶颈有望逐步突破。

（二）依托人民币国际化趋势，发展外汇产品业务

1. 外汇交易活跃度增加，外汇风险管理需求增加

人民币国际化推动外汇交易市场扩容。2015 年 10 月国际货币基金组织宣布将人民币纳入 SDR 货币篮子，赋予 10.92% 的权重，标志人民币国际化进程取得了质的飞跃。随着人民币国际化进程加速，资本市场开放程度在逐步提升，国内资金对外投资和境外资金对内投资都有所增加。截至 2015 年末，我国对外金融资产 62 189 亿美元，对外负债 46 225 亿美元，对外净资产 15 965 亿美元，近 5 年复合增速分别为 8.6%、13.7% 和 -1.1%（见表 4）。

表 4　　人民币国际化相关进程

时间	进程
2005 年 7 月	中国人民银行正式宣布开始实行以市场供求为基础、参考一篮子货币进行调节、有管理的浮动汇率制度
2007 年 6 月	首只人民币债券登陆香港，此后内地多家银行先后多次在香港推行两年或三年期的人民币债券，总额超过 200 亿元人民币
2008 年 7 月	国务院批准中国人民银行"三定"方案，新设立汇率司，其职能包括"根据人民币国际化的进程发展人民币离岸市场"
2008 年 12 月	中国与俄罗斯就加快两国在贸易中改用本国货币结算进行了磋商；12 日，中国人民银行和韩国银行签署了双边货币互换协议，两国通过本币互换可相互提供规模为 1 800 亿元人民币的短期流动性支持

续表

时间	进程
2008 年 12 月	国务院决定，将对广东和长江三角洲地区与港澳地区、广西和云南与亚细亚的货物贸易进行人民币结算试点；此外，中国已与包括蒙古、越南、缅甸等在内的周边 8 国签订了自主选择双边货币结算协议，人民币区域化的进程大步加快
2009 年 2 月	中国与马来西亚签订互换协议规模为 800 亿元人民币/400 亿林吉特
2009 年 3 月	央行行长助理郭庆平介绍，国务院已经确认，人民币跨境结算中心将在香港进行试点。具体的试点方案和办法目前还在研究，尚未出台
2009 年 3 月	中国人民银行和白俄罗斯共和国国家银行宣布签署双边货币互换协议，目的是通过推动双边贸易及投资促进两国经济增长
2009 年 3 月	中国人民银行和印度尼西亚银行宣布签署双边货币互换协议，目的是支持双边贸易及直接投资以促进经济增长，并为稳定金融市场提供短期流动性
2009 年 4 月	中国人民银行和阿根廷中央银行签署双边货币互换协议
2009 年 7 月	六部门发布《跨境贸易人民币结算试点管理办法》，我国跨境贸易人民币结算试点正式启动
2010 年 6 月	结算试点地区范围将扩大至沿海到内地 20 个省区市，境外结算地扩至所有国家和地区
2011 年 6 月	央行公布了《关于明确跨境人民币业务相关问题的通知》，正式明确了外商直接投资人民币结算业务的试点办法，成为推进人民币跨境流动的又一重大举措
2012 年 12 月	中国人民银行批复《前海跨境人民币贷款管理暂行办法》，深圳前海地区跨境人民币贷款业务正式启动
2013 年 9 月	中国（上海）自由贸易试验区挂牌成立，成为中国进行金融改革、推动人民币国际化的前沿
2013 年 10 月	第五次中英经济财金对话在京举行，中英两国同意人民币与英镑直接交易
2014 年 3 月	人民币兑美元交易价浮动幅度由 1% 扩大至 2%，人民币汇率自由化迈出重要一步
2014 年 4 月	中国证监会批准了沪港股市开展交易互联互通机制的试点，沪港通宣告正式启动
2014 年 9 月	经中国人民银行授权，中国外汇交易中心宣布在银行间外汇市场开展人民币对欧元直接交易
2015 年 10 月	国际货币基金组织宣布将人民币纳入 SDR 货币篮子，新货币篮子确定的人民币权重为 10.92%，将于 2016 年 10 月 1 日正式生效

资料来源：新浪财经，长江证券研究所。

政策推动境内外加大投资业务，外汇管理需求增加。2015 年我国对外直接投资资产净增加 1 878 亿美元，同比增 53%；对外证券投资净流出 732 亿美元，同比增长 5.8 倍；其他投资为逆差 4 791 亿美元，同比扩大 72%。受汇率波动、美国经济复苏影响，境外投资在持续升温。此外，监管持续推动金融机构拓展境内外投资，2012 年 10 月中国保监会颁布《保险资金境外投资管理办法实施细则》，放宽保险资金境外投资政策，保险资金获准投资境外不动产；2015 年 3 月中国保监会下发《中国保监会关于调整保险资金境外投资有关政策的通知》，进一步拓宽保险资金的境外投资渠道，未来海外资产将成为国内资金资产配置的重要方向（见表 5 和表 6）。同时境外资金也在加大境内资本市场投资力度，QFII 和 RQFII 额度均呈现快速增长的态势。截至 2016 年分别达到 873.10 亿美元和 5 284.75 亿元人民币，同比增长 8% 和 19%（见图 16）。

表 5　　监管层逐步放开了险企境外投资

时间	文件	影响
2004 年	《保险外汇资金境外运用管理暂行办法》	保险公司可以自有外汇在规定的投资范围内进行境外投资
2005 年	《保险外汇资金境外运用管理暂行办法实施细则》	适度放开了境外投资渠道，同时制订了相应的投资范围和各品种的投资比例限制
2007 年	《保险资金境外投资管理暂行办法》	允许保险机构运用自有外汇或购汇进行境外投资，保险资产管理步入新的发展阶段
2012 年	《保险资金境外投资管理暂行办法实施细则》	大幅扩展了保险资金境外投资范围、投资品种等
2015 年	《关于调整保险资金境外投资有关政策的通知》	进一步扩大保险资产的国际配置空间，优化配置结构，防范资金运用风险，调整了保险资金境外投资的有关规定

资料来源：中国保监会，长江证券研究所。

表 6　　近年来险企加大海外优质资产的投资力度

时间	投资方	被投资方	出资金额
2013 年 7 月	中国平安	德国不动产投资管理公司 Commerz Real 旗下的劳合社大楼	2.6 亿英镑
2014 年 6 月	中国人寿	中国人寿和卡塔尔控股联合收购歌鸟地产旗下 10UpperBnakStreet 大楼 90% 股权	7.95 亿英镑
2014 年 10 月	安邦保险	美国纽约华尔道夫酒店大楼	19.5 亿美元
2014 年 11 月	阳光保险	喜达屋旗下悉尼 CBD 喜来登公园酒店	4.63 亿澳元

资料来源：中证网，长江证券研究所。

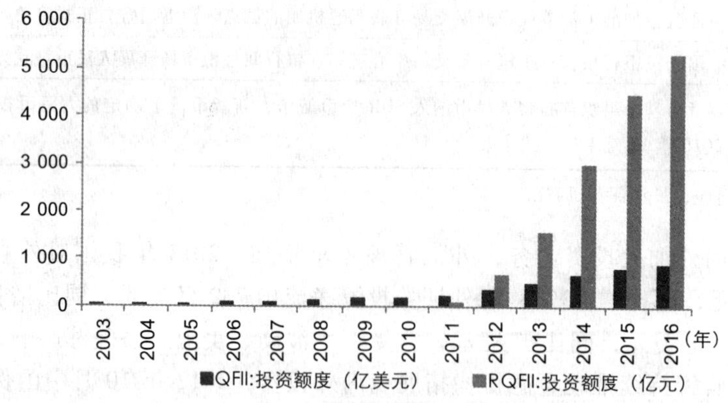

图 16　QFII 和 RQFII 额度近年来均呈现快速提升的态势

资料来源：Wind，长江证券研究所。

汇率波动暴露汇率风险。我国人民币汇率形成机制在逐步市场化，从参考美元到参考一篮子货币规则，汇率波动增加。2016 年以来人民币汇率波动变大，汇率波动催生金融机构汇率风险管理需求增加（见图 17）。

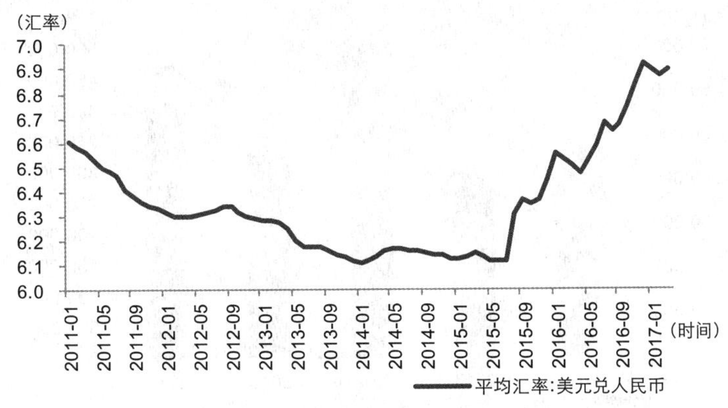

图 17 人民币汇率波动频繁

资料来源：Wind，长江证券研究所。

2. 外汇衍生品基本完备，政策准入有待进一步突破

我国外汇衍生品市场产品基本完备。2005 年汇改后，银行间外汇市场持续进行产品创新，2005 年推出人民币外汇远期交易，2006 年推出人民币外汇掉期交易，2007 年推出人民币外汇货币掉期交易，2011 年推出人民币外汇期权交易（见图 18）。目前银行间外汇市场形成了涵盖即期、远期、掉期、货币掉期和期权等衍生产品，交易结构日渐完善，掉期和即期交易规模连续 5 年呈现上升态势（见图 19、图 20 和图 21）；2016 年美元即期、远期和掉期交易规模分别为 8.71 万亿元、10.00 万亿元和 0.33 万亿元，同比增长 52%、20% 和 723%。

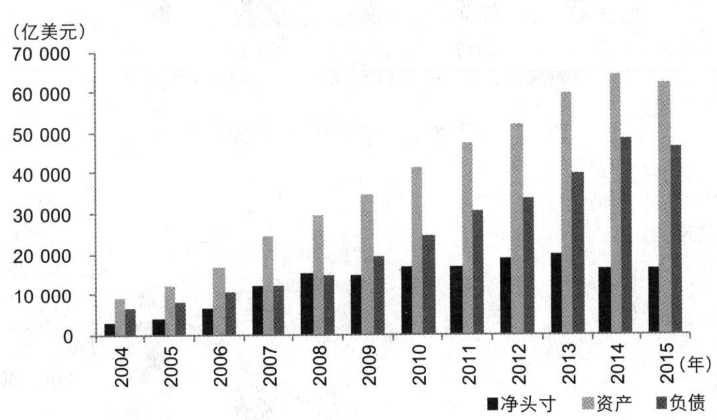

图 18 2004 年以来外汇资产规模整体上升而净头寸开始下滑

资料来源：2015 年国家外汇管理局年报，长江证券研究所。

证券公司逐步开始加大外汇市场参与力度，但政策约束较为明显。当前券商对于外汇市场的参与力度较弱，外汇市场主要参与方是银行，目前仅有国泰君安成为银行间外汇市场和外汇衍生品市场会员，其余券商均未具备相应业务资质。准入是较为明显的门槛，证券公司通过收购第三方业务和牌照机构来获取相应业务资质成为主要方式。2015 年 2 月中信证券宣布收购昆仑国际 12 亿股股份，收购完成后中信证券能够通过利用昆仑国际已经建立的外汇交易技术、外汇之星系统及其持续经销商平台及基础设施进入全球外汇交易业务；继中信

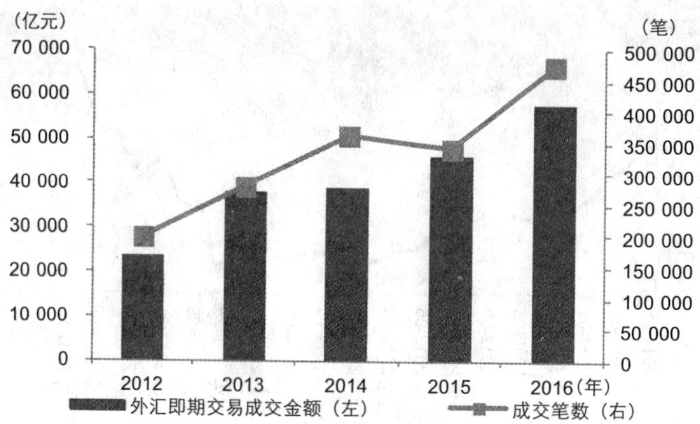

图 19 2012 年以来外汇即期交易规模整体呈现上升态势

资料来源：Wind，长江证券研究所。

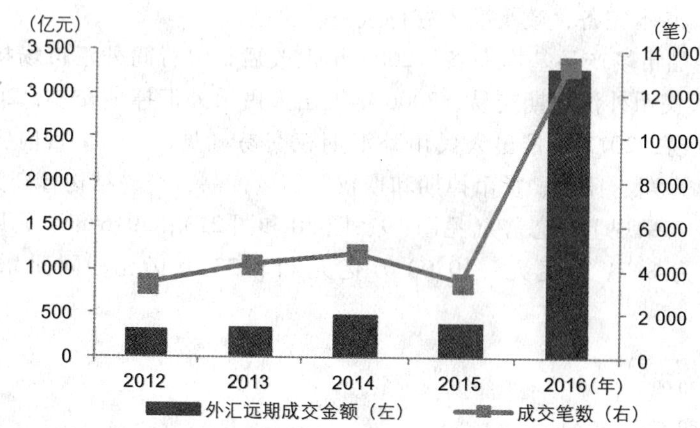

图 20 2016 年外汇远期交易大幅攀升

资料来源：长江证券研究所。

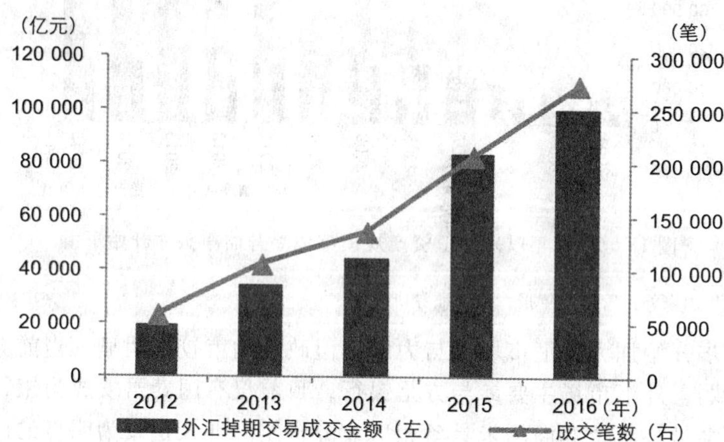

图 21 2012 年以来外汇掉期交易规模整体呈现上升态势

资料来源：Wind，长江证券研究所。

证券完成收购 KVB 昆仑国际股权后，光大证券亦宣布已完成收购新鸿基金融 70% 股权交割，业务正式涉足保证金外汇业务。预计未来将有更多的券商进入外汇交易领域。[①]

（三）跨界大宗商品领域，推动商品业务发展

1. 大宗商品经历盈利改善周期

大宗商品市场周期性明显，当下经历盈利改善周期。2016 年大宗商品指数开始企稳反弹，以南华工业指数、农产品指数、金属指数和能化指数为例，截至 2017 年第一季度末分别较 2015 年底增长了 68%、15%、78% 和 75%，而在此前 5—6 年，我国大宗商品市场经历了持续的低迷阶段。大宗商品市场受供求因素影响明显，市场呈现明显的周期性（见图 22 和图 23）。

图 22 大宗农产品价格波动具有显著的周期性

资料来源：Wind，长江证券研究所。

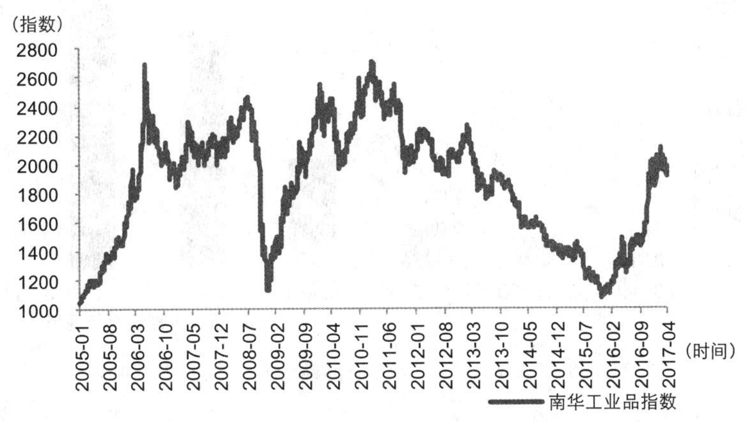

图 23 大宗工业品价格波动具有显著的周期性

资料来源：Wind，长江证券研究所。

① 参见《中信证券进军全球外汇交易 7.8 亿港元控股昆仑金融国际》，证券之星，2015—02—27，网址：http://stock.stockstar.com/SS2015022700001664.shtml，最后访问日期，2017—04—08。

2016年以来大宗商品迎来牛市，农产品、金属、能源等出现普涨，大大激发了资金参与商品期货市场的热情。2016年商品期货成交量达到41.19万亿手，同比增长27%，成交金额达到177.41万亿元，同比增长30%，均为历史最高成交规模；同时以商品期货为主要投资对象的CTA（Commodity Trading Advisor，商品交易顾问）资产管理产品快速扩容，收益率优势明显。通过期货资管参与大宗商品市场成为重要方式，截至2016年前三季度，期货资产规模达到2 679亿元，较年初增长了156%，期货资管类产品收益率表现亮眼，近一年收益最高接近300%（见图24、图25和表7）。

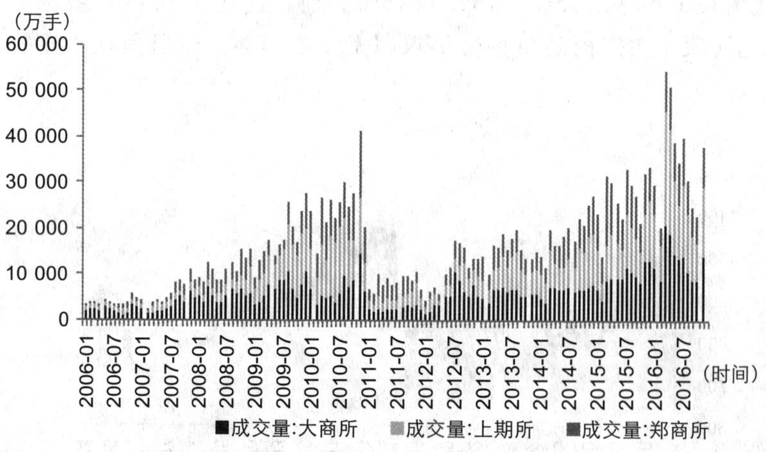

图24　商品期货成交量显著提升

资料来源：Wind，长江证券研究所。

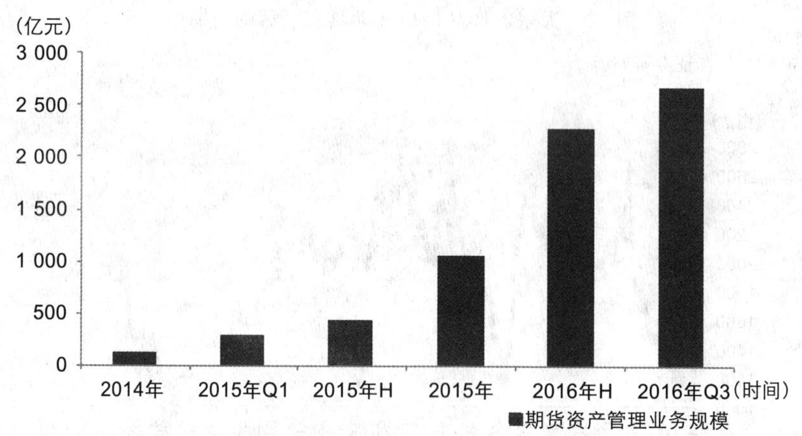

图25　以CTA为重要投资方向的期货资管规模快速提升

资料来源：中国期货业协会，长江证券研究所。

表7　最近一年以来CTA类产品收益水平良好

产品名称	净值日期	单位净值	复权累计净值	近一年收益（%）	成立日期
国海良时－鸿凯激进7号	2017年3月27日	1.228	3.8 974	290.92	2016年3月2日

续表

产品名称	净值日期	单位净值	复权累计净值	近一年收益（%）	成立日期
百航进取 1 号	2017 年 3 月 24 日	3.042	3.042	181.93	2015 年 11 月 19 日
东航金融 - 领航基金 - 常然鸿凯 1 号	2017 年 3 月 31 日	1.49	6.6 261	179.66	2015 年 5 月 12 日
东航金融 - 中国黑色金属 1 号	2017 年 4 月 5 日	0.9 782	2.5 657	112.39	2016 年 2 月 1 日
青岛以太量化 2 号	2017 年 3 月 10 日	8.7 303	8.7 303	94.79	2014 年 7 月 22 日
量金优利 CTA 二号	2017 年 3 月 10 日	1.9 285	1.9 285	84.33	2015 年 12 月 30 日
世祖 9 号	2017 年 3 月 31 日	1.679	1.679	74.17	2015 年 11 月 16 日
金友德胜壹号	2017 年 3 月 24 日	1.39	1.699	60.43	2015 年 6 月 12 日
东航期货海浦优选 2 号	2017 年 3 月 17 日	1.217	1.954	59.90	2015 年 7 月 17 日
富利步步为盈 1 号	2017 年 4 月 5 日	8.0 842	8.0 842	54.54	2014 年 7 月 23 日

资料来源：朝阳永续，长江证券研究所。

2. 证券公司全面布局大宗商品业务

证券公司全面布局大宗商品业务。目前证券公司参与大宗商品业务的方式有三类：第一类是通过控股和参股期货公司进入大宗商品市场。目前上市券商均设立期货子公司以及期货风险管理子公司，开展大宗商品期现结合业务。第二类是通过固定收益部门，参与商品期货的自营。目前海通证券、中信证券、华泰证券等券商均获得了开展黄金等贵金属现货合约代理和黄金现货合约自营业务资格。第三类是设立大宗商品一级部门，积极拓展现货业务布局、商品场外期权业务等业务，代表为中信证券，在 2013 年 12 月正式设立大宗商品业务线作为一级部门（见表 8）。①

表 8　　多数券商系期货公司均设立了期货风险管理子公司参与现货贸易

期货公司名称	风险管理子公司名称	注册资本（万元）	业务范围
广发期货	广发商贸有限公司	20 000	仓单服务、合作套保、基差交易、定价服务
方正中期期货	上海际丰投资管理有限责任公司	15 000	仓单服务、合作套保、基差交易、定价服务、做市业务
中信期货	中证资本管理（深圳）有限公司	20 000	仓单服务、合作套保、基差交易、定价服务、做市业务
宏源期货	宏源恒利（上海）实业有限公司	5 000	仓单服务、合作套保、基差交易、做市业务

① 参见《券商的大投行棋局：落子大宗商品蓝海》，新华网，时间：2014—08—14，网址：http://news.xinhuanet.com/fortune/2014—08/04/c_ 126828594.htm，最后访问时间：2017—04—08。

续表

期货公司名称	风险管理子公司名称	注册资本（万元）	业务范围
海通期货股份	上海海通资源管理有限公司	20 000	仓单服务、合作套保、基差交易、定价服务、做市业务
银河期货	银河德睿资本管理有限公司	50 000	仓单服务、合作套保、基差交易、定价服务、做市业务
光大期货	光大光子投资管理有限公司	12000	仓单服务、合作套保、基差交易、定价服务、做市业务、第三方风险管理服务
格林大华期货	格林大华资本管理有限公司	10 000	仓单服务、合作套保、基差交易、定价服务
长江期货	武汉长江产业金融服务有限公司	5 000	仓单服务、合作套保、基差交易、定价服务、做市业务
上海东证期货	东证润和资本管理有限公司	20 000	合作套保、基差交易、定价服务、做市业务
国海良时期货	国海良时资本管理有限公司	10 000	仓单服务、合作套保、基差交易、定价服务、做市业务
招商期货	招证资本投资有限公司	20 000	仓单服务
国元期货	国元投资管理（上海）有限公司	10 000	仓单服务、合作套保、基差交易、定价服务
东吴期货	上海东吴玖盈投资管理有限公司	10 000	仓单服务、合作套保、基差交易、定价服务
国泰君安期货	国泰君安风险管理有限公司	5 000	仓单服务、合作套保、基差交易、定价服务
东兴期货	东兴财富资产管理有限公司	5 000	仓单服务
西南期货	重庆鼎富瑞泽风险管理有限公司	50 000	基差交易、仓单服务、合作套保、定价服务、做市业务
华泰期货	华泰长城资本管理有限公司	35 000	仓单服务、合作套保、基差交易、定价服务、做市业务
申银万国期货	申银万国智富投资有限公司	5 000	仓单服务、合作套保、基差交易、定价服务、做市业务

资料来源：中国期货业协会，长江证券研究所。

部分证券公司开始发展海外大宗市场业务。海外市场已经形成了以农产品、能源等为核心的大宗商品交易体系，产品类型较国内更为丰富，部分券商通过海外并购或者设立子公司开拓海外大宗商品业务。招商证券于 2013 年在英国设立了一家全资子公司，拓展全球资本和大宗商业市场，目前已经获得了伦敦金属交易所（LME）、洲际交易所（ICE）等清算会员资格；广发证券于 2013 年通过控股的广发期货（香港）公司收购英国 NCM 期货公司 100% 股权，NCM 期货公司具备伦敦金属交易所等多个期货交易所的结算会员资格，通过并购显著提高公司为客户提供大宗商品经纪业务的能力，全面提升国际期货交易市场成熟的交易手段、先进的管理经验、产品设计能力、风险管理能力和领先的信息技术系统（见表9）。[①]

表9　　部分大型券商开始布局海外大宗商品业务

时间	公司名称	布局方式	备注
2013年6月	招商证券	在英国成立子公司——招证英国	2014年11月取得伦敦金属交易所（LME）结算会员资格；2015年5月取得洲际交易所（ICE）清算会员资格
2013年8月	广发证券	收购了英国NCM期货公司100%的股权	仓单服务、合作套保、基差交易、定价服务、做市业务
2013年	中银国际	通过子公司获取境外业务资质	2015年6月16日率先在全球推出“中银国际原油指数”，7月完成伦敦金属交易所（LME）首笔人民币质押交易；已经取得芝加哥商品交易所、伦敦金属交易所、欧洲洲际交易所的清算会员资格，并获准在美国开展期货经纪业务

资料来源：中金网，长江证券研究所。

三、跨界拓展推动券商FICC业务发展

跨界推动券商业务范围全面拓展至利率市场、信用市场、外汇市场和大宗商品市场，推动券商不断发展新业务，实质性形成FICC业务的发展。对比海外券商收入结构，FICC业务在海外投行中均占据较重要的业务地位。以高盛为例，金融危机以前，FICC业务对高盛收入贡献达到35%以上；金融危机后金融监管加强，但高盛和摩根士丹利最近三年FICC业务收入占比仍然分别在20%—25%和10%—15%。[②] FICC业务发展历程就是券商跨界发展的历程（见图26、图27和表10）。

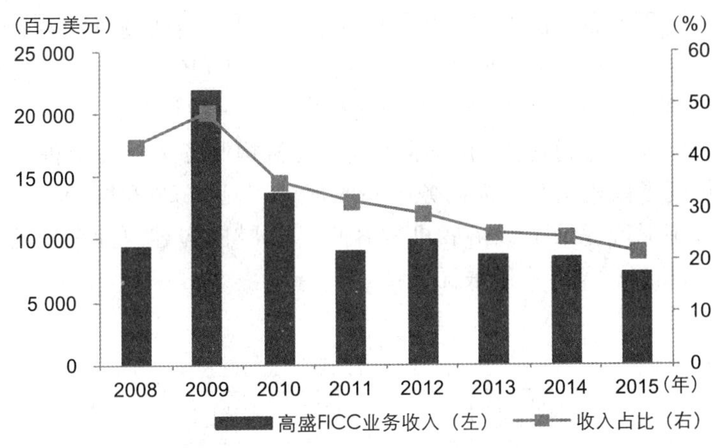

图26　高盛FICC业务收入贡献保持在20%以上

资料来源：Wind，长江证券研究所。

① 参见《进军大宗商品市场的国内四大证券公司》，中金网，时间：2014—08—17，地址：http://www.cngold.com.cn/zjs/20140807d1894n32548225.html，最后访问时间：2017—04—08。

② 参见《成就高盛帝国的FICC业务是怎样的?》，搜狐网，时间：2016—08—19，地址：http://mt.sohu.com/20160809/n463327697.shtml，最后访问时间：2017—04—08。

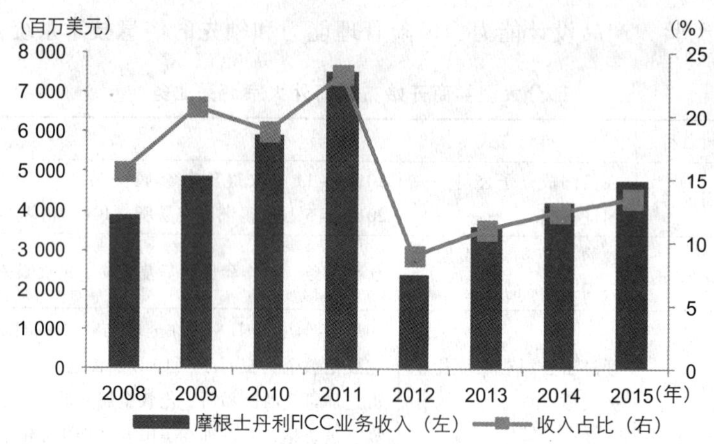

图 27　摩根士丹利 FICC 业务收入贡献保持在 10% 以上

资料来源：Wind，长江证券研究所。

表 10　高盛 FICC 业务构成

产品类型	具体明细
利率及衍生品	国债、机构债券、市政债券、远期利率协议、利率互换、利率期货、利率期权等
信用及衍生品	高收益债、高等级债、投资级债券、CDS 等
抵押贷款	抵押贷款支持证券、房地产等基础设施证券化、消费信贷及其他资产证券化等
外汇业务	即期外汇、外汇远期 /期货 /期权 /互换等
大宗商品业务	能源、有色金属、钢铁化工、农副产品等

资料来源：高盛年报，长江证券研究所。

跨界业务发展是为了满足机构客户多样化投融资需求，这也将推动券商组织架构从传统的以业务为导向真正向以客户为导向的方向不断调整。以 FICC 业务的组织架构来看，高盛于 2010 年把与交易相关的业务和服务整合成为机构客户一级业务，FICC 和权益部门设立在机构客户服务下；摩根士丹利则将 FICC 业务设立在机构服务下辖的销售和交易板块，定位为三级部门，均体现了以机构客户为服务中心的理念（见图 28 和图 29）。当前在市场成交活跃度低迷、佣金率下行背景下，拓展机构客户、发展机构客户业务成为重要的着力点，FICC 业务也将成为拓展相关客户的最优工具。

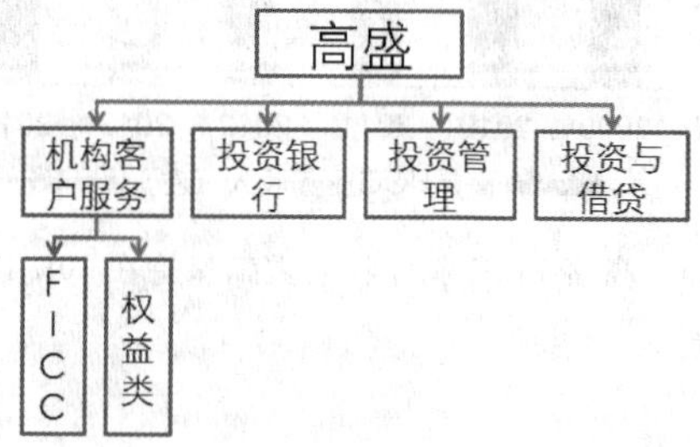

图 28　高盛 FICC 业务设置为机构客户服务下的二级部门

资料来源：高盛年报，长江证券研究所。

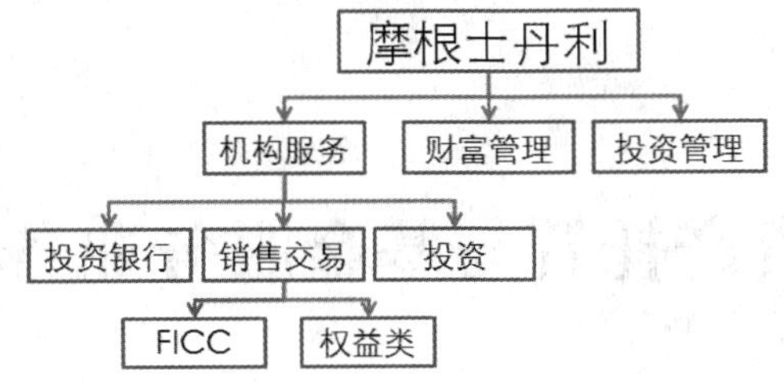

图 29　摩根士丹利 FICC 业务设置为机构服务下的三级部门

资料来源：摩根士丹利年报，长江证券研究所。

牌照、资本金和人才将成为券商最核心优势。牌照是券商开展各项业务的前提条件，目前券商所有业务的开展都必须获取相应的业务牌照，跨界业务发展需要监管部门的积极支持。资本金是券商开展业务的重要条件，在当前以净资本和流动性为核心的监管体系下，资本金意味着业务规模；同时不同于传统的通道类业务，FICC 业务中做市类业务将加大资本金占用和消耗，资本金补充能力至关重要。良好的人才储备则是充分有效发挥券商各种资源的决定性因素。跨界业务发展成为必然趋势，券商将依托 FICC 业务，使跨界业务更好地落地。

参考文献

[1] 赫凤杰．美国投行 FICC 业务发展经验及启示［J］．证券市场导报，2016（10）：42－47＋53.

[2] 宫里啓暉，麦其芃．证券公司 FICC 业务发展建议［A］．中国证券业协会．创新与发展：中国证券业 2013 年论文集［M］．北京：中国财政经济出版社，2014. 720—751.

[3] 李雅丽．美国投资银行 FICC 业务：发展历程、策略及启示［J］．南方金融，2016（09）：61—68.

[4] 梁琰．国内外 FICC 业务的发展现状［N］．期货日报，2015—09—29（003）．

[5] 钱龙海．发展 FICC 业务，全面提升券商服务、资本市场和实体经济的能力［A］．中国证券业协会．创新与发展：中国证券业 2013 年论文集［M］．北京：中国财政经济出版社，2014. 42—46.

证券公司开展资产托管与基金服务业务现状问题及相关建议

陈忠义　胡　凯　朱晓龙　邓　秦　邓　维*

一、证券公司开展资产托管与基金服务业务的现状

（一）资产托管与基金服务业务的概念

1. 资产托管业务

我国《证券投资基金法》对托管人的主体资格和职责进行了规定。资产托管，即为“受托保管”，兼有“受托”和“保管”的双重含义。但其本义是要求托管机构除履行基金资产保管人职责外，还必须与基金管理公司一起履行共同受托人职责。中国证监会发布的《证券投资基金托管业务管理办法》（［2013］92 号令）给基金托管下了明确定义：证券投资基金托管，是指由依法设立并取得基金托管资格的商业银行或者其他金融机构担任托管人，按照法律法规的规定及基金合同的约定，对基金履行安全保管基金财产、办理清算交割、复核审查资产净值、开展投资监督、召集基金份额持有人大会等职责的行为。由此看来，在我国证券投资基金法律关系主体中，基金份额持有人与基金托管人之间构成信托关系。基金托管人是与基金管理人相互独立、相互平等和相互制衡的共同受托人之一，为维护基金份额持有人的利益而负有监督基金管理人和保管基金财产的职责。

2. 基金服务业务

基金服务业务一般适用于中国证券投资基金业协会（以下简称“基金业协会”）《私募投资基金服务业务管理办法（试行）》规定的，私募基金管理人委托私募基金服务机构，为私募基金提供基金募集、投资顾问、份额登记、估值核算、信息技术系统等服务业务，基金管理人与基金服务机构之间的法律关系是委托代理关系。本文阐释的基金服务业务仅指份额

* 作者单位：陈忠义，胡凯，朱晓龙，邓秦，国泰君安证券股份有限公司；邓维，长江证券股份有限公司。

登记、估值核算、资金清算、信息披露、绩效分析等基金中后台运营业务，不包括基金募集、投资顾问、信息系统服务等内容。

（二）证券公司开展资产托管与基金服务业务现状

2013 年中国证监会发布了《非银行金融机构开展基金托管业务暂行规定》，由此证券公司开始进入基金托管行业。截至目前，取得基金托管业务资格的证券公司共 14 家，通过基金业协会基金服务业务资格备案的证券公司共 21 家（含证券公司子公司）。

目前，市场上的托管机构与基金服务机构多为商业银行和证券公司，其中基金服务机构还有部分基金公司和独立基金服务机构。不同类型的托管与基金服务机构专注的细分市场、提供的服务内容等都有着不同的特点，证券公司的服务对象主要为私募基金。

截至 2017 年 8 月底，已在基金业协会备案的私募基金共 60 688 只。在剔除了顾问管理类产品后，由私募基金管理人自主发行的私募基金数量为 55 417 只，其中 40 134 只引入了托管机制，托管比率约为 72.4%。其中证券公司托管 26 104 只，占比 65.04%；商业银行托管 14 030 只，占比 34.96%。从私募基金托管数量来看，证券公司市场占比超过商业银行。

而不同类型的私募基金在托管机制的安排和托管机构的选择方面也有着较为明显的差异。目前对于私募证券投资基金，引入托管机制的占比为 84.1%，其中选择证券公司担任基金托管人的占比高达 90.1%，商业银行仅占 9.9%；私募股权/创业投资基金整体托管比率为 62.4%，其中证券公司份额占比为 23.6%，商业银行份额占比达到 76.4%；私募其他投资基金的整体托管比率为 85.0%，证券公司和商业银行的占比分别为 41.1%、58.9%。从私募基金托管领域来看，证券公司更加侧重私募证券投资基金。

截至 2017 年 6 月底，公募基金数量共 4 355 只，规模 10.07 万亿元。其中商业银行托管规模占比 99%，证券公司托管规模占比仅为 1%。

近年来，资产托管与基金服务业务也越来越多地得到证券公司的重视，系统、人员等方面的投入不断增加。证券公司在开展资产托管与基金服务业务时，除像商业银行传统托管服务所采用的电话、邮件、传真等服务交互方式以外，还投入了大量人力、物力和智力来建设管理人服务平台，实现了电子化、无纸化服务。部分证券公司还建设了用于管理人服务的移动端平台，如微信平台、手机 App 等，使得服务无处不在，受到私募管理人的广泛青睐。

（三）证券公司开展资产托管与基金服务业务的意义

1. 对证券公司的意义

（1）有助于促进证券经纪业务转型。当前我国证券经纪业务面临向机构化、产品化转型的过程。在这个过程中，资产托管与基金服务业务是很好的助推器。一是资产托管与基金服务业务提供的一站式综合行政服务、运营服务、托管服务等，可以大幅度减轻机构投资者的运营压力，促进中国证券市场机构投资者的规范发展；二是资产托管与基金服务业务对中小私募基金来讲具有增信的作用，证券公司通过种子基金的方式培育和孵化了一些私募机构，促进专业投资者向机构投资者转型；三是证券公司通过资产托管与基金服务，真正了解了客户的投资管理能力和风控合规能力，也了解了产品的收益和风险特征，有助于证券公司通过产品化引导散户合理配置金融资产，选择优秀的投资管理机构，树立长期投资的理念。

（2）有利于丰富综合金融服务功能。托管功能是证券公司作为金融中介主体的基础功能，资产托管与基金服务业务的功能性和基础性特征明显，有效丰富了证券公司的综合金融服务能力。证券公司通过提供资产托管与基金行政服务，保管了客户的资产，熟悉了客户的需求，与客户建立了长期稳定的合作关系，而这些客户普遍具有资产规模较大、投资诉求多元等特征。证券公司通过资产托管与基金服务业务的配套，不仅拓展了机构客户服务体系的广度和深度，增强了客户个性化服务能力，减少了对价格竞争的依赖而转向内容和服务的差异化竞争，提升了证券公司的综合服务水平和自主创新能力，同时也为证券公司的财富管理、资产管理、信用业务、投资银行等各业务条线提供了业务机会和平台，综合效益显著。

（3）有利于改善证券公司的收入结构。从金融实践来看，资产托管与基金服务业务是一项资本占用少、收入较为稳定的业务，有利于改善以传统经纪业务收入为主导的收入结构，而且能带动其他机构业务收入，如“两融”、投研等。在投入方面，除了前期的技术系统投入以及持续的人力成本外，资产托管与基金服务业务无须占用证券公司太多的资本。在收入方面，资产托管与基金服务收费则根据资产规模收取，具有持续性和稳定性的特征。长远来看，证券公司作为资产托管人和基金行政服务商的市场空间很大。

2. 对我国资产管理行业和金融市场健康发展的意义

（1）有助于促进我国资产管理行业的创新发展。就资产托管业务而言，托管人制度是资产管理行业的底层制度安排，国内现阶段的存托比水平仍较低，托管业务需求迫切，证券公司作为专业化的多元托管人选择，一方面，有利于托管行业内部的良性竞争和互动发展，更好地适应托管业务多样化的产品结构，也有利于为资产管理行业提供更为专业的细分服务，满足不同类型客户的不同需求；另一方面，证券公司作为资本市场中介主体，更加贴近市场，对于证券市场的一些新业务、新工具等，在业务理解、产品设计、估值核算、证券清算、投资风控等方面具有细分领域的专业化优势，能够有效解决托管银行无法支持的一些证券市场产品创新，从而促进我国资产管理行业的规范运营和创新发展。就基金服务业务而言，国内资管机构的中、后台运营外包业务近几年刚刚起步，国内金融市场创新发展大趋势不可逆转，资管行业发展空间很大，层出不穷的金融创新、成本效益最优匹配下的专业化分工将逐渐导致金融服务链的整合，每个细分领域的集中度将持续提高。大量的资管机构专注于投研，将估值核算、登记结算等中、后台运营工作外包给专业的服务机构承接从而实现轻资产发展将是大势所趋。证券公司开展基金服务业务，将有助于促进我国资产管理行业的专业化分工发展。

（2）有助于促进我国私募基金行业规范发展和金融市场健康稳定。当前，私募基金已成为我国资本市场不可忽视的重要力量。在私募基金行业发展初期，普遍存在私募管理人数量众多但缺乏规范运营经验和资源投入、基金运作欠规范、不成熟、行业公信力不够等问题，加之私募产品又普遍存在规模偏小、运营灵活性要求较高等特征，导致托管银行不愿承接私募产品尤其是中小私募基金的托管。由证券公司承接私募基金托管业务并为私募基金管理人提供运营外包服务，在一定程度上促进了我国私募投资基金行业的规范发展，对提升私募基金行业公信力、培育我国私募基金行业规范发展、促进金融市场健康稳定有重要意义。

二、私募基金行业存在的问题及意见建议

由于私募基金是证券公司开展资产托管和基金服务业务的主要服务对象，而基金管理人

的风险具有向基金托管人和基金服务商传导的潜在特征，因此评估和化解私募基金行业风险是防范证券公司资产托管与基金服务业务风险的核心环节。

（一）我国私募基金行业发展现状

1. 行业快速发展

2013 年 6 月 1 日生效的新《基金法》明确了私募基金与私募基金管理人的法律地位。基金业协会于 2014 年 2 月颁布的《私募投资基金管理人登记与基金备案办法（试行）》，为私募基金管理人的登记与私募基金的备案提供了规则依据。按照相关的法律法规与自律规则指引，中国第一只自主发行的契约式私募基金“重阳 A 股阿尔法对冲基金一号”于 2014 年 3 月 17 日在基金业协会备案通过，标志着私募基金新的发展时代的到来。

截至 2017 年 8 月底，基金业协会已登记私募基金管理人 20 652 家，备案私募基金 60 668 只，管理基金规模 10.21 万亿元，私募基金从业人员 22.89 万人。私募基金行业的发展，激发了市场创新活力，有效拓展了资本市场的广度和深度，显著提高了直接融资比重，不仅为实体经济转型升级提供了重要推动力，也为资本市场培育了更多的机构客户，提高了资本成熟度，起到了有效防范和分散金融风险的作用。

2. 行业生态日趋完善

伴随着行业的快速发展，私募基金的行业生态也得到了发展与完善，已经逐步建立起监管机构、行业自律组织、私募基金管理人、私募基金托管人、私募基金服务机构等多个参与主体的私募生态圈。截至 2017 年 8 月底，经中国证监会核准的基金托管人 43 家，基金销售机构 376 家，在基金业协会备案的基金外包服务机构 44 家，在中国证券业协会备案的基金评价机构 10 家，行业分工进一步细化，各归其位、各尽其责。

法规与自律规则方面，中国证监会于 2014 年 8 月出台了《私募投资基金监督管理暂行办法》，对私募基金的登记备案制度、合格投资者制度、资金募集、投资运作、自律管理等各方面做出了规定。基金业协会也出台了一系列的自律规则与指引，对私募基金的运作管理提出了全方位的规范要求，涉及的环节包括私募管理人的内部控制、登记备案、合同订立、资金募集、信息披露等，私募基金的运作管理有了具体明确的依据与规范。

（二）私募基金托管业务存在的问题及意见建议

在私募基金快速发展的过程中，产生了一系列诸如某些私募基金管理人运作不规范、不符合监管要求等问题，损害了投资者的合法权益，扰乱了私募市场环境。对此，监管机构与自律组织采取了多项措施进行规范和整治。当前，私募行业规范发展已经成为私募管理人以及各市场参与主体的一致共识。

实践中，有托管人、基金服务机构提供专业服务或监督的环节风险相对较小，而仅有私募管理人参与的环节风险则相对易发。如在私募基金直销环节，由于管理人自行开立账户募集资金而无人监管，易出现基金募集期间资金被挪用的风险；在合同管理及签约环节，由于没有专业机构进行监督，易出现私募管理人篡改基金合同侵害投资者利益的风险。表 1 围绕私募基金运作募集、投资、管理、退出四个主要阶段，针对一些资产管理关键环节，结合行业普遍反映的风险点进行了详细剖析。从表中可以看出，有托管人、基金服务机构提供专业服务或监督的环节风险敞口相对较低（见表 1）。

表 1　私募基金运作关键环节风险点一览

阶段	私募基金运作关键环节	是否有托管机构制约	是否有其他服务机构制约	相关机构制约能力	现有风险敞口
募集	基金募集资金管理	×	√	强	低
	基金合同管理及签约	×	×	无	高
	基金直销适当性管理	×	×	无	高
投资	基金投资运作管理	√	×	弱	中
管理	基金场内投资资产保管	√	×	强	低
	基金场外投资资产保管	√	×	弱	高
	基金估值核算	√	√	强	低
	基金份额登记及结算	×	√	强	低
	基金资金清算	√	√	强	低
	基金收益分配计算及支付	√	√	强	低
	基金费用计算及支付	√	√	强	低
	基金信息披露报告编纂	√	√	强	低
	基金信息披露报告披露	×	×	无	高
	基金管理人内部治理	×	×	无	高
退出	基金清盘	√	√	强	低

1. 基金合同签约及管理环节风险

按照《私募投资基金募集行为管理办法》的要求，基金合同的签署是私募基金募集销售的重要步骤，也是保障投资者和相关合同当事方权益的重要依据，标志着基金管理人、基金托管人、投资人就各方权利义务达成一致。私募基金托管人是否完整履职，是否存在应承担法律责任的失职行为，应当基于基金合同条款来判定。目前，私募基金合同主要以纸质合同为主，私募基金的合同签署基本都是采用纸质化的方式，并且由私募销售机构与基金投资者线下完成。私募基金托管人或者服务机构没有参与销售流程，对于合同的签署信息无法掌握，合同签署是否能够得到规范管理完全依赖于私募基金管理人。实践中，由于管理人、投资人、托管人常分散于各地，往往导致基金合同难以集中签署和规范管理。

（1）在合同签署环节，一是部分私募基金管理人可能并未严格按照先签署合同、后进行运作的要求进行管理，而是采用“先运作、后回收”的模式，有的甚至在尚未签署基金合同的情况下就开始了基金运作，严重影响了私募基金托管人的合同回收与管理。二是合同签署人的身份无法可靠验证，合同原件和证券公司印章存在被恶意造假的可能，从而形成“阴阳合同”。

（2）在合同变更环节，一是在签署补充协议或签署合同变更征询意见函等需要投资者签字的情况下，托管人因无法实际接触到投资者进行实质审核，因而存在非法仿冒投资人签署协议的风险；二是在基金管理人需通知投资者拟变更合同的情况下，托管人同样无法确保管理人已及时通知投资者并安排了基金临时开放供投资者赎回份额。因此存在投资者对合同变更事项不知情，甚至未实际同意合同变更的风险。

对此，建议监管机构与自律组织鼓励及支持专业服务机构向私募基金管理人、私募基金投资者提供基金合同电子签约服务，推进私募基金合同的闭环管理。私募基金托管人作为签署机构，私募基金服务机构作为服务商，均能够在合同签署过程中同步获取实时的合同签署信息，并与相关交易信息进行比对管理，大大提高合同管理的规范性，有效减少因合同签署和管理不规范带来的相关风险。

2. 基金直销适当性管理环节风险

根据《证券期货投资者适当性管理办法》《基金募集机构投资者适当性管理实施指引》的要求，私募基金管理人在向投资者销售私募基金的过程中，除了合格投资者的认定外，还应当勤勉尽责、审慎履职，全面了解投资者情况，深入分析私募基金相关信息，科学有效评估，充分揭示风险，基于投资者的不同风险承受能力以及私募基金的不同风险等级等因素，提出明确的适当性匹配意见，将适当的私募基金销售给适合的投资者。实践中，部分私募基金管理人并未严格遵守以上要求，存在产品风险等级与投资者风险等级不匹配甚至违规宣传、利用私募基金托管人和服务机构的影响力进行恶意增信的风险。

产生该风险的原因主要在于：一是部分私募基金管理人欠缺合规销售所需的专业能力，无法准确评估投资者的风险承受能力和私募基金产品的风险等级；二是在私募基金的销售过程中，对于基金管理人可能出现的怠于勤勉尽责、审慎履职的行为（特别是私募基金管理人直销的情况）缺乏有效的监督机制；三是私募基金托管人作为私募合同当事人主体之一，需在基金合同上签章，而部分私募基金管理人则利用该特点进行违规宣传，宣称私募基金托管人是基金产品的共同发行方，并对基金产品的投资结果承担责任等，进行恶意增信、违规销售。

对此，建议监管机构与自律组织鼓励及支持专业服务机构向私募基金管理人、私募基金投资者提供基金直销适当性管理系统服务，通过技术手段，固化销售适当性的必要步骤，包括特定对象确定、宣传材料上架、投资者适当性匹配、基金风险揭示、合格投资者确认、投资冷静期、回访确认等步骤的执行情况应当通过该平台进行登记，并引入第三方服务机构加以监督，促使私募基金管理人在销售基金时严格遵守《证券期货投资者适当性管理办法》《私募投资基金募集行为管理办法》《基金募集机构投资者适当性管理实施指引（试行）》的规定。

3. 基金投资运作管理环节风险

在基金投资运作管理环节，存在突破合同约定的投资范围与投资限制，并且长期不加以纠正，导致基金的实际风险水平超出基金合同约定的风险水平，从而损害投资者合法权益的风险。

私募基金在投资运作中，需要遵循基金合同约定的投资范围、投资限制。不同于公募基金需要采购、维护独立的投资管理系统（此类机构专用的投资管理系统往往有比较完善的前置于交易下单的风控校验功能），私募基金管理人通常选择“券商结算模式”，即使用经纪商提供的网上交易系统。受制于系统功能或数据传输方面的限制，私募基金在交易下单的事中风控能力方面较公募基金有着先天的劣势，往往更加依赖私募基金托管人履行事后监督的职责。

实践中，私募基金在投资运作中可能出现违反基金合同规定的情况，例如特定资产类别的投资比例违反基金合同规定、基金单位净值持续处于止损线以下、投资类别超出投资范围等。虽然在托管人发出投资违规提示函后，大部分私募基金管理人能够在合同规定的时间内主动完成调整，但如果私募基金管理人选择不作为，托管人并没有权利采取任何可以有效制止私募基金管理人违规行为的措施。

根据相关法律法规的规定及基金合同的约定，托管人面对上述情形应向中国证监会报告，但目前规范基金行业的主要法律法规《证券投资基金法》《私募投资基金监督管理暂行办法》均未对报告的形式、路径、频率等相关内容做出详细而具体的规定，缺乏可执行性。同时，私募基金托管人由于缺乏直接接触投资者的渠道，也无权通过公开渠道发布与私募基金运作相关的信息，因此客观上无法向投资者披露私募基金管理人运作违规的情形。

对此，建议建立针对私募机构的违约违规报送管道和机制，基金托管人、基金服务机构保留发现私募基金管理人违规及信息报送的权利。一旦报送且被认定事实清楚的，可借助基金业协会平台予以信息警示，并可与私募机构分级管理机制联动，提高私募管理人违约违规成本。

同时，还可以在托管人、基金服务机构同业间建立私募基金管理人的违规违约信息共享平台，消除各证券公司与私募基金管理人合作时的信息不对称问题，加强信息互通和共享，使得证券公司在向私募基金管理人提供托管和基金服务业务时，能够保持选择一致性，并择优合作，共同促进行业健康发展。

4. 基金资产保管（场外投资）环节风险

在基金资产保管环节，由于私募基金受托财产中的部分资产品种的权属缺乏统一的登记机制，客观上导致基金托管人难以履行“安全保管”的职责。

安全保管受托资产是托管人的基本服务之一，投资者和基金管理人将资产交付托管人托管后，托管人应保证被托管资产的完整、独立及安全。对于公募基金来说，托管资产的范围主要为股票、债券、基金等标准化证券，有统一的权益登记机构，而且其存放账户由托管人直接开立和维护，因此托管人较容易履行资产保管的职责。但对于私募基金而言，投资范围往往更加宽泛，不仅有公募基金和各类证券期货经营机构所发行的资产管理计划，还包括未上市/未挂牌的公司股权、非标准化债权以及场外签订的期权或互换等衍生品合约，还有以这些资产为基础延伸出来的质押融资、让渡资产收益权等交易行为，加大了托管人安全保管私募基金财产的难度（见表 2）。

造成私募基金托管人存在难以履行“安全保管”私募基金受托财产的原因主要有以下几个方面：

一是所投资的公募基金和各类资产管理计划、未上市股权的权益登记主体较为分散，比如资产管理计划往往由管理人或其聘请的专业服务机构办理权益登记，未上市/挂牌的公司股权一般由当地工商机关或省级股权交易托管中心办理权益登记。这些权益登记机构不同程度上存在着信息不完整、不及时、不公开的情况，并且这些登记机构的财产账户并不由托管人直接控制，对于托管人履行安全保管职责造成了一定困难。

二是所投资的非标准化债权、场外签订的期权或互换等衍生品合约没有权益登记机构，或是由交易对手方进行权益登记，且投资款项一般从托管账户直接汇至交易对手方账户。相关资产的安全性主要依赖交易各方对投资协议所载条款的自觉履行，一旦交易对手方恶意违约，很有可能对基金财产造成不可挽回的损失。

三是基础资产的质押权、收益权没有统一的登记机构，私募基金管理人可能在不告知托管人的情形下，违规与第三方签订质押融资协议、收益权转让协议，在不改变基础资产所有

表 2　　　　　资产权利登记与安全保管风险点一览

<table>
<tr><th>私募基金可投资资产类型</th><th>所有权登记机构</th><th>质押权登记机构</th><th>资产安全保管能力</th><th>安全保管的风险敞口</th></tr>
<tr><td>沪、深证券交易所股票</td><td>中国证券登记结算公司</td><td>中国证券登记结算公司</td><td>强</td><td rowspan="4">无</td></tr>
<tr><td>股份转让系统挂牌的股权</td><td>中国证券登记结算公司</td><td>中国证券登记结算公司</td><td>强</td></tr>
<tr><td>沪、深证券交易所债券</td><td>中国证券登记结算公司</td><td>中国证券登记结算公司</td><td>强</td></tr>
<tr><td>银行间市场债券</td><td>中央国债登记结算公司</td><td>中央国债登记结算公司</td><td>强</td></tr>
<tr><td>公开募集证券投资基金</td><td>中国证券登记结算公司或基金公司</td><td>无</td><td>中</td><td rowspan="10">（1）相关投资的所有权登记机构分散，托管人定期核对权益归属较难
（2）相关投资的质押权无法统一登记，托管人无法监督相关资产的质押行为</td></tr>
<tr><td>信托计划份额</td><td>中国信托登记公司或信托公司</td><td>无</td><td>中</td></tr>
<tr><td>银行理财产品份额</td><td>商业银行</td><td>无</td><td>中</td></tr>
<tr><td>保险理财产品份额</td><td>保险公司</td><td>无</td><td>中</td></tr>
<tr><td>基金专户</td><td>基金公司</td><td>无</td><td>中</td></tr>
<tr><td>基金子公司专项计划份额</td><td>基金公司或份额登记服务机构</td><td>无</td><td>中</td></tr>
<tr><td>券商集合计划份额</td><td>证券公司或份额登记服务机构</td><td>无</td><td>中</td></tr>
<tr><td>期货资产管理计划份额</td><td>期货公司或份额登记服务机构</td><td>无</td><td>中</td></tr>
<tr><td>私募基金份额</td><td>私募基金公司或份额登记服务机构</td><td>无</td><td>中</td></tr>
<tr><td>未上市股权</td><td>当地股权交易中心或当地工商机关</td><td>无</td><td>弱</td></tr>
<tr><td>非标准化债权</td><td>投资协议</td><td>无</td><td>弱</td><td rowspan="2">相关投资无登记机构，托管人无法验证资产的权益归属</td></tr>
<tr><td>场外衍生品</td><td>投资协议</td><td>无</td><td>弱</td></tr>
</table>

权的情况下，私下套取基金资产。

四是当基金发生场外投资时，托管人只能根据私募基金管理人的投资指令、投资协议和相关投资材料进行表面真实性审核，无法对交易价格的合理性、公平性进行判断，无法有效监督私募基金管理人通过关联方交易不公平对待不同投资者的情况。甚至还可能发生托管人遭受欺诈使得基金财产发生损失，比如项目方通过伪造文件等方式进行欺诈，或私募基金管理人精心设计虚构的投资项目并采取与项目方串通的方式实施欺诈。

对此，建议从行业基础建设方面和监管层面，对私募基金的场外投资环境及行为加以规范，主要包括：

一是从全局性金融安全的高度考虑，国家层面应逐步建立各类金融资产统一的资产权益登记服务机构，将私募基金受托财产中各类资产的所有权、质押权、收益权纳入统一登记，由托管人负责相关登记账户的开立和管理，确保所有的基金受托财产均纳入托管人的保管范围。

二是各类金融资产登记服务机构应向托管人及其他服务机构定向开放信息查询入口，托管人及其他服务机构可及时获取资产的变化情况。

三是现阶段对于风险系数大的金融资产，如未上市股权、非标准化债权、场外衍生品等，应限制管理人投资范围，可建立具有公信力的管理人评估体系，根据评级结果划定管理人投资范围。另外，在私募基金管理人签订投资协议时，可引入具备一定资质的律师事务所、会计师事务所等专业服务机构，对相关投资协议及投资标的出具专业的评估意见，以保证相关投资行为和交易价格的真实、合法、公平。

5. 基金重大事项的披露环节风险

在基金重大事项披露环节，由于私募基金管理人面向投资者的信息披露环节缺乏监督，私募基金管理人隐瞒与基金运作相关的重大事项、怠于向投资者及时披露的违规成本过低等原因，存在私募基金管理人侵害投资者知情权的风险。

按照《私募投资基金信息披露管理办法》的规定，私募基金只能向特定投资者进行信息披露，未履行特定投资者调查程序，不能向投资者披露基金信息。由于基金托管人和基金服务机构都不属于基金销售主体，不能向投资者披露私募基金的相关运作信息，客观上也无法向投资者披露相关信息，导致只有私募基金管理人或者销售机构单方面向投资者进行信息披露，造成了较严重的信息不对称。

一方面，现阶段私募行业普遍缺乏有效平台与载体供投资者查询基金信息，部分私募基金管理人向投资者披露信息不及时、不准确或不完整，引发投资者纠纷。在实践中，部分行业先行的基金服务机构根据多数私募基金管理人的需求，已逐步搭建网上投资者服务平台，为私募基金管理人提供面向特定投资者定向进行信息披露的增值服务。而投资者对这一安排容易产生误解，即通过基金服务机构的平台获取的信息是由基金服务机构、甚至是基金托管人发布的，反而弱化了私募基金管理人的信息披露义务。

另一方面，私募基金管理人良莠不齐的资质，导致了部分违规私募基金管理人在销售环节有违规披露不当信息或者故意隐瞒关键信息的操作空间，恶意损害投资者的知情权或误导投资者，最终引发投资者纠纷。

对此，建议一方面通过监管规定或自律规则的形式，进一步明确私募基金管理人需要向投资者进行披露的重大事项的种类、规范，并应当要求私募基金管理人通过行业统一的信息披露平台进行备份。同时，建议由托管人、服务机构通过信息披露平台对管理人进行监督，当托管人、服务机构发现私募基金管理人怠于履行其职责时，应当允许托管人、基金服务机构直接面向投资者发布与基金运作相关的重大事项，使得身份经过认证后的特定投资者能够从托管人、服务机构或基金业协会的投资者服务平台获取其投资私募基金的相关信息，使投资者切实享有基金合同赋予的权利，进一步完善行业信息披露与自律机制。

6. 基金管理人内部治理缺位的风险

自基金业协会 2016 年出台关于私募基金管理人登记备案的新政以来，已有超过 1 万家未实际开展业务的公司被陆续注销私募基金管理人资格，并有 15 批共计 174 家私募基金管理人被列入失联名单，但目前仍然有超过 2 万多家私募基金管理人公示在册。这部分私募基金管理人也存在着资质良莠不齐的情况，少部分管理人对于私募基金的合规运作管理不重视，也不具备合规运作的管理能力。

一旦私募基金管理人失联，投资者必将希望寄托在托管人身上。但托管人代为解决私募基金存续事项时存在诸多困难和障碍，特别是在目前的法规和制度框架下，管理人失联后托管人应该在哪些方面作为、如何作为没有明确的规定或依据。例如，托管人往往缺乏专业的投资交易能力，一旦接管了私募基金的投资交易权限，不论是继续管理还是变现基金财产，均可能引起损害基金业绩或投资者利益的质疑。又如，对于非标准化的项目投资，往往以私募基金管理人的名义签署投资合同或由管理人代持，原本就不处于托管人实际控制之下，私募基金管理人失联后，托管人如何确权、如何追讨、如何处置均遇到难题。

对此，建议在行业级的规则层面充分考虑私募基金管理人在基金运作过程中怠于勤勉尽责甚至失联的极端情形，可允许托管人在特定情形下行使私募基金管理人的权利。例如要求经纪商冻结私募基金的交易账户、要求股权登记机构冻结私募基金持有的未上市股权、召集私募基金份额持有人大会、发起私募基金的提前终止事项等，充分发挥托管人的共同受托责任，保障投资者的合法权益。

三、证券公司开展托管与基金服务业务防范风险的相关建议

证券公司开展资产托管与基金服务业务风险主要来自外部和内部两个方面。相比银行在托管领域积累的较多优势和资源壁垒，证券公司在相当长的一段时期内还要在私募领域打拼。从外部风险来看，由于私募管理人数量众多且资质良莠不齐，一些管理人在内部治理和风控合规方面认知及投入不够，同时在销售环节、合同环节、场外投资等关键环节又缺乏相应的制约，三项风险叠加后极易产生重大风险事件，容易给相关资产托管和基金服务机构带来巨大的声誉风险。从内部风险来看，私募管理人普遍专业能力不足，私募基金运作个性化程度高且复杂多变，如果托管人和基金服务机构自身投入不够、专业能力不足，三项叠加后极易产生重大运营类操作风险。为防范重大风险发生，促进行业稳健开展，有以下几点建议：

（一）提升对资产托管和基金服务业务的认知程度，审慎开展相应服务

资产托管和第三方基金服务不同于其他一对一的金融服务领域，从业务起源及本源来看，就是为防范资产管理机构违背契约或某方面能力不足导致契约无法履行的一种受托保护机制。资产托管和第三方基金服务提供者先天需要具备比资产管理机构更强的投资者利益保护意识、风险防范意识和规范运营能力。对于私募基金风险较高领域，由于客观上存在诸多问题，证券公司理应建立全面的私募管理人、私募产品准入机制和后续跟踪管理机制，审慎开展相应服务。一方面，如果私募管理人违约，较易形成管理人风险向托管人及基金服务机构的传导效应；另一方面，托管人及基金服务机构如认知不足，为一些原本不被市场认可的不良私募管理人变相增信，反而侵害了投资者利益，无形中放大了风险发生的可能。因此，建议加强行业培训与交流，健全完善行业自律规则，为证券公司作为托管人及基金服务机构的持续健康发展给予业务指导和帮助，使认知水平紧跟行业发展。

（二）加大资产托管与基金服务业务投入，不断提升资产托管和基金服务业务的专业程度

资产托管与基金服务业务是高投入后才能持续产出的业务。一方面，资产托管与基金服务业务涉及投资者利益保护，事关重大；另一方面，托管与基金服务业务也是证券公司机构业务发展的重要基础支撑。目前，国内证券行业对资产托管与基金服务业务重视程度不够，业务发展存在组织管理定位不高、人力资源投入不足、信息系统投入不够等问题。一些证券公司仅将基金服务业务划归为经纪业务的一个二级部门，配备业务人员较少，专业人员数量、质量均跟不上行业的发展速度。例如有些公司托管部门未配备单独的风险合规管理人员，管理人员兼职合规管理岗位的情况时有发生。从系统功能来看，自动化程度较低，主要是维持业务生产所必需的基础运营系统，缺乏统一的管理系统和风控系统。

为提升证券公司资产托管与基金服务业务稳健发展程度，证券公司应充分认识业务发展和风险相互匹配的关系，加大在组织管理、人员、系统上的投入。一方面，建议自律组织制定相应的行业管理标准及检查机制，规定一定的组织管理形式，并按产品规模、产品数量测算人员与系统投入底线，防止片面追求商业利益而忽视风险管控，影响到广大投资者利益；另一方面，建议监管机构及自律组织加强新进入的服务机构尤其是托管机构的门槛要求，对于另需开展私募基金托管服务的，应保证在人员、系统投入等方面更高标准的投入。

（三）建议引导和规范资产托管与基金服务业务收费，避免价格战

资产托管和基金服务业务具备显著的机构业务特点，客户数量有限且信息透明，客户对于服务品牌、服务内容、信息科技、风控和合规能力等综合性要求高于一般散户群体。为吸引更多客户，需要服务机构全方位提升自我，也意味着需要持续性的高投入。目前，较早取得基金托管资格的公司投入资源较多，如招商、国泰君安、中信、国信等证券公司的优势较为明显，其私募基金托管数量约占全市场的一半，且集中度有进一步提升趋势。随着新加入的服务机构越来越多，部分新进入机构通过压价或牺牲合规底线的方式来抢占市场，加剧了行业竞争，给私募行业发展和投资者利益保护带来较大的风险隐患。建议自律组织引导和推动证券公司规范资产托管和基金服务业务展业，合理收费。

互联网证券

互联网证券业务的风险控制研究

陈秀清　何　杉　徐士琴　张　驰*

一、互联网证券的风险成因及特征

当前，我国互联网证券面临的主要风险包括技术风险、监管政策风险、信用风险、流动性风险等。此外，互联网证券由于加快了风险的传导，有可能带来一定的系统性风险。

（一）技术风险

证券业务对互联网技术的依赖性较强，易出现计算机硬件系统、软件应用系统、安全技术或网络运行等方面的问题，导致数据保密性、数据完整性、客户身份认证安全性、数据防篡改性、系统防攻击性等方面风险。

1. 计算机病毒、黑客等造成信息泄露所引发的信息安全风险

伴随互联网和信息技术的迅速发展，对信息的窃取无须物理性强制侵入系统。2005 年 6 月 18 日，美国万事达、VISA 和运通公司主要服务商的数据处理中心网络被黑客程序侵入，导致 4 000 万个账户信息被黑客截获；2016 年，中国人寿公司的 80 万名客户的个人保单信息泄露；美国雅虎公司确认 5 亿用户的信息被黑客盗窃。以上事件均凸显互联网金融领域数据管理安全面临的挑战。

2. 未经授权的访问，尤其是病毒程序和木马程序的不断升级，威胁客户的资料安全和资金安全

通过伪造交易客户身份进行诈骗，一般发生在客户身份认证存在安全漏洞或客户身份信息在互联网传输过程中安全保密措施不到位的情况下，可能直接造成客户无可挽回的巨额经济损失。

* 作者单位：陈秀清，何杉，徐士琴，中国银河证券股份有限公司；张驰，华林证券股份有限公司。

3. 第三方系统技术风险

客户通过互联网使用第三方系统发起证券交易指令，从技术上存在第三方公司对交易指令进行发起、接收、修改、落地保存或截留的可能；同时，存在第三方公司通过周边接口获取客户基本资料、资金信息、委托情况等，造成证券公司客户信息泄露的可能；短信通道从技术上也存在泄露客户信息的风险。据《2015 年中国网民权益保护调查报告》，在近一年时间内，国内 6.88 亿名网民因个人信息泄露造成的经济损失估算高达 915 亿元人民币。

4. 第三方合作公司、营运通道等存在隐患和安全风险

证券公司所购买使用的主流网上及手机交易软件，由于多数交易主站及其接口协议均由软件供应商进行开发和提供，存在供应商将其公版客户端直接接入证券公司交易系统的可能，证券公司无法从技术上甄别和阻断供应商公版客户端的接入，导致无法全程掌控客户的账户、资金和交易指令等处理请求，存在信息安全风险。同时，存在使用非法外挂程序或破解接口协议，利用第三方或券商的网上交易程序，开展违法从事证券业务活动或其他程序化交易的可能。

（二）监管政策风险

互联网金融业务普遍具有跨行业、跨部门、业务交叉性强等特征（如“余额宝”和“理财通”投资货币基金；中国平安推出移动支付平台“壹钱包”；“余额宝”也出现保险版），形成了银行业务、证券业务、保险业务以互联网为基础进行深度融合和交叉的模式。

目前，中国金融业实行分业监管模式，综合监管体系尚未建立，各业务发展定位不明、边际模糊，同时面对日新月异的快速发展出现监管认识不统一、创新监管制度不完善、缺乏协调、重复交叉、空白脱节等问题。对涉及银行、证券、保险等多方面的互联网金融产品，“三会”（中国银监会、中国证监会和中国保监会）谁来监管、如何监管及各部门如何协调配合是现有监管体系面临的巨大挑战。如处理不当，既可能影响金融创新，也可能带来监管套利，影响金融秩序稳定。因此，尚未出台的监管政策均为不确定性因素，对不同模式下的互联网金融采用何种方式监管及如何进行有效监管是目前需解决的难题。

国内互联网证券平台正以多种形式为投资者提供线上投资顾问或投资交流服务，如雪球平台可展示专业投资经理人自建的投资策略，傻瓜理财有“民间高手”与投资者进行在线交流，而东方财富网的股吧则集合了不同背景的“高手”各抒己见。借助互联网信息快速传播的特性，入驻平台的明星投资人和财经“网红”对投资“粉丝”产生强大影响力，其影响力甚至远大于传统机构的投资顾问。然而，目前大部分平台无投资顾问相关牌照资质，缺少外部监管，且部分存在虚假宣传、误导式宣传的情况。中国股票市场以个人投资者为主，经验有限的投资者对他人意见的分析判断能力不足，易产生过度信赖、跟风模仿等非理性投资行为。

（三）信用风险

互联网证券的本质是依托网络平台和大数据技术降低信息形成、传递和利用成本，理论上能够提高信用风险跨主体、跨时空配置、转移和定价的效率，但实践中因网络信息甄别能力差、征信体系不健全、投资者教育不足等问题，信息失真、“逆向选择”等问题变得更加隐蔽，影响更加广泛。

对于传统金融，信用风险管理更偏重实地调查与人为判断的结合，信用风险主要来源于可靠信息不足，调查人员技能不够、态度疏忽、刻意隐瞒，不恰当的考核、激励和信贷决策机制，不恰当的外来干预等。

随着大数据技术在互联网金融企业中的广泛运用，信用风险管理更偏重数据挖掘与模型决策的结合，信用风险也可能来源于数据来源不充分、数据失真、模型设计缺陷等。在信用体系建设方面，我国金融赖以发展的信用体系建设仍不完善，证券公司与央行的征信系统尚未做到有效对接，互联网证券信用体系建设仍处于起步阶段，风险更为隐秘且更难防范，在信用风险方面存在的难点如下：

第一，交易过程虚拟化程度高，真实性不易考证，投资者仍存在出借其账户给他人的可能性；

第二，客户资金来源存在不确定性，信息不对称使得证券公司无法判断投资者是否已在银行或其他方面产生信用风险，例如个人投资者可能使用信用卡套现或网上借贷的资金投入证券市场；

第三，由于技术原因造成的个人隐私信息的泄露，使一些不法分子利用互联网证券的漏洞虚开账户，利用账户开展不法交易。

（四）流动性风险

相对于传统证券业务而言，互联网证券面临更高的流动性风险。互联网证券缺乏相关制度约束，实质性流动风险更大；实时交易的流动性管理压力，尤其是当日流动性风险管理进一步加大；大量同质化互联网证券产品在一定程度上增加市场变动的趋同性，一旦发生小概率的流动性风险事件，市场恐慌情绪传染蔓延速度更快。

金融机构的信息化彻底改变了传统金融服务模式和资金流动方式，不仅加快了金融机构内部业务处理速度，同时加快了金融机构间资金转移及国际资金流动速度，大量资金在一瞬间从一个市场流向另一个市场，从一个地区流向另一个地区，资金转移成本基本为零。资金的快速流动加大了市场的灵活性及投机性，局部地区政策的变化快速诱发大量资金涌入或外逃，从而导致局部或全球外汇市场、证券市场、房地产市场的价格剧烈波动，导致金融监管机构对金融市场的监管变弱。

资金流动速度的加快使得金融机构在相同时间内处理众多交易业务，金融衍生品、电子商务、电子货币等借助于网上交易已极大取代了传统金融交易方式，导致金融市场网上交易量急剧增加。庞大的交易量使得传统的金融监管方式在成本和效率上均变得不切实际，使得金融风险加大。资金流动的快速性也导致洗钱、恐怖等犯罪活动日渐增多，事后处理难以起到有效作用。

（五）系统性风险

互联网零边际成本、速度快、范围广的特点使得金融风险加快传导，并且跨界金融风险的传导无边界，可能产生系统性风险。传统的系统性风险的防控体系需进行一定调整，即使互联网金融的规模较小，也有可能在较短时间内形成冲击，从而可能为金融体系带来系统性风险。

互联网的特征决定了风险被放大，行业迫切需在信息系统、风险管控、内控制度等环节夯实基础以防范风险，风险管理能力已成为核心竞争力之一。研究互联网证券领域内风险管理体系的优化，譬如利用大数据等先进技术作为风险控制手段，可能及时发现可能引发系统性风险的隐患，建立全方位的市场风险和产品风险监控系统。

二、国外互联网证券的风险控制实践

（一）美国互联网证券的发展模式

随着大数据、云计算、人工智能等信息技术的发展，互联网深刻地影响着证券行业。美国作为互联网技术的诞生地，是最早开展互联网证券业务的国家，其互联网证券业务伴随着互联网时代的到来而迅速崛起，是目前互联网证券业务最为发达的国家。在美国互联网证券发展过程中，逐渐形成了具有不同特色的券商。目前，美国券商开展互联网证券业务主要有三种模式：

第一类是线上、线下结合的折扣经纪商。美国于1975年5月1日取消了固定佣金制度，折扣经纪商随后出现。折扣经纪商嘉信理财推出了电话交易方式，开始向交易自动化和电子化发展。在互联网时代，折扣经纪商采用线上线下相结合的经营模式，收取的佣金相对较低，提供的服务相较纯粹的互联网券商更加丰富。采用该模式的美国券商有嘉信理财、富达投资等。

第二类是纯粹的互联网券商，这类券商无线下营业网点，经营成本较低，收取的佣金低。此类券商的目标客户定位于对交易佣金较敏感、交易相对频繁的中小投资者。采用该模式的券商有E－Trade、盈透证券（InteractiveBroker）等。

第三类是传统的大型综合性券商。这类券商在互联网证券业务开展上总体慢于折扣经纪商和纯粹的互联网券商，但自20世纪末开始，传统综合性券商全面进入互联网证券业务，对传统业务进行全面转型。这类券商一般有较高门槛，收取较高佣金，提供的服务质量相对较高，提供的产品更加丰富，其主要目标客户为全球高端客户和机构投资者，这类客户往往对交易佣金不敏感，更看重大型国际投行的服务质量。该类券商主要以高盛、摩根士丹利、美银美林等为主。

（二）美国互联网证券的新型业态

金融科技（Fintech）通过各种技术创新吸引客户，为客户提供更加多样的服务，深入挖掘客户价值。技术型的互联网券商及各类技术型公司正在不断创新商业模式，为不同类型的目标客户提供各种特色的互联网证券服务。

1. 智能投顾

虚拟机器人基于人工智能技术和投资者的风险偏好、财务状况、理财目标等特征，通过搭建数据模型、运用智能算法及投资组合理论模型进行大数据分析，为用户提供智能化的投资管理服务，将以往人工理财顾问的“经验判断”升级为机器人投顾的“算法判断”，提高理财投资顾问的效率，更能快速扩大投顾服务范围。以Betterment和Wealthfront为代表的智能投顾服务在美国获得爆发式增长，未来10年内机器人理财顾问管理的资产规模将扩至5万亿美元。智能投顾的特点主要包括投资分散性、追求风险收益比及长期稳健的回报。

2. 高频次交易

以仅拥有证券经纪业务牌照的互联网券商TradeStation为例，其2/3的工作人员是软件工程师，公司目标是让所有投资创意通过软件工程师变成投资策略，从而帮助客户发现市场的交易机会并获利。依靠强大的数据分析能力，开发出一套具有支持交易策略测试标准和自动控制功能的电脑交易分析软件，在这款软件的支持下，客户容易实现高频次交易。TradeStation 公司仅拥有 5 万余名客户，但其交易量却占美国纽约交易所的 1%、纳斯达克的 5%，甚至占全美网络证券商交易量的 8%，连续十年登上全美各大证券成交量和交易平台评比排行榜。

3. 跟随交易

在投资类互联网社区中，能够分享证券投资方面的信息、知识和技能。社区中交易领袖的个人观点、历史业绩、交易记录能够清晰、完整地展现，交易新手会自然产生复制和跟随交易的冲动，对社区中记录良好的投资者交易行为进行复制和跟随。这些功能的技术实现极为简便。支持跟随交易的互联网券商有 eToro、DITTO TRADE 等。

4. 组合交易

组合交易即投资者建立具有某种主题或理念的股票组合，并通过网络社区进行分享。在线经纪商 MotifInvesting 即以这种模式著称，其平台上的投资组合被称为 Motif，组合内的股票往往具有某种相似的主题或概念，如新能源汽车、云计算、3D 打印。用户可选择已有的 Motif 直接使用，也可根据自有需要使用平台提供的设计工具将 Motif 进行修改（包括股票数量、占比等）后使用，也可自行创建 Motif 并分享到朋友圈。该平台的盈利模式非常简单，即向每一个 Motif 交易收取 9.95 美元。按照其创始人的想法，Motif 建立具备“互联网 DNA”的“生态环境”，让群体决策用生态系统的模式自动“优胜劣汰”进行投资组合。

5. 股权众筹

美国证券交易委员会于 2015 年 10 月 30 日通过了《创业企业促进法案》第三章（JOBS ACT Title III），这被认为是全球最主要创新市场股权融资的重大立法突破，对股权众筹行业有巨大的推动作用。该法案首次允许普通投资者通过股权投资创业公司，意味着几乎任何人均可直接出资购买初创公司的股权，为普通投资者提供了原本只有大资金才能参与的投资机会，同时法案下调了股权融资企业的信息披露要求。

该法案的要点包括免去了初创公司 200 万美元以下募资的高成本。首次利用股权众筹募资的企业不必为了正式审计而准备财务记录。美国企业可在 12 个月内通过互联网进行不超过 100 万美元的小额股权众筹，若投资者年收入或个人资产净值不超过 10 万美元，则在 12 个月内的最高股权众筹投资额为 2 000 美元，即不超过其年收入或资产净值的 5%；若投资者年收入和资产净值至少 10 万美元，则 12 个月内的最高股权众筹投资额为 10 万美元。该法案的推出，一方面规范了企业通过互联网进行股权众筹的活动，使创业公司可以面向更多投资者实现融资；另一方面也为投资者提供了相对公平的投资机会，并根据投资者的个人收入或资产情况设置了上限，防止普通投资者亏损过大。

（三）美国互联网证券的监管模式

面对互联网证券业务的创新和发展，美国金融监管部门一方面维持了原有的监管框架和监管体系，另一方面也在不断探索新的监管方式和监管技术，同时也积极发挥律师行业、会计师行业、评级机构、征信行业等在风险管理中的作用，让风险成为金融行业发展壮大过程中的良性因子。

在法律上，美国的金融监管部门对互联网证券并未设定专门的监管框架，而是将互联网证券业务融入一般性的监管框架之内。美国监管当局主要从信息披露、数据安全、投资者公平、隐私保护、投资者教育角度进行监管。涉及的法律包括证券法、蓝天法案、统一电子交易法案、电子商务转账法案、债务公平催收法案、多德－弗兰克华尔街变革和消费者保障法案、金融服务现代化法案、企业振兴法案、公平信用卡支付等。

除了传统的金融监管方式，伴随着互联网金融业务的飞速发展，越来越多的金融交易和微观金融行为均沉淀为种类各异、数量庞大且飞速增长的数据，美国金融监管当局也开始利用大数据实施金融监管，维护金融体系的稳定。2010 年，美国财政部在《多德－弗兰克法》的授权下组建了金融研究办公室，专司微观金融数据搜集和数据统计标准的制定，并在此基础上开展金融分析，从而为美国的宏观审慎监管提供智力支持，并推动了微观金融数据基础设施的建设。美国金融研究办公室提出了建立金融市场法人实体识别码系统的构想，通过建立金融机构和金融产品编码系统，从而能够在金融市场中描绘金融机构相互联系的网络，也能在极其复杂的衍生金融链条中，追踪衍生金融产品的原生资产，从而实现对金融风险的跨部门乃至跨国监控和动态管理，大幅提高金融市场的透明性和有效性。在金融信息数据化的基础上，美国监管当局在不断探索大数据技术在金融风险管理方面的应用（典型应用为风险地图），也在积极探索更为复杂的数据挖掘技术在金融审慎监管领域的应用。

同时，美国金融监管当局积极发挥市场的作用，借用律师行业、会计师行业、征信机构等行业的力量平衡投资者与融资者之间在信息和资源上的不平等。在律师行业、会计师行业的行业自律和美国证券交易监督委员会（简称美国证监会，SEC）的监管下，律师行业和会计师行业均应在职责范围内对披露的上市公司或者债券发行公司的财务信息和公司信息的真实、充分、有效承担责任，从而约束律师行业和会计师行业的行为，提高上市公司或债券发行公司披露的信息质量。征信机构则作为金融市场的参与者，为互联网证券业务的运营者和投资者的风险管理提供支持。目前，美国在传统的以标准普尔、穆迪、惠誉为主体的企业评级和以 Experian、Equifax、Trans Union 为主的个人和中小型企业信用评级之外，Zest Finance 等互联网征信机构基于互联网金融的发展和搜集的数据，借用各种非结构化数据构建了新的大数据征信模型。

（四）对国内互联网证券的借鉴意义

美国的互联网证券业务发展较早，传统证券业已基本实现与互联网接轨，大多数互联网证券业务也在原有业务框架之内。同时，美国的金融行业经过多年发展，监管体系、行业分工和法律政策均较为完善。美国金融监管当局通过将互联网证券纳入原有监管体系和互联网监管技术手段相结合，较好地实现了对互联网证券行业的风险控制。

美国通过补充新的监管法律法规，使得原有的金融监管规则适应互联网证券迅速发展的需求，但总体采取谨慎宽松的监管态度。在规范行业发展的同时，也加强保护消费者权益。美国将网络信贷纳入证券业监管，侧重于市场准入和信息披露，SEC 重点关注网贷平台是否按要求披露信息，一旦出现资金风险，只要投资者能够证明发行说明书中关键信息有遗漏或错误，可以通过法律手段追偿损失。

美国的多头监管相对复杂，但共同的出发点是创新和规范权衡下的消费者权益保护。一旦券商由于破产或其他财务困难而倒闭时，美国证券投资者保护公司（SIPC）在一定期限内尽快履行归还投资者储存于该经纪商的现金、股票或者其他证券的职责。

在美国，如 Betterment 已注册为投资顾问，受投顾相关法律（Investment Advisers Act of 1940）的监管，在美国只要申请注册为投资顾问即可向客户同时提供投资咨询和资产管理服务。国内的证券投资咨询受《证券法》和《证券投资顾问业务暂行规定》监管，限定其只能提供投资建议，不得进行全权委托管理；智能投顾业务在国内主要限于做投资推荐。参考美国的监管措施，可借鉴监管一致性原则以防止监管套利、渐进适度原则以平衡风险与创新、注重消费者保护与合规销售等经验。

1. 健全投资者保护的法律体系

美国金融监管当局在立法上确认了对投资者个人信息泄漏、隐私滥用、欺诈、账户盗刷等意外情况的保护，保障了投资者免受金融产品本身风险之外风险的侵扰。业务机构承担更多责任，使得业务机构将这类风险内部化，积极提升对此类风险的管理和控制水平。美国通过 SEC、各州证券监管机构和消费者金融保护局协作，实现对投资者的保护。

利用消费者数据进行信用评估将涉及个人隐私，美国对个人隐私的保护有明确边界，而国内关于个人隐私方面的保护较弱，在利用大数据进行信用评估时，需考虑个人隐私的合规性。

2. 透明一致的监管体系

对于互联网证券行业，美国监管当局将其纳入既有的监管体系中，要求相关机构进行完备的信息备案与信息披露，既便于政府的监管，也便于投资人查询验证信息。此外，美国监管当局也要求互联网证券从业机构定期披露一定的运营数据和交易信息，并加以保存，作为将来发生纠纷时的存档证据。明确监管主体在各自领域的监管职责，建立沟通协调机制，加大信息共享力度。

美国互联网证券监管法律体系健全，金融风险防范能力强，监管重叠和监管空白的空间小，而我国的金融监管体制属于分业监管，互联网证券因跨业务、跨区域、跨市场特征极易出现非法集资、洗钱等犯罪行为。

3. 构建风险管理的基础设施并改善风险管理技术

在传统的监管方式之外，美国金融监管机构在监管技术上也进行升级，搭建统一的金融产品、金融服务、金融风险追踪系统，应用大数据的方式更全面地监管行业风险。美国金融业监管局开始测试人工智能监控软件，通过大数据实时甄别高频交易、量化交易等情况下发生的不合规交易。

4. 全方位的征信体系为风险量化和计价提供基础

不论是面向企业，抑或面向个人和中小投资者，美国均有相应的征信和信用评级服务，而新的大数据征信技术大幅提高了个人征信的覆盖面和准确度，为金融机构内部的风险控制提供了基础。此外，金融机构不仅利用大数据征信技术进行风险控制，而且用其进行反欺诈，而征信系统的存在也约束了用户在互联网证券业务中的行为。

信息不对称问题导致风险评估难度加大，其解决方法依赖于完善的征信体系建设。美国拥有的信用服务机构具备规范的个人信用体系。我国也应促进征信系统的整合，建立统一的征信体系，信息共享，以降低交易中的信用风险。

三、互联网证券的风险管理体系

（一）传统券商将业务互联网化的风险管理体系

互联网对证券业务的冲击已从经纪业务向融资融券、消费支付类业务渗透，与互联网相结合的证券类产品范围不断扩大。我国发展互联网证券业务的政策、法律环境及监管体系面临多方面挑战，严重制约了创新业务的开展，也使证券公司的服务无法满足投资者的多样化需求。

1. 开户与交易服务

网上证券交易风险随着互联网技术的发展而形成，该交易方式是客户最基本的交易方式。针对新技术手段的运用所带来的风险管理，应根据其特点防范风险、正确识别风险并提供相应的防范措施。网上证券开户和交易的风险主要包括交易数据与交易系统的安全管理，如交易指令可能出现中断/停顿/延迟/数据错误等情况，投资者账号及密码信息泄露，客户身份可能被仿冒，黑客恶意攻击，操作不当造成委托失败，信息泄露，场外配资等不合规交易行为的膨胀。

互联网公司新开发的网上证券交易平台与柜台交易系统等不仅改变了证券业原有的经营环境，同时也使现行的风险管理和监管体系出现盲区，建议从以下五方面搭建网上证券交易风控体系。

（1）网上开户的闭环处理。证券公司审核人员须严格执行对开户资料的统一处理，质检人员对审核结果进行复核和质检，核对客户开户信息完整无误。若与第三方互联网机构合作开户引流，须确保客户开户的具体流程和操作均在证券公司的系统内完成，客户信息及交易指令均在证券公司自主控制的系统中全程处理。在信息披露、风险揭示、客户资料审核等开户环节，及时履行各项公示及通知服务。

（2）交易时间及质量的保证。证券交易对时间的要求非常严格，延迟将造成投资者可能在不同地点或利用不同接入设备在同一时点上得到不同的价格，易形成市场的不公平。为避免由于网上数据传输的延迟而造成交易风险，应尽量使用高速宽带网络，以最大限度地保证网上证券交易的质量。

（3）外部接入信息系统的合规管理。定期对与合作互联网机构对接的信息系统进行检查。按照中国证券业协会要求，建立健全使用外部接入信息系统的内部管理制度及审查机制，采取合规识别、协议约定、开户审查、日常监控等多种方式，规范使用外部接入信息系统。建立有效的识别机制，具备识别外部接入信息系统合规性的能力，监测访问服务器的客户交易指令，拒绝接入无法辨别合规性的外部信息系统。

（4）交易系统的安全维护。网上证券交易涉及数据加密、身份认证和电子签名等技术。在加密机制上，定期更新所采用的加密算法，把先进的加密技术运用在网上证券交易的系统中；根据互联网数据传输的特点，在证券公司负责接收网上证券交易委托单的服务器上建立防火墙，以保证互联网数据传输的安全，最大限度地减少网上证券交易中交易传输的风险。使用环境监测系统、网络监测系统、安全监测系统、应用监测系统和日志分析系统，对影响信息系统正常运行的关键对象，包括机房环境、网络、通信线路、主机、存储、数据库、核心交易业务相关的应用系统、安全设备等进行监控。

（5）投资者账号安全的升级。为防止网上证券交易造成的交易密码外泄，除了采取加密技术，防范客户敏感信息、投资交易等重要数据在传输、处理、存储过程中出现泄漏或被篡改的风险外，还应对投资者进行必要的风险揭示，提示投资者加强账户及密码的保护，如定期提醒其修改密码、输入密码时防止他人偷看、不对他人泄露密码、定期维护电脑及联网设备、妥善保管个人资料、准备备用委托交易手段等，以防范网上委托可能发生的各种风险。

2. 投资理财服务

随着互联网金融的普及，证券公司逐渐通过自设网站、微信公众号、证券类 App 等互联网传播媒介推广理财、投资咨询、交易融资等产品或服务。

（1）理财产品销售。证券公司理财产品的销售，不仅包括代销公募基金、银行、保险、信托等机构发行的传统金融产品，而且包括代销私募机构、境外理财机构销售的产品。理财产品销售业务涉及关系主体较多，可能存在的风险有合作机构资质不足、风险扩散效应、信息披露不足、衍生品风险管理措施不足等。

理财产品销售风险管理体系的搭建需明确与互联网机构的合作规范，包括具备业务资质、理财产品宣传推介材料的制作规范、向客户揭示投资风险等；各业务单元和支持部门均配备风险管理人员，负责该业务单元的风险管理工作。通过制度明确从业务单元到董事会的风险报告路径和相关举措，以使各层级之间保持顺畅的沟通交流。确保风险点及时上报给相关负责人或组织，并适当应对。

（2）网上投资顾问。投顾业务互联网化的新型业务形态包括在线发布研究观点（投资顾问通过微博、微信发布投资报告，客户通过付费阅读的方式进行查看，部分投资顾问提供在线“一对一”式的金融理财问答），在线发布投资组合或者跟投交易（由投资顾问发布模拟盘操作计划，投资者通过免费或付费方式实时查看相关计划内容，作为投资决策参考），利用智能投顾软件提供分析服务（通过自动化建议软件分析客户信息，定向提供资产配置等方面的投资建议）。

利用互联网开展新型证券投顾服务的监管底线要求不明确，部分互联网平台开展的业务游离于非法与合法的边界，主要风险包括非法证券投资咨询的风险、证券欺诈风险、信息安全风险、合规风险等。针对互联网投顾业务暴露出的管理漏洞及合规风险，建议强化投顾业务的内控管理，具体包括以下方面：

第一，建立公司员工使用互联网及社交媒体开展相关证券业务的内控指引，采取包括禁止以个人名义执业、擅自执业，开展相关执业须事前审批、事中留痕、事后审计，进行执业培训等措施规范员工相关执业行为。

第二，规范组合跟投业务的内控机制，模拟组合的交易记录必须留存，并采取事中监测及事后审计等措施防范出现利用晒单、跟投业务进行内幕交易或操纵市场等证券欺诈行为。

第三，建立对第三方互联网平台及外接系统的内控管理机制，建立对外部接入信息系统服务提供商的资质准入审查机制、日常监控及内部审计机制等。未经客户授权，证券公司（包括合作的互联网平台）不得将客户信息及投资交易信息泄露给其他机构，也不得直接用于商业用途。

第四，若证券公司开展智能投顾业务，应建立针对自动化投顾服务的监控机制，包括对自动化建议软件的产品功能及核心算法进行测试及合规评估，客观说明自动化建议软件的产品功能及使用方法，充分揭示其固有局限和使用风险，采取必要措施保障落实投资者适当性要求，对智能投顾进行全流程监督及内部审计、定期培训等。

3. 类融资融券业务

除标准化的融资融券业务外，部分证券公司也在开展基于股票质押式回购的融资服务，此类业务面向的客户更加广泛，拓宽了传统信用交易业务的服务范围，提高了服务效率；同时，也面临客户适当性、信用欺诈、信息安全、服务宣传等合规问题。证券公司开展类融资融券业务的主要风险包括：

（1）流动性风险。融资融券、股票质押回购等信用交易业务具有较强的乘数效应，能使证券交易规模在短期内迅速扩张或萎缩。当股市快速上涨时，证券公司的自有资金和外部融资可能无法及时满足客户的融资需求，产生流动性风险；而当股市下跌时，客户大规模归还融资，导致证券公司资金闲置，降低了资金使用效率。

（2）客户信用风险。在融券交易中，若股市快速下跌，可能出现客户到期不还款或不还券的情况，甚至强制平仓后仍不能覆盖客户的负债，证券公司可能遭受财产损失，客户的信用受到负面影响。

（3）管理和操作风险。证券公司在向客户融资或融券过程中，不规范操作引起的风险，如证券公司对杠杆水平的调节失当则可能使客户亏损加剧；对客户追加保证金通知不及时、客户合约延期操作不及时、错误平仓、高龄客户合同管理不到位等，则带来业务操作风险。

（4）投资者适当性管理的合规风险。部分证券公司提供的基于股票质押式回购的融资业务，大多无准入门槛，或者准入门槛远低于融资融券 50 万元的标准，参与的客户资产规模较小，证券投资经验不足，风险承受能力较低。

信用交易业务可能对证券公司的经营稳定带来威胁，为有效管理可能带来的系统性风险，需建立有效的风险监测指标体系，依托数据搜集和数据分析，建设有效风险监测指标体系，清晰监控融资融券、股票质押式回购等信用交易的运行全貌，主要的风险管理手段有：

第一，投资者适当性管理。明确信用交易业务的客户选择标准，明确客户从事信用交易应当具备的条件；不得向证券投资经验不足、缺乏风险承担能力或者有重大违约记录的客户开放业务。记录和分析客户持仓品种及其交易情况，根据客户的操作情况与资信变化等因素，适时更新信用状况并调整其授信等级。

第二，风险管理数据库建设。对信用交易客户的风险监控指标主要是基于投资者资产、负债和证券交易现状的分析，风险评估和模型体系相对简单。建议多渠道采集客户数据，如客户的个人属性信息、财务信息、证券交易行为数据、社会信用信息、互联网支付信息、互联网社交信息等，通过大数据分析建立信用风险评估模型，以充分反映投资者的资产现状、投资经验、盈利能力、消费记录，为证券公司有的放矢地满足客户的个性化投资需求和市场拓展提供决策依据。

第三，完善信用交易业务监控机制。建立以净资本为核心的信用交易业务规模监控和调整机制。合理确定向全体客户、单一客户和单一证券的融资、融券的金额占净资本的比例等风险控制指标；净资本监控系统关于融资融券等业务的数据采集、生成过程等须及时、准确；准确计算净资本、流动性、风险资本准备等风控指标，并根据指标变化，及时调整信用交易业务规模；实时监控客户未补仓规模，并通过调整业务规模使公司净资本等主要财务指标符合监管要求。

第四，规范与第三方互联网机构的合作。若与第三方互联网机构合作推广股票质押式回购等信用交易业务，未经中国证监会批准，不得为客户与客户、客户与他人之间融资融券提供便利和服务，或向客户介绍场外配资活动。证券公司应向监管部门开放数据接口，以便监管层及时了解和检查。

4. 消费支付服务

限于现有的法规框架，证券公司在消费金融的探索主要体现在消费支付服务，即在不改变现有证券资金账户第三方存管体系的前提下，将证券公司和存管银行的客户资金第三方存管业务平台与第三方支付公司的业务平台实现无缝对接，为客户提供网上支付、购物消费、缴费、信用卡还款及其他增值业务。

消费支付业务面临的风险主要分五类：一是违反监管机关要求及客户交易结算资金管理办法，或是越权操作形成的合规风险；二是由于业务审核不严或交易系统验证失效等导致客户身份信息不符引发的支付风险；三是因第三方支付机构原因或由于资金划付差错、资金划付通道故障等导致的交收风险；四是网络与通讯的稳定性存在缺陷或缺少备份及速度、容量不足等影响业务正常运行的风险；五是第三方支付机构可能发生的信用风险。

（1）针对内部合规风险，需严格执行客户交易结算资金管理办法；建立客户资金每日对账制度，专人负责与第三方支付机构逐日逐笔核对客户资金，确保客户资产安全；开放数据接口，接受监管查询；建立资金核查机制，对客户消费支付业务进行资金核查，严禁为客户提供信用支持；重要操作实行双岗及复核机制；公司统一设计、统一管理签订的协议、风险揭示书等。

（2）针对客户的支付安全风险，实行实名绑定和校验，增设支付认证密码，设置支付限制额度，限额设置、大额支付临时额度设置、支付密码变更、支付或转账业务等的短信或邮件提醒。

（3）针对第三方支付的交收风险，主要风险控制措施有建立备付金预留机制、建立业务监控机制及设置专门岗位、加强资金划付指令管理、减少跨行划款路径、建立交收应急处理机制。

（4）针对网络、通讯故障风险，建立通讯双线路备份制度、建立系统运行监控机制、搭建同城异地灾备系统、建立故障应急机制，制订并实施信息系统应急预案。

（5）针对第三方支付的信用风险，严格限定第三方支付机构的范围，选择具有金融支付牌照、管理规范、内控制度健全且客户资金实行独立监管的第三方支付机构进行合作。

（二）互联网公司开展证券业务的风险管理体系

根据风险来源，互联网公司开展证券业务的系统风险可分为客户信息安全、自身信息系统安全、网络安全和与相关系统连接过程中系统安全等。互联网公司的最低要求是应当满足《证券公司网上证券信息系统技术指引》等监管规定，保证在网上开展证券业务的安全，如对敏感数据应当采取加密传输等方式确保信息的保密性及完整性。对网上证券信息系统的安全保障体系进行全覆盖，保障信息系统和服务的可用性等。

1. 互联网证券经纪类业务的风险管理

在讨论互联网公司从事证券业务的特有风险及其风险控制机制时，将互联网证券经纪、基金代销和投资咨询三项业务统称为证券经纪类业务。互联网证券经纪业务指互联网公司通过互联网为客户提供证券开户、行情展示、资金转账、交易等证券经纪服务的活动。互联网基金代销业务与经纪业务相似，差别在于销售的对象是基金产品。互联网证券投资咨询业务是通过互联网的方式为投资者提供投资咨询服务。互联网证券经纪类业务的主要风险在于客户身份识别、信息披露、市场推广、客户信息授权和隐私保护。

针对以上四种风险，互联网公司应当建立信息发布审查机制，在确保快速触达用户、提升用户体验的同时，确保市场推广信息的真实性、完整性和准确性，不但充分揭示风险，而且确保不存在夸大收益、误导和欺诈投资者等违规行为；完善其他客户信息的政策，尤其是隐私权政策，通过适当的程序向用户提示信息用途，并取得客户的特别授权；对证券经纪业务的收费做到公开透明，防止误导和夸大宣传。

2. 股权众筹的风险管理

互联网股权众筹融资主要指通过互联网形式进行公开小额股权融资的活动。股权众筹发展较为成型的国家是美国，国内的互联网股权众筹业务因监管政策的调整尚未实质性落地。在开展股权众筹业务时，互联网公司采取的风险防控措施可分为事前调查、事中监控及事后监督。

（1）事前调查。利用互联网技术，搭建股权众筹融资项目准入、综合评估、项目估值等大数据模型，分别供项目准入、企业刻画和估值定价时参考。

（2）事中监控。需确保在未接触资金的前提下监控募集资金，切实保护投资人的权益。要求发起人及众筹公司董、监、高等相关主体全部实名认证进行线上操作，线上、线下均需签署相关法律文件。

（3）事后监督。建立融后风险监控模型，建立负面清单，创建联动机制，建立保障保险制度。

互联网公司应当发挥自身技术实力强的优势，确保信息系统的安全性。以蚂蚁金服为例，其建立了多重的互联网金融安全防范体系：

第一，全力建设融技术安全和金融安全于一体的、全方位的网络金融安全体系。通过近百个风控模型、数千条风控规则实时监测，已在网络金融安全领域达到国际领先水平，如支付宝资损率低于十万分之一，相较国内外支付行业，已处于大幅领先的地位。

第二，通过持续技术创新，保障业务安全稳定。蚂蚁金服的自主可控技术、分布式金融架构、异地多活的容灾体系达到世界领先水平，严格保证业务连续性，支撑可持续发展。2012—2014 年，支付宝系统的可用率均在 99.99% 以上，未出现停机维护。自主研发的飞天云计算操作系统及 OceanBase 数据库等，全面摆脱了对外资软硬件的依赖，实现了核心技术的自主可控。

第三，持续优化数据安全管控机制与数据安全监督机制。建立了以数据分级、脱敏、加密、隔离、自动化监控及审计等数据安全策略为核心的、贯穿线上及办公环境的数据安全风险监控平台。有效识别和防范数据从线上数据库、数据仓库等核心环境向办公环境流转时的安全风险。

阿里巴巴推出了面向社会的信用服务体系芝麻信用，除了接入阿里巴巴的电商数据和蚂蚁金服的互联网金融数据外，也与外部的公共机构、商业机构达成广泛的合作。百度金融以技术和大数据为基础运行，通过技术在风控上的优势，建立强大的风险甄别能力和可追溯的风控流程，“小额化、碎片化、随时随地化”的特征，恰是传统金融机构难以实现的竞争优势。京东金融不断升级风控系统，封装各种针对套现、账户被盗等特征识别的模型及策略，联合腾讯、光大银行、北银消费金融公司等机构发起成立互联网金融安全联盟，加大对套现等欺诈行为的打击范围，投资大数据风控模型公司 Zest Finance，提升安全策略升级、欺诈风险防控和行业扩散的风险事件处置能力。

四、互联网证券风险控制的发展趋势

（一）智能化：基于大数据的投顾服务和征信体系有助于降低风险

1. 为投资者提供风险偏好相匹配的投资组合

在互联网背景下，借助大数据、机器学习等技术，可对投资者的信息进行分析，帮助投资者明确自身真实投资偏好。同时充分利用情感分析、关键词提取、语义分析等技术，配置符合投资者不同风险偏好等级的资产组合，进而降低客户的意外投资损失概率，并优化投资者的投资风险收益。

2. 互联网个人征信弥补传统征信不足

融资融券业务依托于投资者个人信用，当证券价格出现大幅下跌时，有可能出现客户无补仓能力且市场流动性匮乏无法及时止损的情况，对证券公司形成实质性风险损失。因此，投资者的还款能力是融资融券业务风险控制的核心要素。现阶段证券公司主要依赖央行征信报告、担保、房产证、收入证明等传统材料进行信用评审，难以完全准确地评估个人信用情况。

针对当前个人信用评估的诸多不足，互联网企业大量搜集各方面的相关数据，其中包括电商平台、支付平台的行为偏好、履约能力信息；与黑名单数据合作提取金融机构用户的信贷违约信息；基于社交网络采集的即时通信、SNS、电商交易、虚拟消费、关系链、游戏行为、媒体行为、基础画像信息等。在此基础上，利用统计学、机器学习的方法，建立基于互联网信息的个人征信报告，可弥补传统信用评估材料信息缺失，更加准确地进行信用评估。

3. 大数据分析判断发债主体信用变化

面临信用债刚性兑付逐渐被打破的客观现实，传统债券信用体系已无法满足市场需求，信用债资质和违约风险评估工作的开展需搭建新的信用评价体系。

传统债券信用评级以人工评价为主，当债券主体经营情况恶化时难以及时发现，无法跟随主体情况变化进行实时调整。互联网行业利用机器语言和大数据分析能力，通过搜索海量信用报告、研报等信息并进行解读，通过整合市场变化信息做出关键趋势预判，从而获取信用变化的预警。互联网企业研究利用 LBS 定位服务、卫星图像等数据，直观计算现有商场、小区、高速等场景的流量分布，与同类场景进行相互对比，以此评判经营状况并作为信用情况的重要评估依据。

4. 利用先进技术保障个人信息安全

在存储、访问和使用个人信息数据时，成熟互联网企业更加注重完善相关规范，明确数据归口和各角色职责，并对数据采取严格的加密、去识别化、数据清洗等技术措施，保障数据使用过程中不包含个人身份的识别信息。将加密后的个人信息和行为数据分开保存，对于个人隐私类数据进行随机干扰、散列、K－匿名、泛化、抑制等脱敏处理。

金融数据仓库可从仓库机房部署、软件栈建设方面提供全面的大数据安全技术架构。通过区块链技术可规避数据转卖等风险，解决数据本身的安全存储、共享与分析问题。在学术界，MIT Media 实验室已推出了 Enigma 云平台，利用“区块链”技术解决了私人数据存储与计算的安全问题，使得数据在完全不暴露任何明文信息的情况下完成各类计算。

5. 运用大数据和云计算技术进行风险控制

互联网金融的风控措施大多从技术角度出发，将一系列的现代前沿技术引入风控体系，提高互联网证券机构风险管理效率。金融平台在风险控制中以大数据分析作为手段，具体应用包括大数据征信评级和风险预警。

金融平台在信息共享的基础上，依托人工智能（深度学习、知识图谱的应用等）技术对大数据进行加工，并分别应用到征信和风控预警环节。构建客户征信评级模型，包括综合征信模型和细分化的业务征信模型，持续的业务跟踪和客户信用变化情况跟踪为征信模型的有效性提供了有效验证；建立事前或事中的风险预测及风险监测机制，为业务开展提供决策依据及风险警示。同时，大数据分析可对业务发展趋势进行分析，通过对比行业新闻对业务风险趋势的影响，对可能出现的风险及时进行预警。

（二）平台化：基于平台的信息共享和数据互联有助于降低风险

1. 平台化实现共享信息

以互联网金融数据保全平台“无忧存证”为例，无忧存证是与投资方、融资方以及撮合投融资交易的平台方三者均无任何利益关系的“第四方”平台，将作为中立的见证人见证投融资过程中的每个环节，如融资人的融资需求、投资者的投资金额、双方签署协议的细节、支付凭证、资金流水等。类似的金融技术及应用将进一步加深，逐步解决信息不对称问题。

2. 金融生态体系的形成

随着互联网金融的发展，未来各大平台业务必趋于融合，形成完整的金融生态体系。在该生态体系中，金融平台以综合金融服务提供商的角色存在，同时也以业务参与者的身份活跃在生态体系中。以信息共享为基础，以大数据分析为手段，所有信息传递和业务成交在有效控制风险的前提下实时且快速完成。

3. 区块链技术的运用

首先，区块链去中心化、开放自治的特征可有效解决大数据风控的数据孤岛问题，促进数据源公开透明地互联互通，可及时发现和预防可能存在的系统性风险。其次，区块链的分布式数据库可改善大数据风控数据质量不佳的问题，使得数据格式多样化、数据形式碎片化、有效数据缺失和数据内容不完整等问题得到解决。最后，由于区块链数据库是去中心化的数据库，任何节点对数据的操作均会被其他节点识别，从而加强了对数据泄露的监控。

（三）场景化：基于消费场景的产品和细分化的技术有助于降低风险

1. 互联网证券产品的场景化

互联网金融场景化通过针对性的金融产品全面嵌入众多消费场景中，金融服务与具体场景的紧密结合为用户提供多样化金融服务，满足不同风险敞口下的资产配置需求，互联网金融风险控制也将逐渐呈现场景化的发展态势，使得客户能够方便地寻找到符合自身需求的投资品种，满足不同风险偏好与不同风险敞口下的资产配置需求。个性化、场景化的证券产品将通过互联网全面嵌入众多消费场景中，如出国留学、跨国贸易、贵金属投资等。

2. 互联网证券风控的场景化

伴随着互联网证券业务的场景化，相应的风险控制也将逐渐呈现场景化的发展态势，风险管理也呈精细化，以适应不同的应用场景。监管层和证券机构利用更加先进的技术和方法，更加真实、全面、及时地掌握风险情景并做出合理有效的应对，从而有效控制行业风险，实现以顺应市场需求为中心、以技术创新为动力、以风险可控为底线。

五、提高互联网证券风险控制水平的建议

（一）完善法规体系，把控监管力度

互联网证券是新兴业态，由于其模式的多样性、产品形态的模糊性、金融服务的融合性等问题对现有的监管模式造成了一定挑战。互联网证券领域的法律体系尚未健全，部分监管法规位阶较低。中国人民银行、中国银监会、中国证监会等传统金融监管部门应建立监督协作机制，加强协作监督，以促进互联网金融业务的持续、稳定和健康发展。

1. 完善监管体系

互联网证券业务模式是证券业务以互联网为基础进行深度融合交叉，其影响力远大于传统证券行业。对于互联网证券业务的监管，需统一线上线下业务的监管标准，进行适度监管、分类监管。在传统证券业务监管的基础上，针对互联网证券业务进行创新监管。

我国互联网证券尚处于发展的初级阶段，需明确证券公司在设计、开发、审批和实施业务过程中建立风险论证和评估程序，确定互联网证券业务的市场准入、业务流程、安全认证等，制订有效的风险防范措施。

2. 明确准入门槛

目前的互联网证券格局分散，大量平台正在为投资者提供包括证券开户、证券交易、行情资讯、投资顾问等多样化证券服务。在缺少监管准入的情况下，投资者很难判断平台的规范性，监管机构也难以实施监管，平台提供的服务质量和安全性均难以得到保障。因此，应明确行业门槛，以严格的资质管理实现事前的风险把控。

3. 鼓励监管创新

监管机构可借鉴“监管沙箱”模式，选定试点机构和平台，允许在业务模式上进行可控的创新，遵循“明确规则、保持门槛、给出指导、备案管理”的原则，保持监管弹性。

（二）扩大信息技术的应用半径，加强网络技术安全

互联网证券在为投资者带来投资便利的同时，也将投资者暴露于信息技术风险之下。由于我国目前在相关安全保障方面和发达国家相比仍然有比较大的差距，应从源头把关，对从事相关业务机构的技术能力和信息安全防护机制进行严格要求，防止信息从政府、投资者及第三方金融机构处泄露。

1. 加强信息安全管理

监管机构应针对提供互联网证券服务的机构和平台，出台严格的个人信息安全管理要求，制定详细的个人信息安全管理标准，建立个人信息安全管理自查和监管审查机制，对恶意泄露个人信息的行为务必做到“零容忍”。

加强对互联网证券相关技术的学习掌握，建立严格规范的操作流程，提高互联网证券从业人员的专业素养，加强信息技术的风险控制技能培训。建立严格的技术风险评估体系，互联网证券各项业务的方案须经过监管部门的系统分析和技术风险评估后方可开展。

2. 建设网络技术防护体系

我国证券金融机构应构建互联网金融信息安全体系，持续改进和加强互联网金融运行环境和大数据管理；规范信息系统运行体系，避免中间环节隐患；规范技术操作流程，防范误操作所带来的信息安全风险；同时大力开发自主知识产权的信息技术，建立健全漏洞、病毒等防范及应急处理机制，最大限度地加强对信息安全的主动防护。

在网络运行方面，应使用分级授权和身份认证对非法的用户登录进行限制，利用数字证书加强对大数据的管理，大力开发数字签名、密钥管理和互联网加密等多种技术手段，为交易主体提供安全保障，从而降低技术风险。

3. 促进大数据、云计算和区块链技术的应用

传统的人工风控方式由于成本、地域、效率等方面的制约，无法及时有效识别个人和企业的真实风险。建议监管机构倡导对新型风控技术的探索和使用，将其作为传统风控手段的有力补充，推动互联网证券业务的健康稳定发展。

当前世界主要发达国家均已在大数据、云计算和区块链技术应用发展领域有所布局，建议明确牵头部门，负责组织相关机构，落地大数据、云计算和区块链技术在互联网证券应用的顶层设计，负责明确大数据、云计算和区块链技术互联网证券应用研究和人才培养机制，推进互联网证券基础数据库及数据中心建设，制定数据隐私保护政策及数据标准规划。

4. 加强账户异常交易日常监控

建立异常交易监测机制，对交易所规定的异常交易行为进行重点监测，并针对自身客户群情况，确定个性化的异常交易监控指标进行监测。针对现在证券市场主要通过互联网委托报单交易的特点，建立风险监控信息系统，实施动态监管、实时预警、应急处理预案，保证证券公司及时掌握各营业部的交易风险、资金风险、柜员业务操作预警情况。通过在系统中的部署，对客户的异常交易行为、MAC 地址、IP 地址等进行全面的风险监控，及时发现异常情况并进行相应处理。

5. 利用大数据加强客户适当性管理

对客户实行严格的线上适当性审查机制，完善客户真实有效的适当性评估，确保线上线下客户适当性要求的统一性，完善不同金融产品适当性的区分落地。利用大数据分析建立的客户投资风格和偏好数据档案，确定风险测评的动态评估规则，将动态测评和问卷测评相结合，形成客户风险承受能力在不同阶段的评估方案。

（三）加强行业自律，加强投资者教育

完全通过政府的力量监管行业风险，难免存在手段单一、监管滞后的问题，应充分发挥市场中各行业的职能，促使不同的行业之间形成相互合作又相互制约、相互约束、相互监测的关系，将更加有利于行业的动态发展与平衡。

目前中国投资者自身素质参差不齐，对风险的把控能力千差万别，需加强投资者宣传教育。通过全面信息披露，实现投资者教育，对投资者进行风险承受能力等级区分后，需明确各等级风险承受能力投资者可进入的业务，并通过平台适配系统自动实现。通过各种渠道，

包括报纸、广播、电视、微信、微博等进行投资者教育，使投资者充分了解互联网证券相关风险。

（四）健全征信体系建设，完善信息分享机制

我国的征信系统与发达国家相比发展相对滞后，同时也缺少相应成熟的征信信息分享机制，亟须建立和完善征信体系。

1. 合理设定客户限制

互联网证券公司应当对不同时期、不同风险等级的客户实行不同等级的身份识别，并设置不同等级的业务限制。对于新客户的识别，除核查开户需要的基本信息外，应通过观察客户的交易行为进一步确定客户的风险等级；对于存量客户，应当综合职业、地域、年龄、交易情况、资金变动等因素，定期更新其风险等级，根据客户的风险等级对具体客户特定业务进行合理限定，对高质量客户赋予较高的信用评级，对有欺诈风险的用户给予风险警示。

2. 建立信用评价体制

信用体系建设是互联网金融机制体制创新的重要配套措施和组成部分，完善的社会信用制度是减少金融风险、弥补互联网金融现有大数据资源的不足、促进金融规范发展的保障。加强社会信用制度建设，建立完善的社会信用制度可有效地减少金融风险，促进金融行业的健康发展；建立适配企业、个人信用评估体系；提高对客户担保品、抵押品的评估管理水平，建立健全担保品风险预警和处置机制；通过完善互联网身份认证规范，同时建立互联网大数据征信系统作为央行征信系统的补充，提供更加全面及差异化的信息覆盖度。进一步实现征信数据共享，通过立法及制定行业规则等措施将各个企业机构各自的征信数据进行整合，实现更加全面的征信覆盖。

3. 完善信息共享机制

目前互联网信用体系尚不完善，信用信息交换风险高。事实上，互联网企业拥有丰富的官方数据，蕴含巨大的信息量。如通过合作形成信息共享，则能够有效地减少信用风险的发生。信用体系的建立是互联网证券健康发展的必要条件，通过信息共享机制，可建立全面的信用体系，进而提高互联网证券的风险控制水平。

我国互联网证券发展趋势及建议

中国证券业协会互联网证券专业委员会专题研究小组*

一、国内互联网证券的发展概况

随着 2013 年底网上开户制度的推出以及互联网开户引流业务的开展，国内互联网证券业务进入大发展阶段。与此同时，创新型互联网企业开始模仿国外业务模式创设了一批新型互联网证券业务形态。应该说，互联网证券业务虽然对传统证券公司的业务模式和形态产生了冲击和挑战，但总体而言，对证券公司的业务发展和效率提升起到了促进作用，并逐渐从传统的引流开户模式拓展到全面的互联网证券服务。

（一）互联网证券业务发展现状

互联网与证券行业的结合，不仅减少了信息不对称，有效降低了各项中间成本，扩大了证券公司的服务边界（如非现场开户的实现、营销渠道的拓宽等），而且极大提高了资源配置效率。互联网金融的迅速发展使得证券公司逐渐失去传统发展模式中所具备的物理网点优势，佣金率大幅降低，将经纪业务由发展通道向理财业务和信用中介终端转变，引发证券行业的转型，促使证券公司从延伸业务链条、增加风险定价、资产证券化等方面寻求新的盈利模式。

2014 年 4 月，中国银河证券、中信证券、国泰君安证券等 6 家证券公司成为互联网证券业务的首批试点证券公司，互联网试点证券公司的数量迄今已扩容至 55 家。2014 年，证券公司的互联网转型主要为网上交易降佣，利用互联网以较低的边际成本吸纳客户。2015 年，各家证券公司积极推出升级产品，全面转型移动互联网业务，布局移动端 App 和微信

* 研究小组成员：平安银行股份有限公司：蔡新发；平安证券股份有限公司：郑霞，李跃，刘宇；华林证券股份有限公司：雷杰；华宝证券有限责任公司：杨宇，王莽；安信证券股份有限公司：赵湘怀，贺明之；长江证券股份有限公司：李庚，陈晋，程刚。

公众号，比拼活跃度及客户下载量。自2016年以来，证券公司发力移动互联网，以综合账户体系为基础，打造一站式综合金融服务平台，为客户提供账户诊断、账户分析、账户管理等多重服务，实现智能选股、股价预警、智能选基等服务，在分析用户行为数据的基础上为客户提供金融产品配置建议，构建全新的互联网生态环境并探索差异化创新，充分满足客户的差异化需求。

面对混业经营及移动互联时代的到来，传统证券公司与互联网融合已是大势所趋，衍生了互联网证券领域，即通过互联网技术实现证券的发行、定价、销售、交易等活动，包括经纪、理财产品代销、证券发行承销、自营投资、融资交易等证券业务的互联网化。目前，国内的互联网证券业务主要表现于在线开户、新股申购、在线交易、融资、理财产品在线销售、私募股权融资等方面，其中证券开户及经纪业务是应用最广泛的互联网证券业务形态，互联网开户的营销模式通过互联网平台进行引流（如国金证券和腾讯合作的“佣金宝”），利用微信微博等自媒体进行转发推广，对接金融社交平台（以雪球、新浪理财师、牛股王为代表）抢占互联网流量入口。

互联网证券领域的发展势头迅猛，也吸引了互联网巨头加入行业竞争。以BAT（百度、阿里巴巴和腾讯）为代表的互联网公司利用流量优势对证券公司的开户、理财产品销售进行导流，也开始谋求利用大数据优势进行智能投顾服务和布局，试图通过业务种类的丰富和产品体验的升级，实现互联网证券生态化和场景化。

券商与互联网公司开展跨界合作，利用搜索引擎引流，抢占互联网流量入口；从垂直细分领域切入，包括金融界、同花顺、Wind资讯在内的金融门户网站及金融技术提供商向券商开放端口；与金融社交平台合作，如以雪球为代表的投资类社区，新浪理财师、“牛股王”等以大V展示投资策略、分析跟单交易迅速积攒人气；与互联网公司展开股权合作等。

（二）互联网证券业务监管政策

作为新兴的金融业态，互联网证券的发展边界很大程度上取决于监管政策的变化。目前针对互联网金融的整个监管体系正在逐步建立和完善之中，这有助于培育良好的市场生态环境，也将在极大程度上规范互联网证券的发展。

2000年，《网上证券委托暂行管理办法》和《证券公司网上委托业务核准程序》的推出，可视为国内证券交易实现互联网化的开端。

2013年，《证券公司开立客户账户规范》和《证券账户非现场开户实施暂行办法》促使证券经纪业务实现开户环节的线上化。

2014年4月至2015年3月，中国证监会同意了55家证券公司的互联网证券业务试点资格，鼓励券商通过互联网拓展业务，加速行业融合，使投资者享受到更多改革或转型的红利，同时对于企业融资、社会经济复苏与转型以及中小企业发展产生了长远且积极的支持作用。2014年5月，国务院印发《关于进一步促进资本市场健康发展的若干意见》，对互联网证券活动进行了明确：“引导证券期货互联网业务有序发展。建立健全证券期货互联网业务监管规则。支持证券期货服务业、各类资产管理机构利用网络信息技术创新产品、业务和交易方式。支持有条件的互联网企业参与资本市场，促进互联网金融健康发展，扩大资本市场服务的覆盖面。”2014年5月，中国证监会发布了《关于进一步推进证券经营机构创新发展的意见》，明确支持证券公司积极利用网络信息技术创新产品、业务和交易方式。2014年10

月，中国证券登记结算公司统一证券账户平台（一码通）上线，打通了沪深 A 股、B 股、封闭式基金等 7 个市场，完善和推动互联网证券进一步健康发展。

2015 年 4 月，“一人一户”限制被取消，自然人投资者可以根据需要最多开立 20 个 A 股账户，彻底打破证券账户流动的制度藩篱。2015 年 7 月，中国人民银行发布了《关于促进互联网金融健康发展的指导意见》，对客户资金第三方存管制度、信息披露、风险提示和合格投资者制度、消费者权益保护、网络与信息安全、反洗钱和防范金融犯罪均提出了具体要求。

2016 年 3 月，中国互联网金融协会在上海成立，标志着互联网金融从野蛮生长向“有组织、有纪律”的态势迈出关键一步。2016 年 4 月起，中国证监会对私募基金和证券期货经营机构参与 P2P 业务情况进行风险排查，并要求证券期货经营机构与互联网企业合作开展业务情况进行全面自查整改。2016 年 10 月，国务院办公厅公布了《互联网金融风险专项整治工作实施方案》，明确了互联网金融风险专项整治工作的目标、原则、重点、职责，主要目的在于防范金融风险，保护投资者权益，完善监管长效机制。中国人民银行等 17 个部门联合印发《通过互联网开展资产管理及跨界从事金融业务风险专项整治工作实施方案》，重点整治 P2P 借贷、股权众筹、互联网保险、第三方支付、互联网资产管理等领域。中登公司将“一人可开 20 户上限”调整为“一人可开 3 户”。

（三）“互联网 +”对证券业务的影响

1. 互联网对传统证券经纪业务的颠覆

随着互联网金融在证券业的日渐渗透，证券公司的业务模式和竞争格局出现了较大变局，尤其是对传统的证券经纪业务的冲击更为明显，主要体现在两个方面：

一是全国竞争取代区域竞争：互联网消除了传统经纪业务的地域限制，使经纪业务的竞争由营业部网点的“短兵相接”，演变成全国范围内的扁平化竞争格局。

二是业务运营模式被重塑，传统的“客户临柜—柜员受理”的业务模式已向“客户网络申请—总部集中受理”的在线模式转变，营业部营销人员、现场业务办理的员工大量减少，依托互联网服务线上客户的人员则会增加。

2. “证券用户体验至上”经营理念得到普及

“互联网 +”并非在技术上给予证券公司多大冲击，更多是在“理念”上的冲击，使证券公司真正认识到客户体验的重要性，也倒逼证券公司更多从产品创设、服务模式方面探索与互联网的结合，提升服务水平，逐步建立“用户体验至上”的互联网式的思维方式和经营框架。证券公司通过 PC 与移动终端、网上商城、微博、微信等多渠道协同推动，建立了集证券交易、理财、投资咨询等功能丰富多样的服务平台；部分证券公司还实现了 7 × 24 小时服务，客户自助办理流程更人性化、便捷化。

3. 互联网推动了普惠金融发展

互联网的发展极大消除了信息不对称，特别是“一人多户”政策出台后，投资者参与门槛大幅降低。根据中登公司 2016 年 8 月的数据，持股市值 50 万元以下的自然人投资者占全部投资者（机构与自然人之和）的 94%，互联网让这部分中小客户无差别、低成本享受到更全面及时的证券服务，也促使证券公司重视原来被忽视的长尾客户。

2016 年 8 月，中国 A 股的自然人投资者仅 1.1 亿人，而中国家庭数量在 2014 年就已达到4.3亿户[①]，仍有相当数量的家庭并未参与证券投资。此外，随着社会保障体系的完善，每个人有可能会逐步具备类似于强制性的社会养老投资账户，也将给理财投资业务带来机遇。互联网有利于将证券服务推广至更广大群体，从而实现普惠金融。

4. 互联网证券提出了更高的风控要求，同时也提供了更智能的风控手段

互联网服务和证券服务的发展基因不同，证券公司处于严格监管之下，在风险控制与客户体验之间，证券公司往往更关注风险。互联网证券使金融的固有风险复杂化，增加了投资者适当性管理、投资者信息安全保障的难度，这些都对证券公司风险管理提出了新的挑战。

同时，互联网技术也为证券业提供了更加智能的风控手段。互联网可以让证券服务的每个环节都以数据形式加以存储，便于调用。未来随着更多互联网前沿技术如区块链的应用，金融信息除了被记录、被存储，还能够互相验证、互证真伪。总的来说，互联网可以有效弥补人工操作带来的失误和道德风险，证券服务将以一种更安全、更智能的形式存在。

5. 推动证券公司完善IT系统与人才机制

证券公司需要对其组织架构进行相应调整，重视基于互联网的IT基础设施对于业务的驱动作用。目前，证券公司通常依靠采购第三方系统来完成客户端的布局和迭代，供应商“垄断”核心系统，证券公司建立相应的外围系统。这容易导致核心系统与外围系统架构复杂、功能重叠、数据交互困难等不利局面。证券公司亟须补充自身在技术和人才方面的实力，在关键业务系统、网络设备、技术人员配备方面充分投入，来应对高并发、全天候的客户需求以及愈演愈烈的跨界竞争。为打造独特、极致的客户体验和具备竞争力的技术平台，必须把核心技术掌握在自己手上。

6. 互联网证券与金融科技（Fintech）互为促进，共同发展

证券投资作为信息密集型行业，信息技术的每一次大规模变革都曾深刻改变证券业的面貌，随着互联网与证券融合程度愈加紧密，基于金融科技的证券服务近几年获得了较高关注。然而，金融科技在国内的应用场景，主要集中在零售支付和消费金融等领域，对证券方面目前突破不多。未来，应该会有越来越多证券投资领域的资深人员加入金融科技公司，在证券登记结算、交易、资产证券化等复杂业务领域，与区块链、人工智能等IT技术人才相互辅助与指导，从而为客户提供更优质的证券服务体验。“金融科技+证券牌照”的结合有可能从根本上颠覆证券行业的服务模式，使得服务的成本和难度极大降低，证券投资服务的创新空间和覆盖领域也将极大扩展。

二、互联网证券发展的主要特点

随着证券业务与互联网的不断融合，现阶段互联网证券业务发展主要体现出移动化、科技化、互联化、扩大化四大特点。

（一）移动化：将证券服务做到极致

随着移动互联网技术的成熟，各家证券公司开始着力推广移动端开发，积极寻求传统业

---

① 国家卫计委发布的《中国家庭发展报告2014》提到，中国家庭数量达4.3亿户。

务与移动互联网的深度结合。2015 年，大部分券商均已实现通过微信服务号或 App 进行移动端开户。由 2016 年中国证券业协会互联网证券专业委员会的行业调查统计可以看出，互联网平台在券商业务中的贡献也在逐步提升，在网络开户占比方面，绝大多数受访券商均在 90% 以上，有些甚至达到 99%。

开户、股票交易只是服务零售类客户的基本形式，目前证券公司通过移动互联网较好满足了客户的交易需求，并进一步触及客户更广阔的财富管理需求，将客户服务做到极致。

从长远看，移动互联网对证券行业的影响和改变将是全方位的、深层次的。当前主要冲击经纪类业务板块，未来随着互联网金融发展，证券公司资产管理类业务、投资银行类业务等也必将面临调整。更为关键的是，互联网技术的进一步发展、互联网精神和理念的全面普及和深化以及国内互联网金融法律和监管环境的不断完善，必将深刻影响和改变证券行业的固有业态，颠覆证券行业已有的业务模式，证券公司将走上差异化发展道路，在互联网和证券业务的不断融合中形成新的业态和产业均衡。

（二）科技化：金融科技在“互联网+证券”中大有可为

金融科技本质是科技，强调的是利用大数据、云计算、人工智能等创新技术进行风险控制和平台管理，是一种运用高科技来促使金融服务更加富有效率的商业模式。金融科技下的产品要从金融本身做出改变，从而再借助互联网的力量将这种产品带到用户面前。对证券行业而言，金融科技将在用户、策略、经营模式等层面带来多重变革。

1. 智能投顾

传统的资管业务是以人工为主、“一对一”服务，由于服务成本高昂，仅针对高净值人群开展，普通投资者无力消费。而这些长尾人群因为投资经验不足，恰是最需要服务的群体，这就造成了金融资源的分配不公。

智能投顾是把最基础的 Markowitz 资产组合理论和其衍生模型应用到产品中，在云端低成本、快速、批量化地解决各种数据运算，再结合投资者风险偏好、财务状况与理财目标，通过后台算法为用户提供资产配置建议。智能投顾的优势在于成本低，容易操作，可以避免投资人情绪化的影响，分散投资风险，信息相对透明。智能投顾具有“一对多”的特性，边际服务成本可以忽略不计。由于中国存在数量庞大的长尾人群，智能投顾不仅可以提高服务效率，还能起到普及资产配置服务的作用，使资管服务的对象从高净值人群向长尾用户转移。

进入 2016 年，我国众多平台推出智能投顾概念，致力于为投资者提供自动化、智能化投资服务，提升客户体验，增强客户黏性，多数平台投资标的为通过 QDII 投资追踪国内外股票、债券、房地产市场相关指数的 ETF，或注册美股账户用来投资美国股票市场，实现全球化资产配置。但整体来看国内平台智能化程度参差不齐，部分平台仍处于概念化阶段，并未实现通过先进的算法来构建投资模型，而是用概念进行市场宣传，吸引用户。

据不完全统计，目前国内从事智能投顾的公司超过 20 家，按照研发主体可以大体分成三类：一是以蓝海财富、理财魔方、弥财等为代表的独立第三方智能投顾平台；二是以京东智投、雪球财经为代表的互联网公司研发的智能投顾平台；三是以平安一账通、嘉实基金为代表的传统金融公司研发的智能投顾平台。同花顺、华泰证券、广发证券、申万宏源证券、中信建投证券等传统金融公司也正通过收购、自建和合作等方式开始布局智能投顾领域。

2. 量化投资

当前的市场波动性太强，绝对收益需要更精细化和系统化的风险管理；互联网时代数据维度增多，证券研究需要考虑如何将复杂多样的数据与投资结合起来。而基于技术进步和数据完善的量化投资，不仅使完整地描述市场成为可能，而且提供了将各种因素进行综合分析的方法。

目前已有一些互联网平台能够提供量化工具。比如京东金融开发出第一款服务证券投资的策略生产型产品——京东金融量化平台，为投资者提供了更简单的编程语言和丰富可靠的数据，降低了投资人使用量化工具的知识门槛，服务更多的投资人群。“牛股王”正在搭建一个对于策略开发者更为“实用”的量化平台，在提供高效的回测工具和准确的数据的基础上，还主动筛选优秀的量化策略，对接广大的线上用户，形成策略与用户的闭环。

从目前国内证券行业看，大数据的应用依然处于探索阶段，越来越多公司加入金融科技的大潮，将共同推动以大数据指数和量化投资为代表的金融科技在证券行业的持续渗透，为更多投资机构提供策略支持，并促进中国资本市场的长期健康发展。

3. 证券研究

Kensho 模式，主要产品是一款名为“Warren”的金融数据搜集、分析系统。Warren 区别于其他金融终端的特点主要表现在两个方面：寻找事件与资产的相关性；基于事件预测资产的未来价格走势。

Kensho 通过扫描全世界市场上可以查询到的、直接或间接影响金融股票市场的一切因素、实时变化的各种宏观和微观大数据，诸如药物审批、经济报告、货币政策变更、社会事件等，利用极其复杂的统计学、人工智能、机器学习、大数据算法、数量经济学理论和模型，推演出与某个事件相关联的特定类型股票最可能的变化趋势及概率，最后通过人人都可以理解的自然语言表达出来。Kensho 将导致大量金融分析师失业的担忧已被媒体多次报道。

（三）互联化：“互联网公司 + 证券”

在国内，由于证券业务属于牌照管制行业，互联网公司往往无法直接从事证券经纪和投资顾问业务。但不少互联网公司仍然利用自身优势，涉足金融领域，在核心证券业务的外围进行了各种创新。目前互联网公司在从事证券相关业务方面，主要有如下几种业务形态：

1. 行情、资讯与增值信息服务

（1）免费的行情、资讯与社交服务。行情、资讯与社交服务，是互联网公司从事证券相关业务最早的领域之一。目前绝大部分从事证券业务的互联网公司，如同花顺、大智慧、东方财富、雪球、腾讯自选股等都在提供基础行情、数据与资讯服务。具体的产品形态包括行情、自选股、资金数据、行业数据、公告推送、选股筛选器、财经新闻等。

（2）收费的行情、资讯与投资信息服务。在通过免费行情、资讯和社交服务吸引了大批用户之后，很多互联网公司开始为一些高端客户提供收费的增值服务来获取收入，包括自动提示技术指标变动的“短线宝”、机器综合分析基本面、集合各种相关内容并定期推送的“内参”等。此类服务大多以月费或年费的形式向用户收取服务费。除了收费行情之外，一些互联网公司也开展了一些其他付费模式的尝试。如新浪通过吸引传统证券公司的投顾入驻，来创建收费的“计划”供用户购买。

2. 在线开户与交易服务

目前很多互联网公司都在和证券公司进行开户广告和交易对接合作。具体的模式为在有巨大流量的互联网公司手机 App 里，放一家或者多家证券公司的开户广告，用户可以在互联网公司的应用里，方便快捷地选择自己信任的证券公司，在线完成开户全流程。同时这些公司通过证券公司提供的交易接口，也打通了交易功能。用户可以在互联网公司的应用内，直接登录证券公司账户，进行查询、下单等操作。

3. 基金理财产品销售模式

通过获取独立第三方基金销售牌照或者和有牌照的公司合作，互联网公司把自己庞大的用户流量导入基金销售服务，使得自身流量转换效率大大提高。在这一领域，比较成功和有特色的是天天基金网。

4. 互联网资管模式

由于私募基金管理牌照备案制的实行，资管业务成为互联网公司自主进行持牌经营的一个重要突破口。雪球与中金公司合作的“私募工场”业务就是一个有特色的例子。雪球利用社区优势对接有投资能力的用户和有基金投资需求的高净值客户，将私募基金发行、孵化、风控、合规、客户关系管理、信息披露、行政服务等全周期的平台服务，从线下低效率、难以监督的方式，搬到雪球“私募工场”上更有效率、更合规地进行。合作方中金公司则利用自己的行业优势为“私募工场”提供股票经纪、期货经纪、基金托管、投研支持等优质服务。

（四）扩大化：“触网”业务范围扩展到机构客户

1. 通过互联网打通 B 端（通常指商业用户）与 C 端（通常指个人用户），发展 B2B2C 创新模式

以往证券公司触网主要面向 C 端，而 B 端需求还未被充分挖掘，B 端互联网证券服务的需求也有着广阔的空间，通过打造 B2B2C 模式可将 B 端服务与 C 端服务打通贯穿。第一方面，通过向 B 端提供服务可以辐射 C 端用户，这样证券公司的服务范围将会呈现几何倍数增长；第二方面，通过互联网将原本面向 B 端的产品打包拆分，可以为 C 端投资者提供更多元化的产品种类；第三方面，B 端客户的服务相对更加标准化、规范化，在合规风控层面也更好把控。

证券公司在互联网证券的发展过程中，充分发挥政策优势，开拓更大的版图。互联网金融带给原来 B 端客户更多的投资便利，强化了他们的投资意识，增加了他们的活跃度，可以为证券公司所争取；互联网金融的发展也造就了更多平台型的 B 端公司，它们成为连接广大 C 端用户和银行、证券公司的桥梁，也是证券公司的争取对象。

2. 拓展资产端与资金端，丰富机构业务的内涵和外延

除了零售端业务，互联网与机构业务的融合可以有助于证券公司拓展资产端、资金端，通过互联网方式对接有投融资需求的企业和项目，如股权投资、资产证券化等，提高机构业务服务效率。

伴随着互联网证券化的趋势，投资、理财、社交等元素越来越聚合成一种生态。证券公司在获取 C 端、B 端用户的同时，也日益加入互联网金融的生态圈，也能更了解资产端、资金端各自的需求，它可以开拓出各种新的服务，满足更多的需求，丰富自身业务的内涵和外延。

互联网与机构业务的融合部分体现在互联网公司和证券公司的合作上。如腾讯自选股App与中山证券、国金证券、中信证券、海通证券等多家券商均有开户链接合作；方正证券、平安证券、国联证券等券商与投资社区雪球有相关合作；国金证券与腾讯合作推出佣金宝。而国内最大的天使合投平台天使汇也与深交所、上交所有合作。

三、互联网证券发展中的问题

互联网证券发展中的问题既包括证券公司在开展互联网证券业务中存在的问题，也包括证券行业面临的一系列问题。主要包括以下几个方面：

（一）互联网投入成本升高，互联网证券持续盈利模式尚未完全建立

各家券商用于互联网业务的支出，有相当一部分投向了经纪业务渠道拓展，然而随着竞价成本的提高，相应的投入产品回报显著降低。

从收入端来看，开户、交易乃至金融产品销售都属于标准化服务，受行情影响明显，而且不具备涨价的基础。

从成本端来看，证券公司支付给渠道的对价有上升的趋势，致使其净佣金率进一步降低。由于各家都在力推互联网经纪战略，全行业的互联网单客引流成本逐步推升，2016 年已经有不少券商开始尝试按佣金收入比例向互联网机构或有获客能力的个人支付报酬，这个代价显然高于以往。

要维持较高的利润率并不容易，在互联网模式下，体量较大的券商更占优势，它们更有条件通过规模化、可复制的操作，进一步降低成本。寻求更为多元、可持续的增值服务收费模式，将是券商的下一个重要议题。

（二）互联网对传统风控机制形成挑战

从近两年的证券业务创新趋势来看，来自互联网的竞争主体体制机制较为灵活，且外部监管环境较为宽松，内生性合规约束机制动力有待强化。互联网对传统证券业务风控的挑战体现在技术、信息和市场三个方面。

1. 技术

随着证券交易电子化、网络化的普及，在发行、交易、清算、咨询与服务等方面，信息技术的应用深度与广度不断拓展，但同时基础设施自身的安全性也在经受新的考验。在互联网领域，恶意攻击导致服务瘫痪，传输故障导致业务受损的情况极为常见；在金融领域，来自互联网的安全隐患或将直接导致较为严重的资金问题，甚至对市场形成影响。

2. 信息

互联网创新业务在风险维度上具有传导速度快的特征，同时，不少新业务模式监管空白或无法认定责任，导致其隐蔽性强，证券公司对于其中隐含的风险存在认知或应对准备不足的情况。为寻求更高的业务周转效率，互联网创新可能会避开部分环节，而其中合规管理的缺失，将成为新的风险点。

3. 市场

互联网及移动互联网的普及，也在一定程度上影响了市场的波动特征。对比 2006—

2007 年以及 2015—2016 年国内股票市场两轮波动，不难发现后者的波动周期更短，放量速度更快、振幅更强。移动互联网工具的出现，使得机构与客户之间信息不对称的局面被打破，但这种情况至少带来了两个负面效应：一是新客户对于信息的获取能力有所增强，但识别、判断能力不足，导致盲目投资；二是跟随趋势的投资者可能采取相似的投资策略，同时看多或看空市场，从而加剧波动。

（三）互联网证券业态更趋复杂，投资者信息保护存在更大挑战

互联网的介入，让更多第三方参与到证券服务环节中，这给投资者信息保护提出了新的挑战。很多券商都面临着开完户客户信息就被泄露的危险。在互联网时代，金融服务更便捷，但不法分子的手段也更高科技，这对于互联网证券业务的发展是不利的，给证券从业者、行业监管都提出了新的挑战。

近年来，金融欺诈案件数攀升，诈骗团伙通过盗取、倒卖客户个人信息，仿冒金融机构制造虚假信息误导金融消费者。有大量的非法网站通过以招揽会员或客户为名，提供证券投资分析、预测或建议的方式，非法代理客户从事证券投资理财活动，以保证收益、高额回报为诱饵招揽客户，这些都直接或间接威胁到投资者的金融账户和财产安全。

针对这种情况，投资者需要甄别合法正规的互联网证券机构，加强风险防范意识，提高警惕，避免被眼花缭乱的互联网信息迷惑；监管机构也要加强对违法互联网网站的发现和警示执法，保证投资者和证券公司的权利和利益。

（四）证券公司互联网人才培养及激励机制有待健全

1. 券商普遍采用外包模式搭建移动互联网平台，缺乏竞争力

传统券商与先进互联网公司相比，首先是 IT 研发人员的数量、技术水平相对积累不足；其次在技术架构上，特别是云技术、大数据应用等领域有不小差距。券商普遍选择采用外包模式来弥补技术能力的不足，以快速搭建移动证券平台，但也导致了目前各券商移动互联网平台功能和服务同质化严重，对外包供应商的过度依赖也使部分创新业务受到一定制约。

2. 券商组织架构与管理模式难以适应移动互联网业务发展

证券行业目前普遍采取单独设立网络金融部或在零售经纪部下设立二级部门的模式开展互联网金融业务，但这仅仅是业务单元的设置和组织架构的微调，并未解决核心问题。首先，传统券商业务与 IT 前后台设置的组织架构无法实现互联网以用户为中心的“云 + 端”网状生态场景。其次，移动证券平台更新迭代较频繁，互联网时效性迫使券商必须结合移动互联网属性定制新的管理模式和运营方式，提高内部沟通效率，以及时响应对接用户需求，持续提升客户体验与满意度。

3. 复合背景人才缺乏影响移动证券业务发展

当前券商人员结构多以传统业务运营管理与互联网平台二次开发人员为主，互联网和金融两类专业人员都存在知识结构的短板。通过政策倾斜、考核激励、专业培训等方式，建立有针对性的复合型人才的培养机制与激励机制，将成为驱动证券公司移动证券业务快速发展的首要挑战。

（五）行业配套设施难以支持互联网证券高速发展

长期以来，IT部门在多数证券公司内部扮演着“成本中心”的角色，不少证券公司的信息技术部由原先的“电脑部”演化而来，通过运维或二次开发恒生、讯投、金证等第三方开发商提供的业务系统来支撑其日常业务，不具备自主研发能力。

由于行业的核心组件和解决方案被上述软件开发商掌握，证券公司通常靠采购系统来完成客户端的布局和迭代，这种情况一方面导致各家证券公司在客户服务方面的竞争实力趋同，另一方面互联网服务所要求的敏捷迭代、持续交付，难以通过“交钥匙”工程实现。

虽然券商的信息系统建设在短时间内取得了巨大发展，但是当前仍然存在着一些重要的不足制约着券商业务的创新和发展，首先，国内券商的IT侧重在运维，主要精力投入在保障系统安全稳定运行方面，忽略自主开发能力的培养，在支持业务创新方面能力明显不足，这在很大程度上约束了业务发展；其次，重要业务系统建设，如集中交易系统、行情系统等被几家供应商垄断，券商选择的余地不大，券商缺乏对于供应商的掌控能力；最后，信息化发展战略不明确，缺少规划，IT架构相对落后。

纵观全行业的基础设施建设，支付体系成本过高、系统运行效率低下、征信体系缺乏等问题依然显著，在这些业务的布局上，反而是互联网服务商更占据优势。

（六）行业缺乏系统性创新政策，深度创新受限

虽然政府层面整体充分肯定互联网金融的合理创新，但具体到互联网证券领域却鲜有系统性的、明确的指导意见和发展指引，证券公司“自下而上”不断尝试创新，通过账户体系的重塑、组织架构的调整、切入生活场景、与互联网机构合作等多种方式试水互联网证券业务。这种局部创新往往是先试先行、一事一议的，缺乏统一指导。而市场自身的原因，又导致证券业务的相对同质化、传统金融机构思维的相对固化、业务水平的相对持平化，在互联网证券业务的创新举措中，以降低佣金率、网上开户、移动App终端等较为表层的创新成为大部分券商“攻城略地”的发力点，缺乏更深层次的业务创新，这是当下较为突出的一个问题。

四、互联网证券业务监管建议

立足我国互联网金融发展现状，以降低互联网证券发展中的风险为目标，结合依法监管、从严监管、全面监管的监管思路，在借鉴国外互联网证券监管方式的基础上，我国互联网证券业务的监管可从以下方面着手探索。

（一）依法监管，加快互联网证券法律法规建设

互联网证券这种新型业态，由于模式的多样性、产品形态的模糊性、金融服务的综合性等，对现有的监管模式造成了一定挑战。互联网证券领域的法律体系尚未健全，部分监管法规位阶较低，中国人民银行、中国银监会、中国证监会等传统金融监管部门应建立监督协作机制，加强协作监督，以促进互联网金融业务的持续稳定和健康发展。

建议监管机构在充分调研互联网证券操作规程、风险规避措施、整理现有风险管理办法

的基础上进一步加强互联网证券的法律体系建设：明确监管原则和界限；完善互联网证券发展相关的基础性法律，如个人信息的保护、信用体系、电子签名等；加快互联网证券技术部门规章和国家标准、行业标准的制定；互联网证券涉及的技术环节较多，如支付、客户识别、身份验证等，应从战略高度启动相应的国家标准、行业标准制定工作。

（二）明确跨界合作边界，为互联网证券创造公平的创新环境

互联网证券创新发展可能涉及与银行、支付、信贷、保险等金融领域及互联网公司等非金融企业的合作，互联网金融产品的创新发展使证券、银行及保险产品间界限模糊，同时各类互联网公司纷纷通过各种形式与券商展开合作，带来了跨界竞争。因此跨界合作的边界亟待明确。

1. 明确券商与互联网公司双方合作与竞争准则，实施统一的监管标准

近年来各类互联网公司利用自身平台流量资源优势，纷纷通过各种形式与券商展开合作，同时也带来了跨界竞争。互联网公司开展证券业务缺少与券商一样的严格的市场监管机制与处罚标准，建议针对券商与互联网公司建立统一的互联网证券监管制度及处罚标准。

2. 建立互联网公司证券业务准入要求及资质鉴定分级指引

各类互联网公司开展证券业务跨界合作时，由于互联网公司实力参差不齐，缺少证券监管层面的互联网公司资质情况鉴定分级指引，更没有针对互联网公司证券业务的准入门槛和基本限制。建议监管机构对开展互联网金融业务所需要的资质要求给予指导，并考虑互联网公司的资质或牌照管理机制，从源头与准入制度上规范互联网公司的自身行为，同时对券商合作伙伴的选择标准给予明确指导。

3. 建立监管层联合协作机制

互联网证券是互联网与证券的结合，面对多元化的市场参与主体，证券监管部门可与其他行业监管机构联手，统一规范和监管互联网证券业务发展。在对证券公司进行监管的同时，建议将相关互联网公司纳入监管体系，如有可能，对互联网公司和证券公司同等要求，以确保互联网证券业务的安全健康发展，如推进对互联网证券的监测、防范互联网诈骗的发生、保护客户的资金安全等。另外，也建议加快对互联网证券新技术、新标准的研究，及时出台相应的技术标准和规范，满足互联网证券业务发展需求。

（三）提高证券监管的科技实力，提升监管有效性

在金融机构与科技大量融合之际，监管部门需要从机构监管转向功能监管与行为监管相结合，从现场监管为主转向非现场监管为主，提高证券监管的科技实力。事实上，全球的证券监管部门都在达成这种共识并在行动。相关证券及期货事务委员会已经成为中国香港政府金融科技领导小组的成员；澳大利亚证券投资委员会推出了与初创型科技金融公司联合办公的“Innovation Hub”计划；新加坡金融管理局计划投资 2.25 亿新元用于金融科技研究。英、美等主要发达国家的监管部门提出了监管科技（Regtech）的构想，主要是监管部门的技术系统直连每个金融机构的后台系统，实时获取监管数据，运用“大数据”分析、数据可视化等技术手段完成监管的报告、建模与合规等工作。

（四）完善机制，关注和防范风险

1. 利用大数据加强客户适当性管理

对客户实行严格的线上适当性审查机制，完善客户真实有效的适当性评估，确保线上线下客户适当性要求的统一性，完善不同金融产品适当性的区分落地。利用大数据分析建立的客户投资风格和偏好数据档案，确定风险测评的动态评估规则。将动态测评和问卷测评相结合，形成客户风险承受能力在不同时间阶段的评估方案。

2. 加强信息安全管理

监管机构应针对提供互联网证券服务的机构和平台，出台严格的个人信息安全管理要求，制定详细的个人信息安全管理标准，建立个人信息安全管理自查和监管审查机制，对恶意泄露个人信息的行为务必做到零容忍；加强对互联网证券相关技术的学习掌握，建立严格规范的操作流程，提高互联网证券从业人员的专业素养，加强新技术的风险控制技能培训；建立严格的技术风险评估体系，互联网证券各项业务的方案需经过监管部门的系统分析和技术风险评估后方可开展

3. 增强账户异常交易市场监控

建立异常交易监测机制，对交易所规定的异常交易行为进行重点监测，并针对自身客户群情况，通过个性化的异常交易监控指标进行检测；针对现在证券市场主要通过互联网委托报单交易的特点，建立风险监控信息系统，实时动态监控、实时预警；应急处理预案保证证券公司通过及时掌握各营业部的交易风险、资金风险及柜员业务操作运行情况、通过在系统中的部署，对客户的异常交易行为、MAC 地址、IP 地址等进行全面的风险监控，及时发现异常情况并进行相应的处理。

（五）建立诚信评价系统，把关市场准入

加强社会信用制度建设，建立完善的社会信用制度可有效地减少金融风险，促进金融行业健康发展。

建立全国联网诚信系统，记录互联网金融参与方的诚信档案，系统能根据诚信档案记录对参与方诚信做出评价，评价关系到今后的市场准入。对融资方，诚信档案主要记录信息披露的完成情况、到期履行债务的情况、违规处罚情况等。诚信档案的记录为诚信评价提供依据。互联网金融机构的诚信档案主要记录平台业务风险发生情况，每年综合诚信记录考察机构的服务质量，发放准入资格。

目前互联网信用体系尚不完善，信用信息交换风险高。事实上，互联网企业拥有丰富的官方数据，蕴含巨大的信息量。如通过合作形成信息共享，则能够有效地减少信用风险的发生。信用体系的建立是互联网证券健康发展的必要条件，通过信息共享机制，可建立全面的信用体系，进而提高互联网证券的风险控制水平。

移动互联网在证券行业的应用

中国证券业协会互联网证券专业委员会专题研究小组*

随着 4G 技术的发展以及智能手机的快速普及，习近平总书记提出的网络强国战略思想有了硬件和技术基础，移动互联网开始打破时间和空间的限制，在我国各个行业的渗透率快速提升，证券行业也不例外。近年来，在移动互联网思维和技术的推动下，资本市场原有的业务模式、准入门槛、信息传播机制、监管难度都在不断发生变化。移动证券的发展将重塑资本市场格局和行业生态。

一、移动证券发展情况

移动金融是基于移动互联网平台的金融形态，“无移动不金融”已成为现代金融业体系的一个重要特征。根据 TalkingData（北京腾云天下科技有限公司）的数据，截至 2016 年 3 月，移动互联网用户规模达到 13.1 亿户，移动金融用户规模达到 8.3 亿户，在移动互联网整体用户中的渗透率为 63.7%；传统证券公司用户也加速向移动端转移，设备规模亦达到 7 700 万户。

（一）移动金融发展情况

移动金融在促进发展普惠金融、服务大众创业、万众创新、提升金融服务质量和效率等方面发挥了积极作用。联合国 2010 年开展的一项研究发现，作为移动金融的主要终端，手机是有史以来在摆脱贫困方面效果最好的技术进步之一。例如，海地是世界上最不发达的国家之一，只有 10% 的海地人拥有银行账户，但大约 80% 的海地家庭拥有手机。移动支付服务使没有银行账户的海地人也能享受基本的金融服务。人们可以通过手机进行转账、汇款、

---

* 研究小组成员：太平洋证券股份有限公司：李长伟，俞仕龙，吴志国，张彬；中泰证券股份有限公司：黄华，逯志军；湘财证券股份有限公司：王小平，周乐峰；东方财富证券股份有限公司：叶东泉；浙江核新同花顺网络信息股份有限公司：吴强，姚成杰；第一创业证券股份有限公司：奚胜田，桂洋洋。

取现、支付、偿还贷款等。

金融机构参与移动金融可分为几种形式：移动银行是传统银行的移动端平台，除账户管理、转账汇款、交易明细查询等传统业务外，移动银行还提供网点查询、移动支付、投资理财、网上充值、生活服务等增值服务；移动证券是券商为用户提供的开户和炒股平台，集资讯、行情、开户交易、转账、财富管理等功能于一体，全方位满足用户的炒股等需求；移动保险是传统保险公司在移动端业务的延伸，用户通过保险应用，可以了解相关保险知识，随时随地享受保险服务；移动理财基金是传统基金公司在移动端业务的延伸，用户通过基金应用，可以了解基金相关信息，随时随地进行基金交易。根据 TalkingData 的数据，我国传统券商移动应用开发率将近 80%，移动互联网成熟度最高；银行业移动互联网成熟度次之，为 36%；保险业的移动应用开发率最低，移动互联网成熟度最低，为 16%。我国移动金融用户呈年轻化分布，“80 后”用户占比接近六成，是移动金融的中坚力量。

金融脱媒的趋势已经从资本市场的直接融资对商业银行的间接融资的分流，延伸到传统金融业务领域内。投融资需求的产品化，在更广的范围内正不断蚕食以往商业银行专属的信贷业务。而日益丰富的金融产品销售，则逐渐把金融机构转变为平民化的金融电商机构角色。金融领域在移动互联网技术的推动下，业务集成、账户集成和金融服务产品化、业务综合化、机构电商化日趋明显，客观上大大加速了混业经营的趋势。

金融业务与移动互联网技术的深度融合，也对交易、支付、托管、结算等基本金融服务的效率和安全性提出了更高的需求，与之相应的监管也需要技术和制度来配合。为顺应国际国内移动金融发展趋势，2015 年 1 月中国人民银行印发了《关于推动移动金融技术创新健康发展的指导意见》，明确了移动金融技术创新健康发展的方向性原则，即遵循安全可控原则、秉承便民利民理念、坚持继承式创新发展、注重服务融合发展。2015 年 7 月，国务院印发的《关于积极推进“互联网 +”行动的指导意见》（国发〔2015〕40 号）等对移动金融进行了明确的工作部署；同月，中国人民银行等十部委联合发布《关于促进互联网金融健康发展的指导意见》，明确了“鼓励创新、防范风险、趋利避害、健康发展”的互联网金融健康发展总体要求，提出了一系列鼓励创新、支持互联网金融稳步发展的政策措施，积极鼓励互联网金融平台、产品和服务创新。以上这些政策措施，为推动移动互联网在证券行业创新应用提供了重要政策依据和政府支持。

（二）移动证券发展情况

证券交易从人工交易，到电报、电话交易，到 PC 端网络交易，再到移动端交易的全面应用，互联网在我国证券市场的应用已有近 20 年历史，已非新生事物。早在 2001 年，证券公司就推出了手机炒股的移动交易服务，实现了随时随地看行情和移动交易服务。2013 年 8 月 29 日，国泰君安上海分公司率先在证券行业实现了股东账户的网上开户功能，证券行业实现了非现场、跨地域开户的突破。之后，各家证券公司又陆续做到了 7 × 24 小时开户。2014 年下半年上涨行情的来临和之后“一人多户”政策的放开，更使证券行业加速进入全国性竞争市场的时代。投资者可以更加自主地选择能满足自己需求的证券公司的产品和服务，大大加大了行业的流动性和竞争力度。随着移动互联网技术的成熟，各家证券公司开始着力推广移动端开户，到 2015 年初，大部分券商均已实现通过微信服务号或 App 进行移动端开户。从 2016 年中国证券业协会互联网证券专业委员会的行业调查统计可以看出，互联网平台在券商业务中的贡献也在逐步提升。在网络开户占比方面，绝大多数受访券商均在 90% 以上，有些甚至达到 99%；交易占比方面，各券商间差异较大，大部分在 30%—50%。在互联网平台佣金占比方面，券商总体占比不高，仅有少数券商超过 50%，大部分券商维持在 30%—50%。可见券商移动端的发展潜力依然很大。

2015 年各家证券公司积极寻求传统业务与移动互联网的深度结合。开户、股票交易只是服务零售类客户的基本形式，进而发展到投资咨询、资管等业务也开始寻求乘上移动互联网快车的机会。大型互联网平台具备丰富的基础客户资源，证券公司贡献的是基于研究、投资咨询、资产管理等方面有价值的“内容”。在优势互补的吸引下，两者之间的合作，大大提升了证券行业服务实体经济的效率与质量，也为资本市场引进了更多的投资者。

2016 年上半年，各家证券公司依然在抢夺互联网用户流量的同时，也在着手思考转型之路，在互联网证券提前布局的证券公司如何将优势继续扩大，中小证券公司如何把握机遇利用弯道实现超车，都有着不同的动作。基于移动互联网环境下的客户呈现年轻化、低资产、互动强、流动大等特点，赢得此类“长尾用户”也是一部分证券公司扩大市场份额、获得未来发展的战略布局。

二、移动互联网对证券行业的影响

从长远来看，移动互联网对证券行业的影响和改变将是全方位的、深层次的。当前移动互联网主要冲击经纪类业务板块，未来随着互联网金融的发展，证券公司资产管理类业务、投资银行类业务等也必将面临挑战。更为关键的是，互联网技术的进一步发展，互联网精神和理念的全面普及和深化、国内互联金融法律和监管环境的不断完善、必将深刻影响和改变证券行业的固有业态，颠覆证券行业已有的业务模式，证券公司将走上差异化发展道路，在互联网和证券业务的不断融合中形成新的业态和产业均衡。

（一）拓展了服务实体经济的深度和广度

移动互联网具有“开放、平等、协作、分享”的精神基因，是服务经济社会发展的重要工具。金融植根于实体经济，而实体经济因用户行为的变化产生变化，用户行为因移动互联网转变，所以金融行业也必然跟随移动互联网转变。目前我国资本市场还不能全面有效地为社会各阶层群体提供适当的金融产品和服务，而移动互联网是实现提供上述产品和服务的核心手段之一。证券行业紧紧抓住我国经济转型升级与结构调整产生的有效金融需求，促进了网络与金融的深度融合、业务与场景的广泛结合、技术与流程的有机整合，有效增加了金融服务供给规模、效率和质量，提高了证券行业金融供给对实体经济需求变化的适应性和灵活性，有助于真正实现资本市场的资源配置作用。

相比 PC 端开户，移动端开户在提升用户体验方面具备强大优势：手机、平板电脑等移动设备在视频验证、身份照片上传等方面更加简化，便携性提升使得开户行为更加不受物理环境的限制，真正实现随时随地开户。未来随着基础网络设施的不断完善、智能可穿戴设备技术的进一步成熟，股票交易 App 可以更多样化的方式、更广泛的渠道渗透到投资者的日常生活中。移动互联网在便捷个人股票交易服务的同时，也在快速改变着个人购买理财产品、资管产品、资金合理配置的金融生态。足不出户、快捷理财模式日益普及，个人财富的质押融资和交易融通等功能也逐步完善，个人财富管理将成为未来个人金融服务的核心内容。一方面，移动互联网的普及发展将进一步推动券商服务模式的转型，金融机构利用O2O模式为客户提供即时的理财顾问服务，通过互联网LBS模式整合金融机构服务网点、投资顾问、经纪人的资源，做到更高效、实时的线下资源配置和服务；另一方面，移动互联网秉持的开放、包容等理念有助于进一步消除专业投资者与普通投资者之间的壁垒。

（二）移动互联网重构了证券行业的竞争格局

以往的证券行业是受严格监管的地区性市场。百余家证券公司多在其发源省市占有优势市场份额，只有少数大证券公司能够在全国大面积铺设营业网点，成为全国性证券公司，这就导致了市场的地域性割裂，阻碍了全国性竞争市场的形成。

移动互联网在多个方面改变了证券行业，包括开户方式、宣传推广方式、获客方式、业务办理方式等，通过统一的交易服务平台，便捷地满足客户对于低佣和融资的需求，形成了竞争优势，获得了越来越多客户的认可和选择。当然，最为核心的因素还是移动互联网对于地域限制的打破，不仅改变了传统的获客方式，更使证券公司可以通过提升自己的产品和服务的质量，来提升行业竞争力，吸引和争夺客户，加速行业竞争和转型。

随着移动端的线上功能越来越强大和获客方式的改变，证券公司的组织架构和营业部功能开始发生变化。以往靠营业部拉客户、电话营销的模式将一去不复返，移动端的展示和精准营销、大客户的线下高质量服务将取而代之。传统模式下的人员将面临转型的选择。

同时，部分证券公司也顺应互联网发展趋势，变革了传统的经纪业务运营模式，并大力推动财务、风控、运营和IT等中后台职能向总部、分公司集中，不断降低运营成本。通过调整职能、压缩面积、调整信息架构、集中后台运维等措施实现了营业部的轻型化，也腾出了更多精力向中高端客户提供专业的财富管理服务，更多地从互联网的角度，进一步推进移动互联网战略。

（三）移动互联网凸显了中小证券公司的生存压力

相比于中小证券公司，大型证券公司在移动互联网战略中具备多方面的竞争优势。首先，大型证券公司敢于在行业内率先进行价格战，以低费用（低佣金、低融资利率）获取先发优势，对中小投资者和交易型投资者有较强的吸引力，实际效果也十分明显。其次，强大的移动端平台需要大量的IT和研发投入，包括人员和硬件，这是中小证券公司难以短时间弥补的短板。再次，综合性金融集团，如平安、中信等，在获客来源和成本上也具有明显的优势，可以通过拓展保险或银行原有客户，内部转化优质目标客户，比起单纯的引流开户，在效果和成本上都更有优势。如平安证券的寿险保单开户，对平安证券新增证券账户开户量的贡献不小，而且这些开设的证券账户中最终有资金转入的有效户占比也较高。平安集团目前寿险加产险有9 000万户客户，而平安证券目前的客户在历经2016年成倍增长后目前也才500万户，如果平安集团的保险客户转10%过来，平安证券客户空间就可达千万级。

在佣金持续下滑的背景下，证券公司的经营压力越来越大。中小证券公司本就以传统经纪业务为主，而移动互联网的出现放大了大型证券公司本来就有的竞争优势，对中小证券公司的经纪业务收入造成巨大冲击。证券行业的集中度进一步提高，形成寡头垄断、平台效应。发展移动证券是时代需要，更是中小券商实现差异化竞争的机遇。中小证券公司急需政策支持，在服务模式创新、对外资源整合合作等方面给予引导和鼓励，从而促进行业的多样性发展，保持良性竞争生态。

（四）移动互联网改变了证券公司信息技术的应用现状

在移动金融背景下，大型金融机构由“技术支撑业务”向“技术引领业务”的思维转变。例如高盛 CEO 贝兰克梵在许多公开场合强调高盛是一家技术公司。根据 2015 年年报，高盛在技术员工的绝对数量上已经超过了全球最大的社交网络公司 Facebook。

我国的传统券商与先进互联网公司相比，首先是 IT 研发人员的数量、技术水平相对积累不足，其次在技术架构上，特别是云计算、大数据应用等领域有不小差距。券商普遍选择采用外包模式来弥补技术能力的不足，以快速搭建移动证券平台，但也导致了目前各券商移动互联网平台功能和服务同质化严重，对外包供应商的过度依赖也使部分创新业务受到一定制约。

植根于商业应用场景的金融需求和围绕这些活动产生的数据，将是移动证券发展的重要基础。科技的发展促使金融中介要更密切地服务于人们的生产、生活，否则将会被新的金融媒介抛弃。用先进技术服务于人们的点滴需求，才能在金融脱媒中获取先机，重新找到自己的市场地位。互联网、物联网将使信息更加容易获得，但数字化和大数据、云计算也提高了信息中介和信用中介的门槛。因此，证券公司必须有持续的科技投入，才能在互联网化浪潮中抓住发展机遇。在这种模式下，证券公司需要主动寻求增长空间和差异化竞争，也需要监管机构主导给予创新更大的空间，才能培养证券公司的核心竞争力，提供更为丰富的产品和服务，满足客户多样化的需求。

三、移动互联网在证券行业的应用方向

移动互联网与证券业务相结合的各种应用方向贴近、满足普通投资者的多元化投资需求，拓宽了传统证券业务的服务范围，提高了服务效率，降低了服务成本，是普惠金融的典型代表。

（一）了解客户方面

客户的适当性管理一直是证券行业风险防控的重要环节，如何更好地进行适当性管理一直是证券公司思考的问题。由于客户的风险承受能力和风险偏好会由于多种原因不断变化，证券公司使用传统的调查问卷等方式进行风险分析偏静态化，难以及时了解客户的真实风险信息，在各项业务的进行中可能会面临适当性管理风险。中国证监会对证券公司的适当性管理提出了要求，中国证券业协会也制定了相关的制度指引。在时刻变化的投资者风险信息面前，传统的适当性管理方法显得有些力不从心。

移动互联网与大数据分析使得证券公司对客户的实时了解与动态画像成为可能，而客户画像的构建，除进行精准营销外，在适当性管理方面也有用武之地。在实时变化、产品层出不穷的市场，适当性管理的要求也在不断提高。移动互联网技术的发展使得证券公司能够将多渠道及时获取的客户信息迅速处理，为证券公司建立基于精准画像的动态 KYC 系统提供条件，同时动态 KYC 系统的构建将会助力证券公司在经纪业务、产品销售等业务进行中更

好地进行适当性管理。

通过移动互联网实时抓取的客户信息，证券公司可以构建出动态的客户画像，而借助大数据技术对客户画像中与风险偏好、风险承受能力相关的标签进行分析，能够获取客户的风险特征变化情况。证券公司将客户风险特征与所代销产品、所提供服务的相关信息进行匹配，可以实现适当性管理的动态化，更好地满足风险管理的要求，提升适当性管理水平。

（二）产品创新方面

证券行业在移动互联网方面的产品创新，一方面侧重于对传统业务服务方式的创新，如通过移动 App、微信、微博、展业平台等产品工具，向客户提供网络化、全时段、交互性的服务，以满足客户个性化的需求；另一方面通过证券业务与大数据、机器学习等技术结合推出一些创新产品，深度挖掘客户需求。以下是几种有代表性的产品创新：

一是基于移动互联网技术的智能交互系统。移动互联网时代，证券公司对客户的营销触点从传统的、单一的电话、短信转为综合的，包括移动 App 和微信、微博等新媒体、新渠道在内的方式，极大地降低了服务成本，提高了服务效率。针对客户时间碎片化和即时交互需求，部分证券公司在客户服务方面推出智能交互系统，随时随地解答客户疑问。如类似滴滴打车“抢单”模式的 7×24 小时的秒级响应服务系统，具体产品有中泰证券的齐富通答系统、广发证券的金钥匙展业平台，实现了客户线上的服务需求与线下公司员工之间的实时对接；还有借助大数据智能语义识别技术开发的自动问答系统，具体产品如招商证券的智能客服系统“招证牛牛”等。

二是基于位置的服务（LBS）。LBS 是移动互联网应用十分广泛的功能，一般是通过电信移动运营商的无线电通讯网络或外部定位方式（如 GPS）确定移动设备或用户所在的地理位置，在此基础上为客户提供与位置相关的各类增值服务。扩展到证券行业，由于证券行业监管的特殊性，许多业务必须要客户现场办理，基于 LBS 服务一般是通过定位确定客户所在位置，为其提供与其地理位置最近的线下营业部，最大限度地方便客户办理业务。具体产品设计方式一般是通过移动 App 的问答系统或者微信服务号即时为客户提供最新消息。

三是社交类型功能产品。目前，各家证券公司除了提供行情、资讯、开户、交易等核心功能以外，也在尝试构造“人＋平台”的社交服务场景，例如提供在线的投资者教育、线上投资顾问服务。据不完全统计，国泰君安证券、华泰证券、华龙证券、中原证券、华林证券等多家证券公司已经上线提供了直播功能的产品，为投资者教育提供了新颖且高效的新手段；平安证券、长城证券、中航证券、中投证券等证券公司则在其移动 App 中提供社交功能。此外，中投证券的“牛人汇”是专门的社交论坛 App，提供炒股“牛人”实盘分享信息、交易晒单等功能；中泰证券的投顾“微店”产品通过资深投资顾问在 App 端开设类似个人淘宝店一样的微店，为客户提供个性化的产品推介和投资咨询等服务。

（三）客户服务方面

一是服务模式由被动变为主动。受移动互联网技术的影响，证券金融服务模式由被动转向主动，为客户提供多种移动线上服务。如通过利用手机端识别向客户提供消息提醒，该信息附带一个 URL 地址，客户可在移动终端上通过这个 URL 地址访问位于移动服务器上的 WAP 站点，浏览更详细的资讯内容或进行表单交互。这种模式互补了无线增值和互联网的功能，利用短信的实效性和覆盖率达到及时准确的效果，同时又利用互联网技术丰富了信息的展示形式，避免了诸如彩信等其他渠道的高成本。

二是推送定制化信息产品。根据业务需求，搜集用户的资料信息与移动端的埋点数据，通过算法模型为用户确定标签，实现“千人千面”的用户画像。基于用户画像，通过互联网技术向客户推送个性化的信息内容，保证了营销服务信息的精准性和时效性。这种推送方式方便证券公司在移动互联网大数据时代，提供具有定制化或个性化的服务，避免无效的营销模式所带来的人力、物力的浪费以及不必要的资本消耗，降低了营销服务成本。

三是打造线上财富管理模式。通过分析和挖掘客户的交易行为和其他信息，可以准确预测客户行为，然后对接丰富的产品系列，让客户体验一站式的财富管理，集合海量非结构化数据，通过对其进行实时分析，可以为互联网金融机构提供客户全方位信息。依据以“客户为中心”的宗旨，基于客户自身的风险承受能力和风险偏好，通过移动互联网技术，为客户提供更丰富、便利的服务以及与其相匹配的理财产品，帮助用户实现财富管理。

四是建立投资者教育模块。随着互联网，特别是移动互联的飞速发展，互联网新开客户偏年轻化，且投资经验不足，证券公司可提供投资者教育模块，向客户传播投资理念、证券知识以及风险提示，注重与投资者的互动。通过建立投资者教育基地，可以与投资者构建良好的沟通渠道，及时更新内容和了解投资者需求。其平台展示内容，除了传统的文字、图片等，增加视频、动画等通俗易懂、寓教于乐的形式，惠及不同年龄阶段和各个知识层面的投资者，有助于增加客户对证券公司的信任，提升用户黏性。

四、移动证券发展中存在的问题与挑战

在移动互联网发展过程初期，由于监管鼓励创新，我国证券行业信息技术发展势头良好，一度位居世界前列，在移动互联网多个领域已处于领先地位。但 2015 年市场异常波动也暴露出移动证券发展中存在的一些问题，给监管及合规带来新的挑战。

（一）合规和风控

1. 制度不健全导致业务开展存在合规问题和违反“三公”原则

一是移动互联网技术应用于证券行业后，给传统的证券业务流程带来了颠覆性的改变。此前的营业部物理网点、柜台等概念逐渐被打破，部分业务存在“前半截网络办理，后半截临柜办理”的情况，但是部分监管规则和监管安排尚未根据新的业态进行调整，导致业务开展可能存在合规性问题。部分客户也因不理解业务规则而产生了较大的纠纷，向监管部门、协会进行投诉，或引发诉讼、仲裁纠纷，部分纠纷严重影响了证券公司的正常经营。

二是市场竞争可能也存在不公平对待等违反“三公”原则情形。在行业内竞争方面，对于同一性质的业务或资格，如单向视频开户、外部系统接入等，仅因申请先后的原因，有些证券公司可以开展，而有些证券公司就禁止开展；在与互联网企业的跨界竞争和合作中，会存在做类似或同样的业务但适用规则并不相同，多数情形是由于证券公司受到强监管，相对受到的限制更多。

2. 部分创新业务的发展优势以降低合规性作为代价

在移动互联技术的技术背景下，各家机构更多在产品流程中强调客户体验、效率以及成

本控制，强调更为便捷直接的用户交互、更加简洁快速的业务流程。这种业务流程的简化可能是以仅仅满足表面上的监管要求，甚至牺牲风险揭示环节，简化适当性管理要求换来的；还有一些机构为了所谓的客户体验，以互联网思维的名义，在产品推广过程中，故意夸大产品的收益，弱化产品固有风险，或者混淆低风险产品和高风险产品的界限，意图对投资者进行误导；或者以所谓的金融创新为名，通过跨机构合作，打造复杂的金融产品，变相降低产品的客户准入门槛及人数限制。当发生业务风险时，客户的合法权益无法得到有效的保障。

3. 外部合作中合规与风控的责任边界难以界定

自 2014 年开始，证券公司和互联网机构合作开展业务推广活动，合作的方式从一开始的经纪业务引流逐步发展至投资顾问平台入驻、金融产品推广等。在这种合作中，实际是金融机构借助互联网机构的客户基础、系统技术等能力为传统业务获取客户流量或者技术支持。但金融业务本身属于一种牌照业务，在此种合作中提供外部支持与业务合作的边界模糊，导致金融机构在合作中无法确认外部机构是否需要具备相应金融资质。同时，在此种合作中，证券公司对外部机构的经营活动管理到哪一步方能免责也没有清晰的定义。上述情况导致证券公司在和外部机构合作中越发谨慎，无法有效利用互联网机构积累的客户资源和技术能力，以拓展自身经营及服务客户的能力。

（二）信息安全

1. 存在数据安全风险隐患

数据安全包括投资者个人数据安全以及投资活动产生的金融数据安全。在移动互联网时代背景下，个人信息泄露问题一直是困扰行业发展的重大问题，因移动设备丢失、不良服务商数据泄漏、网络攻击等途径造成的数据安全问题确实在一定程度上存在。金融服务活动产生的数据极具商业价值，在利益驱动下，非法获取、销售数据信息的非法地下产业链悄然做大，国有通讯运营商、证券公司及其外包服务商均有人员牵涉其中，加强机构信息安全内控问题亟待解决。

2. 无法完全避免黑客病毒攻击

有互联网的地方就有网络攻击发生，在证券领域也无法回避。市面上出现一些“小作坊式”的外挂式自动交易外挂程序，通过模拟键盘输入、读取控件信息的方式，操纵网上交易客户端，实现自动化交易的功能。在移动终端的应用中，可以实现自动从证券公司下载数据并进行分析、晒单、交易。利用一些操作系统的特性或者系统漏洞，就可以将网上证券客户端当成自己的“肉鸡”“代理”，通过这个“代理”接入证券公司的交易系统。区别只是，采用协议的方式，效率会更高、稳定性更好，采用这种“代理”方式，受限于网上交易客户端的性能。这种恶意利用网上交易客户端的方式，其实就相当于病毒，只要恶意利用网上交易客户端有利益，从技术上讲就很难杜绝，“黑客”总是能够找到新的漏洞。

（三）投资者保护

1. 投资者信息安全保护力度不足

较传统证券业务而言，投资者信息主要在投资者、证券公司和相关外部机构之间频繁通过互联网进行传输和交互，大量投资者的身份隐私信息、交易行为记录等存放在投资者自有设备、相关外部机构的互联网服务器上，而相关设备、服务器和互联网技术所固有的风险和相关外部机构存在的道德风险都导致投资者信息安全保护存在较大的隐患。近年来，投资者信息因设备不完善、网络安全保障不到位、"黑客"攻击、相关外部机构及其工作人员的违法行为等原因发生外泄的事件时有发生，更加突显解决投资者信息在移动证券业务环境下安全保护问题的急迫性。

2. 监管体系外的投资者资金安全存在隐患

在经历早年因缺乏有效资金监管机制所带来的客户资金被挪用等恶性事件后，证券行业建立客户资金三方存管体系，有效地保障投资者资金安全。随着移动证券业务的兴起，大量不属于证券监管体系的互联网金融企业、互联网技术企业、第三方支付企业等参与了证券经营的业务链条，甚至在客户资金三方存管体系外归集和沉淀客户资金，导致资金的权属关系模糊化，影响国家执行反洗钱监控的效果，也造成客户资金存在被挪用等风险。

3. 虚假违法信息快速广泛传播造成恶劣影响

我国证券市场交易主体以散户为主，该现状导致我国证券市场存在容易被虚假违法信息操纵的风险。在移动互联网时代，虚假违法信息通过各种移动互联网社交软件、宣传媒介、信息交流平台等进行病毒式传播，影响散户的交易行为，操纵证券市场。大量散户盲目相信所谓的内幕消息、虚假信息，遭受了重大的损失。同时，各种关于金融产品的虚假宣传信息也在互联网上广泛流传，违规宣传保本保收益、欺骗投资者购买与其风险承受能力等级不匹配的金融产品，甚至酿成群体性事件。

4. 投资者隐名化现象严重

在传统证券业务中，证券公司为投资者提供服务时能够直接接触投资者，保管投资者信息，进行投资者适当性评估工作、反洗钱管理工作和投资者教育工作，进行客户回访，并直接受理投资者的咨询和投诉，有效地保护投资者的合法权益。而在证券业务互联网化、移动化的过程中，大量不属于证券监管体系的互联网金融企业、互联网技术企业、第三方支付企业等加入证券经营的业务中，弱化了证券公司在投资者保护工作上起到的作用，甚至进行代客理财、金融产品份额拆分销售等违法违规活动，违反账户实名制，导致实际投资者隐名化。证券公司无法了解和接触投资者，当投资者合法权益遭到侵害时，无法受理相应的投诉，无法保护投资者。比如伞形信托就是典型例子，其金融产品的外衣已经掩盖了子伞投资者的身份，而互联网配资公司更进一步拆分并销售子伞份额，导致信托公司也无法掌握实际出资人的身份。

五、促进移动证券发展的相关建议

习近平总书记在网络安全和信息化工作座谈会上强调，网络安全和信息化是相辅相成的。安全是发展的前提，发展是安全的保障，安全和发展要同步推进。构建多层次、广覆盖、有差异的证券经营体系，一方面需要积极推动移动证券业务开展，在发展中解决证券行业中存在的问题；同时，也需要统一线上线下业务监管标准，积极发挥移动互联网的正向作用。

（一）建立容错和纠错机制，积极推动移动证券业务健康有序发展

近年来，随着金融科技的兴起，发达国家如英国、新加坡等均在研究"监管沙盒"的

监管策略，在金融监管领域借鉴计算机安全的思路，旨在为金融创新产品提供一个测试环境，在该环境下，可以试验金融创新产品在推向市场后面临各种环境的表现，而不必担心某种实验环境下产品风险的爆发对整个金融市场以及金融创新活动带来的负面影响。在移动互联网在证券行业广泛应用的大环境下，建议借鉴"监管沙盒"的思路，建立在宏观风险可控情况下的容错和纠错机制，合理区分证券公司创新失误、操作失误与违规风险的界限，对出现的问题及时进行纠正，同时应确保容错机制的可操作性，制定相应准则。

支持证券公司利用移动互联网技术创新产品和业务，支持证券公司探索基于移动互联网的新型证券业务模式；完善移动证券自律管理环境，加强证券行业信息服务机构的自律管理；建立与移动证券发展相适应的信息技术安全管理架构，明确移动证券业务准入门槛，完善信息披露和数据采集系统，强化投资者保护设计，积极推动移动证券业务健康有序发展。

（二）发展移动证券要以合规审慎经营为前提，以提升风控能力为关键

移动证券在业务模式、服务理念、技术产品等方面促进了金融体系的市场化、普惠化发展，但这并不意味着移动金融发展可以没有边界、创新可以没有规则、业务可以没有规矩。证券公司应充分认识到信息化背景下金融业务风险与技术风险可能产生的叠加效应和扩散效应；应遵循金融基本规律，摒弃"唯规模论""唯技术论"和"唯客户体验论"等观念，形成正确的创新导向；应按照监管规则和行业标准，结合业务特征梳理每一业务环节的风险，形成有效的识别、监测、防范及突发事件应对机制。

在移动互联网技术广泛应用的时代，证券公司应当在公司内部建立起完整的风控合规体系，在秉持传统风控合规要求的基础上，充分发挥互联网新技术的优势，从模型风控向大数据风控转变，在防范经营风险的道路上迈出新的一步。通过集合海量非结构化数据，进行实时分析，通过分析和挖掘客户的交易以及消费信息，掌握客户的消费习惯，准确预测客户行为，增强自身在风险控制方面的主观能动性；同时，对客户通过移动互联网终端办理的业务要求全过程留痕备查，利用技术手段来增强交易的不可否认性。

（三）统筹考虑移动证券业务监管规则的制定和完善，适时发布移动证券业务指引

对于移动证券业务，应该从技术、产品和服务三个层面统筹考虑监管规则的制定和完善。具体来说，需要明确证券公司外部接入信息系统监管规则；明确移动第三方合作具体范围和合作对象；明确移动业务办理审核、营销推广、产品销售、投资咨询的具体合规要求。对禁止性行为进行界定，在做好投资者教育和适当性管理的基础上，鼓励证券公司进行产品创新和服务创新，支持证券营销人员、经纪人、投顾网上展业，充分发挥证券公司的专业优势。

为了促进移动证券业务规范开展，建议中国证监会尽快建立与移动证券业务特点和风险相适应的监管规则，为移动证券经营与服务机构开展业务提供法律依据，明确移动证券经营与服务机构应遵循的基本原则，并重点明确移动证券业务的底线与合规风控要求。在此之前，可考虑先由行业协会发布移动证券业务自律规则，逐步规范移动证券业务的准入门槛、后续服务等相关流程，择期发布业务指引，促进证券行业的移动证券业务发展。

"移动互联网在证券行业的应用"行业调查报告

中国证券业协会互联网证券专业委员会专题研究小组*

为全面了解移动证券的发展现状，客观反映行业发展趋势，2016年中国证券业协会互联网证券专业委员会"移动互联网在证券行业的应用"课题组对全国100家证券公司开展了问卷调查，共收到有效反馈87份。同时，课题组于2016年9月中下旬对华泰证券、广发证券、东方财富证券、益盟软件4家有代表性的公司进行了实地调研。结合问卷调查的结果和实地了解到的情况，现总结汇报如下：

一、移动互联网发展规划

（一）移动互联网战略规划

在汇总的有效问卷中，除少数几家公司尚未出台明确规划外，大部分公司均形成了自己风格的互联网金融发展战略，有近十家券商还出台了具体的发展规划。各规划的发展思路基本一致，即指出未来的互联网发展方向是全面推进线下业务线上化，以移动端App为依托，创新产品，优化运营，提升技术，整合资源，拓展新的获客渠道，努力提升客户体验和公司效益。可见，在互联网技术逐步深入的今天，各券商也逐步意识到互联网渠道的重要性，纷纷通过互联网渠道提升自身影响力，拓展业务，抢占市场，以移动App形式提升客户忠诚度和贡献度。

（二）移动互联网发展重点

在战略布局上，各券商都选择了多元化的移动互联网布局模式，大部分以移动App为主，根据自身情况协调布局了微信公众号、微博、网站、展业平台等多种模式。这一方面是

* 研究小组成员：太平洋证券股份有限公司：李长伟，俞仕龙，吴志国，张彬；中泰证券股份有限公司：黄华，逯志军；湘财证券股份有限公司：王小平，周乐峰；第一创业证券股份有限公司：奚胜田，桂洋洋；东方财富证券股份有限公司：叶东泉；浙江核新同花顺网络信息股份有限公司：吴强，姚成杰。

各券商在前期充分市场调研基础上做出的决策，另一方面也体现出移动互联网发展的主要趋势。券商如此布局主要还是基于获客渠道和销售方式多元化的考虑，在智能手机逐渐普及的今天，移动互联网的用户量正在迅速增长，客户对券商的黏性降低，券商也在抢占互联网客户市场。尤其是随着网上开户的放开，移动互联网更成为券商必争之地。移动 App 为券商提供了一个与客户交流互动的场所，各公司还可依据自身优势在 App 上提供个性化服务吸引客户。

二、移动互联网平台的建设和运营

（一）移动互联网平台建设方式

在平台建设方式方面，由于券商信息技术能力普遍不足，除少数券商如华泰、国信为完全自建外，其余券商多采用合作开发或完全外包方式进行。券商选择的合作机构较为集中，主要有中焯、思迪、财人汇、恒生电子等几家互联网证券解决方案提供商。就总体趋势而言，券商在移动端的布局规划基本是以合作外包起步，逐步积累经验与资金条件后转向完全知识产权的自主开发模式，这也体现出券商作为金融机构，在从传统金融模式向移动互联网模式转型过程中所遇到的困难和挑战较为普遍。但与此同时，部分券商在问卷中也提出，公司正在着力引进优秀互联网技术人才，尤其是从国内互联网巨头 BAT（百度、阿里巴巴、腾讯）等进行挖掘，以期尽快提升公司的移动互联网自主研发能力。

（二）移动互联网平台功能模块

在移动互联网平台的功能模块上，各券商的布局各具特色，除一般都具备的开户、行情、交易、资讯、网上营业厅等基础模块外，还根据自身优势推出了一些带有特色的个性化客户服务，如安信证券、国海证券等公司的投资者视频培训服务，财通证券、国都证券等公司的投资顾问服务等。少数券商甚至推出与高新技术结合的个性化服务如智能投顾等。这些充分体现了券商在移动互联网端发展的趋势和特色。

（三）移动互联网平台建设投入

在移动互联网平台建设投入方面，各券商由于公司的财务情况、战略部署等原因存在着较大差异。恒泰证券、广发证券等在移动互联网方面的投入近 1.7 亿元，部分公司仅投入 300 万—500 万元。一般而言，传统大型券商或主要业务部署在一线城市的券商在移动互联网业务方面的投入更为积极。

（四）移动互联网平台业务贡献

由调查统计可以看出，互联网平台在券商业务中的贡献也在逐步提升。在网络开户占比方面，绝大多数受访券商均在 90% 以上，有些甚至达到 99%；在交易占比方面，各券商间差异较大，大部分在 30%—50%，占比较高者如财通证券、西南证券已接近 90%；在互联网平台佣金占比方面，券商总体占比不高，仅有少数券商超过 50%，大部分券商维持在 30%—50%，可见券商移动端的发展潜力依然很大。表 1 为移动端开户占比、交易占比、佣金占比前 5 名情况。从表中可以看出，开户、交易、佣金占比较高的券商大多为大型券商或依托一线城市进行布局的券商，这些券商普遍客户基础较好，在地理位置、企业规模等方面具有优势（见表 1）。

表 1　　移动互联网平台业务贡献（开户/交易/佣金占比）

	开户占比		交易占比		佣金占比	
	名称	比例（%）	名称	比例（%）	名称	比例（%）
前5名	红塔证券	100	华创证券	90	华创证券	90
	国金证券	99.94	中金公司	90	中金公司	90
	德邦证券	99.86	财通证券	86.42	平安证券	62.85
	方正证券	99.80	财富证券	79.20	财富证券	58.90
	恒泰证券	99.80	平安证券	78.41	恒泰证券	57

注：表中未统计规划建设中、未布局、无统计数据的公司。

（五）移动互联网平台活跃度

各券商在互联网平台的活跃度方面差异较为明显。装机量较多者如国信、银河、广发、海通等券商已达近千万量级；在用户活跃度方面，广发、海通、国信等券商已达百万量级；在使用频率上，海通证券、广发证券仍居前列。具体情况见表 2。

表 2　　移动互联网平台活跃度（装机量/日活）　　（单位：万次）

	装机量		活跃度	
	名称	数量	名称	活跃度（日活）
较高者	招商证券	7 000	华泰证券	183.13
	华泰证券	1 516.49	海通证券	120—150
	国信证券	1 000	国信证券	100
	广发证券	900	国泰君安	100
	光大证券	505	平安证券	100

注：由于数据口径不同，未具体排名，仅给出较高者情况；表中未统计规划建设中、未布局、无统计数据的公司。

综合分析，App 市场占有率、用户活跃度较高者主要是成立时间较早、规模影响力较大的券商。使用频率由于券商间数据统计方式差异难以具体比较，但基本情况与其他两者差异不大。

三、移动互联网业务的合规风控

（一）客户数据

在客户数据的访问权限上，各券商实行分级管理与岗位隔离，根据员工岗位职责限定其在系统内的客户信息访问权限，严格管控客户数据访问流程，尤其对客户数据批量导出进行重点规范，特殊情况一事一议，保证客户信息安全。同时加强员工安全保密意识能力培训，提升员工保密意识，丰富员工保密手段，从人员保密主动性上把控客户数据风险。此外还制定了严格的保密制度，对违规者严肃处理，以客观手段强制员工防范客户数据泄露、篡改风险。

（二）业务流程

在业务流程上，严格执行申请、审批、维护、反馈的全流程管理，实施移动端授权机制，同时进行线上业务审核、复核与风险评估，风控合规部全程跟踪风险点，按适当性管理制度与风险测评推进业务。此外，还建立了客户回访制度，保存回访记录，强化客户自身的操作风险控制。

（三）风控技术应用

在风控技术上，各公司纷纷采用多种加密手段从公司端、传输过程、客户端全方位确保业务进程的安全性。在公司系统中部署防火墙、反入侵系统，结合内外网隔离等手段保证内网信息的机密性；在数据传输过程中使用传输协议加密、数据 MD5 加密、非对称密钥、数据脱敏处理等，保证传输安全；在客户端，采用了 App 加固技术、防反编译、交易加密、短信验证码、随机验证码、超时退出等方式进行风险控制。

四、移动互联网的应用与跨界合作

（一）移动互联网的应用

移动互联网的出现，可以将证券公司专业的金融业务能力通过互联网公司的理念和技术优化改造，在 App 和微信的移动终端，实现业务线上平台化。通过对问卷的整理分析，我们得到证券公司在移动互联网方面有以下潜在的应用：

1. 在业务自助办理，包括首次办理和二次办理方面，实现简洁化的全业务流程移动端办理

如网上开户、创业板转签、融资融券和股权质押贷款相关业务、新股申购、产品下单等。便捷的业务办理，打破了时间和空间的限制，是最直接提供客户良好体验的方式之一。

2. 在投资顾问服务方面

通过账户分析，个性化的理财规划和资产配置，在线智能投顾，机器人投顾（组合策略和量化策略、订阅和跟投），互动社区和直播，个性化智能资讯等功能的创新，可以最大限度地为客户提供专业的线上投顾服务，帮助客户更好地投资理财，凸显券商的核心竞争力。

3. 在产品销售方面

可以通过移动互联网在展示和传播上的优势，更大范围和更及时地让客户获取产品信息详情。在购买起点和类型上实现多样化，满足不同客户的需求，尤其是中小客户理财需求，与互联网理财展开对等的竞争。

4. 在客户分层和大数据分析方面

深度挖掘客户的资产和交易数据、风险偏好等信息数据，实现针对性的服务和精准营销，提高服务和营销的效率。

5. 在客服方面

实现 7×24 小时在线服务，包括机器人客服和人工客服，常见问题可由机器人客服解

决；如解决不了，可选择在线和电话的方式进行人工服务，满足客户的需求。

6. 在投资者教育方面，通过在线课堂等形式，向客户揭示投资风险，提供投资知识和技能的讲解，以及各类投资产品的介绍，以培育客户的理性投资和资产配置的理念，提高沟通效率。

7. 在统一账户方面，争取打通证券、期权、融资融券等账户的隔离，建立综合互联网理财账户，方便客户投资。

（二）证券公司与互联网公司的合作模式探索

证券公司和互联网公司应在合规、互利共赢、各展所长的原则下开展合作，为双方共同客户提供更好、更多样的服务，提高客户黏性。证券公司有专业投资理财能力、金融风险管理能力、投资数据方面的优势；互联网公司则有技术、客群、互联网运营方面的优势，双方可形成相得益彰的合作关系。券商和互联网公司的合作模式探索，大致总结为以下三点：

1. 营销渠道合作

互联网公司在移动技术的应用、用户流量、社区运营以及用户体验方面均有更好的优势，因此证券公司应该考虑在流量、社区以及用户体验方面加强与互联网公司的合作，通过引流开户、广告宣传、产品代销、促销合作（如与日常生活相关的互联网公司），增加开户数和产品销售，提升品牌知名度。

2. 技术合作开拓新业务

除了少数拥有较多 IT 和互联网人才储备的大券商，多数券商还是要依靠第三方互联网公司的协助，才能完成上述移动互联网的应用功能。在这个过程中，券商负责业务和功能需求的提供以及风险的控制，而互联网公司则需要从技术实现、客户体验等方面提供支持。在这个过程中，通过交流学习，证券公司也可以提升 IT 和网络金融部门人员的水平，做好人才储备。

券商可以利用自身的专业和交易优势，与新的技术元素、风控方法结合，与互联网公司在技术方面强强联合，在方便客户、提升体验的同时，拓展新的业务空间，进行深度的技术合作，如引进区块链、视频识别、人工智能等。

3. 深度战略合作

实现互联网公司和券商的资源整合，破解双方浅层合作上的内在矛盾，发挥互联网券商的最大效用，尤其是在大数据分析方面，效果尤为明显。只有在深度整合的基础上，才能做到数据共享和技术共享，实现真正有效的数据挖掘，来支持服务和营销。例如与互联网公司进行大数据方面的深度合作，充分利用大数据时代的信息工具，掌握用户的精准画像，在客户行为精确分析基础上进行激活、转化，给用户提供所需要的金融产品和订制化服务。

五、对移动证券的监管意见或建议

（一）制订行业负面清单制度，明确移动证券展业原则

明确移动证券业务的合规风险底线，制订行业负面清单制度，落实券商和互联网平台监管同等标准。在各类业务现有管理条例中增加明确关于网上展业要求的指引，并出台相应管理规范。建立与互联网证券业务特点和风险特征相适应的监管规则，明确委托第三方平台营

销以及交易对接的规范。建立行业统一电子签名系统的搭建标准及条件，以防范整个行业系统性的法律风险，同时促进行业的移动证券业务发展，营造公平竞争环境。

（二）涉及移动证券发展相关制度的具体修订意见和建议

第一，建议制订专门的移动证券管理规定，对移动证券的相关内容、禁止性事项和惩罚措施等做出统一的规定。

第二，建议重新界定移动证券相关专业名词，明确界定范围并给予指导。进一步明确相关电子证据的法律效力，明确风险责任承担分配，明确信息披露要求等内容。

第三，现行视频见证流程非常复杂，与现行的互联网开户理念有较大差距，且易受网络环境影响，建议改进视频见证的方式（采用单向视频），取消数字证书相关要求。

第四，现有规定："涉及客户资金账户及证券账户的开立、信息修改、注销、建立及变更客户资金存管关系、客户证券账户转托管和撤销指定交易等与客户权益直接相关的业务应当一人操作，一人复核，复核应当留痕。"建议将"一人操作，一人复核，复核应当留痕"修改为"履行相关复核程序，且留痕后生效"。相关复核工作通过系统自动完成。

第五，限定从业人员执业地区范围已经不适应移动证券发展趋势和跨地域属性，建议取消地域限制规定。

证券公司互联网开户及产品销售等互联网业务调研情况报告

蔡新发　徐　晶　谢金慧*

为了解证券公司互联网开户和产品销售的情况，促进互联网证券业务的健康稳健发展，中国证券业协会于 2016 年 6 月发布开展证券公司互联网证券业务情况调查问卷。本次调研，共有 76 家证券公司反馈，其中包括 37 家互联网证券业务试点证券公司，39 家非试点证券公司。经统计，参与问卷调查的证券公司 2016 年 1—8 月通过互联网导流方式，开立证券账户 2 446 671 户，开立理财账户 1 821 997 户；通过理财账户销售理财产品累计规模 2 998. 7 亿元，存量规模为 1 387. 5 亿元。

围绕业务开展流程，本次调查问卷统计结果显示，绝大多数证券公司互联网业务都能做到合法合规，主要体现在通过建立机制、审查合作平台资质、加强 IT 建设等举措，做好投资者适当性管理和投资者利益保护等工作。传统证券行业借助互联网，不仅发现了新的业务模式和盈利增长点，更重要的在于推动了普惠金融的发展，让更多投资者享受到低门槛、高质量的金融服务。具体情况如下：

一、证券公司互联网开户及产品销售情况

（一）行业整体情况

1. 证券行业互联网开户及产品销售绝大多数能做到合法合规，保障投资者利益

经过近几年的发展，证券公司各业务模块与互联网融合进度各不相同，其中以“互联网开户”以及“构建理财账户，借助互联网进行理财产品销售”两项业务进展最为明显，本次调查问卷重点围绕上述两项业务进行相关信息搜集。调查问卷统计结果显示，证券公司在互联网开户及理财产品销售方面整体能做到合法合规，通过制度流程进行投资者适当性管

* 作者单位：蔡新发，平安银行股份有限公司；徐晶，谢金慧，平安证券股份有限公司。

理和利益保护。

反馈调查问卷的76家证券公司均表示能做到严格验证客户开户身份信息。根据客户适当性管理要求，向客户推荐匹配风险承受能力的产品和服务；并通过技术手段保障客户的资金安全等。部分证券公司针对互联网开户及产品销售建立了完善的规章制度，从制度体系、工作机制方面防范风险。

2. 个别证券公司互联网开户及产品销售方面存在瑕疵

由于证券业务与互联网的结合尚在探索阶段，新技术、新模式都将有导致风险的可能，在76家证券公司中，有少部分证券公司在风险揭示、信息宣传、佣金约定等方面存在瑕疵，针对流程缺陷，相应证券公司已经开展整改措施（见表1）。

表1　　重点调研项目合规率情况

	项目内容	合规率
1	证券公司网上开户业务严格验证客户开户身份，保证客户身份信息真实、准确、完整	100%
2	证券公司网上开户业务严格切实落实客户适当性管理要求，向客户推荐的产品或服务适当	100%
3	证券公司网上开户业务按照规定披露信息、揭示风险	98%
4	证券公司网上开户业务按照规定明确与客户约定销户及其他与客户权益密切相关事项的办理方式、办理程序	99%
5	参与合作的互联网企业及代销机构取得相应资质	100%
6	网上理财业务通过技术手段有效保证客户的资金安全	100%
7	网上理财业务具有差错处理机制及应急处理机制	100%
8	通过外接系统开展互联网证券业务时，不存在为客户内幕交易、操纵市场、规避信息纰漏义务及其他不正当交易活动提供便利的行为	100%
9	证券公司互联网金融业务是否建立风险应急处置机制	99%

3. 互联网导流开户效果显著，2016年上半年互联网导流开户占新增开户量27%

与银行等金融机构相比，证券公司网点数量有限，且区域分布不均衡。截至2016年7月，证券公司设立营业部数量为8 000余家，并主要集中在北京、上海、广东、浙江、江苏等经济发达地区。因此证券公司依靠现有的营业网点，在吸引客户资源、提高客户服务人性化方面都处于不利局面。

互联网的介入将现场开户业务拓展至网上开户，满足了客户不用临柜即可办理开户业务的需求，客户更多选择互联网方式进行开户，2015年证券公司网上开户占比由2014年的50%提高到2015年的92%（见表2）。

表2　　网上（互联网+手机）开户占比情况

年份	PC端占网上开户比例（%）		手机端占网上开户比例（%）		网上开户占整体开户比例（%）
	全体汇总	最大值	全体汇总	最大值	
2014	40	100	60	80.7	50
2015	11	72	89	97.44	92

互联网流量的导入，使得证券公司开户量激增。根据调查问卷，76家证券公司2016年

上半年通过互联网平台导流开立的证券账户接近 250 万户，整个市场上半年新增开户量为 924 万户，互联网渠道导流占比达到 27%（见图 1）。

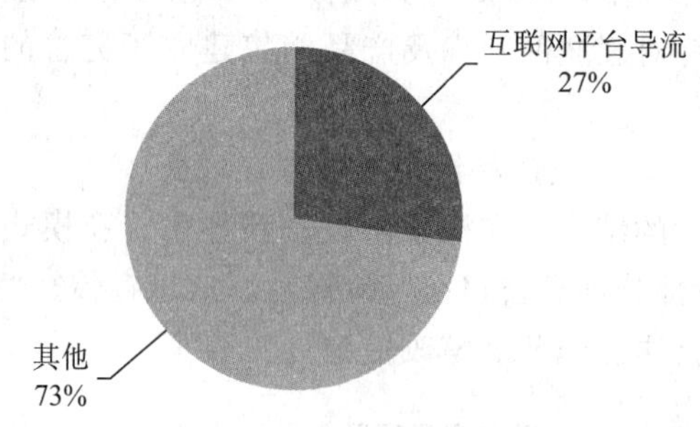

图 1　2016 年上半年互联网平台导流开户占比达 27%

4. 互联网开户有效户率偏低

据统计，参与问卷调查的证券公司互联网导流开户平均成本为 124 元/户，其中万元有效户占比较低，平均值为 9%。未来证券公司应在单纯导流的基础上，深入探索如何用产品和服务激活用户，真正做到为更多投资者提供金融服务。

5. 证券公司互联网合作平台呈现多元化趋势

随着互联网开户业务的逐步深入，证券公司互联网合作平台更加多元化。经统计，参与调查的 76 家证券公司与超过 20 家主流互联网平台进行对接，其中互联网平台、App 应用市场、搜索引擎是导流效果最为明显的三类平台：

一是互联网平台，如同花顺、东方财富、大智慧等。此类平台用户属性相对集中在金融领域，证券公司通过此类平台导流效率最高。2016 年 1—8 月通过上述互联网平台获取的开户量占互联网导流开户总量的 47%。

二是 App 应用市场。2016 年 1—8 月通过 App 应用市场获取的开户量占互联网导流开户总量的 24%。

三是搜索引擎。此类平台借助大数据，为证券公司提供类似效果营销、精确导流等服务。2016 年 1—8 月通过搜索引擎获得的开户量占互联网导流开户总量的 5%（见图 2）。

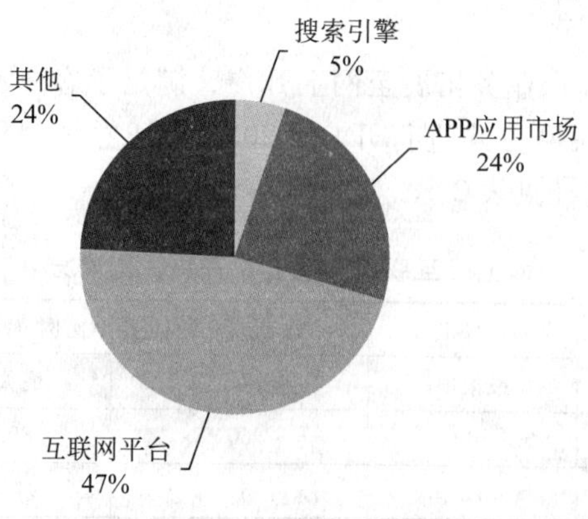

图 2　行业通过各类流量入口导流情况

6. 互联网融资业务类型均为股票质押业务

除互联网开户及理财产品销售业务，此次调查问卷还关注了互联网融资业务。根据调查问卷统计结果，共有31家证券公司开展互联网融资业务，类型均为股票质押业务。

对于互联网融资类业务，证券公司在合规要求下，对融资人评级授信等环节制定了差异化策略。根据问卷内容，可以归纳为以下几种方式：

（1）线上评级：投资者通过线上问卷的形式，确定风险承受能力，证券公司据此确认投资者是否具有开展股票质押业务的适当性。

（2）评级模型：部分证券公司沿用传统的大额股票质押评级模型，如长城证券、国金证券等，从客户基本信息、资产情况、投资经验、风险偏好四个方面对客户进行分析和评价，并根据客户征信分数确定客户信用等级，以此确定客户授信额度范围。部分证券公司对原股票质押回购业务征授信制度进行调整，形成了与小额股票质押式回购业务特性相匹配的额度管理办法，如渤海证券，在查验客户身份有效、账户合格，风险承受能力为“相对积极型”及以上等信息后，统一授予全部参与小额股票质押式回购的客户100万元的交易额度。

7. 围绕互联网金融风控，多家证券公司制订完善的应急方案

根据调查问卷，97%的证券公司针对互联网金融业务出台了风险应急处理机制，部分证券公司还定期进行模拟演练。

以广发证券为例，公司建立了互联网金融业务的风险管理组织体系，具体为：“董事会—经营班子（风险控制委员会）—电子商务部门及相关管理部门—经纪业务分支机构”。各分支机构按照公司授权和批准，在公司统一管理下，具体负责客户开发、维护、风险提示、开户、交易执行及业务跟踪等工作。围绕针对互联网金融平台的网络特性、网络信息传播的便捷性、客户群体的特殊性与分散性，广发证券成立互联网金融业务领导小组和工作组，可及时处理由互联网金融平台引发的网络突发风险事件。

（二）互联网证券业务试点证券公司互联网开户及产品销售等服务开展情况

2014年4月，包括中信证券、平安证券在内的6家证券公司获得首批互联网证券业务试点资格。截至目前，已有55家证券公司获得试点资格。本次调查问卷结果显示，获得试点资格的证券公司在推进互联网证券业务开展方面更显积极。

1. 试点证券公司是互联网开户的主力军

根据调查问卷统计结果，获得互联网试点资格的证券公司在全面拥抱互联网方面更为积极主动，反馈问卷的37家试点证券公司2016年上半年，通过互联网导流开户数179.2万户，占该方式开户总量的73.23%。其中东方财富证券、平安证券、恒泰证券、广发证券、国信证券开户数量名列前5位（见表3）。

表3　　互联网导流开户数量前5名试点证券公司

序号	公司全称	互联网总开户（户）
1	西藏东方财富证券股份有限公司	409 714
2	平安证券有限责任公司	350 000
3	恒泰证券股份有限公司	177 000

续表

序号	公司全称	互联网总开户（户）
4	广发证券股份有限公司	136 515
5	国信证券股份有限公司	80 000

注：以上数据为参与调问卷调查且提供了数据的互联网证券试点证券公司的排名。

2. 试点证券公司理财产品销售占全行业99.9%

借助互联网方式，证券公司理财产品销售业务打破了时间、空间限制，理财账户开设数量获得快速增长，产品种类也更加多元化，包括资管产品、投顾产品、收益凭证、货币基金等。

经统计，截至2016年8月，证券公司理财账户开户数为262万户；参与问卷调查的76家证券公司理财产品销售累计规模达到2 998.7亿元，其中37家试点证券公司理财产品销售规模累计达到2 995亿元，占比达到99.9%，试点证券公司在互联网理财产品销售业务方面占据绝对主力（见表4）。

表4 各类理财产品累计及存量销售规模 （单位：亿元）

规模＼产品	资管产品	投顾产品	收益凭证	货币基金	其他产品	合计
累计规模	1 309.37	1.08	115.09	963.68	609.48	2 998.7
存量规模	952.63	1.07	20.40	189.82	223.58	1 387.5

从产品种类来看，资管产品和货币基金产品占总规模75.8%，投顾产品和收益凭证产品规模较小，占总规模3.9%。产品种类还不够多元化，不同产品规模也存在不均衡现象。

3. 试点证券公司中有40.9%开展互联网理财产品销售业务

调查问卷统计结果显示，试点证券公司中，仅有18家证券公司通过互联网方式进行理财产品销售，其中仅有招商证券、银河证券、平安证券等6家证券公司销售超过4种以上（含4种）产品种类，未来全行业在通过互联网销售理财产品业务方面还有很大的拓展空间（见表5）。

表5 通过互联网开展理财产品销售业务的前5名试点证券公司名单 （单位：亿元）

序号	公司名称	累计规模	存量规模
1	招商证券	1 381.73	463.81
2	第一创业证券	523.29	69.07
3	华创证券	387.28	116.61
4	华龙证券	257.94	523.72
5	德邦证券	180.17	52.88

（三）非互联网证券业务试点证券公司互联网开户及产品销售等服务开展情况

1. 非试点证券公司通过互联网导流开户占比26.8%

相较试点证券公司而言，非试点证券公司在互联网业务开展方面积极性较弱。调查问卷统计结果显示，2016 年 1—8 月，39 家非试点证券公司通过互联网导流开户数为 654 860 户，占 26.8%，其中位列前 5 名的证券公司分别为华西证券、财富证券、中泰证券、大同证券、网信证券（见表 6）。

表 6　　互联网导流开户数量前 5 名非试点证券公司

序号	公司全称	互联网总开户（户）
1	华西证券股份有限公司	191 307
2	财富证券有限责任公司	124 607
3	中泰证券股份有限公司	82 813
4	大同证券有限责任公司	67 451
5	网信证券有限责任公司	35 653

2. 非试点证券公司基本未进行互联网理财产品销售业务

互联网产品销售方面，非试点证券公司占比相对更小，参与问卷调查的证券公司中仅有中泰证券、中银国际开展互联网理财产品销售业务，其中两家公司互联网产品累计规模占比 0.1%。

截至 2016 年 8 月，中泰证券各类理财产品累计规模为 1 908.7 万元，存量规模为 594.2 万元；中银国际各类理财产品累计规模为 3.55 亿元，存量规模为 3.84 亿元。

二、互联网开户及理财产品销售等业务开展中遇到的主要问题

经过近 3 年的发展，证券公司特别是互联网业务试点证券公司，在全面拥抱互联网的过程中不断探索，催生出多元化的业务模式，得益于良好的政策环境以及内生创新动力，传统证券公司借助互联网力量实现了新一轮的快速发展，积累了丰富经验。

政策放开为证券公司发展互联网开户及理财产品销售业务提供了较大的创新空间，与此同时也对证券公司服务能力、风控管理、系统升级等多方面提出挑战。如何进行模式创新、实现有效监管，并与传统证券业务形成更好的协同效应也是值得深入讨论的问题。

（一）互联网开户业务中的主要问题

1. 互联网线上远程特征导致投资者身份虚假、信息泄露等风险

互联网打破时间、空间限制，但开户流程的全线上化，也有可能存在投资者冒名顶替或者使用虚假信息的风险，对后续投资者适当性管理提出新的挑战；与此同时，由于证券公司接入互联网平台的种类和数量日益增多，互联网平台存在病毒入侵、恶意攻击等风险，导致客户信息泄露，给投资者带来较差的服务体验。

2. 互联网公司越界问题

互联网目前是作为流量入口、工具平台参与证券开户业务，未来随着互联网介入程度深入，互联网平台可能存在越界参与证券业务的风险，导致该业务脱离监管控制范围，出现损害投资者利益的情况。

3. 暴增的客户量对证券公司服务能力提出新的挑战

互联网开户业务兴起后，证券公司客户数几何级数增长，特别是最早试水互联网业务的中小证券公司。面对暴增的客户量，证券公司的服务能力和 IT 系统支持能力并未完全跟上，频频出现交易不畅、服务滞后等情况，导致投资者投诉增多，客户体验不佳。

（二）互联网理财产品销售业务中的主要问题

1. 证券公司理财产品种类偏少，不能满足投资者多样化需求

证券公司通过互联网平台销售的理财产品种类较少，规模也较小，不能满足投资者日益扩大及多元化的理财需求。证券公司应着力打造自身产品创设能力，提供多样化产品，满足不同资产配置需求、不同风险偏好的客户需求。

2. 金融理财产品专业性与投资者理解便捷性之间存在冲突

理财产品专业性及复杂程度较高。为了充分揭露风险，证券公司在产品销售过程中往往长篇累牍进行说明解释，但此举也造成了投资者理解并购买的不便，导致证券公司通过互联网销售理财产品的规模不能实现爆发性增长。

部分证券公司建议，后续监管部门、行业组织以及证券公司可通过开展多样性、生动性的投资者教育活动，不断提升普通投资者的金融认知；证券公司也可以尝试在合规框架内，用简洁易懂的形式对产品进行宣传告知，便于投资者理解。

3. 投资者开立理财账户的便捷性还需加强

相比较互联网平台注册的便捷性，证券公司出于全面风控管理考虑，在理财账户的开设上流程相对复杂，这有可能导致证券公司开展该项业务时竞争力弱于互联网平台。

（三）证券公司开展互联网业务的普遍问题

1. 思维转变需要更彻底，变“以业务为中心”为“以客户为中心”

证券公司享有的牌照红利，对通道业务依赖性大，而互联网的介入让通道价值越来越小。目前证券公司在互联网业务开展过程中更多发挥互联网工具属性，增强传统业务的便利性，但在与互联网深度融合、创建全新业务模式方面还未形成根本性突破。未来证券公司应更多从产品创设创新、服务模式创新方面探索与互联网的结合，以服务黏客，真正实现“以业务为中心”向“以客户为中心”的转变。

2. 互联网证券持续盈利模式尚未完全建立

佣金价格的不断下降，让积极发展互联网业务的证券公司面临着“表面热闹但不赚钱”的境地。未来如何将互联网带来的大量流量形成客户忠诚度，让用户为增值服务付费，从而让互联网证券业务形成盈利驱动力，是当前证券公司应深入思考的问题。

部分证券公司将互联网金融的注意力由流量转向项目。如依靠互联网平台发挥自身的金融项目整合，寻找具有项目支撑的客户资源，优化资金方的介入方式，依靠资产证券化、风投化等方式绑定客户，强化客户黏性，或许可以走出“赚吆喝”的尴尬境地。

3. IT 系统基础薄弱，难以支持互联网证券业务高速发展

与传统证券业务相比较，互联网证券业务强调低成本、低门槛、覆盖面广、响应及时，但目前行业的基础设施还难以支撑互联网业务实现高速发展，具体表现在：

（1）目前支付体系成本高。互联网金融业务强调场景作用，用户资金在平台上实现闭

环流转，但目前证券公司理财账户并未打通支付功能，需要与网银或者第三方支付相连，这造成证券公司在支付环节需要较高的运营成本，造成互联网证券业务发展存在成本障碍。

（2）系统运行效率低。证券公司 IT 系统相对落后，互联网带来流量的爆发式增长，系统处理及响应能力滞后，这对于信息处理、客户体验都造成一定的瓶颈。未来证券公司应着力加强 IT 基础设施的更新迭代，支持海量并发需求，提升投资者体验。

（3）缺乏有效的征信体系。互联网证券业务涉及理财、交易等各个环节，未来还将延伸到消费领域，对个人征信的需求愈发强烈。目前在证券领域缺乏有效的投资者垂直征信体系，这导致国外比较成熟的业务模式（如社交理财等）在国内还无法落地，互联网证券的创新也受到影响。

三、意见与建议

（一）正视互联网证券业务探索中的问题，及时纠偏，确保业务合规发展

监管层可基于互联网业务发展特性，进一步从制度规范、行业准入方面进行系统性管理，确保各参与方在明确分工情况下，合法合规开展互联网证券业务，具体而言可从以下几方面着手：

1. 进一步明确业务边界

目前开展证券业务的主体必须在持牌机构内部完成，任何外部机构不得介入，将没有牌照的互联网企业隔离在证券业务之外，对信息安全、投资者适当性管理等方面风险进行进一步隔离。建议未来可进一步从制度层面或者操作指引层面，明确证券公司互联网开户的流程和具体环节。

2. 强化牌照准入规范

无论是互联网开户，还是互联网理财产品销售，合作的互联网平台都涉及资格牌照问题。为保障投资者信息安全，建议可从牌照许可及管理方面出台相应制度规范，并可设立公众监督机制，防范不合规平台给投资者利益带来损害。

（二）对于各参与方统一管理，营造公开平等的发展环境

在互联网金融发展中，“跨界”“混业”行为导致监管责任边界难以界定，从而容易造成监管标准不统一。事实上，传统证券公司经过长期市场洗礼和监管约束，具有比较好的风控能力，而互联网企业在风控方面则相对存在短板。

整体来说，不管是传统证券业务还是互联网证券业务，需要明确的是其金融本质以及经营风险的内涵。互联网证券业务涉及多元化参与主体，包括证券公司、互联网平台、第三方理财机构等，上述机构分属不同监管部门，且过去基于传统证券业务构建的监管框架也不能全面覆盖及适应。建议证券行业监管部门可与其他行业监管机构一道，出台面向互联网证券业务发展的指导规范或意见，将各参与方纳入统一监管体系下，避免出现由于标准不一致导致的投资者利益损害情况。

（三）切实落实实名制，做好投资者适当性管理，保护中小投资者利益

互联网带来了海量投资者，但非现场业务模式也给投资者适当性管理提出了新的挑战。

未来在各项业务中逐步推行实名制，确保不出现冒名顶替、风险承受能力不匹配的情况。一方面可在业务办理流程中严格落实实名认证，另一方面可通过人脸识别等新技术对双向视频环节进行补充验证。另外开户过程中要做好了解客户工作，搜集适当性相关信息，尽最大努力保护中小投资者利益。

（四）建立机制，系统性进行风险防范，实现稳健经营

在混业跨界的监管挑战面前，建议明确风险底线，设立风险“防火墙”。

一方面，加强市场监测和潜在风险的预演预判，把风险监测、衡量、控制贯穿在行业监管的整个流程，可以使用大数据功能增强系统性风险预测的准确性和及时性，例如在互联网开户环节嵌入自动化流程监控系统，防范开户环节中的人为操作风险或细节疏漏风险；另一方面，可以科学评估和披露各类市场具体行为和信息，形成社会监督，运用市场化方式引导各类市场行为，最终通过各类市场主体直接强化自己的行为约束，达到防范风险的目的。

（五）建立与互联网业务相适应的评价体系，指导互联网证券业务发展

目前围绕传统证券业务已经建立了较为完善的经营指标评估体系，但在互联网证券业务层面，还缺乏清晰有指导意义的评价体系。未来可基于互联网特性，建立一套适应互联网证券业务的评价体系，用以检验证券公司互联网业务发展情况，也给此业务发展提供指导性方向。

具体指标上可从客户满意度、获客能力、平台黏性、技术投入等方面展开。客户满意度可参考国际通用的 NPS（计量某个客户将会向其他人推荐某个企业或服务可能性的指数）指标体系；获客能力、平台黏性可通过日活、月活等数据衡量。

（六）鼓励创新，激发从业机构的探索动力

目前美国、日本、韩国在互联网证券业务发展上已经积累了丰富的经验，特别是韩国市场个人投资者比例超过 75%，这与我国证券市场目前情况类似。在国外成熟经验的指引下，我国监管部门可从互联网证券发展现状出发，制定更有前瞻性、开放性的创新政策，在风险可控的情况下，帮助证券公司更好地实现与互联网的融合与创新。鼓励创新可从以下几个方面进行考虑：

一是鼓励证券公司主动学习、精于利用互联网新科技，如大数据、云计算、区块链等。从外部驱动方面，建议针对性地举办互联网主题的研讨会或交流活动，在行业内形成学习氛围；从内部驱动方面，可允许证券公司非现场办理更多业务，在合法合规并做到投资者适当性有效管理的情况下，证券公司可自主决定哪些业务可以线上化，采取备案制的监管方式，鼓励证券公司根据自身情况以及业务发展需求主动自发地探索互联网证券的发展方向。

二是结合互联网证券发展特点调整优化相关监管条例。互联网证券业务以较低的成本实现了线上服务，但在实际业务运作中，线下服务也是不可或缺的，线下网点的服务一定程度上弥补了线上业务的个性化以及深度服务不足的情况。为更好地发展互联网证券业务，在新建网点成本较高的情况下，可以允许证券公司与银行及其他金融机构共用场地。轻型网点不仅是互联网思维的体现与补充，也能更便捷地给客户提供一站式全面的金融服务。

金融科技

金融科技在资本市场的应用发展研究

赵 阳*

近年来，随着网络基础设施建设完善，智能设备不断普及，移动互联网广泛应用及以大数据、云计算、人工智能、区块链为代表的新技术日趋成熟，金融与科技的融合度不断提升，金融科技（Fintech）蓬勃发展。2010—2016 年，全球金融科技领域投资总额由 17.91 亿美元增长到232 亿美元，增长了 12 倍。2016 年中国区域金融科技投资总额为102 亿美元，占亚太地区投资总额（112 亿美元）的 91.07%。未来，金融科技将一骑绝尘，呈现爆发式发展。研究金融科技的本质、驱动力及发展趋势，探索更大程度上金融与科技的高效融合，是一项重要的课题。

一、金融科技的概念及分类

（一）基本概念

目前行业内尚未形成统一规范的定义。全球金融稳定理事会（FSB）认为金融科技是通过技术手段推动金融创新，以此形成对金融市场、机构和金融服务产生重大影响的业务模式、技术应用和流程、产品。① 其他金融监管机构，如国际证监会组织（IOSCO）、美国国家经济委员会（NEC）、英国金融行为监管局（FCA）、新加坡金融管理局（MAS）和中国台湾地区的金融监管机构等，也都从范围、应用、影响、业务模式等方面给出了定义。综合来看，金融科技是遵循金融本质的创新金融实现形式，以数据为基础，以技术为手段，核心在于通过各种前沿科学技术的应用，实现金融服务效率提升、交易成本降低、产品和服务形式创新以及客户体验改善。

---

* 作者单位：中泰证券股份有限公司战略规划部，清华大学五道口金融学院。原载于《中国证券》2017 年第 8 期。

① 参见《全球金融科技监管的现状与未来》，中证网，2016 年 8 月 19 日，网址：http：//www.cs.com.cn/sylm/zjyl_1/201608/t20160819_5037793.html，最后访问日期：2017 年 7 月 26 日。

（二）“金融科技”与“互联网金融”的异同

“互联网金融”与“金融科技”同属以技术创新优化金融服务的概念范畴。但从本质上看，二者存在显著边界，互联网金融侧重金融领域商业模式创新，通过强化金融服务原有的信息流转渠道并提供新渠道，实现传统金融业态的互联网化，并未从根本上变革金融业的生产方式；金融科技则聚焦金融领域的技术创新及应用，以人工智能、大数据、区块链、云计算等技术创新及应用打破传统以人际关系维持的业务渠道和商业模式，在统一的数字化平台上基于资金本身的属性进行资金配置、产品设计和风险管理，省略了诸多不必要的中间环节，金融服务成本更低、效率更高（见表 1）。可以说，金融科技对包含互联网在内的新技术的要求更高、变革更深，科技逐渐由渠道拓展者演变成金融发展的核心。

表 1　“金融科技”与“互联网金融”的差异

	互联网金融	金融科技
内涵范围	属于前端环节，聚焦营销获客、产品推广等渠道强化，范围较窄	涵盖全业务链，包括系统构建、交易结算、产品设计、风控、渠道拓展等，内涵更广
驱动力	商业模式创新	技术创新及应用
技术范围	互联网、移动通信技术	一切可用于金融的科技创新
目标客户	C 端，侧重互联网用户、中小微市场	B 端 + C 端，包括金融机构在内的所有金融服务参与者
影响	拓展服务渠道，冲击传统金融	全面推动金融变革，更具互补和兼容性

资料来源：根据公开信息整理。

（三）主要分类

金融科技依托各种前沿技术，广泛应用于支付清算、借贷融资、财富管理、零售银行、保险、交易结算等领域。巴塞尔银行监管委员会将其划分为四大类（见表 2），在参与主体、发展规模、市场成熟度等方面不同，对金融体系的影响各异。

表 2　金融科技的分类

<table>
<tr><td rowspan="5">支付结算</td><td rowspan="3">零售类支付</td><td>移动钱包</td><td rowspan="6">存贷款与资本筹集</td><td rowspan="5">借贷平台</td><td>借贷型众筹</td></tr>
<tr><td>点对点汇款</td><td>线上贷款</td></tr>
<tr><td>数字货币</td><td>电子商务贷款</td></tr>
<tr><td rowspan="2">批发类支付</td><td>跨境支付</td><td>信用评分</td></tr>
<tr><td>虚拟价值交换网络</td><td>贷款清收</td></tr>
<tr><td rowspan="5">市场设施</td><td rowspan="2">跨行业通用服务</td><td>客户身份数字认证</td><td>股权融资</td><td>投资型众筹</td></tr>
<tr><td>多维数据归集处理</td><td rowspan="4">投资管理</td><td rowspan="2">电子交易</td><td>线上证券交易</td></tr>
<tr><td rowspan="3">技术基础设施</td><td>分布式账户</td><td>线上货币交易</td></tr>
<tr><td>大数据</td><td rowspan="2">智能投顾</td><td rowspan="2">财富管理</td></tr>
<tr><td>云计算</td></tr>
</table>

资料来源：巴塞尔银行监管委员会。

第一类，支付结算类。第三方支付业务发展迅速且日趋成熟，能够满足客户在互联网环境下小额、高频、实时、非面对面、低费用的非现金支付需求，与银行支付系统分工协作、优势互补。第二类，存贷款与资本筹集类。包括P2P网络借贷和股权众筹等，定位为满足传统金融服务覆盖不足的个人和小微企业的融资需求，发展较快但市场份额仍较低，部分业务在信用风险管理、信息披露、投资者适当性管理和网络技术安全等方面存在问题。第三类，投资管理类。包括智能投顾和电子交易服务等，前者已在少数交易标准化程度高的发达经济体广泛应用，未来发展有赖于人工智能技术和市场接受度的提高；电子化交易在金融领域已经基本实现。第四类，市场设施类。属于针对金融机构提供的第三方服务，目前该领域业务投入较大，初步缓解了当前金融领域基础设施落后、效率低下、运维成本高昂等问题。

二、金融科技未来趋势

（一）“互联网+”向深度技术创新转变，行业价值链面临重整

目前，“互联网+”业务模式已经构筑了良好的运行框架，传统金融机构通过“触网”直面C端客户，提供跨地域、高效率、低成本的金融服务。经过多年发展，单纯业务嫁接技术的模式已被过度发掘，依靠直面C端客户带来的规模效应和市场份额再分配获得的全行业“互联网化”红利逐渐被消耗，“触网”模式创新带来的增长日益乏力。

金融科技的核心在于以深度技术创新改造和颠覆传统金融服务方式，重整行业价值链。一方面，以新技术应用全面取代传统上以人为媒介的规章和流程控制体系，在统一的数字化平台上依托“数据+技术”进行产品设计和运营管理，简化业务流程、降低成本、提升服务效率（见图1）。另一方面，转变企业估值方式，在“互联网+”模式下，企业价值将取决于C端用户数目和在特定业务领域的市场份额；在深度技术创新模式下，价值将同时取决于B端和C端用户数目、因取代线下设备和人员配备以及效率提升导致的总体运营成本节约、业务在全产业链中的价值占比等因素。

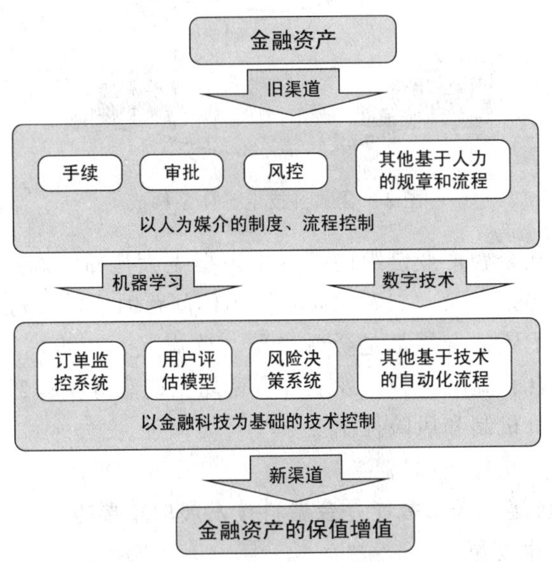

图1　技术深度创新带来金融行业价值链重整

（二）技术驱动金融产业链纵向扩展，但技术应用不改金融本质

金融科技的市场参与主体包括传统金融机构、科技公司（提供技术服务支持）、金融科技公司（以技术手段提供创新金融服务）、监管科技公司（提供金融合规科技应对方案）以及金融科技投资机构、商业模式孵化器、金融及科技监管机构等（见图 2）。多方主体在以技术为核心的金融产业链纵向扩展中开展竞争与合作，碎片化的行业竞争力结构决定了"科技＋牌照"的深度融合将成主流。在此背景下，传统金融机构，如证券公司将加大技术创新应用，通过线上服务极大降低对实体营业部的依赖；部分大型证券公司将集中优势布局场景端，增强对特定场景的把控和风险识别，实现目标客群的低成本触达，形成竞争优势。各类科技公司将继续在新技术领域发力，以技术支持传统金融机构服务供给，或通过模式创新在监管许可的前提下直接参与金融活动。大型金融科技公司则将通过收购、参股金融机构或直接申请业务牌照等方式在金融领域布局，参与传统金融机构竞争。

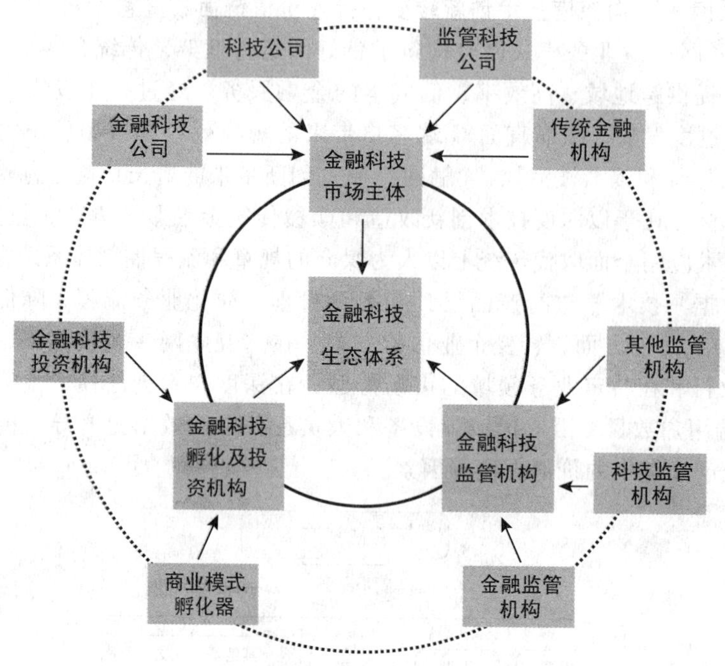

图 2　金融科技生态体系构成

总之，未来技术将在金融产业链纵向扩展中占据更大比重，科技将驱动金融深度变革。但是，金融科技的本质仍是金融，二者同属不同主体间跨时空的资源配置，期间所有涉及价值或收入在不同时空间配置的交易都是金融交易（陈志武，2009）。不管技术如何发展，技术与金融以何种方式融合，金融科技的发展都应密切围绕服务实体经济和切实为投融资交易提供资金匹配渠道、定价机制和风险控制。

（三）大数据、区块链、人工智能是金融科技发展的重要方向，并将驱动金融体系变革

1. 从渠道拓展到技术变革

互联网金融通过客户引流、移动终端拓展、线上线下相结合（O2O）等方式增强了金融

产品及服务的营销渠道变革，实现了客户规模和业务覆盖范围的大幅提升。随着大数据、云计算、人工智能等新技术的广泛应用，线上、线下协同一体，以大数据分析实现客户分层及以此为基础提供智能化、多样化、针对性强的金融服务将趋于主流，渠道变革将逐渐转向金融技术变革。

2. 信用流转架构

区块链技术具有去中心化、去信任、集体维护、不可篡改且可追溯的技术优势，交易双方能在无须借助第三方信用中介的条件下直接进行交易，实现低成本的价值转移。目前，该技术已在证券发行交易、数字货币、支付结算、征信、票据与供应链金融等领域有所应用。未来，区块链分布式共识机制将摈弃信任中介，颠覆传统信用流转架构。

3. 信息

一是金融科技通过全面重构金融业信息数据处理方式，提升金融服务效率，缓解投融资信息不对称。如区块链和分布式账本技术能够大幅提高证券公司在清算结算、经纪业务、风险管理、客户服务等方面的信息处理能力，提升服务效率。二是金融科技触发客户维护及服务方式变革。依托大数据技术进行客户画像，能够破译“千人千面”，实现客户分层；通过技术和数据分析制定针对性强的产品和服务策略，可提高投资收益匹配及客户满意度；依托券商虚拟化服务、移动端金融服务和 O2O 模式拓展，可增强客户体验，提高客户黏性。

4. 价值实现形式

金融科技依托技术创新及应用能够引发传统价值链瓦解：一是技术应用将逐渐取代线下网点、设备和人力，降低运营成本，分布式技术应用将减少物理节点和机构流转环节，降低中介成本，提高运营效率。二是技术供应商在连接客户和业务的基础上，成为事实上的业务运营商，盈利模式不再仅限于技术和解决方案供应，而是能够参与资本分配。如恒生 HOMS 系统在未被监管禁止前，其在撼动证券公司收入格局方面的力量不容忽视。三是技术创新引发的资金导入便利和配置效率提升，能够进一步发掘、引入增量闲置资本并以智能化方式获取并应用。如在线信用查询公司 Credit Karma 平台通过免费提供征信信息获客，再与金融机构合作提供消费贷款或金融产品。

三、金融科技在资本市场的应用

大数据、人工智能和区块链是金融科技的核心技术，在资本市场的应用空间十分广阔。

（一）大数据

大数据是一种数据集合，其在数据获取、分析、存储及管理等方面的处理能力远远领先于传统数据库工具软件，具有数据规模庞大、数据流转速度迅速、数据类型多样以及数据价值密度低等特征。资本市场对数据依赖性极强，经整合、分析、处理的大数据蕴含价值极高，大数据应用将对资本市场发展带来巨大价值。据埃森哲预测，到 2020 年，我国资本市场的金融大数据应用价值将达到 450 亿元人民币。

从数据处理流程来看，大数据分析可分为四个层次：一是建立一个搜集和存储的大数据系统架构；二是各种关系型和非关系型数据信息的整合、处理；三是知识发现，依靠人工建模分析、机器学习等进行数据分析，发现规律；四是构建以信用及定价为核心的主要应用场景，提供智慧决策（见图 3）。

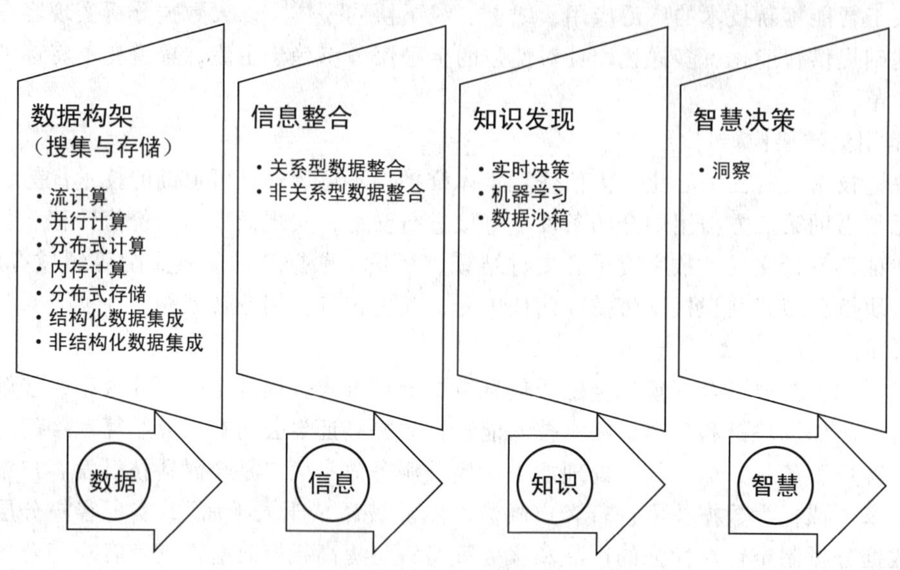

图 3 大数据分析的四个层次

现阶段，受潜在的如个人隐私保护、数据安全、数据归属权、数据流通壁垒等问题制约，尽管大数据在资本市场方面的应用不断丰富，但尚未出现预期中的大爆发，应用主要集中在个人和企业客户精准画像及风控、定价、营销、征信、评级等方面的应用场景布局。按照外部数据所有权是否独特，目前较为成熟的商业模式有三类：测试即服务（TaaS）模式（利用内部或结合第三方数据提供大数据服务，如以 OpenStack 为代表的开源云计算等），分成模式（以自身独特数据和外部独特数据提供大数据服务）和内部生态模式（拥有自身独特数据，同时为其他业务发展提供大数据服务）。

（二）人工智能

人工智能作为研究、开发用于模拟、延伸和扩展人类智能的一系列理论、方法、技术及应用系统，通过模拟人的意识、思维信息过程，部分或全面替代人的劳动。从技术层面来看，人工智能可以拆分为三个层面：一是基础层，以大数据、云计算、智能芯片、传感器及智能硬件等技术为人工智能技术提供支持；二是技术层，包括语音识别、图像识别、生物特征识别、光学字符识别（OCR）、机器学习（ML）、知识图谱（KG）、自然语言处理（NLP）等；三是应用层，包括计算智能、认知智能、神经网络、遗传算法等。作为驱动金融变革的重要力量，人工智能的应用前景十分广阔，2020 年全球人工智能市场规模将达到 1 190 亿元，中国人工智能将达 91 亿元，年复合增速将超过 50%。①

目前，人工智能尚处在发展初期，应用场景主要集中在大规模的量化、替代部分人力分析层面，尚未形成对人脑决策的全面替代。应用情况见表 3。

---

① 参见"人工智能"有望成可触摸增长点"，《人民日报（海外版）》，2017 年 3 月 21 日，网址：http://paper.people.com.cn/rmrbhwb/html/2017—03/21/content_ 1759172.htm，最后访问日期：2017 年 7 月 26 日。

表 3　人工智能在资本市场的应用

应用领域	技术	应用场景	发展预期	典型模式
自动报告生成	OCR、NLP、KG	运用技术解析处理时事新闻及数据、行业分析报告和法律公告等材料，通过知识提取和实体关联，将关键信息嵌入报告模板，形成报告	大量固定格式的文档（如招股说明书、研究报告、投资意向书等投行、研究类报告）撰写将逐渐取代人工，某些观点独特的文章需要人为修正，提高报告精确度	Quill，Automated Insights，Yseop
智能客服	NLP、KG	利用自然语言处理技术，提取客户意图；通过知识图谱构建客服机器人的理解和答复体系	规则场景技术较成熟，机器人客服是大势所趋	DigitalGenius，Nuance，智齿客服
征信、风控	KG、NLP、ML	知识图谱将提供深度、有效的借款人、企业、行业间的信息关联，将企业母子公司、上下游、合作商及竞争对手等信息深度呈现	技术较成熟，模式应用取决于数据源争夺，大数据和人工智能结合将成为征信业竞争核心	ZestFinance，Wolfra-mAlpha，Experian，信而富
金融搜索引擎	ML、NLP、KG	高质量的知识图谱提供信息间的有效关联，深度学习方便引擎迭代、记录用户偏好	技术较成熟，未来搜索引擎将大量使用该技术	The New York Times，XBRL，91 金融，资信客
智能投顾	ML NLP、KG、	利用机器学习，结合预测算法，根据历史经验和市场信息预测价格趋势，创建最优风险收益投资组合	技术逐步成熟，量化投资、财富管理领域将大量采用，逐渐代替人工	Kensho，Wealthfront，理财魔方

资料来源：根据公开信息整理。

从上述应用场景看，智能投顾最具发展潜力，能够提供包括股票、债券、股票期权、房地产资产等的资产配置及管理，减少人工干预。按照人的参与程度高低可分为三类五种模式。第一类是机器导向型。主要有两种模式：基于现代资产组合的资产大类配置模式（如Wealthfront、Betterment、嘉信理财等，以被动投资为主，以风险最小化追求长期稳定收益）；数据分析模式（如 Estimize、Trefis 等，通过机器学习分析海量数据，提供垂直金融服务）。第二类是以人为主型。包括主题投资（如 Motif，根据不同投资主题和理念创建不同投资组合）和跟投模式（如 Covestor，将职业或业余投资高手的投资业绩和持仓情况分享供投资者参考）两种。第三类是人机结合型。采用线上引流至线下的 O2O 模式（如 Personal Capital，通过线上免费的金融工具吸引大量客户，通过二次挖掘合适的客户引流至线下，并提供有偿投资服务）。

未来，人工智能领域将呈现若干主导平台加广泛应用场景的竞争格局，可能的商业模式如下：一是以“技术 + 数据”构建算法平台，通用技术平台和应用平台形成全产业链生态，同时以场景应用为入口，积累用户；二是深挖量化算法、策略和通用技术，形成技术优势，同时以场景应用为入口，积累用户；三是聚焦场景，建立大量多维度的场景应用，同时与互联网公司合作开发；四是作为金融行业专业化的基础设施提供者，开发新技术和应用场景。

（三）区块链

区块链是基于分布式记账原理，使用去中心化共识机制维护一个公共、透明、海量的账本数据库，核心技术包括 P2P 网络、密码学和共识机制（智能合约）。技术原理可以概括为：一个网络中的所有用户同步记录某一交易信息，相互验证信息真实性，通过共同验证机制减小信息被少数用户伪造、篡改、冒用的可能性，增强交易双方的直接信任。区块链技术凭借去中心化、不可篡改和加密安全性等特点，可以在互相不信任的节点间建立去中心化的信用体系，在资本市场具有广阔的应用空间（见表 4）。

表 4　　区块链技术在资本市场的应用

应用场景		业务痛点	技术优势	效果	案例
金融资产发行与交易	区域股权证券发行	场外 OTC 市场和区域股权市场证券发行透明度差，交易流程复杂，流动性不高	可靠可追溯、去中心化信任	用户自主发行股份，基于区块链自主交易，过程完全透明	纳斯达克 Linq、Chain
	金融资产交易	流程复杂、清算效率低下，造假风险	去中心化信任、智能合约	交易即清算，便于实现复合式交易	DAH、Chain
	银行间债券交易	证券公司参与银行间债券交易，供需对接不畅；票据涉及多环节独立风控，成本高昂，虚假交易难避免	可靠可追溯、智能合约	可追溯机制杜绝虚假票据；区块链技术构建无限扩展的市场；智能合约降低交易成本	R3CEV、ETC-Win
	众筹智能合约	众筹到期不能有效执行，资金安全性不高	可靠可追溯、智能合约	依靠智能合约约定各方责任义务，保证合约履行不被篡改，到期强制执行	ETCWin
支付与清算	清算	金融机构间缺乏权威的可信任机构或清算效率低下	去中心化信任	引入联盟链、共识机制作为强信任主题，大幅提高清算效率	R3CEV
	支付	支付网络间缺乏信任机制，导致成本高、结算时间长、客户体验差	去中心化信任、智能合约	实现支付便利，降低成本，提升安全性	Ripple，SWIFT、Circle

资料来源：根据公开信息整理。

（四）金融科技典型业务模式分析

新技术的融合应用催生了不少典型业务模式，分布在资本市场业务的前、中、后台（见表 5）。

总结来看，成熟的业务模式具有以下策略：一是平台通过与 B 端机构合作获取 C 端用户，获客过程“短、平、快”，获客方式更加有效，如平台通过直接与商学院等机构合作，获得高质量的投资者。二是以互联网和移动设备为客户提供纯线上服务，业务流程简化，客户体验增强，配合与线下相结合的 O2O 模式增强服务的针对性和有效性，如不论是互联网型证券平台还是传统证券公司都高度重视 O2O 模式。三是大数据、云计算、人工智能为业务开展提供基础技术支持，在此基础上实现金融服务的个性化及业务创新，如 Finxact、D－Wave 等技术供应商和 Wealthfront、Linq 等金融服务平台。四是以细分市场为切入点，专注提供个性化服务和增值服务是平台起步期的占优策略，如 Archer、InvestCloud 等针对特定人群和行业的服务平台。

表 5　　金融科技典型业务模式

分类	业务范围	业务模式	主要功能	典型代表	业务模式
前台	销售，交易和研究	一级市场发行	提供一级市场股权众筹及交易服务	AngelList	股权众筹平台
				纳斯达克 Linq	场外 OTC 和区域股权市场证券发行
		交易所、二级市场交易	为投资股票、债券、ETF、外汇及衍生品的机构投资者提供替代性的交易所或平台	eToro、Motif	社交交易平台
				IEX	股票交易所：所有权和运作都独立于主要交易所
				Trumid	电子化的债券交易平台
		投资管理	协助交易员和投资顾问进行自动化、电子化和集中化的投资管理	Opera Solutions	提供投资推荐，利用机器学习跟踪优化投资组合
				Archer	云投资管理平台、服务机构、零售和财富管理经理
				Wealthfront、Betterment	智能投顾平台：主要投资各类 ETF
中台	投资风险控制、研究和分析平台	对冲技术	为对冲基金和高频交易构建可替代平台	Clearpool Group	对冲基金辅助电子交易平台
		替代数据	为投资者提供数据获取的替代、补充途径	iSentium	提供情感分析
				Earnix	提供客户行为数据
		商业智能	为投资者和投资顾问提供策略性投资决策工具	Addepar	提供统一投资管理和汇总客户投资档案
				MX（原名 MoneyDesktop）	进行跨平台数据集中和清洗
		自动报告生成	自动生成投行、研究所等固定格式文档，取代人工	Quill，Yseop	依托自动语言处理和智能图谱生成固定格式报告
		市场数据平台	搜集非结构数据集，为投资者提供市场数据和分析	AlphaSense	搜集汇率、通胀等数据
				Xignite	提供金融市场数据 API 的云平台

续表

分类	业务范围	业务模式	主要功能	典型代表	业务模式
后台	清算与结算，风险与合规，以及广义的 IT 部门	反洗钱	帮助金融机构满足反洗钱要求，规避洗钱行为	Fenergo	利用客户身份验证（KYC）工具帮助验证客户或关联机构身份，进行持续监控和尽职调查
		股权管理	取代后台部门对股权结构的记录保存职能	eShares	生成和管理电子股票证书，取代传统手动做法
		智能客服	利用聊天机器人、个人助理等人工智能技术优化或取代传统客服	Personetics Technologies	提供交互式、个性化客户服务问答
		清算、结算、交割	利用云服务、区块链等技术提供金融清算、结算服务	Finxact	为企业提供基于云端的核心基础设施
				D－Wave	开发提供量子计算技术
				Digital Asset Holdings	利用区块链技术增强核心清算和结算
				Plaid Technologies	帮助金融机构实施移动端策略
		金融服务软件	为金融机构提供软件服务，增强已有产品应用或开发新产品	InvestCloud	云应用开发商，为资产管理者，基金创始人和投顾提供应用
				Symphony Communication Services*	帮助金融企业实现对内和对外的安全通信
				Riskalyze	帮助测量客户的风险耐受阈值，推荐投资组合
		风险与合规、监管	提供辨识和减轻宽泛风险管理的软件，帮助公司达到合规要求	nCino	提供投资组合风险管理
				Droit Financial Technologies	通过其 ADEPT 平台为客户提供市场逻辑和监管合规方面的技术服务
			为金融机构提供员工监控、用户交互行为分析等服务	Bigstream Solutions	利用机器学习分析用户行为的数据分析平台

资料来源：根据公开信息整理；《华尔街即时金融信息通讯公司 Symphony 定亿元目标》，未央网，2016 年 10 月 9 日，网址：http：//www. weiyangx. com/210532. html，最后访问日期：2017 年 8 月 15 日。

四、中美金融科技发展的对比与启示

中美金融科技发展在全球具有重要影响力，深入研究两国发展情况有助于我国取长补短，探索适合我国资本市场发展的有效路径，更好地发挥资本市场在金融创新发展中的引领作用。

（一）中美金融科技发展情况对比

1. 两国金融科技发展共性

一是金融科技公司与金融机构间的合作不断加深。美国投资银行与金融科技公司合作的例子不胜枚举，如花旗创投（Citi Ventures）为小额融资平台 BlueVine 提供 D 轮融资，高盛投资了住房抵押借贷平台 BetterMortgage，摩根大通与小企业贷款平台 On Deck Capital 合作提供信贷产品服务等；我国证券公司也与百度、阿里、淘宝、京东（BATJ）等互联网公司开展了深度合作，布局大数据分析、智能投顾、财富管理等业务。二是金融科技发展出现一定的风险外溢。科技与金融的结合使风险叠加，导致金融科技风险传播速度更快、感染性更强、波及面更广，投资者“羊群效应”更加加剧了风险的外溢。三是金融科技监管逐步强化。美国在对金融科技的监管初期，以监管一致性原则从微观审慎和行为监管角度评估金融科技影响，行使监管权；后期则强调市场自律，尝试在监管一致、渐进适度和市场自律原则下寻求风险和创新间的平衡，如美国将 P2P 业务归为证券类，和众筹一并纳入证券市场行为监管，对将已发放贷款作为基础资产、以互联网平台向投资者发行证券的网络平台认定为“证券发行或销售”，适用美国证券法，纳入美国证券交易委员会（SEC）监管。与之类似，目前我国对以第三方支付、P2P 网络借贷和股权众筹为代表的金融科技监管也正由宽松向监管与自律同步加强方向演进。

2. 两国金融科技发展差异

一是创新主体不同。美国金融科技创新的主体是初创企业（据 Visual Capitalist：全球 27 家估值 10 亿美元以上的金融科技初创公司，美国有 14 家[①]），尽管公司规模相对较小，但数量众多、创新能力强，给金融业发展带来较大冲击。我国金融科技创新的主力则是互联网巨头企业，如 BATJ，凭借其技术、人才、数据、资金等优势介入银行、证券、保险等细分市场并取得领先地位。二是服务对象不同。美国线下金融体系发达，金融科技企业服务主要面向传统金融体系遗漏客户和市场覆盖不足领域，同时以技术支持已有业务效率提升；中国传统金融服务本身供给不足，金融科技企业发展能够有效覆盖长尾客户、填补空白，同时在传统金融机构难以覆盖的领域抢占先机。三是核心优势差异。美国金融科技发展的优势表现为在大数据、云计算、区块链和人工智能等核心技术上的领先优势和依托技术创新带来的业务模式及产品创新；我国金融科技最突出的优势则是依托互联网公司的导流和场景化应用以及市场需求的巨大增长潜力，使金融产品和服务的规模化、市场化应用范围不断拓展。

（二）推动金融科技在我国资本市场应用发展的策略建议

1. 认清金融科技本质，平衡好创新与风控

遵循“技术中立”原则，保持金融的本质功能不变、风险的本质特征不变、监管的本质要求不变的“三个不变”原则，以扩大金融服务渠道、提高经营效率、降低运营成本、

---

① 参见《中国金融科技“独角兽”独占鳌头，资本推手揭秘》，搜狐网，2016 年 9 月 22 日，网址：http://www.sohu.com/a/114854803_490741，最后访问日期：2017 年 7 月 13 日。

实现普惠金融为发展目标，在技术创新应用和金融防风险、促稳定间平衡发展。

2. 顺应现代金融消费者的需求特点和变化趋势，推动金融科技在资本市场更加广泛应用

充分重视新生代金融消费者对线上生活场景的需求，研究技术与资本市场各业务点的融合切入点，促进金融服务全面融入智慧生活场景。同时丰富移动金融服务载体功能和线上金融产品服务的种类，不断提升客户体验，以 O2O 模式打造综合金融服务平台。

3. 强化底层技术创新，为金融科技发展提供持续动能

持续加大对金融科技底层技术研发的政策、资金支持，营造有利于金融科技人才集聚的发展环境。积极搭建金融科技公司、金融机构、科研院所等多主体间的底层技术创新协同机制，构建形成良好的金融科技生态。

4. 以开放、合作提升金融科技创新力和竞争力

鼓励国内具备条件的金融机构和金融科技公司加入各类国际性金融科技组织，如 R3 区块链联盟等，参与行业标准制定和技术协作开发。支持国内机构与国外同行成立合资公司、研发中心、试验室，加强技术开发和合作应用。探索设立 Fintech 海外并购基金，对接境外金融科技项目和企业，以开放合作助力国内行业发展。

5. 创新金融科技监管

按照业务发展的本质要求，强化功能与行为监管，构建有效的金融科技监管框架，维护市场公平竞争，保护投资者权益。准确评估当前发达国家和监管机构在鼓励创新方面的三种模式——监管沙盒（Regulatory Sandboxes）、创新中心（Innovation Hubs）和创新加速器（Innovation Accelerator），通过监管部门、传统金融机构与金融科技企业等的协调配合，构建良好的金融科技生态。

参考文献

[1] 李文红，蒋则沈．金融科技发展与监管：一个监管者的视角［J］．金融监管研究，2017（3）：1—13.

[2] 卫冰飞．中美金融科技比较及思考［J］．清华金融评论，2016（10）：41—45.

[3] 巴曙松，白海峰．金融科技的发展历程与核心技术应用场景探索［J］．清华金融评论，2016（11）：99—103.

区块链技术在金融领域的作用浅析

——金融科技在资本市场的应用发展研究

翟晨曦 徐 伟 徐 坤 杨 阳*

一、什么是区块链技术

区块链本质上是一个分布式的数据库，是一连串使用密码学方法产生相关联的数据块，每一个数据块中包含了一段时间内全网交易的信息，用于验证其信息的有效性（防伪）和生成下一个区块。所以说区块链是以去中心化和去信任化的方式，来集体维护一个可靠数据库的技术方案。

通俗地说，区块链可以被称为一种全民记账的技术，或者说可以理解为一种分布式总账技术。

数据库是大家都熟悉的概念，任何网站或者系统背后都有一个数据库。对一般中心化的结构来说，微信背后的数据库由腾讯的团队来维护，淘宝背后的数据库由阿里的团队来维护，这是很典型的中心化数据库管理方式。

但是区块链完全颠覆了这种方式。一个区块链系统由许多节点构成，这一个节点一般就是一台计算机。在该系统中，每个参与的节点都有机会去竞争记账，即更新数据库信息。系统会在一段时间内，根据约定的“共识算法”选出一个记账节点，让它在这段时间里记账。它会把这段时间内数据的变化记录在一个数据区块（block）中。我们可以把这个数据区块想象成一页纸，在记完账以后，该节点就会把这一页账本发给其他节点。其他节点会核实这一页账本是否无误，如果没有问题就会放入自己的账本中。

在系统里面，这一页账本的数据表现形式就被称为区块，该区块中记录了整个账本数据

* 作者单位：翟晨曦，徐伟，徐坤，天风证券股份有限公司；杨阳，上海寰擎信息科技有限公司。原载于《中国证券》2017 年第 8 期。

在这段时间里的改变，然后把这个更新结果发给系统里的每一个节点。于是，整个系统的每个节点都有着完全一样的账本。我们把这种记账方式称为分布式总账技术，或者区块链技术。

通常所说的“区块链技术”其实不是一个单点技术，而是一个技术合集。其中有维护体系运行的共识算法，有挖矿和工作量证明机制，有存储数据的数据区块及其之上的数字签名、时间戳等技术，有匿名交易机制，还有链龄、UTXO、Merkle 树、双花等相关技术概念。所有这些技术，让区块链拥有“高安全性”“数据不可篡改”和“去中心化”的三大特性，并在无中心的网络上形成了运转不息的引擎，为区块链的交易、验证、链接等功能提供了源源不断的动力。①

二、全球金融领域区块链应用案例浅析

（一）去中心化交易所：纳斯达克 LINQ

在 2015 年下半年，纳斯达克交易所推出了新的针对一级市场的交易平台——Linq，该交易平台是基于区块链技术，用于一级市场公司的交易。Linq 力求企业家能够更简单地通过对资产表格进行数据分析，来提供更直观的可视效果。例如，创业者可以在交互式股权时间轴上，显示个人股份证书是如何发给投资者的。有效的证书和取消的证书都有不同的显示效果，前者还会显示诸如资产 ID、每股价格等信息。

目前，包括 ChangeTip、Chain、Peernova、Synack、Tango 和 Vera 这 6 家公司，已成为了 Linq 平台的内侧项目。2015 年底，区块链创业公司 Chain 已经使用 Linq 平台为新的投资者发行了公司的股权，是第一家使用 Linq 技术来完成并记录私募证券交易的公司。②

（二）区块链上的数字化股权登记系统：小蚁区块链 antshares

目前国内公司分为两大类：股份公司和有限公司。这两类公司股权（股份）的确权依据各有不同。股份公司可以分为“上市公司”和“非上市股份公司”。上市公司的股份是登记在中国证券登记结算公司；非上市股份公司的股份，按《公司法》规定，以股票为权利凭证，并配以股东名册来记载持股人。而对于有限公司而言，因不存在股票这种凭证，故其股权的权利证明就成了公司自行维护的“股东名册”。事实上对于非上市公司，公司股权在工商部门的登记起到了终极确权作用。然而在实际操作上，由于工商登记流程繁琐以及公司出于经营隐私的保密，相当部分持股人的股权不会在工商登记中得到体现，大量的公司股权纠纷也因此而起。③

针对这个问题，小蚁区块链股权登记平台应运而生。经过三年多的发展，小蚁系统股权登记功能的落地应用场景有以下几个：

---

① 邹均：《区块链技术指南》，机械工业出版社 2016 年版，第 62 页。

② “纳斯达克区块链平台 Linq 迎来首只私募股票”，巴比特网，2015 年 12 月 31 日，网址：http：//www.8btc.com/chain - nasdaq - linq，最后访问日期：2017 年 8 月 20 日。

③ 达鸿飞：“浅谈区块链上的公司股权登记系统”，巴比特网，2015 年 10 月 28 日，网址：http：//www.8btc.com/antshares - compliance，最后访问日期：2017 年 7 月 10 日。

1. 股权众筹

小蚁可以被用于股权众筹。众筹完成后，初创公司可以用小蚁来管理众多股东的股权，用小蚁提供的去中心化交易机制进行股权交易。初创公司获得了市场估值、股权流动性，用户获得了退出机制。通过将股权登记在小蚁区块链上，初创公司能够以“区块链 IPO”的方式获得资金。

2. P2P 网贷

网贷平台使用小蚁登记 P2P 网贷的债权后，债权变得可转让、可交易，增加了流动性，而且不仅仅局限于本平台用户。用户可以放心地购买长期债权，享受高息，而无须担心应急之需。只要通过小蚁的交易转让系统，可以随时将长期债券贴现转让。

3. 员工持股激励

采用员工持股激励制度的公司可以用小蚁来进行员工持股管理。使用小蚁比自建系统更经济更安全，小蚁的设计给了公司灵活的股权转让控制权。公司可以限制股权仅可以被指定的员工持有，可以灵活设置允许股权转让或交易的比例，比如可以设置为允许员工每年最多转让其本人所持股权的 25%。

撇开小蚁今后的商业成功性不谈，小蚁在国内非上市公司股权登记这个切入点上的探索是具有里程碑意义的，为证券发行、登记、转让交易等重要金融场景的区块链改造提供了宝贵经验。相关经验可以为证券公司、银行甚至交易所等现行主流金融基础设施建设者的下一步区块链改革开拓思路。[①]

（三）区块链 ABS 投行：京东 ABS 云平台

2017 年 3 月，京东金融宣布其基于区块链技术的资产云工厂底层资产管理系统已正式推出。京东金融早在 2016 年第三季度就宣布上线“京东 ABS 云平台”，但最初发布时底层并没有用区块链来实现。这一次区块链改造是“京东 ABS 云平台”的一个重大升级。

1. 京东的“互联网数字投行”夙愿

过去两年，京东白条资产发行量超过百亿元。京东从自身发行 ABS 经验出发，开始积极筹建“ABS 云平台”，帮助其他互联网公司发行 ABS 资产。

所谓资产云工厂是京东金融“ABS 云平台”的三大业务之一。资产云工厂的资本中介业务，核心是通过创造金融产品和充当交易对手，为客户提供流动性和风险管理服务，降低消费金融服务公司发行 ABS 的门槛和发行成本。

在一个典型的资产云工厂业务场景中，京东金融作为资金方，与合作的消费金融服务公司共同参与每一条资产的风控、放款和还款环节，并负责资产包形成后的结构化发行全流程管理。

因为底层资产包形成的过程往往涉及资产方、资金方、SPV（特殊目的机构）等多个不同金融机构，参与各方都有自己的业务系统，交易量大、交易频次高，机构间信息传输可能会存在准确性问题、对账清算问题。同时，各方对底层资产质量真实性的信任问题也是行业痛点。

---

① “Blockchain Disruption in Security Issuance, Enabling the issuance of fully digitized smart securities”, Capgemini Cousulting Technology, 2016。

2. 区块链技术优势

京东金融结构金融部负责人解释，区块链技术使其资产云工厂实现了去中心化协议，能安全地存储交易数据，保证信息不可伪造和篡改，并可以自动执行智能合约，无须任何中心化机构的审核。这一技术的使用，能够实现联合 ABS 交易过程中所有市场参与者，共同维护一套交易账本数据，实时掌握并验证账本内容，并维护账本的真实性和完整性。这样，就可以提高资产证券化系统的透明度和可追责性，保证了消费金融服务公司的底层资产数据真实性，且不可篡改，帮助消费金融服务公司实现资产保真，从而增加机构投资者信心，并降低融资成本。

京东区块链技术是京东金融与其所投资公司高登世德共同合作开发的，也是区块链技术在商用环境中的一次落地。

区块链在资产证券化上的优势体现在：基于联盟链的区块链技术在资产证券化业务场景的应用，使资金方能穿透地了解底部资产，中介机构能够实时掌握资产违约风险，监管方也能够有效把控金融杠杆，提前防范系统性风险。这一创新尝试将为金融交易市场提供降低成本、提升效率、保证资产数据真实透明的宝贵经验。

3. 对传统券商投行的挑战

京东在 2015 年开始大规模采用金融杠杆来撬动其“白条”业务量。京东在发行消费金融 ABS 的过程中，几乎完全自主，券商弱化为“通道”。更让传统投行不安心的是，京东金融进入 ABS 投行业务，向其他互联网公司提供专业投行服务和用于增信的夹层资金。2017 年 3 月，京东“ABS 云平台”开始采用区块链作为底层技术，意味着京东解构了 ABS 资产销售的全流程，消化并理解了资金方购买 ABS 资产的痛点和顾虑，并结合最新的区块链技术提出了优化 ABS 资产交易流程的一揽子解决方案①，充分体现了其互联网科技公司的优势。

如果说阿里的支付宝是在严重弱化银行的职能，那么京东的“云投行”则更接近投行业务。当银行看明白支付宝的真正目的时，支付宝在全国的流量布局已然完成，银行被迫从对抗转向合作。而京东“云投行”的优势目前来看还未完全巩固：一方面消费金融 ABS 的发展高潮还未到来，而另一方面京东除了在互联网领域的影响力外，并没有支付宝这样的占统治地位的流量资源为其“云投行”业务提供强硬抓手。京东的尝试为以消费金融资产为代表的互联网资产证券化市场指明了方向，也给传统投行带来启发，金融科技券商已是势在必行。

三、对金融机构在区块链布局方面的建议

（一）关注各国政府对区块链技术的态度

金融行业的任何重大创新举措都不能忽视政府法律监管的态度，建议金融行业密切关注各国政府对数字货币和区块链技术的监管情况以及最新法律法规制定的相关情况。目前大多数国家对比特币、数字货币和区块链技术的态度都处在急需设立相关规定但又无前例可循的

① “SFIG Blockchain Report”，Hogan Lovells，2016。

矛盾中。因此各国政府在设立相关规定时往往会出现互相影响、互相借鉴的情况。关注最新动向有助于判断本国相关政策及法律法规制定的趋势。同时，从政府监管机构的态度细微变化中可以解读出政府对该国区块链行业的最新发展态势的应对措施，密切关注这一动态有助于更好地掌握各国区块链行业的最前沿动向。

区块链技术的第一个产品是比特币——一种无须央行背书而流通无阻的数字货币。区块链技术的第一个手笔就如此之大，使得它从诞生之初就受到了各国政府的重点关注。美欧等多个西方主要发达国家政府曾持续多年对比特币持质疑态度，但是又大多在过去几年转变了对比特币及区块链技术的态度。

在 2013 年第三季度，美国证券交易委员会（SEC）曾经指控一家从事比特币交易业务的信托公司是在销售未经注册的金融证券产品，是彻头彻尾的金融欺诈、庞氏骗局。然而到了 2013 年 11 月 18 日，在美国参议院国土安全及政府事务委员会召开有关比特币的听证会上，多名美国政府官员对外传递出一个信息——比特币不是非法货币，能够给金融系统带来好处。美国联邦储备委员会主席伯南克在致参议院的信中，援引美联储前副主席艾伦在 1995 年时的表态称，美联储一直认为在数字货币带来洗钱和其他风险之时，也可能带来长期效益，特别是如果这种创新能够催生出一个更快、更安全、更高效的支付系统。

之后的 24 个月里，包括税务细则在内的一系列法律法规相继落地。2015 年 9 月，美国商品期货交易委员会（CFTC）文件，首次把比特币和其他数字货币合理地定义为大宗商品，与原油或小麦的归类一样。比特币交易的合法地位被正式确立。

2016 年 2 月，欧洲央行发布《欧元体系的愿景：欧洲金融市场基础设施的未来》咨询报告，公开宣布正式进入区块链领域，积极探索如何将区块链技术为己所用。也是在这一年，中国、俄罗斯、瑞士、英国、日本、新加坡等国纷纷由政府金融职能部门牵头，发起区块链技术应用研究。2016 年可谓是世界各主要国家政府对区块链技术正式承认的“元年”。区块链技术以及其所代表的数字货币体系的合法性得到了进一步确认。

（二）关注新趋势：ICO 迅速增长

近年来，ICO（Initial Coin Offering）逐渐取代了传统股权融资成为区块链概念公司的主要融资渠道。区块链公司通过发行代币（Coin）来换取其他数字货币（比特币和以太币）投资，而随着比特币的价格飙升，区块链公司的融资数额也逐年攀升。

ICO 和 IPO 非常相似，比较准确的称谓应该是“Initial Crypto Token Offering”，指的是以公开发行数字代币的方式进行融资。ICO 最大的特点是，投资者支付获得（ICO 发行的数字代币）的对价是用其他 Token（主要是比特币、以太币）。由于 Token 的非货币属性（很多国家认为比特币是一种商品），通过向投资者发行一种 Token，获得另外一种 Token 而不是货币，这种方式在法律定性上以及监管上都有别于证券的范畴。虽然，目前很多 ICO Token 的账本都参照比特币区块链或以太坊区块链（公链）的方式进行，但 ICO 的原理也适用私有链、联盟链。

ICO 的一般过程是：首先，由发行人建立一个新的 Token 系统，确定该 Token 的创设、分配、初始发行（ICO）、再发行和上市流通、认购对价（与现有的代币的汇兑）、ICO 的时间表等规则，并向外公开发布。然后，对该 Token 系统 Tokenization 的参考资产 X 进行说明。X 目前一般分为几类：（1）虚拟商品（服务）类；（2）收益权凭证类；（3）基金份额类；

(4) 股权类；(5) 债权类；(6) 其他权利事项。Token 对应的不同资产，是辨别其法律性质、权利属性的基础，也是判断此类 ICO 适用什么类型的监管的关键依据。

投资人将对价的代币支付给这个 Token 系统指定的钱包（在对应的代币系统上分别开设不同的账户）。当募集的资金达到 ICO 募集目标后，ICO 自动结束。接下来，这个组织就运用募集的代币（通常是流动性好、并能够随时变成货币的）进行运营，支付开支和运营费用，并在约定的时间内，将本代币挂牌交易市场上市交易，投资者既可用持有的该代币使用、支付和获得发行人承诺提供的商品、服务或收益，也可以通过交易市场卖出本代币，实现投资“退出”（见图 1）。

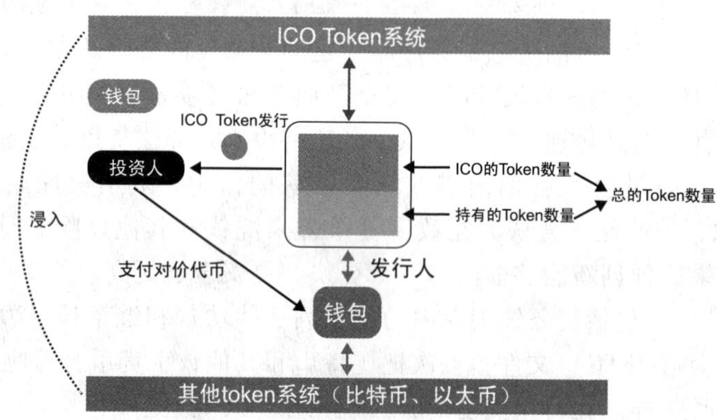

图 1　ICO Token 系统

ICO 的发行人有多重类型：ICO 早期，在对比特币等性质界定还不明确时，为规避公开募集的法律合规风险，大多数发行人采用的是基金会形式，比如以太坊基金会；近期，由于对比特币、以太币等法律属性有了比较明确的规定（有些国家认定为商品，有些国家认定为数字货币或虚拟货币），ICO 发行人也开始采用传统的公司制以及非传统的组织形式，比如虚拟的组织 DAO（去中心化组织）形式。虚拟的组织就是不需要在工商注册登记法人实体，而是由个人通过智能合约的形式（一定的规则）组织在一起，生产商品或提供服务。

发行人采取什么组织形式，主要取决于该 Token 的参照资产 X 的属性，以及发起人的其他综合考虑，比如税务、司法管辖等。

ICO 后的运营一般情况。ICO 后，发行人募集得到的代币通常具有很高的流动性以及与记账货币的兑换，因此，发行人可以通过这些代币支付运营费用、人员开支等。同时，发行人提供的产品或服务上线运营后，新发行的代币的市场供求关系会产生变化，从而由市场给出其“定价”。由此，新代币就成为一种可面向公众自由交易的“资产”。

区别于早期的虚拟货币，比如游戏币、QQ 币等，ICO 发行的代币一般是固定数量，或者基于算法的代币发行机制，设计优良的 ICO 项目，通常在区块链上采用智能合约等方式控制和约束代币的发行。采用区块链的好处是，可以看到代币的账本——每个代币的流向、数量等信息是公开的。而虚拟货币通常没有采用区块链发行，其发行数量通常是没有约束的，而且其账本是中心化的，因此，是不透明的。二者交易逻辑、估值和定价机制非常不同。

目前对于ICO的理论研究还处于早期阶段。ICO本质是通过某种“机制”生产了一种“资产”，同时通过代币化（Tokenization），自然形成了代币（Token）的流通、转让和交易市场。从ICO的操作过程以及法律属性分析，它既不是IPO，也不是资产证券化，但它是一种基于区块链技术的新的融资方式。

（三）密切关注行业领先者们在区块链领域的布局

当大多数人还没明白比特币为何一夜之间火遍全球的时候，高盛、摩根大通、瑞银等金融巨头已经在着手成立区块链技术的第一个标准化制定联盟——R3联盟。2015年9月15日9家金融巨擘创始成立R3联盟。到2015年底，R3联盟扩充到42家。这42家银行市值加起来已经超过3万亿美元。

R3联盟是什么？这些知名金融机构如此快速结盟的原因是什么？

在区块链的分布式账本体系里，交易各方都保存着一致的总账副本。大家都用同一本总账，所以查账、转账的效率和传统金融的独立账本不可同日而语；对账、轧账的概念也从根本上发生了改变。因为分布式总账是构建在多家金融机构之间，如果银行各自为战，闭门造车，会造成技术不兼容的后果，所以就需要有一个组织来制定银行业区块链技术开发的行业标准，并建立银行业的区块链组织；同时还要考虑知识产权保护结构，帮助联盟内的成员加快协作，促进产出。R3就是想做这样的一个组织。R3最核心的职能是“内测”区块链技术，针对银行业需求，找出适合的分布式总账系统，制定行业标准，加速推动行业改革。联盟成立两年多来，其核心产品“Corda”已经成为区块链行业三大主流标准框架之一。由于R3联盟拥有众多在金融各业务领域占据主流地位的成员，其在区块链应用探索领域具备得天独厚的优势。2016年，R3联盟在多个具体应用场景，比如场外市场资产交易、商业票据签发和赎回等做了多轮测试并实现了联盟内成果共享。

R3联盟未来会如何发展尚不可知。在R3联盟的研究成果被初步共享后，怀揣了初步“果实”的一些机构选择了退出联盟，另立山头。

这些老牌金融机构在探索一个新的未知领域时反应敏锐、抱团果断、推进坚决。在人才与信息高速流动的今天，技术优势保持的新鲜度已经越来越短，中国的金融机构应抓住新一轮科学技术浪潮的机会，拥抱金融科技的趋势，确保在重大金融科技变革上紧紧跟随巨头步伐，积极参与行业标准和游戏规则的制订。

（四）金融机构管理层加强对区块链模式的理解

与互联网行业不同，对金融行业的变革基层员工往往不具备话语权，这种变革一般都是自上而下发起的。因此金融机构管理层对于新技术的理解对于该机构能否在变革大潮中获益就显得尤为重要。

以区块链技术为例，过去几年对此项技术最多的评价往往是“叫好不叫座”和“缺乏成熟的行业应用”等。这些评价是客观的，一度让区块链技术的地位十分尴尬，既被普遍看好，又一事无成。为什么会出现这样的局面呢？因为区块链技术对一个行业的改变不会是浅层的，变革一旦发生，就会是从内到外对原有模式的重新构造——去中心化和去中介化。发起这样的变革，不是一家创业公司或是一家技术公司能做到的，它往往是由行业里已经存在的巨头利用区块链技术对某个场景做尝试性改造，从而引发一系列的颠覆式变革。目前区块链的成功应用大都如此。因此区块链对于金融行业的颠覆式改造，很难出现互联网行业那种自下而上的流量为王模式，而必然是从顶层设计开始的自上而下的模式。

21 世纪最重要的两项金融科技是人工智能与区块链技术。人工智能可能让金融机构中的从业人员失业，而区块链技术它可能让现存的绝大部分金融机构失去存在的必要；同时，由于其独特的架构，实现资产的完全穿透，因此，对于监管的价值意义重大。对于这种颠覆性技术，建议从业人员，特别是管理层应对它做充分的了解，不是对技术底层，而是对其“去中心化”“穿透”的模式加以理解。这样在新一轮金融科技颠覆式的浪潮面前，可以有机会化被动为主动，利用新技术更有效地解决监管合规问题（RegTech）。

金融科技在普惠金融的应用发展研究
——大数据在证券经纪业务客户精准服务中的应用

长江证券股份有限公司 iVatarGo 智能服务系统研发小组*

在互联网金融变革与大数据技术的驱动下，证券公司的商业模式正在发生翻天覆地的变化。证券公司未来的竞争，本质上是对客户的竞争，因此熟悉客户、研究客户、服务客户、赢得客户，是利用公司资源实现最大商业价值的基础。建立有效的精准客户服务体系，是经纪业务从同质竞争到特色化、差异化竞争的战略性决策。

本文在对金融科技、大数据的概念界定、主要范式的文献述评与相关讨论基础上，对证券行业利用大数据实现经纪业务客户精准服务的实现路径进行分析，并以长江证券 iVatarGo 智能服务系统为例进行了佐证。最后，针对大数据在证券经纪业务客户精准服务中的监管提出建议。

一、关于金融科技、大数据的概念界定与主要范式

（一）金融科技的概念界定与主要范式

在互联网金融之后，金融科技（Fintech）逐渐成为金融领域的创新潮流。从 2015 年开始，国内外相关机构都开始在金融科技布局，国内如“BATJ”（百度、阿里、腾讯、京东），国外如 ZestFinance，Oscar，WealthFront，Betterment 等，毕马威也连续多年发布了全球和中国 Fintech 100 强。[①]

2017 年 7 月国务院印发《新一代人工智能发展规划》，在“加快推进产业智能化升级”中论及“智能金融”：“建立金融大数据系统，提升金融多媒体数据处理与理解能力。创新

---

* 课题组成员：韦洪波，李庚，潘进，黄林，黄少贤，陈晋，孙新翔，郭正彪，李仁宇，陈颖，蔡夏丰，宁峰。原载于《中国证券》2017 年第 8 期。

① 中国领先金融科技公司 50，毕马威官网，2016 年 9 月，https://home.kpmg.com/cn/zh/home/insights/2016/09/2016-china-leading-fintech-50.html，最后访问日期：2017 年 7 月 2 日。

智能金融产品和服务，发展金融新业态……”可见科技对推动金融智能化升级的重要作用，且初始即谈到“大数据系统”，更可见大数据的重中之重。

关于金融科技的概念定义，不同机构有不同的界定。维基百科认为“企业运用科技手段使得金融服务变得更有效率，因而形成的一种经济产业”便是金融科技[①]；毕马威把金融科技定义为“以科技为尖刀切入金融领域，用更高效率的科技手段抢占市场，提升金融服务效率及更好地管理风险”；国际组织金融稳定理事会（Financial Stability Board）认为“金融科技是指技术带来的金融创新，它能创造新的模式、业务、流程与产品，既可以包括前端产业，也包含后台技术”。[②] 虽然不同机构对金融科技有不同的描述，但是，在关于“利用科技提升金融的效率方面”，他们的认定都是一致的。

关于金融科技的支撑技术，大（数据）、云（计算）、智（人工智能）、区（区块链）是金融科技的基础支撑技术，相关机构利用这些成熟的技术，不断提升在支付清算、借贷融资、零售银行、保险、区块链、证券交易、财富管理等方面的效率。区块链技术从底层重塑了支付结算和信用体系，让金融业务去中心化成为可能；用户在利用互联网或者移动互联网享受金融服务时，会产生大量的数据，其交易或者服务也需要云计算的支撑；基于客户产生的大数据，依靠当前强大的计算能力，金融或者互联网公司利用人工智能技术，可以更深刻地了解自己的用户、自己的产品和服务以及自身公司的运营状况，可以提升对客户服务的效率，提升设计产品和服务的效率以及提升公司自身的运营效率。

关于金融科技的具体实践，蚂蚁金服、财付通、Klarna等支付机构借助于移动互联网、人脸识别、图像识别等技术，使在线支付便捷好用；京东金融、趣店、同盾科技、ZestFinance等机构借助于大数据、人工智能等技术，对未充分获得金融服务的人群进行征信，并为之提供短期借贷服务，其授信和放款效率极高；微众银行、网商银行、Atom Bank等机构利用移动互联网、人脸识别以及大数据征信技术，不依靠线下网点而实现银行业务（存贷汇）的完全在线办理，提升了银行业务的办理效率；众安保险、灵犀金融、Oscar等机构利用穿戴设备监测客户的健康状况，利用大数据技术，为客户定制保费计划，降低客户的医疗支出；太一云、小蚁区块链、Chain等机构完善区块链技术，并应用到股权交易、保险、征信等金融领域中；资配易、今日投资、Wealthfront、Betterment等机构利用大数据技术，识别投资人的风险水平、期望收益以及市场动态，利用人工智能的优势，采用多种算法和模型给予投资人综合的资产配置服务。

总体而言，当前各个领域的金融科技公司的共性就是以搜集到的各类大数据（Big Data）为基础，借助强大的计算能力（Cloud Computing），核心使用人工智能（Artificial Intelligence）技术，对传统的金融业进行改造，不断提升金融行业的效率。而金融效率的提升，比如支付的便捷性、放贷效率的提升、投资决策辅助增强等，为长期得不到有效金融服务的客户群体带来更大的好处，从而推动普惠金融在全球的进步。因此，金融科技是一个有效推动普惠金融落地和进步的解决方案。

---

① Financial technology，维基百科，2017年7月，https：//en. wikipedia. org/wiki/Financial_ technology，最后访问日期：2017年7月10日。

② 金融科技，MBAlib，2017年1月，http：//wiki. mbalib. com/wiki/% E9% 87% 91% E8% 9E% 8D% E7% A7% 91% E6% 8A% 8，最后访问日期：2017年7月3日。

（二）大数据的关键概念界定与行业主要应用模式

“大数据”由英文“Big Data”直译而来，是指利用常用软件工具捕获、管理和处理数据所耗时间超过可容忍时间的数据集[①]，拥有规模性、多样性和高速的特点。在数据规模、数据类型、模式和数据的关系、处理对象、处理工具等维度与传统数据库存在差异。

一般认为，大数据在证券行业的应用内容主要包括：基于用户交易与终端行为基础上的用户画像，实现金融资产定价和风险定价，辅助金融机构全面风险管理，投资情绪分析、资金流向分析等投资决策辅助，大类资产配置与投资组合的证券投资顾问服务，精准营销与精准服务，提升金融机构运营效率等。

二、通过大数据实现证券经纪业务客户精准服务的路径分析

（一）证券经纪业务客户服务的概念界定与演变

2007 年以前，证券经纪业务的盈利模式可以概括为“拉客户、炒股票、赚佣金”，券商营销服务呈现出“重增量、轻存量，重营销、轻服务”的特点，行业服务意识较为淡薄。营业部的功能定位是客户进行交易的场所，对客户服务主要体现在硬件条件上，即根据客户资产将其划分为散户、中户和大户：散户通过交易大厅的刷卡机进行交易，行情火爆时经常需要为下单委托而排队等候；中户则分配了相对固定的卡座，享受下单委托的方便快捷；大户拥有单独的包间，并可享受免费午餐、证券报刊、停车位等增值服务。

2007 年后，随着佣金费率的快速下滑和竞争的日趋激烈，证券行业开始注重对存量客户的精耕细作，服务意识逐步觉醒，开始在通道服务内部构建客户服务体系，主要是对投资咨询服务进行产品化研发与创设；一些券商开始建立并推广服务品牌，体现差异化的服务特色，如华泰证券的紫金贵宾理财、广发证券金管家、国泰君安的君弘俱乐部均是在 2007 年前后相继推出的。

2013 年以来，随着资本市场创新发展及金融科技大潮的兴起，证券公司的客户服务正在发生三大变化。一是券商由通道服务向财富管理服务的升级转型，充实了经纪业务服务的内涵及外延。二是金融科技背景下的普惠金融，模糊了通道服务内部的层次划分，原本仅对高端客户提供的“大类资产配置”“模拟投资组合”“信息提示”等专属服务，借助智能技术的运用已能普及到中小散户。至此客户服务体系的分级，演变成对基础客户的通道服务、对中高净值客户的资产配置服务和对高净值客户的个性化定制三大层次。三是借助大数据技术应用，券商逐步实现对客户行为的模型化分析和需求挖掘，以 MOT（关键时刻服务）为代表的服务手段的应用，推动了客户群细分基础上的精细化服务和精准营销。

（二）关于证券经纪业务客户精准服务的概念界定

2016 年 12 月 12 日，中国证监会发布《证券期货投资者适当性管理办法》，对经营机构

---

① 孟小峰，慈祥：“大数据管理：概念、技术与挑战”，载《计算机研究与发展》2013 年第 1 期，第 146—169 页。

销售产品或者提供服务的过程中应履行的适当性义务提出要求[①]：

一是了解投资者。经营机构首先应当了解必要的投资者信息，按照《办法》规定的标准，对投资者进行专业与普通的基本分类，在两类之下还应再作细分，以便提供更具针对性的服务。

二是了解产品或服务。经营机构应当充分了解所销售产品或者所提供服务的信息，根据风险特征和风险程度，结合《证券期货投资者适当性办法》规定的考虑因素，对照行业协会制订的产品或者服务风险等级名录，对销售的产品或者提供的服务划分风险等级。

三是对投资者与产品或服务进行匹配。经营机构应当根据投资者的不同分类，对照适当性匹配的底线要求、特定市场产品或服务的准入要求，对投资者适合购买的产品或者适合接受的服务做出判断，提出适当性匹配意见，供投资者参考。

《证券期货投资者适当性管理办法》对精准服务提供了一个可以借鉴的范式。经营机构首先以大数据为基础，通过对客户行为分析、客户交易分析、客户基础属性分析，能对客户进行多个维度的分类，如客户风险承受能力、风险偏好、交易活跃度，甚至客户盈亏状况、年龄所处生命周期等；其次通过深入分析客户需求，围绕客户引入、研发金融产品，为金融产品进行标签化的标注，并持续关注产品运作情况；最后，将合适的产品匹配给合适的客户。

实施有效客户精准服务，在宏观层面，需要整合、运用公司各类业务资源，建立起全业务链的综合金融服务体系；在微观层面，需要基于大数据技术运用，建立一套深度分析客户行为的模式与工具。上述工作涉及经纪业务体系在服务模式、产品研发、人员管理、业务营运、系统支持等方面的流程再造及模式重塑，是一项庞大的系统工程。

（三）以长江证券 iVatarGo 智能服务系统实践为例论述通过大数据实现证券经纪业务客户精准服务的路径

1. 长江证券 iVatarGo 智能服务系统的设计逻辑

长江证券 iVatarGo 智能服务系统基于上述范式，以大数据为手段实现证券经纪业务客户的精准服务。iVatarGo 通过大数据为客户进行精准画像，深度洞察用户，了解客户的基本信息、投资能力、行为偏好、风险承受能力等信息，通过一套科学完善的标签体系实现客户标签化。

通过大数据为产品服务进行精准标签标注。iVatarGo 深入调查分析公司为客户提供的产品和服务，对产品和服务的特性和风险等级等信息进行科学有效评估，通过一套科学完善的标签体系实现产品和服务标签化。

通过大数据为客户提供精准产品服务。iVatarGo 通过智能匹配算法，根据分析得出的客户标签以及产品和服务标签，为客户提供合适的产品和服务。

2. 长江证券 iVatarGo 智能服务系统运用大数据实现客户精准服务的路径

（1）通过大数据为客户进行精准画像。iVatarGo 基于 6 大类、106 个因子、231 个标签，对客户的投资行为数据、交易数据进行深度智能分析，为每名客户进行全面精准“画像”，

---

① 上交所发布《证券期货投资者适当性管理办法》问答，中证网，2017 年 3 月 20 日，http：//www.cs.com.cn/xwzx/201703/t20170320_5213758.html，2017 年 7 月 5 日。

并在作表述的通俗化转译之后展示给客户。为实现这一功能，iVatarGo 在数据挖掘、数据清洗、算法定义、数据计算等方面做了大量工作，长江证券史上首次清洗所有正常交易客户 5 年交易数据 86.7 亿条，每日计算 1 878.5 亿次来生成客户标签，并根据客户交易而动态更新。客户可以查看个人标签与解释说明，清楚地了解自身总体投资特征、交易行为特征、投资能力、投资风格、投资策略、当前持仓特征等信息，进而提升个人在交易决策形成、投后评价反思过程中的自我认知，强化盈亏结果与自身特征的关联，进而启发提升投资能力的路径。如投资者通过对自身投资特征的了解，认知到自己具有炒题材、频繁地交易股票、跟随异常波动股票的特征，将投资亏损与自身的投资特征联系起来，之后可向价值投资者进行转化，基于基本面认真分析企业的内在价值，找出市场价格低于其内在价值的股票，改变自身的投资观念。

（2）通过大数据为产品服务进行精准标签标注。在“认识”每一个人之后，iVatarGo 以同样的方法“认识”每条资讯信息、每只金融产品、每位投顾顾问，并进行标签化标注。

关于资讯信息，iVatarGo 通过算法对资讯正文的语意进行分析，过滤出正文的关键词及关联度，为资讯信息进行标签化的标注。

关于金融产品，iVatarGo 首先通过基本量化指标进行初步筛选；然后对基金业绩持续性、风格稳定性、风险控制及业绩归因等方面作定量分析，为金融产品进行标签化标注。

关于投顾人员，iVatarGo 考察投顾人员投资风格、投资能力等维度的特征，为投顾人员进行标签化的标注。

（3）通过大数据为客户提供精准产品服务。在进行客户画像与产品服务标签化的基础上，iVatarGo 每日计算 89.3 亿次，根据客户持仓、自选股等特征，为客户个性化提供有温度、有力度、有广度的资讯，资讯内容均根据客户特征分发、呈现，真正做到了个性化的资讯展示，做到了内容的千人千面。

iVatarGo 基于用户投资特征，每日计算 72.1 亿次，为用户呈现符合自身投资者能力、偏好的产品。如客户认为自身是高风险偏好者，但 iVatarGo 将其个人特征置入概率模型计算，发现其对于低风险产品有较大的偏好概率，iVatarGo 将会为其匹配低风险的产品，做到懂得客户并将合适的产品提供给合适的客户。

iVatarGo 参考客户与投顾的相似度，每周分别计算 129.2 亿次、32.8 亿次，为用户适配风格相似或互补的投资顾问。如有与投资者投资特征相似的专业投资顾问人员，在严格遵守客户适当性与法律法规要求的情况下，投顾人员向客户提供证券投资咨询服务，也可对客户投资能力的提升有所助益。

所有内容均基于客户特征，采取渗入式、伴随式的方式进行分发、呈现，真正做到内容的精准展示与精准服务。

3. 长江证券 iVatarGo 智能服务系统与证券行业传统客户服务的路径比较分析

iVatarGo 之所以通过大数据为券商精准服务经纪业务客户提供路径参考，其原因在于：

首先，从整体的实现逻辑来看，是从产品、策略侧切入，还是从客户侧切入，这是智能投顾与智能服务的本质区别所在。iVatarGo 从客户分析与客户需求着手，进而再引入、开发、适配于不同客户的产品与服务，变产品主位为客户主位，变营销导向为客户导向。而一些机构通过产品、策略找客户，更类似于一种产品销售手段。

其次，从客户分析的范式来看，较之于客户对投资偏好与风险承受能力调查问卷的自行填答，iVatarGo 形成了客户数据获取、客户数据处理、客户数据分析与工程化、数据应用落地的客户分析逻辑。客户数据是投资偏好与风险承受能力的结果反映，以此出发可对投资者进行更为精准的刻画。当前的智能投顾基本上是客户通过调查问卷自行评估投资偏好与风险承受能力，难免面临客户对自身了解不足、评估不准的情况。

再者，从匹配的方式来看，通过相关系数的详细计算，通过训练集形成的匹配算法，较之于简单的映射关系，更为精准；而当前主要为简单映射关系的直接推荐，或者由客户自行根据目标挑选，客户对于适配效果不了解，易造成业务效果不达预期。

iVatarGo 在大数据领域诸多细节的累积，造就了其在客户精准服务过程的智能，可为证券行业通过大数据实现客户精准服务提供镜鉴。

三、通过大数据实现证券经纪业务客户精准服务的意义

（一）客观高效，全面提升券商内部效率和服务水平

1. 大数据可以提升对存量客户的服务水平

利用大数据，可以为客户提供信息获取、情报分析、产品服务展示等方面的服务，与用户建立充分的信任感，利用互联网服务的思维和运营技术，提升服务水平，从而实现对客户全生命周期的管理与服务。

2. 大数据可以加速新客户的获取和转化

大数据可以提升客户对服务的感知和认同，提升客户黏性和吸引力，可以达到有效获取新潜用户的目的。

3. 大数据可以使产品和服务的运营效率得到提升

大数据改变了一直以来产品和服务全靠人工运营的模式，通过构建智能化服务体系，提升了运营效率；大数据同时也是一线服务人员洞察客户、精准服务的工具，扩大了其服务的半径和深度，提高了其服务效能。

（二）深度分析客户，提供千人千面个性服务

大数据通过大数据挖掘、云计算等技术，结合相关算法对客户的交易数据、行为数据进行深度分析，从而全面“认知”用户的投资水平、风险承受能力、风险偏好、投资偏好等；同时大数据也将每个产品、服务数据化、标签化，并通过适配算法为客户提供个性化资讯产品、金融产品等，从而实现用户差异化服务。

（三）助力行业转型，为适当性管理提供借鉴

1. 大数据从客户需求着手契合券商向财富管理转型

券商经纪业务正在经历由传统通道业务向财富管理的转型，而大数据实现证券经纪业务客户精准服务的逻辑恰恰是最符合这一转变的。大数据从客户分析与客户需求着手，进而再找到适配于不同客户的产品与服务，这正解决了券商转型财富管理需要变产品主位为客户主位、变营销导向为客户导向的问题。

2. 大数据精准刻画客户并提供匹配产品为落实适当性新规提供了路径参考

《证券期货投资者适当性管理办法》已于 2017 年 7 月 1 日正式实施，如何识别投资者并

提供适当的服务已是券商等机构迫切需要解决的难题。一方面，投资者在专业水平、风险承受能力、风险收益偏好等方面存在很大不同；另一方面，证券市场、产品和服务具有非常复杂的风险等级分类，要将两者有效连接绝非易事。而大数据对客户精准的刻画并为客户提供精准的产品、服务匹配，无疑为客户与产品的有效连接提供了方法，当然也为行业落实适当性新规提供了一个可行的解决方案。

（四）国内仍处于初级阶段，发展前景广阔

大数据在经纪业务客户精准服务上最普遍的运用就是智能投顾，在美国等金融发达国家，智能投顾在过去5年实现了蓬勃发展。据报道，2016年美国机器人管理的客户资产接近1 000亿美元，并预测到2022年可发展至2万亿美元的资产规模，目前不同规模的智能投顾公司在美国有近200家。根据波士顿咨询的预测，2020年中国资管市场的规模约174万亿元，以渗透率3%进行计量，预计2020年中国智能投顾市场规模约为5.22万亿元，以平均0.2%的管理费水平计算，行业整体收入规模约为104亿元，发展潜力极其巨大。

四、关于通过大数据实现证券经纪业务客户精准服务的监管建议

（一）通过大数据实现证券经纪业务客户精准服务的合规难题

《证券期货投资者适当性管理办法》要求将“适当的产品和服务”提供给“适合的投资者”。证券行业服务与金融科技、大数据的融合，利用大数据、云计算等技术，全面认知用户的投资行为，对用户进行精准化服务将成为趋势。但在实际业务开展过程中，仍面临若干问题。

首先，现行法律规定对大数据在证券行业客户分析领域尚无明确的法律法规与指引，大数据在证券投资咨询领域的信息公示与现行法律对于公示信息的要求（含对于模型、算法披露的要求），对于适当性的要求等尚不尽适用。

其次，大数据在证券投资咨询领域投资建议的依据不一、难以评价。传统投资顾问主要是依据成文的研报、资讯等，而大数据主要是根据算法、模型来为客户提供相应的服务。算法、模型与成文的研报、资讯等具有很大的差异，在投资建议信息来源的管理和评价算法、模型的优劣方面存在难点。

再者，“了解你的客户”执行标准不一。大数据依赖于客户的信息对客户特征进行识别，从而为客户提供适当的产品或服务。目前各大券商落实客户适当性的标准不一，了解客户信息的程度不一。为了进一步了解客户，真正实现客户服务的智能化和个性化，在征得客户同意的前提下，是否可以向合法的第三方搜集客户信息有待监管机关明确。

（二）通过大数据实现证券经纪业务客户精准服务的监管建议

1. 完善相关法规，明确大数据在证券经纪业务中的定义和监管边界

目前业内对于大数据在证券经纪业务中的定义不一，监管部门需对券商运用大数据服务客户的适用范围、权责主体等进行明确界定。需要监管部门出台相应的办法或细则，在核心算法管理、模型构建、用户信息维护等方面统一规范，对券商加以引导。

2. 统一监管标准

大数据在经纪业务上运用的关键在于算法、模型的设计，监管部门应对提供大数据服务的机构在核心算法、模型的披露和评估等方面，尤其是大数据在证券投资咨询方面的运用统一监管要求。同时，为了真正为客户提供适当的产品和服务，开展大数据服务的证券投资咨询机构也需要落实投资者适当性工作。

3. 规范大数据服务营业行为，提高信息的透明度

当前若干机构存在"大数据"概念炒作、平台发展鱼龙混杂等乱象，因此，应严格规范大数据服务的营业行为，提高产品信息的透明度。一是对监管的披露，如向监管部门披露运用大数据向客户提供证券投资咨询服务的发展模式、内容等，接受监管部门的指导；二是对客户的披露，采用通俗易懂的方式，向投资者展示大数据服务工作的内在原理、采用的模型或算法、风险点，存在的缺陷等信息，引导投资者科学地进行分散化资产配置。

4. 监管引导与鼓励创新相结合

大数据服务基于客户信息提供个性化服务，在向客户提供证券投资咨询建议方面可实现各客户账户资产的最优配置，降低信息不对称，减少信息获取成本，真正实现普惠金融，是未来证券投资咨询的发展趋势。不可否认，大数据服务在发展之初，会碰到法律的空白或合规的障碍，这就亟待监管部门的引导；同时，也希望监管部门鼓励新生事物的发展，让券商能为普惠金融发挥专业的作用。

参考文献

[1] 邬贺铨. 大数据时代的机遇与挑战 [J]. 求是，2013（4）：47—49.

[2] 吴晓光，王振. 金融科技转型的着力点 [J]. 中国金融，2017（5）：57—58.

[3] 孟小峰，慈祥. 大数据管理：概念、技术与挑战 [J]. 计算机研究与发展，2013（1）：146—169.

[4] 李伟. 金融科技发展与监管 [J]. 中国金融，2017（8）：14—16.

金融科技助力证券公司资讯服务智能化

于 鹏 刘绍晖 乐剑平*

一、引言

深圳大学经济学院的罗清和等在 2017 年利用 Malmquist 指数分析法对全要素生产率变化进行分解，动态剖析证券公司经纪业务的经营效率，发现技术变化因素的弱化是全要素生产率增长的最大阻力。证券公司与金融科技互融共生的时代已经来临，金融科技正在引发传统经营模式的颠覆性变革。

（一）金融科技概览

金融科技是金融行业与信息技术融合形成的产业，其本质是大数据、人工智能、区块链等技术手段在金融行业的应用。它借助信息技术让金融服务变得智能，从而提升金融服务水平，改善客户体验。目前金融科技主要定位为“科技”，如智能机器人、移动支付等。

金融科技的兴起，已经在逐步改变传统的金融行业，余额宝改变了银行理财的模式，移动支付颠覆了人们使用现金或信用卡的支付习惯，券商网上开户简化证券开户流程以及商业银行信贷审批过程中的准实时额度审批等，都潜移默化地改变了传统金融的格局。

国外投行，尤其是以高盛为代表的美国投行，在金融科技方面一直是领跑者。高盛在 2014 年收购的人工智能公司 Kensho 利用知识图谱和人工智能等技术来处理海量的金融数据并预测金融事件对资本市场的影响；摩根士丹利从 2017 年 3 月开始将智能投顾的服务门槛降至 100 万美元，并通过金融云平台跟踪客户资产组合的表现、投资组合的风险敞口并为客户提供投资建议；瑞士银行开发的 Smart Wealth 产品通过对客户的行为分析来提供个性化的投资建议。

近年来，国内金融机构也持续加大在金融科技上的投入，并取得了一定的进展。比如，

* 作者单位：海通证券股份有限公司。原载于《中国证券》2017 年第 8 期。

招商银行将拿出每年利润的 1% 用来促进金融科技创新，该行的产品摩羯智投运用机器学习算法融合招商银行财富管理实践及基金研究经验，构建了以公募基金为基础进行全球资产配置的基金组合投资，在业内引起了较大的反响；华泰证券收购 AssetMark 后，利用其金融科技产品进行财富管理业务的转型；同花顺在智能咨询产品爱问财的基础上，基于金融语义的大数据分析技术来提供对话型的咨询服务，并能够根据市场舆情监测向客户提供主题投资建议。

（二）券商经纪业务服务智能化发展趋势

目前国内券商的经纪业务发展面临着下述问题：

1. 经纪业务竞争激烈，营收占比不断下滑

一是由于提供的服务或产品同质化现象严重，导致经纪业务集中度下降，市场逐渐向完全竞争的市场转变。二是经纪业务利润占比下降，迫使证券公司的业务布局和盈利模式从通道业务逐渐向资本中介、投融资和财富管理业务转型。图 1 展示了 2008 年之后我国证券行业的佣金率。

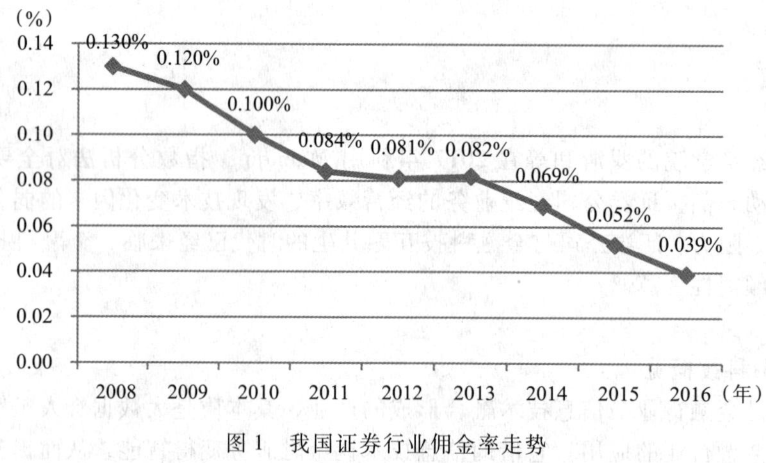

图 1　我国证券行业佣金率走势

资料来源：Wind 数据。

2. 服务的提升速度跟不上客户量的激增

2014 年以来受行情以及互联网开户渠道增加的影响，各家券商都迎来了客户量的激增，自然人投资者数量①从 2014 年末的 7 294 万户上升到 2016 年末的 1.18 亿户，增长了 61.78%。但同一时期内，证券从业人员人数从 25.3 万人增加至 32.4 万人，仅增长 28.06%，导致客户服务覆盖率的下降。

3. 业内科技公司的业务渗透不断挤压证券公司现有市场，使得中国证券行业的市场集中度不断下降，券商的市场也被不断蚕食

比如，东方财富在 2015 年斥巨资收购同信证券后，市场占有率从 2015 年的 0.25% 上升到 2017 年上半年的 1.34%。② 根据 App Annie 提供的数据，截至 2016 年底，同花顺手机

① 指持有未注销、未休眠的 A 股、B 股、信用账户、衍生品合约账户的一码通账户数量。资料来源：中登公司。

② 资料来源：Wind 数据。

App iOS 版本的行业渗透率已达到 5.8%，而同期券商排名最高的华泰证券仅 1.17%。

因此，通过向证券行业，尤其是该行业的经纪业务引入互联网、大数据等技术手段，打造开放式证券互联网平台，是解决证券业生存和盈利问题的必然路径。

随着大数据、人工智能等技术在金融领域应用的现实化推进，券商的经纪业务在这些技术的配合下正呈现出新的转型方向，为券商间的差异化竞争做好准备。服务智能化甚至会影响证券行业的格局。目前在国内，已经有不少券商在走服务智能化的发展道路，并开始构建智能服务中心和智能运营中心。比如，国金证券的佣金宝、华泰证券的理财专区、海通证券的线上对账单以及平安证券的智能组合等产品，都是证券行业使用金融科技在潜移默化地改变服务方式，让服务变得更加智能化。

与传统证券经纪服务相比，智能服务具有以下优势：

首先，成本和准入门槛低，服务覆盖面广。智能化服务不需要实体经营场所和线下团队，节省了大量场地和人员开支，从而降低了客户的准入门槛，提高了服务的覆盖率。

其次，服务效率高，用户体验好。智能化服务能精确了解客户需求，快速为其匹配适合的产品并提供投资建议，而且可以通过互联网全天候地随时响应客户需求。

最后，自动化程度高，降低人为风险。智能服务根据历史数据进行模型训练或者通过自定义模型生成服务规则，整个过程由于减少了人工干预，因此降低了操作风险。

智能服务包括智能资产配置、智能资讯服务、智能投顾服务、智能风险控制、智能运营和个性化产品定制等。当前，越来越细致的适当性监管要求、越来越个性化的投资需要，对券商互联网平台的服务内容、质量和效率提出了更高的要求，解决这些矛盾的途径之一就是服务向智能化转型。

二、金融科技在证券公司的应用——资讯服务智能化

（一）证券资讯服务的现状及资讯阅读场景对券商的作用

智能资讯以客户投资偏好、浏览偏好等为基础，利用知识图谱、自然语言处理等技术，结合专家领域知识，为客户提供精准、便捷、直观、快速的资讯服务。智能资讯的本质是为特定的客户群推荐特定的内容。

资讯浏览是客户交易决策过程中的一个重要环节。客户在交易过程中会参考各类资讯，如财经资讯、上市公告、政策信息、市场舆论、公司分析等。优质的资讯服务是留住客户的关键因素之一。像同花顺、东方财富等互联网公司依靠自身的技术优势已提前布局资讯服务智能化场景。同花顺的爱问财、大智慧的慧搜等智能化资讯服务，相对于传统被动式的资讯服务，体验上有极大的改善。它们的产品利用快速、精准的资讯服务，将大量客户的资讯阅读场景留在自身的应用体系内。这些互联网公司通过分析客户阅读习惯和资讯内容的相关性后提供增值服务，进行客户引流。而作为证券公司，要避免沦为交易通道商，就必须在证券交易的前置场景下足功夫，譬如通过提升资讯阅读场景的用户体验来增强客户黏性，提高转换率，并通过互联网社区的信息传播来进行客户获取。优质的资讯服务不仅能够给客户带来良好的浏览体验，还可以使客户在投资分析和证券交易两个不同的场景间进行无缝切换。

目前国内券商都能通过网站、手机 App、微信平台等不同的渠道为客户提供资讯服务，但是现阶段客户获取信息的渠道广泛，信息丰富而有价值的内容匮乏。如果向客户推送的资

讯内容对客户的价值不高，反而会导致对客户的打扰甚至引起客户的反感和投诉。这样不仅无法提高客户的黏性，还会导致客户流失。

（二）券商提供资讯服务遇到的瓶颈

首先，券商的强项是各种金融业务的开展与创新，比如经纪业务、投资银行业务、资产管理业务和自营业务等，而证券资讯服务一直不是券商服务的重点，也不是券商的强项。

其次，做好资讯服务需要多个部门的合作，尤其是技术部门的大力支持。各大券商的技术部门一直以来都以各种交易系统和业务系统的开发和数据维护为重点，并没有太多资讯服务类系统建设的经验积累。所以，资讯服务类系统是各大券商信息技术的短板，也超出了券商技术部门的核心业务范围。在金融科技的应用上，各大券商都有一定的技术积累，但由于券商的技术部门在资讯应用的构建上长期依赖于资讯供应商，在资讯服务的提供上各个部门的沟通合作也不是很密切，再加上一直没有对客户的阅读习惯等行为进行跟踪分析，因此这些金融科技并没有被充分地利用到证券资讯服务中。目前券商做得比较多的是搜集资讯信息，并通过自己的应用平台或者互联网渠道将资讯信息分类展现或推送至客户。

此外，券商的经纪业务条线与研究条线在客户服务上的合作一直以来都比较谨慎，因此，服务经纪业务的相关部门对研究条线的资源利用不多。

（三）券商智能资讯服务的目标

智能资讯服务的目标是根据客户的交易偏好、浏览习惯等特征来展示或推荐客户感兴趣的资讯内容，并借助这项服务来增强客户的黏性，完善证券客户的交易场景。智能的资讯服务需要做到以下几点：

1. 符合适当性管理的要求

2016 年 12 月，中国证监会公布《证券期货投资者适当性管理办法》，要求证券期货经营机构在向投资者销售证券期货产品或提供证券期货服务的过程中，履行投资者适当性管理职责。证券期货经营机构在履职过程中，主要工作包含：全面了解投资者情况，对投资者进行分类和管理；深入调查分析产品或者服务信息，划分产品或服务风险等级。[①] 资讯服务也属于服务范畴，而服务的适当性管理尤为重要。在提供服务时需要重点关注如何对含有投资建议的资讯信息进行适当性匹配。实现这一场景，不仅需要有完善和实时更新的客户基本信息，更需要基于客户基本信息生成包含客户风险等级在内的客户标签，以便能够在后台根据适当性原则匹配出适合客户的资讯内容。

2. 自动化的资讯内容价值评分

能够根据用户对已阅读资讯内容的反馈、资讯内容的阅读量、资讯页面的跳出率等指标对资讯评分，不断完善资讯标签，进而提升推荐内容的可参考性。

3. 个性化的资讯匹配

根据客户偏好和特点进行资讯匹配并进行推送，实现千人千面而不是千篇一律的资讯服务。达到这个目标，需要利用数据挖掘、信息检索等技术和统计手段并基于客户画像、资讯

---

① 参见《证券期货投资者适当性管理办法》，中国证监会网站，时间：2016 年 12 月 12 日，网址：http://www.csrc.gov.cn/pub/zjhpublic/G00306201/201612/t20161216_307922.htm，最后访问日期：2017 年 7 月 26 日。

标签来进行资讯信息的推送。

4. 多元化的资讯内容

现在的客户越来越希望通过使用投资组合来配置金融资产，因此，资讯内容不但要包括不同的投资品种，还要涵盖从宏观到微观多维度的内容。这就需要券商不仅能利用其研究所的资源，还能通过与各大资讯供应商合作并整合其内容，形成统一的资讯中心。

5. 高时效性的资讯推送

投资决策要求信息有高时效性，过期的信息对客户的价值将大大降低。如果经常推送一些过时的信息给客户，会引起客户的反感。

6. 资讯内容的来源可追溯

避免知识产权纠纷。

三、资讯服务智能化的实现形式

（一）资讯服务智能化的业务场景

传统的资讯推荐服务通过人工方式对资讯信息进行分类和资讯关键字的录入，并根据客户的浏览行为而不是客户的浏览偏好进行内容的推荐。这种做法既不考虑客户在投资品种、阅读内容等方面的偏好，也不统计客户在某条资讯上的滞留时间或搜集客户的浏览习惯和阅读反馈，因此没有形成从资讯生成、资讯推荐、客户浏览、信息反馈、优化推荐模型再到生成资讯推荐策略的闭环。这样做，一是会造成推荐给客户的信息价值不高，客户无法在大量的推送信息中找到参考性高的信息；二是资讯的信息库也不会根据客户的反馈和客户的行为自动进行更新和改进，而仅仅作为一个进行过分类的文档中心。手工的内容维护方式也无法满足低成本、快速分类和关键信息自动提取的需求，制约了资讯质量的提升。

智能化资讯服务主要有以下五类业务场景：

1. 资讯推荐

这种场景是指在客户触网（登录 PC 或手机交易软件、访问券商网站、浏览券商提供的资讯信息）时，选出最适合客户的资讯，在显眼的地方给用户展现资讯主题和链接。

2. 资讯推送

资讯推送的后台实现逻辑与资讯推荐场景类似，但相比于需要用户触网才会查看信息而言，推送场景在客户不主动发起访问的情况下，也能由资讯服务提供方通过不同渠道，如手机短信、手机 App 或者微信平台等将资讯信息推送给客户。

3. 交互式问答

这种场景是客户通过人机交互行为，以问答的方式进行资讯信息的获取。这种方式通过技术手段模拟客户在线上或线下咨询服务人员，让客户可以在任何地点全天候地进行提问。随着提问和回答数据的累积，系统回答问题的准确率会逐渐提高。这种场景需要用到自然语言处理、有监督的机器学习等技术。

4. 搜索推荐场景

在这种场景下，客户输入关键字并提交以获取和输入关键字相关性较高的资讯集，资讯服务的后台经过计算后按内容价值评价返回排序后的内容列表，供客户阅览。该场景是资讯搜索与推荐的结合，是客户比较偏好的资讯服务场景。实现该场景所需要的技术有自然语言处理、信息检索和推荐、TextRank（文本重要性计算）算法等。

5. 智能分析报告

这种应用场景比简单的资讯推荐更进一步。它基于获取的金融数据或者资讯信息进行市场主体的关系和事件传导因素的分析，并通过舆情分析、事件的预测及资产的估值生成智能化的分析报告，供用户在投资时做参考。该场景使用云计算作为信息处理中心和信息来源，通过机器学习来分析获取的数据并进行价格的预测和金融资产的估值。高盛投资的人工智能公司 Kensho 就提供了类似的服务。

（二）资讯服务智能化所需的关键技术

智能化资讯服务的各个场景需要大数据、客户画像、自然语言处理和智能推荐等技术手段的支持。在资讯信息推送前，自动化的计算机程序会完成资讯内容的预处理、客户画像的勾勒，在此基础上将资讯内容与客户进行匹配，找出对客户最有价值的信息。在客户层面，需要利用算法为客户进行群体划分，并对客户群的行为如关注、评论、信息评分、跳出率、停留时间等进行建模，进而量化客户对某类资讯甚至某条资讯的兴趣度；在资讯内容层面，除了要对常用的分类、关键词等信息做结构化处理，还要通过数据挖掘、自然语言处理等技术手段识别资讯中与投资相关的个股、主题、概念等关键信息，提取文章的摘要信息和识别相似文章。

图 2 展现了典型的智能资讯推送过程，其核心是基于客户画像、客户的浏览信息和经加工处理的资讯信息生成推荐策略。

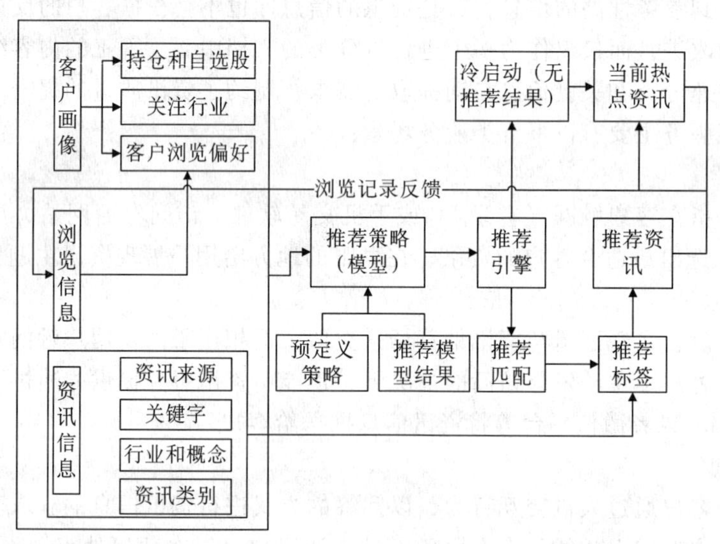

图 2 智能资讯推荐过程

首先，客户画像会向推荐策略提供客户的投资偏好、浏览偏好、交易风险偏好、交易品种偏好等信息；其次，打上行业、投资品种及投资对象标签并完成自动化分类的资讯信息会给推荐策略提供资讯内容列表；随后，结合系统搜集的历史浏览、资讯评分等信息，推荐策略会根据客户的兴趣度评分进行推荐。如果根据推荐策略匹配不到客户感兴趣的资讯信息，系统也会按照传统的推荐逻辑推荐当前的热点资讯。

当前券商提供的传统资讯服务只需要有网站、手机 App 以及微信等互联网渠道，而智能资讯服务的提供需要依赖大数据、客户画像、自然语言处理等金融科技，具体描述如下：

1. 完善的数据服务平台是做好智能资讯服务的基础

随着大数据时代的到来，科技实力较强的国内券商都逐渐建立起自己的数据服务平台，并持续不断地完善大数据应用环境。券商数据服务平台的建设一般分为三个阶段：第一阶段，通过数据仓库整合各个源系统的数据，形成各类统计分析报表；第二阶段，一方面是持续强化数据仓库在统计分析、监管报送和历史数据查询中的作用，另一方面是通过加强数据管控，提升数据质量，构建业务领域数据集市等工作，使数据仓库逐渐成为企业对外数据的统一提供者；第三阶段，引入非结构化数据的存储和处理工具、内存计算工具、分布式处理工具、实时流数据处理工具等，形成异构、分布式的海量数据处理和服务平台，并拥有对接实时业务数据的能力。

证券公司本身拥有较全面的数据，结合完善的数据服务平台，能够为后续应用提供基础设施保障。图 3 展现了一般券商数据服务平台的典型逻辑视图。

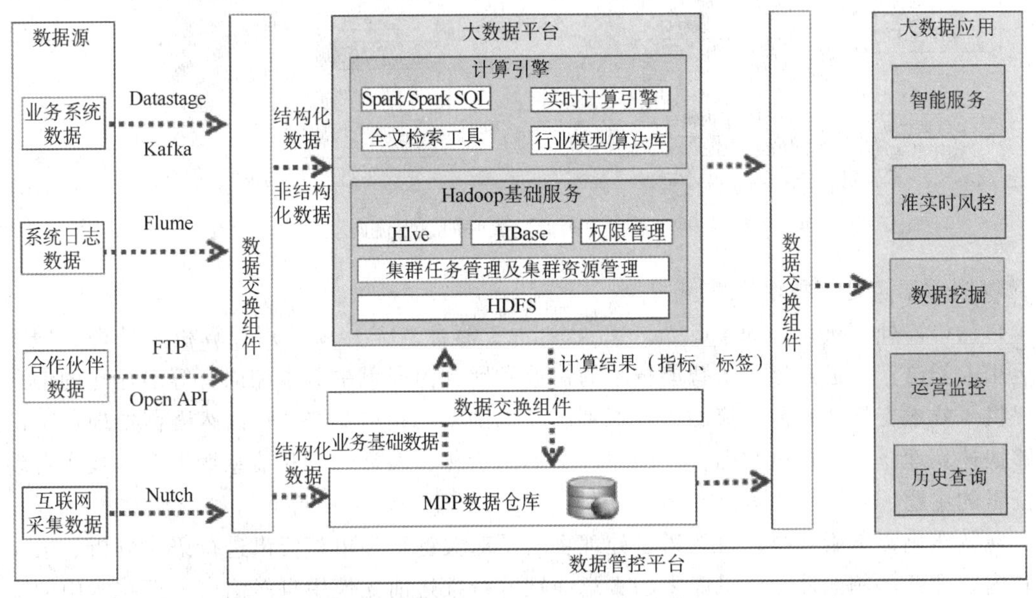

图 3 券商数据服务平台的逻辑视图

2. 客户画像为推荐引擎提供了数据支持和建模依据

客户画像是对某一客户全貌的抽象，证券公司需要构建的客户画像除了基本的客户信息，如年龄、所属区域、职业等，还包括客户的资产特征、产品偏好、投资行为特征等信息。根据客户画像，可以对客户作精准的分群，并根据客户群的特征，进行精准营销和个性化服务。

图 4 展现了客户画像生成时的数据流向。利用客户画像提供智能资讯服务的核心工作是为客户生成标签，标签的数据来源是客户的交易数据和行为数据。生成的客户标签包括风险偏好、行业偏好、渠道偏好等。生成客户画像时，需要先明确客户画像的构建目标，再有针对性地对生成客户画像的标签进行选取。通过将筛选出的标签与资讯内容的加工结果进行匹

配后得到客户群和某条资讯内容的兴趣匹配度，并按照兴趣匹配度的高低向客户或客户群推荐资讯内容。客户数据的准确、全面和高时效性决定了能否对客户进行精准的资讯信息推荐。

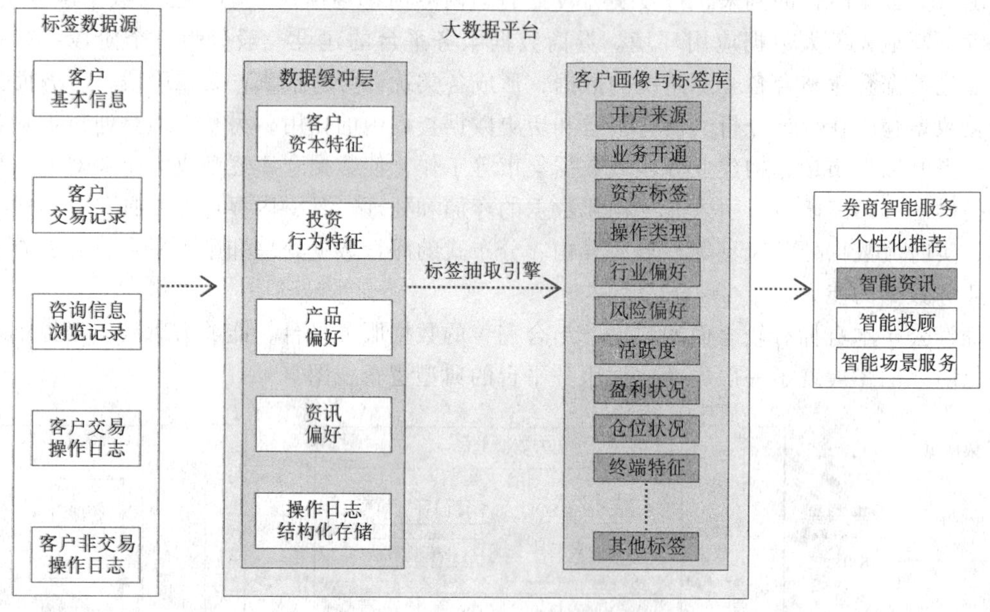

图 4　客户画像生成时的数据流向

3. 自然语言处理技术

自然语言处理（Natural Language Processing，简称 NLP）就是用计算机来处理、理解以及运用人类语言。近几年人工智能技术的快速发展，为资讯中文本和语音等多样化的信息处理提供了技术支持，目前主流的语音识别服务识别率已超过 97%。[①] 自然语言处理技术已经能够快速处理海量的资讯数据，并能通过文本向量化、聚类分析和信息熵提取等技术自动识别资讯的主题。

在智能化资讯服务中，自然语言处理主要是对关键字和单篇资讯进行语法分析、语义分析和内容理解。例如针对资讯库中的文章，在进行推送前先使用自然语言处理技术中的文本分类对文章进行分类，当输入关键字如“行情”时，经过对关键字的语法分析、语义分析和内容理解，自动从标签库中找到与关键字“行情”相匹配的资讯内容，生成推送列表。

4. 智能资讯服务中用到的推荐算法

推荐分为基于内容的推荐和基于用户的推荐两种方式，对这两种推荐方式，典型的算法有相似性搜索和协同过滤推荐。基于内容的相似性搜索算法，通过计算资讯话题向量和用户兴趣图谱向量之间的相似度，根据相似度进行资讯的排列，并形成策略生成的推荐结果集后，存入向用户推荐内容的队列中。基于资讯内容相似度的协同推荐算法，根据资讯文章类型的名称与标签，如投资品种、市场、关键字、行业和数据来源等，依据特定的数学公式进

① 参见《国内企业语音识别准确率超 97%》，深圳商报网站，时间：2017 年 3 月 25 日，网址：http://szsb.sznews.com/html/2017—03/25/content_3754254.htm，最后访问日期：2017 年 7 月 26 日。

行重复率计算，得出文章的相似度；再根据资讯发布时间、权威度和热度等对结果进行加权排序；最后结合用户的浏览偏好，提供相应的推荐内容。

四、资讯服务智能化实现过程中的挑战与展望

本文探讨了智能服务和智能资讯服务在券商服务中的作用、遇到的瓶颈、实现的形式和依托的技术。在实现智能化资讯服务的过程中还有如下困难需要克服：

首先，虽然近年来我国证券行业对科技的运用取得了一定成效，但是应用的深度和广度还远远不够，技术底蕴相比于国内一些较大的互联网金融公司还是有一定差距。在数据平台建设中，证券公司在数据应用上都有了一定的成果，但应用的重点还是偏向统计分析和向监管机构报送数据，目前要重点解决的问题大多是如何更好地进行数据治理和数据质量把控。而完善的数据治理和高质量的数据是做好数据应用的前提条件。在人工智能领域，算法和自身数据的结合、算法和场景的结合还处于基础阶段。

其次，金融科技需要使用大量的数据，但目前很多数据使用的合法性还处于不确定状态。客户的哪些数据属于隐私、哪些数据不允许采集、哪些数据不可以引用以及哪些数据不能用来分析等都有待法律法规作进一步明确。

最后，金融科技的着力点在“科技”，因此，对复合型、高层次科技人才的需求度和依赖度将会大幅增加。这对证券公司科技条线的人员素质提出了更高层次的要求。人力资源的瓶颈也会制约证券行业对金融科技的应用，从而影响业务的发展。

科技是经济发展的重要推手，一个行业如果不及时、不善于运用科技创新的成果将使整个行业落后于时代。证券公司要继续探索客户服务的新模式，探索人工智能、区块链、大数据等技术在证券领域中的应用，促进行业向更高效、更智能化的方向发展。利用金融科技能够更好地发掘服务需求，提高服务效率，降低服务成本，防范金融风险。

在“大数据 + 智能化”的时代浪潮中，证券公司正在通过对金融市场数据和客户数据的累积和沉淀，结合金融科技，通过智能化的服务迎接资本市场更美好的未来。

参考文献

[1] 罗清，朱诗怡．中国证券公司经纪业务效率评价［J］．特区经济，2017（5）：19—24.

[2] 蔡咏．实践的眼睛——证券公司与资本市场研究［M］．北京：中国经济出版社，2015. 3—5.

[3] BR 互联网金融研究院．互联网金融报告 2017——金融创新与规范发展［M］．北京：中国经济出版社，2017. 96—99.

智能投顾发展现状与监管研究

冯明华　胡相斌　熊　双　石春生　钱　钧*

2016 年以来，金融科技（Fintech）或者说科技金融（Techfin），成了一个很“时髦”的名词，甚至有取代互联网金融的趋势——其实，这也是必然的路径。互联网金融是指互联网科技与金融的融合，而金融科技则是广义上的科技与金融的融合，尤其是指一些前沿的科技创新在金融领域的应用，其范围大于互联网金融。

金融科技并非新鲜事物，就像人工智能并非新鲜事物一样，今日我们重提人工智能概念，是因为人工智能已经开始在实际生活中应用，并给了我们未来无限大的发展想象空间。就金融科技而言，经过最近几年互联网金融的发展，已经取得了明显的阶段性成果。

一、金融科技发展概述

目前，金融科技发展成果最为瞩目的当属移动支付领域，尤其是国内目前已经比较普及的二维码支付，更是引领世界风骚。在二维码支付领域，中国走在了引领世界科技的前列；而在美国等发达国家，Apply Pay 这样的 NFC 近场支付应用，在普及度上可能更胜一筹。移动支付中除了二维码支付和 NFC 近场支付，另外还有声波支付、刷脸支付等。

移动支付的出现和普及，开创了一个新的移动互联网时代，而不仅仅是支付体验的提升，假如没有移动支付，优步、滴滴打车、共享单车等共享经济模式的推广可能就会遭遇很大阻力。

目前国内移动支付继续保持较快增长。来自中国人民银行《2017 年第一季度支付体系运行总体情况》数据显示：“第一季度，银行业金融机构共处理电子支付业务 374.01 亿笔，金额 756.84 万亿元。其中，网上支付业务 112.97 亿笔，金额 658.78 万亿元，同比分别增长 8.17% 和 0.14%；移动支付业务 93.04 亿笔，金额 60.65 万亿元，同比分别增长 65.71% 和 16.35%。”

---

* 作者单位：浙商证券股份有限公司。原载于《中国证券》2017 年第 8 期。

金融科技在移动支付领域的成果，可以称为金融科技的“进阶阶段”。这个阶段所取得的阶段性成果，恰恰也让大多数人感受到了金融科技的“普惠性”。同期除了移动支付外，异军突起的比特币正在世界范围内搅得风生水起；相对陌生的区块链技术等“黑科技”，也正在吸引越来越多金融机构的关注。接下来，金融科技将进入专业化领域寻求突破，进入“高级阶段”。就证券行业而言，金融科技应用首先落在了智能投顾上。

智能投顾（Robo - Advisor），是指人工智能在投资顾问领域的应用，具体来讲，是指“人工智能依托大数据的计算系统，通过现代投资组合理论等投资分析方法和机器学习，自动计算并提供组合配置建议”。人工智能是目前科技发展的大热门：在交通领域，已有众多科技巨头布局“无人驾驶”；在家居领域，有“家用机器人”“智能家居”等美好愿景；而人工智能在金融领域的应用，也同样被看好。业内知名人士李开复就认为，“人工智能最好的应用领域之一是金融领域”，原因之一是“金融界是相对隔离得非常清晰的，股票就是股票、保险就是保险、银行就是银行、账单就是账单”；他进一步论断，“金融行业80%的从业者都敌不过人工智能，他们在未来的十年都会被人工智能取代”。

也许，全世界的金融从业者都在关注着相应的人工智能最新科研成果。事实上，有的金融机构已经上线了某些智能投顾类应用，帮助用户享受智能化的理财服务；证券公司目前也纷纷试水智能投顾以抢占行业先机。但是在现行的证券监管框架下，智能投顾是一个全新事物，本文将着重探讨证券行业智能投顾的发展以及相应的监管研究。

二、智能投顾发展现状

（一）智能投顾概述

智能投顾是新兴技术与现代投资组合理论（MPT）相结合的在线财富管理服务，它以多元化、优质化、低门槛、低成本、个性化为特征，结合投资者的风险承受水平、财务状况、预期收益目标以及投资风格偏好等要求，提供交易执行、资产再平衡、税收盈亏收割、房贷偿还、税收申报等增值服务。

智能投顾的核心技术流程体现在现代投资组合理论（MPT）、投资策略生成（ISM）、量化投资策略以及智能代理（IA）四个维度，通过人工智能以及大数据技术将后三个维度有效衔接，使之成为一个有效的投资决策系统，在为投资者提供高度个性化匹配的投资组合配置的同时，还能对组合进行动态优化调整。与传统意义上的量化交易不同的是，智能投顾的投资模型借助机器学习辅助，参数可以做到实时变化从而达到自动优化的效果。目前智能投顾以ETF作为主要投资标的，并通过不同类别ETF的动态配置来提高投资组合分散程度和大类资产配置，以赚取β收益。

智能投顾的主要服务模式是通过问卷和算法实现个性化的投资建议。典型的智能投顾过程包含以下步骤：（1）发放问卷调查评价客户的风险承受能力和投资目标；（2）根据用户风险偏好从资产备选池中推荐个性化的投资组合；（3）客户资金转入证券经纪公司进行第三方托管；（4）智能投顾系统代理客户发出交易指令，进行资产配置；（5）系统根据市场情况和用户需求变化实时监测并定时调仓。

（二）国内外发展现状

1. 国外发展状况

2008年金融危机之后，在金融机构全面监管和广大投资者对于华尔街传统金融机构产生信任危机之时，以Betterment和Wealthfront为代表的新兴智能投顾科技企业创立，并凭着低投资门槛，为用户提供个性化、低费率、智能化理财服务以及先进的数字化科技手段等特点，快速打开市场，成为财富管理行业冉冉升起的新星。智能投顾行业管理资金规模自2010年以来年复合增速高达65.2%。据Corporate Insight统计，截至2015年年中，美国智能投顾公司管理的资产规模已超过210亿美元，并有望在2020年之前保持年化65%增速。

伴随着行业龙头企业快速崛起，风投资金以及科技创业者纷纷加入智能投顾行业，行业融资规模与次数、新设智能投顾公司数量均快速增长。Betterment、Wealthfront、Personal Capital等公司都已融资过亿（美元），且均来自多家顶级风险投资机构，两大巨头Betterment、Wealthfront的估值均已达到10亿美元水平。

除了大量涌现的初创公司以外，传统金融机构也纷纷进入智能投顾领域。部分金融机构自行创建智能投顾平台，如嘉信理财推出自己的智能投顾工具——嘉信智能平台，先锋基金推出"个人顾问服务"（VPAS），德意志银行推出智能投顾平台AnlageFinder。部分金融机构通过收购方式搭建自身智能投顾平台，如2015年下半年全球最大的资产管理公司贝莱德收购机器人投顾初创公司Future Advisor，高盛收购线上退休账户理财平台HonestDollar，施罗德并购英国的智能投顾平台Nutmeg。部分传统巨头通过与新兴智能投顾合作以获得白标方案和软件平台，例如摩根和高盛积极投资Motif，富国基金与Betterment展开战略合作。相较于独立智能投顾公司，传统金融机构进入该领域后体现出明显优势。一方面，原有的客户群体提供了强大的用户来源保障。先锋基金旗下的"个人顾问服务"平台用户中，超过90%的客户与该公司有其他方面的联系；而嘉信理财在上线嘉信智能投资组合之后，不到3个月就吸引了33 000个账户和24亿美元资产，最大的独立智能投顾公司Wealthfront和Betterment达到同样的成绩则分别耗费了约3.5年和4年的时间。另外，传统金融机构旗下的其他业务可与智能投顾实现协同发展，嘉信智能投资组合投资门槛为5 000美元，组合包含20种大类资产，对应54只ETF，其中有14只Schwab ETF，8只Schwab OneSource ETF。

根据美国智能投顾发展经验看，智能投顾相比于传统投顾，在产品设计、成本控制、用户体验方面都有显著优势。从产品端看，被动投资接受度提高、产品成熟度增强，助力智能投顾市场发展。美国ETF市场较为成熟，截至2015年底美国ETF管理的资产规模达到2.15万亿美元，提供了丰富的投资工具。从成本端看，智能投顾的管理费低廉，总费用率一般在0.5%以下，同时税收损失收割计划等增值服务能够帮助投资者减少税收，提升预期收益。从需求端看，智能投顾低至0美元的门槛大幅拉低了传统投顾10万美元的最低要求，同时易操作和高透明度的特性迎合了新一代投资者的投资需求，提升用户体验。

2. 国内发展状况

国内智能投顾行业自2014年以来得到了快速发展，从2014年开始多家独立新兴智能投顾平台开始成立，并在2016年初行业投入达到高峰，蓝海智投、财鲸等公司获得天使轮投资；京东智投、雪球（蛋卷基金）、宜信（投米RA）获得多轮融资。传统金融公司也在智能投顾领域积极布局，华泰证券出资8亿美元竞购美国资产管理软件生产商AssetMark、平安集团旗下平安一账通推出智能投顾服务、同花顺 iFinD 推出智能投顾服务、招商银行推出魔蝎智投。

目前国内智能投顾行业仍处于起步阶段，由于市场上各种大类资产金融工具并不完善，国内金融市场还无法真正依据现代投资组合理论来构建资产配置组合。另外，目前国内投资者普遍缺乏长期投资和资产配置的习惯，在金融资产投资上仍是散户操作模式居多，对于风险属性难以把握，同时大众理财客户投资金额低，智能投顾现阶段目标客户和需求与国外成熟市场相差很大。因此，基于目前投资理念、投资工具以及居民财富状态等因素，智能投顾产品处于摸索期，相关产品呈现出多样化特征，包括：（1）实现多资产、跨区域的全球资产配置型；（2）基于互联网金融产品平台，定制化提供理财方案型；（3）基于客户风险属性确定股票、债券和货币配置比例的大类资产配置型；（4）基于智能选股、股票组合推荐和交易策略的证券投资型。

国内智能投顾的参与者众多。掌握客户资源和牌照优势的保险、银行、券商和基金成为智能投顾发展的中坚力量；具有流量优势和数据优势的互联网公司和智能投顾初创公司也在积极探索和布局。国内智能投顾的主要参与者如表 1 所示。

表 1　　国内智能投顾参与者主要代表

机构类型	公司代表/产品	简介
智能投顾公司	蓝海智投	全球资产配置，量化策略
第三方理财	宜信/投米 RA	全球置产配置
互联网平台	蚂蚁金服/蚂蚁聚宝	个性化理财助理，智能客服，基金投资组合推荐
财经论坛	雪球/蛋卷基金	根据年龄和风险属性提供基金策略组合计划
炒股软件	同花顺/iFinD	通过对金融数据库、舆情监控，i 问财知识库深度学习，判断市场情绪，提供大数据策略组合
保险	中国平安/平安一账通	提供投资组合，个性化财富管理方案
银行	招商银行/魔蝎智投	公募基金投资组合推荐
券商	华泰证券/AssetMark	统包资产管理平台（简称 TAMP），为投资顾问提供投资策略及资产组合管理、客户关系管理、资产托管等一系列服务和先进便捷的技术平台
	广发证券/贝塔牛	根据投资者的资金规模和风险偏好为客户定制 A 股市场的投资计划，并根据市场信号向投资者推送操作策略
	长江证券/iVatarGo	基于交易行为、投资能力、投资风格、投资策略等投资特征的用户画像构建，并提供个性化投资资讯、理财产品以及投资顾问服务

国内智能投顾目前无法实现资产管理和理财服务一体化。智能投顾涉及投资咨询、产品销售、资产管理三块业务，而国内监管政策下这三块牌照分别发放和监管，在目前监管体系下无法实现代客理财。证券公司通过投资咨询业务向客户提供投资建议，但是不能帮客户打理投资。基金公司进行资产管理，但无法为每位客户定制产品。基金销售平台只能在销售阶段做产品推荐，无法进行资产配置或跟踪调整。目前相关产品仅限于提供自动化资产配置建议，而无法实现自动化交易，使得国内智能投顾的创新和实用价值有所降低。

三、智能投顾监管研究

（一）智能投顾监管法律法规

1. 美国证券交易委员会对机器人投顾的监管

在运作模式上，智能投顾和传统投顾有较大的区别，但万变不离其宗，目的和功用仍是向客户提供投资建议。因此，智能投顾仍受到政府的监管。美国在1940年就颁布了相应的投资顾问法并接受美国证券交易委员会（SEC）的监管。SEC下设对投资管理机构进行监管的投资管理部，负责颁发投资顾问资格，其范围涵盖了狭义的投资顾问和证券资产管理。美国的投资顾问法规定，网络和智能投顾需要在SEC注册，并接受其监管。同时，该法对投顾提出了五方面要求，包括：（1）对客户的诚信义务（Fiduciary Duties to Clients）；（2）重要的禁止行为和要求；（3）合同要求；（4）记录要求；（5）监管要求。智能投顾理所当然也受到这些监管要求的约束。比如美国的两大智能投顾：Wealthfront和Betterment，它们都是在SEC下注册的投资顾问，并受此法监管。

然而，智能投顾毕竟是最近一二十年才出现的新生事物，其运作模式与1940年法律中对投资顾问的定义仍有很大差别，现行法律的监管还有待完善。美国监管机构也意识到了这点，2015年5月8日，美国SEC和美国金融业监管局（FINRA）两个机构就投资者在使用智能投顾中如何保障自身权益以及智能投顾可能存在的种种局限甚至安全问题联合发布了提醒声明。这不仅体现了美国监管当局在火爆的机器人投顾市场环境下对投资者教育不足的担忧，也对智能投顾在产品运作、客户服务和监管等诸多层面提出了更高的要求。

2. 国内智能投顾产业监管政策现状

我国的监管法律法规对投资顾问的监管界定与美国有较大差别。在国内，投顾属证券投资咨询范畴，受到《证券投资顾问业务暂行规定》《证券、期货投资咨询管理暂行办法》等法规的约束。中国证监会法规监管下的“投资顾问”有以下几个特征：首先，投资者和投顾双方之间分别有授权和受委托的协议；其次，服务仅限于提供投资建议和辅助决策，严禁投顾接受投资者的全权委托而代客理财；最后，该服务属有偿服务；此外，服务主体为券商和证券投资咨询公司。尽管目前第三方也在从事类似业务，但尚未纳入中国证监会监管。

我国的智能投顾行业刚刚兴起，国内对智能投顾尚没有明确的法律定位，但现存法律法规中其实已有对网络和智能投顾等相关业务的约束性条款存在，例如《证券投资顾问业务暂行规定》第二十七条中的规定即可算作明确的监管条文。

（二）智能投顾监管难点

智能投顾无疑是一种由于科技带来的金融服务方式的创新。对于金融创新，可能会不同程度地在监管技术、手段、程序、方式、机制甚至制度框架上带来改变，但究竟是何种程度的改变目前还是难以预测的。对于这样一个新兴行业，此前都没有相关的监管经验。无论是传统投资管理公司还是普通投资人，都对这样的新型业务的发展潜力寄予很大的希望。所以，对于智能投顾这样的新型业务，监管政策如何制定，这是摆在管理层面前的越来越紧迫的挑战。对于金融监管而言可谓是“如临深渊，如履薄冰”。目前，面临的主要难点有：

1. 监管适用法律体系

据媒体报道，截止到2016年底，已有大约30家智能投顾平台上线运营，如平安一账通、蚂蚁聚宝、百度金融、京东金融、民生证券、招商银行等。参与运营的企业有互联网企业、财富管理公司及传统的银行、证券公司等。这就涉及监管法律、法规适用以及如何避免监管套利等问题。

2. 监管对象认定

人工智能带来的一大难题在于监管对象认定。传统意义上，被监管主体是法人和自然人。而人工智能下，由于证券投资账户事实上是处于“无人驾驶”状态，所以账户实际控制人的定义就显得模糊不清。监管部门面对的监管对象既不是自然人，也不是法人，由此而带来的一个重要的监管难题则是——怎么认定违法违规行为。张家林在其《证券投资人工智能》一书中举了这样一个例子以佐证监管难题：“比如，大量投资人雇佣同一个表现优异的智能投顾代理管理其自身账户的投资。由于同一个智能代理系统可能产生自组织行为，虽然独立工作，但自主寻求的结果可能趋同，那么这些账户虽然法律上是独立无关的，但实际操作可能会出现‘一致行动人’的现象。”张家林也认为，这种“英雄所见略同”式的行为，将成为监管难题之一。虽然从民事责任主体角度看，人工智能艾真体（Agent）不具有民事权利，因此民事责任一定会是穿透到最终使用和开发人工智能艾真体（Agent）的个人或机构。但监管并不仅仅是简单地只关注民事权利和责任，还包括投资者适当性、行为监管等诸多涉及合规和保护投资者的问题。

3. 智能投顾行为边界判定

未来随着技术的不断成熟，监管难度又会晋升到一个新高度，主要表现在对人工智能行为预期难度的提高，目前监管框架中对于行为边界并没有明确的涉及。然而，这确实是很迫切的监管难题，如果由于智能投顾的投资决策导致某只股票价格的异常波动或者极端情况下造成市场动荡，从而引发系统性风险，那么将很难界定这一恶性决策是源自智能投顾自有决策系统的局限，还是系统本身就是“恶意”人工智能。

（三）监管方向和趋势

可以明确的是，面对金融创新，金融监管也必然会坚持把握风险控制与促进效率的平衡。金融监管应遵循以下三项原则，即金融创新监管需要处理好金融创新与投资者的关系、金融创新与金融创新服务者的关系、金融创新与传统金融服务提供者的关系。具体而言：其一，金融创新监管需要重申保护投资者利益的首要原则。投资者合法利益的保护原则在传统金融和金融创新服务上都是一致的，在金融创新活动中尤其应得到重申和强调。其二，金融创新监管要保护金融创新者的积极性，维护其合法权益。在维护投资者合法权益的原则上保护创新。其三，金融创新监管要处理好与传统金融服务提供者的关系。在保护投资者利益、保护金融创新积极性的同时，维护整个金融秩序的相对平稳与平衡，保持监管的平滑改善。

未来，对于智能投顾的监管，将重点从两方面入手。其一，寻求对于智能投顾风险识别与控制的监管；其二，针对每个服务提供机构明确其法律责任。具体而言：监管层要建立智能投顾从业资格认证与注册备案制度，一方面，要建立针对智能投顾的从业资格认证体系，做到智能投顾持证上岗；另一方面，要明确智能投顾技术开发公司、提供智能投顾服务的持牌机构以及智能投顾服务使用者的责任范围，把监管主体确定为持牌机构，并相应出台针对使用者的保护措施。对于集合性质的投资载体，如公募基金、集合资产管理计划等，在其使用智能投顾管理投资的情况下，应约定至少一个自然人或法人作为被监管对象；而对于采用同一智能投顾系统的使用者，也应当研究对其“一致行动人”和关联交易行为嫌疑的豁免议题。

参考文献

[1] Schwartz D, Sun T. The Future of Finance [J]. 2015.

[2] Lopez J C, Babcic S, De La Ossa A. Advice goes virtual: how new digital investment services are changing the wealth management landscape [J]. Journal of Financial Perspectives, 2015, 3 (3): 1—191.

[3] Falguni Desai, 罗玉莲. 金融领域之争：智能投顾崛起 [J]. 金卡工程, 2016 (9): 16—17.

[4] 李心丹, 束兰根. 科技金融：理论与实践 [M]. 南京大学出版社, 2013.

[5] 冯永昌, 孙冬萌. 智能投顾行业机遇与挑战并存（上） [J]. 金融科技时代, 2017 (6): 17—24.

[6] 李晴. 互联网证券智能化方向：智能投顾的法律关系、风险与监管 [J]. 上海金融, 2016 (11): 50—63.

[7] 尹孜. 智能投顾财富管理新风口 [J]. 中国战略新兴产业, 2016 (22): 58—61.

[8] 巴曙松, 白海峰. 金融科技的发展历程与核心技术应用场景探索 [J]. 清华金融评论, 2016 (11): 99—103.

[9] 张立钧. 中国智能投顾市场蕴藏巨大潜力 [J]. 清华金融评论, 2016 (10): 93—97.

[10] 魏珺. 金融科技新蓝海：智能投顾 [J]. 金融电子化, 2016 (9): 15+6.

智能投顾发展态势及服务平台建设探究

——华融证券的实践与思考

华融证券股份有限公司金融科技小组*

一、金融科技融合之典型应用——智能投顾的发展有其内生因素

金融与科技相互融合，正在加速创造新的业务模式、新的应用、新的流程和新的产品，并对金融市场、金融机构、金融服务的提供方式形成颠覆性影响，推动金融行业发生前所未有的趋势性变革。作为金融科技（FinTech）的典型应用，智能投顾一经面世便迅速解构并重塑传统投资及财富管理市场格局。

智能投资顾问（robot - advisor）又被称为机器人投资顾问，简称智能投顾，2008 年发源于美国，按照现代资产配置理论，利用金融分析算法、人工智能和大数据分析等技术建立交互式系统，根据市场动态以及投资者提供的财务状况、风险偏好、理财目标等信息，为用户提供智能化和自动化的投资及配置调优建议。

相较传统投顾服务具有的受众有限、场景不连贯、费用水平较高等特征，智能投顾不仅具有门槛低、费用低、操作简便、响应及时、投资及费用信息透明度高等诸多优点，而且拥有人脑无法比拟的效率优势和不受情绪干扰的“天然理性”，能够面向更广泛的投资人群提供更为个性化的专业投顾服务。

智能投顾诞生之初即赢得大众财富人群的青睐，在不到 10 年的时间里获得令人惊叹的高速发展，其背后的驱动原因众多，但归根结底在于适应财富人群需求变化与数据处理及量化分析等先进技术支撑这两大核心引擎。

（一）催生美国智能投顾发展的主要因素

每个地域智能投顾市场的兴起，都有其特殊的驱动因素。对于美国市场，催生智能投顾

---

* 小组成员：黄铮，黄芳，罗可清，祝泓，庞云川，张伟琨，崔杰。原载于《中国证券》2017 年第 8 期。

快速发展的因素主要表现在以下几方面：

1. 财富管理主体变化

以往传统投顾模式下，美国仅20%左右的富裕人群才能享有一对一式的专业投顾服务，与之相对应，占整个市场（含潜在市场）比例80%的长尾客户财富管理需求长期未得到满足。随着投资理念的普及，大众人群的理财需求加速萌生，应运而生的智能投顾刚好为契合长尾客户需求提供了有效的手段，二者激励相容带动了智能投顾市场的快速发展。

2. 市场投资理念变化

欧美金融市场经过多年发展已逐渐进入成熟市场阶段，主动管理型基金优势逐渐降低，越来越多的投资者开始转向被动投资；此外，美国指数基金相较于主动投资型基金具有较大成本优势，前者成本通常在0.2%—5%，而后者则通常在2%以上，加之ETF市场产品选择空间丰富，在这一系列趋势下，被动投资逐渐成为普遍选择，进一步刺激了智能投顾服务热度的飙升。

3. 智能投顾可提供创新增值服务

投资者的本质需求是以更少的投入（时间、精力、成本）获取更大的效益（稳健收益、减少亏损），对比传统成本高昂并且劳动密集的财富管理业态，智能投顾具有的重要价值在于进一步挖掘用户更深层次、多元化的投资需求，通过用户教育和黏性的提升不断培育智能投顾服务的增量市场。

（二）驱动中国智能投顾发展的主要因素

对照先行发展和不断演化的美国市场，中国智能投顾市场有着近似的驱动因素，也有特定经济社会发展阶段衍生的需求特点。

1. 长尾群体财富管理需求逐渐提升

随着收入水平的提高、个人财富的累积，中产阶级及大众群体对于理财的需求不断放大。以往的市场充满低风险套利机会，比如房地产、债券、信托等，无需投资顾问也很容易获取较高回报。社会经济发展到现在，简单套利时代已经结束，金融市场环境日趋复杂，且多重因素叠加下的房产及股票投资难度越来越高，越来越多的普通投资者希望得到专业投顾的服务，在标的配置上也呈现出更为多元的趋势。

2. 投资理财习惯和场景发生变迁

移动互联时代的生活方式以及互联网金融在国内的飞速发展，深刻影响和改变了中国民众的投资理财习惯，尤其是长尾市场，在更加便捷易得的市场环境浸润下，金融服务可以脱离网点的限制，投资交易需要被迅即响应，这样的颠覆性变化重构了金融服务价值链，缺乏有效场景手段、只能提供千人一面服务的传统金融投资业态客户流失风险陡增。

3. 金融行业移动数字化程度提升

鉴于技术及人力限制，以往金融机构提供的投资服务大多仅停留在交易层面，技术的发展使金融服务能够向前延伸、通过虚拟渠道来巩固客户关系。智能投顾作为一种效率化工具，突破了传统金融模式的时空限制，从线下低效的刻板场景变成了线上线下融合的即时应用，迎合了惯于享受科技带来无缝体验的客户需求。

二、智能投顾市场发展态势——迅速崛起与高速增长

作为科技金融融合驱动的产物，智能投顾仍然处于行业发展初期，潜在市场空间广阔。当前，美国智能投顾行业已从先期的百舸争流逐渐步入市场份额相对集中的发展阶段。相比之下，中国智能投顾市场尚处萌芽——投资者关注热度持续升温，但实际使用比例还较为有限；不同背景机构通过独立创业或业务拓展的方式加速涌入，行业梯队尚未成型。

（一）美国智能投顾市场发展趋势

1. 年轻财富群体对智能投顾的接受度整体较高

根据 Accenture 统计，未来 5 年内，美国年轻群体（1982—2002 年出生）掌管的可投资资产将由目前的 2 万亿美元增长至 7 万亿美元；在 30—40 年之内，将有 30 万亿美元金融以及非金融资产传承至美国年轻群体，年轻一代将逐步成为主流财富的管理者。[①] 相较于上一代，年轻一代投资对于机器化、自动化服务和互联网的交互方式具有更高的接受度和依赖性，根据 Capgemini 和 RBC WM 联合发布的《2015 年世界财富报告》，年轻一代投资者对智能投顾的接受度整体达到 70% 以上[②]，将带来美国智能投顾市场长期稳定发展的良好机遇。

2. 智能投顾管理资产规模持续增长

在诸多因素驱动下，迅速崛起的美国智能投顾市场有望继续保持高速增长。花旗的研究报告显示，智能投顾掌握的资产规模已从 2012 年的几乎为零增加到 2015 年底的 187 亿美元；若按照未来 5 年智能投顾资产管理规模 3% 的渗透率计算，到 2025 年，在中性估计下，预计智能投顾资产管理规模有望呈现接近指数级增长的势头，总额将达到近 4 万亿美元。[③]

3. 传统金融机构已后来居上

在资产管理规模和投资者快速增长的刺激下，行业发展之初，美国智投领域呈现创业公司迅速涌现、传统金融机构相继入局的发展态势。随着行业规模扩张以及优势因素的互相博弈，市场竞争格局已经出现明显变化，目前传统金融公司已上升至主要地位。截至 2017 年 2 月，Vanguard 私人顾问服务所管理的金额规模达 470 亿美元，Schwab Intelligent Portfolio 位列第 2，资产管理规模达 102 亿美元，二者合计占到智能投顾资管总规模的 75.8%；同时，二者的公众认知度比例达到 50% 左右，远高于其他智能投顾平台。[④]

4. 金融服务呈现完全不同的面貌

尽管智能投顾的发展如火如荼，但并不会如有些人所担心的那样完全取代人工投顾，反而会使人工顾问需求增加，客户可基于自身需求和愿意支付的水平选择与人工顾问互动的程度。在智能投顾的支持下，一名人工顾问可为多至 10 000 位客户提供服务，这从根本上改变了咨询和基金分销流程的成本结构。未来的趋势是，财富顾问的角色会更侧重于在安抚动

---

① 陈宝健：《智能投顾深度：得场景者得天下》，华创证券 2017 年 6 月 26 日计算机行业研究报告，第 11 页。

② Capgemini & RBC WM：2015 World Wealth Report，网址：https：//www.worldwealthreport.com/，最后访问日期：2017 年 7 月 6 日。

③④ 陈宝健：《智能投顾深度：得场景者得天下》，华创证券 2017 年 6 月 26 日计算机行业研究报告，第 13 页，第 15 页。

荡市场下客户紧绷的神经，协助客户度过艰难时期，帮助客户摆脱不良投资习惯以增加财富等，更像是一个个人金融规划师。

（二）中国智能投顾市场发展趋势

1. 智能投顾成为金融、投资领域关注热点

智能投顾在国内迅速普及和广泛传播，AlphaGo 人机大战是一个导引性事件，在此背景下，人工智能的概念再次被应用和传播到金融和投资领域。根据百度指数，自 2016 年“智能投顾”一词出现在大众视野后，就迅速获得市场的高度关注且热度持续发酵。人工智能所展现的“碾压性能力”给机构、民众带来的剧烈冲击，逐渐崛起的长尾财富人群，传统投顾服务的结构性缺失，都成为催生中国智能投顾市场强势爆发的内生因子。

2. FinTech 驱动财富管理行业转型变革

随着金融科技深入渗透及宏观经济形势的深刻变化，金融投资行业的传统业务模式面临商业逻辑嬗变及转型变革契机。过去的资产管理追求“金融产品的差异化与客户服务的标准化”，在低利率时代、资产回报率降低的市场环境下，金融投资产业的运营将出现产品端由差异化向标准化、工具化、商品化转变，客户服务端由标准化向个性化、智能化、定制化转变的发展趋势。在这个过程中，金融机构由智能投顾可以更加精准地了解客户，在产品服务与客户特征需求之间进行适当性匹配。

3. 中国投资者体验会得到趋势性改善

在智能投顾的发展催生下，越来越多的财富管理机构将上线自动服务的功能作为对传统人工服务模式的提升，使得投顾人员从琐碎的事务抽身出来，将更多的时间和精力放在与客户更具质量和层次的交流中，工作效率大幅提高。长远来看，业务形态和考核机制的变化也可以令人工顾问能够设身处地为客户的最佳利益着想；此外，后台职能将实现完全自动化，投资决策和金融交易的效率将大幅提升。

4. 国内智投市场酝酿超越美国的爆发式增长

中国作为智能投顾的后发者，在较低的市场覆盖率背后，蕴藏着极为广阔的成长前景。在 2015 年国务院发布的《促进大数据发展行动纲要》中，政府表明将支持大数据产业化发展；在《“十三五”国家信息化规划》中，政府强调了人工智能等前沿技术的布局，智能投顾市场有望从中获益。[①] 从需求端看，中国的智能投顾面对的是长尾人群投顾服务缺失这一广阔蓝海；从供给端看，除了独立创业公司外，大型金融机构、互联网企业也纷纷入局，对于加速市场教育和做大行业规模将产生显著的促进作用。伴随资本和技术的加速渗透，国内智能投顾市场或将在未来的 3—5 年内，跳过从传统人工投顾过渡到智能投顾的发展历程，有可能实现超越美国的跳跃式发展。

5. 智能金融应用水平决定金融机构市场位势

一只南美蝴蝶煽动的翅膀，经由一系列拓扑连锁反应，会衍生不可逆转的趋势。技术的进步引发了金融渠道的变化，渠道的变化重塑了财富管理的整个产业链，并预示着金融系统将无可避免地发生变革。随着我国经济的趋势性减速和增长下台阶逐渐确认，显著变化的市

---

① Frost & Sullivan 研究报告：“中国智能投顾市场概览”，网址：http：//www. frostchina. com/? p = 2587，最后访问日期：2017 年 7 月 6 日。

场环境将使得金融同业之间的竞争越发激烈，特别是面对累计有 4 亿人口的“80 后”“90 后”——这一将移动端作为惯常活动入口的中国未来主要财富拥有者，未来制胜金融投资市场的角力点，很大程度上将取决于对以智能投顾为代表的 FinTech 应用的能力。

三、金融机构智能投顾服务平台建设的主要内涵

（一）智能投顾的本质应该是完整的投顾服务

1. 智能投顾的本质定义：“投资建议 + 交互服务”

从国内和国外的整体发展情况来看，当前证券行业特别是财富管理机构对于智能投顾的关注，更多地集中在模型怎么构建、投资组合是不是有效，而较少关注顾问式服务这个维度。通过对智能投顾进行内涵拆解，会对应“智能高效投资”和“持续投后管理”两个关键词。在先进技术的支撑下，智投投顾对金融投资服务的提升应该是整体性的，即其意味着“投资建议 + 交互服务”的完整流程。

2. 智能投顾的关键要点：成熟有效的风险管理

快速变化的时代，金融投资面对的风险种类繁多且日趋复杂，在智能投顾的服务过程中，尤为重要的一点是对于投资者的风险管理。怎样通过对海量数据的处理、对投资者的深入了解、对市场信息的实时监测等多种渠道提升投资成功率，帮助客户通过一系列的风险控制避免情绪化操作，进而拉长投资期限、获得更加稳健的回报，这是建设智能投顾平台的财富管理机构应该努力做好和持续提升的方面。

3. 智能投顾的核心效用：产品及服务与客户的适当性匹配

作为一种线上智能理财系统，智能投顾要基于对客户的了解去匹配合适的金融产品或服务。所谓合适的界定，其核心是基于对个人投资目标、风险偏好和风险承受能力等的综合性评估，去选出风险收益属性适配的产品，并满足营销适当性的监管要求，帮助投资者做出契合自身需求特点的理性投资。这对中国这样一个散户投资群体庞大、系统金融专业知识技能相对缺乏的市场具有非常积极的意义，有助于金融市场的稳定健康发展。

（二）金融机构的痛点需从数据和移动平台找突破

1. 财富客群对金融企业营销依赖度高

中国具有专业金融投资知识的投资者比例不到财富人群的 10%，财富客户中将近 90% 属于被动接受金融服务类型，包括一些高净价值客户，其可投资资产很高，但忙于自己的事业无法分出过多精力进行金融投资。客群对金融企业营销依赖程度较高的这种市场特征，决定了营销引导可以为金融机构的财富管理业务带来较大提升空间。

2. 金融机构需升级商业模式和产品服务

当前金融行业面对的最大挑战是客户行为和客户需求的转变，未来金融的本质是以用户为中心，这就要求金融企业提供的不再是简单金融产品而是整体金融服务，此种趋势下意味着金融行业迫切需要对原有商业模式和产品服务进行升级和进化，增加对于客户数据的商业敏感和场景应用，从而为不同需求的客户提供差异化的产品和服务。

3. 驱动业务发展的核心在于数据和移动平台

移动互联网正成为所有商业行为的主流入口，金融业未来的竞争主场亦在移动客户端，

如何抵御互联网金融平台对用户交易账户的争夺是传统证券机构面临的主要挑战，增加新客户、留住存量客户、提高客户活跃度、提高单体客户的收入贡献度等，更是证券机构当前的痛点，这些业务需求将在很大程度上通过对数据和移动平台的运用来谋求突破。

（三）智能投顾的深层次价值在于数据资产运营

1. 数字化金融将是取得领先优势的重要武器

数字化是大势所趋，移动互联时代丰富的数据改变了竞争的本质，未来的入口之争极为关键。意识和行动上落后于互联网企业的传统金融机构需积极布局移动互联网和数据资产运营，二者良性循环会有更大的空间来改进产品和服务，进而建立更高的优势壁垒，充当面对竞争威胁的护城河。

2. 最有价值的数据是客户和业务产生的数据

对金融机构最有价值的数据是客户和业务产生的数据，这些数据里面蕴藏了丰富的商业价值。利用大数据分析的连接、反馈、揭示等功能，金融机构可以借助用户画像来筛选细分客户、识别客户需求、挖掘客户价值、吸引更多用户，并产生更多的数据资产，进而达到以较低的成本和较好的客户体验实现精准营销、提升业务收入等目的。

3. 智能投顾的深层次价值是数据资产经营

作为移动入口的有效工具，智能投顾不仅可以满足客户随时获取金融投资服务的需求，更是金融机构运营数据资产的良好载体，一方面，通过大数据分析“洞察”客户个性化需求，并推荐适当的产品、资讯及服务，使得投顾服务从传统的单向传播模式转变为即时应答模式；另一方面，通过线上线下以及人和机器更好的融合，充分发挥金融机构原本专业的财富管理优势；此外，在智能投顾平台上，客户行为的数字化使风险场景有更多可识别的数据痕迹，通过对客户行为数据的精准分析，可以更好地识别客户交易风险并采取风控对策。

四、华融证券智能投顾服务平台建设初探

（一）华融证券现有投顾服务和业务平台的痛点

1. 无法有效实现客户服务全覆盖

随着公司客户数量的快速增多，现有对私团队人员数量难以匹配，特别是作为对私团队核心力量的投资顾问所服务的客户数较多，难以做到全面的一对一服务覆盖，服务质量难以有效快速提升。

2. 员工工作平台客户精准分析功能较为薄弱

作为对私团队工作支持的重要手段，员工工作平台目前的功能偏重业务管理，无法实现对客户数据的有效挖掘和利用，不能为员工提供客户精准画像、账户分析和营销跟踪等必要支持。

3. 客户端服务平台的客户体验有待提升

公司客户端服务平台无法基于客户大数据分析向客户推送个性化的自助咨询服务，无法充分整合公司产品和服务向客户进行有效的直接展示和推送，客户体验有待提升。

（二）华融证券发展智能投顾系统的必要性

华融证券通过引入智能投顾平台，能够解决现有服务和平台的痛点，将客户数据变成有价值的资产，并建立基于大数据和量化技术的服务和运营模式，有效提升平台的使用率和客户体验，以点带面实现突破，深化财富管理转型。

分维度来看，发展智能投顾的必要性体现在三方面：一是对员工的价值在于丰富工具，基于大数据分析产生的客户及其账户分析，为员工服务中、高净值客户提供有力支持，同时提升团队整体的客户服务能力；二是对客户的价值在于提升体验，在移动端、官方微信和交易平台等嵌入由智能投顾功能提供的个性化服务，丰富服务平台内容，改善客户体验，增加服务黏性；三是对业务发展的价值在于探索未来，在弥补现有不足的基础上，逐步跟上行业新的发展趋势，结合公司业务和客户特点，探索财富管理业务转型发展方向。

（三）华融证券智能投顾服务平台的建设实践

1. 华融证券智能投顾服务平台的工作逻辑

从整体工作逻辑来说，智能投顾系统首先基于客户账户数据给出专业的账户诊断分析，并依托于账户诊断结果生成个性化的资产配置建议，在投后管理部分则基于用户当前资产配置情况提供针对性的账户跟踪功能（见图1）。

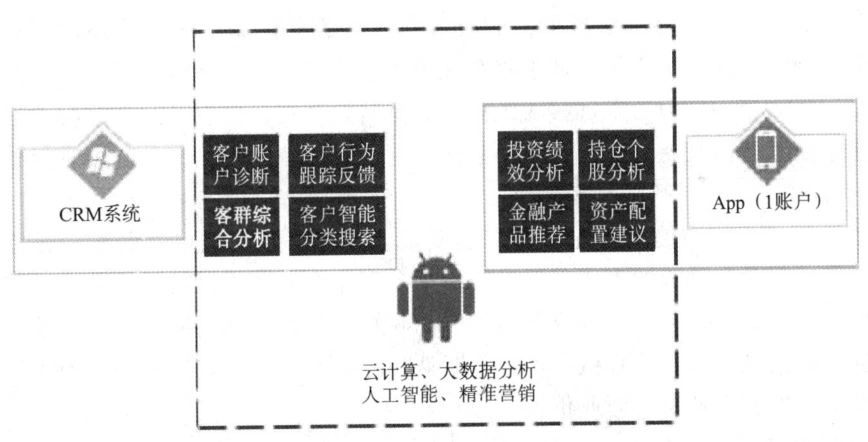

图1　智能投顾服务平台工作逻辑

2. 华融证券智能投顾平台的功能结构

智能投顾系统包含账户诊断、配置建议、账户跟踪三大功能模块。其中，账户诊断模块由持仓诊断和客户画像构成。前者的核心是针对客户当前持仓账户的综合诊断，包括仓位诊断、个股诊断、行业诊断、基金诊断；后者的核心是通过客户历史交易数据分析出客户的行为及偏好，并与监管机构的适当性匹配原则相结合，向客户提供更为精准和个性化的匹配推荐。资产配置模块则根据账户诊断模块的结果生成股票配置或大类资产配置建议，分别针对股票交易客户和理财需求客户提供符合其投资及风险偏好的投资建议与财富管理服务（见图2）。账户跟踪模块根据当前市场情况对客户的资产配置进行再平衡。

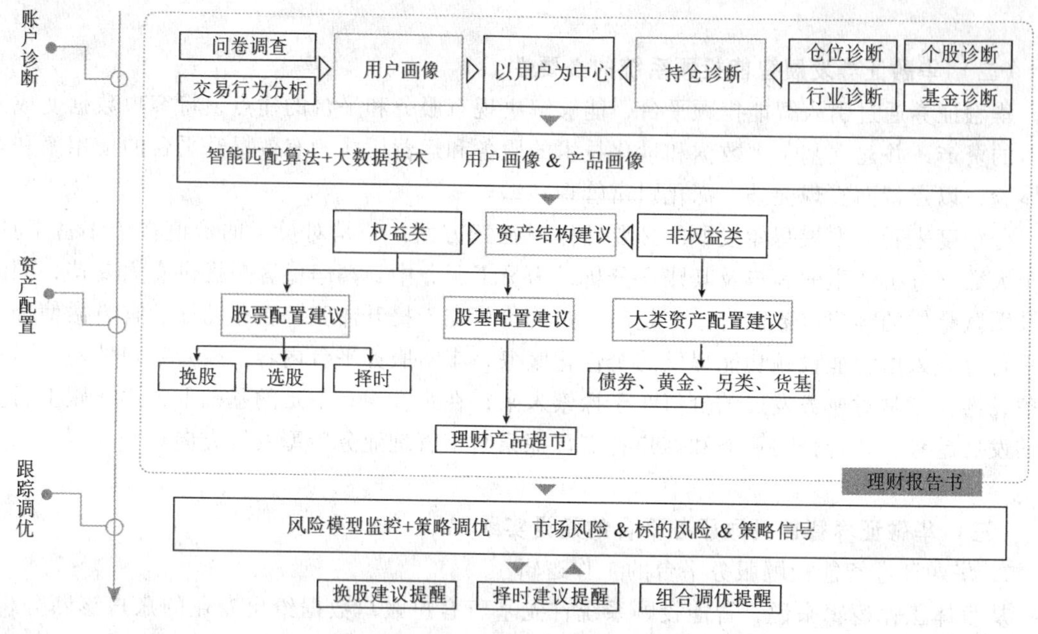

图 2 智能投顾服务平台的系统框架

3. 智投平台建设合作机构的审慎筛选

（1）整合优质外部力量是搭建平台的有效路径。数字化移动运营是未来所有企业，包括金融企业必须经历的一个阶段。基于整合优势力量抢夺窗口机遇的考量，联合具有经过检验的方法论、优秀应用能力与丰富实践经验的金融科技公司，提供及时性解决方案，成为传统金融机构包括互联网金融企业取得移动数据运营领先的一个利器，也是短时间赢得市场的有效路径。

（2）筛选甄别出优质的服务商需要审慎考量。外部服务商较多，水准也参差不齐，如何筛选甄别是一项具有挑战的工作。对于智投平台合作方的选择，最需看重的应该是其案例和专注程度，如果缺少同行业案例或者案例时间较短，将具有较大的风险；此外，可信赖的服务机构应是踏实做事情、认真做技术、不断迭代专业的企业，有实力的机构才能帮助金融机构通过智能投顾实现预期的商业价值。

（3）智能投顾系统需要满足适当性管理要求。《证券期货投资者适当性管理办法》在 2017 年 7 月 1 日正式实施，其中明确提出，经营机构在销售产品或者提供服务的过程中，应全面了解投资者情况，深入分析产品或服务，科学有效评估，基于投资者的不同风险承受能力以及产品或服务的不同风险等级等因素，将适当的产品服务销售或者提供给适合的投资者，这要求券商的智能投顾系统需满足监管要求。

五、关于智能投顾服务平台建设的几点思考

（一）把握人机结合的平衡点

人工智能对于重复性工作的高效处理能力可以替代初级研究员的角色，就发展形势来看，人机结合是大势所趋。人机结合的关键点在于，当市场走势较为正常时，可以用人工智

能代替人力，而当市场因为内外部冲击导致运行逻辑发生变化时，则必须加入人工判断。

（二）系统平台要以客户和产品为应用核心

证券行业运用大数据的主要方向分为对“物”的创新和对“人”的优化，对“物”的创新体现在通过大数据技术创设投资产品，丰富投资者投资渠道；对“人”的优化体现在证券公司积极结合大数据技术，针对客户进行用户画像、精准营销、运营优化和流失预警，加强与客户全生命周期的互动。系统平台基于充分掌握产品要素和全面跟踪客户需求，最终实现产品服务与客户需求的匹配。

（三）系统平台可以单项业务作为应用突破口

系统平台建设是一项长期、系统的工程，需要整体规划和逐步推进。多数券商的大平台上线后往往难以发挥作用，甚至出现很多反面意见，原因是功能“大而全”，脱离业务实际需求。系统平台应以业务为出发点，逐步搭建，把小业务平台“做好做透”，可以逐步“做大做全”。

（四）将源数据转化为数据资产需要专业力量的支持

移动互联时代，金融企业面临海量的数据，其中 80% 为非结构化数据。想要基于数据应用发现商业机会、提升销售收入、降低企业运营成本以及为商业决策提供支持，需借助于深度学习等方式将无序的多源数据实时打通清洗，找到其中蕴含的规律，并按照业务场景和目标需求整理为价值更高的数据资产。衡量智能投顾系统优劣的核心标准是数据和模型的有效性，除了有效利用公司自有的投研能力，证券行业智能投顾和智能投资平台的建设离不开专注金融数据建设及应用的金融科技公司的合作支持。

（五）行业要素资源的转型挑战胜于技术本身的难度

人工智能及智能投顾服务在金融行业的快速应用，其背后不仅存在技术变迁对整个行业的冲击，更面临内部资源整合的压力与组织架构调整的冲击。截至 2016 年末，世界领先的投资银行、证券和投资管理公司 Goldman Sachs（高盛）总计 3.6 万名员工中，科技人员比重已经占到 24.46%；另一家老牌金融机构 J. P. Morgan（摩根大通）的科技人员总数甚至达到 4.5 万人。如今，高盛和摩根大通已经开始对外宣称自己是一家“科技公司”而非金融机构，行业转型压力可窥一斑。

企业文化

我国证券行业文化建设研究及证券经营机构在创新文化上的实践

平安证券“证券行业文化建设研究”课题组*

一、研究背景、意义、框架和方法

我国证券市场走过了二十多年的发展历程，取得了辉煌成就，证券行业文化建设也取得了巨大成绩。文化作为无形资产，是重要的软实力，加强文化建设有利于提高证券行业美誉度，有利于增强证券行业创新、诚信及风险防范意识，有利于促进我国实现从“资本大国”向“资本强国”的转变。

（一）研究背景

1. 我国证券行业文化建设滞后于行业发展步伐

股权分置改革完成后，我国证券行业迎来了快速发展的机遇期，中国资本市场的国际地位大大提高。截至2016年6月末，A股市场总市值达到46万亿元，已开立A股账户投资者达到10 758.83万户；2015年末证券公司整体净资产为1.45万亿元，同期实现营业收入5 751亿元，实现净利润2 447亿元。由此可见，近年来我国证券行业发展迅速。

与此同时，证券行业文化建设明显滞后于行业发展步伐，国内证券公司普遍存在重业务轻文化、文化建设表面化和形式化、文化建设与经营管理“两张皮”、重组织内部管理而忽视社会责任等现状。

我国证券行业文化建设的滞后，是导致近年来行业违规事件频发的重要原因之一。根据《2015年度中国证监会稽查执法情况通报》，2015年1—12月，中国证监会系统共受理违法违规有效线索723件，较上年增长明显，新增立案案件共计345件，同比增长68%；新增涉

* 课题组成员：刘世安，蔡新发，屈兴武，林文彬，陈保根，汤秋明。原载于《中国证券》2017年第10期。

外案件139起，同比增长28%。冻结涉案资金共计37.51亿元，金额为历年之最。向公安机关移送案件55件，通报犯罪线索50余起。移交处罚审理案件273件，对767个机构和个人做出行政处罚决定或行政处罚事先告知，同比增长超过100%，涉及罚没款金额54亿余元，超过此前十年罚没款总和的1.5倍。从上述稽查执法形势来看，我国证券行业文化建设仍然任重道远。

2. 我国证券市场自身调节机制及投资者群体仍不成熟

2014年下半年以来，A股市场启动了一轮快速上涨的牛市行情；2015年6月12日，上证综指创下5178点的高位。之后，由于资金杠杆的助涨助跌作用，A股市场急剧下跌，上证综指在2015年8月28日跌至2850点，跌幅高达45%，跌速之快、跌幅之深历史罕见。这一方面显示我国证券市场自身调节机制仍不完善，另一方面说明我国投资者群体尚未真正成熟，追涨杀跌的投机心理仍普遍存在，A股市场的投资文化需要进一步加强引导。此外，在此过程中，部分证券公司在融资融券、场外配资、互换业务等方面暴露出违规问题，切实保护投资者利益和自觉履行维护市场稳定义务的意识仍需大大增强。这都表明了加强我国证券行业文化建设的必要性和紧迫性。

3. 我国经济转型升级离不开证券市场的驱动作用

我国在改革开放的制度红利下，创造了较长时期内经济高速增长的奇迹，但自2012年我国经济告别高速增长时代，2015年国内GDP仅同比增长6.9%，跌破7%关口，未来很可能面临中高速增长的新常态，我国经济转型升级压力仍然巨大，去产能、调结构任务依然艰巨。为破解我国经济困局，李克强总理提出“大众创业、万众创新”的号召，之后国务院出台了《关于大力推进大众创业万众创新若干政策措施的意见》，为创业创新清障搭台。客观上，这些都离不开我国证券市场有效发挥驱动作用。

近年来，我国在多层次资本市场体系建设方面取得重大进展，但直接融资在我国金融体系中比重较低的局面仍未根本改观，2015年，企业债券融资和非金融企业境内股票融资合计占社会融资规模的比例为24%，不仅与我国经济对资本市场的需要相差较远，而且与美国等发达国家金融市场结构相比也存在较大的差距，这导致我国中小企业融资难、融资贵的困境至今尚未有效解决。此外，2015年我国商业银行实现税后利润1.6万亿元，而同期证券公司仅实现净利润2447亿元，未来如何向证券公司植入创新文化的基因，从而充分释放其活力也需要进一步研究。

（二）研究意义

本文旨在通过探讨建设我国证券行业文化，促进以下几个层面愿景的实现：首先，在宏观层面，我国证券市场的资源配置和定价功能得以进一步发挥，更加有效地服务于实体经济，为我国产业结构转型升级发挥积极作用，缓解中小企业融资难、融资贵的困境。其次，投资者利益得到更加有效的保护，投资理念和投资文化更加健康、科学和自律。再次，国内证券公司重视合规和风控，形成经营管理行为自我约束的内部控制，维持健康、稳健和持续发展，有效保护客户的合法权益。最后，在我国证券监管部门、自律机构和证券公司三位一体的共同努力下，营造我国证券行业不断创新的活跃氛围，从而更加有效地满足投融资需求，并促进国内证券公司业务结构更加丰富和均衡。综上，研究如何建设我国证券行业文化，具有一定的现实意义。

（三）研究框架和方法

本文首先分析当前我国证券行业文化建设总体状况、存在的问题及其影响；在此基础上，围绕我国证券行业的主要特征，探讨我国证券行业文化建设所应具有的内涵，并提供文化建设思路方面的几点建议；最后，阐述平安证券在创新文化建设上所做的积极努力和尝试。本文采取规范分析方法，对我国证券行业相关主体进行问卷调查并进行实证分析，是我国证券行业文化建设进一步的研究方向。

二、我国证券行业文化的现状、典型案例及其影响

（一）证券行业文化建设的总体状况

证券行业文化是证券行业企业和员工共同遵守的行业规范，行业文化不仅可以强化传统管理的部分功能，而且具有很多传统管理不能完全替代的作用，包括为行业企业和从业人员提供正确的导向，对行业企业和从业人员进行约束，发挥行业人员的积极性和创造性，增强行业荣誉感与美誉度等等。总之，丰富、明确的证券行业文化，对于行业健康持续的长远发展可以起到重要的推动作用，因此，证券行业文化是一种无形的生产力。

中国证券行业发展二十多年，在此过程中，证券监管部门和自律机构向来高度重视证券行业文化建设，取得了丰硕的成果。

首先，多层次资本市场体系建设方面。2004 年和 2009 年先后推出中小企业板和创业板，使得 A 股市场不再局限于此前主要服务于国有企业改制的状况，一大批优秀的民营企业得以登陆资本市场，上市公司的结构和代表性大大优化。此外，2012 年 9 月全国中小企业股份转让系统有限责任公司注册成立，这是我国场外市场建设过程中的重要里程碑，它标志着新三板市场快速发展时代的来临。截至 2016 年 7 月末，全国中小企业股份转让系统挂牌公司总家数达到 7 917 家，总市值达到 31 673 亿元，已成为我国资本市场体系中不可忽视的一股力量。至此，我国证券市场的包容性越来越大，证券行业为我国实体经济服务的文化进一步增强。

其次，投资者利益保护方面。该项工作历来是证券监管部门工作的重中之重，股权分置改革、证券公司综合治理、上市公司专项治理活动、加大稽查执法力度以及投资者风险教育等措施多管齐下，投资者利益较以往有了更加有效的保护，投资理念和文化更加健康。

再次，证券公司监管层面。经过三年的综合治理，我国证券公司进入良性发展轨道，经营理念、内部管理、风控机制发生了显著的变化，基础制度全面改革完善，风险防控能力和经营管理水平明显提高，在规范发展、建设现代金融企业的道路上迈出了坚实步伐。2008 年 10 月，证券公司规范发展座谈会成功召开，为做好证券公司常规监管阶段的监管工作指明了方向，对证券公司提出了“加强企业文化建设，构建符合持续规范发展要求的良好企业文化，努力建设成为治理健全、风控有效、资本充足、诚信合规、专业精湛、服务优良的现代金融企业”的要求。在常规监管阶段，通过发布并执行《证券公司监督管理条例》《证券公司合规管理试行规定》《证券公司风险控制指标管理办法》及《证券公司分类监管规定》等制度，督促证券公司建立自我约束机制。

最后，证券行业创新方面。2012 年 5 月全国证券公司创新发展研讨会成功召开，标志

着我国证券行业创新元年的到来，我国证券行业迈入创新与发展并举的新时代。总体上，国内证券公司盈利的业务结构较以往有了较大的改善。

综上，我国证券行业文化已初步形成，对行业企业和从业人员具有强大的导向和约束作用，对推动我国证券行业发展起到了重要的作用。但总体上，中国证券行业仍处于行业文化缺失，未形成自身独特的成体系的文化的状态，具体表现在以下方面：法律制度不健全；诚信体系不完备；投资者保护不到位；市场化程度不高，与国际接轨有较大差距；投资者风险意识淡薄，证券市场化解风险的能力不强；市场主体行为自我约束机制尚未真正形成；证券行业创新能力仍然不强。

（二）从具体业务看证券行业文化存在的问题

在具体业务上，证券行业文化还存在一些问题，主要包括投行业务个别从业人员未能完全履行职责、经纪业务忽视投资者权益保护、资产管理业务虚假宣传、自营业务老鼠仓等问题。

1. 投行业务：未完全履职尽责

投行业务最常见的问题是从业人员没有完全履职尽责，典型的案例包括绿大地事件。云南绿大地生物科技股份有限公司（简称“绿大地”）是国内绿化苗木行业首家上市公司，上市不到三年，因信息披露严重违规等问题被中国证监会调查，进而发现其存在严重财务欺诈。

绿大地上市时期，正处于国内企业申请上市的高峰期，能签字的保荐代表人资源十分紧缺，一个保荐代表人要负责很多项目，有时签字人与实际做项目的人不一致。中介机构的敷衍搪塞给一些企业通过财务造假实现 IPO 上市提供了可乘之机。

2. 经纪业务：规范诚信和投资者权益保护欠缺

经纪业务是证券市场最基础的重要组成部分，经纪业务各从业主体规范诚信是市场成熟的重要标志。经纪业务具有业务对象广泛性的特点，规范诚信直接关系到千千万万投资者的切身利益，保护投资者利益应从每家证券营业部和每个从业人员的规范抓起。

（1）规范经营和诚信意识不够。经纪业务发展二十多年来，走过了发达市场上百年走完的历程，但我国经纪业务的规范程度与发达市场相比差距很大。近年来，证券公司和其他参与主体不规范和不诚信的问题屡有爆发，因规范诚信问题受到中国证监会处罚的证券公司和投资者不在少数。

江苏证监局 2015 年 8 月对广发证券南京营业部检查时发现，该营业部存在涉嫌通过投资顾问服务与客户分享投资收益的情况，该营业部投资顾问中心客户服务部负责人 Z 某不具有证券投资咨询执业资格，但在营销平台上以“证券分析师”名义下挂 430 名客户，无资质投顾人员向风险承受能力不匹配的客户推送类似信息存在巨大的风险。针对广发证券南京营业部投资顾问服务中的不规范行为，江苏证监局根据相关规定对营业部采取责令改正的监管措施。

证券公司是经纪业务的主要参与者，因此证券公司在证券市场发展中起着举足轻重的作用，同时也是证券市场诚信体系的建设者和维护者。市场成熟主要靠规范证券公司等中介机构行为实现对市场的监管和投资者利益的保护。加强诚信文化建设是证券业创新发展的必然要求。

中国证监会围绕资本市场诚信体系建设做了大量工作，2014 年 9 月，中国证监会对《证券期货市场诚信监督管理暂行办法》进行修订，进一步强化资本市场诚信约束，为加强资本市场诚信体系建设奠定了基础。

（2）未充分保护投资者合法权益。保护中小投资者利益意义重大，但是在现实中，中小投资者利益受到侵害的案件却时常发生，侵害主要包括大股东和上市公司之间进行的关联交易、虚假包装、虚构利润、股价操纵、重大遗漏或隐瞒、内幕交易和代客操盘等。以下是一个代客操盘的案例。

徐某系某证券营业部总经理，与营业部客户蔡某达成口头协议，约定徐某代蔡某操作其证券账户，蔡某每月按 5% 的比例收取固定收益，实际收益超出固定收益的部分作为徐某的报酬，低于固定收益或亏损的，由徐某按本金和固定收益进行补足，合作期限为一年。股市行情向好时双方合作甚欢；而股市连续下挫，徐某操作的蔡某账户出现了较大亏损时，徐某停止向蔡某补足本金和支付固定收益。眼看本金越来越少，蔡某只好割肉清仓，产生巨额亏损。双方协商赔偿未果后，蔡某向广东证监局投诉。广东证监局核查后，认定徐某作为证券从业人员接受客户委托买卖证券违反了《证券法》的有关规定。

保护中小投资者利益，维护投资者信心，才能维持我国证券市场的稳定与发展，有利于证券市场正常发挥各项功能，促进社会经济的发展，才能鼓励投资者进入资本市场，为市场提供源源不断的资金，促进证券行业的进一步健康发展。

3. 资产管理业务：虚假宣传

资产管理方面最常见的问题是不诚信虚假宣传，将不保本的产品虚假宣传为保本产品欺骗投资者。2012 年 8 月，广东证监局接到投资者实名投诉，反映辖区某证券公司业务人员明知“某指数分级基金”的次级份额属于非保本产品，但将其宣传为保本产品，投资者购入后出现大幅亏损。客户反映销售人员在产品推介会上声称该产品为保本型基金，不会亏本，所以才拿出毕生积蓄购买。广东证监局核查销售人员时，销售人员对此先是予以否认，但在投诉人提供的现场录音等证据面前，承认了违规事实。

4. 自营业务：“老鼠仓”

自营业务方面最容易出的问题是“老鼠仓”问题。除韩刚、李旭利、许春茂等基金经理“老鼠仓”大案要案外，证券公司自营业务投资经理“老鼠仓”案也不少见。2011 年 10 月 12 日，中国证监会按照有关规定将前西南证券高管季敏波利用未公开信息交易股票案移送公安机关侦查。2012 年 10 月 23 日，重庆市第一中级人民法院当庭宣判西南证券原副总裁季敏波“利用未公开信息交易罪”罪名成立。季敏波“利用未公开信息交易罪”案是国内证券公司高管利用内幕信息交易私建“老鼠仓”获刑的第一案。

（三）证券行业文化缺失产生的影响

证券行业上述文化缺失导致目前证券市场和证券行业的功能发挥不充分，具体体现在以下几个方面：

1. 服务实体经济的能力不强

李克强总理提出了“大众创业、万众创新”的号召，这对证券市场提出了更高的要求。但在法律制度不健全、诚信体系不完备、投资者保护不到位、证券业务和产品创新不足的现实背景下，我国企业尤其是中小企业普遍遇到“融资难、融资贵”的问题。与银行业为企业提供间接融资的能力相比，证券行业服务实体经济的功能远未充分发挥，证券市场在促进我国产业结构转型升级、通过并购手段淘汰落后产能和做大做强一批大型企业集团方面还有较大的提升空间。

2. 定价能力、资源配置、政策传递等资本中介功能未充分体现

具体包括：（1）金融产品尤其是金融衍生品在价格发现、套期保值等方面的功能严重不足，投资者跟风炒作借壳重组股、概念股、小盘股、低价股、绩差股和高市盈率股的非理性行为在一定程度上导致证券市场的定价机制发生扭曲；（2）证券市场对国民经济的贡献度远远不够，股市仍然被大多数人认为是虚拟经济且不创造价值；（3）对财政政策、货币政策的传导作用未充分发挥，这些政策出台时，证券市场参与人员经常反应过度，导致政策制定工作有时陷入两难境地。

3. 未成为市场经济体系中的一个重要组成部分

大多数人对资本市场认识不足，认为其是一个投机性市场，未能从优化市场资源配置、促进产业结构良性循环更替的战略高度认识发展资本市场的战略意义，也未形成文化共识，从而致使证券市场与市场主流相比，体量微不足道。

三、我国证券行业文化建设的内涵

我国证券市场是调节资源配置的重要场所，是推动我国产业结构转型升级的助推器，是关乎与其他国家竞争的战略制高点。证券市场牵涉各类利益主体众多，加上市场的风险性较高，因此也关乎着社会和谐与稳定。此外，证券市场的发展壮大，可以改善我国金融体系结构的均衡性，从而亦关系到我国的金融安全。结合我国证券市场所具有的上述特征，证券行业文化建设的内涵包括以下几个方面：

（一）面对当前国内外环境，证券市场各参与主体要树立大局意识

证券市场是国民经济的“晴雨表”，具有推动我国产业结构转型升级，保障经济实现中高速增长的重要意义。美国 20 世纪七八十年代证券市场快速发展极大地推动了科技革命和经济腾飞，从此也可以看出证券市场的重要性。当前，我国面临错综复杂的经济环境：一方面，海外各国掀起了新一轮科技革命和产业变革的热潮，希望重获在制造业方面的竞争优势：美国制定了“再工业化”“制造业复兴”“先进制造业伙伴计划”，德国推出了“工业 4.0”战略，日本开始实施“再兴战略”，法国也提出了“新工业法国”方案；另一方面，中国制造面临较大挑战，我国从 2012 年已告别高速增长时代，2015 年国内 GDP 同比仅增长 6.9%，存在较为严峻的去产能和产业结构转型升级的压力，中国经济在较长一段时期内很可能面临处于中位区间增长水平的新常态。

面对复杂多变的国内外经济形势，证券行业文化建设内涵之一是证券市场各参与主体要树立大局意识，具有责任感和使命感，从各自本职工作着手，尽职尽责，诚信为本，顺应国家的产业政策，配合做好证券市场配置资源的工作，使资源流向代表未来发展趋势的产业，对我国产业结构实现顺利转型升级起到重要作用。

具体来讲，投行人员要加强对新兴产业、新兴商业模式的研究，根据国家产业政策和规划，将优秀企业和具有发展潜力的企业筛选出来，为其提供资本运作、战略规划、经营管理

咨询、投资决策等综合性的服务，帮助其成功实现在资本市场中的融资或并购，从而快速做大做强。经纪业务和研究咨询服务从业人员要引导投资者树立价值投资和长期投资的理念，使其不盲目跟风炒作，进而使得证券市场的定价机制真正发挥作用。只有证券价格真实反映标的公司的内在价值，才能让优秀企业家获得应有的回报，同时让更多的资源流向代表未来产业发展趋势的优秀企业，并将绩差公司和处于衰退产业、夕阳产业的公司从资本市场淘汰出去，实现市场发展的良性循环。此外，资产管理和自营业务从业人员更是应建立长期投资和价值投资的文化，在证券合理定价中发挥重要作用。

（二）证券行业要服务于实体经济

2015 年国内 GDP 同比增长 6.9%，跌破 7% 关口。宏观经济的大环境，不可避免地通过上下游及市场活跃度影响企业的经营状况，主要体现在传统行业受到较大冲击、企业用工成本大幅上升、融资难和融资贵的现象依然存在等。

在全球经济下行的压力下，一些传统行业存在较为严重的产能过剩、竞争力下降和出口下滑等情况，互联网等新经营模式、新业态的冲击，恶化了传统行业面临的困难。传统行业面临非常急迫的转型需求，相当数量的企业转型困难甚至失败，发展举步维艰。

随着中国经济的发展和人口逐渐老龄化，企业用工成本逐年上升。中国廉价劳动力优势在过去 30 年为顺利承接发达国家或地区的产业转移创造了良好的条件，但近年来出现了“用工难”和“用工贵”的现象，人口红利逐步消失，随着我国新的《劳动合同法》的实施，企业在社保和公积金缴纳等方面也有较大压力，导致企业整体用工成本逐年快速上升。

由于融资渠道不畅，直接融资比重太低，融资难和融资贵的现象普遍存在。我国虽然初步建成多层次的资本市场，但不少企业由于不满足 IPO 发行条件，无法实现 A 股融资；新三板挂牌条件虽然较低，但融资功能离企业的实际需求尚有较大差距；银行等金融机构贷款的条件较高，大量中小企业从银行间接融资存在较大困难，而民间借贷成本又持续高企。融资难成为众多企业尤其是中小企业亟待解决的发展瓶颈之一。

针对上述状况，进一步完善多层次资本市场体系建设、建立各层次市场之间的转板机制、简化直接融资流程、加快发行审核节奏、丰富直接融资工具、全方位服务实体经济，成为证券行业文化建设的重要内涵。

（三）证券行业要秉承保护投资者合法权益的真诚理念

中国证监会主席刘士余在 2016 年 3 月 12 日答记者问时提到：“无论是核准制还是注册制，我们都必须时时秉承保护投资者合法权益的真诚理念。”回顾我国证券市场的发展历程，投资者利益受损的情况并不少见，投资者信心丧失曾经导致我国证券市场较长时期低迷不振，过去惨痛的教训不容忘记。不论对于证券监管部门还是证券公司等市场参与主体，都应将投资者利益保护工作置于很高的位置，否则市场将重蹈覆辙。因此，投资者权益保护是证券行业文化建设内涵的重要组成部分，不但要保护个人投资者，也要保护机构投资者，所涉及的业务类型，覆盖经纪、投行、资产管理等所有业务。

（四）诚实守信是证券市场健康持续发展的基石

证券市场参与主体是否诚实守信，关系到投资者对市场的信心，因此，诚信是证券市场健康持续发展的基石。为此，证券行业需建立诚信文化。具体来说，投行人员须履行诚实守信、勤勉尽责义务，充分做好尽职调查工作，防止企业通过造假手段进行融资。资产管理人员须履行受托职责，向客户推荐适当的产品，不能为了销售产品而违规承诺收益，并站在客户利益角度管理客户委托资产，禁止“老鼠仓”行为；此外，更要杜绝以牺牲客户利益为代价，在资产管理业务和自营等其他业务之间输送利益的不法行为。自营业务人员须杜绝内幕交易和操纵市场行为，积极维护市场稳定，不恶意做空市场。经纪业务人员须做好投资风险揭示工作，不能为了佣金收入诱导客户交易，亦不能代客操盘或者是违规推荐股票。研究咨询服务人员须秉持客观和独立立场，公平对待机构投资者和个人投资者，不能为博取眼球出具过分夸大的研究报告。总之，证券行业要兴起一股诚信文化建设之风。

（五）培育合规文化是证券行业规范有序发展的重要保证

制度建设是证券市场赖以发展的基础性工作，由于证券市场涉及众多主体的利益，加之市场所具有的高风险特征，因此，证券市场是否保持健康持续发展，关乎社会的稳定与和谐，所以，证券行业要树立“有规必依”的合规文化，各方均应在制度框架内从事相关活动，不触碰法律红线，营造“合规从高层做起、全员合规”的文化氛围，建立健全风险事前防范和预警机制。

（六）创新是推动证券行业繁荣的引擎

对于证券市场来说，创新和规范是不可或缺的两个方面。创新关系到市场中金融产品供给的丰富程度，从而能够有效嫁接投融资方的需求，最终会对证券市场的活跃和繁荣产生重要的驱动作用，这一点在美国20世纪七八十年代金融自由化进程中得以印证。因此，证券行业需要培育、鼓励和倡导创新文化。在证券行业创新力量方面，除了证券监管部门和自律机构不断适时推出新业务之外，证券公司等市场参与主体也应发挥比以往更为重要的作用，形成自上而下和自下而上推动证券行业创新的良好局面。只有这样，才能充分发挥市场各方的才智，使得我国证券市场焕发出勃勃生机和活力。

（七）建设健康理性的投资文化，维护国家金融安全

证券市场的稳定性和活跃程度如何，将会影响众多投资者财富的变化，影响证券公司等机构财务指标的安全性，关系到国内优质上市资源是否将流失境外，关系到我国多层次资本市场体系建设和证券行业创新发展的步伐。总而言之，证券市场对于维护我国金融安全起到了非常重要的作用。

因此，证券监管部门和自律机构要加强对市场的监管和引导，加强稽查执法和对违法违规行为处罚的力度，监管方式从事后监管向更加注重事前和事中监管转变。证券公司则要稳健合规经营，增强自觉维护市场稳定的意识，引导投资者树立理性投资的观念，督导发行人和上市公司规范运作，信守承诺，如实、及时、公平披露信息。投资者自身也要加强专业水平，进行理性的投资。

此外，我国金融体系中间接融资比重仍然偏高，导致风险过于积聚在银行体系，一旦实体经济发生急剧变化，也将影响到我国金融安全。因此，证券市场参与主体要增强做大做强证券行业的使命感、紧迫感，建立倒逼自身不断创新和变革的危机文化，为实现我国金融市场更加均衡的发展发挥重要作用。

四、证券行业文化建设的思路

证券行业文化具有共识性、相对稳定性的特点，建设良好的行业文化能够营造适合企业发展的行业环境，提高行业参与者的文化素养和道德水准，对内形成凝聚力、向心力和约束力，发展形成不可或缺的精神力量和道德规范，具有积极作用。

（一）制度先行，强化投资者保护

1. 建立健全法律体系

保护投资者合法权益，需要完善相关的法律法规，健全不规范和不诚信行为的事前防范、事中监督和事后处罚机制。具体来看，监管部门发布的规章制度、交易场所的交易和运行规则都是重要组成部分，因此，需要构建上下位法相互补充、层次递进的立体式法律制度体系。

2. 对投资者加强宣传和引导，完善投资者保护机制

一方面，投资者行为模式是证券行业文化的重要载体，对文化建设有重要意义，因此，需要加强对投资者（尤其是中小投资者）市场行为、风险意识、风险承受能力的引导。

另一方面，投行建立“先行赔付”机制和经纪业务建立“集体诉讼”机制以及做好持股行权试点和推广工作，有利于强化投资者利益保护，有利于保障券商执业质量，确保投资者合法权益被侵害时能得到赔付，对损害投资者合法权益的机构或个人能够及时被处理。

（1）“先行赔付”机制。保荐机构先行赔付制度，具体做法可由各保荐机构设立投资者专项补偿基金，中国证券投资者保护基金有限责任公司以公益性和中立性原则为前提担任基金管理人，开展专项补偿基金日常管理及运作。出现投资者权益受损等事件后，通过设立网上和网下等方案与适格投资者实现和解。专项补偿基金采取“先偿后追”的模式，先由保荐机构以基金财产偿付符合条件的投资者，然后通过法律途径向事件的主要责任方及连带责任方追偿。若投资者不接受基金的补偿方案，可依法向有管辖权的人民法院提起诉讼，要求事件相关责任方予以赔偿，保荐机构对主要责任方发行人也具有追偿的法律依据和权利。民事和解可以有效降低对资本市场造成的影响，为投资者提供保障措施，通过市场机制化解市场问题相对也比较高效。事件责任方之一的保荐机构在受到惩罚时也履行了保护投资者、稳定资本市场的责任。

“先偿后追”模式的核心是保荐机构作为牵头方，发起设立补偿基金先行赔偿适格投资者，该模式的基本出发点是保护投资者的利益。保荐机构履行先行赔付职责之后，可根据实际情况向相关责任主体追偿，当然应当在法律框架内，而不是把保荐机构的责任无限放大。

“先偿后追”模式在向相关中介机构追偿时，要厘清包括保荐机构、会计师、律师、资产评估机构在内的各类中介机构的职责分工并建立赔偿“连坐”机制，各方当事人根据自身的过失承担相应赔偿责任。保荐机构的工作重点在于对企业所处行业前景、对企业自身投资价值的判断，及协调各方中介机构充分、真实揭示项目存在的各种风险；会计师的工作重点在于核查企业所披露会计信息的准确性、真实性和完整性；律师的工作重心在于核查上市主体是否符合我国法律法规相关规定等。只有客观和实事求是区分各方责任，才能发挥

"先偿后追"模式的作用，成为保荐机构向第三方追偿的重要依据。

保荐机构内部追偿可通过事前防范和事后追偿两种手段进行。IPO 项目风险通常暴露在企业上市后或上市后若干年内，时任项目团队成员甚至公司负责人可能已离职，保荐机构事后对相关当事人追责的难度较大，因此应当建立有效的事前防范机制。具体包括严格把好项目入口关，加大对预立项、立项环节的掌控，强化对企业财务真实性及企业价值的判断，真正把风险挡在第一道关卡；加强项目全过程的动态管理，在信息化平台上依靠集体的力量向项目组提供丰富的数据库资源和技术服务；强化内核，提高项目信息披露材料的质量。事后追偿主要包括推进薪酬激励、考核问责等基础机制变革，解决基本导向问题，避免项目成员短视行为；建立"奖金递延"机制，出现风险和责任事故要停发当年甚至追溯扣发过往已发的奖金。

（2）"集体诉讼"机制。股东派生诉讼是指当公司的合法权益受到他人侵害时，符合法定条件的股东以自己名义为公司的利益对侵害人提起诉讼，追究其法律责任的诉讼制度。但在实践中，即使是大股东或实际控制人等损害了上市公司的利益，也罕见有股东拿起法律武器维权。而代表人诉讼制度虽然在我国的司法实践中早已实施，但在投资者维权中并没有产生显著的作用。即使是投资者能够维权，一般都是由律师牵头发起诉讼。

除了像万福生科由保荐机构向投资者进行补偿、海联讯由其 4 位主要股东出资补偿投资者外，在目前众多投资者通过法律手段成功维权的案例中，上市公司虚假陈述类占据多数，这与监管部门颁布的《最高人民法院关于审理证券市场因虚假陈述引发的民事赔偿案件的若干规定》密切相关。其他像操纵股价、内幕交易等，即使是投资者利益因之受损，也常常遭遇欲诉无门的尴尬。相反，如果操纵股价或内幕交易被查获，国库可以创收，但投资者可能因为维权成本较高或者司法诉讼程序较为冗长而得不到相应赔偿，这对投资者来说是不公平的。

虚假陈述的司法解释已远远不能满足投资者的维权要求，也无法满足市场超常规发展的需要。如果没有制度建设作保障，没有集团诉讼制度这一维权利器，即使是此次《证券法》修订设置了投资者保护专章，维权难的问题仍然很难从根本上得到解决。

完善集体诉讼制度，可以大幅提高违规成本，降低维权成本。A 股市场违规事件频频发生已成一大"风景"，但违规成本低，又导致更多违规行为的发生，继而损害到投资者的利益。

（3）持股行权试点和推广。持股行权工作是在目前法治和诚信条件下，适应我国市场以散户为主的投资者结构特点，有效保护投资者特别是中小投资者合法权益的重要方式和积极探索。投资者服务中心以普通股东身份参与上市公司治理，发挥积极股东、理性股东的角色作用，通过行使股东权利为投资者发声，为投资者出手，对于提高上市公司内部治理和规范运作水平，真正把投资者合法权益的保护落到实处，具有十分积极的意义。通过持股行权的方式，可以弥补行政监管、交易所一线监管及行业协会自律管理等外部监管手段的不足，从内部督促公司规范运作，从而成为监管工作的有益帮手和补充。

做好持股行权试点工作要注意把握好以下几个方面的要求：一是坚持股东定位。投资者服务中心持股行权应立足于公司普通股东地位，淡化行政色彩，严格根据法律赋予的股东权利，用好法律赋予的手段，反映公司中小股东的利益诉求。二是突出问题导向。持股行权工作涉及面广，试点阶段要确定一些重点领域，抓住市场关注的热点问题，特别是上市公司分红、承诺履行、重大交易公允性等事关投资者利益的重点、热点问题，做足功课，找准方向，寻求工作突破，实现最佳市场效果，争取得到投资者的认同和支持。三是创新工作方式。持股行权是新事物，没有现成的经验和路径可以借鉴，需要积极实践，大胆创新。基本的工作逻辑是围绕知情权、参与权、收益权和救济权等权利内容，综合运用查询、建议、表决、诉讼等权利行使方式。重点在查阅公司文件、提出质询建议、征集投票授权、开展股东诉讼等方面进行实践探索，形成切实可行的行权工作方式。四是强化示范导向。加强持股行权宣传推广工作，一方面要抓住具有典型意义的重大个案，形成示范效应；另一方面要及时总结归纳行权工作经验，分类形成行权工作指引，为投资者积极行使股东权利提供指导和参考；同时，要注重运用媒体做好宣传工作，扩大行权效果。

（二）持续业务和技术创新，以创新带动文化建设

证券公司是证券行业最重要的参与主体，在加强证券行业文化建设中起到最大的作用，建设新时期特有的证券行业文化，证券公司应持续业务创新和技术创新。证券行业自 2012 年首次创新大会后在多项业务方面的创新上有长足发展，但其中蕴含的风险也不可忽视。创新和防范风险是证券行业文化建设的重要内涵，证券公司只有处理好创新和风险二者的辩证关系，才能提高效率和竞争力。

（三）丰富证券公司核心价值理念，构建内涵鲜明的文化体系

证券行业文化对从业人员具有价值引领和行为指导的重要作用，建设积极向上的证券行业文化，最终需要依靠证券公司和从业人员的实践和推动。丰富证券公司核心价值理念，构建鲜明文化内涵的文化体系，需要加强总体规划，加强研究交流，开展特色企业文化活动。队伍建设要考虑适应互联网时代发展，实现互联网人才与传统金融人才的充分融合。2015 年，平安证券经纪业务经营业绩的爆发式发展，得益于互联网金融的发展，得益于适应互联网的经纪业务人才队伍的建设，得益于互联网金融人才和传统金融人才的有机融合，形成了平安证券大经纪特有的互联网券商融合创新文化。

平安证券以用科技手段和创新方式帮助客户财富增值保值为中心进行组织建设，以平安证券 App 为纽带连接各部门。平安证券 App 作为向客户提供服务的公共平台，打破了传统的部门划分，保证平台的研发、运营、推广得到来自各个部门的横向支持，确保平台能支持公司的各项互联网金融业务。公司采用“虚拟架构”进行组织创新，打造平等开放的文化，App 团队按照不同的业务逻辑进行汇报，不固化在某一行政框架下，极大释放了生产力，有利于快速打造并完善“一站式智能理财平台”，有利于为客户提供更丰富的理财服务，有利于为客户提供更快的解决方案，有利于为客户提供更好的客户体验。同时，公司内部系统和流程的开发速度和开发效率也得到巨大提升，从而提高了企业的竞争力。

（四）完善行业“个人诚信数据库”

从业人员的诚信是全行业诚信文化的基础，需要完善诚信机制，进一步完善“个人诚信数据库”，从而提高从业人员的诚信意识。

证券市场统一的诚信数据库已经在 2014 年 8 月 8 日起正式运行，覆盖证券、基金、期货等主要市场，包括发行人、上市公司、非上市公众公司、证券公司、期货公司、律所、会

计师事务所、非公开基金管理人、合格境外投资者等，以及上述机构的主要股东、实际控制人、董监高等，还包括其他公民、法人或组织。

诚信数据库目前仅局限于证券行业，某些人员可能存在侥幸心理，不在证券行业工作可以到其他行业工作，或者某些其他行业存在重大问题的人员进入证券行业，故需要进一步扩大数据库范围。建议由中国证监会牵头，推进与其他部委、行业组织等共享信息，扩大数据库的覆盖范围，同时引导其他部门和组织使用证券行业的诚信数据库。

诚信数据库增加开放性，向证券公司等主体开放，持续充实数据库的内容，将证券公司等经营主体认定为不诚信的人员主动纳入数据库，扩大数据库的范围。

（五）鼓励和倡导证券公司践行社会责任

证券公司履行社会责任，对于深化证券行业文化建设内涵，提升行业自身整体素质和服务水平、增强核心竞争力，有着积极重大的意义。

建议证券公司积极向社会发布《年度社会责任报告》，反映年度企业社会责任的实践，接受社会公众的评价与监督，增强行业信任度。证券公司应把服务广大投资者、提高实体经济竞争力作为转型发展的出发点，围绕创新发展开展企业文化建设，践行社会责任。监管部门和行业组织应鼓励更多的证券公司发布年度责任报告，披露社会责任履行情况。

（六）加快市场化建设步伐

在新兴市场的发展过程中，政府往往同时肩负市场监管者和推动者的双重责任。正确处理政府与市场的关系，合理界定政府职能边界，推动政府职能转变，成为决定市场能否健康、可持续发展的重要因素之一。

因此，建议进一步简化行政审批，减少行政干扰因素，去除“审批文化”“监管文化”“一把手文化”，培育市场化发行和创新机制，充分调动市场各参与主体的积极性，释放市场潜能，构建以市场为主导的创新机制，使服务于中国经济发展需求的各种金融品种顺利推出，尽快实现与国际接轨。

（七）充分利用新媒体推进文化建设

在移动互联技术的推动下，新兴媒介尤其是手机成为人们日常生活和工作沟通的主要载体。从企业文化传播的角度看，员工构成主体的变化和人际沟通方式的转变都使得企业文化传播的网络结构发生根本改变，传统纸质媒介在企业内部文化传播中所遭遇的困境也要求企业文化的传播者需要采取新的传播策略。

1. 转变思维，树立新的媒介观

新媒体背景下互联网社交工具的发展为企业文化的宣传提供了新的思路。新媒体是指利用终端（电脑、手机等）与网络新科技形成的不同于传统媒体的新型传播方式，具有数字化、互动性、超文本、虚拟性、网络化、模拟性的特点。

新媒体背景下企业员工之间的沟通交流不再仅仅通过上下级的正式文本，而是主要通过相互之间的社交信息。即便是自上而下的通知公告，也有相当一部分员工是通过社交媒介上其他同事的分享获得的，其中分享源的评论和观点又会影响该信息在传播中的走向。这其中每一个分享的员工都是一个自媒体，都是一个杂志主编，这要求企业文化的传播者应更好地利用社交媒介平台，转变原来的线性思维，在更开放的平台上对企业文化的传播加以正向引导，让更多的员工参与企业文化的传播，让企业文化的传播增加更多正向的声音。

2. 增强内容传播的创意性和文字的互联网化

传统的内刊或企业文化手册均为纸质载体，除了借阅等方式外，在初次传播后缺乏二次传播或再次传播的优势，而社交媒体的最大特点在于每一个个人都可能成为下一波传播的起点和源头。借助互联网，企业内部的企业文化也将通过内部同事的分享影响到同是社交网络中的其他人，信息传播的外延空间较以往增大，使得企业文化由内而外的传播可以影响到更大范围的人群。然而，这也对企业文化的内容提出了更高的要求。新的社交媒介需要更互联网化的文字，尽可能生动有趣且更接地气，往往能够收获更大的传播量。譬如，许多知名企业通过针对性的热点话题编写易于传播的企业段子，员工自主转发并参与到创作中，为企业声誉聚集了不少的人气。同时，在传播方式及参与感上也需要企业文化传播者给予更多的创意，比如通过游戏性、投票、积分或是结合线上线下活动等形式提升读者的参与度。

3. 多媒体手段的综合运用

强烈的参与感是社交媒体增强用户黏性的重要手段。借助于多媒体手段，企业活动的音频、视频记录都可以在新媒介平台上得以展示，企业的办公场景等可以在新媒介中得以交互展现并强化印象。多媒体手段的综合运用，使企业文化的内容在空间层面更加立体和丰满，也使员工获得更多的参与体验，这样的多媒体形式在以人物和团队为主体的传播内容中更具优势。通过音频、视频甚至立体的多维图像，员工之间的空间距离得以消除，员工典型身上所具有的企业文化信息特质在多媒体的展示中也更具生活气息，受众对于他们的感知也不再局限于纸面的想象，传播效果大大增强。

4. 培养文化传播“二传手”，丰富传播体系

社交媒介的另一特征是信息的多次传播和多重解读。在社交媒介中，这些信息都是相对开放和共享的，无论是自媒体信息的提供者还是索取者，都会以自己为中心形成规模各异的“节点共享”的信息传播网络。新的社交媒介不仅仅改变了传统状态下人们获取信息的渠道和方式，它更形成了独特的传播渠道，自媒体不仅极具生命力，它甚至在重新定义它所传播的每一条信息。企业文化的解释不再是由最初的定义者决定，而是由每一个企业文化信息的传播者决定。每一个员工在信息的扩散过程中，接受企业文化并且评价、转发、传播给其他企业内外的受众，不仅在其中扮演桥梁的作用，而且在信息传播出去后，又与其他接收者之间形成交流与互动，从而形成同步式的互动传播。这种传播更加灵活且不可控，每一个企业文化的受众都会通过自己的评价对信息进行筛选和评价，并在和其他人的交流中改变观点，这无疑加大了企业文化传播的难度。所以如何保证企业文化在二次传播、多次传播中的不偏离，是企业文化传播者需要考虑的重要议题。

企业文化管理者通过设立“通讯员”制度，邀请员工来担任企业文化通讯员，充当企业文化传播的“二传手”，让他们在企业文化传播过程中充当意见领袖的角色，并且保证能够和企业文化领导者形成共识和统一，有效保证企业文化传播的准确性。这些担任“二传手”的员工，再通过建立自己的“自媒体”，发展自己的内部社区，利用社交网络快速转发的效应，及时地将所思所想通过自己的渠道影响自己的受众，并且通过持续的正向影响成为企业文化传播的“桥头堡”，修正并引导企业文化的传播方向。

5. 根据传播效果的数据反馈，及时调整文化传播思路

传统媒介在企业文化的传播中所收获的传播效果难以量化，难以及时反馈，但是互联网工具的发展，尤其是微博、微信平台的广泛运用和大数据的发展解决了这样的难题。一篇企业文化宣传文章可以通过各平台的浏览量、点击率、转发量、收藏量等后台数据轻易获得，员工们对怎样的内容主题更感兴趣，对怎样的活动参与度更高，都可以通过行为数据被记录、被分析。比如老派说教的内容可能会导致阅读量和点击率的下降，复杂度高的活动或游戏会导致活动参与人数的减少，甚至企业微信内容的推送时间不同也会导致点击量的差异等，这些都可以通过后台数据统计并加以分析。这就需要企业文化的传播者充分利用互联网工具的数据特质做好企业文化传播效果的分析，根据不同的反馈结果及时调整企业文化传播思路，以保证企业文化传播取得更好的效果。

（八）适度调整文化建设，应对大数据挑战

应对大数据带来的新的挑战，仅仅做到“战术”层面的应对是远远不够的，离开企业文化作支撑的大数据，很难贯彻落实到企业决策的方方面面。更深层次的解决途径，是构建与大数据相协调的企业文化。证券行业需要在原有的基础上，逐步对企业价值观进行调整和更新，使之与大数据更加契合。

1. IT 部门的应对策略

IT 面对 PB（Petabyte，拍字节）级的大数据，像以前一样对数据进行内部消化几乎不可能实现。要解决好 IT 部门面临的这些新挑战，企业文化需要更加鼓励开放和合作。

首先，证券企业的数据中心要从封闭的状态走向开放的模式。大数据使得云计算的应用更加实在，大数据成为切入云计算很好的应用方式。云计算与大数据的结合，成为当今时代 IT 发展的必然趋势。云计算为大数据的获取提供更多的资源，同时大数据也利用云计算来提供解决方案，这样大数据和云计算就紧密地结合在一起。

其次，证券企业也可以将数据分析的任务进行外包。可以预计，今后从事大数据挖掘和分析的服务商会大量涌现。券商可以选择有能力的数据分析商，代替企业进行数据的采集、分析和处理。券商只需对数据分析商提取的有效信息加以利用。

最后，相对于银行、保险等行业，证券企业不仅要面临上文提到的三个挑战，还会受到市场周期性的影响。相比以往，数据分析部门数据分析的背景已经发生了巨大的变化，为了及时准确地分析巨量的非结构化的数据，数据分析部门同时需要加强与其他部门的合作，避免单打独斗。

2. 建立数据依赖型的文化

大数据时代需要企业有相应的“数据依赖”的企业文化，使用大数据这一工具，使数据成为企业决策的重要依据。

2015 年 1 月 4 日，李克强总理在深圳前海微众银行敲下电脑回车键，卡车司机徐军就拿到了 3.5 万元贷款。这是微众银行作为国内首家开业的互联网民营银行完成的第一笔放贷业务。该银行既无营业网点，也无营业柜台，更无须财产担保，而是通过人脸识别技术和大数据信用评级发放贷款。

上述事例中，银行虽然没有对贷款人进行登门调查，但通过分析他在互联网上的一系列行踪，如在电商上的购物记录、社交网站的好友关系等，结合大量数据建立的模型，最终能

够确定他的诚信程度，帮助银行做出决策。这一事例不仅说明大数据减少了银行的信息不对称现象，提高了银行的风险管理能力，而且也说明对大数据的合理分析能够帮助企业做出合理决策，这正是建立数据依赖型企业文化的原因。

建立数据依赖型的企业文化，不仅是简单地将数据汇集起来，更关键的是迅速及时地对数据进行挖掘和分析，这样更有可能捕捉到有价值的信息，为企业获得新的竞争优势。建立数据依赖型的企业文化，需要注意下面两个问题。

首先，建立数据依赖型的企业文化需要强有力的企业文化作支撑。企业文化的构建不仅仅是喊出响亮的口号，更需要付诸实际行动。企业价值观的捍卫需要每一个员工担当，尤其是管理人员的以身作则；而任何对企业价值观践踏的行为都要受到惩戒。如果没有强有力的企业文化作支撑，企业的价值观很难延伸到企业执行的每一个环节，数据依赖型企业文化的传播效果也会大打折扣。

其次，避免惯性文化成为企业文化构建的绊脚石。证券企业的企业文化需要不断调整，与时俱进，但文化本身具有惯性，企业文化的调整总会与企业外部的变革之间存在一定的延时效应。面对当今激荡变换的外部环境，证券企业需要有积极主动、充满执行力的企业文化，否则强大而稳定的惯性文化必然会拖累企业文化的调整，甚至拖累整个企业的战略变革。

最后，建立数据依赖型的企业文化还需要企业管理者的身体力行。管理者不仅要做企业文化的践行者，更要做企业文化的带头人。在企业文化的建设中，管理者的身先士卒、率先垂范，是对员工的一种无形号召；反之，如果管理者不能意识到企业文化建设的重要性，很容易上行下效，使企业文化成为空洞的口号。

3. 处理好数据与经验的冲突

大数据的确是信息时代带给证券企业的强大武器，也为我们提供了全新的思考方式，但这并不代表着可以全方面地依赖数据，将决策全权交予数据。正确对待数据的态度，应该是依赖数据，但不盲从于数据，不简单依靠经验直觉，更敢于质疑大数据分析得到的结论，要做一个“消息机敏的怀疑主义者”。

不能盲从于数据的原因是：首先，数据的来源不一定可靠。使用的数据可能由非官方发布、非第一手数据（在传播过程中被更改）等等。其次，数据来源可靠，但已经失去时效性。大数据分析具有很强的时效性的要求，使用失去时效性的数据建立的模型很难为企业决策提供准确信息。再次，大数据分析可能会错用数学模型，从而得出完全错误的结论。最后，不能排除主观恶意使用数据。例如美国一些银行的量化分析在次贷金融危机中起到推波助澜的作用。

虽然数据不会说谎，但恶意、错误地使用数据会给企业造成巨大的损失。所以大数据时代仍然不能忽略人的重要性，对大数据提供的结论同样要持谨慎的态度。

4. 建立新的用人文化

大数据时代对证券企业员工的素质提出了更高的要求。面对这一挑战，证券行业要有全新的用人文化，包括人才的培养和选拔。

首先，企业要为大数据人才的发展提供良好的环境。大数据要求企业有一批具有大数据分析能力和思维习惯的高素质员工，这离不开企业培训部门的长期培训。为大数据人才提供良好的发展环境，不仅要有先进的硬件条件，更要有积极进取、善于学习、乐于分享的企业文化。

其次，企业要有全新的人才选拔机制。在企业的选拔机制中，应该适当提高数据洞察和分析能力的权重，使这些大数据人才能进一步带动数据依赖型的企业文化的建设。

（九）充分发挥中国证券业协会在行业文化建设中的重要作用

随着我国证券市场的发展，证券法律制度体系日益完善，中国证监会、中国证券业协会和沪、深证券交易所出台了大量的部门规章、业务制度和其他规范性文件，对证券市场各类主体的行为做出了明确规定，这些规定蕴含了证券监管部门和自律机构所倡导和鼓励的证券行业文化精神。但是，由于证券法律制度体系较为庞多，上述证券行业文化散落在各个文件中，因此，建议可以考虑由中国证券业协会定期对证券法律制度体系中所体现的证券行业文化进行提炼和归纳，制作成证券行业文化手册，从而有利于行业从业人员快速熟悉和掌握证券行业文化的精髓，并正确引导自身执业行为。此外，可以考虑由中国证券业协会组织行业内相关公司，加强对发达资本市场中的监管文化和海外大投行公司文化的研究和介绍，也可以考虑举办证券行业文化建设研讨会，集思广益。进一步利用好行业刊物在行业文化建设中的研究和宣传作用，建立和完善关于证券行业文化的培训体系，开发更多的相关培训课程，并作为证券行业从业人员后续教育的必修课加以推广。此外，中国证券业协会和交易所也可以考虑利用微博、微信等新媒体，发挥其在证券行业文化普及和宣传中所具有的快速传播效应。

五、平安证券在创新文化上的探索和尝试

证券公司应强化以客户为中心的思想，通过科技互联手段，用创新的方式保护投资者合法权益；在防范风险方面也应当用科技手段创新而不是拘泥于传统方式。以下介绍平安证券在业务创新和技术创新方面的一些经验。由于投行业务关系到证券市场可供投资的标的公司的供给，而经纪业务则牵涉众多投资者的利益，因此，我们选取这两项业务来阐述平安证券文化建设的举措和成果。

（一）投行“1+N”业务模式

1.“1+N”业务模式实施背景

平安证券投行曾取得辉煌成绩，但业务模式存在的固有弊端导致风险事件接连爆发。同时，从国内证券公司发展投行业务的现状来看，基本上采取各业务团队承包制的“包工头”模式。这种小作坊式的经营模式不仅导致组织架构相互之间的割裂，投行体系内部管理和项目质量控制整体上无法形成统一，而且过于以利益为导向的激励和考核文化容易激发业务团队忽视项目风险的冲动，发生风险事件后，也较难对相关责任人进行事后追责。此外，该模式下业务团队处于“飞行大队”的状态，容易导致以项目为中心，不能扎根当地进行精耕细作，从而不能为客户提供及时、持续的服务。该模式下业务团队负责承揽和承做，并几乎覆盖所有投行业务品种，团队之间缺乏专业化分工，导致不能为客户提供细致和专业的服务。基于上述原因，平安证券投行毅然决定变革创新，走一条与其他投行不同的道路，创新实施“1+N”业务模式。

2. “1 + N” 业务模式所蕴含的文化元素

首先，“1 + N” 业务模式体现了平安证券投行以客户为中心的文化。平安证券投行从以项目为中心转变为以客户为中心。为达到这一目标，客户经理团队下沉至各地分公司，扎根当地市场，精耕细作，能够及时响应客户的需求，为客户提供贴身服务。此外，产品经理作为产品专家，在为客户服务过程中，与客户经理紧密配合、无缝衔接，客户经理与产品经理之间的专业化分工可以确保为客户提供非常专业的优质服务。通过上述举措，平安证券投行提供覆盖客户全生命周期的、持续的、综合性的金融服务。

其次，“1 + N” 业务模式体现了立体式防控投行业务风险的风控文化。客户经理由于长期扎根当地，对当地产业发展状况及当地企业情况非常熟悉，可以有效避免触碰高风险的项目；同时，客户经理与产品经理共同服务客户，两者之间可以起到相互补充和相互监督的作用，产品经理作为某一产品领域内的产品专家，也可以提高及时发现和防控风险的可能性。除此之外，平安证券将投行业务的内核体系独立出来，与以往相比，可以更好地发挥项目风险防火墙的作用。承揽端和承做端的分离，也大大降低了其中某一方忽视项目风险的利益冲动。

平安证券是目前国内唯一一家实施“1 + N” 业务模式的证券公司，体现了平安证券敢于探索和尝试的创新文化。

3. “1 + N” 业务模式的内涵

“1 + N” 的含义为一个客户经理、N 个产品经理联合为客户提供多种产品和服务，具体如图 1 所示。

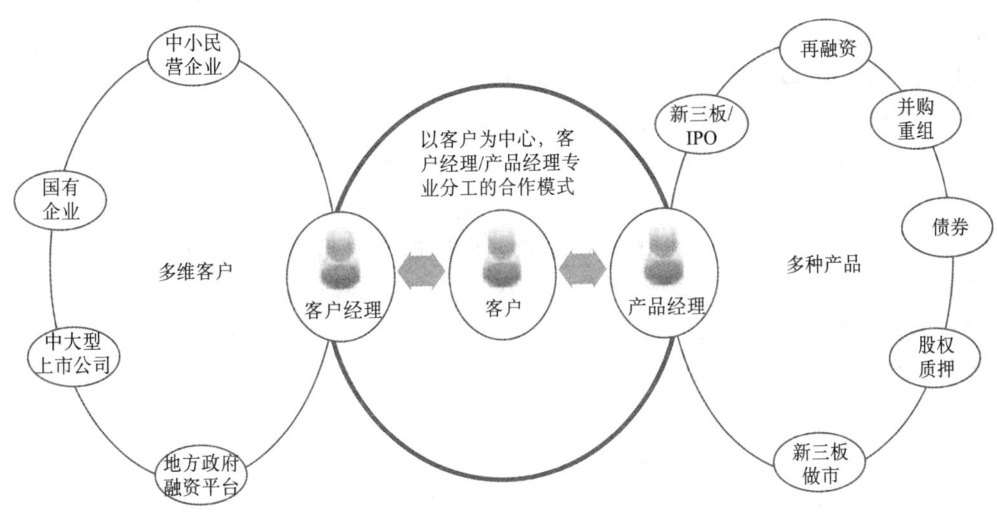

图 1 “1 + N” 模式

在“1 + N” 体系下，客户经理与产品经理各司其职，共同服务好客户。

(1) 客户经理的定位与职责。客户经理的定位为项目承揽与客户维护，对外协调客户需求，对内与产品经理紧密合作，其职责包括：承担证券对公业务的客户开发、维护与服务、创造交易、产品销售等；维护分公司所在地的平安综合金融资源及渠道，进行综合金融业务开拓；与产品经理一起推动项目整体进程，项目推进过程中不断协调客户需求。

（2）产品经理的定位与职责。产品经理的定位为项目承做与产品/业务策略研究，协助客户经理承揽业务，其职责包括：制定业务策略，提出潜在客户名单，协助客户经理承揽客户，并配合客户经理做好客户日常维护；负责项目承做及产品设计，对项目材料及质量负责；监管沟通，推动在会在审项目进程。

4. “1 + N” 业务模式的组织保障

首先，投行事业部的风控与内核从事业部独立出来，由公司总部统一管理。公司总部向投行事业部派驻首席风险官，对风险进行监督与管理。平安证券于 2014 年设立上市公司服务部，负责已上市项目的持续督导工作，确保企业上市后合法合规经营。

其次，平安证券自 2015 年以来在全国 22 大省市设立分公司，全面覆盖经济发达省市客户需求，目前已建立了 200 多人的客户经理团队，由来自证券、银行、信托、保险、监管机构等资深人士组成，背景更加多元化，获客渠道更加丰富。

5. 科技助力 “1 + N” 业务模式落地

平安证券为保证制度和流程落实到位，新开发了“机构业务管理系统”（E 掌通），通过系统管理项目的全流程，提高项目的推进时效，确保项目成功落地，确保承揽承做过程合法合规。目前，E 掌通已在全国 22 家分公司全面推广，其功能及体验在逐步改善。

6. “1 + N” 业务模式的成效

平安证券的“1 + N”创新业务模式经过 1 年多的推行实施已初见成效，主要优点体现在四个方面：

（1）承揽端客户经理专职服务客户，可更贴近客户，迅速获取客户需求。客户经理下沉到当地，能更加便捷地拜访客户和响应客户需求，相比于往常的业务模式节省了不少时间，提高了效率，大幅度提高了客户满意度。客户经理下沉到 22 家分公司，客户经理服务客户范围大大增加，业务承揽机会也大大增加。

（2）承做端产品经理专职承做项目，专业化更强，能够集中解决重大疑难问题，满足客户需求。产品经理专门负责承做项目，有更多的时间思考并设计产品；多个产品团队一起工作讨论、群策群力，有利于为客户设计出多元化、差异化、创新性的产品。

（3）承揽端与承做端分离可让两端（即客户经理与产品经理）互相监督、互相复核，项目潜在的重大风险能够充分暴露或得以及时解决，执业风险得以降低。

（4）客户经理和产品经理共同服务客户，客户对于公司平台的依赖性大大提高，为客户提供服务的是多个人群，因此由于部分投行人员离职而导致客户流失的风险也大为降低。

（二）经纪技术创新、服务创新和智能风控

平安证券经纪业务围绕“2018 年成为最大的互联网经纪券商之一”的战略目标，重点开展证券经纪、融资融券、金融产品销售和财富管理等业务，成为首批获得互联网业务试点资格的券商。经纪业务秉承创新惠民的互联网精神，致力于服务广大网民的投资理财需求，立志打造一站式智能理财平台，实现普惠金融理念。

为实现上述战略目标，平安证券致力于运用互联网和科技手段构建“最佳客户体验 + 最惠交易通道 + 完整账户体系 + 开放金融生态圈”业务模式。2015 年平安证券自主研发集炒股、理财、财富管理于一体的一站式智能理财平台“平安证券 App”。在服务、技术系统和风控等方面进行了创新，提高了业务效率，保护了投资者权益，有效管控了风险，并取得

了良好业绩。2015 年经纪业务新增客户 280 万人，经纪客户总资产超过 5 000 亿元，融资业务规模超过 140 亿元，交易量市占率提升至 1.6%，风险事件发生数量和总量与 2014 年相比均有所下降。

1. 一站式智能理财平台推出的背景及所蕴含的文化元素

近年来，我国迈入了移动互联时代，国内企业纷纷拥抱互联网，力图借助互联网重构商业模式和竞争策略；此外，投资者交易方式和习惯发生了重大变化。在此背景下，平安证券经纪业务在业内率先推出了一站式智能理财平台。

该平台为投资者客户提供一站式智能理财服务，其所具有的智能资产配置、智能投顾、在线投资者教育、NPS 管理、智能风控和系统监测等综合性功能，体现了以客户为中心、切实保护投资者利益的文化以及利用科技武装管控风险的风控文化和创新文化。

2. 服务创新

一站式智能理财平台最核心的创新点是在服务上的创新。具体来说，分为以下几个方面：

（1）智能资产配置。平安证券对用户的服务从账户出发，利用大数据分析、市场趋势研究、金融工程及机器人技术，对用户资产作合理化配置建议。通过给客户提供专业、高水准的资产配置服务，显著改善普通投资者在信息获取和投资能力上的劣势，促进证券市场良性发展。为满足客户多元化投资需求，公司分两块布局智能资产配置服务。

一是“组合之星”。基于资产配置理念，“组合之星”为不同收益—风险偏好的投资者提供了“守护之星”“启明之星”“进取之星”三套标准化方案。“组合之星”的创新点在于，通过公司多个专业研究团队的紧密合作，根据国家产业政策导向，实现基于市场策略的产品优选和组合配置，为普通投资者提供专业水准的资产配置服务。配置方案具有清晰明确的风险收益特征，在满足既定投资目标的前提下，保证最小风险回撤。

二是机器人资产配置系统。机器人资产配置系统利用 IM 技术集成智能机器人和专业投顾，通过搜集客户画像、理财目标，经过专业的金融模型精确计算得出每个客户适配的资产配置方案，实现一站式资产配置服务。机器人资产配置系统实现了多项创新：

——集团大数据分析。集成集团的海量脱敏大数据，实现基于互联网平台的自动化 KYC 服务流程，做到量体裁衣式的精准服务。

——专业金融模型。资产配置引擎搭载业内经典的马克维茨模型及国际先进的 Black—Litterman 模型，可根据客户画像系统化生成定制资产配置方案。

——机器人投顾。机器人投顾为客户提供 7×24 小时投顾服务，极大地降低了投顾服务门槛，将过去专属于高净值客户的资产配置服务推广给广大客户，惠及普通投资者。

（2）社交炒股，智能投顾。平安证券 App 引入社交炒股概念，这一举措是券商领域的重要创新。社交炒股平台主要立足于国内 A 股市场，以投资组合为产品核心，围绕投资组合的构建（选股）、社交（分享、关注、交流）、交易，形成闭环的投资服务体验。

“牛人实盘”是国内首家使用客户真实交易数据挖掘荐股的券商荐股系统。它利用大数据 BI 系统，挖掘和筛选跑赢牛熊市的真实“牛人”，并在合规框架下通过榜单展示他们的每日交易热门个股，给客户选择股票提供参考。

此外，平安证券 App 还大胆引入了智能投顾产品服务——“发现牛股”。这项服务由平安证券总部三大金牌投顾倾力打造，产品包含专家观点和模拟股票组合：轻松涨、融易赚、至尊宝。

（3）多姿多彩的在线投资者教育。平安证券 App 在投资者教育方面引入全国首创的“视频投顾”服务。公司在视频投顾业务开展过程中，逐渐探索出以投资顾问分工专业化、业务网络化、服务产品化、线上线下一体化为特征的互联网投资顾问业务模式。团队目前拥有 10 名专业主播和近百位投资顾问。投资顾问专业度高，具有优秀的大局把控能力，结合精细的个股分析，满足客户的不同需求。视频投顾团队还建立了卫视级别的视频直播间，配置专业人员进行技术支持，着力打造互联网证券拳头产品。

（4）7×24 小时理财。为更好地服务投资者，平安证券 App 实现了两大突破：一是首次实现 7×24 小时下单交易，二是实现券商业首个理财账户。前者摆脱了证券业交易时间的限制，后者实现了券商业从单一股票账户向全功能型交易账户的转化，并有望超越现有银行账户和证券账户，最终成为客户的主办财富账户，极大地扩展并丰富了用户享受金融服务的时间和场景。

（5）客户分层服务。为向客户提供差异化服务，平安证券向 VIP 客户提供增值服务和高端私享活动。不同层级的 VIP 客户可分类享有健康关怀、商旅服务、平安援助、驾车关爱、尊贵礼遇等增值服务，向高价值客户提供创新性、高端性和资源稀缺性的 VIP 非凡尊享定制活动。

（6）引进 NPS 管理指标。平安证券高度重视客户体验，在业内率先建立所有客户服务环节触点 NPS，从开户、交易、业务办理到线下服务全流程监控，配套建设日常监督、反馈、改善及继续检测体系，该体系可在客户之前发现并解决问题，客户的反馈由相关团队承接并由独立的服务管理团队对解决和优化的结果进行跟踪。NPS 上线运行以来，月度开户成功率达到 66%，触点 NPS 不断上升。公司充分利用 NPS 管理指标，与自己和同业比较，不断强化 NPS 建设，持续完善系统及服务，提升客户体验。

3. 技术创新

智能创新服务的背后离不开技术平台的迅速有力支持响应，在技术创新、系统建设方面，平安证券的相关尝试已经走在行业前列。

一是为打造一站式理财平台，平安证券率先建设自己的全栈开发团队。目前，公司的技术团队近 500 人，拥有券商中最大的技术团队，并招纳最富经验的金融科技人才在美国华尔街设立研发分部。

二是公司在券商行业中率先用大数据 Hadoop 平台，为智能资产配置、智能投顾系统的上线提供了强有力的支持。

三是公司在券商行业中率先实现应用自动化发布，大幅缩短项目上线周期，结合 App 的 hybrid 开发模式，部分功能可做到按周发布。

四是公司在券商行业中率先实现服务推送平台，结合股价预警、服务订阅、个股资讯等功能，为用户提供及时的资讯/决策服务，并能够通过大数据计算为用户提供明晰的营收分析。

五是公司还提供社交云服务，打通用户、机器人客服、人工座席、理财顾问；打通线下业务办理业务线上化的流程，为用户提供转签创业板、开通港股、期货预约等服务，减少客户临柜办理的麻烦。公司还在券商行业中率先实现实时系统可用性监控系统，确保线上问题第一时间得到解决，为用户提供稳定的技术平台。

4. 智能风控和系统监测

平安证券创新开发了融资融券智能风控模型。从客户角度出发，帮助客户识别股票风险，从而理性适度加杠杆。风险暴露时，风险管理工具可自动预警并自动进行保护平仓，防止客户亏损进一步扩大。

融资融券智能风控模型基于国际通用的VAR模型，依据大数据统计分析结果对全部股票进行风险评分，不同风险评分股票获得不同的折算率。客户可根据公司披露出来的折算率水平高低对个券风险水平有一个判断，并据此调整投资组合。该模型还提供客户风险评分工具，帮助客户了解自己的投资水平，从而为客户的杠杆制订提供依据。该模型根据客户过去的投资表现给予客户不同的风险等级，进而给予不同的额度资源及保证金比例。投资水平较低、风控能力较差的客户只能适用较低的杠杆比例和较低的风险敞口，在行情不好时可以减少客户的损失。

该模型除后台控制外，还可为客户提供压力测试、自动锁盈止损等风险管理工具，加强客户主动风险管理的能力。压力测试可让客户对可能的平仓风险有一个量化认识，从而主动调整仓位。自动锁盈止损工具则在行情出现大幅波动时，为客户自动预警并进行保护性平仓，避免客户损失进一步扩大，从而为客户财富保值增值提供保障。

平安证券还利用科技手段开发了营销人员的指标监控系统，通过监测营销人员名下客户交易情况、资金情况、IP和MAC对比分析等发现代客理财、诱导客户交易等风险隐患，在营销队伍中形成合规文化，提高营销队伍的风控意识，起到了有效降低营销队伍风险的作用（见图2）。

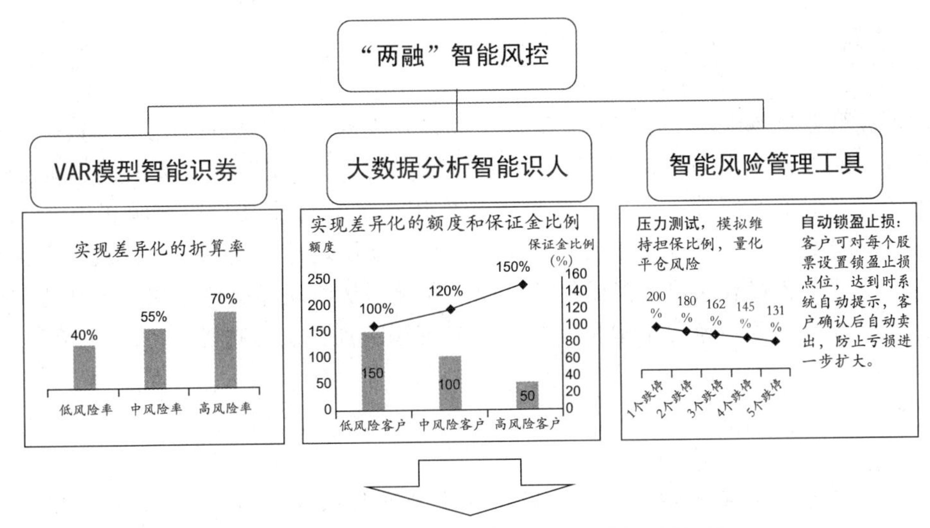

图2 营销人员指标监控系统

5. 模式创新

在互联网的架构下，平安证券App也在不断进行模式突破。“服务”不只意味着单向满足用户需求，还意味着增强用户参与感，和用户一起“玩”起来，在“玩金融”中挖掘用户需求，更好地服务客户。

平安证券App领先引入积分模式连接金融与万里通生活商圈，通过分享二维码获得相应奖励。此外，用户可以在“做任务赚积分”中查看通过哪些任务可以赚取积分，从而引导用户行为。

运营模式创新旨在通过游戏任务推动普通客户向高价值客户转化，最终实现对用户使用场景的全面占领。“积分商城”是平安证券 App 运营创新的尝试之一，未来公司会加入更多的特色服务，通过提供增值服务，旨在全面“去通道化”，以服务和产品为利润增长点，基于互联网实现券商的业务转型。

6. 一站式智能理财平台创新成效

截至目前，平安证券 App 累计装机量达 500 万户，几乎达到了现有总客户数的 100%，月均活跃度为 30%。在平台大规模推广后，公司目前的移动交易占比高达 70%，交易金额占比在 60% 以上。良好的体验口碑也让平安证券客户数和交易份额创下新高。2015 年，平安证券的客户数增长 300%，交易份额市场占有率增加 90%。

此外，凭借“一站式智能理财平台”的创新，平安证券还获得了监管机构与市场主流媒体的认可。

平安证券是中国人民银行组织的互联网金融协会的会员，并担任证券行业协会互联网证券专业委员会任职单位。媒体方面，平安证券获得上海证券报颁发的“金融互联网”奖；在新浪财经举办的券商 App 风云榜评比中，平安证券 App 名列前茅；在《互联网周刊》举办的互联网券商创新排行榜上，公司位列第一；21 世纪经济报道、中国证券报、证券时报等多家主流媒体均报道了公司的互联网金融创新，并给予高度评价。

六、结语

中国证券行业风风雨雨二十多年，证券、股票、投资、融资等如今已成为数亿人日常生活的一部分。证券行业作为现代经济体系的重要组成部分，在推进改革进程、服务实体经济、投资者财富保值增值等方面应发挥更大的作用；证券行业文化应充满正能量，诚信进取。证券行业的文化建设任重而道远，需要通过制度顶层设计、创新业务模式、完善诚信体系建设、加强投资者权益保护来完成；通过理念宣导，从微观层面持续建立更好的文化提升的基础，提高行业声誉，为“中国梦”的早日实现添砖加瓦、保驾护航。

参考文献

[1] 中国证券监督管理委员会．中国资本市场发展报告［M］．北京：中国金融出版社，2008.

[2] 中国证券业协会．中国证券业发展报告（2016）［M］．北京：中国财政经济出版社，2016.

[3] 张华东．证券业企业文化建设［J］．中国金融，2012（5）．

[4] 阳礼泉，滕方迁．企业文化的力量［M］．北京：中国经济出版社，2008.

[5] 孙志贤，王启春．关于金融企业文化问题的思考［J］．现代财经，2002（4）．

[6] 韩立新．新媒体时代的企业文化建设［J］．中外企业文化，2013.

[7] 薛志宏．浅谈如何发挥新媒体在企业文化建设中的作用［J］．科学之友，2012.

大数据背景下创新型企业文化建设调研报告

郭怡人*

近年来，大数据开始进入人们的视野，被各行各业应用。在大数据背景下，证券行业的业务也随之创新改革，天风证券顺应时代发展潮流，业务不断创新，在企业文化建设上利用大数据平台实现技术、思想创新，既坚守企业文化核心价值观——与客户共生共荣，实现自身与客户“价值成长”，承担更多社会责任，又通过内部创新带动外部发展，开创创新型企业文化。

一、调研背景

（一）大数据的概念及其特征

大数据，顾名思义是基于大规模数据基础之上的一种数据分析与挖掘，可以理解为沙子里淘金，但数据有用率较低。尽管如此，大数据仍是未来企业竞争的重要资源。目前，对于大数据尚未有一个公认的定义，维基百科的解释是：大数据是指利用常用软件工具捕获、管理和处理数据所耗时间超过可容忍时间的数据集。而研究机构 Gartner 认为大数据是指需要新处理模式才能具有更强的决策力、洞察发现力和流程优化能力的海量、高增长率和多样化的信息资产。总之，无论大数据如何定义，大数据的特点则清晰可见：数据规模庞大；数据类型繁多，构成要素复杂，除了传统的结构化数据外，还包括文字、语音、视频、文档等非结构化数据；数据价值潜力巨大，但隐藏较深，需要运用综合复杂的分析算法对数据进行挖掘与整理；数据的处理速度快、时效性强，并及时反馈处理结果。因此，大数据是数字化时代的产物，并非是新的产品，大数据技术作为一种技术应用服务于现代社会的发展。所以，企业的发展必须利用好大数据技术，这是天风证券企业文化建设的必然要求，也是天风证券核心价值观——与客户共生共荣的必然要求。

近几年，大数据产业发展迅速。数据显示，2014 年我国大数据市场规模 84 亿元，2015

* 作者单位：天风证券股份有限公司。原载于《中国证券》2017 年第 10 期。

年的增速达 38% 以上。已经有不少国内企业利用大数据在提升服务质量、发现潜在客户等方面获得成功。大数据作为新一代信息技术的代表，能够助推公司发展，并实现创新型企业文化的建设。

（二）企业文化

1. 企业文化概念

企业文化，简而言之就是一家公司的组织文化和管理文化，是一家企业独有的气质和价值观的体现，是企业管理、运营和发展的灵魂。企业文化可以普遍理解为是一家企业在一定价值体系指导下所选择的那些普通的、稳定的、一贯的行为方式的总和。随着现代经济的发展，越来越多的企业意识到企业文化的重要性。

2. 企业文化的重要性

在激烈的竞争之中，唯一无法复制的就是企业文化。在一个企业的经营过程中，会经历不同的阶段，每个阶段都会有不同的困难，企业解决发展困难最重要的不仅仅是决策，而且需要适应企业发展的企业文化。

企业文化是一种制度的顶层设计，它能够为企业发展指引方向；企业文化还是一种精神力量，在企业发展中能够凝集所有人的智慧和力量，发挥企业员工的创造力和想象力。对企业的经营者来说，有一个被企业上下认同的企业文化对企业的发展至关重要，而随着大数据时代的到来，大数据技术融入企业的发展，如何用大数据技术助力企业文化的建设、挖掘企业文化建设中有价值的数据和信息对企业发展乃至企业文化建设都将意义重大。尤其是在金融行业，大数据技术能够提供更深刻、更全面、更有价值的分析。

3. 天风证券的企业文化

天风证券企业文化的核心价值观是“与客户共生共荣”，这是企业的生存价值。在天风证券，大家认同一个观念，形成共同的信仰，并能参与企业的成长，共同分享企业成长的果实。有共同信仰的人才聚集在一起才能推动企业不断往前走。因此，公司员工认同一种文化氛围，提倡六大准则①，遵守三条铁律②，这是天风证券的本质，也是创新型企业文化的价值所在。

（三）大数据技术对天风证券创新型企业文化建设的意义

目前全球的数据总量呈现指数级增长，大数据将成为独立的生产要素，对公司创新型企业文化建设意义重大，如果拥有相对完整、全面的大数据技术或者大数据平台，将有力提高公司内部运作效率，从而大大增加在市场中的竞争力。

大数据已经逐渐成为证券行业创新的重要资源，是企业竞争的战略基础。企业创新不仅要在技术、业务上创新，还须降低企业运行成本，是支持企业信息管理建设的关键要素。要利用现代大数据技术，充分挖掘大数据对企业创新的潜在贡献，可以更有效地扩展和定位新的目标市场和客户，还可以从中实现企业文化建设的创新。

---

① 六大准则：勤奋、团结、真诚、坚毅、平等、开放。

② 三条铁律：不要混淆个人与集体利益；不要蓄意或过失违规；拒绝作风不端正。

二、创新型企业文化的应用——基于智慧红云大数据平台

天风证券已经成立16年，企业在不断发展的同时非常注重企业文化建设。在对内的企业文化输出方面，有诸多创新探索，特别是在大数据背景下，注重对新技术——智慧红云①的运用。该大数据平台对创新型企业文化的建设作用显著。天风证券创新型企业文化建设包括党务建设、精准扶贫、工会建设、行政事务管理、公司OA平台、数字营销传播以及评估反馈分析等，并且在实践中不断完善和发展。

（一）大数据平台助力党务建设

在大数据背景下，天风证券紧跟时代发展，与电子科技大学成都研究院积极合作，利用其智慧红云平台，把党员联到网上，将组织建在云端，在数据空间助力党建。以微观数据准确预测宏观规律，在数据空间中支撑组织建设，从而深化公司内部的运作，提高公司员工对企业文化的认识，加强了“与客户共生共荣”的核心价值观的输出。

智慧红云大数据平台的三大特征是信息化、数据化和智慧化，以此来建立大数据时代组织工作的新模式，真正实现对基层组织和个人的精准管理、监督和服务。信息化是指通过党建应用，诸如移动App、管理系统、微信公众号、网站建设等适应党员的使用习惯、满足党员对信息的需求。智慧红云的党建应用服务能够最大限度地结合大数据和党建，提升党建服务质量，提高党建工作效率。数据化是指运用基础数据、主题数据和融合数据实时把握现状。智慧化是指利用信息和数据准确预测宏观趋势，精准评价过去、把握现在并预测未来。

目前，天风证券正在构建大数据平台，包括党建大数据中心、“互联网+党建”应用、党建数据安全可控体系（红闸）和党建云平台。大数据平台的前端功能设计中将会实现五大功能：学习教育新阵地，传播发布新媒体，交流沟通新圈层，组织活动新平台，管理服务新模式。

（二）大数据平台实现精准扶贫

天风证券不仅服务实体经济，而且在履行企业社会责任方面一直在进行积极实践与探索，这也是天风证券的企业文化所要求和鼓励的。天风证券始终追求不只是“金融生意”，而是自身与客户的“价值成长”，承担更多的社会责任。对此，公司上下对企业文化的认识高度一致，在支教助学、环境保护、扶贫济困、赈灾捐赠等多领域开展社会公益项目。天风证券还积极响应中国证券业协会关于“开展‘一司一县’结对帮扶行动”的倡议。以上项目将与电子科技大学成都研究院深度合作，利用大数据平台积极共建精准扶贫信息系统，实现精准扶贫工作信息化、数据化管理。

目前，天风证券已经确定与十堰市房县②开展“一司一县”结对帮扶行动，拟开展“脱贫造血”计划，切实改善当地贫困状况，以党建带扶贫，以扶贫促党建。

---

① 智慧红云：是基于CDO核心技术，结合信息化技术手段与党建服务群众需求，围绕党组织管理、党组织生活、党主题活动、党群学习互动等打造的移动化智慧党务服务云平台。

② 房县，位于湖北省西北部、十堰市南部，2015国家级贫困县。

（三）大数据平台健全工会建设

天风证券不仅是员工事业成长的平台，同时关注员工的日常生活，这也是企业文化中注重人才、人人平等的基本要求。天风证券致力于创造一个有利于充分发挥人才和团队的主观能动性和创造性的环境，推动越来越多、越来越好的人认同公司的文化氛围。为此，行政中心组织各类娱乐活动，丰富员工生活。工会拥有羽毛球俱乐部和足球俱乐部，但是组织上、活动中的宣传力度都有所欠缺，因此，在大数据平台上将展示并积极宣传工会各项工作和活动，更好地丰富员工生活、服务员工工作，完善党建工作，增强员工在公司的归属感。

（四）大数据平台提高行政事务处理效率

天风证券在发展经纪业务的同时，也十分重视行政事务的处理效率和效果，反对官僚主义，充分关注一线的意见。坚持首问负责制，用心从速从实答复，不能迅速解决的问题应在期限内及时解释。为此，天风证券利用大数据平台践行“真诚、平等、开放”的企业文化，开辟企业论坛，鼓励员工在论坛中积极发声，表达真实意见，发现问题并及时解决问题。同时，利用大数据技术对员工的“发声”进行分析与挖掘，发现有价值信息或者问题及时处理，提高员工工作效率，同时也将更好地服务于员工和公司。

（五）大数据平台辅助 OA 平台与数字营销

OA 是员工日常工作的重要工具，包括日常工作流程的处理、审批，工作沟通以及公司资讯信息的处理等，每个员工在 OA 可以和任何人平等沟通、自由交流，在这种企业文化氛围下，领导是资源而不是监工。公司的发展以共同的理想为驱动，为客户、员工提供无门槛的成长平台。通过智慧红云平台，可以对 OA 的数据进行更全面、更深入、更有价值的分析和探索。目前，公司 OA 总登录次数为 60 740 次，日均登录次数为 1 959 次，公司新闻、通知的平均阅读量为 237 次。① 数据显示，公司 OA 的利用率非常高，平均每人每天至少登录一次。此次将利用智慧红云大数据平台进行全方位改造，实现公平开放，大大提高工作效率，是创新型企业文化的重要实现方式之一。

数字营销包括官方微博和官方微信以及官方网站，是天风证券对外形象、企业文化输出的重要平台，也是公司员工了解公司动态、企业文化的重要途径。目前官方微博“粉丝”为 24 万人，官方微信“粉丝”为 64 634 人，微博与微信的“粉丝”增长量都比较稳定，官方网站访问量也有明显上升。通过智慧红云平台，可以对数字媒体用户进行大数据分析，挖掘有价值的信息，监测舆论，以便更好地服务于对外品牌传播工作。这不仅是公司发展的要求，也是大数据背景下对公司创新型企业文化发展的要求。

（六）大数据平台的反馈评估分析

借助智慧红云平台，天风证券建设创新型企业文化的另一个重要举措就是建立反馈评估制度，这一制度面向企业文化建设各项目所涉及的主要执行部门、协同部门和相关支持部

① 数据基于 2016 年 7 月 OA 平台的记录。

门，可对企业文化建设实施情况进行跟踪，对企业文化建设各具体项目落地情况和开展效果进行评估反馈，形成优化建议。具体考核指标有及时性、覆盖性、完整度、准确性、利用率、易用性、贡献度、宣传度、活跃度、更新频次（每项考核指标分值为10分，总分为100分）。

此外，天风证券还进行每年一次的满意度调查和不定期的实地调研，传播企业文化、搜集公司全员对于当年度企业文化建设的意见和反馈。这些指标和数据都将在智慧红云平台中进行数据挖掘与分析，对提高工作效率、宣传企业文化、完善工作制度等方面都有重大意义。

综上所述，天风证券的创新型企业文化建设依托智慧红云大数据平台，利用大数据最先进的技术和理念服务于公司、服务于员工，包括党务建设、精准扶贫、工会活动、行政工作、OA平台、数字传播和反馈评估。公司将在大数据时代，提高对数据的利用率，不断推进创新型企业文化建设。

三、对策建议

互联网对金融业的核心改变就是提供了大数据，而与其他传统行业相比，金融业对于数据的依赖非常高，除了一些业务需要，如风险定价取决于行为数据的搜集和分析，大数据还可以在建设企业文化方面提供更多更全面的信息，大幅度降低信息不对称程度，提高对内对外信息传播的准确性。因此，在大数据背景下，证券公司应该充分利用大数据技术，不断完善、加强创新型企业文化建设，为公司创造价值。

（一）构建以分析为导向的决策体系

全球领先的商业分析软件与服务供应商SAS公司与《麻省理工学院斯隆管理评论》发布了一份联合调研报告《论企业分析文化（The Analytics Mandate）》，报告提出企业分析能力的打造以及是否建立以分析为导向的企业文化，将是未来企业获得竞争优势的最关键因素。

构建以分析为导向的决策体系，建立大数据驱动下的企业文化及组织架构。大数据时代虽然到来，但是很多企业并没有真正利用大数据来进行企业文化创新，一方面是政策的引导不够，另一方面是领导层不够重视。这些障碍是企业没有利用更加先进、开放的思维来理解大数据和企业文化，所以大数据技术未能在企业文化创新过程中发挥作用。因此，企业领导者要注重大数据技术在企业创新中的作用，倡导大数据学习，重视大数据人才。此外，在企业内部逐步建立起一种倡导员工之间和部门之间数据分享的文化，帮助大家共同分享和利用大数据带来的优势和利益，切实提高从业人员对大数据的认知能力和驾驭能力。例如利用大数据平台强化党务建设、行政建设，并且辐射OA后台数据的搜集和分析机制，扩大数据来源，挖掘有价值的信息，将有利于提高公司员工的工作效率，有效协调各部门的工作，有利于营造团结、平等的工作氛围。

企业的发展趋势将是以数据分析来驱动，利用大数据分析，能够转化成洞察能力，充分释放企业潜能，实现转型与进化，迸发出新的业态和创新点，从而实现跨越式的发展。

（二）以人为本的企业文化建设

一个优秀的企业之所以能够长期生存和发展，最主要的优势是依靠其企业文化的力量调动企业全体成员的积极性，凝聚所有成员的力量，而并不仅仅是企业的结构形式或管理技能。

天风证券文化核心价值观是“与客户共生共荣”，是一家为实体经济服务同时又切实履行社会责任的公司，以创业者为本，尊重每个员工个体。所以，企业文化建设是关键，尊重每个员工个体、了解员工的需求才能持续不断地完善创新型企业文化建设，从而贯彻履行“与客户共生共荣”的企业核心价值观，最终提高企业的经营效益，所有的企业员工都能共享企业发展的成果。为此，应加强对企业文化的评估和反馈，利用大数据挖掘有价值的信息，持续优化企业文化建设工作。此外，正确引导、激励和管理员工，营造良好的企业文化氛围，才能吸引越来越多的人才，推动企业不断发展。

参考文献

[1] Big data [EB/OL]. [2012—10—02]. http://en. wikipedia. org/wiki/Big_ data.

[2] 陶雪娇. 大数据研究综述 [J]. 系统仿真学报，2013 (8).

[3] 陈春花. 企业文化的改造与创新 [J]. 北京大学学报：哲学社会科学版，1999.

[4] 邹珊珊，王衍衍. 大数据时代商业银行企业文化面临的挑战 [J]. 金融论坛，2014 (4).

[5] 王长峰. 大数据背景下企业创新模式变革 [J]. 技术经济与管理研究，2016 (3).

[6] 托马斯彼得斯，罗伯特沃特曼. 寻求优势——美国最成功公司的经验 [M]. 北京：中国财政经济出版社，1 985.

平衡创新与风险，协调精英团队，唯上下同欲者胜

——论证券企业如何发挥企业文化建设优秀品牌、先进典型的积极作用

潘炳红　洪程程　郭　靖*

一、引言

20 世纪 80 年代，华尔街盛行一种结合统计判断与虚张声势的休闲游戏——“说谎者的扑克牌（Liar's Poker）”。后来，美国作家迈克尔·刘易斯以此为名推出一部半自传体小说，主要描绘了供职于所罗门兄弟公司期间的所见所闻以及那些被赋予时代特征的种种事件和心态，从一名交易员的视角展现了这座金融帝国盛极而衰的历史。

所罗门兄弟公司成立于 1910 年，起步阶段专注于债券承销与交易业务，经过不断发展壮大，到 20 世纪中期已经成为美国证券市场的核心力量。进入 70 年代之后，在越南战争、石油危机和布雷顿森林体系崩溃的大背景下，金融自由化浪潮席卷西方世界，资产证券化得到了极大的催生和发展。在掌门人约翰·古弗兰的带领下，所罗门兄弟公司率先建立起完整规范的资产证券化部门和套利投资部门，在行业大变革中引领创新、激流勇进，成就一代“华尔街之王”。1995 年，所罗门兄弟公司被旅行者集团兼并，组建后的所罗门美邦公司跻身美国第二大投资银行。1998 年，花旗银行持股公司与旅行者集团合并为金融控股公司花旗集团。2005 年，所罗门美邦公司业务被分拆为日兴所罗门美邦和花旗环球金融有限公司。

“月盈则亏，水满则溢”。一家证券企业、曾经的华尔街翘楚轰然倒塌，绝非一朝一夕之祸，光辉背后总有暗流涌动。透过《说谎者的扑克牌》一书，或许略见一斑：20 世纪 80 年代中后期，所罗门兄弟公司在快速扩张的过程中，暴露出三点关键性问题：

* 作者单位：渤海证券股份有限公司研究所。原载于《中国证券》2017 年第 10 期。

第一，基层员工归属感淡漠。为了应对业务规模的膨胀，所罗门兄弟公司每年都会从常青藤高校中招募大量的 MBA 毕业生。对于这些初涉债券交易的新人而言，“忍受屈辱”似乎是一堂必修课，他们学会了怎样给债券估值、如何交易和推销，却很难与公司和同事建立起深厚的感情，因为“这里只有金钱，只不过世界上也没有其他什么工作值得去做”。

第二，过度的个人英雄主义。心理学研究表明，每个人通常都会高估自己的贡献，华尔街从业者亦是如此。“原来他们都是些谨小慎微的人……但荣耀却骤然降临，他们的收入发生了戏剧性的变化，生活方式也随之改变”。如果一个人完全沉醉于财务上的成功，就很可能会认为自己无所不能，会理所当然地接受一切利益和诱惑，甚至不介意其来路及潜在危害。在崇尚“精英主义（elitism）”的所罗门兄弟公司，此类状况可谓屡见不鲜。

第三，部门之间的隔膜与分歧。激烈的内部竞争容易使部分员工陷入“区域主义（territorialism）”的狭隘思想。例如，所罗门兄弟公司的三个核心部门——国债部、公司债部和房地产证券化部——彼此心存芥蒂，以致很多需要跨部门协作的工作不得不在各自部门内部单独完成，房地产证券化部的基本信条随之转变为“我们不是为所罗门工作，我们为房地产证券化部工作”；再如，套利投资部“高层次、高技术”员工的晋升路径也经常引发其他部门的不满。

从客观的角度，市场力量与内部管理的严重失误“合力”将所罗门兄弟公司推入困境。然而，究其根本是所罗门兄弟公司的意识形态无法匹配其组织架构以及行业发展趋势。所罗门兄弟公司以债券业务起家，进取、冒险又略带偏执的交易员精神随处可见，并在整个经营过程中一直流传和延续。当公司业务成功向多领域拓展之后，这种较为激进的文化氛围开始弊端尽显，并埋下重重隐患。在危难之际，面对忠诚文化的长期缺位，核心人才加速流失，最终导致所罗门兄弟公司一蹶不振、回天乏力。

证券业是典型的知识密集型行业，兼具高风险、多元化创新与人员流动频繁等特征。证券企业的核心竞争力是品牌与人才。一方面，证券企业的“产品”以虚拟性交易和服务为主，无论是传统的经纪业务、证券承销与保荐业务，还是后来兴起的投资咨询、财务顾问和资产管理业务，均无法向客户提供如外观、性能参数等直接感知，通常需要依靠品牌形象或者业界口碑来传递理念、增强信任，以完成销售和推广的目的；另一方面，金融产品和金融服务的可复制性极强，关键技术人员的创造力、执行力占据主导作用，其影响往往远超过经营牌照、机构平台等硬环境的约束。而品牌锻造与人才凝聚都离不开企业文化的支撑。企业文化是证券企业持续发展的关键驱动要素，在外部经营和内部管理两个环节中均发挥积极作用，正如迈克尔·刘易斯在《说谎者的扑克牌》一书中所言，“一个企业的伟大，在于它的文化”。

二、企业文化的内涵与外延

企业文化（Corporate Culture）是企业在经营活动中所形成的理念、目的、方针、行为、价值观念、社会责任和形象的总和，是企业的灵魂与精髓。

从狭义的角度，企业文化是企业内全体成员共同秉持的价值观，是对某类事件或某种行为好与坏、善与恶、对与错、是否值得效仿的一致认识。共同价值观是每个企业独特的文化沉淀，来源于长期的经营实践活动，又需要借助制度上的强化、行动上的引领、物质上的激励得以继承和发展，同时还必须与企业所处的政治环境、经济环境、社会环境、技术环境相融合。因此，从广义的角度，除了价值观念、群体意识、优良传统等精神层面的“软文化”之外，企业文化还涵盖了规章制度、组织纪律、人际关系、领导风格等制度文化和行为文化，以及办公场所、外部环境、基础设施等物质文化。

1982 年，麦肯锡顾问公司研究中心的两位学者——托马斯·彼得斯和罗伯特·沃特曼，在深入调查、访问了当时美国最杰出且历史悠久的 43 家大公司（包括德州仪器、IBM、惠普、杜邦、柯达、麦当劳等行业巨头）之后，提出麦肯锡 7S 模型（Mckinsey 7S Model）的研究框架，总结了这些成功企业的共同特征，突出强调了“共同价值观（Shared Values）”的核心地位（见图 1）。

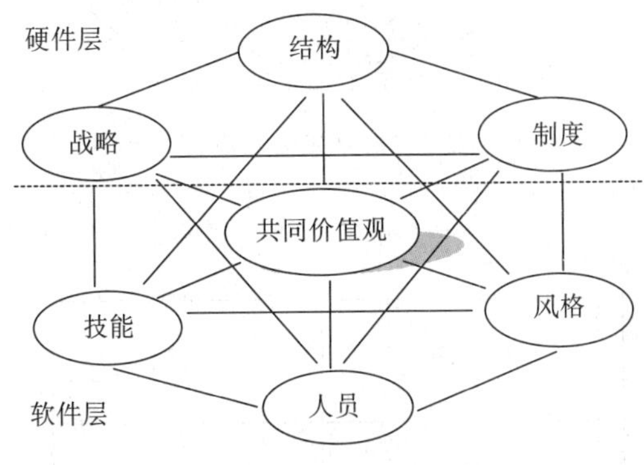

图 1　麦肯锡 7S 模型

资料来源：渤海证券。

麦肯锡 7S 模型将企业取得卓越绩效的秘诀分解为战略、结构、制度、共同价值观、风格、人员和技能七个维度，其中，前三者属于企业的“硬件”，后四者属于企业的“软件”。传统的企业管理理论大多注重“硬件层”的搭建，而忽略了“人性”管理的必要性。企业由一个个具体的人构成，员工的发展和企业的发展密不可分，只有把员工的个人奋斗目标与企业的发展目标统一为有机整体，做到尊重人、理解人、关心人，才能平衡各方利益，团结全员意志，最大限度地发挥企业的资源优势，改善生产经营效率。共同价值观，即狭义的企业文化，是一种强大的精神力量，具有导向、约束、凝聚、激励和辐射功能，在“软件层”要素向“硬件层”的映射过程中起到统筹与协调作用。

同样是在 1982 年，美国哈佛大学教授特雷斯·迪尔与管理咨询顾问阿伦·肯尼迪共同出版了专著《企业文化——现代企业精神支柱》，着重阐述了企业文化所包含的五大要素与四种类型，对其外延特征做出了解释与说明（见图 2）。

根据迪尔和肯尼迪的观点，企业文化包括环境、价值观、英雄、风俗礼仪和文化网络五方面要素。显然，这里沿用了企业文化的广义概念，价值观隶属于精神层，英雄、风俗礼仪以及环境分别位于精神层与行为层、行为层与制度层、制度层与物质层的交界，而文化网络作为非正式的信息传递渠道横跨各个层次。进一步地，按照企业经营的风险偏好和信息处理的反馈速度两个维度，可以把企业文化大致划分为以下四种类型（见图 3）。

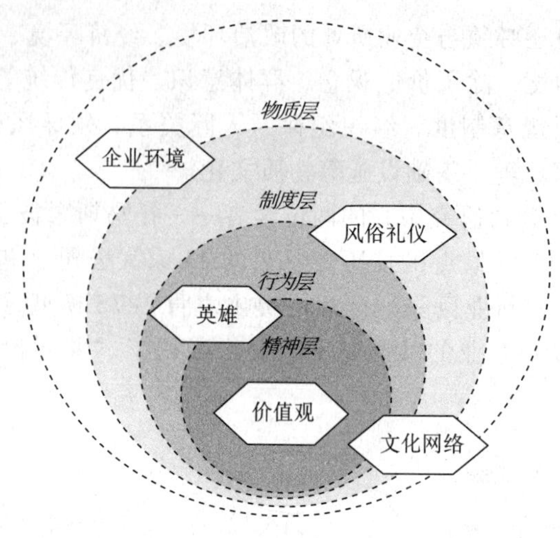

图 2　企业文化五要素

资料来源：渤海证券。

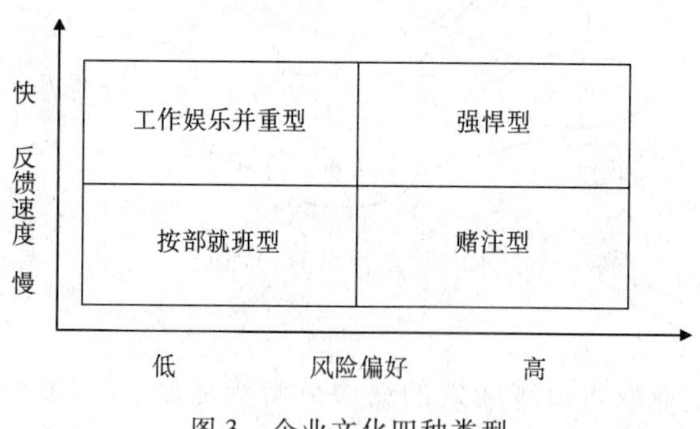

图 3　企业文化四种类型

资料来源：渤海证券。

（一）强悍型文化

即高风险、快反馈的文化模式。企业文化的主体代表为年轻人，奉行个人英雄主义，追求最佳、最大和最杰出的超人境界，着重强调工作的快节奏、快反馈，轻视合作，甚至不惜冒风险行事，短期失利者没有生存的余地，因而流动率高，难以形成凝聚力。

（二）赌注型文化

即高风险、慢反馈的文化模式，擅长增强信心和调动积极性，鼓励员工冒险和创新，否定那些按部就班、循规蹈矩的人，强调对未来进行投资，而非拘泥于一时的得失，因此企业发展所面临的波动性和不确定性较高。

（三）工作娱乐并重型文化

即低风险、快反馈的文化模式，对外强调客户价值优先，以客户的需求和感受为重，对内则强调集体行动和员工素质，倡导热情、亲近与坚韧的品质，避免让员工过分激进、承担大量风险，因此工作环境相对轻松，员工思想较为活跃。

（四）按部就班型文化

即低风险、慢反馈的文化模式，重质量，轻速度，强调安全与稳定，将防控风险放在首位，依据科学规律办事，严格遵循先建章定规然后执行的工作流程，着眼于完善细节，因此可能会忽视整体方向，甚至于错过发展机遇，员工基本依靠理性而非激情支配其行动。

三、我国证券行业的发展现状与品牌特征

（一）我国证券行业发展概况

改革开放以来，中国证券行业历经20多年的发展和洗礼，已成为国民经济的重要组成部分之一。从监管缺位到制度完善，从规范发展到深化改革，从规模初具到多层次资本市场体系形成，证券中介机构和机构投资者数量不断增加，在改善融资结构、优化资源配置、促进企业转型和加速经济发展等方面发挥着愈来愈重要的作用。截至2016年6月底，我国共有证券企业126家，其中境内外上市券商34家；行业内公司总资产为5.75万亿元，净资本为1.19万亿元。截至2015年末，全国证券公司营业部数量合计达8 170家，其中，广东、浙江、江苏分别以1 061家、677家、660家营业部位列省级行政区之首；银河证券、海通证券、广发证券分别以331家、290家、260家营业部数量位居行业前3名。

另外，就从业人员情况来看，截至2015年末，我国证券行业已注册从业人员29.24万人，其中一般从业人员17.66万人，证券经纪人7.32万人，投资咨询分析师2 350人，投资顾问3.34万人，保荐人2 870人，投资主办人1 482人（见图4）。

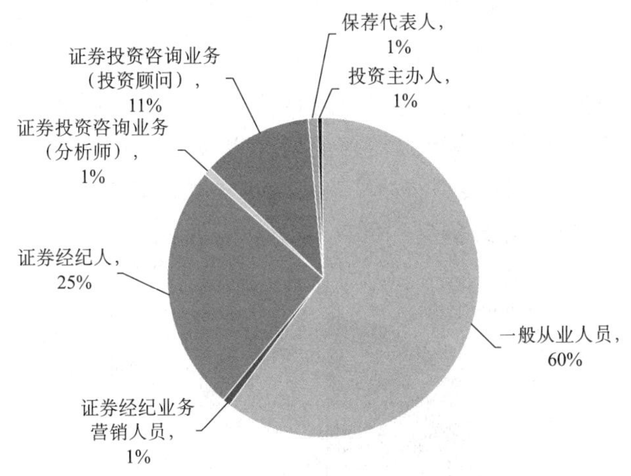

图4　2015年证券行业从业人员比例

资料来源：渤海证券，Wind。

（二）业务范围与经营模式

目前，我国证券企业的业务范围主要由投资类业务、通道类业务和资本中介类业务三大部分构成。其中，通道类业务包括经纪业务、IPO通道业务以及定向资产管理业务等；资本中介类业务涉及融资融券、股票质押等信用业务、股债承销做市等融资业务以及主动管理类

资产管理业务等。2015 年，受益于大牛市行情及市场活跃度的提升，我国证券公司总收入呈现井喷式增长。2016 年以来，伴随股票市场的持续低迷，大部分券商的业绩表现明显下滑。最新数据显示，2016 年上半年全国 126 家证券公司共实现营业收入 1 570. 79 亿元，较 2015 年同期下降约 52. 47%。其中，代理买卖证券业务净收入 559. 76 亿元、证券承销与保荐业务净收入 241. 16 亿元、财务顾问业务净收入 71. 43 亿元、投资咨询业务净收入 23. 33 亿元、资产管理业务净收入 134. 34 亿元、证券投资收益（含公允价值变动）244. 86 亿元、利息净收入 169. 04 亿元，当期实现净利润 624. 72 亿元（见表 1）。

表 1　　2016 年上半年证券公司营收及同比情况

业务收入	2015 年上半年（亿元）	2016 年上半年（亿元）	同比增长（%）
经纪业务收入	1 584. 35	559. 76	-64. 67
承销保荐收入	160. 51	241. 16	50. 25
财务顾问收入	43. 54	71. 43	64. 06
投资咨询收入	19. 25	23. 33	21. 19
资产管理收入	122. 14	134. 34	9. 99
自营业务收入	920. 63	244. 86	-73. 40
利息收入	366. 40	169. 04	-53. 86
净利润	1 531. 96	624. 72	-59. 22
营业收入	3 305. 08	1 570. 79	-52. 47
总资产	82 700. 00	57 500. 00	-30. 47
净资产	13 000. 00	14 600. 00	12. 31
净资本	11 400. 00	11 800. 00	3. 51
受托管理资金规模	102 300. 00	147 800. 00	44. 48

资料来源：渤海证券，中国证券业协会。

具体分业务来看，受行情走势影响较大的自营业务、经纪业务同比降幅最大，分别为 73% 和 65%；而伴随上市公司并购重组需求的增强以及融资规模的不断扩张，部分券商的经纪业务已成功向财富管理模式转型，主要表现为财务顾问业务、承销保荐业务、投资咨询业务收入分别较 2015 年同期增长 64%、50% 和 21%（见图 5）。

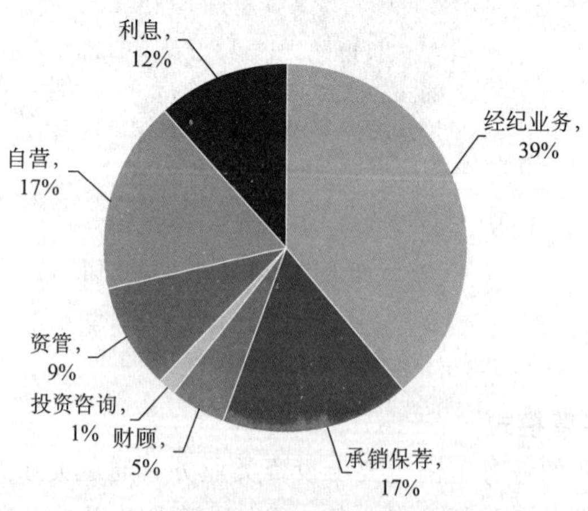

图 5　2016 年上半年证券企业营收结构

资料来源：渤海证券，Wind。

显然，我国证券企业多举措转型已经对其经营模式产生了积极作用。当前，无论是大券商还是中小券商，都在积极探寻转型的前景与出路，特色化、差异化的经营路线势在必行。其中，去通道类业务已成为大多数证券企业的共识。经济增速放缓，企业对于资金、资产运作的需求不断增加，银行惜贷，政府鼓励提高直接融资比例……面对复杂严峻的宏观经济环境，证券企业传统的经营模式遭遇重重考验，而与此同时，也为转型升级留出了更加广阔的空间。

（三）全国性券商与地方性券商的对比

考虑大券商和中小券商可能在资源优势等方面存在一定的先天性差异，我们以国内上市的两家券商——中信证券和西部证券为例，通过对比两家公司在近年来的营业收入构成及变动情况，进一步探讨全国性券商和地方性券商在业务布局、经营理念和品牌建设等方面的主要区别。

1. 中信证券营收基本情况

中信证券1995年10月在北京成立，依托于大股东中信集团，借助集团化发展优势和全国性覆盖模式，在众多领域内保持着稳固的行业龙头地位。从财务数据的角度来看，截至2016年上半年，中信证券各项主营业务收入的贡献率均发生了明显变化。与2007年相比，经纪业务收入占比已经由47%下降至33%；自营业务收入占比由34%下降至14%；相应地，投行业务收入、资管业务收入和利息等其他收入占比出现不同程度地提高，其中，投行业务收入贡献率由8%上升至16%，资管业务收入贡献率由10%上升至20%，而以利息收入为主的其他业务收入贡献率则由1%大幅上升至17%。实际上，这一变化在很大程度上得益于相关政策的逐步放开，以及中信证券自身的规模优势。

2. 西部证券营收基本情况

西部证券成立于2001年1月，注册地为陕西省西安市，在陕西、北京、上海、深圳等省市共有77家证券营业部。2012年5月，西部证券在深交所挂牌上市，成为行业内第19家上市公司。由公开财务数据可知，在上市初期，经纪业务收入是公司最重要的营收来源，其贡献率高达81%。后来，由于市场波动加剧，西部证券营业收入也随之上演“震荡行情”。最近一段时期以来，经纪业务行业内竞争不断加大，浮动佣金制和互联网经纪业务的迅速发展更使得佣金率不断下滑，客户营销及维护成本大幅增加，全行业的经纪业务收入、盈利能力都持续下降，而西部证券作为中小券商的一员，多年来形成的低成本、高佣金、高回报、地域优势强烈的经营格局、竞争优势被削弱。同时，投行业务收入和资产管理业务收入对总营收的贡献依旧较小。在行业整体转型的关键时期，公司以信用业务作为突破口予以大力发展，截至2016年上半年，西部证券的信用业务收入占比已提升至22%。

3. 盈利模式的差异化特征

通过对比中信证券和西部证券的营业收入结构及变动情况可以看出，以经纪业务收入驱动的券商经营模式已经悄然改变。无论是覆盖全国的大型综合性券商，还是地区优势相对突出的中小型券商，都开始着力于积极创新，探索新的业务模式，寻求新的盈利增长点。

其中，大多数集团化经营的证券公司（以中信证券为代表），已经把决定收入增长的关键要素从经纪业务脱离出来，转移至其他业务领域；部分中小券商、地方性券商（如西部证券）也逐步意识到传统盈利模式的脆弱性，并加快了创新步伐，然而，受制于市场环境、战略规划、员工素质等约束，存在转型障碍、转型缓慢等问题。目前，中小券商集体发力场外市场，着力打造差异化竞争优势，形成重点业务突出的特色品牌。长期来看，这将有利于公司储备优质客户资源，但就短期而言，其对公司实际利润的贡献却较为有限。毋庸置疑，我国证券企业特别是中小券商的转型阵痛仍将持续。如何在逆境中寻找机遇，如何将机遇转化为生产力，如何实现盈利模式的成功改革，正是经济新常态下摆在所有证券企业面前的一道难题，可谓“任重而道远”。在这一过程中，企业文化作为企业全体成员共同信仰的价值观、作为一种能够使公司上下协调一致的精神传统和行为规范，势必能够发挥凝聚、激励、引导和约束的重要作用，为证券行业发展与证券企业创新经营保驾护航。

四、企业文化助力品牌与先进典型建设的方法与路径

（一）企业文化强调以人为本，须关注不同层次员工的基本需求和发展愿望，予以适当的激励

任何企业的发展都离不开员工，员工为企业贡献智慧与劳动，创造利润和价值；与此同时，员工的发展也离不开企业，企业为员工提供施展才华的土壤、沟通交流的环境以及学习进步的机会。在某种程度上，企业发展与员工发展相互依存，“一荣俱荣，一损俱损”。企业文化作为强有力的精神纽带，可以将员工和企业紧紧维系在一起，而这种持续的动力，来源于企业对于员工需求的密切关注、对员工发展的高度重视。

根据马斯洛需求层次理论，人类的需求由生理需求、安全需求、社交需求、尊重需求和自我实现需求五部分构成，从低到高，呈金字塔形排列。在这五种需求中，生理需求、安全需求和社交需求属于较低层次的需求，通过外部条件就可以获得满足；而后两者，即尊重需求和自我实现需求，属于较高层次的需求，只有通过内部因素才能获得满足，而且人类对于尊重和自我实现的需要的追求是永无止境的。一个人在同一时期可能同时拥有多种需求，但每一时期总有一种需求占据支配地位，对行为起决定作用。某一层次的需求相对满足后，就会向更高层次倾斜，但各层次的需求相互重叠，低层次需求不会因为更高层次的需求得到发展而消失，只是其影响程度大大减小（见图6）。

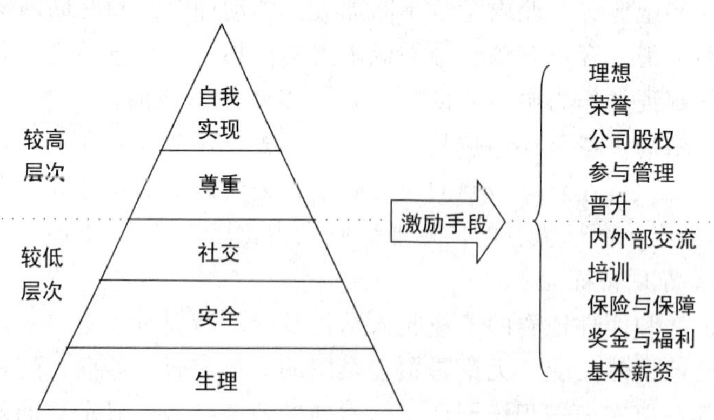

图6　马斯洛需求理论与企业员工激励手段

资料来源：渤海证券。

显然，对于不同层次员工的需求，或者同一员工不同时期的需求，有必要配合不同类型的激励手段。比如，对于大部分青年员工、基层员工来说，薪资、奖金、培训、关键岗位锻炼等基本措施就能取得良好效果；而对于资历丰富的老员工或者管理人员来说，尊重和自我实现已上升为首要需求，因此，除了物质激励之外，还需给予一定的荣誉、相对开放的平台及空间，鼓励其广泛参与关于业务拓展、企业经营、文化建设的相关讨论与交流等。

（二）企业文化强调控制和约束，内嵌于共同价值观的群体意识和行为规范应固化于规章制度，尽可能避免不了解、不清楚、钻空子等现象，督促全体员工严格遵守，自觉履行

国有国法，家有家规，一个企业在经营过程中也必然要建立起完善的规章制度，以此作为决策、执行的依据和约束。实际上，这本身就是企业文化最直接的外化体现之一。《吕氏春秋》中有云："欲知乎直，则必准绳；欲知方圆，则必规矩。"一项业务是否符合公司的长期发展规划、一名员工能否承担起关键岗位的重要职责，都需要有相应的标准、"尺子"加以衡量和界定。证券业是资本密集、智力密集、人才密集的高风险行业，创新始终是行业发展的永恒主题，无论是证券企业，还是证券从业者，无时无刻不面临着各种机遇与诱惑。企业经营必须放眼长远、立足全局，不断在创新和风险中寻求平衡。其中，文化氛围的影响不言而喻，一个有激情、有约束、有担当的组织，才能真正远离急功近利之人、摒弃坐井观天之见。

（三）企业文化强调协作和一致，内部竞争的初衷及目标在于激发潜能，打造高效率的精英团队需要资源倾斜与优化配置，同时也离不开后台部门的支持与保障

我国证券企业的组织结构主要以 M 型（事业部门型）结构和矩阵制结构为主，职能部门可以粗略地划分为业务类和运营支持类，其中业务部门直接面对客户、创造效益，运营支持部门则以提供各项服务和保障为主。长期以来，不同类型的业务团队可能会形成不同的工作风格，而内部竞争普遍存在于资源（如资本、人才、环境等）重叠或者业务交叉领域。企业文化注重包容"个性"，更讲求突出"共性"，即便有不同的声音，但共同的目标和信念也能够使各部门开诚布公地交换意见和想法，采取一致行动（见图 7）。

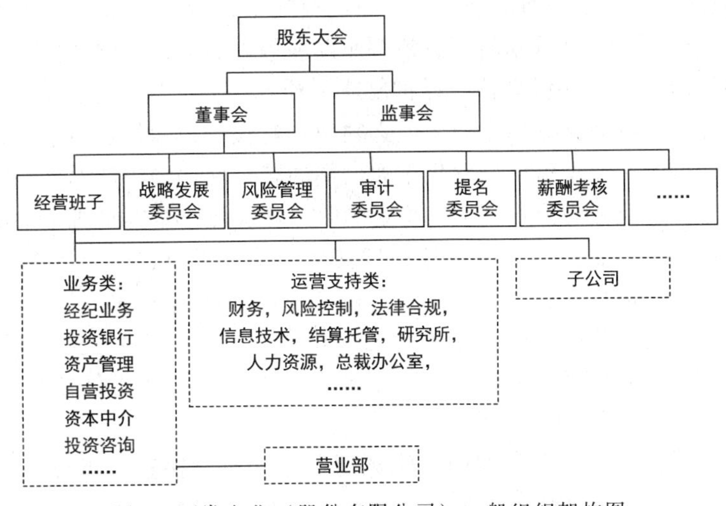

图 7　证券企业（股份有限公司）一般组织架构图

资料来源：渤海证券。

（四）企业文化强调传承和反馈，通过一系列经营活动根植于组织内部并形成品牌

品牌是企业内在价值的外在表述，并在接受外部检验的过程逐渐完善、重塑企业文化。品牌是一个“相互发现价值、相互承诺、相互组成价值网络的企业、个人或者其他组织的价值组合枢纽”，品牌建设与维护的关键是企业全体成员在共同价值观的指导下紧密配合、规范行事。企业文化是企业品牌的源头和实质内容；同时，品牌也是反馈企业文化优势与不足的重要途径。企业文化具有延续性，作为精神传统和行为指导在一代又一代员工手中薪火相传，而传承本身也蕴含了“去其糟粕、取其精华”的发展过程。从某种意义上来说，企业文化和企业品牌相辅相成、相得益彰。

五、关于企业文化建设的几点思考——以渤海证券为例

纵观国内外百年企业，其弥久不衰的原动力正是强大的企业文化，如“惠普之道”，花旗银行的“以人为本、客户至上、寻求创新”，星巴克的“尊重员工、尊重顾客、尊重供货商、回报社会”，以及北京同仁堂由“修合无人见，存心有天知”的古训到“同心同德，仁术仁风”的现代管理信念。可以说，一个企业的文化决定了它能够走多远、走多久。企业文化建设是提高企业发展质量、丰富企业发展内涵、增强企业发展潜力的关键所在。“纸上得来终觉浅，绝知此事要躬行”。下面结合渤海证券企业文化建设的实际进展和最新成果，提出如下几方面的思考和认识。

首先，企业文化不同于企业愿景（Corporate Vision）。愿景是企业最高管理者关于企业未来的设想，回答并且承诺了“我们代表什么”“我们希望成为怎样的企业”等问题，体现了企业家的立场和信仰；而企业文化则倾向于双向塑造，它既是一个自下而上的积累与沉淀过程，也需要一个自上而下的升华和提炼步骤。企业文化建设需要全体员工的积极参与。2015 年初，渤海证券利用公司内部信息平台就公司应该建设一种怎样的企业文化展开大讨论，通过讨论，形成了以人为本的文化、鼓励创新的文化、诚实守信的文化、友善包容的文化和懂得感恩的文化等共识。2016 年，公司围绕遵守纪律规矩、坚守正气底线、强化厚德为本、弘扬包容大度、注重改革创新、引领企业发展等方面，再次向全体员工征集企业文化理念表述语，最终确定以“弘博尚德，守正出新”诠释渤海证券的特色文化。

其次，企业文化本身并无好坏之分，但必须契合时代精神和行业前景，并且与企业的发展阶段相匹配。在金融行业竞争格局发生重大调整的转折期，渤海证券率先对传统自营业务进行了创新，新型自营业务为公司创造了稳定的收入增长点，基本摆脱了市场波动的负面影响；另外，公司还引进了业内领先的债券销售交易团队，以及许多具有海外背景的高端人才。经过几年的健康、持续发展，公司已经具备了一定的资本实力，立足新起点加快发展，大力推进企业文化建设，争取在更高层次上把公司做大做强。随着一大批新鲜血液的注入，渤海证券焕发出新的活力，逐步走出“按部就班型”的传统国有企业文化，更加注重效率、灵活性和人性。

最后，企业文化建设是一个长期的系统规划过程，包含探索、审视、诊断和修正等环节，它不是一时兴起、心血来潮，更不是一成不变、千篇一律。企业需要在具体实践中锤炼文化，也应学会巧妙地借助文化摆脱困境、寻求出路。近年来，渤海证券始终坚持把企业文

化建设贯穿经营管理全过程，以原苏州营业部（现苏州分公司）为代表树立先进典型，营造了亲和友善、强化服务的良好氛围，并通过举办演讲比赛、摄影比赛、书画比赛、羽毛球团体赛等一系列多种多样的文体活动，鼓励员工见贤思齐，从身边的榜样中汲取正能量，以感恩之心做人，以敬畏之心做事。

归根结底，企业文化建设的终极目标是凝聚人心、传承发展、回馈社会。作为一种哲学之道，文化有利于帮助企业探寻发展方向；作为一种精神激励，文化为企业如何实现"上下同欲"提供了解决方案。对于证券企业而言，企业文化在平衡创新与风险、协调精英团队等方面发挥积极作用，是塑造品牌形象、增强核心竞争力、实现可持续发展的重要支撑，正所谓"上下同欲者胜"。

用“互联网+”思维造就企业文化建设的燎原之势

——以广发证券在企业文化建设方面的实践为例

刘正周　蒋君洁　解石雯*

引言

2015 年的一个下午，遍布全国各地的广发人都紧盯着电脑屏幕，满怀热情地收看着广发证券新版企业文化纲要发布会的现场直播，共同见证了新版企业文化纲要的问世！

那一刻，在广发证券总部广州的会议室里，公司董事长带领全体与会成员（包括远程收看的同事们）起立诵读践行企业文化纲要的承诺书，这是公司成立二十几年来形成的第二版企业文化纲要文件，它正以零延时之势秒达广发人心。

时间倒退到 1999 年，当时，广发证券形成了第一版系统性的企业文化纲要。当企业文化工作小组满怀热情地迎接公司第一版企业文化纲要的诞生时，异地分支机构的同事们却对此全然不知。经过了排版、校对、印刷、邮递，企业文化纲要的印刷材料终于抵达异地同事们的手中，当全国各地的广发人拿到这份纲要时，胸口的那股热情劲儿却难以和总部工作小组当时的激动之情合拍……

时隔 16 年，绿皮火车渐渐被高铁取代，广发证券企业文化纲要的传播也坐上了高速列车！不得不感慨，新时代下企业文化建设的思维也需创新，而“互联网+”思维便是让企业文化建设形成燎原之势的利器。

从 1999 年到 2015 年，16 年的时光，两份企业文化纲要的传播表现为两种不同的方式。追根溯源，巨变归因于信息技术的飞速发展：信息通信技术以及互联网平台的融合发展，让我们走进了一个全新的时代——“互联网+”时代！

2015 年 3 月，李克强总理在政府工作报告中首次提出“互联网+”行动计划，号召将

* 作者单位：广发证券股份有限公司。原载于《中国证券》2017 年第 10 期。

互联网与传统产业深入融合，提升经济生产力。事实上，在“互联网+”概念登堂入室之前，“互联网+”在文化产业领域早已如火如荼：网络音乐、网络文学、网络视频……而在与时俱进的企业文化建设工作中，“互联网+”思维更是扮演着重要角色。

广发证券自成立之初就高度重视企业文化的培育，在企业文化建设工作上积极运用“互联网+”思维，大胆探索，勇于创新。反思实践与成效，提炼出广发证券活用“互联网+”思维指导企业文化建设的四个关键要点：共创、秒送、互动、分享。

从“共创”到“秒送”，实现了企业文化产品的全员创作与高效宣贯；从“互动”到“分享”，构建了企业文化传承的新方式。当“互联网+”思维“全链条”式植入文化建设，广发证券的企业文化传承便增色许多。

一、告别自上而下，全体员工共创文化

让企业文化根植于员工内心，是企业文化建设的重要目标。“根植”意味着员工对企业文化的透彻理解、完全接受、吸收转化和外化于行。将自上而下式诞生的文化概念与共创式的文化概念对比，“共创”的方式优势显著。

“共创”是运用“互联网+”思维进行企业文化建设的一个显著特征。因为互联网技术给媒介受众创造了开放包容的平台，给其培育了“共同参与”的观念，因此，当员工们积极共创企业文化产品时，才能更“走心”地乐享“文化洗脑”。广发证券在企业文化的“共创”之路上，进行了积极有效的探索。

广发证券的企业文化微视频充分利用“共创”思维，给员工创造了自主参与文化产品创作的平台。“研精阐微，积微成著”是企业文化微视频的制作理念，因此，我们鼓励员工从微小的视角出发，多维度生动形象地阐释企业文化，展现他们对企业文化的理解，呈现他们在细节中对企业文化的践行。每一期企业文化微视频时长约3分钟，在广发证券培训中心微信企业号上发布，受众面向全体成员，主讲嘉宾均是公司内部员工，主题源于主讲嘉宾的心得原创，紧扣企业文化纲要。例如，“知识图强”是广发证券的企业文化核心价值观关键词之一。因此，公司里热爱学习、善于学习、享受学习的同事就参与主题为“学在广发”微视频的录制，包括“引荐学习利器思维导图、介绍广发学习资源、分享积极的学习态度”等。再比如，风险管理文化是公司企业文化宣贯的重点，而风险管理部制作的生动易懂的微视频，用活泼的形式剖析了经典风险管理案例，被员工广为称赞。当企业文化口号变成员工自己创作的“看得见、摸得着”的行为指引，企业文化的“根植”人心便也不远了，这就是“共创”的魅力。

广发证券的2015年版企业文化纲要提炼和萃取的过程也借助了“共创”的力量。在企业文化纲要的诞生过程中，我们通过网络问卷系统向全司员工开展诊断，发布了企业文化纲要初稿意见征求问卷，让员工的意见全面及时地反馈到企业文化工作小组。仔细研读了员工的反馈意见后，企业文化工作小组对企业文化纲要初稿进行进一步完善，并经公司领导班子多次审议讨论和修改后，最终才形成了2015年版企业文化纲要的定稿，确立了“以价值创造成就金融报国之梦”的使命和“成为具有国际竞争力、品牌影响力和系统重要性的现代投资银行”的愿景等。因此，“共创”的过程对企业文化纲要的形成做出了重要贡献，这份企业文化纲要是全司员工智慧的结晶，是全体广发人基于共同的价值观“共创”的成果。

正因为源自“共创”，所以这份纲要正式与员工见面后，也能够更快地“入脑入心”。

在“共创”文化过程中，广发证券的员工不断丰富着他们对企业文化的理解。广发人坚持利用“共创”的方式，一起完成了许多优秀企业文化产品的创作。例如，公司员工已共同制作近 70 个企业文化微视频、400 多篇企业文化优秀案例等。这些宝贵的文化产品，为企业文化的沉淀、传播和传承提供了丰富的素材。

二、消除传播延时，企业文化秒达人心

当“共创”的企业文化产品出炉后，择机发送和宣传十分重要，趁热打铁将其传播才是当务之急。“互联网 +”时代，广发证券的企业文化建设运用了“秒送”的思维，让最新的企业文化理念和多类企业文化产品都秒达人心，都堪称“光速传播”！

2016 年 7 月，广发总部（广州）的小伙伴们发布的一张新员工培训活动图，几个小时内已经被各地分支机构的同事火热转载，红遍了广发员工们的朋友圈！一张图片得到广泛传播并不稀奇，但是这张图片在拍摄之初并未设计营销推广方案，初衷只是为了给参加 2016 年度新员工培训的学员留下一张纪念性的合影。图片中，300 余名新员工统一着红色文化衫，相互托肩，摆成英文字母“GF”（广发证券的汉语拼音首字母）的造型，朝气活泼的形象展示出广发新员工队伍的良好风貌。照片通过培训中心微信企业号的“2016 年度新员工培训每日动态”发布，瞬间便得到广发系统内员工的广泛转载，广发人的朋友圈也被这张图刷屏。大家纷纷以图撰文，告白广发：有千里之外的分支机构员工表达身处广发这家公司的自豪感，也有资深广发前辈们真诚对新人们送来祝福，更有年轻小伙伴们的相互打气和共勉。这张图早已经超越了合影留念的意义，它让我们实现了广发文化的“秒送”——让新人们展现出的精神风貌和士气秒速传播！

广发证券的 2015 年版企业文化纲要也驶上了“秒送”号列车。2015 年 5 月 25 日，《广发证券企业文化纲要（2015 年版）》发布会在公司总部召开，公司董事长带领全体与会成员诵读践行企业文化纲要的承诺书，发布会通过网络视频向全系统直播，所有广发人共同见证这一历史性的时刻。虽然广发集团内的分支机构遍布海内外，但是来自各地的企业文化纲要宣读声却整齐划一，铿锵有力。如果没有网络视频的实况直播，企业文化核心价值观又如何能第一时间进驻员工的大脑？

广发证券企业文化建设的“秒送”思维还在持续广泛地运用着。各类企业文化产品都以“秒送”的形式触及员工内心，例如在 LMS 学习系统上已经推送 24 期企业文化故事汇，在培训中心微信企业号上即将推送一批企业文化微视频和企业文化图文案例，在公司 OA 门户网站上已经推送 43 期《广发通讯》电子专刊，在微信朋友圈上发布公司的公益宣传片等；各类企业文化活动的开展也通过微信及时发布相关动态。通过多种形式的“秒送”，我们更加丰富立体地宣传了广发证券“知识图强、求实奉献；客户至上、合作共赢”的核心价值观和“稳健经营，持续创新；绩效导向，协同高效”的经营管理理念。

“秒送”犹如有力的助推器，将各类文化产品高效传播，让它们及时地彰显出价值。“秒送”提高了广发证券企业文化的传播效率，推动了企业文化的高效建设。

三、告别“高冷范儿”，企业文化互动起来

当最新的企业文化理念和多类企业文化产品秒达人心后，企业文化的宣贯才刚刚开始。如何有效调动员工的关注度？如何让员工高效吸收？“互动”是必不可少的“神器”。

当文化的宣传披上“高冷”的外衣，宣传效果总是不尽如人意，当互动元素适当点缀文化传播，宣传效果便立竿见影。运用“互联网＋”思维进行企业文化建设的另一大显著特点便是实现互动，不论是人机互动还是人与人的互动，广发证券的企业文化建设都在大胆尝试中。

比起丰富多彩的活动，企业文化类的政策与制度相对“冰冷”，员工们在学习政策与制度的时候可能也会觉得枯燥。广发证券培训中心微信企业号通过“边考边学”的功能，实现了制度学习的人机互动。员工们通过手机端可以进行企业文化类政策与制度的在线测试，当回答错误时，便会立即得到清晰的解释与说明；在人机互动的过程中，员工反复练习与测试，以更灵活的方式加深理解与记忆，甚至有一些员工反馈就如“游戏通关”一样有趣。“互动”让企业文化政策和制度的宣贯告别了“高冷范儿”，起到了事半功倍的效果。

广发证券的很多企业文化类产品也是给员工留足了互动空间。首先，在公司的网页新闻《广发通讯》专区，员工们可以实名点赞。例如当发布公司荣获外部嘉奖的新闻时，我们能从员工迅速集聚的点赞中感受到员工对公司的密切关注和浓浓的自豪感。其次，在企业文化故事汇的观看区，员工可以匿名评分、实名点赞和评论留言，我们会根据员工的评价及时调整故事汇的选题与表现形式。例如在《广发人的七个好习惯》系列节目播出以后，员工们对于节目主人公身上的良好品质予以赞赏，这充分体现了广发人对于企业核心价值观的认可与践行。在《合规大家说》里面，不同业务条线员工身边的典型合规场景被还原，许多一线员工观看之后留言，觉得生动易懂，这就指引我们的节目制作要深入浅出，通过网络技术将老员工中的榜样生动形象地展现在世界各地的员工面前，让主角的优秀习惯能够被模仿，而不是让人可望而不可即。再次，在广发证券的协作中心，员工可以实时分享照片、心声、博客、链接等等，其他人都可以发表评论，犹如在“脸书”上互动。例如，员工参加企业文化类培训后，可以在协作中心上撰写学习心得和感言，学员们可以互相回复，在线交流学习心得，加深对企业文化的感悟与理解。

数百个赞、上千条心得、几千条留言，这些不断增长的数字记录着广发证券企业文化的“互动”式建设。“互动”让我们感受到了员工对于企业文化的关注，激发了他们对于企业文化的思考，为广发大家庭营造着企业文化传承的良好氛围。

四、拆除“围城”范式，企业文化人人分享

通过互动，企业文化也在潜移默化中进入员工的脑和心，但如果不以有效的方式展现员工对企业文化的消化吸收，企业文化的宣贯至此可能会陷入“围城”范式，而人人分享便是打破这一范式的有效途径。

互联网时代下，只要有移动终端和畅通的网络，人人都可以成为“自媒体”，自主制作并分享内容，创造超乎传统媒体的影响力。企业文化的传播也是如此：官方自上而下的宣导

是一种主流传播，而员工自主分享文化故事则是在主流传播的基础上增添了全体参与的回应机制，让企业文化走出了纯粹由官方主导的“围城”，更加深入人心。让分享打破文化传播的局限，是广发证券运用“互联网 +”思维进行企业文化建设的积极尝试。

广发证券 2015 年版企业文化纲要问世以后，全公司开展了“四个一”企业文化系列宣贯活动：即举办一次新版纲要宣讲（培训）活动、开展一次企业文化研讨活动、提出一条践行新版纲要的改进措施，提炼一份企业文化优秀实践案例。公司总部各部门、各分支机构、各子公司分别开展了相关活动，不论是活动开展的过程还是活动结果的交流，分享都无处不在。一方面，在这次活动中，每个开展活动的单位在进行着内部分享，员工们相互之间都在讲述企业文化的点滴故事，每一位员工的分享都好比一个企业文化产品，值得被消化吸收和借鉴，加强了企业文化传承效果；另一方面，所有的活动成果都上传在协作中心的专区上，所有员工都可以相互阅览，这实际上是各单位之间在线分享交流企业文化学习心得。例如，公司各单位分享了近 400 个企业文化优秀实践案例，案例内容丰富，故事鲜活，集中展现了广大员工在公司各业务线上客户至上、奋斗不息、创造价值，以实际行动践行公司企业文化核心价值观的风貌。通过大家的分享，呈现了全员参与企业文化建设的热情，得到了全系统对于新版企业文化纲要的反馈。

在广发证券的企业级社交平台协作中心上，员工们也可以建立企业文化类社区，并分享相关的资料。例如，通过建立书签、分享链接、撰写博客的方式传播企业文化相关内容；在广发证券的 LMS 学习系统里，员工们可以在企业文化相关的视频资源下方留言或点赞，分享自己的企业文化感悟。

在广发证券，企业文化的“分享”已然成为一种习惯。例如，已经有几十名前辈对新员工传授经验心得；已经有数百人在企业文化专题读书会中分享自己的收获；400 多个企业文化案例和上千条企业文化改进措施更是展现出员工们的文化故事。当分享无处不在，企业文化自然也在潜移默化中烙印在员工的内心。

结语

管理界有个共识：三年的企业靠运气，五年的企业靠老板，十年的企业靠管理，二十年甚至百年的企业靠文化。二十多年来，广发证券能够发展成为中国资本市场上的一支重要力量，企业文化的建设功不可没。

从人人共创企业文化产品，到文化产品秒送秒达，再到员工热情而便捷的文化互动与分享，广发证券的企业文化建设坚持与时俱进。在未来的企业文化建设工作中，广发证券也会继续借力信息技术的飞速发展，创造性地将“互联网 +”思维灵活运用，探索更有效的企业文化建设方法。

把握成长需求　助力腾龙起飞

——长江证券后备人才培养案例研究

金　艳　蒋　云　熊　英*

一、引言

（一）研究背景

党的“十三五”规划建议提出：“深入实施人才优先发展战略，推进人才发展体制改革和政策创新，形成具有国际竞争力的人才制度优势”“优化学科专业布局和人才培养机制”，明确将人才作为优先发展战略并置于极高位置。对于一个国家来说，开发人才资源就是储备发展新动能，点燃发展新引擎；对于企业而言，作为核心竞争力的人才资源直接关系到企业的生存和发展，人才培养至关重要。

中国证券行业从20世纪80年代开始形成、发展至今接近30年，经营范围不断扩大、业务模式不断创新、信息技术与时俱进；市场、规模、产品都实现从量的积累过渡到质的转变，整个行业得到迅猛发展。伴随行业发展，证券从业人员的结构特点也悄然发生变化。“80后”“90后”员工已经不可逆转地登上了职业舞台，甚至已经在券商企业的经营管理中挑起大梁，在关键岗位上承担着重要职责，对公司的发展起到极大作用。然而，不可否认的是，由于社会背景和成长环境的差异，“80后”“90后”员工与老辈员工相比具有更加鲜明的特征，如何把握他们的特点，充分挖掘他们的潜力，激发他们的热情，构建多层次人才梯队，为企业储蓄强大的发展后劲，为企业永续经营提供源源不断的智力支持，成了所有券商企业深思的新课题。

长江证券在多年发展历程中，不断根据时代背景和自身发展需求建立、调整、丰富人才培养体系，对不断涌现出的新内容、新方式、新手段进行积极探索和尝试，取得了一定的经

* 作者单位：长江证券股份有限公司。原载于《中国证券》2017年第10期。

验和成果。自 2016 年以来，153 名年轻有为、有激情、想干事的“80 后”走上了管理干部岗位，其中包括 1 名“80 后”副总裁、3 名“90 后”分支机构负责人。相关任命文件的出台在青年干部员工中引起了很大反响，极大地激发了他们的干事热情。

本文以长江证券后备人才培养方案为对象，深化金融机构推动“80 后”“90 后”员工成长、成才研究，旨在通过对具体人才培养实践的深入分析，为证券行业青年人才培养提供借鉴和参考。

（二）研究方法

1. 文献研究法

通过阅读人力资源管理主题文献，分析、借鉴、吸收学者在青年人才培养领域的成功经验，为研究过程提供理论指导。

2. 内容分析法

充分挖掘长江证券后备人才培养的相关资料，详细地再现、分析事例内容，实现感性到理性的归纳。

3. 人员访谈法

通过对长江证券后备人才培养过程中受训学员、老师、组织人员进行半结构化访谈交流，深入了解培养目的、培养过程、培养效果以及成功经验。

二、长江证券后备人才培养实践

（一）背景介绍

1. 长江证券概况

长江证券成立于 1991 年，前身为湖北证券，是一家实力雄厚、功能齐全、管理规范、业绩突出的全牌照上市证券公司，也是湖北省唯一一家金融类上市公司。截至 2017 年 6 月，公司已形成证券类控股集团的架构，旗下拥有长江证券承销保荐有限公司、长江证券（上海）资产管理有限公司、长江成长资本投资有限公司、长江证券国际金融集团有限公司、长江期货股份有限公司、长江证券创新投资（湖北）有限公司、长信基金管理有限责任公司 7 家全资和控参股子公司。在全国 31 个省、自治区、直辖市的 129 个大中城市设立了 41 家分公司、246 家证券营业部，形成了覆盖全国的业务网络。自 2016 年以来，公司坚持以人才和资本为核心，以科技和研究为驱动，以财富管理为基础，以投行为引领，以资管和投资为两翼，以市场化的激励约束机制为保障，建立集团化的高效业务体系。

广阔的行业前景与良好的雇主品牌也得到了大量有志于在金融行业发展的优秀求职者青睐，其中不乏国内外名校硕士及以上学历的优秀毕业生。公司现有员工本科以上学历占 86.48%，35 岁以下的青年员工人数占公司总人数比为 72.97%，“80 后”“90 后”员工俨然成为公司的业务骨干和中坚力量，人员结构呈现高学历、高素质、年轻化的特点。

2. “80 后”“90 后”员工特点

“80 后”“90 后”员工受益于中国改革开放和独生子女政策，处于物质基础相对富足的社会环境，从小就接受家庭的人力资本投资，这种背景下成长的他们对新信息、新事物的接受速度、广度和深度都高于前辈，注重网络信息获取，具备较强的创造力和想象力；受西方文化和个人成长环境影响，他们看中人际的公平和民主，希望拥有良好的企业文化和工作氛围，同时渴望得到尊重和理解，获得领导重视；同时更加注重自我感受，追求自我价值与自我超越。然而，传统教育和文化传承的断层，异化了他们的人格素养和文化价值观框架，他们也存在一些与职场生活不协调的因素，比如过分个性化导致的以自我为中心，集体意识淡薄；对外部思维观念和诱惑因素缺乏正确判断与甄选；责任心和自律不足，缺乏对组织的忠诚等。

长江证券在人才引进和培养过程中不断发现和提拔年轻的优秀员工，看中他们的素质与能力，正视他们的特点与不足，认为这些都是“成长中的问题”。一方面，公司为青年员工创造理解和包容的工作环境；另一方面，公司坚持理论指导实践，将科学的研究成果和思路贯穿于员工成长、成才始终。

公司结合心理学行为动机理论，充分把握个体成长的基本元素和需求，构建后备人才培养体系，积极展开针对性培训，帮助员工在工作中添胜任力、在集体中有归属感、在发展中能自主，助力后备人才成为企业栋梁。

3. 项目背景

长江证券后备人才培养项目由来已久，早期后备人才培养以为公司分支机构培养总经理和营运总监后备为主，这与当时公司网点快速布局的战略相吻合。随着公司战略的不断升级、人才梯队的全面建设、“80 后”“90 后”员工的迅速成长，自 2012 年开始，为全面支撑公司业务发展，后备人才培养项目扩展为青年管理干部后备人才培养计划，“80 后”“90 后”员工成为青年后备培养的主体。自公司首次启动青年后备培养计划以来，已成功举办两批青年后备人才培养项目，共计培养 83 名青年后备人才，2 人任总部部室总经理，8 人任总部部室副总经理，10 人任分支机构总经理。青年后备培养计划成为公司内“80 后”“90 后”员工培养的明星项目，在公司内部享有极高的认同度和含金量，“80 后”“90 后”员工均以入选该培养计划为荣，形成了积极的示范及激励效果。2017 年度的青年后备培养项目已如火如荼进行，通过严格的人才选拔，目前已确定总部 46 人、分支机构 97 人、子公司 8 人进入后续环节。

（二）案例分析

基于“80 后”“90 后”青年员工能力和特点，长江证券以一年半至两年的时间为培养期限，通过统一集中培养，为公司储备了一批有德行、爱公司、懂业务、会管理、善创新的青年后备人才，为公司各部门、分支机构、子公司培养了后备干部。人力资源部建立了包含申报选拔、人才测评、集中培训、周末学习、境外学习、挂职锻炼、培养考核等环节持续性、一体化的青年后备培养体系。下面本文将对公司后备人才培养计划进行具体分析。

1. 公平选拔 + 自我审视：从归属感强化人才身份认同

人才选拔是青年后备培养的起点，遴选优秀和适合的人才进入培养序列是确保青年后备人才培养获得成功的基础。公司充分把握青年员工求公平、重民主的特点，建立健全了规范透明的人才选拔流程。在实际操作过程中，严格遵循“80 后”“学历高，业绩佳，潜质足”的标准，严格执行部门推荐、竞聘面试、闭卷笔试、公司审核等选拔步骤，优选高潜力的后备人才。首先，通过公司 OA 发布选拔通知，介绍培养方案并明确选拔标准，由各部门负责人根据本部门人才梯队建设情况推荐候选人。其次，由人力资源部牵头，邀请公司领导及相关部门负责人成立青年后备人才选拔工作小组，通过现场及远程面试的方式，对员工的面试表现、工作能力、管理能力、业务创新能力、工作业绩等方面进行综合评分，择优选拔青年后备人才，报公司审议决定。

选拔出来的青年员工大多在职业忠诚、决策能力、管理能力、执行能力等方面有较好的表现或较高的潜力，他们入选后备人才培养计划对于在公司树立忠诚榜样、责任典型起到了良好的示范作用；同时，对于入选的“80 后”“90 后”员工来说，入选该计划意味着得到从部门层面到公司层面的认可，是对其工作能力、发展潜力的一种肯定和支持，对于加强“长证人”身份的认同，满足员工对公司的归属需求起到了良好的促进作用。

如果说建立公平的选拔流程是从外部出发为后备人才成长提供制度保障，那么进行人才测评让员工进行自我审视，则是从内部出发让其明晰成长方向。公司会聘请专业测评机构对学员进行高潜人才测评，帮助他们在个性特征、职业动机、潜能特点等方面深入了解自己，为其在今后工作、生活中根据自身素质模型扬长避短，进行合理的职业生涯规划提供支持，从而使青年后备人才由外而内反观内心，再由内而外规划未来。

2. 集中授课 + 互动学习：从自主感畅通人才交流渠道

青年后备员工的培养工作由人才选拔与人才培养两部分组成。人才培养环节通过集中培训、周末学习和境外交流实现。

在每批青年后备的培养周期内，公司均会安排 2—3 次集中培训，每次的集中培训控制在 4—6 天，这样安排既可以让他们集中时间安心学习，同时也不会因为离职太长时间影响工作开展。

集中培训主要通过课程讲授形式展开，结合长江金融学院、移动学习 App（现已更名为“长江 e 学”）、微信公众号等互联网学习工具聚焦于帮助学员掌握应知应会知识，提升学员的领导和管理能力。课程具体内容包含公司文化与战略、管理类课程、业务知识和思维启发类课程四个方面。通过集中学习相关课程，帮助青年后备人才把握行业创新动态、明晰公司战略转型目标、掌握公司业务发展策略；提升组织协调能力、资源整合能力、团队建设能力；加强思想道德品质建设。

集中培训除了为学员健全知识体系创造机会，同时也为学员之间、学员和专家讲师之间、学员与公司领导之间的互动交流提供了平台（见图 1、图 2、图 3）。证券公司内部业务种类繁多，前后台部门、各业务部门之间对彼此工作情况的了解可能存在不够深入的情况，青年后备人才项目参训员工均为各部门业务骨干，封闭式集中培训的形式为参训的青年后备人才提供了充分交流的机会，有助于其从业务、人际关系等各方面加深彼此了解，也为大家提供了展示自我的舞台。同时，参与集中培训的学员可以在培训期间与公司业务骨干、邀请的高校名师以提升实战效果、掌握专业技能为导向进行相互学习，确保青年后备人才能够自主思考、自主交流、自主创新，充分体现自我价值，学有所获。此外，历次集中培训都会安排领导交流环节，公司领导会就某个具体主题向大家分享他们的管理经验、职业感悟，青年后备人才纷纷表示从前人的成功经验中获益良多。

图 1　高校老师为学员授课

图 2　公司高管为学员授课

图 3　学员之间业务交流

集中培训也是增强集体凝聚力和员工对公司认同感的最佳时机，公司人力资源部通过在集中培训过程中安排文体会演、篝火晚会、徒步登山等活动，让青年后备人才在相对轻松的环境下增进了解，通过受训学员之间建立密切的情感联系进一步强化他们的归属感和身份认同。归属感的满足、发展机会的赋予和发展渠道的畅通，显著地激发了后备青年员工成长的自主动力和热情。

2017 年，长江证券创新培训模式，建立了“长证公开课”系列培训（见图 4）。根据公司发展要求及员工能力素质需求，在现有培训体系的基础上，打造了投行快车道、研究点金之路、掘金财富管理、循规问矩之旅、财报读心之术、抢滩 PPP、突围 ABS 、长江论道、名师大讲堂等多个子品牌培训课程。青年后备员工可以结合自己职业发展需求及个人兴趣选择性参与培训，选修型培训方式增加了培训的趣味性。为了提高培训的实用性，在培训内容、培训师资上精心策划：一是课程体系直接瞄准公司战略性业务，抓住员工专业能力短板和转型方向；二是精心挖掘优秀师资，既能深入浅出、生动授课，又能实盘演练、答疑解惑，走出公司，放眼监管层、金融行业标杆企业、知名高校。聘请的外部师资包括行业精英、名校博导等，帮助员工更深刻理解业务及政策，掌握业务实操。截至 2017 年 7 月，“长证公开课”已经开展近 50 期培训，采用“现场授课 + 远程视频的方式 ”为公司有发展需求、成长需求的潜力员工提供智力支持。

图 4　“长证公开课”系列培训海报

除了集中培训和周末学习，公司还选派综合考核优秀的青年后备人才参加协会及公司组织的专项研修班和境外研讨班的交流活动。2014 年，公司选派 16 名优秀青年后备人才前往台湾学习（见图 5、图 6）。本次培训包含课堂教学和金融机构参访两个环节，在课堂教学环节，学员们就财富管理、互联网金融、债券业务、金融衍生品业务、财务顾问业务、期货期权、风险管理、信用交易、证券经纪业务等主题进行了学习；在金融机构参访环节，学员们参观了台湾元富证券总部及分公司，并与其各业务部门、营运部门负责人及骨干员工就两岸证券市场现状及发展趋势进行了深入交流。通过此次参访学习，“80 后”“90 后”学员们对台湾证券行业发展历史与经验有了深入了解，并利用所学所得充分发挥自身的创造力为公司转型发展提出有效建议。

图 5　在台湾元富证券合影

图 6　台湾元富证券专题参访

公司“80 后”“90 后”员工普遍具有较高素质，对于新知识、新体验非常向往，他们有自己的发展目标，期望个人能力能够在工作中得到提高，视野得到开阔；反过来，他们也会心怀感激用忠诚和业绩回报公司。公司境外学习的培养方式充分体现了公司建设人才梯队、储备核心人才的决心，也是对后备人才更高层面需求的满足。

3. 立体培养 + 考评跟踪：从胜任感落实人才培养效果

公司根据青年后备人才的工作性质和发展方向，在培养过程中安排挂职锻炼环节，实现后备人才从理论走向实践，从课堂走上一线的立体培养。挂职锻炼分成交叉挂职、横向挂职和本部门挂职三种形式。交叉挂职是指总部部门青年后备人才到营业部挂职，营业部青年后备人才到总部部门挂职。横向挂职是指总部部门青年后备人才到总部其他部门挂职，营业部青年后备人才到其他营业部挂职。对于基金经理、投资人员等专业性强的青年后备人才，主要在本部门挂职，子公司青年后备人才到公司总部或在本公司挂职锻炼。为确保挂职效果，人力资源部设计了明确的挂职流程及考核制度，挂职前人力资源部为每位青年后备人才出具《挂职派出函》，并派专人带领青年后备人才前往挂职部门报到；挂职期间，青年后备人才需提交挂职周报、月报；在挂职结束时需提交挂职总结。此外，青年后备人才需与挂职部门签订绩效合同，订立绩效目标，由挂职部门负责人在挂职结束时进行考核打分，从工作胜任力角度对培养效果进行评估和落实。

挂职锻炼加强了总部和营业部之间、总部和营业部各岗位之间的人才交流，是帮助青年后备人才全面了解公司业务的有效手段，不同部门和岗位的交叉学习是公司对“80 后”“90 后”员工提升市场价值的投资手段，为后备人才迎接更大工作挑战打下基础，帮助他们在今后的实践中获得更好的目标达成能力。

培养结束后，公司青年后备人才培养考核工作小组依据青年后备人才的挂职锻炼期间绩效考核情况、集中授课考试成绩、导师评价和领导力评估，对学员的培训效果进行综合评估，并根据综合考评结果对不同表现的学员进行差别安排，实现能力、兴趣和岗位的匹配。同时，根据得到的反馈信息，在今后的人才培养过程中对培训内容、培训形式、培训安排等内容进行针对性调整，以反馈促工作，以工作促发展。

三、经验总结

“一年之计，莫如树谷；十年之计，莫如树木；终身之计，莫如树人”。今日世界，所有领域的竞争，归根结底都是人才竞争，谁拥有了人才，谁就拥有了先进的技术和先进的管理，谁就能在激烈的竞争中占据制高点。

长江证券在青年后备人才培养，定制化打造青年员工成长、成才路径方面取得了一定的成效。

（一）争取公司领导支持，寻求公司战略与员工发展共赢

公司领导重视是青年后备人才培养方案成功的关键因素之一。历年来公司每次集中培训均有领导进行开班和结业讲话；培训过程中，内部课程培训师会邀请公司领导、各部门主管和业务骨干担任；个性化培养方案设计由人力资源部领导与学员一对一面谈确定；考试也安排部门总经理全程监考。整个过程不仅表达了公司及领导对后备人才的殷切期待，也从每一个环节和细节体现公司重视青年后备人才培养，尊重青年后备人才成长。

公司战略决定着未来的人才布局，人才布局决定了青年后备人才的培养方向。长江证券在青年后备人才培养过程中，通过公司发展促进员工个人价值实现、通过员工个人价值的实现成就公司发展，力争实现公司战略与员工发展共赢。

（二）把握人才成长需求，实现培养方案与需求满足统一

证券行业“80 后”“90 后”员工作为社会的中坚力量，其职业生涯很长，他们在企业发展的不同阶段具有不同的需求。长江证券在后备人才培养过程中紧紧围绕个体成才归属需求、胜任需求和自主发展需求，结合“80 后”“90 后”员工特点，从公平的人才选拔到制订培训方案，帮助后备人才不断了解自己、掌握业务、融入公司、体现个人价值，实现快速成长和全面发展。整个后备人才培养方案实际上是在以人为本理念指导下对员工发展需求的精准把握，并通过员工成长计划实现了对需求的引导和满足。

（三）创新培训学习方式，用产品思维提升培训效能

长江证券根据“80 后”“90 后”员工注重网络信息获取、对新事物具有较高的接受和吸收能力的特点，在后备人才培养过程中，充分利用新的学习手段和方式，依托长江金融学院、长江 e 学移动学习 App、长江金融学院微信公众号、UMU 培训工具，搭建了“四位一体”的“互联网 + ”培训平台。新技术的运用为体系建设、运营提供宝贵经验的同时，培育了员工的使用习惯和学习习惯。同时，丰富公司培训课程库，重新梳理公司投行、研究、财富管理、风控等课程体系，梳理包括债券、新三板、IPO、资产证券化、银行委外、股票质押、宏观研究思路等各大模块的重要课题，课程内容更有时效性、前瞻性。

在新的战略形势下，原有侧重“精准、精英、精致”的项目性培训已难以满足公司业

务发展和员工成长需求。公司迅速调整培训策略，以“全员、全面、全新”为导向，将互联网思维、平台思维、产品思维引入培训设计中，依托“互联网 +”培训体系，建设“线上 + 线下”课堂，打造业务展示与交流的平台，推出投行快车道、研究点金之路、掘金财富管理等系列培训子品牌，紧密服务公司战略，不仅传播了知识，丰富了内训课程库，更直接地加强了培训项目的趣味性和针对性，“勤于学习、精于业务”的学习风气得到进一步发扬。

年轻有活力的“80 后”“90 后”的员工正在快速成长，企业应该给予青年员工更多的理解、包容、信任和支持。在人才培养过程中应坚持以人为本的思想理念，从他们成长、成才需求点出发，遵循其独特的人格特征，结合先进的技术手段制订相应的培养方案，因势利导、顺势而为，最终实现公司战略与员工发展的和谐共赢。

参考文献

[1] 李燕萍，侯烜方．新生代员工工作价值观结构及其对工作行为的影响机理［J］．经济管理，2012，34（5）：77—86.

[2] 刘军，苏方国，刘晓琳．基于扎根理论的金融业最佳人力资源管理实践研究［J］.中国人力资源开发，2016（3）：72—81.

[3] 杨涛，王晓红，马君．新常态下“80 后”“90 后”员工的创新驱动力［J］．财经科学，2015（5）：110—120.

[4] 赵曙明．人力资源管理研究［M］．北京：中国人民大学出版社，2001.

从责任券商看企业文化

蔡廷华　孙志祥　周　玟*

一、综述

近年来，随着中国资本市场的快速发展，证券行业的竞争明显加剧。证券行业的业务发展模式和竞争态势都发生了前所未有的变化，可以说整个行业都面临着创新转型的趋势。企业文化作为证券公司的精神理念和行为方式的体现，将决定与公司关联的各方是否理解和接受行业创新转型的必然性、是否最大限度地发挥自身的主观能动性来支持、谋划、执行公司的创新转型。

文化对于一个企业的重要性不言而喻。对于证券行业来说，如果没有良好的企业文化作为基础，那么企业内部的管理制度和机制都将难以发挥其真正的作用。“证券公司想要成为基业长青、具有国际竞争力的投行，必须注重用企业文化吸引、留住和激励更多的人才。加强企业文化建设，通过提升企业发展的软实力促进企业和整个行业的发展十分必要”①。

（一）企业文化及其功能

1. 企业文化的概念

关于企业文化的概念，专家学者一直有不同的见解。这些观点大概可分为两种②：一种观点认为企业文化是无形的，是一个企业在长期的经营实践中形成的价值导向、传统习俗、惯例及行为方式等；另一种观点认为企业文化是企业生产经营中形成的有形物质，如生产设备、厂房和无形精神，如核心价值观、企业使命、愿景等总和。综上，企业文化是指企业在

* 作者单位：长江证券股份有限公司。原载于《中国证券》2017 年第 10 期。

① 中国证券业协会：加强证券业企业文化建设，http：//news. xinhuanet. com/fortune/2014—04/30/c_ 126 448 265. html.

② 苏雪：《我国中小企业文化建设研究》。山西财经大学硕士论文，2013 年。

长期生产经营活动中所形成的为大多数成员共同认可并遵守的有形物质和无形精神的总和。

2. 企业文化的层次

根据上述对企业文化概念的界定，企业文化可分为有形文化及无形文化两个层次。有形文化是指由企业成员生产的产品以及其他物质设施构成的物质文化。物质文化是企业文化的表层，这是进行企业文化建设的基础。无形文化是指企业在生产经营管理过程中形成的精神文化，包括企业的规章制度、行为规范以及长期实践形成的风俗习惯、礼仪准则等，是企业文化的内层。其中为大多数员工认可和接受的理念文化是无形文化最核心的层次，也是企业文化的核心和灵魂，包括企业使命、愿景、核心价值观和奋斗目标等内容。

3. 企业文化的作用

企业文化具有导向、凝聚、规范、激励、辐射五项作用。[①]

导向作用是指企业文化像一根无形的指挥棒，能够对企业日常经营管理工作进行指引，能将员工的职业目标与企业愿景指引到同一个方向，助力企业做大做强。凝聚功能是指企业文化能把员工与企业紧密地融合在一起，形成强大的向心力和凝聚力，让员工万众一心、团结一致，使部门间相互配合与协同，降低企业经营成本。规范功能是指企业文化通过行为、仪式规范等有形或者无形的方式，让员工明白自己该做什么和不该做什么，以此规范员工行为，使员工之间、部门之间达成统一与默契。激励功能是指企业文化能够起到激励和鼓舞作用，良好的文化氛围能够使每个员工愿意为实现自我价值和企业发展而不断拼搏和努力。辐射功能，是指企业文化在企业内部发挥作用的同时，能够辐射到企业外部，扩大企业知名度和美誉度，对企业生产、经营环境产生积极的影响。

（二）长江证券股份有限公司及其企业文化建设情况

长江证券股份有限公司是全国性的全牌照上市证券公司，也是中西部最大的证券公司，前身为湖北证券公司，于 1991 年成立，总部设在武汉，于 2007 年在深圳证券交易所挂牌上市（股票代码为 000783），是中国第 6 家上市券商。

经过 20 多年坚持不懈的努力，长江证券已发展成为一家实力雄厚、功能齐全、管理规范、业绩突出的优秀上市金融企业。公司积极把握资本市场深化改革和行业创新发展的机遇，稳中求进，转型整合，创新发展。

长江证券拥有齐全的业务资格以及领先行业的服务能力，其中多数资格均为业内首批获得，业务体系覆盖场内、场外市场，并始终坚持以客户为导向，寻找新机遇，融合新理念，拓展新业务，发掘新渠道。同时，公司已形成证券类控股集团的架构，业务网络覆盖全国，可为广大客户提供全方位综合金融服务。

近年来，长江证券屡获“中国证券行业十大影响力品牌”“最具发展力券商”“最具成长性证券公司”“中国上市公司价值百强”“中国证券市场 20 年最具影响力证券公司”“中国最佳证券经纪商”等多项殊荣，在行业和市场上树立了良好的品牌形象。

长江证券成立 26 年以来，在促进业务健康、快速发展的同时，对企业文化建设十分重视。通过开展系统性活动促进企业文化的落地生根，使之成为公司重要的竞争力，在证券行

---

① 任松岭：《招商证券企业文化建设研究》。济南：山东大学工商管理专业论文，2012 年。

业以“负责任”而著称。公司当前的企业文化理念体系包括公司的愿景：成为提供综合金融服务、具有品牌影响力的现代投资银行；公司的使命：汇聚财智、共享成长；核心价值观：追求卓越。在改革和转型的背景下，公司提出了“高举二次创业旗帜，进军行业第一方阵”的奋斗目标。

二、责任券商——对社会、客户、股东、员工负责

长江证券的使命是“汇聚财智，共享成长”。公司始终认为成功的企业追求的不只是自身的成功，更应该与社会、客户、股东和员工共同成长，为其创造最大的价值并对其负责，通过反哺社会、回报股东、服务客户、成就员工共同创造的多方共赢的局面。

自成立以来，长江证券始终坚持勇于承担责任，在履行责任过程中不断前行、发展。通过守法、合规创造财富感恩回馈社会，积极履行企业公民的责任；为客户提供专业、真诚的服务，开展富有成效的投资者教育活动，持续为客户创造价值；通过合法、合规经营，切实维护股东和广大中小投资者权益，并努力为股东和投资者创造更好的投资回报；通过构筑让员工看得见希望与未来的事业发展平台，帮助员工不断提升能力，实现员工的职业发展梦想。持之以恒的努力，使公司建立了对社会、客户、股东、员工负责任的企业文化，赢得了“责任券商”的美誉。

（一）践行企业社会责任，感恩回报社会

作为社会的一分子，长江证券积极响应政府部门和监管机关的号召，积极参加精准扶贫、捐资助学、科教卫生、社区建设等社会公益慈善活动，深入践行企业社会责任。

1. 成立慈善组织，统筹运作走在行业前列

2008 年，长江证券发起成立“湖北省长江证券公益慈善基金会”，将公益慈善活动纳入统一规范的运作体系，这也是国内第一家由证券公司发起成立的公益慈善基金会。基金会以“扶危济困，回报社会”为宗旨，在帮助弱势、特困及受灾群体，资助教育事业以及其他社会公益慈善事业的业务范围内开展活动。

2. 金融精准扶贫，助力融资融智

长江证券积极响应中国证监会“脱贫攻坚”和中国证券业协会“一司一县”结对帮扶的号召，充分发挥自身专业优势和金融杠杆作用，积极投身扶贫攻坚事业。首先，发挥专业优势，通过设立扶贫产业基金等方式，将“输血”与“造血”相融合，为贫困地区引入“源头活水”；其次，通过“规划、咨询、教育、培训”等方式输出人才作为“造血干细胞”，全面提供“融智”服务；最后，充分发挥多层次资本市场的重要作用，帮助企业解决融资难题。目前已在全国 21 个国家级贫困县大力开展财务顾问、股权融资、债权融资等专业服务，融资项目达 87 个，融资总额 24 亿元，新三板企业挂牌 4 家，区域股权市场挂牌企业签约 200 余家，挂牌 100 余家。长江证券已与湖北红安、郧阳、宁夏海原、江西乐安 4 个国家级贫困县开展了结对帮扶，与湖北利川的“一司一县”结对正在推进中。

3. 捐款赈灾，快速反应

在突发性灾难的捐助方面，长江证券依托基金会，形成了快速反应的机制，总能在第一时间援助受灾群众。2016 年，湖北地区连降暴雨，造成了严重的洪涝灾害，公司在洪灾发

生的第一时间向湖北省减灾备灾中心捐款100万元，专项用于此次灾害中受灾群众的安置和生活救助。此前，公司还向玉树地震灾区捐款50万元，向舟曲泥石流灾区捐款50万元，向庐山地震灾区捐款100万元。除了捐款，长江证券也通过多种途径关怀灾区群众生活，从物质和精神层面给予鼓励。在向汶川地震灾区捐款100万元后，组织党员缴纳特殊党费14万元，并在冬季来临时组织员工捐赠衣物、棉被和钱款，帮助灾区人民度过寒冬。2008年南方遭受大面积雨雪冰冻灾害期间，公司积极组织人力物力，为武汉近百个社区的贫困家庭送去过节物资，与他们欢聚一堂迎接新春。

4. 公益扶贫，兼济天下

“穷则独善其身，达则兼济天下”。长江证券在扶贫济困的公益扶贫事业中一直在努力。在“一司一县”结对帮扶县，公司先后向海原县捐赠扶贫基金100万元，为海原县关庄乡小学捐赠价值10万元的服装和学习用品；向红安县捐款100万元，用于红安县永河镇永河小学的校舍重建；向郧阳区捐款30万元，专项用于郧阳区谭山镇初级中学和郧阳区白桑关镇中心幼儿园购置学生床位，提高保育室配置及购置办园教学设备，改善办园条件。除了“一司一县”，还向更多贫困山区更大范围的学校和孩子伸出援助之手。捐款10万元，参加贵州证券业协会发起的“标准化食堂”公益助学活动；向深圳市石门坎教育公益基金会捐款100万元，用于贵州石门坎地区教育扶贫。2013年响应中国证券业协会号召，向协会与中国扶贫基金会联合成立的证券行业扶贫专项基金捐款15万元，此次募集资金全部用于山西省隰县、汾西县的“爱心包裹”项目。

在新农村建设方面，长江证券连续6年参与湖北省“三万”活动，每年坚持捐资15万—20万元，用于黄陂黄家榨街桥头寺村的精准扶贫工作；历次向恩施鹤峰、丹江口的农村捐资改造村民饮水工程、改善机耕路；向利川市交椅台村捐款15万元，支持农村道路修建。

5. 爱心助学，托起希望

2015年至今，长江证券连续三年开展了“衣心衣意”爱心助学活动，资助老少边穷地区的教育事业。前后在甘肃、贵州、云南、四川、重庆、新疆、西藏等十余个中西部地区以及湖北的偏远山区贫困小学开展“衣心衣意”公益助学活动，累计向20余所贫困小学捐赠价值超过150万元的校服和学习用品，受益学生超过3 000人。

在武汉，依托志愿者的力量，多次组织黄陂郭河小学的学生参观湖北省博物馆、科技馆等，扩展视野。为了支持革命老区的基础教育，为湖北麻城福田河镇中心小学捐建了综合教学楼，为孩子们送去了宽敞明亮的校舍。

长江证券的公益慈善一直在路上，除了做好赈灾和扶贫捐赠，更致力于探索以基金会为主导、持续运作且形成具有一定社会影响力的公益慈善项目。通过品牌项目的实施，吸引员工、客户和股东等社会各界人士加入长江证券乐善好施的行列中，为共同构建和谐社会贡献力量。在公司互联网商城中，已经发起“长江大爱”项目，客户每做一笔投资，公司都会替客户捐赠1元爱心善款，用于公司的品牌慈善活动。

2016年，长江证券以成立西藏分公司为抓手，与自治区政府、金融同业、地方企业密切合作，发挥专业能力，提供综合性、全方位的金融服务，让“金融援藏”战略在西藏落叶生根、开花结果，为自治区社会经济发展与资本市场建设做出贡献。公司即将向西藏捐款100万元，支持精准扶贫和科教文卫等公益项目，践行企业对社会做出的承诺。

长江证券的善举得到了社会的广泛关注，多次被评为“优秀企业公民”。在中华慈善总会成立十五周年纪念暨中华慈善突出贡献奖表彰大会上，长江证券被授予“中华慈善突出贡献单位（企业）奖”。湖北省慈善总会也多次授予长江证券“最具爱心企业”称号，基金会理事长还被省慈善总会聘为副会长。

与社会“共享成长”是长江证券的使命之一，已经贯彻到公司上下全体员工的日常行为当中。基金会组建了员工志愿者团队，以“关爱、互助、坚持、感恩”为核心理念，通过身体力行、亲身参与，先后开展了“敬老孝亲”敬老院关怀和“爱心捐书”助学等社会公益活动，奉献自我，服务社会，为我国敬老、助学和环保事业尽一分力量。分支机构员工也积极参与当地公益，高考期间主动组建送考车队、酷暑中为当地交警免费搭建遮阳伞、与各地高校学院共建实习基地……“责任券商”的文化已然被全体长江人接受并主动践行。

长江证券在发展自身的同时，以实际行动践行了一个企业公民对社会做出的承诺。在“追求卓越”理念的指引下，公司将继续向优秀企业公民的行列大步迈进，与和谐社会共同成长。

（二）加大投入和制度保障力度，努力保护投资者利益

客户是公司最大的资本。本着对客户负责的原则，长江证券长期以来高度重视投资者教育工作，各部门在公司投资者教育领导小组的领导下，坚持以健全投资者教育长效机制为主线，以服务中小投资者为重点，开展了形式多样的投资者教育活动，创新投资者教育宣传模式，将投资者教育工作上升为一场推广宣传正确理财服务观念的战斗来进行，并持之以恒地贯彻引导。

1. 建立健全长效机制

长江证券自 2009 年就成立了投资者教育领导小组。小组以公司总裁为小组组长，分管零售业务的公司领导作为常务副组长，零售客户总部、研究所、风险管理部、信息技术总部、法律合规部、稽核监察部、财务总部等部门负责人担任小组成员，零售客户总部主管担任小组秘书，日常具体负责协调、落实投教各项工作，下设小组联络人一名负责日常联络、任务执行等职责。投资者教育领导小组下辖整非工作小组、各项创新业务投资者教育工作小组、营业部投资者教育工作小组。

营业部投资者教育工作由营业部经理作为第一责任人，组成包括营业部总经理、营运总监、营销主管、理财主管、IT 主管在内的营业部投资者教育工作小组及各项创新业务投资者教育小组。

2. 开展丰富的投资者教育活动

2016 年，在中国证监会，中国证券业协会，沪、深证券交易所，中国证券投资者保护基金，湖北证监局等多个部门指导和支持下，长江证券通过网络、自媒体、现场等多种形式和渠道开展了“3·15 做理性投资人”“高风险证券警示”“重申投顾业务管理规范”“非法配资危害性宣传”“投教宣传月”“私募投资者保护教育”“打非健康跑”“深港通业务知识普及”等大型活动，加强对投资者的教育引导，将投资者权益保护工作落到实处。

同时，为重建投资者信心，树立理性的投资观，抵制非法配资、非法集资诱惑，提升防范非法证券活动意识，公司制作了一批内容新颖、形式多样、喜闻乐见的投资者教育宣传产品，如《股林秘籍》《杜绝诱惑，做理性投资人》等。

3. 大力推进实体投教基地建设

2017 年，长江证券投教工作正乘着行业发展和金融科技的东风，将健康的投资理念惠及寻常百姓。公司在武汉核心商圈着力打造公司实体投教基地，作为投资者了解市场的学习体验平台、在校学生的实习实践平台，以及证券行业的宣传展示平台。该基地占地面积350平方米，在五大基本功能区域基础上增设了“中国证券历史区”“体感游戏区”“咨询服务区”“路演中心”“公司文化区”“形象墙区”6个特色区域，配备了一流的硬件，通过整合外部资源和自身的原创丰富了投教产品线，并开展了形式多样的投教服务。公司投教基地已获评“省级投资者教育基地”称号，目前正向中国证监会申报国家级实体证券期货投资者教育基地。

4. 保障客户信息及金融服务安全

长江证券信息技术系统采取“两地三中心”的运营模式，在武汉建立同城灾备中心，在上海建立异地备缓中心，保障各项金融服务的稳定运行。同时，公司积极提升信息系统实力，提高信息安全防护水平，建立专属服务器与数据库，单独存放客户相关信息，如电子签名、数字证书、客户资料等；在项目建设中，对数据传输、存储进行加密设计；在系统运维阶段，严格控制客户数据访问权限，加强信息系统安全防护，保障客户信息和金融服务安全。公司已连续多年参加中国证监会组织的“证券期货业信息安全联合应急演练”活动，通过模拟多种紧急情景检测、检查公司信息技术的安全性。

5. 完善投诉管理机制

长江证券一直以来高度重视客户投诉工作，为确保客户投诉得到及时、有效的处理，制定了《公司客户投诉管理办法》及相关管理细则，从公司层面统一了客户投诉管理模式，完善了客户投诉处理机制，对客户投诉受理的渠道、处理程序、职责要求、投诉档案的管理和报备、投诉处理的考核及问责等做出了明确规定。

长江证券始终坚持以及时、快速、有效为原则，积极解决客户的各类投诉，不断优化投诉管理流程和机制，提升客户投诉处理效率。同时也通过各类投诉对客户服务中的各个环节进行反省和改善，持续提升客户服务水平，提高客户服务满意度。

回顾近年来长江证券在投资者教育方面所做的各项工作，可以深刻认识到引导建立投资者稳健投资、理性投资理念的投教活动不是一时兴起之举，而是整个证券行业成长和发展过程中一项长期性、系统性的工作。在公司经纪业务未来的发展道路上，公司将建立投资者教育长效工作机制，将“积极回报投资者”“对客户负责”作为一项公司文化贯穿于公司的整体业务发展过程中，把理性投资教育工作进一步做实、做深、做细，继续丰富投资者教育形式，提高投资者教育工作的实际成效，切实维护投资者权益，对客户负责。

（三）真诚回报股东，致力于股东利益最大化

用现有的资本为股东创造持续、稳定的价值，使股东获得满意的回报，才能赢得股东和投资者的长期信赖和支持。本着对股东负责的态度，公司积极建设回报股东的企业文化，通过多种措施加强股东关系管理，实现股东利益最大化。

1. 规范公司治理，重视股东权益

长江证券定期梳理上市公司、证券公司监管规则以及交易所、登记公司相关规定、制度、管理办法，紧跟最新监管要求，持续完善公司法人治理结构，提升规范运作水平，保护股东合法权益。同时，不断加强落实“三会一层”工作机制，实行董事会领导下的经营管理层负责制。董事会主要抓公司战略管理、风险管控、绩效管理，经营管理层负责制订、执行和落实。公司内部分级授权机制和权力制衡机制运行良好。

建立公开、透明、深层次与股东的沟通机制是公司治理的重要部分。长江证券一向重视股东及投资者关系，通过充分的信息披露和多种沟通渠道与股东保持紧密联系，确保向所有股东公开、公平、公正地披露信息。在深交所信息披露考核中，长江证券是湖北省唯一一家连续七年获得信息披露考核“A”的深市主板上市公司。此外，还积极参与辖区监管局信息披露自愿性和有效性的试点工作，在合法合规的前提下，向股东展现公司的经营业绩、竞争优势、发展战略等内容，提高公司信息披露的全面性、有效性，促进股东对公司发展情况的了解和认同。除了及时、充分的信息披露，长江证券还坚持通过电话、电子邮件、网上互动平台等方式与投资者交流，聆听他们的意见，传递公司信息，维护投资者和公司之间的长期信任关系。

长江证券根据董事会“放开搞活前台，严格控制后台”的方针，科学调整组织架构。前台引入“赛马机制”，并放开前台部门设置：新设立创新融资部（筹）等多个业务一级部门，把原固定收益总部分拆为多个部门，分拆后业务量快速上升。后台精简合并：将培训中心并入人力资源部，营运管理总部并入零售客户总部，打造精干中后台，实现优化资源配置，提升中后台服务前台和分支机构的效率与质量。新的组织架构按“大经纪、大投行、大资管、大投资”的业务模式整合公司资源，加快向“提供综合金融服务”转型。未来会继续根据市场化需求、业务需求动态调整公司组织架构，用业务发展和经营业绩来展示和体现改革成果，用改革成果回报股东。

2. 持续分红，注重回报股东

长江证券历来重视对股东的合理投资回报，严格遵守《公司章程》有关利润分配政策的相关规定，制订利润分配方案。长江证券自 2007 年上市以来，每年都进行现金分红，至今累计向股东发放现金股利 70.90 亿元（含税）。2014—2016 年，每年的现金股利分配金额占合并报表中归属于上市公司股东的净利润比率分别达到 41.71%、47.51%、37.59%。最近三年累计以现金方式分配的现金股利占最近三年归属于上市公司股东年均净利润的比例为 129.66%，远高于“最近三年以现金方式累计分配的利润不少于最近三年实现的年均可分配利润的百分之三十”的监管要求。

3. 逆势完成定增，落实资本战略

近年来，在资本市场快速改革、证券行业快速发展背景下，证券公司纷纷通过 IPO、配股、增发等方式进行融资，行业资本扩张如火如荼。虽然长江证券自 2007 年上市以来也进行过股权融资以及通过发行短期融资券等债务融资方式为业务发展提供了必要的资金支持，但无法显著提高净资本规模，资本实力行业排名不断下降。在此背景下，长江证券于 2015 年 5 月启动非公开发行相关工作。但在取得定增批文后 A 股市场跌宕起伏、牛熊转换剧烈，导致发行价格倒挂，市场投资者不看好本次定增发行。面对发行批文有效期临近的压力，虽然面临重重困难，但公司果断启动了发行工作。上下一心、精诚团结、精密协作，经过 14 个月的努力，一次次化绝望为希望，变不可能为可能，最终完成自公司上市以来规模最大的一次股权融资——募集资金总额为人民币 83 亿元。此次发行是 2013 年以来上市券商中纯粹面向机构投资者（即事前不确定对象）、价差最小（不足 5%）且满额募足的唯一一家，同时也是 2015 年以来上市券商非公开发行募集资金总额最大的一笔。

2017 年 9 月，长江证券公开发行可转换公司债券申请获得中国证监会发行审核委员会审核通过。

定增成功和可转换公司债券获批反映了监管单位和市场对长江证券战略转型、经营成果和未来发展前景的高度认可，激发了公司未来前行的信心，公司资本实力和风险抵御能力将大幅提升，各项业务规模有望快速扩张，收入结构将进一步改善，将最终实现股东与公司的共赢。

4. 严格合规风控，做负责任的上市券商

长江证券多年来一直认为“风控是生命线，合规是生产力”，多措并举、严格合规风控：组织全员培训，向广大员工普及风险控制和合规教育，深化合规经营理念，营造全员合规风控文化；坚持风控合规建设，加强制度和流程梳理，建立风控合规长效管理机制；持续开展风险合规隐患排查，特别是对高风险业务部门和广大分支机构，把合规隐患消灭在萌芽之中；严格合规前置，强化项目过程管理；建立公司合规警示函制度，公司合规部门对各部门、子公司、分公司发送的警示函，要根据合规事件的级别扣分，并与年终考核挂钩，对违法违规行为采取零容忍高压态势。长江证券严格合规风控，体现了“诚信经营、规范运作、创新发展”的经营理念，履行了“责任券商”的应尽之责，塑造了“稳健经营”的良好品牌商誉和行业形象；严格合规风控是对股东、公司、客户、员工的高度负责，为公司创新发展争取和营造良好的外部环境，有效保障股东的正当利益和合法权益。

未来，长江证券将继续努力，通过进一步提升公司经营管理和规范运作水平，争取以更加靓丽的业绩为股东创造更大的价值。

（四）良好的机制与文化，为员工提供职业发展平台和人文关怀

人才是公司最大的资本，为培育员工持续的凝聚力和战斗力，公司积极推动企业文化建设，组织开展多样化文化活动和员工关怀活动，构建和谐、稳定、健康的员工关系。

1. 通过市场化的体制机制改革，构筑员工职业发展的平台，营造干事创业的环境，帮助员工实现个人的人生价值、创造个人的事业，实现公司与员工共同发展

（1）完善的员工职业发展通道。长江证券进一步完善职务体系和职级体系双轮驱动的员工职业发展模式，将市场化改革融入员工职业发展，为员工打造与公司紧密结合、与市场相适应的职业发展道路。大力选聘青年干部，让年轻有为、饱含激情的“80 后”“90 后”走上管理岗位。

（2）业绩导向的用人文化。绩效是考核员工岗位贡献大小的重要指标。只要能够创造优异的绩效、能为公司创造财富，不论其性别、年龄、民族、学历如何，公司都给予承认，并在薪酬、晋升、调迁、培训等方面予以体现。

（3）自主选择的职业发展体系。为拓宽员工职业通道，明确员工发展路径，所有岗位都有管理和专业两个基本通道，专业通道横向分为投资、研究等六类，纵向分为总监、总经理等 8 个职业台阶，员工可根据自身特长和意愿，选择管理通道或专业通道发展自己。

（4）成就员工的培训支撑。长江证券视培训为人力资本的长期投资行为，为员工提供持续专业的培训，促进员工能力提升和职业发展，是现代企业与员工的双赢之道，也是公司履行社会责任的重要体现。通过系统化、多层次的培训项目，为员工的职业发展提供了强大支持；通过内训外训相结合，以专业对口、学用一致的原则开展培训工作，通过课堂面授、在线培训、岗位指导、境外考察等多种方式进行员工培训，帮助员工掌握执业技能。

（5）公开、公平、公正的内部竞聘体系。内部竞聘是实现员工职业发展目标的重要途径，坚持公开、公平、公正的原则组织员工内部招聘活动。当出现岗位空缺时，优先通过内部竞聘选择内部员工填补岗位。竞聘由人力资源部统一组织，成立专门的考核小组负责员工资格审定、员工能力评定及人选确定。同时人选确定后在公司范围内公示，参加竞聘的人员

如对竞聘考核结果有异议，可以向考核小组提出，考核小组和相关部门应听取意见，并给予正式解释和答复。

2. 通过一系列体现员工荣誉感和尊严感的文化活动，打造精英文化，强化员工在自身职业平台上的使命感和责任感，激励员工为公司发展和自身价值的实现焕发二次创业激情

多年来，长江证券坚持开展并打造了一批“文化品牌”：“卓越团队”和“感动长江人物”评选是经部门推荐、员工投票评选、公司评审委员会终审等程序，评选出优秀团队和优秀员工，由公司领导为获奖者颁奖，是公司内最受关注的企业文化活动之一。公司号召全体员工向“感动长江人物”和“卓越团队”学习，学习他们的感人事迹，学习他们的卓越业绩，学习他们锐意进取、迎难而上、敢于超越的精神和气度，希望全体员工以先进团队和个人为榜样，化感动为行动，以卓越为目标，抢抓机遇，奋发图强，为公司的发展和壮大贡献智慧和力量。“新年晚会”是公司重要的传统文化活动，各地员工欢聚一堂，通过充分展示行业迅猛发展大潮下的员工精神面貌和活力，提炼公司文化精神元素，凝聚公司的精、气、神，为公司的转型、创新、发展打造精神动力，营造文化氛围。

“百名营销精英回家”活动邀请每一年度营销业务数据排名靠前的营销人员以及当年对公司有特殊贡献的先进个人回公司总部团聚，体现公司对一线员工的关怀和对人才的重视。“欢迎回家”“团圆之夜”和“荣耀加冕”等环节为来自全国各地的营销精英提供了不可比拟的光荣感和使命感，激发了他们的工作激情，也带动了更多员工向着“行业精英”的目标努力奋斗。

长江证券拥有 200 多家分支机构，遍布全国各地。由于工作安排需要，很多员工需要离开家人驻外工作。为表达公司对员工的关爱之心和对家属的感念之情，长江证券每年中秋节都会组织独具特色的“婵娟行动”，即在每年中秋节前慰问走访驻外员工家属，送去关心与祝福。让驻外员工及家属深刻感受到公司的温暖和祝福，为员工安心在职业发展平台上努力奋斗解决后顾之忧和精神动力，也聚集了每一位员工所在的家庭成员所代表的社会力量，为公司的发展提供了更加广泛、强大的动力。

三、结语

长江证券持之以恒地扎实推进对社会、客户、股东、员工负责任的“责任券商”企业文化，真正做到了内化于心、外化于行、知行合一，并收到了显著成效。

（一）“责任券商”企业文化的落地执行，推动公司取得了良好的经营业绩

长江证券实现了由一家区域性券商到全国性上市券商的跨越，经营业绩连续多年实现快速增长。2012—2014 年，营业收入同比分别增长 23%、33%、49%，净利润同比分别增长 57%、47%、70%，主要财务指标排名行业第 14 位左右。2015 年，公司经营业绩创下历史最好水平。实现营业收入 84.94 亿元，同比增长 87%；实现净利润 34.90 亿元，同比增长 105%。2016 年公司营业收入 58.57 亿元，净利润 22.07 亿元。各项业务快速发展，其中，经纪、投行、自营和研究业务在行业排位靠前，在市场上具有较好的品牌影响力。

（二）“责任券商”企业文化的落地执行，增强了员工之间的互动交流

2017 年“长江云帆启”新年晚会举办期间，公司企业文化传播平台“长江证券文化在

线”进行了持续报道与宣传，吸引了大批员工参与互动交流。晚会举办当晚，员工微信推送的阅读频次高达数万次，同时有 5 000 多名员工参与互动。2016 年 3 月，在公司成立 25 周年司庆纪念日到来之际，公司策划了“成长同行”“荣誉同行”“文化同行”“一路同行”等微信推送，文章的阅读量接近 10 万次，转发次数过万，广大员工纷纷在微信后台留言，表达对公司的祝福以及对公司未来充满信心。2017 年，公司启动了上市十周年系列文化和品牌宣传活动，得到了员工的高度关注，纷纷结合自身工作岗位进行大力宣传，做企业文化和品牌形象的代言人。

“责任券商”企业文化的落地执行，吸引了媒体广泛报道。在“责任券商”文化的指引下，公司业绩逆势增长，在 2017 年半年报发布后，引起新华网、湖北日报、长江日报、中国证券报、证券日报、证券时报、上海证券报、新浪、腾讯、搜狐、和讯网等媒体的高度关注，源发性报道媒体 78 家，抓取转载千余次；安信证券、东吴证券、海通证券、中金公司等十余家券商发布了以长江证券半年报为主题的研报，积极评价公司改革成效和上半年的业绩，并全部给予增持或买入评级。

2016 年 7 月，湖北地区连降暴雨，造成了严重的洪涝灾害，对群众生活造成了较大影响。长江证券公益慈善基金会紧急召开理事会会议，决定向湖北省减灾备灾中心捐款 100 万元，专项用于在此次洪涝灾害中受灾群众的安置和生活救助。证券时报、全景网、人大经济论坛、上海证券报、中国证券网、今日头条、长江日报等数十家媒体对长江证券捐款赈灾作了报道。

2015 年 9 月，公司举办了中秋节“月圆中秋，情满长江”主题文化活动，邀请了部分员工家属代表与新老员工到总部大楼参加中秋茶话交流会。金融时报、上海证券报、湖北日报等媒体对本次活动进行了报道。报道认为，本次活动增进了员工及其家属与公司的感情，增强了公司的凝聚力和向心力。相关媒体对本次活动进行报道后，在社会上引起了较大反响。凤凰财经、同花顺等近 10 家财经媒体对该报道进行了转载。

参考文献

[1] 何载福．企业文化建设实践与绩效研究［D］．武汉：华中科技大学管理科学与工程专业论文，2005.

[2] 朱立．品牌文化战略研究［D］．武汉：中南财经政法大学企业管理专业论文，2005.

[3] 焦洋．企业文化与品牌文化关系的研究［D］．北京：首都经济贸易大学企业管理专业论文，2009.

[4] 任松岭．招商证券企业文化建设研究［D］．济南：山东大学工商管理专业论文，2012.

[5] 陈春花．企业文化的改造与创新［J］．北京大学学报（哲学社会科学版），1 999，36（3）．

[6] 李健．论企业文化建设的基本原则［J］．云南民族大学学报（哲学社会科学版），2005，22（3）．

[7] 张华东．证券业企业文化建设［J］．中国金融，2012（5）．

[8] 吴巨龙．浅谈证券业企业文化建设［J］．当代经济，2014（1）．

浙商证券："三同"文化催生企业"美丽"

周景新*

走进浙商证券股份有限公司（以下简称"浙商证券"），无论是公司总部，还是分散在全国各地的110家分支机构，总会有这样的体验：各处经营场所雅致整洁、窗明几净，乳白色的墙壁悬挂着红色的公司LOGO，与周围的红花绿草相互映衬；员工身着优雅干练的工作服，脸上洋溢着温情的微笑，繁忙有序，各司其职；他们彬彬有礼地引导客户及来访客人。如果你有时间深入参观，会发现在各个营业场所，即便是不足百平方米的小微营业部，也通常开辟一块区域，设置"阳光小屋"、阅览室或者健身房，供员工学习健身、修身养性、交流情感……这些优美的工作环境，仅仅是浙商证券实施"三同"文化建设的一个缩影。

一、"三同"文化的诞生

浙商证券的前身为金信证券，曾高举"诚实做人、踏实做事"的企业文化大旗，迅速发展壮大。遗憾的是，伴随着金信证券的异军突起，却把曾经奉为圭臬的企业文化抛在了脑后，在一次业务操作中铤而走险、丢失诚信，导致企业被兼并重组。

在金信证券基础上建立的浙商证券，吸取了前身失败的沉痛教训，着重加强企业文化顶层设计和基层践行，提炼并形成了以"浙商十条"为基本内容的"三同"文化体系。

"三同"文化即同创、同享、同成长，是浙商证券企业文化纲领，包含十项内容：核心价值观（诚实做人、踏实做事），企业愿景（打造最具浙商特色的财富增值服务商），企业使命（汇聚财智、成就你我），企业精神（永不满足现状、永不畏惧困难、永不忘记责任），经营层理念（代表客户利益、代表员工利益、代表股东利益），经营理念（诚信、专业、持之以恒），执行理念（少找理由、多找办法），合规理念（细节决定成败），人才理念（有为者有位），它们连同文化纲领一起，合称"浙商十条"，是浙商证券"三同"文化的基本内容，也是浙商证券不断发展的灵魂和纽带。

---

* 作者单位：浙商证券股份有限公司。原载于《中国证券》2017年第10期。

二、“三同”文化的构建要素

浙商证券围绕价值观、企业愿景、使命、环境、合规、文化网络等要素，创建“三同”文化体系。

（一）“三同”文化核心价值观

浙商证券“诚实做人、踏实做事”的核心价值观，是对过往历史的总结。当年，金信证券“不诚信”，擅自抛售所承销的国债，导致资不抵债，被兼并重组。因此，浙商证券“三同”文化体系着重加强核心价值观塑造，将其根植于员工内心，贯彻于企业经营始终。

（二）“三同”文化企业愿景和使命

证券公司作为资本市场的桥梁和纽带，主要作用是服务实体经济发展。浙商证券积极撮合投融资需求，凭借专业的技能、快捷准确的效率，努力打造最具浙商特色的财富增值服务商，为政府、企业和各类投资者提供心贴心的服务，帮助他们实现财富保值、增值，真正实现“汇聚财智、成就你我”的企业使命。

（三）“三同”文化环境建设

人创造环境，环境也会改变人。证券行业最重要的资产是人，人与环境的关系亦会更加显现地促进企业经营与管理。浙商证券在注重软、硬件环境建设的情况下，从 2014 年开始，计划用四年时间，在所有营业网点开展“美丽营业部”建设，旨在实现内外兼修之美，“内修”即提升精神能量，达到员工内心和谐、美好；“外修”是提升营业部的外部环境质量，打造美丽阵地，营造和谐的工作氛围。以内部和谐提升外部美丽，以外部美化促进内部和谐。目前已完成 93 家“美丽营业部”建设，其余 17 家营业部（包括新建网点）将在 2017 年底全部完成创建工作。

（四）“三同”文化合规建设

合规风控是证券公司健康发展的护身符。浙商证券加强合规文化建设，倡导“合规人人有责、合规创造价值、细节决定成败”的合规理念，遵从健全、合理、制衡、独立的原则，从控制环境、风险评估过程、信息系统与沟通、控制活动、对控制监督等方面实施内部监控。公司促进自律合规与外部监管有效互动，对员工进行多层次、广角度的内外部培训，不断提升合规风控意识。同时，重视诚信和道德价值观念氛围的营造与保持，制订《员工手册》《合规手册》等内部规范，积极宣扬诚信和道德价值观，并加强制度建设，保障这些价值观有效落实，对违法违规行为坚决追责，对责任人严厉问责，以此营造合规文化的强烈氛围。

（五）“三同”文化网络建设

“三同”文化建设的最终目的是增强公司综合实力，更好地服务实体经济发展，成就员工、客户（社会）与公司共同创造、共同分享、共同成长。浙商证券以办公室、党群工作部为企业文化策划实施部门，在总部和各个分支机构设立推广企业文化的专、兼职人员，利用互联网、微信公众号、司刊、杂志等各个渠道广泛传播文化价值观和企业使命，通过组织形式多样、内容丰富的各类活动宣扬“三同”文化理念。

三、“三同”文化建设探索与实践

（一）让所有员工认同“三同”文化

企业文化只有在基层员工身上形成普遍的行为模式和职业习惯，才是真正落地。截至2016年底，浙商证券共有员工3 188人，其中30岁以下的占42.78%，31—40岁的占37.68%。年轻人一般思想自由、个性张扬，自我认知度较高；也有些年轻人思想浮躁，修心不够，觉得人生有很多时间可供挥霍，对公司归属感不强。

让这些员工认同、接受、践行“三同”文化，必须结合他们的特点，以对员工人生价值挖掘，成就事业、成就价值、成就功名作为引入点，帮助他们找准人生定位，设计好人生职业规划，扫除各种思想障碍。因此他们觉得“三同”文化对自己有指引有帮助，是心中的指南针，所有的负能量将由此消融。这样，“三同”文化伴随他们内心调和与人生历练，其内涵更加丰富和生动，因而在员工心中得到潜移默化的升华，表现为更加积极主动地践行企业文化，并积极带动和影响周围的同事、朋友。由此，“三同”文化逐步演变为公司的全员文化，这也正是企业文化建设具有传递性和感染性的魅力。

（二）“三同”文化建设关键是团队负责人执行

企业文化形成了体系，只有实际践行，才能发挥其作用和价值。

浙商证券“三同”文化落地，把团队负责人的执行力作为关键。团队负责人主要是各部门、各分支机构、各业务团队的领导，他们既是基层队伍的管理者，又是业务拓展的带路人，还是创造效益的指挥者，履行着承上启下、上传下达的职能。公司战略规划的落实、规章制度的执行、基层民意的汇集、员工问题的解决，他们都起到十分关键的作用。很多员工来公司工作，对“三同”文化的认知和了解，都是通过部门负责人的言行举止感受和学习的。

浙商证券把团队负责人的执行力列入“三同”文化建设的重要节点，团队负责人把自我践行“三同”文化作为管理团队和拓展业务的重要抓手和工具，以自身对“三同”文化的身体力行，带动和影响整个队伍不断践行。

（三）“三同”文化践行与传统文化相互融合

中国传统文化源远流长，博大精深，其中蕴藏着许多哲学思想和道理，对企业文化建设有深刻的借鉴意义。例如“八德”，教导我们首先做人，然后方可成事。《礼记·大学》中说，“正心、修身、齐家、治国、平天下”，也告诉我们以德为先，才会畅行天下。

“三同”文化核心价值观“诚实做人、踏实做事”，就是强调修身立德、诚信处世。不仅如此，“浙商十条”处处闪现着传统文化的光辉：“三个永不”精神蕴含着开拓进取、勇创一流的求索精神和乐善好施、扶贫济困的优良传统；“企业愿景”代表了一种创造财富、丰富社会物质的价值取向和重国家、重社会、重集体的伦理观念；“经营理念”讲求的是一种以义取利的价值观和做好工作坚定信念；“三同”文化纲领更是与传统文化中勤劳敬业的奋斗精神、成人达己的处世哲学和团结协作的集体主义精神一脉相承。

（四）“三同”文化建设过程如细水长流

企业文化作为一种管理思想是“无形”的；企业经营管理涉及各项经营活动，是“有形”的。企业文化建设就是将文化的“无形”与对公司管控的“有形”有效地结合在一起，创新运用到实践中，达到在公司内部知行合一，所以它与公司发展是一个紧密相关、相辅相成的过程。

浙商证券成立十年，“三同”文化也践行了十年，以公司战略为导向，在企业规划、人力资源管理、组织管控、向心力凝聚等涉及企业运作的方方面面，“三同”文化一以贯之，犹如涓涓细流，灌溉着浙商证券茁壮成长，也滋润着每位员工向上、向前、向善、向好的心。

（五）“三同”文化从顶层设计到基层践行

企业文化建设必须借助一定的载体，才能更好地践行。“三同”文化建设实施即是通过不同的方式、方法、渠道，化“无形”为“有形”。

1. 创立企业文化内刊

浙商证券坚持专业品质和人文价值相结合的原则，创立《浙商证券》司刊及《员工手册》《企业文化手册》等刊物，它们不仅是传播“三同”文化的有效载体，更是展示企业形象的良好平台。

2. 建设企业文化传播队伍

浙商证券分支机构遍布全国各地，人员分布较散，给“三同”文化落地带来一定的困难。公司办公室和党群工作部负责具体统筹和推动企业文化建设落地，在各分支机构设立团支部或工会小组，达到“三同”文化与总部对接。各分支机构的通讯员，专职或兼职负责“三同”文化的宣贯和传播，形成了系统的企业文化传播队伍。

3. 策划组织各种活动

活动是企业文化建设的重要载体。根据公司经营特点，浙商证券多样化地开展各项活动：新员工入职时，组织公司历史沿革、战略规划、商务礼仪等内容学习，帮助他们了解、掌握公司情况。工作中以老带新，促进年轻人尽快成长。为了给员工创造适宜修身养性的环境氛围，公司开展读书征文、演讲辩论、书画摄影、国学大讲堂、书法、瑜伽培训等系列活动，丰富员工的精神文化生活，陶冶情操。

快乐工作生活，必须有一个强健的体魄，为此，公司组织健康徒步走、攀登古道、自行车骑行、乒乓球、羽毛球比赛等，既强身健体，又培养员工坚持不懈、勇于拼搏的精神。

4. 选树道德模范

模范的示范带动作用是无穷的，浙商证券通过在基层员工中选树道德模范、业务能手、爱岗敬业、无私奉献等先进人物，发现、赞扬、宣传身边的真善美，传递正能量。

5. 履行社会责任

浙商证券在不断创造财富和价值的同时，也承担对员工、客户、环境和社会的责任。公司组织各地机构“登古道”公益活动，携手地方旅游、环保部门，共同参与古道保护。赞助浙江羽毛球队，助力浙江体育事业发展。与多个地方福利院、儿童院结对子，捐赠现金、物资，关爱残障人士。部分网点成立“掌上的爱”公益小组，为贫困地区小学提供资金、物资帮助。

2015 年，党中央、国务院发出打赢脱贫攻坚战的号召，精准扶贫工作在全国风起云涌，浙商证券更是积极响应，把江西上饶县和安徽岳西县作为扶贫帮扶对象，从设立网点、金融扶贫、消费扶贫、教育扶贫、公益扶贫等方面制订扶贫方案，帮扶两地脱贫致富，以实际行动履行公司作为国有金融企业的社会责任。

（六）“三同”文化建设在不断创新中完善

社会是开放的，人们的思想观念呈现多元化，企业里各种新事物、新情况、新问题不断出现，也倒逼着“三同”文化在建设中不断创新载体、创新方法、完善内容。“三同”文化作为浙商证券的管理体系，既要保留浙商的特质，也要反映时代面貌和时代精神；既要继承、发扬优秀文化传统，也要在实践中不断丰富、完善新思想、新观点、新内容、新举措，推动浙商证券不断前进，继续勇攀高峰，实现强健发展的“浙商梦”。

四、“三同”文化建设的成果

浙商证券在“三同文化”的建设方面体现了无比的决心和努力，致力于打造企业发展的灵魂和旗帜，进而取得了良好成效。

（一）经营业绩迅速大幅增长

浙商证券自 2006 年重组，到 2016 年整整十年。十年来，通过“三同”企业文化的推广，发展理念得到了员工和客户的充分认可，公司不断增资扩股，实现业务全牌照，发展规模不断扩大，从成立之初的浙西南小型券商发展为现在的国内中型券商，经营业绩稳步增长，营业收入从成立初的 4.8 亿元增加到 2016 年底的 46 亿元，并于 2017 年 6 月实现上交所上市，成功登陆 A 股资本市场……一个个辉煌成绩，是“三同”文化成为浙商证券持续稳健发展的动力之源。

（二）社会满意度不断提升

“三同”文化从设计到践行，树立了浙商证券独有的品牌，赢得了社会的广泛赞誉，有效提升了公司软实力。

1. 客户满意度不断提升

目前，浙商证券各类客户日均资产 2 150 亿元，市场占有率 12.72‰，公司“三同”文化得到了各类投资者的共鸣，尤其是由浙商证券自主设计、开发、发行的主动管理型资管产品，客户满意度不断提升。

2. 行业影响力不断增强

浙商证券经纪、投行、资管、期货、证券研究等多项业务在行业内获得好评。在债券承销方面公司多次创下全国首单发行纪录，成功发行国内首单在交易所债券市场公开发行的可续期公司债和绿色债，倍受市场瞩目，得到监管部门、同行和客户的一致好评。其中“舟山港 2015 年公司债券”项目，是债券新政后非上市公司公司债券第一单，受到市场投资者的热烈追捧，获得《证券时报》“中国区十大创新项目奖”。

3. 政府认可度不断提高

浙商证券在服务实体经济上的贡献获得政府部门的高度认可。公司连续多年荣获浙江省政府“金融机构支持浙江经济发展奖”；董事长吴承根摘得“浙江金融创新人物”奖项；公司办公室等部门获“浙江省五一巾帼标兵岗”荣誉称号。

自 2006 年以来，浙商证券不遗余力地建设“三同”企业文化，实现了文化管理和企业经营的有机结合，不仅使公司业绩连续多年稳步攀升，更创造了良好的企业形象，有力支持了国家经济社会的发展。

中华优秀传统文化在证券行业（企业）文化建设中传承与发展的方法和路径研究

高缅厚　崔　盼　滕思齐*

党的十八大以来，以习近平同志为核心的党中央，十分重视中国优秀传统文化的传承，习近平总书记指出“要重视中华传统文化研究，继承和发扬中华优秀传统文化”。在中国优秀传统文化中，儒家思想居于主导地位，其中的仁、义、礼、智、信思想，道家的无为而治的思想，法家的“法治”思想，墨家的“兼爱”“非攻”思想等等，不一而足，这些优秀传统文化蕴含的以人为本、重视修身、法治文化等文化因子，不仅在历史的发展中闪耀着光芒，而且，在企业文化建设的整体发展中，依然发挥着举足轻重的作用，是现代企业文化建设的重要方向之一，对于规范证券行业发展方向、指导证券从业人员行为，都具有极强的理论意义和现实意义。在证券行业企业文化中传承和发展优秀传统文化，是在金融领域宣传中国特色社会主义文化、宣传社会主义核心价值观的重要表现，既是响应中央号召的行动，也是推动证券行业企业文化发展的必然要求。研究优秀传统文化传承和发展的现状，丰富和完善优秀传统文化传承和发展的方法和路径，对于进一步加强证券行业企业文化建设具有极其重要的现实意义。

一、证券行业传承和发展中国优秀传统文化的必要性

（一）证券行业要抑制市场经济带来的负面影响，需要引入优秀传统文化因素

在市场经济发展的背景下，一些消极的文化因素，融入证券行业的企业文化建设过程，“效益至上”、个人利益最大化、小集体利益至上等思想，在证券行业依然存在。这些消极的思想，使证券公司在注重经济效益提升的同时，一定程度上忽视了社会利益和社会责任，甚至有个别公司、个别从业人员铤而走险，为了公司利益、个人利益，不惜以身试法，在证券行业出现了不少违法、违规事件。比如，个别证券公司出现内幕交易、风险控制指标违

* 作者单位：中泰证券股份有限公司。原载于《中国证券》2017 年第 10 期。

规、账户管理违规、操纵市场等违法违规事件。这些违法违规事件，对行业利益产生了巨大损害的同时，也误导了社会、公众对于证券行业的认知。对于证券行业中产生的不利文化及其带来的后遗症，除了使用法律手段进行约束外，建设合法合规的企业文化，用道德的力量加以约束，是非常必要的。传统文化中的优秀基因，如儒家的修身文化、道家的道德文化、法家的法制文化，可以融入企业文化的建设过程中，从道德和制度两个层面，约束这些违法违规事件的发生，并塑造和改善证券行业的整体形象。

（二）证券行业的企业文化本质上是一种亚文化，植根于中国传统文化的基础之上

证券行业的企业文化并不是凭空产生，而是建立在特定的社会文化的基础上，而社会文化中，传统文化占有相当大的比例。尤其是中国的传统文化，历经几千年的发展，具有深厚的内涵和广阔的群众基础，与中国人民的生活息息相关，与各行各业的发展紧密相连。中国证券行业的发展立足于中华大地，企业文化建设的内容和形式从诞生之日起，就不可避免地受到传统文化的影响，打上传统文化的烙印。中国证券行业扎根生长的地域性的特点，决定了企业的员工、客户都不可避免地受到了中华传统文化的影响。以中泰证券为例，植根于山东，突出反映了儒商特色。这些优秀的传统文化，符合客户、员工对于企业的价值判断。

（三）继承和发展优秀传统文化是建设有中国特色的证券行业企业文化的必然要求

企业文化是在国外兴起，证券行业在建设企业文化之初，重视引入国外文化，促进了证券行业企业文化的建设和发展，同时，也不可避免地走一些弯路。在建设企业文化的过程中，并没有批判地吸收国外企业文化，对一些不合理的因素并没有充分辨别和剔除，国外证券行业企业文化中存在的一些并不适合国内的企业文化因素，如个人英雄主义、强调竞争等因素，与国内的传统文化观念产生了冲突。究其原因，就在于企业文化是扎根于整个社会文化的传统之中，西方的企业文化是植根于其独特的西方的价值观等文化底蕴中。因此，充分传承和发展优秀传统文化，有利于建立适合中国国情的企业文化，提升证券行业的文化竞争力。

二、优秀传统文化在企业文化建设中的发展现状

优秀的企业文化是一流券商所必须具备的品质，是公司长远发展的原动力。作为社会文化的重要组成部分，企业文化是企业在长期经营管理实践中所凝结和积淀起来的一种文化氛围、企业精神、价值标准、理想信念和广大员工认同的道德规范和行为准则。优秀的企业文化能够促使员工自觉把个人的理想追求融入公司的事业发展中，产生持久的凝聚力、向心力和创造力。

在多年的发展过程中，中泰证券逐步形成了自己独特的文化理念和员工行为方式，积累了很多文化因子。中泰证券的企业文化，由表及里，大致可分为四个层次：表层文化、浅层文化、深层文化、核心层文化。不同的文化层次包含着不同的内容，发挥着不同的功能。表层文化一般由司标、标牌、营业大厅、公司形象及产品广告、业务宣传折页、各种印有公司字样的纪念品、工装、员工形象及行为规范等组成。表层文化直接面对社会公众和客户，是公司的脸面和外包装，客户和社会公众对公司的了解往往是从认识表层文化开始的。浅层文

化一般由公司的金融产品、服务内涵、管理风格、规章制度等构成，是公司与客户合作的基础。深层文化是由公司的理念系统及奋斗目标等构成的，一般包括经营理念、服务理念、企业精神等基本要素。企业理念是企业经营管理活动的理想和信念，它反映了企业自身定位和目标追求。核心层文化一般由公司的经营哲学与企业价值观所构成，是企业文化的灵魂，是公司最为宝贵的核心资产。

中泰证券借助更名改制，对几年来企业文化建设的成果进行了全面梳理，重新设计了公司标志，对公司字号“中泰”做出了科学定义，总结提炼出新的公司使命、公司愿景、公司精神、公司经营理念、公司道德观等。目前，中泰证券的表层、浅层、深层和核心层文化都是比较明晰、丰富的，构建了比较完整的企业文化系统。中泰证券在推进企业文化建设过程中，充分吸收了中国优秀传统文化的因子。如公司字号“中泰”二字，八字定义为“中允行健、明德安泰”，反映了儒家的中庸之道、自强不息、明理养德、和谐稳健等优秀传统文化因素，体现了中泰证券的价值准则和企业精神，是中华优秀传统文化在企业文化建设中的集中体现。

为进一步研究中华优秀传统文化传承发展的路径和方法，明确符合实际、切实可行的发展策略，首先要了解优秀传统文化在企业中传承的现状，明确企业员工的思想状况和对优秀传统文化发展方式的期望。为此，我们通过电子问卷的方式，对企业在职员工进行随机调查，并做出了定量分析和定性总结。

（一）问卷概况及定量分析

本次问卷调查旨在对中泰证券员工对优秀传统文化的价值认同、道德认同进行科学研究，探讨使用中华优秀传统文化来提升企业文化的价值，丰富企业文化的内涵。本次调查针对的是 2016 年度中泰证券在职员工，要求能真实客观地表达自己的看法，打消顾虑。问卷通过电子邮件的方式面向全国在职员工随机发放，较好地保证了调查结果的真实性、客观性。此次调查共收回有效问卷 409 份，能够保证样本的充分性，有效反映现状。

1. 员工对中华优秀传统文化的认识和学习情况

问卷为此设置了 4 道问题，题干及问卷统计结果如下：

（1）您对中华传统文化的了解程度如何？

表 1 反映出，51.1% 的受访者对中华传统文化的了解程度“一般”，比例超过一半；选择“比较了解”和“很了解”的人数共占 43.04%。这表明多数公司员工对中华传统文化的了解并不充分，尚有提升空间。

表 1　　中华传统文化了解程度

选项	小计（人）	比例（%）
很不了解	5	1.22
不太了解	19	4.65
一般	209	51.1
比较了解	157	38.39
很了解	19	4.65

（2）您从哪些渠道了解学习传统文化？

表2展示了公司员工主要的学习渠道，占据前两位的是传统的书籍阅读途径和现代的网络途径，分别占到86.06%和80.93%，排在后三位的分别是电视（67.97%）、父母言传身教（64.3%）和游览出行（57.21%）。这反映出，传统与现代的学习方式皆有着充足的影响力，员工了解传统文化的途径日趋多元。

表2　了解学习传统文化渠道

选项	小计（人）	比例（%）
电视	278	67.97
网络（电脑、手机等）	331	80.93
书籍读物	352	86.06
父母言传身教	263	64.3
游览出行	234	57.21
其他	19	4.65

（3）您乐意接受的传统文化教育培训的方式有哪些？

表3反映出公司员工对不同传统文化教育方式的接受程度。其中，82.89%的受访者愿意通过外出参观学习的方式学习传统文化，72.62%的受访者愿意通过业余时间阅读进行学习，而企业惯用的专题讲座和网上课堂形式，接受者皆为53.79%。与此题相比较，第2题中只有57.21%的人通过游览出行进行学习，这反映出公司员工对创新传统文化教育方式的诉求，倾向于用相对自由的方式进行学习。

表3　乐意接受的传统文化教育培训方式

选项	小计（人）	比例（%）
专题讲座	220	53.79
网上课堂	220	53.79
外出参观学习	339	82.89
业余时间阅读	297	72.62
其他	17	4.16

（4）您是否认为金融证券行业带有浓厚西方价值观，从而难以与中华传统文化对接？

表4反映了证券从业者对行业特色与传统文化关系的认识和理解。金融证券行业天然地带有资本主义“逐利”的色彩，在融入中国社会的过程中，难免会与中华传统文化产生摩擦。从结果来看，超过半数的人“不太同意”或“很不同意”，二者存在对接上的困难，分别占到12.71%和47.92%，高于持中立意见或相反意见的人数。这体现出多数员工能够做到将两种思想文化兼收并用，不会顾此失彼，导致自身价值观偏离。然而结果也显示出少部分人受到了西方价值观的冲击影响，对此我们要有客观清醒的认识。

表 4 对证券行业价值观的认识

选项	小计（人）	比例（%）
很不同意	52	12.71
不太同意	196	47.92
一般	92	22.49
比较同意	56	13.69
非常同意	13	3.18

2. 中华优秀传统文化在工作中的应用及影响

问卷设置了 6 个问题以了解传统文化对员工工作的具体影响情况，题干及问卷统计结果如下：

（1）您在工作中有没有用传统美德的标准要求自己？

表 5 显示，能够较多或经常运用中华传统美德规范自身行为的人数达到了 81.18%，这表明传统美德在公司内部传承情况比较理想，能够内化到多数员工的心中，形成一种文化自觉。

表 5 传统美德在工作中的应用

选项	小计（人）	比例（%）
没有	4	0.98
较少	12	2.93
一般	61	14.91
较多	237	57.95
很多	95	23.23

（2）您认为“重义轻利”适用于自己的工作吗？

表 6 体现了中华传统的“义利观”在公司内部的传承情况。结果显示，公司员工对传统“义利观”并没有相对集中而明确的看法，37.16% 的受访者持中立态度，持肯定和否定倾向的人数分别占 26.41% 和 36.43%。这一结果表明，传统“义利观”在公司内部并不受广泛支持。至于该价值观是否已不适用于现代金融企业，值得进行深入研究。

表 6 对“重义轻利”的看法

选项	小计（人）	比例（%）
很不适合	41	10.02
不太适合	108	26.41
一般	152	37.16
比较适合	86	21.03
非常适合	22	5.38

（3）您认为自我道德约束在合规工作中起多大作用？

中华民族历来强调“明德修身”。表 7 显示了“自我道德约束”作为除制度约束之外的另一种方式，对合规工作的帮助程度。选择“比较大”和“很有作用”的比例达到 88.27%，表明在强调制度的现代企业中，“道德”仍然是规范员工行为的有力元素。

表 7　道德约束在合规工作中的作用

选项	小计（人）	比例（%）
没有作用	1	0.24
比较小	16	3.91
一般	31	7.58
比较大	148	36.19
很有作用	213	52.08

（4）如果有机会通过违规行为获利，且有把握逃避处罚，您会不会为此动心甚至采取行动？

表 8 显示，在面对违规行为带来的利益诱惑时，86.8% 的受访者态度明确，选择坚决拒绝；即使是 11.49% 的人略有犹豫，也能够借助道德力量做出正确抉择。该题通过模拟情境，进一步确认了道德力量在合规工作中的作用。

表 8　对违规获利行为的态度

选项	小计（人）	比例（%）
绝对不会	355	86.8
略有犹豫	47	11.49
明显动心	6	1.47
采取行动	1	0.24

（5）您在工作中是否体会过团队合作带来的快乐与成就感？

“集体为大，强调合作”是中华传统文化的一大优点。表 9 显示，71.9% 的受访者“较多”或“经常”从团队合作中收获快乐与成就感，这表明集体主义的精神在大多数员工中得到良好传承。另外也看到，尚有 28.6% 的受访者没有明显体会到团队合作的收获，表明对集体主义精神的弘扬可以进一步加强。

表 9　团队合作情况

选项	小计（人）	比例（%）
从来没有	3	0.73
很少有	18	4.4
一般	96	23.47
比较多	191	46.7
经常有	101	24.69

（6）根据您的了解，公司员工的敬业程度和拼搏精神在同行业中处在什么水平？

“顽强拼搏，自强不息”让中华民族创造了灿烂的文明，在任何时期都给予人民强大的前进动力，这对于一个公司来说也是不可或缺的。表10显示，60.63%的受访者对公司员工的敬业拼搏精神给予正面积极的评价，31.78%的人持一般评价，表明传统文化中的拼搏精神在公司中传承较好，但仍有进步空间。

表10 员工敬业拼搏精神水平

选项	小计（人）	比例（%）
下游	4	0.98
中下游	27	6.6
中游	130	31.78
中上游	183	44.74
上游	65	15.89

（二）优秀传统文化传承发展情况总结

纵观上述问卷调查结果及分析，结合对中泰证券及整个证券行业情况的经验认识，我们能够对优秀传统文化在证券公司的传承发展情况进行客观准确的认识，进而针对现状探索切实可行的建设策略和发展方式。

当今社会正处于中西文化不断融合的阶段，社会的信息化又为人们接触、学习不同文化提供了极大的便利。特别是在证券行业中，中西文化深度融合，资本运作和对利润的追求已经成为习惯。正是在此情况下，我们更加呼唤优秀传统文化的传承，以规范、优化行为，为企业文化建设助力。

问卷结果显示，证券企业员工对优秀传统文化的认识水平较高，这源于证券企业员工较高的受教育程度和足够支撑其进行学习的良好经济实力。同时还应该看到，员工的学习仍然有提高的空间，特别是在西方价值观不断渗透影响的情况下，更应该强化优秀传统文化的宣传教育，对外来文化树立起“取其精华，去其糟粕”“以我为主，为我所用”的正确态度。

员工接触学习优秀传统文化的途径日趋多元，选择更加自由，这显示了一个问题：员工并非缺乏学习优秀传统文化的手段。认识程度上的不足，更多源于缺乏学习的动力。这一方面由于员工忙于工作，另一方面也是由于旧的传统文化教育形式和内容渐渐失去吸引力。问卷对员工理想的学习方式进行了调查，人们更倾向于选择业余阅读和外出游览的方式进行学习，这提醒我们注意创新教育形式和内容，提高员工学习传统文化的动力。

传统文化中的“道德自律”“克己修身”在证券企业的合规工作中起到了有效的作用。2015年的股市波动，暴露出我国证券行业在制度建设方面存在不足。制度建设是一项长期工程，弥补不足并非一朝一夕可以完成，在此过程中，道德约束必将承担起维护行业秩序的重大责任。证券企业在加强自身制度建设的同时，也要重视道德培育，形成守法合规、诚信经营的“双保险”。

证券行业是汇集高端人才的行业，市场竞争极为激烈，传统文化中的集体主义精神和拼搏进取精神作为提高业绩的两大法宝，在此背景下得到了传承。但由于工作中经常面对巨大名利诱惑，出于独享利益、业内扬名的考虑，部分券商人士也会出现“个人英雄主义”的思想，最终导致集体利益受到损失。对此，我们应坚持弘扬集体主义精神，把公司、团队的成功与员工个人的成功联系在一起，鼓励员工为集体目标努力拼搏，推动企业发展。

三、实现优秀传统文化的路径和方法

针对优秀传统文化在企业文化建设中传承的现状，结合整个证券行业的发展情况，我们在制度建设、方案设计等层面总结出一套切实可行的路径和方法，进一步推动优秀传统文化在企业文化建设中发挥作用。

（一）将优秀传统文化体现在企业文化的顶层设计之中

在构建企业文化时，要充分汲取传统优秀文化因素，融入企业的使命、愿景、目标制订中，使中华优秀传统文化占据企业文化的制高点，同时融入企业文化建设的整体规划中。将中国优秀传统文化中的人本文化、价值观根植于企业的最深处，从根本上强化传统文化的地位，有利于统一员工的思想和行动。以中泰证券为例，明确提出了“中允行健、明德安泰”，使广大员工、客户在第一时间认识到具有中国优秀传统文化鲜明特点的企业文化。

（二）公司领导人员以身作则，身先示范，践行优秀传统文化

企业文化的形成，领导的力量占据相当大的作用。领导人员的行为方式、行为规则，会成为其他员工效仿和价值判断的标准。领导人员所表现出的文化特质如果与公司企业文化相符，就会激发起广大员工的积极性和创造性；而如果领导人员表现出的文化气质与公司的企业文化不相符，甚至背离，就会导致上行下效，引发对企业文化的否定。因此，传承和发展体现优秀传统文化的企业文化，就要充分利用领导人员的示范作用和榜样力量。证券公司的领导人员，要时刻注意自己的行为方式、言行举止，时刻展现传统优秀文化的力量和魅力，来启发员工、引导员工、塑造员工。

（三）在企业文化的培训中，重视优秀传统文化传承

组织专项的优秀传统文化培训，针对员工优秀文化传统思想薄弱的局面，重点突破，利用深入浅出的手法，用生动活泼的手段，将优秀传统文化展现出来，使员工能够听清楚，听明白，入人心。在专业项目培训外，还要引入常规业务培训中。证券行业快速发展的特点，决定了证券公司的培训次数多、频率高。在这些高频次的培训中，引入传统优秀文化因素，常讲常新，既能提高员工的重视程度，又有利于员工加深对于传统文化的理解和认知，进而将这些员工的思想、动作和行为统一起来，形成推动企业文化整体发展的重要力量。

（四）将优秀传统文化通过多种宣传手段进行传播

证券公司应在报纸、微信群等传统媒体和新兴媒体中，注重宣传孝、仁、义等优秀传统文化，对内对外承担起继承和发展优秀传统文化的大任，树立起继承和发展优秀传统文化的良好形象。除媒体渠道外，组织传统文化活动，参观学习优秀传统文化的教育基地，通过形象的展示和系统的了解，有助于激发出员工对优秀传统文化的认知和了解的积极性和主动性，并融入员工的工作和生活中，进而推动公司企业文化的发展和创新。

参考文献

［1］张冠男．当代中国国有企业文化建设问题的哲学思考［D］．吉林大学博士学位论文，2012.

［2］念甲斌．以中国传统文化为基础的现代企业文化建设研究［D］．延安大学硕士学位论文，2015.

［3］周成仓．中国传统文化与企业文化建设［J］．攀登，2007（3）：124—125.

［4］屈燕妮．中国传统文化对现代企业文化构建的影响［J］．企业经济，2008（2）：58—61.

汇青春力量　促公司发展

——光大证券青年工作调研报告

徐　琰　张　炜*

青年兴则企业兴，青年强则企业强。光大证券党委始终重视青年工作，视青年员工为改革发展的中流砥柱和生力军，根据青年的多元化价值诉求，结合光大证券实际，积极创新青年工作，创建了“矩阵式”工作模式，逐步打造了青年工作的四大阵地——宣传阵地、发展阵地、文化阵地、组织阵地，通过各单位的互联互建、交流共享实现了青年工作的灵活高效。

新形势下，为及时了解青年工作环境、要求、任务的新变化，光大证券党委在集团指导下，通过调研青年员工学习、工作、生活等方面的情况，动态掌握了青年工作中的难点、热点问题，并就进一步完善青年工作提出了相关对策和建议。

一、调研方法

2015 年 8 月，光大证券党委在青年员工中开展了一次调研活动。一方面采用调查问卷的方式，调研了光大证券总部、各地分支机构的青年员工，覆盖率为 100%，共发放调查问卷 486 份，回收 486 份，回收率为 100%；另一方面通过实地调研的方式，走访了广州、深圳、石家庄、郑州、长沙等地的多家分支机构，与青年员工进行座谈，了解基层团建的困惑和难题，共同探讨青年工作的新思路、新方法。

二、青年思想及工作现状

（一）青年员工的基本情况

随着公司规模的不断发展和壮大，光大证券员工队伍呈现年轻化的趋势，35 周岁以下

* 作者单位：光大证券股份有限公司。原载于《中国证券》2017 年第 11 期。

青年员工 1 955 人，约占公司总人数的 2/3，28 周岁以下团员 868 人，占公司总人数的 26.01%。公司基层团组织经过不断优化调整，目前拥有团总支 15 个、团支部 160 个、团小组 9 个，基本实现了基层团组织的全覆盖。公司团委成员 9 人，各级基层团干部 127 人。

1. 青年员工以“80 后”“85 后”为主，文化程度普遍较高

在 486 位受访者中，“80 后”“85 后”是青年队伍的主要力量，占比为 82.72%，“75 后”和“90 后”分别占 4.94% 和 12.35%。青年员工的文化程度普遍较高，硕士研究生和本科学历占比分别为 23.87% 和 70.58%，大专及以下学历仅占 5.56%。

2. 青年员工的新媒体使用偏好较高，且对海量信息具有一定的甄别能力

新媒体成为青年员工获取信息的主要渠道，91.77% 和 80.66% 的受访者表示自己获取知识信息的主要渠道是互联网和微信，从图书、报纸和电视等传统媒体获取信息的占 42.59% 和 37.24%。在网络信息泥沙俱下、良莠不齐的情况下，青年员工表现出了较好的独立思考能力，66.87% 的受访者表示自己会根据情况甄别并考证，68.31% 的受访者认为青年思想的辨别和判断能力是清晰和模糊共存，说明党团组织仍需进一步加强对青年思想的引导。

（二）青年员工的思想特点：务实、求知、自主、向上

在调研中，青年员工的思想整体呈现出务实、求知、自主、向上的特点。务实，即青年员工考虑问题比较实际，重视未来发展和经济利益，对脱离实际的空洞说教接受度较低；求知，即青年员工普遍认识到知识和能力对个人发展的重要性，有着强烈的求知欲望；自主，即青年员工愿意独立思考和决定自己的事，不愿意别人干涉或强加于己；向上，即青年员工盼望公司发展、社会进步、国家繁荣，并希望个人价值在其中得到实现。务实、求知、自主、向上是当前青年员工心理特征的主流特点。

在激烈的市场竞争和纷繁复杂的文化思潮中，还应看到青年思想中存在着一些值得注意的问题，譬如少数青年员工对事关中国特色社会主义方向的重大举措信心不足，缺乏足够的紧迫感和使命感；未能正确权衡短期发展与长期发展的关系，缺乏脚踏实地的奋斗精神；在现实竞争和经济压力下，显现出一定的功利主义倾向。

1. 青年员工面临较大的生存压力和创新压力，抗压性较好

如今的社会充满机会与竞争，青年员工首先要为生存和发展奔波，近五成受访者的经济收入在家庭收入中占比在半数以上，他们是家庭的“顶梁柱”，肩负较大的经济压力。在各类社会话题中，社会就业和物价、房价得到了最高的关注度，为 88.48%，同时证券行业不断推陈出新的工作需求和公司绩效考核的分配制度，强化了青年员工的竞争意识和危机意识，56.38% 和 51.85% 的受访者认为工作压力主要来源于按要求完成任务和不断创新，协调复杂的人际关系、能力不足、同事间的竞争等压力次之。在来自各方的工作压力面前，青年员工表现出了较强的抗压性，70.16% 的员工认为自己精神饱满，处理事务游刃有余，仅有 6.59% 的员工认为自己疲于应对，有时甚至快要崩溃。

2. 青年员工关注自身素质提高，学习需求更贴近岗位工作

就业的压力和行业竞争的激烈宣告了一个学习时代的到来，公司青年员工普遍表现出提高素质、成才成功的强烈愿望，青年员工认为最有效的成长成才方式分别是公司为他们提供更多的学习和培训机会、职级晋升和享受职级待遇，占比分别为 82.10% 和 72.22%，说明

青年员工关注自身素质的提高，同时也渴望更高层次的提升，这种愿望又强化了青年的学习意识。问卷结果显示，青年员工最迫切期望提高的能力分别为专业知识能力、创新思维和创造能力、信息分析与处理能力，占比分别为 68.93%、63.58% 和 50.00%，说明青年员工的学习需求更加贴近岗位，同时也希望获得在海量信息中汲取营养的能力。

3. 青年员工职业规划偏重短期，但创新意识较强

由于证券行业较高的人员流动率和青年员工对于自身发展的不确定性，青年员工的职业规划偏重短期，61.11% 的受访者有在本岗 3—5 年的发展规划，仅有 26.13% 的受访者有在本岗 5 年以上的发展规划，其余 12.85% 的青年员工没有明确目标或近期打算换岗。目前，青年员工的自身能力基本与岗位匹配，86.42% 的受访者认为自身才能得到了有效发挥或基本发挥。青年员工的创新意识较强，并且对业绩与修养并重的发展路径表现出了较高的认可度，78.60%、72.84% 和 70.37% 的受访者认为“创造性和开拓性地工作”“取得突出的工作业绩”和“加强修养，做事先做人”是取得发展的重要因素。

4. 青年员工具有较高的政治自信和理想信念追求，但仍存在一定的功利主义倾向

尽管青年员工注重物质生活，但并不意味着他们拒绝理想、信念等精神目标。调研结果显示，青年员工对于中国社会主义道路、反腐倡廉等总体评价趋于积极，66.67% 的受访者认可改革开放取得的成果，但同时也洞察到了当前社会存在的一些问题和矛盾，70.57% 的受访者看好反腐倡廉工作的前景，对遏制、扭转腐败行为有信心。在青年员工认可的理想社会的主要标准中，社会公平正义和人人互帮互爱居前，分别为 87.24% 和 83.54%，人人平等和人人物质丰裕次之，分别为 68.31% 和 58.44%。

从青年员工的入党动机来看，仍存在一定的功利主义倾向，48.56% 和 11.11% 的受访者的入党动机是为职务晋升创造条件和找到好工作，仅 39.51% 的受访者是出于信仰共产主义的目的要求入党。在处理“利他”和“利己”关系选项中，71.40% 的受访者表示在不损害自己利益的情况下，愿意帮助别人，11.73% 的受访者表示为了他人的利益可以牺牲自己的利益，10.08% 的受访者表示如果别人帮助了自己，自己也愿意帮助别人。

（三）青年工作现状

1. 青年员工的多元化需求（时代性、专业性、趣味性）尚未得到充分满足

调研中，青年员工的需求呈现多元化，他们认为最有效的思想政治教育方式要做到“三结合”：即要与社会发展对团员青年提出的要求相结合，凸显了时代性；要与团员青年自身的发展相结合，凸显了专业性；要与团员青年关注的热点文化现象相结合，凸显了趣味性。

然而目前的青年工作尚未充分满足青年的多元化需求，58.44% 的受访者认为形式较单调、内容较空，不能充分吸引人，没有充分发动团员青年；43.00% 的受访者认为思想教育工作主要是由上至下的传导，缺乏生动有效的“翻译”；此外还存在基层团建较薄弱、思想教育体系跟不上时代发展要求等问题。

在开展思想政治教育的方式中，参观访问、看录像电影、典型人物现身说法是青年员工最乐意接受的，支持率分别为 62.35%、54.53% 和 52.26%。传统的思想政治教育方式——上课、读文件获得了最低的支持率，仅为 17.28%。在团组织开展的活动中，职业生涯导航、业务知识培训、青年社团活动最受青年员工欢迎，支持率分别为 62.55%、57.61%、

56.38%。调研中，青年员工表示自己最希望团组织帮助解决的问题是开展文体活动，丰富业余生活和提高自己的业务能力，占比为74.28%和71.6%。

2. 青年工作获得较高的认可度，党团组织发挥的作用有待提升

一直以来，光大证券在加强和巩固基层团组织建设、引领广大青年立足岗位做贡献、服务青年谋发展等方面开展了多项工作，取得了积极成效，获得了较高认可度。在调研公司青年工作存在的问题时，近五成的受访者认为青年工作很好，不存在问题；近三成的受访者认为青年工作的方式方法有效性不足，对青年工作的重视程度不够；党团组织的作用没有充分发挥等问题也被提及。

在关于公司党团组织作用发挥情况的调研中，近六成的受访者认为发挥良好，近三成的受访者认为作用发挥一般，其余受访者认为发挥不好或未发挥作用。党团组织有效促进了企业文化在公司"落地生根"，但对青年员工生活、工作上的关心有待加强。关于光大文化在公司的实施效果，近六成的受访者认为企业文化对凝聚员工、促进发展起到了良好作用，但仍有近三成的受访者认为企业文化虽然起到了一定作用，但效果不明显。在解决青年员工个人或家庭困难方面，党团组织尚未充分发挥作用，青年员工将朋友和家人视为首要倾诉对象，占比分别为82.72%和71.40%，选择向党团组织倾诉的仅占10.49%。

三、青年工作创新："矩阵式"工作模式

近年来，光大证券牢牢把握青年需求多元化的特点，密切联系青年实际，以"凝聚青年、服务青年、发展青年"为宗旨，逐渐摒弃了自上而下金字塔式的青年工作模式（见图1），改变了基层党团组织"各自为政"的局面，按照"资源共享、多向交流"的原则，创建了"矩阵式"工作模式，摆脱了传统青年工作覆盖面窄、信息渠道少、互动交流难等问题。

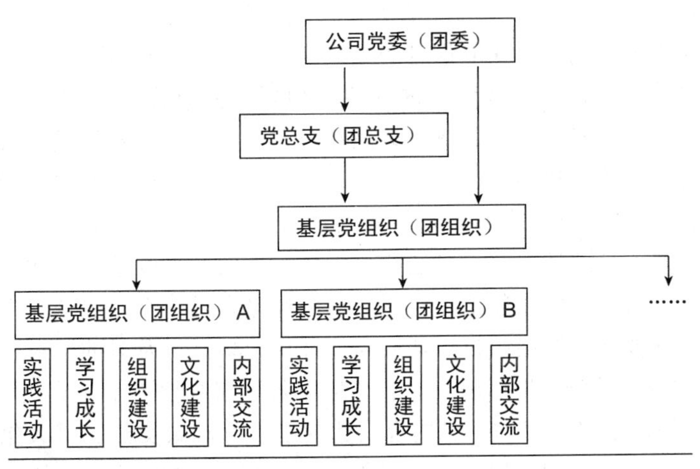

图1 "金字塔式"青年工作模式

"矩阵式"工作模式借鉴组织管理学理论，主要从两个维度考虑：横向为青年工作的主要内容，包括宣传引导、创先活动、文化建设、组织建设；纵向为各基层党团组织。横纵向

交叉，形成一个互通的网络（见图2）。“矩阵式”工作模式在党（团）委与基层党团组织、各基层党团组织之间的多向交流、共享共建中，打造了青年工作的四大阵地——宣传阵地、发展阵地、文化阵地、组织阵地，实现了资源的最大化共享，满足了组织目标的多样化需求。

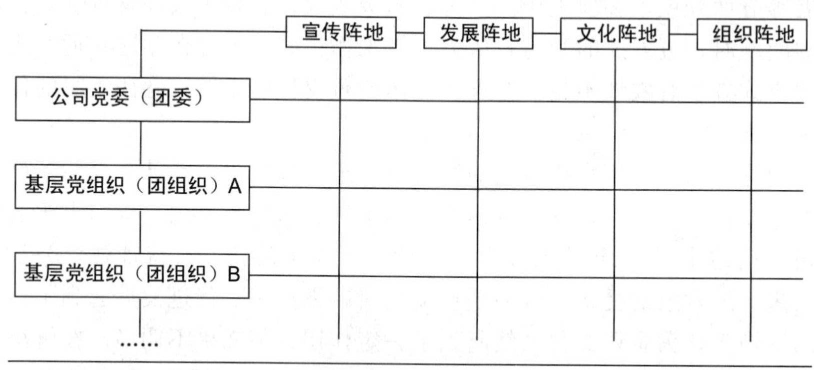

图2 “矩阵式”青年工作模式

（一）与时俱进，打造网络宣传阵地

新媒体的普及、青年员工使用网络的频繁性和对网络的依赖性彰显了互联网这一思想政治教育阵地的重要性。近年来，光大证券充分利用这一先进工具，针对青年特点，牢牢掌握主动权，打造了网络红色阵地。

针对青年工作点多、面广、战线长、远程管理难等特点，公司党委通过“党建云”工作平台、党（团）建QQ群等新媒体手段，充分发挥了其网上办公、宣传鼓舞、学习教育、互动交流的功能，实现了青年工作的“一网集成”、数据资源“一库尽收”、组织交流“一呼即应”、青年教育“一点即可”、青年服务“一线牵连”。

鉴于微信正在成为青年员工获取信息的重要渠道，光大证券于2015年7月开通了“光大证券党建云”微信公众号，目前设有内容主要包括党建动态、学习专栏、高层语录、党史典故等，定期推送党内权威资讯、热点聚焦和公司党建信息。青年员工只需轻点鼠标，即可关注最新党建动态，随时随地参与线上学习。党建微信所倡导的“微学习”“微交流”“微服务”广受好评，青年员工积极响应，纷纷加入网上“红色阵地”。

根据传播学的使用与满足理论，打造符合青年特征的网络红色阵地才是提高思想政治教育工作效率的根本所在。根据该理论，传播活动已经进入了一个以受众为中心的时代，青年在传播活动中掌握越来越多的主动权，他们渴望开放、多元、及时的信息，作为信息提供者（思想政治教育工作者）则通过网络渠道［“党建云”工作平台、“党建云”微信公众号、党（团）QQ群］提供量多质好的信息内容，达到了“互动式交流、最大化共享、开放型服务”的效果，青年的接受兴趣与媒介内容相契合，“满足”的传播效果使青年更乐于频繁地使用公司媒介，从而实现思想政治教育“春风化雨”的功能（见图3）。

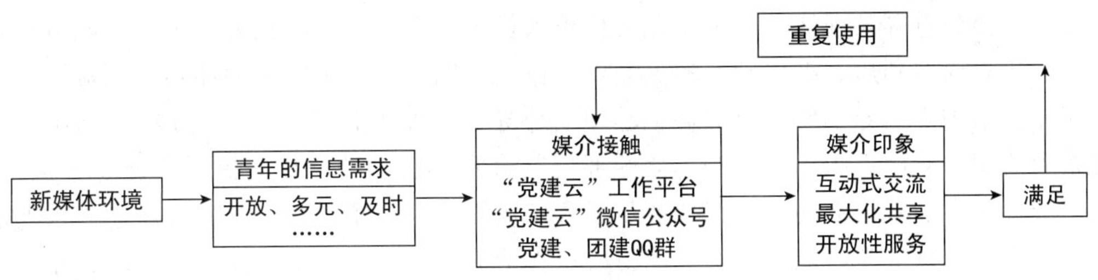

图3 青年思想政治教育的“使用与满足”模型

（二）琢玉成器，打造青年发展阵地

为充分发挥青年在公司“二次创业”中的生力军作用，营造青年立足岗位成长成才的良好环境，光大证券努力当好“伯乐”，积极搭台子、压担子、铺路子，促进青年员工主动学习、积极实践，不断激活青年的创造活力和创新热情。

结合业务搭台子。光大证券将创新活动与中心工作紧密结合，近年来组织开展了“岗位大练兵”“创新金点子”“我为党旗添光彩、创新有我更精彩”等活动，鼓励青年员工立足本岗，从微处入手，从小改、小革做起，不断提炼产品创新、服务创新、营销创新、管理创新、制度创新等方面的“金点子”，并带头实施、推广含金量高的创新方案，有效提升了公司行业的竞争力、综合金融服务能力以及经营管理、风险防控水平。

放手工作压担子。光大证券以“青年突击队”为载体，把青年放到困难多、任务重的一线去锻炼，让他们经风雨、见世面、增胆识、长才干，加快成长步伐，引导青年争当服务拓展的排头兵、转型发展的急先锋、协同创新的智多星，使青年员工更添自信、更具担当，不断在破解业务工作难题、完成急难重任务、推进重点工作中发挥重要作用。

职业导航铺路子。近年来，光大证券引入了通用于国际投行的MD职级制度①，畅通了青年员工职业发展通道，并通过“青春起航”青年建功成才计划、“基业长青”（后备人才储备和领导力培养发展）计划完善公司发掘、培养和使用优秀青年人才的平台和机制，引导青年科学规划职业发展，拓展青年成才通道，多举措为青年成才“铺路搭桥”，使青年人才脱颖而出。

（三）润物无声，开辟青年文化阵地

青年员工具有整体文化水平较高、风华正茂、思维敏捷、追求卓越、崇尚创新等特点，是企业文化建设的主力军。光大证券一直将青年员工视为企业文化的活力之源和创新动力，通过以党建文化引领企业文化，在各项工作部署中凸显光大文化的内涵，在每个活动中切实履行“为国家图富强，为天下聚财富”的核心价值观，使青年员工在潜移默化中成为企业文化的拥趸者和践行者。

践行以人为本的文化理念，提升凝聚力。结合公司实际开展创先争优、主题党团日、志

① MD制度是一种起源于合伙制文化并在国际大型投资银行普遍采用的员工职业晋升机制，相比传统的以职位为基础的管理模式，MD制度提供了适合投资银行人才快速成长的发展通道，其轻资产、重人才的特质，更加符合现代投行的核心能力与人才特征。

愿服务、社会公益等各项活动，把企业文化植入员工内心，逐步转化为青年的价值追求和自觉行动：建立横向到边、纵向到底的关爱青年员工的网络，注重人文关怀和心理疏导，在生活上照顾、精神上引导、感情上慰藉、心理上疏导、事业上帮助青年。开展“8 小时之外”关爱系列活动，党团组织、行政和工会等部门联合举办运动会，成立摄影、徒步等俱乐部，组织单身青年参加联谊活动等，充分展示了青年风采，拓宽了青年交友面。通过一系列活动培养了一批具有良好学习能力、实践能力、协作能力，有奉献意识和团队精神的青年。

持续推进“光大青橙”公益品牌活动，扩大影响力。“光大青橙” 自 2011 年 5 月成立以来，逐渐打造成光大公益品牌。一是立足本职、发扬优势，有效构建了志愿者服务的长效机制。他们利用业务专长，抓住部门开展营销拓展、公益推广等服务机会，建立志愿者服务点，深入社区、学校、乡镇开展投资者教育或创新业务咨询、股民讲堂等活动。二是激活思路、创新载体，引领公益 2.0 潮流。公司团委打破传统公益思维，首次尝试“互联网 + 公益”的模式，与上海微笑青年公益组织合作成立“光大证券—微笑故事小屋专项基金”，通过网络点赞的形式奉献爱心，广受关注和支持。三是结合实际、扶弱济困，传递正能量。青橙志愿者帮助社会弱势群体，如孤老、残障、病幼等。

（四）固本培元，强化基层组织阵地

光大证券依托党建带团建，实现了党团建设、党团阵地、党团教育同步抓，强本固基，夯实了基层团组织建设，进一步提升了团组织的凝聚力、吸引力、战斗力，巩固了党的青年群众基础。

党建带团建，激发基层团组织工作有效覆盖。一是领导重视、组织到位。光大证券党委始终把共青团工作作为一项重要的工作来抓，公司副董事长、党委书记、总裁亲自抓团委工作，不定期听取团委工作汇报，并给予指导。二是措施得力，配套共建。光大证券将团建工作列入年度党建工作重点，将团建任务分解到基层，责任层层落实，逐步形成了目标共订、内容衔接、机制配套、互为促进的党建带团建工作机制。三是强化考核，深化落实。光大证券党委将团建工作纳入各级基层党组织的考核责任，明确目标、细化责任，确保基层团建工作有效落地。

党团阵地同步建，夯实基层团组织。随着公司业务不断发展以及团员青年数量的增加，公司党委本着就近、兼顾和便于党团共建的原则，推动基层团组织设置向党组织靠拢，建立团组织网格化布局。针对公司 35 周岁以下青年员工较多、党员较多、28 周岁以下团员较少的情况，公司党委组建了光大证券青年工作委员会，与党委实行两块牌子一套人马，以团的组织形式建立基层青年工作组织，有效扩大了组织工作覆盖范围，全面推进了光大证券青年工作的开展。目前 184 个基层团组织，基本达到了组织全覆盖，实现了“青年在哪里，团组织就建到哪里”。

发展优秀青年入党，增强基层党组织活力。光大证券党委着重在优秀青年中发展党员，主动从政治上、业务上、生活上给予关心、帮助和支持，形成了主动式发展青年党员培养链，将青年中的骨干吸收进党组织，为党组织输送新鲜血液。截至目前，光大证券党委已举办十期“入党积极分子培训班”，近三年共培训青年 253 人，发展 56 名团员入党，青年党员的比例逐年增加，优化了党员队伍结构，增强了基层党组织的生机和活力。

（五）借助“矩阵式”工作模式，青年工作实现三大转变

1. 青年工作从单边灌输走向多向互动

“矩阵式”工作模式颠覆了过去“党（团）委—党（团）总支—党（团）支部—青年”自上而下的信息传递机制，通过四大阵地畅通了上下级党团组织之间、青年与党团组织之间、青年与青年之间的交流，促使青年工作从传统的开会贯彻、单向交流向多向交流转变，青年可以通过扁平化组织直接将意见反馈到公司党（团）委。

2. 青年工作从内循环走向大开放

“矩阵式”工作模式的互联互通、公开共享改变了以往“相互分割、各自活动”的现象，各基层党（团）组织基于优势互补、资源共享的目的开展了多维度、多形式的联动联建活动，推进了彼此资源共享乃至业务协作，进一步促进协同机制的形成。2016 年 9 月，光大证券北京地区党支部通过“网上号召、网下响应”的方式开展了党政联席工作会议，对促进青年工作和业务协同起到了积极效果。

3. 青年工作由按部就班走向灵活创新

在“金字塔式”的格局中，各基层党团组织只能按部就班地开展青年工作，未能充分发挥主观能动性，而灵活、弹性、自主的“矩阵式”工作模式一是提高了青年工作的创新性，营造了团结合作的氛围和自由的环境，促进了新思想的层出不穷、新成果的源源不断；二是提升了青年工作灵活性。“矩阵式”工作模式使各基层党团组织之间的边界变得灵活、松散，能够对工作任务与客观需要的变化做出快速反应，具有较强的灵活性和适应性。

四、青年工作中存在的问题

近年来，光大证券重视共青团和青年工作，在推优荐才、技能提升、活动经费等方面给予倾斜和支持，也培养了一批优秀的青年干部和青年业务骨干，但在新形势下，面对青年需求多样化、价值取向多元化、思维方式多变性等特点，基层团组织在紧跟青年步伐、解决青年诉求、吸引和凝聚青年等方面仍存在着一些不可忽视的问题。

（一）基层青年工作整体发展不均衡

目前基层已经建立起了结构健全的组织，实现了有团员的地方就有团的组织，有党员的地方就有党的组织，但是基层党团组织之间工作开展不平衡，有的党（团）支部大力开展主题实践活动，组织丰富的文体活动，少数党（团）支部则认为党团活动对于业务开展和经济效益的促进作用有限，而活动的开展又要耗费时间和员工精力，因而对党团活动支持有限，造成了青年工作整体发展不均衡。

（二）基层团干部履职能力有待提升

青年需求的多样化迫切要求基层团干部成为复合型人才，成为政治坚定、责任担当、专业创新、服务贴心的青年榜样，但是目前公司 127 名团干部都是兼职，当岗位业务工作与共青团工作存在冲突时，“畏难情绪”“有心无力”现象在一定程度上存在，其服务青年的素质能力亟待提升。另外，证券公司人员流动性较强，基层团组织架构和人员时常处在调整、

重组中，基层团干部队伍不稳定，团支部工作难以有连续性。

（三）基层团组织服务青年的举措有待丰富

有部分基层团组织开展工作时往往形式和内容较为单一陈旧，限于开会传达精神或传统的文娱活动，没有充分结合青年的兴趣爱好、合理诉求、沟通方式，没有在活动的创新性、趣味性、知识性上下功夫，而青年员工希望在政治上有进步、学习上有收获、能力上有提高、工作上有作为、生活上更充实、沟通上更直接。两方面的不匹配产生了活动难组织、难开展、参与度不高等问题，造成了基层团支部活力和魅力不足，难以有效地吸引和凝聚青年。

五、进一步加强青年工作的建议

（一）在集团系统内开展区域团建，提升青年工作凝聚力

秉承优势互补、资源共享的理念，打通集团系统内各单位间的壁垒，根据就近、有利和便于开展组织活动的原则，积极开展区域团建。一是建立信息沟通机制，通过定期或不定期的会议和活动，及时交流信息、沟通情况，增进区域内团组织之间的相互了解，共同研究解决区域青年工作中遇到的新问题、新情况，不断探索光大系统内区域化团建的制度化、长效化工作机制。二是建立协调整合机制，充分整合区域内集团各单位人力、财力、物力，协调开展青年工作，通过运动会、联谊会等共同搭建各类活动平台，增进交流，丰富青年生活。

（二）不断创新青年工作方式，提升党团组织影响力

第一，在内容上变被动为主动，变思想宣传教育为因势利导。要站在青年的视角来理解和诠释党的路线、政策和方针，融入社会热点，把思想宣传教育转化成青年乐于接受的语言，使青年主动吸收，进一步强化思想宣传教育工作效果。第二，在形式上变抽象为直观，变文件学习为系列活动。尽量减少照本宣科传达文件精神，运用青年喜闻乐见的活动方式去吸引青年，达到寓教于乐的目的，让文件精神从纸面渗透到青年思想中。第三，在机制上变短期为长效，变短期经验为长效机制。不断总结青年工作和业务工作中的优秀经验，加以总结、归纳、凝练，并作为标杆在公司内推广，使青年学有榜样、行有目标，逐步构建长效机制。

（三）加强基层团干队伍建设，夯实青年工作基础

基层青年工作的优劣与团干队伍建设息息相关，为提升基层团干履职能力，一是优化培育机制，在增强团干部思想教育、实践锻炼和培训方面下功夫：强化理论学习，开展团干部培训工作，加强团干部思想教育，增强业务知识的系统性和深入性，培养知识复合型的团干部；加强实践锻炼，通过给团干部交任务、压担子，使他们在实际工作中长才干、树形象、有作为。二是强化考核机制，在兼职团干的个人 KPI 指标中列明职责，将团的工作列入工作考核中，同时在绩效分配、选优推优、选拔提职时予以侧重，进一步激发团干部的工作积极性。

推动证券机构“80后”“90后”员工成才成长研究

——以方正证券公司为例*

方正证券股份有限公司“员工成才成长研究”课题组**

证券行业是典型的知识密集型行业，持续创新是其价值增值的源泉和动力。如今，以“80后”“90后”为主力的青年员工比重不断上升，并且逐步在各个岗位上成长，已经成为机构的生力军与后备力量。他们既是企业中最活跃的一分子，也是企业的未来和希望。“重视公司青年员工的发展，就是重视公司的未来”。研究如何推动“80后”“90后”青年员工的成才成长，对证券公司乃至证券行业的发展都具有十分重要的意义。

一、“80后”“90后”员工在证券行业和方正证券从业的基本情况

（一）证券行业从业人员结构

据中国证券业协会从业人员管理系统数据统计，截至2016年底，证券行业从业人员总数已突破32万人，较2015年增长3.3万人，同比增加11.39%。其中证券公司注册人员为30万多人，占证券行业注册人员总数的99.28%，注册人员中男性多于女性，占比为58.88%。

通过对近三年来证券行业从业人员的分析，可以看出，从业人员基本情况呈现以下三个显著特点：

1. 年轻化趋势明显

数据显示，近三年来，证券从业人员年轻化趋势日益明显，35岁以下从业人员已占全部从业人员的65%左右。受2015年上半年市场行情影响，大批青年人才加入（18—25岁的

---

* 方正证券数据包括全资子公司中国民族证券有限责任公司。

** 课题组成员：吴珂，杨忠一，郑超，李鸿，陈媛，阿孜古丽（民族证券），石春晖（民族证券），原载于《中国证券》2017年第11期。

青年从业人员占比大幅提升，从 8.98% 上升到 13.45%），将从业人员的平均年龄从 34.46 岁降低至 33.54 岁。

年轻人才占比的提升在一定程度上影响了人才队伍从业年限结构变化。1 年以内的证券从业人员占比从 2013 年的 9.56% 上升至 2016 年的 18.91%，反映出一方面是行业良好的发展态势吸引了年轻人才，另一方面则显示我国资本市场发展历程较短，成熟经验人才供给不足，人才需求在一定程度上依赖于各公司自我积累和培养，故对年轻人才的需求也保持在较高水平。

2. 学历结构不断优化

近三年，低学历人员占比不断下降，高学历人员（硕士研究生及以上）占比持续提升。

整体而言，证券机构总部人员的学历结构优于分支机构，主要原因是由于传统经纪业务的性质特点，对从业人员（例如证券经纪人、客户经理等）的专业背景要求相对较低。但从资本市场未来发展趋势来看，随着各证券公司分支机构网点即将成为证券公司全业务平台的定位变化，分支机构从业人员的学历结构也将不断得到改善。

3. 知识背景相对稳定

财务、经济、金融专业背景的从业人员仍是行业人才队伍的主要构成。从变化趋势来看，证券公司总部 IT 专业背景的从业人员占比相对提升，这在一定程度上反映了行业对于发展互联网金融、提高公司信息化水平的重视和投入。

（二）方正证券从业人员构成

相对证券全行业而言，方正证券作为一家综合类上市券商，其从业人员构成也有三个特点：

1. 从业人员总量较大，总人数位居行业前列

以 2015 年底 A 股上市证券公司披露的公开数据比较，方正证券合并口径的总人数在 24 家上市证券公司中排名第 7 位，母公司的总人数在 24 家上市证券公司中排名第 4 位。因为证券行业中的大型证券公司基本均已在 A 股上市，说明方正证券的员工总数已经进入行业前列。从业人员中“80 后”“90 后”员工占全体员工的比例达 71.69%，高于行业平均值 6% 以上。

2. 有优秀教育背景的高素质人才数量持续增加

就总部而言，一方面，工作地的搬迁和管理架构的完善增强了公司对优秀人才的吸引力。2012 年方正证券总部搬迁至北京，后续逐步在上海、深圳等地建立研究、投行、资管团队，2015 年 8 月正式启动方正证券、民族证券的整合工作，这些举措提升了公司对优秀人才的吸引力，近年来方正证券总部通过社会招聘、校园招聘、实习生计划引进了大量有国内顶尖大学和国外知名大学教育背景的人才。另一方面，多项业务领军人才的加盟也进一步强化了人才队伍的实力。方正证券近年来在研究、资管、互联网金融方面均引进了业内领军人才，人才梯队的建设和人才结构的优化取得明显成效。就分支机构而言，明确了引进人员时的学历标准，持续致力于提升分支机构的员工素质。

3. 人员知识和工作背景进一步丰富

就总部而言，随着方正证券研究所、互联网金融研究与工程院的设立和快速发展，除经济、金融、会计、工商管理、法律等背景的人才外，具备信息技术、计算机、装备制造、医

药、互联网、软件等背景的人员数量快速增长。

二、"80 后""90 后"员工特点及促进其成才成长的挑战

（一）"80 后""90 后"员工特点

证券行业属于知识密集型行业，有着工作节奏快、工作强度大、知识更新速度快、对学习能力要求高等特点，"80 后""90 后"从业者呈现出以下特点：

1. 教育背景良好

人才是证券公司的核心竞争力，各家公司高度关注人才队伍建设、年轻人才的吸引和培养。证券行业的薪酬竞争力较高，能够有效吸引高素质的年轻人才。方正证券与中国人民大学、中央财经大学等知名高校建立了长期合作关系，持续开展实习生计划和校园招聘工作。近年来，成功引进大量优秀的"80 后""90 后"人才，他们都拥有良好的教育背景、系统的知识结构，在公司的业务发展中发挥着日益重要的作用。

2. 学习创新能力较强

现阶段我国证券行业处于飞速发展阶段，客户需求不断增长、业务创新日新月异，需要从业人员具备持续学习和创新能力。同时，证券公司的健康发展必须以合规为前提，这对年轻员工的创新能力提出了更高的要求。方正证券的年轻员工能够积极参与各类业务与合规培训项目，能够在遵守监管要求的前提下积极创新，促进公司服务水平的提升。

3. 注重自我价值实现

证券行业的"80 后""90 后"员工属于知识型员工，普遍受过高等教育，独立意识较强，更有能力、有意愿接受新工作、新任务的挑战，以追求自我价值的实现。方正证券正逐步在塑造"开放包容、勤奋坚持、简单专注、追求卓越"的企业精神，借此营造平等沟通、奋发图强的工作氛围，激励了大批注重自我价值实现的"80 后""90 后"青年员工与公司共同成长。

（二）促进"80 后""90 后"员工成才成长面临的挑战

从我国证券业人力资源开发与管理的现实来看，证券公司在推动"80 后""90 后"员工成才成长方面面临以下挑战：

1. 管理方式的转变

证券行业"80 后""90 后"员工注重自主管理，有较强的成就动机，注重自我价值的实现，因此证券公司不仅在制度建设方面要实现公平性和透明性，而且要在日常管理过程中充分关注员工的体验。企业管理者需要发现每个员工的优势，关注其个性化需求，给予及时、有效的反馈与指导。

2. 培养方式的转变

证券公司"80 后""90 后"员工具备良好的教育背景和学习能力，随着互联网思维和科技的发展，需要积极探索知行合一的培养模式，综合采取在岗训练、轮岗锻炼、导师辅导、经验分享等多种培养模式，不断提升培训成效的转化率。

3. 激励方式的创新

激励方式的创新在证券行业的人员吸引、保留中扮演着重要角色。证券行业"80 后"

“90 后”员工的自尊心与成就感都较强，不仅关注物质激励，更加关注精神认可；相较于时间周期较长的长效激励，更喜欢立竿见影、及时兑现的激励方式。

三、不断探索推动“80 后”“90 后”员工成才成长的途径和方法

以“80 后”“90 后”为主体的青年员工的成长和进步对公司起着重要的推动作用。经过多年的实践，方正证券建立了完善的人力资源管理体系，持续关注对年轻人才的提拔和培养。截至目前，公司现任高管中有 2 名“80 后”，现任中层干部有 43 名“80 后”，干部队伍的年轻化程度在行业处于领先水平。

具体而言，方正证券人力资源管理体系包括入口、楼梯口、出口三个方面。入口指人才引进方面的工作，楼梯口指人才发展与保留方面的工作，出口指人员优化方面的工作（见图 1）。

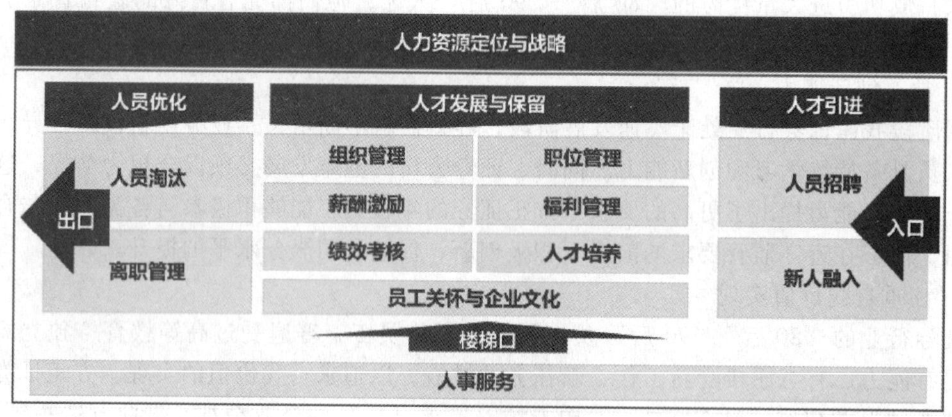

图 1　方正证券人才管理体系

这套体系基于公司战略要求、人力资源的定位和价值衍生而来，通过人力资源团队文化和队伍建设来实现。为了加快“80 后”“90 后”员工的成才成长，公司在各方面均作了特殊考虑，突出体现在职位体系、激励体系、绩效考核体系、人才培养体系、员工关怀和企业文化体系等方面，具体阐述如下：

（一）搭建多元的职位体系、建立清晰的发展路径

方正证券通过建立多通道的职位体系，为“80 后”“90 后”员工提供畅通的职业发展路径和可以持续的发展空间（见图 2）。具体而言：总部建立了全员 MD 职位体系，取消了管理序列，设定了量化的 MD 业绩标准，建立了关注业绩实现和素质提升的职位晋升标准，从而更好地认可专业能力、简化管理层级、淡化管理权利。分支机构建立了以管理序列、专业序列、创新序列三大序列为主体的多通道职位体系，员工可以根据组织发展和个人需求，选择成为中高级管理人才或者某个领域的专家。

该职位体系在促进“80 后”“90 后”员工发展方面的作用有：

1. 摒弃“论资排辈”“官本位”的思维，实施认可业绩和素质的管理理念

该管理理念为“80 后”“90 后”员工提供了更多和更公平的机会，使得真正优秀的

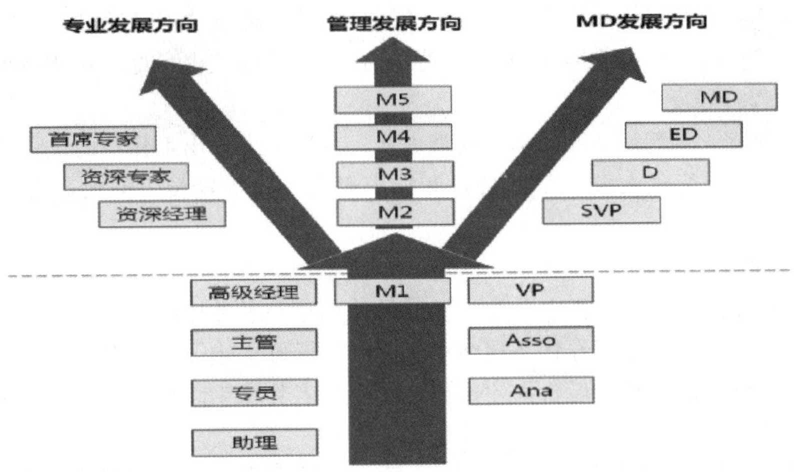

图 2　方正证券职位管理体系

“80 后”“90 后”员工能够得到快速提拔。根据方正证券职位管理办法的规定，优秀的硕士毕业生进入公司以后，最快四年就能晋升为 VP。

2. 实施人才盘点、破格提拔的职级评审机制

方正证券借鉴高盛、GE、阿里巴巴等企业在人才盘点方面的实践，通过执行委员会集体评议和投票评审的形式，对有突出业绩的年轻人给予破格提拔。这为“80 后”“90 后”员工创造了得到更为准确评价的机会，让年轻员工快速成长。

（二）建立业绩导向、兼顾素质的考核体系，并将考核结果广泛应用

方正证券采取“九格图”的考核模式开展个人考核，包括“业绩考核”和“素质评价”两个维度。纵坐标按照业绩“相对非常满意”占 20%—30%、“相对满意”占 60%—65% 和“相对不满意”占 5%—10% 进行区分，横坐标按照素质排名前 20%、中间 60% 和后 20% 进行区分（见图 3）。该考核体系在促进“80 后”“90 后”员工发展方面的作用有：

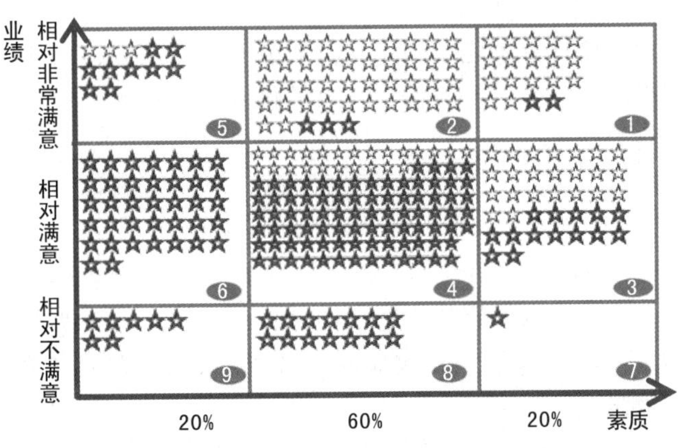

图 3　方正证券九格图考核模式

1. 有效识别优秀人才

九格图分别在业绩和素质方面进行强制分布，对不同业绩水平、素质水平的员工进行严

格区分。方正证券的考核体系完全以业绩和素质为导向，员工的考核结果不受职务、年龄、资历的影响，年轻员工只要业绩做得好、素质评价好，就能获得良好的考核结果。

2. 关注过程督导反馈

方正证券坚持推动覆盖全员的绩效反馈面谈，帮助员工找出工作中的优势及不足，并制订相应的改进方案。管理者关注员工特点和能力提升，为年轻员工的快速发展奠定必要的基础。

3. 广泛应用考核结果

方正证券每年都在公司年会上公布考核结果，也建立了考核结果申诉机制，营造公开透明的考核氛围。同时，方正证券将考核结果广泛应用于班子建设、干部任命、奖金发放、年度职位调整、年度固薪调整、后备人才选拔、优秀员工奖励年假等多个方面，对考核优秀的员工给予全方位的认可，最大限度地激发员工积极性。

（三）建立业绩导向、灵活且具备行业竞争力的激励机制

金融行业混业经营已是大势所趋，竞争日益激烈，资本、人才、资源流动日益频繁，券商从“通道服务型”向“综合金融服务型”，从“人力驱动”向“人才、资本驱动”转型。在此背景下，方正证券结合公司战略、业务布局、行业趋势，搭建了市场化的激励体系。该激励模式在促进“80 后”“90 后”员工发展方面的作用有：

1. 强调业绩导向

方正证券努力营造价值分配的公平氛围，扭转“职级说话、论资排辈、吃大锅饭”等不利于年轻员工成长的风气，鼓励年轻员工努力奋斗，肯定年轻员工的业绩，加速个人成长。激励机制清晰透明、核算明确并及时兑现，最大程度激发了年轻员工的积极性。

2. 激励水平向行业看齐

方正证券强调给予个人业绩贡献合理的回报，实现个人价值与公司价值共同成长，使优秀的年轻员工通过公司的内部分配体系，不仅实现自己工作经验的积累，还实现个人财富的快速积累，提升生活水平。

3. 激励机制灵活、便捷

方正证券明确公司激励体系的定位在于促进业务和人才发展，以开放的态度对待业务创新，鼓励员工提出新想法、新方式。灵活、开放的机制与年轻员工的个性特点契合，是培养员工创新意识、新技能的沃土。

（四）搭建与员工岗位成才成长路径相匹配的培养体系

2011 年 10 月，方正证券成立培训学院。5 年多来，学院围绕人才培养、战略推动、业务促进、文化传承、知识管理五大定位，从认同融入到专精卓越，助力员工成才成长，逐步搭建了完善的与“80 后”“90 后”员工岗位成长路径相匹配的培训体系。

1. 设计人才培养矩阵

在明晰各岗位发展路径的基础上，结合岗位分析、能力分析以及模型建构，设计方正证券的人才培养矩阵。在员工成才成长的各阶段匹配管理类、专业类、通用技能类等差异化、多层级、多形式的培训课程，使培训覆盖率达 100%，帮助青年员工提高业务技能和综合素质（见图 4）。

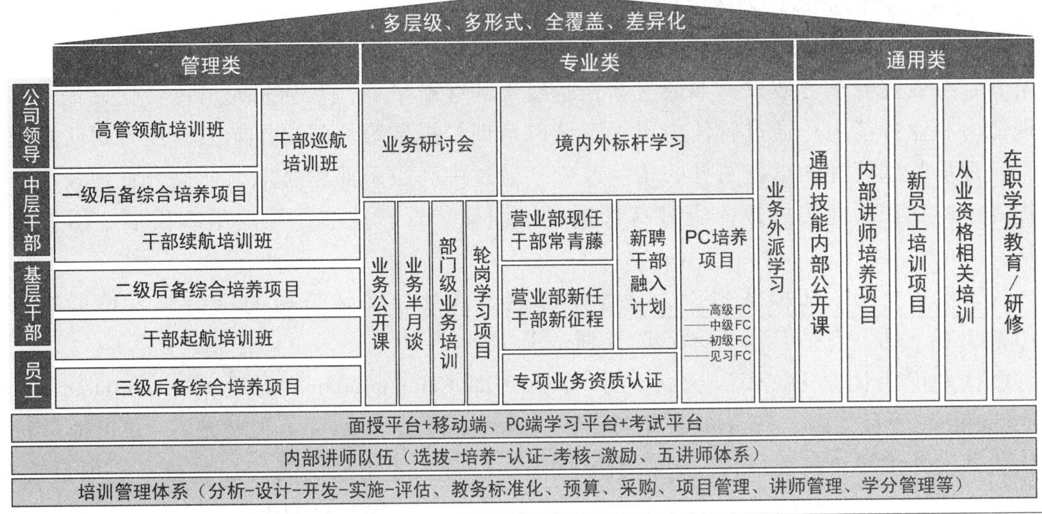

图4 方正证券人才培养矩阵图

据统计，2011—2016年，方正证券各项培训数据逐年增长。2011年，公司员工人均培训26.7小时，培训覆盖率81.7%，培训满意度92.9%，集中培训共计26期。到2016年，公司人均培训学时达到85小时，培训覆盖率100%，培训满意率96.4%，全年集中培训项目共计140期。

2. 推动战略落地、促进业务发展

方正证券一直在探索如何做好业务培训，解决业务痛点。2013年，培训学院启动了PSTP（Professional Staff Training Program）专业人才培养项目，根据不同的业务内容和方向，将业务培训划分为总部业务培训和营业部业务培训。总部业务培训包括境内外标杆学习、业务研讨会、业务公开课、业务半月谈、轮岗学习项目等。营业部业务培训包括营业部负责人培训、营业部副总总助培训、营业部员工培训等（见图5）。

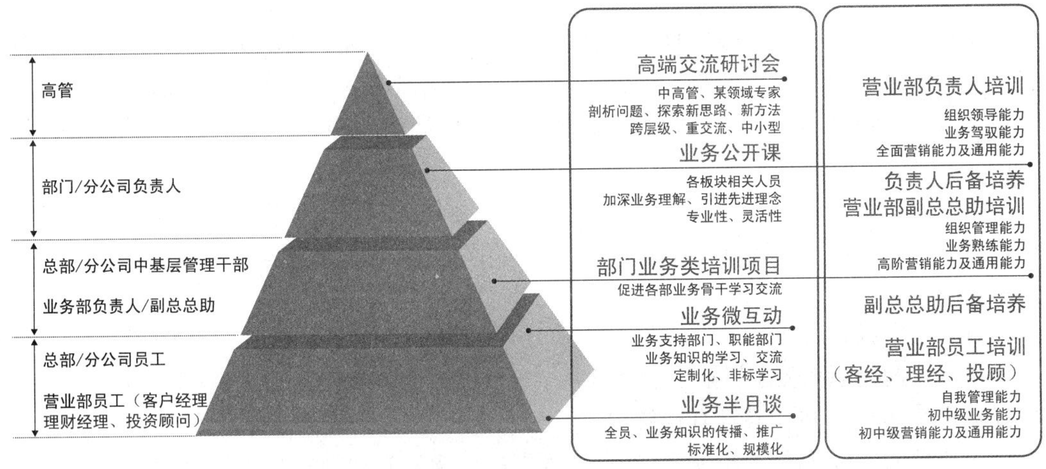

图5 方正证券业务人才培养及学习体系

3. 建立完善的管理培养体系

按照员工的成才成长路径，方正证券建立了完善的管理培养体系。针对不同层级干部定制培养，有效提升学习效果。如通过新任基层干部起航培训，顺利完成角色转化，提升基层管理能力和业务能力；通过新任中层干部续航培训，提升跨部门协作能力，提升团队管理能力，实现从基础管理向卓越领导的角色改变；通过中高层干部巡航培训，提升管理技能，学习优秀经验，积极迎接挑战；通过高管领航培训聚焦管理重心，推动组织发展，引领企业变革。

为了促进公司干部梯队建设，培养干部储备人才，增强公司的可持续发展能力，自 2010 年开始，方正证券后备人才发展计划全面实施。

根据方正集团“3E/3C”人才培养体系（即 Communication 沟通、Commitment 承诺、Compensation 薪资待遇、Education 培训、Experience 经验和 Exposure 曝光），方正证券进一步优化并设计了多个培养项目，包括系统培训、后备人才书架、高管经验分享、项目攻关、轮岗交流、优秀人才见面会、在职进修、跨层级沟通、高层会议列席等，多维度提升后备人才的能力与素质，为公司打造了一支作为高、中、基层干部储备培养的一、二、三级后备人才梯队（见图 6）。

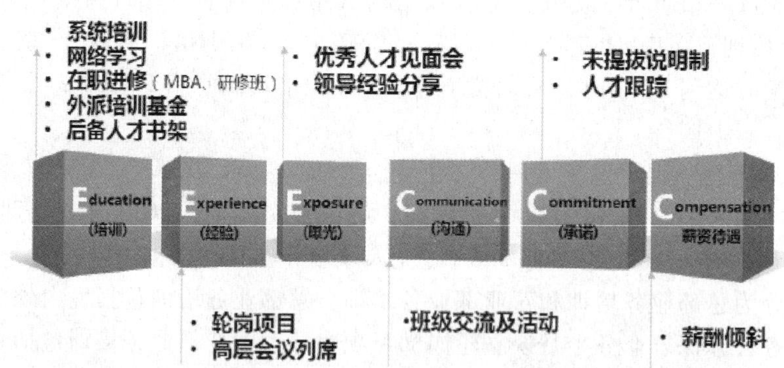

图 6　方正证券 3E/3C 后备人才培养体系

方正证券根据后备人才梯队的不同层级以及各层级的人才评价标准，有针对性地对各级后备人才实施系统的培训与培养。而在一、二、三级后备人才队伍中，“80 后”“90 后”的员工占比高达 82% 以上，可以说，后备人才发展计划就是“80 后”“90 后”员工快速成才成长的“摇篮”（见图 7）。

对于公司来说，后备人才发展计划可以形成人才储备，可以清晰界定公司重点培养人才范围，可以对人才进行有效培养、评估，可以提升各级管理者用人、识人能力，可以促进人才的保留。

经过 6 年实践，后备人才具有更好的稳定性、更好的考核结果、更好的提拔率。经统计，后备人才的离职率低于行业平均离职率 3% 以上，内部提拔率则达到 60% 以上，是公司整体提拔率 5% 的 12 倍，且没有连续两年考核在 7—9 格的后备人才。

公司还根据“80 后”“90 后”员工易接受新事物、有冲劲的特点，有计划有步骤地组织青年员工进行轮岗交流。基于往年轮岗学习的举办经验，2016 年 5 月公司正式颁布了《轮岗学习管理办法》，从制度上确保轮岗学习的有效推动与规范实施，并形成青年员工培

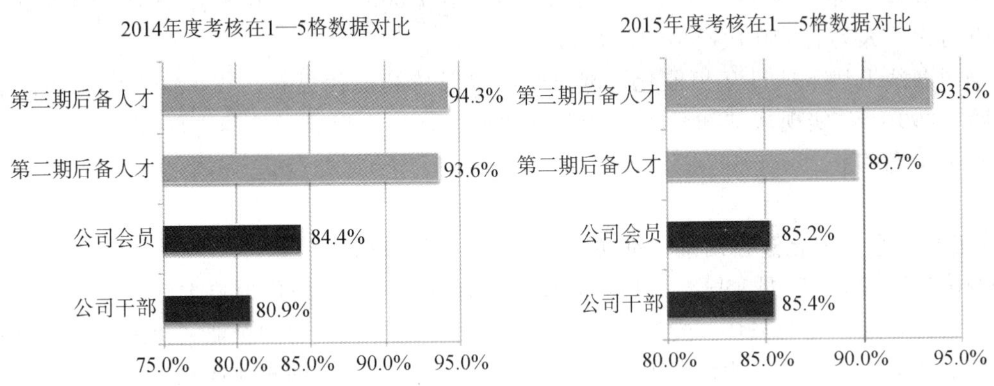

图 7　方正证券后备人才考核情况示意图

养的长效机制。

4. 搭建线上线下双通道

丰富学习形式，让“80 后”“90 后”员工从被动接受培训转化为主动申请培训。“80 后”“90 后”员工是在互联网背景下生长的，被称为互联网的原住民。他们思维活跃，善于学习、思考，并乐于以多种方式接受新知识、新事物。

方正证券在面对“80 后”“90 后”员工的培训需求时，充分考虑到青年员工的特点，有针对性地应用了形式活泼、互动性强、效果好的授课方式，如网络学习、移动学习、TED 演讲等，搭建线上线下双通道、翻转课堂、网络学习移动端、PC 端双平台，拓展学习渠道，有效提高员工参与的兴趣，丰富人才培养形式（见图 8）。

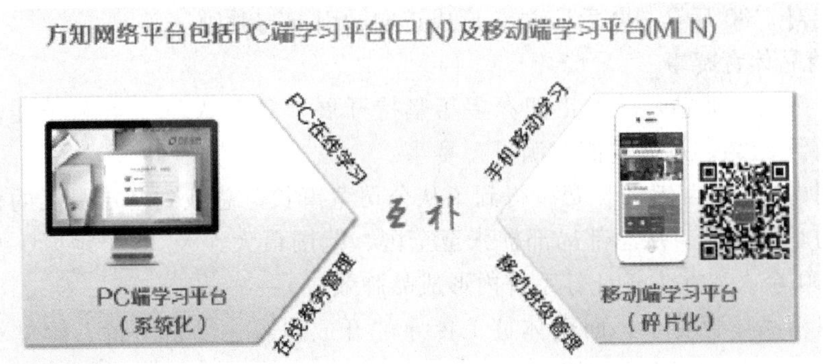

图 8　方正证券网络学习双平台示意图

自 2014 年起，方正证券开始搭建网络学习双平台，PC 端、移动端双管齐下，通过 PC 端进行系统化学习，通过移动端进行碎片化学习，互为补充，互为促进。

在移动学习平台上，结合公司实际，定制开发一系列功能，如配合学分管理办法落地开发了“学分排行榜”“一站式学分登记”“双系统学分对接”等，为学习者提供有内容、过程匹配的全方位支持，达到了“随时学（任何时间地点）、挑着学（满足个性需求）、及时学（及时更新推送）”的目标。

方正证券网络学习双平台一直注重“内容为王”，截至 2017 年 8 月，在兼备知识推送和课程开发的基础之上，已累计有 1 575 门内部课程，225 门外购课程等。方正证券学院微信公众号“粉丝”量突破 1.4 万人（公司总人数只有 7 000 + 人），课程点击量（学习量）突破 180 万次，人均有 250 次网络学习行为。

通过各线上线下项目互相催化，网络学习资源持续迭代更新，方正证券学院不断促进“80 后”“90 后”实现从“知”到“行”的改变，已初步形成了培养“80 后”“90 后”成才成长的生态圈。

（五）以企业文化建设助推“80 后”“90 后”成才成长

“80 后”“90 后”员工既注重所在企业是否有着特色鲜明的价值追求，也注重自身在企业中能否得到人性化的关怀、爱护，这些可以通过塑造特色鲜明的企业文化来实现，激发员工责任心和进取心，营造积极向上的组织氛围，推动青年员工的成才成长。

一直以来，方正证券坚持以丰富的文化活动培养团队精神，用共同的文化理念凝聚员工共识，将“勤奋坚持、简单专注、开放包容、追求卓越”的企业精神，贯穿在各项管理工作中。

1. 年度“犇牛奖”评选颁奖

方正证券多年坚持在全公司范围内进行“犇牛奖”评选，这项公司级最高奖项被誉为“奖项中的奥斯卡”，旨在评选出当年为公司做出突出贡献的团队和人员。同时，在年度公司经营工作会议上举行隆重的颁奖仪式，对在各工作领域做出卓越成绩的公司总部骨干、各地营业部的一线员工进行表彰。

对“80 后”“90 后”员工而言，一方面，“犇牛奖”的公开评选和表彰，为他们树立了值得学习的榜样，激励他们奋发图强；另一方面，“犇牛奖”获奖者多元化的背景，充分体现了方正证券没有“官本位”风格，而是愿意发现人才、愿意培养人才、愿意激励人才的导向，这也能对“80 后”“90 后”员工形成正向的引导与激励。

2. 举办精品体育赛事

为进一步践行企业精神，方正证券多年坚持开展“徒步天下”春秋季徒步、“泳往直前”夏冬季游泳比赛，并称“四大满贯”赛事。

四年时间内，“四大满贯”赛事得到了从公司董事长、总裁到基层员工的积极响应。比赛活动已成功举办八季，从总部局部扩张至全国，范围最大涉及 26 个地区、总部及 180 家营业部共 5 000 余人，在方正证券系统内形成品牌效应。

通过打造精品体育赛事，向全体员工传导“开放包容、勤奋坚持、简单专注、追求卓越”的企业精神，加深对企业文化的认知，丰富公司企业文化的内涵。通过组织篮球、羽毛球、乒乓球、瑜伽等俱乐部，将关爱员工的身心健康和精神愉悦落实到底。

3. 员工体验提升计划

方正证券持续通过覆盖全员的员工满意度调研，分析公司员工满意度的特点、存在的问题及问题背后的员工，并在此基础上有针对性地制订员工体验提升计划。

自 2016 年以来，方正证券开展了诸如“三八节”关爱女员工、端午节优秀员工家属答谢会、四大满贯赛事、员工兴趣俱乐部、亲子家庭日、优秀骨干员工培训及疗休养、单身员工联谊、重阳节慰问员工父母及退休员工和日常慰问等，使员工之间拥有宝贵的交流和相互学习的机会。同时，还通过实施下午供应水果、女性员工母婴室、非办公时间空调开放、额外带薪病假、强制休年假等人性化措施，多层次、多渠道、多形式的活动和人性化氛围共同构建了方正证券较为完整的员工关怀体系，使员工感受到了公司的关怀，提升了员工对公司的认同感和忠诚度。

4. 开展形式多样的业务竞赛活动

近年来，创新已经成为行业发展的主旋律，也是推动公司增强实力、不断发展的重点工作。“赢在方正”业务竞赛、“职业技能大赛”等赛事的举办，在公司内部掀起了“千帆竞发百舸争流”的高潮，调动了大家的积极性、主动性和创造性，为经纪业务转型和创新注入活力，也促进了公司各条业务线的创新和创利能力。

“80后”“90后”员工在一次次业务竞赛中，不断拔头筹、摘桂冠，还通过“三八”巾帼标兵岗的评选、青年志愿者等工作，不断提升服务技能，形成了良性循环，使业务不断发展进步，青年员工不断成才成长。

多年来，方正证券在不断研究、探索、实践、总结“80后”“90后”员工的成才成长机制。倾听“80后”“90后”员工的心声，了解他们的思想状态，积极采取措施，精细安排组织，为以“80后”“90后”为主体的青年员工构建成才成长通道，使青年员工能够在企业中获得稳步成长，实现青年员工和企业的共同发展，不断推动行业和资本市场的进步。

证券公司“80 后”“90 后”员工成才成长机制探索
——以万联证券为例

王耀南　陈赞坚*

引言

证券行业作为朝阳行业，行业收入水平较高，职业发展前景广阔，对于“80 后”“90 后”年轻员工的吸引力很大。近年来，大量的“80 后”“90 后”员工进入证券行业中，已成为职场中一个重要的群体。其中，部分“80 后”员工已成长为公司的骨干人才，但大多数“80 后”“90 后”年轻员工仍处于职业生涯发展初期，急需公司提供条件与机会助其成才成长。

本文主要从员工职业生涯管理理论、培训与开发理论出发，结合证券行业与证券公司的特点，以万联证券股份有限公司为例，采用问卷调查、个别访谈等方式，通过定量分析和定性总结两种手段，探索在证券公司建立一套科学合理、行之有效的“80 后”“90 后”员工成才成长机制。

一、绪论

（一）选题背景

万联证券成立于 2001 年 8 月，迄今已达 16 年。成立之初，公司便把“在公司发展的过程中实现员工个人的发展和自我价值”作为企业价值观，强调“创新”“发展”的企业精神。因此，万联证券历来把员工作为核心资源来对待，十分重视员工的成才成长。近年来，随着证券行业高速增长，大量“80 后”“90 后”员工加盟，已成为主力军，相当数量的

* 作者单位：万联证券股份有限公司。原载于《中国证券》2017 年第 11 期。

“80 后”员工已成长为公司的骨干力量，担任部门负责人、营业部负责人等重要职务。截至 2017 年 8 月 31 日，公司“80 后”“90 后”员工占比高达 76.14%，其中“80 后”员工占比 42.86%，“90 后”员工占比 33.28%，员工队伍年轻化趋势明显。

“80 后”“90 后”员工朝气蓬勃、精力旺盛、灵活创新，为公司发展注入了活力。然而，由于工作经验不足等原因，部分年轻的“80 后”“90 后”员工在职业发展过程中难免会感到迷茫、困惑，需要公司与领导提供指导与帮助，促进其更快、更好地成才成长。针对这一问题，本文以万联证券“80 后”“90 后”员工为调查对象，结合公司管理实践，探索在证券公司建立一套科学有效的“80 后”“90 后”员工成才成长机制。

（二）选题意义

“80 后”“90 后”员工一般特指 1980—1999 年出生，并在企业中从事职业劳动的人员。根据 2010 年第六次全国人口普查数据，出生于 1980—1989 年的人口总数是 2.28 亿人，占全国人口总数 17.14%；出生于 1990—1999 年的人口总数是 1.74 亿人，占全国人口总数 13.11%；合计占比达 30.25%。可见，“80 后”“90 后”员工已成为职场中一个非常庞大的群体。未来 5 年内，将会有大批“95 后”员工走进职场，“80 后”“90 后”员工占比将会提升至最高点。

2015 年我国证券行业从业人员平均年龄仅为 33.54 岁，35 岁以下从业人员占比 64.83%。[①] 可见，证券行业员工年轻化趋势明显，“80 后”“90 后”员工在证券公司的作用与地位将不断提升，如何促进“80 后”“90 后”员工更快、更好地成才成长，将成为决定证券公司整体竞争力的关键因素之一。

（三）研究方法

本次调研采取问卷调查作为主要研究方法，选取万联证券“80 后”“90 后”员工为调查样本，以在线电子问卷的方式开展调查，共收到有效问卷 416 份。为保证问卷调查的信度与效度，本次调查对象涵盖了万联证券各层级“80 后”“90 后”员工，年龄、性别、岗位分布等较为均衡，具体情况如表 1 所示。结合问卷调查数据，本次调研还采用了个别访谈、座谈讨论等调查方法作为辅助。

表 1 有效问卷情况统计表

分类		人数（人）	百分比（%）
性别	男	260	62.50
	女	156	37.50
出生时间	1980—1984 年	60	14.42
	1985—1989 年	88	21.15
	1990—1994 年	252	60.58
	1995—1999 年	16	3.85

① 根据统计时间推算，2015 年 35 岁以下从业人员即为“80 后”“90 后”从业人员。

续表

分类		人数（人）	百分比（%）
学历层次	硕士研究生	95	22.84
	大学本科	216	51.92
	大学专科	97	23.32
	高中及以下	8	1.92
岗位分布	证券公司总部	204	49.04
	证券营业部	212	50.96

二、“80 后”“90 后”员工成长背景及特点

“80 后”“90 后”员工成长背景与“60 后”“70 后”员工相比有很大的不同，具有明显的时代特色，主要体现在以下四个方面：

（一）政治法律环境

“80 后”“90 后”员工成长在国内外政治局面稳定、社会法制逐步健全、民主意识不断增强的政治法律环境下。他们既没有经历过残酷的战争年代，也没有经历过困难时期的极端环境，加之成长过程中适逢我国改革开放程度不断提高，造就了他们比上一代员工更注重人权、民主、平等，法律意识与维权意识更加强烈。在这种环境下，“80 后”“90 后”员工形成了追求民主自由、个性鲜明等性格特点。

（二）社会经济环境

20 世纪 80 年代适逢我国改革开放的关键时期，随着改革开放的不断深入，我国在 20 世纪 90 年代进入了经济高速增长时期，人民生活水平显著提高，社会事业全面发展，同时也是信息技术和网络经济飞速发展的时期。“80 后”“90 后”员工出生、成长于这个多元化时代，经济物质基础较其父辈有着质的提升，这造就了他们对金钱、财富的向往和更积极的消费观念，以及吃苦耐劳、艰苦奋斗精神的减弱。与此同时，信息网络技术的高速发展也造就了“80 后”“90 后”员工信仰缺失和精神文化匮乏等问题，其中“90 后”员工的信仰危机尤为显著。

（三）家庭生活环境

我国在 1982 年把计划生育确定为基本国策，受其影响，“80 后”“90 后”员工大多数是独生子女，这一方面使得他们独占了家庭长辈的全部关爱，获得了更好的物质条件和生活条件，追求享乐而惧怕吃苦；另一方面也造就了他们更主观、更自我的性格特点，心理承受能力和抗压能力也更为脆弱。

（四）文化教育背景

随着九年义务教育制度的确立和高等教育的普及，“80 后”“90 后”员工接受了九年义

务教育，大部分员工接受了高等教育。因此，“80 后”“90 后”员工的受教育程度相对较高。同时，“80 后”“90 后”员工在成长过程中接触较多西方先进思想文化，以及自由、民主、平等等思想观念，使得他们更容易接受自由、民主的观念，更加崇尚自由和平等。

三、证券公司“80 后”“90 后”员工成才成长现状及分析

（一）“80 后”“90 后”员工成才成长现状

调查显示，超过 40% 的调查对象已成长为管理者或骨干人才，其中 15. 38% 的调查对象已晋升到管理岗位，25. 96% 的调查对象已成长为公司骨干岗位员工，剩余 29. 81%、28. 85% 的调查对象分别从事基础岗位工作、营业部营销经纪岗位工作（见图 1）。

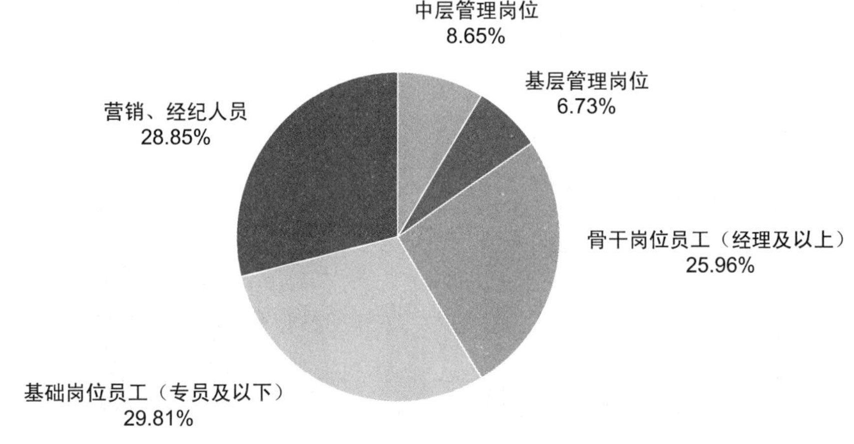

图 1　“80 后”“90 后”员工成才成长情况

结合年龄情况分析，出生于 1980—1984 年的员工成才成长情况较为理想，53. 33% 的调查对象已晋升为管理者，26. 67% 的调查对象已成长为总部部门骨干人才。出生于 1985—1989 年的员工，正处于职业生涯发展的关键阶段，约有 27. 28% 的调查对象已晋升为管理者，另有 45. 45% 的调查对象已成长为骨干岗位员工，成才成长情况相对较为乐观。出生于 1990—1999 年的员工，由于踏入职场时间较短，工作经验尚浅，普遍从事基础岗位或营销、经纪岗位，需要公司提供发展平台与机会，促进他们成才成长。各年龄段员工成才成长具体情况如图 2 所示。

（二）“80 后”“90 后”员工成才成长与工作满意度的相关性分析

综合考虑证券行业与万联证券的实际情况，本次调研从工作环境、薪酬待遇、发展空间、工作支持、工作压力、工作归属感与工作公平性 7 个方面分析“80 后”“90 后”员工的工作满意度情况。根据调查结果，“80 后”“90 后”员工的工作满意度整体得分为 3. 85 分（满分 5 分，下同）。其中，得分最高的 2 个维度分别为办公环境（4. 10 分）与工作归属感（4. 08 分），这说明“80 后”“90 后”员工对于证券行业或所在证券公司的认可度很高；得分最低的 2 个维度为薪酬待遇（3. 60 分）与工作压力（3. 45 分），这说明“80 后”“90 后”员工面临的工作压力与经济压力都较大。具体如图 3 所示。

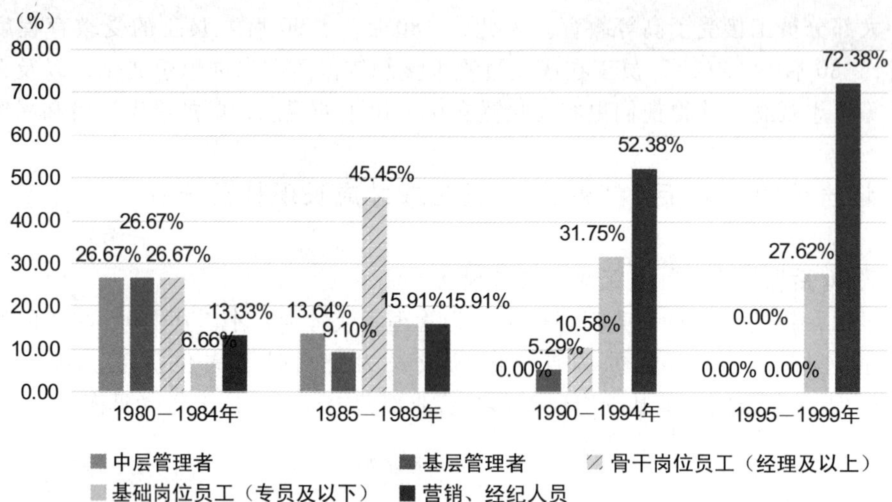

图2 年龄情况与岗位层级交叉分析

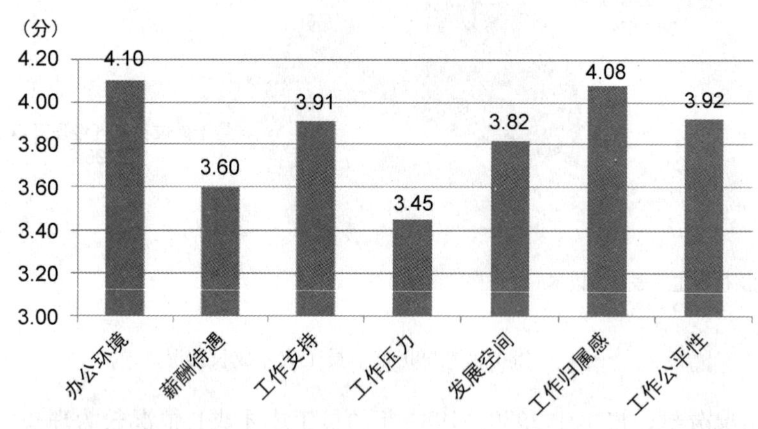

图3 工作满意度整体得分（满分5分）

结合调查对象所在岗位层级情况分析，员工成才成长情况与工作满意度呈现明显正相关关系，员工满意度情况随着岗位层级的上升而明显提升，中层管理者的工作满意度得分为4.21分，基层管理者的得分为3.92分，而普通员工的得分仅为3.84分。

考虑到证券行业工作压力大的实际情况，员工在工作压力维度得分偏低的情况难以避免，所以在进行岗位层级与工作满意度交叉分析时剔除了工作压力维度得分。从表2可以看出，剔除工作压力维度后，“80后”“90后”员工普遍在薪酬待遇、发展空间两个维度得分偏低，且普通员工在发展空间维度的得分（3.78分）远远低于中层管理者（4.11分）与基层管理者（3.96分）的得分，这说明“80后”“90后”员工面临的经济压力较大，对于成才成长的渴望比较迫切，且普通员工对于职位晋升的需求最为明显（见表2）。

四、影响证券公司“80后”“90后”员工成才成长因素分析

为研究影响证券公司“80后”“90后”员工成才成长的因素，以及证券公司在其成才

表 2　　岗位层级与工作满意度情况交叉分析　　（单位：分）

维度	中层管理者	基层管理者	普通员工
办公环境	4.22	4.07	4.09
薪酬待遇	4.00	3.65	3.56
工作支持	4.36	3.93	3.82
工作压力	4.06	3.71	3.73
发展空间	4.11	3.96	3.78
工作归属感	4.39	4.08	4.05
工作公平性	4.33	4.07	3.87
平均分	4.21	3.92	3.84

注：满分为 5 分。

成长中应给予何种帮助，本次调研结合证券行业员工培养特点与万联证券员工培养实践，采用问卷调查与访谈两种方式分析影响“80 后”“90 后”员工成才成长的因素及其重要性。

（一）“80 后”“90 后”员工对影响成才成长因素的认可度

本次调研将证券公司常见的员工培养手段归纳整合为培养类、任职类、激励与竞争类、惩罚与约束类 4 类因素进行问卷调查，分析“80 后”“90 后”员工对不同影响因素的认可程度。

1. 培养类因素

培养类因素包括导师制、培训项目、学历提升、职业生涯指导、竞赛等方面。据调查，90.38% 的调查对象认为“师徒制或导师制”很重要或重要，89.42% 的调查对象认为“有针对性的培训项目”很重要或重要；认为“继续教育或学历深造”“职业生涯指导”很重要或重要的调查对象约为 75%；而认为“技术技能竞赛项目”很重要或重要的调查对象仅为 54.81%（见图 4）。

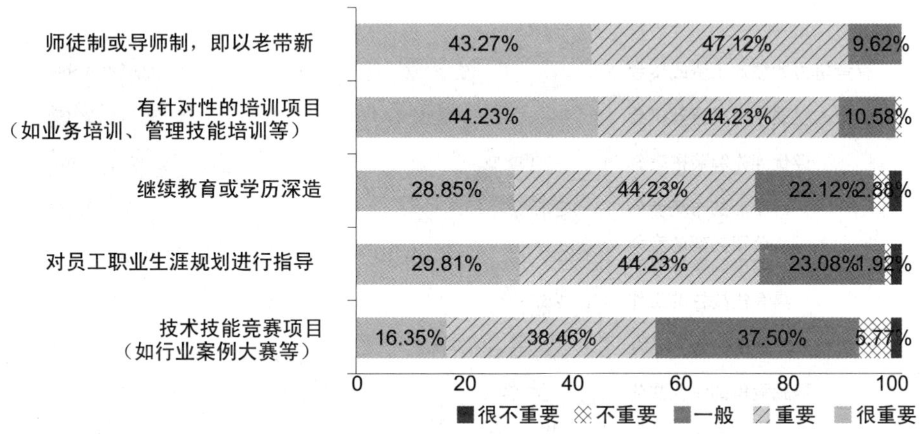

图 4　“80 后”“90 后”员工对培养类因素的认可度分析

2. 任职类因素

任职类因素包括人才配置、人才梯队建设、职业发展通道、轮岗交流、工作环境、工作内容等方面。据调查，认为“合理的人才配置，实现人岗匹配”“完善的人才梯队建设”

“多元化的职业发展通道”“感兴趣的工作内容”很重要或重要调查对象均达 90% 以上；认为“宽松、自由的工作环境”“感兴趣的工作内容”很重要或重要的调查对象均达 80% 以上；而认为“公司内部轮岗交流机会”“公司外部轮岗交流机会”很重要或重要的调查对象均约为 70%（见图 5）。

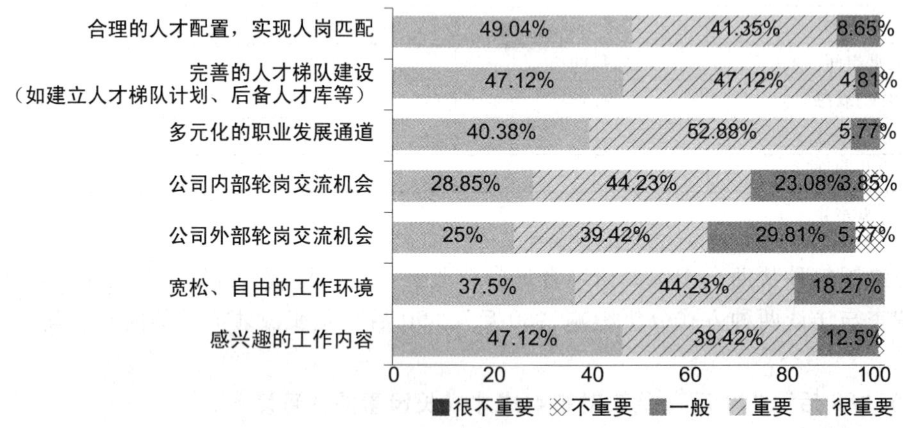

图 5 “80 后”“90 后”员工对任职类因素的认可度分析

3. 激励与竞争类因素

激励与竞争类因素包括薪酬激励、职位晋升、荣誉表彰、市场竞争、企业内部竞争、具有挑战性的工作、竞争环境与企业文化等方面。据调查，认为“有竞争力的绩效工资或奖金”“广阔的个人发展空间或晋升机会”“公开、公平、公正的竞争环境”很重要或重要的调查对象均达 90% 以上；认为“具有挑战性的工作”“鼓励竞争的企业文化”很重要或重要的调查对象均达 80% 以上；认为“激烈的市场竞争”“评优评先等荣誉表彰”很重要或重要的调查对象约为 70%；而认为“公司内部的竞争”很重要或重要的调查对象仅为 60. 58%（见图 6）。

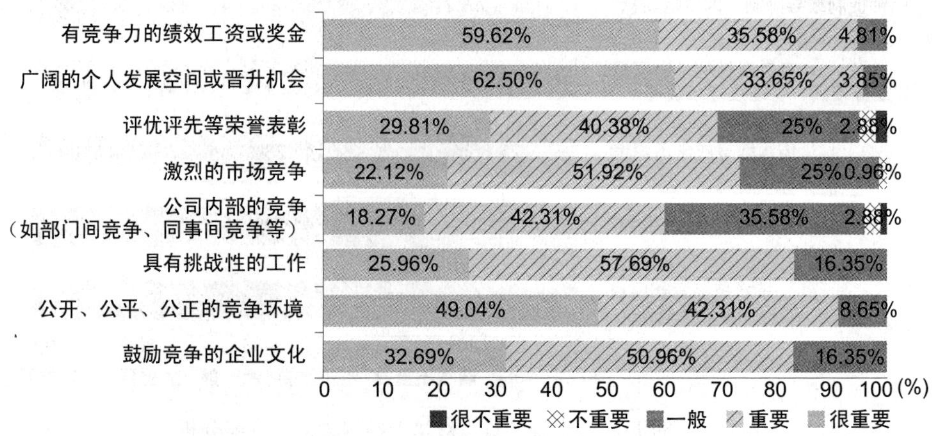

图 6 “80 后”“90 后”员工对激励与竞争类因素的认可度分析

4. 惩罚与约束类因素

惩罚与约束类因素包括末位淘汰制、薪酬扣罚、目标责任书、纪律约束、高强度的工作等方面。据调查，认为纪律约束很重要或重要的调查对象为70.20%；而认为“末位淘汰制”“绩效惩罚或奖金扣罚”“签订目标责任书”“高强度的工作”等因素很重要或重要的调查对象均不足60%（见图7）。

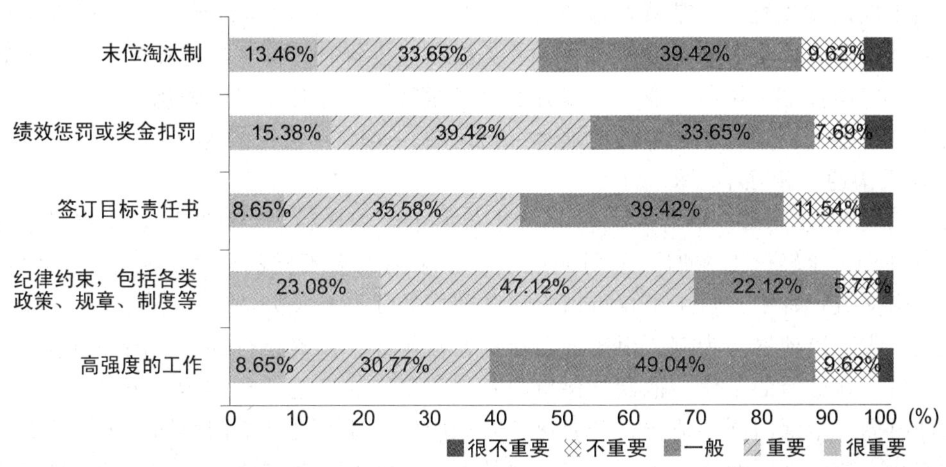

图7 “80后”“90后”员工惩罚与约束类因素的认可度分析

（二）优秀员工（已成才员工）访谈

为提炼优秀员工在成才成长道路上的成功经验，总结万联证券在员工培养工作中的特点与优点，本次调研对部分已成长为中层管理者的“80后”员工进行访谈，访谈内容主要包括成才成长的成功经验、如何促进“80后”“90后”员工成才成长等。为提高访谈对象的代表性，访谈对象涵盖了万联证券总部部门负责人、子公司负责人与营业部负责人。

1. 唯才是用，不拘一格提拔新人

受访对象在谈及万联证券在员工培养工作中的特点与优点时，提及最多的便是公司敢于提拔新人，只要年轻员工有能力、业绩优秀，就能获得广阔的晋升空间。某营业部负责人（1989年出生）提到，他本科毕业后加入万联证券，在广州某营业部任职。由于工作业绩优秀，他很快就在营业部担任运营总监职务，此后带领团队也屡创佳绩。2013年适逢广州某营业部负责人岗位空缺，公司领导看重他的工作能力与业绩，大胆提拔他为营业部负责人。虽然担任营业部负责人前期因为工作经验尚浅面临很大的压力，但经过个人的努力和公司的支持，现该营业部的业务已逐步走上轨道，他本人也因为公司领导的信任与提拔，在职业生涯中获得了很大的提升。

2. 竞聘上岗，内部挖掘优秀人才

某子公司负责人（1986年出生）在访谈中提到，他本人的成功，很大程度上是因为公司开放的用人文化和竞聘上岗机制。2010年，他本科毕业后加入万联证券，在营业部从事投资顾问工作。2012年，他通过公司竞聘上岗机制，成功竞聘到经纪业务部工作。在总部工作的几年时间里，先后从事经纪业务、融资融券、衍生品等业务，广泛接触公司各项业务，个人素质能力也得到很大提升。2014年，公司成立柜台及做市业务部，他通过优异的业绩在众多候选人中脱颖而出，成功竞聘上了柜台及做市业务部负责人一职，年仅28岁便当上总部部门负责人。2015年，公司成立直投子公司，他又被提拔为子公司总经理，成为公司的明星员工。

3. 轮岗交流，培养员工综合能力

访谈中，很多受访对象都把他们的成功归结于多元化的工作经历，而这又得益于万联证券年轻员工轮岗交流机制。某营业部负责人（1983 年出生）表示，他在硕士研究生毕业后入职万联证券研究所从事研究开发工作，并先后前往投资管理部、经纪业务部、资产管理部轮岗交流，广泛接触公司各项业务，提升了综合素质。经过几年时间锻炼，他不仅在个人素质能力上获得很大提高，职业生涯发展也一帆风顺，2012 年被提拔为某营业部负责人。

4. 注重沟通，相互学习促成长

某部门负责人（1987 年出生）表示，由于公司给“80 后”“90 后”员工提供了充足的轮岗交流机会，年轻员工在加入公司初期能够接触到很多不同的业务，在不同部门任职交流。在轮岗交流过程中，员工不仅可以学习各部门的优点与长处，对于今后实际工作的开展同样意义重大。以他本人为例，由于前几年曾在营业部、投资银行部、信用及衍生品部等部门轮岗交流，在此后的工作中他始终保持与各部门良好的沟通，在实际工作中遇到困难与问题，可随时向其他部门同事请教，开展业务时也能更好地实现跨部门协同。公司注重跨部门沟通的文化，鼓励不同业务、不同部门之间员工相互学习，共同成长，这对于“80 后”“90 后”员工成才成长意义重大。

五、证券公司“80 后”“90 后”员工成才成长机制

通过调查“80 后”“90 后”员工特点、成才成长现状以及对各类影响成才成长因素的认可程度，结合已成才员工的成功经验及建议，本调研就证券公司“80 后”“90 后”员工成才成长机制提出以下建议。

（一）培养机制

1. 建立企业导师制，发挥导师言传身教的榜样作用

证券行业专业化程度高，市场竞争激烈，员工所面临的压力很大，在工作中难免会遇到困难与挫折。对于“80 后”“90 后”而言，工作经验不足是阻碍其成才成长的一大因素。而企业导师制是培养员工、规划员工职业发展的重要手段。通过企业导师制，为“80 后”“90 后”员工配备导师，不仅可以在工作中给员工提供指导与建议，还能够在生活、人际交往、企业文化等方面给员工提供帮助，充分发挥资深员工言传身教的榜样作用，促进“80 后”“90 后”员工更快、更好地成才成长。

2. 重视员工培训工作，建立健全员工培训体系

培训是提升员工职业素质的重要手段，同时也是“80 后”“90 后”员工最认可的培养手段之一。证券公司一方面应结合证券行业特点，加强员工培训管理，鼓励“80 后”“90 后”员工积极参加中证协、交易所等外部培训，提升自身职业能力，获取相应的从业资格；另一方面应建立健全内部培训体系，充分了解“80 后”“90 后”员工的培训需求，有针对性地开发培训课程，合理安排各类培训项目，构建一套多层次、全方位的培训体系。

3. 加强职业生涯规划指导，引领员工成才成长之路

证券公司必须注重对“80 后”“90 后”员工的成才成长引导，将公司的发展目标与员

工的成才成长相结合，与员工共同制订职业生涯发展规划，并有意识地培养他们。职业生涯规划指导是一个长期的过程，证券公司应持续跟踪员工的职业生涯发展情况，在不同的发展阶段及时为员工提供指导，引领员工成才成长之路。

（二）使用机制

1. 合理配置人力资源，实现人岗匹配、人尽其才

“80后”“90后”员工有着鲜明的个性特征，崇尚自由、平等、开放等观念，对于工作的理解与他们的父辈很不一样，他们往往是“爱一行、干一行”，而非“干一行，爱一行”。证券公司在招聘、任用“80后”“90后”员工时，必须充分了解员工本人的知识、技能、能力、个性等因素，结合公司的人力资源战略，合理配置人力资源，将他们安排到适合的岗位上，实现人岗匹配、人尽其才。

2. 建立多元化职业发展通道，打通员工晋升渠道

调查显示，证券公司“80后”“90后”员工极为看重自身的职业发展，普遍希望能够在工作中取得优良的业绩，实现快速成长。因此，证券公司必须建立多元化的职业发展通道，打破传统单一纵向的职业发展模式，针对不同专业设计不同的职位晋升体系，为员工提供畅通的晋升渠道。

3. 重视后备人才队伍建设，促进年轻员工成才成长

证券行业“80后”“90后”员工占比将近65%，除部分“80后”员工已逐步成长为证券公司的骨干力量以外，大量“80后”“90后”员工仍处于职业生涯发展初期，急需公司提供发展平台与机会，加速个人职业生涯发展。因此，证券公司应更加重视后备人才队伍建设，把资源向“80后”“90后”年轻员工倾斜，促进其更快成才成长，为公司提供充足的人力资源储备，满足公司未来发展需要。

（三）竞争机制

1. 打造鼓励竞争的企业文化

证券行业市场竞争激烈，工作压力很大，“80后”“90后”员工要在工作岗位中脱颖而出，必须适应行业内激烈的竞争。同理，证券公司要促进“80后”“90后”员工成长，必须借助于竞争压力，以竞争促成长。而企业文化是最能影响员工的一种无形的力量与机制，打造鼓励竞争的企业文化，并让员工认同、认可公司的企业文化，是证券公司促进“80后”“90后”员工成才成长的一种有效手段。

2. 营造公开、公平、公正的竞争环境

“80后”“90后”员工较他们父辈更容易接受自由、民主的观念，更加崇尚自由和平等。调查显示，他们在工作中渴望获得一视同仁的对待，能够在一个公开、公平、公正的环境中平等竞争。因此，证券公司应努力营造公开、公平、公正的竞争环境，促进“80后”“90后”员工之间良性竞争。

（四）激励机制

1. 以业绩为导向，建立有竞争力的薪酬激励机制

调查显示，有竞争力的绩效工资或奖金仍然是“80后”“90后”员工最为认可的激励

措施。考虑到“80 后”“90 后”员工普遍处于职业生涯初期，面临的经济压力很大，对于薪酬待遇增长的渴望较高，薪酬激励效果较为理想。因此，证券公司在构建员工激励体系时，必须把薪酬激励机制放在首位，结合绩效考核，建立一套以业绩为导向具有市场竞争力的薪酬激励机制。

2. 丰富激励手段，避免薪酬激励边际效用递减问题

薪酬激励效果虽然比较直接有效，但却存在边际效用递减问题，薪酬激励到了一定的高度，其激励效果便会大打折扣。调查显示，对于“80 后”“90 后”员工而言，除了薪酬激励以外，他们最为看重的激励因素是感兴趣的工作内容、宽松自由的工作环境。证券公司在构建员工激励机制时，必须充分考虑“80 后”“90 后”员工的性格特点，在薪酬激励以外综合采用多种激励手段，如工作丰富化、福利个性化、工作时间弹性化等，提升激励效果，避免薪酬激励边际效用递减问题。

（五）约束机制

“80 后”“90 后”员工个性鲜明，崇尚自由，思想观念较为开放，在促进“80 后”“90 后”员工成才成长过程中，必须把激励与约束结合起来，建立约束机制。一是绩效约束，把绩效考核与岗位职责、薪酬待遇结合起来，确保“80 后”“90 后”员工能够完成本职工作；二是纪律约束，加强对行业自律要求、公司规章制度的宣导，引导“80 后”“90 后”员工在成才成长道路上遵章守法，避免出现合规问题；三是道德约束，加强思想道德教育，激发“80 后”“90 后”员工形成良好的道德意愿、道德情感，培育正确的道德判断与道德责任，对于违反职业道德者实行“零容忍”。

六、结束语

“80 后”“90 后”员工成才成长问题，不仅关系到员工本人的职业生涯发展，还关系到证券公司核心竞争力的获取，同时也关系到证券行业能否健康持续发展，这已发展成为证券行业一个很重要的研究课题。本调研以万联证券为例，通过问卷调查、个别访谈等方法，探索了证券公司“80 后”“90 后”员工成才成长机制建立问题，希望能够对证券行业相关人员提供参考。

参考文献

[1] 熊雨清．“80、90”后员工职业生涯管理［J］．科技创业家，2013（7）：207—208.

[2] 吴国锋．“90 后”员工行为特征与管理对策探讨［J］．人力资源，2013（3）：138—140.

[3] 张传洲．基于“90 后”特征的员工管理策略［J］．胜利油田党校学报，2014（3）：81—83.

[4] 王伟忠．新型高校青年教师成长成才机制探索［J］．宁波工程学院学报，2007（2）：71—74.

证券公司青年员工思想状况调查研究

——以万联证券为研究对象

李 莉 王 青*

引言

证券行业是一个知识密集型行业，人力资源作为证券公司核心竞争力之一，对证券公司的发展壮大至关重要。随着证券市场创新的推进，新一代人才的涌进，为证券公司的人力资源管理带来了新的挑战。从人才结构来看，证券公司高学历、复合型人才相对集中，人员年轻化趋势明显。在这样的大背景下，青年员工的有效管理变得愈发重要。本文旨在以万联证券股份有限公司35岁及以下员工为调查对象，通过对青年员工的研究分析，期望能够以万联证券调查结果之“管”、来见证券公司青年员工之“一斑”，进而有效提升对青年员工的管理水平。

一、调查背景

对证券行业来说，经过一轮“80后”证券从业人员的坚持和“90后”新鲜血液的注入，为证券公司的人才管理带来全新的挑战。

（一）改革开放的社会化浪潮，为青年员工烙上了鲜明的时代性特征

“80后”“90后”在某种程度上代表了一个特殊的社会群体。经历了计划生育改革、高等教育改革、高校扩招、经济全球化、网络全球化等社会浪潮，“80后”和“90后”具有创新批判精神，他们充满个性，具有自我权威性和较强的自我意识，喜欢新事物，喜欢新鲜感，关心国内外政治经济的发展，具有自由主义道德观。但同时，因为他们多为独生子女，

---

* 作者单位：万联证券股份有限公司。原载于《中国证券》2017年第11期。

经历的生活挫折少。

据韦莱韬悦调研，“90 后”在择业时更看重个人成长与行业前景，其次才是薪酬待遇。根据“90 后”在理想和现实之间徘徊的调研，始终坚持理想的占比近四成，牵挂理想、不安分于现实的占比为 1/4，这和“80 后”追求稳定的特质形成鲜明的对比。

（二）证券行业的人员需求同质性较高，人才的行业内流动趋势明显

证券行业的业务特点，客观上使得其对具备财务、法律及金融等专业知识背景的复合型人才需求集中化。并且，随着市场的规范化发展，行业监管的专业资质要求进一步提高了证券从业人员的准入门槛，尤其像保荐代表人、投资主办人等业务人员，行业的积累非常重要。在有限的供给下，资深业务人员成为同业争抢的对象。这种人才的行业内流动在总部业务人员中尤其明显。在业务欠佳的情况下，大多数青年员工都会考虑跳槽，其中一个主要的原因在于时间成本，而时间成本背后的主要逻辑便是业务知识的实践积累。

同时，业务人员往往面临着较大的业绩压力，即使是考核压力相对柔性的公司，在业务做得好和不好之间，绩效薪酬和奖金的差别也非常大，进一步加剧了行业内的人才流动。

（三）证券公司青年员工占比集中，年轻化趋势明显

证券市场的周期性特征，虽然让证券从业人员的薪酬福利在不同年份有较大的差距，但赚钱的短期效应使得青年员工对证券行业趋之若鹜。由于青年自我意识较强、生活压力较大，在市场波峰运行到波谷的周期内，青年人才的沉淀积累往往比较有限。同时，作为传统业务，虽然证券公司经纪业务人才的占比在互联网金融的影响下逐步降低，但整体上还是证券公司人员的主要组成部分。根据年报显示，证券公司 35 岁及以下员工的占比大都超过一半。

在这些因素的共同作用下，证券公司在人才结构上年轻化趋势明显。管理好青年员工，对证券公司未来发展的意义不言而喻。

二、调查方法

本文主要以万联证券 35 岁及以下员工为调查对象，以问卷调查为主、个人访谈为辅，调查万联证券青年员工的价值观，工作认同感，工作、学习和生活方面的主要特征。问卷回收 675 份，回收率 52.49%。回收的问卷中，从性别来看，男性员工占比 57.78%，女性员工占比 42.22%；从学历结构来看，硕士及以上学历占比 20.27%，本科学历占比 55.12%，大专及以下占比 24.61%；从岗位类型来看，管理人员占比 15.73%，总部普通员工占比 38.25%，分支机构普通员工占比 46.02%。本文通过分析研究，深入了解青年员工的思想状况，希望能对青年员工的管理提供借鉴。

三、结果分析

（一）证券公司青年员工的价值观

调研结果显示，万联证券青年员工总体积极向上、对未来充满信心，也期望通过自己的努力实现经济独立。从最关心的问题来看，选择“社会就业和物价、房价”的占比高达

62.96%，这说明生活压力依然是青年员工面临的主要问题。虽然面临各种压力，但是在生活准则上，青年员工还是倾向于根据自己的内心来选择想要的生活，这充分说明了青年员工自我意识强的特性。

1. 信仰和奉献精神

从信仰和政治面貌的交叉分析来看，政治面貌对于青年员工的信仰选择影响显著。中共党员选择共产主义的比例明显超出非中共党员，而民主党派占主流选择的是实用主义（见图1）。

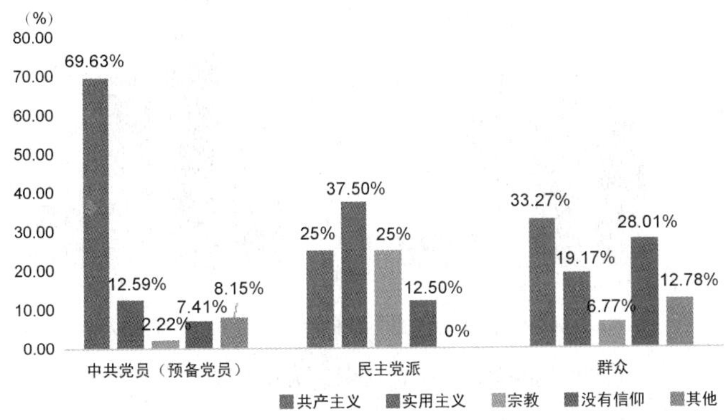

图1 青年员工的信仰

从奉献精神来看，青年员工保持着积极的理性，67.85%的员工选择了“在不损害自己利益的情况下，愿意帮助他人”，15.70%的员工选择了“为了他人的利益可以牺牲自己的利益”（见图2）。从缺乏的精神特质来看，青年员工觉得当代青年最缺乏的是艰苦奋斗精神和开拓创新精神，合计占比达77.84%（见图3）。

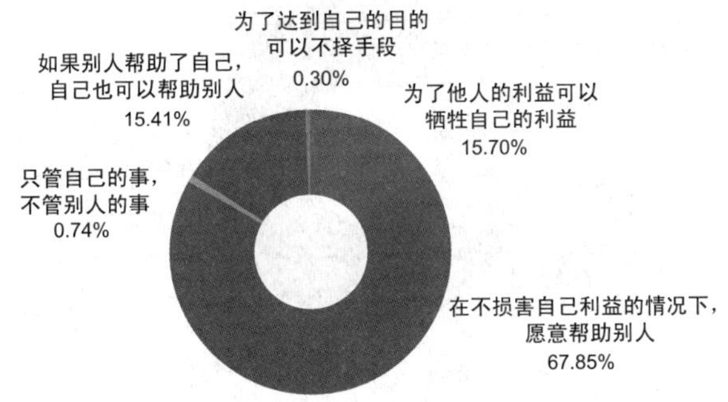

图2 青年员工的奉献精神

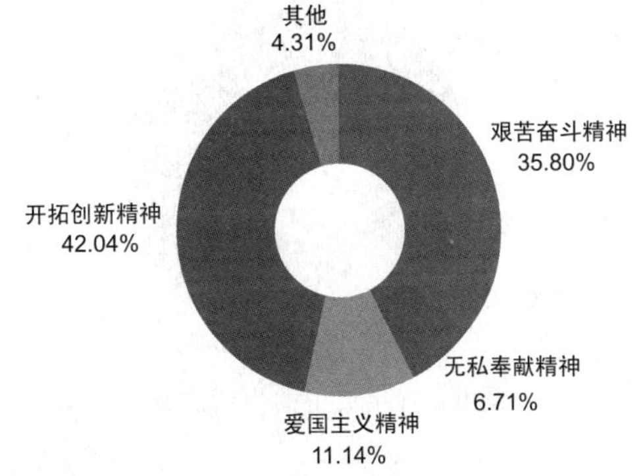

图3 当代青年最应该弘扬的精神

2. 人生目标和生活准则

从人生目标来看，青年员工体现了一贯的务实作风，占比前两位的分别是家庭和睦和事业成功，但在性别上也体现出了中国的传统差异。女性员工更多选择的是家庭和睦，而男性员工更多选择的是事业成功（见图 4）。可见，虽然随着社会发展男女角色分工已经发生了巨大的变化，但传统分工意识依然是主流。

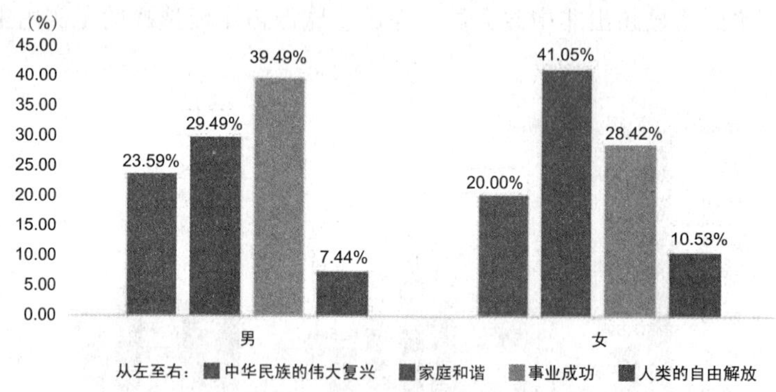

图 4　最愿意追求的人生目标

从生活准则来看，青年员工对自我理想的追求占据主流，虽然青年员工在最关心的问题上选择了“社会就业、物价和房价”（见图 5），这说明生活压力仍然是青年员工面临的主要压力，但是仍有近一半的青年员工选择了“追求符合自己兴趣的生活”（见图 6），充分说明了青年员工的自我意识强。

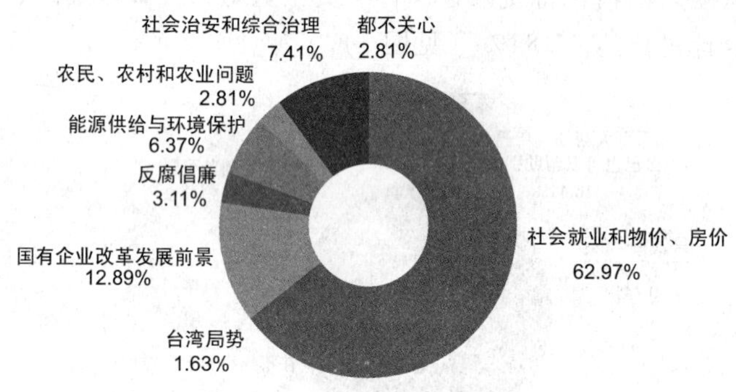

图 5　青年员工最关心的问题

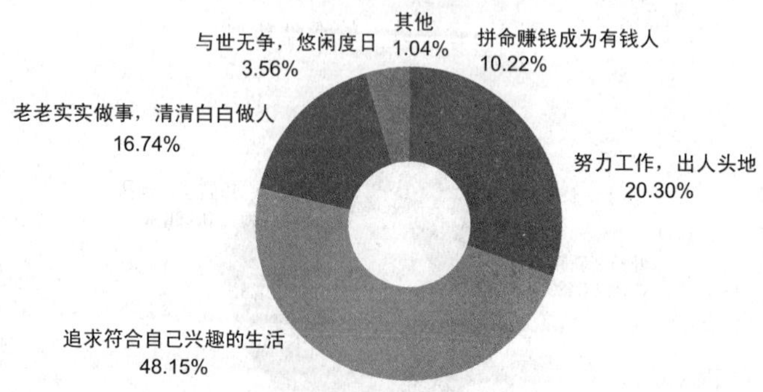

图 6　青年员工的生活准则

3. 对未来发展的信心

随着国有企业改革的深化，国有企业走向市场化是经济发展的内在要求。对于国企改革这一事件，青年员工都抱着积极的心态，69.34%的员工都认为改革最终能成功。但同时也应关注到，18.22%对国有企业现有管理水平有担忧（见图7）。

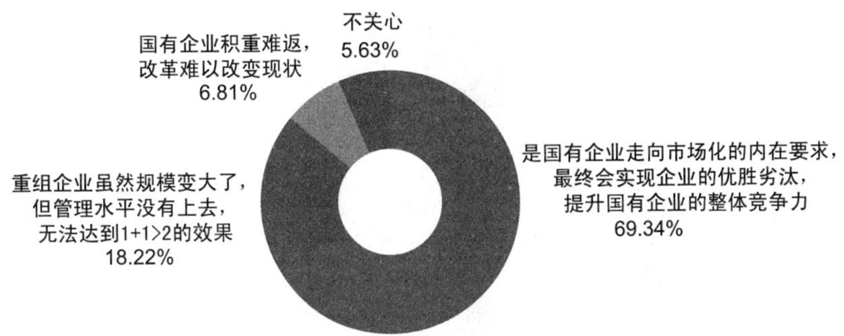

图7　对国有企业兼并重组、深化改革的效果的看法

（二）证券公司青年员工的企业认同感

根据统计分析，员工对公司的发展前景、管理模式、薪酬分配、企业平台认知度都表达了积极正面的观点，但是在企业文化和人才发展机制上，青年员工认为公司还有需要进一步完善之处。

1. 企业文化的作用

在公司企业文化的认同度上，虽然有46.67%的青年员工认为公司企业文化的积极作用，但也有35.85%的青年员工认为公司企业文化的作用并不明显（见图8）。

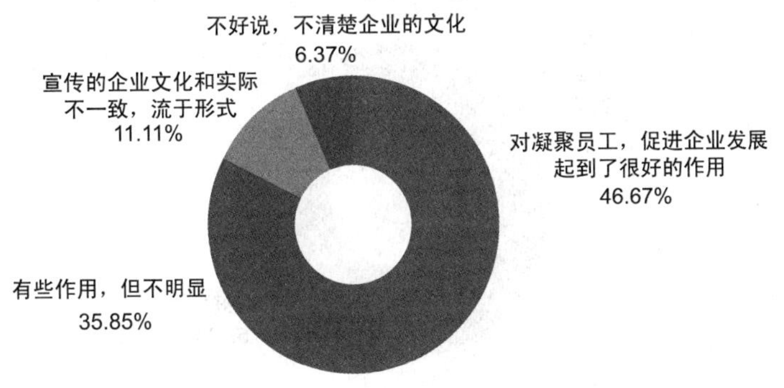

图8　对公司企业文化的看法

2. 人才发展机制

万联证券在青年员工的培养上，注重内部培养机制和人才发展通道的搭建，也收到了积极的效果。部分青年员工在重点培养下已经成长为部门的管理人员，并取得了良好的业绩。

通过重点访谈部分管理人员，他们都非常认可公司对青年员工的大胆任用，这一方面为其他青年员工提供了很好的模范作用，另一方面也促进了公司和员工的共赢发展。这部分管理人员从基层岗位做起，对公司的忠诚度高，熟悉公司的管理文化。因此，他们在走上管理岗位后，进入角色的速度远远超过了外部引进人才。然而，由于公司近几年正处于一个非常快速的发展时期，虽然在实践中已经为青年员工提供了具体通道，但在制度建设上暂未形成完善的体系，因此，仍有 56.44% 的青年员工认为公司的人才发展机制尚需进一步完善（见图 9）。

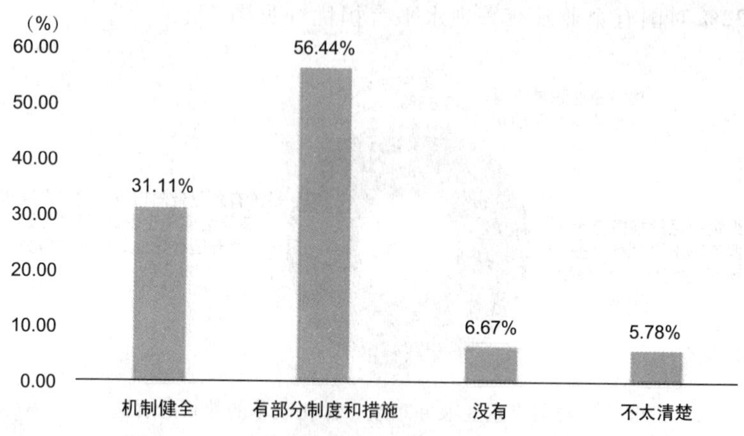

图 9 公司是否有让青年脱颖而出的机制

（三）证券公司青年员工的工作状态

在工作中，青年员工都认可公司的平台，有 74.81% 的青年员工认为自己的能力在现有岗位得到了很好的发挥（见图 10），并且在沟通渠道上，公司能够为青年员工提供较好的表达机制。公司领导在青年员工的指导上也受到了积极肯定，有 77.48% 认为领导给了自己很好的帮助。同时，由于青年员工处于事业上升期，因此在工作追求上，还是以晋升、加薪为主要目标，占比达到 65.49%。

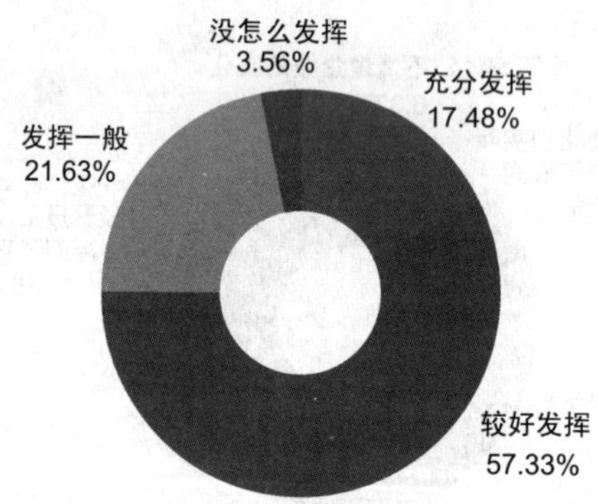

图 10 自身的能力在现有岗位发挥的程度

1. 工作目标和工作压力

关于成功，由于证券行业属于专业性较强的行业，因此，青年员工在工作成功的选择上，成为领域专家和高薪收入占据了青年员工选择的前两名（见图 11）。

关于压力，青年员工工作上的主要压力来自行业知识的更新，占比达到 46.52%，这也和近年来行业创新加快发展有很大的关系。占据第 2 位的为“工作要求严、标准高、任务重”，占比达到 29.04%（见图 12）。在这部分人当中，又以管理人员和证券营业部一线人员的压力最大。

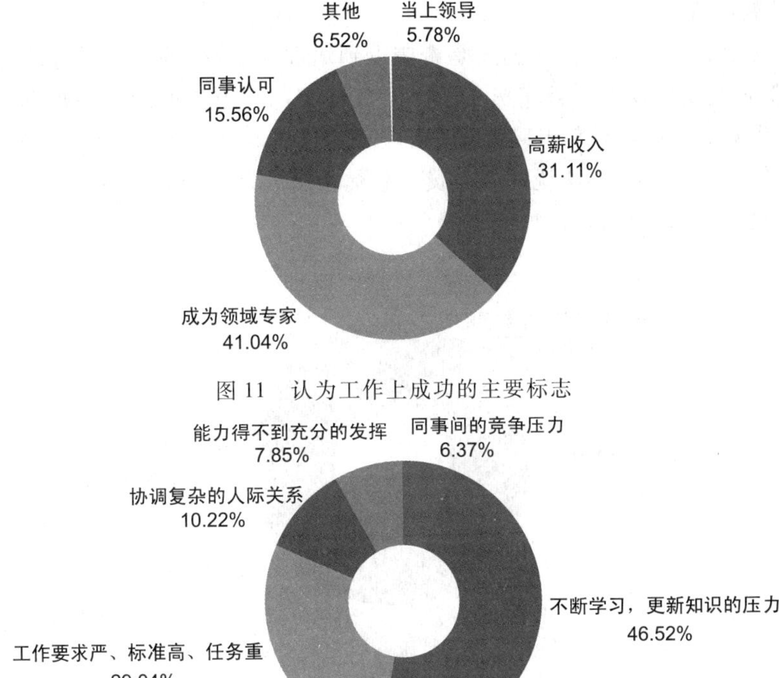

图 11　认为工作上成功的主要标志

图 12　认为工作中主要的压力来源

2. 工作意见表达意愿

在沟通渠道上，总体来说是比较通畅的，有3/4左右的青年员工愿意表达自己在工作上的意见。但同时，总部业务人员和营业部营销序列人员对于在工作意见的表达意愿度上，明显低于非业务类型员工（见图13），这值得公司引起重视。结合万联证券近年来的离职员工来看，占比最高的也为业务人员。员工离职的因素很多，如果能够了解员工的主要需求，尤其是业务员工的主要需求，就能够有针对性地制订解决方案，有效提高人员的稳定性。

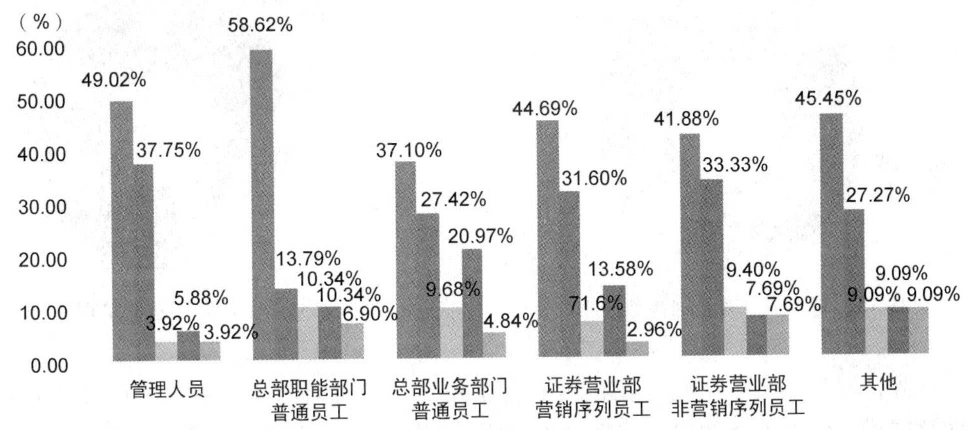

图 13　对公司有些方面的工作有意见时的处理方式

3. 职业发展和规划

在职业发展上，青年员工更多的还是希望得到培训和职业生涯规划的指导，合计占比达 66.22%。在职业发展规划上，青年员工总体上对自身都有中长期的发展规划，其中有 3—5 年规划的占比为 65.48%，有 5 年以上规划的占比为 19.11%。可喜的是，希望近期岗位调整的比例非常低（见图 14），这说明青年员工整体上都比较满意目前的工作状态，并且也对自身的发展有较为清晰的认识。

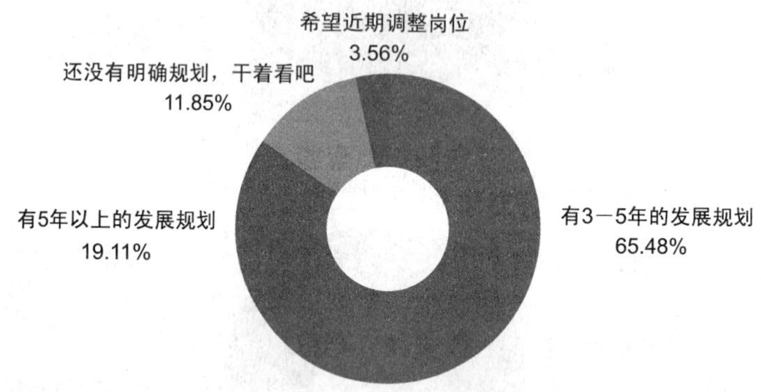

图 14 青年员工的职业发展规划

（四）证券公司青年员工的学习状态

根据调研数据，86.52% 的员工认为公司的培训组织力度较强（见图 15），但在学习时间上，超过一半的员工在年度的累计培训时间低于半个月（见图 16）。这看似有点矛盾的数据恰好说明了目前公司培训的一个问题所在。从整体来看，公司每年正式组织的内外部培训近 200 次，加上部门内部自行组织的培训，培训的强度已经能够覆盖到日常工作所需。但是从培训的实际效果来看，培训到实践转化并不太理想，很多业务人员在开展业务的过程中并不能很好地对培训过的知识进行有效运用。

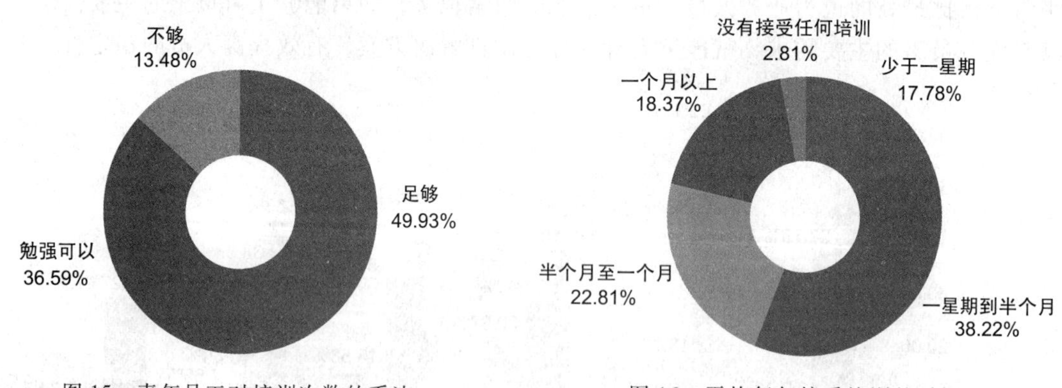

图 15 青年员工对培训次数的看法

图 16 平均每年接受培训的时间

此外，在青年员工“每天花在读书或业务学习的时间”上，近九成的员工每天都会抽时间读书或者学习业务知识。这进一步印证了知识储备对于证券行业青年员工的重要性。

（五）证券公司青年员工的生活状态

总体上看，青年员工具有积极向上的心态，在遇到挫折时，九成以上的员工都能够理性应对。他们释放压力的主要渠道是休闲娱乐以及同朋友分享。他们面临的主要问题，首先是比较高的生活成本，尤其是住房成本，占比为32.89%；其次是“缺乏目标、前途不明朗”，占比为28.74%（见图17）。在业余时间的安排上，有61.93%的青年选择了学习专业知识。比较有趣的一个发现是，不同的学历类型在休闲方式的选择上体现出明显差异。硕士及以上学历在运动健身和待在家的占比上明显高于其他学历类型，而在朋友聚会的选择上要明显低于其他学历类型（见图18，只展示部分选项）。

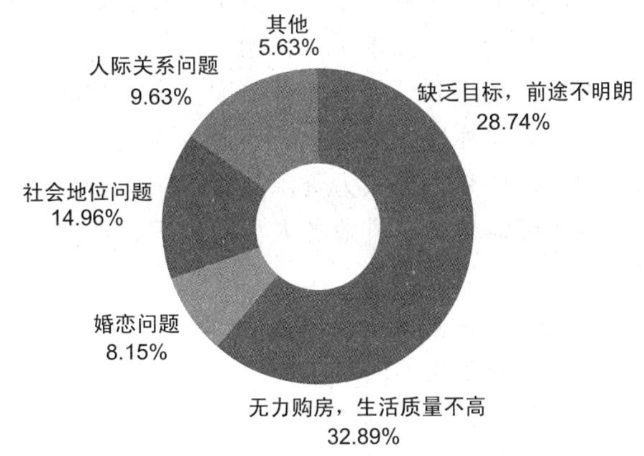

图17　青年员工当前在工作生活中的最大苦恼

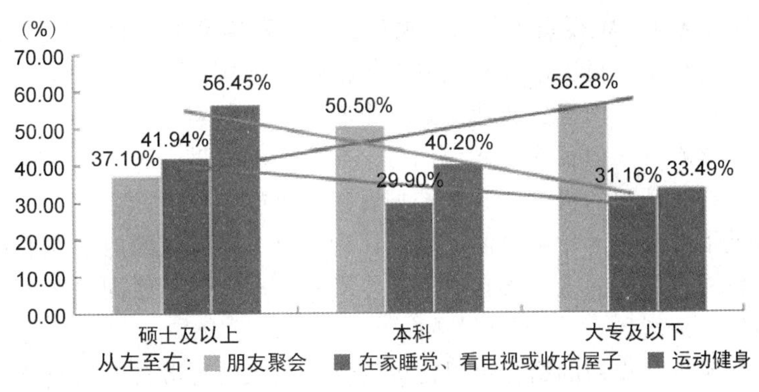

图18　平常下班后和周末休息时间干些什么

四、对策建议

（一）加强企业文化的宣导，形成制度体系

企业文化建设是公司发展的基底，在统一的企业文化指引下，员工才能更好地进入岗位角色，进而和公司共同成长。万联证券企业文化的核心元素是“以人为本”，因此在制度设计、人才培养等各方面均围绕这个核心展开。因此，调查结果中，员工对于公司的认可度还

是比较高的。青年员工自我意识属性高，求知欲强，他们的奉献精神受价值观影响较为明显，这充分说明价值观对青年员工具有导向作用。企业文化建设应是一个长期积累的过程，需要在日常点滴中逐步沉淀。

1. 加强企业文化的宣导

企业文化是一个比较系统的工程，虽然在表现形式上，企业文化仅仅是几个精炼的词语，但对企业文化的认知，却要在长时间的潜移默化中形成。因此需要加强对企业文化的宣导，要从理论到实践形成一个完整的体系，把企业文化融入青年员工的日常管理中，不断强化企业文化的辨识度。

2. 提倡参与式管理

从组织结构来看，公司的管理层级偏扁平化，员工能够有效参与组织决策，而且在涉及员工核心利益的制度发布前，都会广泛征求员工的意见，从而保证了员工意愿的充分表达。但是，业务人员因忙于学习专业知识和开展业务等原因，在管理的参与度上明显低于非业务人员。公司应加强对业务人员的关注度，多组织一些业务人员的交流活动，并在时机成熟的情况下，创新人力资源部的组织体系，把人力资源从管理服务人员变为业务部门的战略合作伙伴，有效了解业务人员的实际需求，提升业务人员的组织忠诚度。

3. 加强管理体系的顶层设计

万联证券近几年来快速发展，无论从业务类型还是人员组成上，其复杂程度都大大提高。新业务团队的有效管理是急需解决的问题。公司应系统性提升管理的顶层设计，尤其是员工的职业发展通道、培训体系、薪酬福利体系等员工最关心的问题，并予以制度化、体系化，从而提升青年员工的工作预期，对其形成有效的激励。

（二）加强员工培训，推行员工内部轮岗机制，为青年员工职业生涯规划提供指导

员工和岗位的匹配度是员工潜能有效发挥的前提。青年员工由于工作和生活压力，很多时候都是先就业、后择业。而证券行业又是一个看重行业积累的行业，青年员工对行业及公司的发展前景都非常看好，但很多时候他们对于自身的工作潜力不具有清晰的认识。这就需要公司为员工提供自我认识的机会，有效挖掘青年员工的工作潜能。

一方面，通过培训和内部轮岗机制，可以让青年员工在低风险的条件下有效提升自身的综合素质，并在轮岗过程中深入了解自身的工作潜能。对人岗不匹配的青年员工，要及时对其进行调岗或提供培训指导。

另一方面，职业生涯规划的指导可以促进青年员工积极思考自己的职业发展，有针对性地为未来职业发展储备相关知识和技能，明确的目标又会反过来进一步促进员工工作潜能的开发。只有把这两方面很好地结合起来，青年员工才能在实践中不断发现和提升自己的综合能力，进一步为公司的长远发展贡献力量，实现双赢。

（三）管理创新，有效平衡青年员工的工作、学习和生活

1. 推动一揽子福利计划

青年员工的主要生活压力来源于日常的基本生活，这对于很多处于夹心层的“80 后”员工尤其明显。可以启动一些针对青年员工的关怀项目，例如一揽子福利计划，由青年员工自行选择最适合自身的福利项目，一方面能够有效提升福利的针对性，另一方面也能极大地

为青年员工提供更优质的保障。

2. 培训创新，提高碎片化时间的利用率

行业的特性要求青年员工能够加强学习，根据调研数据明显看到虽然青年员工有很强的求知欲，但是在学习时间上远远不够。目前公司定期推出的大讲堂项目是一个比较积极的尝试，员工可以根据自己的兴趣自由选择，培训的讲师是来自各部门的资深专家。但在培训的参与率上，还有待加强。

根据青年员工的特质，可以对培训的方式进行创新，把公司的业务知识分类整理成工具包，内容上进行精简和优化，并通过微课程的方式进行推广，一方面员工可以有效利用碎片化时间进行学习，另一方面可以在他们需要使用的时候能够随时有针对性地调用相关内容。

3. 推进人文关怀项目，提高青年员工的凝聚力

业务发展的好坏依靠的是团队，团队的凝聚力是团队能否发挥“1 + 1 > 2”效能的关键。“90 后”员工具有“激情体验”和“松圈主义”的特质，随着他们的不断涌入，管理上的创新成为必然趋势。

第一，可以推广人文关怀项目。作为独生子女的一代，青年员工自我意识较强，因此团队的融合就变得尤为重要。而人文关怀项目恰好能够为团队融合提供契机，让青年员工在轻松的氛围中增进彼此的了解，在减压的同时提升团队凝聚力。以情感作为纽带，提升青年员工对公司的忠诚度。

第二，工作流程再设计。目前很多岗位的工作内容，尤其是营业部的岗位工作内容相对比较单一，工作到一定阶段，青年员工难免会有所懈怠。新业务的开展，已经逐步使营业部在业务类型上有了很大的变化。但是目前新业务还未形成明确体系，青年员工在参与业务的深度上还不够。可以通过流程再设计，由总部和营业部共同组成项目工作小组，将营业部员工纳入完整的业务流程中，提升其工作的挑战性和内容的趣味性，帮助青年员工实现工作蜕变。

五、结束语

青年员工已日渐成为证券公司未来发展的中坚力量。本文通过问卷调查的方式，结合个人访谈，深入研究了证券公司青年员工的价值观、企业认同感和工作、学习、生活状况。在调研分析的基础上，提出了证券公司青年员工有效管理的几点建议，希望能够对证券公司人力资源管理理念创新、模式创新提供有益借鉴。

关于国联证券青年员工思想动态的调研分析报告

徐庞旅　崔　勇　许晓文*

引言

一个富有远见的企业，总是把关注的目光投向青年，青年兴则企业兴。国联证券自1992 年成立以来，始终坚持把培养青年作为公司发展的重要工作，定期开展形式多样的思想调研活动，及时把握青年思想动态，适时调整公司经营管理和文化建设部署，调动青年员工的主动性和积极性，为公司注入蓬勃的朝气，实现个人成长和公司发展齐头并进。本报告基于国联证券青年员工思想动态调研活动及公司长期重点开展的青年人才队伍建设工作经验及成果撰写而成。

一、调研情况概述

（一）调研背景及问卷设计

目前，公司员工共计 1 267 名，其中 28 周岁（含）以下青年员工占比 26.50%，特别是在公司分支机构中，青年员工占比 63.00%，他们是公司创新发展的生力军，是公司人才队伍建设工作的重点对象，关系到公司的长远发展。青年员工处在一个信息丰富、价值观多元化的现代社会中，他们思维活跃，对经营管理具有独到的见解的同时，也较容易受到外界的干扰，只有及时深入地了解、把握青年员工的思想状况，才能有针对性地做好青年员工的思想工作，引导他们不断成长，为公司创新转型贡献力量。

调研问卷的设计主要围绕青年员工工作情况、价值观念、生活品质、身心健康、个人与企业五方面的调研结果进行分析，以期发现青年员工思想动态的最新动向，适时进行引导，为青年员工人才队伍建设和企业文化建设献言建策。

* 作者单位：国联证券股份有限公司。原载于《中国证券》2017 年第 11 期。

（二）调研样本

本次调研主要面向国联证券28周岁（含）以下的青年员工，从性别看（见图1），女员工177人，占52.52%，男员工160人，占47.48%；从年龄分布上看（见图2），26岁—30岁员工179人，占52.82%；26岁以下员工158人，占47.18%；从政治面貌看（见图3），团员151人，占44.81%，党员124人，占36.80%，群众62人，占18.40%；从学历情况看（见图4），本科毕业占57.27%，硕士毕业占41.25%，大专毕业占1.48%，高学历、政治面貌为党员、团员的员工占比较大；从就工作岗位看（见图5），62.61%的青年员工在公司分支机构工作，37.39%则在总部工作；从入司年份看（见图6），工作1—5年的青年员工占比56.97%，5—10年的员工占比8.61%，一年以下则占34.42%。

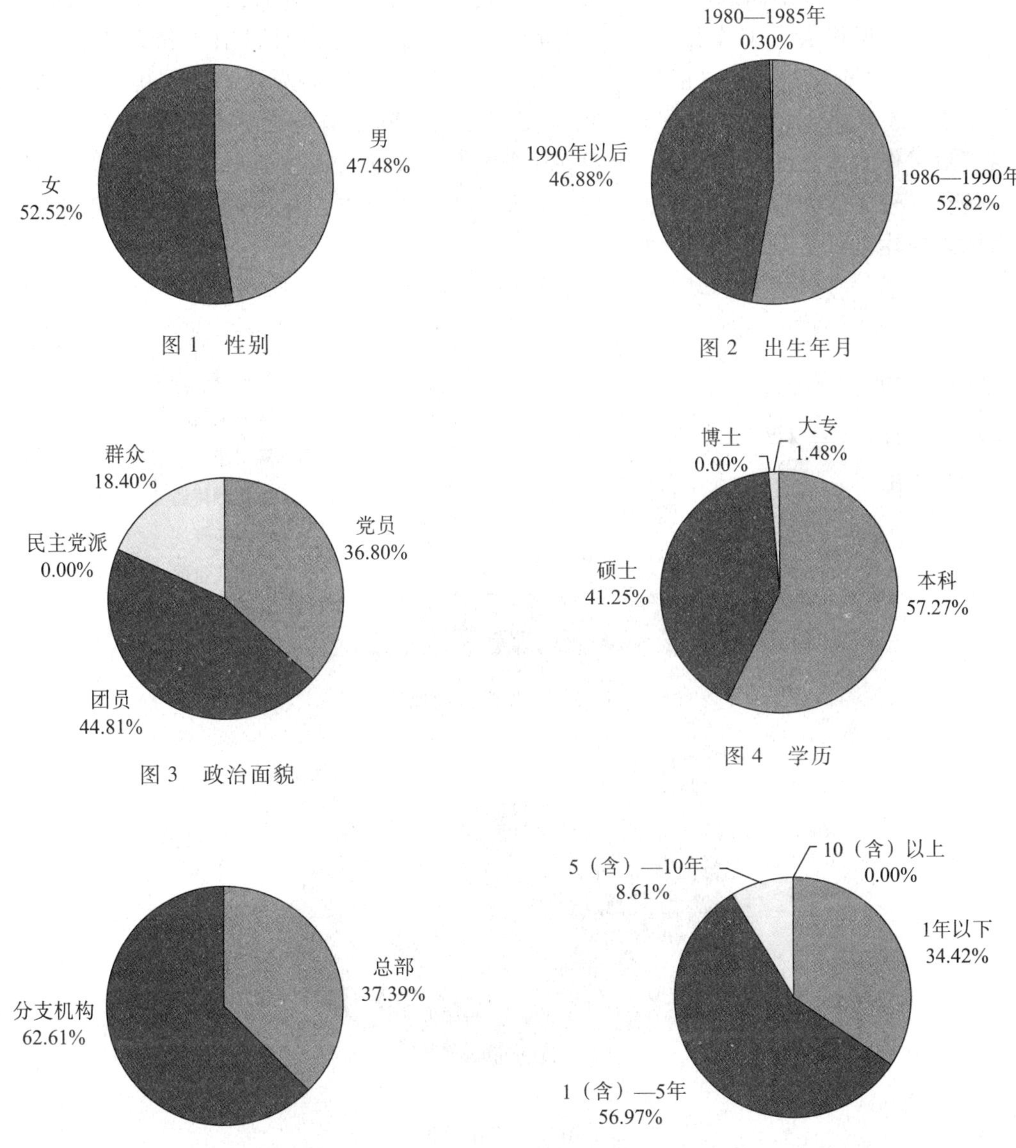

图1 性别

图2 出生年月

图3 政治面貌

图4 学历

图5 工作岗位

图6 入司时间

二、调研结果分析

此次调查通过公司“国联行”手机 App 应用向青年员工发放调查问卷 337 份，收回问卷 337 份，有效问卷 337 份。

（一）青年员工对从事工作的满意度普遍较高

我们对青年员工的工作情况进行了重点调研，主要通过工作满意度、部门及同事满意度、自我认知三个方面进行考察。

1. 对公司满意度

青年员工对工作最满意的三项（见图 7）是团队氛围、上级的关心、制度与文化，同时还表现出对发展机会、工作强度、薪酬待遇等方面的认可；对目前工作评价（见图 8），43.32% 的青年员工选择了“正是我所喜欢”，31.16% 的员工选择了具有挑战性，20.77% 的员工表示不确定，4.15% 和 0.59% 的员工则分别选择了有些乏味和厌烦无趣。这说明青年员工对工作的满意度普遍较高，公司在企业文化及团队建设方面卓有成效。但也不能无视小比例员工较为消极的工作状态，如何让青年员工转变心态，化消极为主动是我们需要积极思考的思想建设重要课题。

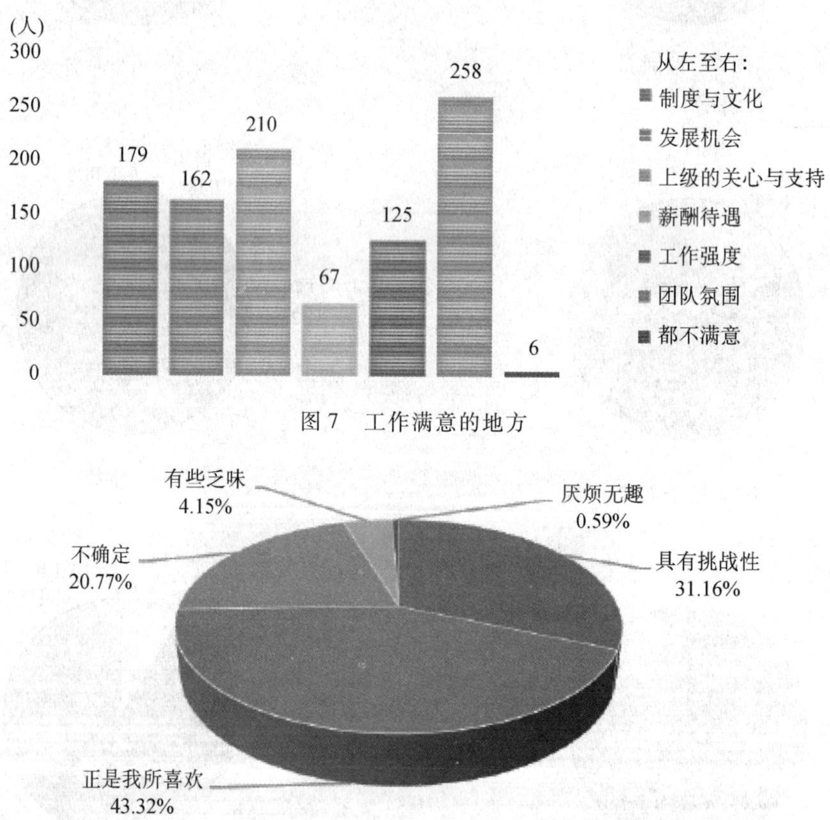

图 7 工作满意的地方

图 8 工作评价

2. 对所在部门集体及同事的评价

近 94.06% 员工认为自身所在部门是极富团队精神，并且能在重大事项上团结一致，有 5.04% 的员工则表示不确定，仅有 0.89% 的员工表示团队精神较差，如一盘散沙（见图 9）。对部门同事能力、责任心、主动性等方面（见图 10、图 11），近 90.00% 的青年员工也给出了正面的评价，同事之间经验分享精神得到了较高比例的认可（见图 12），正是这种同事间较高的能力影响，积极主动、乐于分享的工作态度使了青年员工所在部门乃至企业有了凝聚力，营造了进取向上的工作氛围。对于小比例员工对团队的不认可，需要深入调研、究其原因，以期进一步打造高标准、高质量、高效率的管理团队。

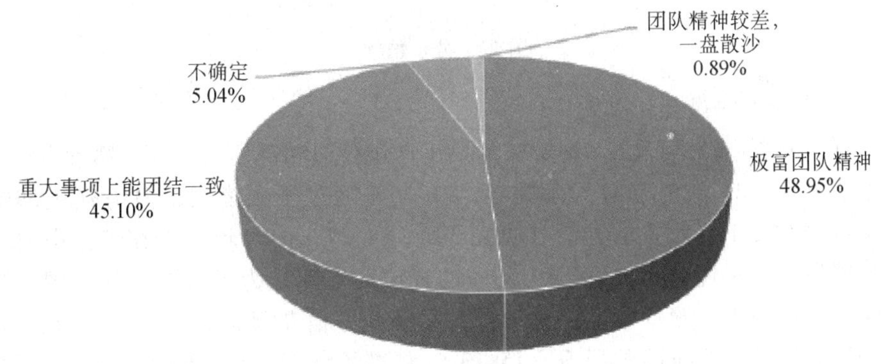

图 9　部门团队精神评价

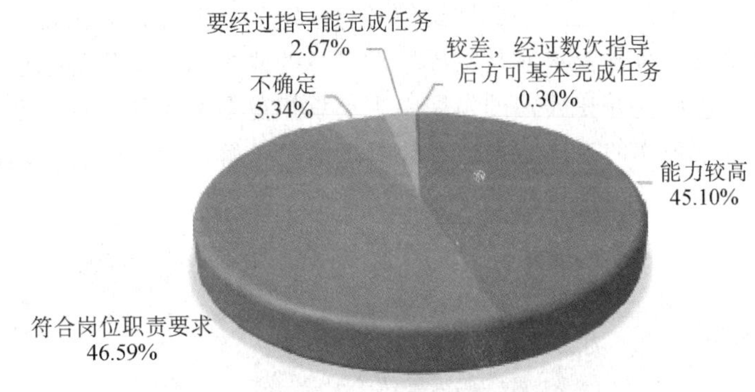

图 10　同事工作能力评价

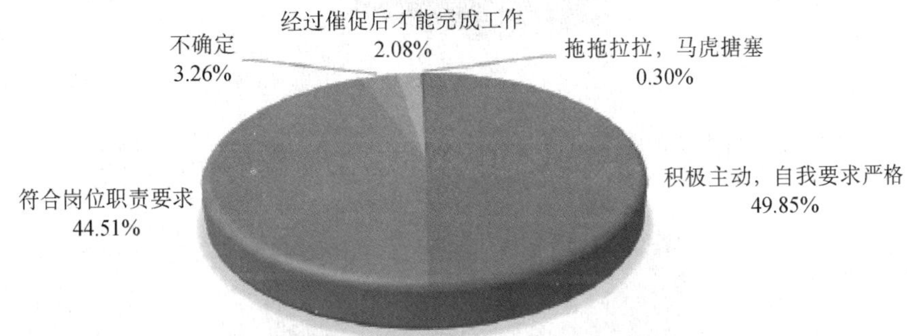

图 11　同事责任心、主动性评价

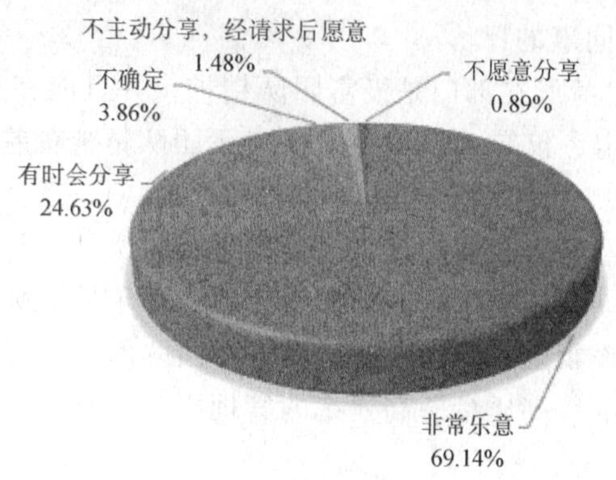

图 12　分享精神

3. 自身工作能力的提升和成效

通过数据（见图 13）可看出 52.23% 的员工通过公司和部门的培训，熟悉自己本岗位工作职责及考核要求，25.82% 通过导师辅导，21.36% 通过个人摸索，但仍有 0.59% 的员工表示不太了解；在员工自我要求方面（见图 14），84.27% 的青年员工在工作中要求自己开拓创新、尽善尽美、实现自我价值，10.39% 的青年员工则是为了符合领导意图、让领导满意，5.34% 则循规蹈矩、照章办事；对于自身在哪些方面获得提升（见图 15），67.36% 的青年员工表示获得了专业技能的提升，15.73 % 获得了培训机会，9.79% 获得薪酬的增长，3.26% 获得职位晋升，剩余 3.86% 则表示没有。通过以上数据不难发现，对于岗位相关了解途径、自我要求、自我提升这三类数据比例具有一定的相关性，可以得到一个结论：青年员工了解自身岗位职责和考核要求应是基础，对自身的要求则是工作的态度，这些最终决定了青年员工能否有所进步，并在公司的发展中主动承担更多的责任。这启示我们对于岗位职责的相关内容可以通过多样的方式、渠道，让员工清楚了解，为他们打好基础，帮助青年员工获得更进一步的提升。

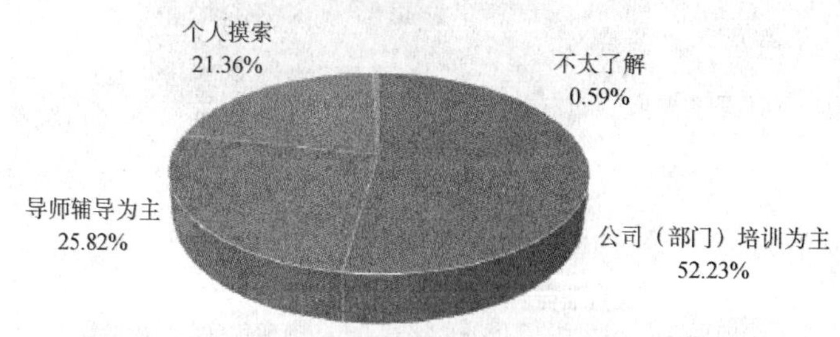

图 13　了解职责途径

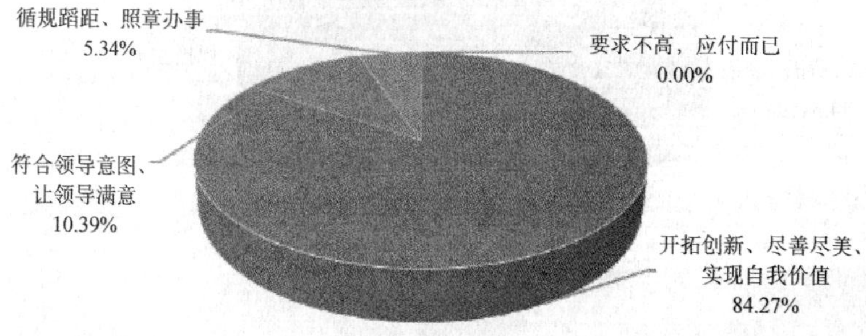

图 14　自我要求

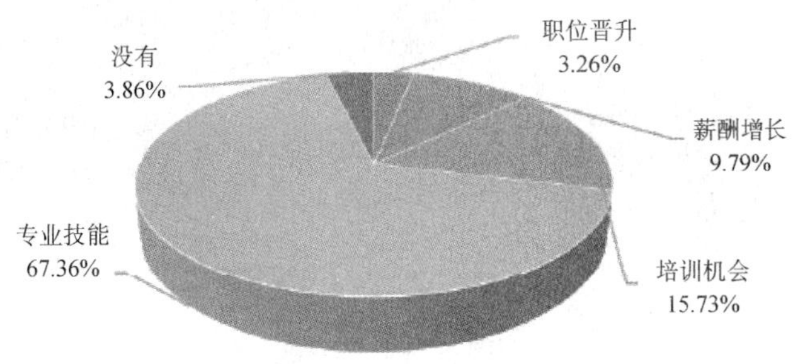

图 15　获得提升的地方

（二）青年员工具备积极向上的人生观、价值观，树新风，扬正气

在工作价值观念调研中（见图 16），青年员工除薪酬以外最重视的是自身能力提高，其次为工作的成就感、职位提升、和谐的人际关系；在社会公益方面（见图 17），78. 34% 的青年员工表示考虑参加公益组织，18. 40% 已经参与其中，3. 26% 表示没有兴趣；在人生价值方面（见图 18），青年员工认为一个人的优秀主要体现在品德修养、为人处世、人脉关系，其次是社会地位（职位）、金钱财富；在生活准则方面，踏实做事、清白做人获得半数以上青年员工的认可（见图 19），其次是追求个人兴趣、出人头地、拼命赚钱，也不乏少数员工认为生活随波逐流，开心就好。由此看出，国联证券青年员工的价值观念总体是积极向上的，他们工作上主动上进，参与社会公益活动意愿强烈。在一定程度上青年员工的价值观与企业的发展方向相互作用着，青年是国联证券的中流砥柱，而公司也对青年的思想价值观予以正确引导，树新风扬正气，树立国联证券良好的公关形象。

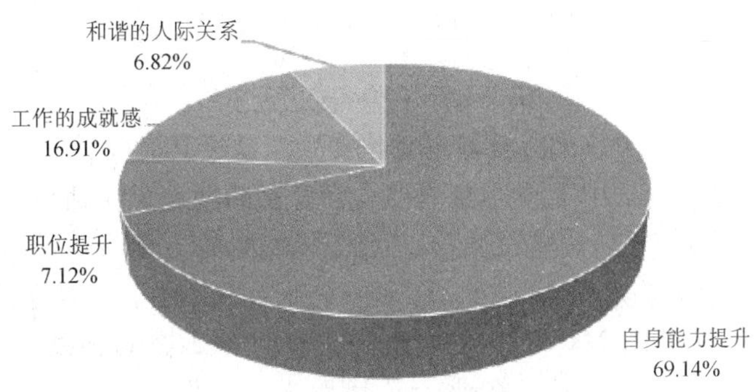

图 16　除了薪酬，最看重的方面

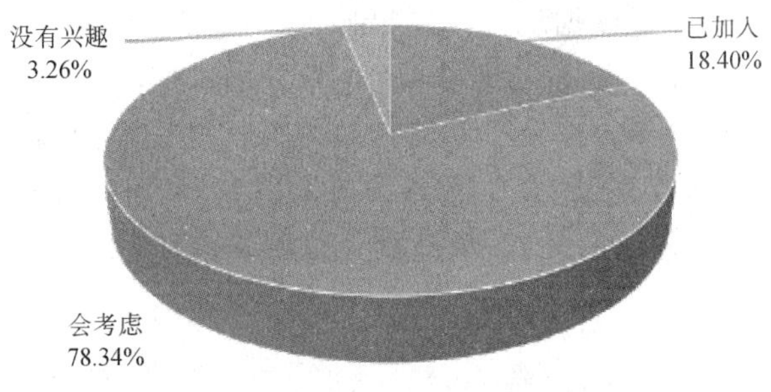

图 17　加入公益组织的意愿

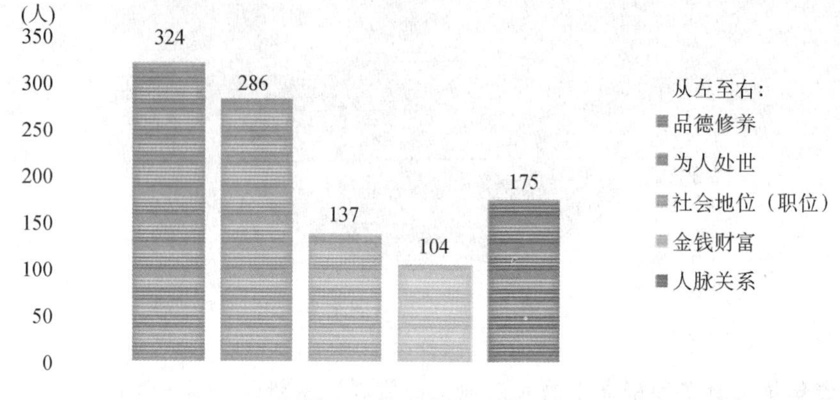

图 18　认为优秀的方面

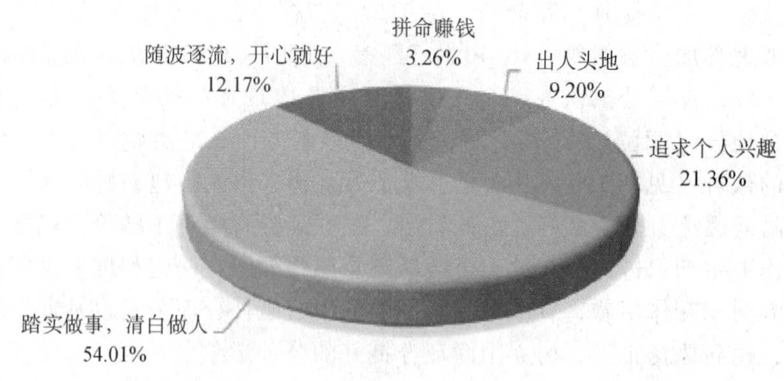

图 19　生活准则

（三）青年员工生活压力较大，生活消费、业余活动极具时代感

青年员工日常消费方面的调研充分反映了青年员工所面临的生活压力，青年员工日常开支中（见图 20），购房购车、外出就餐、日常消费品支出等方面占比最高，买书、进修等自我学习支出，旅游、子女教育等紧随其后，反映了当今社会青年生活节奏快、生活压力大。而对业余生活的调研（见图 21）则从侧面反映了青年员工在高强度、高压力的工作节奏中选择释放压力的方式。青年员工在业余选择看书、旅游占比最高，朋友聚会、上网、看电影（追剧）、健身、购物、玩手机 App、玩游戏也是他们喜欢的娱乐项目。对读书和锻炼的频率，我们也分别作了数据统计。结果显示，从读书频率看（见图 22），不定期看书的员工占比 37.98%，每天看书占 32.64%，每周占 28.19%，基本没时间占 1.19%，这符合看书这一高占比选项作为业余生活首选的情况；就锻炼的频率来看（见图 23），每周 1—3 次占半数，不定期占 24.93%，频率为每天占 10.39%，每月 1—2 次占 9.50%，基本没时间占 4.75%，由此看出在环境污染严重，重疾发病年轻化的当下，青年员工十分重视自身健康。

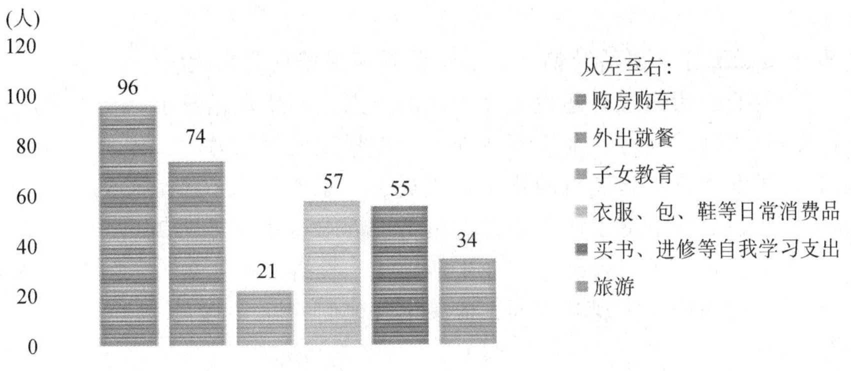

图 20 日常开支首位

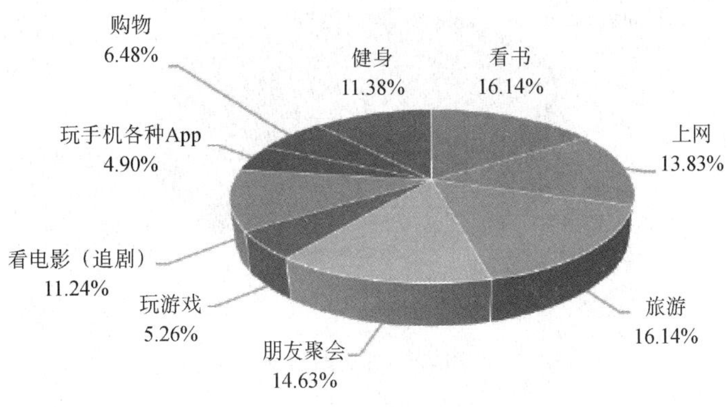

图 21 业余生活

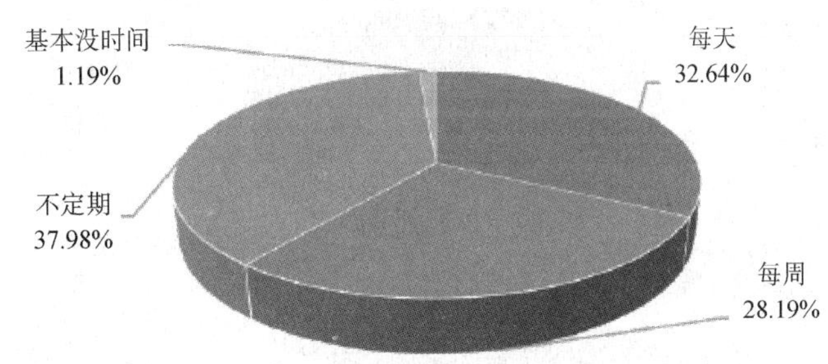

图 22 读书频率

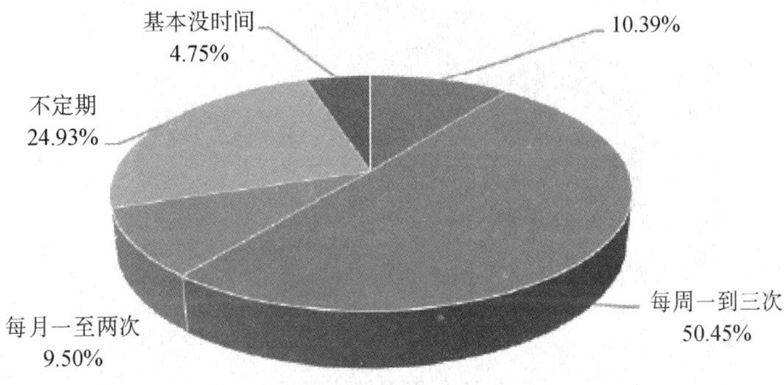

图 23 锻炼频率

（四）青年员工工作、生活苦恼多，心理疏导相关培训需求大

青年员工的身心健康是思想建设工作关注的重点，调研数据显示（见图 24），青年员工最困扰的问题是收入低。同时，前途不明朗，工作强度大、压力大，住房、婚恋、生活质量低、父母赡养、子女教育等问题也困扰着青年员工。工作压力（见图 25）主要源自工作标准高、任务重，知识更新节奏太快。心理健康培训诉求强烈（见图 26），青年员工希望多学习人际沟通、情绪管理、压力管理、事业生活平衡、挫折应对等知识。从调研结果中不难发现困扰着青年员工的问题是客观存在的，应该重视他们的诉求。

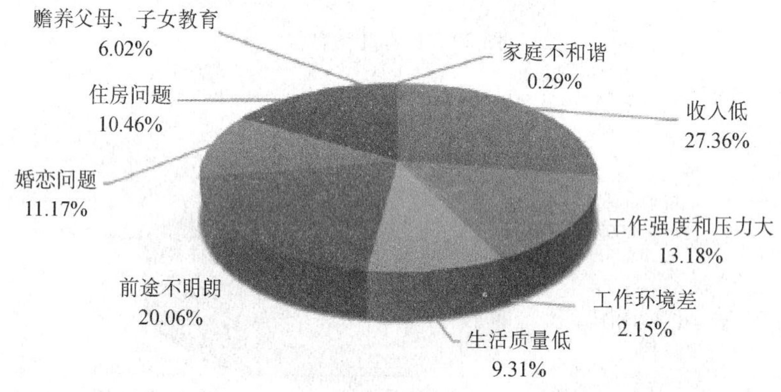

图 24　苦恼的问题

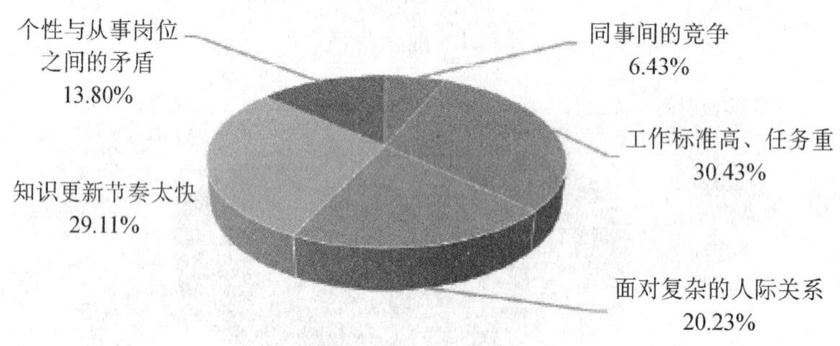

图 25　工作压力来源

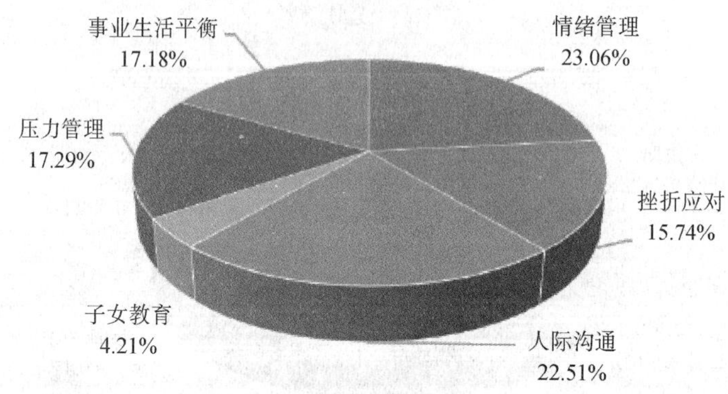

图 26　心理健康学习

（五）青年员工多数愿意长期服务公司，对公司价值取向、人文关怀提出建议

青年员工对学习深造的需求往往是严格自我要求的体现，调研显示（见图 27），近 65. 58% 的员工已有学习深造计划，部分已落实进行，29. 67% 的员工短期内暂无，但是未来会有所规划，剩余 4. 75% 则没有该类想法；在公司服务年限上（见图 28），84. 27% 的员工表示愿意服务 5 年以上，看情况和没想过分别占 12. 17%、2. 97%，0. 59% 的员工表示不愿意；为鼓励长期服务和员工业务深造，公司已出台相应奖励制度，今后将加大相关激励政策的宣传引导，实现公司发展和员工成长的双赢。

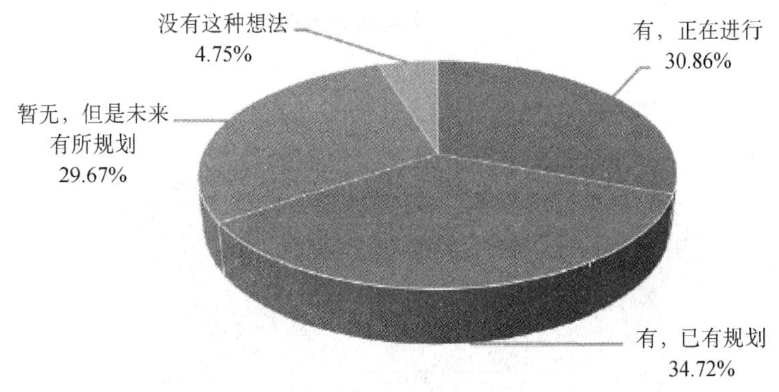

图 27　学习深造计划

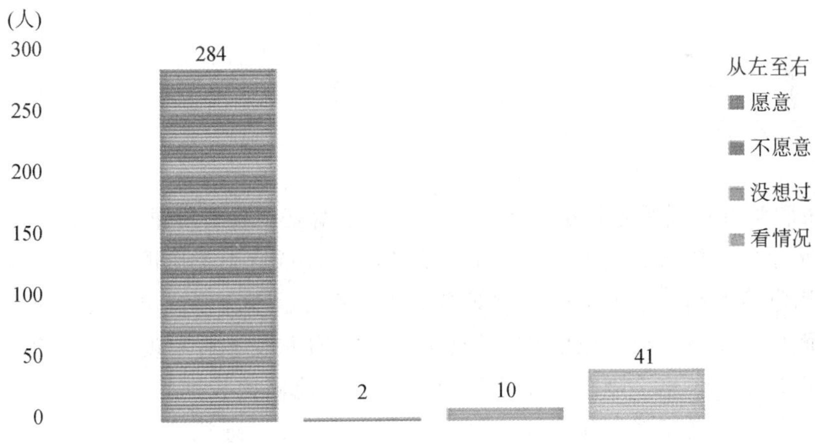

图 28　继续服务 5 年以上意愿

问卷显示（见图 29），青年员工认为公司的价值观应该强化团队精神、不断发展与创新、人尽其才等。而对人文关怀氛围（见图 30），半数以上的青年员工认为氛围浓厚，43. 03% 觉得一般，2. 67% 觉得基本没有。

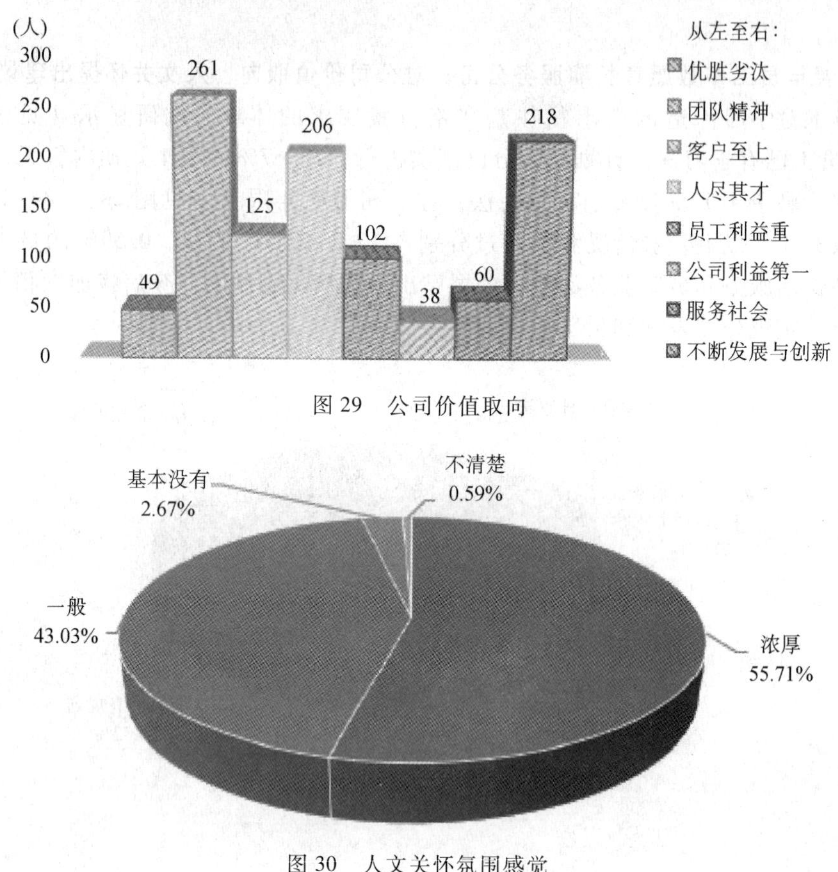

图 29　公司价值取向

图 30　人文关怀氛围感觉

三、思考及建议

（一）做聆听者：倾听青年员工的不同声音，了解其困扰与诉求

每一份问卷背后代表了一个青年员工真实的心声，从这次工作情况调研发现小部分青年员工对工作满意度不高，态度消极，对部门团队精神表示不认可，说明青年对工作现状的质疑，也从侧面反映了青年员工敢说话，勇发声。他们往往受教育程度高、思想活跃、心思敏锐。他们工作在基层，也许刚踏入工作岗位不久，但他们比长期处于“流水线”的老员工更容易发现问题。现场座谈、建议征集等方式，让青年员工感觉被尊重、被需要；同时深入了解他们的诉求与困扰，发掘他们的闪光点，转变观念，让他们感受到企业的诚意，帮助他们消疑虑，解烦忧，使他们能够全身心地投入工作，实现自我价值。

（二）做领路人：改变引导教育模式，发挥企业文化理念的影响力

过去，企业文化建设工作往往先制订安排后宣传教育，大多流于形式，青年员工总是被动接受，强行灌输，结果是无效且无意义的，有时甚至会适得其反。因此，引导教育工作也需要创新创效，通过寓教于乐的方式让企业文化理念潜移默化地为青年员工所接受，进而获得认同，形成员工与企业在文化理念上的共鸣。与此同时，企业通过社会公益事业、文化活

动，践行社会责任，树立良好企业形象，以身作则地给予正面影响，做好引路人的角色，让企业文化深入人心，避免浮于表面。

（三）做良师益友：帮助青年员工释放压力，为其搭建展现自我的舞台

应重视青年员工工作中的困难，通过以老带新、互帮互助、系列培训等方式，激发他们工作的动力和创造力；应该关心他们生活中的困扰，关注他们的身心健康，通过谈心鼓励和丰富多样的文娱活动，释放压力，放松身心，使其调整状态，更好地投入工作；除了辅助指导之外，更应做青年员工职业发展道路的培育人，通过完善的企业制度建设、高效的业务协同、合理的职级体系、专业的培训团队、丰厚的薪酬激励、温暖的人文关怀，为其搭建一个能够实现自身价值、在职场中脱颖而出的舞台，以此扩大企业的“磁场”，吸引青年员工为公司长期服务，保持青年员工长久的责任心和创造力。

结语

青年是推动企业发展生机勃勃，积极向上的力量，是证券行业唱响“中国梦、证券梦、企业梦、员工梦”的生力军。青年思想状况的调查研究工作必将是我们长期关注和开展的研究课题，我们将把研究成果适时地运用于企业文化建设工作中，推动国联证券快速健康发展，争做证券行业企业文化建设的领头人。

关于推动证券机构“80 后”“90 后”员工成长、成才的调查报告

——以中泰证券股份有限公司为例

胡　鑫　刘子靖　李会民*

一、前言

（一）调查目的及意义

第一，调查目的。本文以中泰证券股份有限公司的“80 后”“90 后”员工为研究对象，发放调查问卷，目的是为了深入了解这个群体的特点，比如年龄层次、学历层次、工作情况以及乐于接受的促进其成长、成才的形式，从他们的自身情况和自身需要出发，研究更适合这个群体的成长、成才方案，化被动灌输为主动接受，强化教育效果，帮助他们成长、成才。

第二，调查意义。改革开放以来，我国金融行业开启了发展的新征程，证券行业作为行业主体之一，也必须跟上时代发展的步伐，而人才资源显然是行业发展最重要的资源之一。2012 年 3 月 22 日，中国证监会发布了《中国证券期货行业人才队伍建设发展规划（2011—2020 年）》（以下简称《规划》），强调了人才资源作为第一资源在资本市场快速发展中的重要地位，并对人才队伍建设发展目标、人才队伍建设重点工程、落实《规划》相关机制等方面加以阐释。同时提出要从完善交易培训课程体系、建立行业人才培训基地、培养行业后备人才、建立网络教育培训体系四个方面健全行业人才教育培训体系。① 证券行业员工大多具有较高学历、较高素质，有较强的自主意识。随着时间的推进，证券行业从业人员不断更替，“80 后”“90 后”员工逐渐成长起来，成为证券机构新一代的主力军，这个群体的素质

* 作者单位：中泰证券股份有限公司。原载于《中国证券》2017 年第 11 期。

① 沈丽：“证券公司员工培训体系建设”，《经济与管理》2012 年第 8 期，第 33—34 页。

直接影响证券机构的发展速度。

美国管理学家奥尔德弗在需求层次基础上，提出了一种新的需求层次理论。他认为，人存在三类核心的需求，即生存的需要、联系的需要和发展的需要，该理论被简称为“ERG”理论。他把发展的需要从中独立出来，它反映了个人追求发展的心理愿望。特别是对于“80后”“90后”青年员工而言，个人发展是至关重要的。他们不安于现状，追求自我价值的实现，喜欢挑战更高的人生目标，他们有更高的成功欲、求知欲、尊重欲等。寻找有效、合理的方式方法推动证券机构“80后”“90后”员工成长、成才，将有力地推动证券行业的发展。

（二）调查方法

第一，采用实证分析法。以中泰证券股份有限公司“80后”“90后”员工为总体样本，随机发放409份调查问卷，并对调查结果进行梳理、整合。

第二，采取深度访谈法。在问卷调查的基础上，与一部分“80后”“90后”员工进行深度的、面对面的交流，可以更为直接地了解员工的态度、想法和行为，所得结论的可信度会更高。

第三，采用文献分析法。借鉴一些文献、学术专著对于该问题的研究成果，结合中泰证券实际情况得出结论。

二、现状分析

（一）“80后”“90后”青年的普遍情况和特征

“80后”“90后”是在改革开放之后成长起来的第一批青年群体，他们的成长过程见证了中国改革开放的历史进程，改革开放之后我国经济获得前所未有的发展，同时中国传统文化也受到了外来西方文化的冲击，所以在这个时期成长起来的“80后”“90后”在思想和行为上都与上一代人有较大差别，有自己独特的个性。

第一，思想更加开放。改革开放之后，中国传统文化受到了各种外来思想和文化的冲击，“80后”“90后”在成长阶段必然受到影响，在思想上更具开放性、独立性、创新性、复杂性。

第二，独特的价值观。“80后”“90后”受教育水平普遍较高，学习能力和接受新鲜事物的能力更强。他们有自己独特的价值观，在工作中更具有创造意识，眼界更为开阔，注重终身学习的观念，追求自我价值的实现。

第三，较强的自我意识。“80后”“90后”大多是独生子女，在各自家庭获得了更多关爱。同时由于物质生活的相对丰富，导致这个群体的承压能力较差，缺乏吃苦耐劳的精神。他们有很强的成功欲，但是心理素质较差，抗压能力较弱。他们有很强的自我意识，强烈的自尊心，但缺乏团队协作意识，不愿意受到严格制度的束缚。

（二）中泰证券“80后”“90后”青年的情况和特征

1. 中泰证券现存人员结构分析

第一，年龄结构。中泰证券股份有限公司目前总人数为6 273人，36周岁以下即“80后”“90后”员工人数为3 765人，占总人数的60%。由此可以看出，“80后”“90后”员工在中泰证券员工总数中占较大比例。

第二，岗位结构。截至2016 年7 月，公司有4 884 名签订劳动合同的在岗从业人员，其中“80 后”“90 后”有 3 017 人，占所有签订劳动合同在岗从业人员的 61.78%。公司有1 012名签订全日制劳动合同营销代表，其中“80 后”“90 后”有 736 人，占所有签订全日制劳动合同营销代表的 72.7%。由这两组数据可以看出，中泰证券签订全日制劳动合同在岗从业人员中，“80 后”“90 后”员工仍占较大比例。

2. 基于问卷的调查统计

本次问卷调查的范围是中泰证券各部室、分公司、营业部的“80 后”“90 后”员工，随机发放 409 份调查问卷，回收 409 份问卷，回收率为 100%。其中，有效问卷 271 份，有效问卷回收率为 66.26%。以下是基于问卷回收结果的数据统计：

第一，性别和学历。被调查的员工中男员工 141 人，女员工 114 人，比例相近。从教育程度来看，在被调查的 271 人中，专科及以下学历的有 6 人，占总人数的 2.21%；本科有 183 人，占总人数的 67.53%；硕士 80 人，占总人数的 29.52%；博士 2 人，占总人数的 0.74%。说明在“80 后”“90 后”员工中，本科学历占绝大多数，整体学历水平较高。

第二，工作时间。在本次调查的 271 名“80 后”“90 后”员工中，工作 1 年以下的有 76 人，占总人数的 28.4%；工作 1—5 年的有 97 人，占总人数的 35.79%；5—10 年的有 86 人，占总人数的 31.73%；10 年及以上的有 12 人，占总人数的 4.43%。说明在“80 后”“90 后”员工中，工作 1—10 年的人数较多，10 年以上的人数很少，整体上看中泰证券的员工较年轻化（见图 1）。

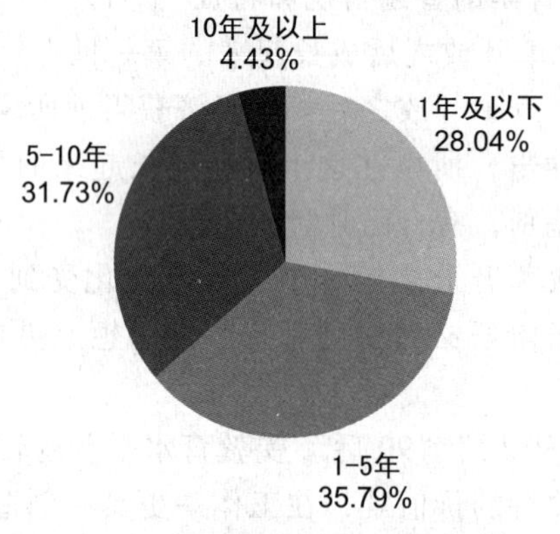

图 1　员工工作年限结构

第三，对工作的总体满意度。在本次调查的 271 人中，对目前工作非常满意的有 82 人，占总人数的 30.26%；对目前工作满意的有 128 人，占总人数的 47.23%；对目前工作比较满意的有 55 人，占总人数的 20.3%；对工作不满意的仅有 6 人，占总人数的 2.21%。这组数据说明中泰证券“80 后”“90 后”员工对工作的总体满意度比较高（见图 2）。

第四，加入公司后的岗位变动次数和升职次数。关于岗位变动次数，调查中变动 0 次的人有 130 人，占到总人数的 47.97%；变动 1—3 次的有 129 人，占到总人数的 47.6%。关于升职次数，升职 0 次的有 211 人，占到总人数的 77.86%；升职 1—3 次的有 60 人，占到总人数的 22.14%。

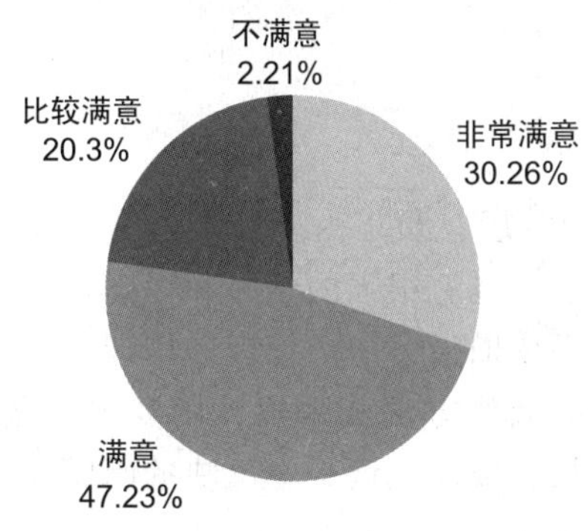

图 2 员工对工作的总体满意度

两组数据表明，中泰证券“80 后”“90 后”员工的职位变动和升职次数比较少，这与“80 后”“90 后”员工的工作时间较短有关系，和公司晋升机制也有关系。

第五，关于晋升的问题。对于自己所在岗位的晋升机制了解程度来看，有 21 人非常了解，101 人了解，79 人比较了解，这三类人的总比重占到了 74.17%；有 70 人表示不了解，比重占到 25.83%。可以看出，绝大多数员工都了解自身岗位的升职机制，不需要再加强升职机制的宣传教育。

在衡量自己的工作表现与晋升条件符合程度的问题中，认为自己非常符合的有 27 人，占 9.96%；认为自己符合的有 109 人，占 40.22%；认为自己比较符合的有 93 人，占 34.32%；认为自己不符合的有 42 人，占到 15.5%。通过这组数据可以看出大多数员工都认为自己符合公司晋升的条件，有进步的想法和要求。

对于自身优势，选择能吃苦、按时完成工作的有 214 人，选择资历深、更熟悉流程的有 156 人，选择与领导、同事关系好的有 128 人，选择丰富的人脉和社会资源的有 136 人。这组数据说明，绝大多数员工都认为自身具有能吃苦、按时完成工作的优势，证明中泰证券的“80 后”“90 后”员工比较有吃苦耐劳的精神。

对于自身劣势的认识，选择资历尚浅有 183 人，选择学历较低有 66 人，选择能力较差 59 人，选择处理人际关系能力较弱有 108 人。这组数据说明，“80 后”“90 后”员工大多认为自身资历尚浅是晋升中劣势所在，这也与“80 后”“90 后”年龄小、经验少、能力弱有直接关系。

第六，关于有效激励机制的问题。对于何种方式可以提高工作积极性的问题中，选择提高薪资、改善福利的有 248 人，选择领导认可的有 198 人，选择晋升职位的有 217 人，选择培训机会的有 169 人。

对于如何提高工作能力的问题中，选择岗位技能培训的有 239 人，选择外派培训的有 175 人，选择不同部门或岗位之间交流的有 223 人，选择攻读更高学位的有 98 人。

对于提高自身最有效学习方法的问题中，选择外部拓展训练的有 211 人，选择内部拓展训练的有 202 人，选择网络学习平台的有 152 人，选择公司建立图书库的有 114 人，选择老员工讲授经验的有 210 人。

通过这几组数据可以看出，提高薪资和改善福利、晋升职位、领导认可都是可以有效激励员工的手段。岗位技能培训、不同部门或岗位之间交流、外派培训都是员工喜闻乐见的提高自身工作能力的方式。外部拓展、内部拓展、老员工讲授经验等形式是员工乐于接受的有效学习方法。

（三）存在的问题

调查结果显示，“80 后”“90 后”员工由于资历尚浅获得的晋升机会较少，但是他们更重视自身成长，有较强的事业心，也有很强的学习和提高自我的意识。他们在工作态度和价值观上与前辈们有所不同，如果依旧沿袭旧的管理和培训方法，有可能达不到教育效果而会适得其反。因此，必须采用新的激励方法和手段，用梦想、激情来激发“80 后”“90 后”员工的工作热情，帮助他们成长、成才。调查中反映的问题如下：

1. 个人层面

第一，团队意识较弱。“80 后”“90 后”成长的家庭环境、社会环境比较特殊，由于国家政策的影响，大多是独生子女。独生子女在家庭中会受到极高的关注，得到很多关爱，同时受到西方个人主义的影响，决定了这个群体个人意识突出，团体意识较弱。这样会导致在工作的时候，个人表现欲望较强，而忽视了团队协作精神。

第二，人际交往能力较弱。调查问卷的结果显示，50% 左右的员工认为丰富的人脉关系和社会资源可以帮助他们获得晋升机会，有 57.2% 的员工认为领导在考察员工的时候会考虑到人际交往能力，并且有 40% 的员工认为自己在处理人际关系方面的能力较弱。

第三，心理素质较差。由于经济条件、家庭条件、自身条件、社会条件都比较优越，“80 后”“90 后”大多没有经受过多少困难和挫折，所以导致心理承压能力和抗压能力都比较弱，心理不够坚强。

2. 公司层面

第一，现存岗位晋升机制不能完全满足员工需求。在本次调查中，有 47.97% 的员工没有变动过岗位，有 77.8% 的员工没有升过职，并且有 84.5% 的员工认为自己非常符合、符合或者比较符合晋升条件。说明公司现行的晋升机制不能满足“80 后”“90 后”员工的需求。如果长期努力工作而得不到满足感，自尊心和自信心会受到影响，可能会产生跳槽的想法或行为，而优秀人员的流动会引起公司内部人心不稳以及直接或间接的经济损失。

第二，现存培训机制有待进一步健全。中泰证券注重采用各种方式和途径对员工进行培训，调查结果显示，“80 后”“90 后”员工更乐于接受外部拓展、内部拓展、老员工讲授经验等形式，所以公司有待进一步完善现存培训机制，采用员工乐于接受的形式进行培训，强化培训效果。

三、进一步推动“80 后”“90 后”员工成长、成才

推动“80 后”“90 后”员工成长、成才，是一个复杂的问题，是员工、企业和社会都要共同面临的问题。通过问卷调查结合深度访谈结果综合分析，可以得出推动“80 后”“90 后”员工成长、成才的策略。

（一）员工角度

在整个成长周期中，员工的自我提高、自我管理、自我教育应该占主导地位，包括提高自身思想道德修养和提升个人能力两个方面。

1. 提高自身思想道德修养

第一，培养健康的心理素质。健康、良好的心理素质，会帮助“80后”“90后”员工排解工作和生活中遇到的压力，积极地面对各种挑战，为成长、成才打下坚实的内在基础。

第二，保持危机意识。身在证券机构，要具有危机意识，面对激烈的市场竞争，保持清醒的头脑，用积极上进的心态工作，化被动为主动，努力完成业绩目标。

第三，增强抗压能力。“80后”“90后”大多有较强的自尊心，容易产生挫败感。在工作中遇到困难时，要学会自我教育和自我调节，寻找健康的方式排解不良情绪，克制不良情绪的影响，以饱满的精神投入工作。

第四，发挥主观能动性。心理学家马斯洛认为，人的成长动机是被高级需要驱使的动机，是指人们试图超越以往成就的动机。成长性动机是被自我价值实现所驱动的动机，在成长动机的驱使下，人们愿意承受风险、紧张乃至疼痛，最终目标是使自身潜能得以实现。员工要实现成长、成才，必须挖掘自身潜力，发挥最大限度的主观能动性。

第五，强化集体意识。“80后”“90后”员工大多受到过高等教育，思想上有自主性、独立性。在工作中要摒弃以自我为中心的观念，放弃自我本位的思想，强化团队意识，将个人能力融入团体协作能力中，将个人价值置于团体价值之中。

2. 提升个人能力

第一，树立终身学习的意识。证券行业的知识更新速度很快，要在行业中立于不败之地，就必须时刻学习先进的专业知识，保持思想的先进性。中泰证券在公司OA开设了E-learning学习平台，可以通过平台学习专业知识、行业法律法规、管理知识等；还可以通过专门的培训班，与同事、专家探讨，利用网络论坛等形式加强自我学习。

第二，设立工作目标。目标是前进的动力，本次调查显示绝大多数员工是清楚公司晋升机制的，而且大多数人都认为自己符合晋升条件。每个员工可以从自身情况和自身要求出发，通过确立短期目标与长期目标相结合的方法，为自己制订人生规划和职业规划。

第三，提高人际交往能力。人类是群居动物，是社会性动物，个人成长必须置于社会环境之中，所以人际交往能力也是个人能力强弱的重要表现之一。在工作和生活中，要注重维系与同事、领导的良好关系，增强感知外部事物的能力和处理人际交往中各种问题的能力，提高语言表达能力、理解能力，对于营造良好的工作环境、保持积极向上的心态都有积极的作用。

（二）公司角度

公司是员工成长、成才的舞台，好的舞台会为员工成长提供更多机遇。公司要建立全面的、具体的、行之有效的激励机制、培训机制、奖惩机制，排除对“80后”“90后”的偏见，同时运用新的管理方法和管理思路来激励、引导、管理“80后”“90后”员工，助其成长、成才。

1. 建立全方位的激励机制

第一，提高薪酬、福利待遇。对“80后”“90后”员工要建立多层次的、全方位的激励机制，提高薪酬和福利待遇是一项必不可少的措施。调查结果显示，提高薪酬、福利待遇也是最受欢迎的激励政策。将薪酬、福利待遇与工作态度、工作业绩挂钩，确定不同层次的薪酬标准，适当拉开距离，对于“80后”“90后”员工的激励效果将会加强。

第二，公司完善职称体系，建立多渠道晋升机制。“80 后”“90 后”员工的成长、成才离不开完善的升职晋升机制。可以根据具体实际，建立专业的职称体系和考核方式，尽可能地利用有限的岗位职级序列和岗位编制，为员工提供充分的发展空间，提供持续的发展动力，可以激发“80 后”“90 后”员工的上进意识，从而提高员工素质。

第三，荣誉激励。荣誉激励也是一种很好的激励方式，可以通过设立“五四青年奖章”“青年文明号”“优秀工作者”等荣誉称号，对工作业绩突出、工作态度认真的优秀员工进行表彰，树立榜样，这是对受表彰员工工作的肯定，不仅会让其得到满足感，更会对其今后的工作状态起到激励作用。同时，这也将对其他员工产生刺激，激发同事的竞争意识，形成良好的竞争机制。在本次问卷调查中，有 198 人认为领导认可是一种很有效的激励手段。部门领导或岗位负责人要与“80 后”“90 后”员工多沟通，同时多观察，对于在工作中有突出表现的，可以在部门内部采取一定形式的物质奖励或口头表扬。

2. 完善培训机制

第一，加强职业道德教育。由于证券机构在指标性、创新性、压力性等方面与普通行业相比都有所不同，所以证券从业人员的意志力、抗压能力、协调能力、团队协作意识等综合素质和职业道德素质都显得尤为重要。可以运用灌输理论，采取传统方式，比如职业道德宣讲会、利用自有媒体《中泰证券报》宣传、公司 OA 宣传、微信平台宣传等形式，对员工进行职业道德灌输，让员工受到潜移默化的影响，增强对中泰证券企业文化的认同度，真正以公司主人翁的态度投入工作。

第二，积极引导进行职业生涯规划。“80 后”“90 后”员工普遍比较年轻，参加工作时间不长，对自身的职业生涯规划不是十分明确。首先，分管领导和岗位负责人要重视年轻员工的职业生涯规划，为他们安排适当的工作岗位，平时工作中多留意、多倾听员工心声，帮助员工解决在工作中遇到的困难与困惑。可以通过谈话的形式，帮助他们树立踏实、勤恳的工作态度，并且从每个员工的自身情况出发对其职业生涯规划进行指导并提出建议。其次，可以通过搭建交流平台、现场指导、老员工介绍经验等方式，引导他们树立正确的职业观，进一步完善职业生涯规划。

第三，加强职业技能培训。证券行业发展日新月异，“80 后”“90 后”员工思想也较为活跃，有较强的可塑性，培训体系要从他们的特点出发，同时必须适应行业的发展要求。在培训讲师方面，既可以邀请经验丰富的内部老员工，也可以聘请相关专家、学者来公司做培训。帮助员工认识到提高自身素质的重要性，促使员工形成终身学习的意识，在公司内部形成主动学习的良好氛围。

第四，完善培训跟踪机制。现行的公司培训体系中，缺乏对培训效果的跟踪，因此，在培训结束后可以采取定期抽查的方式进行跟踪，起到督促作用，从而强化培训效果。

3. 激励与惩罚相结合

第一，加强制度约束。良好的激励政策要与适度的约束措施相匹配。约束是一种反激励机制，在一定程度上可以提前杜绝违规违法行为。要根据实际，完善制度，将违规违法行为扼杀在摇篮里。

第二，完善绩效考核制度。绩效考核是对员工较好的激励措施之一，“80 后”“90 后”员工普遍有较强的自尊心，他们对考核结果是很敏感的，期望值也较高。通过建立绩效考核的方式，全面评估、评价每位员工的工作情况，在薪酬方面拉开一定的距离，可以最大限度地激发员工积极性。

4. 加强企业文化建设

企业文化是全体员工认同的核心理念，一个成功的企业必定是以丰富的企业文化作为支撑。提高员工对企业文化的认同度，可以帮助员工树立科学的价值观，培养主人翁意识，增强对公司的忠诚度，在工作中的热情自然会上升。

第一，利用新媒体、线上线下相结合的方式加大企业文化理念的宣传。主要通过自有媒体《中泰证券报》和微信平台等方式进行企业文化宣传。

第二，举办各种活动。“80 后”“90 后”员工大多多才多艺、思想前卫、性格外向、乐于交友，通过公司内部的各种活动可以加深员工之间的认识和了解，增强团队意识，培养员工主人翁意识。同时可以调节紧张的心情，以更好的精神面貌投入工作。

第三，建立保障、反馈体系。在利用各种手段加强企业文化建设的同时，应该建立后续保障体系和反馈体系，确保实施效果。

（三）社会层面

“80 后”“90 后”员工捕捉和接受新鲜事物的能力较强，容易受到外在环境的影响，外部因素诸如国家相关法律法规、行业内竞争激烈程度、行业技术环境等都会对他们产生直接或间接影响。

1. 加强法制建设

证券行业属于高风险行业，对从业人员的素质要求比较高。在工作中员工会处理一些机密性信息，如果处理不当，就会产生信息泄露的危险。要从根本上解决信息泄露的问题，必须加强法制建设，加大监管力度。同时，国家通过不断健全与证券机构员工相关的法律体系，保障员工权益，可以为员工成长、成才提供法律保障和制度支持。

2. 改善经济大环境

经济环境主要指企业生存和发展所面对的外部社会经济状况和国家经济政策。经济大环境与“80 后”“90 后”员工的成长、成才是密切相关的。政府应为证券机构中人才的集聚提供平稳健康发展的外部经济环境，加大对金融政策与创业政策的扶持力度，为企业提供充足的资金与创业支持，进而推动企业保障“80 后”“90 后”人才成长的动力，降低企业的人才引进与扶持风险。

3. 推动社会文化建设

政府可以通过整合文化资源、教育资源、生活资源三个方面，推动社会文化建设，从而为证券机构“80 后”“90 后”员工的成长、成才提供良好的社会文化环境。

第一，整合文化资源。通过政策引导、媒体宣传等手段，结合各种社会资源，在有利的时机，推动整个社会的文化创新和文化传播，营造积极、乐观的社会文化环境。

第二，整合教育资源。政府通过整合教育资源，可以为证券机构员工提升学历和专业技术培训提供良好的动力，以保持证券机构员工知识更新速度与金融行业发展速度相匹配。

第三，整合生活资源。政府通过完善市政建设，改善城市基础设施，为证券机构员工提供良好的生活条件、交通条件，提高证券机构“80 后”“90 后”员工的生活满意度，增加生活幸福感。

四、结论

成长、成才是一个复杂的过程，将员工的成长、成才问题置于特殊的证券机构之中，这种复杂性就更加明显。总的来说，要真正了解“80 后”“90 后”员工的特点和想法，从这个群体的实际需要出发，以个人、企业、社会多种作用机制为落脚点，才能真正实现推动证券机构“80 后”“90 后”员工成长、成才的目的。

参考文献

[1] 沈丽．证券公司员工培训体系建设［J］．经济与管理，2012（8）：33—34.

[2] 单丹等．2013 年证券公司青年员工职业发展调研报告：创新与发展——中国证券业 2013 年论文集［M］．北京：中国财政经济出版社，2014.

[3] 陈安奇．金融行业新员工组织认同感对员工敬业度影响研究［D］．济南：山东大学，2012.

[4] 顾菁．“80 后”员工工作价值观研究——基于 A 公司的调查［D］．上海：华东理工大学，2011.

[5] 杨庆伟．A 企业员工职业生涯规划的概况研究［D］．郑州：郑州大学，2012.

[6] 孟祥东．桐柏县中小民营企业员工激励机制研究［D］．青岛：中国海洋大学，2014.

[7] 申大田．山东省农村信用社员工培训中的问题及对策研究［D］．济南：山东大学，2009.

[8] 宋杰平．金融危机背景下企业员工培训的对策研究［D］．北京：中国石油大学，2009.

[9] 谭道伦．金融服务业员工组织支持、认同与员工服务创新行为研究［D］．成都：西南财经大学，2011.

基础理论与制度研究

关于建设国内证券主数据库的研究和政策建议

毛宇轩　朱元元　周东兵　李高政　高卫阳*

证券主数据库，主要包含证券产品和市场机构参数，以及公司行动等信息，关系到证券交易、结算安全和效率，是金融市场基础设施的重要组成部分。[①] 与欧美发达市场较为完善的证券主数据服务体系相比较，国内目前尚处于较为落后的局面，不利于提高市场信息透明度和运行效率，可能给市场机构和市场运行带来一定的风险，而且也对全面从严监管效率有一定影响，不利于保护投资者合法权益。

针对以上问题，中国证券业协会托管结算专业委员会组织光大证券、海通证券进行了专题研究，提出了研究和建设国内证券主数据库的必要性和重要性，以及集合行业力量推动建设国内证券主数据库等政策建议。现将研究成果报告如下：

一、背景介绍

（一）从20世纪60年代始，起华尔街多次出现了“纸面作业危机”，促使证券监管当局和行业组织关注和重视证券市场中后台结算的安全和效率

三十人小组（G30）、国际证券服务协会（ISSA）、欧洲清算（Euroclear）和国际证券委员会组织（IOSCO）等，先后提出了一系列旨在优化改进证券交易结算安全和效率的原则和建议。

证券报文标准（Standard for Securities Messages）、无纸化结算（Scripless Settlement）及直通式处理（Straight - through Processing），就是其中的重要原则和建议。G30在第九条建议中提出“应采用符合国际标准化组织（ISO7 775）要求的证券报文标准，特别是应对证券采

* 作者单位：毛宇轩，周东兵，李高政，高卫阳，光大证券股份有限公司；朱元元，海通证券股份有限公司。

① 《金融市场基础设施原则》定义：“金融市场基础设施”是指参与机构（包括系统运行机构）之间，用于清算、结算或记录支付、证券、衍生品或其他金融交易的多边系统，包括重要支付系统、中央证券存管、证券结算系统、中央对手和交易数据库等五类金融公共设施。

用ISIN编码体系”。[①]《ISSA Recommendations 2000》提出“实施无纸化结算”[②]以降低证券系统主要风险的建议。

（二）全面、标准和及时的证券主数据文件，有助于市场机构实现直通式处理（STP，Straight - through Processing）以提高自身证券交易安全和运营效率

证券主数据主要包含证券产品和市场机构参数及公司行动等信息，是证券交易和结算的主要和重要数据。[③]伦敦交易所集团旗下的UnaVista研究认为“参数数据占了所有金融信息的40%”。

如果证券主数据来源渠道多，格式多样不统一，时效性差，将不仅会使得中央结算、交易会员、结算会员、托管人、资产管理人等市场机构花费大量时间和费用搜集和处理相关信息，而且还难以实现直通式处理，容易出现差错，造成交易结算失败，甚至是投资损失。

对于跨境投资，全面、标准和及时的证券主数据服务对海外机构和投资者有着更为重要的意义和作用。

（三）欧美等发达资本市场在证券主数据库建设方面已有多年实践，并已形成了公共服务与商业应用互为补充的较为完善的证券主数据服务体系

伦敦交易所集团推出了UnaVista平台，整合广泛的（证券产品）参数数据，完整、准确、及时搜集数据，以帮助市场机构提升直通式处理速度和降低风险。其中的SEDOL[④]（Stock Exchange Daily Official List）主数据文件（SEDOL Masterfile），还能帮助用户更新参数数据，并与源数据进行直接比对。[⑤]

为提高衍生品市场交易安全和运行透明度，美国存托和清算公司（TheDepository Trust & Clearing Corporation，简称DTCC）从2006年11月开始推出“交易信息库”（the Trade Information Warehouse）。[⑥]这一数据服务为遍及70多个国家的重要衍生品交易商、2 500多家买方机构，以及相关中央对手方、投资组合对冲和托管银行等机构，提供全球市场近98%生命周期事件服务（Lifecycle Event Processing Services），包括支付计算、公司主体重组或更名，以及破产、重整和违约等信用事件服务。[⑦]这些服务通过综合化电子方式提供，可使市场机构提高效率，加强业务管控。美国监管部门有意支持这一交易信息库：“应作为公用服务运营，市场参与者均应予以支持”。[⑧]

除了公用服务以外，汤森路透和SIX金融信息等商业机构也都在为市场提供全球性的证

---

① ISSA、IOSCO，也有类似建议。

② The Enforcement of Scripless Settlement.

③ http：//www. lseg. com/post - trade - services/matching - and - reconciliation/unavista/unavista - solutions/unavista - data - solutions，原文为“Reference data makes up 40% of all financial information”。

④ SEDOL，Stock Exchange Daily Official List

⑤ http：//www. lseg. com/post - trade - services/matching - and - reconciliation/unavista/unavista - solutions/unavista - data - solutions

⑥ Peter Norman，<The Risk Controllers>，2011，P221

⑦ http：//www. dtcc. com/derivatives - services/trade - information - warehouse

⑧ Peter Norman，<The Risk Controllers>，2011，P222、原文为“It was argued that the warehouse needed to operate as a utility，with all market participants pledged to support it”。

券主数据服务。

（四）国内证券主数据服务尚属空白，存在市场机构获取证券参数和公司行动信息手段落后、效率低下，手工操作多、风险大等问题，不利于维护正常市场秩序和保护投资者合法权益

目前国内市场机构主要通过沪、深证券交易所，中国结算等公共渠道，获取证券参数和公司行动信息。数据信息碎片化和离散化情况较为严重，尚无集中、统一的数据渠道；数据格式标准不统一，有些情况下甚至还需要人工进行搜索、截取和编辑数据；基本无法实现直通式处理，只能进行人工操作，风险较大。场外证券产品的参数数据和公司行动信息搜集更为困难。

另外近年来出现了以私募股权投资或新三板为名义的新型金融诈骗活动，给受骗投资者带来损失，并对正常市场秩序造成一定的负面影响。如果能够建设覆盖场内场外、集中统一的国内证券主数据库，投资者将可以便利地查询和验证相关证券产品的真实性和合法性，提早发现和防范可能的金融诈骗，有助于维护正常市场秩序和保护投资者合法权益。

二、国外研究和实践情况

（一）基本定义和内容

国外研究认为，证券主数据库（Security Database）是指涵盖证券交易处理和股份管理等所有相关信息的电子数据库[1]，包括各只证券在交易执行、清算、交易所指令、红利与利息以及其他方面的特定信息。[2]

综合国外多方面研究，证券主数据库主要内容包括[3]：证券 ID、证券代码、证券类型、发行人代码、清算公司代码、存管州代码、发行国家代码、固定收益信息、定价服务、评级、到期日、特别条款、公司行动信息、单位交易数量、交易标志、结算周期、保证金计算要求、红利与利息信息、主要交易市场、资金计算倍数、存管或托管信息、其他特点、到期日或终止日、利息计算方法、其他相关信息（详见附表）。

（二）系统定位与运作原理

1. 系统定位[4]

证券主数据库维护和存储的证券产品信息，将为交易配对、证券处理和股份记录提供服务，确保系统能够按照各证券的特定要求对每一笔交易都进行正确、高效处理（见图 1）。

---

① David M. Weiss, < After The Trade Is Made——Processing Securities Transactions >, 2006, P486. 原文为“Security master database is an electronic database containing all the information needed for processing transactions and servicing security positions”。

② David M. Weiss, < After The Trade Is Made——Processing Securities Transactions >, 2006, P11.

③ Michael T. Reddy, < Securities Operations >, 1995, P486. David M. Weiss, < After The Trade Is Made——Processing Securities Transactions >, 2006, P219.

④ Michael T. Reddy, < Securities Operations >, 1995, P485.

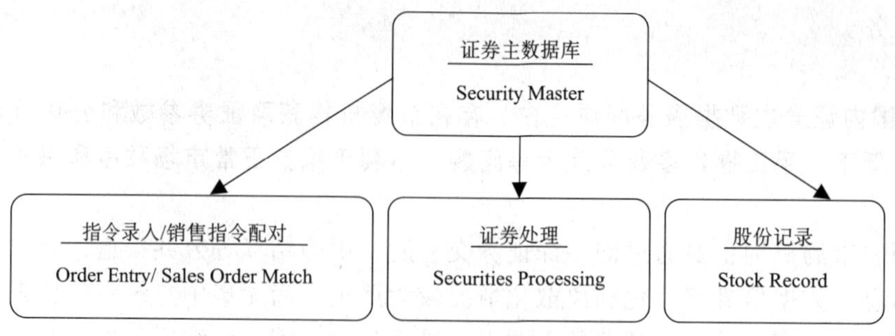

图 1　证券主数据库

2. 运作原理

根据国外研究，证券主数据库在证券公司日常运营过程中起着重要作用。除了可以识别各特定证券，还在日常交易、结算流程和分红派息等方面起到了重要作用，是证券公司日常运营中使用的“第二主要的数据库”。①

证券主数据库主要运作原理②和流程图③如下见图 2。

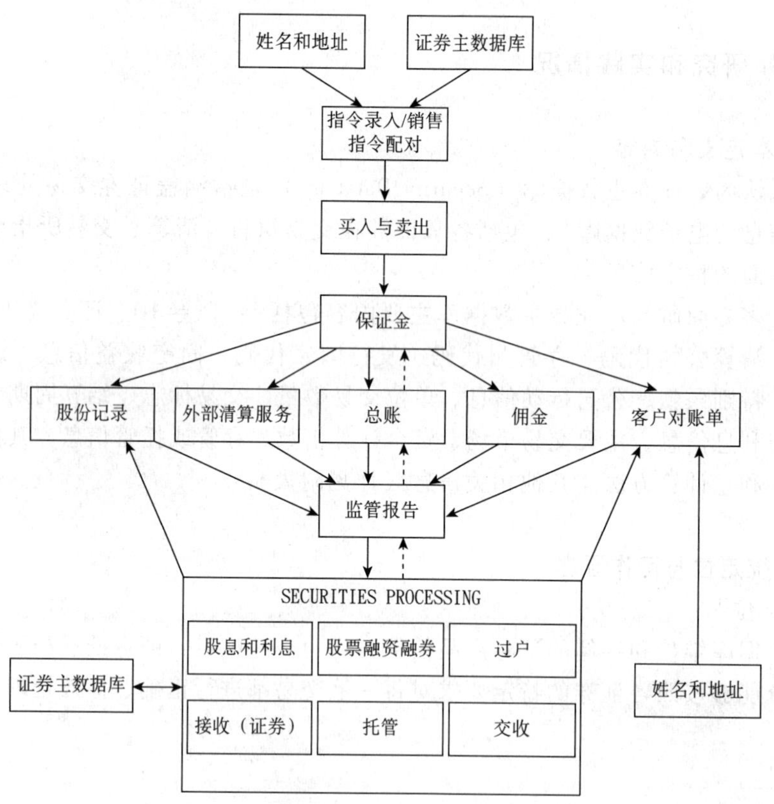

图 2　证券主数据库运作原理和流程图

① David M. Weiss，< After The Trade Is Made——Processing Securities Transactions >，2006，P215. 原文“It is the second main database used in processing cycle.”

② David M. Weiss，< After The Trade Is Made——Processing Securities Transactions >，2006，P220.

③ Michael T. Reddy，< Securities Operations >，1995，P482.

交易指令进入订单管理系统后，证券主数据库将校验证券名称或代码、客户交易价格及其他交易执行信息。

验证通过后，交易指令被执行。交易处理系统又通过证券主数据库获取交易市场、交易资金计算方法、结算周期、清算公司（如有）、交易性质（自营或代理）、存管机构（如有）、结算路径、CUSIP 及 ISIN 代码等信息，为证券处理和客户服务提供支持。

（三）主要应用案例

在境外发达资本市场，经过多年的专业化分工和商业化发展，目前已经有众多专业化服务公司为证券行业提供证券主数据服务，比如 DTCC、债券市场协会、汤森路透和标普等。在美国，大多数和最主要的证券信息服务由 DTCC 提供；CUSIP 代码服务，由标普提供；债券评级信息由标普、穆迪、惠普和道衡等公司提供；抵押支持债券（MBS）结算周期由债券市场协会提供。

1. UnaVista Data

作为伦敦股票交易所集团全球性平台，UnaVista 提供综合性的解决方案，以帮助市场机构提升效率，降低操作风险和监管风险。

（1）法人机构识别编码。伦敦股票交易所作为英国国家编码代理机构（National Numbering Agency），从事 ISIN 和 CFI[①] 等编码工作已有 20 多年。从 2013 年 7 月开始，伦敦股票交易所经法人机构识别编码监督管理委员会（The Legal Entity Identifier Regulatory Oversight Committee）的授权，可以向市场机构颁发法人机构识别编码（The Legal Entity Identifier, LEI）。市场机构可以自助注册（申请）、便捷查询和维护 LEI 编码。

（2）SEDOL 主数据文件。SEDOL 主数据文件（SEDOL Masterfile，SMF），可以为市场提供综合性的参数数据和公司行动信息。SEDOL 主数据文件采用了市场级、唯一的全球性证券编码（Global Security Identifier），日间实时生成和发送用户；可以提升直通式处理效率，降低跨境交易失败风险。

（3）数据同步（DATASYNC）。如果新证券挂牌和现有证券公司行动等信息没有被及时、准确处理，将会造成代价昂贵且需费时更正的交易失败。由于参数引起的交易失败，还可能会引起其他严重的后果。

DATASYNC 确保用户数据库能得到及时、准确更新，降低交易失败风险。每天 10：00 到 18：00，DATASYNC 会每小时向用户发送最新的证券信息变动的电子邮件；邮件采用 EXCEL 格式，方便用户将数据转换为其他软件系统需要的格式。

（4）公司行动。公司行动信息包括了现金分红、权益分派等 50 种左右。

提供在线公司行动日志（Corporate Events Diary），方便用户一站式、按日历查询所有公司行动信息。另外还提供 SSNs 服务，即在公开信息发布后的几小时内对公司行动信息做清晰、简明的摘要处理；通过 SWIFT 以 ISO15 022 MT564 报文格式发送用户，但也支持 FTP 方式交互；对公司行动分派业务序号（Corporate Action Event Reference）。

2. 美国存托与清算公司

---

① ISIN, International Securities Identification Number CFI, Classification of Financial Instruments.

美国存托与清算公司（DTCC）是世界最大的存管机构，也是美国市场清算、结算和资产服务的主要基础服务机构，其数据服务可以提供集中和动态的数据供应，使得用户能够更快更便利地获取自身交易数据，以及通过 DTCC 进行处理的市场综合数据、参考数据和资产服务数据等。

对全球金融服务行业，DTCC 也是重要的盘后市场基础服务机构，可以简化数据管理复杂性，增加透明度，降低风险和提高效率。

（1）数据服务产品（见图 3）。

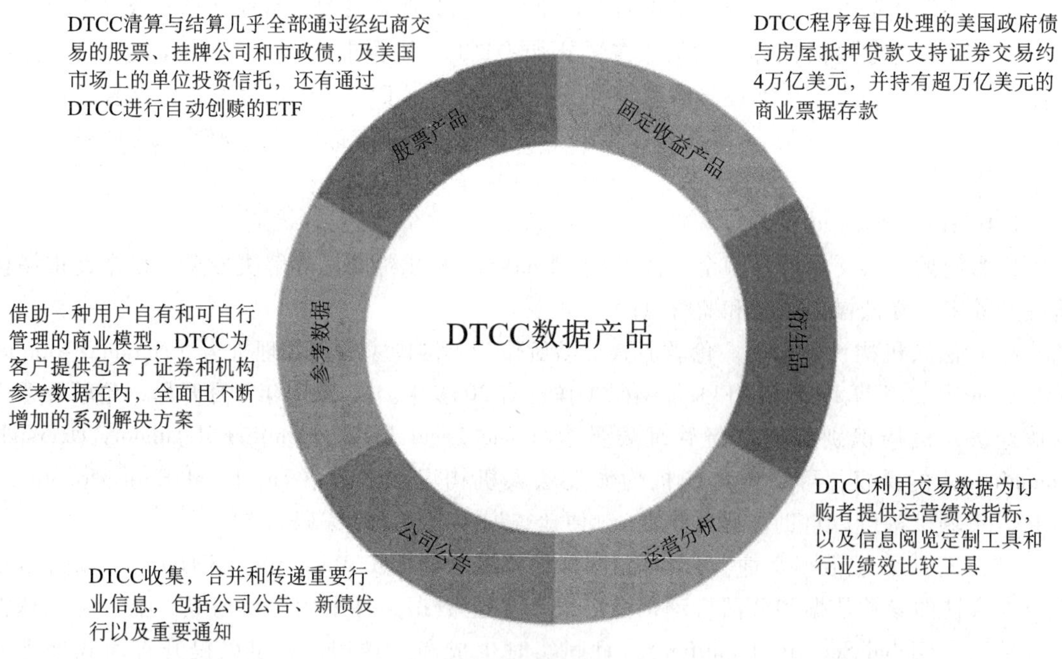

图 3 数据服务产品

• 参考数据（Reference）：为客户提供全面和整套的证券和公司参考数据解决方案。

• 公司公告（Announcement）：搜集、整合和分发公司公告、发行和重要通知等重要行业信息。

• 运营分析（Operational Analytics）：通过对交易数据分析运营表现，并提供信息阅览方式定制和行业比较。

• 衍生品（Derivatives）。

• 固定收益产品：每日处理的美国政府债券和 MBS 交易高达 4 万亿美元，存放的商业票据超万亿美元。

• 股票产品：对美国股票市场上几乎所有的经纪商交易以及挂牌的公司债、市政债和单位信托投资基金（UIT）交易进行清算和结算；通过自动流程对 ETF 进行清算和结算。

（2）主数据库订阅服务。DTCC 证券主数据覆盖了通过 DTC 和 NSCC 进行处理的全部证券，总数超过 400 万只（详见表 1）。[①] 数据每日更新，并定期提供全量数据以便比对。

① DTCC 网站，https：//www. dtccdata. com/products/service – master – database。

表 1　　主数据库内容

证券类别	持有数量（只）
资产支持证券/抵押贷款债务	364 201
公司固定收益证券	1 241 764
股票	353 527
基金/信托	125 227
政府债券	21 881
货币市场工具	128 569
抵押贷款支持证券	705 754
市政债券	1 059 346

主数据订阅服务有两类。一类是基础服务（Basic Service），包括合格证券的证券主数据，并可选公司证券、市政证券、货币市场工具证券等；另一类是增值服务，对合格证券主数据库提供扩展的数据要求和资产分类，并可选 ABS、MBS、公司债与信托、股票、政府债、货币市场工具和市政债等。

（3）DTCC 证券主数据文件数据流[①]。

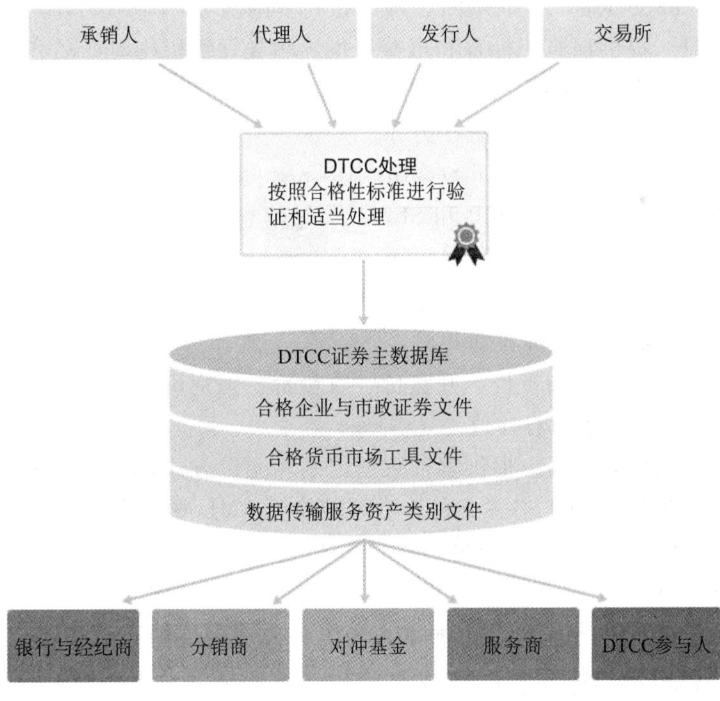

图 4　主数据文件数据流

承销商、代理商、发行人和交易所将证券信息数据发送 DTCC；DTCC 验证通过后，记入主数据库（SMD，Security Master Database）。

① DTCC 网站，https：//www. dtccdata. com/products/service - master - database。

DTCC 将证券主数据库信息发送银行、经纪商、分销商、对冲基金、服务商和 DTCC 参与人等机构。

（4）积极作用。DTCC 证券主数据文件，包括托管、资产服务、交易清结算等方面数据，丰富了使用者自身的证券主数据，帮助金融机构按时完成交易结算和在证券存续周期内满足严格的数据质量要求。

DTCC 证券主数据文件每日更新，能够帮助用户减少异常、促进直通式处理（Straight - through Processing），从而提升交易处理效率。

3. SIX Financial Information

SIX 金融信息（SIX Financial Information）隶属于 SIX 集团，是一家总部设在苏黎世的跨国金融数据提供商。SIX 金融信息提供的证券数据服务，直接和实时搜集全球主要交易信息，证券数据信息覆盖超过 1 560 万只金融产品，是全球最综合齐全的金融数据服务商之一。

（1）参考数据和信息数据（Reference and Descriptive Data）。提供覆盖新发行证券和存量证券的广泛基础证券信息服务，包括利率、要约和特殊利率要求、发行和转股要求、偿付条款、母公司信息、产品分级、投资监管要求和基金资产分配等。

（2）现金流条款信息。股票、现金和选择权分红通知，定期、不定期、计划和固定息票支付，到期日，沉没资金、提前赎回、购回和利率调整等。

（3）评级信息。提供穆迪、标普和惠普等世界领先评级机构对产品和机构的评级信息。

（4）公司信息。提供与产品相关的发行人、管理人、付款代理、托管人、交易所、评级机构等信息，以及行业代码和交易日历等。

（5）全球证券识别编码（Global Security ID Cross - reference）。采用 21 位的产品识别编码系统，反映 ISIN、国家 ID、CUSIP 和 SEDOL① 等信息；并提供主要领先供应商提供的机构 ID 编码信息。

（6）公司行动。红利和其他分派、名称或住所变更、合并、分立、收购与重组、破产与清算、集体诉讼、增减资、拆股和并股、转股等。

（7）定价与估值。提供结算价、开盘价、收盘价、国别价格、（估值用）评估价及交易量，以及收益率、杠杆比率和对冲值等。

（8）数据交付（Delivery）。提供多种数据定制和交付方式选择。参考数据（Reference）与公司行动数据，以 EDIFACT 格式交付，也可转换为 XML 或定长格式交付。另外公司行动还可以以 ISO15 022② 或 CSV 文件交付。

4. 汤森路透

汤森路透成立于 2008 年 4 月，由加拿大汤姆森公司与英国路透集团合并组成；为全球金融和投资管理机构提供最综合广泛的市场和参考数据服务（DATASCOPE REFERENCE DATA）（见图 5）。

---

① CUSIP，Committee on Uniform Securities Identification Procedures。

② 一种证券信息交互的国际标准。

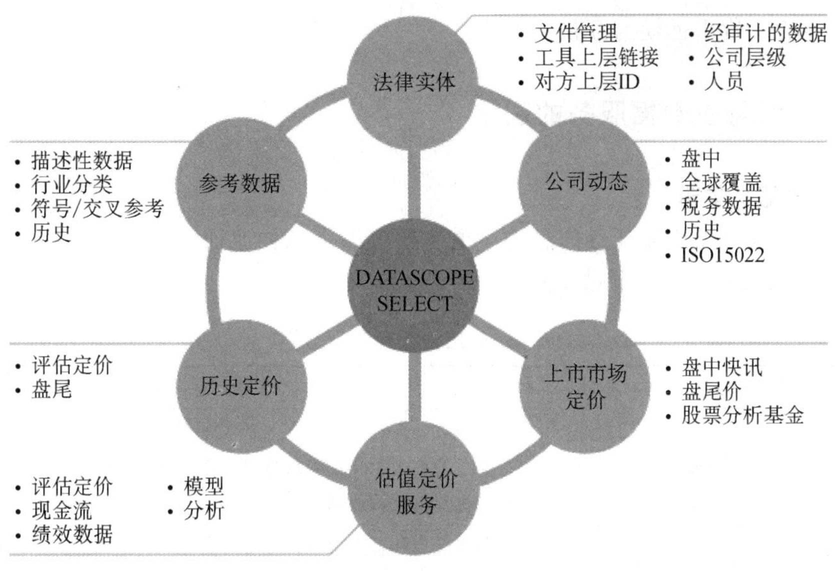

图 5　汤森路透主数据服务

（1）参考数据。为每一类别资产提供包括评级和描述性内容在内的全部数据；维护每只金融产品的行业标准编码、官方清算识别码①、GICS 分级、汤森路透产品代码及内部系统编码。对期货和期权，汤森路透产品代码可以方便对照索引、链接和整合。

（2）公司行动。经过 15 年发展，已覆盖 93 个国家，超过 200 家交易所，约 94 000 家公司。日间数据交付，从数据源开始到数据录入争取在 4 小时以内；可以以固定格式和 ISO15 022 格式交付。

- 对各新兴市场有 5—10 年经验；
- 消息发布后，日内可以最终完成（数据录入）；
- 包括份额信息、股息分派、税收信息、资本变动、现金事件②、股份发行等。

（3）固定收益。

- 存续证券及到期证券，超 560 万只；
- 估值证券，超 250 万只；
- 对超过 130 万只的美国应税证券提供条款数据信息；
- 为美国辛迪加贷款和欧洲辛迪加贷款提供盯市定价服务；
- 全球主要估值定价服务；
- 全球国债收益率曲线（最早至 1993 年）；
- 每日为每只固定收益工具提供包括久期、曲率、OAS、收益率计算等在内的超过 175 项的数据分析；
- 全球评级数据来自 20 多家诸如标普、穆迪、惠普等领先机构，以及 JCR 等重要地区机构。

（4）证券（Equities）。覆盖全球 320 万只证券，包括股票、权证、基金、指数、期权、

① 比如 SEDOL、CUSIP、ISIN、CINs、Wertpapier、SICC、当地交易所代码 MIC、OPOL。

② 比如减资、股份购回、要约收购等。

期货期权、期货、货币远期与互换。

三、国内证券主数据服务的现状

（一）主要服务渠道

现阶段，国内可以获取证券信息的渠道主要有以下三种途径。

1. 官方信息披露网站（见表2）。

表2　信息披露网站

渠道名称	主要信息内容
上海证券交易所 http：//www. sse. com. cn/	主要提供在上海证券交易所挂牌交易的证券品种（含股票、债券、基金、衍生品四大类）的交易行情信息及相关上市公司公告以及港股通标的证券的交易行情信息
深圳证券交易所 http：//www. szse. cn/	主要提供在深圳证券交易所挂牌交易的证券品种的交易行情信息及相关上市公司公告
全国中小企业股份转让系统 http：//www. neeq. com. cn/	主要提供在股转系统挂牌上市（新三板）和退市转让（老三板）的证券品种的交易行情信息及相关上市公司公告
中国证券登记结算有限公司 http：//www. chinaclear. cn/	（一）为上市公司等证券发行人提供持有名册、证券权益派发、公司行为网络投票、股权激励和员工持股计划等服务 （二）通过电子化证券簿记系统为证券持有人设立证券账户，提供登记、存管服务及证券交易后的证券交收服务 （三）为结算参与人设立担保和非担保资金交收账户，为证券、金融衍生品交易提供清算、交收服务。就场内集中交易的证券品种，公司作为中央对手方（CCP）以结算参与人为单位，提供多边净额担保结算服务。就非场内集中交易的证券品种，提供双边全额、双边净额、实时逐笔全额（RTGS）及资金代收付服务 （四）为公募、私募基金发行人提供基金资产的托管服务
香港联合交易所有限公司 http：//www. hkex. com. hk	主要提供在香港联交所挂牌交易的证券品种的交易行情信息及相关上市公司公告

2. 主要的互联网门户（见表3）。

表3　主要互联网门户

网站名称	主要信息内容
巨潮资讯网 http：//www. cninfo. com. cn/	沪、深证券交易所挂牌交易证券品种的交易类信息及相关上市公司公告
新浪财经 http：//finance. sina. com. cn	以财经新闻为主线提供综合类资讯
东方财富网 http：//bond. sse. com. cn/	对各个市场交易类数据进行搜集整理形成信息板块
上证债券信息网 http：//bond. sse. com. cn/	主要对上海市场交易债券的交易类信息进行搜集和整理

3. 付费证券资讯终端

主要有万得资讯（Wind 资讯）、大智慧专业版、同花顺专业版等，以上证券资讯终端主要是向机构投资者提供经整理后的交易所证券交易行情和公告信息以及行业研究资讯。

（二）当前存在的主要问题

随着多层次资本市场体系的建设推进，以及国内资本市场产品和交易创新日益增加，投资者和金融机构对快捷便利地获取全方位证券信息的需求日益迫切。但是当前证券信息内容供应者基于自身功能定位或商业需要，所提供的信息都不够完整，信息内容呈碎片化和离散化，虽然获取途径众多但又不具权威性，存在较大问题，亟待解决。

1. 信息的全面性欠缺

投资者和金融机构在进行投资决策时，对所投资或拟投资证券品种需要了解掌握全方位的信息，如交易行情、分红配股、公司公告、研究报告等。

但是目前证券信息的提供者受限于机构自身的功能定位或商业需要，仅能提供各自专业范围内的信息内容。如交易所主要提供证券交易行情和上市公告；中国结算主要提供证券登记结算信息；市场信息供应商主要整理提供行业各机构研究报告。信息内容呈碎片化和离散化，不利于投资者和金融机构一次性快捷便利地获取所需证券品种的全面性信息。

2. 信息的识别性差

一是各机构所发布的信息内容都是基于自身规则，信息的读取需要配备不同的专业解读工具；二是文本类信息的读取直观性差，如对上市公司公告和研究报告的信息读取，需要人工阅读后进行人工选择摘录。上述情况不仅给投资者带来识别性困难，而且还严重影响金融机构运营实现直通式处理。

3. 信息的扩展性不足

目前信息的展现形式以单一业务的内容为基础形成信息条文的固定格式，对后续的创新业务未留足扩展的字段空间。同时在金融混业经营及资本全球化的快速推进背景下，国内证券业各类的自用信息格式会面临与其他相关行业以及国际金融信息在制式上不能有效对接的窘境。

4. 信息获取途径多样化造成投资者选择性困难

市场上有众多的信息发布机构，所发布信息内容都侧重于各自职能或商业需要；甚至还有可能出现相互矛盾的情况。

四、构建国内证券主数据库的必要性

证券是信息密集型产业，对于信息的依赖超过了任何领域。证券行业运营安全和效率也严重依赖证券主数据库的健全、准确和高效。而且在国内建设多层次资本市场，以及依法监管、从严监管和全面监管的背景下，建立全市场覆盖、标准化、即时性强的国内证券主数据库，可以进一步加强市场信息透明度，提高市场运行安全性和效率，有助于保护投资者合法权益。

（一）构建全市场覆盖的证券主数据库，可以方便投资者一站式、便捷查询证券产品信息，可以便利投资者决策判断，有助于保护投资者合法权益

投资者通过证券主数据服务平台，可以查询所有经监管部门备案核准的场内外证券产品，可以避免非法证券产品销售和“飞单”等投资陷阱。

投资者对于投资风险收益的判断须建立在分析历史和现期的信息基础上。证券主数据服

务平台搜集、汇总和整合各证券产品、发行人的历史信息和最新信息；投资者全面、清楚了解证券产品特性、历史沿革和最新公告。

投资者还可以通过证券主数据服务了解产品和发行人的评级情况，有助于投资者进行客观判断和投资决策。

（二）集中统一的证券主数据库，将有助于证券公司、托管人、管理人等金融机构进一步改善和提升运营的安全性和效率，为实现直通式处理创造条件

1987 年 10 月 19 日爆发的全球性股市震荡，其中一个重要原因即是成交量上升，而结算系统因为效率低下不得不延长结算周期，导致大量股票交易无法及时得到交收，风险过于堆积。目前国内证券公司和其他金融机构一般通过人工搜索和手工录入的方式取得交易处理和后台运营所需要的证券主数据，效率低、风险大。

证券主数据库将全面、准确、即时采集和处理新发行证券产品信息和参数、存续证券产品最新公告和公司行动信息。证券公司和其他金融机构可以一站式获取证券主数据信息，节省信息搜索成本，并避免不同渠道来源可能出现的数据不一致风险。

证券主数据库可以采用标准化报文格式提供数据服务。证券公司和其他金融机构将标准报文数据直接录入各交易、清算、结算和业务管理系统，以直通式处理更新长期以来人工录入的落后、高风险作业方式。

（三）集中高效的证券主数据库，将为全面从严监管提供基础数据支持

随着多层次资本市场的建设和深化，场内市场和场外市场间的产品关联、资金互通和风险传导等将逐渐加强，甚至会相互影响。

集中高效的证券主数据库不仅覆盖场内、场外的产品参数和最新信息，而且还整合证券公司、基金公司、资产管理机构、托管机构等市场机构信息，可以为市场监管提供统一、全面、及时、有效的数据支持。

（四）国内证券主数据库的建设和健全，是国内资本市场对外开放和国家金融改革深化的需要

以港股通和沪伦通为代表的国内资本市场的对外开放，是国家金融改革深化和经济结构优化升级的重要部署和组成部分。随着国外机构和投资者进入国内资本市场，海外经纪商、托管人和管理人等机构也将对国内市场的证券主数据服务提出迫切需求。

采用和借鉴国际标准和海外先进经验建设的证券主数据库，将可以为海外机构和投资者提供全面、准确和即时的数据服务，打通数据天堑，有效联通境内外市场。

五、关于建设国内证券主数据库的建议

针对目前行业证券信息现状与存在的不足，建议建立涵盖场内外市场所有证券品种及所有信息内容的证券主数据库，向投资者以及市场参与各方提供具有完整性、专业性和及时性的证券信息，以满足投资者和市场参与各方快捷便利地一次性获取所需证券品种信息的切实需求，进一步夯实金融基础信息，提升市场效率。

（一）模型设计建议

1. 主要信息内容

证券主数据库不是简单地将现有市场公开信息进行汇总存放，而是从证券信息入口统一开始，对所有证券品种的所有信息要素及字段重新标准化定义后进行处理，进而形成的涵盖所有证券信息的大数据库。

以现有二级市场交易的证券品种为例，数据记录内容见表4（实践过程中应据实予以扩充，此表仅作举例说明），其他证券品种的记录内容可参考进行设定与扩展。

表4　　数据记录内容

市场	品种类别	业务子项	数据子项（1－N）	字段记录子项
沪A/深A/沪B/深B/股转A/股转B/港股/	股票/优先股/两网及退市公司/挂牌公司	发行		
		上市		
		正常交易		
		分红		
		投票		
		配股		
		风险警示		
		要约收购		
		分红		
	债券	发行		
		上市		
		正常交易		
		回售		
		转股		
		兑息		
		兑付		
	场内基金	上证基金通		
		实时申赎货币基金		
		上证 LOF		
		上证 ETF		
		跨市场 ETF		
		跨境 ETF		
		黄金 ETF		
		债券 ETF		
		交易型货币 ETF		
	回购类	折算率		

2. 数据分类

建议对证券主数据库内容进行分类整理与管理，以便于证券主数据库使用者快速检索。证券主数据库至少应包含四大类的信息：一是证券交易类信息，包括目前各证券市场日间实时更新、日终推送的行情文件以及清算交易信息；二是证券资讯类信息，包括公司介绍、财务数据、股本结构、重大事项等证券产品和上市公司需要进行公开市场信息披露的要素信息；三是行业评级和研究报告，包括市场各研究机构发布的正式研究报告；四是监管部门要求及合规管理需要的必要数据内容。以上分类供参考，可以根据市场需求变化予以动态调整。

3. 格式标准化

证券主数据库应采用基于可编程处理的计算机语言，例如可扩展标记语言（XML）进行数据的记录，对所有事项均有唯一标准编码与格式对应，同时支持标准编码位可以无限扩展。

建立证券主数据库标准化格式，可以支持自动检索导入行业各机构发布的信息内容或者由各机构按照标准格式录入信息内容；可以按照各种维度进行数据分类及输出；可以支持通用规则类型的查询；可以开展针对特定信息的检索；可以根据对接的客户端生成接口文件或者支持个性化定制数据采集模型。

4. 历史数据初始化

考虑到历史数据对投资者和市场机构的重要性，建议选取某日为证券主数据库记录时间原点，对历史数据进行标准化的处理录入，形成初始的数据库记录。

（二）实施建议

建立证券主数据库目标远大，意义深远，是一项需要全行业共同参与的工作，需要凝聚行业共识、集结行业智慧和资源，以长期、持续推进。为此提出以下建议：

第一，由于涉及数据标准化和众多数据源间的统筹协调，因此建议由中国证监会，交易所、中国结算、中国证券业协会、中国基金业协会、保护基金等协作配合，证券公司、基金公司和资管公司积极参与，集合全行业力量和资源共同推进“国内证券主数据库”研究建设工作。

考虑到中国结算具有较丰富的数据资源，以及与交易所、结算参与人、发行人、基金公司及其他市场机构之间已建立的链路通道网络，建议由中国结算牵头推进方案研究和规划建设工作。

建议充分发挥证券公司、基金公司、资管公司等市场主体积极性，鼓励机构间互助合作，在现阶段对部分市场、部分产品的证券主数据信息整理和交换进行探索和研究。

考虑到中国证监会中央监管信息平台建设，以及证券业标准化工作成果，建议“国内证券主数据库”研究建设工作与相关工作和成果相互结合，以充分发挥系统内合力。

第二，建议借鉴和应用 ISIN、CFI、MIC 等国际标准，制订行业标准，统一信息输入与输出规则，提高国内证券主数据库的通用性，并为资本市场国际化做好基础性准备。

建议制订证券主数据库行业标准。标准编码表可以从维度上不断细化，从市场、品种类别、业务子项、数据子项（可分为若干级别）……一直到字段记录子项，然后对字段记录子项赋予标准编码，作为后续数据记录的最小单元。所有证券品种均使用相同的最小记录单元，对于与本证券品种不相关的记录单元，采用“空值”记录方式补足记录位。

建立证券主数据库行业标准后，可以便于市场各方按照统一的输入格式标准提供信息内容，便于证券主数据库建设方向全市场投资者和需求者按照统一输出规则提供全方位信息服务。

第三，建议制定证券主数据库服务标准，高质量全方位地满足投资者和市场参与者多元化需求。

证券主数据库最终是要为投资者和市场服务的，所有参与证券主数据库建设与维护的各方都需要投入一定的资源。因此，建立证券主数据库服务标准有利于高质量全方位地满足市场需求，并有利于证券主数据库的持续建设与优化。

对于基础信息，建议免费对全部市场主体公开，以避免普通投资者与机构投资者信息不对称的问题。对于专业性信息可以考虑按成本收费；对于个性化、定制化信息可以考虑酌情议价收费。

第四，建议跟进智能技术趋势，研究开发“信息机器人”提升证券主数据库智能化程度。

考虑到信息技术的加速发展以及近年来人工智能所取得的突破性进展，建议开发“信息机器人”，以实现增量数据按照标准自动导入，实现证券主数据库对所有数据的自动筛选与分类，实现根据客户诉求不断优化服务数据的分类整理与自动提供。

第五，建议密切关注和跟踪全球市场，扩展国内证券主数据库维度。

为适应金融创新与混业经营以及金融全球化趋势，国内证券主数据库应具备动态的同步调整标准编码内容的反应机制，能够及时评估市场的新增证券信息内容，增补新增的证券信息对应数据，促进证券主数据库体系的持续优化和发展。

附表：　　国外研究证券主数据库主要内容

类别	说明
证券 ID	CUSIP、ISIN 或特定 ID
证券代码	
证券类型	比如，债券类型、普通股或优先股等
发行人代码	
清算公司代码、存管州代码、发行国家代码	
固定收益信息	比如，购入日、到期日、偿债基金计划和付款日、付息周期和利率、首次溢价回购日期和价格、平价回购日期、私募发行回售和回购安排
定价服务	代码、公式、衍生品价格系统参数
评级	
到期日	
特别条款	比如，免责、违约条款
公司行动信息	
单位交易数量	

续表

类别	说明
交易标志	比如，是否可以信用交易
结算周期	
保证金计算要求	
红利与利息信息	比如，分红付息频率、金额、最近支付日等
主要交易市场	
资金计算倍数	
存管或托管信息	
其他特点	比如，可转债、购回等
到期日或终止日	
利息计算方法	
其他相关信息	

证券公司运营管理信息报告机制建设研究

邓曙光　闫颖超　陈秀清　魏东晞　徐保国　肖骞益　卢园园*

随着证券行业的快速发展，证券公司的运营管理相比之前更加复杂，而通过运营管理来提升企业核心竞争力，已成为证券公司应对证券业快速发展带来的诸多挑战的重要战略措施。在运营管理工作中，运营管理信息报告机制是核心，一个良好的运营管理信息报告机制能够反映所在公司的业务状况，报告机制的合理性直接影响了运营管理的效率。针对运营管理信息报告，中国证券业协会托管结算专业委员会由招商证券牵头组织兴业证券、国盛证券进行了专题研究，提出了建设证券公司运营管理信息报告机制的若干建议。现将研究成果报告如下：

一、证券公司的运营职责及信息报告概述

（一）证券公司的运营职责

证券公司的运营工作即证券公司经营活动过程中与之相关的计划、组织、实施和控制工作的总和。狭义的证券公司运营包括但不限于客户管理、产品管理、交易运行管理、担保品管理、结算管理及信息报送管理等，是以提供优质高效、安全稳定的营运支持和服务为目的，保障实施业务和服务创新，保障客户服务及资产安全的行为活动。

国内各证券公司对运营的定位与职责划分不尽相同，行业内尚无统一的标准或规范，大多数证券公司对运营的主要职责一般涵盖账户登记托管、资金划拨交收、资金股份清算、柜面日常业务等。部分证券公司还将信息系统日常运维职能、外包业务以及通道业务也划归运营管理。虽然证券公司对运营职责界定具有一定的差异性，但证券公司运营管理职能都是借助各个信息系统来实现日常业务运转。不同的证券公司会因业务范围及规模不同而有不同数量的业务或管理信息系统，各种业务指标及运营指标数据可能会分散到各个业务系统中。

* 作者单位：邓曙光，闫颖超，肖骞益，卢园园，招商证券股份有限公司；陈秀清，中国银河证券股份有限公司；魏东晞，兴业证券股份有限公司；徐保国，国盛证券有限责任公司。

（二）证券公司运营管理信息报告

本文所讨论的报告主要针对狭义范围内证券公司运营业务，包括但不限于运营活动中的业务数据统计、系统运行情况报告、异常情况报告等。运营管理报告是管理者了解运营工作、发现运营活动中存在的异常情况，以保障公司经营活动正常进行的重要途径。实际工作中，由于运营环节庞大复杂，涉及数据众多，不可能全部统计并一一呈现，因此在报告内容制订方面就需全面考虑，否则无法发挥对于运营工作的指导作用。证券公司运营管理报告对于证券公司而言有着重要的意义，依托精准的运营管理信息报告，运营管理者能够全面了解公司运营活动；运营管理报告使用得当，还能大大缩减公司运营成本，提高公司经营业绩。

二、国内外证券公司运营管理信息报告现状比较

（一）美国运营管理信息报告现状

数年以来，美国证券交易所、监管机构以及管理顾问公司都致力于开发用于提供各个证券公司运营状况信息的管理控制系统，这些管理系统通过采用不同证券公司统计数据的方法来评估它们的运营状况。由于证券行业内各个证券公司业务都具有独特性而导致这种方法收效甚微，一个适用于所有证券公司的标准化运营管理信息报告应运而生，报告时间间隔可为一周或一个月。美国使所用的管理系统具备如下功能：能提供业务处理强度信息；提供由于超出业务量上限或其他原因而导致将来可能发生问题的早期预警信息；通过采用资金流数据和其他相关的指标，提供整体业务处理效率的评估信息；提供因证券处理和客户行为而产生的资金流有关的操作信息。

运营管理信息报告所包含的业务指标包含业务量、业务处理和控制、客户信息、监管资本支出、财务指标等，针对每个业务指标给出报告范例以便建立业务报告机制：

1. 业务量指标

是以历史信息（过去一周）顺序组织的，包括证券公司所处理的交易业务量，并包含一些可以凸显业务处理过程初始阶段就可能存在潜在问题的指标，例如买卖比、股票日志、延迟报告等指标。

2. 业务处理和控制所包含的指标

提供了有关交易和证券处理完成的效率、未解决事项处理的速度等方面的信息。不利指标中阶段项目增长表明需要更多地关注相关领域。

3. 客户信息

主要是有关客户活动的信息。在处理客户信息时，包含设置执行绩效的标准及与这些标准相关的绩效数据，对于测量绩效十分有用。

4. 监管资本支出指标

指用来测量运营过程如何影响监管资本交易的指标，主要内容包括：超过 7 个交易日的空头证券差异价值；持仓已卖的多头证券差异价值；超过 11 个交易日未清偿的信用存款的价值。这个指标大的增长会限制公司为了更多的生产成果使用资金。

5. 财务指标

主要指融资指标，用来测量现金管理活动执行的好坏。这个特别的指标反映出融资的必

要性是由于与证券处理、公司交易和客户活动相关证券资金流动产生的结果。

（二）国内运营管理信息报告现状

国内目前的运营管理信息报告体系主要分为两大类：第一类为监管机构发布统一规范的信息报告体系，主要包括证券公司综合监管报表及证券市场交易结算资金监控报告两大组成部分；第二类为证券公司自建运营管理信息报告体系。

1. 证券公司综合监管报表主要内容

核心监管报表、财务监管报表、业务监管报表、管控信息报表、专项监管报表。其中，财务监管报表主要反映证券公司报告日财务状况及报告期经营成果及其变化的相关财务信息；业务监管报表反映证券公司经纪、承销、资产管理等各项业务运营情况的信息；管控信息报表反映证券公司股东情况、治理结构、分支机构情况、内部稽核检查等管控信息；专项监管报表反映证券公司监管阶段性任务要求报送的特定信息、派出机构辖区监管要求的专项信息等。

证券公司综合监管报表是一种纵向的监管理念，根据证券公司开展的各种业务进行业务线的纵向管理，各种业务之间的监管无交叉。

2. 证券市场交易结算资金监控报告

此报告由交易结算资金监控系统提供，监控系统是中国证监会对证券市场交易结算资金实施日常监管、动态监管，建立长效监管机制的专门系统。通过证券市场客户交易结算资金数据的持续比对，及时发现并报告证券公司危及客户资金安全的行为，同时监测证券市场资金变动情况，及时发现市场操作行为和系统性市场风险，为监管和决策服务。

证券市场交易结算资金监控报告履行了客户交易结算资金的外部监督职能，实现了全市场客户交易结算资金数据的集中采集、统一比对，建立了全市场客户交易结算资金的全面动态监控和预警机制。监控系统每日通过获取证券公司、存管银行、登记结算机构等的客户交易结算资金数据信息，对客户交易结算资金及其变动进行逐日比对、交叉校验和监测，及时发现挪用行为，建立起更为全面、主动和动态的客户交易结算资金安全保障长效机制，承担了客户交易结算资金的外部监督功能。

证券市场交易结算资金监控报告虽然是一种横向监管的理念，但仅是针对证券公司资金业务的运营情况进行的横向管理，资金管理在运营管理中只是其中一项内容，相当于在运营管理的“横切面”抽离了资金管理的内容单独进行监管。

3. 证券公司自建运营管理信息报告

由于目前没有统一的标准及规范，证券公司运营管理信息报告内容呈现出碎片化的状态。

（三）国内运营管理信息报告目前存在的问题

由于证券公司综合监管报表及证券市场交易结算资金监控报告更多用于专项监管，暂不作分析。以下仅对证券公司自建运营管理信息报告存在的问题进行论述。

1. 偏重经营业绩报告，缺乏中后台运营数据

证券公司普遍对于经营业绩信息有着良好的报告机制，例如客户总量及变化量、成交量、佣金收入等信息报告，但缺乏重要的基础运营信息报告。例如客户交易失败信息、客户

资金存取失败信息、清算信息、异常事件等。重视经营业绩信息报告，忽视基础运营信息报告往往导致难以发觉运营方面问题所导致的经营业绩下降。

2. 部门各自为营，报告形式繁杂，没有统一标准

证券公司的运营信息报告各自为营，经纪业务、投行业务、资管业务独自报告，报告形式多种多样。标准不统一导致阅读报告费时费力，抓不住重点，难以有效将报告应用于改善经营活动。

3. 评价指标设计不合理，不利于发挥报告作用

证券公司运营信息报告通常倾向于报告实际工作中的突出成绩，对于工作中的瑕疵能回避则有意回避。这样的出发点往往导致运营信息报告不能暴露运营工作中存在的问题，也就无法集中力量来解决问题。运营报告应该以发现问题、解决问题为根本出发点，才能提升一个公司或者整个行业的运营水平。评价指标的缺失也使得管理者在阅读报告时，很难对报告中的数据所反映的问题有客观的评价，最好能有行业和该公司过往数据作评价参考。

4. 重点不突出，缺乏分析

证券公司运营管理信息报告通常是报表的叠拼，而且没有针对管理者关注的问题进行详细分析。通过分析现状，可以发现运营管理信息报告在证券公司运营工作中的应用并不到位。

证券行业金融产品的日趋丰富，市场容量不断提升，乃至未来与国际接轨后运营标准还要提升，对运营工作提出了更高要求，尤其是面对海外投资者的高标准要求时，运营工作能否得心应手将会成为一个大型证券公司综合实力评定的重要依据。

目前的监管机制及报告机制达不到证券公司运营管理要求，所以建立专门的证券公司运营管理信息报告机制对于证券行业运营管理很有必要。

三、运营管理信息报告的目的及意义

（一）运营管理信息报告的目的

运营管理信息报告机制是运营管理的核心，一个良好的运营管理信息报告机制能够反映出所在公司的业务状况，报告机制的顺畅与否、高效与否直接决定了证券公司运营管理的质量。

将证券公司业务系统的业务数据、运行状况、指标参数等数据统一形成一份完整全面的运营管理信息报告，便于运营管理层或公司高管及时掌握运营状况，及时解决出现的问题、提高管理质量和管理水平、控制运行风险，并在一定程度上有助于证券公司提升整体管理水平，缩减公司运营成本，提高公司经营业绩。

运营管理信息报告主要目的包括以下几点：

第一，公司主要业务指标统计分析，为管理者全面了解和掌握运营活动状况从而做出恰当决策。

第二，通过对公司主要业务流程分析，发现业务流程短板，优化业务流程，减少人力消耗，增加员工及客户满意度。

第三，业务系统运营状况及系统压力：通过统计交易系统监控指标、清算系统监控指标、各系统的事故情况、新业务系统反应跟踪等一系列指标综合体现当前系统的压力，以便

及时更换及优化系统。

第四，人力压力：通过全工时评量法（Full Time Equivalent），以数字化的方式评估当前人力工作饱和度及人力压力情况，以便调整各业务线的人力分配。

第五，新业务压力：通过跟踪新业务附带的各项指标及公司投诉中新业务的投诉占比情况，综合考量新业务对系统及人力的影响，考量新业务的上线推广及投资者教育情况，对新业务的顺利开展提供指标化支持。

第六，风险度监控：整理目前开展的具有风险的业务，通过各业务适用的风险指标监控各业务的风险度，提前预防大面积业务风险爆发。

（二）运营管理信息报告的意义

1. 监控运营活动异常

监控运营活动是运营管理信息报告最重要的用途之一。通过查看运营信息报告，运营管理者可以敏锐地发现运营活动的异常环节，比如可以通过分析运营业务流转过程，看出哪些行为耗时过长；分析异常事件报告，看出哪些行为经常出现异常，进而决策是否有必要通过优化流程或者调整部署的方式改善运营环境、提高运营效率、降低运营成本。通过分析报告监控运营工作，可以使运营管理者对运营工作有全面的了解，尤其是对于无法亲自参与实际运营活动的管理者来说，可以更高效全面地了解运营状况。

2. 预测运营负载能力

通过分析运营管理信息报告，可以预测运营负载能力，提前预知当前运营能否满足未来业务发展空间，有效地为业务发展提前布局提供决策支持。通过对当前运营活动进行测算，不仅可以发现负载过高的运营活动，还可以为公司战略升级提供预测，对企业运营成本预算提供参考，既可以避免估计不足导致的尴尬局面，也可以避免估计过度导致的资源闲置。通过结合公司战略预测运营负载能力，可以做到未雨绸缪，有力支持公司战略规划，提升公司品牌实力。

3. 提高客户服务水平

证券公司依托庞大的经纪业务线对多层级客户提供多种服务。当前，中国证券行业存在的普遍特征是各证券公司资质有别，但相同资质下的产品同质化程度较高。由于行业监管严格，对新产品审核格外慎重，产品方面突破困难，当务之急还是应当做好客户服务方面的工作。运营作为服务的重要保障，可以而且一直在发挥重要作用，比如客户开户流程是否顺畅，客户交易环节是否简单快捷，客户办理各项业务是否顺畅清晰，以及分支机构客户服务人员是否训练有素，都是决定公司客户服务水平的关键因素。

运营信息报告含有评价这些因素的关键数据，用来分析客户服务的真实水平行之有效，可以对客户服务水平实时监督，及时发现服务缺陷，从而迅速做出相应调整，使得客户服务水平始终处于良好状态，保障公司的竞争力处于行业领先地位。

4. 辅助新业务

新业务是行业发展变革的推动力，通过分析运营报告有助于新业务发展，而且使新业务更符合客户的需求。实际工作中，经常有客户要求办理系统不能支持的业务，当然前提是合法合规的，此类业务由于受限原有业务规则不能通过系统正常办理，需要运营部门配合予以完成。当此类业务达到一定规模时，就应当考虑是否该从制度或者业务流程上做出适当改进，来满足客户的合理合法合规需求。

5. 提高运营效率，降低运营成本

运营业务复杂庞大，实际工作中往往存在效率低下的问题。效率低下原因众多，系统不完善、部门协作不通畅、业务流程安排不合理等都可能导致此问题。找出工作中的瓶颈，分析并解决这些问题，可以提高运营效率，进而降低公司运营成本，同时还能有力保障前台业务的推广。

例如分析 QFII 交易回报业务会发现这样的特征，随着客户数量增多，要想确保迅速准确地完成业务唯有通过增加人员的方式才能实现，若因此而安排一人进行此项业务又无疑会增加运营成本。仔细分析，不难发现造成此种现象的原因在于不同客户对于相同的业务没有统一的标准，没有稳定的传输数据平台。要解决此问题可以从两个方向入手：一是根据客户需求开发定制系统，使之能够直接生成满足客户需求的交易回报，但是该方式费时费力而且增加运营成本。二是可以由协会或者相关组织探讨针对 QFII 客户交易回报的行业规范，并且通过统一的数据发送平台进行。此举不仅能够降低证券公司的运营成本，还能大大提高我国证券行业对外服务的水平。由此还可以引申：对于行业间广泛的数据传输业务，是否都可以通过建立统一传输标准的方式进行规范，可减少错误的发生，降低运营成本，提高运营效率。

再以私募产品结算数据发放业务为例，私募产品快速发展，已经从 2014 年的 7 000 多只产品快速上升到近 4 万只产品，而且还在继续增长，私募产品管理人及托管人由于无法从登记结算公司直接获取结算数据，需要证券公司间接发送结算数据，对于证券公司来说如何有效应对这一挑战成为服务私募客户的一大关键点。证券公司以前采用分支机构自行发放的方式应对此业务，直接参与此业务的人数达到 200 人以上，而且受限于系统的功能，数据发放到私募产品经理时已是第二天。通过研究测算发现目前的方式不仅消耗大量人力物力，而且服务效果不好，很难在行业竞争中留住客户，如果等到客户反映问题时再来解决问题为时已晚。经过调研，自主研发私募产品数据发放系统成为选择方案。根据测算，对私募产品未来发展做了充分预测，新的私募产品数据发放业务不仅将参与人数由 200 多人减少到 1 人，时间也大为缩短，基本可以保障当天下午 7 点之前发放完毕，极大地降低了运营成本，提高了私募客户服务水平。

6. 优化团队，提升投入产出比

运营管理信息报告应当有相应的存档制度，以电子的形式存储在数据库中，依托这些巨量运营数据，不仅能够根据需求做各种统计，还可以充分利用大数据分析技术、数据挖掘技术挖掘数据中存在的潜藏价值，进而为优化团队管理、提高团队作业能力提供参考依据。例如可以通过分析运营数据发现员工的工作效率是否正常、团队的工作质量是否下降、运营投入是否取得了与之配比的效率提升等。

7. 发现行业不足，促进产业提升

通过仔细研究运营报告不难发现，目前运营活动中普遍存在行业共性问题，例如三方存管导致的客户资金使用低效问题、QFII 交易回报缺乏行业统一标准导致系统建设复杂问题、私募结算数据发放问题等等。这些问题通过证券公司内部解决比较困难，需要监管部门、行业自律组织协调外部资源，调动全行业的积极性，为证券行业运营建设出谋划策。

四、运营管理信息报告的内容

目前证券公司运营管理信息报告内容各不相同，有的偏重证券公司业务指标，有的偏重运行管理，有的还偏重于运营 IT 系统的运行指标。结合实际情况，证券公司的运营管理信息报告不应该是一份偏重宏观的经营业绩指标或业务指标报告，也不应该是一份与运营息息相关的信息系统运行状态面面俱到的报告，应该是选择一部分反映证券公司运营状况的关键业务指标数据、主要支撑运营的各信息系统的运行状态指标，同时应该包含各个信息系统运行故障内容、解决过程及后续改进建议等。

运营信息报告重点在于反映运营状况的关键业务指标及信息系统运行状态的关键指标。

报告正文应包含所报告事项相关的报表、统计分析结果等内容。如果是趋势分析预测之类，还应当予以配图展示。正文部分必不可少的内容是对报表的总结分析。运营管理人员对运营数据最为熟悉，由此深入分析挖掘数据内涵，最能体现报告价值。对分析中所作比较和判断要给出依据，借此可以增强报告的说服力，发挥报告的功效。

（一）业务量指标

业务量指标在证券公司运营过程中有着至关重要的作用，通过观察和汇总统计业务量指标可以发挥以下作用：

第一，展示证券公司服务的客户及公司自身参与证券市场相关业务的活跃度。

第二，随着业务量指标的变化，记录交易系统、结算系统及三方存管系统的反应，并通过大量数据的跟踪，可提前预测各系统的压力临界值，为系统的优化和升级提前做好准备。

业务量指标报告内容见表 1。

表 1　每周运营报告业务量指标

项目	本周日平均委托量	本周日平均回报量
经纪（含融资融券）业务		
上海 A 股市场	(1-1-1)	(1-1-2)
上海 B 股市场	(1-2-1)	(1-2-2)
深圳 A 股市场	(1-3-1)	(1-3-2)
深圳 B 股市场	(1-4-1)	(1-4-2)
港股通市场	(1-5-1)	(1-5-2)
全国中小企业股份转让系统	(1-6-1)	(1-6-2)
场外开放式基金	(1-7-1)	(1-7-2)
证券公司 OTC	(1-8-1)	(1-8-2)
机构间报价系统	(1-9-1)	(1-9-2)
区域性股权市场	(1—10-1)	(1—10-2)
上海黄金交易所	(1—11-1)	(1—11-2)
其他	(1—12-1)	(1—12-2)
自营业务		

续表

项目	本周日平均委托量	本周日平均回报量
上海 A 股市场	(1—13－1)	(1—13－2)
上海 B 股市场	(1—14－1)	(1—14－2)
深圳 A 股市场	(1—15－1)	(1—15－2)
深圳 B 股市场	(1—16－1)	(1—16－2)
港股通市场	(1—17－1)	(1—17－2)
全国中小企业股份转让系统	(1—18－1)	(1—18－2)
场外开放式基金	(1—19－1)	(1—19－2)
证券公司 OTC	(1—20－1)	(1—20－2)
机构间报价系统	(1—21－1)	(1—21－2)
区域性股权市场	(1—22－1)	(1—22－2)
上海黄金交易所	(1—23－1)	(1—23－2)
场外股权衍生品	(1—24－1)	(1—24－2)
大宗商品	(1—25－1)	(1—25－2)
银行间市场	(1—26－1)	(1—26－2)
其他	(1—27－1)	(1—27－2)
资产管理业务		
上海 A 股市场	(1—27－1)	(1—27－2)
上海 B 股市场	(1—28－1)	(1—28－2)
深圳 A 股市场	(1—29－1)	(1—29－2)
深圳 B 股市场	(1—30－1)	(1—30－2)
港股通市场	(1—31－1)	(1—31－2)
全国中小企业股份转让系统	(1—32－1)	(1—32－2)
场外开放式基金	(1—33－1)	(1—33－2)
证券公司 OTC	(1—34－1)	(1—34－2)
机构间报价系统	(1—35－1)	(1—35－2)
区域性股权市场	(1—36－1)	(1—36－2)
上海黄金交易所	(1—37－1)	(1—37－2)
场外股权衍生品	(1—38－1)	(1—38－2)
大宗商品	(1—39－1)	(1—39－2)
银行间市场	(1—40－1)	(1—40－2)
其他	(1—41－1)	(1—41－2)
合计	(1—42－1)	(1—42－2)
交收情况		
本周内交收峰值（笔/天）		(1—43)
本周交收笔数总和		(1—44)
系统监控情况		

续表

项目	本周日平均委托量	本周日平均回报量
本周核心系统 CPU 利用率超过 70% 的天数		(1—45)
本周核心系统内存利用率超过 80% 的天数		(1—46)
交易编码执行效率较上月比对降低 20% 的天数		(1—47)
本周报盘监控回报异常报警的天数		(1—48)
峰值系统反应		
本周峰值（笔/秒）		(1—49)
交易系统 CPU 利用率		(1—50)
交易系统内存利用率		(1—51)
全工时评量法（Full Time Equivalent）评估		
本周交收人员标准工时		(1—52)
本周清算人员标准工时		(1—53)
本周运营人员标准工时		(1—54)
本周 TA 人员标准工时		(1—55)
本周估值人员标准工时		(1—56)
系统交易事故		
事故发生次数		(1—57)
每次事故发生时间		(1—58)
每次事故持续时间		(1—59)
系统清算统计		
清算效率（清算时长）（以 17：00 为起始时间）		(1—60)
清算中出现问题次数		(1—61)
三方存管系统		
本周交收人员交收笔数		(1—62)
系统转账笔数		(1—63)
转账资金绝对值总和		(1—64)
事故发生次数		(1—65)
每次事故发生时间		(1—66)
每次事故影响客户数		(1—67)
每次事故持续时间		(1—68)
事故原因（银行/证券）		(1—69)
参与测试情况		
周末测试内容		(1—70)
周中仿真测试内容		(1—71)
测试中问题		(1—72)
本周特殊事项详细描述： (1—72)		

1. 委托量

是客户通过证券公司各交易系统主动委托的委托笔数，委托量的变化直接与交易系统所承受的压力相关，通过跟踪委托量的变化可以发现交易系统是否存在压力问题。

2. 回报量

是证券公司收到各登记结算主体清算文件回报的笔数，是读入清算系统进行清算的全部数据记录。因为部分交易（如回购）会涉及一次交易两次回报，因而通过这个指标可以体现清算系统实际处理的清算数据的记录数，从而较准确地跟踪清算系统的压力。

3. 系统监控情况

通过监控CPU、内存利用率、交易编码执行效率、报盘监控来量化交易量的增减与系统峰值之间的关系。当核心系统CPU利用率或核心系统内存利用率每周两次或两次以上触及临界值（70%/80%）时，说明系统硬件压力很大，需要对硬件进行升级；当每周交易编码执行效率较上月平均比对降低20%的天数达到2天或以上时，说明交易系统本身需要进行优化或升级；当每周报盘监控回报异常报警的天数达到2天或以上时，则须对交易报盘相关的硬件或软件升级。其中，交易编码是交易系统每个功能菜单对应的功能编码，交易编码的执行效率是指交易系统功能菜单的运行效率。

4. 全工时评量法（Full Time Equivalent）

以“标准工时”为基础进行工作量的评估，标准工时 = 实测时间 ×（1 + 宽放率）

宽放率 = 管理宽放率 + 生理宽放率 + 疲劳宽放率

其中，管理宽放率一般取3%—10%；疲劳宽放率一般取5%—20%；生理宽放率一般取2%—5%。

如果标准工时超过8小时，说明从事该工作的员工需要加班才能完成工作，如果标准工时远大于8小时，说明该部分工作压力很大，需要增加人手。

5. 全工时评量法的岗位划分

中列举了清算、交收、运营人员、TA人员和估值人员等主要运营管理岗位，由于各家证券公司情况不一，具体实施时可根据实际工作情况增减相应岗位，以期反映运营管理工作的全状。

6. 三方存管系统的问题的根源

可能为银行端，也可能为券商端，对三方存管问题的跟踪，可以监测随着业务量的增长，证券公司和各银行存管系统的稳定性。

（二）客户信息

客户是证券公司运营管理中最重要的服务对象，统计客户信息指标的目的是直观地体现公司在客户服务方面的状况。

1. 资金账户及证券账户指标

（1）通过机构账户与个人账户的对比，可以发现公司的账户体系中机构客户开发情况；

（2）通过新开账户数及销户数、资金账户数及有持仓的账户数的规模变化，除综合考虑行情的影响外，可以体现客户流失率及客户的营销效果等情况。

2. 客户交易结算资金指标

体现客户结算保证金的变化曲线，及近期资金的变化情况。

3. 客户资产及负债

（1）通过客户资产及负债可以计算服务客户的资产净值；

（2）通过客户资产与负债的比例，可以跟踪客户的负债率变化情况。

4. 客户投诉及解决情况

（1）这个指标大量增加，常意味着运营的某个方面出现了问题，可以通过归纳客户投诉的问题，发现运营过程中集中性问题，对问题进行评估和跟踪处理；

（2）体现公司解决问题和处理问题的迅速性和准确性。

客户信息指标报告内容见表2。

表2　　每周运营报告客户信息指标

项目		数量
资金账户		
本周日平均新开账户数		(2-1)
前四周日平均新开账户数		(2-2)
本周日平均销户数		(2-3)
前四周日平均销户数		(2-4)
截至本周末资金账户数	总户数	(2-5-1)
	其中：机构	(2-5-2)
	个人	(2-5-3)
截至本周末有持仓资金账户数		(2-7)
证券账户		
本周日平均新开账户数		(2-8)
前四周日平均新开账户数		(2-9)
本周日平均销户数		(2—10)
前四周日平均销户数		(2—11)
一人多户的投资者数量		(2—12)
未成年人账户数量		(2—13)
百岁老人账户数量		(2—14)
联系信息雷同账户数量		(2—15)
有外部接入历史账户数量		(2—16)
疑似配资账户数量		(2—17)
本周休眠账户异常使用次数		(2—18)
客户交易结算资金		
本周存入金额		(2—19)
本周取出金额		(2—20)
截至本周末交易结算资金	总额	(2—21-1)
	其中：机构	(2—21-2)
	个人	(2—21-3)

续表

项目		数量
客户资产市值		
截至本周末持仓市值	总额	(2—22-1)
	其中：机构	(2—22-2)
	个人	(2—22-3)
客户负债市值		
截至本周末负债市值	总额	(2—23-1)
	其中：机构	(2—23-2)
	个人	(2—23-3)
本周内追加保证金的客户数量		(2—24)
客户投诉情况		
本周客户投诉总数		(2—25)
本周尚未解决投诉数		(2—26)
累计本周末未解决投诉总数		(2—27)

（三）业务监管报表

业务监管报表集中了目前证券业务中的风险点，并作为反映风险变化情况的早期预警指标通过对各风险点的跟踪，可降低运营监测可能造成损失事件的各项风险。

业务监管指标报告内容见表3。

表3　每周运营报告业务监管指标

项目	数量
经纪业务	
本周累计透支客户数	(3-1)
本周客户累计透支金额	(3-2)
本周客户大额透支（≥500万元）累计次数	(3-3)
大额透支原因说明	(3-4)
融资融券业务	
当前公司可授信额度	(3-5)
客户已获批可使用的授信额度	(3-6)
本周末信用资金账户数量	(3-7)
其中：存在未了结债权债务关系的客户数量	(3-8)
本周末融资融券金额	(3-9)
本周末客户担保物价值	(3—10)
本周末总体维持担保比例（%）	(3—11)
本周末低于最低担保比例的客户数量	(3—12)
本周末低于最低担保比例的客户数量	(3—13)
本周被强制平仓的客户数量	(3—14)

续表

项目	数量
本周强制平仓交易金额	（3—15）
股票质押回购业务	
待回购的客户数量	（3—16）
待回购金额	（3—17）
本周违约客户数量	（3—18）
本周违约金额	（3—19）
本周末整体履约保障比例	（3—20）
约定购回业务	
待回购的客户数量	（3—21）
待回购金额	（3—22）
本周违约客户数量	（3—23）
本周违约金额	（3—24）
本周末整体履约保障比例	（3—25）
债券质押式协议回购业务	
待回购的客户数量	（3—26）
待回购金额	（3—27）
本周违约客户数量	（3—28）
本周违约金额	（3—29）
本周末整体履约保障比例	（3—30）
质押式报价回购	
整体质押比例	（3—31）
上海个股期权	
本周违约客户数量	（3—32）
本周违约金额	（3—33）
限定性股票融资业务	
授信总额	（3—34）
已使用授信额度	（3—35）
待偿还的融资负债	（3—36）
有融资负债的客户数量	（3—37）
整体履约保障比例	（3—38）
履约保障比例低于平仓线的客户数量	（3—39）
本周被强制平仓的客户数量	（3—40）
本周强制平仓交易金额	（3—41）
本周强平仍未收回的债权金额	（3—42）
股权激励行权融资业务	
授信总额	（3—43）
已使用授信额度	（3—44）
有融资负债的客户数量	（3—45）
待偿还的融资负债	（3—46）

续表

项目	数量
整体履约保障比例	(3—47)
履约保障比例低于平仓线的客户数量	(3—48)
本周被强制平仓的客户数量	(3—49)
本周强制平仓交易金额	(3—50)
本周仍未收回的债权金额	(3—51)
新增业务压力	
业务1：	
业务名称	(3—52)
业务上线日期	(3—53)
该业务是否需要新增系统	(3—54)
交易系统处理新业务笔数（笔/周）	(3—55)
业务需新增人力（时/天）	(3—56)
新业务清算系统处理时间（分钟/天）	(3—57)
客户投诉中此业务数量（以周为单位）	(3—58)
新业务投诉占比（%）	(3—59)
业务2：	
业务名称	(3—60)
业务上线日期	(3—61)
该业务是否需要新增系统	(3—62)
交易系统处理新业务笔数（笔/周）	(3—63)
业务需新增人力（时/天）	(3—64)
新业务清算系统处理时间（分钟/天）	(3—65)
客户投诉中此业务数量（以周为单位）	(3—66)
新业务投诉占比（%）	(3—67)

1. 融资金额

根据对客户融出资金本金计算。

2. 担保物价值

根据客户信用交易担保证券账户和客户信用交易担保资金账户的资产总值等计算填列。

3. 维持担保比例

根据客户担保物价值/（融资买入金额＋融券卖出证券数量×市价＋利息及费用）计算填列。

4. 待回购交易金额

指尚未完成回购交易的初始交易金额，按照交易发生场所、剩余待回购期限、机构和个人分别进行统计。

5. 待回购标的证券市值

指尚未完成回购交易的标的证券在报告期当日的收盘市值。

6. 整体履约保障比例 ＝待回购标的证券市值/待回购交易金额

7. 已实现收入“本期数”

指当期通过购回交易收到的利息收入。

8. 违约金额

指各次违约的初始交易金额之和。

9. 累计业务规模指当期内发生的所有交易初始交易金额加总。

五、运营管理信息报告编制策略

（一）立足于公司战略机遇、业务流程完成运营报告

由于运营工作涵盖范围广、信息包含量大，制订运营管理信息报告时应有规可依、有据可循，既能确保信息报告的完整，又能很好地指导运营工作。全面梳理业务流程，明确业务活动中的重要环节，立足于公司发展战略，针对运营活动需要拟定信息报表格式，最后加以总结分析形成报告的策略应当行之有效。

这一策略通常包含以下步骤：（1）结合公司战略明确报告目的；（2）梳理相关业务流程；（3）编制信息报表；（4）对报表数据的加工整理和总结分析。

（二）报告制定规范

运营管理信息报告有助于管理者全面了解和掌握运营活动状况，从而做出恰当决策，应当以此为根本出发点来确定运营报告的制定规范。通常一份规范的报告至少包含四部分内容，分别为目录、概要、详细内容、附录。

目录立于报告之首既有助于审阅者快速定位报告内容，且能使审阅者对报告内容有所概览以便有的放矢。而后是概要部分，概要应当言简意赅，指明报告制作日期及所报告的运营活动期间。对于运营活动中的突出成绩或者亟待解决的问题要简明扼要地概括指出。

报告的正文应包含所报告事项相关的报表、统计分析结果等内容。如果是趋势分析、预测之类，还应当予以配图展示。正文部分必不可少的内容是对报表的总结分析。运营管理人员对运营数据最为熟悉，由此深入分析、挖掘数据内涵，最能体现报告价值。对分析中所做比较和判断要给出依据，借此可以增强报告的说服力，发挥报告的功效。通过参考报告正文中所反映的运营状况，公司管理层在决策时能够取长补短，运筹帷幄，一方面有利于公司发展，另一方面能提高公司的运营水平。

最后，将报告中所用到的不便于引入正文的内容、参考文献等以附录的形式附于报告之后，以供查阅。

六、运营管理信息报告展望

运营管理信息报告对于运营管理者全面了解证券公司运营管理情况尤为重要。运营工作没有明确的业务边界，却渗透于行业的每一个环节，当前全行业缺乏对于证券公司运营工作的合理评价机制，往往通过风控合规等数据侧面来反映运营工作，由于运营业务的复杂程度无法通过风控指标揭示，难免会出现风控达标而风险依旧发生的事件，难以做到防患未然。如果能对日常运营工作有合理的评价机制，就能够发现运营工作是否存在潜在问题，在风险发生前进行防范。

建议监管机构尝试推进证券行业运营分类评价体系建设，通过建立行业统一标准的运营信息报告机制，设立针对运营活动的评价指标，加大力度考核证券公司运营管理能力，尤其对具备托管资格的证券公司展开分类评价，有利于私募产品及机构客户尤其是 QFII 机构客户择优选择服务商。这样做不仅可以避免行业不良竞争导致的客户利益受损、证券公司利润下降，还可以督促证券公司尽力做好运营工作，避免因运营工作过失导致的风险事件发生，更有利于监管部门全面审视当前行业发展状况，为行业建设提供决策支持。

关于担保品相关问题的研究

孔　萍　林孟浩　周卫青　吴丽娟　姬升华　徐　亮*

一、担保品研究的背景

金融交易究其本质就是风险的交易。金融交易中普遍面临本金风险、对手方风险、信用风险、违约风险、汇率风险、操作风险等。为应对以上风险、减少违约损失，担保品应运而生，担保品被定义为“由获得担保物权的债权人或第三方受托人持有的，为了保证担保物提供者实现债务的一项资产”。金融担保品主要为无实物载体的财产权利，本文研究的担保品主要指各金融市场交易的股票、债券、基金及其他金融产品等各类有价证券。担保品管理是指相关机构对债务人或者第三方担保品交存、提取、替换、处置等业务的管理，担保品管理也是一种基础性的金融风控制度，能将复杂的信用风险转化为较容易计量和预测的市场风险，有助于控制风险。目前担保品广泛运用于金融市场交易，比如在质押式回购和买断式回购以及证券借贷中，担保品可以作为履约的保证；在衍生品交易中，担保品可以充当向中央对手方提供的清算备付金和保证金，既可控制交易规模，也可以对冲风险。在其他各种能产生风险敞口的交易中，担保品都可以有效覆盖风险敞口，最大程度降低现金占用。

随着全球金融市场的快速扩张，担保品管理已成为国际金融业一项发展迅速、具有广阔前景的新兴业务。在欧美市场，明讯银行、欧洲结算等证券结算存管机构以及纽约银行、J. P. 摩根等商业银行均已开展了专业化的担保品管理业务，而且各地区也都有专门的法律制度和规则进行保障。相对而言，境外担保品业务起步较早，规模较大，截至2005年底，境外金融担保品规模约为1.3万亿美元，至2010年底，担保品市场的整体规模已达16万亿美元，较2005年增长了11倍。境外担保品的场外市场交易较为发达、风险敞口较大且持续时间长，非融资类交易涉及担保品快速发展，所占比例达30%以上。而我国金融担保品在

* 作者单位：孔萍，林孟浩，中信建投证券股份有限公司；周卫青，湘财证券股份有限公司；吴丽娟，瑞银证券有限责任公司；姬升华，中国国际金融股份有限公司；徐亮，北京高华证券有限责任公司。

近几年才逐渐发展，截至2016年，我国金融担保品规模约2.19万亿美元。①

（一）我国担保品存在的主要问题

虽然我国担保品业已具有一定规模，但在发展中仍暴露出一些亟待解决的问题，通过最近一次对证券公司及客户关于担保品需求摸底的调研反馈结果来看，证券行业及客户普遍反映了担保品的相关诉求，特别在担保品法制、担保品管理方面仍显落后，存在以下问题需要进一步研究和提升：

1. 担保品涵盖范围较窄

我国不同的业务在担保品应用中普遍存在担保品使用限制严格，致使担保品范围较窄的问题，比如融资融券业务中未将场外基金、金融理财产品等金融资产纳入担保池范围。

2. 担保品缺乏跨市场使用

我国不同交易市场在担保品的使用上比较独立，彼此之间几乎不允许进行担保品共享，市场分割严重，场内各类登记结算后台之间缺乏有效的互联互通机制，影响了担保品的跨市场使用效率。

3. 担保品流动性不足

当前部分业务在担保品置换、担保品买卖等流动性方面较弱，比如股票质押式回购交易业务等担保品在质押或冻结状态下，无论是出质方还是质权方，其流动性需求都无法获得有效满足。

4. 担保品的处置效率低

我国目前担保品处置主要是协商处置和司法处置，不可约定财产直接归属于质权人，这种模式导致处置过程较长、处置风险较大，质权人的权利得不到有效保障。

5. 第三方担保品管理滞后

我国目前仍处于双边管理模式，缺乏协调管理跨市场担保品且具有公信力的第三方管理机构及平台。虽然中国结算②等公司已经开始探索担保品第三方管理服务，但与成熟的境外机构相比，仍处于起步阶段。

6. 担保品相关法律缺位

当前我国没有专门的担保品法律，现有的法律中存在可转让担保品的界定不清晰、让与担保缺乏法律依据、担保品再使用缺乏法律支持等问题，无法满足当前第三方担保品管理的需求。

（二）担保品研究的意义

如何挖掘国内客户对担保品的需求，有效盘活客户亿万资产，使得客户持有不同金融市场的资产能够发挥有效作用，实现跨市场担保品的有效共享，从而提升担保品定价、再使用及风险管理的水平显得十分重要。因此，未来担保品管理的深入研究具有重大意义。

1. 提高证券市场的资源配置功能

通过扩大担保品范围、推进担保品跨市场共享等方面的研究，可以提高客户担保品的利

---

① 以2016年9月人民币兑美元汇率6.67估算，14.62万亿元人民币折合2.19万亿美元。

② 中国结算：指中国证券登记结算有限责任公司。

用率，进一步盘活客户担保品资产，增强客户抗风险能力，增强市场的流动性，提高市场的资源配置。

2. 提升资产定价能力和风险管理水平

通过加强第三方担保品管理机构服务的研究，可以增强跨市场之间金融担保品的信息互通，减少相关市场的动荡和振幅，在一定程度上减少违约事件的发生，从而提升风险管理水平。

3. 进一步促进市场业务创新

未来随着信息技术的发展，高效的数据处理、传输速度、云技术，可以为业务的创新发展、跨市场及跨境业务开展提供技术保障，加强担保品业务的研究能够有效防范金融交易中的本金风险，能够为将来开展跨市场质押融资业务的创新探索新的路径。

4. 有利于担保品法律制度及基础设施的持续健全

可以借鉴境外担保品管理的业务模式，通过第三方担保品组织机构对跨市场、跨境担保品进行集中统一管理；持续健全与完善法律制度，明确业务范畴、确定法律地位，保证担保品所有权或担保物权在各金融交易主体间能够有效安全地转移和交付，有效提升担保品管理的效率。

二、境外担保品业务分析

2008 年金融危机后，国际金融交易环境更加动荡，产品更加复杂，对担保品管理水平提出了更高的要求。境外市场担保当事人双方委托第三方管理担保品逐渐成为主流趋势。相比担保品双边管理，担保品第三方管理在安全性、流动性等方面更具优势，精细化水平日益提升。同时，境外担保品管理法律制度的日益完善，为担保品第三方管理业务的发展提供了坚实的法律基础。境外金融担保品规模发展迅猛，通过对埃森哲和明讯银行《担保品管理释放担保品的潜力》、J. P. 摩根《担保品管理的十年》、金融稳定委员会《证券借贷与回购：市场回顾和金融稳定事宜》、世界银行 Manmohan Singh《担保品价值链的经济学》、欧洲智库《在场外衍生品改革中提升担保品管理效率》等报告进行综合分析，截至 2010 年底，境外担保品市场的整体规模约为 16 万亿美元，担保品规模占全球银行系统全部资产 94 万亿美元的比重达到 17%。按照现金及非现金划分来看，现金类担保品约为 2.3 万亿美元，证券类担保品约为 13.7 万亿美元；按照业务划分来看，场外衍生品交易占用的担保品规模约为 2.9 万亿美元，场外证券借贷交易占用的担保品规模约为 1.8 万亿美元，场外回购交易占用的担保品规模约为 10 万亿美元，向中央对手方（CCP）提交的保证金规模约为 0.4 万亿美元，其他金融交易占用的担保品规模约为 0.9 万亿美元。

（一）美国金融担保品管理

金融担保品集中管理源于美国的三方回购市场。在法律框架设计上，美国 1934 年出台的《证券交易法》第 7 章专门对融资融券作出规定。根据该法，美国联邦储备委员会作为融资融券的监管机构，有权制订实施细则。

在美国市场，担保品管理业务制度较为完善。担保品管理业务主要由美国存管信托和结算公司（DTCC）、纽约银行和摩根大通提供，同时它们也是国际市场上主要的担保品管理业务服务商，业务模式基本一致。自2008年金融危机之后，美国政府及金融机构出台了一系列法案并建立了相关制度和平台来促进担保品管理业务的发展。2010年的《多德－弗兰克法案》限制了大型金融机构的投机性交易，强化了对于金融衍生品交易的监管。该法案要求加强场外衍生品监管，推进场外交易的标准化和集中清算，在场内和场外市场间建立了风险隔离机制，此外还要求交易双方都需要提交初始保证金，并且要求减少或取消变动保证金的阈值限定。同欧洲市场一样，美国的担保品管理业务也需要在业务开展前签署一系列相关协议，明确和理顺各方在业务进行中的权利与义务。美国金融担保品管理制度与协议分为三个层次：标准的回购协议、签署托管协议或担保品服务协议、专项业务的专项协议（如三方回购等）。在签署相关协议后，担保品管理业务即可支持所有权转移式的担保品法律结构安排。有了上述安排，在违约处理时，担保品可以快速处置，允许持有担保品的担保权人在对方违约时立即出售担保品。

美国在对融资融券担保品的管理上实行让与担保制度，除了全额交易的现金账户外，还需要设置信用交易账户和特别备忘账户。现金账户内所有的交易都是客户用自己的现金来完成，任何情况下证券公司都不得挪用。信用交易账户中客户提交的担保证券属于融资或融券的担保品，因此，其所有权已移转给了作为担保权人的证券公司。当客户的保证金低于维持保证金比例时，证券公司有权自行卖掉信用账户内证券。特别备忘账户用来记录交易明细和现金提取等情况。证券公司可以将信用交易账户中的担保证券融给其他客户。

（二）欧洲金融担保品管理

欧盟于2002年6月颁布了《欧盟金融担保品管理指南》，是欧洲担保品管理标准化的起点。该指南对金融担保品管理参与主体的范围、金融担保品的种类、金融担保品质押和所有权转移、担保品处理程序以及金融担保品管理免于《破产法》有关条款的情况进行了整体规定。2005年8月，卢森堡立法当局根据该指南颁布了《卢森堡金融担保品管理法律》，被评为担保品管理方面最具操作性的一部法律。该法通过隔离担保品参与任何一方破产财产清算，使债权人的权利受到了法律保护。此外该法还对担保品质押条件、形式、处置方式、相关协议等一系列操作层面活动进行了规范。比如在金融担保品管理的质押和所有权转移两种法律结构安排方面，质押指在金融交易或金融活动中，债务方将担保品质押给债权方（即担保品接受方），此时该担保品的所有权仍归属债务方（即出质方）。按该法，当债务方如期履行债务后，债权方必须将同类质押品归还给债务方，但当债务方违约时，债权方可以保留该担保品并有权处置该担保品。所有权转移是指在金融交易或金融活动中，债务方将担保品所有权转移给债权方。一是作为担保品，该记账式证券从债务方（担保品转出方）账户上转移至债权方（担保品转入方）或指定的第三方账户上；二是在债务方账户上直接做记号，表明该担保品所有权已转移给债权方。

在欧洲担保品管理制度与协议方面，欧洲清算银行和明讯银行是欧洲金融市场中担保品管理服务的两大提供商，其法律关系、协议签署和业务处理基本一致。以明讯银行为例，其支持的金融业务范围包括货币市场回购业务、证券借贷业务等。客户参与三方回购业务，要与明讯银行签订《三方回购业务协议》，还应签署由国际证券业协会（ISMA）发布的《国际回购主协议》（GMRA）；客户参与三方证券借贷业务，要与明讯银行签订《三方证券借贷业务协议》；此外，由于三方证券借贷也是证券借贷的一种形式，客户还应签署由国际证券借贷协会（ISLA）颁发的《国际证券借贷协议》（GMSLA）；客户参与自动融券，应遵循明讯银行《证券借贷规则与制度》。

明讯银行担保品管理服务涵盖了担保品的分配、估值、替换、追加、返还等整个过程，创建了专业的担保品管理系统，发生违约时，担保品管理服务即停止，交易双方根据事先签订的回购协议自行处理相关事项，非违约方可对担保品进行快速处置。2013 年明讯银行推出担保品管理全球外包服务，该服务允许中央银行、中央证券存管机构（CSD）、交易所与明讯银行担保品管理系统进行直联，从而获得担保品的优化配置、替换等服务。2015 年 7 月 23 日，明讯银行宣布与孟买交易所（BSE）的全资子公司——印度清算公司（ICCL）建立担保品管理业务合作关系。ICCL 的会员可借助明讯银行的全球流动性枢纽（Global Liquidity Hub）平台，利用托管于明讯银行及其全球战略合作伙伴的优质资产充抵担保品，达到 ICCL 对于交易保证金的要求。截至 2015 年 6 月，投资者利用这一平台管理的资产规模超过 6 000 亿欧元。

欧洲清算于 2012 年 7 月推出“担保品高速公路”服务平台。截至 2014 年底，欧洲清算“担保品高速公路”中日均担保品资产规模达到 8 330 亿欧元。欧洲清算已于 2014 年 9 月和美国 DTCC 成立专营担保品的合资公司——全球担保品有限公司（DTCC – EuroclearGlobal-Collateral Ltd.）。该公司将创建全球最大的担保品池，通过开放的资产池和高效的担保品流动，提供全面综合的担保品管理服务。

（三）中国香港地区金融担保品管理

1. 香港市场担保品品种范围

香港市场担保品（抵押品）的形式主要分为现金抵押品及非现金抵押品，非现金抵押品包括外汇基金票据及债券、美国政府国库票据及债券、股票抵押品。

2. 香港市场担保品应用范围

其一，现货市场结算的抵押品，适用于香港中央结算有限公司，主要以现金形式为主，适用于交易港交所股票及沪股通国内 A 股时所提供的结算保证金。其二，场内衍生产品市场结算的抵押品，适用于期货结算公司和联交所期权结算所，接纳不同种类的现金及非现金抵押品，让结算参与者根据其资金需要履行缴付按金的责任及储备基金供款要求。其三，场外衍生产品结算的抵押品，适用于香港场外结算有限公司，香港场外结算有限公司目前不接受结算参与者非现金形式的担保品。

3. 香港地区采用通过担保品服务实现的借贷模式

其一，香港结算与结算参与者之间的借贷：香港结算可以向参与者借入股份以履行香港结算的净额交收责任。根据《中央结算系统一般规则》规定，香港结算可以随时进行强制借入证券，让香港结算得以在遇到有参与者未能在 T+2 日交付合资格证券以致其他参与者未获交收的情况下履行香港结算对其他参与者的交收责任；以所借用的证券代替香港结算在前项下任何交易中所借入的证券。

其二，基础借贷模式（见图 1）。

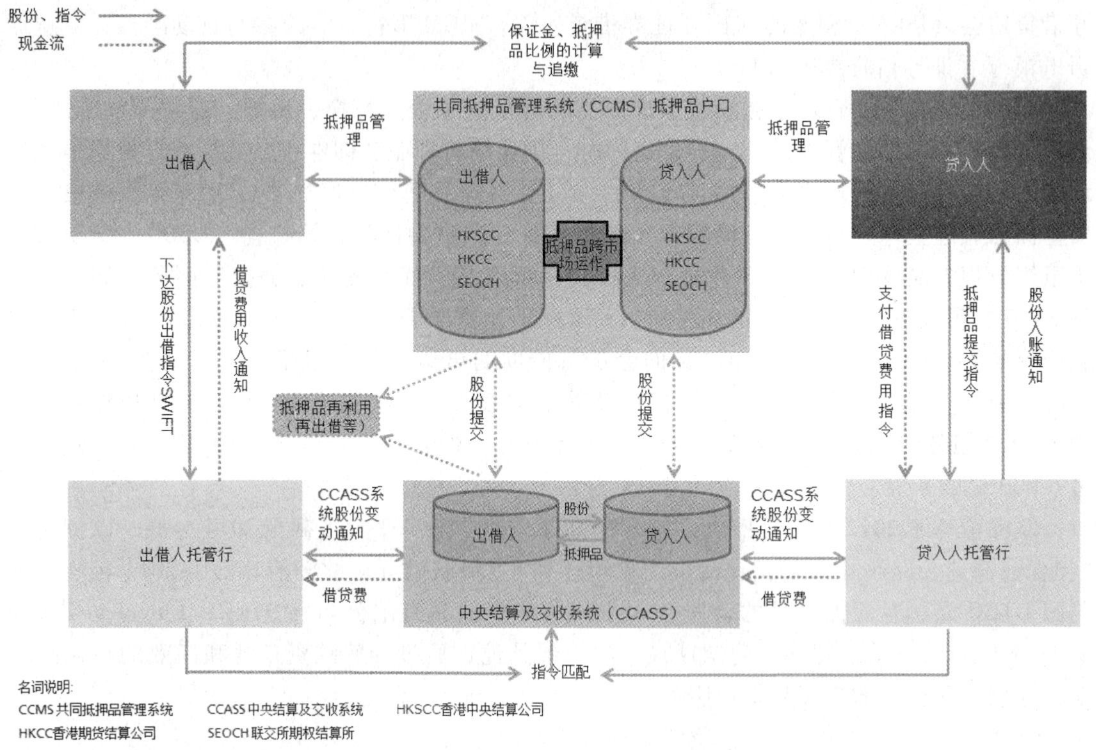

图 1　基础借贷模式

其三，通过第三方代理借贷模式（见图 2）。

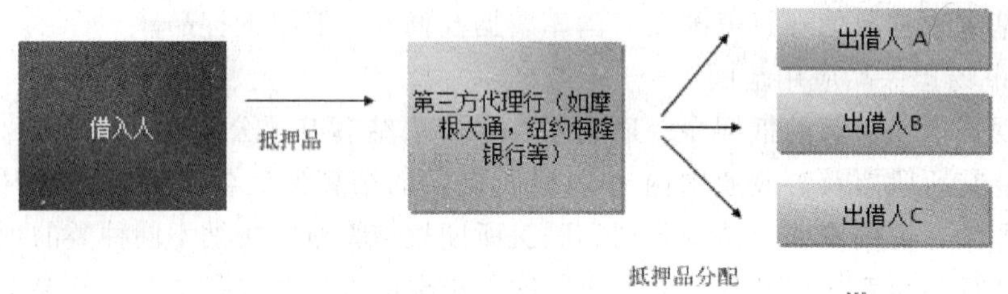

图 2　代理借贷模式

4. 关于香港地区担保品管理系统的搭建

香港市场的担保品支持跨市场运用，一般通过“共同抵押品管理系统”（CCMS）来操作。CCMS 系统具有如下三个主要职能：其一，记录管理参与者提供的担保品。其二，通过“中央结算及交收系统（CCASS）”及“衍生品结算及交收系统（DCASS）”接收参与者与担保品义务（头寸、结算金、保证金）及入账（溢价）需求相关的交易信息。其三，根据参与者担保品义务及过账需求确保参与者需要提供的担保品维持在适当的水平，要求客户即时追加担保品，或释放客户担保品超额部分。目前 CCMS 系统可以实现连接香港结算 HKSCC、香港期货结算 HKCC、香港联交所期权结算所 SEOCH 三大结算机构的抵押品功能。

5. 共同抵押品管理系统 CCMS 中结算参与者的结算账户结构（见图 3）

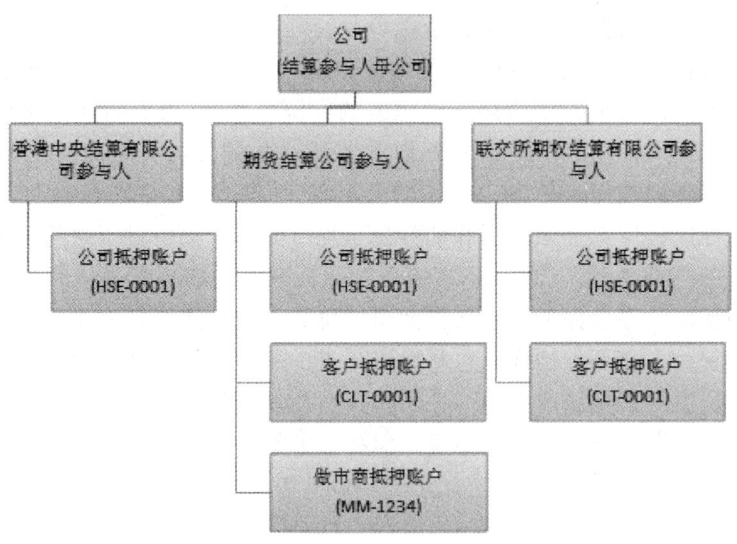

图 3 结算账户结构

6. 共同抵押品管理系统 CCMS 与结算交收系统对接

证券现货 CCASS 系统和衍生品 DCASS 系统都与 CCMS 实现了对接，可以将抵押品的管理集中到同一个系统中，支持现金抵押品的存入、提取、转账等。

7. 担保品第三方管理

香港市场目前有一种第三方代理业务（Triparty Collateral Management），第三方代理机构接受券商或投资者提交的暂时用不着的抵押物，市场上的股票出借人将对于抵押物的需求和标准提交给第三方代理机构，第三方代理机构通过自己的抵押品管理系统来匹配双方的需求，目前香港市场对证券登记结算实施的名义持有人制度，支持了这项业务的开展。

8. 担保品的处置

香港地区《证券及期货条例》作了如下规定：结算所的处事程序凌驾破产清盘法；其他司法管辖区的破产清盘法不适用香港地区；结算所参与者不得就市场抵押品的权利向结算所提起诉讼。

9. 香港地区的“让与担保”

在香港市场开展融资融券业务，投资者根据需要在选定的证券公司开设交易保证金账户。证券经纪行向投资者提供贷款，投资者以购入的证券或存放在交易保证金账户的其他证券作为担保品。香港地区有关法律将客户提供的融资融券担保品定性为让与担保。香港地区没有专门从事融资融券的机构，融资融券交易制度采用了英美分散授信的模式，由香港证券及期货事务监察委员会承担对融资融券的监管职责。

（四）中国台湾地区金融担保品管理

我国台湾地区证券金融公司对证券公司转融通会收取一定保证金，保证金可以用证券充抵。证券公司提交的保证金、证券公司客户融资买入的证券和融券卖出的资金，共同作为转融通担保物。其中，担保证券通过台湾集保公司统一托管，担保资金则放在证券金融公司为证券公司开设的资金账户中。

根据台湾地区金管会发布的《证券金融事业管理规则》，证券金融公司可以使用证券公司提交的转融通担保物。担保证券使用范围是：（1）用于对证券商转融通的券源；（2）用于融资融券因融券短差及证券借贷因还券短差的券源；（3）用于向证券交易所借贷平台借券的担保。担保资金的使用范围是：（1）向其他证券金融公司转融通的担保；（2）向证券交易所借贷平台借券的担保。

在我国台湾地区，证券金融公司和证券公司均可向客户提供融资融券服务，这就是所谓的融资融券业务的“双轨制”。此外，它们还对融资融券中的担保品进行了分类，分为金钱担保品和证券担保品。融券保证金、融券卖出的价款以及担保维持率不足时补缴的追加担保金都属于金钱担保品；而证券担保品包括融资买进的股票、抵缴融券保证金或追加担保的有价证券。关于融资融券担保法律关系的性质，在台湾地区理论界存在“让与担保说”“质权说”“消费（寄托）借贷说”等多种学说，但在实务界，法院判决将融资融券交易中担保法律关系明确定性为让与担保。

（五）巴塞尔金融担保品管理

巴塞尔银行监理委员会简称巴塞尔委员会，由美国、英国、法国、德国等10大工业国的中央银行于1974年底共同成立。作为国际清算银行的一个正式机构，它以各国中央银行官员和银行监理当局为代表，总部在瑞士的巴塞尔。巴塞尔委员会制订的一些协议、监管标准与指导原则统称为巴塞尔协议。巴塞尔委员会在2013年正式提出并在2015年修改《对非集中清算衍生品的担保品要求》，该文件规定可采用的担保品类型应为流动性好且对市场、信用、外汇风险承受力较强的金融资产，如现金，高信用政府、中央银行及公司债券，包括股票指数在内的权益类资产以及黄金。具体可用担保品范围应由各国监管者制订相关规则。《对非集中清算衍生品的担保品要求》提出的初始交易保证金，不仅覆盖衍生品的当期敞口，还需覆盖衍生品未来的市值变动。初始交易保证金应被存于一个由第三方托管的独立账户中，并不得用于任何投资目的。按规定，2016年9月起部分大型交易主体开始履行该规范中的要求。

（六）境外发达市场金融担保品的管理经验

1. 通过立法明确担保品的所有权或担保物权的归属

境外发达市场通过法律对担保品所有权或担保物权在各主体、各个环节间的移转情况以及权利、义务进行了清晰的厘定，保证担保品所有权或担保物权在各金融交易主体间能够有效安全地转移和交付。

2. 确定了让与担保的法律地位

将担保品定性为让与担保，允许担保品接受者（或管理人）进行出售或者转借，有利于担保品的有效利用；同时，也有利于担保品接受者（守约方）在交易出现违约情况下按照市值占有。

3. 明确结算机构的职责及结算资产的保障

通过立法明确结算机构用于结算的各项资产（包括担保品）不受破产法或其他法律的约束，同时，明确结算机构出于结算事由的考虑，有权对违约情况下的担保品进行快速处理。

4. 在完备的法律制度支持下，金融担保品第三方组织机构集中管理的担保品业务发展迅速

三、境内担保品业务分析

（一）国内担保品业务范围

担保品从被担保的债权类别可分为：借贷担保、履约担保和金融创新产品或衍生产品担保三类。借贷担保有个人抵押借款、个人消费借款、信用拆借、企业借款等；履约担保有工程建设完工、项目融资、房地产借款、信用证、商业票据和债券质押式回购等；金融创新或衍生产品有债券买断式回购、债券远期交易、利率互换、期权、期货等。债务人提交担保品用于覆盖信用风险的金融交易主要包括五大类：回购交易、场外衍生品交易、证券借贷交易、向共同对手方（CCP）提交的保证金、其他金融交易等。目前国内涉及金融担保品业务的服务机构如下：

中国结算开展担保品质押登记或划转涉及的业务有融资融券业务、股票质押式回购交易、约定购回式证券交易、质押式报价回购交易、债券质押式回购交易、国债买断式回购等，上述业务可以在中国结算公司作质押的担保品有资金、股票，在交易所上市的债券、基金份额、资产支持证券等。

中证金融公司[①]主要为证券公司融资融券业务提供转融资和转融券服务，运用市场化手段调节证券市场资金和证券的供给，管理证券公司提交的转融通担保品；涉及的担保品主要有资金、股票、在交易所上市的债券等。

中央结算公司及上清所[②]开展的质押登记或划转的业务有债券买断式回购业务、债券质押式回购业务、债券借贷业务等，这些业务涉及的担保品包括政府债券、央行票据、政策性银行债、政府支持机构债券、商业银行债券、非银行金融机构债券、企业债券、短期融资券、资产支持证券、中期票据、集合票据、外国债券、其他债券等。

上海黄金交易所除了本币现金作为保证金外，还将允许使用外币和债券作为黄金交易的担保品，交易以人民币结算。比如2016年6月中央结算公司发布的《债券充抵上海国际黄金交易中心交易保证金业务担保品管理服务指引》，标志着中央结算公司与上海国际黄金交易中心的跨市场债券担保品使用正式落地。

我国期货市场实施严格的保证金制度，采用单一保证金作为担保品，未能满足投资者尤其是实体企业的需求，因此，未来我国期货市场应考虑引入多样化的担保品，降低投资者进入期货市场的门槛，促进市场的进一步发展。

（二）我国金融担保品业务开展情况

我国目前担保品存量规模合计约为2.19万亿美元，与境外市场相比仍有提升空间，当前我国担保品的使用绝大部分集中在融资类交易中，场内交易占主导地位，而场外交易规模仍然有限。虽然如此，我国担保品市场仍然以较快的速度发展，担保品规模不断增加，反映出我国担保市场需求旺盛。以债券回购市场的担保品为例，担保品规模自2007年至今增长了将近3.5倍，其他业务担保品规模也在快速增长。以下对国内各类担保品业务规模情况进行分析：

---

① 中证金融公司：指中国证券金融股份有限公司。

② 中央结算公司：指中央国债登记结算有限责任公司；上清所：指银行间市场清算所股份有限公司。

1. 债券回购交易业务

截至2016年7月底，债券回购交易占用的担保品规模约为6.1万亿元，其中上清所市场约为0.73万亿元，交易所市场约为1.7万亿元、银行间市场约为3.67万亿元，银行间市场债券回购业务担保品规模自2007年以来年复合增长率达18.17%（见图4）。①

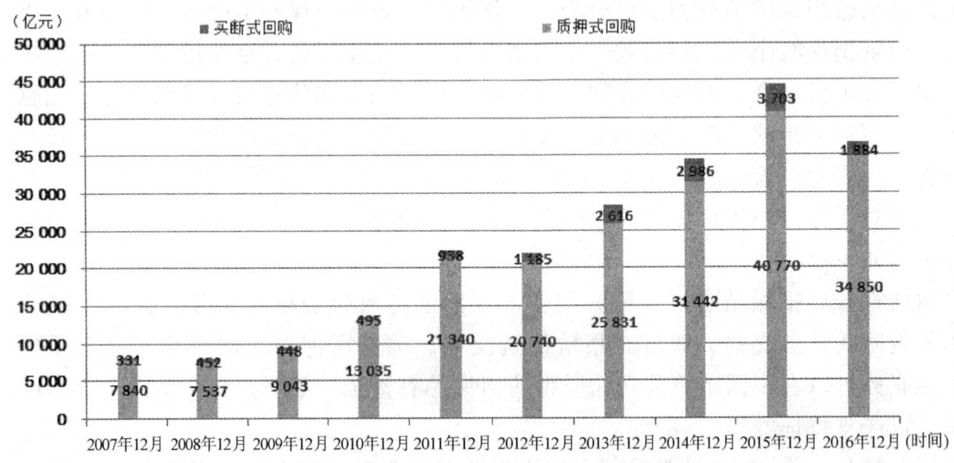

图4 银行间市场债券回购待购回债券余额

2. 融资融券业务

截至2016年7月底，全市场融资融券担保品总规模为28 628亿元，同比下降30.56%，平均担保比例为270.85%。其中可充抵保证金证券市值为26 628亿元，同比下降26.64%，担保资金规模为2 000亿元，同比下降59.41%（见图5）。自2010年融资融券业务开展以来，全市场“两融”担保品（含可充抵保证金证券及担保金）规模年复合增长率达117.94%。②

截至2016年6月底，转融通保证金60.56亿元，其中可充抵保证金证券市值9.81亿元，担保资金市值为50.75亿元。③

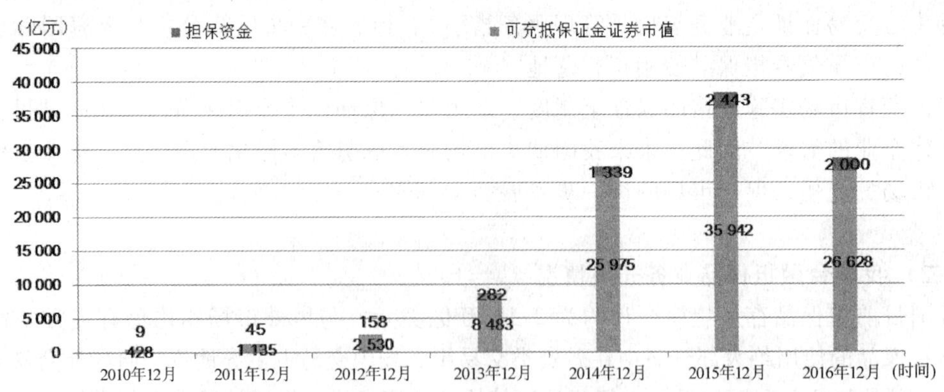

图5 融资融券担保物：期末余额

① 资料来源：银行间市场数据，取自中国债券网统计月报，上清所数据和交易所数据按照中债分析月报结算量推算估计。

② 资料来源：《2016年7月融资融券业务月度统计表》。

③ 资料来源：《2016年6月转融通业务月度统计表》。

3. 股票质押式回购

截至2016年7月底，沪、深证券交易所处于质押状态的股票市值达4.79万亿元（见表1）。自2007年以来，沪、深证券交易所股票质押担保物资金规模增长了31.53倍，年复合增长率达47.24%（图6）。[①]

表1 沪、深市场质押股票

		上海A股	深圳A股	合计
质押股数（万股）	场内	3 238 620.31	5 150 928.10	8 389 548.41
	场外	11 642 972.21	16 057 750.49	27 700 722.70
	合计	14 881 592.52	21 208 678.59	36 090 271.11
质押市值（万元）	场内	33 629 968.16	95 416 547.11	129 046 515.27
	场外	117 460 248.40	232 366 473.35	349 826 721.75
	合计	151 090 216.56	327 783 020.46	478 873 237.02

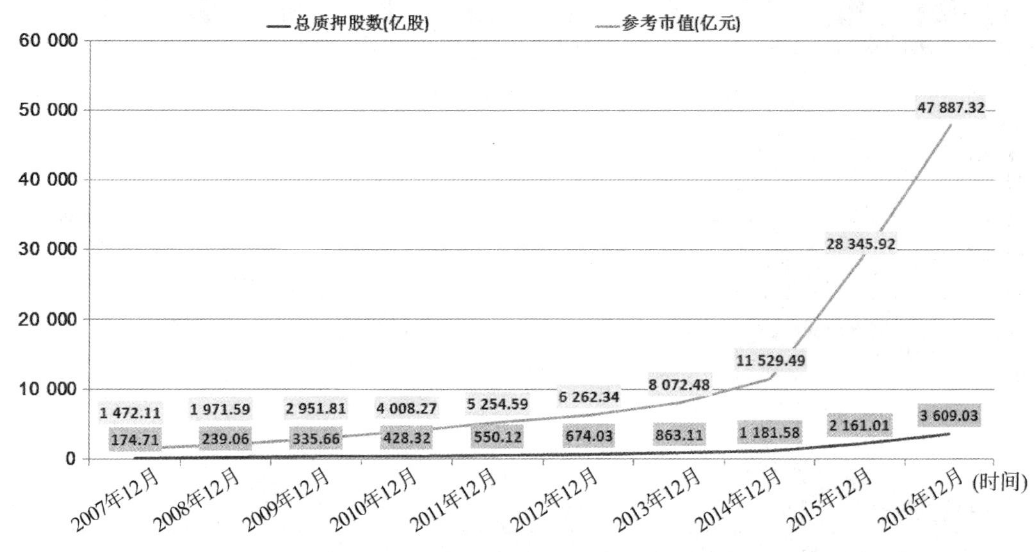

图6 股票质押担保物：期末余额

4. 向CCP提交备付金

向CCP提交的保证金规模约为0.86万亿元。其中，期货市场保证金约0.41万亿元（截至2015年底）；结算备付金约0.45万亿元[②]（截至2016年6月底），同期市场整体客户交易结算资金余额约为1.58万亿元[③]，结算备付金占比大约28%。2007年至2016年3月，上市证券公司结算备付金平均余额增长了近1倍（见图7）。

5. 场内期权保证金

自2015年2月股票期权业务开展至2016年7月底，场内期权保证金余额从1.11亿元

① 资料来源：Wind。

② 资料来源：中国结算。

③ 资料来源：中国证券投资者保护基金有限公司。

增长至 38.28 亿元，月度复合增长率达 23.15%（见图 8）。①

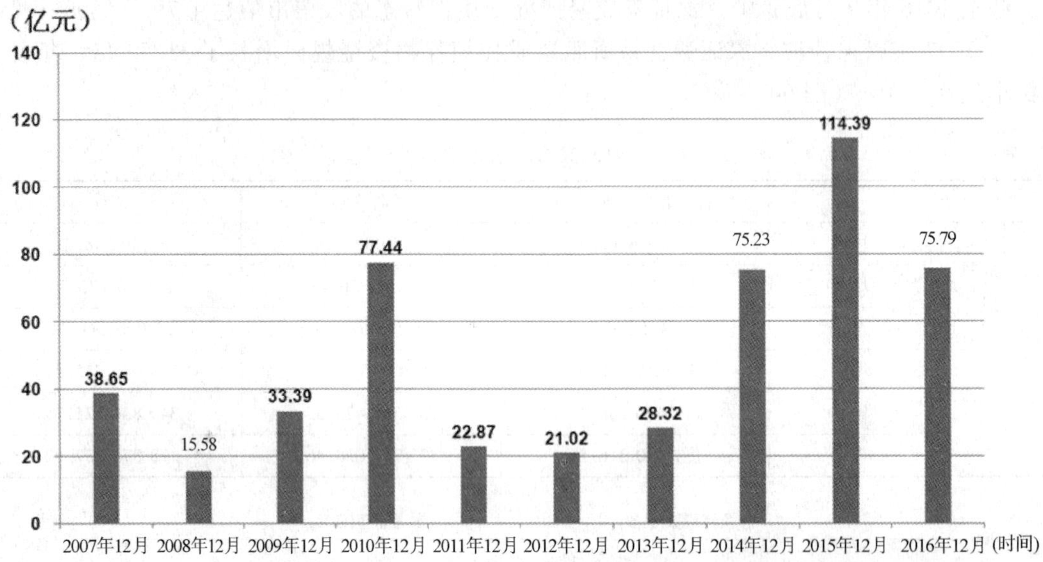

图 7　上市证券公司各时点结算备付金均值：期末余额

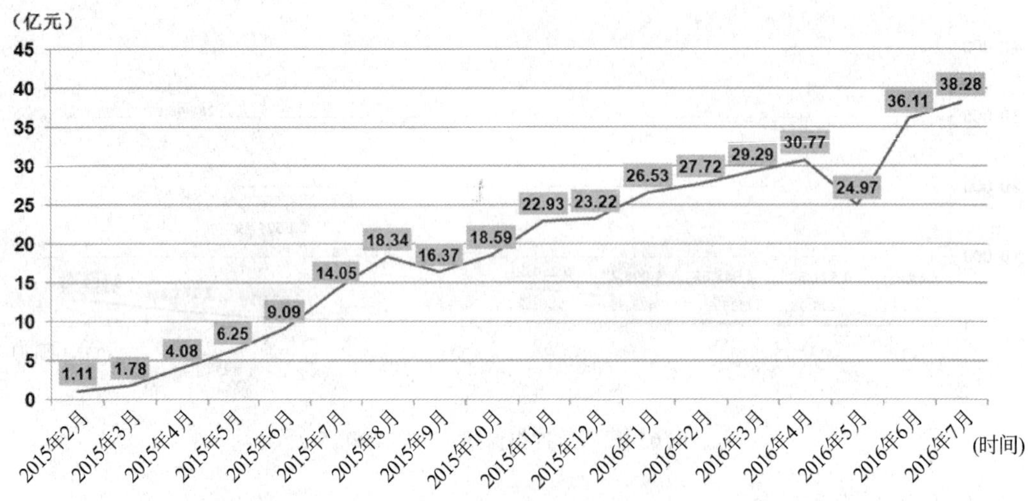

图 8　股票期权保证金：期末余额

四、我国担保品法律框架分析

我国尚未出台统一民法典，金融担保品管理相关司法解释主要见于《物权法》《担保法》和《证券法》等。

---

① 资料来源：中国证券投资者保护基金有限公司。

（一）《物权法》担保品相关法律释义

1. 担保品范围

《物权法》（2007 年起施行）第二百二十三条规定，债务人或者第三人有权处分的下列权利可以出质：（1）汇票、支票、本票；（2）债券、存款单；（3）仓单、提单；（4）可以转让的基金份额、股权；（5）可以转让的注册商标专用权、专利权、著作权等知识产权中的财产权；（6）应收账款；（7）法律、行政法规规定可以出质的其他财产权利。其中提到"可以转让的基金份额可以出质"，根据《证券投资基金法》的规定，可以转让的基金份额范围主要包括公募基金、私募基金。其中私募基金包括各类私募基金管理人在中国证券投资基金业协会登记备案的私募基金产品，以及证券公司及其子公司、期货公司、基金公司及其子公司发行的资产管理产品，证券公司直投基金；不含保险公司发行的资产管理产品、信托公司发行的信托产品、银行发行的理财产品。

2. 质权设立方式

在物权法层面，规定了债券、基金份额、股权、应收账款设立质权的方式，其法律性质属于担保物权之"权利质权"的范畴。无实物载体的财产权利出质，办理完出质登记即设立质权。

3. 担保品的处置

第一百七十条规定："担保物权人在债务人不履行到期债务或者发生当事人约定的实现担保物权的情形，依法享有就担保财产优先受偿的权利，但法律另有规定的除外。"第一百八十六条规定："抵押权人在债务履行期届满前，不得与抵押人约定债务人不履行到期债务时抵押财产归债权人所有。"该款明确禁止了流质条款，即禁止预先约定转让抵押物所有权。第一百九十五条规定："债务人不履行到期债务或者发生当事人约定的实现抵押权的情形，抵押权人可以与抵押人协议以抵押财产折价或者以拍卖、变卖该抵押财产所得的价款优先受偿。"第二百一十一条规定："质权人在债务履行期届满前，不得与出质人约定债务人不履行到期债务时质押财产归债权人所有"。第二百一十六条规定："因不能归责于质权人的事由可能使质押财产毁损或者价值明显减少，足以危害质权人权利的，质权人有权要求出质人提供相应的担保；出质人不提供的，质权人可以拍卖、变卖质押财产，并与出质人通过协议将拍卖、变卖所得的价款提前清偿债务或者提存。"第二百一十九条规定："债务人不履行到期债务或者发生当事人约定的实现质权的情形，质权人可以与出质人协议以质押财产折价，也可以就拍卖、变卖质押财产所得的价款优先受偿。"这些条款明确，质权人只能同出质人通过协议方式，将质押财产处置后的价款用于债务清偿，不可约定财产直接归质权人所有。

4. 担保品的再使用等规定

第二百二十六条规定："基金份额、股权出质后，不得转让，但经出质人与质权人协商同意的除外。出质人转让基金份额、股权所得的价款，应当向质权人提前清偿债务或者提存。"关于是否可以再使用，《物权法》暂时没有规定。

（二）《担保法》担保品相关法律释义

1. 担保方式

第二条规定："在借贷、买卖、货物运输、加工承揽等经济活动中，债权人需要以担保方式保障其债权实现的，可以依照本法规定设定担保。本法规定的担保方式为保证、抵押、质押、留置和定金”。根据该条规定：我国现行的担保方式只有保证、抵押、质押、留置和定金五种，未给让与担保提供存在的法律空间。

2. 担保品的处置

《〈担保法〉司法解释》第五十七条规定：“债务履行期届满后抵押权人未受清偿时，抵押权人和抵押人可以协议以抵押物折价取得抵押物。但是，损害顺序在后的担保物权人和其他债权人利益的，人民法院可以适用合同法第七十四条、第七十五条的有关规定。”该款明确，在违约事实发生后，双方可协商解决处置担保品。第五十三条规定：“债务履行期届满抵押权人未受清偿的，可以与抵押人协议以抵押物折价或者以拍卖、变卖该抵押物所得的价款受偿；协议不成的，抵押权人可以向人民法院提起诉讼。”第七十一条规定：“债务履行期届满质权人未受清偿的，可以与出质人协议以质物折价，也可以依法拍卖、变卖质物。”这些条款明确，只能与担保品提供方通过协议折价或者拍卖、变卖，不可约定财产直接归质权人所有。第六十六条规定：“出质人和质权人在合同中不得约定在债务履行期届满质权人未受清偿时，质物的所有权转移为质权人所有。”该条款明确，担保品接受方不可能快速处置违约方的质押券，这不利于担保品质权方快速维权，一旦出现违约且协商不成时只能通过司法手段裁决。

3. 担保品的转让、再使用等规定

第八十条规定：“本法第七十九条规定的权利出质后，出质人不得转让或者许可他人使用，但经出质人与质权人协商同意的可以转让或者许可他人使用。出质人所得的转让费、许可费应当向质权人提前清偿所担保的债权或者向与质权人约定的第三人提存。”该款明确，担保品不得转让，除通过许可使用外，是否允许其他使用、收益方式，法律均未明确。

（三）《证券法》相关法律释义

第一百六十七条规定：“证券登记结算机构为证券交易提供净额结算服务时，应当要求结算参与人按照货银对付的原则，足额交付证券和资金，并提供交收担保。在交收完成之前，任何人不得动用用于交收的证券、资金和担保物。结算参与人未按时履行交收义务的，证券登记结算机构有权按照业务规则处理前款所述财产。”第一百六十八条规定：“证券登记结算机构按照业务规则收取的各类结算资金和证券，必须存放于专门的清算交收账户，只能按业务规则用于已成交的证券交易的清算交收，不得被强制执行。”这些条款不仅明确了证券登记结算机构的权责，而且还对担保品的处置作了比较详细的规定。但根据目前的情况，我国债券市场处于分割状态，《证券法》适用范围有限。

（四）中国结算《证券登记结算管理办法》相关规定

该办法进一步细化了免予强制执行的结算财产的具体范围。第五十九条明确规定下列五类结算财产不得被强制执行：（1）证券登记结算机构收取的证券结算风险基金、证券结算互保金，以及交收担保物、回购质押券等用于担保交收的资金和证券；（2）证券登记结算机构根据本办法设立的证券集中交收账户、资金集中交收账户、专用清偿账户内的证券和资金以及根据业务规则设立的其他专用交收账户内的证券和资金；（3）结算参与人证券交收账户、结算参与人证券处置账户等结算账户内的证券以及结算参与人资金交收账户内根据成交结果确定的应付资金；（4）根据成交结果确定的投资者进入交收程序的应付证券和资金；（5）证券登记结算机构在银行开设的结算备付金等专用存款账户、新股发行验资专户内的资金，以及发行人拟向投资者派发的债息、股息和红利等。

（五）中国结算《证券质押登记业务实施细则》相关规定

新修订的《证券质押登记业务实施细则》于2016年8月3日下发实施，其中第十九条提到，债务人不履行到期债务或者发生当事人约定的实现质权的情形时，除了通过司法途径实现质权外，还可以提供质押券卖出及质押券转让两种处置方式：（1）质押当事人可根据办理证券质押登记业务时提交的质押合同或另行签订的质押证券处置协议的约定，向中国结算申请将证券质押登记状态从“不可卖出质押登记”调整为“可以卖出质押登记”（仅限于出质证券为无限售流通股或流通债券、基金等流通证券），并以质押证券卖出所得优先偿付质权人；（2）质押双方可根据质押证券处置协议约定，向中国结算申请以质押证券转让抵偿质权人（仅限于出质证券为无限售流通股或流通债券、基金等流通证券）。

（六）国内金融担保品存在的法律问题汇总

1.“可转让担保品”界定不清晰

《物权法》规定可转让的基金份额、股权可以作为担保品出质。法规并没有明确“可转让”的具体判断标准；另外《物权法》规定质押权利应由登记结算机构登记，如果将登记结算机构狭义理解为国家设立的登记结算机构，就可能将实践中由基金公司、私募管理人进行登记的产品排除在可质押范围之外。我国没有金融担保品管理方面的专门法律，金融担保品管理等同于一般担保品，受《担保法》约束。

2.“质权人权利”保护不足

《物权法》缺失对质权人的保护条款，如果担保品涉及司法纠纷，被司法冻结，担保权人若未及时主张优先受偿权，可能担保物即被用于偿付其他债权。《物权法》第一百七十条规定：“担保物权人在债务人不履行到期债务或者发生当事人约定的实现担保物权的情形，依法享有就担保财产优先受偿的权利，但法律另有规定的除外。”其中优先受偿权的限制包括4种情形：担保物所有权人欠国家的税款、未清偿职工的工资债权将优先担保物权、承租人的优先购买权优于担保物权、建筑物工程承包人的优先受偿权优先于抵押权。

3. 缺乏“让与担保”的法律规定

在让与担保方面，《物权法》《担保法》等民事基本法律没有规定让与担保制度。让与担保是指“债务人或第三人为担保债务人的债务，将一定担保物的权利先行移转给担保权人，当债务人不履行债务时，担保权人可就该担保物的价值直接受偿，如债务人按时清偿债务，则该担保物的权利应当返还给债务人或第三人的制度”。根据《担保法》第二条规定，我国现行的担保方式只有保证、抵押、质押、留置和定金五种，未给让与担保提供存在的法律空间。而市场现有的业务，包括融资融券业务，是按照让与担保模式来设定担保关系的，但《证券公司融资融券业务试点管理办法》只是中国证监会发布的规范性文件，其所确立的融资融券让与担保制度，因缺乏上位法的支持而备受合法性质疑。

4. 担保品违约处置不方便

目前，《物权法》《担保法》中明确处置方式应为协议折价或者拍卖、变卖，不可约定财产直接归质权人所有，这就使得担保权人的利益在时效上无法得到保障，不支持快速处置，处置过程较长，很有可能引发流动性风险和系统性风险。虽然《证券质押登记业务实施细则》中对处置细节作了规定，但其隶属于中国结算文件，其适用范围受限。

5. 担保品再利用缺乏法律依据

我国关于担保的法律制度不仅在涉及物的担保品种上局限性较大，同时对担保物本身价值的利用方面也显得较为保守。这主要体现在质押品的利用方面，在质押期间处于冻结状态，脱离市场。国际上一些国家的担保法律允许质押权人在一定条件下使用其占有的质押品，包括用于再质押，出借乃至在市场上出售，而其对应的义务是在债务人偿还债务的情况下，返还同等质押品或等值质押品。

五、境内外担保品业务发展比较

境外担保品发展起步较早，法律制度较为完善，交易结构较为合理，市场相对成形，2008 年金融危机后，境外第三方担保品管理服务逐渐成为主流，同时管理的精细化水平也在日益提升。我国的担保品市场业已初具规模，但与境外市场相比，法律制度相对缺失，且仍处在双边管理阶段，担保品管理的精细化水平也比较有限，担保品管理效率相对低下，管理成本较高。下文通过对境内外跨市场担保品管理的简单比较，找出并发现我国跨市场担保品管理存在的不足，以利于研究我国下一阶段提升跨市场担保品管理的方向。

（一）境外第三方担保品组织机构较为成熟

境外第三方担保品管理近几年来发展迅猛，多家国际托管银行（如 J. P. 摩根、纽约梅隆银行等）和国际中央证券存管机构（欧清银行和明讯银行）承担担保品第三方管理业务，力图在全球范围内构建统一的担保品池，实现担保品在全球范围内的高效使用。欧清银行于 2012 年 6 月推出了名为“担保品高速路”的服务平台，明讯银行也在着手推行担保品管理全球外包服务，纽约梅隆银行于 2013 年 1 月在比利时设立了纽约梅隆中央证券存管公司。J. P. 摩根频频与世界各地 CSD 建立合作关系，积极扩大担保品管理业务的服务范围。中国香港市场搭建“共同抵押品管理系统”实现连接香港结算 HKSCC、香港期货结算 HKCC、香港联交所期权结算所 SEOCH 三大结算机构的抵押品。而我国内地担保品的双边管理模式仍占绝对的主导地位，担保品第三方管理模式并没有随着担保交易量的扩大而推广使用，这导致了国内担保品市场分割严重，跨市场担保品之间难以互通，缺乏统一的担保品池管理，无法支持跨市场、跨境担保物的充抵、补充、置换，导致市场效率低下。

（二）境外担保品法律制度框架相对健全

境外国家和地区对金融担保品管理进行了专门立法，为担保品第三方管理业务的发展提供了坚实的法律基础。现有发达市场国家普遍通过法律对担保品所有权或担保物权在各主体、各个环节间的移转情况以及权利、义务进行了清晰的厘定，保证担保品所有权或担保物权在各金融交易主体间能够有效、安全地转移和交付。同时确定了“让与担保”法律地位，将担保品定性为让与担保，允许担保品接受者（或管理人）进行出售或者转借，有利于担保品接受者（守约方）在交易出现违约情况下按照市值占有。在境外国家和地区以及国际组织进行担保品管理专门立法的同时，各交易商协会也相继发布相关主协议，对各类金融交易中的担保品管理行为进行约定。而我国担保品管理的有关需求并没有在法律制度中得到体现，当前也没有涵盖担保权益设立、担保品价值维持等内容的统一规则。国内法律制度的缺位在很大程度上制约了担保品在金融交易中的使用，也阻碍了国内第三方担保品管理业务的发展。

（三）境外担保品的场外市场交易更为发达

境外担保品涉及场外交易非常发达，交易复杂度高，风险敞口较大且持续时间长，对担保品的需求较大，所占用担保品的比例超过 90%；境外担保品涉及非融资类交易业务快速发展，对担保品需求增长较快，此类交易所占用担保品的比例达到 30% 以上，未来该比例还将进一步上升。而我国目前虽已具有一定规模的担保品存量，但担保品的使用绝大部分集中在场内交易，且融资类交易占绝对主导地位，而场外衍生品交易、证券借贷交易不论从交易规模还是担保品的使用规模来看，都很有限。

（四）境外担保品跨市场共享范围相对更广

金融危机后，特别是欧洲地区国家主权债务评级下调，导致其国债以及市政债券评级降低，使得全球范围内高等级、高流动性担保品规模进一步减小；同时，境外对担保池范围的要求更为宽松广泛，允许跨市场担保共享的案例随处可见，比如芝加哥商品期货交易所已经允许市场参与人以黄金、人民币计价的债券等作为担保品进行交易，欧洲期货交易所清算行可接受多达 25 000 种金融资产作为担保品。而目前在我国，不同的金融市场业务对担保品的使用范围有着不同的要求，即便在同一登记存管机构下不同交易所之间品种也不能跨市场，普遍存在担保品范围不能满足需求的问题，比如股票质押、股票收益互换等业务，特别是在客户担保物的追保、置换等环节，现有担保品的使用范围已远不能满足客户跨市场的需求。

（五）境外担保品更能保护质权人的权利

境外在业务开展中对质押双方的权利与义务有着清晰的规定，且允许“让与担保”方式，担保品的所有权可发生转移，因此，当出现违约事件时，允许持有担保品的担保权人在对方违约时立即出售担保品，处置效率较高，很好地保障了质权人的权利。在质押期间，境外也允许质权人对担保品进行置换、买卖等操作，在一定程度上提高了担保品的流动性。而国内担保品处置流程比较繁琐，未能实现常态化和电子化，且尚不支持“让与担保”的方式，所有权不允许发生转移，处置效率较低，在一定程度上影响了托管机构和债权人对担保品快速处置的需求，且担保品在质押期间处于冻结状态，不利于担保品的市场流动。

（六）境外担保品市场需求增长较快

境外市场起步较早，境外担保品规模增长比例较为迅速。截至 2005 年底，境外金融担保品规模为 1.3 万亿美元，而到 2010 年底，担保品市场的整体规模已达 16 万亿美元，在 5

年的时间内增长了 11 倍；我国担保品市场的担保品规模也在不断增加，但增长比例相对缓慢，截至 2013 年底，我国担保品规模为 5.43 万亿元，到 2016 年，我国的担保品规模为 14.62 万亿元，在 3 年的时间内，仅增长了 1.7 倍。另外以回购规模为例，美国证券回购市场担保品体量在 2010 年中期至 2013 年中期保持在 1.6 万亿至 1.8 万亿美元之间，而同时期我国回购业务（含债券回购与股票回购）担保品体量尚不足 0.6 万亿美元。

六、担保品发展的相关建议

金融担保品是金融市场安全、稳健、高效运行的基石。担保品管理是一种基础性的金融风控制度，可以使大量闲置证券运转起来。借鉴境外担保品管理经验、综合国内券商对跨市场担保品的业务需求，提出如下建议：

（一）适度扩大交易业务的担保品范围

担保品对流动性和价值稳定性有着较高的要求，特别是在跨市场交易业务的应用中，所充抵的担保品必须是信用等级较高、市场公认的金融资产，而符合要求的金融资产比较有限，势必需要扩大充抵担保品的金融资产范围。我国各项业务开展时对担保品的使用范围比较谨慎和严格，现有的各项业务不支持场外区域性股权交易市场发行的股权、银行及信托等发行的金融产品作为担保品。与境外国家相比，国内跨市场担保池范围难以满足客户的需求，使得金融业务的发展受到局限。

未来，随着小微企业融资需求的快速增长，尤其针对贵金属合约、质押式回购、报价回购及互换等业务，证券公司及市场资金融出方对于建立广泛的担保品池的需求会愈加强烈。相比于经济下行时面临价值缩水风险的其他担保品，高等级债券具有逆周期特征，是覆盖金融风险的内在稳定器，适合作为跨市场担保品的品种。比如，中央结算公司成功将债券充抵交易保证金制度引入黄金市场，有效降低市场参与各方的资金成本，增强境外机构投资中国债券市场的活跃度与积极性，该业务的落地，标志着中央结算公司的担保品业务取得跨境、跨市场突破。未来建议根据不同市场下交易业务的需求，进一步放宽对担保品的范围要求，将担保品范围进一步扩大至不同市场不同金融机构发行的金融资产，比如银行、信托、基金公司等自主注册登记的产品份额、信用类资产以及其他金融机构发行信用等级较高的其他金融资产等，进一步提升客户的抗风险能力。

（二）有序推进跨市场担保品的具体业务对接

目前，我国金融管理体制是分业经营，“一行三会”监管范围明确，跨市场担保品的推进要与监管体制相适应，逐步建立并支持不同登记机构之间共享和互认机制，实现交易所、银行间市场保证金、担保品的互通与统一管理。跨市场担保品的共享可以从小范围跨市场起步，再以递进的方式扩大到不同监管机构下市场乃至全球市场范围内的担保品共享。为此，建议从以下三个层面逐步推进：

1. 推进同一登记存管机构下不同交易市场的担保品实现跨市场管理

建议股票质押式回购交易业务在保持业务连续性的前提下允许沪市、深市、股转系统三个跨市场的证券作为担保品的补仓、置换，支持股票质押期间的“卖券还款”功能；建议上交所报价回购将基金专户囊括进来作为可质押品；通过上述建议满足客户对担保品流动性的需求。

2. 推进同一监管机构下不同交易市场下的担保品共享

比如在中国证监会管辖下，支持中国结算、基金公司、中国期货交易所之间的担保品共享，建议将当前融资融券担保品范围从上市股票、基金扩大到场外开放式基金、场外债券等跨市场金融资产；目前证券公司自营部门及机构客户在跨市场套利交易时，建议支持可供出售类的场内金融资产作为充抵期货保证金，以便降低市场参与各方的资金成本。

3. 推进不同监管机构下不同交易市场的担保品共享

比如在中国证监会管辖下的中国结算和中国人民银行监管的上海国际黄金交易中心之间的担保品共享，参照中央结算公司与上海国际黄金交易中心合作的债券充抵交易保证金的成功经验，推进中国结算与上海国际黄金交易中心合作，以股票充抵黄金交易所的交易保证金。

（三）积极促进担保品金融资产的流动性

我国对担保品资产的流动性管理比较局限，在大部分业务中不支持担保品的置换和再使用。金融资产充抵为质押品后，由于其本身的金融产品特性，若让其在质押期间处于冻结状态，脱离市场而不加以利用，不仅使物的效用无法充分实现，还可能失去其市场获利或避险机会，造成损失。而反观境外机构，担保品流动性较高且允许其再使用，在一定程度上扩大了担保品的规模，降低了成本。

因此，未来建议积极促进担保品流动性的管理，在出质人方面，为出质人提供盘活资产的渠道，在保持业务连续性的前提下实现客户担保品方便地置换和买卖；在质权人方面，对于客户在质押期间处于冻结、质押状态的担保品，允许质权人采取一定风险控制的条件下再使用其占有的质押品，包括用于再质押、出借乃至在市场上出售，或者为客户之间提供资券融通，可有效促进担保品业务发展。

（四）有效支持质权方担保品的便捷处置

按照我国现有法律的规定，担保品处置主要是协商处置和司法处置，不可约定财产直接归属于质权人。由于担保品不支持“让与担保”，质权人无法拥有担保品直接处置的所有权，而且担保物质权人处置优先权低于法律另行规定的其他事项，导致处置过程较长、处置风险较大，对于一笔违约交易引起的担保品处置，很可能由于时效问题，最终引发连锁反应，诱发流动性风险和系统性风险。

未来建议进一步厘清担保品管理业务涉及各方的权利义务关系，确立质权人涉及担保财产优先受偿的权利，明确质押权人便利处置的具体方式和流程，缩短处置的时间，实现处置流程的常态化、电子化，允许托管机构和债权人快速处置担保物。

（五）建立协调管理跨市场担保品的第三方管理机构

我国担保品管理处于粗放式发展阶段，担保品双边管理仍占主导地位，这导致了国内担保品市场分割严重，投资者需要就每类交易单独管理担保品，担保品使用效率低下、管理成本较高，跨市场担保品管理也受到极大限制，使得跨市场金融资产的使用效率低下。而跨市场担保品的组织机构所提供的专业性担保品管理服务将能够更好地满足复杂多变的跨市场担保品管理的需求。

因此，我国亟须建立具有公信力的协调管理跨市场担保品的组织机构，组织管理并支持同一登记存管机构下不同交易市场、同一监管机构下不同交易市场、不同监管机构下不同交易市场的三个层次的跨市场担保品共享，规范第三方担保品管理组织机构的资格准入制度，扩大第三方担保品管理的服务功能范围，向全市场发布统一担保品定价标准和依据，为市场参与各方提供包括担保品估值、盯市、划转、追缴等在内的标准服务及个性服务。当前香港市场建立了共同抵押品管理组织机构，实现连接香港结算、期货及期权担保品的共享；欧洲清算和美国 DTCC 共同成立的全球担保品机构也同时连接欧美主要市场的担保品，极大提升了市场效率，未来国内中国结算或中央结算公司等可以较好地充当跨市场担保品第三方管理机构的角色。

（六）积极推进跨市场担保品平台的基础设施建设

当前国内不同交易市场下不同交易业务担保品管理相对封闭，缺乏跨市场担保品管理的统一平台，随着国内担保品市场规模的不断扩大，亟须建立灵活、开放的第三方金融担保品业务平台，为各类机构及客户提供全面的担保品功能服务支持，充分发挥系统平台信息共享、效率提升、业务规范的优势。

现阶段，中央结算公司与国际同业中央证券存管机构（CSD）合作设计跨境的债券担保品管理平台，为各类市场的信用交易、履约保障提供支持；中国结算也一直致力于研究和搭建基于第三方担保品管理的平台，为证券金融公司及各证券公司参与人提供担保品管理服务。在此基础上，建议未来进一步扩大担保品平台服务的市场范围，向全市场发布统一担保品定价标准和依据，为市场参与各方提供包括担保品提交、置换、处置等基础功能服务，充分发挥担保品管理平台集中化、专业化的优势，定期公布担保品市场的规模、类别、结构、折算率等信息，为市场参与者提供决策参考，让投资者享受到安全、高效、灵活的担保品管理服务，为金融业发展提供高效的金融基础设施。

（七）逐步健全我国担保品相关法律制度

担保品业务作为一类重要的市场交易活动，它的存在和发展都是在一定法律制度的框架内实现的。在我国担保品法律制度上，目前我国尚无统一专门法，主要见于《物权法》、《担保法》和《证券法》等，仍然存在很多需要完善的地方，比如，可转让担保品的界定不清晰；质权人权利保护不足；缺乏“让与担保”的法律依据；担保品违约处置不方便；担保品再使用缺乏法律支持等。

因此，建议根据客户反映担保品需求的急迫程度逐项完善金融担保品制度法规，建议行业监管机构、协会及证券公司借鉴境外市场的相关经验，结合我国自身特点，特别是结合证券登记托管模式、登记结算基础制度，提请立法机构进一步细化完善现有法制，明确可转让担保品、担保物权的界定；规范担保品的违约处置流程；为“让与担保”和担保品“再使用”提供法律支持；制订担保业务标准协议，减少担保双方、登记管理机构、市场中介机构在相关业务中的政策法律成本，实现跨市场担保品相关业务合法、有序、健康发展。

随着我国资本市场快速发展以及金融业的深化改革，担保品作为提高金融市场流动性、管理金融交易风险的基础工具，其重要作用日益凸显。无论是客户还是证券公司对于担保品管理均存在广泛的需求且日益迫切，从基础法律制度到担保品操作规范、再到担保品流动性管理及风险管理环节均存在普遍需求，功能范围涵盖了担保品登记、估值、管理、处置等全过程处理，参与对象涵盖各交易所、登记结算机构、证券公司、投资者、第三方服务机构等多方参与者。因此，未来金融担保品业务发展任重道远，既要立足长远考虑，也要结合我国实际的市场环境，根据需求的轻重缓急稳步推进，逐步解决国内金融担保品存在的问题，有效提升担保品市场效率，以利于金融业的快速发展。

附件 1：证券行业担保品需求调查情况

附件 2：担保品涉及主要法律法规及规章

附件 1：

证券行业担保品需求调查情况

为深入了解客户对担保品的实际需求，更好地推进担保品课题研究工作，课题小组在 2016 年 7 月向中国证券业协会托管结算专业委员会 30 家委员单位发放了担保品需求问卷调查，总共回收了 17 份，业内专家对跨市场担保品需求提出了许多宝贵的建议和意见，现整理汇总如下：

一、建议完善第三方担保品服务设施

我国担保品管理处于双边管理为主的模式，与第三方管理服务相比，在流动性和安全性方面均存在问题。鉴于第三方担保品管理平台在公信力、灵活性、开放性等方面的优势，客户对于建立协调管理跨市场担保品的第三方管理机构及平台有着强烈的需求，在调查的 17 家券商里，有 12 家希望第三方管理组织机构能够提供更专业的担保品管理服务。第一，希望第三方管理平台承担信息发布功能，定期公布担保品市场的规模、类别、结构、折算率等信息，为市场参与者提供决策参考，同时，也能为监管机构提供市场信息，提高监管效率；第二，希望管理平台可以建立统一的担保品池、提供可靠的估值与定价方法、更市场化的管理收费模式、更加合理的资格准入机制、更加规范的业务流程以及更高的担保品划转效率；第三，国内担保品第三方管理服务大多为场内担保业务，缺乏场外担保业务，希望担保品第三方管理可在场外交易担保品方面发挥出服务优势，提升市场效率；第四，在担保品的处置环节，希望提高法律制度的确定性，明确第三方管理平台的权利和责任，为担保品管理提供坚实的法律基石和制度保障，从而可以依据合同快速处理担保品，使其能够更好地履行担保品管理职能；第五，建议中立机构对不同的第三方机构进行评级公告以供参考。

二、建议进一步健全担保品的相关法律

调研中有 14 家公司认为当前法律还有很多需要完善的地方。目前，担保品相关法律主

要见于《物权法》《担保法》《证券法》等，没有专门的法律。对于《物权法》与《担保法》中的规定，如果存在不一致的情况，冲突规范如何选择适用，是司法裁判中面临的问题，比如关于担保物权。现有的法律在担保品管理上存在一些缺失的地方，比如虽有涉及担保品管理方面的条文规定，但并非为第三方担保品管理而立法，无法满足并解决当前第三方管理担保品的基本需要。在让与担保法上，《物权法》《担保法》等民事基本法律没有规定让与担保制度，这就使得很多规则由于缺乏上位法的约束，合法性受到质疑。比如我国融资融券担保制度便陷入了这样的法律困境。

此外，我国《物权法》《担保法》对于担保品的范围、质权设立方式、权利处置、担保品的再使用等方面虽然做了说明规范，但也仅是基础性的规定，在细节方面不够明确，使得现有的法律不能很好地保障担保品业务的开展。第一，在担保品的范围方面，《物权法》规定可转让的基金份额、股权可以作为担保品出质。法律并没有明确“可转让”的具体判断标准，与现在行业中通行的限售股质押的做法可能存在一定冲突；第二，在质押权利的设立程序上，《物权法》规定应由登记结算机构登记，如果将登记结算机构狭义理解为国家设立的登记结算机构，就可能将实践中由基金公司、私募管理人进行登记的产品排除在可质押范围之外；第三，在权利处置方面，法律仅允许在违约后质权人与出质人协议折价，或者拍卖、变卖质押物，不支持快速处置；第四，《物权法》明确了质权的确立及转让，但缺失对质权人的保护条款，如果担保品涉及司法纠纷，被司法冻结，则质权人仅有优先受偿权，很可能面临损失。建议增加对质权人的保护，以有利于质押业务的长期稳健发展。

三、建议扩大担保池的品种范围

根据实务操作，担保物可分为可设定抵押权的资产和可设定质权的资产。金融担保品主要侧重后者，侧重于可设立权利质权的财产（例如股权、基金份额等）。该类担保品既可直接为融资业务提供担保，也可为融资业务提供增信。

作为金融担保品，应该具有以下特点：（1）价值与价格比较稳定，市场价格波动相对较小，证券公司对客户提交的担保品能够相对精确地进行定价；（2）流动性较好，有广大市场空间，可以随时变现；（3）证券公司能够对担保品进行有效的风险管理，避免发生业务风险；（4）易于登记、保管，不易变质损毁。

目前在我国，不同的金融业务对担保品的使用范围有着不同的要求，但普遍存在担保品范围不能满足需求的问题，特别是在客户提交、追保、置换等环节。在调查的 17 家公司里，有 14 家存在扩充担保品的需求。比如场外衍生品业务担保品范围主要为现金，存在使用股票、债券、资管计划份额、信托计划份额、理财产品份额等充抵保证金的需求；融资融券业务存在将场外基金、银行理财、港股等金融资产纳入担保池范围的需求；股票质押回购业务存在将担保品范围扩大到其他流动性资产，甚至一些有准确估值的非流动资产的需求；上交所报价回购存在将基金专户囊括进来作为可质押品的需求；上交所质押式回购存在放宽对企业债、公司债等级的需求。

四、进一步加强担保品流动性的管理

客户认为当前担保品在担保品置换、担保品买卖等流动性方面较弱，缺乏规范管理，特别是股票质押式回购交易业务担保品的流动性需求无法得到满足。调研的券商中有15家在提高担保品的流动性上存在需求，具体包括：（1）增加担保品置换功能，提高置换效率，甚至允许直接卖出、转让担保品或在质押或冻结状态下实现可售，其中卖出、转让所得资金仍作为担保品；（2）实现质押期间的"卖券还款"功能，在股价大幅上涨的情况下，可以满足客户对担保品买卖流动性的需求；（3）允许直接变更质权人及出资方，且可推广至质押登记平台实现；（4）赋予券商更大自主权，类似境外名义持有模式，便于券商对担保品的再使用，为客户之间提供资券融通；（5）支持多个质权人模式，目前存在利用券商估值盯市优势和银行资金规模优势进行合作开展的业务模式，涉及多个质权人，当前在业务上暂不支持。

五、建议对担保品定价进行规范管理

我国担保品的定价目前处于散乱状态，同类担保品在不同市场定价不统一。调研中的12家证券公司均提出了统一定价管理的需求，主要集中在对不同市场、不同金融资产的估值与定价。目前，担保品定价需求主要有市场定价、第三方定价、交易双方协定三种方法：（1）市场定价：资产价格主要依据各交易所统一发布的价格直接确定；（2）第三方定价：由监管部门认可的第三方专业机构提供全市场统一价格参考标准，以此进行定价；（3）交易双方协定：在市场公布的具有公信力参考定价基础上，交易双方自行协商确定最终的资产定价。目前大部分券商认可第三方定价方式。

六、尽快完善担保品风险处置流程

目前，担保品处置流程繁琐，未能实现电子化，导致处置时间较长，在一定程度上影响了托管机构和债权人对担保品快速处置的需求。调研中有15家券商对担保品处置的优化提出需求，希望可以尽快完善担保品风险处置的机制和流程。比如限售股处置流程较为繁琐，希望能在监管制度和流程处置上提供更大的便利。建议修订《上市公司大股东、董监高减持股份的若干规定》第四条（"因司法强制执行、执行股权质押协议、赠与等减持股份的，应当按照本规定办理"），证券公司股票质押、司法强制执行中，建议豁免适用此规定，从而避免无法卖出的困境。此外，在股票质押业务上，部分券商认为深市在特别质押交易单元处置担保品时，处置完成后还需要向交易所及登记结算公司申请对剩余担保品解除质押，建议处置流程参考上海证券交易所，简化操作流程；部分券商认为沪市在违约处置申报、卖出上，流程仍有优化的空间。

七、建议推动担保品跨市场的共享

目前，我国不同市场不同业务在担保品的使用上，比较独立，彼此之间几乎都不允许进行担保品共享，在一定程度上影响了担保品的使用效率，各券商普遍存在着通过跨市场担保品共享、增加担保品种类和担保方式的需求。随着金融市场的发展，期望建立跨市场担保品共享机制，包括沪、深证券交易所，期货交易所，黄金交易所等，支持不同登记机构之间建立共享和互认机制。由第三方机构组织搭建统一证券借贷平台，统筹跨市场担保品共享。在目前的业务开展中，股票质押业务、融资融券、约定购回业务等，对实现跨市场担保品的共享需求最为强烈。股票质押和约定购回业务，在担保品提交和补充担保环节，希望在沪、深市场和新三板市场的担保品上实现共享，对于不同市场间（银行间与交易所市场）的债券标的在质押上实现共享；可分步先实现沪、深证券交易所，新三板市场之间担保品共享，后实现与银行间债券市场担保品共享。

八、建议推进中国结算跨市场备付金及保证金的整合

虽然沪、深、北三地备付金已开通三地结算资金互通互用，实现了三地结算备付金账户之间资金的实时划转，但三地备付金仍分户管理，资金使用效率相对较低，也容易出现资金结算风险。从调研结果来看，有16家券商存在备付金共享的需求。建议从易到难逐步推动备付金账户的整合共享。（1）在结算规则上，统一沪深登记公司各品种交收规则，在统一交收规则的前提下，实现各市场备付金的合并交收。（2）在账户关联交收上，建议京、沪、深备付金账户建立关联交收机制，市场备付金账户交收资金不足时，可通过其他市场备付金账户关联交收。为防止交收风险向其他市场传导，关联交收账户应以满足本市场当日交收需要为前提，以降低结算参与人交收风险。券商根据自身情况，将当天所有交收资金划付至沪、深、北其中一个备付金账户中，由中登各地分公司按实际交收额扣划。（3）在账户整合共享上，建议实现资金划付系统的整合，通过一套资金划付系统实现备付金账户的统一划付管理，或者由结算参与人在中国结算总部开立单一的结算备付金总账户，中国结算根据不同市场和不同业务性质设置不同的备付金分账户，分账户用以记录各业务的清算结果，结算参与人头寸存放和资金交收统一通过总账户完成。

对于结算保证金共享，有16家公司存在资管产品保证金账户共享的需求。目前，资管产品对应的保证金账户里的保证金一般以券商自有资金垫付，且与数量挂钩，导致自有资金占用较高。建议多资管产品的结算保证金实现共享，比如根据业务需求选择在单市场开立保证金账户，并且优化结算保证金的计算方式，不再完全与资管产品数量挂钩，进一步降低对管理人自有资金的占用。

从与中国结算沟通调研的结果来看，由于结算保证金资金规模占比较小，推进结算保证金共享需要涉及大量人力及系统的投入，从安全性、实效性、投入产出及带来的风险考虑，保证金共享推进的意义较小。在结算备付金整合方面，中国结算也一直在研究推进备付金体系整合，但由于备付金账户体系的调整涉及交易所、监察系统等周边系统的全面改造，三地账户整合仍然具有一些难度，需要进一步研究后才能稳妥推进。

附件2：

担保品涉及主要法律法规及规章

序号	类型	法律规定	内容
1	美国法规	美国《证券交易法》	从事融资融券活动，必须提供保证金，并确立了美国联邦储备委员会作为融资融券交易的监管机构。此外，还规定了对于首次参与融资融券交易提供的保证金数额
2		美国《规则T》《规则U》《规则G》《规则X》	为融资融券交易的开展提供了一些具体的法律支持。其中，规则T适用于证券商，规定了证券经纪商对客户信用买卖证券所给予之贷款，不得超过供抵押证券的“最大贷款值”，这一规定仅针对信用交易的初始保证金；规则U适用于银行，规定了银行业的证券信用，包括直接或间接以证券为担保，而购买或持有证券之贷款，其贷款亦不得超过证券的最大贷款值；规则G适用于银行及证券经纪商以外的人，专门针对那些规避法律限制的贷款投机者，使他们提供的信用贷款也同样受贷款比例的限制；规则X是规范美国公民或相关组织得到来自国外的信用购买或持有美国证券的保证金规则，防止向国外借款以逃避管理
3		《全美证券市场促进法》	对有关融资融券交易制度的法条进行了局部修改，主要限制了《证券交易法》对美联储的授权，缩减了美联储对融资融券交易调控的权利。并修改了4大规则，规则G被废止，规则G的规定被统一纳入规则U
4		美国《多德－弗兰克法案》	限制了大型金融机构的投机性交易，强化对于金融衍生品交易的监管
5	欧洲法规	《欧盟金融担保品管理指南》	该指南对金融担保品管理参与主体的范围、金融担保品的种类、金融担保品质押和所有权转移、担保品处理程序以及金融担保品管理免于《破产法》有关条款的情况进行了整体规定
6		《卢森堡金融担保品管理法律》	该法通过隔离担保品参与任何一方破产财产清算，使债权人的权利受到了法律保护。此外该法还对担保品质押条件、形式、处置方式、相关协议等一系列操作层面活动进行了规范
7	巴塞尔法规	巴塞尔《对非集中清算衍生品的担保品要求》	文件规定可采用的担保品类型应为流动性好且对市场、信用、外汇风险承受力较强的金融资产，如现金，高信用政府、中央银行及公司债券，包括股票指数在内的权益类资产，以及黄金。具体可用担保品范围应由各国监管者制订相关规则。同时，提出的初始交易保证金，不仅只覆盖衍生品的当期敞口，还需覆盖衍生品未来的市值变动。此外，初始交易保证金应被存于一个由第三方托管的独立账户中，并不得用于任何投资目的

续表

序号	类型	法律规定	内容
8	中国香港地区法规	香港地区《证券及期货条例》	香港地区立法会通过该法规定：（1）结算所的处事程序凌驾破产清盘法；（2）其他司法管辖区的破产清盘法不适用香港地区；（3）结算所参与者不得就市场抵押品的权力向结算所提起诉讼
9		香港地区《印花税条例》	允许证券持有人的业权转让，即没有通过交易所买卖的产权转移，从而开通了融资融券的条件
10		《中央结算系统运作程序规则》《中央结算系统一般规则》	《一般规则》3603款："结算参与者及结算机构参与者必须根据规则3601、3601A、3602条以现金及用作计算差额缴款、按金及抵押品的特定货币缴付所需的差额缴款、按金及抵押品。""……结算公司可不时接纳参与者提供的合资格证券作为抵押证券，以履行参与者差额缴款、按金及/或抵押品所需的责任。"
11		《期权结算规则》《期权买卖交易所参与者结算运作程序》	《期权结算规则》603条款："各联交所期权结算所参与者须……就联交所期权结算所根据其未平仓额及交付责任而不时要求的按金缴付或提供联交所期权结算所抵押品。"605及606条款规定："联交所期权结算所董事会可在任何时间限制或增加联交所期权结算所抵押品的类别，或设定每类期权结算所抵押品的最低或最高金额，旨在达成为缴付每日按金的有效交付。"
12		《期货结算规则及程序》	404条款："期货结算所可全权准许期货结算所参与者于期货结算所不时规定的限期内，交付认可之货币及认可之非现金抵押品以履行按金的责任。"
13		《场外结算规则及程序》	根据1213条款及1502条款的规定，参与者为满足其头寸需求或其利率及外汇负债，将以直接划转的方式向场外结算有限公司提交抵押品
14		《香港市场CCMS系统终端使用说明》	以同一个系统连接香港结算HKSCC、香港期货结算HKCC以及香港联交所期权结算所SEOCH三大结算机构的抵押品管理功能：（1）记录管理参与者提供的担保品；（2）通过"中央结算及交收系统（CCASS）"及"衍生品结算及交收系统（DCASS）"接收参与者与担保品义务（头寸、结算金、保证金）及入账（溢价）需求相关的交易信息；（3）根据参与者担保品义务及过账需求确保参与者需要提供的担保品维持在适当的水平，要求客户即时追加担保品，或释放客户担保品超额部分
15	中国台湾地区有关规定	台湾地区《证券金融事业管理规则》	证券金融公司可以使用证券公司提交的转融通担保物。担保证券的使用范围是：（1）用于对证券商转融通的券源；（2）用于融资融券因融券短差及证券借贷因还券短差的券源；（3）用于向证券交易所借贷平台借券的担保。担保资金的使用范围是：（1）向其他证券金融公司转融通的担保；（2）向证券交易所借贷平台借券的担保。证券金融事业办理有价证券买卖融资融券，应逐日计算每一信用账户内之担保品价值与客户因融资融券产生的债务之比例，当该比例低于规定的比例时，应立即通知客户限期内补交担保品差额，若客户未能在规定的期限内补缴保证金差额，证券金融事业应立即处分其担保品

续表

序号	类型	法律规定	内容
16	我国《物权法》	《物权法》第 223 条	债务人或者第三人有权处分的下列权利可以出质：（1）汇票、支票、本票；（2）债券、存款单；（3）仓单、提单；（4）可以转让的基金份额、股权；（5）可以转让的注册商标专用权、专利权、著作权等知识产权中的财产权；（6）应收账款；（7）法律、行政法规规定可以出质的其他财产权利
17		《物权法》第 170 条	担保物权人在债务人不履行到期债务或者发生当事人约定的实现担保物权的情形，依法享有就担保财产优先受偿的权利，但法律另有规定的除外
18		《物权法》第 186 条	抵押权人在债务履行期届满前，不得与抵押人约定债务人不履行到期债务时抵押财产归债权人所有
19		《物权法》第 195 条	债务人不履行到期债务或者发生当事人约定的实现抵押权的情形，抵押权人可以与抵押人协议以抵押财产折价或者以拍卖、变卖该抵押财产所得的价款优先受偿
20		《物权法》第 211 条	质权人在债务履行期届满前，不得与出质人约定债务人不履行到期债务时质押财产归债权人所有
21		《物权法》第 216 条	因不能归责于质权人的事由可能使质押财产毁损或者价值明显减少，足以危害质权人权利的，质权人有权要求出质人提供相应的担保；出质人不提供的，质权人可以拍卖、变卖质押财产，并与出质人通过协议将拍卖、变卖所得的价款提前清偿债务或者提存
22		《物权法》第 219 条	债务人不履行到期债务或者发生当事人约定的实现质权的情形，质权人可以与出质人协议以质押财产折价，也可以就拍卖、变卖质押财产所得的价款优先受偿
23		《物权法》第 226 条	基金份额、股权出质后，不得转让，但经出质人与质权人协商同意的除外。出质人转让基金份额、股权所得的价款，应当向质权人提前清偿债务或者提存
24	我国《担保法》	《担保法》第 2 条	在借贷、买卖、货物运输、加工承揽等经济活动中，债权人需要以担保方式保障其债权实现的，可以依照本法规定设定担保。本法规定的担保方式为保证、抵押、质押、留置和定金
25		《担保法》第 53 条	债务履行期届满抵押权人未受清偿的，可以与抵押人协议以抵押物折价或者以拍卖、变卖该抵押物所得的价款受偿；协议不成的，抵押权人可以向人民法院提起诉讼
26		《担保法》第 66 条	出质人和质权人在合同中不得约定在债务履行期届满质权人未受清偿时，质物的所有权转移为质权人所有
27		《担保法》第 71 条	债务履行期届满质权人未受清偿的，可以与出质人协议以质物折价，也可以依法拍卖、变卖质物
28		《〈担保法〉司法解释》第 57 条	债务履行期届满后抵押权人未受清偿时，抵押权人和抵押人可以协议以抵押物折价取得抵押物。但是，损害顺序在后的担保物权人和其他债权人利益的，人民法院可以适用合同法第七十四条、第七十五条的有关规定
29		《担保法》第 80 条	本法第七十九条规定的权利出质后，出质人不得转让或者许可他人使用，但经出质人与质权人协商同意的可以转让或者许可他人使用。出质人所得的转让费、许可费应当向质权人提前清偿所担保的债权或者向与质权人约定的第三人提存

续表

序号	类型	法律规定	内容
30	我国《证券法》	《证券法》第 167 条	证券登记结算机构为证券交易提供净额结算服务时，应当要求结算参与人按照货银对付的原则，足额交付证券和资金，并提供交收担保。在交收完成之前，任何人不得动用用于交收的证券、资金和担保物。结算参与人未按时履行交收义务的，证券登记结算机构有权按照业务规则处理前款所述财产
31		《证券法》第 167 条	证券登记结算机构按照业务规则收取的各类结算资金和证券，必须存放于专门的清算交收账户，只能按业务规则用于已成交的证券交易的清算交收，不得被强制执行
32	担保品处置	《证券登记结算管理办法》第 59 条	下列五类结算财产不得被强制执行：（1）证券登记结算机构收取的证券结算风险基金、证券结算互保金，以及交收担保物、回购质押券等用于担保交收的资金和证券；（2）证券登记结算机构根据本办法设立的证券集中交收账户、资金集中交收账户、专用清偿账户内的证券和资金以及根据业务规则设立的其他专用交收账户内的证券和资金；（3）结算参与人证券交收账户、结算参与人证券处置账户等结算账户内的证券以及结算参与人资金交收账户内根据成交结果确定的应付资金；（4）根据成交结果确定的投资者进入交收程序的应付证券和资金；（5）证券登记结算机构在银行开设的结算备付金等专用存款账户、新股发行验资专户内的资金，以及发行人拟向投资者派发的债息、股息和红利等
33	融资融券担保品管理	《证券公司融资融券业务管理办法》第 10、11、25、26 条	一、客户交纳的保证金 （1）存放于客户信用交易担保证券账户的证券 （2）存放于客户信用交易担保资金账户的资金 二、客户融资买入的全部证券和融券卖出所得全部价款 三、客户补交担保物的 客户经证券公司认可后，可以提交除可充抵保证金证券以外的其他证券、不动产、股权等资产
34	上交所融资融券担保品范围	《上海证券交易所融资融券交易实施细则（2015 年修订）》第 34、35、65 条	上交所：保证金可以本所上市交易的股票、证券投资基金、债券，货币市场基金、证券公司现金管理产品及本所认可的其他证券充抵 其中，现金管理产品指证券公司或其资产管理子公司为经纪业务客户设立的资产管理计划等形式的产品
35	深交所融资融券担保品范围	《深圳证券交易所融资融券交易实施细则（2015 年修订）》第 4.1、8.1 条	深交所：与上交所规定一致
36	上交所股票质押式回购担保品范围	上交所《股票质押式回购交易及登记结算业务办法（试行）》第 2、3 条	上交所：股票或其他证券

续表

序号	类型	法律规定	内容
37	深交所股票质押式回购担保品范围	深交所《股票质押式回购交易及登记结算业务办法（试行）》第3、23条	深交所：深交所上市交易的A股股票或其他经深交所和中国结算认可的证券
38	上交所约定购回担保品范围	上交所《约定购回式证券交易及登记结算业务办法》	上交所：标的证券为上交所上市交易的股票、基金和债券 非流通股、限售流通股、B股和个人持有的解除限售存量股及持有该存量股的账户通过二级市场买入的该品种流通股等证券不得用于约定购回式证券交易
39	深交所约定购回担保品范围	深交所《约定购回式证券交易及登记结算业务办法》第16条	深交所：标的证券为深交所上市交易的股票、基金和债券 B股、非流通股、限售流通股、个人持有的解除限售存量股及持有该存量股的账户通过二级市场买入的该品种流通股等不得用于约定购回式证券交易
40	上交所质押式报价回购担保品范围	上交所《质押式报价回购交易及登记结算业务办法》第3、6条	上交所：证券公司可以提交以下自有资产作为质押券：（一）可用于上交所债券质押式回购交易的债券；（二）基金份额；（三）上交所和中国结算认可的其他证券
41	深交所质押式报价回购担保品范围	深交所《质押式报价回购交易及登记结算业务办法》第3、47条	深交所：证券公司可以提交以下自有资产作为质押物：（一）符合深交所债券质押式回购交易相关规定的债券；（二）基金份额；（三）深交所和中国结算认可的其他证券；（四）现金
42	深交所债券质押式回购担保品范围	《深圳证券交易所债券质押式协议回购交易暂行办法》第18条、《中国证券登记结算有限责任公司债券质押式协议回购登记结算业务实施细则》	深交所：在本所交易或转让的各类债券、资产支持证券以及本所认可的其他产品
43	上交所债券质押式回购担保品范围	《上海证券交易所债券质押式协议回购交易暂行办法》第2条	上交所：债券
44	转融通担保品范围	《转融通业务监督管理试行办法》第12、13、32条	证券公司向证券金融公司交存保证金，包括证券、资金
45	国债买断式回购担保品范围	《关于开展国债买断式回购交易业务的通知》《上海证券交易所国债买断式回购交易实施细则》第2、11条	国债（买断）、上交所融资方和融券方在成交当日须按一定比率缴纳履约金

续表

序号	类型	法律规定	内容
46	股票期权担保品范围	《股票期权交易试点管理办法》第 17 条	以现金形式提交的保证金
47	场外股权质押式回购担保品范围	中证协《证券公司开展场外股权质押式回购交易业务试点办法》第 2、3、20 条	融资人所持有的标的公司股权或其他证券
48	银行间债券买断式回购担保品范围	《全国银行间债券市场债券买断式回购业务管理规定》第 3 条	买断式回购的债券券种范围与用于现券买卖的相同、资产支持证券
49	银行间债券质押式回购担保品范围	《关于全国银行间债券市场进行质押式回购交易的有关事项的公告》	无专门规定，应与债券买断式回购的范围相同
50	银行间债券借贷担保品范围	《全国银行间债券市场债券借贷业务管理暂行规定》第 10 条	质押债券应为在中央结算公司托管的、债券融入方自有债券
51	跨托管机构债券借贷	《全国银行间债券市场跨托管机构债券借贷（人工处理）业务规则》第 2 条	本规则所称跨托管机构债券借贷，是指债券融入方借入的标的券与其向债券融出方提供的质押券托管在不同债券登记托管结算机构的债券借贷业务
52	质押处置	《证券质押登记业务实施细则》第十九条	债务人不履行到期债务或者发生当事人约定的实现质权的情形，除了通过司法途径实现质权外，本公司提供以下质物处置方式： （一）质押当事人可根据办理证券质押登记业务时提交的质押合同或另行签订的质押证券处置协议的约定，向本公司申请将证券质押登记状态从“不可卖出质押登记”调整为“可以卖出质押登记”（仅限于出质证券为无限售流通股或流通债券、基金等流通证券），并以质押证券卖出所得优先偿付质权人，调整证券质押登记状态时须遵守相关法律法规、部门规章及本公司业务规则的规定 （二）质押双方可根据质押证券处置协议约定，向本公司申请以质押证券转让抵偿质权人（仅限于出质证券为无限售流通股或流通债券、基金等流通证券），转让质押证券时须遵守证券转让相关法律法规、部门规章、证券交易所及本公司业务规则的规定

关于场外市场登记结算体系有关问题的研究与建议

吴楠楠　唐干合　贾　颖　冉　博　田　诚
杨　明　王鑫琦　李淑琼　周再冉*

场外市场是我国多层次资本市场的重要组成部分，其建设和发展对充分发挥资本市场的投融资功能和资源配置作用意义重大。近年来，我国场外市场发展迅猛，在各方面均取得了长足进步，但随着金融创新的加速与深化，无论是场外市场自身的发展还是监管层面，都遇到了诸多问题，也对作为场外市场基础架构的登记结算体系提出了更高要求。如何完善场外市场登记结算体系，使之与场外市场发展相适应，是当前需要重点研究的一个课题。本文在对场外市场登记结算体系特点进行分析的基础上，梳理了场外市场登记结算方面存在的主要问题，并针对性地提出了完善意见。

一、场外市场登记结算体系的特点

（一）场外市场的界定

场外市场这一概念是相对于场内市场而言的。所谓场内市场是指由证券交易所组织的集中交易市场。场外市场的概念则有广义和狭义之分。广义的场外市场将场内以外的所有证券交易场所统括在内。以 2015 年中国证券业协会发布的《场外证券业务备案管理办法》为例，它将场外证券业务定义为“在上海、深圳证券交易所、期货交易所和全国中小企业股份转让系统以外开展的证券业务”。狭义的场外市场特指当前已有的几类场外交易场所，根据各交易场所特性细分，目前主要包括区域性股权交易市场、证券公司柜台市场、机构间私募产品报价与服务系统（以下简称“报价系统”）、股权众筹/互联网非公开股权融资平台以及上海、深圳证券交易所等场内市场开设的私募业务平台五大类。由于篇幅所限，本文所研究的场外市场特指区域性股权交易市场、证券公司柜台市场及报价系统。

* 作者单位：吴楠楠，贾颖，冉博，田诚，杨明，王鑫琦，李淑琼，周再冉，中证机构间报价系统股份有限公司；唐干合，广发证券股份有限公司。

（二）场外市场登记结算体系的特点

不同于场内市场，场外市场具有参与主体多元、交易品种繁多、交易方式灵活等特征。这些特征决定了场外市场与场内市场在登记结算体系方面存在一些差异，场外市场登记结算体系表现出以下特点：

第一，登记结算机构多元化。目前，场内市场由中国证券登记结算有限责任公司（以下简称“中国结算”）提供集中的登记结算服务。场外市场由于管理机构不同，产品种类多样且个性化特征明显，“大一统”的登记结算服务模式难以满足场外业务开展需要，场外登记结算机构呈现出多元化的特征。“多元”，既指登记结算主体的多元，也指登记结算机构在组织形态、运营方式等方面的多元。

第二，结算参与人准入门槛较低。场内市场普遍实行结算会员制，非结算会员只能通过结算会员代理进行结算。只有满足较高财务要求并缴纳一定结算担保金的机构才能成为结算会员。场外市场结算参与人的标准没有硬性要求，一般由从事登记结算业务的机构自行规定。登记结算机构与结算参与人通过协议明确双方的权利与义务，较少采用收取保证金的方式。相对场内结算会员制，场外的结算参与人准入门槛要低一些，能保证更多的机构方便、快捷地参与场外市场业务。

第三，结算方式灵活多样。场内市场一般按照不同的证券品种和业务类别匹配结算方式，结算方式相对固定。为了适应场外业务的个性化特点，场外市场的结算方式通常更为灵活，结算参与人可以采用全额清算、净额清算等清算方式；可以采用货银对付、见券付款、见款付券、纯券过户等交收方式；可以采用日间实时交收、日间多批次交收、日终批次交收、自定交收期等交收期安排。

第四，交收模式多元。场内市场登记结算以担保交收模式为主，非担保交收模式只应用于指定对手方报价方式达成的交易类型，如中小企业私募债转让、不符合净额结算标准的公司债转让等。场外市场登记结算业务的交收模式则较为多元，既可以是担保交收模式，也可以是非担保交收模式，而且发展初期采用非担保交收模式更为合适。非担保交收模式一般不需要结算参与人缴纳结算保证金，更便于场外市场结算业务的开展。

第五，混合持有模式。场内市场一般采取直接持有模式，间接持有模式仅在 B 股、QFII、港股通、融资融券等业务上采用。场外市场除了直接持有模式之外，名义持有模式也较为适用。所以说，直接持有和名义持有并存的混合持有模式是场外登记结算体系的一大特色，也更有利于明确证券公司托管职责，保护证券公司客户资源。

第六，资金管理强调便利性和高效性。客户场内交易结算资金实行第三方存管制度，侧重安全性，对资金监管严格。场外业务对资金管理的便捷性、高效性有着更高的要求，如快捷开户、结算资金实时到账等，而这些要求是现行场内交易结算资金体系无法达到的。

二、场外市场登记结算现状及问题分析

（一）区域性股权交易市场

近年来，我国区域性股权交易市场取得了较快发展，为各地企业尤其是中小企业股权交易和融资做出了一定贡献，有效支持了当地实体经济发展。然而，区域性股权交易市场在发

展中也存在着一些问题，比如有的区域性股权交易市场并非由省级人民政府直接批准，其合法性存疑；有的监管主体缺失，交易行为不规范；有的交易方式生搬硬套现有的场内交易制度，交易设计不合理。整体上看，区域性股权交易市场的地域局限性明显，各地区域性股权交易市场的参与主体按规定一般仅可限于工商注册在当地的挂牌企业及直接在其处开户的投资者；市场交易活跃度也较为欠缺，市场容量有限；挂牌股份退出、信息披露等机制不健全。

在登记结算方面，各区域性股权交易市场均参照场内做法自建了一套登记结算体系，为挂牌企业股东及投资者开立股东账户和资金账户，并自行办理结算。针对股权登记托管业务，有的区域性股权交易市场内部成立股权托管部，有的单独成立股权登记托管中心，集中为区域内股权交易市场提供股权登记托管、股权质押和清算交收等服务。

针对股权登记托管要求，有的地方政府颁布行政法规要求当地非上市股份有限公司必须委托第三方集中登记托管股东名册，有的地方政府仅作政策鼓励性指引。从实际情况看，前者的股权登记托管工作开展相对顺利。此外，与当地工商行政管理机构保持良好合作关系的区域性股权交易市场在股权的确权、流转以及公共信息服务方面也更具优势。可以说，政府政策、政府的支持力度是影响股权登记托管机构及区域性股权交易市场登记效力的重要因素。

（二）证券公司柜台市场

自2012年中国证券业协会启动证券公司柜台市场业务试点专业评价工作以来，共计42家证券公司获得该项业务的试点资格。为促进证券公司柜台业务的规范开展，中国证券业协会于2014年发布《证券公司柜台市场管理办法（试行）》（以下简称《柜台市场管理办法》），规定开展柜台市场业务的证券公司可以为在其柜台市场发行、销售与转让的私募产品提供登记、托管与结算服务，也可委托中国证监会认可的其他机构办理。

试点启动至今，证券公司柜台市场已经取得了长足的发展。在柜台市场账户开立方面，截至2016年11月底，投资者在柜台市场开立账户数量达1 230.53万个，其中个人投资者账户1 229.39万个、机构投资者账户1.14万个，个人投资者账户占比超过99.9%，个人及机构投资者每月新增开户数量较为稳定。证券公司柜台市场销售（包括自销和代销）的私募产品主要为资管计划、收益凭证、基金专户、私募基金、银行理财产品和信托计划。截至2016年11月底，柜台市场累计销售产品9 158只，发行金额5 601.78亿元。从销售数量来看，收益凭证占比71.39%，占发行产品中的大多数；从发行金额来看，资管计划占比60.92%，大于其他产品的发行金额。柜台市场可转让的产品包括资管计划、基金专户、私募基金、收益凭证、信托计划。截至2016年11月底，可转让产品共计1 833只，2016年累计有2 362只产品发生转让，转让金额累计达到305.94亿元。在转让产品中，可转让产品数量最多的为收益凭证，占比约66.67%；从转让金额来看，资管计划才是转让市场最为活跃的品种，占比达95.72%。

目前，已有超过20家取得试点资格的证券公司自行建立了覆盖柜台交易、账户管理及登记结算等内容的业务制度体系和技术系统，为在其柜台发行的资管产品、收益凭证等私募产品办理登记结算。同时，也有部分证券公司委托报价系统、区域性股权交易市场、中国结算办理柜台市场产品的登记结算。截至2016年11月底，共计35家证券公司为7 299只私募产品提供了登记服务；产品类型覆盖了资管计划、收益凭证、资产证券化产品、私募基金等。

证券公司柜台市场登记结算业务开展过程中存在如下问题：

1. 规则体系不健全，法律基础薄弱

证券公司缺乏作为柜台市场登记结算主体法律依据和政策支持，现仅在《柜台市场管理办法》中有一章节涉及证券公司开展私募产品登记、托管与结算业务的内容及规定。受《证券法》等上位法中证券登记结算机构范围所限，证券公司开展证券登记的法律效力存疑。此外，现有规则体系中缺乏对证券公司开展私募产品登记结算业务具有可操作性的指引类文件，导致证券公司在实际业务开展过程中无据可循，且难以对柜台市场登记结算业务政策进行整体把握。

2. 场外理财资金参与程度不高

多数试点证券公司在开展柜台市场登记结算业务时仍然基于现有的三方存管体系来进行账户管理和资金交收。部分支持非三方存管客户参与场外业务的试点证券公司，通过专用募集结算账户进行客户场外理财资金归集，以实现公司自有资金、三方存管客户资金的相互隔离。证券公司在进行场外理财资金归集时需对接三方支付机构或直联商业银行，成本高昂且效率低下。整体来看，证券公司柜台客户场外理财资金参与业务程度不高，资金来源单一且受制于三方存管体系的现状，与场外交易灵活高效的特征不符，不利于证券公司柜台业务的开展。

3. TA、销售渠道编码无法满足业务需求

在实际业务开展中，证券公司一般针对资管业务、柜台业务及外包业务等不同业务建立多个相互独立的TA。目前证券公司仅在开展特定业务时可向中国资本市场标准网申请TA编码，对于不在申领范围内的业务所涉及的TA，证券公司通常自行编制TA编码。证券公司自行编码，一方面编码标准不统一，不利于规范化管理；另一方面证券公司注册登记机构也较难与外部销售机构进行系统对接，限制了证券公司柜台市场业务的发展。

在销售渠道代码上，也存在同样的问题。每个证券公司只能申领一个证券投资基金销售机构代码，对于同时使用场内资金和场外资金认购同一只产品的情况，需要柜台对TA确认文件进行再一次拆分后，才能分别在集中交易柜台和柜台进行二级清算。对确认文件进行再次拆分处理，不仅在合规上存在瑕疵，同时会给场内资金清算交收和场外资金清算交收带来极大的人工操作风险。

4. 柜台市场登记结算功能制约场外业务发展

截至2016年11月底，证券公司提供登记托管服务的私募产品中，私募基金约占80.05%，资管计划占比约为7.02%，收益凭证占比约为10.02%。从统计结果可以看出，证券公司柜台开展私募产品登记结算业务时产品类型较为单一，以私募基金、资管计划及收益凭证为主。目前，多数获得柜台试点资格的证券公司柜台登记系统和结算系统仅能够支持普通资产管理类产品的登记，对于固定收益类产品、股权类产品及场外衍生品合约等个性化特征较强的产品需求无法满足；在业务场景上，仅支持认购、申购、赎回及清盘等基本业务类型，无法实现转让、质押回购及做市等创新业务；在结算模式上，柜台交易一般采用T+1日确认、T+2日交收的方式，僵化的交收期安排及迟滞的确认速度导致资金交收效率低下以及结算风险的放大。证券公司柜台登记结算功能的现状不能满足场外业务多元、灵活的

需求，制约了场外证券业务创新的发展。

（三）机构间私募产品报价与服务系统

根据中国证监会批复，报价系统可以为非公开募集方式设立产品提供登记结算服务及担保品第三方管理服务等。报价系统搭建了参与人、合格投资者的两级产品账户体系，推行了兼容直接持有和名义持有的混合持有模式，建设了可覆盖多产品类型、适用于多业务场景的中证 TA，在满足现实业务需要的基础上对完善场外证券登记结算体系也进行了有益的探索。目前，报价系统支持由证券公司、中国结算等外部机构办理登记，支持逐笔全额清算、双边净额清算等多种清算方式，支持货银对付、见款付券、见券付款、纯券过户等多种交收方式，支持日间实时交收、日间多批次交收、日终批次交收、自定义交收期交收等多种交收期安排，并开通了商业银行、第三方支付机构、中国结算等多家结算通道。

报价系统为规范登记结算业务的开展，陆续发布了《机构间私募产品报价与服务系统登记结算业务规则（试行）》《机构间私募产品报价与服务系统代理交易业务指引（试行）》《机构间私募产品报价与服务系统股权登记业务指引（试行）》《机构间私募产品报价与服务系统固定收益类产品登记结算业务指南（试行）》及《机构间私募产品报价与服务系统资产管理类产品登记结算业务指南（试行）》等多项业务规则和指引，对登记、结算、违约处理及相关业务流程等方面做出规定。截至 2016 年 12 月底，报价系统累计开立产品账户 1 746 个、资金结算账户 2 322 个；共导入合格投资者产品账户 7 191 828 个；共有 6 551 只私募产品在报价系统登记，合计金额 6 889. 74 亿元。

报价系统在登记结算业务开展过程中主要存在如下问题：

1. 报价系统登记效力缺乏法律支撑

与证券公司在开展场外登记业务时面临的困境相似，报价系统开展私募产品登记的依据为中国证监会对报价系统经营范围的批复及柜台市场管理办法中相关条款，缺乏相关上位法的支撑，证券登记的法律效力有限。比如，在开展资管产品份额质押式回购交易中，对质押标的办理的质押登记能否有效对抗司法，目前尚未从监管部门得到准确的批复，这在一定程度上制约了报价系统私募产品登记结算业务的开展。

2. 担保品管理等基础功能缺失

根据中国证监会批复内容，报价系统的经营范围中明确包括第三方担保品管理的内容。然而由于缺乏行业标准、登记机构分散及监管支持力度不足等原因，目前场外市场业务履约担保体系发展较为滞后。报价系统作为场外基础设施，担保品管理是其基础职能之一，功能的缺失对在其处开展业务的参与人交易违约风险的管理及后续处置有着极大的制约。

3. 结算效率及结算风险防控能力有待提升

目前，报价系统采用逐笔全额的非担保交收模式，根据不同的业务类型，交收效率也有所不同。以转让业务为例，报价系统采用 T 日成交，T+0 日日终以货银兑付方式完成参与人之间的交收，出让方资金 T+1 日可取可用，受让方持仓 T+1 日可用。在此类型业务中，结算资金的占用及沉淀降低了交易双方的资金使用效率；出于控制结算风险的考量，采用日终货银兑付的方式交收使得受让方持仓在成交当日亦无法实现回转交易。

截至 2016 年 12 月 30 日，报价系统共发生转让 664 笔，金额约 312 亿元，在整体业务量中占比较小。为丰富交易方式，提高市场流动性，报价系统于 2016 年 4 月发布了《机构间私募产品报价与服务系统做市业务指引（试行）》。报价系统前期做市业务开展过程中，交易依然采用协议成交的方式，在结算效率上与普通转让业务也基本无异，未能充分发挥做市商及做市制度的优势。如何在控制结算风险的前提下提高交收效率是整个场外市场发展中亟待解决的问题。报价系统交收模式及结算效率与区域市场、证券公司柜台市场相比虽有明显优势，但仍有优化的需求和空间。

三、对场外市场登记结算有关问题的建议

针对场外市场登记结算体系存在的上述诸多问题，我们认为应当分层次、从多方位寻求解决方案。首先是积极促进立法层面的补缺，做到场外市场登记结算业务开展有法可依；其次是推动各场外市场自身“对症下药”，解决自身市场所存在的特有问题；最后是对于行业共性的问题，应当集行业之力共同解决，而非各市场“单兵作战”，以行业基础设施的形式来解决场外登记结算业务中各市场所面临的痛点。

（一）立法保障场外登记服务的发展

1. 立法助力场外股权登记发展

场外股权之所以交易不活跃，有一重要原因是法律制度不够健全。我国《证券法》没有具体规定非公众股份有限公司股权转让的交易方式和程序、交易的中介机构及股权信息的公示方式等，也没有规定股权交易和登记机构。实践中，保证股权交易得以有效、安全进行的股权登记制度的模式只能比照上市公司的登记体系办理。由于上位法的缺失及各地工商行政管理机构对法律法规的不同解读，出现了部分业务无法开展的情况，例如非上市股份有限公司不涉及公司章程修改事项的发起人变更以及非发起人股份转让和变更登记及合伙企业的股权份额质押等业务。结合当前实际业务开展经验，建议地方政府出台配套政策要求采取场外股权强制登记制度，完善场外股权登记体系。

建议中国证监会出台有关规定，明确各专业机构的进入门槛以及各专业机构的职能侧重方向，从政策层面支持报价系统、区域性股权交易市场及证券公司等专业机构开展场外股权登记业务，确保专业场外股权登记机构的合法性和权威性，同时积极促进中国结算及有关部门与上述专业机构的交流，在业务层面上予以指导。此外，建议加强第三方监督，通过中国证券业协会建立配套监管机制，实现第三方监管和场外股权登记机构自律监管的有效结合，共同规范企业股权登记行为。

2. 明确柜台市场和报价系统证券登记的法律效力

建议在部门规章层面，明确证券公司柜台市场和报价系统证券登记的法律效力，细化业务规则，对证券公司柜台市场、报价系统等场外市场登记结算业务提出基本要求和原则底线。在自律规则层面，建议制订各类业务指引，规范场外 TA 代码管理，就柜台市场账户管理、产品合同必备要素、资金交收方式、交收时间、资金划拨规范、违约处罚、结算必备条款、柜台市场质押标的等提出具体要求，使证券公司开展登记结算业务时有章可循。如必要，可以根据不同产品类型，制订不同的登记结算业务指南或业务规范，加强对各项业务的具体指导。同时，建议适时统一证券公司柜台市场相关数据接口规范，为加强行业监控、风险管理、投资者适当性管理等打好基础。

（二）场外各市场因地制宜、各自发力

1. 区域性股权交易市场应加强与工商登记部门的有效对接

事实上，无论是有限责任公司股东还是非公众股份有限公司发起人股东的工商变更登记，登记机构和工商行政管理部门都可以通过建立互联互通的网络系统，实现信息共享下工作程序的无缝衔接，工商行政管理部门认可登记机构有关交易结果的确认文件并据此办理工商变更登记，在提高工商登记业务办理效率的同时也能更好地保证公司股东的合法权益。因此，建议区域性股权交易市场积极加强与当地工商行政管理部门的对接，登记机构应定期更新股东数据库信息，提高企业对股东名册管理的重视程度，督促企业及时办理股权信息的变更登记，促成企业、登记机构、工商行政部门之间信息互通的良性循环。

2. 规范柜台市场 TA 代码管理，扩充销售机构代码

证券公司柜台市场 TA 代码管理不规范、证券投资基金销售渠道代码分配不足，在很大程度上限制了证券公司柜台市场发展及其与其他柜台市场或注册登记机构的互联互通。为此，建议中国证监会、中国证券业协会结合柜台市场实际发展情况，对包括柜台市场 TA 在内的场外 TA 代码实施统一管理，除设计一套合理的、适应性和拓展性强的场外 TA 代码编制规则外，还要明确使用范围、要求等，并与《证券投资基金参与方编码规范》有效衔接；建议协调有关部门，优化证券投资基金销售机构代码管理，突破一个角色一个编码的规定，适度扩充销售机构代码，并为符合条件的证券公司发放多个销售机构代码，满足柜台市场实际业务需要。

（三）抓住行业痛点，加强行业基础设施建设

从立法层面解决各场外市场开展登记结算业务时法律效力不足的问题，为场外市场登记结算业务的发展创造良好的法律政策环境，再结合各场外市场的各自发力，各场外市场登记结算业务有望取得新的发展。但同时也应认识到，各自发力只能解决各市场自身在登记结算方面的不足，而对于整个场外市场登记结算方面存在的共性问题，依靠单个市场往往是无法得到合理解决的，这就需要我们站在整个行业的高度合力解决。

1. 利用行业基础设施，提高资金使用效率

场内资金受制于资金三方存管体系，清算交收必须符合资金监管规则。场外资金具备灵活、个性化和高效的特点，不宜完全照搬场内现行规则。因此，一些基础性业务与功能，如场外资金归集、资金交收、身份验证等需要行业基础设施提供相应的平台来实现，这有利于场外证券参与主体有效整合资源，节约成本，避免重复建设。

在推动行业基础设施建设方面，报价系统自开展业务以来在场外资金结算业务方面一直致力于为参与人提供优质便捷的服务，打造了中证金通平台，建设了合格投资者银行账户与证券公司柜台资金账户之间的资金归集通道，能够满足证券公司客户用场外资金参与场外证券业务的需要，同时避免行业重复建设，节约行业整体投入，推动行业集约化、规范化发展。因此，可考虑将报价系统作为证券公司完善场外资金结算体系的一个重要支撑，支持并鼓励证券公司与报价系统进行对接，结合互联网金融、柜台市场发展的现实需求，逐步改善客户场外资金结算服务，在引导客户用场外资金参与场外证券业务、推动场外证券业务创新发展方面向前迈进一步。

2. 建立场外衍生品交易报告库和集中清算制度

目前，我国场外证券衍生品市场尚处于起步阶段，交易报告库、集中清算等制度尚未有效建立。为了有效控制和减少场外衍生品市场的系统性风险，推行场外衍生品标准化，实行交易报告库和集中清算制度是必然要求。然而，无论是交易报告库还是集中清算制度都带有相对集中的性质，无法在各个场外市场单独推行，因此选择一个合适的平台，以行业基础设施的形式来搭建场外衍生品交易的报告库和集中清算制度才是最佳选择。

根据中国证监会的要求，报价系统目前承担了接收证券公司场外衍生品交易信息的职能，在交易报告库的搭建方面具备了一定的基础。建议监管部门进一步出台相关的法规、政策，确认报价系统场外衍生品交易报告库职能，各场外市场向报价系统报送相关信息。集中清算制度方面，场外标准化的衍生品合同可通过报价系统进行集中清算；对于非集中清算的衍生品合同，要求设立保证金，可由证券公司柜台市场继续实行非担保交收制度。

3. 推行混合持有制度，建立担保品管理制度

目前，直接持有和名义持有并行的混合持有制度在场外市场已初步成形并在积极推广中。混合持有制度能够灵活适应各种类型的场外业务，同时还能有效满足证券公司保护自身客户资源的需求，是未来场外市场持有模式的主流。

根据中国证监会的批复，报价系统的经营范围中明确包括担保品管理职责，然而目前这一业务在报价系统并未实际开展。混合持有制度下的名义持有模式做实了券商的存管职能，对于担保品的管理和处置有着积极的意义。报价系统一方面自身经营范围中包含担保品管理的职责，另一方面在混合持有制度的推行方面有着较好的基础，因此，可考虑以报价系统为核心建立一套担保品管理制度，为各市场参与方提供担保品管理服务。未来，报价系统将扩大可充当担保品的证券品种范围，尤其是将柜台市场的产品纳入可抵押品范围；扩充可使用担保品管理服务市场的范围及可支持的场外交易类型；建立行业标准化的履约担保体系，包括统一的估值服务、统一的信用评价指标、交易对手信用信息共享等。

4. 发展做市等新兴业务，完善登记结算功能

场外做市业务的顺利开展需要强大的登记结算功能作为保障。证券公司柜台市场一直无法有效地开展做市业务，很大程度上是受制其登记结算功能。完善登记结算功能，补强这一短板是场外市场做市业务等新兴业务发展的共同需求。

搭建一套功能强大的登记结算系统耗时耗力，由各场外市场去分别建设既不经济又不可行。相对于其他场外市场的登记结算系统，目前报价系统已经建立的 TA 系统和资金结算系统无论在支持的业务类型还是在登记交收效率等方面，都有一定的优势。因此，场外登记结算系统可以按照“相对集中”的发展思路，可考虑由报价系统承担建设行业基础设施的职责，在现有登记结算系统的基础上对其进行完善，最终达到能够支持场外所有业务有效开展的目标。其他各场外市场可选择自行建设具备基本功能的登记结算系统，类似于做市业务的复杂业务的登记结算交由报价系统完成，也可选择由报价系统为其提供登记结算的外包服务。根据行业场外市场登记结算需求，报价系统未来可搭建实时 TA 系统，进一步为参与人提供多边净额结算、RTGS（实时逐笔全额结算模式）以及份额 T+0 回转等服务。

综上所述，场外登记结算体系与场内登记结算体系有着本质的区别，场外登记结算的基础设施虽存在诸多不足，但直接采用场内登记结算基础设施的做法并不合适。发展和完善场外登记结算体系的最终目的是既要适应和促进场外业务尤其是创新业务的发展，又要符合监

管层的监管要求。这一方面需要政府相关部门出台法律和政策对场外市场登记结算业务发展的顶层设计予以支持，赋予各市场相应的法定权利；另一方面还需要各场外市场因地制宜，建立和完善适应自身发展的登记结算体系。最后，对于各市场无法单独解决的行业共性问题，行业基础设施的建设才是真正有效的解决方式。

量化投资的“术”与“道”

——量化技术在证券投资中的应用与风险控制

周　鑫*

2017年5月，AlphaGo挑战人类最强围棋手柯洁，并以3:0完胜柯洁，再次引发了全球范围内对于人工智能的讨论。人工智能是在大数据技术背景下的新的产物，而量化投资则是人工智能在投资领域的典型代表。甚至有言论断言，量化投资产品将接管未来的资管市场。那么，量化投资技术是否真的那么神秘，证券投资领域是否真的会被量化技术的大潮席卷？本文旨在梳理量化投资的发展历程，总结量化投资在证券投资尤其是股票投资中的应用，并探讨量化投资面临的特有的风险以及风控手段。

一、量化投资的发展

（一）量化投资理论的发展

海外量化投资的鼻祖可追溯至20世纪初，法国人路易·巴舍利耶在1900年首次将数理理论应用在金融分析中，开创了数理金融方法。路易·巴舍利耶提出可以用概率论来分析金融资产，同时最早提出了期权定价模型，为现代期权定价理论奠定了基础。

20世纪50年代，马克维茨提出了均值—方差模型、风险报酬与有效前沿等概念。之后，夏普等人在马克维茨研究成果的基础上提出了资产定价模型（CAPM），至今依然是证券资产定价的基本模型。

20世纪60年代，萨缪尔森与法玛提出了有效市场假说，至今依然是量化交易最基本的理论基础。20世纪70年代，金融衍生品市场蓬勃发展，衍生品的定价成为金融研究的重点。布莱克和斯科尔斯建立了期权定价B－S模型（Black－Scholes模型），为衍生品定价奠定了坚实的理论基础。其后罗斯在资产定价模型（CAPM）的基础上根据无套利原则提出了

* 作者单位：西藏东方财富证券股份有限公司销售交易部。原载于《中国证券》2017年第8期。

套利定价理论（APT），APT 定价模型是现在主流量化选股模型——多因子模型的理论基础。

20 世纪 80 年代，学者们从有效市场理论的最基本假设着手，放宽了传统金融理论严格的假设条件，从市场参与者的角度出发发展出了新的金融学领域——行为金融学。行为金融学从投资者行为角度解释了很多市场异象，为新型量化因子奠定了理论基础。

进入 21 世纪，数理金融理论以及机器学习技术的迅速发展给量化投资带来了新的理论和工具。非线性数学的引入为金融科学量化手段和方法论的研究提供了强有力的研究支撑；机器学习方法则帮助投资者在海量数据中寻找到市场波动的特殊模式。

（二）国内量化投资发展

相比于海外成熟资本市场，我国金融市场起步较晚，由于起步晚、金融工具不够丰富等原因，量化投资在我国发展也比较缓慢。但随着金融工具的扩充、资管需求的多元化以及证券投资参与度的提升，量化投资在国内迎来了爆发式的发展。

从时间维度，可将我国量化投资的发展历程分为三个阶段：

1. 起步阶段（2010 年之前）

此前，我国金融工具品种较少，股票市场只可以单边做多，不支持双边交易。量化投资的发展也相对缓慢，直到 2004 年 8 月，光大保德信发行“光大保德信量化股票”基金，我国才出现了首只涉及量化投资的基金产品。与此同时，一些公募基金的外方股东已经在海外市场积累了较为丰富的量化投资管理经验，因此，这个阶段量化投资几乎都应用在公募基金中，包括光大保德信量化股票、上投摩根阿尔法、嘉实量化阿尔法基金等都应用了量化投资技术。

2010 年 4 月，沪深 300 股指期货在中金所上市交易，股指期货的上市为股票投资提供了对冲工具，为今后我国量化投资的发展奠定了基础。

2. 成长阶段（2010—2014 年）

2010 年被认为是中国对冲基金元年，沪深 300 股指期货的推出、ETF 及分级基金的迅速发展以及融资融券业务的开展使得各类量化策略的实施成为可能。这个阶段公募和私募都发行了大量的量化策略基金。国内公募基金吸引了一批华尔街优秀量化投资人才归国发展，他们将国外先进量化技术引入国内市场，并大规模地发行了量化股票型基金。这些产品至今依然是公募量化策略基金的标杆。私募基金方面，由于金融工具的日益丰富，量化股票、股票市场中性、ETF 套利以及分级套利等策略的量化私募基金开始发行，其中以 ETF 套利策略发展最为迅速，甚至有基金凭借 ETF 高频套利技术实现了“零回撤”的奇迹。

3. 爆发阶段（2014 年至今）

一方面，2014 年中国证券投资基金业协会推出私募基金管理人和私募基金产品登记备案制度，进一步推动了私募基金全面阳光化的进程，促进了量化私募基金产品的发展。对公募基金来讲，由于投资范围限制等原因，使股指期货对冲头寸的绝对收益产品在公募发展比较缓慢。而私募基金则抓住了量化对冲的发展机遇。2014—2015 年是我国量化对冲产品增长最迅猛的时期，以私募基金为代表的各类机构在量化对冲产品上的规模均有很大的发展，一些私募机构的管理规模甚至迅速达到百亿级。

另一方面，金融工具的进一步扩充也是量化投资出现爆发式发展的原因之一。2015 年 2 月，上证 50ETF 期权正式推出；同年 4 月，上证 50 与中证 500 两个股指期货新品种在中金所上市交易，这些都给量化投资带来了更多的对冲工具，也带来了更多的交易策略。

如今，股票市场处于结构性分化行情中，针对股指期货的交易限制依然存在，商品期货市场趋势性不甚明朗，量化投资面临着前所未有的挑战。靠原有简单的策略已经无法在当前市场中获益，管理人只有不断适应新的市场变化、挖掘新的投资机会、研发新的投资策略，才能在市场中取得技术优势，并获取超额收益。

二、量化投资及其应用

由于量化投资真正被大规模应用的时间不长，目前还没有一个被广为接受的明确定义。一般而言，通过数量化方式和计算机程序产生交易指令的交易方式都可以称为量化投资。

（一）量化投资的特点

量化投资最重要的特点是有明确的投资策略并具备可回溯性。策略是量化投资的灵魂，所谓策略即交易规则。策略可以很简单，比如每天收盘前 5 分钟买入当天成交量排名前 100 位的股票，并在第二天收盘前抛出；策略也可以很复杂，比如根据期权要素实时计算当前理论波动率曲面，对比真实波动率曲面，找出存在定价错误的点下套利单，价差回归即平仓。但无论是简单还是复杂，交易策略必须包含明确的规则，如入场信号、出场信号、过滤条件等。

具有明确规则的交易策略也就具备了可回溯性。可回溯性是量化技术区别于主观投资的最重要的特征。主观投资，无论是通过基本面分析还是通过技术分析，投资过程中的所有投资决策都来自投资者的主观判断，这种主观判断无法进行历史回溯；而量化技术依赖的是明确的交易策略，结合资产的历史交易数据，可以回溯交易策略历史上的投资业绩表现。

（二）量化技术在股票投资中的应用

股票投资是量化技术在金融市场最早应用的领域之一。在量化投资的起步阶段，一些投资者将传统主观投资的一些可重复的选股模式形成简单的投资策略，再利用计算机技术反复执行。随着金融理论和计算机技术的不断更新迭代，股票投资中量化技术的应用也日益丰富，在选股、择时和组合管理中都有着广泛应用。

资产定价模型（CAPM）将股票投资收益分为 Alpha 和 Beta 两部分，Beta 是指股票投资组合跟随市场波动获取的收益，Alpha 则是股票组合相对市场获取的超额收益，简单理解股票投资解决的就是 Alpha 和 Beta 两个问题。选股解决的是 Alpha 的问题，择时解决的是 Beta 的问题。

1. 量化选股

选股的目标是通过一定的方法选出相对市场有超额收益的股票组合。

目前主流的量化选股方法是多因子选股模型。多因子模型以 ATP 定价模型为基础，通过寻找各类能获取超额收益的 Alpha 因子并将多个因子组成具有一定投资逻辑或统计学意义的多因子模型选出股票投资组合。

Alpha 因子是多因子模型的核心，是股票组合能够获取超额收益的基本保证。从因子大类来看，Alpha 因子主要包括基本面、技术面及事件驱动等几大类。

基本面因子是最接近传统价值投资的选股因子，基本面因子的基础数据多为公司财务报表数据，包括公司估值、营利性、成长性等一系列指标。基本面因子的挖掘更多的是依靠公司治理、财务分析等方面的理论研究，一个有效的基本面因子背后一定存在着符合逻辑的公司金融理论。

与基本面因子强调投资学逻辑不同，技术面因子更倾向于以行为金融学及统计学为视角进行研究。经济学研究往往存在理性人假设，而这点在证券投资领域往往不成立，因为投资者是人，会存在一些非理性投资行为，这是人性使然。技术面因子就是通过分析市场中存在的一些非理性定价异象而总结出的经验指标。计算机的大规模数据挖掘能力可以通过大量的数据分析工作找到人类无法抓到的市场异象，只要这类异象在统计学角度上显著，就可以形成新的技术面选股模型。

从周期上来看，由于基本面因子涉及公司财务数据，受制于财务报表的发布频率，所以一般调仓频率比较低，一般是月度甚至是季度调仓，所以投资组合也会承担相对更高的波动。而技术面因子主要依据行情及交易数据，这类数据本身具备较高的频率，因此因子本身的调仓频率也可以相对高一些，从结果上看，因子的表现会更加平稳。事件驱动因子主要基于影响股票价格的事件性因素。并不是所有事件性因素都可以被量化，只有具备重复性、可测量性的事件才可以被量化为事件驱动因子。常见的事件驱动因子包括分析师预期、高送转、业绩预告、指数成分调整等。事件性因素往往不具备坚实的投资逻辑基础，而是经验性指标，其稳定性需要通过统计检验。

经过多年的研究和实践，多因子模型的研究和投资框架日趋成熟，想要更上一层楼就必须在 Alpha 因子的研发上多下功夫。很多经典的 Alpha 因子收益能力已钝化，这也给量化选股投资研究提出了更高的要求，需要加强新型 Alpha 因子的研究。

新型 Alpha 因子的挖掘有两条主线：一是拓展数据来源。新数据源意味着新的信息，可在新数据的基础上挖掘新 Alpha 因子。之前公募基金比较流行的“大数据量化基金”走的就是这条路径，通过寻找新的数据源开发出新的 Alpha 因子。代表性案例包括广发百发用到百度搜索数据、博时淘金 100 用到淘宝交易数据、央视 50 用到央视新闻相关数据等。拓宽新的数据来源有助于挖掘新型的 Alpha 因子。二是拓宽因子构造算法。目前国内多因子选股仍处于初级阶段，现有的因子构造也多以线性方法为主，非线性方法构造因子正成为国内许多机构的重点研究方向。有利的是，机器学习及大数据技术给予金融研究越来越大的帮助，机器学习方法可以通过大量数据的挖掘获取传统方法容易忽略的技术指标。

2. 量化择时

量化选股解决的是 Alpha 的问题，那么量化择时解决的则是 Beta 的问题。狭义的择时仅仅关注最基本的 Beta，即市场指数；广义的择时不仅仅关注市场指数未来走势的判断，也包括对行业的择时（行业轮动）、风格的择时（风格轮动）以及更加精准的因子的择时。

量化择时是对各类预测技术的应用。通过分析股票市场价格、成交量、投资者结构、资金流向等基础数据，得到对市场或其他 Beta 未来方向的预测概率。

最传统的择时方法是趋势跟踪，趋势跟踪的思想很朴素，认为趋势本身具有延续性，当发现趋势时顺势而为即可，趋势发生逆转时即平仓止损。趋势跟踪主要应用了各类趋势性价量指标，如均线、低延迟均线、MACD 等寻找趋势，是一种典型的右侧投资方法，只有市场出现趋势后才会顺势开仓，无法提前做出决策。

为解决趋势跟踪滞后性的问题，预测技术越来越多地被用在股票量化择时中。但无论应用什么技术，其最终目标都是为了提前决策。

从技术模型上，股票市场数据量极大，但股票市场所有数据都是由投资者交易产生，投资者的行为往往会在大量看似杂乱无章的数据背后形成可重复的模式，寻找这类可重复的模式就是量化择时模型需要攻克的难题。而模式识别正是机器学习所擅长的领域，所以机器学习相关的模型已被大量地应用在股票量化择时体系中。从早期的神经网络、支持向量机（SVM）到最近流行的马尔科夫链（HMM）等都是机器学习领域较为成熟的模型体系。

从观测指标来看，除最基本的股票价量数据之外，投资者行为数据也可提供择时所需的信息。投资者行为包含范围广泛，包括成交额、“两融”余额、大小资金流向、成交序列、投资者结构等。凡是能描述投资者行为和情绪的数据都可以被应用在量化择时体系中。

从预测周期来看，量化择时可分为长、中、短和高频。长周期择时指对未来一个季度、半年、一年的预测，长期预测更多地被应用在宏观、策略的范畴。又因为预测时间跨度长，缺少足够的样本点来证实预测能力的稳健性，量化择时在这个领域的研究涉及较少。

中周期指对未来一周至一个月的预测，这个频率的数据已经包含了可产生统计意义结果的数据样本，所以主流量化择时研究多专注于此，采用月度宏观数据、情绪面指标、技术指标及其他投资者行为指标等，构建模型预测之后一周至一个月的市场方向。

短周期及高频择时是指对未来一天及日内的预测，这个频率上的预测更多依靠价量技术指标及盘口成交指标等。机器学习模型更多应用在短期和高频择时体系中，如 HMM 模型作为西蒙斯的文艺复兴（Renaissance）基金的基本模型之一，起到的就是对市场短周期择时的作用。由于我国股票市场采取 T+1 单向交易规则，高频择时对于股票投资的意义不大。

择时一直以来被认为是证券投资中的“圣杯”，完美的择时技术可以抓住风口，规避风险。但遗憾的是完美的择时方法一直都不存在，量化择时模型也一样。在低频和中频领域，量化择时模型是一个典型的低胜率模型，胜率能超过 60% 就已经是非常优秀的模型了。即便如此，如果能够结合模型和历史胜率制订合理的止损止盈策略，依然可以提升策略整体盈亏比，能够取得较好的效果。在高频领域，量化择时胜率明显提升，但由于高频波动不高，其单笔盈利极薄。

3. 策略应用

在产品实践中，股票量化投资策略往往应用在股票多头、股票多空和股票市场中性策略基金产品中。

从整体来看，量化股票多头、股票多空和股票市场中性都应用了量化选股及量化择时相关模型来构建股票组合，不同点在于股票多头策略一般不对股票头寸进行对冲，股票多空策略利用做空股票、股指衍生品等方式对冲，而股票市场中性策略则利用做空股指衍生品（包括股指期货及期权）的方式进行对冲。

（1）股票多头策略。股票多头策略是最常见的股票投资策略，即选择看好的股票买入持有，并选择适当的时机抛出获利。股票多头是一个 Alpha + Beta 的策略，即持有的股票组合本身会受到市场波动的影响，同时个股相对市场表现也会有差异，可能会获得超额收益，但也有可能跑输大盘。

在基金产品中量化股票多头策略有两种形式：一是指数增强，二是量化选股。指数增强来源于指数投资。大型机构投资者采用大类资产配置的方式配置各大类资产，但在股票资产上却没有精力去进行个股选择工作，便直接投资于各类市场指数的指数型基金。指数增强基金和普通指数型基金的区别在于，指数基金需要完全复制标的指数的表现，其成分与指数的构成成分应当一致，而指数增强基金则可以在指数成分的基础上精选个股，并采用一定量化择时手段进行风格和行业轮动，在指数本身收益的基础上获得一定的主动 Alpha 收益，但不能与指数有过多的偏离，一般要求指数增强基金与基准指数之间的跟踪误差控制在 5% 以内。

量化选股基金操作方式比指数增强基金更加灵活，量化选股无须考虑与基准指数之间的跟踪误差，只需要尽可能多地跑赢指数，所以在选股和择时模型的选择上都更加主动，可以选择与指数成分完全不一致的个股，择时上可以进行整体仓位的增减，也可进行风格和行业轮动。

（2）股票多空策略。股票多空是海外最早的对冲基金使用的投资策略之一。早在 1949 年阿尔弗雷得·琼斯在其设立的第一只对冲基金中就开始应用多空策略进行股票投资。股票多空策略是在持有股票多头组合的同时采用股票空头进行风险对冲的投资策略。与股票多头策略相比，股票多空策略在选出看好的股票的同时也需要选出不看好的股票，同时采取做多和做空交易。在以多因子模型为主的量化体系中，只需选择多因子模型中得分最高和最低的一批股票，做多得分最高的股票组同时做空得分最低的股票组。此外，配对交易也是股票多空常用的投资策略。配对交易属于统计套利，即选择长期具有稳定相关性的股票对，当两只股票价差出现异常波动时同时做两笔反向交易，等待价差回归后平仓获利。

由于我国股票市场采取 T+1 和单向交易的交易制度，使用个股对冲的成本极高。我国大多数股票多空策略利用股指衍生品进行择时对冲，择时对冲策略对量化选股模型和量化择时模型要求都很高，既需要选出长期具有 Alpha 的股票，又需要择时增减对冲头寸。

除择时对冲之外，股票多空策略在国内还有一种鲜为人知的存在形式——股票日内交易。我国股票市场实行 T+1 单向交易机制，且融券成本较高，所以绝大多数投资者只能做隔日股票交易，这就给股票日内交易留下了巨大的收益空间。国内的股票日内交易团队通过自建券池或向券商融券的方式得到可在日内卖空的股票用以进行日内交易。交易策略大多是结合个股盘口数据及价格趋势的微观市场结构策略，交易频率极高，个股持仓时间普遍在 5 分钟之内。

（3）股票市场中性策略。股票市场中性策略同样是持有股票组合的同时持有对冲头寸获取对冲后的股票收益。但与股票多空策略相比，股票市场中性策略在对冲头寸的比例上要求更加严格。股票市场中性策略是一个典型的 Alpha 策略，即不承担市场的 Beta，仅保留股票组合的超额收益。所以股票市场中性策略一般用股指衍生品进行对冲，并且实时计算组合 Beta，开足够的股指衍生品空头仓位对多头的 Beta 完全覆盖。

除对冲 Beta 风险外，股票市场中性策略一般也不承担受风格偏离和行业偏离风险，一般也会做到市值中性和行业中性。这就需要在构建股票组合时严格控制风格因子和行业因子的暴露，需要按照对冲标的指数的风格和行业比例配置股票组合中大小盘和各行业的比例。否则，一旦市场风格或行业出现极端偏离，对冲头寸无法完全覆盖股票组合。2014 年底市场中性策略“黑天鹅”就是一个典型案例。当时股票市场出现了极端的“一九分化”，以非银金融、银行为主的超大盘股票出现大幅上涨，而市值偏低的中小创股票则表现不佳，出现一定的下跌。当时我国股指期货只有沪深 300 股指期货（IF）一个品种，一些机构没有按照沪深 300 的风格和行业配比做股票组合的市值中性化和行业中性化处理，而是配置了较多的中小创股票，当时极端行情中多头和空头仓位同时亏损，一些机构的基金产品甚至出现了超过 20% 左右的回撤。2017 年以来股票市场同样遭遇了极端行情，以“漂亮 50”为代表的大盘蓝筹股持续上涨，而在 IPO 加速、壳资源贬值的背景下中小创股票却遭遇下跌。此时市场中性策略回撤远小于 2014 年年底，一方面是因为对冲标的有所扩充，可针对性选择中证 500 指数作为对冲标的，另一方面在吸取了 2014 年年底的教训后，大多数机构在组合构建时不仅仅关注收益，也有意识地主动控制了风格和行业上的暴露。

（三）量化投资中技术与人的关系

量化技术作为证券投资领域的新兴力量，正在迅速占领市场。摩根大通的一份报告显示目前被动投资和量化投资产生的股票交易量已经占到全美市场 60% 以上。尽管量化投资在市场上已经占据半壁江山，但量化投资的大规模应用并不意味着人的因素会在投资工作中被排除。

量化投资在国内外经过多年的发展，其投资流程框架基本成熟。所有量化投资策略开发的起点都是投资者对市场的观察、理解和总结。一个完整的量化策略研发流程包括：发现市场异象→研究投资逻辑→总结投资策略→编写策略代码→样本内、外测试→实盘测试→投产使用→升级维护。当前也有部分偏数据挖掘的量化投资机构在策略的研发过程中主要关注结果的统计学含义，并不关注现象背后的投资逻辑，所以没有“研究投资逻辑”这一步骤。

人的参与在量化策略开发过程中始终贯穿其中。人类的模糊识别及经验总结能力远远强于计算机，所以在策略研发初期的发现及总结工作主要由人主导。早期的量化投资策略完全来自传统主观投资者的投资方法，比如多因子选股中大量的选股因子都是人们多年以来使用的有效投资逻辑。

总结出投资策略之后，后续工作大多可以依靠计算机完成，计算机的优势在于计算能力，应用计算机技术可以解决股票全市场高速扫描、发现交易机会并迅速完成交易的问题。随着技术的发展进步，越来越强大的计算能力投入量化投资领域中，许多以前无法完成的运算、挖掘工作现在都得以实现。

近年来，人工智能技术领域产生了重大突破，计算机变得越来越“智能”了。应用人工智能技术后，今后量化投资领域中的工作方式将从“人类指导计算机工作”转变为“人类与人工智能的协作”。人工智能的模式识别和深度学习技术可以使投资者观察到以前不被注意的模式及市场变化，从而为投资策略的开发打开一扇新的大门。

三、量化投资的风险控制

在风控方面，量化投资除了需要关注与传统主观投资一样面临的市场风险、流动性风险之外，由于其应用了量化策略模型和计算机技术，所以策略模型风险和操作风险是量化投资风控中需要特别重视的两大类风险。

（一）策略模型风险

1. 模型失效风险

量化投资的灵魂是其策略模型，但策略模型研发的基础往往是市场历史数据，其前提假设是历史大概率会重复。在正常的市场环境中，由于投资者行为的可重复性，根据历史数据总结出的模式往往会重复，但一旦市场环境因外部因素而发生改变，如交易规则、宏观环境、政策导向的改变等，原有的模式可能会被破坏，策略也会失效。如在 2015 年 9 月 2 日，中金所开始对股指期货交易进行限制，认定投机户每日开仓 10 手以上即为异常交易，并大幅提高股指期货合约平仓手续费。该限制政策出台后，所有基于股指期货的策略均受到了冲击，尤其是在此之前业绩表现极好的股指期货高频 CTA 及套利策略，因为开仓量的限制和手续费的大幅提高完全无法操作，处于完全失效的状态。

由于外部环境的不可抗性，无法对外部因素的变化做出预期和改变，只能通过被动回避的手段来应对。每一种单一策略都有其存在的基础假设，一旦其基础假设被打破，那么策略一定会失效。投资机构所要做的是丰富策略种类，让策略池尽可能保持多样性，可应对市场冲击。

2. 策略合规风险

任何投资行为都必须在监管规则的要求下进行，量化投资也不例外。由于我国量化投资仍处于初级阶段，一些投资者利用监管规则的漏洞编写投资策略进行非法获利。例如在股市波动期间，伊士顿利用其研发的高频交易策略操纵市场价格，对股市的下跌推波助澜，非法获利。随着我国监管水平的不断提高、监管规则的不断完善，此类违法违规交易行为必将受到严厉的打击。

3. 策略同质性风险

量化策略存在“不可能三角”，即策略收益，策略风险及策略容量三者无法兼得。当某一策略模型为全市场所认知并大规模应用时，该策略的收益或风险就无法达到预期。典型的案例是在 2016 年，商品期货市场由于“黑色系”品种的崛起迎来了一轮波澜壮阔的牛市，进入商品期货市场的资金也呈几何级增加。其中，量化趋势跟踪策略的管理期货（CTA）基金尤其受资金青睐，其规模成倍放大。尽管各投资机构趋势跟踪策略都不尽相同，但整体策略思路、周期都大致相近。在 2016 年底商品期货市场因市场结构变化出现不规则的波动，大量的量化趋势跟踪策略开始出现回撤，一些研发能力弱、风控意识差的投资机构甚至出现了 20% 以上的回撤，这个情况一直持续至今。所以，对于量化投资机构而言，提升研发实力，储备具有差异化的投资策略尤为重要。

（二）操作风险

1. 技术风险

量化投资对计算机硬件设备和软件技术依赖程度很高。硬件和软件的故障都有可能给量化投资带来致命性的影响。实践中对硬件的风险认识往往比较清楚，绝大多数投资机构都采取了各类措施应对硬件的故障，如冗余备份、异地备份及服务器托管等，但软件风险往往被人们忽视。量化投资相关软件往往比较精细，软件设计中的一个小缺陷就可能导致量化策略的失效，甚至引发更加恶劣的风险事件，如 2013 年 8 月光大证券的“乌龙指”事件，就是由于其交易程序中的一个程序异常引发的。对于技术风险尤其是软件技术上的风险，只能通过强化 IT 团队技术实力、加强信息系统审计等手段来尽量规避风险。

2. 策略应用风险

在量化投资实践中，一些投资机构为获取更多的超额收益，可能会主动选择一些更加激进的策略，而放弃稳定的策略。此外，有些投资者本身对模型的特性不熟悉，配置了错误的参数或者操作失误，都有可能引发交易风险事件。投资机构应当设立适当的投资目标，并在目标框架下选用匹配风险承受能力的策略模型，同时风控部门也需要严密监控各类模型的使用是否超限。

四、总结与展望

人工智能的浪潮正在席卷全球，证券投资领域首当其冲。随着我国金融市场交易、监管制度的逐步完善，金融工具的不断丰富，量化投资技术日益成熟，量化投资在我国已进入爆发增长阶段。但随着参与者和大量资金的涌入，我国量化投资的蓝海正在逐步向红海转变，一些技术能力落后、风险意识较差的投资机构将难以为继，首先面临被淘汰的厄运。唯有不断研究市场最新动向，加强策略及系统开发能力，并不断强化风控意识，合规经营，才能够在激烈的竞争中脱颖而出。

参考文献

[1] Markowitz, H. M. Portfolio Selection [J]. Journal of Finance, 1952, 2: 77-91.

[2] Sharpe, W. F. Capital asset prices: A theory of market equilibriumunder conditions of risk [J]. Journal of Finance, 1964, 19 (3): 425-442.

[3] Lintner. The valuation of risk assets and the selection ofrisky investments in stock portfolios and capital budgets [J]. Review of Economics and Statistics, 1965, 47 (1): 13-37.

[4] Mossin. Equilibrium in a Capital Asset Market [J]. Econometrica, 1966, 34 (4): 768-783.

[5] Fama, Jensen, Roll. Investor sentiment and StockReturns [J]. Journal of Political Economy, 1969 (12): 34-36.

[6] Black Fischer, Myron Scholes. The Pricing of Options and Corporate Liabilities [J]. Journal of Political Economy, 1973, 81 (3): 637-654.

[7] Ross. The arbitrage theory of capital asset pricing [J]. Journalof Economic Theory, 1976, 13 (3): 341-360.

[8] 丁鹏. 量化投资——策略与技术 [M]. 北京：电子工业出版社，2014.

[9] 田汉卿. 量化投资与程序化交易 [J]. 清华金融评论，2016 (2)：31—33.

[10] 温从华，王佳林，林岳龙，吴秀玲. 基于大数据技术的量化交易策略及金融监管 [J]. 中外企业家，2016 (29)：36—40.

[11] 彭志. 量化投资和高频交易：风险、挑战及监管 [J]. 南方金融，2016 (10)：84—89.

［12］戴军，葛新元．数量化投资技术综述［R］．国信数量化投资技术系列报告，2008.

［13］陈健，宋文达．量化投资的特点、策略和发展研究［J］．时代金融，2016（29）：245—247.

［14］刘洋，夏思雨，胡思瑞，林思亮．GARP 数量化选股及马尔科夫链择时策略研究［J］．金融与经济，2016（5）：66—71.

［15］刘毅．因子选股模型在中国市场的实证研究［D］．复旦大学，2012.

［16］叶纯青．人工智能之投资界的“阿尔法狗”［J］．金融科技时代，2016（12）：73—77.

［17］李姝锦，胡晓旭，王聪．浅析基于大数据的多因子量化选股策略［J］．经济研究导刊，2016（17）：106.

［18］许红伟，吴冲锋，张翔．我国量化（对冲）基金业绩表现的比较分析［J］．投资研究，2013（2）：72—87.

证券公司非现场开户的实名制认定问题及监管建议

——由冒名账户诉求引发的思考*

王宏宇**

一、前言

中国证券登记结算有限公司（以下简称“中登公司”）于2013年3月25日发布了《证券账户非现场开户实施暂行办法》，探索了互联网金融发展路径，推动了证券公司经纪业务的开展，有利于证券公司创新发展。从近年的发展情况看，全国各大证券公司营业部开户基本以非现场形式为主，甚至个别营业部全部采用网络开户形式。非现场开户方便了证券公司，但增加了证券公司客户资料审核的难度，产生账户实名制风险。本文结合近期遇到的案例，对证券公司非现场开户进行分析研究，以期为证券公司完善经纪业务环节、监管机构履行账户实名制监管提供一定的建议。

二、案例介绍

2016年10月25日，某客户通过网上开户方式在证券公司营业部开通证券账号。10月27日，该客户向券商服务电话致电，申诉接到短信通知在该证券公司营业部开通证券账户，但是非本人操作，客服人员要求该客户向具体营业部投诉。该客户向营业部投诉，营业部承诺协助客户销户，但客户不同意，要求证券公司出具书面文件，说明非其本人开户，证券公司不同意。2017年2月，该客户向证监局提起投诉，要求核查证券公司非本人开户违规问题。

---

* 本文仅代表作者个人观点，与所在单位无关。

** 作者单位：中国证券监督管理委员会黑龙江监管局。原载于《中国证券》2017年第12期。

经核查，2016 年 10 月 25 日，有人以该客户的名义在证券公司通过非现场开户方法开立证券账户。具体流程是先在证券公司官方网站通过手机申请开立证券账户，收到手机验证码后，将身份证原件通过手机拍照后上传影像，证券公司相关部门将客户身份证与公安系统比对后，进行视频见证，确认身份后通过电子签名证书在证券公司官网完成网上开户流程，包括签署协议、风险提示书、客户评估报告等。之后，证券公司对客户进行网络回访，询问五个问题，确认开户申请。开户完成后，收到证券公司发来的短信。最后，进行银证关联，证券账户与客户提供的银行卡关联成功，完成全部开户流程。[①]

从网络开户流程可以看出，证券公司通过公民信息系统核查、双向视频见证、电子签名证书、银证关联、回访五种方式确认非现场开户的账户实名制问题。但是上述流程仍不能确保证券公司完全履行账户实名制要求，非现场开户流程需要在现有法律体系下进一步完善，堵塞账户实名制漏洞。

三、账户实名制的法律界定

（一）法律法规及部门规章认定

非现场开户的关键在于确保开户者与其提供的身份证信息的一致性，意即要符合账户实名制要求。《证券法》（2005 年修订）中对自然人证券账户的开立责任部门是中登公司还是证券公司规定得比较模糊，而中登公司 2002 年 6 月颁布执行的《证券账户管理规则》中对证券账户实名制做出了明确规定，但无上位法支撑的账户实名制规定在市场实践中存在较大争议。对此，《证券法》（2014 年修订）第一百六十六条中明确规定中登公司为投资者开立证券账户的主体责任，规定了投资者与中登公司在开户环节存在直接的法律关系，证券公司、银行等机构为中登公司的代理人。《证券公司监督管理条例》（中华人民共和国国务院令第 522 号）延续了委托代理的法律精神，规定了中登公司和证券公司在客户开立证券账户上的委托—代理关系，明确要求证券公司需要审核开立证券账户客户的身份真实性[②]。但是《证券公司监督管理条例》并未对身份真实性验证的方法给出明确规定，亦未明确规定身份真实性验证履行实质性审核还是要件完备审核。

（二）规范性文件的认定

规范性文件《关于加强证券经纪业务管理的规定》（中国证券监督管理委员会公告［2010］11 号）对账户实名制认定提出了程序性要求[③]，重点强调证券公司应当“了解你的客户”，客户开立证券账户时要审查其身份的真实性，发现客户身份存疑的，要提出进一步

① 参见《关于网络开立证券账户问题》，中国证监会网站，时间：2014－11－25，网址：http：//www.csrc.gov.cn/pub/newsite/tzzbh1/tb12386rx/tbzxdf/201411/t20141125_264036.html，最后访问日期：2017 年 11 月 25 日。

② 《证券公司监督管理条例》第二十八条：证券公司受证券登记结算机构委托，为客户开立证券账户，应当按照证券账户管理规则，对客户申报的姓名或者名称、身份的真实性进行审查。

③ 《关于加强证券经纪业务管理的规定》第三条第一款第一项规定：证券公司应当充分了解客户情况，在客户开户时，对客户的姓名或者名称、身份的真实性进行审查，登记客户身份基本信息，并留存有效身份证件或者其他身份证明文件的复印件或者影印件。发现客户身份存疑的，应当要求客户补充提供居民户口簿或者有效期内的护照或者户籍所在地公安机关出具的身份证明文件原件等足以证实其身份的其他证明材料，无法证实的，应当拒绝为客户开立账户。

审核程序。《关于加强证券经纪业务管理的规定》从程序完备性上对身份的真实性做出了规定，一方面规定证券公司要进行审查，具体的审查要求由各公司自己制订；另一方面规定审查结果处理程序。如果证券公司认为客户身份存疑，需要补充证明材料。该规定是对客户身份真实性审查的进一步完善，对账户实名制的监管具有重要的指导作用。

（三）自律规定

中登公司在《证券账户管理规则》和《证券账户业务指南》中对账户实名制审核中的各主体责任做出了进一步要求，其出台的《证券账户管理规则》第二十六条延续了要求核实客户身份真实性的要求[①]，提出证券公司应当确保客户与身份证明文件的人证一致性。2013 年 3 月 25 日发布的《证券账户非现场开户实施暂行办法》是中登公司为规范证券账户非现场开户业务出具的专项自律规定，明确规定了非现场开户的形式、实名制要求、回访要求和视频采集要求等。从实践情况看，《证券账户非现场开户实施暂行办法》探索了互联网金融发展路径，推动了证券公司经纪业务的开展，有利于证券公司创新发展。

四、非现场开户的账户实名制问题

随着非现场开户法律规制的不断完善，各家证券公司出于业务的便利性和降低经纪业务成本等因素的考虑，逐渐向非现场开户倾斜，部分证券公司甚至客户到了临柜亦要求通过网上办理开户，导致非现场开户业务量激增，由此引发一系列问题。

（一）身份真实性审查的责任边界

非现场开户最大的风险点在于客户身份的真实性核实，账户实名制的真实性审核本就是金融行业的一大难题。尽管《证券公司监督管理条例》《关于加强证券经纪业务管理的规定》和中登公司出具的自律规定均要求对客户身份的真实性进行审查，但是并未对客户身份真实性审查的责任边界进行明确的要求，导致证券公司在客户开立证券账户的实名制要求上需要承担无限连带责任。一旦出现客户持他人真实身份证件及消息开户的行为，证券公司很难正确做出真实性判断。

（二）账户实名制审查趋松

随着证券公司经纪业务竞争的加剧，产生了业务创新驱动机构发展的需求，而业务创新往往伴随着对现有制度、模式、风控等要素的突破，其中账户实名制审查首当其冲。通过检查发现，证券公司放松了对视频认证方式全部要件审核的要求，省去了身份信息比对环节，仅仅是比对身份证，较少采取询问账户注册信息等核查方式，从完整间接认证方式降级到不完整间接认证方式，导致冒名账户缺少核查环节。

---

① 第二十六条：开户代理机构应当认真核实投资者身份，审核投资者身份证明文件的真实性和有效性，投资者与身份证明文件的人证一致性。

（三）视频见证人员操作风险

对于非现场开户的真实性验证，部分证券公司存在执行规定不严格问题。《关于加强证券经纪业务管理的规定》明确规定证券公司对客户身份存疑应要求①补充其他身份证明材料。但是在执行中，证券公司视频见证的初审和复核人员往往在视频照片与身份证照片存在一定的差异时，出于个人操作经验等因素，未要求补充进一步证明材料，导致出现冒名账户问题。

五、非现场开户账户实名制的风险防控建议

（一）建立统一的非现场开户账户实名制和风险管理标准

1. 规定明确证券公司账户实名制的责任边界

近年来，中国证监会、中国证券业协会和中登公司一直在推动非现场开户账户实名制的标准认定工作。但是除中登公司颁布的《证券账户非现场开户实施暂行办法》规定外，相关部门并没有对非现场开户出具业务细则，仅是要求证券公司要核实客户的身份证真实性，但没有提出流程要求。鉴于《证券账户非现场开户实施暂行办法》实施已有 4 年时间，暴露出一定的问题，建议相关部门出台具体细则，规定证券公司非现场开户的账户类型、电子签名方式、账户真实性的具体认证方式和认证流程，明确证券公司在账户真实性上的责任边界。

2. 建立统一的身份真实性验证和风险管理标准

从账户实名属性和非实名风险出发，对非现场开户建立统一的身份真实性验证和风险管理标准，并把握住政策发布黄金窗口期②，尽快发布和实施相关标准。

（二）建立非现场开户账户实名制分类管理机制

1. 建立非现场开户分类管理机制

当前证券公司大部分非现场开户的账户具有专用账户的属性，其功能主要是买卖股票基金，而股票期权和融资融券等业务仍需要临柜办理，但是从账户便利性的角度，会陆续放开对非现场开户的限制。所以从尊重事实、强化管理的角度出发，建立非现场开户分类管理机制，在延续当前间接认证方式的基础上，结合电子签名发展需求引导证券公司提升非现场开户账户的实名认证等级，并对定位于弱实名的电子账户采取有效管理措施。

2. 建立差异化的非现场开户实名制认定标准

以业务的复杂程度划分提供弱实名或强实名非现场开户认证标准并配套相应的账户管理措施，例如对单一股票交易业务可以使用弱实名认证标准，而对于复杂业务非现场开户应当使用准强实名或强实名认证。

---

① 根据《关于改进和规范公安派出所出具证明工作的意见》，凡是公民凭法定身份证件能够证明的事项，公安派出所不再出具证明。

② 当前，证券公司非现场开户数量已大大超过临柜开户数量，窗口黄金期已形成。

（三）明确证券公司对冒名账户的处置权利

冒名账户的本质是违反证券账户实名制要求，其实际持有人从事违反《证券法》要求的市场交易行为。除了中登公司的《证券账户业务指南》中对“证券账户冒开处理”有处理流程外，中国证监会对此没有规定。当前，中国证监会对证券账户实名制信息的掌握相当滞后，而证券公司可以通过经纪业务系统或合规管理系统发现账户的出租、出借行为。建议在制度层面规定，证券公司在能够明确判断账户被非本人操作后，有权限制该账户交易或要求持有人撤销该账户。此外，还应健全冒名账户的处理流程。证券公司在发现冒名账户情况时要立即报警，与其他证券公司共享冒名账户黑名单信息，查询冒名账户证件有无其他账户，并及时上报监管局。

（四）加强开户管理，防范非法开立证券账户行为

1. 履行客户身份真实性识别义务

在当前规章制度体系下，需要严格要求证券公司在非现场开户程序中落实账户实名制规定，采取身份证件信息问询，户口簿验证，公用事业账单（如电费、水费等缴费凭证）验证等查验方式，识别、核对客户真实身份。

2. 严格审查异常开户情形

对于客户不配合身份识别、有组织同时或分批开户等情形，证券公司可采取延长开户审查期限、加大客户尽职调查力度等措施，必要时应当拒绝开户。

3. 强制要求客户提供关联银行的取款密码

根据中国证监会《关于网络开立证券账户问题》的指导精神，资金账户、第三方银行存管账户的开立分别由证券公司及三方存管银行负责。建议强制要求各家证券公司在非现场开户上严格要求关联客户本人银行卡，并需要提供所关联三方存量银行取款密码作为验证方式，作为最后一道确保实名制的关隘。

（五）建立权威的身份信息核实系统

1. 协调公安部增加公民信息系统功能

由中国证监会建议公安部门在联网核查系统中加载身份证件有效期和状态，便于银行识别已挂失、已作废、已过期的身份证件，提高“人证一致”审核的有效性，有效遏制冒名开户行为。

2. 完善非居民身份证件核实机制

建立非居民身份证件的核实系统，通过该系统可对公安机关颁发的非居民身份证件的真实性进行可靠核实，有效遏制利用虚假非居民身份证件开户的行为。

3. 升级技术确认手段

鼓励证券公司办理非现场开户业务时借助人脸识别系统对客户证件照片、公安部联网核查系统提供照片及客户现场影像进行比对。自 2013 年起，公安部门将自然人的指纹信息采集和存储至身份证芯片，随着指纹生物识别技术和手机指纹识别的应用，为非现场开户的实名制验证打下技术基础。届时，证券公司可以通过客户手机指纹识别与公安部系统联网比对，将欺诈的可能性降到最低。

参考文献

[1] 赵懿．电子账户弱实名问题和解决路径——解构实名认证原理视角［J］．浙江金融，2014（09）：46—50.

[2] 屠光绍．交易体制：原理与变革［M］．上海：上海人民出版社，2000：23.

[3] 公安部等12部门．关于改进和规范公安派出所出具证明工作的意见（公通字［2016］21号）．

[4] 金颖．证券登记结算重大法律课题研究报告［R］．北京：中国证券登记结算有限责任公司，2005.

证券业“网上开户”存在的问题及其化解之道

王恩潭 彭 渤 朱继建 范广君 李金营 姜 昊*

一、金融账户的实名制要求与证券业账户开立方式

相关法律法规规定金融机构为客户开立的各类账户，应当遵守实名制要求。例如，《个人存款账户实名制规定》第六条规定，个人在金融机构开立个人存款账户时，应当出示本人身份证件，使用实名。《人民币银行结算账户管理办法》第二十四条规定，单位开立银行结算账户的名称应与其提供的申请开户的证明文件的名称全称相一致。此外，《中华人民共和国反洗钱法》《金融机构客户身份识别和客户身份资料及交易记录保存管理办法》等法律法规也对金融账户实名制做出了相关要求。

相关法律法规明确规定证券业账户开户必须遵守实名制要求。《中华人民共和国证券法》第一百六十六条规定，证券登记结算机构应当按照规定以投资者本人名义为投资者开立证券账户。投资者申请开立账户，必须持有证明中国公民身份或者中国法人资格的合法证件，国家另有规定的除外。《证券账户非现场开户实施暂行办法》与《证券公司开立客户账户规范》要求投资者在开立证券账户时出具真实有效的身份证明文件，并采取必要措施对客户身份的真实性进行审核，确保账户实名对应且信息一致。

要落实账户实名制要求，就需要通过有效的方式来验证投资者身份。比如，在银行为客户办理信用卡等业务过程中，要遵守“亲访亲签”规定，遵循亲见本人、亲见身份证原件、亲见本人签名的“三亲见”原则等，以此来确保客户身份与开户意愿的真实。证券公司可以通过多种方式为投资者开立账户，主要包括现场开户（又称临柜开户）与非现场开户两大类，非现场开户又分为见证开户和网上开户，但不论采用哪一种方式都必须能够有效验证投资者身份、落实账户实名制要求。

在临柜开户过程中，证券公司根据客户提供的身份证明文件等，对客户身份真实性进行

* 作者单位：中泰证券股份有限公司。原载于《中国证券》2017 年第 12 期。

当面审核；并履行投资者教育的职责，向客户讲解开户协议和相关业务规则等内容，将风险揭示书交由客户签名；同时履行适当性管理义务，按照规定了解客户情况，对客户风险承受能力进行评估。在验证客户身份真实、与客户签署开户相关协议、审核客户资料合格后，证券公司为客户开立账户。

见证开户需要在经营场所外面见客户、确认客户身份，履行必要的投资者教育职责和适当性管理义务（方法类似于临柜开户）并见证客户签署开户相关协议后，证券公司按照《证券账户非现场开户实施暂行办法》等相关规定程序为客户办理开户。见证开户过程中，证券公司面见客户的工作人员须在客户开户文件上签名留痕，且证券公司应采集和妥善保存能够真实反映见证过程的影像资料。

网上开户是近年来证券行业的创新业务，网上开户过程中的客户身份验证依靠数字证书的身份认证功能来实现，相对于现场临柜开户与见证开户，突破了时间、地域的限制，近年来已逐渐发展成为证券行业的主要开户方式之一。

二、网上开户客户身份验证的必要性和技术手段

《证券账户非现场开户实施暂行办法》第五条明确提出了开户代理机构办理证券账户非现场开户业务的账户实名制要求。《证券公司开立客户账户规范》第六条也规定了证券公司在受理客户开户申请时应对客户身份的真实性进行审核。网上开户不能突破账户实名制，不管采取哪一种开户方式，客户身份都必须得到有效证明，之后证券公司方能为其开立账户。在传统的现场临柜开户与见证开户方式中，证券公司可以利用第二代身份证阅读器、借助公民身份信息核查系统等，当面验证客户身份。

《证券账户非现场开户实施暂行办法》规定，投资者应当使用中登公司或其认可的机构颁发的数字证书作为网上开户的身份认证工具，并进一步规定了通过数字证书验证投资者身份的具体方式，即开户代理机构应当对数字证书记载的投资者信息与投资者开户申请表填报的投资者信息进行一致性比对。

在实际工作中，中登公司通常委托证券公司作为证书服务代理机构，协同完成为投资者办理与数字证书有关的签发、更新、补办、冻结、解冻、作废、查询等业务。按照《证券账户非现场开户实施暂行办法》《证券公司开立客户账户规范》《中登公司数字证书认证业务指引（试行）》《中登公司数字证书认证业务指南（试行）》的规定和要求，理想情况下，基于数字证书的完整的网上开户投资者身份验证的实现由两个阶段构成。

在第一个阶段，投资者应该首先通过临柜或见证的方式（其他方式须由中登公司认可）向证券公司提供自己的相关身份信息（如身份证），证券公司采取必要措施和手段（比如现场审核），核查投资者身份的真实性。投资者身份真实性验证通过后，证券公司为投资者向中登公司申领数字证书并将数字证书以适当的方式颁发给投资者。这样，数字证书就绑定了投资者的实名身份信息，能够为投资者在网上办理证券业务（申请开户、网上交易等）提供身份认证功能。

在第二个阶段，投资者通过证券公司网上开户系统，向证券公司提交在第一阶段中获取的数字证书与个人身份信息（如身份证照片等）。由于证券公司拥有中登公司的根证书（其中包含了中登公司用以签发数字证书的秘密密钥相应的公开密钥），因此可以首先验证投资

者所提供的数字证书的真伪、证书的有效期等内容。在这些验证通过后，证券公司对数字证书中的个人信息与投资者提交的身份信息的一致性进行比对。若一致性比对成功，则视为证券公司通过数字证书对投资者进行了身份验证。

数字证书基于公钥密码技术研发，利用其密码学特性能够有效验证投资者身份。使用数字证书验证投资者身份，是证券业网上开户的行业规则，也是落实账户实名制要求和确保网上开户有效性的技术手段。

三、数字证书的密码学原理及其身份认证功能

（一）公钥密码技术

公钥密码的每个用户都有一个密钥对（pk，sk），其中 pk 称为公开密钥，sk 称为秘密密钥。公开密钥通常被放在公共寄存器或其他可访问的文件里，用来加密消息。秘密密钥则通常由用户自己保存，用来解密消息。对于某个用户 A，记他的密钥对为（pk_A，sk_A）。标记加密算法为 E，解密算法为 D。公钥密码拥有两个主要功能，分别是加密功能与签名功能。

加密功能主要是为了保障数据的机密性。若用户 A 要向用户 B 发送私人消息 m，A 首先使用 B 的公开密钥 pkB 加密消息 m 得到 $E_{pk_B}(m)$。然后 A 将 $E_{pk_B}(m)$ 发送给 B。当 B 收到 $E_{pk_B}(m)$ 以后，B 利用他的秘密密钥 sk_B 来解密，得到 $D_{sk_B}(E_{pk_B}(m)) = m$。

签名功能主要是为了保障数据的完整性与不可抵赖性。假设 A 要给 B 发送一条消息。虽然这条消息的机密性并不一定重要，但是 A 想让 B 确定这条消息确实是来自他。要实现这样的功能，就需要进行数字签名。数字签名的具体做法是：假设 A 要对消息 m 进行签名，并且 B 要验证这个签名。那么，A 首先计算 $T = D_{sk_A}(\mathrm{m})$，然后计算 $S = E_{pk_B}(\mathrm{m}, T)$，并将 S 发送给 B。当 B 收到 S 以后，首先计算 $D_{sk_A}(S)$，得到（m，T）。然后 B 计算 $E_{pk_A}(T) = m'$ 并且比对 m，与 m 是否相等，如果 m，与 m 相等则签名验证通过，否则不通过。由于 T 只能由 A 生成，B 无法伪造或修改 T，所以 A 也不能抵赖，这样就能达到签名的目的。

（二）数字证书

数字证书是用来表明网络通信过程中双方身份的数字文件，它使用了公钥密码技术，是一种在网络中提供信息加密和身份认证等安全保障措施的方式，与日常生活中驾驶执照和个人身份证类似。数字证书包含所有者的用户信息、公开密钥、可信第三方（通常为数字证书运营机构认证中心 CA）的签名、有效期以及一些扩展信息。目前，被人们广泛接受的数字证书格式是 ITU - T 推荐的 X. 509 标准。

通常，数字证书根据用途可分为加密和签名两类证书。加密证书能够实现用户信息的机密性，用于对网络传输等过程中的信息进行加密；签名证书能够实现行为的不可抵赖性和信息的完整性，用于对用户的信息进行签名。数字证书的主要功能有身份认证、数字签名与数字信封等。本文重点关注数字证书的身份认证功能。

要利用数字证书进行身份识别和认证，被认证方（用户 A）应首先在数字证书相关运营机构（机构 C）申请证书。机构 C 在充分验证、核实用户 A 的身份后，向其颁发数字证书。机构 C 会先请用户 A 通过标准、安全的方法生成自己的密钥对；然后，秘密密钥由用

户 A 自行妥善保管，公开密钥连同用户 A 的部分个人身份信息等用于数字证书制作。在数字证书制作过程中，机构 C 会将自己的数字签名也作为该数字证书的一部分。用户 A 在需要时向应用系统认证方（机构 B）提交数字证书进行身份认证，机构 B 利用通过安全可信的渠道获取的机构 C 的根证书，尝试验证该用户 A 提交的数字证书上机构 C 的数字签名（拆封证书），若验证通过则机构 B 就可以获取用户 A 的公开密钥和个人信息，从而可以实现身份认证功能。

数字证书分为硬证书和软证书。其中，硬证书一般使用 USB Key 等密码类硬件设备生成密钥对。密钥对中的秘密密钥不可导出 USB Key（请注意秘密秘钥不包含在数字证书当中），并需证书申请者设置 USB Key 的 PIN 码保护秘密密钥，以进一步加强防范。由于硬证书具有这些防御措施，所以安全性高。软证书一般使用软件生成密钥对（比如浏览器、微软 CSP 程序等），密钥对中的秘密密钥存储在计算机硬盘或其他通用存储介质中，需证书申请者设置一定复杂度和长度的口令对秘密密钥进行保护，并采取一定的安全防护措施对计算机进行保护。软证书存在易被盗用和恶意复制的风险，其安全性不高。中登公司规定，硬证书可使用于《中国证券登记结算有限责任公司数字证书认证业务指引（试行）》及数字证书使用协议约定的所有业务，软证书仅限用于非涉及证券划转等资产权属变更以及非涉及证券质押、冻结等权利受限的业务。

四、“视频验证 + 在线签约”式网上开户存在的问题

《证券账户非现场开户实施暂行办法》规定，网上开户是指开户代理机构通过数字证书验证投资者身份，并通过互联网为投资者办理证券账户开立手续。《证券公司开立客户账户规范》规定，网上开户是指客户凭有效的数字证书登录证券公司网上开户系统、签署开户相关协议后，证券公司按规定程序为客户办理开户。

中登公司规定，数字证书应当在确认市场参与者身份真实、意愿真实的基础上，采取临柜、见证以及其他其认可的方式发放，发放流程见图 1。

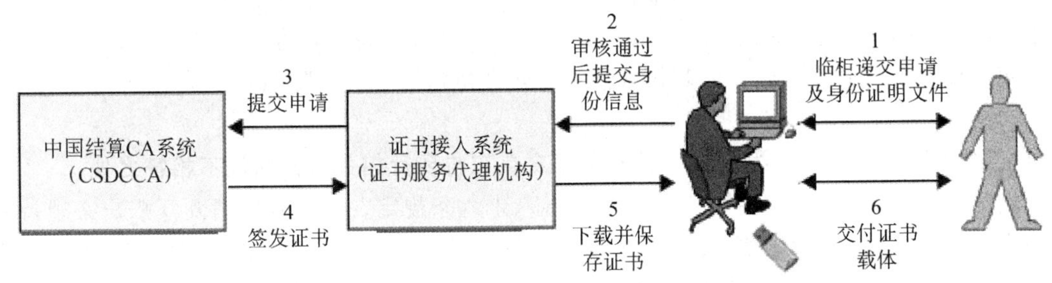

图 1　行业规范的证书发放流程

但在实际中，“网上开户”并没有正确使用数字证书作为验证投资者身份的工具。当下，业内流行一种“视频验证 + 在线签约”式“网上开户”，其存在诸多缺陷和弊端，应当引起高度关注。

（一）“视频验证 + 在线签约”式网上开户缺少数字证书身份认证的技术保障

在这种开户方式中，实现投资者身份验证的基本逻辑是这样的——投资者首先通过证券公司网上开户系统上传个人身份证正反面照片；证券公司网上开户系统利用 OCR（光学字符识别）等技术采集照片图像信息，通过公民身份信息核查系统自动验证投资者姓名、身份证号码等信息的真实性，获取公安部门留存的公民证件照片；然后进入视频验证环节，即基于投资者上传的身份证照片、公安部门留存的公民证件照片，以及视频中的投资者影像（包括与投资者必要的视频交互），验证投资者身份的真实性。视频验证通过后，证券公司即为投资者向中登公司申请并在线发放数字证书（该数字证书属于软证书），发放流程见图 2。

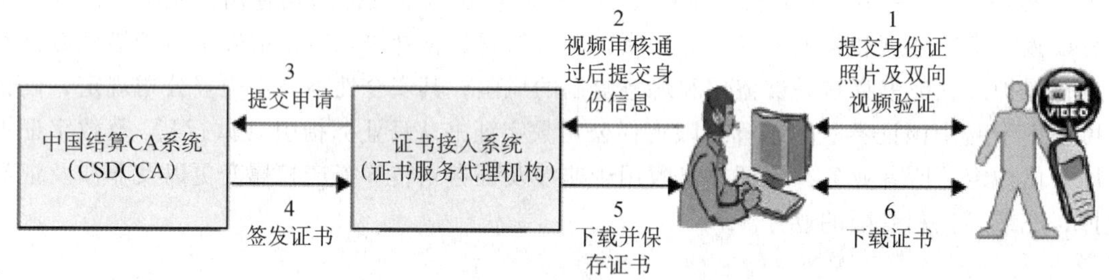

图 2　业内流行的证书发放流程

接下来，该软证书（及相应的秘密密钥）被用于在线签署开户相关协议，开户成功之后一般不再使用。

这种开户方式省去了临柜或见证办理数字证书环节，投资者直接访问证券公司网上开户系统开立账户，表面看来，客户体验好、工作效率高；然而，在这种开户过程中，投资者身份验证是通过所谓“视频验证”实现，数字证书的身份认证功能完全没有被使用，事实上在开户过程中只使用了数字证书的签名功能（而通过“视频验证”方式确认投资者身份后向其颁发的软证书，用于开户协议签署的有效性也值得商榷）。缺少了数字证书身份认证的技术保障，“视频验证 + 在线签约”式网上开户，其实并不符合证券业“网上开户”的定义和规定，此种方式开立的账户，其权威性和有效性也自然会大大降低。

（二）“视频验证 + 在线签约”式网上开户存在与现行相关法律法规不相符之处

例如，《中华人民共和国证券法》第一百六十六条规定，投资者申请开立账户必须持有证明中国公民身份或者中国法人资格的合法证件；《中华人民共和国反洗钱法》第三条规定，境内设立的金融机构和按照规定应当履行反洗钱义务的特定非金融机构，应当依法采取预防、监控措施，建立健全客户身份识别制度、客户身份资料和交易记录保存制度、大额交易和可疑交易报告制度。由于这种“网上开户”缺失严谨的客户身份验证流程和技术保障，从而导致上述法律条款有关账户实名制的要求无法得到充分落实。

再如，《中华人民共和国电子签名法》第八条规定，审查数据电文作为证据的真实性应当考虑的因素之二是“保持内容完整性方法的可靠性”；之三是“用以鉴别发件人方法的可靠性”。第十三条规定，可靠的电子签名应同时符合的条件之二是“签署时电子签名制作数据仅由电子签名人控制”。首先，在“网上开户”过程中，依靠“视频验证”来“认定”投资者身份，本身没有明确的法律依据；同时，基于此为投资者办理软证书，加之软证书自身固有的脆弱性，不难看出，此类软证书用以“网上开户”过程中相关数据电文的电子签名，无法充分满足上述法律条款的有关规定。

（三）“视频验证 + 在线签约”式网上开户或会助长不公平竞争、影响行业正常秩序

这种“视频验证 + 在线签约”式网上开户如果不及时加以规范和约束，进一步发展下去还可能会引起证券公司之间的不公平竞争，影响到证券市场的正常秩序。如果有些证券公司按照国家和行业相关规定正确施行了网上开户过程的要求，即要求投资者首先通过临柜或见证的方式进行身份验证，办理硬证书，然后再请投资者持硬证书登录证券公司网上开户系统办理开户，或是意识到“视频验证 + 在线签约”式网上开户在合法合规方面存在的问题，从而放弃此种方式开户揽客；而另一些证券公司则没有考虑应该遵守的规则和可能因此带来的不良后果，一味强调客户体验，借创新之名采用这种方式吸引投资者，达到快速揽客的目的。那么，两类证券公司之间就形成了不公平竞争，长此以往，证券市场正常秩序也将会受到不良影响。

五、化解之道：参照央行新规推行客户账户分类管理

“网上开户”被普遍认为是信息技术应用推动证券业务发展的创新之举和成功典范，2013 年试行以来甚至在某种程度上改变了证券业竞争格局。但是，当下流行的“视频验证 + 在线签约”式开户，缺失开户业务所必需的严谨、可靠的身份验证和签名留痕，没有真正落实通过数字证书验证投资者身份的行业要求，也因此而缺少数字证书的技术保障，甚至法律依据。这种方式开立的账户与传统临柜开立的实名账户可否同等对待、同样使用？值得关注和思考。或许这类账户更适合“钱包”级应用，而真正意义上的资产账户一定要有“保险柜”级的安全技术保障。“钱包”和“保险柜”没能分开是个大问题。

2015 年末，央行相继发布《关于改进个人银行账户服务加强账户管理的通知》和《非银行支付机构网络支付业务管理办法》，开始推行账户分类管理。2016 年 9 月央行再次发布《关于加强支付结算管理防范电信网络新型违法犯罪有关事项的通知》，其核心内容之一就是全面推进落实账户分类管理。

2016 年 3 月，央行副行长范一飞在“两会”记者会上表示，从 2015 年开始，央行加大了对银行账户和第三方支付账户的管理力度，总体原则就是要进一步推动支付体系向更加便捷、安全的方向发展，进一步落实账户实名制要求，更好地保护金融消费者的合法权益。具体而言，在现有个人银行账户基础上增设两类功能依次递减的账户，以便于大家网上理财、日常小额支付的需要；第三方支付账户方面，按照账户实名强度、支付限额等，分成功能逐次增强的三类。账户分类管理的目的是适应消费者日益多元化、个性化的支付需求，在安全和便捷之间达成平衡。

中国人民银行《关于改进个人银行账户服务加强账户管理的通知》在“建立银行账户分类管理机制”部分规定，根据存款人身份信息核验方式及风险等级，审慎确定银行账户功能、支付渠道和支付限额，并进行分类管理和动态管理；在定义和规定了Ⅰ、Ⅱ、Ⅲ类账

户及其依次递减的功能之后，该通知规定了柜面开户、自助机具开户（区分有否现场核验）、网上银行和手机银行等电子渠道开户分别可以开立的账户类型，同时规定Ⅱ、Ⅲ类账户在对存款人身份信息按规定进一步核验后可以对账户类型及功能进行升级。该通知在“强化银行内部管理”部分规定，银行应根据存款人风险等级、支付指令验证方式等因素，对存款人办理的非柜面业务进行限额管理。

中国人民银行《非银行支付机构网络支付业务管理办法》第十一条基于是否以面对面方式核实客户身份，以及用以验证客户身份基本信息的合法安全外部渠道的多寡，对可以开立的支付账户类型，以及不同类型支付账户的功能和交易限额进行了规定。该办法第二十二条至第二十四条，对支付机构可以用于客户支付账户余额付款交易验证的要素和数字证书、电子签名作为要素使用时，应符合《金融电子认证规范》《中华人民共和国电子签名法》等有关规定，以及支付机构应根据交易验证方式安全级别，对个人客户使用支付账户余额付款交易进行限额管理做出了具体规定。

根据国家信息安全等级保护制度和证券业监管规定，证券公司集中交易系统规模在 20 个营业网点或 50 万名客户数以上的、网上交易系统规模在 50 万名客户数以上的定为等保三级系统。而根据等保三级要求以及《证券公司网上证券信息系统技术指引》规定，在系统应用方面应提供强身份认证功能。但是当下证券业流行的“视频验证 + 在线签约”式网上开户，一方面在开户过程中无法真正完全落实好账户实名制要求；另一方面也没有（其实也无法）为客户提供能够将其本人与账户有效绑定的工具和手段，用以日后账户使用过程中的强身份认证。同时，根据《关键信息基础设施确定指南（试行）》，证券公司交易类系统属于国家关键信息基础设施。

2017 年 6 月 1 日，《中华人民共和国网络安全法》已正式施行，其中第二十一条规定国家实行网络安全等级保护制度，第三十一条规定关键信息基础设施，在网络安全等级保护制度的基础上，实行重点保护。作为证券公司从事信息技术合规风控、网络安全与等级保护工作的专业人员，我们倍感有责任和义务正视目前业内“网上开户”存在的问题，并愿与更多关心、关注该问题的业内同仁携手，参照央行监管新规共同探讨、在证券业推行客户账户分类管理，即根据客户账户开立的方式、技术保障、法律依据的不同进行分类管理；按照账户与客户绑定关系的强弱不同，统筹实施账户使用过程中的分类管理（比如强身份认证的应用：券商可以安全合规地开展业务、客户可以便捷无忧地享受网上证券服务）；逐步建立起更加安全高效、客户体验更好的证券业务服务模式。

参考文献

[1] 荆继武，林璟锵，冯登国．信息安全国家重点实验室信息安全丛书・PKI 技术［M］．北京：科学出版社，2008：89—92.

[2] W. Stallings. 网络安全基础：应用与标准（第 5 版）［M］．白国强等译．北京：清华大学出版社，2014：93—99.

[3] 关振胜．数字证书及其认证过程［J］．中国金融电脑，2001（9）：52—56.

[4] 中国证券登记结算有限责任公司．中国证券登记结算有限责任公司证券账户非现场开户实施暂行办法［Z］．2013.

[5] 中国证券业协会. 证券公司开立客户账户规范 [Z]. 2013.

[6] 中国证券登记结算有限责任公司. 中国证券登记结算有限责任公司数字证书认证业务指引（试行）[Z]. 2013.

[7] 中国证券登记结算有限责任公司. 中国证券登记结算有限责任公司数字证书认证业务指南（试行）[Z]. 2013.

[8] 中国人民银行. 关于改进个人银行账户服务加强账户管理的通知 [Z]. 2015.

[9] 中国人民银行. 非银行支付机构网络支付业务管理办法 [Z]. 2015.